中華大典

醫藥衛生典

四川出版集團・巴蜀書社

《中華大典》工作委員會

《中華大典》編纂委員會

《中華大典》前言

《中華大典》是運用我國歷代漢文古籍編纂的一部大型工具書。其目的是爲學術界及願意了解中國古代珍貴文化典籍的人士提供準確詳實、便於檢索的漢文古籍分類資料。

中國是世界文明古國之一，幾千年來纂寫和聚集的文化典籍浩如烟海。我國歷代都有編纂類書的優良傳統，具有代表性的《永樂大典》等大多已佚失，現存《古今圖書集成》編就距今也已數百年。爲了適應今天和以後研究和檢索的需要，一九八八年海内外三百多位專家學者和各古籍出版社同仁倡議，在已有類書的基礎上，用現代科學方法編纂一部新的類書《中華大典》。

國務院在關於編纂《中華大典》問題的批覆中指出，編纂《中華大典》『是我國建國以來最大的一項文化出版工程』。本書所收漢文古籍上起先秦，下迄清末，約三萬種，達七億多字，分爲二十四個典，近百個分典，内容廣博，規模宏大，前所未有。

《中華大典》的編纂工作堅持科學態度和百花齊放、百家争鳴方針。儘量採用古精校精刻本，優先採用我國建國後文獻學和考古學的優秀成果。對傳統文化中重要的不同學派的資料，兼收並蓄。運用現代圖書分類的方法，對搜集到的資料，精選、精編，力求便於檢索、準確可信。

這項工作從開始起就受到中共中央、國務院和有關部門的重視和支持。國家主席江澤民、國務院總理李鵬分别爲《中華大典》題詞。江澤民的題詞是：『同心同德，群策群力，認真編好中華大典，

爲建設有中國特色的社會主義服務。』李鵬的題詞是：『繼承和弘揚民族優秀傳統文化。』全國政協主席李瑞環、國務委員李鐵映也作了重要指示，要求抓緊辦理。一九九〇年五月，國務院批准《中華大典》爲國家重點古籍整理項目。一九九二年九月，正式成立了《中華大典》工作委員會和《中華大典》編纂委員會，召開了《中華大典》工作、編纂會議。自此，《中華大典》的編纂工作由試點轉入正式啓動，逐步鋪開。

編纂《中華大典》，學術性很强，工作量很大，工程十分艱巨，全賴廣大專家學者和全國各有關高等院校、科研院所、圖書館、出版單位的鼎力支持與積極參與。大家本着弘揚中華民族優秀文化的心願，發揚奉獻精神，克服各種困難，團結協作，給這部巨大類書的出版提供了根本保證。在此謹表示誠摯的謝意。

對本書的批評與建議，我們將十分歡迎。

《中華大典》編纂委員會

一九九七年四月

二〇〇六年十一月修訂

《中華大典》編纂通則

一、性質：《中華大典》（以下簡稱《大典》）是對漢文古籍（含已翻譯成漢文的少數民族古籍）進行全面的、系統的、科學的分類整理和彙編總結的新型類書，是在繼承歷代類書優良傳統、考慮漢文古籍固有特點的基礎上，借鑑和參照近代編纂百科全書的經驗和方法編纂而成。編纂《大典》的目的，是爲學術界及願意了解中國古代珍貴文化典籍的人士提供各種分門別類的、準確詳細的古代漢文專題資料。

二、規模和體例：《大典》所收古籍的時限，上自先秦，下迄辛亥革命。全書共收各類漢文古籍三萬餘種，七億多字。全書體例，着重汲取清代《古今圖書集成》所採用的經目和緯目相交織這一統一框架結構的模式，同時參照現代科學的學科、目録分類方法，並根據各類學科内容的實際情況，一般將每一大類學科輯爲一典，也有將幾個相關學科共輯爲一典的。對各典名稱，均以現代學科命名，對於所收入的各種古籍資料，亦儘可能納入現代科學分類體系之中。

三、經目：《大典》共分二十四個典，即哲學典、宗教典、政治典、軍事典、經濟典、法律典、教育典、語言文字典、文學典、藝術典、歷史典、歷史地理典、民俗典、數學典、物理化學典、天文典、地學典、生物學典、醫藥衛生典、農業典、林業典、工業典、交通運輸典、文獻目録典。典以下以分典、總部、部、分部分級，分部之下的標目根據各學科特點由各典自行擬定。

四、緯目：共設置九項緯目，用以包容各級經目的具體内容：

①題解：對有關學科的名稱、概念、含義、特點等作總體介紹的資料。

②論説：有關理論部分的資料。

③綜述：有關學科或事物的系統性資料，凡有關學科或事物的性狀、制度、範疇、特點及學科地位、發展情況等具體内容均編入此緯目中。

④傳記：有關人物的傳記資料。

⑤紀事：有關學科或事物的具體活動或事例的資料。

⑥著録：重要人物或文獻的有關著作資料，如專集介紹、序跋、藏書題記，以及有關著作的成書經過、版本源流等。

⑦藝文：有關屬於文學欣賞性的散文或韵文。

⑧雜録：凡未收入以上各緯目，而又有較高參考價值的資料，均入雜録。

⑨圖表：根據有關經目的内容需要，圖與表附於相關專題之下，或集中匯總於某級經目之後。

《大典》以内容分類安排各級緯目，各級緯目的正文，一般以原書爲單位，按時代順序排列。每一條資料前標明出處，包括書名或作者名、篇名或卷次，以利讀者核對原書。

五、書目：每分典後附有該分典所收書之書目，書目包括書名、作者、時（年）代、版本等内容。時代以成書時代爲準，成書時代不詳者，以作者主要活動時代爲準，並遵從歷史習慣。

六、版本：《大典》在選用版本時儘量採用古人的精校精刻本，亦採用部分學術界通用的近、現代整理圈點本及現代學者校點整理本。

七、校點：爲儘可能保存古籍原貌，《大典》祇對底本中明顯的脱、訛、衍、倒進行勘正。古本中的避諱字一般不作改動，祇對缺筆字補足筆畫。後人刻書時避當朝人諱而改動的字，據古本改回。《大典》採用新式標點法。

《中華大典》編纂委員會

一九九六年八月

二〇〇六年十一月修訂

《中華大典·醫藥衛生典》編纂委員會

《中華大典·醫藥衛生典》序

《中華大典·醫藥衛生典》是《中華大典》的重要組成部分，也是先期開展工作的試點之一，它包括《醫學分典》、《藥學分典》和《衛生學分典》，由成都中醫藥大學、中國中醫研究院和雲南中醫學院分工合作編纂。中宣部、文化部、國家教委、新聞出版署等十餘部委聯合組成的《中華大典》試點工作領導小組決定：先行試編《醫學分典》，在取得經驗的基礎上，再編纂其餘兩個分典。

一九八九年一月廿一日，《醫學分典》編委會在成都中醫藥大學成立，標誌着試點工作正式啓動。經過四年的試點、實踐，取得了較爲豐富的經驗，初步確定了《醫藥衛生典》的基本框架，擬訂了《醫藥衛生典》的《工作細則》、《共用書目表》和《醫學分典》的《編纂方案》、《書目表》等有關文件與資料，以及編寫出了《醫學通論總部》、《内科總部》、《兒科總部》的樣稿。從而爲《醫學分典》乃至《醫藥衛生典》編纂工作的順利開展提供了重要的前提條件。

在《醫學分典》試點工作取得經驗的基礎上，一九九三年九月，《醫藥衛生典》編委會在中國中醫研究院正式成立，《醫藥衛生典》的編纂自此全面啓動。

在中國醫學史上，也曾有過大型醫藥學類書的編纂，較早者如晉代的《雜藥方》，最大者如隋代的《四海類聚方》，較近者則當推清代《古今圖書集成》中的《醫部全録》。但清代以前的類書多已亡佚，僅存者也有資料不全、查找不便或錯訛等問題。工具書的編纂歷來是『前修未密，後出轉精』，

《醫藥衛生典》收編先秦至清末期間醫藥衛生及經史百家典籍中重要的醫藥衛生文獻資料，共約五千萬字，通過經緯交織的編纂方法，將我國古代人民對醫藥衛生的認識及防病治病的科學成果，按現代學科與專題予以分類編纂。它不僅展示了中醫藥學術的豐富内涵，也有助於廣大讀者把握中醫藥學術形成、發展的源流與脈絡。出版後，將成爲國内外醫藥衛生工作者和其他相關學科學者了解中醫藥科學知識的一個重要信息源、資料庫。

《醫藥衛生典》具有以下特點：

第一，它不僅是中醫藥界組織編纂的一部大型工具書，而且是國家中央政府『盛世修典』的一個重要組成部分。又被選作試點工程，充分體現出了黨和國家對醫藥衛生事業的關懷與重視。

第二，涵蓋面廣，内容豐富，規模空前。本典不僅博採醫藥衛生界所熟知的醫學、藥學以及衛生學等有關學科内容，還包括一般人不太了解，但已爲學術界和管理層所認識到並被視作優勢之一的『中醫藥文化』等方面的内容。資料來源廣涉經史百家文獻與出土簡帛文獻、域内傳世文獻與流失海外的文獻等多個層面；在時空上跨越先秦以迄清末；在數量上查閲文獻達一萬三千餘種，引用典籍七千種以上。如此的涵蓋面和容量規模，不僅明顯超越歷史上已有的中醫藥類書，也爲當前同類中醫藥出版物所不及。

第三，在編纂方法上具有高度的科學性和完整的系統性。本典按照現代學科分類方法，並結合我國類書編纂的優良傳統，分爲若干分典、總部、部、分部等各級經目，經目之下又設多個緯目。這樣經緯交織，系統完整，將數千萬字的資料科學有序地盡收一書，這在歷史上是罕見的。

第四，具有廣泛的實用性。由於本典搜裒歷代百家資料，又有多種目録、索引、書目表等供查

檢，並在系統全面輯編文獻資料的基礎上做了一番去粗取精的工作，故對於專業人員和其他學科中需了解醫藥衛生資料的學者都具有很高的研究價值和參考價值。

第五，具有類書編纂的高水平和權威性。《中華大典》是經國務院批准，並由中央有關部委負責組織實施的國家重點古籍整理項目。本典由國內一大批著名專家和中青年學者參與編纂，歷時十一年，取得了豐富的經驗。在編纂中注意汲取古代類書輾轉傳鈔、校勘粗疏、出處不詳的教訓，總結歷代類書編纂的利弊得失，充分吸收近二百年來在古籍整理和考古研究方面的新成果，儘可能選用可靠的、經過專家校勘的善本，層層嚴把質量關，從而保證了本典的學術水平與權威性。

中國醫藥學是一個偉大的寶庫，是中國人民長期同疾病作鬥爭的經驗總結，它不僅包含着對疾病診療以及衛生保健與康復的豐富經驗，而且形成了獨特的理論體系。在西方醫學未傳入中國之前，它爲中國人民的繁衍昌盛作出了卓越貢獻，就是到了現代醫學高度發達的今天，仍是中國醫藥衛生事業的重要組成部分，並越來越爲全世界所矚目。這是我們力圖編好本典的基點。在長達十一年的編纂工作中，我們抱着嚴謹認真的科學態度，發揚奉獻精神，團結合作，克服了許多困難，付出了辛勤勞動，有的同志病逝在工作崗位上。整個編纂工作，在黨中央、國務院的親切關懷下，在《中華大典》工委會、編委會和國家中醫藥管理局的指導下進行，四川省黨政領導部門和國家圖書館等全國很多單位給予有力的支持，我們在此表示衷心的感謝，並歡迎海內外廣大讀者對我們的不足之處提出寶貴意見和建議。

《中華大典·醫藥衛生典》編纂委員會

一九九九年七月十八日

《中華大典·醫藥衛生典》凡例

一、《醫藥衛生典》是《中華大典》的組成部分之一，收録一九一一年以前中國古籍文獻中有關傳統中醫、中藥及衛生保健方面的資料，其中包括日本、朝鮮等鄰近國家刊刻或撰著的部分中醫藥文獻。

二、根據《中華大典》『經緯交織』的編纂特點和體例規定，典是一級經目，分典是二級經目，總部、部、分部則分别爲三、四、五級經目。《醫藥衛生典》包括《醫學分典》、《藥學分典》和《衛生學分典》三個二級經目，分典下設總部、部、分部等經目，或於分部之下更設專題。各級經目依據學科發展的歷史狀況而設，不求整齊劃一。三個分典下的總部設置情況分别爲：《醫學分典》下設《醫學通論總部》、《基礎理論總部》、《診法總部》、《傷寒總部》、《温病總部》、《針灸總部》、《推拿總部》、《内科總部》、《外科總部》、《骨科總部》、《婦科總部》、《兒科總部》、《眼科總部》、《耳鼻咽喉口齒總部》、《典制總部》、《醫家總部》、《辭章雜記總部》。《藥學分典》下設《藥物圖録總部》、《藥學通論總部》、《人物典制總部》、《藥材總部》、《藥性理論總部》、《藥物總部》。《衛生學分典》下設《衛生學通論總部》、《環境衛生總部》、《人體衛生總部》、《怡情養性總部》、《食養藥養總部》、《人物典制總部》。

三、依據《中華大典》體例要求，本典各級經目下設有題解、論説、綜述、紀事、著録、藝文、

雜録、圖表八個緯目。題解：爲對同級經目的名稱、含義、概念、特點等作總體性、概括性介紹的資料。論説：爲經目中有關理論部分的資料。綜述：爲經目性狀、特點、地位、實際應用發展情況等具體内容方面的資料。紀事：爲有關具體活動和事例的資料。著録：爲相關重要著作、文獻的評價、成書經過、版本源流諸方面的資料。藝文：爲以文學欣賞性爲主的相關資料，主要收詩賦等韻文，也收少量散文。雜録：未收入以上緯目，而又具有一定參考價值，或其科學性有待進一步研究的資料。

各級經目下之緯目的設置，視所據有資料的情況，有則設之，無則不設。各緯目之下按時代先後排列資料，時代的確定以成書年代爲準，難以考實者就近排列，或遵從歷史習慣。

四、所引資料先標明出處，出處標署以書名和篇名爲主，如無篇名或標署篇名不便者則標署卷次。原書卷帙浩繁者，除標署書名和篇名外，有的復標卷次。同名異書者，加標作者名，以便檢索。

五、所引資料若在一段之中有略去不用者，則以【略】代之，所略内容如果位於段首或段尾，則不加標識，以免繁瑣。

六、本書用字儘量保持版本原樣，對異體字未作總體統一，原則上在同段文章中進行規範。通假字、古今字一般不改，衹在同一段中加以統一，規範原則一般是就多不就少。

七、本書注文的編排遵從歷史習慣採用兩種方法：一是隨文夾注，主要用於針對字、詞的短注；《素問》、《太素》等醫經之王冰注、林億等新校正、楊上善注等作隨文夾注處理。二是低正文一格的注文排法，主要用於對正文的發揮闡釋等文字。

八、作者自注不出注家名，注家不清楚者，不出注家名。《太素》楊上善注遵從歷史習慣不出注

家名。其餘注家可考證者一律出注家名。

九、本書所採用的圓括號（）用於處理訛字和衍字。六角括號〔〕的用法有二：一爲標署正字和增補的脱字，二是在注文前標署注家名。（書中收録有少量簡帛文獻，其隸定字用六角括號，通假的本字、古今字的今字用圓括號，爲特例。）

一〇、在標點使用上，遵從《中華大典》通則的規定，多用逗號和句號，儘量少用或不用其它符號。

一一、遵從《中華大典》通則的規定，對古籍的卷次，用一、二、三、四、五、六、七、八、九、〇標示，不用十、百、千、萬。

一二、各總部卷末，附載資料引用書目。書目包括書名、作者（編者）、時（年）代、版本等内容。

《中華大典·醫藥衛生典》編纂委員會

一九九八年十二月八日

中華大典·醫藥衛生典

醫學分典

醫學分典

中華大典・醫藥衛生典

《中華大典·醫藥衛生典·醫學分典》編委會

顧　　問：馬繼興　鄭孝昌

主　　編：李明富　趙立勛　黃英志

副 主 編：廖品正　王大淳

編　　委：（以姓氏筆畫爲序）

王大淳　王志坦　王再謨　王詠芳　田　理　艾儒棣

李　戎　李明富　李耀光　李繼明　宋　興　和中浚

林森榮　段光周　馬維騏　黃英志　張慶文　梁繁榮

董德蓉　傅元謀　曾一林　曾文彬　楊　宇　賈德蓉

趙立勛　廖品正　謝克慶　羅永芬　嚴石林

《中華大典·醫藥衛生典·醫學分典》編纂説明

《中華大典·醫藥衛生典·醫學分典》是全面和客觀反映我國古代醫學基本内容的一部大型醫學類書。它是組成《中華大典·醫藥衛生典》的三個分典之一。

《醫學分典》共分十七個總部。其中，《醫學通論總部》主要反映我國古代醫學通用理論，以及雖非醫學通用理論，但與醫學密切相關的論述。《基礎理論總部》主要反映我國古代以《内經》理論爲核心的醫學基礎理論。《診法總部》反映中醫學獨特診斷理論與技術方法。《傷寒總部》主要反映張仲景《傷寒論》對外感熱病的辨治理論與方法，及後世對《傷寒論》的研究成果。《温病總部》主要反映我國古代有關温熱病的辨治理論與方法。《内科總部》主要反映我國古代有關内科雜病的辨治理論和方法。《外科總部》主要反映我國古代有關外科皮膚瘡傷類病證的辨治理論和方法。《骨科總部》主要反映我國古代對因跌撲閃肭等外傷所致的筋骨損傷類疾病的辨治理論和方法。《婦科總部》主要反映我國古代對婦女正常發育、婚姻、生育健康及其病理的認識，以及對婦科經、帶、胎、産和婦人雜病等病證的辨治理論和方法。《兒科總部》主要反映我國古代對嬰幼兒生理、病理、診斷和治療用藥特點的認識，以及對兒科好發病證的辨治理論和方法。《眼科總部》主要反映我國古代對眼及視覺生理病理的認識，以及對眼科病證的辨治理論和方法。《耳鼻咽喉口齒總部》主要反映中醫對耳鼻咽喉口齒的生理病理的認識，以及對耳鼻咽喉口齒類病的辨治理論和方法。《針灸總部》主要反映我國特有的經絡與腧穴理論，以及以針灸爲治療手段的對臨床各科多種病證的辨治理論和方法。《推拿總部》

主要反映以推拿膏摩爲手段，對其各類適應病證的辨治理論和技術方法。《典制總部》主要反映我國古代各類與醫學有關的典章與制度。《醫家總部》主要反映在我國醫學發展史上有一定影響，並有文獻記録的著名醫學家的生平、籍貫、事迹及其學術貢獻和影響。《辭章雜記總部》主要搜載我國古代文獻中，用詩詞歌賦等文學形式反映的有關醫學內容的資料。

在《醫學分典》的編纂中，我們從繼承和發揚中國醫學遺産的實際需要出發，確定了通過編纂要達到的主要目標。這個目標就是：全面保存古代醫學內容，客觀反映醫學發展進程和盡力滿足不同層面讀者需求。爲了達到這一目標，我們以我國一九一一年以前成書的醫學及其相關學科古籍爲研究對象，在廣搜博採和深入研究的基礎上，通過對所輯資料的系統整理和分類重編而完成此書。爲保證《醫學分典》的編纂質量，我們先後普查古籍四千餘種，引用古籍三千餘種，全書共二千五百萬字，其字數爲《古今圖書集成·醫部全録》的兩部。其引用古籍的種數和成書規模，均超過了歷代所有醫學類書。

爲了達到我們的編纂目標，我們在不違背《中華大典》總要求的前提下，在編纂體例方面也作了適當的調整。如我們遵照《中華大典》規定，在基本上採用《古今圖書集成》經緯目體例的前提下，又從本學科的具體實際出發，並經全國專家論證會認同和《中華大典》編委會同意，將『藝文』、『雜録』、『紀事』和『傳記』等原屬緯目的內容，分別改爲《辭章雜記總部》、《典制總部》和《醫家總部》，使之成爲《醫學分典》之下的一級經目。如此，更有利於對資料的妥善安排，有利於突出重點和增強《醫學分典》資料的系統性。

爲了全面和客觀反映我國古代醫學內容，我們始終遵循《中華大典》編纂的有關規定，堅持對不同學術流派、觀點和論見應兼收並畜的原則，盡力客觀地反映各種觀點。如此，更能正確反映我國古

代人民對醫學認識的不斷深化和辨證發展的過程。

爲了增強《醫學分典》的實用性，提高其在醫療實踐中的應用價值，我們克服了現存各中醫類書普遍存在的方論脱節的弊端。在選材時，力求做到方論並重。爲了與《醫學分典》有關方劑内容相區别，我們除明確提出本分典收錄方劑必須從臨床治療角度出發這一指導思想之外，還控制了方劑收錄的範圍，並嚴格規定各總部在收錄方劑時，衹能收錄在其『論説』和『綜述』的論述中涉及到的與病證治療密切有關的方劑。凡是與之無關的方劑，一律不予收入。

爲了提高《醫學分典》的信息含量，避免同名同藥方劑在方劑組成方面出現不必要的重複，同時也爲了便於讀者檢尋，我們在各臨床學科總部中，又專門設置了『方劑部』。『方劑部』的基本内容包括方名、方源、方藥組成和該方劑在『論説』或『綜述』中所涉及的主治病證名稱。

《醫學分典》作爲《中華大典》的三個試點工作分典之一，在編纂工作中得到國家衛生部、中醫藥管理局和四川省政府領導的支持與關懷，得到了《中華大典》工委會和編委會的關切和幫助，得到了有關專家的具體指導和幫助，試點工作於一九九一年通過了全國三十多位同行專家及自然科學、社會科學界其他相關領域專家的鑑定，專家們對《醫學分典》的編纂方案還提出了許多寶貴的意見和建議。同時，我們還得到了有關信息資源單位的大力支持和幫助。值此分典成書之際，謹向爲本分典編纂提供支持和幫助的各級領導，所有專家和兄弟單位與部門，表示衷心的感謝。雖然我們得到了許多幫助和支持，但因自身水平所限，《醫學分典》的不足和疏誤亦在所難免，敬祈讀者批評教正。

《中華大典·醫藥衛生典·醫學分典》編委會

一九九八年十月

溫病總部

主編：楊宇
副主編：馮全生　翁星　劉全讓
顧問：張之文
編委：陳學惠　張浩生　王海松　郭尹玲
喬胃娟　周新穎　鄭秀麗　閆穎
姚偉　鄭旭鋭　劉旺華　袁建
許愛琴
協編人員：孙玉文　文生　付玉玲　朱素有
馮賢榮　張顯明　王政　何彬毓
陳嵐　鍾文

《溫病總部》提要

一、本總部的編纂，嚴格按照《中華大典·醫藥衛生典·醫學分典》的有關規定執行。以全面系統、真實客觀地展現溫病學的全貌和發展脈絡爲宗旨。

二、根據溫病學的學術構架特點，本總部收載的文獻主要包括三個方面：一爲《内經》、《難經》、《傷寒論》中有關溫病學的理論淵藪；二爲歷代各家，尤其是研究《傷寒論》的名家涉及溫病的著述；三爲明、清時代的溫病學專著。此爲本總部收載的文獻的主體，涉及曆代文獻共計二百二十餘部。對查閱的文獻進行了精心選擇和梳理，盡量避免不必要的重複。

三、根據溫病學的學科特點，本總部分設溫病總論部以及溫病病因病機部、溫病診辨防治部、溫病疾病部、溫病諸證部、溫病兼挾證部、溫病遺復證部七個部，按内容需要，部以下再下設分部。將疾病與諸證以及兼挾證和遺復證分别歸類設部收載，對研究者有縱横相須之妙。部與分部，分設題解、論説、綜述、著録等緯目。

四、溫病學的發展歷經千餘年，部分病證概念難以一統規範，故溫病疾病部中將風溫、冬溫并爲一個分部，且歷代文獻中對風溫和春溫的認識互存明顯差異，查閱時尚須留意。

五、本總部所涉方劑爲避免重複和便於檢索，僅在綜述中保留方劑的名稱及主治，將其藥物組成及煎服方法等内容彙總爲方劑部，以筆畫爲序排列。方劑的出處，主要以其原創爲首選，對其中同名異方者，儘可能詳細注明出處，以便對照選擇。

溫病總部目錄

溫病總部

溫病總論部

題解

《傷寒論·辨太陽病脈證并治》 太陽病，發熱而渴，不惡寒者，爲溫病。若發汗已，身灼熱者，名風溫。風溫爲病，脈陰陽俱浮，自汗出，身重，多眠睡，鼻息必鼾，語言難出。若被下者，小便不利，直視失溲；若被火者，微發黄色，劇則如驚癇，時瘛瘲，若火熏之。一逆尚引日，再逆促命期。

《傷寒類證活人書·問冬謂之傷寒春謂之溫病夏謂之熱病》 答曰：《素問》云：冬三月是謂閉藏，水冰地坼無擾乎陽。又云：彼春之暖，爲夏之暑；彼秋之忿，爲冬之怒，是以冬令嚴寒，爲殺厲之氣，君子善攝生，當嚴寒之時，行住坐卧，護身周密，故不犯寒毒。彼奔馳荷重，勞房之人，皆辛苦之徒也，當陽閉藏而反擾動之，則鬱發腠理，津液強漬，爲寒所薄，膚腠緻密，寒毒與榮衛相渾，當是之時，壯者氣行則已，怯者則著而成病矣。其即時而病者，頭痛身疼，肌膚熱而惡寒，名曰傷寒。其不即時而病者，寒毒藏於肌膚之間，至春夏陽氣發生，則寒毒與陽氣相薄於榮衛之間，其病與冬時即病無異，但因春溫氣而變，名曰溫病；因夏熱氣而變，名曰熱病。溫熱二名，直以熱之多少爲義。陽熱未盛，爲寒所制，病名爲溫。陽熱已盛，寒不能制，病名爲熱。故大醫均謂之傷寒也。

《傷寒補亡論·傷寒名例》 問曰：何以謂之溫病？《素問》三篇曰：冬傷於寒，春必溫病。故王叔和述仲景之言曰：中而即病者，名曰傷寒。不即病者，寒毒藏於肌膚，至春變爲溫病，至夏變爲暑病。暑病者，熱極重於溫也。是以辛苦之人，春夏多溫熱病，皆由冬時觸寒所致，非時行之氣也。《素問》所謂熱病，謂四時之病，其病皆熱也。後世以暑病爲熱病者，謂夏時之氣熱，最重於四時之熱也。

《保命歌括·傷寒》 脈陽浮而滑，陰濡而弱，更遇于風，變爲風溫。陽脈浮滑，陰脈濡弱，皆風也。

病太陽身熱疼痛，脈微弱弦芤，名曰中暍。若發汗已，身灼然熱，脈陰陽俱浮，名曰風溫。

《傷暑全書·張仲景·辨太陽病脈第五論》 又曰：太陽病，發熱而渴，不惡寒者，爲溫病。

按：溫病無專經，隨其所中以脈辨之。亦有不中太陽，初不頭痛惡寒諸證，而庸醫認爲痰火内傷，禍不旋踵矣。此證不傳經，止中一二經，慎之慎之。

霖按：溫病乃冬至陽生，人身所伏之陽熱，被嚴寒折伏，藏於肌骨之間，至春鬱遏之陽熱，爲外邪逗引，始得發泄，伏陽既出肌膚，遇春令之氣暄熱，兩熱相干，而成溫病。即《素問·生氣通天論》所謂冬傷於寒，春必病溫者是也。其外感之邪輕，故不惡寒，祇發熱而渴，亦有微惡寒，旋即熱渴者，外邪較重也。若口黏苔膩，身痛便溏，有汗不解，脈濡數者，非中風乃溫病挾濕也。溫邪内發，其脈多盛於右部，熱傷氣也。風熱之邪外受，先傷手太陰經。風寒之邪，則先傷足太陽經。蓋肺主表，膀胱亦主表也。治傷寒之麻黄湯，非瀉肺藥乎？言太陽病，則手太陰亦包括於中，省文也。溫熱當察三焦論治，其傳經見何經證，以何經法治之。傷寒亦然，惟用藥寒熱之不同耳。或言溫熱不傳經，祇重三焦，則熱論何以又有一日巨陽，二日陽明，傳經之文，此不待辯亦明矣。謂溫病無專經，此越人五十八難指疫證而言，不得拉雜冬日伏氣之溫熱病也。

《景岳全書·雜證謨·暑證》 述古

仲景曰：其傷於四時之氣，皆能爲病。冬時嚴寒，中而即病者，名曰傷寒。不即病者，寒毒藏於肌膚，至春變爲溫病，至夏變爲暑病。暑病者，熱極重於溫也。是以辛苦之人，春夏多溫熱病，皆由冬時觸寒所致，非時行之氣也。凡時行者，春時應煖而復大寒，夏時應大熱而反大涼，秋時應涼而反大熱，冬時應寒而反大溫，此非其時而有其氣，是以一歲之中，長幼之病多相似者，此則時行之氣也。

《溫疫論·藥煩》 應下失下，真氣虧微，及投承氣，下咽少頃，額上汗

出，髮根燥痒，邪火上炎，手足厥冷，甚則振戰心煩，坐卧不安，如狂之狀。此中氣素虧，不能勝藥，名爲藥煩。凡遇此證，急投薑湯即已，藥中多加生薑煎服，則無此狀矣，更宜均兩三次服，以防嘔吐不納。

《溫疫論・停藥》 服承氣腹中不行，或次日方行，或半日仍吐原藥，此因病久失下，中氣大虧，不能運藥，名爲停藥，乃天元幾絶，大凶之兆也。宜生薑以和藥性，或加人參以助胃氣，更有邪實，病重劑輕，亦令不行。

《溫疫論・正名》 《傷寒論》曰：發熱而渴，不惡寒者爲溫病。後人省氵加病爲瘟，即溫也。如病證之證，後人省文作證，嗣後省言加病爲症。又如滯下，古人爲下利膿血，蓋以瀉爲下利，後人加症爲痢。要之，古無瘟、痢、症三字，蓋後人之自爲變易耳，不可因易其文，以溫瘟爲兩病，各指受病之原，乃指冬之伏寒，至春至夏發爲溫熱，又以非時之舒爲瘟疫，果爾，又當異證異脈，不然臨治之際，何以知受病之不同也。設使脈病不同，病原各異，又當另立方論治法，然則脈證治法，又何立哉？枝節愈緊，而正意愈亂，學者未免有多岐之惑。夫溫者熱之始，熱者溫之終，溫熱首尾一體，故又爲熱病即溫病也。又名疫者，以其延門合戶，如淫役之役，衆人均等之謂也。今省交作殳加症爲疫。又爲時疫時氣者，因其感時行戾氣所發也，因其惡厲，又謂之疫厲，終於得汗而解，故燕冀名爲汗病。此外，又有風溫、濕溫，即溫病夾外感之兼證，名各不同，究其病則一。然近世稱疫者衆，書以溫疫名者，弗遺其言也。後以傷寒例及諸家所議，凡有關于溫疫，其中多有誤者，恐致惑于來學，悉采以正焉。

《溫熱暑疫全書・乾霍亂》 更有吐瀉無物，亦有上下關閉，竟不吐瀉者爲乾霍亂。

《張氏醫通・寒熱門・發熱》 春夏之交，發熱而渴，或微惡寒，右手脈來數盛者，溫病也。

《醫效秘傳・十六種治法・濕溫》 濕溫者，其人素傷於濕，又中於暑者也。其症兩脛逆冷，腹滿多汗，頭目痛，或妄言。切不可發汗，發汗則使人不能言，耳聾，不知痛處，身青面色變，名曰重暍。重暍宜白虎湯加蒼朮，去暑燥濕故也。

《醫效秘傳・十六種治法・風溫》 風溫者，其人素傷於風，復傷於熱，風熱相搏故也。其症四肢不收，頭疼身熱，常自汗出，治在少陰厥陰。仲景曰：汗出身熱者，爲風溫，治宜辛涼疏風解熱爲主。切不可汗，汗之則發譫語。又不可下，下之則小便難。更不可溫鍼，溫鍼則耳聾而難言矣。

濕溫汗之，名重暍，風溫汗之，多致死。但取小汗，清解表裏爲佳。

《醫效秘傳・十六種治法・冬溫溫毒》 冬溫者，冬感溫氣而成，即時行之氣也。何者？冬令嚴寒而反溫熱，人觸冒之，名曰冬溫。冬溫之病，與傷寒大異。以溫則氣泄，是失其閉藏之令矣。故古人用補中益氣，帶表藥以治之。

溫毒者，或冬令嚴寒，觸冒寒邪，待天氣暄熱而發，或傷寒之熱未已，再遇溫熱，變爲溫毒。溫毒爲病最重也。治宜寒涼，大解其熱。若邪熱日深，毒氣不泄，發爲癮疹斑爛，與時氣發斑，其病尤重，或升麻葛根湯，或化斑湯治之。

《醫效秘傳・十六種治法・中暍》 中暍者，夏月所得熱病也。與傷寒相類，與熱病相同。其症身熱大渴，自汗，煩躁，不甚惡寒，身體疼痛者是也。蓋中暍者，熱傷太陽經。中暑者，熱傷心脾經也。雖與傷寒相似，切不可作傷寒治之。然手足雖冷，脈息雖虛，又不可用熱。宜清心利小便，或用清暑之藥可也。

《醫效秘傳・十六種治法・溫病》 溫病者，冬時感冒寒邪，不即時而病，藏於肌肉之中，至春溫暖而發者是也。其症發熱而渴，不惡寒者，爲溫病也。或用升麻葛根湯，或用葛根解肌湯。大抵治溫病之法，無正汗之理，此怫鬱之熱，自內達外，無表症明矣，宜辛平之劑發散之。

《醫效秘傳・十六種治法・熱病》 熱病者，冬傷於寒，不即發，至春又不發，鬱而至夏發者是也。其病身熱頭痛、煩渴、不惡寒、脈洪而盛。蓋因夏月時熱雨盛，治宜苦辛寒，清解爲主。寒邪鬱久化熱，經曰：熱病者，傷寒之類也。故主苦辛寒法以救之。

溫病、熱病其脈洪大有力，此陽症，見陽脈也，可治。若脈來沈微細小，此陽症見陰脈也，必死。經曰：溫病攘攘大熱，脈小，足冷者死。

《醫效秘傳・十六種治法・晚發》 晚發者，清明後、夏至前而發者是也。其症身熱頭疼，或惡風惡寒，或有汗無汗，或煩躁，脈來洪數。亦由冬時感寒所致，比之溫熱二症稍輕耳。不宜峻劑，宜清解邪熱，通用梔子升麻湯，加減治之。

《醫效秘傳·十六種治法·時行》 時行者，謂春應暖而反寒，夏應熱而反涼，秋應涼而反熱，冬應寒而反溫是也。蓋四時不正乖戾之氣，流行其間，而有其氣，是以一歲之中，長幼之病相似，此則時行之氣也。其外症有類傷寒，治宜解散，竝用升麻葛根湯。然時行猶外人之感冒，而瘟疫乃内出之邪毒也。

《醫效秘傳·十六種治法·寒疫》 寒疫者，非時感冒之暴寒，亦時行之氣也。《傷寒例》曰：從春分以後，至秋分節前，天有暴寒，皆時行寒疫也。

《四聖懸樞·溫病解·溫病名義》 秋冬感冒，名曰傷寒，春夏感冒，名曰溫病。病於春者謂之溫，病於夏者謂之熱，溫熱同病，因時異名，《素問·熱論》：先夏至日者爲病溫，後夏至日者爲病暑是也。四時之候，秋涼冬寒，春溫夏熱，約而言之，不過陰陽，陰陽之氣，不過寒熱。寒盛於冬，熱盛於夏，秋之涼者，將寒而未寒也，春之溫者，將熱而未熱也。感於冬者，謂之傷寒，感於夏者，謂之病熱，感秋之涼，輕於傷寒，而實傷寒之屬也，感春之溫，輕於病熱，而實病熱之屬也。故秋冬之感證，統曰傷寒，春夏之感證，統曰熱病。仲景之言傷寒，兼秋月之傷涼也，《素問》之言熱病，兼春月之病溫也。

《四聖懸樞·疫病解·寒疫由來》 寒疫之證，寒熱無汗，得之於寒。其年金水不能斂藏，則人氣應之，多病寒疫，以孔竅開而寒氣閉之也。

金水收藏，因乎陽氣之右降。蓋純陽之位，而一陰已生，陰生必降，降則清涼而化燥金，積涼成寒，是爲寒水。涼則收而寒則藏，陽氣封蟄於九地之下，皮毛秘密而不開，故弗傷於寒。金水不能斂藏，則陽氣上鬱，而生外熱。腠理發泄，皮毛不閉，是以易傷於寒。

天人同氣，天地之金水不能斂藏，人物應之，而病寒疫，故多病於秋冬。其病於秋者，傷在庚金，病於冬者，傷在壬水也。

《松峰説疫·論治·疫病有三種論》 傳曰：疫者民皆疾也。又曰：疫，癘也，中人如磨礪傷物也。夫曰：民皆疾而不言何疾，則疾之所該也廣矣。蓋受天地之癘氣，城市、鄉井以及山陬海澨所患皆同，如傜役之役，故以疫名耳。其病千變萬化，約言之則有三焉：一曰瘟疫。夫瘟者，熱之始，熱者，溫之終，始終屬熱症。初得之即發熱，自汗而渴，不惡寒。其表裏分傳也，在表則現三陽經症，入裏則現三陰經症，入府則有應下之症。其愈也，總以汗解，而患者多在熱時。其與傷寒不同者，初不因感寒而得，癘氣自口鼻入，始終一於爲熱。熱者，溫之終，故名之曰瘟疫耳。二曰寒疫。不論春夏秋冬，天氣忽熱，衆人毛竅方開，倏而暴寒，被冷氣所逼即頭痛、身熱、脊強。感於風者有汗，感於寒者無汗，此病亦與太陽傷寒傷風相似，但係天作之孽，衆人所病皆同，且間有冬月而發疹者，故亦得以疫稱焉。其治法則有發散、解肌之殊，其輕者或喘嗽氣壅，或鼻塞聲重，雖不治，亦自愈。又有病發於夏秋之間，其症亦與瘟疫相似，而不受涼藥，未能一汗即解，纏綿多日而始愈者，此皆所謂寒疫也。三曰雜疫。其症則千奇百怪，其病則寒熱皆有，除諸瘟、諸掙、諸痧瘴等暴怪之病外，如瘧痢、泄瀉、脹滿、嘔吐、喘嗽、厥痙、諸痛、諸見血、諸癰腫、淋濁、霍亂等疾，衆人所患皆同者，皆有癘氣以行乎其間，故往往有以平素治法治之不應，必洞悉三才之藴而深究脈症之微者，細心入理，一一體察，方能奏效，較之瘟疫更難揣摩。蓋治瘟疫尚有一定之法，而治雜疫竟無一定之方也。且其病有寒者，有熱者，有上寒而下熱者，有上熱而下寒者，有表寒而裏熱者，有表熱而裏寒者，種種變態，不可枚舉。世有瘟疫之名，而未解其義，亦知寒疫之説，而未得其情，至於雜疫，往往皆視爲本病，而不知爲疫者多矣。故特表而出之。

《傷寒指掌·類傷寒辨》 凡感四時六淫之邪，而病身熱者，今人悉以傷寒名之，是傷寒者，熱病之總名也。其因於寒者，自是正病，若夫因暑因濕，因燥因風，因六淫之兼氣，或非時之戾氣，發爲風溫、濕溫、溫病、寒疫等症，皆類傷寒耳。病熱雖同，所因各異，不可概以傷寒法治之。且傷寒正病絶少，類症尤多，苟不辨明，未免有毫釐千里之差，《準繩》獨以類症弁諸首，亦以辨症爲先務也。用倣其意，首列類症，凡同傷寒之例而治者十一症，不同者八症，共一十九症，庶臨症者得其先務云。

冬溫　春溫　寒疫　熱病　濕溫　風溫　霍亂　痙　濕痹　風濕　中暍以上十一症同傷寒施治。

傷食　痰　脚氣　内癰　虛煩　蓄血　黄耳　赤胸以上八症不同傷寒施治。

自霜降以後，天氣寒冷，感之而病者，傷寒也。霜降以後當寒不寒，乃更溫暖因而衣被單薄，以致感寒而病者冬溫也。

邵評：冬溫者，冬時受邪而即病者也，症多客寒包火。

春時天道和暖，有人壯熱口渴，而不惡寒者，溫病也，以辛溫藥汗之，則

壞矣。若天令尚寒，冰雪未解，感寒而病者，亦傷寒也。

邵評：春溫病有兩種，冬受寒邪不即病，至春而伏氣發熱者，名曰春溫。若春令太熱，外受時邪而病者，此感而即發之春溫也。辨症之法，伏氣春溫，初起但熱不寒而口渴，此自內而發出於外也，感而即發之春溫，初起微寒，後則但熱不寒，此由肺衛而受也。

三月以後，八月以前，天道或有暴寒，感之而病者，時行寒疫也，此寒疫亦傷寒也。不得以正疫治之。

夏至以後，時令炎熱，有人壯熱煩渴，而不惡寒者，熱病也。熱病與中暑相似，但熱病脈盛，中暑脈虛。

邵評：熱病中暑兩病，同在夏天，故必以脈辨之，熱病脈盛，大而有力，中暑脈虛，弦而芤細。

夏月有病，頭痛譫語，自汗，身不甚熱，兩脛逆冷，四肢沉重，胸腹滿而渴者，濕溫也。其人常傷於濕，因而中暑，濕熱相搏，故發此病，不可發汗。

頭痛身熱自汗，與傷寒同，而脈尺寸俱浮，身重默默，但欲眠鼻鼾，語言難出，四肢不收者，風溫也，不可發汗。

病嘔吐而腹痛泄瀉，惡寒發熱，或吐或利，而發熱者，霍亂也。

身熱足寒，頭項強急，惡寒時頭熱面赤，目脈赤，獨頭搖，卒口噤，背反張者，痓也。

太陽病，發熱無汗，反惡寒者，爲剛痓，發熱汗出，不惡寒者，爲柔痓。

邵評：以有汗無汗，惡寒不惡寒，分別剛柔二痓，剛爲寒，柔爲風。

太陽病，關節痛而煩，脈沉而細，此名濕痹，其候小便不利，大便反快，但當利其小便。

病者一身盡痛，發熱晡劇，脈浮而濡，額上微汗，不欲去衣被，或四肢浮腫，此風溫也，不可大汗。若汗大出，風去濕不去，但令微微似欲汗出者，風濕俱去也。

太陽中熱，暍是也，發熱惡寒，身重而痛，汗出而渴，脈微弱。

以上十一症，同傷寒施治。

頭痛發熱，與傷寒同，而身不痛，右關短滑，左脈和平者，傷食也，中脘必痞悶。亦有停食兼感寒者，人迎氣口脈俱大。

憎寒發熱，惡風自汗，胸滿氣上衝咽，不得息，與傷寒相似，而頭不痛，或時痛時止，其脈緊而不大者，痰也。痰在上焦，則寸口脈沉滑，或沉伏，痰在中焦，則右關脈滑大，有氣鬱，則沉而滑，夾食，則短而滑，凡脈弦滑者，有痰飲，偏弦者主飲，沉弦者，有懸飲內痛。

淋久必便膿血，時時汗出，復惡寒，脈滑而數者，腸癰也。胃脘隱隱而痛，手不可近，胃脈沉細，人迎逆而盛者，胃脘癰也。

煩熱與傷寒相似，而脈不浮緊，頭不疼，身不痛，不惡寒，或煩時頭亦痛，煩止而痛止者，虛煩也。

發熱如傷寒，而其人有所從高墜下，攧撲損傷，或盛怒叫呼，或強力負荷，無何而病，小便自利，口不甚渴，按胸脅臍腹間有痛處，或手不可近者，畜血也。發熱惡寒，脊強背直，有似痓狀，耳中策策作痛者，黃耳也。此屬太陽，風入腎經，以荆防敗毒散，加蟬蛻、黃芩、赤芍、紫荆皮，寒邪重者，以小續命湯，加白附、天蟲、天麻。外治法：用苦參磨水滴耳中。

發熱惡寒頭痛，似傷寒，而胸膈赤腫疼痛者，赤胸也，屬少陽風熱，以荆防敗毒散，加芩、連、瓜蔞、元參、赤芍、升麻、紫荆皮，大便燥實加大黃。外治法：用三稜針刺其血，則腫消痛止矣。

以上八症，不同傷寒施治。

《增補評註溫病條辨·原病篇》《熱論篇》曰：凡病傷寒，而成溫者，先夏至日者爲病溫，後夏日者爲病暑。暑當與汗出，勿止。

溫者，暑之漸也，先夏至，春候也，春氣溫，陽氣發越，陰精不足以承之，故爲病溫。後夏至，溫盛爲熱，熱盛則濕動，熱與濕搏而爲暑也。勿者，禁止之詞，勿止暑之汗，即治暑之法也。

霖按：此節經義須作兩截解，先夏至日爲病溫爲一截，乃冬至陽生，人身所伏陽熱，被嚴寒之氣折伏，藏於肌骨之間，至春因感觸發。後夏至日爲病暑爲一截，乃夏至陰生，人身所伏者陰氣，遇天日陽熱，蒸地氣以上騰，人在氣交中，感之爲暑病。蓋熱蒸濕爲汗，熱淸則汗止，故曰當與汗出勿止也。若謂溫爲熱之漸，熱爲溫之盛，則大誤。

《增補評註溫病條辨·上焦篇·風溫溫熱溫疫溫毒冬溫》溫病者，有風溫、有溫熱、有溫疫、有溫毒、有暑溫、有濕溫、有秋燥、有冬溫、有溫瘧。

此九條，見於王叔和《傷寒例》中居多，叔和又牽引《難經》之文以神其說。按時推病，實有是證，叔和治病時，亦實遇是證。但叔和不能別立治法，而

叙於《傷寒例》中，實屬蒙混。以《傷寒論》爲治外感之妙法，遂將一切外感，悉收入《傷寒例》中，而悉以治傷寒之法治之。後人亦不能打破此關，因仍苟簡，千餘年來，貽患無窮，皆叔和之作俑，無怪見駁於方有執喻嘉言諸公也。然諸公雖駁叔和，亦未曾另立方法，喻氏雖立治法，仍不能脫卻傷寒圈子，弊與叔和無二，以致後人無所遵依。本論詳加考核，準古酌今，細立治法，除傷寒宗仲景法外，俾四時雜感，朗若列眉，未始非叔和有以肇其端，東垣、河間、安道、又可、嘉言、天士宏其議，而瑭得以善其後也。

雄按：條辨首列曰：溫病者，有風溫、有溫熱、有溫疫、有溫毒、有暑溫、有濕溫、有秋燥、有冬溫、有溫瘧。凡九項，似無遺義，而不自知其題旨未清也。夫冬傷於寒，至春而發者曰溫病，夏至後發者曰熱病。冬春感風熱之邪而病者，首先犯肺，名曰風溫，其病於冬者，亦曰冬溫，病於春者，亦曰春溫，即葉氏所論者是也。夏至後所發之熱病，在《內經》亦曰暑，以其發於暑令也。故仲景以夏月感暑成病者，名曰暍，蓋暑暍者，皆熱之謂也。今杜撰暑溫名目，最屬不通，至於疫證，更不可與溫熱同治，當從吳又可、余師愚兩家爲正鵠。而溫之爲毒爲瘧，乃溫之節目矣，概而論之，宜乎愈辨愈不清矣。

風溫者，初春陽氣始開，厥陰行令，風夾溫也。溫熱者，春末夏初，陽氣弛張，溫盛爲熱也。溫疫者，厲氣流行，多兼穢濁，家家如是，若役使然也。溫毒者，諸溫夾毒。穢濁大甚也。暑溫者，正夏之時，暑病之偏於熱者也。濕溫者，長夏初秋，濕中生熱，即暑病之偏於濕者也。秋燥者，秋金燥烈之氣也。冬溫者，冬應寒而反溫，陽不潛藏，民病溫也。溫瘧者，陰氣先傷，又因於暑，陽氣獨發也。

按：諸家論溫，有顧此失彼之病，故是編首揭諸溫之大綱，而名其書曰《溫病條辨》。

霖按：《素問·熱論》曰：今夫熱病者，皆傷寒之類也。是古醫經以傷寒爲外感之通稱可證，而寒溫之治法迥殊，越人恐後世不察，故五十八難作傷寒有五之論，以闡明之。仲景採錄《內》、《難》、《胎臚藥錄》諸經，著《傷寒卒病論》十六卷。燬於兵火，高平王叔和收其殘帙，編爲十卷。雖傷寒中風六經之治法猶存，而霍亂濕暍諸篇，剩簡零章，非復廬山眞面。溫熱之治，不存一字，故叔和作序例，以明受病之因，寒溫之異，補仲景之未備。唐宋金元言傷寒溫暑者，未能出其範圍，厥功偉矣，惟不識伏氣之原，常氣雜氣之異，是其可議。然方有執、喻嘉言、程郊倩輩，雖貶駁不遺餘力，其實溫瘟不分，伏氣不知爲何氣，奈何吠聲吠影之徒，從而附和，遂使長夜不明，良可浩歎。吳門葉氏《溫熱篇》，差有可觀，鞠通推廣其義，著爲此書，在不多讀書，急於求售者，未始非臨診之一助，若泥此施治，恐誤來茲，不得不逐節批註，鞠通有知，當能諒此苦衷也。

太陰之爲病，脈不緩不緊而動數，或兩寸獨大，尺膚熱，頭痛，微惡風寒，身熱自汗，口渴，或不渴而咳，午後熱甚者，名曰溫病。

不緩，則非太陽中風矣；不緊，則非太陽傷寒矣；動數者，風火相煽之象，經謂之躁；兩寸獨大，火尅金也。尺膚熱，尺部肌膚熱甚，火反尅水也。頭痛、惡風寒、身熱自汗，與太陽中風無異，此處最足以相混，於何辨之？於脈動數，不緩不緊，證有或渴、或咳、尺熱，午後熱甚辨之。太陽頭痛，風寒之邪，循太陽經上至頭與項，而項強頭痛也。太陰之頭痛，肺主天氣，天氣鬱，則頭亦痛也，且春氣在頭，又火炎上也。吳又可謂浮泛太陽經者，臆說也。傷寒之惡寒，太陽屬寒水而主表，故惡風寒；溫病之惡寒，肺合皮毛而亦主表，故亦惡風寒也。太陽病，則周身之陽氣鬱，故身熱；肺主化氣，肺病不能化氣，氣鬱則身亦熱也。太陽自汗，風疏衛也；太陰自汗，皮毛開也，肺亦主衛。渴，火尅金也。咳，肺氣鬱也。午後熱甚，濁邪歸下，又火旺時也，又陰受火尅之象也。

霖按：以緩、緊及動、數兩寸獨大，辨風寒風熱是矣。若該九種溫病於此脈證中，我不謂然，餘姑勿論，即伏氣溫熱，亦不若是，況溫疫濕溫，難以脈證拘定者乎。前譏論溫諸家，顧此失彼，觀此界劃三焦，籠統立論，名曰條辨，又何嘗分條析辨耶？然寒熱之分當從脈之左右辨之，外感與伏氣當從浮中沉三候辨之，若濕溫未可拘脈，不在此例。

《重慶堂隨筆·論六氣》 冬傷于寒，伏于少陰，夏至前發出者，名曰溫病矣。若夏至後發出者，名曰熱病。以夏至前天氣尚溫，夏至後天氣已熱，皆隨時令以名其病也。其名雖異，其病相同。故溫熱二病，古人往往互稱，《內經》則云後夏至日者爲病暑，亦以夏至後炎暑司令，故曰病暑，且在天爲熱，在地爲火，其性爲暑，是暑即熱之謂也。第此之病暑，因于伏寒化熱，與吸受暑邪而病者，其名雖同，其因則異也。

注： 以溫熱二字命爲病名，似不過分其時令之氣耳。然名曰溫者，涼之可愈，名曰熱者，寒之乃瘳。顧名思義，治法已無餘蘊，故不嫌與感冒之溫吸受之暑同名者，正示人以殊途同歸之旨，豈非古聖析義之精耶。

《溫熱經緯·〈內經〉伏氣溫熱篇》《熱論篇》曰： 凡病傷寒而成溫者，先夏至日者爲病溫，後夏至日者爲病暑。暑當與汗出，勿止。

王啓元曰： 此以熱之微甚爲義也，陽熱未盛故曰溫，陽熱大盛故曰暑。

楊上善曰： 冬傷於寒，輕者，夏至以前發爲溫病。重者，夏至以後發爲暑病。

林觀子曰： 少陰眞氣既虧，邪必深入，鬱久化熱，自內而出。《傷寒序例》云： 暑病者，熱極重於溫，是暑病者，其實熱病也。

沈堯封曰： 傷寒有五，熱病乃其一耳，餘論俱散失矣。

章虛谷曰： 此言凡病傷寒，則不獨指冬時之寒也。蓋寒邪化熱，隨時皆有也。

雄按：《脈要精微論》曰： 彼春之暖，爲夏之暑。夫暖即溫也，熱之漸也。然夏未至則不熱，故病發猶曰溫。其首先犯肺者，乃外感溫邪。若夏至後則漸熱，故病發名曰暑。蓋六月節曰小暑，六月中曰大暑，與冬至後之小寒、大寒相對待，是病暑即病熱也。乃仲聖以夏月外感熱病名曰暍者，別於伏氣之熱病而言也。《說文》云： 暍，傷暑也。《漢書·武帝紀》云： 夏大旱，民多暍死。故暑也，熱也，暍也，皆夏令一氣之名也。後人不察，妄騰口說，甚至講太極，推先天，非不辨也。其實與病情無涉，而於醫理反混淆也。

淦按： 此言其常也。然有時亦有熱病，夏日亦有溫病。溫熱之輕者也，熱溫之重者也，故古人往往互稱。

《溫熱經緯·仲景伏氣溫病篇》 大陽病，發熱而渴，不惡寒者，爲溫病。

郭白雲曰： 冬傷於寒，至春發爲溫病。冬不傷寒，而春自感風溫之氣而病者，亦謂之溫。雄按： 自感溫病，仲聖未論，詳於葉氏列第三卷。

王安道曰： 溫病如此，則知熱病亦如此。是則不渴而惡寒者，非溫熱病矣。溫熱病而有惡風、惡寒之證者，重有風寒新中也。

周禹載曰： 溫病由伏邪自內發出，一達於外，表裏俱熱，熱勢既壯，鬱邪耗液，故發而即渴。其表本無邪鬱，內方喜寒，故不惡寒。延至三五日間，或腹滿，或下利者，即此證也。與傷寒之先表後裏者大異。然獨系太陽，以未顯他經之證，明自少陰發出，爲表裏也。

葉香巖曰： 發熱而渴者，溫病熱邪自內達外。若誤汗之，禍不可言。

沈堯封曰： 此條雖不言脈，以後條參之，其尺部必浮出。

沈堯封曰： 溫熱二病，古人往往互稱，醫者祇須認定脈證，擬何方治，不必拘於名式。《難經》云： 熱病之脈，陰陽俱浮。本條云： 風溫爲病，脈陰陽俱浮，兩證脈相同也。三陽合病，但欲眠睡，身重難以轉側，本條身重多眠，兩證病相似也。熱病合病，俱主以白虎湯則此條雖無主治，似可從白虎湯擬法。

章虛谷曰： 溫病之發而無定處，少陰之表爲太陽，熱邪從裏出表，即有發熱，頭痛之太陽病也。不惡寒，其非外感之邪可知。渴者，熱從內發之證也。仲景恐人錯認爲太陽傷風寒，故特標是伏熱內發之溫病也。其少陰溫病反不標者，因伏氣條內已申明，咽痛下利爲少陰初發之溫病也。

章虛谷曰： 太陽外感之邪，若發汗已，必熱退身涼矣。今熱邪從少陰而發，既經外發，當清其熱，乃誤發其汗，反傷津氣，助其邪勢，故身更灼熱，因而勾起其肝風，鼓蕩其溫邪，故名曰風溫。其爲病也，虛陽外浮，熱邪漫溢，故脈陰陽俱浮。津液外泄，自汗不止，氣乏神昏，則身重多眠睡，內風上鼓，而機竅窒塞，故鼻息必鼾，語言難出，其非外受風邪之證可見矣。若被下者，謂未經誤汗，非謂汗後又下也。蓋邪伏少陰，熱灼水枯，咽乾口燥，法當急下。此熱已發出太陽，而少陰空虛，若下之，傷陰則小便不利，而直視失溲，則氣亦脫矣。如未被汗下，而被火攻者，外火助內熱熏蒸而發黃，劇則火邪擾心如驚癇，肝風熾盛而瘈瘲，皆敗壞之象也。若止火熏之，一逆尚可引日苟延，若既汗又下，而再逆之，更促其命期也。

論說

《素問·熱論》 黃帝問曰： 今夫熱病者，皆傷寒之類也，或愈或死，其死皆以六七日之閒，其愈皆以十日以上者，何也？ 不知其解，願聞其故。岐伯對曰： 巨陽者，諸陽之屬也。其脈連於風府，故爲諸陽主氣也。人之傷

於寒也，則爲病熱，熱雖甚不死，其兩感於寒而病者，必不免於死。帝曰：願聞其狀。岐伯曰：傷寒一日，巨陽受之，故頭項痛，腰脊強。二日陽明受之。陽明主內，其脈俠鼻，絡於目，故身熱目疼而鼻乾，不得卧也。三日少陽受之。少陽主膽，其脈循脇絡於耳，故胸脇痛而耳聾，三陽經絡，皆受其病，而未入於藏者，故可汗而已。四日太陰受之。太陰脈布胃中，絡於嗌，故腹滿而嗌乾。五日少陰受之。少陰脈貫腎，絡於肺，繫舌本，故口燥舌乾而渴。六日厥陰受之。厥陰脈循陰器而絡於肝，故煩滿而囊縮。三陰三陽，五藏六府皆受病，榮衛不行，五藏不通，則死矣。其不兩感於寒者，七日巨陽病衰，頭痛少愈；八日陽明病衰，身熱少愈；九日少陽病衰，耳聾微聞；十日太陰病衰，腹減如故，則思飲食；十一日少陰病衰，渴止不滿，舌乾已而嚏；十二日厥陰病衰，囊縱，少腹微下，大氣皆去，病日已矣。帝曰：治之奈何？岐伯曰：治之各通其藏脈，病日衰已矣。其未滿三日者，可汗而已；其滿三日者，可泄而已。帝曰：熱病已愈，時有所遺者，何也？岐伯曰：諸遺者，熱甚而強食之，故有所遺也。若此者，皆病已衰，而熱有所藏，因其穀氣相薄，兩熱相合，故有所遺也。帝曰：善。治遺奈何？岐伯曰：視其虛實，調其逆從，可使必已矣。帝曰：病熱當何禁之？岐伯曰：病熱少愈，食肉則復，多食則遺，此其禁也。帝曰：其病兩感於寒者，其脈應與其病形何如？岐伯曰：兩感於寒者，病一日則巨陽與少陰俱病，則頭痛口乾而煩滿；二日則陽明與太陰俱病，則腹滿身熱，不欲食譫言；三日則少陽與厥陰俱病，則耳聾囊縮而厥。水漿不入，不知人，六日死。帝曰：五藏已傷，六府不通，榮衛不行，如是之後，三日乃死，何也？岐伯曰：陽明者，十二經脈之長也，其血氣盛，故不知人，三日其氣乃盡，故死矣。凡病傷寒而成溫者，先夏至日者，爲病溫，後夏至日者，爲病暑。暑當與汗皆出，勿止。

《素問·刺熱》 肝熱病者，小便先黄，腹痛多卧，身熱。熱爭則狂言及驚，脇滿痛，手足躁，不得安卧。庚辛甚，甲乙大汗。氣逆則庚辛死。刺足厥陰少陽，其逆則頭痛貟貟，脈引衝頭也。心熱病者，先不樂，數日乃熱，爭則卒心痛，煩悶善嘔，頭痛面赤，無汗。壬癸甚，丙丁大汗。氣逆則壬癸死，刺手少陰太陽。脾熱病者，先頭重，頰痛，煩心，顔青，欲嘔，身熱。熱爭則腰痛，不可用俛仰，腹滿泄，兩頷痛。甲乙甚，戊己大汗；氣逆則甲乙死，刺足太陰陽明。肺熱病者，先淅然厥起毫毛，惡風寒，舌上黄，身熱。熱爭則喘欬，痛走胸膺背，不得大息，頭痛不堪，汗出而寒。丙丁甚，庚辛大汗。氣逆則丙丁死。刺手太陰陽明，出血如大豆，立已。腎熱病者，先腰痛胻痠，苦渴數飲身熱。熱爭則項痛而強，胻寒且痠，足下熱，不欲言。其逆則項痛，貟貟澹澹然。戊己甚，壬癸大汗。氣逆則戊己死。刺足少陰太陽，諸汗者，至其所勝日汗出也。肝熱病者，左頰先赤；心熱病者，顔先赤；脾熱病者，鼻先赤；肺熱病者，右頰先赤；腎熱病者，頤先赤。病雖未發，見赤色者刺之，名曰治未病。熱病從部所起者，至期而已，其刺之反者，三周而已。重逆則死。諸當汗者，至其所勝日，汗大出也。諸治熱病，以飲之寒水乃刺之，必寒衣之，居止寒處，身寒而止也。

《素問·評熱病論》 黄帝問曰：有病溫者，汗出輒復熱而脈躁疾，不爲汗衰，狂言不能食，病名爲何？岐伯對曰：病名陰陽交，交者死也。帝曰：願聞其說。岐伯曰：人所以汗出者，皆生於穀，穀生於精，今邪氣交爭於骨肉而得汗者，是邪卻而精勝也。精勝則當能食而不復熱；復熱者邪氣也，汗者精氣也，今汗出而輒復熱者，是邪勝也，不能食者，精無俾也。病而留者，其壽可立而傾也。且夫《熱論》曰：汗出而脈尚躁盛者死。今脈不與汗相應，此不勝其病也，其死明矣。狂言者是失志，失志者死，今見三死，不見一生，雖愈必死也。帝曰：有病身熱，汗出煩滿，煩滿不爲汗解，此爲何病？岐伯曰：汗出而身熱者風也，汗出而煩滿不解者厥也，病名曰風厥。帝曰：願卒聞之。岐伯曰：巨陽主氣，故先受邪，少陰與其爲表裏也，得熱則上從之，從之則厥也。帝曰：治之奈何？岐伯曰：表裏刺之，飲之服湯。帝曰：勞風爲病何如？岐伯曰：勞風法在肺下，其爲病也，使人強上、冥視，唾出若涕，惡風而振寒，此爲勞風之病。帝曰：治之奈何？岐伯曰：以救俛仰。巨陽引精者三日，中年者五日，不精者七日，欬出青黄涕，其狀如膿，大如彈丸，從口中若鼻中出，不出則傷肺，傷肺則死也。帝曰：有病腎風者，面胕痝然，壅害於言，可刺不？岐伯曰：虛不當刺，不當刺而刺，後五日其氣必至。帝曰：其至何如？岐伯曰：至必少氣時熱，時熱從胸背上至頭，汗出，手熱，口乾，苦渴，小便黄，目下腫，腹中鳴，身重難以行，月事不來，煩而不能食，不能正偃，正偃則欬，病名曰風水，論在刺法中。帝曰：願聞其說。岐伯曰：邪之所湊，其氣必虛；陰虛者，陽必

湊之。故少氣時熱而汗出也。小便黃者，少腹中有熱也。不能正偃者，胃中不和也。正偃則欬甚，上迫肺也。諸有水氣者，微腫先見於目下也。帝曰：何以言？岐伯曰：水者陰也，目下亦陰也，腹者至陰之所居。故水在腹者，必使目下腫也。眞氣上逆，故口苦舌乾，卧不得正偃，正偃則欬出清水也。諸水病者，故不得卧，卧則驚，驚則欬甚也。腹中鳴者，病本於胃也。薄脾則煩，不能食。食不下者，胃脘隔也。身重難以行者，胃脈在足也。月事不來者，胞脈閉也，胞脈者屬心，而絡於胞中，今氣上迫肺，心氣不得下通，故月事不來也。帝曰：善。

《素問・瘧論》黃帝問曰：夫痎瘧皆生於風，其蓄作有時者，何也？岐伯對曰：瘧之始發也，先起於毫毛，伸欠乃作，寒慄鼓頷，腰脊俱痛，寒去則內外皆熱，頭痛如破，渴欲冷飲。帝曰：何氣使然？願聞其道。岐伯曰：陰陽上下交爭，虛實更作，陰陽相移也。陽幷於陰，則陰實而陽虛，陽明虛則寒慄鼓頷也；巨陽虛則腰背頭項痛；三陽俱虛則陰氣勝；陰氣勝則骨寒而痛；寒生於內，故中外皆寒；陽盛則外熱，陰虛則內熱，外內皆熱，則喘而渴，故欲冷飲也。此皆得之夏傷於暑，熱氣盛，藏於皮膚之內，腸胃之外，此榮氣之所舍也。此令人汗空疏，腠理開，因得秋氣；汗出遇風，及得之以浴，水氣舍於皮膚之內，與衛氣幷居。衛氣者，晝日行於陽，夜行於陰，此氣得陽而外出，得陰而內薄，內外相薄，是以日作。帝曰：其間日而作者何也？岐伯曰：其氣之舍深，內薄於陰，陽氣獨發，陰邪內著，陰與陽爭不得出，是以間日而作也。帝曰：善。其作日晏與其日早者，何氣使然？岐伯曰：邪氣客於風府，循膂而下，衛氣一日一夜大會於風府，其明日日下一節，故其作也晏。此先客於脊背也，每至於風府，則腠理開，腠理開，則邪氣入，邪氣入，則病作，以此日作稍益晏也；其出於風府日下一節，二十五日下至骶骨，二十六日入於脊內，注於伏膂之脈，其氣上行，九日出於缺盆之中，其氣日高，故作日益早也。其間日發者，由邪氣內薄於五藏，橫連募原也。其道遠，其氣深，其行遲，不能與衛氣俱行，不得皆出。故間日乃作也。帝曰：夫子言衛氣每至於風府，腠理乃發，發則邪氣入，入則病作，今衛氣日下一節，其氣之發也，不當風府，其日作者奈何？岐伯曰：此邪氣客於頭項，循膂而下者也。故虛實不同，邪中異所，則不得當其風府也。故邪中於頭項者，氣至頭項而病；中於背者，氣至背而病；中於腰脊者，氣至腰脊而病；中於手足者，氣至手足而病。衛氣之所在與邪氣相合，則病作。故風無常府，衛氣之所發必開其腠理，邪氣之所合，則其府也。帝曰：善。夫風之與瘧也，相似同類，而風獨常在，瘧得有時而休者何也？岐伯曰：風氣留其處，故常在，瘧氣隨經絡，沈以內薄，故衛氣應乃作。帝曰：瘧先寒而後熱者何也？岐伯曰：夏傷於大暑，其汗大出，腠理開發，因遇夏氣淒滄之水寒，藏於腠理皮膚之中，秋傷於風，則病成矣。夫寒者，陰氣也，風者，陽氣也，先傷於寒而後傷於風，故先寒而後熱也。病以時作，名曰寒瘧。帝曰：先熱而後寒者何也？岐伯曰：此先傷於風，而後傷於寒。故先熱而後寒也。亦以時作，名曰溫瘧。其但熱而不寒者，陰氣先絕，陽氣獨發，則少氣煩冤，手足熱而欲嘔，名曰癉瘧。帝曰：夫經言有餘者寫之，不足者補之，今熱爲有餘，寒爲不足。夫瘧者之寒，湯火不能溫也，及其熱，冰水不能寒也，此皆有餘不足之類。當此之時，良工不能止，必須其自衰，乃刺之，其故何也？願聞其說。岐伯曰：經言無刺熇熇之熱，無刺渾渾之脈，無刺漉漉之汗，故爲其病逆未可治也。夫瘧之始發也，陽氣幷於陰，當是之時，陽虛而陰盛，外無氣故先寒慄也。陰氣逆極則復出之陽，陽與陰復幷於外，則陰虛而陽實，故先熱而渴。夫瘧氣者，幷於陽則陽勝，幷於陰則陰勝，陰勝則寒，陽勝則熱。瘧者，風寒之氣不常也。病極則復。至病之發也，如火之熱，始風雨不可當也。故經言曰：方其盛時，必毁，因其衰也，事必大昌，此之謂也。夫瘧之未發也，陰未幷陽，陽未幷陰，因而調之，眞氣得安，邪氣乃亡。故工不能治其已發爲其氣逆也。帝曰：善。攻之奈何？早晏何如？岐伯曰：瘧之且發也，陰陽之且移也，必從四末始也。陽已傷，陰從之，故先其時堅束其處，令邪氣不得入，陰氣不得出，審候見之在孫絡盛堅而血者，皆取之，此眞往而未得幷者也。帝曰：瘧不發其應何如？岐伯曰：瘧氣者，必更盛更虛，當氣之所在也。病在陽則熱而脈躁，在陰則寒而脈靜，極則陰陽俱衰，衛氣相離，故病得休，衛氣集則復病也。帝曰：時有間二日或至數日發，或渴或不渴，其故何也？岐伯曰：其間日者，邪氣與衛氣客於六府，而有時相失不能相得，故休數日乃作也。瘧者陰陽更勝也，或甚或不甚，故或渴或不渴。帝曰：論言夏傷於暑，秋必病瘧，今瘧不必應者何也？岐伯曰：此應四時者也。其病異形者，反四時也。其以秋病者寒甚，以冬病者寒不甚，以春病者惡風，以夏病者多汗。帝曰：夫病溫

瘧與寒瘧，而皆安舍，舍於何藏？岐伯曰：溫瘧者，得之冬中於風，寒氣藏於骨髓之中，至春則陽氣大發，邪氣不能自出，因遇大暑，腦髓爍、肌肉消，腠理發泄，或有所用力，邪氣與汗皆出，此病藏於腎，其氣先從內出之於外也。如是者，陰虛而陽盛，陽盛則熱矣。衰則氣復反入，入則陽虛，陽虛則寒矣。故先熱而後寒，名曰溫瘧。帝曰：癉瘧何如？岐伯曰：癉瘧者肺素有熱，氣盛於身，厥逆上衝，中氣實而不外泄，因有所用力，腠理開，風寒舍於皮膚之內，分肉之間而發，發則陽氣盛，陽氣盛而不衰則病矣。其氣不及於陰，故但熱而不寒，氣內藏於心而外舍於分肉之間，令人消爍脫肉，故命曰癉瘧。

帝曰：善。

《素問・刺瘧》 足太陽之瘧，令人腰痛頭重，寒從背起，先寒後熱，熇熇暍暍然，熱止汗出，難已，刺郄中出血。足少陽之瘧，令人身體解㑊，寒不甚，熱不甚，惡見人，見人心惕惕然，熱多汗出甚，刺足少陽。足陽明之瘧，令人先寒，洒淅洒淅，寒甚久乃熱，熱去汗出，喜見日月光火氣，乃快然，刺足陽明跗上。足太陰之瘧，令人不樂，好太息，不嗜食，多寒熱汗出，病至則善嘔，嘔已乃衰，即取之。足少陰之瘧，令人嘔吐甚，多寒熱，熱多寒少，欲閉戶牖而處，其病難已。足厥陰之瘧，令人腰痛，少腹滿，小便不利，如癃狀，非癃也。數便，意恐懼，氣不足，腹中悒悒，刺足厥陰。肺瘧者，令人心寒，寒甚熱，熱間善驚，如有所見者，刺手太陰陽明。心瘧者，令人煩心甚，欲得清水，反寒多，不甚熱，刺手少陰。肝瘧者，令人色蒼蒼然太息，其狀若死者，刺足厥陰見血。脾瘧者，令人寒，腹中痛，熱則腸中鳴，鳴已汗出，刺足太陰。腎瘧者，令人洒洒然，腰脊痛，宛轉大便難，目眴眴然，手足寒。刺足太陽少陰。胃瘧者，令人且病也，善飢而不能食，食而支滿腹大。刺足陽明太陰橫脈出血。瘧發身方熱，刺跗上動脈，開其空，出其血，立寒。瘧方欲寒，刺手陽明太陰、足陽明太陰。瘧脈滿大急，刺背俞，用中鍼傍伍胠俞各一，適肥瘦出其血也。瘧脈小實急，灸脛少陰，刺指井。瘧脈滿大急，刺背俞，用五胠俞、背俞各一，適行至於血也。瘧脈緩大虛，便宜用藥，不宜用鍼。凡治瘧，先發如食頃，乃可以治，過之，則失時也。諸瘧而脈不見，刺十指間出血，血去必已。先視身之赤如小豆者，盡取之。十二瘧者，其發各不同時，察其病形，以知其何脈之病也。先其發時，如食頃而刺之，一刺則衰，二刺則知，三刺則已，不已刺舌下兩脈出血，不已刺郄中盛經出血，又刺項已下俠脊者必已。舌下兩脈者，廉泉也。刺瘧者，必先問其病之所先發者，先刺之，先頭痛及重者，先刺頭上及兩額兩眉間出血；先項背痛者，先刺之；先腰脊痛者，先刺郄中出血；先手臂痛者，先刺手少陰陽明十指間；先足脛痠痛者，先刺足陽明十指間出血。風瘧，瘧發則汗出惡風。刺三陽經背俞之血者。䯒痠痛甚，按之不可，名曰胕髓病。以鑱鍼，鍼絕骨出血，立已。身體小痛，刺至陰。諸陰之井無出血，間日一刺。瘧不渴，間日而作，刺足太陽。渴而間日作，刺足少陽。溫瘧汗不出，爲五十九刺。

《素問・水熱穴論》 黃帝問曰：少陰何以主腎，腎何以主水？岐伯對曰：腎者，至陰也；至陰者，盛水也。肺者，太陰也；少陰者，冬脈也。故其本在腎，其末在肺，皆積水也。帝曰：腎何以能聚水而生病？岐伯曰：腎者，胃之關也。關門不利，故聚水而從其類也。上下溢於皮膚，故爲胕腫。胕腫者，聚水而生病也。帝曰：諸水皆生於腎乎？岐伯曰：腎者牝藏也，地氣上者，屬於腎，而生水液也。故曰：至陰勇而勞甚，則腎汗出，腎汗出逢於風，內不得入於藏府，外不得越於皮膚，客於玄府，行於皮裏，傳爲胕腫，本之於腎，名曰風水。所謂玄府者，汗空也。帝曰：水俞五十七處者，是何主也？岐伯曰：腎俞五十七穴，積陰之所聚也，水所從出入也。尻上五行行五者，此腎俞。故水病下爲胕腫、大腹，上爲喘呼、不得臥者，標本俱病，故肺爲喘呼，腎爲水腫，肺爲逆不得臥，分爲相輸俱受者，水氣之所留也。伏菟上各二行，行五者，此腎之街也。三陰之所交結於腳也。踝上各一行，行六者，此腎脈之下行也，名曰太衝。凡五十七穴者，皆藏之陰絡，水之所客也。帝曰：春取絡脈分肉何也？岐伯曰：春者木始治，肝氣始生，肝氣急，其風疾。經脈常深，其氣少，不能深入，故取絡脈分肉間。帝曰：夏取盛經分腠何也？岐伯曰：夏者火始治，心氣始長，脈瘦氣弱，陽氣留溢，熱熏分腠，內至於經。故取盛經分腠，絕膚而病去者，邪居淺也。所謂盛經者，陽脈也。帝曰：秋取經俞何也？岐伯曰：秋者金始治，肺將收殺，金將勝火，陽氣在合，陰氣初勝，濕氣及體，陰氣未盛，未能深入，故取俞以寫陰邪，取合以虛陽邪，陽氣始衰，故取於合。帝曰：冬取井滎何也？岐伯曰：冬者水始治，腎方閉，陽氣衰少，陰氣堅盛，巨陽伏沈，陽脈乃去，故取井以下陰逆，取滎以實陽氣。故曰：冬取井滎，春不鼽衄。此之謂也。

帝曰：夫子言治熱病五十九俞，餘論其意，未能領別其處，願聞其處，因聞

其意。岐伯曰：頭上五行行五者，以越諸陽之熱逆也。大杼、膺俞、缺盆背俞，此八者，以寫胸中之熱也。氣街、三里、巨虛上下廉，此八者，以寫胃中之熱也。雲門、髃骨、委中、髓空，此八者，以寫四支之熱也。五藏俞傍五，此十者，以寫五藏之熱也。凡此五十九穴者，皆熱之左右也。帝曰：人傷於寒，而傳爲熱，何也？岐伯曰：夫寒盛則生熱也。

《靈樞·營氣》黃帝曰：營氣之道，內穀爲寶。穀入於胃，乃傳之肺，流溢於中，布散於外，精專者行於經隧，常營無已，終而復始，是謂天地之紀。故氣從太陰出，注手陽明，上行注足陽明，下行至跗上，注大指間，與太陰合，上行抵髀。從脾注心中，循手少陰，出腋下臂，注小指，合手太陽，上行乘腋出䪼內，注目內眥，上巔下項，合足太陽，循脊下尻，下行注小指之端，循足心，注足少陰，上行注腎，從腎注心，外散於胸中。循心主脈，出腋下臂，出兩筋之間，入掌中，出中指之端，還注小指次指之端，合手少陽，上行注膻中，散於三焦，從三焦注膽，出脇注足少陽，下行至跗上，復從跗注大指間，合足厥陰，上行至肝，從肝上注肺，上循喉嚨，入頏顙之竅，究於畜門。其支別者，上額循巔下項中，循脊，入骶，是督脈也，絡陰器，上過毛中，入臍中，上循腹裏，入缺盆，下注肺中，復出太陰。此營氣之所行也，逆順之常也。

《靈樞·營衛生會》黃帝問於岐伯曰：人焉受氣？陰陽焉會？何氣爲營？何氣爲衛？營安從生？衛於焉會？老壯不同氣，陰陽異位，願聞其會。岐伯答曰：人受氣於穀，穀入於胃，以傳與肺，五藏六府，皆以受氣。其清者爲營，濁者爲衛，營在脈中，衛在脈外，營周不休，五十而復大會。陰陽相貫，如環無端。衛氣行於陰二十五度，行於陽二十五度，分爲晝夜，故氣至陽而起，至陰而止。故曰：日中而陽隴爲重陽，夜半而陰隴爲重陰。故太陰主內，太陽主外，各行二十五度，分爲晝夜。夜半爲陰隴，夜半後而爲陰衰，平旦陰盡。而陽受氣矣。日中爲陽隴，日西而陽衰，日入陽盡而陰受氣矣。夜半而大會，萬民皆卧，命曰合陰，平旦陰盡而陽受氣，如是無已，與天地同紀。黃帝曰：老人之不夜瞑者，何氣使然？少壯之人不晝瞑者，何氣使然？岐伯答曰：壯者之氣血盛，其肌肉滑，氣道通，營衛之行，不失其常，故晝精而夜瞑。老者之氣血衰，其肌肉枯，氣道澀，五藏之氣相搏，其營氣衰少，而衛氣內伐，故晝不精，夜不瞑。黃帝曰：願聞營衛之所行，皆何道從來？岐伯答曰：營出於中焦，衛出於下焦。黃帝曰：願聞三焦之所出。岐伯答曰：上焦出於胃上口，並咽以上貫膈而布胸中，走腋，循太陰之分而行，還至陽明，上至舌，下足陽明，常與營俱行於陽二十五度，行於陰亦二十五度，一周也，故五十度而復大會於手太陰矣。黃帝曰：人有熱，飲食下胃，其氣未定，汗則出，或出於面，或出於背，或出於身半，其不循衛氣之道而出，何也？岐伯曰：此外傷於風，內開腠理，毛蒸理泄，衛氣走之，固不得循其道，此氣慓悍滑疾，見開而出，故不得從其道，故命曰漏泄。黃帝曰：願聞中焦之所出。岐伯答曰：中焦亦並胃中，出上焦之後，此所受氣者，泌糟粕，蒸津液，化其精微，上注於肺脈，乃化而爲血，以奉生身，莫貴於此，故獨得行於經隧，命曰營氣。黃帝曰：夫血之與氣，異名同類，何謂也？岐伯答曰：營衛者，精氣也，血者，神氣也，故血之與氣，異名同類焉。故奪血者無汗，奪汗者無血，故人生有兩死而無兩生。黃帝曰：願聞下焦之所出。岐伯答曰：下焦者，別迴腸，注於膀胱，而滲入焉。故水穀者，常拜居於胃中，成糟粕而俱下於大腸，而成下焦，滲而俱下，濟泌別汁，循下焦而滲入膀胱焉。黃帝曰：人飲酒，酒亦入胃，穀未熟而小便獨先下何也？岐伯答曰：酒者，熟穀之液也，其氣悍以清，故後穀而入，先穀而液出焉。黃帝曰：善。余聞上焦如霧，中焦如漚，下焦如瀆，此之謂也。

《靈樞·寒熱病》皮寒熱者，不可附席，毛發焦，鼻槁臘，不得汗。取三陽之絡，以補手太陰。肌寒熱者，肌痛，毛發焦而脣槁臘，不得汗。取三陽於下以去其血者，補足太陰以出其汗。骨寒熱者，病無所安，汗注不休。齒未槁，取其少陰於陰股之絡；齒已槁，死不治。骨厥亦然。骨痹，舉節不用而痛，汗注煩心。取三陰之經，補之。身有所傷，血出多，及中風寒。若有所墮墜，四支懈惰不收，名曰體惰。取其小腹臍下三結交。三結交者，陽明、太陰也，臍下三寸關元也。厥痹者，厥氣上及腹，取陰陽之絡，視主病也，寫陽補陰經也。頸側之動脈人迎。人迎，足陽明也，在嬰筋之前。嬰筋之後，手陽明也，名曰扶突。次脈，足少陽脈也，名曰天牖。次脈，足太陽也，名曰天柱。腋下動脈，臂太陰也，名曰天府。陽迎頭痛，胸滿不得息，取之人迎。暴瘖氣鞕，取扶突與舌本出血。暴聾氣蒙，耳目不明，取天牖。暴攣癇眩，足不任身，取天柱。暴癉內逆，肝肺相搏，血溢鼻口，取天府。此爲天牖五部。臂陽明有入頄徧齒者，名曰大迎，下齒齲取之。臂惡寒補之，不惡寒寫之。足太陽有入頄徧齒者，名曰角孫，上齒齲取之，在鼻與頄前。方病之時，其脈盛，

盛則寫之，虛則補之。一曰取之出鼻外。足陽明有挾鼻入於面者，名曰懸顱，屬口，對入系目本，視有過者取之，損有餘，益不足，反者益。其足太陽有通項入於腦者，正屬目本，名曰眼系，頭目苦痛，取之在項中兩筋間，入腦乃別。陰蹻、陽蹻，陰陽相交，陽入陰，陰出陽，交於目銳眥，陽氣盛則瞋目，陰氣盛則瞑目。熱厥取足太陰、少陽，皆留之；寒厥取足陽明，少陰於足，皆留之。舌縱涎下，煩悗，取足少陰。振寒灑灑鼓頷，不得汗出，腹脹煩悗，取手太陰。刺虛者，刺其去也，刺實者，刺其來也。春取絡脈，夏取分腠，秋取氣口，冬取經輸，凡此四時，各以時爲齊。絡脈治皮膚，分腠治肌肉，氣口治筋脈，經輸治骨髓。五藏，身有五部：伏兔一；腓二，腓者腨也。背三，五藏之腧四；項五。此五部有癰疽者死。病始手臂者，先取手陽明、太陰而汗出；病始頭首者，先取項太陽而汗出；病始足脛者，先取項太陽而汗出；病始足脛者，先取足陽明而汗出。臂太陰可汗出，足陽明可汗出。故取陰而汗出甚者，止之於陽；取陽而汗出甚者，止之於陰。凡刺之害，中而不去則精泄，不中而去則致氣。精泄則病甚而恇，致氣則生爲癰疽也。

《靈樞·衛氣行》黃帝問於岐伯曰：願聞衛氣之行，出入之合，何如？岐伯曰：歲有十二月，日有十二辰，子午爲經，卯酉爲緯。天周二十八宿，而一面七星，四七二十八星，房昴爲緯，虛張爲經。是故房至畢爲陽，昴至心爲陰，陽主晝，陰主夜。故衛氣之行，一日一夜五十周於身，晝日行於陽二十五周，夜行於陰二十五周，周於五歲。是故平旦陰盡，陽氣出於目，目張則氣上行於頭，循項下足太陽，循背下至小指之端。其散者，別於目銳眥。下手太陽。下至手小指之間外側。其散者，別於目銳眥，下足少陽，注小指次指之間。以上循手少陽之分，側下至小指之間，別者以上至耳前，合於頷脈，注足陽明，以下行至跗上，入五指之間。其散者，從耳下下手陽明，入大指之間，入掌中。其至於足也，入足心，出內踝，下行陰分，復合於目，故爲一周。是故日行一舍，人氣行一周與十分身之八，日行二舍，人氣二周於身與十分身之六，日行三舍，人氣行於身五周與十分身之四，日行四舍，人氣行於身七周與十分身之二，日行五舍，人氣行於身九周，日行六舍，人氣行於身十周與十分身之八，日行七舍，人氣行於身十二周在身與十分身之六，日行十四舍，人氣二十五周於身有奇分與十分身之四，陽盡於陰，陰受氣矣。其始入於陰，常從足少陰注於腎，腎注於心，心注於肺，肺注于肝，肝注于脾，脾復注於腎爲周。是故夜行一舍，人氣行於陰藏一周與十分藏之八，亦如陽行之二十五周，而復合於目。陰陽一日一夜，合有奇分十分身之四，與十分藏之二，是故人之所以臥起之時有早晏者，奇分不盡故也。黃帝曰：衛氣之在於身也，上下往來不以期，候氣而刺之奈何？伯高曰：分有多少，日有長短，春秋冬夏，各有分理，然後常以平旦爲紀，以夜盡爲始。是故一日一夜，水下百刻，二十五刻者，半日之度也，常如是毋已，日入而止，隨日之長短，各以爲紀而刺之。謹候其時，病可與期，失時反候者，百病不治。故曰：刺實者，刺其來也，刺虛者，刺其去也。此言氣存亡之時，以候虛實而刺之。是故謹候氣之所在而刺之，是謂逢時。在於三陽，必候其氣在於陽而刺之，病在於三陰，必候其氣在陰分而刺之。水下一刻，人氣在太陽，水下二刻，人氣在少陽，水下三刻，人氣在陽明，水下四刻，人氣在陰分，水下五刻，人氣在太陽，水下六刻，人氣在少陽，水下七刻，人氣在陽明，水下八刻，人氣在陰分。水下九刻，人氣在太陽，水下十刻，人氣在少陽，水下十一刻，人氣在陽明，水下十二刻，人氣在陰分。水下十三刻，人氣在太陽；水下十四刻，人氣在少陽，水下十五刻，人氣在陽明，水下十六刻，人氣在陰分。水下十七刻，人氣在太陽；水下十八刻，人氣在少陽，水下十九刻，人氣在陽明，水下二十刻，人氣在陰分。水下二十一刻，人氣在太陽；水下二十二刻，人氣在少陽，水下二十三刻，人氣在陽明，水下二十四刻，人氣在陰分。水下二十五刻，人氣在太陽；此半月之度也。從房至畢一十四舍，水下五十刻，日行半度，迴行一舍，水下三刻與七分刻之四。大要曰常以日之加於宿上也，人氣在太陽。是故日行一舍，人氣行三陽行與陰分，常如是無已，天與地同紀，紛紛紛紛，終而復始，一日一夜，水下百刻而盡矣。

《靈樞·歲露論》黃帝問於岐伯曰：經言夏日傷暑，秋病瘧，瘧之發以時，其故何也？岐伯對曰：邪客於風府，病循膂而下，衛氣一日一夜，常大會於風府，其明日日下一節，故其日作晏。此其先客於脊背也。故每至於風府則腠理開，腠理開則邪氣入，邪氣入則病作，此所以日作尙晏也。衛氣之行風府，日下一節，二十一日下至尾底，二十二日入脊內，注於伏衝之脈，其行九日，出於缺盆之中，其氣上行，故其病稍益至。其內搏於五藏，橫連募原，其道遠，其氣深，其行遲，不能日作，故次日乃稸積而作焉。黃帝曰：衛氣每至於風府，腠理乃發，發則邪入焉。其衛氣日下一節，則不當風府，奈

何？岐伯曰：風府無常，衛氣之所應，必開其腠理，氣之所舍節，則其府也。黃帝曰：善。夫風之與瘧也，相與同類，而風常在，而瘧特以時休，何也？岐伯曰：風氣留其處，瘧氣隨經絡，沉以內搏，故衛氣應，乃作也。帝曰：善。黃帝問於少師曰：余聞四時八風之中人也。故有寒暑，寒則皮膚急而腠理閉，暑則皮膚緩而腠理開。賊風邪氣，因得以入乎？將必須入正虛邪，乃能傷人乎？少師答曰：不然。賊風邪氣之中人也，不得以時。然必因其開也，其入深，其內極病，其病人也，卒暴；因其閉也，其入淺以留，其病也徐以遲。黃帝曰：有寒溫和適，腠理不開，然有卒病者，其故何也？少師答曰：帝弗知邪入乎？雖平居，其腠理開閉緩急，其故常有時也。黃帝曰：可得聞乎？少師曰：人與天地相參也，與日月相應也。故月滿則海水西盛，人血氣積，肌肉充，皮膚緻，毛發堅，腠理郄，煙垢著，當是之時，雖遇賊風，其入淺不深。至其月郭空，則海水東盛，人氣血虛，其衛氣去，形獨居，肌肉減，皮膚縱，腠理開，毛發殘，膲理薄，煙垢落，當是之時，遇賊風則其入深。其病人也，卒暴。黃帝曰：其有卒然暴死暴病者，何也？少師答曰：三虛者，其死暴疾也。得三實者，邪不能傷人也。黃帝曰：願聞三虛。少師曰：乘年之衰。逢月之空，失時之和，因爲賊風所傷，是謂三虛。故論不知三虛，工反爲麤。帝曰：願聞三實。少師曰：逢年之盛，遇月之滿，得時之和，雖有賊風邪氣，不能危之也。黃帝曰：善乎哉論！明乎哉道！請藏之金匱，命曰三實，然此一夫之論也。黃帝曰：願聞歲之所以皆同病者，何因而然？少師曰：此八正之候也。黃帝曰：候之奈何？少師曰：候此者，常以冬至之日，太一立於葉蟄之宮，其至也，天必應之以風雨者矣。風雨從南方來者。爲虛風。賊傷人者也。其以夜半至也，萬民皆卧而弗犯也，故其歲民小病。其以晝至者，萬民懈惰而皆中於虛風，故萬民多病。虛邪入客於骨而不發於外，至其立春，陽氣大發，腠理開，因立春之日，風從西方來，萬民又皆中於虛風，此兩邪相搏，經氣結代者矣。故諸逢其風而遇其雨者，命曰遇歲露焉。因歲之和，而少賊風者，民少病而少死；歲多賊風邪氣，寒溫不和，則民多病而死矣。黃帝曰：虛邪之風，其所傷貴賤何如？候之奈何？少師答曰：正月朔日，太一居天留之宮，其日西北風，不雨，人多死矣。正月朔日，平旦北風，春，民多死。正月朔日，平旦北風行，民病多者十有三也。正月朔日，日中北風，夏，民多死。正月朔日，夕時北風，秋，民多死。終日北風，大病死者十有六。正月朔日，風從南方來，命曰旱鄉；從西方來，命曰白骨，將國有殃，人多死亡。正月朔日，風從東方來，發屋，揚沙石，國有大災也。正月朔日，風從東南方行，春有死亡。正月朔天利溫不風，糴賤，民不病；天寒而風，糴貴，民多病。此所謂候歲之風，殘傷人者也。二月丑不風，民多心腹病。三月戌不溫，民多寒熱。四月巳不暑，民多癉病。十月申不寒，民多暴死。諸所謂風者，皆發屋，折樹木，揚沙石，起毫毛，發腠理者也。

《溫病論病源二首》 病源　經言春氣溫和，夏氣暑熱，秋氣清涼，冬氣冰寒，此則四時正氣之序也。冬時嚴寒，萬類深藏，君子固蜜，則不傷於寒。觸冐之者，乃爲傷寒耳。其傷於四時之氣，皆能爲病，以傷寒爲毒者，以其最爲殺厲之氣，中而卽病者，名爲傷寒。不卽病者，其寒毒藏於肌膚中，至春變爲溫病，至夏變爲暑病。暑病者，熱極又重於溫也。是以辛苦之人，春夏多溫熱病者，皆由冬時觸冐寒氣之所致。以上與《傷寒論》同。凡病傷寒而成溫病者，先夏至日者爲病溫，後夏至日者爲病暑。故曰冬三月早卧晚起，必待日光，使志若伏若匿，若有私意，若已有得，去寒就溫，無泄皮膚，使氣亟奪。又因於寒，欲如運樞，故冬傷於寒，春必病溫也。又有冬時傷非節之暖，名爲冬溫之毒，與傷寒大異也。有病溫者，乃天行之病耳。其冬月溫暖之時，人感乖候之氣，未遂發病，至春或被積寒所折，毒氣不得泄，至天氣暄熱，溫毒始發，則肌肉斑爛也。經曰：虛邪賊風，避之有時；恬淡虛無，眞氣從之；精神內守，病安從來。故曰人清淨則肉腠閉櫝，雖有大風苛毒，弗之能害。又云：四時陰陽者，萬物之根本也。是以聖人春夏養陽，秋冬養陰，以從其根也。從陰陽則生，逆之則死。故曰精者身之本，藏於精者，春不病溫也。有病溫汗出輒復熱而脈躁疾，不爲汗衰，狂言不能食，病名爲何？曰：病名陰陽交，交者死。人所以汗出者，皆生於穀，穀生於精。今邪氣交爭於骨肉之間而得汗者，是邪卻而精勝也。精勝則當能食而不復熱。熱者邪氣也，汗者精氣也，今汗出而輒復熱者，是邪勝也；不能食者，精無裨也；病而留者，其壽可立而傾也。汗出而脈尚躁盛者死，今脈不與汗相應，此不勝其病也，其死明矣。狂言者是失志，失志者死。今見三死，不見一生，雖愈必死。凡膚熱其脈盛躁者，病溫也。其脈盛而滑者，汗且出也。凡溫病人三二日，身軀熱，脈疾頭痛，食飲如故，脈直疾，八日死；四五日頭痛脈疾喜吐，

脈來細，十二日死；此病不療，八九日脈不疾，身不痛，目不赤，色不變而友利，脈來牒牒，按不彈手指時大，心下硬，十七日死；病三四日以下不得汗，脈大疾者生，脈細小難得者死不治也，不下利腹中痛者死不治。

《外臺秘要·三焦脈病論二首》 《刪繁》論曰：夫三焦者，一名三關也。上焦名三管，反射中焦名霍亂。下焦名走哺。合而爲一，有名無形，主五臟六腑往還神道，周身貫體，可聞不可見，和利精氣決通水道息氣脾胃之間，不可不知也。凡上焦三管反射者，通三焦名中清之勝也，別號玉海水道，出屬膀胱。合者雖合而不同。上中下三焦同號爲孤之腑也。而榮出中焦，衛出上焦。榮者是絡脈之氣道，衛者是經脈之氣道也。上焦如霧，霧者，霏霏起上也。起於胃上管，並咽以上，貫膈布胸中，走腋，循足太陰之分而行還注手陽明，上至舌，下注足陽明。常以榮衛俱行於陽二十五度，行陰亦二十五度爲一周，日夜五十周身，周而復始，大會於手太陰，手少陽也，主心肺之病，內而不出。人有熱則飲食下胃，其氣未定，汗則出，或出於面，或出於背，或出於身手，皆不循衛氣之道而出。蓋外傷於風內開腠理，毛蒸理泄，衛氣走之，故不得循其道，此氣慓悍滑疾，見開而出，故不得其道，名曰漏泄。其病則肘掌痛，食先吐而後下。氣不續胸膈間厭悶，所以飲食先吐而後下也。寒則精神不守，泄下便利，語聲不出，若實則上絕於心，若虛則引氣於肺。

《千金》論曰：三焦病者，腹脹氣滿，少腹尤堅，不得小便窘急，溢則爲水，留則爲脹候在足太陽之外，大絡在太陽少陽之間，亦見於脈，取委陽。少腹病腫痛，不得小便，邪在三焦，約取太陽大絡，視其結脈，與厥陰小絡結而血者。三焦脹者，氣滿在皮膚，殼殼然而不堅。手少陽之脈，是動則病耳聾，輝輝焞焞，嗌腫喉痹，是主氣所生病者，汗出，目銳眥痛，頰痛，耳後肩臑肘臂外皆痛，小指次指不用。爲此諸病，寒則留之，熱則疾之，陷下則灸之，不盛不虛，以經取之。盛者人迎一倍於寸口，虛者人迎反小於寸口。

《傷寒總病論·敘論》 龐曰：《素問》云：冬三月是謂閉藏，水冰地裂，無擾乎陽。又云：彼春之暖，爲夏之暑；彼秋之忿，爲冬之怒，是以嚴寒冬令，爲殺厲之氣也。故君子善知攝生，當嚴寒之時，周密居室而不犯寒毒，其有奔馳荷重，勞房之人，皆辛苦之徒也。當陽氣閉藏，反擾動之，令鬱發腠理，津液強漬，爲寒所搏，膚腠反密，寒毒與榮衛相渾。當是之時，勇者氣行則已，怯者則著而成病矣。其即時成病者，頭痛身疼，肌膚熱而惡寒，名曰傷寒。其不即時成病，則寒毒藏於肌膚之間，至春夏陽氣發生，則寒毒與陽氣相搏於榮衛之間，其患與冬時即病候無異。因春溫氣而變，名曰溫病也。因夏暑氣而變，名曰熱病也。因八節虛風而變，名曰中風也。因暑濕而變，名曰濕病也。因氣運風熱相搏而變，名曰風溫也。其病本因冬時中寒，隨時有變病之形態爾，故大醫通謂之傷寒焉。其暑病、濕溫、風溫死生不同，形狀各異，治別有法。

《傷寒總病論·天行溫病論》 龐曰：辛苦之人，春夏多溫熱者，皆由冬時觸冒寒毒所致。自春及夏至前爲溫病者，《素問》、仲景所謂傷寒也。有冬時傷非節之暖，名曰冬溫之毒，與傷寒大異，即時發病溫者，乃天行之病耳。其冬月溫暖之時，人感乖候之氣，未即發病，至春或被積寒所折，毒氣不得泄，至天氣暄熱，溫毒乃發，則肌肉斑爛也。又四時自受乖氣，而成腑臟陰陽溫毒者，則春有青筋牽，夏有赤脈攢，秋有白氣貍，冬有黑骨溫，四季有黃肉隨，治亦別有法。《難經》載五種傷寒，言溫病之脈，行在諸經，不知何經之動，隨經所在而取之。中風木，傷寒金，熱病火，濕溫水，溫病土，治之者各取其所屬。據《難經》溫病，本是四種傷寒，感異氣而變成溫病也。土無正形，因火而名，故以溫次熱也。土寄在四維，故附金木水火而變病，所以王叔和云：陽脈浮滑，陰脈濡弱，更遇於風熱，變成風溫；陽脈洪數，陰脈實大，更遇其熱，變成溫毒，溫毒爲病最重也；陽脈濡弱，陰脈弦緊，更遇濕氣，變爲濕溫；脈陰陽俱盛，重感於寒，變成溫瘧，斯乃同病異名，同脈異經者也。故風溫取足厥陰木、手少陰火，溫毒專取手少陰火，溫瘧取手太陰金，濕溫取足少陰水、手少陰火，故云隨經所在而取之也。天行之病，大則流毒天下，次則一方，次則一鄉，次則偏著一家，悉由氣運鬱發，有勝有伏，遷正退位，或有先後。天地九室相形，故令升之不前，降之不下，則天地不交，萬化不安，必偏有宮分，受斯害氣，莊子所謂運動之泄者也。且人命有遭逢，時有否泰，故能偏着一家。天地有斯害氣，還以天地所生之物，以防備之，命曰賢人知方矣。

《傷寒發微論·論風溫證》 仲景云：太陽病發熱而渴，不惡寒者，爲溫病。若發汗已，身灼熱者，名風溫。風溫爲病，脈陰陽俱浮，自汗出，身重多眠，睡鼻息必鼾，語言難出。若被下者，小便不利，直視失溲。若被火者，微發黃色，劇則如驚癇，時瘈瘲。又云：陽脈浮滑，陰脈濡弱，更遇於風，變

成風溫。大抵溫氣大行，更感風邪，則有是證。今當春夏，病此者多，醫作傷寒漏風治之，非也。不可火，不可下，不可大發汗。而仲景無藥方，古法或謂當取手少陰火，足厥陰木，隨經所在而取之，如麻黄薏苡仁湯、葳蕤湯之輩。予以謂敗毒、獨活、續命，減麻黄，去附子，益佳。

《傷寒補亡論・傷寒名例》 問曰：傷寒之名何也？王叔和撰次張仲景之言曰：冬時嚴寒，萬類深藏，君子固密，則不傷於寒，觸冒之者，乃名傷寒耳。其傷於四時之氣，皆能爲病，以傷寒爲毒者，以其最成殺厲之氣也。

問曰：傷寒亦名熱病何也？《素問》三十一篇曰：熱病者，皆傷寒之類也。又曰：人之傷於寒，則爲病熱。故《素問》皆謂之熱病，而三十二篇有肝熱病、心熱病、脾熱病、肺熱病、腎熱病之名，及其病證刺法也。

問曰：傷寒有五何也？《難經》五十八難曰：傷寒有五，有中風，有傷寒，有濕溫，有熱病，有溫病是也。何以一病而有五名也？雍曰：其病皆傷於寒，其爲病皆熱則一也。然而有五名者，因四時之變氣而言也。冬有風寒二證，故冬爲中風，爲傷寒；春爲溫病；夏爲暑病，亦曰熱病；秋爲濕溫。此皆重感於四時之氣，故異其名也。總而言之，則皆曰傷寒、曰熱病。故王冰言：論其發病，皆爲傷寒致之是也，謂之熱者，其證皆熱也。

問曰：《素問》言四時之氣，更傷五藏何也？仲景、叔和曰：氣候有應至而不至，或有未應至而至者，或有至而太過者，皆成病氣，亦時行之一也。雍曰：巢元方《病源》以傷寒、時氣、溫病、熱病，分爲四種。傷寒，冬也；時氣，疫也；溫病，春也；熱病，夏也。雖各具數十候，究其證治，皆不相遠。

問曰：傷寒之與歲露何如？雍曰：歲露者，賊風虚邪也，因歲露而成傷寒者，其病重而多死。四時傷寒者，因寒溫不和而感也，其病輕而少死。上古之書論歲露，自越人、仲景之下，皆不言及之，今雖有遇歲露而死者，世亦莫之辨，皆謂之傷寒時行也。

問曰：有以傷寒、溫疫爲不異者何如？孫眞人曰：《小品》云：古人相傳傷寒爲難治之疾，時行溫疫是毒氣之病，而論治者，不判傷寒與時行溫疫爲異氣耳。云傷寒是雅士辭，天行溫疫是田舍間號，不說病之異同也。考之衆經，其實殊矣。

《傷寒補亡論・六經統論》 問曰：十二日以上不愈者，何也？仲景曰：若過十三日以上，不間，尺寸陷者，大危。若更感異氣，變爲他病者，當依後壞病證而治之。若脈陰陽俱盛，重感於寒，變成溫瘧。陽脈浮滑，陰脈濡弱者，更遇於風，變爲風溫。陽脈洪數，陰脈實大更遇溫熱，變爲溫毒，爲病最重也。陽脈濡弱，陰脈弦緊，更遇溫氣，變爲溫疫。以此冬傷於寒，發爲溫病，脈之變證，方治如說。龐氏：溫疫作濕溫爲當。

《傷寒補亡論・傷寒溫疫論》 雍曰：傷寒時氣，症類亦多，或名傷寒，或名溫病，或曰時行，或曰溫疫，或曰溫毒，或以爲輕，或以爲重，論說不一，益令人惑。大抵其病往往有一種，即時發者，必輕；經時而發者，必重也。且如傷寒一病，仲景以爲冬傷於寒，中而即病者，名曰傷寒。蓋初感即發，無蘊積之毒氣，雖爲傷寒，而其病亦輕。仲景又曰：不即病，寒毒藏於肌膚，至春變爲溫病，至夏變爲熱病。是則既傷於寒，又感於溫，兩邪相搏，合爲一病，如人遇盜又有同惡濟之者，何可支也？故傷寒冬不即發，遇春而發者，比於冬之傷寒爲重也。又有夏至而發者。蓋寒毒淺近在膚腠，正氣易勝，故難久留，是以即發；其毒稍深，則入於肌肉，正氣不能勝，必假春溫之氣開疏腠理，而後可發，是以出爲溫病；又其毒之盛者，經時既久，深入骨髓，非假大暑消爍，則其毒不可動，此冬傷於寒，至夏爲熱病者，所以又重於溫也。故古人謂冬傷於寒，輕者夏至以前發爲溫病，甚者夏至以後發爲暑病也。此三者，其爲傷寒本一也，惟有即發不即發之異，隨脈變動，遂大不同。又有冬不傷寒，至春感不正之氣而病，其病無寒毒之氣爲之根，雖名溫病，又比冬傷於寒，至春再感溫氣爲病輕。然春溫冬寒之病，乃由自感自致之病也。

《傷寒補亡論・溫病論》 雍曰：醫家論溫病多誤者，蓋以溫爲別一種病，不思冬傷於寒，至春發者，謂之溫病；冬不傷寒，而春自感風寒溫氣而病者，亦謂之溫；及春有非節之氣，中人爲疫者，亦謂之溫。三者之溫，自不同也。《素問》曰：冬傷於寒，春必病溫。又曰：凡病傷寒而成溫者，先夏至日爲病溫。此皆謂傷寒而成溫者，比之傷寒熱病爲輕，而比之春溫之疾爲重也。其治法與傷寒皆不同。或有冬不傷寒，至春自傷風寒而病者，初無寒毒爲之根源，不得謂之傷寒，第可名曰溫病也。又或有春天行非節之氣中人，長幼病狀相似者，此則溫氣成疫也，故謂之瘟疫。瘟疫之病，多不傳經，故不拘日數，治之發汗、吐、下，隨症可施行。其不傷寒，至春觸冒自感之溫，治與疫同，又輕於疫也。或曰春時觸冒自感之溫，古無其名，何也？曰：

假令春時有觸冒自感風寒而病，發熱惡寒，頭疼身體痛者，既非傷寒，又非疫氣，不因春時溫氣而名溫病，當何名也？如夏月之疾，由冬感者爲熱病，不由冬感者爲暑、爲暍，春時亦如此也。《活人書》萎蕤湯方云：治風溫，兼療冬溫，及春月中風傷寒。即其藥也。曰：何以辨其冬感、春感之異？曰：但傳經，皆冬感也，皆以傷寒治；不傳經者，皆春感也，皆以溫氣治之。今於諸家方論下別而言之，庶幾易明。然春溫之病，古無專治之法，溫疫之法兼之也。

《傷寒直格·傷寒總評·傷寒六經傳受》 經言：寒傷形，寒傷皮毛，寒傷血，寒傷榮。然寒主閉藏而腠理閉密，陽氣拂鬱不能通暢，怫然內作，故身熱燥而無汗。故經曰：人之傷於寒也，則爲病熱。又曰：夫熱病皆傷寒之類也。《內經》既直言熱病者，言一身爲病之熱氣也；以至仲景直言傷寒者，言外傷之寒邪也，以分風、寒、暑、濕之所傷，主療不同，故只言傷寒，而不通言熱病也。其寒邪爲害至大，故一切內外所傷，俱爲受汗之熱病者，通謂之傷寒也。一名大病者，皆以爲害之大也。又春曰溫病，夏曰熱病，秋曰濕病，冬曰傷寒。傷寒者是隨四時天氣春溫、夏熱、秋濕、冬寒爲名，以明四時病之微甚，及主療消息，稍有不等，大而言之則一也，非爲外傷及內病有此異耳。或云冬伏寒邪於肌膚骨肉之間，至於春變爲溫病，夏變爲熱病，秋變爲濕病，冬變爲正傷寒病者，及名冒其寒而內生拂熱，熱微而不卽病者，以至將來陽熱變動，或又感之而成熱病，非謂伏其寒氣而反變寒爲熱也。經曰：冬傷於寒，春必病溫。亦其義也。亦有一時冒寒而便爲熱病者，或感四時不正乖戾之氣，或隨氣運興衰變動，或內外諸邪所傷，或因他病變成，或因他人傳染皆能成之，但以分門隨證治之耳。經言此六經傳受，乃外傷於寒而爲熱病之大略，主療之要法也。

《傷寒直格·傷寒總評·主療》 夫辨傷寒陰陽之異證者，是以邪熱在表，腑病爲陽；邪熱在裏而臟病爲陰也。俗乃妄言寒熱陰陽之異證者，誤之久矣。且《素問》傷寒直云熱病，誠非寒也。其三篇名曰熱論、刺熱篇、評熱病篇，及逐篇明言爲熱，竟無寒理。兼《素問》及《靈樞》諸篇運氣造化之理推之，則明爲熱病，誠非寒也。寒病固有，夫非汗病之謂也。且造化爲汗液之氣者，乃陽熱之氣所爲，非陰寒之所能也。以觀萬物熱極而出液，明可知矣。經曰：夫熱病皆傷寒之類也。又曰：人之傷於寒也，則爲熱病。然既身內有陰寒者，止爲雜病，終莫能爲汗病也。況病法曰：身熱爲熱在表，飲水爲熱在裏。其傷寒汗病，本末身涼不渴，小便不黄，脈不數者，未之有也。雖仲景有四逆、薑、附之類熱藥，是以治其本。裏和，誤以寒藥下之太早；表熱未入於裏，而寒下，利不止；及或表熱裏寒而自利者，急以四逆湯攻裏，利止裏和，急以解於表也。故仲景四逆湯證後，復有承氣下熱之說也。由是觀之，傷寒汗病，經直言熱病而不言其有寒，無疑也。經言三陰證者，爲邪熱在臟、在裏，以臟與裏爲陰也，宜下熱者也。夫傷寒陰陽之別者，但非表熱，當汗，而下之則死；裏熱當下，而汗之亦死。故仲景曰：桂枝下咽，陽盛卽斃；承氣入胃，陰實卽亡。死生之要，在乎須臾，視身之盡，不暇計日。此陰陽虛實之交錯，其候至微，發汗、吐下之相反，其禍至速，而醫術淺短者，懵然不知病源，爲始乃誤，使病者殞沒。然則止謂邪熱在表則汗之，邪熱在裏則下之，熱在上則吐之，熱在下則泄之，邪熱半在表半在裏則和解之，豈分寒熱陰陽之虛實，與陰陽汗病之證耶？況朱奉議自言陰毒脈疾至七至八至以上，疾不可數者，陰毒已深也。夫既云疾至八至以上，疾不可數者，正是陽熱極深之脈也，豈是陰寒歟？凡世俗所謂陰毒諸證，以《素問》造化驗之，皆陽熱亢極之證，但蓄熱極深在內，而身表有似陰寒也。經云：亢則害，承乃制。言五行之道，實甚過極則反似尅其己者，是爲兼化。如萬物熱極反出水液；以火煉金，熱極反似水。是以火極而似水之化也，五行皆然。故肝熱甚則出泪，心熱甚則出汗，脾熱甚則出涎，肺熱甚則出涕，腎熱甚則出唾。今傷寒爲作汗之病氣者，乃陽極怫鬱而否極復泰，卽熱氣蒸蒸而爲汗出也。如天時陽熱亢旱，否極而泰，則復爲雨也。故欲雨，則乃鬱熱，晴霽則天反涼。人涼則病愈，熱在病在。故病寒者自是寒病，非此汗病之氣也。雖寒屬陰水，而天地陰陽氣液相生之道，則寒之化，不能更生陰水也。故古聖曰：陽中生陰，陰中生陽；氣中生液，液中生氣。又曰：積液生氣，積氣生液。又經曰：氣和而生猶液，然氣爲陽物，故萬物之水液，皆生於陽熱之氣，如天氣陽熱極甚則萬物濕潤，而冬寒萬物乾燥。由是言之，既爲作汗之病氣，本熱非寒明矣。故經又曰：凡傷寒而成溫病者，先夏至日爲溫病，後夏至日爲暑病。暑與其汗皆出止。言邪熱隨汗皆出盡而愈也。又經曰：飲食飽甚，汗出於胃。驚而奪精，汗出於心。負重遠行，汗出於腎。疾走恐懼，汗出於肝。搖體勞苦，汗出於脾。此皆動亂勞苦而致陽熱以

爲汗出，豈可反言作汗之病以爲陰寒耶。今之俗醫，不明陰陽變化之道，而妄取陽主於生，陰主於死，而欲養於陽熱者，殊不知此言自生之後，以顯爲陽，陽中生陰，故生者死之道也。既死之後，以隱爲陰，陰中生陽，故死者生之道也。此古人之論道，乃死生、有無、動靜、隱顯之陰陽，非言寒熱之陰陽也。俗又妄言仙經云純陽升而爲仙，純陽死而爲鬼，因以養陽熱者，亦不知此以陽主虛無而言神爲陽，陰主形體而言形爲陰。言善養生者，調順陽陰，煉就陽神超升，棄其陰體，卽純陽之神洒爲仙也；不明道者，寒熱之調，以致陰陽勝負，耗絶陽神，惟存陰殼，則遊魂冥冥，非鬼何哉。此則脩養家言形神之陰陽，而非醫家寒熱之陰陽也。俗又妄謂周易以陽爲尊、爲美、爲善、爲剛、爲清、爲正，而陰邪反之。因以但欲養於陽熱者，此又不知易象言陰陽體用之道以爲教，非言一身寒熱之陰陽也。故陽健唱命而陰順和之，陰順和之則陰陽和而同歸善道，非以乾陽特爲熱也。且夫子云：乾爲天、爲圜、爲君、爲父、爲玉、爲金、爲寒、爲冰，然則乾之純陽，豈謂熱耶？此亦非特取寒冰爲陽，是取寒冰之勁健、整肅、淸剛爲乾健之象耳。夫寒熱之卦，坎爲中男，洒少陽之卦，卽寒冰也；離爲中女，乃少陰之卦，卽火熱也。坎離水火爲夫婦，而易以陽剛坎水寒者爲夫，而陰柔離火熱者爲婦，亦非以熱爲陽剛，而寒爲陰柔也。故易言陰陽者，但以明其物象，而非《素問》論病寒熱陰陽之氣也。設云乾爲寒者，本非取乾陽爲寒，但取寒之勁慄淸整，像乾之道也。俗又妄言人生則身溫，而死則身冷，及病雖身熱未至於死，將死者必熱反變寒而後死也。因云陽則生，陰則死。以此專欲養於陽熱；殊不知一身之內，寒、暑、燥、濕、風、火，六氣渾而爲一，雨停則和平，一興一衰，病以生也。夫和平之常者，溫涼得所適當，其陽和之氣，如欲云人體溫和是也。然冬寒而人腠理閉密，則身當溫和；夏熱則腠理開通，而多汗出，則身當微涼；相反者病，過與不及亦病。其中臟腑陰分以爲根本，則固守陽和之氣，但當溫和乃爲和平。唯臟腑之氣，各隨五行休囚旺相死之時位，而微有虛實不一也，此之虛實乃自然之道，而不爲病者。然冬腎水陰至而寒，復以天氣寒則腠理閉密，而陽氣收藏固守於內，則適當其平，而以能內外之寒。夏心火陽旺而熱，復以天氣熱則膚腠開泄，而陽熱散越於外，適當其平，而以能內外之熱。萬物皆然。此陰陽否泰大道造化之理，蓋莫大乎此也。然雖秋冬否閉，此以其肺腎陰王而得其所，故康彊省病，而病亦輕微也；春夏開泰，以其肝心陽王，故胠音區弱多病，而病熱怫鬱，則陽氣散越，故病甚而多死亡。用夫地理方位高下，四時寒熱溫涼，安危壽夭病同。故經曰：陰精所奉人多壽，陽精所奉其人夭。又《仙經・西山記》言：平人四時嘗有唏，謂三焦相火無不足；八節不得吹，謂腎臟陰難得實。然則豈可不明陰陽虛實，但欲養於陽熱耶。凡病致死者，陽和氣既不存，則止爲陰濕形體而已，非冷何哉。俗未知熱甚則熱蓄於內，而陽熱不能營運於四肢、身表，故四肢逆冷，以致身冷、脈細而微則死；蓄熱甚者，氣血不通而身面俱青，此則蓄熱之深也。所以仲景言傷寒熱極失下則厥，厥深者，熱亦深；而厥微者，熱亦微。如此則熱極而死者，莫不身冷、脈微，而以致於絶也。俗未明其然，直反妄曰陽在則生，陽去則死，又曰陽熱變爲陰寒則死，因以但欲養其陽熱，而反致殘陰暴絶，則陽氣後竭而死不爲少也。俗醫未深明造化，又以妄爲傷寒得之熱惡，陽勢暴甚而便蓄熱以深，身冷厥逆，手足無復溫和者，直以爲寒極而爲陰厥，以對陽厥；及表裏熱勢俱甚，而不蓄熱於內者以爲陽毒，以配陰毒，分爲寒熱陰陽之異證。曾不知傷寒汗病，便是熱病，實無陰毒、陰厥者也。嗚呼！病本熱甚，熱蘊於裏，則陽氣陷下，以致厥逆身冷或青，而脈微，乃妄以寒極而內外急救其陽，而反招其暴害，因以妄言必死之證。間或彊實之人，素本不衰，及熱鬱怫結，況衰微者，偶中辛甘熱藥發散，而腠理氣通，怫熱以隨汗泄而愈者，遂以爲必死之病而救之以活，反恨往之死者，救助其陽之不及，因以互相議論。但見蓄熱內結厥逆者，或未厥者，早以溫之，無用寒涼，恐成陰毒，陰證而死。俗醫治傷寒，誤人多者，無過於此。後學之士，但以《素問》運氣自然造化之理，原其標本，則明可見焉。且以依法救人，愼勿惑於衆人之言。故經曰：謹熟陰陽，無與衆謀。又曰：知逆與從，正行無問，此其道也。

《醫經溯洄集・四氣所傷論》《素問・生氣通天論》篇曰：春傷於風，邪氣留連，乃爲洞泄。夏傷於暑，秋爲痎瘧。秋傷於濕，上逆而欬，發爲痿厥。冬傷於寒，春必病溫。《陰陽應象論》篇曰：春傷於風，夏生飧泄；夏傷於暑，秋必痎瘧；秋傷於濕，冬生欬嗽；冬傷於寒，春必病溫。王啓玄註云：風中於表，則內應於肝，肝氣乘脾，故洞泄，或飧泄。夏暑已甚，秋熱復收，兩熱相攻，則爲痎瘧。秋濕既勝，冬水復旺，水濕相得，肺氣又衰，故乘肺而爲欬嗽。其發爲痿厥者，蓋濕氣內攻於臟腑，則欬逆，外散於筋脈，則痿

弱也。厥謂逆氣也，冬寒且凝，春陽氣發，寒不爲釋，陽怫於中，寒怫相持，故爲溫病。《傷寒論》引《素問》後篇八句，成無己註云：當春之時，風氣大行，春傷於風，風氣通於肝，肝以春適旺，風雖入之，不能卽發，至夏肝衰，然後始動，風淫末疾，則當發於四肢，夏以陽氣外盛，風不能外發，故攻內而爲飧泄。當秋之時，濕氣大行，秋傷於濕，濕則於於肺，肺以秋適旺，濕雖入之，不能卽發，至冬肺衰，然後濕始動也。雨淫腹疾，則當發爲下利，冬以陽氣內固，濕氣不能下行，故上逆而爲欬嗽。當夏之時，暑氣大行，夏傷於暑，夏以陰爲主內，暑雖入之，勢未能動，及秋陰出，而陽爲內主，然後暑動搏陰，而爲痎瘧。當冬之時，寒氣大行，冬傷於寒，冬以陽爲主內，寒雖入之，勢未能動，及春陽出，而陰爲內主，然後寒動搏陽，而爲溫病。王海藏曰：木在時爲春，在人爲肝，在天爲風，當春之時，發爲溫令，反爲寒折，是三春之月，行三冬之令也。以是知水太過矣。水既太過，金肅愈嚴，是所勝者乘之，而妄行也。所勝者乘之，則木虛明矣。木氣既虛，火令不及，是所生者受病也，故所不勝者侮之，是以土來木之分，變而爲飧泄也。所以病發於夏者，以木絕於夏，而土旺於夏，濕本有下行之體故也。不病於春者，以春時風雖有傷，木實當權故也。暑季夏也，季夏者，濕土也，君火持權，不與之子，暑濕之令不行也，濕令不行，則土虧矣。所勝妄行，木氣太過，少陽旺也，所生者受病，則肺金不足，所不勝者侮之，故水得以來土之分，土者坤也，坤在申之分，申爲相火，水入於土，則水火相干，水火相干，則陰陽交爭，故爲寒熱，兼木氣終見三焦，是少陽相火合也。少陽在濕土之分，故爲寒熱。肺金不足，洒淅寒熱，此皆往來未定之氣也，故爲痎瘧。不發於夏，而發於秋者，以濕熱在酉之分，方得其權故也。秋者清肅之氣，收斂下行之體也。爲濕所傷，是長夏之氣，不與秋令也。秋令不及，所勝妄行，故火得以炎上而克金，心火既刑於肺，故肺氣逆而爲欬，所不勝者侮之，木氣上行，與火同德，動而不息者也。所生者受病，故腎水虧也。長夏已亢，三焦之氣盛也，命門者三焦之合也，故迫腎水上行，與脾土濕熱，相合爲疾，因欬而動于脾之濕，是以欬嗽有聲，有涎，不發於秋，而發於冬者，以其六陰之極，肅殺始得其氣故也。冬傷於寒者，是冬行春令也，當寒而溫，火勝而水虧矣，水既於虧，則所勝妄行，土有餘也。所生受病，木不足也，所不勝者侮之，火太過也，火土合德，濕熱相助，故爲溫病。不病於冬，而病於春者，以其寒水居卯之分，方得其權，大寒之令，復行於春，腠理開泄，少陰不藏，房室勞傷，辛苦之人，陽氣泄於外，腎水虧於內，當春之月，時強木長，無以滋生化之原，故爲溫病耳。

夫春傷於風，夏傷於暑，冬傷於寒，辭理皆順，時字傷令字也。獨秋傷於濕說作令字傷時字，讀者不可疑也。此四說，皆母所亢，而害其所承之子也。若說秋字傷濕字，其文與上三句相通，其理與法不得相通矣。大抵理與法通，不必拘於文也。或謂春傷於風，是人爲風所傷，非也。若是，則止當頭痛，惡風，自汗，何以言夏爲飧泄哉！今言春傷於風，卽是時傷令也明矣。

愚按：此四傷諸家註釋，皆不得經旨者，蓋由推求太過故也。孟子曰：道在邇，而求諸遠，事在易，而求諸難，此之謂歟。但只輕輕平易說去，則經旨自明，而無穿鑿之患矣。何以言之？夫風暑濕寒者，天地之四氣也，其傷於人，人豈能於未發病之前，預知其客於何經絡，何臟腑，何部分，而成何病乎？及其既發病，然後可以診候，始知其客於某經絡，某臟腑，某部分，成某病耳。註釋者，苟悞因病始知病原之理，則於此四傷，不勞餘力，自迎刃而解矣。夫洞泄也，痎瘧也，欬與痿厥也，溫病也，皆是因其發動之時，形診昭著，乃逆推之，而知其昔日致病之原，爲傷風、傷暑、傷濕、傷寒耳。非是初受傷之時，能預定其今日必爲此病也。且夫傷於四氣，有當時發病者，有過時發病者，有久而後發病者，有過時久自消散，而不成病者，何哉？蓋由邪氣之傳變聚散不常，及正氣之虛實不等故也。且以傷風言之，其當時而發，則爲惡風，發熱，頭疼，自汗，欬嗽，喘促等病。其過時與乆而發，則爲癘風，熱中，寒中，偏枯，五臟之風等病。是則洞泄、飧泄者，乃過時而發之中之一病耳。因洞泄、飧泄之病生，以形診推之，則知其爲春傷風，藏蓄不散，而致此也。苟洞泄、飧泄之病未生，孰能知其已傷風於前，將發病於後邪，假如過時之乆自消散，而不成病者，人亦能知乎。世有《太素》脈法，雖或預知死亡之期，然亦是因診之昭著，而始能知耳。夏傷暑爲痎瘧，冬傷寒爲溫病，意亦類此。但秋傷濕，上逆爲欬嗽，爲痿厥，其因病知原，則與三者同，其令行於時，則與三者異。夫春之風，夏之暑，冬之寒，皆是本時之令也。濕乃長夏之令，何於秋言之？蓋春夏冬每一時，各有三月，故其令亦各就其本時而行也。若長夏，則寄旺於六月之一月耳。秋雖亦有三月，然長夏之濕令，每侵過於秋而行，故曰秋傷於濕。秋令爲燥，然秋之三月前近於長夏，其不及則爲濕所勝，其太過則同於火化，其平氣則又不傷人，此經所以於傷人止言風暑濕寒，而不言燥也。或問余曰：《五

運六氣七篇》所叙燥之爲病甚多何哉？余曰：《運氣七篇》與《素問》諸篇自是兩書。作於二人之手。其立意各有所主，不可混言，王冰以爲七篇參入《素問》之中，本非《素問》元文也。余今所推之義，乃是《素問》本旨，當自作一意看。請陳四氣所傷所病之義，夫風者，春之令也，春感之，偶不卽發，而至夏，邪既不散，則必爲疾。其所以爲洞泄者，風蓋天地浩蕩之氣，飛揚鼓舞，神速不恆，人身有此，腸胃之職，其能從容傳化泌別，而得其常乎？故水穀不及分別，而併趍下，以泄出也。其爲飧泄，亦類此義。說者謂，春傷風爲内通肝，洞泄飧泄爲木乘土。又謂：不發於春爲邪避木旺，發於夏爲木衰邪動，竊謂風既通肺，則正當木旺之時，木極盛土極衰矣，理宜乘旺而卽發於春，不宜反過時而發於夏也。且夏火司權，母能滋子，何故不發於土衰極之時，而反發於土受滋之時乎？其說不通，難以憑據。暑者，夏之令也，夏感之，偶不即發，而至秋，又傷於風與寒，故爲痎瘧也。寒者，冬之令也，冬感之，偶不卽發，而至春，其身中之陽，雖始爲寒邪所鬱，不得順其漸升之性，然亦必欲應時而出，故發爲溫病也。若夫秋傷濕，其令行於時之義，上文已論之矣。前篇所謂上逆而欬，發爲痿厥，不言過時，似是當時卽發者。但既與風暑寒三者並言，則此豈得獨爲卽發者乎。然經無明文，終亦不敢比同後篇，便斷然以爲冬發病也。雖然，濕本長夏之令，侵過於秋耳，縱使卽發，亦近於過時而發者矣。此當只以秋發病爲論，濕從下受，故於肺爲欬，謂之上逆。夫肺爲諸氣之主，今既有病，則氣不外運，又濕滯經絡，故四肢痿弱無力，而或厥冷也。後篇所謂冬生欬嗽，既言過時，則與前篇之義頗不同矣。夫濕氣久客不散，至冬而寒氣大行，肺惡寒，而或受傷，故濕氣得以乘虛上侵於肺，發爲欬嗽也。觀者，以此意求之經旨，其或著乎，或者見《素問》於病溫痎瘧等，間以必言之，遂視爲一定不易之辭，而曰此必然之道。嗟乎，果可必耶，果不可必耶，《素問》之或言必，或不言必者，蓋不可膠爲一定故也。往往有泥於必之一字，遂謂冬傷寒，必當得病於春，其冬傷寒而卽病者，反置而不論。若此者，可不謂之棄本逐末乎。經中每有似乎一定不易之論，而卻不可以爲一定不易者，如曰熱厥，因醉飽入房，而得熱中消中者，皆富貴人也，新沐中風，則爲首風，如此之類，豈一一皆然哉。讀者，當活法，勿拘執也。夫王啓玄之註，雖未免泥於必字，及未得經旨，然卻不至太遠也。若成無己之說，則似太遠矣，然猶未至於甚也。至王海藏立論，則推求過極，欲異於人，殊不知反穿鑿綴緝乖悖經旨，有不可勝言者，此先儒所謂，如大軍游騎，出大遠，而無所歸矣。姑摭成無己、王海藏之說，辨其甚者一二，夫無己謂風淫末疾，則當發於四肢，雨淫腹疾，則當發爲下利。竊謂則當二字，決然之辭也。春傷風，遇夏之陽氣外盛，而不能外發，故攻內爲飧泄，此或若可通矣。經曰：木發無時。倘風不傷於春，而傷於他時，不遇夏之陽氣外盛，將外發乎，將內攻乎？況風屬陽，與夏同氣。果欲外出，則當隨其散越之勢而出，安有不能之理乎。用風善行數變，其爲病非一，豈獨能爲四肢之疾乎。所謂雨淫腹疾之義，其不通亦如此。至若夏傷暑，秋爲痎瘧者，蓋因暑疾藏於皮膚之內，腸胃之外，復秋感風，故疾作耳。觀素問瘧論可見，其與夏陰主內，秋陽內主，暑動搏陰，何相於哉。冬傷寒，春爲溫病者，蓋因寒毒中人肌膚，陽受所鬱，至春天地之陽氣外發，其人身受鬱之陽，亦不能不出，故病作也。韓祇和謂：冬時感寒鬱陽至春時，再有感而後發。余謂此止可論溫病之有惡寒者耳。其不惡寒者，則亦不爲再感而後發也。故仲景曰：太陽病不發熱而渴，不惡寒者，爲溫病。觀《傷寒論》可見，其與冬陽主內，春陰內主，寒動搏陽，何相於哉。乃若海藏，則又以春傷風，夏傷暑，冬傷寒，爲時傷令，秋傷濕爲令傷時。故於春傷風，謂春行冬令，而溫爲寒折，於夏陽暑，謂暑者，季夏。季夏者，濕土。君火持權不與子，而暑濕令不行。於秋傷濕，謂秋爲濕所傷，是長夏之氣不與秋令。於冬傷寒，謂冬行春令，火勝水虧，大寒之令，復行于春，陽氣外泄，腎水內虧者病。又謂溫病，爲濕熱相助而成，又謂四時傷，皆母亢而害所承之子。吁，何支離破碎徒費辭如此乎？夫經中所言傷風傷暑之類甚多，皆是以人受風暑等所傷爲義，未嘗有時傷令，令傷時之意也。若如海藏所言，則《瘧論》所謂夏傷於暑，秋傷於風，與先傷於風，後傷於寒等語，其時傷令歟，令傷時歟。吾固知其不能不屈於此也。且暑爲夏令，孰不知之？今以暑爲季夏，爲濕土，得不怪哉。夫冬果行春令，人若感此，則成冬溫病矣，安得爲春溫病乎？其謂大寒之令，復行於春，溫病方作。設使大寒之令，不復行於春，其溫病當作者，遂不作乎。況今之春爲溫病者，比比皆是，未嘗見其必由大寒，復行於春，而後成也。經曰：亢則害，承乃制。其義謂己亢極，則勝己者來制，如火亢極，則水來制之。經所謂相火之下，水氣承之，水位之下，土氣承之之類，皆是勝己者爲承。今以亢爲母，承爲子，將求勝於經歟，抑未達歟。又如以制物者爲所勝。受制者爲所不勝，與經所謂氣有餘，則制己所勝，而侮所不勝，及傳之於其所勝，死於其所不勝之旨全反矣。余如因時傷令令傷時之說，委曲衍說者，固不暇患辨也。嗚呼，予非好

斥前人之非，蓋爲其有害大義，晦蝕經旨，以誤後人，故不敢謏順而嘿嘿耳。然而僭逾之罪，固已自知，其不得辭矣。但未知觀者，以爲何如？

《醫經溯洄集・傷寒溫病熱病説》 有病因，有病名，有病形，辨其因，正其名，察其形，三者俱當，始可以言治矣。一或未明，而曰不誤於人，吾未之信也。且如傷寒，此以病因，而爲病名者也，溫病熱病，此以天時與病形，而爲病名者也。由三者皆起於感寒，或者通以傷寒稱之，夫通稱傷寒者，原其因之同耳，至於用藥，則不可一例而施也，何也？夫傷寒蓋感於霜降後，春分前，然不卽發，鬱熱，而發於春夏者也。傷寒卽發於天令寒冷之時，而寒邪在表，閉其腠理，故非辛甘溫之劑，不足以散之，此仲景桂枝麻黄等湯之所以必用也。溫病熱病後發於天令暄熱之時，怫熱自內而達於外，鬱其腠理，無寒在表，故非辛涼或苦寒或酸苦之劑，不足以解之，此仲景桂枝麻黄等湯，獨治外者之所以不可用，而後人所處水解散、大黄湯、千金湯、防風通聖散之類，兼治內外者之所以可用也。夫卽病之傷寒，有惡風惡寒之證者，風寒在表，而表氣受傷故也。後發之溫病熱病，有惡風惡寒之證者，重有風寒新中，而表氣亦受傷故也，若無新中之風寒，則無惡風惡寒之證。故仲景曰：太陽病，發熱而渴，不惡寒者，爲溫病。溫病如此，則知熱病亦如此。是則不渴而惡寒者，非溫熱病矣。然或有不因新中風寒，亦見惡風惡寒之證者，蓋病人表氣本虛，熱達於表，又重傷表氣，故不禁風寒，非傷風惡風，傷寒惡寒也，但衛虛則惡風，榮虛則惡寒耳。且溫病熱病，亦有先見表證，而後傳裏者，蓋怫熱自內達外，熱鬱腠理，不得外泄，遂復還裏，而成可攻之證，非如傷寒從表而始也。或者不悟此理，乃於春夏溫病熱病，而求浮緊之脈，不亦疏乎。殊不知緊爲寒脈，有寒邪則見之，無寒邪則不見也。其溫病熱病，或見脈緊者，乃重感不正之暴寒，與內傷過度之冷食也，豈其本然哉。又或者不識脈形，但見弦便呼爲緊，斷爲寒，而妄治，蓋脈之盛而有力者，每每兼弦，豈可錯認爲緊，而斷爲寒？夫溫病熱病之脈，多在肌肉之分，而不甚浮，且右手反盛於左手者，誠由怫熱在內故也。其或左手盛或浮者，必有重感之風寒，否則非溫病熱病，自是暴感風寒之病耳。凡溫病熱病，若無重感，表證雖間見，而裏病爲多，故少有不渴者。斯時也，法當治裏熱爲主，而解表兼之，亦有治裏，而表自解者。余每見世人治溫熱病，雖誤攻其裏，亦無大害，誤發其表，變不可言，此足以明其熱之自內達外矣。其間有誤攻裏，而致大害者，乃春夏暴寒所中之疫證，邪純在表，未入於裏故也，不可與溫病熱病同論。夫惟世以溫病熱病混稱傷寒，故每執寒字，以求浮緊之脈，以用溫熱之藥，若此者，因名亂實，而戕人之生，名其可不正乎。又書方多言四時傷寒，故以春夏之溫病熱病，與秋冬之傷寒，一類視之，而無所別。夫秋冬之傷寒，眞傷寒也，春夏之傷寒，寒疫也，與溫病熱病自是兩塗，豈可同治？吁，此弊之來，非一日矣，歷攷方書，並無救弊之論，每每雷同，良可痛哉。雖然，傷寒與溫病熱病，其攻裏之法，若果是以寒除熱，固不必求異，其發表之法，斷不可不異也。況傷寒之直傷陰經，與太陽雖傷，不及鬱熱即傳陰經爲寒證，而當溫者，又與溫病熱病大不同，其可妄治乎？或者知一不知二，故謂仲景發表藥，今不可用，而攻裏之藥，乃可用。嗚呼，其可用不可用之理，果何在哉。若能辨其因，正其名，察其形，治法其有不當者乎？彼時行不正之氣所作，及重感異氣而變者，則又當觀其何時何氣，參酌傷寒溫熱病之法，損益而治之，尤不可例以仲景即病傷寒藥通治也。

《玉機微義・燥本風熱論》 《原病式》云：經曰風熱火同陽也，寒燥濕同陰也，又燥濕小異也。然燥金雖屬秋陰而異於寒濕，故反同其風熱也，故火熱勝金，衰而風生，則風能勝濕，熱能耗液而反寒，陽實陰虛則風熱勝於水濕而爲燥也。凡人風病多因熱甚而風燥者，爲其兼化以熱爲其主也。然陽實陰虛，而風熱太甚以勝水濕，因而成燥。肝主於筋而風氣自甚，又燥熱加之，液還聚於胸膈，則筋太燥也，燥金主於收斂勁切緊濇，故爲病，筋脈勁強緊急而口噤也。或病燥熱太甚而脾胃乾涸成消渴者，或風熱燥甚，怫鬱在表，而裏氣平者，善伸數欠，筋脈拘急，或時惡寒，或筋惕而搐，脈浮數而弦也。風熱燥幷鬱甚於裏，故煩滿而或悶結也。及風癇之發作者，由熱甚而風燥爲其兼化，涎溢胸膈，燥爍而瘈瘲昏冒僵僕也。凡此諸證，皆由熱甚而生，風燥各有異者，由風熱燥各微甚不等故也。所謂中風，或筋緩者，因其風熱勝濕而爲燥，乃燥之甚也。然筋緩不收而痿痹，故諸膹鬱病痿，皆屬金肺乃燥之化也，如秋深燥甚，則草木痿落而不收，病之象也，是以手得血而能握，足得血而能步，夫燥之爲病者，血液衰少也，而又氣血不能通暢，故病然也。

《傷寒瑣言・辨張仲景〈傷寒論〉》 客有過予而問之曰：甚矣，傷寒之深奥，桂枝、麻黄二湯之難用也，服之而愈者，纔一二；不愈而變重者，嘗八九。仲景立法之大賢也，何其方之難憑，有如此哉！今人畏而不用，以參蘇

飲、和解散等平和之劑而代之，然亦未見其妙也。子盍與我言之。予曰：吁，難言也，請以經語證之。經曰：冬氣嚴寒，萬類潛藏，君子固密，則不傷於寒。觸冒之者，乃名傷寒耳。其傷於四時皆能爲病，以傷寒爲毒者，以其最成殺厲之氣也。中而即病，名曰傷寒；不即病者，其寒毒藏於肌膚，至春變爲溫病，至夏變爲暑病。暑病者，熱極重於溫也。以此言之，傷寒者，乃冬時感寒即病之名。桂枝、麻黃二湯，爲當時之傷寒設，與過時之溫暑者，有何預焉？夫受病之原則同，亦可均謂之傷寒。所發之時既異，治之則不可混也。請略陳之。夫春溫、夏熱、秋涼、冬寒者，四時之正氣也，以成生長收藏之用。風亦因四時之氣，而成溫涼寒熱也。若氣候嚴寒，風亦凜冽。天道和煦，風亦溫暖。冬時坎水用事，天令閉藏，水冰地凍，風與寒相因，而成殺厲之氣。人觸冒之，腠理鬱塞，乃有惡風惡寒之證。其餘時月，則無此證也。仲景固知傷寒乃冬時殺厲之氣所成，非比他病可緩，故其爲言特詳於此書而略於雜病也。倘能因名以求其實，則思過半矣。不幸此書傳世久遠，遺帙頗多。晉太醫令王叔和得於散亡之餘，詮次流傳，其功博矣。惜乎以己論混經，未免穿鑿附會。成無己氏因之，順文注釋，並無缺疑正誤之言，以致將冬時傷寒之方，通解溫暑，遺禍至今而未已也。溫暑必別有方，今皆失而無徵也。我朝宋景濂學士嘗嘆《傷寒論》非全書，得其旨哉！蓋傷寒之初中人，必先入表，表者何？即足太陽寒水之經。此經行身之後，自頭貫脊，乃有頭疼脊強，惡寒之證。在他經，則無此證矣。況此經乃一身之綱維，爲諸陽之主氣，猶四通八達之衢，治之一差，其變有不可勝言者矣。故宜此二湯發散表中寒邪，經曰辛甘發散爲陽者是也。若以此湯通治春溫夏熱之病，則誤之甚矣。曰：傷寒發於冬時，已聞命矣。邪之在表，爲太陽經也。一經而有二藥之分又何耶？曰：在經雖一，然則有榮衛之分焉。寒則傷榮，證乃惡寒發熱而無汗，脈浮緊。蓋浮爲在表，緊爲傷寒，有寒則見，無寒則不見也。當用麻黃湯輕揚之劑發而去之，寒邪退而汗出表和而愈矣。曰：緊脈固爲矣。脈之緩者，亦用桂枝湯又何耶？曰：風則傷衛，衛傷則自汗。

緣太陽受風，不能衛護，腠理疏而汗泄，所以脈見浮緩也。脈雖浮緩，其受寒則一，故亦宜桂枝辛溫之藥解散寒邪，腠理閉而汗止表和而愈。又有榮衛俱傷者，二湯又難用也，故復設大青龍湯。然此藥難用，非庸俗得而識也。曰：溫暑既無方法，治之則將奈何？脈證與傷寒有何分別？曰：溫暑雖殊，亦冬時感受寒邪而不即散，在人身中伏藏，歷二三時之久，天道大變，寒化爲熱。人在氣交之中，亦隨天地之氣而化。觀仲景以即病之傷寒與溫暑時令爲之名，豈無異哉！治之之方，亦必隨時以用辛涼苦寒矣。安得概用冬時治寒辛溫之方乎？今無其方者，蓋散亡之也。經既稱變爲溫，變爲熱，則已改易冬時之寒爲溫熱矣，方亦不容不隨時改更也。夫溫病欲出，值天時和煦，自內達表，脈反見於右關不浮緊而微數。曰，惡寒否乎？曰：傷寒自冬月風寒而成，外則有惡寒惡風之證。既名爲溫，則無此證矣。曰：然則子之言何所據乎？曰：據乎經耳。經曰：太陽病，發熱，不惡寒而渴者，溫病也。不惡寒則病非因外來，渴則明其自內達表。曰：春夏之病，亦有頭疼惡寒、脈浮緊者何也？曰：此非冬時所受之寒，乃冒非時暴寒之氣耳。或溫暑將發，又受暴寒，雖有惡寒脈浮之證，未若冬時之甚也，宜辛涼之藥通其內外而解之，斷不可用桂枝之劑矣。曰：溫熱與傷寒治之不同，既聞命矣。敢問傷寒之在三陽則爲熱邪，既傳三陰則爲陰證矣，法以熱治，固其宜也。三陰篇以四逆散涼藥以治四逆，大承氣湯以治少陰，其故又何耶？嗚呼，此蓋叔和以殘缺之經作全書詮次，將傳經陰證與直中陰經之陰證混同立論，所以遺禍至今而未已也。姑略陳之。蓋風寒之初中人也無常，或入於陰，或入於陽，皆無定體，非但始太陽終厥陰也。或自太陽始，日傳一經，六日至厥陰，邪氣衰不傳而愈者，亦有不罷再傳者，或有間經而傳者，或有傳二三經而止者，或有終始只在一經者，或有越經而傳者，或有初入太陽，不作鬱熱便入少陰而成眞陰證者，或有直中陰經而成寒證者，緣經無明文，後人有妄治之失。若夫自三陽傳次三陰之陰證，外雖有厥逆，內則熱邪耳。若不發熱，四肢便厥冷而惡寒者，此則直中陰經之寒證也。自叔和立說之混，使後人蒙害者夥矣。夫太陽受邪，行盡三陽氣分，傳次三陰血分，則熱入深矣。熱入既深，表雖厥冷，眞熱邪也。經云：亢則害，承乃制。熱極反兼寒化也。若先熱後厥者，傳經之陰證也。經云：厥深熱亦深，厥微熱亦微是也。故宜四逆散、承氣湯，看微甚而治之。如其初病便厥，但寒無熱，此則直中陰經之寒證也，急宜四逆輩以溫之。經云：發熱惡寒者，發於陽也；無熱惡寒者，發於陰也。尙何疑哉！又有曰傳二經爲兩感者，傳經未終而斃矣。病有標本，治有逆從，豈可概論之乎？曰：陰證之不同，已聞命矣。嘗讀劉守眞書云：傷寒無陰證，人傷於寒則爲熱病，熱病乃汗病也。

造化汗液，皆陽氣也。偏考《内經》、《靈樞》諸篇，並無寒證，乃雜病也，叔和誤入之耳。守眞高明之士，亦私淑仲景者，而議論之異又何耶？曰：雖守眞之明達，蓋亦因《傷寒論》以桂枝、麻黄湯通治寒暑之誤而有是説。故叮嚀云：天道溫熱之時，用桂枝湯必加涼藥於其中，免致黄生斑出之患。若知此湯自與冬時即病之傷寒設，不與過時之溫暑設，則無此論矣。觀其晚年悟道，著《病機氣宜保命集》，其中羌活湯辛涼之藥，以治非時傷寒，其妙如神，足可補仲景之遺亡，何其高哉！夫《内經》言傷寒即爲熱病而無寒者，語其常也。仲景之論有寒有熱者，言其變也。合常與變而無遺者也。所謂道並行而不悖，而反相爲用也。此其所以爲醫家萬世之準繩標的也歟。客唯而退，遂請著其説於右云。

《傷寒家秘的本・正傷寒及溫暑暴寒勞力感冒時疫治各不同論》 夫傷寒二字，蓋冬時天氣嚴寒，以水冰地凍而成殺厲之氣，人觸犯之，即時病者，爲正傷寒，乃有惡寒，頭疼發熱之證，故用麻黄、桂枝發散表中寒邪，自然熱退身涼，有何變證？如或頭疼惡寒表證皆除，而反見譫語怕熱，燥渴大便閉者，以法下之，大便通而熱愈，有何怪證？其餘春、夏、秋三時，雖有惡寒身熱，頭疼，亦微，即爲感冒非時暴寒之輕，非比冬時氣正傷寒爲重也。如冬感寒不即病，伏藏於肌膚，至春夏時，其伏寒各隨時氣改變爲溫，爲熱者，因溫暑將發，又受暴寒，故春變爲溫病。既變之後，不得復言其爲寒矣。所以仲景有云發熱，不惡寒而渴者，其理可見溫病也。暑病亦然，比之溫病，尤加熱也。不惡寒則病非外來，渴則明其熱自内達表，無表證明矣。治溫暑大抵不宜發汗，過時而發不在表也。其伏寒至夏，又感暴寒，變爲暑病。暑病者，即熱病也，取夏火當權而言暑字。緣其溫暑二證，從冬時伏寒所化，總曰傷寒，所發之時既異，治之不可混也。若言四時俱是正傷寒者，非也。此三者，皆用辛涼之劑以解之。若將冬時正傷寒之藥通治之，定殺人矣。辛涼者，羌活沖和湯是也。兼能代大青龍湯，治傷寒見風，傷風見寒，爲至穩。一方可代三方，危險之藥如坦夷，其神乎哉！世俗皆所未知也。若表解而裏證具者，亦以法下之無惑。又傷寒汗下後過經不愈者，亦溫病也。已經汗下，亦下在表也，隨病制宜。

《傷寒證脈藥截江網・傷寒統論受病之由》 夫傷寒者，冬時天氣嚴寒，水冰地凍，而成殺厲之氣，正乃腎與膀胱坎水用事，體虚觸冒之人，中而即病，曰傷寒；不即病者，乃寒毒藏於肌膚。此因腎水涸竭，春木無以發生，熱不能發泄，藏鬱於内，遇感而發，至春變爲溫病，至夏變爲熱病，熱病重於溫病也。雖曰傷寒，實爲熱病。非時行之氣，春應暖而反寒，夏應熱而反涼，秋應涼而反熱，冬應寒而反溫，此非其時而有其氣，是一歲之中，長幼病皆相似者也。是時行不正之氣，非暴厲之氣。暴厲者，疫病也。疫病者，乃春分至秋分前，天有暴寒，皆爲時行之寒疫也。又有四時之正氣者，春氣溫和，夏氣暑熱，秋氣清涼，冬氣凜冽，此四時之正氣也。然正氣亦能爲病，春傷於風，夏必飧泄；夏傷於暑，秋必痎瘧；秋傷於濕，冬必咳嗽；冬傷於寒，春必溫病，總曰傷寒。

《奇效良方・火門》 《内經》曰：六氣所入，風寒在下，燥熱在上，濕氣在中，惟火游行其間，能貫通發上下之病者多乎。動而爲病者，惟火也。《病機》論云：五火爲病，内格嘔逆，食不得入，是有火也。諸熱瞀瘛，皆屬於火。熱氣甚則濁亂昏昧也，經所謂病筋脈相引而急，名曰瘛，故俗謂之搐是也。諸禁鼓栗，如喪神守，皆屬於火。禁栗驚惑，如喪神守，悸動怔忡，皆熱之内作，故治當以制火之劑，其神守血，榮自愈也。諸逆沖上，皆屬於火沖攻也。火氣炎上故嘔，涌溢食而不下也。諸躁狂越，皆屬於火。胃實則四肢實，而能登高也，故四肢者諸陽之本，經所謂陰不勝陽，則脈流薄，疾病乃狂。是以陽勝則使妄言罵詈，不避親疏，神明之亂也。治之以補陰瀉陽，奪其食則病已。諸證皆屬於火，然火也，其中有君相二火之名焉，是以丹溪云：君火人火也，相火天火也，火内而外陽主乎動者，五行之中惟火有二，雖然尤不止於是也，故凡動皆屬於火。以名而言，形質相生，配於五行，故謂之君。以泣而言，生於虚無，守位稟命，因其動而可見，故謂之相火。主生物故恆於動，人有此生，亦恆於動。其有所恆於動者，皆相火助之爲也。見於天者，出於龍雷之氣，出於海者，則水之氣也，具於人者，寄於肝腎二部，肝屬木，而腎屬水也，膽者肝之腑，膀胱者腎之腑，心胞絡者腎之配，三焦以焦言，而下焦司肝腎之分，皆陰而下也，天非此火不能生物，人非此火不能有生。河間深察《内經》之意，言之諸病，喘嘔吐酸，暴注下迫轉筋，小便渾濁，腹脹大鼓，癰疽瘍疹，瘤氣結核頰下，霍亂瞀悶，鬱腫鼻塞，鼽衄血溢，血泄淋閉，身熱惡寒，戰栗驚惑，悲笑譫妄，衄衊血污，此皆少陰君火之熱，乃眞心小腸之氣所爲也。若腎瘛暴瘖，冒昧躁擾，狂越罵詈驚駭，胕腫疼酸，氣逆上沖，禁栗如

喪神守，瘡瘍喉痹，耳鳴及聾，嘔涌溢食不下，目昧不明，暴注瞤瘛，暴病暴死，此皆少陽相火之熱，乃心胞絡三焦之氣所爲也。君火之氣，經以暑與熱言之，相火之氣，經以言之，其暴悍酷烈，有甚於君火者也。相火易起五性，厥陽之火相扇，則妄動矣。火起於妄，變化莫測，無時不有，煎熬眞陰，陰虚則病，陰熱則死，東垣謂相火爲元氣之賊也。又曰相火與元氣不兩立，一勝則一負，曰然則如之何，可使無勝無負乎？曰神發知矣。五性感動而萬事出，五者之性，爲物所感，不能不動，動者即《內經》五火也，古人以中正仁義而主靜，朱子以道心常爲一身之主，而人心每聽命焉。此善處乎火者，人心聽命於道心，而又能主之，以靜比五火，寂然不動，而相火者，惟有裨造化而爲生生不息之運用，何賊之有？曰謂相火之外，又臟腑厥陽之火，此經所謂一水不勝二火之大，出於天造厥陽，此經所謂一水不勝五火之大，出於人焉，所謂五臟各有火，夫五志激之，其火隨起。蓋大怒則火動，此皆少陰君火之熱，乃眞心小腸之氣所爲也。若大怒則火起於肝，醉飽則火起於胃，房勞則火起於腎，悲哀動中則火起於肺，心火自焚則死矣。且火出於臟腑，爲病之狀曰諸風掉眩，屬於肝火之動也。諸氣膹鬱病痿，屬於肺火之升也。諸濕腫滿，屬於脾火之勝，此皆相火。少陽相火之熱，乃心胞絡三焦之氣所爲也，故爲諸病，諸痛癢瘡，皆屬於心火之用。若少陽病，內爲瘛瘲，太陽病時眩僕，少陰病瞀暴瘖鬱，冒不知人，諸熱瞀瘛以屬火，少陽惡寒鼓栗，膽病振寒，少陰病灑淅寒振栗，厥陽病灑淅振寒。若諸振鼓栗，如喪神守，皆屬火也。《原病式》曰：五臟之志，過度則勞傷本臟，凡五志所傷皆熱也。所謂陽動陰靜，則清平也。是故上善若水，下愚若火。若卒暴僵僕，多因五志七情過度而卒病也，故喜爲心火之志，病笑者火之甚也，五志過極，皆爲火也。王太僕云：君相二火，爲治之法。夫病微少者，猶人火也，遇草而焫，得木而燔，可以濕伏，可以水滅，逆其性氣，折之攻之。病之太甚，猶龍火也，故經曰逆者正治，從者反治，從少從多，觀其事也。若去五臟六腑之火，黃連瀉心火，黃芩瀉肺火，白芍藥瀉胃火，知母瀉腎火，木通瀉小腸火，石膏瀉胃火，柴胡瀉三焦火，黃芩佐之，柴胡瀉肝火，須黃連佐之，膽經亦然，黃柏瀉膀胱火，又曰龍火，膀胱水府之火故也。東垣又言：相火主足太陽少陰之經，治以炒黃柏，取其味苦，能瀉水中之火也，此皆苦寒之味，能瀉有餘之火耳。若飲食勞倦，內傷元氣，火不兩立，爲陽虚之病，治當甘溫之劑除之，如黃芪、人參、甘草之屬。若陰微陽強，相火熾盛，以乘陰位，日漸煎熬，爲血虚之病，以甘寒之劑降之，如當歸、地黃之屬。若心火亢極，鬱熱內實，爲陽強之病，而以咸冷之劑折之，如大黃、朴、硝之屬。若腎水受傷，其陰失守，無根之火，爲虚炎之病，而以甘水之劑制之，如生地黃、玄參之屬。若有腎命門火衰，爲陽脱之病，而以溫熱之劑濟之，如附子、乾薑之屬。若胃虚過食冷物，抑遏陽氣，於脾土爲火鬱之病，而以升散之劑發之，如升麻、乾葛、柴胡、防風之屬。醫者若不明此，而治火病爲難，且前人備述其詳，全在臨病處方，庶免實實虚虚之禍也。

《傷寒全生集·傷寒總難提綱》 傷寒一證，原有《活人書》、《明理論》、《指掌圖》、《傷寒論》，其中有論闕方者，有方闕論者，有脈無證者，有證無法者。蓋仲景之書，歷年既久，遺失頗多。王叔和以斷簡殘編而補方造論，成無己乃順文註釋而苴集成書，所以遺禍至今，而未止也。今之治傷寒者，一、二日不問屬虚屬實，便用麻黃、桂枝之類汗之。三、四日不問在經在腑，便用柴胡、葛根之類和之。五、六日不問在表在裏，便用承氣之類下之。以致內外俱虚，變證蜂起。殊不知人之表裏虚實不同，邪之傳變有異，豈可以日數爲準耶？蓋風寒乃天之客邪，其中於人也，或入於陰，或入於陽，原無定體，非但始太陽而終厥陰也。或有自太陽始，日傳一經，六日傳至厥陰，邪氣自衰，不傳而愈者。或有不罷再傳者，或有即傳者，或有間經而傳者，或有傳至二三經而止者，或有始終只在一經者，或有越經而傳者，或有初入太陽，不作鬱熱便入少陰而成寒證者，或有直中陰經而成眞寒證者，或有足經客熱而傳入手經者，或有證變者，或有脈變者，或有取證不取脈者，或有取脈不取證者。皆緣經無明文，後人妄治，使蒙害者多矣。夫麻黃、桂枝二湯，仲景原爲冬月正傷寒立也。今人乃以之通治非時暴寒、溫、暑，又將傳經陰證與直中陰經之陰證混同立論，豈不誤乎？蓋暴寒、溫、暑，原別有方。直中陰經，必有別決。今皆亡失而無徵也。古人引領後進，書不盡言，言不盡意，要在學者心領神會，活潑潑地如珠走盤。如見太陽證者，宜直攻太陽。如見少陰證者，宜直攻少陰。此活法也。仲景云：日數雖多，便見表證而脈浮者，尤宜汗之。日數雖少，但有裏證而脈沉者，亦宜下之。況其取方立論甚嚴，曰可溫，曰可下，曰少與，曰急下。與夫先溫其裏，乃攻其表。先解其表，乃攻其裏。此確論也。切不可執定一、二日發表，三、四日和解，五、六日方下。必

須審脈驗症，辨名定經，一一親切無疑，方可下手。直知其表邪而汗之，眞知其裡邪而下之，眞知其爲直中陰經而溫之。如此而汗，如此而下，又如此而溫。則桂枝、承氣，投之不差，薑、附、理中，發而必當。若投劑少差，死證立見矣。可不深思而熟慮哉。嗟夫！常病用常法，不見爲難。設有感冒非時，而認作正傷寒者，有直中陰經直寒症而認作傳經之熱證者，有夾陰傷寒、夾陰中寒而認作正傷寒者，有內傷寒而認作外傷寒者，有類傷寒之雜症而認作眞傷寒者，有寒疫而認作時疫者，有濕溫而認作風溫者，有中濕而認作風濕者，有暑證而認作傷寒者，有如狂而認作發狂者，有血證發黃而認作濕熱發黃者，有蚊迹而認作發班者，有動少陰血而認作鼻衄者，有譫語而認作狂言者，有獨語而認作鄭聲者，有女勞復而認作陰陽易者，有短氣而認作發喘者，有痞滿而認作結胸者，有傷寒下利純清水而俗呼爲漏底者，有噦而認作乾嘔者，有併病而認作合病者，有正陽明腑病而認作陽明經病者，有太陽無脈而便認作死證者，有裏惡寒而認作表惡寒者，有表發熱而認作裏發熱者，有陰躁而認作陽狂者，有少陰發熱而認作太陽證者，有標本全不曉者。嗚呼！胸中若不以證脈講明，論方得法，但執成方以治人，一七妄施，禍如反掌，此殺人不用刀耳。老夫傷寒一證，實竊仲景先師之秘，雖不敢謂萬全，十中可生八九。今老邁矣，思永其傳，遂不揣將生平所試效驗奇方，殺車槌法，分經辨證，傳變、經絡、察脈、觀形、問因、用藥，逐一語錄於後，論註證，而證註脈，脈註法，而法註方。後之同志，不必集閒方而觀別論，使繁亂莫知其源也。但須熟玩此書，細心思繹，積久精貫，又何證之難辨，藥之妄投哉。

《傷寒全生集・辨傷寒審證問因察形正名總論》 傷寒有傷風、傷暑、傷濕，溫病、熱症、時氣、寒疫、冬溫、溫毒、風濕、濕溫、中暍等證，皆以傷寒稱之，殊不知傷寒乃病之總名也，各從本條下治之。夫以傷寒言證不言病者，有明證見證之義存焉。就如婦證奸，而臟證盜，與刃證殺，則病對證之義明，不得逃其情矣。且人之心肝脾肺腎，藏而不見。若夫耳目口舌鼻，則露出而可見者也。五臟受病，人豈能知之？蓋有諸中，必形諸外。故肝病則目不能視，心病則舌不能言，脾病則口不知味，肺病則鼻不聞香臭，腎病則耳不能聽聲，以此言之，其證最親切可知矣。緣太陽受病，則證見出頭疼、發熱，惡寒，一有傷之，本經之證立見矣。以此首經推之，餘經不言可知，故言症不言病耳。設若脈證不明，誤用麻黃，令人汗多亡陽。若誤用承氣，令人大便不禁。若誤用薑附，令人失血發狂。寒涼耗其胃氣，燥熱助其邪氣，幸熱損其津液，庸醫殺人，莫此爲甚。傷寒實無定體，或入陽經氣分，則太陽爲首。或入陰經血分，則少陰爲先。脈有浮沉虛實，證乃傳變不常。治之之法，先分表裏、虛實、陰陽、寒熱、標本，此爲上工。問證以知其外，察脈以知其內，全在活法，不可拘於日數。但見一二證在，便作主張，不必悉具。

《傷寒全生集・辨溫病例》 蓋冬感寒不卽病，伏藏於肌膚，至春時天道溫煖，其伏寒各隨時氣改變爲溫者，因溫氣將發，又受暴寒，故春變爲溫病。既變之後，不得復言爲寒矣。所以仲景有云：春時人感壯熱，不惡寒而渴者，其理可見溫病也。不惡寒則病非外來，渴則明其熱自內達，其無表症明矣。溫病大熱，不宜發汗，不在表也。已經汗下，亦不在表也。其溫熱二病，所起所因，所感所發，治例一同。若誤下之，未必不爲害，誤汗之，變不可言。

《傷寒全生集・辨熱病例》 夫熱病，乃冬時感寒不卽病，伏藏於肌膚，至夏時其伏寒各隨時令改變爲熱者，因炎暑將發，又受暴寒，故夏變爲熱病。既變之後，不得復言爲寒矣。所以仲景有云：夏時人感壯熱，不惡寒而渴者，其理可見熱病也。不惡寒則病非外來，渴則明其熱自內達，其無表證明矣。【略】

溫病發表，不與傷寒同者，蓋因春時溫氣而發，非寒初傷於表也。此怫鬱之熱，自內而發於外，故宜辛涼之劑而解之。若時令溫煖，雖用麻黃，必加涼劑，天道尙寒，亦宜少佐。要在明病審察，不可執一說也。凡溫病發於三陽者多，發於三陰者少。若發於陰者，必有所因也，或因飲內傷而得之，或因慾事先傷腎經得之，治例皆與傷寒傳變各條同治，惟發表不與傷寒同也。三月得此病者爲晚發，治法同溫病。壯熱脈浮大者，方可治，細小者，難治。所以溫病大熱滾滾，脈小足冷者，多死也。

《明醫雜著・發熱論》 世間發熱症，類傷寒者數種，治各不同，外感、內傷乃大關鍵。張仲景論傷寒、傷風，此外感也。因風寒之邪感於外，自表入裏，故宜發表以解散之，此麻黃、桂枝之義也。以其感發於冬春之時，寒冷之月，即時發病，故謂之傷寒，而藥用辛熱以勝寒。若時非寒冷，則藥當有變矣。如春溫之月，則當變以辛涼之藥；如夏暑之月，則當變以甘苦寒之藥。故云：冬傷寒，不即病，至春變溫，至夏變熱。而其治法，必因時而有異也。又有一種冬溫之病，謂之非其時而有其氣。蓋冬寒時也，而反病溫焉，此天

時不正，陽氣反泄，用藥不可溫熱，又有一種時行寒疫，卻在溫暖之時，時行溫暖，而寒反爲病，此亦天時不正，陰氣反逆，用藥不可寒涼。又有一種天行溫疫熱病，多發於春夏之間，沿門闔境相同者，此天地之癘氣，當隨時令參氣運而施治，宜用劉河間辛涼甘苦寒之藥，以清熱解毒。已上諸症，皆外感天地之邪者。若夫飲食勞倦，爲內傷元氣，此則眞陽下陷，內生虛熱，故東垣發補中益氣之論，用人參、黄芪等甘溫之藥，大補其氣用提其下陷，此用氣藥以補氣之不足者也。又若勞心好色，內傷眞陰，陰血既傷，則陽氣偏勝而變爲火矣，是謂陰虛火旺勞瘵之症，故丹溪發陽有餘、陰不足之論，用四物加黄柏、知母，補其陰而火自降，此用血藥以補血之不足者也。益氣，補陰，皆內傷症也。一則因陽氣之下陷，而補其氣以升提之；一則因陽火上升，而滋其陰以降下之，一升一降，迥然不同矣。又有夏月傷暑之病，雖屬外感，卻類內傷，與傷寒大異。蓋寒傷形，寒邪客表，有餘之症，故宜汗之。暑傷氣，元氣爲熱所傷，而耗散不足之症，故宜補之，東垣所謂清暑益氣者是也。又有因時暑熱，而過食冷物以傷其內，或過取涼風以傷其外，此則非暑傷人，乃因暑而自致之病，治宜辛熱解表，或辛溫理中之藥，卻與傷寒治法相類者也。凡此數症，外形相似，而實有不同，治法多端，而不可或謬。故必審其果爲傷寒、傷風及寒疫也，則用仲景法；果爲溫病及溫疫也，則用河間法；果爲氣虛也，則用東垣法；果爲陰虛也，則用丹溪法。如是則庶無差誤以害人矣。今人但見發熱之證，一皆認作傷寒外感，率用汗藥以發其表，汗後不解，又用表藥以涼其肌，設是虛證，豈不死哉！間有頗知發熱屬虛而用補藥，則又不知氣血之分，或氣病而補血，或血病而補氣，誤人多矣。故外感之與內傷，寒病之與熱病，氣虛之與血虛，如冰炭相反，治之若差，輕病必重，重病必死矣，可不畏哉！凡酒色過度，損傷脾腎眞陰，咳嗽、吐痰、衄血、吐血、咳血、咯血等症，誤服參、芪等甘溫之藥，則病日增，服之過多，則不可治。蓋甘溫助氣，氣屬陽，陽旺則陰愈消，前項病證，乃陰血虛而陽火旺，宜服苦甘寒之藥，以生血降火，世人不識，往往服參、芪以爲補，予見服此而死者多矣。

《保命歌括・傷寒》長沙著論治傷寒，汗用辛甘下苦鹹。此法古今終不變，莫將羌活雜眞詮。

辛甘發散爲陽，桂枝之辛，麻黄之甘，所以開發腠理，驅逐風寒也。鹹苦下泄爲陰，芒硝之鹹，大黄之苦，所以攻堅瀉實，蕩滌腸胃也。仲景著《傷寒論》，於太陽病因有惡風惡寒之症，知其在表，故用桂枝湯治中風有汗者，此風淫所勝，以辛散之也。麻黄湯治傷寒無汗者，此寒淫所勝，治以甘熱也。若無惡風寒之症，則不輕用矣。於陽明經，因有胃實痞滿燥實堅之症，知其在裡，故用承氣湯。枳實以瀉痞，厚朴以瀉滿，大黄以瀉實，芒硝以潤燥軟堅也。若無胃實之症，則不敢用矣。或謂仲景之方，乃治冬時中而即病者，傷寒之法，非治溫暑之月傷寒之法也。殊不知春夏之時病者如有惡風寒之症，麻黄、桂枝皆可用之，所謂發表不遠熱也。若病不惡風寒，雖秋冬之時，麻黄、桂枝亦在所禁，況春夏乎。但謂麻黄、桂枝不用於溫暑之病則可，謂不當用於溫暑之月則不可。或謂春不服青龍，秋不服白虎，此蓋言其常耳。設有青龍、白虎之症，可以他藥代之乎？經云：太陽病，發熱而渴，不惡寒者，溫病也。是知發熱惡寒者爲傷寒，不惡寒者爲溫病，其症固不同矣。或不論證，泥於春夏不得服麻黄之說，而以羌活仲和湯代之，殊不知麻黄、桂枝二湯乃太陽經表藥也。今九味羌活湯、羌活防風湯，太陽經藥也。如蒼朮除足太陽之濕，川芎治是厥陰之頭疼，細辛治足少陰之頭痛，白芷治足陽明經之頭痛，生地黄治手少陰之熱，黄芩治手太陰之熱。六經同治，表裡並主，乃治溫病表裡俱熱之劑，以治太陽一經在表之症可乎？世人不知此義，以治有惡風寒之症，變爲大病，此言之所以無取於節庵也。如謂用熱遠熱，麻黄、桂枝誠春夏之所禁也，可以羌活湯代之。用寒遠寒，設使小雪之後，有可下之症者，芒硝、大黄亦在所禁，不知何方以代之也。噫，執中無權猶執一也。故曰：盡信書，不如無書。

四時正氣豈傷人，體若虛時客氣侵。總把傷寒作網領，因時立法取和手。

春風溫，夏火熱，秋濕涼，冬冷寒，此四時至令之正氣，所以生長收藏，爲萬物之終始也，豈爲厄哉？或未至而至，或至而不至，氣失其平，則爲疾矣。人有體虛者感之，春傷於風，則爲中風病。夏傷於暑，則爲中暑病。秋傷於濕，則爲濕病。冬傷於寒，則爲中寒病。此皆當其時而即病也。如不即病，與冬傷於寒者，春必病溫。春傷於風者，夏必飧泄。夏傷於暑者，秋必痎瘧。秋傷於濕者，冬必爲咳嗽。此皆伏氣之病，信與當時即病者，不可同治法矣。然以傷寒總名之者，非以寒爲肅殺之氣，舉其重以見其輕歟，抑欲人處治傷寒之法以爲例耶？因時製方，隨症用藥，必使病已，必使氣和，斯得之矣。

《傷寒摘錦・傷寒咸成暑感異氣變他病脈證治法》 經曰：中而即病者，名曰傷寒，不即病者，寒毒藏於肌膚，至春變爲中溫病，至夏變爲暑病。暑病者，熱極重於溫也。《內經》曰：先夏至日爲溫病，後夏至日爲暑病。溫暑之病，本傷於寒而得之。治溫暑不可發汗，過時而發，不在表也。此下言溫暑證。

經曰：太陽病，發熱而渴，不惡寒者，爲溫病。此以脈浮不屬陽明也，又發於春。

經曰：太陽中熱者，暍是也，其人汗出惡寒，身熱而渴。以脈虛，又在夏。

經曰：若更感異氣，變爲他病者，當依舊壞證治之。先本傷寒病，熱未解又感其時別異乖戾之氣，兩邪相合，變他病病，既非傳經之證，又非入府之證，當與發汗吐下後壞病同論，觀其時氣脈證，知犯何氣，隨證治之也。此蓋冬時即病之傷寒，當論異氣，若春夏則爲溫暑，不可謂傷寒矣。

《醫學入門・外感・溫暑》 河間劉先生溫暑纂要

諸風掉眩乃肝木，掉，搖也；眩，昏亂旋運也。由風木旺甚生火，風火屬陽，陽主乎動，兩搏爲之旋轉。痛癢瘡瘍心火屬；人近火氣者，微熱則癢，熱甚則痛，肘近則灼而爲瘡，皆火之用也。癢者美疾也，故火旺於夏而萬物蕃美。或云：痛爲實，癢爲虛。非謂虛爲寒也，正謂熱之微甚也。癢得爬而解者，爬令皮膚辛辣而屬金化，辛能散故也。瘡瘍屬熱而出濃水，猶肉果熱極，則腐潰而爲水，反兼水之化也。濕腫滿本脾土經，地之體也，土濕過極，則痞塞腫滿。物濕亦然，故長夏屬土，則庶物隆盛也。氣膹鬱痿肺金伏；膹，謂膹滿也；鬱，謂奔迫也；痿，謂手足痿弱無力以運動也。大抵肺主氣，病則其氣膹滿奔迫，不能上升。至於手足痿弱，不能運動，由肺金本燥，燥之爲病，血衰不能榮養百骸，故指得血而能攝，足得血而能步，秋金旺則霧氣蒙鬱，而草木萎落，病之象也。萎，猶痿也。寒之收引腎水鄉，收斂引急，寒之用也，故冬寒則拘縮矣。五運主病樞要目。

諸暴強直，支痛裏急，筋縮腂戾，本足肝膽二經厥陰風木之氣。暴，卒也；強直，堅勁也；支痛，支持也。謂堅固支持，筋縮不柔而痛也。腂，縮也；戾，乖戾也。謂筋縮裏急乖戾失常而病也。然燥金勁切，木病反兼金化，由亢則害，承乃制也。況風能勝濕而爲燥也。風病勢甚而成筋緩者，燥之甚也，故甚者皆兼於燥也。

諸病喘嘔及吐酸，暴注下迫轉筋難；小便渾濁血溢泄，瘤氣結核瘍疹班；癰疽吐下霍亂症，膹鬱腫脹鼻塞乾；衄衊淋秘身發熱，惡寒戰栗驚惑間；笑非譫妄衊蔑污，腹脹鼓之有聲和；少陰君火手二經，眞心小腸氣之過。

喘，火氣甚則氣盛而息麤也。嘔，胃膈熱甚火炎之象也。吐酸，木味爲酸，如飲食熱則易於酸矣。暴注，卒瀉，火性速故也。下迫，里急後重民，火燥能令下焦急迫也。轉筋，熱燥於筋而自轉也。小便渾濁，寒則水清，熱則水濁。溢，血出於上竅；泄，血出於下竅。瘤氣、赤瘤、丹熛，熱氣勝也；結核，熱氣鬱結。瘍，有頭小瘡也；疹，浮小癮疹也。癰，淺而大；疽，深而惡。吐下霍亂，熱甚氣則傳化失常，或下水谷不及變化。膹，胸膈憤悶，或引背痛也。鬱，熱極則腠理鬱結，而氣道不通也。腫脹，陽熱大甚，則腫滿脹。鼻塞，寒主收斂，故陽氣不通。衄，鼻出清涕。衊，鼻出血。淋，熱客膀脹。秘，大便澀滯，熱能耗液故也。發熱惡寒，邪在表也。戰栗，火熱過極，反兼水化。恐則傷腎，水衰故也。驚，心卒動而不寧。惑，昏惑而志不一。笑，火盛喜發。悲，火盛凌金，金不受制故發悲。譫，多言也，心熱神亂，則言妄出。妄，狂妄也，心熱神昏，則目有所見。蔑污，鼻出紫黑血也。腹脹鼓，熱甚則氣盛脹滿如鼓。

痓與強直積飲滯，霍亂中滿諸隔痞；體重吐下胕腫痿，肉如泥之按不起；太陽濕土二足經，脾與從中胃之氣。

痓，痓也。強直，謂強項也。太陽經中濕，令人項強，有剛柔之分。積飲，留飲也。痞，否也，謂氣升降也。隔，阻滯也，腸胃濕甚則傳化失常。中滿，濕則令人中焦滿也。吐下霍亂，謂腸胃濕飲相兼故也。體重，清陽爲天，濁陰爲地，濕土爲病，體重宜也。胕腫，濕勝於下也。肉如泥，按之不起，濕勝於身也。

諸熱瞀瘛筋惕惕，悸動搐搦瘛瘲極；暴瘖冒昧躁擾狂，罵詈驚駭氣上逆；胕腫疼酸嚏嘔瘡，喉痹耳鳴聾欲閉；嘔涌溢食下不能，目昧不明瞤瘛翳；或禁栗之如喪神，暴病暴死暴注利；少陽相火手二經，心胞絡與三焦氣。

瞀，神昏而氣濁也。瘛，熱令肌肉跳動。暴暗，卒瘂也，火盛克金，不能發聲。冒昧，昏憒也。躁擾，熱盛於外，手足不寧也。狂，謂乖越禮法而失常也，或登高棄衣，熱極故也。罵詈，言之惡也，心火熱極，則發惡言也。驚

駭，君火化同，氣逆冲上，火氣炎也。胕腫，熱勝於內也。疼酸，火盛制金，不能平木。嚔，鼻中因癢而噴作聲，人以紙捻擾鼻而嚔作，擾動屬火，鼻屬肺金故也。喉痹，熱客上焦。耳鳴，熱冲聽戶。聾，水衰火盛，氣道閉塞。嘔涌不下，熱盛火炎之象。目昧，熱極則昏。瞤瘈，肉跳也。禁，冷也。栗，戰栗也。如喪神守，火極而似水化也。暴病死，火性速也。

諸澀枯涸閉，乾勁揭皴起，陽明之燥金，肺與大腸氣。

澀，遍身澀不滑澤也；枯，不榮生也；涸，不能流也；乾，不滋潤也；勁，不柔和也；皴揭，皮膚開裂：皆血液病耳。

上下水液出清冷，癥瘕㿗疝堅痞病；腹滿急痛利白清，食已不飢吐利腥；屈伸不便與厥逆，厥逆禁固太陽經；腎與膀胱爲寒水，陰陽標本六氣裏。

上下水出清冷，寒則水自澄清。癥，氣聚之積，或聚或散無有常處也。瘕，血結之塊，蓋由女子月水沉滯，久而成瘕也，亦有熱者，當以標本明之。㿗疝，足厥陰受寒，則陰腫也。堅痞腹滿急痛，如水寒則冰硬如地。下利清白，水寒則清淨明白。食已不飢，胃寒則不能消穀。吐利腥穢，水甚不能制火，肺金自盛，故水腥也。屈伸不便，厥逆禁固，謂手足蜷攣而冷。

《傷寒論條辨·辨溫病風溫雜病脈證并治》 太陽病，發熱而渴，不惡寒者，爲溫病。

發熱，溫亦陽，故熱亦即發也。溫，熱傷血也。不惡寒，無陰寒之讐也。溫，春令之氣也，氣之於時，或則未應至而至，或則應至未至而不齊，故冬夏雖有溫，要必以春爲正，是故必也證候顯見有如此者，始可以言是觸犯於溫而病也。此揭溫病之名實，而不出其治者，論溫以辨明傷寒，故不之及也。說者以爲有論無治而不自滿。吁，烏足與論經之大旨哉。

若發汗已，身灼熱者，名曰風溫。風溫爲病，脈陰陽俱浮，自汗出，身重，多眠睡，鼻息必鼾，語言難出。若被下者，小便不利，直視失溲。若被火者，微發黃色，劇則如驚癇，時瘈瘲。若火熏之，一逆尚引日，再逆促命期。

鼾音旱，溲音小，癇音閒，瘈音熾，瘲音蹤。灼熱謂熱轉加甚也。風溫，謂觸犯於溫而有風也。陰陽俱浮，太陽本浮而風濕皆陽，故上下皆見浮也。自汗出，亦衛受傷也。身重多眠睡，鼻息必鼾，語言難出者，風擁則氣昏，熱甚則氣鬱也。小便不利者，太陽主膀胱，而風溫皆陽，下則反攻陰，徒亡其津液，而膀胱之氣傷也。直視者，太陽之筋，支者爲目上網，故不轉睛而上竄也。失溲，言小便甚失其常度也。火灸，熨之類也。微，言攻之微，則變亦微。發黃者，火熱則土燥，故其色外奪也。劇，言攻之劇，則變亦劇，如驚癇時瘈瘲者，火甚熱極而生風也。熏，亦火劫也。一逆，言乍誤也。尚引日，言猶可以俄延。再逆，言復誤也。促命期，言夭枉人之天年，其致警之意深矣。

《傷寒論條辨·或問》 問：先夏至爲病溫，後夏至爲病暑。曰：暑，必小暑令行而氣至，小暑在夏至後一氣，故謂夏至前猶是溫，言春氣未全除也。夏至後始是暑，節令已行也。然自意爲醫以來，溫變爲瘟，暑爲寒，寒遍四時，瘟滿天下，夏之至不至無復論矣。欲生民之命各不失其正，其可得乎。

《傷寒證治準繩·入門辨證訣·傷寒類傷寒辨》 世傳以痰飲、腳氣、虛煩四證爲似傷寒，王叔和又以痓、濕、暍、霍亂等證似傷寒者編入《傷寒論》中。然以形證較之，非止此數者而已。其內傷勞倦之似傷寒者，已前見。今以冬溫等病，與傷寒辨析差別，臚列於子左：

自霜降以後，天令寒沍，感之而病者，傷寒也。脈浮緊無汗，爲傷寒。脈浮緩有汗，爲傷風。

霜降已後，當寒而不寒，乃更溫煖，因而衣被單薄，以致感寒而病者，冬溫也。時氣發斑，與傷寒熱未已，再遇溫熱爲溫毒。

春時天道和煖，有人壯熱口渴而不惡寒者，溫病也。以辛溫汗之則壞矣。若天令尚寒，水雪未解，感寒而病者，亦曰傷寒。

三月以後，八月以前，天道或有暴寒，感之而病者，時行寒疫也。

夏至以後，時令炎熱，有人壯熱煩渴而不惡寒者，熱病也。熱病與中暑相似，但熱病脈盛，中暑脈虛。

夏月有病頭痛，譫語自汗，身不甚熱，兩脛逆冷，四肢沉重，胸腹滿者，濕溫也。其人常傷於濕因而中暑，濕熱相搏，故發此病。不可發汗。

頭痛身熱自汗與傷寒同，而脈尺寸俱浮，身重默默但欲眠，鼻鼾，語言難出，四肢不收者，風溫也。不可發汗。

《傷寒證治準繩·傷寒總例·四時傷寒不同》 王履：夫傷於寒，有卽病者焉，有不卽病者焉。卽病者，發於所感之時。不卽病者，過時而發於春夏也。卽病謂之傷寒，不卽病謂之溫與暑。夫傷寒溫暑，其類雖殊，其所受

之原則不殊也。由其原之不殊，故一以傷寒而爲稱。由其類之殊，故施治不得以相混，以所稱而混其治，宜乎貽禍後人，以歸咎於仲景之法，而委廢其大半也。吁！可謂溺井怨伯益，失火怨燧人矣。夫法也，方也，仲景專爲卽病之傷寒設，不兼爲不卽病之溫暑設也。後人能知仲景之書本爲卽病者設，不爲不卽病者設，則尚恨其法散落，所存不多，而莫能禦。夫麤工妄治之萬變，果可憚煩而或廢之乎。今人雖以治傷寒法治溫暑，亦不過借用耳，非仲景立法之本意也。雖然，豈特可借以治溫暑而已。凡雜病之治，莫不可借也。今人因傷寒治法可借以治溫暑，遂謂其法通爲傷寒溫暑設，吁！此非識流而昧源者與？請以證之。夫仲景之書，三陰經寒證，居熱證什之七八。彼不卽病之溫暑，但一於熱耳，何由而爲寒哉。夫惟後人以仲景書通爲傷寒溫暑設，遂致諸溫劑皆疑焉而不敢用。韓祇和雖覺桂枝湯之難用，但謂今昔之世不同，然未悟仲景書本爲卽病之傷寒設也。且其著《微旨》一書，又純以溫暑作傷寒立論，而卽病之傷寒反不言及。又以夏至前胸膈滿悶，嘔逆氣塞，腸鳴腹痛，身體拘急，手足逆冷等證視爲溫暑，謂與仲景三陰寒證脈理同而證不同，遂別立溫中法，以治夫仲景所叙三陰寒證，乃是冬時卽病之傷寒，故有此證。今欲以仲景所敘三陰寒證，求對於春夏溫暑之病，不亦惽乎。以余觀之，其胸鬲滿悶，嘔逆氣塞等證，若非內傷冷物，則不正暴寒所中，或過服寒藥所變，或內外俱傷於寒之病也。且祇和但曰寒而當溫，然未嘗求其所以爲寒之故。能求其故，則知溫暑本無寒證矣。朱奉議作《活人書》，累數萬言，於仲景《傷寒論》多有發明。其傷寒卽入陰經爲寒證者，諸家不識而奉議識之。但惜其亦不知仲景專爲卽病者立法，故其書中每每以傷寒溫暑混雜議論，竟無所別。況又視《傷寒論》爲全書，遂將次傳陰經熱證，與卽入陰經寒證，牽合爲一立說。且謂：大抵傷寒陽明證宜下，少陰證宜溫。而於所識卽入陰經之見，又未免自相悖矣。夫陽明證之宜下者，固爲邪熱入胃。其少陰證果是傷寒傳經熱邪，亦可溫乎。況溫病、暑病之少陰，尤不可溫也。自奉議此說行，而天下後世蒙害者不無矣。迨夫成無己作《傷寒論註》，又作《明理論》，其表章名義，纖悉不遺，可謂善羽翼仲景者。然即入陰經之寒證，又不及朱奉議能識。況卽病立法之本旨乎，宜其莫能知也。惟其莫知，故於三陰諸寒證，止隨文解義而已，未嘗明其何由不爲熱而爲寒也。至於劉守眞出，亦以溫暑作傷寒立論，而遺卽病之傷寒。其所處辛涼解散之劑，固爲昧者有中風、傷寒錯治之失而立，蓋亦不無桂枝、麻黃難用之惑也。既惑於此，則無由悟夫仲景立桂枝、麻黃湯之有所主，用桂枝、麻黃湯之有其時矣。故其《原病式》有曰：夏熱用麻黃、桂枝之類熱藥發表，須加寒藥。不然則熱甚發黃，或斑出矣。此說出於龐安常，而朱奉議亦從而和之。殊不知仲景立麻黃湯、桂枝湯，本不欲用於夏熱之時也。苟悟夫桂枝、麻黃湯本非治溫暑之劑，則群疑冰泮矣。何也？夫寒之初客於表也，閉腠理，鬱陽氣而爲熱，故非辛溫之藥，不能開腠理以泄其熱，此麻黃湯之所由立也。至於風邪傷表，雖反疎腠理而不能閉，然邪既客表，則表之正氣受傷，而不能流通，故亦發熱也。必以辛甘溫之藥發其邪，則邪去而腠理自密矣，此桂枝湯之所由立也。其所以不加寒藥者，蓋由風寒在表，又當天令寒冷之時，而無所避故也。後人不知仲景立法之意，故有惑於麻黃、桂枝之熱，有犯於春夏之司氣，而不敢用，於是有須加寒藥之論。夫欲加寒藥於麻黃、桂枝湯之中，此乃不悟其所以然，故如此耳。若仲景爲溫暑立方，必不如此必，別有法。但惜其遺佚不傳，致使後人有多岐之患。若知仲景《傷寒論》專爲卽病傷寒作，則知麻黃、桂枝所以宜用之故，除傳經熱證之外，其直傷陰經與太陽不鬱熱，卽傳陰經諸寒證，皆有所歸着，而不復疑爲寒藥誤下而生矣。若乃春夏有惡風、惡寒純類傷寒之證，蓋春夏暴中風寒之新病，非冬時受傷，過時而發者。不然，則或是溫暑將發，而復感於風寒，或因感風寒而動乎久鬱之熱，遂發爲溫暑也。仲景曰：太陽病，發熱而渴，不惡寒者，爲溫病。觀此則知溫病不當惡寒，而當渴，其惡寒而不渴者，非溫病矣。仲景雖不言暑病，然暑病與溫病同，但復過一時，而加重於溫病耳。其不惡寒而渴，則無異也。春夏雖有惡風、惡寒表證，其桂枝、麻黃二湯終難輕用，勿泥於發表不遠熱之語也。於是用辛涼解散，庶爲得宜。苟不愼而輕用之，誠不能免夫狂躁、斑黃、衄血之變，而亦無功也。雖或者行桂枝、麻黃於春夏而效，乃是因其辛甘發散之力，偶中於萬一，斷不可視爲常道而守之。今人以敗毒散、參蘇飮、通解散、百解散之類，不問四時中風、傷寒，一例施之。雖非至正之道，較之不愼而輕用麻黃、桂枝於春夏以致變者，則反庶幾。然敗毒散等若用於春夏，亦止可治暴中風寒之證而已。其冬時受傷，過時而發之溫病、暑病，則不宜用也。用則非徒無益，亦反害之矣。若夫仲景於三陰經每用溫藥，正由病之所必須，與用之有其時耳。若概以三陰寒證視爲雜病而外之，得無負於仲景濟人利物之至

仁而誤後世乎？自近代先覺，不示傷寒溫暑異治之端緒，但一以寒涼爲主，而諸溫熱之劑，悉在所略。致使後之學者，視仲景書欲仗焉，而不敢以終決，欲棄焉，則猶以爲立法之祖而莫能外，甚則待爲文具，又甚則束之高閣，而謂其法宜於昔而不宜於今。由治亂動靜之殊，治靜屬水，亂動屬火，故其溫熱之藥不可用於今屬火之時也。噫，斯言也，其果然耶？否耶？但能明乎仲景本爲卽病者設法，則桂枝、麻黃自有所用諸溫熱之劑，皆不可略矣。若謂仲景法不獨爲卽病者設，則凡時行及寒疫、溫瘧、風溫等病，亦通以傷寒六經病諸方治之乎。《傷寒例》曰：冬溫之毒與傷寒大異，爲治不同。又曰：寒疫與溫及暑病相似，但治治有殊耳。是則溫暑及時行、寒疫、溫瘧、風溫等，仲景必別有治法。今不見者，亡之也。觀其所謂爲治不同，所謂溫瘧、風溫、溫毒、溫疫脈之變證，方治如說，豈非亡其法乎？決不可以傷寒六經病諸方通治也。叔和搜採仲景舊論之散落者以成書，功莫太矣。但惜其既以自己之說，混於仲景所言之中，又以雜脈雜病，紛紜並載於卷首，故使玉石不分，主客相亂。若先備仲景之言，而欲附己說明，書其名，則不致惑於後人而累仲景矣。餘嘗欲編類其書，以傷寒例居前，而六經病次之，相類病又次之，差後病又次之，診察治法、治禁治誤、病解未解等又次之。其雜脈雜病與傷寒所關者，採以附焉。其與傷寒無相關者，皆刪去。如此庶幾法度純一，而玉石有分，主客不亂矣。然有志未暇，姑叙此以俟他日。

傷寒溫病熱病說　有病因，有病名，有病形。辨其因，正其名，察其形三者俱當，始可以言治矣。且如傷寒，此以病因而爲病名者也。溫病、熱病，此以天時與病形而爲病名者也。由三者皆起於感寒，或者通以傷寒稱之。夫通稱傷寒者，原其因之同耳，至於用藥則不可一例而施也。何也？夫傷寒蓋感於霜降後春分前，然不卽發鬱熱而發於春夏者也。傷寒卽發於天令寒冷之時，而寒邪在表閉其腠理，故非辛甘溫之劑不足以散之，此仲景桂枝、麻黃等湯之所以必用也。溫病、熱病，後發於天令暄熱之時，怫熱自內而達於外，鬱其腠理，無寒在表，故非辛涼或苦寒或酸苦之劑，不足以解之。此仲景桂枝、麻黃等湯獨治外者之所以不可用，而後人所處水解散、大黃湯、千金湯、防風通聖散之類，兼治內外者之所以可用也。夫卽病之傷寒，有惡風惡寒之證者，風寒在表，而表氣受傷故也。後發之溫病、熱病，有惡風惡寒之證者，重有風寒新中，而表氣亦受傷故也。若無新中之風寒，則無惡風惡寒之證，故仲景曰：太陽病，發熱而渴，不惡寒者，爲溫病。溫病如此，則知熱病亦如此。是則不渴而惡寒者，非溫熱病矣。然或有不因新中風寒，亦見惡風惡寒之證者，蓋病人表氣本虛，熱達於表，又重傷表氣，故不禁風寒，非傷風惡風，傷寒惡寒也。但衛虛則惡風，榮虛則惡寒耳。且溫病、熱病亦有先見表證，而後傳裏者，蓋怫熱自內達外，鬱腠理不得外泄，遂復還裏而成可攻之證，非如傷寒從表而始也。或者不悟此理，乃於春夏溫病、熱病而求浮緊之脈，不亦疏乎？殊不知緊爲寒脈，有寒邪則見之，無寒邪則不見也。其溫病、熱病或見緊脈者，乃重感不正之暴寒與內傷過度之冷食也。豈其本然哉！又或者不識脈形，但見弦便呼爲緊，斷爲寒，而妄治。蓋脈之盛而有力者，每每兼弦，豈可錯認爲緊而斷爲寒。夫溫病、熱病之脈，多在肌肉之分而不甚浮，且右手反盛於左手者，誠由怫熱在內故也。其或左手盛或浮者，必有重感之風寒，否則非溫病、熱病，自是暴感風寒之病耳。凡溫病、熱病若無重感表證，雖間見而裏病爲多，故少有不渴者。斯時也，法當治裏熱爲主，而解表兼之，亦有治裏而表自解者。余每見世人治溫熱病雖誤攻其裏，亦無大害，誤發其表，變不可言，此足以明其熱之自內達外矣。其間有誤攻裏而致大害者，乃春夏暴寒所中之疫證，邪純在表，未入於裏故也，不可與溫病、熱病同論。夫惟世以溫病、熱病混稱傷寒，故每執寒字以求浮緊之脈，以用溫熱之藥。若此者，因名亂實，而戕人之生，名其可不正乎又方書多言四時傷寒，故以春夏之溫病、熱病，與秋冬之傷寒一類視之，而無所別。夫秋冬之傷寒，眞傷寒也。春夏之傷寒，寒疫也。與溫病、熱病自是兩塗，豈可同治。吁！此弊之來，非一日矣。雖然傷寒與溫病、熱病，其攻裏之法，若果是以寒除熱，固不必求異，其發表之法，斷不可不異也。況傷寒之直傷陰經與太陽，雖傷不及鬱熱，卽傳陰經爲寒證而當溫者，又與溫病、熱病大不同，其可妄治乎？或者知一不知二，故謂仲景發表藥，今不可用，而攻表之藥，乃可用。嗚呼！其可用不可用之理，果何在哉！若能辨其因，正其名，察其形，治法其有不當者乎。彼時行不正之氣所作，及重感異氣而變者，則又當觀其何時何氣，參酌傷寒溫熱病之法，損益而治之，尤不可例以仲景卽病傷寒藥通治也。

《傷暑全書·辨春夏秋冬溫暑涼寒四證病原》　《生氣通天論》曰：夫自古通天者，生之本，本於陰陽天地之間，六合之內，其氣九州九竅，五藏十

二節，皆通乎天氣。其生五，其氣三，數犯此者，則邪氣傷人，此壽命之本也。由此論之，人身元氣，與天相通，頤養有道，病何從生。然則病生有因，其發有原乎？從其原而治之則易療。《陰陽應象大論》曰：天有四時五行，以生長收藏，以生寒暑燥濕風。人有五藏化五氣，以生喜怒悲憂恐。又曰：因於露風，乃生寒熱，是以春傷於風，邪氣留連。乃爲洞泄。夏傷於暑，秋爲痎瘧。秋傷於濕，上逆而欬，發爲痿厥。冬傷於寒，春必病溫。四時之氣，更傷五藏，此四時四氣之病原也。黄帝明以春溫，根於冬寒。其間氣候相近，症恙相同，猶可言者，原未兼及暑也。至漢張長沙仲景著《傷寒》書，遂演《内經》之説曰：其傷於四時之氣，皆能爲病，以傷爲毒者，以其最成殺厲之氣。中而卽病者，名曰傷寒。不卽病者寒毒藏於肌膚，至春變爲溫病，至夏變爲暑病。暑病者，熱極重於溫也。自此論出，而後之業岐黄術者，皆宗之。果爾是專主一寒氣，三病分久近，皆寒爲根，故後世醫家，有四時傷寒之説，甚至通以麻黄桂枝湯，兼治溫熱症，誤人良多。陶節菴諸名家，亦剖三病若列眉，而根始於寒。不免沿而未能脱，又何怪乎碌碌者。愚謂：道以一炁生天地，以二氣生五行五氣，各司其用。而水火爲最要，水火能生物，亦能殺物。若仲景之説，是水專擅其權，而火爲虛而無用矣。愚爲冬之寒病，專屬寒威，此固然不易者。至春時陽氣漸舒，孔竅開張，服御單夾，乃天氣變幻，倏暖倏寒，又多蕩風，人感寒直入藏府，故爲溫病猶可。名曰春寒，已與冬寒不相蒙矣。況夏至後，炎火時流，蒸鬱爍人，得病似傷寒者，皆是暑火所感而成，與冬之寒氣，毫不相涉，而亦以爲冬寒之積久所發者誤矣。卽《生氣通天論》曰：是故陽因而上，外衛者也。因於寒，欲如運樞，起居如驚，神氣乃浮。因於暑汗，煩則喘喝，靜則多言，體若燔炭，汗出而散。是寒暑分因，水火別證，明列斷案，萬世醫學之祖也。又何惑乎？然《内經》之溫根於寒者何故？案《山海經》：桂名招搖，葉長二尺，桑名帝女，大圍五十尺，桂竹葉大二尺餘，高數丈，其草樹奇怪類若此。據經想太古時，洪水横流，懷山襄陵，草木閉塞，天地濛昧，陰霾拂鬱，陽明未舒，以故寒氣盛行，元和令少，卽當大夏，亦無爍金之患。後世文明漸開，五行分布，水火之氣，各司其權。若斯爭烈者，卽今春值淫雨，餘寒爲厲，甚者如隆冬，挾纊不能去，試觀晉中暑證寥寥，絶無痎瘧，皆陰勝之左券也。何况古洪荒世乎？此《内經》溫根於寒，所由發也。何仲景遂申演其説，幷暑而一類乎？是蛇足也。且古人茹毛衣草，簡緣淡薄，無助火之具。後世炙煿之味適口，醲鬱之酒充腹，嗜慾灼精，塵勞食氣，皆足以噓焰而煽熾，宜暑火之乘類而善入也。謂古之寒病多，而暑病少，今之寒暑並重，而暑爲尤劇則可，愚故特列論曰：傷寒者，感於冬之嚴寒。溫病者，感於春之輕寒。若暑病，是專感於夏之炎熱。若冰炭霄泉之不相及，一水一火，各操其令，治法一熱劑、一涼劑，各中其竅。而概以爲寒因，不幾於執一遺二哉！予俯仰躊躇，萬不得已，敢於翻千古之案，以開百世之覺，破迷而拔苦，遂自甘於僭竊云耳。

霖按：《素問生氣通天論》言：春傷於風，邪氣留連，乃爲洞泄。夏傷於暑，秋爲痎瘧。秋傷於濕，上逆而欬，發爲痿厥。冬傷於寒，春必病溫。此四時伏氣之機，陰陽互根之理也。春傷於風者，陽邪也，留連日久，乃下爲洞泄之陰病。秋傷於濕之陰邪，乃爲上逆而欬之陽病。夏傷於暑熱之陽邪，至秋發爲痎瘧之陰病。冬傷於寒之陰邪，至春必發爲溫熱之陽病。是陰陽上下之相乘也，此六淫之邪傷人，由人身之陰陽不固。故《金匱眞言論》曰：夫精者，身之本也。故藏於精者，春不病溫。夏暑汗不出者，秋成風瘧，足徵人身之氣血，皆生於精。冬宜閉藏，則陰氣固密。若縱慾精耗，則陰虛，陰虛則陽邪易犯，故多病溫。夏宜疎泄，逆之而汗之出，汗不出則暑邪內伏，遇秋風凄切，寒熱相戰，則爲瘧病。陰陽啓閉，時氣宜然。舉冬夏言其春秋伏氣，自可類推。而《陰陽應象論》又重複言四時伏氣者，蓋六淫之邪，亦由七情不愼，五藏化五氣，爲內賊以傷之。此《内經》反復闡明伏邪之義也。

又按：《素問・熱論》曰：今夫熱病者，皆傷寒之類也。越人《五十八難》曰：傷寒有五，有中風，有傷寒，有濕溫，有熱病，有溫病。其名各不同，是傷寒爲古醫經之通稱可證。仲景《太陽篇》，首揭發熱汗出，惡風脈緩者，名中風。惡寒發熱，體痛嘔逆，脈陰陽俱緊者，名傷寒。發熱而渴，不惡寒者，爲溫病。發汗已，身灼熱，脈陰陽俱浮者，爲風溫。辨論寒溫形證，朗若列眉。治暍三法，尤有深義。奈書經兵火散佚，雖高平王叔和編次，僅存傷寒治法，而溫暑亡失益多，不得拉雜叔和《序例》中語，妄議仲景寒溫莫辨也。《内經》溫根於寒，謂嚴寒遏熱，乃習坎之義。亦不須遠引洪荒，曲爲解説。溫病固非春日之輕寒，暑病亦非專感夏日之炎熱。欲明溫暑伏氣之義，當細參《内經》庶不爲群言所惑。

《傷暑全書・陶節菴・辯張仲景〈傷寒論〉》 辯張仲景《傷寒論》曰：傷寒者，乃冬時感寒，卽病之名，桂枝、麻黄二湯，爲當時之傷寒設。與過時之溫暑者，有何預焉？夫受病之原則同，亦可均謂之傷寒，所發之時既異，治之則不可混也，請略陳之。夫春溫夏熱，秋涼冬寒者，四時之正氣也，以成生長收藏之用。風亦因四時之氣，而成溫涼寒熱也。若氣候嚴寒，風亦凝冽。天道和煦，風亦溫暖。冬時坎水用事，天令閉藏，水冰地凍，風於寒相因而成殺厲之氣，人觸冒之，腠理鬱塞，乃有惡風惡寒之證，其餘時月，則無此證也。仲景固知傷寒，乃冬時殺厲之氣所成，非比他病可緩，故其爲言特詳於此書，而略於雜病。倘能因名以求其實，則思過半矣。不幸此書，傳世久遠，遺帙頗多。晉太醫令王叔和，得散亡之餘，詮次流傳，其功博矣。惜乎以己論混經，未免穿鑿附會。陳無己氏因之順文註釋，並無缺疑正誤之言，以致將冬時傷寒之方，通解溫暑，遺禍至今而未已也。溫暑必別有方，今皆失而無徵也。我朝宋景濂學士，嘗嘆《傷寒論》非全書，得其旨哉。蓋傷寒之初中人，必先入表，表者何？卽足太陽寒水之經。此經行身之後，自頭貫脊，乃有頭疼、脊強、惡寒之證，在他經則無此證矣。況此經乃一身之綱維，爲諸陽之主氣，猶四通八達之衢，治之一差，其變有不可勝言者矣。故宜此二湯發散表中寒邪，經曰：辛甘發散爲陽者是也。若以此湯通治春溫、夏熱之病，則誤之甚矣。

按：麻黄、桂枝湯，原爲冬月傷寒正藥，溫暑二病，不可混施。節菴力破從來之迷，至於辯仲景書中，多遺帙缺誤，歸罪於王叔和之詮次，陳無己之註釋，可謂發前人所未發。但仲景醫書，專明傷寒，故詳於寒病，略於溫暑，原不爲溫暑設也。

《傷暑全書・陶節菴・傷寒變溫熱病》 論曰：《活人書》發於溫病曰：陽熱未盛，爲寒所制，豈有伏寒？既已變而爲溫，尚可言寒能制其陽熱邪。又於熱病曰：陽熱已盛，寒不能制，亦不當復言其爲寒也。蓋是春夏陽熱，已變其伏寒，卽非有寒能制其陽熱耳。外有寒邪，能折陽氣者，乃是時行寒疫。仲景所謂春分已後，秋分節前，天有暴寒，爲時行寒疫是也。三月、四月，其時陽氣尚弱，爲寒所折，病熱則輕。五月、六月，陽氣已盛，爲寒所折，病熱則重。七月、八月，陽氣已衰，爲寒所折，病熱亦微。是知時行寒疾，與溫熱二病，所論陽氣盛衰，時月則同。至於論暴寒之寒，與伏寒已變之寒，自是相違，名不正，則言不順矣。張仲景又云：其病與溫及暑病相似，但治有殊耳。要在辨其病源，寒、熱、溫三者之殊，則用藥之冷熱，判然矣。

按：南陽發變字，大有慧心。至於伏寒之誤，南翁亦灼然知其然，而不敢明攻其非，恐起襲聞者議耳。乃亦爲非時寒疾，以破其惑，始自東垣設寒疫一款，皆可羽異《內經》啓蒙萬世也。

《傷暑全書・陶節菴・溫病辨》 《難經》曰：溫病之脈，行在諸經，不知何經之動，隨其經之所在而取之。如太陽證，頭疼惡寒，汗下後，過經不愈，診得尺寸俱浮者，太陽病溫也。過時而發，不在表也。已經汗下，亦不在表也。經曰：不惡寒而反渴者，溫病也。明其熱自內達，外無表證明矣。

按：傷寒傳經，由腑入臟，由陽入陰。溫病不傳經，止中一二經，或乘某經火，或乘某經虛，被春時寒氣所中，自內發外而作寒熱等證。或中腑則腑病，或中臟則臟病，不論日期，始終惟此一二經。《內經》言惟經所動，隨經而取，自是明明斷案。節菴分經良是，而以過太陽經不傳別經，定爲溫病，此辨別寒溫之口訣，所當佩服者。

《溫疫論・辨明傷寒時疫》 或曰：子言傷寒與時疫有霄壤之隔，今用三承氣，及桃仁承氣、抵當、茵陳諸湯，皆傷寒方也。既用其方，必同其證，子何言之暴也？曰：夫傷寒必有感冒之因，或單衣風露，或強力入水，或臨風脫衣，或當簷出浴，當覺肌肉粟起，既而四肢拘急，惡風惡寒，然後頭痛身痛，發熱惡寒，脈浮而數，脈緊無汗爲傷寒，脈緩有汗爲傷風。時疫初起，原無感冒之因，忽覺凜凜，以後但熱而不惡寒，然亦有觸因而發者，或飢飽勞碌，或焦思氣鬱，皆能觸動其邪，是促其發也，不因所觸無故自發者居多，促而發者，十中之一二耳。且傷寒投劑，一汗而解，時疫發散，雖汗不解。傷寒不傳染於人，時疫能傳染於人。傷寒之邪，自毫竅而入，時疫之邪，自口鼻而入。傷寒感而卽發，時疫感久而後發。傷寒汗解在前，時疫汗解在後。傷寒投劑可使立汗，時疫汗解，俟其內潰，汗出自然，不可以期。傷寒解以發汗，時疫解以戰汗。傷寒發斑則病篤，時疫發斑則病衰。傷寒感邪在經，以經傳經，時疫感邪在內，內溢於經，經不自傳。傷寒感發甚暴，時疫多有淹纏二三日，或漸加重，或淹纏五六日，忽然加重。傷寒初起，以發表爲主，時疫初起，以疎利爲主。種種不同。其所同者，傷寒時疫皆能傳胃，至是同歸於一，故用承氣湯輩，導邪而出。要知傷寒時疫，始異而終同也。夫傷寒之邪，自肌

表一逕傳裏，如浮雲之過太虛，原無根蒂，惟其傳法，始終有進而無退，故下後皆能脫然而愈，時疫之邪，始則匿於膜原，根深蒂固，發時與營衛交併，客邪經由之營衛，未有不被其所傷者，因其傷，故名曰潰，然不潰則不能傳，不傳邪不能出，邪不出而疾不瘳。然時疫下後多有未能頓解者何耶？蓋疫邪每有表裏分傳者，因有一半向外傳，則邪留於肌肉，一半向內傳，則邪留於胃家。邪留於胃，故裏氣結滯，裏氣結，表氣因而不通，於是肌肉之邪，不能卽達於肌表，下後裏氣一通，表氣亦順，鬱於肌肉之邪，方能達發於肌表，或斑或汗，然後脫然而愈，傷寒下後無有此法。雖曰終同，及細較之，而終又有不同者矣。

或曰：傷寒感天地之正氣，時疫感天地之戾氣，氣既不同，俱用承氣，又何藥之相同也？曰：風寒疫邪，與吾身之眞氣，勢不兩立，一有所着，氣壅火積，氣也，火也，邪也。三者混一，與之俱化，失其本然之面目，至是均爲邪矣，但以驅逐爲功，何論邪之同異也。假如初得傷寒爲陰邪，主閉藏而無汗，傷風爲陽邪，主開發而多汗，始有桂枝、麻黃之分，原其感而未化也，傳至少陽，並用柴胡，傳至胃家，並用承氣，至是亦無復有風寒之分矣。推而廣之，是知疫邪傳胃，治法無異也。

《溫疫論·前後虛實》 病有先虛後實者，宜先補而後瀉；先實而後虛者，宜先瀉而後補。假令先虛後實者，或因他病先虧，或因年高血弱，或因先有內傷勞倦，或因新產下血過多，或舊有吐血及崩漏之證，時疫將發，卽觸動舊疾，或吐血，或崩漏，以致亡血過多，然後疫氣漸漸加重，以上并宜先補而後瀉。瀉者謂疏導之劑，并承氣下藥，概而言之也。凡遇先虛後實者，此萬不得已而投補劑一二帖後，虛證少退，便宜治疫。若補劑連，進，必助疫邪，禍害隨至。假令先實而後虛者，疫邪應下失下，血液爲熱搏盡，原邪尚在，宜急下之，邪退六七，急實補之，虛回五六，愼勿再補。多服則前邪復起。下後必竟加添虛證者方補，若以意揣度其虛，不加虛證，誤用補劑，貽害不淺。

《溫疫論·雜氣論》 日月星辰，天之有象可睹；水火土石，地之有形可求；昆蟲草木，動植之物可見；寒熱溫涼，四時之氣往來可覺。至於山嵐瘴氣，嶺南毒霧，咸得地之濁氣，猶或可察，而惟天地之雜氣，種種不一，亦猶草木有野葛巴豆，星辰有羅計熒惑，昆蟲有毒蛇猛獸，土石有雄硫硇信，萬物各有善惡不等，是知雜氣之毒亦然。然氣無形可求，無象可見，況無聲復無臭，何能得睹得聞？人惡得而知是氣也。其來無時，其着無方，衆人有觸之者，各隨其氣而爲諸病焉。其爲病也，或時衆人發頤，或時衆人頭面浮腫，俗名爲大頭瘟是也。或時衆人咽痛，或時音啞，俗名爲蝦蟆瘟是也。或時衆人瘧痢，或爲痺氣，或爲痘瘡，或爲斑疹，或爲瘡疥疔瘡，或時衆人目赤腫痛，或時衆人嘔血暴亡，俗名爲瓜瓤瘟、探頭瘟是也。或時衆人瘿痎，俗名爲疙瘩瘟是也。爲病種種，難以枚舉。大約病偏於一方，延門合戶，衆人相同，爲病種種是知氣之不一也。蓋當其時，適有某氣專入某臟腑經絡，專發爲某病，故衆人之病相同，非關臟腑經絡或爲之證也。不可以年歲四時爲拘，蓋非五運六氣所能定者，是知氣之所至無時也。或發於城市，或發於村落，他處安然無有，是知氣之所着無方也。疫氣者亦雜氣中之一，但有甚於他氣，故爲病頗重，因名之厲氣。雖有多寡不同，然無歲不有，至於瓜瓤瘟、疙瘩瘟，緩者朝發夕死，急者頃刻而亡，此又諸疫之最重者，幸而幾百年來罕有之，不可以常疫並論也。至於發頤、咽痛、目赤、斑疹之類，其時村落中偶有一二人所患者，雖不與衆人等，然考其證，甚合某年某處衆人所患之病纖悉相同，治法無異。此卽當年之雜氣，但目今所鍾不厚，所患者希少耳。此又不可以衆人無有，斷爲非雜氣也。雜氣爲病最多，然舉世皆誤認爲六氣。假如誤認爲風者，如大麻風、鶴膝風、痛風、歷節風、老人中風、腸風、厲風之類，概用風藥，未嘗一效，實非風也，皆雜氣爲病耳。至又誤認爲火者，如疔瘡、發背、癰疽、流注、流火、丹毒，與夫發斑、痘疹之類，以爲痛癢瘡瘍皆屬心火，投芩、連、梔、栢未嘗一效，實非火也，亦雜氣之所爲耳。至於誤認爲暑者，如霍亂、吐、瀉、瘧、痢、暴注、腹痛、絞腸沙之類，皆誤認爲暑，作暑證治之，未當一效，與暑何與焉？至於一切雜證，無因而生者，並皆雜氣所成，蓋因諸氣來而不知，感而不覺，惟向風寒暑濕所見之氣求之，既已錯認病原，未免誤投他藥。劉河間作《原病式》，蓋祖五運六氣，百病皆原於風寒暑濕燥火，無出此六氣爲病者，實不知雜氣爲病，更多於六氣，六氣有限，現在可測，雜氣無窮，茫然不可測，專務六氣，不言雜氣，豈能包括天下之病與！

《溫疫論·論氣所傷不同》 所謂雜氣者，雖曰天地之氣，實由方土之氣也。蓋其氣從地而起，有是氣則有是病，譬如所言天地生萬物，然亦由方土之產也。但植物藉雨露而滋生，動物藉飲食而頤養，蓋先有是氣，然後有是物。推而廣之，有無限之氣，因有無限之物也。但二五之精，未免生尅制化，

是以萬物各有宜忌，宜者益而忌者損，損者制也。故萬物各有所制，如貓制鼠，如鼠制象之類，既知以物制物，卽知以氣制物矣。以氣制物者，蟹得霧則死，棗得霧則枯之類，此無形之氣，動植之物皆爲所制也。至於無形之氣，偏中於動物者，如牛瘟、羊瘟、鷄瘟、鴨瘟，豈當人疫而已哉？然牛病而羊不病，鷄病而鴨不病，人病而禽獸不病，究其所傷不同，因其氣各異也。知其氣各異，故謂之雜氣。夫物者氣之化也，氣者物之變也，知氣可以制物，則知物之可以制氣矣。夫物之可以制氣者藥物也，如蜒蚰解蜈蚣之毒，貓肉治鼠瘻之潰，此受物之氣以爲病，還以物之氣制之。至於受無形雜氣爲病，莫知何物之能制矣。惟其不知何物之能制，故勉用汗、吐、下三法以決之。嗟乎！卽三法且不能盡善，况能知物乎？能知以物制氣，一病只有一藥之到病已，不類君臣佐品味加減之勞矣。

《溫疫論・損復》 邪之傷人也，始而傷氣，繼而傷血、傷肉、傷筋、傷骨。邪毒既退，始而復氣，繼而復血、復肉、復筋、復骨。以柔脆者易損，亦易復也。

天傾西北，地陷東南，故男先傷右，女先傷左。及其復也，男先復左，女先復右。以素虧者易損，以素實者易復也。

《溫疫論・〈傷寒例〉正誤》 《陰陽大論》云：春氣溫和，夏氣暑熱，秋氣清涼，冬氣冷冽，此則四時正氣之序也。冬時嚴寒，萬類深藏，君子固密，則不傷於寒。觸冒之者，乃名傷寒耳。其傷於四時之氣，皆能爲病，以傷寒爲毒者，以其最成殺厲之氣也。中而卽病者，名曰傷寒，不卽病者，寒毒藏於肌膚，至春變爲溫病，至夏變爲暑病，暑病者，熱極重於溫也。

成註：《內經》曰：先夏至爲溫病，後夏至爲暑病。溫暑之病，本於傷寒而得之。

按：十二經絡，與夫奇經八脈，無非營衛氣血，週布一身而營養百骸。是以天眞元氣，無往不在，不在則痲木不仁。造化之機，無刻不運，不運則顚倒僕絕。然風寒暑濕之邪，與吾身之營衛，勢不兩立，一有所中，疾苦作矣，苟或不除，不危卽斃。上文所言冬時嚴寒所傷，中而卽病者爲傷寒，不卽病者，至春變爲溫病，至夏變爲暑病。然風寒所傷，輕則感冒，重則傷寒，卽感冒一證，風寒所傷之最輕者，尙爾頭疼身痛、四肢拘急、鼻塞聲重、痰嗽喘急、惡寒發熱，當卽爲病，不能容隱，今冬時嚴寒所傷，非細事也，反能藏伏過時而發耶？更問何等中而卽病？何等中而不卽病？何等中而卽病者，頭痛如破、身痛如杖、惡寒項強、發熱如炙、或喘或嘔，甚則發痙、六脈疾數、躁煩不寧，至後傳變，不可勝言，倉卒失治，乃致傷生。何等中而不卽病者，感則一毫不覺，既而延至春夏，當其已中之後，未發之前，飲食起居如常，神色聲氣，纖毫不異，其已發之證，勢不減於傷寒。寒況風寒所傷，未有不由肌表而入，所傷皆營衛，所感均係風寒，一者何其懞懵，藏而不知；一者何其靈異，感而卽發。同源而異流，天壤之隔，豈無說耶？既無其說，則知溫熱之原，非傷寒所中矣。且言寒毒藏於肌膚之間，肌爲肌表，膚爲皮之淺者，其間一毫一竅，無非營衛經行所攝之地，卽感冒些小風寒，尙不能稽留，當卽爲病，何况受嚴寒殺厲之氣，且感於皮膚最淺之處，反能容隱者耶？以此推之，必無是事矣。凡治客邪大法，要在表裏分明，所謂未入於府者，邪在經也，可汗而已；既入於府者，邪在裏也，可下而已。果係寒毒藏於肌膚，雖過時而發，邪氣由然在表，治法不無發散，邪從汗解。後世治溫熱病者，若執肌膚在表之邪，一投發散，是非徒無益，而又害之矣。

凡病先有病因，方有病證，假令傷寒中暑，各以病邪而立名，若言熱證，尙可模糊，若以暑病爲名，乃是香薷飲之證，彼此豈可相混？凡客病感邪之重者，則病甚，其熱亦甚；感邪之輕者，則病輕，其熱亦微，熱之微甚，存乎感邪之輕重也。二、三月及八、九月，其時亦有病重、大熱不止、失治而死者。五、六月亦有病輕熱微不藥而愈者。凡溫病四時皆有，但仲夏感者多，春秋次之，冬時又次之，但可以時令分病之多寡，不可以時令分熱之輕重也。

是以辛苦之人，春夏多溫熱證者，皆因冬時觸寒所致，非時行之氣也。凡時行者，春時應暖而反大寒，夏時應熱而反大涼，秋時應涼而反大熱，冬時應寒而反大溫，此非其時有其氣。是以一歲之中，長幼之病多相似者，此則時行之氣也。

然氣候亦有應至而不至，或有至而太過者，或未應至而至者，皆成病氣也。

春溫、夏熱、秋涼、冬寒乃四時之常，因風雨陰晴稍爲損益。假令春應暖而反多寒，其時必多雨；秋應涼而熱不去者，此際必多晴；夫陰晴旱潦之

不測，寒暑損益安可以爲拘？　此天地四時之常事，未必爲疫。　夫疫者，感天地之戾氣也。　戾氣者，非寒、非暑、非暖、非涼，亦非四時交錯之氣，乃天地別有一種戾氣，多見於兵荒之歲，間歲亦有之，但不甚耳。　上交所言，長幼之病多相似者，此則爲時行之氣，雖不言疫，疫之意寓是矣。　殊不知四時之氣，雖損益於其間，及其所感之病，終不離其本源。　假令正二月，應暖，偶因風雨交集，天氣不能溫熱，而多春寒所感之病，輕則爲感冒，重則爲傷寒，原從感冒傷寒法治之，但春寒之氣，終不若冬時嚴寒殺厲之氣爲重，投劑不無有輕重之分，此卽應至而不至、至而不去二事也。　又如八、九月，適多風雨，偶有暴寒之氣先至，所感之病，大約與春寒彷彿，深秋之寒，終不若冬時殺厲之氣爲重，此卽未應至而至。　卽冬時嚴寒倍常，是爲至而太過，所感亦不過卽病之傷寒耳。　假令夏時多風雨，炎威少息，爲至而不及。　時多亢旱，爍石流多，爲至而太過。　太過則病甚不及則病微，至於傷暑一也，其病與四時正氣之序何異耶？　治法無出於香薷飲而已。

其冬時有非節之暖名曰冬溫。

此卽未應至而至也。　按冬傷於寒，至春變爲溫病，今又以冬時非節之暖爲冬溫。　一感於冬寒，一感於冬溫，一病兩名，寒溫懸絕，然則脈證治法又何似耶？　夫四氣乃二氣之離合也，二氣卽一氣之升降也，升極則降，降極則升，升降之極，爲陰陽離，離則氣亢，氣亢則致病。　亢氣者冬之大寒，夏之大暑也。　將升不升，將降不降，爲陰陽合，合則氣和，氣和則不致病。　和氣者卽春之溫暖，秋之清涼也。　是以陰極而陽氣來和，爲溫暖；　陽極而陰氣來和，爲清涼，斯有既濟之道焉。　若夫春寒秋熱，爲冬夏之偏氣，倘有觸冒之者，因以爲疾；　若夏涼冬暖，轉得春秋之和氣，豈有因其和而反致疾者？　所以但見傷寒中暑，未嘗見傷溫和而中清涼也。　溫暖清涼，未必爲病，又烏可以言疫？

從春分以後至秋分節，天有暴寒者，此皆時行寒疫也。　三月四月，或有暴寒，其時陽氣尚弱，爲寒所折，病熱猶輕。　五、六月，陽氣已盛，爲寒所折，病熱爲重。　七、八月，陽氣已衰，爲寒所折，病熱亦微，其病與溫及暑病相似，但有殊耳。

按：　四時皆有暴寒，但冬時感嚴寒殺厲之氣，名傷寒，爲病最重，其餘三時寒微，爲病亦微。　又以三時較之，盛夏偶有些小風寒，所感之病更微矣。

此則以感寒之重，病亦重而熱亦重；　感寒之輕，病亦輕而熱亦輕。　是重於冬而略於三時，至夏而又略之，此必然之理也。　上交所言，三、四月，陽氣尚弱，爲寒所折，病熱猶輕；　五、六月，以其時陽氣已盛，爲寒所折，病熱爲重；　七、八月其時陽氣已衰，爲寒所折，病勢亦微。　由是言之，在冬時陽氣潛藏，爲寒所折，病熱更微，此則反是夏時感寒爲重，冬時感寒爲輕，前後矛盾，於理大違。　又春夏秋三時，偶有暴寒所着，與冬時感冒相同，治法無二，但可名感冒，不當另立寒疫之名。　若又以疫爲名，殊類畫蛇添足。

《溫疫論補註·補註溫疫名實引經析義》　夫溫疫，世俗名時證之統辭也，其實溫熱與疫，各異病也。《陰陽應象》曰：　冬傷於寒，春必病溫。《金匱眞言》曰：　藏於精者春不病溫，此溫之因也。　李東垣曰：　春月木當發生，陽以外泄，腎水內竭，孰爲滋養，生化之源既竭，木何賴以生乎？　身之所存者熱也，時強木長，故曰溫病，此溫之奧也。　仲景論曰：　太陽病，發熱而渴，不惡寒者，爲溫病。　若發汗已，身灼熱者，名曰風溫。　風溫爲病，脈陰陽俱浮，自汗出，身重多眠睡，鼻息必鼾，語言難出。　若被下者，小便不利，直視失溲，若被火者，微發黃色，急則如驚癇，時瘈瘲，若火薰之。　一逆尚引日，再逆促命期。　此溫之見證，與其治之失也。《刺熱論》曰：　太陽之脈，色榮顴骨，熱病也。　榮未交曰：　今且得汗，待時而已，與厥陰脈爭見者，死期不過三日。　其熱病內聯腎，少陽之脈色榮頰前，熱病也。　榮未交曰：　今且得汗，待時而已，與少陰脈爭見者死。　此經病連藏不連藏，溫熱病死生輕重之權也，然而總之與疫無涉，何也？　蓋溫病得之冬不藏精，其發感春夏溫熱之氣。　然而由內達外，其病機全責之腎，治法全在救少陰。　是故仲景原論戒汗戒下戒火薰，其義蓋躍如也。　河間劉氏因其感溫熱之氣，特製辛涼諸劑。　然而風木乘強，挾熱以銷腎，眞陰有立盡之象，故自汗身重多眠鼻鼾諸證，一一皆係在少陰。　涼膈之用治上不及下，猶未盡洽。　仲景本旨，且《刺熱》所論，並適與仲景相發。　足太陽膀胱腎府也，其色脈已病矣，而厥陰爭見，則汲取無休，足少陽膽肝府也，其色脈已病矣，而少陰爭見，則滋養何出？　故風木得令，而腎水先竭，最是危候。　此東垣李氏所以踟躕顧慮，惻然於絕其滋養生化之源者也。　凡此病機治法，比之三焦傳染疫邪，保啻霄壤。　又可吳君，知疫病之非傷寒，立論辨明而溫之與疫猶統稱也，因爲旁引經論，辨明溫證

如此，其疫證治法，後辨致詳。

《傷寒補天石·傷寒統辨》 凡霜降後，春分前，天令嚴寒，水冰地凍而成肅殺之氣，人感之即病者，爲正傷寒。若不病，至春而發者，爲溫病也。至夏而發者，變爲熱病。若冬月有非時溫暖，人感之而病者，爲冬溫。若春夏秋有非時暴寒，人感之而病者，爲感冒傷寒。若四時天令不正，人感之而互相傳染，長幼俱皆相似者，爲時氣，亦爲時疫。又有前熱未除，重感寒邪，變爲溫瘧。更過風邪，變爲風溫。更遇溫熱，變爲溫毒。更感時行疫氣，變爲溫疫。又有風濕相搏，而爲風濕。又有濕熱相搏，而爲濕溫。又有中風、中濕、中暑、中暍。又有痰證、食積、虛煩、脚氣諸類傷寒諸證。發熱雖與傷寒相似，其實不可一概以傷寒證治之。

《尚論篇·駁正序例·尚論仲景傷寒論先辨叔和編次之失》 嘗觀王叔和彙集扁鵲、仲景、華元化先哲脈法爲一書，名曰《脈經》。其於仲景《傷寒論》，尤加探討。宜乎顯微畢貫，曲暢創法製方之本旨，以啓後人之信從可也。乃於彙脈之中，間一彙證，不該不貫，猶曰彙書之常也。至於編述傷寒全書，苟簡麤率，仍非作者本意，則吾不知之矣。如始先序列一篇，蔓引贅辭；其後可與不可諸篇，獨遺精髓；平脈一篇，妄入已見。總之，辭剪美景，綴以敗絮，盲鼓後世，無繇復覩黼黻之華。沉於編述大意，私淑原委，自首至尾，不叙一語。明以賈人居奇之術，致令黃歧一脈，斬絕無遺。悠悠忽忽，沿習至今。所謂千古疑竇，至此莫破。玆欲直溯仲景全神，不得不先勘破叔和。如太陽經中，證緒分頭，後學已難入手，乃更插入溫病、合病、併病、少陽病、過經不解病，坐令讀者茫然。譬諸五穀，雖爲食寶，設不各爲區別，一概混種混收，鮮不貽耕者、食者之困矣。如陽明經中，漫次仲景偶舉問答一端，隸於篇首，綱領倒置，先後差錯，且無扼要。至於春溫、夏熱之證，當另立大綱，顓自名篇者，酒懵然不識。此等大關一差，則冬傷於寒，春傷於溫，夏秋傷於暑熱之旨盡晦。致後人悞以冬月之方，施於春夏而歸咎古方之不可以治今病者，誰之過歟。至於霍亂病、陰陽易、差後勞復等證，不過條目中事耳。乃另立篇名，與六經並峙，又何輕所重，而重所輕耶？仲景之道，人但知得叔和而明，孰知其因叔和而墜也哉。

《尚論篇·駁正序例·駁正叔和序例》 《陰陽大論》云：春風溫和，夏氣暑熱，秋氣清涼，冬氣冷冽，此則四時正氣之序也。冬時嚴寒，萬類深藏，君子固密，則不傷於寒。觸冒之者，乃名傷寒耳。其傷於四時之氣，皆能爲病。以傷寒爲毒者，以其最成殺厲之氣也。引用《內經》，足見大意。然入一毒字，便開過端。

中而即病者，名曰傷寒。不即病者，寒毒藏於肌膚。寒邪繇肌膚而入，辛苦之人，邪藏肌膚則有之。若膏粱輩，冬不藏精者，其寒邪有藏於骨髓者矣。是未可以一端定也。

至春變爲溫病。變字下得誕怪駭人。設謂春氣既轉爲溫，則病發不當名傷寒，當變其名爲溫病則正矣。至夏變爲暑病。此一語尤爲無據。蓋暑病乃夏月新受之病，豈有冬月伏寒，春時不發，至夏始發之理乎？設謂夏氣既轉爲熱，外邪當變名爲熱病則正矣。

暑病者，熱極重於溫也。此一語，更添蛇足。設有冬時伏寒，至春不發，其邪本輕可知，豈有反重於溫之理乎？其悞始於楊操。

是以辛苦之人，春夏多溫熱病，皆由冬時觸寒所致，非氣行之氣也。《內經》但言冬傷於寒，春必病溫，未當言夏必病暑也。但言夏傷於暑，秋必痎瘧，未嘗牽引冬春也。其意蓋謂春月之病始於冬，秋月之病始於夏耳。此等關頭不徹，故以溫熱病並舉，故謂暑重於溫。

凡時行者，春時應暖而反大寒，夏時應熱而反大涼，秋時應涼而反大熱，冬時應寒而反大溫，此非其時而有其氣。是以一歲之中，長幼之病多相似者，此則時行之氣也。未明傷寒，先明異氣，借客形主，似無不可。但傷寒要領，全不挈出，通篇有客無主，殊不可耳。

夫欲候知四時正氣爲病，及時行疫氣之法，皆當按斗歷占之。九月霜降後宜漸寒，向冬大寒，至正月雨水節後，宜解也。所以謂之雨水者，以冰雪解而爲雨水故也。至驚蟄二月節後，氣漸和煖，向夏大熱，至秋便涼。從霜降以後，至春分以前，凡有觸冒霜露，體中寒即病者，謂之傷寒也。其冬有非節之煖者，名曰冬溫。冬溫之毒，與傷寒大異。冬溫復有先後，更相重沓，亦有輕重，爲治不同，證如後章。漫衍己意，明異氣之輕重不同，於仲景之文無涉，況所言紕謬。證如後章，其意指篇後，溫瘧、風溫、溫毒、溫疫爲言，此無識之最者也。然後來諸家偏奉之爲祖，詎非得所托而傳信耶。眞紫之奪朱，鄭聲之亂雅樂矣。

從立春節後，其中無暴大寒，又不冰雪，而有人壯熱爲病者，此屬春時陽

氣發於冬時，伏寒變爲溫病。於字費解。到底說變爲溫病，眞是詖淫生心。

從春分以後，至秋分節前，天有暴寒者，皆爲時行寒疫也。此正春溫、夏暑、秋溼三氣主病之時，何乃全不序及，反重衍夏秋之異氣，攪亂經常，豈非三時原無正氣主病乎？抑仲景論中，原無綱領可求乎？可見醫事，自晉代已失所宗，何況今日哉。

三月四月，或有暴寒，其時陽氣尚弱，爲寒所折，病熱猶輕。五月六月，陽氣已盛，爲寒所折，病熱則重。七月八月，陽氣已衰，爲寒所折，病熱亦微。其病與溫及暑病相似，但治有殊耳。以陽氣爲暴寒所折而爲病熱之輕重，前雲暑病，重於溫從，此左見耳。叔和未嘗序明溫暑病也，茲云異氣病與溫暑病相似，但治有殊。然則溫暑病將何似耶？將何治耶？疏漏多矣。

此君子春夏養陽，秋冬養陰，順天之剛柔也。《內經》謂：養陽以涼、以寒： 養陰以溫、以熱。所以然者，從其根故也。妙義合爲疏出。

小人觸冒，必嬰暴疹。須知毒烈之氣，留在何經而發何病，詳而取之。前雲寒毒藏於股膚，此云不知留在何經而發何病，非故自相矛盾，其意實爲溫瘧、風溫、溫毒、溫疫，作開山祖師也。後人孰辨其爲一場懵懂乎。

是以春傷於風，夏必飧泄。夏傷於暑，秋必病瘧。秋傷於溼，冬必咳嗽。冬傷於寒，春必病溫。此必然之道，可不審明之？

此傷於四時之正氣而爲病者。但《內經》先言冬傷於寒，春必病溫。乃至傷風、傷暑，以次遞及。春夏秋三時之病，多始於冬。秋冬二時之病，多始於夏耳。然飧泄與咳嗽兼涉內因，惟傷寒、傷溫、傷暑方是外感之證。仲景會此意，故以傷寒立論，而包舉溫暑在內。絲絲入扣，殆非不知而作。若叔和引經，止以春夏秋冬爲序，渾與流俗之見無別矣。此歧路之紛趨，所由來者遠也。

《尚論篇・駁正序例・論春溫大意並辨叔和四變之妄》 喻昌曰：春溫之證，《內經》云：冬傷於寒，春必病溫。又云：冬不藏精，春必病溫。此論溫證之大原也。《傷寒論》云：太陽病，發熱而渴，不惡寒者爲溫病。若發汗已，身灼熱者，名曰風溫。風溫爲病，脈陰陽俱浮，自汗出，身重，多眠睡，鼻息必鼾，語言難出。若被下者，小便不利，直視失溲。若被火者，微發黃色，劇則如驚癇，時瘈瘲，若火熏之。一逆尚引日，再逆促命期，此論溫成之大勢也。仲景以冬不藏精之溫名曰風溫，其脈陰陽俱浮，正謂少陰腎與太陽膀胱一藏一府同時病發，所以其脈俱浮也。發汗後，身反灼熱，自汗出，身重，多眠睡，鼻息必鼾，語言難出，一一盡顯少陰本證，則不可復從太陽爲治。況脈浮自汗，更加汗之，醫殺之也。所以風溫證斷不可汗？即或悞下、悞火，亦經氣傷而陰精盡，皆爲醫促其亡，而一逆再逆，促命期矣。於此見東海西海，心同理同，先聖後聖，其揆一也。後人不察，惜其有論無方，詎知森森治法，全具於太陽少陰諸經乎？晉王叔和不究仲景精微之蘊，栽風種電，爲不根之談。妄立溫瘧、風溫、溫毒、溫疫四變，不思時發時止爲瘧，瘧非外感之正病也。春木主風而氣溫，風溫即是溫證之本名也。久病不解，其熱邪熾盛，是爲溫毒，亦病中之病也。至溫疫則另加一氣，乃溫氣而兼瘟氣，又非溫證之常矣。今且先辨溫瘧，溫瘧正冬不藏精之候，但其感邪本輕，故止成瘧耳。黃帝問：溫瘧舍於何藏？歧伯對曰：溫瘧得之冬中於風，寒氣藏於骨髓之中，至春則陽氣大發，邪氣不能自出，因遇大暑，腦髓爍，肌肉消，腠理發泄，或有所用力，邪氣遇汗皆出。此病藏於腎，其氣先從內出之於外也。如是者，陰虛而陽盛則熱矣。衰則氣復反入，入則陽虛，陽虛則寒矣。故先熱而後寒曰溫瘧。此可見溫瘧爲冬不藏精，故寒邪得以入腎。又可見溫瘧遇溫尚不易發，必大暑大汗始發之也。叔和反以重感於寒立說，豈其不讀《內經》乎抑何不思之甚耶？今且再辨風溫，春月時令本溫，且值風木用事，風溫二字，自不得分之爲兩，凡病溫者，悉爲風溫。即如初春，地氣未升，無濕溫之可言也。天氣微寒，無熱溫之可言也。時令和煦，無溫疫之可言也。其所以主病之故，全係於風。試觀仲景於冬月正病，以寒統之，則春月正病，定當以風統之矣。夫風無定體，在八方則後八方，在四時則從四時。春之風溫，夏之風熱，秋之風涼，冬之風寒，自然之道也。叔和因仲景論溫條中重挈風溫，故謂另是一病。不知仲景於溫證中，特出手眼，致其叮嚀。見冬不藏精之人，兩腎間先已習習風生，得外風相名而病發，必全具少陰之證，故於溫字上加一風字，以別太陽之溫耳。叔和妄擬重感重變，乃至後人作賦云：風溫濕溫兮，發正汗則危惡難醫。又云：因知風溫汗不休，當用漢防己。隔靴搔癢，於本來之面目安在哉？

《尚論後篇・尚論春三月溫證大意》 仲景書詳治傷寒，略於治溫。以法度俱錯出於治傷寒中耳。後人未解義例，故春溫一證，漫無成法可師。而況觸冒寒邪之病少，感發溫氣之病多。寒病之傷人什之三，溫病之傷人什之

七。古今缺典，莫此爲大。昌特會《內經》之旨，以暢發仲景不宣之奧。然僭竊無似矣。厥旨維何？《內經》云：冬傷於寒，春必病溫。此一大例也。又云：冬不藏精，春必病溫。此一大例也。既冬傷於寒，又冬不藏精，至春月同時病發，此一大例也。舉此三例，以論溫證，而詳其治。然後與三陽三陰之例，先後同符。蓋冬傷於寒，邪藏肌膚，即邪中三陽之謂也。冬不藏精，邪入陰藏，即邪中三陰之謂也。陽分之邪，淺而易療，陰分之邪，深而難愈。所以病溫之人，有發表三五次，而外證不除者，攻裡三五次，而內證不除者，源遠流長，少減復劇，以爲在表也。又似在裡，以爲在裡也。又似在表，用溫熱則陰立亡，用寒涼則熱隨絕。凡傷寒之種種危候，溫證皆得有之。亦以正虛邪盛，不能勝其任耳。至於熱證，尤爲十中八九。緣眞陰爲熱邪久耗，無以制亢陽，而燎原不熄也。以故病溫之人，邪退而陰氣猶存一綫者，方可得生。然多骨瘦皮乾，澤枯肉爍，經年善調，始復未病之體。實緣醫者於此一證，茫然不識病之所在，用藥不當，邪無從解，留連輾轉，莫必其命。昌之目擊心傷者久之，茲特出手眼，以印正先人之法則，祈以永登斯人於壽域。後有作者，諒必不以爲狂誕也。

《尚論後篇・溫證上篇・謹將冬傷於寒春必病溫定爲一大例》 冬傷於寒，藏於肌膚，感春月之溫氣而始發。肌膚者，陽明胃經之所主也。陽明經中久鬱之熱，一旦發出而外達於太陽，有略惡寒而即發熱者，有大熱而全不惡寒者，有表未除而裡已先實者，有邪久住太陽一經者，有從陽明而外達於太陽者，有從太陽復傳陽明不傳他經者，有自三陰傳入胃腑者，有從太陽循經偏傳三陰，如冬月傷寒之例者。大率太陽、陽明二經，是邪所蟠據之地。在太陽則寒傷營之證，十不一見；在陽明則譫語、發癍、衄血、畜血、發黃、脾約等熱證，每每兼見。而凡發表不追熱之法，適以增溫病之困阨耳。況於治太陽經之證，其法度不與冬月相同。蓋春月風傷衛之證或有之，而寒傷營之證則無矣。且由陽明而達太陽者，多不盡由太陽而陽明少陽也。似此則溫證之分經用法，比之傷寒，大有不同。而世方屈指云，某日某經。某日傳經已盡，究竟於受病之經不能摸索以求良治。所謂一盲而引衆盲，相將入火坑也。冤哉生命，古今誠莫控制矣。按溫熱病，亦有先見表證而後傳裡者，蓋溫熱自內達外，熱鬱腠理，不得外洩，遂復還裡而成可攻之證，非如傷寒從表而始也。傷寒從表而始，故誤攻而生變者多。溫證未必從表始，故攻之亦不爲大變。然鬱熱必從外泄爲易，誤攻而引邪深入，終非法也。按溫熱病，表證間見而裡病爲多，故少有不渴者，法當以治裡爲主，而解肌兼之。亦有治裡而表自解者，其間有誤攻裡而致害者，乃春夏暴寒所中之疫證，邪純在表，未入於裡故也，不可與溫熱病同論。

太陽病，發熱而渴，不惡寒者，爲溫病。原文

喻昌按：溫者，春令之氣也。冬夏秋雖有氣溫之日，不如春令之正且久也。不惡寒三字，內有奥義。蓋時令至春，則爲厥陰風木主事，而與太陽之寒水不相涉矣。故經雖從太陽，而證則從春令而不惡寒也。

再按：溫病或有新中風寒者，或有表氣虛不禁風寒者。衛虛則惡風，營虛則惡寒，又不可因是遂指爲非溫病也。然即有之，亦必微而不甚，除太陽一經，則必無之矣。

形作似也。傷寒，其脈不弦緊而弱，非傷寒也。弱者必渴，被火者必讝語。弱者發熱，所以渴也。脈浮解之，當汗出愈。原文風性弱緩，故脈亦弱，弱者發熱，即《內經》諸弱發熱之義也。脈既浮，當以汗解之，使汗出而愈，取解肌不取發汗之意。

按：溫熱病，原無風傷衛，寒傷營之例，原無取於桂枝、麻黄二方也。表藥中，即敗毒散、參穌飲等方，亦止可用於春氣未熱之時。若時過而發之，溫病、暑病尚嫌藥性之帶溫，況於桂、麻之辛熱乎。然仲景不言桂、麻爲不可用者，有二說焉：一者以剔出桂、麻，則三陰絕無表藥也；一者以桂、麻用之不當，在冬月已屢致戒，春月更無可贅也。後之紛紛訾議桂、麻之熱者，未嘗計及於冬不藏精之治耳，惟知春夏有不得不用也。誰知仲景方法之神哉。

【略】

病常自汗出，無時不然。此爲營氣和，營氣和者，外不諧，以衛氣不共營氣和諧故爾。以營行脈中，衛行脈外，復發其汗，營衛和則愈，宜桂枝湯。原文

按：藏無他病，但衛氣不和，亦陽病而陰不病之例也。

再按：春溫之證，由肌肉而外達於皮膚，則太陽膀胱經之邪，傳自陽明胃經，與冬月外受之風寒，始先便中太陽，而傷其營衛者，迥乎不同。故此但言衛氣不與營和，其無太遇可知也。既衛不與營和，當用麻黄，乃但用桂枝者，可見溫證中發汗之法，皆用解肌。蓋久鬱之邪一解肌則自散，若大

汗而重傷津液，反變起矣。此先聖用法之大關也。

《尚論後篇・溫證中篇・謹將冬不藏精春必病溫分爲一大例》 人身至冬月，陰氣潛藏於至陰之中。《內經》教人於此時若伏若匿，若已有得，重藏精也。若伏者，若抱雛養蟄，不遑食息也。若匿者，若逋逃隱避，不露蹤跡也。若已有得者，韜光匿彩，絕無缺望也。此何如鄭重耶。故謂冬不藏精，春必病溫。見病所由來，爲一定之理，必然之事，其辭甚決。益以精動，則關開而氣泄。冬月關開氣泄，則寒風得入之矣。關屢開，氣屢泄，則寒風屢入之矣。而腎主閉藏者，因是認賊作子，而賊亦無門可出，彌甚相安。及至春月，地氣上升，肝木用事，肝主疎泄，木主風，於是吸引腎邪，勃勃內動，而刦其家寶矣。然邪入既深，不能遽出，但覺憒憒無奈，其發熱也，全在骨髓之間，自覺極熱，而捫之反不烙手，任行表散，汗出而邪不出，徒傷津液以取危困。其候比之冬傷於寒一例，則倍重矣。

按：冬不藏精之例，乃《內經》之例，非仲景之例也。非仲景之例，言之未免爲悖。然觀仲景之論溫證，第一條始不勝慶幸。而仲景已起發其端，昌可言之無罪矣。其曰：發汗已，身灼熱者，名曰風溫。風溫爲病，脈陰陽俱浮，自汗出，身重，多眠睡，鼻息必鼾，語言難出。若被下者，小便不利，直視失溲。若被火者，微發黃色，劇如驚癇狀，時瘛瘲。若火熏之，一逆尚引日，再逆促命期。此一段至理，千古若明若昧，未經剖晰，全不思既名溫病。即是時行外感，何又汗之、下之、火之，俱爲逆耶？蓋熱邪久蓄少陰，腎中精水既爲素傷，重加汗下火刦陰之法，乃爲逆耳。其自汗出，身重多眠睡，鼻息鼾，語言難者，一一皆少陰之本證也。膀胱爲腎之府，故少陰證具。若被下，則膀胱之陰亦傷，而直視失溲者，腎精不上榮，腎氣欲外奪也。若被火刦，則陰愈虧，而邪愈無制，甚則如驚癇狀，而時爲瘛瘲也。一逆再逆，言汗下火之誤，可一不可二，非汗而又下，而又汗之爲再誤也。由此觀之，冬不藏精之溫證，顯然昭著矣。昌之比例，以分其治。而仲景之道愈明矣，奚罪耶。

再按：仲景之論誤下，有結胸及痞，挾熱驚溏，藏寒不禁等證，從未説到小便不利，直視失溲。於此言之者，謂腎以膀胱爲府，素不藏精之人，誤下則膀胱益虧，以故小便不利，直視失溲，其變亦倍重於膀胱也。況於風邪內熾，津液乾燥，大便雖通之未必通，徒令膀胱受累而小便自遺。試觀好色之人，多成癃淋，可類推矣。今之醫者，亦講於誤下而絕膀胱之化源，立取危困之理耶。

再按：發汗已，身灼熱者，名曰風溫。此語將冬不藏精之溫證形容殆盡。蓋凡外感之邪，發汗已，則身熱自退，乃風溫之證。發汗已，身始灼熱者，明明是先熱在骨髓，發汗已，然後透出肌表也。至於風溫二字，取義更微，與《內經》勞風之義頗同。勞風者，勞其腎而生風也。然則冬不藏精之人，詎非勞其腎而風先內熾？故纔一發汗即帶出自汗、身重、多眠、鼻鼾、語難，諸多腎經之證。設不發則諸證尚隱伏，不盡透出也。夫腎中之風邪內熾，而以外感汗下及火攻之法治之，寧不促其亡耶？後人不知風溫爲何病，反謂溫證之外，更有風溫、濕溫、溫毒、溫疫四證。觀其言，曰重感於風，變爲風溫。則是外受之邪，與身重、鼻鼾、多眠少語之故，絕不相涉，可知是夢中說夢也。《尚論》及此，聊以自慊耳。客有難昌者曰：《內經》論冬傷於寒，寒毒藏於肌膚，感春月之溫氣始發，故名曰溫病，未嘗言毒感藏於骨髓。今謂冬不藏精者，寒邪藏於骨髓，或未盡然耶。昌應之曰：此正《內經》之言，非余之臆說也。黃帝問：溫瘧舍於何藏，岐伯曰：溫瘧得之冬中於風，寒氣藏於骨髓之中，至春則陽氣大發，邪氣不能自出，因遇大暑，腦髓爍，肌肉消，腠理發泄。或有所用力，邪氣與汗皆出，此病藏於腎，其氣先從內出之於外也。如是者，陰虛而陽盛則熱矣。衰則邪氣復反入，入則陽虛，虛則寒矣。故先熱而後寒，名曰溫瘧。由是觀之，溫瘧且然，而況於溫病乎，客始唯唯。

昌按：熱邪久伏腎中，其證與第一例自不相同。其發熱也，皆從骨內鬱蒸而出，皮間未熱而耳輪上下已先熱矣。始發之時，多兼微寒，不似第一例之全不惡寒，以少陰居北方寒水之位也。及至大熱灼肌，多不惡渴，不似第一例之大渴，以熱邪初動，而陰精尚足持之久。其後則不惡寒而惡渴，與第一例之證渾無別矣。然雖無別，究竟表裡不同，標本互異，始先用藥，深入腎中，領邪外出，則重者輕，而輕者即愈矣，奈何其義隱而不彰？即以叔和之明，未嘗抽引其緒，爲後人旁通一線。昌何人斯，顧敢恣譚無忌。而還囂三十餘載，驅逐睡魔，晝夜不敢倒身，因是冥悟一班。即取仲景少陰傷寒之例，推演爲治溫之例，未嘗以己意混入一字也。

少陰病，始得之，及發熱，脈沉者，麻黃附子細辛湯主之。原文

昌按：脈沉，病在裡也。而表反發熱，則邪雖在表，而其根源實在裡。在裡之邪，欲其盡透於表，則非專經之藥不可，故取附子、細辛以匡麻黃，爲

溫經散邪，千古不易之正法。奈何後人全不知用？明明見脈沉身重，嗜卧倦語之證，即知爲風溫。又知爲冬不藏精，尚且漫用三陽經之表藥，屢表不應，十中不能活一。復諉之傷寒偏死腎虛人，是則是矣。但不知果行溫經散邪而人死耶，抑未行溫經散邪而人死也？噫！業傷寒者之託顯門，眞是操刀之凶人，甯但爲芄蘭之童子已哉。

少陰病，得之二三日，麻黃附子甘草湯。微發汗，以二三日無裡證，故微發汗也。原文

昌按：麻黃主散邪，附子主溫經，二者皆大力之藥也。前證發熱脈沉，則表裡俱急，惟恐二物不勝其任，更加細辛之辛溫，取其爲少陰引經之藥，而又有辛散之能，以協贊二物，共建奇功也。此云無裡證，幷非是脈沉，嗜卧等證俱無也，但無吐利、燥煩、嘔渴之證耳。似此則表裡俱不見其急，而麻黃、附子二物，尚恐其力之太過，故不用細辛以助之，而反用甘草以和之也。謹並製方之意，嘔心相告。凡治冬不藏精之溫證，始發二三日間，請決擇於斯二方焉。

《尚論後篇・溫證下篇・謹將冬傷於寒又兼冬不藏精春月同時發病定爲一大例》昌按：冬既傷於寒，冬又不藏精，至春月兩邪同發，則冬傷於寒者，陽分受邪，太陽膀胱經主之。冬不藏精者，陰分受邪，少陰腎經主之。與兩感傷寒證中，一日太陽受之，即與少陰俱病，則頭痛口乾，煩滿而渴之例纖毫不差。但傷寒證自外入內，轉入轉深，故三日傳徧六經。溫證自內達外，既從太陽之戶牖而出，勢不能傳徧他經，表裡只在此二經者，爲恆也。若更挾外邪，從太陽少陰經中，二日傳陽明、太陰，三日傳少陽、厥陰，則臟腑之邪交熾，不俟六日即死矣。蓋太陽、少陰邪發之日，正已先傷，外邪復入，正氣又傷，即與再傳無異。臟腑之氣幾何，決無所供三傳之理也。但既是溫證表裡橫發，重復感受外邪者，十中無一。所以溫證兩感之例，原有可生之理。昌治金鑑一則，先以麻黃附子細辛湯汗之，次以附子瀉心湯下之，兩劑而愈。可見仲景法度，森森具列，在人之善用也。孰知不藏精之人，腎中陽氣不鼓，精液不得上升，故枯燥外見。纔用附子助陽則陰氣上交於陽位，如釜底加火，則釜中之氣水上騰，而潤澤有立至者。今人見熱煩枯燥之證，而不敢用附子者，惡其以熱助熱也。孰知不藏精之人，腎中陽氣不鼓，精液不得上升，故枯燥外見。纔用附子助陽則陰氣上交於陽位，如釜底加火，則釜中之氣水上騰，而潤澤有立至者。仲景方中輒用附子一枚，今人一錢亦不敢用，總由其識之未充耳。昌亦非偏重溫也，以少陰經之汗下，與他經不同。如治金鑑，先以溫法及汗法，一藥同用，次以溫法及下法，一藥同用，而收功反掌。蓋舍二法，別無他法也。設汗藥中可不用溫，下藥中可不用溫，是與治傷寒陽邪之法，全無差等矣。昌之分溫證爲三例者，道本自然。其不以牽強穿鑿，敢後世之訾議也明矣。

再按：冬傷於寒，又不藏精，春月病發，全似半表半裡之證，乃以半表半裡藥用之，病不除而反增，所異者何？此證乃太陽少陰互爲標本，與少陽之半表半裡絕不相涉也。然隨經用藥，箇中之妙，難以言傳。蓋兩經俱病，從太陽汗之，則動少陰之血；從少陰溫之，則助太陽之邪。仲景且謂其兩感於寒者，必不免於死。况經鱻工之手，尚有活命之理耶。所云治有先後，發表攻裡，本自不同，此十二字秘訣，乃兩感傳心之要，即治溫萬全之規。聖言煌煌，學者能參透此關，其治兩感之溫證，十全八九矣。

表熱裡寒者，脈雖沉而遲，手足微厥，下利清穀，此裡寒也，所以陰證亦有發熱者，此表解也。表寒裡熱者，脈必滑，身厥舌乾，所以少陰惡寒而踡，此表寒也；時時自煩，不欲厚衣，此裡熱也。原文

按：此段文義論溫證，全以少陰腎與太陽膀胱分表裡。昌所謂太陽與少陰互爲標本者，得此而爲有據矣。其云：所以陰證亦有發熱者，此表解也。言當先從表解也，即麻黃附子細辛湯之例也。脈滑，表寒也；身厥舌乾，裡熱也。惡寒而踡，宜行溫散。時時自煩，不欲厚衣，又宜涼解。用藥如此繁難，正與兩感證中，治有先後，發表攻裡，本自不同之義互見，正欲學者之以三隅反也。又云：少陰病，惡寒而踡，時自煩，欲去衣被者可治。又云：手足溫者可治。雖不出方，大段見陰陽不甚乖離，尚可調其偏，以協於和之意。設惡寒而踡，更加下利，手足逆冷，則無陽而偏於陰矣。更加脈不至，不煩而燥，則陽去而陰亦不存矣。所以用藥全在臨時較量：果其陰盛陽微，即以溫爲主；果其陽盛陰微，即以下爲主。果其陰陽錯雜，溫下兩有所礙，則參伍以調其偏勝爲主也。當從表解之義，前已申明。然亦必邪勢正熾，陰陽尚未全虧，方可溫經散邪。若夫滋蔓難圖，任行背水之陣，必無僥倖矣。此等處皆是危疑關頭，雖仲景之聖，不敢輕出一方，以膠治法之圓機。所貴明理之彥，師其意而自爲深造耳。

少陰中風，脈微陰浮者，爲欲愈。原文

觀此一條，而認脈辨證之機，亦甚昭著矣。陽微陰浮者，爲欲愈，則病發之

時，陽盛陰，陰緊可知也。陽盛，則治先腑，陰緊則治先臟，又可知也。既盛且緊，則參之外證，以分緩急，又可知也。倘陽已微而陰不浮者，更當治其陰，亦可知也。倘陰已浮而陽不微者，更當治其陽，亦可知也。此昌之尚論，每於仲景言外，透出神髓，以自慊也。

仲景用桂枝，以和營衛而解肌，此定例也。不但爲太陽經中風之本藥，即少陰經之宜汗者，亦取用之。其最妙處在用芍藥，以益陰而和陽。太陽經之營衛，得芍藥之酸收，則不爲甘溫之發散所逼，而安其位也。至若少陰則更爲陰臟而少血，所以強逼少陰汗者，重則血從耳、目、口、鼻出，而厥竭可虞，輕亦小便不利，而枯涸可待。用藥自當比芍藥之例而倍加陰以益陽。昌每用桂枝，必加生地以佐芍藥之不逮。三十年來，功效歷歷可紀，蓋得比例之法也。仲景於冬月太陽中風之證，而用桂枝爲例，不爲春月之病溫者設也。春月病溫用桂枝，勢必佐之以辛涼。而不藏精之溫，屬在少陰，不得不用桂枝之溫解之，以少陰本陰標寒，邪入其界，非溫不散也。豈惟桂枝，甚則麻黃、附子在所必用。所貴倍加陰藥以輔之，如芍藥、地黃、豬膽汁之類是也。今人未達此理，但知惡藥性之溫，概以羌活、柴、葛爲表，則治太陽而遺少陰，屢表而病不除，究竟莫可奈何，而病者無幸矣。紛紛爲仲景解嘲之說，然乎否耶。

《尚論後篇・溫證下篇・謹定擬冬傷於寒冬不藏精之證名曰兩感溫證》

按：傷寒少陰證，乃從三陽經傳入者。此證乃少陰與膀胱經，一臟一腑，自受之邪。故三陽傳入之例多不合，惟兩感之例，一日太陽受之，即與少陰俱病，其例昭合。然仲景又不立治法，但曰治有先後，發表攻裡，本自不同。是則一藥之中，決無兼治兩經，籠統不清之法矣。而治有先後，於義何居。昌嘗思之，傳經之邪，先表後裡；直中之邪，但先其裡；溫證之邪，裡重於表；兩感之邪，表裡不可預擬，惟先其偏重處。假如其人陰水將竭，眞陽發露，外見種種躁擾之證，加以再治太陽之邪，頃刻亡陽而死矣。是必先溫其在經之陽，兼益其陰以培陽之基，然後乃治其太陽之邪，猶爲庶幾也。此則與少陰宜下之例合也。又如其人乎素消瘦，兼以內鬱之邪，灼其腎水，外現鼻煤舌黑，種種枯槁之象，加以再治太陽，頃刻亡陰而死矣。是必急下以救將絕之水，水液即回，然後乃治太陽之邪，猶爲庶幾也。此則與少陰宜下之例合也。又如其人，邪發於太陽經者，極其勢迫，大熱惡寒，頭疼如劈，腰脊頸項強痛莫移，胸高氣喘，種種危急。溫之則發斑發狂，下之則結胸讝語，計惟有先從太陽經桂枝之法解之。解已，然後或溫或下，以去其在陰之邪也。此則當用太陽經之表例，而與其少陰可汗之例略同也。詎非先後攻發之可預擬者耶。但兩感傷寒之攻裡單取攻下，原不兼溫，而兩感溫證之裡，亡陽之候頗多。不得不兼溫與下，而並擬之也。此又變例而從病情者也。

按：太陽、少陰而感之溫證，其例雖與兩感傷寒，一日太陽與少陰俱病相合，其實比傳經之邪，大有不同。蓋傷寒之邪，三日傳徧六經，故爲必死之證。而溫病乃內鬱之邪，始終只在太陽、少陰二經，不傳他經者爲多，是則非必死之證也。惟治之不善，乃必死耳。倘用汗下溫法，先後不紊，則邪去而正未傷，其生固可必也。又有邪未去而正先亡，惟藉他經，供其絕乏，久之本臟復榮，亦以得生者，總宜分別視也。

按：亡陽一證，在傷寒，則誤發太陽經汗與誤發少陰經汗者。多見之，他經汗誤則不然。可見兩感之溫證，爲太陽、少陰雙受之邪，舍溫經散邪，而單用汗藥者，其亡陽眞在頃刻間耳。蓋陽根於陰，深藏北方腎水之底，素不藏精之人，眞陰既耗，則眞陽之根淺而易露。若不以溫經之法，嘿護其根，而但用甘溫發散之藥，是以陽召陽，隨感即赴，不待蓋覆而淋灕不止矣。可不懼哉。

按：亡陽一證，在傷寒則邪傳陽明，當下而不下，致津液暗枯，邪傳少陰，當下而又不下，致腎水暗枯，其亡也以漸，尚有急下一法可救。若在不藏精之溫證，則腎水已竭之於先，而邪發之日，陰邪必從下走，勢且下利奔迫，是下多尤足亡陰而又絕無補法可以生陰。《金匱》云：六腑氣絕於外者，其人惡寒。五臟氣絕於內者，則下利不禁。臟者陰也，陰氣欲絕，詎非亡陰之別名乎。

神哉。仲景之書既詳不藏精之證，又出不藏精之治，特未顯然擎示，後人不維其義耳。即如桂枝一湯，本爲太陽中風設也。而汗、下、和、溫，已具於一方之內。至於溫法，尤爲獨詳。如加附子，加人參、白朮、乾薑、甘草，加桂心、茯苓、蜀漆、紅花等類，豈太陽表證中所宜有乎。惟病有不得不先溫經，又不得不兼散邪者，故以諸多溫經之法，隷於桂枝項下。一方而兩擅其用，與麻黃附子細辛湯同意。凡遇冬不藏精之證，表裡之邪交熾，陰陽之氣素虧者，按法用之，裕如也。

《尚論後篇·溫證下篇·附辨溫證合偶感之客邪以明理而闢》 諸家方書，謂溫證之外，復有四證：一曰脈陰陽俱盛，重感於寒者，變爲溫瘧；一曰陽脈浮滑，陰脈濡弱者，更遇於風，變爲風溫；一曰陽脈濡弱，陰脈實大者，更遇溫熱，變爲溫毒；一曰陽脈濡弱，陰脈弦緊者，更遇溫氣，變爲溫疫。據其援脈以辨證而爲治溫者，推廣其端，似乎新奇可喜，詎知辭不達，意徒足炫人。所以後人一得之長，迥不及於古人，此等處關係病機最鉅，昌不得不並明其理焉。蓋春溫夏熱，秋涼冬寒，各主一氣者，其常也。然天氣不可以長拘，所以夏氣亦有清涼之時，冬氣亦有燠熱之時，凡此皆謂之客氣也。本溫證而重感於寒，其病即兼冬氣而爲溫瘧。本溫證而重感於熱，其病即兼夏氣而爲溫毒。本溫證而重感於時行不正之氣，其病即兼不正之氣而爲溫疫。原無所變也，乃謂某病忽變某病，不令人炫而且駭乎。又且長夏之濕氣，春分後早已先動，最能與溫氣相合而爲濕溫之證，何以四證內反不並舉？又且溫瘧一證，《內經》明說是冬月邪入骨髓，至春夏始發，何以妄說春月重感於寒？又且更遇於風，變爲風溫一證，頭上安頭，夢中說夢，尤爲無識。蓋春月厥陰風木主事，與時令之溫，不得分之爲兩。凡感而病者，皆爲風溫之病也。即如初春之時，地氣尚未上升，無濕之可言也。天氣尚微寒，無毒之可言也。時令正清和，無疫之可言也。而所以主病者，全係於風。倘除風溫另爲一證，則所以病溫之故爲何故耶？試觀仲景於冬月之病，悉以傷寒之名統之，其感發之風寒慄烈之寒氣，總爲一寒，則春月之風寒、風熱、風濕，總爲一風，並可知也。夫風爲定體者也，在八方則從八方，在四時則從四時。春之風溫，夏之風熱，秋之風涼，冬之風寒，此自然之事也。仲景於溫證，篇首即特揭風溫之名，以綱衆目，其晰義之精，爲何如耶。顯明道理，一經後人之手，便將風與溫分之爲二，二况精緻之與乎。茲特辨之，以見治溫之法，原爲切近平易，而非有奇特也。

《尚論後篇·尚論四時·冬》 天乾始於甲，地支始於子。故《尚論》四時，以冬爲首。凡春夏秋三時之病，皆始於冬故也。先王以至日閉關，商旅不行。後不省方者，法天之閉藏，與民休息，俾無夭札也。然而高人踏雪空山，而內藏愈固，漁父垂釣寒江，而外邪不侵，以藏精爲禦寒，乃稱眞禦寒矣。《內經》謂：冬不藏精，春必病溫。譚譚垂戒，後世紅爐煖閣，醉而入房，從使孔竅盡開，內藏發露，以致外寒乘間竊入。所以傷寒一證，最凶最多。仲景於春夏秋三時之溫熱病，悉以傷寒統名者，蓋以此也。吾人一日之勞，設不得夜寢，則來日必加困頓。農夫一歲之勞，設不爲冬藏，則來年必至缺乏。況乎萬物以春夏秋爲晝，以冬爲夜，至冬而歸根伏氣，莫不皆然。豈以人爲萬物之靈，而顧可貿貿然耶。特首揭之，且以動良士之瞿瞿也。

《尚論後篇·尚論四時·夏》 熱者，天時之氣也。暑者，日之毒也。濕者，地之氣也。夏月天時本熱，加以地濕上騰，是以庶類莫不繁茂。然而三氣相合，感病之人爲獨多，百計避久不免，亦惟有藏精一法可恃耳。昌謂夏月藏精，則熱邪不能侵。與冬月之藏精，而寒邪不能入者，無異也。故春夏秋三時之病，皆起於冬。而秋冬二時之病，皆起於夏。夏月獨宿，兢兢隄防金水二藏，允爲保身之儀式矣。每見貴介髫齡之子，夏月出帷納涼，暗中多開慾竇，以致熱邪乘之，傷風咳嗽，漸成虛怯、尫瘦等病者甚多。有賢父兄者，自宜防之於早矣。

人之居卑隰，觸山嵐，冒雨暘，著汗衣，卧冰簟，飲涼水，食瓜菓。受內鬱，皆能使濕土受傷。若以秋瘧但爲受暑，遺卻太陰濕土受傷一半。至冬月咳嗽，反以爲受於濕，而以燥治之，不成千古一大誤耶。夏月汗多，眞陽易散。津少，眞陰易消，爲內傷諸病之始。

《尚論後篇·尚論四時·論春秋冬各主一氣夏月兼主三氣之理原爲天地自然之理》 《內經》云：彼春之溫，爲夏之暑；彼秋之忿，爲冬之怒。明乎溫熱寒涼，循序漸進，自然而然者，乃天運之常也。後之俗子，輒以風寒暑濕分隸四時，此緣經文脫誤秋傷於燥一段，傳習至今而不察耳。曷不曰風寒暑燥，猶爲近耶。蓋濕土無定位，寄旺於四季，各一十八日，風寒暑燥之內，不言濕而濕自在也。然亦但倣洛書，五數居中，縱橫各得之理以立言。若論天時自然之運，如環無端。豈有甫終一運，重轉土運十八日，五運而爲八轉者乎。此其道惟以六氣之配而始明。蓋三百六十日，五分之，各得七十二日，則爲五運；六分之，各得六十日，則爲六氣。自小雪至大寒六十日，屬太陽寒水之氣；自大寒至春分六十日，屬厥陰風木之氣；自春分至小滿六十日，屬少陰君火之氣；自小滿至大暑六十日，屬少陽相火之氣；自大暑至秋分六十日，屬太陰濕土之氣；自秋分至小雪六十日，屬陽明燥金之氣。此則水木火土金，相生不息之義也。可見冬季大寒生十八日之土，即

從太陽寒水之氣爲用，故能生厥陰之風木。而春季穀雨後十八日之土，早已屬少陰君火之所生，而不從風木爲同類，又加仲夏少陽相火，重生其土。至長夏大暑後，其土之盛爲始極而爲生金之正土矣。未立夏之前，氣已從火。既立秋之後，氣上從土。火土之氣，共管一百八十日，分歲之半。昌所謂夏月三氣相合，與冬春秋之各主一氣，迥乎不同者，正以天時自然之運而知之也。豈故爲牽強其說，以欺人哉。但君相二火之分，即與濕土合司其化，所以夏月暑熱中有濕，濕中有暑熱。自春分至秋分，有極濕之時，有極熱之時，又有濕熱交蒸之時。雖雲長夏建未之月，濕土主事，其實已行半年之久矣。夫春分後，土膏地溽，濕行半年，不謂之濕。直至秋後，土乾地燥，反謂之濕。昔賢以訛傳訛，其因仍苟簡爲不少矣。可無論歟。

熱、濕、暑三氣，同於夏月見之，眞所謂同氣相求也。蓋熱而益之以暑，則熱爲甚酷。爍石流金，亦云僅矣。然但爲乾熱已也，得陰涼尚可避之。若加以濕，而與炎威相會，盡大地爲蒸籠，礎磉流膏，蟣虱悉出衣表，無可避也。必俟金風動而暑始退，惟風動勝濕故也。三氣相兼之義，益可見矣。夏日較他時獨永，而南方離明之位，天星獨密，造化活潑之妙，非圓機之聖人，曷足以知之。

《尚論後篇・會講〈素問・評熱論〉病文經文一段》 岐伯先師論溫，勝義微妙，今始深解之也。黃帝問曰：有病溫者，汗出輒復熱，而脈躁疾，不爲汗衰，狂言，不能食，病名爲何？岐伯對曰：病名陰陽交，交者死也。帝曰：願聞其說。岐伯曰：人所以汗出者，皆生於穀，穀生於精。今邪氣交爭骨肉而得汗者，是邪卻而精勝也。精勝則當能食，而不復熱，復熱者，邪氣也。汗者，精氣也。今汗出而輒復熱者，是邪勝也。不能食者，精無存也。病而留者，其壽可立而傾也。且夫《熱論》曰：汗出而脈尚燥盛者死。今脈不與汗相應，此不勝其病也，其死明矣。狂言者，是失志，失志者死。今見三死，不見一生，雖愈必死也。此段論溫，獨創穀氣之旨。穀氣化爲精，精氣勝乃爲汗。身中之至寶至寶也。穀氣爲疾病之總途，生死之分界，萃萬理爲一言，誰能外之？《內經》謂精者，身之本也。故藏於精者，春不溫病。是則藏精之人，外邪不入，身如藥櫥，百病不生矣。即不然者，冬藏已敵春溫，積貯爲命，主張蚤計在是，胡乃泥沙擲之耶。泥沙擲之，茲後則腎虛甚，而溫死矣，尺熱甚，而溫死矣。穀氣既餒，轉輸不給，關門閉而水穀難通，大事去矣。況腎虛尺熱，外感傳經而入三陰，熱上加熱。一呼脈三動，一吸脈三動而躁，準平人十二時脈。更增四時，三日促爲二朝，再促則脫而不續矣。所以狂言失志，脫精則死，以此故也。上古中古，雨大聖神，如出一手。倒說豎說，變化生心，萬理淵源，爛然生色。千代以後，乃至傳爲土苴，不論不議，奈之何哉。吾徒七十有五，始知理障稍盡，矩則昭然。茲時不言，更待何年耶。岐伯先師問陰陽交，交者死。黃帝願聞其說，岐伯但發穀氣之妙。至陰陽交，一言而終，不更再舉。向者胸爲疑府，令乃知穀氣之旨既明，即陰陽交與不交了然定矣。吾徒嚼舌多年，今轉饒舌，而且細舉之矣。上古榮未交，證之輕者； 榮交陰，重且死者。中古冬傷於寒，春必病溫，證半輕者； 冬不藏精，腎虛尺熱，重且死者。聖神心印，妙義天開，變化錯縱，愈出愈奇。上古太陽與厥陰爲偶，少陽與少陰爲偶。而陽明太陰雖不言之，而其相偶，更定位也。中古太陽與少陰一府一藏，獨主其重。蓋太陽主外，少陰主內，太陽司陽經之溫，少陰司陰經之溫。太陽交少陰，少陰交太陽，陰陽交而死矣。然掌上之珠，不叙其文，若隱若顯，俟之後人，何乃竟成絕學乎。岐伯先師妙翻千古變證，若相忤而實相成，賢智不識其旨，況庸人乎。謂二陽搏，其病溫，死不治，不過十日死。乃陽經榮未交之輕證，而舉爲死不治，必有其說。言二陽搏，雖未入陰，病溫至極，必死不治，稍延不過十日死。較三日死陰之屬，少饒其期耳。二陽者，手大腸足胃。手經足經並主陽明，金土燥剛，亢熯陰絕，胃穀腸津，水穀將絕，乃至腸胃如焚矣。縱延多日，究竟不得不死矣。至上古足陽明胃、足太陰脾，一陽、一陰雖不相錯而相偶。然吾徒榮未交，待時汗已。經氣虛者，辰巳經旺，汗乃盡解，必然之理也。門人有蓄疑義，脾胃以膜相連耳。脾胃榮交相連，直是易易，所以上古故不言之也。予不然，傷寒傳經，如膽藏肝葉，豈不直入相合。然必少陽膽乃傳太陰，再傳少陰，乃傳厥。陰遶經而走，不能直截合膽也。今陽明胃乃傳少陽膽，少陽始傳太陰，遶經傳次亦然。固知陽明太陰交與不交，各分疆界矣。兩顴頰後，榮交相爭，部位不遠。頰前與頤，榮交相爭，部位不遠。額中鼻準，榮交相爭，部位不遠。必至榮交不分，乃爲死也。至於太陽少陰，陰陽正交，吾徒更深言之。《內經》兩感證，一日太陽少陰，二日陽明太陰，三日少陽厥陰，三日死。由是論之，溫證微不相同矣。溫證，一日太陽而交少陰，有十分交者，有五分交者，有一二分交者。所以溫證太陽少陰，本經與病相持，即十日半月總爲一

日之期，不傳二日三日之促，而驟死者。蓋以穀氣平時覺不相同，榮衛平時覺不相等，病之精津不枯，穀氣不盡，勢熱少衰，肌膚漸積微汗，兩交忽爲兩解，病醫相成者，多有之矣。半月一月，待斃無醫，穀氣不得不盡者，非天也，人也。然醫之手眼，審機決擇，一日已前圖而又圖，邀非倖邀，生機可待，此爲超醫。至一日已後，二日陽明太陰，三日少陽厥陰，穀氣精血傳經立盡，盡則死矣。岐伯先師曰：病而留者，其壽可立而頃也。又曰：今見三死，不見一生，雖愈必死也。然則陰陽交，交者死。予向以爲一言而終，隨病隨死之後，幾誤一生。牆面惶汗，常慄言之矣。立志奇男子，冬至閉關，儲蓄內富，豈非第一義乎。

《尚論後篇・會講〈傷寒論〉中論溫證一段》 上古中古，首重溫證，民生最賴之矣。周秦以降，如扁鵲、越人起家數輩，各樹偉義，經緯裁成。後代宗匠，至於溫證絶不言之。由是論溫，駸傳駸失，乃至人去書存，幾千百年，黯然無色矣。漢末張仲景，前聖後聖同符一揆，其著《傷寒論》雖述實爲創也。三百九十七法，一百一十三方，其功遠紹軒岐。於中溫證一法，劃然天開，步步著實，繹傷寒家，成朱十餘輩，義例多獲。獨溫證從不知爲何事，予步趨仲景先師，至老不輟。諸公會講，大舉溫證，以建當世赤幟，俾仲景寒灰火傳。蓋太陽病，發熱而渴，不惡寒者，爲溫病。玩《內經》冬傷於寒，春必病溫之說，知冬寒久鬱，太陽經受，肌表榮衛主之。與冬驟病，發熱惡寒，且不渴者，證則不同。故春月寒鬱既久，發熱而渴，不惡寒，自內出外矣。與上古榮未交，待汗自解同義。其證不過十之一二耳。若發汗已，身灼熱者，名曰風溫。風溫證，少陰冬不藏精，與太陽病隨時忽至，勢則病之八九矣。風溫與風傷衛又不同。中風，其脈浮弱，獨主太陽。風溫，其脈尺寸俱浮，兼主太陽、少陰。腎水，本當沉也。風溫載之，從太陽上入，根本撥而枝葉繁矣。春月木長勢強，吸汲腎水，已爲母虛，加以風溫之病，俄頃少陽相火，厥陰風木，風火熾然，能無殆乎。故若發汗已四字，包括錯誤，見醫未病之先，及得病之頃。須診足太陽、足少陰，一府一藏，此千古獨傳妙訣也。診之，辨其有無伏氣，有伏氣者，冬寒太少二經，久伏身中，時當二月，其脈先見露矣。發則表熱太陽，與裡熱少陰，將同用事。恣汗無忌，灼熱反倍，是爲風溫。風溫表裡俱見浮脈，其證自汗身重，腎水病也。多眠睡，鼻息鼾，語言難，腎本病也。腎中之候，同時薦至，危且殆矣。古律垂戒云：風溫治在少陰，不可發汗，發汗死者，醫殺之也。詎意發熱之初，不及脈理，輕易發汗，早已犯此大戒，生命可輕試手乎。既腎中風邪外出，以陽從陽，熱無休止矣。被下者，小便不利，傷其膀胱氣化，直視失溲，太陽脈府，同時絶矣。被火微發黃色，劇如驚癇，時瘈瘲，火熱亂其神明，擾其筋脈也。傷寒燔鍼灼艾，仲景屢戒，至溫證尤當戒之。被火微發黃色一段，亂其神明，擾其筋脈，重證莫重於此。稍輕誤火，少陰脈系咽喉，乾痛乃至唾血，亦多死者，如之何？一逆發汗，已是引日待斃。再促，聖神莫挽矣。故治溫病，喫緊在未發汗前，辨其脈證，補救備至，防微可也。發汗已後，凶咎卒至，又何所措其手足哉。上古論溫，榮交已後，其病內連腎。中古論溫，顓論穀氣，腎中精勝，乃汗則生，腎中虛勝，更熱則死，其旨至矣盡矣。仲景先師，出其不盡之藏，論腎更視膀胱以緯之，小便傷膀胱氣化，甚則直視失溲，謂太陽入絡膀胱命門穴中者，藏精光照，兩目直視，則光絶矣。瞳子高者，太陽不足。戴眼者，太陽已絶。太陽氣絶者，其足不可屈伸。是則太陽之脈，其終也，有五大證：戴眼、反折、瘈瘲、色白、絶汗。太陽關系，豈不最操其重哉。所以中風暴證，多絶膀胱，人不識者。故風溫扼要膀胱，若腎藏將絶，寧不膀胱先絶乎。因是吾徒，尚論太陽春溫受證，雖不類夫風溫，然陽熱勢極，腎吸眞陰上逆，地道不通，亦成太陽死證。蓋由誤發其汗，致少陰隨之上入，大類《內經》風厥同也。《內經》巨陽主氣，故先受邪，少陰與其爲表裡也。得熱則從之，從之則厥也。瀉陽補陰，是則能治風厥，多不死者。然而中風、風溫、風厥，太陽纔涉三風見證，總當回護陰之根底。勿使陰不內守，勿使陽不上厥，百凡封蟄不露，乃可需其正汗，風始熄也。必能若此，乃爲瀉陽補陰之妙。若陽邪狂逞，少水不能勝火，虛風洞然，果何爲哉。諦思一方，其方苟非，設誠通神，孰能定此？吾從尚論溫證於後四卷之一內，取裁其方，然未刻也。又十餘年諸公大舉會講溫證，當爲之刻之矣。閱末語，則老人之欲刻此書，以仁天下也久矣。具同心者，其能已耶。

《尚論後篇・會講溫證自晉至今千年絶學一段》 仲景先師，叔季天生聖人，其道如日月之明，無斁之矣。叔和何如人也？以爲得統而學聖人之徒，今且譚從前英賢，過信叔和之弊，叔和爲晉太醫令，一時醫流，既以淺陋，更甚荒唐。如西晉崔文行，所傳解散溫法，用桔梗、細辛、白朮、烏頭四味，後世奉爲靈寶，更增附子，名老君神明散。更增熒火，名務成子熒火丸。托老

君，務成子售欺，妖妄極矣。後代朱肱《活人書》，具載其方，確信以爲有。見時疫爲寒疫，故用陰毒傷寒，所以久宗之耳。及以毒攻毒，受刲必死。朱肱復改聖散子，仍用附子，而表裡香燥同之。東坡學士在黃州，見其隨施輒效，載之集中，後世又以過信坡公，殺人多誤。詎知坡公集中，朱肱已三改其方，始用敗毒散，不用熱藥，厥功少減前罪，然雖改易其方，不識聖神心法，竟無益矣。朱肱論傷寒註釋，頗合聖矩，但其論溫，傳派不清，違悖聖言，未可枚舉。如仲景謂太陽病發熱，不惡寒而渴者，爲溫病。朱肱謂夏至以前，發熱惡寒，頭疼身體痛，其脈浮緊者，溫病也。仲景所言者，冬月感寒，至春始發之溫病。朱肱所言者，春月病溫，重感於寒之變病。苟朱肱立百法以治正病，外立一法以治變病，於理甚融，乃千百年從未論溫正病，所以其法其方，咸入室操戈也。叔和云：更遇溫熱，變爲溫毒，朱肱即云：初春發斑，咳嗽爲溫毒。吳綬謂：傷寒壞證，更遇溫熱，變爲溫毒。乃以溫毒爲壞證，亦宗叔和序例，依舊壞證而治之也。朱肱、吳綬，壎篪迭奏於叔和之庭，正乎邪乎。潔古傷寒名家，或傷寒變法，則亦不爲正矣。趙嗣眞謂仲景所云，重感異病變爲他病者，即索矩所謂二氣三氣雜合爲病也。朱肱謂仲景云，冬溫之毒，與傷寒大異。汪機謂仲景云，遇溫氣爲溫病，遇溫熱爲溫毒，不知仲景幾曾有是言哉。巢氏《病源》，宗序例四變，用崔文行解散法。龐安常亦然，治法初用摩膏火灸。二日法鍼，解散取汗。不解，三日復汗之。更不解，四月用藜蘆丸，後吐愈。不愈，改用瓜蒂散，吐之解。尚未了者，復一法鍼之。七日熱已入胃，乃以雞子湯下之，巢、龐比匪極矣。後安常自撰微言，有和解四時法。於春分、夏至前後，一以和解爲主。增一味，減一味，即名一方，豈始崔文行蜂蠆螫手耶。然則定不移，移則蹶矣。李思訓亦用和解，海藏謂二公，當宋全盛，其法明哲莫踰，然欲汗不敢，欲下不敢，遷延澀法，無可奈何矣。大率委置聖言，傳會多口，幾千年來，祖孫父子，一派相承，盈庭聚訟，各逞其端，而未已也。丹溪究心雜證，不事仲景。遇外感，宗東垣補中益氣，兼行解散，終非正法。況惑異氣之說，決擇不精，然既外感不習，獨主雜證，可由登峰造極耶。東垣不解傷寒正治，蓋一生精神，在內傷也。乃從《內經》深入至理，發出冬溫、春溫二義，眞千百年之一人也。云：冬傷於寒者，冬行秋令也。當寒而溫，火盛而水虧矣。水既已虧，則所勝妄行。土有餘也，所生受病，金不足也，所不勝者侮之，火太過也，火土合德，濕熱相助，故爲溫病。又云：春月木當發生，陽已外泄，孰爲鼓舞，腎水內竭，孰爲滋養，生化之源既竭，木何賴以生乎身之所存者，熱也，時強木長，故爲溫。此二則溫證，從《內經》立說，入理深譚，不關叔和。叔和自妄，蓋時強木長，腎水不足供其吸取，故爲溫病。較叔和三月、四月，不爲寒折，病熱猶輕。五月、六月爲寒所折，病熱則重。盛夏寒折，倒見不成事理。東垣一則冬溫妙義，一則春溫妙義，幾千年來，獨步悟入，偉哉偉哉，腎關首肯此老矣。

《尚論後篇・會講溫證正名辨脈之要一段》 仲景先師，祖《素問・熱病》作《傷寒論》，以傷寒皆爲熱病也。然於冬月正病，獨詳之矣。而春溫夏熱，則但述大意，比類一二，惟風溫濕溫二證，春司風溫，夏司濕溫，獨主其重，千古不易也。前第三會已論風溫之戒矣，今舉濕溫言之，傷寒濕溫，其人常傷於濕，因而中暍，濕熱相搏，則發濕溫。若兩脛逆冷，腹滿叉胸，頭目痛，若妄言，治在足太陰，不可發汗，汗出必不能言，耳聾不知痛所在。身青面色變，名曰重暍。如此者，醫殺之也。然風溫二律，指爲醫殺，叔和當時凜斧鉞，不敢干也，何乃插入重感異氣，變出四證，誑惑後人。謂脈陰陽俱盛，重感於寒者，變爲溫瘧。陽脈浮滑，陰脈濡弱，更遇於風，變爲風溫。陽脈洪數，陰脈實大，更遇溫熱，變爲溫毒。陽脈濡弱，陰脈弦緊，更遇溫氣，變爲溫疫。予既自任仲景之徒，當再折其妄。蓋溫瘧、風溫、溫毒、溫疫四變，總由不識仲景風溫、濕溫二大證耳。風溫爲少陰證，微分太陽厥陰，即溫瘧亦該少陰統屬。《素問》謂冬感於寒，藏之骨髓，遇大暑，內灼髓空而發溫瘧，此正理也。若重感於寒而變瘧，無是事也。至於濕溫一大證，從不言及，是則夏月竟無著落矣。詎知溫濕包疫證在內，濕溫至盛，長幼相似則疫矣。疫亦暑濕之正法也。其外感發瘧，證之輕者也。今脈反加重，而證變輕，何以得此耶。至溫毒，則證之重者，三陰更重。切出脈狀，洪數實大有之。其人元氣實盛，可堪大汗大下，外邪立解，何至發爲溫毒乎？且陽毒若此，其陰毒又何脈耶？謂陽脈濡弱，陰脈弦緊，變爲溫疫。濡弱本名濕溫，而弦緊乃傷寒定脈，一濕一寒，何從主之？叔和至夏暑爲病最重，《內經》原無其說。楊上善云：輕者夏至前溫病，甚者夏至後暑病，不知何見？予謂初春寒芽，或謂柔折可也。至盛夏，時強木長，謂之疫寒，斷不其然。第四會東垣老人片言而折矣。蓋春月風溫多死在三日，夏月濕溫多有可愈者，安得反重之耶。至於脈法微妙，顯然易徵。傷寒之脈，浮大而緊。中風之脈，浮緩而弱，春溫

浮而且弱。風溫弗舉，風溫尺寸俱浮，風火洞然。中暍弦細芤遲，暑傷其氣。濕溫沉弱濡緩，濕流其經。至於痎瘧，俱是脈合火土主之。脈之應病，步步著實，自然之理也。叔和左更遇，右更遇，左變爲，右變爲，饐喉結舌，面厚三寸。韓氏《微旨》，本欲懲艾，而見齷齪。和解因時，聽病自愈。政如用小柴胡湯，誠亦一法。第守此將三百九十六法，盡爲贅龐，其可乎哉。風溫、濕溫，天大二證，乃風溫之治。朱肱用五方：葳蕤湯、知母乾葛湯，防己湯、栝蔞根湯、葛根龍膽湯。其風火相熾，頃刻危亡，全不知矣。至於濕溫，君火心太陰脾，從不識正法若何，但施邪術而已，眞見則安在哉？吾徒品騭溫證，列眉如炬，諸公目擊勝義，千里同風，是所望矣。

《尚論後篇・會講論古今粹美同堂悅樂一條》 人無古今，性有完缺。吾生所賦，一隙微明而已。然靜裡索照，覺無極太極以來，雖未生人，先具人理。人理者，天地之心也。向著《陰病論》，少摹開闢一斑，而刲初上帝以爲之君，其臣以爲之教，創著《上經》、《中經》、《下經》三卷。中古遼邈，全書未覩。而岐伯先師，私淑先師祖，時舉黃帝，相授一堂。《內經》以後，十不徹一，况古經論溫哉。然上古榮未交前，及榮交後，生死燎然。但溫旨莫能幾及，絕世知識，明明見莫問，問莫究，豈不世界空擲人理乎？吾從神酣上古，志觀玉京，繪爲空中樓閣之想，步虛陟降，游焉息焉。自覺目光心朗，溫證開先，即使拱璧以先駟馬，不若晤言一室，求志千古矣。此吾從一大暢也。岐伯先師論運氣曰：尺寸交者死，陰陽交者死。各有其義。惟論溫曰：陰陽交，交者死也。一言而終，更不再舉，吾從何從得之？然遡上古前聖，徐覺榮交，未交兩端，而生死定之也。仲景後聖，徐覺溫與風溫兩端，而生死定之也。今始陰陽交，交者死。論溫比類列眉，岐伯先師從前大呼疾聲，向不悟則不聞耳，悟則豈論岐伯先師，即吾從交與未交，白烔兩目。胃爲腎關，同一機軸。溫證纔一見之，而意中已先覺矣。此吾從一大暢也。先師仲景宮牆，吾從步趨。垂老彌任，忽發未刊之旨，意謂冬寒、春溫、夏熱，分之三時，覺三大綱，建鼎足焉。冬月太陽寒水，繼以厥陰風木，則統傷寒、中風兩證爲一大綱，以傷寒該中風，天然不易也。春月厥陰風木，繼以少陽相火，則出溫證、風溫兩證爲一大綱，以溫病該風溫，天然不易也。夏月少陰君火，繼以太陰濕土，則出暍、濕兩證爲一大綱，以暍病該濕溫，天然不易也。精微之蘊，聲臭盡泯。叔和以後，岐路羊腸，蓁柀鳥道，多少沉淪。天意未喪，乃至吾世，履視昭然，此吾徒一大暢也。仲景先師以前無方，以後其方充棟。大率禁方失傳，寢成邪僻。所以有晉溫疫，疑鬼疑神，相沿未已，亦以後人莫得仲景之方耳。吾從《傷寒論》方，取裁溫證諸方，《尙論篇》末刻後四卷之一載之。遂一發明其義，無方乃有定方，此吾從一大暢也。晉唐宋元以後賢者，和解因時，銖銖兩兩，無可奈何，猶可言也。不肖者蕩檢踰閑，妄行汗下，生命施手，不可言也。幾千年來，獨東垣老人二則，譚言微中，域外偉觀，異時同調，此吾徒一大暢也。嗣後諸君精參，各出一則二則，豎義警切，蘊理新硎，應接不暇，吾徒一大暢大暢矣。

《傷寒纘論・厥陰篇》 傷寒六七日，大下後，寸脈沉而遲，手足厥逆，下部脈不至，咽喉不利，唾膿血，泄利不止者，爲難治，麻黃升麻湯主之。

此表裏錯雜之邪，雖爲難治，非死證也。大下後寸脈沉而遲，明是陽邪陷陰之故，非陽氣衰微可擬。手足厥逆者，胃氣不布也。下部脈不至者，因泄利不止而陰津下脫也。咽喉不利，唾膿血者，陽邪搏陰上逆也。所以仲景特於陰中提出其陽得汗出而錯雜之邪盡解也。或問傷寒三陽證宜汗，而厥陰證中有麻黃升麻湯之例，其故何也？詳此證之始，原係冬溫，以其有咽痛下利，故誤認傷寒裏證而下之，致泄利不止，脈變沉遲，證變厥逆，皆熱邪內，陷種種危殆。賴眞陽未灕，猶能驅邪外行，而見咽喉不利，唾膿血，明係邪熱返出，遊溢少陰經脈之候。亦爲木槁土燔，凌爍肺金之候。方中用麻黃、升麻，所以升陷內之熱邪，桂枝、芍藥、甘草，當歸調其營衛。緣太陽少陰之邪，既以併歸厥陰，故於桂枝湯三味中，必加當歸以和陰血。萎蕤、天冬下通腎氣，以滋上源，且萎蕤爲治風溫咽痛熱咳之專藥。本文雖不曰咳，而云咽喉不利，唾膿血，可知其必然大咳，而膿血始應也。黃芩、芍藥、甘草，治邪併於內之自利。知母、石膏、甘草，治熱伏少陰之厥逆。其邪既伏於少陰，非知母則鬱熱不除。且熱必由陽明而解，非石膏則腠理不開。其所以用乾薑、白朮、茯苓者，以其既經大下，非此不能保護中州耳。朱奉議以此湯裁去升、知、冬、芍、薑、朮、桂、苓，加入葛根、羌活、川芎、杏仁、白薇、青木香，以治風溫。總不出此範圍也。

《傷寒纘論・溫熱》 仲景溫病熱病諸例，向來混入傷寒六經例中。致使後世有以黃芩白虎湯誤治傷寒者，有以黃芩白虎證誤呼傷寒者，良由混次不分，以致蒙昧千古。自長沙迄今，惟守眞一人獨得其祕，則晦其名目，不曰

溫熱而曰傷寒，何怪當世名家，動輒錯誤耶？今將溫熱諸條，另析此篇學者洗心讀之。如琅函一展，火輪劍樹，頓化清涼大地也。

太陽病，發熱而渴，不惡寒者，爲溫病。

發熱而渴，不惡寒，提挈溫病自內而發之大綱。凡初病不惡寒，便發熱煩渴，三四日間，或腹滿，或下利者，此溫病也。若先惡寒發熱，三四日後，表邪傳裡變煩渴者，此又傷寒熱邪傳裡，而顯內實也。

若發汗已，身灼熱者，名曰風溫。風溫爲病脈陰陽俱浮，自汗出，身重多眠睡，鼻息必鼾，語言難出。若被下者，小便不利，直視失溲。若被火者，微發黃色，劇則如驚癇，時瘛瘲，若火熏之。一逆尚引日，再逆促命期。

此條緊接上條，其下即云若發汗已，身灼熱者，名曰風溫。見風溫之由誤發溫病汗而致者，與更感於風而成者，自是兩般風溫之證。兼太陽少陰，其脈尺寸俱浮，蓋腎水本當沉也。風溫載之，從太陽上入，根本撥而枝葉危矣。伏邪久鬱身中，時當二月，其脈先見露矣。發則表熱太陽，裡熱少陰，將同用事，恣汗無忌，灼熱反倍，是謂風溫。風溫表裡見俱浮脈，其證自汗，身重，腎水病也。多眠睡，鼻息鼾，語言難，腎本病也。腎中之候，同時薦至，危且殆矣。古律垂戒云：風溫治在少陰，不可發汗，發汗死者，醫殺之也。詎意發熱之初，不及脈理，輕易發汗，早已犯此大戒乎。既腎中風邪外出，以陽從陽，熱無休止矣。被下者，小便不利，傷其膀胱氣化。直視失溲，太陽藏府同時絕矣。被火者，微則熱傷榮氣而瘀熱發黃，劇則熱甚生風而如驚癇，時瘛瘲，火熱亂其神明，擾其經脈也。傷寒熇鍼灼艾，仲景屢戒，至溫證尤當戒之。被火微發黃色一叚，亂其神明，擾其經脈，重證莫重於此。稍輕誤火，少陰脈系咽喉，咽喉乾痛，乃至唾血，亦多死者。一逆發汗，已是引日待斃。再逆則神聖莫挽矣。故治溫病，全在未發汗前，辨其脈證，補救備至，防危可也。發汗已後，凶咎卒至，亦何措其手足哉。《內經・刺熱》論溫，榮交已後，其病內連腎。《評熱》論溫，專論穀氣，腎中精勝，乃汗則生。腎中虛甚，更熱則死。其旨至矣盡矣。仲景復出不盡之藏，論腎更視膀胱以緯之。小便傷膀胱氣化，甚則直視失溲，命門所藏之精不能照物，神水絕矣。瞳子高者，太陽不足。戴眼者，太陽已絕，太陽氣絕者，其足不可屈伸，是以中風暴證多絕膀胱。人不識者，故風溫扼要膀胱。若腎藏將絕，盜不膀胱先絕乎？

太陽與少陽合病，自下利者，與黃芩湯。若嘔者，黃芩加半夏生薑湯主之。

此言太陽少陽合病，明非傳次少陽之證，洵爲溫病之合病無疑。以其人中氣本虛，熱邪不能外泄，故內攻而自下利也。與黃芩湯解散表裡之熱，較之傷寒治法迥殊。按黃芩湯乃溫病之主方，即桂枝湯以黃芩易桂枝而去生薑也。蓋桂枝主在表風寒，黃芩主在裡風熱，不易之定法也。其生薑辛散，非溫熱所宜，故去之。至於痰飲結聚膈上，又不得不用薑半，此又不越傷寒治法耳。按溫病始發，即當用黃芩湯去熱爲主。傷寒傳至少陽，熱邪漸次入裡，方可用黃芩佐柴胡和解之。此表裡寒熱之次第也。

陽明病，脈浮而緊，咽燥口苦，腹滿而喘，發熱汗出，不惡寒，反惡熱，身重。若發汗則躁，心憒憒，反讝語。若加燒鍼，必怵惕煩燥不得眠。若下之，則胃中空虛，客氣動膈，心中懊憹，舌上胎者，梔子豉湯主之。若渴欲飲水，口乾舌燥者，白虎加人參湯主之。若脈浮發熱，渴欲飲水，小便不利者，豬苓湯主之。

此伏氣因感客邪而發，故脈見浮緊也。然浮緊之脈而見發熱汗出，不惡寒反惡熱之證，雖是溫病，卻與傷寒之陽明不異。加以咽燥口苦，腹滿而喘，身重，明係溫熱之候，所以汗下燒鍼，俱不可用，宜其黃芩、白虎主治也。更兼風寒客氣在膈，故舌上胎滑而黃芩輩又禁用，則當涌以梔子豉湯。此治太陽而無礙陽明矣。若前證更加口乾舌燥，則宜白虎湯以解熱生津。若更加發熱煩渴，小便不利者，又爲熱耗陽明津液，更宜豬苓湯，以導熱滋乾。總由客邪寒氣在胃，難用黃芩、白虎輩寒藥。故別尋傍竇，以散熱邪耳。傷寒小便不利，以脈浮者屬氣分，五苓散。脈沉者屬血分，豬苓湯。而溫熱病之小便不利，脈浮者屬表證，豬苓湯。脈沉者屬裡證，承氣湯。傷寒自氣分而傳入血分，溫熱由血分而發出氣分。不可以此而礙彼也。

陽明病，汗出多而渴者，不可與豬苓湯。以汗多胃中燥，豬苓湯復利其小便故也。

太陽傷寒犯本，有五苓散兩解一法。而陽明溫熱，復有豬苓湯導熱滋乾一法。然汗出多而渴者，不可服。蓋陽明胃主津液，津液充則不渴，津液少則渴矣。故陽明熱甚，必先耗其津液，加以汗多而奪之於外，復利其小便而奪之於下，則津液立亡而已。其脈浮發熱，渴欲飲水，小便不利而汗出

少者，方可用豬苓湯。脈浮發熱，渴欲飲水，口乾舌燥而汗出多者，則宜白虎加人參。其法已具上條。若脈沉熱蒸多汗，渴欲飲水而小便黄赤不利者，又當從承氣下之，以救陰爲急也。

三陽合病，脈浮大，上關上，但欲眠睡，目合則汗。

溫熱之氣，自内達表，故三陽合病最多。此條言溫病，故但目合則汗，其非熱病之時時大汗可知矣。以其表裡俱熱，六合俱邪，故關上之脈浮大。但欲眠睡，其爲陽明之熱又可知矣。而目合則汗，又屬少陽，治當從小柴胡加減，或黄芩湯加柴胡尤妥。設熱病見脈浮大，但欲眠睡而盜汗者，爲正氣本虚，故熱勢反不甚劇，又當用白虎加人參湯也。

三陽合病，腹滿身重，難以轉側，口不仁而面垢，譫語遺尿。發汗則譫語，下之則額上生汗，手足逆冷。若自汗出者，白虎湯主之。

此言熱病兼暍之合病也。夏月天令炎熱，伏鬱之邪多乘暑氣，一齊發出三陽，中州之擾亂可知矣。此時發汗則津液倍竭，故譫語益甚。下之則陽邪内陷，故手足逆冷，熱不得越，故額上生汗也。既不宜於汗下，惟有白虎一湯，主解熱而不礙表裡，在所急用。若疑手足厥冷爲陽虚，則殺人矣。

傷寒，脈浮滑，此表有寒，裡有熱，白虎湯主之。

世本作表有熱，裡有寒，必係傳寫之誤，千載無人揭出，今特表明，一齊衆楚，在所不辭。夫白虎湯本治熱病、暑病之藥，其性大寒，安有裡有寒者可服之理。詳本文脈浮滑，而滑脈無不實之理，明係伏邪發出於表之徵。以其熱邪初乘肌表，表氣不能勝邪，其外反顯假寒，故言表有寒。而伏邪始發未盡，裡熱猶盛，故言裡有熱。以其非有燥結實熱，乃用白虎解散鬱發之邪。或言當是表有熱裡有實，寒字與實字形類，其説近是。若果裡有實，則當用承氣，又不當用白虎矣。按此本言熱病，何仲景不曰熱病，而曰傷寒者，其藏機全在乎此，欲人深求而自得也。蓋熱病乃冬不藏精，陽氣發泄，驟傷寒冷，致邪氣伏藏於骨髓，至夏大汗出而熱邪始發，故仍以傷寒目之。以伏邪從骨髓發出，由心包而薄陽明，處方乃以石膏救陽明之熱，知母淨少陰之源，甘草粳米護心包而保肺氣。是以氣弱者，必加人參也。後人不審，每以白虎湯治冬月傷寒發熱。今特昭揭此義，以爲冬月擅用白虎之戒。

傷寒，脈滑而厥者，裡有熱也，白虎湯主之。

滑，陽脈也，故其厥爲陽厥。裡熱鬱熾，所以其外反惡寒厥逆，往往有唇面爪甲俱青者，故宜白虎，或竹葉石膏解其鬱熱則愈也。此條明言裡有熱，益見前條之表有熱裡有寒爲誤也。叔和因脈滑而厥，遂以此例混入厥陰篇中，今歸此。

傷寒，脈浮，發熱無汗，其表不解者，不可與白虎湯。渴欲飲水，無表證者，白虎加人參湯主之。

白虎但解熱而不能解表，故熱病稍帶暴寒客邪，惡寒頭痛身疼之表證，皆不可用。須脈洪大或數，煩熱燥渴，始可與服。若先前微帶非時表邪，二三日後客邪先從表散，但顯熱病脈證，煩渴欲飲水者，爲津液大耗，又非白虎所能治。必加人參以助津氣，則熱邪始得解散耳。

傷寒無大熱，口燥渴，心煩，背微惡寒者，白虎加人參湯主之。

伏熱内盛，故口燥心煩。以眞陽不能勝邪，故背微惡寒，而外無大熱。宜白虎解内熱毒，加人參以助眞氣也。

傷寒病，若吐若下後，七八日不解，熱結在裡，表裡俱熱，時時惡風，大渴舌上乾燥而煩，欲飲水數升者，白虎加人參湯主之。

詳此條表證，比前較重，何以亦用白虎加人參耶？本文熱結在裡，表裡俱熱二句，已自酌量。惟熱結在裡，所以表熱不除，邪火内伏，所以惡風大渴，舌燥而煩，欲飲水不止，安得不以生津解熱爲急耶。

服桂枝湯，大汗出後，大煩渴不解，脈洪大者，白虎加人參湯主之。

此本溫熱病，誤認寒疫，而服桂枝湯也。若是寒疫，則服湯後汗出必解矣。不知此本溫熱，誤服桂枝，遂至脈洪大，大汗煩渴不解。若誤用麻黄，必變風溫灼熱自汗等證矣。此以大汗傷津，故加人參以救津液也。按桂枝治自外而入傷之風邪，石膏治自内而發外之熱邪。故白虎湯爲熱邪中暍之的方，雖爲陽明解利藥，實解内蒸之熱，非治在經之熱也。昔人以石膏辛涼，能解利陽明風熱，此説似是而實非。即如大青龍湯、越婢湯、麻黄杏仁甘草石膏湯、麻黄升麻湯等方，並與表藥同用。殊不知邪熱傷胃，所以必需。若在經之邪，縱使大熱煩渴，自有葛根湯、桂枝加葛根湯等治法，並無藉於石膏也。所以傷寒誤用白虎、黄芩，溫熱誤用桂枝、麻黄，輕者必重，重者必死耳。

師曰：伏氣之病，以意候之。今月之内，欲有伏氣，假令舊有伏氣，當

須脈之。若脈微弱者，當喉中痛以傷，非喉痹也。病人云實咽中痛，雖爾，今復欲下利。

冬月感寒，伏藏於經，至春當發，故曰以意候之。今月之內，言春分候也。若脈微弱者，其人眞元素虧，必不發於陽而發於陰。以少陰之脈循喉嚨，伏邪始發，熱必上升，故先喉中痛似傷。腎司開闔，陰經之熱邪不能外發，勢必內攻，其後必下利也。

少陰病，二三日咽痛者，可與甘草湯。不差者，與桔梗湯。

邪熱客於少陰之經，故咽痛。用甘草湯者，和緩其勢也。用桔梗湯者，開提其邪也。此在二三日間，熱邪發於經中，他證未具，故可用之。若五六日，則少陰之下利嘔逆諸證蜂起，此法又不可用矣。陰邪爲病，其發必暴。所以伏氣發於少陰必咽痛，仲景遂以緩法治之。甘草味甘，其性最緩，因取以治少陰伏氣發溫之最急者。蓋甘先入脾，脾緩則陰火之勢亦緩，且生用力能瀉火，故不兼別味，獨用以取專功也。設不差，必是伏邪所發勢盛，緩不足以濟急，更加桔梗，升載其邪，使發於陽分之陰邪盡從陽分而散，不致仍復下陷入於陰分也。倘治稍失宜，陰津爲熱邪所耗，即用祛熱救陰藥，恐無及也。按咽痛多是陰邪搏陽之候，以陰邪爲患，無有不挾龍火之勢者，所以屬少陰者多。惟陽明經病，有但頭眩不惡寒，能食而欬，其人必咽痛一條，乃風熱挾飲上攻之證，又不當與陰邪比例而觀也。至於溫病風溫，多有此證，以陰中伏有陽邪也。即直中少陰之咽痛，雖陰邪結於清陽之位，仍是少陰之經。故仲景特設通脈四逆湯，以通陰中鬱沒之微陽，更加桔梗以清咽利膈也。

少陰病，下利咽痛，胸滿心煩者，豬膚湯主之。

下利咽痛，胸滿心煩，少陰之伏邪，雖發陰經，實爲熱證。邪熱充斥，上下中間，無所不致，寒下之藥不可用矣。又立豬膚湯，以潤少陰之燥，與用黑驢皮之意頗同。陽微者，用附子溫經。陰竭者，用豬膚潤燥。同具散邪之義，比而觀之，思過半矣。

少陰病，得之二三日以上，心中煩，不得卧，黄連阿膠湯主之。

少陰病，二三日以上心煩，知非傳經邪熱，必是伏氣發溫。故二三日間，便心煩不得卧。然但煩而無燥，則與眞陽發動迥別。蓋眞陽發動，必先陰氣四布，爲嘔，爲下利，爲四逆，乃致煩而且燥，魄汗不止耳。今但心煩不得卧而無嘔利四逆等證，是爲陽煩。乃眞陰爲邪熱煎熬，故以救熱存陰爲急也。

少陰病，下利六七日，欬而嘔渴，心煩不得眠者，豬苓湯主之。

下利六七日，本熱去寒起之時，其人嘔渴，心煩不眠，不獨熱邪煎迫眞陰，兼有水飲搏結，以故羈留不去。用豬苓湯以利水潤燥，不治利而自止也。

少陰病，得之二三日，口燥咽乾者，急下之，宜大承氣湯。

伏氣之發於少陰，其勢最急，與傷寒之傳經熱證不同。得病纔二三日，即口燥咽乾，延至五六日始下，必枯槁難爲矣。故宜急下，以救腎水之燔灼也。按少陰急下三證，一屬傳經熱邪亢極，一屬熱邪轉入胃府，一屬溫熱發自少陰，皆刻不容緩之證，故當急救欲絶之腎水。與陽明急下三法，同源異派。

《傷寒纘論·傷寒例》《陰陽大論》云：春氣溫和，夏氣暑熱，秋氣清涼，冬氣冷冽，此則四時正氣之序也。冬時嚴寒，萬類深藏，君子固密，則不傷於寒。觸冒地之者，乃名傷寒耳。其傷於四時之氣，皆能爲病，以傷寒爲最者，以其最成殺厲之氣也。中而即病者，名曰傷寒。不即病者，寒毒藏於肌膚，至春變爲溫病，至夏變爲熱病。熱病者，熱極重於溫也。是以辛苦之人，春夏多溫熱病，皆由冬時觸寒所致，非時行之氣也。

寒毒藏於肌膚，至春變爲溫病。藏於骨髓，至夏變爲熱病。不言藏於骨髓者，脱簡也。《內經》云：冬傷於寒，春必溫病。又云：逆冬氣，則少陰不藏，腎氣獨沉。言冬時寒暖不均，和暖之際，人之腠理不固，忽然嚴寒驟至，鬱閉其不正之氣於內，當是之時，少陰之經脈流行於外，是不能退藏於密，勢不得不受其邪。然腎藏之眞陽沉伏於內，自不受邪。所受邪者，少陰之經耳。故眞陽充滿之人，邪氣不能爲害，即使受邪，氣行則已。惟是不藏精之人，先逆冬月蟄藏之令，故邪氣得以襲入經脈骨髓，乃至春夏，溫熱之氣內動，而發爲溫熱也。李明之曰：冬傷於寒，冬行春令也。當冬而溫，火勝而水虧矣。水既已虧，則所勝妄行，土有餘也。火土合德，故爲溫病。所以不病於冬而病於春者，以其寒水居卯之分，方得其權。大寒之令，復行於春，腠理開泄，少陰不藏，房室之勞傷，辛苦之人，陽氣泄於外，腎水虧於內，木當發生，陽已外泄，孰爲鼓舞。腎水內竭，孰爲滋養？此兩者同病，生化之源既絶，木何賴以生乎？身之所存者，熱也。時強木

長，故爲溫病。【略】

其冬有非節之暖，名曰冬溫。冬溫之毒，與傷寒大異。亦有輕重，爲治不同。

冬溫者，時當大寒而反大溫，東風時至，則肌腠疎豁，忽然大寒，而衣袂單薄，寒鬱其邪，其病即發者爲冬溫。以其所感非時溫氣，故言與傷寒大異。若不即發，藏於皮膚，則入傷血脈，至春發爲溫病，藏於經絡，則入傷骨髓，至夏發爲熱病矣。

從立冬節候，其中無暴大寒，又不冰雪，而有人壯熱爲病者，比屬春時陽氣發於冬時，伏寒變爲溫病。

春時陽氣發於冬時，未至而至也。伏寒變爲溫病，言非時不正之溫氣，又爲外寒所伏，至春而發爲溫病也。

從春分以後，至秋分節前，天有暴寒者，皆爲時行寒疫也。其病與溫及熱病相似，但治有殊耳。

此言非時暴寒之證，雖與溫熱相似，而源委迥殊。以伏氣自內發外，必用苦寒內奪；暴寒從外感冒，合用辛甘外解，故治有不同耳。

《傷寒緒論・總論》 余嘗考晉王叔和集仲景傷寒書，未嘗不廢書而三歎也。嗟夫，猶賴叔和爲仲景之功臣，使無叔和之集，則傷寒書同於《卒病論》之不傳矣，何能知有六經證治乎？即條辨《尚論》，亦無從而下手也。究二子所編，各有夫當。余竊不揣，復取仲景原文，重分其例，取《尚論》及各家之註，參以己見，成《纘論》矣。第殘逸已多，證治不備，擬搜諸家之論以補之。雖其間互有發明，然未免多歧之惑，是不得不博採往哲之言以綴輯之。惜乎歷代名賢，遞相祖述，未能一一標明。姑從證類次第，讀者毋以辭害義可也。謹叙六經傳變，合病併病，標本治法，及正傷寒、兩感、三陰中寒、冬溫、寒疫、傷風、溫病、風溫、時行、大頭、溫疫、溫瘧、溫毒、陽毒、陰毒、熱病、中暑、濕溫、中濕、風濕、濕熱、痓病、內傷虛煩、脚氣、霍亂、內癰、赤膈、黄耳、夾食、夾痰、夾水、夾血、夾氣、夾陰、冒雨、溺水、重身、產後等四十證。暨以審證死證，逐一辨論如左。

《傷寒緒論・總論・六經》 如六經證，人悉知爲足經，不知有手經證間出也，傷寒初受病時，頭項痛，腰脊強，惡寒，足太陽也。發熱面赤，惡風，手太陽也。目疼鼻乾，不得卧足，陽明也。蒸熱而渴，手陽明也。胸脇滿痛，口苦，足少陽也。耳聾及痛，寒熱往來，手少陽也。腹滿自利而吐，足太陰也。口乾津不到咽，手太陰也。脈沉細，口燥渴，足少陰也。舌乾不得卧，手少陰也。耳聾囊縮不知人，足厥陰也。煩滿厥逆，手厥陰也。傷寒以冬月寒水主令，故受病必先巨陽。若夫非時暴寒，亦必隨時傷犯，與夫時行疫厲，隨其歲氣而犯虛經異。治疫雖以六氣爲主，總不離陽明濕土，至於伏氣發溫，必先少陽證見。熱病多兼包絡三焦，皆熱邪自內達外，其治法可領悟矣。

《傷寒緒論・總論・傳變》 按《靈樞》十二經脈，轉注如環，豈有六經傳變，只傳足經，不傳手經之理？如太陽傳陽明，謂循經傳。太陽傳少陽，謂越經傳。太陽傳太陰，謂誤下傳。太陽傳少陰，謂表裏傳。太陽傳厥陰，謂首尾傳。因此經本虛，邪即傳之，本無定例也。故傷寒有六經之傳變，無藏府之傳次也。所以在太陽經有犯本者，有即入陽明之府者，有傳至陽明之經而自經入府者，有傳至少陽之經而入陽明之府者。是以仲景有太陽陽明，正陽陽明，少陽陽明之別也。入府則邪有定著，不復傳次也。非但入府不傳，即太陽之犯本，少陽之入府，俱不復傳矣。是知三陽有傳變，有併合，三陰有傳經直入而無併合也。即有三陰經轉出三陽，或傳入府，皆是邪氣向衰，正氣得復之候，並無厥陰復傳太陽之理，此昔人所未明言也。而傳足不傳手之說，尤屬非理。王安道曰：傷寒不傳手經此，開卷之首疑，而諸家紛紛竟無定論。竊意只傳足經者，蓋以邪氣在經，未入藏府而言。若入藏府，則不可謂之獨在足經矣。何以言之？夫手太陽者小腸也。手陽明者大腸也，邪氣入胃，致有燥屎，大承氣湯下之，小腸上接胃，下接大腸，燥屎由大腸而出，二經得無與乎？手少陽者三焦也，邪在一身，三焦獨能安乎？手太陰者肺也，肺爲清肅之藏，主氣升降。假如欬嗽氣逆，肺能保其清肅乎？手少陰者心也，厥陰者心包也，表裏熱極，神狂志亂，豈有君相二火，反泰然清靜者哉？東垣《此事難知》曰：傷寒傳至五六日間，漸變神昏不語，或睡中獨語一二句，目赤唇焦，舌乾不飲水，稀粥與之則嚥，不與則不思，六脈細數而不洪大，心下不痞，腹中不滿，大小便如常，或傳至十日以來，形貌如醉人狀，虛見神昏，不得已用承氣下之誤矣。不知此熱邪傳手少陰心經也，導赤瀉心湯主之。與食則嚥者，邪不在胃也。不與則不思，以其神昏也。既不在胃，誤與承氣下之必死。今傷寒溫熱傳變，多有此證，不可不察也。

《傷寒緒論・總論・合病》 至於合病併病，亦須明辨。昔趙嗣眞極意

洗發，不過曰合病者，二陽經或三陽經，同受病，病之不傳者也。併病者，一陽經先受病，又過一經，病之傳者也。以病之不傳者，概合病，雖爲定論，但未明言合病多由冬時過溫，少陰不藏，溫氣乘虛先入於裏，然後更感寒氣，閉鬱於外，寒熱錯雜，遂至合病。其邪內攻，必自下利，不下利即上嘔，邪勢之充斥奔迫，從可識矣。其黄芩湯雖主太陽少陽合病，白虎湯雖主三陽合病，而實溫病熱病主方。慎不可以此誤治傷寒合病，設誤用之，必難救藥也。其傷寒合病，仲景自有桂枝加葛根湯、葛根加半夏湯、葛根湯、麻黄湯等治法。觀仲景諸例，自可見矣。

《傷寒緒論·總論·兩感》 若兩感於寒者，一日太陽與少陽俱病，則頭痛口乾，煩滿而渴。易老用大羌活湯主之，此專在表也。二日陽明與太陰俱病，則腹滿身熱，不欲食，譫語，黄連解毒湯主之，此意在和也。三日少陽與厥陰俱病，則耳聾囊縮而厥，雙解散主之，此重在裏也。至水漿不下，不知人事者，六日死。若三陰三陽，五藏六府皆受病，則榮衛不行，藏府不通而死矣。則知一藏一府受病，猶可治也。按兩感皆是熱邪充極之證，朱氏妄言前三日眞爲病寒，以四逆湯急溫裏，後以桂枝湯急解表。而方書又有用麻黄附子細辛湯之說，殊不知傳經者，皆屬陽證。陰證本無熱邪，安得有傳變之理。即傷寒之病兩感者亦少，惟溫病熱病居多。以溫熱咸從少陰發出太陽，即是兩感之證。所以守眞特立涼膈、雙解、白虎、承氣等湯，以兩解溫熱病表裏之熱毒也。非特溫熱病之有兩感也。凡下元虛人染患疫癘，多有三日斃者。蓋疫癘之勢，較傷寒更劇，所以死在三日也。傷寒例所言六日死者，是言傷寒之兩感。《素問》所言三日死者，是言熱病、疫病之兩感也。非特溫熱疫癘之有兩感也。即如冬溫之發於太陽少陰，故始咽痛而後自利，豈非兩感之證乎。

《傷寒緒論·總論·內傷》 春深長夏之時，多有勞力感寒內傷之證，與外感證類相似，內傷亦發熱頭痛畏寒。惟門隙中賊風最惡之，若在大風處，反不惡也。畏寒得暖則解，雖寒熱間作而不齊，出言懶怯，口淡無味，腹中不和，手心大熱，而手背不熱，兩脇俱熱，蓋內傷自內達表，先少陽也。若外感風寒之證，頭疼發熱，無休止時，寒熱齊作，而驟發不止，寒雖近火不除。出言重濁，鼻中氣麤，一身盡熱，蓋外感自表入裏，先太陽也。然溫熱亦自內達表，先見少陽證，脇下熱而脇滿，驟然發熱如火，大渴煩躁引飲，頭面目舌俱赤，喘麤氣盛，絕不似內傷面目萎黄，唇舌淡白，短氣力怯等證也。內傷氣口脈虛大，外感人迎脈緊盛，溫熱則氣口脈洪盛爲異耳。

《傷寒論翼·六經正義》 按仲景自序云： 雖未能盡愈諸病，其留心諸病可知。故於諸病之表裏陰陽，分爲六經，令各得所司。清理脈症之異同，寒熱之虛實，使治病者只在六經下手，行汗、吐、下、和解、溫補等法而無失也。夫一身之病，俱受六經範圍者，猶周禮分六官而百職舉，司天分六氣而萬物成耳。傷寒不過是六經中一症，叔和不知仲景之六經，是經界之經，而非經絡之經，妄引《內經》熱病論作《序例》，以冠仲景之書，而混其六經之症治，六經之理因不明，而仲景平脈辨症，能盡愈諸病之權衡廢矣。夫熱病之六經，專主經脈爲病，但有表裏之實熱，幷無表裏之虛寒。雖因於傷寒，而已變成熱病，故竟稱熱病，而不稱傷寒。要知《內經》熱病，即溫病之互名，故無惡寒症。但有可汗可泄之法，並無可溫可補之例也。觀溫病名篇，亦稱評熱病論，其義可知矣。夫叔和不於病根上講求，但於病名上分解，故《序例》所引《內經》，既背仲景之旨，亦舛岐伯之意也。夫仲景之六經，是分六區地面，所該者廣，雖以脈爲經絡，而不專在經絡上立說。凡風寒溫熱、內傷外感，自表及裏，有寒有熱，或虛或實，無乎不包。故以傷寒雜病合爲一書，而總名《傷寒雜病論》。所以六經提綱，各立一局，不爲經絡所拘，弗爲風寒劃定。

《傷寒論翼·溫暑指歸》 《內經》論傷寒而反發熱者有三義： 有當時急發者，曰人傷於寒，則爲病熱也。有過時發熱者，曰冬傷於寒，春必病溫也。有隨時易名者，曰凡病傷寒而成溫者，先夏至日爲病溫，後夏至日爲病暑也。夫病溫病暑，當時即病者不必論。凡病傷寒而成者，其病雖由於冬時之傷寒，而根實種於其人之鬱火。《內經》曰： 藏於精者，春不病溫。此明冬傷於寒，春必病溫之源。先夏至日爲病溫，後夏至日爲病暑，申明冬不藏精，夏亦病溫之故。夫人傷於寒，則爲病熱，其恆耳。此至春夏而病者，以其人腎陽有餘，好行淫慾，不避寒冷，雖外傷於寒，而陽氣足以禦之，但知身着寒，而不爲寒所病。然表寒雖不得內侵，而虛陽亦不得外散，乃下陷入陰中，故身不知熱，而亦不發熱。所云陽病者，上行極而下也。冬時行收藏之令，陽不遽發，寒愈久則陽愈匿，陽日盛則陰愈虛。若寒日少而蓄熱淺，則陽火應春氣而病溫。寒日多而鬱熱深，則陰火應夏氣而病暑。此陰消陽長，從內而達於外也。叔和不知此義，謂寒毒藏於肌膚，至春變爲溫病，至夏變爲暑

病。夫寒傷於表，得熱則散。何以能藏？設無熱以禦之，必深入藏府，何以只藏於肌膚，且能藏者不能變，何以時換而變其所藏乎？不知原其人之自傷，而但咎其時之外傷。只知傷寒之因，不究熱傷其本，妄擬寒毒之能變熱，不知內陷之陽邪，發見其本來之面目也。又謂辛苦之人，春夏多溫熱病者，皆因冬時觸寒所致，而非時行之氣。不知辛苦之人，動搖筋骨，凡動則爲陽，往往觸寒即散，或因飢寒而病者有之，或因勞倦而發熱者有之。故春夏之時，辛苦之人，因虛而感時行之氣者不少矣。若夫春夏之溫熱，由冬時觸寒所致者，偏在飽暖淫慾之人，不知持滿，醉以入房，以慾絕其精，以耗散其眞，陽強不能密，精失守而陰虛，故遺禍至於春夏也。《內經》論溫之脈症治法甚詳，學者多不得其要領。仲景獨挈發熱而渴，不惡寒爲提綱。洞悉溫病之底蘊，合《內經》冬不藏精之旨矣。熱病以口燥舌乾而渴屬少陰，少陰者，封蟄之本，精之處也。少陰之表，名曰太陽，太陽根起於至陰，名曰陰中之陽，故太陽病當惡寒，此發熱而不惡寒，是陽中無陰矣。而即見少陰之渴，太陽之根本悉露矣。於此見逆冬氣，則少陰不藏，腎氣獨沉，孤陽無附，而發爲溫病也。溫病症治，散見六經，請類推之，如傷寒發熱不渴，服湯已渴者，是傷寒溫病之關也。寒去而熱罷，即傷寒欲解症，寒去而熱不解，是溫病發見矣。如服桂枝湯大汗出後，大煩渴不解，脈洪大者，即是溫勢猖獗，用白虎加人參，預保元氣於清火之時，是凡病傷寒而成溫者之正治法也。因所傷之寒邪，隨大汗而解，所成之溫邪，隨大汗而發，焉得無虛。設不加參，則熱邪因白虎而解，安保寒邪不因白虎而來乎。是傷者當補，治病必求其本耳。如服柴胡湯已渴者，屬陽明也，以法治之。夫柴胡湯有參、甘、芩、棗，皆生津之品，服已反渴，是微寒之劑，不足以解溫邪，少陽相火，直起陽明也，是當用白虎加人參法。若柴胡加人參法，非其治矣。夫相火寄甲乙之間，故肝膽爲發溫之源。腸胃爲市，故陽明爲成溫之藪。陽明始雖惡寒，二日即止，即不惡寒而反惡熱，此亦病傷寒而成溫之一徵也。若夫溫熱不因傷寒而致者，只須扶陰抑陽，不必補中益氣矣。且溫邪有淺深，治法有輕重。如陽明病脈浮發熱，渴欲飲水，小便不利者，豬苓湯主之。瘀熱在裏不得越，身體發黃，渴欲飲水，小便不利者，茵陳湯主之。少陰病，得之二三日，口燥咽乾者，大承氣湯急下之。厥陰病，下利欲飲水者，白頭翁湯主之。此仲景治溫之大略也。夫溫與暑，偶感天氣而病者輕。此三氣相合而成溫疫也。溫熱利害，只在一人。溫疫移害，禍延隣里，因不藏精者此爲自傷，其病重。若再感風土之異氣，今人不分溫熱、溫疫，渾名溫病，令人惡聞而諱言之，因於辭之害義矣。吳又可《溫疫論》、程郊倩《熱病註》，俱有至理可傳，愚不復贅。

《傷寒辨證・治傷寒以辨證爲重要》 傷寒者，冬月受寒即病之名也。溫病、熱病者，冬月受寒，過時而發之病名也。《內經》曰：熱病者，皆傷寒之類也。故總名爲傷寒。雖傷寒與溫熱病皆名傷寒，而病態之異，判若霄壤。竊驗得凶厲大病，死生人在六七日之閒者，多屬春夏之溫熱病，而發於冬月者，未嘗多見。蕭萬與先生《軒岐救正》曰：其値嚴冬得正傷寒者，二十年來於千人中僅見兩人。故正傷寒，實非大病，而溫病熱病方爲大病也。《傷寒例》曰：冬傷於寒，即發者爲傷寒，至春變爲溫病，至夏變爲暑病，熱極重於溫也。夫熱病且重於溫病，而顧可與傷寒混同論治耶！從來傷寒諸籍，能辨傷寒與溫熱病之異治者，止見之王安道一人，陶節庵從而闡發之，餘故宗其說，僭著有《傷寒》、《溫病》、《熱病》詳辨。若論傳裏之後，或攻或補，或清或溫，後一節治法，傷寒與溫熱病亦無大異，惟初時解表，前一節治法，大是不同。蓋傷寒既受寒邪，又在冬月，非辛溫之藥，何能開腠理而逐寒邪？此麻黃、桂枝、青龍之所以可用也。其感重寒者，一於溫中而可愈，此病爲易治。若夫溫熱病鬱熱在裏，其熱自內而達於外，故不惡寒而作渴，此內之鬱熱爲重，外感爲輕。兼有無外感而內之鬱熱自發者，又發在春夏，若誤用辛溫解表，是爲抱薪投火，輕者必危，重者必死。惟宜用辛涼以開導其內熱，內熱除而表熱亦自解矣。亦有先見表證而後見裏證者，蓋怫熱自內達外，熱鬱腠理之時，若不用辛涼解散，則熱邪不得外泄，遂還裏而成可攻之證，非如傷寒從表而傳裏也。故證之輕者，小柴胡湯去人參、半夏，加黃連、天花粉、枳殼、葛根之類；證之重者，三黃石膏湯加青黛、葛根之類。結燥甚者，加酒蒸大黃，或河間雙解散，尤爲對證之劑。若觸冒四時不正之氣，及暴感風寒，以人參敗毒散、九味羌活湯加減治之，自可取效。此一節誤人甚多，特表而出之。或冬月亦有鬱熱證加濕熱病者，春夏亦有大寒證加傷寒者，特少耳，不可謂其全無也。又有勞力感寒而似眞傷寒者，有雜證而兼傷寒者。又傷寒傳變不常，有循經而傳者，有越經而傳者，有傳一二三經而止者，有始終只在一經者，有傳至三陽而止者，有傳盡六經不罷者，有從陽經傳變而爲熱證者，有直中陰經而成寒證者，有始寒終熱者，有始熱終寒者。又傷

寒疑似難辨，有如狂而似發狂者，有血證發黃而似濕熱發黃者，有短氣而似發喘者，有痞滿而似結胸者，有併病而似合病者，有少陰病發熱而似太陽證者，有太陽病脈沉細而似少陰證者。頭緒多端，務須審辨，要在初病時辨證分明，如法治療。若得汗下合度，溫清得宜，可收十全之功，必不至傳變而成壞證矣。《傷寒論》中，治壞病者一百二條，故傷寒本無多證，俱是辨證不明，汗下錯誤所致。如太陽始病，當以汗解，若當汗不汗，則鬱熱內迫而傳經。若發汗太過，則經虛風襲而成痙，若不當汗而汗，則迫血妄行而成衄。大便不可輕動，動蚤爲犯禁。當汗誤下，則引邪入裏而爲結胸、痞氣、協熱而利。當下誤汗，則爲亡陽、下厥上竭，讝語。小便不可輕利，輕利爲犯禁。蓋自汗多而渴，爲津液耗散，故禁利小便，小便不利而渴，爲濕熱內盛，故宜利小便。若當利不利，必就陽明燥火而成蓄血發黃，不當利而利，必耗膀胱津液而成燥血發狂。若夫內傷、類傷寒者，用藥一差，死生立判。蓋內傷正氣本虛，必然神識清明，至死不亂。外感之邪與正氣交爭，必然神志昏亂。內傷之虛火上炎，時時閧熱，但時發時止，而夜其於晝，外感之發熱，非傳裏則發熱無休止，晝夜俱熱。凡此等俱要明辨於胸中，然後診脈察色，辨證的確而後用藥，庶不至於誤傷人命耳。

按：《傷寒例》在六經證治之前，除前論脈二條，此實傷寒之開卷第一義也。其論曰：傷寒之爲病，多從風寒得之。始表中風寒，入裏則不消矣，未有溫覆而當不消散者。成注曰：風寒初客於皮膚，便投湯藥，溫暖發散而當，則無不消散之邪。此論傷寒治法也，其用藥自是桂枝、麻黄一派。又曰：凡治溫病，可刺五十九穴。成注曰：以瀉諸經之溫熱，謂瀉諸經之熱逆，瀉胸中之熱，瀉胃中之熱，瀉四肢之熱，瀉五藏之熱也。此論溫熱病治法也，若用藥，當是黄芩、白虎一脈。末云：此以前是傷寒熱病證候也。詳仲景兩條治法，於傷寒則用溫散，於溫熱病則用瀉熱，傷寒與溫熱病異治，判若蒼素。如此信乎！治溫熱病之另有方，惜乎佚遺不傳，叔和失於編入耳。後之治傷寒者，不能透此關鍵，或以黄芩、白虎治傷寒，或以桂枝、麻黄治溫熱病，紛紛錯誤，職此之由。若非王安道、劉完素兩公，闡明於千載之後，不幾蒙昧終古耶。

又按：《內經》曰：辛苦之人，春夏多溫熱病，皆冬時觸寒所致，非時行之氣也。又曰：精者身之本也，故藏於精者，春不溫病。是以東垣云：冬時少陰不藏，房室勞傷辛苦之人，陽氣泄於外，腎水虧於內，已絕生化之源，身之所存者熱耳，故於春時發爲濕病。此正河間以溫熱病爲大病，而不與傷寒同之說也。

再按：《傷寒例》曰：冬有非時之暖，名曰冬溫。冬溫之毒，與傷寒大異，亦有輕重，爲治不同。蓋謂冬溫止應以辛平發散，而不可用辛熱也。又曰：從春分以後，至秋節前，天有暴寒者，皆爲時行寒疫，其病與溫及熱病相似，但治有殊耳。蓋謂暴寒與溫熱病雖相似，而源委迥殊，外寒感冒，合用辛平外解。溫熱病自內發外，必用苦寒內奪也。夫冬溫之毒，尚與楊寒大異，況春夏所發之溫熱毒，與傷寒不尤異耶！春夏之溫疫，尚與溫熱病殊治，況冬時之傷寒，不與溫熱病爲更殊耶！且傷寒汗下不愈而過經，其證尚在而不除者，亦溫病也。已經汗下，亦不在表也。是溫熱病不能成傷寒，傷寒能成溫熱病，則溫熱病之爲大病不益信耶！《內經》及仲景，辨別溫熱病與傷寒迥各不同如此，何從來著書立說者，并不審察於此？一遇溫熱病，但以爲桂枝、麻黄今時難用，或以爲春夏用桂枝、麻黄須加黄芩、石膏，或亦有知用寒涼清解，而不敢用桂枝、麻黄者，但於所以然之故，溫熱病與傷寒異治處，總未洞晰。嗚呼！安道、河間兩先生之書，信爲傷寒家之金科玉律，而不可或違矣。

《傷寒辨證・傷寒大綱領或熱或寒論》 客有過而問之者曰：聞子且著《傷寒辨證》，將以發明傷寒乎？念先賢之治法，有以爲熱者，有以爲寒者，有以爲寒熱之錯出者，此爲傷寒大綱領，此理不明，又何足論治法乎？子幸爲我條晰而論辨焉。余曰：願受教。客曰：《內經》曰：今夫熱病者，皆傷寒之類也。人之傷於寒也，則爲病熱。未入於藏者，可汗而已。三陰三陽，五藏六府皆受病，榮衛不行，五藏不通，則死矣。又曰：其未滿三日者，可汗而已。其滿三日者，可泄而已。《內經》直言傷寒爲熱，而不言其有寒。仲景《傷寒論》垂一百一十三方，用桂、附、人參者，八十有奇。仲景治法，與《內經》不同，其故何也？曰：上古之世，恬淡虛無，精神內守，即有感冒，一清熱而痊可，此《內經》道其常也。世不古，若人非昔比，以病有淺深，則治有輕重。氣稟日趨於澆薄，故有鬱熱而兼有虛寒，此仲景盡其變也。客又曰：傷寒以發表爲第一義，然桂枝、麻黄等湯，每苦於熱而難用，輕用之則有狂躁、斑黄、衄血之變，致成熱毒壞證。故河間自製雙解散，易老自製

衡和湯。若桂枝、麻黄果不宜用，仲景又何以列傷寒之前乎？致使後之治傷寒者，視仲景書，欲仗焉而不敢以終決，欲棄焉而莫能外。夫仲景爲立法不祧之祖，而其方難用，其故何也？曰：以中而即病之傷寒，以病則寒，以時則寒，其用之也固宜。若誤用於過時，而發之溫熱病，誠不免乎狂躁、斑黄、衄血之患矣。辛溫發汗之藥，仲景蓋爲中而即病之傷寒設，不爲過時而發之溫熱病設。若治溫熱病，必別有方。惜叔和編集《傷寒論》於殘闕之餘，而失其傳耳。傷寒與溫熱病異治，惟王安道始抉其奧。兼余屢驗得凶厲大病，死生人在數日間者，惟溫病熱病爲然，而發於冬之正傷寒者，百無一二。此後人所製雙解散、三黄石膏湯等劑，兼治内者之所以可用，而麻黄、桂枝正發汗者之所以不可用也。蓋傷於寒，即病謂之傷寒，過時而發謂之溫熱病。由其源之不殊，故總以傷寒爲稱，由其發之大異，故施治不得以相混也。客又曰：傷寒初病，直中陰經，其爲寒無疑矣。又有初傳陽經，本是熱證，傳至三陰，裏實可下，止該用承氣等湯，乃閒有虚寒，可溫、可補，又有理中、四逆等湯。夫傷寒本是熱證，傳至三陰，忽變熱而爲寒，其故何也？曰：以初是熱證，或重受風寒，或飲食生冷，或爲寒涼之藥所攻伐，遂變成陰證。正所云：害熱未已，寒病復起，始病熱證，末傳寒中也。且人之虚而未甚者，胃氣尚能與邪搏而爲實熱之證。其虚之甚也，亡陽於外，亡血於内，上而津脱，下而液脱，不能勝其熱之傷，因之下陷而裏寒之證作矣。熱極生寒，其證多危，以其氣之虚脱也。

客又曰：寒熱互異，虚實錯出，既聞命矣。子之治療，果何以得其宜？詳辨之説，可得聞乎？曰：傷寒之爲病，在表證，有宜辛溫發汗者，傷寒是也；有宜辛涼清解者，溫病熱病是也。在半表半裏證，有可用小柴胡和之者，傷寒是也；有可用大柴胡微下之，白虎湯清解之者，溫病熱病是也。在裏證，有可苦寒攻之者，傷寒與溫熱病同；有可溫之補之者，傷寒與溫熱病同。若夫直中陰經之眞寒證，但一於溫中耳，絶無傳變，此病爲易治。至於時行不正之疫氣，及重感異氣而變者，或熱或寒，當觀其何時何稟，參酌傷寒溫熱病之治法，增損治之。客又曰：既以溫病熱病爲大病，宜直名之爲溫熱病，又必稱曰傷寒者何也？曰：叔和既編集仲景外感治法爲《傷寒論》矣，後人何得擅易其名！如《五經》、《四書》中，明係簡錯譌誤，而集注大儒，亦必曰衍文，曰重出，曰某當作某之類。闕文存舊，蓋愼之也。以劉守眞之賢，全以溫熱病爲大病，以寒病爲雜證，亦必名之曰：《傷寒直格》、《傷寒標本》、《傷寒心要》。予獨何人敢反古乃爾耶？客唯唯而退。因概括其説，爲傷寒大綱領，或熱或寒論。尚祈臨病之工，務須辨證的確，或是傷寒，或是溫熱病，再諦審其或屬熱，或屬寒，或屬寒熱錯出，必洞晰於胸中，然後定方製劑。不可偏執己見，亦不可偏信一家之説，庶幾不至差謬也。

《傷寒辨證・合病併病》《續論》曰：合病多由冬時過溫，少陰不藏，溫氣乘虚，先入於裏，然後更感寒氣，閉鬱於外，寒熱錯雜，遂至合病。其邪内攻，必自下利，不下利即上嘔，邪氣之充斥奔迫，從可識矣。其黄芩湯雖主太陽少陽合病，白虎湯雖主三陽合病，而實溫病、熱病主方，愼不可以此誤治傷寒合病，設誤用之，必難救藥也。其傷寒合病，仲景自有桂枝加葛根湯，葛根加半夏湯、葛根湯、麻黄湯等治法，觀仲景諸例，自可見矣。

按：傷寒以風寒自表傳裏，故多循序而傳，而合病、併病爲極少，溫熱病其鬱熱自裏達表，故熱證暴發競起，而合病併病爲極多。兼有不感風寒，止是内鬱之熱，乘木火長旺之時，自然發動。《續論》之邪氣充斥奔迫六字，可爲合病、併病傳神。故溫熱病，但見太陽少陽證，即可用黄芩湯。但見三陽證，即可用白虎湯。傷寒見太陽、少陽合病，必俟熱邪漸次入裏，方可用黄芩湯。見三陽合病，必有身重腹滿，譫語自汗，方可用白虎湯。太陽陽明併病，見可汗證，在溫熱病，止是羌活衝和湯之類，在傷寒或可用麻黄湯。見可下證，溫熱病與傷寒治法同。太陽，少陽併病，今人多不能刺諸俞，惟有小柴胡一方。在溫熱病，小柴胡湯或可兼涼膈散之類，在傷寒止宜小柴胡湯加減。此辨傷寒與溫熱病，合病、併病異治之要訣也。

《傷寒辨證・附先賢格言・陶氏治傷寒看證法則》凡治傷寒，要在辨其寒、熱、溫三者之殊，則用藥之冷熱判然矣。不惡寒而渴者溫病也，熱病較溫病爲加重，宜人參白虎湯，看熱之微甚而用之。若夫陰寒證，則別有治法，不在此例矣。

凡治傷寒，汗下後過經不解，亦溫病也。已經汗下，證亦不在表也。

《溫熱暑疫全書・溫病之論》太陽病，發熱而渴，不惡寒者，爲溫病。

周注：溫病由伏邪自内發出，一達於外，表裏俱熱，熱勢既壯，鬱邪耗液，故發而即渴。其表本無邪鬱，内方喜寒，故不惡寒。延至三五日，間或腹滿，或下利者，即此證也。與傷寒之先表後裏者大異，然獨係太陽，以未顯

他經之證，明自少陰發出爲表裏也。

《溫熱暑疫全書・辨寒暑各異》 張鳳逵曰：暑證變幻無常，入發難測，不可尋思。彼暴中之激烈，扁鵲不及擺指而投咀；久伏之深毒，長桑不能隔膚而見藏，最爲難察而難救已！即尋常之感，亦難於知覺，非若傷寒之有定期定證可據可療者，不拘表裏，不以漸次，不論臟腑，冒暑蒸毒，從口鼻入者，直中心胞經絡。先煩悶後身熱，行坐近日，薰爍皮膚肢體者，即時潮熱煩渴；入肝則眩暈頑痲；入脾則昏睡不覺；入肺則喘欬痿躄；入腎則消渴；非專心主而別臟無傳入也。中暑歸心，神昏卒倒，暑傷肉分，周身煩躁，或如鍼刺，或有赤腫。蓋天氣浮於地表，故人氣亦浮於肌表也。冒暑入腸胃，腹痛惡心，嘔瀉，伏暑即冒暑，久而藏伏三焦腸胃之間，熱傷氣而不傷形，旬日莫覺，變出寒熱不定，霍亂吐瀉，膨脹中滿，瘧痢煩渴，腹痛下血等。自入肝至此，《醫學入門》幷主治法，皆以清內火爲主，而解表兼之。寒之中人，乘其虛暑則虛實幷中，而實更劇。蓋氣血強盛之人，內已有伏火，加之外火炎炎相合，故焦灼爲甚。經虛處，寒棲之；經實處，暑棲之。寒凌其弱，而暑親其類也。又藜藿常被寒，惟膏粱獨能禦。若暑，則不問膏粱藜藿，而咸能勝之侮之。雖廣廈纍冰，蕙質生粟，輕羅紈綺，泠泠玉樹，一犯其烈焰，詎能卻之乎？是以知暑氣之毒，盛於寒，乃古人專以寒爲殺厲之氣，而不及暑何也？試觀傷寒至七八日方危，暑病則有危在二三日間，甚至朝發暮殆、暮發朝殆。尤有頃刻忽作，拯救不及者，如暑風、乾霍亂之類。然則暑之殺厲之氣視寒尤甚，彰明較著矣。且暑證多歧，中熱、中暍、中內、中外，甚者爲厥爲風，爲顛癎。即發則泄瀉、霍亂、乾霍亂；積久後發，則瘧痢、瘡瘍。種種病名，約有十餘科，皆暑爲厲，則殺厲之氣，視寒豈少哉？除暴中、暴發、久伏、後發，不可度量。其餘受發，亦有漸次焉。蓋盛夏之時，熱毒鬱蒸，無論動得靜得，其初入人也，不識不知，外之流火與內之陽氣，驟遇而爭，陽氣不服，先昏瞶倦疲，及火與氣合，氣不能勝，火力漸強，散爲外熱，燒灼不已，氣耗而血枯，故燥渴、痞塞、腹痛，諸惡證作焉。此其變化，或乍或久，人莫自覺，醫家亦不能辨，至病深而後施，治故難速愈，宜早辨而早治之，則取效速而易愈。

《中寒辨注・辨中寒爲真寒論》 《內經・素問》有《熱論》篇，首言熱病者，皆傷寒之類。又有《刺熱》篇，言五藏熱病，此係雜證。《靈樞》又有《熱病》篇，其中言熱病三日，或七八日，或已得汗，或未曾汗，或口中乾，胸脅滿，或頭痛耳聾，皆傷寒之類也。黃帝岐伯論傷寒，惟以熱爲主。至仲景論傷寒，則寒熱竝舉，何也？夫人身之中，有陰有陽，有寒有熱，有虛有實，此其常也。有陽極似陰，有陰極似陽，有熱極而寒，有寒極而熱，有大實若虛，有大虛若實，此其變也。余曾《辯註傷寒論》一十四卷，若陽邪熱實之證，已暢發而無餘蘊矣。玆更集《中寒論》三卷於仲景書中，摘其所謂眞陰虛寒之證，逐條辯解，每方註明，祇因仲景當日不分陰陽、虛實、寒熱，而總謂之傷寒。余因不得已而述是書也。或云：《內經》中無寒論及寒病篇，故仲景當日以寒病雜之。《傷寒論》中，不敢創爲一論，更分一門。今吾子知尊仲景矣，又別立《中寒方論》，得毋僭歟。余答云：前聖之制作，專待後人之闡揚。據仲景自論云：撰用《素問》九卷、《八十一難》、《陰陽大論》、《胎臚藥錄》，幷平脈辯證，爲《傷寒雜病論》合十六卷。雖曰傷寒，而痙、溼、暍、霍亂等雜病，俱在其中。所未分者，豈特一中寒邪。丹溪有云：仲景辯傷寒矣，而未及乎中寒，非曰無中寒也，言未及辯別也。中寒未及辯別，以致俗醫有以傷寒皆變爲熱，竝無所謂眞陰證者。有以陽證入陰，即陰虛爲陰證者，有以熱病服涼藥太過，即變爲陰證者，有以頭不痛之雜病爲隊證者，有以會犯房室爲陰證者。殊不知中寒之人，三焦火衰，元氣大虛，又受外來風寒之邪，其爲中也，或中於陽，或中於陰，皆寒病也。

《治疫全書・問答》 己丑秋，余舅魏對廷姻姪魏孔安同聚首於松園精舍，對廷問曰：君輯《治疫全書》，專治瘟疫，不知瘟疫症外尚有病之遺漏者否？答曰：是書之輯，只因城鄉市鎮每當疫氣盛行，則合境延門，天枉不可矇計。特將吳氏《六書》詳加編釋，復採喻氏《尙論》剖清根源，症治顯然，有何遺漏？廷曰：予舉業暇，亦嘗歷覽醫經，如各集中，有冬溫、風溫、濕溫、溫疫、寒疫，晚發、溫毒及過經不解之溫。莫非溫證今卷內均未載入，非遺漏乎？答曰：吾所以輯是書而亟爲論辯者，專在乎瘟疫之症與瘟疫之治也，若併諸般溫病一幷插入，正恐頭緒紛繁及足眩人心目矣。廷曰：以上各種，雖非瘟疫卻都是溫字，名自最易惑人，若不逐一提淸，倘或歲氣妄行，溫瘟雜出，一遇諸般溫病而但執治瘟疫者以治之，豈不悞人性命乎？答曰：若是，則吾且歷歷言之，夫其所謂冬溫者，冬有非時之暖，與嚴寒之時令相搏發爲溫病，證與傷寒相似，但脈不浮，治以九味羌活裏加大黃，重者雙

解散之類。風溫者，喘渴多睡，四肢不收，形如癱瘓，發汗已而身猶灼熱，治在心肝，不宜汗下，惟以清解肌表爲定法。濕溫者，或因天時淫雨，或因晦室陰濃，或洗浴卧地涉水，濕氣相侵，又傷暑氣，暑濕交蒸，證見胸滿妄言，兩脛逆冷，身熱自汗，此病治在心脾，不可發汗，若再發汗、定成重暍溫疫。夏秋之間，暴熱所傷，即是熱疫內外炎蒸，治宜清熱解毒，藥以辛涼。寒疫於溫暖之時，而寒久爲病，是天時不正，陰氣反逆，邪由外感，一切寒涼禁用。稍爲溫暖，法貴調中。晚發者，原爲秋病，自立春至夏至，病之及時而發者，曰春溫；自夏至至立秋，病因濕熱而發者，曰晚發。自立秋至處暑，病因燥熱而發者，亦曰晚發，證有因濕因熱之不同，治審外證與時令而施其治。若夫過經不解亦曰溫病，緣傷寒病六日傳遍六經，發汗解肌後，其病不愈，十二日又傳遍六經，或和或下後，其病不愈，延至十八日或二十餘日，其病依然，此不可復汗復下，治當隨證調和。世亦以溫病名之。他如溫毒總緣初病感邪未經疎解，留滯經絡，結成癱毒，一如傷寒證中之有陽毒陰毒云耳。總而論之，冬溫、風溫、濕溫、溫疫、寒疫、晚發皆觸冒四時不正之氣者也。溫毒即溫病瘟疫之邪留戀於經絡臟腑而發者也。過經不解之溫，因傷寒表裡未當汗下災宜淹纏反復而將成壞證者也。總不似瘟疫一症，觸犯天地間別是一種癘氣，邪自口鼻而入，伏於膜原，鬱結燠蒸，變幻百出，其病甚重，其毒最酷者，吳氏立法專專爲此，今若舉各種溫病一併編入，雖欲免遺漏之咎，豈能無雜亂之議耶？魏、孔安相繼而問曰：適聞論辯甚是明悉，予亦數言相質，請併明之。有如氣皆是氣，何以別之爲不正之氣，又何以別之爲雜氣、厲氣？溫即是溫何以諸溫之外，又另別之爲瘟疫耶？答曰：春溫夏熱秋涼冬寒者，四時之正氣也，乃春應溫而反大涼，夏應熱而反大寒，秋應涼而反大熱，冬應寒而反大溫，此非其時而有其氣，則謂之爲不正之氣。因既有不正之氣與溫熱涼寒正氣合併和同，幷之黄砂毒霧、山嵐烟瘴、溝渠積污、土壤穢惡綿連攪混，散漫飛揚，充斥天地之間，迷漫郊野之內，隨分隨合，旋散旋收，一氣自成一病，每病各因一氣，病症有種種不同。因其爲氣者，原有種種不一，故謂之雜氣。癘氣者，亦雜中之一。雜氣有厚有薄，而其中氣之厚者，最爲暴戾，最爲酷烈。

《治疫全書・瘟疫辨症》 傷寒與瘟疫，有霄壤之隔，今用三承氣及桃仁承氣、抵當、茵陳諸湯，皆傷寒方也。即用其方，必同其症，子何言之異也？曰：夫傷寒必有感冒之因，或單衣風露，或強力入水，或臨風脱衣，或當筵出浴，隨覺肌肉粟起，既而四肢拘急，惡風惡寒，脈浮而數。脈緊無汗爲傷寒，脈緩有汗爲傷風。至於瘟疫初起厚，無感冒之因。忽覺凜凜，以後但熱而不惡寒，然亦有有所觸，因而發者，或飢飽勞碌，或焦思氣鬱，皆能觸動其邪，是促其發也。但不因所觸無故自發者居多，促而發者十中之一二耳。且傷寒之邪自毛竅入，瘟疫之邪自口鼻入。傷寒感而即發，瘟疫多感久而後發。傷寒感邪在經，以經傳經；瘟疫感邪在內，內溢於經，經不自傳。傷寒感發甚暴；瘟疫多淹緾二三日，或漸加重，或淹纏五六日，忽然加重。傷寒初起，以發表爲先；瘟疫初起，以疎利爲主。傷寒投劑，得汗而解；瘟疫發散，雖汗不解。傷寒進投劑，可使立汗；瘟疫汗解，俟其內潰，汗出自然，不可以期。傷寒解以發汗，瘟疫解以戰汗。傷寒汗解在前，瘟疫汗解在後。傷寒發斑則病篤，瘟疫發斑則病衰。傷寒不傳染，瘟疫傳染，二者各自不同。要其所同者，傷寒、瘟疫皆能傳胃，至是同歸於一，故皆用承氣蕈導邪而出。要之，傷寒、瘟疫始異，而終同也。夫傷寒之邪自肌表一逕傳裡，如浮雲之過太虛，原無根蒂，惟其傳法，始終有進而無退，故下後，皆能脱然而愈。瘟疫之邪，始則匿於膜原，根深蒂固，發時與營衛交併，客邪經由之處，營衛未有不被其傷者，因其傷，故名曰潰，然不潰，則不能傳，不傳則邪不能出，邪不出，則疾不瘳，故瘟疫下後，多有不能頓解者，蓋瘟邪每有表裡分傳者，一半向外傳，則邪留於肌肉，一半向內傳，則邪留於胃家。邪留於胃，故裡氣結滯，裡氣結表，氣因而不通，於是肌肉之邪，不能即達於肌表，下後裡氣一通，表氣亦順，向者鬱於肌肉之邪，方能盡發於肌表，或斑或汗，然後脱然而愈。傷寒下後，無有此法。雖曰終同，及細較之，而終又有不同者矣。或曰：傷寒感天地之正氣，瘟疫感天地之戾氣，氣既不同，俱用承氣，又何藥之相同也？曰：風寒、瘟邪二者，與吾身之眞氣勢不兩立，一有所着，則氣壅火積，氣也，火也，邪也，三者混一，與之俱化，失其本然之面目，則均爲之邪矣。但以驅逐爲功，何論邪之同異也？譬如，初得傷寒爲陰邪，閉藏而無汗，傷風爲陽邪，開發而多汗，始有桂枝、麻黄之分，原其感而未化也。傳至少陽，幷用柴胡，傳至胃家，幷用承氣。至是亦無復有風寒之分矣。

《治疫全書・瘟疫客難》 予輯《治疫全書》成，雷都闔懋堂見之，問曰：醫家多謂瘟疫即是傷寒，多治之以傷寒之法，今吳氏謂瘟疫與傷寒感受有霄

壞之隔，而子亦謂瘟疫不可照傷寒施治者，亦更有説耶？曰：傷寒、瘟疫受症不同，治法因而各異。諸書所論，或隱而未發，或渾而不分耳。夫傷寒者感受天地之風寒，邪從皮毛而入者也。傷於寒者，用仲景麻黄湯汗之，傷於風者，用仲景桂枝湯解之，使風與寒從皮毛而入者，仍自皮毛而出也。若夫瘟疫，非風非寒，實乃天地間一種厲氣，其氣之來，無論老少強弱，觸之即病。邪自口鼻而入，内不在臟腑，外不在經絡，舍於脊膂，伏於膜原。膜原者，胸膈間隔，别清濁之横膜。横連脊膂，爲三焦部分，離太陽、陽明、少陽三經不遠，附近於胃，爲經胃交關之所，非若皮毛可比也。若用傷寒發汗藥，不惟汗出而邪終不出，必使表氣大傷。表氣傷，則中氣不振，中氣不振，則内外俱虚，邪氣及得根蟠蒂固，藏伏深入，久且變症風生，由此而成不可救藥者多矣。吴氏立法，即從疫邪初由口鼻而入膜原之時用達原飲，以疎利破結之劑，併力速追，使邪氣潰敗，離於膜原。伏邪既潰，或出半表而浮越陽經，即加羌活、柴、葛；或入半裏而陷胃腑，即加大黄；或既浮越陽經，久復陷入胃腑，則本方既加羌活、柴、葛，仍加大黄，卷中所謂三消飲者是也。由此而邪伏膜原者，得此疎利破結之劑，表裏分明，自必由中達外矣。其效之可外見者，或則從振戰而大汗淋灕，或則從狂汗而衣被透濕，或則從自汗而濈濈蒸蒸。邪從汗出，熱退神清，霍然而有喜矣。然亦有同於傷寒之治者，惟外邪結聚胃腑，斯仍用承氣等方。邪若浮越陽經，誤作表症，遽以桂、麻、辛、杏大汗大表之藥，攻其皮毛、經絡，不惟無益，而又害之。此吴氏所謂瘟疫與傷寒感受有霄壤之隔，而吾所謂瘟疫不可照傷寒之法以爲治者也。曰：瘟疫不可以傷寒治，既知之矣，然有初起時頭疼、身熱、節強、惡寒全似傷寒見症者，又將何以治之耶？曰：此既感疫氣，又傷風寒，或暴感風寒兼染疫氣者，寒疫二邪一時混合，先賢有用九味羌活湯、五積散、參蘇飲、敗毒散、防風通聖之類而獲效者，正此候也。然兩邪夾襍，切脈審症之時，最貴辨别分明。脈若不浮不沉，中按獨數，而症顯頭痛、身熱、骨節酸疼、飲食無味、面紅眼赤、口渴、舌胎煩滿、便秘、人事憒憒者，此正時疫。固當專以吴氏達原、三消疎利之藥爲主。若夫脈見浮洪或浮緊，浮緩中按不數，而症顯頭疼、身熱、脊強、惡寒、口不渴、舌不胎、食知味、大小便不秘，是爲新中風寒而兼疫氣者，則以新中暴寒爲先務，亟投發散以驅之，風寒去而疫乃可以徐治矣。

《瘟疫明辨・辨時行疫癘與風寒異受》 風寒從表入裏，自皮毛而肌肉，而筋脈，而胸膈，而腸胃，一層漸深一層，不能越此而入彼。故汗不厭早，下不厭遲。爲和、爲解，淺深毫不可紊，以其氣皆屬冷，一層收斂入一層。必待寒化爲熱，邪斂入内，方可攻下涼解。否則，邪未入裏，預用攻利涼解，虚其裏氣，反引表邪内陷，而成結胸痞利諸險證也。時症從口鼻而入，先中中焦，後變九傳，其傳自裏出表。雖出表，而裏未必全無邪留。經過之半表，未必全無邪干。故下不厭早，汗不厭遲。爲和、爲解，淺深必不可拘，以其氣皆屬熱，熱能作蒸，不必鬱變，而此蒸即帶彼熱。當其未出表時，強欲溫表，在始則引毒熱成燎原之熱，爲斑衄狂喘諸凶。在末則傷眞陰，爲枯槁沉昏厥逆諸危也。

《醫宗金鑑・證仲景全書傷寒論註・辨溫病脈證并治篇》 《内經》言：熱病皆傷寒之類也。非謂類乎傷寒，乃謂與傷寒同乎一類之病也。蓋傷寒因傷時令之寒而得名也，溫病、熱病亦隨時而易其名耳！經曰：冬傷於寒，則爲病熱。此即時而病者也。經曰：冬傷於寒，春必病溫。此過時而病者也。經曰：凡病傷寒而成溫者，先夏至爲病溫，後夏至爲病暑。暑即熱之謂也。此隨時而病者也。是則秋分已前，皆得以熱病名之；秋分已後，皆得以傷寒名之矣。此軒岐、仲景立傷寒、溫病、熱病之名義也。經又云：藏於精者，春不病溫。此明過時不病之原也。經曰：冬不藏精，春必病溫。此明過時必病之故也。於此可知傷寒爲病，不在精之藏與不藏，而但有觸犯即得爲病。非若溫病、熱病，藏精則不病，不藏精則必病也。但能藏精者，縱偶感於邪，或溫或暑，其病自輕；不藏精者，雖微感其邪，或溫或暑，其病必重，差爲稍異耳！若專以冬不藏精，毫無外感，爲少陰本病，熱從内生，則悖仲景溫病之旨矣。仲景論中，但言太陽初病，發熱而渴，不惡寒者爲溫病。辨其非傷寒，非謂太陽之寒，不由表入，竟從少陰之熱内生爲病也。經又曰：風溫爲病，脈陰陽俱浮。是明指溫病之發，因感春風輒動内熱而始發，所心陰陽脈俱浮也。蓋以濕病、風溫與熱病論，互發其義。但熱病一論，經已昭然，若復立論，未免贅疣，非仲景詳於傷寒，而略於溫證也。今將伏氣、溫病、風溫合爲一篇，其溫熱治法，同於六經，讀者再細玩《素問・熱病論》，及《刺熱》、《評熱》諸論，與是論互相參考，自有得焉。

師曰：伏氣之病，以意候之，今月之内，欲有伏氣。假令舊有伏氣，當須脈之。若脈微弱者，當喉中痛，似傷，非喉痹也。病人云：實咽中痛。雖

爾，今復欲下利。

註：　四時令氣，正氣也；　非時之氣，邪氣也。正氣之中人也淺，感之甚者即病，微者藏在肌膚，不即爲病，壯實之人可以自已。邪氣之中人也，深感之雖微，亦即爲病，甚則直入於藏不能自已，虛者死焉。此篇所謂伏氣之病，即四時令氣正病，非四時不正之邪與非常異氣之疫邪也。所爲伏氣者，如感冬令之風，寒其重者，傷於榮衛，即時而發者，名爲中風、傷寒是也；　其感之輕者，伏藏於肌膚，過時而發，名爲溫病是也。故時氣、伏氣之爲病，二者不可不辨焉。春三月名曰發陳，是伏氣欲發之月也。假令舊有伏氣之人，乘冬不藏精之隙而病者，當須以脈識之。今月之內，初病傷寒、溫病者，脈若微弱，是少陰脈也。若喉中痛，是少陰證也。然其痛必緩，非若外感時氣之喉痹腫傷暴痛也。今既云實咽中痛，而脈又微，弱故知爲少陰伏氣內發之陰火也。雖爾咽痛，恐復欲下利，不可心時氣外感陽火之喉痹治之也。

集註：　張錫駒曰：　此條言伏氣之病由內而出，非若時行卒病由外而至也。

太陽病，發熱而渴，不惡寒者，爲溫病。發汗已，身灼熱者，名風溫。風溫爲病，脈陰陽俱浮，自汗出，身重，多眠睡，鼻息必鼾，語言難出。若被下者，小便不利，直視失溲。若被火者，微發黃色，劇則如驚癇，時瘛瘲，若火薰之。一逆尚引日，再逆促命期。

註：　發熱不渴，惡寒者，太陽證也。發熱而渴，不惡寒者，陽明證也。今太陽病始得之，不俟寒邪變熱，轉屬陽明，而即熱渴不惡寒者，知非太陽傷寒，乃太陽溫病也。由於膏粱之人冬不藏精，辛苦之人冬傷於寒，內陰已虧，外陽被鬱，周身經絡，早成溫化，所以至春一遇外邪，即從內應。感寒邪者，則無汗，名曰溫病，當以河間法用水解散，審其表裏以解之。水解散，即天水六一散、防風通聖之合劑也。感風邪者，則有汗，名曰風溫，當以水解散減麻黃，加桂枝，倍石膏，令微似汗以和之。若大發其汗，則益助蘊熱，必令身熱如火灼也。蓋風溫爲病，乃風邪外盛於表故陰陽六脈俱浮。熱邪內壅於胸，故多眠睡，鼻息鼾也。風邪傷衛，表氣不固，故自汗出。壯熱傷氣，故身重倦，聲微語難出也。若被下者，則愈奪陰液，故水泉竭而小便不利也。太陽府氣將絕，故目直視也。少陰藏氣不固，故遺失溲也。若被火者，則以火益火而陽氣熏灼，將欲發黃，故微發黃也；　劇者熱極生風，故如驚癇時瘛瘲也。微黃，病深色漸加黑，故若火熏之也。溫病、熱病不惡寒者，表熱也；　口渴引飲者，裏熱也。表熱無寒，故不宜汗；裏熱無實，故不宜下。表裏俱熱，尤不宜火。曰一逆者，若汗、若下、若火也；　再逆者，汗而復下，下而復火也。一逆已令陰竭，尚可延引時日；再逆則陰立亡，故曰促命期也。傷寒者，傷冬月之正寒也。溫病、熱病者，傷三時之暴寒也。非時暴寒乃異氣也，以其兼令氣而爲病也，故春兼風溫，即以風溫名之；　夏兼暑熱，即以暑熱名之。世人通名曰傷寒，又名曰時氣。醫工見其傳變六經，表裏情狀皆同，故同乎一治也。其溫病、熱病無汗者，宜大青龍湯；　時無汗、時有汗者，宜桂枝二越婢一湯；　有汗者，宜桂枝合白虎湯。內熱者，防風通聖散，表實者，倍麻黃；　裏實者，倍大黃。量其病之輕重，藥之多少而解之，三日之前，未有不愈者。其有外感邪重，內早傷陰，已經汗下而不愈者，則當審其表裏，隨其傳變所見之證，治之可也。此法惟西、北二方四時皆可行之，無不隨手取效。若江淮間地偏煖處，冬月初春乃可用之。若春末秋前，即脈證允合，當用麻、桂、青龍等湯者，亦必輕而減之，隨證消息，適可即止，慎不可過，過則反致變逆。經所謂同病異治者，此之謂也。

集註：　程知曰：　溫病，熱自內出，故發熱而渴，不惡寒。風溫內外交熱，加之自汗，故有身重多眠諸證，有輕重死生之分。醫者當以有汗、無汗爲辨別之大要，亦即以可汗、不可汗爲救治之微權。又曰：　仲景之青龍、白虎神矣！　得此意而推廣之，可以應用於不窮。蓋溫病宜於發散中重加清涼，風溫不可於清涼中重加發散也。

程應旄曰：　太陽初得之一日，即發熱而渴，不惡寒者，因邪氣早已內蓄其外感於太陽，特其發端耳。其內蓄之熱，固非一朝一夕矣。蓋自冬不藏精而傷於寒時，腎陰已虧，一交春陽發動，即病未發，而周身經絡莫非陽盛陰虛之氣所布濩。所云至春發爲溫病者，蓋自其胚胎受之也。

《醫宗金鑑・傷寒心法要訣・同傷寒十二證》　冬溫　寒疫　瘟疫

春溫夏熱秋清涼，冬氣冷冽令之常，傷之四時皆正病，非時有氣疫爲殃。
應冷反溫冬溫病，應溫反冷寒疫傷，瘟疫長幼相傳染，須識歲氣汗攻良。

註：　冬病傷寒，春病傷風，夏病暑病，秋病瘧疾，皆四時正令之常病也。

若春應暖而反寒，夏應熱而反涼，秋應涼而反熱，冬應寒而反溫，此非其時而有其氣，疫爲殃也。冬應冷反溫而病傷寒者，名曰冬溫。春應溫反寒而病傷寒者，名曰寒疫。若一時之氣不正，長幼皆病，互相傳染，名曰瘟疫。凡治此病，須識歲氣太過不及，六淫勝復，人之強弱，藏之寒熱，量其輕重，或汗或攻。輕以劉完素之雙解散，重以李泉之二聖救苦丸，隨證施治可也。

溫病　熱病

冬傷於寒春病溫，夏日熱病早虧陰，脈浮頭疼發熱渴，不惡寒兮是所因。無汗河間兩解法，有汗清下早當尋，失治昏狂諸熱至，無證隨經以意神。

註：　經曰：　冬傷於寒，春必病溫，至夏爲熱病。熱病者，皆傷寒之類也。冬傷於寒，謂冬傷正令微寒未即病也。早虧陰，謂冬不藏精之人，或辛苦之人，汗出內外失其固密，在冬則早已損傷腎藏陰氣，陽熱獨治，所以至春一感微邪，即引內熱，炎炎之勢，不能已矣。故病而即渴不惡寒也。初病無汗有表證者，從劉完素兩解湯治法可也。有汗內熱盛者，或清或攻，急瀉其陽而救其陰，若因循失治，昏狂諸熱證至，則緩不及事也。無證，謂表裏無證，當隨六經以意消息治之，自可通神也。

《續選臨證指南·寒》　華岫雲評：　傷寒症，仲景立法於前，諸賢註釋於後，先生雖天資穎敏，若擬其治法，恐亦不能出仲景範圍。其所以異於庸醫者，在乎能辨症耳。不以冬溫、春溫、風溫、溫熱、濕溫、伏暑、內傷、勞倦、瘟疫等症，誤認爲傷寒。其治溫熱、暑濕、諸症，專辨邪之在衛在營，或傷氣分，或傷血分，更專究三焦。故能述前人溫邪忌汗，濕家忌汗，當用手經之方，不必用足經之藥等明訓，垂示後人，此乃先生獨擅見長之處也。若夫傷寒之書，自成無己註解以後，凡註疏者不啻數百家。其尤著者，如嘉言三書，景岳書，傷寒三註四註等篇。近有柯韻伯《來蘇集》、《傷寒論翼方翼》、王晉三《古方選註》中所解一百十三方，諸家析疑辨義處，雖稍有異同，然皆或登仲景之堂，或造仲景之室者。業醫者，當日置案頭，潛心參究，庶乎臨症可無誤矣。

華玉堂評：　傷寒一症，《內經》云：　熱病者，皆傷寒之類也。又曰：　凡病傷寒而成溫者，先夏至日者爲病溫，後夏至日者爲病暑。又曰：　冬傷於寒，春必病溫。其症有六經相傳，併病合病，兩感直中。《難經》又言：　傷寒有五，有中風，有傷寒，有濕溫，有熱病，有溫病。其所苦各不同，再加以六淫之邪有隨時互相兼感而發之病，且其一切現症，則又皆有頭痛發熱，或有汗無汗，或惡風惡寒，不食倦卧，煩渴等，則又大略相同。故其症愈多，其理愈晦，毋怪乎醫者臨症時，不能灼然分辨。即其所讀之書，前人亦幷無至當不易之論，將《靈》、《素》、《難經》之言，及一切外感之症，逐一分晰辨明，使人有所遵循。故千百年來，欲求一鑒垣之士，察六淫之邪，毫不紊亂者，竟未見其人。幸賴有仲景之書，以六經分症，治以汗吐、下、和、寒、溫諸法。故古人云：　仲景之法，不但治傷寒，苟能悉明其理，即治一切六氣之病與諸雜症，皆可融會貫通，無所不宜。此誠屬高論，固深知仲景者也。然余謂六淫之邪，頭緒甚繁，其理甚奧，即彙集河間、東垣、丹溪及前賢輩諸法而治之，猶慮未能兼括盡善。若沾沾焉，必欲但拘仲景之法而施治，此乃見聞不廣，膠柱鼓瑟，不知變通者矣。今觀葉氏之書，傷寒之法，固屬無多，然其辨明冬溫、春溫、風溫、溫熱、濕溫之治，實超越前人，以此羽翼仲景，差可嘉惠後學，觀者幸毋忽諸。

《四聖懸樞·溫病解·附仲景溫義》　太陽病，發熱而渴，不惡寒者，爲溫病。若發汗已，身熱灼者，名曰風溫。風溫爲病，脈陰俱浮，自汗出，身重，多眠睡，鼻息必鼾，語言難出。若被下者，小便不利，直視失溲。若被火者，微發黃色，劇則如驚癇，時瘈瘲，若火熏之。一逆尚引日，再逆促命期。

黄元御按：　傷寒陽乘陰位，衛氣內鬱，則發熱，熱傳陽明，金土枯燥，則作渴，陰乘陽位，營氣外閉，則惡寒，故太陽傷寒，未傳陽明，則有寒熱而無渴證。若病在太陽，發熱作渴，而不惡寒，此非傷寒，是謂溫病，溫病之家，陽盛陰虛，津血枯槁，最忌汗、下、火攻。若發汗亡陰，身熱如灼，火烈風生，名曰風溫。風溫爲病，陽亢陰絕，其脈尺寸俱浮。毛蒸裏泄，常自汗出。清氣消亡，身體重濁。膽熱傳胃，土困則多眠睡。鼻息麤重，必作鼾聲。機關澡澀，語言難出。是皆誤汗之證也。若被下者，亡其腎陰，小便不利。血枯金燥，直視不轉。風木疏泄，溲溺遺失。是皆誤下之證也。若被火者，病微則肌肉熏蒸，而發黃色。病劇則水枯木燥，肝膽失營，魂氣震盪，形如驚癇。筋脈伸縮，時作瘈瘲。肌膚焦黑，色若煙熏。是皆誤火之證也。凡若汗、若下、若火，皆爲逆治。一逆尚延引其時日，再逆則催促其命期矣。

《四聖懸樞・溫病解・附岐伯溫義》 《素問・熱論》： 黄帝問曰：今夫熱病者，皆傷寒之類也，或愈或死，其死皆以六七日之間，其愈皆以十日以上者，何也？

熱病者，傷寒之類，非傷寒也。

岐伯對曰： 人之傷於寒也，則爲病熱，熱雖甚不死，其兩感於寒而病者，必不免於死。

外感之病，統曰傷寒，而其中實有風寒之分。 春溫夏熱，皆感風邪，而曰傷寒者，感病之總名也。 上文曰： 熱病者，傷寒之類，則溫熱非由傷寒甚明。

人之春夏感傷，風泄其衛，衛閉而遏營血，則爲病熱。 熱雖至甚，而經盡陰復，不至於死。 其陽亢陰枯，外被邪客，而表裏雙傳，一日兩經，是謂兩感。精液消亡，必不免於死也。

帝曰： 願聞其狀。 岐伯曰： 傷寒一日，巨陽受之，巨陽者，諸陽之屬也，故爲諸陽主氣也，其脈連於風府，故頭項痛，腰脊強。 二日陽明受之，陽明主肉，其脈挾鼻絡於目，故身熱目痛而鼻乾，不得卧也。 三日少陽受之，少陽主膽，其脈循脇絡於耳，故胸脇痛而耳聾。 三陽經絡，皆受其病，而未入於藏者，故可汗而已。

足之三陽，自頭走足。 傷寒一日，太陽受之，太陽者，諸陽之所屬也，故爲諸陽主氣也。 太陽行身之後，其脈自頭下項，挾脊抵腰，連於督脈之風府。邪自風府而入，客於太陽之經，故頭項痛，腰脊強。 二日陽明受之，陽明行身之前，其脈挾鼻絡於目，故目痛鼻乾。 三陽之氣，皆隨陽明下行，陽氣蟄藏則善寐，陽明上逆，陽升而火泄，故身熱而不卧。 三日少陽受之，少陽行身之側，其脈從耳下頸，自胸貫膈，而循脇裏，故胸脇痛而耳聾。 三陽經絡，皆受其病，而示入於三陰之藏者，經鬱熱發，汗之開其皮毛，經熱外瀉，則病愈矣。

四日太陰受之，太陰脈布胃中絡於嗌，故腹滿而嗌乾。 五日少陰受之，少陰脈貫腎絡於肺，繫舌本，故口燥舌乾而渴。 六日厥陰受之，厥陰脈循陰器而絡於肝，故煩滿而囊縮。

足之三陰，自足走胸。 四日太陰受之，太陰行身之前，其脈入腹絡胃，上膈挾咽，故腹滿而嗌乾。 五日少陰受之，少陰行身之後，其脈貫脊屬腎入肺，而繫舌本，故口燥舌乾而渴。 六日厥陰受之，厥陰行身之側，其脈過陰器，抵少腹，挾胃屬肝絡膽，故煩滿而囊縮。 太陰曰脈布胃中，少陰曰脈貫腎，厥陰曰脈絡於肝，是三陰之病，皆入於藏也。

其不兩感於寒者，七日巨陽病衰，頭痛少愈，八日陽明病衰，身熱少愈，九日少陽病衰，耳聾微聞，十日太陰病衰，腹減如故，則思飲食，十一日少陰病衰，渴止不滿，舌乾已而嚏，十二日厥陰病衰，囊縱，少腹微下。 大氣皆去，病日已矣。

六日而六經俱盡，六日而六經俱解，所謂其愈皆以十日以上也。

帝曰： 治之奈何？ 岐伯曰： 治之各通其藏脈，病日衰已矣。 其未滿三日者，可汗而已，其已滿三日者，可瀉而已。

府亦稱藏，《素問・十二藏相使論》： 十二藏之貴賤相使是也。 五藏六府皆受病矣，各通其藏脈，是何藏府之病，即鍼通其何藏府之脈也。 其未滿三日者，所謂三陽經絡，皆受其病，而未入於藏，故可汗而已。 其已滿三日者，已入於藏，故可瀉而已。 汗瀉俱是刺法。

《靈樞・熱病》： 熱病三日，而氣口靜，人迎躁者，取之諸陽，五十九刺，以瀉其熱而出其汗，實其陰以補其不足。 瀉之則熱去，補之則汗出。 熱病陽有餘而陰不足，故瀉其陽以補其陰。 其在三陽，而未入藏者，熱邪尚淺，補其經中之陰，則汗自出。 其在三陰，而已入於藏者，熱邪已深，非泄其藏中之陽，則熱不去。 溫熱之病，所以不死者，藏陰之未亡也。 已入藏而不泄，則藏陰亡矣，故用瀉法。

帝曰： 其兩感於寒者，其脈應與其病形何如？ 岐伯曰： 其兩感於寒者，病一日巨陽與少陰俱病，則頭痛口乾而煩滿，二日陽明與太陰俱病，則腹滿身熱，不欲食，譫語，三日少陽與厥陰俱病，則耳聾囊縮而厥，水漿不入，不知人，六日死。 三陰三陽、五藏六府皆受病，營衛不行，五藏不通，則死矣。帝曰： 五藏已傷，六府不通，營衛不行，如是之後六日乃死，何也？ 岐伯曰： 陽明者，十二經脈之長也，其血氣盛，故不知人，三日其氣乃盡，故死矣。

兩感者，陽強不密，陰氣衰絕。 其太陽之寒，隨少陰而化熱，太陰之濕，隨陽明而化燥，厥陰之風，隨少陽而化火，故一日之內，兩經俱病。 以其表裏同氣，故感應神速，三日六經俱病，再三日，而陽明之氣全消，是以死也。

《醫貫砭・溫病論》 治溫病者將如何？予有一法。經曰：不惡寒而渴者是也。不惡寒，則知其表無寒邪矣。曰渴，則知其腎水乾枯矣。溫病非少陰之證，且渴者多屬陽明。何以知其必腎乾也。蓋緣其人素有火者，冬時觸冒寒氣，雖傷而亦不甚，惟其有火在內，寒亦不能深入，所以不即發，而寒氣伏藏於肌膚，溫是天氣，非指人之本體也。如此說，將無火之人入春便變爲寒病耶？是何等人一定生何等病矣？自冬至三四月，歷時既久，火爲寒鬱於中亦久，將腎水熬煎枯竭。從無外感之邪，藏於腎中半年而發者。蓋甲木，陽木也，藉癸水而生。腎水既枯，至此時強，木旺無以爲發生滋潤之本，故發熱而渴，非有感冒也。明明說是冬時觸冒寒氣，又云非有感冒。何前後矛盾也？海藏謂新邪換出舊邪，非也。換字何等不通。若復有所感，表又當惡寒矣。予以六味地黃滋其水，以柴胡辛涼之藥舒其木鬱，隨手而應，此方活人者多矣。柴胡爲少陽疏散之藥，加入腎經滋補藥中，將引六味入少陽耶？將并柴胡納入少陰耶，製方之義已絕。彼曾駁人參不可入六味中，乃柴胡反可入六味，眞喪心之談也。予又因此而推廣之。凡久時傷寒者，亦是鬱火證，既是傷寒，何云鬱火？若其人無火，則爲直中矣。有火者變爲溫病，無火者便是直中，天下竟無傳經正傷寒矣。且直中是至險之證，豈可派定無火人必患此耶。惟其有火，故由皮毛而肌肉而臟腑。傷寒無不由皮毛入者，豈必有火之人爲然。今人皆曰寒邪傳裏，寒變爲熱。既曰寒邪，何故入內，而反爲熱，又何爲而能變熱耶？不知即是本身之火，爲寒所鬱而不得泄，一步反歸一步，日久則純熱而無寒矣。所以用三黃解毒，解其火也，升麻、葛根即火鬱發之也。三承氣即土鬱奪之，小柴胡湯木鬱達之也。此理甚簡而易，只多了傳經、六經諸語，支離多歧。傷寒傳經之說，自《內經・熱論》及仲景《傷寒論》諸書相傳以來，數千年守之不變，淺學不能全窺，少有所誤，非殺人即寡效，然無有能出範圍者。今乃敢肆然以爲無傳經、六經等法，且譏訕古聖以爲支離多歧。此天理絕滅之談，原無足辨，但恐世之崇信者，終無悟日，故又不能已於言也。凡雜證有發熱者，皆有頭疼項強，目痛鼻乾，脇痛口苦等證，何必拘爲傷寒，局傷寒方以治之也。雜證原不必守定傷寒法，但傷寒諸方加減出入，雜證所不能外，惟六味則斷斷無治雜感之理也。余於冬月正傷寒，獨麻黃、桂枝二方作寒鬱治。鬱亦增出。其餘但不惡寒者，作鬱火治。鬱火另是一鬱，非傷寒類也。此二語專爲欲用逍遙散而設。此不佞之創論也，聞之者，孰不駭然吐舌。及閱虞天民《醫學正傳》傷寒篇云有至人傳曰：傳經傷寒是鬱病。如此亂道，不知是何等之人。余一見之，不覺竊喜，以爲先得我心之同然。及考之《內經》，帝曰：人傷於寒而傳爲熱何也？岐伯曰：寒氣外凝，內鬱之理，之理二字，何等文理？腠理堅緻，玄府閉密，則氣不宣通，濕氣內結，與濕何涉？中外相薄，寒盛熱生，寒極生熱，改爲寒盛熱生，便不接。故人傷於寒，轉而爲熱，汗之則愈，則外凝內鬱之理可知。觀此而餘以傷寒爲鬱火者，不爲無據。故特著鬱論一篇。此僞造《內經》，又怪異之極者。《內經・熱論》云：人之傷於寒也，則爲病熱，熱雖甚不死，其兩感於寒而病者，必不免於死。帝曰：願聞其狀。下文岐伯即以傷寒傳經及兩感病狀分別言之，明白詳悉，何嘗有外凝內鬱等語。僞造經文無忌憚已極。至云傳而爲熱，尤不懂人事。蓋傷寒第一日在太陽，即已發熱不必傳也，故本經名爲熱論。今改則字爲傳字，彼固不知寒之何以爲熱，所心上文造出有火、無火等邪說也。

《傷寒論類方・別證變證・溫病》 冬時受寒，藏於肌膚，至春而發。

《傷寒論類方・別證變證・熱病》 寒氣至夏而發，俱與傷寒相似。

《雜病源流犀燭・溫熱指歸》 柯韻伯曰：《內經》論傷寒而反發熱者有三義：有當時即發者，曰：人傷於寒，即爲病熱也。有過時發熱者，曰：冬傷於寒，春必病溫也。有隨時易名者，曰：凡病傷寒而成溫者，先夏至日爲病溫，後夏至日爲病熱也。夫病溫熱，當時即病者不必論。凡病傷寒而成者，雖由於冬時之傷寒，而根實種於其人之鬱火。《內經》曰：冬藏於精，春不病溫。此是冬傷於寒，春必病溫之源。先夏至爲病溫，後夏至爲病熱，申明冬不藏精夏亦病溫之故。夫人傷於寒，則爲病熱，其恆耳。此至冬夏而病者，以其人腎陽有餘，好行淫慾，不避寒冷，爾時雖外傷於寒，而陽氣足禦，但知身着寒，而不爲寒所病。然表寒雖不得內侵，而虛寒亦不得外散，仍下陷入陰中。故身不知熱，而亦不發熱。所云陽病者，上行極而下也。冬時收藏之令，陽不遽發，寒愈久而陽愈匿，陽日盛而陰愈虛。若寒日少而蓄熱淺，則陽火應春氣而病溫；寒日多而鬱熱深，則陽火應夏氣而病熱，此陰消陽熾，從內而達於外也。叔和不知此義，謂寒毒藏於肌膚，至春變爲溫病。夫寒傷於表，得熱則散。何以能藏？設無熱以禦之，必深入臟腑，何以止藏於肌膚？且能藏者不能變，何以時換而變其所藏乎？不知原其人之自傷，而但咎其時之外傷，只知傷寒之因，不究熱傷其本，妄擬寒毒之能變熱，不知內陷之陽邪發見，其本來面目也。又謂辛苦之人，春夏多溫熱病，皆因冬時觸寒所致，而非時行之氣，不知辛苦，動搖筋骨，凡動則爲陽，往往觸寒即散，或因飢寒而病者有之，或因勞倦而發熱者有之，故春夏因虛而感時

行之氣者不少矣。若夫春夏溫熱，由冬時觸寒所致者，偏在飽暖淫慾之人。不知持滿，竭津耗眞，陽強不能密，精失守而陰虛，故遺禍至春夏也。《內經》論之脈症，治法甚詳，學者多不得其要領，仲景獨挈發熱而渴，不惡寒爲提綱，洞悉溫病之底藴。今《內經》冬不藏精之指熱論，以口燥舌乾而渴屬少陰，少陰者，對蟄之本，精之處也。少陰之表，名曰太陽。太陽根起於至陰，名曰陰中之陽。故太陽病當惡寒。此發熱而不惡寒，是陽中無陰矣。而即見少陰之渴，太陽之根本悉露矣。於此見逆冬氣則少陰不藏，腎氣獨沉，孤陽無附，而發爲溫病也。溫病症治，散見六經，如傷寒發熱不渴，服湯已渴者，是傷寒溫病之關，寒去而熱罷，即傷寒欲解症，寒去而熱不解，是溫病發見矣。如服桂枝湯，大汗出後，大煩渴不解，脈洪大者，即是溫勢猖獗，用白虎加人參，預保元氣於清火之時，是凡病傷寒而成溫者之正法也。因所傷之寒邪。隨大汗而解；所成之溫邪，隨大汗而發，焉得不虛。設不加參，則熱邪因白虎而歸，安保寒邪不因白虎而來耶。是傷寒者當補，治病必求其本耳。如服柴胡湯已渴者，屬陽明也，以法治之。夫柴胡湯有參、甘、芩、棗，皆生津之品，服已反渴，是微寒之劑，不足以解溫邪，少陽相火直走陽明也，是當用白虎加人參法。若柴胡加人參法，非其治矣。夫相火寄甲乙之間，故膽肝爲發溫之原；腸胃爲市，故陽明爲成溫之藪。若夫溫熱不因傷寒而致者，只須扶陰抑陽，不必補中益氣矣。且溫邪有淺深，治法有輕重，如陽明病，脈浮發熱，渴欲飲水，小便不利者，豬苓湯主之。瘀熱在裏不得越，身體發黃，渴欲飲水，小便不利者，茵陳湯主之。少陰病得之二三日，咽燥口乾者，大承氣湯急下之。厥陰病下利欲飲水者，白頭翁湯主之。此仲景治溫之大略也。夫溫與熱，偶感天氣而病者輕，因不藏精者其病重，此爲自傷。若再感風土之異氣，此三氣相合而成溫疫也。溫熱利害，只在一人，溫疫移害，禍延隣里。今人不分溫熱溫疫，渾名溫病，令人惡聞，以辭害義矣。吳又可《溫疫論》、程郊倩《熱病註》，俱有至理，愚不必復贅。

鰲按：此篇原本，溫熱俱作溫暑，以熱病當暑而發，故即言暑。非中暑傷暑之暑病，其實夏熱病也。今暑字俱改作熱，欲令閱者不至混淆耳。

《通俗傷寒論・傷寒要義・六經總訣》 以六經鈐百病，爲確定之總訣，以三焦賅疫證，爲變通之捷訣。

秀按：病變無常，不出六經之外。《傷寒論》之六經，乃百病之六經，非傷寒所獨也。惟疫邪分佈充斥，無復六經可辨，故喻嘉言創立三焦以施治，上焦升逐，中焦疏逐，下焦決逐，而無不注重解毒，確得治疫之要。

廉勘：俞東扶曰：《內經》云：熱病者，皆傷寒之類也。是指諸凡驟熱之病，皆當從類傷寒觀。蓋不同者但在太陽，其餘則無不同。溫熱病只究三焦，不講六經，此屬妄言。仲景之六經，百病不出其範圍，豈以傷寒之類，反與傷寒截然兩途乎？葉案云：溫邪吸自口鼻。此亦未確。仲景明云伏氣之發，李明之、王安道俱言冬傷於寒，伏邪自口內而發。奈何以吳又可《溫疫論》牽混耶？惟傷寒則足經爲主，溫熱則手經病多耳。要訣在辨明虛實，辨得眞方可下手。平素精研仲景《傷寒論》者，庶有妙旨。此與楊栗山所云溫病與傷寒，初病散表，前一節治法雖曰不同，而或清或攻，後一節治法原無大異，其言適合。由此觀之，定六經以治百病，乃古來歷聖相傳之定法，從三焦以治時證，爲後賢別開生面之活法。其實六經三焦，皆創自《內經》。姑述發明三焦者，《內經》云：傷於風者上先受，傷於濕者下先受。又曰：燥熱在上，濕氣居中，風寒在下，火游行其間。又曰：現在上，取之下；病在中，旁取之；病在下，取之上。是《內經》論病施治，亦不執定六經也。厥後喻西昌從疫證創立三焦治法，葉長洲從《內經》六元發明三焦治法，分出衛氣營血淺深辨法。吳淮陰乃演其說曰：治上焦如羽，治中焦如衡，治下焦如權。又曰：補上焦如鑑之空，補中焦如衡之平，補下焦如水之注。廉臣細參吳氏《條辨》峙立三焦。遠不逮俞氏發明六經之精詳，包括三焦而一無遺憾。噫！《通俗傷寒論》眞堪爲後學師範。

凡勘外感病，必先能治傷寒。凡勘傷寒病，必先能治陽明。陽明之爲病，實證多屬於火，虛證多屬於水，暴病多屬於食，久病多屬於血。

凡傷寒證，惡寒自罷，汗出而熱仍不解，即轉屬陽明之候。當此之時，無論風寒暑濕，所感不同，而同歸火化。

秀按：風寒暑濕，悉能化火，故火病獨多。火必就燥，陽明專主燥氣，故久必歸陽明。

傷寒本無定體中陽溜經，中陰溜腑，惟入陽經氣分，則太陽爲首；入陰經血分則少陰爲先。

凡勘傷寒，先明六氣。風寒在下，燥熱在上，濕氣居中，火游行其間，不

病則爲六元，病即爲六淫。

凡勘傷寒，首辨六氣，次辨陰陽虛實，陰證必目瞑嗜卧，聲低息短，少氣懶言，身重惡寒，陽證必張目不眠，聲音響亮，口臭氣麤，身輕惡熱，虛證必脈細，皮寒，氣少，泄利前後，飲食不入；　實證必脈盛，皮熱，腹脹，悶瞀，前後不通。

秀按：　此辨陰陽虛實之總訣。

傷寒新感，自太陽遞入三陰，溫熱伏邪自三陰發出三陽。　惟疫邪吸自口鼻，直行中道，流布三焦，一經雜見二三經證者多，一日驟傳一二經，或二三經者尤多。

秀按：　傷寒之邪，自表傳裏。裏證皆表證所侵入，溫熱之邪，自裏達表，表證皆裏證所浮越。惟疫邪由膜原中道，隨表裏虛實乘隙而發，不循經絡傳次，亦不能一發便盡。吳又可發明九傳，及熱結旁流，膠閉而非燥結，皆爲特識。

凡病傷寒而成溫者，陽經之寒變爲熱，則歸於氣，或歸於血。　陰經之寒變爲熱，則歸於血，不歸於氣。

秀按：　傷寒由氣分陷入血分，溫熱由血分轉出氣分，故傷寒多始自太陽，溫熱多始自陽明，或始自少陰，此即熱歸於氣或歸於血之明辨也。

病無伏氣，雖感風寒暑濕之邪，病尚不重。重病皆新邪引發伏邪者也，惟所伏之邪，在膜原則水與火互結，病多濕溫，在營分則血與熱互結，病多溫熱。邪氣內伏，往往屢奪屢發，因而殞命者，總由邪熱熾盛，鬱火薰蒸，血液膠凝，脈絡窒塞，營衛不通，內閉外脫而死。

秀按：　伏氣有二：　傷寒伏氣，即春溫、夏熱病也，傷暑伏氣，即秋溫、冬溫病也。所伏之氣不同，而受病之體質各異，故治法與傷寒傷暑正法亦異。且邪伏既久，氣血亦鈍而不靈，靈其氣機，清其血熱，爲治伏邪第一要義。但人之臟性有陰陽，體質有強弱，故就中又有輕重虛實之分焉。

廉勘：　伏氣溫病，有兼風、兼寒、兼濕、兼毒之不同；　伏氣熱病，有兼氣、兼濕、兼燥之不同。惟伏暑之邪，古無是說，至深秋而發者，始見於葉氏《指南》。霜未降者輕，霜既降者重，冬至尤重。然竟有伏至來春始發者，由於秋暑過酷，冬令仍溫，收藏之令不行，中氣因太泄而傷，邪熱因中虛而伏，其綿延淹滯，較《指南》所論更甚，調治之法則尤難，非參、蓍所能托，非芩、連所能清，惟藉輕清靈通之品，緩緩撥醒其氣機，疏透其血絡，始可十救一二。若稍一呆鈍，則非火閉，即氣脫矣，臨證者不可不細審也。

六經實熱，總清陽明，六經虛寒，總溫太陰，六經實寒，總散太陽，六經虛熱，總滋厥陰。

秀按：　此治六經寒熱虛實之總訣，非博歷知病者不能道。

外風宜散，內風宜熄，表寒宜汗，裏寒宜溫，傷暑宜清，中暑宜開，伏暑宜下，風濕寒濕宜汗宜溫，暑濕芳淡，濕火苦泄，寒燥溫潤，熱燥涼潤，上燥救津，中燥增液，下燥滋血，久必增精。　鬱火宜發，實火宜瀉，暑火宜補，陰火宜引。

秀按：　此治四時六淫之總訣。風無定性，視寒熱燥濕爲轉移，故風寒溫散，風熱涼散，風燥辛潤，風濕辛燥。寒與暑爲對待，燥與濕爲對待，各宜對證發藥。惟火證獨多，如風寒濕閉鬱表氣，鬱而化火者，治宜辛溫發散，內傷飲食生冷，遏而化火者，治宜辛熱消導。此二者，皆爲鬱火，《內經》所謂火鬱發之也。外感溫暑燥熱，增助內熱成火者，治宜辛涼甘潤，內傷飲食辛熱，致火得熱愈熾者，治宜苦寒消導。此二者，皆爲實火，丹溪所謂氣有餘便是火，《內經》所謂實者瀉之是也。氣不足，致令脾陽鬱而成火者，李東垣所謂陽虛發熱也，治宜甘溫以補中氣，少佐甘涼以瀉浮火，腎水虛，致令肝火衝而上炎者，朱丹溪所謂陰虛發熱也，治宜甘平以滋其水，少佐酸辛以泄相火。此二者，皆爲虛火，《內經》所謂精氣奪則虛，虛者補之是也。若夫鬱火、實火、虛火之外，別有一種陰火者，此即陰盛格陽之火。亦即陰極似陽之火，《木華海賦》所謂陽冰不治陰火潛然者也。其於病也，雖見種種火象，如面赤戴陽，除中能食，手足躁擾，欲入泥水中坐，而用藥則惟大辛大熱，直破其陰以回陽，少佐甘鹹，以引火歸元。惟溫熱伏邪，最多假陰火證，如熱壅於上，氣不下行，而見熱深厥深，兩足如冰，或兩手亦冷，確似下寒上熱之證者，切不可誤認爲陰火，輒用桂附，而曰迎陽破陰，導龍歸海，以致酷烈胃液，爍涸腎陰，禍不旋踵，吾輩其審慎之。

傷寒一發汗而表寒即解，溫熱一發汗而裏熱愈熾。故傷寒以發表爲先，溫熱以清裏爲主。傷寒多傷陽，故末路以扶陽爲急務，溫熱多傷陰，故末路以滋陰爲要法。扶陽滋陰，均宜側重陽明。

秀按：　傷寒注重寒水。表分實寒，自宜發汗，裏氣虛寒，自宜扶陽；　溫

熱歸重燥火，初治清裏，末治滋陰，前哲確定之成法。如伏熱發於上焦，虛煩懊憹，與梔豉湯；伏熱發於中焦，乾燥煩渴，與白虎湯；伏熱發於下焦，小便赤熱，與豬苓湯。上焦清宜，中焦清降，下焦清利，此皆清裏之法也。惟滋陰一法，其先後緩急之間，最宜分際清析。但俞氏獨重陽明者，以胃爲十二經之海，五臟六腑之大源也。以餘所驗，未經汗下和解者，爲陽盛致燥之陽明，以清火瀉陽爲急；已經汗下和解者，爲陰枯致燥之陽明，以潤燥滋陰爲主。滋陰藥之先後宜否，當以此爲標準。

邪留氣分，每易疎透，輕則自汗而解，重則解以戰汗狂汗。邪留血分，恆多膠滯，輕則發疹而解，重則解以發瘢發瘡。

《內經》治傷寒，只有汗下兩法，謂未入於腑者，可汗而已。已入於腑者，可下而已。又云：發表不遠熱，攻裏不遠寒。治法何等直捷。余謂發表不但一汗，凡發疹、發瘢、發瘖、發痘，使邪從表而出者，皆謂之發表。攻裏亦不僅一下法，凡導痰、蠲飲、消食、去積、通瘀、殺蟲、利小便、逐敗精，使邪從裏而出者，皆謂之攻裏。

秀按：此語極爲明通。凡邪從外來，必從外去，發表固爲外解，攻裏亦爲外解，總之使邪有出路而已。使邪早有出路而已。即有人虛證實者，不過佐以托邪之法，護正之方，究當以祛邪爲主，邪早退一日，正即早安一日，此爲治一切感證之總訣。

邪去正乃安，故逐邪以發表攻裏爲先。正足邪自去，故扶正以滋陰補陽爲主。古人去病補虛，總不外發表、攻裏、滋陰、補陽四大要法。

《寒溫條辨・脈義辨・脈義辨引》 傷寒溫病不識脈，如無目冥行，動輒顛隕。夫脈者，氣血之神也，邪正之鑑也。呼吸微茫間，死生關頭，若能驗證分明，指下了然，豈有差錯耶。傷寒脈法，與雜證自是不同，而溫病脈法，與傷寒更是大異。今將長沙《內經》脈法揭於前，繼以陶氏浮中沉三診脈法，又繼以溫病與傷寒不同診脈法，誠能洞晰於此，其於治也庶幾乎。

《寒溫條辨・脈義辨・溫病與傷寒不同診脈義》 凡溫病脈不浮不沉，中按洪、長、滑、數，右手反盛於左手，總由怫熱鬱滯脈結於中故也。若左手脈盛，或浮而緊，自是感冒風寒之病，非溫病也。

凡溫病脈，怫熱在中，多見於肌肉之分而不甚浮，若熱鬱少陰，則脈沉伏欲絕，非陰脈也，陽邪閉脈也。

凡傷寒自外之內，從氣分入，始病發熱惡寒，一二日不作煩渴，脈多浮緊，不傳三陰，脈不見沉；溫病由內達外，從血分出，始病不惡寒而發熱，一熱即口燥咽乾而渴，脈多洪滑，甚則沉伏。此發表清裏之所以異也。

凡浮診中診，浮大有力，浮長有力，傷寒得此脈，自當發汗，此麻黃、桂枝證也。溫病始發，雖有此脈，切不可發汗，乃白虎、瀉心證也。死生關頭，全於此分。

凡溫病內外有熱，其脈沉伏，不滿不數，但指下沉濇而小急，斷不可誤爲虛寒。若以辛溫之藥治之，是益其熱也。所心傷寒多從脈，溫病多從證。蓋傷寒風寒外入，循經傳也；溫病拂熱內熾，溢於經也。

凡傷寒始本太陽，發熱頭痛而脈反沉者，雖曰太陽，實見少陰之脈，故用四逆湯溫之。若溫病始發，未嘗不發熱頭痛，而見脈沉濇而小急，此伏熱之毒滯於少陰，不能發出陽分，所以身大熱而四肢不熱者，此名厥。正雜氣怫鬱，火邪閉脈而伏也，急以鹹寒大苦之味，大清大瀉之。斷不可誤爲傷寒太陽始病，反見少陰脈沉，而用四逆湯溫之，溫之則壞事矣。又不可誤爲傷寒陽厥，慎不可下，而用四逆散和之，和之則病甚矣。蓋熱鬱亢閉，陽氣不能交接於四肢，故脈沉而濇，甚至六脈俱絕，此脈厥也。手足逆冷，甚至通身冰涼，此體厥也。即仲景所謂陽厥，厥淺熱亦淺，厥深熱亦深是也。下之斷不可遲，非見眞守定，通權達變者，不足以語此。

凡溫病脈，中診洪長滑數者輕，重則脈沉，甚則閉絕。此辨溫病與傷寒，脈浮脈沉異治之要訣也。

凡溫病脈，洪長滑數，兼緩者易治，兼弦者難治。凡溫病脈，沉濇小急，四肢厥逆，通身如冰者危。凡溫病脈，兩手閉絕，或一手閉絕者危。凡溫病脈，沉濇而微，狀若屋漏者死。凡溫病脈，浮大而散，狀若釜沸者死。

按傷寒溫病，必須診脈施治。有脈與證相應者，則易於識別，若脈與證不相應，卻宜審察緩急，或該從脈，或該從證，務要脈證兩得。即如表證，脈不浮者可汗而解；裏證脈不沉者，可下而解。以邪氣微，不能牽引，抑鬱正氣，故脈不應。下利脈實有病愈者，但得證減，復有實脈，乃天年脈也。又脈法之辨，以洪滑者爲陽爲實，以微弱者爲陰爲虛，不待問也。然仲景曰：若脈浮大者，氣實血虛也。《內經》曰：脈大四倍以上爲關格，皆爲眞虛。陶氏曰：不論浮沉大小，但指下無力，重按全無，便是陰脈。此洪滑之未必盡

為陽也，實也。景岳曰：其脈如有如無，附骨乃見，沉微細脫，乃陰陽潛伏閉塞之候。陶氏曰：凡內外有熱，其脈沉伏，不洪不數，指下沉濇而小急，是為伏熱此微弱之未必盡為陰也，虛也。夫脈原不可一途而取，須以神氣、形色、聲音、證候，彼此相參，以決死生安危，方為盡善。所以古人望聞問切四者缺一不可。

《寒溫條辨・溫病脈證辨》《傷寒論・平脈篇》曰：寸口脈陰陽俱緊者，法當清邪中於上焦，濁邪中於下焦。清邪中上名曰潔也，濁邪中下名曰渾也。

玩篇中此四十六字，全非傷寒脈證所有事，乃論溫病所從入之門，變證之總，所謂赤文綠字，開天闢地之實符，人未之識耳。大意謂人之鼻氣通於天，如毒霧烟瘴謂之清邪，是雜氣之浮而者，從鼻息而上入於陽，而陽分受傷，經云：清邪中上焦是也。久則發熱頭腫，項強頸攣，與俗稱大頭溫、蝦蟆溫之說符也。人之口氣通於地，如水土物產化為濁邪，是雜氣之沉而下者，從口舌而下入於陰，而陰分受傷，經云：濁邪中下焦是也。久則臍築湫痛，嘔瀉腹鳴，足膝厥逆，便清下重，與俗稱絞腸溫、軟腳溫之說符也。然從鼻從口所入之邪，必先注中焦，分佈上下，故中焦受邪，經云：陰中於邪是也。則清濁相干，氣滯血凝不流，其釀變即現中焦，與俗稱瓜瓤溫、疙瘩溫、陽毒、陰毒之說符也。此三焦定位之邪也。氣口脈盛屬內傷，洪長滑數，陰陽搏激曰緊。若三焦邪溷為一，則怫鬱薰蒸，口爛蝕齗，衛氣通者，遊行經絡藏府，則為癰膿。榮氣通者，嚏出聲嗢咽塞，熱壅不行，則下血如豚肝，如屋漏，然以榮衛漸通，猶非危候。若上焦之陽，下焦之陰，兩不相交，則脾氣於中難運，斯五液注下，而生氣幾絕矣。《續論》所謂傷寒自氣分傳入血分，溫病由血分發出氣分，鐵案不移。傷寒得天地之常氣，無先身之背，次行身之前，次行身之側，自皮膚傳經絡，受病於氣分，故感而即動。認眞脈證治法，急以發表為第一義，入裏則不消矣。未有溫覆而當不消散者，何至傳入血分，變證百出哉？河間以傷寒為雜病，溫病為大病，信然。蓋溫病得天地之雜氣，由口鼻入，眞行中道，流佈三焦，散漫不收，去而復合，受病於血分，故鬱久而發。亦有因外感，或飢飽勞碌，或焦思氣惱觸動而發者。一發則邪氣充斥奔迫，上行極而下，下行極而上，即脈閉體厥，從無陰證，皆毒火也。與傷寒外感，與治傷寒溫散，何相干涉？奈何千年憒憒，混為一病，試折衷於經論，寧不渙然冰釋哉。治法急以逐穢為第一義。上焦如霧，升而逐之，兼以解毒；中焦如漚，疏而逐之，兼以解毒；下焦如瀆，決而逐之，兼以解毒。惡穢既通，乘勢追拔，勿使潛滋。所以溫病非瀉則清，非清則瀉，原無多方，時其輕重緩急而救之，或該從證，或該從脈，切勿造次。

《傷寒論》曰：凡治溫病，可刺五十九穴。

諸經之溫熱，謂瀉諸陽之熱逆，瀉胸中之熱，瀉胃中之熱，瀉四肢之熱，瀉五藏之熱也。

按溫病脈，經曰寸口脈陰陽俱緊，與傷寒脈浮緊、浮緩不同。溫病證，經曰中上焦，中下焦，陰中邪，升降散、增損雙解散主方也。與傷寒證，行身背，行身前，行身側不同。溫病治法，經曰刺五十九穴，與傷寒治法溫覆發散不同。非以溫病，雖有表證，實無表邪，明示不可汗耶。獨是河間以傷寒為雜病，三百九十七法，一百一十三方，至詳且悉。溫病為大病，豈反無方論治法乎？噫！兵燹散亡，傳寫多訛，錯簡亦復不少，承訛襲謬積習相沿，迄今千餘年矣。名於林立，方書充棟，未有不令發汗之說。余一人以管窺之見，而欲革故洗新，使之從風，亦知其難。然而孰得孰失，何去何從，必有能辨之者。

《寒溫條辨・溫病與傷寒根源辨》 西漢張仲景著《卒病傷寒論》十六卷，當世兆民賴以生全。至晉代不過兩朝相隔，其《卒病論》六卷已不可復覩，即《傷寒論》十卷，想亦劫火之餘，僅得之讀者之口授，其中不無殘闕失次，賴有三百九十七法，一百一十三方之名目，可為校正。而溫病失傳，王叔和搜討成書附以己意，指為伏寒，插入異氣，似近理而彌亂眞。其序例有曰：冬時嚴寒殺厲之氣，中而即病者為作傷寒；中而不即病，寒毒藏於肌膚，至春變為溫病，至夏變為暑病。成無己註云：先夏至為病溫，後夏至為暑病，溫暑之病本於傷寒而得之。由斯以談，溫病與傷寒同一根源也，又何怪乎！後人治溫病，皆以傷寒方論治之也。殊不知溫病另為一種，非寒毒藏至春夏變也。自叔和即病不即病之論定，而後世名家方附會之不暇，誰敢辯之乎！余為撥片雲之翳，以著白晝之光。夫嚴寒中人頃刻即變，輕則感冒，重則傷寒，非若春夏秋風暑濕燥所傷之可緩也。即感冒一證之最輕者，尚爾頭痛身痛，發熱惡寒，四肢拘急，鼻塞痰喘，當即為病，不能容隱。今為嚴寒殺厲所中，反能藏伏過時而變，誰其信之？更問何等中而即病？何等中而不即病？何等中而即病者，頭痛如破，身痛如杖，惡寒項強，發熱如炙，

或喘或嘔，煩躁不寧，甚則發痙，六脈如弦，浮緊洪數，傳變不可勝言，失治乃至傷生。何等中而不即病者，感則一毫不覺，既而挨至春夏，當其已中之後，未發之前，神氣聲色不變，飲食起居如常。其已發之證，勢更烈於傷寒，況風寒侵入，未有不由肌表而入，所傷皆同榮衛，所中均係嚴寒。一者何其靈數，感而遂通，一者何其癡呆，寂然不動，一本而枝殊，同源而流異，此必無之事，歷來名家無不奉之爲祖，所謂千古疑城，莫此難破。然而孰得孰失，何去何從，芸夫牧豎亦能辨之。再問何等寒毒藏於肌膚？夫肌爲肌表，膚爲皮之淺者，其間一毫一竅，無非榮衛經行所攝之地，即偶爾脫衣换帽所冒些小風寒，當時而嚏，尚不能稽留，何況嚴寒殺厲之氣，且藏於皮膚最淺之處，反能容忍至春，更歷春至夏發耶？此固不待辯而自誣矣。栗山曰：予頗明讀書之利害，王安石遵信《周禮》，何如前人蹈弊。醫雖小道，是乃乍術也，所以辯之親切懇至乃爾。乃又曰：須知毒烈之氣，留在何經而發何病，前後不答，非故自相矛盾，其意實欲爲異氣四變，作開山祖師也。後人孰知其爲一塲懵懂乎？予豈好辯哉，予不得已也。凡治傷寒大法，要在表裏分明，未入於府者，邪在表也。可汗而已，已入於府者，邪在裏也，可下而已。若夫溫病，果係寒毒藏於肌膚，延至春夏猶發於表，用藥不離辛溫，邪氣還從汗解，令後世治溫病者，仍執肌膚在表之寒毒，一投發散，非徒無益而又害之。且夫世之凶厲大病，死生人在反掌間者，盡屬溫病，發於冬月正傷寒者，千百一二，而方書混同立論，毫無分別。總由王叔和序《傷寒論》於散亡之餘，將溫病一門失於編入，指爲伏寒異氣，妄立溫瘧、風溫、溫毒、溫疫四變，插入《傷寒論》中混而爲一，其證治非徒大壞而將泯焉，後之學者，殆自是而無所尋逐也已。余於此道中，已三折其肱矣，兼以閱歷之久，實見得根源所出。傷寒得天地之常氣，風寒外感，自氣分而傳入血分；溫病得天地之雜氣，邪毒內入，由血分而發出氣分。一彼一此，乃風馬牛不相及也。何以言之？常氣者，風寒暑濕燥火，天地四時錯行之六氣也；雜氣者，非風非寒非乾非濕非燥非火，天地間另爲一種，偶荒旱潦疵癘烟瘴之毒氣也。故常氣受病，在表淺而易；雜氣受病，在裏深而難。就令如序例所云，寒毒藏於肌膚，至春夏變爲溫病暑病，亦寒毒之自變爲溫，自變爲暑耳。還是冬來常氣，亦猶冬傷於寒，春必病溫之說，於雜氣何與？千古流弊，祇緣人不知疵癘旱潦之雜氣而爲溫病，遂與傷寒視而爲一病，不分兩治。余固不辭譾陋，條分縷晰，將溫病與傷寒辨明，各有病原，各有脈息，各有證候，各有治法，各有方論。令醫家早爲曲突徙薪之計，庶不至焦頭爛額耳。

或問《內經》曰：冬傷於寒，春必病溫。余曰：冬傷於寒，謂人當冬時受寒氣也。春必病溫，謂人到來春必病熱也。亦猶經曰，人之傷於寒也，則爲病熱云爾。東垣云：其所以不病於冬，而病於春者，以寒水居卯之分，方得其權，大寒之令復行於春，開發腠理，少陰不藏，辛苦之人，陽氣外泄，誰爲鼓舞，陰精內枯，誰爲滋養，生化之源已絕，身之所存者熱也。故《內經》又云：冬不藏精，春必病溫。此水衰火旺，來春其病未有不發熱者，於溫病何與？溫病者，疵癘之雜氣，非冬來之常氣也。腎虛人易爲雜氣所侵則有之，非謂傷於寒則爲溫病也。經何以不曰溫病，而必曰病溫？蓋溫者熱之始，熱者溫之終也。豈諸家所謂溫病者乎。特辯以正前人註釋之謬。

《寒溫條辨・溫病與傷寒治法辨》 讀仲景書，一字一句都有精義，後人之千方萬論，再不能出其範圍，余又何辯乎？蓋仍本之仲景矣。《傷寒論》曰：凡傷寒之爲病，多從風寒得之。

始因表中風寒，入裏則不消矣，未有溫覆而當不消散者。成氏註：風寒初客於皮膚，便投湯藥，溫覆發散而當，則無不消散之邪，此論傷寒治法也。其用藥自是麻黃、桂枝、大小青龍一派。《傷寒論》曰：凡治溫病，可刺五十九穴。成氏註：以瀉諸經之溫熱，謂瀉諸陽之熱逆，瀉胸中之熱，瀉胃中之熱，瀉四肢之熱，瀉五藏之熱也。此論溫病治法也。若用藥當是白虎、瀉心、大柴胡、三承氣一派。末又曰：此以前是傷寒溫病證候也。詳仲景兩條治法，於傷寒則用溫覆消散，於溫病則用刺穴瀉熱，溫病與傷寒異治判若冰炭如此，信乎仲景治溫病必別有方論，嗚呼！歷年久遠，兵燹散亡。王叔和指爲伏寒，插入異氣，後之名公，尊信附會，沿習耳聞，遂將溫病爲傷寒，混同論治。或以白虎、承氣治傷寒，或以麻黃、桂枝治溫病，或以爲麻黃、桂枝今時難用，或以爲溫病春用麻黃、桂枝須加黃芩，夏用麻黃、桂枝須加石膏，或於溫病知用白虎、瀉心、承氣，而不敢用麻黃、桂枝、青龍者，但昧於所以然之故，溫病與傷寒異治處總未洞晰。惟王氏《溯洄》，著有傷寒立法考、溫病熱病說，其治法較若列眉，千年長夜忽遇燈炬，何幸如之。惜其不知溫病中於雜氣，而於嚴寒中而不即病，至春夏變爲溫暑之謬說一樣湖塗，以爲證治與傷寒異，病原與傷寒同，而未免小視輕忽之也。劉氏《直格》以傷寒爲

雜病，以溫病爲大病，特製雙解散、涼膈散、三黃石膏湯，爲治溫病主方，其見高出千古，深得長沙不傳之秘。惜其不知溫病中於雜氣，而於傷寒末傳陰證，溫病從無陰證之治法，無所發明。庸工不能解其理，不善用其方，而猥以寒涼擯斥之也。諸家混淆不清，而二公亦千慮之失也。余於此道中，抱膝長吟，細玩《傷寒論・平脈篇》曰清邪中上焦，濁邪中下焦，陰中於邪等語，始翻然頓悟曰：此非傷寒外感常氣所有事，乃雜氣由口鼻入三焦，怫鬱内熾，溫病之所由來也。因此以辨溫病與傷寒異，辨治溫病與治傷寒異，爲大關鍵。故多採王、劉二公之論，并《纘論》、《緒論》、《溫疫論》、《尙論篇》，及諸前輩方論。但有一條一段不悖於是者，無不零星湊合，以發揮仲景傷寒溫覆消散，溫病刺穴瀉熱之意，或去其所太過，或補其所不及，或衍其所未暢，實多苦心云。

《寒溫條辨・行邪伏邪辨》　凡邪所客，有行邪，有伏邪，故治法有難有易，取效有遲有速。行邪如冬月正傷寒，風寒爲病自外之内，有循經而傳者，有越經而傳者，有傳一二經而止者，有傳盡六經不罷者，有始終只在一經而不傳者，有從陽經傳陰經爲熱證者，亦有變爲寒證者，有直中陰經爲寒證者。正如行人經由某地，本無根蒂，因其漂浮之勢，病形雖亂，若果在經，一汗而解；若果在胃，一下而愈；若果屬寒，一於溫補；若果傳變無常，隨經治之，有證可憑，藥到便能獲效。所謂得天地之常氣，風寒外感，自氣分傳入血分者是也。先伏而後行者，溫病也。無形無聲者，難言矣。毒霧之來也無端，烟瘴之出也無時，濕熱薰蒸之惡穢，無窮無數，兼以餓殍在野，胔骼之掩埋不厚，甚有死尸連床，魄汗之淋漓自充，遂使一切不正之氣，升降流行於上下之間，人在氣交中無可逃避。雖童男室女，以無漏之體，富貴豐亨，以幽閒之志，且不能不共相殘染，而辛苦之人可知矣，而貧乏困頓之人又豈顧問哉！語云大兵之後，必有大荒，大荒之後，必有大疫，此天地之氣數也，誰能外之。疵癘旱潦之災，禽獸往往不免，而況人乎。所謂得天地之雜氣，邪熱内鬱，由血分發出氣分者是也。當其初病之時，不唯不能即療其病，而病勢日日加重，病家見病反增，即欲更醫，醫家不解其故，亦自驚疑，竟不知先時蘊蓄，邪微則病微，邪甚則病甚。病之輕重非關於醫，人之死生全賴藥石。故諺有之曰：傷寒莫治頭，勞病莫治尾。若果是傷寒，初受肌表，不過浮邪在經，一汗可解，何難之有，不知蓋指溫病而言也。要其所以難者，總因古今醫家，積習相沿，俱以溫病爲傷寒，俱以傷寒方治溫病，致令溫魂疫魄含冤地下。誠能分晰明白，看成兩樣脈證，兩樣治法，識得常氣雜氣，表裏寒熱，再詳氣分血分，内外輕重，自迎刃而解，何至殺人耶。雖曰溫病怪證奇出，如飈舉蠭湧，勢不可遏，其實不過專主上中下焦，毒火深重，非若傷寒外感，傳變無常，用藥且無多方，見效捷如影響，按法治之，自無殞命之理。至於死而復甦，病後調理，實實虛虛之間，用藥卻宜斟酌，妙算不能預定，凡此但可爲知者道也。若夫久病枯槁，酒色耗竭，耆老風燭，已入四損不可正治之條，又不可同年而語。

《寒溫條辨・證候辨》　或曰：子辨溫病與傷寒，有雲壤之別，今用白虎、瀉心、承氣、抵當，皆傷寒方也，既同其方，必同其證，子何言之異也？余曰：傷寒初起必有感冒之因，冬月烈風嚴寒，雖屬天地之常氣，但人或單衣風露，或強力入水，或臨風脱衣，或當簷沐浴，或道路衝寒，自覺肌肉粟起，既而四肢拘急，頭痛發熱，惡寒惡風，脈緩有汗爲中風，脈緊無汗爲傷寒，或失治，或誤治，以致變證蠭起。溫病初起，原無感冒之因，天地之雜氣，無形無聲，氣交流行，由口鼻入三焦，人自不覺耳。不比風寒感人，一着即病，及其鬱久而發也，忽覺凜凜，以後但熱而不惡寒，或在飢飽勞碌，焦思氣鬱，觸動其邪，是促其發也。不因所觸，内之鬱熱自發者居多。傷寒之邪，自外傳内；溫病之邪，由内達外。傷寒多表證，初病發熱頭痛，未即口燥咽乾；溫病皆裏證，一發即口燥咽乾，未嘗不發熱頭痛。傷寒外邪，一汗而解；溫病伏邪，雖汗不解，病且加重。傷寒解以發汗，溫病解以戰汗。傷寒汗解在前，溫病汗解在後。傷寒投劑，可使立汗，溫病下後，裏清表透，不汗自愈，終有得汗而解者。傷寒感邪在經，以經傳經；溫病伏邪在内，内溢於經。傷寒感發甚暴，溫病多有淹纏，三五七日忽然加重，亦有發之甚暴者。傷寒不傳染於人，溫病多傳染於人。傷寒多感太陽，溫病多起陽明。傷寒以發表爲先，溫病以清裏爲主。各有證候，種種不同。其所同者，傷寒溫病皆致胃實，故用白虎、承氣等方清熱導滯，後一節治法亦無大異，不得謂裏證同而表證亦同耳。

《寒溫條辨・寒熱爲治病大綱領辨》　客有過而問之者曰：聞子著《寒溫條辨》，將發明傷寒乎，抑發明溫病也？特念無論傷寒溫病，未有不發於寒熱者，先賢之治法，有以爲熱者，有以爲寒者，有以爲寒熱之錯出者，此爲

治病大綱領，盍爲我條分而辯論焉。余曰：顧受教。客曰：《内經》云：熱病者，傷寒之類也。人之傷於寒也，則爲病熱。未入於府者，可汗而已；已入於府者，可下而已。三陽三陰，五藏六府皆受病，榮衛不行，藏府不通，則死矣。又曰：其未滿三日者，可汗而已；其滿三日者，可下而已。《内經》直言傷寒爲熱，而不言其有寒，仲景《傷寒論》垂一百一十三方，用桂、附、人參者八十有奇，仲景治法與《内經》不同，其故何也？余曰：上古之世，恬淡渾穆，精神内守，即有傷寒，一清熱而痊可，此《内經》道其常也。世不古若，人非昔比，以病有淺深，則治有輕重，氣稟日趨於澆薄，故有鬱熱而兼有虛寒，此仲景盡其變也。客又曰：傷寒以發表爲第一義，然麻黄、桂枝、大青龍每苦於熱而難用，輕用則有狂躁、斑黄、衄血、亡陽之失，致成熱毒壞病，故河間自製雙解散、涼膈散、三黄石膏湯。若麻黄、桂枝、大青龍果不宜用，仲景何以列於一百一十三方之首乎？致使學者視仲景書，欲伏焉而不敢決，欲棄焉而莫之外。夫仲景爲醫家立法不祧之祖，而其方難用，其故何也？余曰：傷寒以病則寒，以時則寒，其用之固宜。若用於溫病，誠不免狂躁、斑黄、衄血、亡陽之失矣。辛溫發散之藥，仲景蓋爲冬月觸冒風寒之常氣而發之傷寒設，不爲感受天地疵癘旱潦之雜氣而發之溫病設，仲景治溫病必別有方論，今不見者，其亡之也。叔和搜採仲景舊論之散落者以成書，功莫大矣。但惜其以自己之説，雜於仲景所言之中，使玉石不分耳。溫病與傷寒異治處，惟劉河間、王安道，始倡其説，兼余屢驗得凶厲大病，死生在數日間者，惟溫病爲然。而發於冬月之正傷寒者，百不一出，此河間所製雙解、涼膈、三黄石膏，清瀉内熱之所以可用，而仲景麻黄、桂枝、大青龍，正發汗者之所以不可用也。蓋冬月觸冒風寒之常氣而病，謂之傷寒；四時觸受疵癘之雜氣而病，謂之溫病。由其根源之不一，故脉證不能相同，治法不可相混耳。客又曰：人有傷寒初病，直中三陰，其爲寒證無疑矣。又有初病三陽，本是熱證，傳至三陰，裏實可下，止該用承氣、抵當，乃間有寒證可溫可補，又用理中、四逆其故何也？余曰：以初本是熱證，或久病枯竭，或暴感風寒，可飲食生冷，或過爲寒涼之藥所攻伐，遂變成陰證，所云害熱未已，寒證復起，始爲熱中，末傳寒中是也。且人之虛而未甚者，胃氣尚能與邪搏，而爲實熱之證。若虛之甚者，亡陽於外，亡陰於内，上而津脱，下而液脱，不能勝其邪之傷，因之下陷，而裏寒之證作矣。熱極生寒，其證多危，以氣血之虛脱也。客又曰：寒熱互乘，虛實錯出，既聞命矣。子之治療，果何以得其宜，條辨之説，可聞否乎？余曰：證治多端，難以言喻。傷寒自表傳裏，裏證皆表證侵入於内也；溫病由裏達表，表證即裏證浮越於外也。大抵病在表證，有可用麻黄、桂枝、葛根辛溫發汗者，傷寒是也；有可用神解、清化、升降、芳香、辛涼、清熱者，溫病是也。在半表半裏證，有可用小柴胡加減和解者，傷寒是也；有可用增損大柴胡、增損三黄石膏湯内外攻發者，溫病是也。在裏證，有可用涼膈、承氣鹹寒攻伐者，溫病與傷寒大略同。有可用理陰、補陰、溫中、補中調之養之者，溫病與傷寒大略同。但溫病無陰證，宜溫補者，即所云四損不可正治也。若夫傷寒直中三陰之眞寒證，不過理中、四逆、附子、白通，一於溫補之而已。至於四時交錯，六氣不節，以致霍亂、瘧痢、吐瀉、咳嗽、風溫、暑溫、濕溫、秋溫、冬溫等病，感時行之氣而變者，或熱或寒，或寒熱錯出，又當觀其何時何氣，參酌傷寒溫病之法，以意消息而治之。此方治之宜，大略如此。而變證之異，則有言不能傳者，能知意在言表，則知所未言者矣。客又曰：子之治療，誠無可易矣。第前輩諸名家，皆以爲溫暑之病本於傷寒而得之，而子獨辨溫病與傷寒根源異，治法異，行邪伏邪異，證候異，六經脉證異，并與時氣之病異，得勿嫌於違古乎？余曰：吾人立法立言，特患不合於理，無濟於世耳。果能有合於理，有濟於世，雖違之庸何傷。客唯唯而退。因櫽括其説曰：寒熱爲治病大綱領辨，尚祈臨病之工，務須辨明的確，或爲傷寒，或爲溫病，再諦審其或屬熱，或屬寒，或屬寒熱錯出，必洞悉於胸中，然後診脉定方，斷不可偏執己見，亦不可偏信一家之謬説，庶不至於差錯也。

《寒溫條辨・發表爲第一關節辨》 傷寒，冬月感冒風寒之常氣而發之病名也。溫病，四時觸受天地疵癘旱潦之雜氣而發之病名也。根源歧出，枝分派別，病態之異，判若霄壤。竊驗得凶厲大病，死生人在數日間者，盡屬溫病，而發於正傷寒者，未嘗多見。蕭萬與《軒岐救正》曰：其值嚴冬得正傷寒者，二十年來，於千人中僅見兩人，故傷寒實非大病，而溫病方爲大病也。從來傷寒諸籍，能辨溫病與傷寒之異治者，止見劉河間、王安道兩公，而病源之所以異處，亦未道出汁漿。余宗其説而闡發之，著爲《寒溫條辨》。若論裏證，或清或攻，或消或補，後一節治法，溫病與傷寒雖曰不同，亦無大異。唯初病解表前一節治法，大有天淵之別。蓋傷寒感冒風寒之常氣，自外而傳於

內，又在冬月，非辛溫之藥，何以開腠理而逐寒邪，此麻黃、桂枝、大青龍之所以可用也。若溫病得於天地之雜氣，怫熱在裏，由內而達於外，故不惡寒而作渴，此內之鬱熱爲重，外感爲輕，兼有無外感，而內之鬱熱自發者，又多發在春夏，若用辛溫解表，是爲抱薪投火，輕者必重，重者必死。惟用辛涼苦寒，如升降、雙解之劑，以開導其裏熱，裏熱除而表證自解矣。亦有先見表證而後見裏證者，蓋怫熱自內達外，熱鬱腠理之時，若不用辛涼解散，則熱邪不得外泄，遂還裏而成或攻之證，非如傷寒從表而傳裏也。病之輕者，神解散、清化湯之類；病之重者，芳香飲、加味涼膈散之類，如升降散、增損雙解散，尤爲對證之藥。故傷寒不見裏證，一發汗而外邪即解；溫病雖有表證，一發汗而內邪愈熾。此麻黃、桂枝、大青龍，後人用以治傷寒，未有不生者，用以治溫病，未有不死者。此前一節治法，所謂大有天淵之別也。舉世不惺，誤人甚衆，故特表而出之，以告天下之治溫病而等於傷寒者。又溫病要得主腦，辟如溫氣充心，心經透出邪火，橫行嫁禍，乘其瑕隙虧損之處，現出無窮怪狀，令人無處下手，要其用藥，只在瀉心經之邪火爲君，而餘邪自退。每見人有腎元素虛，或適逢淫慾，一値溫病暴發，邪陷下焦，氣道不施，以致便閉腹脹，至夜發熱，以導赤、五苓全然不效，一投升降、雙解而小便如注。又一隅之虧，邪乘宿損，如頭風痛，腰腿痛，心痛，腹痛，痰火喘嗽，吐血便血，崩帶淋瀝之類，皆可作如是觀。大抵邪行如水，唯注者受之，一着溫病，舊病必發，治法當先主溫病，溫邪退，而舊日之病不治自愈矣。不得主腦，徒治舊病，不唯無益，而壞病更烈於傷寒也。若四損之人，又非一隅之虧者可比。傷寒要辨疑似，有如狂而似發狂者，有蓄血發黃而似濕熱發黃者，有短氣而似發喘者，有痞滿而似結胸者，有併病而似合病者，有少陰發熱而似太陽發熱者，有太陽病脈沉而似少陰者，頭緒多端，務須辨明，如法治療。若得汗、吐、下合度，溫、清、攻適宜，可收十全之功，不至傳變而成壞病矣。《傷寒論》中，共計壞病八十有六，故傷寒本無多病，俱是辨證不明，錯誤所致。如太陽始病，當以汗解，如當汗不汗，則鬱熱內迫而傳經；如發汗太過，則經虛風襲而成痙；如不當汗而汗，則迫血妄行而成衄。大便不可輕動，動早爲犯禁。當汗誤下，則引邪入裏，而爲結胸痞氣，協熱下利。當下誤汗，則爲亡陽，下厥上竭讝語。小便不可輕利，輕利爲犯禁。蓋自汗而渴，爲濕熱內盛，故宜利。如不當利而利，必耗膀胱津液而成燥血發狂；如當利不利，必就陽明燥火而成蓄血發黃。若夫內傷類傷寒者，用藥一差，死生立判。蓋內傷頭痛，時痛時止；外感頭痛，日夜不休。內傷之虛火上炎，時時鬧熱，但時發時止，而夜甚於晝；外感之發熱，非傳裏則晝夜無休息。凡若此等，俱要明辨於胸中，然後察色辨聲，詳證診脈，再定方製劑，庶不至誤傷人命耳。

《寒溫條辨・陽證》 凡治傷寒溫病，最要辨明陰陽。若陰陽莫辨，則寒熱紊亂，而曰不誤於人者，未之有也。如發熱惡寒，頭痛身痛，目痛鼻乾，不眠，脇痛，寒熱而嘔，潮熱譫語，詈罵不認親疏，面紅光彩，唇燥舌黃，胸腹滿痛，能飲冷水，身輕易動，常欲開目見人，喜言語聲響亮，口鼻之氣往來自如，小便可黃或赤，或溷濁或短數，大便或燥秘或膠閉，或挾熱下利，或熱結旁流，手足自溫暖，爪甲自紅活，此陽證之大略也。傷寒陽證，有表有裏，隨證治之，方論詳後，用宜分清；溫病陽證，有表證無表邪，一於清熱導滯而已。尤要辨明是傷寒是溫病，斷不可溷而一之。傷寒得天地之常氣，由氣分傳入血分；溫病得天地之雜氣，由血分發出氣分。但其中證候相參，從來混淆，倘分別一有不清，則用藥死生立判矣。今人不辨寒溫，好用熱藥，而不知涼藥之妙且難也。

《寒溫條辨・陰證》 凡傷寒未傳寒中而爲陰證，與陰寒直中三陰而爲陰證，或惡寒戰慄，面時青黑，或虛陽泛上，面雖赤而不紅活光彩，身重難以轉側，或喜向壁臥，或踡臥欲寐，或閉目不欲見人，懶言語，或氣微難以佈息，或口鼻之氣自冷，聲不響亮，或時躁擾，煩渴不能飲冷，或唇青，或胎黑而滑，手足厥逆，爪甲青紫，血不紅活，小便青白或淡黃，大便下利或寒結，或熱在肌肉之分，以手按之，殊無大熱，陰勝則冰透手也。雖是發熱，與陰證不同，不可以面赤煩渴誤作陽證，須要辨別明白。其用藥自是理中、四逆、白通一派。溫病無陰證，然或四損之人，亦有虛弱之人，但其根源原是溫病，即溫補藥中亦宜兼用滋陰之味，若峻用辛熱，恐眞陰立涸矣。仲景傷寒少陰病，於附子湯、眞武湯中用白芍即此義也。景岳理陰煎、大溫中飲，自謂雲騰致雨之妙，自我創始，其實亦本仲景此義而爲之者也。後人之千方萬伭，未有見出乎範圍之外者。

《寒溫條辨・陽證似陰》 陽證似陰，乃火極似水，眞陽證也。蓋傷寒溫病，熱極失於汗下，陽氣亢閉鬱於內，反見勝己之化於外。故凡陽厥，輕則手足逆冷，涼過肘膝，劇則通身冰冷如石，血凝青紫成片，脈沉伏濇，甚則閉絕。

以上脈證悉見純陰，猶以爲陽證何也？ 及察內證，氣噴如火，譫語煩渴，咽乾唇裂，舌胎黄黑或生芒刺，心腹痞滿脹痛，舌捲囊縮，小便短赤涓滴作痛，大便燥結或膠閉，或挾熱下利，或熱結旁流，或下血如豚肝，再審有屁極臭者是也。麤工不察，但見表證，脈體純陰，便投溫補，禍不旋踵。大抵陽證似陰，乃假陰也。實則內熱而外寒。在傷寒以大承氣湯下之，有潮熱者，六一順氣湯，熱甚合黄連解毒湯； 在溫病雙解、涼膈、加味六一、解毒承氣之類，斟酌輕重消息治之，以助其陰而清其火，使內熱既除，則外寒自伏。《易》所謂水流濕者即此義也。此與陽勝格陰例同。王太僕所謂病人身寒厥冷，其脈滑數，按之鼓擊指下者，非寒也。余謂溫病火閉而伏，多見脈沉欲絶，不盡滑數鼓擊也，要在詳證辨之。

《寒溫條辨・陰證似陽》 陰證似陽，乃水極似火，眞陰證也。蓋傷寒傳變三陰而爲陰證，或陰寒直中三陰而爲陰證。陰勝於內，逼其浮游之火發於外，其脈沉微而遲，或沉細而疾，一息七八至，或尺衰寸盛，其證面赤煩躁，身有潮熱，渴欲飲水，或咽痛，或短氣，或嘔逆，大便陰結，小便淡黄，驚惶不定，時常鄭聲，狀類陽證，實陰證也。麤工不察，但見面赤煩渴，咽痛便秘，妄投寒涼，下咽立斃。大抵陰證似陽，乃假陽也，實則內寒而外熱，急以白通、附子、通脈四逆湯之類加人參，填補眞陽，以引火歸源，但使元氣漸復，則熱必退藏。《易》所謂火就燥者即此義也。此與陰盛格陽例同。王太僕所謂身熱脈數，按之不鼓擊者，非熱也。但陽證似陰與陽證，傷寒溫病家通有之。而陰證似陽與陰證，此值正傷寒家事，溫病無陰證。古人未曾言及，後人多不知此，吳又可其先覺乎。

按寒熱有眞假者，陰證似陰，陰證似陽是也。蓋熱極反能寒厥，乃內熱而外寒，即眞陽假陰也； 寒極反能燥熱，乃內寒而外熱，即眞陰假陽也。假陰者最忌溫補，假陽者最忌寒涼，察此之法，當以脈之虛實強弱爲主。然洪長滑數，強實有力，眞陽脈固多，而沉伏細濇，六脈如絶，假陰脈亦不少。可知不唯證之陰陽有眞有假，即脈之陰陽亦有眞有假。死生關頭，全在此分。噫！ 醫道豈易易哉。

吳又可曰： 陰陽二證，古方書皆對待言之，以明其理。世醫以陰陽二證，世間均等，臨診之泥，證於胸次，往來惆惘，最易牽入誤揣。甚有不辨脈證，但窺其人多蓄少艾，或適在娼家，或房事後得病，或病適至行房，問及於此，便疑爲陰證。殊不知病之將至，雖童男室女，曠夫寡妻，僧尼閹宦，勢不可遏，與房慾何涉焉？ 即使素多少艾，頻宿娼家，房事後適病，病適至行房，此際偶值病邪，氣壅火鬱，未免發熱，到底終是陽證，與陰證何涉焉？ 況又不知陰證，實乃世間非常有一證，而陽證似陰者何日無之。究其所以然者，不論傷寒溫病，邪在胃家，陽氣內鬱，不能外佈，即便四逆，所謂陽厥是也。仲景云： 厥微熱亦微，厥深熱亦深。其厥深者，輕則冷過肘膝，脈沉而微，重則通身冰冷，脈微欲絶。雖有輕重之分，總之爲陽厥。因其觸目皆是，苟不得其要領，於是誤認者良多。況且溫病每類傷寒，再不得其要領，最易溷淆。夫溫病雜氣直行中焦，分佈上下，內外大熱，陰證自何而來？ 余治溫病數百人，僅遇一二正傷寒，即令正傷寒數百人，亦不過一二眞陰證，又何必纔見傷寒便疑爲陰證，況多溫病，又非傷寒者乎！ 人亦可以憬然思，翻然悟矣。

按仲景曰： 陽證見陰脈者死。《類經》註云： 證之陽者假實也，脈之陰者眞虛也，陽證陰脈即陰證也。夫證之陽而曰假實，自是假陽證矣，假陽證自是眞陰證可知矣。脈之陰而曰眞虛，自是眞陰脈矣，眞陰脈自是眞陰證更可知矣。此眞陰假陽，所謂陰證似陽是也。即王太僕所謂陰盛格陽是也，宜用溫補之藥無疑矣。今人一遇壯熱煩渴，譫語狂亂，登高棄衣，而聲音嘹亮，神色不敗，別無敗壞陽德之狀，但厥逆脈伏，沉濇如絶，便以爲陽證見陰脈而用溫補之藥，禍不旋踵，殊不知證現內熱外寒之象，脈見沉伏微細之形，火鬱亢極，陽氣不能交接於四肢，故體厥脈厥狀類陰寒，此眞陽假陰，所謂陽證似陰是也。即王太僕所謂陽盛格陰是也。乾隆甲戌、乙亥，吾邑連間數年溫毒盛行，眼見親友病多陽證似陰，用附子理中湯而死者若而人。用八味丸料及六味丸，合生脈散而死者又若而人。病家醫家，皆以爲死證難以挽回，卒未有知其所以誤者，余深憫焉。因古人格陰似陰體厥脈厥之說，精心研究，頗悟此理。溫病無陰證，傷寒陰證百中一二，庸工好用熱藥，且多誤補其虛，故患陰證似陽者少，壞事亦不若陽證似陰者之多也。每參酌古訓，又兼屢經閲歷，實驗得陽證似陰乃火極似水，陽邪閉脈，非仲景所謂陽證陰脈也。輒用升降、涼膈、加味六一、解毒承氣之屬，隨證治之，無不獲效，不必疑也，特書之以爲誤認陽證陰脈之戒。可知仲景云陽證見陰脈者，所謂戴陽是也，所謂孤陽飛越是也，所謂內眞陰而外現假陽之象是也，非眞陽證也。夫天之

所以生物，人之所以有生者，陽氣耳。脈證俱無眞陽之氣，故曰死。豈若陰證見陽脈者之尙有生機乎？如陽證陽脈，即不藥亦無害生理，惟陽證似陰乃火鬱於內，反見勝己之化於外，脈自亢閉，實非陰脈，此群龍無首之象，證亦危矣。然猶在可死可不死之間，若早爲清瀉之，脈自復而愈。至若貧賤人飢飽勞傷，富貴家酒色耗竭，此則四損不可正治之輩，又當別論。甚至藏府久虛，痰火久鬱，一着溫病正不勝邪，水不勝火，暴發競起，一二日即死者，其脈或浮洪而散，狀若釜沸，或沉微而濇，狀若屋漏，每遇此等脈證，徒爲悼嘆而已。

《傷寒指掌·傷寒類症》《內經》云：熱病者，皆傷寒之類也。蓋六氣爲病，皆能發熱，故善治傷寒者，必能窮究六淫之氣。凡溫熱暑溼疫癘之類傷寒者，無不一一辨晰明白，而施治各當，要知能治類症，即是能治傷寒，以類症實居傷寒之八九也。今將類症治法列於後，庶幾溫熱暑溼之症，不致混入傷寒正病之治，其於傷寒，思過半矣。

邵評：傷寒症，邪從肌表而入，先表後裏，從六經辨症，用足經藥辛溫表散。溫熱暑疫，邪由口鼻吸受，宗三焦認症，從手經用藥，忌用足經辛溫藥。如此，溫暑與傷寒方不相混。

《醫醫病書·外感總論》今人不明六氣皆能爲病，見外感皆曰傷寒，而悉以治傷寒之法治一切外感。不知傷寒由表及裏，其來之漸，非至臟不死。經謂：傷寒者皆熱病之類也，熱雖甚不死。其兩感於寒者，必不免於死。蓋兩感者，一日太陽受之，即見少陰症也，少陰者臟也。經又謂：臟病者，半死半生也。若溫熱暑濕，過衛入營，肺主衛，心主營，入營則近於心胞矣。經謂：譫語、癲狂者死。肺也，心也，皆臟也，是溫暑初起，即入臟矣。溫傷太陰，太陰亦臟也。燥金克木，木系厥陰經，乃臟之盡頭也。較之傷寒豈不速而又速哉？雖燥金亦有傷表之症，但傷裏者多，以金性沉着之故。燥金入裏，木病必克土，土病則嘔吐、泄瀉之症蜂起矣。經謂：燥極而澤。又謂：陽明之上，中見太陰。又謂：陽明從中治。蓋謂此也。大抵經絡受邪，入臟腑其來也漸；九竅受邪，入臟腑其來也頓。漸之病，猶可截其前路，不使之進；頓之病，必須急護臟嘉，速度之退也。

《增補評註溫病條辨·原病篇》《六元正紀大論》曰：辰戌之歲，初之氣，民厲溫病；卯酉之歲，二之氣，厲大至，民善暴死；終之氣，其病溫；寅申之歲，初之氣，溫病乃起；丑未之歲，二之氣，溫厲大行，遠近咸若；子午之歲，五之氣，其病溫；巳亥之歲，終之氣，其病溫厲。

按：吳又可謂溫病非傷寒，溫病多而傷寒少，甚通，謂非其時，而有其氣，未免有顧此失彼之誚。蓋時和歲稔，天氣以寧，民氣以和，雖當盛之歲亦微，至於凶荒兵火之後，雖應微之歲亦盛，理數自然之道，無足怪者。

霖按：運氣之學，白首難窮，因不可不知，亦不可深泥，用以冠冕門面。此近來著書陋習，姑不足怪。若謂細考經註，便知某年某氣，即見某病。而應如桴鼓，特大言欺世耳。歷覽經註，全元起以下數十家，皆隨文詮釋，未能實有指歸，惟羅東逸之博議，差強人意，然亦明其所當然，未明其所以然也。軒岐奧旨，豈易言哉。鞠通所載諸證，言四時六氣之常，延陵論疫，道天地沴厲之變，知其常者不能通其變，識其變者不能達其常，致使溫熱溫疫不分，遺誤來茲，兩人皆不得辭其過，然延陵所論，乃溫疫之挾乎濕者，非熱淫偏勝之疫也。鞠通責非其責，殊屬夢夢。

《論疾診尺篇》曰：尺膚熱甚，脈盛躁者，病溫也。其脈盛而滑者，病且出也。

此節以下，診溫病之法。經之辨溫病，分明如是，何世人悉謂傷寒，而悉以傷寒足三陰經溫法治之哉？張景岳作《類經》，割裂經文，蒙混成章，由未細心紬繹也。尺膚熱甚，火爍精也；脈盛躁，精被火煎沸也；脈盛而滑，邪機向外也。

霖按：《內經》類編九卷，乃羅謙甫奉其師東垣命編輯者也。景岳得其書而擴充之，多有發明，幷無蒙混。惟治溫熱非其所長，不得因噎廢食，便譏其《類經》不可讀也。若謂其割裂聖經，則薛生白辨之審矣。如此書引經斷章分句者，不知凡幾，獨不謂之割裂乎？何矛盾若是耶！

《刺法論》帝曰：余聞五疫以之至，皆相染易，無問大小，病狀相似，不施救療，如何可得不相移易者？岐伯曰：不相染者，正氣存內，邪不可干。此言避疫之道。按此下尙有避其毒氣若干言，以其想青氣想白氣等，近於祝由家言，恐後人附會之詞，故節之，要亦不能外正氣存內，邪不可干二句之理，語意已盡，不必滋後學之惑也。

霖按：《刺法論》雖出劉溫舒杜撰，然正氣內存，邪不可干，爲辟疫確論。

《平人氣象論》曰：人一呼脈三動，一吸脈三動而躁，尺熱，曰病溫，尺不熱，脈滑，曰病風，脈濇，曰痹。

呼吸俱三動，是六七至脈矣。而氣象又急躁，若尺部肌肉熱，則爲病溫。蓋溫病必傷金水二臟之津液，尺之脈屬腎，尺之穴屬肺也，此處肌肉熱，故知爲病溫，其不熱，而脈兼滑者，則爲病風。風之傷人也，陽先受之，尺爲陰，故不熱也。如脈動躁而兼濇，是氣有餘而血不足，病則爲痹矣。

霖按：此節經義，言伏氣由內而外之溫病，故尺膚熱。由外而內之風邪，傷人陽氣，故尺不熱而脈滑。痹者，閉也，邪積而不行，故脈濇泣，夫濇脈雖主血不足，然邪滯痰凝，阻遏經隧，亦呈濇象，安可膠柱。

《增補評註溫病條辨・雜説・風論》《內經》曰：風爲百病之長。又曰：風者善行而數變。夫風何以爲百病之長乎？大易曰：元者善之長也。蓋冬至四十五日，以後夜半少陽起而立春，於立春前十五日交大寒節，而厥陰風木行令，所以疏泄一年之陽氣，以佈德行仁，生養萬物者也。故王者功德既成以後，制禮作樂，舞八佾而宣八風，所謂四時和，八風理，而民不夭折。風非害人者也，人之腠理密而精氣足者，豈以是而病哉！而不然者，則病斯起矣。以天地生生之具，反爲人受害之物，恩極大而害亦廣矣。蓋風之體不一，而風之用有殊。春風自下而上，夏風橫行空中，秋風自上而下，冬風刮地而行。其方位也，則有四正四隅，此方位之合於四時八節也。立春起艮方，從東北隅而來，各之曰條風，八節各隨其方而起，常理也。如立春起坤方，謂之衝風，又謂之虛邪賊風，爲其乘月建之虛，則其變也。春初之風，則夾寒水之母氣；春末之風，則帶火熱之子氣；夏初之風，則木氣未盡，而炎火漸生；長夏之風，則挾暑氣、濕氣、木氣，未爲木庫。大雨而後暴涼，則挾寒水之氣；久晴不雨，以其近秋也，而先行燥氣，是長夏之風，無所不兼，而人則無所不病矣。初秋則挾濕氣，季秋則兼寒水之氣，所以報冬氣也。初冬猶兼燥金之氣，正冬則寒水本令，而季冬又報來春風木之氣，紙鳶起矣。再由五運六氣而推，大運如甲巳之歲，其風多兼濕氣；一年六氣中，各氣所加何氣，則風亦兼其氣而行令焉。然則五運六氣非風不行，風也者，六氣之帥也，諸病之領袖也，故曰：百病之長也。其數變也奈何？如夏日早南風，少移時則由西而北而東，方南風之時，則晴而熱，由北而東，則雨而寒矣。四時皆有早暮之變，不若夏日之數而易見耳。夫夏日曰長曰化，以盛萬物也，而病亦因之而盛，《陰符》所謂害生於恩也。無論四時之風，皆帶涼氣者，木以水爲母也；轉化轉熱者，木生火也；且其體無微不入，其用無處不有，學者誠能體察風之體用，而於六淫之病，思過半矣。前人多守定一桂枝，以爲治風之祖方；下此則以羌、防、柴、葛爲治風之要藥，皆未體風之情，與《內經》之精義者也。桂枝湯在傷寒書內，所治之風，風兼寒者也，治風之變法也。若風之不兼寒者，則從《內經》風淫於內，治以辛涼，佐以苦甘，治風之正法也。以辛涼爲正。而甘溫爲變者何？風者木也，辛涼者金氣，金能制木故也。風轉化轉熱，辛涼苦甘則化涼氣也。霖按：既是桂枝湯所治之風，乃兼寒之風，何以上焦首條，妄稱仲景治風溫之方？

霖按：《靈樞・九宮八風篇》論：太乙所居之宮，徙遊之日甚詳，其謂虛鄉來之風，乃能病人者，即四正四維之衝風也。如其時春風從西方來者，爲從虛鄉來之賊風，蓋金能尅木也，餘可類推。

《溫證指歸・溫證正名論》《內經》曰：氣合而有形，因變以正名。故病必先名正，而後言順。如傷寒、溫病，名實懸殊。漢張仲景專究傷寒，其書以傷寒立名，詳列六經諸證，然後治法井然不亂，所謂名正言順也。至溫證特附見其名，而未詳論其治，以其書本爲傷寒設，非爲溫證設也。後人不察，遂以溫病爲傷寒，因以傷寒之法治溫病，其誤久矣。惟劉河間治溫，獨出手眼，爲功甚鉅，惜仍附入傷寒門中，未正其名。崑山王安道先生，受業於朱彥修，著《溯洄集》二十一篇，始言溫病不得混稱傷寒，發明溫病脈右盛於左，由怫熱在內，雖間見表證，而裏證爲多，法當治裏熱爲主，而解表兼之，亦有治裏而表自解者，於是溫病之名始正。厥後喻氏嘉言，著《溫病證錄》，言溫病熱自內出，經氣先虛，雖汗之多不解，反復申明不可汗之禁，以爲發汗死者，醫殺之也。張氏璐玉，因之論傷寒，自氣分傳入血分；溫病由血分發出氣分，并申明伏邪自內達外，最忌辛溫發散，於是溫病之旨漸暢。惜喻氏議論太繁，未免蕪而寡當，而張氏仍雜入傷寒條例，亦覺擇焉未精，至若吳又可論邪伏膜原，創達原三消等法，吾鄉戴麟郊先生，復廣其說，增入色脈兼夾諸條，立法甚精。但二書惟主膜原溫從溼化之義，僅能治溼溫之病，不能治三焦溫熱之邪。近時楊君栗山，《寒溫條辨》一書，薈萃前言，折衷理要，辨明溫病與傷寒異受，治法各殊。立論以清邪中上焦，濁邪中下焦，及溫病由血分

發出氣分諸說，爲溫病發受之原，遵《內經》熱淫之旨，參河間通聖之義，變爲增損雙解諸方。其說似創實因，其法似奇實正，溫病一證，乃得名正而治詳矣。迄今遇溫病用其法，十全八九，或疑膏、黃、硝石過涼，易於冰伏，不知吳方本爲火化之病而立，非可槪治他病也。如紀曉嵐先生筆記云：乾隆癸丑春夏間，京師多疫，以張景岳法治之，十死八九，以吳又可法治之，亦不甚驗，有桐城一醫，以重劑石膏，治馮鴻臚星實之姬，見者駭異，然呼吸將絕，應手輒痊。踵其法者，活人無算。有一劑石膏用至八兩，一人服至四斤者。雖劉守眞之《原病式》、張子和之《儒門事親》，專用寒涼，亦未敢至是，可知病隨氣發，治隨病更。經曰：必先歲氣，毋伐天和。醫者能推其運氣，正其病名，施其治療，無不獲效。玆特述其大略，因名之曰《溫證正名》云。

《溫證指歸·溫證匯海論》　百川共匯於海，海也者，匯百川於一源也。如溫證自《靈》、《素》以下，歷代名賢，各有著述，惜乎皆混入《傷寒》中，求其類聚於一源者，多不槪見。於是遍集諸書，以求歸宿。粵稽《內經》、《熱病》、《刺熱》等論，井井有條，至爲詳備，此溫證之發源也。秦越人著《八十一難經》云傷寒有五，溫病附於其中，仲景《傷寒論》云：太陽病，發熱而渴，不惡寒者，爲溫病。所以提綱列目，正見溫病之治，不同於傷寒。而後人轉因此混寒溫爲一門考《史記》倉公治熱病，用火齊湯，火齊湯者，三黃湯也。是溫且涼不宜溫，主裏不主表。前乎仲景，已有成法矣，後賢如東垣專理內傷，丹溪力矯局方溫補之非，予和發明瀉南補北之義，皆有功醫學，而於溫證未有定論。河間涼膈、雙解諸方，識超千古，惜仍附入傷寒，未特成一書，以垂世立教。迨王安道先生《溯洄集》，始辨明寒溫，燦若列眉。後此喩嘉言《尙論篇》云：溫暑溼熱之氣，交互結蒸，人在其中，無隙可避，病者當之，魄汗淋灕，一人病氣，足充一室，况於聯牀幷榻，沿門合境，種種惡穢，人受之者，親上親下，各從其類，所謂大頭、捻頭、瓜瓤、楊梅諸溫，名狀不一。又論東南地氣卑溼，溫邪易受，其《溫病語錄》一書，論之尤詳。吳又可獨抒心得，發明溫厲之氣，自口鼻入膜原，特製達原、三消諸方，祛穢逐邪。麟郊戴氏，因而廣之，其法更備。長洲張氏璐玉，著有《醫通》、《纘緖》二論，言溫病愼勿誤認傷寒，而與表藥發汗，不惟不解其熱，轉變危殆，治法當從雙解、涼膈諸方，兩解表裏。以上各家，雖流別稍殊，而淵源則一，譬之江淮河濟，各擅波瀾。栗山楊君，因是溯流窮源，而成《條辨》一書，闡明邪伏三焦之義，推河間雙解爲增損雙解、淸化、神解諸方，以溫邪皆穢濁之氣，用殭蠶、蟬退淸化之品以升之；芒硝、大黃，猛勇之劑以蕩之，其於治溫一法，可謂集諸說之大成，而包羅萬有，總會衆流者也。歷考方書，惟張氏景岳，偏於溫補，治溫稍異諸家，就其中論證立方，非無可取，他若柯韻伯《溫暑指歸》，辨明冬不藏精，及三氣合病之理。葉天士《溫熱論》，詳著通陽救陰，及辨舌驗齒之法，以及《松峰說疫》、《溫疫論類編》，廣入方言，俱有微旨。擬之支流曲澗，皆可資灌漑之功，而求其汪洋浩瀚，確乎爲衆派之歸宿。吾於栗山一書，有觀海之歎焉，狃於傷寒舊習者，倘亦如河泊之旋其面目否乎？

《溫證指歸·發明溫熱傷寒不同斷斷不可混治》　傷寒、溫熱二證，同受天地之氣爲病，咸云厲殺。自古至今，人相習而不察，據其外證，惡寒發熱，頭痛身熱，無不以傷寒爲名，皆混於象而不察其證，執其常而不觀其變，槪名之曰傷寒。孰知歧出多端，豈可一律論哉。且傷寒爲病，一日太陽，二日陽明，三日少陽，次之三陰，七日傳遍，不再傳矣。在表一汗而解，在裏一下而解，在胸一吐而解，確有定期定證可據。若溫熱則變化無常，感受不覺，莫可尋思，其發也不循經次，乘竇而作，親上親下，各從其類。感之輕者，即體虛之人，照常疫治之，亦隨手而愈。受之重者，即強壯之輩，一病無不頭痛寒熱，身體酸疼，有似傷寒，而誤以治傷寒之法治之，強發其汗，而汗反無，轉增神昏胸悶，胎刺舌黑，譫妄呃逆等危，致津液枯竭，眞陰內敗。無生機也。其尤重者，一病即神識不淸，舌黑鼻煤，肢冷脈伏，有似虛寒，醫者見此，每每投以薑、附、參、桂，無不立斃。要之辨證貴精，雖外現寒象，內兼一二熱象可疑之處，即當細心詳究，如咽乾口苦，舌赤心煩，氣噴如火，坐卧不寧，二便短少等證，自當以裏熱爲眞，外寒爲假，經所謂亢極似陰，施治必須寒涼，故辛溫之品，皆爲戈戟。經又曰：寒者熱之，熱者寒之。寒爲陰邪治陰邪以陽勝，麻桂、薑附等湯是也。溫屬陽邪，治陽邪以陰勝，三黃、石膏、雙解、涼膈等方是也。二證寒熱不同，汗下各異，斷斷不可混治。大抵傷寒汗解在前，溫證汗解在後，傷寒下不厭遲，溫證下不厭早，此曷故也。傷寒之邪，中人肌表，可一汗而解。溫毒之邪，中人內臟，不但汗不能解，即屢下尙不能敵其凶厲之鋒，正如酷暑炎威，爍石流金，非大雨滂沱，商飈頓起，不能變火境爲清涼，化剛強爲柔順。夫然後天露降，土膏潤，萎草蘇。人身亦然，揆之以理，天運爲之，近年以來，冬無層冰積雪之寒，反多溫暖之天，患傷寒者少，病溫熱者

多，况東南之地，陽氣常洩，偶有風寒，多屬感冒，非西北地高風冽，多病傷寒可比。間有不然，五運交換，寒暑更易，有相火之運，則必有寒水之年，斯時南北氣運，又不可同日語也。苟明氣運更遷之理，而爲治病之大綱，其於傷寒溫熱，判若黑白，了無餘蘊矣。

《溫證指歸・吴又可爲治溫證千古一人》 溫熱一證，自軒岐以下，千百年來，絶無一人專言此病者，前已申明，兹復何贅，意猶未盡，請再詳之。夫《靈素》一書，聖經也，一言而包萬有，《傷寒》一書，聖文也，一海而匯百川。聖經既已發明傷寒溫病兩途，長沙醫聖，自必有文以闡經旨，斷不能詳於傷寒，而略於溫證也，想因兵火之後，傷寒一書，尚出自散亡之餘，溫證之文，遺失殆盡，無自追尋歟。迨至吴又可，能闢千古之案，獨開生面，自創自因，發明邪伏膜原，及論證剴切詳明，治法井井，俾後世業醫者，得以問津，謂非千古一人耶。厥後戴氏廣其論説，活人之功，豈止億萬，雖其立義，僅詳濕溫一門。栗山楊氏，因其緒論，推明氣運，闡河間之奥義，而治溫之法益詳。然原其作始，創立專書，標明宗旨，吴氏之功，誠不可泯云。

《傷寒微旨論・傷寒源篇》 夫傷寒之病，醫者多不審察病之本源。但只云病傷寒，即不知其始陽氣內鬱結而後成熱病矣。自冬至之後，一陽漸生，陽氣微弱，猶未能上行易潛龍勿用是也。至小寒之後，立春以前，寒毒殺厲之氣大行，時中於人則傳在藏府，其內伏之陽被寒毒所折，深浹於骨髓之間，應時不得宣暢。所感寒氣淺者，至春之時，伏陽早得發泄則其病輕，名曰溫病。感寒氣重者，夏至之後，眞陰漸發，其伏陽不得停留，或遇風寒或因飲食沐浴所傷其骨髓間鬱結者，陽氣爲外邪所引方得發泄。伏陽既出肌膚而遇天氣炎熱，兩熱相干，即病證多變，名曰熱病。按《素問・生氣通天論》云：冬傷於寒。注云：冬寒且凝，春陽氣發，寒不爲釋，陽怫於中，寒怫相持故病溫。《熱論》云：人之傷於寒也，則病熱。注云：寒毒薄於肌膚，陽氣不得散發而內怫結，故傷寒者反爲熱病也。以此證之，即傷寒之病本於內伏之陽爲患也。傷寒受足經篇云：人身有十二經絡，分布上下，故手有三陽三陰，足有三陽三陰。手三陽者，太陽小腸也，陽明大腸也，少陽三焦也。三陰者，太陰肺也，少陰心也，厥陰心包絡也。足三陽者，太陽膀胱也，陽明胃也，少陽膽也。三陰者，太陰脾也，少陰腎也，厥陰肝也。今傷寒之爲病，只受於三陽三陰者何也？《熱論》云：一日巨陽受之，頭項痛，腰脊強。二日陽明受之，陽明主肉，故身熱目疼而鼻乾不得卧。三日少陽受之，少陽主膽，故胸脇痛而耳聾。四日太陰受之，故腹滿而咽乾。五日少陰受之，故口燥舌乾而渴。六日厥陰受之，故煩滿囊縮。今經中論其傷寒病所傳受而不傳於手之三陽三陰，古今未見其説焉。且人之生也，稟天地陰陽，氣身半以上同天之陽，身半以下同地之陰。或四時有不常之氣，陽邪爲病則傷於手經也，陰邪爲病則傷於足經也。故冬毒之氣則中於足經矣。《易》云：水流濕，火就燥是也。《太陰陽明論》：陽受風氣，陰受溼氣。注云：同氣相求爾。又曰：傷於風者上先受之，傷於溼者下先受之。注云：陽氣炎上故受風，陰氣潤下故受溼，蓋同氣相合爾。《至眞要大論》云：身半以上，其氣三，天之分也，天氣主之。身半以下，其氣三，地之分也，地氣主之。注云：當陰之分冷病歸之，當陽之分熱病歸之。《脈要精微論》云：故中惡風，陽氣受之也。以此爲證，即寒毒之氣只受於足之三陽三陰明矣。

《溫熱病指南集・溫熱病大意》 蓋聞外感不外六淫，而民病當分四氣。治傷寒家，徒守發表攻裏之成方，不計辛熱苦寒之貽害，遂使溫熱之旨，蒙昧不明，醫門缺典，莫此甚焉。恭不敏，博覽群書，廣搜載籍，而恍然於溫熱病之不可不急講也。《內經》云：冬不藏精，春必病溫。蓋謂冬時嚴寒，陽氣內斂，人能順天時而固密，則腎氣內充。命門爲三焦之别使，亦得固腠理而護皮毛，雖當春令升泄之時，而我身之眞氣，則內外瀰淪，不隨升令之泄而告匱。縱有客邪，安能內侵，是《內經》所以明致病之原也。然但云冬不藏精，而不及他時者，以冬爲水旺之時，屬北方寒水之化，於時爲冬，於人爲腎，井水溫而堅冰至，陰外陽內，有習坎之象。故立言歸重於冬，非謂冬宜藏，而他時可不藏精也。即春必病溫之語，亦是就近指點，總見裏虚者表不固，一切時邪，皆易感受。學者可因此而悟及四時六氣之爲病矣。昔王叔和云：寒毒藏於肌膚，至春變爲溫病，至夏變爲暑熱。致後來人翻駁，何不云腎精不藏之人，至春易病溫，至夏易病暑熱，便能深入理潭矣。《內經》又云：冬傷於寒，春必病溫。註家咸謂冬令閉藏，寒邪伏於腎中，病不即發，至春陽氣大泄，內伏之寒邪，隨升令而外達。天來錢氏已大非其説矣，謂冬傷於寒者，乃冬傷寒水之藏，即冬不藏精之互詞，蒸案語見：《陰陽應象大論》云：冬傷於寒，春必病溫。春傷於風，夏生飧泄。夏傷於暑，秋必病瘧。秋傷於溼，冬生欬嗽。蓋謂四時所感之氣，當時未發，過時見證如此。若冬不藏精，乃是內傷病溫同而，所以病溫則異。今幷爲一

談，謂冬傷於寒爲寒水之藏。然則夏傷於暑又何藏耶？且太陽寒水係小腸膀胱二府，而腎則藏精，藏府自別。此解不合經旨，善讀書者詳之。何得以寒邪誤解。夫寒邪凜烈，中人即病，非比暑溼之邪，能伏處身中。故《內經》曰：風寒之中人也，使人毫毛畢直，皮膚閉而爲熱。況腎爲生命之根，所關至大，安有寒邪內入，相安無事，直待春時始發之理。錢氏此說，獨開生面，先得我心。蓋曉然於溫邪之爲病，由於腎精之不藏矣，非特此也。《難經》云：傷寒有五，有傷寒，有傷風，有風溫，有溼溫，有熱病。夫統此風寒溼熱之邪，而皆名之曰傷寒者，亦早鑑於寒藏受傷，外邪得入，故探其本而皆謂之傷寒也。獨是西北風高土燥，風寒之爲病居多，東南地卑水溼，溼熱之傷人獨甚。從來風寒傷形，傷形者定從表入。溼熱傷氣，傷氣者不盡從表入。故治傷寒之法，不可用以治溫熱也。夫溫者暖也熱也，非寒邪之可比也。風邪外束，則曰風溫。溼邪內侵，則曰溼溫。縱有微寒之兼襲，不同慄烈之嚴威，是以發表宜辛涼，不宜辛熱。清裏宜泄熱，不當逐熱。蓋風不兼寒，即爲風火，溼雖化熱，終屬陰邪。自昔仲景著書，不詳溫熱，遂使後人各呈家伎，漫無成章。而凡大江以南，病溫多而病寒少，投以發表不遠熱，攻裏不遠寒諸法，以致死亡接踵也。悲夫。

《感證集腋・柯韵伯溫暑論》　如傷寒發熱不渴，服湯已，乃反渴者，蓋寒去而熱不解，溫病亦猶是矣。如服桂枝湯大汗出後，大煩渴不解，脈洪大者，即是溫勢猖獗，用白虎加人參，預保元氣於清火之時。是凡病傷寒而成溫者，治法固然。如其所傷之寒邪，已隨大汗而解，所成之溫邪，隨大汗而發，則人參似乎虛設。不知不加參，則熱邪固因白虎而解，寒邪又恐因白虎而來，治病必求其本，加以參固本之義也。又有服柴胡湯已，乃反渴者，蓋其少陽相火直走陽明，雖參、甘、芩、棗皆主生津，然尚屬微寒之劑，不足以解溫邪也。此亦當用白虎加人參法。若柴胡加人參非其治矣，夫相火寄甲乙之間，故肝膽爲發溫之源，腸胃爲市，故陽明爲成溫之藪。

《醫門棒喝初集・辨〈貫珠集〉溫病傷寒攙混之誤》　仲景《傷寒論》，萬世之準繩也。但中有溫病各條，攙混不分，此而錯誤，害實匪輕。玆考治傷寒大法，初病時，邪客陽經者，用麻、桂、柴、葛等湯，客陰經者，用薑、附、細辛之類。蓋寒爲陰邪，傷人之陽，故或通陽以疎邪，或扶陽以托邪，俱用辛溫之法。因邪由表入，必使從表而出也。倘失於疎解，邪傳入裏或因其人陽氣有餘，則寒邪化熱，始以清涼之法治之。此由陽經傳裏，表裏寒熱，不可混也。然必在表寒邪已盡，方可直清裏熱。故論曰：微惡寒者，雖有裏證，不可攻下，宜先解表。以惡寒爲表邪未盡也。又如邪傳少陽，而太陽證罷者，猶用小柴胡湯，以人參固陽，防其邪之入裏。即有表證未罷，而裏證亦急者，必用表裏兼治之法，如大柴胡湯之類也。從未有不顧表邪，而但用寒涼清裏者，良以寒邪既傷表陽，全賴中陽強盛，庶可驅邪外出。若率用寒涼，更傷中陽，使表邪乘虛內陷，陽證變陰，危殆立至矣。其元氣素弱之人。衛陽不固，或初感寒邪，即入陰經，則不可疎散，更虛其表，必用薑附溫中扶陽，如四逆、理中之類，其邪自解。此又陰陽虛實之宜辨者，凡此皆仲景之心法，敎人萬世遵守者也。若溫熱陽邪傷人之陰，故初病即宜涼解，與傷寒初起治法冰炭不同矣。吳門尤在涇先生集《傷寒貫珠集》一書，將仲景之論，分爲正治權變斡旋等法。其太陽經傷寒正治法內，列有合病六條：前三條，用麻、葛等方，自是傷寒正治之法；乃第四條，太少合病自下利，而用黄芩湯；第五條，三陽合病，而用白虎湯；第六條，三陽合病，有證無方。考本論中，原有柴胡桂枝湯、麻桂各半湯、葛根湯等方。正治陽經合病之法，從表解散，乃不此之用，而反用黄芩、白虎，豈不畏表邪陷入生變耶？此等疑義，註家從未剖析，後學莫識其端。

國初張路玉先生，集《傷寒纘論》，獨謂此數條，是仲景論溫熱病證治，註家不辨，混入《傷寒例》中。此語洵足振聾啓瞶，暗室一燈。緣傷寒之邪，自表入裏，有一分表邪未盡，即有一分惡寒，故雖兼裏證，仍當溫散，先解其表。若表已解，而邪入於胃，寒化爲熱，則不惡寒，而反惡熱，方用白虎、承氣等法，以清其裏，是表寒爲致病之本，裏熱爲傳變之標。若溫病由伏氣者，邪自內發，未病時，已鬱而成熱，一旦觸發，熱如燎原，故急清其裏，則表熱亦除，是內熱爲發病之本，表熱爲傳變之標。即或非伏氣蘊釀，凡感溫熱，終是陽邪，故雖陽虛之人，亦須涼藥清解。則與傷寒之邪，標本不同，陰陽迥異，豈可稍容牽混哉。獨怪夫《貫珠集》，著於路玉先生之後，不知折衷乎此，而猶將黄芩、白虎，列於太陽傷寒正治法內。既曰傷寒而在太陽，則未曾化熱，豈可以黄芩、白虎爲正治之法乎？同里唐立三先生，歷舉《傷寒條辨》、《尙論》等編，而獨推《貫珠集》爲最善，此又余之所不解者。要知《傷寒論》經後人編輯，各條次序既紊，傷寒溫熱，攙混莫辨。故慈谿柯韻伯曰：《傷寒論》經叔和編次，已非仲景之書仲景之文，遺失者多。叔和之文，附會者亦多。信不

誣矣。故讀仲景書，必當顧名思義，别具隻眼，即如太少合病，三陽合病數條，如果傷寒，邪尚在表，理當麻、桂、柴、葛以解之，自是仲景成法。今既用黄芩、白虎，可知爲溫熱無疑，若不辨正其名，列於傷寒正治法内，後學不察，妄用涼藥，以治寒邪，害孰甚焉。

又按：溫病篇，仲景曰：風溫爲病，脈陰陽俱浮，自汗出，身重，多眠睡，鼻息必鼾，語言難出。其合病篇，言三陽合病，脈浮大上關上，但欲眠睡，目合則汗。又曰：三陽合病，腹滿身重，難以轉側，口不仁，面垢譫語，遺水，若自汗出者，白虎湯主之。按此言脈陰陽俱浮者，陰陽指尺寸也，若熱邪合并三陽，陽盛之極，故脈浮大上關上矣。其自汗，身重，多眠睡，大略相同。或風火上壅，則語言難出而息鼾。或鬱勃於中，則擾亂神明而譫語。腹滿、神昏，則遺水也。即此數條合觀，則三陽合病兩條，皆當次於風溫條後，斷非傷寒之合病也。夫傷寒太陽之邪未盡，必有惡寒，少陽之邪未盡，必有往來寒熱，惟傳入陽明，方不惡寒，而反惡熱，則太少之邪盡矣。若太少之邪不盡，必用麻、桂、柴胡，不當用黄芩、白虎。今既稱三陽合病，太少合病，而用白虎、黄芩者，必非傷寒之邪，更可見也。然又非傷寒傳裏變熱之證也。何則？傷寒傳裏變熱，而用黄芩、白虎，則必太少邪盡。太少邪盡，則不當稱太少合病，三陽合病矣。且如論曰：太陽與陽明合病者，必自下利，葛根湯主之。不下利但嘔者，葛根加半夏湯主之。考葛根湯重用葛根麻桂，表散風寒，佐甘芍薑棗，和中而調營衛，此則方爲傷寒之合病也。其云：太陽與少陽合病，自下利，與上條同。太陽病與上條同，若係傷寒之邪，理應以前方去葛易柴胡，方爲合法。何以絶無一味升散之藥，反用黄芩、白芍，陰涼之品乎？由是觀之，以上三條，既用黄芩、白虎，必非傷寒合病，實爲内發之溫病也。然則熱邪内發，何故稱三陽合病、太少合病乎？此正仲景微旨，欲人心領神會。蓋謂雖有發熱頭痛等，可名太陽病。脇痛耳聾等，可名少陽病。但無惡寒及往來寒熱者，則非傷寒外邪，實是藴熱内發，必用黄芩、白虎，直清其内，故特於首條揭示曰：太陽病，發熱而渴，不惡寒者，爲溫病也。發熱頭痛者，名太陽病也。渴者，内熱熾盛也。不惡寒者，非外感風寒也。既有太陽之溫病，亦必有少陽之溫病，陽明之溫病也。亦必有太少合病，三陽合病之溫病也。又何疑哉？益可見此數條之太少合病，三陽合病，實根首條而來推而至於三陰，亦必有溫病也。總因後世忽略，混入傷寒條中，既經路玉點出，而不省察，猶循舊章，亦千慮之一失也。然傷寒變熱，傳入三陰，其證治與溫病大同，或不細辨猶可，其在陽經，則傷寒溫病，治法迥殊，豈可不辨而致誤哉。

《醫門棒喝初集・溫暑提綱・答問》 或問：王叔和撰《傷寒例》中云冬傷寒邪，藏於肌膚等語，後世多非之，如慈谿柯韻伯之超卓，亦謂叔和之謬，而子獨宗其説，何也？

答曰：《傷寒例》不合仲景之旨，故謂其非。若邪藏肌膚一語，原本《内經》，非叔和臆説。況柯氏雖多卓識，而有發明，惟此論亦矛盾而不當。即如其論云：以其人腎陽有餘，好行淫慾，不避寒冷。爾時雖外傷於寒，而陽氣足禦，但知身着寒，而不爲寒所病，然表寒雖不得内侵，而虚陽亦不得外散，仍下陷入陰中，故身不知熱，而亦不發熱。冬時收藏之令，陽不遽發。若寒日少而蓄熱淺，則陽火應春氣而病溫；寒日多而鬱熱深，則陽火應夏氣而病暑。此陰消陽熾，從内而達外也。按此一節，既言外傷於寒，又云但知身着寒，而不爲寒所病，夫身知着寒，則寒邪已伏藏肌膚矣，因其不發故不覺也。又曰：叔和不知此義，謂寒毒藏於肌膚，夫寒傷於表，得熱則散，何以能藏？設無熱以禦之，必深入臟腑，何以止藏肌膚？且能藏者不能變，何以時換，而變其所藏乎？不知原其人之自傷，而但咎其時之外傷。只知傷寒之因，不究熱傷其本，妄擬寒毒之能變熱，不知内陷之陽邪發現也。按此一節，言寒邪不能伏藏，藏則不能變熱，其熱爲内陷之陽邪發現。試問寒爲陰邪，陰邪凝斂，且不能伏藏，則内陷之陽邪，又何以能藏？而至春夏發現，豈非自相矛盾乎？正爲其人腎陽有餘，或寒邪不重，故不深入臟腑而伏藏肌膚。夫冬寒春暖，天地之氣隨時而變，所感之寒亦天地之氣，豈反不隨時令而變溫熱乎？乃言藏則不能變，何不思之甚耶。又曰：於此見逆冬氣，則少陰不藏，腎氣獨沈，孤陽無附，而發爲溫病也。按此一節，引《調神論》所云逆冬氣者，即冬不藏精之義，與冬傷寒，春病溫者，有内傷外感之殊。余於六氣論後答問中，已詳其義，請更觀之。若冬不藏精而病溫者，本篇提綱中，亦經叙明也。柯氏之意，謂止有内傷之溫病，而無伏邪之溫病，似欠體會經旨。如止本氣自傷，何以仲景亦言伏氣之病，以意候之，假令舊有伏氣，當須脈之。此伏者，究爲何氣？豈本身之氣，又有所謂伏者乎？由是益可見經言冬傷寒，春傷風等，論四時傷邪，過時發病？與《調神論》所言：逆冬氣，

則傷腎。逆春氣，則傷肝等。豈非有外感內傷之異哉？自不可因《傷寒例》之非，并不察其是處，而概非之也。

《傷寒論本旨・風寒濕熱溫暑病總論》 夫六氣之邪，爲病不同，治法各異。《難經》言傷寒有五者，蓋謂世俗之混稱傷寒者，有五證焉。曰中風、曰傷寒、曰濕溫、曰熱病、曰溫病，教人辨別，不可誤治也。故仲景引伸其意而著論，特明六經證治，以統萬病。首列中風、傷寒，以及濕熱、溫暑等證，是故有當先分其經而辨其氣者，有當先分其氣而辨其經者。仲景辨六氣之邪爲病，而不以六氣病名論，而名《傷寒論》者，正爲此也。編注家不明此義，則莫知其緒，或有將仲景治風寒者，如大青龍等證，混指作溫病，不一而足。故注解愈多，義理愈晦，使後學入於荆棘叢中，茫無所向，何怪乎置仲景書於高閣。其有依注解而師其法，則殺人於冥中而不覺，以仲景活人之書，變爲殺人之具。嗟乎！此千古之迷城，自來稱名家者，多不能出其中，况其下乎。夫仲景以風傷衛、寒傷營、風寒互傷營衛三端，挈全論之綱，其餘諸氣，不過帶表者，何也？蓋列六經以辨證治，而可分隸六經者惟風寒之病，如在太陽，則發熱而惡寒。陽明則不惡寒，而反惡熱。少陽則寒熱往來。三陰則有寒無熱，或反發熱者，止少陰有之。則是邪隨經變，故必分隸六經以辨其邪。若溫、若暑及風寒濕熱雜合之邪，其爲病也，或止在一經而不周徧，或與各經互相牽涉，若分隸六經，反使端緒不明。故必另爲篇目，先分其爲何氣之邪，而後辨其邪在何經而治之，方能清其源流，此仲景之本旨也。風爲百病之長，傷寒無不兼風，舉寒則風該其中，故名傷寒論，而不以六氣病名論也。知其名論之義，方能識其制度，以辨六氣爲病之源流。自來誤治者，皆由源流不清，亂其制度，而失本旨故也。即如喻嘉言，亦稱名家者也，其於《傷寒論》後，分別溫病三大例，本《內經》冬傷於寒，春必病溫爲一例，冬不藏精，春發溫病爲一例，冬不藏精，又傷寒邪，而發溫病爲一例。其言冬不藏精，又傷寒邪爲溫病者，援仲景治少陰病之麻附細辛湯、麻附甘草湯，兩方爲主治，而曰：凡治冬不藏精之溫病，始發二三日間，請決擇於斯二方焉。又引仲景云：病發熱頭痛，脈反沈，身疼痛，用四逆湯一條，言此條文義，可得治冬不藏精之奥旨。又云：發表攻裏，本自不同，即據治金鑑一案，先用麻附細辛湯發汗，後用附子瀉心湯下之而愈爲左證。嗚呼！此言也，迷惑後學，誠不淺矣。余見有治尋常感冒，而輒用麻附細辛湯者，全不明邪之淺深，藥之輕重，即是讀嘉言之書，而中其毒者也。其餘雜引仲景治傷寒之法，而指作治溫病者，姑置勿論，即如仲景云：少陰病，始得之，反發熱者，麻黄附子細辛湯主之。又云：少陰病，得之二三日，麻黄附子甘草湯，微發其汗。以二三日無裏證，故微發汗也。按此言反發熱者，以風爲陽邪，雖在陰經，而熱浮於表，故身熱。其無頭痛，則邪不在太陽，仍在少陰也。既云始得之，又云二三日無裏證，皆是冬傷風寒即發之病，故用麻附熱散，以治少陰風寒之邪。若冬不藏精，春發溫病，既名溫病，則邪已化熱，豈可用麻附細辛，以熱濟熱，而增其病乎？則悖理顯然可見矣。若病發熱，頭痛，脈反沈，用四逆湯一條，是風寒在太陽，而少陰腎陽虧，故脈反沈，是謂陽病見陰脈者死，故不治。太陽經而用四逆湯，急救少陰腎陽，以散寒邪，與冬不藏精之溫病，有何交涉，可得其奥旨乎？夫仲景之道，以熱藥治寒，以寒藥治熱，要在辨證，不錯用藥始當。若不循義理，而反求諸隱僻，則自生魔障，迷惑後學，豈仲景果有難明之奥旨哉？又以冬傷於寒，邪藏肌膚，春發溫病爲一例者，言肌膚陽明所主，邪伏陽明化熱，至春發出於太陽經，即仲景所云：太陽病，發熱而渴，不惡寒者，爲溫病也。殊不知兩陽合明，名陽明，陽氣最盛之經也。故風寒在太陽，則惡寒，一傳陽明，即不惡寒而反惡熱，必自汗出也。豈能冬明藏邪，至春始發乎？此皆不明《內經》至理，以辭害意故也。夫經言邪藏肌膚者，藏於少陰經絡中也。故仲景溫病條云：少陰病，咽痛者，因伏邪，初發熱，循經脈，上灼於咽也。少陰之表，爲太陽，其邪從表出者，即現發熱而渴，不惡寒之太陽證也。蓋人稟天地之氣以生，五臟合五行之氣，故經曰：乘春則肝先受邪，乘夏則心先受邪，長夏則脾先受邪，乘秋則肺先受邪，乘冬則腎先受邪。是木火土金水五時之氣，通於肝心脾肺腎也。以冬歸藏之時，腎司閉藏之職，寒爲至陰之邪，故當受時，伏於經絡，隨氣流行而不之覺，邪氣久鬱，隨人身之陽，漸化爲熱，至春天地陽升，邪從少陰而發，熱發於內，則必渴也。其非外感風寒，故發熱而不惡寒。然其發也，亦無定處，故《難經》言：溫病之脈，行在諸經，不知何經之動也。其或出於太陽之經，或由肝膽而升，出於少陽，或由太少會合於陽明。故仲景云：太陽少陽合病，自下利者，黄芩湯主之。此太少溫邪，會合於陽明，火性急速，下迫而利也。尤在涇《貫珠集》誤列於太陽傷寒正治法內，豈有黄芩湯，爲太陽傷寒正治之法者，則其麻黄湯，將以治何病乎？而喻嘉言，則又以麻附細辛湯治傷寒者，教人治溫

病。嗟乎！此仲景之書，被諸子顛倒錯亂，所以後學無門而入也。至經云：冬不藏精者，以冬時或因勞擾，或因酒色，逆其歸藏之令，而發露陽氣，傷耗陰精，冬時陰盛而不覺，至春天地陽旺，則水不濟火，熱自內生，又感外邪，必成溫熱之病，是由內傷而兼邪熱，必須養陰以清熱也。若冬伏寒邪，春發溫病，其表裏之氣鬱勃，或發熱頭痛如外感，而有太陽之證。倘不辨其熱由內發，誤用辛溫發汗，則表裏之陰皆傷，鼓其虛陽騰沸。故仲景云：發汗已，身灼熱者，名曰風溫。其所叙皆虛陽浮漫之壞證，勾起其肝風，鼓盪其溫邪，故名風溫。而與外受風邪成溫病，而名風溫者，不同也。仲景又云：少陰病，得之二三日以上，心煩不得卧者，黄連阿膠湯主之。此則治少陰之溫病者也，少陰傷寒但欲寐，今心煩不得卧，正是水不濟火，冬不藏精之溫病，故用黄連阿膠，滋陰瀉火，則與前條之少陰病，得之二三日，用麻附甘草湯發汗者對勘，則彼爲治冬時即病之傷寒，更確然矣。而嘉言之謬，益可見也。是知冬傷於寒，春必病溫，冬不藏精，春發溫病之兩證，仲景原有的確論治之法，豈可混引治傷寒之法以亂之哉。由是觀之，嘉言所治金鑑一案，本非溫病，若是伏邪所發之溫病，誤發其汗，且成壞證，何況又加冬不藏精，安可反用麻附細辛之大熱大散，焉有不立涸其陰，而即斃者乎？則是嘉言不明病源，故錯認病證，以將錯就錯之法而治愈，遂以錯中之錯，著之於書，使後學聚九州之鐵，而鑄成大錯，昧者尤稱其神奇，贊歎爲開天辟地之論。嗟乎！使在天之軒岐仲景，不禁痛哭流涕而長歎息也。細觀仲景所論，止有冬傷於寒，及不藏精，發爲溫病之兩證。其外感風邪成溫病者未論，余竊度之，或因書有殘缺，或者仲景首明風傷衛證，其邪傳裏化熱，即與溫病相同。冬時多風寒，春時多風溫，其初感時雖不同，傳裏後證治多同，而不更論，皆未可知也。如不明此旨，以仲景治風寒化熱之法，指作春時風溫之病，以致源流不清。如《貫珠集》，喻嘉言之將傷寒溫病，顛倒錯亂矣。蓋外感風邪，而天時溫暖無寒，故名風溫，而與內發之溫病不同，但身半以上，天氣主之爲陽，身半以下，地氣主之爲陰，風溫皆陽邪，故葉天士曰：溫邪上受，首先犯肺。蓋從衛分而入肺經，以衛陽通於胸肺故也。風爲百病之長，善行而數變，故隨寒熱溫涼之氣而變。冬時風從寒化而屬陰，故先受於足經，與風溫之受於上部者，又不同也。若夫暑邪，仲景名暍，由火濕合化，從口鼻而受，客於膜原肺胃之間，流傳三焦，而歸脾胃，與風寒溫熱等邪，來源又異。仲景云：太陽中暍者，中於太陽之裏，即膜原之地，故所用白虎湯、瓜蒂湯，皆肺胃之藥，其理顯然可見矣。是故六氣之邪，陰陽各殊，爲病迥異，其傷人也，或從經絡，或入口鼻，或隱伏過時而發，種種不同。其風寒挾濕，則爲陰邪，濕熱相合，即同暑邪，風寒化熱，則與溫熱病同。風寒化陰燥，須用溫濕辛通，風熱化陽燥，須用鹹寒辛潤，人之稟質有異，故邪之變化不同。因其各氣必相錯雜，故病變莫可測料。若不詳細分析源流，辨別施治，其不殺人者幾希矣。夫陰陽之道，必貴於平，天地陰陽氣偏，則病外感，人身陰陽氣偏，則病內傷。故經曰：陽強不能密，陰氣乃絶。即是冬不藏精，而發溫病之因也。陰既先傷，加以溫熱陽邪，內外燔灼，勢如燎原，豈可用麻附細辛之大熱大散，其陰氣有不立絶而斃者乎。於此足微金鑑本非溫病，而嘉言自己迷惑者也。總之既名溫病，是亢陽之邪，或以滋水濟火則有之，斷無用熱藥之理。而嘉言之例，必不可信也。且如北直，多傷寒春溫之病，南省正傷寒病百中有一二，風溫暑濕十居六七，風寒輕感十之三四。而暑濕陰滯，又多隱伏發於秋後者，正爲邪伏膜原，夏令隨熱外浮而不覺，秋後陽氣入內，則邪不能容而發。故所用之藥，與正傷寒不同，仲景論中分辨，本自明晰，其如人之不悟何哉。故特述其端緒，將本論與《金匱》中之風寒濕熱、雜氣合病、溫病及《內經》熱病各條，挨次編註，末附葉天士《溫病論》爲一卷，《金匱》暑證，附以薛生白《濕熱條辨》爲一卷，列於傷寒之後，庶各病之源流分清，不至牽混誤治也。若夫疫厲，《內經》分金木水火土五證，已於首卷申義中略明其端，其邪本由六氣錯雜，蘊釀而成。既明六氣源流，六經證治，無不可以治疫病也。更俟明哲，補其未備爲幸。

《傷寒論本旨・溫病大旨》 王叔和之撰《傷寒例》也，本無悖理之處，其病在辭不達意，將時邪與伏氣牽混，而不分源流，既不合仲景之旨，不應攙入仲景之書。後人因而訾之，不一而足，然亦多不自知其失也。若程郊倩之浮詞繁衍，無關痛癢者，可置勿論。惟吳又可之議叔和也，言天地溫涼之氣，不能爲病，凡稱春溫等病名皆非，而謂一切溫病，即是瘟疫，古無瘟字，後人以溫去氵加疒故也。又言人身受邪，無不即病，未有久伏過時而發者，其說甚似有理，淺陋者，莫不遵信爲然，不知其悖經義，而誤後學之害也。夫風爲百病之長，善行而數變。《靈樞・九宮八風篇》詳論虛風賊邪，隨時而有，聖人察而避之，如避矢石。人中虛風，即隨溫涼寒熱之氣，變化爲病。如天寒，即

仲景所論之中風傷寒，天時溫暖，即名風溫、春溫等病。然則非溫涼之氣爲病，由虛風賊邪之爲病也。豈可謂一切溫病，即是瘟疫哉？疫病於數年間，偶然有之，若溫病，四時所常有。良以四時皆有虛風賊邪，而六氣流行有勝復，五行分布有生剋，其變化錯雜，即有冬溫、春寒、夏涼、秋熱之氣，又遇虛風賊邪，必隨時氣變病。苟非悟徹《內經》至理，豈區區淺見所能測度哉。如《內經》詳論主客運氣流行，三年化疫，五年化癘，而有金木水火土五疫之不同，而治法迥別。吳又可於閱歷中，明得土疫一證，其餘四疫，皆未之知，乃憑臆見，以一切溫病爲瘟疫，其謬顯然可見矣。若人身内臟腑，外營衛，於中十二經、十五絡、三百六十五孫絡、六百五十七穴，細微幽奧，曲折難明。今以一郡一邑之地，匪類伏匿，猶且不能覺察。况人身經穴之淵邃隱微，而邪氣如煙之漸熏，水之漸漬，故如《內經》論諸痛諸積，皆由初感外邪，伏而不覺，以致漸侵入内所成者也。安可必謂其隨感即病，而無伏邪者乎。又如人之痘毒，其未發時，全然不覺，何以又能伏耶。由是言之，又可本未悟得經理，反以經語爲非，愚者又從而和之，云《素問》所言冬傷寒，春溫病，是漢人所撰。即如仲景亦云，伏氣之病，以意候之，莫非亦是後人僞造者乎。理既不明，憑臆妄斷，則更可笑也。夫經論伏邪發病，四時皆有，惟溫病，則有内伏而發外者。有外感虛風賊邪，隨時氣而成溫病者。其由内伏發外者，又有虛實兩證，如經所云：冬傷於寒，春必溫病。是冬寒伏於少陰，鬱而化熱，乘春陽上升而外發者，爲實證，如云冬不藏精，春發溫病者，爲虛證也。義詳卷首總論中。仲景所論内發之溫病，亦有虛實之別，然止十餘條，而靈素論熱病頗詳，溫其即爲熱病，故節錄其要者，次於仲景條後，印證其義理焉。若外感溫病，近世葉天士論之，辨明源流，而與傷寒不同，亦與内發之溫病各別，故錄其語附後，學者苟能潛心體會，則時邪與伏氣，源流已清，庶不至牽混誤治也。

《傷寒論本旨・暑病源流論》 或問：人在天地氣交之中，同是外感，何以有受於經絡，受於口鼻之不同耶？余曰：火就燥，水流濕，本乎天者親上，本乎地者親下，爲一定之理也。原其氣，不出陰陽清濁四端，而人身半以上，天氣主之爲陽，身半以下，地氣主之爲陰。故如寒濕陰邪，下先受之，由足經而入。風熱陽邪，上先受之，由手經而入。又如雨濕霧露，則爲清邪，亦中於上，故仲景有頭中寒濕，納藥鼻中之證治也。若暑邪，由濕火所化，火爲陽，而亦上受，兼濕而氣濁，故由口鼻，直入中道膜原，逼近胃口，所以暑病初起，即不欲食，瘟疫亦然，而與風寒等邪之在表者，現症不同。然風熱既由上受而傷經絡，亦非不入口鼻，因其氣清，即隨呼而浮於表，不能直入膜原。故葉天士言：溫邪上受，首先犯肺。蓋肺之浮分，即表之衛分，皆在淺處，故其現證，又與暑病不同也。所以然者，《內經》言：呼則出，吸則入，天地之精氣，常出三入一。由是可知呼氣盛，而吸氣弱，故邪氣之清輕者，隨呼而浮於表，重濁者，方能乘吸而入於裏也。然《內經》統論邪之中人，惟言邪中於陽，則溜於經，邪中於陰，則溜於腑。又曰：中於面，則下陽明；中於項，則下太陽；中於頰，則下少陽；中於膺背兩脇，亦各入其經。卻未言由口鼻而入者，但云天食人以五氣，地食人以五味。又曰：五氣入鼻，藏於心肺，心肺有病，而鼻爲之不利也。按此言五氣者，金木水火土五行之氣，亦即燥風寒熱濕之五氣也。在天爲氣，在地成形，人物草木，莫不由五氣所生養者也。是故舉五氣，則邪氣正氣俱已包括。必由口鼻而入者，後賢因而體會經義，驗之病證，即知其邪，或由經絡而入，或由口鼻而入之不同。推原其故，因有陰陽清濁之異而然也。或問大濕合化爲暑，似乎一理，其所以然者，何也？余曰：太極之體，圓也。太極動而生陽，靜而生陰，故二氣流行，互相升降，互相轉旋，以凝合乎圓體也。於是輕清之氣，外旋而爲天，重濁之資，内凝而成地。既分天地以後，則升降之氣在地中。地爲陰道，《內經》言陰道虛者，謂其虛通，故二氣得以升降於中也。轉旋之氣周地外，而天爲陽道，《內經》言陽道實者，謂地之厚重，實賴天氣以包，舉氣弛地即陷，故謂陽道實也。陰陽流行，化爲六氣，其由地中升降之氣所化者爲主氣，以升降有常，故年年如是其。由地外轉旋之氣所化者，爲客氣，以轉旋動變，故遂年遷移，而其源皆出於太極之一動一靜。是故由升降而轉旋出於地外，由轉旋而升降入於地中，循環往復，周流不已也。主氣升降，一歲而復其位，以上下之度近也。客氣遷移，六年始仍其舊，以周圍之度遠也。其分而爲六氣者，自冬至一陽初升，至大寒節，而出於地，名曰風木之氣。漸升漸旺，名曰君火。又旺，則曰相火。故當相火司令一月，正値夏至，其時陽升已極，升極則降，陽降則陰升，陰氣初升而弱，陽氣雖降而強，弱隨強者而化爲濕，如水遇火，而濕氣橫流也。故夏至後，雖仍相火司令而下降，濕從地升，火濕相合而成暑，故言夏至後病名暑。其氣與夏至前不同也。嗣後陰氣漸升漸旺，故一月

後，爲濕土司令矣。凡陽強陰弱，陰隨陽而化濕，陰旺陽衰，陽隨陰而化燥，故秋爲燥金司令也。陰氣大旺，則名寒水司冬令也。以六氣之流行而言，則分君火相火，及其傷人爲病，則不能分君相，惟有風火暑濕燥寒之六氣也。六氣由陰陽變化，氣之過盛，則爲勝，盛極必衰，其衰者反盛，則爲復，皆陰陽互相偏亢故也。其應暖反寒，應涼反熱，非其時而有其氣者，皆勝復之氣所致。有勝必有復，無勝亦無復，蓋陰陽本來兩平，以流行之氣偏傾，而有勝復，無偏傾，則無勝復也。然六氣即是五行，故以風木、濕土、燥金、寒水名之，火本五行之一，以少火、壯火，而分君相，即成六氣也。五行在地名地支，以木火金水主四時，而辰戌丑未四土，分旺四季，爲春夏秋冬之過脈。《內經》名四維，以維繫四氣，而成一歲之功，因金木水火互相剋制，全賴土氣以維護之也。五行在天，名天乾，以春木夏火長夏土秋金冬水爲五運，年年如是，故爲主運。而五行各具陰陽，如甲爲陽木，乙爲陰木之類，陰陽互相生化。故如甲巳化土，甲巳年以土爲始運；乙庚化金，乙庚年以金爲始運。逐年變化，名爲客運。是故言六氣，五行即在其中。而六氣有勝復，五行有生剋，所以主運、客運、主氣、客氣，流行變化，則有駁雜之氣，傷人致病，《內經》詳明其理，教人避之也。然氣之傷人，又隨人身陰陽之氣強弱變化爲病，故所感之氣皆同，而各人爲病不同，必就人身之陰陽氣血、經絡臟腑而辨治之，故《內經》分篇各論，各有義理，不可牽混以解之也。至於仲景，專論人身受邪，六經爲病之證狀脈象，而立治法，義理又別。餘每見有將《內經》論天地之氣，流行變化者，牽合附會，以解仲景之論，則經義論義俱失。如首卷傷寒熱病辨中所言者是也。即如經云：先夏至日病名溫，後夏至日病名暑。是因天地之氣變化，而分病名也。若其氣之傷人，即隨人身之氣變化爲病。而暑由火濕合化，故人身陽旺，邪隨火化而成陽暑病，人身陽虛，即隨濕化而成陰暑病也。若夏至前溫熱之邪，經云：熱淫所勝，平以鹹寒。是本天地之氣，而立治法也。如人之稟質虛寒，雖感熱氣，而不成熱病，安可拘熱淫所勝，平以鹹寒之治法乎？餘可類推矣。又如風寒在太陽，則發熱惡寒；傳陽明，則不惡寒，而反惡熱；傳少陽，則寒熱往來。此仲景專明邪隨人身之氣變化爲病者。若以《內經》論天地之氣變化者，牽合附會以解之，則經義論義俱失矣。今有解仲景之論者曰：《內經》以太陽寒水司終氣，其經本寒標熱，故其感邪，有標本從化之不同。故仲景曰：病有發熱惡寒者，發於陽也。無熱惡寒者，發於陰也。是邪從標化，太陽主病，陽經受邪也。其曰：無熱惡寒者，發於陰也。是邪從本化，寒水主病，陰經受邪也。余按：此言本寒標熱，故以仲景所云發熱，是從標化，陽經受邪，無熱，是從本化，陰經受邪。此等似是實非之言，惑人最甚。若然，則仲景云：少陰病，始得之，反發熱者，麻黄附子細辛湯主之。若言其邪從標化而發熱也，卻又在少陰，不在陽經。若言其邪從本化而在陰經也，卻又發熱，并非無熱。請問何以解之？或又解曰：此冬時陽不潛藏，其氣不寒而溫，寒復外加，溫邪內伏，直入坎中，與龍火俱化，是爲冬溫。此乃對化，即岐伯所謂不從標本，從乎中氣也。余按言對化者，以標本對待而化，故謂不從標本，從乎中氣也。然既標本對化，冬溫之邪內伏，與龍火俱化，則腎已熱矣。寒復外加，則內熱更甚，必當用解外寒清內熱之藥，何以反用麻黄附子細辛之大熱大散，能不立涸其腎水乎？可知仲景必無如是之謬法，其非對化之邪，可見矣。或曰：對化冬溫之邪內伏，是仲景所云伏氣之病也。余曰：伏氣且置。請問仲景所云：少陰病，發熱者。既不從標本，又不從對化，卻從何處而化耶？嗟乎！何迂拙之甚哉。殊不知《內經》論天地之氣，流行變化之道，與仲景之論人身受邪，六氣爲病之證，本無交涉。彼言天地太陽之氣，此言人身太陽之經，義理迴別，而必欲牽合附會，不獨自迷，且以惑人，使後學不知義理所在，是故註解愈多，而仲景之道愈晦矣。可慨哉！或曰《靈樞・衛氣篇》云：能知六經標本者，可以無惑於天下。則人身六經，原有標本。今云太陽經，本寒標熱，豈非原出經旨乎？余曰：聖經之言，皆是活法，其理無不圓，義無不通。迂拙者，牽合附會而穿鑿之，則活法變成死法而不可用，反使理不得圓，義不得通矣。夫太極動而生陽，靜而生陰，動極則復靜，靜極則復動，是故陽極則陰生，陰極則陽生，此陰陽生化自然之理也。陽者，熱氣也；陰者，寒氣也。陽極生陰，其氣本熱也。及至陰盛，其標寒矣。陰極生陽，其氣本寒也。及至陽盛，其標熱矣。陽盛名太陽，故謂其本寒標熱也。如冬至一陽初生，其氣本寒也，到夏至爲標熱矣。夏至一陰初生，其氣本熱也，到冬至爲標寒矣。春分秋分，是不從標本而從中氣者。以陰陽均平，即爲標本對待而化之氣也。六氣由陰陽所化，不離陰陽之體，故其流行，必有標本寒熱之理存焉，若人身六經之標本也。岐伯曰：足太陽之本，在限以上五寸中。標在兩絡命門，命門者，目也。又曰：手太陽之本，在外踝之後，標在命門之上一寸也。此言足

太陽經脈，起於兩足跟之上，由身背而上行至頭頂，下行絡於兩目而止。手太陽經脈，由手上行至頭，兩目之上而止。是以經脈起處爲本，止處爲標也。若拘執標本寒熱之氣以論經脈，莫非人之兩手足常寒，而兩目常熱者乎？豈不可笑哉！且本言太陽之標本寒熱也，又以仲景所云發熱，是從標化，陽經受邪；無熱，是從本化，陰經受邪。言陽經者，統三陽經也。陰經者，統三陰經也。既言太陽一經之標本寒熱，何以證三陽三陰六經之受邪哉。其悖仲景之義，且置勿論矣。豈非顛倒錯謬，反使理不得圓，義不得通乎。而自以爲是，此眞食古不化，迂拙之甚者也。或曰：《內經》所論天地之義，流行變化，與仲景所論人身六經病證，若子言其本無交涉，而經云：必先歲氣，毋伐天和。又曰：不知年之所加，氣之盛衰，虛實之所起，不可以爲工者。則人身之病，由天地之氣所致也。可謂其無交涉哉？余曰：經旨義理，各有專主者，不可牽混，其義理互通，互相發明者，方可印證。故解經有分合之不同，謂本無交涉者，義理各有專主，若牽合附會，即如上文所云，反使理不圓，而義不通矣。所云必先歲氣者，教人辨氣之源流也。如夏至前，陽上升，爲溫熱之氣；夏至後，陽下降，即變爲暑氣。歷來以夏爲相火司令，遂謂暑者，相火病。殊不思夏至前，亦相火司令，何以名溫？是不明歲氣生化之理也。若夏至前溫熱，或遇濕土之客氣加臨，而火濕相合，其氣與夏至後相同也。若夏至後，火濕合化成暑，或遇二火之客氣加臨，則火盛而濕消，其氣與夏至前相同也。即此而餘可類推矣。醫者先必察之，以明氣之源流也。若氣之傷人，又隨人之強弱變化爲病故，各有義理專主，不可牽混也。夫一陰一陽之爲道，是陰陽均平，天地中和之氣也。人得中和之氣則生，遇偏亢之氣則病，受乖戾之氣則死。既明邪氣之源流，隨其病氣之寒熱，元氣之虛實，而善調之，以復其天地中和之氣則生。若不善治，而反致偏者益偏，則伐其天和矣。是故不知其年主客運氣之所加臨，六氣盛衰勝復之道，人身受邪之由，元氣虛實病因之所起者，惟憑臆見而，亂治殺人，則不可以爲工矣。故曰：上工治病十全九，下工治病十全六，吾今欲求下工，不可得而見也。良以聖經義理，精妙無窮，活變圓通，要人自悟。其能觸類隅反者，點鐵成金；如或膠柱刻舟者，點金成鐵。噫，焉得有明理者，而與暢談醫道，亦可以無憾矣。跂予而望之也。

《潛齋醫話·溫熱經緯》 余纂《溫熱經緯》一書，詳辨溫熱、暑濕之異於正傷寒。因古人但以寒爲肅殺之氣，而於暑熱甚略也。然嚴寒易禦，酷暑難消，熱地如爐，傷人最速。按徐后山《柳崖外編》云：乾隆甲子五六月間，都城大暑，冰至五百文一斤，熱死者無算，九門出櫬，日至千餘。又余師愚《疫疹一得》云：乾隆戊子、丙午、壬子、癸丑等年，暑疫流行，率用大劑石膏，救全不少。紀文達公云：乾隆癸丑，京師大疫，以景岳法治者多死，以又可法治者亦不驗。馮星實姬人呼吸將絕，桐城醫士投大劑石膏藥，應手而痊，踵其法者，活人無算。蓋即師愚也。道光間，毘陵莊製亭重刻其書，余已採入《經緯》。而卷帙稍繁，未能授梓，且辨證處方，非精於醫者不可。今附暑疫大略於通俗方書，庶世人咸知暑患之烈，而醫家治疫亦勿徒守又可之法爲至當也。若王予中太史白田集內謂承氣、白虎，孰非爲即病之傷寒設，豈可以治暑？噫。太史雖深究于理學，殆未深究于醫學乎？至《石膏辨》云：目擊受石膏之害者甚多，深以繆仲淳、袁體菴爲不可法。是亦書生之見也。夫停食不消，因而致死者多矣，豈可歸罪於五穀？以爲神農、后稷作俑，而令天下之人辟穀耶？況物性中和，莫如穀矣，而霍亂痧脹，一口米湯下嚥，即難救治。故一病有一病之宜忌，不可舍病而但以藥之純駁爲良毒也。補偏救弊，隨時而中，貴於醫者之識病耳。先議病，後議藥，中病即是良藥。況石膏無毒，甘淡而寒，善解暑火燥熱無形之氣，凡大熱、大渴、大汗之證，不能舍此以圖功。若兼胸悶腹脹者，須加辛通開泄之品以佐之。第讀書以明理，明理以致用，苟食而不化。則麤庸偏謬，貽害無窮，非獨石膏爲然矣。搢紳先生博覽之餘，往往涉獵岐黃家言，或筆之於書，或參贊戚友之病，世人因信其知儒，遂併信其知醫。孰知紙上談兵，誤人不淺，呂晚村是其尤者也，安得如徐洄溪者一一而砭之哉。

又按：《內經》云：在天爲熱，在地爲火，其性爲暑。又云：歲火太過，炎暑流行。蓋暑爲日氣，其字從日，曰炎暑，曰酷暑，皆指烈日之氣而言也。夏至後有小暑、大暑，冬至後有小寒、大寒，是暑即熱也，寒即冷也，故寒字從冫。冫爲水氣，陰陽對待，乃天地間顯明易知之事，并無深微難測之理，而從來歧說偏多，誤人不淺。更有調停其說者，強以動靜分之。夫動靜惟人，豈能使天上之暑氣隨人而判別乎？又有妄合濕熱二氣爲暑者，則亢旱之年，河井皆涸，禾苗枯槁，濕氣全無，可以謂之非暑耶？況濕無定位，分旺四季，暑與濕，固易兼感，而風濕、寒濕，無不可兼。若云濕與熱合，始名爲

暑，然則合於風、合於寒，又將何名乎？且二氣兼感者多矣，如風與寒最易合，而仲聖嚴分桂枝、麻黄之異治，豈暑與濕而可不爲分別哉？故治暑者須知暑爲火熱之邪，然必審其有無兼濕，而隨證用藥，庶不誤人。

《醫略十三篇・傷寒》 蔣寶素曰：傷寒者，乃冬寒司令，從霜降以後，至春分節前，觸冒霜露，體中寒邪即發之證，而爲伏邪溫熱之原。正與夏暑司令，從穀雨後至秋分前，觸冒太陽君火，炎蒸亢熱之氣，即發之中暑相對之證也。《素問・陰陽應象大論》曰：冬傷於寒，春必病溫。又《熱論篇》曰：今夫熱病者，皆傷寒之類。此《內經》溫熱諸證，乃冬時傷寒內伏所致。余因立伏邪門，專論溫熱。【略】近代正傷寒稀少，若大江以南，風氣溫和，正傷寒尤鮮，惟見伏邪溫熱諸證，然伏邪溫熱諸證，皆由冬時伏寒所致。或曰：人身營衛陰陽不失其常，雖微感風寒，病即隨見，寒邪豈能伏於冬而發於春夏乎？曰：正邪可伏，賊邪不可伏，寒乃冬月之正邪也。《靈樞・邪氣藏府病形篇》曰：正邪之中人也微，先見於色，不知於身，若有若無，若亡若存，有形無形，莫知其情。《素問・八正神明論》曰：正邪者，身形若用力，汗出腠理開，逢風寒，其中人也微，故莫知其情，莫見邪形。蓋冬三月陽氣閉藏於內，寒邪本不能傷。因逢腎氣之虧，形體之勞，精搖於內，汗洩於外，寒氛得以乘之，同氣相求，深入少陰之地。眞陽復斂，進不能攻，腠理返密，退無歸路，逡巡進退於其間，勢必盤踞膜原之分。膜原者，藏府之外，形骸之內是也。有形積聚，尚且能容，而況無形寒氣，因春之溫氣而發，故名溫，因夏之暑熱而發，故名暑熱，即伏邪也。由是言之，其人腎氣不虛，腠理又密，而觸冒嚴寒殺厲之氣，寒邪不能入腎，直襲足太陽膀胱寒水之經，膀胱爲腎之府，此爲正傷寒，當從仲景傷寒論治。所以正傷寒罕見者，以今世之人，腎氣多虧，形體多勞，而知避嚴寒殺厲之氣故也。若腎虛之人，不避嚴寒殺厲之氣，則爲直中三陰危證。今三冬所見感寒之證，不過惡寒發熱，頭疼身痛而已。如醫案之用九味羌活湯、南陽敗毒散、醫話新製十味羌防散之類，一汗而解，甚者二三劑即愈，未聞循日以傳經。依經以見證，究非眞正傷寒。其辛苦之人，形勞汗洩，鼎食之家，腎虛難免，形勞傷腎，腎勞傷精，雖不觸冒嚴寒殺厲之氣，正邪由是潛伏於中，爲伏邪諸病。今人但知嚴寒之可避，不覺正邪之潛侵，樂於以慾竭其精，不解奉閉藏之令，病患故多藏於隱微，而發於人之所忽。前哲以春夏諸病，總名傷寒者本此，此所以寒伏於冬，而蔓延於春夏及秋冬爲病滋甚也。茲故略於傷寒，而詳於伏邪溫熱諸證。

《傷寒尋源・辨溫病一》 溫病之於風寒，在太陽病初起時，已自不同。仲景於傷寒中風而外，明揭出太陽病發熱而渴，不惡寒者爲溫病。太陽中風，嗇嗇惡寒，翕翕發熱。太陽傷寒，或已發熱，或未發熱，必惡寒。太陽溫病，但發熱，不惡寒。而其辨證最要之訣，又全在渴之一字。蓋風寒之邪，由外而入，必待傳變後裏熱熾盛，方始口渴。若溫病初起便渴，此在太陽病時，早與裏熱相合，消爍津液，不即善治，眞陰之亡，可立而待。且風寒之病，或微汗，或大汗，或戰汗，病隨汗解。溫病雖汗不解，若汗出熱不退而脈反躁盛者，《內經》即決爲死證，陰精亡故也。故凡治溫病者，當以陰精爲至寶，此自軒岐以來一脈相傳之宗旨。仲景既揭明溫病，苦無耑方，後人以意造方，思補仲景之缺，究未可爲典要，以予度之。仲景於中風病，以風爲陽邪衛氣易泄，尚不取大發其汗，則溫病之不宜發汗，此理斷然莫易。《內經》云：溫者清之，意者當以清裏爲主，而微兼解肌可乎。

《傷寒尋源・辨溫病二》 仲景既言太陽病，發熱而渴，不惡寒爲溫病，更剔出風溫之爲病，而特申發汗之禁，是有二說焉。溫邪內發，誤責其汗，衛氣既疎，風邪又襲，兩陽相合，身反灼熱，此一說也。溫邪內伏，少陰既病，腎精不藏，內風易動，由裏出表，汗出之後，身乃灼熱，此又一說也。二說可以并存，而其不宜發汗則一也。余按溫之爲病，本有新邪伏邪之不同。新邪者，內熱本鬱，適與時令之溫邪相感召，身乃灼熱，此病之兼內外因者。伏邪者，陰分自病，風自內生，雖見表熱，其病全屬內因，而絶不關外因。若發汗後而身反灼熱者，不惟陽脈本浮，即陰津與汗俱洩，陰脈亦浮，故脈陰陽俱浮。若自汗出，身重，多眠睡，息必鼾，語言難出，何一非津傷之象？更逆之以誤下，則陰虛重泄其陰，逆之以誤火，則陽亢益擾其陽。一誤再誤，不至促命期不止。仲景禁例，如此森嚴，能知其所禁而治法可微會矣。然則治溫病者，亦當於未發汗之前，詳審病因，愼勿誤治焉可矣。

《傷寒尋源・辨溫病三》 門人問曰：《內經》言冬傷於寒，春必病溫。又言冬不藏精，春必病溫。仲景但言溫病，并未指明春溫。溫病果專屬春時發乎？答曰：冬三月此謂閉藏，古聖人順冬氣以養藏，使志若伏若匿，若有私意，若已有得，去寒就溫，無泄皮膚，使氣亟奪，此養藏之道。預爲來春奉生地步，故月令先王以至日閉關，商旅不行，後不省方，誠愼之也。冬傷於

寒者，以無固密居室之功，致泄皮膚而寒氣內薄，然當其時不即病。感春月之溫氣始發，肌膚乃陽明胃經之所主，寒毒藏於肌膚，陽明經中久鬱之邪，一旦發出而外達於太陽，是由陽明而太陽，不盡由太陽而陽明少陽，故與風寒之邪由表入裏者治法不同。然此猶病溫之輕者，若冬不藏精之溫病，則更不守閉藏之令，數犯房室，其人腎水先虧，一遇溫邪感觸，乘虛直入，遂有勃然不可禦之勢。此邪往往直入少陰，更不得以太陽論治。大凡冬傷於寒之溫病，病在太陽，即當急存胃中之津液。冬不藏精之溫病，病入少陰，尤當急顧腎中之津液。至謂病溫必在春時，則四時之中，非其時有其氣者，當亦不免。即如《內經》言秋傷於濕，冬生欬嗽，豈欬嗽必在冬時耶？故仲景大法，斷不泥四時言病也。

《傷寒尋源·辨溫病四》 門人問曰：有病溫而反宜用溫藥愈者，何也？答曰：此正仲景所指伏氣之爲病。仲景云：伏氣之病，當須脈之，若脈微弱者，當喉中痛，似傷，非喉痹也。病人云：實喉中痛，雖爾，今復欲下利，按喉痹一證，多由溫邪鬱結三陽，宜按陽經論治。今咽中雖痛，似傷而非眞傷，又脈見微弱，則病不在太陽陽明而在少陰。冬不藏精之人，少陰腎藏，先已自病，少陰之脈夾咽，故爲咽痛。陽僭於上，陰亦無以自固，故雖咽痛，勢必復作下利。咽痛復下利，此爲少陰證，若誤作喉痹而以陽經論治，亡可立待矣。更有身體灼熱，絕似陽經表證，而脈見微弱且多雜以少陰證者，是內挾眞寒，外顯假熱，誤進寒涼，即速其斃。凡此皆當急溫之證，仲景大法，森森俱列，同一病溫，而陰陽寒熱，判然不同。藉非脈法辨別眞確，毫釐千里，幾何不爲疑似所惑哉。

《傷寒尋源·辨熱病一》 劉河間闡發《素問》元機，敍熱病凡三十有三證。此泛言熱因之病機，而《傷寒例》中所稱之熱病，卻不係此。此亦猶《傷寒例》中之中風，不與《金匱》中風歷節病一例看者同義。凡風寒之病，一經傳變之後，大率轉成熱證。其最難辨者，莫如太陽病初起時。此《傷寒例》中之熱病，卻要在初見頭痛、項強、惡寒發熱之太陽病時辨起。按仲景云：太陽中熱者暍是也。其人汗出惡寒身熱而渴也。仲景分明指此爲暍病，則合之《內經·熱病論》所云先夏至日爲病溫，後夏至日爲病暑者，即從此例矣。同一太陽病，溫病渴而不惡寒，熱病渴而惡寒，中風汗出而不渴，熱病汗出而渴，傷寒不渴而惡寒無汗，熱病汗出惡寒而渴。仲景辨證，如此明確，其主治不與風寒溫濕同法，又可推矣。蓋熱則傷寒，故反惡寒，熱則耗津，故見口渴，至於汗出身熱，罔非陽邪怫鬱之狀。《金匱》明設人參白虎湯之制，取其益氣生津，滌除煩熱。此又顯示人以可循之矩矱。後世之用六一散，即祖此意。設遇此等病而妄行解肌發汗，其不致貽誤者幾希，誰謂同一頭項、強痛、惡寒之太陽病，而可不辨之於微哉。

《傷寒尋源·辨熱病二》 問曰：病熱而反惡寒者，何也？答曰：此義《內經》明言之。經云：惡寒戰慄者，皆屬於熱。又云：禁慄如喪神守，皆屬於火。故河間云：病熱甚而反覺其寒，此爲病熱，實非寒也。夫火鬱於內，逼陰向外，陽盛拒陰，往往見外寒之證，且惡寒而渴，自與中風傷寒之惡寒不同，但當直徹其熱，則惡寒之表證自罷。又《難經》云：熱病之脈，陰陽俱浮，浮之而滑，沉之散濇，此病機之常。然以今人當夏月盛暑，或坐卧當風，或恣啖生冷，內熱被外寒所束，熱益鬱而不得洩，因反病熱。故仲景於太陽中暍，別出脈弦細芤遲，脈微弱兩條，以盡病情之變。此又仲景當日之圓機活法，以牖後人臨症之靈心善悟。遇此等證，便不宜用寒涼直折。後賢治夏月暑病，有用大順散、香薷飲者，正自此義。且《內經》云：人傷於寒，則爲病熱。正惟熱病中亦見頭項強痛惡寒之太陽病，故得類於傷寒之例。夫上古聖人，夏三月養長之道，夜卧早起，無厭於日，使氣得泄。若所受在外，熱固欲其外洩，不欲其內壅也，旨深哉。

《溫熱經緯·〈內經〉伏氣溫熱篇》《論疾診尺篇》曰：尺膚熱甚，脈盛躁者，病溫也。其脈盛而滑者，病且出也。

吳鞠通曰：經之辨溫病，分明如是。何世人悉謂傷寒，而悉以傷寒足三陰經溫法治之哉。張會卿作《類經》，割裂經文，蒙混成章，由未細心紬繹也。尺膚熱盛，火鑠精也。脈盛躁，精被火煎沸也。脈盛而滑，邪機向外也。

《平人氣象論》曰：人一呼脈三動，一吸脈三動而躁，尺熱曰病溫。尺不熱，脈滑曰病風，脈濇曰痹。

吳鞠通曰：呼吸俱三動，是六七至脈矣。而氣象又急躁，若尺部肌膚熱，則爲病溫。蓋溫病必傷金水二臟之津液，尺之脈屬腎，尺之穴屬肺也，此處肌肉熱，故知爲病溫。其不熱而脈兼滑者，則爲病風。風之傷人也，陽先受之，尺爲陰，故不熱也。如脈動躁而兼濇，是氣有餘而血不足，病則爲

痹矣。

《溫熱經緯・仲景伏氣溫病篇》 《傷寒論》：師曰：伏氣之病，以意候之。今月之內，欲有伏氣，假令舊有伏氣，當須脈之。若脈微弱者，當喉中痛似傷，非喉痹也。病人云：實咽中痛，雖爾，今復欲下利。

張路玉曰：冬月感寒，伏藏於經，至春當發，故曰以意候之。今月之內，言春分候也。若脈微弱者，其人眞元素虧，必不發於陽而發於陰，以少陰之脈循喉嚨。伏邪始發，熱必上升，故必喉中痛似傷。腎司開闔，經之熱邪不能外發，勢必內攻，其後下利也。

章虛谷曰：此條仲景教人辨冬伏寒邪春發之溫病，當以心意測候之也。如今月之內，欲有發伏氣之病者，必無其氣而有其病。病與時氣不合，即知其病因舊有伏氣而發。假令舊有伏氣者，須審其脈，知其邪從何處而出也。若脈微弱，知其邪雖化熱，未離少陰，循經脈而上灼，當喉中痛似傷者，卻非外邪入內之喉痹，是內熱欲出之喉痛也。何也？若春時外感風邪，則脈浮而弦數，先現發熱惡寒之外症，今脈微弱，則非外感而反喉痛，則確知爲內發之伏熱，是無其氣而有其病也。伏氣上行，不得外散，勢必又從下走，故曰實咽中痛，雖爾，今復欲下利也。然亦有兼外感者，即審其脈證，皆可照此辨之矣。觀仲景標中風、傷寒、暑熱等病之脈，與《難經》同。惟《難經》言溫病之脈，行在諸經，不知何經之動也，各隨其經所在而取之。是言溫病初由伏邪，隨氣血流行，在諸經中及其邪之發也。不知從何經而動，既發之後，各隨其邪所在之經而治之。其發無定處，故無一定之脈象可示也。今仲景又教人審脈以辨邪發之經，如脈微弱即知其邪未離少陰，必當有咽痛、下利等證，正與《難經》互相發明者也。故如下交之邪出三陽，熱勢大盛，其脈浮大，上關上，則是脈隨證變，證隨脈現。其發也，既無定處，則無定證，既無定處，則無定脈，故《難經》不標脈象也。由是觀之，其與外感之邪，而有定證、定脈者迥不同矣。故仲景與《難經》無異也。

《溫熱經緯・余師愚疫病論》 論疫與傷寒似同而異　疫證初起，有似傷寒太陽陽明證者。然太陽陽明頭痛，不至如破，而疫則頭痛如劈，沉不能舉。傷寒無汗，而疫則下身無汗，上身有汗，惟頭汗更盛。頭爲諸陽之首，火性炎上，毒火盤踞於內，五液受其煎熬，熱氣上騰，如籠上熏蒸之露，故頭汗獨多。此又痛雖同而汗獨異也。有似少陽而嘔者，有似太陰自利者。少陽之嘔，脅必痛；疫證之嘔，脅不痛。因內有伏毒邪火干胃，毒氣上衝，頻頻而作。太陰自利，腹必滿；疫證自利，腹不滿。大腸爲傳送之官，熱注大腸，有下惡垢者，有旁流清水者，有日及數十度者，此又證異而病同也。

《溫疫論辨義・寒疫論》 何以謂之寒疫也？厲氣有溫有寒，其人感氣之溫者，謂之溫疫；而感氣之寒者，謂之寒疫。亦有眞陽素虧，雖感溫毒，外邪協水而動，陽熱變爲陰寒者，亦寒疫也。其證初起，舌顯白胎，胸脅苦滿，肢體疼痛，手足微厥，或鼻塞頭眩，或痰壅氣促，或吐或不吐，人事懨懨，與溫疫諸證略同。蓋因疫邪口鼻而入，直犯太陰，脾土失職，陽氣鬱而不伸，寒邪上僭，故舌胎白而胸脅滿。寒邪外溢，故頭身痛而手足厥。其頭眩、痰壅諸證，無非寒邪阻隔中焦，清明之氣下陷而然。且寒邪橫肆，勢必兼犯少陰，而爲汗出亡陽、四肢厥冷等證。并犯厥陰，而爲吐利腹痛、冷結關元等證。辨證之法，溫疫舌胎白而燥，口渴喜冷飲；寒疫舌胎白而滑，口不渴，或渴而喜熱飲。溫疫先憎寒而後發熱，發熱則不惡寒，熱與熱兩相合也；寒疫亦先憎寒而後發熱，發熱而仍惡寒，寒與熱兩相爭也。溫疫煩燥不眠，氣麤口臭，揚手擲足，譫語發狂，陽性主動故也；寒疫虛煩倦卧，身重頭懸，神弱氣微，鄭聲多怯，陰性主靜故也。治之之法，惟有驅寒辟疫，溫經回陽。如嚴冬閉塞，雪沍冰凝，端賴黍穀春回，積凍潛消矣。第眞陽一點，鎮攝坎宮，水火有相濟之妙。其宜專扶陽者，所謂陰從陽長，精生於氣是也。亦宜兼養陰者，所謂陽根於陰，氣化於精是也。此中消息，精微人命存亡，關系甚鉅。故治三陰受邪之證，眞陽虛而元陰未虧者，用辛溫專扶其陽，以禦其陰，否則陰盛滅陽矣。眞陽虛而元陰復虧者，用甘溫兼養其陰，以輔其陽，否則陽亢爍陰矣。裏虛夾表者，解表必兼溫裏扶正，乃能驅邪也。裏重於表者，溫裏不必解表，正旺而邪自潰也。通斯義者，可以悟陰陽互根之理，可以識標本定治之宜。濟世活人，其庶幾乎。

《研經言・駁〈臨證指南〉二條》 葉氏桂《臨證指南》一書，於溫熱、脾胃最精，似可爲初學法，然其可議者不少。如溫熱類以神昏爲心包絡病，考古說神昏屬陽明，見於《素》脈解厥逆及《金匱》中風等篇，而《靈・經脈篇》釋心包絡經是動所生病，無神昏不知人之說，則葉氏之於經學可知也。脾胃類則云陽明陽土，得陰始安，太陰陰土，得陽始運。夫以陰療陽、以陽療陰，似也。

但胃若虛，自宜以陽藥培之，仲景於傷寒下後諸治，皆用乾薑，義可見也，脾若虛，自宜以陰藥培之，仲景於亡津諸治，皆用人參，義可見也。自難執一而論。此二條皆徐靈胎所未及駁者，而其誤人也亦不淺。

《研經言·傷寒溫熱診治論》 所以謂傷寒、熱病有別者，別於診不別於症，別於法不別於藥。氣盛身寒，得之傷寒，氣虛身熱，得之傷暑，診之別也。然而傷寒傳變，則亦身熱，傷暑發狂，則亦氣盛，非症之無別者乎？淺人誤認，職是故耳。傷寒皆先汗後下，溫熱或先下後汗，法之別也。然而汗則麻、葛，下則硝、黃，傷寒之汗下以是，溫熱之汗下亦以是，非藥之無別者乎？由是推之，傷寒雖因於寒，一經化熱，舍黃連、石膏，更用何藥以涼之？溫熱雖已爲熱，倘或過治，舍乾薑、附子，更用何藥以溫之？人生之患縱有萬端，本草之數止此一定，藥可通用，方何獨不可通用？近之解《傷寒論》者，執其中之白虎、黃芩等湯，以證此書之兼出溫熱治法。彼將謂傷寒病始終不宜寒藥，溫熱病始終不宜溫藥乎？噫，醫可若是之固哉！

《世補齋醫書文集·傷寒有五論》 《傷寒論》之不明於世也久矣。昔人謂讀《傷寒論》，當求其所以立法之意，余謂讀《傷寒論》，當先求所以命名之意，不審其論之何以名傷寒，則何怪人之不善用傷寒方哉。凡病之爲風、爲寒、爲溫、爲熱、爲濕溫者，古皆謂之傷寒，乃人知風與寒爲《傷寒論》中病，而於溫與熱謂不可用《傷寒論》中方，其意若曰方既出於《傷寒論》，自是治寒方，必非治溫法，豈有治溫而用治寒方者，於是一遇溫熱病，無不力闢傷寒方，更無人知溫熱之病，本隸於《傷寒論》中，而濕熱之方，并不在《傷寒論》外者。仲景《傷寒論》自序云：撰用《素問》、《九卷》、《八十一難》，則欲讀《傷寒論》，必先於《素問》求之。《素問》曰：熱病者，皆傷寒之類也。又曰：人之傷於寒也，則爲病熱。又曰：人傷於寒而傳爲熱，何也？寒甚則生熱也。又曰：凡病傷寒而成溫者，先夏至日爲病溫，後夏至日爲病暑。蓋《素問》之言熱言病之既，仲景之言寒言病之朔，此而觀之，自知寒之必化爲熱，而溫之必本於寒，其反援《素問》以駁仲景者，固不足與議矣。然苟非證之以《難經》，尚不知仲景所以名論之故。《難經·五十八難》曰：傷寒有幾？答曰：傷寒有五，有中風，有傷寒，有濕溫，有熱病，有溫病。傷寒者，病之總名也，下五者，病之分證也。傷寒爲綱，其目則五，一曰中風，二曰傷寒，三曰濕溫，四曰熱病，五曰溫病，明說傷寒有五種焉。病既來自傷寒，是當從病之來路上立論，論即從病之來路上命名，故仲景《傷寒論》之傷寒字，即《難經》傷寒有五之傷寒字，非二曰傷寒之傷寒字也。仲景所以撰用《素問》、《難經》者如此。明乎此，而以《傷寒論》中病，一一按之。如太陽病，發熱汗出，惡風脈緩者，名曰中風。太陽病或已發熱，或未發熱，必惡寒，體痛，嘔逆，脈陰陽俱緊者，名曰傷寒。其病皆自傷寒來，其爲方也，如桂枝、麻黃之辛溫者，皆治之。如太陽病關節疼痛而煩，脈沈而細者，此爲濕痹。太陽中熱者，暍是也，其人汗出，惡寒身熱而渴也，太陽病發熱而渴，不惡寒者，爲溫病。其病亦自傷寒來，其爲方也，如葛根之辛涼，石膏之辛甘寒，黃芩、黃連、大黃之諸苦寒者，皆治之。豈不以傷寒之爲論，固爲諸傷寒病設。凡傷寒之若風、若寒、若溫、若熱、若濕溫五種，無不於論中列方，既用桂、麻治風寒，即以葛根輩治溫熱，分繫其方於《傷寒論》中，而豈獨治五種內惡寒、體痛、嘔逆、脈緊之傷寒一種乎哉？慨自沿習之久，莫不以仲景傷寒有五之大綱，爲專治二曰傷寒之一種。一若但見論中有桂枝、麻黃，不見論中有膏黃、芩、連者，夫膏、黃、芩、連豈治寒者哉？豈不是治溫治熱者哉？乃以論名傷寒，即謂仲景不知溫熱，則論亦不名中風，何不并云仲景不知中風乎？古人有言：不明五運六氣，檢徧方書何濟？是惟先識仲景所值氣運，爲風爲火，宗族之病，死於風寒、溫熱、濕溫之幾種者居多，當時習用崔文行神丹、君硃砂而臣烏附，佐以半夏、人參、茯苓，使以射罔，名曰赤丸。以象朱鳥七宿者，其人初病風寒，既不宜於附子，其人若病溫熱，更不宜於烏頭，乃於三日以內，便用神丹，不識溫熱寒涼四法，未可通用，所以仲景特用東方蒼龍，西方白虎，北方元武，而獨不用南方之朱雀也。然而宋元以來，於傷寒論之但用三方，竟無能舉其說者，宜莫不以傷寒論中方，爲用溫之祖，絕不知傷寒論中方，亦爲用寒之祖矣。夫仲景方，爲上古聖人相傳之方，所謂經方也。伊尹歿而仲景出，凡伊尹湯液之失傳者，如膏、知之辛寒，硝、黃之鹹寒，芩、連、柏之苦寒，始與薑、附、桂之辛溫辛熱，各標見於傷寒之論，奈何人云亦命名之意，而以爲治風寒者，可取諸論中，治溫熱者，必求諸論外，故風寒之治得其法，而溫熱之治盡失其傳也。餘以秦越人發幾種之問，作五種之對，乃知五種之傷寒，并隸於傷寒之一論，則《傷寒論》者，明是五種傷寒之總論，而溫熱之治，即在其中。前人言之而未詳，猶待後人申之而大白也。快哉，余讀仲景書，如桶底脫矣。

《世補齋醫書文集・傷寒有五論二》　王叔和搜採仲景舊論，錄其對病眞方，以防世急而作序例。舊論者，即此五種之論也，對病者，對此五種之病也。五者之說，徐靈胎言之於《難經經釋》，呂㮶村言之於《傷寒尋源》，若程郊倩之二十五葉，非不欲明此意，而牛鬼蛇神陷入魔障，無足深論。獨其於傷寒所致太陽病痓濕暍與傷寒相似條下，釋之曰：　上傷寒字，指《傷寒論》一書，下傷寒字，指寒傷營一證。則其言抑何精也。再有雙行自注：　傷寒，猶甯國嘉興之有府，傷寒病，猶甯國嘉興之有縣。甯國之蘭陵濕縣，亦稱甯國，嘉興之平湖秀水，亦稱嘉興，以其府屬之同也。只此數言，罕譬而喻，頗足解頤，亦何必作此二十五葉之天魔舞哉。彼微產也，故言皖潮，我是吳儂，但知吳地，吳之有江甯府，亦有江甯縣也。江甯縣，即《傷寒論》之傷寒也，其上元六縣，則《傷寒論》之風也，溫也，熱也，濕溫也。而上元諸縣人，均得稱江甯人者，不言縣而言府也，以此明風寒溫熱之皆名傷寒，而傷寒之五種，不亦同於江甯之七縣哉。推而論之，則如鍾鏞之皆可名鐘，鼎鼐之皆可名鼎，尊罍之皆可名尊，即此類也。然猶不若以五金言之，一曰金，二曰銀，三曰銅，四曰鐵，五曰錫，五金之中，其一曰金，《傷寒論》非五金之總論耶。且不若以五侯言之，一曰公，二曰侯，三曰伯，四曰子，五曰男，五侯之中，其二曰侯，傷寒論非五侯之總論耶。能近取譬，可以爲方，惟原五者之復明於世，俾人知風寒溫熱之皆在論中，論中之方，可治風寒，亦治溫熱，則凡爲傷寒方難用之說者，可一掃而空矣。

《世補齋醫書文集・傷寒有五論三》　世人之不解溫熱爲傷寒者，比比然矣。豈知世所不解者，且不獨在傷寒之溫熱，而并不解傷寒之中風於何見之？見之於林億等《千金方・例》第八條。億以彼時，將傷寒、中風、熱病、溫病，通曰傷寒爲非謂此爲今日醫家公患，故其於《外臺》第二卷，亦曰：臣億案《傷寒論》傷寒、中風，自是兩疾，今云傷寒中風者非。則億之不解傷寒爲總名，而中風爲傷寒之一者，顯然矣。余所見《外臺》書爲日本醫官尚德以宋本校刊者，尚德於是書其眉曰：　傷寒固併傷寒之中風言，億等未達其旨耳。林億之言，其貽誚於東瀛如此，余按《外臺・中風》第一條，引巢氏《病源》中風傷寒之狀，王燾之意，豈不曰中風爲傷寒中一狀乎？蛛絲鳥篆，尙賴有隋唐間人，足以取證，而億等所言，謬已如此，又遑論乎其後哉。再觀《千金方》第九卷爲傷寒上，第十卷爲傷寒下，所載大青龍湯治中風傷寒，陽旦湯、栝蔞根湯治傷寒中風。參錯言之，蓋以其病爲傷寒內之中風，皆非平列兩證也。故其於解肌湯、酒膽湯，皆云傷寒溫病。烏扇豬脂方、大棗烏梅方，皆云傷寒熱病。凡此皆言傷寒內之溫熱，意亦猶是。後人於此等處，俱看作兩證并列，則胡不一審其卷第固是傷寒，而卷中分繫各證，正與仲景之以傷寒名論者，同其例乎。不察乎此，則解肌烏扇諸方，可不分寒與溫與熱而通治之耶。不能了然於目，所以不能了然於心，乃余則正以億等之誤解，而又得一確據矣。吾蘇嘉慶年間，顧西疇之孫大田，懸一榜於門曰顧大田傷寒。大田固通治四時寒熱之病者也，而但標傷寒兩字於門，可見大田時人，尙能知四時寒熱，皆名傷寒，否則大田豈獨爲冬醫，而春夏秋無過而問焉者耶？

《世補齋醫書文集・溫熱病說一》　余既取《難經》傷寒有五之文，明仲景撰用《難經》之意，凡溫熱之治，即當求諸傷寒之論者，無疑義矣。而其二曰傷寒，與四曰熱病，五曰溫病，則傷寒自是傷寒，溫熱自是溫熱，正有不可不辨者，而余謂此亦最易辨也。何以辨之？則仍辨以《傷寒論》太陽、陽明兩經之證。以經言之，太陽在外，陽明在內。以證言之，太陽爲表，陽明爲裏。傷寒由表入裏，其始僅爲太陽證。溫熱由裏出表，其始即爲陽明證。苟非能識傷寒，何由而識溫熱？苟非能識傷寒之治，何由識溫熱之治？人苟於太陽陽明之部位，既從兩經歷歷辨之，再勘定其人之所病，或僅在於太陽，或已在於陽明，而寒與溫之分途，自截然而不爽，故必能識傷寒，而後能識溫熱也。用藥之法，傷寒起自太陽，惟辛溫始可散邪，不得早用辛涼。溫熱起自陽明，惟辛涼始可達邪，不得仍用辛溫。寒與溫皆稱汗病，病之初皆當汗解，而辛溫之與辛涼，則有一定之分際，而不可混者，故必能識傷寒之治，而後能識溫熱之治也。且夫傷寒論之有青龍、白虎也，蓋因傷寒初起，失用溫散，寒邪內傳，便成溫熱，治必改就寒涼，故兩方并用石膏，而其分則在一用桂、麻，一不用桂、麻。有桂、麻者，不可用於溫熱病專屬陽明之候，但可用於傷寒病欲轉陽明之候。無桂、麻者，則既可用於傷寒病已入陽明之候，即可用於溫熱病發自陽明之候。蓋其時陰爲熱傷，傷津傷液，惟寒涼之撤熱力，始足以救陰，熱之不撤，陰即有不克保者，所以芩、連、膏、黃，皆以治溫非以治寒，只除去起首桂、麻二物，則《傷寒論》中方，大半皆治溫治熱方矣。凡傷寒發熱者不渴，如服桂枝湯已而渴，服柴胡湯已而渴，不惡寒，反惡熱，始初惡寒，一熱而不復惡寒。凡傷寒欲解時，寒去而熱亦罷。若寒去熱不

罷，汗出仍熱，而脈躁疾，皆溫病之的候也。病之始自陽明者爲溫，即始自太陽，而已入陽明者，亦爲溫。是故太陽病，發熱而渴，不惡寒者，爲溫病。此一條本以太陽病發熱五字爲句，以而渴不惡寒者六字爲句，蓋上五字爲太陽，而下之渴不惡寒即陽明也。又太陽病桂枝證，醫反下之，利遂不止，脈促者，表未解也，喘而汗出者，葛根黃連黃芩湯主之。此一條桂枝證，本太陽病，而以醫誤下，遂入陽明，蓋上六字爲太陽，而下之脈促喘汗，即陽明也。觀此兩條之渴也，喘也，汗也，脈促也，不惡寒也，皆屬溫熱，即皆屬陽明。而條首仍冠以太陽字者，正令人於渴利等字，知其病之已從太陽傳入陽明，急當專就陽明治也。若因其上有太陽字，仍作太陽觀，仍用太陽方，或并認作太陰病者，皆非能識溫熱者也。

《世補齋醫書文集・溫熱病說二》 溫熱之病，爲陽明證，證在《傷寒論》中，方亦不在《傷寒論》外，本不難辨。自夫人以論外之瘟疫，作論中之溫熱，惟恐瘟疫與傷寒混，適將溫熱與瘟疫混，反將溫熱與傷寒混，傷寒、溫熱、瘟疫三者，愈辨愈不清矣。是故欲得溫熱之眞，必先嚴溫疫之界，乃能知傷寒之論，本自有溫熱之方。凡病之里巷相傳，長幼相似，其小者，如目赤、頤腫、咽痛、欬嗽之類，常常有之，屬溫者多。其大者變起倉猝，一發莫制，有不定其病之爲寒，爲溫者，衆人傳染，如徭役，然因其傳染，乃名爲疫。若病只一身，即在同室侍疾之人，亦不傳染，則溫爲溫病，熱爲熱病。其初傳與傷寒之太陽異，其中傳與傷寒之陽明同，既不傳染，即不得以疫名。乃人皆以病之傳染者，始謂之溫，而反以不傳染之溫病，獨不得用桂、麻、青龍者，仍狃於傷寒二字，而用桂、麻、青龍之方，十治九誤。所以欲明溫熱者，必與傷寒辨，而尤必先與瘟疫辨。與瘟疫辨者，無他，蓋即辨其傳染不傳染耳。明乎傳染之有寒有熱者，爲溫疫，即知不傳染而有熱無寒者，爲溫病。其所以異於瘟疫者，只在此不傳染之三字。其所以異於傷寒者，亦只在不用桂、麻、青龍之三方。此外則與傷寒病寒，既成溫而後病無少異，方亦無不同。凡溫病之宜用葛根芩連湯、白虎湯、諸承氣湯，及凡爲清法所治者，病在論中，方亦在論中。知病之如是者，即謂之溫，乃不以病之傳染者，始謂之溫，而反以溫病之不傳染者，仍用桂、麻、青龍之法矣。質而言之，溫病者，陽明也。《傷寒論》注，以成氏爲最先，成氏只有陽明也三字，包埽一切，言簡而明。他若葛稚川以葱豉湯治溫，而云傷寒有數種，庸工皆不能辨。劉守眞以升麻葛根湯治溫，而云傷寒曰大病，以其爲害之大也。夫治溫而曰傷寒有數種，治溫而曰大病之傷寒，則知前人之通稱傷寒者，由來已久。然苟不先嚴瘟疫之界，即不能得溫熱之眞。柯韻伯曰：溫熱利害，只在一人。瘟疫利害，禍延鄉里。今人不分溫熱、瘟疫，以辭害義矣。周禹載曰：一人受之，則謂之溫。一方受之，則謂之疫。薛一瓢曰：江西才宏筆肆，而論溫自呈敗缺，溫瘟二證，絕無界限，人不知其牽混也。黃坤載曰：溫病者，一人之病，非衆人所同病。其州裏傳染，衆人同病者，謂之疫癘。只此數語，分別溫瘟，病者可以蒙其福，學者可以受其益。解人不當如是耶。故比年以來，人每以溫之何以別於傷寒者問余，必先以溫之所以別於瘟疫者對，而凡昔之愈辨愈不清者，庶幾自此而一清乎。

《世補齋醫書文集・溫熱病說三》 溫熱之屢變而亂其眞也。由於傷寒之一變而失其傳，風寒諸病，由太陽入陽明者，有《傷寒論》在，尚且各自爲說。至溫熱，而漫以爲仲景所未言，更不妨別出己見，每先將溫病移入他經，或且移作他證，如弈棋然，直無一局之同者，若喻嘉言移其病於少陰腎，周禹載移其病於少陽膽，舒馳遠移其病於太陰脾，顧景文移其病於太陰肺，遂移其病於厥陰心包，秦皇士移其病於南方，吳鞠通移其病於上焦，陳素中、楊栗山移其病爲雜氣，章虛谷、王孟英移其病爲外感，尤其甚者，則張介賓、張石頑以及戴天章輩，皆移其病爲瘟疫，而石頑又移其病爲夾陰，娓娓動聽，亦若各有一理也者，而不知陽明爲成溫之藪，古來皆無異說，皆以《傷寒論》陽明方爲治。自夫人欲廢陽明方，故必先將陽明病，移出陽明外，非余之故爲訾議也。苟其不然，則東扯西拽者，何以必將千古相傳之定法，弁髦棄之哉。禹謨曰：宥過無大，刑故無小。不知而移之，出於無心也，過也，猶可恕也，知而移之，出於有心也，故也，不可言也。潛窺其隱，恐尚不僅爲明昧之分，後有作者，或更別有移法，總欲令世人不知有仲景，而樂就其簡便之門、新奇之說耳。然此皆將溫病移出陽明外者，更有明知其在陽明，亦必謂不可用傷寒方，而自製一二味藥，以爲此非仲景所知，其實除此一二味，則仍不離《傷寒論》之葛根、膏、黃。試一問黃坤載、楊栗山輩，於青萍、蠶蟬外，所用何藥，即可見矣。此則暗襲傷寒方，而即明斥《傷寒論》，又以不移爲移者也。吾願任斯道之君子，毋爲移字訣所誤，看得仲景書祇宜於寒，而疑傷寒之方，眞不可用於溫熱之病，則吾道之幸，亦病家之幸也。

《世補齋醫書文集・論喻嘉言溫證三篇》 喻氏《醫門法律》，頗爲後學可讀之書，即《疫論》亦稱高絕。蓋以此一篇固是論瘟，不是論溫也。至其《尚論後篇》之論溫，欲以所定之三例，敵仲景之六經，此則純乎私心，不可爲訓。嘉言以仲景爲詳於治寒，略於治溫，而又誤解《內經》冬不藏精，春必病溫，藏於精者，春不病溫兩言，以謂寒病傷人者少，溫病傷人者多。適因治愈《金鑑》一病，載之《寓意草》中。此一病也，即其據以作溫證中篇，爲一大例者，而不自知其錯中錯也。原其致錯之由，乃以不識《內經》精字，統指人身津液而言，輒認作男女交媾，陽施陰受之精，如康成之解亦既覯止。遂謂腎精不藏，由於勞腎生風，即《內經》勞風之證，定屬少陰。然後以仲景書中太陽病，發熱而渴，不惡寒者，爲溫病。若發汗已，身灼熱者，名曰風溫。風溫爲病，脈陰陽俱浮，自汗出，身重，多眠睡，鼻息必鼾，語言難出五十一字，先截去太陽至溫病十四字，而下句若發汗之若字，則聊屬上文者也，乃并此若字去之，但引發汗下，至語言難出三十六字，以便滅去三陽痕迹，將自汗各證，一齊牽入少陰，絶不自顧其所引少陰病，無非脈沈脈緊，脈微欲絶，厥逆無脈，又脈陰陽俱緊，句句與三陽證之陰陽俱浮者相反，且不顧陰病無發熱，陰不得有汗兩層，又不顧仲景尚有三陽合病兩條，與此條諸證，互相發明。乃獨於《金鑑》案中，祕不言脈，以爲揜著之計，無如藏頭則露尾，顧此則失彼。《金鑑》之病，而果愈於麻、辛，則其脈必沈，必見微細，必不陰陽俱浮，自是少陰之傷寒，本無涉於陽明之溫熱，而徒割裂補綴，煞費心機，演成溫證三篇。欲人於春夏秋之溫病，盡用麻辛附之溫藥。先從別處説仲景治溫，凡用表藥，皆用桂枝。夫曰凡用，曰皆用，則仲景之於溫病，必用桂枝，而且用不一用矣。不過欲便私圖，直可指鹿爲馬，居心之險詐，未有甚於此人者。謂爲誤解《內經》，尚是曲恕之辭耳。試觀《千金方》溫風之證，脈陰陽俱浮，汗出體重，其息必喘，其形狀不仁，嘿嘿但欲寐一段，《千金》之所謂溫風，非即仲景此條之風溫乎；《千金》用石膏三兩，設使嘉言見之，亦必曰一一皆顯少陰經證，而不用石膏且用薑附矣。再觀《千金》所載，府藏溫病，共有六方，皆用石膏，則雖腎藏有溫，亦以石膏爲治。蓋以溫病之少陰，固從火化爲熱，非從水化爲寒也。陳延之《小品》，亦以萎蕤湯之石膏治冬溫，是皆可取以證。嘉言溫病用溫藥之謬，而溫病之必用石膏者，亦可信矣。

《世補齋醫書文集・論嘉言溫病屬少陰之誤》 六經之治，有標本中氣之分，以其病之或生於本，或生於標，或生於中氣也。然惟陽明、厥陰，有生於中氣之病，故有必從中氣之治。若少陽、太陰，則從本治，而不從乎中。少陰、太陽，則或從本治，或從標治，而亦不從乎中。少陰固爲太陽之中氣，若病在太陽，則非中氣爲病，安得謂太陽病當治少陰乎？至於傷寒之病，而傳爲溫，則病之陽盛爲之也。太陽經在皮毛，感冒風寒，皮毛閉塞，榮衛之氣，鬱不得宣，甚則內傳胸膈，氣聚於胃，故太陽病不傳則已，傳則必在陽明。況溫病不必蓋始於太陽，且有一起即在陽明者，而惟喻氏獨不肯一言陽明。喻：謂渴不惡寒之溫病，其脈陰陽俱浮，其身重而多眠睡，其鼻息鼾，而語言難出。一一皆顯少陰經證。吾試以《傷寒論》陽明經證，亦一一顯言之。如陽明病，不惡寒，其體必重，一也；陽明病，不惡寒，偏惡熱，其身體重，二也；陽明病，鼻乾，不得汗，其人嗜卧，三也；陽明病，汗出多而渴，四也；陽明病，渴飲水漿，五也；陽明病，其人復不惡寒而渴者，六也；陽明中風，脈浮大，嗜卧，七也；陽明病，脈浮而緊，咽燥口苦，腹滿而喘，發熱汗出，不惡寒反惡熱，身重，八也；再有三陽合病，腹滿身重，難以轉側，口不仁，而面垢，九也；三陽合病，脈浮大，上關上，目合則汗，十也；三陽合病，脈洪大，但欲眠睡，十一也；三陽合病，渴欲飲水，口乾舌燥者，十二也。凡《傷寒論》所載陽明病，一一可與此條互證者如此。而所謂鼻乾者，非即鼻息之必鼾乎？所謂口不仁者，非即語言之難出乎？嘉言既借此一條以爲據，則此一條即不得不與之辨。其所言一一皆顯少陰經證者，處處聱牙。余所言一一皆顯陽明經證者。句句脗合。惜嘉言當日無援成注陽明也三字，與之辨論者，如其口燥咽乾，果爲腎水枯竭之象，即非少陰本氣君火之病，亦是少陰溜府可從下法之病，豈即宜用薑附之少陰哉？稍緩須臾，甕乾杯罄，即嘉言所自言梔子豉湯，身重四端，皆陽明見證，亦嘉言所自言。矛盾若此，抑獨何耶。

《世補齋醫書文集・論嘉言誤解〈內經〉精字》 《金匱眞言論》曰：夫精者，身之本也。故藏於精者，春不病病溫。所謂精者，指一身津液，由於水穀所化。水穀之精氣，和調於五藏，灑陳於六府，爲後天生身之本，其下遂以精與汗互言之。吾試以經解經，此即經言食氣入胃，散精於肝，淫精於脈，輸精於皮毛之數精字也。亦即經言飲入於胃，游溢精氣，上輸於脾，脾氣散精，上歸於肺，水精四布，五經并行之數精字也。又岐伯論溫病曰：人所以汗

出者，汗生於穀，穀生於精。邪氣之得汗者，邪卻而精勝也。又曰：汗者，精氣也。則精即是汗，何有異說？如嘉言者，亦可謂善讀《內經》者矣。何至《內經》一精字，尚不了了。味其所言，舉此三例以論溫，然後與仲景三陽三陰，先後同符。是其意，實欲以三例者，與仲景六經，爲域中兩大。既作刱論，安排《內經》，復以《傷寒論》渴不惡寒之溫病，謂仲景言冬傷於寒之溫，以發汗已，身灼熱之風溫，謂仲景言冬不藏精之溫。仲景何嘗有此意？乃以一節劈成兩橛，請來作如意珠，遂將發自陽明，一用涼解清泄無不立愈之病，肆用反面之薑、附、桂枝，適以助後人夾陰陽傷寒之說，而寒涼泄降之藥，概從擯棄。吾不能不歸咎於始作俑者之嘉言也。

《世補齋醫書文集・論楊栗山〈傷寒瘟疫條辨〉》 乾隆中，楊栗山作《傷寒瘟疫條辨》，於四十九年甲辰自序之。其所製一十五方，無不暗暗用傷寒方，而又切切誡人以不可用傷寒方，此其意竟不可解。既而思之，或者楊氏以世人久飲狂藥，錮疾已深，若再正言厲色，教人取法仲景，人既不信，即其道亦不行，而足以活人之《傷寒論》，勢必仍歸於廢棄。因而設此詭計，特將殭蠶、蟬蛻之不擔重任者，加入芩、連、膏、黃方內，使人人看似楊氏新方，而不知不覺，已暗將傷寒方愈人。故於卷三之末，託爲畏齋之言，稱其於溫病另闢手眼，卻不於長沙論旁溢一詞。後有作者，不爲冥索旁趨，得以隨施輒效一段，或即是其全書點睛處歟？若果如此，則是楊氏設法度世，不惜身冒不韙，願受明者指摘，而能使昧者潛移默奪，不必醫家明其意，但求病家蒙其福。功歸實在，何必爭名。余故於楊氏之書，猶有取焉。此書本爲三原陳素中名尭道者，所著《傷寒辨證》，於康熙戊午，有自序一首，至嘉慶十一年丙寅，始爲劉鏡浦觀察付刊。其在乾隆時，尚爲素中未刻稿，書中謬作劉河間，稱爲雜病，妄引喻嘉言三焦解毒，誤入吳又可大頭瘟六證，且於陽盛格陰、但言手足溫暖、指爪紅活而不及熱厥之證，有手足冷而指頭寒者，爲素中之陋。而楊氏承之，亦不能有所改正，則反爲素中累矣。

《世補齋醫書文集・論章虛谷〈外感溫熱〉》 葉天士先生，一代盛名，既爲其門下華、邵輩所毀，而顧景文之溫證，又爲章虛谷取而注之，改作《外感溫熱》。其所以改作外感者，想亦嫌其不類論溫，故謂其與仲景伏氣之溫不同。是則天士之溫，本非仲景之溫，而虛谷之溫，又非天士之溫矣。然而換一衣冠，不能使其人之性情面貌，因之而皆變也。況果如其外感之說，而竟出於天士之意，則天士於《臨證指南》，既以小風寒，抵作傷寒一大法門。天士於《溫證論治》，又以小風熱，抵作溫熱一大法門，所以傷寒一證，至天士而失傳，溫熱一證，亦至天士而失傳，而孰知皆非天士之書耶。此之般流，直若塊礧登場，沐猴牽綫，不使仲景聖道，盡歸澌滅不止。而王孟英《溫熱經緯》，盡羅而致之，皆不肯爲病者計。嗚呼，此中之劫運，其何日已耶。

坊間再有《醫效祕傳》，亦云是葉先生語，爲吳子音所刻祕傳，已極不堪，至於葉、薛、繆三家醫案，非特用藥之謬，彼此相似，即詞句間，亦多有雷同，明是一副筆墨，不問可知。其僞志，稱薛與葉積不相能，嘗自署所居曰埽葉山莊，則豈有薛而肯從葉派者乎？繆則我之自出，不聞其有此方案，偏是此種衛鬻言，最易動聽，不託於兩先生，置之可耳，乃假借大醫，使人信從以售其欺，害斯大矣。末附陸秋山《溫熱贅言》，則即王孟英所收陳平伯祖恭語，及章虛谷所指薛氏《濕熱條辨》者，一字不易，但改祖恭爲余，自稱拙著，不值一笑。

《世補齋醫書文集・〈條辨〉辨》 雍乾之間，吾吳薛生白與葉天士兩先生齊名。天士不著書，并華、邵輩亦言之。若一瓢薛先生則著作才也，乃亦傳有《濕熱條辨》一冊。自條自辨。其語句藥物，與《溫證論治》，大略相同，豈薛先生而有此不合體裁之作耶？夫所謂條辨者，始於方中行之前條辨。程郊倩之後條辨，原是條列仲景原文於前，而作者逐條辨之於後，以其條之或有錯簡，或有賸義，或有疑字，而爲之辨其疑似，辨其是非。雖其強題就我，各自爲說，已屬無謂，然猶不失爲箋疏體也。從未有自爲條而自爲辨者，以其所條，高一格書之，更有襲取仲景句法，彼意希圖傳之既久，人人看得高一格處，如仲景原文。我意正恐傳之既久，竟有人看得高一格處，如仲景原文，大可以僞亂眞，足以欺世之并《傷寒論》而不讀者。薛先生之亦有條辨，安知非即顧與吳一流人，假托名賢，使爲嚆矢，以見自條自辨之不自我始，而藉以自文其陋。且恐後之人，尚有倣其體而爲之者，將讕語無稽，皆得冒作經傳之體，思之大可寒心。嗟乎！撥亂反正，黜僞存眞，非吾人之責乎？欲醫理之復明，必自正文體始。

近有《理瀹駢文》者，欲以膏藥，盡廢煎藥，而曰今人遇病，動輒即云服藥，衆口一辭，牢不可破，有雖欲不服而不能者。夫薄貼以治外，湯液以治內，外治內治，因病而施。湯液始於伊尹，而岐伯先有湯液，湯液亦云古矣。

一旦欲盡廢之，是猶勸人喫麪，未嘗不可。而必曰今人腹枵，動輒煮飯，牢不可破。通乎？否乎？丸散膏丹，病家不能自製，且假手於何人？立法之初，自有深意，然恐後之樂用其法者，法又將有一大變也。

《凌氏溫熱類編·緒論》 自吳氏《溫病條辨》、王氏《溫熱經緯》二書行世，而醫家始知傷寒自傷寒，溫熱自溫熱。然皆言新感溫暑居多，而於伏氣溫熱之理由尚未發明盡致，茲將歷代前哲言伏氣溫熱之因症脈治一一詳述於左。《黃帝内經》曰：冬傷於寒，春必病溫。尺膚熱甚，脈盛躁，其脈盛而滑者，病且出也。如病溫者，汗出輒復熱，而脈仍躁疾不爲汗衰，狂言不能食，病名陰陽交，交者死也。故病溫，虛甚死。經又曰：冬傷於寒，春生癉熱。熱病太陽之脈色榮顴骨，與厥陰脈爭見者，死期不過三日；少陽之脈色榮頰前，與少陰脈爭見者，死期不過三日。熱病三日而氣口靜，人迎躁者，取之諸陽五十九刺。熱病七八日，動喘而弦者，急刺之。熱病七日八日，微脈小，病者溲血，口中乾，一日半而死脈代者一日死。熱病已得汗出而脈尚躁，喘且復熱，勿刺膚，喘甚者死。熱病七日八日，脈不躁，躁不散數。後三日中有汗，三日不汗，四日死。未曾汗者，勿腠刺之。熱病不知所痛，耳聾不能自收，口乾，陽熱甚，陰頗有寒者，熱在骨髓，死不可治。熱病已，得汗而脈尚躁盛，此陰脈之極也，死；其得汗，而脈靜者，生。熱病脈尚躁甚而不得汗者，此陽脈之極也，死脈；盛躁得汗而靜者，生。熱病脈尚躁甚而不得評者，此陽脈之極了，死脈；盛躁得汗而靜者，生。凡熱病不可刺者有九：一曰汗不出，大顴發赤，噦者死；二曰泄而腹滿甚者死；三曰目不明，熱不已者死；四曰老人嬰兒熱而腹滿者死；五曰汗大出，嘔下血者死；六曰舌本爛，熱不已者死；七曰咳而衄，汗不出，出不至足者死；八曰髓熱者死；九曰熱而痙者死，腰折瘛瘲齒噤齘也此。九者不可刺也，當瀉其熱，而出其汗，實其陰以補其不足。此軒岐之論溫熱也。

秦越人《難經》曰：濕溫、溫病、熱病，其所苦各不同：濕溫之脈，陽浮而弱陰小而急；溫病之脈，行在諸經，不知何經之動，各隨其經所在而取之；熱病之脈，陰陽俱浮，浮之而滑，沉之散濇。又曰：熱病在内者，取其會之氣穴也。廉按：府會、太會、藏會、季脇、筋會、陽陵泉、髓會、枕骨、血會、膈俞、骨會、大杼、脈會、太淵、氣會、三焦，外一筋直兩乳内，此謂八會。爲當時治熱病者取穴用針之法。此扁鵲之論溫熱也。

張長沙《傷寒論》曰：張石頑云：仲景溫熱病諸例，向來混入傷寒六經例中，致使後世有以黃芩白虎湯誤治傷寒者；有以黃芩白虎證誤呼傷寒者，良由混次不分，以致蒙昧千古。今將溫熱諸條另析此篇，俾學者知傷寒論自有溫熱症治也。太陽病，發熱而渴，不惡寒者，爲溫病。若發汗已，身灼熱者，名曰風溫。風溫爲病，脈陰陽俱浮，自汗出，身重，多眠睡，鼻息必鼾，語言難出。若被下者，小便不利，直視失溲；若被火者，微發黃色，劇則如驚癇時瘛瘲，若火薰之。一逆尚引日，再逆促命期。太陽與少陽合病，自下利者，與黃芩湯；若嘔者，黃芩加半夏生薑湯主之。陽明病脈浮而緊，咽燥口苦，腹滿而喘，發熱，汗出不惡寒反惡熱，身重。若發汗則躁，心憒憒反讝語；若加燒針，必怵惕煩躁不得眠；若下之則胃中空虛，客氣動膈，心中懊憹，舌上胎者，梔子豉湯主之。廉按：陸氏云：心中懊憹三句，語意當在汗下溫針之上。若脈浮，發熱，渴欲飲水，小便不利者，豬苓湯主之。陽明病，汗出多而渴者，不可與豬苓湯，以汗多胃中燥，豬苓湯復利其小便故也。三陽合病，脈浮大關上弦，但欲眠睡，目合則汗，三陽合病。腹滿，身重難以轉側，口不仁而面垢，讝語，遺尿，發汗則讝語，下之則額上生汗，手足逆冷，白虎湯主之。廉按：陸氏云：白虎湯主之，語意在汗下之上。傷寒脈浮滑，此表有寒裏有熱，白虎湯主之。傷寒脈滑而厥者，裏有熱也，白虎湯主之。傷寒脈浮發熱無汗，其表不解者，不可與白虎湯，渴欲飲水，無表症者，白虎加人參湯主之。傷寒無大熱，口燥渴，心煩，背微惡寒者，白虎加人參湯主之。傷寒病，若吐、若汗、若下後七八日不解，熱結在裏，表裏俱熱，時時惡風，舌上乾燥而煩欲，飲水數升者，白虎加人參湯主之。服桂枝湯，大汗出，後大煩渴不解，脈洪大者，白虎加人參湯主之。以上三陽發溫熱例。師曰：伏氣之病以意候之，今月之内欲有伏氣。假令舊有伏氣，當須脈之。若脈微弱者，當喉中痛，似傷非喉痹也。病人云實咽中痛，雖爾今復下利，少陰病二三日，咽痛者，可與甘草湯；不差者，與桔梗湯。少陰病下利，咽痛，胸滿，心煩者，豬膚湯主之。少陰病得之二三日，以上心中煩不得卧，黃連阿膠湯主之。少陰病下利六七日，咳而嘔渴，心煩不得眠者，豬苓湯主之。少陰病得之二三日，口燥咽乾者，急下之，宜大承氣湯。以上少陰發溫熱例。廉按：張石頑曰：溫熱自裏達表，故三陽合病最多。發於三陽者，易治；發於三陰者，難治。然發於三陰者，必有所因，或因冷酒傷脾，或因鬱怒傷肝，或因色慾傷腎，皆正氣先傷，伏邪乘虛而發。設用甘溫調補，豈不助邪轉熾？若行苦寒峻攻，眞元立致消亡，雖

長沙復起，恐難爲力矣。濕家，其人但頭汗出，背強，欲得被覆向火，若下之，早則熱，胸滿，小便不利，舌上如胎者，以丹田有熱，胸中有寒，渴欲得水而不能飲，則口燥煩也。廉按：丹田有熱，是伏邪胸中；有寒，是新感寒濕此。濕痹之偏於熱者，即是濕遏熱伏之一證，但頭汗出亦是濕熱上蒸。惟背強欲得被覆向火，確係新感寒濕，然必兼一身盡痛，關節煩疼。若純是寒濕誤下，必下利不止而死矣，實因濕未化燥，熱未成實。醫者下之太早，故噦而胸滿，小便不利矣。張氏石頑主用黃連湯和解其上下之寒熱，卻是濕溫救誤之良法。故余倣其例引爲長沙論濕溫之症。此仲景之論溫熱也。

王氏《傷寒例》曰：冬令嚴寒，中而即病者，名曰傷寒；不即病而伏藏於肌膚，至春變爲溫病，至夏變爲熱病。熱病者，熱極重於溫也是，以辛苦之人春夏多溫熱病，皆由冬時觸寒所致，非時行之氣也。若更感異氣變爲他病者，廉按：異氣者，謂伏邪將發未發之際，又感別異之時氣，引發伏邪而出也。當依兩感症病而治之。如脈陰陽俱盛，重感於寒者變爲溫瘧，陽脈浮滑，陰脈濡弱；更遇於風變爲風溫，陽脈洪數，陰脈實大；更遇溫熱變爲溫毒，溫毒爲病最重也，陽脈濡弱，陰脈弦緊；更遇瘟氣變爲溫疫，此叔和之論溫熱也。

巢氏《病源候論》曰：辛苦之人，春夏必有溫熱病者，皆由其冬時觸冒之所致。有冬月觸冒寒毒，伏至春暖始發病者，有冬月天時溫暖，人感其氣未即發病，至春又被積寒所折，毒氣不得發泄，至夏遇熱溫毒始發者，皆由表裏受邪，經絡損傷臟腑俱病也。其候多端，姑言其要：一、溫病發斑候：或已發汗，吐下，而表證未罷，毒氣不散，故發斑。若溫毒發出於肌膚，斑爛隱軫如錦文也。二、溫病煩候：此由陰氣少陽氣多，故身熱而煩。其毒氣在於心經。而煩者，則令人悶而欲嘔，若其胃內有燥糞而煩者則譫語而繞臍痛也。三、溫病狂言候：邪盛，則四肢實，實則能登高而歌；熱盛於身，故棄衣而走；陽盛故妄言罵詈不避親戚。大熱遍身狂言而妄聞視也。四、溫病嗽候：邪熱客於胸府，上焦有熱，其人必飲水，水停心下則上乘於肺故令嗽。五、溫病嘔候：胃中有熱，穀氣入胃，與熱相并氣熱則嘔，或吐下後飲水多，胃虛冷亦爲嘔也。六、溫病噦候：伏熱在胃，令人胸滿，胸滿則氣逆，氣逆則噦。若大下後，胃氣虛冷亦令致噦。七、溫病渴候：熱氣入於腎藏，腎藏惡燥，腎燥則渴引飲。八、溫病變成黃候：發汗不解，溫毒氣瘀結在胃，小便不利，故變成黃身如金色。九、溫病喉痛候：熱毒在胸，上攻咽喉，故痛或生瘡。十、溫病毒攻眼候：肝開竅於目，肝氣虛熱，毒乘虛上衝於目，故赤痛重者，生瘡翳也。十一、溫病衄候：肺主氣而開竅於鼻，邪熱傷肺故衄。衄者，血從鼻出也。十二、溫病吐血候：熱毒入深，結於五藏內，有瘀血，故吐血。十三、溫病下利候：風熱入於腸胃，故令洞泄。若挾毒，則下黃赤汁及膿血。十四、溫病膿血利候：熱毒傷於腸胃，故下膿血，如魚腦或如爛肉汁，此由溫毒氣盛故也。十五、溫病大便不通候：脾胃有積熱，發汗太過則津液少，使胃乾結熱在內，故大便不通。十六、溫病小便不通候：過發汗，津液少，膀胱有結熱，故小便不通。十七、溫病下部瘡候：熱攻腸胃，毒氣既盛，穀氣漸衰，故三蟲動作食人五藏，則下部生瘡，重者肛爛。十八、溫病勞復候：因溫病新瘥，津液未復，血氣尚虛，因勞動早，更生內熱。熱氣還入經絡，復成病也。故凡梳頭洗浴諸勞事等皆須慎之。十九、溫病食復候：凡得溫病新瘥，脾胃尚虛，穀氣未復，若食犬、豬、羊肉并腸血及肥魚、炙脂膩食，此必大下利。下利則不可復救。又禁食餅、餌、炙膾、棗栗諸生菓難消物，若不能消化，停積腸胃，便脹滿結實，大小便不通，因更發熱復成病也。二十、溫病陰陽易候：陰陽易病者，是男子婦人溫病新瘥未平復，而與之交接因得病者名爲陰陽易也。其男子病新瘥未平復而婦人與之交接得病者，名陽易；其婦人得病雖瘥未平復男子與之交接得病者，名陰易。其病之狀：身體熱，氣衝胸，頭重不舉，眼中生眯，四肢拘急，小腹絞痛，手足拳，皆即死。其亦有不即死者，病苦小腹裏急熱上衝胸，頭重不欲舉，百節解離，經脈緩弱，氣血虛，骨髓竭，便慌慌吸氣，氣力轉少，著牀不能搖，動起居仰人或引歲月方死。二十一、溫病交接勞復候：病雖瘥，陰陽未和，因早犯房室，令人陰腫縮入腹，腹絞痛，名爲交接之勞復也。二十二、溫病瘥後諸病候：其人先有宿疾，或患虛勞，風冷，積聚，寒疝等疾，因溫熱病發汗、吐下之後，熱邪雖退，而血氣損傷府藏，皆虛故，因茲而生諸病。二十三、熱病煩候：此由陽勝於陰熱，氣獨盛，痞結於藏，則三焦隔絕，故身熱而煩。二十四、熱病皰瘡候：此由表虛裏實，熱氣盛，則發瘡，重者周布遍身。若瘡色赤頭白則毒輕；色紫黑則毒重，其形如登豆故名登頭瘡。二十五、熱病斑瘡候：在表或未發汗，或已發汗，吐下後，表證未解，毒氣不散，煩熱而渴，渴而不能飲，表虛裏實，故身體發斑如錦文。二十六、熱病熱瘡候：表有風濕與熱氣相搏，則身體生瘡，癢痛而膿汁出甚者，一瘥一劇。二十七、

熱病口瘡候： 此由脾藏有熱，衝於上焦，故口生瘡。二十八、熱病咽喉瘡候： 上實下虛，熱氣內盛，薰於咽喉故生瘡。二十九、熱病大便不通候： 病經發汗，汗出多則津液少，津液少則胃乾，結熱在胃，亦大便不通。又有府藏自生於熱者，此由三焦痞隔，脾胃不和，蓄熱在胃，故大便不通也。三十、熱病小便不通候： 熱在膀胱，流於小腸，熱盛則脾胃乾，津液少，故小便不通。三十一、熱病下利候： 熱氣攻於腸胃，胃虛則下赤黃汁，挾毒則成膿血。三十二、熱病䘌候： 熱氣攻於腸胃則穀氣衰。所以三蟲動作，食人五藏及下部，重者肛爛，見府藏。三十三、熱病毒攻眼候： 肝開竅於目，肝氣虛熱，毒乘虛則上衝於目，重者生瘡翳及赤白膜也。三十四、熱病毒攻手足候： 凡人五藏六府井榮俞皆出於手足指。今毒氣從府藏而出，循於經絡，攻於手足，故手足指皆腫赤焮痛。三十五、熱病嘔候： 胃內有熱則穀氣不和，新穀入胃與熱氣相搏，胃氣不平，故嘔或吐，下已後藏虛亦令嘔也。三十六、熱病噦候： 伏熱在胃則令人胸滿，胸滿則氣逆，氣逆則藏。若大下已後，飲水多，胃內虛冷，亦令噦也。三十七、熱病口乾候： 此由五藏有虛熱，脾胃不和，津液竭少，故口乾。三十八、熱病衄候： 心藏傷熱所爲也。肺開竅於鼻邪，熱與血氣并，故衄。衄者，血從鼻出也。三十九、熱病勞復候： 夫熱病新瘥，津液未復，血氣尚虛，因勞動早，勞則生熱，熱氣乘虛還入經絡，故復病也。四十、熱病後沉滯候： 凡病新瘥，後食豬肉及羊血、肥魚、脂膩等，必大下利。醫所不能復治也，必至於死。若食餅、餌粢、飴哺、炙膾、棗栗諸菓物，脯及堅實，難消之物，胃氣尚虛弱，不能消化，必結熱。復病還以藥下之，此元方之，論溫熱也。

孫氏《千金方》曰： 風溫之病，脈陰陽俱浮，汗出，體重，其息必喘，其形狀不仁，默默但欲眠。下之者，則小便難； 發其汗者，必讝語； 加燒針者，則耳聾難言，但吐下之則遺矢便利，如此疾者，宜服萎蕤湯。又治溫熱病方十： 一、治肝府藏溫病陰陽毒，頸背雙筋牽，先寒後熱，腰強急縮，目中生花方： 梔子、豆豉、柴胡、鮮生地、大青、芒硝、白朮、桂心、生薑、石膏。二、治肝府藏溫病陰陽毒，先寒後熱，頸筋攣牽，面目赤黃，身中強直方： 元參、細辛、梔子、黃芩、升麻、芒硝、石膏、竹葉、車前草。三、治心府藏溫病陰陽毒，戰掉不安驚動方： 大青、黃芩、梔子、知母、芒硝、麻黃、元參、石膏、生葛根、生地黃。四、治脾府藏溫病陰陽毒，頭重，頸直，皮肉痹，結核隱起方： 大青、羚羊角、升麻、射干、芒硝、梔子、寒水石、元參。五、治肺府藏溫病陰陽毒，咳嗽連續聲不絕，嘔逆方： 麻黃、梔子、紫菀、大青、元參、葛根、桂心、甘草、杏仁、前胡、石膏。六、治腎府藏溫病，身面如刺，腰中欲折，熱毒內傷方： 茵陳、梔子、芒硝、苦參、生葛、鮮生地、石膏、葱白、豆豉。七、治溫毒攻胃，下黃赤汁及爛肉汁赤，滯下，伏氣，腹痛，諸熱毒方： 梔子、豆豉、薤白。八、治溫病後勞復，或食，或飲，或動作方： 梔子、豆豉、石膏、鼠屎。九、治溫病後食太飽不消，勞復脈實者方： 梔子、豆豉、鼠屎、大黃。十、治溫病後勞復，氣欲絕方： 麥冬、甘草、大棗、竹葉、粳米。又曰： 凡熱病新瘥，後食堅實難消之物，胃氣尚虛弱，不能消化，必更結熱，適以藥下之，則胃氣虛冷，大利難禁； 不下之必死； 下之復危皆難救也。熱病及大病之後多坐，此死不可不慎也。故凡溫熱病新瘥後，但得食糜粥，寧少食令飢，慎勿飽，不得他有所食。雖思之勿與之也。引日轉久可漸食羊肉、白糜。若羹汁、雉兔、鹿肉不可食，豬狗肉亦然。又當靜臥，慎勿早起，梳頭、洗面非但體勞亦不可多。言語用心使意勞煩，凡此皆令人勞復。餘勞尚可，女勞則死，當吐舌數寸，或吐涎而死。故溫病新瘥未滿百日，氣力不平復而犯房室，名爲陰陽易之病，皆難治，多死。此思邈之論溫熱也。

王氏《外臺秘要》曰： 溫熱病，頭痛，骨肉煩疼，口燥，心悶，外寒內熱，或已下之，餘熱未盡者，或熱病自得利，有虛熱煩渴者，宜服《古今錄驗》知母解肌湯。或已下及自得下，虛熱未歇者，除麻黃，重加知母、葛根； 病熱未除，因而夢泄者，除麻黃，加白薇、人參各二錢則止。冬溫未即病，至春被積寒所折不得發，至夏熱其春寒解，冬溫毒始發出，肌中斑爛，隱疹如錦文而咳，心悶，嘔吐清汁，眼赤，口瘡，下部亦生瘡，宜服《古今錄驗》漏蘆橘皮湯，得下爲佳。下後餘證未除，更服葛根橘皮湯。溫毒發斑，赤斑者五死一生。黑斑者十死一生，宜服《備急》黑奴丸。若渴，但與水須臾，當寒，寒訖便汗則解。日移五丈不覺，更服一丸。此療六日，胸中常大熱，口噤，名壞病。醫所不療，服此丸多瘥。若但溫毒發斑，宜服《肘後》黑膏，使毒從皮中出則愈。溫病有熱，飲水暴冷而呃者，宜服《小品》茅根湯，枇杷飲子亦效，茅根橘皮湯尤佳。肺腑有藏熱，暴氣，斑點，宜服《刪繁》香豉湯。溫毒病吐下後，有餘熱而渴，宜服《深師》芍藥湯。此珪孫之論溫熱也。

朱氏《類證活人書》云： 夏至以前，發熱惡寒，頭疼身痛，其脈浮緊者，

此名溫病也。病由冬傷於寒，伏至夏至，以前發爲溫病，蓋因春溫暖之氣而發也。治法解肌湯最良。熱多者，煩渴，發熱不惡寒，或虛煩，并竹葉石膏湯，次第服之。脈尺寸俱浮，頭疼身熱，常自汗出，體重，其息必喘，四肢不收，默默但欲眠，此名風溫也。其人素傷於風，因復傷於熱，風熱相薄，即發風溫。主四肢不收，頭疼身熱，常自汗出不解，治在少陰、厥陰，不可發汗，發汗即譫言獨語，內煩躁擾，不得卧。若驚癇目亂無精療之者，復發其汗，如此死者，醫殺之也，治法宜萎蕤湯。若身灼熱者，知母乾葛湯。渴甚者，栝蔞根湯。脈浮，身重，汗出者，漢防己湯。兩脛逆冷，胸腹滿，多汗，頭目痛苦，妄言，此名濕溫也。病由濕熱相薄則發濕溫，其脈陽濡而弱，陰小而急，治在太陰，不可發汗，汗出必不能言，耳聾。不知痛所在，身青面色變，名曰重暍。如此死者醫殺之也，白虎加蒼朮湯主之。初春，病人肌肉發斑、癮疹如錦紋而咳，心悶，但嘔清汁，此名溫毒也。溫毒發斑者，冬時觸冒疹毒，至春始發。病初在表，或已發汗，吐下，而表證未罷，毒氣不散，故發斑，黑膏主之。又有冬月溫暖，人感乖戾之氣，冬未即病，至春或被積寒所折，毒氣不得泄，至天氣暄熱，溫毒始發，則肌肉斑爛癮疹如錦紋而咳，心悶，但嘔清汁，葛根橘皮湯主之，黃連橘皮湯尤佳。病人先熱後寒，尺寸脈俱盛，此名溫瘧也，白虎加桂枝湯主之。久不愈者，服瘧母煎圓當自愈。夏月發熱惡寒，頭疼身體肢節痛重，其脈洪盛者，此名熱病也。病由冬傷於寒，因暑氣而發爲熱病，治法桂枝石膏湯主之，梔子升麻湯亦可選用。此奉議之論溫熱也。

劉河間《傷寒六書》云：有表而熱者，謂之表熱；無表而熱者，謂之裏熱。凡表裏俱熱之症，或半在表，或半在裏，汗之不可，吐之又不可，法當和解，用涼膈天水二散合服煎解之。或表熱多，裏熱少，天水一涼膈半；或裏熱多，表熱少，涼膈一天水半合和解之。若仍不能退其熱者，用黃連解毒湯直清裏熱。熱熱更甚者，大柴胡合大承氣湯下之，雙除表裏之熱，大柴胡合三一承氣湯亦佳。下症未全，不可下者，用白虎湯，或知母石膏湯。其症初起有暴發而爲熱者，病在心肺，宜用《局方》雄黃解毒丸。有裏病積熱者，病在腎肝，宜用《局方》妙香丸。如上焦熱而煩者，宜用牛黃散。但上焦熱無他症者，宜用桔梗湯。中焦有濕熱不能食而熱者，脾虛也，宜以藿樸白朮陳皮之類治之中焦。有實熱能食而熱者，胃實也，宜以梔子黃芩湯，或三黃丸之類治之。藏府熱極，大便閉結者，宜用大黃牽牛散。若病久憔悴，寢汗發熱，五藏齊損，瘦弱虛煩，腸澼下血，骨蒸萎弱，四肢無力，不能運動者，此久熱骨蒸也，病在下焦肝腎，宜養血益陰，熱能自退，當歸生地合錢氏地黃丸之類。如熱入血室，發狂不認人者，宜用牛黃膏以宣解之。如陽狂奔走，罵詈不避親疎，此陽有餘陰不足，宜用當歸承氣湯下之。若兩脇肋熱，或一身熱，或日晡肌熱者，皆爲血熱也，四順飲子主之。若小便閉而不通，臍下狀如覆椀，痛悶不可忍者，乃腸胃乾涸，膻中氣不下，三焦氣不化也，宜作八正散加沈香木香，令氣通達，小便自通。此守眞之論溫熱也。

李氏《此事難知》云：冬傷於寒，春必病溫者，蓋因房室勞傷與辛苦之人腠理開泄，少陰不藏，腎水涸竭而得之。無水則春木無以發生，故爲溫病。至長夏之時，肝強木長，因絶水之源無以滋化，故爲大熱病也。邪之所感淺者，其病輕而易治；深者，其病重而難治；尤深者，其病死而不治。此東垣之論溫熱也。

朱氏《脈因證治》云：因房勞辛苦之過，腠理開泄，少陰不藏，觸冒冬時殺厲之氣，嚴寒之毒中而即病曰傷寒，不即病，寒毒藏於肌膚之間，至春變爲溫病，至夏變爲熱病，皆熱不得發泄，鬱蒸於內。遇感而發雖曰傷寒，實爲熱病，死症甚多：一、溫病二三日，體熱，腹滿，頭痛，飲食如故，脈直而疾者，八日死。二、溫病四五日，頭痛，腹滿而吐，脈來細勁，十二日死。三、溫病八九日，頭身不痛，目不赤，身不變而反利，脈來牒牒，按之不彈手，時大心下堅，十七日死。四、溫病汗不出，出不至足者死。五、溫病厥汗出，腎脈強急者生，虛細者死。六、溫病下痢，腹中痛甚者死。七、熱病七八日，不汗，躁狂，口舌暴燥焦黑，脈反細弱或代者死。八、熱病得汗，脈躁者死脈轉大者死。九、熱病七八日，脈不躁，喘不數，後三日中有汗，不汗者四日死。十、熱病脈澀小疾，腹滿膨脹，身熱，不得大小便，死。十一、熱病脈浮大，絶喘而短氣，大衄不止，腹中疼，死。十二、熱病脈浮洪，腸鳴腹滿，四肢清注泄，死。十三、熱病脈絶動疾，便血奪形，肉身熱甚，死。十四、熱病脈小疾，咳喘，眩悸，奪形肉身熱，死。十五、熱病腹脹，便血，脈大時，時小絶，汗出而喘，口乾視不見者死。十六、熱病脈轉小身，熱甚死。十七、熱病脈轉小，身熱，甚，咳而便血，目陷妄言，循衣縫，躁擾不卧，死。十八、熱病嘔血，咳而煩，滿身黃，腹脹洩不止，脈絶，死。十九、熱病瘛瘲，狂走不能食，腹滿胸痛引腰脊，嘔血，死。二十、熱病不知所痛，不能自收，口乾，陽熱甚，陰頗有寒者死。二十

一、熱病在腎，口乾渴，舌燥黃赤，日夜飲水，不知腹大脹尚飲，目無精光者死。二十二、熱病喘咳唾血，手足腹腫，面黃振慄不言，名肺絕，死丁日。死後倣此。二十三、熱病頭痛嘔宿汗，嘔逆吐血，水漿不入口，狂妄，腹大滿，名脾絕，死。二十四、熱病煩滿，骨痛嗌腫，不可咽，欲咳不能咳，歌笑而哭，名心絕，死。二十五、熱病僵卧，足不安地，嘔血，血妄行，遺屎溺，名肝絕，死。二十六、熱病喘悸，吐逆，骨痛短氣，目視不明，汗如珠，名腎絕，死。此丹溪之論溫熱也。

王氏《溯洄集》云：傷寒以病因而爲病，名溫病；熱病以天時與病形而爲精，名傷寒。即發於天令寒冷之時，而寒邪在表，閉其腠理，故非辛甘溫之劑不足以散之，此仲景桂枝、麻黃等湯之所以必用也。溫病、熱病後發於天令暄熱之時，伏熱自內而達於外，鬱遏其腠理，無寒在表，故非辛涼或苦寒或酸苦之劑不足以解之，此仲景桂枝麻黃等湯獨治外者，之所以不可用，而後人所處水解散、大黃湯、千金湯、防風通聖用之類兼治內外者，之所以可用也。夫即病之傷寒，有惡風、惡寒之證者，風寒在表，而表氣受傷故也。後發之溫病、熱病，有惡風惡寒之證者重，有風寒新中，而表氣亦受傷故也。若無新中之風寒，則無惡風惡寒之證，故仲景曰：太陽病，發熱而渴，不惡寒者爲溫病。溫病如此，則知熱病亦如此。且溫病、熱病亦有先見表證而後傳裏者，蓋伏熱自內達外，熱鬱腠理不得外泄，遂得還裏而成，可攻之證，非如傷寒從表而始也。或者不悟此理，乃於春夏溫病、熱病而求浮緊之脈，不亦疏乎！殊不知緊爲寒脈，有寒邪則見之，無寒邪則不見也。其溫病、熱病或見緊脈者，乃重感不正之暴寒，與內傷過度之冷食也，豈其本然哉？夫溫病、熱病之脈，多在肌肉之分而不甚浮，且右手反盛於左手者，誠由鬱熱在內故也。其或左手盛，或浮者，必有重感之風寒，否則非溫病、熱病自是暴感風寒之病耳。凡溫病、熱病，若無重感表證，雖間見而裏病爲多，故少有不渴者，斯時也，法當治裏熱爲主，而解表兼之亦有治裏而表自解者。余每見世人治溫、熱病，雖誤攻其裏，亦無大害，誤發其表，變不可言此，足以明其熱之自內達外矣。其間有誤攻裏而致大害者，乃春夏暴寒所中之，新感症邪純在表，未入於裏，故也不可與溫病熱病同論。雖然傷寒與溫病、熱病其攻裏之法，若果是以寒除熱，固不必求異。其發表之法，斷不可不異也。若溫病熱病被時行不正之氣所發及重感異氣而變者，則又當觀其何時何氣參酌，而治尤不可例以仲景即病傷寒藥通治也。此安道之論溫熱也。

汪氏《證治要訣》云：溫與熱有輕重之分。故仲景云若遇溫氣，則爲溫病；更遇溫熱，則爲溫毒。熱比溫爲尤重故也。苟但冬傷於寒，至春而發，不感異氣。名曰溫病，病稍輕。溫病未已，更遇溫氣變爲溫毒，亦可名曰溫病，病較重。此伏氣之溫病也。又有不因冬月傷寒至春而病溫者，此特春溫之氣可名曰春溫，如冬之傷寒，秋之傷濕，夏之中暑相同，此新感之溫病也。以此觀之，是春之病溫有三種不同：有冬傷於寒至春發爲溫病者；有溫病未已更遇溫氣則爲溫病；與重感溫氣相雜而爲溫病者；有不因冬傷於寒，不因更遇溫氣，只於春時感春溫之氣而病者。若此三者皆可名爲溫病，不必各立名色。祇要辨其病源不同而已。此石山之論溫熱也。

王氏《傷寒準繩》云：從立春節後其中無暴大寒，又不冰雪而有人壯熱爲病者，此屬春時陽氣發於外，冬時優寒變爲溫病。按《活人》所云：溫病有二：其用升麻解肌湯者，乃正傷寒太陽證惡寒，而不渴者特以其發於溫暖之時，故謂之溫病爾；其用竹葉石膏湯者，乃仲景所謂渴不惡寒之溫病也，必須細別，勿令誤也。然不惡寒而渴之，溫病四時皆有之，不獨春時而已也。發汗不解，身灼熱者，爲風溫。其證脈浮，汗自出，身重，多眠，其病不獨見於春，間脛冷，腹滿頭痛，渴而熱者，爲濕溫。汗少者，白虎加蒼朮，汗多者白虎加桂枝。陽脈洪數，陰脈實大者，遇溫熱變爲溫毒。初春發斑咳嗽其病最重。若無汗者以三黃石膏湯汗之；若有自汗者宜人參白虎湯主之；煩熱錯語不得眠者，白虎黃連解毒湯主之。表熱又盛者，加葛根。若內實大便不通，宜三黃瀉心湯下之。或大柴胡湯加芒硝下之亦可。若斑出如錦紋者，多難治，人參化斑湯，元參、升麻合黑膏大青四物湯主之。若冬傷於寒，至夏而變熱病者，此則遇時而發，自內達表之病，俗謂晚發是也。又非暴中暑熱新病之可比，但新中暑病，脈虛晚發熱，病脈盛。此肯堂之論溫熱也。

方氏《丹溪心法附餘》云：溫熱之病，皆由秋冬之時，外感風寒，內傷飲食，其時天氣收藏不能即發，以致氣血怫鬱，變成積熱。至春夏之際，又因外感內傷觸動積熱，其時天氣升浮，故能發出，其熱自內達外，初以表裏俱熱，宜用涼膈散、雙解散之類辛涼之劑，兩除表裏之熱，久則表熱微而裏熱甚，又宜用大柴胡湯、三一承氣湯之類苦寒之劑以瀉之，則熱退身涼而病自已也。但涼膈雙解治表裏俱實者最妙。如初起表虛者，多自汗，二方中宜去麻黃、

薄荷；　裏虛者，多泄瀉，二方中宜去芒硝、大黄；　若表裏俱虛而燥熱、煩渴者，宜用人參白虎湯。今人不諳伏氣溫熱之證，表裏俱熱認作即病傷寒之證表熱裏和，便用麻黄湯、桂枝湯、五積散、聖散子辛溫之劑以發表，則內熱愈甚，而斑黄狂亂之證起矣。或未用辛涼之劑以發表，便用承氣湯苦寒之劑以攻裏則表熱未去而結胸虛痞之證作矣。故治溫熱病全在初起時辨明發表攻裏之先後，方可施治此。古菴之論溫熱也。自上古以迄前明歷代前哲論溫熱之因證脈治，可謂言之詳明矣。惜散在各書未見有編撰成集成一統系之科學，俾學者知溫熱諸證自有精當之學説，療法不致爲雜而不精之方書所誤也。

前清凌嘉六先生始習刑名，繼則爲醫虛心篤學，博古通今生平著作，如林而尤注重於溫熱大病診餘之下見有發明。如上述溫熱諸病者，隨錄隨按彙編十年易稿三次，復經趙元益先賢詳加校訂。凡春溫、冬溫、夏熱、秋燥以及風溫、濕溫、溫毒、溫疫，各詳其本症、變症、類症，縷析條分都爲八卷名曰《溫熱類編》，眞一生精力之結晶，足爲後學之南針也。今其哲嗣永年先生由沈子仲圭郵寄原稿屬予叙之，予不文略述大意，於簡端庶幾於溫熱病中，伏氣與新感證候之輕重、治法之難易分際清晰明白易知矣。

《溫病合編・辨正張景岳論溫并治法》　張景岳曰：　溫疫本即傷寒。又曰：　先受寒邪，再觸則發。又曰：　若非表證，何以必汗而後解。

石壽棠按：　張氏引經曰冬傷於寒，春必病溫，并未理會上文有故曰二字。有重陰必陽，重陽必陰二句，又以傷寒化熱之後，《內經》亦稱爲熱病，故曰：　溫疫本即傷寒。不知傷寒化熱之熱病，其原爲傷寒，春夏之溫熱病，其原爲溫熱，一由表傳裏，一由裏達表，寒溫相去霄壤，傳變亦表裏殊途。況溫疫乃天地之厲氣，且與常候之溫熱病不同，何得謂溫疫本即傷寒乎？其曰先受寒邪，再觸則發，此溫疫兼寒之證，非溫疫之常者也。其曰若非表邪，何以必汗而後解。不知傷寒一汗而解，溫疫屢汗不休，必待攻下之後，疫邪中潰，始得汗解。總之，張氏之誤，由於讀斷經文之故，是以篇中多將論傷寒之文，引證溫熱也。

張景岳曰：　身雖熱而脈弱者，當純補爲主，或微兼溫散。又曰：　初感速宜取汗。

石壽棠按：　溫病初起，疫邪閉伏，脈急多弱，若用純補，則溫邪遏鬱，必致內閉。其曰初感速宜取汗。此治傷寒之法。若溫病邪從口鼻而入，不在足太陽之表，最忌麻桂發汗，最宜解肌。若誤發而汗出不止，必至神昏譫語，發疹發癍，此皆逼取其汗之過也。

《溫病合編・辨正吳又可論溫并治法》　吳又可曰：　冬傷於寒，春必病溫，出自《素問》，此漢人所撰，晉王叔和又以述傷寒例，蓋順文之誤。

石壽棠按：　辛苦之人，根本先虧，冬月爲寒氣所傷，久而化熱，至春便易感溫氣而病溫，此伏氣爲病之理，誠有之矣。而吳又可非之者，蓋以又可當溫疫盛行之時，又初創溫疫治法，不免矯枉過正。不知溫疫者，是一時之厲氣，延家合戶，若役使然。故曰溫疫。非常候之溫熱病可比也。

吳又可曰：　冬不藏精，春必病溫，此亦漢人所撰，但言斫喪致病，不言因邪致病。

石壽棠按：　冬不藏精之人，根本先虧，眞陰不足以敵之至春便易感溫氣而病溫。初起即見少陰經證，不可以溫疫法治之，詳見於後。又可未及詳審，故曰不言因邪邪病。

吳又可曰：　疫邪游溢諸經，當隨經引用，以助升泄。如疫邪溢於太陽，見腰背項痛等證加羌治。溢於陽明，見目痛、眉棱骨痛、眼眶痛、鼻乾、不眠等證，加葛根。溢於少陽，見脇痛、耳聾、寒熱、嘔而口苦等證，加柴胡。

石壽棠按：　傷寒證六經由表傳裏，溫病論三焦，自上及下，不可以傷寒法雜之。若感冒兼疫，則又當從。

吳又可曰：　溫疫舌上白苔者，邪在膜原也。舌根漸黄至中央，邪漸入胃，設有三陽見證，用達原飲三陽加法，因有裏證，復加大黄，名三消飲，此表裏分傳者宜之。

石壽棠按：　血氣充實之人，表裏兩急之病，非此不克，臨證酌而用之。

吳又可曰：　下後斑漸出，不可大下，若復大下，斑毒內陷則危，宜托裏舉斑湯。

石壽棠按：　方中用歸升柴芷山甲，皆升提辛燥之品，銷灼津液，病溫之人，腎陰已虧，豈可再升以拔其根本，再燥以耗其津液乎！　此方自不可從，宜用牛蒡子、苦桔梗、大貝母、蘇、荷、銀、翹等味，辛涼透達爲是。

吳又可曰：　陰枯血燥，宜清燥養營湯。設熱渴未除，裏證仍在，宜承氣養營湯。痰涎涌甚，胸膈不清，宜蔞貝養榮湯。

石壽棠按：養榮諸湯，立法甚善，但陳皮之溫燥，當歸之辛竄，恐耗津液，不宜多用。若佐以少許，流通氣血，未嘗不可。用藥要有陰陽開闔。

吳又可曰：腸胃無邪，獨小便急數，或白膏如馬遺，治在膀胱，宜豬苓湯。

石壽棠按：腸胃無邪，獨小便急數，此火有餘，水不足之象，惟以滋水瀉火爲急務，若淡滲之品，最耗津液，不可多用，惟濕重者宜之。

《溫病合編・辨正喻嘉言》論冬傷於寒春不病溫上篇

喻嘉言曰：冬傷於寒，藏於肌膚，感春月之溫病而始發。肌膚者，陽明胃經之所主也。陽明經中，久鬱之熱，一旦發出而外達太陽，有略惡寒而即發熱者，有大熱而全不惡寒者，有表未除而裏已先實者，有邪久住太陽一經者，有從陽明而外達太陽者，有從太陽復傳陽明而不傳他經者，有自三陰傳入胃腑者，有從太陽循經遍傳三陰，如冬月傷寒之例者。大率太陽陽明二經，是邪所蟠踞之地。在太陽則寒傷營之證，十不一見，在陽明則譫語、發斑、衄血、畜血、發黃、脾約等熱證每每兼見，而凡發表不遠熱之法，適以增溫病之困厄耳。況於治太陽經之證，其法度與冬月相同。蓋春月風傷衛之證，或有之，而寒傷營之證，則無矣。且由陽明而達太陽者多，不盡由太陽而陽明、少陽也。似此則溫病之分經用藥，比之傷寒，大有不同，而世方屈指云：某日某經，某日傳經已盡。究竟於受病之經，不能摸索，以求良治。所謂一盲而引衆盲，相將入火坑也。冤哉生命，古今誠莫一控矣。

石壽棠按：冬傷於寒，寒入太陽，必隨見太陽證而即病，名曰傷寒。不即病者，寒邪未入太陽故也。比時未入太陽，豈有當春木主令之時，而反入太陽寒水之臟乎？然則經云冬傷於寒，春必病溫者何也？蓋以冬月爲寒邪所傷，重陰必陽，久而化熱，在內已有溫熱之根，復感春溫之氣，以溫引溫，而溫病成矣。本來之伏邪，由膜原入於足陽明，新受之時邪，由口鼻入於手太陰，故見頭痛、惡風寒、胸次不寬等證。斯時邪在上焦，兼中焦，與太陽毫無干涉。彼喻氏太陽之説，以頭疼惡寒屬太陽經證，不知手太陰肺主天氣，天氣鬱則頭亦疼，肺主皮毛而主表，故亦惡寒也。總之喻氏雖能辟出寒溫二字，但不免被仲景《傷寒論》印定心目耳。

論冬不藏精春不病溫中篇

喻嘉言曰：人身至冬月，陽氣潛藏於至陰之中。《內經》教人於此時，若伏若匿，若已有得。重藏精也。若伏者，若抱雛養蟄，不遑食息也。若匿者，若逋逃隱避，不露踪迹也。若已有得者，韜光匿釆，絶無奢望也。此何如鄭重耶。故謂冬不藏精，春不病溫。蓋以精動則關閘開而氣泄，則風寒得入之矣。關屢開，氣屢泄，則風寒屢入之矣。而腎主閉藏者，因是認賊作子，賊亦無門可出，彌甚相安。及至春月，地氣上升，肝木用事，肝主疏泄，木主風，於是吸引腎邪，勃勃內動，而劫其家寶矣。然邪入既深，不能透出，但覺憒憒無奈，其發熱也，全在骨髓之間，自覺熱極，而捫之反不烙手，任行表散，汗出而邪不出，徒傷津液，以取危困。其候比之冬傷於寒一例，則倍重矣。始先用藥，深入腎中，領邪外出。昌取仲景少陰傷寒之例，未嘗以己意混入一字也。引例如下：

少陰病，始得之反發熱，脈沉者，麻黄附子細辛湯主之。仲景原文。

少陰病，得之二三日，麻黄附子甘草湯微發汗，以二三日無裏證，吐利、煩躁、嘔渴，故微發汗也。仲景原文。

病發熱、頭疼、脈反沉，若不瘥，身體疼痛，當救其裏，宜四逆湯。仲景原文。

石壽棠按：冬不藏精之證，古未有發明者，有之自喻嘉言始，其論證至精至細，實能將經意曲曲道出，惜乎立方一一求合仲景傷寒，不免張冠李戴。不知少陰溫病，與太陽少陰兩感傷寒，雖同是少陰經病，而一寒一溫，眞是同床異夢，後人化而裁之，不可泥其方也。

論冬傷於寒又兼冬不藏精春月同時發病下篇

喻嘉言曰：冬既傷於寒，冬又不藏精，至春月兩邪同發，則冬傷於寒者，陽分受邪，太陽膀胱經主之。冬不藏精者，陰分受邪，少陰腎經主之。與兩感傷寒證中，一日太陽受之，即與少陰俱病，則頭痛口乾，煩滿而渴之例，纖毫不差，但傷寒自外入內，轉入轉深，故三日傳變六經，溫病自內達外，既從太陽之戶牖而出，勢不能遍傳他經，表裏只在此二經者爲恆也。若更挾外邪，從太陽少陰經中，二日傳陽明太陰，三日傳少陽厥陰，則臟腑之邪交熾，不俟六日即死矣。蓋太陽少陰，邪發之日，正已先傷，外邪復入，正氣又傷，即與再傳無異臟腑之氣幾何，絶無可供三傳之理也。但既是溫病，表裏橫發，重復感受外邪者，十中無一，所以溫病兩感之例，原有可生之理。昌治金鑒一則，先以麻黄附子細辛湯汗之，次以附子瀉心湯下之，兩劑而愈。今人

見煩熱枯燥之證，而不敢用附子者，蓋謂其以熱助熱也。孰知不藏精之人，腎中陽氣不鼓，精液不能上升，故枯燥外見，才用附子助陽，則陰氣上交於陽位，如釜底加火，則釜中之氣水上騰，而潤澤有立至者矣。

石壽棠按：冬不藏精例內，即有冬傷於寒寓乎其中，喻氏另分一例者，誤在以冬傷於寒屬太陽，冬不藏精屬少陰，不知冬不藏精，寒邪傷於骨髓，骨髓屬少陰腎經，邪入至深，不能即發，必待春月化熱而後發，誠有然矣。若冬傷於寒，寒入太陽，太陽主表，隨感而發，斷不能遲至春月而後發。今冬傷於寒，至春病溫者，必寒邪未入太陽也。喻氏未理會及此，故割裂經文，另作一例，故曰少陰溫病，與兩感傷寒無異。至謂枯燥外見，用附子助陽，則陰氣上交於陽位，以釜底加火，釜中氣水上騰譬之，不知釜中水多氣可上騰，釜中水少，其涸也可立待也。況少陰傷寒，是陰邪冰伏，如釜中水凍，自當加火。少陰溫病，是陽邪內伏，如釜中水熱，再加之火，水有不內涸者乎。即《寓意草》中治金鑒一條，明將傷寒指爲溫病，所以溫散、溫下有功也。豈可舉以爲例哉。

《溫病合編・列論溫毒證治》 疫痧爛喉源流 痧，方書名痲疹，浙人呼爲瘤子，近年疫痧，多兼爛喉何也？蓋以口鼻之氣通於天，天有鬱蒸之氣，霾霧之施，人自口鼻吸入肺胃，肺胃主咽喉，故疫痧多兼爛喉也。至於神昏，其疫毒已陷心包，如暑氣之歸心矣。如爛喉、氣穢、鼻煽、鼻煤、失音、齁齘等證，是邪犯太陰，而太陰之病象見也。如嘔惡、呃逆、口渴、牙關拘急等證，是邪據陽明，而陽明之病象見也。如神煩、神昏、鼾睡、舌絳、譫語多言等證，是邪干心包，而心包之病象見也。但邪之所入，必乘乎虛。《金匱眞言論》曰：夫精者，身之本也，故藏於精者，春不病溫。岐伯曰：不相染者，正氣存內，邪不可干。蓋疫氣穢濁，未有不因少陽而自能上騰者。如果少陰腎水不虧，少陽相火自伏，經旨固明明示人也。故正陰虛而疫毒盛，誠爲危候矣。正虛疫盛者，灼熱無汗，喉爛神昏，痧隱成片，而脈細如絲，軟如綿，正氣不存，邪直干臟腑矣。陰虛疫盛者，灼熱無汗，喉爛神昏，痧隱成片，而舌絳且光，短且強，陰液燥涸，疫火灼傷臟腑矣。二者斃速甚，正氣虛之斃尤速也，以攻補之兩不及也。夫正陰實而疫毒盛者，猶爲難治，況正陰素虧乎，況正陰兩虧乎。所以治是證者，以喉爲主，合神脈證以定吉凶。感疫輕，則喉爛輕而痧亦輕，感疫重，則喉爛重而痧亦重。喉爛淺者易治，喉爛深者難痊。再現其神，神宜清不宜昏也。按其脈，脈宜浮數有神，不宜沉細無力也。察其痧，痧宜顆爛分明，而漸達透表，不宜赤如紅紙而急現，亦不宜隱約也。合而論之，察其正陰之虛實，視其疫毒之重輕，則吉凶可前知矣。

《醫法圓通・辨溫約言》 問曰：冬傷於寒，春必病溫，其故何也？

夫曰：冬傷於寒者，傷於太陽寒水之氣也。冬令乃陽氣潛藏，正天一生水之際，少年無知，不能節欲，耗散元精，元精即天一。元精一耗，冬不藏精也。不能化生眞水，即不能克制燥金之氣，故當春之際，溫病立作。二月屬卯，卯酉陽明燥金主事。苟能封固嚴密，指冬能藏精者。元精即能化生眞水，而燥金自不敢橫行無忌，春即不病溫矣。此刻辛溫固本之藥，未可遽施，當從二日傳經之法治之，未爲不可。雖然如此，又當細求，而清涼之品，亦不可妄用。病人雖現大熱、口渴、飲冷、譫語，又當於脈息聲音之有神無神，飲冷之多寡，大便之實與不實，小便之利與不利。有神者可與痲杏石甘湯，無神者可用回陽收納之法治之，庶不致誤人性命也。

《醫學求是・初集・外感寒溫辨》 夫傷寒溫病之不同，後之辨者，非一人矣。然外感在經之時，六日六經之形證，未嘗不同也。如第一日太陽經之頭痛項強，至六日厥陰經之煩滿囊縮，皆六經各見之病象。惟太陽主表，爲六經之綱，在經之證，治法不越乎太陽一經。傷寒無內熱，六日經盡，而病不解。入陽明之腑，胃府燥熱，陽亢已極，而脾陰漸亡，故有用承氣湯之法。若燥熱不甚，脾陰未傷，不可誤下，誤下而衛陽內陷矣。陰盛者，必入太陰之臟，寒傷營血，營不外達，衛氣束縛而生內寒。土不尅水，水反侮土，而將滅火，陽亡而成不救之證矣。仲景之四逆眞武湯，乃治六經傳遍之後，入臟生寒之證也。傷寒之病，陽盛者，除承氣湯證外，必見營發而衛解。蓋肺主氣，肝主血，氣主衛，血主營，陰旺，則金斂生水而內陷，陽盛，則木旺生火而外達也。若論溫病，則不然，溫病有內熱，木火先焚於內，初病即見口渴，春令風傷衛氣，衛閉營鬱，其病在經，亦見項強頭痛等在經之證，然治經病之時，必以先清營熱爲主，即六日經盡，不拘入臟入腑，俱是內熱。因冬時已傷其水，水傷木燥，燥則火泄風生，三陰之氣，久已盜泄於風木矣。故於經盡入臟入腑之時，主用麥冬潤胃土之燥，生地滋脾土之陰，知母、元參、天冬清肺金而壯腎水，當歸潤其肝木，白芍泄其膽火，丹皮熄其風木焉。再有《內經》之論熱病，兩感於寒者死。蓋因一日而見兩經之病也。如一日太陽經頭痛項強，

又見少陰經之口燥舌乾，二日陽明經之鼻乾目痛，又見太陰經之腹滿嗌乾，三日少陰經之脇痛耳聾，又見厥陰經之煩滿囊縮。腑爲陽，而臟爲陰，腑陽之經已病，而臟陰之經同病，陽尤而陰絶矣。是以必不免於死也。【略】凡治外邪，必深明乎營衛，風傷衛氣，其病在營，寒傷營血，其病在衛。觀仲景之方，營病泄衛，衛病溫營，其理顯然可見。較後人之九味羌活等湯，治傷寒而多變證者，烏可同日語也。《溫病條辨》一書，章氏譏之，謂其僅治風溫一證，誠哉是言也。若用涼營泄衛之法，察其病涉何經，極重之證，每每一藥而熱輕，兩進而病解。調理之治，不外和營。余之親歷者多矣，玆因治驗，略悟至理，故宗其説而反覆明之，見者曬其爲續貂之説，余無愧焉。

《時病論・附論・傷寒書統治六氣論》　漢長沙著《傷寒論》以治風、寒、暑、溼、燥、火六氣邪，非僅爲寒邪而設，然則其書名傷寒，何也？蓋緣十二經脈，惟足太陽在表，爲寒水之經，凡六淫之邪爲病者，皆必先傷於寒水之經，故曰傷寒。今人都以寒水之寒字，誤爲寒熱之寒。若此則傷寒之書，專治寒邪，而風、暑、燥、溼火，了不干涉矣。殊不思長沙首列桂枝湯以治風，明明指人統治六氣，而非僅治一寒邪之意，於此已露一斑。若果專治寒邪，理當列麻黄湯、附子湯、四逆理中等湯爲先，而不列桂枝湯爲首也。況又有白虎湯以治暑，五苓散以治溼，炙甘草湯以治燥，大小承氣以治火，此顯明六氣統治之書。而今以爲專治寒邪，則誤甚矣。時賢又謂。傷寒論六經，溫熱論三焦，此兩句書，更爲印定眼目，不知邪氣襲人，皆由表而入於裏，惟瘟疫之氣，穢濁之氣，乃論三焦可也。以其氣從口鼻而入，先擾於上，次傳中下，除此而外，則風、寒、暑、溼、燥、火，無不盡從表入。況李彣謂太陽行身之表，外邪皆得傷之。其傷寒之書，能統治六氣者，可無疑矣。凡學治時病者，必須讀仲景《傷寒論》，參讀時賢之書，考古酌今，則胸中自有風、寒、暑、溼、燥、火之界限。若不讀仲景之本，而專讀時賢之書，眞所謂舍本求末矣。

《時病論・附論・闢俗醫混稱傷寒論》　人被寒所傷者，謂之傷寒。夫寒居六氣之一，豈可混稱乎？嘗考寒水之令，在乎小雪、大雪、冬至、小寒之節，共主六十日有奇。蓋小雪居於十月，乃六陰盡出之際，而寒氣方盛之時。大雪、冬至居十一月，小寒居十二月，正觱發栗裂之候。斯時之氣，人感觸者，盡屬傷寒之病，勿可以大寒至驚蟄之風木，春分至立夏之君火，小滿至小暑之相火，大暑至白露之溼土，秋分至立冬之燥金等等之時所患者，混同一稱傷寒。然而亦有可稱者，不可不知。豈於前論中，有謂傷寒之寒字，爲寒水之經之寒，非寒熱之寒也。凡風、寒、暑、溼、燥、火，無不由表而入，皆必先傷於寒水之經，六氣之邪，僉可稱爲傷寒。但有不可稱者，又不得不力辨其非。嘗聞專治傷寒家，有溫病傷寒，熱病傷寒，痧證傷寒，瘡瘍傷寒等名。不知溫病、熱病，皆屬伏氣，痧因沙穢，瘡因溼熱，豈可混稱爲傷寒乎？尤有夾痰傷寒，夾食傷寒，夾氣傷寒，夾血傷寒等名，揆厥由來，痰食氣血，是爲傷寒之兼證，又豈可混稱爲傷寒乎？仲景原文，從未見有此證，竊疑其爲杜撰也。後見呈中戈存橘先生《傷寒補天石》中，果有以上諸證之名，始知其有自也。雖然戈氏之書，醫者不必宗之。其所當宗者，如無已之《明理》、嘉言之《尚論》、韻伯之《來蘇》、路玉之《大成》，誠爲醫家不可少之書，後學所宜奉爲圭臬也。至時俗混稱傷寒之證，更爲不通，見初起嘔吐者，謂爲齷齪傷寒，泄瀉者，爲漏底傷寒。脇痛者，爲刺脇傷寒。寒不甚寒，熱不甚熱，綿綿難愈者，爲癟疲傷寒，即徽俗謂之混沌傷寒。名目極多，難以枚舉。總之小雪至小寒而重感者，爲眞傷寒。風、暑、燥、溼、火，先傷寒水之經者，亦可稱爲傷寒。至溫病、熱病、痧症瘡瘍，決不能混入傷寒。兼痰食氣血者，是爲傷寒之兼證。其餘種種不通之名，皆不足論。醫者須按四時之六氣，而分其孰爲風暑，孰爲燥溼，究不可籠統混爲傷寒病也。

《溫病淺説・謹將辨明各家寒熱混淆錄列於後》　吳鞠通《溫病條辨》第四節曰：太陰風溫、溫熱、溫疫，各溫初起，惡風寒者，桂枝湯主之，但熱不惡寒而渴者，辛涼平劑銀翹散主之。溫毒、暑溫、濕溫、溫瘧不在此例。又自註云：按：仲景《傷寒論》原文：太陽病，但惡熱不惡寒而渴者，名曰溫病，桂枝湯主之。

厚按：仲景《傷寒論》第五節云：太陽病，發熱而渴，不惡寒者，爲溫病。并未出方。吳云以桂枝湯主之，豈非擅改經文？況又自註云：溫熱之邪，春夏氣也。不惡風寒則不兼風寒，可知此非辛涼秋金之氣不足以解之。桂枝辛溫，以之治溫，是以火濟火也。故即從《內經》風淫於內，治以辛涼，佐以苦甘，既云溫病初起，以桂枝湯主之。又云：溫熱之邪，春夏氣也，桂枝辛溫以之治溫，是以火濟火也。已成騎牆之語，豈不自相矛盾乎？既名溫病不應以溫藥治之，既用桂枝，則絶非溫病也，可知。且又擅改經文，皆由辨症不清，心存猶豫，以此誤人，實非淺鮮不得，不舉而辯之。

吴又可之《瘟疫明辨》乃天災流行之氣觸之即病，另是一症，與溫病天淵之別，人多誤解。即如喻嘉言以寒混溫，張景岳、吳鞠通均以瘟爲溫。按《集韻》云：瘟，疫也。《説文》云：疫，民皆疾也。釋名：疫，役也。言有鬼行役也，又疫癘鬼也。《論語》鄉人儺，朝服而立於阼階。註儺，所以驅疫，《周禮》方相氏掌之。以此觀之，瘟即疫也。與溫病無涉，切勿錯認。溫病乃冬傷於寒，春必病溫，係寒化爲熱。既化爲熱是不得名寒，何得以溫藥治之？有如雀入大水爲蛤，既化爲蛤，則不得名雀矧飛介異，類其性懸殊而寒溫兩症亦猶是也。禮月令季夏溫風始至，溫即熱之變文也，溫病何得？與天災流行之瘟疫竝論立名，先差施治焉得無誤。最宜詳辨不可混淆，附錄汪萊堂《瘟疫明辨序》一則，俾觀者於溫病與瘟疫各自不同，一目了然。

汪序：醫不難於用藥，而難於審症，昔陳氏素中著《傷寒辨症》四卷，恐人誤以溫熱病混同傷寒論治，特爲揭出。曰傷寒何如，溫熱又何如。俾覽者如別黑白，其用心可謂仁厚矣。外見吳氏又可《瘟疫論》，其病與溫熱病大概彷彿，而實有不同。蓋傷寒不常有，而溫熱常有，溫熱病常有，而瘟疫則不常有也。夫冬傷於寒，春必病溫。春爲溫病，夏爲熱病。此固無幾無之。若瘟疫，或數年一見，或數年不見，吳氏謂天地間別有一種厲氣，人感之其邪連募原，舍於夾背之間，附近於胃，出表陷裏，傳變不一。誠哉斯言也。有譏其鑿空妄談，恣用大黃尅削元氣，貽人殀枉，不亦過歟。然何以定其爲瘟疫？當天災流行之時，沿門闔境，老少相似，不難辨也。其中亦有雜症誤治者，況值時疫初起，冒昧錯誤，冤沈苦海，差之毫釐，失之千里矣。此《瘟疫明辨》一書，所爲繼又可而作也，其臨症有辨氣、辨色、辨舌、辨神、辨脈五條，論治有汗、下、清、和、補五法，其餘剖晰疑似，是察微抉奧，剴切詳明，了無剩義，得是書而又可論中之旨愈暢，善學者研究而有得焉，引而伸之，觸類旁通。凡遇溫熱病與傷寒，亦可朗朗然明辨之矣。然則謂是書爲又可之功臣可，爲素中之功臣亦可。萊堂汪祺甫序。

喻嘉言，春三月溫症大意云：仲景詳於治傷寒，略於治溫，以法度俱錯出於治傷寒中耳。後人未解義例，故春溫一症，漫無成法可師，而況觸冒寒邪之病少，感發溫氣之病多；寒病之傷人什之三，溫病之傷人什之七。古今缺典，莫此爲大。昌特會《内經》之旨，以暢發仲景不宣之奧，然僭竊無似矣。厥旨維何，《内經》云：冬傷於寒，春必病溫。此一大例也；又云：冬不藏精，春必病溫。此一大例也；既冬傷於寒，又冬不藏精，至春月同時病發，此一大例也。舉此三例，以命溫症，而詳其治，然後以三陰、三陽之例，先後同符。蓋冬傷於寒，邪藏肌膚，即邪中三陽之謂也；冬不藏精，邪入陰臟，即邪中三陰之謂也。陽分之邪淺而易療，陰分之邪深而難愈，所以病溫之人有發表三五次而外症不除者，攻裏三五次而内症不除者，源遠流長，少減復劇，以爲在表也，又似在裏；以爲在裏也，又似在表，用溫熱則陰立亡，用寒涼則陽隨絶，凡傷寒之種種危候，溫症皆得有之，亦以正虛邪盛，不能勝其任耳。至於熱症尤爲十中八九，緣眞陰爲熱邪久耗，無以制亢陽，而燎原不熄也。以故病溫之人，邪退而陰氣猶存一綫者，方可得生。然多骨瘦皮乾，津枯，肉爍，經年，善調始復未病之體。實緣醫者於此一症，茫然不識病之所在，用藥不當，邪無從解，留連展轉，莫必其命。昌之目擊心傷者久之，茲特出手眼，以攷正先人之法則。祈以永登斯人於壽域，後有作者諒必不以爲狂誕也。

厚按：先生此論，已將溫症病情發揮無餘，然先生極稱高明，其他俱可宗法惜乎？惟於溫病條内復將傷寒敘入，仍主桂枝湯及麻黃附子細辛等湯，則是以傷寒混入溫病矣。後之學者必致眩惑，不可不辨，庶免遺誤。但治病務須劃清界限，方無舛錯。若應服麻桂辛溫之劑，絶非溫病仍是傷寒。仲景《傷寒》一書，瞭如指掌，惟溫病一症未有專書，是以後世無傳焉，率多牽混務宜詳辨。

張景岳論溫病，首以瘟疫命名，復將傷寒各法參錯，尤爲龐雜，不知溫瘟二字，義各有別，豈可相混？六淫之氣，有燥，有火，然燥與火俱屬熱病，何不以一火字統之？殊知其中大有分別：火宜瀉，燥宜潤，猶如溫宜辛涼解散，瘟宜芳香逐穢，皆由未能細揣字義。蓋古人造字，一字有一字之義，猶一病有一病之名，萬不容混。按景岳溫病條内所載瘟疫，本即傷寒，無非外邪之病，但染時氣而病無少長率相似者，是即瘟疫之謂。古人有云：瘟症因春時溫氣而發，乃因鬱熱自内而發於外，初非寒傷於表也，故宜用辛平之劑，治與正傷寒用麻黃者不同也。此説固若近理而實有未必然者，蓋瘟疫若非表證，則何以必汗而後解？故余於前論中，謂其先受寒邪，再觸則發，誠理勢之確然也。但其時有寒熱證，有陰陽治陽症、熱症者，即冬時亦可清解；治陰症、寒症者，即春夏亦可溫散。謂宜因證，因時者則可，謂非寒傷於表則

不可。厚按：既引經文冬傷於寒，春必病溫之語，今又謂寒傷於表，則與經文相背。推原其故，皆由著書太多，率爾操觚不暇細揣，以致時而自相刺謬。余於溫病始而茫然，繼因身患，方知其中底藴，由此留心有年，遍覽諸書，均難畫一，不能盡述，恐人錯誤，是以不得已而有淺說之作，是耶，否耶，讀者諒之。

《痧喉正義・余師愚論疫》　乾隆時，余師愚著《疫疹一得》，其論疫則曰：疫證初起，有似傷寒太陽陽明證者，然太陽陽明頭痛不至如破，而疫則頭痛如劈，沈不能舉，傷寒無汗，而疫則下身無汗，上身有汗，惟頭汗更盛。頭爲諸陽之首，火性炎上，毒火盤踞於內，五液受其煎熬，蒸氣上騰，如籠上熏蒸之露，故頭汗獨多，此又痛雖同而汗獨异也。有似少陽而嘔者，有似太陰自利者。少陽之嘔，脇必痛，疫證之嘔，脇不痛，因内有伏毒，邪火干胃，毒氣上冲，吐嘔頻作。太陰自利，腹必滿，疫證自利，腹不滿。大腸爲傳送之官，熱注大腸，有下惡垢者，有旁流清水者，有日及數十度者，此又證異而病同也。乾隆戊子年，吾邑疫疹流行，先惡寒、後發熱、頭疼、腰疼、腹疼、嘔瀉兼作，大小同病，萬人一轍。有作三陽治者，有作兩感治者，有作霍亂治者。迨至兩日，惡候蜂起，危證難以枚舉，如此死者，不可勝計，良由醫者固執古方之所致也。要之，執傷寒之方以治疫，焉有不死者乎。是人之死，不死於病，而死於病，不死於藥，而死於執古方之醫也。疫證乃外來之淫熱，非石膏不能取效。立清瘟散敗毒飲，以犀角地黄湯、白虎湯加甘寒合爲一劑，病證條辨七十一，本是方以加減之。

《痧喉正義・痧喉正義總論》　疫，重症也，仲聖於清濁互中之旨，發明而外，不置一詞。聖人救世深衷，何其略也。漢代至今，千百年來，風霜兵燹之餘，書缺有間矣。古多寒證，今多溫證。溫疫之毒，日甚一日，邇來疫氣流行，夏秋之際爲最，其證情之變化，不可逆料，其感病之夭殤，不可勝數，由疫發痧，外達者易於爲力，内伏者難於求生。以圖救療，大劑方藥，尚能任其自飲。乾嘉而後，疫毒攻喉，喉爛甚即不能嚥，始有爛喉痧之名。雖有扁鵲神技，不能越喉而過，愈嘆其難也。市醫不察，仍執前人寒痧之陳方，升麻葛根湯、柴葛解肌湯，一切辛溫升散諸品，以爲治痧之祖劑。不知是痧也，由疫火而發，誤服溫升諸藥，疫毒上攻，盤踞吸門，初病一誤，圖救爲難，天之火運，至今益熾，人之劫數，至今彌盛。目擊心傷，不忍坐視，爰集各方家論疫《論痧》論疫痧、論沙喉種種治法，合爲一卷。但其中議論紛歧，或曰宜表，或曰不宜表，或曰宜下，或曰不宜下，或曰宜刺，或曰不宜刺，或曰宜寒，或曰不宜寒，或曰忌溫燥，或曰宜溫燥。陳繼宣始則疏達，繼則清化，即斥疏達之非。程鏡宇清涼解毒，又責寒涼遏伏之誤，是自相齟齬也。余師愚治以石膏，以爲不宜表不宜下。王聘之專事下法，以硝黄勝之。是余與王相齟齬也。程鏡宇不宜針刺，王孟英以刺泄其毒，是程與王相齟齬也。各家皆忌溫燥，獨朱鐵山以辛溫燥熱出之，是朱與各家相齟齬也，豈不令人無所適從哉。因憶余弱冠游庠後，好讀方書，見一書中有齟齬之語，莫得其解，鬱悶異常，見此書痛斥彼書之失，輒廢書而嘆，就市醫詢之，則莫能言其所以然，且以爲非傳受不可。逾時又讀之，思愈結，念愈深，一夕安睡，夢中恍惚有人諄諄相告曰：多讀自知。於是年復一年，所讀者數千百卷，於前日書中齟齬者竟知之。於此書斥彼書之失者，而又知其孰是孰非。管子云：思之思之，鬼神通之。其在此乎。嗟乎，古人我師也。古人之可師者我師之，古人之不可師者，我知之。我不師之，軒岐何師，仲聖何師。近時徐洄溪爲一代傳人，只以習方書上溯《靈》《素》而已，近來臨證尤多，乃知市醫無古訓，徒以大言欺人耳。醫必審病因，知來路也，參脈證，知去路也。平時講習，以何者爲當散當下當寒當溫當刺之證，以何者爲禁散禁下禁寒禁溫禁刺之證，務獲眞詮，自能胸有把握，而後參之以臨證，自有定見以立方，又何優險危之患不起也。

《重訂霍亂論・病情篇・寒證》　吐利可發者，傷寒霍亂也，脈平爲邪已解。而小煩者，以吐下後胃氣新虛，不能消穀。故霍亂病，踤時内不可便與飲食，必待胃漸下行爲順，而倉稟始開也。暑熱霍亂，尤奪胃津，溉以甘涼，自能思穀。先曾祖秉衡公曰：傷寒外感之總名，《傷寒論》統論外感之書也。先大父永嘉公曰：《難經》云傷寒有五，則五種外感，古人皆謂之傷寒矣。《傷寒論》有治風、治溫、治暍、治濕諸法，則非專論一傷寒矣。楊素園大尹曰：注傷寒者，無慮數十家，皆以爲專論傷寒之書，故恆覺支離附會，不適於用。雄嘗謂：傷寒有五，瘧亦有五，不過重輕之別耳。傷寒惟感寒即病者，爲正傷寒，乃寒邪由表而受，治宜溫散。其邪在半表半裏，或所感邪氣較輕，不爲傷寒而爲正瘧者，脈象必弦，并宜和解。設冬傷於寒而不即病，則爲春溫、夏熱之病。其較輕者，則爲溫瘧癉瘧。若感受風溫、濕溫、暑熱之氣者，重則爲時感，輕則爲時瘧。今世溫熱多而傷寒少，故瘧亦時瘧多而正瘧

少。惟葉天士先生精於溫、熱、暑、濕諸感，故其治瘧也，一以貫之。余師其意，凡治時瘧，必辨其爲風溫、爲濕溫、爲暑熱、爲伏邪者，仍以時感法清其源。故四十年來，治瘧無難愈之證。推而廣之，仍不止瘧疾爾也。如風寒暑濕，皆可以爲霍亂，則冬寒內伏，至春夏不爲溫熱病。亦可以爲霍亂也。特不多見，故從來無人道及。今年春夏之交，余在濮院，即有是證，未交芒種，薄遊海上，則沿門闔戶，已成大疫。蓋去冬積雪久凍，傷於寒者較深，而流離失所。斗米千餘，精神之不藏者既多，中氣之不餒者亦罕。且今春過冷，入夏甚涼，殆肅殺之氣未消，發生之機不暢，故伏邪不能因升發之令，外泄以爲溫。久伏深藏，如姦匪潛匿，毫無覺察，或其人起居飲食之失調，或外感稍侵而引動，遂得乘機卒發，直犯中樞而爲霍亂，故多無腹痛之兼證。而愈後輒有餘波，與向來夏秋所行因於暑濕爲患者，證候則一，病情迥殊也。治法亦稍有不同。然伏邪化熱，自裏達外，與伏暑內發，理無二致。故其人必口渴，而刺血則紫黑，不知者以爲暑令未行，有何熱證，放膽薑、附，塗炭生民，豈亦劫運使然耶？可哀也已。鎮海周君採山，極爲折服。遂以此說刊印，傳播遠近，元和金君簠齊，同邑周君二郊，秀水呂君愼庵。烏程汪謝城孝廉，桐鄉陸定圃進士，皆見而韙之，爰贅於傷寒霍亂後，以諗來者。

《溫熱逢源・詳註〈靈樞〉〈素問〉伏氣化溫諸條》

《靈樞・論疾診尺篇》曰：冬傷於寒，春生癉熱。

《素問・生氣通天論》曰：冬傷於寒，春必病溫。

《金匱眞言論》曰：藏於精者，春不病溫。

詒按：冬令受寒隨時而發者爲傷寒，鬱久而發者爲溫病。就溫病言，亦有兩證：有隨時感受之溫邪，如葉香巖、吳鞠通所論是也；有伏氣內發之溫邪，即《內經》所論者是也。是則冬傷於寒，正春月病溫之由；而冬不藏精，又冬時受寒之由也。

又按：喻西昌《尚論後篇》，專論伏氣發溫之病，分爲三例：以冬傷於寒，春必病溫爲一例，謂寒邪之伏於肌膚者；以冬不藏精，春必病溫爲一例，謂寒邪之伏於骨髓者；以冬不藏精，冬傷於寒爲一例，謂內外均受邪，如傷寒兩感之證。以此三例，鼎立三綱，分途施治，恰與傷寒論之太陽病之風傷衛、寒傷營、風寒兩傷營衛之三例，前後相符。此喻氏得意之筆也。蓋喻氏天才超越，筆立清卓，每有議論，無不力破餘地；而有意爲文，每每虛立門面，創議論以助我波瀾。在作文則爲高手，而說理則未必皆能精確矣。即知伏氣發溫之病，惟冬傷於寒故病溫，惟冬不藏精故受寒。其所受之寒，無不伏於少陰，斷無伏於肌膚之理。其腎氣未至大虛者，倘能鼓邪外達，則由少陰而達太陽，病勢淺而輕。若腎虛不能托邪，則伏於藏而不得外出，病即深而重。同此邪，同此病，證有輕重，而理原一貫，無三綱之可分也。喻氏論病，每每騁其才辯，而刻意求高；抑或借作感慨，而自抒胸臆。逞筆所之，不自覺其言之過當。學者須分別觀之。

又按：王叔和編《次傷寒論略例》云：中而即病者，名傷寒。不即病者，寒毒藏於肌膚，至春夏變爲溫病，至夏變爲暑病。暑病者，熱極重於溫也。按叔和此論，大旨無甚刺謬。喻氏肆意駁之，未免太過。惟寒毒藏於肌膚一語，於理欠圓。冬寒是時令之邪，與疫癘不同無所謂毒。於寒下加一毒字，已屬駭人。再寒邪之內伏者，必因腎氣之虛而入，故其伏也每在少陰。若皮膚有衛氣流行之處，豈容外邪久伏？況果在皮膚，則病發亦輕，何至深入藏腑，而有險惡之證耶？【略】

《靈樞・邪氣藏府病形篇》岐伯曰：虛邪之中人也，灑淅動形，正邪之中人也，微先見於色。不知於身，若有若無，若亡若存，有形無形，莫知其情。

《素問・八正神明論》岐伯曰：正邪者身形若用力，汗出腠理開，逢虛風，其中人也微，故莫知其情，莫見其形。

詒按：此兩節，言冬時寒邪，所以能久伏不覺之故。凡風從時令王方來者爲正邪，從冲後來者爲虛邪，冬以寒爲正邪，故中於人也令人不覺。近人有疑邪正不并立，不能久伏不發者，曷不取此兩節經文，細意繹之。

【略】

《靈樞・五禁篇》岐伯曰：熱病脈靜，汗已出脈盛躁，是一逆也。

詒按：熱病汗出後而脈轉盛躁，此熱邪深伏於陰。至汗出而邪機始動而外露，則其伏邪必重，故曰逆也。

《難經・五十八難》曰：傷寒有幾，其脈有變否？然傷寒有五：有中風，有傷寒，有濕溫，有熱病，有溫病。其所苦各不同。

徐洄溪曰：傷寒者，統名也。下五者，傷寒之分證也。

詒按：中風傷寒，即仲景論中所列之證也，是感而即發者也。若寒邪鬱伏而發，則因溫風而發者，名曰風溫。因暑熱而發者，名曰熱病，此即夏至

後之暑病也。因濕邪而發者，名曰濕溫。雖隨時隨病，名異其名，而由於受寒則一，故皆謂之傷寒。

又按：所苦不同，言五者之爲病不同也。《傷寒論》云：太陽病，發熱而汗出，惡風脈緩者，名曰中風。太陽病，或已發熱，或未發熱，必惡寒、體痛，嘔逆，脈陰陽俱緊者，名曰傷寒。太陽病，關節疼痛而煩，脈沉而細者，此爲濕痺太陽中熱者，暍是也，其人汗出惡寒，身熱而渴也。太陽病，發熱而渴，不惡寒者，爲溫病。此五條，即論列五種病之所苦，各有見證之不同也。前二條是感寒而即病者，後三條是寒伏於內，兼挾別氣而病者。仲景悉隸於《傷寒論》中，可見五證均因於寒，即均可謂之傷寒也。

中風之脈，陽浮而滑，陰濡而弱。傷寒之脈，陰陽俱盛而緊濇。濕溫之脈陽濡而弱，陰小而急。熱病之脈，陰陽俱浮，浮之而滑，沉之散濇。溫病之脈行在諸經，不知何經之動也，各隨其經所在而取之。

詒按：陰陽二字以脈言，凡脈寸爲陽，尺爲陰；右爲陽，左爲陰；浮爲陽，沉爲陰。就此節論，當以尺寸分陰陽爲是。風爲陽邪，故陽脈浮滑。寒邪收引，故脈緊濇。濕爲陰邪而傷陽故陽濡而陰急。熱病爲陽邪而傷陰，故浮滑而沉濇。熱病是溫邪之已化熱而外出者，其未化熱之前名曰溫病，邪伏少陰。隨氣而動流行於諸經，或乘經氣之虛而發，或挾新感之邪氣而發。其發也，或由三陽而出，或由肺胃。最重者熱不外出，而內陷於手足厥陰；或腎氣虛，不能托邪而燔結於少陰，是溫邪之動。路徑多歧，隨處可發，初不能指定發於何經，即不能刻定見何脈象也。

又按：伏溫之病，隨經可發。經訓昭垂，已無疑義。乃張石頑謂溫邪之發，必由少陽陸九芝謂溫熱病必發於陽明。陳平伯則以肺胃爲溫邪必犯之地。吳又可又以募原爲溫疫伏邪之所。諸家所論，雖亦各有所見，但祇舉溫病之一端，而不可以慨溫病之全體。至吳鞠通《溫病條辨》，横分三焦，謂凡病溫者，必始於上焦手太陰，是以時感溫風之證，指爲伏氣發溫之病，彼此混而不分，其背謬爲尤甚。學者當即此節經文，悉心參究，確知溫病之發，隨經可動，臨證時始有眞知灼見，而不至有他歧之感也。

傷寒有汗出而愈，下之而死者；有汗出而死，下之而愈，何也？然陽虛陰盛，汗出而愈下之即死；陽盛陰虛，汗出而死，下之而愈。

滑氏本義引《外臺秘要》，謂表病裏和爲陽虛陰盛，邪在表，宜發汗；若反下之，引邪入裏，誅伐無過，故死。裏病表和爲陽盛陰虛，邪入裏，宜急下；若反汗之，兼虛其表，故死。按《傷寒例》，亦有陽盛陰虛，汗之則死，下之則愈；陽虛陰盛，汗之則愈，下之則死之文。諸家釋之不一其說，成無己註，則以陽邪乘虛入府，爲陽盛陰虛；邪乘表虛，客於營衛，爲陽虛陰盛。《外臺秘要》及劉河間《傷寒直格》，俱以不病者爲盛，病者爲虛。《活人書》以內外俱熱，爲陽盛陰虛；內外俱寒，爲陽虛陰盛。惟王安道《溯洄集》，則以寒邪在外，爲陰盛可汗；熱邪內熾，爲陽盛可下。此說最爲無弊。若不病爲實，病者爲虛之說，與表病裏和，裏病表和之說相近；但虛實二字，其義終未安也。

詒按：寒邪初受，未經化熱，衛陽被遏，則陽虛而陰盛，此即暴病之傷寒。但用辛溫助陰，以發其汗，則邪解矣。若示曾入府化熱，而遽下之，則裏氣傷而表邪陷，即死矣。若邪鬱久而化熱，陰液被爍，則陽盛而陰虛，此即伏氣之溫病也。裏熱即盛，當急下以救陰則生。若再用辛溫，誤發其汗，則陰愈爍而變證蠭起。是以受病之始，都屬寒邪，故仍以傷寒爲提綱也。此節兩層，以傷寒溫病分貼作解，亦甚熨帖。前所引諸家之論似總不能若是之直捷。

《溫熱逢源・詳註仲景伏氣化溫證治各條》　太陽病，發熱而渴，不惡寒者，爲溫病。

王安道曰：溫病如此，則知熱病亦如此。是則不渴而惡寒者，非溫熱病矣。溫熱病而有惡風惡寒之證者，重有風寒新中也。

沈堯封曰：此條雖不言脈，以後條參之，其尺部必浮也。

章虛谷曰：溫病之發無定處。少陰之表爲太陽，熱邪從裏出表，即有發熱頭痛之太陽病也。不惡寒，則非新感之邪可知。熱從內發故渴，仲景恐人錯認爲太陽傷寒傷風之證，故特標明，謂此是伏熱內發之溫病也。其少陰溫病反不標者，因伏氣條內，已申明咽痛下利，爲少陰初發之溫病矣。

王夢隱曰：汪謝城云：吳氏《溫病條辨》上焦篇，首引《傷寒論》云：太陽病，但惡熱，不惡寒而渴，名曰溫病，桂枝湯主之。今檢傷寒，卻未見此數語。使眞出仲景耶，亦當辨其簡誤。若系吳氏悞記，尤不可不爲之辨正。余謂非悞記也。因喻氏嘗云：仲景治溫證，凡表藥皆用桂枝湯，以示微發於不發之意。尤在涇《讀書記》云：此喻氏之臆說，非仲景之舊章。鞠通自

謂跳出傷寒圈子，而不知已入嘉言套中，又不甘爲人下，遂肆改原文，捏爲聖訓，而不自覺其誣聖誤世也。

《溫熱逢源·論溫病與傷寒病情不同治法各異》 冬月傷寒，邪由皮毛而入，從表入裏，初見三陽經證，如太陽病，則頭項強痛而惡寒之類。三陽不解，漸次傳入三陰。其中有留於三陽，而不入三陰者；有結於胃府，而不涉他經者；亦有不必假道三陽，而直中三陰者。凡此傷寒之症，初起悉系寒邪見象。迨發作之後，漸次化熱內傳，始有熱象。故初起治法，必以通陽祛寒爲主。及化熱之後，始有泄熱之法。此傷寒病之大較也。若夫溫病，乃多時寒邪，伏於少陰，迨春夏陽氣內動，伏邪化而爲熱，由少陰而外出。如邪出太陽，亦見太陽經證，其頭項強痛等象，亦與傷寒同。但傷寒裏無鬱熱，故惡寒不渴，溲清無內熱。溫邪則標見於外，而熱鬱於內，雖外有表證，而裏熱先盛；口渴溲黃，尺膚熱，骨節疼，種種內熱之象，皆非傷寒所有。其見陽明少陽，見證亦然。初起治法，即以清泄裏熱，導邪外達爲主。與傷寒用藥，一溫一涼，卻爲對待。蓋感寒隨時即發，則爲傷寒，其病由表而漸傳入裏；寒邪鬱久，化熱而發，則爲溫病。其病由裏而鬱蒸外達。傷寒初起，決無裏熱見證；溫邪初起，無不見裏熱之證。此傷寒溫病，分證用藥之大關鍵。臨證時能從此推想，自然頭頭是道矣。

《溫熱逢源·論伏邪外發須辨六經形證》 《傷寒緒論》曰：初發病時，頭項痛，腰脊強，惡寒，足太陽也。發熱面赤惡風，手太陽也。目疼鼻乾，不得卧，足陽明也。蒸熱而渴，手陽明也。胸脇滿痛，口苦，足少陽也。耳聾，及病寒熱往來，手少陽也。腹滿自利而吐，足太陰也。口乾，津不到咽，手太陰也。脈沉細，口燥渴，足少陰也。舌乾不得卧，手少陰也。耳聾囊縮，不知人事，足厥陰也。煩滿厥逆，手厥陰也。《醫略》曰：太陽之脈，上連風府，循腰脊，故頭項痛，腰脊強。陽明之脈，挾鼻絡於目，故身熱，目疼鼻乾，不得卧。少陽之脈，循脇，絡於耳，故胸脇痛而耳聾。太陰脈布胃中，絡於嗌，故腹痛而嗌乾。少陰脈貫腎，絡於肺，繫舌本，故口燥舌乾而渴。厥陰脈循陰器，而絡於肝，故煩滿而囊縮。凡外感病，無論暴感伏氣，或由外而入內，則由三陽而傳入三陰；或由內而達外，則由三陰而外出三陽。六經各有見證，即各有界限可憑。治病者指其見證，即可知其病之淺深。問其前見何證，今見何證，即可知病之傳變。傷寒如此，溫病何獨不然。《素問·熱病論》、仲景《傷寒論》，均以此立法，聖人復起，莫此易也。近賢葉氏，始有傷寒分六經，溫病分三焦之論，謂出河間，其實溫熱病之法，至河間始詳，至溫病分三焦之論，河間并無此說，其書具在，可覆按也。厥後吳鞠通著《溫病條辨》，遂專主三焦，廢六經而不論，殊不知人身經絡，有內外淺深之別，而不欲使上下之截然不通也。其上焦篇提綱云：凡溫病者，始於上焦，在手太陰。試觀溫邪初發者，其果悉見上焦肺經之見證乎？即或見上焦之證，其果中下焦能絲毫無病乎？鞠通苟虛心診視，應亦自知其說之不可通矣。況傷寒溫熱，爲病不同，而六經之見證則同，用藥不同，而六經之立法則同。治溫病者，烏可舍六經而不講者哉。

附錄醫悟

表證

發熱　惡寒　身痛　四肢拘急　喘

太陽經證

頭痛　項脊強　脈浮　脈伏

陽明經證

目痛　鼻乾　唇焦　漱水不欲嚥　尺寸俱長

少陽經證

耳聾　胸滿　脇痛　目眩　口苦　胎滑　脈弦

半表裏證

嘔吐　寒熱往來　頭汗　盜汗

太陰經證

腹微滿　脈沉實　自利

少陰經證

口燥咽乾而渴　咽痛　下利清水　目不明

厥陰經證

少腹滿　囊縮　舌卷　厥逆　消渴

太陽腑證

口渴　溺赤

陽明腑證

潮熱　譫語　狂亂　不得眠　自汗　手足汗　便閉

《溫病指南・傷寒溫病辨》 傷寒邪從毛竅而入，自下而上，始於足太陽。溫病邪從經絡及目鼻而入，自上而下，始於手太陰。寒爲陰邪，陰盛必傷陽，故首鬱遏太陽經中之陽氣而爲頭痛、身熱、項強、脊痛等證，以陰盛傷人之陽也。溫爲陽邪，陽盛必傷陰，故首鬱遏太陰經中之陰氣，而爲咳嗽、自汗、口渴、頭痛、身熱等證，以陽盛傷人之陰也。知此陰陽兩大法門，則傷寒溫病之辨自瞭然於心目矣。

傷寒初病，身雖發熱，一二日內必不煩渴，左手之脈必緊盛倍於右手。溫病身一熱，即口燥咽乾而渴，右手之脈洪大倍於左手。

冬溫初起，頭痛、惡風寒、身熱、自汗，與傷寒證太陽中風無異，此處最易相混。但傷寒中風脈浮緩，中寒脈浮緊，此則不緩不緊而動數，且有口渴及午後熱甚等證，與傷寒判然不同。至春夏時天氣漸暖，則只有溫病，絕無傷寒，更不難知矣。

傷寒病六經遞傳，或汗或下，邪退即愈。溫病則傳變不常，不能一發便盡。有得汗熱退，二三日復熱如前者；有得下裏和，二三日復見表熱者；有表和復見裏證者。總由邪氣未盡之故。宜隨其見證，細心體認，依法療治，方不致誤。不可一見變證，遽爾張皇，胡疑亂猜，以致悞人性命也。

《傷寒補例・南北傷寒溫病異治》 傷寒溫病，南北證治，其大綱有不同者。北方天地之氣化皆燥，人身呼吸腠理之間，皆燥化也，燥之爲政，清冷而堅削，故其治，常宜兼滋血而舒筋。南方天地之氣化皆濕，人身呼吸腠理之間，皆濕化也，濕之爲政，渾濁而壅滯，故其治，常宜兼清血而堅筋。又南人乍北，多患瘧痢，北人乍南，多患傷寒溫熱，所以然者，腠理水濕之邪，爲天氣所斂，不得熏蒸發泄，透入血脈，氣困血滯則爲瘧，氣陷血潰則爲痢，下焦久伏之寒，爲地氣所冲，升騰上越，或盈溢於三焦，或散布於脈絡，寒盛而中焦無熱，卻爲下寒觸發之傷寒，中焦積熱，同時冲發，即爲寒溫相伏之溫病。凡如此者，雖有新感表證，俱不宜重用發汗，瘧痢并和血行氣以化濕，傷寒溫降而微清之，溫熱先清而後溫降之。或曰，子嘗論瘧痢皆宜透汗，今乃謂雖有新感不宜重汗，何也？ 曰： 南方瘧痢，皆是夏伏暑濕，交秋發病，其時濕熱熏蒸，腠理疏豁，若不振衛陽以御表邪，邪氣浸灌，來源不斷，病可由愈。若至北方，氣燥肌斂，邪氣來源已斷，故只宜從裏化，不得逆其氣以虛其表，暗損眞元，豈竟不汗哉，不得辛溫重劑強汗耳。 傷寒溫熱何如？ 曰： 此必有大汗，然亦非發散之謂也，溫之清之，微散以導之，待時自作。若迫而汗之，氣行而邪不能從，汗出而熱不得退，致成壞病，誰之咎乎。大凡壞病，率由治上遺下，治氣遺血故也。

《傷寒補例・男婦傷寒溫病舌黑異治》 男婦氣血異體，證治亦有大端不同者，男子氣壯，血不易乾，舌黑耳聾，血絡痹也，爲熱入血室，舌卷囊縮，血痹之甚，筋失養也。亦有未及化熱，兩肋血絡先痹者，其證舌苔忽黃忽白，必帶灰黑，小便忽閉忽通，煩躁不能安眠，或有一邊不良於眠，其脈忽脹忽短，忽洪忽緊，全無定象，必得明醫，善攻其血，乃可治之。未有瘀不化黑不退，而病能愈者也。若婦人血盛，常有經水適來適斷，與病相觸，肝胃之絡，最易停瘀，舌黑譫語，事所常有。但耳不聾，乳不縮，不爲敗證，即耳微聾而譫妄狂躁者，亦邪正相搏之象，惟聲息低微，不能轉側，乃在所忌。其舌或藍、或灰、或黑，有僅在一偏，有全體皆透，均多不得據爲凶候。故治婦科傷寒溫病，起手即宜兼和血以防之，否則病愈而絡瘀不淨，積爲胃痛腰疼痼疾。又世以黑而芒刺爲熱，濕潤爲寒，然瘀血舌黑，雖熱而不生芒刺，有烟癮人，雖寒而亦見燥裂，在察其兼證以別之。蓋男子之血必因寒而瘀、因熱而瘀，因溫病過服寒劑，遏熱閉絡而瘀，女子不必因寒因熱，邪與血不必相入而血能自瘀，故病愈而黑不退者有之。

綜述

《靈樞・熱病》 偏枯，身偏不用而痛，言不變，志不亂，病在分腠之間，巨鍼取之，益其不足，損其有餘，乃可復也。痱之爲病也，身無痛者，四肢不收，智亂不甚，其言微知，可治，甚則不能言，不可治也。病先起於陽，後入於陰者，先取其陽，後取其陰，浮而取之。熱病三日，而氣口靜，人迎躁者，取之諸陽，五十九刺，以寫其熱，而出其汗，實其陰，以補其不足者。身熱甚，陰陽皆靜者，勿刺也，其可刺者，急取之，不汗出則泄。所謂勿刺者，有死徵也。熱病七日八日，脈口動喘而短者，急刺之，汗且自出，淺刺手大指間。熱病七日八日，脈微小，病者溲血，口中乾，一日半而死，脈代者，一日死。熱病已得汗出，而脈尚躁，喘且復熱，勿刺膚，喘甚者死。熱病七日八日，脈不躁，躁不

散數，後三日中有汗，三日不汗，四日死。未曾汗者，勿腠刺之。熱病先膚痛，窒鼻充面，取之皮，以第一鍼，五十九，苛軫鼻，索皮於肺，不得索之火，火者，心也。熱病先身濇，倚而熱，煩悗，乾脣口嗌，取之皮，以第一鍼，五十九，膚脹口乾，寒汗出，索脈於心，不得索之水，水者腎也。熱病嗌乾多飲，善驚，臥不能起，取之膚肉，以第六鍼，五十九，目眥青，索肉於脾，不得索之木，木者，肝也。熱病面青腦痛，手足躁，取之筋間，以第四鍼，於四逆，筋躄目浸，索筋於肝，不得索之金，金者，肺也。熱病數驚，瘛瘲而狂，取之脈，以第四鍼，急寫有餘者，癲疾毛發去，索血於心，不得索之水，水者，腎也。熱病身重骨痛，耳聾而好瞑，取之骨，以第四鍼，五十九刺，骨病不食，齧齒耳青，索骨於腎，不得索之土，土者，脾也。熱病不知所痛，耳聾不能自收，口乾，陽熱甚，陰頗有寒者，熱在髓，死不可治。熱病頭痛，顳顬目瘳，脈痛善衄，厥熱病也，取之以第三鍼，視有餘不足，寒熱痔。熱病，體重，腸中熱，取之以第四鍼，於其腧及下諸指間，索氣於胃，胳得氣也。熱病挾臍急痛，胸脇滿，取之湧泉與陰陵泉，取以第四鍼，鍼嗌裏。熱病而汗且出，及脈順可汗者，取之魚際、大淵、大都、大白，寫之則熱去，補之則汗出，汗出大甚，取內踝上橫脈以止之。熱病已得汗而脈尚躁盛，此陰脈之極也，死；其得汗而脈靜者，生。熱病者脈尚盛躁而不得汗者，此陽脈之極也，死；脈盛躁得汗靜者，生。熱病不可刺者有九：一曰：汗不出，大顴發赤噦者死；二曰：泄而腹滿甚者死；三曰：目不明，熱不已者死；四曰：老人嬰兒，熱而腹滿者死；五曰：汗不出，嘔下血者死；六曰：舌本爛，熱不已者死；七曰：欬而衄，汗不出，出不至足者死；八曰：髓熱者死；九曰：熱而痓者死。腰折，瘈瘲，齒噤齘也。凡此九者，不可刺也。所謂五十九刺者，兩手外內側各三，凡十二痏；五指間各一，凡八痏，足亦如是；頭入發一寸傍三分各三，凡六痏；更入發三寸邊五，凡十痏；耳前後口下者各一，項中一，凡六痏；巔上一，顖會一，發際一，廉泉一，風池二，天柱二。氣滿胸中喘息，取足太陰大指之端，去爪甲如薤葉，寒則留之，熱則疾之，氣下乃止。心疝暴痛，取足大陰、厥陰，盡刺去其血絡。喉痹舌卷，口中乾，煩心，心痛，臂內廉痛，不可及頭，取手小指次指爪甲下，去端如韭葉。目中赤痛，從內眥始，取之陰蹻。風痓身反折，先取足太陽及膕中及血絡出血，中有寒，取三里癃，取之陰蹻及三毛上及血絡出血。男子如蠱，女子如怚，身體腰脊如解，不欲飲食，先取湧泉見血，視跗上盛者，盡見血也。

《靈樞・衛氣》 黃帝曰：五藏者，所以藏精神魂魄者也。六府者，所以受水穀而行化物者也；其氣內干五藏，而外絡肢節。其浮氣之不循經者，爲衛氣，其精氣之行於經者，爲營氣。陰陽相隨，外內相貫，如環之無端，亭亭淳淳乎，孰能窮之。然其分別陰陽，皆有標本虛實所離之處。能別陰陽十二經者，知病之所生。候虛實之所在者，能得病之高下。知六府之氣街者，能知解結契紹於門戶。能知虛石之堅軟者，知補寫之所在。能知六經標本者，可以無惑於天下。

《靈樞・衛氣失常》 黃帝曰：衛氣之留於腹中，搐積不行，苑蘊不得常所，使人肢脇胃中滿，喘呼逆息者，何以去之？伯高曰：其氣積於胸中者，上取之，積於腹中者，下取之；上下皆滿者，傍取之。黃帝曰：取之奈何？伯高對曰：積於上，寫人迎、天突、喉中；積於下者，寫三里與氣街；上下皆滿者，上下取之，與季脇之下一寸；重者，雞足取之。診視其脈大而弦急，及絕不至者，及腹皮急甚者，不可刺也。黃帝曰：善。

《難經・四十九難》 四十九難曰：有正經自病，有五邪所傷，何以別之？然憂、愁、思、慮則傷心；形寒飲冷則傷肺；恚怒氣逆，上而不下則傷肝；飲食勞倦則傷脾；久坐濕地，強力入水則傷腎。是正經之自病也。何謂五邪？然：有中風，有傷暑，有飲食勞倦，有傷寒，有中濕，此之謂五邪。

《難經・五十八難》 五十八難曰：傷寒有幾？其脈有變否？然：傷寒有五：有中風，有傷寒，有濕溫，有熱病，有溫病，其所苦各不同。中風之脈，陽浮而滑，陰濡而弱；濕溫之脈，陽浮而弱，陰小而急；傷寒之脈，陰陽俱盛而緊濇；熱病之脈，陰陽俱浮，浮之而滑，沉之散濇；溫病之脈，行在諸經，不知何經之動也，各隨其經所在而取之。

《傷寒論・傷寒例》 凡治溫病，可刺五十九穴。又身之穴三百六十有五，其三十穴灸之有害，七十九穴刺之爲災，并中髓也。

《傷寒論・辨太陽病脈論并治》 服桂枝湯，大汗出後，大煩渴不解，脈洪大者，白虎加人參湯主之。

知母六兩　石膏一斤，碎，綿裹　甘草炙，二兩　粳米六合　人參二兩

右五味，以水一斗，煮米熟湯成，去滓，溫服一升，日三服。

《傷寒論・辨太陽病脈證並治中》　發汗後，不可更行桂枝湯，汗出而喘，無大熱者，可與麻黄杏仁甘草石膏湯。

麻黄四兩，去節　杏仁五十箇，去皮尖　甘草二兩，炙　石膏半斤，碎，綿裹

右四味，以水七升，煮麻黄，減二升，去上沫，內諸藥，煮取二升，去滓，溫服一升。

發汗後，水藥不得入口爲逆，若更發汗，必吐下不止。發汗吐下後，虚煩不得眠，若劇者，必反覆顛倒，心中懊憹，梔子豉湯主之。若少氣者，梔子甘草豉湯主之。若嘔者，梔子生薑豉湯主之。

梔子豉湯

梔子十四箇，擘　香豉四合，綿裹

右二味，以水四升，先煮梔子，得二升半，內豉煮取一升半，去滓，分爲二服，溫進一服。得吐者止後服。

梔子甘草豉湯

梔子十四箇，擘　甘草二兩，炙　香豉四合，綿裹

右三味，以水四升，先煮梔子甘草，取二升半，內豉煮取一升半，去滓，分二服。溫進一服，得吐者止後服。

梔子生薑豉湯

梔子十四箇，擘　生薑五兩　香豉四合，綿裹

右三味，以水四升，先煮梔子生薑，取二升半，內豉，煮取一升半，去滓，分二服。溫進一服，得吐者，止後服。

發汗，若下之而煩熱，胸中窒者，梔子豉湯主之。

傷寒五六日，大下之後，身熱不去，心中結痛者，未欲解也，梔子豉湯主之。

《傷寒論・辨太陽病脈證並治下》　傷寒若吐、若下後，七八日不解，熱結在裏，表裏俱熱，時時惡風，大渴，舌上乾燥而煩，欲飲水數升者，白虎加人參湯主之。

知母六兩　石膏一斤，碎　甘草二兩，炙　人參二兩　粳米六合

右五味，以水一斗，煮米熟湯成，去滓，溫服一升，日三服。

此方立夏後，立秋前乃可服。立秋後不可服。正月、二月三月尚凜冷亦不可與服之，與之則嘔利而腹痛。諸亡血虚家亦不可與，得之則腹痛利者，但可溫之，當愈。

傷寒無大熱，口燥渴，心煩背微惡寒者，白虎加人參湯主之。

傷寒脈浮，發熱無汗，其表不解，不可與白虎湯。渴欲飲水，無表證者，白虎加人參湯主之。

《傷寒論・辨陽明病脈證並治》　太陽病三日，發汗不解，蒸蒸發熱者，屬胃也，調胃承氣湯主之。

傷寒吐後，腹脹滿者，與調胃承氣湯。

大陽病，若吐若下，若發汗後，微煩，小便數，大便因鞕者，與小承氣湯和之，愈。

得病二三日，脈弱，無太陽柴胡證，煩躁，心下鞕。至四五日，雖能食，以小承氣湯少少與，微和之，令小安。至六日，與承氣湯一升，若不大便六七日，小便少者，雖不受食，一云：不大便。但初頭鞕，後必溏，未定成鞕，攻之必溏。須小便利，屎定鞕，乃可攻之，宜大承氣湯。

傷寒六七日，目中不了了，睛不和，無表裏證，大便難，身微熱者，此爲實也，急下之，宜大承氣湯。

陽明病，發熱汗多者，急下之，宜大承氣湯。

發汗不解，腹滿痛者，急下之，宜大承氣湯。

腹滿不減，減不足言，當下之，宜大承氣湯。

傷寒若吐、若下後，不解，不大便五六日，上至十餘日，日晡所發潮熱，不惡寒，獨語如見鬼狀，若劇者，發則不識人，循衣摸床，惕而不安，一云：順衣妄撮，怵惕不安。微喘直視，脈弦者生，濇者死。微者但發熱讝語者，大承氣湯主之。若一服利，則止後服。

陽明病，其人多汗，以津液外出，胃中燥，大便必鞕，鞕則讝語，小承氣湯主之。若一服讝語止者，更莫復服。

陽明病，讝語發潮熱，脈滑而疾者，小承氣湯主之。因與承氣湯一升，腹中轉氣者，更服一升。若不轉氣者，勿更與之。明日又不大便，脈反微濇者，裏虚也，爲難治，不可更與承氣湯也。

陽明病，讝語有潮熱，反不能食者，胃中必有燥屎五六枚也。若能食者，但鞕耳，宜大承氣湯下之。

陽明病，下血讝語者，此爲熱入血室。但頭汗出者，刺期門，隨其實而寫

之，濈然汗出則愈。

汗汗，一作卧。出譫語者，以有燥屎在胃中，此爲風也，須下者，過經乃可下之。下之若早，語言必亂，以表虚裏實故也。下之愈，宜大承氣湯。一云：大柴胡湯。

傷寒四五日，脈沈而喘滿。沈爲在裏，而反發其汗，津液越出，大便爲難，表虚裏實，久則譫語。

三陽合病，腹滿，身重，難以轉側，口不仁，面垢，又作枯，一云向經。譫語，遺尿，發汗，則譫語，下之則額上生汗，手足逆冷，若自汗出者，白虎湯主之。

知母六兩　石膏一斤，碎　甘草二兩，炙　粳米六合

右四味，以水一斗，煮米熟湯成，去滓，溫服一升，日三服。

三陽併病，太陽證罷，但發潮熱，手足漐漐汗出，大便難而譫語者，下之則愈，宜大承氣湯。

陽明病，脈浮而緊，咽燥口苦，腹滿而喘，發熱汗出，不惡寒，反惡熱，身重，若發汗則躁，心憒憒，反譫語。若加溫針，必怵惕煩躁，不得眠。若下之，則胃中空虚，客氣動膈，心中懊憹，舌上胎者，梔子豉湯主之。

肥梔子十四枚，擘　香豉四合，綿裹

右二味，以水四升，煮梔子，取二升半，去滓，内豉，更煮取一升半，去滓，分二服，溫進一服。得快吐者，止後服。

若渴欲飲水，口乾舌燥者，白虎加人參湯主之。

知母六兩　石膏一斤，碎　甘草二兩，炙　粳米六合　人參三兩

右五味，以水一斗，煮米熟湯成，去滓，溫服一升，日三服。

若脈浮，發熱，渴欲飲水，小便不利者，豬苓湯主之。

豬苓去皮　茯苓　澤瀉　阿膠　滑石碎，各一兩

右五味，以水四升，先煮四味，取二升，去滓，内阿膠烊消，溫服七合。日三服。

陽明病，汗出多而渴者，不可與豬苓湯，以汗多，胃中燥，豬苓湯復利其小便故也。

陽明病，不吐不下，心煩者，可與調胃承氣湯。

甘草二兩，炙　芒消半升　大黃四兩，清酒洗

右三味，切，以水三升，煮二物，至一升，去滓，内芒消，更上微火一二沸，溫，頓服之，以調胃氣。

陽明病，脈遲，雖汗出，不惡寒者，其身必重，短氣，腹滿而喘，有潮熱者，此外欲解，可攻裏也。手足濈然汗出者，此大便已鞕也，大承氣湯主之。若汗多，微發熱惡寒者，外未解也，一法與桂枝湯。其熱不潮，未可與承氣湯。若腹大滿，不通者，可與小承氣湯，微和胃氣，勿令至大泄下。

大承氣湯

大黃四兩，酒洗　厚朴半斤，炙，去皮　枳實五枚，炙　芒消三合

右四味，以水一斗，先煮二物，取五升，去滓，内大黃，更煮取二升，去滓，内芒消，更上微火一兩沸，分溫再服。得下餘勿服。

小承氣湯

大黃四兩　厚朴二兩，炙，去皮　枳實三枚，大者

右三味，以水四升，煮取一升二合，去滓，分溫二服。初服湯，當更衣，不爾者盡飲之。若更衣者，勿服之。

陽明病，潮熱，大便微鞕者，可與大承氣湯，不鞕者不可與之。若不大便六七日，恐有燥屎，欲知之法，少與小承氣湯，湯入腹中，轉矢氣者，此有燥屎也，乃可攻之。若不轉矢氣者，此但初頭鞕，後必溏，不可攻之，攻之必脹滿，不能食也。欲飲水者，與水則噦。其後發熱者，必大便復鞕而少也，以小承氣湯和之，不轉矢氣者，慎不可攻也。

陽明病，下之，其外有熱，手足溫，不結胸，心中懊憹，飢不能食，但頭汗出者，梔子豉湯主之。

《傷寒論·辨少陰病脈證並治》　少陰病，得之二三日以上，心中煩，不得卧，黃連阿膠湯主之。

黃連四兩　黃芩二兩　芍藥二兩　雞子黃二枚　阿膠三兩，一云三挺

右五味，以水六升，先煮三物，取二升，去滓，内膠烊盡小冷，内雞子黃，攪令相得，溫服七合，日三服。

《脈經·熱病陰陽交并少陰厥逆陰陽竭盡生死證》　問曰：溫病，汗出輒復熱，而脈躁疾，不爲汗衰，狂言，不能食，病名爲何？對曰：名曰陰陽交，交者，死。人所以汗出者，生於穀，穀生於精。今邪氣交爭於骨肉而得汗者，是邪卻而精勝。精勝則當能食而不復熱。熱者邪氣也，汗者精氣也。今汗出而輒復熱者，邪勝也；不能食者，精無俾也；汗而熱留者，壽可立而

傾也。

夫汗出而脈尙躁盛者，死。此今脈不與汗相應，此不勝其病也。狂言者，是失志，失志者，死。有三死，不見一生，雖愈必死。

熱病，已得汗，而脈尙躁盛，此陽脈之極也，死。其得汗而脈靜者，生也。

熱病，脈尙躁盛，而不得汗者，此陽脈之極也，死。脈躁盛得汗者，生也。

熱病，已得汗，而脈尙躁，喘且復熱，勿膚刺，喘甚者，死。

熱病，陰陽交者，死。

熱病，煩已而汗，脈當靜。

太陽病，脈反躁盛者，是陰陽交，死。復得汗，脈靜者，生。

熱病，陰陽交者，熱煩身躁，太陰寸口脈兩衝，尙躁盛，是陰陽交，死。得汗脈靜者，生。

熱病，陽進陰退，頭獨汗出，死。陰進陽退，腰以下至足汗出，亦死。陰陽俱進，汗出已熱如故，亦死。陰陽俱退，汗出已寒慄不止，鼻口氣冷，亦死。

熱病，所謂幷陰者，熱病已得汗，因得泄，是謂幷陰，故治。

熱病，所謂幷陽者，熱病已得汗，脈尙躁盛，大熱，汗之，雖不汗出，若衄，是謂幷陽，故治。

少陰病，惡寒，踡而利，手足逆者，不治。

少陰病，下利止而眩，時時自冒者，死。

少陰病，其人吐利，躁逆者，死。

少陰病，四逆，惡寒而踡，其脈不至，其人不煩而躁者，死。

少陰病六七日，其人息高者，死。

少陰病，脈微細沉，但欲卧，汗出不煩，自欲吐，五六日自利，復煩躁，不得卧寐者，死。

少陰病，下利，若利止，惡寒而踡，手足温者，可治。

少陰病，惡寒而踡，時時自煩，欲去其衣被者，可治。

少陰病，下利止，厥逆無脈，乾煩，服湯藥，其脈暴出者，死。微細者，生。

傷寒六七日，其脈微，手足厥，煩躁，灸其厥陰，厥不還者，死。

傷寒，下利，厥逆，躁不能卧者，死。

傷寒，發熱，下利至厥不止者，死。

傷寒，厥逆，六七日不利，便發熱而利者，生。其人汗出，利不止者，死。但有陰無陽故也。

傷寒五六日，不結胸，腹濡，脈虛復厥者，不可下，下之，亡血，死。

傷寒，發熱而厥，七日，下利者，爲難治。

熱病，不知所痛，不能自收，口乾，陽熱甚，陰頗有寒者，熱在髓，死不治。

熱病在腎，令人渴，口乾，舌焦黄赤，晝夜欲飲不止，腹大而脹，尙不厭飲，目無精光，死不治。

《脈經・熱病生死期日證》 太陽之脈，色榮顴骨，熱病也。榮未夭，曰今且得汗，待時自已。與厥陰脈爭見者，死期不過三日，其熱病氣內連腎。少陽之脈，色榮頰前，熱病也。榮未夭，曰今且得汗，待時自已。與少陰脈爭見者，死期不過三日。

熱病七八日，脈微小，病者溲血，口中乾，一日半而死。脈代者，一日死。

熱病七八日，脈不躁喘，不數，後三日中有汗。三日不汗，四日死。未曾汗，勿膚刺。

熱病三四日，脈不喘，其動均者，身雖煩熱，今自得汗，生。傳曰：始腑入臟，終陰復還陽，故得汗。

熱病七八日，脈不喘，其動均者，生。微熱在陽不入陰，今自汗也。

熱病七八日，脈不喘，動數均者，病當瘖。期三日不得汗，四日死。

熱病，身面盡黄而腫，心熱，口乾，舌卷，焦黄黑，身麻臭，伏毒傷肺。中脾者，死。

熱病，瘈瘲，狂言，不得汗，瘈瘲不止，伏毒傷肝。中膽者，死。

熱病，汗不出，出不至足，嘔膽，吐血，善驚不得卧，伏毒在肝。腑足少陽者，死。

《脈經・熱病十逆死證》 熱病，腹滿䐜脹，身熱者，不得大小便，脈濇小疾，一逆見，死。

熱病，腸鳴腹滿，四肢清，泄注，脈浮大而洪不已，二逆見，死。

熱病，大衄不止，腹中痛，脈浮大絶，喘而短氣，三逆見，死。

熱病，嘔且便血，奪形肉，身熱甚，脈絶動疾，四逆見，死。

熱病，欬喘，悸眩，身熱，脈小疾，奪形肉，五逆見，死。

熱病，腹大而脹，四肢清，奪形肉，短氣，六逆見，一旬內死。

熱病，腹脹便血，脈大，時時小絶，汗出而喘，口乾舌焦，視不見人，七逆

見，一旬死。

熱病，身熱甚，脈轉小，欬而便血，目眶陷，妄言，手循衣縫，口乾，躁擾不得卧，八逆見，一時死。

熱病，瘈瘲，狂走，不得食，腹滿，胸痛引腰臍背，嘔血，九逆見，一時死。

熱病，嘔血，喘欬，煩滿，身黄，其腹鼓脹，泄不止，脈絶，十逆見，一時死。

《脈經·熱病五臟氣絶死日證》 熱病，肺氣絶，喘逆，欬唾血，手足腹腫，面黄，振慄不能言語，死。魄與皮毛俱去，故肺先死，丙日篤，丁日死。

熱病，脾氣絶，頭痛，嘔宿汁，不得食，嘔逆吐血，水漿不得入，狂言譫語，腹大滿，四肢不收，意不樂，死。脈與肉氣俱去，故脾先死，甲日篤，乙日死。

熱病，心主氣絶，煩滿骨痛，嗌腫，不可咽，欲欬不能欬，歌哭而笑，死。神與榮脈俱去，故心先死，壬日篤，癸日死。

熱病，肝氣絶，僵仆，足不安地，嘔血，恐懼，洒淅惡寒，血妄去，遺屎溺，死。魂與筋血俱去，故肝先死，庚日篤，辛日死。

熱病，腎氣絶，喘悸，吐逆，踵疽，尻癰，目視不明，骨痛，短氣，喘滿，汗出如珠，死。精與骨髓俱去，故腎先死，戊日篤，己日死。

故外見瞳子青小，爪甲枯，發墮，身濇，齒挺而垢，人皮面厚塵黑，欬而唾血，渴欲數飲，大滿，此五臟絶表病也。

《脈經·熱病至脈死日證》 熱病，脈四至，三日死。脈四至者，平人一至，病人脈四至也。

熱病，脈五至，一日死。時一大至，半日死。忽忽悶亂者，死。

熱病，脈六至，半日死。忽忽疾大至，有頃死。

《脈經·熱病損脈死日證》 熱病，脈四損，三日死。所謂四損者，平人四至，病人脈一至，名曰四損。

熱病，脈五損，一日死。所謂五損者，平人五至，病人脈一至，名曰五損。

熱病，脈六損，一時死。所謂六損者，平人六至，病人脈一至，名曰六損。若絶不至，或久乃至，立死。

治傷寒形證所宜進退，晉王叔和集仲景評脈要論。

《外臺秘要·諸論傷寒八家合一十六首》 《陰陽大論》云： 春氣溫和，夏氣暑熱，秋氣清涼，冬氣凜冽，此則四時正氣之序也。冬時嚴寒，萬類深藏，君子周密，則不傷於寒，觸冒之者乃名傷寒耳。其傷於四時之氣，皆能爲病，以傷寒爲毒者，以其最成殺癘之氣也。中而卽病者，名曰傷寒，不卽病者，寒毒藏於肌膚中，至春變爲溫病，至夏變爲暑病。暑病者，熱極重於溫也。是以辛苦之人，春夏多溫熱病者，皆由冬時觸冒寒冷之所致，非時行之氣也。凡時行者，春時應暖而反大寒，夏時應熱而反大冷，秋時應涼而反大熱，冬時應寒而反大溫，此非其時而有其氣，是以一歲之中，長幼之病多相似者。此則時行之氣也。

王叔和曰： 傷寒之病，逐日淺深以施方治。今世人得傷寒，或始不早治，或治不對病，或日數久淹，困乃告醫，醫又不知次第而治之，則不中病，皆以臨時消息製方，無不效也。今搜採仲景舊論，錄其證候診脈聲色對病眞方有神驗者擬防世急也。又土地高下，寒溫不同，物性剛柔飡居亦異，是故黄帝興四方之問，岐伯舉四治之能，以訓後賢，開其未悟。臨病之工，宜須兩審也。

又曰： 夫表和裏病，一作陽盛陰虛。下之而愈，汗之則死。裏和表病，一作陽虛陰盛。汗之而愈，下之則死。夫如是則神丹不可以誤發，神丹丸在此卷《崔氏》部中六味者是也。甘遂何可以妄攻？甘遂者，水導散也。在第三卷天行狂語部中。甘遂等二味者是也，出《千金》方。表裏之治，相背千里；吉凶之機，應若影響。然則桂枝下咽，表和則斃。桂枝湯在此卷仲景日數部中，桂枝等五味者是也。承氣入胃，裏平則亡。承氣湯在此卷仲景日數部中，三味者是也。此表裏虛實之交錯，其候至微，發汗吐下之相反。其禍至速，而醫術淺狹，爲治乃誤，使病者隕没，自謂其分至令冤魂塞於冥路，死尸盈於曠野，仁者鑒此，豈不痛歟。

又凡兩感病俱作，治有先後，發表攻裏，本自不同，而執遂妄意者，乃云神丹甘遂，合而服之，且解其外，又除其內，言巧似是，於理實違。安危之變，豈可詭哉。夫病發熱而惡寒者發於陽，無熱而惡寒者發於陰。發於陽者可攻其外，發於陰者宜溫其內。發表以桂枝，溫裏宜四逆。四逆湯在第二卷傷寒不得眠部中。通按第二卷傷寒不得眠部並無四逆湯味者是也。三味方惟小便不利部內有四逆散加減法。

華佗曰： 夫傷寒始得，一日在皮，當摩膏火灸卽愈。若不解者，至二日在膚，可法鍼服解肌散發汗，汗出卽愈。若不解者，至三日在肌，復發汗則愈。若不解者，止。勿復發汗也。至四日在胸，宜服藜蘆丸微吐則愈。若更困，藜蘆丸不能吐者，服小豆瓜蒂散吐之則愈。視病尙未醒，醒者復一法鍼

之。藜蘆丸近用損人，不錄之。瓜蒂散在卷末雜療中《范汪》方二味者是也。五日在腹，六日入胃，入胃則可下也。若熱毒在胃外，未入於胃而先下之者，其熱乘虛便入胃，則爛胃也。然熱入胃病，要當須復下去之，不得留於胃中也。胃若實熱，致此爲病，三死一生，此輩皆多不愈，胃虛熱入爛胃也。其熱微者赤斑出，劇者黑斑出；赤斑出者五死一生，黑斑出者十死一生。但論人有強弱，病有難易，功效相倍耳。病者過日，不以時下之，熱不得泄，亦胃爛斑出矣。上弱氏曰：藜蘆丸見第五卷。許仁則療瘧云：曾用釋《深師》一方大效，三味者近似。

若得病無熱，但狂言煩燥不安，精采言語與人不相主當者，勿以火迫之，但以五苓散一方寸匕水和服之。五苓散，仲景云豬苓散是也。在第二卷傷寒中風部中《千金翼方》五味者是也。當以新汲井水強飲一升許。若一升半可至二升益佳，令以指刺喉中吐之，病隨手愈。不卽吐者，此病輩多不善，勿強與水。水停卽結心下也。當更以餘藥吐之。皆令相主當者，不爾卽危。若此病不急以豬苓散吐解之者，其死殆速耳。亦可先吐去毒物及法鍼之尤佳。

又云：春夏無大吐下，秋冬無大發汗。發汗法，冬及始春大寒，宜服神丹丸。亦可摩膏火灸。膏在雜療中，黃膏七味，白膏四味，《范汪》方是也。若末春夏月初秋，凡此熱月，不宜火灸，又不宜厚覆，宜服六物青散。青散在雜療中，《范汪》方六味者是也。若崔文行度障散，度障散在雜療中，《范汪》方四味者是也。赤散，赤散在雜療中《范汪》方七味者是也。本出華佗。雪煎亦善。雪煎在雜療中，《古今錄驗》方三味者是也。若無丸散及煎，但單煮柴胡數兩，傷寒時行並可服也。不但一也，至再三發汗不解，當與湯。實者轉下之，其脈朝夕駃者，爲實癖也。朝平夕駃者非癖也。轉下湯爲可早與，但當少與，勿令下多耳。少與當數其間。

病有虛煩熱者與傷寒相似。然不惡寒，身不疼痛，故知非傷寒也，不可發汗。頭不痛，脈不緊數，故知非裏實也，不可下。如此內外皆不可攻，而師強攻之，必遂損竭多死矣。諸虛煩但當行竹葉湯。竹葉湯在第三卷天行虛煩部中，出《文仲》方是也。若嘔者與橘皮湯。一劑不愈者，可重與也。橘皮湯在第二卷傷寒嘔噦部中，四味者是也出於《深師》方。此法官泰數用甚效。傷寒後虛煩，亦宜服此湯。

陳廩丘云：或問得病連服湯藥發汗，汗不出如之何？答曰：醫經云：連發汗，汗不出者死。吾思可蒸之，如蒸中風法，蒸濕之氣於外迎之，不得不汗出也。後以問張苗，苗云：曾有人竹事疲極汗出卧單簟中冷得病，但苦寒踡諸醫與九散湯。四日之內，凡人發汗，汗不出，苗令燒地布桃葉蒸之，卽得大汗，於被中就粉傳身極燥，乃起便愈。後數以此發汗，汗皆出也。人性自有難使汗出者，非但病使其然，蒸之無不汗出也。蒸法在此卷《崔氏》日數部中。阮河南法又有桃葉湯熏，其法。在第三卷天行部中《文仲》方支《太素》法是。

《范汪》論：黃帝問於岐伯曰：人傷於寒而得病，何以反更爲熱？岐伯曰：極陰變陽，寒盛則生熱，熱盛則生寒。諸病發熱惡寒脈浮洪者，便宜發汗。當發汗而其人適失血及大下利如之何？岐伯答曰：數少與桂枝湯，使體潤漐漐汗纔出，連日如此，自當解也。

九卷云：黃帝曰：傷寒熱病，死候有九：《太素》云不可刺者九。一曰汗不出，大灌發者死；《太素》云汗不出大。通按《靈樞・熱病論》中灌發赤噦者死。大顴發赤噦者死。二曰泄而腹滿甚者死；甚一作黃。三曰目不明，熱不已者死；四曰老人嬰兒熱病腹滿者死；五曰汗不出，嘔下血者死；六曰舌本爛，熱不已者死；七曰欬而衄，汗不出，出不至足者死；八曰髓熱者死；九曰熱而痙者死。熱病痙者，腰反折瘈瘲齒噤齘也。熱病七八日，脈微小，病者便血，口中乾，一日半而死。熱病七八日，脈不躁不數，後三日中有汗，三日不汗，四日死。熱病已得汗而脈尚躁盛，此陰脈之極也，死。其得汗而脈靜者生。熱病脈常盛躁而不得汗者，此陽脈之極也，死。脈盛躁得汗者生。《甲乙》《太素》同。士弱氏曰：灌發灌驟也，漬也。先不出汗，後則若灌溉之，驟至而淋灑浸漬，亡陽也。

《小品》論曰：古今相傳稱傷寒爲難療之病，天行溫疫是毒病之氣，而論療者不別傷寒與天行溫疫爲異氣耳。云傷寒是雅士之辭，云天行溫疫是田舍間號耳。不說病之異同也考之衆經，其實殊矣。所宜不同，方說宜辨，是以略述其要焉。

《千金》論曰：人生天地之間，命有遭際，時有否泰吉凶悔吝苦樂安危喜怒愛憎存亡憂畏關心之慮。日有千條謀身之道，時生萬計，乃度一日，是故天無一歲不寒暑，人無一日不憂喜，故有天行瘟疫病者，則天地變化之一氣也，斯蓋造化必然之理，不得無之。故聖人雖有補天立極之德，而不能廢之。雖不能廢之，而能以道御之。其次有賢人善於攝生，能知撙節，與時推移，亦得保全。天地有斯瘴癘，還以天地所生之物以防備之，命曰知方，則病無所侵矣。然此病也，俗人謂之橫病，多不解療，皆云日滿自差。以此致枉

者，天下大半，凡始覺不佳，卽須救療。迄至於病愈湯食競進，折其毒熱，自然而差。必不可令病氣自在，恣意攻人，拱手待斃，斯爲誤矣。今博採群經以爲上下兩卷，廣設備擬好養生者可得詳焉。

又夫傷寒病者，起自風寒，入於腠理，與精氣分爭榮衛否隔，週行不通。病一日至二日氣在孔竅皮膚之間，故病者頭痛惡寒，腰背強重，此邪氣在表，發汗則愈。三日以上，氣浮在上部，填塞胸心，故頭痛胸中滿，當吐之則愈。五日以上氣沉結在藏，故腹脹身重骨節煩疼，當下之則愈。明矣當須消息病候，不可亂投湯藥，虛其胃氣也。經言脈微不可吐，虛細不可下，又夏亦不可下，此醫之大禁也。

又脈有沉浮，轉能變化，或人得病數日，方以告醫，雖云時覺視病已積日，其病源結成，非復發汗解肌所除，當診其脈，隨時形勢救解求免也。不可苟以次第爲固，失其機要乃致禍矣。此傷寒次第病三日以內發汗者，謂當風解衣夜卧失覆，寒濕所中，幷時有疾疫賊風之氣而相染，易爲惡邪所中也。至於人自飲食生冷過多，腹藏不消，轉動稍難，頭痛身溫，其脈實大者，便可吐下之，不可發汗也。

又凡人有少病，苦似不如平常，則須早道。若隱忍不療，冀望自差，須臾之間，以成痼疾，小兒女子益以滋甚。若天行不和，當自戒勒；若有小不和，則須救療，尋其邪由，及在腠理以時早療，鮮有不愈者，患人忍之數日，乃說邪氣入藏則難可製。此雖和緩，亦無能爲也。癰疽疔腫，尤爲其急。此自養之至要也。

又凡作湯藥，不可避晨夜時日吉凶。覺病須臾，卽宜便治。不等早晚，則易愈矣。服藥當如方法。若縱意違師，不須療之也。

又凡得時氣病，五六日而渴欲飲水，飲不能多不當與也。所以爾者腹中熱尚少，不能消之，便更與人作病矣。若至七八日大渴欲飲水者，猶當依證而與之，勿令極意也。能飲一斗者與五升，若飲而腹滿，小便澀；若喘若噦者，不可與之，飲而忽然汗出者已愈也。人得病能飲水者欲愈也。

《經心錄》論曰：傷寒病錯療禍及，如反覆手耳。故諺云：有病不治，自得中醫者。論此疾也。其病有相類者，傷寒熱病，風溫濕病，陰毒陽毒，熱毒溫疫，天行節氣，死生不同，形候亦別，宜審詳也。

《外臺秘要·上焦熱及寒吐痢腸腸鳴短氣方九首》 《刪繁》療上焦實熱，飲食下胃其氣未定，汗出面背，身中皆熱，名曰漏氣。通脈瀉熱，澤瀉湯。方：

澤瀉二兩 生地骨皮五兩 甘草一兩炙 半夏二兩洗 石膏八兩 柴胡三兩 茯苓三兩 生薑三兩 竹葉切五合 人參二兩 桂心一兩 蓴心一升

右十二味切，以水一斗，煮取三升，分三服。忌海藻、菘菜、羊肉、餳醋、生葱。

又療上焦熱，腹滿而不欲食；或食先吐而後下，肘脇攣痛，麥門冬理中湯。方：

生麥門冬一升 生薑四兩 白朮五兩 甘草二兩炙 人參三兩 茯苓二兩 橘皮三兩 竹如一升 生薑根一升 蓴心五合 萎蕤三兩 廩粟一升

右十二味切，以水一斗五升，煮取三升，分三服。忌海藻、菘菜、大醋、桃李、雀肉等。

又療上焦氣不續，胸膈間厭悶，所以飲食先吐而後下，半夏理中續膈破寒湯。方：

半夏半升，製 生薑四兩 麻黃三兩，去節 前胡三兩 澤瀉三兩 竹葉一升 細辛三兩 枳實三兩，炙 杏人三兩，去皮尖

右九味切，以水九升，煮取三升，去滓，分三服。忌羊肉、餳、生菜等物。

又療上焦熱，牽肘攣心痛，喘欬短氣，動而好唾，潤肺止心痛，大棗湯。方：

大棗三十枚 杏人三兩去皮尖 人參三兩 紫菀二兩 萎蕤三兩 麥門冬三兩，去心 百部三兩 通草三兩 石膏八兩 五味子一兩 羊腎三枚，去膏 麻黃三兩，去節

右十二味切，以水一斗，煮取二升五合，去滓，下蜜三合，生薑汁三合，淡竹瀝三合，更上火煎，取三升，分三服。

《外臺秘要·中焦熱及寒洩痢方三首》 《刪繁》論曰：中焦如漚，漚者，在胃中如漚也。起於胃中管，在上焦之後。此受氣，泌糟粕，蒸津液，化其精微，上注於肺脈，乃化而爲血，奉以生身，莫貴於此，故獨得行於經隧，名曰榮氣。主足陽明，陽明別號曰豐隆，在外踝上，去踝八寸，別走太陰絡諸經之脈，上下絡太倉，主熟五穀，不吐不下。實則生熱，熱則閉塞不通，上下隔

絕。虚則生寒，寒則洞泄便痢霍亂，主脾胃之病。夫血與氣，異形而同類。衛是精氣，榮是神氣，故血與氣，異形而同類焉。奪血無汗，此是神氣。奪汗無血，此是精氣。故人有一死，而無再生也。猶精神之氣隔絶也。若虛則補於胃，實則瀉於脾，謂其中和，其源，萬不遺一也。《千金》同。

又療中焦實熱閉塞，上下不通，隔絶關格，不吐不下，腹滿彭彭，喘急，大黃瀉熱，開關格通隔絕湯。方：

大黃三兩，切，別漬　黃芩三兩　澤瀉三兩　升麻三兩　羚羊角四兩　梔子人四兩　生地黃汁一升　玄參八兩　芒消三兩

右九味切，以水七升，先煮七味。取二升三合，下大黃更煎數沸，絞去滓，下消，分三服。忌蕪荑。

《千金療》中焦熱，水穀下痢，藍青丸。方：

藍青汁三升　黃連八兩　黃蘗四兩　白朮三兩　地榆二兩　地膚子二兩　阿膠五分炙　烏梅肉三兩

右八味下篩，用藍汁和，微火上煎，爲丸如杏人大。飲服三丸，日再。七月七日合之良。當併手丸之。忌豬肉、冷水、桃李、雀肉等。

《外臺秘要·下焦熱方六首》《刪繁》論曰：下焦如瀆，瀆者，如溝水決洩也。起胃下管，別廻腸，注於膀胱而滲入焉。故水穀常并居於胃中，成糟粕而俱下於大腸。主足陽明，灌滲津液，合膀胱，主出不主入，別於清濁，主肝腎之病也。若實則大小便不通利，氣逆不續，吐嘔不禁，故曰走哺。若虛則大小便不止，津液氣絶。人飲酒亦入胃，穀未熟而小便獨先下者，何也？蓋酒者熟穀之液也。其氣悍以滑，故後穀入而先穀出也。所以熱則瀉於肝，寒則補於腎。

又療下焦熱，大小便俱不通。柴胡通塞湯。方：

柴胡三兩　黃芩三兩　橘皮三兩　澤瀉三兩　梔子人四兩　石膏六兩　羚羊角三兩，炙　生地黃一升　芒消三兩　香豉一升

右十味切，以水一斗，煮九味，取三升，去滓，下芒消，分三服。忌蕪荑。

又療下焦熱，氣逆不續，吐嘔不禁，名曰走哺。止嘔人參湯。方：

人參　生蘆根　梔子人　萎蕤　黃芩　知母　茯苓各三兩　白朮四兩　石膏八兩　橘皮四兩

右十味切，以水九升，煮取三升，去滓，分三服。忌桃李、雀肉、醋等。

又療走哺不止，或嘔噦，熱氣衝心，滿悶，香豉湯。方：

香豉一升　生地黃一升　白朮三兩　甘草二兩炙　竹葉一升　石膏八兩　茯苓三兩　葱白一升

右八味，切，以水七升，煮取二升五合，去滓，分三服。須利下，加芒消三兩。忌蕪荑、海藻、菘菜、桃李、雀肉、酢物等。

又療下焦熱，毒痢，血如鵝鴨肝不止，升麻湯。方：

升麻三兩　犀角三兩，屑　地榆四兩，炙　絳草三兩　蘘荷根四兩　黃芩三兩　巴焦根切，一升　桔梗三兩　梔子人三七枚

右九物切，以水九升，煮取三升，去滓，分三服，忌豬肉。

《千金》療下焦熱，或痢下膿血，煩悶恍惚，赤石脂湯。方：

赤石脂八兩　烏梅肉二十枚　梔子人十四枚　白朮三兩　乾薑二兩　廩米一升　升麻三兩

右七味切，以水一斗，煮米取熟，去米取七升，下諸藥，煮取二升五合，去滓，分三服。忌桃李、雀肉等。

又療下焦熱，毒痢魚腦，雜痢鮮血，臍下少腹絞能不可忍，欲痢不出，香豉湯。方：

香豉一升　梔子四兩　薤白一升　黃連三兩　黃蘗三兩　黃芩四兩　地榆四兩，炙　白朮三兩　茜根三兩

右九味切，以水一斗，煮取三升，分三服。忌豬肉、冷水、桃李、雀肉等。

《蘇沈良方·蘇合香丸》治肺痿客忤，鬼氣傳屍，伏連殗殜等疾。又治心痛，霍亂吐痢，及諸瘧，瘀血，月閉，痃癖，丁腫，驚癇，邪氣狐媚，瘴癘等疾。

蘇合香　白朮　硃砂　沉香　訶子肉　丁香　木香　香附子　白檀香　乳香　華撥　烏犀屑　安息香各一兩　麝香　龍腦各半兩

右爲末，煉蜜丸如鷄頭實大，每服一丸，溫酒嚼下，人參湯亦得。

此方人家皆有，恐未知其神驗耳。本出《廣濟方》，謂之白朮丸，後人編入《外臺》、《千金》等方。眞宗朝，嘗出蘇合香酒賜近臣，又賜蘇合香丸，自此方盛行於世。此藥大能安氣血，卻外邪。凡疾自內作，不曉其名者，服此往往得效。惟治氣疰，氣厥，氣逆，氣不和，吐痢，榮衛阻塞尤有神功。予所親

見者，嘗有淮南監司官謝執方，因嘔血甚久，遂奄奄而絶，計無所出。惟研蘇合香丸灌之，盡半兩遂蘇。又有一船工，病傷寒，日久而死，但心尚暖，不忍棄而不救，試與蘇合香丸，灌之四丸，乃省，遂瘥。又友人爲兩浙提點刑獄，嘗病大瀉，目視天地皆轉，諸藥不效，服蘇合香兩丸，頓覺輕爽，腹瀉亦止。予目覩救人於將絶者不可勝計，人家不可無此藥以備急難，溫疫時服之尤驗。倉猝求人參不得，只白湯亦佳。勿用酒，古方雖云用酒下，多不效，切宜記之。東陽劉使君，少時嘗病瘵，日漸羸削，至於骨立，肌熱盜汗，不止人有勸服此藥，凡八九兩即瘥。一方有牛黃半兩，古方無之，乃後人加也。

《蘇沈良方·至寶丹》 本池州醫鄭感慶歷中爲予處此方，以其屢效，遂編入《靈苑》。

生烏犀 生玳瑁 琥珀 硃砂 雄黃各一兩 牛黃 龍腦 麝香各一分 安息香一兩半，酒浸。重陽煑令化，濾去滓，約取一兩，凈 金箔五十片

右丸如皀子大，人參湯下一丸，小兒量減。

舊説主疾甚多，此丸專療心熱血凝，心膽虛弱，喜驚多涎，眠中驚魘，小兒驚熱，女子憂勞血滯血厥，產後心虛怔忪尤效。血病生薑、小便化下。

《蘇沈良方·龍膽丸》 解暴熱，化涎，涼膈，清頭目。

草龍膽 白礬燒沸定，各四兩 天南星 半夏各二兩半，以水浸，切作片，用漿水、雪水鍾半，同煑三五沸，焙乾，取各秤二兩

右爲末，麪糊爲丸，極稀爲妙，如桐子大，每服三十丸，蠟茶清下，食後臨卧服。

應痰壅膈熱，頭目昏重，服之頓清。嶺南瘴毒，纔覺意思昏悶，速服便解。咽喉腫痛，口舌生瘡，凡上壅熱涎諸證，悉可服。小兒尤良。

《傷寒總病論·敘論》 王叔和云：土地溫涼，高下不同，物性剛柔，飡居亦異。是以黃帝與四方之問，岐伯立四治之能，以訓後賢，開其未悟。臨病之工，宜兩審之。

龐曰：叔和非醫之圓機，孰能臻此也。如桂枝湯自西北二方居人，四時行之，無不應驗。自江淮間地偏暖處，唯冬及春可行之。自春末及夏至以前，桂枝、麻黃、青龍內宜黃芩也。自夏至以後，桂枝內又須隨證增知母、大青、石膏、升麻輩取汗也。若時行寒疫及病人素虛寒者，正用古方，不在加減矣。夏至以後，雖宜白虎，詳白虎湯自非新中暍而變暑病所宜，乃汗後解表藥耳，以白虎未能驅逐表邪故也。

或有冬及始春寒甚之時，人患斯疾，因汗下偶變狂躁不解，須當作內熱治之，不拘於時令也。南方無霜雪之地，不因寒氣中人，地氣不藏，蟲類泄毒，嵐瘴間作，不在此法，治別有方也。又一州之內，有山居者爲居積陰之所，盛夏冰雪，其氣寒，腠理閉，難傷於邪，其人壽，其有病者多中風中寒之疾也。有平居者爲居積陽之所，嚴冬生草，其氣溫，腠理疎，易傷於邪，其人夭，其有病者多中濕中暑之疾也。凡人稟氣各有盛衰，宿病各有寒熱。因傷寒蒸起宿疾，更不在感異氣而變者。假令素有寒者，多變陽虛陰盛之疾，或變陰毒也。素有熱者，多變陽盛陰虛之疾，或變陽毒也。

《傷寒總病論·時行寒疫論》 《病源》載從立春節後，其中無暴大寒，又不冰雪，而人有壯熱病者，此屬春時陽氣，發於冬時，伏寒變爲溫病也。從春分以後至秋分節前，天有暴寒，皆爲時行寒疫也。三月、四月或有暴寒，其時陽氣尚弱，爲寒所折，病熱猶輕；五月、六月陽氣已盛，爲寒所折，病熱則重；七月、八月陽氣已衰，爲寒所折，病熱亦微，其病與溫病、暑病相似，但治有殊耳。其治法初用摩膏火灸，唯二日法針，用崔文行解散，汗出愈。不解，三日復發汗，若大汗而愈，不解者，勿復發汗也。四日服藜蘆丸，微吐愈；若病固，藜蘆丸不吐者，服赤小豆瓜蒂散吐之，已解，視病尚未了了者，復一法針之當解。不解者，六日熱已入胃，乃與雞子湯下之愈。無不如意，但當諦視節度與病耳。食不消，病亦如時行，俱發熱頭痛，食病，當速下之；時病當待六七日。時病始得，一日在皮，二日在膚，三日在肌，四日在胸，五日入胃，入胃乃可下也。熱在胃外而下之，熱乘虛入胃，然要當復下之。不得下，多致胃爛發斑。微者赤斑出，五死一生，劇者黑斑出，十死一生。人有強弱相倍也。病者過日不以時下之，熱不得泄，亦胃爛斑出矣。若得病無熱，但狂言煩躁不安，精神言語不與人相主當者，治法在可水五苓散證中。

《類證活人書·問夏至已前發熱惡寒頭疼身體痛其脈浮緊》 答曰：此名溫病也。春月傷寒，謂之溫病。冬傷於寒，輕者夏至已前發，爲溫病。蓋因春溫暖之氣而發也。又非溫疫也。治溫病，與冬月傷寒，夏月熱病不同，蓋熱輕故也。春初秋末，陽氣在裏，其病稍輕，縱不用藥治之，五六日亦自安。升麻湯、解肌湯，柴胡桂枝湯最良。熱多者，小柴胡湯主之。不渴，外有微熱者，小柴胡加桂枝也。嗽者，小柴胡加五味子也。煩躁發渴，脈實，大便秘澀者，大柴

胡。微利也，或煩渴發熱，不惡寒，與虛煩者，並竹葉石膏湯，次第服之。麻黄桂枝大青龍。唯西北二方，四時行之，無有不驗。若江淮間，地偏暖處，惟冬月及正初，乃可用正方，自春末至夏至已前，桂枝麻黄大青龍。內宜加減也。

《傷寒補亡論・溫病論》《活人書》曰：春月傷寒，謂之溫病。冬傷於寒，輕者夏至以前發者，爲溫病，蓋由春溫煖之氣而發也。雍曰：此謂傷寒之溫也，即《素問》所謂凡病傷寒而成溫病者是也。其治與傷寒同，故朱氏自注曰：非徒溫疫也。

又曰：治溫病，與冬月傷寒，夏月熱病不同，蓋熱輕故也。雍曰：此謂春溫非傷寒者，若傷寒成溫，則其熱輕於熱病，而重於冬月傷寒也。蓋冬月傷寒爲輕，至春發爲溫病爲重，夏月熱病爲尤重也。朱氏注曰：春初秋末，陽氣在裏，其病稍輕，縱不用藥治之，五六日亦自安。即此推之，則此春溫之病，乃謂非傷寒成溫者。

又曰：升麻湯、解肌湯最良。熱多者，小柴胡湯主之；不渴，外有微熱者，小柴胡加桂枝也；嗽者，小柴胡加五味也。煩躁發渴，脈實，大便閉塞者，大柴胡微利也。虛煩者，竹葉湯。次第服之，此治春溫之法。其傷寒成溫者，并依傷寒治之。治溫疫之法，并同春溫，而加疫藥也。

《原病式・六氣爲病・熱類》且如一切怫熱鬱結者，不必止以辛甘熱藥能開發也，如石膏、滑石、甘草、葱、豉之類寒藥，皆能開發鬱結，以其本熱，故得寒則散也。夫辛甘熱藥皆能發散者，以力強開衝也。然發之不開者，病熱轉加也。如桂枝、麻黄類辛甘熱藥，攻表不中病者，其熱轉甚也。是故善用之者須加寒藥，不熱則恐熱甚發黄，驚狂或出類。如表熱當發汗者，用辛甘熱藥，苟不中其病，尚能加害，況裏熱鬱結不當發汗，而誤以熱藥發之不開者乎！又如傷寒表熱怫鬱，燥而無汗，發令汗出者，非謂辛甘熱藥屬陽能令汗出也，由怫熱鬱結，開通則熱蒸而自汗出也。不然則平人表無怫熱者服之，安有如斯汗出也。其或傷寒日深，表熱入裏，而誤以辛甘熱藥汗之者，不惟汗不能出，而又熱病轉加，古人以爲當死者也。又如表熱服石膏、知母、甘草、滑石、葱、豉之類寒藥，汗出而解者，及熱病半在表半在裏，服小柴胡湯寒藥，能令汗而愈者；熱甚服大柴胡湯下之，更甚者，小承氣湯、調胃承氣湯、大承氣湯下之；發黄者，茵陳蒿湯下之；結胸者，陷胸湯丸下之，此皆大寒之利藥也，反能中病，以冷汗出而愈。然而中外怫熱鬱結，燥而無汗，豈但由辛甘熱藥爲陽，而能開發汗出也。況或病微者，不治自然作汗而愈者也。所以能令作汗之由者，但怫熱鬱結，復得開通，則熱蒸而作汗也。凡治上下中外一切怫熱鬱結者，法當倣此，隨其淺深，察其微甚，適其所宜而治之，慎不可悉如發表，但以辛甘熱藥而已。

身熱惡寒，此熱在表也。邪熱在表而淺，邪畏其正，故病熱而反惡寒也。或言惡寒爲寒在表，或言身熱惡寒爲熱在皮膚，寒在骨髓者，皆誤也。仲景法曰：無陽病寒，不可發汗。又言：身熱惡寒，麻黄湯汗之。汗泄熱去，身涼即愈。然則豈有寒者歟？又如熱生癰腫瘡瘍而反惡寒者，亦由邪熱在於表也。雖爾，不可汗之。故仲景曰：患瘡者汗之則作痓。大法煩躁多渴，欲寒惡熱，爲病熱也。亦有亢則害，承乃制，缺則病熱甚而反覺其冷者也。雖覺其冷，而病爲熱，實非寒也。其病熱鬱甚而反惡寒，得寒轉缺，煖少愈者，謂煖則腠理疎通，而陽氣得散，怫熱少退，故少愈也；其寒則腠理閉密，陽氣怫鬱而熱轉甚，故病加爾。上下中外，周身皆然。俗因之妄謂寒病，誤以熱藥投之，爲害多矣。假令或因熱藥以使怫熱稍散而少愈者，藥力盡則病反甚也。其減則微，其加則甚。俗無所悟，但云服之而獲效，力盡而病中，因而加志服之，由是諸熱病皆生矣。陽熱發則鬱甚於上，故多目昏眩，耳聾鳴，上壅癲疾。上熱甚而下熱微，俗輩復云腎水衰弱，不能制心火，妄云虛熱也。抑不知養水瀉火，則宜以寒，反以熱藥欲養腎水，而令勝退心火，因而成禍不爲少矣。可不慎歟？

《保命集・傷寒論》《難經》所謂：未滿三日，可汗而已；其滿三日，可泄而已。故仲景曰：太陽病，脈浮緊，無汗，身疼痛，八九日不解，表證仍在，當發其汗，宜麻黄湯主之。少陰病，得之二三日，口燥咽乾者，急宜大承氣湯下之。孰敢執於三四日汗泄之定法也。是以聖人書不盡言，言不盡意，說其大概，此之謂也。經所謂：發表不遠熱，攻裏不遠寒。余自製雙解、通聖辛涼之劑，不遵仲景法桂枝、麻黄發表之藥，非余自衒，理在其中矣。故此一時彼一時，奈五運六氣有所更，世態居民有所變，天以常火，人以常動，動則屬陽，靜則屬陰，內外皆擾，故不可峻用辛溫大熱之劑。縱獲一效，其禍數作，豈曉辛涼之劑。以葱白、鹽、豉大能開發鬱結，不惟中病，令汗而愈，免致辛熱之藥，攻表不中，其病轉甚，發驚、狂衄血、斑出皆屬熱藥所致。故善用

藥者，須知寒涼之味，况兼應三才造化通塞之理也。

《保命集·熱論》 論曰：有表而熱者，謂之表熱也；無表而熱者，謂之裏熱也；有暴發而爲熱者，乃久不宣通而致也；有服溫藥過劑而爲熱者，有惡寒戰慄而熱者。蓋諸熱之屬者，心火之象也。王注曰：百端之起，皆自心生。是以上善若水，下愚若火。治法曰：小熱之氣，涼以和之；大熱之氣，寒以取之；甚熱之氣，則汗發之，發之不盡，則逆治之，制之不盡，求其屬以衰之。故曰：苦者以治五藏，五藏屬陰而居於內；辛者以治六府，六府屬陽而在外。故內者下之，外者發之，又宜養血益陰，其熱自愈，此所謂不治而治也。故不治謂之常治，治而不治謂之暴治。經所謂：諸寒而熱者取之陰，諸熱而寒者取之陽。此所謂求其屬也。王注曰：益火之源，以消陰翳，用水之主，以制陽光。此之謂也。病有暴熱者，病在心肺；有積熱者，病在腎肝。暴熱者，宜《局方》中雄黃解毒丸；積熱者，《局方》中妙香丸。暴熱上喘者，病在心肺，謂之高喘，木香金鈴子散；上焦熱而煩者，牛黃散；藏府秘者，大黃牽牛散。上焦熱，無它證者，桔梗湯；有虛熱不能食而熱者，脾虛也，宜以厚朴、白朮、陳皮之類治之；有實熱能食而熱者，胃實也，宜以梔子黃芩湯，或三黃丸之類治之，蔚金、柴胡之類亦是也；有病久憔悴，發熱盜汗，謂五藏齊損，此熱勞骨蒸病也，瘦弱虛煩，腸澼下血，皆蒸勞也，宜養血益陰，熱自能退，當歸、生地黃或錢氏地黃丸是也。

《儒門事親·立諸時氣解利禁忌式三》 春之溫病，夏之熱病，秋之瘧及痢，冬之寒氣及咳嗽，皆四時不正之氣也，總名之曰傷寒。人之勞役辛苦者，觸冒此四時風寒暑濕不正之氣，遂成此疾。人之傷於寒也，熱鬱於內，淺則發早，爲春溫。若春不發，而重感於暑，則夏爲熱病。若夏不發，而重感於濕，則秋變爲瘧痢。若秋不發，而重感於寒，則冬爲傷寒。故傷寒之氣最深，然而傷寒及溫熱，但發必先發熱惡寒，頭項痛，腰脊強者，一日在太陽經故也。《內經》中雖言一日太陽者，傳受常也。亦有太陽證至了不傳者，止可汗之，如升麻湯、解肌湯、逼毒散、五積散之類，發散則愈也。蓋病人熱甚，更以辛溫，則病必轉加。今代劉河間先生自製辛涼之劑，以通聖、益元散相合，各五七錢，水一中椀，入生薑十餘片，葱鬚頭二十餘根，豆豉一撮，同煎至五七沸，去滓，分作二服，先以多半服之，頃以釵股於喉中探引，盡吐前藥。因其一涌，腠理開發，汗出週身，復將餘藥溫熱而服之，仍以酸醋辛辣漿粥投之，可以立愈。解利傷寒濕瘟熱病，治法有二：天下少事之時，人多靜逸，樂而不勞，諸靜屬陰，雖用溫劑解表發汗，亦可獲愈；及天下多故之時，熒惑失常，師旅數興，飢饉相繼，賦役既多，火化大擾，屬陽，內火又侵，醫者不達時變，猶用辛溫，玆不近於人情也。止可用劉河間辛涼之劑，三日以裏之證，十痊八九。予用此藥四十餘年，解利傷寒、溫熱、中暑、伏熱，莫知其數，非爲衍也，將以證後人之誤用藥者也。予嘗見世醫用升麻、五積解利傷寒、溫疫等病，往往發狂譫語、衄血泄血、喘滿昏瞀、懊憹悶亂、勞復。此數證非傷寒便有此狀，皆由辛溫之劑解之不愈，而熱增劇以致然也。凡解利傷寒、時氣、疫疾，當先推天地寒暑之理，以人參之。南陲之地多熱，宜辛涼之劑解之；朔方之地多寒，宜辛溫之劑解之。午未之月多暑，宜辛涼解之；子丑之月多凍，宜辛溫解之。少壯氣實之人，宜辛涼解之；老耆氣衰之人，宜辛溫解之。病人因冒寒食冷而得者，宜辛溫解之；因役勞、冒暑而得者，宜辛涼解之。病人稟性怒急者，可辛涼解之；病人稟性和緩者，可辛溫解之。病人兩手脈浮大者，可辛涼解之；兩手脈遲緩者，可辛溫解之。如是之病，不可一概而用。偏熱、寒涼及與辛溫，皆不知變通者。夫地有南北，時有寒暑，人有衰旺，脈有浮沈，劑有溫涼，服有多少，不可差眩。病人禁忌，不可不知。昔有人春月病瘟，三日之內以驢車載百餘里，比及下車，昏瞀不知人，數日而殂。又有人飲酒過傷，內外感邪，頭痛身熱，狀如傷寒，三四日間，以馬馱還家，六七十里，到家百骨節皆痛，昏憒而死。此余親覩，若此之類，不容更述。假如瘟病、傷寒、熱病、中暑、冒風、傷酒，愼勿車載馬馱，搖撼頓挫，大忌。夫動者火之化，靜者水之化也，靜爲陰，動爲陽，陽爲熱，陰爲寒，病已內擾，又復外擾，是爲重擾，奈人之神，詎能當之？故遠行得疾者，宜舟泛床擡，無使外擾，故病不至增劇。又若傷寒、時氣、瘟病，嘗六七日之間不大便，心下堅硬，腹脇緊滿，止可大小承氣湯下之。其腸胃積熱，愼勿用巴豆、杏仁性熱大毒之藥。雖用一二丸下之，利五七行，必反損陰氣，涸枯津液，燥熱轉增，發黃譫語，狂走班毒，血泄悶亂，輕者爲勞復，重者或至死，間有愈者幸矣，不可以爲法。故傷寒新愈之人，愼勿食豬、魚、雜菓、釅酒、濕麵及沐浴房室事，如犯，病必再發，愛其身者不可不愼。又如正、二、三月，人氣在上，瘟疫大作，必先頭痛，或骨節疼，與傷寒、時氣、冒暑、風濕及中酒之人，其狀皆相類，愼勿便用巴豆大毒之藥治之。元光春，京師翰林應泰李屛山得瘟疫證，頭痛身

熱，口乾，小便赤澀。渠素嗜飲，醫者便與酒癥丸，犯巴豆，利十餘行。次日，頭痛諸病仍存，醫者不識，復以辛溫之劑解之，加之臥於暖炕，強食葱醋湯，圖獲一汗，豈知種種客熱，疊發併作，目黄班生，潮熱血泄，大喘大滿，後雖有承氣下之者，已無及矣。至今議者紛紛，終不知熱藥之過，往往獨歸罪於承氣湯。用承氣湯者，不知其病已危，猶復用藥，學經不明故也。良可罪也。然議者不歸罪於酒癥丸者，亦可責也。大瘟證在表不可下，況巴豆之丸乎？巴豆不已，況復發以辛溫之劑乎？必有仲尼，方明治長之非罪，微生高之非直。終不肯以數年之功，苦讀《内經》，但隨衆好惡，爲之毀譽，若此者皆妄議者也。不眞知其理，遽加毀譽，君子之所不取。以予論之，凡傷寒之氣有六禁：初病之時，甚似中酒傷食者，禁大下之，一禁也；當汗之時，宜詳時之寒暑，用衾衣之厚薄，禁沐浴、火炕、重被、熱粥、燔針，二禁也；當汗之時，宜詳解脈之遲數，用溫涼之劑，禁妄用熱藥，三禁也；當下之時，宜審詳證下之藥，禁巴豆銀粉丸方，四禁也；遠來之病人，禁車載馬馱，五禁也；大汗之後，禁雜食嗜慾，憂思作勞，六禁也。故凡有此者，宜清房涼榻，使不受客熱之邪；明牕皓室，使易見班出黄生之變。病者喜食涼，則從其涼；喜食溫，則從其溫。清之而勿擾，休之而勿勞。可辛溫則辛溫解之，可辛涼則辛涼解之，所察甚微，無拘彼此。欲水之人，愼勿禁水。但飲之後，頻與按摩其腹，則心下自動。若按摩其中脘，久則必痛。病人獲痛，復若有水結，則不敢按矣。蓋當禁而不禁者，輕則危，重則死，不當禁而禁者亦然。今之士大夫多爲俗論先錮其心，雖有正論，不得而入矣。昔陸象先嘗云：天下本無事，庸人擾之爲煩耳。余亦云：正氣本不亂，庸醫擾之爲劇耳。

《**和劑局方・治清風**》至寶丹療卒中急風不語，中惡氣絶，中諸物毒暗風，中熱疫毒，陰陽二毒，山嵐瘴氣毒，蠱毒水毒，産後血暈，口鼻血出，惡血攻心，煩躁氣喘，吐逆，難産悶亂，死胎不下。已上並用童子小便一合，生薑自然汁三五滴，入於小便内溫過，化下三圓至五圓，神效。又療心肺積熱，伏熱嘔吐，邪氣攻心，大腸風秘，神魂恍惚，頭目昏眩，眠睡不安，唇口乾燥，傷寒狂語，並皆療之。

生烏犀屑　生玳瑁屑　琥珀研　硃砂研細，水飛　雄黄研，水飛，各一兩

龍腦　麝香各一分，研　牛黄半兩，研　安息香一兩半爲末，以無灰酒研澄飛過，濾去砂石，約取凈數一兩，慢火熬成膏　銀箔五十片，研　金箔五十片，一半爲衣

右將生犀、玳瑁爲細末，入餘藥研勻，將安息香膏重湯煑凝成後，入諸藥中和溲成劑，盛不津器中，並旋圓如桐子大，用人參湯化下三圓至五圓。

又療小兒諸癇，急驚心熱，卒中客忤，不得眠睡，煩躁風涎搐搦。每二歲兒服二圓，人參湯化下。

《**和劑局方・治傷寒**》聖散子治傷寒，時行疫癘，風溫，濕溫，一切不問陰陽兩感，表裏未辨，或外熱内寒，或外寒，内熱頭項腰背拘急疼痛，發熱惡寒，肢節疼重，嘔逆喘欬，鼻塞身重；及食飲生冷，傷在胃脘，胸膈滿悶，腹脇脹痛，心下結痞，手足逆冷，腸鳴泄瀉，水穀不消，時自汗出，小便不利，並宜服之。

草豆蔻去皮，十個　石菖蒲　高良薑　豬苓去皮　蒼朮　茯苓去黑皮　芍藥　獨活去蘆　附子炮去皮臍　麻黄去根節　厚朴去麄皮，薑汁炙　藁本去土　枳殼去穰，麩炒　柴胡去蘆　澤瀉　防風去蘆　藿香去土及人枝梗　吳茱萸湯洗七次　半夏湯洗七次，薑汁製　吳白朮各半兩　甘草炙剉，二兩　細辛半兩

右爲麄散，每服四錢，水盞半，煎取一盞，去滓，熱服，不拘時，取遍身微汗即愈。時氣不和，空服飲之，辟邪疫。

霍香正氣散治傷寒頭疼，增寒壯熱，上喘欬嗽，五勞七傷，八般風痰，五般膈氣，心腹冷痛，反胃嘔氣，氣瀉霍亂，藏府虛鳴，山嵐瘴瘧，遍身虛腫；婦人産前、産後，血氣刺痛；小兒疳傷，並皆治之。

大腹皮　茯苓去皮　白芷　柴蘇各一兩　陳橘皮　苦梗　白朮　厚朴去麄皮，薑汁製　半夏麯　甘草炙，各二兩　藿香去土，三兩

右爲細末，每服二錢，水一盞，薑三片，棗一枚，煎七分，熱服。如要出汗，衣被蓋，再煎併服。

《**醫經溯洄集・張仲景傷寒立法考**》讀仲景之書，當求其所以立法之意，苟得其所以立法之意，則知其書足以爲萬世法，而後人莫能加，莫能外矣。苟不得其所以立法之意，則疑信相雜，未免通此而礙彼也。嗚呼，自仲景以來，發明其書者，不可以數計，然其所以立法之意，竟未聞有表章而示人者，豈求之而不得之歟？將相循習而不求歟，抑有之而余未之見歟？余雖不敏，僭請陳之。夫傷於寒，有即病者焉，有不即病者焉。即病者，發於所感

之時，不即病者，過時而發於春夏也。即病謂之傷寒，不即病謂之溫與暑。夫傷寒溫暑，其類雖殊，其所受之原，則不殊也。由其原之不殊，故一以傷寒而爲稱，由其類之殊，故施治不得以相混，以所稱而混其治，宜乎貽禍後人，以歸咎於仲景之法，而委廢其太半也。吁，使仲景之法，果貽禍於後人，《傷寒論》不作可也。使仲景之法，果不貽禍於後人，《傷寒論》其可一日缺乎？後人乃不歸咎於己見之未至，而歸咎於立法之大賢，可謂溺井怨伯益，失火怨燧人矣。夫仲景法之祖也，後人雖移易無窮，終莫能越其矩度，由莫能越而觀之，則其法其方，果可委廢太半哉。雖然，立言垂訓之士，猶不免失於此，彼碌碌者，固無足誚矣。夫惟立言垂訓之士，有形乎著述之間，其碌碌者當趑趄猶預之餘，得不靡然從令爭先快覩而趍簡略之地乎？夫其法其方委廢太半而不知返，日惟簡便是趍，此民生之所以無籍，而仲景之心之所以不能別白矣，嗚呼，法也，方也，仲景專爲即病之傷寒設，不兼爲不即病之溫暑設也。後人能知仲景之書，本爲即病者設，不爲不即病者設，則尚恨其法散落所存不多，而莫能禦夫麤工妄治之萬變，果可憚煩而或廢之乎？是知委廢太半，而不覺其非者，由乎不能得其所以立法之意故也？今人雖以治傷寒法治溫暑，亦不過借用耳，非仲景立法之本意也。猶六書假借，雖移易無窮，終非造字之初意。夫仲景立法，天下後世之權衡也，故可借焉以爲他病用。雖然，豈特可借以治溫暑而已？凡雜病之治，莫不可借也。今人因傷寒治法，可借以治溫暑，遂謂其法通爲傷寒溫暑設。吁，此非識流而昧原者歟？苟不余信，請以證之。夫仲景之書，三陰經寒證，居熱證什之七八，彼不即病之溫暑，但一於熱耳，何由而爲寒哉？就三陰寒證而詳味之，然後知余言之妄。或者乃謂三陰寒證，本是雜病，爲王叔和增入其中。又或謂其證之寒，蓋由寒藥誤治而致，若此者皆非也。夫叔和之增入者，辨脈平脈與可汗可下等諸篇而已，其六經病篇，必非叔和所能贊辭也。但厥陰經中下利嘔噦諸條，卻是叔和因其有厥逆而附，遂併無厥逆而同類者，亦附之耳。至若以藥誤治，而成變證，則惟太陽爲多，縱使三陰證，亦或有寒藥誤治而變寒者。然豈應如是之衆乎？夫惟後人以仲景書通爲傷寒溫暑設，遂致諸溫劑皆疑焉，而不敢用，韓祗和雖覺桂枝湯之難用，但謂今昔之世不同，然未悟仲景書，本爲卽病之傷寒設也，且其著《微旨》一書，又純以溫暑作傷寒立論，而卽病之傷寒，反不言及，此已是捨本徇末，全不能窺仲景藩籬。又以夏至前，胸膈滿悶，嘔逆，氣塞，腸鳴，腹痛，身體拘急，手足逆冷等證，視爲溫暑，謂與仲景三陰寒證，脈理同，而證不同，遂別立溫中法以治。夫仲景所叙三陰寒證，乃是冬時卽病之傷寒，故有此證，今欲以仲景所叙三陰寒證，求對於春夏溫暑之病，不亦惛乎？雖然，祗和未悟仲景立法本旨，而又適當溫暑病作之際，其爲惑也，固宜。以余觀之，其胸膈滿悶，嘔逆，氣塞等證，若非內傷冷物，則不正暴寒所中，或過服寒藥所變，或內外俱傷於寒之病也。且祗和但曰寒而當溫，然未嘗求其所以爲寒之故，能求其故，則知溫暑本無寒證矣。

攷之仲景書，雖有陰毒之名，然其所叙之證，不過面目青，身痛如被杖，咽喉痛而已，並不言陰寒極甚之證，況其所治之方，亦不過升麻、甘草、當歸、鱉甲而已，並不用大溫大熱之藥。是知仲景所謂陰毒者，非陰寒之病，乃是感天地惡毒異氣，入於陰經，故曰陰毒耳。後之論者，遂以爲陰寒極甚之證，稱爲陰毒，乃引仲景所叙，面目青，身痛如被杖，咽喉痛數語，併而言之，卻用附子散、正陽散等藥以治，竊謂陰寒極甚之證，固亦可名爲陰毒，然終非仲景所以立名之本意。觀後人所叙陰毒，與仲景所叙陰毒，自是兩般，豈可混論？後人所叙陰毒，亦祗是內傷冷物，或不正暴寒所中，或過服寒藥所變，或內外俱傷於寒而成耳，非天地惡毒異氣所中者也。朱奉議作《活人書》，累數萬言，於仲景《傷寒論》多有發明，其傷寒即入陰經爲寒證者，諸家不識，而奉議識之，但惜其亦不知仲景專爲即病者立法，故其書中，每每以傷寒溫暑混雜議論竟無所別。況又視《傷寒論》爲全書，遂將次傳陰經熱證，與卽入陰經寒證，牽合爲一立說，且謂大抵傷寒，陽明證宜下，少陰證宜溫而於所識卽入陰經之見，又未免自相悖矣。夫陽明證之宜下者，固爲邪熱入胃，其少陰證，果是傷寒傳經熱邪，亦可溫乎？況溫病暑病之少陰，尤不可溫也。自奉議此說行，而天下後世蒙害者，不無矣。迨夫成無己作《傷寒論注》，又作《明理論》，其表章名義纖悉不遺，可謂善羽翼仲景者。然卽入陰經之寒證，又不及朱奉議能識，況卽病立法之本旨乎？宜其莫能知也。惟其莫知，故於三陰諸寒證，止隨文解義而已，未嘗明其何由不爲熱，而爲寒也。至於劉守眞出，亦以溫暑作傷寒立論，而遺即病之傷寒，其所處辛涼解散之劑，固爲昧者有中風傷寒錯治之失而立，蓋亦不無桂枝、麻黃難用之惑也。既惑於此，則無由悟夫仲景立桂枝、麻黃湯之有所主，用桂枝、麻黃湯之有時矣。故其《原病式》有曰：夏熱用麻黃、桂枝之類熱藥發表，須加寒藥，不然，則熱甚發黃，

或斑出矣。此說出於庞安常，而朱奉議亦從而和之。殊不知仲景立麻黄湯、桂枝湯，本不欲用於夏熱之時也，苟悟夫桂枝、麻黄湯本非治溫暑之劑，則群疑冰泮矣，何也？夫寒之初客於表也，閉腠理鬱陽氣而爲熱，故非辛溫之藥，不能開腠理以泄其熱，此麻黄湯之所由立也。至於風邪傷表，雖反疎腠理而不能閉，然邪既客表，則表之正氣受傷，而不能流通，故亦發熱也，必以辛甘溫之藥發其邪，則邪去而腠理自密矣，此桂枝湯之所由立也。其所以不加寒藥者，蓋由風寒在表，又當天令寒冷之時，而無所避故也。後人不知仲景立法之意，故有惑於麻黄、桂枝之熱，有犯於春夏之司氣，而不敢用，於是有須加寒藥之論，夫欲加寒藥於麻黄、桂枝湯之中，此乃不悟其所以然，故如此耳。若仲景爲溫暑立方，必不如此，必別有法，但惜其遺佚不傳，致使後人有多岐之患。若知仲景《傷寒論》專爲卽病傷寒作，則知麻黄、桂枝所以宜用之故。除傳經熱證之外，其直傷陰經，與太陽不鬱熱，卽傳陰經諸寒證，皆有所歸著，而不復疑爲寒藥誤下而生矣。若乃春夏有惡風惡寒純類傷寒之證，蓋春夏暴中風寒之新病，非冬時受傷過時而發者。不然，則或是溫暑將發，而復感於風寒，或因感風寒，而動乎久鬱之熱，遂發爲溫暑也。仲景曰：太陽病，發熱而渴，不惡寒者，爲溫病。觀此，則知溫病不當惡寒，而當渴，其惡寒而不渴者，非溫病矣。仲景雖不言暑病，然暑病與溫病同。但復過一時，而加重於溫病耳。其不惡寒而渴，則無異也。春夏雖有惡風惡寒表證，其桂枝、麻黄二湯，終難輕用，勿泥於發表不遠熱之語也。於是用辛涼解散，庶爲得宜，苟不愼而輕用之，誠不能免夫狂躁、斑黄、衄血之變，而亦無功也。雖或者行桂枝、麻黄於春夏而效，乃是因其辛甘發散之力，偶中於萬一，斷不可視爲常道而守之。今人以敗毒散、參蘇飲、通解散、百解散之類，不問四時中風傷寒，一例施之，雖非至正之道，較之不愼，而輕用麻黄、桂枝於春夏，以致變者，則反庶幾。然敗毒散等若用於春夏，亦止可治暴中凡寒之證而已。其冬時受傷過時而發之溫病暑病則不宜用也，用則非徒無益亦反害之矣，縱或有效，亦是偶然。彼冬時傷寒，用辛涼發表，而或效者，亦偶然也。凡用藥治病，其既效之後，須要明其當然與偶然，能明其當然與偶然，則精微之地，安有不至者乎？惟其視偶然爲當然，所以循非踵弊，莫之能悟，而病者不幸矣。若夫仲景於三陰經，每用溫藥，正由病之所必須，與用之有其時耳。餘有別論，茲不再具。若概以三陰寒證，視爲雜病而外之，得無負於仲景濟人利物之至仁，而誤後世乎。自近代先覺，不示傷寒溫暑異治之端緒，但一以寒涼爲主，而諸溫熱之劑，悉在所略，致使後之學者，視仲景書，欲仗焉，而不敢以終決，欲棄焉，則猶以爲立法之祖，而莫能外，甚則待爲文具，又甚則束之高閣，而謂其法宜於昔，而不宜於今。由治亂動靜之殊治，靜屬水，亂動屬火，故其溫熱之藥，不可用於今屬火之時也。噫，斯言也，其果然耶否耶？但能明乎仲景本爲即病者設法，則桂枝麻黄自有所用，諸溫熱之劑，皆不可略矣。若謂仲景法，不獨爲即病者設，則凡時行及寒疫溫瘧風溫等病，亦通以傷寒六經病諸方治之乎。《傷寒例》曰：冬溫之毒，與傷寒大異，爲治不同。又曰：寒疫與溫及暑病相似，但治有殊耳。是則溫暑及時行寒疫、溫瘧、風溫等，仲景必別有治法，今不見者，亡之也。觀其所謂爲治不同，所謂溫瘧、風溫、溫毒、溫疫，脈之變證方治如說，豈非亡其法乎？決不可以傷寒六經病諸方通治也。夫《素問》謂人傷於寒，則爲病熱者，言常而不言變也。仲景謂或熱或寒而不一者，備常與變而弗遺也。仲景蓋言古人之所未言，大有功於古人者，雖欲偏廢可乎。叔和搜採仲景舊論之散落者以成書，功莫大矣，但惜其既以自己之說，混於仲景所言之中，又以雜脈雜病紛紜並載於卷首，故使玉石不分，主客相亂。若先備仲景之言，而次附己說，明書其名，則不致惑於後人，而累仲景矣。昔漢儒收拾殘編斷簡於秦火之餘，加以傳注，後之議者，謂其功過相等，叔和其亦未免於後人之議歟！余嘗欲編類其書，以傷寒例居前，而六經病次之，相類病又次之，差後病又次之，診察、治法、治禁、治誤、病解、未解等，又次之，其雜脈雜病與傷寒有所關者，採以附焉，其與傷寒無相關者，皆刪去。如此，庶幾法度純一，而玉石有分，主客不亂矣。然有志未暇，姑叙此，以俟他日。

《傷寒明理續論・春溫變熱》 溫熱病者，冬時感寒，偶不即發，寒毒藏於肌膚，至春變爲溫病，夏變爲暑病。暑病者，熱又甚於溫也。溫病，發於春三月夏至前是也。發熱咳嗽，頭疼身痛，口燥渴，脈浮弦。熱甚者，小柴胡湯。熱微者，升麻葛根湯、解肌湯。微熱不渴，小柴胡加桂枝；渴者，加五味；渴者，去半夏，加瓜蔞、人參。脈實煩渴者，大柴胡湯微利之，以其脈實，必大便難也。虛煩者，竹葉石膏湯，然用羌活湯解之爲當；渴，加知母、石膏。

夏月熱病，發熱頭疼，身體痛重，不惡寒而惡熱，其脈洪，不可溫，宜羌活

湯；渴，加知母、石膏。三月至夏，謂之晚發，梔子升麻湯。有少陽證者，小柴胡湯。更於前方內選用。若春夏有惡風惡寒，類傷寒證者，蓋當時暴中風寒之氣新病，即非冬時受寒，通用羌活湯治之。

《**傷寒瑣言・治傷寒用藥大略**》 蓋冬時爲正傷寒，天氣嚴凝，風寒猛烈，觸冒之者，必宜用辛溫散之。其非冬時亦有惡寒頭疼之證，皆宜辛涼之劑通表裏，和之則愈矣。若以冬時所用桂枝辛溫之藥通治之，則殺人多矣。曰：辛涼者何？羌活衝和湯是也。兼能代大青龍湯，爲至穩。嗚呼，一方可代三方，危險之藥如坦夷，其神乎？但庸俗輩所未知也。【略】

三陽之邪在裏爲患，春、夏、秋有不頭痛惡寒而反渴者，此則溫病也。暑病亦然，比之溫病，猶加熱也，治宜加減小柴胡湯。蓋此湯春可治溫，夏宜治暑，秋能潤肺。又宜升麻葛根湯、解肌湯、敗毒散。中暑而渴者，小柴胡石膏湯、人參白虎湯，看渴微甚而用之，無不效。經曰：發熱不惡寒而渴者，溫病也。若夫陰證，則別有法，不在此例矣。

《**傷寒一提金・一提金貫珠數**》 交春分至夏至前，有頭疼發熱，不惡寒而渴者，爲溫病，用辛涼之藥微解肌，不可大發汗。裏證見者，用寒涼之藥急攻下。若誤下之，未必爲害，誤汗之，變不可言，當須識此。三月後得此證者，爲晚發，治法同表證，不與冬時正傷寒同治法，裏證治相同。

交夏至後，有頭疼發熱，不惡寒而渴，此名溫病，愈加熱者，名熱病，止用辛涼之藥微解肌，不宜大發汗。裏證見者，止用大寒之藥急攻下。表證不與正傷寒同治法，裏證治相同。

交秋至霜降前，有頭疼發熱，不惡寒，身體痛，小便短者，名溫病，亦用辛涼之藥加燥劑以解肌，亦不宜大發汗。裏證見者，用寒涼藥急攻下。表證不與正傷寒同治法，裏證治相同。

其春、夏、秋三時，有患頭疼身熱，亦有惡寒者，即是感冒非時暴寒之輕，非比冬時正傷寒之重，俱用辛涼之劑小發汗。若裏證見者，用寒涼之藥急攻下。表證不與正傷寒同治法，裏證治相同。

其四時，有患頭疼，發熱惡寒，身體倦痛，骨腿酸疼，自汗出，口微渴，脈空浮大而無力，名勞力感寒證，當用溫涼之劑溫經散寒，切禁大發汗。裏證見者，中和之劑加轉藥微下之，不可急攻利。

其四時，有患頭疼，身熱惡寒，老幼相傳者，名時疫證，用辛涼之藥微解表。裏證見者，急攻下。從病制宜，不與正傷寒同治法。

《**傷寒全生集・辨冬溫溫毒例**》 又傷寒壞病，蓋因前熱多日不解，更感溫熱之氣而爲重也。若無汗，以三黃石膏湯。有汗，人參白虎湯。煩熱、錯語、不眠，白虎合解毒湯。表熱甚者，加柴胡。內實不大便者，大柴胡加芒硝下之。若斑出如錦者，難治。

《**明醫雜著・擬治嶺南諸病**》 春秋時月，人感山嵐瘴霧之氣，發寒熱，胸膈飽悶，不思飲食，此毒氣從鼻口入內也。治當清上焦、解內毒、行氣降痰，不宜發汗。

主方：

黃連薑炒　黃芩　木香　厚朴薑製　枳實麩炒　半夏湯洗　桔梗　柴胡　川芎　木通　各一錢　生甘草七分　升麻　蒼朮泔浸鹽水炒。各一錢五分

右薑、水煎，食前熱服。

愚按：嶺南炎方瀕海，地卑土薄，故陽氣常泄，陰氣常盛，四時放花，冬無霜雪，一歲之間，暑熱過半，窮臘久晴，或對搖扇。人居其間，氣多土壅，膚多汗出，腠理不密，蓋陽不反本而然也。陽燠既泄，則使人本氣不堅，陽不下降，常浮而上，氣浮而不堅，則玄府開疏，汗液易泄，故內寒外熱、上熱下寒之症由生也。治當固陽氣、實腠理爲主。若多用表散之藥，則陽氣愈虛，風邪益盛，鮮有不誤者矣。苟系外邪爲患，則當解散之。外邪既解，而病仍作，肺氣傷也，用補中益氣湯。若頭目不清，胃氣不能上升也，加蔓荆子。若飲食少思，胃氣虛也，用四君子湯。若食而難化，脾氣虛也，用六君子加芎藥、當歸。若畏寒冷飲食，或作吞酸，脾氣虛寒也，前藥更加炮薑；不應，再加吳茱萸四分，黃連三分。余各當推而治之。嶺南瘴癘爲患諸症，詳見衛生篇。凡宦游此地者，當備此書而常覽之。

若寒溫失節，汗身脫衣巾，感冒風寒之氣，氣閉發熱，頭疼，此則傷寒類也。但嶺南氣溫，易出汗，故多類瘧，重則寒熱不退，輕則爲瘧。南方氣升，故嶺南人得此病者，卒皆胸滿，痰涎壅塞，飲食不進，與北方傷寒祇傷表而裏自和者不同。治當解表清熱、降氣行痰，此方用於寒涼時月，及雖在溫暖時而感冒風寒者。

羌活　蒼朮泔浸　柴胡　黃芩　橘紅　半夏湯洗　枳實　甘草炙　川芎各一錢

右薑、水煎，食前服，渣隨服，取汗出止服。

愚按：　前症若内停飲食，外感風寒，用藿香正氣散；　若脾氣虚弱，而寒熱，作嘔，用金不换散。　蓋嶺南之地，濕熱熏蒸，腠理不閉，津液妄泄，陽氣内虚，法當調補肺氣爲主。　蓋肺主氣而司腠理，肺氣虚則腠理不密，故津液妄泄，多患前症。　若外邪既去，當補脾土以生肺金。

瘴瘧、時瘧寒熱往來。

柴胡　知母各一錢五分，炒　蒼朮泔浸　黄芩酒炒　乾葛　陳皮　半夏湯洗　川芎各一錢　甘草七分，炙

右薑三分，烏梅二個，水煎，侵晨、午前服。

愚按：　前症若因外邪未解，而寒熱往來者，宜用原方解散之；　若因脾氣素弱，或服前藥外邪既去而寒熱不止，或欲嘔少食者，脾氣虧損也，宜用補中益氣湯加半夏、乾葛、茯苓調補之。　若午前寒熱，屬氣虚，用四君子加當歸、升麻；　若午後寒熱，屬血虚，用八珍湯加柴胡、升麻。　大凡病久氣虚而血弱者，必發熱，須用四君之類調補脾胃，脾胃一健，氣血自生。　若誤認爲血虚而用四物沉陰之劑徑生其血，則脾土復傷，諸臟皆病，虚症蜂起，反爲難治，甚致不救。

瘧久者，加人參一錢五分，當歸一錢；　汗多者，去蒼朮，换白朮，加白芍藥酒炒一錢五分。

愚按：　瘧久不愈，屬中氣虚不能滋養諸臟，但調補脾胃，諸病自退。　其汗自出者，乃陽氣虚而不能衛固於腠理也，用四君加歸、芪、陳皮；　未應，加薑、桂。　手足逆冷，急加附子。　盗汗者，陰虚而腠理不密也，宜用八珍加肉桂、五味子。　煩熱作渴，暫用當歸六黄湯，其中三黄俱炒黑，倍加參、芪；　汗既止，仍用八珍散之類。　若腎氣素虚，發熱作渴，宜六味丸。　手足逆冷，或痰氣上攻，宜用八味丸。　若邪氣既散，而寒熱仍作，此眞氣虚也，即用補中益氣湯。　若氣血虚而寒熱者，用八珍湯。　若治失其宜，則元氣虧損，變症百出，不但久瘧而已矣。

瘧後變成痢疾，宜從虚治，故用補脾胃藥。

黄連炒　木香　縮砂　黄芩炒　橘皮　白朮　當歸酒洗，各一錢　白芍藥炒，二錢　甘草炙，五分

右薑、水煎，食前服。

愚按：　前症乃病氣有餘、形氣不足而變症也，宜用原方，以清解脾胃邪熱。　若病氣形氣俱不足而不能愈，宜補中益氣湯滋養諸臟自愈。

若溫暑之月，民病天行瘟疫熱病，治宜清熱解毒之劑，兼治内外，愈後隨當調理脾胃，以壯元氣。

枯黄芩　升麻　乾葛　知母酒炒，各一錢　人參　石膏　白芍藥各一錢半　黄連酒炒，四分　甘草七分　羌活二錢　生地黄酒洗，五分

右薑、水煎，食前熱服，渣繼服。

愚按：　前症若邪在足陽明，表裏不解者，宜用本方和解之。　若疏通過度，胃氣虧損，而發熱煩渴者，用竹葉黄芪湯以生津液；　若誤汗亡陽，而發熱煩渴者，用升陽益胃湯；　若誤下亡陰，而發熱煩躁者，用理中湯。

若胸膈痞悶，痰涎壅塞者，加枳實、半夏各一錢，生薑汁四五匙。　脾胃不實，加白朮一錢半。

愚按：　前症若形病表裏俱實，而痰邪痞悶者，宜用本方。　若脾肺氣虚，痰涎不得運化而痞悶者，宜用六君子，少加桔梗、枳殼。　若脾胃虚弱，不能攝涎歸源而痞悶者，宜用六君、炮薑。

若時氣發熱，變爲黄病，所謂瘟黄也。　治宜内瀉濕熱。

茵陳　黄連薑水炒　山梔仁　白茯苓　厚朴薑水炒　木通　白朮　人參各一錢　木香七分　白芍藥酒炒　乾葛各一錢半

右薑、水煎，食前服，渣繼服。

愚按：　前症若因濕熱壅滯所致者，宜用此方。　若因病久元氣益虚，而脾之正色見於外者，宜用補中益氣加茵陳、茯苓。　若中氣虚寒，四肢厥冷，或浮腫、黑黄者，用人參理中湯加茯苓、茵陳。　觀東坡任黄州，用聖散子，正謂此意。　土人不知，反用檳榔導損眞氣，疏泄腠理，外邪易感，病由是作。　若節飲食、愼起居、適寒暑、固元氣，以卻外邪，雖患是症，亦爲輕淺。　嘉靖甲申春，南都大疫，煎聖散子，普濟老幼并服，來者接踵，死者塞途，良可哀憫！　殊不知此方因嶺南風土而作，且浙之與廣，相去萬里，殊域異方，天時人事，大不相侔，豈有概一治療而無誤者哉！

《名醫類案·中熱》　淳于意治齊王侍醫遂病，自鍊五石服之，臣意往過之，遂謂意曰：　不肖有病，幸診遂也。　臣意即診之，告曰：　公病中熱。　論曰：　中熱不溲者，不可服五石，石之爲藥精悍。　公服之，不得數溲，亟勿服，

色將發癰。遂曰：扁鵲曰：陰石以治陰病，陽石以治陽病。夫藥石者，有陰陽水火之齊，故中熱卽爲陰石柔齊治之，中寒卽爲陽石剛齊治之。臣意曰：公所論遠矣，扁鵲雖言若是，然必審診，起度量，立規矩，稱權衡，合色脈，表裏有餘不足，順逆之法，參其人動靜，與息相應，醫法之妙盡矣。乃可以論。論曰：陽疾處內，陰形應外者，不加悍藥及鑱石。夫悍藥入中，則邪氣辟矣，而宛氣愈深。琇按：觀此則爲熱中無疑，與陰虛火熾人服桂附，初少愈後乃不治同。診法曰：二陰應外，一陽接內者，不可以剛藥。剛藥入則動陽，陰病益衰，陽病益著，邪氣流行，爲重困於俞，忿發爲疽。意告之後，百餘日，果爲疽，發乳上，琇按：肝胃熱燥故疽發乳上。入缺盆，死。此謂論之大體也，必有經紀，拙工有一不習交理，陰陽失矣。

《名醫類案·瘟疫》 江應宿按：經云：冬不藏精者，春必病瘟，是以多感於房勞辛苦之人，安藥者未之有也。一皆觸冒四時不正之氣而爲病焉，大則流行天下，次則一鄉，次則一家，悉由氣運鬱發，有勝有伏，遷正退位之所致也。視斯疾者，其可不推運氣而治之乎。仲景無治法，後人用敗毒散，治甚得理，切不可作傷寒正治，而大汗大下，但當從乎中，而用少陽陽明二藥加減和治，殊爲切當。

《古今醫統大全·火證門》 火有君相五志之異

《玉機微義》曰：火之爲病，其害甚大，其變甚速，其勢甚彰，其死甚暴，何者？蓋能燔灼焚燎，飛走狂越，消爍於物，莫能禦之。遊行乎三焦虛實之兩途，曰君火也，猶人火也。曰相火也，猶龍火也。火性不妄動，能不違於道，常以稟位聽命，運行造化生存之機矣。夫人在氣交之中，多動少靜，欲不妄動，豈可得乎？故凡動者，皆屬火化。火一妄行，元氣受傷，勢不兩立。偏勝則病，移害他經，事非細故，動之極也，病則死矣。經所謂一水不勝二火。夫火出於天造，君相之外，又有厥陰臟腑之火根於五志之內，六慾七情激之，其火隨起。蓋大怒則火起於肝，醉飽則火起於胃，房勞則火起於腎，悲哀動中則火起於肺。心爲君主，自焚則死矣。

相火動爲諸證

丹溪曰：太極動而生陽，靜而生陰，陽動而變，陰靜而合，而生水火木金土。各一其性，惟火有二。曰君火，人火也；曰相火，天火也。火內陰而外陽，主乎動者也。故凡動皆屬火。以名而言，形質相生，配於五行，故謂之君；以位而言，生於虛無，守位稟命，因動而見，故謂之相。天主生物，故恆於動。人有此生，亦恆於動。其所以恆於動者，皆相火助之爲也。見於天者，出於龍雷，則木之氣；出於海則水之氣也。具於人者，寄於肝腎二部。肝屬木而腎屬水也。膽者，肝之腑；膀胱者，腎之腑；心胞絡者，腎之配。三焦以位言，而下焦司肝腎之分，皆陰而下者也。天非此火不能生物，人非此火不能有生。天之火雖出於木而皆本乎地，故雷非伏，龍非蟄，海非附地，則不能鳴，不能飛，不能波也。鳴也，飛也，波也，動而爲火者也。腎肝之陰悉具相火，人而同乎天也。或曰：相火，天火所動，何東垣謂元氣之賊？又曰火與元氣不兩立，一勝則一負。然則如之何則可使之無勝負乎？周子曰：神發知矣。五性感物則萬事也。五者之性，爲物所感，不能不動。謂之動者，即《內經》五火也。相火易起，五性厥陰之火相煽則妄動矣。火起於妄，變化莫測，無時不有，煎熬眞陰，陰虛則病，陰絕則死。君火之氣，經以暑與熱言之；相火之氣，經以火言之。蓋表其暴悍酷烈有甚於君火者也。故曰：相火，元氣之賊。周子又曰：聖人定之以中正仁義而主靜。朱子亦曰：必使道心常爲一身之主，而人心每聽命焉。此善美乎火者。人心聽命於道心，而又能主之以靜，彼五火將寂然不作。而相火者，惟有裨補造化而爲生生不息之運用耳，何賊之有？或曰：《內經》相火，注言少陰少陽矣，未曾言及厥陰、太陽，而吾子言之，何也？曰：足太陽、少陰，東垣常言之矣。治以炒蘗，取其味辛能瀉水中之火是也。戴人亦言膽與三焦尋火，治肝和胞絡都無異，此歷指龍雷之火也。予亦備述天之火皆生於動，如上文所云者，實推廣二公之意。或曰：《內經》言火者不一，往往於六氣中見之。言臟腑者，未之見也。二公豈他有所據耶？子能爲我言之乎？經曰：百病皆生於風寒暑濕燥火之動而爲變者，岐伯歷舉病機十九條而屬火者五，此非相火爲病之出於臟腑者乎？考諸《內經》，少陽病爲瘛瘲，太陽病時眩仆，少陰病瞀暴瘖，鬱冒不知人。非諸熱瞀瘛之屬火者乎？少陽病惡寒鼓慄，膽病振寒，少陰病灑淅惡寒振慄，厥陰病灑淅振寒。非諸振鼓慄，如喪神守之屬火者乎？少陰嘔逆，厥氣上行；膀胱病衝頭痛；太陽病厥氣上衝胸，少腹控睾引腰脊上衝心；少陰病氣上衝胸，嘔逆，非諸逆衝上之屬火者乎？少陽譫妄，膀胱病狂顛疾，非諸躁狂越之屬火者乎？少陽病胕腫善驚，少陰病瞀熱以痠，胕腫不能久立，非諸病胕腫、疼痠驚駭之屬火者乎？

《原病式》曰：諸風掉眩，屬於肝火之動也；諸氣憤鬱，屬於肺火之升也；諸濕腫滿，屬於脾火之盛也；諸痛瘡癢，屬於心火之用也。是皆火之爲病，出於臟腑者然也。注文未之發耳。以陳無擇之通達，且以暖熾論君火，日用之火言相火，而又不曾深及，宜乎後人之不無聾瞽也，悲夫！

病濕熱相火者多。諸病尋痰火，痰火生異證。

因心火爲之。心者，君火也。火旺則金燥，水虧爲火獨存。

氣有餘便是火。非眞氣之有餘，乃火邪之爲氣。氣從左邊起者，肝火也；氣從臍起者，陰火也。

熱從腳下起入腹者，虛之極也。蓋相火起於九泉之下，此病十不救一。治法以四物加降火藥服之。以附子末津調，貼湧泉穴，引火下行。若壯實人有此證，是濕鬱成熱之候。或有冒雨途行受濕而得此證者，不可誤作陰虛治。衹宜蒼朮、黃蘗、牛膝、防己丸之屬。陰虛火動者，難治。脈數無力者是也。

飲酒人發熱者，難治；不飲酒人，因酒發熱者，亦難治。

煩躁者，氣隨火升也。

東垣云：有元氣虛損而熱，有五臟熱，有內中外而熱。輕手捫之，熱在皮毛血脈也。重手按之，筋骨熱甚者，熱在筋骨也。不輕不重而熱，熱在肌肉也。又云：晝則發熱，夜則安靜，是陽氣自熱於陽分也。晝則安靜，夜則發熱煩躁，是陽氣下陷，入陰中也，名曰熱入血室。晝夜不分，是重陽無陰也。亟瀉其陽，峻補其陰。

兩手大熱爲骨厥，如在火中。灸湧泉穴，五壯立愈。

脈候

脈浮大而虛爲虛火，沉而實大者爲實火，洪數見於左寸爲心火，見於右寸爲肺火，見於左關爲肝心火，見於右關爲脾火，見於兩尺爲腎經相火。男子兩尺洪大者，必遺精，陰火盛也。凡病痰火，脈沉細而數者，難治。病熱有火者，可治，脈洪是也。無火者，難治，沉細是也。無故而脈洪大者，必病進也。平人脈數者，必有瘡瘍作也。

治法

治熱不衰當求其屬

經曰：有病熱者，寒之而熱，有病寒者，熱之而寒。二者皆在，新病復起，治之奈何？曰：諸寒之而熱者，取之陰；諸熱之而寒者，取之陽，所謂求其屬也。王注：取之陰陽，則壯水之王，益火之原是也；求其屬者，則求水火，以取心腎之陰陽是也。

火有微甚治有逆從

經曰：微者逆之，甚者從之。又曰：鬱，發之。

小熱之氣，涼以和之，大熱之氣，寒以沃之，甚熱之氣，汗而發之，發之不盡，則逆取之。

火有虛實治有補瀉

虛火可補。參、朮、生甘草之類。謂之虛者，正氣虛也。實火可瀉。黃連解毒之類。謂之實者，邪氣實也。人火正治，龍火反治，鬱火可發，當看在何經。

風寒外束，可發。輕者可降，重則從其性而升之。

人壯氣實火盛，顛狂者，可用正治。藥用硝、黃、冰、水之類是也。

人虛火盛狂者，以生薑湯與之。若投以冰水之類正治，立死。

凡火盛者，不可驟用涼藥，必須溫散。

火急甚者，必緩之，生甘草兼瀉兼緩，參朮亦可。

補陰則火自降，炒黃蘗、熟地黃之類。

輕手按之，熱甚而烙手；重手按之，不覺熱，此病在肌肉之下，宜發之，東垣升陽散火湯、火鬱湯之類。

火有君相臟腑分治之宜

君火者，心火也。可以溫伏，可以水滅，可以直折，惟黃連之屬可以制之。相火者，龍火也。不可以水溫折，從其性而伏之。惟黃蘗之屬可以降之。噫！瀉火之法，豈止如此。虛實多端，不可不察。以臟氣司之：黃連瀉心火，黃芩瀉肺火，芍藥瀉脾火，柴胡瀉肝火，知母瀉腎火。此皆苦寒之味，能瀉有餘之火耳。若飲食勞倦內傷，元氣、火不兩立。陽虛之病，以甘劑除之，知黃耆、人參、甘草之屬。若陰微陽強，相火熾盛，以乘陰位，日以煎熬爲血虛之病，以甘寒之劑降之，如當歸、地黃之屬。若心火亢極，鬱熱內實，爲陽強之病，以鹹冷之劑折之，如大黃、朴、硝之屬。若腎水受傷，眞陰失守，無根之火爲陰虛之病，以壯水之劑制之，如生地黃、玄參之屬。若右腎衰爲陽脫之病，以溫熱之劑補之，如附子、乾薑之屬。若胃虛，過食生冷物，抑遏陽氣於脾土，爲火鬱之病，以升散之劑發之，如升麻、葛根之屬。不明諸此，而求火之施治，何所依據？

子和汗吐下三法治積火

棠溪李濟之常病目，及居省掾，每服補肝散，以致睛脹，但見牕檻橫排，幾至喪明，令涌瀉五七次，繼服涼藥，方始如故。

丹霞朱僧氏張宗出家，病三陽畜熱，常居靜室，不敢見明。明則頭痛如錐，每置冰於頭上，不能解其熱。歷諸醫，莫能辨其病。後治之七日而愈，用汗吐下三法而已，後用涼物清鎮之，平復如故。

一人素嗜飲酒得病，醫用酒癥丸熱藥後，目覷天，但見紅色，遂成龍火，卒不能救。

治暴熱病在心肺，積熱病在腎肝，虛熱不能食，自汗，氣短，屬脾虛，以甘寒溫而行之。

實熱能食，口乾舌燥，便難，屬胃實，以辛苦大寒之劑下之。

火鬱爲熱，乃心火下陷，脾土抑而不伸，宜用火鬱湯。

心熱，汗之，心神煩亂，血中伏火，蒸蒸然不安，宜鎮心火。以朱砂安神丸。

骨蒸勞熱，乃五臟齊損，病人憔悴，發熱盜汗，下血，宜養陰血。

肺熱者，輕按之瞥瞥見於皮毛，日西甚。其證喘咳，灑淅寒熱，輕者，瀉白散；重者，涼隔白虎地骨皮散。心熱者，微按之熱見於血脈，日中甚。其證煩，心痛，掌中熱而死，黃連瀉心湯、導赤散、朱砂安神丸。肝熱，脇下、骨上熱，寅卯間熱甚，脈弦，四肢困熱，便難，轉筋，筋痿，瀉青丸、柴胡飲子。

胸中煩熱，實者用梔子、黃連；虛熱用參耆、麥門冬、茯神、芍藥、竹葉、竹茹；若脈堅實而數者，神芎丸下之。

陰虛發熱，四物湯加炒蘗、知母，乃降火補陰之妙劑。甚者，加龜板，兼氣虛加參耆、白朮；手心熱屬熱鬱，宜用火鬱湯或梔子、川芎、香附、神麯，丸服。

平旦潮熱，熱在行陽之分，肝氣主之，白虎湯加黃芩。日晡潮熱，熱在行陰之分，腎氣主之，地骨皮、牡丹皮、知母、黃蘗。潮熱用芩連，生甘草，辰戌時發熱加羌活，午時加連，未時加石膏，申時加柴胡、升麻，夜加當歸身，有寒加參、朮、黃耆。

上焦濕熱，須用酒芩瀉肺火，如虛熱，加知母、當歸、天冬保肺。

中焦實熱與痛，須黃連以瀉心火，中氣脾虛，不能轉運，有鬱熱者，黃芩、葛根、白朮以代之。如胸中煩熱，須用梔子，實熱者切當，若虛煩須用補藥爲主，人參、白朮、黃芩、芍藥、麥冬、大棗之類。

下焦濕熱及膀胱經有火邪者，須用漢防己、草龍膽、黃蘗、知母，或八正散。

肥白人火，藥中必兼痰火藥，如白朮、茯苓、星、半、滑石之類。

瘦黑人有熱，必兼火藥，當歸、桃仁、牛膝之類。

藥方

黃連瀉心火，梔子佐之；柴胡瀉肝火，川芎佐之，黃芩瀉肺火，須用片芩，用桑白皮佐之。若鼠尾條芩，止能瀉大腸之火。石膏，瀉脾中之實火，虛者忌之。芍藥，瀉脾火。冬月必須酒炒，制其性之寒酸也。木通，下行瀉小腸火。黃芩、黃連，以豬膽汁炒瀉肝膽之火。黃蘗、知母，瀉腎火，又退勞骨蒸之火。連翹瀉六經之邪火。玄參瀉無根之遊火。青黛，瀉五臟之鬱火。人中白，瀉肝火。黃蘗加鬱金大能瀉膀胱之火。小便降火極速。山梔仁能降火從小便出，其性能曲屈下行，人所不知。

《古今醫鑑·火證》 脈：浮而洪數爲虛火，沉而實大爲實火。滿數，見於左寸爲心火，見於右寸爲肺火，見於左關爲肝火，見於右關爲肝火，兩尺爲腎與命門之火。男子兩尺洪大者，必主遺精，陰火盛也。病熱有火者可治，洪大是也，無火者難治，沉細是也。

證：君火者，心火也，可以濕伏，可以水滅，可以直折，惟黃連之屬，可以制之。相火者，龍火也，不可以水濕折之，當從其性而伏之，惟黃蘗之屬，可以降之。瀉火之法，豈止此哉！虛實多端，不可不察，以臟氣目之，如黃連瀉心火，黃芩瀉肺火，芍藥瀉脾火，石膏瀉胃火，柴胡瀉肝火，知母瀉腎火，此皆苦寒之味，能瀉有餘之火。若飲食勞倦，內傷元氣，火不兩立，爲陽虛之病，以甘溫之劑除之，如黃芪、人參、甘艸之屬。若陰微陽強，相火熾盛，以乘陰位，爲血虛之病，以甘寒之劑降之，如當歸、地黃之屬。若心火亢極，鬱熱內實，爲陽強之病，以鹹冷之劑折之，如大黃、朴、硝之屬。若腎水受傷，眞陰失守，爲無根之火，爲陰虛之病，以壯水之劑制之，如生地黃、玄參之屬。若右腎命門火衰，爲陽脫之病，以溫熱之劑濟之，如附子、乾薑之屬。若胃虛過食冷物，抑遏陽氣於脾土，爲火鬱之病，以升散之劑發之，如升麻、乾葛、柴胡、防風之屬。不明諸此類，而求火之爲病，施治何所據依？故於諸經集略其說，以備方之用，庶免實實虛虛之禍也。

治：火熱之病，黄連爲主，五臟皆有火，平則治，病則亂。方書有君火、相火、龍火、邪火之論，其實一氣而已。故丹溪云：凡氣有餘便是火。分爲一類，凡治本病略炒以從邪，實火以朴硝湯，假火酒，虚火醋，痰火薑汁，俱浸透炒，氣滯火以茱萸，食積泄以黄土，血疾癥瘕痛以乾漆，俱以水拌同炒，去茱萸、黄土、乾漆，下焦伏火，以臨水浸透焙，目疾以人乳浸蒸。

《傷寒證治準繩・四時傷寒不同・春爲溫病》 從立春節後，其中無暴大寒，又不冰雪，而有人壯熱爲病者，此屬春時陽氣發於外，冬時伏寒變爲溫病。春溫應常紀者有四：歲少陽司天之政，初之氣；太陽司大之政，初之氣；陽明司天之政，終之氣；太陰司天之政，二之氣。皆病溫其不應常紀而反常者不可候之，而隨時變易也。

《内經》曰：冬傷於寒，春必病溫。李明之曰：冬傷於寒者，冬行秋令也，當寒而溫，火勝而水虧矣。水既已虧，則所勝妄行，土有餘也。所生受病，金不足也。所不騰者侮之，火太過也。火土合德，濕熱相助，故爲溫病。所以不病於冬，而病於春者，以其寒水居卯之分，方得其權，大寒之令復行於春，腠理開泄，少陰不藏，房室勞傷，辛苦之人，陽氣泄於外，腎水虧於内，當春之月，水當發生，陽以外泄，孰爲鼓舞，腎水内竭，孰爲滋養，此兩者同爲生化之源，源既已絶，木何賴以生乎。身之所存者熱也，時强木長，故爲溫病。

論曰：太陽病，發熱而渴，不惡寒者，爲溫病。釋曰：太陽病者，脈浮，頭項痛而腰脊强也。傷於寒者，當惡寒，若不惡寒而渴者，轉屬陽明，則表證已罷，邪傳於裏矣。今不惡寒，則非傷寒證，似陽明而與太陽兼見，則非傷寒之以明也，故決其爲溫病。

《活人書》云：夏至已前，發熱惡寒，頭疼身體痛，其脈浮緊者，溫病也。春月傷寒，謂之溫病。冬傷於寒，輕者夏至已前發爲溫病，蓋因春溫煖之氣而發也。又非溫疫也。治溫病與冬月傷寒、夏月熱病不同，蓋熱輕故也。春初秋末，陽氣在裏，其病稍輕。縱不用藥治之，五六日亦自安。升麻湯、解肌湯、柴胡桂枝湯最良，熱多者，小柴胡湯主之。不渴外有微熱者，小柴胡加桂枝也。嗽者，小柴胡加五味子也。或煩渴發熱不惡寒者，並竹葉石膏湯，次第服之。麻黄、桂枝、大青龍，唯西北二方，四時行之，無有不驗。若江淮間地偏煖處，唯冬月及正初，乃可用正方。自春末至夏至已前，桂枝、麻黄、大青龍内宜加減也。按《活人》所云：溫病有二，其用升麻解肌等者，乃正傷寒太陽證，惡寒而不渴者，特以其發於溫煖之時，故謂之溫病爾。其用竹葉石膏湯者，乃仲景所謂渴不惡寒之溫病也。要須細别，勿令誤也。然不惡寒而渴之溫病，四時皆有之，不獨春時而已。

發汗不解，身灼熱爲風溫。其證脈浮，汗出身重多眠。婁：其病不獨見於春間，故另立風溫門。

診：尺膚熱甚，脈盛躁者，病溫也。夫精者，身之本也。故藏於精者，春不病溫。

針灸凡治溫病，可刺五十九穴。成注云：所謂五十九穴者，刺兩手内外側各三，凡十二痏。五指間各一，凡八痏。足亦如之，頭入發際一寸傍三分各三，凡六痏。巔上一、顖會一、發際一、廉泉一、風池二、天柱一。《内經》云：氣口静，人迎燥者，取之。若氣口人迎皆静者，勿刺也。人迎，謂結喉動脈也。

王太僕註：《素問・五十九刺》云：刺頭上五行，五行者，以越諸陽之熱逆也。謂頭中行上星、顖會、前頂、百會、後頂五穴。頭第二行兩傍五穴，承光、通天、絡卻、玉枕十穴。第三行兩傍，臨泣、目窗、正營、承靈、腦空十穴也。大杼、膺俞、缺盆、背俞此八者，以瀉胸中之熱也。氣街、三里、巨虚、上下兼此入者以瀉胃中之熱也。雲門、髃骨、委中、髓空此八者，以瀉四肢之熱也。五藏俞傍五，此十者，以瀉五藏之熱也。謂背第五行兩傍魄戶、神堂、魄門、意舍、志室十吭也。

雲岐孟：傷寒汗下不愈而過經，其證尚在而不除者，亦溫病也。經曰：溫病之脈，行在諸經，不知何經之動，隨其經之所在而取之。如太陽證，汗下後，過經不愈，診得尺寸俱浮者，太陽溫病也。如身熱目疼，汗下後過經不愈，診得尺寸脈俱長者，陽明溫病也。如胸脇痛，汗下後過經不愈，診得尺寸脈俱弦者，少陽溫病也。如腹滿嗌乾，診得尺寸脈俱沉細，過經不愈者，太陰溫病也。如口燥舌乾而渴，診得尺寸俱沉，過經不愈者，少陰溫病也。如煩滿囊縮，診得尺寸俱微緩，過經不愈者，厥陰溫病也。是故隨其經而取之，隨其證而治之。如發斑，乃溫毒也。

汪：愚謂溫與熱有輕重之分，故仲景云：若愚溫氣則爲溫病，更遇溫熱則爲溫毒。熱比溫爲尤重故也。苟但冬傷於寒，至春而發，不感異氣，名曰溫病。此病之稍輕者也。溫病未已，更遇溫氣，變爲溫病，亦可名曰溫病。此病之稍重也。傷寒例以再遇溫氣，名曰溫疫。又有不應冬月傷寒，至春而病溫者，此特感春溫之氣，可名曰春溫。如冬之傷寒，秋之傷濕，夏之中暑，

相同也。以此觀之，是春之病溫有三種不同：有冬傷於寒，至春發爲溫病者；有溫病未已，更遇溫氣則氣溫病，與重感溫氣相雜而爲溫病者；有不因冬傷於寒，不因更遇溫氣，祇於春時感春溫之氣而病者。若此三者，皆可名爲溫病。不必各立名色，衹要知其病源之不同也。

《傷寒證治準繩・四時傷寒不同・秋爲瘧・一歲長幼疾狀相似爲疫》

春溫　《活人》曰：春應溫而清氣折之，責邪在肝，或身熱頭疼，目眩嘔吐，長幼率相似，升麻葛根湯、解肌湯，四時通用敗毒散。陶氏曰：交春分後至夏至前，不惡寒而渴者，爲溫病。用辛涼之藥微解肌，不可大發汗。急證見者，用寒涼之藥急攻下，不可誤汗、誤下，常須識此。表證不與正傷寒同，治裏證同。

夏溫　《活人》曰：夏應暑而寒氣折之，責邪在心，或身熱頭痛，腹滿自利，長幼率相似，理中湯、射干湯，半夏桂甘湯。陶氏曰：交夏至後，有頭疼發熱，不惡寒而渴，此名溫病。愈加熱者，名熱病。止用辛涼之藥解肌，不宜大汗。裏證見，急攻下。表證不與正傷寒同治，裏證治法同。

秋溫　《活人》曰：秋應涼而大熱抑之，責邪在肺，濕熱相搏，民多病癉，咳嗽喘，金沸草散、白虎加蒼朮湯。病癉發黄，茵蔯五苓散。陶氏曰：交秋至霜降前，有頭疼，發熱不惡寒，身體痛，小便短者，名濕病。亦用辛涼之藥加躁以解肌，亦不宜汗。裏證見者，宜攻下。表證不與正傷寒同。

冬溫　《活人》曰：冬應寒而反大溫折之，責邪在腎，宜萎蕤湯。

丹溪云：冬溫爲病，非其時而有其氣者，冬時嚴寒，君子當閉藏而反發泄於外，專用補藥帶表藥。

作人中黄方　用竹筒兩頭留節，一節中作一竅，內甘草於中，仍以竹木釘塞，其竅冬月置大糞缸內，浸一月取出，曬乾用，治溫毒。用此藥一味，入補藥帶表，同煎服之。

《活人》曰：仲景云：冬溫之毒與傷寒大異。蓋傷寒者，傷寒氣而作。冬溫者，感溫氣而作。寒疫者，暴寒折人，非觸冒之過。其治法不同，所施寒熱溫涼之劑亦異，不可拘以日數，發汗、吐、下，隨證施行。要之，治熱以寒，溫而行之。治溫以清，冷而行之。治寒以熱，涼而行之。治清以溫，熱而行之。以平爲期，不可以過，此爲大法。

《傷寒證治準繩・四時傷寒不同・溫病》　田：春日溫病，未滿三日，先用惺惺散。二服後，四五日不解，煩、渴、嘔，用白朮散。如自汗，口燥，用製白虎湯。至六七日大便燥結，用四順飲子下，心腹大實大滿，牛黄通膈丸下。初覺之時，疑是瘡疹，祇用葛根升麻湯解肌。

《傷寒補天石・溫病傷寒》　溫病者，冬月伏寒之所變也。冬月伏陽在內，感寒不卽病，伏藏於肌膚之間，至春時溫氣將發，又受暴寒，故春變爲溫病。既變之後，不得復言爲寒矣。又傷寒汗下後，過經不解，亦名溫病。並不可發汗，蓋過經而發，不在表也。已經汗下，亦不在表也。經曰：不惡寒而渴者，蓋言溫病也。不惡寒則病非外來，渴則明其熱自內達，外因無表證明矣。溫病之脈，行在諸經，不知何經之動，隨其經之所在而取之。如太陽病，頭痛身熱，汗後過經不愈，診得尺寸俱浮者，太陽病溫也。如身熱目疼，汗下後過經不愈，診得尺寸俱弦長者，陽明病溫也。如脇腹痛，汗下後過經不愈，診得尺寸俱弦者，少陽病溫也。如腹滿嗌乾，過經不愈，診得尺寸俱沉者，太陰病溫也。如舌乾口燥，過經不愈，診得尺寸俱微沉者，少陰病溫也。如煩滿囊縮，過經不愈，診得尺寸俱微緩者，厥陰病溫也。要在隨其經而取之，如發斑乃溫毒也。節菴曰：太陽溫病者，羌活衝和湯。陽明病溫者，解肌湯合芎蘇散，加蒼朮。少陽病溫者，小柴胡合芎蘇散，兼有太陽者，人參羌活散，兼有陽明者，羌活散加葛根、芍藥。溫病傳進三陰，治法與傷寒同，惟發表不與傷寒同。蓋因春時溫氣而發，非寒初傷於表也。故宜辛涼之劑解之。凡溫病發於三陽者多，發於三陰者少。若發於陰，必有所因也。或因飲食內傷而得之，或因慾事先傷腎經而得之，治例與傷寒同。凡壯熱脈浮大有力可治，細小者難治也。溫病大熱滾滾，脈小足冷者，多死也。三月得此病者，爲晚發，治與傷寒溫病同。

《傷寒補天石・熱病傷寒》　熱病者，冬月伏寒之所變也。冬月伏陽在內，感寒不卽病，伏藏於肌膚之間，至夏時暑熱將發，又受暴寒，故夏變爲熱病。既變之後，不得復言爲寒矣。凡熱病所起所因、所感所發、證脈治法，並與溫病同。

《傷寒緒論・總論・溫病》　至春分節後，天令溫暖，有人壯熱爲病者，乃溫病也。經云：冬傷於寒，發爲溫病。又云：太陽病，發熱而渴，不惡寒者，爲溫病。言冬時伏氣隨時溫熱發出，但所發之因不同。有感非時暴寒而發者，有飢飽勞役而發者，有房室作力而發者。所感之客邪既殊，發出之

經絡亦異。所謂溫病之脈，行在諸經，不知何經之動也，當隨其經證而治之。明凡溫病之發，必大渴煩擾，脇滿口苦，不惡寒反惡熱，脈氣口反盛於人迎。明係伏邪自內達表，必先少陽經。始若因客寒而發者，宜小柴胡，隨所見經證加減。無客邪者，黄芩湯主之。然溫病亦多傳變併合，未有不及少陽者。如太陽少陽合病，黄芩湯。少陽陽明合病，承氣湯。三陽合病，大柴胡湯，或雙解散加減。凡三陽表證，煩熱口渴，俱宜黄芩湯之類。據此合病證治，則傳變併病可例推矣。太抵治溫病熱病，無正發汗之理。蓋其邪自內達外，無表證明矣。若果證顯非時暴寒，惡寒頭痛，而脈浮緊者，亦不可純用表樂，宜梔子豉湯，或益元散加薄荷、葱豉，重則凉膈散去硝黄加葱豉，探吐取汗最妙。蓋此佛鬱之熱，乘春溫之氣而發，雖有非時暴寒，止宜辛平之劑發散。若頭痛如破者，爲暴感風寒勢盛，先宜葛根葱白湯，撤其暴邪，然後用治溫病本藥。若額與眉稜俱痛，選奇湯。脈弦而兩額角傍痛，寒熱口苦，小柴胡去參半，加栝蔞根。若表證不解，邪復入府者，雙解散。若汗下不解，脈轉洪大數盛，表裏皆實，譫妄狂越，此熱在三焦也，三黄石膏湯。凡溫病下後，熱不退，下證尚在，再三下之，以熱退爲度。若熱不止，而脈濇咽痛，胸滿多汗者，此熱傷血分也，葶藶苦酒湯探吐之。雖熱退尚未全愈者，隨證調之。凡下之前後，或大汗將出，或大汗已出，或下後餘熱不止而反大汗淋灕，此實熱雖去而餘邪未盡，再與小劑黄芩湯，或解毒湯調之。若下後，渴雖減而飢欲得食者，此伏邪初散，陰火乘虛擾亂也。凡溫熱下後多此，慎勿便與粥飲，得食必復。若汗下後，一切煩渴引飲，須以水細細飲之。渴未止者，頻頻時與，不可過多，以成留飲不散也。設若不與飲之，則燥熱轉甚，危而死矣。世所謂交陽者，非陰寒交熱以爲陽熱也。乃佛熱畜之於裏，而鬱極乃發，則交傳出於表之陽分，是謂交陽而後作汗也。或佛鬱過極，而不能交出於表者，是鬱極不發，否極不泰。即正氣衰殘，陰氣先絶，陰氣後絶而死矣。大欲汗而脈忽沉伏者，陽氣並入於裏故也。交陽而躁亂昏冒者，裏熱鬱極，故氣亂則神昏而燥擾也。凡欲作汗，無問病之微甚，或已經新下者，或下證未全者，咸以凉膈散調之，甚者宜黄連解毒湯。或下後二三日，或未經下，腹滿煩渴，脈沉實而有下證者，三一承氣湯下之。勢劇者，合黄連解毒湯。或已戰不快，或戰後汗出不快，或微戰數次，經大戰而汗不出者，乃并之不甚，戰而病不去也，通宜三一承氣湯，或更合黄連解毒湯下之，以散佛熱而開鬱結也。所以戰汗時，頻與熱薑湯，助其開發，最佳。免致戰不快而無汗之患。大法曰：脈浮不可下，溫熱病已有裏證脈沉，後二三日脈反漸浮，汗不能出者，三一承氣湯微下之。凡此諸可下證，或得利而汗便出者，或服藥而佛鬱頓開，先汗出而後利者，或利性但隨汗泄，則氣和而愈。意不利者，亦有戰不快，交不過而死者。或不戰而汗出者，或但戰無汗而愈者，或不戰無汗而愈者。世俗未知，直以惡寒戰慄爲陽虛陰盛，因而誤治者多矣。凡溫病發於三陰，脈微足冷者，多難治。内經所謂病溫虛甚，死是也。反溫病大熱，脈反細小，手足逆者，死證也。凡溫熱病初起，大熱目昏，譫語熱甚，脈小足冷五六日，而脈反躁急，嘔吐昏沉，舌本焦黑，或失血躁熱脈大，或痙搐昏亂，或脈促結代沉小者，皆死。溫病熱病，大熱不得汗者死。得汗後而反熱，其脈躁盛者亦死也。凡溫病熱病，不當汗而誤汗之，狂言不能食，其脈躁盛者，皆不可治也。

《傷寒緒論・總論・溫瘧》 若溫病七八日或十餘日，前熱未除，重感於寒，忽然寒熱交作，變爲溫瘧。後世方書，以爲壞證過經不解，寒熱不除，而變溫瘧。殊不知此本春時溫病之變證，非冬月傷寒之變證也。按《傷寒例》云：脈陰陽俱盛，重感於寒，變爲溫瘧。其證胸脇滿，煩渴而嘔，微惡寒者，治以小柴胡去參、半，加栝蔞根、石膏。無寒但熱，其脈如平，骨節煩疼時嘔者，用白虎湯加桂枝。慎不可用辛溫發散，以助其虐也。至於《内經》所言先熱後寒之溫瘧，乃得之冬中，於風寒，氣藏於骨髓之中，至春陽氣大發，邪氣不能自出，因遇大暑，腦髓爍，肌肉消，腠理發泄，或有所用力，邪氣與汗共出，此病藏於腎，其氣先從内出之於外也。如是者陰虛而陽盛，陽盛則熱矣。衰則氣復反入，入則陽虛，陽虛則寒矣。故先熱而後寒，名曰溫瘧。夫先熱後寒者，以先前伏邪，乘春時陽氣而發出於陽明，故熱。已後因本身之眞陰内爍，則邪復反於少陰，故寒。治宜人參白虎湯。或有客邪，則加桂枝。更以金匱腎氣丸去附子，倍桂枝作湯，渴則飲之。蓋從腎出外而大熱，則其内先已如焚，水中火發，雖非陰火，亦可畏也。故先用白虎退熱，俟其瘧勢外衰，復返於腎，而陰精與之相持，乃爲寒。設不知壯水之主以急救其陰，十數發後，則陰精竭矣。此則伏邪自發之溫瘧，與溫病後重感於寒之所變溫瘧，似異而實同。然皆不越少陰，併詳辨此，以破二經異同之惑。

《傷寒緒論・總論・熱病》 然春夏之交，多有傷風、寒疫、時行，與溫病、風溫、溫疫、溫瘧、溫毒、陽毒、陰毒交錯難辨。蓋傷風則發熱頭痛，鼻塞

身重，欬嚏惡風自汗。寒疫則憎寒壯熱，頭痛骨節煩疼，雖發熱不渴。時行則里巷之中，病俱相類。溫病則煩熱口燥，而渴，氣口脈盛。若稍見人迎浮緊，即有重感風寒矣。病溫復感風邪，而見自汗灼熱，欬嚏聲嘶者，風溫也。先後溫熱未除，復感時行瘟氣，即昏昏壯熱，遞相傳染者，溫疫也。溫病日久，更感於寒，寒熱如瘧者，溫瘧也。溫病更感溫熱，熱毒熾盛而發斑者，溫毒也。發斑熱越狂走者，陽毒也。發斑而身如被杖，厥冷者，陰毒也。已上數證，多發於二三氣中。一一按證定名，庶無誤治之失。若交夏至後，炎暑司令，相火用事，人有發熱身疼，不惡寒但惡熱而大渴者，爲熱病。《傷寒例》云：凡傷寒而成溫熱者，先夏至日爲溫病，後夏至日爲熱病。蓋久伏之邪，隨時氣之暑熱而鬱發也。以邪非外來，故但惡熱而不惡寒。熱自內發，故口燥渴而引飲多。其邪既鬱爲熱，不宜辛溫發汗，不得復言爲寒。仲景仍以傷寒目之者，謂其初受病時，皆寒氣鬱伏所致耳。世言仲景無溫熱，治法詳太陽陽明篇中，多治溫熱。不然，黄芩湯、白虎湯方，何由而立也？惜乎殘缺未備，且混入傷寒六經例中。設若不審，誤以白虎治傷寒，立見其害。白虎爲金神，夏熱見之而退。非盛暑熱病，內外熱極者不可用。氣虛人用之，往往成結胸，甚至不救。其性大寒傷肺，非傷寒樂也。故有立夏以前，處暑以後，不可妄用白虎之戒。夫傷寒之不可用黄芩、白虎，猶溫熱之不可用桂枝、麻黄、大小青龍也。即治溫熱，亦須無非時暴寒者，方可。但溫熱病亦有先見表證而後見裏證者，蓋怫鬱自內達外，熱鬱腠理之時，若不用辛涼解散，則邪不得外泄，遂還裏而成。可攻之證，非如傷寒從表而始也。或有不悟此理，乃於春夏溫病、熱病，而求浮緊之脈，不亦疎乎。夫溫病、熱病之脈，或見浮緊者，乃重感不正之暴寒，寒邪束於外，熱邪結於內，故其脈外則綳結，內則洪盛也。又或不識脈形，但見弦脈，便呼爲緊而妄治之。蓋脈之盛而有力者，每每兼弦，豈可錯認爲緊，而斷以爲寒乎。夫溫疫、熱病之脈，多在肌肉之分，而不甚浮，且右手反盛於左手者，誠由怫鬱在內故也。其左手盛或浮者，必有重感風寒，否則非溫病、熱病，自是非時暴寒耳。然溫病之發，因暴寒者居多，熱病之發，兼暑暍者爲甚。以伏邪乘天暑汗泄，從包絡三焦一齊發出三陽也。經云：三陽合病，腹滿身重，難以轉側，口不仁而面垢，譫語遺尿，發汗則譫語，下之則額上生汗，手足厥冷。若自汗出，白虎湯主之。此雖言三陽合病，而實熱病兼見暍證。如面垢遺尿，非中暍乎？以伏邪既乘暑熱發出在表，汗下俱禁。若始發之時，背微惡寒者，爲肌表之眞陽不勝邪，能故加人參以固眞氣也。按長沙所主白虎，及白虎加人參，凡八證，皆主熱病煩渴而裏大熱。蓋伏氣之邪，自內出外，本非暴感風寒，故不宜發汗。又發熱於外，內邪不實，復不可下之，故宜此湯及竹葉石膏、黄連解毒選用。若大渴煩躁，背惡寒，脈洪，用白虎湯合黄連解毒。衄血加生地、丹皮。喘加栝蔞根、厚朴。惡熱，煩悶，腹滿，舌黄黑，五六日不大便者，涼膈、雙解、三承氣湯選用。如或脈兼弦緊，必有重感客邪表證，其宜於天水散中加葛根、石膏、葱白、香豉之類，其性雖寒，不礙發散也。若邪在半表半裏，古法用小柴胡，今用雙解散去麻黄，加柴胡，其功尤捷。脈弱者，加人參，遠勝小柴胡也。每見世人治溫熱病，誤下之未爲大害，誤汗之變不可言。此足徵其熱之自內達外矣。其間有誤用攻裏而致變者，乃春夏暴寒所感之寒疫，邪純在表，未入於裏故也。凡治伏氣發溫復感客邪，輕者祇宜小柴胡去參、半，加橘皮、栝蔞根、葱白、香豉。熱病更加石膏、知母。一法溫病、熱病，凡有客邪，不問兼風兼寒，脈浮脈緊，惡風惡寒，可汗不可下者，通用雙解散去硝、黄，加葱、豉最妙。凡表證依法汗下不解別有異證者，通用涼膈散以退其熱，無使熱盛危劇也。汗後餘熱未盡，用天水散或小柴胡加減。汗不解，下證未全者，白虎湯。汗後躁不得眠，微熱而渴者，五苓散去桂，合天水。汗後不解，中外有熱，口乾煩渴，解毒、涼膈、天水，能調順陰陽，洗滌藏府。若純是裏證，脈盛而實，不惡寒，但惡熱，煩渴引飲，自汗譫語，不大便，咽乾腹滿，可下不可汗者，三一承氣湯下之。一法不問風寒濕暑，或表裏證俱見，或內外諸邪所傷，有汗無汗，心腹滿痛，譫語煩躁，咽乾口燥，畜熱內盛，俱用調胃承氣合解毒下之，能瀉內外大熱。或熱結極深，而數下不利，不救成死證矣。急用大承氣湯加甘遂末一錢匙下之。凡裏證依法下之而不解，或大下後，或二三下後，熱勢尚盛而不退者，寒涼諸藥不能退其熱，脈弱氣虛，不可更下。或諸濕熱內盛，小便赤濇，大便溏泄，頻迸少腹急痛者，欲作利也，黄連解毒湯主之。下之太過，其熱不退，再三下之熱愈甚，脈微氣虛，法無可生之理。至此下之亦死，不下亦死。但用涼隔合解毒調之，庶幾陽熱退除，陰脈漸生，亦有得生者。若表裏證俱見，欲汗之而裏證已形，欲下之而表病未解，祇宜小柴胡湯和之。一法不問風寒暑濕，用涼膈散、天水散合煎解之。或表熱多，裏熱少，天水一涼膈半。或裏熱多，表熱少，涼膈一天水半。表熱極盛，裏有微熱，身疼頭

痛，或眩或嘔，不可汗下者，天水涼膈合煎，甚者用大柴胡合大承氣湯主之。若更不解，不可復用苦寒峻攻，但宜和平之藥，宣散其表，和解其裏，用小柴胡，涼膈散、天水散和解之，或小柴胡合解毒湯。如服後熱未退者，大柴胡合解毒湯微下之。諸小柴胡證日久不解，表裏熱勢更甚，而心下急，鬱鬱微煩者，或發熱汗出不解，心下痞鞕，嘔吐不利，或陽明病多汗，或少陰病下利清水，心下痛，咽乾燥渴，或太陰病腹滿而痛，俱宜調胃承氣合黄連解毒下之。外熱勢盛者，雙解散爲當。守眞製雙解散，以攻熱病内外之熱邪，使表裏齊解，甚爲得法。然有間不解者，猶未盡善也。子和演爲吐法，即用煎藥煎一大盌，令飲其半，以探引出風痰。次服一半，使衣被覆蓋，必汗大出而解。世人祇知桂枝、麻黄發汗，不知涼藥亦能發汗也。熱病用熱藥，汗不出者，反益病。涼藥發之，百無一損。益元散加薄荷，便能發汗，更加葱、豉尤捷。承氣用薑棗煎，藉辛甘發散之意。守眞雙解，子和演爲吐法，豈非涼藥亦能發汗乎？若誤用傷寒藥致發斑、黄者，當從下後斑黄例治之。夏月誤用辛溫，及重復發汗，變證百出，往往發斑，讝語衄血，喘滿昏迷悶亂，諸證並見，皆熱極所致，則用藥不離黄連解毒湯加減。如汗下太過，脈微惡寒者，壞證也，又當從芍藥甘草湯調補其陰，中間稍加薑棗和之，慎不可輕用溫補也。倘不經汗下，而脈虛小，手足厥者，必死也。

《傷寒緒論・總論・濕熱》 夏月多有感冒非時寒氣，傷風、中濕、風濕、濕熱、濕溫，與暍暑熱病，最要辨晰。其傷風感寒，已辨如上。但熱病則脈盛身熱，不惡寒但惡熱而煩渴。中暍則脈洪大汗出，喘渴引飲。中暑則脈虛，背微惡寒，身拘急。濕溫則脈濡小急，汗多足冷。濕熱則形盛喘脹。中濕則一身疼重，而或發黄。風濕則關節腫痛，自汗惡風，不欲去衣爲異耳。

《傷寒附翼・太陽方總論・麻黄杏仁甘草石膏湯》 凡冬不藏精之人，熱邪内伏於藏府，至春風解凍，伏邪自内而出，法當乘其勢而汗之，勢隨汗散矣。然發汗之劑，多用桂枝。此雖頭項強痛，反不惡寒而渴，是有熱而無寒，桂枝下咽，陽盛則斃。故於麻黄湯去桂枝之辛熱，易石膏之甘寒，以解表裏俱熱之症，岐伯所云未滿三日可汗而已者，此法是也。此病得於寒時而發於風令，故又名風溫。其脈陰陽俱浮，其症自汗身重。蓋陽浮則強於衛外而閉氣，故身重，當用麻黄開表以逐邪。陰浮不能藏精而汗出，當用石膏鎮陰而清火。表裏俱熱，則中氣不運，升降不得自如，故多眠息鼾，語言難出，當用杏仁、甘草以調氣。此方備升降輕重之性，足以當之。若攻下火熏等法，此麤工促病之術也。凡風寒在表，頭痛發熱，惡寒無汗者，必用麻黄發汗。汗後復煩，更用桂枝發汗，若溫病發汗已而身灼熱，是内熱猖獗，雖汗出而喘，不可更用桂枝湯。蓋溫暑之邪，當與汗俱出，而勿得止其汗，即灼然之大熱，仍當用此方開表，以清裏降火而平喘。蓋治内蘊之火邪，與外感之餘熱不同法也。若被下而小便不利，直視失溲者，眞陰虛極而不治。若汗出而喘，是熱勢仍從外越，雖未下前之大熱，因下而稍輕，仍當涼散，亦不得倣風寒未解之例。下後衛者，更行桂枝湯也。是方也，溫病初起，可用以解表而清裏，汗後可復用，下後可復用，與風寒不解而用桂枝湯同法。仲景因治風寒汗下不解之證，必須桂枝，故特出此涼解之義，以此類桂枝加厚朴、杏仁湯證，正與風寒、溫病分涇渭處。合觀溫病提綱，而大旨顯然矣。此大青龍之變局，白虎湯之先着也，石膏爲清火重劑，青龍白虎，皆賴以建功，然用之謹甚。故青龍以惡寒脈緊，兼用薑、桂以扶衛外之陽。白虎以汗後煩渴，兼用參、米以保胃脘之陽也。此但熱無寒，佐薑、桂則脈流薄疾，斑黄狂亂作矣。此但熱不虛，加參、米則食入於陰，氣長於陽，讝語腹脹矣。凡外感之汗下後，汗出而喘爲實，重在存陰者，不必慮其亡陽也。然此爲解表之劑，若無喘鼾、語言難出等證，則又白虎湯之證治矣。此方治溫病表裏之實，白虎加參、米，治溫病表裏之虛，相須相濟者也。若葛根黄連黄芩湯，則治利而不治喘。要知溫病下後，無利不止證，葛根黄連之燥，非治溫藥。且麻黄專於外達，與葛根之和中發表不同。石膏甘潤，與黄連之苦燥懸殊。同是涼解表裏，同是汗出而喘，而用藥有毫厘千里之辨矣。

《傷寒辨證・傷寒挾内傷者多》 《内經》云：風雨寒暑，不得虛，邪不能獨傷人。又云：冬藏精者，春不病溫。丹溪云：傷寒屬内傷者十居八九，當以補元氣爲主。婁全善曰：傷寒挾内傷者多，舉世皆謂傷寒無補法，但見發熱不分虛實，一例汗下而致夭横者，滔滔皆是，此實醫門之罪人也。《傷寒論》曰：陰證見陽脈者生，陽證見陰脈者死。人多誦其語以論病，而不解其所以然，獨張景岳先生曰：證之陽者假實也，脈之陰者眞虛也。凡正氣虛而感邪者，多見陰脈，故曰死。陶尚文曰：凡察陰證，不論熱與不熱，惟憑脈用藥，至爲穩當。不論浮、沉、大、小，但指下無力，重按全無，便是伏陰。然則沉小者，人知其爲陰脈，不知浮大者亦有陰脈也。要在虛實間

耳。夫用補之法，豈止因乎中氣，蓋實兼乎表裏，如表邪不解，屢散之而汗不出者，中虛無力，陰氣不能達也。蓋汗即水也，人知汗屬陰分，升陽可以解表，而不知汗生於陰，補陰最能發汗，今有飲水而汗出者，即其義也。至於溫病熱病更宜補陰發汗治法。又如正氣不足，邪氣有餘，正不勝邪，病必留連不解。有如是者，不可攻邪，但當實其中氣，使正氣內強，則根本無害，逼邪外出則勞衛漸平。所謂溫中，自有散寒之意，此不散表而表自解，不攻邪而邪自退。又用補之法，藏有陰陽，藥有宜否。自皙脂肥之人，氣虛多濕，雖感寒邪每多自汗、發熱而嘔，有似中風之狀，發散藥中，便須清理中氣，以運痰濕。若誤用正汗、正下法，便有亡陽漏風，便利下脫等變證也。黧黑枯瘦之人，陰虛多火，纔感外邪，便發熱頭痛倍常，即辛涼發散藥中，便宜保養陰血。誤用辛熱正發汗法，津液立枯，邪火彌熾，遂致煩亂不識人也。陽虛者，必先於補氣，陰虛者，必先於補精。陽以人參爲主，而耆、朮、升、柴之類可佐之，陰以熟地爲主，而石、棗、歸、杞之類可佐之。然人參隨地黃，則直入三陰，熟地隨耆、朮赤上歸陽分。且人傷於寒而傳爲熱，利於補陽者，十之三四，利於補陰者，十之六七。《內經》曰：精者身之本也，故藏於精者，春不病溫。李明之曰：冬時少陰不藏，房室勞傷辛苦之人，陽氣泄於外，腎水虧於內。當春之月，木當發生，陽以外泄，孰爲鼓舞？腎水內竭，孰爲滋養？此兩者同爲生化之源，源既已絶，木何賴以生乎？身之所存者熱也，時強木長，故爲溫病。是以溫病熱病，皆是熱鬱之氣，每多發於三陽，若發於三陰者必難治。其脈若沉細，或微弱，或虛大無力，爲脈不應病，爲眞虛，正氣先傷，熱毒乘虛而發。陽證陰脈者，正此之謂也。設用甘溫調補，寧不助邪轉熾，此所以不任補而必至於不救也。於難救中作救療，則《醫貫》之法可行也。《醫貫》曰：溫病以冬時少陰不藏，寒氣伏於肌膚。自冬至三四月，歷時既久，火爲寒鬱，將腎水煎熬枯竭。至時強木旺，無以爲發生滋潤之本，故發熱而渴，非必有所感冒也。余以六味地黃滋其水，以柴胡辛涼之藥舒其木鬱，隨手而應。詳此治法，能滋其本，又不助邪熱，雖脈不應病，亦可救也。又《類經》曰：陽證陰脈，逆候也，爲傷寒之最難，故古人直謂之死，余所爲切於補者，正在此也。今以余所經驗，凡正氣虛而感邪者，多見陰脈，陽證陰脈，即陰證也。治以涼藥猶且不可，況其他乎。故余於此證，必舍證從脈，所以十全其九。觀此等治法，死證尚可以補藥救療，學者宜知所從事矣。

《傷寒辨證·傷寒辨證凡例》 一、傷寒與溫病、熱病，病證懸殊，治法大是不同，投劑一差，死生立判。凶厲大病，生死人在數日間者，盡是溫熱病，而發於冬月之正傷寒者，百無一二。祖長沙以發明。傷寒者，何啻汗牛充棟，俱將傷寒與溫熱病混同立論，以致治法淆亂，茫無分別。惟王安道直窮奧妙，著有《溫病·熱病說》與《傷寒立法考》，令溫熱病與傷寒較若列眉。宵行冥途，忽遇燈炬，何幸如之。惜哉！欲類編其書而未暇。劉河間製雙解等方，以治溫熱病。以溫熱病爲汗病，爲大病，其見高出千古，眞得古人不傳之妙。惜其於三陰經傳變之寒證，無所發明庸俗不能解其理，不善用其方，而猥以寒涼擯棄之也。是集以辨傷寒溫病爲最要，故多採兩公之論，或補其未備，或衍其未暢，實多苦心云。

一、傷寒名家，如劉河間用藥偏寒，戴復庵用藥偏熱，朱丹溪用藥重補，若不得其所以然，而循跡以求之，何怪乎人異其指，家異其學耶！蓋河間以溫熱病爲大病，寒病止謂之雜病，誠得治溫熱病之要妙而非寒也；復庵以汗下失宜，寒涼太過，始病陽熱，未傳寒中，誠得治傷寒壞病之要妙而非熱也。丹溪以傷寒屬內傷者十居八九，末世人稟益薄，當以補元氣爲主，誠得治傷寒之總訣而非偏補也。故余於傷寒、溫病、熱病詳辨。有曰，經歷之久，而覺古人之治法皆是也。余固謭陋無似，未窺仲景之閫奥，惟是博考先哲議論，詳辨溫熱病與傷寒之異治，及表裏虛實寒熱，條分縷晰，而理歸一致，將使因證檢書而求治法者，不至多歧而惑爾。

《傷寒辨證·兩感》 日傳二經，陰陽俱病也。表裏不可并攻，陰陽難同一治，故曰必死。東垣以氣實而感之淺者，猶或可治，宜大羌活湯。《類經》、錢氏曰：兩感者，本表裏之同病，似乎皆以外邪爲言，而實有未必盡然者，正內外俱傷，便見兩感。今見少陰先潰於內，而太陽繼之於外者，即縱情肆慾之兩感也。太陰受傷於裏，而陽明重感於表者，即勞倦竭力，飲食失調之兩感也。厥陰氣逆於藏，少陽復病於府者，即七情不慎，疲筋敗血之兩感也。人知兩感爲傷寒，而不知傷寒之兩感內外俱困，病斯劇矣。但傷有輕重，醫有腎不肖，則死生繫之。或謂兩感之證不多見者，蓋亦見之不廣，而義有未達耳。此言最切此病，誠發人之未發，深足指迷也。

《續論》曰：兩感是熱邪亢極之病。《活人書》妄謂急救裏以四逆湯，解表以桂枝湯，殊不知傳經者多屬陽證，陰證本無熱邪，安得有傳變之理？傷

寒病兩感者亦少，惟溫病、熱病居多，以溫熱咸從少陰發出太陽，即是兩感之證。所以劉河間特立涼膈、雙解、白虎、承氣等湯，以兩解溫病、熱病表裏之熱毒，其見高出千古，信非庸工所能夢見也。

按：《類經》、錢氏之論兩感，俱是內傷兼外感者耳，雖非兩感的證，其有合《內經》之理，故錄之。《纘論》謂傷寒病兩感亦少，惟溫病、熱病居多，以溫熱咸從少陰發出太陽，即是兩感之證，此論足破千古之迷。蓋兩感者，陰陽并傳也。傷寒表證爲多，如太陽經發熱頭痛，初原無口燥舌乾之證。溫熱病裏證爲多，一發即見少陰經口燥舌乾之證，未嘗不兼發熱頭痛。信乎雙解散，爲兩解溫病、熱病，表裏熱毒之神劑，即治兩感之神方。當今之時，知河間之奧妙者，有幾人哉！若《纘論》者其見高出千古，信非庸工所能夢見也。余於數年來治溫熱病若許人，曾經辛溫誤治而已見壞證，俱用雙解散、三黃石膏湯，增損治之而愈，有合《河間心法》，讀《纘論》不禁擊節稱賞云。

《傷寒辨證·六經證治》 足太陽膀胱經，此經從頭項貫腰脊，故頭痛、惡寒、發熱脊強。然風與寒常相因，寒則傷營，惡寒頭痛，脈浮緊而無汗，麻黃湯主之，開發腠理，以散寒得汗而愈。風則傷衛，惡風頭痛，脈浮緩而有汗，桂枝湯主之，充塞腠理，以散風止汗而愈。若夫風寒兼受，營衛俱傷，大青龍湯主之。此三湯者，冬月天寒腠密，非辛溫不能發散，故宜用也。若夫春溫夏熱之證，炎熱熾盛，表裏枯涸，則陰氣不營，亦不能汗，宜辛涼解之，羌活衝和湯加減治之。若內之鬱熱太甚，宜河間雙解散加減治之。傷寒汗後熱不退，仍頭項強痛，其勢稍緩者，宜更汗之。若反劇煩躁者，必有夾食、夾痰，或兼有風病，當尋其源而治之。若發熱煩渴，小便不利，此爲熱入膀胱之本，五苓散主之。溫熱病辛涼清解後，熱不退，脈洪大數盛，表裏皆實，譫妄狂越，此熱在三焦也，宜三黃石膏湯加減治之。

傳至陽明，則目痛鼻乾不眠，宜升麻葛根湯。

傳至少陽，爲半表半裏之經。表證多者，小柴胡湯主之。傷寒多宜此治法。裏證兼急者，大柴胡湯主之。溫熱病多宜此治法。

過此不解，則傳陽明之府，表證悉罷，名爲入裏。惡寒譫語，口燥咽乾，不大便，脈沉實，如痞、滿、燥、實四證皆具，三焦俱傷，大承氣湯主之。但見痞、燥、實三證，邪在中焦，宜調胃承氣湯，不用枳、朴，恐傷上焦之氣也。但見痞實二證，不用芒硝，恐傷下焦之血也。小腹急，大便黑，小便自利，如狂喜忘，畜血證也，宜桃仁承氣湯。傷寒下後，熱不退，胸中堅滿不消，脈尚數實者，此爲下未盡，或下後一二日，復煩熱喘滿者，并可用大柴胡湯復下之。若過經不解，宜詳虛實輕重。如脈虛數，人弱，發熱口乾，舌燥者，此爲虛也，不可下，以參胡三白湯、小柴胡湯，增損治之。溫熱病下後，熱勢尚盛而不退者，脈弱氣虛，不可更下，黃連解毒湯主之。下之後，其熱不退，再三下之，熱愈甚，脈微氣虛，法無可生之理。至此下之亦死，不下亦死，但用涼膈合解毒調之，以養陰退陽，宣散畜熱。脈氣漸生，亦有得生者，此河間治法也。一法以六味地黃丸料，大劑煎服，以滋眞陰退熱，此亦有理。

若腹滿咽乾，則知病傳太陰經也。若口燥舌乾而渴，則知病傳少陰經也。若煩滿囊縮，則知病傳厥陰經也。傳至三陰，脈多見沉，倘沉而有力，此熱邪從三陽經，傳入陰經熱證也。外雖有四肢厥冷，自利欲寢，舌捲囊縮等證，正所謂陽極發厥，止該清之，下之。傷寒與溫熱病治法同。此一段治法，足以補河間之所不及。若本是陽證，以醫汗下太過，陽氣已脫，遂變爲陰，所謂害熱未已，寒病復起。又若邪在三陽，其虛未甚者，胃氣尚與邪搏而爲實熱之證。邪傳三陰，久而生變，其虛之甚也，不能勝其熱之傷，因之下陷，而裏寒之證作矣。此皆熱變爲寒之至理，脈必沉而無力，證見四肢厥冷，腹痛吐瀉，口唾冷涎，畏寒戰慄，引衣踡卧，脈沉無力者，急宜溫之，輕則理中湯，重則四逆湯。此雖元是陽證，因汗下太過，遂變成陰，便當作陰證治。卻不可謂其先初是陽，拘拘於陽傳陰之說，乃是三陽壞證，轉爲陰也。此爲陽之反，而非陽之傳。傷寒與溫熱病治法同。

以上各經治法，一見表證，即與汗之，一見裏證，即與下之，一見虛寒，即與溫補，但當以脈證爲據，不可以日數而拘也。更有最要者，在太陽初病時，蚤作治療，藥不過三兩劑，便得痊可，或發汗，或清解，見效甚速。倘不蚤治，則變證不可勝數。故長沙曰覺病，須臾即宜便治，不等蚤晚，則易愈矣。若或差遲，病即傳變，雖欲除治，必難爲力。聖誡煌煌，可不欽念乎？所謂發汗，清解見效甚速者，余益驗之長沙矣。於傷寒則曰：傷寒之爲病，多從風寒得之。始表中風寒，入裏則不消矣，未有溫覆而當不消散者。故桂枝、麻黃二湯，用之合宜，效如影響。於溫熱病則曰：凡治溫病，可刺五十九穴。成注以爲瀉諸經之溫熱。蓋火鬱則發之，故雙解散有麻黃，三黃石膏湯有麻黃、豆豉，用之合宜，效如影響。長沙又曰：凡發汗溫服湯藥，其方雖言日

三服，若病劇不解，當促其間，可半日中盡三服，此亦是於初病太陽經時著力也。傷寒雖有即入陽明者，直中陰經者，或間而有之，中太陽經者，十人而九。信乎傷寒療治之宜蚤，而發汗、清解之宜諦審也。

《傷寒大白・溫病》《內經》以冬月天寒，人傷而卽病者，名傷寒。若傷而不卽病，寒邪鬱而成熱，至春而病者，名溫病。《傷寒論》：太陽病，發熱而渴，不惡寒者，爲溫病。同言太陽病，以不渴惡寒名傷寒，以渴而不惡寒者名溫病。然則《內經》所云，明溫病之原，仲原所云別溫病之症。知病原，識症狀，知傷寒、溫病之所以別矣。第《內經》所謂溫病者，冬受寒邪，至春始發之溫病也。仲景所謂溫病者，人感溼熱，當時卽發之溫病也。進而求之，卽春之溫病亦有三種：有冬傷於寒，至春而成溫病者；有冬感溫氣，至春更感溫熱，而病溫熱、溫毒者；有非冬感寒，非重感溫熱，但遇時行溫熱之邪。而卽發溫病者。是此而知傷寒不獨於冬，四時有暴寒，皆能傷寒者。溫病不獨發於春，四時有暴熱，皆有溫熱病者，但要明其病原主治耳。楨又悟得傷寒之邪，傷於太陽從表而起；溫熱之病，感於陽明而入腸胃，自內而發。故溫病發熱而渴不惡寒者。若先感溫熱；又冒風寒，而發身痛頭痛，惡寒發熱而渴者，此太陽有表邪之寒熱病。不得名之溫熱病也，當發表清熱和解主治者。故太陽傷寒，用羌活敗毒散發表。若太陽寒熱病，則用羌活衝和湯和解。陽明傷寒，用葛根湯發表。若陽明寒熱病，則用乾葛石膏湯和解。若少陽傷寒，用羌活柴胡湯。少陽寒熱病，用小柴胡湯和解。若身痛頭痛，惡寒發熱，口不渴者，乃三時暴感之傷寒症，非溫熱之症。總之，傷寒外感風寒，裏無積熱。故初起以辛溫散表，不可早用清涼，直待表散裏熱，方用清裏。今溫病先感熱而病者，故宜清涼和解。惟惡寒身痛，無汗脈浮，表有寒邪者，方用辛涼散表。《活人》云：傷寒者，冬傷於寒卽發之寒熱病也。冬溫者，冬有溫氣，感而卽發之熱病也。春溫者，冬傷於寒，至春陽氣發升，寒邪鬱而發熱之溫病也。風溫者，不因冬感寒邪，卽於春令，感當時溫熱之氣而病者。然此皆一人自感而獨病者。若暴寒暴熱，天地之邪氣流行，沿門長幼皆病者，此名時疫之病。

羌活衝和湯　溫熱之病，陽明經多，然亦有兼太陽者，故立此方和解，以溫症用不得麻桂辛溫耳。

乾葛石膏湯

升麻　乾葛　知母　石膏　甘草

此方和解陽明表裏症，帶太陽仍加羌活。

小柴胡湯　此方和解少陽表裏者，若帶太陽表症，加羌活；帶陽明表症，加乾葛。

涼膈散　溫病表解裏熱者，以此方清熱；若帶表症，仍加表藥。

三黃巨勝湯　此方專治陽毒，故溫熱重者用之也。若帶表症，仍加散表之藥。

三乙承氣湯　溫病裏熱，止須清裏。然有熱結大腸大便不通者，以此方下之。

《四聖懸樞・疫病解・寒溫殊病》溫病感在經絡而內有積熱，前三日則在三陽之經，後三日則入三陰之藏。旣入於藏，必入於府，其入府入藏，總是熱而非寒。傷寒感在經絡而內無積熱，陽盛而後入府，陰盛而後入藏。入府則是熱，入藏則是寒。溫疫亦感在經絡而內無積熱，陽盛者亦入於府，陰盛者亦入於藏。第未嘗必入於府，必入於藏，而病內熱，其較溫病不同。然營鬱而熱盛，但有入府而病熱，必無入藏而病寒者，其較傷寒亦不同。故溫疫爲病，止有寒瀉之法而無溫補之條。其在三陰，皆六日傳經之證，與傷寒三陰藏寒之證，天淵不一也。凡經盡而斑發者，是但在經絡而未入於府也，若經盡而斑不發，必有內鬱之證。表藥之中，必兼涼瀉，內熱旣清，則營達而斑發矣。

《四聖懸樞・伊公四問・問溫五條》問：溫病與傷寒何殊？玉楸子曰：《素問》：熱病者，傷寒之類也，而實非傷寒。傷寒感秋冬之寒，溫病感春夏之風，時令不同，而寒溫異矣。

《傷寒論類方・別證變證・陰毒》手足厥冷，背強，臍腹築痛，咽痛，短氣，嘔吐下利，身如被杖，或冷汗煩渴，或甲指，面色青黑，煩躁而渴，脈沉細欲絕，而一息七至，宜灸氣海、丹田三二百壯，或葱熨臍中。氣海在臍下一寸五分，丹田在臍下二寸。

《傷寒論類方・別證變證・陽毒》發躁狂走，妄言面赤，咽痛身斑，斑若錦紋，或下利赤黃，脈洪實滑促，或舌卷焦黑，鼻中如煙煤，宜用布漬冷水搭於胸上，蒸熱數換。《活人書》法。

《松峰説疫・辨疑・辨內傷寒認作瘟疫》內傷寒之症，初起無熱，不

渴，止有胸膈䐜脹，滿悶，面唇皆無光澤，或嘔而胸腹急痛，手足冷，自覺不舒快，少情緒，其脈沉細。此症總由過食生冷，傷於脾胃所致，故方書名之爲內傷寒，而以治中湯溫散之。此症多感於夏月，而瘟疫盛行之時與瘟疫甫愈之後，或感此症，昧者誤認爲瘟疫。而以疫法治之，鮮有不敗事者，其弊必至於卒不能食，泄瀉不止，而釀成大患。唯用治中湯加減出入，寒甚則加熟附，食積則加麥芽、神麯，肉積則加山查。嘔惡則加藿香、製半夏、鮮薑、砂仁，兼濕則加茯苓、蒼朮，胸脇痛悶則加枳殼、白芍、柴胡。若內既傷生冷，而外復感風寒，則用藿香正氣散或五積散、平胃散等加減治之。

治中湯　即理中湯加陳皮、青皮。

藿香正氣散　治外感風寒，內傷飲食，憎寒壯熱，頭痛嘔，胸膈滿悶，欬嗽氣喘，及傷冷傷濕瘧，暑，霍亂吐瀉。凡感嵐瘴不正之氣者，並增減用之。又一方加木瓜，傷食加消導藥，薑、棗煎。

五積散　治外感風寒，內傷生冷。其曰五積者，能散寒積、食積、氣積、血積、痰積。凡身熱無汗，頭身項背疼痛，拘急，胸滿惡食，嘔吐腹痛，寒熱往來，並治。

平胃散　治脾濕痰痞，宿食滿悶，嘔瀉及嵐瘴不服水土。

蒼朮泔浸，炒　厚朴薑炒　陳皮　炙草

薑、棗煎。

如傷食加神麯、麥芽或枳實，濕勝加五苓散，痰多加製半夏，脾倦不思食加參、朮，痞悶加枳殼、木香、香附，大便結閉加熟軍，小便赤澀加芩、澤，風寒加葱、豉、蘇、芷、防風。

內傷寒發斑　患內傷寒後，又兼之寒熱間作，鼻中微出血，兩手脈沉濇，皮膚按之殊無大熱，身上有斑三五點，此內傷寒斑也，調中湯主之。夾暑加香薷、扁豆。

內傷寒發黃　內傷寒發黃者，其人脾胃素虛，或食寒涼生冷之物，以致寒實結搏，停滯不散，中州變寒而發黃色。或嘔吐，或腹滿自利，小便短少者，宜調中湯。加茵陳，或理中湯加茵陳、枳實、草果，手足逆冷，脈沉者加附子。

按：　內傷寒爲病，本係雜症，而採入瘟疫門中者，因瘟疫愈後不戒生冷，每患此症。或再微發熱惡寒，昧者不察，往往誤認爲瘟病之復，而以疫法治之，寒涼清解害人不淺，故特爲拈出。再者，瘟疫之復，不能吃煙，內傷寒始終能吃煙，以此爲辨。錦誌。

《羅氏會約醫鏡・瘟疫・論瘟疫與傷寒不同治法亦異》　傷寒者，感冒寒氣。初起發熱惡寒，頭痛身疼，其脈浮緊無汗者爲傷寒；浮緩有汗者爲傷風。瘟疫初起，原無感冒之因，忽覺凜凜，以後但熱則不惡寒。傷寒投劑，一汗而解；瘟疫發散，汗不易出，即強逼出汗，亦不能解。傷寒之邪，自毫竅而入，不傳染於人；瘟疫之邪，自口鼻而入，能傳染於人。傷寒汗解在前，瘟疫汗解在後。傷寒解以發汗；瘟疫俟邪內潰，汗自然出，不可以期，且汗出多戰，方得解也。傷寒發斑則病篤，瘟疫發斑則病衰。傷寒感邪在經，以經傳經；瘟邪感邪在內，內溢於經，經不自傳。傷寒感發甚暴；瘟疫多有淹纏一二日，或漸加重，或淹纏五六日忽然加重。傷寒初起，以發表爲先；瘟疫初起，以疏利爲主。其所同者，邪皆傳胃，悉用承氣湯類導邪而出也。傷寒下後，脫然而愈。以其傳法，始終有進而無退也。瘟疫下後，多有未能頓解者，何也？蓋疫邪有表裏分傳者，一半向外傳，則邪留肌肉；一半向內傳，則邪留胃家。邪留於胃，故裏氣結滯；裏氣結滯，表氣因而不通，於是肌肉之邪不能即達於肌表。下後，裏氣一通，表氣亦解，則肌肉之邪發於肌表，或汗或斑，然後脫然則愈。傷寒下後，無有此症，所謂病不同，而治法亦異者，此也。

《傷寒指掌・太陽兼經新法・太陽陽明》　凡風寒初感，便見頭疼發熱，惡風惡寒，腰疼骨痛，脈來浮緊，或浮緩，口不渴，舌潤無胎者，此風寒客於太陽陽明，營衛之間也。因非太陽正病，故項不強耳。治宜辛散，羌、防、芎、芷、蘇葉、朴、陳、薑葱之類，溫中散寒，則食化而表解矣。若惡寒甚，而寸關脈沉遲者，寒邪重也。宜麻黄桂枝等，辛溫汗之。若飽悶惡食，右關脈短滑者，胃中停食也。兼消導，查肉、麥芽、神麯之類。風寒。

如見舌胎白而燥，或兼微黃，口渴便赤，脈來浮滑者，此太陽感寒，陽明有火也。或風熱之邪客於陽明之表也。均宜涼散，以羌、防、葛根、連翹、黃芩、梔子之類，清熱解表。風熱。

如初起惡寒，即發熱不已，目赤多眵，舌胎焦刺，口渴多飲，脣皴齒燥，脈來洪滑，此內有伏火，外感新邪而發。當以陽明爲主治，宜涼解之。如犀角、連翹、黃芩、薄荷、梔子、豆豉、淡竹葉之類。如兼頭痛惡寒，可加羌活，以撤

太陽之邪，自能得汗而解。若用風藥發表，則液燥火熾，反無汗而加劇矣。風火。

邵評：此風火正治法。

《傷寒指掌・太陽兼經新法・太陽少陽》 凡人腠理疎豁，其邪卽從太陽而入少陽。蓋少陽本屬相火，溫邪與相火，同氣相招也。如見舌胎白中帶紅，外症頭痛身熱，口苦，眼赤，多眵，脇痛，耳鳴，脈浮弦而數，此木火之邪，當從少陽治。宜柴、芩、連翹、梔子、牛蒡、薄荷、木通等解之。如未解，加鮮生地、牡丹皮、鉤藤、池菊之類清之。風溫。

邵評：此風溫入少陽經正治法。

《傷寒指掌・太陽兼經新法・太陽兼肺》 凡感外邪，頭痛惡寒發熱，而兼咳嗽者，此傷風之重症，傷寒之輕症也。蓋肺主皮毛，太陽主一身之表，原相聯屬，但兼咳嗽，則邪外傳於肺而解，不致專裹，故爲輕症，主治以手太陰爲主。如寒邪重，則舌潤不渴，宜六安煎，加羌活、蘇葉之類汗之。如寒天兼喘，氣口脈閉，加麻黃。肺受寒邪。

如發熱頭痛咳嗽，外雖惡寒，而口渴舌燥，此肺有火邪，而太陽感寒也。宜羌活、前胡、桑、杏、羚羊、薄荷、黃芩、貝母、橘紅、桔梗之類，外散寒邪，內清肺火。兼喘者，火爲寒鬱，麻杏甘石湯妙。寒包火。

邵評：開肺卽是開太陽，此寒包火正治法。

《傷寒指掌・陽明新法》 江蘇、閩、浙，天氣溫暖，地勢卑溼，乃天下溼熱之區，陽明氣盛血熱，容納水穀，亦人身溼熱之藪。若感風溫風熱之邪，病都不由太陽而入陽明者，口鼻吸入或從太陽而卽入陽明者皮毛傳入，陽明內熱之邪，與外邪風熱相搏，凝滯成毒，每多發癍發疹。若不辨明熱與寒邪之異，概用太陽經藥發表，汗不得出，癍不得透，溫熱內燔，爍乾胃中津液，而成壞症，死者多矣。用將陽明熱病諸條臚列於後，惟在臨症者之圓機焉。

凡遇發熱身痛，口渴脣燥，或初起微寒，卽發熱不已，舌胎中黃邊白，或黃燥如刺，脈來洪滑，此陽明內熱爲外感新邪引動而發也。宜犀角、連翹、牛蒡、薄荷、黃芩、葛根、防風、木通之類，清解之。若見煩悶嘔惡，足冷耳聾，脈沉伏，或浮躁者，此癍疹欲透也。亦用此方透癍解毒。渴而乾嘔者，加蘆根一握。如遇脈象沉鬱，不可認爲寒，此必癍透不快也。如關上見伏脈，此必熱毒凝滯，癍不得出也。若右關脈伏，而兼胸痛氣急，或咳者，此必有伏痰也。又當以治痰爲主。總以舌胎黃燥爲實熱之憑，勿以脈象沉遲爲虛寒之驗也。陽明以胃實爲病，故大便不通。然熱邪外無出路，每每下逼大腸，而下黃黑稠粘之糞，下時肛門必有熱氣，此因外不得解，而邪從下泄，雖通仍作不通論，勿止之。或從下泄之後，反能得汗而解，卽不能得汗，亦祇清火解毒，兼養陰液，其邪自能漸解身涼。或從養陰之後，陰液外溢，反得大汗而解。或有熱毒內結，癍疹不得外透，反從下泄之後，癍疹始出。或用透發不應，祇用清火解毒，癍疹反透。此皆熱毒內結使然。以舌胎黃燥者論陽明內熱引發。

邵評：傷寒與溫熱，本自不同。傷寒大便溏，爲邪已盡，溫熱大便溏，爲邪未盡，必大便硬乃爲無溼，斯不可再攻耳。惟熱毒總以舌胎黃燥爲憑，若新邪外觸內發，伏邪重而新邪輕，勢所必然。

如癍疹已透，祇宜清解毒火，微兼養陰，柴葛升提之品，俱不可投。宜連翹、赤芍、元參、花粉、知母、黃芩、銀花、鮮生地、人中黃之類，癍毒自化矣。

邵評：餘毒未清，禁用升提。

若見舌絳如硃，目赤如火，口燥脣裂，汗出津津，此陽明血熱，邪從內發，已遍三焦，卽陽明熱病也。切忌風藥升散，宜涼膈散，去芒硝、大黃，加石膏、牛蒡、赤芍、鮮生地、牡丹皮主之。大便祕者，去硝留黃。陽明血分熱病。

邵評：陽明血分熱病，忌用升提。

若見發熱自汗，舌白如刺，或黃燥口渴，不惡寒，反惡熱，此陽明氣分之熱。宜梔子豉湯，加連翹、黃芩、淡竹葉、蘆根之類清之。陽明氣分熱病。

邵評：此陽明氣分熱病正治法。

化癍解毒之後，或汗解之後，尚有餘熱未退，大便雖閉，腹中調和者，祇宜養陰退陽，甘露飲加減妙。陰液復，餘邪自退，大便自通矣。

有身熱已退，獨額熱未除者，此胃中有餘邪也。宜清疏陽明，如連翹、黃芩、生查、麥芽、枳殼、金斛之類。如已身涼，獨腹熱未退，此脾家有火也，加生白芍清之。

《傷寒指掌・陽明新法・陽明兼肺》 前太陽兼肺，在寒邪一邊。此陽明兼肺，在溫邪一邊。均以手太陰爲治。

如遇發熱惡寒，咳嗽喉燥，渴飲，舌胎白中帶黃，或白而燥刺，或邊紅中白，脈來浮數，此風溫客於太陰手經，而內熱發於陽明之表也。宜羚羊角、前

胡、杏仁、連翹、薄荷、桔梗、黄芩、豆豉、淡竹葉之類，以解風熱。如兼煩悶嘔惡，脈沉足冷者，欲發痧疹也，亦以此方加牛蒡、防風透之。

邵評：風溫初入肺衛在陽明之表。

如痧疹已透，尚有頭脹心煩，脘悶咳嗽者，肺氣不得宣暢也。宜梔豉、蔞仁、桔梗、黄芩、連翹、牛蒡、川貝、鬱金之類，使肺氣通暢，痧疹透達，諸症自解。

若痧疹已透，仍然胸脇悶痛，咳嗽喘急者，此有伏痰也。其氣口脈閉，是痰之驗也。宜豁痰利氣，如前胡、杏仁、瓜蔞、橘紅、蘇子、象貝、桔梗、枳殼、萊菔子、竹瀝、薑汁之類投之，痰自出矣。

《傷寒指掌・陽明新法・陽明少陽》 凡風寒之入，由皮毛而腠理，腠理爲陽明少陽之界，作表症看，非邪已入陽明之裏，而復傳於少陽也。柯韻伯力辨陽明傳少陽之謬，以此。

如身熱口渴，微兼惡寒，舌胎中白邊紅，或根白尖紅，脈來弦滑，此邪入肌肉腠理之間，陽明少陽之表證也。宜解肌法，如柴葛、連翹、薄荷、黄芩、橘紅之類，以取肌分之汗，熱自退矣。傷寒。

如見舌胎白少紅多，初起微寒，即發熱不已，此陽明輕而少陽重，氣分少而營分多。宜犀角、連翹、丹皮、鉤丁、黄芩、薄荷、黑梔之類，以清營分之熱，大忌汗散。溫邪。

邵評：此條溫邪自口鼻而受，由肺衛而入手少陽三焦，從心營肺衛治用手經藥，與上寒邪在足經者治法不同。大宜留意。

《傷寒指掌・陽明新法・陽明太陰》 前陽明少陽，邪由陽明之表而來。此陽明太陰，邪從陽明之裏而及。胃與脾聯，此表裏俱病也。

如見舌胎白帶灰黑色，或白中帶黑點，或邊黄中黑，或前半黄後半黑，或純黄燥胎，或黄分八字，種種形色，皆陽明太陰之驗。外症身體灼熱，口渴脣燥，左關數，右關滑，此陽明熱邪內蘊，以致癍不得透，毒不得解，因與太陰爲表裏而傳入也。急宜透之提之，不使毒邪陷入三陰。用二角、芩、連、連翹、牛蒡、桔梗、薄荷等，使癍外達而解。如癍點隱隱不得外透，加角刺數分以透之。如大便秘而潮熱譫語者，陽明爲重，太陰爲輕，下之可也。

邵評：陽明熱邪內鬱成癍不外達而內傳太陰，實熱症也，仍宜提邪外達。

《傷寒指掌・陽明新法・陽明少陰》 前陽明太陰，因陽明之邪失表失清，以致將陷太陰，作實證治，故猶用提透。此陽明少陰，由其人本屬陰虛，即病在陽明，而少陰已不能支，此土來尅水，水不濟火也，當作虛症治。

凡見舌胎中黄邊紫，前半黄，後半紫，或前半白，後半紅，脈左數右洪，外症潮熱，舌燥脣焦，口糜氣穢，齒衄煩渴，此景岳所謂陽明有餘，少陰不足之症也。宜大小甘露、玉女煎之類，隨症加減，無不應手。

邵評：此腎陰虧而胃有熱，氣血兩燔，灼耗腎水之正法。

《傷寒指掌・少陽新法》 經云：冬傷於寒，春必病溫，夏必病熱。又曰：冬不藏精，春必病溫。故凡腎虚多慾之人，寒邪乘間而伏於少陰，久則寒化爲熱，至春陽氣升發，新邪引動而發於少陽者，爲溫病。至夏陽氣大泄，新邪外觸而發於陽明者，爲熱病。

邵評：冬令閉藏，邪不外發；春夏陽氣泄越，而病溫熱。溫病發出之途由少陽，熱病發出之途由陽明，但有伏氣所發，受而即發兩種，極宜分辨。

然溫熱之症，四時俱有。有伏氣內發而病者，如冬月伏寒，夏月伏暑，再感新邪而發者是也。有時邪外觸而病者，如秋應涼而反熱，冬應寒而反溫，感其氣而即病者是也。辨症之法，凡見純熱無寒而口渴者，即是溫熱，非傷寒也。但看舌胎白黄而燥者，乃陽明見象。純紅而燥者，乃少陽見象。陽明宜存肺胃之津，少陽宜顧肝腎之液。前陽明新法，已陳溫熱之概，玆專以少陽溫病爲主，而兼以手三陰爲治焉。

邵評：純熱無寒而口渴，伏氣所發溫熱則然也。若受而即發之病，邪遏肺氣，初起必微寒，而後發熱不已。須分辨之。若胎燥，是溫熱病之的據。

凡人腠理疎豁，風溫之邪，即能直入少陽，以少陽屬木火，同氣相感也。或由其人素有伏邪，因風寒外觸，其邪直從內發，而出於少陽者，亦溫病也。其症初起，或見微寒，即發熱不已，口苦目赤，脇痛胸滿，渴而欲嘔，脈來弦滑而數，舌胎白兼邊紅，或淡紅色，此邪初發於少陽也。宜柴、芩、梔、丹、翹、薄清解之。至四五日，舌胎純紅起刺，煩躁不寧，六七日，耳聾顴紅，神昏譫語，或汗出不解，或癍疹透於胸前，此時木火大熾，營分血熱已極，大忌風藥刦液。宜用鮮生地一二兩，犀角、連翹、黄芩、薄荷、丹皮、黑梔、鉤藤、銀花之屬，以清膽府之熱，兼解營分之邪，熱毒自解矣。如見目赤面紅，神呆不語，舌如芒刺，或癍見紫色，此包絡之火亦盛也。宜犀角、鮮地、鉤丁、連翹、川連、菖蒲、丹皮、黑梔、銀花等解之。芒刺一退，即當水中養木，寒涼不可過

分，宜六味甘露等湯加減。少陽兼包絡火。

邵評：滋腎陰，清胃熱，以生津液，乃少陽兼心包絡正法。

如初起即見舌胎鮮紅，神昏譫語，煩躁不寧者，此溫邪上乘包絡也。防發丹疹，切忌升、葛、荆、防，宜犀角、連翹、鉤丁、薄荷、丹皮、川斛、菖蒲、天竺黄、淡竹葉、人中黄、淨銀花之類，以解包絡營分之熱，則毒透而神清矣。

如舌胎紅中兼白色，症見譫語咳嗽者，此風溫入於心肺兩經也。宜透營分之熱，兼泄氣分之邪，當用羚羊角、連翹、薄荷、黄芩、象貝、杏仁、蔞皮、丹皮、元參、梔子之類，次用梨汁、蔗漿、金斛、麥冬、花粉、粉參之類，以養肺胃之陰。溫邪入心肺兩經。

邵評：溫邪入心肺，以存陰化熱爲正治。

如瘄疹已透之後，依然神昏譫語，目睛微定，舌色鮮紅者，此熱痰乘於包絡也。宜犀角尖、鮮菖蒲、天竺黄、川貝母、連翹、鉤丁、丹皮、淡竹葉、竹茹、辰砂之類，以開熱痰，神自清矣。火清毒解之後，如見虛煩嘔惡，驚悸不寐，衹用溫膽湯和之。熱痰乘包絡。

邵評：包絡熱痰，由包絡之熱已化，而痰邪留伏胃中治以滌痰和胃。

如火邪既退之後，身體不能轉側，而兼脇痛者，此必有入絡之痰也。宜天蟲、全蠍、鉤藤、桂枝、瓜蔞、澤蘭、竹瀝、薑汁之類追之。痰入絡中。

如瘄疹已透，而熱邪未退，舌絳神呆，語言顛倒，小便赤澀，點滴如稠，此熱結小腸所致。夫小腸結，則火邪逆乘心包，故神昏，急用導赤散，加川連、連翹、赤小豆、梔子等，以清小腸之熱，則便利而神清矣。小腸熱結。以上諸症皆溫邪爲病，故入少陽新法內。

邵評：心與小腸相表裏，小腸爲火府，邪熱內結小腸而逆乘心包，是府病及臟也。用苦味清火，先入心，且小腸火府非苦不通也。

《傷寒指掌·少陽新法·少陽陽明》 前陽明少陽是表症，此少陽陽明是裏症。

少陽之邪不解，熾入陽明胃府，外症耳聾顴紅，發熱便祕，舌胎邊紅，中燥黄，乃二陽合病也。倣大柴胡意，用柴芩、枳實、連翹、赤芍、製大黄微下之。若見舌胎黄中現出黑點，煩悶惡心，身痛足冷，此胃中熱毒欲發瘄也。宜透瘄解毒，犀角、連翹、梔子、牛蒡、黄芩、薄荷、銀花之類。傷寒。

邵評：少陽木火，挾胃熱而發斑也，宜急急透斑解毒爲要。

《傷寒指掌·少陽新法·少陽太陰》 凡見舌胎尖紅根黑，或邊紅中黑，或紅中帶黑點，面紅目赤，脣燥口渴，齒縫出血，或鼻流衄血，此少陽毒盛火抑，瘄不得透，腠理閉塞，以致陽邪陷入太陰。此病由於失表失清，急宜清解。用犀角、連翹、牛蒡、黄芩、薄荷、丹皮、元參、鮮生地、淨銀花之類，以化瘄解毒。蓋病由於失表，恐瘄不能外達皮毛，故從解化。傷寒。

邵評：邪在少陽之時，未曾清解，以致毒火抑遏，陷入太陰，斑不得透，仍用清透之法爲治。

《傷寒指掌·少陽新法·少陽少陰》 少陽之邪不解，則包絡熱而肺門閉，肺竅不通，則傳濡之液，流入少陽，脈象弦細而數，舌胎尖紅根紫。或純紅起刺，耳聾齒枯，舌燥脣焦，午後發熱，神昏不語。或鄭聲作笑，此少陽木火大熾，反逼少陰，二少失司，病匪輕淺。急宜解木火之鬱，以救少陰之水。用柴、芩、鮮地、丹皮、黑梔、連翹、川連、鮮菖蒲之類，以清之解之。如不應，急當滋少陰之水，以濟少陽之火。如六味飲一陰煎之類，加減投之。服後舌轉微紅，神清齒潤，則木火之鬱解，而少陰亦治矣。溫病。

《傷寒指掌·少陽新法·少陽厥陰》 少陽與厥陰爲表裏，木火之邪，無處發洩，勢必連及於肝，此表裏俱病，法當從少陽治，以引陰出陽。

邵評：木火之邪，連及厥陰，表病及裏也。少陽病入厥陰，由表及裏，治法當使其邪仍從少陽外出爲妥。

如見舌起紅刺，或黑中有紅點，外症發熱惡寒，如瘧狀，手足乍溫乍冷，煩滿，消渴譫語，二便不通，脈弦而數。方用柴、芩、川連、鮮地、丹皮、梔子鉤丁、薄荷等，以散風木之鬱，使邪復出少陽而解。溫病。

邵評：少陽溫病，木火鬱邪，轉入厥陰，表與裏同病也。其邪尚輕，故用清散少陽。使邪外出。

《傷寒指掌·太陰新法》 有腹痛痞滿，嘔吐不納，舌燥渴飲，或大便泄瀉，小火不利，或二便俱祕，此溼熱內結於太陰，急宜開之。須半夏、赤苓、厚朴、草蔻、川連、通草、廣皮、滑石之類。如便祕不瀉，加枳實、大黄行之，此即轉屬陽明也。溼熱內結。

邵評：此溼熱內結之正法。

如發熱不已，頭重身痛，大便順，小便澀，脘滿不飢，舌胎白膩，脈象沉細而緩者，此溼邪內着，太陰受病也。宜二陳、茅朮、厚朴、豬苓、澤瀉、茵陳、米

仁、薑皮之類，溼邪去，熱自退矣。汗多加桂枝、秦艽，汗少加紫蘇。溼熱內着。

若發熱一身盡痛，而兼四肢微腫者，此風溼流注手足也。宜二陳，加米仁、桂枝、秦艽、防己、羌活、木瓜、片薑黃之類。足脛紅腫，合二妙。風溼流注。

凡傷寒熱甚不解，但頭汗出，腹滿溺澀，目黃口渴，舌胎黃膩，此溼熱鬱於太陰，欲發黃也。急用茵陳二苓、枳實、厚朴、黃柏、梔子、茅朮、秦艽、車前、澤瀉等，利之清之。二便俱祕，小腹脹滿者，此轉屬陽明也，宜茵陳蒿湯。溼熱發黃。

凡遇傷寒發熱之症，已經解表清裏，俱不應，但看舌胎白滑粘膩，脘悶惡心，口不渴飲，雖熱不欲去衣被者，此外感風溼之邪，着於太陰肌軀之表。其病尚在氣分，宜解肌法。用桂枝、秦艽、紫蘇、半夏、苓皮、薑皮、厚朴、廣皮之類，微微汗之，則風溼俱去矣。肌表風溼。

邵評：此肌表風溼之正法，若一身盡痛，可再加羌、防、白芷。

若外感溼邪，又兼內傷生冷，以致寒熱泄瀉者，太無神朮散加減妙。內外寒溼。

以上諸條，皆太陰本經自病。

若邪從陽經傳入太陰，則熱愈深，毒愈甚，舌見純黃純黑，脣齒焦燥，目黃面赤，腹大熱，或晡熱，手足不欲煖蓋，小便赤澀，舌無芒刺者，熱毒暴下也。舌起芒刺者，大便不通也。三陰無竅，俱借陽明爲出路，故兼見陽明證者爲輕，大便通者，衹宜清裏解毒。大便不通者，兼導之清之，清裏解毒，如犀角、芩、連、梔、翹、銀花、人中黃之類。導下，如枳實、厚朴、檳榔、大黃之類。陽邪傳入太陰熱症。

若由失表失清，以致毒邪凝結於裏陷於太陰，每有發爲五瘢者，其症反脈靜身涼，有似邪退正復之象。但看舌胎純黃中見黑點，純黑中見紅點，或黑胎聚於中心，此皆生瘢之驗也。火重者瘢必紅，毒深者瘢反白。若藍瘢，則食毒俱足，胃將爛矣。紫瘢發於少腹章門之間，毒傳於腎也。黃瘢發於手足脣口之上，毒歸於脾也。均屬危惡之症。治法亦衹清解毒火，宣通氣血用犀角、連翹、赤芍、銀花、川連、人中黃、栝蔞皮、牛蒡子、檳榔、查肉、天蟲、角刺之屬，內外兩解。若見面白目青，則陽氣下陷，已屬不治，此藥又不可投。若見身上汗出津津，則元氣已泄，其死尤速。蓋病邪傳裏，雖病太陰，而三陰與之同病者也。所藉者獨一肺經而已，肺氣開則面紅，肺氣閉則面白。若面黃則膽氣絶矣。身黃則脾氣絶矣。病在三陰，臨症者，尤宜深察焉。陽邪內陷太陰瘢症。

《傷寒指掌・少陰新法》若初起惡寒發熱，口渴脣燥，舌胎嫩紅而乾，或絳底浮白，或兼咳嗽，或兼煩燥，六脈弦數無力，或浮洪無力，此陰虛水虧而挾外感也。陰虛於下，則陽亢於上，故見躁煩，勿以陽明火症治之。亦宜金水六君，去半夏，用生地，加川斛、丹皮、豆豉、羌活之類，滋養陰液以汗之。如兼嘔惡，當留半夏，加竹茹以和胃。如兼咳嗽，加旋覆花、甜杏仁，以降氣。如經汗表，升提太過，以致虛火上冒，目赤顴紅，大渴煩躁，嘔惡不納者，亦宜金水六君煎，加麥冬、代赭之類，養陰鎮逆，汗多合生脈。陰虛有火挾感。

如陰虛有火，而挾外感，以致頭疼惡寒，發熱不止，因口燥渴，而食生冷，遂致泄瀉，舌胎微白，兼淡紅，舌形雖溼而乾，此脾本虛寒，因津液少而渴，故一食生冷，即見泄瀉。治宜和脾以益少陰，如生地、丹皮、茯苓、山藥、廣皮、釵斛、苡仁、甘草、蓮肉等主之。兼表症者，加葱白、豆豉，或羌活、葛根亦可。如表症已除，而但發熱口渴，兼便溏者，前藥加糯米炒麥冬、沙參以生津液，自然渴解熱止。脾寒腎熱挾感。

如初起吐利，止後發熱，脈沉細，手足冷，舌形紫絳無胎者，此少陰症也。勿以霍亂治之。舌潤不渴，當以金水六君煎，加丁沉溫以和之。舌燥口渴，亦以金水六君，加麥冬糯米粉炒、北參，益陰和中，以生津液。如吐瀉傷津，口大渴，而小水不利者，急以左歸飲，加參、麥、歸、芍，斂陰生津，自然渴解便利。若妄利小便則死矣。少陰病起吐利。

邵評：此少陰吐利之正法，分溫中、滋液、斂陰生津三則，治法極精。

如初起發熱，神呆不語，六脈沉細短數，似寐非寐，或煩躁狂言，此邪在心腎之間。

或因受驚，痰乘包絡。治宜清心豁痰，如茯神、小草、菖蒲、天竺黃、川貝、丹參、麥冬、鉤丁、薄荷、辰砂之類，以清包絡之痰，神自清矣。如舌形絳燥，口渴脣乾，六脈沉數，前方，宜加生地、丹皮、淡竹葉之類，以清心包之火。如大便祕結，不妨加犀角數分。心腎邪熱。

若神昏讝語，發熱仍欲煖蓋，目睛上視，大便不實，舌色紫絳而圓，雖乾無刺，外雖躁擾，此陰不兼陽，忌用寒涼，不可誤認陽明，妄投犀角。宜左歸、六味等湯，微加清心之品，如鉤藤、川貝、麥冬之類，治之爲當。心腎虛邪。

邵評：　此心腎虛邪之正法。此條與上條同是心腎之邪，然有虛實之不同。上條實而心經見症多，此條虛而腎經見症多，用藥凊補不同，當細辨之。

若身熱足冷，面赤戴陽，脈來沉細無力，或數大無力，或陰陽俱緊，其人煩躁欲狂，揚手擲足，或欲坐卧水中，舌胎紫色少神，或闊大胖嫩，或淡紅圓厚，雖溼而乾，此躁也，非煩也，陰盛格陽也。急以八味投之，或參附湯加熟地投之。如得躁定脈圓，舌轉微白，庶有生機。陰盛格陽。

以上諸條，皆少陰本經自病。

若是陽經熱邪，傳至太陰，已多危候，至入少陰，生者少，死者多矣。凡見神氣昏沉，語言顛倒，齒枯齦黑，午後身熱，目睛上視，舌胎紅中有黑點，黑中有紅點，頭項強，小便澀，雖醒似睡，雖渴不知消水，時作鼾睡聲，形似死證，然舌不卷，囊不縮，面不青，息不高，喉顙不直，四肢不厥，鼻不扇，耳不焦，不魚目，不鴉口，尚有可治之理。如舌胎燥刺而便祕者，宜兼陽明以治。方用犀角、生地、丹皮、麥冬、花粉、川斛、茯神、鉤丁、川貝、膽星之類，以養陰退陽，陰液復。外可得汗而解，内可得便而解，卽寒中亦有散邪之義也。若大便不實，舌無燥刺，此陰不兼陽，卽屬虛症，爲難治。宜右歸六味出入爲當。

邵評：　陽經熱邪傳入少陰，實則轉屬陽明，宜兼陰陽治之。虛則邪伏少陰，仍從本經治之。語最精確。

凡少陰症，六脈沉細，似寐非寐，其舌紫色是也。然紫而鮮潤者，可治。紫而枯晦，如豬肝色者，不治。或紫色而間微白胎者方佳。

邵評：　從少陰脈症舌色，辨其陰液之存亡，以決病之可治不可治的論也。有初起吐瀉，如霍亂，陡然變重昏昧者，少陰症也。

邵評：　少陰症似霍亂，戒勿誤認，此條最須着眼。

《傷寒指掌・厥陰新法》　按六經主病，仲景非專爲傷寒立言。如厥陰所述氣衝吐蚘等症，乃厥陰風木自病，不拘傷寒雜症，但見嘔逆吐蚘者，卽是肝邪犯胃，宜兼厥陰而治。要知六淫傷寒兼帶厥陰者，可治。若從三陽傳至厥陰，則熱極生風，九竅將閉，所形皆敗症矣。今將厥陰本病治法列於左，勿以傷寒傳經目之可也。

凡遇傷寒熱病，症見乾嘔渴飲，胸膈滿悶，格食不下，或兩脇抽痛，舌胎黃黑，或兼吐蚘，此卽症兼厥陰，肝邪犯胃而然也。宜用桂枝、芍藥、川連、乾薑、茯苓、半夏、黃芩之類主之。吐蚘加椒梅，寒熱似瘧加柴胡，引出少陽。肝邪犯胃。

凡傷寒暑溼之症，有嘔吐青綠黑臭之水，或黃黑濁飲，或兼吐蚘，此邪已犯厥陰。因胃中空虛，肝風乘虛襲胃，所吐之物，乃胃底腸中之陰濁，被肝風翻騰，遂至逆湧而上出於口，俗名胃底翻是也。治宜泄厥陰以安陽明，如桂枝、白芍、川連、吳茱萸、半夏、茯苓、椒梅之類，以泄厥陰。次用人參、代赭、茯苓、半夏、乾薑、川連、烏梅之類，以安胃鎮逆。若其人陽明虛餒，不禁酸苦，又當安胃爲主，微兼泄肝，宜人參、薑、連吳萸、白芍、茯苓、半夏、烏梅、代赭之類主之。肝風內襲。

若身熱，耳聾，口渴，胸腹板實，入暮讝語，嘔逆吐蚘，舌胎黃中帶灰黑，此溼熱之邪，結於厥陰之界，病勢最險。宜川連、枳實、半夏、茯苓、菖蒲、烏梅、薑汁之類治之。溼溫干厥陰。

若邪從三陽經傳入，卽在太陰，已多危候，再入少陰，生者少，死者多矣。至傳厥陰，內風已盛，九竅熱極將閉，無庸議治。

邵評：　陽邪傳至厥陰，入裏極深，厥陰內寄相火，邪熱與相火兩相蒸灼，傷陰最速。陰液消耗，邪熱陷閉，故症多不治。

凡見面靑目白，面黃目靑，面白目紫，筋急直視，角弓反張，舌焦耳聾，皆厥陰將敗形色。舌卷囊縮，鴉口嘬嘴，昏不知人，醒作睡聲，蹻足喉直，撮空視，躍躍欲起，脈硬如弦，此皆厥陰死證。陽邪傳入厥陰死證。

《醫醫病書・治內傷須明陰陽三焦論》　產後及老人，大抵多陰不足，然亦有陽不足者。又必究上、中、下三焦所損何處。補上焦以淸華空靈爲要；補中焦以脾胃之體用，各適其性，使陰陽兩不相奸爲要；補下焦之陰，以收藏納縮爲要；補下焦之陽，以流動充滿爲要。余於《溫病條辨》拙作，議補下焦，峙立三法：專翕膏補下焦之陰者也；奇經丸補下焦之陽者也；天根月窟膏陰陽幷補，使陰陽交紐者也。補上焦如鑒之空，補中焦如衡之平，補下焦如水之注。

《溫毒病論・治疫病與傷寒異》　傷寒邪在外廓，故一表卽散，疫邪行在中道，故表之不散。傷寒邪入胃府，則腹滿便堅，故可攻下；疫邪在三焦，散漫不收，下之復合。治法：　未病前預飲芳香正氣藥，則邪不能入，此爲上

也。邪既入，則以逐穢爲第一義。上焦如霧，升而逐之，兼以解毒；中焦如漚，疏而逐之，兼以解毒；下焦如瀆，決而逐之，兼以解毒。營衛既通，乘勢追拔，勿使潛滋。

疫邪從口鼻直犯藏府，正氣閉塞，邪氣充斥，頃刻不救，苦寒傷胃，溫補助邪。如人中黃之類，方爲合法也。丹溪人中黃丸、補降散三法並施，《明醫雜著》清熱解毒湯內外兼治，乃古治疫之大略。

吳又可論尋常所有疫癘，喻嘉言論天地不正之大疫，各極快暢，不可執一，要知疫有傷氣、傷血、傷胃之殊，故見症不同治亦稍異，若入藏者則必不知人而死矣。大法以症爲則，毋專以脈爲據也。

《素問》曰，不相染者，正氣存內，邪不可干也。

《感證集腋·茅氏四家評》 若其大渴飲冷，唇齒乾燥，此熱在氣分者也。至於口渴欲飲，喜溫惡寒，此熱在營分者也。經所謂熱甚則火收於內，不能化土即此之謂，又有脾痹而渴，脾不散精，上輸於肺，肺液乾燥，飲水無度，形似消渴，腹中雷鳴，小便或長，大便或溏或瀉，有時躁煩身熱，此係肺液乾，肺氣實，脾病害肺，當用白朮、砂仁、廣藿、桔梗等味以鼓動脾津而生肺液，更用麥冬、五味以收肺氣之張皇。

《溫熱經緯·仲景外感熱病篇》 傷寒脈浮滑，此表有熱，裏有寒，白虎湯主之。

王三陽曰：經文寒字，當作邪字解，亦熱也。

方中行曰：世本作表有熱，裏有寒，必係傳寫之誤。夫白虎本爲治熱病、暑病之藥，其性大寒，安得裏有寒者可服之理？詳本文脈浮滑，不但無緊，且復多滑，乃陽氣甚而鬱蒸，此裏有熱也。裏熱甚必格寒於外，多厥逆身涼，而爲亢害之證，此表有寒也。《厥陰篇》中脈滑而厥者，裏有熱也，白虎湯主之。則知此表裏二字爲錯誤可知，當爲上下更易。

魏念庭曰：此裏尚爲經絡之裏，非臟腑之裏也。

沈堯封曰：裏有寒之寒字，乃暍字之誤。如果裏而寒，何以反用石膏、知母乎？表有熱，即身熱也。上節止言病名，不言脈證，此節詳言脈證，出方主治，兩節本是相承。叔和較訂時，此節幸有寒字之誤，不被摘出，若見暍字，早已摘置別論中矣。程郊倩云：暍病脈不浮。不思《傷寒論》之暍，即《難經》之熱病也。《難經》云：熱病之脈，陰陽俱浮，浮之而滑，沉之散濇，此是緊要處，豈可模糊讀過。本條脈浮滑，與《難經》熱病脈合，則白虎的是熱病主方，而寒字的是暍字之誤。

雄按：楊素園大令云：此條寒字，諸家所辨，未能妥帖。徐君亞枝云當作痰字解，於義較協。余謂徐君此解，可稱千古隻眼。夫本論無痰字，如溼家胸中有寒之寒字，亦作痰字解。蓋痰本作淡，會意二火搏水成痰也。彼溼家火微溼盛，雖渴而不能飲，是爲溼痰。此暍病火盛爍液，脈既滑矣，主以白虎湯，則渴欲飲水可知，則爲熱痰。凡痰因火動，脈至滑實，而口渴欲飲者，即可以白虎治之，况暍家乎。

傷寒脈滑而厥者，裏有熱也，白虎湯主之。

張路玉曰：滑，陽脈也，故其厥爲陽厥。裏熱鬱熾，所以其外反惡寒厥逆，往往有脣面爪甲俱青者，故宜白虎以清裏而除熱也。

傷寒無大熱，口燥渴，心煩，背微惡寒者，白虎加人參湯主之。

張兼善曰：白虎專治大煩、大渴、大燥、大熱之證，惟恐表證未罷而早用之。若背微惡寒，及時時惡風二條，因其中煩渴、燥熱已甚，非白虎不能遏也。

沈堯封曰：背爲陽，背微惡寒者，陽虛證也。但陽有不同，眞水眞火，是腎中之陰陽也。氣血，是營衛之陰陽也。此條口燥渴、心煩，則暍熱內熾，仍是白虎證，惟暍熱傷其衛氣，致背微惡寒，故加人參補其衛也。至若少陰病口中和，其背惡寒，則衛陽與腎陽並傷，故人參與附子並用以兩補之也。

雄按：吳鶴皋云：背微惡寒者，但覺微寒而不甚也。既有燥渴，則白虎加參用可無疑。若背惡寒，而不燥渴者，不可用也。余謂以下條參之，必有汗，故可用也。

傷寒脈浮，發熱無汗，其表不解者，不可與白虎湯。渴欲飲水，無表證者，白虎加人參湯主之。

沈堯封曰：此承上文，言煩渴背惡寒，固當用白虎加人參湯。但亦有中暍而外復風寒，亦能令惡寒、發熱、脈浮，更當於有汗、無汗上辨表證解不解以定此方之可用不可用耳。

傷寒病，若吐下後，七八日不解，熱結在裏，表裏俱熱，時時惡風，大渴，舌上乾燥而煩，欲飲水數升者，白虎加人參湯主之。

張路玉曰：詳此條表證，比前較重，何以亦用白虎加參耶？本文熱結在裏，表裏俱熱二句已自酌量，惟熱結在裏，所以表熱不除，邪火內伏，所以惡風大渴，舌燥而煩，欲飲水不止，安得不以生津解熱爲急耶？

雄按：御纂《金鑑·傷寒正誤篇》，時時惡風作時汗惡風，當遵之。又沈亮宸云：舌乾且燥，謂視之無液也。然則溫熱之審舌苔以察津液，仲師已逗其倪矣。

《溫熱經緯·葉香巖外感溫熱篇》 蓋傷寒之邪留戀在表，然後化熱入裏，溫邪則熱變雄按：唐本作化熱。最速。未傳心包，邪尚在肺，肺主氣，其合皮毛，唐本作肺合皮毛而主氣。故云在表。在表初用辛涼何以首節章釋改辛平？今訂正之。輕劑，挾風則加入唐本無則入二字。薄荷、牛蒡之屬，挾溼加蘆根、滑石之流。或透風於熱外，或滲溼於熱下，不與熱相搏，勢必孤矣。

傷寒邪在太陽，必惡寒甚。其身熱者，陽鬱不伸之故，而邪未化熱也。傳至陽明，其邪化熱則不惡寒，始可用涼解之法。若有一分惡寒，仍當溫散。蓋以寒邪陰凝，故須麻、桂猛劑。若溫邪爲陽，祇宜輕散。儻重劑大汗而傷津液，反化燥，火則難治矣。始初解表用辛涼，須避寒凝之品，恐遏其邪，反不易解也。或遇陰雨連綿，溼氣感於皮毛，須解其表溼，使熱外透易解，否則溼閉其熱而內侵，病必重矣。其挾內溼者，清熱必兼滲化之法，不使溼熱相搏，則易解也。略參拙意。

不爾，風挾溫熱而燥生，清竅必乾，謂水主之氣不能上榮，兩陽相劫也。溼與溫合，蒸鬱而蒙蔽於上，清竅爲之壅塞，濁邪害清也。其病有類傷寒，其唐本無此字。驗之之法，傷寒多有變證，溫熱雖久，在一經不移，以此爲辨。唐本作總在一經爲辨。章本作而少傳變爲辨較安。

胃中水穀，由陽氣化生津液，故陽虛而寒者，無津液上升，停飲於胃，遏其陽氣，亦無津液上升，而皆燥渴，仲景已備論之。此言風熱兩陽邪，劫其津液而成燥渴，其因各不同，則治法迥異也。至風雨霧露之邪受於上焦，與溫邪蒸鬱，上蒙清竅。如仲景所云：頭中寒溼，頭痛鼻塞，納藥鼻中一條，雖與溫邪蒙蔽相同，又有寒熱不同也。傷寒先受於足經，足經脈長而多傳變；溫邪先受於手經，手經脈短故少傳變。是溫病、傷寒之不同，皆有可辨者也。

前言辛涼散風，甘淡驅溼，若病仍不解，是漸欲入營也。營分受熱，則血液受章本作被。劫，心神不安，夜甚無寐，或斑點隱隱，卽撤去氣藥。如從風熱陷入者，用犀角、竹葉之屬。如從溼熱陷入者，唐本者下有用字。犀角、花露之品，參入涼血清熱方中，若加煩躁，大便不通，金汁亦可加入，老年或平素有寒者，以人中黃代之，急急唐本作速透斑爲要。

熱入於營，舌色必絳，風熱無溼者，舌無苔，或有苔亦薄也。熱兼溼者，必有濁苔而多痰也，然溼在表分者亦無苔，雄按：亦有薄苔。其脈浮部必細澀也。此論先生口授及門，以吳人氣質薄弱，故用藥多輕淡，是因地制宜之法，與仲景之理法同，而方藥不同。或不明其理法，而但仿用輕淡之藥，是效顰也。或又以吳又可爲宗者，又謂葉法輕淡如兒戲不可用，是皆坐井論天者也。雄按：又可亦是吳人。

雄按：仲景論傷寒，又可論疫證，麻桂、達原不嫌峻猛，此論溫病，僅宜輕解，況本條所列，乃上焦之治，藥重則過病所。吳茭山云：凡氣中有熱者，當行清涼薄劑。吳鞠通亦云：治上焦如羽，非輕不舉也。觀後章論中下焦之治，何嘗不用白虎、承氣等法乎？章氏未深探討，曲爲蓋護，毋乃視河海爲不足，而欲以涙益之耶？華岫雲嘗云：或疑此法僅可治南方柔弱之軀，不能治北方剛勁之質，余謂不然。其用藥有極輕清、極平淡者，取效更捷，苟能悟其理，則藥味分量或可權衡輕重，至於治法則不可移易。蓋先生立法之所在，卽理之所在，不遵其法，則治不循理矣。南北之人強弱雖殊，感病之由則一也，其補瀉溫涼，豈可廢繩墨而出範圍之外乎？況姑蘇商旅雲集，所治豈皆吳地之人哉？不必因其輕淡而疑之也。又葉氏《景岳發揮》云：西北人亦有弱者，東南人亦有強者，不可執一而論。故醫者必先議病，而後議藥。上焦溫證，治必輕清，此一定不易之理法，天士獨得之心傳。

汪按：急急透斑，不過涼血清熱解毒。俗醫必以胡荽、浮萍、西河柳爲透法，大謬。

若斑出熱不解者，胃津亡也。主以甘寒，重則如玉女煎，唐本無如字。輕則如梨皮、蔗漿之類。或其人腎水素虧，雖未及下焦，唐本雖上有病字。先自徬徨矣。唐本作每多先自徬徨。必驗之於舌，唐本必上有此字。如甘寒之中加入鹹寒，務在先安未受邪之地，恐其陷入易易唐本無此二字。耳。

尤拙吾曰：蘆根、梨汁、蔗漿之屬，味甘涼而性濡潤，能使肌熱除而風自

息，即《內經》風淫於內，治以甘寒之旨也。斑出則邪已透發，理當退熱。其熱仍不解者，故知其胃津亡，水不濟火，當以甘寒生津。若腎水虧者，熱尤難退，故必加鹹寒，如元參、知母、阿膠、龜板之類，所謂壯水之主，以制陽光也。如仲景之治少陰傷寒，邪本在經，必用附子溫臟，即是先安未受邪之地，恐其陷入也。熱邪用鹹寒滋水，寒邪用鹹熱助火，藥不同而理法一也。驗舌之法詳後。

雄按：此雖先生口授及門之論，然言簡義該，不可輕移一字。本條主以甘寒，重則如玉女煎者，言如玉女煎之石膏、地黄同用，以清未盡之熱而救已亡之液。以上文曾言邪已入營，故變白虎加人參法而爲白虎加地黄法。楊云：慧心明眼，絕世聰明。不曰白虎加地黄，而曰如玉女煎者，以簡捷爲言耳。唐本刪一如字，徑作重則玉女煎，是印定爲玉女煎之原方矣。鞠通、虚谷因而襲誤，豈知胃液雖亡，身熱未退，熟地、牛膝安可投乎？余治此證，立案必先正名，曰白虎加地黄湯，斯爲清氣血兩燔之正法。至必驗之於舌，乃治溫熱之要旨。故先發之於此，而後文乃詳言之。唐氏於必上加一此字，是驗舌之法，似僅指此條言者。可見一言半語之間，未可輕爲增損也。【略】

再人之體，脘在腹上，其地位處於中，唐本作其位居中。按之痛，或自痛，或痞脹，當用苦泄，以其入腹近也。必驗之於舌或黄或濁，可與小陷胸湯，或瀉心湯，隨證治之，或唐本作若。白不燥，或黄白相兼，或灰白不渴，慎不可亂投苦泄。其中有外邪未解，裏先結者，或邪鬱未伸，或素屬中冷者，雖有脘中痞悶，宜從開泄，宣通氣滯，以達歸於肺，如近俗唐本作世。之杏、蔻、橘、桔等，是輕苦微辛，唐本無是字。具流動之品可耳。

此言苔白爲寒，不燥則有痰溼，其黄白相兼，灰白而不渴者，皆陽氣不化，陰邪壅滯，故不可亂投苦寒滑瀉以傷陽也。其外邪未解而裏先結，故苔黄白相兼而脘痞，皆宜輕苦微辛以宣通其氣滯也。

雄按：凡視溫證，必察胸脘，如拒按者，必先開泄。若苔白不渴，多挾痰溼，輕者橘、蔻、薑、薤，重者枳實、連、夏，皆可用之。雖舌絳神昏，但胸下拒按，即不可率投涼潤，必參以辛開之品，始有效也。

再唐本無此字。前云舌黄或濁，唐本此下有當用陷胸瀉心六字。須要有地之黄，若光滑者，乃無形溼熱中有虚象，唐本作已有中虚之象。大忌前法。其臍以上爲大腹，或滿或脹或痛，此必邪已入裏矣，唐本無矣字。表證必無，或十之存一。唐本作或存十之一二。亦要唐本作須。驗之於舌，或黄甚，或如沈香色，或老黄色，或中有斷紋，皆當下之，如小承氣湯，用檳榔、青皮、枳實、元明粉、生首烏等。唐本此下有皆可二字。若未現此等舌，不宜用此等法。唐本作藥。恐其中有溼聚太陰爲滿，或寒溼錯雜爲痛，或氣壅爲脹，又當以別法治之。唐本有矣字。

舌苔如地上初生之草，必有根。無根者爲浮垢，刮之即去，乃無形溼熱，而胃無結實之邪，故云有中虚之象。若妄用攻瀉傷內，則表邪反陷，爲難治矣。即使有此等舌苔，亦不宜用攻瀉之藥。又如溼爲陰邪，脾爲溼土，故脾陽虚則溼聚腹滿，按之不堅，雖現各色舌苔而必滑，色黄爲熱，白爲寒，總當扶脾燥溼爲主，熱者佐涼藥，寒者非大溫，其溼不能去也。若氣壅爲脹，皆有虚實寒熱之不同，更當辨別，以利氣和氣爲主治也。

雄按：章氏所釋，白爲寒，非大溫，其溼不去是也。然苔雖白而不燥，還須問其口中和否？如口中自覺黏膩，則溼漸化熱，僅可用厚朴、檳榔等苦辛微溫之品，口中苦渴者，邪已化熱，不但大溫不可用，必改用淡滲苦降微涼之劑矣。或渴喜熱飲者，邪雖化熱，而痰飲內盛也，宜溫膽湯加黄連。

再黄苔不甚厚而滑者，熱未傷津，猶可清熱透表，若雖薄而乾者，邪雖去而津受傷也，苦重之藥當禁，宜甘寒輕劑可也。唐本可也作養之。

熱初入營，即舌絳苔黄。其不甚厚者，邪結未深，故可清熱，以辛開之藥從表透發。舌滑而津未傷，得以化汗而解。若津傷舌乾，雖苔薄邪輕，亦必祕結難出，故當先養其津，津回舌潤，再清餘邪也。

再論其熱傳營，舌色必絳。絳，深紅色也。初傳絳色中兼黄白色，此氣分之邪未盡也，泄衛透營，兩和可也。純絳鮮色者，包絡受病唐本作邪。也，宜犀角、鮮生地、連翹、鬱金、石菖蒲等。唐本此下有清泄之三字。延之數日，或平素心虚有痰，外熱一陷，裏絡就唐本作即。閉，非菖蒲、鬱金所能開，須用牛黄丸、至寶丹之類以開其閉，恐其昏厥爲痙也。

何報之曰：溫熱病一發便壯熱煩渴，舌正赤而有白苔者，雖滑即當清裏，切忌表藥。

絳者，指舌本也，黄白者指舌苔也。舌本通心脾之氣血，心主營，營熱故舌絳也；脾胃爲中土，邪入胃則生苔，如地上生草也。然無病之人，常有微

薄苔如草根者，卽胃中之生氣也。若光滑如鏡，則胃無生發之氣，如不毛之地，其土枯矣。胃有生氣而邪入之，其苔卽長厚，如草根之得穢濁而長發也，故可以驗病之虛實寒熱，邪之淺深輕重也。脾胃統一身之陰陽，營衛主一身之氣血，故脾又爲營之源，胃又爲衛之本也。苔兼白，白屬氣，故其邪未離氣分，可用泄衛透營，仍從表解，勿使入內也。純絳鮮澤者，言無苔色，則胃無濁結，而邪已離衛入營，其熱在心包也。若平素有痰，必有舌苔。按：絳而澤者，雖爲營熱之徵，實因有痰，故不甚乾燥也，問若胸悶者，尤爲痰據，不必定有苔也。菖蒲、鬱金亦爲此設。若竟無痰，必不甚澤。其心虛血少者，舌色多不鮮赤，或淡晦無神，邪陷多危而難治，於此可卜吉凶也。若邪火盛而色赤，宜牛黄丸；痰溼盛而有垢濁之苔者，宜至寶丹。

再色絳而舌中心乾者，乃心胃火燔，刼爍津液，卽黄連、石膏亦可加入。若煩渴煩熱，舌心乾，四邊色紅，中心或黄或白者，此非血分也，乃上焦氣熱爍津，急用涼膈散，散其無形之熱，再看其後轉變可也。愼勿用血藥，以滋膩難散。至舌絳望之若乾，手捫之原有津液，此津虧溼熱熏蒸，將成濁痰蒙閉心包也。

熱已入營則舌色絳，胃火爍液則舌心乾，加黄連、石膏於犀角、生地等藥中，以清營熱而救胃津，卽白虎加生地之例也。其舌四邊紅而不絳，中兼黄白而渴，故知其熱不在血分，而在上焦氣分，當用涼膈散清之。勿用血藥引入血分，反難解散也。蓋胃以通降爲用，若營熱蒸其胃中濁氣成痰，不能下降，反上熏而蒙蔽心包，望之若乾，捫之仍溼者，是其先兆也。

再有熱傳營血，其人素有瘀傷宿血在胸膈中，挾熱而搏，其舌色必紫而暗，捫之溼，當加入散血之品，如琥珀、丹參、桃仁、丹皮等。不爾，瘀血與熱爲伍，阻遏正氣，遂變如狂、發狂之證。若紫而腫大者，乃酒毒衝心。若紫而乾晦者，腎肝色泛也，難治。

何報之曰：酒毒內蘊，舌必深紫而赤，或乾涸。若淡紫而帶青滑，則爲寒證矣，須辨。

舌紫而暗，暗卽晦也。捫之潮溼不乾，故爲瘀血。其晦而乾者，精血已枯，邪熱乘之，故爲難治。腎色黑，肝色青，青黑相合而見於舌，變化紫晦，故曰腎肝色泛也。雄按：此舌雖無邪熱，亦難治。酒毒衝心，急加黄連清之。

舌色絳而上有黏膩似苔非苔者，中挾穢濁之氣，急加芳香逐之。舌絳欲伸出口，而抵齒難驟伸者，痰阻舌根，有內風也。舌絳而光亮，胃陰亡也，急用甘涼濡潤之品。若舌絳而乾燥者，火邪刼營，涼血清火爲要。舌絳而有碎點白黄者，當生疳也，大紅點者，熱毒乘心也，用黄連、金汁。其有雖絳而不鮮，乾枯而痿者，腎陰涸也，急以阿膠、雞子黄、地黄、天冬等救之，緩則恐涸極而無救也。

尤拙吾曰：陽明津涸，舌乾口燥者，不足慮也，若併亡其陽則殆矣；少陰陽虛汗出而厥者，不足慮也，若併亡其陰則危矣。是以陽明燥渴，能飲冷者生，不能飲者死；少陰厥逆，舌不乾者生，乾者死。

挾穢者，必加芳香以開降胃中濁氣而清營熱矣。痰阻舌根，由內風之逆，則開降中又當加辛涼鹹潤以息內風也。脾腎之脈皆連舌本，亦有脾腎氣敗而舌短不能伸者，其形貌面色亦必枯瘁，多爲死證，不獨風痰所阻之故也。其舌不鮮，乾枯而痿，腎陰將涸，亦爲危證。而黄連、金汁，併可治疳也。

雄按：光絳而胃陰亡者，炙甘草湯去薑、桂，加石斛，以蔗漿易飴糖。乾絳而火邪刼營者，晉三犀角地黄湯加元參、花粉、紫草、銀花、丹參、蓮子心、竹葉之類。若尤氏所云，不能飲冷者，乃胃中氣液兩亡，宜復脈湯原方。

汪按：蔗漿易飴糖，巧妙絕倫。蓋溫證雖宜甘藥，又不可滯中也。

其有舌獨中心絳乾者，此胃熱心營受灼也，當於清暑方中加入清心之品，否則延及於尖，爲津乾火盛也。舌尖絳獨乾，此心火上炎，用導赤散瀉其腑。

其乾獨在舌心舌尖，又有熱邪在心、兼胃之別。尖獨乾是心熱，其熱在氣分者必渴，以氣熱刼津也。熱在血分，其津雖耗，其氣不熱，故口乾而不渴也。多飲能消水者爲渴，不能多飲，但欲略潤者爲乾。又如血分無熱而口乾者，是陽氣虛不能生化津液，與此大不同也。

雄按：舌心是胃之分野，舌尖乃心之外候，心胃兩清，卽白虎加生地、黄連、犀角、竹葉、蓮子心也。津乾火盛者，再加西洋參、花粉、梨汁、蔗漿可耳。心火上炎者，導赤湯入童溲尤良。

再舌胎白厚而乾燥者，此胃燥氣傷也，滋潤藥中加甘草，令甘守津還之

意。舌白而薄者，外感風寒也，當疏散之。若白乾薄唐本作白薄而乾。者，肺津傷也，加麥冬、花露、蘆根汁等輕清之品，爲上者上之也。若白苔絳底唐本作苔白而底絳。者，溼遏熱伏也，當先泄溼透熱，防其就唐本作卽。乾也。勿憂之，唐本作此可勿憂。再從裏唐本不有而字。透於外，則變潤矣。初病舌就唐本作卽。乾，神不昏者，急加養正透邪之藥。若神已昏，此內匱矣，唐本矣字在下句之末。不可救藥。

苔白而厚，本是濁邪，乾燥傷津，則濁結不能化，故當先養津而後降濁也。肺位至高，肺津傷，必用輕清之品，方能達肺，若氣味厚重而下走，則反無涉矣。故曰上者上之也。雄按：此釋甚明白，何以第二章釋爲四地制宜，而譏他人效顰也。溼遏熱伏，必先用辛開苦降，以泄其溼，溼開熱透，故防舌乾，再用苦辛甘涼，從裏而透於外，則胃氣化而津液輸布，舌卽變潤，自能作汗，而熱邪亦可隨汗而解。若初病舌卽乾，其津氣素竭也，急當養正，略佐透邪。若神已昏，則本元敗而正不勝邪，不可救矣。雄按：有初起舌乾而脈滑脘悶者，乃痰阻於中而液不上潮，未可率投補益也。

又不拘何色，舌上生芒刺者，皆是上焦熱極也。當用青布拭冷薄荷水，揩之卽去者輕，旋卽生者險矣。

生芒刺者，苔必焦黃或黑。無苔者，舌必深絳。其苔白或淡黃者，胃無大熱，必無芒刺。或舌尖，或兩邊有小赤瘰，是營熱鬱結，當開泄氣分，以通營清熱也。上焦熱極者，宜涼膈散主之。

雄按：秦皇士云：凡渴不消水，脈滑不數，亦有舌苔生刺者，多是表邪挾食，用保和加竹瀝、萊菔汁，或梔豉加枳實並效。若以寒涼抑鬱，則譫語發狂愈甚，甚則口噤不語矣。有斑疹內伏，連用升提而不出，用消導而斑出神清者。若葷腥油膩與邪熱斑毒紐結不解，脣舌焦裂，口臭牙疳，煩熱昏沈，與以尋常消導病必不解，徒用清裏，其熱愈甚，設用下奪，其死更速，惟用升麻葛根湯以宣發之，重者非升麻清胃湯不能清理腸胃血分中之膏粱積熱，或再加山查、檳榔，多有生者。愚謂：病從口入，感證夾食爲患者不少。秦氏著《傷寒大白》於六法外特補消導一門，未爲無見。所用萊菔汁，不但能消痰食，卽燥火閉鬱，非此不清，用得其當，大可起死回生。郭雲臺極言其功，余每與海蜇同用，其功益懋。

舌苔不燥，自覺悶極者，屬脾溼盛也。或有傷痕血跡者，必問曾經搔挖否，不可以有血而便爲枯證，仍從溼治可也。再有神情清爽，舌脹大不能出口者，此脾溼胃熱，鬱極化風而毒延口也。用大黃磨入當用劑內，則舌脹自消矣。

何報之曰：凡中宮有痰飲水血者，舌多不燥，不可誤認爲寒也。

三焦升降之氣，由脾鼓運。中焦和則上下氣順，脾氣弱則溼自內生。溼盛而脾不健運，濁壅不行，自覺悶極。雖有熱邪，其內溼盛而舌苔不燥。當先開泄其溼，而後清熱，不可投寒涼以閉其溼也。神情清爽而舌脹大，故知其邪在脾胃。若神不清，卽屬心脾兩臟之病矣。邪在脾胃者，唇亦必腫也。

再唐本作又有。舌上白苔黏膩，吐出濁厚涎沫，口必甜味也，唐本作其口必甜。爲脾癉病。唐本作此爲脾癉。乃溼熱氣聚與穀氣相搏，土有餘也。盈滿則上泛，當用省頭草，唐本作佩蘭葉。芳香辛散以逐之則退。唐本無此二字。若舌上苔如鹼者，胃中宿滯挾濁穢鬱伏，當急急開泄，否則閉結中焦，不能從膜原達出矣。

脾癉而濁泛口甜者，更當視其舌本。如紅赤者爲熱，當辛通苦降以泄濁，如色淡不紅，由脾虛不能攝涎而上泛，當健脾以降濁也。苔如鹼者，濁結甚故，當急急開泄，恐內閉也。

雄按：濁氣上泛者，涎沫厚濁，小溲黃赤。脾虛不攝者，涎沫稀黏，小溲清白，見證迥異。虛證宜溫中以攝液，如理中或四君加益智之類可也。何亦以降濁爲言乎？疎矣。【略】辨別種種白苔，證治之殊，似兼疫證之舌苔，而詳論之，試繹之，則白苔不必盡屬於寒也。

若唐本無此字。舌無苔而有如煙煤隱隱者，不渴肢寒，知挾陰病。唐本移二句在若潤者上。如口渴煩熱，唐本下有而燥者三字。平時胃燥舌唐本無舌字。也，不可攻之。若燥者，唐本作宜。甘寒益胃；若唐本此下有不渴肢寒而五字。潤者，甘溫扶中。此何唐本此下有以字。故？外露而裏無也。

凡黑苔大有虛實寒熱之不同，卽黃白之苔，因食酸味，其色卽黑，尤當問之。雄按：此名染苔，食橄欖能黑。食枇杷白苔能黃之類，皆不可不知也。其潤而不燥，或無苔如煙煤者，正是腎水來乘心火，其陽虛極矣。若黑而燥裂者，火極變水，色如焚木成炭而黑也。虛實不辨，死生反掌耳。雄按：虛寒證雖見黑苔，其舌色必潤而不紫赤，識此最爲祕訣。

雄按：　更有陰虚而黑者，苔不甚燥，口不甚渴，其舌甚赤，或舌心雖黑無甚苔垢，舌本枯而不甚赤，證雖煩渴，便祕腹無滿痛，神不甚昏，俱宜壯水滋陰，不可以爲陽虚也。　若黑苔望之雖燥而生刺，但渴不多飲，或不渴，其邊或有白苔，其舌本淡而潤者，亦屬假熱，治宜溫補。　其舌心並無黑苔，而舌根有黑苔而燥者，宜下之，乃熱在下焦也。　若舌本無苔，惟尖黑燥，爲心火自焚，不可救藥。

若唐本無此字。　舌黑而滑者，水來克火，爲陰證，當溫之。　若見短縮，此腎氣竭也，爲難治。　欲救之，唐本作惟。　加人參、五味子，勉希唐本作或救。　萬一。舌黑而乾者，津枯火熾，急急瀉南補北。　若唐本此下有黑字。　燥而中心厚者，土燥水竭，急以鹹苦下之。

何報之曰：　暑熱證夾血，多有中心黑潤者，勿誤作陰證治之。

黑苔而虚寒者，非桂、附不可治，佐以調補氣血，隨宜而施。　若黑燥無苔，胃無濁邪。　雄按：　非無苔也但不厚耳。　故當瀉南方之火，補北方之水，仲景黄連阿膠湯主之。　黑燥而中心厚者，胃濁邪熱乾結也，宜用硝、黄鹹苦下之矣。

又按：　茅雨人云：　凡起病發熱胸悶，偏舌黑色而潤，外無險惡情狀，此胸膈素有伏痰也。　不必張皇，止用薤白、栝蔞、桂枝、半夏一劑，黑苔卽退，或不用桂枝，卽枳殼、桔梗亦效。

舌淡紅無色者，或乾而色不榮者，當是胃津傷而氣無化液也。　當用炙甘草湯，不可用寒涼藥。

何報之曰：　紅嫩如新生，望之似潤，而燥涸殆甚者，爲妄行汗下，以致津液竭也。

淡紅無色，心脾氣血素虚也。　更加乾而色不榮，胃中津氣亦亡也，故不可用苦寒藥。　炙甘草湯養氣血以通經脈，其邪自可漸去矣。

雄按：　此章言虚多邪少之人，舌色如是，當培氣液爲先也。

若舌白如粉而滑，四邊色紫絳者，溫疫病初入膜原，未歸胃腑，急急透解，莫待傳陷而入，爲陰惡之病。　且見此舌者，病必見凶，須要小心。　凡斑疹初見，須用紙撚照見胸背兩脇，點大而在皮膚之上者爲斑，或雲頭隱隱，或瑣碎小粒者爲疹，又宜見而不宜見多。　按方書謂斑色紅者屬胃熱，紫者熱極，黑者胃爛。　然亦必看外證所合，方可斷之。

溫疫白苔如積粉之厚，其穢濁重也。　舌本紫絳，熱閉營中，故多成斑疹。斑從肌肉而出，屬胃。　疹從血絡而出，屬經。　其或斑疹齊見，經胃皆熱。然邪由膜原入胃者多，或兼風熱之邪入於經絡，則有疹矣。　不見則邪閉，故宜見。　多見則邪重，故不宜多但斑疹亦有虚實，虚實不明，舉手殺人。故先生辨之如後。

雄按：　溫熱病舌絳而白苔滿布者，宜清肅肺胃。　更有伏痰內盛，神氣昏瞀者，宜開痰爲治。　黑斑、藍斑亦有可治者。　余治胡季權、姚祿皆二案載續編，徐月巖室案附曾大父隨筆中。

再有一種白痦，小粒如水晶色者，楊云：　平人夏月亦間有之。　此溼熱傷肺，邪雖出而氣液枯也，必得甘藥補之。　或未至久延，傷及氣液，乃溼鬱衛分，汗出不徹之故，當理氣分之邪。　或白如枯骨者多凶，氣爲液竭也。

雄按：　溼熱之邪鬱於氣分，失於輕清開泄，幸不傳及他經，而從衛分發白痦者，治當清其氣分之餘邪。　邪若久鬱，雖化白痦，而氣液隨之以泄，故宜甘濡以補之。　苟色白如枯骨者，雖補以甘藥，亦恐不及也。　右第十六章，唐氏移爲第十七章，今訂正之。

楊按：　溼熱素盛者，多見此證。　然在溫病中爲輕證，不見有他患。　其白如枯骨者未經閱歷，不敢臆斷。

汪按：　白痦，前人未嘗細論，此條之功不小。　白如枯骨者，余曾見之，非惟不能救，併不及救。　故俗醫一見白痦，輒以危言，恐嚇病家。　其實白如水晶色者，絶無緊要，吾見甚多。　然不知甘濡之法，反投苦燥升提，則不枯者亦枯矣。

再溫熱之病，看舌之後亦須驗齒。　齒爲腎之餘，齦爲胃之絡。　熱邪不燥胃津，必耗腎液，且二經之血皆走其地，病深動血，結瓣於上。　陽血者，色必紫，紫如乾漆；　陰血者，色必黄，黄如醬瓣。　陽血若見，安胃爲主；　陰血若見，救腎爲要。　然豆瓣色者多險，若證還不逆者，尚可治，否則難治矣。　何以故耶？　蓋陰下竭陽上厥也。

腎主骨，齒爲骨之餘，故齒浮齦不腫者，爲腎火水虧也。　胃脈絡於上齦，大腸脈絡於下齦，皆屬陽明，故牙齦腫痛爲陽明之火。　若溼入胃則必連及大腸，血循經絡而行，邪熱動血而上結於齦。　紫爲陽明之血，可清可瀉。　黄者爲少陰之血，少陰血傷爲下竭，其陽邪上亢而氣厥逆，故爲難治也。

齒若光燥如石者，胃熱甚也。若無汗惡寒，衛偏勝也，辛涼泄衛，透汗爲要。若如枯骨色者，腎液枯也，爲難治。若上半截潤，水不上承，心火上炎也，急急清心救水，俟枯處轉潤爲妥。

胃熱甚而反惡寒者，陽內鬱而表氣不通，故無汗而爲衛氣偏勝，當泄衛以透發其汗，則內熱卽從表散矣。凡惡寒而汗出者，爲表陽虛，腠理不同，雖有內熱，亦非實火矣。齒燥有光者，胃津雖乾，腎氣未竭也。如枯骨者，腎亦敗矣，故難治也。上半截潤，胃津養之；下半截燥，由腎不能上滋其根，而心火燔灼，故急當清心救水，仲景黃連阿膠湯主之。

若齩牙齘齒者，溼熱化風，痙病；但齩牙者，胃熱氣走其絡也。若齩牙而脈證皆衰者，胃虛無穀以內榮，亦齩牙也。何以故耶？虛則喜實也。舌本不縮而鞕，而牙關齩定難開者，此非風痰阻絡，卽欲作痙證，用酸物擦之卽開，木來泄土故也。

牙齒相齘者，以內風鼓動也。但齩不齘者，熱氣盛而絡滿，牙關緊急也。若脈證皆虛，胃無穀養，內風乘虛襲之入絡而亦齩牙，虛而反見實象，是謂虛則喜實，當詳辨也。又如風痰阻絡爲邪實，其熱盛化風欲作痙者，或由傷陰而挾虛者，皆當辨也。

若齒垢如灰餻樣者，胃氣無權，津亡溼濁用事，多死。而初病齒縫流清血，痛者，胃火衝激也；不痛者，龍火內燔也。齒焦無垢者，死。齒焦有垢者，腎熱胃劫也，當微下之，或玉女煎清胃救腎可也。

齒垢由腎熱蒸胃中濁氣所結，其色如灰餻，則枯敗而津氣俱亡，腎胃兩竭，惟有溼濁用事，故死也。齒縫流清血，因胃火者出於齦，胃火衝激故痛。不痛者出於牙根，腎火上炎故也。齒焦者腎水枯，無垢則胃液竭，故死。有垢者火盛而氣液未竭，故審其邪熱甚者，以調胃承氣微下其胃，熱腎水虧者，玉女煎清胃滋腎可也。

《世補齋醫書文集・論臨證指南溫熱門席姓七案》

席姓　脈左數，右緩弱，此爲溫熱病脈。陽根未固，溫熱與陽根無涉。陰液漸涸，陽邪之甚。舌赤微渴，亦陽邪也。喘促自利，溲數，三焦大熱。晡刻自熱，神煩囈語，日晡所陽明主時也。初診衹有晡刻神煩。夫溫邪久伏少陰，此沿喻氏之說，其誤卽始於此。古人立法，全以育陰祛熱，古人治溫決不育陰，全以下語氣未了。但今見證，陰分固有伏邪，陽伏於胃病在陽分。眞陽亦不肯收納，乃陽邪之充斥，非眞陽之不納。議仿河間濁藥輕投，河間從無此法。不爲上焦熱阻，獨此未用一藥。下焦根柢自立，與下焦根柢無關。冀其煩躁熱蒸漸緩。不去其熱，熱何由緩。

熟地炭　茯苓　淡蓯蓉　遠志炭　川斷　五味方謬

又再診　晚診，陰中伏邪，陽伏於胃。晡時而升，的是陽明。目赤羞明，睛不和也。舌絳而渴，渴爲溫病。與育陰清邪法。以陽邪而育陰，陰愈育，陽邪愈固，而云法乎。

生地炭生熟地之所貴在滋膏，而炒爲炭則無用。亦斷無先熟後生之理　元參心　川斛　炒麥冬麥冬無炒用者　犀角　石菖蒲二味並開心竅，送邪入心

又三診　脈左數，右耎，此時脈尚未變。舌乾苔白，小溲淋瀝，膩澀之效。吸氣喘促，呼氣促是脫，吸氣促乃是閉。煩汗，的是陽明。乃腎陰不承，非也。心神熱灼蒙閉，一去胃熱，蒙閉卽開。議以三才湯，滋水制熱，豈陰虛而火炎耶。此時之邪熱，非滋水所能制。用三才，加茯神、黃柏、金箔，邪必益錮。晚進周少川牛黃清心丸一服。助犀角送邪入內。

又四診　昨黃昏後診脈，較之早上，左手數疾頓減，脈象陡變。惟尺中垂而仍動，陽邪內陷矣。囈語不已，若有妄見，胃熱蒸心益甚矣。因思腎熱乘心，胃熱而非腎熱。膻中微閉，神明爲蒙，自屬二字何解？昏亂，全不識陽明病。隨進周少川牛黃丸領邪入心。一服，俾迷漫無質之熱，熱本無所爲質。暫可泄降，並未一用泄降之藥。服後頗安。并不能煩躁矣。辰刻診脈，濡小，脈又變矣。形質大衰，生熟地炭既立根，柢何至形質大衰。舌邊色淡，下利稀水，邪下陷矣。夫救陰是要旨，撤熱是要旨。讀仲景少陰下利篇，太陽陽明亦有下利。上下交微，此句如何接得上？關閘盡撤，必以堵塞陽明爲治，昨日犀角，昨晚牛黃，盡開諸竅，一變而爲堵塞，況陽明無堵塞之理。以陽明可闔，陽明之闔不如是講。有開無闔，下焦之陰，仍從走泄矣。生熟地炭之功何往？議用桃花湯。

人參　赤石脂　乾薑　粳米此方補澀而溫，適與清泄苦降相反

又五診　晚服，照方加茯苓。此時病已垂危，藥之出入，必不在一味茯苓。

又兩診　脈左沈數，右小數，堵塞後脈又變矣。暮熱微汗，時煩，辰刻神清，只有辰刻神清矣。虛邪仍留陰分，實邪仍留陽分。議用清補。當用寒瀉。

人參　茯苓　川斛　炙草　黑穭豆衣何用　糯稻根鬚何用　金匱麥門冬湯全與病無涉

溫熱門，再有張姓一案，初僅形象畏冷，用復脈湯，去參、桂，加甘庶汁。

及三診，陰液盡涸，陰氣欲絕。復脈湯有麥、地，何以陰涸陰絕？再有顧姓一案，初尚能飲酒納穀，用犀角、生地，再診，目瞑舌縮，神昏如醉。心開竅於舌，犀角送邪入心故舌縮。

再有陳姓一案，初不過夜煩無寐，不嗜湯飲，亦用犀角、生地，及三診陽升風動。用生地陽當不升，用犀角風當不動，何又升動若此？

凡此所用藥後，種種變相，皆《指南》所自言，何以用其法者皆不一問其藥之取效，固有如是者乎？

《指南・溫熱門》共四十餘案，其於席姓，覆診者七。初診左數，右緩弱，爲溫熱病應有之脈，邪在陽明，是爲時氣，非陰虚火炎，骨蒸勞熱之病，亦非上盛下虚，陽光飛越之病，與陽根未固、眞陽不肯收納，自何干涉？乃必曰久伏少陰，而欲育陰以立根柢。此在勞怯病中，尚爲下乘，豈可以之論溫熱時邪哉？及覆診者再，而吸氣喘促，心神蒙閉，非熟地、生地炭膩膈留邪，犀角、石菖蒲送邪入内之效耶。再與天冬、地黄、人參之三才，加以牛黄協犀角之力，脈之數疾頓減，一變而爲濡小，或并外熱之不見，病於是乎内陷矣。牛黄之服後頗安者，并煩躁之不能也，所以形質大衰，而卽下利稀水。溫病不撤陽邪，種種變相已露，尚曰救陰是要旨，而一任其陽邪之傷陰，以致關闔盡撤，有開無闔，卽用桃花湯以堵塞之。此在痢疾門中，尚是未傳之治，而始之僅爲晡刻神煩者，至此而僅有辰刻神清矣。其人之終日昏沈，内風扇動，粒米不進，舉室驚皇，已可想見。六診七診，祇賸得稻根穭豆，敷衍成方，而終之以一服麥門冬。嗟乎，此病之初，人迎數盛，氣口濡弱，傷寒成溫之的候也。此時一用仲景之葛根芩連湯，辛涼解散，病卽外達，一汗而解，熱退身涼，神清脈靜矣。卽不然，而須專清裏，則仲景之白虎湯、梔子豉湯，辛寒泄熱，裏氣一清，外邪自解，亦無不熱退身涼，神清脈靜矣。余爲治三十年，凡遇溫熱病，無人不如此，無時不如此，無地不如此，無不於十日内貽之以安，惟尚未能直起牀出門，往往受人促迫耳。今觀此案，初診之議，邈若山河，及四診，而一路之病，隨藥變者，敗壞至此，事已不可爲矣。獨有下利一證，或尚是熱結旁流，爲挾熱之利，非燥屎，卽膠閉，若一投仲景之大小承氣，尚能起死回生，乃華玉堂從未夢見，反謂見聞甚廣，不肯膠柱鼓瑟，輒投石脂、乾薑，溫之澀之，病到如此不堪地步，一味人參，聊以塞責，此外則穭豆之衣也，糯稻根之鬚也，一籌莫展，賸有麥門六冬一方，如不欲戰於此，而云此病尚有活理，誰其信之？

今之抱一冊爲市醫捷徑者，名曰葉派，余初不解溫病之十有九治者，何至於百無一生？及觀此案之始終本末，而知編此一冊者，正利其日後必然之狀，已預定於始初立案之時，以爲先見之明，言無不中。而病家卽以其言無不中，果服其先見之明，孰能知其人之本非此病，而移病湊藥，使之病隨藥變耶。此所以人愈死而名愈高也，則此一案之在病家，尚可安於不問哉。吳子音三家醫案，僞薛潔爆三診，其書亦同於此。

《世補齋醫書文集・論黑膏不全方》 吾蘇方藥之有黑膏，亦已久矣。黑膏之始，共爲五物，以豬膚與生地、豆豉同擣，載在《外臺祕要》，以治陽毒發斑者也。夫病至發斑，而爲陽毒，則津枯液涸，陰無以化，毒熾而斑不消，危殆已極，故必君豬膚、生地汁，以滋陰而潤膚，臣豆豉蒸發而達邪，佐雄黄、麝香消斑而解毒。此方之所以必有五物也，乃因《醫宗必讀》正書豆豉二物，而以豬膚三物列入制度中，低一格書之，人遂但見正書之二物，不見並列之三物，仍名之曰黑膏。初不問原膏之名，特爲豬膚而設，以救溫熱未傳之病，今乃用之於病初起時，此時發表清裏，爲法正多，病亦未甚危篤。其去陽毒發斑，安危遠甚，亦何取於此義而爲之乎？余謂藥本借病以爲功，惟其無是病而用是藥，必不應，所以非是病而用是藥，亦不靈，所以有是病而無是藥，且不生。今病之死於諸藥者，非諸藥之卽能死人也，且當其用諸藥時，亦未始不以爲能愈人也。然病家但見諸藥之不曾愈病，安知此病之本不用此藥乎？故當病隨藥變，人謂其死於所用之藥，我謂其死於所不用之藥。昨日之豆豉、生地，昨日不曾用藥也，今日之生地、石斛，今日不曾用藥也，豆豉、生地、石斛之日，正是急於用藥之日。溫熱之病，不是可以勿藥之病，是日之急急延醫者，非欲是日之急急用藥乎？乃昨日無藥，今日無藥，病則不及待也。如之何其不昏譫，不厥不脫，而凡所防之皆驗哉。自此更醫至再，皆出一途，彙所不可用之藥，排日而進，而獨於必當用之藥，一味不曾到口，於此欲病家知病所由死，不死於所用之藥，而死於所不用之藥者，有幾人哉。其實所不用之十餘味，亦尋常手頭藥耳，乃所用者，不過彼十餘味，而百無一生。所不用者，不過此十餘味，而十有九治，一彼一此，一轉移間事耳，而生死之判如此。華佗有言：治療不明，因循至大，本從微起，寖成巨候。種種多狀，莫有達者，故使愚俗束手受斃，仁者見此，豈不傷哉。元化此言，亦賈

生長太息之意也夫。

《世補齋醫書文集・合論珠黄散及蘇合香丸至寶丹紫雪丹》 余於假石膏、假黑膏之別，既言之詳矣。而吾蘇於溫熱病，七日以後，又用珠粉、牛黄二味，此即珠黄散，爲外科藥也，不知何時羼入內科中，遂若眞是內科藥者。吾鄉外科，以王洪緒全生集，爲通行本，觀所載梅花點舌丹，用珠黄，則治瘡癤紅腫者也。聖愈丹，用珠黄，則治楊梅結毒，及諸廣瘡者也。犀黄丸，與當門子同用，則治横痃乳巖等證者也。黎峒丸之犀黄與阿魏同用，則治跌仆損傷，腫毒危重者也。觀諸方柄，便知與內科無涉。況珠性極重，力能下死胎胞衣，當陽明病神昏氣窒之時，正是熱阻胸膈，急須疏達解散之時，而可用此重墜之物，壓住其欲疏欲達之氣乎？或曰石膏之性亦重，何以不虞其墜，不思石膏用煎，僅服其氣，珠粉用研，幷服其質，且病家以爲物價之昂者，必能起死回生，一釐也少不得，必使無纖屑之或遺，姑無論其性若何，即此質重而墜之一端，已與欲疏欲達之病機，大相背戾，況此時起死回生，正有必需之藥，且不索重價乎。每當珠粉下咽，即噤口不言，幷狂譫之不作，而脈之數疾頓微，反喜其狂止而人靜。嗟乎，狂則自此止矣，人則自此靜矣，即或此病不死，亦多成癡呆不慧之人。此正與犀角入肚，表邪一陷，外反不見有熱，病家且喜其表熱之解，同一機括也。至於牛黄，原載本經，自有對病之用。而東垣之言曰：牛黄入肝治筋，凡中風入藏者，用以入骨追風，固可拔毒向外。若中經中府而即用之，反能引風入骨，如油入麫，莫之能出。然則陽明經府之溫熱，亦若中風之尚未入藏也，何苦引之入藏，使之動風，而案必先書防其風動，亦若胃邪並未入心，而藥用犀角，送邪入心，案亦先防其熱入心包耶。向聞高麗牛黄丸，爲牽牛、大黄，以彼中人喜食牛肉，腸胃多厚，非此不能消導，故日日服之，濮生雲依問而得實，其力能日服者，可決其非貴重之牛黄也。此則大可取用於當行承氣之日，正恐無人肯用耳。若夫《局方》之蘇合香丸，所以治傳屍鬼氣，《局方》之至寶丹、紫雪丹，所以救鍾乳五毒，試問陽明經府之病，豈與傳屍勞，金石毒等乎？彙錄三方於左，不必置議，見者自明。

三方主治何等病，特因病家不見方柄，即不知其所治如彼，而認作貴重之品，必能愈病耳。表而出之，俾病家見而知之，若見之而仍若不知，則終無知之之望矣。醫爲病家所迫，不得已而用之，豈可不責病家，徒責醫家哉。

《醫法圓通・辨溫約言》 今人於春令，偶感外邪，發熱身疼，口渴飲冷，汗出譫語，便閉惡熱等情，舉世皆云溫病，動用達原飲、三消飲、升解散、三黄石膏、大小承氣、普濟消毒飲，種種方法。余思此等施治，皆是治客邪由太陽而趨至陽明，伏而不傳，漸入陽明之裏，以此等法治之，實屬妥帖，切切不可言溫，但言風邪傷了太陽，由太陽趨至陽明，風爲陽邪，合陽明之燥熱，化爲一團熱邪，熱盛則傷陰，故現氣實、脈實、身輕、氣麤，祇宜清涼、滋陰、攻下等法。至於溫病，乃冬不藏精，根本先壞，這點元氣，隨木氣發泄，病情近似外感，麤工不察，治以發散清涼，十個九死。余業斯道三十餘年，今始認得。病情形狀，與用藥治法，一幷敘陳。病人初得病，便覺頭昏，週身無力，發熱而身不痛，口不渴，昏昏欲睡，舌上無苔，滿口津液，而舌上青光隱隱，即或口渴而卻喜滾，即或飲冷而竟一二口，即或譫語而人安靜閉目，即或欲行走如狂，其身輕飄無力，即或二便不利，倦卧不言不語，即或汗出而聲低息短，即或面紅而口氣溫和，六脈洪大，究竟無力，即或目赤咽乾，全不飲冷，大便不實，小便自利。即服清涼，即服攻下，即服升解，熱總不退，神總不清，祇宜回陽收納，方能有濟。余經驗多人，一見便知，重者非十餘劑不效，輕者一二劑可了。惜乎世多畏薑、附而信任不篤，獨不思前賢云甘溫能除大熱，即是爲元氣外越立法，即是爲溫病立法。今人不分陰陽病情相似處理會，一見發熱，便云外感，便用升解，一見發熱不退，便用清涼、滋陰、攻下，一見二便不利，便去通利，把人治死，尚不覺悟，亦由其學識之未到也。茲再將陰虛、陽虛病情，錄數十條，以與將來。

《醫家四要・外感發熱當分夏熱春溫》 發熱之病，今人謂之四時傷寒。不知冬時傷寒，乃寒邪自外而入，故仲景治以麻、桂之屬。倘寒邪不即發者，藏於肌膚，或藏於骨髓，至春感受新邪，觸動伏氣而發者，名曰春溫。至夏而觸發者，名曰熱病。其症發熱口渴，或作咳嗽，宜以九味羌活湯加減治之。但溫熱之病，最易傷津，辛溫之劑又不宜過用。若春夏秋三時感受非時之暴寒，名曰寒疫，宜以辛溫疏表，用十神湯加減治之。

《溫熱逢源・詳注仲景伏氣化溫證治各條》 太陽與少陽合病，自下利者，與黄芩湯；若嘔者，黄芩加半夏生薑湯主之。

張路玉曰：黄芩湯，溫病之主方，即桂枝湯以黄芩易桂枝而去生薑也。蓋桂枝主在表風寒，黄芩主在裏風熱；其生薑辛散，非溫熱所宜，故

去之。

周禹載曰：　太少二陽，何不用二經藥，則以非傷寒故也。何以知其非傷寒，以不惡寒而卽熱，不得謂之傷寒也。何以云太少二陽，以或脇滿，或頭痛，或口苦引飲，皆二經證也。果係傷寒合病，應見表證；今不但無表，且有下利證。如云傷寒脇熱下利，必自傳經來，不若此之卽利也。蓋溫邪內鬱已久，中氣不足者，豈能一時盡泄於外，其下走而作利也，亦自然之勢也。

王夢隱曰：　少陽膽木，挾火被猖；嘔是上衝，利由下迫；何必中虛始利，飲聚而嘔乎。半夏、生薑，專開飲結；如其熱熾，宜易連、茹。

三陽合病，脈浮大，上關上，但欲眠睡，目合則汗。

周禹載曰：　溫病至三陽合病，其邪熱溷實可知，故脈浮大也。意邪在少陰，尺脈已大，今由內達外，而浮大見於關上，脈故曰上關上也。然脈雖見於陽位，而少陰之源未清，故欲眠仍見少陰證，而盜汗又少陽證也。太陽脈浮，陽明脈大，而關上是少陽部位，故三陽合病。

詒按：　春溫所以異於熱病者，以目合則汗，不似熱病之大汗不止也。楊素園曰：　此條與發汗已身灼熱之風溫，初是一串，初起爲此病，誤汗則爲風溫。

按：　此條治法，繆仲淳擬用百合一兩，麥冬五錢，知母、花粉、白芍各二錢，鱉甲三錢，炙甘草一錢，竹葉五十片。

《醫學衷中參西錄·溫病之治法詳於傷寒論解》　傷寒溫病之治法始異而終同。至其病之所受，則皆在於足經而兼及於手經。乃今之論寒溫者，恆謂傷寒入足經不入手經，溫病入手經不入足經。夫人之手足十二經原相貫通，謂傷寒入足經不入手經者，固爲差謬。至謂溫病入手經不入足經者，尤屬荒唐。何以言之？《傷寒論》之開始也，其第一節渾言太陽之爲病，此太陽實總括中風、傷寒、溫病在內，故其下將太陽病平分爲三項：其第二節論太陽中風；第三節論太陽傷寒；第六節論太陽溫病。故每節之首皆冠以太陽病三字。此太陽爲手太陽乎？抑爲足太陽乎？此固無容置辯者也。由斯知：中風、傷寒、溫病皆可以傷寒統之；而其病之初得皆在足太陽經，又可渾以太陽病統之也。蓋所謂太陽之爲病者，若在中風傷寒，其頭痛、項強、惡寒三證可以并見；若在溫病，但微惡寒即可爲太陽病，然惡寒須與

即變爲熱耳。曾治一人，於季春夜眠之時因衾薄凍醒，遂覺週身惡寒，至前午十句鐘表里皆覺大熱，脈象浮洪，投以拙擬涼解湯一汗而愈。又嘗治一人，於初夏晨出被雨，遂覺頭疼週身惡寒，至下午一句鐘即變爲大熱，渴嗜飲水，脈象洪滑，投以拙擬寒解湯亦一汗而愈。至如此涼藥而所以能發汗者，爲其內蘊之燥熱與涼潤之藥化合，自然能發汗，又少用達表之品以爲之引導，故其得汗甚速，汗後熱亦盡消也。此二則，皆溫病也，以其初得猶須與惡寒，故仍可以太陽病統之。即其化熱之後病兼陽明，然亦必先入足陽明，迨至由胃及陽，大便燥結，而後傳入手陽明，安得謂溫病入手經不入足經乎。

由斯知：《傷寒論》一書，原以中風、傷寒、溫病平分三項，特於太陽首篇詳悉言之，以示人以入手之正路；至後論治法之處，則三項中一切諸證皆可渾統於六經，但言某經所現之某種病宜治以某方，不復別其爲中風、傷寒、溫病，此乃納繁於簡之法，亦即提綱挈領之法也。所尤當知者：諸節中偶明言中風者，是確指中風而言；若明言爲傷寒者，又恆統中風、溫病而言。以傷寒二字爲三項之總稱，其或爲中風，或爲傷寒，或爲溫病，恆於論脈之處有所區別也。至於六經分編之中，其方之宜於溫病者不勝舉，今將其顯然可見者約略陳之於左。

一爲麻杏甘石湯。其方原治汗出而喘無大熱者。以治溫病，不必有汗與喘之兼證也，但其外表未解，內有蘊熱者即可用。然用時須斟酌其熱之輕重。熱之輕者，麻黃宜用錢半，石膏宜用六錢。若熱之重者，麻黃宜用一錢，石膏宜用一兩。至愚用此方時，又恆以薄荷葉代麻黃，服後得微汗，其病即愈。蓋薄荷葉原爲溫病解表最良之藥，而當仲師時猶未列於藥品，故當日不用也。

一爲大青龍湯。《傷寒論》中用大青龍湯者有二節。一爲第三十節，其節明言太陽中風脈浮緊。夫《傷寒論》首節論太陽之脈曰浮，原統中風、傷寒而言。至第二節則言脈緩者爲中風，是其脈爲浮中之緩也，第三節則言脈陰陽俱緊者爲傷寒，是其脈爲浮中之緊也。今卽明言中風，其脈不爲浮緩而爲浮緊，是中風病中現有傷寒之脈，其所中者當爲栗烈之寒風，而於溫病無涉也。一爲第三十八節。細審本節之文，知其確係溫病。何以言之？以脈浮緩、身不疼、但重、無少陰證也。蓋此節開端雖明言傷寒，仍是以傷寒二字爲中風、傷寒、溫病之總稱。是以傷寒初得脈浮緊；溫病初得脈浮緩。傷寒

初得身多疼； 溫病初得身恆不疼而但重。傷寒初得恆有少陰證； 溫病則始終無少陰證。此數者皆爲溫病之明徵也。况其病乍有輕時，若在傷寒必不復重用石膏； 惟係溫病則仍可重用石膏如鷄子大，約有今之四兩，因溫病當以清燥熱救眞陰爲急務也。至愚用此方時，又恆以連翹代桂枝。雖桂枝、連翹均能逐肌肉之外感，而一則性熱，一則性涼； 溫病宜涼不宜熱，故用桂枝不如用連翹。而當日仲師不用者，亦因其未列入藥品也。况大青龍湯中桂枝之分量，僅爲麻黄三分之一，仲師原因其性熱不欲多用也。

一爲小青龍湯。其方外能解表，内能滌飲，以治外感痰喘誠有奇效，中風、傷寒、溫病皆可用。然宜酌加生石膏，以調麻、桂、薑、辛之熱方效。是以《傷寒論》小青龍湯無加石膏之例，而《金匱》有小青龍加石膏湯，所以補《傷寒論》之未備也。至愚用此湯時，遇挾有實熱者，又恆加生石膏至一兩強也。

一爲小柴胡湯。其方中風、傷寒病皆可用。而溫病中小柴胡湯證，多兼嘔吐粘涎，此少陽之火與太陰之濕化合而成也。宜於方中酌加生石膏數錢或兩許，以清少陽之火，其粘涎自能化水從小便中出。夫柴胡既能引邪上出，石膏更能逐熱下降，如此上下分消，故服藥後無事汗解，即霍然全愈也。

以上所述諸方，大抵宜於溫病初得者也。至溫病傳經已深，若清燥熱之白虎湯、白虎加人參湯，通腸結之大小承氣湯，開胸結之大小陷胸湯，治下利之白頭翁湯、黄芩湯，治發黄之茵陳梔子蘗皮等湯，及一切涼潤清火育陰安神之劑，皆可用於溫病者，又無庸愚之贅語也。

至於伏氣之成溫者，若《内經》所謂冬傷於寒，春必溫病、冬不藏精，春必溫病之類，《傷寒論》中非無其證。特其證現於某經，即與某經之本病無所區别。仲師未嘗顯爲指示，在後世原難明辨。且其治法與各經之本病無異，亦無需乎明辨也。惟其病在少陰則辨之甚易。何者？ 因少陰之病，寒熱迥分兩途，其寒者爲少陰傷寒之本病； 其熱者大抵爲伏氣化熱之溫病也。若謂係傷寒入少陰久而化熱，何以少陰病兩三日，即有宜用黄連阿膠湯、大承氣湯者？ 蓋伏氣皆伏於三焦脂膜之中，與手足諸經皆有貫通之路，其當春陽化熱而萌動，恆視臟腑虚弱之處以爲趨向，所謂邪之所湊其處必虚也。其人或因冬不藏精，少陰之臟必虚，而伏氣之化熱者即乘虚而入，遏抑其腎氣不能上升與心氣相接續，致心臟跳動無力，遂現少陽微細之，脈。故其脈愈微細，而所藴之燥熱愈甚。用黄連以清少陰之熱，阿膠、鷄子黄以增少陰之液，即以助少陰腎氣之上達，俾其陰陽之氣相接續，脈象必驟有起色，而内陷之邪熱亦隨之外透矣。至愚遇此等證時，又恆師仲師之意而爲之變通，單用鮮白茅根四兩，剉碎，慢火煎兩三沸，視茅根皆沉水底，其湯即成，去渣取清湯一大碗，頓服下，其脈之微細者必遽變爲洪大有力之象。再用大劑白虎加人參湯，煎湯三茶杯，分三次溫飲下，每服一次調入生鷄子黄一枚，其病必脱然全愈。用古不必泥古，仲師有知亦當不吾嗔也。

《醫學衷中參西録・〈傷寒論〉中有治溫病初得方用時宜稍變通説》 傷寒與溫病始異而終同，故論者謂傷寒論病入陽明以後諸方，皆可用之於溫病，而未傳陽明以前諸方，實與溫病不宜。斯説也，善則善矣，然細閲《傷寒論》諸方，愚又别有會心也。《傷寒論》謂： 太陽病，發熱而渴，不惡寒者，爲溫病； 若發汗已身灼熱者，名風溫； 風溫之爲病，脈陰陽俱浮，自汗出，身重多眠睡，息必鼾，言語難出。此仲景論溫病之提綱也。乃提綱詳矣，而其後未明言治溫病之方，後世以爲憾事。及反復詳細觀之，乃知《傷寒論》中原有治溫病之方。匯通參觀，經義自明。其第六十一節云： 發汗後，不可更行桂枝湯。汗出而喘，無大熱者，可與麻杏甘石湯。夫此節之所謂發汗後，即提綱之所謂若發汗也。此節之所謂喘，即提綱之所謂息必鼾也； 由口息而喘者，由鼻息即鼾矣。此節之所謂無大熱，即提綱之所謂身灼熱也； 爲其但身灼熱，是其熱猶在表，心中仍無大熱。兩兩比較，此節原與提綱之文大略相同，而皆爲溫病無疑也。其所以汗後不解而有種種諸病者，必其用溫熱之藥強發其汗，以致汗出之後病轉加劇。仲景恐入見其有汗誤認爲桂枝湯證而再投以桂枝湯，故特戒之曰不可更行桂枝湯，宜治以麻杏甘石湯。則麻杏甘石湯實爲溫病表證之的方，雖經誤治之後，其表證尤在者，仍可用之以解表也。蓋古人立言簡貴，多有互文以見義者。爲此節所言之病狀即溫病提綱所言之病狀，故此節不再申明其爲溫病。爲提綱未言治法，而此節特言明治法，以補提綱所未備。將此二節相并讀之，無待詮解自明也。然此所論者，風溫初得之治法； 若至冬傷於寒及冬不藏精至春乃發之溫病，或至夏秋乃發之溫病，恆有初發之時即於表證無涉者，又不必定用麻杏甘石湯也。

或問此節經文，注疏家有疑其有差誤者。以爲既言汗出，何以復用麻黄； 既無大熱，何以重用石膏？ 此誠可疑之點，敢以相質。答曰： 此方

之用麻黄者，原借以治喘，兼以助石膏之力使達於表也。用石膏者，雖借以清熱，亦以調麻黄之性使不過發也。蓋此證之熱在胃者少，在胸者多，胸居上焦，仍爲太陽部位，即此證仍屬表證。方中麻黄、石膏并用，石膏得麻黄則涼不留中，麻黄得石膏則發有監製。服後藥力息息上達，旋轉於膺胸之間，將外感邪熱徐徐由皮毛透出，而喘與汗遂因之自愈。仲景製方之妙，實具有化機，而又何疑乎？且石膏性微寒，原非大寒，本經載有明文，是以白虎湯用之以清陽明之大熱，必佐以知母而後能建奇功。爲此證無大熱，所以不用知母也。况此節之文兩見於《傷寒論》，所微異者，一在發汗後，一在下後也。豈一節之文差，而兩節之文皆差乎？特是此節經文雖無差誤，而愚用麻杏甘石湯時，於麻黄石膏之分量恆有變通。原方分量，石膏爲麻黄之兩倍。而愚遇此證熱之劇者，必將麻黄減輕，石膏加重，石膏恆爲麻黄之十倍；即其熱非劇，石膏之分量亦必五倍於麻黄也。

或問：麻杏甘石湯既可爲溫病表證之的方，何以《衷中參西錄》治溫病初得諸方，薄荷、連翹、蟬退諸藥與石膏并用，而不以麻黄與石膏并用乎？答曰：此當論世知人而後可與論古人之方。仲景用藥多遵本經。薄荷古原名苛，本經不載，別錄亦不載，當仲景時猶未列於藥品可知。蚱蟬雖載於本經，然古人衹知用蟬，不知用蛻，較之蟬退皮以達皮者，實遠不如，故仲景亦不用。至連翹古惟用根，即麻黄連軺赤小豆湯之連軺也。其發表之力，亦不如連翹也。故身發黄病者，仲景用之以宣通內熱利水去濕，非用以發表也。爲此三種藥當仲景時皆未嘗發明，故於溫病之初候原宜辛涼解肌者，亦以麻黄發之，且防麻黄之熱，而以石膏佐之也。若仲景生當今日，則必不用麻黄而用薄荷、連翹、蟬退諸藥矣。即初起之證兼喘者，似必賴麻黄之瀉肺定喘，而代以薄荷亦可奏效。蓋此節所言之病狀，若在傷寒，原宜麻黄與石膏并用，而在溫病，即宜薄荷與石膏并用。若其喘甚輕者，在溫病中更宜以牛蒡代杏仁也。按：麻杏甘石湯柯韵伯亦謂係治溫病之方，而愚作此說時猶未見柯氏之說也。爲拙說復於柯氏說外另有發明，故仍錄之。

著　錄

《傷寒論·序》　論曰：余每覽越人入虢之診，望齊侯之色，未嘗不慨然歎其才秀也。怪當今居世之士，曾不留神醫藥，精究方術，上以療君親之疾，下以救貧賤之厄，中以保身長全，以養其生，但競逐榮勢，企踵權豪，孜孜汲汲，惟名利是務，崇飾其末，忽棄其本，華其外而悴其內，皮之不存，毛將安附焉？卒然遭邪風之氣，嬰非常之疾，患及禍至，而方震慄，降志屈節，欽望巫祝，告窮歸天，束手受敗。賫百年之壽命，持至貴之重器，委付凡醫，恣其所措。咄嗟嗚呼！厥身已斃，神明消滅，變爲異物，幽潛重泉，徒爲啼泣。痛夫！舉世昏迷，莫能覺悟，不惜其命，若是輕生，彼何榮勢之云哉！而進不能愛人知人，退不能愛身知己，遇災值禍，身居厄地，蒙蒙昧昧，惷若遊魂。哀乎！趨世之士，馳競浮華，不固根本，忘軀徇物，危若冰谷，至於是也！余宗族素多，向餘二百。建安紀年以來，猶未十稔，其死亾者，三分有二，傷寒十居其七。感往昔之淪喪，傷橫夭之莫救，乃勤求古訓，博采衆方，撰用《素問》、《九卷》、《八十一難》、《陰陽大論》、《胎臚藥錄》，并平脈證辨，爲《傷寒雜病論》，合十六卷。雖未能盡愈諸病，庶可以見病知源。若能尋余所集，思過半矣。夫天布五行，以運萬類，人稟五常，以有五藏。經絡府俞，陰陽會通，玄冥幽微，變化難極。自非才高識妙，豈能探其理致哉！上古有神農、皇帝、岐伯、伯高、雷公、少俞、少師、仲文，中世有長桑、扁鵲，漢有公乘陽慶，及倉公，下此以往，未之聞也。觀今之醫，不念思求經旨，以演其所知，各承家技，終始順舊。省疾問病，務在口給。相對斯須，便處湯藥，按寸不及尺，握手不及足，人迎趺陽，三部不參，動數發息，不滿五十，短期未知決診，九候曾無髣髴，明堂闕庭，盡不見察，所謂窺管而已。夫欲視死別生，實爲難矣！孔子云：生而知之者上，學則亞之。多聞博識，知之次也。余宿尚方術，請事斯語。漢長沙守南陽張機著。

《傷寒總病論·黄丕烈序》　郡中藏書家，所謂朱奐文游者，余猶及見其人。家多書，以老故，大半散去。最後一單中有龐安常《傷寒總病論》，亦第與群籍並出。主人不以爲宋刻，估人之買者，亦未知爲宋刻也。襍置坊間，

有識者過而識之，以青蚨五星易歸。自是我輩之好言收藏者，皆爭相購矣。是書先至小讀書堆顧抱沖家，既而五硯樓袁壽階知之，余亦知之。因壽階先與議易，故歸之。抱沖先見是書，遂先錄其副。抱沖所錄，余未之見，見其友人施君少谷手錄本。少谷時在抱沖家敎其子弟習書法，故見而借抄，抄畢，原書歸壽階，余從之倩工影鈔一本。統而計之，宋刻一，影宋刻者，抱沖、少谷與余有三矣。厥後余與壽階以影鈔易宋刻，是書遂爲百宋一廛中物。年來力絀，舉而贈諸藝芸書舍，不意壽階之影鈔者，亦於其身後展轉歸藝芸，於是刻與鈔盡爲他人所有，余則一無所有矣。刻洪氏《集驗方》之冬，余忽得一夢，有人謂余：何不再刻龐《傷寒》？醒而異之，遂商諸藝芸，思借鈔入刻，奈藝芸不允讓影鈔付梓，而允借宋刻備校。適少谷哲嗣稻香，欣然掇贈其先人手澤付諸剞劂，於是復以宋刻較影鈔，而知少谷之影鈔爲功不小也。三卷三十三葉，唯少谷影鈔本有之，餘本都缺。想少谷鈔後，抱沖始鈔，鈔時偶失之。自是宋刻缺此葉，已後影鈔本皆失之。非余之重刻，不知宋刻缺此葉；非少谷之影鈔，不知宋刻之原未缺此葉也。書之經人拆散傳錄，其弊有如此者，不可不警也。其中五卷十五葉，宋本缺，惟薛性天家鈔本有之，字跡行款與原本殊，未知何據。後見抱沖所鈔者中亦有此葉，謂是從王宇泰活字本補入。今余覆刻，據薛本補，據顧本校，存其異同可耳。宋刻不無誤處，余復借張蒔塘家藏鈔本、薛性天家藏鈔本、顧容安家藏鈔本，雖未知其同出一源與之。余友張君訒菴，素諳醫理，共相參訂，以定校勘數十條。其任檢閱而草創者，余長孫美鏐之力也。是書自王宇泰活字印行之後，未見重梓，即王本相傳，止有二百部，故行世絕少。余姪曾有之，爲友人借去被焚，故未及一校爲憾。朋好中皆想望是書，渴欲一見，故命工梓行。至於是書之深奧，昔安常友人蘇、黃兩公已詳言之，不復丐當代名流之儒醫兼通者贅一言已。

《傷寒總病論·黃丕烈再序》 此書摘取張長沙之大要，辯論精妙。其有證而無方者，上溯《內經》，旁及他書，參以己見，爲增損進退之法，實能發仲景未盡之意，而補其未備之方。是爲龐氏之撰著，非僅述而不作也。故所引原文，每有刪削。觀諸家抄本，多有異同，或未見宋刻，傳寫互異；或依據張書，增補失眞。故今將宋刻龐論翻雕，未敢輒改原文，即有抄本義長者，亦第摘取備考，別疏爲札記附於後。丕烈又識。

《傷寒總病論·黃庭堅序》 龐安常自少時喜醫方，爲人治病，處其死生，多驗，名傾淮南諸醫。然爲氣任俠，鬭雞走狗，蹴鞠擊毬，少年豪縱事，無所不爲。博弈音技，一工所難而兼能之。家富多後房，不出戶而所欲得。人之以醫聘之也，皆多陳其所好，以順適其意。其來也，病家如市；其疾已也，君脫然不受謝而去。中年，乃屏絕戲弄，閉門讀書。自神農黃帝經方，扁鵲《八十一難經》，皇甫謐《甲乙》，無不貫穿。其簡策紛錯，黃素朽蠹，先師或失其意；學術淺薄，私智穿鑿，曲士或竄其文，安常悉能辯論發揮。每用以治病，幾乎十全矣。然人疾詣門，不問貧富，爲便房曲齋，調護寒暑所宜，珍膳美蔬，時節其飢飽之度。愛老而慈幼，不以人之疾嘗試其方，如疾痛在己也。蓋其輕財如糞土，耐事如慈母而有常，似秦漢間任俠而不害人，似戰國四公子而不爭利。所以能動而得意。起人之疾，不可爲數。他日過之，未嘗有德色也。其所總輯《傷寒論》，皆其日用書也。欲掇其大要，論其精妙，使士大夫稍知之。然未嘗游其庭者，雖得吾說而不解；若有意於斯者，讀其書自足以攬其精微，故不著。著其行事，以爲後序云。前序海上人諾爲之，故虛其右以侍。

《傷寒總病論·上蘇子瞻端明辨傷寒論書》 安時所撰傷寒解，實用心三十餘年。廣尋諸家，反覆參合，決其可行者始敢編次；從來評脈辨證，處對湯液，頗知實效，不敢輕易謬妄，誤人性命。四種溫病、敗壞之候，自王叔和後，鮮有明然詳辨者，故醫家一例作傷寒行汗下。傷寒有金、木、水、火四種，有可汗、可下之理。感異氣復變四種溫病，溫病若作傷寒行汗下必死，傷寒汗下尚或錯謬，又況昧於溫病乎？天下枉死者過半，信不虛矣。國家考正醫書，無不詳備，惟此異氣敗壞之證，未暇廣其治法。安時所以區區略意，欲使家家戶戶閱方易爲行用，自可隋證調治，脈息自然詳明，不假謁庸麤，甘就橫夭者也。設有問孫眞人云：今時日月短促，藥力輕虛，人多巧詐，感病厚重，用藥即多。又云：加意重複用藥乃有力。自孫眞人至今，相去逾遠，藥反太輕省，何也？安時妄意，唐遭安史之亂，藩鎮跋扈，迨至五代，四方藥石，鮮有交通，故醫家少用湯液，多行煮散。又近世之人，嗜欲益深，天行災多，用藥極費。日月愈促，地脈愈薄，產藥至少。何以知之，安時常於民家，見其遠祖所錄方冊，上記昔事跡，其間有廣順年，巴豆每兩千二足，故以知藥石不交通也。且溫疫之病，周官不載；斑瘡豌豆，始自魏晉；腳氣肇於晉末，故以知年代近季，天災愈多，用藥極費也。礜石、曾青之類，古人治衆病

痼瘕大要之藥，今王公大人家尚或闕用，民間可知矣。人參當皇祐年，每兩千四五，白朮自來每兩十數文，今增至四五百，所出州土，不絶如帶，民家苗種，以獲厚利，足以知地脈愈薄，產藥至少矣。湯液之制，遭值天下禍亂之久，地脈薄產之時，天災衆多之世，安得不恪惜而爲煮散乎。故今世上工治病，比之古人及中工者幸矣。設有問今之升秤，與古不同。其要以古之三升，準今之一升；古之三兩，準今之一兩。雖然如此，民間未嘗依此法，而用古方者，不能自解裁減。又如，附子一枚準半兩，是用一錢三字爲一枚，使人疑混，如何得從俗乎？安時言唐大和年，徐氏撰《濟要方》，其引云：秤兩與前代不同，升合與當時稍異。近者重新纂集，約舊刪脩，不惟加減得中，實亦分兩不廣。又云：今所刪定六十三篇，六百六首，勒成六卷，於所在郡邑，標建碑牌，明錄諸方，以備衆要。又云：時逢聖曆，年屬大和，便以《大和濟要方》爲名。備錄如左，已具奏過，准勑頒行。此方已遭兵火湮滅。安時家收得唐人以朱墨書者，紙籍腐爛，首尾不完，難辨徐氏官與名。即不知本朝崇文諸庫，有此本否。安時謂裁減古方，宜依徐氏，以合今之升秤；庶通俗用，但增其藥之枚粒耳。是以仲景諸古方次第，復許減半，芍藥湯中載之詳矣。陶隱居云：古今人體，大小或異；臟腑血氣，亦有差焉，請以意酌量藥品分兩，引古以明，取所服多少配之。或一分爲兩，或二銖爲兩，以盞當升可也。若一一分星較合，如古方承氣湯，水少藥多，何以裁之？所以《聖惠方》煮散，盡是古湯液，豈一一計較多少。治病皆有據，驗在調習多者，乃敢自斟酌耳。設有問暑熱重於溫病者，宜行重複方，卻多行煮散者何？安時謂夏月多自汗，腠理易開，經云：天暑地熱，經水沸溢，故用煮散。或有病勢重者，即於湯證之下注云：不可作煮散也。如此之類者頗多，聊引梗概。俗云：耕當問奴，織當訪婢。士大夫雖好此道，未必深造，宮姤朝嫉者衆，吹毛求瑕，安不爍金，更望省察狂瞽之言。

《傷寒總病論·張耒跋》古之良醫，皆不預爲方，何也？病之來無窮，而方不能盡，使不工者惑其疑似而用之，則害大矣。惟仲景《傷寒論》論病處方，纖悉必具，又爲之增損進退之法，以豫告人。嗟夫！仁人之用心，且非通神造妙者不能爲也。龐安常又竊憂其有病證而無方者，續著爲論數卷，其用心爲術，非儷古人，何以及茲。淮南人謂龐安常能與傷寒說話，豈不信然哉。予將去黃，欒仲實以黃別駕後序求予書，而仲實之父爲醫，得龐君之妙，謂予言何如也。

《傷寒補亡論·自序》《素問》曰：病爲本，工爲標，標本不得，邪氣不服。又曰：標本已得，邪氣乃服。夫所謂標本者，一體本末之事，今病與工，自非一體，何其言標本也。蓋謂某病爲本，則以治某病者爲標，因其本而治其標，則工與病，自成一家矣。且如病傷寒者，以傷寒爲本，則亦以能治傷寒之工爲標，此所謂標本已得，邪氣乃服也。如以傷寒爲本，而以能治瘴疝之工爲標，則標本不相得，邪氣何緣可服哉！《素問》論此，乃以得不得爲言，聖哲之意可見，況病有輕重，工有高下，重病須高工，亦謂其標本相得也。扁鵲曰：人之所患患疾多，醫之所患患道少，道少疾多，此標本之所難相得也。凡病固皆難，惟傷寒爲特甚。蓋人之疾痛，或在皮膚，或肌肉，或骨髓，或五臟六腑，著則久而不去，未有入經與經氣流通者。惟傷寒之毒，能入大經，與經氣相搏，經氣不能勝，反藉經隧恣意攻人，人爲之拱手待斃，昔之所謂流注血氣，生養人命之經，今化爲寒溫熱毒，毒人生命之經矣，是豈他疾之比哉，故自古以爲難治之疾。方其疾作之始，日傳一經，初傳之際，證或難辨，用藥尚疑，當是之時，其工在明；及傳證之始，急於用藥，猶豫則差，其工在斷，一經既過，又將別傳，新故相亂，其工在審。爲之工者，自非六日之傳，昭然豫判於胸中，亦未易酬對，三陰三陽之變，彼如疾風駿馬，過不暫停，而欲逐其後而攻之，謬矣。況有異氣間襲，變動隨出，或表或裏，超然若神，不可以常拘者，將何應之？故仲景曰：陰陽虛實之交錯，其候至微，發汗吐下之相反，其禍至速。信斯言也。自非心精學博，機運無窮，未有不觸途面牆，倒行逆施者。此所謂貴於標本相得，而後邪氣乃服也。惟其最爲難治，故自張長沙以來，特爲注意，辨析毫釐，動輒十數萬言以訓後世，今醫方論說，復無詳於傷寒者，昔云難治之病，今反爲曉然易見之疾，患在常人苟且，不誦其書耳。則書之爲後人利，豈不溥哉。是以陶隱居稱仲景之書爲衆方之祖，孫眞人嘆其特有神功，良有以也。雍之仲兄，字子言，嘗通守夷陵、秭歸二郡，幼以多疾喜方，遍訪名醫，時尙及見常器之、康醇道輩，遂悟醫。師氏之學既久，深得於仲景之論，每嘆此學大難窮盡，今則其道將絶，時爲雍言之。雍初得聞仲景之書，未甚領略，漸磨日久，及老後篤好之，嘆已晚矣。昔仲景感往昔之淪喪，傷橫夭之莫救，乃譔《傷寒雜病論》。雍之用心，亦復爲此。雖學識疎略，無高人之見，而一言一事，上必有所本，中必得於心，而

後敢筆之於書。盡去世俗妄論欺惑之術，常如天地父母臨其上，庶幾後世復有揚子雲，始知雍言不謬也。今所論次，自岐黄以及近代諸書，凡論辨、問答、證治，合一千五百餘條，總五萬言，分七十餘門，集成論説二十卷，方藥五卷。雍聞醫家有好事，或三十年而著論，或二十載而成書，其用心精專，故足以垂世。如雍行年八十，日暮途遠，志在速成，安能久於斯道，是以不踰年而略舉大綱，亦由前人之述已備，繼踵有作？不過書札之力而已，未能免疎略牴牾也。後之君子，或憐其衰晚昏謬，疎其失而正之，以成其美，此誠有望焉。嗟乎！予生不辰，上不得見張長沙、孫眞人，北面摳衣而請，下不得進於龐、朱二氏之前，獨抱遺書呻吟於深山窮谷之間，啜菽飲水而不厭焉者，樂在其中矣。昔孔子多能鄙事，子夏雖小道必觀，聖賢尚且不廢，況後人乎！幸不以猥吝見黜也。

《衛生寶鑒・楊榮序》 吳郡韓公復陽，精於醫學，嘗以李東垣門人羅謙甫所著《衛生寶鑑》書，詳加考訂。將壽諸梓，未就而歿。公之季子公達，克世其業，遭逢聖明，仕爲太醫院判。嘗持此書語予曰：吾將刻之以成先志，幸一言以序之。予既諾而未暇焉。今年冬公達又歿，其子布復泣且拜，懇求不已。予惟上古聖神，閔斯民之札瘥夭閼，不得以全其壽，於是爲之醫藥以濟之。厥後名醫世出，各以意見著方書，聯篇累牘，非止一家。然用而試之，有得有失。獨近世東垣所著《内外傷辨》等篇，發前人之所未發。故其所著之方，靡不神效。謙甫受業其門，得聞至論。其爲此書，斟酌損益，具載悉備，嘉惠於世者厚矣。公達既精通其藝，上承於眷遇，下濟於斯人，而尤惓惓以繼先志爲務，此仁人孝子之用心。予於公達素相知，於其歿豈能忘言哉！世之爲醫者得此書，誠如鑑之燭物，一舉瞭然在目，必不至於差謬。凡有疾者觀於此書，誠足以衛生，不至於危殆。然則此書之傳，其功不亦博乎？遂書以序于後。

《衛生寶鑒・硯堅序》 太醫羅先生，學於東垣李君，源流於易水張君，其道大行，懼夫二君之傳久而泯没也。集録銓次而刻之梓者，非一編矣。暇日攜成書四帙見示，而曰且將板行，一序毋吝，翻而閲之。曰藥誤永鑑者，知前車之覆，恐後人蹈之也。曰名方類集者，古今之方，擇之已精，詳而録之，使後人有所據依也。曰藥類法象者，氣味厚薄，各有所用，證治增損，欲後人信之也。曰醫驗紀述者，遇如是病，用如是藥，獲如是效，使後人慎之也。大抵皆仁者之用心，抑論之，天下之事，辨之不明，固有似是而非，利於此而害於彼者。況醫之爲道，陰陽虛實，千狀萬態，神聖工巧，存乎其人。合四者而一之，名曰《衛生寶鑑》夫鑑之本明，其應物也。無心乎妍醜，則妍醜莫能揜。得是書者誠能習而讀之，玩而味之，了然於心而無疑。一旦臨用，如鑑之虛明，物來而應，若妍若醜，無纖毫之差，其用豈不博哉！不然未用時置之高閣，倉卒間但備檢閲，殆有辨之不明，似是而非，其所失不啻霄壤。詩云：伐柯伐柯，其則不遠，執柯以伐柯，睨而視之，猶以爲遠。殆非先生垂示後人之意也。

《衛生寶鑒・王惲序》 夫醫與造化參，學之精者爲難。至著書垂訓，冀後世必然之用者爲尤難。羅君謙甫，東垣先生之高弟，嘗謂予言：初受簡席下，東垣先生曰：汝將爲爲人之學歟？聞道之士乎？請曰：愚雖不敏，幸蒙先生與教理之深指，乃所願也。故十數年間，雖祁寒盛暑，親炙不少輟，眞積力久，盡傳其私淑不傳之妙。大抵人之疾疢，不外乎陰陽變徵。我能參兩間，會一身，推窮其所受根源，方爲可爾。用是以所得日用之間，如敵在目中，然後審藥爲攻，未嘗不如吾之所必取也。因集爲一書，題曰《衛生寶鑑》。曰辨誤者，證世之差謬，明其理之所自也；曰擇方者，别夫藥之精麤寒燠，以酌其疾證之宜否也；曰紀驗者，述其己之治療，與彼之深淺，見其攻效之實也。僕平昔所得者如是，吾子其爲我序之。余聞醫之爲學，古聖賢致知格物之一端也。軒岐以來，《難》、《素》、《靈樞》等書，累千萬言，自非以醫爲任者，孰克而究之？若羅君者，可謂以醫爲任而究其理之所自歟。昔王彦伯醫聲既著，列三四竈，煑藥於庭，老幼塞門來請。彦伯曰：熱者飲此，寒者飲此，風者、氣者各飲此。初不計其酬謝。今羅君亦以道心濟物，復能著書垂後，冀必然之用。其仁心普濟，當以彦伯同流，其誰曰不然？故藥爲題其端云。

《傷寒全生集・劉宇參序》 人之受病，傷寒爲最繁劇，而生死在於呼吸。自仲景先生辨其陰陽、内外、虛實、強弱、寒暑、燥濕、風邪、痰食之來，而製爲攻裏、散表、吐、汗、補、瀉之劑，後之大家從其旨而發明其奥者，各有妙悟眞詮。及讀節菴陶先生所著《全生》一書，更詳其受源，晰其變傳。格其陰陽腑臟，例其虛實後先，以及旁感餘傷，分門别類，散而爲數百十條，使後之醫者，察其端就其緒，不至少有毫末之混。初讀之，似有異於仲景先生之論。

細按之，則無不貫其旨而極其微，實爲活人之金丹也。惜坊刻不明其道，不能標其要而會其歸，初學者卽熟讀是書亦恐順口滑過，不徹其秘，其能濟人也，鮮矣。予故挈源指流，爲之點次，爲之評釋，其重大關要之旨，細密精微之藴，各加補說，以聯絡其旨趨，欲使學者直窮其止境，而操乎神明之妙道焉。敢云精深，自信聊以助先生憫世之苦心云爾。

《傷寒全生集・自序》 醫之爲道，何道也？曰：君子之道也。苟非存心有恆者，可輕議哉。何則？夫藥之性，能生人亦能殺人。蓋操之不得其要，則反生爲殺矣。惟君子則立心不苟，故其爲業必精，及其臨病必詳以審，故能化悲痛爲歡忻。小人之性忍以貪，貪則惟利是圖，忍則輕忽視人命。逮及臨病，則夸以略，不察病之虛實，輒投瞑眩之藥，不殺人也幾希。吾固爲君子之道也，予晚年得子，方逾弱冠，柔軟多病，習懶不能自強，必非能受此道者，日夜痛心。懼夫吾歿之後，有病委之庸醫，足可以傷生滅性。孟子云：不孝有三，無後爲大。有子多病，不傳以濟生之道，一旦夭札，祖宗之祀事絕矣。豈爲人父之道哉？某今年七十有七，衰邁殊甚，桑榆之日，豈能久照？日夜用心，以緝成《傷寒明・理續編論》，法雖略備，非有師承口訣，不能融會貫通。于心又著《全生集》一卷，交雖鄙俚，然言簡意到，其中包括仲景不傳之妙，皆世所未嘗聞見。剖露肺肝，以罄其藴奥，實升高之梯楷，當寶之如珠玉。潛心玩繹，搜索以盡厥旨，有疑輒問，不可因循務期，日進高遠。司馬溫公曰：達則爲良相，不達則爲良醫。豈非君子之道乎？汝宜服膺此訓，敬愼而行之，他日倘能以斯道濟人，亦君子也。若存心不古，以吾言爲妄謬，反以斯道殺人，負吾之用心，非吾之子也。

《傷寒全生集・凡例》 一傷寒一證，傳變不測。死生反掌，非雜病比。故另立一科，使學者得專精其術，庶不致于夭枉之害矣。

是書首列總論及六經標本，表裏陰陽，寒熱虛實，正傷寒，溫熱病，眞陰證，類傷寒，陰陽相似，合病併病，風溫痙痓，疫厲天行。次列發熱惡寒細證等類，不下數十百條。分而合，合而分，其于此證，曲盡病情之變化，正如繇門徑而躋堂奥，自麤淺而入精微。學者潛心討究，自能應手而得。

仲景爲傷寒立法之祖第，其論出古典，不便今人誦讀。茲集廼援其意義，隱括成文，俾學者口誦心惟，無慮記憶之患也。

是書辨一證，則立一方，一方之中，出入加減，更察其病情變態，臨證用藥，便能奏效非常。

針灸之法，頗有愈病之功，且助湯藥所不及。集中每每收錄，學者當臨病制宜，不可視爲泛泛矣。

《醫學原理・自序》 余幼習舉子業寄名邑庠，後棄儒，業醫越二十年，得以醫道鳴世。編訂《素問鈔》、《本草會編》、《運氣易覽》、《外科理例》、《痓治理辨》、《針灸問答》、《推求師意》、《脈訣刊誤》、《傷寒選錄》等書，幸諸從遊者，協力鋟梓，以廣其傳，每病前書，文理渙漫，患吾子孫有志于是者，非二十年之功，弗能究竟其理，因而挫沮者。有之于是，復作是書。首以經絡、穴法列于前，繼以六滛之邪與夫氣血之病，次以內傷諸症、婦人幼科終焉。凡十三卷，命曰《醫學原理》。其中所論病機、藥性，悉本《內經》、《本草》，治方脈法，皆據名賢格言。朝究暮繹，廢寢忘飡，經歷八春而始克就。惟欲吾之後人，樂守是道，以承吾志。觀病機即知病源之始終，闡脈法即知病症之生死，讀方旨即知立方之主意，各條端緒煥然于心，庶不負吾生平之所好也。果若吾言，則是集匪爲虛文，可以事親，可以養身，可以活人。其爲利也實溥矣，又何羡于良金腴產之是遺，以損其志而益其過耶。

《保命歌括・呂鳴和序》 余蒞羅三年，未嘗得一日讀書，自覺面目語言爲古人憎。間有一二問業者持帖括進，非不欣然接之，牒訴倥偬，去復不能誌也，況復有餘力及醫藥諸書哉！丙申秋謁防憲於蘄陽，中州趙公曰：知予邑有密齋乎？人云古矣，厥書可購也。余愧無以應。歸而詢諸邑紳先生，嘖嘖稱：密齋萬生岐黃名手，噪聞於隆萬間，今其書恐弗全也。余乃益愧。夫古人宰一邑，一邑之名山大川，奇人傑士，無不夙具胸中，收諸藥籠。今瑰奇如許，曾不曉其姓字，寧不愧得人之義，又何以爲地方解此嘲哉。乃取其書，進其孫達而詢之，始知萬生名全，別字密齋，邑廩庠，以不得志於八股，棄而就青囊之業。業輒精，試輒效，以其效者誌諸編文，成數十卷。先爲樵川太守李公付梓，一時紙貴三湘。因兵燹後，板燬無存，其孫達僅藏一帙，置牆壁中，賴以免。凡宦茲土者無不知此書，無不購此書，然繕寫告艱，又進其孫達而謀之，摎括錙銖，益以清俸，募梓人，凡八閱月卒工，得卷一十有八。書成展而思之：夫醫者，意也。意之所至，醫者不自知其爲工，而方已傳於後。然則世之所爲醫書，皆方之積也。今之爲醫者，皆欲有醫之名，欲有醫之名，而不得不求乎書者，其勢也。然欲有醫之名，而不善讀醫之書，無益於

醫而不究咎於書。是書之靈不能益於醫，而醫之名乃能變化其書也。醫而名矣，何難於著書。然世所號一代名手，類就習之所近，業之所傳，頓欲竦一世之人而以名予之，今讀其書何如哉！萬生之爲醫，似其爲學，非唯不使人知，而若不敢以名醫自處者，此其所以能爲醫也，此其所以能爲書而可傳也。余讀而服之，詳其著書之意，寧使醫至而名不我追，毋使名至而醫追者也。吾輩治一邑不能有濟於世，則已幸而有濟於世。念今之世，猶有君子其人，廣傳其書者乎？以快吾心，而矢吾力，翻而刻之可也。

《傷寒證治準繩・自序》 夫有生必有死，萬物之常也。然死不死於老而死於病者，萬物皆然，而人爲甚。故聖人憫之而醫藥興。醫藥興，而天下之人又不死於病，而死於醫藥矣。智者憤其然，因曰：病而不藥得中醫，豈不信哉。或曰：此但爲傷寒言之也。雖然，微獨傷寒，特傷寒爲甚爾。蓋醫莫不宗本黃岐，今其書具在，然有論而無方。方法之備，自張仲景始。仲景雖獨以傷寒著，然二千年以來，其間以醫名世，爲後學所師承者，未有不從仲景之書悟入，而能徑窺黃岐之壼奧者也。故黃岐猶羲文也，仲景其孔子乎，易水師弟，則濂洛諸賢，金華師弟，則關閩諸大儒也，擬人者不倫於此矣。王好古曰：傷寒之法，可以治雜病，雜病法不可以治傷寒，豈誠然哉。傷寒法出於仲景，故可以治雜病。而爲雜病法者，多未嘗夢見仲景者也。故不可以治傷寒也。然則《傷寒論》可弗讀乎。而世之醫，有終身目不識者，獨執陶氏六書，以爲枕中鴻寶爾。夷考陶氏之書，不過剽南陽唾餘，尚未望見易水門牆，而輒詆《傷寒論》爲非全書，聾瞽來學，蓋仲景之罪人也。而世方宗之，夭枉可勝道哉。余少而讀仲景書，今老矣，尚未窺其堂室。平生手一編，丹鉛殆徧，紙敗墨渝。海虞嚴道徹見而愛之，欲壽諸梓，而余不之許，非靳之，蓋慎之也。丁酉、戊戌間，因嘉善高生請，始輯雜病準繩，而不及傷寒，非後之，蓋難之也。今歲秋，同年姜仲文知余所輯雜病外，尚有傷寒、婦、嬰、瘍科，爲準繩者四，遣使來就鈔，而不知余奪於幽憂冗病，未屬草也。因感之而先成傷寒書八帙，始於八月朔，而告完於重九。或曰：以數十萬言，成於四旬，不太草草乎。曰：余之醞釀於丹府，而漁獵于書林，蓋三十餘年矣，不可謂草草也。傷寒一病爾，而數十萬言，不大繁乎。曰：吾猶病其略也。何也？是書之設，爲因證檢書而求治法者設也，故分證而不詳，則慮其誤也。詳則多互見而複出，而又安得不繁。後之註仲景書，續仲景法者，或見其大全，或窺其一斑，皆可以爲後學指南，具擇而載之而又安得不繁。且夫人讀一書，解一語，苟迷其理，有礙於胸中，以問知者，則唯恐其不吾告與告之不詳。余固駑下，然學醫之資，差不在人後。以余所白首不能究者，與天下後世共究之。將讀之恐其易盡而顧繁乎哉。丹陽賀知忍中祕心乎濟物而勇於爲義，願爲余流通，書未成，已鳩工庀具矣。余之遄成以此，因叙于篇首。

《傷暑全書・裘慶元序》 《素問》有熱病者，皆傷寒之類。及凡病傷寒者，先夏至日爲病溫，後夏至日爲病暑之言，後人妄解經旨，多以熱病即是傷寒，溫病、暑病，亦即傷寒之所伏，但因發時不同，而名各別也。惟《難經》曰：傷寒有五，有中風，有傷寒，有濕溫，有熱病，有溫病。已明示傷寒爲一般感證之總稱。故世俗有濕溫傷寒、暑濕傷寒、熱證傷寒等之名目。蓋此傷寒二字，無異一病字之代名詞，猶之曰濕溫病、暑濕病、熱證病是也。夫辨名不清，設治亦混。竟有以治傷寒之麻黃湯方，施於溫暑諸病者，草菅人命，言之痛心。考張氏仲景《傷寒論》，本亦溫暑並及之書，不過亦以傷寒名各感證耳。反之，且有疑張氏爲傷寒專家，張氏書專治傷寒，凡溫、暑證，未可以張氏方治也。吳氏又可著《溫疫論》，以此似《傷寒論》。葉氏天士著《溫熱論》，亦比似《傷寒論》。至吳氏鞠通於葉氏書脫胎而著《溫病條辨》，凡例第一條曰：一是書倣仲景《傷寒論》作法，其亦以《溫病條辨》爲《傷寒論》對待之文章也。蓋不知《傷寒論》原亦包括溫病。如太陽病，發熱而渴，不惡寒者，曰溫病等言，是吾謂諸氏實推廣《傷寒論》一部份之言。《溫疫論》焉，《溫熱論》焉，皆屬於《傷寒論》統系的病理學及治療法，非與《傷寒論》並行的病理學及治療法也。至《溫病條辨》，既非《傷寒論》並行的書，尤非《傷寒論》統系的書，實爲《溫熱論》之注解書也，則與《傷寒論》有前條辨後條同。雖然，病變無窮，病理至微，吾儕學者，認《傷寒論》爲六氣感論之綱要。能於六氣各有專書，條分縷晰，如諸氏之論溫熱一氣者，未始非後學之導師，先賢之功臣也。不佞於二十年來，讀書臨證，凡見夫患溫病者固多，患暑病者尤多。獨怪後學不知暑爲六氣之一證，先賢亦無暑之專書以相示。吳氏鞠通且謂暑亦溫之類，是猶古之溫爲寒之類，同一混稱。夫傷寒與病溫，果相逕庭，而病溫與病暑，豈無差池。顧暑以日者二字合之而成，明是夏月烈日之氣而爲病。故《內經》曰：後夏至日爲病暑。以病之在夏至後得者，多屬於暑。

《傷寒論》特立中暍之篇，日本醫稱之曰日射病。古今新舊，無不以暑屬專病。當火傘高撐，酷日臨空之際，或天時以陣雨相霖，或人事以冷水相潑，則地面上驟起令人不耐觸鼻之氣，是氣焉卽暑氣也。較之日本醫，以爲日光所照射以成病者爲尤甚。蓋日光所照射而成之病，爲冒暑，衛生家猶可避之。地氣所蒸騰而受之病爲中暑，衛生家不易避之。張氏潔古老人，謂避暑納涼，於深堂大廈，大扇風車得之者，屬靜而得之之陰暑證，足徵暑邪防避之難也。業醫者，苟於一年間診治之證，按日記之，自必以暑症居多數。故專治感證之醫生，夏秋之間，其門如市，一過其時，遂無問津者，此尤足徵六氣感證中，最多者爲暑病。是以暑溫、暑濕、暑毒、中暑、冒暑、伏暑等之病名，幾乎家喻戶曉，奈何論暑專書，惟張氏鳳達《傷暑全書》已。且張氏原刻，在明天啓年，相距不過數百年，其書已湮沒不可覓，讀醫書者於《傷寒論》後，但知有《溫熱論》，一若傷寒病外，祇有溫熱病。口頭日日念暑溫、暑濕、暑毒、中暑、冒暑、伏暑等病名，心上習焉不深求論治暑溫、暑濕、暑毒、中暑、冒暑、伏暑之書。嗚呼！暑病之重關人生既如彼，暑書之輕於人世又如此，不佞常引爲醫界一憾事也。今秋揚州葉君仲經，自南京郵寄，尊甫子雨先生遺著若千種，間有《增訂傷暑全書》未刊稿二卷，不禁喜出望外。開卷讀之，則張氏原書，於暑之爲證，固屬兼收並蓄，已不愧爲全書，經葉氏增訂，於暑之爲證，尤見發凡糾正，更足稱爲全書。葉氏原序有曰：《素問》六氣之理，惟張長沙能造其微。又曰：《增訂傷暑全書》，冀始學者，有以見暑證之要焉。又曰：張氏其《素問》之功臣乎數語，見先輩著書之本旨，無不以羽翼先賢，啓導後學爲心。不佞所主張以《傷寒論》爲六氣病之綱要，《溫熱論》爲推廣《傷寒論》六氣中一氣之書，今是書亦可謂爲推廣《傷寒論》六氣中一氣之書。張氏其亦爲《傷寒論》之功臣乎？學者能本葉氏增訂之心，有以見暑證之要著，當必知是書與《溫熱論》諸書並重焉。今有刊行國醫百家之舉，爰亟亟以是稿付諸手民，俾廣流傳。吾知《溫熱論》出，而溫病與傷寒鑒別明。是書出，而溫病與暑病鑒別亦明矣。從此醫者多一方法，病者少一夭札。然則葉氏保存與增訂是書之功，微特羽翼先賢，啓導學已哉。民國六年冬月，紹興吉生裘慶元謹序。

《傷暑全書・葉霖序》　醫家以《素問》有風寒暑濕燥火之病，合於天之六氣，其變化若不可測然。然則《素問》蓋醫之聖經也。聖經之義，猶天也，天可幾及乎？階而升也。故涉山必歷層磴，登屋必藉高梯。欲明《素問》之旨，必賴後人之解說，解說之書也，非徒省誦讀，率爾操觚之可至發明奧賾者也。余常以《素問》六氣之理，惟張長沙能造其微，他如金元諸家，亦時有著述，而暑之專論，代鮮及之。學者無可矩式，豈《卒病論》闕佚而失之耶？抑以暑病蓋寡而遺而弗取耶？次復怪今之醫士，畏難而樂易，避深而就淺，日習《溫病條辨》、《溫熱經緯》諸書，詢以《素問》，則茫然不知所對，此所謂逐末而舍本矣。蓋患無階徑之可由也。六氣者，同源而異流。是以經言寒暑亦入寒火之要，長沙、河間既述於前矣，庸得於暑而無其階乎。心悁歉然，欲有作而未逮也。去歲於書肆獲覩張鳳達先生《傷暑全書》，亟購歸案頭，日加索玩而歎曰：張氏其《素問》之功臣乎？暑證之階，舍此奚復他求乎？然亦時有未盡，愚誠譾陋，敢取諸家精當之言，附益於後，猶懼學者之難躋也。又自伸鄙意以釋之，凡正其譌謬，補其脫略，仍釐爲二卷，目之曰《增訂傷暑全書》。冀始學者，有以見暑證之要焉。俾由鄙意，可以識張氏之意，卽張氏之意，可以明《素問》之旨，而六氣之書，殆無缺憾矣。庶留心醫道之士，有可以幾於岐黃未顯之微言。舊有林北海增刊，無所得失，似屬贅疣，盡刪之。時著雍閹茂杪秋，石林醫隱葉霖，書於鷦寄軒中。

《傷暑全書・自序》　夫醫九流一技也，而回夭札，與安樂躋壽域，而補之造物不逮，厥功博已。顧五行在手，則夭可延。陰陽未分，則延者促，已審之在跬步，而適之則燕越，可畏哉。寒暑均天地之厲氣，傷寒傷暑二病，均厲氣之能生殺人者，《素問》因寒、因暑之說，昭昭爲萬世的。顧傷寒書創自張長沙，詳於朱南陽，而反覆精析於陶節庵，其全書若眉列然，學者類能據籍按方而施治，故往往取效。若傷暑一證，醫書止勒小款中，世皆忽之，一遇是證，率目爲傷寒，以發散等劑投之，間加衣被取汗，甚灸以致傷生者，纍纍不悟，可不悲歟。予諸生時，萬歷戊子夏患茲證，勢極氣索，瞀然自憒，庸醫以爲脾胃內傷，或以爲勞役中折，幾不自持。徽醫汪韞石適在旁，蹙然曰：心煩面垢，此暑證也。何多指？聞之皆駭其名。予於瞀中微解，依之服益元散，二劑而蘇，仍調以加味香薷飲，數劑而愈。遂著《傷寒傷暑辯》一篇，刊於暑月印布，兼施藥餌，其捷效若谷響。乃發願搜羅群書，著爲全帙以濟世。懼閱歷未久，不中窽，期五十以後，方就筆研。戊申自計部以目恙請告，杜門靜攝，得畢志於性命黃老諸家，晰夕矻矻無逸晷，暇卽焚香兀坐，間入圜內

視，百日不他及。目愈後，至天啓壬戌，感仙師教就筆研，挾古諸名家，參考編集而成帙，拮搨十餘載，約二萬餘千言，分爲上下兩卷。議論皆常語，不敢鈎深，以便醫家覽解。方多遵古無他奇，宜證則靈。菽粟豈珍錯，而食其時，百骸理宜也，要在於燕越歧路處着力耳。平高貴，除妬忌，澄心察理，審證投咀，醫之上計乎？甯獨醫人一心耳。虛與實相反，拗與圓相仇，古今成敗之大關也。秉國成者，與謀國計者，身係社稷安危，操萬姓命脈，虛心圓智，蓋可忽乎哉。予因醫而廣其說。

《傷暑全書・目錄次第説》 病生有原，治法順其原。故辯冬春夏秋，寒溫暑涼證，冠其首焉。暑，陽氣也。寒，陰氣也。氣之運有遲速，有順逆，有次舍，故次天時。天運於上，地載於下，南北異疆，寒燠殊氣，令不能督之使齊，故地敢次焉。天地交而陰陽有序，數則寒暑病作，證候各異。故剖其異若黑白，其獨詳於暑者，明專科也。忽者使之驚闇，盲者使其昭昭，躊躕顧望而不敢決者，使其奮袂而投咀，令膏肓不能匿，藥餌可施，生心庶有託矣。若暑厥、暑風、絞腸沙，諸名家俱載因之耳。時疫詳朱南陽，寒疫獨創於李東垣，第宗而演之。至於暑瘍、暑瘵，常有此證，從無此名，不識其證，安識其藥。予特摹證而立名，庶可據而施治焉。辨疑決證，因證施藥，五藏不能告人，而脈告之。脈不能接人，而指接之，是脈乃天眞委和之氣，非圖可狀，非言可傳，在人手指心會而已。乃天時有定期，地氣有方隅，求其宛轉變易，與脈相符者，惟運氣爲最微焉。夫五運有旋轉之機，六氣有遲早之妙，天以示始終之因於地，地以示始終之因於物。然則五藏六府，與物之旺落，感應以此而已。斡旋而調適之，權在乎藥餌，若列饌然。惟其所投，投醲然若嗜，神喜而病畏之。不投則恚然若讎，病喜而神惡之。是在取者，藥方列左。古人立方，良有深意，其議見良，有慧識卓越，不可磨滅者固多，中亦有泥古任臆，不可爲訓者。予採各名家論暑原文，後各附愚見品評，以俟覽者取裁焉。然無徵不信，有考斯傳《醫學綱目》所載，《古今名醫類案》，非後學之鑑衡乎。彼俟百世而不惑，吾先考正而不謬，庶幾哉與古作者默契乎。至若治於未病，防其外邪，順時頤養，保命度生，是在智者之自調謂何耳。

《溫疫論・自序》 夫溫疫之爲病，非風、非寒、非暑、非濕，乃天地間別有一種異氣所感。其傳有九，此治疫緊要關節。奈何自古迄今，從未有發明者。仲景雖有《傷寒論》，然其法始自太陽，或傳陽明，或傳少陽，或三陽竟自傳胃，蓋爲外感風寒而設，故其傳法，與溫疫自是迥別。嗣後論之者，紛紛不止數十家，皆以傷寒爲辭。其於溫疫證，而甚略之。是以業醫者，所記所誦，連篇累牘，俱係傷寒，及其臨證，悉見溫疫，求其眞傷寒百無一二。不知屠龍之藝雖成而無所施，未免指鹿爲馬矣。余初按諸家咸謂春夏秋皆是溫病，而傷寒必在冬時。然歷年較之，溫疫四時皆有，及究傷寒，每至嚴冬，雖有頭疼、身痛、惡寒、無汗、發熱，總似太陽證，至六七日失治，未嘗傳經。每用發散之劑，一汗而解。間有不藥亦自解者，並未嘗因失汗，以致發黃、讝語、狂亂、胎刺等證。此皆感冒膚淺之病，非眞傷寒也。傷寒感冒，均係風寒，不無輕重之殊。究竟感冒居多，傷寒希少。況溫疫與傷寒，感受有霄壤之隔。今鹿馬攸分，益見眞傷寒世所絕少。仲景以傷寒爲急病，倉卒失治，多致傷生，因立論以濟天下後世，用心可謂仁矣。然傷寒與溫疫，均急病也。以病之少者，尙諄諄告世。至於溫疫多於傷寒十倍，安忍反置勿論。或謂溫疫之證，仲景原別有方論，歷年既久，兵火湮沒，卽傷寒論乃稱散亡之餘，王叔和立方造論，謬稱全書，溫疫之論，未必不由散亡也明矣。崇禎辛巳，疫氣流行，山東、浙省、南北兩直，患者尤多，至五六月益甚，或至闔門傳染。始發之際，時師誤以傷寒法治之，未嘗見其不殆也。或病家誤聽七日當自愈，不爾十四日必瘳，因而失治，有不及期而死者；或有妄用峻劑，攻補失序而死者；或遇醫家見解不到，必疑膽怯，以急病用緩藥，雖不卽受其害，然遷延至死者，比比皆是。感之輕者，尙獲僥倖；感之重者，更加失治，枉死不可勝計。嗟乎！守古法不合今病，以今病簡古書，原無明論，是以投劑不效，醫者傍惶無措，病者日近危篤，病愈急，藥愈亂，不死於病，乃死於醫，不死於醫，乃死於聖經之遺亡也。吁！千載以來，何生民不幸如此。余雖固陋，靜心窮理，格其所感之氣，所入之門，所受之處，及其傳變之體，平日所用歷驗方法，詳述於左，以俟高明者正之。

《傷寒補天石・朱陶性序》 上古聖人則法三才，闡明陰陽五行運氣循環之理。畫卦爻，嘗百草，明藏象，君臣問辨，療人疾苦，深體上天生物之仁，誠重之也。至後漢仲景先師著《傷寒雜病論》，悉本《內》《難》諸經，其立法製方之妙，醫書中首重焉。惟是爻理深微，辭有盡而意無窮，是以後人雖極力究研，而會悟者百不一見。勝朝時吾郡有戈存橘先生，著《傷寒補天石》一書，其大旨乃發仲景言外之意，誠爲傷寒要書。惜板毁後刻本甚少，傳寫者

謬誤實多，爰將家藏善本，用活字板印成流布云。

《傷寒緒論·李瑾序》 穆叔有云：太上有立德，其次有立功，其次有立言。此之謂不朽，信哉是言也。吾聞古之賢達，不居仕明，即在醫卜之中。屈指往古名醫，如秦和之論六氣，越人倉公設爲問難，歷歷垂之左史，未始無功德於後世也。若路玉張子者，可以希蹤往哲，配德前人。但素抱夷曠，若不屑於應酬，曾有客長揖而謁先生曰：吾觀今世之延醫治病者，皆耳食，皆目皮相，余爲先生效曹邱生可乎？張子拒之。客又曰：今之習醫者，數招權，顧金錢，事貴人，是其長技，臨時驗證，則先備一二語以探之。製劑時，則以雜揉湯液投之。若先生者，能悟醫中最上源頭，復有余爲曹邱生，何慮名之不揚宇內哉？張子撫手而嘯，遂謝客。後知握齱者流，窮困則辱身下志，當厚則快意驕人，不足與談道。於是鋭意精研《靈》、《素》、《金匱》諸篇，取趙以德、喻嘉言之注，而復斧之，正其誤，去其繁，明其晦，補其缺，銓仲景傷寒六經之次。至於結胸痞鞕溫熱諸篇，釐然不混載。取往哲遺言，隸諸類證細證，所以輔仲景之未逮，列爲《纘》、《緒》二論。三復讀之，知天下未有之奇蘊於此矣。是書也，使智者目之，天穎迅發，愚者瞿然而悟，罔者危坐正襟，洗心滌慮，好自用者，目眩然而不瞚，舌撟然而不下。洵爲傷寒之大成，其德被於天下後世也溥矣，豈特有功於仲景而已哉。噫張子眞不愧乎立言哉。

《傷寒緒論·跋》 古之名於醫者，皆聖賢倜儻之士，胸具過人之識，故可以參化育濟生民，著至敎於天壤間，而垂不朽之業，洵非流俗所能希及也。後人無前賢之實學，奢望前賢之聞譽，乃日趨於智巧便佞而適人情。觀軒岐仲景之書，高不足以得名，卑不足以贍身。編塵簡蠹束，而埋諸廢籍之中，吾大人傷之，時有混類之悲，以語倬曰：自今已往，醫術日以工，而醫道日以晦矣。然學道者博而寡約，勞而鮮功何哉？其患在於習之不精，知之不明。行而不得其道，入而不得其門。由是取仲景原文，銓次作註，採先哲格言，補輯成章，勤成《纘》、《緒》二論，皆別出手眼，言必中累世之謬。其遊辭以見奇，支辭以觀美者，無一語焉。本欲藏之篋笥爲一家之學，詎意同人互引，日費鈔謄，因復稍加裁酌，命倬整理付梓，以流演聖賢之一脈而傷寒之道益研窮焉。《禮》云：藏焉脩焉，息焉遊焉，大人有焉。《詩》云：好樂無荒，良士瞿瞿。余小子敢不勉焉，男倬百拜謹述。

《傷寒辨證·勞樹棠序》 《周禮·疾醫》以五氣、五聲、五色視其生死，兩之以九竅之變，參之以九藏之動，歲終稽考，必以十全爲上，蓋醫之難言也。

先大夫少工舉業，晦迹邱園，不求利達，然性好讀書，樂施濟，經史而外，百家之書，無不窺尋，而於《千金》、《肘後》之秘，尤所究心。嘗謂棠曰：儒者讀書明理，當思有用於世，天下事物，何一不在格致中！即如醫者，拯人之疾也。語云：上醫醫國，其次醫人。六氣、六淫，皆足致病。而傷寒一門，長沙之義理深奧，後人闡發精微，代有作者。然因時因地，以施補救，而持論各有所偏，不善讀之，適足爲害。惟三原陣素中先生所著《活人辨證》，匯宋元來諸家之説，而以王、劉二家爲宗，補其所未備，衍其所未暢，條分縷析，使讀者一目了然，隨證施治，可無岐惑。此能窺長沙之奧，而爲王、劉二家之功臣。吾欲刻之而力不逮也，汝其識之。乾隆甲辰，棠通籍，觀政兵部。未幾而先大夫棄養，蓼莪之痛無窮，而遺言猶在，檢篋中書藏之，敬識不敢忘。服闋後，洊歷臺垣，鞅掌幾輔，未遑也。去冬蒙恩調任江蘇，旋即督運北上。今春漕艘掃幫，簿書稍暇，購梨棗，重爲鋟之，以廣其傳，成先大夫之志也。嗚呼！先大夫隱德弗耀而仁心爲質，即此《活人》一書。有心得而不欲秘，可以想見夫存心矣。刻既蕆，敬疏其緣起於簡端，以告世之留心於活人術者。

《傷寒辨證·紀昀序》 侍御勞鏡浦，余甲辰春闈所得士也。鏡浦家陽信，去余家僅四百里耳，戚宜相連者甚多，知其家世有隱德。其封公精於岐黃，好善樂施，鄉里尸祝之。余每閲《四庫》所收《名醫方論》諸書，延侍御參校，輒述其封公平日論議，劇有名理，故侍御亦明於醫。詢其所傳，則以《活人辨證》一書，封公所最得力者。嘗欲重刻以廣其傳而未果，待御清俸無餘，亦未遑也。今蒙恩簡，出爲河道，瀕行，乞余爲封公作傳。既諾之，復請曰：棠此行也，將刻《活人》書以成先志，更乞一言，以弁其首可乎？余惟勞氏之積德，由來遠矣。封公承先啓後，時時以濟人爲念，而鏡浦拳拳於遺言而不敢忘，較世之濫博科第，取貼括剩語災梨棗而弋虛譽者，何如哉！且是刻也，仁民愛物之心也，推是心以通諸政，其流澤無窮矣。余既爲封公立傳，而喜是書刻果如其所願也，故樂爲之序。

《傷寒辨證·周光鏞序》 闡發《傷寒論》者多矣。劉守眞《直格標本》，王安道《醫經溯洄》，始析溫病、熱病與傷寒異治。而金元後，醫之門戶日分，

河間主於瀉火；東垣爭於培土；丹溪以爲陽常有餘，陰常不足；景岳又以陽難得而易失，既失而難復。皆能師長沙而通其變者。然持論各有所偏，苟非深察陰陽，洞燭表裏，執一家之言，鮮不膠柱而鼓瑟者。甚哉！傷寒一門，其書愈多，其說愈歧，能折衷一是者，難矣。往余與觀察聚首日下，昕夕談心，得悉其尊甫贈憲公虞廷先生，博聞強識，精與岐黄，性樂施濟，然不可以貸取。鄉里無告者，有求輒應，雖嚴寒盛暑，跨一衛以行，無倦色。晚得異人授以針法，故於銅人腧穴之術甚神。觀察以癸卯、甲辰聯捷，官兵曹陟臺諫，揚歷中外，知隱德之報也。乙丑冬持漕節涖琴川，出《活人辨證》一編，示余曰：此先人所服膺者，將刻之以廣其傳，子曷爲我序之？余維士大夫留心濟物，往往旁涉於方書。唐王燾居舘閣二十餘年，多見宏文舘圖籍方書，故於守郿時，刻《外臺秘要》。宋沈括《夢溪筆談》有《藥議》一卷，東坡先生雜著中，時言醫理，故宋《藝文志》有《蘇沈良方》。今觀察刻此書，奉贈公之遺言，俾讀《傷寒》書者知所折衷，不至如冥行之無燭，則不特媲美於王郿州，蘇沈二内翰，而仁人孝子之用心，一舉而兩善備焉。積善之慶，豈有艾哉，余雖不文，其曷敢辭？

《傷寒辨證・自序》 傷寒一門，余初學醫，從《活人書》入手，眞同涉海問津，茫無涯際。遂發憤讀《傷寒論》及《明理論》等書，於理似有所得，及至臨病，終屬游移之見。且於傷寒諸籍，未免通此礙彼。後得王氏《溯洄》、劉氏《直格》、陶氏《六書》、吴氏《藴要》，甚契於心。兼之經歷既久，方知萬派千條，理歸一貫，而諸家之治法各有攸當也。因洞晰夫溫熱病與傷寒病證治法判若霄壤。至於隨經施療，要不外於辨别表裏虚實、陰陽寒熱，判然明白而已。若證之顯然明白者，夫誰不知，惟在似是而非之際，用藥一差，人命等於風燭矣。昔人憤然於此而曰：傷寒不藥，當中醫，誠有見也。所謂似是而非之難辨者，如表裏交錯，虚實疑似，陽經陰證，陰經陽證，熱極似寒，寒極似熱。若非脈證素明，胸中確有定見，未有不惶惑者，夫治傷寒而至於惶惑，其處方用藥，亦何可問乎？因思傷寒諸籍。博而寡要，平日不能淹通，臨病簡方，夫何能中！張景岳先生《傷寒論》獨得其要，然特爲上上人説法耳，初學未可躐等而冀。兹將傷寒與溫熱病異治，及疑似難辨之證與古人之未及詳辨者，一一標出，庶幾臨病者，於表裏虚實、陰陽寒熱，如蒼素之瞭然乎。若夫有志明理，則先賢傷寒諸書，不可不細讀也。

《溫熱暑疫全書・自序》 醫之道，難矣哉。凡病傷寒最重，溫熱尤烈。傷寒僅在一時，溫熱暑疫每發三季，爲時既久，病者益多。苟不明其源，溯流不得清也，不辨其類，療治不得當也，則溫熱暑疫皆熱證也，燎原之下竟乏清涼一滴。人無今昔，性有異同，神酣往聖，志切琳瑯，俟以一隙微明，静中索照焉。夫上古聖人，首重色脈，以營之未交已交定人生死，片言已畢。中古聖人，耑論穀氣盛衰定人生死，片言已畢。仲景，叔季聖人也，既立方論，復出不盡之藏，緯以膀胱之傷與絶，定人生死，先後合符，了無剩義矣。乃仲景於《傷寒論》中溫熱森森，具載黄芩、白虎等湯，是其治也。後之學者苟能引伸此意，便可變化不窮。神明千載，不能細察其理，反執以爲治傷寒之法，盍思本湯既無外解之功，又無内奪之力，聖人立法，果何謂乎？自晉以來，疑鬼疑蜮，陋沿無已，如崔文行解溫用白朮、烏頭、細辛、桔梗四味，更加附子，名老君神明散。更加螢火，名務成子螢火丸。熱藥相投，以火濟火，誰其辨諸？如仲景書謂太陽病，發熱不惡寒而渴者爲溫病，朱肱《活人書》謂發熱惡寒，頭疼身痛者爲溫病，已悖聖訓矣！又云：春秋發斑欬嗽爲溫病，至風溫治在少陰，其所立五方，如葳蕤湯、知母葛根湯、防己湯、栝樓根湯、葛根龍膽湯，風火相熾，燔灼無休，復改聖散子，仍用附子表裏香燥。同之東坡先生在黄州時，頗稱其效，豈知朱肱已三易其方，用敗毒而遠熱藥，然厥功奚減厥罪，吴氏謂傷寒壞病，更遇溫熱爲溫病。潔古老人傷寒名家也，其子雲岐以傷寒過經不解者爲溫病，指叔和之言，爲仲景之文。趙嗣眞謂仲景云重感異氣變爲溫病，汪機謂仲景云遇溫氣爲溫病，遇溫熱爲溫毒，竟不顧聖經之載於方策者，何曾有此一語？巢氏《病源》遵崔文行解散法，一日用摩膏火灸，二日用鍼解散，三日復汗之，四日用藜蘆丸、瓜蒂散吐之，五六日解未了了者，復鍼之，七日熱已入胃，雞子湯下之。遂使龐安常自撰《微言》，一以和解爲主，奉爲靈寶，少移則蹶。巢龐比匪何極？李思訓亦宗和解，王海藏稱其當宋全盛明哲莫踰，擬非其倫矣。丹溪長於溫熱，善用涼藥，溫熱遇之，自能解散，要非有斟酌於其間也。東垣不善外感，長於内傷，乃從《内經》悟出冬溫、春溫二義，誠暗中一大炬，嘉言極口歎頌，眞先得我心者矣。迨劉河間《傷寒直格》於熱病每多入理深談，然混在正傷寒中，在人眼光採擇，不免金屑雜於泥沙者歟。至明季方中行著《傷寒條辨》，可謂直登仲景之堂，獨開生面。惜其論溫熱亦分陰分陽，似可用熱，遂爲嘉言所宗。嗟乎，病名溫熱，自

需寒涼，乃千百年來盈庭聚訟，先後支吾，陽春寡和於漢庭，埧箎迭奏於晉室，良由來派不清，復無面牆體認，誠習焉而不察耳。不然，豈諸公各自名家，乃甘悖聖矩如是耶？ 若夫夏月暑證，即《金匱》中濕暍氣蒸之病也。潔古、東垣以動靜分陰陽，動而得之爲陽，用白虎；靜而得之爲陰，用大順、冷香諸劑。豈知夏月杲杲炎威，有陽無陰，動靜不甚相遠，惟多食冰果冷物，乃恣意房幃，致傷太陰少陰者，熱藥可以暫用，豈得視溫熱之味爲通行之藥乎？ 漕憲北海林夫子爲一代偉人，醫學宗匠，俊立雪程門三五年間，極蒙提命，因授所刻，明計部張鳳達《治暑》書，申明理蘊，精確不磨，雖有小疵，不掩大德，誠可振聾聵於千古者也。至叔和，云四時不正之氣，感則爲疫。不知非時不爲厲氣，僅爲寒疫，而水疫之沿門闔境傳染相同者，允在兵荒之後，尸濁穢氣充斥道路，人在氣交感之，而病氣無所異，人病亦同，所以月令於孟春，掩骼埋胔，不敢或後者，聖王早慮及此耳，非徒澤及枯骨也。後世治疫之法，未有定見。如嘉言上焦如霧，升逐解毒，中焦如漚，疏逐解毒，下焦如瀆，決逐解毒俟。其營衛既通，乘勢追拔，勿使潛滋暗長於未盡之時，此固不易之論。然求其反覆盡義，變態直窮，老長吳又可之言別無依傍也。後辛生明備，不安苟且，日引光明之藏，志榛莽之途。輯仲景《傷寒論》，三注《金匱》，補注之餘，先將溫熱暑疫四證，釐訂經文，采集方論，無背聖法，有合病情，各自成帙，蒙潘憲丁夫子，因戊午年時疫盛行，憫編戶之疾苦，如痌瘝之乃身，遂下詢疫所自始，與所爲治。惻然嘆曰：嗟呼，安得明此理者數十輩，循行救治，俾在火輪火樹，夢魘心迷者一旦提置冰山雪竇之中，奚止飲醍醐而稱快哉。命爭付棗，以公同志。

《瘟疫發源·自序》 予年八十歲，幼自數十歲時，受祖父之岐黃醫業，從師訓讀數載。父亡之後，各處訪求明師賢友，講究議論，至於前賢，如東垣、丹溪、河澗、仲景四大明師岐黃，將諸病、脈理、經絡、臟腑、本草，無不註釋，詳悉明白，惟有瘟疫一門，而未嘗發明受病之由。諸家雖有數句，至簡至約，不甚詳細，悶懷心腹，二十餘年。凡遇瘟疫之症，流行顛倒差亂，悞人多多，忽而青州。宗玉張公，亦是世家岐黃，所積之書，賜《類經》一部，四十餘冊，朝夕晝夜苦讀窮究。黃帝與岐伯，註天文、地理、人事三才，其書理義深遠，繁多難讀，蓋學淺不能便覽。吾將瘟疫一門，由博返約，採集一冊，名曰《瘟疫發源》，使後人便易入門。至今三十餘年，屢驗屢效，方敢刊刻濟人。所驗之年歲，略表一二，開例於左，以使後學誠信，再求高明指示。

《治疫全書·凡例》 一是編因瘟疫一症，自古無眞傳。歷代明賢，間有論及之者，俱不得其肯要，醫家遇此，但照傷寒方法，禍人甚衆。是以亟爲編鐫，拭目望其遠傳。

一是編溫證、瘟疫，雖非兩門，然受病各殊，見症不一，表裏各異，傳變不同，不得不彼此分疏，逐層剔出，以示後人繩準。

一吳論專主胃家，長于用下，喻論溫經爲主，戒用下劑。然細較之，果其冬不藏精之正溫原當禁下，間亦有不得不下之時。若夫瘟疫爲病，一團邪氣，結滯壅塞，非下不愈。每見天行時疫，多賴下奪，始建回生起死之功。醫者必先認清二家所論之病，察明二家所論之症，查明二家所用之法，詳愼其治無錯失。

一溫、瘟二字，字義各殊，音切則一。讀得因溫與瘟一其音，遂混溫與瘟而同其治，毫厘千里，誤人甚衆。茲于吳氏卷中取用瘟字，喻氏卷中取用溫字，庶覽者觸目燎然，免有適燕指南之慮。

一是編辨症甚明，論治最晰，明通之士不費沉思，業醫之人一查便曉。若果各挾一冊，貯之案頭，懸之肘後，或窮愁困苦絕無請診之資，雖邊遐荒無有良醫之地，偶有一病對病檢方，按方用藥，依其所患之症療之，起死回生。既足以表吾人利濟之深仁，亦足以廣天地好生之大德。

一吳論著自崇禎壬午經，巡撫廣東部院年，於藏書中檢獲，抄本授樣，刊佈及進京路由江省。予因就診始獲此書。則 先生此書尚未大行遠行，無論僻壤窮鄉，目所未見，即通都大邑，亦耳所未聞，可知也。念予年逾七十，歷覽頗多，獨此辨症審經處方，用藥實爲奇創，且試經屢驗，不忍秘而不傳，漸至湮沒，故特重加編輯，參之喻論，譬如日月合明，容光畢照，惟望存心救世者，或則再抒妙論，或則刊佈遠傳，庶不負予此番苦心，而民生慶幸矣。

一是編分爲五卷，第一、二、三卷將吳氏《醒醫六書》逐條標出者，因瘟疫一症爲最危險之病，從前諸家俱不過約略論及，並無一人抉出其病之眞正根源，切要治法，致後人上一遇此症，無從措手。茲照原本一一編出，稍爲論釋，以示後學章程。第四卷摘錄喻氏各條，因吳氏卷中專論天行時疫，其于《內經》冬傷于寒，冬不藏精，春必溫病之旨未及闡明，但邇來冬不藏精之人，恆多患疫，輒兼中寒者有之。是以擇其議論透闢關照《內經》正旨者，量爲錄

出，以補吴氏未逮。第五卷纂集疫門脈症方治，俱係散見各種醫書之大法，竊恐迫不及待之際，難以遍加搜查，絕無妙訣奇方，勢必坐視其死而莫之救，故特分類登註，以便後學取裁。

一是編間有問答者，因傷寒瘟疫症頗相同，認症審方最宜分別，并或感暴寒而又兼疫氣，或既染疫氣而復感暴寒，及覆無常，淹纏不已，與夫溫病，名目種種。不同雜氣爲病，各各不一，及遞相傳染，因由預防謹避要法，凡二氏論中所未及者，今悉於答問參按中一一指明，以廣後人識見。

《治疫全書・喻論總按》 喻嘉言先生《尙論》春溫定爲三大例，一遵《內經》冬傷于寒春，必病溫；一遵《內經》冬不藏精，春必溫病；一將冬傷于寒，又冬不藏精，至春月同時病發，例于兩感。此皆冬月觸犯寒邪，深入腎臟，致春而發之溫證也。冬月所感之邪，久藏腎臟，非比冬月新感暴寒，可以表散。故三例中但取用桂枝解肌，麻黄附子細辛溫經而帶發表，深戒用下。其所以論證論治之處，似乎與吴氏不同矣。然而上篇諸論意在解肌，即吴氏所謂邪氣浮越三陽經而用羌活柴胡乾葛之義也；中篇諸論意在溫經散邪，即吴氏或云久病先虧，或云本氣虛寒，或云先虛後實，或云元氣衰微，眞陽不足而用補池兼施，七成湯參附養營之義也；下篇諸論意謂陰感陽微，以溫爲主，陽盛陰微，以下爲主，果其陰陽錯雜，溫下兩有所礙，則參伍以先調其偏重處，即吴氏病有表裏虛實不同，證有遲速輕重不等，治有先後緩急之義也，茲取二氏明論合而成書，病雖稍異，而溫與瘟之症候愈明。症名不同，而溫與瘟之治法，益顯後之學者，果其遇春溫而參之以吴氏之論，遇瘟疫而更參之以喻氏之言，融會貫通，圓機活潑，自能按病檢方，對症發藥，百發百中，萬舉萬全，夭札之患可以鮮矣。然則此一也，雖爲品平日救人之宿，願少酬，亦未必非此後生民之大幸也。

《治疫全書・答問附》 書成之日，契友陶景尼、鄒紹南者問于品曰：詳查是卷，悉取吴喻二氏明言，加以論釋，并採從前經驗諸方附載後卷，以治瘟疫，無剩義矣。但憶乎，昔所聞鄱陽湖鄉及沿河上下一帶，每當疫氣盛行，往往有神像現身，且端然在座，侍衛多人，病者口中竟有某日要到某家，某日要到某姓，某姓設燕甚豐，某家設欵極薄，某人在數難逃，某人罪名可赦，併其所需供儀錢錠，亦教令向某某店中買取之語，藉籍相傳，不一而足，歷年試驗，大半有准。一鄉知此，則別鄉可知，一邑如此，則別邑可知。今此書既專論瘟疫，何以並無一字道及，豈活現之神像，不足信乎？病人之口語，不足憑乎？抑或者，昇平盛世，斷無此等奇異，皆彼愚夫、愚婦之好事者爲此妄誕之說，惑人以誣世乎？乃一皆置而勿論，是猶不免有掛漏之譏也。品應之曰：神道幽遠，聖人所不言，然儺以逐疫，即宣聖亦原有朝服而立，阼階之事。今據云云，雖不可視爲理之所必有，而亦不可謂爲事之所必無。按此，原是上天降罰以懲奸淫，因其地其人之罪惡多端，上干赫怒，故悚之以儼。然在上之形，惕之，以如臨如質之像，令人毛骨聳然。俾世之見見聞聞音，感知天鑒之不爽，莫不生其敬畏，使人人得以改過自新也。晉謂當新境者，亟宜屏其聲色，禁其鑼鼓，惟齋戒沐浴，以展其誠，戒謹恐懼，以致其敬，禱祝以泄其罪，懺悔以禳其災，仗人事以挽天心，庶免寘誅于萬一。若當此，而或欲以醫藥是務，亦惟於此卷中求之耳。吾故不敢妄贅一言，徒令人驚奇，而駭異也。皆憬然曰：災由天降，禍本自求，予早不知天道之所以刑淫，而但拘泥于鬼神爲禍之説也。今聆斯言，而不禁豁然通，恍然悟矣。

《治疫全書・辨孔瑣言自序》 甲午秋，余以鄉試至江城，見坊刻有《醫門普度》一書，不勝欣賞，竊謂疫痢二症，至險至危，久無定論。頃予評訂吴又可先生瘟疫一編剞劂問世，今又得孔君毓禮合痢症之條，窮源溯流，明白顯示以爲醫家之津筏。此固予所跂踵延頸甚欲引爲將伯之助者也。急索覽之，則孔君書內，論疫之言有顚倒前輩，貽害後人之甚者，又不得不爲之辨矣。孔君論疫固本吴氏原文，而于其原序中，瘟字盡改爲溫，又于吴氏原論各條下，竄竊己意，居然以正名正誤自稱。嗚呼！瘟之與溫較，然兩症絕不相同，而乃欲以吴書瘟名之眞正者竟以瘟溫混稱爲正名。吴書治瘟之不誤者，又以瘟溫誤治爲正誤耶。此余所甚不解于孔君者也。夫吴氏之書專論瘟疫及余所評訂原文甚明。信如孔君言，瘟即是溫，又云加疒爲瘟，皆後人之自爲變易，不可因易其文，遂以瘟溫爲兩病。是則孔君之敢于顚倒前輩，貽害後人矣。試思瘟與溫之較，然兩症者而既欲顚倒以混其名，則瘟與溫之較，然兩治者不致貽害而混其治不止也。然而吴氏所謂邪厲毒穢感受傳染之瘟疫而可以《內經・素問》之所謂冬傷于寒，春必病溫，冬不藏精，春必病溫之治以治之乎？吾恐孔君亦知其不可也。則瘟與溫之各爲一症，固已顯然也。且即溫之爲症，亦不一矣，如冬溫、春溫、風溫、濕溫種種不同。前賢尙論往籍可稽，獨無有闌入疫門，瘟字混舉淆稱者。故長沙張氏謂治疫爲前

人缺典，因著論以爲補遺，則瘟之與溫症不同而名各別，又顯然也。蓋溫症有兼瘟氣而發者，未有瘟疫而即名之以溫病者也。請得晰言之。昔嘉言喻氏先輩之論疫也，謂仲景《傷寒論》欲明冬寒春溫夏秋暑熱之正，自不能併入疫病以混常法，而溫瘟並發之症必加兼字。先輩恐誤後人句斟字酌精細如此，可知瘟疫與溫病之不同者，此其一也。又謂四時不正之氣，感之者初不名疫，因病致死，病氣尸氣混合不正之氣，斯爲疫矣。以故雞瘟死雞，豬瘟死豬，牛馬瘟死牛馬。推之于人，何獨不然？夫病氣尸氣混合不正之氣始名瘟疫，而溫則冬傷于寒及冬不藏精之所致，是瘟與溫之不同者，又其一也。惟謂溫與暑濕熱之氣交結互蒸，其中或雜諸穢，益以病氣死氣，無分老少，觸之即同一病狀。此則溫氣而兼瘟氣者。然溫不同瘟，玩一兼字可見。不得謂瘟即是溫者，又其一也。夫先輩不惜苦心以分而別之，而孔君必欲恣其私見以混而同之也，余是以不解也。且孔君亦自知其立說之前後牴牾乎？其評論雜氣曰疫病乃天地癘氣，時人以傷寒目之，更以冬傷于寒，春必病溫之溫病混之，則溫不可以混瘟。孔君亦既知之矣，而于瘟即是溫之言，不已自相矛盾乎？又云疫病感天地戾氣也。戾氣者，非寒、非暑、非煖、非涼，亦非四時交錯之氣，乃天地間一種癘氣。至于溫病，則伏邪所發，多有安居靜養，別無他故。倏焉而病詢其所以然之故，無處尋思，求其感受之因，杳不自覺，則瘟之不同于溫亦猶溫之不可以混瘟者，孔君亦又知之，而與瘟即是溫之言相爲矛盾，不更彰明較著哉。不但此也，又據《雜氣篇》評曰：即如叔和所云春應溫而反寒，夏應熱而反涼，秋應涼而反熱，冬應寒而反溫，得非時之氣，長幼相似者，以爲瘟疫病，其說亦似是而非。孔君又明知非時之氣如前所云，應溫反寒，應熱及涼之類，是爲溫病，而不可遂以爲瘟疫，故謂叔和之說似是而實非也。則瘟即是溫之言，即問之孔君其以爲然乎？否乎？抑實矛盾乎？此固不待智者而知之者也。嗟乎！溫之爲症，雖亦多端，然不如瘟之危險，若大頭、軟腳、疙瘩、瓜瓤、蝦蟆、絞腸諸惡症，治者差以毫釐，病者即分生死。故吳氏《醒醫六書》實專門名家之業，無從顛倒，無從疵議者也。而孔君云云且以正名誤自命，則余雖不與孔君辨而不得不代爲吳氏辨，且爲讀吳氏書而治瘟疫者辨之也。易曰：由辨之不早辨。孟子曰：予豈好辨哉！愚亦猶是耳。知我罪我，不遑計矣。爰就孔君原文爲之條辨如左。至若痢門，余另與瘧泄合爲論著，附錄後編。

《瘟疫明辨·自序》 瘟疫一症，歷代明哲具有成方，如仲景有大青龍湯、陽旦湯、越婢湯、黃芩湯、白虎湯、大小柴胡湯、三承氣湯、麻黃升麻湯。特散見於諸經條中，而未嘗直指其名爲瘟疫，非不欲明言也。其書本傷寒立論，而互爲區別之書，非專論瘟疫之書。且上古文辭簡易，詳於辨症，而不詳於立名。欲人從症上細辨，則不必名上區別，而自無混治之失。嗣是而後，河間有宣明五氣論，則論瘟疫較詳，立法更備，如桂苓甘露飲、黃連解毒湯、三已效方、涼膈散、人參石膏湯、雙解散，諸方皆是，而亦未正其名。易老、東垣大羌活湯、九味羌活湯，立方更備，而亦無專書，無特名。至吳又可先生貫串古今，融以心得，著時行瘟疫一論，眞可謂獨闢鴻蒙，揭日月於中天矣。顧其書具在，而時賢有未見，而不用其法。或雖見其書，而不能信者，無怪矣。有日誦其書，嘖嘖稱道，而對症施方，仍多不用其法。口則曰此時症也，而手則仍用傷寒之方。拘傷寒之法者，比比皆然。愚揣其情，必非知而不用也，知其名而未得其辨症之法耳。愚目擊心傷，不揣固陋，而取吳子之原本，或增訂，或刪改，意在辨溫疫通體異於傷寒，而尤慎辨於見症之始。故首增辨氣、辨色、辨脈、辨舌、辨神諸論於開卷，使閱者一見瞭然。則吳子之書，人人可用，而瘟疫之橫夭者少，生全者多，誠斯世斯民之幸也。

《瘟疫明辨·重刻孫祖啓序》 先大父北山先生，以通儒邃醫學，所論著《傷寒雜病》諸書，及《欬註論》、《瘧論》、《廣瘟疫論》，凡十數種，皆先世父雪村先生行楷細字錄藏於家。近日書坊有刻本《瘟疫明辨》四卷，祖啓購閱之，即先大父存存書屋《廣瘟疫論》也。雖易其名，幸未改竄其文，不知何人誤刻爲歙人鄭某之書，在先大父固不爭此，而子孫見之不容不正也。因出存存書屋本，校而刻之，以糾訛傳，廣先德。因歎傷寒一書，註者百家，至程郊倩實爲獨闢鴻蒙，後有慈溪柯韻伯論翼出，而傷寒一書歎觀止矣。瘟疫一證，古無成書，至吳又可實爲獨闢鴻蒙，更有先大父此書出，而瘟疫之書歎觀止矣。事固有更閱數十年而後得所折衷者，此類是也。代生名賢，民何幸與。

《瘟疫明辨·上元縣志》 戴天章，字麟郊，邑庠生。少師林青雷習舉子業，好學強記，所讀經史，能通部逆背，如瓶瀉水狀。謂時文干祿不足爲，研求有用之學，自天文地理射弋，以及書畫琴弈之類，無不探微極要。尤精醫理，博覽深思，活人無算。謝之金，揮不受。四方淹雅名流，至必下榻請教，

性樂推解。友朋中或來就食，更贈餘資。歸而舉火，課諸子，督以勤苦力學。晚號北山，學者稱北山先生。長子瀚，字巨川，雍正元年癸卯一甲第二名進士。恭遇覃恩，勅贈文林郎翰林院編修，例贈中憲大夫。乾隆辛卯，孫翼子官御史，再遇覃恩，貤贈朝議大夫，如其官。

《醫效秘傳・張文燮序》 醫習自《靈》、《素》、《傷寒》、《金匱》外，歷代名賢著述，汗牛充棟，求其能續軒岐一脈，繼往開來，有益於世者，余未數覯，何也？蓋其故有二：一則泥古不化，隨文敷衍，辭多害義，致使先聖片言舉要，一隅三反之旨，晦而難明，後學反因之而有他歧之惑；一則師心自用，妄詡聰明，好奇好僻，以無稽之言，迷惑後世，自欺欺人，流毒無窮，故書愈多理愈晦，遂成千古絕傳之學，深可憫焉。我朝廓清寰宇，軫念民瘼，爰採海內遺書，刪繁訂誤，去僞存眞。御製《金鑑》一書，頒示天下，集醫學之大成，子生民以多福。從此山陬海澨，莫不引繩削墨，學有指歸，名賢輩出，群登仁壽，皆聖天子深仁厚澤所致也。吾吳葉天士先生當時爲十全之醫，四方求治者，戶履常盈，惜著作甚少，雖有《指南》一書，行世然總以未窺全豹爲憾。余自留心斯道爲dℓ，訪求先生遺編，往來胸中者，已三十餘年矣。辛卯春，同門徐子雪香過草堂，談及先業師翁春巖，有抄藏先生《醫效秘傳》三卷。余聞之而喜，急索徐子副本讀之，前二卷辨別傷寒，後一卷摘擇經旨，申明脈要，法取應驗，理貴簡明，不泥古，不好奇，眞如月印千潭，只是一月，非學有本原，何能臻此？因與同志者重爲校讐，付諸棃棗，以廣其傳。讀是書者，勿以平易近情而忽之，其妙正在平易近情中也。

《醫效秘傳・吳金壽序》 醫之事豈易言哉。非討論而悉其源，無以施臨症之功，非臨症而著其效，無以驗討論之力，二者未至，不足以言醫也。吾吳從事斯而以神明稱者輩出。其能實從讀書閱歷中，本心得以立言啓後者，必首推天士葉先生，而薛生白、繆方彥兩先生，亦後先輝映焉。吳子金壽從余學醫，究心有年，出以應世，亦能得心應手，茲持其彙刊葉氏《醫效秘傳》，暨葉、薛、繆三家醫案視余。披閱之，以其論證其方，靡不脗合，即薛、繆兩家，亦往往與之同條而共貫。宜當時受三先生十全之功甚博，至今猶負重名也。凡從事斯者，誠能即此探其論以立體，究其方以妙用，不特往哲立言啓後之心，賴吳子以廣布，而吾吳醫道繼起，而擅神明之技者，將從此踵相接也。余故樂得而爲之序。

《未刻本葉氏醫案・校讀記》 此案舍末後附載一案是連方外，其餘均係按日抄錄門診方。未曾經過修飾整理者，眞可靠之葉氏原按也，惟不載姓氏及復診三四診等等，漫無分別，使學人無從稽考，是大損失之處。其中案語有極簡者秖二字，如脈弦、脈左弦之類。且甚多，可見當日風氣。尋常門診，不重脈按，然以理推之，恐必是復診或再三診之類。其始診必不如斯簡略耳。此等桉、人以爲無可取，余仍珍視之者，良以以藥推證，亦得六七，且其配合之矣。同一可研味，故不廢也。中間夏秋暑瘧利咳嗽方最多，其餘則調理虛損雜病間見，似是一年中所錄，而長夏秋間爲多耳，方重出者不少，其相類者尤多。大概普通病症均有一定標準，主藥數味不甚換，其換者一二味耳。方多偶，用奇者十之一二耳。六味最多，多者八味，十味十二味不甚多見也。六味中四味不甚換，換者二味。如咳嗽門沙參、花粉、川貝、桑葉四味尤多也。雖云套法，卻堪究味。聚而玩之，製方選藥，因症轉移之理，十得八九，且其選藥味至精湛。一味之換，深意存焉。六味之中，涵詠不盡，每含古昔名方數種爲一鑪治。加減變幻之美，從來所無，清眞靈活，如思翁書法、漁洋絕句，令人意遠。余讀其案方結構之美，則則有味，最爲相契。平生心折，實緣於此，非從然也。若同時生白諸公方案雖佳，生白文學高於天士，方案至佳，實經擷錄，方則平實遜之。方之結構，遜之遠矣。亦有極相似者，風氣移人不自覺耳。天士用方，遍採諸家之長，不偏不倚，而於仲師聖法，用之尤熟。近人似葉派與長沙相距，以爲學天士者，便非長沙，學長沙者，不可涉天士，眞眞奇怪之極。其實即以溫熱發明之故，貌似出長沙範圍以外，宗奉者復加以渲染，或逾其量，如柴胡刼肝陰，葛根耗胃液之類，下語太死，引起反感。宗長沙者，因而大詆之，愈積愈深，竟成敵國。承其後者，竟不窺天士一字，但知漫罵鄙棄，不知葉氏對於仲師之學，極有柢也。案中所載，歷歷可徵。詆者苟澄意閱之，不致狂言如囈矣。此集按方之佳處，正在相類方多，可資研究。若論議論之恢宏，治療之奇特，收羅之廣博，自不及《指南》之富、《存眞》之精，而其特有之好處，亦二書所未有也。布帛菽粟，家常所需，賤不可廢。奇珍異寶，時或遜之，此編則其例也。凡學一人欲得似，非僅擇其精要而觀之即可也，必並其尋常瑣屑一一無遺。愈多愈詳愈妙，昔有俳優欲學一相君之狀態，遂投入時相之門。服役久久，一旦袍笏登場，人皆駭然似爲眞相君矣。此則其例也。爲道雖異，理實相同，從前醫家師徒相承，別無秘法。讀書之外，每日臨症抄方，數年之後，自然得其薪傳。若但選其精作醫案讀之，決不能

成功如此也。又非專一不可，如臨症抄方，一年換數人者，決不及數年隨一人者成功之佳。此無他，駁雜不專耳。正如學書法一樣，專則有進，雜則無成，其理同矣。若世傳天士學更十七師，此成功已後之事，心有主宰，自然能選精華而去渣滓，亦如學書成後遍臨諸家相同，非爲入門初學言也。余謂天下百種學問，均同一理，均同一法。所謂一以貫之，眞不刊之論也。余決從天士入手，以幾仲師之室，附記肊見於此，以示後來學者。天士未刊醫案，極難獲得。此編眞而且多如是，其寶貴焉可以言語盡哉。自慶福緣，因記於此。

《未刻本葉氏醫案・吳中天士葉老先生方案序》 聞之士生斯世，不爲良相，當爲良醫。蓋以良相良醫皆可救斯人之疲癃殘疾，而不忍坐視其顛連而莫告也。然非識學兼到，相固不能濟世，即醫亦不能濟人。吾考古之名相，無識何以旌別淑慝，求賢以輔治，無學何以本仁祖義。監古以善今，古之名醫，無識何以審病源之虛實，而調劑得其平。無學何以明脈理之精微，而制治有其要，是可知醫國醫人，初無二理，爲相良固難，爲醫良亦不易也。無怪乎求良醫於當代，不少概見，惟吳中天士葉老先生庶名克副實，不愧爲良歟。粵稽葉老先生精通脈理，洞見病源，用藥尤能心小不膽大，當日之無遠無近染疴求治者，日不暇給。症多怪異，而方亦新奇，每授湯丸，無不效驗。所謂不笏而饒相業，有樞以轉天心者，舍先生其誰屬？所以仲升周子日侍左右，每見方案，無不彙而集之，積成卷帙。雖人之致病各殊，投劑亦異，未無旁通之益焉。其年顧親翁，世業岐黃，亦有見及此，因即假周子原本，細心抄錄，持以示余，乞余爲序，余於披覽之下，見葉先生按症酌方，各有因心之妙用。子夏云：雖小道必有可觀者焉，良不誣也。後之學者，苟勿視爲古人糟粕，而能深求其精義，無負葉老先生揆方之精心，與周子彙集之苦志，則識學雖未必兼到，而亦稍稍有合乎不爲良相當爲良醫之遺意，豈不大有功於斯世哉？余不揣固陋，冒昧爲序，望勿以言之不文而姍笑之，幸甚。

《續選臨證指南・李治運序》 夫事之最切於日用者莫如醫，故自軒岐道興，而《靈》、《素》以下，代有名人，歷有著述。盧扁以後，如仲景所著《傷寒》、《金匱》，直啓《靈蘭》之秘，洩《玉版》之文。至若河間、東垣、丹溪，亦迥出凡流，合仲景稱爲四大名家。傷寒暨雜證之治療，法云備矣，世咸宗之。但仲景之書，辭義古奧，雖經諸名家之註疏，亦未能盡晰其理。近代以來，薛立齋、張景岳、喻嘉言等，皆本之《靈》、《素》，或作或述，其於諸證，皆有發明。迨柯韻伯所註傷寒，能獨開生面，惜其書尚未廣行於世。其他則間有心悟闡揚，亦不能無偏執之弊矣。我皇上仁育爲懷，命大醫院考覈前賢精義，彙輯《金鑑》錄一書，頒行海內，集諸賢之大成，開後人之心法，壽世福民，孰有善於此哉。夫醫者，意也。方者，法也。神明其意於法之中，則存乎其人也。父子不相授受，師弟不能使巧也。吳閶葉君天士，稟賦靈明，造詣深邃。其於軒岐之學，錯綜融貫，處方調劑，立起沉疴，故名播南北。所遺《醫案》與方，膾炙人口。華君岫雲，婆心濟世，輯而成帙，別類分門，將付剞劂，而請序於余。余繙閱再過，實足以啓迪後人，使好學深思者，觸類引伸，未必非濟世之一助。至進而求其所以然，彼《靈》、《素》諸書具在，而心領神會，則又存乎其人也云爾。

《續選臨證指南・稽璜序》 醫之爲道微矣。七情六氣之感，病非一端，溫涼寒熱之性，藥非一類。非天資高妙者，不可以學醫。非博極群書者，亦不足以語醫也。今之醫者，或記醜而不精於審脈，或審脈而不善於處方，或泥古而不化，或師心而自用，或臨症不多，或狃於偏見，不能已疾，而轉以益疾，又烏可以言醫哉？吳門葉天士先生，天分絕人，於書無所不讀，終身不能忘。其視脈也，不待病者相告語，而推述病源。有病者思而後得之者，不啻日周旋於病者之側，而同其寢興飲食，熟其喜怒驚悲也。蓋以其意深識病者之意，而又神明乎古人處方之精意，而直以意斷之。故其處方也，一二味不爲少，十餘味不爲多。習見不妨從同，獨用不嫌立異，輕重繫於杪忽之間，而其效在乎呼吸。及數十年之後，投之所向，無不如意，迎刃而解，渙然冰釋。先生之名益高，從遊者日益衆，而先生固無日不讀書也。嘗記余鄉人有患痼疾者，間詣先生所，爲處方授之曰：服此百劑，終身不復發矣。其人歸，服至八十劑，蓋已霍然者月餘矣，乃止不服。逾年病復發，復詣先生所，先生曰：是吾令服某方百劑者，何乃如是？其人以實告，令再服四十劑，即永不發矣，卒如言。其神妙若是，是豈俗手之意爲增損者可同年而語哉？今所存醫方若干卷，皆門弟子所錄存者，學者能讀其書以通其意，則善矣。

《續選臨證指南・李國華序》 吾吳葉天士先生，以岐黃妙術，擅名於時者五十餘年。凡一時得奇疾而醫藥罔效者，先生一診視而洞悉源委，投以片劑，沉疴立起，遠近之向風慕義者無問言。余舊居胥江，與葉氏世屬通家，其門牆桃李，亦皆至戚舊交，心神其術，因錄其方案成帙，藏之有年，方欲公諸

天下。今錫山華君岫雲爲之分別門類，授之梓人，余喜君之與余有同心也，因任校讐編輯之役。書既成，君囑余書其緣起，夫良醫之功同良相，人所稔知也。然良醫不能使其身壽同金石，而屢試。其技於後人，亦勢之無可如何者矣。今得同心者彙錄其成案，而使後人有所取法觀摩，其功顧不偉歟。使後有能者得是編而神明變化之，則先生之遺澤流被於千百世而無窮，而先生不死矣。今因是書之成，爰書其大略如左。

《續選臨證指南·華岫雲序》 古人有三不朽之事，爲立德、立功、立言也。蓋名雖爲三，而理實一貫。要之，惟求有濟於民生而已。夫有濟於民生，則人之所重，莫大乎生死。可以拯人之生死，雖韋布之士，亦力能爲者，則莫若乎醫。故良醫處世，不矜名，不計利，此其立德也。挽回造化，立起沉疴，此其立功也。闡發藴奥，聿著方書，此其立言也。一藝而三善咸備，醫道之有關於世，豈不重且大耶。故上古聖帝辨晰陰陽，審嘗氣味，創著《内經》，垂不朽之仁慈，開生民之壽域，其大易《本草》、《靈》、《素》諸書，炳若日星，爲萬世不磨之典。厥後亦代有名賢，窮究其理，各有著述，開示後人，以冀其躋仁壽。無如後世習是業者，其立志存心，卻有天理、人欲之兩途。如范文正公雖不業醫，而其所言不爲良相，即作良醫者，斯純以利濟爲心者也。俗諺有云：秀才行醫，如菜作虀者，此淺視醫道僅爲衣食之計者也。夫以利濟存心，則其學業必能日造乎高明。若僅爲衣食計，則其知識自必終囿於庸俗。此天理、人欲、公私之判也。故每閲近代方書，其中有精研義理，發前人未發之旨者固多。亦有徒務虚名之輩，輒稱與貴顯某某交遊，療治悉屬險證，如何尅期奏效，刊成醫案，妄希行世，不知此皆臨證偶爾倖功，乃於事後誇張虚語，欺誑後人，以沽名譽，則其書誕謾不足信也。噫！欲求遵嘉言喻氏遺法，臨病先議證，後立方，其於未用藥之前，所定方案，無一字虚僞者，乃能徵信於後人。但執此以繩世，誠不易多得也。惟近見吴閶葉氏晚年日記醫案，辭簡理明，悟超象外。其審證則卓識絶倫，處方則簡潔明淨，案中評證，方中氣味，於理脗合。能運古法，而仍周以中規。化新奇，而仍折以中矩。察其學識，蓋先生固幼稟穎絶之才，衆所素稔，然徒恃資敏，若不具深潛力學，恐亦未易臻此神化也。惜其醫案所得無多，不過二三年間之遺帙。每細心參玩，祇覺靈機滿紙，其於軒岐之學，一如程朱之於孔孟，深得夫道統之眞傳者。以此垂訓後人，是即先生不朽之立言也。故亟付剞劂，以公諸世，至其一生之遺稿，自有倍蓰於此。箇中義理，必更有不可思議者，自必存在諸及門處，什襲珍藏，尚未輕以示人也。然吾知卞氏之玉，豐城之劍，其精英瑞氣，斷不至於泯沒，自必終顯於世，只在先後之間耳。倘有見余是刻，能悉將先生遺稿，急續刻行世，此豈非醫林中之大快事，抑亦病家之大幸事也。諒亦必有同志者，余將翹企而望之，因以爲序。

《續選臨證指南·邵新甫序》 天地之大德，曰生。醫者，贊天地之生者也。上古三皇憫下民之夭扎，迺垂卦象，以明陰陽消長之機，辨氣味以審五行生尅之理，著《靈》、《素》以立萬世醫學之原。大哉，至哉！非懷胞與之仁慈，稟天亶之聖智者，其孰能之。軒岐以後，亦代有明哲之士，窮理致知，闡揚斯旨。但理道淵深，其奥難窺，故雖懸壺之士如林，而洞垣之技罕覯。苟有能不盛盛虚虚而遺人夭殃者，則已幸矣。近代以來，古吴有世醫天士葉君者，學本家傳，道由心悟，吾鄉與吴郡接壤，猶憶曩時凡知交患證，棘手瀕於危者，一經調劑，無不指下回春。其聲譽之隆，不特江左一隅，抑且名標列省。惟是應策多門，刻無寧晷，未遑有所著述，以詔後世，人皆爲之惋惜。近有岫雲華君，購其日診方案，欲付之梓，以公諸世，請序於余。余雖習醫有年，愧未能深知醫理，然觀其論證則援引群書之精義，擬法則選集列古之良方，始知先生一生嗜古攻研，藴蓄於胸中者，咸於臨證時吐露毫端，此即隨證發明之著作也。其於陰陽、虚實、標本格致之功，實足以上紹軒岐，下開來哲。以此行世，凡醫林之士見之，自必勤求古訓，博採衆方，迨將日造乎高明，庶不致臨證有望洋之嘆。則此帙實濟世之慈航也，故爲之序。

《續選臨證指南·高梅序》 夫用藥之道，譬若用兵。呼吸之間，死生攸係，固未易言也。是以軍有紀律，方有法度，時有進退，事有成敗。覘風雲之變，識草木之情，其機至神，又安可以小道視之哉。余不敏，竊慕范文正公之論，因師事吴門亮揆張先生，先生乃葉氏門牆桃李也。余因得窺葉派之一斑，觀其議病疏方，動中窾綮，所謂游夏之徒不能贊一辭者也。擬印葉師之妙諦，以開後學之法門，其有待於他年乎。由是歸而讀書，不與塵事，里有華君岫雲者，好古之士也，過而與語甚洽，遂出一編示余，乃葉師之方案也。問所從來，曰：積數十年抄集而成，其苦心濟世，爲何如耶。噫，葉師之方案至妙者，不可勝數，而散佚居多，此其剩事耳。然零珠碎玉，歲久彌湮，秘而不傳，將終失也。請授之梓，以惠當世，華君然之，余嘉其非業醫者而有是

志，於是乎書。

《瘟疫傳症彙編・痢瘧纂要序・劉序》 吾鄉熊聖臣先生積學工醫，自習舉子業外，凡《素問》、《靈樞》諸書及後來方家者言靡不研究，因念時行癘氣最足傷人，前乾隆己丑年刻有《治疫全書》行世矣。茲復彙輯傳染之痢症、瘧疾、泄瀉方論成帙付梓，標其目凡四，曰脈、曰因、曰症、曰治，俱取古人所曾言者而斷之以己意，蓋誠哉得其要領者。夫醫者治病，首憑在脈，而脈之理，最微古人論脈者，某脈爲某經病，不過帋上空言已也。而治病者，則舉其人之寒熱虛實，一一憑諸寸指間，其果爲是脈，果爲是症，與名毫釐少，羌謬則千里，此脈之難也。且也其人受病之處，莫不有其源，有外感風寒而病發者，有內傷飲食而病發者，有觸犯異氣而病發者，有受病即發者，有一時受病而隔時始發者，有少年受病而數十年乃發者，病者不能言也。此存乎人事者也。有同一病，今年以此藥治之而效者，明年亦以此藥治之而不效；有同一藥，此時治此一人而效者，彼時治彼一人而不效，用藥者亦不解也。此又存乎天時者也。所謂因也。二者得乃可以論症，乃可以言治法，離古方以治今病不能，泥古方以治今病亦不可得。先生一一舉而辨析之，而醫家之能事盡此矣。豈獨治痢瘧爲然也哉。先生與先季叔爲同華硯友，年且八十餘矣，精神步履如壯時。孫曾濟濟四世一堂，聞其家居丐醫藥者，戶外屨滿而先生應之無倦色，非所謂壽人即以自壽者哉。吁！此亦可以知先生矣。

《瘟疫傳症彙編・自序》 風寒暑濕燥火之爲病，自黃帝、岐伯暨仲景、東垣、河澗、丹溪諸先哲討論研窮，固已義例昭明，精微詳盡矣。惟六氣之外診厲所鍾非風寒、非暑非濕、非燥非火，而實爲風寒暑濕燥火之極致，鬱勃飛揚，發爲延蔓，傳症如瘟疫、痢瘧、泄瀉、痲痘之類。患者最多，殺人亦最爲慘者。雖諸先正間垂緒，言而獨無有輯爲成書，排比疎櫛，簡核而詳明，以垂示於後來者也。余自束髮受書，即堯旁涉《靈樞》、《素問》等集，思欲搜擇纂次彙輯斯編，顧以體大義精，慮防舉業，虛願未售，匪朝伊夕矣。冉冉無期，功名念息，及取治疫之《醒醫六書》詳加考訂，益以同邑喻徵君之《疫病論》合爲六卷，業付梓人。茲復取痢瘧之症附以泄瀉纂要八卷，痲痘之症爲紺珠六卷，同授開雕。竊不自揆顏曰《傳症彙編》，非敢謂補先賢之闕遺，作醫門之科律，而竭才窮慮等之剝繭抽蕉，自就診給藥之餘兢兢業業，念茲在茲，積有年歲，始得稍酬夙負，藉年告成，或以爲於醫家不無小補者，或以爲老而好事者，悉聽於人，老人不復自計也。

《瘟疫傳症彙編・引言》 瘟之一症，俗曰天瘡，初因胎毒內藏，既而時氣觸發，其自發熱，見點以至收結，常變吉凶，前已備悉言之矣。但其中常有夾班、夾疹、痘母、怪痘、伏陷倒靨痘、疔、賊痘、臭痘、蛆痘種種名目，皆最危最險，反掌殺人之症。品以濟人念切不敢少憚，勤勞遍採方書，廣求治法，凡論辨精詳，治法確當者，逐條採錄，備載於卷，使後起之士一目了然，胸有定見，起呱呱之白骨，而予以生全。是則余之所厚望也。松園老人熊立品識。

《寒溫條辨・跋》 自黃帝氏作，而生民之命，遂懸於醫人之手，其或專心致志，鈎深探微，如古所稱扁鵲之徒，可以使病者立愈，危者立安，豈不快然無憾。乃世之爲醫者，吾懼焉，朝學看書，暮即自誇其能，其於藥性猶未深辨，脈理猶未深悉，虛實寒熱補洩，因應之宜，猶未深解，剽竊膚末，持其一偏之見物焉而不化，卒使疾輕增重，疾重趨危，可悲也夫！余以辛丑秋，筮仕江左，適大都孫公亦官茲土，因得與之交。其爲人也，濟人之急，扶人之難，好善樂義，光明磊落，有古君子風。甲辰夏，其第三子適遘溫疫，醫者凡數十輩，竟無能名其爲何疾者，最後得栗山楊先生《寒溫條辨》編，始知其誤，而病已不可爲矣。嗣後公家復有患是疾者，公乃取是編而詳味之，因遵其方以治家之人，無不應手而愈。維時金陵染是疾者甚衆，公惻然憫之曰，是不可以獨愈吾家人。於是懸貼通衢，使病者咸來取藥。公於公退之餘，親問其證，按證而予之劑，雖費不吝，雖勞不辭，不取貲，不受謝，踵接於門，歡聲載路，金陵內外凡賴公而活者，殆未易更僕數焉。吾嘗謂人心之善，可以挽天時之癘氣而使之平，然不得是編則此疾無由治，或得是編而不廣施博濟之，則窮獨百人之命以全，吾何憾焉。所可惜者，書無刊本，而人苦於謄寫之難，不可以行遠，遂發願創刻是書，捐貲而付梓人。於是書之傳益廣，其活人也益多，而公之德亦益以無窮矣。嗚呼！醫豈可輕言哉？苟非體天地好生之心，數十年沉潛於茲，鮮有臻其奧者，如編中所論傷寒溫病之殊，與其治法之必不可混，皆鑿鑿不易，發前人所未發。人命至重也，一藥之投，失之毫釐，繆以千里，呼吸之間，生死遂判，片時偶誤，雖悔何追。世之人得是編而遵之，又取而融會貫通之，以無負我孫公之意，則咸登壽域可也。爲醫者其慎寶之哉。

大都靜川孫公，官於江南，與余爲同寮。其人敦以和，直以爽，慷慨好施

與，余與之交七載，意氣懃懃懇懇，久而彌摯，蓋誠篤君子也。甲辰夏，余自淮至白下，公之第三子適以是日殤，相對垂泣，究不辨致殞之爲何疾也。余時奉檄赴崑邑，匆匆別去，今年春旋返金陵，復與公追話曩昔，公始而愀然，繼乃慨然曰：吾今始知亡兒致殞之由，乃以溫證作寒證，向未有深於此者，爲之條分縷辨也。因盛稱栗山楊先生《寒溫條辨》一書，爲發千古未發之秘，且縷述以方藥治疾奇效狀，並出手錄一編授余曰：因兒亡而得是書，因是書而吾家之患疾者咸獲無恙，因一家之獲效而得以推及路人。噫！使是書傳，兒雖亡無憾矣！今將鋟以傳世，乞子一言序之。余不知醫者也，即公亦素非以醫自見者也。茲之捐廉俸，選梓人，汲汲若不可一日緩者，夫固有所信之也。嗚呼！公之書，楊氏之書也。楊氏不暇以其書治人，而公治之，楊氏不暇以其書傳人，而公傳之。則凡因是書而得免疫癘夭札之虞者，楊氏濟世之心，亦公濟世之心也。世之讀是書者，一如公之信楊氏，濟人寧有量耶。至其分晰寒溫，如快刀破竹，永斷葛藤，如明鏡取形，不隱毫髮。即余不知醫者，讀之豁然有以自明，況深探之微者乎！願與天下之人共寶之。

《寒溫條辨·莊存與序》 寶田堂醫書成已數年矣，今予奉命兩河學使，栗山先生來請序於予，自顧譾陋愧未能也，憶范文正嘗曰，不得爲良相，願爲良醫，其意與先生有默契焉。予爲竊取言之，粵稽盛世，擇揆定輔，變理陰陽，保合太和，推吾老老幼幼之恩勳，猷爛如史冊朗然，唯醫亦然。夫醫託於儒，自西漢始窮研經術，深知性天必因五運歲時，以別六淫雜氣，合外內辨虛實，培元氣於未衰，起沉疴於將斃。如《傷寒論》創於張仲景，當時兆民賴以生全，萬世長存可也。惜經兵燹散亡，溫病失傳，下逮劉氏《直格》，王氏《溯洄》，其方始差強人意，奈自王叔和妄纂序例，紊亂經文，以冬寒藏變春溫，殊覺悖謬，又插入異氣四變，更屬荒唐，乃一人倡之，百人和之，先傳後經註爲箴銘，久假而不歸，幸而喻氏非之，以爲一盲引衆盲，相將人火炕，非口過也。可見溫病自晉已失所宗，而世人自晉已有被其冤者，何況今日哉。先生初豈業醫耶，天性純一，學有淵源，幼讀宋儒名臣言行錄，便立志以韓魏司馬自期待。其生平所爲光明正大，如日中天而不可揜，所以弱冠入庠來，國士之聲稱，雍正戊申冬，學政山東于公廣，科補縣學弟子生員，批其卷云：三試經義論策，沉潛理窟如話家常，有關世教，有裨治道，有切於民生，日用粹然，儒者之言，此國士之風也，他日必非常人。卒之鄉闈十困，信窮通於天命，此其涵養，氣識爲何如者，每日雕蟲小技，帖括浮名，唯醫一道，庶獲實用，於是熟復《靈》、《素》，更詳熱論，發揮仲景之精微，補正叔和之遺闕，參以妙悟，得之神解，著爲《寒溫條辨》。蓋絲分縷析，係出王、劉，而探本窮源，祖述經論。仲景《傷寒論》亦曰經。其曰：傷寒外感常氣，自氣分傳入血分；溫病內傷雜氣，由血分發出氣分。又曰：傷寒但有表證，勿論久暫即當發汗；溫病雖有表證，實無表邪，斷無正發汗之理。又曰：傷寒風寒在表，下不嫌遲；溫病熱鬱在裏，下不嫌早。由斯以談，各有病原，各有脈證，各有治法，各有方論，見眞守定，全活甚衆，眞良醫良相之有同功，而壽世壽國之無二轍矣。予振鐸而警世曰：最哉！後學聽之，壽國者主持國事，留心民瘼，奠金甌以鞏固，奉玉燭以長調，相之任也。壽世者，春臺育物，池水生塵，民無夭札之年，國多台耇之老，醫之責也。得志澤加於民，不則以仁術濟於世，仰答聖天子子惠元元，日昃不遑之至意，詎不盛哉。則夫觀此醫書，其爲郅隆之世之一助也，又何疑焉。先生姓楊氏名璿，字玉衡，栗山其號也。上溯其父諱宓，文學。祖諱廷陳。曾諱楫，文學。高諱淸，文學。太高諱思謙，文學。至始祖諱仲友，原籍亳州，明永樂初年遷夏，讀書力田，廣業四百頃遂家焉。十三世文庠奕葉相繼，詩禮名族，忠孝傳家，世居中州之夏邑。康熙丙戌相行年七十，諸凡小心畏天，樂善愼行其身，可爲能終矣。

《寒溫條辨·盧文弨序》 吾聞人之爲學也，專則精。有執一業以成名於天下者，何獨不然，如醫尤不可易爲也。雖古之人亦有兼精者，扁鵲之過邯鄲也，爲帶下醫；其在周也，爲耳目痹醫；入咸陽爲小兒醫。然今之非鵲而欲爲鵲者，何多也，此必無一事之能精已。中州楊栗山先生在場屋有聲，而卒蹶於一第，於是棄舉子業，專治岐黃之術，以世人於病寒病溫兩者之辨不明，故處方多誤，以至於殺人，而反諉於病之不可療也，先生有深痛焉，不惟救耳目所接之人，而且欲救天下之人，此《寒溫條辨》之書之所爲作也。靜川孫公得其書於令嗣樓川明府，如其言以治衙內之人無不效者，更廣其術以施之部內，亦十不失一焉，於是爲梓其書，以播之海內。栗山仁人也，靜川亦仁人也，其生死肉骨之功偉矣哉！昔齊臣病已愈，而諸大夫猶有所方者，或以爲疑，晏子曰：人有同是病者，則必求方於已愈者，又何疑焉。今人之求靜川者必多矣，爲其已行之而效也。吾友江寧戴朝咸之祖麐郊先生，亦著有《廣瘟疫論》，與此書剖析，亦極相似，皆良書也，皆當家置一編已。

《寒溫條辨·袁枚序》 技術之妙，乃進乎道。自司馬子長傳扁鵲倉公，

厥後爲史者，類取神奇詭秘之説，以附於正史。予頗疑其非經，然觀《周禮》，周公所以治天下者，無一事之不傳。至於醫師特令上士爲之，下逮於鳥獸亦有醫，以是知百家技藝，皆聖人之所創製，民生之不可一日無者，其爲經綸參贊之功至矣。今世醫亦有官，而四方之爲醫者不少，求如史傳之可紀者，未之或聞。中州楊玉衡先生以經世之才，帝治軒岐之術，殆所謂技也，而進乎道者，所著《寒溫條辨》一書，破叔和之窠臼，追仲景之精微。余於先生所治病狀未詳，不能依扁鵲倉公傳例。而獨聞吾友靜川孫君，言甲辰夏秋間，孫君署中頗感溫疫，賴先生此書全活甚衆。今將捐俸開雕，以廣其傳。噫！先生此書，救世寶書也。而孫君汲汲流布之意，能推其救一家之人者以救世人，是亦仁人君子之用心也夫。

《寒溫條辨·武先振序》 余宦游江左，於寅友得靜川孫公，其人方正而質直，輕貲財，尚意氣，憫危拯急，有豪俠風，因與訂交者五年於茲矣。比者余以讀禮故，蹇寓白門，夏秋間，藉藉傳聞，一則曰，孫公之施醫藥也公以溥。且有喟然歎者曰，孫公之門日雜遝如市，其廉俸且無幾，行將不堪爲。繼仁道之難，如是夫！余竊心焉訝之，以爲向者固未稔孫公之精於岐黄也，其神應立效，果何道而致此。冬月初，孫公偶過訪，款洽間詢其故。孫公瞿然曰：此楊太翁栗山先生《寒溫條辨》之力也，我何有哉。乃述其得是書之由，與驗是書之效，將欲付之梓人，以公諸天下，因出是書而囑爲敍。余非諳於醫者，然反覆觀玩，見其於寒溫二字分條析理，截僞歸眞，如山東父老説農桑事，事事言言皆着實。輒不禁心摹手追，欲嘗一試，而況專業家，宜何如信好也哉。余因想孫公年甫踰強仕，子七人，成文章者已三人，閲其文，相其貌，皆卓然偉器，他日固未可量。孫公好行其德，理固如斯乎。至於《寒溫條辨》作者之卓識苦心，折衷前人，嘉惠後學，則他敍備及之，不復贅而言也。

《寒溫條辨·自序》 漢長沙太守張仲景《傷寒論》爲醫家鼻祖，其論治傷寒曰，未有溫覆而當不消散者，至於治溫病則曰，可刺五十九穴，可知溫病傷寒劃然兩途矣。況世之凶惡大病，死生人在反掌間者，盡屬溫病，而發於冬月之正傷寒百不一二。仲景著書，獨詳於彼而略於此，何與？蓋自西漢至晉，中歷兩朝，數經兵燹，人物幾空，相傳《卒病論》六卷，不可復覩矣。《傷寒論》十卷，溫病副之，想已遺亡過半。王叔和搜羅遺稿，編爲序例，或得之傳寫，或得之口授，或得之斷簡殘編，使三百九十七法，一百一十三方，流播人間，傳之奕禩不爲無功。惜其雜以己意，以溫病爲伏寒暴寒，妄立四變攙入《傷寒論》中，以致無人不以溫病爲傷寒，無人不以傷寒方治溫病，混淆不清，貽害無窮，將經論亦不足傳信於世，此其罪有不容逭矣。自晉以來，千有餘年，以傷寒名家發明其論者，不可以數紀。其尤者，如龐安常、許叔微、韓祗和、王海藏、趙嗣眞、張璧、王實、吳綬、汪機，與林氏校正、成氏詮注、朱氏《活人書》、陶氏《六書》、《景岳全書》、王氏《準繩》，其於冬月正傷寒，各能援古準今，自成一家，無可擬議。道及溫病，無一人不崇信叔和，先傳後經，一字不能辨別，附會支離，相沿到今，故《尙論篇》曰：有晉以後之談溫病者，皆僞學也。惟劉河間《直格》、王安道《溯洄》，以溫病與傷寒爲時不一，溫清不同治方，差強人意。然於溫病所以然之故，卒未能闡發到底，使人見眞守定，暨於臨證，終屬恂怳，何以拯危殆而濟安全。一日讀《溫疫論》，至傷寒得天地之常氣，溫病得天地之雜氣，而心目爲之一開。又讀《續論》，至傷寒自氣分而傳入血分，溫病由血分而發出氣分，不禁撫卷流連，豁然大悟。因繹經論平脈篇，有曰清邪中於上焦，濁邪中於下焦。又曰清邪中上曰潔，濁邪中下曰渾。清邪、濁邪便是雜氣，中上、中下便是血分。熱淫於內，故經用刺穴之法，斷非傷寒常氣，外感氣分所有事，乃論雜氣伏鬱血分，爲溫病所從出之源，變證之總。所爲赤文綠字，開天闢地之寶符，豈叔和序例之造言，與百家剿説雷同之所可比哉。嗚呼！千古疑案，兩言決矣。於是集群言之粹，擇千失之得，零星採輯，參以管見，著《寒溫條辨》九十二則，務辨出溫病與傷寒另爲一門，其根源、脈證、治法、方論，燦然昌明於世，不復攙入《傷寒論》中，以誤後學，是則余之志也。知我罪我，何暇計乎。編次已定，撮其大要，弁於簡端，夫猶祖述仲景傷寒溫覆，溫病刺穴之本意云爾。

《寒溫條辨·孫宏智刻序》 智薄宦金陵五年矣，今年夏，第三兒忽感溫病，延醫治之，百方不效，半月而殞。既悼兒命之不永，而益傷治溫病之舊無善方也。蓋自張仲景《傷寒論》冠絶古今，然未嘗言治溫病，非不言也，其書經兵火之餘，散佚過半，厥後劉氏《直格》、王氏《溯洄》，雖亦辨傷寒溫病之不同，然未能直抉其所以異之故，是以後之醫者，仍以治傷寒之方治溫病，而愈治愈危矣。自亡兒逝後，合署染此病者幾至十人，驚弓之後，益惶迫不知所從，適明府楊公，自溧水來，出其尊甫栗山先生所著《寒溫條辨》，見示其言傷

寒溫病之別也，曰傷寒得天地之常氣，風寒外感自氣分而傳入血分，溫病得天地之雜氣，邪毒內入由血分而發出氣分。又曰傷寒治法急以發表爲第一義，溫病治法急以逐穢爲第一義。又曰傷寒不見裏證，一發汗而外邪即解，溫病雖有表證，一發汗而內邪愈熾。其言明白洞悉，如易牙之辨淄澠，如離朱之分五色，如冰炭之不同氣，南北轅之不相及也，而要歸仍本於仲景傷寒用溫覆消散，溫病用刺穴瀉熱之兩言，蓋直以其一心之精微，與古人相揖讓於千載之上，每向無字句處千搜萬索，鈎其元微而顯出之。嗚呼！智反覆細讀，曠若發矇，急以其方治家人之病，無不應手而愈。嗚呼至矣！使智早見此書，兒之亡或猶可逭，然因此書以救吾家之多人，則凡病此而獲免者，皆先生之賜也，先生之德其可忘耶？又據其方合藥，施諸外人，凡以溫病來告者，予之藥無不霍然起目，踵門求藥者至數十百人，因念先生是書，曠代寶書也。智於先生之德，無以爲報，爰捐貲付鏤木之工，以廣其傳，俾後之治溫病者，悉據是書以治之，活人之數當過於于公矣，則先生之德，豈不更大也耶。金陵醫士周杓元，頃見是書，即先錄副本以去，見今治溫病，赫然有殺，使見此書者，皆如周君之信而是式也，民生其有賴也夫。

《疫疹一得・莊錦序》 瘟疫一症，古無專書，不過微見其意於傷寒書中。世人咸熟讀傷寒，以爲百病俱不外於六經，講明傷寒，餘症悉可類推。不知瘟疫四時皆有，傷寒惟冬至後間或有之，是傷寒甚少，而瘟疫十居八九。傷寒是寒，瘟疫是熱，其感受施治有霄壤之分。若以傷寒方治瘟疫，因不斃者，此吳又可先生《瘟疫論》所以作也。由是杜清碧、馬長公、景松崖、戴天章、熊恁昭諸君繼起，宗仰吳氏，各出手眼，推闡發明，著有成書，瘟疫一門於斯詳備，活人實多。予總角時，即蒙庭訓，留心醫道。每遇疫症，往往偉中，惟值瘟疹，遵用成方，未能悉見效驗，心竊疑之。甲子秋，得鄉前輩余師愚先生《疫疹一得》，謂疫乃無形之毒，宜用石膏，不宜用硝、黃等語，卓識尤在吳、杜諸君子上，予茅塞頓開，珍如拱璧，以之治疫與疹，奏效尤多。近年需次蘆鹺，見誤於此症者不一而足，偶語契好諸君子，咸謂此書不宜獨秘，遂助金付梓，以廣其傳。或師愚先生壽世苦心，實有以自壽故耶！較予一手之奏效，自相去遠矣。此書用藥過重，予每臨症，或暫去一二味，或大減分量。即如石膏，或煅用，或生用，由三五錢以至二三兩，無不應手輒效。惟書中謂傷寒有耳聾，瘟疫無耳聾一條，係千慮之一失。予每見瘟疫亦有耳聾，以其方治之，亦極神效。閱是書者，幸毋以此一語，印定耳目，想知者亦必有以辨之。是爲序。

《疫疹一得・蔡曾源序》 軒岐之世，人無疵癘，論述闕如。後之醫者，遞著方書，而於疫疹一門，未開生面。獨張氏仲景，略見其緒於《傷寒論》內，然亦語焉而不詳。以故世之言醫，大率與傷寒類治，所謂失之毫氂，差以千里，致令偶嬰沴癘者，不死於病而死於醫，豈其不務活人哉？由其所謂辨症立方者中，實蒞無一得故也。桐城余師愚先生，與予同客都下，訂忘年之交，歷二十餘年，今年且將七十矣，得攝生之術，貌古而神腴，少時奮志讀書，有不可一世之概，而屢躓名場，乃喟然曰：不爲良相，當爲良醫，古人其詔我哉！遂棄舉子業，專務岐黃，然猶未得出人一頭地。歲甲申，桐邑中人，大率病疫，時先生方游大梁，痛其尊人爲群醫所誤，乃益肆力於古人書，研究於陰陽寒暑及氣運主客之分，纖悉無遺，而後恍然有悟，獨於疫疹一門，神而明之，實能闢前人之所未見未聞者，逆之則死，順之則生。三十年來，自南而北，所全活人，殆不可以數計。憶丁酉歲，予爲農部唐堯峰先生校書，寓之西有亭，時李萬仭趙象九明府，皆下榻於此。予病卧牀數月，服象九方未驗，萬仭素知先生者，爲予延之，起我沉疴，先生之力也。堯峰、象九年少於先生，不數年間，皆先後卒於官，萬仭以其子宦黔，走萬里外。嗟乎！曾幾何時，而已不勝今昔之感矣。予則於壬子夏五，謁選入都，家人半染疫，先生治之輒霍然已。是歲都門故多時疫，凡活於先生手者，十室而九，蓋於此道中，誠不啻三折肱矣。爰以其數十年之苦心孤詣，著爲一書，名之曰《疫疹一得》，蓋猶抑然其心，第以爲千慮之一得云耳！然予以爲庖犧之卦，始於一畫，孔門之道，精於一貫，人特患無此一得耳！今先生挾此一得，以治一人而一人治，以治千萬人而千萬人治，則所謂是萬還，一一實萬分者，胥於是乎在，以視夫世之漫然嘗試者，果何如耶？乃先生以所獨得於心者，不肯私之於己，而必欲公之天下，仁人之用心固如是也。所願是集梓行，俾世之懸壺者，咸得先生之一得，以辨症而立方，當此昇平之世，不益躋斯人於仁壽矣乎？予友黃光亭者病篤，予夢一長者，曰：余方用至某藥則黃病可愈。醒而誌之，果驗，同時以夢延先生診者，皆歷歷有奇效。而或者曰：夢，幻境也，獨於先生有不爽者。

《疫疹一得・張若渟序》 予素不知醫，而能言醫。凡醫以愈病也，服其

藥而病愈，雖百口非之，而於病者何益？則言醫，莫若先言其效；醫有立效，莫若我師愚余先生也。然世之非之者曰：其效者寡，而不效者多；其效者暫，而不效者常也。甚或曰：其效幸，而不效者則不可救也。爲斯語者，亦知夫效寡、效暫、效幸乎？療百病而一痊之則爲寡，立百方而驗一方則爲暫，不究其源而適逢其會則爲幸。安有預立其方，先言其症，或斷以三日而加劇、五日而加劇？七日而加劇，且症在危險，他醫束手，辨在疑似，他醫莫決，先生則毅然任之，確然信之，大聲疾呼曰：服則得生，不服則死。咸如其言，歷歷不爽，甚至抄其方而亦愈，飲其藥滓而亦愈，其效若此，猶得非之曰寡、曰暫、曰幸哉？雖然，其效若此，人猶起而非之，何也？彼豈藥死惡生哉？狃於所習見，而震於所不知耳！復以其用藥之過峻，程分之過重，皆昔人所未有也。予初亦疑焉，適寓有病人，醫之無不立效，薦醫他人而又效，嗣乃歷薦而罔不效。有合家疑之，而予獨委曲以徵其信，群醫駁之，而予獨固執以證其是，幸而信予者得痊，然口衆我寡，安得執途人而遍告之？此《疫疹一得》之書之所以付梓也。如梓而得行，則傳之有人，而痊者必多；治之有人，而愈者必常；習之有人，則共知其所以然，而不訾以爲幸矣。庶幾乎予非阿好我師愚也，亦可見信於衆矣。

《疫疹一得・吴貽詠序》 醫之爲言意也，意可傳而不可傳，要不離乎理者近是。予友余君師愚，儒也，即醫也。憶予應童子試，適郡城輒與師愚俱，當青鞋布襪，客邸談心時，其意既已異矣。已而連試不利，棄儒爲醫，遂挾其技，遊都下。予甲辰至京，見其車馬僕從甚盛，自王公以下，無不折節相向，心異之，然猶未察其意也。甲寅寓青岩師宅，距師愚居不數武，晨夕過從。時久無雨，暑氣盛行，人多疾病，病則必死，醫家齊束手不治，師愚輒予以石膏、黄連等劑，無不立效，其得之則生，不得則死者，不可更僕數。而予門下奎氏兄弟，一存一夭，尤屬明徵。蓋其意猶是按脈切理之意，而神明變化，不可端倪，有非意之所能盡者，醫技也進乎道矣。然存活日多，而謗者日益衆。夫師愚無必用石膏之意，而有必用石膏之症，覯入秋數月以來，未嘗輕用涼劑，其意亦可見矣。乃謗之者謂師愚非石膏不立劑，是誣人，甚至以謗師愚之故，並謂石膏爲斷不可用。是《本草》之載是藥，神農之嘗是藥，均不得爲無過，豈不更誣藥哉？誣人既已不可，誣藥而愚者信焉，妄者傳焉，雖遇熱症凶危，輒仍以柴胡、桔梗當之，不效則投以丹、芩，又不效則投以人參、桂、附，至於一誤再誤，死而後已。醫者猶詡詡得意曰：非我也，命也。是以謗師愚之故，而累及無辜，置人之生死於弗顧也，豈不大可嘆哉！予非有阿於師愚，顧竊聞孟子之言曰：若藥不瞑眩，厥疾不瘳。苟藥未至於瞑眩，疾已驗其大瘳，則亦庶乎有以得其意也。何也？師愚儒也，非醫也，此意將遍語同人，適師愚《疫疹一得》之書成，因書是弁之，聊以爲《一得》之一助云！

《疫疹一得・自序》 幼讀魯論，至隱居以求其志，行義以達其道，即心焉誌之，曰：丈夫不當如是耶？顧竊比焉。力學二十餘年，屢躓名場，翻然自顧樗櫟之資，原非國器，奈何猶窮經皓首，終爲童子師哉？於是究心《靈》、《素》，志在岐黄，醫雖小道，亦足以行吾藝耳。遍覽一十三科，以及諸子百家，各窮元妙，獨傷寒一門，張氏仲景以爲急病，辨症稍差，夭折生命，論載三百九十七法，一百一十三方，以濟天下後世，其用心可謂仁矣。至於疫疹，多於傷寒百倍，安忍置而勿論哉？夷考其時，或未有疫歟？抑或仲景之書，原有一十六卷，今世只傳十卷，而疫疹一門，亦在遺亾之數歟？以致後人紛紛立說，祖述憲章，俱以傷寒立論，其於熱疫一症，往往略而不講，是以業斯道者，所誦所傳，連篇累牘，無非傷寒，及其臨症，只就傷寒一例治之，不知其爲疫也。流弊於人，淪肌浹髓，舉世同揆，萬人一法。究之，死者不知何病以死，生者不知何藥以生，撫今思昔，可勝慨哉！乾隆甲申，予客中州，先君偶染時疫，爲群醫所悮，及奔喪回里，檢視諸方，總不外此三法，抱恨終天，曷其有極？思於此症，必有以活人者，公之於世，亦以稍釋予懷。因讀《本草》言石膏性寒，大清胃熱，味淡而薄，能表肌熱，體沉而降，能泄實熱。恍然大悟，非石膏不足以治熱疫，遇有其症，輒投之，無不得心應手。三十年來，頗堪自信，活人所不治者，筆難罄述。竊思一人之治人有限，因人以及人無窮，因不揣鄙陋，參合司天、大運、主氣、小運，著爲《疫疹一得》，欲以芻蕘之見，公之於人，使天下有病斯疫者，起死回生，咸登壽域，予心庶稍安焉，敢以著書立說，自矜能事耶？

《松峰說疫・劉嗣宗序》 諺曰：不爲良相，是爲良醫。明乎良醫之變理陰陽，胥一世而登諸仁壽，與良相之贊元調鼐者侔也。余自幼好讀岐黄書，壯而遠遊四方，欲求所謂良醫者，領其所謂卓識偉論，以正所學。歷四十年所，鬱乎吾懷，迄無所遇，而四方之志，終未少頹弛也。夙聞東武山川，奇秀不減雁宕，每神遊馬耳常山間，如東坡所謂隱君子者，庶忻然遇之。嗣聞

邑紳士顯緒王君輩，談次間曾於諸城劉相國處，遇其胞姪松峰，溫文爾雅，善古文詩詞，更精岐黃術。余耳其名，而未獲一共談論，蓄懷時悵悵也。因策蹇走七百餘里，訪松峰於東武之槎河山莊。一見相滂如平生歡。其子濯西，克紹家學，精核醫理，出所著《說疫》一書，屬余弁言。余受而讀之，見其三才融貫，而包括殆盡，古今畢舉而搜羅無遺。眞足解千百年之疑團，開瘟疫門之覺路。其尤妙者，析瘟疫之名義，分疫證爲各種，皆發前人所未發。如所載瓜瓤軟腳，赤膈黃耳，痧瘴諸掙等疫癘怪疾，各有簡便良方，針灸奇術，皆能回春於瞬息，奏效於目前，眞可以參變陰陽，起回生死。則是有《傷寒論》於前，不可無《說疫》書於後，直與《金匱》名編表裏相成，參互盡變，將胥天下後世而仁壽之。即云與良相之業並垂千古，亦奚不可之有，是爲序。

《松峰說疫·王樹孝序》　憶余自幼時，耳目之所覩記，鮮見醫而儒者也。乃轉而思焉，其凌替當不至是，使得克自振拔者出，而一起其衰，應必有可觀者焉。故余極欲留心醫學。每爲塾師所迫，俾專工舉子業，而未遑及之。第其所授之文，寓目即昏昏睡去，總不記憶。間嘗取唐宋八家，以及諸名公眞稿讀之，一見輒能成誦。第期負過高，自維取法乎上者，僅得乎中。以此所爲文詞，往往不能趨時。後松峰山人爲人言余所爲貼括，乃傳世之作，似非利試之器，當變格以相從，庶幾其有合乎。或有告予者，予聞其言而是之，乃改絃易轍，始克幸博一第。第以揣摹入彀，終覺違心。隨仍浸淫於古，日取諸子百家縱觀之。又念人有七尺之軀，而不解岐黃術，終屬憾事。遂將《靈樞》、《素》、《難》，以及歷代各家醫書，羅列案頭，日日展玩。第醫理玄杳，又係中年學步，卒未能深造其室。唯論其文章好醜，除經論外，惟李士材，汪訒菴等筆墨稍覺可觀，餘者字句尚多有未能通順者，遑論其他乎。乙巳夏，山人出所著《說疫》一書，屬余弁言。余非知醫者，固不敢強作解事。第觀其全部文章，理法俱從《左》、《國》、《史》、《漢》得來，神而明之，又自成一子，眞乃才人之筆，而詎可僅以醫書目之乎。能文之士，取而讀之，始信吾言之不謬也。是醫也，而進於儒矣，是爲序。

《松峰說疫·自序》　傷寒之不明也，以中寒亂之。瘟疫之不明也，以傷寒亂之。能於其中劃然分析，則其於治傷寒瘟疫也，思過半矣。傷寒自仲景而下，承承繼繼，各有專家。著書立說者，無慮數十種。獨至瘟疫，則略而不講焉。間有談及者，不過寥寥數語。核焉而不精，語焉而不詳。遂至瘟疫一症，靡所指歸，往往以治傷寒法治之。非大用溫散，即過投苦寒，欲病之愈也難矣。先大人引嵐公，一生精於醫理，南北宦遊，雖簿書鞅掌，間聞人疾苦，莫不竭力拯救。余公聆庭訓，非伊朝夕。且齠年善病，因得於暇日，取家藏岐黃書縱觀之，故頗有會心處。因念瘟疫一門，非他症可比，不能遲之歲月，緩爲調理。其見效在一二劑之內，其痊愈在三五日之間。不可不亟爲講究，以共登寶筏。昔吳又可《瘟疫論》一書，較之諸家俱見卓識，獨闢蠶叢，業已盛行海內。故其方論，茲集一概不錄。第就自所經歷者，聊紓管見，以羽翼又可，當亦談疫者之所不斥也。夫疫病所包甚廣，而瘟疫特其一耳。又添雜疫、寒疫，各著方論，而症治始備，隨編輯酌定，分爲六卷。曰述古，曰論治，曰雜疫，曰辨疑，曰諸方，曰運氣，亦庶幾成一家言焉。第是書之成，錦兒之力居多。其曰《松峰說疫》者，明乎其不敢擅爲己有，以成善則歸親之意云爾。其中分傷寒與瘟疫，皎若列眉，而理路治法亦頗審愼，不敢掩古人所長而襲爲己有。亦不敢震前賢名望而爲其所愚。第疫症千變萬化，治之不可膠執，亦不可師心所顧。同志君子，神明而變通之是，而余之厚望也。夫是爲序。

《吳醫彙講·日講雜記》　薛生白名雪，號一瓢。兩徵鴻博不就，所著詩文甚富，又精於醫，與葉天士先生齊名。然二公各有心得而不相下，先生不屑以醫自見，故無成書。年九十而歿。此《日講雜紀》今令曾孫東來所述。東來名啓潛，字應枚，住瓣蓮巷，即承祖業。

《吳醫彙講·溫證論治》　葉天士名桂，號香巖。世居閶門外下塘。所著《溫證論治》二十則，乃先生遊於洞庭山，門人顧景文隨之舟中，以當時所語，信筆錄記，一時未加修飾，是以辭多佶屈，語亦稍亂，讀者不免晦目。烈不揣冒昧，竊以語句少爲條達，前後少爲移掇，惟使晦者明之，至先生立論之要旨，未敢稍更一字也。

《羊毛瘟證論·自序》　瘟疫一證，自古有然，即《周禮》謂四時癘疾也。其所感之氣，變幻難以言狀，而《靈樞》、《素問》，及各名家，並未立瘟疫之名，迨吳又可始著方論，吾鄉戴麟郊先生，又著《廣瘟疫論》，有辨氣、辨色、辨脈、辨舌、辨神之說，足爲後學津梁者，更加詳備已。但瘟疫中有羊毛一種，則從未有言之者。歲辛卯，此證頗行，俗呼爲羊毛痧子，臨證頗難措手，霖恭讀

御纂《醫宗金鑑》外科疔瘡內，載有羊毛疔證治之法，除毛有方，用藥

有則，顯立成規，遂會通其意，格以所感之氣，所入之門，所出之處，及其病作之形，巽心推究，酌方療治，多獲生全。越今多載，欲以鄙見質諸同志，因作《羊毛瘟證論》，似可與吳、戴相發明，夫瘟疫之變，在外證既可化毛而成疔毒，在內證亦可化毛而伏皮膚，其相形而得名者，正可循名而立法。雖此證不多見，而近年亦往往有之，恐窮鄉僻壤，突遇此證，療治失宜，貽誤匪淺。謹將治而得效方藥，一一誌之，然醫理淵微，不免掛漏，仍祈高明，再加博採，補所未備，未必非醫門之一助云。

《羊毛瘟證論・提要》 有不可思議之病，自有不可思議之方。病名之奇如鼠瘟、獺疫，蓋由鼠獺傳播其病原因而名之，如鷄胸、龜背，蓋因形狀酷肖其鷄龜遂而名之。惟羊毛瘟證，擦之確有一種似羊毛之絲而出，且擦出其毛而病即解，然而細審其形卻又非的是羊毛，詳考其原實在乃屬於溫疫，因之爲羊毛瘟，是又奇之又奇也。本書爲裘君所藏，與前集治蠱法同稱治奇病之奇書，不可不刊。

《傷寒指掌・花序》 上古之人，稟天地渾穆之氣以生，壽永而無病，中古自軒轅氏嘗百草分經絡，始知有藥，始知有病。岐伯氏通脈理辨病因，始知有醫。聖人懼後世疾痼而不求治，則著《靈樞》《素問》《內經》諸書以垂世，後人宗之，代有名醫，各有著論，隨時施治，無非救世之苦心。然而病情多端，其變幻叵測而速於死者，莫如傷寒一症，藥一誤投，病不可挽。諸名家述傷寒略而不周，惟張仲景先生定一百一十三方，治分六經，可謂該之，後學誤以類傷寒作正傷寒治，而不分手足，無怪乎病之淺者深，深者危，危者莫救。浙西吳坤安先生，親炙吳中葉天士薛生白兩先生，深探傷寒之秘旨，應世三十年，凡傷寒一症，在經治經，杜傳經之漸，無論虛實，數劑而愈，使病者不傷元氣，易於痊復，仁心妙手，聞之耳熟。先生安於家，不肯輕出，余羈職守，南朔間隔，徒忻慕焉，乃弟友石，輯先生平日所著書爲四卷，名之曰《傷寒指掌》，北來就正於余，幷囑序，余讀其自序，觀其門類，及論症用藥處方，分條析理，古今來治傷寒之法，莫能越其範圍，知先生得力於仲景者深矣。而前後條辨諸書，胥成渣滓，余樂爲之序以共世也。學者獲此卷讀之，循序而進，以治傷寒，分六經之法治雜症，無不應手以盡其妙，豈獨治傷寒一症哉。

《傷寒指掌・自序》 僕少多疾病，薄弱無能，遂究心於醫，以求衛生之道，無如質性魯愚，醫理深奧，會將仲景《傷寒》，反復研求，不得其旨，用旁索諸家之書，以求其理，惟《準繩》匯集諸賢之大成，非操明敏之資，不能溯流窮源。余皆獨抒所見，別開徑竇，不無與聖訓相悖謬，徒滋心中之蠱惑。迨觀方中行之《條辨》、喻嘉言之《尙論》，雖彼此互異，均可謂獨出新裁，發明古訓，至掃叔和之僞，明仲景之眞，不使魚目溷珠，碔砆亂玉，非嘉言慧眼靈心，誰能及此。更閱柯韵伯之《來蘇集》、王晉三之《古方注》，尤能得仲景之深心，重開生面，故其發明方義，兩賢如出一揆。至若辨六日傳經之妄，辟三方鼎立之謬，改服麻桂於太陽未衄之前，移係白散於太陰誤下之後，千古疑團，一朝打破。又謂，仲景《傷寒》已兼六氣，六經主病，已該雜症，非專指傷寒立言，柯氏以前孰能指出厥旨。金劉河間，叔季人也，擾攘之世，炎火統運，見仲景《傷寒》，每詳於寒而略於溫，特著醫書四種，其《直格》一書，每多發明溫熱之理，惜雜於正傷寒內，在乎明眼擇取，厥後紺珠。一書亦宗河間之法，但以雙解散用代麻黃、桂枝等湯，以治傷寒，則竟以傷寒爲溫熱矣。不知仲景麻黃、桂枝等湯，原治傷寒，河間雙解通聖等法，原治溫熱，兩不相侔，不可移易，一經倒施，禍如反掌。嗟乎，寒溫之別，判若天淵，寒溫之治，反如冰炭，何朦混若此。賴周禹載、薛生白諸先生出，見世之傷寒正病絕少，類症殊多，熱病殊多恐人誤以傷寒正法施治，乃作《溫熱暑疫全書》濟世。夫溫熱暑疫，皆熱病也，其云傷寒，自表達裏，溫熱自內發外，溫病發於少陽，熱病發於陽明，仲景黃芩湯治少陽溫病，白虎湯治陽明熱病，幷非傷寒之方，此眞發前人所未發，其覺救世之功，誠非淺尠。近又出傷寒第一書，云仲景傷寒，治分九州，此書專主揚州分野，雖其說不足憑信，然觀其用藥，遠熱投涼，以透癍解毒爲主，亦治溫熱之良法也。第求其六淫之治，未免寡陋，獨葉天士先生所留治案，每寓傷寒於六氣之中，妙法精義，無不畢備，其云仲景傷寒，先分六經，河間溫熱，須究三焦，此即先生分治寒溫之大法，明示人不可以足經之藥，混治手經之病，只此二語，已得傷寒之肯綮。奈世人不察，反憾葉案無傷寒，甚矣，傷寒之難明也。僕自矜管窺之見，一割之能，述六經本病一卷，變病類病一卷，先古法，次新法，古法悉本《準繩》、《金鑑》，選注《來蘇集》之注釋，新法則參葉案第一書《溫熱全書》之治焉。書成，非敢出而問世，姑存之，以就有道之政云爾。

《溫病條辨・汪廷珍叙》 昔淳于公有言：人之所病，病病多；醫之所病，病方少。夫病多而方少，未有甚於溫病者矣！何也？六氣之中，君

相二火無論已，風濕與燥，無不兼溫，惟寒水與溫相反，然傷寒者必病熱，天下之病，孰有多於溫病者乎？方書始於仲景，仲景之書專論傷寒，此六氣中之一氣耳。其中有兼言風者，亦有兼言溫者，然所謂風者，寒中之風，所謂溫者，寒中之溫，以其書本論傷寒也。其餘五氣，概未之及，是以後世無傳焉。雖然，作者謂聖，述者謂明，學者誠能究其文，通其義，化而裁之，推而行之，以治六氣可也，以治內傷可也。亡如，世鮮知十之才士，以闕如爲恥，不能舉一反三，惟務按圖索驥。蓋自叔和而下，大約皆以傷寒之法，療六氣之疴，禦風以絺，指鹿爲馬，殆試而輒困，亦知其術之疎也。因而沿習故方，略變藥味，沖和、解肌諸湯，紛然著錄，至陶氏之書出，遂居然以杜撰之傷寒，治天下之六氣，不獨仲景之書所未言者，不能發明，並仲景已定之書，盡遭竄易，世俗樂其淺近，相與宗之，而生民之禍亟矣！又有吳又可者，著《溫疫論》，其方本治一時之時疫，而世誤以治常候之溫熱。最後若方中行、俞嘉言諸子，雖列溫病於傷寒之外，而治法則終未離乎傷寒之中。惟金源劉河間守眞氏者，獨知熱病，超出諸家，所著《六書》，分三焦論治，而不墨守六經，庶幾幽室一鐙，中流一柱。惜其人朴而少文，其論簡而未暢，其方時亦雜而不精，承其後者，又不能闡明其意，裨補其疎，而下士聞道，若張景岳之徒，方且恠而訾之，於是其學不明，其說不行。而世之俗醫，遇溫熱之病，無不首先發表，雜以消導，繼則峻投攻下，或妄用溫補，輕者以重，重者以死，倖免則自謂己功，致死則不言己過，即病者亦但知膏肓難挽，而不悟藥石殺人，父以授子，師以傳弟，舉世同風，牢不可破，肺腑無語，冤鬼夜嘷，二千餘年略同一轍，可勝慨哉！我朝治洽學明，名賢輩出，咸知泝原《靈》、《素》，問道長沙。自吳人葉天士氏《溫病論》、《溫病續論》出，然後當名辨物，好學之士，咸知向方，而貪常習故之流，猶且各是師說，惡聞至論，其麤工則又略知疏節，未達精旨，施之於用，罕得十全。吾友鞠通吳子，懷救世之心，秉超悟之哲，嗜學不厭，研理務精，抗志以希古人，虛心而師百氏，病斯世之貿貿也，述先賢之格言，攄生平之心得，窮源竟委，作爲是書，然猶未敢自信，且懼世之未信之也，藏諸笥者久之。予謂學者之心，固無自信時也。然以天下至多之病，而竟無應病之方，幸而得之，亟宜出而公之，辟如拯溺救焚，豈待整冠束髮？況乎心理無異，大道不孤，是書一出，子雲其人必當旦暮遇之，且將有闡明其意，裨補其疎，使夭札之民，咸登仁壽者，此天下後世之幸，亦吳子之幸也。若夫折楊皇荂，听然而笑，陽春白雪，和僅數人，自古如斯。知我罪我，一任當世，豈不善乎！吳子以爲然，遂相與評騭而授之梓。

《溫病條辨・朱彬序》 天以五運六氣化生萬物，不能無過不及之差，於是有六淫之邪，非謂病寒不病溫，病溫不病寒也。後漢張仲景著《傷寒論》，發明軒岐之奧旨，如日星河嶽之麗天地，任百世之鑽仰，而義蘊仍未盡也。然其書專爲傷寒而設，未嘗遍及於六淫也。奈後之醫者，以治傷寒之法，應無窮之變，勢必至如鑿枘之不相入。至明陶節菴《六書》，大改仲景之法，後之學者，苦張之艱深，樂陶之簡易，莫不奉爲蓍蔡，而於六淫之邪，混而爲一，其死於病者十二三，死於醫者十八九，而仲景之說，視如土苴矣。余來京師，獲交吳子鞠通，見其治疾，一以仲景爲依歸，而變化因心，不拘常格，往往神明於法之外，而究不離乎法之中，非有得於仲景之深者不能。久之乃出所著《溫病條辨》七卷，自溫而熱而暑而濕而燥，一一條分縷析，莫不究其病之所從生，推而至於所終極，其爲方也約而精，其爲論也閎以肆，俾二千餘年之塵霧，豁然一開。昔人詔仲景爲軒岐之功臣，鞠通亦仲景之功臣也。余少時頗有志於醫，年逾四十，始知其難，洒廢然而返。今讀鞠通之書，目識心融，若有牖其明而啓其秘者，不誠學醫者一大快事哉！爰不辭而爲之序。

《溫病條辨・自序》 夫立德立功立言，聖賢事也。瑭何人斯，敢以自任？緣瑭十九歲時，父病年餘，至於不起，瑭愧恨難名，哀痛欲絶，以爲父病不知醫，尙復何顔立天地間，遂購方書，伏讀於苫塊之餘，至張長沙外逐榮勢，內忘身命之論，因慨然棄舉子業，專事方術。越四載，猶子巧官病溫，初起喉痹，外科吹以冰硼散，喉遂閉，又遍延諸時醫治之，大抵不越雙解散、人參敗毒散之外，其於溫病治法，茫乎未聞也，後至發黃而死。瑭以初學，未敢妄贊一詞，然於是證，亦未得其要領。蓋張長沙悲宗族之死，作《玉函經》，爲後世醫學之祖，奈《玉函》中之《卒病論》，亡於兵火，後世學者，無從倣效，遂至各起異說，得不償失。又越三載，來遊京師，檢校《四庫全書》，得明季吳又可《溫役論》，觀其議論宏闊，實有發前人所未發，遂專心學步焉。細察其法，亦不免支離駁雜，大抵功過兩不相掩，蓋用心良苦，而學術未精也。又遍考晉唐以來諸賢議論，非不珠璧琳瑯，求一美備者，蓋不可得，其何以傳信於來茲！瑭進與病謀，退與心謀，十閱春秋，然後有得，然未敢輕治一人。癸丑歲，都下溫役大行，諸友強起瑭治之，大抵已成壞病，幸存活數十人，其死於

世俗之手者，不可勝數。嗚呼！生民何辜，不死於病而死於醫，是有醫不若無醫也。學醫不精，不若不學醫也。因有志採輯歷代名賢著述，去其駁雜，取其精微，間附己意，以及考驗，合成一書，名曰《溫病條辨》，然未敢輕易落筆。又歷六年，至於戊午，吾鄉汪瑟菴先生促瑭曰：來歲己未濕土正化，二氣中溫厲大行，子盍速成是書，或者有益於民生乎！瑭愧不敏，未敢自信，恐以救人之心，獲欺人之罪，轉相倣效，至於無窮，罪何自贖哉！然是書不出，其得失終未可見，因不揣固陋，黽勉成章，就正海內名賢，指其疵謬，歷爲駁正，將萬世賴之無窮期也。

《溫病條辨·凡例》 一是書倣仲景《傷寒論》作法，文尚簡要，便於記誦。又恐簡則不明，一切議論，悉以分注注明，俾綱舉目張，一見瞭然，並免後人妄注，致失本文奧義。

一是書雖爲溫病而設，實可羽翼傷寒。若真能識得傷寒，斷不致疑麻桂之法不可用；若真能識得溫病，斷不致以辛溫治傷寒之法治溫病。傷寒自以仲景爲祖，參考諸家註述可也；溫病當於是書中之辨似處究心焉。

一晉唐以來諸名家，其識見學問工夫，未易窺測，瑭豈敢輕率毀謗乎？奈溫病一證，諸賢悉未能透過此關，多所彌縫補救，皆未得其本真，心雖疑慮，未敢直斷明確，其故皆由不能脫卻《傷寒論》藍本，其心以爲推戴仲景，不知反晦仲景之法。至王安道始能脫卻傷寒，辯證溫病，惜其論之未詳，立法未備；吳又可力爲卸卻傷寒，單論溫病，惜其立論不精，立法不純，又不可從。惟葉天士持論平和，立法精細，然葉氏吳人所治多南方證，又立論甚簡，但有醫案散見於雜證之中，人多忽之而不深究。瑭故歷取諸賢精妙，考之《內經》，參以心得，爲是編之作。諸賢如木工鑽眼，已至九分，瑭特透此一分，作圓滿會耳，非敢謂高過前賢也。至於駁證處，不得不下直言，恐悮來學。《禮》云：事師無犯無隱。瑭謹遵之。

一是書分爲五卷：首卷歷引經文爲綱，分注爲目，原溫病之始；二卷爲上焦篇，凡一切溫病之屬上焦者係之；三卷爲中焦篇，凡溫病之屬中焦者係之；四卷爲下焦篇，凡溫病之屬下焦者係之；五卷雜說、救逆、病後調治。俾閱者心目瞭然，胸有成竹，不致臨證混淆，有治上犯中、治中犯下之弊。末附一卷，專論產後調治與產後驚風，小兒急慢驚風、痘證，緣世醫每於此證，惑於邪說，隨手殺人，毫無依據故也。

一經謂先夏至爲病溫，後夏至爲病暑，可見暑亦溫之類，暑自溫而來，故將暑溫、濕溫，並收入溫病論內。然治法不能盡與溫病相同，故上焦篇內第四條，謂溫毒、暑溫、濕溫不在此例。

一是書之出，實出於不得已。因世之醫溫病者，毫無尺度，人之死於溫病者，不可勝紀。無論先達後學，有能擇其弊竇，補其未備，瑭將感之如師資之恩。

一是書原爲濟病者之苦，醫醫士之病，非爲獲利而然，有能翻板傳播者聽之，務望校對真確。

一《傷寒論》六經由表入裏，由淺及深，須橫看。本論論三焦由上及下，亦由淺入深，須豎看。與《傷寒論》爲對待文字，有一縱一橫之妙。學者誠能合二書而細心體察，自無難識之證，雖不及內傷，而萬病診法，實不出此一縱一橫之外。

一方中所定分量，宜多宜少，不過大概而已，尚須臨證者自行斟酌。蓋藥必中病而後可，病重藥輕，見病不愈，反生疑惑；若病輕藥重，傷及無辜，又係醫者之大戒。古人治病，胸有定見，目無全牛，故於攻伐之劑，每用多備少服法；於調補之劑，病輕者日再服，重者日三服，甚則日三夜一服。後人治病，多係捉風捕影，往往病東藥西，敗事甚多；因拘於約方之說，每用藥多者二、三錢，少則三、五分爲率，遂成痼疾。吾見大江南北，用甘草必三、五分。夫甘草之性最爲和平，有國老之稱，坐鎮有餘，施爲不足，設不假之以重權，烏能爲功？即此一端，殊屬可笑！醫並甘草而不能用，尚望其用他藥哉！不能用甘草之醫，尚足以言醫哉！又見北方兒科於小兒痘證，自一二朝用大黃，日加一、二錢，甚至三、五錢，加至十三四朝，成數兩之多，其勢必咬牙寒戰，灰白塌陷，猶曰此毒未淨也，仍須下之，有是理乎？經曰：大毒治病，十衰其六，中毒治病，十衰其七，小毒治病，十衰其八，無毒治病，十衰其九。食養盡之，勿使過劑。醫者全在善測病情，宜多宜少，胸有確見，然後依經訓約之，庶無過差也。

一此書須前後互參，往往義詳於前而略於後，詳於後而略於前。再，法有定病無定。如溫病之不兼濕者，忌剛喜柔；愈後胃陽不復，或因前醫過用苦寒，致傷胃陽，亦間有少用剛者；溫病之兼濕者，忌柔喜剛；濕退熱存之際，烏得不用柔哉！全在臨證者善察病情，毫無差忒也。

一是書原爲溫病而設，如瘧、痢、疸、痹，多因暑溫、濕溫而成，不得不附見數條，以矗立規模，其詳不及備載，以有前人之法可據，故不詳論，是書所詳論者，論前人之未備者也。

一是書着眼處全在認證無差，用藥先後緩急得宜，不求識證之眞，而妄議藥之可否，不可與言醫也。

一古人有方即有法，故取攜自如，無投不利。後世之失，一失於測證無方，識證不眞，再失於有方無法。本論於各方條下，必注明係用《内經》何法，俾學者知先識證而後有治病之法，先知有治病之法而後擇用何方。有法同而方異者，有方似同而法異者，稍有不眞，即不見效，不可不詳察也。

一大匠誨人，必以規矩，學者亦必以規矩。是書有鑒於唐宋以來，人自爲規，而不合乎大中至正之規，以至後學宗張者非劉，宗朱者非李，未識醫道之全體，故遠追《玉函經》，補前人之未備，尤必詳立規矩，使學者有階可升，至神明變化出乎規矩之外，而仍不離乎規矩之中，所謂從心所欲不踰矩，是所望於後之達士賢人，補其不逮，誠不敢自謂盡善又盡美也。

《溫熱經緯・余師愚疫病論》 雄按：《雞峰普濟方》論外感諸疾亦云：四時之中，有寒暑燥溼風五氣相搏，善變諸疾。今就五氣中分其清濁，則暑燥爲天氣，係清邪；風寒溼爲地氣，係濁邪。然則仲聖所云，清邪中上者，不僅霧露之氣已，而書傳兵火之餘，難免遺亡之憾，否則疫乃大證，聖人立論，何其略耶？後賢論疫，各有精義，亦皆本於仲聖清濁互中之旨。若但中暑燥之清邪，是淫熱爲病，治法又與嘉言、又可異，後人從未道及。惟秦皇士云：燥熱疫邪，肺胃先受，故時行熱病，見脣焦消渴者宜用白虎湯。惜語焉未詳。夫暑卽熱也，燥卽火也，金石不堪其流爍，況人非金石之質乎？徐後山《柳崖外編》嘗云：乾隆甲子五六月間，京都大暑，冰至五百文一斤，熱死者無算，九門出櫬，日至千餘。又紀文達公云：乾隆癸丑，京師大疫，以景岳法治者多死，以又可法治者亦不驗，桐鄉馮鴻臚星實姬人，呼吸將絶，桐城醫士投大劑石膏藥，應手而痊。踵其法者，活人無算。道光癸未，吾鄉郭雲臺纂《證治鍼經》，特採紀說，以補治疫之一法。然紀氏不詳姓氏，讀之令人悵悵，越五載，毘陵莊製亭官於長蘆，重鐫《疫疹一得》，書出始知紀氏所目擊者，乃余君師愚也。原書初刻於乾隆甲寅，而世尠流行，苟非莊氏，幾失傳矣。余讀之，雖純疵互見，而獨識淫熱之疫，別開生面，洵補昔賢之未逮，堪爲仲景之功臣，不揣疏庸，節取而删潤之，纂作聖經之緯。

《增補評註溫病條辨・徵序》 立天之道，曰陰與陽；立地之道，曰柔與剛；立人之道，曰仁與義。醫，仁道也，而必智以先之，勇以副之，仁以成之。智之所到，湯液鍼灸，任施無處不當；否則鹵莽不經，草菅民命矣。獨是聰明者予智自雄，涉獵者穿鑿爲智，皆非也。必也博覽載籍，上下古今，目如電，心如髮，智足以周乎萬物，而後可以道濟天下也。在昔有熊御極，生而神靈，猶師資於僦貸季岐伯而《内經》作。周秦而降，代有智人。東漢長沙而外，能徑窺軒岐之壼奧者，指不多屈。外是纚一家言，爭著爲書，曾未見長沙之項背者比比。所以醫方之祖，必推仲景，而仲景之方，首重傷寒，人皆宗之。自晉王叔和編次《傷寒論》，則割裂附會矣。王好古輩著《傷寒續編》、《傷寒類證》等書，俗眼易明，人多便之。金元以後，所謂仲景之道，日晦一日。嗟夫！晚近庸質，不知仲景，寧識傷寒，不知傷寒，寧識溫病，遂至以治寒者治溫。自唐宋迄今，千古一轍，何勝浩歎！然則其法當何如？曰：天地陰陽，日月水火，罔非對待之理，人自習焉不察；《内經》平列六氣，人自不解耳。傷寒爲法，法在救陽；溫熱爲法，法在救陰。明明大兩法門，豈可張冠李戴耶！假令長沙復起，必不以傷寒法治溫也。僕不敏，年少力學，蒐求經史之餘，偶及方書，心竊爲之怦怦，自謂爲人子者當知之，然有志焉而未逮也。乾隆丁未春，萱堂弗豫，卽以時溫見背，悲憤餘生，無以自贖，誓必欲精於此道。廬墓之中，環列近代醫書，朝研而夕究，茫茫無所發明。求諸師友，流覽名家，冀有以啓迪之，則所知惟糟粕。上泝而及於漢唐，洊至《靈樞》、《素問》諸經，捧讀之餘，往往聲與淚俱。久之別有會心，十年而後，汩汩焉若心花之漫開，覺古之人原非愚我，我自愚耳，離經泥古，厥罪惟均，讀書所貴，得間而後可。友人吳子鞠通，通儒也，以穎悟之才，而好古敏求，其學醫之志，略同於僕，近師承於葉氏，而遠追跡乎仲景。其臨證也，雖遇危疾，不避嫌怨。其處方也，一遵《内經》，效法仲祖。其用藥也，隨其證而輕重之，而功若桴鼓。其殆智而勇，勇而仁者哉！嘉慶甲子，出所著治溫法示余，余向之急欲訂正者，今乃發覆析疑，力矯前非，如撥雲見日，寧不快哉！閱十稔而後告成，名曰《溫病條辨》，末附三卷，其一爲條辨之翼，餘二卷，約幼科產後之大綱，皆前人之不明六氣而致誤者，莫不獨出心裁，發前人所未發。嗚呼！昌黎有云：莫爲之前，雖美弗彰；莫爲之後，雖聖弗傳。此編既

出，將欲懸諸國門，以博彈射。積習之難革者，雖未必一時盡革；但能拾其緒餘，卽可爲蒼生之福。數百年後，當必有深識其用心者！夫然後知此編之羽翼長沙，而爲長沙之功臣，實亦有熊氏之功臣也。是爲序。

《溫證指歸・提要》 清江寧周杓元撰，杓元別號澹然子。張長沙爲治傷寒之祖，對於溫症略載數條，至劉河間《傷寒直格》出，而溫症始有所宗。明吳又可創邪在膜原說，方中行《傷寒條辨》、清喻嘉言《尚論篇》，頗多發明溫病之理，究非溫症專書。至戴麟郊復廣其論，分汗吐下等法爲六門，條分縷晰，開後人無數法門。是書本此意旨，附以受病之原及諸家所論、似溫非溫等法，彙爲一編，分爲四卷。卷一、首論溫證。正名窮源，及氣運方隅高下，人質強弱，及溫熱傷寒不同，不可混治異點。治溫毒當與痘毒同參，治溫以保元爲要。溫病有表證無表邪論，治瘟當明互兼十夾，驗舌望色切脈，治瘟當分老幼，不可棄其老爲不治。溫證失治致變，不咎誤而咎藥辨，治瘟不急去邪，膠執養陰貽誤論，治溫誤投辛溫香燥，重竭眞陰論。溫病下不厭早，有首尾宜下辨。治溫首重涼下終或溫補，及不宜妄下過下論。卷二、愼始。發熱惡寒不熱，寒熱往來似瘧，及證候現狀，分條詳辨，并急發證、緩發證、溫邪壞證紀略。婦人小兒各溫證。卷三、集諸方一百十五道，附方十八道。卷四、溫證溫驗醫案，一十六症，首詳溫證之原，次辨溫證之治，次列藥方，以定療治之標準，末列醫案，以徵治驗之成績。皆能反覆推詳，於治溫之道，纖悉無遺。

《溫證指歸・自序》 軒岐以來，無溫疫之書，張長沙爲千古傷寒之祖，而溫症略載數條而已。至河間書出，而溫症始有所宗。宋以來，溫症局方概宗河間雙解法。明喻嘉言從傷寒諸論，發長沙未發之旨，然《尚論篇》究非溫症專書。吳又可始著《溫疫論》，創邪在募原之說，洵乎元燈獨得矣。我朝諸名家，各執一見，以補偏救弊，究不外河間三焦立論，益以吳氏諸成法而已。吾鄉戴麟郊先生，復廣其論，分汗吐等法爲六門，及諸雜症，條分縷晰，開後人無數法門。茲祖其意，略附以溫疫所受之原，及諸名家所論，與夫似溫症而實非溫症等法，彙爲一冊，非敢云指南之鑒，然其中一二心得之處，未必不可補前人所未逮，而爲青囊家之一助也。

《慈航集・自序》 勳故洪氏子，家赤貧，世傳眼科藉以謀衣食本。生父東朗府君，敎勳兄弟成立。勳年十六歲，府君命勳出繼王氏爲子。王氏之貧一如洪，仍以醫爲生。嗣父槐庭府君，每謂：俗諺老醫少卜，果汝學成，則河清之俟，將何以爲家計耶！命改業。而勳性所近，非惟不能改，益肆力焉，終日孜孜矻矻，手不釋卷，府君亦卒聽之。於是讀《靈》《素》《內經》，知天地造化之理，讀李氏《綱目》，知藥之五色五味，而合五臟五行之用，再讀鬼臾區王叔和《脈經》三十六字之奧，而知五臟六腑之受病。又讀仲景《傷寒》而知三陽三陰之變化；又讀劉完素《六書》知亢制之理；東垣發明內傷，丹溪論陽常有餘、陰常不足，補張、劉、李三家之未備；寒熱溫涼合而爲一，乃醫宗四隅。孫思邈《千金方翼》治沿海居民多食魚腥而病痞塞，致多攻伐；唐王壽《外臺秘要》、王肯堂《醫統準繩》、喻嘉言《醫門法律》、薛立齋《十六種醫宗金鑑》、程雲來《聖濟總錄》等，皆輯古人方論，集其大成；《東醫寶鑑》一書，皆出於李氏《綱目》，未嘗別有發明；張路玉《醫通》、張介賓《類經新方八陣》、馮楚瞻《錦囊》、陳遠公《辨證錄》、《石室秘箓》，用藥立方，議論精詳，出神入化。凡此古人著述，時復研究參悟，有所窒礙致廢寢食，或嘿坐而翫之，或緩步而繹之，或仰眠而思之。忽然有得，心志洞開，如疾風之掃苦霧，不足喻其朗也；飛隼之人重霄，不足喻其快也；貧者之得財、飢者之得食，不足喻共樂也。其中惟春溫、瘟疫，自古至今，無成法可師。勳挾破硯傳食於三江兩浙之間，畱意三十餘載，始悟得病之源、治疫之理。今遵司天運氣，推算甲子一週，每歲著論治春四時之病，畱一主方以補前人所未備。今春，客吳郡，以書就正於任曉林太守。太守賞之，將以災梨棗因書其緣起。如此後之君子復有抉疑發覆，以佐勳之不逮則幸甚。

《慈航集・袁枚序》 余新春患病，直至孟秋，千醫不效。乃到揚州，訪王於聖，一治竟愈。再作告存詩，一以謝王君，一以慰天下人之愛之欲其生者。

王子本爲仙，稱名不愧聖，仙力能回天，聖手能奪命。我年逾八旬，二百餘日病，九死謀一生，求醫乃越境。王君一見笑，道師肯聽不？檳榔萊菔子，重用掃滯畱，背城與一決，毋以衰老憂。我雖糧半枯，幸存尚有膽。野葛啖數升，達人無不敢。更聞君敎我，一切憑所嗜。牛炙與羊羹，百般無禁忌。老饕大歡喜，張口如神鴉，放飯與流啜，不肯停齒牙。果然藥通神，參苓卽魚菽，三傳既已解，五倉竟恢復。乾元還我首，坤元還我腹。北坎重取耳，南離更取目。有如我臟腑，化爲君奴僕，喚之起則起，使之伏則伏。又如我肺腸，

交與佛圖澄，剖之可以洗，納之我不驚。古有女媧氏，七十二變相，我今竟似之。屢死將人誑，悔作絕命詞，傳播驚故人。必有好我者，哀傷涕沾巾。急作告存詩，當作吉語聞。定惹人大笑，此老又還魂。

《慈航集·曾燠序》 人身一小天地也，故不知天地者，不可以言醫。《周官疾醫》分别春夏秋冬四時之病，《毉和》之對晉侯，發明陰陽風雨晦明之旨。《物理論》則云：古之用醫，必能知天地神示之次，處虛實之公，定逆順之節，不達其細理，不知剛柔有輕重，節氣有多少也。然則醫豈易言哉？痛乎庸醫之悞人也，目未識玉版《金鐀》爲何書，但習一二經方，麤知藥性，遇病不對脈，而以情度之。多其藥物以幸有功而已，藥與病反則病益亟，且因而變異症者，屢屢有之。即使一藥偶得，而他味相制，弗能專效，豈惟十失其四，殆已十失其九也。古歙王於聖先生，以名醫名天下，活人無算。予官江南，始淂訂交。嘗語及醫之悞人，輒爲咨嗟歎息，思有以救之而又恐四家六技廣大精微，未易爲淺見寡聞道也。一日語予曰：凡醫之所以致悞者，由不明於陰陽五行，陰陽五行之不明，由不知司天在泉之説耳。夫病症無常，而司天在泉其有常者也。今叠刊舉病症而按三元甲子歲繫主方，名曰《慈航集》，俾學者對本宣科灼有定見，其庶幾號悞矣乎？嗚呼。此爲下等人説診也，此良相苦心也。而要知廣大精微者，皆在其中。蓋因天之時定人之命，寒溫燥濕與造化同功，即《周官》之所謂四時，《醫和》之所謂六氣，而《物理論》之所謂剛柔虛實也。道孰有外此者哉？或疑其方止數十，未必能誤千萬人之病。予爲曉之曰：昔王彥伯判三四竈，煑藥於庭，老切塞門而請，彥伯指曰：勢者飲此，寒者飲此，風者飲此，氣者飲此，無不效者。是肱經三折之候也，况由是觀其會通，察乎天地，目心渺用又有家乎？是爲叙。

《慈航集·任兆炯序》 余少讀黃帝天元五常四氣之書，慷慨而歎也。曰：醫賤，工也。無雒鈴、範易之理，於胸中，而責以軒岐氣化覘天道以察人病之主客。無萑衡律歷之算於幼學，而責以天符永乙騐八風以測南北、司天之遷退。師非苗父、友尠巫咸明，乎其甘酸澀毒之刀，殺人床簀之上。設不遇天行疫癘，則駢斃於甘酸澀毒之乎者猶少，一若五政流年，百民同病，禍不至坑一鄉，屠一國也不止。王君於聖，與余交十年矣。其醫學淂之天解，幾漢以來，醫者之門堂突奧無所不窺。而於時災、瘟疫之論，猶所切究。一日出所著司天甲子六十方，授余曰：以此廣諸世，則俗醫庶無殺人之禍，而陳無擇一十六方之旨，亦庶乎廣而達矣。余曰：運氣變青逆泛、勝復之理，余讀書而淂之。以六十方該六十歲干支之萬病，則神農三百六十味之本草，何以附之、益之八百餘家也？《內經》不設方劑，方以智曰：不欲以跡應無窮也。概以六十何其約也？先生曰：子知天地生者，氣乎。五氣定而五味生乎。氣者，天也。溫熱者，天陽。寒涼者，天陰。陽升而陰降也。味者，地也。辛甘者，地之陽，酸苦鹹者，地之陰，陽浮而陰沉也。香臭腥臊羶、平淡澀滑毒，則附氣味以爲厚薄者也，氣之溢也。養以苦脈之耎也，平以盲醫之醫。通騐乎氣味之正，變神明於藥，與病之外者也。余曰：六十之約，吾知之矣。敢問七方十劑，君臣佐使，古何不憚煩也？先生曰：七方者，大、小、緩、急、奇、偶、復也。十劑者，宣、通、補、泄、輕、重、澀、滑、燥、濕各立，一名也。仲景諸方，表裏經變備一病之奇正，變陰陽而救汗下之誤也，非六十方專應司天之謂者也。子亦聞醫和之對晉侯乎？和之言曰：天有六氣，降生五味，分爲四時，序爲五節，淫生六疾，過則爲災。夫所謂六疾者陰淫寒疾，陽淫熱疾，風淫末疾，雨淫腹疾，晦淫惑疾，明淫心疾也。四時者，厥陰春主、君相夏主、土金秋主、太陽寒水爲冬主也。五節者，初氣分前、二氣分後、三氣夏至、四五秋分、終氣爲冬藏也。六氣者，地氣五歲，而周天紀六，期而備，於是乎寒暑燥濕風火加臨，於鹹骨之收也，強以酸筋之肆也，舒以辛肉之弱也，緩以甘辛，散而行横也，甘緩而行上也，苦瀉而行下也，酸收而行縮也，鹹軟而行紓也，故以氣使者、以味使者、以氣味俱使者、以先氣後味、先味後氣使者，一味正而百藥正也，一氣定而萬病已也。人統乎氣中，藥生於味中，癘疾夭札一犯於五氣之變中。人病雖多，不越乎陰陽寒暑燥濕風也。概以六十俾上下左右，正化對化間也，六氣之沴，非六十方不能平。五節之虛，非六十方不能化。四時之錯，非六十方不能應。六疾之作，非六十方不能救也。今之博者曰：古善醫者，無成方，彼亦知方之貴乎？《史記》長桑君見扁鵲而奇之曰：我有禁方，年老欲傳於公，公無泄。乃出懷中方與之，自後扁鵲視疾特以診脈爲名爾，則知扁鵲之醫脈，猶後也，專用方矣。夫以一方而藥一人之專病也。則多傷以一方而藥百人之公病也。何投而不良乎？余曰：六十方之功，吾知之矣。敢問司天升降遷正退位之義，何書中未之詳也？先生曰：此《靈樞》之密語、《素問》之遺篇、《神醫》之所未窺也，吾爲子言之。昔者黃帝減饍於大庭之

館，肌色奸黷，五情爽惑，喟然讚曰：朕之遏淫矣。眷一已而其患如此也。岐伯乃教之：放萬機、舍宫寢。稽首再拜，咨岐伯，而進曰：敢聞預救生靈可卻乎？岐伯曰：昭哉。問也升降不前，氣交有變，暴鬱之作，作甚凶也。木欲升而天柱窒之，須待時。火欲升而天蓬窒之，須待時。土欲升而天衝窒之，須待時。金欲升而天英窒之，須待時。水欲升而天芮窒之，須待時。木欲降而地晶窒之，當折其勝，火欲降而地玄窒之，當折其勝。土欲降而地阜窒之，當折其勝。金欲降而地彤窒之，當折其勝。水欲降而地阜窒之，當折其勝。夫待時者，六元升天作間而逢天星中運，抑之發鬱也。折其勝者，六元入地作間而逢地星中運，抑之發鬱也。升降往來有所承抑之也，是故過者取之不及者，資之天虚地虚，剛柔二千乘除之也。甲子孤立則三年而土癘，辛巳失守則三年而水癘，庚辰失守則三年而金癘，丁酉失守則三年而木癘，戊申失守則三年而火癘。司天之理，上下剛柔救五疫於未行之先，命以咸方，意奥精也，子不讀《玄珠密語》乎？帝嘗曰：五疫之至，人相染易，國無大小，病狀相似，不施救療，如何可得？岐伯乃授以天牝五氣護身之法，作辰砂、紫金、雄雌二黄四味之方，焉夫以軒帝之神、岐伯之聖，猶尚以四味一方，該六十年萬古干支之病，况六十方乎？余於是逡巡辟席淫思七日，慷慨而歎曰：噫。於聖之説，精矣，當矣。六十方之釋，灝矣，汗矣。無可議矣。於是抽毫作叙，刊其書以廣布，於吳之言醫者，以折衷焉。

《疫痧草・自序》 余聞之老父曰：肺胃蘊熱則發痧，痧症輕自古無專書。又曰：瘟疫之症險，變幻不測，傳染無已者也。顧瘟疫未嘗曰發痧，發痧未嘗曰爛喉，爛喉發痧，實起於近年也。發痧何以名疫？爲爛喉而傳染於人也。發痧何以爛喉？凡人口鼻之氣，上通於天，天有鬱蒸之氣，霾霧之施，人自口鼻吸入，着於肺胃，肺主咽喉，故疫痧多兼爛喉也。疫氣者，今昔之所同有也。而近日疫氣，何以發痧爛喉？蓋今人氣稟，不逮古人，抑且起居失調，所以疫癘之毒，乘虚而干肺胃，以致爛喉發痧也。爛喉發痧，其症必險，氣息傳染，死者甚衆，良可哀也。夫疫痧之症，見象不一，當汗當清，其機甚微，道不揣鄙陋，觀其象，察其機，偶有所得，而遂筆之於書，其草率無文，故名曰疫痧草。

《疫痧草・張禾芬序》 喉痧一症，由於時行疫癘，與風濕熱之邪，煽爍蒸騰爲患，一經觸發，勢若燎原。兼以近時需煤火者衆，故遇冬令遇暖，至春夏發爲溫熱。或旱燥日久，或一時風氣不正，溫邪多挾煤毒，入人肺胃，有肝腎虚乏者，有腸胃濁滯者，感患尤烈。雖不盡由於煤毒，而總爲溫毒之甚者也。遇是症者，每患無策。甬上潘丈緝熙，出陳氏《疫痧草》一卷，其書一再刻於嘉道間，實與近時喉症恰合。其列論之條暢，辨症之明確，備方之簡要，爲喉科諸本所罕見。因略爲删節，集資付刻，以廣流傳。顧原書之意，並重發痧，即吾浙所謂瘄子，然瘄症雖不爛喉，而爛喉症不必盡發瘄也，是在臨診時斟酌之。

《溫熱病指南集・提要》 陳平伯著，光緒丙子，復園錢培蓀重刻本，江白仙鑒定。凡溫熱大意一篇，風溫證條例十二條，濕溫證條例三十一條，培蓀案《溫熱贅言》三十一條，後有察舌一條，辨脈四條，註云從《辨證活人》摘入。蓋是後人所增，今不補錄，是集原題淞濱陳祖恭平伯父著，連濕溫條例在内，而《溫熱贅言》題曰江左寄瓢子述，亦連前併爲一人之書，豈祖恭卽寄瓢子。然濕溫十五條，有一酒客云是師治，《贅言》本作余在金閶，見業師張友樵治一酒客，其下余診其脈，余脈其右寸浮數。余字皆作師，則兩書歧出。張友樵名文變，《醫效祕傳》有其序，序作於道光十一年，稱吳子金壽，從余學醫。是寄瓢本與子音同師，祖恭卽其人，何爲又冒其師所治爲己治耶。錢培蓀云：《三家醫案》，乃吳江吳子音金壽所輯。葉天士、薛生白、繆宜亭三案，而益以葉氏《醫效祕傳》，原刊於道光十一二年。本無《溫熱贅言》，光緒初年，蘇州綠潤堂翻刻之時，末附《溫熱贅言》。王士雄云：吳本雖出江白仙本之後，無甚異同，所附治酒客一案，云是其師治，似較江本爲可信也云。此據錢考《贅言》，乃光緒年間翻板時增入，則在江本後矣。王士雄又云：此篇始見於舒松摩重刻醫師祕笈後，云是薛作，章氏從而釋之，而江白仙本以附陳作後，吳子音《溫熱贅言》，連前篇併爲一人之書，並不標明何人所著，但曰寄瓢子述，且前篇之末，有今補薛生白先生一法於後云云，則此篇非薛著矣。其江本所補一法，又無薛生白三字，且此篇張友樵所治酒客之案，但稱曰余診，言人人殊，無從覈實。清代《名醫學案》云：生白平生著作無多，惟《濕熱條辨》一冊，爲平生傑作。蓋母太夫人平生多病濕熱，故生白於此證搆思獨苦，研究最深，以期母疾頓瘳，克享遐齡云。《南病别鑑》，薛生白有自序云：將數年以來所歷病機，與諸子弟或闡發前人，或據己意，隨所有得，隨筆數行，如嗽齏羹。又云：一瓢子生白别號，據此是薛著無疑。而王士雄

亦謂係薛生白撰，今幷錄之，以資考正。

《溫熱病指南集·濕溫證條例錢培蓀注》 右《溫熱病指南集》，舊爲 先大父愚庵公刊行，遭寇後版片已燬，印本尟存，偶於從弟二泉處得此帙，因重校付梓，其風溫、溼溫之辨，及表裏虛實，隨證分析，語簡意該，活人家宜奉爲圭臬也。

《溫熱病指南集·錢培蓀跋》 乙亥秋，將重刊《溫熱病指南集》，或告蓀曰：是書已附刊《三家醫案》之後。《三家醫案》者，吳江吳子音所輯葉天士、薛生白、繆宜亭之案，而益以葉氏《醫效祕傳》，刊於道光中，近時蘇州緑潤堂書肆翻刻之，末附《溫熱贅言》一卷，因取而校之，一一相同。惟是集原題淞濱陳祖恭平伯父著，而《贅言》本題江左寄瓢子述，豈祖恭卽寄瓢耶。然溼溫第十五節，有一酒客云云。《贅言》本作余在金閶，見業師張友樵治一酒客，其下余診其脈，余脈其右寸浮。數余字皆作師，則兩書歧出。張友樵名文變，《醫效祕傳》有其序。序作於道光十一年，稱吳子金壽從余學醫。是寄瓢本與子音同師，祖恭果卽其人，何爲又冒其師所治爲己治耶。然醫書祇論是非，毋問眞僞。《內經》一書，本周秦間人所述。世所傳華佗《中藏經》之類，未必不出於依託。妖妄如《石室祕錄》，君子猶有取焉。蘇刻《贅言》本，亦小有譌舛，未嘗不可以是集參校。卽如郭象之注《南華》，庸何傷，故仍付之梓。而附著其異同，以質明者。嘉平既望培蓀又識。

《溫毒病論·徐錦序》 步青先生爲一瓢老人高足，余束發受書，卽邀英盼，時年八秩，長身玉立，望之若神仙中人。繼與文孫春泉交，知篋衍所藏，手澤猶新，未及請而伏誦也。今歲夏初，時疫濡染，危者日劇，倉猝莫救，心甚憫焉。春泉手出是編，乞敘於余，將付梓以共同好。其用心亦仁矣哉！竊聞江南疫癘，莫甚於崇禎之辛巳。當時吳氏立論，主以達原飲。同時西昌喻氏，則主以人參敗毒散。識者謂遵吳則邪解正傷，宗喻則留邪遺患也。乾隆丙子，江南治法多遵吳氏而變通之，往往應手取效。今閱是編而有徵，蓋先生身丁其會，臨證既多，又習諸先輩之緒論，剖晰入微，方多傳於古人，用獨抒其心得。卷帙無多，較周氏《溫熱暑疫》一書，尤爲精當，洵足津逮後學。學者果能遵其法，明其意而不徒襲其方，既免多歧之亡羊，亦弗守株而待兔，所關豈淺鮮哉？因綴數語於簡端，志其緣起以告世之讀是書者。

《溫毒病論·邵炳揚序》 疫證每起兵荒之後，周禹載、吳又可代有成書，然而有志之士知其疎節者，未知其精旨；得其正治者，不得其變通。我曾祖見疫病之殺人至亟也，因參酌周吳二家之說，並旁集諸書，窮原竟委，作爲是編，刊板行世。奈曩時刷印無多，兵火後亦半作燼餘矣。今從書肆索得舊本，重加考訂，以推廣而行之。昌黎有云：莫爲之前，雖美弗彰；莫爲之後，雖聖弗傳。此編彙先賢之格言，攄畢生之心得，亦猶是述而不作之用意焉爾。

《感證集腋·自序》 醫之有《靈》、《素》之書，猶儒之有四子之書也。後世名家著說，其善者多能發明其旨，而仲景張氏《傷寒論》一書爲最。是故學醫者初必究心《靈》、《素》。《靈》、《素》既通，《傷寒論》卽所當從事者。論中立法凡三百九十有七，方凡百一十有三，雖以傷寒爲主，六淫外感之邪皆統之矣。其有不及者，如陽明論中無目痛，厥陰論中無囊縮之類，蓋數條久已失傳，叔和王氏未之覺而不之補也。未之覺而不之補要於大體無害，覺之而自爲補之則大非是。夫叔和收拾殘篇編定此書，使不至全佚，其功甚大，顧於熱病篇參入《素問》之言，幷雜己見其中，則殊不自量矣。後人多顢頇觀之。迄乎明季有哲方氏著《傷寒條辨》始能判別其紫朱。而國朝喻嘉言、柯韻伯、程郊倩諸先生皆能發仲景之奧，學者讀《傷寒論》而果沈潛反覆於諸先生所註，又何事乎多言。奈何今之讀者皆徒耳食，而不知其味也。試卽以傳經論，如太陽傳陽明者有之，陽明傳少陽者有之，或二陽合病幷病三陽合病者有之，或少陽轉陽明者，或陽病久悞治而陷入陰經者，亦皆有之。至三陰經中並未有傳之一字也，亦未有從陽經傳入陰經之一字也，但有轉屬陽明而病解云云。從可知受邪之路，有從風府入者，有從元府入者，有從口鼻入者，有直入三陰者，詎得以爲專屬陽明耶？而要其大端，則從陽明分布者居多，蓋陽明爲通衢要道，故轉陽得解者多耳，至不轉陽而得解者，亦未始無之。余爲人治病三十餘年，何嘗見一六經傳遍之症，而世人往往藉口仲景六經相傳之說，競爲今日傳某經明日傳某經等語，豈不謬哉！其貽害曷可勝言哉。且仲景立法亦不外汗吐下和溫數則，使外邪速去，津液不傷而已。今之爲醫者，不論表裏之症，用藥不離清潤滋陰一路，於是邪不速退，津液漸耗，輕者重，重者死，蓋不知凡幾，其爲可慨不亦甚乎。余患之，思欲救其弊，積期年之功，輯爲此編。顧所編皆六淫外感之邪，而獨遺傷寒，何也？余之意謂夫鎭日而言傷寒，彼已有傷寒之說介其中而忽視也，遺傷寒而言六經外感之

邪，彼或以爲此《傷寒論》之所不及而取閱也。苟有聰明之士，卽於此而可悟傷寒之旨矣！然則仲景之書，能自源而達流者也，包涵雜症，無所闕遺，猶所謂一理貫萬事也。余之爲此編，欲從流而溯源者也，專言外感，俾有會通，猶所謂萬事本一理也。雖淺深高下大有不同，其指要或可以無悖，爰鈔而存之。

《感證集腋・徐熊飛墓誌銘》 翁姓茅氏，諱鍾盈，字配京，號雨人。世爲吳興右族，後由歸安遷錢塘。季父某，以醫術名於時。翁年二十，遍讀岐黃家言，製方必繩墨古人，或爲時醫所訾，謷勿卹也。嘗挾其術游苕霅間，經埭溪尋白樂天題名處，信宿忘返。又客睦州，過七里瀨，登嚴陵釣臺，訪方元英故宅，邈然有遺世之志。最後客乍浦，愛其山海雄勝，遂終老於此，不復賦遠遊。翁貌古性直，喜讀古文、《通鑑》。聞遠近有孝義節烈事，必徒步往訪，得其實以歸，乞能文者表揚之。嘗與里中耆舊舉眞率之會，幅巾杖履，觴詠海濱山水間，座無雜賓，人無雜言，後進子弟肅然，得所矜式。大江以南，病有類傷寒而非傷寒者，名曰感證，視之或味其法，傷人尤多。翁輯《感證集腋》二卷，審天時之祲沴，辨地氣之堅耗，析經脈之疑似，存眞陰之膏液，發微揭要，多前此傷寒諸書所未及。海防司馬無錫周公序而行之，翁不婚、不試，寓懷橘庵二十餘載，年七十豫製一匵檢料，衣衾含歛之具納其中。又築生壙於西常山，春秋佳日邀友人載酒往遊，必盡醉而返。嘉慶二十五年季冬九日，以肺疾逝於懷橘庵。猶子某奉匵入山，啓生壙葬之。表曰：武陵醫士茅配京之墓。從翁志也。昔李辰山賣藥當湖，歿後用浮屠氏法塔其骨於湖上，一時多奇其爲人。翁高行不減辰山，而體魄所藏，必遵司馬溫公之訓，不欲衒奇以驚世，則所守尤不可及已。翁生於乾隆八年十月二十八日，壽七十有八，所著方書甚多，惟《感證集腋》二卷刊行於世。銘曰：

放鷴磯，有高士，身居琳宮葬湖沚，手種梅花當孫子。翁也繼之餘百年，湖山相望各墓田。青松高，白石爛，天風海濤變昏旦。翠微月出蒼煙開，鶴盤三匝翁歸來。

《感證集腋・盛堈雲跋》 武林茅雨人先生夙擅岐黃，精通脈理，於諸名家書，無不讀，而尤折衷於仲景。張氏晚年游於吾里寓城西之懷橘庵，求醫者踵相接。先生每定一方，必經營慘澹而後成之，以是瀕死而得活者甚衆。嘗集諸家之說，取其辨症，詳脈理，實語精彙爲一書，名曰《感證集腋》，用意亦良苦矣。梓以行世遠近，奉爲圭臬，板本舊藏錢君海香家。甲午夏海香物故逐漸散失。子次第購求，僅得什九，乃於殘缺者補之，剝蝕者脩之，復爲校正，始成全璧。茲將發印以廣其傳爰，識數語於簡末。俾閱是書者，知先生之學，能得心應手，其淵源有自來也。

《感證集腋・周鎬序》 茅子，配京良醫也。出其所著《感證集腋》一書，屬余序，余以未學辭請益力，乃敬叩曰：子之意云何？茅子曰：醫和云：天有六氣，降生五味，發爲五色，徵爲五聲，淫則生疾。蓋人自有生以後，無時不在六氣之中，既在六氣之中，不能不受六氣之感，感之者外也，九竅是也，受其感者內也，九藏是也，凡人之病未有不起於六淫。外感者以其外感而忽諸內，病深矣，余憫之，故以《感證》名吾書也。雖然醫家之說多矣，《內經》、《素問》如五經四子，其理精微廣大，無所不包，嗣後百家之書學焉，而各得其性之所近，不能不稍有所偏，既有所偏，卽不可執焉而不化。余行醫三十餘年，全活甚衆，而就生平閱歷證之，百家之書有盡合，有未盡合者，蓋同一外感，而人之氣秉有強弱厚薄之殊，卽其所感，亦有虛實淺深之異，辨之不明，則治之不效，此余所以彙萃百家之說，擇其精而去其麤，參以己見而以《感證集腋》名吾書也。雖然余猶有憂，焉以藥治病，必審病付藥，周禮所謂以五氣、五聲、五色，眡其死生兩之，以九竅之變，參之以九藏之動，然後分而治之，蓋其由外證內，由內證外，無絲毫未信之疑，故用藥治之，可以十全而無憾，否則以似是而非之證，試一成不變之方，失之毫釐，謬以千里。是非但百家之書有未盡合，卽余《集腋》一書亦有未盡合者，此余所以致望於聰明之士，從流溯源復自源達流而得其因，物付物泛應不窮之妙，是則吾書難傳之隱而請序於君之意也。余敬謝曰：子之說至矣、盡矣，某雖未學，聞子言亦昭然發矇也。遂書之以爲序。

《醫學隨筆・序》 醫乃仁術，爲身心性命之學。吾人念茲在茲，畢世窮研，當夫臨床診治，精察聲色，深究萌芽，神存心手之際，意析毫芒之裏，情之所得，口不能言，數之所在，言不能諭。當斯時也，雖有泰山崩於前，麋鹿興於左，心專志一莫之能睹。然欲如越人之徹視腑臟，秦和之洞達膏肓，自問猶未能也。乃會稽顧公，古生以經生家爲名邑宰，出其餘緒，撰《學醫隨筆》一卷，判析病症若網在綱，信乎才智卓越，加人一等矣。或曰：文人積習，輒喜談醫，東坡集方而聖散子貽誤千古。余曰：不然。醫重經驗，不尚空

談，東坡先生集方雖富，經驗未宏，難免有誤。顧公曾以一裹藥療河内病卒百人。己未潼關大疫，手治活逾千人，其經驗爲何如乎，何可與東坡相提並論也。昔張仲景深慨居世之士，曾不留神醫藥，精究方術，卒然遇邪風之氣，嬰非常之疾患，及禍至而後震慄降志屈節，竇百年之壽命，將至貴之重器，委付庸醫，恣其所措。今顧公以從政之餘，治方術之學，秉筆著書，卓然名家，當亦仲景所嘉許也。因樂而爲之序。

《瘟疫合璧・自序》 醫，仁術也。業醫與著醫書善不善，功罪分焉。善者，藥救當時，方利後世，仁之至功之首也。不善者，手殺有數，書禍無窮，不仁之甚罪之魁也。故與其業不專精，論不神妙，何若不業醫不著書之爲得乎。語云：庸醫殺人不用刀，悞製醫書害人命，可不愼歟。明末時，吳又可先生手著《瘟疫論》一書，獨闢襍氣，創瘟疫之法門。首指膜原，補《素》、《靈》之秘典，眞正字香藥石語利鍼砭，括婆心於藥囊，載陰德於簡編。此論一出，天下少含冤之疫鬼，此其功爲何如哉。余自弱冠業醫，每遇瘟疫，雖不肯以傷寒法混治，蹈寒熱莫辯之譏，究胸無確見，議病用藥，必躊躇多番。間有不救，竊自愧我術未精，不敢稱彼症難起。自得先生論後，頓覺病機活潑，頭頭有緒。先生之論，其覺性之慧炬耶，眞活命之仙丹也。其有功於天下後世遠矣。等良相於良醫，豈虛語哉。所可惜者，論係先生初脫稿之書，義理雖與日月爭光，字句未免醇疵互見。劉松峰曾加考訂，而仍存當刪之舊文，初學亦難別白。余不揣鄙陋，於繁者刪之，減者增之，文理不順者調暢之，散見各家者彙集之，非敢割裂前人之書旨擅加塗改，亦不過欲便初學之觀覽，而冀成合璧也。雖多負罪，所不敢辭。

《醫門棒喝初集・條例》 一、六氣爲病，源流不同，辨別未清，治難盡善。仲景之論，後人編輯，將傷寒、溫病，攙混莫辨，自古皆然。即如《貫珠集》一書，吳門尤在涇先生所編，乃將黄芩、白虎之證，列於太陽傷寒正治法内。試思黄芩、白虎，豈可爲太陽傷寒正治之法乎？若黄芩、白虎，可治傷寒，則麻黄、桂枝等湯，將以治何病乎？此集近時所出，尙爾混淆，何況其前，難求全璧也。

一、吳又可見傷寒、溫病，多牽混之害，乃著《瘟疫論》，以辨異傷寒。雖能自立主見，獨開生面，多有發明，而不體究經旨，不辨伏氣爲病之理，直闢經文，混指一切溫病爲溫疫。遂使淺學，將風溫暑溫等，盡作瘟疫而治。病輕藥重，爲害甚多。又如《痧脹》、《玉衡》等書。亦發古人未發之旨，而有救濟之功。乃不詳究六氣病源，但敘痧證形狀，多列名目，淺學專習其書，凡見疑似諸病，概認爲痧，混用辛散破耗之藥，害亦不少。諸如此類，不可枚舉也。

一、火濕二氣，合而爲暑，故暑爲陽中之陰。其證有陰有陽，昔人言中暑爲陰證，傷暑爲陽證，又以靜而得者爲中，動而得者爲傷。殊不知偏於火者爲陽，偏於濕者爲陰，體強多火者成陽證，體弱多濕者成陰證，豈不簡明？而曰中、曰傷、曰動、曰靜，如是支離，使人眩惑難解，致有謂夏月患陰證傷寒者，六氣之雜亂不分也。

一、近時淮陰吳鞠通先生，欲明六氣爲病之理，著《溫病條辨》，雖多發明之處，又將風溫瘟疫，並爲一類，不分邪之輕重，病之淺深，反謂吳又可之論未善，而不自知牽混之誤。其冬傷寒，春病溫之伏氣一證，亦不分晰論列，更將《素問》秋傷於濕之濕字，臆解穿鑿，大乖義理。余皆評而辨之，以俟高明鑒定。

一、康熙間，上元戴麟郊先生，推廣吳又可之論，著《廣瘟疫論》，辨析雖較又可爲詳，但亦未將風溫、暑濕、春溫等分清，而概稱爲時行瘟疫。既云時行，則仍如又可之混指一切溫病爲瘟疫矣。且言大青龍、九味羌活等湯，皆古治溫病之方。按青龍湯，辛溫藥多，石膏甚少，實爲風寒閉塞營衛，陽鬱内擾而設，爲發汗之猛劑。若溫病，熱從内發，或藴於膜原，豈可用麻黄、桂枝大發其表乎？至九味羌活湯，於發表藥中，雜以生地，若有表邪，反使引入血分。若其陰虛，則蒼、芷、羌、防、細辛等，一派燥烈辛散，反傷其陰。此方之雜而不精，每見世俗混用，致害者多矣。是《廣溫疫論》，亦未辨別盡善也。惟吳門葉天士先生，論風溫二十則，分營衛氣血，傳變治法，最爲精當。薛生白先生，《濕熱條辨》三十五則，論治其詳，實皆超邁前古，可爲後世法程，學者宜究心焉。又吳鞠通先生《溫病條辨》，論藥性氣味功能，甚爲精細，其卷後論瀉白散之弊尤確。余亦屢見有混用桑皮，反引外邪入陰，咳嗽不已者，地骨皮亦然，臨證者不可不審也。

《醫門棒喝初集・評〈溫病條辨〉》 近有淮陰吳鞠通先生，名瑭，著《溫病條辨》一書，宗葉氏大意，從河間分三焦立法，引經正名，分晰傷寒溫病之異，多有發明。其提綱云：凡病溫者，始於上焦，在手太陰。此即葉氏所云

溫邪上受，首先犯肺之旨也。但將風溫、溫熱、瘟疫、冬溫，並爲一類，而曰初起惡風寒者，桂枝湯主之。不惡寒而渴者，均主以銀翹散。以瘟疫改作溫疫，仍古體之。又謂吳又可《瘟疫論》未善，而達原飲一方，過於削伐甚謬。予按此論，不能允當，若又可立法雖偏，其達原飲一方，猶爲恰當，不可非之，何故？蓋風溫爲輕清之邪，從皮毛口鼻而入，鼻爲肺竅，皮毛肺之合也，故肺先受傷。人感虛風賊邪，而當溫暖之候，即成風溫之病，四時皆有，溫重即熱病也。故如溫熱冬溫等名，皆可以風溫二字括之，不必另分名目，以省繁惑。惟春爲風木司令，而氣候溫暖，故風溫較三時爲多耳。若瘟疫一證，由五運六氣，主客流行，尅賊偏駁所致。如《六元正紀大論》所云：辰戌卯酉丑未巳亥等歲，或云民厲溫病，或云厲大至，民善暴死等，即後世所稱瘟疫也。古無瘟字，溫瘟義同，所謂厲者，狀其氣之凶暴，病之危速。或因穢汚之氣，與時令之邪，蘊釀而成，故方書又有溫毒之名，亦即溫厲之意。曰毒曰厲，總形其邪之惡耳。是以瘟疫一證，病勢甚重，初起即厚苔滿舌，邪伏膜原，盤距深固，須達原飲，始能開其濁結，使之傳化，故又可有九傳之說，曆敘證狀甚明，而與風溫大有不同，非輕藥所宜。且葉氏所云溫邪犯肺，正指風溫而言，故肺先受傷。今觀銀翹散方，亦輕清開肺治風溫之藥，以之治瘟疫，則病重藥輕，疫邪結於膜原，而用開肺之法，則病深法淺，皆非所宜矣。況桂枝湯，本治風寒之方，用治風溫，已不甚合，若瘟疫初起，或有惡寒，多因濁邪內結，營衛氣壅，表陽不宣之故。即使外有微寒，而以達原飲，開其內結，使營衛氣通，內邪外達，則微寒亦散，惡寒自除，豈可用薑桂之辛，更助熱邪，甘芍大棗之甘溫，反壅氣機乎？可知桂枝、銀翹兩方，均不可以治瘟疫，斯則鞠通辨證未清，立法不當，非又可之方不善也。又上焦篇，化斑湯下方論之後曰：按吳又可有托裏舉斑湯，不言疹者，混斑疹爲一氣也。考溫病中發疹者十之七八，發斑者，十之二三，蓋斑乃純赤，或大片，爲肌肉之病。疹係紅點高起，痲瘄痧皆一類，係血絡中病也。觀此，益見鞠通將瘟疫、風溫，混而不辯，並非又可不分斑疹也。蓋風溫以輕清之邪，傷肺家輕清之臟，故初起發熱、咳嗽、喉疼、胸痛、顱脹，皆輕邪在上也。舌無苔，或有微薄黃白苔，而內無濁結也。如邪鬱不解，熱入血絡而成疹子。疹者，手太陰肺病也。若再不解，則逆傳心胞，而變神昏痙厥之危證矣。以其邪由肺入，雖傳心胞，熱在血脈，與胃之主肌肉者無干。故風溫之邪，但有疹而不成斑也。若瘟疫者，穢濁之邪，客於膜原，膜原在肺之下，胃之上，故舌苔厚滯，以濁邪壅蔽胃口，胃熱鬱而成斑，故斑爲足陽明胃病也。如膜原之邪，由肺外達，則其結已開，邪已化，必作汗而泄。故瘟疫之邪，但有斑而不成疹也。吳又可所論瘟疫，以未見有疹，故不言疹，並非將斑疹相混也。如果瘟疫又兼風溫，則斑疹互現，偶或有之。然膜原在裏，邪結膜原，須用重藥，以開裏結，則表氣亦通，斑化而疹自消，倘用輕藥，清肺治疹，則裏結不開，疹亦難化，非其法矣。若風溫之邪，不兼內濁，非瘟疫證，則發斑者，十無一二。故鞠通言溫病發疹，十之七八者，實爲風溫，而非瘟疫，豈得與又可之論相混哉。又可混稱一切溫病爲瘟疫，是指鹿爲馬，鞠通又將瘟疫作風溫而治，是以馬爲鹿，其失均也。且經云：冬傷於寒，春必病溫。此以伏寒化熱，乘春陽上升，而發爲溫病，故名春溫。仲景所云：發熱而渴，不惡寒者，爲溫病是也。以其內熱，故初病即渴，以邪非外感，故不惡寒。與風溫之邪，由外感者，又爲不同，鞠通亦不辨析論治，各證源流未清，故立法不能盡當也。【略】

再按：鞠通云，凡病溫者，始於上焦，在手太陰，故立銀翹散爲主方。又可論瘟疫，邪結膜原，故製達原飲爲主方。此如仲景之論傷寒，脈緊無汗，主以麻黃湯，脈緩有汗，主以桂枝湯。蓋邪既不同，感有深淺，而方藥之輕重各異也。夫風溫爲輕清之邪，傷肺家輕清之臟，故從手太陰始。瘟疫爲穢濁之邪，故傷胃口，而結於膜原。因胃爲水穀之海，濁味所歸也。鞠通既云從手太陰始，是論風溫之證矣。銀翹攻皆輕清之藥，是治風溫之方矣。乃將瘟疫並爲一類，而議吳又可之非，則不自知牽混之誤，反論他人短長，蓋亦疎矣。

或問募原，在胃之上口一說，請細悉之，以定其處，否則恐認膈膜爲募原。

答曰：詳原字之義，似指軀殼內空闊處也。因其空闊，故能蓄邪。經曰：上焦如霧，中焦如漚，下焦如瀆。則空闊處，無過上焦肺胃之間，以其蓄積陽氣，而無濁滓所聚，故云如霧，而又稱氣海也。《素問・舉痛論》云：寒氣客於腸胃之間，膜原之下，小絡急引，故痛。按此言腸胃之間，膜原之下，則指膜原，在肺下胃上之間矣。又《瘧論》云：邪氣內薄五臟，橫連膜原。既云內薄五臟，則在軀殼以內，橫連膜原，猶在臟腑以外，是膜原爲半表半裏之界，而在肺下胃上，與膈膜逼近。由此觀之，竟以膈膜爲

膜原，似乎不可，若定謂膈膜非膜原，實亦相連屬也。即如風溫輕清之邪，受於手太陰經，內連胸肺，則咳嗽胸悶而無舌苔，或不妨食。若感濁邪，如瘟疫及濕溫之重者，則必脘痞惡食，舌苔厚膩，以其近於胃口，故昔人謂邪膜原也。因在表裏之界，故邪從中道而走三焦，則表裏之藥皆不宜。所以吳又可有達原飲之製，既非手太陰證，豈吳鞠通之銀翹散所能治哉？況著書立說，原爲明道濟人起見，而理雖無窮，是非一定，故愈辨駁則理愈明。余又何敢自信，故亦廣求駁正，以期大明斯道，不亦爲天下後世之一助乎。

《醫門棒喝初集・評王於聖〈慈航集〉》 近時王於聖先生，名勳，著《慈航集》醫書，惟瘧、痢二證，原經立論，猶爲合理。其所定六十年花甲之方，竊恐未可爲憑。蓋司天在泉之氣主病，有應有不甚應，以其主客運氣，轉旋互換，相制相生，而有勝復偏駁，變化之理甚微。又兼人之體質，陰陽強弱，皆各不同，故病之變態，莫能測料，即使洞明運氣之理，亦不能拘之以測病論治。而況於聖於六氣病變之理，尚未甚明，烏能洞悉主客運氣流行之微妙乎？是故必先究明六氣之理，審其因於何氣之邪，傳變之證，然後方可名病製方，而司天在泉之理，亦不出六氣變化之中矣。然則何以見於聖未明六氣爲病之理耶？觀其《春溫論》曰：春溫者，春日過暖，萬物發生之時也。猶如春花初放，偶受霜雪之侵，寒冰凍結，其花盡殭，若不就日之陽和，則漸焦枯，更向陰處藏之，豈望其發生乎？此因寒證用寒藥之誤，今將天時以比之，則知寒涼不可輕投矣。余按此說，比之以春花受霜雪而殭，又云寒證用寒藥之誤，直是論傷寒，而非論春溫也。霜降以後，春分以前，皆有傷寒之證，如果審係寒邪，自當溫散，否則胡可妄投。且寒爲陰邪，溫爲陽邪，病源不同，治法迥異。既論春溫，豈可與傷寒牽混？此其不明一也。而況溫病之中，更有源流不同，如春溫者，經云冬傷於寒，春必病溫，以其伏寒化熱，乘春陽上升，熱由內發，故名春溫也。今云寒證用寒藥之誤，是爲陰證傷寒矣，豈春溫之謂乎？又如風溫、暑溫、濕溫、瘟疫等證，皆各不同，以其非傷寒之證，故均名溫病耳。論中又曰：風寒暑濕，皆係陰邪，並非火證，俱用溫劑，燥火二氣，雖係熱邪，初病總因受寒而起，先要溫散寒邪，然後方可清其燥火。要知外逼寒邪，內伏躁火，故初治宜溫散，內火亦從汗解矣。若據此說，則六氣之病，俱當用溫藥，竟無陰陽之分，尤爲非理，此其不明二也。夫治病者，必審其現證，寒者熱之，熱者寒之，藥隨病變，朝夕不同，惟求其當而已。今既云燥火二氣係熱邪，又云初病總因受寒而起，先要溫散，豈有既成熱邪，不顧現在之證，反以初起受寒爲憑，而仍用溫散之理？如傷寒傳裏，變爲熱邪，必用白虎承氣。冬傷寒而春病溫者，伏寒化熱，熱由內發，急當清裏，豈可謂初病因於傷寒，而仍用麻黄、桂枝等湯以溫散乎？仲景之法，全在審證立方，其邪既變，故方藥亦變，是以有一定之理，無一定之法，有一定之方，無一定之病。無一定之病，故方之宜否，必當隨時審證，施之得宜，庶幾無誤，豈可稍有偏執哉？而況六氣之病，陰陽各異，寒者止居六中之一，而春夏秋風火濕熱等病，不啻倍蓰，何以見總因受寒而起乎？若云外逼寒邪，內伏燥火，此《傷寒論》中大青龍湯之一證。大青龍湯中，有石膏，亦非純用溫散。既爲燥火之邪，若執溫散之說，非但不能作汗，必至發狂斑爛，禍不旋踵矣。《內經》明言寒爲陰，風爲陽，而火濕合氣，則名暑。今將風寒暑濕，概指爲陰，陰陽不明，則六氣變化之理，自不能辨，無怪乎以傷寒而作春溫也。夫傷寒之病，霜降後至春分前則有之，餘時縱有暴寒，其氣輕淺，不須用麻黄等湯，即不可名傷寒，不過感冒而已。若大江以南，更少正傷寒證，寒邪既輕，旋隨時氣變成溫熱，是故四時中，病外感者，風溫濕熱，十居七八，而正傷寒，罕見二三也。可笑世俗，無論方土，不拘春夏，但見發熱頭痛，即名傷寒，徒執《難經》傷寒有五之一語，因名昧實，六氣不分，陰陽不辨，以藥試病，淆誤已多。若再以諸病總因受寒而起，先要溫散之論，橫於胸中，害難勝道矣。若溫病之發熱頭痛，與傷寒雖同，而傷寒必甚惡寒，須俟邪解方休，以其爲陰邪也，溫病則不惡寒，或反惡熱，或初起微有惡寒，一半日即不惡寒，而變熱，以其爲陽邪也。陰陽之象，迥然可辨，而治法大異，胡可稍涉疑似哉。

醫理精微，通乎造化，若以庸庸之資，雖研窮畢世，莫識其端，豈可以一知半解，輒欲著書立言，似是而非，悖經害道，俾淺學效法，而災及生民，流毒後世。嗚呼！可不慎歟。

《瘟疫彙編・自序》 明季吳又可先生著《瘟疫論》一書，抉摘病情，創立治法，卓然與仲景《傷寒論》並垂不朽。嗣後上元戴氏《廣瘟疫論》，諸城劉氏《松峰說疫》，夏邑楊氏《寒溫條辨》，學先生之學，而各有心得。正其所偏，補其未備，俱可爲吳氏功臣。後之從事瘟疫者，舍諸書其末由已。先大父宗夏公精歧黄術，世父蔚若府君暨吾　父燧薪府君繼之，皆著聲鄉里。期蓮資性

愚陋，於先人無能爲役，顧無好讀醫書，搜羅略備。竊念傷寒一症，世不多見，而瘟疫則歲歲有之，且其病甚急，攻治稍緩，常有朝發而夕殞者，不可不急。思拯救爰，本吳氏書爲綱，取戴、劉、楊之說，分疏於後。其重複屢見，及游衍無所發明者，則削去之。他書可採，亦間附焉。書成共十六卷，名曰《瘟疫彙編》。吳氏原書，久爲醫林圭臬，幾於家置一編。其餘諸家，流傳未久，承學之士罕窺大全。合而梓之，門分件繫，讀者一目瞭如，因是而旁通互證焉。其於醫道，或不無小補也夫。

《瘟疫彙編・翟奎光序》 夏癢秋瘧，四時多失序之愆，陽熱陰寒，六鑿有傷生之慮，聖人慎疾，君子守身，固其常耳。若乃瘟疫之病，憑厲氣而，興不崇朝而徧。爭存亡於呼吸，辨順逆於毫釐。洨長釋其文以爲皆疾，魯史書其事謂之大災，斯劫數所偶乘，尤醫林所宜講矣。然而方相執戈，侲子張炬，秖著毆除之令，未詳鍼石之宜。漢張仲景著《卒病傷寒論》，卒病當瘟疫，惜放佚不傳，後世治瘟疫者，乃誤用傷寒之法治之，黑白失眞，翔南迷轍，前哲不任咎也。洎及明季吳又可撰《瘟疫論》，洞見一方，獨立千古，於是二病之久淆者始確然判同異，別是非，處劑不多，活人無算。二百年來，後進英髦，乞靈《素問》，托業青囊，皆知所步趨焉。顧吳氏爲書，工於醫而不達於文，牴牾屢見，發其覆而未窮其變，補正爲難。則又有戴、劉、楊三家，疏通盡其翼輔，排纂齊於鱗編，踵事而增，微言乃暢。學者得而讀之，如經傳之有箋注，如史論之有發明，洵足以廣益集思矣。吾友汪君商彝服，膺既久，懸解彌超，刪其蕪詞，益以他說，彙而梓之。苗父越人聚於所好，玉機金匱蔚爲殊觀。昔衛正叔有言，他人著書惟恐不出於己，吾人著書惟恐不出於人，其君是編之意乎。夫點蒼有救疫之水，董理有禦疫之禽，間著靈蹤，莫期遠效。今乃良裘合腋，寶玨連環，羅名藥於桐君，推秘藏於蘭室。善用者神而明之，一知半解，可與引申，主千軸百方，隨其旋轉。於以燭幾先事，拯患垂危，化日同遊，大年廣蔭。厥功偉矣。君藹藹爲仁，孳孳好善岐黃既世。其學詩禮，亦永其傳。微行是，多徽聲無愧。顧年方逾艾，力尙稱強，凡睦婣任恤之端，蠲賑解推之事，財經簞籜，義重嵩衡。其推吾心以濟斯世者，豈徒托諸空言播爲小惠而已哉。余與君交久，故更以是望之。

《三家醫案合刻・陸長春序》 三家醫案者，葉天士布衣，薛生白徵君、繆宜亭進士之所作也。青囊一肩，紫書三卷，壺公術妙，獺女神奇，甘居帶下之名，自獲肘後之秘，變金液於六一，改銀丸於三七。丹砂玉札，待用無遺；牛溲馬勃，收藏不棄。盛以竹節，量以刀圭。赤箭劚於雲根，紅鹽拂於竈上。明珠耻其價，金鏡慚其形。杏林之樹，以董奉而益珍；橘井之泉，非蘇耽其誰鑿。遊刃恢乎，奏刀騞然，無枝經肯綮之憂，得批郤導窾之要。今雖扁盧已杳，和緩雲遙，郭玉之針靡傳，淳意之經失授，而問秘書於金匱，鼠迹猶存，抄禁方於龍宮，蠹蝕未盡，儻不搜之石室，鐫以玉版，則桃膠莫問，金漿遂灘，安能喚三折之肱，起一肱之士，續已斷之琴弦，補久亡之笙詩乎。此鴛湖吳子音先生，所以有合刻之選也。先生以民胞爲懷，婆心救世，赤餅胸納，青芝手採，五行精理，六氣辨淫，心源接兪跗之傳意，學探允宗之妙，歲活人以萬計，日捫心無一疵。固已嚴州道上，爭頌桐君。成都市中，惟尋韓伯矣。乃當夫春雨初過，藥苗微香，花拂簾垂，茗熟爐沸，茶煙裊於帳後，硯雲起於池中。簟滑甌甘，窗疏幾淨。爰翻玉軸，細檢牙籤。考陰陽之和，按昇沈之度，攻必腠理，位必君臣，總思邈之《千金》，賫葛洪之萬卷，莫不明折蟲翼，細察蚊睫，着解顱理腦之效，顯滌胃湔腸之能，洵可以壽諸棗梨，觀其草木焉。今天秘術不宣者，庸醫之窄量也；著書行世者，良醫之苦心也。設或篋藏内典，枕貯《靈樞》，竊巫彭之制，而號爲己能，抱岐伯之書，而矜爲獨得，則春風已歇，蘭草孤芳，抱樸虛傳，簡文空勸。竟沒飛仙之迹，難言妙道之公，乃先生則玉字親編，金針暗度，潛消沴氳，廣被太和，其心可不謂美哉！其利於是乎溥矣。長春少有痼疾，長習微疴，藥性麤諳，方書漸熟，命含毫而撰序，遂濡筆而成章。嗟拙陋之無文，恐揄揚之未善，神君活我，醫者原存割股之心，賢士知餘，狂夫難療看花之癖。

《三家醫案合刻・姚文田序》 余奉命視學江左，按臨蘇屬，蘇屬人文淵藪，校士之暇，留心博訪。震澤吳生金壽，以所纂《三家醫案》，請序於余。三家者，葉天士、薛生白、繆宜亭三先生也。三先生皆吳中往哲，素聞其治病之神，如磁引針，如鼓應桴。今閲其方案，靈機活潑，議論精醇，誠非學有根源，不克臻此超詣。然非吳生拾遺補缺，彙萃成編，則當日斟今酌古，殊途同歸之理，何由觀其會通？余故心折三先生而並以此多吳生也。吳生博學好古，詩善六法，兼通醫理，爲吳郡張容庭入室弟子。容庭者，繼三家而起者也，生於醫固無俟於余言，而余竊有一言爲生進者，蓋醫之道，下流爲藝，上通子儒。軒岐以來，《内經》、《素問》尙矣。而後賢輩出，代有成書，要其旨，

虛實以質異，情性以因感，風氣以變生。所謂窮陰陽昇降之微，悉運會轉移之故。五行盡其變，五土異其宜，實足與天地權生息之機，爲國家培太平之本，醫之學不亦大哉！余望吳生能近守師承，遠宗前哲，功深養到，實至名歸。有以傳三先生之書，必有以傳三先生之學，則此集其嚆矢焉耳。故於請序也，書以勖之，並囑其持示容庭，其不以使者之言爲河漢否。

《傷寒論本旨・申義》 朝葉天士先生出，而實無暇著書，乃於臨證之時，必詳營衛經絡臟腑之淺深，陰陽虛實、外感內傷之原委，然後論理法，立方藥，滴滴從軒岐越人仲景流出，是由仲景而造軒岐之堂，指揮諸子百家而用之者。其方藥輕淡，與仲景迥異，此因時制宜，隨地變化，所以傳聖道正脈者，在此也。豈窺測一隅者，所能知哉？明得軒岐仲景之理，方知葉氏之道。知葉氏之道，由之而師仲景軒岐不難。不悟至理，焉能明聖道之正脈哉？至理不明，由方書之駁雜，使後學各執一隅，而不能入聖道，以得隨時活變之用，而醫風日下，未有甚於此時者也。學者猶不以聖經爲急務哉。

《張千里醫案・姚景垣序》 予幼年多病，長而未能脫然，故性耽醫藉，尤好前賢醫案。蓋醫書不過道其常，示人以規矩耳。若夫醫案則通權達變，審情度勢，機械萬端，如刑名家之有刑案，可以生死人而肉白骨者也。嘗觀《冷廬醫話》稱桐鄉張夢廬先生以名孝廉而行醫，家住後珠村，就診之舟，日以百計。可想見先生當時之聲名學術，私心向往久之。會游茸城，於友人案頭得見先生醫案兩巨冊，亟假歸抄錄，但見案語則簡潔老當，用藥則與病宛轉相赴，是蓋原本經旨，融會諸家學說，而貫通之故。無模糊影響之談，洵屬可傳之作。甲子初夏裘君吉生有《三三醫書》之輯，徵求海內藏稿，爰校勘一過，略附評語，由郵馳寄。若蒙採入，則先生之手澤則以永垂不朽矣。

《霍亂論・張洵序》 家兄柳吟善譚醫，而極折服於武林王君孟英，丁酉冬，予始得而見之，果奇人也。遂相莫逆，嘗語予曰：天以五運六氣，化生萬類。而人或因此以致疾者，是天地之氣亦有時而偏也。故神農氏播穀之餘，即嘗藥性，有熊氏垂裳之際，特著方書，雖曰開物成務之事，實寓補偏救弊之心。輔相兩間，原非小道。能紹其統者，唯漢季張仲景一人而已。所著《傷寒》、《金匱》二書，集諸氏之大成，爲萬世之模楷。俾後賢得以各抽其緒而尚論之，如河間論三焦，戴人論三法，明之論升陽，丹溪論滋陰，喻氏論秋燥，吳氏論瘟疫，張鳳逵論暑，郭右陶論痧，皆具有卓識而自成一家者也。予聞而韙之。今孟英複出所述《霍亂論》示予，蓋因年來是症流行，而治無善法，乃特攄其蘊藉經綸之學，發爲補偏救弊之書，引古證今，述而不作，辨訛別異，義已無餘，功駕前賢，志希古聖，此日之道行千里，將來之名數一家，皆於孟英無慙焉。爰述其言，以爲序。

《霍亂論・諸葛令竹序》 武林王孟英先生，抱倜儻之才，精軒岐之學，年未冠，遊長山，即以良醫聞，迄今十餘年來，車轍千里，計指下所生全，蓋不知若干人矣。然視疾之外，足不輕出戶，手未嘗釋卷，此其好學深思，誠有人所不能及者，故能洞徹病情而投劑多效也。如近行時疫，俗有稱爲弔腳痧一證，古書未載，舉世胃爲奇病，紛紛影射，夭札實多。賴先生大聲疾呼曰：此即霍亂轉筋之候也。嗚呼！先生其先覺者乎，一言喝破，堪回大地之春。乃猶慮沉迷者之未盡覺也，慨然作《霍亂論》一書，鑄古鎔今，闡經斥異，其有功於世人所共知矣。至先生之爲人，尤世之罕覯，恂恂然不趨乎時，不戾乎時望之可畏即之可親。凡從而遊者，皆欽愛不忍離，今予得與合併甫數月，而 先生遽爾言歸，再圖把臂，其在何時，悵然久之。因索其將鋟之稿一讀，而敘此數言，以誌送別之依依。即世之得讀是書者，亦可因此而想見其爲人。

《霍亂論・自序》 霍亂，急證也，霍亂而轉筋，則證之尤急者也。然《內經》發其論，先哲著其方矣。奈往往有惑於弔腳痧之名，而駭爲奇特之病，目眩心疑，妄施治療，抑何陋哉。夫弔腳痧，俗稱也。以其上吐下利之後，筋轉於腓而動掣，與呼乾霍亂爲絞腸痧同其比喻耳。有指鹿爲馬，而好爲大言以欺人者，開口《傷寒論》，動手四逆湯，鹵莽滅裂，似是而非，更可歎矣。若《傷寒論》乃金科玉律之書，不得草草讀過者，觀其論霍亂，首以熱多寒多分治，是霍亂原有陰陽之殊也。但五苓散外，何竟無一言以及熱證之治？豈聖人垂訓，亦爾偏疎？蓋由書傳兵火之餘，難免遺亡之憾。因此識彼，在學者之自得焉。矧四逆湯條於既吐且利之下，緊接曰小便復利，重申曰下利清穀。是何如其叮嚀而瞻顧邪！苟不識此，而徑敢妄援其例以誤人者，不得藉口聖人而自卸其罪也。且是證也，每發於夏秋之間，甚則流行似疫，闔境皆然。謂非暑濕熱三氣之所釀，抑何至於此極乎？其間亦有陰寒之證者，皆是安逸之人，有自取之道，不可因此而概彼也。故雄謂霍亂之屬熱者，主病之常也，衆之所同也。霍亂之屬寒者，他氣之逆也，人之所獨也。憫世人之惑於

俗，誣於古，而未明夫常變之道也。因述其大略，參以管窺，而質之大方云爾。

《霍亂論·謝家柱跋》 術數家知天文者也，堪輿家識地理者也。而醫之爲道，察人病以究乎天地之運氣者也。揚子云：通天地人謂之儒，通天地而不通人謂之伎，可見醫非伎比，必儒而後可者也。奈世之所謂醫者，雖天地之常令且不知，無怪乎其不識人之病矣。如邇年夏秋間所行弔腳痧一證，悖人事者，未解痧爲何義。昧天時者，乃謂夏月伏陰，雜藥妄治，每多夭横。予友孟英王君，以通儒而隱於醫，獨窺其微，爲著《霍亂論》一編，道破病情，指陳治法，救俗弊於既往，甦民困於將來，誠通人所未通之書也。因使慫恿殺青，任其讎校，并聞尚有著述，未嘗輕以示人。然豐城之劍，終不久埋，予雖老矣，猶將拭目以俟焉。

《溫熱經緯·黄雲鵠序》 醫不辨證，十治九誤，而證之難辨，惟傷寒與溫熱尤甚。周少傳大令製傷寒藥劑，濟世有年。近得海甯王君士雄所箸《溫熱經緯》一書，喜其於溫暑濕熱諸證辨之明確，折衷百氏而不倚於一偏，亟思刊布，以利民生，屬雪堂轉乞一言爲序。雲鵠於方技家言六嘗汎涉，獨傷寒溫症之門覽之輒不能終卷，緣先大夫就試齊安，染時疫歸醫，誤服熱劑病增劇，越夕乃改用大寒之劑，遂至不可爲。雲鵠遂永爲人閒少孤之子矣。今閲是編，曷忍作序，惟嘉大令與雪堂表彰前哲，與利濟生民之意，濡淚勉書數語於簡端。

《溫熱經緯·唐周仁重刊序》 夫醫始岐、黄尙已，然《內經》載問答不及方藥，業醫者難之。漢代張仲景手著《傷寒論》，闡發六經之旨，褎然爲學者宗尙。然其書就傷寒立論，而於溫熱一症，寒寒數十言，有未易爲淺見，寡聞道也。降及唐、宋、元、明以後，醫學愈多，方書愈雜，如《醫方合編》、《壽世保元》陋已。時賢李東垣治病，以氣爲主，故專主脾胃。然用藥偏於剛燥，不知脾不制水固宜燥，脾不升津則宜滋，氣分不可留水邪，氣分亦不可無水津也。朱丹溪治病，以血爲主，故用藥偏於寒涼。不知病在火臟宜寒涼，病在土臟宜甘緩也。然此皆一偏之見，有未可遵從者。自葉氏《溫病條辨》出，就三焦立論，以桂枝湯證，起傷寒開章，即重輕利銀翹散，俾病從口鼻而入者，仍自口鼻而出。後世宗之，活人無算。且論中辨別正化對化，勝氣復氣，其言明且清，眞能補《傷寒》所未備，而高出東垣輩一等矣。然究其全書，於《內經》要旨，不過得其大概。余蓋滿志焉，而猶能躊躇矣。同邑張君瞻雲，自廣東來，攜得《溫熱經緯》，屬余刊行，余翻閲一過，知其所謂經者，乃軒岐仲景之遺。其所謂緯者乃薛、葉諸賢闡發之旨。條分縷晰，指畫了然，謂能治溫熱也。可謂不獨治溫熱，亦可又醫學所不可少之書也。爰集得人醵，全有成數，慨付諸梓以公同好，并以示天下之業醫者。

《溫熱經緯·趙夢齡序》 自來生民之疾，莫重於傷寒，存亡判乎呼吸，得失決於一朝，變化萬端，不容或紊。而傷寒中溫、熱、暑、濕之病，證因非一，尤易混淆，前賢所以各有專書，互相闡發，而斤斤於此也。顧明於此者，昧於彼，聚訟紛紛，各鳴己得。徒使好學之士無所適從，而或過信一家之言，未免偏之爲害矣。王君孟英，該博淹貫，引經斥異，衆美兼收，謂前人之說既已中肯，何必再申己意，因而棄瑕錄不合理，彙成《溫熱經緯》一編。蓋本述而不作之意，而其中間以按語，亦謂旁考他書，參以閲歷，則亦猶之述耳。而初非有私心臆斷於其間也。僕懵不知醫，過從之餘，竊聞緒論，喜長沙之學，既得諸家表彰於前，復得王氏釐訂於後，由是千秋絕業不致淆亂於群言，而四時五氣之感亦不致難辨而失之歧誤。其有裨生民之命，豈淺鮮哉。屬爲弁言，爰不揣譾陋而書之。

《溫熱經緯·楊照藜序》 余讀孟英《霍亂論》，在道光紀元之二十有八年。閲三載，孟英遊江右，余握篆宜黄，始納交於孟英。因得讀其《回春錄》、《仁術志》諸治案，爲之編纂排比，付諸剞劂，以惠世人。孟英知余躭情竹素，積嗜成癖，所獲奇方秘籍，恆郵寄相示，拓我見聞。而余每有所疑，輒馳書相問難，孟英爲之條分縷析，援古證今，如冰斯開，如結斯解，披函莊誦，未嘗不撫案稱快。數載以來，尺書往復，魚鴈爲勞。夫疾疢，人之所時有也，不有藥石，患害曷瘳。然而醫籍流傳，途徑多歧，聚訟紛紜，各鳴一得，使後學旁皇眩惑，罔決適從，識者病之。予恆欲廣搜百氏，兼綜群言，吸攝精華，傾吐糟粕，勒爲一書，以質好學深思之士。而才識譾陋，不敢自信，欲俟資力稍充，邀孟英共事，揚搉成斯盛舉。浮沉數載，而所志迄莫能償。既而軍事興，粵西賊起，攻長沙，屠武昌，陷安慶，遂踞金陵。江西左皖右楚，以大江爲門戶。大憲議保甲，議團練，以固疆圉。時余自宜黄改任臨川，雖地居腹裏，而民氣素浮，訛言繁興，張皇既虞生事，優柔又恐養姦，昕夕鹿鹿簿書間，而此事遂不暇計。及未幾，先君子捐館舍，奔喪歸里，干戈載途，道路梗澀，乃取道長

沙，泛洞庭，涉江漢，當武昌之南，溯流而西。至樊城棄舟登車，攬許昌之遺蹟，登大梁之故墟，慨然發懷古之思。及渡河，則桑梓在望，故里非遙，載馳載驅，將涉滹沱，乃猝與賊遇，遽折而東旅，寓於豐甯之間。蓋紆迴六千里，馳驅五閱月而迄未得歸也。甲寅秋，烽煙稍靖，始得展祖宗之邱墓，安先君子於窀穸。十年遊子，重返敝廬，閭里故人，半歸零落，追念疇昔，喟然興歎。居數月，復以公事牽率，買舟南下。因得謁孟英於武林，握手言歡，歷敘契闊。而孟英業益精，學益邃，涵養深醇，粹然見於面目。余以行迫，未得深談，惘惘而別。已而孟英來答拜，輿夫負巨簏置舟中，則孟英所贈書也。舟行正苦岑寂，得此奇編，如親良友，遂次第讀之，中得一編，題曰《潛齋叢書》。蓋孟英數年所搜輯言醫之書也。或表著前徽，或獨攄心得，或採摭奇方如《肘後》，或區別品彙如《圖經》。匡坐篷窗，迴環洛誦，奇情妙緒，層見疊出，滿紙靈光，與嚴陵山色競秀爭奇，噫技至此乎。夫士君子能成不朽之盛業而爲斯民所託命者，其精神必強固，其志慮必專壹，其學問必博洽，其蘊蓄必深厚。而天又必假以寬閒之歲月，以成其志。孟英懷才抱奇，隱居不仕，而肆力於醫，故所造如此，豈偶然哉。余行抵玉山，遇賊不能前，仍返武林，就孟英居焉。晨夕過從，相得甚歡，因幷讀其《溫熱經緯》。經緯者，蓋以軒岐仲景爲經，葉薛諸家爲緯。體例一仍《霍亂論》之舊而理益粹，論益詳。其言則前人之言也，而其意則非前人所及也。着於此事懷之數年，莫能措手，孟英已奮筆而成此書，洋洋灑灑數十萬言，無一支字曼語羼雜其間，是何才之奇而識之精耶。異日由此例而推之各雜證，力闢榛蕪，獨開異境，爲斯道集大成，洵千秋快事哉。余於孟英之學，無能望其項背，而孟英謬引爲知己，殆所謂形骸之外，別有神契者耶。因備述顛末於簡端，以識交誼之雅云。

《溫熱經緯·汪曰楨贊》 溫熱一證，庸手妄爲治療，夭札多矣。夢隱憫之，而作此書，俾學者得所遵循，生平著述等身，當以此書稱首，眞寶書也。烏程汪曰楨讀而善之，因爲之贊曰：活人妙術，司命良箴，不偏不易，宜古宜今，千狐之裘，百衲之琴，軒岐可作，其鑑此心。

《溫熱經緯·自序》 《內經》云：天有四時五行，以生長收藏，以生寒、暑、燥、濕、風。夫此五氣，原以化生萬物，而人或感病者，非天氣有偶偏，即人氣有未和也。《難經》云：傷寒有五，有中風，有傷寒，有濕溫，有熱病，有溫病。此五氣感人，古人皆 謂之傷寒。故仲聖著論，亦以傷寒統之而條分中風、傷寒、溫病、濕、暍五者之證治與《內經》、《難經》淵源一轍。法雖未盡，名已備焉。《陰符經》云：天有五賊，見之者昌。後賢不見，遂至議論愈多，至理愈晦。或以傷寒爲溫熱，或以溫熱爲傷寒，或併疫於風溫，或併風溫於疫，或不知有伏氣爲病，或不知有外感之溫，甚至併暑、暍二字而不識，良可慨已。我曾王父隨筆中，首爲剖論。茲雄不揣愚昧，以軒岐仲景之文爲經，葉薛諸家之辨爲緯，纂爲《溫熱經緯》五卷。其中注釋，擇昔賢之善者而從之，間附管窺，必加雄按二字以別之。俾讀者先將溫、暑、濕熱諸病名了然於胸中，然後博覽群書，庶不爲其所眩惑，而知所取舍矣。非敢妄逞意見，欲蓋前賢，用質通方，毋嗤荒陋。

《溫熱經緯·唐文溶跋》 海昌有隱君子焉，曰王先生。抱道在躬，以醫濟世。始寓於杭時，予甫髫年，即聞其活人無算，顧以童子無知，未敢輕謁。既而先生回籍，復遨遊杭禾諸處，所至人咸景仰，名震吳越間。予益以道阻且長，未克侍教爲憾。今年與秀水莊君眉仙共事申江，樂數晨夕，見其案頭有先生大著《溫熱經緯》，展讀未竟，會先生來訪莊君，遂得親承道範。十餘年來，渴慕之忱，於以稍慰。且知先生亦以避難僦居於滬，自此可常得追隨，洵不僅一時之欣幸也。

《溫熱經緯·姚桐生跋》 夢英王先生，昔年客滬上曾見之，醫名噪甚。其論治也，詩書多爲根柢傳派的爲指南，以旁參諸家爲印證，以曾否效驗爲權衡，著述甚夥，束若牛腰。其《溫熱經緯》一書，當時即已獲讀，猥以計偕匆匆，未遑攜去。數年來，恆念不去，懷嗣，愚復過鴿城書局，則已重刊，購歸蜀中，適因公謁。邑侯少傳父臺道及此書，川中罕覯，若得鐫板計無弗廣其傳者，因索觀，大喜。募諸邑中諸君子，不數月而手民告竣。洪維我侯涖止，興利剔弊，百廢具舉，憂者喜，病者愈，裁度絜仁胥納諸陽春和煦中，區區藥石，刀圭云爾哉。浮圖家言，所謂種種因果，隨地圓足，舉一毫端，現諸全相。侯之不僅以是書嘉惠蜀人，亦若是已矣。愚客都門，數年所見，罔非溫病，旋里後亦莫不然。竊思仲聖製方當年，原有卒病久而不傳，以故溫熱、傷寒岐而爲二。是書洋洋灑灑，衍古昔不祧之俎豆，備先哲法外之準繩，足與嘉言、鞠通諸公後先馳騁，本末兼賅，步步有法。要其大旨，不過存津液三字，其治法不過入衛入營四字。雖十餘萬言，亦祇發明此數者而已。顧醫之爲書也，不患不能讀，特患不能盡，不盡則書旨不明而治法胥誤。近代留心軒岐所在不

少，然好高者閲一二編輒謂道即在是，見一二症妄度治當復然。掛一漏萬，大負作者苦心。如侯所云，醫以活人而反以殺人，詎非此類也哉。則甚矣。著書之難，而能讀尤難。治病之難，而妄譚治法則尤難也。侯聞而韙之，遂請於侯而綴諸簡末，以諗讀是書者。

《溫熱經緯・葉香巖三時伏氣外感篇》 徐洄溪曰：此卷議論，和平精切，字字金玉，可法可傳，得古人之真詮而融化之，不僅名家，可稱大家矣。敬服敬服。

黄退庵曰：先生乃吳中之名醫也，始習幼科，後學力日進，擴充其道，於内科一門，可稱集大成焉。論溫證雖宗河間，而用方工細，可謂青出於藍。但欲讀其書者，須先將仲景以下諸家之説，用過工夫，然後探究葉氏方意所從來，庶不爲無根之萍也。

雄按：葉氏醫案乃後人所輯，惟此卷《幼科要略》，爲先生手定，華氏刻於醫案後以傳世，徐氏以爲字字金玉。奈大方家視爲幼科治法，不過附庸於此集，皆不甚留意。而習幼科者，謂此書爲大方之指南，更不過而問焉。即闡發葉氏如東扶、鞠通、虛谷者，何皆勿略而未之及也。予謂雖爲小兒説法，大人豈有他殊？故於溫熱論後附載春溫、夏暑、秋燥諸條，舉一反三，不僅爲活動之慈航矣。

《溫熱經緯・葉香巖外感溫熱篇》 章虛谷曰：仲景論六經外感，止有風、寒、暑、濕之邪，論溫病由伏氣所發，而不及外感。或因書有殘闕，皆未可知。後人因而穿鑿附會，以大青龍、越婢等湯證治爲溫病，而不知其實治風寒化熱之證也。其所云太陽病發熱而渴爲溫病，是少陰伏邪出於太陽，以其熱從内發，故渴而不惡寒。若外感溫病，初起卻有微惡寒者，以風邪在表也。亦不渴，以内無熱也，似傷寒而實非傷寒。如辨不清，多致誤治，因不悟仲景理法故也。蓋風爲百病之長，而無定體。如天時寒冷則風從寒化而成傷寒。溫暖，則風從熱化而爲溫病。以其同爲外感，故證狀相似，而邪之寒熱不同，治法迥異，豈可混哉。二千年來，紛紛議論，不能剖析明白，我朝葉天士始辨其源流，明其變化，不獨爲後學指南，而實補仲景之殘闕，厥功大矣。爰釋其義，以便覽焉。

《溫疫論辨義・自敘》 溫疫一證，自仲景以下，前人論之者多矣。然未辨明病屬何經，顯示途徑，致學者茫然無所問津。吳又可著《溫疫論》，揭明邪伏膜原，附近於胃，爲表裏之分界，法以治裏爲主。裏氣通，伏邪自由裏達表，最忌辛溫發散。確切詳明，誠千古不易之定義也。顧創立達原飲、三消飲，以後專主下奪，三承氣湯佐以解表、清燥、攻邪爲重，固本則在所輕也。夫同一證也，有體強體弱之分，新病久病之異。專主下奪，將體強者生而體弱者死，新病者生而久病者死。論中雖云四損不可正治，卒亦委之無術挽回，又何怪宗之者，恨其法之未備，轉疑其於義未協哉。余於審脈辨證之餘，察本氣而悟病情，臨機應變於又可論中所未發者，間有千慮一得，隨時筆記，積累成編，邇來居閒復爲刪定。竊意抒一己之見，獨爲一家之言。此好名立異者所爲，反沒又可之苦心，淆後學之宗旨，特於原文後逐條辨析。其確宜遵守者，則暢發作者之精思；其隨宜變通者，則參證平生之閲曆。另撰胃氣論一篇，申明升清降濁，救弊補偏，詞既詳義無不澈。至寒疫一證，前人語而不詳，又可則闕而不講，世醫往往悞以溫疫治之，差之毫釐，謬以千里。更撰寒疫論一篇，辨明受氣不同，主治必異，各附方案於後，以徵實效，參觀互證。病變雖殊，理可一貫。庶幾又可之論益明，治法大備，即傷寒百病皆可由此類推，使又可復生當亦爲之首肯也。是編輯成，適有粵匪之警徙居邑之東鄉石竹臺，李次雲世兄歸自浙中，患疫甚劇，次年其親串亦迭嬰是病。余先後醫治，應手奏效。每談及是病，表裏虛實，朝夕之間，傳變不一，醫藥稍不合法，枉命者不知凡幾。因可償還行篋出是編質之，次雲與其弟紹臯世兄，擊節欣賞。謂溫疫大劫中，獨闡明全生奥旨，亟欲以公諸世。遂取付剞劂氏，其肫肫濟人之心何勝欽佩。所願同志者，更有以補余之不逮焉。幸甚，幸甚。

《歸硯録・曹炳章序》 《歸硯録》四卷，乃王君孟英壯遊時，偶有聞見所録，漸積成卷。其間議病論證，或表著前徽，或獨攄心得，或採前賢未刊醫案，或録平時自治驗案。如摘評魏氏《名醫類案》及《溫病條辨》，雖不分體例，然皆能發前人所未發，悟前人所未悟，弗泥於古，弗徇於今。其著論以清，燭理以明，抉摘搜剔，釐然能去其非而存其是，千古流弊，一旦冰釋，萬世疑竇，一朝道破，奇情妙緒，層見疊出。楊素園有云：苟能勤學，不患無術。研窮久而聰明出，閲歷多則機智生。第苦於世醫之不詩書以禍世，及不善詩書以誤世也等云。吾謂先生敏而好學，能一思百慮，所以能具此完美之學理，成有清一代醫中之偉人。炳章素慕先生學，恨未能偏讀其書如《潛齋叢

書》者，前購覓十餘年不得見，渴望可謂至矣。民國四年，始見李氏排印之八種，民國六年夏末，得見抄本《歸硯錄》，是書由南京張君樹筠手錄，贈余友裘君吉生，當時余亦見而過錄一部，不期於是年秋，閱市中復購得《潛齋叢書十種》，較李印增《醫案三編》、《歸硯錄》兩種，余復將抄印二種《歸硯錄》互相校勘，計校出張抄本訛誤三十七字，故仍照木刻本付印。惟張氏抄本，驢贏辨下，有樹筠先生評一條，語多經驗閱歷，故照增入，冠以筠按二字，以期識別。余不文，校刊既竣，爰詩以其得書付印之緣起如此，是爲序。

《歸硯錄・弁言》　吾族系出安化，籍隸鹽官，十四世祖遷於海鹽之水北，十九世祖復歸於原籍之舊倉。乾隆間，曾王父遭海溢之患，攜吾祖吾父僑居錢塘，嗣爲吾父娶於杭，生余昆季六人而殤其三，故雖行四而字孟英。嘗憶吾父之歸葬曾王父暨大父也，謂先世邱壟所在，意將絜家回籍而未逮。道光紀元，府君遽捐館舍，時余甫十四，童昏無知，家無擔石儲，衣食於奔走有年，不獲時省祖墓，罪戾實深，而敝廬數椽，地土數畝，亦遂悉爲人儥，是以先府君之葬，勢難歸祔祖塋，因循多載，吾母命卜地仁和之皋亭山，以爲海昌便道，子孫易於祭掃。余敬謹恪遵，先孺人棄養即合葬焉。迨癸丑春，金陵失守，杭城遷徙者紛如，竊謂吾儕藉硯田以糊其口，家無長物，辛丑之警，有老母在，尚不作避地計，況今日乎？第省會食物皆昂，既非寒士之所宜居，而婚嫁從華，向平之願亦不易了，倘風鶴稍平，可不繼志以歸籍耶？余雖未有子，而婦女已多，從子亦數輩，必乘其年尚幼穉，俾鄉居以習於儉約，斯謂遺之以安。然族已久疏，悵難如願。先是有嘉興謝君再華者，端人也，家於杭之保佑坊，以白手致小康。甲辰春，余謂其地將有鬱攸災，囑其移居，從之，及秋而不幸余言偶中，謝以獲免，感於心至是，曲爲余籌之，久之，引一人來曰：此管君芝山也，與我爲垂髫交，醇謹樸誠，一鄉稱之，世居海昌北鄉之渟溪，地既幽僻，俗亦淳良，小有市廛，頗堪棲隱，距海較遠，水患無虞，子欲歸故鄉，盍與結鄰乎？余聞之，慰甚，遂與訂交，既而偕弟季傑挐舟往訪，至其地，如漁人之入桃源，且有朱姓曠宅，願我賃，心益喜，返杭告廟而卜之，吉。季傑復謀諸趙君笛樓，得壬占曰利，久居宜子孫，而會垣僦居之屋，適易主，爰諏吉攜眷往家焉，時咸豐五年乙卯冬十月中澣三日也。迴思先府君以四十九歲棄諸孤，余昨歲之病幾如湯睢陽與父同壽。清康熙間湯文正公斌，河南人，古睢陽郡，與父同壽。然而一事無成，虛延人世，霜侵兩鬢，餘年幾何。賴良友啓余，得以勉承遺志。謝君之德，曷敢以忘，而機緣相湊，殆亦先人之靈有以默相歟？設謂無田可歸，必待買山有資，則歲不我與，賫此志而弗能償者，舉目皆是也。余竊悲之，乃余自失怙後，即攜一硯以泛於江，浮於海，荏苒三十餘年，僅載一硯，歸籍。人皆患之，而余載面包時遊，亦足以行吾之癡而樂吾餘年，他非所知也。遊時偶有所錄，漸積成卷，題曰歸硯。蓋雖以硯遊，而遊爲歸之計，歸乃遊之本也。因識其歸之所以於簡端以爲序，併示我後人。

《歸硯錄・自序》　是書鐫於杭，託徐君亞枝校讎，庚申春刻甫竣，而杭垣失守，迨援兵來，賊遁去，杭人慮其復至，率遷避。承胡子榮甫，挈版畀余，顧僻鄉無攻木之工，迄未修校。辛酉秋，海昌日蹙，余攜以棲於濮院元，改字夢隱。迨季冬杭垣復陷，海昌亦潰，余不能歸，今夏更攜以至滬。有元和金君甯齋者，請余書有年，亦竄難在此。適霍亂大行，市醫罔措，篔齋偏搜坊間《霍亂論》，大聲疾呼以告人曰：指南在是，毋走歧途。因而救全者不少。且嘗於乙巳年，輯《轉筋證治》一書於姑蘇，書中多採芻蕘，惜板已燬，余亦未之知也。篔齋嗣與仁和周鶴庭茂才同寓，始知余在滬，六月十九日，遂來訂交，善氣迎人，使人如坐春風中，序齒長余兩歲，乃殷殷然必欲執贄門下，余何敢當，而謙光下濟，益可見其虛心好學之不可及矣。既而余有瀛洲之遊，爰以此版託其修校，比返申業已藏事，余方快遇心交於萍寄之時，將出諸稿以質正之，併欲重訂《霍亂論》，以補前刻之未備。詎八月二十八一夜，陡患霍亂，詰朝吳縣華君麗雲，速余往視，已形脈兩脫，音嗄汗淋，亟投蔘苓，莫從挽救。嗚呼！余不覺涕下之如雨也。迴憶亞枝於申春閉城後，溘然而逝，榮甫於酉，冬城陷後未聞下落，贈言諸君，如海槎、蘭齋、二郊，並歸道山，敬民子身竄難來申，於六月十七日，哭母身亡，年甫三十一，尤可傷也。彭、章兩閨秀，亦已化去，是書之成，皆不及見。而余曩刻醫書十種，版尚在杭，諒化劫灰，夢境如斯，能無感慨？且知已零落殆，盡更何從而析疑問難哉。因泚筆以識余痛。

《歸硯錄》卷二　周公謹云：北齊高緯，以六月遊南苑，從官暍死者六十人，見本紀。而《通鑑》書曰：賜死。賜乃暍字之譌耳。《綱目》乃直書曰：殺其從官六十人，而不言其故，其誤甚矣。尹起莘巧爲之說曰：此朱子書法所寓，且引《孟子》殺人以挺與刃與政之說固善矣。然其實乃《通鑑》

誤之於前，《綱目》承之於後耳。緯荒遊無時，不避寒暑，於從官死者尙六十人，則其餘可知矣。據事直書，其罪自見，何必沒其實哉。余按暑暍殺人，自古爲烈，而儒者既誤以暍爲賜，醫者又妄以暑屬陰，幾使卒死於暍者，冤無可訴。葉天士先生嘗云：熱地如爐，傷人最速。可謂要言不煩，足以喚醒後人。【略】

長洲沈歸愚尙書《香巖先生傳》云：君名桂，字天士，號香巖。先世自歙遷吳，諸生隆山，公曾祖也。祖紫帆，有孝行，通醫理。至君考陽生而精其術。范少參長倩無子，晚得伏菴太史，生無穀道，啼不止。延醫視之，皆束手。陽生翁至曰：是在膜裏，須金刀割之。割之而穀道果開。太史既長，爲紫帆翁作傳以報焉。君少從師受經書，暮歸，陽生翁授以岐黃學。年十四，翁棄養。君乃從翁門人朱君某，專學爲醫。朱君即舉翁平日所教教之，君聞言即徹其蘊，見出朱君上，因有聞於時。君察脈、望色、聽聲、寫形，言病之所在，如見五臟癥結。治方不執成見，嘗云：劑之寒溫，視疾之涼熱。自河間以暑火立論，專用寒涼。東垣論脾胃之火必務溫養，習用參附。丹溪創陰虛火動之論，又偏於寒涼。嗣是宗丹溪者多寒涼，宗東垣者多溫養。近之醫者，茫無定識，假兼備以倖中，借和平以藏拙，甚至朝用一方，暮易一劑，而無定見。蓋病有見證，有變證，有轉證，必灼見其初終轉變，胸有成竹而後施之以方，否則，以藥治病，實以人試藥也。持論如是，以是名著朝野，即下至販夫豎子，遠至鄰省外服，無不知有葉天士先生，由其實至而名歸也。居家頓倫紀，內行修備，交朋友信，人以事就商，爲剖析成敗利鈍如決疾然，洞中窾會。以患難相告者，傾橐拯之，無所顧惜。君又不止以醫擅名者。沒年八十。配潘孺人。子二：弈章、龍章。弈章亦善醫，以君名掩。孫二人：曰堂，曰堅。曾孫三人，習儒業。食君之德，高大家聲，將於是乎在。論曰：自太史公傳倉公，件繫其事，陳承祚作《華陀傳》，因之，後戴九靈、宋景濂仿其體，作《名醫傳》。君不欲以醫自我，幷不欲以醫傳世，臨末誡其子曰：醫可爲而不可爲，必天資敏悟，又讀萬卷書，而後可借術濟世。不然，尠有不殺人者，是以藥餌爲刀刃也。吾死，子孫愼毋輕言醫。嗚呼！可謂達且仁矣。

隨園先生與薛壽魚書云：談何容易！天生一不朽之人，而其子若孫必欲推而納之於必朽之地，此吾所爲悁悁而悲也。夫所謂不朽者，非必周、孔而後可以不朽，則宇宙間安得有此紛紛之周、孔哉？子之大父一瓢先生，醫之不朽者也。高年不祿，僕方思輯其梗概，以永其人。而不意寄來墓誌，無一字乃醫，反託於與陳文恭公講學云。嗚呼！自是而一瓢先生不傳矣。朽矣！夫學在躬行，不在講也。聖學莫知仁，先生能以術仁其民，使無夭折，是即孔子老安少懷之學也。素位而行，學孰大於是，而何必舍此以他求？王陽明勛業爛然，胡世甯笑其多一講學。文恭公亦復爲之，於余心猶以爲非。然而文恭相公也，子之大父布衣也，相公借布衣以自重則名高，而布衣挾相公以自尊則甚陋。今執途人而問之曰：一瓢先生非名醫乎？雖子之仇無異詞也。又問之曰：一瓢先生其理學乎？雖子之戚有異詞也。子不以人所共信者傳先人，而以人所共疑者傳先人，得毋以藝成而下之說爲斤斤乎？不知藝即道之有形者也。精求之，何藝非道，貌襲之，道藝兩失。燕噲子之何嘗不託堯、舜以鳴高，而卒爲梓匠輪輿所笑。醫之爲藝，尤非易言。神農始之，黃帝創之，周公使冢宰領之，其道通於神聖。今天下醫絕矣，惟講學一流轉未絕者何也？醫之效立見，故名醫百無一人，學之講無稽，故村儒舉目皆是。子不尊先人於百無一人之上，而反賊之於舉目皆是之中，過矣。即或衰年無俚，有此附會，則亦當牽連書之，而不可盡沒其所由來，僕之疾病性命危篤，爾時雖十周、程、張、朱何益！而先生獨能以一刀圭活之，僕所以心折而信以爲不朽之人也。想此外必有異案良方，可以拯人，可以壽世者，輯而傳焉。當高出語錄陳言萬萬。而乃諱而不宣，甘舍神奇以就臭腐，在理學中未必增一僞席，而方技中轉失一眞人矣。豈不悖哉？豈不惜哉？

《六因條辨·王祖會序》 夫醫之道難言哉，民生之體質不同，地土之氣候攸殊，即人之致病也亦各有異。苟不神明乎陰陽表裏之蘊，升降變化之原而出之，無當也。況時症諸門，關人性命尤速，其可率爾操觚以悞人乎？然欲求勿悞人，則莫如求諸書，邇者醫書林立，即時症一門，自仲聖而下，代有專書，不勝枚舉，然於脈象病原用藥加減，而分門別類，縷晰條陳，覽之使人一目瞭然者蓋鮮。吾崇道光年間，有陸子賢先生者，素精此道，潛心玩索，臨症數十年，考古賢之方書，參今人之病情，深入顯出，融會貫通，其所以濟世救人者，功德蓋不可勝量，因取平生閱見時症之名目，而總論之，條辨之，證以古說，附以己見，而顏之曰《六因條辨》。總目分十有四，條辨則百有八十，其於脈象病原用藥加減，或一症之先後傳變，或藥味之寒熱溫涼，靡不斟酌盡善，因時制宜，眞所謂醫書中之分門別類，縷晰條陳者矣。是以本邑人士，

奉於圭臬，傳鈔殆遍，不過未公諸天下同好耳。今歲丙午陸君繹堂先生亦精是道，與子賢先生有薪傳之誼，謀欲付梓行世，以公諸同好，因攜是書以屬序於予。予愧不敏，素未熟諳此道，無以仰贊高深，然繹堂先生忠厚士也，難於拂所請，故不揆檮昧，略贅膚語，以弁諸簡端云爾。

《六因條辨・庭其順序》 嘗觀仲景《傷寒》《金匱》《雜病》，包蘊靡遺，良法大備。經王叔和編次之餘，改頭換面，茫乎無垠，學者何由以入？迨後英賢繼起，如朱奉議、劉河間、張易州輩，皆各抒所見，自成一家言，然未知盡合仲景之旨否也。即有善者，猶耳目口鼻之各立門戶，而不能兼賅。人第知通三才爲儒，而不知不通三才尤不可爲醫，醫也者，非上窮天紀，中極人才，下究地宜，豈能入岐伯之室，登仲景之堂乎？自縉紳先生以方術視醫，而醫道之淩夷久矣，且方書汗牛充棟，言之當，固濟世之慈航，倘有差池，所以悞天下蒼生者，良非細故也。是非深得於也，而幾經閱歷，幾番增損，奚敢筆之於書，吾友陸君子賢，好古博學，上自《靈》《素》，下及百家，蒐討有年，所著《六因條辨》，簡而明，約而賅，大書以提其綱，分注以詳其用，其中經絡臟腑，營衛氣血，並用藥準繩，靡不由淺入深，曲盡其奧。學者誠能逐條細勘，潛心體認，將見大年廣蔭，實有裨於斯道。予故喜而爲數言以弁諸簡端，不識子賢以予言爲有當否。

《張氏溫暑醫旨・包越瑚序》 張畹香先生，吾越名醫也，世居紹城洗馬池，嘉道咸同間人也。醫學富有經驗，醫名卓著，二十餘年前，余於文孫晴嵐兄處，得到其醫案一帙，視其醫瘧疾痢疾，別具學識，亟借鈔以備臨證之助，旋失無存，前三年於邵門下紀康處，復得一帙，與前帙大同小異，惜乎寥寥數十頁，而醫案更有限，余名之曰《張氏溫暑醫旨》。憶同治庚午年，余方十四歲，偕兄月槎，由父陪同就診，爾時鬚發如雪，髯長尺餘，大面紅顔，聲如洪鍾，年約七十有餘，此後不復再見，其歸道山已六十餘年矣。文孫樸山先生，深得家學薪傳，雖不及乃祖之聲名廣遠，多謂其病後調理最善，長我十餘年，亦嘗昕夕過從，故余深得張氏底蘊云，爰誌其得書始末，是爲序。

《張氏溫暑醫旨・提要》 清張畹香撰。畹香爲古越治傷寒溫暑之先輩，世居越城洗馬池，清道咸間人。年七十餘歸道山，於醫學富有經驗，聲名卓著，著作甚多，惜皆未刊行。其治驗醫案二卷，已爲列入本集第十二醫案類。本書乃先生臨診實驗，隨筆紀錄，示教後輩者，故不分門類，如舌苔辨，傷寒治法，溫邪痦疹風溫，熱入血室，痢瘧暑濕伏暑等類，皆各從心得，糾正時弊，並附醫案，不獨醫病，且可醫醫。至於辨正各地風土習慣，與用藥不同之異諦，尤爲他書所僅見，實爲嘉惠後學之作。

《治溫闡要・陸潤庠序》 黎川汝琴舫先生，以醫名於時。同治間與先贈君交，書牘往來，論辨醫理，往往盈數紙。觀古人書，必求其所以然，既知其得力之處，又力袪其偏，每欲以古聖之正法，一挽時弊。其治溫證用辛涼和解淡滲之品，應手輒效，著《治溫簡要》一書，於風溫、春溫、伏暑、秋發等證，辨之極微，而斑疹、瘟疫、喉痧諸類附焉。蓋能於劉、吳、王、葉外，別樹一幟者。先生沒於壬申，歲迄今二十五年，喆嗣韻泉茂才抱其遺書，乞一言弁其端。余適校刊先贈君《世補齋醫書》成，先人著述守而弗失，當與韻泉共勉之。

《疫喉淺論・鄭熙序》 古書之論治疫者多矣而罕及於喉，論治喉者詳矣而罕及於疫喉。疫喉者，迺天地之癘氣，人受之於口鼻，蓄久而發者也。陽氣內蘊，本易生熱，況兼以疫邪，此時溫散非宜，概涼不可。咽喉要隘，爲其阻塞，勢不可緩以須臾，非膽識兼優安能動中竅要乎。春農先生早歲即以醫名於時，於疫喉一症，尤屬舉手輒效，心竊異之。近讀《疫喉淺論》一書，具見救世婆心，非獨醫家之寶筏也。按喉爲君相二火往來孔道，氣火內結即成爲痹。若癘氣雜擾，則機竅更易閉塞矣。此自宜開通肺胃，俾邪外達爲極上上着。先生立法首用辛涼透達，則輕者自愈，重者亦可減輕，譬諸勦寇，當速使解散而不可任其內竄也。次則用清涼化毒，重則用攻下去壅，總使邪有出路，臟腑清甯，眞爲探原扼要而又臣津液耗竭，輔以甘潤。一門斯爲，晰理極精，無法不備。醫疫喉也，可醫瘟疫，諸症亦可於此而會其歸矣。吾知是書一出，俾讀者知辛溫升散乃治傷寒之理，而不可施之於疫喉痧，甘潤滋陰乃治內傷喉痛之理，而不可施之於初起之疫喉痧，本此以仁壽斯民。先生之功亦偉矣哉。

《疫喉淺論・朱曰生序》 甚矣！感症之繁，雜氣每多於常氣也。昔吳又可序溫疫固嘗謂溫疫實多於傷寒，而不謂近世以來風氣遷更，雜疫之多更甚常疫。汪啇彝彙編瘟疫於常疫外特補雜瘟，須知一卷彙集證候計六十四則，如大頭、軟腳、蝦蟆、瓜瓤、捻頸、麻腳、疙瘩、化金等症，初讀之覺其踵事增華，且究其大旨，端不外辨脈篇中清邪中上，濁邪中下，陰陽二氣，孰爲前

通之變，似乎不必臚列名色，眩後學之眼目，及再思之，乃知其不得不爾也。蓋常疫人所共知，雜疫人所難測，當倉猝之際，苟不識此病爲何名，復不諳此病之治法，臨時雖博攷窮搜而病不待，必至趦趄展轉坐以待危，甚或依經創解以意爲之，苟非頂門之金針鮮有不敗。厥事者，此雜瘟一卷，誠不可少，而六十四症足爲臨症者備極，未覩之奇矣。然而尚有繼來者，如吊腳痧盛行於道光辛巳，徐子默著論於江南疫。霍亂大行於咸豐末年，王夢隱重訂於滬上，是亦雜疫也，亦補古來證治所無也。同治甲戌春，余過揚州，晤夏君春農，謂郡中盛行爛喉丹痧，由秋徂春，沿門比戶，夭折頗多，從古以來既無定法，而俗尚溫熱，又恐於病機未能盡洽，心實憂之，并出所著《疫喉論》一篇見示，謂欲補形證治法而未遑也。予亦憫非辜之橫折，慨成法之難稽，因憶此症，吳醫彙講中，繆唐祖李諸君并《瘍科心得集》，蓋嘗言之，惜治法未備。嘉慶間，虞山陳耕道著有《疫痧草》一帙，分列四法，梗概稍詳，似可暫濟世用。然予久欲推廣陳氏之說，於陳氏補治之外復補未備，苦無暇晷。今年春重至揚州，而春農已將疫喉之形證治法羅列編輯，裒然成帙，屬余序其事。余既自愧其所志之未逮，而更喜吾友之有補於斯民也。其書雖述陳氏舊章，而進退錯綜，層層清出，實較勝于陳氏，補前人之未備，開後學之指承，此春農一大功也，將與汪陳徐王諸君子而并傳不愧也歟，是爲序。

《疫喉淺論·張丙炎序》　咽通六腑，喉通五臟，其病有內傷外感之別，而內傷外感又有寒熱之殊，治之亦各有異。風寒結於咽喉者，溫而散之；風熱結於咽喉者，涼而散之；內火不足者，燥之以辛熱，即所以開其鬱；內水不足者，潤之以辛涼，即所以通其關，總使其氣暢痰消，則咽喉之患自除，此論咽喉之常病也。若夫疫喉之證，吳又可《瘟疫論》言之甚詳，則與常病不同，何也？咽喉之常病，感天之清邪而成，咽喉之爲疫，感地之濁邪而得。風寒暑濕燥火之氣，天之清邪也，汚穢蟲蛇毒烈之氣，地之濁邪也。清邪之傷人也微，濁邪之傷人也甚，幾微之辨大相懸殊，即《內經》所謂奇恆之病，其邪能遍傳臟腑經絡，不獨咽喉，而咽喉之病較他症更險，此夏君春農《疫喉淺論》所由作也。其書論症，則以口鼻受不正之氣與二火爲患；論方，則以清營透邪化毒爲主。按法用藥，活人甚多，其羽翼前賢，嘉惠後學之功良非淺鮮矣。書久刊布醫林，奉爲桀臬，近復詳加增益，附以門弟子詮註益臻美備，故因其書之成而樂爲之序。

《疫喉淺論·陳浩恩序》　近代言溫疫者，以鞠通吳氏爲最詳，而實本諸葉氏。吳氏《溫病條辨》言疫言痧不言喉，葉氏《臨證指南》言疫言喉言痧而未統言疫喉痧。先生此書明其自來，窮其究竟，謂疫者役也。如役使然。又役者，行也，用也，皆動象也。以三焦相火爲發源，以肺胃二經爲戰場，以口鼻吸受疫厲不正之氣爲賊渠，其論至明且切，予因得推其意而廣之。夫用藥如用兵，治病如治敵，古人稱要隘之地必曰咽喉，然則咽喉者，誠身之要隘也，今疫厲不正之氣而發於咽喉，是要隘已爲渠所踞，疫喉而見痧則不獨賊踞要隘，抑且賊勢蔓延要隘，既踞勢復蔓延，當此岌岌乎殆之時，自非用兵如孫吳，必不能奏膚功於反掌。先生以清火化毒爲第一要着，直洞見賊之伎倆，雖經踞要隘而蔓延，究竟不過一不正之氣，譬如勝算既握，自不難迎刃而解，故集中所用諸方，皆堂堂正正之師，以至正臺不正，王師所至，烏合立散，眞是擒渠手段。病解之後，主以清熱救陰之品，又如瘡痍甫定，心掃其餘燄，復其元氣，而後大功乃可告成。苟明乎此以之治天下不難也，醫云乎哉，疫喉痧云乎哉。

《疫喉淺論·徐兆英序》　疫喉痧一證古無專書，其散見於《瘍科心得》、《繆氏筆記》及李純修之《爛喉痧論》、唐迎川之《爛喉丹痧論》、祖鴻範之《爛喉丹痧治宜論》等書，非不各有心得，惜皆語焉不詳。大率宜散宜清多執己見，遠寒遠熱各有所偏甚矣，立說之難也。況疫喉痧證來勢極險，變證極速且最易傳染，若不辨晰精透，胸中了然，倉猝用藥，鮮有不草菅人命者。吾揚向多是證，今春尤甚，夏君春農郡中名醫也，每診是疾，輒應於而效，暇時出所著《疫喉淺論》一書，發明歲運及司天在泉之理，斷爲疫由火化，而一主於清透篇，終附以問答，反覆辨論，以伸其旨。其有功司命豈淺鮮哉，或疑是書偏於辛涼，與時醫溫散之法不合，不知經云一陰一陽結謂之喉痹，本屬君相二火爲病，加以今歲厥陰司天，少陽在泉，又屬木火當令，春來陰雨連綿，以致濕熱薰蒸，疫遏不升，發爲是病。先生治法專取火鬱發之之意，透表解裏之中佐以芳香逐穢、清化攻下之劑，必須保護眞陰，所謂必先歲氣無伐天和，並非專以寒涼從事也。若歲運與今年不同，本非火淫所勝，即發爲疫喉痧證，亦必與今歲有別，自當因時審證，觸類旁通，或先宜辛透，或先宜涼解，或散而兼清，或肖而兼滲，或苦寒以洩熱，或峻劑以驅痰。圓機活法，神而明之，存乎其人，是當於先生言外之旨會之，又烏可以膠柱而鼓瑟哉。

《疫喉淺論・卞寶第序》　夏君春農著有《疫喉淺論》，膾炙人口，余索而讀之，脈象形證解説分明，令人易曉。治法首以清透爲主，次則清化，清涼攻下，清熱育陰諸方藥臨證變化，妙有機緒，誠哉三折肱爲良醫也。余勸其刊刻傳世，春農謙不敢任，不知今之自謂喉齒專科者，剽竊一二草頭方，無論是何病象，概以是藥投之鮮，不悞人性命。通都大邑知醫尚不乏人，僻壤窮鄉受害滋甚，春農此編詳於辨證，明於説理，精而當簡而賅，果能付梓流傳，俾有心者，得以周覽，臨時有所遵循，則亦指南之一助也，濟人之功豈淺鮮哉。

《疫喉淺論・陳彝跋》　昔我先妣朱夫人四旬外多疾，類勞證，淮陰吳鞠通先生書方曰：　建中湯一百劑。服四十劑良已。其後體雖弱，壽逾七十。而伯兄樸生，仲兄象衡，皆深研醫理，亦往往爲言鞠通先生事迨。余十八九歲，而鞠通先生《溫病條辨》出，余雖不解醫，以兩兄談醫，故亦偶一寓目焉。庚辰臘杪歸自滇南，衰病侵尋，慨然有入山採藥之志。而是時吾郡能活人者，最稱夏春農先生，往來既久，因出是編示余。蓋自明以來，民病溫者日多，諸溫之中，疫毒尤重，而疫毒之中於喉者，其來愈急，稍一誤治，輒可殺人。春農乃條分縷析，窮源泝委，出以淺語，雖不知醫者，可以共解，其仁壽斯民之意爲何如也。因念余兩兄若在，於春農是書將心有深契焉，而皆不克自永其年。東坡夜雨所爲，黯然神傷也。鞠通先生有醫按數卷，昔在京師得其稿本，異日將乞春農斠定以行於世云。

《疫喉淺論・鄭桂題詞》　春農先生弱冠時，在平山吟社中范老呼爲畏友，而鄉里素以孝稱，其於岐黃一道尤能出奇制勝，而當道諸公推重久矣。昨以所著《疫喉淺論》見示，實醫家救生之寶筏也。因題七古一章，既述作者之功，更堅學者之信。不作良醫作良相，中興元氣要培養，不爲良相爲良醫，衆生疾苦堪扶持。問誰能識此深意，春農先生抱仁濟，求方乞診日盈門，按脈手勞心益細。昔年喉痧疫江鄉，時醫不辨溫與涼，寒熱雜進劑妄服，城村器弔多夭亡。先生起死偏靈妙，心光推置痛腹照。病源醫理本紛繁，必識其眞握其要，古人選藥如選兵，兵得其用賊自平，更如臨陣應奇變。喉關險要繫死生，風寒燥火人虛實，吳氏心傳誰悟得，窮思觸會自旁通。要須清化驅邪出，果然妙手訂方奇，一試再試無弗宜，復慮後學誤生命。著書揭示爲指迷，一時紙貴千秋寶，盲人摸索皆通曉，我敬先生救世心，證危從此生機保。吁嗟呼，庸醫輕命貪錢刀，不思此道生殺操，孰是先生淡榮利，重人壽命如山高。仲聖云：　賫百年之壽命，持至貴之重器，委付凡醫，恣其所措。

《痧喉闡義・自序》　痧喉一症，古無專書。疫癘時行，於今尤烈，有心人所爲惻然動念也。因究近代諸説，莫不外狀其形，內迷其理，大概述所當然，而於其所以然者，鮮有發明。爰不揆庸昧，將疫毒發爲痧喉之故，乃夫疫之與瘟其氣有別之義，細意闡推，暢敷厥旨至療治諸方，則前人已備，略加編輯，無事贅瘤，曲暢旁通，註明狀證，俾操斯柄者，得以按脈切理，如見其肺肝焉。

《溫病撮要・自序》　溫病疫症，前人多狃於傷寒科臼，爲禍甚烈。近世諸名家，始出方論，施治迥別。然用之炎熱瘴鄉，或效或不效。惟道光間安化黃惺谿先生，邃於淪理，久宦博南，起家牧令，洊至監司，所任多煙瘴地。刊有《溫病條辨撮要》，專主升降散，佐以神解、雙解諸方，消息之。凡十有五，製劑明簡竝非希有。而病情病態，怪災奇幻，如法投之，罔不立瘉。惟能洞其原，窮其變耳。庚子辛丑間，膺權判緬寧，夙多嵐瘴，慄慄危懼，洎夫春末夏初，驕陽凍雨，乍晴乍陰，一日之間，寒燠異候，菁林毒穢，流垢積潦，時作霧淞，隱襲口鼻，汲乏清泉，濁留肺府，由是瘴厲之沿邨比屋，迭相傳染，心甚憫焉。因憶來滇時，媚世家敬輿學使同年，曾詒是書，撿篋得之，依方杵藥，輕者用升降、神解兩散，重則用雙解散，闔境敉平毗庶，幸免夭札，父老僉謂向所未有，廼歎茲編補救匪淺尠也。爰志諸卷首，以爲病者醫者左券，其亦顚澥中康濟之寶筏也夫。

《治瘟提要・自序》　自《內經》、《傷寒》標題瘟病名目，不詳其治，而千百年來，治瘟遂無定法。金河間劉氏，主火立論，已窺大旨，防風通聖散，則溫燥並用，未免駁雜不純，至有明國朝方喻柯陳諸子，各有發明，未能豁然一貫也。葉氏、吳氏先後論定溫病治法，始如禪月印證，澈底空明，顧葉氏之法，散見各案，殊難會通，吳氏《條辨》一書，始刻於江南，再刻於渝城，吾陜傳本絕少，鮮得讀者，故邇歲以傷寒法治溫病之弊未除也。余薄遊成都，讀張子培《溫病三字經》，心善之而病其未備，乃取葉吳兩家法與方，擴而充之，衍爲四言，以便與吾鄉之治溫者商之，聊以救世耳。敢著述云乎哉。

《治瘟提要・臧我田跋》　春夏溫熱，秋冬風寒，是對待之文，秋冬氣寒，病發別經，故宜溫散；　春夏氣熱，病發手經，故宜辛涼。以傷寒之法治溫病，猶以火濟火，從未見有獲效者。自吳子鞠通《條辨》一書出，海內醫家，稍

知變通矣。然狃於柴、葛、羌、防者，仍復不少，是以輕證變重，重證楚危，良可慨也。渭南曹華峰《溫病提要》一編，言簡意賅，可作治溫病者當頭棒喝，用心良厚。列湯二十，已得大概。惟濕溫一證不在內，惜未究心分晰，恐用之者，尚有誤會之處，茲特加列眉批，俾醫家病家，得資考鏡，按證擇方，不致舛錯云爾。《溫病條辨》、《溫熱經緯》諸編，全書具在，有志者宜究心焉。

《南病別鑑・自序》 天下至難爲者莫如醫，天下至易爲者亦莫如醫，必欲窮經義，索病源，對症施藥，務求中肯，此固難爲者也。苟其不讀古人書，不問病人因，妄曰憑脈知病，任意書方，偶然中病，愚夫愚婦，奉以爲奇事，即暗被他傷，醫家病家茫然不知，此又易爲者也。然以難爲者與易爲者較，豈獨不可同日而語，殆有爲善造孽之分歟。《內經・徵四失論》曰：診病不問其始，憂患飲食之失節，起居之過度，或傷於毒，不先言此，卒持寸口，何病能中？妄言作名，爲麤所窮。此之謂也。此固不在醫林，可置之勿論。夫司命者，望聞問切之外，尤須分別土地人情。如北方地寒人強，傷寒最多，故仲景立麻黃、桂枝湯等，原有《傷寒論》可稽；而江以南，地卑濕多，人情柔弱，患傷寒者，不過百中一二，患濕熱者，十之八九，若以治傷寒者治濕熱，豈非大相徑庭耶？余自幼喜讀醫書，《素》、《靈》、《內經》，仲景《傷寒》、《金匱玉函》等書而外，誦至葉香巖先生《溫證論治》，薛一瓢先生《濕熱條辨》及外祖薛公望公《傷寒古風三十一首》。每朝夕服誦而不忍去，知其於江南人病最爲合法。惜香巖先生論口授，門人隨筆記錄，層次未楚，雖後人稍爲分排，而不有註釋。余因之，或參經旨，或集陳言，或從素見，增在句讀之下，非敢云註，以暢其說耳。稿既成，忽有人告予曰：會稽章君名虛谷者，曾有註釋。予即購而閱之，竟超出萬萬，於是復加删易，大半遵章君之註，不過使繁者簡之，晦者顯之，間或參以己見而標之。其《濕熱條辨》，章君亦詳註矣。而外祖公望公《傷寒古風》，已瞭如指掌，不敢謬加一詞。因襲三家名言，付之剞劂，爲案頭課徒之餘事。名之曰《南病別鑑》，謂與北方病迥異也。是爲序。

《瘟痧要編・自序》 且天地一好生之德也，聖賢一好生之心也。昔人云：不爲良相，即爲良醫。蓋在上之有權者，莫如相；在下之有術者，莫如醫。徵君韓公，趙郡諸生也。自壯歲舉孝廉方正，乃高尚不仕，日以救人濟世爲心，而醫名大著。先是其家儒醫數世，至先生而其名益彰。早歲見瘟疫流行，治者多不得其法，遂著《瘟疫要編》一書行世。書僅十餘頁，一切瘟疫莫不包括。其意要而精，其辭簡而明，得是書者皆秘爲珍寶。先生猶日往來於燕趙韓魏間，不辭勞，不受謝，千餘里之遙，後車從者，常數十乘。每日活人無數，三十年來殆無虛日。上自仕宦，下至庶民，皆視爲一體，遠近皆以半仙名。方今年逾古稀，恐風燭倏忽，遂將生平所理之症，經驗之方，彙爲一編，仍以瘟疫爲主，痧症次之，諸雜症又次之，意欲流傳久遠，以爲醫家正宗。奈家門寒素，書成待梓。予與韓公相交最久，相知最深，因助資以付剞劂，並勸好義諸君子相贊而成。使後世之學醫者，得其宗主，則先生之書相傳不朽，先生好生之心蔑以加矣。

《時病論・劉國光序》 自來濟生之道，莫大於醫。非博覽群書，不足廣擴見聞，非深明脈理，無由動中肯綮。近世淺陋者流，麄閱俗書本草，鈔記十數成方，六經茫然，氣候莫辨，侈口自命曰知醫。一臨證時，幸而獲中，誇功固無足怪，不幸適增其劇，變在俄頃，自問何安？醫慢云乎哉。衢郡雷君少逸，以醫學世其家，名噪遠近，爭相延者，無虛日。嘗來署診余脈，談理至精且確，立方投劑，服之輒效。於此道誠三折肱矣。心契者久之。一日持是編問序於余，披閱再四，竊美其恪承先志，亟於濟時。所有一切方書，歷覽不可以數計。妙能由博返約，融會聖經賢訓，採其名言要訣，神明而變化之。法古不泥乎古，宜今不徇乎今。凡先時伏氣，當時新感，後時餘患，以至變證兼證錯雜，時不一，治亦不一。旨宗《內經》，法守長沙，於醫林中讀書得，間獨具隻眼。編中立案用方，瞭如指掌，靡不盡美盡善，所造非偶然也。士君子得志於時，蒼生託命，困則蘇之，危則拯之，災患則捍衛而胥除之。刻刻以民間疾苦爲念，唯恐一夫不得其所至。時值未達，有心濟世，權無所藉，而扶持憫卹之懷，曾不能已。則惟精醫一道，有功德於民者匪淺。少逸以布衣軫恤群生，厘痌瘝而深拯救，猶復不沒先志，抒其心得，著是書公諸世，冀海內學道者同遵聖經，隨時審證，不至輕視民命。由此夭札之患除，俾斯世壽域，同登太和翔洽。昔陸宣公道在活人，范文正公志在濟衆，燮理陰陽之功，少逸不皆備之耶。然則是書出，其裨益於世者，亦安有既哉。

《時病論・吳華辰序》 余素未習岐黃，而喜讀醫書，諸家立法各異，宗旨不同。豈古今人時代前後各殊，而病亦因之有異。何古人之方，施之於今而輒不合，因悟四書中問仁問政衆矣。夫子告之，各因天資學力之高下淺深，氣質之剛柔純駁，未嘗執一說而概施也。醫之道，不當審其時，因其人，

辨其受病之淺深，而妄用方藥以冀一遇乎。然，而知此意者實少。三衢雷子少逸先生，精於醫道，名噪一時。余自光緒初年以來，六至柯城襲甥家，觀雷子所開方藥，輒中病，始晤面訂交聆其緒論，實能洞達經旨，不泥古仍合乎法，必審時而論其病，因人定藥，因病立方。後出其所著《時病論》八卷，讀之益知其學有淵源，本自庭授，天資學力尤能宗主長沙，上究聖經之奧妙，誠醫學之正宗，救世之寶筏也。今議付之剞劂公諸同道，因問序於余，余未涉藩籬，烏足以序雷子之書。但聞之喻西昌曰：醫者，意也。能得其意，無論主溫補、主滋陰、主脾胃、主解散，古人之書皆供我之去取，偏駁淨而良法存。此書一出，海內之知醫者，可以無拘古不化之病。初學者，亦不敢有海捕雜施之誤。其功豈不偉哉。且書中時字之義大矣，欲知其說者，則司天在泉之說，不必刪五運乘除之氣。所必辨有先時而伏之病，後時而乘之病。立方之變動不居，不猶是孔子之故進故退，孟子之飲湯飲水之意乎。自維譾陋，敢以管窺蠡測之說，仍以質之雷子焉可。

《時病論・自序》 甚矣，醫道之難也。而其最難者，尤莫甚於知時、論證、辯體、立法。蓋時有溫熱涼寒之別，證有表裏新伏之分，體有陰陽壯弱之殊，法有散補攻和之異，設不明辨精確，妄爲投劑，鮮不誤人。然從古至今，醫書充棟，而專論時病者蓋寡。豐因謹承先志，不憚苦口而特暢其說焉。豐先君別署逸仙，好讀書喜吟咏，嘗與武林許孝廉、葉帆龍、邱余孝、廉元圃、徐茂才月船酌酒賦詩，迭相唱和，著有養鶴山房詩稿。既而棄儒，從程芝田先生習岐黃術，遂行道龍邱，晚年曾集古人諸醫書彙爲四十卷，名曰《醫博》。又自著《醫約》四卷，書中多有發前人之未發者，同人借鈔者衆，無不稱善。咸豐十年春，鄰居虞拱辰明經助資，勸登利棗，甫議刊而西匪空中擾於龍，倉皇出走，其書遂失。是時豐父子同返柯城，冀賊退，仍覓原書於借鈔諸友處，使數十年心血所萃，不至湮沒無傳。乃未及兩載，先君溘然長逝噫。《禮》云：父沒而不能讀父之書，手澤存焉爾。豐求先君手澤而不可得，清夜自思，未嘗不泣然流涕。今僅留方案數百條，皆隨侍時見聞所錄，其中亦有論時病者，悉以授之從學程曦江誠，細加詳註，編成四卷，展誦之餘，猶髣髴趨庭問答時也。因憶先君嘗謂豐曰：一歲中雜病少而時病多，若不於治時病之法研究於平日，則臨證未免茫然無據。豐謹誌之，至今耿耿不忘。嗟乎！自先君見背又二十餘年矣。豐歷覽諸家之書，引伸觸類，漸有心得，每思出鄙論以問世，俾世之知我者，以匡不逮，又自慚一介布衣，才同襪線，爲大雅所譏，輒復中止，奈同志者固請時病之論，刺刺不休，爰不揣譾陋，將《陰陽應象大論》冬傷於寒，春必病溫；春傷於風，夏生飧泄；夏傷於暑，秋必痎瘧，秋傷於濕，冬生欬嗽八句經文爲全部綱領，兼參先聖後賢之訓成一書，以塞責。首先論病，論其常也。其次治案，治其變也。竊謂能知其常而通其變，則時病不難治矣。所望知時者，按春溫、夏熱、秋涼、冬寒之候，而別新邪伏氣之疴。更審其體實體虛，而施散補之法。則醫道雖難，能難其所難，亦不見爲難，願讀是書者之無畏難也。是爲序。

《時病論・小序》 稿甫成，客有過而誚曰：子何人斯，積何學問，敢抗顏著書以問世，眞所謂不知慚者矣。豐笑而謝曰：吾乃一介布衣，未嘗學問，成書數卷，聊以課徒。若云問世，則吾豈敢。客曰：既云課徒，自仲景以前，有羲、農、軒、伯，以後有劉、李、朱、張及諸大家之書，不下數千百種，就中堪爲後學法程者，何可勝道。子必亹亹焉，著《時病論》以授受，盡子之道，亦不過一時醫也，何許子之不憚煩耶。豐曰：由子之言，固非大謬，而以時醫爲輕，則又不然。豐請陳其說焉，子姑聽之。夫春時病溫，夏時病熱，秋時病涼，冬時病寒，何者爲正氣，何者爲不正氣。暨勝氣復氣，正化對化，從本從標，必按四時、五運、六氣而分治之。名爲時醫，是爲時醫必識時令，因時令而治時病，治時病而用時方，且防其何時而變，決其何時而解，隨時斟酌。此豐時病一書，所由作也。若夫以時運稱時醫，則是時至，而藥石收功，時去而方術罔驗。病者之命，寄乎醫者之運，將不得乎時者，即不得爲醫。而欲求醫者，必先觀行運，有是理乎。然則豐於斯道，業有二十餘年，誠恐不克副時醫之名也。子亦何病乎時醫？言未畢，客蹙然改容，恍然大悟。作而言曰：鄙人固陋，幸聆子言，昭然若發矇矣。客既退，因述問答之辭，弁諸簡端，並質之世之識時者，未知河漢豐言否也。

《時病論・程曦跋》 曆來醫家說時病者多，而專論時病之書罕見。雖有論及者，不過論其溫熱，而未論及瘧、痢、秋濕。即間或有之，亦祇附列於雜病門中，而未論及時病由冬而春，春而夏，夏而秋，秋而冬，循環遞嬗，統四時之常變以條辨也。今我夫子以《內經》之訓爲綱，諸家之說爲目，發明春令諸溫、夏天熱暑、秋時瘧痢、冬月冬溫，且補霉濕論治之各異，伏氣咳嗽之兩歧，選一方而方中之利害必參立一法，而法中之用意必釋。皆發前人之未

發，補前人之未備。是書一出，猶濟世之慈航，渡津之寶筏也。曦從夫子業醫有年，提命之下，幸得其旨。每遇命垂懸縷者，援活頗多，故書中亦時載入芻言。今當是書告成，敬抒數語，以誌淵源所自云。

《溫病淺說・自序》 醫理淵深，最難探討，病變百出，尟識其名，世人祇知有寒病而不知有溫病，由來舊矣。良由近日醫家少讀古書，至於《內》《難》等經概置不講，仲景《傷寒》習爲不察，祇取坊間淺易諸書奉爲枕中鴻寶，尋常症候略治印愈，疑難之症舉手茫然，風寒燥火一律混同。殊知古人立法，一病有一病之名，一症有一症之方。先將病名認確，然後施治無差。今人一見發熱，不辨何症，統名曰寒。須知六淫之氣俱能令人發熱，必須辨清楚，用藥迺見奇功。溫病發熱頗似傷寒，稍不細辨，更易混淆。漢唐以來，未有專書，雖吳鞠通立有《溫病條辨》，王孟英纂有《溫熱經緯》，其發明溫病，不遺餘力。奈《經緯》辭義深奧，《條辨》頭緒紛緐，非深於醫道者不能融會貫通。余是以有《溫病淺說》之作。此書之旨，務使家喻戶曉，不爲庸醫所誤，錯熱爲寒。余臨 症卅餘年而於溫病略有領悟，不過千慮一得，非敢炫長也。癸酉春，李太守聽齋任邑侯時，渠甥劉輯五染患溫症，被醫誤用辛溫，勢成危殆，延余診治，獲痊彼時。聽翁即囑將治溫之法纂述刊佈，然而吾斯之未能信請緩時日，迄今十餘稔矣；又經屢治有效，差堪自信，聽翁復函催數四，茲將治溫要訣衍爲淺說，以公諸世。一則以副聽翁慈祥愷悌之懷，一則以願世人壽域同登，永無夭札之患。但余一介武夫，管窺之見其有不合者尚冀，高明之士舉而正之，則又余之厚幸也已。

《治溫提要速效合編・高雲程序》 瘟疫一症，前序已詳，余之募衆重刻者，蓋此書爲業醫者不可少，家居者各宜珍藏也。同治丁卯歲，川東屬邑，瘟疫徧傳，醫多失治，枉死其人，時于明府由京攝篆銅邑，攜有劉松峰先生奉勅所集《瘟疫速效》一冊，命付剞劂，以公諸世，一時活救者，十居八九。惜各邑未能徧及，而醫師閒得此書，以爲居奇，秘而不傳。連年窮鄉僻壤，有染疫疾者，多作傷寒治，用辛散溫補之藥；近見有咽痛喉腫者，喉醫以蛾癰施治，或開針，或解毒散熱，藥不符症，且夕立斃。余聞心惻，原欲因銅邑板募刷廣佈，惜此板被合陽坊間撤匿失所，今春商諸介卿饒君，雙曰顧君，願墊金鐫板印送，余喜其志之同，爰訂簿募衆，襄斯盛舉。竊此書較《瘟疫六書》，簡而當，約而該，至分列九傳之法，又詳明易曉，不特操術者，當奉爲金丹，即不知醫者，亦當謹藏一冊，以備不時之需。設家人鄰戚，偶染時疫，閱書對症，不至仍蹈傷寒，誤於庸醫之手。是書醒人壽世，功誠偉矣。更願諸君互相印送，俾各邑家喻戶曉，其活人不愈溥哉。

《疫證治例・卿中瓚序》 《周禮・夏官方相氏》帥百隸而時儺，以索室驅疫，《月令》謂地氣沮泄，民必疾疫。《內經》論五運六氣，水火加臨，刑德互易，不言疫而疫實由之居恆。每慨古之爲醫者，洞曉陰陽道進乎，技何於治疫獨缺？及讀前漢書《藝文志》《內經》《難經》，編帙之多，不止世本所傳，疝病、痹病、瘻病論，各數十卷，今皆無存。可知治疫一門，散亡久矣。又可吳氏生數千載後，獨闡其祕，信乎靈心慧舌，第主達原以逐疫，其後攻裏養陰，不過數方。後人變爲涼表耆術諸藥，不在禁例，立說較圓，法猶未備。至元徹黃氏指痲痘爲熱疫、寒疫，分六經以出治，似特爲治疫者別開生面，尚未以之治疫也。吾友朱君半臺，聰穎過人，少通經史，長業歧黃，近作《疫證治例》一書，融會古義，推本長沙，用蘆根之甘寒，易達原之峻厲，選用諸方，各從其類，似創實非創也。夫六經不止爲傷寒設，《內經》一日太陽一條，明指類傷寒，爲言疫證，何獨不然？《難經・虛損》一節，順傳逆傳不外六經，內傷且然，況疫自外感乎？然則諸病統於六經，六經各有主藥，察化氣之性情，驗稟賦之強弱，因寒因熱，變通盡利，醫道思過半矣。然而，豈易言哉。朱君自言受學於平石王公，公曠逸卓越，所爲詩歌，吾少時嘗儗之，儲韋一流。其治病不主故，常能於古書外自出新意，故投之立效。朱君淵源王公，又能即所學於公者自出新意，茲編可覆而按也。余於醫書，涉其藩，未探其奧，不敢強作解事，謬爲稱美。顧世之善醫者不少矣，讀朱君之書，自能斯愛斯傳，流播無窮。且明效大驗，卷末各按朱君已鑿鑿自言之，又豈待余之附贅而垂疣？故特書大意於簡端，以見朱君爲醫中國手，不背古，亦不泥古，可爲有志學古者法爾。

《疫證治例・謝寶圭序》 古有凝神於藐姑射之山者，乘雲氣御飛龍，能使物不疵癘而年穀熟，此所謂通造化助生成，功生鉅而德至宏也。遙望古今，有幾人哉。則與衆並生，苟有術以濟之，其不可以無負矣。吾友朱君蘭臺先生，二十年前相晤於其族翠峰司馬家，與余論人身水火之不可偏勝，一言結契，遂成莫逆。蓋其性善悟，其業於人有濟而進之，又有以康濟其身，故至則余輒喜相與劇談，竟夕不倦。其後余南北奔馳，頻年在外間，不握手爲

歡，而求如往日之深談，已不可得及。至郴州兀噩冷署，萬山森列，罕聞足音，感念曩昔，彌懷蘭臺。不置。乃雜緒方毀，故人書至，具言近著《疫證治例》書五卷，而其治疫之道，則悟出蘆根一方效捷桴鼓，讀之若爲其所新得，而余追維往事，蘭臺不嘗以蘆花已餘牙根之血乎。然吳下阿蒙，今昔殊觀蘭臺之悟，蓋有進焉者矣。漢時郴地有蘇仙者，上昇時別母曰：明年郡有疫，庭前井水橘葉可救之。及疫作服者，果立愈。至今藥肆常書橘井流香四字，而未聞有用之著奇效如當日者，則仙機之妙，人所難明。非似蘭臺著書傳世，凡遇是證者皆可施是方也。近世風會日薄偏駁之氣恆中於人心，而水旱癘疫之災又疊出而爲患，欲爲蕩滌消除，飛實有心得者，每苦於束手無策。茲蘭臺物理之格若是，則濟人固已善其術而所以康濟其身者，當益悟之精而行之，篤參蘭臺勉乎哉，安知異日不將凝其神而可化物之疵癘耶。回不揣固陋，書以遺之。

《疫證治例・凡例》　一是編以張長沙六經爲主，逐條分晰，醫者必先深究六經，洞悉藏府，臨證時相沴邪之出入，審元氣之厚薄，用藥方中肯綮，庶免蒙混之弊。

一論中沴邪直干中道，其傳布該以出入二字。蓋藏府居匡廓之內，六經循匡廓之外，故邪溢三陰之經，亦以出字隸之。醫者治疫以中道爲機軸，則三十輻共一轂矣，而邪氣之出入又何能逃其炯鑒乎？

一論中雖寒熱並舉，其實沴乃熱邪，從熱化者十之八九，從寒化者十之一二。彼藏府平和，元氣博厚，熱從熱化，固不待言；即元氣不甚薄弱，亦每多從熱化。若素稟陰藏，沴邪一人，無不從寒而化，又有過服寒涼，元氣受傷，邪從寒化者，亦不少，須諦審病證，不可草率。

一疫病初起，如審證不確，無妨照常法治之，如敗毒散、羌活湯、小柴胡湯之類疏散邪氣。不愈，乃以疫病方揆之，最爲穩洽。

一傷寒六經皆有表證，前賢註釋將三陽經證提出，以桂枝、麻黄、大小青龍等湯治太陽，以葛根湯治陽明，以小柴胡湯治少陽，而於三陰經證隱而不發，以致後世醫者當邪入三陰，混同論治，悖戾長沙經旨。斯編將三陰經證提出，而藏證躍然在目，臨證逐一分辨，庶不差謬。至合病、併病、壞病、陰陽易病、食復勞復、等病當按長沙法爲治例。因集隘不能備述，讀者諒之。

一長沙六經逐一分治，不差參黍。在《傷寒》本無遺漏，自《卒病論》失傳，而後人於疫病各逞己見，議論紛出，與聖經不無相悖，斯編以蘆根方爲主，直達疫所，俟疫邪潰後相其出入，按證施治，仍不外乎六經，所謂變而不離其宗也。

一葉天士以疫邪從口鼻而入，分布三焦是也，謂與傷寒六經大不相同則非，蓋萬病不出六經，舍六經而言治，則治非其治矣。余自臨證以來，凡遇疫病先行透解，不輒用寒涼，淹遏邪氣，輕者隨愈，重者必出此入彼。看邪在何經，按經用藥，無不切中病情，此六經治例所由而作也。知我罪我，付之而已。

一沴邪直干中道，彌漫三焦，膻中正受薰蒸，所以初起每多神識不清，祇得透發沴邪，神識自清，若葉天士、吳鞠通輩當疫邪初起時，見有神昏之證，輒用牛黄丸、至寶丹掩遏邪氣，與楊栗山肆用寒涼，同一關門逐賊之舉，讀是書可以悟知。

一沴邪直干肺胃，多發咳嗽，日則微熱，入暮發熱更甚，脈沈數，或中取而數，醫多以勞瘵治之，纏綿不愈，辨的是疫，即投蘆根方照咳嗽加減法治之，無不應手取效。亦有虛損日久，服補劑不效，如値疫氣流行，務宜審愼夾疫，夾疫者必先解疫，然後理損，乃克有濟，否則貽誤匪淺。

一是編選藥不一其類，全在臨證時斟酌運用。如太陽方五苓散中白术助其轉輸，而有熱蓄膀胱，不宜白术而宜滑石木通者；如太陰方理中湯爕理陰陽，而有邪陷太陰，加桂枝以升陷邪者，若此之類不可枚舉。在醫者圓機審取，故論中以輩字該之。

一是編所錄諸方，悉出長沙。長沙書所未備者，竊取前賢名方附之，湯下旁注姓字，以明方所從來；其有云某方未注姓字者，是余得諸方外別傳，親手取效，可補前人之缺，故亦附之。

一編中方解有全錄前賢舊說者，必首舉其姓名，閒有獨下己意，即冠一按字，苦爲分明，以示不敢掠美耳。

一編末治疫醫案若干，則皆生平用心體貼，親見效驗，與論中所言各證，實相符合，故特表而錄之，令閱者知余論中所載，確有明徵。其大頭瘟、捻頸瘟、輭腳瘟諸案，雖論中所未及，而方書瘟疫同論，不可棄也，其致王槐溪書，雖屬一時答之文，究係治疫正論，與諸案互相發明，亦備錄之。

一編中綱領處用連Δ，條目處用單Δ，精義處用連O，要言處用連●，斷句

處用單●，逐一標識，庶閱者開卷了然。

一是編以治疫命名，則六淫勞傷雜病等案，本不宜混入，因序例中有萬病不出六經，六經爲萬病之谿等語，故略附數十則以發其凡，六淫勞傷雜病論俟續出。

《疫證治例·李長機跋》 朱君蘭臺，善醫。歲壬辰，吾母遘疾，諸醫束手，得君診視，旬日而安，因出其所著《疫證治例》示余，囑跋其末。噫，醫之道微矣。非神識超妙，思力精專，則不能會通乎。二氣五行之理而非閱曆多運用熟，則亦不能隨時變通，心手相調。君善讀古書，別有神契，而又積數十年證驗之功，神明於法而不拘，拘於法所由超出乎，時醫之上也。抑余觀君博學多聞，善談名理，於形家言，尤能批卻導窾，洞中肯綮。然則僅以善醫目君，猶未足以盡君也。

《葉案存真類編·自序》 竊嘗論之宋後醫書，惟案好看，不似注釋古書之多穿鑿也。每部醫案中，必各有一生最得力處，細心偏讀，是能萃衆家之所長矣。第非熟精《靈》、《素》及仲景法者，中無權衡耳。葉先生於外感最長於溫熱，於雜病最長於虛損，總是長於治鬱而已。自來醫案皆自編輯，故必其證之稍新治之已效者，乃從而著之，其尋常易曉者，不多見也。先生案輯於後人，得失兼收，瑕瑜不掩，固其所矣。而案之宏富，遂爲醫林中獨成一子。好學深思者，正樂受而讀之，以觀其眞，豈非盛事耶。國朝大醫私服張石頑及先生兩人，昔徐靈胎評點指南，多所攻擊，視其圈點，如晨星落落，想見筆在紙上，如蜻蜓點水，一往無停。學海術淺，謝不敏矣，祇求發揮本義，未詳者申之，未備者補之，未明者疏而闡之，必其理之極難通，與其法之顯不合者，乃從而疑之辨之。末附馬元儀、祁正明、王晉三三家，亦皆一時之傑也。讀之便覺詀灒，不及先生之圓相矣，此天資之不可強也。先生之學，其於仲景、元化誠未知何如，若東垣、丹溪似有過之無不及也。徐靈胎、陳脩園未勉輕薄口脗，古人云：爾曹身與名俱滅，不廢江河萬古流。古今是非，何日論定。吁！不論則定矣。

《葉案存真類編·石韞玉序》 昔者竊聞之，孫眞人以神鍼療龍神之疾，神龍感之，贈以禁方三十，孫因著《千金方》三十卷，每卷中雜一龍宮方，今人亦不能一一指出何方爲龍宮所授。惟相傳六味丸即禁方之一，試以此方論之，山藥之甘，地黃之苦，丹皮之辛，萸肉之酸，澤瀉之鹹，五味具備，又以茯苓之淡調和之，俾五臟六腑均受其益，此其運用之妙，誠不可思議哉。由是知醫者之有方，猶匠者之有斧斤繩墨，非是無以成其事也。吾鄉葉天士先生，生在康熙初，沒於乾隆十年，工長桑之術，身曆三朝，名聞九域，夫人而知之矣。其謝世已九十餘年，至今談方術者，必舉其姓字，以爲仲景、元化一流人也。其生平所製方有萃錄成編者，其元孫訥人等校而受梓，問敘於予。夫人祖宗一言一行，無非彝訓所存。凡爲子孫者，必多方表章之以寄其數，典不忘之志。況方書爲活人要術，可以調元贊化，而消斯民夭札厲疾之災者乎。即如龍宮禁方，非孫氏傳之，世人又烏從而知之。諺云：施藥不如施方。訥人昆弟，斯刻不特表揚先澤，亦有合乎。昔賢善與人同之義，又可緩乎哉。是爲敘。

《葉案存真類編·胡國英序》 精、氣、神爲人身之至寶，醫能保人所寶，則醫書眞寶書也。軒岐而下，惟仲景稱聖，爲製方之祖。嗣後英賢輩出，各抒心得，立法以啓後人，方書充棟。後之用法者，能得古人法中之意，而不泥於法，則因病定方，不執方以治病可也。所難者在認症耳。昔嘉言喻氏謂醫不難於用藥，而難於認症，故先議病後議藥。丹溪朱氏著《脈因證治》一書，亦以認症爲先，施治爲後，若但執某方治某病，而至於何脈、何因、何症辨之不眞，馬能用之無誤。寒熱虛實，疑似甚多，見病治病，十無一效，曷足怪哉。吳中精於醫者，代不乏人。自葉香巖先生治稱神術，百餘年來，無有繼其傳者。惜其生平濟人事殷，無暇著述，如《臨症指南》一書，爲門人所採輯，久已風行海內。今復見《醫案存眞》三卷，係其哲嗣訥人先生彙集家藏方案成編。以其施治之妙，實由辨症之的。其不惑於症之疑似，治之不違於法，而又不泥於法者，苟非根柢《內經》博涉諸家，其烏能洞徹陰陽標本，隨症立方，神明於規矩若是哉。至馬、祁、王三家醫案，各抒精義，製方附刊於後，亦足資後人採擇此書，誠可寶也。書既成，先生濟世之業，與其哲嗣濟世之心竝傳不朽，而流澤孔長矣。是爲序。

《葉案存真類編·葉萬青序》 先高祖《臨症指南》一書，爲錫山華君岫雲所刻。書成於乾隆丙戌，風行海內。余成童時，涉獵及之，不能識也。後檢故紙，得家藏方案一冊，魯魚亥豕，所在多有謬譌。此必《指南》選刻所遺者，亦憖置未暇究，近年留心斯道，因發篋讀之，然後知先哲之所以享重名者，久而彌光。蓋自有在嘉慶丙子，獲見《天元醫案》於研六齋周謝庵姨丈

家，精光騰躍，歎爲希世之寶。道光辛卯，於城東陳順庵家，復見方案，摘錄百十條，簡潔高妙，洵爲門診之精華，又不勝遺珠之歎。因思華君居非同里，又素不業醫，能以數年採輯之勤，沾丐後人，厥功甚偉。余爲裔孫，獨珍手澤，而不公諸當世，華君有知，其謂我何？但《指南》類症分編，余則一無去取，亦不分門別類，自愧識淺，不敢妄爲選擇，姑還舊觀。且自來醫家，臨證雖多，豈能盡備，而茲又篇帙無多乎？其《天元醫案》中，載馬元儀先生案頗多，皆神妙，與先祖方案如驂之靳，另附於後，自爲一卷。而祁正明、王晉三兩先生之案亦附焉。世有好學深思者，或再搜採選刻，則其功當不在華君下矣，其拭目以俟之。

《重訂霍亂論・汪曰楨序》 經云：人之傷於寒也，則爲病熱。蓋六氣之行，都從火化，外感之病，雖有因寒因熱之分，而熱者較多。霍亂不過外感之一證，其中亦有寒有熱，初非專屬於寒也。特以其來太驟，擬議不及，辨證稍疏，生死立判。視傷寒、溫暑，尤難措手，昧者乃專執附、桂一方，統治一切霍亂，不亦傎乎。夢隱向有《霍亂論》之刻，久已風行，近又重加編訂，益爲詳備。蓋深疾偏執一方以治百病之弊，故不辭痛切言之如此。讀者顧疑其偏用寒涼，未免以詞害意矣。昔洄溪作《慎疾芻言》而自論之曰：有疑我爲專用寒涼攻伐者，不知此乃爲誤用溫補者戒，非謂溫補概不可用也。諒哉斯言，請以移贈夢隱此書可乎。

《重訂霍亂論・自序》 隨息居士，當昇平盛世，生長杭垣，不幸幼失怙，自知無應世才，而以潛名其齋，或謂甘自廢棄，而以癡目之，因自號半癡山人。嘗刊《潛齋醫學叢書》十種問世，年未五十，忽挈兩弟，攜一硯以歸籍，然貧無錐地，賃屋而居。或問故，曰：余繼先人志耳。乃顏其草堂曰歸硯，輯《歸硯錄》以見志，藉硯遊吳越間哺其家口，洎庚申之變，或招遊甬越，辭不往。辛酉秋，勢日蹙，不克守先人邱壟，始別其兩弟，攜妻孥，棲於濮院。人視之如野鶴閒雲，而自傷孤露四十年，值此亂離靡定，題所居曰隨息。且更字夢隱，草《隨息居飲食譜》，以寓感慨。迨季冬杭垣再陷，悠悠長夜，益覺難堪。今春，急將三四兩女草草遣嫁。夏間避地申江，妻孥踵至，僦屋黃歇浦西，仍曰隨息居。略識顛末，俾展卷而知隨處以息者，即半癡山人，身不能潛，硯無所歸之華胥小隱也。

《重訂霍亂論》者，以道光間，嘗草《霍亂論》於天台道上，爲海豐張柳吟先生閱定，同郡王君仲安梓以行世，蓋二十餘年矣。板存杭會，諒化刦灰。咸豐初元，定州楊素園先生，又與《王氏醫案》十卷，合刻於江西，不知其板尙存否。今避亂來上海，適霍亂大行，司命者罔知所措，死者實多，元和金君簠齋，仁心爲質，惻然傷之，徧搜坊間《霍亂論》，欲以弭亂，而不能多得。聞余蹤跡，即來訂交，始知其讀余書有年，神交已久，屬余重訂，以爲登高之呼。余自揣無撥亂才，方悔少年妄作之非，愧無以應也。踰兩月，簠齋亦以此證遽逝，尤愴余懷。哲嗣念慈，檢得《轉筋證治》遺書一冊示余曰：此先人丁巳年刊於姑蘇者，今板已燬，書亦無餘。余讀之，簡明切當，多採蒭蕘，洵可傳之作。因歎簠齋韜晦之深，竟不余告也。吳縣華君麗雲，知余硯田蕪穢，持家藏下巖青花石一片，見贈曰：子將無意慰金君耶，有意慰金君，則重訂之舉，曷可以已乎。余不能辭，遂受其片石，纂此以慰簠齋於地下。非敢自忘不武，謂可以戡定斯亂也。書成，題曰《重訂霍亂論》。首病情，次治法，次醫案，次藥方，凡四篇。

《重訂霍亂論・高汝賢跋》 霍亂，百病之一也。而其致病之由，則不一。醫者審證投劑，寒熱攻補，各有所宜，誠未容偏執一是。顧軒岐以來，治霍亂無專書，臨證者卒鮮依據。自孟英以流離兵燹之餘，覩疹厲天夭之慘，因時論證，因證立法，而有《霍亂論》之作。於是治霍亂者，始有成法可遵。獨惜其書流傳未廣，吾鄉仁術之士，以未獲一讀是書爲憾者，竟不乏人。光緒丁亥夏秋之交，霍亂遍吳越，治之苦無善法，余友金君笠山袖是書與同里馬君果龕，勸其重刊壽世。馬君讀而善之，囑賢與汪君金三司校勘，事訖歲餘，始畢工。沈文杏田見之語賢曰：王氏之論，誠善矣。岳景昌《霍亂歌括》，其言雖不文，治法固可傳也，盍附諸。賢以告果龕，果龕以爲然，乃麗之篇末焉。嗚呼！兩美既合，相得益彰，後∨之讀是書者幸，參觀而互證之也。

《重訂霍亂論・陳亨謹跋》 霍亂，急證也。而古無專書，間或及之，亦語焉未詳，故臨證者苦無成法可遵。海昌王夢隱先生曩游玉環，嘗著專論以壽世，定州楊素園大尹重刻於西江，謂其理明辭達，指陳病機，若黑白之不可混淆。顧海內多故，板之存否，杳不可知。壬戌夏，此間霍亂盛行，求先生書不易得，適先生避亂來游，惻然傷之，慨將原稿重爲校訂，語加暢，法加詳，類證咸備，寓意特深。讀此書者苟能隅反，不但爲霍亂之專書也。因請於先

生，亟付剞劂以質痌瘝在抱之君子。

《**重訂霍亂論·病情篇**》　醫道通治道。治國者必察民情，聽訟者必察獄情。用藥如用兵，爲將者必察敵情，爲醫者必察病情。民情得而政教行，獄情得而曲直分，敵情得則勝權獨操，可以寡克衆，可以逸待勞。病情得則生機在握，可以禦沴癘，可以挽造化。嗚呼！不辨虛實寒熱而治霍亂者，猶之棄其土地人民而講戰守也。

《**重訂霍亂論·藥方篇**》　俱收並蓄，待用無遺，爲將爲醫，理無二致。對證發藥，諺語堪師，十劑七方，陣圖有法，故必藥性明而兵法諳，始可製方臨敵也。先藥性，後方劑，特其大略耳。神明變化，存乎其人。先外治而後內服，昭慎重也。始卧龍而中結以致和，末殿以資生，其有如卧龍之才者，出而撥亂反正，以致中和，則天地位，萬物育，化日舒長，更何疫癘之有哉。謹拭目待之，以慰余重訂此書之意焉。

《**伏氣解·裘慶元序**》　葉子雨先生《伏氣解》七篇，爲精參《素》《靈》陰陽氣化之道者也，發人所未發。晚近如吳鞠通、王孟英輩之學說，猶多辯正，其立言之價值可知。書成未刊，初爲社友吳傑三君惠寄。其哲嗣仲經君恐輾轉抄錄，或有錯誤，待示家藏原稿，得校刊焉。夫藝術日新，科學尙矣。陰陽氣化之道，東西醫者幾斥爲虛誕。病理學中，羅列致病之原，半屬有形之病菌。病菌爲病，必經若干日，始見發生。其未發之時，爲潛伏期。而潛伏期之意義，似與國醫說之伏氣同。惟伏氣根據陰陽氣化，病菌全憑器械顯微鏡檢視。膚淺評之，則國醫說之浮泛不切，爲東西醫者排斥也宜矣。雖然，昔日目力不得發見之病氣，今日以器械或化學檢得爲病菌，無他，顯微鏡等能擴大氣化爲質點故也。但他日發明十百倍於今日之器械，今日所未得見而斥爲虛誕者，豈難得顯而再爲有形之質點耶？則今日之器械，不亦與昔日之目力無異也。至時而陰陽氣化之道，始知非浮泛不切，確有奧旨存乎其間。學術遞嬗，理勢固可推想而定，毋謂余言辯焉。余刊《伏氣解》，敢解伏氣與病菌之不同點，爲如是而已。

《**伏氣解·自序**》　夫一寒一暑、一晝一夜，天之陰陽也；一呼一吸、一寤一寐，人之陽陰也。以氣爲陽，以血爲陰者，權輿於素靈。後之言醫者，無不因此說，滔滔皆是。然是固不明陰陽之理，而違古聖人之意者。何則？天人氣血，各具陰陽，非可以他物配之也。嗟乎！近之醫，知乎其陽，不知其陰；議乎其前，不慮其後。微則不能察，劇則不得當。既不辨陰陽，何知寒熱眞假？如水益深，如火益熱，妄投錯施，無知其惑。良可慨矣！丁酉之冬，圍爐斗室，時暖日烘簷，凍蠅撲牕，鎔兒偕及門諸子，以六氣陰陽致病爲問。因具論四時陰陽伏氣之理，他病不及焉。凡七篇，都爲一卷，號曰《伏氣解》。非敢謂闡岐黃未顯之微言，聊以備諸子臨診之一助云爾。

《**伏氣解·提要**》　清，葉霖撰。霖，字子雨，江蘇揚州人。自序云：丁酉之冬，圍爐斗室。時暖日烘簷，凍蠅撲窗。鎔兒偕及門諸子，以六氣陰陽致病爲問。因具論四時陰陽伏氣之理，他病不及焉。凡七篇，都爲一卷，號曰：《伏氣解》。非敢謂闡岐黃未顯之微言，聊以備諸子臨診之一助云爾。《生氣通天論》曰是以春傷於風，邪氣留連，乃爲洞洩；夏傷於暑，秋爲痎瘧；秋傷於濕，上逆爲咳，發爲痿厥；冬傷於寒，春必病溫。此又言感之不即病者，乃藏於經脈臟腑之間，而爲伏氣之病也。春傷於風者，陽邪也，留連日久，乃下爲洞洩之陰病。秋傷於濕之陰邪，乃爲上逆而咳之陽病，甚爲必成痿厥。夏傷於暑熱之陽邪，至秋發爲痎瘧之陰病，冬傷於寒之陰邪，至春必爲溫熱之陽病。是陰陽上下之相乘。然伏氣之因，不僅乎此。經文簡奧，特示人以四時之機、互根之理，再推而論之。天之六氣傷人，由人之陰陽不固。而冬寒夏暑所伏之因各異。又於《金匱眞言論》續之曰：夫精者身之本也。故藏於精者，春不病溫。夏暑汗不出者，秋成風瘧。言人身之氣血皆生於精。冬宜祕藏，則陰氣固密。若縱慾精耗則陰虛，陰虛則陽邪易犯，故多病溫。夏宜疎泄，逆之則汗不出，汗不出則暑邪內伏，遇秋風淒切，則寒熱相戰而爲瘧病。陰陽啓閉，時氣宜然。舉冬夏言，其春秋伏氣自可類推。觀此則夏日之病暑，其非冬藏所變者明矣。軒岐釋伏氣之義已明，猶恐後之讀者不能隅反，更於《陰陽應象大論》補之曰：冬傷於寒，春必病溫；春傷於風，夏生飧瀉；夏傷於暑，秋必痎瘧；秋傷於濕，冬生咳嗽。此《承生氣通天論》言四時五行之氣，以生長化收藏，而生寒暑燥濕風爲外邪；人之五藏化五氣，而生喜怒悲恐憂爲內賊。苟七情不愼，六氣傷之。舉先生辨伏氣數則爲例。其一、如病瘧。其三、如論熱病。其四、如論五臟痿病。其五、如論五藏移熱。其六、如論暑燥。其七、如論痧脹等七篇，皆能闡軒岐未發之祕，明天人一貫之理。苟能明乎先生伏氣之治，活法運乎一心，何難登軒岐之門，而入仲景之域也。

《伏邪新書・提要》 清・劉吉人撰。吉人曰：感六淫而即發病者，輕者謂之傷，重者謂之中；感六淫而不即病，過時方發者，總謂之伏邪。已發者而治不得法，病情隱伏，亦謂之伏邪。有初感治不得法，正氣內傷，邪氣內陷，暫時假愈，後仍復作者，亦謂之曰伏邪。有已發治愈而未能除盡病根，遺邪內伏，後又復發，亦謂之曰伏邪。夫伏邪有伏燥、有伏寒、有伏風、有伏濕、有伏暑、有伏熱等。種種精密列論，於六氣伏邪，條分縷晰，皆從實驗中說法，開後學無數治伏邪法門。從來治六氣時感者，能法賅理盡，亦且無多，治六淫伏邪者，更略焉不詳。是則臨證之醫，辨別不易清楚，施治未免有誤，夭枉者多矣。如吉人先生之著，洵爲發古人未發之旨，立古人未立之法，不特嘉惠醫林，抑且澤及病黎。是書前刊《三三醫書》第二集中，今已售罄，不再重印，炳章恐年久失傳，爰爲重校，增以圈點，採入本集。

《伏邪新書・自序》 伏邪爲病，前人未有特筆，暢明言之，凡近世醫生，所謂調理本症是也。以其病持久而徐，變動不速，奏效不易故也。其實內有伏邪爲病者，十居六七，其本臟自生之病，不兼內伏六淫者，十僅三四。前人未嘗分別著書立說，以故伏邪與本臟生病，皆所混雜不分，而總以調理本症目之，以《金匱》與《和劑局方》等之古法治之，僅按其外面自現症候名目用方，按圖索驥，有效有不效，總未得究其病根之法，分別用方。在本臟自生之病，或有對症之理；在伏邪爲病之症，不知祛邪外出之法，故鮮能收功。予經歷多年，學本臟自生病不兼伏邪者，用古法治，可以奏效，若兼伏邪，即難應手。一遇全因伏邪爲病，而累及本臟自病者，更無全愈之日矣。俗人徒以試藥戲藥目之，以爲病不可治，而予創立伏邪說治法，分別六淫治之，一面扶正，一面祛邪，不操切圖功，務使內伏之邪氣外解，臟腑之眞元復舊而後已。念年以來，獲效甚夥，於心甚安，不敢自祕爲獨得之奇，願以公諸後世。非予敢獨創爲異說也，以《內經》有春傷於風，夏爲飧泄等論，吳氏、葉氏，已先開伏暑法門，予因隅反，覺六氣皆有內伏爲病者，故條分縷晰，六氣伏邪，分別診治法，以告後學。蓋邪機隱伏，病根深藏，非若新感易於辨識，易於祛除也。

《六氣感證要義・凡例》 一醫不明傷寒，不可以治百病，以百病不離乎六經，而六經之證，惟傷寒傳變出入，最易混淆，最宜詳審。能洞徹於傷寒，尚有何證之不易知。然南陽《傷寒論》，淵微精奧，必得將全書熟讀深求，方有悟入，遇病不至迷惑。若撮其大略，聊備一類，不徒贅如懸瘤，抑且誤人祈嚮。故本集不列傷寒一門，欲學者以全書究傷寒，誠重之也。

一外感之證，不出風寒暑濕燥火六氣。曰傷寒者，對雜證而言之；若對內傷而言，則傷寒亦同爲外感。傷寒之方，多可施於六氣，六氣之病，亦可統於傷寒。《難經》傷寒有五。是故欲明傷寒，當先詳六氣，六氣者，傷寒之先河也。一傷寒一經誤治，變狀遂多，且有合病併病與兩感諸不同之證。外感雖不至如是，然病隨藥變，感以時增，或爽有內傷，或勾起夙疾，無始終不易之情，無一法可該之理。本集但爲學者喤引，故止就六氣之初感者辨論之，餘則概不暇及。

一六氣而止感一氣，則有一氣之病，爲風，爲寒，爲暑，爲濕，爲燥，爲火。複以兩氣，則有兩氣之病，爲風溫，爲風濕，爲濕溫，此即以六氣之名爲病名者。其他雖感六氣，而別有病名，不純屬外感，如痓、如痹、如疸、如痿躄、如霍亂、如痎瘧、如欬嗽、瀉痢之類，若一律編入，反致六氣之本病，亦滋眩惑，則非愚著是集之意矣，茲故從略。

一中風中寒，中字非病因，而稱名特重，故別列之，不以隸風寒兩門，庶學者知其爲大證而諦之於心也。

一暑火二氣之病最夥，然後世稱名叢雜，其中不過稍分微甚，或竟名異而實不異，本集於外感伏氣之溫熱病，詳列暑火兩門外，其寒疫冬溫、與燥熱濕熱之疫癘，但熱無寒之溫瘧，病因各異，並附見於暑火濕溫三門。學者但就此數證，潛心參究，渠矱已具，隅反不難。故如溫毒溫疫時行大頭諸名目，概棄之以省枝節，非挂漏也。

一凡集中義理，有愚所創獲，用以質海內名賢者，皆未注拙擬二字，若無關切要，雖拙擬不注。

一凡說解出自前賢者，醫所共知，概不加注。其或於文內提明某氏云者，以義有所繫，勢不得略也。

一凡集中有敘入《黃帝內經》、《神農本經》、《名醫別錄》、《傷寒論》、《金匱要略》及前人醫集等語，而不曰某書云者，亦以醫家習見，且冀免於繁蕪，絕非有臆造也。

一藥名不用本字，而以他字代者，或取省筆，或取易識，相衍已久，今亦從俗，不復改正。

《六氣感證要義·自序》 泰西之學，苦思力索，不極其元不止，每一藝出，令人駴絕。獨中國醫經，以陰陽五行之理，合之人身，確乎不易，而西醫偏不之信，遺氣化而究形質。夫大撓作甲子，於何始，於何終，近乎妄矣。而正月幾日得辛，則農家亦知其不爽也。任吾剖視，莫雞豚若。而其化飲食之火何在，未有能指者也。以此理語西醫，西醫未必強辯。況西人之智慧，何遜華人。居中土，治中學，後必有通中醫，而元之又元，上啓黃帝九篇者，吾華人當有以贊之，不當先自貶以誤之。嗟乎，醫學至今日，誠無解於西人之詬矣。鍼法之眞傳已失，即《素問》、《靈樞》、《本草經》、《傷寒論》、《金匱要略》等於四書五經，而讀之者牛毛，解之者麟角，其有著述行世，而或文辭朗鬯，中多紕繆。或稗販剽竊，復爲大言，以此欺人，人不能辨。更有偏於溫熱，偏於寒涼，後人奉之爲師承者。此醫學所以日敝，而疵癘夭札之無術以救也。大抵論病可以辭飾，而方解不能虛搆。方解之切究其所以然，無毫髮疏舛者，方書中不多見。國朝大醫，無過葉天士、徐洄溪、尤在涇三家，而葉注《本事方》，多羼以入某經某經無當之言，徐輯《傷寒類方》，《蘭臺軌範》，有碎錦而無全璧； 尤注《傷寒論》、《金匱要略》於方解多簡而渾，余欲補前人之闕，撰爲一書。而以衰齡事冗，因循不果，會孫倩程生仲來，問醫業於余，恆以爲請。余曰： 耄願恐不可償矣。雖然，聞一知幾，視人之悟若何耳，多言何爲。爰舉六氣感證，與古方之切合者，竭數月之功，輯爲要義一編以授之。且曰： 區區此數，不足爲檢方治病之用，毋示外人，供覆瓿也。生曰： 集中注拙儗者百餘十條，悉注家屐齒所未經，發餘蘊，訂舊言，不特津逮來者，抑且有功前哲，即西醫見之，亦必謂中國格致之別有機悟也。盍付之剞氏以公同好乎？ 余曰諾哉。光緒戊戌正月鹿起山人周巖自書於越城穆聯巷寓齋。時年六十有七。

《溫熱逢源·提要》 清江陰柳寶詒著。寶詒號穀孫，著有《柳選四家醫案》已風行海内。讀其書者，咸知先生於溫熱證有獨到之見地。前裘君吉生向無錫承夢琴君以他書交換得之，經周小農精校一次，刊入《三三醫書》第一集中。卷上，詳註《内經》伏氣發溫、《難經》伏氣發溫、仲景伏氣化溫熱、仲景暴感暑熱、仲景兼感濕各證治諸條。其卷中，辨正周禹載《溫熱暑疫》各條、辨正蔣《問齋伏邪篇》、評《傷寒緒論》溫熱各條、評錄吴又可《溫疫論》各條。其卷下，論溫病與傷寒不同、伏氣發溫與暴感風溫病原不同、論伏邪外須辨六經形證、伏邪初發脈象舌苔本無一定、伏溫從少陰初發證治、伏溫同少陰外達三陽證治、伏溫熱結胃府證治、伏溫上灼肺金發喘逆、咯血欬膿、及内燔營血吐衄便紅、外竄血絡發斑疹、喉痧等證治、伏溫化熱鬱於少陰不達於陽、及化熱内陷手足厥陰發痙厥昏蒙、或挾濕内陷太陰發黃疸腫脹泄利等證、伏溫外挾風寒暑濕各新邪爲病、伏溫兼挾氣鬱痰飲食積瘀血以及胎產經帶諸宿病等條。於溫熱諸候，變證挾證，辨釋無遺。當今研究溫熱者，實有參考之必要，爰爲重校圈點印行之。

《醫醫小草·說溫》 溫熱之論，葉香巖尋其源。風濕之分，陳平伯溯其流。厥後吴氏鞠通，祖述葉案，而著《條辨》。王氏孟英，憲章平伯，而纂《經緯》。治溫津梁諸書備已，然一則界劃三焦，一則伏氣未達，智者一伯，殊爲二先生惜。今將風濕分兩段，持前人言，以明其義，庶長夜一燈，不致盲人摸索。

《暑症發源·提要》 夏日離陽用事，濕土司令，天之暑熱下降，地之濕濁上騰，人如調護不謹，諸症叢生。或襲於表而爲傷暑，或蘊於裏而爲伏暑，或濕傷太陰而成濕溫，或暑伏榮分而成痎瘧。仲師《傷寒論》雖賅括六氣，然略於痎症，矧寒入暑，經足入手經，致病之途尤相逕庭。本書係李識侯參訂，先論初夏之濕溫，次述季夏之暑病，終及秋令之伏暑、瘧、痢。條分縷析，明白暢曉，誠暑症之科律也。

《瘟疫霍亂答問》 問： 瘟疫俗皆稱爲鬼病，每事祈禳，明者從不之信，而昧者又言之鑿鑿。然按之古籍，如《周禮方相》黄金四目，已言逐疫； 而劉熙釋名，亦言疫役也，言有鬼行役也，一似有徵。先生平時如東坡喜談鬼，而臨證獨否，敢問？ 答： 惟聖人爲能知鬼神之情狀，夫子之告樊遲也。務民之義，敬鬼神而遠之。告季路曰： 未能事人，焉能事鬼。醫，人道也，當務民義，盡人事。平時當具伏魔之道力，臨時方能施逐疫之神方，提起元神，念念救世，則靈光四射，筆鋒橫掃，自能戰退群邪，還吾仁壽世界。奚事上效騶搖，始能永命哉。《素問》不云乎： 拘於鬼神者，不可與言至德。欲昌軒岐之教，豈可稍背其宗旨哉！

《溫病指南·自序》 溫病之與傷寒，猶水火冰炭之不相入也。世以治溫，古無專書，襲治傷寒法治之，以溫熱之病，輒投以麻桂辛溫之劑抱薪救火，是自焚也。或者窮而思變，則又易以防風通聖之屬，雜苦寒攻下於溫散

之中，不惟苦燥傷陰，且有下早結胸，引邪内陷之患。近世陳三錫別創升降神化散等方，雖知力避辛溫，然於初起病在上焦即溷入中下二焦之品。譬之治盜不分良莠，一例剪屠，寇雖滅而民亦傷矣。獨葉天士、薛生白諸先哲遵《内經》風熱淫於内，治以辛凉鹹寒之旨，立三焦分治之法，界限井然，深入軒岐閫奥。淮安吴鞠通復取兩賢緒論觸類引伸，著爲《溫病條辨》，窮源竟委，綱舉目張，至是而治溫之法始大備焉。是書作於乾嘉之際，百餘年來，流布南北，效若桴鼓。光緒戊寅，涂朗軒中丞重鋟於大梁，全活不可勝計。顧以卷帙繁重，習醫者憚於研索，外邑荒陬，知者尤鮮。每遇溫病仍沿舊法，甚有盛暑染疴猶目爲傷寒者，藥與病乖，漫不加察，其殺人何異操刃哉？余客豫數十年，目擊心傷，久擬別輯簡編，稍挽積習，多事卒。卒蓄志未償，門人蕭吉甫夙精醫理，願任編校之勞，因與博採旁搜，反復考訂，越半載書成，名曰《溫病指南》。付之剞劂所。冀見者廣爲傳布，務使僻壤窮鄉咸知信守。庶幾躋斯民於仁壽，永無疵癘、夭札之虞，是則區區之大願也。夫光緒癸卯，孟春山陰婁杰。

《溫病指南・凡例》 一，是書原本吴鞠通《溫病條辨》，參以葉天士《臨證指南醫效秘傳》，薛生白《溫熱贅言》及葉、薛、繆三家醫案，王孟英五種、章雅堂《醫撮》諸書，略短取長，刪繁就簡。書中但言見何證宜用何方，以期明白易曉，而於古人因證立方之奥旨，未能一一詳著。如有好學深思之士，取諸原書參觀互證，則知是編一方一論，悉皆酌古準今，絲絲入扣矣。

一，黄坤載、陳修園兩家醫書，近世頗有好之者，按兩君學問淵雅，於《傷寒》、《金匱》不無發明。惟泥古太過，喜爲大言高論，其於溫病治法，仍襲《傷寒論》及防風通聖散諸方，用之每多僨事。切勿輕信其言，致爲所誤。

一，新安吕心齋採取陳三錫《二分晰義》、楊栗山《寒溫條辨》，成《溫疫條辨摘要》一卷。醫者以其簡便往往奉爲枕秘。其書所列升降散、神化散等方，實不能盡美盡善，與是編所本之吴氏《溫病條辨》，書名相似，而精麤逈別。幸勿誤認。

一，吴又可以達原飲治溫，吴鞠通、陳修園皆斥其非，章雅堂則謂溫病中確有一種邪踞募原之證，投以又可達原飲立效，但其餘諸方，不如鞠之精細耳。今依章説補，列達原飲證治，聊備一格。然必細審病情舌色，確係邪在募原者，方可用之，未可一概濫投也。

一，吴鞠通書附有秋燥、寒濕二門，原因溫病連類而及。此書意取簡明，但載溫病，他不贅敘，閲者苟欲博考，則自有鞠通原書在。

一，鞠通書所載諸方，皆按古方分兩，總煎分服，初學不免眩惑。今照時行分劑，量加改定，間有一二必須總煎者，仍從其舊。

一，治溫諸法，除於兩卷分列外，復擇其切要者，總述要略十八則，附諸卷末，以爲全書之殿。

一，凡書中雙行細註，俱係緊要節目，及大有關繫之戒律。務宜潛心細玩，慎勿忽視。

《醫學衷中參西録・〈三三醫書〉評・〈溫熱逢源〉評》 仲聖《傷寒論》一書，詳於論傷寒，略於論溫病，遂使後世之治溫熱者，各執己見，鮮所折衷。斯編，上溯《内經》，凡《内經》之論溫熱者，逐節備載，詳爲注疏，於溫熱之症，已能探本窮源。而復即《傷寒論》中之未明言溫病而實則溫病者，復列若干條，亦復詳爲注疏。所尤足貴者，《傷寒・少陰篇》兩三日内，即有大熱數條，皆解爲伏溫發動。所謂獨具卓識，戡破千古疑團，僕閲至此，不覺手舞足蹈，樂不可支。或疑少陰病，必脈象沉細，似與溫熱之脈不符。不知邪伏少陰，若能達於三陽，則脈洪大，不能達於三陽，雖中有大熱，而仍沉細。參透此理，不但能得溫熱治法，即《傷寒》一書，亦可豁然貫通矣。

《醫學衷中參西録・〈三三醫書〉評・〈南醫別鑒〉第三十三種評》 《内經》論五方用藥，各有所宜，至後世用藥，則惟注重南北之分。誠以北多陸，南多水，北多寒，南多熱。爲南多熱也，故溫病多，爲南方多熱，且多水也，故濕溫又多。自葉香岩之《溫病論》出，而溫病之治法明；薛一瓢之《溫熱條辨》出，謂人中氣實則病在陽明，中氣虚則病入太陰，而濕溫之治法亦明。二家之書，誠南醫之金鑒也。後公望薛氏著《傷寒辨症歌括》，實則傷寒溫熱並論。且論溫熱處，又實本源葉薛二家，故可與葉薛二家之書，綜彙爲一編，而爲南醫之治溫熱、治濕熱者，不二法門。究之，醫皆可貫通，引而伸之，觸類而長之，即以治北方之病無難矣。

《伏瘟證治實驗談・提要》 本書爲蔣璧山社友惠寄新著稿本，發明瘟證之由伏邪蘊蓄而成之理，及其治之之法皆從實地經驗所得而成書，並非憑空立論爲理想之文章，故名《伏瘟證治實驗談》，計分病原、症狀、診斷、治療四大綱，而於治療中又分初起期、中汛期、終後期三期，以科學的方法編國醫

之載籍，溝通新舊，融治中西，允稱醫界津梁，堪作後學圭臬。刊行於世，當必爲中西學者並重視焉！

《伏瘟證治實驗談・翁汝梅序》 通天、地、人謂之儒。凡百藝術，皆士君子所宜究心，況疾病爲？性命所寄，生死攸關，豈不學無術者所可從事？是故不知天之道，不辨地之宜，不究人之情，皆不可以爲醫。所謂醫者，固非通儒莫屬也。自後世爭尚功利，目醫爲小道，鄙醫爲賤技，而學醫者半出於無聊之徒，爲謀衣覓食計，袛記藥品數味，方書數卷，自詡知醫，競相誇耀，倖中則功歸於己，偶失則罪嫁於人，更有忘本逐末，舍近圖遠，醉心歐化，慕西醫以解剖爲實驗，則驚爲神奇，視中醫以氣化作眞詮，則嗤爲陳腐，問其運氣之加臨，水土之異宜，性情之偏畸，則茫然撟舌。救人者，轉以殺人，目擊流弊，能無感喟！際此醫術支離之日，而欲求其貫三才之儒，相與之講明醫道，恆不數數。觀吾友蔣君璧山，積學士也。舉凡堪輿、星卜之舊，無不通曉，而尤精於醫。蓋其得力於家學者深矣，近復涉獵西書，互相印證，衷中參西，多所發明。臨證處方，皆有法度可觀。未申兩歲冬春之交，伏瘟盛行，死亡枕藉，每見此病觸發，醫者貿然施治，詫爲棘手，既不識其病因，更何論乎治法？蔣君慨然憂之，以謂世之人死於疾者少，而死於醫者多。爰本當日得於實驗者，筆之於書名曰《伏瘟證治實驗談》，蓋欲以救醫者之失也。余觀近世市舶、交通、種族複雜感受異氣，怪病叢生，病機日出不窮，即治療亦雜糅不一。彼泥古者墨守成規，趨時者徒尚新法，削足就履，毀方爲圓，吾未見其不立敗也。蓋伏氣之病已載於醫經，而伏瘟之名雖不概見，其精義散見於各書，非讀書得間不能鈎玄而提要。今蔣君此編，論受病之原因，詳治法之次第，亦猶葉氏論三時伏氣，獨闡不傳之秘。援古證今，中西並貫，而伏瘟治法毫無遺義。子輿氏曰：大匠誨人必以規矩，不能使人巧。若蔣君者殆得其巧矣。吾知是編一出，其裨益於世曷有窮極？自維譾陋，莫測高深，何敢妄贊一辭？見仁見智，惟格致之儒自能神而明之。余每於蕭齋岑寂，一燈熒然，展卷尋研，追維疇昔，深悔已往之多疏，用作將來之補救。世之人其亦同抱此疚心否乎？是爲序。

《伏瘟證治實驗談・例言》 己未之冬，庚申之春，伏瘟症狀爲自來醫籍所未載，若不原始要終，發明治法，異日發生同樣病態，何以率循治療？此不可以不記也。

《內經》醫理無不具備，後世醫籍雖汗牛充棟，然皆各就所見以立言，故所見之外仍多缺略。今此疫症，爲自來醫籍所未載，仍不出《內經》之範圍，故此部治法悉遵《內經》，數典不忘祖也。

此部治法，悉臨診經驗所得，必有確實徵信者方敢留存底稿，彙集成冊，所以存實驗也。

自歐風東漸，好異者崇尚西術而鄙棄中醫，産謂臟腑、經絡之有錯，五行生尅之無憑，不知西人袛憑目見，以有形物質爲徵信，無形氣化多忽略而不講，是故西人所知者俱屬形下之器，若形上之道，精深高遠，非所知也。此部推闡病原症狀、診斷、治療上之學理，悉本《靈》、《素》聖經，原原有自，鑿鑿可徵，並與治驗上有交互之印證，無虛妄之歧談，潛心研究，自知醫學上之價值，中精密而西麤疏，中高深而西卑淺也。

西醫血淸之製造，必待臨時，而又難猝辦。今春聞每人注射至愈，必需銀數百兩之多，價值太昂而難施於貧，病如一時無覓，惟有坐視其死而已。若中藥則隨地可辦，價又不貴，且針灸一術並不須藥，尤便於貧人。以利便言之，亦中勝於西者多矣。

《疫證集說・古今論疫諸家考》 考《素問》《刺法》、《本病》逸篇實爲論疫之祖，自《刺法》、《本病》二篇脫簡，而疫之一字遂不復見於《內經》。迨明永樂中趙簡王居敬堂本始補刊之。茲考二篇所說，五疫之至，皆相染易，無問大小，病狀相似。正與《六元正紀篇》之遠近，咸若《傷寒例》之長幼多相似者，一一可證。蓋古時疫不常作，故謂之天行病。且疫癘之氣至凶極暴，若有邪祟憑乎其間，是以古人製方偏重辟邪。漢張仲景《傷寒論》分傷寒時行之異，晉陳延之《小品方》立瘟疫與傷寒溫熱殊異之論，葛雅川《肘後方》集辟溫之法，梁陶弘景《百一方》得解毒之奧，隋巢元方《病源論》列傷寒、時氣、熱病、溫病、疫癘五類，唐孫思邈《千金方》搜羅辟溫諸方較肘後益多，張文仲《隨身備急方》尤能推陳出新，王燾《外臺秘要》分傷寒、天行、溫病三門，群方彙粹，囊括靡遺，宋太宗《太平聖惠方》徽宗《聖濟總錄》俱博而能精，嘉祐《補註神農本草》取譬詳贍，沈括《良方》後人附以東坡說今名《蘇沈良方》，龐安時《傷寒總病論》精於運氣論亦奇特，陳無擇《三因方》分六氣之疫明辯以析，朱肱《活人書》論治詳於溫燥，楊士瀛《仁齋直指》發明病從口鼻而入並得治瘴之奧，金劉完素《傷寒標本》長於製方，張子和《儒門事親》精於治法，張潔

古《病機氣宜保命集》明於辨證，李東垣《内外傷辨惑論》長於消毒，方主涼散，元羅謙甫《衛生寶鑑》王好古《此事難知》均能發揮東垣餘緒，危亦林《世醫得效方》簡而能賅，朱震亨《丹溪心法》用藥頗有巧思，闕名《端效方》論治確有心法，齊得之《外科精義》論大頭瘟方論皆卓，王安道《醫經溯洄集》分陰毒與異氣之殊，明戴原禮《推求師意》辨治瘴與治沙之法，陶節菴《傷寒全生集》説理透切，吳綬《傷寒藴要》獨得先後緩急之宜萬密齋《萬氏家抄濟世良方》能窮汗溺傳染之理，虞天民《醫學正傳》薛立齋《薛氏醫案》論均精細，婁全善《醫學綱目》綱舉目張，要言不煩，王節齋《明醫雜著》李梴《醫學入門》論瘴論疫最爲詳博，吳崑《醫方攷》審方論藥獨具手眼，龔信《古今醫鑑》孫東宿《赤水玄珠》均能參以治痰之法，韓飛霞《韓氏醫通》龔廷賢《萬病回春》所製治疫之方均能以少勝多，張少錫《醫學六要》分燥濕之異宜，陳實功《外科正宗》辨時毒之順逆，王肯堂《六科準繩》直追宋賢，繆仲醇《廣筆記》克闡能鬱之法，張介賓《景岳全書》黄履素《折肱漫錄》均議論長於方藥，戈存橘《傷寒補天石》分别類證獨闢門徑，吳又可《瘟疫論》爲瘟疫專書之祖，能發古人未發之藴，至今治疫家奉爲圭臬也，申斗垣《傷寒舌鑑》别有精義，許浚《東醫寶鑑》彙錄諸方，採摭宏博，國朝御定《醫宗金鑑》各種瘟疫附見於幼科心法一篇，喻嘉言《醫門法律》邪分清濁治分三焦，蔣示吉《傷寒翼》治胃諸條頗能扼要，張路玉《張氏醫通》癘毒穢氛名尤新潁，周禹載《溫熱暑疫全書》陳士鐸《石室秘錄》與《辨證錄》均能簡練切當，陳惠民《證治要義》以物方人理想獨闢，陳太初《瑯環青囊要》能使閲者了然於心，郭右陶《痧脹玉衡》王養吾《析微補化全書》復將一切雜疫統於痧證，秦皇士《傷寒大白》燥溼表裏辨别甚清，程鍾齡《醫學心悟》分其來路去路深得治疫綱領，尤在涇《金匱翼》分治疫五法，戴北山《廣瘟疫論》列辨證五條，劉松峯《瘟疫論類編》暨《説疫》雜疫諸名搜羅獨富，徐靈胎《蘭臺軌範》可謂取法乎上，楊栗山《瘟疫條辨》雷少逸《時病論》各有所長，陳靜巖《疫痧草》始詳疫痧證治，玉峰顧氏《丹痧經驗闡解》不無心得，洪吉人《補註瘟疫論》蔣寶素《醫略考》引典均博，沈芊綠《尊生書》林羲桐《類證治裁》皆係述古之作，王清任《醫林改錯》創立治瘀之法，山田正珍《傷寒集成》超然遠覽剖晳入微，丹波元簡《傷寒廣要》及《傷寒述義》酌古準今空前絶後，陳修園《時方妙用》亦足發揮程氏心悟之言，余師愚《疫疹一得》暑疫方論膽識俱到，王孟英《霍亂論》紀律嚴明確有見地，陸九芝《世補齋醫書》辨析傷寒溫熱瘟疫界劃分明，羅芝園《鼠疫彙編》辨證精卓，尤能化裁古方，王漢皋《醫存》融會古今語極斬絶，姚梓欽《霍亂新論》取舍有法，其他名著凡於疫不相及者，或載而不詳者，概不採入，管窺所及掛漏猶多，尚希大雅訂正。

《疫證集説・自序》 僕賦質庸鈍，鑽研故紙者二十餘稔，未嘗少輟，竊不自揆，蒐討舊聞，採擷精藴，一得之見，不忍秘默。邇日所編《鼠疫抉微》既竟，又以鼠疫者，疫之一名，僅輯專書不免掛一漏萬，爰將書藏百家書中所載曰疫、曰瘟，與夫一切雜疫辨證治法，彙爲一編，名曰《疫證集説》。豈敢自炫其博，亦不欲揜古人之長耳。況疫證觸發，死亡在呼吸之頃，救治爭毫忽之間，名目繁多，方法各異，苟不劃清門徑流弊，曷可勝言區區之衷？不敢局於成見，繇是囊括群言以爲集思廣益之助，俾海内同志於《抉微》一書而外。庶得窺夫全豹，勿貽笑於汗生云爾。

《疫證集説・岑春煊序》 比年以來，鼠疫之勢東漸，蔓延於全國。自去歲至今，綜覈各省防疫之費不下千萬，亦一時鉅災也。嘉定余君伯陶既著《鼠疫抉微》一書，備載治法以爲先事豫防之資，余爲序之，行於世。復搜集古今論疫諸書，最錄其方論，並曆攷經史百家紀載疫證之説，以爲引證，成《疫證集説》，以餉世人。夫醫術之良楛不外乎用藥之當否。自世之人以鼠疫爲非吾國所有也，則群趨於西醫，以吾國之醫士爲不可恃。風土不同，藥餌之適宜者各異，強己同人，往往有用藥不愼致殆者。庸衆不察，轉相驚擾，不亦傎乎？是故治事者貴操其本，而醫術猶然見異思遷，率焉不察，貿貿然舍己徇人，安得不敗？是編採輯多吾國舊説，變化神明以爲知新之助，庶幾可以息殃注之奇慘，祛見異之陋習乎。且疫癘之作，沴氣所萃，名目繁衍，莫可究測。是書搜摘詳備，探本窮源，不獨鼠疫一端可以藉資趨避，凡屬疫癘固無不概括矣。當世不乏善醫，然多自閟其説，不肯示人，即志於傳世，而言之無文，或不可以行遠。然則余君此作，豈僅醫理精微，其救世之誠與嚮學之力，固已迥出時流萬萬也。

《疫證集説・張鳴岐序》 嘉定余伯陶先生，既著《鼠疫抉微》一書，風行於海内。乃復薈萃群書之有涉於疫證，剌取其論辯治法都爲一編，名曰《疫證集説》，書成郵以眎余，取而讀之，上下今古蒐採靡遺，由廣大以致精微，攷源流以窮正變，先生於茲事可謂用心苦而致力勤矣！夫衛生不講癘疫，乃

興先事豫防誠爲最要。然病已中於人身，則惟恃治之。之有術使醫者不能考察病源，研究治法溫然從事，幾何其不殆哉？粵省頻年患疫，罹斯厄者殆未可以計數，比又見端於遼瀋，蔓延於畿輔齊魯，而滬上一隅獨以無恙，雖由防禦之有方，毋亦先生救治之力歟。嗟夫鼠疫之爲患於粵久矣，顧無能爲之研究剖析，先事預防，至於治之無術則委咎於地氣劫運使然，夫豈然哉使操刀圭者各取是編神而明之，有補於人民生命者，夫豈淺鮮然，則是編固不僅治疫之指南，抑亦挽救世患之一端矣。

《疫證集說・唐文治敘》 嗚呼！今日之世界，跬步皆危途也。海有航路，陸有鋏軌，如網如織，星羅棋佈。而所謂空中飛艇者，極中西人士之研精覃思，亦駸駸有絕塵飛馳一日千里之勢。科學日精，交通日速，凡物質文明漸被之所能及者，殺人之機械不啻載之以俱來。是故疫癘之害，自昔而有之，稽之史傳，小之爲一邑一鄉之厲，大之亦不越一郡一州之間，未有如朝發乎則崑崙，夕被乎南海，蹔息於亞東，已逮於歐美，蔓延廣而流行速，至今日而極者，何也？古之時，道途梗塞，舟車濡滯，舉凡風雨潮汐之變，在足爲行，旅阻於是。有百室之邑數十年中，無一人能作千里壯遊者。老子有言鄰邑相望，鷄狗之聲相聞，其民老死不相往來者，非虛語也，南海北海如風馬牛之不相及，彼所謂疫癘者亦豈能越天塹而飛來？自輪路既通，向之累月不達者，今且尅期呆至。而國人遠遊之志因以日富。綜通國而計之，一日之中熙熙而來、攘攘而往者，動以億萬數，猝有時疫行人染之，貨物傳之。渺小之生類爲人耳目所不及覺察者，亦能於無形中媒介之。於是因一隅而達十數行省，由一人而戕百萬生靈。長吏窮補救之術，醫師盡治療之方，風聲鶴唳，劌目怵心，噫嘻岌岌乎危哉。疫之爲厲也，夫交通便利所以增進世界之文明，必爲因噎廢食之譚，雖至愚者決不出此，然則防其微而杜其漸，俾之不能爲害者，其責端在良醫。嘉定余君伯陶，懸壺海上，錚錚有聲，歧黃家咸推重。去年滬上有鼠疫之謠，曾編《鼠疫抉微》一書，識者矜爲創獲，君之意以爲鼠疫者不過疫之一端，其他足以殺人者正復無窮。爰裒集古今來論疫之說、治疫之方，薈爲一書，名曰《疫證集說》，問敘於余，余於醫理素未問津，獨念處此交通之世，其危更甚於往昔，君此書中以防患於未然，爲功誠非尠也，爰爲之率書數語弁之簡端云。

《疫證集說・李鍾序》 伯陶余君輯《鼠疫抉微》一書，余既爲之序矣，未幾又以《疫證集說》相商榷，爲之攷訂其部居，審擇其去取。閱五月書成，又屬余序。余慨然曰：天下傷人之事物孰有甚於疫哉？《說文》：『疫民皆疾也。』《釋名》：疫，役也。言有鬼行役也。一方患疫，少自數百人，多至數萬人，往往死亡相藉，人人自危。在昔閉關時代，鄉邑患疫不至延及都會，此省疫作，未必竄入他省。近則道路交通，凡舟車所至之地皆爲疫癘可至之地。去冬哈爾濱疫起，不旬日而至奉天、而津沽、而京城，其死亡之多既可悲，其流行之速尤可懼。西人畏疫甚，故防疫切，而研究治疫之法之方更不遺餘力。今春奉省開會，聚十數國之醫士，互相討論，西醫咸皇皇焉，望其報告之書，以先覩爲快。吾華醫置若網聞焉。嗚呼，彼何其熱，吾何其冷歟？然猶得諉之曰中西異治，華醫不能讀西書焉。然則吾中國自古相傳論疫之書，所載治疫之法、之方，又何不一研究耶？伯陶此書，發起在奉天大會以前，蓋有見於中西異稟，既不能執一以論治，中西殊文，又不能舍己以從人，故以是書爲同志之先導，其用心良厚矣。吾觀書中所載諸家論疫，各有精義所在，雖時會所變，病因雜出，病情既民，病名不同，然理法則一。由此悟彼，道在因時制宜耳。即如東晉以前未嘗有腳氣，金元以前未嘗有發痧，光緒辛卯以前未嘗有鼠疫，而今則治腳氣、發痧、鼠疫之方法皆備矣。有一病必有一病之治法，法立而後方出焉。故方之去病由於法之中病，而病因不同，法與方又不能不變。即以治疫論，余師愚以石膏爲主藥，而吳又可專用大黃，謂石膏不可用。二君皆治疫聖手，活人無算，何以各異其說？蓋師愚所治，病因由於暑熱，暑爲天氣，即仲景所謂清邪中上之疫也。又可所治病因由於濕溫，濕爲地氣，即仲景所云濁邪中下之疫也，清邪乃無形之燥火，故宜清而不宜下；濁邪乃有形之濕穢，故宜下而不宜清。二君皆具卓識，辨證精斯立法當，立法當則處方用藥各得所宜矣。余嘉伯陶用心之厚，故爲發其大凡焉。

溫病總部

溫病病因病機部

論說

《肘後方·治卒霍亂諸急方》 凡所以得霍亂者，多起飲食，或飲食生冷雜物，以肥膩酒鱠，而當風履濕，薄衣露坐，或夜卧失覆之所致。

《諸病源候論·熱病諸候·熱病候》 熱病者，傷寒之類也。冬傷於寒，至春變爲溫病，夏變爲暑病。暑病者，熱重於溫也。肝熱病者，小便先黃，腹痛多卧，身熱。熱爭則狂言及驚，脇滿痛，手足躁，不安卧。庚辛甚，甲乙大汗，氣逆則庚辛死。心熱病者，先不樂，數日乃熱。熱爭則卒心痛，煩冤善嘔，頭痛面赤無汗。至壬癸甚，丙丁大汗，氣逆則壬癸死。脾熱病者，先頭重頰痛，煩心欲嘔，身熱。熱爭則腰痛，腹滿泄，兩頷痛。甲乙甚，戊己大汗，氣逆則甲乙死。肺熱病者，先淅然起毛惡風，舌上黃，身熱，熱爭則喘咳，痹走胸膺背，不得太息，頭痛不甚，汗出而寒。丙丁甚，庚辛大汗，氣逆則丙丁死。腎熱病者，先腰痛脛痠，苦渴數飲，身熱，熱爭則項痛而強，脛寒且痠，足下熱，不欲言，其項痛淖澹。戊己甚，壬癸大汗，氣逆則戊己死。肝熱病者，左頰先赤。心熱病者，額先赤。脾熱病者，鼻先赤。肺熱病者，右頰先赤。腎熱病者，頤先赤。凡病雖未發，見其赤色者刺之，名曰治未病。一曰汗不出，顴赤，噦者死；二曰泄而腹滿甚者死；三曰目不明，熱不已者死；四曰老人嬰兒，熱而腹滿者死；五曰汗不出，嘔血者死；六曰舌本爛，熱不已者死；七曰欬血衄血，汗不出，出不至足者死；八曰髓熱者死；九曰熱而痙者死。凡此者，不可刺也。熱病已得汗，而脈尚躁盛，此陰脈之極也，死；其得汗而脈靜者，生。熱病者脈常盛躁，而不得汗者，此陽脈之極也，死；脈盛躁，得汗者生。熱病七八日，脈微小，病者溲血，口中乾，一日半死；脈代一日死。熱病已得汗，脈尚數，躁而喘，且復熱，勿庸刺，喘甚者死。熱病七八日，脈不躁，躁不數，後三日中有汗，三日不汗，四日死。未嘗汗者，勿庸刺也。診人熱病七八日，其脈微小，口乾，脈代，舌焦黑者死。診人熱病七八日，脈不數不喘者，當瘖。之後三日，溫汗不出者死。熱病已得汗，常熱不去者，亦死不治也。脈靜安者生，脈躁者難治；脈常躁靜，此氣之極，亦死也。腹鞕常喘，而熱不退者死。多汗，脈虛小者生，鞕實者死。

《養生方》云：三月勿食陳齏，必遭熱病。

《諸病源候論·溫病諸候·溫病候》 經言春氣溫和，夏氣暑熱，秋氣清涼，冬氣冰寒，此四時正氣之序也。冬時嚴寒，萬類深藏，君子固密，則不傷於寒。觸冒之者，乃爲傷耳。其傷於四時之氣，皆能爲病，而以傷寒爲毒者，以其最爲殺厲之氣焉。卽病者爲傷寒，不卽病者，爲寒毒藏於肌骨中，至春變爲溫病。是以辛苦之人，春夏必有溫病者，皆由其冬時觸冒之所致也。凡病傷寒而成溫者，先夏至日者爲病溫，後夏至日者爲病暑。其冬復有非節之暖，名爲冬溫毒，與傷寒大異也。有病溫者，汗出輒復熱，而脈躁，病不爲汗衰，狂言不能食，病名爲何也？曰：病名曰陰陽交，陰陽交者死。人所以汗出者，皆生於穀，穀生於精。今邪氣交爭於骨肉之間而得汗者，是邪卻而精勝，則當食而不復熱。熱者，邪氣也；汗者，精氣也。今汗出而輒復熱者，是邪勝也。汗出而脈尚躁盛者死。今脈不與汗相應，此不稱其病也，其死明矣。狂言者是失志，失志者死。今見三死，不見一生，雖愈必死。凡皮膚熱甚，脈盛躁者，病溫也。其脈盛而滑者，汗且出也。凡溫病人，二三日，身軀熱，脈疾，頭痛，食飲如故，脈直疾，八日死。四五日，頭痛，脈疾，喜吐，脈來細，十二日死，此病不治。八九日，脈不疾，身不痛，目不赤，色不變，而反利，脈來喋喋，按不彈手，時大，心下鞕，十七日死。病三四日以下不得汗，脈大疾者生；脈細小難得者，死不治也。下利，腹中痛甚者，死不治。其湯熨針石，別有正方，存神攘辟，今附於後。

又云：存念心氣赤，肝氣青，肺氣白，脾氣黃，腎氣黑，出周其身，又兼辟邪鬼。欲辟卻衆邪百鬼，常存心爲炎火如斗，煌煌光明，則百邪不敢干之。可以入溫疫之中。

《外臺秘要·天行發斑方》 《病源》：大熱病在表，已發汗未解，或吐下後，熱毒氣不散，煩躁譫語，此爲表虛裏實，熱氣燥於外，故身體發斑如錦

文。凡發斑不可用發表藥，令瘡開洩，更增斑爛，表虛故也。

《肘後》比歲有病天行發斑瘡，頭面及身，須臾周匝，狀如火瘡，皆戴白漿，隨決隨生，不即療，劇者數日必死，療得差後，瘡瘢紫黯，彌歲方滅，此惡毒之氣也。世人云：以建武中於南陽擊虜所得，仍呼爲虜瘡。諸醫參詳作療，用之有效。方：取好蜜通身摩瘡上，亦以蜜煎升麻數數拭之，亦佳。

《宣明論方・熱門・諸病總論》 夫熱病者，傷寒之類也。人之傷於寒，則爲病熱。寒毒藏於肌膚，陽氣不行散發，而內爲怫結，故傷寒者，反病爲熱，熱雖甚不死。奈巨陽爲首，巨陽者，諸陽之屬也。

《宣明論方・傷寒門・論風熱濕燥寒》 諸風　風本生熱，以熱爲本，風爲標，言風者，即風熱病也。

諸熱　熱甚而生風，或熱微風甚，即兼治風熱；或風微熱甚，但治其熱，即風自消也。

諸濕　濕本土氣，火熱能生土濕，故夏熱則萬物濕潤，秋涼則濕復燥乾也。濕病本不自生，因於火熱怫鬱，水液不能宣行，即停滯而生水濕也。凡病濕者，多自熱生，而熱氣尚多，以爲兼證，當云濕熱，亦猶風熱，義同。雖病水寒不得宣行，亦能爲濕，雖有此異，亦以鮮矣。或跗腫體寒而有水者，以爲畜熱入裏極深，本非病寒也。及夫寒熱吐瀉，因得濕而成也。

諸燥　燥乾者，金肺之本。肺藏氣，以血液內損氣虛，或風則皴揭，風能勝濕，熱能耗液，皆能成燥。故經云：風熱火兼爲陽，寒濕燥同爲陰。又燥濕亦異也。然燥金雖屬秋陰，而其性異於寒濕，燥陰盛於風熱火也，故風熱甚而寒濕同於燥也。然中寒吐瀉，亡液而成燥者，亦以此矣。故經云：諸澀枯涸，乾勁皴揭，皆屬於燥也。

諸寒　寒者，上下所生，水液澄徹清冷，穀不化，小便清白不澀，身涼不渴，本末不經有見陽熱證，其脈遲者是也。此因飲食冷物過多，陰勝陽衰而爲中寒也。或冷熱相併，而反陽氣怫鬱，不能宣散，怫熱內作，以成熱證者，不可亦言爲冷，當以成證辨之。夫濕熱吐瀉，當見陽脈，若亡液氣虛，亦能反見諸陰脈也，當以標本明之，不可妄治。或熱證誤服白朮調中湯，溫藥亦能開發，陽氣宣通而愈，別無加害也。

《傷暑全書・天時》 眞源曰：天地之間，親乎上者爲陽，自下而上，四萬二千里，乃曰陽位。親乎下者爲陰，自上而下，四萬二千里，乃曰陰位。既有形名，難逃度數，且一歲者，四時八節，二十四氣，七十二候，三百六十日，四千三百二十辰。十二辰爲一日，五日爲一候，三候爲一氣，三氣爲一節，二節爲一時，四時爲一歲。一歲以冬至節爲始，是時也，地中陽升，凡一氣十五日，上升七千里，三氣爲一節，一節四十五日，陽升共二萬一千里，二節爲一時，一時九十日，陽升共四萬二千里，正到天地之中，而陽合陰位，是時陰中陽半，其氣爲溫，而時當春分之節也。過此陽升而入陽位，方曰得氣而升，亦如前四十五日立夏，立夏之後，四十五日夏至，夏至之節，陽升通前計八萬四千里以到天，乃陽中有陽，其氣熱，積陽生陰，一陰生於二陽之中，自夏至一節爲始，是時天中陰降。凡一氣十五日，下降七千里，三氣爲一節，一節四十五日，陰降共二萬一千里，二節爲一時，一時九十日，陰降共四萬二千里，正到天地之中，而陰交陽位，是時陽中陰半，其氣爲涼，而時當秋分之節也。過此陰降而入陰位，方曰得氣而降。亦如前四十五日立冬。立冬之後，四十五日冬至，冬至之節，降極通前計八萬四千里以到地，乃陰中有陰，其氣冷，積陰生陽，一陽生於二陰之中，自冬至之後，一陽升如前，運行不已，周而復始。即陽升陰降之八節，而知天地。即溫涼寒熱之四氣，而識陰陽。夫陰陽判分，若黑白然。故春夏秋冬四時，隨令各別。溫熱涼寒四時，隨節候變易。冬至已後至春分，屬傷寒；自春分至夏至，屬溫病；自夏至至白露，屬傷暑；自白露至立冬，屬涼病；自立冬以後至春，俱屬傷寒。蓋春秋之氣嘗不足，冬夏之氣嘗有餘，即四月八月間，亦有暑病。蓋八月間，曉暮夜氣雖涼，而午未之時，秋陽燥烈，日火灼人，反毒於伏，蓋伏時氣發汗出，陽氣在表，此時陽氣漸歛，眞火內燃，而又以烈日薰之，故毒易中人，熱證更劇，當細察之。雖其外證相類，而受氣不同，治法迥異。稍有不中，即害人不淺。而概用以寒證劑，其害可勝言哉。治者先數時令，後審時氣，隨令加減斟酌之，未有不立取效者，故爲天時說。

霖按：論四時陰陽升降，即十二辟卦。六陰充足於十月亥，陰極則陽生，故十一月冬至，一陽生於下，爲地雷復卦，二陽生爲地澤臨，三陽生爲地天泰，四陽生爲雷天大壯，五陽生爲澤天夬。至四月，六陽充足，則爲乾卦。陽極陰生，故五月夏至，一陰生於下，爲天風姤卦，二陰生爲天山遯，三陰生爲天地否，四陰生爲風地觀，五陰生爲山地剝。至十月，六陰純靜，則爲坤卦。夫坤爲萬物之母，坤靜而純陰，何能生物，必待乾與之交，得其陽而

後始能生萬物也。然交必陽體充足，乾之六陽，乃充足於四月之巳，次爲午，乾至五月夏至，陽氣升極則下交，感坤陰之氣上承，故一陰動於下，爲天風姤也。再交於六月未，三交於七月申，所謂坤三索於乾也。乾陽潛藏於坤陰，至冬至一陽動於下，故爲地雷復也。此陰陽消長之機，不可移易者也。然既明陰陽升降消長之理，闢叔和《序例》寒毒藏於肌膚，春變爲溫，夏變爲暑是矣。然不得界劃時日，爲溫熱涼寒，未免援木求魚。夫治病之法，首當察其微甚，辨其陰陽，觸類旁通，則頭頭是道。冬至陽生井泉溫，人身所伏者陽熱，被冬日嚴寒所折，藏於肌骨之間，或爲外邪逗引，或爲情慾所傷，感而觸發，伏氣至淺，感寒至重，則爲傷寒。伏氣日久較重，至春感風熱而發者，則爲春溫。伏氣至重，延至立夏後，夏至前，爲情慾所傷而發者，則爲熱病。然微甚之機，又不必泥執。立夏前爲溫，夏至前爲熱，惟當以伏氣之輕重，以分溫熱也。若夫夏至陰生井泉寒，人身所伏者陰濕，伏氣微，感天日之陽熱重者，陰以邪易消。惟餘熱熾，自當以辛寒泄熱。伏氣重，所感之陽邪微，宜用苦溫以燥濕。設表裏兩重，又當消息香薷飲以加減矣。活法運乎一心，固不可囿於方圓之中，亦不可出於規矩以外。天時人事，其庶幾乎。

《傷暑全書・地氣》 天地之形，其狀如卵。六合於中，其圓如球。日月出沒，運行於天之上，地之下，上下東西，周行如飛輪。春夏日行北陸，秋冬日行南陸，太陽所臨，其氣燠。故四方風氣，各有偏勝。秦晉地氣寒，遂寒病多而暑病少；吳越、滇、黔及粵地氣暖，故寒病常而暑病獨劇。至八九月，猶如伏時，彼中盲醫不知，率以治寒熱劑投之，以火助火，又且禁人飲水食瓜，至不可救。予萬曆丙午，典試粵西，棘闈中簾官廝役多病此，呻吟聲相聞，醫皆以爲寒。予詰之曰：某日曾風雨，爾曾服絮否？皆如法用涼劑而痊。撫臺楊公，異而索方，予冗中姑抽胸臆數款並方，楊公遂付之梓，題曰：張司農活人說。今其板貯西粵藩司中。楊公仁者乎，急於濟人如此。地氣不同，治法亦異。猶越人見罽而駭毳，燕人見布而疑𪏭，氣局之識圉之耳，安可一概施藥哉。寒而但見其寒，限於今也。熱而不知其熱，拘於古也。予慮大迷不解，特變而表之。

霖按：地形如球，凡日光所臨之赤道，其氣暖，故南北皆有冰海也。以中國言，西北高原，病多風寒，東南卑下，病多濕熱。豆疹一證，相傳爲馬伏彼征南所染，流入中原，蓋南越爲君火之方，得氣最先，北口外至今未有豆患。緣寒水凝結之鄉，君火之氣不及。《素問・異法方宜論》，不可不究。

《傷暑全書・五運六氣》 運氣症治者，所以參天地陰陽之理，明五行衰旺之機，考氣候之寒溫，察民病之凶吉，推加臨補瀉之法，施寒熱溫涼之劑。古人云：治時病不知運氣，如涉海問津，誠哉言也。【略】

按天上地下，而人居其中，一炁布分，三才並立。人與天地，呼吸相通，升降相符。故陰陽寒暑之氣，內外合一，若魚與水然。故運氣所感，即人之疾疴應之。善攝生者，能調和臟腑，使血氣順軌，天時不能侵。不則，逐氣而化疫癘，札瘥不可勝瘳。至於因證而思治，癘不能干，人可以勝天，是在乎司命留意焉。

霖按：運氣之學，白首難窮，本不必過泥。然此篇言六氣，而不言五運，且有主氣，而無客氣，何以明勝復亢制之理？設逕執某年某氣，應患何病，必用何藥，則誤人非淺。轉不若繆希雍之不言爲善。【略】

所載主氣客氣，主運客運者，皆四時之常，不足候天地之變。沈存中曰：

寒暑風雨，水旱螟蝗，率皆有法。而人之衆疾，亦隨氣運盛衰，其術多不驗。何歟？蓋膠於定法，而不知所用故也。假令厥陰用事，其氣多風，民病濕泄，豈普天之下皆多風，普天之民皆病濕泄耶。至於一邑之間，而暘雨有不同者，此氣運安在？欲無不謬，不可得也。大凡物理有常，即有變。運氣所主者，常也。異乎所主者，皆變也。常則如本氣，變則無所不至，而各有所占，故其候有從、逆、淫、鬱、勝、復、太過、不及之變，其發皆不同。若厥陰用事多風，而草木榮茂，是之謂從。天氣明絜，燥而無風，此之謂逆。太虛埃昏，流水不冰，此之謂淫。大風折木，雲物濁擾，此之謂鬱。山澤焦枯，草木凋落，此之謂勝。大暑燔燎，螟蝗爲災，此之謂復。山崩地震，埃昏時作，此之謂太過。陰林無時，重雲晝昏，此之謂不及。隨其所變，疾癘應之，皆視當時當處之候，雖數里之間，但氣候不同，而所應全異，豈可膠於一定。熙寧中，京師久旱，祈禱備至，連日重陰，人謂必雨。一日驟晴，炎日赫然，予時因事入對，上問雨期，予對曰雨候已見，期在明日。衆以謂頻日晦溽，尚且不雨，如此暘燥，豈復有望。次日果大雨，是時濕土用事，連日陰者，從氣已效，但爲厥陰所勝，未能成雨。今日驟晴者，燥金入候，厥陰當折，則太陰得伸，明日運氣皆順，以是知其必雨，此亦當處所占也。若他處候別，所占亦異。

其造微之妙，間不容髮。推此而求，自臻至理。夫沈氏以主客皆爲常，而以當時當處所見者爲客，深得軒岐活法。若邵弁占候補遺十五條，尤嫌緣刻，未能盡運氣之變也，故不錄。其太過、不及、淫、鬱、從、逆、勝、復之應，仍當於《內經》中求之。

《傷暑全書·張仲景·辯太陽病脈第五論》 辯太陽病脈第五論曰：

傷寒二三日，陽明、少陽證不見者，爲不傳也。

霖按：此節正仲景示人以傳經之活法也。天有寒暑燥濕風火之六氣，人之藏府有三陽三陰之六氣。天之寒氣感於人，人即以己身之寒氣應之，所謂同氣相得也。《靈樞·本藏篇》云：三焦膀胱者，腠理毫毛其應，是太陽寒水主皮毛，爲膚表之第一層，故風寒首傷太陽。然亦有不從太陽，而竟至於陽明少陽，以及於三陰者。蓋三陽三陰，所主之部位，何經虛，何經即受邪也。如《病形篇》云：中於面則下於陽明，中於項則下太陽，中於頰則下少陽，其中於膺、背、兩脇，亦中其經。又曰：中於陰者，常從䯒臂始是也。至於《素問·熱論》所爲傳經之法，一日太陽，二日陽明，三日少陽，四日太陰，五日少陰，六日厥陰者，乃人身之六氣，以次相傳，此氣傳非病傳。但人身何經何氣之虛，其病邪亦即由此而入，所謂邪之所湊，其氣必虛也。仲景恐治傷寒者，泥於按日傳經，故曰傷寒二三日，陽明、少陽證不見者，爲不傳也。是二日陽明如傳，當見身熱目疼，鼻乾不得卧。三日少陽，當見胸脇痛而耳聾。若不見陽明、少陽經病證，則不傳也。三陰亦然。是傳經不可拘執按日，見何經病證，即以何經法治之。致若言足不言手者，省文也。須知陰陽有互根之義，寒邪首傷足太陽，熱邪必首傷手太陰，此互根之理，不可移易者也。後世言傷寒，按日傳經，固屬大謬。而謂溫暑，祇在三焦，而不傳他經者，亦非。果否，則一日太陽，二日陽明傳經之說，何以見諸熱論乎？夫傷寒有直中三陰者，溫熱伏氣有發於少陰，出諸少陽者，暑邪中人，有入心入肝入脾之辨，是皆不可膠柱者也。

《傷暑全書·孫思邈·〈傷寒例〉論》 《傷寒例》論曰：《易》稱天地變化，各正性命。然則變化之迹無方，性命之功難測。故有炎涼寒燠，風雨晦冥，水旱妖災，蟲蝗怪異，四時八節，種種施化不同。七十二候，日月運行各別。終其晷度，方得成年，是謂歲功畢矣。天地尚且如此，然在人安可無事。故人生天地之間，命有遭際，時有否泰，吉凶悔吝，苦樂安危，喜怒愛憎，存亡憂畏，關心之慮，日有千條，謀身之道，時生萬計，乃度一日，是故天無一歲不寒暑，人無一日不憂喜。故有天行溫疫病者，即天地變化之一氣也。斯蓋造化必然之理，不得無之。故聖人雖有補天之極之德，而不能廢之。雖不能廢之，而能以道御之。其次有賢人，善於攝生，能知撙節，與時推移，亦得保全。天地有斯瘴癘，還以天地所生之物以防備之，命曰知方，則病無所侵矣。然此病也，俗人謂之横病，多不解治，皆曰日滿自差，以此致枉者。天下大半，凡始覺不佳，即須救療，迄至於病愈。湯食競進，折其毒勢，自然而差，必不可令病氣自在，恣意攻人，拱手待命，斯爲誤矣。

按：眞人此論從天人合基處發脈，義理源頭上起瀾，而議論蒼古，渾渾灝灝，眞與南華並傳。雖論寒哉，而溫與暑之秘，皆兼之矣。

《雜症大小合參·溫病鬱病論》 《醫貫》曰：冬時嚴寒殺厲之氣，觸冒之而即時病者，乃名傷寒。不即發者，寒毒藏於肌膚，至春變爲溫，至夏變爲暑病。暑病者，熱極重於溫也。既變爲溫，則不得復言其爲寒，不惡寒而渴者是也。其麻黃、桂枝，爲即病之傷寒而設，與溫熱何與？受病之源雖同，所發之時則異。仲景治之，當別有方，緣皆遺失而無徵，是以各家議論紛紛，至今未明也。然則欲治溫病者，將如何？予有一法，請申而明之。經曰：不惡寒而渴者是也。不惡寒則知其表無寒邪矣；曰渴則知腎水乾枯矣。蓋緣其人素有火者，冬時觸冒寒氣，雖傷而亦不甚，惟其有火在內，寒亦不能深入，所以不即發。而寒氣伏藏於肌膚，自冬至三四月，曆時既久，火爲寒鬱於中亦久，將腎水熬煎枯竭，蓋甲木，陽木也。藉癸水而生，腎水既枯，至此時強木旺，無以爲發生滋潤之木，故發熱而渴，非有所感冒也。海藏謂：新邪喚出舊邪。亦非也。若復有所感冒，又當惡寒矣。予以六味地黃滋其水，以柴胡辛涼之藥舒其木鬱，隨手而應，此方活人者多矣，又因此而推展之。凡冬時傷寒者，亦是鬱火症，其人無火，則爲直中矣。惟其有火，故由皮毛而肌肉，肌肉而臟腑，今人皆曰乃寒邪傳熱，寒變爲熱，既曰寒邪，何故入內而反爲熱？又何爲而能變熱耶？不知即是本身中之火，爲寒所鬱而不得泄，一步反歸一步，日久則純熱而無寒矣。所以用三黃解毒，解其火也。升麻、葛根，即火鬱發之也。三承氣，即土鬱則奪之，小柴胡湯，木鬱達也。此理甚簡而易，只多了傳經六經諸語，支離多歧。謂凡症有發熱者，皆有頭疼項強，目痛鼻乾，脇痛口苦等症，何必拘爲傷寒局？傷寒方以治之也。予於冬月

正傷寒，獨麻黄、桂枝二方，作寒鬱治。其餘俱不惡寒者，作鬱火治，此趙氏之創論也。聞之者，孰不駭然。及閲虞天民《至人傳》曰：傳經傷寒是鬱病。及考之《内經》，帝曰：人傷於寒，而傳爲熱，何也？岐伯曰：寒氣外凝，内鬱之理，腠理堅緻，玄府閉密，則氣不宣通，濕氣内結，中外相薄，寒盛熱生，故人傷於寒，轉而爲熱，汗之則愈，則外凝内鬱之理可知。觀此，則傷寒爲鬱火也明矣。

《治疫全書・瘟疫辨症》 再查癘氣以外，復有雜氣。雜氣爲病，亦甚不一，或時衆人瘧痢癍疹，或時衆人咳嗽痘瘡，或時衆人咽痛失音，或時衆人目赤眼瘇，或時衆人霍亂嘔吐，或時衆人水瀉便紅，或時衆人筋攣腳軟，或時衆人疥癩麻瘋。爲病各各不一，皆爲雜氣之所致。夫其所謂雜氣者，乃風寒暑濕燥火六氣外，別有一種時行不正之氣也。前條有觸冒而即成瘟疫之癘氣，亦是雜氣中之一。蓋一氣止自成一病，每病止因於一氣，其病有種種不同，因其氣有各各不一。即如上件瘧痢、痘瘡、咳嗽、吐瀉、咽痛、火眼、疥癩、麻瘋，皆因此時行雜氣憑空而起，或則隨風散漫，或則附濕浸淫，或同寒暑燥火鬱蒸。既無形像聲臭，又無定時定方，來而不知，感而不覺，觸冒之者，各隨某氣之厚薄盛衰，專入人之某經絡臟腑者，而專發爲某病。以故一人患此病症，則衆人之病症相同，一方有此病症，則合境之病症相彷。推之，豬鷄牛馬畜類皆然。在不達病源者，每值此氣流行，動輒驚詫，競云：這般病症，不知是發壞了那一旬風，不知是落壞了那幾天雨。抑或者推求其故而不知，都只於風寒暑濕燥火中猜疑摸索。而豈知天地間六氣之外，又另有此一種夭札暴癘之雜氣時常發越，濡染傷殘，故其爲病，有若是之最多，其爲症，有若是之最慘者耶。此義從前闡發者少，人自不知，予故於瘟疫辯症條下略爲指出。究心斯道者，請由是以一反三，殫精而充擴其義，類焉可也。

品按：病瘟之由，昔以爲非其時有其氣。春應溫而反大寒，夏應熱而反大涼，秋應涼而反大熱，冬應寒而反大溫，得非時之氣，長幼之病相似，以爲疫。余論則不然。夫寒熱溫涼乃四時之氣，因風雨陰晴稍爲變易。假令秋熱，必多晴。春寒，因多雨。較之，亦天地之常事，未必成疫也。傷寒與中暑，感天地之常。瘟疫，乃感天地之厲氣。在歲，有多寡。在方隅，有厚薄。在四時，有盛衰。此氣之來，無論老少、強弱，觸之即病。邪自口鼻而入，則其所容寄也。邪之所寄，記内不在臟腑，外不在經絡，舍於伏脊之内。去表不遠，附於胃，乃表裏之分界，是爲半表半裏，即《鍼經》所謂橫連膜原是也。胃爲十二經之海，十二經皆都會於胃，故胃氣能敷布於十二經中，而榮養百骸毫髮之間，彌所不貫。凡邪在經爲表，在胃爲裏。今邪在膜原，正當胃交關之所，故爲半表半裏。其熱淫之氣浮越於某經，即顯某經之症。如浮越於太陽，則頭項痛，身熱，脊強，腰痛如折，發熱惡寒，身體痛，脈浮緊；如浮越於陽明，則身熱，目痛，眉稜骨痛，鼻乾，不眠，脈洪長；如浮越少陽，則脇痛，耳聾，寒熱，嘔而口苦，咽乾，目眩，脈洪數。大概邪越太陽居多，陽明次之，少陽又其次也。邪之所着有天行，有傳染。所感雖殊，其病則一。凡人口鼻之氣通乎天地之氣，本氣充滿，邪不易入，本氣適逢虧欠，呼吸之間，外邪因而乘之。昔有三人，冒霧早行，空腹者死，飲酒者病，飽食者不病。疫邪所着又何異耶？若其年氣來歷，不論強弱，正氣稍衰者，觸之即病，則又不拘於此矣。其感之深者，中而即發；淺者，邪不勝正，未能頓發，或遇飢飽、勞碌、憂思、氣怒，正氣被傷，邪氣始得張溢，營衛運行之機乃爲之阻，吾身之陽氣因而屈曲，故爲病熱。始也，格陽於内，不及於表，故先凜凜惡寒，甚則四肢厥逆，陽氣積鬱極而通，則厥回而中外皆熱。至是，但熱而不惡寒者，因陽氣之週也。此際應有汗，或反無汗者，存乎邪結之輕重也，即便有汗，乃肌表之汗。若外感在經之邪，一汗而解，今邪在半表半裏，表雖有汗，徒損真氣。邪氣深伏，何能得解？必俟其伏邪漸潰，表氣潛行於内，乃作大戰，邪氣自内由膜中以達表，振戰止，而復熱，此時表裏相通，故大汗淋灕，邪從汗解，此名戰汗。當即脈靜身涼，神清氣爽，汗而解者，即不藥亦自愈也。若伏邪未清，所有之汗不過衛氣漸通，熱亦暫減，逾時復熱矣。其午後潮熱者至是鬱甚，陽氣與時消息也。自後加熱而不惡寒者，陽氣之積也。其惡寒或微或甚，因其人之陽氣盛衰也。其發熱或久或暫，或晝夜純熱，或黎明稍減，因邪之輕重也。瘟與瘧彷彿，但瘧不傳胃，惟瘟乃傳胃。始則皆先凜凜惡寒，既而發熱，又非若傷寒發熱而兼惡寒也。至於伏邪動作，方有變症。其變或從外解，或從内陷。從外解者，順；從内陷者，逆。更有表裏、先後之不同。從外解者，有發斑，或戰汗、狂汗、自汗、盜汗等症；從内陷者，有胸膈痞悶、心下脹滿、腹痛、燥結、便秘、熱結旁流、協熱下利、嘔吐惡心、譫語、唇黃、舌黑、胎刺等症。因症而知變，因變而知治，此言其大略也。日月星辰，天之有象可覩。水火土石，地之有形可求。昆蟲草木，動植之物可見。寒熱溫涼，

四時之氣，往來可覺。至於山嵐瘴氣，嶺南毒霧，咸得地之濁氣，猶或可察。而唯天地之雜氣，種種不一，亦猶天之有日月星辰，地之有水火土石，氣交之中，有昆蟲草木之不一也。草木有野葛、巴豆，星辰有羅計、熒惑，昆蟲有毒蛇、猛獸，土石有雄硫、硇信。萬物各有善惡不等，是知雜氣之毒，亦有優劣也。然氣無所可求，無象可見，況無聲，復無臭，何能得睹得聞？人惡得而知氣，又烏得而知其氣之不一也。是氣也，其來無時，其着無方，衆人觸之，各隨其氣而爲諸病焉。或時衆人發頤，或時衆人頭面浮腫，俗名大頭瘟是也。或時衆人目赤腫痛，或時衆人嘔血暴下，俗名爲瓜瓤瘟、探頭瘟是也。或時衆人咽痛，或時音啞，俗名爲蝦蟆瘟是也。或時衆人瘿痎，俗名爲疙瘩瘟是也。或時衆人瘧痢，或爲痺氣，或爲痘瘡，或爲斑疹，或爲瘡疥、疔瘇，其病種種，難以枚舉。大約偏於一方，沿門合戶，衆人相同者，皆時行之氣，即雜氣爲病也。爲病種種，是知氣之不一也。蓋當時適有某氣專入某臟腑、某經絡，或爲之症也。此病不可以年歲四時爲拘，蓋非五運六氣所即定者，是知氣之所至無時也。或發於城市，或發於村落，他處安然無有，是知氣之所着無方也。瘟氣者，於雜氣中之一耳，但有甚於他氣，故爲病頗重，名之爲厲氣。雖有多寡不同，然無歲不有。至於瓜瓤瘟、疙瘩瘟，緩者朝發夕死，急者頃刻而亡。此在諸瘟之最重，幾百年來罕有之症，不以常瘟並論也。至於發頤、咽痛、目赤、斑疹之類，其時偶有一二人所患者，雖不與衆人等，然考其症，與某年、某處衆人所患之病纖悉相同，治法無異。此即當年之雜氣，但目今所鍾不厚，所患者少耳。此又不可以衆人無有，斷爲非雜氣也。況雜氣爲病最多，而舉世皆誤認爲六氣。即如誤認爲風者，如大麻風、鶴膝風、痛風、歷節風、中風、腸風、厲風、癇風之類，概用風藥未嘗一效，實非風也，皆雜氣爲病耳。至又誤認爲火者，如疔瘡發背、癰疽、⿸疒毒氣毒、流注、流火、丹毒，與夫發斑、痘疹之類，以爲痛癢瘡瘍皆屬心火，投芩、連、梔、柏，未嘗一效，實非火也，亦雜氣之所爲耳。至於誤認爲暑者，如霍亂、吐瀉、瘧痢、暴注、腹痛、絞腸痧之類，因作暑症治之，未嘗一效，與暑何與焉？至於一切雜症，無因而生者，並皆雜氣所成也。從古未聞者，何也？蓋第雜氣來而不知，感而不覺，僅向風寒暑濕之氣求之，是舍無聲、無臭、不睹、不聞之氣推察，既錯認病原，未免誤投他藥耳。劉河間作《原病式》，蓋祖五運六氣，謂百病皆原於風寒暑濕燥火，是無出此六氣爲病。實不知雜氣爲病更多於六氣爲病者百倍。蓋六氣有限，現在可測，雜氣無窮，茫然不可測也。專務六氣，不言雜氣，爲能包括天下之病情歟？

《治疫全書·瘟疫客難》 時姻姪魏孔安亦在坐，乃相繼而請曰：敢問同一氣耳，而獨別之爲不正之氣，又別之爲雜氣與厲氣者，何歟？曰：吾與子言天地，可乎？天地之生物號萬，而人在其中也。得氣之清靈者，爲人，而其醇乎醇者，聖賢也。得氣之濁者，爲物，凡禽獸鱗介昆蟲皆是也。然禽獸亦分靈蠢，禽之鳳，獸之麟，鱗介之龍龜，又禽獸中之醇乎其醇者也。鸚鵡、鴛鴦、猩猩、猿狄、比目、蜂蟻之類，醇雜相半，餘則雜焉者。而鴟鴞、訓狐、豺狼、害豹、虵蟒、鼉鱷、蜈蚣、蝎蠆之類，則獨得其氣之最厲者也。是故春溫、夏熱、秋涼、冬寒者，四時之正氣也。如春應溫而反寒，夏應熱而反涼，秋應涼而反熱，冬應寒而反溫，此非其時而有其氣者，即謂之爲不正之氣也。既有不正之氣，而或雜之以黃砂、毒霧、嵐瘴、汚穢等氣，凝聚紛結，是之謂雜氣也。雜之極至，而鬱爲至毒，發爲至猛，散爲至暴，而彌漫充斥之不可禦者，是則所謂癘氣者也。曰：癘氣致瘟，則予既得聞命矣。而瘟之與溫，終何以不可同年語乎？且溫疫、寒疫、溫毒不皆如瘟疫之別名乎？古人有一字而二用，或至三四用者，安知溫之不可即爲瘟乎？曰：否。非是之謂也。溫雖可以統瘟，而瘟終不可以爲溫也。溫之症治，見於仲景書者，奧藴深至矣。吾邑喻徵君嘉言先生，又從而闡明之，今所編第四卷是也，試覆按之，與瘟之症治同乎？否乎？冬不藏精，寒邪中腎，遇春而發者，溫也；觸深癘氣，邪自口鼻而入者，瘟也。其所感之氣自入之門，已各不相同也。溫者，以冬不藏精，寒邪藏於骨髓，其症以太陽、少陰互爲標本，而無少陽之半表半裏者也；瘟者，以觸染之邪由口鼻而舍於膂脊，伏於膜原，其症爲經胃交關，而兼乎半表半裏者也。則其盤錯之區，伏藏之所，又自各不相同也。至其游溢傳變，而一則兩感之邪，表裏未可預擬，一則疏利破結，直達膜原；一則日傳一經，凡六日而始遍；一則朝夕異狀，俄頃變遷，是又其不同者也。以絕不相同之症，而泥古人用字之同，而遂欲同之，奚其可哉！

表弟魏爲質，亦嘗過余，問曰：瘟疫觸冒異氣，先生言之詳矣。然氣機一動，當必如雲之騰，風之起，其所籠罩吹噓者，非僅一隅一地也，乃發而爲病，或者此處盛行，而彼地截然無有，此村皆病，而隣村都自安然，甚有同村、同室、同房而有病有不病者，果何以故？曰：子之言得其大概，而未究其

精微也。我明語子：夫雲之興也，觸石而起，膚寸而合，縷縷然如游絲之裊空，漸如犬、如牛、如車輪，俄頃布濩漫太空、彌六合者，雲之密者也。然不觀夏雲之如峰乎？有濃、有淡、有突兀、有平衍、有破碎玲瓏者。又不觀秋雲之如羅乎？鋪魚鱗，亘匹帛，罅日影、透秋雨者乎。大塊噫氣，萬竅怒號，叱者、叫者、譹者、宎者，翏翏調調刁刁，震空虛而搖山谷者，風之大且狂者也；起於青蘋之末，和暢而清徐者，則又風之微而善者也。異氣亦然。夫雲之淡者，破碎玲瓏，漏日而透，兩者陽氣足以鼓盪而驅以開之；風之震空虛搖山谷，而曲房幽闥重簾繡幕之隈，阻而不能入者，亦有障而蔽之者也。異氣之動，豈不如雲之騰、風之起，而亦有彼此之殊，其或同村、同室、同房而病否各異者，地氣之盛衰，人稟之厚薄不同也。其盛與厚者，能鼓盪而驅以開之，或自固而有以阻之，故安然無病也。衰與薄者，則如密雲之靃霸，終風之暴狂，而皆爲其所籠罩吹噓也。吾故曰：子之言得其大概，而未究其精微也。

曰：是則然矣。然有某年極多極重，某年或少或輕，甚或其年絕無者，豈亦地氣之盛衰，人稟之厚薄歟？曰：是又異氣之盛衰厚薄而爲之也。氣盛而厚，則其年極重極多，氣薄而衰，則其年自輕自少也。然亦有極多而極輕，極重而極少者，未有終一歲之久，數百里之地，而絕無一人犯此者也。少且輕焉，甚或不藥而愈，人遂不之覺焉耳。夫厲氣之與正氣相爲乘除，固無日而無之者也。天有春溫而不能無秋肅，世有君子而不能無小人，鳥獸草木有養人，而不能無害人也。夫厲氣固無日而無之者也。

姻兄夏文翰曰：疫固有五運六氣之說矣，然或者謂醫師診病，皆當準此用藥，其果然歟？曰：《內經》及諸賢集中多有以此爲言者，然吳君又可曰：夫病不可以年氣四時爲拘，並非五運六氣所印定者。經曰：天行時疫，亦不必過拘運氣。蓋天地之氣勝復靡常，但當以形症察之。即《運氣總論》亦曰：有在天之運氣，有在人之運氣，如天時勝，則舍人之病，而從天之時；人病勝，則舍天之時，而從人之病。三說者，雖皆不外運氣以立言，而實未嘗專主運氣以爲治也。且不觀火運之年，疫當盛行，而反見稀少；水運之年，疫應稀少，而反見盛行。四、五、六月火運主之，若拘運氣，患疫者宜重而病或甚輕，九、十一月金水司令，疫宜輕而反重乎？曰：然則彼皆非歟？曰：否。人身一小天地也。天地以水火金木土爲五運，而人即有五臟以應之也；以風寒暑濕燥火爲六氣，而人即有六腑以應之。且天之雨露風雷霜雪，即人之喜怒恐懼悲驚也，地之山嶽河海，即人之精神血脈也。故人身之一毛、一竅、一呼、一吸，無一時一息不與陰陽相兆，天地相通也。是故，凡病之生，皆有形症。形症者，即人身運氣之顯見者也。某臟受病，即某臟之本運本氣有乘而致也。某腑受病，即某腑之本運本氣被尅而然也。既細察其脈理，復詳審其形症，因臟者治臟，因腑者治腑，或正治或從治。或直折或順性，或反佐或求屬，而以熱治寒，以寒治熱，以辛散邪，以潤解燥，以酸斂汗，以燥收濕，以鹹耎堅，以涼清熱，神而明之，變而通之。調其員，以濟其偏；制其尅，而助其用。則不必侈言五運六氣之何如而已，不外其理於察症觀形之際矣。曰：善哉！子論運氣而能見其大也。夫吾固久疑，夫照年氣用藥，而藥有不應，按時令治病，而病有不除者，皆拘遷而鮮所通者也。得子之言，俾膠固曲謹者流，而後知盡信書者之不如無書也矣。

《瘟疫明辨・辨傳經》 溫疫傳經，與風寒不同。風寒從表入裏，故必從太陽而陽明，而少陽，而入胃。若溫疫則邪從中道而出表入裏，惟視人何經本氣之強弱爲傳變。故吳又可曰：疫邪有先表後裏者，有先裏後表者，有但表不裏者，有但裏不表者，有表勝於裏者，有裏勝於表者，二句，吳又可本作有表裏偏勝者一句。有表而再表者，有裏而再裏者，有表裏分傳者，此爲九傳。愚按：所謂表者，發熱惡寒，頭痛頭眩，項強，背痛，腰疼，腿膝足脛酸痛，自汗，無汗，及頭腫、面腫、耳目赤腫、項腫、發斑、發疹皆是。所謂裏者，渴，嘔，胸滿，腹滿腹痛，脇滿脇痛，大便不通，大便泄瀉，小便黃赤濇痛，及煩躁譫妄，沉昏，舌燥、舌卷、舌強，口咽赤爛皆是。在風寒從表入裏，裏症必待漸次閉鬱而成。故見表症，不必兼見裏症。且入裏之後，表多自解。故見裏證之後，不必復見表證。若溫疫本從中道而出表，故見表症時，未有不兼一二裏症者，且未有不兼見一二半表裏之少陽證者。仲景所云陽明少陽合病，必自下利。三陽合病，脈浮大，上關上，但欲眠睡，目合則汗，三陽合病，腹滿身重，難以轉側，口不仁而面垢，譫語遺尿，皆指瘟疫言，非指風寒言也。且瘟疫屬蒸氣，出表入裏，原自不常。有入裏下之，而餘邪不盡，仍可出表者。嘗見譫妄沉昏之後，病愈數日，復見頭疼發熱，復從汗解者。此所謂表而再表，風寒必無是也。更有下證全具，用承氣湯後，裏氣通而表亦達，頭痛發熱得汗而解，移時復見舌黑胸滿，腹痛譫妄，仍待大下而後愈者，此所謂裏而再裏，風寒必無是也。若夫表裏分傳之症，風寒十無一二，疫症十有六七。但

據傳經之專雜以辨之。一經專見一經證者，多風寒。一經雜見二三經證者，多疫症。日久漸轉屬者，多風寒。一日驟傳一二經，或二三經者，多疫症。則雖病有變態，而風寒不混於疫症，疫症不混於風寒，施治自無訛誤矣。

至若辨氣、辨色、辨舌、辨神，俱已清楚。而投之以治疫之藥復有不效者，則以時疫有獨發，有兼夾他症之故，是以辨時疫，異於他症矣。至挾他症者，則此人時疫與彼人時疫，又有不同，尤當細辨。

《續選臨證指南・幼科要略》 按：襁褓小兒，體屬純陽，所患熱病最多。世俗醫者，固知謂六氣之邪，皆從火化，飲食停留，鬱蒸變熱。驚恐內迫，五志動極皆陽。奈今時治法，初則發散解肌，以退表熱，仍混入消導。繼用清熱苦降，或兼下奪，再令病家禁絕乳食，每致胃氣索然，內風來乘，變見驚癇，告斃甚多。

愚按：嬰兒肌肉柔脆，不耐寒，六腑五臟氣弱，乳汁難化，內外二因之病自多，然有非風寒竟致外感，不停滯已屬內傷。其故何歟？嘗思人在氣交之中，春夏地氣之升，秋冬天令之降，呼出吸入，與時消息。間有穢濁吸入，即是三焦受邪，過募原直行中道，必發熱煩躁。倘幼醫但執前藥，表散消導，清火通便，病輕或有倖成，病重必然顛覆。錢仲陽云：糞履不可近襁褓小兒。余言非無據矣。【略】

夫春溫夏熱，秋涼冬寒，四時之序也。春應溫而反大寒，夏應熱而反大涼，秋應涼而反大熱，冬應寒而反大溫，皆不正之乖氣也。病自外感，治從陽分。若因口鼻受氣，未必恰在足太陽經矣。大凡吸入之邪，首先犯肺，發熱咳喘。口鼻均入之邪，先上繼中，咳喘必兼嘔逆䐜脹。雖內外邪，亦是表中之裏。設宗世醫發散陽經，雖汗不解。幼稺質薄神怯，日期多延，病變錯綜。

《續選臨證指南・幼科要略・暑熱》 小兒發熱，最多變蒸之熱，頭緒煩，不能載，詳於巢氏《病源》矣。然春溫、夏熱、秋涼、冬寒，四季中傷爲病，當按時論治。其內傷飲食治法，不宜混入表藥。消滯宜用丸藥，潔古、東垣已詳悉。

《四聖懸樞・溫病解》 時分冬夏，病殊寒溫，氣候不同，感傷亦異。傷寒著於仲景，溫病闡於岐伯，各有妙解，水火判然。自叔和混熱病於傷寒，傷寒之理，既永晦於千古，溫病之義，亦長訛於百代。後世庸工紛起，殺運宏開，當鼓橐吹鑪之際，何須覆鼎；值焦頭爛額之秋，那堪入甕。橫覽夭枉，愴恨實多，作溫病解。

《四聖懸樞・溫病解・溫病根源》 《素問・陰陽應象論》：冬傷於寒，春必病溫。《生氣通天論》：陰陽之要，陽秘乃固，陽強不能密，陰氣乃絕。陰平陽秘，精神乃治，陰陽離決，精氣乃絕。因於露風，乃生寒熱。是以冬傷於寒，春必病溫。《金匱真言論》：夫精者，身之本也，故藏於精者，春不病溫。

四時之氣，春生夏長，秋收冬藏。木火旺於春夏而司生長，金水旺於秋冬而司收藏。而金水之所以收藏者，則精魄之能也。精以至陰而主藏，魄者精之始基，但能收而未能藏，是以蟄藏之職，獨歸於精。藏氣得令，相火蟄封，腎精溫暖，是謂陽密。少陰癸水與太陽壬水，兩相表裏，皆主蟄藏。癸水之藏，以其溫也，壬水之藏，以其寒也。五行之氣，熱則發宣，寒則凝閉，癸水之溫而善藏者，壬水之寒而善閉也。

人於冬時，宜順寒水之令，以藏陽氣。陰精失藏，相火泄露，陽根不密，是謂冬傷於寒。冬傷於寒者，傷其寒水蟄藏之令氣也。相火升炎，久而彌盛，春氣一交，陽根盡泄，變木爲火，化溫成熱，是以春月而行夏令病作矣。春時不病，至夏而感，是謂熱病，冬時不病者也。六時之寒暄莫定，人竅之啓閉無常，一遭風露侵淩，溫病作矣。春時不病，至夏而感，是謂熱病。冬時不病者，寒水司氣，雖蟄藏失政，而經絡藏府之熱，究未如春夏之盛也。

《四聖懸樞・溫病解・病原同異》 溫病之原，起於冬不藏精，傷其寒水之令，故春夏病感，必是內熱。但冬傷於寒，春夏必病溫熱，而春夏之溫熱，不必皆冬傷於寒。其冬傷於寒而病溫熱者，自是內熱，其不冬傷於寒而病溫熱者，未可定謂之內熱也。病與溫疫相同，而法亦無殊。其營鬱熱發，而又病於春夏之間，固無入藏生寒，用四逆、真武之證。然燥渴飲冷，積水不消者，亦未嘗少，此皆不可用涼瀉之法也。

《四聖懸樞・溫病解・風寒異邪》 四時感傷之因，有風有寒。寒者，天地之陰氣，風者，天地之陽氣。陽主開，陰主闔。傷於寒者，皮毛開而寒束之，故竅閉而無汗。中於風者，皮毛閉而風泄之，故竅開而有汗。

氣統於肺，金性清涼而降斂，血司於肝，木性溫暖而升發，肺氣清降則竅闔，肝血溫升則竅開。人之汗孔，秋冬則闔者，氣清而斂之也，春夏則開者，血溫而發之也。秋冬竅闔，而有時偶開，則寒氣傷之，春夏竅開，而有時偶

閉，則風氣中之。此四時之邪感傷之因也。

《四聖懸樞·溫病解·營衛殊傷》 肺藏衛氣，肝藏營血，寒則傷營而不傷衛，以衛氣肅靜，孔竅闔而寒莫由入，是以不傷。唯血溫而竅開，乃傷於寒。風則傷衛而不傷營，以營血蒸動，孔竅開而風隨汗解，是以不傷，唯氣涼而竅闔，乃傷於風。

然寒傷營血，而病則在衛，以營性升發，一被寒邪，闔其皮毛，則營愈欲發，外乘陽位，而束衛氣，故衛閉而惡寒。風傷衛氣，而病則在營，以衛性降斂，一被風邪，開其汗孔，則衛愈欲斂，内乘陰位，而逼營血，故營鬱而爲熱。

胃爲戊土，乃衛氣變化之原，傷寒之病，戊土與金水受之。金水司氣，隨戊土而下降，以陽體而胎陰魄，故氣常清降而外斂。傷寒而氣反内鬱，是以病在氣分。脾爲己土，乃營血滋生之本，中風之病，己土與木火受之。木火主血，隨己土而上升，以陰體而抱陽魂，故血常溫升而内發。中風而血不外達，是以病在血分。

氣清而孕水，故氣病則寒盛，而爲傷寒。血溫而孕火，故血病即熱盛，而爲溫病。秋冬之感，皆是傷寒，其時非必無風，中於風者，便是秋冬之溫病。春夏之感，皆是中風，其時非必無寒，傷於寒者，便是春夏之寒病。究竟秋冬寒多而風少，故往往病寒，春夏寒少而風多，故往往病溫，時令不同也。

《四聖懸樞·溫病解·傳經大凡》 一日一經，六日經盡，凡諸感病之大凡也。若傷寒，若中風，若溫病、熱病，若溫疫、寒疫，若痘病、疹病，無不皆然。但溫熱必傳藏府，餘則病由外感，原無内熱，不必定傳藏府耳。程氏郊倩謂溫病傳經，傷寒中風不傳經，其論全非。唯兩感之家，一日兩經，則溫熱之所獨有，而諸感病之所無也。

《四聖懸樞·伊公四問·問溫五條》 問：經所言熱病爲何？玉楸子曰：熱病即溫病也，病於春者謂之溫，病於夏者謂之熱。《素問·評熱病論》：先夏至日者爲病溫，後夏至日者爲病暑。暑即熱也，以時令而異名也。

問：溫病與傷寒何殊？玉楸子曰：《素問》熱病者，傷寒之類也，而實非傷寒。傷寒感秋冬之寒，溫病感春夏之風，時令不同，而寒溫異矣。

問：溫病與溫疫何殊？玉楸子曰：溫病之根，得之冬傷於寒而有内熱，感則表裏皆病。溫疫冬不傷寒，而無内熱，但是表病。陽盛之家，而後裏病也。

問：冬傷於寒，何緣而有内熱？玉楸子曰：冬氣封藏，天地閉塞，陽蟄九地之下，則寒水得令。人於冬時，縱欲亡精，陽泄而火飛，是以變寒而爲熱也。

問：冬傷於寒，何緣而春必病溫？玉楸子曰：凡外感之深，必因内傷之重，陽氣重傷，病則寒深，陰氣重傷，病則熱深。表裏熱劇，皮毛不開，是爲溫病。蓋衛氣以收斂爲性，平日内熱鬱伏，一遇風邪，傷其衛氣，衛閉則營鬱。營血鬱蒸而欲泄於内，風氣發揚而欲泄於外，内外交泄而衛氣愈斂，其性然也。斂而不啓，乃成溫病。春夏風多，是以最易感傷。若藏府平和，素無内熱，則旋感而旋解，不成溫病也。

《羅氏會約醫鏡·傷寒·論傷寒變溫病暑病》 冬時寒毒内藏，至春發爲溫病，至夏發爲暑病。仲景曰：發熱不惡寒而渴者，溫病也。暑病則尤甚矣，即熱病也。此與夏月中暑者不同，義詳暑症門。二病宜從清涼，固其然也，然必表裏俱有熱症，方可治用清涼。若值四時寒邪感冒未解，雖外熱如火，而内無熱病可據者，不得執以爲熱，而概用涼藥。須察症察脈，則見理精矣。

《羊毛瘟症論·溫病論》 夫溫熱之爲病，醫知之矣，此非六氣四時之溫，乃厲氣伏藏之溫也。且述自岐黄，淵源正脈，紀藏數千，派分最廣，治各不同，何也？歲氣使然，地勢使然。但能揆度病情，審察病機，靈活者得其巧，固滯者守其法。知不偏而偏者泥於體，似偏而不偏者合乎用。經云：法於陰陽，和於術數。夫法也者，無限之體；和也者，無限之用。所以天覆地載，人稟五行，人在氣交之中，美惡之氣無不感耳。然而本氣貫乎天，運行不息，氣之正也，氣和者長養萬物，氣偏者損傷萬物。在人則有強弱，氣則有盈虛，其受氣清者生神，受氣濁者生病。是以老少強弱，偶有一息之虛，受其厲氣，鬱於中土，釀久而發，流蕩伏邪毒火所由來也。夫胃爲十二經之海，十二經都會於胃，胃氣敷布於十二經，惟虛者注之，非一感而即發，伏久乃發也。其作仍歸於胃，達於三焦，縱現各腑各臟之形，以胃氣爲主。設聚於胃，不能攻逐，毒火仍陷於本注之所，終難釋矣。故毒火攻下之宜早。或問時邪形證，答曰：時邪發動，人身運行之氣乃爲之阻，陽氣不伸，反爲之寒，陰氣閉塞，反爲之熱。其初病也，舉動如常，忽寒忽熱，既而面色青白，頭眩難支，

腰背脹痛，胸悶氣阻，四肢痲木，聲音低小，煩躁不寧，口渴舌赤，苔白，或黃，或灰黑，或砂白，皆有裂紋，紅紫點布，或舌中無苔，或舌如胭脂，唇若塗朱，嘔吐乾噦，人皆昏沉，譫言狂亂，或出羊毛斑疹，或癰疔腮腫，或頭面浮腫，或咽痛等證，難以盡舉，脈象右大於左，六部不調，或沈伏，或弦數，或洪大，或堅實，無一定之形，皆人稟受之別也，亦由邪伏之輕重也。先見寒熱者，少陽之初氣也，少陽爲微陽，本爲樞，時邪初泄，病者原不知覺，既而聚胃，毒火梟張，故有此象，所謂時邪病形者是也。夫時邪者，伏邪之化也。伏邪化形，形似羊毛，蓋非六氣四時之溫明矣。

《溫病條辨・中焦篇・風溫溫熱溫疫溫毒冬溫》 風溫、溫熱、溫疫、溫毒、冬溫之在中焦，陽明病居多；濕溫之在中焦，太陰病居多；暑溫則各半也。

此諸溫不同之大關鍵也。溫熱等皆因於火，以火從火，陽明陽土，以陽從陽，故陽明病居多。濕溫則以濕從濕，太陰陰土，以陰從陰，則太陰病居多。暑兼濕熱，故各半也。

《增補評註溫病條辨・上焦篇・風溫溫熱溫疫溫毒冬溫》 凡病溫者，始於上焦，在手太陰。

傷寒由毛竅而入，自下而上，始足太陽。足太陽膀胱屬水，寒即水之氣，同類相從，故病始於此。古來但言膀胱主表，殆未盡其義。肺者，皮毛之合也，獨不主表乎？按人身一臟一腑主表之理，人皆習焉不察。以三才大道言之：天爲萬物之大表，天屬金，人之肺亦屬金，肺主皮毛，經曰皮應天，天一生水，地支始於子，而亥爲天門，乃貞元之會，人之膀胱爲寒水之腑，故俱同天氣，而俱主表也。治法必以仲景六經次傳爲祖法。溫病由口鼻而入，自上而下，鼻通於肺，始手太陰。太陰金也，溫者火之氣，風者火之母，火未有不尅金者，故病始於此，必從河間三焦定論。再寒爲陰邪，雖《傷寒論》中，亦言中風，此風從西北方來，乃觱發之寒風也。最善收引，陰盛必傷陽，故首鬱遏太陽經中之陽氣，而爲頭痛身熱等證。太陽，陽腑也；傷寒，陰邪也；陰盛，傷人之陽也。溫爲陽邪，此論中亦言傷風，此風從東方來，乃解凍之溫風也。最善發泄，陽盛必傷陰，故首鬱遏太陰經中之陰氣，而爲咳嗽、自汗、口渴、頭痛、身熱、尺熱等證。太陰，陰臟也，溫熱，陽邪也，陽盛，傷人之陰也。陰陽兩大法門之辨，可瞭然於心目間矣。

雄按：凡病溫者，始於上焦，在手太陰。嘻，豈其未讀《內經》耶？伏氣爲病，自內而發，惟冬春風溫夏暍秋燥，皆始於上焦。若此等界限不清，而強欲劃界以限病，未免動手即錯矣。夫溫熱究三焦者，非謂病必上焦始，而漸及於中下也。伏氣自內而發，則病起於下者有之。胃爲藏垢納汚之所，濕溫疫毒，病起於中者有之。暑邪挾濕者，亦犯中焦，又暑屬火，而心爲火藏，同氣相求，邪極易犯雖始上焦，亦不能必其在手太陰一經也。

霖按：此節言凡病溫者，始於上焦，在手太陰，眩第一節之九種溫病，皆當從手太陰治。眞屬醫道罪人。姑不論溫疫、溫毒、溫瘧、濕溫等證，伏氣各有不同，即春日溫熱，乃冬至之後之陽熱伏藏少陰，豈手太陰上焦表藥可治？所以必主以葱豉湯者，豆豉能起發腎氣，俾少陰伏邪從皮毛汗解，由腎達肺，非翹、薄、芥、桔清肅上焦所能解。然而豆豉雖能起發腎中伏邪，非假葱之力升提，童子小便之鹹降，上下分消，不足爲功。鞠通不能明伏氣爲何氣，加豆豉於銀翹散中，其實無用。近世不明製方之義，用葱豉而不用童便，云畏其補陰，更有用豉而去葱，謂是上焦表劑者。此等不識醫理，妄自立方之庸工，皆鞠通有以教之也。

夫太陽生於東，月生於西，舉凡萬物，莫不由此少陽、少陰之氣以爲生成，故萬物皆可名之曰東西。人乃萬物之統領也，得東西之氣最全，乃與天地東西之氣相應。其病也，亦不能不與天地東西之氣相應。東西者，陰陽之道路也。由東而往，爲木、爲風、爲溫、爲火、爲熱，濕土居中，與火交而成暑。火也者，南也。由西而往，爲金、爲燥、爲水、爲寒，水也者，北也。水火者，陰陽之徵兆也。南北者，陰陽之極致也。天地遵行此陰陽以化生萬物，故曰天地無恩而大恩生。天地運行之陰陽和平，人生之陰陽亦和平，安有所謂病也哉？天地與人之陰陽，一有所偏，即爲病也。偏之淺者病淺，偏之深者病深；偏於火者，病溫、病熱；偏於水者，病凊、病寒。此水火兩大法門之辨，醫者不可不知。燭其爲水之病也，而溫之熱之；燭其爲火之病也，而涼之寒之。各救其偏，以抵於平和而已。非如鑒之空，一塵不染，如衡之平，毫無倚着，不能暗合道妙，豈可各立門戶，專主於寒熱溫涼一家之論而已哉？瑭因辨寒病之原於水，溫病之原於火也，而並及之。

霖按：經云：水火者，陰陽之徵兆也；左右者，陰陽之道路也。王安道言傷寒初感，其脈多盛於左部，溫邪始病，其脈多盛於右部。左屬血，右屬氣，此陰陽血氣寒溫之辨也。

《增補詳註溫病條辨·下焦篇·寒濕》 濕之爲物也，在天之陽時爲雨露，陰時爲霜雪，在山爲泉，在川爲水，包含於土中者爲濕。其在人身也，上焦與肺合，中焦與脾合，其流於下焦也，與少陰癸水合。

此統舉濕在天地人身之大綱，異出同源，以明土爲雜氣，水爲天一所生，無處不合者也。上焦與肺合者，肺主太陰濕土之氣，肺病濕則氣不得化，有霿霧之象。向之火制金者，今反水克火矣，故肺病而心亦病也。觀《素問》寒水司天之年，則曰陽氣不令；濕土司天之年，則曰陽光不治自知。故上焦一以開肺氣，救心陽爲治。中焦與脾合者，脾主濕土之質，爲受濕之區，故中焦濕證最多。脾與胃爲夫妻，脾病而胃不能獨治。再胃之臟象爲土，土惡濕也，故開溝渠，運中陽，崇剛土，作堤防之治，悉載中焦。上中不治，其勢必流於下焦。《易》曰水流濕，《素問》曰濕傷於下。下焦乃少陰癸水，濕之質即水也，焉得不與腎水相合。吾見濕流下焦，邪水旺一分，正水反虧一分。正愈虧而邪愈旺，不可爲矣。夫腎之真水，生於一陽，坎中滿也。故治少陰之濕，一以護腎陽，使火能生土爲主。腎與膀胱爲夫妻，泄膀胱之積水，從下治，亦所以安腎中真陽也。脾爲腎之上游升脾陽，從上治，亦所以使水不沒腎中真陽也。其病厥陰也，奈何？蓋水能生木，水太過，木反不生，木無生氣，自失其疏泄之任。經有風濕交爭，風不勝濕之文，可知濕土太過，則風木亦有不勝之時。故治厥陰之濕，以復其風木之本性，使能疏泄爲主也。

本論原以溫熱爲主，而類及於四時雜感，以宋元以來，不明仲景《傷寒》一書，專爲傷寒而設，乃以《傷寒》一書，應四時無窮之變，殊不合拍。遂至人著一書，而悉以傷寒名書。陶氏則以一人而屢著傷寒書，且多立妄誕不經名色，使後世學者，如行昏霧之中，涉不自覺其身之墜於淵也。今臚列四時雜感，春溫、夏熱、長夏暑濕、秋燥、冬寒，得其要領，效如反掌。夫春溫夏熱秋燥，所傷皆陰液也，學者苟能時時預護，處處隄防，豈復有精竭人亡之慮？傷寒所傷者陽氣也，學者誠能保護得法，自無寒化熱而傷陰，水負火而難救之虞。即使有受傷處，臨證者知何者當護陽，何者當救陰，何者當先護陽，何者當先救陰，因端竟委，可備知終始，而超道妙之神。瑭所以三致意者，乃在濕溫一證。蓋土爲雜氣，寄旺四時，藏垢納污，無所不受，其間錯綜變化，不可枚舉。其在上焦也，如傷寒；其在下焦也，如內傷；其在中焦也，或如外感，或如內傷。至人之受病也，亦有外感，亦有內傷，使學者心搖目眩，無從捉摸。其變證也，則有濕痹、水氣、咳嗽、痰飲、黃汗、黃癉、腫脹、瘧疾、痢疾、淋症、帶症、便血、疝氣、痔瘡、癰膿等證，較之風火燥寒四門之中，倍而又倍，苟非條分縷析，體貼入微，未有不張冠李戴者。

霖按：濕爲六淫之一，從地氣上升，由天氣下降。蓋地氣上爲雲，天氣下爲雨，凡雲霧雨露之屬，皆是濕氣。且濕氣蒸騰，愈熱則愈高，愈寒則愈下。試觀杯水之熱，當隆冬之時，則氣盈尺，當盛夏則不見。此固陰陽消長使然，又以熱入熱故也。故盛夏濕熱蒸騰之氣，高於岑樓而不見。人居此氣之中，浸潤不覺，而濕病生焉。然雖有上受下受之分，其實皆中土之所化也。不獨天地蒸淫之濕，即內受酒漿茶水，外受汗衣洗浴等濕，亦同此義。豈濕之爲病，始上焦傳中焦終下焦，謹遵鞠通排定路徑而行，有是理乎？總因未讀醫經，不參賢論，熟一部《臨證指南》，便謂道在是矣。

汪案：近代俗醫，皆以傷寒法治溫熱暑燥，入手妄用表散，末後又誤認虛勞，妄行補陰補陽，以至生民夭枉，此書所爲作也。若濕溫之症，則又不然。世有麤工，稍知熱病，一遇濕溫，亦以溫熱之法施之，較之誤認溫熱爲傷寒者，厥罪惟均。蓋濕溫一證，半陰半陽，其反復變遷，不可窮極，而又絪縕粘膩，不似傷寒之一表即解，溫熱之一清即愈，施治之法，萬緒千端，無容一毫執著。篇中所述，亦祇舉其一隅，學者務宜勤求古訓，精研理氣，而後能貫通融會，泛應不窮。經云：知其要者，一言而終；不知其要，流散無窮。是在潛心深造者矣。

霖按：鞠通動以運氣欺世，而於《內》、《難》諸經，並未讀過。何以言之？即於仲景《傷寒》一書，專爲傷寒而設一語，知其未讀《內》、《難》也。《素問·熱論》曰：今夫熱病者，皆傷寒之類也。是古醫經以傷寒爲外感之統名，故熱病亦稱其類也。越人去古未遠，其五十八難，故云傷寒有五，是中風、傷寒、濕溫、熱病、溫病。雖統名傷寒，而所苦不同，所治各異。仲景引伸其義，太陽篇辨中風、傷寒、溫病、風溫之脈證，而後言傳經，乃正氣之傳，

非病氣之傳。若病氣之傳，則視何經之虛，即傳何經，經氣不虛，即不傳也。又何嘗有挨日病傳之說哉？有中風傷寒初病之治，而無溫病風溫初病之治，及附後濕暍痓霍亂諸篇，治法亦多未備。或因《傷寒卒病論》十六卷，今存其十，中有亡佚，未可知也。若夫謂爲專論傷寒，按日傳經，皆後世註傷寒家之誤會，非仲景始料所及也。即如河間論溫熱，宜辛涼苦寒，而並未專指三焦，亦不過示人泥執傷寒按日傳經之誤，而寒溫異治也。若鞠通私心穿鑿，排定路道，妄分表裏，將人身截然界劃，謂病氣皆由上而中而下，從此伏氣爲病，便無生理矣。此又豈河間、香巖所能預料也哉？近世庸工，每遇伏邪，惟知解表，暑入心包，仍施疏散，最奇者，病延多日，惡候叢生，更易一醫，猶書表劑，皆遵奉先治上焦之旨，如此貽誤，不勝枚舉。此又非鞠通所能預料者矣。然果誰之罪歟。

《增補評註溫病條辨・雜說・溫病起於手太陰論》 四時溫病，多似傷寒，傷寒起足太陽，今謂溫病起手太陰。何以手太陰亦主外感乎？手太陰之見證，何以大略似足太陽乎？手足有上下之分，陰陽有反正之義，庸可混乎？《素問・平人氣象論》曰：藏眞高於肺，以行營衛陰陽也。《傷寒論》中，分營分衛，言陰言陽，以外感初起，必由衛而營，由陽而陰。足太陽如人家大門，由外以統內，主營衛陰陽；手太陰爲華蓋，三才之天，由上以統下，亦由外以包內，亦主營衛陰陽，故大略相同也。大雖同而細終異，異者何？如太陽之竅主出，太陰之竅兼出入。太陽之竅開於下，太陰之竅開於上之類，學者須於同中求異，異中驗同，同異互參，眞詮自見。

徵按：昔賢有云：傷寒傳足不傳手。是說也，舉世莫明其故。考諸《陰陽別論》，三陽三陰之脈，皆起於足，不起於手。人之傷於寒也，每傷於太陽寒水之地氣，故其應於人身也，足先受之。太陽根起於至陰，其穴在足小指之外側；陽明根起於厲兌，其穴在足大指次指之端；少陽根起於竅陰，其穴在足小指次指之端；太陰根起於隱白，其穴在足大指之端；少陰根起於湧泉，其穴在足心下踡指宛宛中；厥陰根起於大敦，其穴在足大指三毛中。其行於週身也，三陽脈行於表，三陰脈行於裏，外爲陽，內爲陰，背爲陽，腹爲陰。傷寒由表入裏，由淺入深，以次相傳，必然之勢。惟其足先受也，其病側重在足，自不傳於手經，不然，豈有一人之身，截而爲二之理，而六氣之邪，又有所偏向哉！若趙氏《醫貫》中，直將三陽三陰傳經之說，一概抹煞，並不分傷寒溫病，惟以一逍遙散主治，又不免師心悖經之弊。以上所云，蓋指冬月之正傷寒也。初春去冬未遠，寒水之氣尚在，至若四時傷寒，雖非寒水之氣，而亦不免於濁陰之地氣，誠不若溫病所受，受於身半以上，多從鼻孔而入，蓋身半以上主天氣，肺開竅於鼻，亦天氣也。

霖按：足太陽主一身之表，風寒先傷太陽者，寒傷形，陰入於陽也；風熱首犯太陰者，熱傷氣，陽入於陰也。然此外感溫邪，非伏氣之溫病。蓋伏邪藏於少陰，借少陽爲出路，挾濕者，多傳胃府，挾暑者，每入心包，安得謂四時溫病皆起於手太陰乎！鞠通於陰陽互根之理，固不能明，而表裏不分，內外淆混，惟知剽竊《臨證指南》，以他人門面作自己牌坊，反揑造仲景之桂枝，棄置香巖之葱豉，而製銀翹散，貽誤後學，殊非淺鮮。

《感證集腋・茅氏四家評》 愚按：數家瘟疫之論之方，各能發前人所未發，學者不可不熟復也。其所論客邪處，在又可吳氏，則以爲邪伏於膜原，在天士葉氏，則以爲邪藏心肺。竊按兩家之說，雖皆確有所見，未免各得其一偏。惟嘉言喻氏，謂邪入三焦，存在中上中下之分，爲能合兩家而獨得其全。何則？鼻氣通於天，邪從鼻入則心肺受邪。口氣通於地，邪從口入則脾胃受邪。此說極是，凡人臟腑至虛之處，便是受邪之處，又不可不知也。至吳氏所論治法，亦有汗下太過處，恐邪雖去而元氣難復。愚故將舒氏張氏兩條，足以救其弊者，補入於後。至薛氏之論，皆闡發吳又可所未到之處也。葉氏論以溫熱立名，其中夾入春溫、溫熱、風溫、濕溫、風濕等症，未免彼此混雜，且其闡發春溫等症，都似略而不詳。愚故將諸家之論春溫等症，補入於後。葉氏論中如面色白者，至陽亦衰微也一條，義未盡，蓋面現白色，必係陽虛之體，非因濕勝而陽微，乃是其陽本微，故致濕勝也，法當固護陽氣爲主，陽氣旺則濕自去也。若主清涼，則愈治而陽愈微，不可復振矣。且其中有風濕寒濕，用术附溫經散邪一法，病有常變，不可不知。又吳又可所論脈象雖似精細，然越人有云，溫病之脈，行在諸經，不知何經之動，從可知瘟疫之症，不得拘泥脈象也。蓋兩手之脈俱屬手太陰分布，今三焦既爲外邪所蒙混，則其氣機時通時塞，而脈象亦必更變不常，無可依據，脈象既無依據，自須細審其外現之情狀以立方，而其外現之情狀，數家多歷歷言之，卻尚有未詳處。愚不揣固陋，聊附臆見以補其闕焉。瘟疫既邪入

三焦，未有不耳聾者。然耳聾之症，亦不一矣。目黃口糜而耳聾者，此小腸之耳聾也。寒熱往來，嘔逆脇痛而耳聾者，此足少陽之耳聾也。頭額昏重譫語多汗，兩脛逆冷而耳聾者，此濕溫之耳聾也。深秋病耳聾者，此肺病摧乎肝木之耳聾也。必耳聾而又兼惡風，或頭眩咳嗽，或胸滿吐逆，或四肢微冷，或身熱口渴，或嗌腫喉痺者，方是瘟疫之症。

《感證集腋・柯韵伯濕暑論》 經曰：冬藏其精，春不病溫。此即冬傷於寒，春必病溫之源。先夏至爲病溫，後夏至爲病暑，此申明冬不藏精，夏亦病溫之故。夫人傷於寒，則爲病熱，其恆耳。此乃至春夏而病何耶？以其人腎陽有餘，好行淫慾，不避寒冷。爾時雖外傷於寒，而陽氣足禦，是以不爲寒病。然表寒雖不得內侵，而陽虛亦不得外散，仍下陷於陰中，故身不知熱，而亦不發熱。

《感證集腋・李東垣冬傷於寒春必病溫》 冬傷於寒者，冬行春令也。當寒而溫，火勝則水虧矣。水既已虧，則所勝之土，有餘而妄行，所生之木，不足而受病。且所不勝之火，又太過而侮之。於是乎火土合德，濕熱相助，使人腠理開泄，少陰不藏，而爲溫病。其不病於冬而病於春者，以冬時寒水居卯之分，方得其權也！及夫大寒之令，復行於春，彼房室勞傷辛苦之人，陽氣泄於外，腎水虧於內，時強木長，無以滋生化之源，則其得斯病也，不亦宜乎！君子周密於冬，使少陰得藏於內，腠理以閉拒之。雖有大風苛毒，莫之能害，又何溫病之有哉？人肖天地而生者也。冬時天之陽氣，俱伏九泉之下，人之陽氣，俱藏一腎之中，人能不擾乎腎，則六陽安靜於內，外邪無自而入矣。是故傷寒之源，非天之傷人，人自傷也。傷於寒者，多爲病熱。蓋熱邪由寒而變也，無寒則熱邪亦無自而生矣。夫六陰用事於冬，陽氣在內，正宜周密閉藏，反乃勞動之，使泄於外，當時熱已傷水，至春時木當發生，陽先外泄，孰爲鼓舞？腎水內竭，孰爲滋養？生化之源既絕，木將何賴以生？身之所存者，獨有熱而已矣。此冬傷於寒，春必病溫之所由來也。

《醫門棒喝初集・六氣陰陽論・附答問》 又問：論中云：或冬傷寒，至春發爲溫病，此邪因久鬱而變一說，亦出於程郊倩、周禹載而起，是否邪之久鬱而變耶？

答曰：人稟天地之氣而生，故人身之氣，與天地貫通，若魚之在水也。天地陰陽之氣有偏，或致阻遏人身之氣不調而病，如魚之遇穢水也。夫氣機既窒，則陰鬱而成痰涎，陽鬱而變壯火。其所感之邪，因鬱而變，實有多端，莫能盡悉。或隨人身之氣而變，或隨時令之氣而變，或隨感而變，或竟不變，均無一定。大抵由人之稟質，陰陽強弱不同，邪之感受，輕重不一，故參差如是也。即如傷寒傳裏變熱，此邪隨身中之氣而即變者也。如寒入陰經而即吐利厥逆，此邪之不變者也。如或久伏不發，因時氣觸引而病，此邪隨時令之氣而變也。以此推之，難以盡述。夫寒爲至陰之邪，且能鬱而變熱，則彼五氣更知矣。經曰：風者善行而數變。劉河間言：六氣皆從火化。良以風火爲陽而性動，或遇拂鬱，則各氣從之而變化也。

又問：經云冬傷於寒，春必病溫，是言伏氣爲病。後世作冬傷寒邪，伏藏至春發爲溫病，是亦穿鑿。試觀《四氣調神論》云：冬三月，此謂閉藏，水冰地坼，無擾乎陽。逆之則傷腎，春爲痿厥，奉生者少。又曰：逆冬氣，則少陰不藏，腎氣獨沈。與冬傷於寒，同義互發。大抵爲本身之氣受傷，則伏邪當作伏氣爲是。蓋經統論其理，原屬渾融，不可穿鑿也。

答曰：詳冬傷於寒，春必病溫語意屬於外感，《調神論》所云屬於內傷，如云冬不藏精是也。各有義理，未可同論。即以兩處經文，比而觀之。彼曰：冬傷於寒，春傷於風。此曰：逆之則傷腎，逆之則傷肝。夫傷寒傷風，豈非外邪之病乎？傷腎傷肝，豈非內傷之病乎？經旨原各不同，文義如是明顯，而不循理直解，反欲索諸隱僻，是道在邇而求諸遠，惑之甚矣。又觀《生氣通天論》云：春傷於風，邪氣留連，乃爲洞泄。而至冬傷於寒，春必溫病，四時之氣，更傷五藏一節，既曰邪氣留連，又曰四時之氣，更傷五藏，則尤確指外邪爲病矣。豈可與《調神論》之論內傷者，混而不分，將使後學，作何準則乎？且言伏氣爲病，不如言伏邪爲病切當，何也？蓋氣者，邪正之總稱。醇和者，名正氣而養人；駁雜者，名邪氣而病人。能病人者，皆當名邪，不獨天地之氣爲然，即如七情妄動，人身元氣因而化火爲病，即名邪火也。若言伏氣爲病，則天地人身之氣，皆流行不息，又何能伏乎？況人稟天地之氣以生，賴天地之氣以養，則氣豈能病人乎？其病人者，必是駁雜邪氣可知。始感時本元未困，則邪伏不覺，既久，而邪勢鴟張，則病發矣。余故曰：不如言伏邪爲病切當也。

《溫熱贅言・溫熱病大意》 蓋聞外感不外六淫，而民病當分四氣治。傷寒家，徒守發表攻裏之成方，不計辛熱苦寒之貽害，進使溫熱之旨，蒙昧不

明，醫門缺典，莫此甚焉。余不敏，博覽羣書，廣搜載籍，而恍然於溫熱病之不可不急講也。《內經》云：冬不藏精，春必病溫。蓋謂冬時嚴寒，陽氣內斂，人能順天時而固密，則腎氣內充命門爲三焦之別使，亦得固腠理而護皮毛，雖當春合升泄之時，而我身之眞氣則內外瀰淪，不隨升令之泄而告匱，縱有客邪，安能內侵？是《內經》所以明致病之原也。然但云冬不藏精，而不及他時者，以冬爲水旺之時，屬北方寒水之化，於時爲冬，於人爲腎，井水溫而堅冰至，陰外陽內，有習坎之象，故立言歸重於冬，非謂冬宜，而他時可不藏精也。即春必病溫之語，亦是就近指點，總見裏虛者，表不固，一切時邪，皆易感受，學者可因此而悟及四時六氣之爲病矣。昔王叔和云：寒毒藏於肌膚，至春變爲溫病，至夏變爲暑熱。致後來人翻駁，何不云腎精不藏之人，至春易病溫，至夏易病暑熱，便能深入理譚矣。《內經》又云：冬傷於寒，春必病溫。註家咸謂冬令閉藏，寒邪伏於腎中，病不即發，至春陽氣大泄，內伏之寒邪，隨升令而外達，天來錢氏，已大非其說矣。謂冬傷於寒者，乃冬傷寒水之藏，即冬不藏精之互詞，何得以寒邪誤解。夫寒邪凛烈，中人即病，非比暑濕之邪，能伏處身中。故《內經》曰：風寒之中人也，使人毫毛畢直，皮膚閉而爲熱，況腎爲生命之根，所關至大，安有寒邪內入，相安無事，直待春時始發之理。錢氏之說，獨開生面，先得我心，蓋曉然於溫邪之爲病，由於腎精之不藏矣，非特此也。《難經》云：傷寒有五，有傷寒，有傷風，有風溫，有熱病，有濕溫。夫統此風寒濕熱之邪，而皆名之曰傷寒者，亦早鑑於寒藏受傷，外邪得入，故探其本而皆謂之傷寒也。獨是西北，風高土燥，風守之爲病居多，東南地卑水濕，濕熱之傷人獨甚，從來風寒傷形，傷形者定從表入，濕熱傷氣，傷氣者不盡從表入，故治傷寒之法，不可用以治溫熱也。夫溫者，煖也，熱也，非寒邪之可比也，風邪外束，則曰風溫，濕邪內侵，則曰濕溫。縱有微寒之兼襲，不同栗烈之嚴威，是以發表宜辛涼，不宜辛熱，清裏宜泄熱，不當逐熱。蓋風不兼寒，即爲風火，濕雖化熱，終屬陰邪。自昔仲景著書，不詳溫熱，遂使後人各呈家伎，漫無成章，而凡大江以南，病溫多而病寒少，投以發表不遠熱，攻裏不遠寒諸法，以致死亡接踵也。悲夫。

雄按：此語未經人道，余每以雪羹、龍薈治痰，殊與魏君暗合。

《溫熱經緯・葉香巖外感溫熱篇》 溫邪上受，首先犯肺，逆傳心包。肺主氣屬衛，心主血屬營，辨營衛氣血雖與傷寒同，若論治法，則與傷寒大異也。

華岫雲曰：邪從口鼻而入，故曰上受。但春溫，冬時伏寒，藏於少陰，遇春時溫氣而發，非必上受之邪也。則此所論溫邪，乃是風溫、濕溫之由於外感者也。

吳鞠通曰：溫病由口鼻而入，自上而下，鼻通於肺，肺者，皮毛之合也。經云皮應天，爲萬物之大表，天屬金，人之肺亦屬金。溫者火之氣，風者火之母。火未有不克金者，故病始於此。

諸邪傷人，風爲領袖，故稱百病之長。即隨寒、熱、溫、涼之氣，變化爲病。故經言其善行而數變也。身半以上，天氣主之，爲陽。身半以下，地氣主之，爲陰。風從寒化屬陰，故先受於足經。風從熱化屬陽，故先受於手經。所以言溫邪上受，首先犯肺者，由衛分而入肺經也，以衛氣通肺，營氣通心，而邪自衛入營，故逆傳心包也。《內經》言：心爲一身之大主而不受邪，受邪則神去而死。凡言邪之在心者，皆心之包絡受之，蓋包絡爲心之衣也。心屬火，肺屬金，火本克金，而肺邪反傳於心，故曰逆傳也。風寒先受於足經，當用辛溫發汗。風溫先受於手經，宜用辛涼解表。上下部異，寒溫不同，故治法大異。此傷寒與溫病，其初感與傳變皆不同也。不標姓氏者，皆章氏原釋。

雄按：《難經》從所勝來者爲微邪，章氏引爲逆傳心包解，誤矣。蓋溫邪始從上受，病在衛分，得從外解則不傳矣。第四章云：不從外解，必致裏結，是由上焦氣分以及中下二焦者爲順傳；惟包絡上居膻中，邪不外解，又不下行，易於襲入，是以內陷營分者爲逆傳也。然則溫病之順傳，天士雖未點出，楊云：肺與心相連，故肺熱最易入心。天士有見於此，故未言順傳而先言逆傳也。而細繹其議論，則以邪從氣分下行爲順，邪入營分內陷爲逆也。楊云：二語最精確。汪按：既從氣分下行爲順，是必非升提所宜矣。俗醫輒云防其內陷，妄用升提，不知此內陷乃邪入營分，非眞氣下陷可比。苟無其順，何以爲逆？章氏不能深究，而以生克爲解，既乖本旨，又悖經文，豈越人之書竟未讀耶？

《研經言・〈內經〉熱病說》 兩經於一切身熱之診，皆稱熱病。是以《素》則勞風、腎風同評於溫後，《靈》則如蠱如怚並列於熱中，至其散見他篇，尤不可勝數。蓋以可診者言，不以所因者言，其可專以傷寒之成溫者言乎？夫爲身熱一證，舉其尤而窮其類，尤者詳之，類者附之，固當如是，與仲景論

傷寒而及似傷寒之痓濕暍同意。淺人每論溫熱，舉兩經熱論，或採之，或剩之，果有當於病源否也？其言暑者，只作熱字解。《素・通天》因於暑及《骨空》立而暑解等，並不指夏令之熱。如後世所云，或採《通天論》之言列於夏病，眞不得經旨也。其言溫者，只作蘊字解。《素・熱論》先夏至者爲病溫云者，意以夏至後天氣熱，人易於感，則言熱，夏至前天氣未熱，人無所感，故止就所蘊者名之，而言溫則仍取乎本義，非如近世訓爲小熱也。不觀今之病春溫者乎，赫赫炎炎，豈是小熱？讀書不明義例，古法於是盡湮矣。

《研經言・原易》 病之得於歲氣者，一自正氣來，一自時氣來。正氣爲病，以傷寒、傷暑爲最著；時氣爲病，以冬溫、寒疫爲最著。皆以其極偏也。正氣太一方之王氣，本不病人，而人自觸之，謂之以人干天；時氣對衝方之戾氣，本能病人，而人適中之，謂之以天令人。以人干天，則觸之者病，而不觸者無與焉；以天令人，則中之者固病，而不中者即染之。人氣處於獨，天氣統於同，所以正氣病無易，時氣病有易也。正氣雖過中而非厲，時氣即稍弱而已毒，所以正氣病縱如傷寒、傷暑之重而不易，時氣病縱非冬溫、寒疫之重而亦易也。今傷風欬嗽有相易者，以此欬嗽亦自時氣來。

《醫原・衛氣行度一經星經天論》 衛氣，陽氣也，即人之天氣也。天有二十八宿，周布四面，一面七星，四七二十八星。房昴爲東西之緯，虛張爲南北之經。房至畢屬陽，主晝，昴至心屬陰，主夜，人身衛氣之行，亦猶是也。晝行陽經二十五度，夜行陰經二十五度，一晝一夜，五十度周於身，與宗氣營氣度數相等。或曰：衛氣出於何所，行於何地乎？曰：宗氣積於上焦，營氣出於中焦，而衛氣則出於下焦。營氣隨宗氣行於經脈之中，衛氣則不隨宗氣入於經脈，而自行於各經脈外，及頭目手足皮膚分肉之間。故經曰：清者爲營，濁者爲衛，營行脈中，衛行脈外。或又曰：衛氣何以出於下焦，行於脈外乎？曰：經謂上焦如霧，此三焦，即三停，肺司呼吸，布散精液，以行於經脈之中，彌淪布濩，如天之有霧。中焦如漚，水穀精微之氣，蒸變而爲心血，凝聚浮沉如水中之有漚。下焦如瀆。飲入於胃，脾實輸之，下行於右腎旁之三焦府，得三焦府之氣化，滲入膀胱，故三焦爲決瀆之官，膀胱爲州都之官，正以下焦如瀆之畜洩乎水也。衛氣賴下焦陰中眞陽，以升出中上二焦，故衛氣出於下焦。營爲水穀之精氣，屬陰，陰性精專，自行脈中。衛爲水穀之悍氣，屬陽，陽性慓悍滑利，故行脈外。請析言之，平旦陰盡，由寐而寤。邵子曰：人之神，寐則棲腎，寤則棲心，將寐在脾，熟寐在腎，將寤在肝，正寤在心。十二經脈，皆根於心，寤屬陽，太陽爲陽中之陽。故經曰：人寤則目張，目張則陽氣出於睛明穴，屬足太陽經。而上行於頭，始於足太陽，次手太陽，再下足少陽，次手少陽，再下足陽明，次手陽明，如是周二十五度，乃下行陰分，而目復合而寐。目合則陽氣從足少陰注於腎，腎注於心，心注於肺，肺注於肝，肝注於脾，脾復注於腎，如是亦周二十五度，終而復始，如環無端。再析言之，如卯初初刻，陰盡而寤，衛行太陽，先行足經，次行手經，餘皆同。卯初一刻，衛行少陽，卯初二刻，衛行陽明，卯初三刻，衛閒行足少陰，卯正初刻，衛復行太陽，卯正一刻，衛復行少陽，卯正二刻，衛復行陽明，卯正三刻，衛復閒行足少陰。陽盡閒陰者，以足少陰陰陽互根爲人身之大根柢，大樞紐也。如是環行，自卯至申，周二十五度，陽盡於陰，陰受氣矣，陰亦周二十五度，一晝一夜，漏下百刻而盡。衛氣五十度周於身，如是無已，與天地同紀，知此則人之病否生死可以決，藥之升降補瀉、表裏陰陽可無差矣。

《醫原・營氣行度一經水行地論》 營氣，陰氣也，如地水之氣，隨天氣以運行者也。天有經宿，地有經水，人有經脈。經脈者，乃運行藏府之血，以周於內外者也。藏屬陰，故藏六經爲陰，如手太陰肺、手少陰心、手厥陰心包絡、足太陰脾、足少陰腎、足厥陰肝是也。府屬陽，故府六經爲陽，如手陽明大腸、手太陽小腸、手少陽三焦、右腎旁三焦府。足陽明胃、足太陽膀胱、足少陽膽是也。陰之大者爲太陰，太陰爲開，敷布陰氣者也。太陰，三陰也。經曰：三陰爲母。陰之小者爲少陰，少陰爲樞，轉輸陰氣者也。少陰，二陰也。經曰：二陰爲雌。兩陰交盡爲厥陰，厥陰爲闔，受納陰氣者也。厥陰，一陰也。經曰：一陰爲獨使。陽之大者爲太陽，太陽行背，在裏。太陽爲開，敷布陽氣者也。太陽，三陽也。經曰：三陽爲父。陽之小者爲少陽，少陽行身之側面，在表裏之閒。少陽爲樞，轉輸陽氣者也。兩陽合明爲陽明，陽明行腹，在表之裏。陽明爲闔，收納陽氣者也。然則陰陽分手足者何也？蓋人有三焦，此三焦，即三停。而三焦只是兩焦，以人身中有膈膜。遮蔽濁氣，不使上熏心肺。膈膜以上，肺與心與心包絡象天，經脈因行於手，故手三陰從藏走手，陰從內起。手三陽從手走頭。陽從外起，手三陽雖位居下焦，然與手三陰爲表裏，直相連絡，故亦走手。膈膜以下，諸藏府皆象地，經脈因行於足，故足三陽從頭走足，陽行於外。足三陰從足走腹。陰行於內。象天者陰先而陽後，象地者陽先而陰後，此水火既濟，地天交

泰之道也。或曰：經脈既有從腹走手、從手走頭、從頭走足、從足走腹之不同，何謂皆根於心乎？既曰：皆根於心，何又謂營出中焦，肺脈亦從中焦起乎？曰：經脈根於心，而行於腹、行於手、行於頭、行於足，此經所止之處，即彼經所起之處，猶樹之由根而幹，由幹而枝，枝又生枝，繁衍無已，而要皆原於根也。心脈下緣於胃脈，猶樹之根鬚生於地下也。根於心者，大哉乾元萬物資始。緣於胃者，至哉坤元萬物資生。經曰：心生血。又曰：營氣之道，內穀爲寶，穀入於胃，乃傳之肺，精專者行於經隧，常營無已，終而復始，是謂天地之紀。蓋謂水穀精微之氣，皆由胃出，而上注於心，奉心化赤爲血，而上注於肺。陰隨陽化，天氣行而營氣與之俱行，故每日營氣之行，皆從肺經始，地上承天也。由肺經下行而注於大腸經，肺與大腸相表裏。復上行而注於胃經，循注於脾經，脾與胃相表裏。又上行而注於心經，由心經下行而注於小腸經，心與小腸相表裏。由是而注於膀胱經，循注於腎經，腎與膀胱相表裏。從腎注心包絡，心腎相交。由心包絡下行而注於三焦經，心包絡與三焦相表裏。從三焦經復上行而注於膽經，循注於肝經，肝與膽相表裏。至肝經而營氣一周於身。經故曰：厥陰爲陰之盡，厥陰爲闔，盡而闔，故藏血。由肝經上行而復注於肺經，終而復始，如環無端，一晝一夜，五十度周於身，經故曰五十營。再以經脈運行於內外者，析言之。

《醫原·百病提綱論》 他如春溫，寒化燥而夾濕者也。風溫，風化燥也。溫熱、暑溫，濕熱交合爲病，而偏於熱者也。濕溫，濕熱交合爲病，而偏於濕者也。溫役，病如役擾，乃濁土中濕熱鬱蒸之氣，而化燥最速者也。伏暑，乃暑濕交合之邪，伏於膜原，待涼燥而後激發者也。瘧疾，有暑濕合邪，伏於膜原，有風寒逼暑入於營舍，亦皆待涼燥而後激發者。霍亂，有傷於暑燥，有傷於寒燥，有傷於暑濕，有傷於寒濕，有燥夾濕，濕化燥，相因而爲病者也。審是燥濕二氣，非風寒暑火所生而化，化而成之者哉？

《歸硯錄》卷二 故人沈君辛甫，端恪公曾孫也，嘗病吳鞠通混疫於溫。余謂不但此也，其《條辨》首列曰：溫病者，有風溫、有溫熱、有溫疫、有溫毒、有暑溫、有濕溫、有秋燥、有冬溫、有溫瘧。凡九項，似無遺義，而不自知其題旨未淸也。夫冬傷於寒，至春而發者，曰溫病，夏至後發者，曰熱病。冬春感風熱之邪而病者，首先犯肺，名曰風溫。其病於冬者，亦曰冬溫，病於春者，亦曰春溫，即葉氏所論者是也。夏至後所發之熱病，在《內經》亦曰暑，以其發於暑令也。故仲景以夏且感暑成病者，名曰暍，蓋暑、暍者，皆熱之謂也。今杜撰暑溫名目，最屬不通。至於疫證，更不可與溫熱同治，當從吳又可、余師愚兩家爲正鵠，而溫之爲毒爲瘧，乃溫之節目矣。概而論之，宜乎愈辨愈不淸矣。

第四條云：太陰風溫、溫熱、溫疫、冬溫初起惡風寒者，桂枝湯主之。夫鞠通既宗葉氏，當詳考葉氏論案以立言。如《指南》溫熱門第三案云：溫邪上受，內入乎肺，肺主周身之氣，氣窒不化，外寒似戰慄，其溫邪內鬱，必從熱化。風溫門第五案云：風溫入肺，氣不肯降。形寒內熱，乃膹鬱之象，用藥皆是辛涼輕劑。至《幼科要略》論三時伏氣外感，尤爲詳備。於春溫證，因外邪引動伏熱者，必先辛涼以解新邪，自注用葱豉湯，垂訓昭然，何甘違悖？意欲紹述仲聖手，則祖上之門楣不可誇爲自己之閥閱也。在涇先生云：溫閏伏寒變熱，少陰之精已被劫奪，雖有新舊合邪，不得更用桂枝湯助熱而絕其本也。豈吳氏皆未之聞乎？

其次條云：凡病溫者，始於上焦，在手太陰。嘻，豈其未讀《內經》耶？伏氣爲病，自內而發，惟冬春、風溫、夏暍、秋燥，皆始於上焦。若此等界限不淸，而強欲劃界以限病，未免動乎即錯矣。夫溫熱究三焦者，非謂病必在上焦，始而漸及於中、下也。伏氣自內而發，則病起於下者有之，胃乃藏垢納汚之所，濕溫、疫毒病起於中者有之，暑邪挾濕者，亦犯中焦，又暑屬火而心爲火臟，同氣相求，邪極易犯，雖始上焦，亦不能必其在手太陰一經也。

中焦篇第一條自注云：肺病逆傳，則爲心包，上焦失治，則傳中焦。始上焦，終下焦。噫，是鞠通排定路徑，必欲溫熱病導其道而行也，有是理乎？彼犯肺之邪，若不外解，原以下傳於胃爲順，故往往上焦未罷，已及中焦，惟其不能下行爲順，是以內陷膻中爲逆傳。章虛谷亦昧此義，乃云火來尅金而肺邪反傳於包絡，故曰逆。夫從所勝來者，爲微邪，胡可反以爲逆？豈二公皆未讀《難經》耶？其不始於上焦者，更無論矣。

《世補齋醫書文集·合論顧景文〈溫證論治〉、吳鞠通〈溫病條辨〉》 《溫證論治》，在華、邵輩所編《臨證指南》之外，乃顧景文者假托葉先生之語，而刻於唐笠三《吳醫會講》者也。唐刻有小引云：先生游於洞庭山，門人顧景文隨之舟中，以當時所語，信筆錄記，一時未經修飾，是以辭多佶屈，語亦稍亂，讀者未免眩目，不揣冒昧，竊以語句稍爲條達，前後少爲移掇，惟使晦者

明之，而先生立論之要旨，未敢稍更一學也。據此，則所刻云云，已經唐氏加以刪潤，尚且如此不堪，然則顧景文之原本當更何如。不意托名大醫，便能行世，貯春仙館刻之，拜石山房刻之，種福堂又刻之，而其貽禍於病人者，直如此其大也。顧所記名曰《溫證論治》，而章虛谷樂爲之注，改其名爲《外感溫熱》。王孟英又樂取之，謂仲景所論溫熱是伏氣，葉氏所論溫熱是外感，故以溫邪上受，首先犯肺，逆傳心包十二字，揭之篇首，以自別異。果如其說，則所稱溫熱者，不過小小感冒，即俗所謂小風熱、小風溫，如目赤頤腫，喉梗牙疼之類，卻只須辛涼輕劑，其病立愈。然何以不出數日遽入心包，爲一場大病，以至於死？若不數日而病即入心，即可死者，則必非如其所說，只須輕劑之辛涼，且何以如其所言，不即愈於辛涼之輕劑耶？夫其所謂熱入心包者，不可謂世無其病也，然總不在僅稱外感，僅病及肺，僅用此無名輕劑之時，是故古之人，不輕言熱入心包也。而顧其姓者，確鑿言之若此，迹其所以有是作者，似欲以所用輕劑，愈人之病也，似又欲以所用犀角，愈人之病也。乃用其所謂輕劑，而病不解，漸欲入營，血液受劫，心神不安，斑點隱隱，即隨其所用不言何物之輕劑，次第而來。然則用輕劑而液受劫者，輕劑不可用矣。用其所謂犀角，而斑出，熱不解，胃津告亡，膚冷至一晝夜，僅僅未成脫證，亦即隨其視同花露之犀角，次第而來，然則用犀角而津告亡者，犀角又不可用矣。此皆顧景文自己所說，皆顧景文自己所告人。夫病之教人以必用此藥，教人以必不可用他藥者，不過恐以他藥使病增重，不過欲以此藥使病速愈，不過期其後此之種種惡候，一用此藥，盡消弭於無形，故必諄諄告戒，不憚煩言，餉遺來學。而人之生其後者，有心濟世，樂爲之反覆引申，一刻再刻，使其愈病之法，昭然若發聾振聵，而惟恐其弗傳，斷無因其用此法則液受劫，用此法則津告亡，而謂此劫液亡津之法，有未可任其不傳者。然而後之人，則必用其法矣，一用其法，則所說液劫津亡者，即於初用輕劑，接用犀角時，預言之而無不準，若有先見者然，並恐不用其法，則血液未定受劫，胃津未定告亡。而所謂先見者，便不十分穩足，何由取信於病家。此所以生其後者，萬不肯不用其法也。人心愈幻，其法愈巧，後數十年，而又有吳鞠通者，鞠通即本顧景文溫邪上受，首先犯肺，逆傳心包之十二字，而爲《溫病條辨》，自條自辨，可發一笑者也。開卷揑造溫病以桂枝湯主之，爲仲景原文，繼復承《指南》之訛，以喻西昌治瘟之法，謂是劉河間之所以治溫，兩失已不待言，乃以溫病之本在中焦者，先移之於上焦，謂切不可用中焦藥，痛戒中焦之芩連，而其下即云，熱邪久羈，吸鑠眞陰，邪熱久羈，肌膚甲錯，皆鞠通所自言，皆鞠通自己所告人者。先是自製銀翹、桑鞠兩方，即顧景文之辛涼輕劑，不名一藥，而鞠通爲之引申者也，嗣是方名清宮，用犀角、牛黄，方名增液，用元參、麥冬，以及一甲、二甲、三甲之復脈湯，小定風珠、大定風珠，無非滋膩傷陰，引邪內陷，病至此，不可爲矣。而因其中焦篇，亦或有偶用芩連膏黄時，凡溫病之一用芩連膏黄，無不可去邪撤熱者，鞠通又若未嘗不知。然苟非布置上焦，則熱邪未必久羈，眞陰即未定劫鑠；苟非訶斥芩連，則邪熱未必久羈，肌膚又未定甲錯。顧景文延之數日，鞠通再加緩緩兩字，何以必緩緩也？不可解而實可解也。此所以後乎鞠通者，亦萬不肯不用其法也，以滋膩留邪之藥，緩緩延之熱邪方盛之時，陰無不傷，病無不死。陶節菴之一提金、殺車鎚、截江網，書名之惡極者也。此之一甲、二甲、三甲、定風珠，方名之惡極者也。病何等事，醫何等人，顧可兒戲若斯乎？

《世補齋醫書文集·再論溫邪上受首先犯肺逆傳心包十二字》 此十二字者，《溫證論治》之所以發凡而起例者也。初不言邪之何以獨傷肺，肺之何以遽傳心，但云若論治法，宜用辛涼輕劑。延之數日，夫人病之熱，惟胃爲甚，胃熱之甚，神爲之昏，從來神昏之病，悉屬胃家，即使熱果入心，亦必先病及胃，病苟僅在於肺，則斷無神昏之事，即斷無入心之理。乃於病之明明有神昏者，特將神昏二字，始終不提，又明知神昏不屬於肺，即暗將神昏移入於心，其曰上受，曰先犯，曰逆傳者，皆所以抹煞胃病之故。再加未入心包，邪專在肺二句，說成此時之病，不心則肺，一肺即心，若絕無與於陽明胃者，而不可用胃藥之語。適在此種種胃病之時，欲成一家之言，翻盡千古之局，鍛煉周內病者不能呼冤也。其時病者，或爲太陽陽明兩經遞病，或爲太陽陽明兩經合病，太陽行身之後由背貫胸，陽明行身之前，由胸徹背，肺爲華蓋，位在胸背之上，而胸爲近，胃爲五藏六府之海，其清氣上注於肺，注者射也，太陽之邪射肺，陽明之邪亦射肺，而陽明爲近，故必陽明胃之熱降，而在上之肺氣始安。所病本只在胃，肺僅爲病所累，於此而必曰肺病，勢必徒用肺藥，轉將胃之支脈絡於心，胃熱之最易蒸心者，一任其偪近心包，日偪日近，而神昏益甚，又以爲此即心病，此即肺病之傳心。輕劑之後，即用犀角，將胃中之藥，非特擱置弗道，并且禁絕勿用，遂領胃中射肺之邪，直攻心藏，是其所以

逆傳者，全賴此藥以爲之也。夫胃者府也，肺與心藏也，本是府病，而偏要說成藏病，遂乃舍府治藏，夫豈有藏府，而亦可以不分者？人病，府爲輕而藏爲重，此時一治其府，病無不除，亦何至領邪入藏，死於非命哉？獨無如兎園冊子，只有顧景文之《溫證論治》，吳鞠通之《溫病條辨》等物，以爲道在是矣。宜乎今日盛名之下，幷藏府之不言也。

《世補齋醫書文集・再論胃病有神昏肺病無神昏之理》 世間原有一種肺病，其小者，如欬嗆噴嚏，頤腫喉梗之類，其大者，如哮喘咯血，肺癰肺痿之類，皆不聞有神昏而至譫妄者。既曰肺病，斷不能有神昏，既曰神昏，斷不僅爲肺病，既不神昏，斷不病及心包，既不病心，斷不需用犀角，是皆可以理斷，而不必盡通乎醫道者也。鞠通所謂上焦病者，即景文所言之肺，鞠通所謂不可用中焦藥者，即景文所不言之胃，乃於景文延之數日上，再加緩緩兩字，胃不及待，釀成大熱，或亦一用膏黃，似乎已勝顧說，而隨即以清宮、增液者，使胃病仍歸不治。夫人之所病者胃，而醫之所言者肺，神之所以能昏者在胃，而醫之所以治神昏者在心，類皆善用移字訣，而此之所移，又爲移字訣中最大之禍。明明一部《傷寒論》，長留天地間，基於急去熱邪，陰始可保，如仲景之白虎承氣湯；小之而一去其熱，陰即不傷，如仲景之葛根芩連諸方，辛從甘以化陽，苦從甘以化陰，陰陽和而時雨降，頃刻間有嘘枯振槁之能者，概從擯棄，且若惡聞，豈無意乎？風寒溫熱，尋常病耳，似此惝恍迷離，既令人於傷寒方視若畏途，並以一二肯用傷寒方者，目爲怪物，登仁壽而免夭札，只看《傷寒論》之興替何如。余既合論兩家，而並暢發此論，所望病家之曾受此害者，一權於肺胃之間，而恍然有悟也。

《時病論・冬傷於寒春必病溫大意》 經謂：冬傷於寒，春必病溫。是訓人有伏氣之爲病也。夫冬傷於寒，甚者即病，則爲傷寒，微者不即病，其氣伏藏於肌膚，或伏藏於少陰，至春陽氣開泄，忽因外邪乘之，觸動伏氣乃發。又不因外邪而觸發者，偶亦有之。其藏肌膚者，都是冬令勞苦動作汗出之人；其藏少陰者，都是冬不藏精腎臟內虧之輩。此即古人所謂最虛之處，便是容邪之處。何劉松峯、陳平伯諸公，皆謂並無伏氣，悖經之罪，其可逭乎。據豐論春時之伏氣有五：曰春溫也，風溫也，溫病也，溫毒也，晚發也。蓋春溫者，由於冬受微寒，至春感寒而觸發。風溫者，亦由冬受微寒，至春感風而觸發。溫病者，亦由冬受微寒，寒釀爲熱，至來春陽氣弛張之候，不因風寒觸動，伏氣自內而發。溫毒者，由於冬受乖戾之氣，至春夏之交，更感溫熱，伏毒自內而發。晚發者，又由冬受微寒，當時未發，發於清明之後，較諸溫病晚發一節也。此五者，皆由冬傷於寒，伏而不發，發於來春而成諸溫病者，當辨別而分治之。

《時病論・冬傷於寒春必病溫大意・溫病》 嘗讀介賓之書，謂溫病即傷寒，治分六要五忌。又可之書，謂溫病即瘟疫，治法又分九傳。殊不知傷寒乃感冬時之寒邪，瘟疫乃感天地之厲氣，較之伏氣溫病，大相徑庭，豈可同日而語哉。推溫病之原，究因冬受寒氣，伏而不發，久化爲熱，必待來年春分之後，天令溫暖，陽氣弛張，伏氣自內而動，一達於外，表裏皆熱也。其證口渴引飲，不惡寒而惡熱，脈形愈按愈盛者是也。此不比春溫外有寒邪，風溫外有風邪，初起之時，可以辛溫辛涼。是病表無寒風，所以忌乎辛散，若悮散之，則變證蜂起矣。如初起無汗者，祇宜清涼透邪法。有汗者，清熱保津法。如脈象洪大而數，壯熱譫妄，此熱在三焦也，宜以清涼蕩熱法。倘脈沉實，而有口渴譫語，舌苔乾燥，此熱在胃腑也，宜用潤下救津法。凡溫病切忌辛溫發汗，汗之則狂言脈躁，不可治也。然大熱無汗則死，得汗後而反熱，脈躁盛者亦死。又有大熱，脈反細小，手足逆冷者亦死。或見痙搐昏亂，脈來促結沉代者皆死。醫者不可不知。

劉松峯曰：《雲笈七籤》中引作冬傷於汗，甚妙。蓋言冬時過暖，以致汗出，則來年必病溫，余屢驗之。良然。冬日嚴寒，來春並無溫病，以其應寒而寒，得時令之正故耳。且人傷於寒，豈可稽留在身，俟踰年而後發耶？

豐按：冬傷於汗，汗字欠妥，松峯反贊其妙。既謂冬傷於汗，試問春夏秋三時所傷爲何物耶？又謂冬時過暖，來年病溫，此說是有伏氣。又謂人傷於寒，豈可稽留，此說又無伏氣。片幅之中如此矛盾，誠爲智者一失耳。

《時病論・冬傷於寒大意》 經曰：冬傷於寒。謂交立冬之後，寒氣傷人，其能固密者，何傷之有？一有不謹，則寒遂傷於寒水之經，即病寒熱無汗，脈來浮緊，名曰傷寒是也。一交春令，便不可以傷寒名之。然冬令受寒，有淺深之別焉。深者爲中，淺者爲冒。蓋中寒者，寒邪直中於三陰之裏，故有吐瀉腹痛，急宜熱劑祛寒。冒寒者，寒邪冒於軀殼之外，則有寒熱身疼，不難一汗而愈。傷寒、中寒、冒寒，略述其概，猶有冬溫之證，不可不詳。冬溫者，冬應寒而反溫，非其時而有其氣，人感之而即病者是也。宜用辛涼之法，

慎勿誤用痲、桂、靑龍，若誤用之，必變證百出矣。此四者，乃冬時即病之新感也。倘受微寒微溫之氣，當時未發，必待來春而發者，便是伏氣之病，須別諸溫而治之。或問曰：曾見東垣之書，已有冬傷於寒，春必病溫等論，先生拾前人之唾餘，竟以爲獨開生面之創，欺人乎？抑亦自欺之甚也？答曰：子言過矣。豐亦見《此事難知》之內，有論四篇，所云都是五行生尅有餘不足，所勝所不勝之理，其義難明，誠難知之書也。豐今分論八篇，以爲時證提綱，其理透徹，閱者易知，明出冬傷於寒之新感，所見何證；冬傷於寒，春必病溫之伏氣，所見何證；一一詳明，瞭如指掌。與東垣之論，意思懸殊，何嘗拾其唾餘，以爲己出耶。此猶應試，共一題目，而文字實不雷同，奚敢欺人復自欺耳。然乎否乎？

《時病論・冬傷於寒大意・冒寒》 冒寒之病，偶因外冒寒邪，較傷寒則輕，比中寒甚緩。蓋傷寒傷乎六經，中寒直中乎裏。惟冒寒之病，乃寒氣罩冒於軀殼之外，而未傳經入裏也。是以遍體痠疼，頭亦微痛，畏寒發熱而乏汗，脈象舉之而有餘，宜辛溫解表法治之。服藥之後，務宜謹避風寒，覆被而卧，俾其微微汗出而解。否則傳經入裏，當審何經而分治之。倘或伏而不發，來年必發爲春溫、風溫等病，不可以不知也。

《醫寄伏陰論・時行伏陰總說》 天地之道，一陰一陽。陽升則陰降，陽浮則陰沉，陽降則陰升，陽沉則陰浮。升降浮沉，陰陽之變化，生殺之徵也。蓋陽氣升於春，浮於夏，降於秋，沉於冬，是故春溫夏熱秋涼冬寒，爲四序之常候也。四序失則寒暑忒，非其時而有其氣，則爲異氣，異氣未有不病人者。春夏陽氣開張之際，適値陰雨不止，雨淫濕盛，則陽氣自微，而寒氣自生，寒濕相搏，結成一團，陰霾之氣，致人受之，則上客於肺，中客於脾，下客於腎，即病則名寒濕。如不即病，其邪必伏孫絡，則爲伏陰。直至夏秋，陰氣內盛，陽氣外洩，久伏孫絡之邪，從陰而化，發端於膜原，膜原在胸膺之內，夾脊之前，正經胃交關之所，爲諸經之總會也。陰邪踞此壅遏氣機，淸無所升，濁無所納，三焦表裏，營衛氣血，皆爲所阻，於是胸中不樂，頭微眩，四末微痲，小便不通，下利淸水，嘔嘔欲嘔，一經嘔吐，聲瘖耳鳴，面塵肌消，目眶陷，目睛冒，渴飲熱湯，四肢逆冷，脈微或伏，轉筋疼痛，冷汗自出，有類霍亂，變則嘔止而噦，或噫或呃，或咳或懊憹，或心下痞塞，或心煩惡熱，而肢體若冰，甚則心中如焚，渴欲冷飲，搧扇不知風，飲冰不知冷，卧地不起。大要此症皆以小便通利則生，不通則死。其間有僅下利而不嘔吐者，陰邪就下爲病也。有朝發暮死者，重感於邪也。又有觸發舊疾而並病者，有誤藥鍼而成危候者，有病退失調，而終歸冥路者，不可言狀。初治之法，當以溫中通陽爲第一義，大忌苦寒助邪，消尅伐正。如神形已奪，切勿與芳香投鍼石，以氣血不可再奪耳。所謂無盛盛，無虛虛，而遺人夭殃，無致邪，無失正，絕人長命。若轉筋危急，則湯熨之法，最爲穩捷。至於變症用藥，或宜補，或宜通，在臨診審量。

《痧喉正義・邵新甫論痧》 邵新甫言癍者有觸目之色，而無礙手之質，即稠如錦紋，稀如蚊迹之象也。或布於胸腹，或見於四肢，總以鮮紅起發者爲輕，色紫成片者爲重。色黑者爲凶，色黑而潤者可治，色靑者爲不治，有諸內而形諸外，可決其臟腑之安危，邪正之勝負也，即痧瘄亦莫不然。是蓋傷寒瘟諸證，失於宣解，熱邪蘊於胃腑，走入營中，故有是患。考方書治法不一，大抵由失表而致者，當求之汗，失下而致者，必取乎攻，炎甚則淸之，毒甚則化之，營氣不足者，助其虛而和之托之。陰斑一說屬寒，見證甚微，必參之脈象及兼證，方能辨之。須知出要周匀，沒宜徐緩，不外乎太陰陽明之患。故繆氏專以肺胃論治爲精。葉氏立法，本乎四氣，隨其時令之勝復，酌以辛涼辛勝，及甘寒、苦寒、鹹寒、淡滲等法而治之。凡吾幼科諸友，於此尤當究心焉。

《讀醫隨筆・證治類・冬傷於寒春必病溫冬不藏精春必病溫冬不按蹻春必病溫義不同》 冬傷於寒，是感受冬時閉藏之令太過也。不藏精與按蹻，是疏泄之太早，冬行春令，而奉生者少也。判然兩義，王好古混而同之，張景岳、喻嘉言從而和之。一若冬時只有疏泄太早之病，而無閉藏太過之病，是不通也。且《內經》冬不藏精、冬不按蹻，不與四時遞言。何者？此但主陽舒陰斂之義，對夏暑汗不出而言，不合四時五行循環之氣也。冬傷於寒是與春傷於風、夏傷於暑、秋傷於濕遞言，皆各因其時令本氣之太過也。夫冬傷於寒者，寒氣外逼，則衛氣內陷，而榮氣爲所灼耗也。冬日皮膚宜溫，夏日皮膚宜涼，若冬日薄衣露處，皮膚皆寒，則腠理緻密，衛氣略無伸舒，而內積於榮分，津液隱爲所銷，內熱有太盛欲焚之慮矣。人身八萬四千毛孔，皆氣所出入之道也。氣不出入，則必內鬱。西醫謂人身有炭氣、有養氣之分，養氣即平氣也，炭氣即鬱濁之毒氣也。冬傷於寒，束住衛氣，鬱而不舒，則爲炭氣。其發病爲溫熱，不亦宜乎。不藏精者，榮氣外泄，與此異矣。然二者

病機雖各不同，而多出於貧苦。何者？力食則汗洩非時，而不藏精，游手則薄衣露處，而傷於寒。其病也，一由宣泄之太早，一由閉遏之太過，雖同爲溫病，而治法又有不同矣。不藏精者，宜固本而養陰。傷於寒者，宜宣鬱而解表也。諉曰：不藏精即傷於寒也，以虛爲實，其治法有不誤而殺人者乎？

《讀醫隨筆・證治類・瘟疫脈沉》 近日時疫之病，有所謂喉痧者，初起脈俱沉細，三部以兩尺爲甚，兩尺又以左手爲甚，其初至數尚清，應指有力，一二日後，漸見躁疾，模糊伏匿，按之即散。舊謂瘟病邪從中道，起於陽明，其脈右大於左。竊謂此乃熱濁之毒氣熏蒸肺胃，脈形必是緩長洪大，渾渾不清，爲氣濁而中焦濕熱也。近時病情乃邪伏少陰，或冬暖不寒，陽氣不潛，陰精消散，或膏粱無節，脾胃濁熱下流，尅傷腎水，或房室無度，陰精下奪，至春陽氣欲升，陰精不能載陽上達，故虛陽之已升者，中道而止於咽喉，不能達於大表也。其毒氣之未以全升者，下陷於腎中，熏蒸燔灼，陰盡而死，所謂逆冬氣則少陰不藏，腎氣獨沈也。治法嘗擬用豬膚湯、麻辛附子湯，二方併用，減麻黄，附子改用生者，並重加黨參，以達其毒，毒散陰可存矣。世每泥於喉症發於肺胃之成法，用苦寒清降，以清肺胃，故熱毒愈無由達也。張石頑曰：傷寒以尺寸俱沈爲少陰，少陰一經死證最多，爲其邪氣深入，正氣無由自振也。若夫春夏溫病熱病，而見沈小微弱短濇者，此伏熱之毒滯於少陰，不能撐出陽分，所以身大熱而足不熱者，皆不救也。惟沈而實，見陽明府實證者，急以承氣下之，不可拘於陽證陰脈例也。凡時行疫癘而見沉脈，均爲毒邪內陷，設無下證，萬無生理，此論可謂詳矣。至謂脈沉無下證必死者，爲其不可下也，下之亦必死。然則於萬死之中而求一生，宜何道之從？曰：不從下奪而從上提，重填其陰，以舉其陽，庶有幾乎，何者？此人金水並虛，木火並實，實者散之，虛者滋之，金復則自上而挈之，水復則自下而托之，如此而不生，可告無罪矣。近有自負明醫，專用桂、附、椒、薑，燥陰耗血，謬稱托邪外出，引火歸原，應手輒斃，其罪與用苦寒清上者等。

《溫病指南・溫病總論》 溫病與傷寒迥不相同。傷寒必在冬月，溫病四時皆有。傷寒乃感嚴寒之氣，日傳一經，宜分六經施治。溫病乃感溫熱穢濁之氣，傳變不定，宜分上中下三焦及邪之在氣在血以治之。以古書所列溫病而論，春初風木當令而病者爲風溫，春末夏初溫熱漸盛則爲溫熱，夏令病暑熱盛於濕者爲暑溫。暑溫，即受暑也。若過時而發，則爲伏暑。長夏初秋濕盛於熱者爲濕溫，冬令過暖陽不潛藏則爲冬溫。穢厲傳染，家家如是，如徭役然，是爲溫疫。穢濁太甚，諸溫夾毒，則爲溫毒。以上各證，名目甚繁，而究其治法，只須細審溫邪之兼濕與否，及濕溫二邪，孰多孰少，以爲用藥之差別。今以溫邪之不兼濕者，統歸風溫類，列爲上卷。溫邪之兼濕者，統歸濕溫類，列爲下卷。葉氏《溫熱論》、薛氏《溫熱贅言》，皆以風濕對待立論，故仿之。而二卷之中，又各按三焦分爲三篇。如此分門別類，庶可一目了然。惟上卷之風溫、溫熱、冬溫、溫毒，治法並皆相同，溫毒稍兼解毒。下卷之濕溫、暑溫，則分濕多熱多，用藥稍有區別，按濕熱合邪之證，凡熱多於濕者，皆可以暑溫法治之，濕多於熱者，皆可以濕溫法治之。不必拘定夏秋時令，亦有其人本體有濕，外感溫熱而病者，不拘四時，皆爲濕溫，治法並同。古書分時論證，但言其大概耳。至溫疫乃一時厲氣流行，或兼濕或不兼濕，初無一定，須臨時察其如何見證，按兩卷所列各條，依法施治，故於二卷中俱列其目。總之，溫熱最易傷陰，無論挾濕挾燥，均須刻刻防其傷陰爲第一要義，最忌麻黄、桂枝、羌活、獨活、升麻、柴胡等辛溫升散之藥。倘悞用之，重傷其陰，必致輕病變重，重病變爲不起。不可不慎也。

《疫證集說・古今治疫異同論》 上古洪荒始奠，地曠人稀，陽氣潛微，陰寒滋盛，病者寒多熱少，故熱病統於傷寒。中古以還，生齒日繁，人煙稠密，濁氣蒸鬱，熱病居多，惡臭穢氛往往釀而成疫，是以傳染病統謂之疫。非天地變遷，今昔有異，實緣寰區之大竟有人滿之憂。紀曉嵐先生詩曰：萬家煙火暖雲蒸，銷盡天山萬古冰。可謂釀疫之證矣。古時疫既鮮少，治疫初無專書，或以疫病爲天行，或以時氣爲鬼役，而凡製方主治僅事辟邪，自秦漢以迄晉唐大率類此。宋季以溫法著效，金元以涼散擅長，迨明之吳又可始著專書，又發明募原之理。國朝喻嘉言論三焦，王養吾論痧症，劉松峯論雜氣，余師愚之主熱，王清任之主瘀，各抒卓見，以成一家。從此治疫之方，釐然大備。嶺嶠地溫濕重而多瘴癘，近廿年間又盛行鼠疫，羅芝園仿通瘀而獲效，雖運會有遞變，疫病無定名，而往古來今成法具在，究其所以異同之故，神而明之，存乎其人。

溫病總部

溫病診辨防治部

綜述

《肘後方・治傷寒時氣溫病方》 若汗出不歇已三四日，胸中惡，欲令吐者，豉三升，水七升，煑取二升半，去滓，內蜜一兩，又煑三沸，頓服。安卧，當得吐，不差，更服取差。祕法傳於子孫也。

又方：生地黃三斤，細切，水一斗，煑取三升，分三服。亦可服藜蘆吐散及苦參龍膽散。

若已五六日以上者，可多作青竹瀝，少煎，令減，爲數數飲之，厚覆取汗。

又方：大黃、黃連、黃檗、梔子各半兩，水八升，煑六七沸，內豉一升，葱白七莖，煑取三升，分服。宜老少。

又方：苦參二兩，黃芩二兩，生地黃半斤，水八升，煑取一升，分再服，或吐下毒，則愈。

若已六七日熱極，心下煩悶，狂言見鬼欲起走，用乾茱萸三升，水二升，煑取一升後，去滓，寒溫服之，得汗便愈。此方恐不失，必可用也，祕之。

又方：大蚓一升破去，以人溺煑，令熟，去滓服之。直生絞汁及水煎之，並善。又絞糞汁，飲數合至一二升，謂之黃龍湯，陳久者佳。【略】

天行諸痢悉主之，黃連三兩，黃檗、當歸、龍骨各二兩，以水六升，煑取二升，去滓，入蜜七合，又火煎取一升半，分爲三服，效。

天行毒病，挾熱腹痛，下痢，升麻、甘草、黃連、當歸、芍藥、桂心、黃檗各半兩，以水三升，煑取一升，服之，當良。

天行四五日大下熱痢，黃連、黃檗各三兩，龍骨三兩，艾如雞子大，以水六升，煑取二升，分爲二服，忌食豬肉、冷水。

若下膿血不止者，赤石脂一斤，乾薑一兩，粳米一升，水七升，煑米熟，去滓，服七合，日三。

又方：赤石脂一斤，乾薑二兩，水五升，煑取三升，分二服。若絞臍痛，加當歸一兩，芍藥二兩，加水一升也。

若大便堅閉令利者，大黃四兩，厚朴二兩，枳實四枚，以水四升，煑取一升二合，分再服，得通者止之。

若十餘日不大便者，服承氣丸，大黃、杏人各二兩，枳實一兩，芒硝一合，擣，蜜和丸如彈丸，和湯六七合服之，未通更服。

若下痢不能食者，黃連一升，烏梅二十枚，炙燥，並得擣末，蠟如棋子大，蜜一升，合於微火上，令可丸，丸如梧子大，一服二丸，日三。

若小腹滿，不得小便方：細末雌黃，蜜和丸，取如棗核大，內溺孔中，令半寸，亦以竹管注陰，令痛朔之通。

《肘後方・治瘴氣疫癘溫毒諸方》 辟瘟疫藥乾散：大麻人、栢子人、乾薑、細辛各一兩，附子半兩，炮，擣，篩，正旦以井華水，舉家各服方寸匕。疫極，則三服，日一服。

老君神明白散：术一兩，附子三兩，烏頭四兩，桔梗二兩半，細辛一兩，擣，篩，正旦服一錢匕，一家合藥，則一里無病，此帶行所遇，病氣皆消。若他人有得病者，便溫酒服之方寸匕，亦得。病已四五日，以水三升，煑散，服一升，覆取汗出也。

赤散方：牡丹五分，皂莢五分炙之，細辛、乾薑、附子各三分，肉桂二分，眞珠四分，躑躅四分，擣，篩爲散。初覺頭强邑邑，便以少許內鼻中，吸之取吐，溫酒服方寸匕，覆眠得汗，即差。晨夜行，及視病，亦宜少許以內粉，粉身佳。牛馬疫，以一匕著舌下，溺灌，日三四度，甚妙也。

度瘴散，辟出瘴惡氣。若有黑霧鬱勃及西南溫風，皆爲疫癘之候。方：麻黃、椒各五分，烏頭三分，細辛、术、防風、桔梗、桂、乾薑各一分，擣，篩，平旦酒服一盞匕，辟毒諸惡氣，冒霧行，尤宜服之。

太乙流金方：雄黃三兩，雌黃二兩，礬石、鬼箭各一兩半，羖羊角二兩，擣爲散，三角絳囊，貯一兩帶心前並門戶上，月旦青布裹一刀圭，中庭燒溫，病人亦燒燻之，即差。

辟天行疫癘，雄黃、丹砂、巴豆、礬石、附子、乾薑，分等，擣，蜜丸，平旦向

日吞之。一丸如胡麻大，九日止，令無病。

常用辟溫病散方：眞珠、肉桂各一分，貝母三分，熬之，雞子白熬令黃黑，三分，擣篩，歲旦服方寸匕。若歲中多病，可月月朔望服之，有病即愈。病人服者，當可大效。

《傷寒總病論・傷寒暑病通用刺法》 熱病汗出，脈反順，可汗者，取之魚際、太淵、大都、太白，瀉之則熱去，補之則汗出。太甚者取踝上横紋以止之。魚際在大指本節後內側散脈中；太淵在掌後陷中；大都在足大指本節後陷中；太白在足內側核骨下陷中；踝上横紋不説穴名，當是足內踝上二寸，名曰復溜，主骨寒熱汗注不休故也。

熱病七八日，脈口動，喘而眩者，急刺之。汗且白出，淺刺手大指間。合谷穴是也。

熱病先胸脇痛，手足躁，刺足少陽，補足太陰。據傷寒皆忌土敗木賊證，是足少陽木受邪，當傳尅脾土，故宜瀉足少陽之丘墟，而補足太陰之太白。《素問》云：補足太陰者是也。其全元起《太素》作手太陰而以肺經，從肺出腋下，故胸脇滿痛。又有引虛則索筋於肝，不得索之於金，而以手太陰爲是。既言不得索之於金矣，而復求於金乎，是必不然也。既瀉於木，理不合更補於金，若補於金，則木反受尅矣，故當補脾土無疑。

熱病先手臂痛，刺手陽明、太陰，汗出止。太陰絡列缺穴，在腕上二寸半，刺七分；陽明商陽穴在手大指次指端，去甲如韭葉，刺三分。

熱病始於頭首者，刺項太陽而汗出止。天柱穴在項後髮際，大筋外廉陷中，可刺五分，瀉之。

熱病先眩冒而熱，胸脇滿，刺足少陰、少陽。足少陰湧泉穴，在兩腳心陷，屈足卷指宛宛中，刺入七分，瀉之，無令血出。足少陽俠谿穴，在小指歧骨間，本節前陷中。

熱病始足脛痛者，先取足陽明而汗出。陷谷穴在足大指次指之間，本節後陷中，針入五分，瀉之。

熱病三日汗不出，怵陽胸脇痛，不可轉側，大小便血及衄不止，氣逆嘔噦，煩渴，食飲不下，針勞宮。在手掌心，針入五分，瀉之。

《傷寒補亡論・傷寒脈法及刺法》 問曰：傷寒有五，其脈何如？《難經・五十八難》曰：中風之脈，陽浮而滑，陰濡而弱。濕溫之脈，陽濡而弱，陰小而急。傷寒之脈，陰陽俱盛而緊濇。熱病之脈，陰陽俱浮，浮之而滑，沈之散濇。溫病之脈，行在諸經，不知何經之動，各隨其經之所在而取之。

問曰：脈之辨寒暑何如？仲景曰：脈盛身寒，得之傷寒；脈虛身熱，得之傷暑。

問曰：溫病刺五十九穴，何穴也？《素問》三十二篇曰：病甚者，爲五十九刺，是也。《靈樞》二十三篇曰：所謂五十九刺者，兩手足內各三，凡十二痏。五指間各一，凡八痏。足亦如是，亦八痏。頭入髮一寸傍三分，各三痏，凡六痏。更入髮三寸邊五，凡十痏。耳前後、口下一作目下。各一，項中一，凡六痏。巔上一，顖會一，髮際一，廉泉一，風池二，天柱二，此五十九穴也。

《傷寒補亡論・發斑》 又曰：陽盛則身熱而無汗，陰盛則身冷而有汗。岐伯曰：陽盛則身熱，腠理閉，喘粗爲之俯仰，汗不出而熱；陰盛則身寒，汗出，身常清，數慄而寒，寒而厥，不可用發表藥。雍曰：發斑一證，以仲景不言，故諸書少至當之論。既不分溫毒傷寒、在表在裏不同，又不別發斑、癮疹、諸瘡之異，雖朱氏亦然。《活人書》曰：斑瘡癮疹如錦文，俗名麩瘡，《素問》謂之疹。此亦發斑、癮疹、麩瘡三病爲一證也。雍詳發斑，未嘗成瘡也。傷寒之斑，初如朱砂細點，又如狗蚤囓痕，初甚稀有，漸加稠密是也。癮疹略如風尸，亦有赤白二種，赤者如錦文也，不如風尸之高起，漸隱而起相連續，初多起臂腿，次滿腹背，皆成錦花者是也。溫毒之斑，略類赤色癮疹，又不與傷寒斑同。至俗名麩瘡者，乃是陽毒諸瘡之類，與斑、疹二者不同。古有陽毒瘡者，即本俗名豆瘡、麻子瘡、水鈴、麩瘡，皆是也。皆因形名之。每有輕重，惟豆瘡爲至重，其他若誤服涼藥，亦皆能殺人。又有暴發錦文癮疹者，初無傷寒證，但前一日二日減食，情思不佳，次必臂腿瘙癢，搔之隨手錦文出，丹毒治之，塗赤小豆雞子清甚佳。胸中餘毒不去，則胸中煩悶，不入食，二三日，服解毒藥，去毒盡乃安。石南湯、元參升麻湯，正解此毒。諸家論斑毒瘡疹皆爲一類，故此略辨之，其詳自有陽毒、斑瘡論，並在小兒傷寒部中。

《傷寒補亡論・斑瘡癮疹辨》 雍曰：世醫論斑、癮疹不甚詳明，雖龐朱二氏亦然。朱氏曰：初春病人肌肉斑爛，癮疹如錦文者，溫毒也。龐氏之言亦然。朱氏曰：發斑有二症，有熱病發斑、溫毒發斑，溫毒如上所言是也。熱病發斑者，朱氏曰：或未發汗，或已經汗下，而熱毒不散，所以發斑瘡，癮疹如錦文，俗云麩瘡，《素問》謂之胗。此誤也。雍謂斑與瘡疱及癮疹，實是三種。傷寒熱病發斑，謂之斑，其形如丹砂小點，終不成瘡，退即消盡，

不復有瘡。溫毒斑即成瘡，古人謂毒熱瘡也，舍是又安得別有熱毒一瘡？後人謂豌豆瘡，以其形似之也。溫毒瘡數種，豌豆瘡則其毒之最者。其次水皰，痲子是也。又其次麩瘡子是也，如麩片，不成瘡，但退皮耳。以其不成瘡，故俗謂之麩瘡，又與癮疹不同。癮疹者，皮膚發癢，搔之則癮疹矗起，相連而出，終不成瘡，不結膿水，亦不退皮，忽爾而生，復忽爾而消，亦名風尸也。世人呼麩瘡，或曰麩疹即是。

《傷寒直格·傷寒總評·主療》 或兩感勢甚者，通宜解毒加大承氣湯下之。熱不退者，宜再下之。然雖古人皆云，三下之熱未退即死矣。亦有按法以下四五次，利一二行熱方退而得活者，免致不下退其熱而必死也。下後熱稍退而未愈者，黃連解毒湯調之。或微熱未除者，涼膈散調之。或失下熱極，以致身冷、脈微，而昏冒將死者，急下之，則殘陰暴絕而死。蓋陽氣後竭而然也，不下亦死，宜涼膈散或黃連解毒湯養陰退陽，蓄熱漸以宣散，則心胸復暖，脈漸以生。至於脈復而有力，方可以三一承氣湯下之，或解毒加大承氣湯尤良。下後微熱不解，涼膈散調之。愈後常宜服愈熱之藥，忌發熱諸物。

《衛生寶鑒·瀉熱門》 上焦熱

涼膈散　治大人小兒積熱，煩躁，多渴，面熱脣焦，咽燥舌腫，喉閉，目赤，鼻衄，頷頰結硬，口舌生瘡，譫語狂妄，腸胃燥澀，便溺閉結，睡臥不安。一切風壅，皆治之。

龍腦雞蘇丸　治胸中鬱熱，肺熱咳嗽，吐血、鼻衄、血崩、下血、血淋，虛勞煩熱。

洗心散　治心肺積熱風壅，上攻頭目昏痛，肩背拘急，肢節煩疼，口苦脣熱，咽喉腫痛，痰涎壅滯，涕唾稠粘，小便赤澀，大便秘滯。

中焦熱

謂胃承氣湯　治胃中實熱而不滿。

瀉脾散　治脾熱目黃，口不能吮乳。

貫衆散　解一切諸熱毒，或中食毒、酒毒、藥毒並皆治之。

下焦熱

大承氣湯　治痞滿燥實，地道不通。

三才封髓丹　降心火，益腎水，滋陰養血，潤補下燥。

滋腎丸　治下焦陰虛，腳膝軟而無力，陰汗陰痿，足熱不能履地，不渴而小便閉。

氣分熱

柴胡飲子　解一切肌骨蒸熱，積熱作發，或寒熱往來，畜熱寒戰，及傷寒發汗不解，或不經發汗傳受，表裏俱熱，口乾煩渴，或表熱入裏，下證未全，下後勢未除，及汗後餘熱勞復。或婦人經病不快，產後但有如此證，並宜服之。

白虎湯　治傷寒大汗出後，表證已解，心胸大煩渴，欲飲水。及吐或下後七八日，邪毒不解，熱結在裏，表裏俱熱，時時惡風，大渴，舌上乾燥，而煩欲飲水數升者，宜服之。

血分熱

桃仁承氣湯　治熱結膀胱，其人如狂。熱在下焦，與血相搏，血下則熱隨出而愈。

通治三焦甚熱之氣

清涼四順飲子　治一切丹毒，積熱壅滯，咽喉腫痛。

三黃丸　治三焦熱。

黃連解毒湯　治大熱甚煩，錯語不得眠。

《傷寒瑣言·溫病辨》 問曰：傷寒溫病何以脈辯？答曰：溫病於多時感寒所得也，至春變爲溫病耳。傷寒汗下不愈而過經，其證尚在而不除者，亦溫病也。經曰：溫病之脈行在諸經，不知何經之動，隨其經之所在而取之。

如太陽證，頭疼惡寒，汗下後過經不愈，診得尺寸俱浮者，太陽病溫也。

如身熱目疼，汗下後過經不愈，診得尺寸俱長者，陽明病溫也。

如胸脇痛，汗下後過經不愈，診得尺寸俱弦者，少陽病溫也。

如腹滿嗌乾，診得尺寸俱沉細，過經不愈，太陰病溫也。

如口燥舌乾而渴，診得尺寸俱沉，過經不愈者，少陰溫病也。

如煩滿囊縮，診得尺寸俱微緩，過經不愈者，厥陰病溫也。

是故隨其經而取之，隨其證而治之。如發斑，乃溫毒也。

治溫大抵不宜發汗，過時而發，不在表也。已經汗下，亦不在表也。經曰：不惡寒而反渴者，溫病也。明其熱自內達外，無表證明矣。

《傷寒家秘的本·舌胎》 舌上白胎者，以丹田有熱，胸中有寒，謂其寒

邪初傳入裏也，小柴胡湯。舌乃心之苗，色應南方火，邪在表，則未生胎。邪入裏，津液結搏，則舌上生胎而滑。熱氣漸深，其舌胎燥而澀。熱聚於胃，其胎爲之黄矣，宜承氣湯下之。若舌上黑色胎者，則熱已深，病熱已篤。經曰：熱病，口中乾，舌黑者，乃腎水刑於心火也。脈浮，陰陽俱緊，口中氣出，舌中乾燥，踡卧足冷，鼻中涕出，舌上滑胎，勿妄治也。到七八日以來，微發熱，手足溫者，此爲欲解也。及或大發熱者，難治。

《傷寒家秘的本·發斑》 發斑者，大熱則傷血，熱不散，裏實表虛，熱乘虛出於皮膚而爲斑也，輕則如疹子，甚則如錦紋。或本屬陽，誤投熱藥，或當汗不汗，當下不下，或汗下未解，皆能致此。有兩證：一曰溫毒，即冬時觸寒，至春而發，汗下不解，邪氣不散，故發斑也；一曰熱病，即冬時溫暖，感乖厲氣，遇春暄熱而發也。慎不可發汗，若汗之，重令開泄，更增斑爛也。然而斑之方萌，與蚊迹相類。發斑多見於胸腹，蚊迹只見於手足。陽脈洪大，病人昏憒，先紅後赤者，斑也。脈不洪大，病人自靜，先紅後黄者，蚊迹也。其或大便自利，或短氣，燥屎不通，黑斑如菓實黶者，盧醫不能施其巧矣。凡汗下不解，足冷耳聾，煩悶咳嘔，便是發斑之候。

《傷寒殺車槌法·劫病法》 一傷寒，舌上生胎，不拘滑白黄黑，俱用井水浸青布片，於舌上洗淨後，用生薑片子時時浸水刮之，其胎自退。凡見舌生黑胎芒刺者，必死。此熱毒入深，十有九死，是腎水尅心火也。

《傷寒殺車槌法·劫法》 一傷寒，熱病，熱邪傳裏，亢極無解，用黄連煎水一盞，放井中頓冷，浸青布搭在胸中，徐徐换之，待熱勢稍退即除，不可久漬。夏天用此法，冬天不宜用。

《傷寒證脈藥截江網·看傷寒識證內外須知》 火看口舌，上有白胎者，爲熱。見黄胎者，爲熱甚。見黑胎及生芒刺者，必死。

《尚論後篇·會講篇·會講〈刺熱篇〉溫論述上古經文一段》 上堂師嘉言老人第一會語録 上古醫旨，其時首春，其證首溫。先師祖儆貸季所傳，先師岐伯述之者也。首引太陽之脈色，榮觀骨，榮未交，曰今且得汗，待時而已，與厥陰脈争見者，死期不過三日，其熱病內連腎。少陰之脈色，榮頰前，熱病也。榮未交，曰今且得汗，待時而已，與少陰脈争見者死。凡十五句，七十字，岐黄之庭，宗旨曉然。至後世，則《內經》且闕，況上古乎。所以釋者極悖理。吾徒會講，首析其義焉。凡人有病，其色必徵於面，而熱病尤彰。《內經》本篇謂：肝熱病者，左頰先赤；心熱病者，顏先赤；脾熱病者，鼻先赤；肺熱病者，右頰先赤；腎熱病者，頤先赤。是五藏熱病，色且先徵矣。然五臟隱深，其色不宜外見，纔見微色，隨刺俞穴，早瀉其熱，名曰治未病。待病治之，遲矣。《靈樞》謂：赤黑色，忽見天庭，大如姆指者，不病而卒死，劇則刺，非能挽矣。惟太陽經脈色顯而易見，初起熱徵於面，此時漫無凶咎。太陽脈色榮飾於顴，乃久邪內伏，其春發溫，必始太陽經脈。紅赤熱色，先見兩顴，如以朱飾，熱之先徵也。榮飾之色，止顴骨一處，不交他處，病之淺者也。古經榮未交，曰今且得汗，待時而已，少需聽其自解，此眞訣也。大凡溫病，熱自內出，經氣先虛，雖汗之，多未汗解。故云今且得汗，待時而已。太陽經氣虛者，必待午未正陽，杲日常空，羣陰見晛，太陽經邪不留而盡出也。少陽經氣虛者，必待寅卯初旭，出震繼離，煥然一新，少陽經邪不留而盡出也。註謂肝病待甲乙解，心病待丙丁解，此五藏經文，與三陽經全不相涉。至於與厥陰脈争見者死，咸謂外見太陽赤色，內應厥陰弦脈，此則如隔千山矣。秦漢以後，始分二十四脈。弦謂少陽可也，厥陰亦可也。大浮滑數入陽弦可，沉濇弱微入陰弦亦可也。弦脈陰陽兩屬，安得指爲死脈，且三日之促耶？古義斷不其然。上古理脈色而通神明，謂上帝之所貴也，先師之所傳也。色以應日，脈已應月，常求其要，則其要也。色以應日者，舉頭見日，隨處長安，晶光萬道，人身之色，無幽不燭，同也；脈以應月者，千江有水千江月，地脈潛通，人身之脈，環會貫通，同也。脈榮顴骨，即色榮顴骨，纔一見之，表裏兩符，豈非日月合璧耶？如太陽顴骨，色脈同時解散，並不成溫熱病矣，病則色脈同時俱見矣。太陽榮顴骨，少陽榮頰前，厥陰榮頰後，少陰榮兩頤，乃至十二經脈色，大絡小絡，隨病彰灼，一瘡一痤，色脈不相離也。道在下合五行休王，上副四時往來，何吾人自小之耶。所以太陽厥陰，陰陽同時並交榮飾，此纔名爲争見。若只面呈一部，豈争見乎。争見赤紫滯晦，傳經勢重，已爲主死；争見青黑尅賊，十死不救矣。蓋太陽水而生厥陰木，則發榮滋長，光華畢達，固有善無惡也。厥陰木而孕太陽水，則子藏母腹，勾萌盡斂，亦嘿庇其根也。今外邪入而眞藏逼見於面，夫是以死耳。其熱病內連腎，身內百司庶職，惟腎獨爲政府，安則宅神根本，危則顛覆濁亂，生死出入，莫不繇之。太陰厥陰，祇稟其成，難干之矣。然不曰少陰而曰腎者，少陰傳走經脈，腎則顓主內藏。經謂過在少陰，甚則入腎，同一義也。太陽厥陰争

見，主死。牽連腎氣在內，以少陰爲厥陰母，木勢垂危，求救腎水，腎水足供，尚可母子兩全。腎水源流並竭，不母子俱斃乎。可見神去則藏敗，藏敗則爭見黎黑，豈脈色不由根心也哉。釋謂木之生數三，故死散不過三日，以生數定死期，謬甚。果而水數一，土數五，其死主一日、五日耶。《內經》明爲死陰之屬，不過三日而死，胡以生數妄解乎？下文無期不滿三日，反誤古脫，增入五字駭觀。總因死陰之屬，不審其義，故擅復之耳。少陽之脈色也六字，亦擅增入。少陽之脈色，榮顴前，熱病也。榮未交，曰今且得汗，待時而已，與少陰脈爭見者死。謂右頰前見赤色，未交他處，待汗自已。若兩頤黑色，與少陽赤色爭見，則死也。少陰經敗甚，必入腎，腎藏發露，泉之竭矣，無陰以守之矣。少陽相火，少陰眞火，上下交焚，頃刻俱爲灰燼，試刦災也。傳經勢重，間有回天之手，至於腎內枯槁無救。頰頤紫黑，已見惡痕，縷縷不散，此獨陽無陰，如大火聚，安得紫府、丹臺，授以太陰神水乎？吾徒同志，濬洌彼之泉自固，慶古經之法傳心，無負此番提命可矣。

《傷寒全生集・治傷寒證病所察病人鼻法》 凡見病人鼻頭色青，腹中痛，若冷者，死。微黑者，有水氣。黄者，小便難。白者，屬氣虚。赤者，屬肝熱。鮮明，有留飲。鼻孔乾燥者，必衄血。鼻燥如烟煤，屬陽毒熱極。鼻孔冷滑而黑，屬陰毒冷極。鼻燥息如鼾睡，屬風溫。鼻塞濁涕者，屬風熱。鼻流清涕者，屬肺寒。鼻孔痔脹者，屬肺熱有風，乃肺絶而不治。鼻衄者，分點滴、成流而治之也。

《傷寒全生集・治傷寒證病所察病人口唇齒牙法》 凡見病人，唇口焦乾爲脾熱。焦而紅者，吉。焦而黑者，凶。唇口俱腫赤者，是熱極。唇口俱青黑者，是寒極。口苦者，是膽熱。口甜者，是脾熱。口燥咽乾者，是腎熱。舌乾口燥者，是心熱。口噤咬牙者，是風痓。唇口生瘡，聲啞者，是狐惑。齒燥無津液，是陽明熱極。前板齒燥，脈虚者，是中暑。唇口、舌胎斷紋者，難治。齒如熟齒者，難治。唇口燥裂，是脾熱。若唇青舌卷，唇吻反青，環口黎黑，口張直氣，口如魚口，唇口顫搖不止，氣出不返者，死證也。

《傷寒全生集・治傷寒證病所察病人耳法》 若見病人耳聾脇痛，寒熱嘔而口苦，屬少陽，宜和解。冬病耳聾，屬氣虚，從元氣復實，耳自聰也。耳聾、耳腫、耳痛，皆屬少陽風熱，耳黑、枯燥曰腎憊，若見舌卷、唇青、囊縮、耳聾者，難治。原傷寒、溫熱病耳聾者，此乃爲常例也。

《傷寒全生集・治傷寒證病所察病人舌法》 凡看口舌有無胎狀，濕滑者吉，燥澀者凶。舌上白胎者，胸中有寒，丹田有熱，故胎白而滑，未入乎腑，邪在半表半裏間，法當和解。舌上黄胎者，必燥渴，胃腑有邪，法當下之。舌上黑胎，燥生芒刺者，必燥渴，亢極則難治也，法當下之。若不燥渴，身不熱，舌上黑胎而滑者，屬陰寒，法當急溫。若舌卷焦黑而燥者，陽毒熱極，亦當下之。若舌青而胎滑，無熱不渴者，陰毒寒極，亦當溫之。凡看舌，鮮紅者吉，青黑者凶。而紫者爲陰寒，赤而紫者爲陽熱。黑者乃水尅火，故難治。舌乃心之苗，紅色應南方火，本色見，故吉。凡見黑者，屬北方壬癸，腎水來尅心火也。但見舌硬、舌腫、舌卷、舌短、舌強、囊縮者，必難治也，間有可生。如舌短縮，語言不清，神氣昏亂，脈脫者，死。陰陽易，舌出數寸者，死。其夏熱病，舌上黑胎燥渴者，可治，乃時火與邪火內外合而炎燒，故舌上易生胎刺，不在必死之例。若黑胎刮不去，易生刺裂者，必死無醫。冬月黑胎者，實難治之。此不傳之心妙也。

《傷寒全生集・辨傷寒舌胎例》 舌胎者，若邪熱在表而未入裏，則無胎也。邪熱在裏，則生胎刺。舌上津液結搏，或黄，或白，或黑，或濇，或滑，或生芒刺之狀。凡胎白而滑者，表邪猶未解也，宜葛根湯解之。若寒熱往來，口苦而渴，脈弦，舌上白胎者，屬少陽也，小柴湯加知母、天花粉、葛根，去半夏。若舌胎黄而澀，此邪傳裏漸深也，宜小柴胡湯去半夏，加天花粉、黄連、知母。若熱聚於胃，舌上黄胎而燥渴飲水，表裏俱熱，人參白虎湯加黄連、天花粉、山梔、竹葉。若內實不大便者，調胃承氣湯下之。若舌上黑胎而燥，飲水不止，譫語，大便不通者，急用大承氣湯下之。此火熱亢極，反兼水化，故有此象。若證未全俱，猶未可下，只用小柴胡湯去半夏，合白虎湯加黄連。若見熱極，飲水不止，舌上黑胎生芒刺，刮不去，易生刺者，難治。此熱毒入深，十有九死，是腎水來尅心火，乃陽熱之胎，必舌燥裂，或腫，或赤，或澀，或黄，或黑，或芒刺，或胎白，脈必沉數有力，口渴。蓋舌者，心之苗也，應南方火，鮮紅濕者，吉，熱之故也。紫腫燥者，凶，水尅火也。又有陰寒症，水極反來尅心火，亦生黑胎，辨其胎必濕冷滑，不燥不濇，不渴不熱，脈必沉細，足冷，又當四逆湯溫之，此陰寒之胎也。藏結下利，舌上得胎者，不治。熱病口乾，舌黑者，死。舌上如白胎者，不治。丹田有熱，而胸中有寒，四者似胎未成之狀，藏結脈陰陽俱緊，口中氣出，唇口乾燥，嘔者，小柴胡湯。痛者，理中

湯。踡卧足冷，鼻中涕出，舌上滑胎者，勿妄治也。到七八日已來，其人微熱，手足溫者，此爲解。或八日以上，反大熱者，此難治。惡心，必欲嘔也。腹中痛者，必欲利也。一切胎狀，濕滑者易治，燥澀者難醫。俱用薄荷水浸青布於舌上，洗淨後用生薑薄片蘸水，時時刮之，其胎自退。如夏月人病生黑胎者，因時火與邪火內外合而炎燒，故舌易生胎刺，不在必死之例，未可斷言死症，尚有可生。冬月黑胎者，難治。此不傳之妙也。

《傷寒全生集·辨傷寒發斑例》 大抵一切發斑疹，先將紅紙撚油燈，照看病人面部、胸堂、背心、四肢，有紅點起者，乃發斑也。若大紅點發於皮膚之上，謂之斑。小紅點行於皮膚之中，不出起者，謂之疹。蓋疹輕而斑重也。先將薑汁噴於斑上，已發後，照輕重、陰陽、寒熱、虛實而用藥。

《傷寒全生集·辨溫病例》 溫病之脈，散在諸經而動，各隨其經取之。脈如尺寸俱浮緊者，發於太陽，宜羌活湯加葱白、蘇葉、柴胡、葛根。自汗者，去葛根、蘇葉、柴胡、蒼术，加桂枝、芍藥。脈若尺寸俱長者，發於陽明，宜解肌湯合芎蘇散。脈若尺寸俱弦者，發於少陽，宜小柴胡合芎蘇散，兼有太陽者，羌活散加蘇葉，兼有陽明者，用羌活散加乾葛、芍藥。

《傷寒全生集·辨熱病例》 治熱病與溫病，因夏至以後時令炎暑，人感壯熱煩渴，不惡寒乃爲熱病。熱病之脈，亦隨其經而取之也。發於太陽，脈浮緊。發於陽明，脈浮長。發於少陽，脈弦數。發於三陽者多，發於三陰者少。亦有所因也，治依溫病條下。若表邪傳進三陰者，治法與傷寒條內下症同。若脈沉小足冷者，亦發於陰，則難治也。大抵熱病，比溫病尤加熱也。脈得洪大有力，或滑數有力，乃爲病脈相應，謂之可治。若細小無力，謂之難醫。人虛脈弱者，主扶元氣，兼解邪熱，不可峻攻。若見表症在者，治例與溫病同。若夾暑，加香薷、扁豆，雙解之。若夾內傷生冷，飲食停留，或嘔吐，或惡心，中脘痞滿發熱，憎寒拘急，用藿香正氣散加香薷、扁豆、葛根、黃連。若熱渴，大便自利，小便不利者，五苓散去桂，加葛根、黃連、香薷、滑石、甘草主之。表熱甚者，加柴胡。若時令熱病發黃，名曰溫黃，用瀉濕熱，茵陳五苓散。

《醫學原理·班疹門》 班乃紅色成片而無顆粒之分，疹乃紅赤小點而有顆粒可辨，二者皆屬於火。經云諸痛疹癢，皆屬於火是也。又少陽所致爲瘍疹是也。但有君相二火之分，是以潔古云：疹發焮腫於外者，屬三焦，相火主之，謂之班；若止小紅點隱見於皮膚之中者，謂之疹，蓋由火熱燻蒸肺金所致。蓋肺主皮毛，故發於皮毛之間，乃有諸中 而形諸外也。治宜清涼之藥，泄火清肺爲主，如通聖散之類可也。但因多端難執一法，是以又有脾胃虛極，無根之火遊行於皮膚之間而作班疹者，又不可執以辛涼解散之劑，當要補中理胃爲主，經云虛火可補是也，而方書謂之陰症發班。又有傷寒等病，熱毒內蓄，汗下失宜而致者，又不可執以補劑，當用玄參升麻湯，或用白虎湯之類爲主，經云鬱火可發是也，而方書謂之陽毒發班。外有時氣發班，雖然種種不同，大法陽症發班者，宜托裡清熱化班涼血爲主；陰症發班，宜理中調胃補氣爲先。參之以天時運氣，加減不可輕忽悞人。

《名醫類案·大頭天行》 泰和二年四月，民多疫癘，初覺憎寒壯熱，體重，次傳頭面腫盛，目不能開，上喘，咽喉不利，症凶極。舌乾口燥，俗云大頭傷寒。諸藥雜治，莫能愈，漸至危篤。東垣曰：身半已上，天之氣也，邪熱客於心肺之間，上攻頭面而爲腫耳。乃以芩連各半兩，酒炒，人參、陳皮、甘草、元參各二錢，連翹、板藍根敗毒行瘀、馬勃、鼠黏子各一錢，白殭蠶、炒升麻各七分，柴胡五分，桔梗三分，配方之妙非後賢所能擬議。爲細末，半用湯調，時時服之，心肺爲近，小製則服。半用蜜丸噙化，服法妙。服盡良愈，活者甚衆，時人皆曰天方，謂天仙所製也。或加防風、川芎、薄荷、歸身，細切五錢，水煎，時時稍熱服之，如大便燥結，加酒蒸大黃一二錢，以利之，腫勢甚者，砭鍼刺之。

《醫方考·火門》 敘曰：水火，人身之陰陽也，陽常有餘，故火證恆多，所謂一水不勝五火是也。人能攝理其火，致其衝和，則調元之手矣。或者寒涼太過，斯又弊焉。自有五行以來，不可以無火，故知滅燼之爲非。今考古方二十餘首以治火，豈曰滅火云哉。

井華水

水足以濟火，故狂躁煩渴火實之證，內以水飲之，外以水漬之，此既濟之妙，自《大易》以來，已有之矣。

甘黎漿

甘黎漿，水類也。生之可平六腑之陽，熟之可濟五臟之陰。實火宜生，虛火宜熟。

人屎、人尿、人中白、牛屎、豬屎、馬通、驢子小便，總考 孫思邈《千金

方》，凡療火證、熱證，率用上件取汁飲之，往往稱其神良，何也？經曰：清陽出上竅，濁陰出下竅。屎溺出於二陰，則無分人類物類，皆陰濁也。惟其陰濁，故足以制陽光。或者鄙而遠之，由夫未達醫之妙也。

煉秋石

古昔神良之醫，但用人尿、溺白垽耳，未嘗有用秋石之方也，近時多用之。夫藥有氣有味，有精有魄。秋石既經煎煉，則其氣味已易，精華已去，所存者獨枯魄耳，惡能與人尿、溺白垽論功效耶，此舉世尚奇之昧也，或用陰秋石者爲近之。

防風通聖散

防風　川芎　川歸　白芍藥　大黄　芒硝　連翹　薄荷　麻黄　石膏　桔梗　黄芩　白朮　梔子　荆芥　滑石　甘草

表裏客熱，三焦火實者，此方主之。

麻黄、防風，疎表藥也，火熱之在表者，得之由汗而泄。大黄、芒硝，攻裏藥也，火熱之在裏者，得之由下而泄。荆芥、薄荷，清上藥也，火熱之在巔頂者，得之由鼻而泄。滑石、梔子，清下藥也，火熱之在決瀆者，得之由溺而泄。乃石膏、桔梗，又所以清肺胃。而連翹、黄芩，又所以去諸經之客熱也。火熱灼其血，則川芎、當歸、芍藥可以養之。火熱壞其氣，則白朮、甘草可以益之。

導赤散

生地黄　木通去粗皮　甘草梢等分

爲末。

心熱，小便黄赤，此方主之。

心與小腸爲表裏，故心熱則小腸亦熱而令便赤。是方也，生地黄可以涼心，甘草梢可以瀉熱，佐之以木通，則直走小腸、膀胱矣。名曰導赤者，導其丙丁之赤由溺而泄也。

三黄瀉心湯

黄芩　黄蓮　大黄酒潤，各等分

心膈實熱，狂躁面赤者，此方主之。

味之苦者，皆能降火，黄芩味苦而質枯，黄連味苦而氣燥，大黄苦寒而味厚。質枯則上浮，故能瀉火於膈。氣燥則就火，故能瀉火於心。味厚則喜降，故能蕩邪攻實。此天地親上、親下之道，水流濕、火就燥之義也。

龍膽瀉肝湯

柴胡一錢　黄芩七分，炒　五味子九粒　生甘草　山梔炒黑　知母去毛，炒　天門冬去心　麥門冬去心　黄連炒　人參　龍膽草各五分

謀慮不決，肝熱膽溢，口苦熱盛者，此方主之。

肝主謀慮，膽主決斷，謀慮則火起於肝，不決則火起於膽，柴胡性溫，味苦而氣薄，故入厥陰少陽；黄芩、黄連、龍膽草、山梔子，得柴胡以君之，則入膽而平之矣。制肝者惟金，故用天、麥門冬、五味、知母以益肺。畏肝者惟土，故用人參、甘草以益脾。

左金丸

黄連六兩，炒　吴茱萸一兩，湯泡

二共爲末，作丸。

肝臟火實，左脇作痛者，此方主之。

左，肝也。左金者，謂金令行左而肝平也。黄連乃瀉心之物，瀉去心火，不得乘其肺金，則清肅之令左行，而肝有所制矣。吴茱萸味辛熱而氣臊，臊則入肝，辛熱則疎利，乃用之以爲反佐。經曰：佐以所利，和以所宜，此之謂也。

當歸龍薈丸

當歸　龍膽草　梔子　黄連　黄栢　黄芩各一兩　木香一錢　麝香五分　大黄酒浸　青黛　蘆薈各五錢

蜜丸，如豆大。

凡熱蓄積，時發驚悸，筋惕搐搦，嗌塞不利，腸胃燥澀，狂越等證，此方主之。

肝火爲風，心火爲熱，心熱則驚悸，肝熱則搐搦。嗌塞不利者，肺亦火也；腸胃燥澀者，脾亦火也。狂越者，狂妄而越禮也。經曰：狂言爲失志。又曰：腎藏志。如斯言之，則腎亦火矣。此一水不勝五火之謂也。故用黄連以瀉心，用黄芩以瀉肺，青黛、龍膽、蘆薈以瀉肝，大黄以瀉脾，黄栢以瀉腎。所以亟亟以瀉五臟之火者，幾於無水，故瀉火以存水耳。用當歸者，養五臟之陰於亢火之時，用木香、麝香者，利五臟之氣於尅伐之際也。

瀉黄散

藿香二錢　山梔一兩，炒黑　石膏五錢　甘草三兩　防風四兩

脾家伏火，唇口乾燥者，此方主之

唇者，脾之外候。口者，脾之竅。故唇口乾燥，知脾火也。苦能瀉火，故用山梔。寒能勝熱，故用石膏。香能醒脾，故用藿香。甘能緩脾，故用甘草。用防風者，取其發越脾氣，而升散其伏火也。或問：何以不用黃連？余曰：黃連苦而燥，此有唇口乾燥，則非黃連所宜。故惟梔子之苦而潤者爲當耳。又問曰：既惡燥，何以不去防風？余曰：東垣已言之矣，防風乃風藥中之潤劑也，故昔人審擇而用之。

升陽散火湯本方去獨活，加葱白，名火鬱湯

升麻去絲根　葛根　獨活　羌活　人參去蘆　白芍各五錢　柴胡八錢　防風一錢五分　生甘草二錢　炙甘草三錢

過食冷物，抑遏少陽之火鬱於脾部者，此方主之。

少陽者，三焦與膽也。經曰：少火生氣。丹溪曰：天非此火不能生萬物，人非此火不能以有生，是少火也，生物之本，揚之則光，遏之則滅，今爲飲食填塞至陰，抑遏其上行之氣，則生道幾於息矣。故宜辛溫之劑以舉之。升麻、柴胡、羌活、獨活、防風、乾葛，皆辛溫上行之物也，故用之以升少陽之氣。清陽既出上竅，則濁陰自歸下竅，而食物傳化，自無抑遏之患。芍藥味酸，能瀉土中之木。人參味甘，能補中州之氣。生甘草能瀉鬱火於脾，從而炙之，則健脾胃而和中矣。東垣氏聖於脾胃者，其治之也，必主於升陽。俗醫知降而不知升，是撲其少火也，安望其衛生耶。

瀉白散

桑白皮　地骨皮各一兩　甘草五錢

肺火爲患，喘滿氣急者，此方主之。

肺苦氣上逆，故喘滿。上焦有火，故氣急。此丹溪所謂氣有餘，便是火也。桑白皮味甘而辛，甘能固元氣之不足，辛能瀉肺氣之有餘。佐以地骨之瀉腎者，實則瀉其子也。佐以甘草之健脾者，虛則補其母也。此云虛實者，正氣虛而邪氣實也。又曰：地骨皮之輕，可使入肺，生甘草之平，可使瀉氣，故名以瀉白。白，肺之色也。

阿膠散

阿膠一兩半，蛤粉炒　鼠黏子二錢半，炒香　馬兜鈴半兩，焙　炙甘草五錢　杏仁去皮尖，七箇　糯米一兩

肺虛有火，嗽無津液，咳而哽氣者，此方主之。

燥者潤之。今肺虛自燥，故潤之以阿膠、杏仁。金鬱則泄之。今肺中鬱火，故泄以兜鈴、黏子。土者金之母，虛則補其母，故入甘草、糯米以補脾益胃。

大補丸

黃栢一斤，炮褐色

爲末，水丸。氣虛者，四君子湯下，血虛者，四物湯下。

腎火從臍下起者，腎水衰也，此方主之。

腎非獨陰也，命門之火寄焉。腎水一虧，則命門之火無所畏而自熾矣。故龍雷之火從臍下動也。經曰：水鬱則折之。水鬱者，腎部有鬱火也。折之者，制其衝逆也。栢皮味苦而厚，爲陰中之陰，故能制腎經衝逆之火，火去則陰生，故曰大補。王冰曰：壯水之主以制陽光。此之謂也。氣虛下以四君子湯，恐其寒涼而壞脾也。血虛下以四物湯，助其滋陰而制火也。

滋腎丸

黃栢十兩，酒浸　知母六兩，酒浸　肉桂五錢

腎火起於湧泉之下者，此方主之。

熱自足心直衝股內而入腹者，謂之腎火起於湧泉之下。知栢苦寒，水之類也，故能滋益腎水。肉桂辛熱，火之屬也，故能假之反佐。此《易》所謂水流濕，火就燥也。

三補丸

黃芩　黃連　黃栢俱酒潤，等分

三焦有火，嗌喉乾燥，小便赤澀，大便秘結，此方主之。

少火之火，無物不生。壯火之火，無物不耗。《內經》曰：壯火食氣是也。故少火宜升，壯火宜降。今以三物降其三焦之壯火，則氣得其生，血得其養，而三焦皆受益矣，故曰三補。黃芩苦而枯，故清熱於上。黃連苦而實，故瀉火於中。黃栢苦而潤，故瀉火於下。雖然火有虛實，是方但可以治實火，若虛者用之，則火反盛，謂降多亡陰也。丹溪曰：虛火可補，人參、黃耆之類。則虛實之辨，若天淵矣，明者幸求之證焉。

益元散即暑門六一散，又名天水散

滑石六兩　甘草一兩

共爲末。用蜜水調下三錢。

六腑有實火，上有煩渴，下有便秘赤澀者，此方主之。

滑石性寒，故能清六腑之熱。甘草性平，故能緩諸火之勢。

涼膈散

黄芩酒炒　梔子仁炒黑　薄荷各一兩　連翹四兩　大黄酒浸　芒硝　甘草各二兩

共爲末。每服五錢。

火鬱上焦，大熱面赤者，此方主之。

黄芩、梔子，味苦而無氣，故瀉火於中。連翹、薄荷，味薄而氣薄，故清熱於上。大黄、芒硝，鹹寒而味厚，故諸實皆瀉。用甘草者，取其性緩而戀膈也。不作湯液而作散者，取其泥膈而成功於上也。

清咽太平丸

薄荷葉十兩　川芎　甘草　防風　烏犀角　柿霜各二兩　桔梗三兩

蜜丸。噙化。

膈上有火，早間咯血，兩頰常赤，咽喉不清者，此方主之。

消風清熱，莫如薄荷，故用以爲君。佐以烏犀，解心熱也。入以柿霜，生津液也。用川芎有清上之功。用防風有解散之效。恐諸藥之下流，故載以舟楫。因火熱之急還，故緩以國老。

師云：咽者，膽之候。若只咽間痰熱，膈內和者，宜以平膽之方主之。

溫膽湯

竹茹　枳實麩炒　半夏製　甘草各二兩　陳皮去白　生薑各四兩

膽熱嘔痰，氣逆吐苦，夢中驚悸者，此方主之。

膽，甲木也，爲陽中之少陽，其性以溫爲常候，故曰溫膽。竹茹之清，所以去熱。半夏之辛，所以散逆。枳實所以破實。陳皮所以消滯。生薑所以平嘔。甘草所以緩逆。

傷寒解後，多有此證，是方恆用之。

珍珠散

琥珀　珍珠粉　鐵粉　天花粉　硃砂　寒水石　牙硝　大黄酒浸　生甘草各等分

爲末。每用薄荷湯調下三錢。

男婦小兒，五臟積熱，心胸悶亂，口乾舌燥，精神恍惚，顛狂等證，此方主之。

明，可以安神，琥珀、珍珠，皆明物也，故用之以安神魄。重，可以去怯，鐵粉、硃砂，皆重物也，故用之以定驚狂。寒，可以去熱，硝、黄、水石，皆寒物也，故用之以除積熱。熱之盛者必渴，天花粉可以生津。火之熾者必急，生甘草所以緩急。

人參、黄耆、白朮、甘草考　實火可瀉，宜用芩、連、梔、栢。虚火可補，宜用人參、黄耆、白朮、甘草，所謂溫能除大熱也。或者誤用芩、連、梔、栢以治虚火，則火益熾。何以然哉？四件皆降下之品，降多則亡陰，陰亡則不足以濟火，故令火益熾。

天雄、附子、川烏、硫黄考　諸證無火者，宜於四件斟酌之。

壯火固不可有，少火亦不可無。所謂天非此火不足以生萬物，人非此火不足以有生。故凡諸證寒涼太過，幾於無陽者，宜審擇而用之。昔人以附子一物爲太陽丹，以天雄、附子、川烏爲三建湯，以硫黄爲金液丹。皆所以養其眞陽，壯其眞火，而存此身之生氣耳。明變之士，幸教我哉。

《傷寒證治準繩·傷寒總例·類證雜論》　溫病與痙病皆與太陽相似，有不同者，痙脈沉細，溫病不惡風寒而渴。

傷寒與中暍相似，其不同者，傷風不渴，中暍即渴。傷寒與冬溫相似，其不同者，傷寒脈浮緊，冬溫脈不浮。

時行傳染與傷寒相似，其不同者，時行傳染脈不浮，傷寒脈浮。

太陽中濕與太陽傷寒相似，有不同者，濕脈沉而細也。答曰：脈雖相似，而痙則不同，痙則身不疼，而濕則身疼也。

暑脈虚細，又曰微弱，又曰弦細芤遲，諸如此者，與痙脈、濕脈頗相似。雖然脈似而證不同，暑則自汗而渴，濕則不渴身疼，痙則身不疼也。

《傷寒證治準繩·傷寒總例·察舌》　凡舌鮮紅者吉，青爲冷，青而紫者，爲陰爲寒也。赤而紫者，爲陽爲熱也。黑者亢極，爲難治。凡舌上胎白而滑者，表有寒也。又曰：丹田有熱，而胸中有寒也。胎黄而燥渴者，熱盛也。胎黑而燥渴者，熱甚而亢極也。若不燥渴，舌上黑胎而滑者，爲寒爲陰也。舌卷而焦，黑而燥者，陽毒熱極也。舌青而胎滑者，陰毒冷極也。凡舌

腫脹，舌上燥裂，舌生芒刺，皆熱甚也。凡舌鞕、舌強、舌短縮，神氣昏亂，語言不清者，死也。又陰陽易病，吐舌數寸者，死也。舌乃心之竅，屬火而色紅者吉，惟黑者乃水尅火，故難治也。

《傷寒證治準繩・舌胎・附杜清碧驗證舌法》 舌見白胎滑者，邪初入裏也。丹田有熱，胸中有寒，乃少陽半表半裏之證也。宜小柴胡湯、梔子豉湯治之。

舌見紅色，熱蓄於內也。不問何經，宜用透頂清神散治之。

舌見紅色，內有黑形如小舌者，乃邪熱結於裏也，君火熾盛，反兼水化。宜涼膈散、大柴胡湯下之。

舌見紅色而有小黑星者，熱毒乘虛入胃，蓄熱則發斑矣。宜用玄參升麻葛根湯、即玄參升麻湯加葛根。化斑湯解之。

舌見淡紅，中有大紅星者，乃少陰君火，熱之盛也。所不勝者，假火勢以侮脾土，將欲發黃之候也。宜用茵陳五苓散治之。

舌見紅色，尖見青黑點者，水虛火實，腎熱所致。宜用竹葉石膏湯治之。

舌見淡紅色，而中有一紅暈，沿皆純黑，乃餘毒遺於心胞絡之間，與邪火鬱結，二火亢極，故有是證也。以承氣湯下之。

舌見紅色，更有裂紋如人字形者，乃君火燔灼，熱毒炎上，故發裂也。宜用涼膈散。

舌見紅色，更有紅點如蟲蝕之狀者，乃熱毒熾甚，火在上，水在下，不能相濟故也。宜用小承氣湯下之。

舌見紅色，內有乾鞕黑色，形如小長舌而有刺者，此熱毒熾甚，堅結大腸，金受火制，不能平木故也。急用調胃承氣湯下之。

舌見紅色，內有黑紋者，乃陰毒厥於肝經，肝主筋，故舌見如絲形也。用理中合四逆湯溫之。

舌見黑色，水尅火明矣。患此者百無一治，治者審之。

舌見尖白根黃，其表證未罷，須宜解表，然後乃可攻之。如大便秘者，用涼膈散加硝黃泡服。小便澀者，用五苓散加木通，合益元散加薑汁少許，以白滾湯調服。

舌見弦白心黑，而脈沉微者，難治。脈浮滑者，可汗。沉實者，可下。始病即發此色，乃危殆之甚也，速進調胃承氣湯下之。

舌尖白胎二分，根黑一分，必有身痛惡寒。如飲水不至甚者，五苓散。自汗渴者，白虎湯。下利者，解毒湯。此亦危證也。

舌見白胎，中有黑小點亂生者，尚有表證，其病來之雖惡，宜涼膈散微表之。表退即當下之，下用調胃承氣湯。

舌見如灰色，中間更有黑暈兩條，此熱乘腎與命門也。宜急下之，服解毒湯下三五次，遲則難治。如初服，量加大黃酒浸泡。

舌見微黃色者，初病即得之發讝語者，由失汗表邪入裏也。必用汗下兼行，以雙解散加解毒湯兩停主之。

舌中見白胎，外則微黃者，必作泄，宜服解毒湯。惡寒者，五苓散。

舌見微黃色者，表證未罷，宜用小柴胡湯合天水散主之。可下者，大柴胡湯下之，表裏雙除，臨證審用之。

舌見黃色者，必初白胎而變黃色也，皆表而傳裏，熱已入胃，宜急下之。若下遲，必變黑色，爲惡證，爲亢害，鬼賊邪氣深也，不治。宜用調胃承氣湯下之。

舌左白胎而自汗者，不可下，宜白虎加人參三錢服之。

舌右白胎滑者，病在肌肉，爲邪在半表半裏，必往來寒熱，宜小柴胡湯和解之。

舌左見白胎滑，此臟結之證，邪併入臟，難治。

舌見四圍白而中黃者，必作煩渴嘔吐之證。兼有表者，五苓散、益元散兼服，須待黃盡方可下也。

舌見黃而有小黑點者，邪遍六腑，將入五臟也。急服調胃承氣湯下之，次進和解散，十救四五也。

舌見黃而尖白者，表少裏多，宜天水散一服，涼膈散二服合進之。脈弦者，宜防風通聖散。

舌見黃而澀有隔瓣者，熱已入胃，邪毒深矣。心火煩渴，急以大承氣湯下之。若身發黃者，用茵蔯湯。下血，用抵當湯。水在脇內，十棗湯。結胸甚者，大陷胸湯。痞用大黃瀉心湯。

舌見四邊微紅，中央灰黑色者，此由失下而致。用大承氣湯下之，熱退可愈，必三四下方退。五次下之而不退者，不治。

舌見黃而黑點亂生者，其證必渴，譫語，脈實者生，脈濇者死。循衣摸牀

者，不治。若下之見黑糞，亦不治。下宜大承氣湯。

舌見黃中黑至尖者，熱氣已深，兩感見之，十當九死。惡寒甚者，亦死。不惡寒而下利者，可治。調胃承氣湯主之。

舌見外淡紅，心淡黑者，如惡風表未罷，用雙解散加解毒湯相半微汗之，汗罷急下之。如結胸煩躁，目直視者，不治。非結胸者，可治。

舌見灰色尖黃，不惡風寒，脈浮者，可下之。若惡風、惡寒者，用雙解散加解毒湯主之。三四下之，見糞黑不治。

舌見灰黑色而有黑紋者，脈實急用大承氣湯下之；脈浮，渴欲飲水者，用涼膈散解之，十可救其二三。

舌根微黑，尖黃脈滑者，可下之。脈浮者，當養陰退陽。若惡風寒者，微汗之，用雙解散。若下利，用解毒湯，十生七八也。

舌根微黑，尖黃隱見，或有一紋者，脈實，急用大承氣湯下之。脈浮，渴飲水者，用涼膈散解之，十可救其一二也。

《先醒齋醫學廣筆記・寒・春溫夏熱病大法》 冬傷於寒，至春變爲溫病，大都頭疼發熱，或渴或不渴，三陽證俱然。亦間有先微寒後即發熱者，大抵發熱其常也。藥用辛溫，佐以辛寒，以解表邪。太陽宜羌活湯；陽明宜白虎湯；無汗不嘔者間用葛根湯；少陽往來寒熱等證，不可汗、吐、下，宜和解小柴胡湯。渴者去半夏，加栝蔞根；耳聾，熱盛，去人參，加麥冬、知母、栝蔞根，渴亦加之。

至夏變爲熱病，其表證大約與春溫同，但熱比於溫則邪氣更烈耳！解表用白虎湯、竹葉石膏湯。有太陽證則加羌活；有少陽證則加柴胡、黄芩。如發斑，白虎湯、竹葉石膏湯加玄參、梔子、桔梗、鼠粘、連翹、大青、小青、青黛，大劑與之。二證若大便祕，宜按之。其邪已結於內，便鞭，宜察邪結中焦，小承氣湯、調胃承氣下之。邪結下焦，少腹堅痛，始用大承氣湯下之。

傷寒、溫疫，其不可治及難治者，皆屬下元虚。

傷寒、溫疫，三陽證中，往往多帶陽明者，以手陽明經屬大腸，與肺爲表裏，同開竅於鼻；足陽明經屬胃，與脾爲表裏，同開竅於口。凡邪氣之入，必從口鼻，故兼陽明證者獨多。

邪在三陽，法宜速逐，遲則胃爛發班，或傳入於裏，則屬三陰，邪熱熾者，令陰水枯竭，於法不治矣。此治之後時之過也。

《傷暑全書・服藥總法》 傷寒傷暑，溫涼諸證，皆邪氣欺正氣也。用藥如對敵，藥入則邪漸退，藥力盡而邪復熾，必一服周時，即詳勢診脈，藥對則連進，日夜三五服，以邪退病安爲止。此法惟漢張仲景《傷寒》、隋孫思邈《千金方》中載此。孫云：夏月晝五夜三，冬月晝三夜五，必期病退，而後止。如禦敵者，愈驅逐愈加精鋭，期於蕩平而後班師，此萬全之勝算也。自宋以後不傳，故取效寡而活人之功疎。愚以此法，屢治人，極有神效。

《傷暑全書・陶節菴・治傷寒用藥大略》 論曰：四時皆有傷寒，治之不可一概論也。【略】蓋冬時爲正傷寒，天氣嚴凝，風寒猛烈，觸冒之者必宜用辛溫散之。其非冬時，亦有惡寒頭疼之證，皆宜辛涼之劑通表裏，和之則愈矣。若以冬時所用桂枝辛溫之藥通治之，則殺人多矣。曰辛涼者何？羌活衝和湯是也，兼能代大青龍爲至穩。嗚呼！一方可代三方，危險之藥。

按：辯寒、溫、暑藥甚明，衝和一湯，尤爲溫涼二證穿楊之劑，百發百中者也。

《訂補簡易備驗方・霍亂》 凡遇霍亂吐瀉，切記不可飲米湯粥湯，及熱湯熱水。凡飲熱者，及犯穀氣者，其人必死，決不能救，只宜餓肚，待吐瀉自止。

《訂補簡易備驗方・痘麻》 痘疹初起，至十三日内，忌食冷水、西瓜、土瓜、柿子、柑橘、蜜水、涼物。其父母須忌房事，及腥酒醋葱蒜油鹽醬氣煎炒等。尤忌外人，恐其有卒暴風寒穢汚之氣，或有狐臭，或帶諸香觸犯。夜桶不可放房内。常將三春柳，或芫荽，或紅棗，或荔枝殼，於房中炭火中焚之，以解穢惡。冬月避風寒，常要和暖，切不可用藥宣利解散，致令臟腑受冷，榮衛澀滯。則血不能衝貫皮肉肌膚，其瘡必不得起發光滿結實，多致癢塌，反生煩躁喘渴而死。慎之。

凡出痘疹宜忌：腋下胡臭氣，溝渠濁惡氣，房中淫泆氣，婦人經候氣，諸般血腥臭氣，酒醉葷腥氣，硫黄毒藥氣。赤目者觸之，亦疼痛難差。麝香臊穢氣，疫肝蒸濕氣，誤燒頭髮氣，並魚骨諸臭氣，及紫煙入口鼻，葱蒜韭薤氣，及烹油膩氣。諸氣犯之，則必變重。

《景岳全書・雜證謨・瘟疫》 補虛法

傷寒、瘟疫，俱外侮之證，惟内實者能拒之，即有所感而邪不勝正，雖病無害。最畏者，惟内虛之人，正不勝邪，邪必乘虛深入，害莫大矣。故曰傷寒

偏打下虛人。且今人虛弱者多，強實者少，設遇挾虛傷寒，而不知速救根本，則百無一生。故傷寒書曰：陽證得陰脈者死，正以陰脈即虛證也。此欲辨之，惟脈爲主，而參以形證，自無失矣。蓋凡遇傷寒外熱等證，而脈見微弱浮空，舉按無力者，即是虛證，最不易解，最不宜攻。雖欲發汗，汗亦難出，即有微汗，亦不過強逼膚腠之汗，而必非營衛通達之所化。若不顧虛實而逼之太甚，則中氣竭而危亡立至矣。

然治虛之法，須察虛實之微甚。若半虛者，必用補爲主，而兼散其邪。若太虛者，則全然不可治邪，而單顧其本，顧本則專以保命，命得不死，則元氣必漸復，或於七日之後，或十四日，甚者二十日之後，元氣一勝，邪將不攻自潰，大汗至而解矣。欲知其兆，亦察其脈，但得弱者漸強，小者漸大，弦者漸滑，緊者漸緩，則大汗將通，吉期近矣。

凡用補之法，但察其胸膈何如。若胸腹多滯者未可補，年壯氣實者未可補。若氣本不實，而胸腹無滯，則放膽用之。又若內無熱邪，而素宜用溫，其或氣有難行者，則必兼煖胃而後可。蓋補得煖而愈行，邪得煖而速散，切不可雜用消耗寒涼，以分溫補之力。其或初感寒邪，但見脈證眞虛，邪不易散等證，則人參、熟地之類，開手便當速用，愈早愈妙，若或遲疑，則縱寇深入，反成難制，此治虛邪最善之法也。余用此法，活人多矣。

常聞昧者有傷寒忌補之說，不知補者所以補中，是即托裏之意。亦以寒邪如盜，其來在外，元氣如民，其守在中，足民正所以強中，強中正所以禦外，保命玄機，惟此一着。何爲補住邪氣？庸妄誤人，莫此爲甚。余因再悉於此，用補傷寒治法之未備，漸用漸熟，方知其妙。自今而後，知必有不惑余言，而受余之生者，將無窮矣。【略】

溫補法

凡治傷寒、瘟疫宜溫補者，爲其寒邪凝滯，陽不勝陰，非溫不能行，非溫不能復也。如寒氣在經者，以邪在表也，宜用溫散，法具如前；寒氣在臟者，以陽氣虛也，或宜溫補，或止溫中。然用溫之法，但察其外雖熱而內無熱者，便是假熱，宜溫不宜涼也；病雖熱而元氣虛者，亦是假熱，宜溫不宜涼也。眞熱者，誰不得而知之，惟假熱爲難辨耳。病假熱者，非用甘溫，熱必不退，矧眞寒者，又在不言可知。大都實證多眞熱，虛證多假熱，故治實者多宜用涼，治虛者多宜用溫。眞假不識，誤人不淺矣。又眞寒假熱之辨，則實亦有寒，實亦有熱，虛亦有寒，虛亦有熱，若謂實者皆熱，虛者皆寒，則鑿而謬矣。但實而寒者，只宜溫散，不必滋補，虛而熱者，只宜調補，最畏寒涼。蓋寒涼無生意，而善敗元氣。若以寒涼治虛證，則熱未必退，且暫用則或可，久則無不敗脾而危者。既已病熱，又不宜寒，則總云假熱，本非過也。【略】

清利法

凡治傷寒、瘟疫，宜清利者，非止一端，蓋火實者宜清火，氣實者宜行氣，食滯者宜消食，痰盛者宜化痰，皆所謂清利也。凡此數者，滯去則氣行，而表邪自解，然此宜用於邪實等證，而本非虛證之所宜。其有虛中挾實者，不妨少爲兼用，此中權度，自有其宜。若病在危急，則毫不容謬，設不當清而妄用之，亦與撲殘燈者無異也。【略】

若暑月時行瘟疫，表裏俱熱，宜清宜解者，羌活升麻湯。若傷寒熱結膀胱，而小水不利，火邪不退，或挾熱泄瀉者，宜大分清飲，或柴芩煎，或益元散。【略】凡瘟疫熱甚，而煩渴不寧者，宜雪梨漿時時與之，解渴退火最妙，大勝於益元散。冷水稟天一之性，甘而不苦，故大能清熱解煩，滋陰壯水。凡火盛水涸，大渴便結，營衛熱閉不能作汗者，最宜用之。雖虛證不可用，然亦有當用者。但察其喉口熱極，唇舌乾焦，大便秘結不通，而大渴喜冷者，此陰虛水虧證也，不妨與人參、熟地、桂、附、乾薑之屬，相間並用，藉以滋陰，其功不小。惟大便不結，及微熱微渴，勞倦陽虛等證，最不宜用，若妄用之，則多致寒顫而敗。【略】

下法

凡傷寒、瘟疫宜下者，必陽明邪實於腑而秘結腹滿者，乃可下之，或元氣素強，胃氣素實者，亦可下之。若大便雖數日不行，而腹無脹滿，及大便無壅滯不通之狀，或連日不食，而臍腹坦然，軟而無礙者，此其陽明胃腑本無實邪，切不可妄下、妄導，以泄中氣。又如傷寒門忌下諸條，必當加意詳察，不可誤用。蓋諸誤之害，下爲尤甚，不可忽也。今見時醫有妄下而亦不致死者，必其元氣之素強，能勝攻下者也，若概引爲證，必致殺人。【略】

若時氣瘟疫遍行，火邪內蓄，三焦實熱，大便秘結而邪不能退者，宜五痞丹。若時行瘟疫發熱，火浮於上，胸膈結熱者，宜大清丸。凡諸有宜通宜下者，但隨證作引，送百順丸一二三錢，最捷最妙。【略】

傷寒初感治法

凡傷寒初感之治，本與傳變者不同。蓋凡病傷寒、瘟疫者，無不發熱，然初感之時，其邪在表，未經傳裏。未至鬱熱，雖身表有熱，不過膚腠之寒邪，而內未有火，豈即陽證。斯時也，但用溫散，或兼托散，藥對其證，無不即愈。奈何時俗之醫，一見發熱，便認爲火，而芩、連、知、檗，開手便用，不知內無實熱，何以當此？以寒邪得寒藥，而表裏俱寒，勾連不解，則日以內傳，寒涼妄用，則元陽日敗，凡受斯害，死者多矣。此理不明，則既不知表裏，又不知先後，終身不省，每致誤人，而且敢侈口談醫，其心果亦安乎？

《傷寒補天石·脈知可解》 可解之脈，浮而虛。不可解之脈，浮而實。浮而虛者，只是在表。浮而實者，知已在裏也。汗多不解者，轉屬陽明也。傷寒三日，脈浮數而微，病人身涼和者，此爲欲解也。解以夜半，寸關尺三處，浮沉遲數，大小同等，雖有寒熱不解，此脈陰陽爲和平，雖劇當愈。凡冬間正傷寒，看脈用藥無有不應。惟溫疫時證不須論脈，但無怪證怪脈則不妨。又不可發汗，汗之熱仍不退，且重其虛，只須小柴胡。見熱甚，合解毒，扶之使正。或一七日，或二三七日，自然汗出身涼而愈也。

《傷寒補天石·可汗不可汗》 凡發熱惡寒，頭疼體痛，頭項強，四肢拘急，脈浮緊或浮數無汗者，汗之。汗後不解，表證仍在者，再汗之。若口燥舌乾，或口舌咽燥，或咽喉痛，或衄血，或吐血，或下血，或小便淋瀝，或大便瀉利，或瘡漏，或動氣，或房勞，或夢泄，或內傷勞倦，氣血兩虧，或風溫、濕溫、中暑，或婦人經水適來，或婦人新產血虛，大脈微細，或尺脈微弱者，皆不宜發汗也。

《傷寒補天石·可下不可下》 凡蒸蒸發熱，大便不通，或潮熱自汗，譫語煩渴，大便不通，或潮熱腹痛，或潮熱腹脹滿鞕痛，或繞臍，或下利脈滑數，或下利心下鞕痛，或目不了了，大便不通，脈沉實、沉數、沉滑有力者，皆宜下之。不盡，再下之。下後腹中虛軟，脈無力者，爲虛也，參胡三白湯加歸身和之。下後發熱，潮熱往來，寒熱不解者，小柴胡加減治之。煩熱不得眠者，溫膽湯加竹葉、石膏主之。下後利不止，身疼痛脈無力者，溫經益元湯加東壁土，白朮、升麻，去當歸、地黃主之。若惡風、惡寒，或頭疼，項腰脊強痛拘急，或嘔吐，咽中閉塞，或腹中時滿時減，或腹脹可揉可按，或時雷鳴，或臍有動氣，或不轉矢氣，或小便清白，或少陽膽病，或陽明面色正赤者；或內傷勞役，或陰虛勞倦，或婦人胎產崩漏，或經水適來適斷，或夾陰面赤，或陰證手足厥冷，六脈俱細，或大而無力，或尺脈遲者，皆不宜下也。凡下證，須用湯液，切忌丸藥，蓋丸藥不能除根也。

《傷寒補天石·可溫不可溫》 經曰：無熱惡寒，發於陰。凡無熱惡寒，脈沉遲細，或伏絕，皆宜溫之。若燥渴飲水，或潮熱譫語，或身熱小便赤，或揚手擲足，或斑黃狂亂，脈沉實、沉數、沉滑、洪大有力者，皆不宜溫者也。

《傷寒補天石·急下急溫》 急下急溫者，病勢危篤，將有變也。非若常病可緩。如少陰舌乾口渴，因邪熱內攻，腎水將絕，當急下之，以救腎家將絕之水。少陰自利純清水，心下鞕痛，口燥渴者，有燥屎也，急下之。少陰腹脹鞕痛，或遶臍痛，不大便，土尅水也，急下之。陽明熱甚，恐胃汁乾，急下以存津液。陽明腹滿痛，爲土實，急下之。熱病目不明，熱不止，多死。目睛不明，腎水已竭，不能照物則已危矣。急下之，俱用大承氣湯。

《傷寒緒論·總論·標本》 又兩病之標本，如伏氣發溫，復感客邪證，伏氣爲本，客邪爲標。治以涼膈，必加葱豉。

《傷寒緒論·總論·審證》 今之醫者治病，一見發熱，便認外感，不論風寒榮衛及裏實便鞕，概用發散，鮮不誤人。如裏發熱認作表發熱者，其脈浮緊無汗，爲傷寒。浮緩有汗爲中風，皆風寒外襲，表熱發也。其脈實而蒸蒸發熱，六七日不大便者，爲裏實。發熱，邪氣內傳而熱也。有裏惡寒，認作表惡寒者，初起不熱，但惡寒而體倦息微，脈沉遲無力，此寒中三陰裏惡寒也。若初起惡寒而體重氣促，陰陽俱緊，爲表惡寒，始雖惡寒，後必發熱也。有冬溫認作傷寒者，冬溫因腎氣不藏不正之氣，入傷太陽少陰二經，始病多不惡寒，便心煩大發熱而渴，必咽痛或下利，脈來左手弦軟。傷寒則風寒外來，始病心先惡寒而後發熱，始先不渴，至三四日後熱耗津液方竭，脈必人迎緊盛也。有伏氣發溫認作感冒者，伏氣乃冬時伏藏之邪，自內達表，必不惡寒而發熱，一熱即口燥咽乾而渴，氣口脈洪大倍於人迎。感冒是暴感非時寒氣，始病雖發熱，一二日內必不作煩渴，人迎之脈必弦盛倍於氣口也。

有夾陰認作陰證者，夾陰則有頭疼發熱，但足不熱，或陽縮入腹；陰證則無頭痛發熱也。【略】

有血證發黃認作濕熱發黃者，血證則小便自利，傷血而不傷氣也，濕熱則小便不利，氣病而血不病也。

有痞滿認作結胸者，痞爲虛邪，必居胸脇，不在中也，雖滿而不痛，結胸

爲實邪，正在胸中，痛不可近者，爲大結胸；若按之方痛者爲小結胸。

有心下鞕痛，下利清水，而認爲漏底者，因熱邪傳裏，燥屎內結，小腹鞕痛，讝語惡熱，渴飲水漿而利，乃下傍流純清臭水，爲熱結利。若下利清穀，腹痛善按者爲內寒。又夾食傷寒，因本虛不化，不結而自利。或因誤用消導及攻下，遂利不止者，俗名漏底也。

有正陽明府證認作陽明經病者，府病是胃府受病，則六七日不大便，讝語發渴而脈實。經病是經絡受病，則身熱目疼鼻乾，不得卧而脈長。溫熱發於陽明則自府達經，煩渴自汗壯熱，目脈赤而脈洪大。

有溫瘧認作風瘧者，溫瘧則溫病熱邪未盡，重感於寒而成，發於春夏之交，其證多熱少寒。風瘧則多發於夏秋也。

有疫痢認作漏底者，蓋疫痢是冬時伏氣，因春夏多雨，火邪復爲濕伏，延至秋時，眞陽內入，其邪內不能容，外不得泄，變爲下痢。其證大發熱而下痢煩渴，其脈必氣口洪盛，古人以敗毒散加陳倉米治之，誤與攻積利水，必死。若漏底則因腎氣素虧，或夾冷食而見外熱裏寒之證，其脈必尺中微弱，當從夾陰例治。亦有熱邪傳裏，而下利穢積者，又當從傳經熱證治之。

有燥證認作濕證者，燥證則肌膚枯槁，血少不能榮養百脈，而痿弱無力。濕痺則肢體浮腫，經隧中爲濕所襲，而痺著不舉也。

《傷寒緒論・總論・察色》 凡察舌上胎色，另具辨舌論中。其有舌本強鞕爲痰，舌短囊不縮爲宿食，舌脹大滿口爲龍火燔灼，此最爲急候，即宜砭之。舌深亦帶紫者，爲裏熱，舌色淡白爲裏寒，舌枯萎者，爲心氣耗絕也。

《傷寒緒論・總論・辨舌》 舌胎之名，始於長沙。以其邪氣結裏，若有所懷，故謂之胎。傷寒之邪在表，則胎不生。邪勢傳裏，則胎漸生。自白而黃，黃而黑，黑甚則燥裂矣。要以滑潤而白者，爲表邪。灰黑濕潤無胎，爲陰寒。灰黑薄滑，爲夾冷食。皆不可用寒涼攻下之劑。然中暑夾血，多有中心黑潤者，又不可拘於上說也。若黃黑灰色而乾燥紋裂者，爲熱極，萬無虛寒夾血之理。維屢經汗下，舌雖乾而有微薄胎，卻無燥裂芒刺，此爲津液耗亡，不可誤認實熱而攻之，攻之必致不救也。金鏡三十六治法，舉世宗之。又觀舌心法一百三十七圖，條分縷析，辨證最詳，其間論紅爲瘖熱，紫爲酒毒，微醬色爲夾食，藍爲肝藏純色，迥出前人未備。所嫌舍本逐末，未免繁紊，使人無提綱挈領處。故余括其捷要，分條辨論於左。

如白胎者，邪傷氣分，肺主氣而色白。又主皮毛，故凡白胎猶帶表證。仲景以爲胸中有寒，止宜和解，禁用攻下，攻下必致結痞變證不測。若溫病、熱病一發，便壯熱昏憒躁渴，舌正赤而有白滑胎，即當用白虎湯汗之。時疫初起，舌上白胎如積粉者，達原飲解之。若傷寒邪入胃府，則白胎中黃。邪傳少陰，則白中變黑。若純色，爲一經證，邊與中間兩色，俱傳經證。若從根至尖，直分兩路者，是合病與夾陰舌也。合病則白中兼兩路黃，夾陰則白中兼兩路黑潤及灰色也。從根至尖，橫分兩三截胎色者，是併病舌也。故尖白根黃，尖白根黑，及半邊胎滑者，雖證類不同，皆屬半表半裏。白胎多而滑，黃黑胎少者，表證多也，尙宜和解。黃黑胎多而白胎少，或生芒刺黑點乾燥者，裏證多也，必下無疑。雖中心黃黑，而滑潤邊白者，此爲表證未盡。傷寒則大柴胡兩解之，溫熱、時疫則涼膈散，或白虎合承氣攻下之。又傷寒壞病，雖白而厚甚燥裂者，此爲邪耗津液，宜小柴胡稍加芒硝微利之。純白滑胎，爲胃虛寒飲結聚膈上之候，每於十三四日，過經致變，不可泛視也。一種白厚胎，如煮熟色，到底不變者，必裏挾寒物，留滯不散，致脈伏不出，乃心脾氣絕，肺氣受傷也。慎不可下，宜枳實理中湯，熱甚合小陷胸主之。至於能食自利，而白胎滑者，爲藏結，難治也。黃連湯、連理湯、備急丸選用，間有得生者。

黃胎者，陽明府實也。黃濕而滑者，爲熱未盛，結尚未定，不可便攻，攻之必初鞕後溏也。冬時宜確守此例，俟結定乃攻，不得已大柴胡微利之。若在夏月，一見黃胎，便宜攻下。以夏月伏陰在內，多有下證最急而胎不燥者，不可泥也。若黃而燥者，爲熱已盛，峻下無疑。黃而生芒刺黑點者，爲熱勢極。黃而瓣裂者，爲胃液乾，下證尤急也。諸黃胎皆屬胃熱，分緩急輕重下之。有種根黃而鞕，尖白而中不甚乾，亦不滑，短縮不能伸出，讝妄煩亂者，此痰挾宿食占據中宮也，大承氣加生薑、半夏主之。有舌色青紫，而胎卻黃厚，甚則紋裂，但覺口燥，舌仍不乾者，此陰證夾食也。脈或沉細而伏，或虛大而濇，按其心下或臍旁鞕痛而時矢氣者，急宜大承氣，另煎生附子佐大黃下之。若脈虛大者，黃龍湯下之。熱極煩躁者，更加生地、麥冬，夏月尤宜。若冬時陰證夾食，而舌上胎黃不燥者，宜用附子理中合小承氣下之。大抵舌有積胎，雖見陰象，亦是虛中有實，急當攻下無疑，但下法與尋常不同耳。又中宮有痰飲水血者，舌多不燥，不可因其不燥而延緩時日致誤也。凡溫病熱

病稍見黃白胎，無論燥潤，即宜涼膈、雙解。時行、疫癘稍見白胎，即宜白虎達原。若見黑黃，無論乾濕，大承、調胃急奪無疑。

黑胎者，少陰腎色也。若五六日後，熱傳少陰，水乘火位，亢極之火，不爲水衰，反兼水化，如火過炭黑是也。始因表證失汗，致邪入裏，而傳少陰，下之則愈。然有屢下熱不減，胎不退者，此必宿食留滯於中宮也，宜黃龍湯加炮薑、川連。有誤用汗下太過，津液枯竭而胎燥黑者，此爲壞病，須量人虛實爲治。虛者其胎必薄而潤，生脈散合附子理中。實者其胎必厚而乾，生脈散合黃連解毒。一則陰虛陽亢，一則陽虛陰亢，不可不審。熱勢盛劇，則黑胎上生芒刺，及燥裂分隔瓣者，須用青布蘸薄荷湯拭潤，更以薑片刮去芒刺，撅起隔瓣，看刺下瓣底色紅者可治，急下之。若俱黑者，不治。又黑胎腐爛者，爲心腎俱絕。舌黑而卷縮者，肝絕，皆不可治。舌黑及灰或黃，而發疱生蟲腐爛，雖爲濕熱，亦屬肝傷，俱爲危候。又中間一路潤黑燥胎，兩邊或黃或白者，兩感舌也。邊黃則調胃承氣，邊白則大柴胡下之。若中間一路黑滑薄胎，兩邊白滑，此表裏俱虛，胃中雖有留結，急宜附子湯溫之。凡黑胎多凶，黑而乾燥，或芒刺瓣裂，皆爲實熱，急宜下奪。黑薄濕潤，或兼白滑者，皆爲陰寒，急當溫經也。一種中黑而枯，或略有微刺，色雖黑而無積胎，舌形枯瘦而不甚赤，其證煩渴耳聾，身熱不止，大便五六日或十餘日不行，腹不鞕痛，按之不痛，神識不昏，晝夜不得睡，稍睡或呢喃一二句，或帶笑，或歎息，此爲津枯血燥之候。急宜炙甘草湯，或生料六味丸換生地，合生脈散加桂滋其化源，庶可或生，誤與承氣必死，誤與四逆必死。凡舌胎或半黃半黑，或半黃半白，或中燥邊滑，或尖乾根潤，皆爲傳併之邪，寒熱不和之候。大抵尖黑稍輕，根黑至重。黃黑宜大承氣，兼白者宜涼膈散，分緩急下之。若全黑爲死現舌，不治。夏月熱病，時火邪火，內外燔灼，胎黑易生，猶可攻治。冬月傷寒，舌胎全黑，決難救也。然中暑誤認外感而加溫覆，多致中黑邊極紅而潤，脈必虛大，急用白虎湯清之，虛者加人參、竹葉。如更誤認傷寒而與熱藥，必致煩躁不救也。夏月中暑，多有黑舌，黑而中乾者，白虎湯無疑。黑而滑潤，或邊白者，必夾寒食，古法用大順散，然不若理中合小陷胸最當。若直中少陰眞寒，始病不發熱，舌心便黑色，非由白黃變化，其舌雖黑而滑，舌亦瘦小，此眞藏寒。必厥冷自利、嘔吐，脈沉遲，四逆附子輩急溫之，稍緩則不可救。

灰黑舌者，足三陰互病。如以青黃和入黑中，則爲灰色也。然有傳經直中之殊。蓋傳經熱邪，始自白胎而黃，黃而灰黑，或生芒刺黑點，紋裂乾燥，不拘在根在尖，俱宜攻下泄熱。有淡灰色中起深黑重暈者，乃濕病熱毒，急用涼膈、雙解治之。熱毒內傳一次，見暈一種，傳二三次，見二三重也。若見三重者，不治。若直中三陰，始病無燥熱，便見灰色，舌潤無胎，更不變別色者，此內必夾寒食及冷痰水飲，或畜水如狂等證，當隨證治之。又有感冒夾食，屢經汗下，消導二便已通，而舌上灰黑未退，或濕潤，或雖不濕亦不乾燥者，不可因其濕而誤認爲寒，妄投薑附。亦不可因其不潤，而誤與硝黃。此因汗下過傷津液，虛火上炎所致，其脈必虛微少力，治宜救陰爲急。雖無心悸脈代，當用炙甘草湯主之，內有生地、阿膠、麻仁、麥冬之甘潤，可以滋陰潤燥。蓋陽邪亢盛，則用硝黃以救陰。陰血枯涸，則宜生地以滋陰，可不辨乎。

紅色者，心之正色也。若紅極爲溫熱之毒，蘊於心胃，及瘟疫、熱毒內盛也。若濕者，不可便下，解毒湯或白虎湯。紅中有白胎者，更感非時之寒也，桂枝白虎湯。紅中夾兩路灰色胎者，溫熱而夾寒食也，涼膈散加消導藥一二味。紅中有黑胎者，熱毒入少陰也，大承氣合白虎湯。紅極有黃黑芒刺者，熱毒入府也，調胃承氣湯。紅極有紫黑斑，及遍身發斑者，陽毒入心也，人參白虎湯加犀角、黃連。紅極而紋裂者，燥熱入肝也，大承氣加柴胡、白芍，甚則加芩連。坑爛者，濕熱入脾也，小承氣加芩、連、半夏。白疱者，火氣燔灼也，三黃石膏去麻黃。紫瘡者，火氣鬱伏也，解毒湯。紅星者，心包火炎也，涼膈散。一種柔嫩如新生，望之似潤，而燥涸殆甚者，爲妄行汗下，津液竭也，多不治，急宜生脈散合人參三白湯主之。舌痿不能動者，肝絕。舌忽瘦而長，心絕，不治。

紫色者，酒後傷寒也。世俗庸愚，往往受寒不服湯藥，用薑葱酒發汗，汗未當而酒毒藏於心包，多有此證。若純紫，或中間略帶白胎而潤者，宜葛根湯加石膏。若紫中有紅斑，或紫而乾黃，紫而短縮，俱宜涼膈散下之。若全紫而乾，如煮熟肝者，死肝色也。其證必厥冷，脈必沉滑，此陽極似陰也，急用當歸四逆湯加酒大黃下之，然多不救。大抵深紫而赤者，是陽熱酒毒，宜用苦寒解毒。若淡紫而帶青滑者，是直中腎肝陰證，急宜吳茱萸湯、四逆湯溫之。然亦有中心生薄青紫胎，或略帶灰黑而不燥不濕，下證復急者，此熱邪傷於血分也，犀角地黃湯加酒大黃微利之。

微醬色胎舌者，乃夾食傷寒也。食填太陰，鬱遏不得發越，久之盦而成

醬色也。其證腹滿時痛者，桂枝湯加枳、朴、橘、半，痛甚加大黄。因冷飲不消，加炮薑，厚朴，甚則調胃承氣加炮薑下之。如胃氣絶，脈結代，唇吊，齒燥下利者，死。

藍胎舌者，肝藏純色也。傷寒日久，屢經汗下，失於調理，致胃傷極，心火無氣，脾土無依，則肺金不生而肝木無制，侮於脾土，故胎色如靛，或兼身生藍斑，乃心脾肺三藏氣絶於內也，必死。如微藍色而不甚深，或略見藍紋者，爲木受金傷，藏氣未絶，脈不沉濇而微弦者，可治。小柴胡湯加炮薑、肉桂主之。舌之證類雖繁，不外八種胎色，撮其大要，亦辨證之一助也。

《傷寒辨證·診脈》溫熱病之脈，多在肌肉之分而不甚浮，且右手反盛於左手者，誠由怫熱在內故也。

傷寒始病雖發熱，一二日內必不作煩渴，左手之脈，必緊盛倍於右手。溫熱病，其熱自內達表，必不惡寒而發熱，一熱即口燥咽乾而渴，右手脈洪大倍於左手。

凡浮診、中診之脈，浮而有力，浮長有力，傷寒得此脈，自當發汗。若溫熱病始發多有此脈，切不可發汗，乃黄芩、白虎之證也。

凡傷寒，始本太陽病，發熱頭痛，而脈反沉者，雖曰太陽，而實見少陰之脈，故用四逆湯溫之。若夫溫病熱病，而見脈沉小微弱短濇者，此伏熱之毒，滯於少陰，不能發出陽分。所以身大熱而足不熱者，皆不治，正所云陽病陰脈也。惟脈沉實而見陽明府病證者，急用承氣下之，不可拘於陽病陰脈例也。

凡內外有熱，其脈沉伏，不數不洪，但指下沉濇而小急，此爲伏熱，不可誤認虚寒。若以溫熱治之，是益其熱也。

《雜症大小合參·辨溫熱》溫熱之病，因外感內傷，觸動鬱火，自內而發之於外。初則表裏俱熱，宜用辛涼之劑兩除表裏之熱；久則表熱微而裏熱甚，又宜如承氣湯苦寒之劑以瀉之，則熱退身涼而病自已也。倘不諳伏氣溫熱之症，表裏俱熱者，而認作即病傷寒之症，用麻黄湯辛溫之劑以發表，則內熱愈甚，而班黄狂亂之症起矣；或未用辛涼之劑以解表，便用承氣湯苦寒之劑以攻裏，則表熱未去，而結胸虚痞之症見矣。

《治疫全書·瘟疫客難》魏君對廷，余內兄也。雅喜博涉羣書，過余松園精舍，因閲六書，竟而問曰：子之所輯，於瘟疫之症，保無遺否？余曰：是書之輯，專爲瘟疫也。凡症之正變，治之權宜，竊謂玆編，已無剩義矣。曰：間嘗見醫書有所謂冬溫、風溫、濕溫、溫疫、寒疫、晚發、溫毒及過經不解之溫者，而卷內概不之及，何也？余曰：此吾所以於瘟之正變，治瘟之權宜，不殫反覆詳贅者，正欲綜而辨之，俾無遺漏，以破混淆者之惑也。若君所舉諸溫，則非瘟疫之比，可以無庸置辯者也。曰：溫疫既不相同施治者，自當各異，然或歲氣妄行，溫瘟雜出庸淺者，流鮮所分明一遇諸溫之症，治以瘟疫之方，得非此書，貽之悞乎？曰：是則不可以不辨也。夫所謂冬溫者，以非時之燥熱與驟至之嚴寒兩相搏觸，發爲是症，與傷寒相似，但脈不浮耳。苐宜九味羌活裏加大黄，重則雙解散之類治之可也。風溫者，症或喘渴多睡，四肢如癱，汗出而熱仍壯，其治專在心脾，不宜汗下，法惟清解肌表也。濕溫者，或因天時淫雨，或因晦室陰濃，或酷熱卧地，或過寒溪涉冷水，傷暑、傷濕，或併兩傷證，如胸滿、妄言、兩脛逆冷、身熱、自汗之類，其治亦在心脾，不可發汗也。溫疫者，夏秋之間暴熱所傷，內外兼中，症如鬱蒸，治宜清熱解毒藥以辛涼也。寒疫者，溫煖之時而寒反爲病，是陰氣反逆，邪由外感，法宜煖胃調中，一切寒涼禁用也。晚發者，原爲秋病，自立春至夏至，病之及時而發者，曰春溫。自夏至至立秋，病因燥熱而發者，曰晚發。自立秋至處暑，病因燥熱而發者，亦曰晚發。證有因濕因燥之不同，宜審外證，與時令而施其治也。若夫過經不解者，蓋傷寒之病，六日傳遍六經，發汗解肌後，病或不痊，又六日而又傳一遍，或和或下，後延至十八日，或二十餘日，而病仍不痊者，世故亦以溫病名之，治當隨證調和，不可復汗復下也。他如溫毒，則緣初病感邪未解，結滯經絡，釀爲癰毒，即如傷寒證中陽毒陰毒之類，治亦當倣傷寒治毒之法以治之也。至瘟疫一症，獨爲觸犯癘氣所成，所謂邪自口鼻而入，伏於膜原，鬱結熯蒸，變幻百出。其症獨異，其毒最酷者，非以上諸溫之可同年語者也。吴氏於此，苦爲分別，愚輯是編，亦專爲剖晳，故不欲以繁稱博引之談，紛閲者之心目也。

《瘟疫明辨·一辨氣》風寒，氣從外收斂入內，病無臭氣觸人。間有作臭氣者，必待數日轉陽明府症之時，亦只作腐氣，不作屍氣。瘟疫，氣從中蒸達於外，病即有臭氣觸人，輕則盈於床帳，重則蒸然一室，且專作屍氣，不作腐氣。以人身藏府氣血津液，得生氣則香，得敗氣則臭。瘟疫，敗氣也，人受之，自藏府蒸出於肌表。氣血津液，逢蒸而敗，因敗而溢。溢出有盛衰，充塞

有遠近也。五行原各有臭氣，木臊、金腥、心焦、脾香、腎腐。以臭得其正，皆可指而名之。若瘟疫，乃天地之雜氣，非臊、非腥、非焦、非腐，其觸人不可名狀。非鼻觀精者，不能辨之。試察廁間糞氣，與凶地屍氣，自判然矣。辨之既明，治之毋惑，知爲瘟疫而非傷寒。則凡於頭痛發熱諸表症，不得誤用辛溫發散；於諸裏症，當清、當下者，亦不得遲回瞻顧矣。

《瘟疫明辨・辨時行疫癘與風寒異氣》 凡主疎泄，寒主凝泣，二氣雖有不同，然皆冷而不熱。其中人也，鬱而不宣。方其初受在表，均宜溫散，麻黃湯、桂枝湯、芎蘇、十神、神朮等方，皆散寒之劑，非解熱之劑。時行之氣，屬濕溫二氣合成。熱而不冷，其中人也，立蒸而腐敗。方其初傳在表，即宜涼解，大青龍湯、六神通解散、九味羌活湯、葳蕤湯、大羌活湯、人參敗毒散，皆解熱之劑，非散寒之劑也。以解熱之劑治風寒，輕則寒中嘔利，重則厥逆亡陽。以散寒之劑治瘟疫，輕則衄渴譫妄，重則枯竭亡陰。此氣之不可不辨也。

《絳雪園古方選注・內科》 生脈散

人參五錢　麥門冬三錢　五味子三錢

右水二鍾，煎八分，隨時服。

凡曰散者，留藥於胃，徐行其性也。脈者主於心，而發原於肺。然脈中之氣所賴以生者，尤必資藉於腎陰。故《內經》言：君火之下，陰精承之也。麥冬清肺經治節之司，五味收先天癸水之原，人參引領麥冬、五味都氣於三焦，歸於肺而朝百脈，猶天之雲霧精白露降，故曰生脈。

瀉白散

桑白皮一錢　地骨皮一錢　甘草五分　白粳米百粒

右爲末，開水調服，水一鍾，煎八分，溫服亦可。

肺氣本辛，以辛瀉之，遂其欲也。遂其欲當謂之補，而仍云瀉者，有平肺之功焉。桑皮、甘草其氣俱薄，不燥不剛，雖瀉而無傷於嬌臟，苐用其所欲，又何復其所苦？蓋喘咳面腫，氣壅熱鬱於上，治節不行，是肺氣逆也。經言：肺苦氣上逆，急食苦以泄之。然肺虛氣逆，又非大苦大寒，如芩、連、梔、柏輩所宜，故復以地骨皮之苦泄陰火、退虛熱而平肺氣：淮南《枕中記》載：西河女子用地骨皮爲服食，則知泄氣而仍有補益之功。使以甘草、粳米緩桑骨二皮於上，以清肺定喘，非謂肺虛而補之以米也。

導赤散

生地　甘草稍　淡竹葉　木通各等分

右水二鍾，煎八分，溫服。

導，引也。小腸一名赤腸，爲形臟四器之一，稟氣於三焦，故小腸失化，上爲口糜，下爲淋痛。生地入胃而能下利小腸，甘草和胃而下療莖中痛，木通、淡竹葉皆輕清入腑之品，同生地、甘草則能從黃腸導有形之熱邪入於赤腸，其濁中清者，復導引滲入黑腸而令氣化，故曰導赤。

溫膽湯

茯苓七錢　半夏一兩　廣皮一兩五錢　甘草四錢，炙　竹茹一兩　枳實一兩

每服四五錢，加生薑七片，大棗一枚，水一鍾五分，煎七分，食遠溫服。

溫膽湯，膈腑求治之方也。熱入足少陽之本，膽氣橫逆，移於胃而爲嘔，苦不眠，乃治手少陽三焦，欲其旁通膽氣，退熱爲溫，而成不寒不燥之體，非以膽寒而溫之也。用二陳專和中焦胃氣，復以竹茹清上焦之熱，枳實泄下焦之熱，治三焦而不及於膽者，以膽爲生氣所從出，不得以苦寒直傷之也。命之曰溫，無過泄之戒辭。

涼膈散

薄荷五錢　連翹五錢　芒硝二錢五分　甘草一兩五錢　黃芩五錢　山梔五錢　大黃五錢

右爲麤末，每服五錢，水一碗半，去滓，入白蜜一匙，微煎微服。

膈者，膜之橫蔽心下，周圍相着，遮隔濁氣，不使上薰心肺者也，不主十二經。凡傷寒蘊熱，內閉於膈，其氣先通心肺，膻中火燔煩熱，自當上下分消。手太陰之脈，上膈屬肺，足厥陰之脈，上貫膈，布脇肋，循喉嚨之後，以薄荷、黃芩從肺散而涼之。腎足少陰之脈，上貫膈，入肺中，以甘草從腎清而涼之。手少陰之脈，下膈絡小腸，手太陽之脈，下膈抵胃屬小腸，以連翹、山梔從心之少陽苦而涼之。手少陽之脈，下膈循屬三焦，手厥陰之脈，下膈歷絡三焦，以山梔、芒硝從三焦與心包絡瀉而涼之。足太陰之脈，上膈挾咽，連舌本，散舌下，以甘草、大黃從脾緩而涼之。足少陽之脈，下貫膈屬膽，以薄荷、黃芩從膽升降而涼之。胃足陽明之支脈，下膈屬胃絡大腸，手陽明之脈，下膈屬大腸，以大黃、芒硝從胃與大腸下而涼之。上則散之，中則苦之，下則行之，絲絲入筬，周遍諸經，庶幾燎原之場，頃刻爲清虛

之府。守眞力贊是方爲神妙，信哉。

益元散

桂林滑石六兩　甘草一兩

右爲粉，水飛，每服三錢，溫水下或新汲水下。

滲泄之劑，不損元氣，故名益元。分兩六一，取天一生水，地六成之，故又名天水。滑石味淡性利，色白入氣，復以甘草載引上行，使金令肅降，故暑濕之邪傷上焦者，效甚速。其下清水道，蕩熱滲濕之功，亦非他藥可及。時珍曰：熱散則三焦寧而表裏和，濕去則闌門通而陰陽利。完素以之治七十餘證，讚之爲凡間仙藥，不可闕之。

桂苓甘露飲

茯苓一兩　豬苓五錢　澤瀉一兩　甘草二兩　白朮五錢　肉桂五錢，去皮　滑石四兩　石膏二兩　凝水石二兩

右爲末。每服三錢，溫湯調下，新水亦得，生薑湯尤良。

消暑在於消濕去熱，故用五苓去濕，三石解熱，濕熱既去，一若新秋甘露降而暑氣潛消矣。夫濕爲陰邪，全賴太陽氣化以利小便，莫若五苓散爲當。若熱在濕下者，則爲粘着之邪，又當寒燥以勝之，莫妙於三石之功捷速。滑石性雖重而味淡，故能上利毛腠之竅以清水濕之源，石膏辛寒入胃，辛能發汗，寒以勝熱，故能泄中焦之熱出走膀胱，凝水石辛鹹入腎，爲鹽之精，故能涼血滌熱從小便而出。子和亦有桂苓甘露飲，本方加人參、木香，再加乾葛、霍香，雖兼補虛散邪，然濕家忌汗，不若河間之專也。

生津甘露湯

升麻五分　防風五分　羌活一錢　柴胡一錢　石膏一錢五分　黃芩一錢，酒炒　黃耆一錢　生甘草五分　杏仁十箇　生地五分　當歸六分　紅花少許　桃仁五箇　漢防己五分　黃柏一錢五分　知母一錢，酒炒　龍膽草一錢，酒炒　炙甘草一錢

右㕮咀，都作一服，水二盞，酒一匙，煎一盞，熱食遠服。

消渴門中生津甘露湯，一名清凉飲子。東垣治心火亢甚，乘於脾胃，亦是至而不至，乃爲不及者之方也。升麻、柴胡、羌活、防風氣芳，石膏性沉，雖云消渴禁芳草石藥，其氣慓悍，恐助燥熱，然欲走達經氣，非芳香不能。故脾胃不及須少用升麻，使陽氣從脾胃中右遷於左，以行陽道，得春生萬化之機。更用柴胡，使諸經左遷，生發陰陽之氣。黃耆、杏仁理肺氣，佐石膏、知母、黃芩清手陽明氣分之熱以生津。生地、當歸、桃仁、紅花破血結，佐龍膽、黃柏、防己清足陽明血分之熱以生液，津液既生，燥熱亦解，又何患二陽復結也？一方用黃連退心火以消舌上赤脈，一方用蘭草，經言治之以蘭，除陳氣也。

二妙散

茅山蒼朮生用　川黃柏炒焦

右爲末，搗生薑，煎沸湯，調服。即《集要方》二神湯各錢五分，水煎，空心服。

二妙散，偶方之小制也。蒼朮生用入陽明經，能發二陽之汗。黃栢炒黑入太陰經，能除至陰之濕。一生一熟，相爲表裏，治陰分之濕熱，有如鼓應桴之妙。

地黃飲子

熟地八錢　熟附子一錢二分　官桂八分　石菖蒲一錢　遠志肉一錢，甘草製　淡肉蓯容乾一錢　巴戟肉一錢　麥門冬一錢五分　五味子一錢　山萸肉一錢五分　白茯苓一錢五分　川石斛一錢五分

右爲末，每服三錢，水一盞半，生薑五片，棗一枚，薄荷五分，同煎至八分，不計時候服。

飲，清水也。方名飲子者，言其煎有法也。瘖痱之證，機竅不靈，升降失度，乃用一派重濁之藥，務在藥無過煎，數滾即服，取其輕清之氣，易爲升降，迅達經絡，流走百骸，以交陰陽。附子、官桂開諸竅而祛濁陰，菖蒲、遠志通心腎以返眞陽，川石斛入腎以清虛熱，白茯苓泄胃水以滌痰飲，熟地、山萸滋乙癸之源，巴戟、蓯容溫養先天之氣，麥冬、五味入肺腎以都氣。開之，通之，清之，泄之，補之，都之，不使濁陰之氣橫格於喉舌之間，則語自解，體自正矣。

鼈甲湯

鼈甲去欄，醋炙，一兩　生地黃一兩　當歸一兩　白芍一兩　柴胡去苗，一兩　官桂三分　生薑三分，切片，焙乾　大腹子皮一兩　京三稜一兩

右爲末，每服三錢，水一大盞，入生薑、木香五分，同煎至八分，去滓，空心溫服。

鼈甲湯，治伏梁。伏，匿藏也。梁，石絶水爲梁，喻其鬱氣阻於腹中也。張子和曰：伏梁，火之鬱也。以熱藥散之則益甚，以火灸之則彌聚。其證有二：一由氣鬱，一由血鬱。岐伯曰：裹大膿血居腸胃之外，下則因陰土迫胃脘，當生内癰，居臍上爲逆，居臍下爲從，勿動亟奪，戒人勿急切按摩，用下奪之法。此以四物湯去川芎，用柴胡，從血分散火之鬱。大腹子皮攻腸胃外之冷熱氣，官桂、生薑宣通臍上下之陰結，京三稜入絡，破血攻堅削積，鼈甲亦能破癥瘕去瘀血。《本草》釋名神守，凡攻擊之劑，用以固守神明，功居要領，故以名湯。

犀角湯

犀角鎊，五錢　升麻三錢　元參五錢　連翹五錢　射干一分，去毛　麥門冬一兩，去心　沉香一分，剉　芒硝一兩　柴胡五錢，去苗　木通五錢　炙甘草一分

右爲末，每服三錢，水一大盞，同煎至八分，食前去滓，溫服。

結陽者腫四肢，陽別於陰，雖非死病，亦危證也。本論云：所謂陽者，胃脘之陽也，別於陽者，知病處也。故用犀角、升麻解散陽明之結熱，元參、連翹肅清樞機，引領清氣上下以散結熱，射干、麥冬解上焦之結熱，芒硝、沉香破下焦之結陽，柴胡升清氣則樞機自轉，木通通心竅則經絡流行，甘草以和諸藥之性，此結之見乎外者，從表散也。

地榆湯

地榆四兩　甘草三兩，半生半炙

右爲末，每服五錢，水三盞，内縮砂仁，七枚，每服可加，炒用亦可。煎至一半，去滓溫服。

結陰者，陰氣自結不和於陽也。結則下瘀血，若瘀血去盡，而再結再下，三結三下，斷續不絶，亦危證也。治以地榆，身能止血，稍能行血。甘草生用，能行肝胃二經污濁之血，炙之入陰，而溫散血中之結。煎時另入縮砂仁，香而能竄，内醒臟氣，引領二味止血開結，此結之徵乎内者，從裏解也。

麥冬飲子

麥冬二兩，去心　知母一兩　人參一兩　炙甘草一兩　生地一兩　茯神一兩　栝蔞實一兩　葛根一兩

右爲末，每服五錢，水二盞，竹葉數片，同煎至一盞，去滓，食後溫服。

移熱於肺，傳爲膈消，是亦死陰也。雖不若移寒之三日死，然熱久消渴，煩心短氣，津液日耗，漸成危證。治以人參、甘草和胃生津，麥冬、知母救肺陰，生地、茯神清心熱，葛根升胃津，栝蔞止消渴。危證立方，止求無過，治本之圖，不爲迂矣。

犀角地黄湯新改

暹羅犀角三錢　生地五錢　連翹三錢　生甘草五分。原方有丹皮、赤芍無連翹、甘草

右水二鍾，武火煎八分，溫服，無時候。

《局方》犀角地黄湯，厥陰、陽明藥也。溫熱入絡，舌絳煩熱，八九日不解，醫反治經，寒之，散之，攻之，熱勢益熾，得犀角地黄湯立效者，非解陽明熱邪，解心經之絡熱也。按《本草》犀角、地黄能走心經，專解營熱，余因革去丹皮、赤芍，易以連翹入心散客熱，生甘草入心和絡血，以治溫熱證熱邪入絡之方，於理無悖，敢以質諸當世。

《絳雪園古方選注·内科丸方》 六味地黄丸

熟地八兩　山萸四兩，去核　山藥四兩　澤瀉三兩　丹皮三兩　茯苓二兩

右法製，共搗爛，烘燥入磨爲末，煉蜜丸桐子大，每服七八十丸，空心淡鹽湯下，冬用酒下。

六味，者苦酸甘鹹辛淡也。《陰陽應象論》曰：精不足者補之以味。五臟之精皆賴腎氣閉藏，故以地黄名其丸。地黄味苦入腎，固封蟄之本，澤瀉味鹹入膀胱，開氣化之源，二者補少陰太陽之精也。萸肉味酸入肝，補罷極之勞，丹皮味辛入膽，清中正之氣，二者補厥陰少陽之精也。山藥味甘入脾，健消運之機，茯苓味淡入胃，利入出之器，二者補太陰陽明之精也。足經道遠，故制以大，足經在下，故治以偶。錢仲陽以腎氣丸裁去桂附治小兒純陽之體，始名六味，後世下六味加桂名七味，再加附子名八味，方義昧矣。

天王補心丹其方有四，惟此道藏者通

人參五錢　當歸一兩　栢子仁一兩　丹參五錢　茯神五錢　棗仁一兩　天門冬一兩　麥門冬一兩　五味子一兩　生地四兩　元參五錢　遠志肉五錢　桔梗五錢

右法製爲末，密丸彈子大，硃砂爲衣，燈心湯服一丸，或噙化。

補心者，補心之用也。心藏神，而神之所用者，魂魄意智精與志也，補其用而心能任物矣。《本神篇》曰：隨神往來者謂之魂。當歸、栢子仁、丹參，流動之藥以悅其魂。心之所憶謂之意，人參、茯神，調中之藥以存其意。因思慮而處物謂之智，以棗仁靜招乎動而益其智。並精出入者謂之魄，以天冬、麥冬、五味子，寧靜之藥而安其魄。生之來謂之精，以生地、元參，塡下之藥定其精。意之所存謂之志，以遠志、桔梗動生於靜而通其志。若是，則神之陽動而生魂，魂之生而爲意，意交於外而智生焉。神之陰靜而生魄，魄之生而爲精，精定於中而志生焉。神之爲用不窮矣，故曰補心。

萬氏牛黃清心丸

西牛黃二分五厘　鏡面硃砂一錢五分　生黃連五錢　黃芩三錢　山梔三錢　鬱金二錢

右爲末，蒸餅爲糊，丸如黍大，每服七八丸。

喻嘉言治中風門云：熱阻關竅，湯劑中調入牛黃清心丸。但古有數方，其義各別，若治溫邪內陷胞絡神昏者，惟萬氏之方爲妙。蓋溫熱入於心胞絡，邪在裏矣，草木之香僅能達表，不能透裏，必藉牛黃幽香物性，乃能內透胞絡，與神明相合，然尤在佐使之品配合咸宜。萬氏用芩、連、山梔以瀉心火，鬱金以通心氣，辰砂以鎭心神，合之牛黃相使之妙。是丸調入犀角、羚羊角、金汁、甘草，或人中黃、連堯、薄荷等湯劑中，定建奇功。

小金丹

辰砂二兩　水磨雄黃一兩　葉子雌黃一兩　紫金煉熟，金箔，五錢

右藥同入合中，外固了埋地一尺，築地實，不用爐，不須藥製，用炭二十觔，煆之七日終，候冷七日取，次日出合子，埋藥地中，七日取出，順日研之三日，煉白蜜爲丸，梧桐子大，每日望東吸日華氣一口，冰水下一丸，和氣嚥之。服十粒，無疫干也。

小金丹爲辟疫之方，全用金石者，取天地五行自然之氣也。辰砂生稟青陽，受氣於丙，有木火之德，雄黃得陽土之精，雌黃得陰土之精，金稟巳土，陰氣得水之精，以火煆之，以土埋之，循太陽左旋以研之，吸太陽初升之氣以吞之，純陽之氣用冷水以攝之，採取陰陽之精氣，坐鎭中宮，正氣在內，邪不能干也。按《素問》遺論《辟疫篇》，是方係後人增附，然方義頗通，故釋之。

雪羹

大荸薺四個　海蛇漂去石灰礬性，一兩

右二味，水二鍾，煎八分服。

羹，食物之味調和也，雪，喻其淡而無奇，有清涼內沁之妙。荸薺味甘，海蛇味鹹，性皆寒而滑利，凡肝經熱厥少腹攻衝作痛，諸藥不效者，用以泄熱止痛，捷如影響。

《醫宗金鑑・傷寒心法要訣・陽毒》　陽毒熱極失汗下，舌卷焦黑鼻煤煙，昏噤發狂如見鬼，咽疼唾血赤雲斑。六七日前尚可治，表裏俱實黑奴丸，熱盛解毒裏實下，表實三黃石膏煎。

註：陽毒，謂陽熱至極之證也。失汗下，謂應汗不汗，應下不下，失其汗下之時也。熱毒炎炎不已，故舌卷焦黑，鼻內生煤煙也。熱毒內攻乘心，故神昏噤慄，發狂如見鬼神，咽疼唾血也。熱毒外薄肌膚，故發赤色如錦雲之斑也。六七日前，謂日淺毒未深入，故尚可治。表裏俱實，謂有是證，無汗不大便者，宜黑奴丸兩解之。無表裏實證熱盛者，宜黃連解毒湯。兼燥渴者，合白虎湯清之。裏實不便者，宜解毒承氣湯下之。表實無汗者，宜三黃石膏湯發之。

《醫宗金鑑・傷寒心法要訣・舌胎》　舌心外候本澤紅，紅深赤色熱爲輕。外紅內紫爲熱重，滑白寒表少陽經。沉遲細緊藏寒結，乾薄氣液兩虛空。黃黑胎潤裏熱淺，焦乾刺裂熱深明。黑滑若與三陰見，水來尅火百無生。

註：舌者心之外候，色應紅澤爲無病也。若初感內外紅深，則爲有熱。外紅內紫，則爲熱甚。舌胎滑白，則爲表寒。其胎漸厚，則爲傳少陽經也。熱者宜辛涼汗之，寒者宜辛溫汗之。在少陽者爲胸中有寒，丹田有熱也，小柴胡湯兩解之。胸中指表也，淺也；丹田指裏也，深也。非直指胸中丹田，謂半裏之熱未成，半表之寒猶在。故舌白一證，有寒有熱也。若其胎滑厚與陰證脈同見，乃藏虛寒結，以理中加枳實溫而開之。若其胎乾薄與陽證同見，乃氣虛液竭，以白虎加人參清而補之。若白胎漸變黃色，此爲去表入裏，其熱尚淺，表不罷者，宜三黃石膏湯；已入裏者，涼膈散。如焦乾黑色，或芒刺裂紋，此爲裏熱已深，宜梔子金花湯。兼滿痛者，大承氣湯。紅，火色也；黑，水色也。與三陽證見，爲熱極反兼勝己之化，清

之下之，尚可治也。若與三陰證見，則爲水來尅火，百無一生。治者以生薑擦之，其黑色稍退，急用附子理中、四逆輩救之可生。

《醫碥·瘟疫病論·瘟疫雜病論·下論》 舌白胎，邪在膜原也。若變黃胎，邪入胃也，胎黃宜下。黑胎，邪毒在胃，宜下。下後二三日，黑皮自脫。有一種但舌黑而無胎，此經氣，非下證也。妊娠有此，陰證亦有此，不可下。經血瘀熱或寒凝皆舌黑，以在經不存胃，故無胎，故不可下。下後裏證去而舌尚黑，胎皮未脫，不可再下，爲無下證。設舌見離離黑色者危，急補之。舌芒刺，熱傷津液，此疫毒最重者，急下之。若老人微疫，無下證，舌上乾燥生胎刺，用生脈散生津潤燥，胎刺自去。舌裂日久，失下多有此證，急下，裂自滿。舌短、舌硬、舌捲，皆邪氣盛，眞氣虧，急下之，舌自舒。白胎乾硬如砂皮，急下之。

脣燥裂，脣焦色，脣口皮起，口臭，鼻如煙煤，胃熱多有此症，當下。鼻孔煤焦，急下之。若脣皮起，仍用別證互較，愼下無遽也。口渴，詳有下證者下之，邪去而渴自減，若用生津止渴藥，無效也。如大汗脈長洪而渴，未可下，宜白虎湯，汗更出而身涼渴止。目赤咽乾，氣噴如火，小便赤黑作痛，小便臭，揚手躑足，脈沉數，皆內熱也，當下之。心下滿，心下高起如塊，心下痛，腹脹滿，腹痛，按之愈痛，心下脹痛，皆宜下，氣通則已。頭脹痛，詳有下證者下之。若初起頭痛，別無下證，未可下。

小便閉，行大便則小便通，利水藥無益也。

大便閉，下之無辭，若老人及素弱人，用蜜膽導法。

大腸膠粘，下之自愈，協熱下利，宜下。

四逆脈厥體厥，此氣閉也，宜下之。下後反見此證者，爲虛脫，宜補。脈厥，無脈也；體厥，身冷也。

發狂胃實，陽氣盛，宜下之。

《四聖懸樞·溫病解·太陽經證》 頭痛熱渴

太陽以寒水主令，手太陽以丙火而化氣於寒水，陰盛則壬水司氣而化寒，陽盛則丙火違令而化熱，故太陽以寒水之經，而易於病熱。

溫病之家，冬不藏精，相火升泄，傷其寒水閉蟄之氣，火旺水虧，由來已久。及其春夏病感，衛陽閉秘，營熱鬱隆，寒水之氣愈虧。故受病之一日，即發熱作渴，而不惡寒也。

太陽在六經之表，故感則先病。其經自頭下項，行身之背，故頭項痛而腰脊強。肺主衛，肝主營，而總統於太陽。太陽之經，在皮毛之部，營衛者，皆皮毛之所統轄也。

溫病衛閉而營鬱，法當清營熱而瀉衛閉。一日之初，衛閉已見，營熱方生，故一日太陽之治，宜涼金補水，而開皮毛，不易之法也。

《四聖懸樞·溫病解·陽明經證》 目痛鼻乾

陽明以燥金主令，足陽明以戊土而化氣於燥金，太陰勝則陽明化氣而爲濕，陽明勝則太陰化氣而爲燥，故陽明之經，易於病燥。

溫病冬水失藏，相火升炎，胃津既涸，脾精亦亡，太陰之濕，久化陽明之燥。春夏病感，衛陽遏閉，營熱鬱發，土焦金燔，燥氣愈甚。其經挾鼻絡目，行身之前，故目痛鼻乾，而身熱不卧。

陽莫盛於陽明，燥熱在經，不得泄路，遲則胃府積熱，因表鬱而內應。府熱一作，藏陰漸枯，便伏異日死機。於其府熱未動之時，涼瀉經絡，以清其熱，則後患絕矣。

《四聖懸樞·溫病解·少陽經證》 脇痛耳聾

少陽以相火主令，足少陽以甲木而化氣於相火，順則下蟄而溫腎水，逆則上炎而刑肺金，故少陽之經，最易病火。

溫病寒水失藏，相火炎蒸，已旺於衰廢之時。春夏病感，衛閉營鬱，熱盛火發，勢當得令之候，愈極熏赫。少陽傷寒，有寒熱之往來，以二陽在表，三陰在裏，陽勝則熱，陰勝則寒，少陽居表裏之半，是以寒往而熱來。溫病三陰經氣從陽化熱，故但熱而無寒。其經絡耳循脇，行身之側，故胸脇痛而耳聾。

相火內鬱，則肺金受刑，甲木內鬱，則刑胃土，外無泄路，勢必焦土流金，而入陽明。當以清涼和解之法，散其炎烈也。

三陽傳胃

傷寒中風，病於秋冬之際，原無內熱。表邪不解，陽盛則傳陽明之府，陰盛則傳太陰之藏。陰陽平和，則不入藏府，始終在經，六日經盡，則汗解矣。溫病內熱素積，斷無但在經絡，不傳胃府之理。緣其經熱鬱隆，外泄無路，而胃府積熱，自當感應而發。但胃熱大作，必在三日之後，經熱不解，而後府熱鬱勃。此自然之層次，病由外感，是以表熱先發也。

其在三日之內，表邪鬱迫，裏熱方生，但當發表，未可攻裏，表氣疎泄，裏

氣自平。若三日之外，府熱已作，則攻瀉之法，乃可續用。

蓋胃土燥熱，必爍藏陰。其肺脾津液，肝腎精血，久爲相火煎熬，益以燥熱燔蒸，藏陰枯竭，則人死矣。是宜滋其藏陰，瀉其府熱，勿令陽亢而陰亡矣。

《四聖懸樞·溫病解·太陰經證》 腹滿嗌乾

太陰以濕土主令，手太陰以辛金而化氣於濕土，陽明盛則太陰化氣而爲燥，太陰盛則陽明化氣而爲濕，故太陰之經，最易病濕。然外感風寒，以及內傷百病，其在太陰，無不是濕，而惟溫病之在太陰，則化濕爲燥，以其冬水失藏，相火泄而脾陰爍也。

春夏病感，營鬱熱旺，濕氣自當愈耗。其經布胃絡嗌，故腹滿而嗌乾。太陰之濕，奪於陽明之燥，脾陰枯槁，則腎肝精血，俱難保矣。是宜清散皮毛，瀉陽明之燥，而滋太陰之濕也。

《四聖懸樞·溫病解·少陰經證》 乾燥發渴

少陰以君火主令，足少陰以癸水而化氣於君火，陽盛則丁火司權而化熱，陰盛則癸水違令而生寒，故少陰以君炎之經，而最易病寒。然外感風寒，以及內傷百病，其在少陰，無不是寒，而惟溫病之在少陰，則化寒爲熱，以其冬不藏精，水虧火泄，春夏病感，更值火旺水虛之候。

其經貫腎絡肺，而繫舌本，故口燥舌乾而渴。

腎者主水，人身水火對列，水枯而火亢，則人亡矣。是宜清散皮毛，瀉君火之亢，而益腎水之枯也。

《四聖懸樞·溫病解·厥陰經證》 煩滿囊縮

厥陰之風木主令，手厥陰以相火而化氣於風木，治則木達而化溫，病則火鬱而生熱，以厥陰乙木，原胎丁火，故厥陰之經，最易病熱。

溫病衛閉而遏營血，營鬱是以發熱，而營藏於肝，則溫病之來，實受於厥陰。方其隆冬火泄，營血已傷，勢將騰沸。春夏病感，衛閉營遏，血熱自當愈劇。其經循陰器而絡肝，故煩滿而囊縮。

手厥陰之火，扇以足厥陰之風，風烈火炎，煎迫營陰，營血枯槁，則命殞矣。是宜清散皮毛，瀉相火之炎，而滋風木之燥也。

《四聖懸樞·溫病解·三陰入藏》 岐伯溫病治法，未滿三日者，可汗而已，其滿三日者，可瀉而已。三陽經絡，皆受其病，而未入於藏者，故可汗而已。溫病內熱蓄積，交春夏而受感傷，內熱鬱隆，原無但傳經絡不傳藏府之理。第傳藏傳府，必在三日之外。其未滿三日，則但在經絡，故曰三陽經絡，皆受其病，而未入於藏。在經，是以可汗。若三日之外，則必入於藏，既入於藏，則無不入於府矣，故曰五藏六府皆受病。入藏入府，是以可瀉。以陽盛於外，而根於內，三日之內，病在三陽，陽盛於外，故但是經熱而已，三日之外，病入三陰，而藏陰消爍，已化亢陽，則非止經熱而已也。積熱鬱伏，是以內傳藏府耳。

《四聖懸樞·溫病解·藏府治法》 藏以太陰爲主，所謂脾者，孤藏以灌四旁也。府以陽明爲主，所謂陽明者，五藏六府之海，十二經脈之長也。足太陰以濕土主令，足陽明從燥金化氣，溫病陽明之燥，劫奪太陰之濕。滋太陰之濕而瀉陽明之燥固已，而推原太陰土濕之所由來，實原於水，而腎水之所以枯槁，一耗傷於燥土，一盜泄於風木。治法以麥冬潤陽明之燥，以地黃滋太陰之濕，以知母、元參、天冬清金而壯少陰之水，以當歸、丹皮、白芍潤木而息厥陰之風。而地黃之性，滋濕清風，兼而能之，故三陰並宜。

地黃泄陽助濕，至下之品，至於溫病，土燥而木枯，則反爲靈寶，莫佳於此矣！

《四聖懸樞·溫病解·汗瀉之法》 溫熱之病，陽強陰弱，岐伯立法，則曰汗瀉，仲景垂戒，則曰汗下，義若不同，而理實無殊。岐伯之示汗瀉，補陰而瀉陽也，仲景之戒汗下，瀉陽而亡陰也。後世通岐伯之鍼刺，效仲景之湯丸，易麻桂之溫燥，汗之以清涼之劑，變承氣之蕩滌，瀉之以滋潤之品，壯火既清，微陰續復，則悉得岐伯之遺法，而不犯仲景之明戒矣。

岐伯論溫，於《刺熱篇》云：治諸熱病，飲之寒水，乃刺之，必寒衣之，居止寒處，身寒而止也。仲景論溫，但戒汗下火劫，未嘗立法。究竟溫病治法，不離汗瀉兩義，但須清涼滋潤而已。會岐伯、仲景之義，於一百一十三方中選而用之，有汗法焉，暍病之人參白虎是也，《金匱》方中，有瀉法焉，百合病之百合地黃是也。由此二法而變通之，法不勝窮矣。

《掃葉莊醫案·夏暑濕熱》 溫邪感觸，氣從口鼻，直走膜原中道，不同傷寒陽症，邪自太陽次第傳經。蓋春溫夏熱，鼻受氣則肺受病，口入之氣，竟由脘中，致以手經見症，不似傷寒足六經病也。仲景論溫不可發汗，汗則劫津傷陽，身必灼熱，一逆尚引日，再逆促命期。又云：鼻息鼾，語言難，劇則

驚癎瘛瘲，無非重劫陰陽而然。今病發熱，原不是太陽客邪見症，所投羌防，辛溫表汗，此即爲逆矣。上竅不納，下竅不便，亦屬常事，必以攻下希圖泄熱。殊不知強汗劫精而傷陽，妄下劫液而亡陰，頃診脈兩手如搐而戰，舌乾燥而無胎，嘴前乾板目欲暝，口欲開，周身斑紋隱躍，時有呃逆，因胃乏穀氣而中空，肝陽衝突上冒肆虐耳。爲今迫正，先用糜粥，使胃中得濡，厥陽不致上冒，而神昏之累可已。進藥之理，甘溫可以生津除熱，即斑疹亦不必慮。觀仲景論中，邪少虛多，陰液陽津並涸者，復脈湯主之。今仿此意。

《通俗傷寒論・傷寒要義・六經舌胎》 太陽表證初起，舌多無胎而潤。即有，亦微白而薄，甚或胎色淡白，惟素多痰濕者，胎多白滑，舌色淡紅。素稟血熱者，胎雖微白，舌色反紅。若傳入本腑，膀胱蓄溺，胎多純白而厚，卻不乾糙。膀胱蓄熱，胎多白兼微黃，薄而潤滑。

秀按：太陽氣化主水，而性本寒，寒爲陰邪，白爲涼象，故胎色多白，白潤白薄，是其本象。若白滑者，風寒兼濕也。白滑而膩者，風寒兼濕夾痰也，或薄或厚者，視其痰濕之多少也。惟胎色淡白，白而嫩滑，素體虛寒也。

廉勘：胎色白而薄者，寒邪在表，固已。然必白浮滑薄，其胎刮去即還者，太陽經表受寒邪也。若全舌白胎，浮漲浮膩，漸積而乾，微厚而刮不脫者，寒邪欲化火也。如初起白薄而燥刺者，溫病因感寒而發，肺津已傷也。白薄而黏膩者，濕邪在於氣分也。故同一胎色薄白，一主寒邪在表，一主氣體不舒，一主肺津受傷。

少陽主半表半裏，偏於半表者，舌多胎色白滑，或舌尖胎白，或單邊白，或兩邊白。偏於半裏者，舌多紅而胎白間現雜色，或尖白中紅，或邊白中紅，或尖紅中白，或尖白根黑，或尖白根灰。若白胎多而滑，黃灰胎少者，半表證多。紅舌多而白胎少，或雜黃色灰色者，半裏證多。如邊白滑潤，雖中心黃黑，仍屬半表半裏。惟白胎粗如積粉，兩邊色紅或紫者，溫疫伏於膜原也。胎白如鹻者，膜原伏有濁穢也。

秀按：手少陽經，外主腠理，內主三焦膜原，故《傷寒論》曰：胸中有寒，丹田有熱，舌上胎白者，不可攻之。蓋胸中即上焦，丹田即下焦，若有胎白而滑膩及滑厚者，寒飲積聚膈上，伏熱積於下焦。但宜苦辛和解，不可純攻其裏也。故尖白根黃，或根黑，或中黃，或半邊胎灰，半邊胎白，皆半表半裏證。但看白色之多少，白色多者，表邪尚多，宜和解兼表，張氏柴胡桂薑湯、俞氏柴胡枳桔湯，皆使上焦得通，津液得下，胃氣因和，則津津自汗而解。若黃黑灰多，或生芒刺，或黑點乾裂，胎色雖白，縱表邪未盡，而裏已結，急宜和解兼下，張氏大柴胡湯、俞氏柴胡陷胸湯，正爲此設，使其邪從下泄也。若足少陽經，純乎膽火用事，舌多鮮紅，即白中帶紅，亦多起刺，急宜和解兼清，俞氏柴胡白虎湯、俞氏蒿芩清膽湯，皆清相火而泄膽熱也。

廉勘：凡寒邪已離太陽之表，未入陽明之裏，正手少陽經也，故謂之半表半裏。故凡白胎浮滑而帶膩帶漲，刮之有淨有不淨者，乃寒邪已傳手少陽經，正半表半裏之部分也，故俞氏柴胡枳桔湯，適合此證。若舌胎粗如積粉，捫之糙澀，刮之不盡，濕熱已結於胸膈腹膜之原，故謂之膜原。原指膜中空隙處言，外通肌肉，內近胃腑，爲內外交界之地，實一身之半表半裏也。故在外之邪，必由膜原入內，在內之邪，必由膜原達外。吳又可創製達原飲，具有卓識，惟知母直清陽明之熱，白芍疏泄厥陰之火，與少陽經殊未愜合。俞氏去知母、白芍二味，加枳、桔、柴、青四味，較原方尤爲精當。蓋枳、桔輕苦微辛，輕宣上焦，厚朴、草果，溫通中焦，青皮、檳榔，直達下焦，柴胡達膜以疏解半表，黃芩瀉火以清泄半裏，使一味甘草以和諸藥也。爲治濕溫時疫初起之良方，即尋常濕熱類瘧，用之亦有殊功。惟伏邪內舍於營，由少陰而轉出少陽者，如春溫證，少火皆成壯火，舌如淡紅嫩紅，或白中帶紅，尚爲溫病之輕證，一起即純紅鮮紅，甚則起刺，此膽火熾而營分化熱，則爲溫病之重證矣。

陽明居裏，舌胎正黃，多主裏。黃白相兼，邪猶在經。微黃而薄，邪淺中虛。黃而糙澀，邪已入腑。淺黃薄膩，胃熱尚微。深黃厚膩，胃熱大盛。老黃焦黃，或夾灰黑，或起芒刺，胃熱已極。黃滑痰火，黃膩濕熱。黃而垢膩，濕熱食滯。黃起黑點，濕毒夾穢。黃厚不燥，舌色青紫，多夾冷酒，或挾冷食。黃而晦黯，多夾痰飲，或挾寒痰。

秀按：胎黃而滑者，爲熱未結，不可便攻；黃而燥者，爲熱已盛，峻下無疑。黃而生芒刺黑點者，爲熱已極。黃而生瓣裂紋者，爲胃液乾，下證尤急。亦有根黃厚膩，舌尖白而中不甚乾，亦不滑，而短縮不能伸出者，此膠滯宿食鬱伏胃中也。又有胎卻黃厚，甚則紋裂，而舌色清紫，舌質不乾者，此陰寒夾食也。諸黃胎雖屬胃熱，但須分緩急輕重下之，且有佐溫、佐熱、

佐消、佐補之不同，臨證者尤宜細辨。

廉勘：白胎主表，亦主半表半裏，黃胎雖專主裏，然有帶白之分。臨證時，但看舌胎帶一分白，病亦帶一分表。故黃白相兼，或灰白微黃，慎不可輕投三黃，一味苦泄。其中每有表邪未解，裏熱先結者，或氣分鬱熱，或濕遏熱伏，雖胸脘痞悶，宜從開泄，宣暢氣機以達表。卽黃薄而滑，亦爲無形濕熱，中有虛象，尤宜芳淡輕化，泄熱透表。必純黃無白，邪方離表而入裏，如老黃，或深黃，或焦黃，邪方離經而入腑。然黃色不一，亦當詳辨。試述劉吉人《察舌新法》以明辨之：一、正黃色胎，乃胃熱正色，爲傷寒已傳陽明之裏，爲溫病始傳之候，其爲濕溫、溫熱，當以脈之滑濇有力無力，分別用藥。二、嫩黃色胎，由白而變爲黃，爲嫩黃色，爲胃濁初升之候，亦爲胃陽初醒之候。三、老黃色胎，爲胃陽明盛之候。若厚腐堆起，此飲食濁氣上達之候，爲濕溫化熱之始，爲溫熱之始，爲溫熱灼液之候。四、牙黃色胎，胃中濁腐之氣始升，牙黃無孔，謂之膩胎，中焦有痰也。五、水黃色胎，如雞子黃白相間染成之狀，乃黃而潤滑，爲痰飲停積濕溫正候，或爲溫熱病而有水飲者，或熱入胃誤服燥藥。變生此胎者，宜以脈證分別斷之。六、黃腐胎，苔色如豆渣炒堆舖者，下證也。如中有直裂，氣虛也。亦不可下，當補氣，以氣不足運化也。七、黃如蠟敷胎，濕溫痰滯之候，故胎無孔而膩。八、黃如虎斑紋胎，乃氣血兩燔之候。九、黃如粟米色胎，顆粒分明，乃胃陽亢盛之候。十、黃如炒枳殼色胎，爲胃陽盛極，陽亢陰虛之候，胃汁乾槁，故胎色如枳殼炒過狀，枯而不潤。十一、黃如沉香色胎，爲胃熱極盛，胃液將枯之候。十二、黃色兼灰色胎，此風溫兼濕，陽氣抑鬱。故苔無正色，先當疎氣開鬱。十三、黃黑相間如鍋焦粑胎，摸之刺手，看之不澤，爲胃中津液焦灼，口燥舌乾之候。然有陽氣爲陰邪所阻，不能上蒸而化津液者，當以脈診斷之。脈滑有力鼓指者，火灼津也，脈濇無力鼓指者，痰飲瘀血阻抑陽氣，不能化生津液也。

太陰主濕，舌多灰胎，甚則灰黑。灰而滑膩，濕重兼寒。灰而淡白，脾陽大虛。灰而糙膩，濕滯熱結。灰而乾燥，脾陰將涸。灰生膩胎而舌質粗澀乾焦，刮之不能淨者，濕竭化燥之熱證也。灰黑膩胎而舌質嫩滑濕潤，洗之不改色者，濕重夾陰之寒證也。凡舌胎或灰或黑，或灰黑相兼，病多危篤，切勿藐視。

秀按：灰如草灰，黑如墨黑，雖同爲濕濁陰邪，然舌已結胎，畢竟實熱多而虛寒少，除舌灰而潤，並無厚胎，亦不變別色，舌色淡黑，黑中帶白，舌質滑潤者，爲陰寒證外，餘如黃胎而轉灰黑者，不論尖灰尖黑，中灰中黑，根灰根黑，純灰色，純黑色，凡舌質乾澀，及生刺點裂紋，起瓣起暈，均爲傷寒傳經之熱證，亦爲溫熱傷臟之火證。不拘在根、在中、在尖，均宜急下以存津液，佐消佐補，臨證酌用可也。惟夏月中暑，胎多灰黑，或灰滑厚膩，或黑滑膩厚，均爲濕痰鬱熱，亦不可與傳經證同論。如屢下而灰黑不退，屢清而灰黑愈增，其舌或潤或不潤，而舌形圓大胖嫩，更有胎不甚燥，而舌心雖黑或灰，無甚苔垢，均爲傷陰之虛證，急宜壯水滋陰，固不得用硝黃，亦不可用薑附。

少陰主熱，中藏君火多屬血虛，舌色多紅。淡紅淺紅，血虧本色；深紅紫紅，血熱已極；鮮紅灼紅，陰虛火劇；嫩紅乾紅，陰虛水涸；舌紅轉絳，血液虛極；絳潤虛熱，絳乾燥熱；絳而起刺，血熱火烈；絳而燥烈，陰傷液竭。

秀按：心開竅於舌，故舌紅爲心之正色，舌絳爲心之眞臟色，眞臟脈現者病多危，眞臟色現者病尤危，故不論脈證如何，見絳舌多不吉。凡心經血熱則舌正紅，色如紅花，熱毒重則舌深紅，色如紅緞，熱毒尤重則舌嬌紅，色如桃花，熱毒重而血瘀則舌紫紅，色如胭脂，此皆爲紅色舌。尖紅者心火上炎也，根紅者血熱下爍也，通紅無胎，及似有胎黏膩者，血熱又挾穢濁也。紅星、紅斑、紅裂、紅碎者，熱毒盛極也。紅中兼有白胎者，客寒包火也。紅中兼有黑胎者，邪熱傳腎也。紅中夾兩條灰色者，濕熱兼夾冷食也。紅中起白皰點者，心熱灼肺也。紅中兼黃黑有芒刺者，心熱轉入胃腑也。若淡紅者血虛也，淡紅無胎，反微紅兼黃白胎者，氣不化液也。甚則淡紅帶青者，血分虛寒也。惟紅色柔嫩，如硃紅柿，望之似潤，捫之無津者，此爲絳色舌，多由汗下太過，血液告竭，病多不治，張長沙炙甘草湯，用之亦多不及救。

厥陰氣化主風。風從火化，舌多焦紫。亦有寒化，舌多青滑。舌見青紫，其病必凶。深紫而赤，肝熱絡瘀，或陽熱酒毒。淡紫帶青，寒中肝腎，或酒後傷冷。

秀按：舌色見紫，總屬肝臟絡瘀。因熱而瘀者，舌必深紫而赤，或乾或

焦。因寒而瘀者，舌多淡紫帶青，或滑或黯。他如痰瘀鬱久，久飲冷酒，往往現紫色舌，惟紫而乾晦。如煑熟豬肝色者，肝腎已壞，眞臟色現也，必死。

廉勘：肝多絡脈而藏血，血色青紫。凡皮膚上現青筋者，皆絡脈也，故舌現青紫，確爲厥有肝病之正色。惟手厥陰包絡，其舌仍現紅色。

《通俗傷寒論·傷寒要義·六淫病用藥法》 暑病藥 張鳳逵《治暑全書》曰：暑病首用辛涼，繼用甘寒，終用酸泄斂津。雖已得治暑之要，而暑必挾濕，名曰暑濕，亦多挾穢，名曰暑穢，俗曰熱痧。炎風如箭，名曰暑風。病多暈厥，名曰暑厥。亦多咳血，名曰暑瘵。至於外生暑癤熱瘡，內則霍亂吐利，尤數見不鮮者也。故喻西昌謂夏月病最繁苛，洵不誣焉。用藥極宜愼重，切不可一見暑病，不審其有無兼症夾症，擅用清涼也。以予所驗，辛涼宣上藥，輕則薄荷、連翹、竹葉、荷錢，重則香薷、青蒿，而蘆根、細辛尤爲辛涼疏達之能品。甘寒清中藥，輕則茅根、菰根、梨汁、竹瀝，重則石膏、知母、西參、生甘，而西瓜汁、菉豆清尤爲甘寒清暑之良品。酸泄斂津藥，輕則梅乾、冰糖，重則五味、沙參、麥冬，而梅漿泡湯，尤爲斂津固氣之常品。若暑濕乃濁熱黏膩之邪，最難驟愈。初用芳淡，輕則藿梗、佩蘭、苡仁、通草，重則蒼朮、石膏、草果、知母、蔻仁、滑石，而炒香枇杷葉、鮮冬瓜皮瓤，尤爲芳淡清泄之良藥。繼用苦辛通降，輕則梔、芩、橘、半，重則連、朴、香、楝，佐以蘆根、燈草，而五苓配三石，尤爲辛通清泄之重劑。暑穢尤爲繁重，輒致悶亂煩躁，嘔惡肢冷，甚則耳聾神昏，急用芳香辟穢藥。輕則葱、豉、菖蒲、紫金片錠，重則蒜頭絳雪，而鮮青蒿、鮮薄荷、鮮佩蘭、鮮銀花尤爲清芬辟穢之良藥。外用通關取嚏，執痧挑痧諸法，急救得法，庶能速愈。暑風多挾穢濁，先鬱肺氣，首用辛涼輕清宣解，如芥穗、薄荷、梔皮、香豉、連翹、牛蒡、括蔞皮、鮮茅根、綠豆皮、鮮竹葉等品，均可隨證選用。身痛肢軟者，佐絡石、秦艽、桑枝、蜈蚣草、淡竹茹等一二味可也。繼用清涼芳烈藥泄熱辟穢，如青蒿、茵陳、桑葉、池菊、山梔、鬱金、蘆根、菰根、芽茶、青萍、燈芯等品。穢毒重者，如金汁、甘中黃、大青葉、鮮石菖蒲等，亦可隨加。如識蒙竅阻、神昏苔膩者，輕則紫金錠片，重則至寶丹等，尤宜急進。暑厥乃中暑之至急證，其人面垢肢冷，神識昏厥，急用芳香開竅藥，如行軍散、紫雪等最效。神甦後宜辨兼證夾證，隨證用藥。暑瘵乃熱劫絡傷之暴證，急用甘涼鹹降藥，西瓜汁和熱童便服，歷驗如神。鮮茅根煎湯磨犀角汁，投無不效。暑癤乃熱襲皮膚之輕證，但用天荷葉、滿天星杵汁，調糊生軍末搽上，屢多奏效。惟熱霍亂最爲夏月之急證，急進調劑陰陽藥，陰陽水磨紫金錠汁一二錠，和中氣以辟暑穢，繼用分利清濁藥，地漿水澄清，調來復丹灌服一二錢，解暑毒以定淆亂，最良。次辨其有否夾食夾氣，食滯者消滯，如神麯、查炭、枳實、青皮、陳佛手、陳香團皮、焦雞金、嫩桑枝等選用。氣鬱者疎氣，如香附、鬱金、陳皮、枳殼、白蔻仁、青木香等選用。若乾霍亂證，其人吐瀉不得，腹痛、昏悶，俗名絞腸痧，病雖險急而易愈。急用湧吐法，川椒五七粒和食鹽拌炒微黃，開水泡湯，調入飛馬金丹十四五粒，作速灌服，使其上吐下瀉，急祛其邪以安正，歷驗如神。

濕病藥 《內經》云：脾惡濕。濕宜淡滲，二苓、苡、滑是其主藥。濕重者脾陽必虛，香砂、理中是其主方。濕着者腎陽亦虧，眞武湯是正本清源之要藥。他如風濕宜溫散以微汗之，通用羌、防、白芷，重則二朮、厤、桂，所謂風能勝濕也。寒濕宜辛熱以乾燥之，輕則二蔻、砂、朴，重則薑、附、丁、桂，所謂濕有燥之也。濕熱宜芳淡以宣化之，通用如蔻、藿、佩、蘭、滑、通、二苓、茵、澤之類，重則五苓、三石，亦可暫用以通泄之，所謂辛香疎氣，甘淡滲濕也。惟濕火盤踞肝絡，膽火內熾，血瘀而熱，與濕熱但在肺脾胃氣分者迥異，宜用苦寒瀉火爲君，佐辛香以通裏竅，如梔、芩、連、柏、龍薈、清麟丸等，略參冰、麝、歸鬚、澤蘭，仿當歸龍薈丸法，始能奏效。

燥病藥 《內經》云：燥熱在上。故秋燥一症，先傷肺津，次傷胃液，終傷肝血腎陰。故《內經》云：燥者潤之。首必辨其涼燥、溫燥。涼燥溫潤，宜用紫菀、杏仁、桔梗、蜜炙橘紅等，開達氣機爲君。惡風怕冷者，加葱白、生薑，辛潤以解表；咳嗽胸懣者，加蜜炙蘇子、百部，通潤以利；肺挾濕者，加蔻仁四分拌研滑石，辛滑淡滲以祛濕；痰多者，加括蔞仁、半夏、薑汁、荊瀝等，辛滑流利以豁痰；裏氣抑鬱，大便不爽，或竟不通而腹痛者，加春砂仁三分拌搗鬱李淨仁、松仁、光桃仁、柏子仁、蔞皮、酒搗薤白等辛滑以流利氣機，氣機一通，大便自解。後如胃液不足，肝逆乾嘔者，用甜醬油、蔗漿、薑汁等，甘鹹辛潤，以滋液而止嘔。陽損及陰，肝血腎陰兩虧者，用當歸、蓯蓉、熟地、杞子、鹿膠、菟絲子等，甘溫滋潤以補陰，且無陰凝陽滯之弊。溫燥涼潤，宜用鮮桑葉、甜杏仁、括蔞皮、川貝等，清潤輕宣爲君。熱盛者，如花粉、知母、蘆根、菰根、銀花、池菊、梨皮、蔗皮等，酌加三四味以泄熱，熱泄則肺氣

自清，肺清則氣機流利，每多化津微汗而解。如咳痰不爽，甚則帶血者，酌加竹瀝、梨汁、茅根汁、童便等，甘潤鹹降，以活痰而止血。若痰活而仍帶血者，加犀角汁、鮮地汁等，重劑清營以止血。胃陰虛燥者，酌加鮮石斛、鮮生地、蔗漿、麥冬等，以養胃陰。便艱或秘者，酌加海蜇、荸薺、白蜜和薑汁一二滴，甘鹹辛潤，滋液潤腸以通便。總之上燥則咳，嘉言清燥救肺湯爲主藥，中燥則渴，仲景人參白虎湯爲主藥，下燥則結，景岳濟川煎爲主藥。腸燥則隔食，五仁橘皮湯爲主藥；筋燥則痙攣，阿膠雞子黄湯爲主藥；陰竭陽厥，坎氣潛龍湯爲主藥；陰虛火旺，阿膠黄連湯爲主藥；生津液以西參、燕窩、銀耳、柿霜爲主藥，養血則歸身、生地、阿膠、雞血籐膠，益精則熟地、杞子、龜膠、魚鰾、豬羊脊髓，在用者廣求之。此總論涼燥、溫燥、實燥、虛燥用藥之要略也。

火病藥　鬱火宜發，發則火散而熱泄。輕揚如葱、豉、荷、翹，升達如升、葛、柴、芎，對證酌加數味以發散之。《內經》所謂身如燔炭，汗出而散也。透疹斑如角刺、蟬衣、蘆筍、西河柳葉，疹斑一透，鬱火自從外潰矣。實火宜瀉，輕則梔、芩、連、柏，但用苦寒以清之，重則硝、黄、龍薈，必須鹹苦走下以瀉之。虛且宜補，陽虛發熱，宜以東垣補中益氣爲主藥，李氏所謂甘溫能除大熱是也。陽浮倏熱，宜以季明六神湯爲主藥，張氏所謂解表已復熱，攻裏熱已復熱，利小便愈後復熱，養陰滋清，熱亦不除，元氣無所歸着，保元、歸脾以除虛熱是也。陰虛火旺，由心陰虛者，阿膠黄連湯爲主藥，由肝陰虛者，丹地四物湯爲主藥，由脾陰虛者，黑歸脾湯爲主藥，由肺陰虛者，清燥救肺湯爲主藥，由腎陰虛者，知柏地黄湯爲主藥，由衝任陰虛者，滋任益陰煎爲主藥。若胃未健者，則以先養胃陰爲首要，西參、燕窩、銀耳、白毛石斛、麥冬等品，是其主藥。惟陰火宜引，破陰回陽爲君，附、薑、桂是其主藥，或佐甘鹹如炙草、童便，或佐介潛如牡蠣、龜版，或佐鎮納如黑錫丹，或佐交濟如磁硃丸，或佐納氣如坎氣、蚧尾，或佐歛汗如五味、麻黄根，皆前哲所謂引火歸源，導龍入海之要藥。

《通俗傷寒論·傷寒診法》　凡診傷寒時病，須先觀病人兩目，次看口舌，以後用兩手按其胸脘至小腹有無痛處，再問其口渴與不渴，大小便通與不通，服過何藥，或久或新，察其病之端的。然後切脈辨症，以症證脈，必要問得其由，切得其象，以問證切，以切證問，查明其病源，審定其現象，預料其變症，心中了了，毫無疑似，始可斷其吉凶生死，庶得用藥無差，問心無愧。慎毋相對斯須，便處方藥，此種診法，最關緊要，此余數十年臨症之心法也，試舉其要以析言之。

《通俗傷寒論·傷寒診法·觀兩目法》　《內經》云：五臟六腑之精皆上注於目，目系則上入於腦，腦爲髓海，髓之精爲瞳子。凡病至危，必察兩目，視其目色以知病之存亡也。故觀目爲診法之首要。凡開目欲見人者陽症，閉目不欲見人者陰症。目瞑者鼻將衄，目暗者腎將枯。目白發赤者血熱，目白發黄者濕熱。目眵多結者肝火上盛，目睛不和者熱蒸腦系。目光烱者燥病，燥甚則目無淚而乾澀，目多昏蒙者濕病，濕甚則目黄而眥爛。眼胞腫如卧蠶者水氣，眼胞上下黑色者痰氣。怒目而視者肝氣盛，橫目斜視者肝風動。陽氣脱者目不明，陰氣脱者目多瞀。目清能識人者輕，睛昏不識人者重。陽明實症可治，少陰虛症難治。目不了了，尚爲可治之候，兩目直視，則爲不治之疾。熱結胃腑，雖日中亦譫語神昏，目中妄有所見，熱入血室，惟至夜則低聲自語，目中如見鬼狀。瞳神散大者元神虛散，瞳神縮小者腦系枯結。目現赤縷，面紅嬌豔者陰虛火旺。目睛不輪，舌強不語者元神將脱。凡目有眵有淚，精采內含者爲有神氣，凡病多吉。無眵無淚，白珠色藍，烏珠色滯，精采內奪，及浮光外露者皆爲無神氣，凡病多凶。凡目睛正圓，及目斜視上視，目瞪目陷，皆爲神氣已去，病必不治。惟目睛微定，暫時即轉動者痰，即目直視斜視上視，移時即如常者亦多因痰閉使然，又不可竟作不治論。

《通俗傷寒論·傷寒診法·看口齒法》　凡口與鼻氣粗，疾出疾入者，爲外感邪氣有餘。口與鼻氣微，徐出徐入者，爲內傷正氣不足。此辨內外虛實之大法也。若口臭口燥者胃熱，口有血腥味者亦胃熱，口淡乏味者胃傷津液，口膩無味者胃有濕滯，口乾不喜飲者脾濕內留，口鹹吐白沫者腎水上泛。口甜者脾癉，口苦者膽熱，口辛者肺熱入胃，口酸者肝熱犯胃。口乾舌燥者心熱，口燥咽痛者腎熱，口燥咬牙者風痙，口噤難言者風痰，口角流稀涎者脾冷，口中吐粘涎者脾熱，口吐紫血者胃絡受傷，口唾淡血者脾不攝血，口張大開者脾絶，口出鴉聲者肺絶。環口黧黑者死，口燥齒枯者死，口如魚嘴尖起者死，口中氣出不返者死。凡唇焦赤者脾熱，唇燥烈者亦脾熱，唇焦而紅者吉，唇焦而黑者凶。唇乾而焦者脾受燥熱，唇淡而黄者脾積濕熱，唇淡白者血虛，又主吐涎失血。唇紅紫者血瘀，又主蟲嚙積痛。唇紅而吐血者胃熱，

唇白而吐涎者胃虛，唇紅如硃者血熱而心火旺極，唇白如雪者血脫而脾陽將絕。唇紫聲啞者蟲積，唇繭舌裂者毒積。上唇有瘡，蟲食其臟者爲狐，下唇有瘡，蟲食其肛者爲蜮。唇燥舌乾者心脾熱極，唇腫齒焦者脾腎熱極。唇蹇而縮不能蓋齒者脾絕，唇捲而反兼連舌短者亦脾絕。唇口顫搖不止者死，唇吻反青氣冷者死。凡病齒燥無津者胃熱，齒焦而枯者液涸，齘牙齘齒者風動而口筋牽引，但齘不齘者熱甚而牙關緊急，前板齒燥脈虛者中暑，下截齒燥脈芤者便血，上齒齦燥者胃絡熱極，多吐血，下齒齦燥者腸絡熱極，多便紅，經行多而齒忽嚙人者衝任涸竭，病必危，虛損久而齒忽嚙人者，心腎氣絕，病不治。

《通俗傷寒論·傷寒診法·看舌胎法》《內經》云：心在竅爲舌。舌者，聲音之機也。又云：太陰脾之脈，絡胃上挾咽，連舌本，散舌下。足少陰腎之脈，循喉嚨，挾舌本。由是推之，舌爲心腎脾胃之外候。心主血，故舌色本紅。成無已所謂舌者心之苗，本紅而澤。傷寒三四日，舌上有膜，白滑如胎，甚者或燥或澀，或黄或黑，是數者，熱氣之淺深也。脾主濕而胃主燥，腎主五液，舌上生胎者，由胃熱蒸脾濕所結，故胎白而滑，或灰滑，或黑滑者，皆脾濕上潮也。若舌生黄胎，則熱已入胃，甚則焦黑，或生芒刺，或糙或澀，或燥或乾，甚或捲短者，皆由胃熱已極，燥氣上灼，腎陰下竭，不能由廉泉玉英輸出津液以上布舌本也。故舌本主心腎所屬，舌膜主三焦內膜所統，舌胎主脾胃氣蒸。心屬上焦，故舌尖主上焦。腎屬下焦，故舌根主下焦。脾胃屬中焦，故舌中主中焦。而各臟腑之表裏寒熱，氣血虛實，畢形於舌者，皆由臟腑之經氣，由三焦膜絡爲之傳遞，以分布於舌本也。故舌上有胎，則辨其胎之現色，無胎，則辨舌內之本色，及其形質，於診法上爲第三要訣。其診法已詳前六經舌胎中，及後列辨舌舉要，茲不贅。

《通俗傷寒論·傷寒診法·按胸腹》《內經》云：胸腹者，臟腑之郭也。考其部位層次，胸上屬肺，胸膺之間屬心，其下有一橫膈，繞肋骨一週，膈下屬胃，大腹與臍屬脾，臍四圍又屬小腸，臍下兩腰屬腎，兩腎之旁及臍下，又屬大腸，膀胱亦當臍下，故臍下又屬膀胱。血室乃肝所司，血室大於膀胱，故小腹兩旁謂之少腹，乃血室之邊際，屬肝。少腹上連季脇，亦屬肝。季脇上連肋骨，屬膽。胸與腹向分三停，上停名胸，在膈上，心肺包絡居之，即上焦也。膈下爲胃，橫曲如袋，胃下爲小腸，爲大腸，兩傍一爲肝膽，一爲脾，是爲中停，即中焦也。臍以下爲下停，有膀胱，有衝任，有直腸，男有外腎，女有子宮，即下焦也。故胸腹爲五臟六腑之宮城，陰陽氣血之發源，若欲知其臟腑何如，則莫如按胸腹，名曰腹診。其診法，宜按摩數次，或輕或重，或擊或抑，以察胸腹之堅軟，拒按與否，並察胸腹之冷熱，灼手與否，以定其病之寒熱虛實。又如輕手循撫，自胸上而臍下，知皮膚之潤燥，可以辨寒熱。中手尋捫，問其痛不痛，以察邪氣之有無。重手推按，察其硬否，更問其痛否，以辨臟腑之虛實，沉積之何如。即診脈中浮中沉之法也。惟左乳下虛里脈，臍間衝任脈，其中虛實，最爲生死攸關，故於望聞問切四診之外，更增一法，推爲診法上第四要訣。先按胸膈脇肋，按之胸痞者，濕阻氣機，或肝氣上逆。按之胸痛者，水結氣分，或肺氣上壅。按其膈中氣塞者，非膽火橫竄包絡，即伏邪盤踞膜原。按其脇肋脹痛者，非痰熱與氣互結，即蓄飲與氣相搏。胸前高起，按之氣喘者，則爲肺脹；膈間突起，按之實硬者，即是龜胸。若肝病須按兩脇，兩脇滿實而有力者肝平，兩脇下痛引小腹者肝鬱。男子積在左脇下者屬疝氣，女子塊在右脇下者屬瘀血。兩脇空虛，按之地無力者爲肝虛，兩脇脹痛，手不可按者爲肝癰。惟夏病霍亂痧脹者，每多夾水夾食夾血，與邪互併，結於胸脇。水結胸者，按之疼痛，推之漉漉。食結胸者，按之滿痛，摩之噯腐。血結胸者，痛不可按，時或昏厥。因雖不同，而其結痛拒按則同。次按滿腹，凡仲景所云胃家者，指上中二脘而言，以手按之痞硬者，爲胃家實。按其中脘，雖痞硬而揉之漉漉有聲者，飲癖也。如上中下三脘以指撫之，平而無澀滯者，胃中平和而無宿滯也。凡滿腹痛，喜按者屬虛，拒按者屬實。喜煖手按撫者屬寒，喜冷物按放者屬熱。按腹而其熱灼手，愈按愈甚者伏熱，按腹而其熱烙手，痛不可忍者內癰。痛在心下臍上，硬痛拒按，按之則痛益甚者食積。痛在臍旁小腹，按之則有塊應手者血瘀。腹痛牽引兩脇，按之則軟，吐水則痛減者水氣。惟蟲病按腹有三候，腹有凝結如筋而硬者，以指久按，其硬移他處，又就所移者按之，其硬又移他處，或大腹，或臍旁，或小腹，無定處，是一候也。右手輕輕按腹，爲時稍久，潛心候之，有物如蚯蚓蠢動，隱然應手，是二候也。高低凸凹，如畎畝狀，熟按之，起伏聚散，上下往來，浮沉出沒，是三候也。若繞臍痛，按之磊磊者，乃燥屎結於腸中，欲出不出之狀。水腫脹滿症，按之至臍，臍隨手移左右，重手按之近乎脊，失臍根者必死，此診胸腹之大法也。然按胸必先按虛里，在左乳三寸下，脈之宗氣也。即左

心房尖與脈總管口喞接之處。按之微動而不應者，宗氣內虛，按之躍動而應衣者，宗氣外泄，按之應手，動而不緊，緩而不急者，宗氣積於膻中也，是爲常。按之彈手，洪大而搏，或絶而不應者，皆心胃氣絶也，病不治。虛里無動脈者必死，即虛里搏動而高者，亦爲惡候。孕婦胎前症最忌，產後三衝症尤忌，虛損癆瘵症，逐日動高者切忌，惟猝驚疾走大怒後，或強力而動肢體者，虛里脈動雖高，移時即如平人者不忌。總之，虛里爲脈之宗氣，與寸口六部相應。虛里脈高者，寸口脈亦多高。寸口脈結者，虛里脈亦必結。往往脈候難憑時，按虛里脈確有可據，雖多屬陰虛火旺之證，或血虛風動之候，陰竭陽厥之際，然按之卻有三候。淺按便得，深按不得者，氣虛之候；輕按洪大，重按虛細者，血虛之候；按之有形，或三四至一止，或五六至一止，積聚之候。按腹之要，以臍爲先，臍間動氣，即衝任脈，在臍之上下左右。經云：動氣在右，不可發汗，汗則衄而渴，心煩，飲水即吐。動氣在左，不可發汗，汗則頭眩，汗不止，筋惕肉瞤。動氣在上，不可發汗，汗則氣上衝，正在心中。動氣在下，不可發汗，汗則無汗。心大煩、骨節痛、目眩、食入則吐，舌不得前。又云：動氣在右，不可下，下之則津液內竭，咽燥，鼻乾，頭眩心悸，動氣在左，不可下，下之則腹內拘急，食不下，動氣更劇，雖有身熱，卧則欲踡；動氣在上，不可下，下之則掌握煩熱，身浮汗泄，欲得水自灌；動氣在下，不可下，下之則腹滿頭眩，食則圊穀，心下痞，且不可湧吐，湧吐則氣上逆而暈厥，亦不可提補，提補則氣上衝而眩痙。故臍名神闕，是神氣之穴，爲保生之根，凡診臍間動脈者，密排右三指，或左三指，以按臍之上下左右。動而和緩有力，一息二至，繞臍充實者，腎氣充也；一息五六至，衝任伏熱也；按之虛冷，其動沉微者，命門不足也；按之熱燥，其動細數；上支中脘者，陰虛氣衝也；按之分散，一息一至者，爲元氣虛敗；按之不動，而指如入灰中者，爲衝任空竭之候，且可辨其假寒假熱。按衝任脈動而熱，熱能灼手者，症雖寒戰咬牙，肢厥下利，是爲眞熱而假寒。若按腹兩旁雖熱，於衝任脈久按之，無熱而冷，症雖面紅口渴，脈數舌赤，是爲眞寒而假熱。總之衝任脈動，皆伏熱傷陰，陰虛火動之證。平人則發病，病人則難治。惟素有肝熱者，亦常有之，尚無大害。若素稟母體氣鬱，一病溫熱夾食，腸中必有積熱，熱盛則衝任脈動，動而底者熱尚輕，動而高者熱甚重，兼虛里脈亦動躍者必死。如能積熱漸下，衝任脈動漸微，及下淨而衝任脈不動者多生。若衝任脈動躍震手，見於久瀉久痢者，乃下多亡陰之候，病終不治。

《通俗傷寒論・傷寒診法・問口渴否》 《難經》云：問而知之之謂工。工於問者，即其現症以求其病源，定其病名，察其病所，明其病情，度其病勢，防其病變。茲必先問其口渴與否，以胃爲十二經之海，凡傷寒傳變，必歸陽明，傷寒證治，全藉陽明，欲知裏症之寒熱，全在渴不渴，辨之此勘傷寒之精要也。於診法上爲第五要訣，凡症屬虛寒者，口多不渴。症屬實熱者，口多燥渴，其常也。若論其變，凡渴喜熱飲者，皆屬痰飲阻中，否則氣不化津；渴喜冷飲者，飲多者火就燥，飲少者濕化火，陽明實熱之渴，大渴引飲；太陰濕熱之渴，渴不引飲；少陰虛熱之渴，口燥而渴不消水；厥陰風火之渴，口苦而渴則消水。自利而渴者，陽明熱瀉；自利不渴者，太陰寒瀉。胃中液乾而欲飲，飲必喜冷而能多；膀胱蓄水而欲飲，飲必吐水而不多。先渴後嘔者，水停心下；先嘔後渴者，火爍胃液。口中乾而消渴者，總屬肝胃熱病，口中和而不渴者，多屬脾腎寒症。

《通俗傷寒論・傷寒診法・詢二便》 《內經》云：中氣不足，溲便爲之變。變也者，如中氣不足以禦寒，溲則澄澈清冷，甚則膀胱不約而遺溺。便則溏瀉飧泄，甚則大小腸直傾而洞泄。中氣不足以制熱，溲則水液渾濁，甚則膀胱不利爲癃，便則膠閉燥結，甚則大小腸膠結爲痢。

《通俗傷寒論・傷寒診法・查舊方》 問其所服何藥，某藥稍效，某藥不效者，明其有否藥誤，以便核前之因，酌己之見。默爲挽救，亦不必吹毛求疵，信口雌黃，有傷雅道。如果病已垂危，無可挽救，愼勿貪功奏技，而違衆處方，以招鑠金之謗，而最爲吾紹慣習。不究其病之寒熱虛實，標本陰陽，而病家專好議藥以責問醫者，醫家專好議方以傷殘同道，釀成一議藥不議病之惡俗，此喩西昌所以定議病式，有先議病後議藥之名論也。

《通俗傷寒論・傷寒診法・察新久》 新病易治，久病難已；暴病無虛，久病無實，夫人而知之。然新病猝中，如中風、中寒、中暑、中濕、中惡、中毒，及痰中、虛中，食厥、色厥之類，何嘗易治，亦未嘗無虛症。久病如頑痰、蓄飲、氣滯、血瘀，及三痼六鬱之類，儘多實症似虛，果能審症詳明，投劑果決，自然病勢漸減，逐日見功，亦未必難已。問其病之新久者，欲察其爲外感、爲內傷、爲外感夾內傷、爲內傷夾外感、爲實、爲虛、爲實中夾虛、爲虛中夾實，以定病之準的而已。總而言之，在醫者博歷知病，多診識脈，屢用達

藥，有眞學問，肯負責任，而病人又深信不疑，善爲調養，二難併，兩美合，何致有世無良醫，病多不治之長嘆也哉？ 至於切脈之道，一載六經脈象，一載診脈舉要，茲不贅述。

《通俗傷寒論・傷寒脈舌・觀舌形》 傷寒自表傳裏，溫熱自裏達表，全以舌胎爲驗。傳裏淺深，及裏結多寡，亦以舌胎爲驗。裏熱漸清，穀氣漸進，亦以舌胎爲驗。試先舉觀舌形之要訣。

凡舌膜由三焦腠理直接胃腸，舌本由經絡直通心脾腎。故舌尖主上脘，亦主心。舌中主中脘，統主胃與小腸。舌根主下脘，亦主腎與大腸。四邊屬脾。此爲觀形分部之要訣。

凡出舌長而尖者，熱未甚，尙宜透邪。出舌圓而平者，熱已甚，急宜清熱。出舌短，不能出齒外而形方者，熱盛極，速宜瀉火。若女勞復及產後壞症，舌出數寸者必死，又當別論。此爲觀驗出舌之要訣。

凡舌伸之無力者，中氣虛，宜補中。滿伸似有線吊者，舌系燥，宜潤燥。痲木而伸不出者，肝風挾痰，宜熄風化痰。伸以餂脣者，心脾熱，宜瀉火清熱。伸出弄脣者，中蛇毒，宜解毒。伸出不收者，脾涎浸，宜控涎。如舌縮而邊捲者，胃液燥極，宜清胃潤燥。潤之而舌仍捲者，病去而舌氣未和，尙可養營益氣。若捲而縮短者，厥陰氣絕，舌質痿縮也，不治。垢膩揩去而舌仍縮者，亦不治。此爲觀舌伸縮之要訣。

凡舌顫掉不安者，曰舌戰。由氣虛者蠕蠕微動，由肝風者習習煽動，宜參舌色以辨之。如色深紅鮮紅而戰者，宜涼血熄風。紫紅瘀紅而戰者，宜瀉火熄風。嫩紅而戰者，宜養血熄風。淡紅而戰者，宜竣補氣血。若舌軟而不能動者，曰舌痿，有暴痿久痿之別。暴痿多由於熱灼，每現於舌乾之時，亦宜辨其舌色。如色深紅而痿者，宜清營兼益氣。紫紅而痿者，宜清肝兼通腑。鮮紅而痿者，宜滋陰兼降火。惟色淡紅而痿者，宜大補氣血。如病久而舌色絳嫩者，陰虧已極，津氣不能分布於舌本，無藥可治。此爲觀舌痿戰之要訣。

凡病而有胎者多裏滯，宜導滯。無胎者多中虛，宜補中。病本無胎而忽有者，胃濁上泛，宜泄濁。病本有胎而忽無者，胃陰將涸，宜救陰。其胎半布者，有偏外、偏內、偏左、偏右之別。偏外者外有內無，邪雖入裏未深，而胃氣先匱，宜袪邪兼益胃。偏內者內有外無，胃滯雖減，而腸積尙存，宜通腸兼消滯。素有痰飲者，亦多此胎，宜蠲飲。偏左者左有右無，偏右者右有左無，皆半表半裏症。但看胎色之多少，白色多表症多，但宜和解，佐溫佐清，隨症酌加。黃黑灰多，或生芒刺及黑點燥裂，則裏熱已結，急宜和解兼下。又有從根至尖，直分兩條者，則合病與夾陰寒症。從根至尖，橫分兩三截者，是併病症也。均宜隨症用藥。胎雖有形可據，皆爲偏而不全。即全舌其胎滿布者，雖多濕痰食滯，亦宜辨其爲白碱苔。兼四邊舌肉紫紅者，爲濕遏熱伏之溫邪，伏於膜原，急宜達原以透邪。白碱苔兼四邊舌內皆膩者，爲脾胃濕阻氣滯，與食積相搏，急宜芳淡兼消導。此爲觀舌有無積胎，及胎偏全之要訣。

凡舌有斷紋、裂紋，如人字、川字、爻字及裂如直槽之類，雖多屬胃燥液涸，由於實熱內逼，急宜涼瀉以清火。然中有直裂者，多屬胃氣中虛，卻宜補陰益氣，切忌涼瀉。更有本無斷紋，而下後反見人字裂紋者，此屬腎氣淩心，急宜納氣補腎。若胎點如粞者，蟲蝕居多。即胎現檳榔紋，隱隱有點者，亦屬蟲積，皆宜殺蟲袪積。此爲觀舌斷紋細點之要訣。

凡胎起瓣暈，皆臟腑實火薰蒸，多見於溫毒、溫疫等病。瓣則黑色居多，暈則灰黑色居多。瓣有多少，一二瓣尙經，三四瓣已重，六七瓣極重而難治。暈有層數，一暈尙輕，二暈爲重，三暈多死。亦有橫紋二三層者，與此不殊，宜瀉火解毒，急下存陰。服至瓣暈退淨，而其人氣液漸復者，庶能救活。此爲觀舌瓣暈之要訣。

凡舌腫脹增大，不能出口者，須參舌色以辨之。如色白滑黑滑者，多由於水氣浸淫，宜通陽利水。黃膩滿布者，由濕熱鬱而化毒，毒延於口，宜大瀉濕火以袪毒。紫暗者，多由於酒毒衝心，心火炎上，宜瀉火通瘀。白膩黃膩者，多由於痰濁相搏，滿則上溢，宜蠲痰泄濁。若舌瘦小，甚則癟薄者，亦須兼辨其色。淡紅嫩紅者，心血內虧，宜養血補心。紫絳灼紅者，內熱風消，宜清熱熄風。若色乾絳，甚則紫黯如豬腰色者，皆由心肝血枯。舌質萎縮，不治。此爲觀舌脹癟之要訣。

凡舌斜偏一邊者，爲舌歪。色紫紅而勢急者，多由於肝風發痙，宜熄風鎭痙。色淡紅而勢緩者，多由於中風偏枯，歪在左，宜養血益氣，從陰引陽，歪在右，宜補氣舒筋，從陽引陰。然多不治。若舌有血痕傷迹者爲舌碎，其因有四：一因舌齜，二因抓傷，三因潰瘍，四因斑痕，各宜對症施治。此爲觀舌歪碎之要訣。

凡舌起瘰而凸者，多見於溫病、熱病、溫毒、時疫等證，皆屬胃腸實熱，梟

毒內伏，急宜大劑涼瀉，速攻其毒。若凹陷而有缺點者，其症有虛有實。實者多由於口糜，厥後舌起糜點，糜點脫去，則現凹點，由於黴毒上升者，宜去黴解毒。由於胃腎陰虛，濁腐蒸騰者，宜救陰去腐。果能毒去腐褪，則新肉漸生，凹點自滿。虛者由胃陰中竭，心氣不能上布於舌本，氣盛則凸，氣陷則凹，眼眶亦然，不獨舌起凹點也。病已不治，可按脈證以決死期。此爲觀舌再現這要訣。

《通俗傷寒論・傷寒脈舌・察舌色》 凡察色辨胎，有白、黃、黑三種，此爲結胎之現色。察色辨舌，亦有絳、紫、靑三種，此爲舌本之變色。胎色白而薄者，寒邪在表，宜發表，或氣鬱不舒，宜宣氣。白而厚者，中脘素寒，宜溫中，或濕痰不化，宜化痰。兼髮紋滿中者多寒濕，宜溫化。如𪎭而膩者多濁熱，宜清化。若胎白而厚，其上如刺，起焦裂紋，捫之或糙或澀者，多爲熱極之下證，急宜寒瀉。惟淡白如無，爲虛寒，宜溫補。亦有屬熱者，宜參脈症以治之。白如煑熟者，爲晄白胎，俗稱呆白胎，症多不治。若胎色黃，雖邪熱漸深，但有帶白不帶白之分，有質地無質地之別。黃胎帶白，薄而無質地者，表邪未罷，熱未傷津，尙宜宣氣達表。黃胎而濁，不帶白而有質地者，邪已結裏，黃濁愈甚，則入裏愈深，熱邪愈結。由於濕熱多痰者，宜辛淡清化，由於濕熱夾食者，宜苦辛通降。惟黃而糙，黃而燥，劇則黃而帶灰帶黑，黃而乾砂刺點，黃而中心瓣裂者，皆爲裏熱結實，均當速下以存津液。至胎黑色，有帶靑、帶紫、焦燥、滑潤之不同。胎色靑黑而舌本滑潤者，爲水來剋火，多脾腎陰證，急宜破陰回陽。胎色紫黑而舌本焦燥者，爲火極似水，多胃腎陰涸證，急宜瀉火救陰。他如灰色即淡黑，灰帶白色而滑者，爲寒濕傷脾陽，宜溫脾化濕。灰帶黑色而燥者，爲濕火傷脾陰，宜潤脾救陰，黴醬色即黃兼黑，多由夾食傷寒，濁腐上泛，急宜清下。色淡者生，色濃者死。下之得通者生，不得通者死。此辨胎色之要訣也。餘已詳六經舌胎中，茲不贅述。若夫舌色由紅轉絳轉紫者，皆有色而無胎，一由心經熱熾，劫傷經血，宜滋血清營，虛甚者滋陰復脈。一由肝經火旺，劫傷絡血，宜涼血通絡，邪盛者瀉火熄風。惟舌靑爲肝臟本色發現，胃中生氣已極，雖有靑黑寒化，靑紫熱化之殊，然竭力挽救，終多不治。餘亦載六經舌胎中，學者參看可也。此爲察色辨舌，當分胎色舌色之要訣。

凡察胎色，與虛實最多關係。如胎色黃濁者爲實，可用苦辛通降。若黃白相兼，間有淡灰者爲虛，但宜輕清化氣。如杏、蔻、橘、桔等品。黃厚而糙刺者爲實，可攻瀉之。若黃薄而光滑者爲虛，切忌攻瀉。胎色黑而芒刺者爲實，腸有燥糞無疑。攻下刻不容緩。若黑如煙煤隱隱而光滑者爲虛，虛寒虛熱，當旁參脈症以施治。白色如鹹，白如膩粉者皆爲實，均宜苦辛開泄，粉苔乾燥者實熱尤盛，急宜苦寒直降。若白薄而淡，及白而嫩滑者皆爲虛，氣虛陽虛，尤必細參脈症以治之。此爲察色辨胎，當分虛實之要訣。

凡舌有質地而堅斂蒼老，不拘胎色白、黃、灰、黑，由舌中延及舌邊，揩之不去，刮之不淨，底仍粗澀黏膩，不見鮮紅者，是爲有根之眞胎，中必多滯。舌無質地而浮胖嬌嫩，不拘胎色白、黃、灰、黑，滿布舌中，不及舌邊，揩之即去，刮之即淨，底亦淡紅潤澤，不見垢膩者，是爲無根之假胎，裏必大虛。即看似胎色滿布，飲食後胎即脫去，舌質圓浮胖嫩者，亦屬假胎，一名活胎。他如食枇杷則胎色黃，食橄欖則胎色靑黑，是爲假色之染胎。故胎有質地與無質地，延及舌邊與但布舌中，過辨虛實之大綱。此爲察色辨胎，當分眞假之要訣。

凡胎薄者表邪初見，胎厚者裏滯已深，固已。但要辨其薄而鬆者無質，揩之即去，爲正足化邪。即薄而膩者，邪入尙淺，亦宜宣氣達邪。惟厚而膩者有地，揩之不去，多穢濁盤踞。若厚而鬆者，裏滯已化，但須輕清和解。此爲察色辨胎，當分厚薄鬆膩之要訣。

凡舌胎始終一色，不拘白、黃、灰、黑，即有厚薄、滑澀、乾潤、濃淡之不同，總屬常胎，當參脈症以施治。如舌一日數變，或由白而黃，由黃而黑，或乍有乍無，乍赤乍黑者，皆爲變胎，其症多凶而少吉。此爲察色辨胎，當分常變之要訣。凡知胎由膩化鬆，由厚退薄，乃裏滯逐漸減少之象，是爲眞退。即有續生薄白新胎者，尤爲苔眞退後，胃氣漸復，穀氣漸進之吉兆。若滿舌厚胎，忽然退去，舌底仍留污質膩澀，或見硃點，或有髮紋者，是爲假退，一二日間，即續生厚胎。又有滿舌厚胎，中間駁落一瓣，或有罅紋，或有凹點，底見紅燥者，須防液脫中竭，用藥切宜審愼。若厚胎忽然退去，舌光而燥者，此胃氣將絕也，多凶少吉。此爲察色辨胎，當分眞退假退駁去脫竭之要訣。

凡舌胎糙者多穢濁，黏者多痰涎，固已。惟厚膩與厚腐，尤宜明辨。厚膩者固多食積，亦有濕滯，刮之有淨有不淨，或微厚而刮不脫，雖有邪從火化，漸積而乾，而舌本尙罩一層黏涎，是爲厚膩之常胎。若厚腐雖多由胃液

腐敗，然有膿腐霉腐之别。如舌上生膿腐胎，白帶淡紅，黏厚如瘡中之膿，凡内癰最多此症。肺癰腸癰多白腐胎，胃癰多黄腐胎，肝癰腰癰多紫黑腐胎，下疳結毒仍多白腐胎。若霉腐胎，滿舌生白衣如霉胎，或生糜點如飯子様，皆由食道延上，先因咽喉而起，繼則延累滿舌，直至滿口唇齒皆有糜點，多見於濕温、温毒、伏暑、赤痢、梅毒、疳積等症。此由胃體腐敗，津液悉化爲濁熱，中無砥柱，蒸騰而上，無論白腐黄腐，其病總多不治，是爲厚腐之霉胎。此爲察色辨胎，當分糙黏及厚膩與厚腐之要訣。

若夫察看舌色，則舌色本紅，淡於紅者，血虚也。淡紅無胎，反微似黄白胎者，氣不化液也。甚則淡紅帶青者，血分虚寒也。婦人子宫冷者有之，胎死腹中者亦有之，久痢虚極者亦恆見之。濃於紅者爲絳，血熱也。尖絳者，心火上炎也。根絳者，血熱内燥也。通絳無胎，及似有胎黏膩者，血熱又挾穢濁也。絳而深紫，紫而潤黯者，中脘多瘀。紫而乾晦者，肝腎氣絶，由絳而紫，紫而轉黑者，絡瘀化毒，血液已枯，不治。若舌本無胎，隱隱若罩黑光者，平素胃燥舌也，煙家多有此舌。此爲察色辨舌，當分舌色淡濃之要訣。

《通俗傷寒論・傷寒脈舌・辨舌質》 辨質者，辨明其舌之本質也。其質雖滿舌屬胃，而内含經絡甚多，與心脾肝腎實互相關係，凡病之虚實，症之吉凶，多於此中診斷之。故辨質較觀形察色，尤爲扼要。

凡舌質堅斂而兼蒼老，不論胎色白黄灰黑，病多屬實。舌質浮胖而兼嬌嫩，不拘胎色灰黑黄白，病多屬虚。此辨舌質老嫩，斷病虚實之要訣。

凡舌質柔軟，伸縮自由者，氣液自滋。舌質強硬，伸縮爲難者，脈絡失養。但舌強與舌短不同，舌短者舌系收緊，舌強者舌質堅硬。此辨舌質軟硬，察液潤燥之要訣。

凡看舌質，先辨乾滑燥潤。乾者津乏，捫之而澀。滑者津足，捫之而濕。燥者液涸，捫之而糙。潤者液充，捫之而滑。如病初起而舌即乾者，津竭可知。病久而舌尚潤者，液存可識。望之若乾，捫之卻滑者，若濕熱蒸濁，其色黄亮，若瘀血内蓄，其色紫黯。望之若潤，捫之卻燥者，若氣濁痰凝，其胎白厚，若氣虚傷津，其胎白薄。他如陰虚陽盛者，其舌必乾。陽虚陰盛者，其舌必滑。陰虚陽盛而火旺者，其舌必乾而燥。陽虚陰盛而火衰者，其舌必滑而潤。此辨舌質乾滑燥潤，斷病津液充乏、陰陽盛衰之要訣。

凡舌質有光有體，不論白、黄、灰、黑，刮之而裏面紅潤，神氣榮華者，凡病多吉。舌質無光無體，不拘有胎無胎，視之而裏面枯晦，神氣全無者，凡病皆凶。此辨舌質榮枯，斷病吉凶之要訣。

凡舌圓大碎嫩，其質紅潤者，皆屬心經虚熱，病尚可治。舌枯小捲短，其質焦紫者，皆屬肝腎陰涸，病多速死。此辨舌質圓嫩枯短，斷病虚熱陰涸之要訣。

凡舌色如硃柿，光如鏡面，或如去膜豬腰子，或斂束如荔枝殼，或乾枯紅長，而有直紋透舌尖者，病皆不治，尚屬顯而易見之舌質已枯。更有生氣雖絶，而舌質上面，反罩一層胎色，潔白似雪花片，呆白如豆腐渣，或如碎嚼飯子，晄白兼青，枯白而起糜點，視其舌邊舌底，必皆乾晦枯痿，一無神氣，乃舌質已壞，臟氣皆絶也，病皆速死。此辨舌質無神無氣，斷病必死之要訣。

《通俗傷寒論・傷寒脈舌・心法提要》 凡以舌胎之五色，分察五臟，乃五行之死法，不足以測四時雜感之變症。惟以胎色之白、黄、灰、黑，舌色之紅、絳、紫、青，察六經傳變之症候，確鑿可憑，歷驗不爽，醫家把握，首賴乎此。

凡舌上胎，有垢上浮是也，不論白、黄、灰、黑，必先區分燥潤及刮之堅鬆者，以定胃腸津液之虚實，此爲要訣。若無胎而舌色變幻，多屬心腎虚證，或肝膽風火證，甚則臟氣絶證，尤必察色光之死活，及本質之榮枯，辨其臟眞絶與不絶，以決變症壞病之死生，最爲要訣。

凡以手捫舌，滑而軟者病屬陰，粗而糙者病屬陽，固已。然虚寒者舌固滑而軟，而邪初傳裏，及眞熱假寒，亦間有滑軟之舌。實熱者舌固粗而糙，而血虚液涸及眞寒假熱，亦或有粗糙之舌。其辨别處，虚寒症，必全舌色淡白滑嫩，無餘苔，無點無罅縫。邪初傳裏症，全舌白滑而有浮膩苔。寒滯積中者，舌亦相類。眞熱假寒症，必全舌色白，而有點花、罅裂、積沙，各實胎不等，而舌上之胎，刮亦不淨，舌底之色，卻多隱紅，若重刮之，沙點旁或少許出血。實熱症及邪火入陰經症，全舌必有或黄或黑，積滯、乾焦、罅裂、芒刺等苔。血虚液涸症，全舌必絳色無胎，或有横直罅紋，而舌短小不等。眞寒假熱症，全舌雖或有灰黑色及乾糙焦裂芒刺厚胎，但鬆浮而不及邊沿，一輕擦即脱淨，舌底必淡白而不紅，或淡紅而舌圓大胖嫩。此以舌辨寒熱虚實，活法推求之要訣。

凡舌短由於生就者，無關壽夭，亦無藥可治。若因病縮短，則邪陷三陰，

皆能短舌，先當辨其苔色。如舌紅短而有白泡者，少陰血虛火旺也，宜滋陰降火。舌黑短而胎乾焦者，厥陰熱極火逼也，宜急下存陰，尚可十救二三。惟舌短而捲，男子囊縮，婦人乳縮，乃臟腑熱極而肝陰已涸也，雖多不治，能受大劑清潤瀉藥者，亦可十救一二。至於舌硬，有強舌、木舌、重舌、腫舌、大舌之分。強舌多痰熱症，木舌、重舌多心經燥熱症，腫舌、大舌多脾經濕熱症，總屬實熱，無虛火，尤以心經血熱爲最多。此辨舌短、舌硬之總訣。

凡看舌胎，黃胎易辨，但有表裏實熱症，絶少表裏虛寒症，表症風火暑燥，皆有黃胎，傷寒必邪傳裏入胃，其胎始黃。黑胎均屬裏症，無表症，寒熱虛實各症皆有，亦有煙胎染胎，較爲難辨。灰胎則黑中帶紫，有實熱症，無虛寒症，有濕熱傳裏症，有時疫流行症，有鬱痰停胸症，有蓄血如狂症，其症不一。若淡灰即淡黑，黑中帶白，多寒中脾腎症。黴醬胎則黃赤兼黑，凡內熱久鬱，夾食中暑，夾食傷寒傳脾，皆有此胎，不論何症何脈，皆屬實熱裏症，無表分虛寒症。若白胎尤多錯雜，辨病較難，表裏寒熱虛實症皆有，且多夾色變色，有合併症，有半表裏症，最宜詳辨。總之察看胎色，必先辨刮舌情形。凡舌刮後，有津而光滑，不起垢膩，底見淡紅潤澤，均屬無根之浮胎，屬表、屬虛、屬寒者多。刮不淨，或刮不脫，及刮去垢膩後，舌底仍留汚質，薄如漿糊一層，膩澀不見鮮紅，均屬有根之眞胎，屬裏、屬實、屬熱者多。次辨有無朱點罅紋芒刺，及板帖與鬆浮。初起由白變黃，由黃變灰變黑，由黃黑變黴醬，舌中起胎，延及根尖，有朱點芒刺罅紋，而板帖不鬆者，均屬裏症、實證、壞熱症。若由淡白滑胎，忽然轉灰轉黑，其初無變黃之一境，望之似有焦黑芒刺乾裂之狀，然刮之必淨，濕之必潤，無朱點，無罅紋，其形浮胖者，皆屬眞寒假熱之虛胎。此以胎色辨表裏寒熱虛實之總訣。

凡有舌色，全舌淡紅，不淺不深者，平人也，有所偏則爲病。表裏虛實熱症，皆有紅舌，惟寒症則無之。舌紅雖皆屬熱，而有紅餂、紅瘰、紅短、紅硬、紅星、紅癍、紅戰、紅圈、紅裂、紅碎之各殊，必參現症以明辨之。舌紫有表裏實熱症，無虛寒症，雖有寒邪化火，溫疫內發，酒食濕滯，誤服溫補之種種病因，總屬肝臟絡熱症。若淡紫中夾別色，則亦有虛寒症。惟舌見青色，多凶少吉。若青滑有薄胎者，多屬寒中肝臟，猶可用溫藥救治。婦人胎死腹中者，亦可用下藥救療。若純青無胎而光者，臟腑生氣已絶，決死不治。若舌淡紅而現藍色紋，胃有寒食結滯者，尚可急投溫補溫通藥救之。此以舌色辨寒熱虛實吉凶生死之總訣。

總而言之，察舌斷症，初無男婦老少之殊，而觀舌憑目，雖較手揣脈象爲有據，尤必檢查病源，明辨現症，詢其平素爲陰臟，爲陽臟，爲平臟，始能隨機應變，對症發藥，溫涼補瀉，無或偏畸。審愼於表裏陰陽寒熱虛實八字，鑒別至當，庶幾常變順逆乃有通經達權之妙用。若不將病源症候，一一明辨在先，遽謂舌胎之徵質，不比脈象之蹈虛，而以探試倖中之藥品，妄事表彰，斷定某藥可治某舌，亦多誤人之弊。後之學者，必小心謹愼之。

《松峰說疫・雜疫》 葡萄疫

小兒多患此症，以受四時不正之氣，鬱於皮膚，結成大小青紫斑點，色若葡萄，發在遍體頭面，乃爲腑症。邪毒傳胃，牙根出血，久則必至虧損。初起宜服羚羊角散清熱涼血。久則胃脾湯滋益其內。又有牙根腐爛者，人中白散。

捻頸瘟

其症喉痹失音，頸大，腹脹如蝦蟆者是也，宜荆防敗毒散。

蝦蟆瘟

其症咽喉腫痛，涕唾稠粘，甚則往來寒熱，身痛拘急，大便秘結，有類傷寒，亦與捻頸瘖相似，但以不腹脹爲異。治法，涼散、和解、攻下、敗毒，隨症施治，無不獲愈。方俱散見各醫書，本門不多贅。其治療捷法，於初起時，用手在病人兩臂，自肩、項，極力將其中凝滯癘氣惡血，趕至手腕數次，用帶子將手腕紮住，不令惡血走散，用針刺少商穴，並十指近甲蓋薄肉正中處，捻出惡血則愈。少商穴在大指外邊仄面靠甲角處，摸有穴者便是。

又法：將脖項患處，口啣鹽水，用力吮咂，俟其皮色紅紫成片則愈。或用針將項下一挑，手捻針孔出血，密密挑捻愈。【略】

瓜瓤瘟

其症胸高脇起，嘔汁如血，宜生犀飲。

疙瘩瘟

其症發磈如瘤，遍身流走，旦發夕死。三稜針刺入委中三分，出血，並服人中黃散。委中穴在兩腿屈盤當中，前對膝蓋。【略】

絞腸瘟一名痧。

其症腸鳴乾嘔，或水瀉，氣不通則探吐之，宜雙解散。有陰陽二症。

陰痧：腹痛，手足冷，身上有紅點，用燈草蘸油點着，將紅點焠之。陽痧：腸痛，手足暖。以針刺少商穴，並十指尖近甲處。刺法見前。此刺法，治諸中、霍亂、咽喉等病俱效。【略】

鸕鶿瘟

其症兩腮腫脹，憎寒，惡熱。外用赤小豆、柏葉，共搗爛，水醋調敷。內服，薄荷濃煎湯，服之。【略】

龍鬚瘟

其症喉硬、舌強，並牽耳中。急以針刺喉上，横七針，竪七針。硃砂，不拘多少，研。蜜一匙，入燒酒和勻，灌之。

芋頭瘟

其症昏沉不食。用芋頭燒灰存性，研，黄酒送下。

蝌子瘟

其症喉痛，發熱惡心，痛連腮頰，頭亦痛，喉旁有疙瘩，四散紅絲如蝌爪，壓舌針挑之。要挑爪，不可挑頂。每爪上挑一針，令血出，旋以硃砂末搽之，再含咽醋少許即愈。如刺當中頂，即爲傷蝌蓋，必出膿，不食而危。

版腸瘟刮出紫疙瘩六個，即難治。

其症初發如傷寒熱病，三四日小腹脹滿，不治數日即死。用麻一縷，如指粗。先自兩肩頭刮至手腕，刮出紫疙瘩，針刺破，擠去惡血，又自兩大腿跟刮至兩足跟，有紫疙瘩刺破，去惡血，俱男先左，女先右。又自咽窩刮至臍下，刺法如前，即時汗愈。

脇痛瘟一名肋瘟，甚惡，不治數日即斃。

其症但脇肋痛。蘿白切片，蘸燒酒刮痛處，出痧即愈。未愈，用豆油一大盅，銅杓熬三分之一，服之愈。又法：青布包黑礬，蘸燒酒刮痧。又法：烙香油厚餅碗口大，乘熱熨痛處，冷即易，可用三四餅，餅棄勿食，忌生冷。

刺螯瘟痧

其症壯熱、煩悶，遍身痛如螯刺所傷，俗名螯刺瘟，以痧治之。林月溪患時疫，壯熱，口渴，胸腹迷悶，手摩之如螯刺傷痛，遍體皆然，因放腿灣痧廿餘針，毒血成流，用山甲、天蟲、角刺，加活血順氣藥，稍飲之而痊。

地葡瘟痧

暑熱時疫，惡毒之氣攻於裏，則爲痰喘，爲血瘀。昏迷沉重，不省人事，若元氣壯實，內不受邪，不入於裏，即散其毒於肌膚血肉之表，爲腫爲脹。忌飲熱湯熱酒，刺腿灣痧筋並十指尖出毒血，內服寶花散。治痧仙劑。

手足麻瘟

其症先少腹痛，作羊毛疔挑之，無血，隨作紫疙瘩，手足麻，麻至不知人而死。急令人以足踏病者手之三關脈上，男踏左手，女踏右手。用力踏勿放，直待四肢不麻，病人自覺心頭發火，方放之，自愈。若放之早，雖愈後亦纏滯。三關脈即兩手寸口診脈處。

扣頸瘟

此症仁宦幙友不可不知，倘遇患此死者，而顧執言爲人所逼勒可乎？可補《洗冤録》一則。

聞之老醫臧枚吉云：余髫時聞先祖言，凡人無故自縊者，爲扣頸瘟。伊時未解詳問，及後遍閱方書，並無此説。辛巳年一人來言：其鄉有一婦人，平日家道充裕，子女成立，夫婦和偕，忽一日無故自縊幾死，救之始免。詢之毫無所爲，惟日鬱鬱不樂，藏繩袖中，無人處即自縊。羅守月餘，飲食言動如常，述此求治。余因憶少時所聞，細繹其或是血弱氣盡，腠理開，邪氣因入，與正氣相搏，不結於脇下，而結於手足厥陰，及手太陰之三臟合病者。《内經》曰：膻中者，臣使之官，喜樂出焉。今病則憂戚，可知《刺瘧論》曰：厥陰之瘧，意恐懼，腹中悒悒。又：肝瘧者，善太息，其狀若死。又：肺瘧者，善驚，如有所見。瘧如此，疫可類推。因處一方，用香附、鬱金、雄黄爲九氣湯，開膻中之鬱，再加二陳以開膈中之痰，更加羌活、細辛溫肝逐風，鬼箭羽、丹參、赤小豆，以通心包兼泄火邪，生薑煎服。服後竟頭痛，發熱，身痛，瘟疫症悉具，自出其袖中之繩云：誰納我乎？告以自縊，茫不記憶。寖疾七日，又服發汗藥而解。始知此症亦係疫癘或百合病之類乎。

狼掐翻有兩種。

其初喉痛，旋氣不通，殺人甚速。對直虎耳尖，耳輪邊用磁鋒刺出血即愈。徐樂然傳。

又一種，心中不安，旋不能言，牙關緊閉，不醒人事，身冷，出涼汗，以手試其兩頰下有斜出一硬物礙手便是。竹箸搖開口，入指探喉，兩旁有物如麥大，有單有雙。並掐破出血，初病血鮮，久病血紫立愈。指頂先用鹽擦。

蚰蜒翻小兒多患此。

兩目紅腫，鼻流涕，日夜啼號。以針密刺太陽穴，兩眉尖後。如指甲大一塊，立愈。刺後以芋頭搗爛，敷印堂至山根。

椅子翻

不語不食，形如呆癡。用椅子圈手拿處削下木片，煎服愈。

扁擔翻

發即兩肋撐脹難忍。用扁擔肩挑處削下木片，煎服愈。

王瓜翻

兩脇形如王瓜，脹痛。用針自咽喉挑起，從上而下密挑至臍上，橫挑兩肋，挑至腰脊骨而止，隨挑隨愈。初挑無血，漸挑即有血，挑至腰脊對頭即愈，不然再發不救。馬道人傳。

白眼翻

其症唯翻白眼。頂門灸三艾，如不愈，再灸三艾，即愈。

遶臍翻一名痧，莒父岳廷臣傳。

其症先遶臍痛，漸痛至滿腹，旋氣塞胸脇，兩肋脹滿，衝咽喉，氣不通，不省人事，不急治即死。先以針挑兩耳尖，次挑結喉下咽窩兩骨尖，次挑背後肩胛骨下兩骨尖，並令出血立愈。

疙瘩翻

其症先寒後熱，渾身發疙瘩赤紫黑色，漸至大，惡寒發熱，不治即死，宜參連散。

麻雀掙

其症胸背腫痛，小腹脹滿，見食即嘔，心中跳躍。挑兩大腿腋，見血即愈。

鴉子掙

其症眼腫，渾身青紫，兩脇攻心，句似有落字。大小便不通。男挑龜頭，女挑鷄冠，陰戶之心。出血即愈。

烏沙掙

其症兩脇脹，胃口痛甚。隨將病者手腕趕捻，視有紫疙瘩者，即此症也。治用大針將手腕重刺一針，起針時若見紫血噴出，痧脹隨消，忌冷白飯、菉豆。

黃鷹掙

其症肚腹攪痛，翻上翻下。治法從胳膊上趕下內中氣血，用帶子將兩手腕紮住，各指稍抱甲肉上當中刺一針，捻出惡血即愈。

羊毛掙一法：用青布蘸燒酒遍身擦，黃蒿水薰洗亦可汗。又法：用手推背上二筋，撮起掐緊時許。

其症發熱無汗，心內發燒，口乾嘔吐，前後心毛孔周圍高阜，句疑有錯誤字。紫色三四處，即此症也。治用針挑前後心，挑患處，將羊毛剔淨，蒙被出汗即愈。如不應，再用沙糖少許，生薑三片，武夷茶一撮，同煎服。忌腥冷月餘，無不效。

鵓鴿掙

其症渾身發燒，解裏衣體熱不可當，心口一塊滾上滾下，挑肚臍並兩乳即愈。

烏鴉掙狗掙同此治法。

其症頭痛，頭沉，頭搖，惡心，眼黑發搐，指甲先青，然後遍體皆青，上吐下瀉，不能言，小腹痛，甚至無脈，身涼，如不急治，傾刻殞命。牙關如閉，速用箸搖開口，令病人捲舌視之，根下如有青紅紫泡，急用針刺泡見血，用雄黃末點之，滾水和雄黃末飲之，或炮藥點之亦好，被蓋頭出汗即愈，忌風三日。

兔兒掙

其症直走曠野，趨跳不寧。急用涼水和炮藥灌之，只許走治，不許坐治。

長蛇掙

其症腹痛打滾。先挑肚腹三針，次頭頂一針，腳心三針即愈。或有用濕土埋其頭，使聞土氣即愈者。

纏絲掙

其症腹脹痛，頭痛，心翻，一作煩。前後心或有紫黃眼子，針破以醋擦之。如遍體麻木，無此痕者亦是此症。將胳膊腕、腿腕青筋針出紫血，用炒鹽調滾水灌之即愈。水入薑三片亦可。

啞叭掙

其症不能言。用鞋底蘸涼水打頭頂門。如孕婦患此，將頂門髮分開，以手蘸涼水輕輕拍之即愈。

母豬掙

其症以頭拱地，打滾。先針舌根，次將兩手除大指不針，其餘八指將包

甲薄肉每刺一針，捻出惡血，再用豬槽水洗手腕即愈。

老鼠掙

其症唇黑紫腫，咽喉腫痛，或胸膈膨脹。挑眉鬢角，鬢疑作鬢。見血即愈。或再挑兩肩中心。句疑有錯誤。

蝦蟆掙

其症腹脹滿或疼痛。將肚臍周圍挑之，又挑小腹三四針即愈。

海青掙

其症頭痛，掤頭打滾。用帶子紮住頭，然後將眉際、眼根、咽窩、頂心各處挑之即愈。忌風三日。眼根即大眼角。

眠羊掙

其症似睡，眉眼不開，轉身疼痛發脹，喝氣疼痛。治法挑尾巴骨根出血即愈。

野雀掙

其症渾身發紅，或前後心有紅黑紫眼，頭痛，脇脹。挑腋下六針，髮一針而愈。髮字上下疑有落字。用莧菜種煮水洗浴甚良。

狐狸掙

其症頭痛，或乾噦發嘔，不思飲食，頭仰，渾身出汗，張口亂呼，譫語。用針挑咽窩，並前後心則愈。

猿猴掙

其症坐卧不寧，心窩脹滿，口舌發青，指甲青，小腹疼。挑陰囊線即愈。

莽牛掙

其症肚脇脹痛，心痛。翻起唇來挑裏邊，挑唇上牙花即愈。

鷹嘴掙

其症肚脹疼，頭暈，眼黑，心內脹，用白礬水灌之，再挑後心及耳稍即愈。

又方：胡椒七粒，生薑七片，陳麥糠一撮，同研爛酒煎，去渣，調四錢服。

松峰按：諸掙挑刺，隨即將惡血捻出爲妙。有病深重者，挑刺無血，必用手極力捻之，見血即愈。諸掙遇有口噤不開者，用烏梅揩擦牙齦，涎出即開。蓋酸先入筋，木能剋土，使牙關酸軟則開矣。若用鐵器等撬之，恐傷其齒。

右諸掙症治，余得之岱宗石壁間，錄而藏諸篋笥，遇患是疾者，如法施治，歷有奇效。後余遊秦晉於太行道中，亦見粘一紙於壁前，所見者大同小異，俱變掙爲翻，蓋因其方言各異耳，而症治則無殊也。因取而對較增訂之，以廣爲流布，至其命名亦各有義意，甚毋以其涉俗而忽之。松峰再誌。

《羊毛瘟症論·老少男女貧富不同治》 溫邪之爲病，因病以訂方，因氣以知病，實因人以治也。何以言之？人類不齊，有老少焉，有男女焉，有貧富焉。推而言之，有形樂志苦，有志樂形苦，有形志皆苦，有形志俱樂，又如是種種各別，其受毒氣則一也。大抵老者氣血就衰，形如枯樹，不可摧殘，治宜早解其毒，於攻之中量其毒注輕重也。幼者氣血未定，腸胃脆薄，不任毒發，急宜早攻，當思一兩歲時作七十歲觀，一週以內作八九十歲觀，自然百無一失。婦人之病與男子無異，所異者胎前產後、經期月候耳。至於貧者，勞力飲食自倍，無酒色可思，無機關可用，故腠理常實而有病拖延，當以急攻爲主，免致毒傷內臟。至於富者，或終身逸樂，不免累於酒色，或過於勞心，食少事煩，其腠理恆虛，而有病即醫，亦宜量其攻伐，除邪即安正也。至老少用藥攻伐，十之四五不可太過。至於婦人胎產病羊毛溫證，並婦女行經等證，另有分治，此其大略也。若夫神而明之，變而通之，又在會心者自用焉耳。

《羊毛瘟症論·臨證規則》 蓋溫邪見證有發熱惡寒，有微熱惡寒，有無熱惡寒，有發熱不惡寒，其溫邪出於陰陽臟腑而別之也。陰爲臟，陽爲腑，其脈亦有陰陽，脈之浮、洪、數、長、實，五陽也；脈之沈、遲、微、弦、濇，五陰也。至內伏之邪，以右手寸口爲主。浮爲在表，沉爲在裏，數爲在腑，遲爲在臟。陽病陰脈，陰病陽脈，死生判斷，不盡然也，惟脈有神者準也。欲知病愈未愈，脈大爲病進，脈緩爲病退。

《羊毛瘟症論·申明溫邪出三陽病治》 溫邪自裏達表，邪出少陽則微作寒熱，口苦作噦，舌微現白苔，苔中有紋，夾雜紅點，頭忽眩暈，胸脇脹悶。方用荊防敗毒散合溫證解毒散治之，繼以加減雙解散。

溫邪出陽明，發熱不惡寒，口渴唇燥，舌苔厚白，或現黃苔，皆有紫點，苔見裂紋，頭重作痛，胸脹身疼，煩燥嘔吐，面色紅亮，惡人與火。方用加減雙解散主之，次用白虎湯。

溫邪出太陽，惡寒發熱，頭痛脊強，項痛拘束，或嘔或瀉，口淡不渴，舌有滑苔，或黄或白，皆有紅點裂紋，面色灰滯，便數或遺精。方用荊防敗毒散加滑石一二兩，次用加減雙解散。

以上溫邪出三陽，依方調治，至於病有變異，宜照備方選用。

《羊毛瘟症論・申明溫熱攻三陰病治》 溫熱攻太陰，煩躁忽熱，肢冷身倦，氣急吐蛔，腹滿泄瀉，口渴不飲，舌如砂壘，神昏語錯，脈沉數者生，浮軟者不治。

溫熱攻少陰，渴躁狂妄，壯熱忽寒，咽痛胸脹，忽阻忽喘，自利不食，面赤脹亮，脈數大不急者生，或急或散者不治。

溫熱攻厥陰，而色灰滯，舌強唇紫，苔黑而乾，抽搐悶亂，呃逆連聲，微熱肢冷，腹脹囊縮，或囊腫而破，或胃口作痛，痛至少腹，脹硬如石，脈弦數不強者生，或如新張弓弦，或細短者俱不治。

以上溫邪攻三陰，難救之病，宜早服加減雙解散、黃連解毒湯，再依病證，增減用藥，至病有變異，宜照備方選用。

《傷寒指掌・察舌辨症歌》 六淫感症有眞傳，臨症先將舌法看。察色分經兼手足，營衛表裏辨何難。

邵評：白胎主表，黃胎主裏，足經之邪，分表裏治之。白胎主衛，絳胎主營，手經之邪，分心營肺衛治之。

凡診傷寒，當先察舌之形色。分別足經手經，衛分營分，在表在裏，再參脈症施治，無不獲效。若拘定足六經治病，非但無效，且病亦鮮有合六經者。傷寒兼六氣言，故曰六淫感症。

邵評：傷寒邪在足經，故從足六經分表裏而施治。溫熱暑，邪入手經，當辨明心營肺衛，從上中下三焦施治，不可拘定足六經認症也。

白肺絳心黃屬胃，紅爲膽火黑脾經。少陰紫色兼圓厚，焦紫肝陽陰又青。

邵評：此條統論手經足經，以舌之形色辨之。

此以形色分六經，兼心肺兩手經。足六經不言太陽者，以太陽初感，舌未生胎也。故凡臨症，見舌無胎而潤，或微白而薄，即是太陽。黃胎陽明，紅色少陽，黑胎太陰，紫色少陰，焦紫厥陰陽邪，青滑厥陰陰邪。俱見前。

邵評：上二條總論舌胎太陽與肺同主表，邪尚在表，故舌無胎而或薄白。

表白裏黃分汗下，絳營白衛治天淵。次將津液探消息，澤潤無傷澀已虧。

此以下辨營衛表裏治法。白胎屬表，當汗。黃胎屬裏，當下。絳胎營分之熱，宜清忌表。白胎衛分之邪，宜汗忌清。治法天淵。再以舌之燥潤，驗其津液存亡。不拘何色，但以潤澤爲津液未傷，燥澀爲津液已耗。熱病以存津液爲主，入宜深察。

邵評：傷寒邪從肌表而入，以舌之黃白，分表裏而汗下，溫暑從口鼻吸入，以舌之絳白，分營衛而用清解。以舌之潤燥，辨其津液之存亡，分際極清。

白爲肺衛仍兼氣，絳主心營血後看。白內兼黃仍氣熱，邊紅中白肺津乾。

邵評：衛之後方言氣，營之後方言血。衛氣營氣，逐層遞進，須認明此四層施治。邪之入先到衛分，不解，然後入氣分。營分不解，然後入血分。白內兼黃，仍屬氣分之熱，不可用營分藥。白胎邊紅，此溫邪入肺，灼乾肺津，不可辛溫過表，清輕涼散爲當。

邵評：此經辨邪入之路，有衛分、氣分、營分、血分之不同。臨症時最宜細審。

衛邪可汗宜開肺，氣分宜清猛汗難。入營透熱羚犀妙，到血惟清地與丹。

邵評：此條辨邪之在衛、在氣、在營、在血，分層治法。

凡舌胎白潤而薄，邪在衛分，可汗。開肺即是開太陽，如麻黃、羌活之類。如舌胎白而厚，或兼乾，是邪已到氣分。只宜解肌清熱，如葛根、防風、連翹、薄荷之類，不可用辛溫猛汗也。若寒邪化熱，過衛入營，或溫邪吸入，竟入營分，則舌胎紅絳而燥，惟羚、犀爲妙品，以能透熱於營中也。邪在營分不解，漸入血分，則發熱不已。宜清血分之熱，鮮生地、牡丹皮之類。

邵評：此條以舌胎之黃白紅絳，辨衛分營分之表裏，界限極清。

白黃氣分流連久，尚冀戰汗透重關。舌絳仍兼黃白色，透營泄衛兩和間。

邵評：邪在氣分，日數雖多，可從戰汗而解。若邪入營，則不作戰。如初入於營，尚在營衛之間，猶可透營以達至衛耳。

凡舌胎白中帶黃，日數雖多，其邪尚在氣分流連，可冀戰汗而解。若舌紅絳中仍帶黃白等色，是邪在營衛之間。當用犀、羚以透營分之熱，荊、防以散衛分之邪，兩解以和之可也。

邵評：此條是透營泄衛之要法，惟荆、防不如薄荷、連翹爲穩。

白而薄潤風寒重，溫散何妨液不乾。燥薄白胎津已少，只宜涼解肺家安。

邵評：風寒在表，舌薄白而潤，可從足經用溫散藥。如燥白尖紅，此風熱入肺而津虧，當從手經用輕清涼解。此辨風寒與風熱治法不同。凡風寒初入太陽，則舌無胎，或生胎白潤而薄，此寒邪重，津液不虧，辛溫汗之可也。如白胎雖薄而燥，或舌邊舌尖帶紅，此風熱之邪，傷於氣分，病在太陰手經。津液已少，不可過汗。只宜清輕涼解肺分，如前胡、蘇子、杏仁、連翹、黄芩、薄荷、桔梗、淡竹葉之類。

胎若純黄無白色，表邪入裏胃家乾。更驗老黄中斷裂，腹中滿痛下之安。

邵評：舌胎純黄無白，邪入胃經，熱而未實，宜白虎等湯，清熱涼潤。若焦黄斷裂，熱入胃府而燥實，症必腹滿堅痛，故可下之。凡治病，先要辨清營衛表裏。上文辨營衛，此論表裏。然表證即屬衛分，故此專論裏症。傷寒由表達裏，故舌胎先白後黄。至純黄無白，邪已離表入裏，即仲景所云胃家實也。然舌胎雖黄，而未至焦老裂紋起刺，大便雖祕，而未至痞滿鞕痛，尚屬胃家熱而未實，宜清不宜攻。必再驗其舌形黄厚焦老，中心裂紋，或起刺，腹中鞕滿脹痛，方用承氣，下之則安。

邵評：邪入陽明，有在經、在府之分，有已實、未實之別，治法有宜清、宜下之異，臨症切宜詳察。舌中心屬胃。凡腸中有燥矢，舌心必有黄燥黑燥等胎。然腹無鞕滿攻痛之狀，亦只須養陰潤燥，不可妄用承氣攻之。

邵評：二條論外邪，以舌之黄白分表裏，惟舌燥有津虧邪實之不同，須分別施治。

太陰腹滿胎粘膩，蒼朴陳苓溼結開。黄燥若還胸痞悶，瀉心小陷二方裁。

邵評：溼邪結於太陰，症必胸腹滿悶。溼阻氣機，宜以苦溫開之。若痰熱溼邪結於心下而痞痛者，邪滯中宮，宜瀉心、陷胸，以開痞滌痰。陽明實滿，舌胎老黄燥裂。太陰溼滿，舌胎白而粘膩。陽明實滿，滿及臍下少腹。太陰溼滿，滿在心下胃口。

邵評：此數句辨症確切，當熟記之。溼邪結於太陰，則胸腹滿悶，宜苦溫以開之，蒼、朴、二陳、二苓之類。若黄胎而燥，胸中痞滿，此陽邪結於心下。按之痛者，熱痰固結也。小陷胸法。嘔惡溺澀者，溼熱內結也。瀉心法。

微黄粘膩兼無渴，苦泄休投開泄安。熱未傷津黄薄滑，猶堪清熱透肌端。

邵評：舌微黄薄滑，邪在肺衛，結於上焦氣分，宜杏、蔻、桔、橘，輕苦微辛，開泄上焦氣分以達邪，不可用陷胸、瀉心苦泄之法。病有外邪未解，而裏先結者。如舌胎粘膩微黄，口不渴飲，而胸中滿悶是也。此溼邪結於氣分，宜白蔻、橘紅、杏仁、鬱金、枳殼、桔梗之類，開泄氣分，使邪仍從肺分而出，則解矣。不可用瀉心苦泄之法。黄胎雖主裏，如胎薄而滑者，是熱邪尚在氣分，津液未亡。不妨用柴、葛、芩、翹，或梔、豉、翹、薄之類，輕清泄熱透表，邪亦可外達肌分而解也。此兩條，舌色似裏而實表，不可作裏症治。

溼留氣分胎粘膩，小溺如淋便快聯。溼結中焦因痞滿，朴陳溫苦泄之痊。

邵評：舌胎黏膩，溼之證據。當以胎之黄白分寒溼、溼熱。寒溼用苦溫以開泄之，溼熱用苦寒以開泄之。此以粘膩舌胎，爲溼邪之驗。白而粘膩者寒溼，黄而粘膩者溼熱。更驗其小便不利，大便反快，爲溼邪痞滿，乃溼邪結於中焦。宜厚朴、蒼朮、二苓、二陳之類，苦溫以開泄之。若舌黄粘膩，痞悶嘔惡，大小便俱不利，此溼熱結於中焦。宜瀉心之類，苦寒以開泄之。

上焦溼滯身潮熱，氣分宣通病自痊。溼自外來肌表著，秦艽蘇桂解肌先。

邵評：溼滯上焦，宣通氣分則愈。以溼邪從外來，上焦氣分先受也。非若內生之溼，恆結中焦而痞滿也。凡看舌胎，或白或微黄而粘膩不渴者，總屬溼邪。但溼自內出，恆結於中焦，而成痞滿。若溼自外來，上焦氣分受之，每見潮熱自汗，醫者表之不解，清之不應，不知熱自溼中來。只要宣通氣分，如淡豆豉、茯苓皮、滑石粉、半夏、豬苓、米仁、廣皮、白蔻、黄芩之類，氣分溼走，熱自止矣。若冒雨

霧溼邪，留於太陰肌分之表，發熱自汗不解，口不渴飲，身雖熱，不欲去衣被，舌胎灰白粘膩，宜桂枝、秦艽、紫蘇、茯苓、二陳、薑皮之類，解肌和表，溼邪自去。

溼熱久蒸成內著，厚黄嘔吐瀉心權。若兼身目金黄色，五苓梔柏共茵煎。

邵評：溼熱結於中焦，嘔吐痞滿，舌胎黄厚，宜瀉心開泄中焦。若誤治遷延而成黄疸，宜茵陳、五苓、梔子、柏皮等方。

溼熱內著，從飲食中得之，嗜酒人多此。胎必厚黄粘膩，痞滿不饑，嘔吐不納，惟瀉心最效。川連、乾薑、赤苓、半夏、枳實、茵陳、通草之類。溼熱內結，若錯治必致成疸，宜五苓加茵陳、梔、柏之類。

邵評：以上論黄白舌胎。前二條論風寒，後四條論溼症。

舌絳須知營分熱，犀翹丹地解之安。若兼鮮澤純紅色，胞絡邪干菖鬱攢。素有火痰成內閉，西黄竺貝可加餐。

邵評：舌紅絳，邪入營分也。宜犀、翹等清透之。舌純紅鮮澤，邪入胞絡也，輕用菖蒲、鬱金開之，重用牛黄丸、至寶丹、紫雪丹芳香開祕。若痰熱結祕，加西黄、川貝、天竺黄清火化痰。

邪入營中，宜泄營透熱。故用犀角，以透營分之熱邪，翹、丹、鮮地，以清營分之熱邪。邪入心胞絡，則神昏內閉，須加川鬱金、石菖蒲以開之。若兼有火痰，必致痰涎內閉，更當加西黄、川貝、天竺黄之類，清火豁痰。

心承胃灼中心絳，清胃清心勢必殘。君火上炎尖獨赤，犀兼導赤瀉之安。

邵評：黄胎而中心絳者，胃火灼心也，宜川連、石膏以清心胃。舌尖赤而有刺，心火上炎也，宜犀角、川連合導赤散瀉小腸火府。

如黄胎而中心絳者，心受胃火蒸灼也。於清胃藥中，加清心藥，其勢必孤矣。如舌尖獨赤起刺，心火上炎之故，犀角合導赤散以瀉之。

若見邊紅中燥白，上焦氣熱血無干。但清膈上無形熱，滋膩如投卻病難。

邵評：舌胎邊紅中心燥白，乃上焦氣分無形之熱，其邪不在血分，切勿妄投滋膩血分之藥，宜輕清涼解爲治。

涼膈散去芒硝、大黄，加石膏，能清膈上無形客熱。其邪不在血分，妄投滋膩，必增病矣。

絳舌上浮粘膩質，暑兼溼濁欲蒸痰。恐防內閉芳香逐，犀珀菖蒲滑鬱含。

邵評：舌絳黏膩上浮，暑溼釀蒸，痰濁蒙閉心包也。急用芳香逐穢，宣竅滌痰之法，痰多可用西黄、天竺黄之屬。

暑蒸溼濁則成痰，暑溼兼穢，恐蒙閉心胞，故用菖蒲、鬱金，藉其芳香逐穢。犀角以透營分暑邪，琥珀、滑石清暑利溼。

白苔絳底因何事，熱因溼伏透之難。熱毒乘心紅點重，黄連、金汁亂狂安。

邵評：舌胎白，底絳者，熱被溼遏，不得外透也。用犀角、滑石等藥，泄溼透熱，溼去則熱自解矣。熱因溼邪遏伏，宜泄溼以透熱，如犀角、滑石、茯苓皮、豬苓、米仁、茵陳、黄柏之類。若溼溫症，舌現紅星點點，此熱毒乘心，必神昏譫語，宜苦寒之品治之。狂亂者，非黄連、金汁不解。如無金汁，以人中黄代之。

邵評：舌胎有大紅點子者，此溼溫症熱毒乘心也，症必昏譫狂亂，故用黄連清心火，金汁解熱毒。

舌絳碎生黄白點，熱淫溼䘌欲生疳。古名狐惑皆同此，雜症傷寒仔細探。

邵評：舌絳碎而有黄白腐點者，此溼熱邪毒藴久不宣，蒸腐氣血化爲瘀濁，得風木之氣化而成蟲也。

狐惑，即牙疳，下疳之古名也。近時惟以疳名之。牙疳，即惑也。蝕咽腐齦，脱牙，穿肋，破唇。下疳即狐也，蝕爛肛陰，由傷寒餘毒，與溼䘌爲害。若胃強能食，可任苦寒重藥者可治。

邵評：《金鑑》以牙疳、下疳分狐惑，與《金匱》所言似異。

按：狐惑，蟲症也。上唇有瘡，蟲食其臟，兼咽爛，名惑。下唇有瘡，蟲食其肛，兼聲啞，名狐。面色乍白，乍黑乍赤，惡聞食氣，情志嘿嘿，此其候也。

邵評：此參《準繩》與《金匱》之言相同。又云：狐惑，蟲病也。惑，當作蜮。看其上唇內生瘡如粟，唾血，心內懊憹而痛，此蟲在上，食其五臟。下唇內生瘡者，其人不寤，此蟲食下部是也。《金匱》：蝕於上部則聲嗄，甘

草瀉心湯；　蝕於下部則咽乾，苦參湯洗之；　蝕於肛者，雄黃熏之。

　舌絳不鮮枯更萎，腎陰已涸救之難。　紫而枯晦凋肝腎，紅澤而光胃液乾。

邵評：　紫絳不鮮，枯晦且痿，爲肝腎陰涸而敗，藥難救治。　若淡紅光潤鮮明者，乃胃津乾也，急用甘涼濡潤之藥，以救胃陰。

舌形紫晦如豬肝色，絶無津液者爲枯。　舌形斂縮，伸不過齒爲萎。　此肝腎已敗，不治。　若舌色紅澤而光，其色鮮明者，屬胃陰乾涸，猶可滋養胃陰。甘涼純靜之品主之，如鮮生地、鮮石斛、蔗漿、梨汁之類。

邵評：　以上論紅絳舌胎。

　黃厚方知邪入裏，黑兼燥刺熱彌深。　屢清不解知何故，火燥津亡急救陰。

邵評：　舌胎黑燥，陽明熱極。　然無痞滿之症，不宜下而宜清。　清之不應，腸中燥屎與熱邪固結，土燥水虧，胃液已乾，急宜甘寒涼潤，以救胃陰。　陰回，二便自通，不可妄下。

黑燥爲陽明之熱，腹無痞滿鞕痛，非承氣症，只宜清解。　若清之不應，是腸中燥矢與熱邪固結，胃土過燥，腎水不支，胃中陰液已乾。　宜大小甘露飲，以救胃汁。　陰液充溢，陽邪自解，二便自通。

　黑滑太陰寒水侮，腹痛吐利理中尋。　更兼粘膩形浮胖，伏飲凝痰開逐斟。

邵評：　舌胎黑滑，寒水侵侮脾土，宜理中湯溫之。　若兼黏膩浮胖，是溼痰寒飲，伏於脾中，宜溫運藥以開逐痰溼。

舌苔黑滑，爲太陰之寒，所謂寒水侮土，理中症也。　若更兼粘膩浮胖，是溼痰寒飲伏於太陰。　當用溫藥和脾，如二陳、厚朴、薑汁合五苓之類，開之逐之，痰飲自去。

　舌見邊黃中黑膩，熱蒸脾溼痞難禁。　吐嘔便祕因傷酒，開泄中焦有瀉心。

邵評：　舌胎邊黃，中心膩黑，是胃熱蒸動脾溼，蘊結中宮，以致痞悶、嘔吐、便閉，用瀉心湯開泄中焦。

胃熱蒸脾溼，則舌黃中帶黑膩，中焦痞滿，嘔吐，小便不利，嗜酒人多此症。

邵評：　此三條論黑胎。

　寒溼常乘氣分中，風兼二氣自從同。　舌將黃白形中取，得訣纔將脈症通。

邵評：　寒溼、風溼二氣，只入氣分，不入營分。　風溫之邪，則由氣入營。辨其舌胎黃白者，邪在氣分，紅絳者，邪入營分。　再以脈症參之。

寒溼二氣，都入氣分，風兼寒溼，亦入氣分。　風兼溫熱，或入氣分，或入營分矣。　氣分之邪，於舌之黃白取之。　營分之邪，於舌之紅絳取之。　得此要訣，再將脈症兼參，病無遁形。

　溫邪暑熱走營中，兼入太陰氣分同。　吸受心營並肺衛，暑溫挾溼衛營通。

邵評：　溫暑二邪，從口鼻吸入，或入心營，或入肺衛。　溼邪由肌表而入，常走氣分。　若溼兼暑邪，則營衛俱入矣。

溫暑二氣，常入營分，兼入氣分。　蓋溫暑都從口鼻吸入，則上焦先受，故或入心營，或入肺衛，或先衛後營。　惟溼邪常走氣分，必暑挾溼，溼挾暑，則三焦營衛通入矣。

邵評：　二條論寒溼溫暑之入氣入營。

　傷寒入裏陽明主，熱病陽明初便纏。　先白後黃寒化熱，純黃少白熱蒸然。

邵評：　此熱病是伏氣所發，初起即從陽明而達於外，與感而即發之溫病自外入內者，自是兩種，不可混治。

太陽主表，陽明主裏，傷寒由表達裏，故在表屬太陽，入裏即屬陽明腑病。熱病自內發外，供陽明爲出路，故初起即在陽明。　但看舌胎先白後黃者，傷寒由表達裏，寒化爲熱也。　若初起純黃少白，或黃色燥刺，是熱病發於陽明，由裏出表，熱勢蒸然，內盛也。　更參外症，初起惡寒發熱爲傷寒，壯熱無寒爲熱病。

邵評：　傷寒由表入裏，先太陽，後陽明，故舌胎先白後黃，見症初起惡寒。熱病自裏出外，初起即從陽明爲出路，故舌胎純黃少白，見症壯熱不寒、胸腹灼手，以此爲辨，最爲精確。

　熱病無寒惟壯熱，黃芩梔豉古今傳。　惡寒發熱傷寒症，發汗散寒表劑先。

邵評：　此條亦伏氣所發之熱病，切不可辛溫發汗，宜用梔、豉、黃芩等方

清解少陽、陽明。若是傷寒，可用表劑發汗矣。

凡溫熱之症，不可發汗，如仲景陽明病之梔豉湯，少陽病之黄芩湯，皆可通治。

少陽溫病從何斷，舌絳須知木火燃。目赤耳聾身熱甚，梔翹犀角牡丹鮮。

邵評：舌絳赤，外症耳聾目赤者，是溫病從少陽而發出也，當清解木火之鬱，與傷寒少陽症之可用表散不同，故忌汗散。

凡溫病熱病，初起皆純熱無寒。熱病發於陽明，溫病發於少陽，當從何法斷之？但看舌胎黄燥爲陽明熱病，絳赤爲少陽溫病。溫病宜用犀角、梔、翹、鮮地、丹皮之類，以解木火之鬱，大忌汗散。

邵評：此三條論溫熱病由於伏氣所發，以舌胎辨之最精。

若是溫邪從上受，竅中吸入肺先傳。芩翹梔豉桑蔞杏，氣燥加膏肺分宣。邪入心營同膽治，再加元麥鬱菖鮮。

邵評：春時溫邪從口鼻吸入，受而即發。舌苔白燥者，邪先入肺也，從肺衛氣分治之。若舌鮮紅而絳，邪入心營也，治與少陽膽經同法，加入清心開竅之品。

溫邪從內發者，以少陽膽經治之。若因天時晴燥太過，其氣從口鼻吸入，則上焦心肺受邪，舌胎白燥邊紅，治在氣分。舌色鮮紅，治在營分。營分與少陽膽經同法，亦用犀角、丹皮、鮮生地之類，再加元參、麥冬、川鬱金、鮮菖蒲，以清心開竅也。

邵評：此即發之溫病，分營衛治，與伏氣內發不同。臨症時最宜細辨。

寒溫二氣前粗辨，暑溼相循病必纏。溼病已陳粘膩舌，只將暑症再提傳。

邵評：上文論傷寒溫病，以下言暑邪溼溫。

暑傷氣分胎因白，渴飲煩嘔咳喘連。身熱脈虛胸又滿，無形氣分熱宜宣。蔞皮貝杏通芩滑，梔豉翹心竹葉煎。或見咳紅荷葉汁，痞加朴蔻鬱金川。

邵評：此條暑傷氣分，治從肺衛。

肺氣鬱，則暑邪逆入營中，故咳紅。

暑入心營舌絳紅，神呆似寐耳如聾。溺淋汗出原非解，失治邪干心主宮。犀滑翹丹元地覓，銀花竹葉石菖同。欲成內閉多昏昧，再入牛黄即奏功。

邵評：此條暑入營中，治以清營開泄。

暑熱之邪，上蒙清竅，則耳聾，不與少陽同例，忌用柴胡。乘於胞絡，則神昏，宜清心開閉。凡邪在手經，忌足經藥。

邵評：凡溫熱暑邪，由口鼻吸受，邪在手經，從三焦立法，忌用足經藥。此與治傷寒分別處也。

暑溼合邪空竅觸，三焦受病勢彌漫。脘悶頭脹多嘔惡，腹痛還防瘧痢干。梔豉杏仁芩半朴，銀花滑石鬱紅安。

邵評：暑溼合邪，由口鼻吸受，三焦俱病。邪初入氣分，其熱尚輕，故用梔豉輕劑。若傳變瘧痢等症，宜隨症用藥治之。

暑邪挾溼，從口鼻空竅觸入，則三焦氣分受病，頭脹脘悶嘔惡。此邪初入見症，其勢尚輕，故只用梔豉等，以清氣分。暑熱之邪，留於募原則變瘧，入於腸胃則成痢，治宜隨症加減。

邵評：此條暑溼合邪，其症尚輕。若邪留膜原爲瘧邪，入腸府成痢。脾與胃以膜相聯，故曰膜原，脾胃之交，半表半裏也，猶足少陽之半表半裏耳。

溼溫氣分流連久，舌赤中黄燥刺乾。咯血毋庸滋膩入，耳聾莫作少陽看。三焦並治通茹杏，金汁銀花膏滑寒。若得疹痧肌內透，再清痰火養陰安。

邵評：溼溫重症，三焦俱病，故舌赤中黄燥刺。耳聾是溼熱上蒙清竅，不可作少陽治。咯血是熱傷肺絡，不可用滋膩藥，宜清三焦氣分之邪。若邪從外達而發疹痧，再清痰火，漸入養陰治之。

凡暑溼合邪，輕則氣分微結，重則三焦俱病。清解不應，即屬溼溫重症。肺氣不得宣暢，則釀成膿血。溼熱上蒙清竅，則耳聾無聞。治當急清三焦，氣分一鬆，則疹痧得以外達。再議清火清痰，漸入養陰之品。

邵評：此條溼溫重症，惟恐人見咯血而認陰虛，見耳聾誤作少陽施治，故特揭之。

胎形粉白四邊紅，疫入募原勢最雄。急用達原加引藥，一兼黄黑下匆匆。

邵評：舌胎粉白邊紅，疫邪入於膜原也，用吳又可達原飲治法。若舌變黃燥黑胎，邪入胃府，用承氣下之。惟達原飲中分三陽加引經藥。

凡傷寒初起，胎形粉白而厚，四邊紅絳者，此瘟疫症也。邪在募原，其勢最雄，頃刻傳變，診家不可輕視。吳又可用達原飲，加引經表藥，透之達之。如兼太陽加羌活，陽明加葛根，少陽加柴胡。如舌變黃燥色，乃疫邪入胃，加大黃下之。如變黑色，入裏尤深，用承氣下之。疫熱甚者，其舌一日三變，由白變黃，由黃變黑，當數下之。

邵評：此條邪由膜原傳胃，自表入裏。故可用足經藥，從吳又可達原飲，與下條邪在手經大異。

又云：此條由膜原入胃，自表傳裏，故可從足經用藥。下條疫邪由衛入營，逆傳心包，當從三焦立法，用手經藥，與溫暑治法相通。二條邪傳經絡不同，舌苔各別，治法用藥大異，讀者大宜着眼。

若見鮮紅純絳色，疫傳胞絡及營中。清邪解毒銀犀妙，菖鬱金黃溫暑通。

邵評：舌絳鮮紅，疫邪自衛入營，逆傳胞絡，當從三焦立法，用手經藥清營開閉，與溫暑治法相通。較上條自表入裏，大不同也。

瘟疫一症，治分兩途。但看舌胎白而黃，黃而黑者，疫邪由表達裏，汗之下之可也。如見舌胎鮮紅絳色，此疫邪入於營分及胞絡之間，汗下兩禁，惟宜清營解毒，逐穢開閉，如犀角、銀花、菖蒲、鬱金、西黃、金汁、人中黃之類，與溫熱暑症治法相通。

邵評：此條疫邪由衛入營，從手經用藥，與溫暑大致相同。

溫邪時疫多癍疹，臨症須知提透宜。疹屬肺家風與熱，癍因胃熱發如茲。

邵評：此條溫暑癍疹，與傷寒發癍不同。疹屬肺經風熱，癍是胃家伏熱。時疫癍疹兼有毒氣，均宜提透清解熱毒。

疹癍色白鬆肌表，血熱如丹犀莫遲。舌白荆防翹薄力，舌紅切忌葛升醫。

邵評：白疹邪在氣分，舌白淡紅，宜鬆肌達表，從肺清透。紅疹邪在營分，舌胎絳赤，宜表營宣透，斷不可用柴、葛足經藥。

癍疹發於氣分，其色淡紅而白者，舌胎亦白，宜葛根、防風、蟬蛻、荆芥、連翹、薄荷、牛蒡之類，鬆肌達表。若見赤癍丹疹，邪在營分血分，舌必絳赤，宜犀角、連翹、鮮生地、人中黃、淨銀花之類，透營解毒，大忌升、葛足經之藥。

邵評：此二條癍疹在氣、在營，不可用傷寒法施治也。

凡屬正虛胎嫩薄，淡紅微白補休遲。厚黃膩白邪中蘊，診者須知清解宜。

不拘傷寒雜症，正氣虛者，其舌胎必嬌嫩而薄，或淡紅，或微白，皆可投補。若見黃而厚，白而膩，總屬內邪未清，不可遽進補藥。

邵評：此條憑舌胎以驗其虛實，分別宜補宜清之總訣。

《傷寒指掌·察目法》 一、兩目赤色，火症也。必兼舌燥口渴，六脈洪大有力。宜犀角、連翹等清透之。陽毒，三黃石膏湯，表裏兼解之。若目赤顴紅，六脈沉細，手足指冷者，此少陰虛火上冒，假熱眞寒也。六脈洪大，按之無力者，亦是。

一、兩目黃色，此溼熱內盛，欲發黃也。必兼小便不利，腹滿口渴，脈沉數。輕則茵陳五苓散，重則茵陳大黃湯。若目黃小便自利，大便黑，小腹硬滿而痛，屬蓄血，桃仁承氣湯下之。若目黃身冷，口不渴，脈沉細，屬陰黃，茵陳理中湯。

邵評：熱瘀下焦與蓄血下焦，其辨在小便不利爲熱瘀，小便自利是蓄血。

一、病人目眵多結者，肝膽火盛也，宜清之。

一、病人目睛微定，暫時轉動者，痰也。宜加味導痰湯，痰去，目珠自然流動矣。

一、病人眼胞上下黑者，痰也。

一、病人目色清白寧靜者，多非火症。不可妄用寒涼。

一、病人目不識人，陽明實症可治，少陰虛症難治。

一、凡目昏不知人，或戴眼上視，或目瞪直視，或眼胞陷下，皆屬死症。

《醫醫病書·吐血論》 如君相兩火司令，與風溫、溫熱三陽實火吐血，固系陽邪，自宜涼潤，且用苦寒。

《醫醫病書·外感總論》 肺也，心也，皆臟也，是溫暑初起，即入臟矣。溫傷太陰，太陰亦臟也。燥金克木，木系厥陰經，乃臟之盡頭也，較之傷寒豈不速而又速哉？雖燥金亦有傷表之症，但傷裏者多，以金性沉着之故。燥

金入裏，木病必克土，土病則嘔吐、泄瀉之症蜂起矣。經謂燥極而澤。又謂陽明之上，中見太陰。又謂陽明從中治。蓋謂此也。大抵經絡受邪之臟腑，其來也漸；九竅受邪入臟腑，其來也頓。漸之病，猶可截其前路，不使之進；頓之病，必須急護臟嘉，速度之退也。

《醫醫病書・自汗論》 風溫自汗，治以辛涼，佐以苦甘，如桑葉、連翹之類；中暑自汗，治以白虎，狂汗不止，脈芤者，加人參，亦有用生脈散處。

《醫醫病書・誤用苦寒反似火症》 誤用苦寒，久而唇舌齒牙焦黑，脈反洪數，純是火症之形。醫者見此曰：若是猶非火症之明徵乎？至死不悟。經云：苦先入心，其化以燥。未知體驗耳。蓋苦寒在濕熱門中用處最多，欲其化燥也。風火門中用之甚少，要以甘寒用當權，斷不可令苦寒當權，而使之化燥也。炎上作苦，苦本屬火，用爲佐藥可也。燥症門中，藉以反佐，更須少用。

《溫病條辨・雜説・治病法論》 治外感如將，兵貴神速，機圓法活，去邪務盡，善後務細，蓋早平一日，則人少受一日之害。治內傷如相，坐鎮從容，神機默運，無功可言，無德可見，而人登壽域。治上焦如羽，非輕不舉。治中焦如衡，非平不安。治下焦如權。非重不沉。

《溫病條辨・雜説・吳又可溫病禁黃連論》 唐宋以來，治溫熱病者，初用辛溫發表，見病不爲藥衰，則恣用苦寒，大隊芩、連、知、柏，愈服愈燥，河間且犯此弊。蓋苦先入心，其化以燥，燥氣化火，反見齒板黑、舌短黑、唇裂黑之象，火極而似水也。吳又可非之誠是，但又不識苦寒化燥之理，以爲黃連守而不走，大黃走而不守。夫黃連不可輕用，大黃與黃連同一苦寒藥，迅利於黃連百倍，反可輕用哉？余用普濟消毒飲於溫病切起，必去芩、連，畏其入裏而犯中下焦也。於應用芩、連方內，必大隊甘寒以監之，但令清熱化陰，不令化燥，如陽亢不寐，火腑不通等證，於酒客便溏頻數者，則重用之。濕溫門則不惟不忌芩、連，仍重賴之，蓋欲其化燥也。語云：藥用當而通神。醫者之於藥，何好何惡，惟當之是求。

汪按：王太僕曰：大熱而甚，寒之不寒，是無水也。苦寒者，寒之也；甘寒者，壯水之主，以制陽光也。

《溫病條辨・雜説・風溫溫熱氣復論》 仲景謂腰以上腫當發汗，腰以下腫當利小便，蓋指濕家風水、皮水之腫而言。又謂無水虛腫，當發其汗，蓋指陽氣閉結而陰不虛者言也。若溫熱大傷陰氣之後，由陰精損及陽氣，愈後陽氣暴復，陰尚虧歉之至，豈可發汗利小便哉！吳又可於氣復條下，謂血乃氣之依歸，氣先血而生，無所依歸，故暫浮腫，但靜養節飲食自愈。余見世人每遇浮腫，便與淡滲利小便方法，豈不畏津液消凶而成三消證，快利津液爲肺癰肺痿證，與陰虛咳嗽身熱之勞損證哉！余治是證，悉用復脈湯，重加甘草，只補其未足之陰，以配其已復之陽，而腫自消。千治千得，無少差謬，敢以告後之治溫熱氣復者。暑溫、濕溫不在此例。

《增補評註溫病條辨・中焦篇・風溫溫熱溫疫溫毒冬溫》 溫病燥熱，欲解燥者，先滋其乾，不可純用苦寒也。服之反燥甚。

此用苦寒之禁也。溫病有餘於火，下用淡滲，猶易明，並苦寒亦設禁條，則未易明也。舉世皆以苦能降火，寒能瀉熱，坦然用之而無疑，不知苦先入心，其化以燥，服之不應，愈化愈燥。宋人以目爲火戶，設立三黃湯，久服竟至於瞎，非化燥之明徵乎？吾見溫病而恣用苦寒，津液乾涸不救者甚多，蓋化氣比本氣更烈。故前條冬地三黃湯，甘寒十之八九，苦寒僅十之一二耳。至茵陳蒿湯之純苦，止有一用，或者再用，亦無屢用之理。吳又可屢詆用黃連之非，而又恣用大黃，惜乎其未通甘寒一法也。

霖按：冬不藏精之溫病，苦燥宜禁，自是確論。即雖非精虧熱熾，而苦寒服之不應，亦不當屢用致譏，延陵之恣用大黃謬矣。濕熱互結之疫證急下，即所以存陰，不可與水虧熱盛之溫病同日語也。溫瘟不分，每多誤事。

《溫證指歸・治溫證當明氣運方隅高下人質強弱論》 嘗考歷代名賢，絕無一人專言溫病之源，祇《內經》溫病刺五十九穴以瀉熱一語而已，未有湯藥治療也。不知天地之大運，偏陰偏陽，數十年必一更轉，如南北高下之不同，水土剛柔之各異，人質因之而強弱。或逢大運君火，則河間之涼膈、通聖，是其時也。運轉寒水，則《醫貫》全書、《錦囊》之辛熱溫補，中其病也。或濕土之運，吳氏之達原、三消。相火之運，栗山之升降、雙解，皆在所必需。至於風木燥金，可以類推矣。要之，數君生不同時，居不同方，其書原俟後人對證採擇，乃知劉氏乃大運君火之時。大運有君火，則必有寒水，此時大運偏陽，逾時又必偏陰，惟是推之以運，徵之以病，驗之以藥，則知氣運有偏勝，而用藥亦必有經權。苟執前人印定之書，心胸爲其所滯，而不通變，則與癡人說夢，有何異焉？

又五運六氣，週甲而更，隨運而轉，偏陰偏陽，孰寒孰熱，自有定理。而後人隨證之治，所著之書，寒熱不同，補瀉各異，前賢歷歷可稽。猶有未經發明之處，如大運六十年一更，小運十二歲一轉，靜揆其理，大運六十一更，乃定數也。小運十二轉，乃變數也。定數可稽，變數難察，猶易卦之爻理難窮。惟業醫者，心領神會耳。如厥陰風木之運，則承上太陽寒水之運而來，考之於經，明之大運已轉風木，而所現之證，所施之法，仍屬寒水，厥後漸漸不應。而以風木之法治之，又如影響何也。運雖按甲而更，而上運之餘氣，不能遽已。譬如大水之後，巨浪雖平，細流未息，直待本運轉正，則天下之人，咸知其爲某運也。是時英賢隨運著作，書帙甫成，尚未廣行，孰料運又暗更，人猶未覺，據其書，用其法，施治罔效。當運之賢，又譏前非，不知運氣循環週而復始，踰數十年，逢其運，用其書，施治而無不應。明乎此，非書之偏也，乃運之更也。大運如此，更有小運轉遷，客氣加臨，非神而明之，烏能洞悉？業醫者更當心領神會耳。

《溫證指歸・治溫當以保元爲要》 人身元氣，猶大廈之棟樑，四壁結構，層簷飛覆，無不附此而出，一遇溫邪，如火沿焚，即當撲滅，庶幾樑不腐而廈不傾。觀婦人懷妊患溫，去其邪而胎蔭如故，大可覺悟。請以藜藿之夫，少壯之輩論之，年華方盛，氣血方剛，一受溫邪，即當先行逐邪，俾邪去正安。不必保元，而保元之意，已寓其中矣。嘗見世人，拘泥者多，融會者少，一見患者，溫邪萌作，神疲體倦，色晦無神，多疑正不勝邪，不審人之強弱，概以扶正化邪，育陰化熱爲主，視爲平穩，每每因循失治，變生倉卒。殊不知溫毒酷厲，蝕人清神，眞實假虛，最易滋惑，急去其邪，即是保元，惟有眞虛者爲難，一受溫邪，如懦人招事，不敢聲張，當審明何臟虛損，照四損不可正治條參看，先固其虛，後治其邪，斯爲合法。經所謂毋實實，毋虛虛。即此意也。然而實者，如梁棟大廈，尚可撐持；虛者比朽木頹垣，無所倚恃。斯時烈燄焚空，爲問救樑是務，救火是務乎。意欲保元，而病邪不去；將欲去邪，而正氣先傷。醫者處此，每有無所適從之嘆焉。然未嘗無法也，曲直方圓，皆歸繩墨，善戰善守，出自將才，古人謂用藥如用兵，一補一攻，一補三攻，非無成法，於邪盛之際而攻之，攻邪不傷元氣；於邪衰之候而補之，補正無妨病邪。斯爲攻補兩得其宜，不犯虛虛實實之弊，即所謂保元之要說也。然虛實之當辨，豈獨爲溫病一證設耶。

《溫證指歸・舌胎論》 舌胎之說，肇自長沙，然所論者，只白胎一種，其餘概未之及。後人《金鏡錄》、《觀舌心法》、《傷寒舌鑑》諸書，立說甚詳，皆傷寒舌胎之梗概也。若溫病熱邪，自裏達表，舌胎尤不可忽。蓋傷寒一證，自表入裏，六經傳變，一病舌無不折，可一汗而解，其不解者，寒鬱化熱，舌胎必由白而黃，由黃而黑。邪已傳腑，自當攻下，有一定之規。若溫病則不然，三焦受邪，不循經絡，傳變不一，且少陽爲三陽之樞，出表入裏，任邪所爲，即有發熱頭痛之表證，實無在經之表邪。書所謂有表證無表邪，誠至言也。既無在表之邪，是以有一病即黃即黑之舌胎，自發有急攻急下之湯藥，以救燃眉。若泥傷寒之說，必候邪入胃腑，胎轉黃者，方可攻下，恐病溫者，腸胃腐爛，早赴九泉矣。至於白胎一種，更宜細察，其胎雖白燥而無津，此白砂胎中必夾濕，至死不黃，或白而潤，舌本必赤，或有紅點，如古所謂蟲碎舌，法當清解，不宜溫燥。若誤認外感，而投辛溫之劑，害不旋踵？其他諸舌，種種不一，而溫邪進退之機，大都不出乎此。今特爲詳辨，願同志者，早具燃犀之目，俾胸有把握，亦如舟師之有舵，庶幾操縱在我，所往無不利也。

又如陶節菴《傷寒六書》，三十六舌，可謂至詳至備矣。但傷寒之舌，表邪傳裏，寒化爲熱，方現出黃胎，不似溫病邪自裏達表，一病即現黃胎，以此爲準，萬不失一，至愈下而舌胎愈黑愈燥者，屬陰虛，潤者屬陽微，皆死候也。更有舌赤無胎，如太陽初出之狀，閃灼不定，胃中陰陽皆絶，萬無生理。以上陰虛陽微二證，欲百中救一，陰虛者，麥味地黃湯，合養陰法；陽虛者，朮附合理陰法，補其未逮也。

《溫證指歸・望色論》 望色重於切脈。《內經》云：上古使僦貸季理色脈，而通神明。又云：能合色脈，可以萬全。蓋脈動於內，其理甚微；色理於外，其象至顯。且有諸內，必形諸外，可一望而知之。如肝熱左頰先赤，肺熱右頰先赤，脾熱鼻赤，腎熱頤赤，心熱額赤之類。觀於某部之赤，即可以識某臟之熱矣。推而論之，青則爲寒，黃則爲濕，黑者多實，白者多虛。溫病屬熱，無不面赤，甚者如大醉後，如暑天遠遊，面多繃脹紅赤，大抵溫病初起，天庭必晦，溫病將愈，鼻準先光，垢暗不堪者，病邪必重，鬆緩微潤者，病勢漸輕。吳又可謂：望之可憎，如油膩，如煙燻，爲溫病之色。誠至言也。予靜參至理，溫病者厲氣也，神者氣之餘，色者神之標，亢厲之氣，內受而爲病，外現而爲色，理固然也。臟腑精華，皆陳於面，人能望面部之色，以

和臟腑之病，而不能望臟腑之色，以決生死之機，彼洞見臟腑，一望而決生死者，大都觀其外而知其內，使今之人，理色脈而通神明，以爲治病把握。胸有成竹，奏效可以十全。若徒講病情，不知望色，茫然以溫病爲傷寒，將使病者含冤於地下矣。昔晉景公有疾，醫緩視之曰：二豎入膏肓，不可爲也。醫緩洞見臟腑，寧非合色脈而參詳耶。從古有諸內，必形諸外，觀其外，可知其內，能於色脈而參詳之，斯不獨爲治溫病之大綱，即以爲治他病之大綱也可。

《溫證指歸・切脈論》 切脈一道，古人置之四診之末何也？蓋脈之理易於蒙混，難於顯明。如診浮脈，有力爲風熱，無力爲血虛，一虛一實，千里毫釐，必得望其色，聞其聲，問其情，而後參之以脈，方得病之眞諦。即以浮脈論之，有力爲風熱，外必有聲重咳嗽，灑灑惡寒之證，無力爲血虛，內必有煩熱身痛，蒸蒸自汗之證。若溫證之脈，《溯洄集》始略示其概，而尤有難辨者，初起時邪伏血分，脈多沉伏，有似微弱，予初診此疾，投以辛溫發散，每多不效。後細參吳戴之論，又得《寒溫條辨》之書，見其申明氣運之更張，闡發溫疫之源流，變辛散爲清解，變溫燥爲涼下，尊《內經》熱淫之旨，倣河間攻下之法，予胸次爲之頓開，可見醫學無窮，難以拘執，遂細心研究，守用其法，無不獲效。始知初病微弱之脈，乃伏脈也，非沉脈也，及惡寒作厥，乃陽氣內閉，非表寒也，投以溫劑，所以不效者此也。迨至伏邪漸潰，由裏達表，病勢更張，脈象變態，或數或洪，或長或大，斯時失治，致眞陰受傷，則脈反細數，甚者肢逆脈微，陰竭於內，熱灼於中，外則目瞪口張，唇焦舌黑，神昏不語；內則臟腑焦腐，縱有良工，莫可如何。今特序其大略如此，非謂脈之不足憑，正謂診脈者之宜先審證，而知所通變也。

《溫證指歸・治溫當分老幼不可棄其老爲不治》 三春旱草，得雨滋榮，殘臘枯枝，雖灌弗澤。此言少易治而老難治，試爲罕譬而喻，然亦有不盡確者。如三春旱草，得雨滋榮之句，乃少壯之輩，失治之候，熱邪燔灼，煎熬津液，能以大劑苦寒之藥治之，即可汗出而愈，信如三春旱草，一雨而欣欣向榮。惟以殘臘枯枝，擬老人之氣血既衰，雖灌溉不能稍回其潤，則僅可以論本證，而在溫證，則或有不然，假使稟先天之厚，處和順之境，得後天之養，雖古稀耄耋，感受溫邪，乘其初萌，一鼓潰之，眞陰眞元，俱不受傷，何敗之有？即有勞碌衰頹之輩，豈忍棄而不救？古人置有黃龍湯等法，原可破格治療，至幸與不幸，天也命也，非醫之過也。

《溫證指歸・溫證失治致變不咎誤而咎藥辯》 溫病一證，原屬火邪，認明證候，急早清解，無不護效。此治溫熱之法，非杜撰也。奈何世人拘執不化，多致因循誤事，反咎清解之非，動云失表冰伏，誠可慨也。究其由，揆其情，蓋有四焉。一曰病家，二曰醫家，三曰旁人，四曰病者。病家何以致誤？嘗見稍通文墨之人，自命知醫，平居案頭，置本草醫方數則，逕日翻閱，見大黃稱爲將軍，石膏名曰白虎，惴惴然者，非一日矣。及遇溫證，卽勢處凶暴，畏雙解如蛇蠍，堅執不服，甚至舌黑神昏，無可如何之際，強服不應，以致危殆，不曰自誤，而曰藥誤，此病家之通弊也。醫家何以致誤？如溫病極盛，服下藥一二劑，凶勢略平，邪仍猖獗，自當再行攻逐，病家疑怯，另延他醫，或驚曰重劑傷元，或駭曰涼藥冰伏，不審病情，先存雌黃之見，說前藥之非，急易前藥，或養陰，或和解，以爲穩當，殊不知溫毒燎原，勢屬燃眉，即急攻急逐，尚未能滅其烈燄，而反行和解，致病者陰枯津竭而死。不曰後藥之非，而曰前藥之誤，此同道中之積習也。又如旁人，或親或朋，略明藥性，見醫方藥，強爲辭說，動曰如此藥，斷不可服，或曰寒涼太過，服之必敗，此時病家處驚疑之際，心本無定，又聞親朋如此之言，以爲旁觀者清，遂致停藥，因而致敗，敗後親朋仍不知己之誤，而猶歸咎於前藥，誠可痛恨也。更有病者，素處膏粱，性多執拗，不肯服藥，或父母姑息，藥不盡劑，或暗換湯液，陽奉陰違，在醫前云藥已服完，病未見減，反責不力。如此種種，醫者抱屈，何處伸耶。

《溫證指歸・治溫證不急去邪膠執養陰貽誤論》 溫病熱毒之邪，熏灼臟腑，爲害最烈，急早涼下，乘其賊勢萌動，羽翼未成，使賊不能猖獗。一鼓而先滅凶首，不但賊勢易潰，而城郭倉廩，亦無受傷之處，豈不萬全。奈人不能見眞守定，視膏、黃、芩、連如蛇蠍，守養陰、化邪爲良方，殊不知溫邪如火，人身如釜，津液如油，煎熬臟腑，勢不焦枯不已，若不急抽其薪，徒事揚湯止沸，實與養癰無異。更有扶正祛邪，似屬穩當，然此爲正氣虛者立言，非爲邪氣實者立法，如果體質素弱，陰陽久虧，或病後，或亡血後，自當救虛爲急。養陰扶元之法，在所必需，豈可一例論哉？譬如空城遇寇，必先措置糧餉，充實倉廒，然後開門拒敵，自無不利。若溫病初起，邪氣方盛，急行攻逐，使邪不傷陰傷元，而養陰扶元之意，即在其中。倘遽投滋補，是猶遺敵兵而資盜糧，害莫大焉。余歷此證，十有餘年，得心應手之處，指不勝屈，故不憚反復詳述，誠以生命爲至重也。

《溫證指歸・治溫證誤投辛溫香燥重竭真陰論》 病有正治，有反佐。正治者，治寒以熱，治熱以寒；反佐者，治寒病以涼藥爲嚮導，治熱病以溫藥爲先鋒。若溫病，則正治可，反佐不可，誤治更不可。蓋溫病本屬陽邪，治陽邪以陰勝，則眞陰不傷，舍正治之法，無二策也。若泥於古法，或任意反佐，眞陰受傷，終歸必敗。更有甚者，辛溫迭投，香燥頻進，或日事羌、防、祛風發表，或連投蒼、朴，燥溼溫中，其尤甚者，薑、附、香、蔻，種種溫燥，不止一端，是何異火上加油，豈不益助其燄哉？吾見舌乾起刺者有之，舌赤如絳者有之，脈象細數，皮膚甲錯，筋抽直視者又有之。噫！眞陰已竭，病者死矣。問何以致此，曰：非溫燥藥之過，乃治溫病者誤投之過也。夫辛溫香燥，施於寒溼之證，原屬神丹，用爲溫病之方，何殊戈戟？此亦如膏、黃、芩、連，不宜於治寒，而宜於治熱，使治溫病者，省心自悟，無誤治之愆，庶幾赫赫炎威，頓變清涼福地，豈不快哉。

《溫證指歸・溫證下不厭早有首尾宜下辯》 考《內經》治溫病，刺五十九穴以瀉熱，明乎溫病以當瀉熱爲急。後人因之，而立下奪之法，本即《內經》之意而變通之。蓋溫熱內蘊，津液受傷，雖在初起之時，即宜攻下，萬勿泥傷寒先表後裏之說，昔賢謂溫病下不厭早，誠至言也。下之者，使邪即出，無停留之意，故溫病服攻利之後，必有水沫隨大解澼澼而出，邪輕者色黃，甚者色赤，劇者色黑，此即無形之熱邪下瀉，原不拘於結糞之有無。若必待痞滿實痛，而始行攻逐，不亦晚乎。其尤要者，虛人實邪，於攻邪之中，必視其何臟之虛，照應虛處，爲喫緊要着。如邪勝於虛者，先去其邪，繼補其虛，正虛於邪者，先固其虛，後攻其邪，或先攻後補，或先補後攻，或一攻一補。惟醫者圓通變化，明體達用，存乎其人，非筆所能罄也。至溫病之邪，伏而後發，不似風寒外感，可一汗而已，是以溫病投涼下之劑，多有病勢猖獗，昧者詫爲錯治，每每更醫換藥致誤。不知伏邪，猶之伏匿之火，揚之則燄起，非大下疊下，焉能勝此燎原之熱。常有石膏用至數觔，大黃用至數兩，首尾不徹，始獲全功者，大抵溫邪傳變不一，非一下即能淨盡。古人原有如剝蕉心之喻，其邪勢輕者，一二劑即愈，重者非疊下不效。若畏藥峻猛，怯不透下，欲不至腐腸爛胃者幾希矣。醫者惟見眞守定，方無妄治之虞。孫眞人曰：膽欲大而心欲細，其斯之謂與。

《溫證指歸・治溫邪首重涼下終或溫補及不宜妄下過下論》 溫邪一證，屢經汗下，邪雖漸解，而眞陽眞陰自無不傷。或其人素本陽虛溼盛，或調養不善，以致返復，而證現面青寒熱，食少便溏，舌胎白滑，脈來無力，雖有熱象，不得仍以前邪正治，自當辨明陰陽虛處爲喫緊關要。如陽虛輕者，香蔻、六君、補中益氣，甚者參、附、理中；兼陰虛者，理陰爲主；純陰虛者，六味爲主；餘邪不盡，少加和邪之品，方可救末路之危。至下之不當，謂之妄下；下之無節，謂之過下。妄下由於辨證之不明，過下由於權衡之失度。若辨證明晰，如溫病兼表，不宜妄下，妄下則有引邪入裏之戒，胸結痞滿之危，甚有夾溼夾痰，陰陽素虧，腸胃素弱，以及老人虛人病後亡血後諸證，自不當遽然攻下。吾又見權衡失度者，診治溫病，惟守下法，無分虛實，莫辨陰陽，愈下而舌胎愈黑，甚至乾紅無津，仍然肆行硝、黃，置養陰之法爲無用。或疊下而熱更增，仍投雙解，視和邪之方爲無濟。病緩藥急，藥七病三，病去元羸，舍扶元之功而不講，且胎退熱輕，病去而下藥不徹，陽虛陰敗，病後而補劑不施，賊去城空，終歸罔濟。過下之失，又如此也甚矣。溫病不宜妄下，不宜過下，稍一不慎，而當下不下者，轉得因以借口，可勿戒與。然而妄下過下之害，實同一轍，惟臨證時神而明之，存乎其人耳。

《溫證指歸・舌》 古人云：論病寒熱，以二便辨，不及舌辨爲準。蓋舌乃心苗，有諸內，必形諸外，惟溫熱一病，邪由吸入，遊溢諸經，心爲之主，故一病觀其舌，而知其病之吉凶。如溫證胎黃舌赤，或多紅點，用升降散、神解散。兼喉痛者，清化湯，加牛子。兼風寒者，胎必白，荆防敗毒散、香豉湯。兼溼熱者，胎必白滑，加蒼朮爲專治。兼暑者，舌必純赤，或喘乏。暑在表者，實人以升降散合香茹飲，加葛根、黃連。如煩渴，竹葉石膏湯。虛者，人參白虎湯、生脈散，量人虛實與之。夾食生冷，凝滯中宮，胎必白厚，或如白粉，吳氏達原飲加香薷、藿香、砂仁、萊菔、青皮、山查之類。至深秋早冬之際，燥火當權，一患溫邪，陰津立亡，舌必乾紅無胎，口鼻如火，皮膚皺揭，筋縮爪枯，金從火化，反見惡寒不渴之象，若誤爲寒溼，投以溫散，無不危殆。初起時神解合升降，煩渴者竹葉石膏湯，雪梨漿、玉女煎更妙，或吳氏清燥養榮湯、養榮承氣湯，加犀、連、石膏、殭蠶、大小清涼飲。溫邪直入心包，人事昏悶者，急與紫雪，或珠黃合天水散，燈心湯下。如衝脈爲邪所傷，厥氣上逆，重用白薇降之。至舌燥乃熱邪聚胃，津液受傷，急下急清。舌本強硬，爲熱爲痰，急宜清下，須加消痰之藥。兼白胎者，膈間未經煎熬，其痰尚溼，佐

以半夏，增損大柴胡湯。兼黃胎者，已經煎熬，其痰漸燥，蔞貝小陷胸湯。兼黑胎者，熱極痰亦爲火，佐以牛黃方效。若無痰，舌色正赤，深紫燥裂而強者，熱毒蘊於心包絡也，三黃石膏湯加犀角、牛黃，或紫雪，急徹其熱。舌燥雖與舌強相類，而燥屬胃，主熱，強屬心，主痰，差有別焉。又舌短而痿，舌硬如木，乃虛脱已極，大補及滋潤，或可百救一二。若屢經汗下，清熱消痰，而舌強者，又當與舌痿同治。又舌卷一證，一見黃胎，即便當下，失下則必由喘而黑，更生芒刺，再失下，舌必短縮，爲下證至急之候，宜大下疊下方和，緩則不救。

《溫證指歸・齒燥》 溫邪齒燥，有邪重陰枯之分。邪重者，必兼口渴，三黃、石膏合雙解。陰枯者，或屢下後，或素本不足，非大劑六味地黃不可。

《溫證指歸・汗法》 溫證之汗，與傷寒不同。傷寒邪在三陽，近於肌表，每多汗解在前；溫病邪伏三焦，近於內臟，每多汗解在後。然亦有不發汗而汗自出者，或其人素本陽虛，或濕盛，往往有汗而熱仍不退者。大約溫邪發汗，宜辛涼，不宜辛溫，所有應汗之證，條列於左。

發熱　惡寒　無汗　頭項痛　背痛　腰痛　肩臂痛　遍身肢節痛

《溫證指歸・吐法》 吐法古制也，今罕用之。在溫病中，如邪拒上焦喘滿者可吐，痰湧膈上者可吐，此外更有血結胃口，水停心下，及膈間飲證，無不可吐，成方具在，特備於後，以見古法之不可廢焉。

壯盛之人，痰壅氣促，脈滑胸高胸滿，脈芤胸滿拒按，以上用瓜蒂散吐之，虛人參蘆吐之。

《溫證指歸・下法》 溫邪下法，原爲瀉熱而設，本不拘於結糞之有無，故下不厭早，亦不拘於表證之解與未解，即便當下。蓋溫邪由裏達表，必裏氣通而表汗始得，每有下至一二次，或五六次，甚至數十次者，惟以邪淨而後已。至於老人虛人，正虛邪實，又當隨證斟酌，或兼扶正，或兼養陰，或用導法，是又不可不知也。應下諸證列左。

急下證　舌乾，舌強，舌卷，胎刺，胎黑，齒燥，鼻煤，胸腹滿痛，狂，沉昏，身冷，發熱，汗多，呃逆。有氣鬱氣逆不可下者已列前條。

當下證　舌赤，胎黃，譫語，多言，善忘，頭脹痛，煩躁，渴飲，便祕，協熱下利，熱結旁流。

緩下證　舌胎淡黃，小便短赤，潮熱。

《溫證指歸・和法》 和者，解也，解去熱邪，即謂之和。仲景惟少陽有和法，若溫病則和法多端，不可枚舉。而所用之藥，有辛涼解熱者，有養陰化邪者，或補瀉兼施，或寒熱並用，化其剛暴，平其炎梟，無不謂之和。至於熱在營衛者，以辛涼之味和之，熱在胸膈及腸胃者，以苦寒之味和之，至於熱入心包，則牛黃、紫雪，種種皆和法也。

當和證　寒熱往來，盜汗，咽乾，頭眩，胸脇滿，渴，耳聾，小便黃，嘔吐下利，心下痛；痞滿心悸，大小便閉，寒熱；二便自利，舌有胎；形體瘦損，舌有胎。

熱在營衛證　身熱，汗自出；不惡寒，反惡熱。

熱在胸膈證　身熱反減，咳，嘔噦，咽乾，熱入血室，譫語。

熱在腸胃證　便血，便膿血。

熱在心包及心證　癡，狂，沉昏，多睡，舌黑久不退。

《溫證指歸・補法》 溫邪屬熱，原無用補，而有屢經汗下，必待補而後愈者，當消息陰陽虛處治之。大抵時邪傷陰居多，亦有陽虛者，當斟酌施治。今將陰陽虛證，詳列於左。

當補陰證　舌乾無胎，舌黑無胎，耳聾，目直視，目不明；服涼藥，渴不止；服涼藥，煩熱加盛；服攻下藥，胎更厚；服下藥，舌胎芒刺更甚；身體枯瘦，用利藥，小便不通；腰膝軟痿，周身骨節痛，不可移動；多睡，久熱不退。

當補陽證　多冷汗；汗出身冷，經日不回；小便清而多，大便利清穀，嘔吐，用清熱開導藥更甚，自利用清下藥更甚，痞滿服正治藥而熱不退；舌反淡白，惡食。

《溫證指歸・四損四不足》 四損者，大勞、大慾、大病、久病也。四不足者，氣血陰陽也。四損由人事，四不足由天秉，然四不足，亦由四損而來，如四損、四不足之人，復感溫邪，正虛邪實，極難施治，攻邪則正傷，養正則邪錮，故補瀉兼施。惟在臨證審明虛實，如佳局屬實，內中有一二虛象可疑之處，即當吃緊照顧其虛。如全局俱虛，有一處獨見實證，更當諦視斡旋其實。此治病權衡也。若夫表之而頭痛身痛更甚，下之而痞滿倍增，涼之而煩渴愈加，此所謂大虛有盛候也，急宜補之無疑。尤當察之以脈，如脈浮候盛大者，當審其何部無力，即是眞虛處，他部諸浮盛脈，皆作假有餘看，從而施治，萬

無一失。以上四損四不足，當以補瀉兼施爲善，又視明損之來由，邪之輕重，如人參敗毒散、人參白虎湯、黃龍湯、竹葉石膏湯，皆補瀉兼施之法也。至於四不足，亦由四損而來，氣不足者，少氣不足以息，感邪雖重，反無脹滿之形，凡遇此證，縱要去邪，必以養氣爲主，人參敗毒散最妙；血不足者，面黃色晦，唇口淡白，雖宜攻利，必以養血爲先，四物湯合神解散；陽不足者，肢冷體寒，泄瀉夜甚，口鼻氣冷，受邪雖重，反無身熱、胎刺、煩渴，一遇此證，不可攻利，必先溫補，待其虛回，實證全現，然後以治實之法治之；陰不足者，五液乾枯，肌膚甲錯，受邪雖重，縱宜攻利，必先養陰，待其氣化津回，邪多不治自退，設有未退，酌用清利，不可早攻，愈傷陰津爲戒。總之，應補應攻，存乎其人臨證斟酌耳。

《溫證指歸·方劑》神解散　溫病初覺，憎寒體重，壯熱頭痛，四肢無力，偏身酸痛，口苦咽乾，胸腹滿悶者，此方主之。

白殭蠶酒炒，一錢　蟬蛻五個　神麯三錢　金銀花二錢　生地二錢　木通　車前子炒研　黃芩酒炒　黃柏鹽水炒　黃連　桔梗各一錢

水煎去渣，入冷黃酒半小杯，蜜三匙，和勻冷服。

此方之妙，不可殫述。溫病初覺，但服此藥，俱有奇驗。外無表藥，而汁液流通；裏無攻藥，而熱毒自解。有斑疹者即現，而內邪悉除。此其所以爲神解也。

清化湯　溫病壯熱憎寒體重，舌燥口乾，上氣喘吸，咽喉不利，頭面猝腫，目不能開者，此方主之。

白殭蠶酒炒，三錢　蟬蛻十個　金銀花二錢　澤蘭葉二錢　廣皮八分　黃芩二錢　黃連　炒梔　連翹去心　龍膽草酒炒　元參　桔梗各一錢　白附子泡　甘草各五分

大便實，加酒大黃四錢；咽痛，加牛蒡子，炒研一錢；頭面不腫，去白附子。水煎去渣，入蜜酒冷服。

其方名清化者，以清邪中於上焦，而能化之，以散其毒也。芩、連、梔、翹，清心肺之火；元參、橘、甘，清氣分之火；膽草清肝膽之火，而且沈陰下行，以瀉下焦之濕熱；殭蠶、蟬蛻，散腫消毒，定喘出音，能使清陽上升；銀花清熱解毒；澤蘭行氣消毒；白附散頭面風毒；桔梗清咽利膈，爲藥之舟楫；蜜潤藏府；酒性大熱而散，能引諸涼藥至熱處，以行內外上下，亦火就燥之意也。其中君明臣良，佐使同心，引導協力，自使諸證悉平矣。

芳香飲　溫病多頭痛身痛，心痛脇痛，嘔吐黃痰，口流濁水，涎如紅汁，腹如圓箕，手足搐搦，身發斑疹，頭痛舌爛，咽喉痹塞等證，怪怪奇奇，不可名狀。皆因肺胃火毒不宣，抑鬱而成，治法急宜大清大瀉。但有氣血損傷之人，遽用大寒大苦之劑，恐火轉閉塞而不達，是害之也，此方主之。其名芳香者，以古人元旦汲清泉，以飲芳香之藥，重滌穢也。

元參一兩　白茯苓五錢　石膏五錢　蟬蛻全，十二個　白殭蠶須炒，三錢　荊芥三錢　天花粉三錢　神麯炒，三錢　苦參三錢　黃芩二錢　陳皮一錢　甘草一錢

水煎去渣，入蜜酒冷服。

增損雙解散　溫病主方。溫毒流注，無所不至，上干則頭痛面腫；注於皮膚，則斑疹瘡瘍；壅於腸胃，則毒利膿血；傷於陽明，則腮臉腫痛；結於太陰，則腹滿嘔吐；結於少陰，則喉痹咽痛；結於厥陰，則舌捲囊縮。此方解散陰陽內外之毒，無所不至矣。

白殭蠶酒炒，三錢　全蟬蛻十二枚　廣薑黃七分　防風一錢　薄荷葉一錢　荊芥穗一錢　當歸一錢　白芍一錢　黃連一錢　連翹去心，一錢　梔子一錢　黃芩二錢　桔梗二錢　石膏六錢　滑石三錢　甘草一錢　大黃酒浸，二錢　芒硝二錢

水煎去渣，冲芒硝，入蜜三匙，黃酒半酒杯，和勻冷服。

栗山曰：溫病本末，身涼不渴，小便不赤，脈不洪數者，未之有也。河間以傷寒爲雜病，溫病爲大病，特立雙解散，以兩解溫病表裏之熱毒，以發明溫病與傷寒異治之祕奧，其見高出千古，深得長沙不傳之祕。且長沙以兩感爲不治之證，傷寒病兩感者亦少。一部《傷寒論》，僅見麻黃附子細辛湯一證，惟溫病居多。以溫病咸從三陰發出三陽，乃邪熱亢極之證，即是兩感。惜長沙溫病方論散佚不傳，幸存刺五十九穴一法。惟河間雙解散，解鬱散結，清熱導滯，可以救之，必要以雙解爲第一方信然。予加減數味，以治溫病，較原方尤覺大驗。惟麻黃春夏不可輕用，古方今病不可過執也。所以許學士有云：讀仲景之書，學仲景之法，不可執仲景之方，乃爲得仲景之心也。旨哉斯言！河間雙解、三黃，俱用麻黃，仍是牽引叔和舊說。蓋溫病熱鬱，自裏達表，亦宜解散，但以辛涼爲妙。

涼膈散

連翹二錢　大黃　芒硝　甘草各四錢　黃芩　炒梔　薄荷各二錢　竹葉三十片

蜜煎，去渣服。

加味涼膈散　溫病主方。栗山曰：余治溫病，雙解、涼膈，愈者不計其數。若病大頭、瓜瓤等溫，危在旦夕，數年來以二方救活者，屈指以算，百十餘人，眞神方也。其共珍之。

白殭蠶酒炒，三錢　蟬蛻全，十二枚　廣薑黃七分　黃連二錢　黃芩二錢　梔子二錢　連翹去心　薄荷　大黃　芒硝各三錢　甘草一錢　竹葉三十片

水煎去渣，冲芒硝，入蜜酒冷服。胸中熱加麥冬，心下痞加枳實，嘔渴加石膏，小便赤數加滑石，滿加枳實、厚朴。

連翹、荷、竹，味薄而升浮，瀉火於上；芩、連、梔、薑，味苦而無氣，瀉火於中；大黃、芒硝，味厚而鹹寒，瀉火於下。殭蠶、蟬蛻，以清化之品，滌疵癘之氣，以解溫毒。用甘草者，取其性緩而和中也。加蜜酒者，取其引上而導下也。

升降散　溫病亦雜氣中之一也。表裏三焦大熱，其證不可名狀者，此方主之。如頭痛眩暈，胸膈脹悶，心腹疼痛，嘔噦吐食者；如內燒作渴，上吐下瀉，身不發熱者；如憎寒壯熱，一身骨節酸痛，飲水無度者；如四肢厥冷，身涼如冰，而氣噴如火，煩躁不寧者；如身熱如火，煩渴引飲，頭面猝腫，其大如斗者；如咽喉腫痛，痰涎壅盛，滴水不能下嚥者；如遍身紅腫，發塊如瘤者；如斑疹雜出，有似丹毒風瘡者；如胸高脇起脹痛，嘔如血汁者；如血從口鼻出，或目出，或牙縫出，毛孔出者；如血從大便出，甚如爛瓜肉、屋漏水者；如小便濇淋如血，點滴作疼，不可忍者；如小便不通，大便火瀉無度，腹痛腸鳴者；如便清瀉白，足重難移者；如肉瞤筋惕者；如舌捲囊縮者；如舌出寸許，絞擾不住，音聲不出者；如譫語狂亂，不省人事，如醉如癡者；如頭疼如破，腰痛如折，滿面紅腫，目不能開者；如熱盛神昏，形如罪人，哭笑無常，目不能閉者；如手舞足蹈，見神見鬼，似風癲狂者；如誤服發汗之藥，變爲亡陽之證，而發狂叫跳，或昏不識人者；外證不同，受邪則一。凡未曾服過他藥者，無論十日半月一月，但服此散，無不輒效。

白殭蠶酒炒，二錢　全蟬蛻去土，一錢　廣薑黃去皮，三分　川大黃生，四錢

稱准，右爲細末，各研勻。病輕者分四次服，每服重一錢八分二厘五毫，用黃酒二匙，蜂蜜五錢，調勻冷服，中病即止。病重者分三次服，每服重二錢四分三厘三毫，黃酒三匙，蜜七錢五分，調勻冷服。最重者分二次服，每服重三錢六分五厘，黃酒二匙，蜜一兩，調勻冷服。一時無黃酒，稀熬酒亦可，斷不可用蒸酒。胎產亦不忌。用蜜丸，名太極丸，服法同前，輕重分服，用蜜酒調勻送下。

栗山曰：溫病總計十五方，輕則清之，神解散、清化湯、芳香飲、大小清涼散、大小復甦飲、增損三黃石膏湯八方；重則瀉之，增損大柴胡湯、增損雙解散、加味涼膈散、加味六一順氣湯、增損普濟消毒飲、解毒承氣湯六方；而升降散，其總方也，輕重皆可酌用。察證切脈，斟酌得宜，病之變化，治病之隨機應變，又不可執方耳。按處方必有君臣佐使，而又兼引導，此良工之大法也。是方以殭蠶爲君，蟬蛻爲臣，薑黃爲佐，大黃爲使，米酒爲引，蜂蜜爲導，六法俱備，而方乃成。竊嘗考諸本草，而知殭蠶味辛苦氣薄，喜燥惡濕，得天地清化之氣，輕浮而升，陽中之陽，故能勝風除濕，清熱解鬱。從治膀胱相火，引清氣上朝於口，散逆濁結滯之痰也。其性屬火，兼土與木，老得金水之化，殭而不腐。溫病火炎土燥，焚木爍金，得秋分之金氣而自衰，故能辟一切怫鬱之邪氣。夫蠶必三眠三起，眠者病也，合薄皆病，而皆不食也；起者愈也，合薄皆起，而皆能食也。用此而治合家之溫病，所謂因其氣相感，而以意使之者也，故爲君。夫蟬氣寒無毒，味鹹且甘，爲清虛之品，出糞土之中，處極高之上，自甘風露而已。吸風得清陽之眞氣，所以能祛風而勝濕；飲露得太陰之精華，所以能滌熱而解毒也。蛻者退也，蓋欲使人退去其病，亦如蟬之脱然無恙也。亦所謂因其氣相感，而以意使之者也，故爲臣。薑黃氣味辛苦，大寒無毒。蠻人生啖，喜其祛邪伐惡，行氣散鬱。能入心脾二經，建功闢疫，故爲佐。大黃味苦，大寒無毒，上下通行。蓋亢甚之陽，非此莫抑。苦能瀉火，苦能補虛，一舉而兩得之。人但知建良將之大勳，而不知有良相之碩德也，故爲使。米酒性大熱，味辛苦而甘。令飲冷酒，欲其行遲傳化，以漸上行頭面，下達足膝，外週毛孔，內通藏府經絡，驅逐邪氣，無處不到。如物在高巔，必奪飛冲舉以取之；物在遠方及深奧之處，更必迅奔探索以取之。且喜其和血養氣，伐邪辟惡，仍是華佗舊法，亦屠蘇之義也，故爲

引。蜂蜜甘平無毒，其性大涼，主治丹毒斑疹，腹內留熱，嘔吐便秘。欲其清熱潤燥，而自散溫毒也，故爲導。蓋蠶食而不飲，有大便無小便，以清化而升陽；蟬飲而不食，有小便無大便，以清虛而散火，君明臣良，治化出焉。薑黃辟邪而靖疫，大黃定亂以致治，佐使同心，功績建焉。酒引之使上行，蜜潤之使下導，引導協力，遠近通焉。補瀉兼行，無偏勝之弊；寒熱並用，得時中之宜。所謂天有覆物之功，人有代覆之能，其洵然哉。是方不知始自何氏，兹改分兩，變服法，名爲賠賑散。用治溫病，服者皆愈，以爲當隨賑濟而賠之也。予更其名曰升降散，蓋取殭蠶、蟬蛻升陽中之清陽，薑黃、大黃降陰中之濁陰，一升一降，內外通和，而雜氣之流毒頓消矣。又名太極丸，以太極本無極，用治雜氣無聲無臭之病也。予用此散，救大證、怪證、壞證、危證，得愈者不可數計。更將此方傳施親友，全活甚衆，可與河間雙解散並駕齊驅耳。名曰升降，亦雙解之別名也。

加味太極丸　小兒溫病主方。凡治溫病皆可隨證酌用。

白殭蠶二錢，酒炒　全蟬蛻去土，一錢　廣薑黃三分　川大黃四錢　天竺黃一錢　膽星一錢　冰片一分　加西牛黃二分更妙

右七味稱准，爲細末，糯米濃湯和丸，如芡實大。冷黃酒和蜜泡化一丸，冷服。薄希熬酒亦可。

增損大柴胡湯　溫病熱鬱腠理，以辛涼解散，不至還裏而成可攻之證，此方主之。乃內外雙解之劑也。

柴胡一錢　薄荷二錢　陳皮一錢　黃芩二錢　黃連一錢　黃柏一錢　梔子一錢　白芍一錢　枳實一錢　大黃二錢　廣薑黃七分　白殭蠶酒炒，三錢　全蟬蛻十個

嘔加生薑二錢。水煎去渣，入冷黃酒一兩，蜜五錢，和勻冷服。

大清涼散　溫病表裏三焦大熱，胸滿脇痛，耳聾目赤，口鼻出血，唇乾舌燥，口苦自汗，咽喉腫痛，譫語狂亂者，此方主之。

白殭蠶酒炒，三錢　蟬蛻全，十二個　全蠍去毒，三個　當歸　生地酒洗　金銀花　澤蘭各二錢　澤瀉　木通　車前子炒研　黃連薑汁炒　黃芩　梔子炒黑　五味子　麥冬去心　龍膽草酒炒　丹皮　知母各一錢　甘草生五錢

水煎去渣，入蜂蜜三匙，冷米酒半小杯，童便半小杯，和勻冷服。

此方通瀉三焦之熱，其用童便者，不及自己小便之佳。《素問》曰輪迴酒，《綱目》曰還元湯。非自己小便，何以謂之輪迴，何以謂之還元乎？夫以己之熱病，用己之小便，入口下嚥，直達病所，引火從小水而降甚速也。此古人從治之法。惜愚夫愚婦未曾曉也，甚且嘲而笑之。眼見嘔血人，接自己小便飲一二碗立止，非其明驗乎？

小清涼散　溫病壯熱，煩躁頭重，面赤咽喉不利，或唇頰腮腫者，此方主之。

白殭蠶炒，三錢　蟬蛻十個　銀花　澤蘭　當歸　生地各二錢　石膏五錢　黃連　黃芩　梔子酒炒　牡丹皮　紫草各一錢

水煎去渣，入蜜酒童便冷服。

黃連清心火，亦清脾火；黃芩清肺火，亦清肝火；石膏清胃火，亦清肺火；梔子清三焦之火；紫草通竅和血，解毒消脹；銀花清熱解毒；澤蘭行氣消毒；當歸和血；生地、丹皮涼血，以養陰而陽退也；殭蠶、蟬蛻爲清化之品，散腫消鬱，清音定喘，使清升濁降，則熱解而證自平矣。

大復甦飲　溫病表裏大熱，或誤服溫補和解藥，以致神昏不語，形如呆人，或哭笑無常，或手舞足蹈，或譫語罵人，不省人事，目不能閉者，名越經證；及誤服表藥，而大汗不止者，名亡陽證，並此方生之。

白殭蠶三錢　蟬蛻十個　當歸三錢　生地二錢　人參　茯神　麥冬　天麻　犀角磨汁入湯和服　丹皮　梔子炒黑　黃連酒炒　黃芩酒炒　知母　甘草生，各一錢　滑石二錢

水煎去渣，入冷黃酒、蜜、犀角汁，和勻服。

小復甦飲　溫病大熱，或誤服發汗解肌藥，以致譫語發狂，昏迷不省，躁熱便祕，或飽食而復者，並此方主之。

白殭蠶三錢　蟬蛻十個　神麯三錢　生地三錢　木通　車前子炒，各二錢　黃芩　黃柏　梔子炒黑　黃連　知母　桔梗　牡丹皮各一錢

水煎去渣，入蜜三匙，黃酒半小杯，小便半小杯，和勻冷服。

《傷寒微旨論·辨汗下藥力輕重篇》　病人發熱冒悶，或譫語，脈見陽盛者，可投下藥以消陽氣，陽氣既消，則無忽變之證。消陽藥者，大黃、芒硝、梔子、甘草、枳實之類是也。如用大黃、芒硝，須用少，兼厚朴以和之。若一服未中，再服之，不可務期快利，切宜慎守也。凡投下藥，只要消陽毒之氣，不

務取積爲快。今既見可下證，古人何故卻罪下之太早及太過，足知不務快利爲法也。

《重慶堂隨筆・論看法》 望聞問切名曰四診，人皆知之。夫診者審也，審察病情，必四者相合而可斷其虛實寒熱之何因也。然望者不僅望其面色也，五官鬚髮並宜審也，而舌本苔色尤爲主至要，此古人未發之奧。王氏《準繩》、張氏《醫通》、葉氏《溫熱論》諸書，皆須熟玩。更有諸書所未言者，淡白舌苔，亦有熱證，黄厚滿苔，亦有寒證，舌絳無津，亦有痰證，當以脈證便溺參勘自得，若鐙下看黄苔，每成白色，諺云鐙下黄金似白銀是也。白苔啖酸物，能染爲黑，均不可不知。至於危疑大證，雖吐出之痰血，接出之便溺，亦當令病家取至庭中，望其色而審之，不可嫌穢，庶無譌傳誤聽之弊也。治小兒則審三關爲要。

注：白苔食橄欖即黑，食枇杷即黄，此名染苔，抹之即去。

字義有不可執一者，如知字從口，以口能知味也。然望而知之者目也，豈可謂目無所知哉。故聞字雖從耳，而四診之聞，不專主於聽聲也。戴麟郊先生《廣溫疫論》辨證最細，謂疫證必有穢濁之氣，鼻觀精者可以聞而知之也。愚謂聞字實有二義，雖非疫證，凡入病室，五官皆宜，並用問答可辨其口氣，有痰須詢其臭味，榻前虎子，觸鼻可分其寒熱，癰瘍膿血，審氣即知其重輕。餘如鼾息、腸鳴矢氣之類，皆當以耳聞者，古人但主乎，呼歌呻哭數字固矣。問診之法最要詳細，雖證因錯雜，但貴心有權衡，則可審其輕重眞僞，而折衷於當矣。景岳十問篇，人皆服其周匝，而猶未盡善也。如問寒熱首二條，皆是傷寒，若發熱不惡寒者，溫病也。縱挾新感風寒而起，先有惡寒，迨一發熱，則必不惡寒矣，此伏氣溫病也。外感風溫，熱邪首先犯肺，肺主皮毛，熱則氣張而失清肅之權，腠理反疎，則凜冽惡寒，然多口渴易汗，脈證與傷寒迥異。經云：氣盛身寒得之傷寒，氣虚身熱得之傷暑。所謂身寒者，寒邪在表，雖身熱而仍惡寒也。暑爲陽邪，發熱即惡熱，亦有背微惡寒者，曰微，仍不甚惡寒也，況但在背周身惡寒迥別，可不細問哉。第三條內證發熱，亦不可專屬陰虛。香巖先生云：或食積，或瘀血，或痰凝氣滯，皆能發熱，必辨證明白，庶不誤治。

《溫毒病論・發斑輕重》 凡發斑，在四肢胸項稀疎者，雖色紅紫，其毒尚輕。俗見稀少，患其不透，不知毒原有限，營衛尚通，以犀角、大青、消斑諸方對症投治，無不毒化斑消，漸得戰汗而愈也。如胸背週身稠密如瘖，其毒必重，屢見斑發無毫縫者，即勉投黑膏、紫雪、金汁、人中黄等，如水投石，熱反熾，神漸蒙，口穢難近，營衛不行而死矣。又有日夜煩燥，斑見隱處，色青紫而腰以上反無者，此毒陷三陰，必死之症也。

《醫述・雜證彙參》 辛涼透表 治溫熱病邪從皮毛而入，初起發熱，頭昏，口燥，肢軟，脈浮滑，舌淡微苔等證。蘇梗、薄荷、杏仁、桑葉、甘草、桔梗、橘紅、黄卷、通草，夾暑濕加滑石、香薷；咽喉不利加牛蒡。肺主皮毛，邪從皮毛而入，故用蘇、薄、杏、桑之辛以解表。病初起即口燥，此內有積熱，故用甘、桔、橘、卷以和裏。加通草者，淡瀉通利，使鬱熱從小便而出，亦輕清分消之法耳。肺爲嬌臟，部位最高，受戕最先，宜味淡輕揚，少佐微辛，正合經言肺欲辛之旨。此在上者治其上之法也。若羌、防等藥，乃發散太陽風寒表邪，與此何關？《溫熱篇》云：誤用辛溫表散，是爲重虛其表，灼劫津液；若加火熏，爲再逆促命期矣。

芳香解穢 治溫熱病邪從口鼻而入，初起發熱頭昏，口燥肢軟，嘔惡胸滿，脈浮滑，舌微白苔而兼淡黄等證，淡豉、蘇梗、藿香、薄荷、鬱金、橘紅、甘草、桔梗、通草，引加鮮薑汁。兼暑濕加滑石、香薷；咽喉不利加牛蒡。大腸與肺爲表裏，同開竅於鼻；胃與脾爲表裏，同開竅於口。穢濁傳染，口鼻吸受，故用芳香輕淡以開泄之。前方用辛涼，此方用芳香，皆汗法也。但此汗由於內清涼而氣和暢，則陰汁未傷，元府開而汗自溢出矣。若辛溫強汗，非徒無益，而又害之。傷寒用薑則煎之，取其能散表寒也；溫熱則用薑汁，惟取其去穢惡，不欲其走表也。雖同一用薑，而其法則異。

清裏保津 治溫熱病邪傷衛而將傷營，壯熱頭眩，口渴心煩，脈滑數，舌苔黄白等證，葛根、薄荷、連翹、花粉、黄卷、牛蒡、桔梗、橘紅、通草，引加淡竹葉、竹茹。無汗加紫蘇、淡豉；兼暑濕加滑石、綠荳皮；嘔惡加蘆根、薑汁。口渴心煩，舌黄脈數，熱勢入裏，肺津胃汁受灼矣。然猶未至於傷營，故仍從氣分清散之，而加滋潤之品，以充其化源。

分瀉三焦 治溫熱病邪漫延三焦氣分，時熱時退，頭眩耳鳴，目眦痛連耳後，煩濁胸滿，脈弦數，舌苔黄白而乾等證，桑葉、薄荷、橘紅、花粉、枳殼、鬱金、蔞皮、連翹、茯苓、豬苓，引加淡竹葉。無汗加蘇梗、香豉；嘔惡加半夏、薑汁；兼暑濕加滑石、綠荳皮。傷寒足少陽膽證也，治宜和解表裏；

溫熱手少陽三焦證也，治宜分消上下。治足少陽，禁吐、汗、下，亦禁利小便者，以膽無出路，惟有和之一法耳。此則三焦氣分阻閉，宜以瀉爲主，桑、薄、橘、竹、花粉，瀉上焦也；枳、鬱、蔞、連，瀉中焦也；二苓，瀉下焦也。三焦分消，則邪無地容矣。

泄衛透營　治溫熱邪已傷營，壯熱煩渴，筋骨痠痛，寢不能寐，脈洪數，舌絳苔黄而燥等證，連翹、花粉、知母、黄芩、黑梔、白薇、丹皮、赤芍、鬱金、橘皮、銀花，引加梨汁、蔗漿。嘔惡加蘆根；昏憒加犀角、菖蒲；口苦耳聾加柴胡，轉瘧亦加之。表邪入裏，自肺系漸干包絡，已傷營矣。身痛者，熱逼筋骨，津液受傷也，慎勿認作表邪而投散劑。是方也，治以清涼，冀其轉氣透表，俾邪從汗泄，猶可戰汗而解。方内用鬱、橘、銀花者，以其熱熏膻中，濁蒙清竅，乃涼膈中兼芳香開泄法也。

涼膈瀉心　治溫熱邪入心包，熱渴，昏譫狂亂，或舌短語澀，口鼻失血，或昏憒而不知渴，脈洪疾促，舌紫苔黄，或有斷紋芒刺等證，黄芩、黄連、生地、丹皮、石膏、知母、元參、黑梔、羚角、木通、金汁，引加竹葉心。虛者加人參；口鼻失血，加犀角，重者加大青；内陷絡閉，痙厥瘈瘲，加至寶丹。熱入心包，清竅閉錮，火旺則水衰，故用苦寒之味，瀉陽救陰也。

滌腑解毒　治溫熱邪入胃腑，熱渴，腹滿便秘，或發狂斑黄，肢厥，脈洪疾有力，舌焦或有斷紋芒刺等證，黄芩、黄連、黄柏、石膏、黑梔、木通、大黄、金汁。如無，用人中黄代。痞脹加檳榔；發狂加呑苦參丸；發斑失血加生地、犀角、桃仁；發黄加茵陳。胃屬土，汗出熱甚液乾，故便秘；水不制火，故狂亂，熱鬱於中，而溢於表，故發黄；熱蘊胃腑，透入營中，故發斑。不急下之，則陰水涸矣。病勢未急，不可輕投；病勢已急，切勿姑息。

以上七方，治邪自外入淺深之法。因證用方，隨機應變，非以日數拘次第也。

表裏雙解　治溫熱邪自内出，初起寒戰發熱，頭痛昏眩，煩渴痞滿，脈實數，舌黄或白如積粉邊絳等證，蘇葉、杏仁、薄荷、香豉、連翹、花粉、甘草、橘皮、桔梗、豬苓、通草。嘔惡加薑汁；兼暑濕加滑石、綠豆、香薷；咽喉不利加牛蒡。邪伏膜原，久化爲熱，因感而發，外達肌膚，其來也暴。是方蘇、薄、杏、豉以解表；連翹、花粉以清裏；甘、桔、橘皮以調中；豬苓、通草以分利。内外蘊伏，自此廓清。若誤用辛溫，發汗劫津，益助火邪，貽患匪輕。或曰：初起寒戰，非感寒邪，何以若是？不知此之惡寒，由火鬱於内，熱甚生風，衝突元氣，所以凜凜惡寒如瘧之戰栗，非眞寒也。人每因此心疑，先投溫散，豈知以風扇火，更助炎威，不能愈疾，反益疾矣。

清腑潤燥　治溫熱病邪從膜原入胃，壯熱頭眩，煩渴痞滿，喜冷惡熱，脈滑數，舌苔黄燥等證，黄芩、知母、連翹、花粉、黑梔、赤芍、犀角、枳殼、香豉、鬱金，引加梨汁、蔗漿。嘔惡加蘆根、薑汁；大渴加石膏；兼暑濕加益元散、綠豆皮；神憒加白薇、銀花、菖蒲。邪由膜原入胃，胃有上下兩口，虛而善受，邪入最易。邪入尚未結實，不宜驟攻，故用清解之法，以照顧津液，冀其戰汗透表。熱蘊則氣鬱，少加辛香以開泄之。

瀉陽救陰　治溫熱病邪入腑結實，熱渴痞滿，便秘狂妄，或斑黄肢厥，脈洪疾有力，舌黑芒刺等證，黄芩、黄連、黄柏、石膏、大黄、枳殼、厚朴、黑梔、木通、犀角、金汁。如無，用人中黄代。大便燥結加元明粉；狂亂兼呑苦參丸；發斑失血加生地、桃仁；内陷昏閉瘈瘲加至寶丹。熱甚液枯，故口渴便秘；熱結於中，故神昏脈疾；陽盛而陰失位，故四肢厥冷。斯時不攻，是猶養虎貽患矣。此方與前滌腑解毒同意，攻之餘邪未盡者，延之一日，又復攻之，則邪蕩滌淨矣。或有證固當攻，奈元神將憊，欲攻不可者，須重加人參以駕馭之，亦冀挽於萬一，不可坐視待斃也。

以上三方，治邪自内出之法也。自外入者漸，自内出者暴，故治法不同。

和陰清燥　治溫熱下後，病仍未衰，壯熱神昏，煩渴脈急，舌焦等證，生地、元參、洋參、知母、麥冬、連翹、黄芩、芍藥、黑梔、甘草、寒水石，引加桂圓、大棗。熱甚昏亂，鼻煤，加川連、犀角、黄柏。溫熱病久，表裏皆熱，不分臟腑經絡矣。下後正氣漸虧，陰水幾涸。是方也，生地、元參清心腎之火；黄芩、芍藥清肝膽之火；寒水、知母清脾胃之火；麥冬、連翹清肺腸之火；更加梔子瀉三焦之火，使之曲折不行；草、棗、參、圓和中扶正。此瀉熱潤燥之通劑也。不論病從外入，與自内出，下後延纏不解者，通用此方治之。

苦泄宣通　治溫熱邪並中焦，胸膈痞滿，懊憹乾惡，脈沉實數，舌苔黄濁等證，厚朴、枳殼、橘皮、半夏、蔞仁、蓮翹、黄芩、鬱金、茯苓、甘草，引加蘆根、薑汁。燥熱加黄連；煩渴加花粉、知母；腹脹加大黄、檳榔；噎逆加柿蒂、刀豆子。濁穢之氣，自上而下，漫處三焦。此則並陷中脘，氣阻不宣，故痞滿懊憹。是方也，合小陷胸、半夏瀉心二法，所以開其鬱結而瀉其熱也。

治傷寒，必燥結便秘方可任攻；　治溫熱則不然。凡中有濕邪，便必不結，故但見痞滿腹脹，即當之下，勿拘燥糞。何也？　蓋下其熱，非攻其結也。

清中固脫　治溫熱邪迫下利，煩躁不安，垢穢無度，甚見膿血，脈沉數，舌苔焦黃等證，黃連、阿膠、黃芩、黃柏、黑梔、人參、茯苓、白芍、甘草，引加大棗、蓮子。久利膿血，加白頭翁、地榆、烏梅，甚者加餘糧、石脂。病在下焦，熱迫大腸，經云暴注下迫者是矣。利甚不止，元神欲憊，故用寒以清熱，補以保元，澀以固脫，此救急之法也。

扶胃透汗　治溫熱病體虛不能戰汗，形倦脈濡等證，人參。多寡酌用，另燉衝藥服。元氣素弱之人，而患溫熱之候，邪欲外出，氣從中餒，不能外達，故藉人參大力以助之，則邪氣一湧而出矣。前人參蘇飲、敗毒散，此表汗劑中用參也；　小柴胡湯、人參白虎湯、竹葉石膏湯，是和解劑中用參也；　黃龍湯，是下劑中用參也。人參之功，無往不利，世人不知其妙，疑而不用，或用之不早，誠可惜也。喻嘉言《寓意草》言之甚詳，醫者宜究心焉。

養陰扶正　治溫熱病久正虛，餘邪未清，或病愈而神猶昏，神清而熱不退，虛煩盜汗，脈數無力，舌濁未凈等證，地黃、阿膠、人參、麥冬、五味、當歸、白芍、玉竹、茯神、丹皮、女貞，引加竹心葉、鷄子黃。神憒加鬱金、遠志、柏子仁；　潮熱虛煩，加鱉甲、青蒿、料豆。正旺則邪自除。此方滋陰清補最穩。溫熱病後，先宜滋陰，以津液受灼也。若早補陽，恐餘熱復熾，所謂爐煙雖熄，灰中有火也。若眞元大虧，則不拘常法。

荷蜜飲　退熱如神。荷葉露一杯，蜜汁三匙，綠荳一兩。綠荳煎湯，入露蜜內，溫服。

《傷寒論本旨·溫病脈證治》　師曰：　伏氣之病，以意候之。今月之內，欲有伏氣。假令舊有伏氣，當須脈之，若脈微弱者，當喉中痛似傷，非喉痹也。病人云：　實咽中痛。雖爾，今復欲下利。

《內經》言冬傷寒，春溫病，春傷風，夏飧泄，夏傷暑，秋痎瘧，秋傷燥，冬咳嗽。四時皆有伏氣發病者也。此條仲景教人辨冬伏寒邪，春發之溫病，當以心意測候之也。如今月之內，欲有發伏氣之病者，必無其氣而有其病。病與時氣不合，即知其疾因舊有伏氣而發，假令舊有伏氣者，須審其脈，知其邪從何處而出也。若脈微弱，知其邪雖化熱，未離少陰，循經脈而上灼，當喉中痛似傷者，卻非外邪入內之喉痹，是內熱欲出之喉痛也。何也？若春時外感風邪，脈浮而弦數，先現發熱惡寒之外證，今脈微弱，則非外感，而反喉痛，則卻知爲內發之伏熱，是無其氣而有其病也。伏熱上行，不行外散，勢必又從下走，故曰實咽中痛，雖爾，今復欲下利也。然亦有兼外感者，即審其脈證，皆可照此辨之矣。觀仲景標中風、傷寒、暑熱等病之脈，與《難經》相同，惟《難經》言溫病之脈，行在諸經，不知何經之動也。各隨其經所在而取之。是言溫病，初由伏邪，隨氣血流行在諸經中，及其邪之發也，不知從何經而動，既發之後，各隨其邪所在之經而治之。其發無定處，故無一定之脈象可示也。今仲景又教人審脈，以辨邪發之經，如脈微弱，即知其邪未離少陰，必當有咽痛下利等證。正與《難經》互相發明者也。故如下文之邪出三陽，熱勢大盛，其脈浮大上關，上則是脈隨證變，證隨脈現。其發也，既無定處，則無定證，既無定證，則無定脈。故《難經》不標脈象也。由是觀之，其由外感之邪，而有定證定脈者，迥不同矣。其有定證定脈可標者，故仲景與《難經》無異也。凡春氣動時，有先現咽痛下利之證者，皆少陰伏熱外發之病，余嘗見之矣。若不明病之源流，則投藥無效，須照仲景下文各條治法治之。若兼外感，先解其外，再治其內，內邪本欲外出者。倘不明此理，見其內熱而投寒涼，則遏其內熱，外邪反從內陷，即死不可治矣。更當與傷寒少陰篇之邪由陽經轉裏化熱者合觀，可知同爲少陰熱邪，而脈證治法各異，因其病之源流不同也。

少陰病，二三日，咽痛者，可與甘艸湯，不差者，與桔梗湯。

若風寒外閉少陰而咽痛者，仲景用半夏湯散辛溫開泄之法矣。此少陰伏熱內發，循經上灼而咽痛，雖不合用辛溫開泄，亦不可用涼藥以遏其外出之勢，故用甘艸甘平和中，導邪外達，如不差，更加桔梗，上通其氣。蓋火鬱不得外出，故痛，通其氣，使火外達，則痛自止矣。傷寒化熱之邪，自表入裏，故先太陽，而後至少陰。溫病邪自裏而出表，故先少陰而後出太陽。歷來不辨源流，故各條次序亦紊，而傷寒溫病，攙混不清也。

少陰病，下利，咽痛，胸滿，心煩者，豬膚湯主之。

少陰之脈，入肺，循咽。其支者，走胸中，絡心邪。熱不得外發，既下走而利，又上攻而咽痛心煩也。然邪在少陰經脈中，汗吐下皆不能施，若以涼藥清之，則遏其熱不得出，而腎爲水臟，邪熱甚，則腎水枯，況又下利亡陰乎？　故比上條爲難治也。仲景巧思，以豬爲腎臟之畜，而膚微涼，用以滋

腎水而清熱，米粉與蜜，甘緩和中。蓋經言脾常著胃，土之精也。法天地而生萬物，故上下至頭足，是言脾胃之氣，上頭下足，無處不到，本由內而出外者。蜜者，花英所釀，得天地生發之氣，與米粉調劑，故可使邪熱隨脾胃之氣外達，則下利上痛自止。蜜本滑腸，而下利反用之，其理法豈不淵妙哉。或者解作潤燥之劑，若是燥邪，大便當乾結，何有下利乎？是止知蜜爲潤燥，而不審其病情，則不知仲景用法之精妙矣。或曰：熱邪既已上灼而咽痛，是火性炎上之理，何以又有下利耶？余曰：腎脈上貫肺，循咽喉，肺之表，大腸也。凡人身之氣，上行極而下，下行極而上，合乎天地升降之氣也。邪熱隨氣上行極而下，即由肺之表而傳大腸，故又下利也。如雲氣之上升，必四散而從化雨下降。故邪之從裏而升者，必由表而降也。若寒傷少陰而利者，是下焦陽氣不固，而無咽痛，必有畏寒厥逆等證。或有咽痛，亦因寒邪外閉之故，則大不同，不可不辨。且咽痛，亦必有虛實迥殊，其喉不甚紅腫，而帝中下垂者，腎經虛火，用豬膚湯等法。倘已誤服涼瀉，而虛甚者，須桂附八味引火歸元。若喉赤腫，其帝中反曲而縮者，風火閉於肺胃，用麻、葛大發其汗，佐苦寒瀉火。或腫甚氣塞欲死者，用力刺出其惡血，但可刺喉旁，不可傷帝中，傷帝中，即死也。

少陰病，下利六七日，欬而嘔渴，心煩不得眠者，豬苓湯主之。

此不咽痛，其邪由肺，直走腸胃而下利，六七日不止，因而熱從下溜，不得外達，故逆於肺，則欬而嘔，乘心，則煩渴不得眠，以心肺皆通少陰之脈故也。主以豬苓湯，利小便而滋陰。滋其陰，則熱隨利去。利其小便，則瀉止，而煩渴亦解矣。

少陰病，得之二三日以上，心煩不得卧者，黃連阿膠湯主之。

此病發二三日以上，而無咽痛下利，其邪熱不甚也。心煩不得卧者，是陰虧而水不濟火也。與前各條不同。故以芩、連瀉火，芍藥、阿膠滋陰，妙在用雞子黃，不但奠安中宮，而使旋轉陰陽，水火既濟，自得安卧矣。此冬不藏精之虛證，故以滋陰瀉火爲主治也。

少陰病，得之二三日，口燥咽乾者，急下之，宜大承氣湯。

口燥咽乾，伏熱煎灼，腎水將涸之兆也。遲則燥結，雖下不通，故當急下也。或者謂是傷寒傳裏之熱證，若傷寒由陽經傳裏，五日始至少陰而化熱。若寒邪傷少陰，得之二三日者，以麻黃附子甘艸湯微發汗也。今得之二三日，即口燥咽乾，其爲少陰伏熱內發之溫病可知。因其蘊熱已久，而素體強壯，水涸則土燥，大便必堅，故當急下，平土以保腎水，蓋土旺必剋水也。上條是虛證，此條是實證。以上五條，皆邪不離少陰，其病之輕重變化，正之虛實不同，有如此者。況又傳於他經，而其變證，殆無窮盡，觀仲景隨證設方，辨別施治，其義理精微，有難言喻矣。

《潛齋醫話》　辟疫方：以枇杷葉拭去毛，淨鍋炒香，錫瓶收貯，泡湯常飲，取其芳香不燥，不爲穢濁所侵，能免夏秋一切時病。若別藥，恐滋流弊，方名雖美，概弗輕試。而薄滋味，遠酒色，尤爲先務。外以諸葛行軍散搐鼻，可辟屍穢惡氣。食井中宜入白礬、雄黃，水缸內以菖蒲根浸之，室內頻用大黃焚之。此外皆屬異端，不必惑也。

普濟解丹　治溼溫時疫之主方也。《六元正紀》：五運分步，春分後交二運火旺，天乃漸熱；芒種後交三運土旺，地乃漸溼。溼熱之氣上騰，烈日之暑下爍，人在氣交之中，受其蒸淫，邪由口鼻、皮毛而入，留而不去，乃成溫熱暑疫之病，則爲發熱倦怠，胸悶腹脹，肢痠咽腫，斑疹身黃，頤腫口渴，溺赤便秘，吐瀉瘧痢，淋濁瘡瘍等證。但看病人舌苔淡白，或厚膩，或乾黃者，是暑溼熱疫之邪，尚在氣分，悉以此丹治之，立效。醫家臨證，亦當準此化裁，自可十全爲上。

神犀丹　專治溫熱暑疫諸病，邪不即解，耗液傷營，逆傳內陷，痙厥昏狂，譫語發斑等證。但看病人舌色乾光，或紫絳、或圓鞕、或黑苔，皆以此丹救之。若初病即覺神情躁亂，而舌赤口乾者，是溫暑直入營分，酷熱之時，陰虛之體，及新產婦人，最易患此。急須用此，多可勉回。切勿拘泥日數，誤投別藥以僨事也。兼治痘麻毒重，夾帶紫斑，及麻痘後餘毒內熾，口糜咽腐，目赤神煩，瘈瘲等證。但溫暑直入之證，告危甚速，竟有延醫不及之憾，況方中犀角，鎊而煎之，味極難出，磨則需時，緩不及待，亦且價昂，非貧苦人所能猝辦。惟望濟世爲懷，預將此丹配合施送，則患者易於得藥，救活必多，貧人亦可重生，豈非陰德。更望存心之藥鋪，誠合出售，僅取工本，獨於此丹不取利，亦不費錢之功德也。

玉樞丹　一名解毒萬病丹，俗名紫金錠。治諸中毒，諸癰疽，五絕，時疫，喉風，瘴氣，水土不服，蛇犬蟲傷，尸疰鬼胎，癲狂驚忤，百般惡證。山慈姑去皮洗淨焙，川文蛤即五棓子搥破洗刮內桴，千金子、淨霜各二兩，紅芽大

戟洗焙一兩，麝香三錢，各研細和勻，稉米粥爲劑，每料分四十粒。於辰日淨室中木臼中杵數百下，再加硃砂、雄黃各五錢，名紫金片，尤良。

《類證治裁·溫症論治》溫爲春氣，其病溫者，因時令溫暖，腠理開泄，或引動伏邪，或乍感異氣，當春而發，爲春溫。其因冬月傷寒，至春變爲溫病者，伏邪所發，非寒毒藏於肌膚，亦非傷寒過經不解之謂。王叔和、雲岐子之說，吳又可、柯韻伯已辯之。乃由冬藏不密，腎陰素虧，虛陽爲寒令所遏，仍陷入陰中。至春則裏氣大泄，木火內燃，始見必壯熱煩冤，口乾舌燥。經所謂冬不藏精，春必病溫也。故其發熱而渴，不惡寒，脈數盛，右倍於左，溫病脈多在肌肉之分，不甚浮，右倍於左者，熱鬱在內也。大異傷寒浮緊之脈。若左脈盛或浮，必重感風寒，否則非溫症，是非時暴寒耳。此熱邪自內達外，最忌發汗，溫熱病無寒在表，若誤與表散，必至躁熱悶亂，以至於死。宜辛涼以解表熱，葱白香豉湯。苦寒以泄裏熱，黃芩湯。裏氣一通，自然作汗。若舌乾便秘，涼膈散。或協熱下利，葛根黃連黃芩湯。咽痛，桔梗湯。心煩，黃連阿膠湯。此伏邪自內發，無表症也。其不由傷寒伏邪，第從口鼻吸入而病溫者，異氣所感，邪由上受，首先犯肺，手太陰。逆傳心包，手厥陰。或留三焦。手少陽。葉香巖謂溫由吸受，乃手經爲病，非如傷寒足六經主治。用傷寒多變症，溫熱久在一經不移，以此爲辨。夫肺主氣，溫邪傷肺，胸滿氣窒者，宜辛涼輕劑。杏仁、桔梗、栝蔞、梔皮、枳殼、連翹。挾風加薄荷、牛蒡，挾濕加蘆根、滑石，或透溼於熱外，或滲溼於熱下，俾風溼不與熱相搏，則不貽風溫、溼溫之患。如辛涼散風，甘淡驅溼，熱勢不解，則入心營，而血液受劫。咽燥舌黑，煩渴不寐，或見斑疹者，宜清解營熱，犀角、生地、麥冬、石斛、竹葉、元參、沙參、青蒿。兼透斑，牛蒡、山梔、連翹、銀花、丹皮、赤芍。斑出熱不解者，胃津亡也，主以甘寒。重則玉女煎，輕則梨皮、蔗漿之類。若邪入心包，神昏譫語，目瞑而內閉者，宜芳香逐穢，宣神明之竅，驅熱痰之結。牛黃丸、至寶丹。蓋熱氣蒸灼，瀰漫無形。若藥味重濁，直走腸胃，全無病膈矣。若氣病不傳血分，而邪留三焦，宜分消其上下之勢。如杏仁、厚朴、茯苓等，或溫膽湯。因其仍在氣分，猶可冀其戰汗解，或轉瘧也。若三焦不得從外解，必致裏結腸胃，宜用下法，承氣湯加元明粉。若脘痞胸痛，瀉心湯、小陷胸湯。若腹脹滿或痛，邪已入裏，必驗其舌，或灰黃，或老黃，或中有斷紋，皆當下之，承氣湯加檳榔、青皮、枳實之屬。其病溫復感風者，爲風溫。必陽脈浮滑，陰脈濡弱。風屬陽，溫化熱，兩陽熏灼，先傷上焦。上焦近肺，肺氣既阻，致頭脹脘痞，身熱汗出，宜微苦以清降，微辛以宣通，杏仁、香豉、鬱金、栝蔞、橘紅、山梔、薄荷、牛蒡，忌溫散劫津。葳蕤湯去麻黃、羌活、木香。若風溫誤汗，身灼熱者，脈陰陽俱浮，自汗身重，多眠鼻鼾，語言難出，危症也。急用蔗漿、麥冬、白芍、生地、炙草、玉竹、阿膠之屬。誤下誤火亦危。其病溫而溼勝者，爲溼溫。身熱頭重，胸滿嘔惡，足脛冷。蒼术白虎湯，或滑石、蘆根、苡米、茯苓、半夏。其冬行春令，襲溫氣而成病者，爲冬溫。蓋本秋燥之餘氣，故發熱欬嗽，喉腫咽乾，痰結，甚則見血。與傷風之痰，一咳即上者不同。其脈虛緩，或虛大無力。亦有先病冬溫，更加暴寒，寒鬱熱邪，則壯熱頭痛，自汗喘欬。陽旦湯加桔梗、茯苓。切忌風藥升舉其邪，致欬愈劇，熱愈甚，遂變風溫灼熱以死。亦忌辛散，致咽喉不利，痰唾膿血。加減葱白香豉湯調之。若兼風寒外襲，葱豉湯加羌活、紫蘇。寒邪盛，汗不出而煩擾者，葱豉湯加少許麻黃、石膏。若冬溫誤汗，致發斑毒者，升麻葛根湯加犀角、元參。如昏憒譫妄者，大便瀉，手足冷，不治，其病溫更遇時毒者，爲溫毒。脈浮沉俱盛，煩悶嘔欬，甚則狂言下利而發斑。凡煩悶躁熱，起卧不安，皆發斑候也。傷寒溫疫諸症，失於宣解，邪蘊胃腑，發出肌表。熱毒內攻，陷入營分，乃發斑毒，黃連解毒湯。斑不透者，犀角大青湯。凡紅赤爲胃熱，人參化斑湯。紫爲胃傷，犀角地黃湯。黑爲胃爛，不治。鮮紅起發者吉，紫色成片者重，黑色者凶，青色者不治。由失表者求之汗，由失下者取乎攻。火盛清之，毒盛化之。營氣不足，助其虛而和之托之。其輕者則有疹瘀，細碎如粟，主治不外肺胃二經，宜辛涼或甘寒淡滲等法，皆溫症中所宜細審者。

溫病脈多在肉分，不甚浮，右脈倍於左，熱氣怫鬱在裏故也。劉復眞曰：寒病傳經，故脈日變。溫熱不傳經，故不變。寒病浮洪有力易治，芤細無力難治，無脈不治。溫熱不然，溫有一二部無脈者，有三四部無脈者，被火所逼而伏，非絕無也。於病無妨，照經用辛寒，火散脈起，病愈矣。蓋溫熱病發在一二經，始終在此，更不遞傳他經，其一二經或洪數，他經弱且伏，依經調之，伏者起，洪者平，自愈。

《類證治裁·熱症論治》夏至前發爲溫症，夏至後發爲熱症。二症有因冬時伏寒，有因當時乍感，其冬月傷寒，至春夏變爲溫熱者，邪有淺深，則發有遲速。柯韻伯曰：凡病傷寒而成者，根實種於鬱火，其人腎陽有餘，好行淫慾，外傷於寒。虛陽陷入陰中，冬不遽發，寒日少而蓄熱淺，則陽火應春氣而病溫，寒日多而鬱熱深，

則陽火應夏氣而病暑。沈芊綠曰：春溫有不盡由伏寒，由現感春時之邪而病亦名溫者，夏熱有不盡由伏寒，由現感夏時之邪而病亦名熱者。皆自內達外，無表症。若有表症，必重感外邪。溫病以黃芩湯爲主方，因春溫之發，當少陽司令也。熱病以白虎湯爲主方，因夏熱之發，當陽明司令也。且熱甚於溫，必以白虎湯重爲肅清。以其時方炎暑，其症不惡寒，反惡熱，自汗而渴，脈洪大。故以石膏之辛寒，清胃腑蘊蓄之熱，以知母之苦寒，淨少陽伏邪之源；以甘草、粳米之甘平，保肺胃之氣，而熱可除也。若舌上胎滑者，尚有表邪，梔子豉湯主之。若渴欲飲水，口乾舌燥者，熱在裏，必耗津，人參白虎湯主之。如惡熱煩渴腹滿，舌黃燥，或乾黑者，宜下，涼膈散、承氣湯。熱兼暑溼者，涼膈散合天水散。小便不利者，竹葉石膏湯。其感夏令之邪，當時即發者，邪由口鼻吸入，治在手經，不當用足經方，其法與前乍感溫症條同參。

《柳洲醫話》 立齋謂產後陰氣大虛，正喜亡陽與陰齊等，可勿藥而愈。此正薛氏生平不能峻用養陰之缺處也。馮楚瞻治一產後頭汗證，拘泥薛法而不與藥，致病家屬之庸手而敗，是守而未化之過也。

雄按：陰虛不敢救陰，亦泥於產後宜溫之俗說，乃云正喜亡陽，是何言耶？非僅缺處，直是謬論，無怪乎徐洄溪以薛氏爲庸醫之首也。

《王氏醫案正續三編》 海陽趙子升，辛卯夏病瘧，急延孟英診之。曰：暑熱爲患耳，不可膠守於小柴胡也。與白虎湯專清暑邪，一啜而瘥。甲午秋，范麗門患溫瘧，孟英用白虎加桂枝清熱兼驅風以痊之。丙申夏，盛少雲病濕熱瘧，孟英以白虎加蒼朮湯清熱兼燥濕而安。己亥夏，予舅母患瘧，服柴胡藥二三帖後，汗出昏厥，妄語遺溺。或謂其體質素虛，慮有脫變，勸服獨參湯，幸表弟壽者不敢遽進，乃邀孟英商焉。切其脈洪大滑數，曰：陽明暑瘧也，與傷寒三陽合病同符。處竹葉石膏湯清熱兼益氣，兩劑而瘳。庚子夏，滇人黃肖農自福清赴都，道出武林，患暑瘧。孟英投白虎湯加西洋參清熱益氣，與前方意同，數帖始愈。辛丑秋，顧味吾室人患癉瘧，孟英亦主是方而效。莊芝階中翰張安人，年逾花甲，瘧熱甚熾，孟英審視再四，亦與竹葉石膏湯而安。聞者無不驚異，予謂：如此數證，體分南北，質有壯衰，苟非識證之明，焉能藥與病相當而用皆適宜哉！

酷暑之際，瘧疾甚行，有儲麗波患此。陸某泥今歲寒水司天，濕土在泉，中運又從濕化，是以多瘧，率投平胃、理中之法，漸至危殆。伊表兄徐和圃薦孟英視之。熱熾神昏，胸高氣逆，苔若薑黃，溺如赭赤，脈伏口渴，不食不便。曰：舍現病之暑熱，拘司氣而論治，謂之執死書以困治人，幸其體豐陰足，尚可救藥，然非白虎湯十劑不能愈也。和圃然之。遂以生石膏、知母、銀花、枳、貝、黃連、木通、花粉、茹、芩、杏、斛、海蛇、竹葉等，相迭爲方。服旬日，瘧果斷。

《溫熱經緯・葉香巖外感溫熱篇》 大凡看法，衛之後方言氣，營之後方言血。在衛汗之可也，到氣纔可唐本作宜。清氣，入營唐本作入營分。猶可透熱轉氣，唐本作仍轉氣分而解。如犀角、元參、羚羊等物，唐本有是也二字。入血唐本作至入於血。就唐本作則。恐耗血動血，直須涼血散血，如生地、丹皮、阿膠、赤芍等物。唐本有是也二字。否則唐本作若。前後唐本無此二字。不循緩急之法，慮其動手便錯，唐本有耳字。反致慌張矣。唐本無此句。

仲景辨六經證治，於一經中皆有表裏淺深之分。溫邪雖與傷寒不同，其始皆由營衛，故先生於營衛中又分氣血之淺深，精細極矣。凡溫病初感，發熱而微惡寒者，邪在衛分。不惡寒而惡熱，小便色黃，已入氣分矣。若脈數舌絳，邪入營分。若舌深絳，煩擾不寐，或夜有讝語，已入血分矣。邪在衛分，汗之，宜辛涼輕解。雄按：首章本文云：初用辛涼輕劑。華岫雲注此條云：辛涼開肺，便是汗劑。章氏注此云：宜辛平表散，不可用涼。何謬妄乃爾，今正之。清氣熱不可寒滯，反使邪不外達而內閉，則病重矣。故雖入營，猶可開達轉出氣分而解。倘不如此細辨施治，動手便錯矣。故先生爲傳仲景之道脈，迥非諸家之立言所能及也。雄按：誠如君言，何以屢屢擅改初用辛涼之文乎？

雄按：外感溫病如此看法，風寒諸感無不皆然。此古人未達之旨，近惟王清任知之。若伏氣溫病，自裏出表，乃先從血分，而後達於氣分。芷卿云：論伏氣之治，精識真過前人，然金鍼雖度，其如粗工之聾聵何？故起病之初，往往舌潤而無苔垢，但察其脈軟而或弦，或微數，口未渴而心煩惡熱，即宜投以清解營陰之藥。迨邪從氣分而化，苔始漸布，然後再清其氣分可也。伏邪重者，初起即舌絳咽乾，甚有肢冷脈伏之假象，亟宜大清陰分伏邪，繼必厚膩黃濁之苔漸生，此伏邪與新邪先後不同處。更有邪伏深沉，不能一齊外出者，雖治之得法，而苔退舌淡之後，踰一二日舌復乾絳，苔復黃燥，正如抽蕉剝繭，層出不窮，不比外感溫邪，由衛及氣自營而血也。楊云：閱歷有得之言，故語語精實，學者所當領悉也。秋月伏暑證，輕淺者邪伏膜原，深沈者

亦多如此，苟閱歷不多，未必知其曲折乃爾也。附識以告留心醫學者。余醫案中凡先治血分，後治無氣分者，皆伏氣病也，雖未點明，讀者當自得之。

《研經言·溫病脈法解》 凡脈來盛去微，如人喘狀者，是邪氣由表薄裏之象，若又動數不均，則薄裏尤急，即初大漸小之厥脈也。傷寒得之爲惡寒甚而熱多者以此。今病過數日，不見此二脈，知其邪將衰，不能薄裏，不薄裏必還表，將汗之兆也。然亦有不薄裏又不還表，逗留半表裏間而脈如是者，則象其肺藏之有所載也。肺在軀殼內四藏上，正在半表裏之次，邪著於此則脈緩，故去來平，初終勻，其人當瘖。瘖者，肺載邪而氣實無聲也。欲邪之散，仍須從汗出。設汗之不汗，則邪著固而肺將爛若萎矣，法在不治。《脈經》卷七熱病脈不喘三條義實如此。凡云不者，皆咋然今否之詞。府謂胸中，藏謂胃部，陰陽謂表裏。凡云期者，皆施治冀望之詞。三日、四日者，自七日後數之也。七加四爲十一日，邪氣還表，行其經竟之時，至是不汗，則其終不還表，而著肺之固可知，治法乃窮矣。

《醫原·望病須察神氣論》 濕爲濁邪，兼證最多。風濕傷表，苔多滑白不厚；寒濕傷裏，苔多膩白而厚。暑溫、濕溫、溫役、溫熱，皆濕土鬱蒸之氣。冬溫因陽不潛藏，亦濕土鬱蒸之餘氣，數者皆從口鼻吸入肺胃膜原，由裏而發。春溫爲冬傷於寒，寒鬱久而化熱，寒燥之氣又能縛束津液水飲伏於膜原，與熱混合，亦由裏布發。暑濕晚發，名曰伏暑。因夏傷暑濕，伏於膜原，秋日涼燥之氣，又從外搏遏在內之暑濕，此由表邪引動裏邪而發。暑濕瘧疾，亦多由此。按六氣之邪，有賊邪、時邪、伏邪之分。如風寒卒感，謂之賊邪，賊邪尖穎，隨感隨發，頃刻不能藏伏。風溫、溫熱、暑溫、濕溫、溫役、冬溫等證，皆吸受時行之氣，如春受風陽化熱之氣，夏受濕土鬱蒸之氣，故謂之時邪。風陽化熱，尚屬正氣，濕土鬱蒸則多不正之氣。時邪雖伏而後發，但不能久藏。春溫、伏暑謂之伏邪，如經所謂冬傷於寒，春必病溫，夏傷於暑，秋成痎瘧之類，皆逾時而發。或曰：寒暑之邪，何以伏而後發？曰：伏邪者，正邪也。寒爲冬令之常氣，暑爲夏令之常氣。常氣感人，由漸而入，人多不覺。《靈樞經》曰：正邪之傷人也，若有若無，若存若亡。謂令人當時不知所受，故能藏伏。伏邪、時邪，皆由裏發，多夾濕，故初起舌上即有白苔，且厚而不薄，膩而不滑，或粗如積粉，或色兼淡黃，迨傳胃化火，與糟粕相搏，方由白而黃而黑而燥。其暑溫、濕溫之邪，多黃白混合，似黃似白，或黃膩，或灰黃，而皆不燥，此等舌苔，即有下證，或大便不通不爽，直熟大黃緩下之。以舌苔不燥，腸中必無燥糞，多似敗醬色，故不宜猛下。此燥邪、濕邪、燥濕混合之邪，舌苔之大較也，試取葉氏所論而詳言之。初起舌苔白而欠津者，燥熱傷肺津也，宜輕清泄熱，爲其上者上之也，如杏仁、桔梗、牛蒡之類，辛潤以解搏束，桑葉、蔞皮之類，輕清以解燥熱，佐山梔皮、連翹殼之微苦微燥，以燥屬金，微苦能勝之也。舌苔白而底絳者，濕遏熱伏也，須防其變乾，宜辛淡輕清，泄濕透熱，不使濕邪遏熱爲要。如三仁湯蔻仁易蔻皮，稍佐滑石、淡竹葉、蘆根之類，以清化之。【略】白苔厚如積粉，四邊舌肉紫絳，乃濕土鬱蒸之溫邪，發爲溫役，仿達原飲、三仁湯，加減透邪，以防傳陷。苔白不燥，或黃白相兼，或灰白不渴，慎不可投苦泄清下，此濕鬱未達，或素多痰飲，雖中脘痞痛，亦不可攻，宜用開化，如杏、蔻、枳、桔、陳皮、茯苓、通草之類。舌苔黃濁，胸膈按痛，或自痛，或痞脹，濕熱混合，宜苦降辛通，如蔞、貝、溫膽、小陷胸、半夏瀉心、黃芩滑石湯之類。然黃要有地質之黃，乃可用苦辛重劑。若消黃光滑，乃無形濕熱已見虛象，宜蔞、貝、梔、翹之類，微辛微若，輕輕開化，大忌苦辛重劑。舌苔老黃灰黃如沈香色，而有地質，不滑而濇，或中有斷紋，或中心厚痦，此邪已傳裏，胃府、腸府。與宿滯相結，脘腹必滿必痛，皆當下之。

《醫原·切脈源流論》 然有濕溫、暑溫、溫熱初起，脈見沈遲，此非虛寒也，乃濕熱鬱蒸之邪，口鼻吸入，從裏而發，所以脈象模糊，至數不清，有類沈遲也。遏而無力，亦勿作虛視，乃溫熱熏蒸散慢，所以脈不鼓指也。熱病初退，餘邪未清，正氣未復，脈多遲滑，是遲不可概言寒，凡此於氣色、舌苔、神情見證驗之，乃可無誤。數脈六至，有虛有實，不盡主熱。熱邪主蒸散，脈多緩滑。經曰：緩者多熱，緩而滑者爲熱中。又曰：數則煩心。及《難經》有數脈爲熱之說，舉世宗之，要不可以不辨。

《歸硯錄》卷一 竊思人賴飲食以生，而飲食之烹飪，必藉於水，水之於人，顧不重歟？夫水以動爲性，以潤下爲德。故水無不流，流則不腐。所謂合千派而不竭，納衆流而不汚者也。惟杭、嘉、湖、蘇、常數郡之水，獨異於他處，以地勢坦夷，水極平衍，自古稱爲澤國，而支河萬派，浜汊繁多。其大河之水既已平流，則浜汊之間竟如止水。居其所者，飲於斯，食於斯，濯糞穢於斯。若暑月旱年則熱毒蘊蓄，爲害尤烈。考鄱陽章氏《飲食辨》云：止水藏垢納汚，飲之主多病。故此處居人，每患三瘧，輒延綿不易愈，而患癰瘍腳氣

者爲尤多，始信章氏之言爲不誣也。欲康濟斯民者，當以鑿井爲急務焉。奈水鄉之人，以河汲既便，遂相沿成習，而不罕其弊，故罕知鑿井之利。苟知瘍瘧脚氣之甚於他處，而識其病源之在水，則救弊之策，曷可緩乎？況鑿井而飲，古之訓也，且可備旱。或曰：吾鄉爲荷葉地，不宜於井。噫，是何言歟？所謂荷葉地者，以四面環水，形如荷葉也。凡屬水鄉，大都若是，不獨吾鄉爾也。至水鄉鑿井及泉甚易，工省價廉，又何樂而不爲耶？且聞每有湮塞之井，可見前人具有卓識，而後人廢置爲可歎也。若能隨處掘濬，較鑿尤易，惟宜冬令爲之，夏令地中冷，恐不能深入也。井口宜小，庶免墮溺之虞。但囿於習者難與謀始，敢望大雅君子仁心爲質，廣爲傳說，身先開鑿。俾人人共飲清泉，而免疾病，則井養不窮，同享王明之福，其陰德曷可量哉。士雄嘗以泰西鑿井法，附刊先曾祖《隨筆》中。乙卯冬，挈眷回籍，居於渟溪，復爲此說以貽同志，奈爲衆議所格。丙辰夏秋亢旱，赤地千里，余復慫恿濬河，又格不行，而日汲幾斷。幸張君雪沂有方塘半畝，頗極淵深，農人欲購以戽田。張曰：吾將以此濟一鄉之飲者。竟不售。余家亦賴之，飲水思源，因撰楹帖一聯以贈云：我澤如春，仁言利溥，上善若水，世德流長。其時余嘗遵陸遊禾，一路鄉民，咸憂渴死，石水貴至百錢，大戶水費日以千計，無井故耳。有心有力者，不可境過輒忘也。

茶能清神醒睡，止渴除煩，有解風熱，涼肝膽，吐風痰，利頭目，去油垢，肅肺胃之功。口不渴者，可以勿飲。紅茶既經蒸盦，失其清滌之性，更易停飲。昔人誇之者，未免過當，毀之者，殊失其中。章杏翁至謂爲災星厄運之媒，亦矯枉而失實也。惟論薑茶治痢之弊，爲發前人所未發。其辨云：楊氏立此方，謂東坡治文潞公有效。夫蘇、文二公誠名士，誠貴人，服藥治病，不論資格。苟藥餌不當，恐二豎無知，非勢力所能壓也。醫書所列諸方，嘗有某帝王、某卿相試驗之說，皆是遊方術士虛張聲勢，哄騙鄉愚之法，可鄙可笑。且潞公偶然患病，偶然服藥，正史既所不書，稗官亦復未載，後世之醫何自而知？乃楊氏言之，李氏信之，尤爲不值一笑。即使果有其事，所患必是寒痢，治而愈者，得力於薑也。設爲熱痢，而欲藉茶之涼制薑之熱，豈非夢夢。乃今之愚俗，雖目不識丁者，無不知薑茶爲治痢之方，迨至百用而百誤，而猶圭臬奉之，抑不思至此乎？愚謂産後之生化湯，亦同此弊。惟泂溪有産後禁薑之論，且曰暑證忌薑，雖與芩連同用，亦有大害，正與章辨暗合。彼詩文字畫，俗眼不辨姸媸，專尙紗帽，已屬鄙陋，醫藥亦然，豈不更可哀哉。杏翁以談笑而出，其慨世深矣。

章氏云：《論語》記聖人飲食，不曰必以薑食，亦不曰無薑不食，而曰不撤薑食。撤字從手，檢而去之也。蓋指聖人作客而言。凡作客者，於主人所設，各隨其便，不宜當食講究烹調。《曲禮》曰：毋絮羹，毋歠醢。絮羹、歠醢是臨時加入調和，撤薑是臨食時檢出調和，皆非作客之禮。薑雖有害，少食亦自不妨。調和之內，業已有薑。聖人必不於食時令其檢去，但不多食而已。然則此句當連下句成文，始爲通貫。乃竟講作無薑不食，其誤不始於宋儒，漢晉人已有通神明、去穢惡之說，漢人則本於《神農本草經》。穢惡作臭惡言，能去食物中腥惡之臭也。而通神明，殊不可解。神明指人身何物？蓋此書書記處在上古，其中爲後人附益處甚多，須善讀也。《朱子語錄》亦云：秋薑夭人天年。是亦明知其非佳物矣。夫偏於辛而無回味，即偏於熱而無回性也。食之斷不宜多，斷不可久。入藥亦止能散寒，苟無寒邪而誤用之，則營血受傷，津液被劫，外感變而爲内傷矣。雖有良藥，無從解救，慎之。愚謂神明，似指心臟而言，以心藏神，或爲陰邪所侵，寒痰所蔽，則神爲之蒙，而君主不明矣。並可灌以薑汁者，陰寒之病藉辛以通之，而神明自復也。因《論語集註》而誤信，以致大病者，余有治吳永言、徐樂亭兩案可參。《檀弓》有云：喪有疾，食肉飲酒必有草木之滋焉，以爲薑、桂之謂也。薑非古人日用之品，此說足以爲證。二郊附註。

又云：感冒客邪，如係風寒，溫散故所當用。儻爲溫熱初起，即宜清解。俗人不知，妄以胡椒辣枚子即食茱萸。古人重九所佩者，俗名辣椒、辣茄、辣虎。之類肆啖，以爲發散。不知此類止能溫中，不能散表，數十年中屢見食此過多，一二日即死者。未死時，必唇焦舌黑，津液全無。此《靈樞》所謂陰竭也。陰竭者，血死也。又必昏昏無知，此元化所謂胃爛也。死後必徧身青紫，與中砒毒無殊。凡誤死於熱藥者，皆然也。更可惡者，俗傳胡椒燉鷄，可以調經種子，豈不調不孕，盡屬血寒？即使果寒，溫煖血室，雞已足矣，何必助之以椒，遂致血枯經絕，即俗云乾血癆是也。或崩漏、吐衄，即血熱妄行也。無病求病，不死求死，良可憫也。愚謂俗傳調經種子等方，大抵皆溫熱之品，世人不察體氣病情，一概恣服，陰虛者必成乾血癆，血熱者必致妄行。章氏之言，允爲名論。又凡婦女月信有妨於事，欲其暫緩者，先期以胡椒數粒，欲緩幾日

則用幾粒。冷水逐粒吞下，汛即緩行，別無他患。蓋月事將行，冷水能凝遏，使之不行，而胡椒極熱，囫圇吞下，則性不遽發，數日之後，椒性作而冷氣消，其汛始行也。逐粒吞者，一口冷水可緩汛期一日，而一粒胡椒能消一口冷水。觀嚴寒時，以胡椒水研墨，則硯不冰，則其性熱傷營可見矣。故孕婦食之墮胎，而陰虛內熱之人，一切卒烈之物，皆當屏絕。舉此可例其餘也。

《理瀹駢文·略言》 一膏可以統治百病，人皆譏之，且舉名賢論紫金錠統治百病之非爲證，不知此亦偏見耳。藥不止走一經治一症，彙而集之，其統治也固宜。如沖和湯爲太陽解表之方，而春可治溫，夏可治熱，秋可治濕，以治雜症亦有神也。通聖散爲雙解表裏之方，而兼治風、熱、燥三症。五積散爲內傷外感之方，而內而臟腑，外而皮毛經絡，上而頭項，下而腰腳，婦人調經，無不可用。

一膏藥熱者易效，涼者次之，熱性急而涼性緩也。攻者易效，補者次之，攻力猛而補力寬也。然大熱之症，受之以涼，其氣即爽；極虛之症，受之以補，其神即安，虛人喜按者其空處有以實之也，況得補膏乎。只在對症耳。若夫熱症亦可以用熱者，一則得熱則行也，一則以熱引熱使熱外出也，即從治之法也。虛症亦可以用攻者，有病當先去，不可以養患也。且以氣相感，虛人亦能勝，無虛虛之禍也。此又在臨症之斟酌而變通也。寒多水伏，瘀積不去，愈補愈劇。

仲景《傷寒論》有火熏令其汗，冷水噀之，赤豆納鼻，豬膽汁蜜煎導法，皆外治也。汗、下之法具矣。用之失宜，非法之咎也。後賢於痞氣、結胸，又有罨法、熨法。是病發於陰而誤治者，與病發於陽而誤治者，皆有法也。至於無陽者宜蒸，臟結者宜炙，於無法之中更出一法，至周且詳矣。而特以才高識妙，不必專主外治，故外治方不若內治之備。然博採諸書，未始不粗有其規模。或謂溫症斷不能用外治。吾謂溫症治法，皆從傷寒推出，能者特於源流辨之分明耳。如吳鞠通《溫病條辨》，大旨在手太陰、足太陽，傷陽、傷陰上認得清。至所用瀉心、白虎等法，豈能外於傷寒？而傷寒外治：於熱邪傳裏，有黃連水洗胸法、皮硝水搨胸法、芫花水拍胸法、石膏和雪水敷胸法、老蚓和鹽搗敷胸法；發斑，有膽汁、青黛水、升麻水掃法；吐衄，有井水噀法、搭法；蓄血，有蘇葉湯摩法；通有犀角地黃熬貼法。其餘傷寒兼症、變症，無不各有外治法。凡熱病應用之藥，傷寒皆有之。即傷寒所未有，不難以傷寒之所有者，比類求之。然則以外治法治溫症，即可從外治傷寒之法推之已。或又謂溫症傳變至速，非膏藥所及。不知湯丸，不能一日數服，而膏與藥，可一日數易，只在用者之心靈手敏耳。惟是法由我造，不能爲撿方治病者道也。破習見而化拘牽，是所望於聰明理達者。寒溫傳變，往往藥煎成而症已換，醫何能待？膏可預截，較昔人先用葛根斷陽明、蒼朮安太陰尤穩。

一膏藥貼法，不專主一穴。如經治熱病五十九刺，頭上五行，行五者以越諸陽之熱逆也。頭中行督脈上星、顖會、前頂、百會、後頂五穴也。兩傍膀胱、承光、通天、腦蓋、玉枕、天樞十穴也。又兩傍膽經、臨泣、目窻、正營、承靈、腦空十穴也。天杼、膺俞即中府穴、缺盆、背俞即風門穴八者，瀉胸中之熱。氣衝、三里、巨虛、上下廉八者瀉胃中之熱。雲門、髃骨即肩穴、委中即腿彎穴、髓穴即腰俞穴八者，瀉四肢之熱。五臟俞傍五十者，瀉五臟之熱。共五十九刺，所以分殺其勢也。症雖重，得此分殺其勢，其病亦減。膏藥治太陽經外感，初起以膏貼兩太陽頭痛本穴、風池、風門疏通來路、膻中穴於心取汗，更用藥敷天庭；熏頭面腿彎，擦前胸、後背、兩手心、兩足心皆取汗，分殺其勢，即從刺法推出，諸經可倣此推。瘧疾血症均有截法。若臟腑，則視病所在，上貼心口，中貼臍眼，下貼丹田，或兼貼心俞與心口對，命門與臍眼對，足心與丹田應。外症除貼患處外，用一膏貼心口，以護其心；或用開胃膏使進飲食，以助其力。可以代內託治外症，亦不必服藥者以此。外治以飲食爲填補。

又斟酌活變之法也。大頭瘟及時毒焮腫喉痛，用延胡一錢五分，川芎一錢，藜蘆五分，躑躅花二分五厘嗃鼻，嚏出膿血痰涎爲度。時感及濕溫等症，用辟瘟散，蒼朮五錢，細辛三錢，大黃、貫仲、薑厚朴、法半夏、川芎、藿香、羌活、柴胡、前胡、生甘草、防風、白芷、荊芥、獨活、枳殼、香附、薄荷、陳皮、神麯、炒石菖蒲、草蔻仁、香薷、廣木香、丁香、雄黃、桔梗各一錢，硃砂五分，皂角二兩，研末嗃鼻。曾有發熱、頭疼、惡寒、無汗並肚瀉者，用此取嚏而汗自出，瀉亦止。是發散之中即兼升提，一法兩用，較服升藥升麻之類尤速。

《理瀹駢文》 亢甚則鏡按胸前，或以凝雪逐其水。治天行煩亂熱極者，並傷寒水結胸，飲停心下不散者，用芫花一味浸水拍胸前，熱除爲度，名凝雪湯。芫花逐裏水，合甘遂、大棗即十棗湯法也。水漬法乃治陽毒大熱，用井水或綦豆湯，青新布浸搨胸口者。

【略】

陽躁者，先煩而後躁者屬陽，不煩而便躁者屬陰。膻中即兩乳中間穴有塊冰之置；寒厥者，由熱而漸厥者屬熱，所謂熱深厥亦深也。不由熱而驟厥者屬寒。委

中即腿灣中間穴有盆湯之拍。熱湯拍後如見紫黑泡，乃毒也，刺之。極冷厥逆，硫黃、白芥子填臍。蟆收熱毒，傷寒陽毒癲團破腹，覆胸，凡熱毒可通用，並可護心。雞解陰邪。傷寒陰毒剖雞覆胸口，先將燒酒噴雞。陰症腹痛甚，剝熱雞皮貼。

清陽膏，治風熱第一。凡頭面、腮頰、咽喉、耳、目、鼻、舌、齒牙諸火，及三焦實火，口渴、便秘者，又時行感冒、傷寒、瘟疫、熱毒、結胸症、中風、熱症、鶴膝風等，一切內癰、外癰、丹毒、腫毒、凍瘡、發熱、濕熱、流注、腸痔並畜血症，胸腹脹痛者，婦人熱結血閉、小兒驚風痰熱、痘後餘毒爲患，皆可貼。孕婦忌，如不礙胎處亦可貼，下同。

清陽膏此膏治上焦風熱及表裏俱熱者，凡三陽症並宜之，亦治濕在上須表散者。若濕溫症，宜金仙膏。陰虛有火者，宜滋陰膏。外症拔毒提膿，宜雲臺膏。此膏治頭疼加神，風火症並效。統治四時感冒，感冒始終皆熱症，忌熱藥。頭疼發熱，或兼鼻塞咳嗽者；頭疼貼兩太陽穴，連腦疼者，並貼腦後第二椎下兩旁風門穴，風常從此入腦。鼻塞貼鼻樑，並可捲一張塞鼻。咳嗽及內熱者，貼喉下即天突穴、心口即膻中穴，或兼貼背後第三骨節即肺俞也。凡肺病俱如此貼。此邪在上焦，宜以上清散嗅鼻取嚏，上清散用薄荷三錢，川芎、白芷、細辛、雄黃、硼砂、黃芩各一錢，牙硝二錢，皂角八錢，研末，冰、麝看症再加。凡頭疼、鼻塞、赤眼、牙疼、喉痹並治。可預合備用。文中亦有芎、芷塞鼻，麻黃、黃連點眼等方。又古湯頭方醫書，各有門類，可撿。如治感冒，即撿感冒方煎抹，茲不備載，諸症皆照此推。風溫、春夏傷風挾溫邪者。溫症，詳見吳鞠通《條辨》。頭疼、發熱、不惡寒而口渴者；渴者熱自內達外也。頭疼貼兩太陽，或用薄荷、黃連、牙硝，糝膏貼。煩渴者兼貼胸背，或用麥冬、連翹、黃芩、葛根、竹葉、銀花、甘草煎抹後貼。古方如黃連解毒、犀角地黃、白虎、竹葉石膏以及瀉心、涼膈、陷胸、承氣之類，均可酌用。熱症用煎抹最宜，即古所謂湯以蕩其邪熱也。前人治熱病煩渴，搗生葛汁抹胸口，此本柴葛解肌湯變爲生用者也。又治熱瘧，用地龍三條搗爛入生薑汁、薄荷汁、白蜜、冰片，調勻塗胸口，此本危氏地龍飲改爲外塗者也。凡熱病俱妙，回春多有藥渣敷法。節庵治熱邪傳裏，取麩皮同鹽炒，熨胸腹以行藥，足見外治一法，能手未嘗不用，可以引伸。熱病，春夏之交，陽氣弛張，溫盛爲熱，治同。溫疫、溫病由天行者。溫毒，疫重爲毒。風熱上攻，頭面、腮頰、耳前後腫盛，寒熱交作，口乾舌燥，或兼咽喉痛者；此即天行溫疫、溫毒也。或云冬溫，晚發，陽明爲邪，頭面盡腫，名大頭瘟，即抱頭火丹。少陽爲邪，耳前、後腫，名蝦蟆瘟。又有從頤頷腫起者，名鸕鶿瘟。甚則咽喉堵塞，最惡。又腮腫酸痛者，爲痄腮。不酸痛者，爲發頤，皆熱症也。治頭瘟，先用上清散加冰片取嚏，咽喉痛者尤宜。文中有延胡、青黛方，亦可參用。膏糝青黛末貼腫處，或用大黃一兩，薑黃、蒲黃各五錢，木香、檳榔、明雄黃、牙皂、僵蠶、馬前子、川芎、白芷、牙硝各三錢，炮甲、蟬蛻各一錢，研末，醋蜜調敷。如不散而成膿者，用雲台膏貼，烏龍錠敷。若崩裂出膿者，用馬藍頭搗汁掃之，出其熱氣，再貼雲台膏提膿，並加烏龍錠敷。又頭瘟表症重者，用荊防敗毒散或普濟消毒飲煎抹胸口，裏症重者用龍虎雙降散、防風通聖散加元參、牛子煎抹胸口，或並抹背心，以清內熱。痄腮，膏貼腮上，或用危氏治腮腫、口糜、喉閉碧雪丹，蒲黃、青黛、牙硝、生甘草煎抹後貼，再加赤小豆、芙蓉葉，醋同白蜜敷。或用雲台膏貼，烏龍錠敷，文中亦有方可用。又風熱上攻，赤眼、肝經風熱。牙疼、腎虛搖動不痛，痛是風火，蟲亦有疼，久變爲骨槽風、口噤者。又熱病後火毒留胃，有牙宣、牙疳。耳鳴、耳聾、耳痛，皆少陽經風熱痛，有乾痛、膿痛。口糜、口瘡、唇口屬脾，舌屬心，風熱上攻，則口舌生瘡。喉閉即痹也。喉風、內纏外纏。喉蛾單蛾、雙蛾。等症。赤眼腫痛，用上清散吹鼻取嚏，膏貼兩太陽，或用通治熱毒加味五黃錠，黃連、黃芩、黃柏、大黃皆生用，黃丹炒各一兩，薄荷、羌活、防風、生地、當歸、川芎、赤芍、皮硝各五錢，雄黃、銅綠各三錢，枯礬一錢，以牛膠五錢，化水爲錠，臨用一錠，醋蜜磨敷眼胞上下，亦可以一錠煎水洗。此方可預合備用，或用菊花、童便洗，自尿亦可。豆腐、熱雞蛋均可奄眼上，或用槐、柳、桑、杏、冬青枝、白菊花皆連葉、枸杞根連葉各一斤，龍膽草、夏枯草各二兩水煎入皮硝四兩，白鹽十二兩，再熬，裝磁瓶內，每用少許和開水洗佳。並治老眼牙疼，用上清散加冰片取嚏，並以少許糝膏貼腮上。文中有方，胃火重者，用大黃、白芷、生熟石膏，擦陰虛火炎者，用元參、細辛、青白鹽，擦皆勿嚥。風痛用露蜂房煎，漱亦勿嚥。蟲痛，以塘棲痧藥咬於痛處，用麻油煎雄黃，漱亦勿嚥。骨槽風，用雲台膏貼。分寒熱酌用文中玉池散、蓽茇散，醋敷。牙疳，膏糝紫雪丹，貼心口。或用黃連、石膏煎水抹後再貼膏。並用人乳煆人中白和冰片吹，以青黛散敷頸上。牙疳凶極者，用文中大黃、丁香、綦豆敷足心法，此毛方也。牙宣，膏貼腮上。腎熱用旱蓮草擦，地骨皮煎漱，胃熱用大黃擦，梧桐淚研末糝。耳鳴、耳聾，膏剪半開勿斷，夾耳門貼，再用龍薈錠醋磨敷耳一周。龍薈錠：用柴胡、龍膽草、黃芩、青皮、膽星、蘆薈、黃連、青黛、大黃、木通、菖蒲、皂角、細辛各一兩，全蠍三個，陳小粉炒黑五兩，研末，以青魚膽汁一盃，和薑汁、竹瀝爲錠，臨用醋磨敷，並治耳痛及一切肝火。如有膿，日久不乾，加枯礬、雄黃、輕粉、海螵硝末敷，膿自乾。凡耳病，用藥吹耳、滴耳不如塗耳外。又耳聾，用藥布包作枕睡最好，可以用大劑。口糜、口瘡，膏糝黃柏、黃芩、黃連、梔子、細辛、乾薑等分爲末，貼胸口、臍上，名赴宴散，此綱目法也。或用導赤散合涼膈散煎抹胸口，以清內熱再貼，並用兒茶磨金墨塗患處，以五棓子、百草霜、滑石、白螺螄殼煆研末敷之。蜜炙黃柏末亦佳。涼藥不效者，用黃連、炮薑末糝，初若不堪，應手即愈。潰爛不堪者，用地龍、吳萸、生麴，醋塗足心止痛，亦危氏方也。毛、陸本皆云神效。虛火上行，用草烏、南星，或用附子，糝膏貼足心。治口舌牙齒咽喉，青黛散，用黃連三錢，黃柏蜜炙、蒲黃各二錢，青黛、芒硝、元明粉、寒水石、兒茶、雄黃、硼砂、五棓子各一錢，漂硃砂、枯礬、銅綠、綠礬煆、薄荷、生甘草各五分，牛黃、冰片各三分，麝香一分，共末，臨用以薄荷湯同薑汁、白蜜調敷頸上。加人中白人乳煆過五錢，名人中白散，治同如虛火症，宜元參、四物，陰寒症宜附子理中，此膏此藥皆不可用。風火喉閉，先用薄荷、荊芥、防風、牛子、桔梗、甘草等煎湯抹胸口，並

抹頸上，再用白僵蠶二條、韮菜地下白頸老蚓一條、全蠍一箇、蛇蛻皮一條，焙，研細末，取三分和上清散七分，冰片一分，嗃鼻取嚏，更以少許糝膏貼喉中央，或頸兩旁，另用皂角末一兩，醋熬稠塗膏外。重者，以皂角醋磨紫金錠塗，關自開，有蛾亦破。一用大蒜擦頸，並塞鼻，蛾亦破。古方：或用大蒜搗爛，入輕粉，敷寸脈後手背微窩處，名經渠穴，乃肺脈所行也。過夜起泡，銀針挑破，出毒水愈，並治牙疼。或並刺少商穴出血以洩毒，亦治喉珠、喉瘤。又喉痹、喉蛾潰爛，水漿不入者，用文中陸氏塞鼻丹，薄荷、細辛、巴霜、冰片末各等分，棉裹塞鼻一時，頭頂冰涼，咽喉即開。愈後鼻瘡並無害，以銀花、甘草水洗之。《本草》巴豆註亦云：如走馬痹，只用麝香、巴霜塞鼻。此以熱治熱，熱則流通之意也。或捲筒燒熏鼻亦妙。又喉風、爛喉、雙單蛾急症，用許氏異功散，斑毛去翅、足，糯米炒黃，去米四錢，元參八分，真血竭、乳香、沒藥皆去盡油、全蠍各六分，冰片三分，麝二分，其末以一分糝膏貼喉外患處一邊，約一二時吊起白泡，挑破出毒水愈。又爛喉，不痛者，文中有張氏刻送方，二方皆效。虛症、陰寒症另治。此膏此藥皆不可用。熱實結胸，心下滿硬，煩躁而渴，膏貼胸背。或用小柴胡合小陷胸湯煎抹。並治水結、痰結重者，膏上糝大黃、芒硝、甘遂、枳實末貼，並用一料以白蜜、雞子清調敷胸腹，勿令乾，結胸自下。熱毒發斑，大紅點發於皮膚上者爲斑，小紅點隱於皮膚中者爲疹，疹輕斑重先用紫草茸煎湯抹胸口，再糝少許於膏上貼心口、背心、臍上。紫草茸乃透斑之要藥也。或用消斑飲、舉斑湯、涼血地黃湯、犀角大青湯等方煎抹後，再貼。或只用犀角、大青、生地數味亦可。並參用文中升麻水及豬膽汁等方掃之。熱症衄血、吐血、蓄血、便血、尿血，鼻衄屬肺火，膏貼心口、背心，初起不必加止藥。症重者，或用犀角、地黃、黃連、丹皮、側柏葉煎抹後再貼。如加川芎、香附亦可，或用薄荷、柏葉、荷葉、茜草根亦可。如衄久，或用黃芩浸水磨白芨塗山根，並用文中淇寶膏醋塗腦後連頸項，截其血路。如不止，以生地蘸陳金墨汁塞鼻，加龍骨、髮灰末尤佳。兼胃熱者，加清胃膏貼中脘，或用麥冬、知母、牡丹皮、生地黃、白芍、石膏、當歸、牛膝、澤瀉煎抹後貼。兼腎熱者，加滋陰膏貼丹田，或用元參、知母、黃柏、龜板同四物煎抹後貼。危急者，用井水或醋浸濕紙搭額門，以頭髮浸水中，又以本人髮三根，同黑線紥中指中一節，男左女右，並用大蒜塗兩足心，文中有方。吐血屬胃火，膏亦貼胸口、背心，或照衄血方用犀角地黃湯煎抹後貼，或參用清胃膏及麥冬等藥。腎熱者，亦照衄血用滋陰膏貼，再加藥。蓄血分三部，下部蓄血者少腹硬痛，用紫蘇湯煎抹，或用蘇木、當歸、大黃、赤芍、桃仁、靈脂、紅花煎抹，再貼膏。便血，用膏貼臍上，並肛門，或用川芎、當歸、黃連、槐花，並洗肛門再貼。尿血，膏貼小腹，或用蒲黃、旱蓮草、車前子煎洗小腹再貼。熱淋，先用木通煎湯抹心口、臍下，再用硝石末糝膏貼臍下，參用行水膏。古方治熱淋，用八正散及山梔、滑石之類，亦可酌以煎抹。若血淋痛者，用小薊、益母草、杜牛膝、車前子、髮灰之類煎抹再貼。熱毒下注，肛門腫痛，照腸痔治，用山豆根或馬齒莧煎洗後，貼膏，或用文中坎宮錠敷。如熱極脫肛，膏上糝黃芩、防風、蟬蛻末貼，並包螺螄坐之。文中有方。熱秘，先用大黃、芒硝、皂角煎抹臍腹，再用膏糝硝石末貼臍。參用文中通大便方。腳風。紅腫熱痛喜當風者，膏貼患處，或用許方蒼朮、黃栢、防己、海桐皮醋敷。一切臟腑火症：膏貼心口、背心、當臍、小腹再酌加藥。凡治火之藥，心用麥冬、黃連、生地、木通；小腸用連翹、梔子、竹葉、木通；肝用柴胡、白芍；膽用連翹、膽草；脾用生地、白芍、甘草；胃用葛根、石膏；肺用黃芩、桑皮；大腸用黃芩、大黃；腎用黃柏、知母、地骨皮；膀胱用黃柏、滑石；三焦上連翹，又黃芩、梔子；中梔子，又黃連、芍藥；下地骨皮，又黃柏、大黃；心胞用麥冬、丹皮。五臟鬱火，用青黛；蕩滌三焦，腸胃實熱，用芒硝；解疫毒、臟腑諸熱，用芩、連、梔、柏、大黃、生甘草或用赤豆、菉豆、黑豆；五心煩熱，用羌活、柴胡、升麻、乾葛；積熱用紫雪丹，或糝、或敷、或煎抹，隨症酌用。古方治火者，亦可照此撿取。大人中風熱症：中風身熱、心煩，或便閉者，膏貼心口、背心及臍上。如熱阻關竅，口不能言，或心中熱者，用牛黃清心丸擦胸口後，再貼。一用連翹、薄荷、黃連、黃芩、鬱金、梔子、人中黃、犀角、羚角煎湯，入硃砂、牛黃抹，並治痞邪內陷胞絡神昏者。中風見症甚多，此舉其一端，可類推。小兒驚風痰熱：用薄荷、防風、麥冬、膽星、黃連、歸身、羚角煎抹胸背，再貼膏。牙關閉，《本草》用杜牛膝醋敷頸，又文中擦背、敷胸、塗足等方皆可參。又小兒一切驚症，用膽星、甘草、天麻、川連、硃砂、全蠍、僵蠶各一錢，牛黃三分，冰片半分，研末水調或薄荷湯調擦胸背。又小兒痰迷不醒，口流涎沫，手足拘攣，絳囊，有膽星丸，用陳膽星一兩五錢，犀角、羚角各一兩，生龍齒七錢，白芥子五錢，辰砂一錢，陳米湯丸，金箔衣。可預合備急，臨用以一丸擦胸背並敷臍。小兒內熱：用硃砂、黃連糝膏貼心口、背心。如五心熱，是食積也，參用金仙膏。婦人熱入血室：膏貼心口並期門穴，穴在兩乳旁各開一寸，半直下一寸半，肝穴也。或用柴胡破瘀湯，柴胡二錢，黃芩、半夏、生地、當歸、赤芍各一錢，甘草五分，煎抹，加桃仁、靈脂各五分亦可，並治蓄血症。婦人血結胸：胸滿身黃，漱水不欲嚥，或痛不可忍者，膏糝大黃末貼痛處，或用桃仁承氣湯煎抹後貼，並用危氏海蛤散，海蛤粉一兩，六一散二兩，芒硝五錢，雞子清調敷膏外，小腸利而膻中血散痛自止。久血結胸痛連腰背甚作搐搦者，危氏有元胡散。薄黃、元胡、薑黃、歸、芍、桂、木香、乳、沒等，薑汁調敷，血得熱則行，亦可與桃仁承氣方參和。婦人熱結血閉。用生地、當歸、赤芍、桃仁、靈脂、大黃、丹皮、茜草、木通煎湯洗臍下，再貼膏。或用四物同涼膈散煎抹胸口，並臍下再貼，如逆行者，用鬱金煎湯抹胸口，加韮菜汁、牛膝更佳。鬱金能治逆經。外症癰毒紅腫熱痛者並治。如毒攻心，作嘔不食，貼胸背可護心。患處多者，麻油調藥掃之。

自來醫之難，難於識症。膏用通治，取巧在此。加藥卻不能朦混，能者固以是見長，不能者即以是見拙。余雖開此一門，用者務必細心斟酌，毋貽笑於畫蛇添足，切囑切囑。諸膏皆如此。

金仙膏一名開鬱消積膏，通治風、寒、暑、濕、氣、血、痰、食、六鬱、五積諸症。凡中州脾胃之病，及四時外感、內傷、表裏不分，寒熱相雜，非一偏所能治者，並宜之。又夏時多暑溫、

濕溫之症，偏於暑者陽邪多，宜行水膏； 偏於濕者陰邪多，宜此膏或兩膏並用亦可。 虛人參用健脾膏。 此膏升降陰陽，流通氣血，當行則行，當止則止，治寒症可加溫藥，治熱症可加涼藥，變化實無窮盡。 此膏開胸隔、進飲食、化痰消痞，攻而不傷本原。 治肝氣脇肋痛、一切腹痛，婦人痛經、小兒蟲痛俱效。 瘧疾、痢疾亦妙。 治外感風寒暑濕，頭疼發熱。 用清陽膏貼兩太陽，此膏貼胸口，先用生薑擦後再貼，夜閒胸口有微汗即驗。 如欲發斑疹，亦能提出，與觀音膏貼心口，治悶痘一理。 加藥之法，如傷風寒者，可用蒼朮、川芎、白芷、羌活、防風、紫蘇、香附、菖蒲、細辛、生薑、葱白之類，或煎抹胸背，或炒熨胸背。 傷暑濕者，可用蒼朮、厚朴、陳皮、黃連、乾葛、香薷、澤瀉、豬苓、車前子、葱白、生薑之類。 濕溫即用蒼朮白虎湯，如上法或煎抹，或炒熨。 若兼食滯者，用行氣香蘇飲，蒼朮、羌活、川芎、香附、紫蘇、陳皮、甘草，煎抹、炒熨。

《世補齋醫書文集・傷寒方論》 古今之病，不外寒熱兩途，古今之治，不外溫清兩法。 古於汗病，通曰傷寒，不知何時寖失此旨，遂不審傷寒之論，不獨有治寒之方。 前人於溫熱病禁用傷寒方者，只是教人於葛根等病，不得仍用桂、麻等方，而非通指傷寒方言也。 不知何時又失此旨，將《傷寒論》中方，自葛根而下，如芩、連、梔、柏之統於膏、黃者，始則不識其病，繼且不解其方，因而不用其藥。 最可笑者，韓祇和覺桂枝之難用，而謂今昔有不同，朱肱、龐安常皆謂夏月用麻、桂發表，須加寒藥，否則熱甚斑黃。 王安道曰：人近代學者，視仲景書欲仗焉而不敢終決，欲棄焉則猶以爲立法之祖而莫能外，甚則待爲文具，又甚則束之高閣。 至陳素中特作《傷寒辨證》，且曰：人遇溫熱病，但以爲桂枝、麻黃今時難用，或以爲春夏用桂枝、麻黃，須加石膏、黃芩，已極可笑。 而又曰： 或亦有知用寒涼清解，反不敢用桂枝、麻黃者，則更不知所云矣。 夫《傷寒論》，豈止桂、麻二方？ 用傷寒方者，豈必用桂、麻二物？ 總由傷寒兩字，礙目刺手，不能知風寒溫熱，皆歸此論，溫法清法，劈分兩途，故有此種種疑難，徒貽笑柄。 吾則以爲遇太陽有汗之中風，則用桂枝，遇太陽無汗之傷寒，則用麻黃，遇陽明惡熱不惡寒，汗多渴飲者，則用葛根、芩、連而已。 病之有汗無汗，惡寒不惡寒，渴與不渴，能食不能食，無一不予人以可見，而更參之以脈，合之以時，宜溫宜清固有截然不淆者，況以醫者當身所值六十年之氣化計之。 濕寒、寒濕之運，則以能用桂、麻、薑、附爲長。 風燥二火之運，則以能用芩、連、膏、黃爲長。 六六三百六十年，宜從溫法者二，宜從清法者四。 即言六氣，不過寒熱兩途，即言六氣之治，亦不過溫清兩法。 而《傷寒論》爲法具備，其斯以爲仲景矣乎。

《世補齋醫書文集・陽明用承氣法》 傷寒之於承氣，爲燥屎也。 而燥屎之甚者，或先有熱結旁流，病家每謂其已有所下，而不審其結之尤甚。 至溫熱病則不盡燥結，又爲膠閉，其急於待下則同，病家又因其所下如膠，以爲不可再下，此以病本不是燥結，醫先不能言之，遂以啓病家之疑耳。 若其爲兩陽合病，三陽合病之自下利，則皆協熱利也，又爲葛根、柴胡與芩、連、柏之證，不在承氣之例，是皆當有分別。 奈何一見下利，便云土敗，輒議滋補耶。

《世補齋醫書文集・葛根桂枝辨》 溫熱之與傷寒，所異者，傷寒惡寒，溫熱不惡寒耳。 惡寒爲太陽主證，不惡寒爲陽明主證，仲景於此，分之最嚴。 惡寒而無汗，用麻黃，惡寒而有汗，用桂枝，不惡寒而有汗，且惡熱者，用葛根。 陽明之葛根，即太陽之桂枝也，所以達表也。 葛根湯中之芩、連，即桂枝湯中之芍藥也，所以安裏也。 桂枝協麻黃，治惡寒之傷寒； 葛根協芩、連，治不惡寒之溫熱。 其方爲傷寒溫熱之分途，任後人審其病之爲寒爲溫，而分用之，尤重在芩、連之苦，不獨可降可泄，且合苦以堅之之義，堅毛竅可以止汗，堅腸胃可以止利，所以葛根湯又有下利不止之治。 一方而表裏兼清，此則藥借病用，本不專爲下利設也。 乃後人之視此方，若舍下利一證外，更無他用者，不審兩陽合病之下利，固屬葛根，而不下利，但嘔者，亦屬葛根，則葛根豈獨爲下利設哉。 夫葛根既治兩陽合病，則即施諸病連太陽者，亦爲甚合，豈有未入陽明早用葛根，恐將病邪引入陽明之理？ 況溫病之所需，不過葛根，亦猶夫中風之所需，不過桂枝，極分明，亦極容易。 乃吳鞠通沿嘉言之謬，欲以桂枝治溫，吳且極詆葛根，切戒芩、連，適棄去此病所亟需之藥，意豈有不利於葛根之類者乎？

《世補齋醫書文集・葛根麻黃辨》 溫熱之與傷寒，所異者，傷寒用藥以辛溫，溫熱用藥以辛涼耳。 而其應用，輕以去實則一也。 徐之才十劑曰：輕可去實，麻黃、葛根之屬。 意蓋以麻、葛性皆輕揚，皆可去實，故以二者並言之。 謂麻黃之輕揚，可去傷寒之實，葛根之輕揚，可去溫病之實，然則欲去太陽之實，非辛溫之麻黃不可； 欲去陽明之實，非辛涼之葛根不可。 之才之說，非即欲將麻葛二味，一以治傷寒，一以治溫熱哉。 後人既不解仲景所謂不可發汗者，專指麻黃，又不解之才所謂輕者，指物性之輕，所謂實者，指人病之實。 乃既以實作虛，又以分兩之不重者爲輕，而禁麻黃者，遂并葛根而禁之，禁麻黃之屬者，遂並葛根之屬而盡禁之，自是而於病之必去其實者，

凡在可以去實之藥，一概皆委諸禁例，實之不去，病即不治。諺有之曰：好漢只怕病來磨，即虛亦可立至也。夫溫病之有需乎葛根，亦若傷寒之有需乎麻黄，用以去實，只在一轉移間耳。張隱菴乃謂陽明本病，只有白虎承氣，並無葛根湯證，此以不善讀脈促喘汗一條之故。許宏葛根芩連方議，且云此方亦能治陽明大熱。益信長沙方之取用不窮也。自矜創獲，其意可笑，然其言固大可取耳。

《世補齋醫書文集・犀角升麻辨》 犀角升麻辨一 如無犀角，代以升麻，朱肱《活人書》之説也。陶節菴亦云：爾朱二允駁之，謂升麻性升，犀角性降，升降懸殊，如何可代？唐迎川又駁之，謂角生於首，定爲升劑，以下降之説爲不然，各持一説，迄無定局，則非先明升降之理，將何以爲折衷之論乎？余乃證以素所親歷，而始有以斷之曰：升麻升也，犀角亦升也，然而犀角之升則以降爲升，且以至降爲升者也，何以明之？犀爲水獸，其利無前，故能分水，能辟塵，能燭怪。水與塵，本乎地者親下，怪則匿於幽隱之地，而犀能燭之，則犀不誠至降之物乎。人因鹿角之升而疑，凡角皆升，豈知鹿之性甘鹹而溫，犀之性酸苦鹹寒，性溫則升，性寒則降，斷無寒者能升之理。試以鍋水譬之，熱則鍋蓋蒸蒸有氣，稍冷即不然，是可借以明鹿角之升，犀角之降，而二允之説爲可從矣。然則何以又謂其能升也？蓋此所謂升，乃是升出於表，此所謂降，乃是降入於裏，與自下升上，自上降下之理不同。即觀熱入血室之病，一用犀角，邪即外達，豈不以病邪内陷，而既入血室，則已入於至幽至隱之地，故必用此至降之品，亦能深入於至幽至隱者，以拔之使出乎？惟其能入幽隱，故謂之降，亦惟能從幽隱拔邪，故謂之升。凡藥酸苦者，能湧泄，此正酸苦湧泄之謂，與辛甘發散，各自爲功，苟非能降，何以能升？人惟不識其所以降之理，故不能得其所以升之用。朱與陶之誤，誤在犀角證而仍用升麻。凡屬三焦大熱，諸見惡血，及陽毒發斑，色紫黯者，犀角之所司也，而誤投升麻，則血益罔制，斑黑胃爛，鮮不殆者。今人之誤，則又誤在升麻證而競用犀角。凡屬痘疹初起，喉痧初發，及傷寒病溫之裏熱未熾，宜先透達者，升麻之所任也，而誤投犀角，送邪入裏，轉陷轉深，永不得出，亦無不死。夫以已陷之邪，犀角既能拔出，則未陷之邪，犀角即能送入，其勢必然，故凡當用升麻提邪出表之時，而用犀角之降，未有不隨之而陷者。胡今人於病之初起，反畏提邪出表之升麻，樂就引邪内陷之犀角，使其後之種種惡狀本皆可以不作者，無不次第俱作，而旬日之間，直至於不可救哉。

犀角升麻辨二 夫犀角一物，爲仲景《金匱玉函》所不取，惟華佗《中藏經》安息香丸，取以治傳屍勞等病，與腦、麝、沈、檀、獅子糞同用，是爲犀角入藥之始。前此未之有也，乃張介賓作《本草》，以朱奉議如無犀角，以升麻代之之説，直認作仲景語，其謬一至於此，則並於仲景所用之藥，與所不用之藥，皆未嘗一問矣。他若《外臺祕要》，歷載犀角方，無一不涉及惡血。試問風寒溫熱之常，其不汗而當用汗法，不下而當用下法時，即有如《外臺》所載犀角等證乎。不獨經疏主治，悉屬吐衄下血，即如汪訒菴之《醫方集解》，尚能歷數吐衄，及蓄血諸證，則汪尚能知病涉於血方用犀角，而不在可汗可下之際矣。況畜血一證，仲景亦有桃仁承氣、抵當湯丸，即後人尚有代抵當一方可用耶。《臨證指南》，每將犀角、牛黄與冰、麝、蛇、蠍合用，顧景文託名天士，作《溫證論治》，又以犀角視同花露，輕率用之，而於《指南》所載顧姓一案，觀其前診，尚能飲酒納穀，乃一用犀角，而神昏如醉矣。陳嫗一案，前診不過夜煩無寐，乃一用犀角，而陽升風動矣。凡此皆其覆診時所自言，何竟無一人見而疑之者？噫！異矣。

犀角升麻辨三 聶久吾《痘疹慈航》，以升麻葛根湯爲主方，痛懲犀角、牛黄，引毒内攻，當其時有他醫，治小兒用牛黄散，一服痰喘止，神氣稍平，自是而此兒遂無言矣。故久吾謂應從升散時，切不可遏其毒出之勢，立致内攻告變。韋君繡曰：邪在陽明，與心包相近，雖見神昏，未必便入心營，自宜疏達向外，不得以犀角引賊入室。予見此病，多由失表所致，表不解而入内者也，二家之論，内外均極明顯，不意《臨證指南》，亦論内外，而曰内閉外脱，則其所説之内外，乃大相反矣。夫此時外爲邪閉，其爲閉也，是爲外閉不是内閉，若因外閉，不開，以至於脱，則是内脱，不是外脱，惟其認作外脱，故不敢一用疏達肌表之藥，惟其認作内閉，故獨敢用走散元陽之藥。同一脱也，究以外閉内脱爲是，然亦既脱矣，誰更辨内閉外脱之非，只四字之顛倒，用藥迥乎不同，生死於以立判。欲明閉脱，必究内外，病家可不知耶。夫人死自可云脱，然此病只是外閉，外閉得開，内本不脱，謂之脱者，實還非是。及其外閉既久，幷解散之不能，以致陰陽離決，即名曰脱，卻無不可。然閉之與脱，總不一時並見，此時之外閉者，邪束陽鬱之謂也，此時之内脱者，陽盛陰涸之謂也。以輕揚散表者解其外，而外不閉，以撤熱存陰者救其内，而内不

脫，溫病以之，傷寒之成溫者亦以之，此仲景之法，所以一解表，一清裏，而了無餘事也。至於開竅逐穢，自是瘟疫治法，總因諸書，於傷寒外，但有瘟疫門，而無溫熱門，故人之所病者爲溫熱，而醫之所稱者皆瘟疫耳。嗟乎，一轉移間事耳，夫豈異人任哉。

《世補齋醫書文集·犀角膏黄辨》 犀角膏黄辨一 《傷寒論》六經並重，而風寒溫熱之病，以陽明爲淵藪，其方亦以陽明爲扼要。陽明者，胃也，仲景所用白虎承氣之石膏、大黄，凡屬胃病，無不以此二藥而愈，可見此時，於二藥外，不必更有他藥，即有他藥亦不過爲二藥佐使。胡今人於此，絶不一用膏、黄，而於宜清宜下時，動手便用犀角，夫使此時而果有犀角證，豈仲景獨不見及耶？乃以仲景熱入血室之條，變作熱入心包之説，以遷就其犀角之用。然歷檢古書，絶不見於宜清宜下時，一言熱入心包者，胡至今日，而競爲此説也。揆其所以言心包之故，莫不因乎病有神昏之故。余先明神昏之爲病，以定犀角之宜否。夫犀角，心藥也。用犀角者，以神昏而用也，以神昏之似乎心病而用也。然而凡屬神昏之證，仲景皆繫之陽明條下，尙爲胃病，而非心病。夫神昏者何？不知人，不識人而已矣。《内經·熱論》曰：陽明者，十二經脈之海，其血氣盛，故不知人。《金匱》中風篇曰：邪入於府，即不識人。趙以德解之曰：胃爲六府總司，諸府經絡受邪，必歸於胃，胃得之則熱甚，津液壅溢，結爲痰涎，閉塞隧道，胃之支脈，上絡於心，纔有壅閉，即堵其神氣出入之竅，故不識人。徐忠可申之曰：試將頸間兩人迎脈按住，其氣即壅遏不識人。人迎者，胃脈也，則不知人，不識人之屬於胃也久矣，今何以而移之於心哉？前兩説既極曉暢，而説之尤明白者，則裴兆期也。裴曰：人謂神昏之病原於心，心清神乃清。余謂神昏之病原於胃，胃清神乃清。夫藏神者，心；攝神者，氣。胃氣一有不清，即不能攝神歸舍，是神之昏不昏，專在乎胃之清不清，不觀酒醉之人乎？酒醉之人，醉胃不醉心也，何以神昏而言語無倫也？不觀飽食塡息之人乎？飽食之人，飽胃不飽心也。何以神昏而一時瞀亂也？不觀痰涎壅塞之人乎？痰塞之人，塞胃不塞心也。何以神昏而瞑眩無知也？其言如此，則知神昏之爲病，全屬於胃，即知神昏之用藥，決不在心。若非先明神昏之何屬，則犀角之是非，何由定乎？

犀角膏黄辨二 然而人於此，則正有辭矣。其言曰：今之言本草者，皆宗李時珍《綱目》。時珍謂五藏六府，皆稟氣於胃，風邪熱毒，必先干之，飲食藥物，必先入胃，角乃犀之精華，足陽明胃藥也，故入陽明，解一切毒，療一切血，及驚狂斑疹諸證，子謂神昏屬胃，則犀角正是胃藥。有時珍之説在，子將何以處此？余曰：不讀《本經》，焉識《本草》。人之氣血，無所不通，藥之功能，亦無所不到，豈有某藥祇入某經之理？所以神農不言何藥入何經，至張潔古、李東垣輩，始有每藥專入每經之説。即如犀角一味，《本經》主百毒，除邪，不迷惑魘寐，初不言其入胃也，即以六經論之，大明，則謂煩毒入心，狂言妄語，海藏則謂風毒攻心，氈毢熱悶，孟詵則謂卒中惡心痛，心風煩悶，此三家並不言胃，且專言心，惟《備要》瀉心涼肝，清胃中大熱，乃始兼心胃言。而下文便接吐血、衄血、下血等證，則知病必涉血，然後用之，未涉乎血，即不可用，正合時珍解一切毒，療一切血之言。再觀《外臺》所載，芍藥地黄湯，用犀角，則主清化淤血者也，十一味方，用犀角，則治熱毒，下黄汁如腐爛血者也。張文仲用犀角，則療下利惡血不止者也。范汪麝香散，用犀角，則療穀道中䘌瘡而便膿血者也。益可見血生於心，而血得熱則行之理。故時珍所説，乃因胃在心下，心熱則胃未有不熱者，心熱除，胃熱自去，故以去心熱者，謂即去胃熱。今則熱專在胃，尙未入心，即有心熱，亦爲胃熱所累，胃熱去，心自不熱，病之由心及胃，與由胃及心者，迥乎不同。以胃在外，心在内，其病但在胃口，而藥先開其心竅，勢必將未入心包之邪，一舉而送入心包，病於是乎内陷，而神亦不復清矣。喻嘉言曾勘一白虎證，病家欲用犀角，遂延他醫，引胃邪入心藏，其顛悖無倫，較胃實證更增十倍，醫乃辭以心偏不可救，未幾髮直頭搖，果成心絶之候，嘉言謂傷寒之邪，即使過經不解，蘊崇日久，亦僅蒸及心包絡，豈有直入心藏之理？乃任用犀角，領邪攻心，無異獻門迎賊。嘉言此論，實足破胃病用犀角之謬，貽禍於後世也。

犀角膏黄辨三 而或又曰：病至神昏，每多狂言妄語，甚則如見鬼狀，苟非犀角之通靈，何以除病，而使病得安？余曰：此正余之所欲言也。《本經》於石膏下，有除邪鬼三字，後人不解石膏何以能除邪鬼，則將石膏之除邪鬼三字刪去。《本經》於大黄下，有安和五藏四字，後人不解大黄何以能安和五藏，則將大黄之安和五藏四字刪去。經此兩者之就刪，而石膏、大黄之功用，於是乎晦矣。石膏能清陽明經熱，經熱清，邪鬼自除。大黄能清陽明府熱，府熱清，五藏自安。故此時之邪鬼，非石膏不能除，此時之五藏，非

大黃不能安。余之用此以除邪而安藏者，蓋不可更僕數矣。余非不知犀爲靈異之獸，可借其靈氣以辟邪，然犀角之除邪鬼，是熱在血室者也。石膏之除邪鬼，是熱在胃家者也。此時熱專在氣，無涉於血，即江文通黃連頌，亦有禦孽辟邪，長靈久視之語，與大黃功用略同，總以邪去則正乃安耳。若夫病之既入心包，既入血室，並非石膏、大黃所能了事者，則在肝之病，必用羚羊角，亦猶入心之病之必用犀角也。病豈必無膏黃之不能愈，而待愈於犀角者哉。然必在用過膏黃之後，必不在未用膏黃之前，蓋亦有可決者。

《世補齋醫書文集・葛根黃芩黃連湯解》 陽明之有葛根芩連湯也，猶太陽之有大青龍，少陽之有小柴胡也。太陽以桂、麻解表，石膏清裏，少陽以柴胡解表，黃芩清裏，陽明則以葛根解表，芩、連清裏，表裏各不同，而解表清裏之法則一。太陽證有表裏，青龍湯皆主之，少陽證有表裏，柴胡湯皆主之，若陽明證而有表裏，則此湯皆主之，乃太陽不廢青龍，少陽不廢柴胡，而葛根芩連一方獨見遺於陽明者，以人必見下利始用之。不下利即不用，而不以爲是陽明主方也。孰知此方之所用者宏，而所包者廣乎？方中芩、連二物，非獨仲景黃芩湯、黃連湯，諸瀉心湯，皆本於此，即後世升麻葛根湯、柴葛解肌湯之類，雖似變局，亦皆不外此方之成法。凡由太少陽陷入陽明，爲陽邪成實之證，不論有下利，無下利，皆以此方爲去實之用。最可笑者，李時珍不解實字，欲將之才十劑，洩可去閉，葶藶、大黃之屬，改作去實，將輕可去實，麻黃葛根之屬，改作去閉，則其意必謂有所積滯，方可稱實，而凡表實之當以輕藥去者，即時珍亦不得其解矣。豈知此方隨證可加，芎、芷、羌、獨、荆、防、藁、蔓，又可隨證加入，薄荷、桑葉、藿香、香薷、赤芍、丹皮、黑梔等藥，無非以輕去實，病即化大爲小，且不定需乎白虎承氣，而陽邪不實，陰何由傷，病必去矣。故敢筆之於此，以告病之甚賴有此方者，還此久亡之治法也。

《世補齋醫書文集・論劉河間治溫全用仲景傷寒方》 世謂仲景但知有傷寒，至守眞始知有溫病，故疑仲景但用辛溫，守眞始用苦寒，治傷寒則用仲景之桂、麻，治溫病則用守眞之膏、黃，一若仲景方但有桂、麻，而膏、黃則始於守眞者，其言悖甚，然亦有所本也。王安道《溯洄集》，傷寒者表有寒邪，非辛溫不足以散之，此仲景桂枝麻黃湯之所以必用也；溫病熱病，無寒在表，非辛涼苦寒，或酸苦之物，不足以解之，此仲景桂枝麻黃湯所以不可用，而後人所製防風通聖散之類所以可用也。異哉，安道其謂治寒，用辛甘溫，治溫，用辛涼苦寒酸苦者，下藥絕不少混，其說自可爲經。然於辛甘溫則曰仲景，而於辛寒酸苦則不曰仲景，必曰後人，是豈仲景之葛根非辛涼乎？仲景之芩也、連也、膏黃芍藥也，非寒涼酸苦乎？此眞余所謂但見論中有桂、麻、薑、附，不見論中有芩、連、膏、黃者，不意其即始於安道也。夫其所指爲後人而有防風通聖方者，非守眞乎？後人中惟守眞爲能用仲景法，所以守眞之升麻葛根湯，即仲景之葛根也，三已效方，即仲景之石膏也，三一承氣，即仲景之大黃也，天水涼膈，即仲景之瀉心豬苓也。若人參石膏一方，更與仲景人參白虎，異名同法。惟其欲明溫熱，所以暢論傷寒。不然者，河間六書，世皆知其舍寒而論溫矣。而何以論溫之書，莫不稱《傷寒直格》、《傷寒醫鑒》、《傷寒標本》，書中論溫，亦莫不曰傷寒煩躁，傷寒發狂，傷寒表裏俱熱，而凡所以治溫之方，皆從《傷寒論》脫化來耶。後人但說仲景有桂麻法，其能知仲景有膏黃法者，獨一守眞耳。異哉安道，胡絕不見守眞所用，無一非傷寒方耶。種種迷罔，總由誤會傷寒二字而起。而前人之本知溫熱是傷寒者，又不能逆料後人之不解，而預防之，所以於前人之論傷寒，不知其亦兼論溫，於前人之論溫，又不知其本稱傷寒，無怪其看得《傷寒論》中，絕無一治溫之方矣。至守眞《醫鑒》一冊借刻於馬元素者，則因朱奉議《活人書》，將寒熱二字，釋作三陽是熱，三陰是寒，謂病一到三陰，皆爲寒證，故特申仲景用寒之法，以闢翼中用溫之非。蓋守眞固知仲景之能用溫，亦能用寒也，而豈與仲景有異同哉。謂余不信，盍取河間書一讀之。

《臨證指南・暑病門》，楊姓案云：仲景傷寒，先分六經；河間溫熱，須究三焦。夫河間治法，亦惟六經是言，而三焦兩字，始終不見於六書。初不解《指南》之何以有是語，久之，而悟《指南》於西昌之論瘖，認作河間之論溫，約略記得河間之書，人皆說是異於仲景者，故即不妨託之河間耳。覩此先分須究等字，亦全不成句法，乃因託名大醫，人盡耳食，遂開吳鞠通上焦之弊，置六經於不問，不知《傷寒論》六經提綱，本不獨爲傷寒設。廢《傷寒論》，則六經失傳，廢六經，則百病失傳，莫謂《指南》所言，無關大局也。

《世補齋醫書文集・論程郊倩生地麥冬爲骨蒸勞熱源頭》 嘉言治溫，用薑附之溫熱，人尚有能知其非者。郊倩治溫，用麥、地之清滋，則言巧似是，人更無能發其覆矣。郊倩所有條辨卷首數十葉，純學金聖歎，既爲醫中魔道，而其足以害人者，尤在第四卷論溫數葉中。夫用溫藥以治溫者，其弊

顯，用滋藥以治溫者，其弊隱。自古隱害之中人，更甚於顯然之爲害，郊倩切切教人以麥地治溫，且以活人甚多爲證，而下文便接此即骨蒸勞熱等病之源頭，然則問其於麥地之後，作何治驗，則皆爲骨蒸矣，皆爲勞熱矣。病而既爲骨蒸，爲勞熱，則當其骨蒸勞熱時，卻未死也，未死而不可謂之活乎？及其久而仍死，則曰是乃死於骨蒸也，死於勞熱也。若前此之溫病，則我早以麥地活之，於是直可以一言斷之曰，余以此活人多矣。此爲郊倩所自言，爲郊倩自己所告人者，非我逆料其用麥地後，必變骨蒸勞熱等病也。以後如《溫證論治》之望其轉瘧，竟得不死，則尤爲活之明證，而遠勝於骨蒸勞熱之必死者矣。嘉言之以溫治溫，死於旬日；郊倩之以滋治溫，死於年餘。皆可預言其必然，以誇眼力。余在里門時，多有以十成勞病，就余問藥者，每述其前一年，曾作溫病，幸而獲愈，而問其今病之始，則固在前病之末，若告以今病之種種不堪，即由前病之種種耽誤，則必堅稱其前年之溫，確爲麥地所愈，特不解何故久不復原，而又爲此諸病耳。至有以瘧久不止，已成瘧母，來求治者，其言亦然甚矣。病者之愚，醫者之幸也。黃坤載亦用麥、地，而或加膏、黃於內，以其本是膏黃之病，當即有愈於膏黃者，若吳鞠通之增液清宮，則液且立見其涸，宮亦萬不得清，無怪其吸鑠真陰，肌膚甲錯，亦同於郊倩之骨蒸勞熱。可預定於清宮增液時，而所言之皆驗也。

《溫病合編・治溫病總論》 傷寒非汗不解，最喜發汗，傷風非汗不解，最喜解肌，溫病亦非汗不解，最忌麻桂辛溫發汗，汗傷津液，最喜辛平辛涼解肌，導邪外出。若暑溫則又不然，暑非汗不解，宜用香薷發之，汗後亦不可屢虛其表，致令厥脫也。若大汗不止，仍歸白虎法，不比傷寒、傷風之漏汗不止，必用桂附護陽實表也。若濕溫着於經絡，多身痛身熱之候，醫者誤認傷寒而大汗之，遂成邪入心包，神昏肢逆。仲景謂濕家忌汗，發汗則病痙，人可知所戒矣。更有粗工，稍知治濕熱法，一遇濕溫，亦以治濕熱之法治之，較之誤認溫熱爲傷寒者，厥罪惟均。不知濕溫二氣雜感，濁陰彌漫，輕者宣之即愈，重者宣之不愈，往往用苦溫之品，助之化燥，而後清，清而後愈。一爲陽病，一爲半陰半陽病，至魯至道，難易較然。再按溫熱病，慮涸其陰，救陰爲急，即愈後亦當以甘涼甘酸滋陰爲法。惟平素陽虛或寒涼過當，邪去正衰，不扶其陽，則氣立孤危，故又以益陽爲急務。濕溫慮傷其陽，溫陽爲急，即愈後亦當以甘溫、辛甘扶陽爲法。惟病後化燥，有當用涼潤者，又不可拘。再按溫熱屬陽，以陽從陽，故陽明燥土病居多。濕溫屬陰，以陰從陰，故太陰濕土病居多。暑兼濕熱，故各居其半，審其濕熱二氣偏多偏少，則治療不難矣。

《溫病合編・溫熱直傳少陰證治》 經曰：冬不藏精，春必病溫。蓋謂冬不藏精之人，或因房勞太過，或因人事辛苦，搖動其精，內外失其固密，在冬則早已損傷腎臟陰氣，陽熱獨盛，所以至春一感微邪，即引內熱，炎炎之勢，不能已矣。其證初起，邪深伏於腎中，不能遽出，但覺憒憒無賴，不知所苦，其發熱也，皆從骨髓鬱蒸而出，自覺熱極而捫之反不烙手，皮間未熱而耳輪上下已先熱矣，始發之時，多兼微寒，以少陰居北方寒水之位也。及至大熱灼肌，口燥咽乾，而反不作渴，以熱邪初動，而陰精尚足持之也。其後則不惡寒而作渴矣。醫者欲知其的候，當於舌苔、神識、脈息驗之。其舌深紅、乾薄無苔，甚則語言蹇澀，神識倉皇失措，反自謂無病。其脈息沈鬱，而至數模糊不清，沈數有力者可治，沈細無神者難治。既識其證，當知其治。少陰之臟，本陰標寒，邪入其界，非領不出，如初起無汗，宜於養陰之中加透邪之品，如羌活、生地之類。其有有汗內熱甚者，當遵仲景治有先後之說，審其表裏孰急，隨證治之，猶有可活。仲景於此證，初起一日，表裏俱熱者，依少陰病得之二三日，口燥咽乾之法，用大承氣急下之，瀉陽救陰。若因循失治，昏亂煩狂諸熱證見，則緩不及事矣。喻嘉言亦曰：二三日病始發，便有腎水枯竭之象，不急下之，將何救耶？自利清水，色純青，心下痛，口乾燥者，腎中之陽，搏水而變青，熱之極也，心下痛者，水氣上逆，而口反乾燥，則枯涸有立至矣，故當急下，大承氣湯主之。棠按：大承氣中須加養陰之品，如龜板、生地、知母之類。喻氏領邪法，用桂枝加生地湯，清陽瀉火法，用桂枝加大黃湯，皆有深意，不可不察也。

《溫病合編・溫熱忌汗傷津液論》 溫病由口鼻而入，邪不在足太陽之表，故不得傷太陽經也。時醫不知而誤發之，若其人熱甚血燥，不能蒸汗，溫邪鬱於肌表血分，必發斑疹。若其人表疎，一發而汗出不止，汗爲心液，誤汗亡陽，必致神明昏亂。心以陰爲體，心陰不能濟陽，則心陽獨亢，必有譫語癲狂、內閉外脫之變。是誤汗雖曰傷陽，而汗乃五液之一，又未始不傷陰也。《傷寒論》曰：尺脈微者爲裏虛，禁汗。其義可見。其曰：傷陽者，特舉其傷之重者言之耳。溫病最善傷陰，用藥又復傷陰，豈非爲賊立幟乎？此古來用傷寒法治溫病之大錯也。喻嘉言曰：溫病發汗之法，皆用解肌，蓋久

鬱之邪一解肌則邪自散。若大汗而重傷津液，反變起矣。即表藥中敗毒散、參蘇飲，亦止可用於春初未熱之候，惡寒無汗之人，而況於麻桂之辛熱乎？又按仲景治溫病，凡用表法，惡寒無汗用桂枝湯，以示微發於不發之意也。凡用下法，皆用大承氣，以示急下無所疑之意也。不知者，鮮不以爲表在所輕，裏在所重，殊大不然，蓋表裏無可軒輊，所以然者，慮熱邪久據陽明，胃中津液先傷，故當汗而惟恐過於汗，反重傷其津液，當下而惟恐不急於下，以亟存其津液也。又按：少陰病強汗，則小便必難，誤下則小便不利，直視失溲，可見腎以膀胱爲腑，臟病而腑未有不病，臟傷則腑先告竭也。《傷寒論》中云：直視譫語，循衣摸空，小便利者，其人可治。則是少陰之臟氣絶與不絶，全於小便之利與不利。窺其中臟，孰謂冽彼之下泉，非回枯澤槁之善物哉。

《溫病合編・溫病急下存津液論》 溫病可下者約三十餘證，不必悉具，但見脈息沈實，舌黃心腹痞滿，便當之下。大凡客邪貴乎早逐，乘人氣血未亂，肌肉未消，津液未耗，病人不至危殆，投劑不至掣肘，愈後亦易平複，欲爲萬全之策者，不過知邪之所在，早拔去病根爲要耳。但當量人之虛實，度邪之輕重，察病之緩急，揣邪氣離膜原之多寡，然後藥不空投，投藥無太過不及之弊。其有誤攻而致害者，乃邪在胸膈，未入胃腑，下之而成結胸。亦有春夏暴寒所中之疫證，邪純在表，未入於裏，其時必脈浮苔白，無汗身熱，鬱熱以外泄爲易，誤攻而引邪深入，終非法也。故溫病初起，疎利之中，必佐解肌。迨邪傳胃腑，始用攻下，切勿遲回瞻顧，致熱邪銷爍津液，損傷正氣，以至正不勝邪，則挽回無及矣。

《溫病合編・注意逐邪勿拘結糞》 應下之證，見下無結糞，每以爲誤下，殊不知承氣本爲逐邪而設，非專爲結糞而設也。其有結者，原其人病至，大便當即不行，續得蘊熱，益難得出，而爲結也。一者其人平素大便不實，雖胃家熱甚，而亦不結。若必俟其糞結，則血液爲熱所搏，變證迭起，是猶養虎遺患，醫之咎也。況多有溏糞失下，但蒸作極臭如敗醬，或如藕泥，臨死不結者。但得穢惡一去，邪毒從此而消，脈證從此而退，豈徒孜孜糞結而後行哉？假如經枯血燥之人，血液衰少，或病後氣血未複，多生燥結，經所謂不更衣十日無所苦，有何妨害。是知燥結不致損人，邪毒之爲殞命也，醫者知注意攻邪，而又能確中病之輕重，則萬全無弊矣。

《溫病合編・急證急攻》 溫疫發熱一二日，舌上白苔如積粉，早服達原飲一劑，午前舌變黃色，隨見心腹滿痛，大渴煩躁，此伏邪即潰，邪毒傳胃也，前方加大黃下之。煩渴少減，熱去六七，午後復加煩躁發熱，通舌變黑生刺，鼻如煙煤，此邪毒最重，復瘀到胃，急投大承氣湯，傍晚大下，至夜半熱退，次早鼻黑苔刺如失，此一日之間，而有三變，數日之法，一日行之。因其毒甚，傳變亦速，用藥不得不緊，若服緩劑，羈遲二三日即死矣。

《溫病合編・論黃連》 黃連大苦大寒，入心瀉火，非大邪深入者不可用也。即火邪深入者，亦不宜常用獨用，蓋以苦先入心，其化以燥，多服愈化愈燥。宋人以目爲火戶，設立三黃湯，久服竟至於瞎，非化燥之明徵乎？嘗見溫病，恣用苦寒，津液乾涸，不救者甚多。蓋化氣比本氣更烈，舉世皆以苦能降火，寒能瀉熱，即如其說，而溫病之火熱，邪也，黃連守而不走，安能導邪外出乎！況其爲久服化燥之品乎。

《溫病合編・解後宜養陰忌投參朮》 夫溫，熱病也，最易傷陰。暴解之後，餘焰尚在，陰血未復，大忌參、芪、白朮，助其壅遏。餘邪鬱伏不惟目下淹纏，日後必變生異證，或週身痛痹，或四肢攣急，或流火結痰，或遍身瘡瘍，或兩腿攢痛，或勞嗽湧痰，或氣毒流注，或痰核穿滿，皆驟補之爲害也。凡有陰枯血燥者，宜清燥養榮諸湯。若平素多痰，及其人肥盛者，又恐有膩膈之弊，莫如靜養節飲食爲第一，此《漢書》所謂勿藥爲中醫也。

《張氏溫暑醫旨・舌苔辨》 《張氏醫通》內有傷寒舌鑑圖形，議論頗詳盡。然予見又有碧滑厚苔者，倉橋陳姓，年六十二，胸痛，粒食必吐，患經三月，脈弦小，用丁沈透膈散，加參朮，令早起煎藥，先服二煎，食少許，覺欲吐，立服頭煎，得不吐，則此法次第用之午亥，蓋以藥如鉗然，鉗食以藥，三月後碧苔盡去，三餐皆食。凡傷寒溫邪，或七日解，或十四日解，或二十一日解，全憑舌定。暑症或上焦，或中下焦，或三焦均感，或五日解，或十日解，或十五日解，亦以舌可定。得其竅，不失遲早，合脈，即死期亦不爽遲早。又凡夏至後之濕邪，與少陽經之暑濕症，其舌必中黃，四圍白皆滑，又有冬春間身熱，骨不疼，頭不痛，舌淨，脈沈弦小，卧床不能支，《張氏醫通》謂之少陰心症，須用黃耆建中湯，甚或用四逆法者，予曾經見，爲培歸耆建中，皆以爲非，後竟以時手不觀舌，而用承氣，再邀求救，爲不能治。

所謂溫邪者，曰冬溫，曰春溫，曰風溫，曰溫熱，曰濕溫，曰瘟疫，曰暑溫。

葉氏云：溫者化熱之漸，當用河間三焦法，不用仲師六經法。嘉慶年間，吳鞠通著《溫病條辨》，分別三焦甚明晰，其法頗行於世，恪遵葉法，以達原飲爲非，以柴胡、葛根、羌活爲六經法，不應用，以葉遵張景岳、喻嘉言故也。然予以舌苔分別，頗稱順手。舌紅，或白薄，用葉法；苔如積粉，用又可法。柴葛羌竟不用，又舉斑通經等方，亦不用。若用清燥湯，亦去柴胡。葉氏云：舌上無苔，或薄白，邪在肺也，紅苔邪在心也。心肺同屬上焦，《舌鑑》云：紅苔，瘟疫也。則知又可云積粉，是濕疫也。溫邪禁發汗，凡醫書云發汗，或云汗之者，指麻、桂、生薑、薑半夏等而言。試觀消暑飲，甘草、茯苓、醋炒半夏，半夏辛溫能發汗，其孕婦忌之者，亦以辛散故。故用醋炒，酸以收之。可悟暑症用薑半夏、生薑爲助病之藥，以暑症本多汗，經云：暑症當汗出，勿止。勿者禁之之辭，恐醫者見其汗多，止其汗，須知暑從汗洩，得涼汗，暑乃淨。所云無汗曰陰暑，以香薷汗之，香薷與麻黄爲對待，傷寒有汗者，不得用麻黄，則暑症有汗者，不得用香薷。麻黄治氣喘，獨不出汗爲奇物，香薷治水瀉，獨不出汗亦奇物也。以是知薄荷、連翹，爲辛涼清上，醋炒半夏、黄芩爲苦辛洩熱，則言溫邪發汗二字當改。予曾見有暑症發汗，大汗淋灕，致脫陽而死者。劉松峰《說疫》及明季北略，則疫之奇怪，有不可解者，一時有一時之藥。如元末，藥中必加烏梅而瘥。明季北略，服遼參一錢必愈，以國朝旺氣所臨，疫鬼退避三舍也。是即非常之厲氣。若尋常疫症，即春夏間濕溫、溫熱，沿門闔境，男婦老幼，所患悉同，即屬溫疫。又可所云苔如積粉，即濕溫之盛行，葉氏案中用張喻法者，其舌皆紅耳。瘟疫尤多汗，故北方謂之汗症，仲師云：有汗不宜重汗。又云：濕家忌汗。汗之則發痙厥，故疫忌汗。一見白燥苔，即下，舌稍黄微下之，舌黄燥大下之，舌焦刺重下之、峻下之，所謂下不嫌早也。裏氣通自能戰汗，或自汗，或盜汗而解。又或小便如注而解，或鼻衄，或團血而解，或瘢或疹而解，予皆經見，非虛語也。川連如河南或有忌者，吾鄉則無忌。川連能解毒，且苦能燥濕，復以人中黄尤妙。坊間有《瘟疫明辨》一書，忘著書者之姓氏，其辨脈、辨色、辨氣、辨神，頗精。且言所夾，有必治，頗有理。溫邪之重者，即經云冬不藏精，春必病瘖，黄芩湯，堅陰託邪，爲提少陽邪出肺，一併擒之。故凡病溫者，身大熱，兩足畏冷，烈火烘亦不知溫，服黄芩湯兩劑，足知溫，病漸瘥。若服后仍畏冷必危，所謂傷寒多死下虛人也。古人以溫邪爲傷寒者，以熱病者皆傷寒之類也句誤之，至喻氏、葉氏言病極分晰。然喻氏有瘧不離少陽，獨咳嗽不離肺等言，有語病，斷不可泥。《內經》云：五臟六腑皆令人咳。又云：十二經絡皆能作瘧。每考古賢治嗽與瘧，有絕不治及肺與少陽者。《內經》又云：冬傷於寒，春必病溫。喻氏以寒爲汗字之誤，言冬時大熱，汗出過多，在冬即病曰冬溫，至春爲春溫。又《內經》云：至春變爲溫病，至夏變爲熱病。此言伏氣爲病也。蓋冬時受邪即發名傷寒，至春發出爲溫病，至夏發出爲熱病。伏之愈久，則毒愈深，發之愈遲，則病愈重。如人有深仇宿怨，報之必烈也。以夏至爲期，過夏至則無伏寒之發，可悟寒暑觸人則病，夏時感邪即發爲暑濕，至處暑後涼風一束，則暑伏。以冬至爲期，過冬至則無伏暑之發，伏暑之淹纏者，以暑必夾濕，朋比爲奸，先須開達中焦，俾暑爲陽邪，陽從上化，濕爲陰邪，陰從下洩，暑濕分開，病乃速愈。予味葉氏通陽不難，難於通溲，頗得其竅。故治暑濕，每十五日告蕆，惟或婦女病間經至，則須二十日，皆症之重者，輕則或五日，或十日。又有三焦均感之伏邪，身熱大汗，嘔吐水瀉，其勢頗凶，用劉河間三焦分消飲，可即愈也。予壯時帖括外，求切於日用者，則博覽醫書。甲午赴秋試，過蕭山訪一戚湯姓，患暑症，以重資延醫，所服皆傷寒下藥。予以葉氏云：大黄祛有形之邪。暑濕無形，不當下，下之便易溏瀉，以濕有不必下，而自能作瀉而解者。且古人治濕，有分消法，有滲法，有烘法，從無下法，乃醫大肆議論，以醫當遵經，經祗有伏寒，無伏暑。凡稱伏暑者，皆妖言也。予以河間治伏暑，有三焦法，有分消法，與張子和皆有桂苓甘露飲，皆妖言也。要之《傷寒論》與《金匱要略》，爲不全書。孔子云：一隅三反。有伏寒必有伏暑，即隅反之意。比反，湯姓已去世多日矣。達原飲，是古時治疫瘧方。疫者如徭役然，沿門闔境，男婦老幼皆患瘧。又有作痢者，名疫痢，達原飲加陳倉米，名倉廩湯。同治壬戌鄉間盡患此，由城避難住鄉者，尤多死。

張石頑先生，以春初少陽司令，故於春溫、風溫用小柴胡湯，爲合時令，則溫邪無六經藥之禁矣。予遵用頗效，以邪夾有少陽，非無故妄入也。於是悟溫邪在夏令，用葛根湯合黄芩湯，熱極加川連，或涼膈散，頗有速效。其初起挾熱下利，達原飲，加倉朮、茯苓、澤瀉，往往速效。治三伏時暑溫痢，亦效。瘢出血分，疹與闔出於氣分，古人云：失下則瘢，失辛涼肺分則疹。然風熱甚，即辛涼肺分亦疹，惟早透達耳。夾溫則立瘖，瘖似疹，白色有漿，熱

毒深入血分，即下亦癍，惟早下則癍早出耳。一見疹，黃芩湯，加炒大力子、桔梗、婁皮、蟬蜕、茯苓皮，以解表託疹，勿用貝、蔞、葶藶瀉肺，致邪下陷。一見癍，即用犀角地黃湯，加人中黃、銀花、大青，化癍解毒。輕者勿用承氣，若重症，復入三黃湯，或承氣爲雙解法，使表裏之邪一齊解散。甚或有用生軍者，則又可不用川連之說不可泥。疹瘖以背間多者爲邪透，癍須週身均見爲邪達，故葉氏云：出宜周勻，退宜遲緩，大抵以三日爲期。若即見即隱，爲逆。又癍紅吉，紫重，青黑多死。予曾見有藍癍滿舌者，即死。又有用開達邪毒，至晚癍疹與汗齊出，大便亦解，至天明癍疹皆隱，再用藥又出又隱，竟不治。溫邪發疹，吳氏《條辨》西湖柳，即檉柳，性溫，禁用。則桂枝尤熱，勿用。《傷寒序例》云：桂枝下咽，陽盛則斃。喻氏云：雖不即斃，必鼻衄。《傷寒・太陽篇》鼻衄下，接桂枝湯三字，諸家皆遂文解說，獨柯韻伯謂屬錯簡，洵爲創解。

《治瘟提要》 病以溫稱，顧名思義，雖分春溫、風溫、疫毒，而統名曰溫，則與寒傷太陽之證不同，安得以傷寒法治之哉？ 熱邪傷陰，與寒迥異，溫者，熱也。熱邪傷陰，日爍日甚，故治溫以救陰爲主，而救陰以存津液爲先。初起口渴，不寒而熱，太陽病發熱而渴，不惡寒者，名曰溫病，仲師言也。故此證以口渴爲的，以發熱爲準，再驗舌察脈，無所惑矣。右寸脈大，識病要訣。傷寒初起，多左手脈大，溫病多右手脈大，且多兩寸脈大，而右寸尤甚。蓋溫邪從口鼻入，在手太陰肺故也。春溫風溫，微兼表證，初起惡寒，主以麻杏。春去寒水未遠，風兼寒氣而來，故二證初起，多兼惡寒，然總以口渴爲別。麻杏甘石湯，清內解外，一劑而表裏全清，故爲神方。若桂枝湯、參蘇飲等方辛溫之藥表解，而溫愈盛，遂至大渴大熱，貽害無窮。

稍事遲延，熱甚寒止，風化已盡，表藥禁矣。二三日間，風盡化熱，無太陽惡寒證，而純是口渴發熱，則麻黃當禁，羌、獨、防、芷尤禁矣。蓋表不惡寒，熱全在裏。妄用辛溫發表，徒傷津液，是爲熱邪樹幟也。世之易用表藥者，當知所慎，而治裏之法，可以隅反。

桑菊銀翹，輕重酌宜，辛涼之法，內外兼施。輕劑桑菊飲，重劑銀翹散，溫病初起，口渴發熱，不惡寒者，酌量用之，一劑愈矣。微惡寒，須加麻黃四五分。二方爲辛涼之劑，清內解外，表裏兼行，溫病正方也。

大渴引飲，津液急存，至三四日，熱傷津液，大渴大熱，思飲冷水，內熱盛，眞陰耗矣。承氣撤熱，白虎救焚。承氣湯，下其熱以存未亡之陰，急法也。白虎湯滋其燥，以回未亡之陰，緩法也。擇而用之。

舌黑枯裂，熱湯反喜，舌枯黑而裂，且喜飲滾湯，甚至口邊破而不知，乃陽極似陰，危症也。勿作寒證看。急下存陰，稍遲則死。急用大承氣加石膏下之，以救一綫未亡之陰，延至陰盡，不可治矣。

邪入包絡，譫語昏狂。譫語神昏發狂，乃邪在包絡，不在腸胃，下之無益。紫雪清宮，至寶牛黃。惟有芳香解穢，甘寒清熱，兩法四方，擇宜用之。而重症非至寶丹不可，藥不易得，須備於平時。

正虛邪實，下之不應。津液枯竭，雖下不通，大用攻伐，正氣反傷，病勢至此，頗爲棘手。增液承氣，水活舟動。增液承氣兩方合用，一滋陰，一蕩邪，其法至妥。

病久純虛，滋潤甘寒。純屬正虛，專以復津液爲治。蓋傷寒病陽，以甘溫復之；溫病傷陰，以甘寒復之，乃兩證之鑒別也。復脈諸法，總使陰還。復脈，去薑桂湯，竹葉石膏去粳米湯等方皆復津液之藥，其大要以復陰爲主。

先利後利，大分虛實。初病協熱下利，口渴身熱，舌黃胸痞，脈數，邪盛也。病久下利，氣弱脈數而軟，正虛也。葛芩升泄，龍牡鎮澀。葛、芩、桔梗、豆黃卷升泄熱邪法，龍牡鎮澀法，宜分別明了，方不致誤。

病變紛紜，法不出此。溫病傳變極多，有硝黃用至廿餘日，而病猶在者；有地黃、石膏用至半年，而熱未清者；然總以清熱救陰爲主。欲窮其方，近求吳氏。至三焦雜證，分類立法。古人各有發明，不如吳鞠通之詳也。雖其書分濕溫暑溫，名目駁雜，在人善讀耳。

至於溫疫，時氣天行，疫兼毒氣，中人最速，其證大寒大熱，或大熱無寒，大渴飲冷，舌胎白厚，少遲轉黃轉黑，面如油垢，脈洪數，有力。山川瘴沴，水旱刀兵。穢濁之氣，久蘊成疫，排門挨戶。若役使然，乃兵荒後常有之災，與風溫春溫，大不相同。

大頭疙瘩，轉筋吐瀉，名目病狀雖多，總不出一毒字。然別有長夏熱極吐瀉，頃刻而死者，傳染亦衆，但不口渴發熱，乃陰陽離訣證，以此大反。升降達原，效如奔馬。升降散急症用之，達原飲緩症用之，二方專爲疫毒立法，在用當其宜耳，前賢駁之，殊非通論。

要之溫病，忌用溫藥，桂枝一法，前賢且駁。尤氏云：溫病伏寒變熱，少陰之精已被劫奪，雖有新舊合邪，不得更用桂枝湯，以絶化源。葉氏云：風溫病，外寒雖似戰慄，其溫邪內鬱，必從熱化。諸賢所爭，皆慮助熱傷陰耳。觀此而朮附、辛、麻之爲害，更可知矣。

舌胎細辨，熱渴肇端，絳胎、白胎、黃胎、黑胎、鏡面胎，總以枯燥爲別，而口渴身熱，則溫病之大關目也。識病之始，以此爲斷，庶不混淆。救陰爲主，始終用寒。脈始半表半裏，不在太陽，中沉細而數，熱傷陰後，喜弦惡澀，陰盡乃死。雖辛寒、苦寒、甘寒不同，而總以寒爲主。

《南病别鑑・急下急温》　凡言急下急温，病勢已迫，將有變也，非若他病，尚可少緩。如少陰屬腎水，主口燥咽乾而渴，乃熱邪内熾，腎水將絶，故當急下以救將絶之水。如腹脹不大便，土勝水也，亦當急下。陽明屬土，汗多熱盛，急下以存津液。腹滿痛爲土實，急當下之。熱病目不明，熱不已者死。目睛不明，腎水已竭，不能照物，則已危矣，急須下之。少陰急温有二證，内寒已甚，陽和之氣欲絶，急宜温之無疑也。

《時病論・擬用諸法・凉解裏熱法》　治温熱内熾，外無風寒，及暑温、冬温之證。

鮮蘆根五錢　大豆卷三錢　天花粉二錢　生石膏四錢　生甘草六分

新汲水煎服。

温熱之邪，初入於胃者，宜此法也。蓋胃爲陽土，得凉則安。故以蘆根爲君，其味甘，其性凉，其中空，不但能去胃中之熱，抑且能透肌表之邪，誠凉而不滯之妙品，大勝尋常寒藥。佐豆卷之甘平，花粉之甘凉，並能清胃除熱。更佐石膏，凉而不苦，甘草瀉而能和，景岳名爲玉泉飲，以其治陽明胃熱有功。凡寒凉之藥，每多敗胃，惟此法則不然。

《時病論・擬用諸法・卻熱息風法》　治温熱不解，劫液動風，手足瘛瘲。

大麥冬五錢，去心　細生地四錢　甘菊花一錢　羚羊角二錢　鈎藤鈎五錢

先將羚羊角煎一炷香，再入諸藥煎。

凡温熱之病，動肝風者，惟此法最宜。首用麥冬、細地，清其熱以滋津液，菊花、羚角，定其風而甯抽搐，佐鈎籐者，取其舒筋之用也。

《時病論・擬用諸法・祛熱宣竅法》　治温熱、濕温、冬温之邪，竄入心包，神昏讝語，或不語，舌苔焦黑，或笑或痙。

連翹三錢，去心　犀角一錢　川貝母三錢，去心　鮮石菖蒲一錢

加牛黄至寶丹一顆，去蠟殼化冲。

是法治邪入心包之證也。連翹苦寒，苦入心，寒勝熱，故瀉心經之火邪。經曰：火淫於内，治以鹹寒。故兼犀角鹹寒之品，亦能瀉心經之火邪。凡邪入心包者，非特一火，且有痰隨火升，蒙其清竅，故用貝母清心化痰，菖蒲入心開竅，更用牛黄至寶之大力，以期救急扶危於俄頃耳。

《時病論・擬用諸法・辛凉解表法》　治風温初起，風熱新感，冬温襲肺咳嗽。

薄荷一錢五分　蟬蜕一錢，去足翅　淡豆豉四錢　栝蔞殼二錢　牛蒡子一錢五分

煎服。如有口渴，再加花粉。

此法取乎辛凉，以治風温初起，無論有無伏氣，皆可先施。用薄荷、蟬蜕，輕透其表；前胡、淡豉，宣解其風；葉香巖云：温邪上受，首先犯肺。故佐蔞殼、牛蒡開其肺氣，氣分舒暢，則新邪伏氣，均透達矣。

《時病論・擬用諸法・清凉透邪法》　治温病無汗，温瘧渴飲，冬温之邪内陷。

鮮蘆根五錢　石膏六錢，煨　連翹三錢，去心　竹葉一錢五分　淡豆豉三錢　菉豆衣三錢

水煎服。

此治温病無汗之主方。其伏氣雖不因風寒所觸而發，然亦有有汗無汗之分。無汗者宜透邪，有汗者宜保津，一定之理也。凡清凉之劑，凉而不透者居多，惟此法清凉且透。蘆根中空透藥也，石膏氣輕透藥也，連翹之性升浮，竹葉生於枝上，淡豆豉之宣解，菉豆衣之輕清，皆透藥也。伏邪得透，汗出微微，温熱自然達解耳。

《時病論・擬用諸法・清熱保津法》　治温熱有汗，風熱化火，熱病傷津，温瘧舌苔變黑。

連翹三錢，去心　天花粉二錢　鮮石斛三錢　鮮生地四錢　麥冬四錢，去心　參葉八分

水煎服。

此治温熱有汗之主方。汗多者，因於裏熱薰蒸，恐其傷津損液，故用連翹、花粉，清其上中之熱；鮮斛、鮮地，保其中下之陰；麥冬退熱除煩；參葉生津降火。

《時病論・擬用諸法・清凉蕩熱法》　治三焦温熱，脈洪大而數，熱渴讝妄。

連翹四錢，去心　西洋參二錢　石膏五錢，煨　生甘草八分　知母二錢，鹽水炒　細生地五錢

加粳米一撮煎服。

是法也，以仲聖白虎湯爲主，治其三焦之溫熱也。連翹、洋參，清上焦之熱以保津，膏、甘、粳米，清中焦之熱以養胃；知母、細地，瀉下焦之熱以養陰。

《時病論・擬用諸法・潤下救津法》 治熱在胃府，脈沉實有力，壯熱口渴，舌苔黄燥。

熟大黄四錢　元明粉二錢　粉甘草八分　元參三錢　麥冬四錢，去心　細生地五錢

流水煎服。

陽明實熱之證，當用大、小承氣，急下以存津液。但受溫熱之病，弱體居多，雖有是證，不能遽用是藥，故以仲聖調胃承氣爲穩。且芒硝改爲元明粉，取其性稍緩耳。合用鞠通增液湯方，更在存陰養液之意。

《時病論・擬用諸法・清涼透斑法》 治陽明溫毒發斑。

石膏五錢，煨用　生甘草五錢　銀花三錢　連翹三錢，去心　鮮蘆根四錢　豆卷三錢，井水發

加新荷錢一枚，煎服，如無，用幹荷葉三錢亦可。

凡溫熱發斑者，治宜清胃解毒爲主。膏、甘治之以清胃，銀、翹治之以解毒。更以蘆根、豆卷，透發陽明之熱；荷錢者即初發之小荷葉也，亦取其輕升透發之意。熱勢一透，則斑自得化矣。

《時病論・備用成方・小定風珠方》 小定風珠方　治溫病厥而且呃，脈細而勁者。

生龜版　眞阿膠　淡菜　雞子黄

加童便一杯冲服。

大定風珠方　治溫熱燥陰，或誤表妄攻，神倦瘛瘲，脈氣虛弱，舌絳苔少，時時欲脱者。

大生地　生白芍　眞阿膠　麥冬　生龜版　生鼈甲　生牡蠣　雞子黄　火麻仁　五味子　炙甘草

水煎服。

消毒犀角飲　治風熱之毒，喉腫而疼，發斑發疹。

防風　荆芥　牛旁子　甘草　犀角

水煎服。如熱盛，加連翹、薄荷、黄芩、黄連。

《時病論・擬用諸法・清離定巽法》 治昏倒抽搐，熱極生風之證。

連翹三錢，去心　竹葉一錢五分　細生地四錢　元參三錢　甘菊花一錢　冬桑葉三錢　鈎藤鈎四錢　宣木瓜一錢

井華水煎服。

此法治熱極生風之證，故用連翹、竹葉，以清其熱；熱甚必傷陰，故用細地、元參，以保其陰；菊花、桑葉，平其木而定肝風；鈎藤、木瓜，舒其筋而甯抽搐。大易以離爲火，以巽爲風，今曰清離定巽，即清火定風之謂也。

《時病論・擬用諸法・甘鹹養陰法》 治熱傷血絡，損及陰分，潮熱咳嗽。

大乾地四錢　龜版三錢，炙　阿膠二錢，另燉冲　旱蓮草三錢　女貞子二錢　牡丹皮一錢五分

加淡菜三錢，井水煎服。

法中乾地甘寒，龜版鹹寒，皆養陰之要藥。阿膠甘平，淡菜鹹溫，並治血之佳珍。旱蓮甘寒，汁黑屬腎，女貞甘涼，隆冬不凋，僉能補益腎陰。佐以丹皮之苦，清血中之伏火，火得平静，則潮熱咳血均愈矣。

《時病論・附論・治時病常變須會通論》 拙著已告竣矣。首先論證，其次立法，其次成方，又其次治案，醫者能於此熟玩，自然融會貫通。弗執定某證之常，必施某法，某證之變，必施某法，臨證時隨機活法可也。姑先論其常而通其用，如初起因於風者，宜以解肌散表法。因於寒者，宜以辛溫解表法。因於暑者，宜以清涼滌暑法。因於濕者，宜以增損胃苓法。因於燥者，宜以苦溫平燥法。因於火者，宜以清涼透邪法。此皆言初患六氣之常證，通用之定法也。至於反常之變證，不定之活法，則又不可不知。如春溫條中，有舌絳齒燥，譫語神昏，手足瘛瘲，昏聵不語之變。濕溫條中，有或笑或痙，撮空理線，舌苔黄刺，或轉焦黑之變。然而亦非一定之變也。須知春溫亦有濕溫之變證，濕溫亦有春溫之變證，論中不能印定，須活法而通治之。此又不特春溫、濕溫可以會通，而暑溫、冬溫，以及諸病，皆有等證之變，悉可以通治之。又如諸病，見有舌絳齒燥，熱傷於陰者，清熱保津法可通用之。譫語神昏，熱亂神明者，祛熱宣竅法可通用之。手足瘛瘲，熱極生風者，清離定巽法可通用之。昏聵不語，痰襲心包者，宣竅導痰法可通用之。及至發笑之證，皆由邪襲於心；發痙之證，皆係風乘虛入；或至撮空理線，循衣摸床

等證，皆當審其虛實，通其活法，則不但治時病可以融會，即治雜病亦有貫通之妙耳。

《醫家四要·病機約論·外感發熱當分夏熱春溫》 發熱之病，今人謂之四時傷寒，不知冬時傷寒，乃寒邪自外而入，故仲景治以麻桂之屬。倘寒邪不即發者，藏於肌膚，或藏於骨髓，至春感受新邪，觸動伏氣而發者，名曰春溫，至夏而觸發者，名曰熱病。其症發熱口渴，或作咳嗽，宜以九味羌活湯加減治之。但溫熱之病，最易傷津，辛溫之劑，又不宜過用。若春夏秋三時，感受非時之暴寒，名曰寒疫，宜以辛溫疎表，用十神湯加減治之。

《醫家四要·病機約論·時疫觸冒四氣務要先明》 四氣者，春應溫而反寒，夏應熱而反涼，秋應涼而反熱，冬應寒而反溫，此天時不正之氣也。人感此氣而爲病，則長幼病皆相似，名曰時疫。其證初起，憎寒壯熱，頭痛身疼，口渴欲飲，後但惡熱而不惡寒，治以人參敗毒散表之，或小柴胡湯解之。若疫病纏累，寒熱不除，是邪未盡，痰結膜原，宜用達原飲，去芍藥，加半夏治之，俾其餘邪達，痰癖開，不數劑而獲效耳。

《醫家四要·方歌別類·火病方》 黃連解毒湯太倉公，梔子柏芩勷。主治三焦火，心煩又熱狂。治三焦實火，煩躁發狂，及吐衄發斑等證。即黃連、梔子、黃柏、黃芩。 肺胃實熱宜白虎湯，仲景石膏甘草知米伍。治肺熱胃火屬實者。即石膏、甘草、知母、粳米。 虛熱竹葉石膏湯仲景，參甘麥夏米生薑。治肺熱胃火屬虛者。即竹葉、石膏、人參、甘草、麥冬、半夏、粳米。加薑煎。《局方》傳下涼膈散，芩連翹梔薄爽。更佐硝黃蕩滌中，竹葉蜜煎療膈上。治心火上盛，口瘡唇裂，中焦燥實，煩渴便閉，發斑發狂。即黃芩、甘草、連翹、梔子、薄荷、芒硝、大黃。加竹葉、生蜜煎。 龍膽瀉肝湯《局方》梔芩柴，生地車前澤瀉偕。木通甘草當歸合，肝經濕熱力能排。治肝膽經實火濕熱，男子白濁溲血，女子陰腫陰痛。即龍膽草、梔子、黃芩、柴胡、生地、車前子、澤瀉、木通、生甘草、當歸。 一切火證宜紫雪《本事方》，寒膏磁滑朴硝石。丁沉木麝及犀羚，元草升硃局入金。治內外煩熱，狂亂斑黃，及小兒驚痛。即寒水石、石膏、磁石、滑石、朴硝、硝石、丁香、木香、沉香、麝香、犀角、羚羊角、元參、甘草、升麻、硃砂。《局方》加入黃金。 東垣升陽散火湯，火熱鬱伏最爲良。柴葛升防羌獨活，二甘參芍棗生薑。治火熱鬱伏，陽氣抑遏於脾土之中。即柴胡、葛根、升麻、防風、羌活、獨活、炙甘草、生甘草、人參、白芍。加薑棗煎。 瀉黃散可治口瘡，防草山梔膏藿香。治脾胃伏火，口燥唇乾，口瘡口臭，煩渴易飢，熱在肌肉。即防風、甘草、山梔、石膏、藿香。 牙疼屬胃火，清胃散東垣最可。生地牡歸連，升麻石膏佐。治胃有積熱，上下牙痛，其牙喜冷惡熱，或牙齦潰爛，或牙宣出血。即生地、丹皮、當歸、黃連、升麻、石膏。 利膈湯《本事方》治咽痛疴，參草防荆鼠桔荷。治脾肺火熱，虛煩上壅，咽痛生瘡。即人參、甘草、荆芥、防風、鼠粘子、桔梗、薄荷。 玉屑無憂散，陳無擇治喉痹，元參貫衆硼砂繼。豆根寒水滑黃連，芩草荆砂十一味。治纏喉風痹，咽喉腫痛，嚥物有礙，兼治骨硬。即元參、貫衆、硼砂、山豆根、寒水石、滑石、黃連、黃芩、甘草、荆芥、砂仁。爲末，每一錢先抄入口，徐以清水嚥下。

《醫家四要·方歌別類·溫熱方》 葳蕤湯主治風溫，羌葛麻黃芎杏仁，薇石木香甘草用，體強汗少此方靈。治風溫初起，六脈浮盛，表實壯熱汗少者。即葳蕤、羌活、葛根、麻黃、川芎、杏仁、白薇、石膏、木香、甘草。汗多慎勿服之。 鞠通又製銀翹散，風溫冬溫最爲上，即是銀翹桔薄荆，豉蒡竹葉草蘆根。治風溫、溫病、冬溫等證。即銀花、連翹、桔梗、薄荷、荆芥、淡豉、牛蒡子、竹葉、甘草。鮮蘆根湯煎服。 涼膈散《局方》主溫熱病，心火亢兮胃火盛。 體虛熱盛黃龍湯，朴枳芒黃參地當。治失下，循衣撮空，體虛熱盛，不下必死。即厚朴、枳實、芒硝、大黃、人參、地黃、當歸。 柴葛解肌湯陶華，春溫夏熱方，加之羌芷膏甘桔，赤芍黃芩與棗薑。治四時太陽、陽明、少陽合病，春溫夏熱等症。即柴胡、葛根、羌活、白芷、石膏、甘草、桔梗、赤芍、黃芩。加薑棗煎。 九味羌活，湯張元素治溫熱，羌防蒼朮川芎協，白芷黃芩共細辛，地黃甘草薑葱白。治傷寒傷風，感冒四時不正之氣，及溫病、熱病。即羌活、防風、蒼朮、川芎、白芷、黃芩、細辛、生地、甘草。加生薑、葱白。 時行瘟疫十神湯《局方》，乾葛升麻白芷勷，赤芍川芎香附共，陳皮蘇草及麻黃。治時氣瘟疫，風寒兩感，寒熱咳嗽。即葛根、升麻、白芷、赤芍、川芎、香附、陳皮、紫蘇、甘草、麻黃。加薑葱煎。 君不聞濕熱成毒發斑疹，宜用犀角消毒飲，防風荆芥草牛蒡，且醫熱毒成喉症。治風熱之毒，喉腫而疼，發斑發疹。即犀角、防風、荆芥、甘草、牛蒡子。 又有熱毒發頤疴，連翹敗毒散服之瘥，柴蒡升桔荆防粉，羌獨歸芎紅草蘇。治時毒發頤。即連翹、柴胡、牛蒡、升麻、桔梗、荆芥、防風、天花粉、羌活、獨活、當歸尾、川芎、紅花、生甘草、蘇木。 抑不聞溫病厥而呃，小定風珠《條辨》可奪，龜阿淡菜與雞黃，童便一杯冲下服。治溫病厥而且呃，脈細而勁。即龜版、阿膠、淡菜、雞子黃。加童便一盃。冲服。 倘然瘛瘲時欲脫，大定風珠《條辨》隨後續，地芍龜阿鱉蠣雞，麻仁五味同甘麥。治溫熱爍陰，或誤表妄攻，神倦瘛瘲，脈虛舌絳，時時欲絕。即生地、白芍、龜版、阿膠、鱉甲、牡蠣、雞子黃、火麻仁、五味子、甘草、麥冬。水煎服。

《溫病淺說·溫病》 仲景《傷寒論·太陽篇》第五節曰： 太陽病，發熱而渴，不惡寒者，爲溫病。若發汗已，身灼熱者，名曰風溫。風溫之爲病，脈陰陽俱浮，自汗出，身重，多眠睡，息必鼾，語言難出。若被下者，小便不利，直視失溲； 若被火者，微發黄色，劇則如驚癇時瘛瘲，若火熏之，一逆尚引日，再逆促命期。

按： 此一節，言短意長，而寒溫異病之脈症，及誤治之情狀俱已包括其中。惜未出其方治，使讀者有望洋之歎。今特註明，按發熱不渴，惡寒者，太陽寒症也； 發熱而渴，不惡寒者，陽明溫症也。今太陽病始得之，不俟寒邪變熱，轉屬陽明，而即熱渴不惡寒者，知非太陽傷寒，乃太陽溫病也。感風邪而發者，名曰風溫，法當先以清凉散散其表邪，清其裏熱； 若用辛溫發汗則益耗其眞陰，助其蘊熱，必令身熱如火灼也。蓋風溫爲病乃風邪外感於表，故陰陽六脈俱浮，熱邪内壅於胸，故多眠睡，鼻息鼾也； 風邪傷衛，表氣不固，故自汗出，間亦有無汗者； 壯熱傷氣，故身重倦，聲微語言難出也。若被下者，則愈奪陰液，故水泉竭而小便不利也； 太陽腑氣將絶，故目直視也； 少陰臟氣不固，故遺失溲也。若被火者，則以火益火，而陽氣熏灼將欲發黄，故示之曰： 微發黄色也； 劇者熱極生風，故如驚癇時瘛瘲也； 微黄病深色漸加黑，故若火熏之也。溫病不惡寒者，表熱也； 口渴引飲者，裏熱也。表熱無寒，故不宜汗； 裏熱無實，故不宜下； 表裏俱熱尤不宜火。曰： 一逆者若汗、若下、若火也，再逆者汗而復下，下而復火也。一逆已令陰竭，尚可延引時日； 再逆則陰立亡，故曰促命期也。

余臨症三十餘年，及余身患此病，始知其中之底蘊，而溫病伏根最深，較之傷寒尤爲難治。其病有類傷寒，然驗之之法，傷寒多有變症，溫病雖久，並不傳經爲辨。《内經》曰： 冬傷於寒，春必病溫。傷於寒者易治。冬不藏精，春必病溫。不藏精者難治。夫冬日太陽受病即發者，有中風傷寒之異。至於不即發者，《内經》謂冬傷於寒，春必病溫，爲伏邪藴釀成熱邪，自内出。緣此病得於冬，令寒時邪伏少陰，至春夏之間感受時氣，發於風令，故又名曰風溫。其病與傷寒霄壤之隔大有區別，全在發熱而渴，不惡寒，脈洪數，思飲茶水爲辨。若以治傷寒之法治之，首先發汗涸其陰津，雖喻嘉言之明以溫病立論，猶以傷寒各條錯雜，以桂枝湯主之； 張景岳以瘟疫與溫病牽合，復以傷寒雜奏，仍以麻黄湯、桂枝湯主之，豈非辨症不清，立名舛錯？ 余非敢妄譏前賢乃救人心切，恐其錯誤不得不爲之辨別耳，然最要緊處在辨症要明。近日醫家但見發熱，不分四時，不分脈症，即名之曰寒病。而病家只知有寒病，而不知有溫病，是以委付凡醫恣其所措，妄用辛溫發散之品，耗其津液，其熱愈甚，躁煩不甯。若現口渴，便閉，妄用攻下，傷其正氣，熱仍不解，發狂發斑而死。病家歸命於天，而醫者靦不知誤，良可浩歎！ 夫認症之法，惟在細心。蓋傷寒初起，或已發熱，或未發熱，必惡寒，脈陰尺陽寸俱緊，此爲傷寒，當以傷寒之法治之。溫病初起，發熱而渴，並不惡寒，而惡熱，此爲溫病，當用清涼散以解之，方附於後。然此症但熱無寒，桂枝湯最當禁忌，例云： 桂枝下咽，陽盛乃斃。特開此涼解一法。試思桂枝微溫，尚不可用，竟有庸手恣用薑附以致斑、黄，狂亂而死，豈非草菅人命乎？ 如果津液一枯，勢成燎原，雖用承氣、白虎，俱不能撲滅矣。然而務當認症於先，用藥方無差謬。其認症要訣錄列於後。但治溫之法切忌辛溫發散，麻、桂、羌、蘇之類，在所當禁，總以存津液三字爲主腦。此病純熱無寒，或兼風燥，故又名曰風溫，乃熱極生風之義也。其熱時作時止，午後尤甚，必待津液充滿，戰汗乃解。應服辛涼甘寒之劑，釀成其液，潤其枯涸，必大汗淋灕，譬如天氣亢旱，燥熱難禁，必俟地氣上騰，蒸而成雨，自必熱退清涼。溫病之汗不可攻劫，必待陰藥釀成，亦猶是也。但邪從汗出，解後胃氣空虛，當膚冷一晝夜，待氣還自溫煖如常矣。蓋戰汗而解，邪退正虛，陽從汗泄，故漸膚冷，未必即成脱症，此時宜安舒靜卧，以養陽氣來復，旁人切無驚惶，頻頻呼喚，擾其元氣。但診其脈，若虚軟和緩，雖倦卧不語，汗出膚冷，卻非脱症； 若脈急疾，躁擾不卧，膚冷汗出，必係腎水枯涸，便爲氣脱之症矣。更有邪盛正虚，不能一戰而解，停三五日再戰汗而愈者，不可不知此乃潤藥助成之汗以救陰，非同傷寒用麻、桂辛溫之藥發汗以救陽。是以此病較傷寒尤爲難治，最爲流連，卻非三五劑所能遽效也，醫者當先與病家言明，不必驚慌。但溫病初起，大便多閉，小便短澀而赤，胸滿，頭暈，不欲食，口渴思飲冷水，亦有思飲熱湯者，可頻頻與之，或咽痛，譫語，亦須告明病家均是熱邪作祟。雖數日不大便，口中津液不枯，舌苔滋潤，萬不可用承氣湯攻下，用藥惟當調以辛涼，佐以甘寒。至黄芩、黄連苦味之藥，俱不相宜，緣苦必兼燥也。惟宜以清涼散、銀翹散、加味白虎湯、柴葛解肌湯、犀角地黄湯、竹葉石膏湯各方，内或加元參、麥冬、生

地，石斛、荆芥、薄荷、車前仁、木通、桔梗、花粉等味，滋其水源，散其風邪，解其鬱熱，使熱從小便而去，亦不在於多方也。蓋溫病之邪，藏於少陰，係寒化爲熱，只宜清潤涼解，不宜發表散下，須知並非實火不可以直折者，人多誤治，死者極夥，余心惻焉。但溫病只要認症的確，無不效如桴鼓。如果誤認爲寒，以治傷寒之法治之，十治十死，斷無一生。須知此病極爲纏綿反復，熱不易退，當先告知病家。病輕者，七日可愈；重者，十四日可愈；竟有遷延兩三月之久者，只要津液不枯，俱不得死。病後調攝尤宜慎重，或有熱解身寒者，不可便云虛寒而投補劑，恐爐煙雖熄，灰中有火也。須細察精詳，方少與之，慎勿漫然而進驟補也。亦有勞復、食復之症。至於房事，尤宜禁忌，如其誤犯，病反不治。蓋由溫病之後，腎水枯涸，若再走泄即成死症，莫可救藥，慎之！慎之！如其解後虛煩，當以竹葉石膏湯加減。謂治氣虛者，重加沙參，或洋參。至於芪、术，俱不可用，以其性溫，偏於補陽也。惟參能補五臟之陰，尚屬相宜。余曾見病後用芪、术反病者屢矣。此二味性溫，最能壅中故也。芪、术尚不可用，而桂枝、薑、附更可知矣。夫溫病有五忌、五宜錄列於後。篇內辨症，語多重複，恐其誤治，閱者諒之。

《溫病淺說・五忌》 一曰忌汗。此病起於伏邪，乃寒化爲熱，鬱久乃發。內已傷其陰液，始而發熱，即現口渴、心燒，或頭昏、鼻衄。若再發汗，涸其津液，不但不能作汗，而發狂之症作矣。體強者尚延時日，體弱者其亡立待。非比傷寒發熱，乃係寒傷衛，衛屬陽，急汗救陽，一汗即解。溫病發熱，乃係熱傷營，營屬陰，如果發汗則重傷其陰，立即危殆，是以最忌辛溫發汗。至於麻、桂、羌活、蘇葉、藿香之類，俱不宜服。切記！切記！

二曰忌吐。傷寒有吐法，係因胸中痞硬，氣上沖咽喉不得息者，胸中有寒，以瓜蒂散吐之，是氣上越之象。然吐兼發散，溫病之熱擁於上焦，宜從小便泄去，乃釜底抽薪之法。吐則氣逆引熱上行，必致昏冒、鼻衄，最當忌用。

三曰忌下。傷寒有下法，係治陽明病大實大滿、大便不通、腹痛、大熱、其脈沉實者，大承氣湯主之。夫溫病熱邪充溢，肺家爲重。熱爲火邪，火能剋金。經曰：先侮其所不勝。是以肺先受之，承氣湯乃下陽明胃家實火。若妄用攻下，傷其胃氣，土爲金母，絶其生化之原，肺愈受傷；況溫病之熱乃由寒化，只宜涼解，不可直折。雖數日不大便，只要舌潤，斷不可攻下。余會屢經治驗，用甘寒滋潤之品，雖數日之久，瀉出概係極熱濁水，並無燥糞，切不可見其數日不大便，妄行攻下，耗其元氣，必致氣脱不救。余見輒用下藥，死者屢矣。不大便非只熱結即寒閉、風閉、氣閉、燥閉俱有，不得以一承氣湯而盡之也。

四曰忌溫。夫溫病由寒化熱，即是寒之對待。若再用溫藥以治之，是火上加火，猶藉寇兵而賫盜糧，愈形披猖，必致發斑發狂，津液枯涸而死。古云：桂枝下咽，陽盛乃斃。此即陽盛之症。吳鞠通立《溫病條辨》，語多中肯，內惟首用桂枝湯，甚不合法。自云：猶時文之領上文來脈也。又本論云：方法之始，實始於銀翹散。既始銀翹散，何用桂枝湯，豈不自相矛盾乎？此係治病，非作時文，以此作譬，未免迂拘。夫治病之法，以熱治寒，以寒治熱，此一定之法，一定之理也。實者虛之，虛者實之，虛虛實實，醫之過也。以熱治熱，豈非實實之謂乎？鞠通書內所載，除桂枝湯而外，以及銀翹散、白虎湯、桑菊飲、玉女煎概係辛涼甘寒之品，均屬可用，惟桂枝湯大謬之至，並將仲師經文擅行更改。其寒溫混淆處附錄於後，另有批註，閱者自知用桂枝湯之謬。

五曰忌補。溫病乃熱邪蘊結，最爲牢固，首先固不宜補，即解後脈靜身涼，自必周身無力，四肢軟弱，不可驟用補劑。如果虛煩，只宜竹葉石膏湯以和之。至於病後飲食，俱宜謹慎，只可食以清淡之品，厚味均非所宜。此病初愈，人極饕餮，喫飯俱不宜過飽。如果能喫三碗，只可與以兩椀，甯可頻頻與服，易於消化，不可頓飱一飽，恐致食復，最爲難醫。緣大病之後，元氣大虧，胃氣未暢，豈可再加他病？然飲食俱宜少，服其補藥之芪、术更可知矣。

《溫病淺說・五宜》 一曰宜認症。夫醫之一道，先宜讀書，後方臨症。臨症之要，務在辨別寒熱。病有萬端，統歸一理。理既未明，症何由辨？即如溫病一症，固難分別，亦由粗工未經細揣，只知有傷寒而不知有溫病。殊知仲景《傷寒》一書，若能細心體會，熟讀深思，統治萬病，況溫病一條已經指示，昭如日月，奈醫家習焉而不察耳。仲景《傷寒・太陽篇》云：太陽病，發熱而渴，不惡寒者，爲溫病。又經陳修園加以淺注，更爲明晰。既名溫病，則不得以治傷寒法治之矣。惜仲師未出方治，而宜涼之法隱示於章內，一經修園補入，則仲師何嘗祇能治傷寒而不能治溫病哉？因其書以傷寒命名，世人只重傷寒，不重溫病，由來少有專書，不知溫病之毒甚於傷寒。每逢春夏患此病者甚多，因不識此病，概以辛溫發散之法治之，死者不少。竟有一家

數口同患此症，謬名之曰雞窩寒，並云傳染，是以親友均不敢往視。孰知此病並不傳染，良由同時病此者多耳。乃經云冬傷於寒，春必病溫之理。余常與人醫治，親診其脈，近對病人並未傳染。其傳染者乃天行之瘟疫，穢濁之氣從口鼻而入，隨身宜帶避瘟丹。然瘟疫與溫病相去天淵，人多誤認。吳又可之達原飲，溫病斷不可服。蓋溫病由內達外，瘟疫由外入內，病有內因外因之別，前人立方不錯，今人誤用耳。至於吳鞠通之《溫病條辨》，有可宗者，有不可宗者，即如起首之用桂枝湯則太謬矣。前已著明茲不重贅，其餘辛涼之劑俱可酌用。然習醫之人不可稍形拘泥，亦不可自立門戶。試觀諸書互相詆駁，均不無小疵。善讀者去其所短，取其所長，群言淆亂，折衷於聖，斯得之矣。夫醫之於脈猶射之於的，認症一途，舍脈何以爲準？然脈雖有二十七訣，難於分辨，先以浮、沈、遲、數、大、細、長、短爲綱，其餘諸脈辨其兼見可也。至於望聞問尤不可缺。余與人治病，入門先問其起病之由，所見何症，所服何藥，何藥有效，何藥無效，細心研問，必得其大概。醫有十問之目，決不可少。繼以診脈，望聞兼到，四者參合，則病無遁情矣。近日市醫省疾問病務在口給，相對斯須便處湯藥。夫欲洞見病情實爲難事。胸無成竹，又恥下問，故作日不暇給之狀，以炫其道之大行，殊爲可鄙。既無學問，假作忙迫，症何由辨之哉？余常謂治病譬猶開鎖，病如鎖，醫如匙，認症的確，一投即開。如果妄投，匪特不開，即匙亦羈絆不能出矣，必致捶鎖扭環而後已。鎖可捶，環可扭，人亦可捶可扭乎？東坡云：學醫費人，學字費紙。費紙則可，費人則不可。若能認症，何費人之有？余臨症三十餘年，深以費人爲戒。

二曰宜涼。溫病初起頗似傷寒，依然發熱頭痛，但惡熱而渴，診其脈必浮洪兼數。若認爲傷寒，或用桂枝湯，或用羌活湯，或用人參敗毒散大爲發散，其熱愈甚；見熱不退，汗亦不出，頭愈昏痛，必謂寒重，愈加發表。風藥多燥，涸其汗源必變發狂，譫語神昏，便閉，遂謂寒邪內陷，熱入陽明，用承氣湯以下之。病人數日不食，上焦被風藥耗其精液，腸胃空虛復飲承氣攻奪下泄，必然氣脫而死。病家以爲連服表藥數劑俱不出汗，今又便閉神昏，應服下藥，忽然氣脫而死，歸咎於命，並不歸咎於醫；醫亦歸咎於病，並不歸咎於己。殊知溫病發熱與傷寒發熱迴不相同，傷寒發熱，陽爲陰掩，急汗救陽；溫病發熱，陰被陽爍，急涼救陰，最忌發汗，急宜散以辛涼，潤以甘寒，此八字乃治溫病之妙訣。能於此中體會於治溫之法，思過半矣。辛涼者何？清涼散、白虎湯之類是也！服此等藥祛其邪熱，滋其汗源。若病重者必須兩三劑後，藥力厚積，方能大汗而解。溫病發熱，譬如天氣亢旱，燥風大作，必待地中之陰氣上騰，天油然作雲，則沛然下雨，既雨之後，則涼風大至，清氣續來，何亢熱之有？愚者並不知此理，不識此症，又不虛心，一見發熱，概名之曰寒。命名既錯，用藥焉得不差？遂妄用辛溫發散，殺人多矣。則是寡人之妻，孤人之子，其操術甚於屠劊。諺云：醫有割股之心，無有不願人之生者。望其道之大行，匪特可以獲利，兼之名譽益彰，奈學術不精，認症不確，妄行施治，尋常淺病，偶有小效，自鳴得意，心粗氣浮，終於庸妄。吾見亦多，良可慨也！

三曰宜潤。溫病乃內蘊之熱，未發之先，腸胃久已受其熏灼；既發之後，津液愈受熬煎，若再加以辛溫香燥之品，助其炎威，勢成燎原，不可撲滅，不數日液乾，津涸陰竭而死。治之之法必於涼散劑內重加潤藥，如麥冬、天冬、生地、元參之類。潤能息燥，溫熱傷肺。肺乃生化之源，肺腸得潤，金能生水，水能生木，木得水潤，其風燥自息，而津液自生，大便不攻自下，必無枯竭之患矣。

四曰宜清。夫清者，濁之對也。凡熱病之起，無不起於濁氣薰蒸。氣若清肅，何病之有？故曰：天得一以清一者，純粹不雜，一有淆亂則天氣昏濁。溫病雖冬藏於腎，感春生之氣而發，由下而升，其熱雍於上焦。上焦乃清虛之府，不受纖塵，氣象空虛則神明精爽。若果熱濁之氣上騰，則其神識昏迷。經曰：上焦如霧。自應治以輕清。當於涼散藥中加以輕清之品，以散其濁氣。宜用柴胡、竹葉、石斛、薄荷、連翹之類，質輕氣薄，祛濁最宜，乃輕可去實之義。余屢用屢效，不可以其氣薄而忽之也。

五曰宜和。夫溫病由寒化熱，積久而成。最宜和解，辛溫固所當禁，苦寒香燥，俱非所宜，羌活、芎、蘇之類概當屏去。但此病蒂固根深，宜於從容調理，不宜急治。輕者數日可愈，重者一二月之久，方可告全，有如剝蕉者然，剝去一層又現一層。余臨此症多年，均以和法治之，猛劑俱不宜用。緣病藏於臟，非同外感寒邪，一汗可以成功。此病旋愈旋反，只要治之得法，決無大害。余常謂溫病之毒甚於寒邪，皆由人不識症，治不得法，是以夭札者多矣。但此病熱溫補瀉均非其當，惟辛涼解散一法最爲合拍。即病愈後調

攝之法，俱宜甘寒和緩之劑，竹葉石膏湯之類是也。溫補斷不可用，切記！切記！

《痧喉正義・喻嘉言論疫》 順治年間，喻嘉言名昌，西昌人也，著有《尚論篇》、《醫門法律》、《寓意草》。其論疫則曰：濕溫一證，即藏疫癘在內，一人受之則爲濕溫，一方受之則爲疫癘。此即仲聖所云清濁互中之邪也。石頑亦云時疫之邪，皆從濕土鬱蒸而發。土爲受盛之區，平時污穢之物，無所不容，適當邪氣蒸騰，不異瘴霧之毒，或發於山川原陸，或發於河井溝渠，人觸之者，皆從口鼻流入募原，而至陽明之經，脈必右盛於左。蓋濕土之邪以類相從，而犯於胃，所以右手脈盛也。陽明居太陽之裏，少陽之外，爲三陽經之中道，故初感一二日間，邪犯募原。但覺背微惡寒，頭額暈脹，胸膈痞滿，手指痠麻，此爲時疫之報使，與傷寒一感便發熱頭痛不同。至三日以後，邪乘表虛而外發，則有昏熱頭汗，或咽腫發斑之患。邪乘裏虛而內陷，或挾飲食，則有嘔逆、痞滿、嘈雜、失血、自利、吐蚘之患。若其人平素津枯，兼有停滯，則有譫語狂言、舌苔黃黑、大便不通之患。平素陰虧，則有頭面赤熱、足膝逆冷、至夜發熱之患。若喘噦、冷汗、煩擾、瘈瘲等證，皆因誤治所致也。蓋傷寒之邪，自表傳裏。溫熱之邪，自裏達表。疫癘之邪，自陽明中道隨表裏虛實而發，不循經絡傳次也，以邪既伏中道，不能一發便盡。故有得汗熱除一二日復熱如前者，有得下裏和二三日復見表熱者，有表和復見裏證者。總由邪氣內伏，故屢奪屢發，不可歸咎於調理失宜，復傷風寒飲食也。外解無如香豉、葱白、連翹、薄荷之屬；內清無如滑石、芩、連、山梔、人中黃之屬；下奪無如硝、黃之屬。如發熱自利，宜葛根、芩、連。胸膈痞滿，宜枳、桔、香附。嘔吐呃逆，宜藿香、芩、連。衄血下血，宜犀角、丹皮。發斑咽痛，宜犀角、牛蒡。煩渴多汗，宜知母、石膏。愈後食復、勞復，宜枳實、梔、豉，隨證加萎蕤、茯苓、丹皮、芍藥之類，皆爲合劑。而香豉、人中黃又爲時疫之專藥，以其解溫疫時行外內熱毒也。當知其證雖有內外之殊，一皆火毒爲患，絕無辛溫發散之例。每見窮鄉僻壤無醫藥之外，熱極恣飲涼水，多有浹然汗出而解者，此非宜寒涼不宜辛熱之明驗乎？故一切風燥辛熱，皆不可犯。粗工用羌、獨、柴、前、蒼、芷、芎、防之屬，引火上逆，亢熱彌甚者，以風燥之藥性，皆上升橫散，如鑪冶得鼓鑄之力也。用朴、半、檳榔、青皮、木香等耗氣之藥，胸膈愈加痞滿者，如揠苗助長之道也。有下證已具，而遲疑不敢攻下，屢用芩、連不應者，此與揚湯止沸不殊也。至於發狂譫語，舌苔焦黑，而大便自利，證實脈虛不可攻者，及煩熱痞悶，冷汗喘乏，四肢逆冷，六脈虛微，不受補者，皆難圖治也。時疫變證多端，未能一一曲盡，聊陳大略於此。

《痧喉正義・王孟英論疫》 王孟英讀《鷄峰普濟方》，論外感諸疾。以四時之中，有寒暑燥濕風五氣相搏，善變諸疾。今就五氣中分清濁，則暑燥爲天氣，系清邪，風寒濕爲地氣，係濁邪。然則仲聖所云：清邪中上者，不僅霧露之氣，而書傳兵火之餘，難免遺亡之憾，否則疫乃大證。聖人立論，何其略耶？後賢論疫，各有精義，亦皆本於仲聖清濁互中之旨。若但中暑燥之清邪，是熱淫爲病，治法與嘉言又可異。後人從未道及，惟秦皇士云：燥熱疫邪，肺胃先受。故時行熱病，見唇焦消渴者，宜用白虎湯。惜語焉未詳。夫暑即熱也，燥即火也，金石不堪其流爍，況人非金石之質乎？徐後山《柳崖外編》嘗云：乾隆甲子五六月間，京都大暑，冰至五百文一斤，熱死者無算，九門出櫬，日至千餘。又紀文達公云：乾隆癸丑，京師大疫，以景岳法治者多死，以又可法治者亦不驗。桐鄉馮鴻臚星實姬人，呼吸將絕。桐城醫士，投大劑石膏藥，應手而痊。踵其法者，活人無算。道光癸未，吾鄉郭雲臺纂《證治針經》，特採紀說以補治疫之一法。然紀氏不詳姓氏，讀之令人悵悵。越五載，毘陵莊制亭官於長蘆，重鐫《疫疹一得》，始知紀氏所目擊者，乃余君師愚也。原書初刻於乾隆甲寅，而世鮮流行。苟非莊氏，幾失傳矣。余讀之，雖純疵互見，而獨識淫熱之疫，別開生面，洵補昔賢之未逮，堪爲仲景之功臣。

《痧喉正義・葉香巖論痧》 葉香巖論痧疹，吳音爲痧，浙音爲瘄，北音爲疹爲丹。方書謂足陽明胃疹，如雲密佈，或大顆如痘，但無根盤。手太陰肺疹，但有點粒無片片者是也。春令發痧從風溫，夏季從暑風，暑必兼濕，秋令從熱爍燥氣，冬月從風寒。痧本六氣客邪，風寒暑濕必從火化。痧既外發，世人皆云邪透。孰知出沒之際，升必有降，勝必有復。嘗有痧後身熱不除，致咽啞齦腐，喘急腹脹，下痢不食，煩躁昏沉，竟以告斃者，皆屬裏證不清致變。故古人以痧爲經腑之病，忌溫燥澀補，所謂痘喜溫補，疹嘉清涼也。然常有氣弱體虛，表散寒涼非法，釀成損怯，傷陰爲多。救陰宜扶持胃汁，氣衰者亦有之，亟當益氣。穉年陽體，純剛之藥忌用。《幼科方書》歌括曰：赤疹遇清涼而消，白疹得溫暖而解，溫暖如酒釀、檉木、粗草紙、木棉紗之屬。

然近年用者多無益，蓋痧屬陽明經邪，初起必從表治，證見頭痛喘急、咳嗽、氣粗、嘔惡。一二日發者輕，三五日者重。七日外隱伏不透，邪內攻而喘不止，心腹痛脹秘悶危矣。治法宜苦辛清熱，涼膈去硝黄。總之，治痧疹辛涼爲宜，連翹辛涼，翹出衆草，能升能清。表邪口渴者加葛根，以其升陽明胃津。熱甚煩渴用石膏，辛寒解肌，無汗忌用。凡病在上焦，藥氣味宜輕，宜辛涼，以肺主氣，皮毛屬肺之合。外邪宜辛勝，裏甚宜苦勝。若不煩渴，病日多，邪鬱不清，宜淡滲以泄氣分。中焦藥，痧火在中，爲陽明燥化，多氣多血，用藥氣味苦辛寒爲宜。若日多胃津消爍，苦則助燥劫津，甘寒宜用。下焦藥，鹹寒苦爲主，若熱毒下注成痢，不必鹹以軟堅，但取苦味堅陰燥濕，忌升提，忌補澀，輕則分利宣通，重則苦寒解毒。有張姓者，伏氣熱蘊三焦，心凜，發熱煩渴，遍體赤斑，夜躁不寐，兩脈數搏，治以羚羊角、犀角、連翹心、元參心、鮮生地、金銀花、花粉、石菖蒲。嚴姓，病濕溫，身發斑疹，飲水渴不解，夜煩不成寐。病中強食，反助邪威，議用涼膈疎斑方法，連翹、蘇薄荷、杏仁、鬱金、枳實汁、炒牛蒡、山梔、石膏。復診舌邊赤，昏譫，朝輕夜重，斑疹隱約，是溫濕已入血絡。心主血，邪干膻中，漸至結閉，爲昏痙之危。苦味沉寒，竟入中焦，消導辛溫，徒劫胃汁，皆溫邪大禁。議清疎血分輕劑以透斑，更參入芳香逐穢以開內竅，用犀角、元參、連翹、銀花、石菖蒲先煎，後入雪白金汁一杯，臨服研入周少川牛黄丸一丸。江姓病風溫發疹，薄荷、連翹、桔梗、生甘草、赤芍、牛蒡子、桑皮、山梔。章姓病涼風外襲，伏熱內蒸，喘咳身熱，始而晝熱，繼而暮熱，自氣分漸及血分，齦肉紫而發疹，治以辛寒清散爲是，連翹、薄荷、桑皮、杏仁、苡仁、石膏、淡竹葉。王姓病痧隱太早，咳喘發熱，宜開肺氣，連翹、薄荷、桑皮、杏仁、象貝、鬱金、木通、紫菀。王姓病發痧不透，熱毒內陷深藏，上熏肺爲喘，下攻腸爲利。冬溫火化之證，宜遵經火淫於內，治以苦寒。幼科不究病本，不明藥中氣味，愈治愈劇，治以川連、黄芩、滑石、銀花、連翹、生甘草、丹皮、地骨皮。王姓病痧後咳嗽喉痛，元參、犀角、鮮生地、連翹、花粉、丹皮。鄒姓病咽痛鼻燥，唇腫自利，風溫熱化發疹，上焦熱熾，用辛涼微苦以泄降，連翹、黄芩、犀角、桔梗、牛蒡、杏仁、元參、通草。譚姓病溫邪時癘，觸自口鼻，穢逆游行三焦而爲痲疹目赤鼻煤，吐蛔瀉蛔，津津汗出，而喘渴欲飲，當與苦辛寒。劉河間法，世俗不知，僉曰發痧，但以荆、防、蟬殼升提。火得風飈，焰烈莫遏，津劫至變矣。涼膈去硝黄，加石膏、牛蒡、赤芍。

《痧喉正義·余師愚論痧》 余師愚於論疫之後，即論治痧疹之法。痧疹出於胃，胃爲十二經之海，上下十二經，都朝宗於胃。胃能敷布十二經，榮養百骸，毫髮之間，靡所不貫。毒既入胃，勢必敷布於十二經，戕害百骸，使不有以殺其炎炎之勢，則百骸受其煎熬，不危何待。疫既曰毒，其爲火也明矣。火之爲病，其害甚大，土遇之而焦，金遇之而熔，木遇之而焚，水不能勝則涸，故《易》曰：燥萬物者，莫熯乎火。古人所謂元氣之賊也。以是知火者疹之根，疹者火之苗也。如欲其苗之外透，非滋潤其根，何能暢茂。一經表散，燔灼火焰，如火得風，其焰不愈熾乎？焰愈熾苗愈遏矣。疹之因表而死者此也。抑有表而不死者，乃痲疹、風疹之類，非疫疹也。疫疹脈未有不數者，有浮大而數者，有沈細而數者，有不浮不沈而數者，有按之若隱若現者，診其脈即知其病之吉凶。浮大而數者，其毒發越，一經涼散，病自霍然。沈細而數者，其毒已深，大劑清解，猶可撲滅。至於若隱若現，或全伏者，此陽毒伏匿之象。面色青慘，昏憒如迷，四肢逆冷，頭汗如雨，其痛如劈，腹內攪腸，欲吐不吐，欲泄不泄，男則仰卧，女則覆卧，搖頭鼓頷，百般不是，謂之悶證，斃不終朝。是證得於初起者，間或有之，得於七八日者多，何也？緣醫者初認爲寒，重用發表，先傷其陽，表而不散，繼之以下，又傷其陰。殊不知傷寒五六日不解，法在當下，尤必審其脈之有力者宜之。疫熱乃無形之毒，病形雖是大熱，而脈象細數無力，所謂壯火食氣也。若以無形之火熱，而當硝黄之猛烈，熱毒焉有不乘虚而深入耶。怯弱之人，不爲陽脱，即爲陰脱。氣血稍能駕馭者，或四肢逆冷，或神昏譫語，或鬱冒直視，或遺溺旁流，甚至舌卷囊縮，循衣摸床，種種惡候，頗類傷寒。醫者不悟，引邪入內。陽極似陰，而曰變成陰證。妄投參桂，死如服毒，遍身青紫，口鼻流血。疫疹不宜表不宜下者，此也。總之，疹先辨脈，次辨色，疹色淡紅而活，榮而能潤，是爲佳境。深紅者較重於淡紅，血熱也。色豔如胭脂，較深紅而更惡，血熱極也。色紫赤如鷄冠花而更豔，較豔紅面火轉盛，不急服清涼解毒，必致變黑。又次辨形，鬆浮灑於皮面，或紅或赤，或紫或黑，此毒之外見者。雖有惡證，不足慮也。若緊束有根，如從皮裏鑽出，其色青紫，宛如浮萍之背，多見於胸背，此胃熱將爛之徵，宜大清胃熱，兼以涼血。又況疫毒發疹，毒之散者也。疫毒發瘡，毒之聚者也。初起惡寒發熱，紅腫硬痛，此毒之發揚者。若但寒不熱，平扁不起，此毒之內伏者。同是瘡也，其疫毒於何辨之？尋常瘡脈洪

大而數，疫毒之脈沈細而數； 尋常瘡證頭或不痛，疫毒則頭痛如劈，沈不能舉，是其驗也。此又因痧疹而類及者耳。

《痧喉正義·繆仲淳論痧》 繆仲淳《廣筆記》論痧疹曰： 痧疹者，手太陰肺、足陽明胃熱邪發而爲病也。小兒居多，大人亦時有之，殆時氣瘟疫之類歟。其證多咳嗽、多嚏、眼中如淚，多泄瀉、多痰、多熱、多渴、多煩悶，甚則躁亂，咽痛、唇焦，神昏，是其候也。治法當以辛涼發散爲主，藥用辛寒、甘寒、苦寒以升發之，惟忌酸收，最宜辛散，誤施溫補，禍不旋踵。辛散如荆芥穗、乾葛、西河柳、石膏、麻黄、鼠粘子，清涼如元參、括蔞根、薄荷、竹葉、青黛，甘寒如生甘草、麥門冬、蔗漿，苦寒如黄芩、黄連、黄蘗、貝母、連翹，皆應用之藥也。痧疹不宜依證施治，惟當治本。本者，肺胃邪熱也，解邪熱則諸證自退。痧疹咳嗽，宜清熱透毒。痧疹後咳嗽，用貝母、括蔞根、甘草、麥門冬、苦梗、元參、薄荷，以清餘熱，消痰壅，則自愈，慎勿用五味子等收斂之劑。痧疹多喘，喘者熱邪壅於肺也，慎勿用定喘藥，惟應大劑竹葉石膏湯，加西河柳兩許，元參、薄荷各二錢。如冬天寒甚，痧毒因寒鬱於內，不得透出者，加蜜酒炒麻黄，一劑立見。凡熱熱甚者，即用白虎湯加西河柳，切忌過用升麻，服之必喘。痧疹多泄瀉，慎勿止瀉，惟用黄連、升麻、乾葛、甘草，則瀉自止。痧疹不忌瀉，瀉則陽明邪熱得解，是表裏分消之義也。痧後泄瀉，便膿血，熱邪内陷也，忌止澀，惟宜升散，仍用升麻、乾葛、白芍、甘草，白藊豆、黄連、滑石，自愈。痧疹後牙疳，用連翹、荆芥、元參、乾葛、升麻、黄連、甘草，生地黄水煎，犀角汁二三十匙調服，外用雄黄、牛糞尖煅存性，研極細，加眞片腦一分，研匀吹之。是證最危，緩則不可救藥。痧疹發不出者，西河柳葉風乾爲細末，水調四錢，神秘方也，砂糖調服，兼治痧疹後痢疾。

《痧喉正義·吴鞠通論痧》 嘉慶年間，淮陰吴鞠通著有《溫病條辨》。其論疹也，則曰太陰溫病，不可發汗，發汗而汗不出者，必發斑疹。發疹者禁廣皮、升麻、柴胡、當歸、防風、羌活、白芷、葛根、三春柳等品，以銀翹散去荳豉，加細生地、丹皮、大青葉，倍元參主之。連翹一兩、銀花一兩、苦桔梗六錢、薄荷六錢、竹葉四錢、生甘草五錢、芥穗四錢、牛蒡子六錢、細生地四錢、大青葉三錢、丹皮三錢、元參一兩，杵爲散，每服六錢。鮮葦根湯煎，香氣大出即取服，勿過煮，肺藥取輕清，過煮則味厚而入中焦矣。病重者約二時一服，日三服，夜一服，輕者三時一服，日二服，夜一服，病不解者作再服。肺位最高，藥過重則過病所，少用又有病重藥輕之患，故從普濟消毒飲，時時輕揚法。胸膈悶者，加藿香三錢、鬱金三錢。渴甚者加花粉，項腫咽痛者加馬勃、元參。衄者去芥穗、荳豉，加白茅根三錢、側柏炭三錢、梔子炭三錢。咳者加杏仁利肺氣。溫病發疹十之七八，發斑則十之二三。疹係紅點高起，麻瘄痧皆一類，係血絡中病，故主以芳香透絡、辛涼解肌、甘寒清血也。奈時醫發溫熱之表，二三日汗不出者。則云斑疹蔽伏，不徒用升柴羌葛，且重以山川柳發之。山川柳一歲三花，故名三春，又名西河柳，古稱檉木，詩云其檉其椐是也，其性大辛大溫，生發最速，橫枝極細，善入絡，專發虛寒白疹，溫熱赤疹，視如讎仇。善治溫病者，原可不必出疹。即有邪鬱二三日或三五日，既不得汗，有不得不疹之勢，亦可重者化輕，輕者化無。若一派辛溫剛燥，氣受其災而移熱於血，是爲自造之斑疹。若明六氣爲病，疹不難治。但疹之限期最迫，只有三日。一以辛涼爲主，俗見疹必表，非法也。大約先用辛涼清解，後用甘涼收功。誤用麻黄、三春柳等，辛溫傷肺，以致喘咳欲厥，可不戒哉。

《痧喉正義·吴鞠通論疫喉》 吴鞠通論溫毒喉痛則曰： 溫毒者，穢濁也。凡地氣穢濁，未有不因少陽之氣而升者。春夏發泄，或秋冬亦間有不藏之時，溫毒上攻，咽喉爲害，此發於天時者也。人或少陰素虚，不能上濟少陽，少陽升騰莫制，與小兒純陽火多，陰未充長，亦多有是證，此發於人事者也。咽痛者，經謂一陰一陽結，謂之喉痹。蓋少陰少陽之脈，皆循喉嚨。少陰主君火，少陽主相火，相濟爲災也。治法不出東垣普濟消毒飲之外，妙在以涼膈散主之，加化氣之馬勃、殭蠶、銀花，得輕可去實之妙。如元參、牛蒡、板藍根，敗毒利肺氣，補腎水上濟邪火。去柴胡、升麻者，以升騰飛越太過之病，不當再升也。去黄芩、黄連者，芩連裏藥也，病初起未至中焦，不得先用裏藥，故犯中焦也。普濟消毒飲去升麻、柴胡、黄芩、黄連方： 連翹一兩、薄荷三錢、馬勃四錢、牛蒡六錢、芥穗三錢、殭蠶五錢、元參一兩、銀花一兩、板藍根五錢、苦桔梗一兩、生甘草五錢，共爲粗末，每服六錢，重者八錢，鮮葦根煎湯，去渣服，約二時一服，重者一時許一服。

《痧喉正義·陳繼宣論痧喉》 嘉慶年間，陳繼宣，名耕道，虞山人，著有《疫痧草》，先辨論，次審證，次立方。以爲痧名麻疹，浙人呼爲瘄，其病輕，古無專病。至石頑《醫通》，始有麻疹。麻疹者，手太陰、足陽明蘊熱所致，無疫火則痧輕，爲時痧，身熱咳嗽，神清有汗，喉不腐，數日後痧點乃見，脈大便

溏,痧形雲密者是也。有疫火則痧重,爲疫痧,身熱痧隱無汗,脈鬱喉爛神煩者是也。疫痧有感發,有傳染,感發由口鼻外吸,傳染由病氣内侵。感受雖殊,瘖毒則一也。疫痧爛喉,以喉爲主,喉爛淺者疫邪輕,喉爛深者疫邪重。疫邪輕者易治,重者難痊。觀其神宜清不宜昏,按其脈宜浮數有神,不宜沈細無力,察其痧宜顆粒分明,而緩達透表,不宜赤如紅紙,而急現隱約也。蓋痧喉無疫者輕,有疫者危。無疫而發痧,無疫而爛喉,則溫熱之邪僅在經絡,疎而達之則易解。若受疫毒者,身熱甫作,便見爛喉,則溫熱之毒,深藏臟腑,故病重。病重者,用疎達而痧反隱、神反昏、喉爛反盛者,何也?溫熱之邪,自肌表感冒。溫熱之毒,自口鼻吸入。肌表感冒者邪在經絡,疎以達之,得汗即鬆。口鼻及入者,毒在臟腑,疎以達之,所以反險也。夫發痧有正虛,有陰虛,有正陰虛。正虛者灼熱無汗,喉爛神昏,痧隱成片,脈細如絲、軟如棉,正氣欲脱,疫邪直干臟腑矣。陰虛者,灼熱無汗,喉爛神昏,痧隱成片,舌絳且光,陰液燥涸,疫火灼傷臟腑矣。二者斃甚速。正陰者,人之所賴以生也。正陰實而疫毒盛,毒火炎炎,迅如雷電,陰液爲之涸,正氣爲之敗,猶屬不治。而況正陰素虧乎。往昔疫邪,未聞發痧,往昔發痧,未聞爛喉。疫痧者,疫毒直干肺臟,喉爛氣穢,瞬息之間,命遂夭殂,良可哀也。然氣稟厚,正氣旺,精神強固,氣血充和,呼吸之間,疫毒無自而干。即或氣稟薄,正氣弱,而能寡嗜慾,節飲食,調寒暖,以慎起居,使臟氣和諧,精神清暢,疫毒雖厲,究亦邪不勝正。即或寡嗜欲,節飲食,調寒暖,而終不免爲疫痧傳染者,天也。疫、厲氣也。天應寒而反熱,天應熱而反寒,或大寒之後,繼以大熱,大熱之後,繼以霾霧,大熱之後,繼以大寒,大寒之後,繼以淫雨,或河水泛而氣穢,或疾風觸而氣毒,或天久雨而濕鬱,或天盛暑而熱蒸,此疫氣所由結也。入疫家視病,宜飽不宜飢,宜暫不宜久,宜日中不宜早晚,宜遠坐不宜近對,即診脈看喉,亦不宜與病者正對,宜存氣少言,夜勿宿病家,鼻中宜塞辟疫之品。究之在我有正氣,在外之厲氣,何自而干之。疫痧邪在肺胃,甚者直陷心包,如嘔惡、呃逆、舌絳、口渴、牙關拘急等證,是邪據陽明。鼻扇、鼻煤、喉爛、氣穢、失音、齁齘等證,是邪犯太陰。神煩、神昏、鼾睡、譫語等證,是邪干心包。治疫痧者,在疫火未肆之前,而先化其火,則其火漸退,其病漸鬆。在疫火既肆之後,而後化其火,雖化無益,此疫火所宜察也。

其審證也,疫痧壯熱,熱邪外達,或不熱,或熱不甚者,痧隱如疿,神昏喉爛,脈細無神,毒火内閉也。痧以有汗者吉,無汗者凶,以外達者吉,不達者凶。其形色,痧宜尖疎,宜紅潤。而紫滯乾枯,險證也,其部位,痧自頭面至足順,自足至頭面不順,先胸背而後四肢順,先四肢而後胸背不順。陽部多順,陰部多不順。陽部,頭項背也,陰部,胸脇腰也,總以透發爲吉,隱約爲凶。脈弦數、疫火盛也,脈鬱伏,邪未達也。脈數大空虛,正氣弱而疫邪惡也。脈沈細如絲,軟如棉,是陽證陰脈也。舌白且膩,疫邪未化火也。舌赤多刺,疫邪已化火也。舌絳中黑,津液將涸也。舌黑且縮,液乾臟枯也。喉爛零星,是疫輕也。喉爛滿布,是疫重也。喉爛神煩,喉爛氣穢,爲險證。喉爛吹藥而有痰涎垂滴者順,無痰涎者險。神昏譫語,鼾睡有聲,熱毒内伏心包也。鼻扇鼻煤,毒火上灼肺也。牙關拘急,陽明毒火盛也。失音爲肺熱,熱傷肺而音不出也。呃逆,毒火盛也。便閉,火内結也。便溏,火下泄也。抑或火盛正虛,則爲險候也。肌癢,痧未達者達,已達者退,營衛和也。肌燥,火盛也。唇絳齒乾,火灼液虧也。咳嗽,痧易達也,不咳嗽者危,喉爛雖咳亦危也。痧前咳,邪易達,痧後咳,邪留而久則癆也。目赤,火上炎也。噴嚏、肺氣發越,疫喉生機也。氣促,邪火結干肺胃,呼吸不利,肺胃之氣欲絶也。面色紅亮者火盛也,青滯者邪伏也,呆白者險惡也,惡寒,疫邪遏伏,營衛不和也。鼻衄俗名紅汗,邪火盛也,衄而痧達者吉,不達者逆。嘔惡,陽明積熱也。吐蚘,疫火内鬱也。小便赤澀,疫毒結於火腑也。口渴,溫邪入裏也,腹痛,疫火内鬱,或兼食積也。毒泡,痧點雲密,又發白泡。泡密有漿,火毒極盛也。牙疳,痧後毒火盛也。遺毒發於項間腮畔,以及喉外四肢,不可輕視也。虛勞痧後餘熱未清,咳逆食減,虛熱便溏,氣倦神乏,脈數虛細,宜理肺清熱,健脾和胃,庶能起死回生也。妊娠發痧,輕者以保胎爲要,重者以治邪爲先,解其疫,清其火也。總之,神昏鼾睡,痧悶氣促,爲疫邪内陷。喉爛氣穢,鼻扇呃逆,爲疫火内熾。痧點隱約,喉爛神昏,脈細如絲,軟如棉,爲正不勝邪。邪勢橫逆,正氣欲脱,三者俱百難活一。然醫者當視其神,按其脈,觀其喉,危而使之安,死而使之生。神而明之,存乎其人。

其立法也,疎達之劑:邪在表者疎而達之,雖發痧而無疫,其痧稀,其熱輕,其神清,而咽喉不腐,則爲時痧。葛根湯:葛根、牛蒡、荆芥、蟬衣、連翹、鬱金、甘草、桔梗。加減葛根湯:葛根、牛蒡、香豉、桔梗、枳殼、薄荷、馬勃、蟬衣、荆芥、防風、連翹、焦梔、赤芍、甘草,香豉湯,香豉、牛蒡、荆芥、桔

梗、連翹、焦梔、馬勃、大貝、甘中黃。清散之劑：表邪未解者疎散之，疫火內熾者清化之。表邪末也，火熾本也。

痧由疫而發者，灼然無汗，痧隱成片，喉爛神煩，一時並見。若因無汗痧隱而一味疎達，愈疎則汗愈無，愈達則痧愈隱，愈疎達則神愈昏，喉愈腐。不顧在本之火，徒治在表之邪，所謂捨本求末者是也。是以立清散之法，則表本兼顧。葛犀湯：葛根、犀角、牛蒡、桔梗、連翹、焦梔、蟬衣、荊芥、馬勃、查炭、甘中黃。犀豉飲：犀角、香豉、牛蒡、荊芥、連翹、焦梔、馬勃、大貝、蟬衣、赤芍、桔梗、甘草。清化之劑：疫痧表邪未解，內火已熾，見機者在疫火未肆之前，而先化其火，故散必兼清，恐疫火肆而治無益也。若表邪已解，火熾已盛，痧透脈弦，喉爛舌絳，口渴神煩，此時不重用清化諸品，如杯水車薪無濟耳。犀角地黃湯：犀角、地黃、丹皮、赤芍。犀羚二鮮湯：犀角、羚羊角、鮮沙參、鮮生地、連翹、黑山梔、甘中黃、人中白、馬勃、大貝母、銀花、陳金汁、元參、石膏、黃連。奪命飲：川連、石膏、犀尖、羚角、生地、丹皮、赤芍、鮮沙參、青黛、馬勃、大貝、甘中黃、連翹、元參、金汁。清肺飲：桑葉、鮮沙參、羚角、連翹、桔梗、甘草、橘皮、貝母。下奪之劑：表邪未解，內火已熾，可以助疎達之品，而爲斬關之將者，則有雙解散。表邪已解，火熾仍盛，可以佐清化之品，而有奪門之能者，則有四虎飲。雙解飲：大黃、元明粉、葛根、牛蒡、荊芥、連翹、薄荷、蟬衣、枳殼、甘中黃。四虎飲：大黃、黃連、犀角、石膏、知母、元參、生地、青黛、馬勃。救液之劑：疫痧不外毒火，火盛者液必虧，液虧者病必危，而救液則養其陰於未涸之候，佐疎達之品。不嫌其寒凝，佐清化之劑，無憂乎液涸矣。五鮮飲：鮮沙參、鮮生地、鮮茅根、鮮蘆根、甘蔗汁。育陰煎：元武版、鱉甲、生地、丹皮、鮮沙參、麥冬、知母、花粉、貝母、元參、犀角、金汁。

《溫熱逢源・詳註〈靈樞〉〈素問〉伏氣化溫諸條》《評熱病篇》云：帝曰：有病溫者，汗出輒復熱，而脈躁疾，不爲汗衰，狂言不能食，病名爲何？岐伯曰：病名陰陽交，交者死也。

章虛谷曰：陰陽之氣，本相交合。今則邪勢瀰漫，外感陽分之邪，與內發陰分之熱，混合不分，而本元正氣絕矣，故曰交者死，非陰陽正氣之相交也。

治諸熱病，以飲之寒水，乃刺之；必寒衣之，居之寒處，身寒而止。

章虛谷曰：以其久伏之邪，熱從內發，故必先飲寒水，從裏逐熱，然後刺之，從外而泄。再衣以寒，居處以寒，必身寒熱除而後止。

王夢隱曰：今人不讀《內經》，於溫熱暑疫諸病，一概治同傷寒，禁其涼飲，厚其衣被，因而致重者不少。然飲冷亦須有節，過度則有停飲、腫滿、嘔利等患。更有愈後手指足縫出水，速投米仁三兩、茯苓三兩、白朮一兩、車前子五兩、桂心一錢，名驅濕保脫湯。連服十劑，可免腳趾脫落。此即諺所謂脫腳傷寒也，亦不可不知。若飲冷雖多，而汗出亦多，必無後患。

詒按：治熱以寒，一定之理。今人於溫病初發，見用涼解，而即言其遏邪者，彼固未明此理也。【略】

《素問・玉板論要篇》：岐伯曰：病溫虛甚死。

詒按：經言藏於精者，春不病溫。則凡病溫者，其陰氣先虛可知。使或虛而未至於甚，則養陰透邪，治之如法，猶可挽回。若病溫者而至虛甚，則熱邪內訌，陰精先涸，一發燎原，不可治矣。

《溫熱逢源・辨正周禹載溫熱暑疫各條》凡病傷寒最重，溫熱尤烈。傷寒僅在一時，溫熱暑疫每發三季。爲時既久，病者益多，苟不明其源，則流不得而清也，不辨其類，則治不得其當也。夫溫熱暑疫，皆熱證也，燎原之下，苟無清涼一滴，何以治之？人無今昔，性有異同。某也，神酣往聖，志切琳瑯，爰以一隙微明，靜中索照焉。夫上古聖人，首重色脈，以營之已變未變，定人生死，片言已畢。

詒按：此指《素問・刺熱篇》太陽之脈色榮顴骨一節。

中古聖人，專論穀氣盛衰，定人生死，片言已畢。

詒按：此指《素問・評熱病篇》熱不汗爲衰一節。

仲景、叔季，聖人也。既立方論，復出不盡之藏緯，以膀胱之傷與絕，定人生死，先後合符，了無賸義矣。

詒按：此指《傷寒論》中風溫爲一節。有小便不利，直視失溲也等語。

乃仲景於《傷寒論》中，溫熱之法，森森具載，黃芩白虎等湯，是其治也。學者苟能引伸此義，便可變法無窮。乃不能細察其理，反執以爲治傷寒之法。蓋思本湯既無外解之功，又無內奪之力，聖人定法，果何取乎？

詒按：得此提醒，自應頑石點頭。

自晉以來，疑鬼疑蜮，沿陋無已。如崔行文之解溫，用白朮、烏頭、細辛、

桔梗四味，更加附子，名老君神明散；更加螢火，名務成子螢火丸。熱藥相投，以火濟火，誰其辨諸？

詒按：此必當時有寒疫流行，用此得效，因而相傳也。

如仲景書，謂太陽病，發熱而渴，不惡寒者，爲溫病。而朱肱《活人書》謂發熱惡寒，頭疼身痛爲溫病，已顯背聖訓矣。其所立五方，如葳蕤湯、知母葛根湯、防己湯、栝蔞根湯、葛根龍膽湯，風火交熾，燔灼無休；復改聖散子，仍用附子，蘇東坡在黃州時，亦稱其效。豈知朱肱已三易其方，用敗毒散而遠熱藥，然厥功難滅厥罪。

詒按：敗毒散，是通治三時感冒之方，仍非溫熱病藥也。

吳氏謂傷寒壞病，更遇溫熱爲溫病。潔古老人，傷寒名家也。其子雲岐，以傷寒過經不解者爲溫病，指叔和之文爲仲景之言。趙嗣眞謂仲景云重感異氣，變爲溫病。汪機謂仲景云：遇溫氣爲溫病，遇溫熱爲溫毒。竟不顧聖經之載於方策者，何嘗有此一語耶。

詒按：諸家不明伏氣發溫之理，而以溫病爲傷寒變證，故於溫熱源流，愈說愈遠。

巢氏《病源》遵崔文行解散法，一日用摩膏火灸，二日用鍼解散，三日復汗之，四日用藜蘆丸、瓜蒂散吐之，五六日解未了了者復鍼之，七日熱已入胃，雞子湯下之。遂使龐安常自撰微言，一以和解爲主，奉爲靈寶少移則蹶。巢龐二子，盲以引盲，貽誤何極。李思訓亦宗和解，王海藏稱其當。宋全盛明哲莫踰，擬非其倫矣。

詒按：以上皆傷寒治法，後人遵之以治溫熱，貽誤不少。

丹溪長於溫熱，善用涼藥，溫熱遇之，自能解散，然非有眞知灼見於其間也。東垣不善外感，長於內傷，乃從《內經》悟出冬溫、春溫二義。嘉言極口歎頌，而用藥則未能絲絲入扣也。

詒按：丹溪、東垣所論，不過一隙微明，於溫熱病之治法，仍未能從源頭悟澈也。

迨劉河間著《傷寒直格》，於熱病每多入理深談，然混在正傷寒中，在人眼光採擇，不免金屑雜於泥沙者歟。

詒按：溫熱治法，自仲景以後，無一人得其門徑，至河間始有清泄邪熱之法，與仲景黃芩白虎之治先後同符。惜其於疎邪化熱諸法，猶未能隨證變化，曲盡病情也。

至明季方中行著《傷寒條辨》，可謂直登仲景之堂，獨開生面，惜其論溫熱亦分陰分陽，治兼寒熱，遂爲嘉言所宗。

詒按：喻嘉言尙論溫熱，有刻意求深之弊，詳論於後。

嗟乎，病名溫熱，自需寒涼，乃千百年來，盈庭聚訟，先後支吾，陽春寡和於漢庭，壎箎迭奏於晉室，良由來派不清，復無體認。不然，豈諸公各是名家，乃甘悖聖矩如是耶。

詒按：以上論溫熱病。

《溫熱逢源・辨正張石頑〈傷寒緒論〉溫熱各條》 詒按：張路玉於正傷寒外，詳列四時外感、類傷寒各病，並採輯各家之說，備著於篇，其論亦至悉矣。惟篇中於冬溫、春溫、溫疫等證，與溫熱病未能尋源溯流，條分縷析，學者眩焉。茲錄其有關於溫熱病者若干條，爲之詳加評論，俾讀者不至爲舊說所淆云。

傷寒者，冬時嚴寒，感冒殺厲之氣而病也，交霜降節後，春分節前，病發頭痛者，皆謂之正傷寒。其病有六經傳變，合病並病諸例，其治法以仲景《傷寒論》爲圭臬。

詒按：正傷寒病，南方不多見，即間有之，亦鮮重證。凡外感病之重且險者，皆溫熱病也。

若兩感於寒者，一日太陽與少陰合病，二日陽明與太陰俱病，三日少陽與厥陰俱病，至水漿不入，不知人事者，六日死。然傷寒病兩感者亦少，惟溫病熱病居多，以溫熱從少陰發太陽，即是兩感之證，所以守眞特立涼膈、雙解、白虎、承氣等湯，以兩解其表裏之熱毒也。

詒按：石頑每謂溫病亦必由少陽而發，初起以柴胡爲主方，而此處又謂少陰出太陽，可知其於溫病，未能明辨其原，故論治亦無確見也。且兩感證是外內合邪，溫熱病是由內達外，其外面見證雖同，而病之來源各異，本不可同日而語也。

至冬令時，反有非節之暖，此屬春時陽氣發於冬時，未至而至，即爲不正之氣，人感之而病者，名曰冬溫。其證必心煩嘔逆咽痛，身熱頭疼，或欬嗽自汗，或頭重面腫，但始咽痛，後必下利，以邪入少陰，其經上循喉，下入腹也。治以陽旦湯加桔梗、萎蕤。

詒按： 此外感風溫之邪，冬春間時有之，葉香巖所謂溫邪上受，首先犯肺； 吳鞠通所用平涼輕劑銀翹、桑菊之類，恰與此等證相合，蓋此病必以清泄肺經爲主也。 如傷及陰分，則地、麥、元參，可隨證加入，吳鞠通亦已言之。 其所主陽旦湯，有桂枝之溫，必有惡寒頭項強痛之太陽證方合，如有此證則非溫邪傷肺之溫病，而爲伏寒內發之溫病矣。 總由經脈未清，故語多矛盾耳。

至春分節後，天令溫暖，有人壯熱爲病者，乃溫病也。 經云： 冬傷於寒，春必病溫。 仲景云： 太陽病，發熱而渴，不惡寒者，爲溫病。 蓋以冬時伏氣，隨時令溫熱之氣而發。 但所發之因不同，有感非時寒暴而發者，有饑飽勞役而發者，有房室不慎而發者，所感之客邪既殊，則發出之經絡亦異。所謂溫病之脈，行在諸經，不知何經之動也，當隨其經證而治之。

詒按： 此數行，說溫病源流俱徹，夫何間然。

凡溫病之發，必大渴煩擾，脇滿口苦，不惡寒反惡熱，脈氣口反盛於人迎，明係伏邪自內達表，必先少陽經始。 若因客寒而發者，宜小柴胡隨所見經證加減； 無客邪者，黃芩湯主之。 病溫病亦多傳變併合，未有不及少陽者，如太陽少陽合病，黃芩湯； 少陽陽明合病，承氣湯； 三陽合病，柴胡湯，或雙解散加減； 凡三陽表證，煩熱口渴，俱宜黃芩湯之類，據此合病症治，則傳變並病，可例推矣。

詒按： 此節論溫病證治頗合，惟謂伏邪外達，必由少陽，則囿於舊說，不切病情。 且與上文溫邪行諸經，不知何經之動，前後亦自相剌謬矣。

凡治溫病熱病，無正發汗之理，蓋其邪自內達外，無表證明矣。 若果證顯非時暴寒，惡寒頭痛而脈緊者，亦不可純用表藥，宜梔豉湯或益元散加薄荷、葱、豉，重則涼膈散去硝、黃，加葱、豉探吐取汗最妙。 蓋此怫鬱之熱，乘春溫之氣而發，雖有非時暴寒，止宜辛平之劑發散。

詒按： 溫邪初起，用葱、豉取汗最穩，不必探吐也。

凡下之前後，或將汗已汗； 或下後餘熱不止，反大汗淋灕者，此實熱雖去，而餘邪未盡，可與小劑黃芩湯，或解毒湯調之。

詒按： 若陰津不足之體，用清養胃陰之劑最妙。

若下後，渴雖減而饑欲得食者，此伏邪初散，陰火乘虛擾亂也。 凡溫熱病下後多此，慎勿便與粥飲，得食則復。

詒按： 近人不明此理，因此而致反覆者甚多。

凡溫病下後，熱不退，下證尚在者，可再三下之，以熱退爲度。

詒按： 傷寒病糞多堅栗，下之宜猛而重，一下之後，可以連下者甚少。 溫熱病糞多粘黑如醬，下之宜緩而輕，下後停一二日，垢熱再聚，即當再下，有下至三四次始清者，不得謂已下者，不宜再下也。

若下後，熱不止，而脈濇咽痛，胸滿多汗，此熱傷血分也，葶藶苦酒湯探吐之。

詒按： 熱傷血分之證，當養血以化餘熱，如生地、元參、銀花、犀角、洋參、竹茹之類，乃合病情。 若葶藶苦酒之法，決不可投。

所謂交陽者，非陰寒交熱而爲陽也，乃怫熱鬱蓄之於裏，鬱極乃發，則交傳而出於表之陽分，是謂交陽。 而後作汗也，或鬱而不能出表，是否極不泰，即正氣衰殘，陰氣先絕，陽氣後竭而死矣。

夫欲汗而脈忽沉伏者，陽氣並入於裏故也。 交陽而躁亂昏冒者，裏熱鬱極，故神昏而躁擾也。 凡戰汗而不快，或戰而不汗，此並之不甚，故雖戰而病不去也，通宜三一承氣湯，或合黃連解毒湯下之，所以散怫熱而開鬱結也。凡戰汗時，頻與熱薑湯，助其開發最佳，可免戰不快而無汗之患。

詒按： 薑性助熱，不如茅根爲佳。

凡可下之症，或得下而汗即出者，或服藥而怫鬱頓開，先汗出而後利者，或利性但隨汗泄，則氣和而愈竟不利者，亦有戰不快，交不通而死者，或不戰而汗出者，或但戰無汗而愈者，世俗不知，乃以惡寒戰慄爲陽虛陰勝，因而誤治者多矣。

詒按： 凡此病情，疑似之際，死生反掌，均須用心。

凡溫病發於三陰，脈微足冷者多難治。

凡溫病大熱，脈反細小，手足逆冷者死證也。

凡溫病初起，大熱神昏譫語，熱甚脈小足冷，五六日而脈反躁急，嘔吐昏沉，舌本焦黑，或失血躁熱脈大，或瘛搐昏亂，或脈促結代沉小者，皆死。

溫熱病大熱，不得汗者死。 得汗後而反熱，其躁盛者亦死也。 凡溫熱誤汗之，狂言不能食，其脈躁盛者，皆不可治也。

詒按： 此節所列溫病不治之症，不外三種： 邪氣鬱伏不達者一也； 正虛不能托邪者二也； 陰氣被爍涸者三也。

夏至後，炎暑司令，相火用事，有發熱身疼不惡寒，但惡熱而大渴者，爲熱病。《傷寒例》云：凡傷寒而成溫者，先夏至日爲病溫，後夏至日爲病熱。蓋久伏之邪，隨時令之暑熱而發也，以邪非外來，故但惡熱而不惡寒，熱自內發，故口燥渴而引飲多。其邪既鬱爲熱，不宜辛溫發汗，不得復指爲寒。而仲景仍以傷寒目之者，謂其初受病時，皆寒氣鬱伏所致耳。世言仲景無溫熱治法，試觀太陽陽明篇中，黃芩白虎等湯，豈治傷寒可用之藥也？白虎爲金神，非盛暑熱病，內外熱極者不可用。氣虛人用之，往往成結胸者，甚至不救。故有立夏以前，處暑以後，不可妄用白虎之戒。夫傷寒之不可用黃芩、白虎，猶溫病之不可用麻、桂、青龍也，即治溫熱，亦須無非時暴寒者方可用。

詒按：此節申明黃芩、白虎，仲景本爲溫熱而設，非傷寒方也。惟節末一轉，又設爲黃芩、白虎之厲禁，於理未嘗不是，特嫌其於熱病正治法，未免喧賓奪主耳。

若溫病七八日，或十餘日，前邪未除，重感於寒，忽然寒熱交作，變爲溫瘧。方書以爲壞證，按《傷寒例》云：脈陰陽俱盛重感於寒，變爲溫瘧，其證胸脇滿，煩渴而嘔，微惡寒者，治以小柴胡去參、半，加括蔞根、石膏。無寒但熱，其脈如平，骨節煩疼時嘔者，用白虎湯加桂枝。愼不可辛溫發散，以助其瘧。

詒按：前症煩渴微惡寒，宜白虎加桂枝；後症但熱不寒，並不得加桂枝矣。

至《內經》所言先熱後寒之溫瘧，乃得之冬中於風，寒氣藏於骨髓之中，至春陽氣大發，邪氣不能出，因遇大暑，腦髓爍，肌肉消，腠理發泄，或有所用力，邪氣與汗並出，此病藏於腎，其先從內出之於外也。如是者，陰虛而陽盛，陽盛則熱矣，衰則氣復反入，反入則陽虛，陽虛則寒矣，故先熱而後寒，名曰溫瘧。治宜人參白虎湯，或有客邪，則加桂枝。更以金匱腎氣丸去附子，倍加桂枝作湯，渴則飲之。蓋從腎出而大熱，則其內先已如焚，故急以白虎退熱。迨瘧勢外衰，復返於腎，而陰精與之相持，乃爲寒，設不知壯水之主，以救其陰，十數發後，陰精竭矣。此伏邪自發之溫病，與溫病後重感於寒所變之溫瘧，名同而實異，然皆不越乎少陰一經，故詳辨之，以破此異同之惑。

詒按：兩證來源稍異，而救陰撤熱，其治法大致相同。惟前證重感新寒當隨證參用疎邪之意，方爲周密。

《溫熱逢源・論溫病初發脈象舌苔本無一定》 溫病之脈，前人謂右脈反大於左，此指邪熱之達於肺胃者言也。嘗有伏溫初發，其邪熱鬱於少陰，或連及厥陰，而弦數之脈，遂見於左手關尺兩部者甚多。更有邪機深伏，鬱湮不達，病象頗深，而脈象轉見細弱不鼓之象；逮托邪化熱，脈始漸見浮硬。此由腎氣先虧，不能鼓邪外達，故脈象如此，其證必非輕淺。總之，伏溫外發，必從經氣之虛處而出，初無一定路徑，所謂邪之所湊，其氣必虛也。《難經》云：溫邪行在諸經，不知何經之動。此語空靈活潑，最合病情。蓋其行動，初無一定之徑，外見無一定之證，故其脈亦無一定之脈。至舌苔之色，必邪在胃中蒸鬱，其濁氣乃上熏而生苔。若邪伏陰經，不涉胃府，則雖邪熱已劇，仍不見有舌苔也。舌本爲心脾營氣所結，故營分有熱，舌底必絳；心火亢盛，舌尖必紅。然邪深伏下焦，而舌底不見紫絳者，間亦有之。迨邪熱鬱極而發，脈之細弱者，忽變而浮大弦數；舌之淡白者，倏變而灰黑乾絳；則勢已燎原，不可嚮邇。至此而始圖挽救，恐熱邪熾盛，藏府枯爛，雖有焦頭爛額之客，而已無及矣。故視病者，必細察見證，再合之色脈，乃有把握。若徒執脈象舌苔，而求病之寒熱淺深，則誤者多矣。詒閱歷多年，確知伏溫初起，凡病邪極深者，脈與證較多不合。其故皆由邪氣深伏，不易表見於外。視病者爲其所惑，必多誤治。故特表而出之，庶學者知所審擇焉。

周禹載曰：溫病熱病之脈，或見浮緊者，乃重感不正之暴寒。寒邪束於外，熱邪蘊於內，故其脈外則緔急，內則洪盛也。又或不識脈形，但見弦脈，便呼爲緊，而妄治之。蓋脈之盛而有力者，每每兼弦，豈可錯認爲緊，而斷以爲寒乎？夫溫病熱病之脈，多在肌肉之分，而不甚浮，且右手反盛於左手，誠由怫鬱在內故也。其左手盛或浮者，必有重感風寒，否則非溫病熱病，自是非時暴寒耳。

《醫醫小草・苦寒傷生氣鹹潤蔽太陽》 熱在氣分，宜甘寒，在血分，宜苦寒，盡人而知。據時令言，春溫、秋燥，甘寒用處甚多，惟夏外陽內陰，則宜苦以燥溼，寒以勝熱。然胃陽素虛者，自不可過投。而《金匱・吐衄篇》三黃瀉心湯云：治心氣不足。西昌謂培生氣而堅臟，誠然，何醫祇知有倒胃之弊哉？其藥如大戟、甘遂、葶藶、防己、知母、大黃、黃芩、黃連、梔子、丹皮、青黛、木通、苦參、龍膽草、鴉膽子之類是苦寒，雖有清實熱之益，弊與滋膩同，不再贅。鹹寒如鼈甲、蟹殼、殭蠶、蟬蛻、蛇皮、蜣螂、水蛭、䗪蟲、海藻、紫

葳、文蛤、牡蠣、秋石、戎鹽、人中白、肉蓯蓉、桑螵蛸、元明粉之屬，軟堅清燥，卻風火，攻宿血，非無捷效，用之過當，心陽蒙蔽，而神明爲之不靈，精血爲之日削矣。司命者尤當急知之。

《醫醫小草・治法》 溫病風溫愼汗，治當辛涼。濕溫禁下，治宜苦寒。疫病表裏雙解，內外分消，偏汗偏下，兩非所宜。

《溫病指南・附溫病治法要略》 一、白舌。凡白苔之潤而薄者，爲滑白，初病邪在氣分也。潤而厚者爲膩白，濕痰重也。乾燥而白者，爲乾白，肺胃津傷，未及化黃而已乾也。先以甘寒潤之，待其轉黃再議攻下，俟黃退見薄滑新苔，乃爲病愈。若白如積粉，板貼不鬆者，爲粉白，乃疫毒入踞募原也。溫病見此最重，先以銀翹散透解，如不效，再用達原飲法。

一、黃舌。有地而厚者，爲厚黃，甚則老黃、灰黃，燥裂有紋，宜用增液承氣下之。凡苔見裂紋，下時均宜加增液湯。雖黃而潤，或薄而滑者，熱未傷津也，猶可清熱透表，若薄而乾者，宜甘寒養津，忌苦重之藥。黃白相兼，乃氣分之邪未全入裏，宜用表裏兼治法。

一、黑舌。苔黑而燥者，爲燥黑，甚則生芒刺，凡舌生芒刺，不拘黃白黑色，皆爲上焦熱極。乃胃大熱而津枯也，宜酌用白虎、承氣等劑。如黑而潤者爲陰虧，不可攻下。滑黑無苔爲胃燥，宜甘寒養胃。又有當下而下，病已減而舌仍黑者，乃苔皮焦枯未脫，不久自脫，勿再誤下也。

一、絳舌。無苔而深紅色，爲絳舌。絳而兼黃白色者，氣分之邪未全入裏，宜兩清營衛。絳色中有黃白碎點，或大紅點者，熱毒盛也，宜黃連、金汁等清之。純絳鮮色者，邪已入營，包絡受病也，宜犀角、鮮生地、鬱金、石菖蒲等味，重則牛黃丸、至寶丹開之。若舌色紫暗，乃其人素有瘀血，與邪相搏，當加散血之品，如丹皮、丹參、琥珀、桃仁之類。雖絳而乾枯不鮮者，腎陰涸也，急以阿膠、鷄子黃、地黃、天冬等救之。

一、轉變。溫病用藥，須知轉變，不可執定。如治濕溫，於面白陽微之人，涼藥用至十分六七，即勿再用，恐過涼則陽必傷也；面蒼火重之人，涼藥用至十分六七，雖熱減身寒，仍不可遽用溫補，恐火雖熄，猶有餘焰也。又如復脈及大小定風珠諸方，爲溫病陰液乾枯，肝風內動之聖藥，然用至數劑後，察其風平液復，即宜改用輕劑調理。若因見效，服之太過，則沉陰傷胃，必有食減面腫之患。總之藥期中病，過猶不及。聊舉數端，餘可類推也。

《古今醫案按選・濕》 俞東扶曰：古人治濕病案，殊無高論奇方。惟《臨證指南》佳案甚多，良足私淑。其除氣分之濕，用滑石、白蔻仁、杏仁、半夏、厚朴、括蔞皮爲主。有熱則加竹葉、連翹、蘆根等。全取輕清之品，走氣道以除濕。若濕熱甚而舌白目黃，口渴溺赤，用桂枝、木澤瀉、豬苓、滑石、茯苓皮、寒水石、生白术、茵蔯，此從桂苓甘露飲加減。濕熱作痞，神識如蒙，用人參、芩、連、枳實、生乾薑、生白芍，此從瀉心湯加減。若脘中阻痛，大便不爽，用豆豉、枳實、黃連、薑汁、苓、半，熱輕則去連加鬱金、橘紅、薏苡。此濕傷氣痹治法。熱甚則用黃連、生术、厚朴、橘白、淡生薑渣，酒煨大黃，水法丸服，此治氣阻不爽，治腑宜通法。濕傷脾陽腹膨，用五苓散、二术膏。濕熱橫漬，脈膝腹滿，用小溫中丸，以及脘痞便溏之用苓桂术甘湯，呑酸形寒之用苓薑术桂湯，雖皆古人成法，而信手拈來，無不脗合。濕溫身熱神昏，用犀角、元參、連翹、石菖蒲、銀花、赤豆皮，煎送至寶丹，乃清熱通竅，芳香逐穢法。更奇者，濕溫之頭脹耳聾，呃忒鼻衄，舌色帶白，咽喉欲閉，謂邪阻上竅空虛之所，非苦寒直入胃中可治，而用連翹、牛蒡、銀花、馬勃、射干、金汁，此俗人夢想不到者也。不食不寐，腹痛便窒，脈遲小澀，謂由平素嗜酒少穀，濕結傷陽，寒濕濁陰鳩聚爲痛，而用炒黑生附子、炒黑川椒、生淡乾薑，葱白，調入豬膽汁，此加味白通湯，亦神奇不可思議者。也更有嗜酒人胸滿不飢，三焦皆閉，二便不通，用半硫丸。又有病中啖厚味者，腸胃滯，雖下而留濕未解，肛門墜痛，胃不喜食，舌上白腐，用平胃散去甘草，加人參、炮薑、炒黑生附。此二條不因酒肉認作濕熱，竟以苦辛溫藥通陽劫濕，尤覺高超。至如陽傷痿弱，有濕麻痹，雖痔血而用薑、附、茯苓、生术。舌白身痛，足跗浮腫，太溪穴水流如注，謂濕邪伏於足少陰，而用鹿茸、淡附子、草果、茯苓、菟絲以溫煦陽氣，均非淺識所能步武。濕久脾陽消乏，腎眞亦憊，中年未育子，用茯、菟、蒼术、韭子、大茴、鹿茸、附子、蘆巴、故紙、赤石脂，仿安腎丸法，治病調元，化爲合璧，益有觀止之歎。濕門得此諸案，方法洵云全備。

《醫學衷中參西錄・深研白虎湯之功用》 近世用白虎湯者，恆恪守吳氏四禁。所謂四禁者，即其所著《溫病條辨》白虎湯後所列禁用白虎湯之四條也。然其四條之中，顯有與經旨相反之兩條，若必奉之爲金科玉律，則此救顛扶危挽回人命之良方，幾將置之無用之地。愚非好辯而爲救人之熱腸所迫，實有不能已於言者。

吴鞠通原文：　白虎本爲達熱出表，若其人脈浮弦而細者，不可與也；脈沉者，不可與也；　不渴者，不可與也；　汗不出者，不可與也。常須識此，勿令誤也。

按：　前兩條之不可與，原當禁用白虎湯矣。至其第三條謂不渴者不可與也。夫用白虎湯之定例，渴者加人參，其不渴者即服白虎湯原方，無事加參可知矣。吴氏以爲不渴者不可與，顯與經旨相背矣。且果遵吴氏之言，其人若渴即可與以白虎湯，而亦無事加參矣，不又顯與渴者加人參之經旨相背乎？　至其第四條謂汗不出者不可與也，夫白虎湯三見於《傷寒論》，惟《陽明篇》中所主之三陽合病有汗，其《太陽篇》所主之病及《厥陰篇》所主之病，皆未見有汗也。仲聖當日未見有汗即用白虎湯，而吴氏則於未見有汗者禁用白虎湯，此不又顯與經旨相背乎？　且石膏原具有發表之性，其汗不出者不正可借以發其汗乎？　且即吴氏所定之例，必其人有汗且兼渴者始可用白虎湯，然陽明實熱之證，渴而兼汗出者，十人之中不過一二人，是不幾將白虎湯置之無用之地乎？　夫吴氏爲清季名醫，而對於白虎湯竟誤設禁忌若此，彼蓋未知石膏之性也。及至所著醫案，曾治何姓叟，手足拘攣，因誤服熱藥所致，每劑中用生石膏八兩，服近五十日始愈，計用生石膏二十餘斤。又治趙姓中焦留飲，上泛作喘，每劑藥中皆重用生石膏，有一劑藥中用六兩八兩者，有一劑中用十二兩者，有一劑中用至一斤者，共服生石膏近百斤，其病始愈，以觀其《溫病條辨》中，所定白虎湯之分量，生石膏止用一兩，猶煎湯三杯分三次溫飲下者，豈不天壤懸殊哉？　蓋吴氏先著《溫病條辨》，後著醫案，當其著《條辨》時，因未知石膏之性，故其用白虎湯愼重若此；　至其著醫案時，是已知石膏之性也，故其能放膽重用石膏若此。學問與年俱進，故不失其爲名醫也。

按：　人之所以重視白虎湯而不敢輕用者，實皆未明石膏之性也。夫自古論藥之書，當以《神農本經》爲稱首，其次則爲《名醫別錄》。《本經》創於開天闢地之聖神，洵堪爲論藥性之正宗，至《別錄》則成於前五代之陶弘景，乃取自漢以後及五代以前名醫論藥之處而集爲成書，以爲《本經》之輔翼，今即《本經》及《別錄》之文而細爲研究之。【略】

按：　解肌者，其力能達表，使肌膚鬆暢，而內蘊之熱息息自毛孔透出也。其解肌兼能發汗者，言解肌之後，其內蘊之熱又可化汗而出也。特是，後世之論石膏者，對於《本經》之微寒既皆改爲大寒，而對於《別錄》之解肌發汗，則尤不相信。即如近世所出之《本草》，若鄒潤安之《本經疏證》、周伯度之《本草思辨錄》，均可爲卓卓名著，而對於《別錄》謂石膏能解肌發汗亦有微詞，今試取兩家之論說以參考之。

鄒潤安曰：　石膏體質最重，光明潤澤，乃隨擊即解，紛紛星散，而絲絲縱列，無一縷横陳，故其性主解横溢之熱邪，此正石膏解肌之所以然。至其氣味辛甘，亦兼具解肌之長，質重而大寒，則不足於發汗，乃《別錄》於杏仁曰解肌，於大戟曰發汗，石膏則以解肌發汗連稱，豈以仲聖嘗用於發汗耶？　不知石膏治傷寒陽明病之自汗，不治太陽病之無汗，若太陽表實而兼陽明熱鬱，則以麻黄發汗，石膏泄熱，無舍麻黄而專用石膏者。白虎湯治無表證之自汗，且戒人以無汗勿與，即後世發表經驗之方，亦從無用石膏者，所謂發表不遠熱也。然則解肌非歟？　夫白虎證至表裏俱熱，雖尚未入血分成府實，而陽明氣分之熱已勢成連横，非得辛甘寒解肌之石膏，由裏達表以散其連横之勢，熱焉得除，而汗焉得止，是則石膏解肌所以止汗，非所以出汗。他如竹葉石膏湯、白虎加桂枝湯，非不用於無汗，而其證則非發表之證，學者勿過泥《別錄》可耳。

無汗禁用白虎之言，《傷寒論》未見，欲自是其説，而設爲古人之言以作徵據，其誤古人也甚矣。至講解肌爲止汗，則尤支離，不可爲訓。

周伯度曰：　王海藏謂石膏發汗，朱丹溪謂石膏出汗，皆以空文附和，未能實申其義。竊思方書石膏主治，如時氣、肌肉壯熱、煩渴喘逆、中風眩暈、陽毒發斑等證，無一可以發汗而愈者，病之倚重石膏莫如熱疫。余師愚清瘟敗毒散一劑用至六兩八兩，而其所著《疫證一得》，則諄諄以發表致戒。顧鬆園以白虎湯治汪續功陽明熱證，每劑石膏用至三兩，兩服熱頓減而遍身冷汗、肢冷發呃，群醫譁然阻勿再進。顧引仲聖熱深厥深，及喻氏陽證忽變陰厥，萬中無一之説與辯勿聽。迨投參附回陽之劑，而汗益多體益冷，復求顧診。顧仍以前法用石膏三兩，而二服後即汗止身溫，此尤可爲石膏解肌不發汗之明證，要之顧有定識定力，全在審證之的，而仲聖與喻氏有功後世，亦可見矣。

按：　周氏之見解，與鄒氏大致相同。所可異者，自不知石膏能發汗，而轉笑王海藏謂石膏發汗、朱丹溪謂石膏出汗者，皆以空文附和，未能實伸其

義，此何異以己之昏昏㫺人之昭昭也哉？至顧鬆園治汪纘功之熱深厥深，周身冷汗，重用生石膏三兩，兩服病愈，以爲石膏非能發汗之明證，而不知石膏能清熱即能回厥，迨厥回之後，其周身之冷汗必先變爲溫和之汗，其內蘊之熱，借石膏發表之力，皆息息自皮毛達出，內熱隨汗出盡，則汗自止而病自愈也。若認爲將石膏服下，其冷汗即立止而病亦遂愈，此誠不在情理中矣。夫鄒氏之《本經疏證》及周氏之《本草思辨錄》，其講解他藥莫不精細入微，迥異於後世諸家本草，而獨於石膏之性未能明瞭，甚矣石膏之令人難知也。

愚浮沉醫界者五十餘年，嘗精細體驗白虎湯之用法，若陽明之實熱，一半在經，一半在府，或其熱雖入府而猶連於經，服白虎湯後，大抵皆能出汗，斯乃石膏之涼與陽明之熱化合而爲汗以達於表也。若猶慮其或不出汗，則少加連翹、蟬蛻諸藥以爲之引導，服後復杯之頃，其汗即出，且汗出後其病即愈，而不復有外感之熱存留矣。若其陽明之熱已盡入府，服白虎湯後，大抵出汗者少，不出汗者多，其出汗者熱可由汗而解，其不出汗者其熱亦可內消。蓋石膏質重氣輕，其質重也可以逐熱下行，其氣輕也可以逐熱上出，俾胃府之氣化升降皆湛然清肅，外感之熱自無存留之地矣。

《醫學衷中參西錄·答人問〈傷寒論〉以六經分篇未言手經足經及後世論溫病者言入手經不入足經且謂溫病不宜發汗之義》 《內經》之論手足各經也，凡言手經必名之爲手某經，至言足經，恒但名爲某經，而不明指爲足某經。故凡《內經》渾曰某經而未明言其爲手經足經者，皆足經也。仲師《傷寒論》以六經分篇，其爲足經手經亦皆未明言，而以《內經》之例推之，其確爲足經無庸再議。誠以人之足經長，手經短，足經原可以統貫全身，但言足經，手經亦即寓其中矣。至其既以足六經分篇而不明言足六經者，在仲師雖循《內經》定例，而實又別具深心也。夫傷寒之證固屬於足經者多，而由足經以及手經者亦時有之。誠以人之手足十二經，原無處不相貫通，是以六經分篇之中，每篇所列之證皆有連及手經之病。若於分篇之際顯以足某經名之，將有時兼有手經之病人亦誤認爲足經矣。惟渾之曰某經，是原以足經爲主，實即容納手經於足經之中，此著書者提綱挈領之法，不欲頭緒紛繁令人難於領略也。後世未窺仲師之深意，竟有謂傷寒入足經不入手經者。而麻黃湯中麻黃與杏仁同用，非因其所治之證於手太陰有涉乎？承氣湯中大黃與朴硝同用，非因其所治之證於手陽明有涉乎？知此二方，餘可類推也。

至謂：溫病入手經不入足經者，其說尤爲不經。何以言之？《傷寒論》第六節曰：太陽病，發熱而渴，不惡寒者，爲溫病。此太陽爲手太陽乎？抑爲足太陽乎？此固無容置辯者也。蓋溫病以風溫爲正，亦以風溫爲多，故本節繼曰：若發汗已，身灼熱者，名曰風溫。云云。夫溫以風成，必足太陽先受之，此一定之理也。惟患風溫之人多係臟腑間先有蘊熱，因其冬日薄受外感，未能遽發，所感之邪伏於三焦脂膜之中，隨春陽而化熱，繼又薄受外感，所化之熱邪受激動而驟發，初則外表略有拘束，曆數小時即表裏俱壯熱。此近代論溫病者多忌用藥汗解，而惟投以清解之劑，若銀翹散、桑菊飲諸方是也。然此等方在大江以南用之，原多效驗，因其地暖氣和，人之肌膚鬆淺，溫邪易解散也。而北人之用其方者，恒於溫病初得不能解散，致溫病傳經深入，寖成危險之證。愚目睹心傷，因自擬治溫病初得三方，一爲清解湯，一爲涼解湯，一爲寒解湯。三方皆以汗解爲目的，視表邪內熱之輕重爲分途施治。其表邪重內熱輕者，用第一方。表邪內熱平均者，用第二方。表邪輕內熱重者，用第三方。方證吻合，服之皆一汗而愈。後南游至漢皋，用此三方以治溫病之初得者，亦莫不隨手奏效。由斯知南方於溫病之初得，亦非不可發汗，特視所用發汗之藥何如耳。且其方不獨治春溫有效也。拙著《衷中參西錄》初出版於奉天，戊午仲秋奉天溫病盛行，統戶口全數計之，病者約有三分之一，其病狀又皆相似，是溫而兼疫矣。有天地新學社友人劉子修者，在奉北開原行醫，彼見《衷中參西錄》載此三方，遂斟酌用之，救愈之人不勝計，一方驚爲神醫，爲之建立醫院於開原車站。由斯知：春溫、秋溫及溫而兼疫者，其初得之時皆可汗解也。

至於伏氣成溫，毫無新受之外感者，似不可發汗矣。然伏氣之伏藏皆在三焦脂膜之中，其化熱後乘時萌動，若有向外之機，正可因其勢而利導之，俾所用之藥與內蘊之熱化合而爲汗，拙擬之三方仍可隨證施用也。若其伏氣內傳陽明之府而變爲大渴大熱之證，此宜投以白虎湯或白虎加人參湯，爲傷寒溫病之所同，固不獨溫病至此不宜發汗也。且既爲醫者，亦皆知此證不可發汗也。然服藥後而能自汗者固屢見下。至其人因冬不藏精而病溫，伏氣之邪或乘腎虛下陷而成少陰之證者，其蘊熱至深，脈象沉細，當其初得固不可發汗，亦非銀翹、桑菊等方清解所能愈也。愚師仲師之意，恒將《傷寒論》

中白虎加入人參湯與黃連阿膠湯並爲一方，爲有石膏，可省去芩、連、芍藥，而用鮮白茅根湯煎，恆隨手奏效。蓋此證因下陷之熱邪傷其腎陰，致腎氣不能上潮於心，其陰陽之氣不相接續，是以脈之跳動無力。用阿膠、雞子黄以滋補腎陰，白虎湯以清肅內熱，即用人參以助腎氣上升，茅根以透內邪外出，服後則脈之沉細者自變爲緩和，復其常度，脈能復常，病已消歸無有矣。夫傷寒溫病西人之所短，實即吾人之所長也。惟即所長者而益加精研，庶於醫學論胥之秋而有立定腳跟之一日。此愚所以不避好辯之名，雖與前哲意見有所齟齬而亦不暇顧也。

《醫學衷中參西錄・傷寒風溫始終皆宜汗解說》 傷寒初得宜用熱藥發其汗，麻黄、桂枝諸湯是也。風溫初得宜用涼藥發其汗，薄荷、連翹、蟬蜕諸藥是也。至傳經已深，陽明熱實，無論傷寒、風溫，皆宜治以白虎湯。而愚用白虎湯時，恆加薄荷少許，或連翹、蟬蜕少許，往往服後即可得汗。即但用白虎湯，亦恆有服後即汗者。因方中石膏原有解肌發表之力，故其方不但治陽明府病，兼能治陽明經病，況又少加辛涼之品引之，以由經達表，其得汗自易易也。【略】

至其人氣體弱者，可用補氣之藥助之出汗。【略】

若陰分虛損者，可用滋陰之藥助之出汗。【略】

至其人陽分陰分俱虛，又宜並補其陰陽以助之出汗。張景岳曾治一叟得傷寒證，戰而不汗。於其翌日發戰之時，投以大劑八味地黄湯，須臾戰而得汗。繼因汗多亡陽，身冷汗猶不止，仍投以原湯，汗止病亦遂愈。用其藥發汗，即用其藥止汗，是能運用古方入於化境者也。

至少陽證爲寒熱往來，其證介於表裏之間，宜和解不宜發汗矣。然愚對於此證，其熱盛於寒者，多因證兼陽明，恆於小柴胡湯中加玄參八錢，以潤陽明之燥熱。其陽明之燥熱化而欲散，自能還於太陽而作汗，少陽之邪亦可隨汗而解。其寒盛於熱者，或因誤服降下藥虛其氣分，或因其氣分本素虛，雖服小柴胡湯不能提其邪透膈上出，又恆於小柴胡湯中加薄荷葉二錢，由足少陽引入手少陽，借徑於游部作汗而解。此即《傷寒論》所謂柴胡證具，而以他藥下之，柴胡證仍在者，復與小柴胡湯，必蒸蒸而振，卻發熱汗出而解也。然助以薄荷則出汗較易，即由汗解不必蒸蒸而振，致有戰汗之狀也。

至於當用承氣之證，卻非可發汗之證矣。然愚臨證經驗以來，恆有投以三承氣湯，大便猶未降下而即得汗者。蓋因胃府之實熱既爲承氣衝開，其病機自外越也。若降之前未嘗得汗，既降之後亦必於飲食之時屢次些些得汗，始能脈淨身涼。若降後分毫無汗，其熱必不能盡消，又宜投以竹葉石膏湯，或白虎加人參湯，將其餘熱消解將盡，其人亦必些些汗出也。此所謂傷寒、風溫始終皆宜汗解也。

《醫學衷中參西錄・論吴又可達原飲不可以治溫病》 北方醫者治溫病，恆用吴又可達原飲，此大謬也。吴氏謂崇禎辛巳，疫氣流行，山東、浙江南北兩道感者尤多，遂著《瘟疫論》一書。首載達原飲，爲治瘟疫初得之方，原非治溫病之方也。疫者，天地戾氣，其中含有毒菌，遍境傳染若役使然，故名爲疫。因疫多病熱，故名爲瘟疫，瘟即溫也。是以方中以逐不正之氣爲主。至於溫病，乃感時序之溫氣，或素感外寒伏於膜原，久而化熱，乘時發動，其中原無毒菌，不相傳染。治之者惟務清解其熱，病即可愈。若於此鑒別未精，本係溫病而誤投以達原飲，其方中檳榔開破之力既能引溫氣內陷，而厚朴、草果之辛溫開散大能耗陰助熱，尤非病溫者所宜，雖有知母、芍藥、黄芩各一錢，其涼力甚輕，是以用此方治溫病者，未有見其能愈者也。且不惟不能愈，更有於初病時服之即陡然變成危險之證者，此非愚之憑空擬議，誠有所見而云然也。

愚初習醫時，曾見一媼，年過六旬，因傷心過度，積有勞疾，於仲春得溫病。醫者投以達原飲，將方中草果改用一錢，謂得汗則愈。乃服後汗未出而病似加重，醫者遂將草果加倍，謂服後必然得汗。果服後頭面汗出如洗，喘息大作，須臾即脱。或疑此證之僨事，當在服達原飲將草果加重，若按其原方分量，草果只用五分，即連服數劑亦不至汗脱也。答曰：草果性甚猛烈，即五分亦不爲少。愚嘗治脾虛泄瀉服藥不效，因思四神丸治五更瀉甚效，中有肉果，《本草》謂其能健脾澀腸，遂用健補脾胃之藥煎湯送服肉果末五分。須臾覺心中不穩，六脈皆無，遲半點鐘其脈始見。恍悟病人身體虛弱，不勝肉果辛散之力也。草果與肉果性原相近，而其辛散之力更烈於肉果，雖方中止用五分，而與檳榔、厚朴並用，其猛烈之力固非小矣。由斯觀之，達原飲可輕用哉。

《醫學衷中參西錄・論吴氏〈溫病條辨〉二甲復脈三甲復脈二湯》 《金匱》瘧病門有鱉甲煎丸，治瘧病以月一日發，當十五日愈，設不愈，當月盡解，

如其不瘥，結爲癥瘕，名曰瘧母，此丸主之。夫鱉甲煎丸既以鱉甲爲主藥，是其破症瘕之力多賴鱉甲，則鱉甲具有開破猛烈之性明矣。愚曾治久瘧不愈，單用鱉甲細末四錢，水送服。服後片時，覺心中怔忡殊甚，移時始愈。夫瘧當未發之先，其人原似無病，而猶不受鱉甲之開破，況當病劇之候，邪實正虛，幾不能支，而猶可漫投以鱉甲，且重用鱉甲乎？審斯，則可進而與論吳氏《溫病條辨》中二甲復脈及三甲復脈二湯矣。

吳氏二甲復脈湯所主之證，爲熱邪深入下焦，脈沉數，舌乾，齒黑，手指但覺蠕動，急防痙厥，二甲復脈湯主之。其方中重用鱉甲八錢。夫溫病之邪下陷，大抵皆體弱之人。爲其體弱又經外感之邪熱多日鑠耗，則損之又損，以致氣血兩虧，肝風欲動。其治法當用白虎加人參湯，再加生龍骨、生牡蠣各八錢。方中之義以人參補其虛，白虎湯解其熱，龍骨、牡蠣以鎮肝熄風。此用白虎加人參湯兼取柴胡加龍骨牡蠣湯之義。以熟籌完全，自能隨手奏效也。

其三甲復脈湯，於二甲復脈湯中再加龜板一兩，所主之證亦熱邪深入下焦，熱深厥甚，脈細促，心中憺憺大動，甚則心中痛者，三甲復脈湯主之。按：此證邪益盛，正益虛，肝風已動，乃肝經虛極將脫之候。鱉甲色青入肝，其開破之力注重於肝，尤所當忌。宜治以前方，以生山藥八錢代方中粳米，再用所煎藥湯送服朱砂細末五分，亦可奏效。或問：吳氏爲近代名醫，何以治此二證不能擬方盡善？答曰：吳氏誠爲近代名醫，此非虛譽。然十全之醫，世所罕覯。吳氏所短者，不善用白虎湯，而多所禁忌。是以書中謂脈浮而弦細者，不可用白虎湯；脈沉者，不可用白虎湯；汗不出者，不可用白虎湯；不渴者，不可用白虎湯。今觀其二甲三甲所主之證，一則脈沉數，一則脈細促，而皆不見有汗，皆未言渴，是皆在其禁用白虎例中，是以對於此二證不用白虎湯加減，而用復脈湯加減也。獨不思龜板在《本經》亦主癥瘕，藥房又皆用醋炙，其開破之力亦非輕也。

《醫學衷中參西錄・治溫病方》《傷寒論》曰：太陽病，發熱而渴，不惡寒者，爲溫病。若發汗已，身灼熱者，名曰風溫。風溫爲病，脈陰陽俱浮，自汗出，身重，多眠睡，息必鼾，言語難出。此仲景論溫病之提綱也。乃提綱詳矣，而後未明言治溫病之方。及反復詳細觀之，乃知《傷寒論》中，原有治溫病方，且亦明言治溫病方，特涉獵觀之不知耳。六十一節云：發汗後，不可更行桂枝湯。汗出而喘，無大熱者，可與麻黄、杏仁、甘草、石膏湯主之。夫此證既汗後不解，必是用辛熱之藥，發不惡寒證之汗，即溫病提綱中，所謂若發汗已也。其汗出而喘，無大熱者，即溫病提綱中，所謂若發汗已，身灼熱及後所謂自汗出、多眠睡、息必鼾也。睡而息鼾，醒則喘矣。此證既用辛熱之藥，誤發於前，仲景恐醫者見其自汗，再誤認爲桂枝湯證，故特戒之曰：不可更行桂枝湯，而宜治以麻杏甘石湯。此節與溫病提綱遙遙相應，合讀之則了如指掌。然麻杏甘石湯，誠爲治溫病初得之的方矣。而愚於發表藥中不用麻黄，而用薄荷、蟬蛻者，曾於葛根黄芩黄連湯解後詳論之，茲不再贅。

今者論溫病之書甚夥，而鄭衛紅紫，適足亂眞。愚本《內經》、仲景，間附以管見，知溫病大綱，當分爲三端。今逐端詳論，臚列於左，庶分途施治，不至錯誤。

一爲春溫。其證因冬月薄受外感，不至即病。所受之邪，伏於膜原之間，阻塞脈絡，不能宣通，暗生內熱。迨至春日陽生，內蘊之熱，原有萌動之機，而復薄受外感，與之相觸，則陡然而發，表裏俱熱，《內經》所謂冬傷於寒，春必溫病者是也。宜治以拙擬涼解湯。熱甚者，拙擬寒解湯。有汗者，宜仲景葛根黄連黄芩湯。或拙擬和解湯加生石膏。若至發於暑月，又名爲暑溫，其熱尤甚。初得即有脈洪長，渴嗜涼水者。宜投以大劑白虎湯，或拙擬仙露湯。

一爲風溫。猶是外感之風寒也，其時令已溫，外感之氣已轉而爲溫，故不名曰傷寒傷風，而名風溫。即《傷寒論》中所謂風溫之爲病者是也。然其證有得之春初者，有得之春暮者，有得之夏秋者，當隨時序之寒熱，參以脈象，而分別治之。若當春初秋末，時令在寒溫之間。初得時雖不惡寒，脈但浮而無熱象者，宜用拙擬清解湯加麻黄一二錢，或用仲景大青龍湯。若當暑熱之日，其脈象浮而且洪者，用拙擬涼解湯，或寒解湯。若有汗者，用拙擬和解湯，或酌加生石膏。

一爲濕溫。其證多得之溽暑。陰雨連旬，濕氣隨呼吸之氣，傳入上焦，窒塞胸中大氣。因致營衛之氣不相貫通，其肌表有似外感拘束，而非外感也。其舌苔白而滑膩，微帶灰色。當用解肌利便之藥，俾濕氣由汗與小便而出，如拙擬宣解湯是也。仲景之豬苓湯去阿膠，加連翹亦可用。至濕熱蓄久，陽明府實，有治以白虎湯加蒼朮者，其方亦佳。而愚則用白虎湯，以滑石

易知母，又或不用粳米，而以生薏米代之。至於冬不藏精，春必病溫。《內經》雖有明文，其證即寓於風溫、春溫之中。蓋內虛之人，易受外感，而陰虛蘊熱之人，尤易受溫病。故無論風溫、春溫，兼陰虛者，當其發表，清解降下之時，皆宜佐以滋陰之品，若生山藥、生地黃、玄參、阿膠、生雞子黃之類均可酌用。或宜兼用補氣之品，若白虎湯之加人參，竹葉石膏湯之用人參，誠以人參與涼潤之藥並用，不但補氣，實大能滋陰也。

右所論溫病，乃別其大綱及其初得治法。至其證之詳悉，與治法之隨證變通，皆備於後之方案中。至於疫病，乃天地之癘氣，流行傳染，與溫病迥異。

方中薄荷葉，宜用其嫩綠者。至其梗，宜用於理氣藥中，若以之發汗，則力減半矣。若其色不綠而蒼，則其力尤減。若果嫩綠之葉，方中用三錢即可。

薄荷氣味近於冰片，最善透竅。其力內至臟腑筋骨，外至腠理皮毛，皆能透達。故能治溫病中之筋骨作疼者。若謂其氣質清輕，但能發皮膚之汗，則淺之乎視薄荷矣。

蟬蛻去足者，去其前之兩大足也。此足甚剛硬，有開破之力。若用之退目翳消瘡瘍，帶此足更佳。若用之發汗，則宜去之，蓋不欲其於發表中，寓開破之力也。

蟬蛻性微涼味淡，原非辛散之品，而能發汗者，因其以皮達皮也。此乃發汗中之妙藥，有身弱不任發表者，用之最佳。且溫病恒有兼癮疹者，蟬蛻尤善托癮疹外出也。

石膏性微寒，《本經》原有明文。雖係石藥，實爲平和之品。且其質甚重，六錢不過一大撮耳。其涼力，不過與知母三錢等。而其清火之力則倍之，因其涼而能散也。嘗觀後世治溫之方，至陽明府實之時，始敢用石膏五六錢，豈能知石膏者哉？然必須生用方妥，煆者用至一兩，即足僨事，此編例言中，曾詳論之。又此方所主之證，或兼背微惡寒。乃熱鬱於中，不能外達之徵，非眞惡寒也。白虎湯證中，亦恒有如此者，用石膏透達其熱，則不惡寒矣。

《感症寶筏・溫熱》 煩勞多慾之人，陰精久耗，適遇冬月非時之暖，感而即病者，冬溫也。冬受冬發者，冬溫也。春時木火司令，天道溫暖，新邪引動伏邪，溫從內發者，春溫也。夏令炎熱感之即病，壯熱煩渴而不惡寒者，熱病也。大抵溫熱之證，陰精內耗，強陽無制，新邪一角，則燎原之勢，直從裏發。故初起即見壯熱煩渴、口乾舌燥等症，而主治以存津液爲要旨。凡遇傷寒過經不解，或發汗不徹，反致昏劇者，皆溫熱誤治之證也。溫熱病而用傷寒治法，延久變重，故曰溫熱誤治之證。前陽明、少陽條內，已見大意，而茲專以手三陰立言，溫熱宗手經治，故以手三陰立言。治宜互參。

邵評：冬不藏精，春必病溫，陰虧是溫病之原。故治溫熱病，以保陰存津爲首務。若春溫、夏熱二證，亦俱有之。冬月受邪，伏藏不發，至春時天暖，外感時邪，引動伏邪而發病者，名爲伏氣春溫。若其人內無伏邪，春天感受溫邪而即病者，此即發之春溫也。夏令受熱而即病者，此即發之熱病也。內有伏邪，春令不發，至夏至後壯熱而病者，此伏氣所發之熱病也。如此辨證，方可明晰。《內經》曰：冬傷於寒，春必病溫。先夏至日爲病溫，後夏至日爲病熱。溫病發出之途自少陽，熱病發出之病由陽明。溫病主以白虎湯。至於傷寒延久，邪已化熱，與溫熱治法相通。所謂傷寒與溫熱始異而終同也。

又評：伏氣所發之溫熱病，與感而即發之溫熱病，見症稍異。伏氣之病，其邪從裏而達於外，表上無邪，故初起即熱，無一毫惡寒之象。即發之溫病，邪由肺受，肺主皮毛，故初起微寒，繼即純熱不已。如此辨認，庶無錯誤。

手太陰氣分

凡溫邪入肺，症見頭疼惡寒、發熱口燥、舌乾、胎白而微薄上焦肺熱，脈數，胸滿氣喘肺火上炎。治宜辛涼輕劑，梔、豉、橘紅、桑、杏、連翹、薄荷、枳、桔、黃芩之類，或加前胡、蘇子、象貝、羚羊角之類。理肺降氣，化痰清熱爲治。

邵評：此受而即發之溫熱病，首先入肺，肺主皮毛而在表，故見表證。宜辛涼輕清，以宣泄上焦肺衛之邪。

手少陰營分

溫邪吸入，由衛及營者，其舌先白後絳也，或竟入營分，則舌必絳赤，或紅中兼微白，夜煩不寐，神呆譫語。宜犀角尖、鮮生地、淡竹葉、麥冬、連翹、石菖蒲、川斛、丹皮之類。兼痰者，加川貝母、天竺黃之類。滌痰清火之劑。

邵評：此承上條由衛而入營，亦受而即病之溫證也。白胎邪在肺衛，絳

胎邪入心營。自衛入營，故舌先白後絳。絳，深紅色也。紅中兼微白，氣分之邪未盡也。若熱擾心營，則神蒙不能自主。上條邪在肺衛，其病尚淺。此條由衛及營，邪氣自外入內，其病較深。下條溫邪傳入心包絡中，痰潮內閉，其病尤深。此皆受而即病之溫熱證，宗心營肺衛主治，故以宣營清熱達邪一法。

手厥陰內閉

如溫邪傳於膻中，即干心包絡。痰潮內閉，則神昏譫語，舌胎純紅起刺，純紅起刺，包絡邪火舌也。此重證也。急宜清心開閉，用犀角、連翹、川貝母、天竺黃、廣鬱金、石菖蒲、淨銀花、鈎藤鈎、西黃之類主之。

邵評：膻中爲心之宮城，邪入於此，干犯心包，熱逼心，中挾痰濁互結，致神昏譫語。而邪陷內閉，內閉則外脫，正不勝邪之候也。宜清心化痰、開閉達邪之法，再加芳香宣竅之品，如紫雪、至寶丹之類尤妙。

以上三條，感而即發之溫熱病，邪由口鼻吸受，先入肺衛，由肺傳入心營，甚至逆傳入心包，自外入內，一層遞深一層，三條當合參之。

溫邪劫液

如發熱不退，爍乾胃中津液，以致口糜氣穢，當用甘露飲、玉女煎之類。

邵評：熱久陰傷，灼乾胃液，不拘伏氣溫熱，與受而即發之溫熱，俱有此候。口糜氣穢，陰虛火旺也。二方滋陰液以清胃火爲治。

熱久煩渴少氣，竹葉石膏湯效。兼脘中痞悶不饑胃中有痰熱內滯也。加廣鬱金汁、茄楠香汁各二匙沖。

邵評：中虛胃熱而作虛煩，用養正清胃，除煩降火爲治。

足厥陰液涸

若溫邪誤治，邪必深入厥陰。神昏音澀、舌絳裂紋、欲寐不寐、午間煩躁肝火內擾則煩躁不寐、形象畏冷、心中如焚熱極似寒則內熱而外冷，此肝火極旺之候。此正氣久虛，陰液已涸。宜復脈湯加減，如生地、麥冬、炙草、白芍、陳阿膠、丹皮、梨汁、童便之類。此伏發之證，誤治而邪入深沉之救法。

邵評：溫熱誤治，邪入極深，陷於肝經。肝屬木而有火，木火內燔，陰液枯涸，液涸風動，故見症如此。故用滋陰液以清肝火爲治。

邪氣干血分

風溫之邪入於營分不解，以致舌赤音低、神呆潮熱、脈數左甚，或發丹疹，此邪過營而已及血分也。夫心主血，邪干血分，漸成內閉。風藥燥血，固宜大禁，即苦寒直走腸胃，亦非溫邪逆入膻中心主所宜。須犀角、元參、鮮生地、廣鬱金、石菖蒲、丹皮、銀花、西黃之類主之。

邵評：邪初入肺則在衛，不解，則入氣分。氣分不解，則傳心營。營不解，則入下焦血分矣。邪在血分，入裏極深，中焦俱病，陰液受戕，每多液涸內閉之候。宜救陰達邪，清營涼血治之。至於膻中是包絡所居，在於上焦，用藥宜清輕而忌重濁，此種藥味，治邪入心包之劑；若入血分，當用地黃、阿膠、復脈湯，方是血分治法。

氣血兩傷

若感溫邪，治不中的，熱毒內燔，必至氣血兩虧，如脈左數右大數爲虛，大則爲火、煩渴口糜、舌赤唇焦陰虧火盛之候是也。宜玉女煎。

邵評：溫邪誤治，熱入陽明，灼傷少陰陰液。此少陰不足，陽明有餘，病在中下二焦也。宜滋腎陰以清胃火。

邪結上焦

溫邪從口鼻吸入，則上焦先受，氣血與熱邪混處膠固，必致清竅不利。凡寒熱後，頤頷腫脹邪結少陽陽明、咽喉疼痛、牙關緊閉邪結上焦肺衛，清竅阻閉不通、脈左小右搏指者營血澀滯，則左脈小；邪火內盛，則右脈搏指。皆邪結上焦所致也。當照疫證施治，宜連翹、牛蒡、射干、馬勃、滑石、銀花、赤芍、薄荷、夏枯草、人中黃之類選用。此由天行時毒而病，故當照疫證施治，用宣散溫邪、清火解毒之法。

邵評：溫熱疫毒，口鼻吸受，蘊結上焦，不得宣散，發爲大頭風毒、頤腫咽痛等症。此溫邪兼風毒而成，治宜清熱解毒之法。

胃中不和

若熱退後，不饑不納者，此胃氣不和也。宜香豉、山梔、半夏、枳實、陳皮等和之。

邵評：熱退而餘邪不淨，胃氣不和，故不饑不納，當清化餘邪，以和胃氣爲治。

溫病總部

溫病疾病部

風溫、冬溫部

題解

《**張氏醫通・寒熱門・發熱**》　身熱頭疼，自汗多眠，陽脈浮滑，陰脈濡弱者，風溫也。

《**續選臨證指南・幼科要略・冬寒**》　若冬令應寒，氣候溫煖，當藏反泄，卽能致病，名曰冬溫。

《**通俗傷寒論・傷寒兼證・冬溫傷寒**》　冬行春令，反有非節之暖，感其氣而病者，名曰冬溫。

《**傷寒指掌・傷寒類症・溫熱**》　煩勞多慾之人，陰精久耗，適遇冬月非時之暖，感而卽病者，冬溫也。

《**溫熱經緯・外感溫病篇**》　風溫爲病，春月與冬季居多，或惡風或不惡風，必身熱、欬嗽、煩渴，此風溫證之提綱也。

自注：　春月風邪用事，冬初氣暖多風，王士雄按：　冬暖不藏，不必定在冬初也。故風溫之病，多見於此。但風邪屬陽，陽邪從陽，必傷衛氣。人身之中，肺主衛，又胃爲衛之本，是以風溫外薄，肺胃內應，風溫內襲，肺胃受病。其溫邪之內外有異形，而肺胃之專司無二致，故惡風爲或有之證，而熱渴欬嗽爲必有之證也。三復仲景書，言溫病者再，一則曰：　太陽病，發熱而渴，不惡寒者，爲溫病。此不過以不惡寒而渴之證，辨傷寒與溫病之異，而非專爲風溫敘證也。王士雄按：　此言伏氣發爲春溫，非冬春所感之風溫，故曰太陽病，以太陽爲少陰之表也。再則曰：　發汗已，身灼熱者，名曰風溫。夫灼熱因於發汗，其誤用辛熱發汗可知。仲景復申之曰：　風溫爲病，脈陰陽俱浮，自汗出，身重，多眠睡，鼻息必鼾，語言難出。凡此皆誤汗刦液後變現之證，非溫病固有之證也。續云：　若被下者，直視失溲；　若被火者，發黃色，劇則如驚癎狀，時瘈瘲。若火熏之，一逆尚引日，再逆促命期。亦止詳用下用火之變證，而未言風溫之本來現證也。王士雄按：　此言溫病誤汗，熱極生風，故曰風溫，乃內風也，非冬春外感之風溫。陳氏不知有伏氣春溫之病，強爲引證。原可刪也，然病之內外雖殊，證之屬溫則一，姑存之以爲後學比例。然從此細參，則知風溫爲燥熱之邪，燥令從金化，燥熱歸陽明，故肺胃爲溫邪必犯之地，且可悟風溫爲燥熱之病，燥則傷陰，熱則傷津，泄熱和陰，又爲風溫病一定之治法也，反此卽爲逆矣。用是不辭僭越，而於仲景之無文處求文，無治處索治，敘證施治，列爲條例。知我罪我，其在斯乎。王士雄按：　外感溫病，仲聖雖未言，而葉氏已詳論矣。

論說

《**諸病源候論・風病諸候下凡三十論・風熱候**》　風熱病者，風熱之氣先從皮毛入於肺也。肺爲五臟上蓋，候身之皮毛。若膚腠虛，則風熱之氣先傷皮毛，乃入肺也。其狀，使人惡風寒戰，目欲脫，涕唾出。候之一日內及五日內，不精明者是也。七八日是，微有青黃膿涕，如彈丸大，從口鼻內出，爲善也。若不出，則傷肺，變欬嗽唾膿血也。

《**傷寒摘錦・傷寒冬溫伏氣時行疫病證論**》　經曰：　其冬有非節之暖者，名曰冬溫，冬溫之毒與傷寒大異。冬溫覆有先後，更相重沓，亦有輕重，爲治不同。此時行之病。

《**傷暑全書・張仲景・辨太陽病脈第五論**》　又曰：　若發汗已，身灼熱者，名曰風溫。風溫爲病，脈陰陽俱浮，自汗出，身重多眠睡，鼻息必鼾，語言難出。若被下者，小便不利，直視失溲。若被火者，微發黃色，劇則如驚癎，時瘛瘲。若火薰之，一逆尚引日，再逆促命期。

自按：　此證皆春溫，以內有火熱，感以風寒，故一發劇也。眠睡語難，皆

火內灼，非風溫外甚也。自汗，風傷衛。不惡寒，外證輕也。止宜辛涼藥內解，微發表則愈。

葉霖按：風溫爲內蘊伏熱，外感風邪，其惡風怯寒，爲或有之證，而熱渴欬嗽爲必有之證也。發汗已，身灼熱者，是誤以辛溫發表，風藥多燥，觸引伏氣，風火相煽，致有自汗身重、多睡鼻鼾、語難出諸候。斯皆誤汗刼液後之變證，非風溫初病固有之證也。若再誤下、誤火，則直視失溲，驚惕瘛瘲，一逆尚引日，再逆促命期矣。此明初既誤表，繼又誤下、誤火，釀成不可救藥，足徵風溫爲燥熱之病。泄熱和陰，爲斯證一定治法。縱或稍挾表邪，祇宜葱、豉、蒡、薄等味，辛涼輕劑，啓腎氣疎風熱是矣。豈可妄施麻、桂哉。

《傷暑全書·陶節菴·辨風溫》 論曰：風溫尺寸俱浮，素傷於風，因而傷熱，風與熱搏，卽爲風溫。其外證四肢不收，身熱自汗，頭疼喘息，發渴昏睡，或體重不仁。愼勿發汗，汗之則譫語煩躁，目無精彩，病在少陰、厥陰二經，葳蕤湯、人參敗毒散、小柴胡湯選用。

自按：溫病外證，四肢不收等惡證，乃溫病之極重者。輕則爲溫，重則爲風溫，乃病名也，朱南陽曾道及之。若謂素傷於風，因而傷熱，風與熱搏，卽爲風溫者，非確論也。謂不可發汗，乃調溫之訣。

葉霖按：陶氏極力辯論溫暑，而於陰陽伏氣，瞢然不知。且將《難經》所載沴厲雜氣之溫。古無瘟字，溫卽瘟也。病拉雜，是瘟溫不分，無怪乎執柴葛解肌、人參敗毒數方，貽誤後學也。

《傷寒論類方·別證變證·風溫》 風溫

其人素傷於風，因復傷熱，其脈尺寸俱浮，頭疼身熱，常自汗出，體重而喘，四肢不收，嘿嘿但欲眠，發汗則讝語煩躁，狀若驚癇。

《重慶堂隨筆·論六氣》 風熱即風溫也，四時皆有，冬春爲甚。長沙云：若發汗已，身灼熱者，風溫也。蓋言風寒爲病，可以桂枝湯發汗而愈。若發汗而熱反灼者，乃風溫病，溫即熱之謂也。後人不爲詳玩，而謂風溫爲汗後壞病，抑何固耶？夫病本熱也，加以桂枝之辛熱，故液爲熱迫而汗大出，液去則熱愈灼，故大煩渴而脈洪大。二條似論一證，主以白虎加人參湯，正《內經》風淫熱淫治以甘寒之旨也。惟香巖先生獨窺其微，謂風溫首必犯肺，先衛後氣，治法初用辛涼，繼以甘寒，超超元箸，萬古開羣蒙也。

注：《傷寒論》病人藏無他病條，發汗則愈。病常自汗出條，復發其汗則愈，並主桂枝湯，可見桂枝湯是風寒發汗之劑，不過較麻黃湯爲和緩耳。《內經》明言辛甘發散爲陽，豈可以治風熱之病乎。更有謂桂枝湯止汗者，堯封先生已辨其誤矣。

校：近見淮陰吳氏《溫病條辨》一書，以桂枝湯爲治溫首方，更屬可議。

刊：《醫林改錯》云：發熱有汗之證，從未見桂枝湯治愈一人。楊素園明府大不以爲然，謂嘗治風傷衛證，桂枝湯半劑輒愈。雄按：改錯所云者，乃溫熱證也，若風寒傷衛，豈可遵聖法，即葉案咳嗽門首列傷風數條，皆從《傷寒論》變化。

《四時病機·闡發冬溫方論》 冬溫大意

東垣曰：冬傷於溫者，冬行春令也。當寒而溫，火勝而水虧矣。水虧則所勝妄行，土有餘也。所生受病，金不足也；所不勝者，侮之火太過也。火土合德，濕熱相助故爲溫病。

周禹載曰：冬溫爲病，亦自不一，當各隨見症治之。凡冬溫之毒，大便泄而譫語，脈虛小，手足冷者，皆不治也。

喻嘉言曰：冬月過溫，腎氣不藏，感而成病。正與不藏精之春溫無異。蓋東南土地卑濕，爲霧露之區，蛇龍之窟。其溫熱之氣，冬至一陽生後，便翕然從陽氣候，當溫。故東南冬月患正傷寒者少，患冬溫及痘瘡者多。

《醫門棒喝初集·溫暑提綱》 風溫者，冬至一陽來復，則陽進陰退，立春以後陽氣漸旺，由溫而熱。若又可所言溫和之氣，原不病人，殊不思《靈樞經》云：虛風賊邪，四時皆有。人感虛風，而當溫暖之候，即成溫病。故方書稱爲風溫，經曰：風者百病之長也，善行而數變。至其變化，乃爲他病也。由是見外邪爲病，常二三氣雜合而成，多因於邪風，風氣鼓蕩，衆氣隨之而傷人。故風爲諸邪領袖，而稱百病之長。然風即陰陽之化氣，故溫和之陽風，則生物，殺厲之陰風，則戕物。而有時令方位之宜否。若非其時令方位而來者，雖非殺厲，亦爲虛風賊邪，傷人致病，故四時皆有邪風。而春令溫暖，又爲風木主令，故風溫之病，較三時爲多。若方書所稱溫熱、冬溫等名，皆可以風溫二字該之。蓋冬令溫和，未必爲病，必中邪風而成溫病，溫重即成熱病，是以不須另分名目也。

《溫熱經緯·外感溫病篇》 蓋聞外感不外六淫，而民病當分四氣。治

傷寒家，徒守發表攻里之成方，不計辛熱苦寒之貽害，遂使溫熱之旨，蒙昧不明。醫門缺典，莫此甚焉。祖恭不敏，博覽羣書，廣搜載籍，而恍然於溫熱病之不可不講也。《內經》云：冬不藏精，春必病溫。蓋謂冬時嚴寒，陽氣內斂，人能順天時而固密，則腎氣內充，命門爲三焦之別使，亦得固腠理而護皮毛。雖當春令升泄之時，而我身之眞氣，則內外瀰淪，不隨升令之泄而告匱。縱有客邪，安能內侵？是《內經》所以明致病之原也。然但云冬不藏精，而不及他時者，以冬爲水旺之時，屬北方寒水之化，於時爲冬，於人爲腎，井水溫而堅冰至，陰外陽內，有習坎之義。故立言歸重於冬，非謂冬宜藏而他時可不藏精也。王士雄按：喻氏云：春夏之病皆起於冬，而秋冬二時之病皆起於夏。夏月藏精，則熱邪不能侵，與冬月之藏精，而寒邪不能入者無異也。故丹溪謂夏月必獨宿淡味，保養金水二臟，尤爲攝身之儀式焉。卽春必病溫之語，亦是就近指點。總見裏虛者表不固，一切時邪，皆易感受。學者可因此而悟及四時六氣之爲病矣！王士雄按：此論冬不藏精，春易病溫之理甚通，惟不知有伏氣爲病之溫，是其蔽也。陳氏此例與鞠通《條辨》皆葉氏之功臣。然《幼科要略》明言有伏氣之溫熱，二家竟未細繹，毋乃疏乎？二家且然，下此者更無論矣。《難經》云：傷寒有五：有傷寒，王士雄按：麻黃湯證是也。有中風，王士雄按：桂枝湯證是也。有風溫，王士雄按：冬溫春溫之外受者。有熱病，王士雄按：卽暑病，又謂之暍。有溼溫。王士雄按：卽暑兼濕爲病也，亦曰溼熱。夫統此風寒溼熱之邪，而皆名之曰傷寒者，亦早鑑於寒藏受傷，外邪得入，故探其本而皆謂之傷寒也。王士雄按：仲景本論，治法原有區別，界畫甚嚴，後人不察，罔知所措，多致誤人。兹余輯此專論，以期了然於學者之心目也。獨是西北風高土燥，風寒之爲病居多。王士雄按：亦不盡然。東南地卑水溼，溼熱之傷人獨甚。從來風寒傷形，傷形者定從表入；溼熱傷氣，傷氣者不盡從表入。故治傷寒之法，不可用以治溫熱也。夫溫者暖也，熱也，非寒之可比也。風邪外束，則曰風溫；溼邪內侵，則曰溼溫。縱有微寒之兼襲，不同栗冽之嚴威。是以發表宜辛涼，不宜辛熱；清里宜泄熱，不宜逐熱。王士雄按：亦有宜逐者，總須辨證耳。蓋風不兼寒，卽爲風火；溼雖化熱，終屬陰邪。王士雄按：溼固陰邪，其兼感熱者，則又不可謂之陰矣。自昔仲景著書，不詳溫熱，遂使後人各呈家伎，漫無成章。而凡大江以南，病溫多而病寒少，王士雄按：北省溫病亦多於傷寒。投以發表不遠熱，攻里不遠寒諸法，以致死亡接踵也。悲夫！王士雄按：篇中非伏氣之說，皆爲節去。葉瑕錄瑜，後皆倣此。

《六因條辨・冬溫溫毒辨論》 嘗考軒岐《靈》《素》及仲景《傷寒雜病》《金匱玉函》諸書，有傷寒而無冬溫，迨南醫輩出，始著其名。其症之由，皆因冬令溫燠，陽失潛藏，甚至冰霜不見，桃李舒葩，而乾坤之氣，遂有闢而無闔矣，人生一小天地，天地既有闢而無闔，則人身之氣化亦有泄而無藏矣。是故冬應寒而反溫者，卽爲恆燠之咎徵，人或正氣有虧，則邪尤易感，以致頭痛無汗，發熱惡寒，與傷寒髣髴，但口渴脈數，鼻乾氣燥，則與傷寒有異，甚則爲痧爲斑爲疸，皆此類也。

《六因條辨・風溫辨論》 夫風者天之陽氣，溫者天之熱氣，若非其時而見之，卽爲戾氣，人或染之，卽爲病氣，都由冬春久暖，雨澤愆期，風陽化燥，鼓盪寰宇，而人於氣交之中，素稟陰虧者，最易湊襲。故風溫一證，良由先伏溫邪，後再感風，風與溫合，是爲風溫。然溫則應火，風則應木，二氣相煽，化爲壯火，動輒傷肺，故其見證，必面赤舌乾，身熱神迷，鼻鼾多寐，默默不語，不思飲食，卻與中風相似，過一二日後，神志反清，語言反出，似乎欲解，但口渴喜飲，舌乾煩熱，較甚者何也？以風由外解，而熱自內蒸也，故初起卽宜外疎風邪，內清溫熱，須步步照顧陰液，毋泛泛治風而已。倘治失其宜，傳變最速，較諸溫熱則尤陰也。

《時病論・冬傷於寒春必病溫大意・風溫》 風溫之病，發於當春厥陰風木行令之時，少陰君火初交之際。陳平伯謂春月冬季居多，春月風邪用事，冬初氣煖多風，風溫之病，多見於此。其實大爲不然。不知冬月有熱渴咳嗽等證，便是冬溫，豈可以風溫名之。卽按六氣而論，冬令如有風溫，亦在大寒一節，冬初二字，大爲不妥。推風溫爲病之原，與春溫彷彿，亦由冬令受寒，當時未發，腎虛之體，其氣伏藏於少陰，勞苦之人，伏藏於肌腠，必待來春感受乎風，觸動伏氣而發也。其證頭痛惡風，身熱自汗，咳嗽口渴，舌苔微白，脈浮而數者，當用辛涼解表法。倘或舌絳苔黃，神昏讝語，以及手瘛瘲等證之變，皆可仿春溫變證之法治之。

或問曰：因寒觸動伏氣爲春溫，初起惡寒無汗，因風觸動爲風溫，初起惡風有汗，二病自是兩途，豈可仿前治法。答曰：新感之邪雖殊，伏藏之氣則一，是故種種變證，可同一治。必須辨其孰爲勞苦之輩，孰爲冬不藏精之人，最爲切要。試觀病勢由漸而加，其因於勞苦者可知。一病津液卽傷，變證疊出，其因於冬不藏精者又可知。凡有一切溫熱，總宜刻刻顧其津液，在

陰虛者，更兼滋補爲要耳。　又問風溫之病，曷不遵仲景之訓爲圭臬，今觀是論，並未有脈陰陽俱浮，自汗出，身重多眠睡，鼻息必鼾，語言難出等證，豈非悖仲景之旨以爲醫乎？　曰：　此仲景論風溫誤治之變證也，非常證也。　又曰：　常證何？　曰：　太陽病發熱而渴，不惡寒者，爲溫病，此常證也。　又問：　平伯論風溫一十二條，總稱暴感時氣，肺胃爲病。　鞠通雜於諸溫條中，分治三焦。　試問以平伯爲然，抑亦以鞠通爲然？　曰：　總宜遵《內經》冬傷於寒，春必病溫之論，庶乎宜古宜今。　見肺胃之證，卽爲肺胃之病。　見三焦之證，卽爲三焦之病。　弗宜印定可也。　又問：　春溫、風溫，皆有伏氣爲病。　今時醫每逢春令見有寒熱咳嗽，並無口渴之證，便言風溫，可乎？　曰：　可。　蓋春令之風，從東方而來，乃解凍之溫風也，謂風溫者，未嘗不可耳。　其初起治法，仍不出辛涼解表之範圍也。

《六氣感證要義·風溫·集說》　風溫一證，衆說紛岐，莫衷一是。《傷寒論》若發汗已，身灼熱者，名曰風溫一條，注家或與上條發熱而渴，不惡寒者爲溫病連講，或本條自爲講，竊謂玩若發汗已四字語氣，自是從上文說下，否則無根，卽千金萎蕤湯，爲此條補治法，其先若非伏氣以溫，亦必不如是用藥，當以此條與上條連講爲是。　此一說也。《傷寒序例》謂陽脈浮滑，陰脈濡弱者，更遇於風，變爲風溫。　尤在涇以前風未絕，後風繼之，以陽遇陽，相得益熾釋之，與仲景之言異。　此二說也。　陶節菴輩以素傷於風，復傷於熱，風熱相搏，卽爲風溫，此三說也。　近人以冬溫春溫，吸受風溫，先犯手太陰者爲風溫，此四說也。　竊嘗綜而論之，第一說，是誤汗後病變之名，未可遂據爲風溫之本病；　第二說，何謂更遇？　並未指明，尤氏之釋，亦頗齟齬不安。　若云誤汗後更遇於風，則仲景又何嘗有此文？　故《序例》可置不議；　第三說，風熱相搏極是，而必謂先傷後傷，學者若不知活看，難免刻舟求劍之弊；　第四說，以吸受溫風爲風溫，風與溫不分先後，雖似稍戾於古，然治法實無二致，此葉天士、陳平伯輩論風溫皆是，可取以爲則也。

風爲百病之長，而無定體，如天時寒冷，則風從寒化而成傷寒；　溫暖，則風從熱化而爲風溫。　風一也，而寒熱迥異。　若以治傷寒之法治風溫，則大謬矣。

風溫與濕溫，同爲外感之溫病，《難經》亦謂之傷寒。　夫溫病而冠之以風與濕，此卽與溫熱病有異處。　而風溫與濕溫，又復不同，皆宜審辨。　風溫病，春月與冬季居多，其證或惡風，或不惡風，必身熱欬嗽煩渴。　風溫爲燥熱之邪，燥則傷陰，熱則傷津，泄熱和陰，是一定之治法。　陶節菴與喻氏敍風溫證，俱有頭痛字。　葉天士云，風溫有頭痛，畢竟如此。　但使看者愈難矣。

《外臺》有風熱而無風溫，其引巢氏《病源》云，風熱者，風熱之氣，先從皮毛入於肺也。　葉天士亦謂溫邪上受，首先犯肺。　蓋風溫卽風熱，非二病也。　拙擬。

千金萎蕤湯，超超元箸，今人未敢效用。　張石頑於《千金方衍義》暨《醫通》，兩釋是方，長言不已，而於孫眞人所以立方之本旨，似未能盡得。　夫今人治風溫主辛涼，而古人必參以辛溫者，豈今智而古愚哉。　殆以古人體質堅緻，遇伏氣發溫，必尚有餘邪，欲化不化，伏於肌腠經脈，麻杏芎獨，所以搜餘邪而絕根株；　萎蕤白薇，爲中風暴熱之專藥，協石膏以涼而散之；　木香辟毒疫溫鬼；　甘草和諸藥，皆不可少，故以爲使；　又恐麻杏芎獨，藥性過溫，故用石膏獨多。　此湯又能治冬溫者，冬溫雖爲非節之暖，值太陽寒水司令，不免挾有陰邪，不宜專用清法，合而觀之，立方之旨尤顯。　惜張氏未經發出，又喻氏以風溫爲少陰厥陰病，似亦指伏氣發溫，更遇於風，乃其所謂少陰厥陰者，則以素傷於風，復傷於熱。　素傷於風，豈亦猶伏氣之發於少陰，甯能無誤乎？　總之，萎蕤湯，是治伏邪未盡之風溫。　伏邪未盡之風溫，今不概見，而古人精心之所在，何可使終於封蔀，而方則不錄，恐學者不知審辨而漫施也。

《溫熱經緯》載風溫治法甚備，宜詳玩之。

《醫醫小草·風溫》　吳鞠通曰：　風有溫有寒。　風寒之風，此風從北方來，乃觱發之寒風也，最善收引。　陰盛必傷陽，故首鬱遏太陽經中之陽氣，而爲頭痛、身熱等證，太陽陽腑也，傷寒陰邪也，陰盛傷人之陽也，故曰風寒。　風溫之風，此風從東方來，乃解凍之溫風也，最善發泄。　陽盛必傷陰，故首鬱遏太陰經中之陰氣，而爲咳嗽、自汗、口渴、頭痛、身熱等證，太陰陰臟也，溫熱陽邪也，陽盛傷人之陰也，故曰風溫。

按溫者熱之漸也。　冬日閉藏，寒氣外束，熱氣內伏，至春內伏之熱氣欲出，而天之陽氣相干，則外束之寒，亦從中化，欲謂之爲寒不可，直謂之爲熱又不能，所以名溫。　天氣溫煖，風木司令，應令而病者，因名風溫。　然有外感

內傷兩端。外感者發熱欬嗽，而仍惡風項強者是也；內傷者，由精虛水枯，不能涵木，陽亢陰虧，肝風內動之類是也。

冬寒春溫，天之常氣也。亦有冬變爲溫，至春變爲寒者，宜以其時所受病，果溫果寒爲斷，不得拘執冬皆寒病，春皆溫病也。

綜　述

《聖惠方・治心臟風熱諸方》 夫心屬火，主於血。血實則生熱，風邪搏於陽經，傷於血脈，榮氣不行，心臟壅滯，邪熱之氣，稽留不散，則令心胸煩亂，語錯多驚，故名風熱也。

治心臟風熱，心煩舌澀，口乾語錯，宜服升麻散。

治心臟風熱，口乾舌澀，心神煩悶，宜服牛黃散。

治心臟風熱，心神恍惚，煩躁多驚，不得眠卧，宜服龍齒散。

治心臟久積風熱，臟腑壅滯，口乾舌縮，神思不安，宜服犀角散。

治心臟風熱頭痛，面赤心煩，時多驚恐，精神錯亂，宜服鐵粉散。

治心臟風熱，胸中煩滿，神思不安，宜服牛黃圓。

治心臟風熱，多驚恍惚，煩躁語澀，宜服朱砂圓。

《聖惠方・治風熱諸方》 夫風熱者，由人肌體虛弱，則腠理開疎，風邪之氣，先中於皮毛，次入於手太陰之經。手太陰者肺也，爲五臟之華蓋，外合皮毛，居其膈上，與心臟相近，上焦風氣壅滯，故令心肺煩熱也。

治風熱頭痛，肢節煩疼，項背拘急，宜服羚羊角散。

治風熱攻於肝心，語澀煩躁，或四肢拘急，宜服麥門冬散。

治風熱，恍惚煩躁，及筋脈拘急，宜服茯神散。

治風熱，心肺壅滯，時多煩悶，宜服丹砂散。

治風熱，心神煩悶，卧即多驚，口舌乾燥，頭目不利，宜服牛黃散。

治風熱，心神壅悶，頭目不利，口舌乾燥，皮膚枯槁，宜服眞珠圓。

治風熱，語澀心躁，舌根急，四肢痛，腰背悶，氣壅不通，宜服犀角圓。

治風熱，發即頭痛煩悶，不能食飲，睡卧不安，心神恍惚，宜服人參圓。

《傷寒總病論・天行溫病論・傷寒感異氣成溫病壞侯并瘧證》 病人素傷於風，因復傷於熱，風熱相搏，則發風溫。四肢不收，頭痛身熱，常自汗出不解，治在少陰、厥陰。少陰火，厥陰木。不可發汗，汗出則譫語，內煩擾不得卧，善驚，目光無精。治之復發其汗，如此者醫殺之耳。

風溫之爲病，脈陰陽俱浮，汗出體重，其息必喘，嘿嘿但欲眠。下之則小便難，發汗則譫語，加溫針則耳聾難言，但吐下之則遺尿，宜萎蕤湯。方在溫病噦方論中。因發汗後，身體不惡寒，而反惡熱，無下證者，名曰風溫，知母石膏湯。

《傷寒類證活人書・問脈尺寸俱浮頭疼身熱常自汗出體重其息必喘四肢不收嘿嘿但欲眠》 問：脈尺寸俱浮，頭疼身熱，常自汗出，體重，其息必喘，四肢不收，嘿嘿但欲眠？

答曰：此名風溫也。其人素傷於風，因復傷於熱，風熱相薄，即發風溫。主四肢不收，《左傳》曰風淫末疾。頭疼身熱，常自汗出不解，治在少陰，厥陰，少陰火，厥陰風。不可發汗，發汗即譫語獨語，內煩躁擾，不得卧，若驚癇，目亂無精，療之者，復發其汗，如此死者，醫殺之也。風溫不可發汗，宜萎蕤湯。風溫身灼熱者，知母乾葛湯。風溫加渴甚者，括蔞根湯。風溫脈浮身重汗出，漢防己湯。

《聖濟總録・風熱》 論曰：風熱者，風邪熱氣，客於皮毛血脈，傳入肺經也，令人頭面熻熻發熱，皮膚痛，咳嗽咽乾，上焦不利，故謂之風熱也。

治風熱毒氣，心胸痰滯，兩耳虛聾，頭重目眩，犀角湯。

治風熱毒氣，身體煩熱，頭目不利，口乾舌澀，夜卧不安，地骨皮湯。

治風熱攻頭面壅盛虛煩，涼心經，知母湯。

治風熱口舌乾燥，心煩身熱，夜卧驚悸狂躁等疾，甘露丸。

治風熱三焦壅滯，口乾、咽喉不利、咳嗽。緩中湯。

治風熱煩躁，祛風利小腸，犀角湯。

治一切風熱，龍腦玉壺丸。

治風熱上焦煩滿，化風丸。

治風熱心胸壅滯煩躁，羌活湯。

治風熱上焦壅盛，頭目眩運，煩躁飲水，小腸結澀，茯苓散。

治風熱上攻，頭面生瘡及腫痛，獨活湯。

治風熱，心肺氣壅多渴，天門冬丸。

治風熱上膈煩滿，疏氣，羚羊角湯。

治風熱攻頭面虛浮，心下滿悶，煩躁熱渴，腰膀痠疼，咳逆咽乾，小便赤澀，茯苓丸。

治風熱痰壅，面發熱，皮膚痛，涼心膈，潤肺藏，皂莢丸。

治風熱氣秘，疏風順氣，牽牛子丸。

治風熱頭面生瘡，羌活散。

治風熱上焦痰毒，大黃丸。

《傷寒補亡論・太陽經證治上》 又曰：太陽病，發熱而渴，不惡寒者，爲溫病。若發汗已，身灼熱者，名風溫。風溫爲病，脈陰陽俱浮，自汗出，身重，多眠睡，鼻息必鼾，語言難出。若被下者，小便不利，直視失溲；若被火者，微發黃色，劇則如驚癇，時瘈瘲；若火熏之，一逆尚引日，再逆促命期。常器之《補治論》曰：轉下火熏，皆爲逆也，可白虎加人參湯、桂枝柴胡各半湯、桂枝去芍藥加蜀漆龍骨牡蠣救逆湯。雍曰：救逆湯，治被火熏則無疑桂枝柴胡各半湯，即柴胡桂枝湯也。然有三證，汗多亡陽，外證未去，雖讝語，亦不可下，當和營衛，通津液，用柴胡桂枝湯，此未被下時可用也。若已發汗，又復下之，小便不利，渴而不嘔，此爲未解，宜柴胡桂枝乾薑湯，此被下後，小便不利而渴者可用也。若傷寒八九日，下之，胸滿煩驚，小便不利，用柴胡加龍骨牡蠣湯，此被下後，小便不利，有煩驚證者可用也。惟白虎加人參湯，治大渴飲水，口乾舌燥，無表證者可服，脈浮，表未解者不可服。今溫病，風溫，表未解者，皆脈浮，則不可服明矣。白虎加人參，本治裏熱，太陽發熱而渴，非裏熱，不可服，故今去之。

《傷寒補亡論・風溫溫毒論》 《千金方》曰：風溫之病，脈陰陽俱浮，汗出體重，其息必喘，其形狀不仁，默默欲眠。下之者，小便難；發其汗者，必讝語；加燒針者，則耳聾難言；但吐之，則遺矢便利。如此疾者，宜服萎蕤湯。《活人書》曰：脈尺寸俱浮，頭痛身熱，常自汗出，體重，其息必喘，四肢不欲收，嘿嘿但欲卧者，風溫也。病人素傷於風，因復傷於熱，風熱相搏，則發風溫。主四肢不收，頭疼身熱，常自汗出不解，治在少陰、厥陰。不可發汗，汗出則讝語，獨語內煩，躁擾不得卧。若驚癇，目亂無精，治者復發其汗，如此死者，醫殺之也。《活人書》曰：風濕不可發汗，宜萎蕤湯，風溫身灼熱者，知母葛根湯；風溫加渴甚者，栝蔞根湯；風溫脈浮，身重汗出，漢防己湯。

《和劑局方・治清風》 薄荷圓 消風熱，化痰涎，利咽膈，清頭目。治遍身麻痹，百節痠疼，頭昏目眩，鼻塞腦痛，語言聲重，項背拘急，皮膚瘙癢，或生瘾疹。及肺熱喉腥，脾熱口甜，膽熱口苦。又治鼻衄、唾血，大小便出血，及脫着傷風并沐浴後，并宜服之。

《普濟方・諸風門・風熱》 夫肺爲五臟華蓋，候身之皮毛。若膚腠虛，則風熱之氣先傷毛皮，乃入肺也。令人頭面熻熻發熱，皮膚痛，咳嗽咽乾，上焦不利，故謂之風熱也。又令人惡風寒戰，目欲脫，涕唾出，候三五日內，目不精明者是也。若七八日，微有青黃膿涕如彈丸大，從口鼻內出者，爲善也。若膿涕不出者，則傷於肺，變爲咳唾膿血也。

方

祛風至寶丹：治諸風熱等證。

靈砂丹：治風熱鬱結，氣血蘊滯，頭目昏眩，鼻塞清涕，口苦舌乾，咽嗌不利，胸膈痞悶，咳嗽痰實，腸胃燥澀，小便赤黃，或腎水陰虛，心火熾甚，及偏正頭疼，發落齒痛，遍身麻木，疥癬瘡癢，一切風熱并皆治之。

羚羊角湯：治風熱，上膈煩滿，疏氣。

眞珠丸：治風熱，心神壅悶，頭目不利，口舌乾燥，皮膚枯槁。

龍腦玉壺丸：治一切風熱。

搜風丸：治邪氣上逆，以致上實下虛，風熱上攻，眼目昏蒙，耳鳴鼻塞，頭痛眩暈，燥熱上壅，痰逆涎嗽，心腹痞痛，大小便結滯。常服清利頭目，開通鼻竅，聰耳明目，宣通血氣，調順飲食。

天門冬丸：治風熱，心肺氣壅多渴。

茯苓丸：治風熱攻頭面虛浮，心下滿悶，煩躁熱渴，腰膀酸疼，咳逆咽乾，小便赤澀。

皂莢丸：治風熱痰壅，面發熱，皮膚痛，涼心膈，潤肺臟。

治虛熱恍惚，驚邪恐懼：

荆瀝三升 竹瀝二升 香豉三合 牛黃八 麥門冬生 人參各三兩 升麻 鐵精 天門冬 龍齒 茯苓 梔子各二兩

右㕮咀，以水二斗，煮取三升去滓，下牛黃鐵精，更煎五六沸，取二升七合，分五服，溫服，相去十里久。

苦參丸：療風熱未退，頻服湯飲力不能攻。若覺冷即去玄參、沙參，加桂心四兩，細辛三兩。若覺熱，別加十兩生地黃。若覺有痛處，去沙參加當歸六兩。若覺有氣，去玄參加橘皮六兩。若大便澀，加大檳榔仁二十枚。忌桃、李、生葱、生菜、蕪荑。

又方：以九月以後，二月以前，宜合五加皮等藥酒，細細用下前丸飲之。

初服三合，再服稍稍加至五六合，能至一升亦佳。忌生葱、蕪荑。

丹砂散：治風熱心肺壅塞，恆多煩悶。

地黃煎：治風熱心煩悶，及脾胃間熱不能下食，冷補。

犀角湯：治風熱毒氣，心胸痰滯，兩耳虛聾，頭重目眩。

羚羊角散：治風熱頭痛，肢節煩疼，項背拘急。

麥門冬散：治風熱攻於肝心，語澀煩躁，或四肢拘急。

牛黃散：治風熱，心神煩悶，卧即多驚，口舌乾燥，頭目不利。

犀角丸：治風熱，語澀心躁，舌根急，四肢痛，腰背悶，氣壅不通。

小通聖散：治風熱上攻，目赤頭疼，咽疼，齒牙兩頰腫滿，口乾煩躁，筋脈攣急，并解酒毒。

天麻丸：治肺臟風熱。鼻塞不通，常服涼膈明目，治頭昏腦悶。

茯神散：治風熱，恍惚煩躁，及筋脈拘急。

人參丸：治風熱發邪，頭痛煩悶，不能食飲，睡卧不安，心神恍惚。

犀角湯：治風熱煩躁，祛風利小腸。

獨活湯：治風熱上攻頭面生瘡，及腫痛。

羌活散：治風熱，頭面生瘡。

治風熱心煩悶，及脾胃間熱，不下食，冷補：

黃芩　乾藍　芎藭、鼠瓦草各三兩　梔子仁　生葛各六兩　羚羊角五兩

豉一升，棉裹

右㕮咀，以水七升，煮取二升五合，分三服。

龍腦清膈湯：治風熱，化痰利咽膈，清頭目，消瘡疹。

通關散：治風熱上攻頭目，筋脈拘急，痰涎壅滯，肢節煩疼。

知母湯：治風熱攻頭面壅盛，虛煩，涼心經。

牽牛子丸：治風熱氣秘，疏風順氣。瘰癧茶湯下。產前安胎補損，芎酒下。產後血竭肚痛，蘇木酒下。婦人血氣，芍藥酒下。血風瘙癢，枳殼酒下。五淋，榆白皮酒下。癱瘓風，豆淋酒下。腸風瀉血，蒺藜酒下。肺氣，訶黎勒酒下。傷寒，葱白酒下。風秘，葱薑茶下。

洗心散：治風壅壯熱，頭目昏痛，肩背拘急，肢節煩疼，熱氣上衝，口苦唇焦，咽喉腫痛，痰涎壅滯，涕唾稠黏，心神煩躁，眼澀睛疾，及壅塞不調，鼻塞聲重，咽乾多渴，五心煩熱，小便赤澀，大便秘滯。如宜方，有大黃無黃芩，加桑白皮、杏仁、半夏，名清肺飲子。

地骨皮湯：治風熱毒氣，身體煩熱，頭目不利，口乾舌澀，夜卧不安。

羌活湯：治風熱，心胸壅滯煩躁。

川芎神功散：治風熱上攻，偏正頭痛，無問微甚久新，頭面昏眩，精神恍惚。

黃連丸：主風熱氣發，即頭面煩悶不能食，兼欠呿，眠睡不安。

防風丸。

蒺藜丸：主風熱衝頭面，妨悶。

消風散：治一切風熱上攻，頭面浮腫生瘡，偏正頭風，并宜服之。

甘露丸：治風熱，口舌乾燥，心煩身熱，夜卧驚悸狂躁等疾。

緩中湯：治風熱，三焦壅滯，口乾，咽喉不利，咳嗽。

茯苓散：治風熱，上焦壅，頭目眩暈，煩躁飲水，小腸結澀。

薄荷煎：治頭目昏眩，痰涎壅塞，口舌生瘡，咽喉腫痛，除風熱，消瘡疹。

茯苓半夏湯：治風熱，痰涎吐溢，或眩暈頭疼，喘嗽痞悶。

神功散：治風熱上攻頭目眩痛，上壅鼻塞，并齒牙悶痛。

蒺藜飲：主風熱項強急痛，四肢骨內煩熱。

化風丸：治風熱，上焦煩滿。

蒺藜丸：主虛風熱發，即頭熱悶不能食。

龍腦甘露丸：治一切風熱傷寒熱病，及心神煩悶，口乾渴，狂言亂語，渾身壯熱，及中諸毒。

大黃丸：治風熱上攻，痰毒。

荆瀝湯：凡患風人多熱，常宜服此方。

乾葛散：預防熱病，急防賊風。

又方：　一依前乾葛等三味散服之，雖覺熱氣少退，終未能頓除，宜合黃連等八味散服之。

療風熱衝頂熱悶：

訶黎勒一枚，大者　芒硝三合　醋一升

右搗篩黎勒爲細末，并芒硝於醋中攪令消。摩涂熱處，日一二度。

芎枳丸：　治心肺積熱，去風鬱痰實，淸利頭目，令熱不致甚盛，及勞風強上瞑視，并治斑瘡入服。

鉛紅散：　治風熱上攻陽明經絡，面鼻紫色，風刺癮疹，俗呼爲肺風者，以肺主鼻，而又淺在皮膚之內。皮膚屬於肺。

又方，解風熱，疏積熱風壅，消食化氣導血，大解壅滯：

大黃四兩　牽牛子四兩，半生半熟

右爲末，煉蜜爲丸梧桐子大。每服茶下十丸，如要微動，服十五丸。冬月宜服，并不搜攪人。

治中風煩熱，皮膚瘙癢：　用醍醐四兩，每服酒調下半匙。

治風熱羸老：　用羊桃浸酒服之。

一品丸：　治風熱上攻，頭目昏眩，及療偏正頭疼。

云母散：　治風熱汗出心悶。

木香萬安丸：　治一切風熱沸鬱，氣血壅滯，頭目昏眩，鼻塞耳鳴，筋脈拘倦，肢痛，疝瘕急結，痃癖堅積，腸垢胃滿久不了絶，走注疼痛，傷風，腹脹水腫。并宜服之。

仙术芎散：　治風熱壅塞，頭目昏眩，明耳目，消痰飲，淸神。

淸氣散：　治風熱壅盛，涎潮氣急，煩躁不寧，身熱作渴，恍惚驚悸。

淸涼丹：　治風熱壅實，上攻頭目口眼喎斜，語言不正，肌肉瞤動，面若蟲行，一切風熱。及治傷寒熱甚，狂言昏冒，剛痓，并皆治之。

治風氣取熱涎方：　若是大腑秘不出，後即用大黃一分，半夏二銖，牽牛一兩半，共三味杵羅爲細末，令作一處，每服用上面藥末三錢，牽牛等末三錢，共計六錢，滴熱水和丸，如梧桐子大。爲一服，巳午時，分用葱湯下若是大腑不通，忽谷道中通糞不得下者，即用皂角、牽牛二味，杵羅爲細末，盛於筆管內，於谷道中吹之。剪指甲，用指頭就谷道中撥取，乾糞下也。

治脾氣虛熱。一肝熱百餘，胃氣不足，虛涎所積聚在胃口，風氣一上，潮涎并起，其狀先聞津液滿口，漸次心中潰亂，聞有一物上觸咽喉，即便噎塞滿悶，不覺兩手相亂把拽，頭上瘙癢，忽風上時，忙惶高聲叫唤，逡巡仍遂平復，此名虛涎。無論大人小兒，若得此病，但大腑虛冷，即吃此方。若大腑秘熱，不請吃此方，卻只吃後方也。

草豆蔻　細辛　芎藭　厚朴去粗皮，薑汁炙，各半兩　防風　羌活　獨活　薏苡仁　黃橘皮　天南星　半夏　僵蠶去絲　檳榔　牽牛　肉豆蔻各一分

右細杵羅爲末，煉蜜丸如梧桐子大。早朝空心下四十丸，食後吃後方。大腑熱添。

牽牛半兩　防風　荆芥穗　麻黃去根　羌活　獨活　乾蝎　薄荷　連翹　半夏三銖　僵蠶去絲，各一分

右細杵羅爲末，每服一錢，食後薄荷湯調下，和滓吃。

治體氣虛弱多患心痛。一發作有時不可勝忍。忽時發疼痛，重即悶絶不醒人事，此名病涎。多因疾病之後房事不節，正氣虛弱，脾胃不快，滯氣不宣，因而涎積致生此病。宜服此藥。若大腑熱，小便赤，大腑冷熱不和，此涎之所積在肝。不可吃熱藥，不可吃治氣藥也。

當歸　芍藥　木香　僵蠶去絲　官桂去皮生使　羌活各一分　芫花二兩　狼毒半兩，捶碎，用好醋兩碗，同芫花土器内煮炒，用苦竹箸攪令乾，黃黑色，不要焦，亦不要生　牽牛一兩　半夏四銖

右件修制芫花狼毒二味，碎研如飛塵，又羅牽牛、半夏二味爲細末，所余諸藥盡爲細末。每服六錢，芫花、狼毒末半錢，牽牛、半夏末二錢半，諸藥三錢，共計六錢，作一服，非時，熱湯下，和滓吃。若未吐，如人行一里更進一服。尚未吐，以指干喉中吐出涎。若不吐，即下入胃也。若大腑熱服之，以疏通爲度。若轉了，身上發熱，即宜服此後方。若只吐，更不須轉也。

治病涎所積發爲氣痛，吃前面藥後。尚余心躁，通身發熱，大腑秘，宜吃此藥：

荆芥穗　羌活　木香　沉香　僵蠶去絲　天南星　防風連翹　牽牛以上各等分

右細杵羅爲末，每食後時，以熱湯調下二錢匙。

治肝心積熱，風氣攻上，胸中痰實，滿口生涎，舌上生瘡，精神不爽，胸中涎溢，頭目昏滯，大腑秘澀：

麻黄去根　柴胡去毛　羌活　防風　大黄炮熟　荆芥穗　芍藥　連翹各一分　牽牛　半夏　巴豆各半兩

右將牽牛、半夏、巴豆三味，同入瓶子內，用濟火煅過，放冷，取出研爲細末，同入藥使以上細杵羅爲末。每服四錢，食後薄荷湯調下。以上涎病，諸家别無方論。但世人之病，有殘傷性命之急者，無甚於痰涎。治之不可後時。所有涎病根深，一一具在藥方中分明。雖是體候合得方中所説者病源，方可修合進服。但方中所論數條祇言之大略，忽更有非常不測之變，更在仿類而求，乃病者之幸甚。

烏犀丸：　治一切風熱壅滯，大便秘澀，小便赤黄，煩躁喘滿，腰脚腫痛，兼治脚氣。

芎黄丸：　治風熱壅盛，頭昏目赤，大便艱難。

羚犀散：　治風熱上攻，目赤頭疼，口舌生瘡，小便赤澀。

柴胡防風湯：　治風熱。

生犀散：　治一切風熱毒氣，攻注遍體生瘡。

地骨皮散：　治風熱客於皮膚，血脈凝滯，身體頭面癮疹生瘡。

惺惺丸：　治一切風熱，煩躁口乾，口眼偏斜。

靈液丹：　治一切風熱，臟腑積熱毒氣上攻，胸膈煩躁，口舌乾澀，心神壅悶，咽嗌不利，飲食無味，并皆治之。

清神散：　治風熱壅甚，咽膈不利。

荆黄湯：　治風熱結滯，或生瘡癤。

解利風壅熱盛，煩渴狂躁：　以春夏採攀倒甑葉，研搗，冷水浸，絞汁服之，甚效。生宜州郊野，其葉如薄荷，亦名斑骨草。一名斑杖草。

去熱風：　以香戎生食，不可多食。

療熱風：　以慈竹瀝和食，飲服之良。

治風熱：　以牛乳服之。

去風熱：　以椰子漿飲之。

治風熱閉塞咽喉，遍身浮腫：　以牛蒡子一合，半生半熟，杵爲末。熱酒調下一錢匕，立瘥。去風熱以地膚子作湯沐浴。

去皮間風熱：　用山薑煮之作湯。

治風熱上壅，咽喉腫痛，及項上風癧：　用半邊山根，以酒磨服。一名許婆菜。

治風熱淋疾，小便數急疼，小腹虚滿：　以燕覆子，即木通實也，煎湯并葱食之，有效。

治熱風汗，出心悶：　水和云母服之，不過再服，立瘥。

除熱風：　取小蘇葉煮食之。

治熱風筋脈攣急。主肺痿肺氣，吐膿血，咳嗽涕涶，上氣，能令人食：　以意苡子，甑中蒸令氣餾，曝於日中使乾，按之得仁，煎服。昔馬援服之，破五溪毒腫，能輕身消欲，以勝瘴氣，交趾軍還，載之一車。

治一切風熱毒氣攻注目瞼外，及發於頭面，并四肢腫痛，應手神驗：　臘月中，以新瓦罐滿注熱水，用朴硝二升，投湯中攪散，挂北檐下，候硝滲出罐外，鳥羽收之。以人乳汁調半錢，掃之。

治風熱癒瘲，及驚癇癒瘲，風引湯。

治風熱，腫項熱悶：　用訶子一枚，入芒硝於醋中攪匀，摩敷熱處。

《傷寒家秘的本·風溫》　風溫，尺寸俱浮，素傷於風，因時傷熱，風與熱搏，即爲風溫。其外證四肢不收，身熱自汗，頭疼喘息，發渴昏睡，或體重不仁。慎不可汗，汗之則譫語躁擾，目亂無睛光，病在少陰、厥陰二經，萎蕤湯、小柴胡選用。未醒者，柴胡桂枝湯。發汗復身灼熱，知母葛根湯；　渴者，瓜蔞根湯。脈浮身重，防己湯。誤汗風溫，防己黄芪湯也。

《傷寒明理續論·風溫濕溫》　風溫，尺寸俱浮，素傷於風，因而傷熱，風與熱搏，即爲風溫。其外證四肢不收，身熱自汗，頭疼喘息，發渴昏睡，或體重不仁。慎勿發汗，汗之，則譫語煩躁，目無精彩，病在少陰、厥陰二經，萎蕤湯、人參敗毒散、葛根龍膽湯、小柴胡湯選用。未醒者，柴胡桂枝湯。

發汗已，身灼熱，知母葛根湯；　渴甚，瓜蔞根湯。脈浮身重，汗出，漢防己湯。誤汗風溫，防己黄芪湯。

《傷寒全生集·辨風溫例》　風溫，尺寸脈俱浮，素傷於風，因時傷熱，風與熱搏，即爲風溫。又發汗已，後身灼熱者，名曰風溫。陽脈浮滑，陰脈濡弱者，更遇於風，變爲風溫。其症四肢不收，身熱自汗，頭疼、喘息、咳、發渴、昏迷，鼻鼾語澀，體重不仁，慎不可汗。汗之則譫語躁擾亂，目無睛光，病在少

陰、厥陰，葳蕤湯。未醒，柴胡桂枝湯。汗後灼熱者，知母葛根湯。大渴者，瓜蔞根湯。脈浮身重，防己湯。誤汗風溫，防己黃芪治之。

《傷寒摘錦·傷寒成溫暑感異氣變他病脈證治法》 經曰：陽脈浮滑，陰脈濡弱者，更遇於風，變爲風溫。《難經》曰：中風之脈，陽浮而滑，陰濡而弱，前熱未已，又感於風。風來乘熱，變爲風溫，其證四肢不收，頭疼身熱，常自汗出，責在厥陰風木，手少陰火，宜萎蕤湯發汗，復身灼熱，知母葛根湯；渴者瓜蔞根湯；誤汗風溫，防己黃芪湯。

若發汗已，身灼熱者，名曰風溫。風溫爲病，脈陰陽俱浮，自汗出，身重，多眠睡，鼻息必鼾，語言難出。若被下者，小便不利，直視，失溲；若被火者，微發黃色，劇則如驚癇，時瘈瘲；若火熏之，一逆尚引日，再逆促命期。此太陽病汗後而變風溫之證也。

《傷寒證治準繩·四時傷寒不同·多眠多汗脈浮爲風溫》 陽脈浮滑，陰脈濡弱者，更遇於風，變爲風溫。此前熱未歇，又感於風者也。《難經》曰：中風之脈，陽浮而滑，陰濡而弱，風來乘熱，故變風溫。

若發汗已，身灼熱者，名曰風溫。風溫爲病，脈陰陽俱浮，自汗出，身重，多眠睡，鼻息必鼾，語言難出。若被下者，小便不利，直視失溲。若被火者，微發黃色，劇則如驚癇，時瘈瘲。若火熏之，一逆尚引日，再逆促命期。

成無己：傷寒發汗已則身涼，若發汗已，身灼熱者，非傷寒爲風溫也。風傷於上，而陽受風氣。風與溫相合，則傷衛，脈陰陽俱浮，自汗出者，衛受邪也。衛者，氣也。風則傷衛，溫則傷氣，身重多眠睡者，衛受風溫而氣昏也。鼻息必鼾，語言難出者，風溫外甚，而氣壅不利也。若被下者，則傷藏氣，太陽膀胱經也。《內經》曰：膀胱不利爲癃，不約爲遺溺。癃者，小便不利也。太陽之脈，起目內眥。《內經》曰：瞳子高者，太陽不足。戴眼者，太陽已絕。小便不利，直視失溲，爲下後竭津液，損藏氣，風溫外勝，經絡欲絕也，爲難治。若被火者，則火助風溫成熱，微者熱瘀而發黃，劇者熱甚而生風，如驚癇而時瘈瘲也。先曾被火爲一逆，若更以火薰之，是再逆也。一逆尚猶延引時日而不愈，其再逆者，必致危殆，故云促命期。

活人書：風溫者，脈尺寸俱浮，頭疼身熱，常自汗出，體重，其息必喘，四肢不收，嘿嘿但欲眠，治在少陰厥陰，不可發汗。發即譫語獨語，內煩燥，不得臥，若驚癇，目亂無精，如此死者，醫殺之耳。風溫忌發汗，宜萎蕤湯。身灼熱者，知母乾葛湯。如渴甚者，括蔞根湯。脈沉，身重，汗出者，漢防己湯。

《傷寒補天石·冬溫傷寒》 冬有非節之暖，名曰冬溫。冬溫之毒，與傷寒大異。冬溫復有先後，更相重沓，亦有輕重，萎蕤湯。大渴，瓜蔞湯。咽痛，甘桔湯。斑疹，化斑湯，即白虎湯。溫疫，通用敗毒散。傷寒無汗，脈浮緊。冬溫無汗，脈不浮也。

《傷寒補天石·風溫》 經曰：陽脈浮滑，陰脈濡弱者，更遇於風，變爲風溫。又曰：發汗已，身猶灼熱者，名曰風溫。風溫病，脈陰陽俱浮，自汗出，身重多眠，睡息必鼾，語言難出。若被下，小便不利，直視失溲。若被火，微發黃色，劇則如驚癇，時瘈瘲。節菴曰：風溫者，尺寸俱浮，素傷於風，因而傷熱，風與熱搏即爲風溫。其外證四肢不收，自汗頭痛，喘息發渴，昏睡，或體重不仁。不可發汗，汗之則讝語煩躁，目無精光，病在少陰厥陰，萎蕤湯、葛根龍膽湯。渴甚，括蔞根湯。脈浮身重汗出，防己湯選用。未醒，柴胡桂枝湯。發汗已，身灼熱者，知母葛根湯。

《傷寒緒論·總論·冬溫》 至於冬時反有非節之暖，此屬春時陽氣發於冬時，未至而至，即爲冬時不正之氣，人感之而病者，名曰冬溫。冬溫雖發於冬時，治法與傷寒大異。蓋溫則氣泄，寒則氣收，二氣本相反也。其證必心煩嘔逆，咽痛身熱頭疼，或欬嗽自汗，或頭重面腫，但始先咽痛，後必下利，陽脈浮滑，陰脈濡弱，與風溫不異，但時令不同，治之不得不爲少異也。按羅謙甫云：冬溫一證，雖關不正之氣，而實則氣虛，故邪得以入於少陰，其經上循喉，下入腹，故咽必痛，或下利也。治之宜用陽旦湯加桔梗萎蕤。或問冬溫何以竟入少陰，而前所治方，亦非少陰之樂，其故何也。石頑曰：大凡四時各有正令，冬月當寒而反不寒，則少陰之氣不藏，而不正之氣得以入傷其經。原非腎藏受病，故但以桂枝湯中加黃芩一味，專主驅散風熱，不須更用他藥，此仲景陽旦湯所由立也。若有寒食停積，或誤用寒涼藥食，則寒邪外鬱，溫邪中結，冷食內伏，更加入乾薑一味，以溫散其中，兼黃芩以涼解其外，此仲景之陰旦又必所需。若咽痛甚者，則合甘草湯。欬者，合桔梗湯。下利，合茯苓甘草湯，或陽旦加葛根、茯苓。不應，則溫熱之氣併於陽明而蘊熱也，葛根黃芩黃連湯。若先受冬溫，更加嚴寒外遏，則外證雖惡熱煩躁，而仍畏寒欲近衣者，陽旦湯加麻黃、石膏以發之。有冬溫誤認傷寒，而與辛溫

表藥，熱邪益甚，而胸腹滿悶，醫者不察，見其脹悶而屢用下藥，大下後，仍發熱無休止時，脈反數者，此陰血傷故也。朝用獨參湯，暮進六味丸，此陰陽俱虛，氣血俱弱，故熱不得止息，所以用六味必兼獨參湯，以資陽生陰長之功。若服後熱勢漸解，飲食漸進，神氣漸清，脈息漸和者，方可收功。今世遇冬溫之證，鮮能辨識，概以傷寒法混治，致變斑黃喉痹、唾利膿血等證者，皆由誤治所致也。若誤用辛溫發汗，而發斑成溫毒者，當用犀角升麻甘草等分煎服。或升麻葛根湯加犀角、黑參，甚則犀角黑參湯之類選用。然冬溫爲病，亦自不一，當隨所見證治之。凡冬溫溫毒，大便泄瀉而讝語，脈虛小手足冷者，皆不治也。

《傷寒緒論·總論·風溫》 凡溫病之熱，咸從內而發於表，所謂最忌辛溫發汗，發汗多致不救也。仲景故云：太陽病發熱而渴者，爲溫病。若發汗已，身灼熱者，名曰風溫。風溫爲病，脈陰陽俱浮，自汗，身重多眠睡，鼻息必鼾，語言難出。若被下者，小便不利，直視失溲。若被火者，微發黃色，劇則如驚癇，時瘛瘲。若以火熏之，一逆尚引日，再逆促命期。此溫病誤汗而爲風溫也。又傷寒例云：陽脈浮滑，陰脈濡弱，更遇於風，變爲風溫。此溫病更遇於風之風溫也。以少陰伏邪方將發出，太陽客邪又從外襲，表邪新入，裏邪初出，故其脈輕則浮滑，重則濡弱，即上文陰陽俱浮之互辭。言伏於少陰之邪熱，悉從風木之令而發出肌表，故其證一一盡顯諸太陽少陰二經。又嘗見冬溫一證，每多誤汗而成溫毒發斑者。亦有誤施汗下，而變咽喉不利，唾膿血者。蓋冬溫亦屬太陽少陰證，緣誤治而併傷厥陰之經也。按風溫一證，仲景但言誤治之失，并不論及治法者，以其既經誤治，即欲挽回末由也已。喻嘉言嘗謂風溫多於三日者，謂其即是兩感，而更加變重耳。不但溫病之不可以傷寒寒疫法治也。即冬溫亦不可以傷寒例施也。因其發在冬時，故誤治尤多。所以仲景厥陰例中，有麻黃升麻湯一條，正以治冬溫之誤治。而變咽喉不利，唾膿血者，即此而推，可用麻黃升麻湯去麻黃、升麻、乾薑、白术，而借治溫病誤發其汗之風溫也。并可悟黃芩湯加桂枝，石膏、治溫病更遇於風之風溫也。再按風溫一證，仲景絕無方藥。而活人書治法頗多，參其所主之方，皆是治先傷熱而復感風，或已傷風而更受熱之證。近世亦曰風溫，較伏氣所發者，雖死生輕重懸殊，而究治之理則一。似風痰結聚於肺，故汗下兩難。汗之則讝語煩熱，不得卧，善驚，目亂無精，多汗身重。下之則小便難，大便利不止。尤不可用溫鍼，溫鍼則耳聾難言。止宜辛涼解熱，兼疎風利痰。然雖禁發汗，又不得不兼用表藥，但禁溫覆迫汗耳。若發熱頭眩，咽喉乾痛，舌強痞滿者用萎蕤湯。無大熱而渴，用栝蔞根湯。熱不解用敗毒散。寒熱而渴，小柴胡加萎蕤、桔梗。惡寒發熱，本方去參，加栝蔞、石膏。渴者去半夏，加栝蔞根。舉世皆以風熱咽痛，唾痰聲嗢者爲風溫，雖治法不遠，殊失風溫本旨矣。尙論以春月時令本溫，且值風木用事，風溫二字。不得分之爲兩。凡病溫者，悉爲風溫，是又矯揉太過矣。

《傷寒辨證·類傷寒七證》 一曰風溫：頭痛、身熱、自汗與傷寒同，而脈尺寸俱浮，身重默默而欲眠，鼻息鼾，語言難出，四肢不收者，風溫也。治在少陰、厥陰。少陰火，厥陰風。不可發汗，發汗即讝語，內煩躁擾不得卧，目亂無精，如此死者，醫殺之耳。宜人參敗毒散，增損治之，或可加知母、石膏、黃芩、栝蔞根之類。此不因冬傷於寒，只於春時感春溫之氣而病耳。

《溫熱暑疫全書·附冬溫》 一法冬時有非節之暖，未至而至，即爲不正之氣，獨冬不藏精之人，腎氣外泄，腠理不固，溫氣襲人，感之爲病，此爲冬溫。脈必寸洪尺數，或實大，心煩嘔逆，身熱不惡寒，或頭疼身重，面腫咳嗽，咽痛不利，與溫無異，而時令不同也，宜陽旦湯加桔梗茯苓。

一法若有寒食停滯，加厚朴溫藥一味以溫散其中。黃芩涼解其外，即仲景陰旦湯之意也。

一法若先感溫氣，即被嚴寒遏抑，則發熱而微畏寒，汗不出而煩擾，陽旦加麻黃石膏發之。

一法醫視冬溫每有誤認傷寒，辛熱發汗，致令發斑成毒者，當以升麻葛根湯加犀角黑參，或犀角黑參湯。

一法更有辛熱發汗，徒耗津液，裏熱益甚，胸腹滿悶，因誤用下藥，反發熱無休止，脈來澀，此陰血受傷也，急宜葶藶苦酒湯探之，以收陰氣，泄邪熱。若服後熱勢轉劇，神氣昏憒，讝語錯亂者，必不救也。冬溫爲病，亦自不一，當各隨見證治之。凡冬溫之毒，大便泄而讝語，脈虛小，手足冷者，皆不治也。

《張氏醫通·諸傷門·傷寒》 冬溫　冬時天氣大暖，而見發熱咳嗽者，此爲冬溫。以伏藏之令而反陽氣大泄，少陰不藏，非時不正之氣，得以入傷少陰之經，陽氣發外，所以發熱；熱邪傷氣，所以咳嗽； 其經上循喉嚨，所

以喉腫；下循腹裏，所以感之深者，則自利也。冬溫本秋燥之餘氣，故咽乾痰結，甚則見血，與傷風之一咳其痰即應不同。咳則顱脹者，火氣上逆也；咳甚則藏府引痛者，火氣內鬱也。其脈或虛，或虛大無力，亦有小弱者，熱邪傷氣故也。若腎氣本虛，則尺中微弦，暮則微寒發熱。素常氣虛，則氣口虛大，身熱手足微冷。或有先傷冬溫，更加暴寒，寒鬱熱邪，則壯熱頭痛，自汗喘咳，脈來浮，舉則微弦，中候則軟滑，重按則少力。雖有風寒，切不可妄用風藥升舉其邪，輕則熱愈甚而咳愈劇，重則變風溫灼熱而死；亦不可用辛散，多致咽喉不利，唾膿血，痰中見血，甚則血溢血泄，發斑狐惑，往往不救；又不可用耗氣藥，多至咳劇痛引周身，面熱足冷而致危候。惟宜加減葱白香豉湯調之，兼有風寒外襲，則加羌活紫蘇；寒邪盛極而發煩躁者，但於前藥中稍加麻黄五七分、石膏錢許，或萎蕤湯本方主之。緣此證見於冬時，舉世醫流，莫不以傷寒目之，而與發散致夭枉者不可枚舉。曷知西北二方，患眞中風傷寒者最多，患冬溫者絶少。間有傷於火炕者，亦有傷於火而復傷於寒者，可與越婢湯、桂枝二越婢一湯，以其地厚質實，可勝攻伐，非若東南之稟氣孱弱也。至如大嶺以南，陽氣常泄之地，但有瘴癘之毒，絶無傷寒之患，即使客遊他處，感冒風寒，僅可藿香正氣之類，若麻黄、青龍，絶不可犯。誤用而發動身中素蘊之瘴濕，則壯熱不止，每致殞命，不可不慎。

《治疫全書·附風溫濕溫等症》　熊立品按：各種溫證，俱感冒四時不正之氣者也。非比瘟疫觸犯，天地間別是一種癘氣，邪從口鼻而入，匿於伏脊膜原，及其發作，較之諸溫爲尤甚。今瘟疫一症，業已剖別詳明，而各種溫病自應逐條闡發。茲於從前各書逐細搜求，將凡屬溫字名目者一併採集，指示分明，俾後學者有所遵循，得以審症用藥察病掄方。再按從前醫書以溫疫症謂之爲傷寒，皆以治傷寒之法治之者，即係此等病證，今併指明。

一曰冬溫。冬月天氣寒冷，乃有非時之煖躁暴鬱蒸，搏而爲病，名曰冬溫。與春秋暴寒暴溫總謂之時行氣，一切外證悉與傷寒相似，但脈雖浮而中按甚數。太陽證宜萎甤湯、九味羌活湯加減，陽明證柴葛解肌等湯。少陽證小柴胡湯裏加大黄。重者雙解散、調胃承氣等湯之類。【略】

一曰風溫。太陽病發汗則身涼，如發汗已，身猶灼熱者，名曰風溫。其證喘渴多睡，四肢不收，若癱瘓然，緣當春溫氣大行，又感不止風邪所致。惟風傷衛，故四肢不收，形同癱瘓。惟風傷氣，故神昏而鼻息不利，語言蹇澁，身熱自汗多眠。治在心火、肝木二經，忌汗、下、針。誤汗則身必灼熱，甚則煩渴譫黄；下則遺溺；針則耳聾。但宜清解肌表，萎甤湯，敗毒散或小柴胡加桂枝微汗之。渴者，瓜蔞湯。喘者，金沸草散加杏仁。誤汗，防已黄芪湯救之。譫語獨語及直視遺尿者難治。

《治疫全書·風溫濕溫等症方》　冬溫，九味羌活湯治感傷風寒及四時不正之氣，并溫病、熱病隨證加減。

柴葛解肌湯，治感傷風寒及四時不正之氣，病在陽明，用此清肌解表，踈邪退熱。

雙解散，即防風通聖散合益元散　即天水散，生水法內薑葱、豆豉煎服。治傷風寒暑濕并癘痓驚悸，渴秘狂譫，一切溫疫症候。

風溫，萎甤湯治風溫喘急，頭痛，身熱，語言蹇澁，自汗，四肢不壯，甚者如癎，內外煩躁等症，冬溫、春溫亦宜。

瓜蔞根湯，治風溫喘渴，多睡，痰氣喘促等症。

金沸草散，治風溫咳嗽多痰，上氣喘促等症。

防已黄芪湯，治風溫誤汗恐致亡陽，以此救急。

《醫宗金鑑·傷寒心法要訣·同傷寒十二證》　風溫

風溫原自感春風，誤汗灼熱汗津生，陰陽俱浮難出語，身重多眠息鼾鳴，誤下直視失溲少，被火發黄瘈瘲驚，葳蕤桂枝參白虎，一逆引日再命終。

註：冬傷於寒不即病者，復感春寒，名曰溫病；復感春風，名曰風溫。風溫有汗，不可汗也。若誤汗之，益助火邪，則身熱如火，自汗津津不止，言語難出，身重多眠，鼻息鼾鳴也。風溫陰陽脈俱浮，不可下也。若誤下之，熱陷膀胱，竭其津液，則直視失溲，小便少也。風濕熱盛，若誤以火熏蒸強汗，火旺津亡，則發黄色，瘈瘲驚癎也。風溫之證，不可汗下，主以葳蕤湯。若脈虛汗多，主以桂枝合人參白虎湯。一逆引日再命終，謂一逆尚可引日，若汗而又下，下而又火，則爲再逆，是促命期也。

《臨證指南醫案·風溫》　風爲天之陽氣，溫乃化熱之邪。兩陽薰灼，先傷上焦，種種變幻情狀，不外手三陰爲病藪。頭脹汗出身熱咳嗽，必然並見，當與辛涼輕劑，清解爲先，大忌辛溫消散，劫爍清津，太陰無肅化之權。救逆則有庶汁蘆根玉竹門冬之類也。苦寒沉降，損傷胃口，陽明頓失循序之司，救逆則有復脈建中之類，大凡此症，驟變則爲痙厥，緩變則爲虛勞。則主治

之方，總以甘藥爲要，或兼寒或兼溫在人通變可也。

《續選臨證指南·風溫》 邵新甫評：風爲天之陽氣，溫乃化熱之邪，兩陽薰灼，先傷上焦，種種變幻情狀，不外手三陰爲病藪。頭脹、汗出、身熱、咳嗽，必然並見，當與辛涼輕劑，清解爲先。大忌辛溫消散，劫爍清津。太陰無肅化之權，救逆則有蔗汁、蘆根、玉竹、門冬之類也。苦寒沉降，損傷胃口，陽明頓失循序之司，救逆則有復脈建中之類。大凡此症，驟變則爲痙厥，緩變則爲虛勞，則主治之方，總以甘藥爲要，或兼寒或兼溫，在人通變可也。

《通俗傷寒論·傷寒兼證·冬溫傷寒》 因 冬初晴暖，氣候溫燥，故俗稱十月爲小陽春。吸受其氣，首先犯肺，復感冷風而發者，此爲新感，病淺而輕。若冬溫引動伏暑內發者，此爲伏氣，病深而重。必先辨其爲冬溫兼寒、冬溫伏暑，以清界限，此爲臨病求原之必要。

證 冬溫兼寒：初起頭痛身熱、鼻塞流涕、咳嗽氣逆、咽乾痰結，始雖怕風惡寒，繼即不惡寒而惡熱，心煩口渴甚或齒疼喉痛，胸悶脇痛。舌苔先白後黃，邊尖漸紅，望之似潤，捫之戟手。冬溫伏暑：一起即頭痛壯熱、咳嗽煩渴，或無汗惡風，或自汗惡熱，始雖咽痛，繼即下利。甚則目赤唇紅，咳血便膿，肢厥胸悶，神昏譫語獨語，或不語如尸厥，手足瘛瘲，狀若驚癇。胸腹灼熱，大便燥結，溲短赤澀，劇則男子陰精自遺，女子帶多血崩，甚或衝咳衝呃，或衝厥，舌多鮮紅深紅，甚則紫紅乾紅，起刺開裂，或夾黑點，或夾灰黑。

脈 右浮滑數，左浮弦微緊促者，張石頑所謂先受冬溫，更加嚴寒外遏，世俗通稱寒包火是也。兩寸獨數，或兩關尺沉弦小數者，此新感冬溫引發伏署，內經所謂陰氣先傷，陽氣獨發，乃冬令溫燥之重證也。

治 冬溫兼寒者，榮齋按：冬溫兼寒爲小症。先與葱豉桔梗湯加括蔞皮二錢至三錢、川貝母三錢至五錢，辛涼宜肺以解表。表解寒除，脇痛咳血者，桑丹瀉白湯加地錦五錢、竹瀝梨汁各兩瓢，沖，瀉火清金以保肺，喉痛齒疼者，竹葉石膏湯去半夏加製月石四分至五分、青箬葉三錢至五錢、大青葉四錢至五錢、元參三錢至四錢，外吹加味冰硼散，辛甘鹹潤以肅清肺胃，終與七鮮育陰湯，滋養津液以善後。若冬溫兼伏暑，榮齋按：冬溫兼伏暑爲大症。病較秋燥伏暑尤爲晚發而深重。初起無汗惡風者，先與辛涼透邪；血虛者，七味葱白湯，陰虛者，加減葳蕤湯，使其陰氣外溢，漐漐微汗以解表，表解而伏暑內潰。咽痛下利、口乾舌燥者，伏暑內陷少陰心腎也。豬膚湯加雞子白兩枚、鮮茅根一兩、茄楠香汁四匙沖，甘鹹救陰以清熱。神識昏蒙，譫語或不語者，伏暑內陷手厥陰包絡也。若痰迷清竅，玳瑁鬱金湯以開透之。瘀塞心孔，犀角清絡飲以開透之。痰瘀互結清竅，犀羚三汁飲以開透之。痙厥并臻，狀如驚癇者，伏暑內陷足厥陰肝臟也，羚角鈎藤湯加紫雪熄風開竅以急救之。目赤唇紅，咳血便膿者，加味白頭翁湯加竹茹、地錦各五錢、大青葉、涂菊花各三錢、白茅根二兩，清肝堅腸以并治之。男子精遺夢洩，女子帶多血崩者，伏暑下陷衝任也。滋任益陰煎加醋炒白芍四錢、東白薇五錢、陳阿膠三錢、清童便一杯沖，清滋衝任以封固之。甚則衝咳衝呃衝厥者，伏暑挾衝氣上逆也，新加玉女煎清肝鎮衝以降納之。衝平氣納，終用清肝益腎湯以滋潛之。若胸腹灼熱，便閉溲赤者，伏暑裏結胃腸也，養榮承氣湯潤燥泄熱以微下之。陰液已枯者，張氏濟川煎去升麻加雪羹煎湯代水增液潤腸以滑降之。此皆爲陰虛多火者而設。榮齋按：以上爲冬溫兼伏暑陰虛多火者治法。若肥人多濕，雖感冬溫伏暑，仍多濕遏熱伏者，法當芳透淡滲，溫化清宣，大橘皮湯去官桂、檳榔，加焦山梔、青連翹各三錢、活水蘆筍二兩、燈芯五分、北細辛二分煎湯代水濕開熱透。繼用增減黃連瀉心湯苦降辛通、甘淡滲濕以肅清之。食積便閉者，加枳實導滯丸緩下之。痰涎上壅者，加控涎丹逐下之。終以香砂二陳湯加黃草川斛三錢、鮮石菖蒲一錢、拌炒生穀芽三錢、金橘鋪兩枚，溫健胃氣以善後。若濕去燥來，肺胃陰氣不足者，當以金匱麥門冬湯加鮮稻露一兩、蔗漿兩瓢同沖清養氣液以善後。若初起自汗惡熱者，即當清解伏暑，竹葉石膏湯去半夏，加野菰根二兩、鮮茅根一兩去皮、燈芯五分，餘與前同，但冬溫變證甚多，詳參諸溫證治可也。

秀按：冬行春令，反有非節之暖，感其氣而病者，名曰冬溫，較春溫症尤爲燥熱。羅謙甫主用陽旦湯，即桂枝湯加黃芩。加桔梗、葳蕤；張石頑主用陽旦湯加麻黃、石膏。皆治先感冬溫，又被風寒所遏，外寒內熱之證。溫邪上受，冷食內服者，又主陰旦湯，即《千金》陽旦湯加乾薑。以治外熱內寒。然皆治體質素寒，忽受冬溫之病。若素體陰虛，雖有芩膏，薑桂究難浪用。俞君證治詳明，藥方細切，可謂冬溫正宗之法矣。

廉勘：前哲皆謂冬月多正傷寒證。以予歷驗，亦不盡然。最多冬溫兼寒，即客寒包火，首先犯肺之證。輕則桑菊飲，加麻黃蜜炙三分至七分、括

蔞皮二錢至三錢。或桑杏清肺湯，加鮮葱白三枚、淡香豉三錢；重則麻杏石甘湯、越脾加半夏湯，隨症加味。間有用大青龍湯、小青龍湯加石膏者，從合信氏冬多肺病看法，大旨以辛涼開肺爲主。若膏粱體陰虛多火，溫燥傷肺，輕者患風火候症，吳氏普濟消毒飲加減。辛涼輕清以解毒，外吹加味冰硼散，重者患爛白喉症，養陰清肺湯加製月石六分至八分、鷄子白二枚，辛涼甘潤以防腐，外吹爛喉錫類散，亦皆治肺以清喉之法。若冬溫兼伏暑晚發，則邪伏既久且深。陰液先傷，氣機亦鈍。治法惟涼血清火，宣氣透邪爲扼要，而宣氣尤爲首務。未有氣不宣而血熱能清，伏火能解者。但宣氣之法，非香、蘇所能疏，非參、蓍所能托，惟藉辛涼芳透，輕清靈通之品，多用鮮藥，精選秋燥門張石頑所論諸藥，對症酌量，配合爲劑。次漸甦醒共氣機，清宣其血絡，搜剔其伏邪，始可圖功，若稍一孟晉，非火閉，即氣脫，非氣脫，即液涸。全在臨證者，審病須兼衆證，與脈舌並審，不可專指一症爲據也。

《傷寒指掌・傷寒類症》 凡天時晴燥，溫風過暖，感其氣者，即是風溫之邪。陽氣熏灼，先傷上焦。其爲病也，身熱汗出，頭脹咳嗽，喉痛聲濁。治宜辛涼輕劑解之，大忌辛溫汗散。古人治風溫，有萎蕤湯、知母葛根湯，內有麻黃、羌活等藥，皆不可用。

風溫吸入，先傷太陰肺分。右寸脈獨大，肺氣不舒，身痛胸悶，頭脹咳嗽，發熱口渴，或發痧疹。主治在太陰氣分。梔豉、桑杏、蔞皮、牛蒡、連翹、薄荷、枯芩、桔梗、桑葉之類，清之解之。痰嗽加貝母，聲濁不揚加兜鈴，火盛脈洪加石膏，咽痛加射干，飽悶加川鬱金、枳殼，乾欬喉燥，加花粉、蔗漿、梨汁，咽喉鎖痛，加萊菔汁。

邵評：溫邪由肺而入於胃，熱傷肺胃之津，病大上中二焦，故用大清肺胃熱邪，生津潤燥爲主。治上中二焦之良法。

如發熱口糜氣穢者，此溫邪刼傷肺胃之津也。宜生地、石膏、知母、麥冬、花粉、釵斛、梨皮之類主之。

如肺脹喘急，胸痛氣穢者，此溫邪傷肺，欲釀內癰也。急用活水蘆根、桃仁、苡仁、栝蔞皮、冬瓜子、空沙參、黑元參、連翹之類清之。

邵評：熱邪蘊於肺，鬱結不宣，氣痰滯血瘀，欲釀肺癰。故見胸疼喘急、痰氣穢臭之症。用千金葦莖湯宣肺痺而行血降氣，加味以清化肺熱爲治。

此手太陰輕症也。若手少陰、厥陰二經，當於溫熱症內合參之。

邵評：以上邪初在肺，其勢尚輕。若肺邪不解，傳入心營及心包絡經，則入裏而病重矣。後溫熱症內所列各條，治法相通，當合參之。

《傷寒指掌・傷寒類症・溫熱》 煩勞多慾之人，陰精久耗，適遇冬月非時之暖，感而即病者，冬溫也。春時木火司令，天道溫暖，新邪引動，溫從內發者，春溫也。夏令炎熱，感之即病，壯熱煩渴，而不惡寒者，熱病也。大抵溫熱之症，陰精內耗，強陽無制，新邪一觸，則燎原之勢，直從裏發。故初起即見壯熱煩渴，口乾舌燥等症，而主治以存津液爲要旨。凡遇傷寒過經不解，或發汗不徹，反致昏劇者，皆溫熱誤治之證也。前陽明少陽條內，已見大意，而茲專以手三陰立言，治宜互參。

邵評：冬不藏精，春必病溫，陰虧是溫病之原。故治溫熱病，以保陰存津爲首務。若春溫，夏熱二症，亦俱有之。冬月受邪，伏藏不發，至春時天暖，外感時邪，引動伏邪而發病者，名爲伏氣春溫。若其人內無伏邪，春天感受溫邪而即病者，此即發之春溫也。夏令受熱而即病者，此即發之熱病也。內有伏邪，春令不發，至夏至後壯熱而病者，此伏氣所發之熱病也。如此辨症，方可明晰。《內經》曰：冬傷於寒，春必病溫。先夏至日爲病溫，後夏至日爲病熱。溫病發出之途自少陽，熱病發出之病由陽明。溫病主以黃芩湯。熱病主以白虎湯。至於傷寒延久，邪已化熱，與溫熱治法相通。所謂傷寒與溫熱始異而終同也。

又評：伏氣所發之溫熱病，與感而即發之溫熱病，見症稍異。伏氣之病，其邪從裏而達於外，表上無邪，故初起即熱，無一毫惡寒之象。即發之溫病，邪由肺受，肺主皮毛，故初起微寒，繼即純熱不已。如此辨認，庶無錯誤。

手太陰氣分　凡溫邪入肺，症見頭疼，惡寒發熱，口燥舌乾、脈數、胸滿氣喘。治宜辛涼輕劑，梔豉、橘紅、桑杏、連翹、薄荷、枳桔、黃芩之類，嗽加前胡蘇子、象貝、羚羊角之類。

邵評：此受而即發之溫熱病，首先入肺，肺主皮毛而在表故見表症。宜辛涼輕清，以宣泄上焦肺衛之邪。

手少陰營分　溫邪吸入，由衛及營者，其舌先白後絳也，或竟入營分，則舌必絳赤，或紅中兼微白，夜煩不寐，神呆讝語。宜犀角尖，鮮生地、淡竹葉、

麥冬、連翹、石菖蒲、川斛、丹皮之類。兼痰者，加川貝母、天竺黄之類。

邵評：此承上條由衛而入營，亦受而即病之溫症也。白胎邪在肺衛，絳胎邪入心營。自衛入營，故舌先白後絳。絳，深紅色也。紅中兼微白，氣分之邪未盡也。若熱擾心營，則神蒙不能自主。上條邪在肺衛，其病尚淺。此條由衛及營，邪氣自外入内，其病較深。下條溫邪傳入心包絡中，痰潮内閉，其病尤深。此皆受而即病之溫熱症。宗心營肺衛主治，故以宣營清熱達邪一法。

手厥陰内閉　如溫邪傳於膻中，即干心包絡。痰潮内閉，則神昏讝語、舌胎純紅起刺，此重症也。急宜清心開閉，用犀角、連翹、川貝、天竺黄、川鬱金、石菖蒲、淨銀花、鉤藤鉤、西黄之類主之。

邵評：膻中爲心之宫城，邪入於此，干犯心包，熱逼心中，挾痰濁互結，致神昏譫語。而邪陷内閉，内閉則外脱正不勝邪之候也。宜清心化痰，開閉達邪之法，再加芳香宣竅之品，如紫雪、至寶丹之類尤妙。

以上三條，感而即發之溫熱，病邪由口鼻吸受，先入肺衛，由肺傳入心營，甚至逆傳入心包，自外入内，一層遞深一層，三條當合參之。

溫邪刼液　如發熱不退，爍乾胃中津液，以致口糜氣穢，當用甘露飲、玉女煎之類。

邵評：熱久陰傷，灼乾胃液，不拘伏氣溫熱，與受而即發之溫熱，俱有此候。口糜氣穢，陰虚火旺也。二方滋陰液以清胃火爲治。

熱久煩渴少氣，竹葉石膏湯效。兼脘中痞悶不飢，加半夏。

邵評：中虚胃熱而作虚煩，用養正清胃，除煩降火爲治。

足厥陰液涸　若溫邪誤治，邪必深入厥陰。神昏音澀，舌降裂紋，欲寐不寐，午間煩躁，形象畏冷，心中如焚，此正氣久虚，陰液已涸。宜復脈湯加減，如生地、麥冬、炙草、白芍、阿膠、丹皮、梨汁之類。

邵評：溫熱誤治，邪入極深，陷於肝經。肝屬木而有火，木火内燔，陰液枯涸，液涸風動，故見症如此。故用滋陰以清肝火爲治。

邪氣血分　風溫之邪入於營分不解，以致舌赤音低，神呆潮熱，脈數左甚，或發丹疹，此邪過營已及血分也。夫心主血，邪干血分，漸成内閉。風藥燥血，固宜大禁，即苦寒直走腸胃，亦非溫邪逆入膻中心主所宜。須犀角、元參、鮮生地、川鬱金、菖蒲、丹皮、銀花、西黄之類主之。

邵評：邪初入肺則在衛，不解，則入氣分。氣分不解，則傳心營。營不解，則入下焦血分矣。邪在血分，入裏極深，中焦俱病，陰液受戕，每多液涸内閉之候。宜救陰達邪，清營涼血治之。至於膻中是包絡所居，在於上焦，用藥宜清輕而忌重濁，此種藥味，治邪入心包之劑；若入血分，當用地黄、阿膠、復脈湯，方是血分治法。

氣血兩傷　若感溫邪，治不中窾，熱毒内燔，必至氣血兩傷，如脈左數右大，煩渴口糜，舌赤唇焦是也。宜玉女煎。

邵評：溫邪誤治，熱入陽明，灼傷少陰陰液。此少陰不足，陽明有餘，病在中下二焦也。宜滋腎陰以清胃火。

邪結上焦　溫邪從口鼻吸入，則上焦先受，氣血與熱邪混處膠固，必致清竅下利。凡寒熱後，頤頷腫脹，咽喉疼痛，牙關緊閉，脈左小右搏指者，皆邪結上焦所致也。當照疫症施治，宜連翹、牛蒡、射干、馬勃、滑石、銀花、赤芍、薄荷、夏枯草、人中黄之類選用。

邵評：溫熱疫毒，口鼻吸受，蘊結上焦，不得宣散，發爲大頭風毒、頤腫咽痛等症。此溫邪兼風毒而成，治宜清熱解毒之法。

胃中不和　若熱退後，不饑不納者，此胃氣不和也。宜香豉、山梔、半夏、枳實、陳皮等和之。

邵評：熱退而餘邪不净，胃氣不和，故不飢不納，當清化餘邪，以和胃氣爲治。

《增補評註溫病條辨·上焦篇·風溫溫熱溫疫溫毒冬溫》　太陰風溫、溫熱、溫疫、冬溫，初起惡風寒者，桂枝湯主之；但熱不惡寒而渴者，辛涼平劑銀翹散主之。溫毒、暑溫、濕溫、溫瘧，不在此例。

按仲景《傷寒論》原文，太陽病，謂如太陽證，即上文頭痛身熱惡風自汗也。但惡熱，不惡寒而渴者，名曰溫病，桂枝湯主之。蓋溫病忌汗，最喜解肌，桂枝本爲解肌，且桂枝芳香化濁，芍藥收陰斂液，甘草敗毒和中，薑棗調和營衛，溫病初起，原可用之。此處卻變易前法，惡風寒者，主以桂枝，不惡風寒，主以辛涼者，非敢擅違古訓也。仲景所云，不惡風寒者，非全不惡風寒也，其先亦惡風寒，迨既熱之後，乃不惡風寒耳，古文簡質，且對太陽中風熱時，亦惡風寒言之，故不暇詳耳。蓋寒水之病，冬氣也，非辛溫春夏之氣，不足以解之，雖曰溫病，既惡風寒，明是溫自内發，風寒從外搏，成内熱

外寒之證，故仍舊用桂枝辛溫解肌法，俾得微汗，而寒熱之邪皆解矣。溫熱之邪，春夏氣也，不惡風寒，則不兼寒風可知，此非辛涼秋金之氣，不足以解之。桂枝辛溫，以之治溫，是以火濟火也，故改從《內經》風淫於內，治以辛涼、佐以苦甘法。

王士雄按：太陰風溫、溫熱、溫疫、冬溫，初起惡風寒者，桂枝湯主之。夫鞠通既宗葉氏，當詳考葉氏論案以立言。如《指南》溫熱門第三案云：溫邪上受，內入乎肺，肺主周身之氣，氣窒不化，外寒似戰慄，其溫邪內鬱，必從熱化。風溫門第五案云：風溫入肺，氣不肯降，形寒內熱，乃膹鬱之象。用藥皆是辛涼輕劑。至《幼科要略》，論三時伏氣外感，尤爲詳備。於春溫證，因外邪引動伏熱者，必先辛涼以解新邪，自注用葱豉湯，垂訓昭然，何甘違悖，意欲紹述仲聖乎。則祖上之門楣，不可夸爲自己之閥閱也。在涇先生云：溫病伏寒變熱，少陰之精已被劫奪，雖有新舊合邪，不可更用桂枝湯助熱而絕其本也。豈吳氏皆水之聞乎。

霖按：仲景《傷寒論》首言脈浮，頭項痛，惡寒，爲太陽病之總綱。次言發熱惡風，脈緩自汗之中風，發熱惡寒，體痛嘔逆，脈緊無汗之傷寒，及正氣傳經，病氣則或傳或不傳。繼言發熱而渴，不惡寒者爲溫病，脈陰陽俱浮，自汗出，身重多眠睡之風溫，溫病與傷寒對待，風溫與中風對待，示人以寒溫不可誤治如此。其不出方者，此六經爲傷寒中風論治，非爲溫熱論治也。《卒病論》十六卷，豈無治溫熱專論？奈兵火失傳，何後世不察，疑是黃芩湯泥矣。此處忽於《傷寒論》原文下，添出桂枝湯主之五字，無端揑造，眞是醫道罪人，尤可駭者，未便直斥先聖之罪，故作原筆言溫病初起，原可用之，我當變法惡風寒者，主以桂枝湯，不惡風寒者，主以辛涼平劑銀翹散。窺鞠通立言之意，以仲景原文，但惡熱不惡寒而渴者，名曰溫病，而用桂枝，則仲景是自相矛盾，渠所立之銀翹散，又引《內經》風淫於內，治以辛涼，佐以苦甘，更著仲景用桂枝湯，不達經旨，卻又處處爲仲景原用桂枝之不錯，深文曲意，不斥仲景之非，乃大斥仲景之非也。世之觀此書者，有不謂鞠通學識遠駕乎仲景以上者幾希，售奸欺世，莫此爲極。或言用桂枝治溫，本出喻嘉言之荒謬，鞠通沿襲其訛，若然，何以首節又譏西昌不能脫卻傷寒圈子，其不以西昌爲然可證。誅心之論，詎容代原，嗟乎，仲景傷寒原文，桂枝之禁謹嚴，而叔和有桂枝下咽，陽盛則斃之戒，但溫病內藏伏熱，由裏達外，故發熱不惡寒。若因外寒抑遏，用麻黃以石膏監製尚可，若誤與桂枝，未有不死者。蓋麻黃發表，桂枝溫裏達表，則散去外寒，溫裏則裏熱加劇，若夫銀翹散一方，祇可治外感風溫，移治伏氣之溫病，已屬不合，况溫疫乎，東南卑濕，溫病多有挾濕者，初起之脈證，果如是乎？初起之治法，果如是乎？而溫疫挾濕初起，舌本絳，苔白膩，粗如積粉，脈盛右部數，於不浮不沉之間，舍達原飲別無良法，銀翹散果可治此重證乎？自家於外感伏氣尚辨之不清，而竟議延陵牽混，何妄誕之甚耶。

雪堂按：吳又可法治穢濁之邪由口而入胃經，所謂溫疫也。本論方藥，治清輕之邪，自鼻入肺經，所謂風濕之熱也。一清一濁，一肺一胃，病因各殊，用藥自別，各有所長，不得偏主一法也。

桂枝湯。

汪按：麻黃桂枝即係肺藥，故傳足不傳手，前人多不以爲然，但人之經絡相通，而天之感氣則異，故治法不同也。

銀翹散。

胸膈悶者，加藿香三錢，鬱金三錢，護膻中；渴甚者加花粉；項腫咽痛者加馬勃、元參；衄者去芥穗，豆豉，加白茅根三錢，側柏炭三錢，梔子炭三錢；咳者加杏仁，利肺氣；二三日，病猶在肺，熱漸入裏，加細生地、麥冬，保津液；再不解，或小便短者，加知母、黃芩、梔子之苦寒，與麥、地之甘寒，合化陰氣，而治熱淫所勝。

方論：按溫病忌汗，汗之不惟不解，反生他患；蓋病在手經，徒傷足太陽無益，病自口鼻吸受而生，徒發其表亦無益也。耳汗爲心液，心陽受傷，必有神明內亂，讝語、癲狂，內閉外脫之變。再誤汗，雖曰傷陽，汗乃五液之一，未始不傷陰也。《傷寒論》曰：尺脈微者，爲裏虛，禁汗。其義可見。其曰傷陽者，特舉其傷之重者而言之耳。溫病最善傷陰，用藥又復傷陰，豈非爲賊立幟乎？此古來用傷寒法治溫病之大錯也。至若吳又可開首立一達原飲，其意以爲直透膜原，使邪速潰，其方施於藜藿壯實人之溫疫病，容有愈者，芳香辟穢之功也；若施於膏粱紈袴，及不甚壯實人，未有不敗者。蓋其方中首用檳榔、草果、厚朴爲君，夫檳榔子之堅者也，諸子皆降，檳榔苦辛而溫，體重而堅，由中走下，直達肛門，中下焦藥也；草果亦子也，其氣臭烈大熱，其味苦，太陰脾經之劫藥也；厚樸苦溫，亦中焦

藥也。豈有上焦溫病，首用中下焦苦溫雄烈劫奪之品，先劫少陰津液之理！知母、黃芩、亦皆中焦苦燥裏藥，豈可用乎？況又有溫邪游溢三陽之說，而有三陽經之羌活、葛根、柴胡加法，是仍以傷寒之法雜之，全不知溫病治法，後人止謂其不分三焦，猶淺說也。其三消飲，加入大黃、芒硝，惟邪入陽明，氣體稍壯者，幸得以下而解，或戰汗而解，然往往成弱證，虛甚者，則死矣。況邪有在衛者，在胸中者，在營者，入血者，概用下法，其害可勝言耶？豈視人與鐵石一般，并非血氣生成者哉？究其始意，原以矯世醫以傷寒法治病溫之弊，頗能正陶氏之失，奈學未精純，未足爲法。至喻氏、張氏，多以傷寒三陰經法治溫病，其說亦非，以世醫從之者少，而宗又可者多，故不深辯耳。本方謹遵內經風淫於內，治以辛涼，佐以苦甘，熱淫於內，治以鹹寒，佐以甘苦之訓。王安道《溯洄集》亦有溫暑當用辛涼不當用辛溫之論，謂仲景之書，爲即病之傷寒而設，并未嘗爲不即病之溫暑而設。張鳳逵集治暑方，亦有暑病首用辛涼，繼用甘寒，再用酸泄酸斂，不必用下之論，皆先得我心者。又宗喻嘉言芳香逐穢之說，用東垣清心涼膈散，辛涼苦甘。病初起，且去入裏之黃芩，勿犯中焦；加銀花辛涼，芥穗芳香，散熱解毒；牛蒡子辛平潤肺，解熱散結，除風利咽，皆手太陰藥也。合而論之，經謂冬不藏精，春必病溫，又謂藏於精者，春不病溫，又謂病溫虛甚死，可見病溫者，精氣先虛。此方之妙，預護其虛，純然清肅上焦，不犯中下，無開門揖盜之弊，有輕以去實之能，用之得法，自然奏效，此葉氏立法，所以迥出諸家也。

太陰溫病，惡風寒，服桂枝湯已，惡寒解，餘病不解者，銀翹散主之；餘證悉減者，減其製。

太陰溫病，總上條所舉而言也。惡寒已解，是全無風寒，止餘溫病，即禁辛溫法，改從辛涼，減其製者，減銀翹散之製也。

霖按：風溫、溫熱、溫疫、溫毒、冬溫初起，皆在手太陰乎？如此牽混已屬荒謬。再提桂枝湯，服後惡寒雖解，而餘病不除，仍當以銀翹散主之，其意桂枝與溫病非宜，溫病非銀翹散不可，蓋深着仲景之錯，而顯己之才識有過乎仲景也。

太陰風溫，但咳，身不甚熱，微渴者，辛涼輕劑，桑菊飲主之。咳，熱傷肺絡也。身不甚熱，病不重也。渴而微，熱不甚也。恐病輕藥重，故另立輕劑方。

霖按：既云但咳身不甚熱，微渴則表重裏輕，方中之葦根、甘草當去，宜加前胡、牛蒡，然不若葉氏之葱豉湯，加蒡、薄爲穩當。夫風溫一證，乃內蘊伏熱，外感風邪，風從熱化，必傷衛氣。肺主衛，胃爲衛之本，是溫邪內外之輕重不同，而肺胃之專司則一，設不體察內外孰輕孰重，辛溫誤表，固可殺人，而誤補誤清，亦足僨事。《傷寒論》中仲景所謂之風溫，係言溫病誤汗後之變證，非爲風溫敍證也。若經誤會，貽害匪輕，鞠通不明仲景之旨，疑風溫爲內風，又不敢從內風治，故方論以桑葉、菊花爲補金水二藏之品，然則杏、桔、翹、薄，果治內風之藥乎？咳嗽畏風發熱，果內風之形證乎？內風之爲病，果在手太陰經乎、似是而非，殊不足取，加減法。爲辨衛氣營血間脈證不清，亦未盡善。

二三日不解，氣粗似喘，燥在氣分者，加石膏、知母；舌絳、暮熱甚燥，邪初入營，加元參二錢，犀角一錢；在血分者，去薄荷、葦根，加麥冬、細生地、玉竹、丹皮各二錢；肺熱甚，加黃芩，渴者，加花粉。

方論：此辛甘化風，辛涼微苦之方也。蓋肺爲清虛之臟，微苦則降，辛涼則平，立此方所以避辛溫也。今世僉用杏蘇散，通治四時咳嗽，不知杏蘇散辛溫，只宜風寒，不宜風溫，且有不分表裏之弊。此方獨取桑葉、菊花者，桑得箕星之精，箕好風，風氣通於肝，故桑葉善平肝風；春乃肝令而主風，木旺金衰之候，故抑其有餘，桑葉芳香有細毛，横紋最多，故亦走肺絡，而宣肺氣。菊乃晚成，芳香味甘，能補金水二臟，故用之以補其不足。風溫咳嗽，雖係小病，常見誤用辛溫重劑，銷鑠肺液，致久咳成勞者，不一而足。聖人不忽於細，必謹於微，醫者於此等處，尤當加意也。

太陰溫病，脈浮洪，舌黃渴甚，大汗面赤，惡熱者，辛涼重劑，白虎湯主之。

脈浮洪，邪在肺經氣分也。舌黃，熱已深。渴甚，津已傷也。大汗，熱逼津液也。面赤，火炎上也。惡熱，邪欲出而未遂也。辛涼平劑，焉能勝任，非虎嘯風生，金飆退熱，而又能保津液不可，前賢多用之。

霖按：前兩節論白虎之治，有虛實之別，後一節論白虎之禁，深達長沙奧旨，是白虎之用，無餘蘊矣。其所以然，尤有未盡之義，請試言之。夫白虎一方，以石膏爲君，《本經》渭石膏辛甘大寒無毒，陰中之陽，可升可降，爲

陽明經藥，兼入手太陰少陽經氣分。溫病脈浮洪，舌黄口渴，陽明太陰氣分之熱病也。面赤惡熱，大汗出，二經熱盛，逼陰以外泄也，故宜石膏寒泄經氣之熱。浮大脈中而見芤，汗大出而微喘，此熱熾氣傷，故加人參扶元氣。設脈弦細，屬足少陽，脈沉屬足太陰，皆非陽明熱證。口不渴，無内熱可知，故不可與，汗不出，不可與，是言雖見裏熱，而解表未盡者，不可與白虎湯。若表解已盡，而陽明留熱未清，雖無大汗，何妨用石膏以解熱，加人參以生津，壯火食氣，瀉火即所以生氣也。仲景《傷寒論》曰：傷寒脈浮，發熱無汗，其表不解者，不可與白虎湯，渴欲飲水，無表證者，白虎加人參湯主之，即此義也。若夫陽虚自汗，陰虚盜汗，及大汗亡陰亡陽，又豈石膏可嘗試哉？讀書不可死於句下，要當融會貫通也。

雪堂按：惡熱二字宜著眼，若惡寒便用不着，此方須兼表藥，如麻杏石甘湯，蓋惡寒陽氣發鬱在表也，白虎只能退熱，未能疏表，若非先疏其表，使陽得伸，恐驟用寒涼，愈遏其熱不出耳。又按白虎湯本陽明胃經方，以胃脘有上下之分，上脘胃口與肺合，下脘胃底與大腸合，此之肺病連及於胃口，列症皆係胃病，故用胃經方，又按壯火食氣，此方瀉火即以生氣。

太陰溫病，脈浮大而芤，汗大出，微喘，甚至鼻孔扇者，白虎加人參湯主之；脈若散大者，急用之，倍人參。

浮大而芤，幾於散矣，陰虚而陽不固也。補陰藥有鞭長莫及之虞，惟白虎退邪陽，人參固正陽，使陽能生陰，乃救化源欲絶之妙法也。汗湧，鼻扇，脈散，皆化源欲絶之徵兆也。

雪堂按：此症脈散大，由熱邪傷氣逼迫而致，故純虚症之可以益有配陽者，自當仍用白虎湯，急清其熱，而用人參急補其氣。再此症若但清熱，熱雖清，則氣恐即脱，若僅補正，則邪方熾而反助之，故用清補兩施法。

白虎本爲達熱出表，若其人脈浮弦而細者，不可與也；脈沉者，不可與也；不渴者，不可與也；汗不出者，不可與也。常須識此，勿令誤也。

此白虎之禁也。按白虎慓悍，邪重非其力不舉，用之得當，原有立竿見影之妙，若用之不當，禍不旋踵，懦者多不敢用，未免坐誤事機，孟浪者不問其脈證之若何，一概用之，甚至石膏用至觔餘之多，應手而效者固多，應手而斃者亦復不少。皆未眞知確見其所以然之故，故手下無準的也。

太陰溫病，氣血兩燔者，玉女煎去牛膝，加元參主之。

氣血兩燔，不可專治一邊，故選用張景岳氣血兩治之玉女煎。去牛膝者，牛膝趨下，不合大陰證之用。改熟地爲細生地者，取其輕而不重，涼而不溫之義，且細生地能發血中之表也。加元參者，取其壯水制火，預防咽痛失血等證也。

霖按：此即葉氏所謂如玉女煎法也。上節言脈大而芤，汗出微喘者，熱邪傷氣，故用白虎加人參湯，泄經熱，益元氣，以救化源。此節氣血兩燔，必兼脈數舌絳，煩擾不寐，熱邪傷及營血形證，故變白虎加人參法而爲白虎加地黄法也。層次井然。方中以生地易熟地，去牛膝加元參，尤得葉氏未言之旨。

太陰溫病，血從上溢者，犀角地黄湯合銀翹散主之。有中焦病者，以中焦法治之。若吐粉紅血水者，死不治；血從上溢，脈七八至以上，面反黑者，死不治；可用清絡育陰法。

血從上溢，溫邪逼迫血液，上走清道，循清竅而出，故以銀翹散敗溫毒，以犀角地黄清血分之伏熱而救水，即所以救金也。至粉紅水，非血非液，實血與液交迫而出，有燎原之勢，化源速絶。血從上溢，而脈至七八至，面反黑，火極而似水，反兼勝己之化也，亦燎原之勢莫制，下焦津液虧極，不能上濟君火，君火反與溫熱之邪合德，肺金其何以堪，故皆主死。化源絶，乃溫病第一死法也。仲子曰：敢問死？孔子曰：未知生，焉知死。瑭以爲醫者不知死，焉能救生。按溫病死狀百端，大綱不越五條。在上焦有二：一曰肺之化源絶者死；二曰心神内閉，内閉外脱者死。在中焦亦有二：一曰陽明太實，土剋水者死；二曰脾鬱發黄，黄極則諸竅爲閉，穢濁塞竅者死。在下焦，則無非熱邪深入，消鑠津液，涸盡而死也。

霖按：溫邪衄血吐血，犀角地黄湯原屬常用之方，然既曰太陰溫病，而載諸上焦篇中，又不言舌絳脈數，營熱形證，自是風溫暑熱，氣分中怫鬱，而迫血上溢，行清道則衄，行濁道則吐，治衄宜辛涼清潤，治吐宜甘涼肅降，何得以清心營之法，而治肺衛乎！於營衛氣血，全不細辨，卻界限三焦，不知人身之經絡通貫，豈容膠柱鼓瑟，致有顧此失彼之誚。

太陰溫病，口渴甚者，雪梨漿沃之；吐白沫粘滯不快者，五汁飲沃之。

此皆甘寒救液法也。

霖按：溫病熱爍渴甚，以甘寒救液是矣。謂吐白沫屬熱，宗何西池説猶

可。若白沫黏滯不快，則濕陷脾陽，津液不能上布，豈五汁飲可以妄投。

太陰病得之二三日，舌微黃，寸脈盛，心煩懊憹，起卧不安，欲嘔不得嘔，無中焦證，梔子豉湯主之。

溫病二三日，或已汗，或未汗，舌微黃，邪已不全在肺中矣。寸脈盛，心煩懊憹，起卧不安，欲嘔不得，邪在上焦膈中也。在上者，因而越之，故涌之以梔子，開之以香豉。

霖按：梔子豉湯非吐劑，仲景太陽篇，論梔豉湯證六節，并不言一吐字，蓋此方是治汗吐下後，虛煩懊憹者，梔子入心，能下交於腎，豆豉入腎，能上交於心，水火交而煩自解。在傷寒若嘔，宜加生薑以宣通，此溫病，當佐竹茹、枇杷葉以降逆。註傷寒家由成氏以下，率以爲吐劑，鞠通隨聲附和，故立此方，不足爲法。

太陰病得之二、三日，心煩不安，痰涎壅盛，胸中痞寒欲嘔者，無中焦證，瓜蒂散主之，虛者加參蘆。

此與上條有輕重之分，有有痰無痰之別。重劑不可輕用，病重藥輕，又不能了事，故上條止用梔子豉湯，快涌膈中之熱，此以痰涎壅盛，必用瓜蒂散急吐之，恐邪入包宮而成痙厥也。瓜蒂梔子之苦寒，合赤上豆之甘酸，所謂酸苦涌泄爲陰，善吐熱痰，亦在上者因而越之方也。

霖按：甜瓜蒂，《本草》言苦寒有毒，能上吐痰涎，下瀉水濕，其性猛烈，故仲景《傷寒論》中，瓜蒂散炒黃，與赤小豆等分，每服一錢匕，二物合今平數分，況以豆豉煑作稀粥調服。且一部《傷寒論》用吐者止二三證，復列醫吐之過者數條，蓋吐則傷中焦胃氣，故不輕用也。《金匱》用以瀉皮中水濕，一物瓜蒂湯也只二七個，每個約重三厘，每劑也只四五分，先聖用藥之權衡，其慎得如此。鞠通於仲景之書，想未細讀，瓜蒂生用一錢，眞屬孟浪。虛者加人參蘆一錢五分。

太陰溫病，寸脈大，舌絳而乾，法當渴，今反不渴者，熱在營中也，清營湯去黃連主之。

渴乃溫之本病，今反不渴，滋人疑惑；而舌絳且乾，兩寸脈大，的係濕病。蓋邪熱入營，蒸勝營氣上升，故不渴，不可疑不渴非溫病也，故以清營湯，清營分之熱，去黃連者，不欲其深入也。

太陰溫病，不可發汗，發汗而汗不出者，必發斑疹，汗出過多者，必神昏譫語。發斑者，化斑湯主之；發疹者，銀翹散去豆豉，加細生地、丹皮、大青葉，倍元參主之。禁升麻、柴胡、當歸、防風、羌活、白芷、葛根、三春柳。神昏譫語者，清宮湯主之，牛黃丸、紫雪丹、局方至寶丹亦主之。

溫病忌汗者，病由口鼻而入，邪不在足太陽之表，故不得傷太陽經也。時醫不知而誤發之，若其人熱甚血燥，不能蒸汗，溫邪鬱於肌表血分，故必發斑疹也。若其人表疏，一發而汗出不止，汗爲心液，誤汗亡陽，心陽傷而神明亂，中無所主，故神昏。心液傷而心血虛，心以陰爲體，心陰不能濟陽，則心陽獨亢。心主言，故譫語不休也。且手經逆傳，世罕知之，手太陰病不解，本有必傳手厥陰心包之理，況又傷其氣血乎！

霖按：外感風溫，汗下失宜，多發疹。伏氣溫熱疫毒，誤治多發癍。外感之邪，先傷手太陰肺經募原，伏氣易傳足陽明胃府，病原不同，豈容淆混。治疹之法，沙點未透者，疎解兼開肺；繼則沙點漸透達而未足，目赤神煩，舌絳脈數者，疎解兼清熱；沙透已足，赤焮雲密，脈象數大，舌絳神煩者，精火養液，沙足漸回，熱退胃開，而咳嗽未止者，輕清理肺。夫癍乃熱邪入營，血液受劫，必心神不安，夜甚無寐，當撤去氣藥，如從風熱陷入者，宜犀角、竹葉、石膏、連翹、梔、芩之屬；如從濕熱陷入者，宜鮮生地、銀花、犀角、人中黃、大青葉、元參、丹皮、芩連之類，透營解毒；其斑雖出，熱不解，又當甘寒育陰，以回津液。若夫伏氣溫毒發斑，熱毒甚而內結，斑紫煩躁，神昏譫語，便燥鼻煤，若僅以犀地膏連揚湯止沸，不能去病，設欲釜底抽薪，非加大黃不可，蓋裏氣一通，表氣亦順，化炎熇爲清涼矣。豈止化斑湯銀翹散加減，便可蕆事乎？延陵之托裏舉斑湯，原有可議，鞠通將溫疫誤認風溫，故謂疹多斑少也。升麻、防葛、三春柳，升散之品，不可多用，亦須監制得宜，何妨收其臂助，安得便在例禁？若未見昏厥內閉，熱痰蒙陷心胞證據，牛黃丸、至寶丹，何必輕投，深得仲景意者，恐不如此。

汪按：三春柳，一名西河柳，又名觀音柳，《圖經》《別錄》未載，自繆希雍《廣筆記》盛推其治疹之功，而用者遂多。不知寒疹須發，溫疹不須發，可用辛涼，不可用溫也。木綿紗之類同此。疹以瀉爲順，忌升提，忌補澀，亦不宜下，以犯中下二焦。其疹痢者，當苦寒堅陰，治屬中下。

化斑湯方論：此熱淫於內，治以鹹寒，佐以苦甘法也。前人悉用白虎湯，作化斑湯者，以其爲陽明證也。陽明主肌肉，斑家徧體皆赤，自內而外，故

以石膏清肺胃之熱，知母清金保肺，而治陽明獨勝之熱，甘草清熱解毒和中，粳米清胃熱而保胃液，白粳米陽明燥金之歲穀也。本論獨加元參、犀角者，以斑色正赤，木火太過，其變最速，但用白虎燥金之品，清肅上焦，恐不勝任，故加元參，啓腎經之氣，上交於肺，庶水天一氣，上下循環，不致泉源暴絶也，犀角鹹寒。稟水木火相生之氣，爲靈異之獸，具陽剛之體，主治白毒蠱注，邪鬼瘴氣，取其鹹寒，救腎水以濟心火，托斑外出，而又敗毒辟瘟也；再病至發斑，不獨在氣分矣，故加二味涼血之品。

銀翹散去豆豉，加細生地、丹皮、大青葉、倍元參。

方論：銀翹散義見前。加四物，取其清血熱；去豆豉，畏其溫也。

按吳又可有托裏舉斑湯，不言疹者，混斑疹爲一氣也。考溫病中發疹者，十之七八，發斑者，十之二三。蓋斑乃純赤，或大片，爲肌肉之病，故主以化斑湯，專治肌肉；疹係紅點高起，痲、瘖、沙皆一類，係血絡中病，故主以芳香透絡，辛涼解肌，甘寒清血也。其托裏舉斑湯方中，用歸、升、柴、芷、穿山甲，皆溫燥之品，豈不畏其灼津液乎？且前人有痘宜溫、疹宜涼之論，實屬確見，況溫疹更甚於小兒之風熱疹乎！其用升、柴，取其升發之義，不知溫病多見於春夏發生之候，天地之氣，有升無降，豈宜再以升藥升之乎？且經謂冬藏精者，春不病溫，是溫病之人，下焦精氣，久已不固，安庸再升其少陽之氣，使下竭上厥乎！經謂無實實，無虛虛，必先歲氣，無伐天和，可不知耶？後人皆尤而效之，實不讀經文之過也。

再按：時人發溫熱之表，二三日汗不出者，即云斑疹蔽伏，不惟用升、柴、羌、葛，且重以山川柳發之。不知山川柳一歲三花，故得三春之名，俗轉音三春爲山川，此柳古稱檉木，詩所謂其檉其椐者是也。其性大辛大溫，生發最速，橫枝極細，善能入絡，專發虛寒白疹，若溫熱氣血沸騰之赤疹，豈非見之如讎仇乎？夫善治溫病者，原可不必出疹，即有邪鬱二三日或三五日，既不得汗，有不得不疹之勢，亦可重者化輕，輕者化無，若一派辛溫剛燥，氣受其災，而移熱於血，豈非自造斑疹乎？再時醫每於疹已發出，便稱放心，不知邪熱熾甚之時，正當謹慎，一有疎忽，爲害不淺。再疹不忌瀉，若裏結，須微通之，不可令大泄，致內虛下陷，法在中焦篇。

清宮湯方加減法：熱痰盛，加竹瀝、梨汁，各五匙；咯痰不清，加栝蔞皮一錢五分；熱毒盛，加金汁、人中黃；漸欲神昏，加銀花三錢，荷葉二錢，石菖蒲一錢。

方論：此鹹寒甘苦法，清膻中之方也。謂之清宮者，以膻中爲心之宮城也。俱用心者，凡心有生生不已之意，心能入心，即以清穢濁之品，便補心中生生不已之生氣，救性命於微芒也。火能令人昏，水能令人清，神昏譫語，水不足而火有餘又有穢濁也。且離以坎爲體，元參味苦屬水，補離中之虛；犀角靈異味鹹，辟穢解毒，所謂靈犀一點通，善通心氣，色黑補水，亦能補離中之虛，故以二物爲君。蓮心甘苦鹹，倒生根，由心走腎，能使心火下通於腎，又回環上升，能使腎水上潮於心，故以爲使。連翹象心，心能退心熱，竹葉心鋭而中空，能通竅清火，故以爲佐。麥冬之所以用心者，《本經》稱其主心腹結氣，傷中傷飽，胃脈絡絶，試問去心焉能散結氣，補傷中，通傷飽，續胃脈絡絶哉？蓋麥冬稟少陰癸水之氣，一本橫生，根顆連絡，有十二枚者，有十四五枚者，所以然之故，手足三陽三陰之絡，共有十二，加任之尾翳，督之長強，共十四，又加脾之大絡，共十五，此物性合人身自然之妙也。惟聖人能體物象，察物情，用麥冬以通續絡脈。命名與天冬并稱門冬者，冬主閉藏，門主開轉，謂其有開合之功能也。其妙處全在一心之用，從古并未有去心之明文，張隱菴謂不知始自何人，相沿已久，而不可改，瑭遍考始知自陶宏景始也，蓋陶氏惑於諸心入心，能令人煩之一語，不知麥冬無毒，載在上品，久服身輕，安能令人煩哉！如參、朮、耆、草，以及諸仁諸子，莫不有心，亦皆能令人煩而悉去之哉？陶氏之去麥冬心，智者千慮之失也。此方獨取其心，以散心中穢濁之結氣，故以之爲臣。

安宮牛黃丸方論：此芳香化穢濁而利諸竅，鹹寒保腎水而安心體，苦寒能火腑，而瀉心用之方也。牛黃得日月之精，通心主之神，犀角主治百毒，邪鬼瘴氣。眞珠得太陰之精，而通神明，合犀角補水救火。鬱金草之香，梅片木之香，按：冰片，外洋老杉木浸成，近世以樟腦打成，僞之，樟腦發水中之火，爲害甚大，斷不可用。雄黃石之香，麝香乃精血之香，合四香以爲用，使閉錮之邪熱溫毒，深在厥陰之分者，一齊從內透出，而邪穢自消，神明可復也。黃連瀉心火，梔子瀉心與三焦之火，黃芩瀉膽肺之火，使邪火隨諸香一齊俱散也。硃砂補心體，瀉心用，合金箔墜痰而鎭固，再合眞珠、犀角，爲督戰之主帥也。

紫雪丹方論：諸石利水火而通下竅。磁石、元參，補肝腎之陰，而上濟君

火。犀角、羚羊，瀉心膽之火；　甘草和諸藥而敗毒，且緩肝急，諸藥皆降，獨用一味升麻，蓋欲降先升也。諸香化穢濁，或開上竅，或開下竅，使神明不致坐困於濁邪，而終不克復其明也。丹砂色赤，補心而通心火，內含汞而補心體，爲坐鎮之用。諸藥用氣，硝獨用質者，以其水鹵結成，性峻而易消，瀉火而散結也。

局方至寶丹方論：　此方會萃各種靈異，皆能補心體，通心用，除邪穢，解熱結，共成撥亂反正之功。大抵安宮牛黃丸最涼，紫雪次之，至寶又次之，主治略同，而各有所長，臨用對證斟酌可也。

《增補評註溫病條辨・中焦篇・風溫溫熱溫疫溫毒冬溫》　面目俱赤，語聲重濁，呼吸俱粗，大便閉，小便濇，舌苔老黃，甚則黑有芒刺，但惡熱，不惡寒，日晡益甚者，傳至中焦，陽明溫病也，脈浮洪躁甚者，白虎湯主之；　脈沉數有力，甚則脈體反小而實者，大承氣湯主之。　暑溫濕溫溫瘧，不在此例。

陽明之脈榮於面，《傷寒論》謂陽明病面緣緣正赤，火盛必克金，故目白睛亦赤也。語聲重濁，金受火刑，而音不清也。呼吸俱粗，謂鼻息來去俱粗，其粗也平等，方是實證；　若來粗去不粗，去粗來不粗，或竟不粗，則非陽明實證，當細辨之，粗則喘之漸也。

霖按：　論陽明當下證，亦頗精確。辨呼吸來去，其粗平等，尤覺仔細，然須腹滿耕痛，方可用承氣也。大便閉，陽明實也。小便濇，火腑不通，而陰氣不化也。口燥渴，火爍津也。舌苔老黃，肺受胃濁氣不化津也，按《靈樞》論諸臟溫病，獨肺溫病有舌苔之明文，餘則無有。可見舌苔乃胃中濁氣，熏蒸肺臟，肺氣不化而然。甚則黑者，黑水色也，火極而似水也，又水勝火，大凡五行之極盛，必兼勝己之形。芒刺，苔久不化，熱極而起堅硬之刺也；　倘刺軟者，非實證也。不惡寒，但惡熱者，傳至中焦，已無肺證，陽明者，兩陽合明也，溫邪之熱，與陽明之熱相搏，故但惡熱也。或用白虎，或用承氣者，證同而脈異也。浮洪躁甚，邪氣近表，脈浮者，不可下，凡逐邪者，隨其所在，就近而逐之，脈浮則出表爲順，故以白虎之金飈以退煩熱，若沉小有力，病純在裏，則非下奪不可矣，故主以大承氣。按吳又可《溫疫論》中云：　舌苔邊白，但見中微黃者，即加大黃，甚不可從。雖云傷寒重在誤下，溫病重在誤汗，即誤下不似傷寒之逆之甚，究竟承氣非可輕嘗之品，故云舌苔老黃，甚則黑有芒刺，脈體沉實，的係燥結痞滿，方可用之。

雄按：　自註云：　肺病逆傳，則爲心包。上焦失治，則傳中焦。始上焦，終下焦。嘻，是鞠通排定路徑，必欲溫熱病遵其道而行也，有是理乎。彼犯肺之邪，若不外解，原以下傳於胃爲順，故往往上焦未罷已及中焦，惟其不能下行爲順，是以內陷膻中爲逆傳。章虛谷亦昧此義，乃云火本克金，而肺邪反傳於包絡故曰逆。夫從所勝來者爲微邪，胡可反以爲逆。豈二公皆未讀《難經》耶其不始於上焦者，更無論矣。

霖按：　外感風溫溫熱，陽明實症宜用承氣大下者甚少，設挾溼尤不當重下。溫疫則非下不可，蓋蘊鬱疫邪，必須釜底抽薪，故吳氏達原飲，後多用下法也。鞠通於溫熱溫疫模糊莫辨，反譏又可之非，謬矣。

或問：　子言溫病以手經主治，力闢用足經藥之非，今亦云陽明證者何？陽明特非足經乎？曰：　陽明如市，胃爲十二經之海，土者萬物之所歸也，諸病未有不過此者。前人云，傷寒傳足不傳手，誤也，一人不能分爲兩截。總之傷寒由毛竅而谿，谿，肉之分理之小者；　由谿而谷，谷，肉之分理之大者；　由谷而孫絡，孫絡，絡之至細者；　由孫絡而大絡，由大絡則經，此經即太陽經也。始太陽，終厥陰，傷寒，以足經爲主，未始不關手經也。溫病由口鼻而入，鼻氣通於肺，口氣通於胃。肺病逆傳，則爲心包，上焦病不治，則傳中焦，胃與脾也，中焦病不治，即傳下焦，肝與腎也。始上焦終下焦，溫病以手經爲主，未始不關足經也。但初受之時，斷不可以辛溫發其陽耳。蓋傷寒傷人身之陽，故喜辛溫甘溫苦熱，以救其陽；　溫病傷人身之陰，故喜辛涼甘寒甘鹹，以救其陰。彼此對勘，自可瞭然於心目中矣。

霖按：　外感風寒、風熱之邪，由皮毛傷，纏布週身孫絡中之營衛。其孫絡中之氣血，行遍一身，併入絡脈而至心，遞出於肺。伏邪內發，由經脈之營衛，出諸氣街而達，纏布週身孫絡，以出毛竅，經言谿谷，是氣血出入所由之徑也。足太陽周繞一身，而手太陰亦主皮毛，麻黃湯爲太陽表劑，而皆瀉肺之藥也，其義可知。然熱邪傷氣肺主氣，故先傷乎肺也。逆傳入心包，順傳入胃腑，自然之理。外感由毛竅而孫絡，而谿谷而孫絡，而絡脈，而藏府，伏氣由藏府而經脈，而谿谷，而皮毛。鞠通不明營衛血氣循行之道，亦不知伏氣內發之因，故孫絡谿谷，顚倒若是耳。

白虎湯方論： 此苦辛通降鹹以入陰法。承氣者，承胃氣也。蓋胃之爲腑，體陽而用陰，若在無病時，本係自然下降，今爲邪氣蟠踞於中，阻其下降之氣，胃雖自欲下降而不能，非藥力助之不可，故承氣湯，通胃結，救胃陰，仍係承胃腑本來下降之氣，非有一毫私智穿鑿於其間也，故湯名承氣。學者若真能透徹此義，則施用承氣，自無弊竇。大黄蕩滌熱結，芒硝入陰軟堅，枳實開幽門之不通，厚朴瀉中宫之實滿，厚朴分量不似傷寒論中重用者，治溫與治寒不同，畏其燥也白大承氣者，合四藥而觀之，可謂無堅不破，無微不入，故曰大也。非真正實熱蔽痼氣血俱結者，不可用也。若去入陰之芒硝，則云小矣； 去枳、樸之攻氣結，加甘草以和中，則云調胃矣。

霖按： 方名承氣者，取亢則害，承乃制之義也。大承氣以芒硝上承心主包絡之熱氣，枳朴去胃府之留滯，而用大黄蕩滌其腐穢，所以救將絶之陰，瀉亢甚之陽也。小承氣不用芒硝，而亦名承氣者，是承制胃府太過之氣，所以通泄小腸，而上承胃氣者也。若調胃承氣，乃調和胃氣，而承上君火之熱者也，以未成糟柏，故無用枳、朴之去留滯，此三承氣之義也。

陽明溫病，脈浮而促者，減味竹葉石膏湯主之。

脈促，謂數而時止，如趨者過急，忽一蹶然，其勢甚急，故以辛涼透表重劑，逐邪外出則愈。

陽明溫病，諸證悉有而微，脈不浮者，小承氣湯微和之。

以陽明溫病發端者，指首條所列陽明證而言也，後凡言陽明溫病者倣此。諸證悉有，以非下不可，微則未至十分亢害，但以小承氣通和胃氣則愈，無庸芒硝之軟堅也。

陽明溫病，汗多讝語，舌苔老黄而乾者，宜小承氣湯。

汗多，津液散而大便結，苔見乾黄，讝語因結糞而然，故宜承氣。

陽明溫病，無汗，小便不利，讝語者，先與牛黄丸； 不大便，再與調胃承氣湯。

無汗而小便不利，則大便未定成鞕，讝語之不因燥屎可知。不因燥屎而讝語者，猶係心包絡證也，故先與牛黄丸，以開內竅，服牛黄丸，內竅開，大便當下，蓋牛黄丸，亦有下大便之功能。其仍然不下者，無汗則外不通； 大小便俱閉，則內不通，邪之深結於陰可知。故取芒硝之鹹寒，大黄甘草之甘苦寒，不取枳朴之辛燥也。傷寒之讝語，舍燥屎無他證，一則寒邪不兼穢濁，二則由太陽而陽明； 溫病讝語，有因燥屎，有因邪陷心包，一則溫多兼穢，二則自上焦心肺而來，學者常須察識，不可歧路亡羊也。

霖按： 讝語一證，有虚實之分，非可僅恃承氣。經曰： 邪氣盛則實，精氣奪則虚，實則讝語，虚則鄭聲者是也。傷寒讝語，水涸屎燥者固多，然有火劫取汗而讝語者，有亡陽百讝語者，有下利清穀、不渴而讝語者，有下血而讝語者，豈皆承氣可治。而以傷寒讝語，舍燥屎無他證一語賅之，是《傷寒論》尚未全讀耳。外感風溫，自上焦而來，多傳心包，溫疫初由內發，多聚胃府，此則概言溫多兼穢，自上焦心肺而來，風溫溫疫不分，其不歧途亡羊者幾希。

陽明溫病，面目俱赤，肢厥，甚則通體皆厥，不瘛瘲，但神昏，不大便，七八日以外，小便赤，脈沉伏，或并脈亦厥，胸腹滿堅，甚則拒按，喜涼飲者，大承氣湯主之。

此一條，須細辨，其的是火極似水、熱極而厥之證，方可用之，全在目赤、小便赤、腹滿堅、喜涼飲定之。

霖按： 在溫疫爲內發伏邪，脈厥體厥，乃陽鬱熱極，氣道壅閉之危候，自宜大承氣急下存陰。若風溫證，乃熱邪內蘊，與三焦相火相煽，走竄心包，傴亂神明，而閉塞絡脈致厥，宜泄熱通絡，內外之因不同，不可混治。

陽明溫病，純利稀水無糞者，謂之熱結旁流。調胃承氣湯主之。

熱結旁流，非氣之不通，不用枳、朴，獨取芒硝入陰以解熱結，反以甘草緩芒硝急趨之性，使之留中解結。不然，結不下而水獨行，徒使藥性傷人也。吳又可用大承氣湯者非是。

霖按： 溫疫以胃家實之協熱利，用大承氣下結糞，而利自止，午後潮熱而利者，爲伏邪傳裏，不能稽留，宜小承氣以撤餘邪。若外感溫邪傳裏，而口渴下利者，宜苦寒燥溼，或稍兼涼潤，非調胃承氣可以賅治也。

陽明溫病，實熱壅塞爲噦者下之。連聲噦者，中焦； 聲斷續，時微時甚者，屬下焦。

《金匱》謂噦而腹滿，視其前後，知何部不利，利之即愈。陽明實熱之噦，下之裏氣得通則止，但其兼證之輕重，難以預料，故但云下之，而不定方，以俟臨證者自爲採取耳。再按： 中焦實證之噦，噦必連聲緊促者，胃氣大實，逼迫肺氣不得下降，兩相攻擊而然。若或斷或續，乃下焦衝虚之噦，其

噦之來路也遠，故其聲斷續也，治屬下焦。

炳按：　噦而腹滿，其病雖在中焦，已至胃之下脘，且及腸腹，漸漸入下焦之界，况有腹滿一證，確實可憑，方可下之。《金匱》之説，原係不誤，若有實熱壅塞胃中，雖屬中焦，其實邪由上焦而來，亦有因肺燥胃寒，兩相衝激，亦能致噦，其病亦在胃之上脘，治以徐氏法爲妥。此書上焦篇有氣分痺鬱而噦，治法亦與徐氏若合符節，庸俗者流，一遇此症，既不敢下，又不以宣痺之法治之，遷延時日，則邪陷心胞，故附論於此。

陽明溫病，下利讝語，陽明脈實，或滑疾者，小承氣湯主之；脈不實者，牛黃丸主之，紫雪丹亦主之。

下利讝語，柯氏謂腸虛胃實，故取大黃之濡胃，無庸芒硝之潤腸。本論有脈實、脈滑疾、脈不實之辨，恐心包絡之讝語而誤以承氣下之也，仍主芳香開竅法。

霖按：　在傷寒陽明讝語下利，爲脾液不收，而氣陷於下，多不治。在溫疫舌黃讝語而自利，可與小承氣，或小陷胸酌用。若按其心下至少腹有硬痛處，則與大承氣以下之。在外感溫熱傳裏，熱邪由肺胃下注大腸，下利讝語，胸痞脈數者，宜黃芩、黃連、銀花、廣皮、半夏、花粉之屬，或兼凉潤，沙參、麥冬亦可參用。若邪逼心包而讝語者，未必又兼下利，究竟溫疫莫辨，內外不清，故治法多誤也。

溫病三焦俱急，大熱大渴，舌燥，脈不浮，而躁甚，舌色金黃，痰涎壅甚，不可單行承氣者，承氣合小陷胸湯主之。

三焦俱急，謂上焦未清，已入中焦陽明，大熱大渴，脈躁苔焦，陽土燥烈，煎熬腎水，不下則陰液立見消亡，下則引上焦餘邪陷入，恐成結胸之證，故以小陷胸合承氣湯滌三焦之邪，一齊俱出，此因病急，故方亦急也，然非審定是證，不可用是方也。

霖按：　傷寒之邪在表，誤下則邪陷而爲結胸，溫熱伏氣之邪在裏，若逆傳於心包而誤汗，則內閉以外脱，若順傳於胃府而誤汗，則盤踞而結胸，是內外之因不同，故汗下之誤各異也。設外感溫邪，見大熱大渴目赤舌絳，氣粗煩躁，甚至神昏讝語，下痢黃水者，乃風熱之毒，深入陽明營分，宜犀角、連翹、元參、川貝、赤芍、丹皮、鮮生地、人中黃之屬，病雖危候，間有生理。此云不下則陰液立見消亡，下則引上焦餘邪陷入，恐成結胸之證，是指傷寒言耶，溫疫言耶，風溫言耶，抑伏氣之溫熱言耶，認證不清，妄立方法，殊屬非是。

陽明溫病，無上焦證，數日不大便，當下之，若其人陰素虛，不可行承氣者，增液湯主之。服增液湯已，周十二時觀之，若大便不下者，合調胃承氣湯微和之。

此方所以代吳又可承氣養榮湯法也。妙在寓瀉於補，以補藥之體，作瀉藥之用，既可攻實，又可防虛。余治體虛之溫病，與前醫誤傷津液、不大便，半虛半實之證，專以此法救之，無不應手而效。

徵按：　二十年來，予以此法救溫病體虛之當下者，取效屢矣，頗以爲獨得之奇，而不知鞠通之有是方也，所見略同。

霖按：　溫邪以存津液爲第一要着。若陽明病雖不大便，而脈不沉實，腹不硬痛，審係胃府液乾之秘。此方頗精當。

增液湯方論：　溫病之不大便，不出熱結液乾，二者之外。其偏於陽邪熾甚，熱結之實證，則從承氣法矣；其偏於陰虧液涸之半虛半實證，則不可混施承氣，故以此法代之。獨取元參爲君者，元參味苦鹹微寒，壯水制火，通二便，啓腎水上潮於天，其能治液乾，固不待言，本經稱其主治腹中寒熱積聚，其幷能解熱結可知。麥冬主治心腹結氣，傷中傷飽，胃絡脈絕，羸瘦短氣，亦係能補能潤能通之品，故以爲之佐。生地亦主寒熱積聚，逐血痺，用細者取其補而不膩，兼能走絡也。三者合用，作增水行舟之計，故湯名增液，但非重用不爲功。本論於陽明下證，峙立三法，熱結液乾之大實證，則用大承氣；偏於熱結而液不乾者，旁流是也，則用調胃承氣。偏於液乾多而熱結少者，則用增液，所以迴護其虛，務存津液之心法也。

按：　吳又可純恃承氣以爲攻病之具，用之得當則效，用之不當，其弊有三：一則邪在心包陽明兩處，不先開心包，徒攻陽明，下後仍然昏惑讝語，亦將如之何哉？吾知其必不救矣；二則體虧液涸之人，下後作戰汗，或隨戰汗而脱，或不蒸汗，徒戰而脱；三則下後雖能戰汗，以陰氣大傷，轉成上嗽下泄，夜熱早凉之怯證，補陽不可，救陰不可，有延至數月而死者，有延至歲餘而死者，其死均也。在又可當日溫疫盛行之際，非尋常溫病可比，又初創溫病治法，自有矯枉過正不暇詳審之處，斷不可概施於今日也。本論分別可與不可與，可補不可補之處，以俟明眼裁定，而又爲

此按語於後，奉商天下之欲救是證者，至若張氏喻氏，有以甘溫辛熱立法者，濕溫有可用之處，然須兼以苦泄淡滲，蓋治外邪，宜通不宜守也。若風溫、溫熱、溫疫、溫毒，斷不可從。

霖按：吴又可所論，乃沴厲雜氣，熱溼相搏之溫疫，故多議下。若暑熱爲疫，又當從余師愚之清瘟敗毒飲矣。同一溫疫，其治各異，豈風溫、溫熱、溫毒、溫疫、冬溫數證，可一方賅治之理。鞠通於溫病題旨，全然未清，而妄謂又可矯枉過正，不可概施於今日，然今日之溫疫溫毒，亦專宜養陰膩補乎？且謂張氏喻氏之法不可用是矣，謂治外邪，宜通不宜守亦是。但風溫、溫疫、溫毒諸證，是外邪，是內邪，宜守宜通，而漫無分別，冬不藏精之溫熱，多宜育陰達邪，其外感之風溫，內伏之疫毒，豈皆宜增液湯乎？又可純恃承氣，誤下之弊固多，鞠通不知辨證，純恃增液，誤補之弊，亦復不少，學者於一家之言，不可偏聽也。

陽明溫病，下後汗出，當復其陰，益胃湯主之。

溫熱本傷陰之病，下後邪解汗出，汗亦津液之化，陰液受傷，不待言矣，故云當復其陰。此陰指胃陰而言，蓋十二經皆稟氣於胃，胃陰復而氣降得食，則十二經之陰皆可復矣。欲復其陰，非甘涼不可。湯名益胃者，胃體陽而用陰，取益胃用之義也。下後急議復陰者，恐將來液虧燥起，而成乾咳身熱之怯證也。

霖按：病退胃陰未復，此方亦精當。

下後無汗脈浮者，銀翹湯主之；脈浮洪者，白虎湯主之；脈洪而芤者，白虎加人參湯主之。

此下後邪氣還表之證也。溫病之邪，上行極而下，下行極而上，下後裏氣得通，欲作汗而未能，以脈浮驗之，知不在裏而在表，逐邪者，隨其性而宣泄之，就其近而引導之，故主以銀翹湯，增液爲作汗之具，仍以銀花、連翹解毒，而輕宣表氣，蓋亦辛涼合甘寒輕劑法也。若浮而且洪，熱氣熾甚，津液立見消亡，則非白虎不可。若洪而且芤，金受火克，元氣不支，則非加人參不可矣。

霖按：吴又可溫治法，恐於外感風溫非宜。

下後無汗，脈不浮而數，清燥湯主之。

無汗而脈數，邪之未解可知，但不浮，無領邪外出之路，既下之後，又無連下之理，故以清燥法，增水敵火，使不致爲災，一半日後，相機易法，即吴又可下後間服緩劑之法也。但又可清燥湯中，用陳皮之燥，柴胡之升，當歸之辛竄，津液何堪！以燥清燥，有是理乎？此條乃用其法，而不用其方。

霖按：此又可柴胡清燥湯法。然脈雖數，舌上生津，不思飲水，爲裏邪去，鬱陽暴伸之象，此方可用。若下後邪未盡，舌復生刺，熱渴未除，何妨再下，此溫疫也。其外感風溫，宜清者多，宜下者少，此但云既下之後，又無連下之理，爲溫疫言耶，爲風溫言耶。

加減法：咳嗽膠痰，加沙參三錢，桑葉一錢五分，梨汁半酒杯，牡蠣三錢，牛蒡子三錢。

按：吴又可咳嗽膠痰之證，而用蘇子、橘紅、當歸，病因於燥，而用燥藥者也，在濕溫門中不禁。

下後數日，熱不退，或退不盡，口燥咽乾，舌苔乾黑，或金黃色，脈沉而有力者，護胃承氣湯微和之；脈沉而弱者，增液湯主之。

溫病下後，邪氣已淨，必然脈靜身涼，邪氣不淨，有延至數日，邪氣復聚於胃，須再通其裏者，甚至屢下而後淨者，誠有如吴又可所云。但正氣日虛一日，陰津日耗一日，須加意防護其陰，不可稍有鹵莽，是在任其責者，臨時斟酌盡善耳。吴又可於邪氣復聚之證，但主以小承氣，本論於此處，分別立法。

霖按：此條乃是又可溫疫法。

陽明溫病，下後二三日，下證復現，脈不甚沉，或沉而無力，止可與增液，不可與承氣。

此恐犯數下之禁也。

汪按：邪不傳不化，傳表傳裏，在勢導之。溫熱之證，有解表之後，邪復聚表，攻裏之後，邪復聚裏；或解表之後，邪入於裏；攻裏之後，邪還於表；甚至溫疫邪熾，有下至數十次而後愈者，誠如吴氏所云。總要看其邪正虛實，以定清熱養陰之進退。大抵滋陰不厭頻煩，攻下切須慎重。蓋下後虛邪，與未下實邪不同。攻下稍緩，斷無大害；元氣一敗，無可挽回也。邪少正虛，但與滋陰，便可滌邪，增液、益胃之屬酌用；邪虛兩停，滋陰之中，略作滌邪，護胃承氣主之；即邪熾正未虛者，亦以增液爲主；燥結甚者，間服增液承氣，約小其製，方合下後治法。

陽明溫病，下之不通，其證有五：應下失下，正虛不能運藥，不運藥者死，新加黃龍湯主之。喘促不寧，痰涎壅滯，右寸實大，肺氣不降者，宣白承氣湯主之。左尺牢堅，小便赤痛，時煩渴甚，導赤承氣湯主之。邪閉心包，神昏舌短，內竅不通，飲不解渴者，牛黃承氣湯主之。津液不足，無水舟停者，間服增液，再不下者，增液承氣湯主之。

經謂下不通者死，蓋下而至於不通，其爲危險可知，不忍因其危險難治，而遂棄之。茲按溫病中下之不通者，共有五因：其因正虛不運藥者，正氣既虛，邪氣復實，勉擬黃龍法，以人參補正，以大黃逐邪，以冬、地增液，邪退正存一綫，即可以大隊補陰而生，此邪正合治法也。其因肺氣不降，而裏證又實者，必喘促寸實，則以杏仁、石膏，宣肺氣之痹，以大黃逐腸胃之結，此臟腑合治法也。其因火腑不通，左尺必現牢堅之脈，左尺，小腸脈也，俗候於左寸者非，細考《內經》自知小腸熱盛，下注膀胱，小便必涓滴赤且痛也，則以導赤去淡通之陽藥，加連、柏之苦通火腑，大黃、芒硝，承胃氣而通大腸，此二腸同治法也。其因邪閉心包，內竅不通者，前第五條已有先與牛黃丸，再與承氣之法，此條係已下而不通，舌短神昏，閉已甚矣，飲不解渴，消亦甚矣，較前條僅僅譫語，則更急而又急，立刻有閉脫之虞，陽明大實不通，有消亡腎液之虞，其勢不可少緩須臾，則以牛黃丸開手少陰之閉，以承氣急瀉陽明，救足少陰之消，此兩少陰合治法也。再此條亦係三焦俱急，當與前第十條用承氣、陷胸合法者參看。其因陽明大熱，津液枯燥，水不足以行舟，而結糞不下者，非增液不可，服增液兩劑，法當自下，其或臟燥太甚之人，竟有不下者，則以增液合調胃承氣湯，緩緩與服，約二時服半杯沃之，此一腑中氣血合治法也。

霖按：脈爲血脈，乃胃府精液所化，以上朝於肺，蓋五臟六腑，皆稟氣於胃也。《素問・脈要精微論》所謂內外左右上下，言胸膈腹中，五臟及胃而不及大小腸膽膀胱，亦以胃氣爲脈之原，而別內外左右上下之分部也。《靈樞》所謂寸主上焦，以候胸中，關主中焦，以候膈中，尺主下焦，以候腹中者，以三焦之氣，別上中下也。是兩經幷未定以大小腸候之兩尺，但胃爲脈之根，肺爲脈之幹，根幹相通，氣口寸關尺爲肺經之穴，越人獨取寸口以候五臟六腑之氣耳，非臟腑即在此寸關尺也。《靈樞》以小腸之脈絡於心，大腸之脈絡於肺，故於兩寸取之，又何不可？十難曰：假令心脈急甚者，肝邪干心也，心脈微急者，膽邪於小腸也，是越人亦嘗於兩寸取大小腸矣。《脈經》曰：左手關前寸口陽絕者，無小腸脈也，陽實者小腸實也；右手關前寸口陽絕者，無大腸脈也，陽實者，大腸實也，是叔和亦嘗於兩寸取大小腸矣。何謂欲候於左寸者非耶，拾人唾餘。是眞俗見也。要知《難經》《脈經》之論，是從其絡以候氣也，或以小腸配於左尺，大腸配於右尺，乃上下分屬之義，即《內經》之論其位者也。更有以大腸配於左尺，取金水相從之義也，小腸配於右尺，取火歸火位之義也。然當以病證相參。如大便祕結，右尺宜實，今右尺反虛，左尺反實者，金水同病也；如小便熱淋，左尺宜數，今左尺如常，右尺反數者，相火熾盛也，或兩尺如常，而脈應兩寸者，便知心移熱於小腸，肺移熱於大腸也。一家之說，不可拘泥，安得譏前賢爲俗子，妄之甚矣。

新加黃龍湯方論：此處方於無可處之地，勉盡人力，不肯稍有遺憾之法也。舊方用大承氣加參、地、當歸，須知正氣久耗，而大便不上者，陰陽俱憊，尤重陰液消亡，不得再用枳、朴傷氣而耗液，故改用調胃承氣，取甘草之緩急，合人參補正，微點薑汁，宣通胃氣，代枳、樸之用，合人參最宣胃氣，加冬、地、元參，保津液之難保，而又去血結之積聚，薑汁爲宣氣分之用，當歸爲宣血中氣分之用，再加海參者，海參鹹能化堅，甘能補正，按海參之液，數倍於其身，其能補液可知，且蠕動之物，能走絡中血分，病久者必入絡，故以之爲使也。

下後虛煩不眠，心中懊憹，甚至反覆顛倒，梔子豉湯主之；若少氣者，加甘草；若嘔者，加薑汁。

邪氣半至陽明，半猶在膈，下法能除陽明之邪，不能除膈間之邪，故證現懊憹虛煩，梔子豉湯，湧越其在上之邪也。少氣加甘草者，誤下固能傷陰，此則以誤下而傷胸中陽氣，甘能益氣，故加之。嘔加薑汁者，胃中未至甚熱燥結，誤下傷胃中陽氣，木來乘之，故嘔，加薑汁，和肝而降胃氣也，胃氣降則不嘔矣。

陽明溫病，乾嘔口苦而渴，尚未可下者，黃連黃芩湯主之。不渴而舌滑者，屬濕溫。

溫熱，燥病也，其嘔由於邪熱夾穢，擾亂中宮而然，故以黃連、黃芩徹其熱，以芳香蒸變化其濁也。

陽明溫病，舌黃燥，肉色絳，不渴者，邪在血分，清營湯主之。若滑者，不可與也，當於濕溫中求之。

溫病傳裏，理當渴甚，今反不渴者，以邪氣深入血分，格陰於外，上潮於口，故反不渴也。曾過氣分，故苔黃而燥。邪居血分，故舌之肉色絳也。若舌苔白滑、灰滑、淡黃而滑，不渴者，乃濕氣蒸騰之象，不得用清營、柔以濟柔也。

霖按：舌絳苔黃，燥而不渴，雖不滑，須防挾濕，更恐氣分之邪未盡。

汪按：此條以舌絳爲主。舌絳不渴，夜甚，乃入營的候。再按：絳而中心黃苔，當氣血兩清；純絳鮮紅，急滌包絡；中心絳乾，兩清心胃；尖獨乾絳，專泄火腑；舌絳而光，當濡胃陰；絳而枯痿，急用膠黃；乾絳無色，宜投復脈。此二說俱屬下焦。以上俱仍合脈證參詳。若舌絳兼有白苔，或黃白相兼，是邪仍在氣分；絳而有滑苔者，則爲濕熱熏蒸，誤用血藥滋膩，邪必難解，不可不慎也，詳見上下二焦。

《溫證指歸・風溫》　風溫一證，乃天時亢燥，火邪內鬱，風邪外伏，證見發熱咳嗽，咽痛面脹，舌赤心煩，甚則頭眩氣急，所謂風溫上受，專責肺胃。治以清散，梔豉湯、荆防敗毒散，加殭蠶、牛子主之。

《溫熱病指南集・風溫證條例》　風溫爲病，春月與冬季居多。或惡風，或不惡風。必身熱、欬嗽、煩渴，此風溫證之提綱也。周禹載曰：溫邪伏於少陰，而達於少陽。此雖宗《內經》冬傷於寒，春必病溫之旨，其實誤解《內經》也。無論春溫、冬溫，總屬暴感時氣，豈是少陰伏邪。不過因少陰眞氣先虧，溫邪易於湊襲耳。其病多在春冬，而不在夏秋者，以夏秋爲暑溼熱三氣蒸動之時，多病溼溫，溼令蒸淫，風氣不勝溼氣也。惟春月風邪用事，冬初氣暖多風，故風溫之病，多見於此。但風邪屬陽，陽邪從陽，必傷衛氣。人身之中，肺主衛，又胃爲衛氣之本，是以風溫外薄，肺胃內應；風溫內襲，肺胃受病。其溫邪之內外有異形，而肺胃之專司無二致。故惡風爲或有之證，而熱渴欬嗽爲必有之證也。恭三復仲景書，言溫病者再。一則曰太陽病發熱而渴，不惡寒者爲溫病。此不過以不惡寒而渴之證，辨傷寒與溫病之異，而非專爲溫病敍證也。再則曰發汗已，身灼熱者，名曰風溫。夫灼熱因於發汗，其誤用辛熱發汗可知。仲景復申之，曰風溫爲病，脈陰陽俱浮，自汗出，身重多眠睡，鼻息中鼾，語言難出。凡此皆誤汗劫液後變現之證，非溫病固有之證也。續云：若被下者，直視失溲；若被火者，發黃色，劇則如驚癇狀，時瘈瘲，若火熏之。一逆尚引日，再逆促命期。亦止詳用下用火之變證，而未言風溫本來之現證也。然從此細參，則知風溫爲燥熱之邪，燥令從金化，燥熱歸陽明，故肺胃爲溫邪必犯之地。且可悟風溫爲燥熱之病，燥則傷陰，熱則傷津。泄熱和陰，又爲風溫病一定之治法也，反此即爲逆矣。用是不辭僭越，而於仲景之無文處求文，無治處索治，敍證施治，列爲條例，知我罪我，其在斯乎。

先生曰：肺胃專司無二致，獨開生面。風溫證身熱畏風，頭痛欬欶口渴，脈浮數，舌苔白者，邪在表也，當用薄荷、前胡、杏仁、桔梗、桑葉、川貝之屬，涼解表邪。

風屬陽邪，不挾寒者，爲之風溫。陽邪必傷陽絡，是以頭痛畏風。邪鬱肌表，肺胃內應，故欬嗽口渴苔白。邪留於表，故脈浮數。表未解者，當先解表，但不同於傷寒之用麻桂耳。

風溫證身熱欬嗽，自汗口渴煩悶，脈數舌苔微黃者，熱在肺胃也，當用川貝、大力、桑皮、連翹、廣皮、竹葉之屬，涼泄裏熱。

此溫邪之內襲者，肺熱則欬嗽汗泄，胃熱則口渴煩悶，苔白轉黃，風從火化，故以清泄肺胃爲主治。

風溫證身灼熱，口大渴，欬嗽煩悶，譫語如夢語，脈弦數，乾嘔者，此熱灼肺胃，風火內旋，當用羚羊、川貝、連翹、麥冬、川斛、青蒿、知母、花粉之屬，以泄熱和陰。

此溫邪襲入肺胃之絡，灼爍陰津，引動木火，故有煩渴嘔逆等證。急宜泄去絡中之熱，庶無風火相煽，走竄胞絡之虞。

風溫證身熱欬嗽，口渴下痢，苔黃譫語，胸痞脈數，此溫邪由肺胃下注大腸，當用黃芩、桔梗、煨葛、豆卷、甘草、廣皮之屬，以升泄溫邪。

大腸與胃相連屬，與肺相表裏，溫邪內逼，下注大腸則下痢，治之者宜清泄溫邪，不必專於治痢，按仲景傷寒論中，有下痢譫語者，有燥屎也，宜大承氣湯一證，此實熱內結，逼液下趨，必有舌燥苔黃刺，及腹滿痛證兼見，故可下以逐熱。若溫邪下痢，是風熱內迫，雖有譫語一證，仍是無形之熱蘊蓄於中，而非實滿之邪，盤結於內，故用葛根之升提，不在硝黃之下逐也。

風溫證熱久不愈，欬嗽脣腫，口渴胸悶，不知饑，身發白疹，如寒粟狀，自

汗脈數者，此風邪挾太陰脾溼，發爲風疹，用大力、荆防、連翹、廣皮、甘草之屬，涼解之。

風溫本留肺胃，若太陰舊有伏溼者，風熱之邪，與溼熱相合，留連不解，日數雖多，仍留氣分，由肌肉而外達皮毛，發爲白疹。蓋風邪與陽明營熱相并則發瘢，與太陰溼熱相合則發疹也。又有病久中虚，氣分大虧，而發白疹者，必脈微弱而氣倦怯，多成死候，不可不知。

風溫證身熱欬嗽，口渴胸痞，頭目脹大，面發泡瘡者，風毒上壅陽絡，當用荆芥、薄荷、連翹、元參、大力、青黛、馬勃、銀花之屬，以清熱散邪。

此即世俗所謂大頭病也，古人用三黄湯主治，然風熱壅遏，致絡氣不宣，頭腫如斗，終不若倣普濟消毒飲之宣絡滌熱爲佳。

風溫證身大熱，口大渴，目赤脣腫，氣粗煩燥，舌絳齒板痰欬，甚至神昏譫語，下利黄水者，風溫熱毒，深入陽明營分，最爲危候，用犀角、連翹、葛根、元參、赤芍、丹皮、麥冬、紫草、川貝、人中黄之屬，解毒提瘢，間有生者。

此風溫熱毒，内壅肺胃，侵入營分，上下内外，充斥肆逆。若其毒不甚重，或氣體壯實者，猶可挽回，否則必壞。

風溫毒邪始得之，便身熱口渴，目赤咽痛，卧起不安，手足厥冷，泄瀉脈伏者，熱毒内壅，絡氣阻遏，當用升麻、黄芩、犀角、銀花、甘草、豆卷之屬，升散熱毒。

此風溫毒之壅於陽明氣分者，即仲景所云陽毒病是也。五日可治，七日不可治，乘其邪犯氣分，未入營陰，故可升散而愈。

風溫證身熱自汗，面赤神迷，身重難轉側，多睡鼻鼾，語難出，脈數者，溫邪内逼陽明，津液刦奪，神機不運，用石膏、知母、麥冬、半夏、竹葉、甘草之屬，泄熱救津。

息鼾面赤，胃熱極盛。人之陰氣，依胃爲養，熱邪内灼，胃液乾枯，陰氣復有何資，而能滲諸陽灌諸絡？是以筋骨懈怠，機關失運，急用甘涼之品，蒸案原脱之字依贅言本補下寒涼之品之字同以清熱濡津，或有濟。而羣隊寒涼中雜半夏者，以燥熱之邪，與寒涼之品，格而不入，必用半夏辛燥以反佐，同氣相求，使藥氣與病邪，不致如水火之不相射。所以金匱麥冬湯、竹葉石膏湯内，古人恆并用也。

風溫證身熱痰欬，口渴神迷，手足瘈瘲，狀若驚癇，脈弦數者，此熱刦津液，金囚木旺，當用羚羊、川貝、青蒿、連翹、麥冬、知母、鉤藤之屬，以息風清熱。

肺屬金而畏火，賴胃津之濡養，以肅降令而溉百脈者也。熱邪内盛，胃津被刦，肺失所資，木爲火之母，子能令母實，火旺金囚，木無所畏，反侮所不勝，是以筋脈失養，風火内旋，瘈瘲驚癇，在所不免，故俗云發痙是也，故以息風清熱爲主治。

風溫證熱渴煩悶，昏憒不知人，不語如尸厥，脈數者，此熱邪内藴，走竄心胞絡，當用犀角、連翹、焦遠志、鮮石菖蒲、麥冬、川貝、牛黄、至寶之屬，泄熱通絡。

熱邪極盛，與三焦相火相煽，最易内竄心胞，逼亂神明，閉塞絡脈，以致昏迷不語，其狀如尸，俗謂發厥是也。閉者宜開，故以香開辛散爲務。

先生曰：熱邪極盛，三焦相火相煽，最易内竄心胞，逼亂神明，閉塞脈絡。雖是喻嘉言之言，而法以香開辛散大錯。要知熱極似水，一派煙霧塵天，蒙住心胸，不知不識，如人行煙塵中，口鼻皆燥，非雨解不能散其熱。若入溫熱處，則人當燥悶死矣。且溫熱多燥，辛香之品盡是燥，燥與熱鬬，立見其敗。且心神爲熱邪蒸圍，非閉塞也，有形無形，治法大異。遇此每在敗時故前人不能控其情，今補一法於後。極明雄黄一兩，研極細，入銅勺内又研，提淨牙硝六錢，微火鎔化撥匀如水時，急濾清者於盌，粗渣不用，凝定。此丹竈家祕製也。凡遇前證，先用陳雨水十盌，内取出一盌，煎木通一錢，通草三錢，傾入九盌冷水内。又取犀角磨入三錢，或旋磨旋與亦可，每盌約二三分。再將製雄挑二三釐入盌内，冷與服，時時進之。能於三日内進之盡，必有清痰吐出數盌而愈，十救七八。蓋此證死期最緩，而醫人無他法用，每每付之天命。牛黄清心而已，可勝長歎。

《四時病機·闡發時令春溫》 喻嘉言曰：春月厥陰風木主事，與時令之溫不得分之爲兩，凡病溫者皆爲風溫之病也。即如初春之時，地氣未上升，無濕之可言也。天氣尚微寒，無毒之可言也。時令正和煦，無疫之可言也。而所以主病者，全係於風，試觀仲景於冬月正病以寒統之，則春月正病定當以風統之矣。

風溫治在上焦

葉天士曰：風溫者，春月受風，其氣已溫。經謂春氣病在頭，治在上焦。

肺位最高，邪必先傷。故手太陰氣分先病，失治則入手厥陰心包絡，血分亦傷。故足經順傳，如足太陽傳陽明，人皆知之。肺病失治，逆傳心包絡，人多不知。醫見身熱咳嗽，不知肺病在上之旨，妄投荆防紫葛，輒云解肌，或見痞悶，便用大黄，大便數行，上熱愈結，表裏苦辛化燥，胃汁大傷，致多變矣。

風溫忌汗，初病投劑，宜用辛涼，襍入發散，不但與肺病無涉，反致刧奪胃津。肺之津液無以上供，頭目清竅徒爲熱氣薰蒸，鼻乾如煤，目瞑，或上竄無淚，或熱深肢厥，狂躁溺濇，胸高氣促，皆是肺氣不宣化之徵。斯時仍以肺藥少加一味清降，使藥力不致直趨腸中，而上痺可開，諸竅自爽，無如醫誤以爲結胸，反用黄連、瓜蔞、柴、芩、枳實，苦寒直降，致閉塞愈甚，告斃極多。初發熱，咳嗽，首用辛涼清肅上焦，宜連翹、薄荷、牛蒡、象貝、桑葉、北沙參、桔梗、花粉、瓜蔞皮、黑梔皮之屬。若色蒼，熱勝煩渴，用竹葉石膏辛寒清散，痧疹亦當宗此。若日數漸多而不得解，芩連涼膈亦可選用。

若熱邪逆傳膻中，神昏目瞑，鼻煤，無涕淚，諸竅欲閉，其勢危急，必用至寶丹或牛黄清心丸。

病減後，餘熱只宜甘寒養胃陰足矣。

《四時病機·闡發冬溫方論》 冬溫積邪在腎

《活人》曰，冬應寒而反大溫折之，責邪在腎，宜葳蕤湯。丹溪曰，冬溫爲病，非其時有其氣者，冬時嚴寒，君子當閉藏，而反泄於外，專用補藥帶表藥。

冬溫亦有表邪

周禹載曰，冬有非節之暖，未至而至，即爲不正之氣。獨冬不藏精之人，腎氣外泄，腠理不固，溫氣襲人，感之爲病，此爲冬溫。脈必寸洪尺數，或實大，心煩嘔逆，身熱不惡寒，或頭重身痛，面腫，咳嗽咽痛，下利，與春溫無異，而時令不同也。宜陽旦湯加桔梗、茯苓。若有寒食停滯，加厚朴溫藥一味，以溫散其中，黄芩涼解其外，即仲景陽旦之意也。

若先感溫邪，即被嚴寒遏抑，則發熱，而微畏寒。汗不出而煩擾，陽旦加麻黄石膏發之。

冬溫誤汗誤下

周禹載曰，醫視冬溫，每有誤認傷寒，辛熱發汗致令發斑成毒者，當以麻黄葛根湯加犀角、元參，或犀角黑參湯。更有辛熱發汗，徒耗津液，裏熱益甚，胸腹滿悶，復用下藥及發熱無休止，脈來濇弱，此陰血受傷也，宜葶藶苦酒湯以收陰氣，泄邪熱，若服後熱勢轉劇，神氣昏憒，譫語錯亂，必不救也。

冬溫之邪裏重於表

葉天士曰，冬令應寒，气候反溫，當藏反泄，即能致病，名曰冬溫。溫爲熱之漸，非寒症得汗可解。若涉表邪一二，裏症必兼七八，治法以裏症爲主，稍兼清散。設用辛溫，禍不旋踵矣。

冬溫發丹疹，亦非徒外受風寒，或外受之邪與裏邪相搏，亦令鬱結經絡，或飲醋厚味，裏熱熾甚，而營衛不和，皆令發丹疹，或不正眞入內侵，即有腹痛，下利之症。

冬溫水虧例

邵登瀛按：冬月過溫，腎氣不藏，感而成病，故病起即現腰痛，脈尺寸數。如其人素體陰虧，兼以溫邪灼其腎水，外現鼻煤、舌黑種種枯槁之象。若辛溫誤汗，必至液涸津亡而斃。是必滋陰爲急。宜加減一陰煎，三才兩儀復脈之類。如其人腎水將竭，眞陽發露，外現種種躁擾之症。若再辛溫誤表，汁泄陽飛而死矣。是必默護其根，培陽益陰爲急，宜八味、理陰、地黄飲子之類。又如其人因勞擾動陽氣，越出爲溫，再與非時之溫令相合，表裏兩病，如外現身熱，不惡寒，頭疼，腰重，骨節強痛，胸滿氣喘等症，察其脈寸洪尺數，宜萎蕤湯，陽旦湯加萎蕤、杏仁及桂枝生地湯之類。如身雖發熱，脈沈無力，渴不欲飲，面赤煩躁者，須表本兼顧，裏重於表，宜加味理陰煎、大溫中飲之類。

冬溫火勝例

冬有非節之暖，原爲不正之氣，因腠理不密，當藏反泄，感而成病，名曰冬溫。葉天士謂，溫爲欲熱之漸，非寒症得汗可解，其症發熱，不惡寒，而渴，如兼心煩，嘔逆，熱鬱膈間者，涼膈合梔豉，去硝黄。如熱邪痞結在胸者，黄連瀉心。如溫邪陷入手厥陰，舌色乾赤，神昏，瘛瘲者，犀角地黄湯。如少陰溫邪上炎，擾亂心包，心中煩，不得寐者，一水不勝二火也，黄連阿膠湯。

冬溫金不足例

冬溫以少陰爲本，太陰爲標，如少陰溫邪升犯太陰，脈大，面赤，身熱而咳者，宜治以鹹苦寒，黄連阿膠去雞子黄，加生地、知母、川貝。如不係少陰升犯，外感非時溫氣客入手太陰，面腫，咳嗽咽痛，下利者，宜葦莖湯、清燥救肺湯、瀉白散、黄芩湯、麻杏石甘湯、牛蒡子散、甘草湯、桔梗湯、普濟飲、梨漿

飲之類。

冬溫土有餘例

冬溫少陰不足，陽明有餘，脈浮洪滑大，煩熱，乾渴者，玉女煎。若陽明表邪實者，葛根知母湯大熬而渴者，栝蔞根湯。陽明膈熱，懊憹，煩躁者，梔豉湯。陽明欲嘔，胸中煩熱者，竹茹湯。陽明失解，煩躁發斑者，升麻葛根湯、犀角黑參湯。陽明蘊熱成毒者，三黃石膏湯加薄荷、人中黄，或凉膈加石膏。陽明實熱者，調胃承氣湯。若陽明液涸，以救液爲先，甘寒養陰是矣。

《醫門棒喝初集・溫暑提綱・風溫》 風溫者，四時皆有，而春令爲多，以溫暖之候，感虛風賊邪，遂成風溫。而先傷上焦衛分，肺主衛，爲皮毛之合，風爲陽邪，而疏泄腠理，故初起發熱而惡風寒，旋即惡熱，則不惡寒矣。不同傷寒惡寒之甚也。或自汗、頭痛、顱脹、胸悶，或咳嗽、喉痛，脈必浮弦而數，或兩寸浮大，皆陽邪在表在上之證也。熱在表而未入裏，故不渴。以其爲輕清之邪，先傷肺家輕清之臟，内無濁邪，故舌苔不厚，或微有淡色黄白薄苔。先解衛分之邪，宜薄荷、荆芥、紫蘇、杏仁、貝母、葱豉之類。若春初木氣未伸，亦可稍加柴胡爲使。夏令宜佐凉以救肺，秋冬稍佐溫散，總以先理肺氣爲主，否則邪鬱入營，或成瘆子，或變昏痙。吳門葉天士先生，有論治風溫二十則，辨析營衛傳變之理，用法淺深之道，最爲精詳，宜究心而熟玩之。此不多贅。

《溫熱贅言・風溫症條例》 風溫爲病，春月與冬季居多，或惡風，或不惡風，必身熱欬嗽煩渴，此風溫症之提綱也。周禹載曰： 溫邪伏於少陰，而達於少陽，此雖宗内經，冬傷於寒，春必病溫之旨，其實誤解内經也。無論春溫冬溫，總屬暴感時氣，豈是少陰伏邪。不過因少陰眞氣先虧，溫邪易於湊襲耳，其病多在春冬，而不在夏秋者，以夏秋爲暑濕熱三氣蒸動之時，多病濕溫。濕令蒸淫，風氣不勝濕氣也。惟春月風邪用事，冬初氣暖多風，故風溫之病，多見於此。但風邪屬陽，陽邪從陽，必傷衛氣。人身之中，肺主衛，又腎爲衛氣之本。是以風溫外薄，肺胃内應，風溫内襲，肺胃受病。其溫邪之内外有異形，而肺胃之專司無二致。故惡風爲或有之症，而熱渴欬嗽爲必有之症也。三復仲景書，言溫病者再。一則曰： 太陽病發熱而渴，不惡寒者，爲溫病。此不過以不惡寒而渴之症，辨傷寒與溫病之異，而非專爲溫病叙症也。再則曰： 發汗已身灼熱者，名曰風溫。夫灼熱因於發汗，其誤用辛熱發汗。可知仲景復申之曰： 風溫爲病，脈陰陽俱浮，自汗出，身重多眠，睡，鼻息必鼾，語言難出，凡此，皆誤汗刼液後變現之症，非溫病固有之症也。續云： 若被下者，直視失溲； 若被火者，發黄色，劇則如驚癇狀時瘈瘲； 若火熏之，一逆，尚引日再逆，促命期亦止。詳用下火之變症，而未言風溫本來之現症也。然從此細參，則知風溫爲燥熱之邪，燥令從金，化燥熱歸陽明，故肺胃爲溫邪必犯之地。且可誤風溫爲燥熱之病，燥則傷陰，熱則傷津，泄熱和陰，又爲風溫病一定之治法也。反此即爲逆矣，用是不辭僭越，而於仲景之無文處求文，無治處索治，敍症施治，列爲條例，知我罪我，其在斯乎。

風溫症。身熱畏風、頭痛、欬嗽、口渴、脈浮數、舌苔白者，邪在表也。當用薄荷、前胡、杏仁、桔梗、桑葉、川貝之屬，凉解表邪。

風屬陽邪，不挾塞者爲之風溫。陽邪必傷陽絡，是以頭痛畏風，邪鬱肌表，肺胃内應。故欬嗽，口渴，苔白，邪留於表。故脈浮數，表未解者，當先解表。但異於傷寒之用麻桂耳。

風溫症，身熱，咳嗽，自汗，口渴，煩悶，脈數，舌苔微黄者，熱在肺胃也。當用川貝、大力、桑皮、連翹、廣皮、竹葉之屬，凉泄裏熱。

此溫邪内襲者，肺熱則咳嗽； 汗泄，胃熱，則口渴； 煩悶，苔白轉黄風從火化。故以清泄肺胃爲主治。

風溫症，身灼熱，口大渴，欬嗽，煩悶，譫語如夢語，脈弦數，乾嘔者，此熱灼肺胃，風火内旋。當用羚羊、川貝、連翹、麥冬、川斛、青蒿、知母、花粉之屬，以泄熱和陰。

此溫邪襲入肝胃之絡，灼爍陰津，引動木火。故有煩渴、嘔逆等症。急宜泄去絡中之熱，庶無風火相煽，走竄胞絡之虞。

風溫症，身熱，欬嗽，口渴，下痢，苔黄，譫語，胸痞，脈數，此溫邪由肺胃中注大腸。當用黄芩、桔梗、煨葛、豆卷、甘草、廣皮之屬，以升泄溫邪。

大腸與胃相連屬，與肺相表裏。溫邪内逼，下注大腸，則下痢。治之者，宜清泄溫邪。不必耑於治痢，按仲景傷寒論中。有下痢譫語者，有燥屎也。宜大承氣湯一症。此實熱内結，逼液下趨，必有舌燥，苔黄刺，及腹滿痛症兼見，故可下以逐熱。若溫邪下痢，是風熱内迫。雖有譫語一症，仍是無形之熱蘊蓄於中，而非實滿之邪盤結於内，故用葛根之升提，不任硝黄之下逐也。

風溫症，熱久不愈，欬嗽，唇腫，口渴，胸悶，不知饑，身發白瘖如寒栗狀，自汗，脈數者，此風邪挾太陰脾濕發爲風瘖。用大力、荆芥、防風、連翹、廣皮、甘草之屬涼解之。

風溫本留肺胃，若太陰舊有伏濕者，風熱之邪與溫熱相合。流連不解，日數雖多，仍留氣分，由肌肉而外達皮毛，發爲白瘖。蓋風邪與陽明營熱相併，則發斑，與太陰濕熱相合，則發瘖也。又有病久中虛，氣分大虧，而發白瘖者，必脈微弱。而氣倦怯，多成死候，不可不知。

風溫症，身熱，欬嗽，口渴，胸痞，頭目脹大，面發泡瘡者，風毒上壅陽絡，當用荆芥、薄荷、連翹、元參、大丸、青黛、馬勃、銀花之屬，以清熱散邪。

此即世俗所謂大頭病也。古人用三黄湯主治。然風熱壅遏，致絡氣不宣，頭腫如斗，終不若倣普濟消毒飲之宣絡滌熱爲佳。

風溫症，身大熱，口大渴，目赤唇腫，氣粗煩燥，舌絳齒板痰欬，甚至神昏讝語，下痢黄水者，風溫熱毒深入陽明營分，最爲危候。用犀角、連翹、葛根、元參、赤芍、丹皮、麥冬、紫草、川貝、中黄之屬，解毒提斑，間有生者。

此風溫熱毒內壅肺胃，浸入營分，上下內外充斥肆逆。若其毒不甚重，或氣體壯實者，猶可挽回，否則必壞。

風溫毒邪始得之，便身熱，口渴，目赤咽痛，卧起不安，手足厥冷，泄瀉脈伏者，熱毒內壅，絡氣阻遏。當用升麻、黄芩、犀角、銀花、甘草、豆卷之屬，升散熱毒。

此風溫毒之壅於陽明氣分者，即仲景所云陽毒病是也。五日可治，七日不可治，乘其邪犯氣分，未入營陰，故可升散而愈。

風溫症，身熱自汗，面赤，神迷身重，難轉側，多眠，睡鼻鼾，語難出，脈數者，溫邪內逼陽明，津液刼奪，神機不運。用石膏、知母、麥冬、半夏、竹葉、甘草之屬，泄熱救津。

息鼾面赤，胃熱極盛，人之陰氣，依胃爲養，熱邪內灼胃液乾枯，陰氣復有何資，而能滲諸陽灌諸絡，是以筋骨懈怠，機關失運，急用甘涼之品以清熱濡津或有濟。而羣隊寒涼中雜以半夏者，以燥熱之邪與寒涼之品格而不入，必用半夏之辛燥以反佐，同氣相求，使藥氣與病邪不致如水火之不相射，所以金匱麥冬湯竹葉石膏湯內古人恆幷用也。

風溫症身熱、痰欬、口渴、神迷、手足瘛瘲，狀若驚癇，脈弦數者，此熱刼津液，金囚木旺。當用羚羊、川貝、青蒿、連翹、麥冬、知母、鈎籐之屬，以息風清熱。

肺屬金而畏火，賴胃津之濡養，以肅降令而溉百脈者也。熱邪內盛，胃津被刼，肺失所資，木爲火之母，子能令母實，火旺金囚，木無所畏，反侮所不勝，是以筋脈失養，風火內旋，瘛瘲驚癇在所不免，即俗云發痙是也，故以熄風清熱爲主治。

風溫症　熱渴煩悶，昏瞶不知人，不語如尸厥，脈數者。此熱邪內蘊，走竄心胞絡。當用犀角、連翹、焦遠志、鮮石菖蒲、麥冬、川貝、牛黄，至寶之屬，泄熱通絡。

熱邪極盛，與三焦相火相煽，最易內竄心胞，逼亂神明閉塞絡脈，以致昏迷不語其狀如尸，俗謂發厥是也，閉者宜開，故以香開辛散爲務。

熱邪極盛，三焦相火相煽，最易內竄心胞，逼亂神明，閉塞脈絡，雖是喻嘉言之言，而法以香開辛散，然熱極似水，一派烟霧塵天；蒙住心胸，不知不識，如人行烟塵中，口鼻皆燥，非雨解不能散其勢。若入溫熱處，則人當燥悶死矣。且溫熱多燥，辛香之品盡是燥，燥與熱鬥立見其敗，且心神爲熱邪蒸圍，非閉塞也，有形無形，治法大異，遇此每在敗時，故前人不能探其情，令補薛生白先生一法於後，極明雄黄一兩研極細末，入銅勺內、又研提淨牙硝六錢，微火鎔化撥勻如水時，急濾清者於盌，粗渣不用凝定，此丹竈家祕製也。凡遇前症，先用陳雨水十盌，內取出一盌，煎木通一錢，通草三錢，傾水九盌，冷水內又取犀角摩入三錢，或旋摩旋與亦可，每盌約二三分，再將製雄挑二三厘入盌，冷與服，時時進之。能於三日內進之盡，必有清痰吐出，數盌而愈，十救七八。蓋此症死期最緩，而醫人無他法用，每付之天命，牛黄清心而已，可勝長嘆。

《類證治裁・溫症》　風溫：　溫症感風，寸口脈大。肺受熱爍，宜辛涼清上。身痛脘痺，肺氣不舒。頭脹欬嗽，懊憹痞滿。熱灼刼陰，煩躁。餘參春溫治法。

冬溫：　冬氣溫暖，感而即發，身熱頭痛，不惡寒，面腫欬嗽，咽痛下利，忌風藥升舉。初感頭痛身熱，咽痛，風寒外襲，餘參春溫治法。

《柳洲醫話》　龔子才治傷寒譫渴無汗，用大梨一枚，生薑一小塊，同搗取汁，入童便一碗，重湯煮熟服。制方甚佳，愈於甘露同，且免地黄之膩。

王士雄按：余以梨汁爲天生甘露飲，而昔賢已先得我心。若有汗者，生薑宜避。

傷寒發散過投，氣微欲絶，雖有實證，亦宜獨參猛進。貧者以重劑杞、地，少入乾薑。

王士雄按：熱熾而氣液欲脱者，乾薑亦忌，宜易甘草。

《溫熱經緯·外感溫病篇》 風溫證，身熱畏風，頭痛欬嗽，口渴，脈浮數，舌苔白者，邪在表也。當用薄荷、前胡、杏仁、桔梗、桑葉、川貝之屬，涼解表邪。楊云：前胡、桔梗一降一升，以泄肺邪，誠善。然桔梗宜少用。

自注：風屬陽邪，不挾寒者爲風溫。陽邪必傷陽絡，是以頭痛畏風；邪鬱肌表，肺胃内應，故欬嗽口渴苔白；邪留於表，故脈浮數。表未解者當先解表，但不同於傷寒之用麻桂耳。

王士雄按：何西池云：辨痰之法，古人以黄稠者爲熱，稀白者爲寒，此特言其大概而不可泥也。以外感言之：傷風欬嗽，痰隨嗽出，頻嗽而多，色皆稀白，誤作寒治，多致困頓。蓋火盛壅，偪頻欬頻出，停留不久，故未至於黄稠耳。迨火衰氣平，欬嗽漸息，痰之出者，半日一口，反黄而稠。緣火不上壅，痰得久留，受其煎煉使然耳。故黄稠之痰，火氣尚緩而微；稀白之痰，火氣反急而盛也。此皆當用辛涼解散，而不宜於溫熱者，推之内傷亦然。孰謂稀白之痰，必屬於寒哉。總須臨證細審，更參以脈，自可見也。

風溫證，身熱欬嗽，自汗口渴，煩悶脈數，舌苔微黄者，熱在肺胃也。當用川貝、牛蒡、桑皮、連翹、橘皮、竹葉之屬，涼泄裏熱。

此溫邪之内襲者。肺熱則欬嗽汗泄，胃熱則口渴煩悶，苔白轉黄，風從火化，故以清泄肺胃爲主。

王士雄按：苔黄不甚燥者，楊云：故條中言微黄，亦具見斟酌。治當如是；若黄而已乾，則桑皮、橘皮皆嫌其燥，須易栝蔞、黄芩庶不轉傷其液也。

風溫證，身灼熱，口大渴，欬嗽煩悶，讝語如夢語，脈弦數，乾嘔者，此熱灼肺胃，風火内旋，當用羚羊、川貝、連翹、麥冬、石斛、青蒿、知母、花粉之屬，以泄熱和陰。

此溫邪襲入肺胃之絡，灼爍陰津，引動木火，故有煩渴嘔逆等證。急宜泄去絡中之熱，庶無風火相煽，走竄胞絡之虞。

王士雄按：嗽且悶麥冬未可即授，嫌其滋也，以爲大渴耶？已有知母花粉足勝其任矣。木火上衝而乾嘔，則青蒿雖清少陽，而嫌乎升矣。宜去此二味，加以梔子、竹茹、枇杷葉則妙矣。楊云：議藥細極微芒，讀者不可草草讀過。

風溫證，身熱欬嗽，口渴下利，苔黄讝語，胷痞，脈數。此溫邪由肺胃下注大腸，當用黄芩、桔梗、煨葛、豆卷、甘草、橘皮之屬，以升泄溫邪。

大腸與胃相連屬，與肺相表裏，溫邪内偪，下注大腸則下利。治之者宜清泄溫邪，不必專於治利。按傷寒論下利讝語者，有燥矢也，宜大承氣湯，是實熱内結，偪液下趨，必有舌燥苔黄刺及腹滿痛證兼見，故可下以逐熱。若溫邪下利，是風熱内迫。雖有讝語一證，仍是無形之熱，蘊蓄於中，而非實滿之邪，盤結於内。故用葛根之升提，不任硝黄之下逐也。

王士雄按：傷寒爲陰邪，未嘗傳腑化熱，最慮邪氣下陷，治必升提，溫散而有早下之戒，溫熱爲陽邪，火必克金，故先犯肺；火性炎上，難得下行。若肺氣肅降有權，移其邪由府出，正是病之去路。升提胡可妄投？楊云：小兒患疹必下利，與此正同，故溫病多有發疹者，誤升則邪入肺絡，多喘吼而死。即云宜清泄其邪，不必專於治利矣，況有欬嗽胷痞之兼證，豈葛根、豆卷、桔梗之所宜乎？當易以黄連、桑葉、銀花，須知利不因寒潤，藥亦多可用。仲聖以豬膚白蜜治溫病下利，《寓意草》論肺熱下利最詳，學者宜究心焉。且傷寒與溫熱邪雖不同，皆屬無形之氣。傷寒之有燥矢并非是氣結成，乃寒邪化熱，津液耗傷，糟粕煉成燥矢耳。溫熱病之大便不閉爲易治者，以臟熱移腑，邪有下行之路，所謂腑氣通則臟氣安也。設大便閉者，熱爍胃津，日久亦何嘗無燥矢宜下之證哉？惟傷寒之大便不宜早解。故必邪入於腑，始可下其燥矢。溫熱由肺及胃，雖不比疫證之下不嫌早，而喜其便通，宜用清涼，故絡成燥矢者較少耳。憶嘉慶已卯春，先君子病溫而大便自利。彼時吾杭諸名醫咸宗陶節庵書以治傷寒，不知所謂溫證也，見其下利，悉用柴葛升提，提而不應，或云是漏底證，漸投溫補，病日以劇，將治木矣。父執翁七丈忘其字矣，似是立賢二字。薦浦上林先生來視。浦年甚少。診畢，即曰是溫證也，殆誤作傷寒治，而多服溫燥之藥乎。幸而自利不止，熱勢尚有宣泄，否則早成灰燼，奚待今日耶！

即用大劑犀角、石膏、銀花、花粉、鮮生地、麥冬等藥，屬煎三大椀，置於榻前，頻頻灌之。藥水煎成之際，先笮庶漿恣飲之。諸戚長見方，相顧莫決，賴金履思丈力持煎其藥。至一周時服竣病有起色，遂以漸愈。時雄年甫十二，聆其言而心識之。踰二年先君捐館，雄餬口遠遊，聞浦先生以善用清涼，爲衆口所爍，乃從事於景岳，而以溫補稱，枉道徇人。惜哉！然雄之究心於溫熱，實浦先生有以啓之也。浦今尚在，因其遠徙於鄉，竟未遑往質疑義爲恨，附記此聊志感仰之意云爾。

風溫證，熱久不愈，欬嗽脣腫，口渴胸悶，不知飢，身發白疹如寒粟狀，自汗脈數者，此風邪挾太陰脾溼，發爲風疹，楊云：白疹乃肺胃溼熱也，與脾無涉，亦與風無涉。用牛蒡、荆芥、防風、連翹、橘皮、甘草之屬涼解之。

風溫本留肺胃，若太陰舊有伏溼者，風熱之邪，與溼熱相合，流連不解，曰數雖多，仍留氣分，由肌肉而外達皮毛，發爲白疹。蓋風邪與陽明營熱相併則發斑，與太陰溼邪相合則發疹也。又有病久中虛，氣分大虧而發白疹者，必脈微弱而氣倦怯，多成死候，不可不知。

王士雄按：曰疹即白痦也。雖挾溼邪久不愈而從熱化，且汗渴脈數，似非荆防之可再表，楊云：此溼亦不必用橘皮之燥。宜易滑石、葦根、通草，楊云：精當。斯合涼解之法矣。若有虛象，當與甘藥以滋氣液。

風溫證，身熱欬嗽，口渴胷痞，頭目脹大，面發泡瘡者，風毒上壅陽絡。當用荆芥、薄荷、連翹、元參、牛蒡、馬勃、青黛、銀花之屬，以清熱散邪。此即世俗所謂大頭病也。古人用三黃湯主治，然風熱壅遏，致絡氣不通頭腫如斗，終不若倣普濟消毒飲之宣絡滌熱爲佳。

風溫證，身大熱，口大渴，目赤脣腫，氣粗煩躁，舌絳齒板，痰欬，甚至神昏讝語，下利黃水者，風溫熱毒，深入陽明營分，最爲危候，用犀角、連翹、葛根、元參、赤芍、丹皮、麥冬、紫草、川貝、人中黃，解毒提斑，間有生者。楊云：葛根、麥冬，俱與證不甚登對。

此風溫熱毒，內壅肺胃，侵入營分，上下內外，充斥肆逆。若其毒不甚重，或氣體壯實者猶可挽回，否則必壞。

風溫毒邪，始得之，便身熱口渴，目赤咽痛，卧起不安，手足厥冷，泄瀉脈伏者，熱毒內壅，絡氣阻遏，當用升麻、楊云：凡涉咽痛者，一用升麻，則邪入肺絡，必喘吼而聲如曳鋸，陳公想未之見耳。黃芩、犀角、銀花、甘草、豆卷之屬，升散熱毒。

此風溫毒之壅於陽明氣分者，楊云：仍係肺病。即仲景所云陽毒病是也。五日可治，七日不可治。乘其邪犯氣分，未入營陰，故可升散而愈。

風溫證，身熱自汗，面赤神迷，身重難轉側，多眠睡，鼻鼾，語難出，脈數者，溫邪內僨陽明，精液刦奪，神機不運。用石膏、知母、麥冬、半夏、竹葉、甘草之屬，泄熱救津。

鼻鼾面赤，胃熱極盛，人之陰氣依胃爲養，熱邪內灼，胃液乾枯，陰氣復何資，而能滲諸陽灌諸絡？是以筋骨懈怠，機關失運。急用甘涼之品以清熱濡津，或有濟也。

王士雄按：宜加西洋參、百合、竹瀝。

風溫證，身熱痰欬，口渴神迷，手足瘈瘲，狀若驚癇，脈弦數者，此熱刦津液，金囚木旺。當用羚羊、川貝、青蒿、連翹、知母、麥冬、鈎藤之屬，以息風清熱。

肺屬金而畏火，賴胃津之濡養以肅降，令而溉百脈者也，熱邪內盛，胃津被刦，肺失所資，木爲火之母，子能令母實。火旺金囚，木無所畏，反侮所不勝。是以筋脈失養，風火內旋，瘈瘲驚癇在所不危，即俗云發痙是也。故以息風清熱爲主治。

王士雄按：可加元參、梔子、絲瓜蒂。

風溫證，熱渴煩悶，昏憒不知人，不語如尸厥，脈數者，此熱邪內蘊，走竄心胞絡。當用犀角、連翹、焦遠志、鮮石菖蒲、麥冬、川貝、牛黃、至寶之屬，泄熱通絡。

熱邪極盛，與三焦相火相煽，最易內竄心包，偪亂神明，閉塞絡脈，以致昏迷不語，其狀如尸，俗謂發厥是也。閉者宜開，故以香開辛散爲務。

熱邪極盛，三焦相火相煽，最易內竄心包，偪亂神明，閉塞絡脈。雖是喻氏之言，而法以香開辛散，然熱極似水，一派烟霧塵天，蒙住心胷，不知不識，如人行烟塵中，口鼻皆燥，非兩解不能散其勢。再入溫熱之處，則人當燥悶死矣。且溫熱多燥，辛香之品，盡是燥，燥與熱鬬，立見其敗，且心神爲熱邪蒸圍，非閉塞也。有形無形，治法大異。遇此每在敗時，故前人不能探其情。今補薛生白先生一法於後，極明雄黃一兩，研極細，入銅勺內；又研提淨牙硝六錢，微火鎔化，撥勻如水時，楊云：雄黃多而牙硝少，何能勻撥

如水？兩字錢字必有誤。急濾清者於椀，粗渣不用，凝定。此丹竈家秘製也。凡遇前證，先用陳雨水十椀，內取出一椀，煎木通一錢，通草三錢，傾入九椀冷水內；又取犀角磨入三錢，或旋磨旋與亦可，每椀約二三分，再將製雄挑二三釐入椀，冷與服，時時進之，能於三日內進之盡必有清痰吐出數椀而愈。楊云：據此用法當是黃一分而硝六分也。十救七八，蓋此證死期最緩而醫人無他法，每每付之天命。牛黃清心而已可勝長歎。王士雄按：煉雄黃法昉於《游宦紀聞》，見知不足齋叢書。

《溫熱經緯・葉香巖三時伏氣外感篇》 風溫者，春月受風，其氣已溫。王士雄按：此言其常也。冬月天暖，所感亦是風溫，春月過冷亦有風寒也。經謂春病在頭，治在上焦，肺位最高，邪必先傷。此手太陰氣分先病，失治則入手厥陰心包絡，血分亦傷。蓋足經順傳，如太陽傳陽明，人皆知之。肺病失治，逆傳心包絡，人多不知者。俗醫見身熱欬喘，不知肺病在上之旨，妄投荆、防、柴、葛加入枳、朴、杏、蘇、菔子、查、麥、橘皮之屬，輒云解肌消食。有見痰喘便用大黃礞石滾痰丸，大便數行，上熱愈結。幼稚穀少胃薄，表裏苦辛化燥，胃汁已傷，復用大黃大苦沉降丸藥，致脾胃陽和傷極，陡變驚癇，莫救者多矣。

自注：風溫肺病，治在上焦。夫春溫忌汗，初病投劑，宜用辛涼。若雜入消導發散不但與肺病無涉，劫盡胃汁。肺乏津液上供，頭目清竅徒爲熱氣熏蒸，鼻乾如煤，目瞑或上竄無淚，或熱深肢厥，狂躁溺澀，胷高氣促，皆是肺氣不宣化之徵。斯時若以肺藥少加一味清降，使藥力不致直趨腸中而上痺可開，諸竅自爽。無如市醫，僉云結胸皆用連、蔞、柴、枳，苦寒直降，致閉塞愈甚，告斃者多。

又此證初因發熱喘嗽，首用辛涼清肅上焦，如薄荷、連翹、牛蒡、象貝、桑葉、沙參、梔皮、蔞皮、花粉。若色蒼熱勝煩渴，用石膏、竹葉辛寒清散，痧疹亦當宗此。若日數漸多，邪不得解，芩、連、涼膈亦可用。至熱邪逆傳膻中，神昏目瞑，鼻竅無涕洟，諸竅欲閉，其勢危急，必用至寶丹或牛黃清心丸。病減後餘熱，只甘寒清養胃陰足矣。

《溫熱經緯・仲景伏氣溫病篇》 若發汗已，身灼熱者，名曰風溫。風溫爲病，脈陰陽俱浮，自汗出，身重多眠睡，鼻息必鼾，語言難出。若被下者，小便不利，直視失溲，若被火者，微發黃色，劇則如驚癇，時瘈瘲。若火熏之，一逆尚引日，再逆促命期。

張隱庵曰：名曰溫者，積寒成熱而發也。宜辛涼發散，楊云：此語誤矣非治此證之法。條內無太陽病三字是無表邪也何必辛涼發散。微汗出而解。若誤用辛溫之藥，發汗已，身反灼然發熱者，名曰風溫。蓋發汗則陰液外泄，風熱之邪更甚，而身如燒灼也。脈陰陽俱浮者，風熱之邪，自裏出表，故浮也。風熱傷氣，故汗出而身重多眠也。楊云：此證最易出汗，故條中有自汗之文不必以辛溫誤散而然也。肺氣通於鼻，而主皮毛，風熱在表，而睡鼻必鼾也。夫心主言，肺主聲，肺熱受傷，故語言難出，此因風熱過甚，而陰氣消沮，故爲病如是焉。若被妄下，則愈亡陰液於後，而小便不利於前矣。津液傷，則州都之官失守，不能約束而失溲矣。足太陽之脈，入目系而出項，津液內亡，則目系不能轉而直視矣。若加以火攻，風火交熾，脾土轉病，身必發黃。火攻之甚劇，則神志散越，如驚如癇，時瘈時瘲矣。是以一逆尚可苟延時日，如再以火熏之，是再逆促命期矣。

王士雄按：汪謝城孝廉云：吳氏《溫病條辨》上焦篇，首引《傷寒論》原文，太陽病，但惡熱不惡寒而渴者，名曰溫病，桂枝湯主之。檢《傷寒論》卻未見此數語，使此語眞出仲景耶？亦當辨其簡誤，若係吳氏誤記，尤不可不爲之辨正，余謂非誤記也，因喻氏嘗云仲景治溫證，凡用表藥，皆以桂枝湯，以示微發於不發之意。尤在涇讀書記云：此喻氏之臆說，非仲景之舊章。鞠通自問跳出傷寒圈子，而不覺已入嘉言套中，又不甘爲人下，遂肆改原文，捏爲聖訓，以竊附於宮牆，而不自知其誣聖誤世之罪，亦可哂已。

彼冬溫、春溫之先犯手太陰者，皆曰風溫，乃吸受之溫風也。此伏邪內發，誤汗致逆者，亦曰風溫。乃內動之虛風也。然風溫在肺，祇宜清解。若誤以辛熱之藥汗之，亦有自汗多眠，鼻鼾難語之變。

沈宗淦按：鼻鼾是肺腎相關，子母同病。自汗出，乃陰不內守，心液外越也，未必盡是少陰一經之證。

汪曰楨按：鞠通發著書，力闢升散溫燥之弊，功已不細，然可議處尚多，夢隱此書，去其瑕而存其瑜，乃鞠通之諍友也。

《春溫三字訣》 溫爲病，雖分類，

後世有風溫、濕溫、暑溫、瘟疫等名，方書更創出大頭疙瘩等瘟，名愈多，治愈亂，子所論者，風溫也，知此則一以貫之矣。

當顧名，思其義。

旣曰溫，則非寒矣。今醫之不能治此，由於不識其名耳，名且不識，從何施治。

仲景書，發凡例。

仲景太陽篇一節，爲溫病之祖。傷寒論中，特爲提出立論者，謂此症與傷寒逈異也。不出方者，謂書本爲傷寒而作。論少方少，恐其掛一漏萬也，論多方多，恐其強賓壓主也。

後之醫，仍寒治。

劉河間張子和李東垣朱丹溪辨焉不精，語焉不詳，然猶不敢妄用參术薑附也。至張景岳薛立齊輩，則妄用矣，仍是治寒法也。

方藥雜，死亡繼。

後人九味羌活湯、人參敗毒散、逍遙散、香蘇飲等，皆知不敢用麻桂而設，似已窺見一斑，然而仍用辛溫，百治百死，不過較用參芪术棗者，差緩須臾耳。

傷心目，三字賛。

仲景本論，祇九十二字，字字是溫，字字不是寒。今人以治寒法治溫，百治百死，即有身體強壯，幸而不死者，則有拖延日時，傾破家產，熱邪久留於臟腑，新邪引動於經絡，至他年重感，亦必身死，滔滔皆是，喚醒無從，予目擊心傷，此所以有三字訣之作也。

何謂溫，溫是熱。

旣名曰溫，則非寒也。今醫強名此症爲寒火，名不正，則言不順，事不成矣。

與傷寒，殊懸絶。

如此辨明，而仍以寒法治溫病，用桂枝湯、麻黃湯、葛根湯、小柴胡湯，不肯用心，甘願殺人者，吾知其報在子孫矣。行道者，宜何如之兢兢哉。

初起時，口渴別。

傷寒初起不渴，溫病初起即渴，以此分別。然溫亦間有不渴者，但渴者多，不渴者少耳。

不惡寒，惟發熱。

仲景云：太陽病，發熱而渴，不惡寒者，名曰溫病。

按漢文簡質，此症初起，多有微惡寒者，斷無不發熱者，但二三日，則全不惡寒，惟發熱矣。此症初起，間有不口渴者，但二三日，斷無不渴矣。且傷寒，多左手脈大於右手，溫病脈多右大於左。溫病初起，多兩寸脈大，右寸尤盛。

附子培註仲景原文。

張子培曰：悟溫病者，古有劉河間等，今有薛生白等，然亦未將太陽病、溫病五字分清。夫旣曰太陽病矣，何得發熱云云。又曰溫病，今特拈出，以免狂瞽者之千慮一得。

太陽病，或已發熱，或未發熱，必惡寒，前有明訓矣，且太陽病初起，斷無渴症。今發熱而渴，不惟無必惡寒之症，而且不惡寒更加發熱而渴，如此症者雖形似太陽病，而實則非太陽病也。吾得確而指其名曰是即《內經》冬不藏精，春必病溫，冬傷於寒，春必病溫之溫病。

麻杏湯，有神力。

用麻黃湯桂枝湯者無論矣，用人參敗毒散逍遙散者，亦以五十步笑百步也，亦可無論，即薛一瓢之前胡桑皮鈎藤等，葉天士之桑葉菊花牛蒡等，吳氏祖薛葉二家，用銀翹散、桑菊飲，可謂此症暗室一燈，然予以爲不如仲景麻杏石甘一方爲如神也，故予每用銀翹桑菊二方，皆加生麻絨七八分，或一二錢，功效倍於本方百倍，但此症初起，麻黃可用，至二三日後，舌變胭脂色，則風盡化熱矣，麻黃斷斷不可用，用必危殆，以麻黃大熱故也。

或銀翹，或桑菊。

銀翹散，爲辛涼平劑，桑菊飲，爲辛涼輕劑，白虎湯，爲辛涼重劑，吳鞠通法也，妥甚。

以辛涼，解表劑。

或謂傷寒宜解表，溫病忌發汗。夫傷寒解表，令外出也，然則溫病忌汗，令內入乎？不通之甚，蓋傷寒以辛溫解表，溫病以辛涼解表。解表同，而辛溫辛涼大異焉。昧昧者無論矣，乃高明之家，亦出此語，甚矣，結習之難除也。

誤辛溫，變重病。

辛溫辛涼，乃此症之生死關頭也，時醫畧而不講久矣。

小遷延，大殞命。

言誤治之害，有如此者。但近日醫家，不究見識之非，病家不悟醫人之誤，

皆曰生死有命，吾亦曰生死有命而已。

　口大渴，津液傷。

此症始終，以救津液爲主，甘寒法也，陳修園謂四逆湯、麻黃附子細辛湯等，以附子而救津液，雖在傷寒，終屬強解，况溫病乎？今人一見溫病，陽極似陰，妄引陳氏言，竟用薑附，着眼着眼。

　或白虎，承氣湯。

此症若先以辛涼解表，繼以苦甘化陰等法，無不愈矣。因誤治變重，非二湯力不能勝。

　雖熱飲，亦屬陽。

間有口大渴，而飲熱湯，不肯飲冷，且畏飲冷，更有舌爲沸湯起泡者，此陽極似陰重症也。時醫一見飲熱，皆謂陰症，妄投桂附，下咽立斃，特爲拈出，切忌切忌。

　治之法，急下良。

急以三承氣湯，選擇用之，或白虎，亦有用者，但此法祇可用在風溫，若別症喜熱，多屬陽虛，本宜薑附，妄用承氣立斃，愼之。

　若譫語，舌紅黃，

此症全憑驗舌。初病多無苔，然舌色必紅，便宜辛涼解之。半表半裡，則白，入裡則黃，甚則黑色，難治矣。

　在包絡，非胃腸。

傷寒譫語，承氣下之，邪在腸胃也。此症邪在包絡也，非一下可解，竟用承氣，誅伐無過也，特爲拈出。

　用紫雪，清宮湯。

輕症清宮湯，及清絡湯可愈。若重症則不可恃矣，須得紫雪。

　與至寶，及牛黃。

紫雪、至寶丹、安宮牛黃丸三方，芳香解穢，清輕透絡，鎮重安神，寒涼退熱，眞此症起死回生神方也。

　至病久，氣液損。

傷寒傷陽，故用甘溫，溫病傷陰，宜用甘寒。甘溫甘寒，又此症之生死關頭也，切記切記。

　宜甘寒，補而潤。

如復脈湯去薑桂大棗，竹葉石膏湯去半夏，甚去人參，甘寒法也。即喻嘉言清燥救肺湯，亦可間用。若氣液傷損，兼大熱譫語，是體已虛，邪仍實之候，最爲危症，予每用炙草五六錢，以大補中氣，生地麥冬各一二兩，以滋陰液，大黃芒硝，各四五錢及七八錢以蕩實邪，應手而愈多矣。但症危如此，必憑脈以驗症，脈弦者生，脈濇者死。脈弦爲陰氣未盡，脈濇爲陰血已竭，所謂陰症見陰脈是也。

　即下利，二甲症。

傷寒下利，非白通四逆不能回陽。此症下利，只用龍牡鎭濇存陰而，已不用溫補也。然此就久下利而言，故用堵塞法。若在病初，身熱口渴下痢，舌黃胸痞脈數，此又溫邪下注大腸之症，所謂協熱而利是也，當用黃芩葛根桔梗豆卷之屬，以升泄溫邪。二症辨之不清，生死立判矣。

　變紛更，此太概。

予所閱歷者，有用大黃七八錢，芒硝四五錢，下至二十餘日而愈者，成都府庠生百善，敘州府庠生張正是也。有先用芒硝大黃三五錢，服一劑而病大增，次日衆謂藥誤，予謂病重藥輕，硝黃各加一二倍而愈者，監署典吏，林竹齊、華陽監生江曉帆是也。有病已大減，而爲寒阻遏，下不能通，先用理中微加附子一小劑，以驅其陰，腹痛即止，更用六味湯加大黃，以養陰蕩邪，一劑而愈者，則彭雲峯之長子也。有誤汗誤下，誤用滋膩，誤用苦寒，病至十五六日，壯熱不解，予自遠歸，遵喻嘉言先生法，用麻黃附子細辛湯一劑，而熱清去十之八九，後用回陽法，畧帶養陰施治半年餘而愈者，則予子小培也。張子培注：按後二法，風溫中百難一見者，不可輕用。凡此者不可勝數，蓋此症變遷極速、極歧，茲不過言其大概。然而會心者，處處與傷寒對看，可即始以見終矣。

　知寒溫，能涵蓋。

凡病不外陰陽。知治傷寒，能治陰病矣，知治溫熱，能治陽病矣。雖有陽極似陰，陰極似陽，陽七陰三，陰七陽三，陰陽錯雜之不同，而理本一貫，認的陰陽，投無不利矣。

　一切病，迎刃解。

此二病，萬病之綱也，綱舉則目張，萬殊可歸於一本。目張由綱舉，一本可發爲萬殊，即以此症而推。彼如吳又可所論之瘟疫，是天地之厲氣，刀兵

饑饉之餘，人從口鼻而受者。老子所謂，大兵之後，必有凶年是也。其症大寒、大熱、口渴、身痛、脈浮洪而數，全類傷寒風溫，惟初起滿口舌苔白而且厚，或有黃色，甚則黑矣，面如油垢，即是的症，用達原飲如神，且非此無以搗鋭而攻堅。彼陳修園、吳鞠通、舒馳遠輩，竭力訾詆胡爲哉。又如疙瘩瘟初起，與寒溫同，惟頭面疙瘩，如無名腫毒，然用銀翹桑菊二方，加減亦效，然不如升降散之靈妙敏捷也。又如濕溫初起，與前三症亦同，但舌上有苔而薄，胸膈痞悶，口渴不喜飲水，即飲亦不能多受爲獨異，或四肢骨節痳木酸疼，法宜辛涼淡滲，如滑石、木通、杏仁、半夏，及苡仁、厚朴、竹葉、菊花、荆芥、之屬。秋燥初起，以肌膚燥熯，神氣衰少爲獨異。有外感者，蘇葉、荆芥、薄荷、玉竹、石膏、梨皮、麥冬、貝母之屬，無外感者，喻氏清燥救肺湯，滋液救焚湯之屬，法宜辛涼清潤，一切外症，可由此正面推，即一切內症，可由此反面推矣。但難爲不肯讀書不肯用心者望也。

《溫病合編・風溫大綱》 仲景曰：發汗已，身灼熱者，名曰風溫。風溫爲病，脈陰陽俱浮，自汗出，身灼熱，身重，多眠睡，鼻息必鼾，語言難出，若被下者，小便不利，直視失溲，若被火者，微發黃色，劇則如驚癇，時瘈瘲也。一逆尚行日，再逆促命期。指誤治言

喻嘉言曰：觀仲景謂發汗已，身灼熱一語，明明始先熱在骨髓，發汗已，然後透出肌表也。其病責在少陰腎經，腎以膀胱爲腑，被下則膀胱之陰益虧，而直視失溲者，腎經不上榮，腎氣欲外奪也。被火則陰愈虧而邪愈無制，甚則如驚癇狀而時瘈疭也。

邵新甫曰：風爲天之陽氣，溫乃化熱之邪，兩陽相灼，先傷上焦，種種變幻，不外乎三陰爲病藪。

石壽棠按：三子之言，皆以風溫爲陽邪，最易傷陰，大忌辛溫發散，苦寒攻下，劫爍津液。初起頭脹汗出，身熱咳嗽，必然并見，當與辛涼輕劑、清解爲先。重劑則過病所。化燥之時，當審其在氣分在血分，在氣分則肺氣不得舒轉，周行氣阻，身痛、脘悶、不饑，邪欲結痹，宜微苦以清降，微辛以宣通。在血分，則熱伏傷陰，日輕夜重，煩擾不寧，宜與甘涼養陰，初入血分，甘涼藥慎勿太過。仍須佐以疏達，俾邪有出路爲是。若被苦寒沉降，損傷胃口，陽明頓失循序之職，又有復脈、建中之類以治之。風溫咳嗽，雖系小病，常見誤用辛溫發汗，銷爍肺液，驟變爲痙厥，緩變爲虛勞，學者宜加意焉。

溫熱病當主河間三焦治法，初起邪從口鼻而入，先乾於肺，肺主周身之氣，氣窒不化，必然頭痛、身痛、微惡寒，溫邪內鬱，必兼見煩燥口渴，脈息動數；或兩寸獨大，尺膚熱，午後熱甚。更有病邪在上，大便瀉稀黃水，肺與大腸表裏相應，亦由熱迫下注耳。宜用辛涼輕劑解肌，輕揚易上，如銀翹散去銀花之類，最忌辛溫發汗，致傷津液。亦忌陰柔滋膩，阻塞氣機，不得開泄，反致脘悶內陷。若脈浮洪，惡熱舌黃，面赤，大渴大汗，此邪在肺經氣分，欲出表而未遂也，宜辛涼重劑退其邪熱，保其津液，白虎湯主之。若舌微黃，寸脈盛，心煩懊憹，起卧不安，欲嘔不得，無中焦證，此邪在上焦膈中也，在上者因而越之，宜梔子豉湯，快涌膈中之熱。若舌絳而乾，口不渴，此熱入營分也，倘兼神識昏迷，痰潮嗆血，此邪入包絡也，謂之內閉，乃溫邪鬱蒸，無形無質，用藥徒攻腸胃，不啻隔靴搔癢，欲宣竅閉，必藉芳香，牛黃至寶輩，通神明之竅，驅熱痰之結，若陰虧液耗者，必佐清空滑利之品，如蘆根、竹葉、川貝、竹瀝、薑汁、鮮生地之類，以滋陰液，以理溫邪，可冀百中圖一，此上焦肺與心包治法也。最忌一派寒涼，逼邪內陷，是邪閉而藥又閉之矣。更有邪在上焦，未入胃腑，醫誤下之，餘邪陷入，而成結胸之證，小陷胸湯主之。又有上焦未清，邪入中焦胃腑，大熱大渴，脈不浮而躁，舌苔燥黃，胸前拒按，陽明燥土，煎熬腎水，不下則陰液立見消亡，下則引上焦餘邪陷入而爲結胸，承氣合陷胸湯治之。若脈沉數有力，甚則脈體反小而突者，乃病純在裏，大承氣湯主之。若發斑疹，則以透達淸化爲主，有裏邪者，淸透之中仍佐攻下，銀翹犀角合承氣湯主之。此中焦陽明胃腑兼上焦治法也。若邪入下焦，口乾舌燥，甚則齒黑唇裂，脈實胸滿者，仍當下之。更有熱伏少陰，暮熱早涼，熱傷厥陰，神昏痙厥，又以甘涼育陰，加以介類潛陽，且蠕動之物，能入絡搜邪，如定風珠之類，此下焦肝腎治法也。對證施治，因時變通，是又存乎司命者矣。

《溫病合編・冬溫大綱》 朱肱《活人書》曰：冬應寒而反大溫折之，責邪在腎，宜葳蕤湯。丹溪朱彥修曰：冬溫爲非其時而有其氣也。冬時嚴寒，當君子閉藏，而反發泄於外，專用補藥帶表藥。吳又可曰：溫乃天地中和之氣，當嚴冬肅殺之令，權施仁政，未有因仁政而反蒙其害者。竊嘗較之今時未受溫暖，亦有溫病，仍伏邪所發，多有安居靜養，別無他故，倏焉而病，求其感受之由，且不自覺，故立論者，以冬時非節之暖，牽合爲言，實無確據。

石壽棠按：又可所言，乃天地之厲氣，所謂溫疫是也。當以疫法治之。

《活人》丹溪所言，蓋謂人身至冬月，陽氣潛藏於至陰之中，若煩勞過甚，冬不藏精，腎氣虚而失閉藏之職，溫邪吸入，直傳少陰，即喻嘉言所謂兩感溫病是也。至於冬月正傷寒，兩感傷寒，與兩感溫病迥异。學者所當辨於其早，辨於其微也已。

《六因條辨·冬溫條辨》 冬溫初起，頭痛無汗，惡寒發熱，口渴鼻乾脈扔數，此溫邪在表，宜用薄荷、大力、荆芥、連翹、桑葉、淡豉、蔞皮、杏仁、葛根、枇杷葉等味，辛涼汗解也。

無汗頭痛，惡寒發熱，原與傷寒無異，但口渴鼻乾，脈數氣燥，則有不同。蓋傷寒邪在於表，理宜溫散，冬溫邪伏於內，理宜清泄，非用薄荷、荆芥、桑葉、淡豉、葛根，苦辛泄表，連翹、蔞皮、杏仁、枇杷葉，辛涼清內，則不能表裏兩清，必致傳變無窮矣。

冬溫汗出，頭雖不痛，熱仍未解，而咳嗽口渴舌燥，此邪不汗解，漸傳氣分，宜用桑葉、沙參、甜杏、象貝、連翹、桔梗、蔞皮、甘草、大力、枇杷葉等味，消氣透邪也。

上條無汗頭痛，邪尚在表，理宜開泄。此條汗出熱不解，是表邪已散，而猶口渴舌燥欬嗽，乃邪不汗解，漸傳氣分，故用桑葉沙參、杏仁、象貝、連翹、蔞皮、桔梗，輕苦微辛，但清氣分，仍從表解也。

冬溫汗後，不惡寒反惡熱，煩悶口渴，舌赤苔黄嗆欬脇痛，此邪傳在肺，宜用沙參、甜杏花粉、連翹、桑皮、黑梔、鬱金、枇杷葉等味，清肺化邪也。汗後不惡寒，是表邪已解矣，而反惡熱，煩悶口渴，舌赤苔黄，乃裏熱已甚，尚見嗆咳，邪猶在肺。故用沙參、杏仁、連翹、花粉、黑梔、桑皮、枇杷葉，一派清涼之味，以清肺氣也。

冬溫煩熱不解，口渴舌黄尖赤，脈洪或數，此邪傳陽明氣分，宜用白虎湯，加杏仁、沙參、桑葉、連翹等味，清胃透邪也。

肺邪不解，而致口渴，舌黄尖赤，脈洪而數，此邪已到陽明氣分。夫陽明者胃也，凡肺邪不解，必傳於胃，然陽明亦得氣血之分，今口渴脈洪，舌苔帶黄，是爲氣熱，故用石膏、知母，合沙參、連翹，眞清陽明，甘草、粳米、甜杏、桑葉，甘涼養津。若見舌絳或黑，煩熱口渴，神昏妄笑，是爲血分，宜用犀角地黄湯涼之。當與仲景《傷寒例》中陽明經病腑病，氣分血分，逐一辨明，方可下手，否則如涉海問津矣。

冬溫煩熱神昏，舌赤苔黄，口渴咳嗽，斑疹脈數，此邪在肺胃，宜用沙參、連翹、元參、石膏、甜杏、川貝、桑葉、大力、人中黄、牛黄丸等味，清氣透斑也。

熱漸傳營，神昏口渴，咳嗽斑疹，是邪在肺胃之間，非從氣分清解，則斑疹難透。夫斑爲陽明熱毒，疹爲太陰風熱，斑疹俱見，二經受病，故用沙參、連翹、元參、石膏、甜杏、川貝、大力、中黄，清氣熱，兼牛黄丸，芳香宣竅也。

冬溫熱甚，煩燥口渴，舌絳苔黄，神昏譫語，斑疹隱約，此邪熱傳營，宜用羚羊角、連翹、元參、沙參、鮮生地、鮮石斛、鮮菖蒲、廣鬱金、石膏、牛黄丸、清竹葉等味，清營轉氣也。

熱不解而煩燥口渴，舌絳苔黄，裏熱已甚，更兼神昏譫妄，斑疹隱約，乃邪已入營。若再不解，必延入血，故用羚羊角、連翹、元參、沙參、鮮生地、石斛，鮮菖蒲，兩清氣血，佐以牛黄丸，芳香宣竅，使其從營轉氣，由氣達表，尚可一汗而解。凡舌苔黄白，間雜浮膩，尖雖鮮絳，神雖昏譫，總爲氣熱未清，不可專涼血分，恐致氣分之邪無由出路，徒增險態，設不得已，惟宜兩清之可也。

冬溫煩熱，舌絳神昏，譫妄，斑紫或黑，脈數或促，此邪入血分，宜用犀角地黄湯，加鮮石斛，元參心，連翹心、人中黄、廣鬱金、鮮菖蒲，至寶丹，青竹葉等味，涼血透邪也。

上條舌絳苔黄，斑疹隱約，雖已神昏，邪尚在營。此條舌絳而焦，斑紫而黑，神昏譫妄，是邪已入血，非涼血清熱，則萬無生理，故用犀角、生地、丹皮、赤芍，合元參、連翹、中黄、石斛，菖蒲，涼血破瘀，兼至寶丹，芳香逐邪。若再不解，則邪無泄越，症必危矣。

冬溫煩熱，舌絳而乾，斑疹顯透，神迷妄笑，尋衣摸床，手足振顫，此陰傷風動，宜用炙甘草湯，去薑桂，加牡蠣、鮮石斛、鮮菖蒲等味，養陰卻熱也。

熱不解，而舌乾色絳，斑已透而神迷妄笑，乃熱極陰傷，陽動化風，故尋衣摸床，手足搖動，若非毓陰和陽，恐難挽回造化，必藉參、甘、膠、地、麥冬、牡蠣、菖蒲、石斛，扶正養陰，則液返津回，肝陰内復，而風陽自熄焉。

冬溫初起，舌遽乾，神便昏，煩熱脈數，或吐或瀉，此邪盛正虚，宜用金匱麥門冬湯，加桑葉、地骨皮、鮮石斛、鮮菖蒲、鮮稻根等味，甘涼養胃。倘吐瀉傷陽，無熱神迷多寐，脈耎不食，宜用人參溫膽湯，甘溫和胃也。

凡病初起，便見舌乾神昏，乃正虚邪盛，不克支持，最爲險候。若煩熱舌

乾，胃陰更損。故用麥冬、法夏、西參、甘草、粳米、桑葉、骨皮、石斛，甘涼濡潤，以醒胃氣。倘吐瀉傷陽，而神迷如寐，脈耎無熱，乃傷及胃陽，宜用溫膽和胃，人參養正爲妙。

冬溫舌黄乾燥，煩躁昏譫，脈弦或伏，便閉腹硬，轉矢氣者，此熱結在腑，宜用鮮生地、生首烏、鮮石斛、大黄、元明粉等味，微下存陰也。

冬溫按法調治，而病不肯解，舌赤苔黄帶焦，或如沉香色，此應下之候，更兼腹硬，頻轉矢氣，即仲景所謂轉矢氣者，有燥糞也，倣調胃承氣，合生地、石斛、首烏，既能祛結，又能養陰也。

《六因條辨・風溫條辨》 風溫初起，面赤口燥，身熱神迷，鼻鼾多寐，不語不食，此風熱上蒙，宜用葳蕤、知母、麥冬、桑葉、薄荷、沙參、杏仁、鮮菖蒲、廣鬱金、青竹葉等味，疎風清熱也。

風與溫合，化爲壯火，壯火食氣，必傷肺金，故初起面赤拂鬱，鼻息如鼾，熱犯少陰則神迷多寐，猶仲景所謂少陰症，但欲寐之意相彷彿也。至默默不語，不思飲食，皆係風熱混擾，清陽蒙蔽，在幼稚爲甚者，以體屬純陽，易於引風，故用桑葉、薄荷，疎風邪，杏仁、玉竹、沙參、麥冬、知母，清溫熱，毋使傳變爲要。

風溫咽痛，神昏，煩躁，目赤，舌絳，丹疹，脈促模糊，此風熱内閉，宜用犀角地黄湯，加羚羊角、鮮石斛、元參心、連翹心、鮮菖蒲、銀花、金汁、薄荷、蟬衣、牛黄丸等味，表裏兩清也。

神迷舌絳，脈促模糊，乃熱邪内逼，虛靈蒙蔽，更兼咽痛丹疹，煩躁不安，則内閉之險已極，倘痙厥一至，事難爲矣，故用犀角、羚角，清營絡，生地，丹皮滋血熱，連翹、元參、麥冬、石斛養胃津，銀花、金汁解毒，薄荷、蟬衣祛風，更兼菖蒲牛黄丸芳香宣竅，俾表裏氣血，得以雙清雙解，而轉危爲安也。

風溫一二日後，神反清，語反出，舌黄口渴，煩熱脈洪，此溫邪内蒸，宜用白虎湯，加沙參、麥冬、杏仁、鮮玉竹、鮮石斛、連翹等味，清氣透邪也。

初起神迷語蹇，狀如中風，過一二日後，反覺神清語出，是風邪外泄，并非中厥，若仍口渴舌黄，燔熱脈洪，乃溫熱内燔，邪尚在氣，宜用白虎湯，合杏仁、玉竹、石斛、連翹、沙參、麥冬，一派甘寒之味，以清陽明氣熱爲妙。

風溫舌黄尖絳，神昏煩躁，目赤齒枯，此氣血燔蒸，宜用玉女煎，加元參、連翹、人中黄、牛黄丸等味，兩清氣血也。

目赤齒枯，神昏煩躁，邪已入血，故舌尖色絳，但苔仍帶黄，氣熱未盡，未可專涼血分，恐滋膩難清，務得玉女煎，合連翹、元參，兩清氣血，人中黄、牛黄丸清營透邪，庶無遺漏之弊。

風溫舌絳乾焦，神清脈數，而熱不肯解，此熱劫胃陰，宜用復脈湯去薑桂，加鮮斛、白芍、地骨皮、梨汁、蔗漿等味，甘涼養陰也。

神清脈數，病退之象，然熱不解，而舌絳焦黑，并無苔膩，是爲無地之黑，乃熱灼傷陰，胃津消爍，非甘涼濡潤，充養胃陰，則熱何以清？故用復脈湯去薑桂者，恐增熱耳。加蔗梨者，助甘寒焉。若舌苔黄而焦黑，或老黄如沉香色者，此爲有地之黑，因熱瘀在腑，宿垢未清，大便閉結，皆宜下之，即用大黄、元明粉、生首烏、鮮生地、鮮石斛、鮮稻根等味，養陰攻熱，不必過慮。近時醫輩，一見攻下，不問應否，衆口交咻，咸爲詫異，此不過沽名盜利，以圖虛聲。殊不知仲景先師，汗吐下和溫清補瀉，皆有一定之理，又有急下微下，先攻後攻之戒，故命後人云，有是症，投是藥，方爲良醫。若恐招是惹非，有是症而不敢投是藥，以致因循貽悞，坐失機宜，豈得謂之良哉。

《張氏溫暑醫旨・風溫》 經云，太陽之爲病，發汗已，身灼熱，咳嗽身重，嗜卧，名曰風溫。此言本溫邪，以誤發汗，而變風溫也。

又有溫邪未發，感受溫風而患者，此即《傷寒論》所謂兩感。葉氏書新邪引動宿邪，亦此意。是知四時百病，均有兩感之症，則用藥不得不變通，醫者不可不多讀書，不可不聰明。

又有感觸風熱，身疼，頭痛，喉痛，咳痰，或發疹，熱甚亦譫語，傷營則失紅，第無傳心傳胃之症，此屬感時令風邪，與上兩條較輕，而用藥則一。

風溫分三焦治，葳蕤湯、葦莖湯、銀翹散、白虎湯，上焦藥也。黄芩湯，提少陰邪，併肺而祛之，亦上焦也。至寶丹、紫雪、牛黄丸、芳香開竅，心宮藥，心肺同屬上焦也。涼膈散，由上焦至中焦下藥也。舌黄滑厚，痰多，用象貝母、蔞仁，爲貝蔞下肺湯，或葶藶大棗湯，皆肺分下藥也。肺熱用羚角，入心用犀地，不應，再加川連，葉氏所云忌下者，不用承氣湯耳，若小柴胡湯，張石頑先生云，春天少陽司令，當旺者貴，故可用。予逢夾少陽邪者加柴胡，其頭痛由於血虛者，用芎歸無不效。蓋用藥必先知一定規矩，然後可變化，不拘

一法，所謂醫不執方者此也。若湊入消導，勉強成方，即屬殺人。又葉案中，有風溫傷刼陰津，用生地、阿膠、麥冬、白芍、炙甘、蔗漿，又或用沙參、麥冬、玉竹，其大旨總以甘藥爲主。若辛溫表散，若則燥消導，未有不傷及陰液者。其驟變爲痙厥，緩變爲虛勞，皆未經顧及陰分之過耳。

風溫有夾食者，予亦不用消導，以風能消穀，即油膩厚味，不過痰多，祛其痰可也。又或風熱移入下焦水瀉者，用黄芩湯，所謂肺與大腸相表裏，但治其肺，而瀉自止。而《內經》在上者，因而越之之旨。若誤認挾熱自利，用下法，東垣先生所謂藥過病所矣。

《時病論·擬用諸法·辛涼解表法》 治風溫初起，風熱新感，冬溫襲肺咳嗽：

薄荷一錢五分　蟬退一錢，去足翅　前胡一錢五分　淡豆豉四錢　瓜蔞殼二錢　牛蒡子一錢五分

煎服，如有口渴，再加花粉。

此法取乎辛涼，以治風溫初起，無論有無伏氣，皆可先施。用薄荷、蟬退、輕透其表；前胡、淡豉，宣解其風。葉香巖云，溫邪上受，首先犯肺。故佐蔞殼、牛旁開其肺氣，氣分舒暢，則新邪伏氣，均透達矣。

治風溫初起，六脈浮盛，表實壯熱，汗少者，先以此方發表：

葳蕤　白微　羌活　葛根　麻黄　川芎　木香　杏仁　石膏　甘草

共十味，水煎，日三服。

雷豐按：風溫之病，因風觸發，發熱有汗，不可汗之。今謂汗少者，風必兼寒可知，故兼用羌、葛、麻黄，倘汗多者，不宜浪用。如春溫之病，因寒觸發，熱重無汗，體素盛者，此方權可用之，弱者尚嫌太猛耳。

《時病論·冬傷於寒大意·冬溫》 昔賢謂冬應寒而反溫，非其時而有其氣，人感之而即病者，名曰冬溫是也。其勞力辛苦之人，動作汗出，溫氣乘襲，多在於表；其冬不藏精之人，腎經不足，溫氣乘襲，多在於裏。冬溫雖發於冬時，然用藥之法，與傷寒迥別。蓋溫則氣泄，寒則氣斂，二氣本屬相反，誤用辛溫，變證疊出矣。其證頭痛有汗，咳嗽口渴，不惡寒而惡熱，或面浮，或咽痛，或胸疼，陽脈浮滑有力者，乃溫邪竄入肺經也，宜用辛涼解表法加連翹、象貝治之。口渴甚者，溫邪入胃腑也，再加蘆根、花粉治之。如或下利，陰脈不浮而滑，溫邪已陷於裏也，宜以清涼透邪法加葛根、黄芩治之。倘熱勢轉劇，神氣昏憒，讝語錯亂，舌苔轉黑者，不易治也。勉以祛熱宣竅法治之，紫雪丹，亦可用之。種種變證，不能盡述。須仿諸溫門中之法可也。

或問：冬溫發熱而不惡寒，倘惡寒者，爲何病也？答曰：冬溫惡寒，偶亦有之，良由先感溫氣，即被嚴寒所侵，寒在外而溫在裏，宜用辛溫解表法先去寒邪，繼用涼解裏熱法而清溫氣。又問曰：傷寒、冒寒皆惡寒，何以別之？曰傷寒、冒寒初起無口渴，以此別之。曰：溫邪當發爲冬溫，倘其微者，伏而不發，爲何病也？曰：伏而不發，來春必變爲溫毒也。凡治時病者，新邪伏氣，切要分明，庶不至千里毫釐之失。

又問：先生之書，專爲六氣而設，風寒暑溼燥，皆已詳明，何獨火證不詳，恐爲不全之書，而火證可補述否？答曰：子不知君火秉權之候，有溫病、溫毒也。相火主政之時，有熱病、暑病也。君相司令而病者，非火證而何？何不全之有哉。況火爲陽邪，其證最著，如脈數有力，舌苔黄燥，或目赤，或口渴，或喉痛，或溺紅，皆火證也，法當清涼治之。其餘五志之火，龍雷之火，悉屬內傷，玆不論之。

《時病論·備用成方·千金陽旦湯》 治冬溫脈浮發熱，項強頭痛：

桂枝　白芍　黄芩　甘草

加薑棗煎服。

《時病論·備用成方·千金陰旦湯》 治冬溫內寒外熱，肢節疼痛中挾寒食。

即陽旦湯加乾薑。

雷豐按：陽旦湯主治先感冬溫，又被風寒所遏之病，陰旦湯主治體質本寒，忽受冬溫之病，如咳嗽，口渴甚者。薑、桂究難浪用。凡一切溫熱之病，最忌辛溫之藥，偶或用之，非本質屬寒，即外加寒氣，倘拘於陽旦、陽旦，爲冬溫一定之方，不亦惑乎。

《溫熱逢源·詳註仲景伏氣化溫證治各條》 若發汗已，身灼熱者，名曰風溫。風溫爲病，脈陰陽俱浮，自汗出，身重多眠睡，鼻息必鼾，語言難出。若被下者，小便不利，直視失溲。若被火者，微發黄色，劇則如驚癇，時瘈瘲。若火熏之，一逆尚引日，再逆促命期。

章虛谷曰：太陽外感之邪。若發汗已，當熱退身涼矣。今熱邪從少陰而發。當清其熱發而悞發其汗，反傷津氣而助邪熱，故身更灼熱，因而勾起

其肝風。鼓盪其溫邪，故曰風溫。其爲病也，虛陽外浮，熱邪漫溢，故脈陰陽俱浮；津液外泄，則自汗不止；氣乏神昏，則身重多眠睡；內風動而機竅窒，故鼻鼾而語難出；其非外感風邪可見矣。若被下者，謂未經誤汗，非爲汗後又下也。若誤被火刼者，微則熱傷營氣，而血瘀發黃；劇則熱甚風生，而驚癇瘈瘲也。蓋邪伏少陰，熱灼水枯，咽乾口燥，法當急下；此熱已發出太陽，則少陰空虛，若下之傷陰，則小便不利，而直視失溲，則氣亦脫矣。若未汗下而被火攻者，外火助內熱，熏蒸而發黃；劇則火邪擾心而驚癇；肝風熾甚而瘈瘲，皆壞象也。若止火熏之，一逆尚可引日苟延；若既汗又下而再逆之，更促其命期矣。

《溫病指南·風溫上焦篇》 風溫初起，頭痛身熱自汗，不惡寒而渴，或不渴而咳，午後熱甚，脈動數，右大於左，或兩寸獨大者，邪在上焦手太陰肺經氣分也，辛涼平劑銀翹主之。

溫病初起，惡風寒無汗，頭痛身熱，或渴或咳者，溫自內發，風寒外搏也，加減杏蘇散微解之。服後惡寒已退，餘證未除者，仍用銀翹散。按：風溫證，本以辛涼爲正治，忌辛溫發表，此因風寒外搏，內熱外寒，故用微溫之杏蘇等暫解其表，服後惡寒既退，即宜仍用辛涼，不可過散傷陰，亦萬不可因其惡寒無汗，竟用麻、桂、羌、獨、升柴等辛溫升散之峻劑也。

溫病初起，身不甚熱，咳而微渴者，熱傷肺絡也，辛涼輕劑桑菊飲主之。

太陰溫病，脈浮洪舌黃，大渴大汗，面赤惡熱者，邪熱已深，逼爍津液，邪欲出而未遂也，辛涼重劑白虎湯主之。白虎乃剽悍之劑。若其人脈浮而細，或脈沉，或不渴，或無汗，均不可用。倘悮用之，禍不旋踵，慎之毋忽。

太陰溫病，脈數右，大煩渴舌絳者，氣血兩燔也，加減玉女煎主之。

太陰溫病，血從上溢者，溫邪逼迫血液上走清道也，犀角地黃湯合銀翹散主之。若見中焦證以中焦法治之。若吐粉紅血水者，死不治。血從上溢，脈七八至以上面反黑者，死不治。可用清絡育陰法，以挽救之。

太陰溫病，口渴甚者，雪梨漿沃之。吐粘滯白沫者，五汁飲沃之。

溫病二三日，舌微黃，寸脈盛，心煩懊憹，起卧不安，欲嘔不得，無中焦證者，邪在膈中也，以梔子豉湯湧吐之。如兼胸痞痰多者，膈中結爲熱痰也，瓜蒂散主之。

太陰溫病，兩寸脈大，舌絳而乾，口不渴者，熱在營中也，減味清營湯主之。

溫病發斑如雲片無顆粒爲斑者，邪鬱肌表也，化斑湯主之。發疹有顆粒爲疹者，邪鬱血絡也，葛根解肌湯主之。神昏讝語者。心陽傷而神明亂也，清宮湯主之，安宮牛黃丸、紫雪丹、局方至寶丹亦主之。牛黃丸最涼，紫雪次之，至寶又次之，臨時酌用可耳。

溫病舌蹇肢厥者，熱邪已入心包也，牛黃丸主之，紫雪丹亦主之。

溫毒咽痛喉腫，耳前後連頰腫，或外腫而喉不痛，甚則耳聾，俗名大頭溫，又名蝦蟆溫者，加減普濟消毒飲主之，外敷水仙膏。如神昏讝語者，先與紫雪丹、牛黃丸之屬，再服清宮湯。

《溫病指南·風溫中焦篇》 溫病面目俱赤，語聲重濁，呼吸俱粗，若來粗去不粗，去粗來不粗，或竟不粗者，即非此證。大渴引飲，大便閉，小便濇，舌苔老黃，甚則色有芒刺，但惡熱不惡寒，下午益甚，脈浮洪躁甚者，邪由上焦肺經，傳入中焦陽明胃經尚未結實也，白虎湯主之。脈浮而促者，熱邪尚可透表也，減味竹葉石膏湯主之。

陽明溫病，諸證悉具，如第一條所云。數日不大便，脈沉數者，中焦邪漸結實也，增液湯主之。

陽明溫病，服增液後，過十二時，大便不下者，增液合調胃承氣湯主之。即照增液湯原方，與調胃承氣湯方合爲一劑。

陽明溫病，諸證皆有，如第一條所云。數日不大便，脈沉數有力，甚則脈體反小，服增液調胃承氣後，大便仍不通者，中焦邪已結實也，大承氣湯主之。大承氣乃攻裏峻劑，必脈象。證象與書中一一相符。已服增液調胃，便仍不通者，方可用之。如脈浮、脈遲、或惡寒、或小便清長，或舌雖黃黑苔薄而潤、或病者平素陰虧，及胃弱食少，均不可輕用也，慎之慎之。

溫病面目俱赤，四肢厥冷，甚則通體皆厥，不瘛瘲，但神昏，七八日以外，大便閉、小便赤、脈沉伏，或并脈亦厥，胸腹滿堅，甚則拒按，喜涼飲者，熱結中焦火極似水也，大承氣湯主之。

陽明溫病，如首條所載。諸證悉有而微，脈不浮者，小承氣湯微和之。

陽明溫病，汗多、讝語、舌苔老黃而乾者，有結糞也，宜小承氣湯。

陽明溫病，無汗、小便不利、讝語者，恐因邪犯心包，未可定爲結糞也，先服牛黃丸，如不大便，再與調胃承氣湯。

陽明溫病，純瀉稀水無糞者，熱結旁流也，調胃承氣湯主之。

陽明溫病，下利譫語，若陽明脈實或滑疾者，腸虛胃實也，小承氣湯主之。若脈不實者，熱犯心包也，牛黃丸主之，紫雪丹亦主之。

溫病大熱大渴，舌燥，脈不浮而躁甚，舌色金黃，痰涎壅甚者，上焦未清，而又陽土燥烈，煎熬腎水，三焦俱急也，承氣合小陷胸湯主之。

溫熱本傷陰之病，若下後汗出，則胃陰受傷，急復其陰，益胃湯主之。下後無汗脈浮者，邪氣還表也，銀翹湯主之；脈浮洪者，熱甚傷津也，白虎湯主之；脈洪而芤者，金受火克元氣不支也，白虎加人參湯主之。

下後數日熱不退，或退不盡，口燥咽乾，舌苔乾黑，或金黃色，脈沉而有力者，邪氣復聚於胃也，然津液日耗，須加意防護其陰，護胃承氣湯微和之。脈沉而弱者，增液湯主之。

陽明溫病，下後二三日，下證復見，脈不甚沉，或沉而無力，止可與增液，不可與承氣。

陽明溫病，下之不通者，險證有五，應下失下，正虛不能運藥者，正氣既虛邪氣復實也，新加黃龍湯主之。喘促不寧，痰涎壅滯，右寸實大者，肺氣不降裏證又實也，宣白承氣湯主之。左尺堅牢，小便赤痛，時煩渴甚者，火腑不通，小腸熱盛，下注膀胱也，導赤承氣湯主之。神昏舌短，飲不解渴者，邪閉心包，內竅不通也，牛黃承氣湯主之。陽明太熱，津液不足，間服增液，仍不下者，臟燥太甚，無水舟停也，增液承氣湯主之。

下後虛煩不眠，心中懊憹，甚至反覆顛倒者，膈間之邪未清也，梔子豉湯主之。

陽明溫病，乾嘔口苦而渴者，邪熱夾穢擾亂中宮也，如無下證，用黃連黃芩湯。不渴而舌滑者，當照濕溫法治之。

陽明溫病，舌色絳不渴者，邪氣深入血分也，清營湯主之。若舌苔滑者，當照濕溫法治之。

陽明發斑者，化斑湯主之。

陽明溫病，下後疹出者，加減銀翹散主之。此因下後疹出，陰液已傷，不可再用葛根升發，故仍從加減銀翹法，而稍變其藥味。

斑疹用升提則衄血，或厥逆，或嗆咳，或昏痙，用壅補則瞀亂，若陽明證悉具，外出不快，內壅特甚者，調胃承氣湯微和之。得通則已，不可令大泄，大泄則氣陷也。

陽明溫毒發痘者，形如小兒痘瘡，或多或少，紫黑色。穢濁太甚也。脈浮則用銀翹散加生地、元參，渴者加花粉，毒重者加金汁、人中黃，小便短者加芩連之類，脈沉內壅者酌量輕重下之。如發瘡形似楊梅者，輕則紅紫，重則紫黑，多現於面部背部，亦照此法，重用敗毒之品，兼與利濕，如土茯苓、萆薢之類。

陽明溫病，無汗，實證未劇者，不可下，小便不利者，小腸熱結，金受火刑也，不可利水，宜用甘苦合化法，冬地三黃湯主之。

溫病小便不利者，不可以淡滲利水，如五苓、八正散之類。恐傷陰也。溫病燥熱者，不可純用苦寒，如三黃湯之類。恐苦能化燥也。溫病下後熱退不可即食，食則病必復發，須周十二時後，緩與清淡之食，不可令飽，飽則病亦復發，發必重也。

陽明溫病，下後脈靜身不熱，舌上津回，十數日不大便者，腸胃津液受傷也，可與益胃增液之屬。下後舌苔未退盡，身微熱，面微赤，口微渴，脈微數，日淺者，亦與增液益胃之屬。日深舌微乾者，用下焦復脈法。均不可再用承氣湯，用之證必增劇，甚則燥咳泄瀉而死。

陽明溫病渴甚者，雪梨漿沃之。

陽明溫病，斑疹、溫痘、溫瘡、溫毒、發黃，凡神昏譫語者，安宮牛黃丸主之。

《溫病指南・風溫下焦篇》 溫病久羈陽明，或已下，或未下，身熱面赤，口乾舌燥，甚則齒黑唇裂者，熱邪漸傷少陰腎水也。脈沉實者，仍可下之，若脈虛大，手足心熱，甚於手足背者，邪熱少，虛熱多也，加減復脈湯主之。

溫病誤表，以致心中震震，舌強神昏者，心氣被傷，津液被刦也，宜復脈湯。舌上津回則生。

溫病六七日後耳聾者，陰火內熾，病在少陰也，宜復脈湯。若悞認少陽證，服柴胡湯，則必死。

勞倦內傷，復感溫病，六七日外不解者，宜復脈湯，若身不熱而倦甚者，加人參。

溫病已發汗而汗不出，已下而熱不退，六七日以外，脈尚躁盛者，邪正交爭也，重與復脈湯。

溫病悞用升散，脈結代，甚則兩至者，法當急救其裏，所謂留人治病也，

重與復脈湯。

溫病汗下後，口燥咽乾，神倦欲眠，舌赤苔老者，少陰液虧也，與復脈湯。

溫病悞表，以致舌強神昏，汗自出，中無所主者，心氣津液受傷過甚也，救逆湯主之。

下後大便溏甚，日三四行，脈仍數者，眞陽素虛而裏熱未清也，一甲煎主之。服一二日後，如大便不溏，可與一甲復脈湯。

下焦溫病，凡大便溏者，即與一甲復脈湯。係於復陰方中。

熱邪深入下焦，脈沉數，舌乾齒黑，手指蠕動者，眞水受虧，不能涵木也，急防痙厥，二甲復脈湯主之。下焦溫病，熱深厥甚，脈細促，心中大動，甚則心中痛者，腎虛不能濟木，肝風鴟張，心君失偶也，三甲復脈湯主之。

少陰溫病，心煩不得卧者，眞陰欲竭，壯火復熾也，黄連阿膠湯主之。

夜熱早涼，熱退無汗者，邪熱深伏陰分，熱自陰來也，青蒿鱉甲湯主之。

既厥且噦，俗名呃忒脈細而勁者，溫邪久踞下焦，消爍肝液，擾及衝脈也，小定風珠主之。

下焦溫病，神倦瘛瘲，舌絳苔少，脈氣虛弱，時時欲脫者，熱邪久羈，吸爍眞陰也，大定風珠主之。此證多因悞表、悞攻而成。

凡壯火尚盛者，不得用定風珠、復脈，邪少虛多者，不得用黄連阿膠湯，陰虛欲痙者，不得用青蒿鱉甲湯。

下焦溫病，痙厥神昏，舌短煩躁，如寸脈大，口氣重，目赤顴紅，壯熱者，手少陰邪熱未清也。先與牛黄丸、紫雪丹之屬，開竅搜邪，再與復脈存陰，三甲潛陽，臨證細參，勿致倒亂。

溫邪久羈，肌膚甲錯，或因下後裏通，邪欲潰，或因服存陰藥，液增欲汗，正氣已虛，不能即出，陰陽互爭而戰者，欲作戰汗也，復脈湯熱飲之。虛甚者，加人參助汗外出，若其人肌肉尚盛，未至甲錯，當聽其汗自出，不可騷動。

時欲漱口不欲嚥，大便黑而不燥者，陰虧而有瘀血也，犀角地黄湯主之。

夜熱晝涼，少腹堅滿，小便自利，大便閉，脈沉實者，邪盛而畜血也，桃仁承氣湯主之。

溫病服清解藥後，脈反濡小，下利稀水，或便膿血者，熱撤裏虛也，桃花湯主之。

溫病七八日後，身熱舌絳苔少，下利日數十行，完穀不化，脈虛數者，裏邪已盡，脾陽下陷也，桃花粥主之。

《感症寶筏·風溫》 凡天時晴燥溫暖，感其氣者，即是風溫之邪此感而即發之溫病。陽氣熏灼，先傷上焦從口鼻而受，先入肺經。其爲病也，身熱汗出、頭脹咳嗽、喉痛聲濁肺經見症。治宜辛涼輕劑解之辛涼宣泄上焦肺經，大忌辛溫汗散與傷寒不同法。古人治風溫，有萎蕤湯、知母葛根湯，內有麻黄、羌活等藥，皆不可用辛溫散表，故不可用。

風溫吸入，先傷太陰肺分。右寸脈獨大，右寸肺脈也，大爲邪熱。肺氣不舒，身痛胸悶，頭脹咳嗽，發熱口渴，上焦見症。或發痧疹，邪由肺而外出皮膚。主治在太陰氣分，梔、豉、桑杏、蔞皮、牛蒡、連翹、薄荷、枯芩、桔梗、桑葉之類，輕宣上焦肺分熱邪，辛涼清散法也。清之解之。痰嗽加貝母，清痰止嗽。聲濁不揚加兜鈴，火盛脈洪加石膏，清肺胃火熱。咽痛加射干，利咽化痰。飽悶加廣鬱金、枳殼，開痞化邪。乾咳喉燥加花粉、蔗漿、梨汁，生津化熱，潤肺止咳。咽喉鎖痛加萊菔汁。滌痰下氣。如發熱、口糜、氣穢者，此溫邪劫傷肺胃之津也，宜生地、石膏、知母、麥冬、花粉、釵斛、梨皮之類主之。

邵評： 溫邪由肺而入於胃，熱傷肺胃之津，病在上中二焦，故用大清肺胃熱邪，生津潤燥爲主。治上中二焦之良法。

如肺脹喘急、胸痛氣穢者，此溫邪傷肺，欲釀內癰也。急用活水蘆根、桃仁、苡仁、栝蔞皮、冬瓜子、北沙參、黑元參、連翹之類清之。

邵評： 熱邪蘊於肺中，鬱結不宣，氣滯血瘀，欲釀肺癰。故見胸疼喘急、痰氣穢臭之症。用千金葦莖湯宣肺痹而行血降氣，加味以清化肺熱爲治。

凡風溫上受，爲手太陰輕證。若犯手少陰、厥陰二經，當於溫熱證內合參之。

以上是感而即發之冬溫。

邵評： 以上邪初在肺，其勢尚輕。若肺邪不解，傳入心營及心包絡經，則入裏而病重矣。後溫熱證內所列各條，治法相通，當合參之。

紀 事

《臨證指南醫案·風溫》 風溫

某　風溫從上而入，風屬陽，溫化熱。上焦近肺，肺氣不舒轉。周行氣阻，致身痛，脘悶，不飢。宜微苦以清降，微辛以宣通。醫謂六經，輒投羌防，泄陽氣，劫胃汁。溫邪忌汗，何遽忘之。

杏仁　香豉　鬱金　山梔　瓜蔞皮　蜜炒橘紅

葉　風溫入肺，肺氣不通。熱漸內鬱。如舌苔，頭脹咳嗽，發疹，心中懊憹，脘中痞滿，猶是氣不舒展。邪欲結痺。宿有痰飲。不欲飲水，議梔豉合涼膈方法。

山梔皮　豆豉　杏仁　黃芩　瓜蔞皮　枳實汁

郭　風溫入肺，氣不肯降，形寒內熱胸痞，皆膹鬱之象。辛涼佐以微苦，手太陰主治。

黑山梔　香豉　杏仁　桑葉　瓜蔞皮　鬱金

《臨證指南醫案·溫熱》　謝　積勞傷陽，衛疎，溫邪上受內，入乎肺肺主周身之氣，氣窒不化，外寒似戰慄，其溫邪內鬱，必從熱化。今氣短胸滿，病邪在上。大便瀉出稀水，肺與大腸表裏相應。亦由熱迫下泄耳。用辛涼輕劑爲穩。

杏仁　桔梗　香豉　橘紅　枳殼　薄荷　連翹　茯苓

毛六十　溫邪熱入營中，心熱悶，脇肋痛，平素痰火。與邪膠結，致米飲下咽皆脹。老年五液已涸。忌汗忌下。熱入心營。

生地　麥冬　杏仁　鬱金汁　炒川貝　橘紅

陸六九　高年熱病，八九日。舌燥煩渴。譫語，邪入心胞絡中，深怕液涸神昏，當滋清去邪，兼進牛黃丸，驅熱利竅。熱邪入心胞

竹葉心　鮮生地　連翹心　元參　犀角　石菖蒲

顧　飲酒又能納穀，是內風主乎消爍。當春盡夏初，陽氣弛張，遂致偏中於右。診脈左弦且堅，肌膝隱約斑點。面色光亮而赤，舌胎灰黃。其中必夾伏溫邪，所怕內閉神昏。治法以清絡宣竅。勿以攻風劫痰，扶助溫邪，平定廓清。冀其帶病久延而已。

犀角　生地　元參　連翹心　鬱金　小青葉　竹葉心　石菖蒲

張　溫邪自裏而發，喉腫口渴，舌心灰滯，上焦熱蒙。最怕竅閉昏痙，苦寒直降。攻其腸胃，與溫邪上鬱無涉。

連翹　黑梔皮　牛蒡子　杏仁　花粉　馬勃　瓜蔞皮　夏枯草　金汁銀花露

《未刻本葉氏醫案·才按》　溫邪侵於肺衛，作之咳嗽。

杏仁　桑葉　川貝母　花粉　黃芩　南沙參

脈微形痺，正氣已虧，溫邪未淨，症勢不輕。

玉竹　白沙參　北梨肉　川貝　南花粉　霍石斛

陰弱，溫邪上侵，發熱咽痛，治以輕劑。

薄荷　象貝　桔梗　連軺　花粉　生草

溫邪上鬱，咳嗽音啞。

薄荷　射干　連軺　桔梗　杏仁　象貝

風溫襲於上焦，發熱頤腫。

薄荷　牛蒡子　馬勃　桔梗　鮮蘆根　連翹

《續選臨證指南·風溫》　某　風溫從上而入，風屬陽，溫化熱。上焦近肺，肺氣不得舒轉，周行氣阻，致身痛，脘悶不飢，宜微苦以清降，微辛以宣通。醫謂六經輒投羌、防，泄陽氣，劫胃汁，溫邪忌汗，可遽忘之。

杏仁、香豉、鬱金、山梔、瓜蔞瓜、蜜炒橘紅。

葉　風溫入肺，肺氣不通，熱漸內鬱，如舌苔、頭脹、咳嗽、發疹、心中懊憹、脘中痞滿，猶是氣不舒展，邪欲結痺。宿有痰飲，不欲飲水，議梔豉合涼膈方法。

山梔皮、豆豉、杏仁、黃芩、瓜蔞皮、枳實汁。

郭　風溫入肺，氣不肯降，形寒內熱，胸痞，皆膹鬱之象。辛涼佐以微苦，手太陰主治。

黑山梔、香豉、杏仁、桑葉、瓜蔞皮、鬱金。

秦六三　體質血虛，風溫上受，滋清不應，氣分燥也。議清其上。風溫化燥熱。

石膏　生甘草　薄荷　桑葉　杏仁　連翹

又，照前方去連翹、薄荷，加陳、蔞皮、鬱金、梔皮。

《掃葉莊醫案·夏暑溫熱》　冬溫伏邪，先厥後熱，深熱從裏而發，汗出煩竭，當救胃汁。

竹葉心　麥冬　生谷芽　烏梅肉　生草　川石斛

風溫欬嗽，下焦陰虛，先以辛甘涼劑清上。

桑葉　大沙參　麥冬　玉竹　川貝　生草糯米泡湯煎

冬月溫邪內伏，入春寒熱欬嗽，身痛微汗乃解，與溫瘧同法。桂枝白虎湯。

欬嗽二年，形瘦穀減，冬季喉垂漸痛，可見水虧，陽氣不藏，春月氣日甚，皆陰乏上承，陽結於上，爲喉痺矣。近日寒熱風溫客氣，脈小數爲陰傷。忌用辛散。

桑葉　沙參　川貝　玉竹　麥冬　生草

風溫變熱，爍筋灼骨，足筋腫痛而熱，二便不通，夜躁不眠，邪已入厥陰，多驚駭面青，經水不應期而來，爲腳氣之症。

漢防己　川黄柏　川萆薢　晚蠶沙　海金沙　川通草五錢煎湯代水

鮮生地　阿膠　五味　牡蠣　麥冬　白芍　女貞

《吴鞠通醫案·冬溫》　某　脈不浮而細數，大渴引飲，大汗，裏不足之熱病也。用玉女煎法。乙丑二月。

知母四錢　生石膏一兩　甘草三錢　麥冬五錢　細生地五錢　京米一撮　桑葉三錢

煮三杯，分三次服。

溫熱大渴大汗脈數，昨用玉女煎法，諸症俱減；平素有消渴病，用玉女煎，大便稀溏，加牡蠣。一面護陰一面收下。廿三日

牡蠣一兩　生石膏五錢　炙甘草三錢　麥冬五錢　大生地五錢　炒知母二錢　京米一撮

煮三杯，分三次服。

某　冬溫脈沈細之極，舌亦面赤，譫語，大便閉。邪機純然在血分之裏，與潤下法。丙寅，十一月初一日。

細生地六錢　元參六錢　粉丹皮三錢　生大黄五錢　麥冬不去心，六錢　生甘草二錢　元明粉一錢

煮三杯，先服一杯，得快便，止後服，外服牛黄凊心丸二丸。

冬溫，譫語神昏，皆誤表之故。邪在心包宜急急速開膻中，不然則內閉外脫矣。大便閉，面正赤，昨因潤。下未通經謂下不通者死，非細故也。得藥則嘔忌甘也先，與廣東牛黄丸二三丸，以開膻中，繼以大承氣湯攻陽明之實。初二日

生大黄八錢　元參八錢　老厚樸二錢　元明粉三錢　丹皮三錢　小枳實四錢

煮三杯，先服一杯。得便卽止，不便再服。

《肘後偶鈔·風溫》　某頭痛發熱，咳嗽喘促，脈左浮數。風溫上受，用凊解法。

薄荷六分　光杏仁三錢　連翹五錢　象貝二錢　廣橘紅八分　桑葉五錢　生甘草三分　枇杷葉三大片，去毛淨

又兩服，頭痛發熱頓除，惟略有喘嗽。前方去薄荷、連翹，加括蔞皮、紫苑、白前各一錢五分，兩服卽全。

李氏二八　脈浮而數，頭痛惡風，發熱咽痛。防發疹子。此風溫犯肺之症狀也。與輕凊宣上法。

薄荷一錢五分　杏仁二錢　牛蒡子二錢　連翹一錢五分　橘紅八分　桔梗一錢　遼參葉五分　生甘草四分

又一劑，咽痛止，膚見紅點。再劑知爲發疹，着手了無痕迹。

《類證治裁·溫症》　風溫

王氏　七旬有三，風溫傷肺，頭暈目瞑，舌縮無津，身痛肢厥，口乾不飲，昏昧鼻鼾，語言難出，寸脈大，症屬痰熱阻竅，先凊氣分熱邪，杏仁、象貝、花粉、羚羊角、沙參、嫩桑葉、竹茹、山梔，一服症減肢和。但舌心黑而尖絳，乃心胃火燔，懼其入營劫液，用鮮生地、犀角汁、元參、丹皮、麥冬、阿膠烊化。蔗汁，三服舌潤神甦，身涼脈靜。但大便未通，不嗜粥飲，乃灼熱傷陰，津液未復，繼與調養胃陰，兼佐醒脾，旬日霍然。

冬溫

湯　高年冬溫犯肺，醫用傷寒發表，致燥渴熱煩，又進柴葛解肌，嗆欬痰多，竟夜無寐。夫傷寒傳足經，溫邪直犯手經，原不同治，况溫邪忌汗，表散卽是劫津，診脈虛數，目赤舌絳，溫已化熱，再令液涸，必延昏痙。宜甘潤生津，苦辛降氣，麥冬、杏仁、栝蔞、山梔、知母、貝母、桑皮、橘紅，二服熱減嗽定。因小溲赤濇，去桑皮，加沙參、赤苓、木通、百合煎湯，再經調理而康。

李　冬溫表熱傳裏，唇燥舌乾，渴飲嘔沫，大便迫瀉稀水無度，脈濡緩，乃溼甚生熱，飲以鮮蘆根湯，隨用黄芩、栝蔞、通草、赤苓、車前子、豬苓、半夏麴，數服嘔渴自利悉定，去豬苓、夏麴，加滑石、燈心，滲利溼熱而愈。

景氏　冬溫挾虚，灼熱欬嗽，因誤治邪陷營分，便血甚多，陰液内涸，舌黑齒焦，神機不發，脈左虚數，右浮疾，耳聾目瞑，頰紅，遺溺失禁，此陰欲竭而孤陽浮也，急救液以存陰，用生地、犀角汁、五味子、阿膠、沙參、麥冬、石斛、雞子黄，三服能呻吟轉側；　第脈虚全不受按，去犀角，加洋參、茯神、棗仁、白芍，再服舌潤神清；　不饑不食，此上脘熱痰結也，再加川貝、蔞霜；嗣因肺虚，氣不化液，用復脈湯去薑、桂、麻仁，加歸、芍，濁痰降，大便得行，脈匀有神有納穀頗少，此脾陽困而未甦也，改用潞參、茯神、炙草、白术、穀芽、歸芍、蓮、棗而食進。

耿　深秋陰瘧，冬初重感異氣，寒熱嘔悶，醫謂傷寒，發表不應，即用承氣，更加蒼、朴，頭暈壯熱，煩渴下利，更醫，亦謂傷寒漏底，症屬不治，延至目閉語譫，唇泡齒黑，舌乾焦而縮，伊祖係予隔邑從姑丈，年八十矣，來曰：　三子僅存此一綫，今病至危奈何？　診脈右虚數，左弦數，予謂此溫邪耳，病在上焦，只宜輕劑疏解氣分，硝黄苦寒直降，與無形瀰溫熱邪何干？　蒼樸溫燥，劫津助灼，今液涸神昏，邪入心包，急速生津清熱，掃滌心包痰阻，庶望轉機。

犀角五分磨汁　鮮菖蒲三錢搗汁冲服　山梔　連翹各八分　鮮生地　鮮石斛各五錢　沙參　蔞霜　麥冬　貝母各二錢　竹茹三錢

一服舌潤神甦熱減；　因小水短赤，原方加元參二錢，燈心、車前各五分，再服熱退索食；　頤下腫痛，是名遺毒，由感症初失於疏理，仍須清解主治，用豆豉、桔梗、花粉、竹葉、牛蒡、貝母、翹、陳、歸、草，數服而消。

袁　陰瘧數年，既傷生冷，更感異氣，始則寒熱欬喘，繼則譫煩不寐，上則唇燥舌灰鼻煤，中則欬嘔胸脇牽痛，下則遺溺自利污溏，脈弦大數，醫不識何症，漫言陰虚垂絶，舉家哀懇，勉疏蛤粉、熟地補劑。　予謂此溫邪化燥，三焦皆受，豈堪濇膩壅邪？　治以疏泄則愈，安得此脈便死耶！　因思邪從上受，取之上，用薄荷、山梔、桑皮、杏仁、蔞仁、貝母、橘紅、石斛、梨皮、赤苓、燈心，明晨嗽煩悉定，胸脇痛平，舌胎浮潤矣。　越三日，因心事棖觸，午寒晡熱，氣粗語譫，脈弦大而浮，舌心乾，唇齒燥，予謂脈易得汗，但須救液以清心胃燔灼，先用生地、天冬、麥冬、犀角、花粉、石斛、蓮子心等；　再診胃脈大，舌心無潤，用石膏、知母、竹葉、生白芍、二冬等，脈候乃平；　汗出熱退七八，逾日舌尖再乾絳，印堂發出紅斑，仍屬心陽熾盛，隨用生地、鮮藕、阿膠、另化菖蒲、元參、丹參、天冬，防其熱陷心營，二服舌尖潤，紅斑較淡，後用生地、阿膠、生鱉甲、丹皮、白芍、青蒿等，汗徹身涼，調理而平。

《王氏醫案正續新編・卷一》　辛亥春，孟英治其令正，誕子三朝，忽渾身麻冷，尋即壯熱大渴，汗出不解，耳鳴眼泪，舌絳無津，苔色燥黄，腹痛拒按，不饑脘悶，惡露仍行，小溲極熱，脈則弦滑石甚。　是胎前吸受風溫，兼挾痰食内滯，雖新産血去陰傷，見證較劇，然病不在營，亟宜撤熱以安營，不可破血以傷營，亦不可養陰而助病。　遂以元參、白薇、梔子、知母、竹茹、旋覆、菖蒲、枳實、栝蔞爲方，服之熱雖退而脈不減，仍用此方。　越二日復麻冷而後熱，惟舌稍潤，苔較薄耳；　再飲之，熱亦即退，并吐膠痰數碗，略進稀糜。　間一日又發寒熱，或疑爲瘧，或疑分娩不易，用力勞傷，恐是虚證，苟不及早溫補，蓐損堪虞，孟英一一頷之。　夏與前藥，熱果漸短，渴亦遞減。　逾日寒熱猶來，亦不更方。　至十一朝，始下黑燥矢而寒熱乃休，即能安谷。　計服此藥已十大劑矣，始出方與戚鄙閲之，蓋恐眷屬之預聞涼解而有阻撓也，諸親莫不駴詫。　然此證非孟英獨斷獨行，斷難成功。　設泥新娩而通瘀，或以爲瘧而溫散，或疑其虚而滋補，勢必驟變，即有瞻顧，亦必邪熱糾纏而延成蓐損。　世人之病，往往弄假成眞者，大率類此。

《王氏醫案正續新編・卷二》　顧子襄體素豐，患頤腫，醫投升散之藥，神昏氣逆，鼻衄大流。　伊舅氏朱生甫明經爲延英視之。　面赤音低，不眠脘悶，大渴溺赤，脈滑數而洪。　曰：　冬溫也。　其苔色白而不燥者，内有伏痰耳；　便瀉如水者，肺熱下大腸耳；　豈可以爲寒乎？　予犀角、元參、旋覆、梔、芩、射干、竹茹、通草、銀花、石菖蒲服之。　衄止神清，瀉亦不作。　去犀，射，加花粉、貝母。　服二劑，解堅矢，吐膠痰，知饑熱退而愈。　繼有朱氏子右頸腫突，外科圍藥甚痛，身熱不饑。　孟英診曰：　冬溫耳，非患痛也。　敷藥亟令洗淨，另以芙蓉葉杵爛塗之，投以清解肺衛藥，數日而瘥。

《時病論・臨證治案・風溫入肺胃誤作陰虚膩補增劇》　雲岫孫某，平素清癯，吸煙弱質，患咳嗽熱渴，計半月矣。　前醫皆以爲陰虚肺損，所服之藥，非地、味、阿膠，即沙參、款、麥，愈治愈劇，始來求治於豐，按其脈，搏大有力，重取滑數，舌絳苔黄，熱渴咳嗽，此明是風溫之邪，盤踞肺胃。　前方盡是滋膩，益使氣機閉塞，致邪不能達解，當暢其肺，清其胃，用辛涼解表法，加蘆根、花粉治之。　服二劑，胸次略寬，咳亦暢快，氣分似獲稍開，復診其脈稍緩，

但沉分依然，舌苔化燥而灰，身熱如火，口渴不寐，此溫邪之勢未衰，津液被其所刦也，姑守舊法，減去薄荷，加入石膏、知母。服至第三劑，則肌膚微微汗潤，體熱退清，舌上津回，脈轉緩怠，繼以調補，日漸而安。

《時病論・臨證治案・風溫誤補致死》 里人笵某，患風溫時病，藥石雜投，久延未愈。請豐診視，視其形容憔悴，舌苔尖白根黃，脈來左弱右強，發熱纏綿不已，咳嗽勤甚，痰中偶有鮮紅，此乃賦稟素虧，風溫時氣未罄，久化爲火，刑金刦絡，理當先治其標，緩治其本，遂以銀翹散，去荆芥、桔、豉，加川貝、兜、蟬，此雖治標，實不礙本，倘見血治血，難免不入虛途。病者信補不服，復請原醫，仍用滋陰涼血補肺之方，另服人參、燕窩。不知溫邪得補益不能解，日累日深，竟成不起。嗚呼！醫不明標本緩急，誤人性命，固所不免矣。

《時病論・臨證治案・風溫夾濕》 南鄉梅某，望七之年，素來康健，微熱咳嗽，患有數朝，時逢農事方興，猶是勤耕綠野，加冒春雨，則發忽熾，咳嗽頻頻，口渴不甚引飲，身痛便瀉。有謂春溫時感，有言漏底傷寒，所進之方，僉未應手。延豐診治，按其脈，濡數之形，舌苔黃而且膩，前恙未除，尤加胸悶溺赤，此係風溫夾溼之證，上宜清暢其肺，中宜溫化其脾，以辛涼解表法，去蔞殼，加葛根、蒼术、神麯、陳皮治之。服二劑，身痛已除，便瀉亦止，惟發熱咳嗽，口渴喜涼，似乎客溼已解，溫熱未清，當步原章，除去蒼术、神麯，加入紹貝、蔞根、蘆根、甘草。疊進三劑，則咳嗽漸疎，身熱退淨。復診數次，諸恙若失矣。

《時病論・臨證治案・胃虛病溫》 海昌張某，於暮春之初，突然壯熱而渴，會延醫治，胥未中穖。邀豐診之，脈駛而躁，舌黑而焦，述服柴葛解肌及銀翹散，毫無應驗。推其脈證溫病顯然，刻今熱勢炎炎，津液被刦，神識模糊，似有逆傳之局，急用石膏、知母，以祛其熱；麥冬、鮮斛，以保其津；連翹、竹葉，以清其心；甘草、粳米，以調其中。服之雖有微汗，然其體熱未衰，神識略清，舌苔稍潤，無如又加呃逆，脈轉來盛去衰，斯溫邪未清，胃氣又虛竭矣。照前方增入東洋參、刀豆殼，服下似不齟齬，遍體微微有汗，熱勢漸輕，呃逆亦疎，脈形稍緩。繼以原法，服一煎諸恙遂退，後用金匱麥門冬湯爲主，調理匝月而安。

《時病論・臨證治案・胃實溫病》 山陰沈某，發熱經旬，口渴喜冷，脈來洪大之象，舌苔黃燥而焦。豐曰：此溫病也。由伏氣自內而出，宜用清涼透邪法，去淡豉、竹葉，加杏仁、蔞殼、花粉、甘草治之。服一劑，未中肯綮，更加譫語神昏，脈轉實大有力，此溫邪熾盛，胃有燥屎昭然，改用潤下救津法，加杏霜、枳殼治之。午前服下，至薄暮腹內微疼，先得矢氣數下，交子夜始得更衣，有堅燥黑屎十數枚，繼下溏糞，色如敗醬，臭不可近，少頃遂熟寐矣，鼾聲如昔，膚熱漸平，至次日辰牌方醒，醒來腹內覺饑，啜薄粥一碗。復脈轉爲小軟，舌苔已化，津液亦生。豐曰：病全愈矣，當進清養胃陰之藥。服數劑，精神日復耳。

程曦曰：斯二症皆是溫病，見證似乎相仿，一得人參之力，一得承氣之勳，可見學醫宜忝嶇證。一加呃逆，脈轉洪形，便知其爲胃氣之虛；一加譫語，脈轉實大，便知其爲胃氣之實。論其常證，相去不遠，見其變證，虛實攸分，臨證之秋，苟不審其孰虛孰實，焉能迎刃而解耶。

《時病論・臨證治案・伏氣晚發》 若耶趙某，頗知醫理，偶覺頭痛發熱，時或惡風，自以爲感冒風邪，用辛溫散劑，熱勢增重。來迓於豐，脈象洪滑而數，舌根苔黃，時欲煩躁，口不甚渴。豐曰：此晚發證也。不當辛散，宜乎清解之方。病者莞爾而笑，卽謂：晚發在乎秋令，春時有此病乎？見其幾上有醫書數種，內有葉香巖《醫效秘傳》，隨手翻出使閱，閱之面增愧色，遂請賜方，以辛涼解表法，加蘆根，豆卷治之。連服三煎，一如雪污拔刺，諸恙咸瘳。

《時病論・臨證治案・冬溫肺胃合病》 城北方某，木火體質，偶患冬溫，約有半月矣，治療乏效，轉請豐醫。按之脈形洪數，兩寸極大，苔黃舌絳，口渴喜涼，喘咳頻頻，甚則欲嘔，痰內時有鮮紅，思《內經》有肺咳之狀，咳甚唾血，胃咳之狀，咳甚欲嘔之文。此顯係肺胃受邪，明若觀火矣。見前方都是滋陰滋血之劑，宜乎冰炭耳。豐用清宣金臟法去桔梗，加花粉、鮮斛治之，疊進五劑，諸證漸平，調治旬餘遂愈。

《時病論・臨證治案・冬溫新感適值經行》 巖歙鮑某之女，園中待字，經水素不調勻，一月兩期，難免血海無熱。一日忽患冬溫，發熱咳嗽，胸閉喉疼，天癸又至。斯時用芩、連、梔子，以卻其溫，實有礙乎經事。倘用歸、芎、艾葉，以調其經，實有礙乎溫氣。細推其證，口不作渴，其邪在肺而不在胃，腹不作痛，其經因熱而不因寒。古人雖謂室 女莫重於調經，然今溫邪告急，

不得不先治標。其實淸肺之方，治上而不妨下。遂用牛旁、象貝、桔梗、射干、桑葉、薄荷、蔞皮、叭杏，靑果爲引。連服三劑，軀熱退淸，咳嗽亦衰大半，但腹内轉疼，天癸滴瀝靡盡。仍照原方，益以香附、澤蘭，又服數煎，諸恙平復矣。

《時病論・臨證治・冬溫傷陰將欲成損》 豐於冬至赴龍掃墓，經過安仁街，適有楊某患冬溫未愈，有相識者，謂豐知醫，楊卽懇診。查其所服之方，非辛溫散邪，卽苦寒降火，皆未得法。其脈細小滑數，咳嗽痰紅，發熱顴赤，此溫熱傷陰之證也。當用甘涼養陰，辛涼透熱，虛象已著，急急隄防，若再蔓延，必不可挽。卽用淸金甯絡法去枇杷葉、麥冬，細地改爲大地，再加丹皮、地骨、川貝、蟬衣治之，服至五貼，熱退紅止矣。豐返，復過其處，見病者面有喜色，謂先生眞神藥也，病勢減半，惟賸咳嗽數聲，日晡顴赤而已。診之脈亦稍和，此欲愈之象也。姑照原方去旱蓮、蟬退，加龜版、鱉甲，令其多服，可以免虛。歲暮以茶食來謝，始知其恙全可。

《葉案存眞類編・溫熱》 冬溫爲病，乃正氣不能藏固，熱氣自裏而發，齒板舌乾，脣燥，目微紅，面油亮，語言不爽，呼吸似喘，邪伏少陰，病發三焦皆受。仲景謂發熱而渴者，爲溫病。明示後人寒外鬱則不渴飲，熱内發斯必渴耳。治法淸熱存陰，勿令邪熱焚劫津液，致瘛瘲痙厥，神昏譫狂諸症。故仲景復申治療法云：一逆尙引日，再逆促命期，且忌汗、忌下、忌辛溫。九日不解，議淸膈熱。

飛滑石　連翹　淡黃芩　鬱鑫汁　竹葉心　天花粉　橘紅　苦杏仁

積勞伏熱，値初冬溫暖，天地氣不收降，伏邪因之而發，是爲冬溫。實非暴感，表散無謂。其痰喘氣促，左脇刺痛，係身中左升不已，右降失職，高年五液已衰，炎上之威莫制。脈現左細右搏，尤屬陰氣先傷，煩勞兼以嗔怒，亦主七情動陽。從來内傷兼症，不與外感同法，苦辛劫燥胃津，陰液日就枯槁。故仲景凡於老人虛體，必以甘藥調之。夫喘咳之來，固是肺熱，以診脈面色論之，爲下虛，正氣不主攝納，腎病何疑，卽初起熱利亦是陰不固，擬用復脈湯。此用復脈，不及朱案貼切。

病體已虛，風溫再侵，喘嗽身熱，脘悶，小便不利，全是肺病。此症反覆太多，深慮病傷成勞，凡藥之苦味辛泄者愼用。自評：此太陽之經氣不充，以致外邪易入。方中宜兼用撑法，以振陽氣，不得一味淸寒，恐有熱去寒起之虞。

靑蔗汁　鮮枸杞根皮　玉竹　桑葉　北沙參　蜜炒知母　炒川貝

《王旭高臨證醫案・溫邪門》 某　久患三瘧未愈，勞力更感風溫，而發時證，及今八日，壯熱煩躁，汗不能出，疹不能透，熱鬱蒸痰，神糊囈語，兩脇疼痛，難以轉側，胸悶氣粗，動則欲厥。所以然者，邪熱與瘀傷混合，痰濁與氣血交阻，莫能分解，以致擾亂神明，漸有昏喘之險。

豆豉五錢　蘇梗一錢　鬱金一錢　赤茯神三錢　連喬三錢　丹皮錢半　當歸三錢　杏仁三錢　天竺黃錢半　木通一錢　猩絳七分　菖蒲五分　靑葱　枇杷葉

淵按：鬱金、杏仁解氣鬱。當歸、葱、猩解血鬱。豆豉、蘇梗，從裏達表。尤宜佐黃芩、鮮地等，以解熱鬱。否則，熱不解，諸鬱亦不開，熱蒸痰阻，陷入胞絡易易。

《張聿青醫案・風溫》 某　氣喘不定，痰多稠厚。苔白轉黃，舌邊尖紅絳，唇硃顴赤，脈數至六以外。夫風爲陽邪，陽邪易於化火，所有痰濁，盡從陽化，華蓋之臟，獨當其炎，所以淸肅之令不行，右降之權盡失。痰鳴氣喘，讝如夢語，將有耗氣傷陰等變矣。

磨犀尖四分　杏仁泥三錢　桑白皮三錢　冬瓜子四錢　生石膏五錢　肥知母二錢，炒　馬兜鈴一錢五分　川貝母二錢，炒　生薏仁四錢　瓜蔞霜三錢　茯苓三錢　連翹三錢　靑蘆管一兩　枇杷葉去毛，一兩

賈左　症起四日壯熱無汗肢體煩疼，頭脹作痛，痰多口膩數右部浮大。夫熱重而至炙手，自必懊憹煩悶，此時尙無煩懊情形，其熱之尙在肌表，顯然可見考太陽爲六經之首，主皮膚而統衛氣。今風邪在表，陽氣屈曲不伸，故發熱頭疼。其所不能作汗者，良由濕痰素盛，内壅不宣，則表邪難達，吳又可先生所謂水注閉其後竅，則前竅涓滴，此正發汗之義也。肢體之痛，左脇爲甚，肝藏居左，風氣通於肝也。擬於疏解之中，參入化痰，必得汗泄，方能推散，然不易也。

荊芥穗一錢五分　霜桑葉一錢五分　羌活一錢　廣鬱金磨冲，六分　旋覆花絹包，二錢　製半夏一錢五分　橘紅一錢　赤白苓各二錢　光杏仁三錢　眞猩絳六分　枳實一錢五分　竹茹一錢　桔梗一錢

《凌臨靈方・風溫挾食》 某左，風溫外襲，肺氣不宣，加以食滯壅遏府氣，釀痰化熱。體熱，頭痛，欬嗽，嘔惡，眠食欠安，脈弦滑而數，胎中白，尖

紅。防發風疹，先宜疏肺。

羚角片　嫩薄荷　純鈎　鮮竹茹　焦查肉　連翹　金蟬衣　白杏仁
銀花露　牛蒡　橘紅　象貝　川鬱金

溫病總部

溫病疾病部

春溫部

題解

《傷寒指掌·類傷寒辨》 春溫病有兩種，冬受寒邪不即病，至春而伏氣發熱者，名曰春溫。若春令太熱，外受時邪而病者，此感而即發之春溫也。

《傷寒指掌·傷寒類症·溫熱》 春時木火司令，天道溫暖，新邪引動，溫從內發者，春溫也。

論說

《溫熱暑疫全書·春溫病論》 周禹載曰：喻嘉言《尚論篇》闡發仲景《傷寒論》殊暢也，《醫門法律》闡發《金匱要畧》殊貫也。雖皆有所粉本，然學廣才張，心靈筆古以各成其妙者也。至《尚論·溫病》云：會《內經》之旨，以發仲景不宣之秘，且謂仲景畧於治溫，而法度錯出於治傷寒中。因《內經》云：冬傷於寒，春必病溫，此一大例也。冬不藏精，春必病溫，此一大例也。既冬傷於寒，又冬不藏精，至春月同時病發，此一大例也。奉此三例以論溫證而詳其治，然後與仲景三陽三陰之例，先後合符。蓋冬傷於寒，邪藏肌膚，即邪中三陽之謂也。冬不藏精，邪入陰藏，即邪中三陰之謂也。嘉言之論如此，予謂溫病無陰陽之分也，何也？冬有溫氣，先開發人之腠理，而寒得以襲之，所謂邪之所湊，其氣必虛，惟不藏精之人，而後虛也。虛則寒傷其經，經必少陰者，以少陰藏本虛也。然所傷原微，且冬月大水當令，其權方盛，微邪不敢抗衡，但卧榻之側，豈容他人鼾睡，惟有阻彼生意，暗爍精髓，至於春時，強木長而水不足以供其資，始則當春而溫，木旺水虧，所鬱升發，火氣燔灼，病溫而已矣。其所傷者，寒也，所病者，溫也，所伏者，少陰也，所發者，少陽也，故病必有陽而無陰，藥必用寒而遠熱，黃芩湯其主治也。則嘉言之論溫，有陰有陽，如傷寒三陰經可用辛熱者，予曰否否不然也。

又曰：冬傷於寒，春必病溫。是言所感者本寒也，王叔和云，從立春節後其中無暴大寒，又不冰雪，有人壯熱爲病者，此屬春時，陽氣發外，冬時伏寒，變爲溫病，此亦明言寒也。變字大妙，嘉言以爲非，予獨以爲確。寒氣內伏，鬱久而發，自成熱矣。傷寒寒也，暫襲營間，不久而爲大熱。況遲之又久耶，爲熱乃自然之理。但不言變，不足以敎天下也。然何以不言熱而言溫？以春行溫令故也。如李明之所云，冬傷於寒者，冬行春令也，當冬而溫火勝而水虧矣，水既虧，則所勝妄行，土有餘也，所生受病，金不足也，所不勝者，侮之，火太過也，火土合德，濕熱相助，故爲溫病。然由明之所言，是冬溫而感之即病者也，非伏寒也，非變也。不然，必無冬溫一證也而後可。既有冬溫，則有是氣，已有是證矣。由其言以悉冬溫，便可垂論不磨，若論春溫不免貽昧千古矣。經曰逆冬氣，則少陰不藏，不藏則寒邪得而入之，傷於肌膚，伏於骨髓，始知冬爲藏精之時，惟逆冬氣，遂使少陰之經氣不閉，復遭非時之暖，致令開洩，忽然嚴寒驟返，不免受傷，故受傷者仍是寒邪也。因先被溫令開洩，似乎喜寒，且所傷不甚，故不即病，而潛伏於少陰也。然所以不病於冬而病於春者，正因水在冬爲旺時，邪伏於經，且俛首而不敢抗，內鬱既久，已自成熱，至行春令，開發腠理，陽氣外洩，腎水內虧，至春三月，而木當生發，孰爲鼓舞，孰爲滋養，生化之源既絶，木何賴以生乎。身之所存者溫也，時強木長，故爲溫病。余故以彼論冬時之感溫非是，而此論冬月之伏寒最精，愚性甚拙，何敢好議。先賢但以爲必如此，方與冬溫，兩不相阻，且與仲景論溫熱，必推本自始，動曰傷寒之旨，無悖云耳。

門人問曰：傷者寒也，何以病溫？答曰，傷寒非病寒乎，而何以熱也？寒鬱營間，不一二日而成大熱，况伏藏於內者，數十日之久耶。夫既邪傷肌肉，何以得人少陰經中？蓋惟不藏精，則少陰先病，故邪傷者少陰也。

春屬木，則自內發出，無論兼太陽或陽明，總無不由少陽何也？彼少陽行春令也。然既從少陰矣，何仲景專云太陽病？蓋太陽與少陰相表裏也，故以發熱爲太陽也。曰不惡寒，明無表症也，則其熱自內出，無外邪鬱之也。然則仲景復言太少合病者，見發熱不惡寒，或兼有耳聾脅滿證也，言三陽合病者，以脈大屬陽明，而多眠則熱聚於膽也，不言法者，總以黃芩湯爲主治也。乃嘉言復謂有發表三五次而外證不除，攻裏三五次而裏證不除，以爲在表也，又似在裏，以爲在裏也，又似在表，此溫疫證感天地人濕氣熱氣尸氣，邪入口鼻，溷淆三焦者相近，與春溫全不相涉也。愚故及之，以破後學之惑。

《治疫全書·喻嘉言尚論春溫大意》　熊立品按：《六書補》敬堂序云：冬傷于寒，春必病溫，原載在《內經》，一見于《生氣通天論》。再見于《陰陽應象論》。蓋傷言內，傷寒指令氣，謂太陽主令之時，精失閉藏，有違聖度，水臟不勝寒肅而受傷，冬不即病者，以我政當權尙可禦，侮且腎氣，畏冷縮伏胃中。至于春，則時退氣泄，熱既耗其液，木復盜其精，故略感微邪，便爲溫病。推其得溫之由，實冬不藏精之所致。《金匱眞言》直指之曰，精者，身之本也，藏于精者，春不病溫。其理愈著。乃王叔和錯會厥旨，竟以溫病在春，悉本冬月皮膚觸寒而來，自晉至今，盲以傳盲，誑愚惑俗，時醫囫圇讀之，不辯字義，混溫與瘟、而一之。嗚呼！春溫致疾，舉世模糊，無時無瘟，誰其知者，瘟疫之卹，冤枉命殆，千有四百餘年，品常取前論而叅考之，而知冬氣嚴寒正是萬物收藏之候，廼施泄無度，則腎臟空虛，寒邪乘虛深入杳無出路及大地陽回生機萌動，略感微寒，隱隱吸引伏匿之邪，乘春竊發，是冬傷于寒者，原因冬不藏精，而寒邪纔得直入，腎臟以傷之，并非叔和所稱溫病在春。悉本冬月，皮膚觸寒，邪在肌膚，而竟久藏于肌膚，遇春而發之謂矣。今查嘉言此論，亦有冬傷于寒。邪藏肌膚，即邪中三陽之語，似亦仍是叔和見解未能抉取冬傷于寒之眞正根源。以暢發《內經》奧旨，玆以病源不可不清，故特引前論贅，以數語揭明于首，俟後之學者詳叅而會其意焉。

《溫病朗照·論春溫大意并辨叔和四變之妄》　春溫之病，《內經》云：冬傷于寒，春必病溫。又云：冬不藏精，春必病溫。此論溫起之大原也。《傷寒論》云：太陽病，發熱而渴，不惡寒者爲溫病。若發汗已，身灼熱者，名曰風溫。風溫爲病，脈陰陽俱浮，自汗出，身重，多眠睡，鼻息必鼾，語言難出。若被下者，小便不利，直視失溲。若被火者，微發黃色，劇則如驚癇，時瘈瘲，若火熏之。一逆尙引日，再逆促命期，此論溫成之大勢也。仲聖以冬不藏精之溫，名曰風溫。其脈陰陽俱浮，正謂少陰腎與太陽膀胱，一臟一腑，同時病發，所以其脈俱浮也。發汗后，身反灼熱，自汗出，身重，多眠睡，鼻息必鼾，語言難出，一一盡顯少陰本證，則不可復從太陽爲治，況脈浮自汗，更加汗之，醫殺之也。所以，風溫證斷不可汗，即誤下、誤火，亦經氣傷而陰精盡，皆爲醫促其亡，而一逆再逆，促命期矣。於此見東海西海，心同理同，先聖后聖，其揆一也。后人不察，惜其有論無方。詎知森森治法，全備於太陽、少陰諸經乎。晉王叔和不究仲聖精微之蘊，栽風種電，爲不根之談，妄立溫瘧、風溫、溫毒、溫疫四變。不思時發時止爲瘧，瘧非外感之正病也。春木主風而氣溫，風溫即是溫症之本名也。久病不解，其熱邪熾盛，是爲溫毒。溫毒亦病中之病也。至溫疫則另加一氣，乃溫氣而兼濕氣，又非溫症之常矣。

《溫病朗照·冬不藏精春必病溫分爲一大例》　人身至冬月，陽氣潛藏於至陰之中。《內經》教人於此時若伏若匿，若已有得，重藏精也。若伏者，若抱雛養蟄，不遑食息也；若匿者，若逋遁隱匿，不露踪迹也；若已有得者，韜光鏟採，絕無觖望也。此何如鄭重耶？故謂冬不藏精，春必病溫。見病所由來，爲一定之理，必然之事，其辭甚決。蓋以精動，則關開而氣泄。冬月關開氣泄，則寒風得入之矣。關屢開，氣屢泄，則寒風屢入之矣。而腎主閉藏，因是認賊作子，賊亦無門可出，彌耳相安，及至春月，地氣上升，肝木用事，肝主疏泄，木主風，於是吸引腎邪，勃勃欲動，而劫其家寶矣。然邪既深入，不能遽出，但覺憒憒無奈。其發熱也，全其骨髓之間。自覺極熱，而捫之反不烙手，任行表散，汗出而邪不出，徒傷津液，以取危困。其候比之冬於寒一例，則倍重矣。

按：冬不藏精之例，乃《內經》之例，非仲聖之例也。非仲聖之例，言之未免爲悖。然觀仲聖論溫證之第一條，始不勝幸，而知仲聖已先發其端。昌可言之無罪矣。

《溫病朗照·冬傷於寒又兼冬不藏精春月同發病遂》　按：既冬傷於寒，又不藏精，至春月，兩邪同發，則冬傷於寒者，陽分受邪，太陽膀胱主之，冬不藏精者，陰分受邪，少陰腎經主之。與兩感傷寒證中，一日太陽受之，即與少陰俱病，則頭痛口干，煩滿而渴之例，纖毫不差。但傷寒自外入內，轉入轉深，故三日傳遍六經。溫證自內達外，既從太陽之戶牖而出，勢不能遍專

他經錶裏，只在此二經者爲恆也。若更挾外邪，從太陽、少陰經中，二日傳陽明、太陰，三日傳少陽、厥陰，則臟腑之邪，交熾不俟，六日即死矣。蓋太陽、少陰邪發之日，正已先傷，外邪復入，正氣又傷，即與再傳無异。臟腑之氣幾何？決無可供三傳之理也。但既是溫症，表里横發，重復感受外邪者，十中無一。所以溫證兩感之例，原有可生之理。昌治《金鑒》一則先以麻黄附子細辛湯汗之，次以附子瀉心湯下之，二劑而愈。可見仲聖法度，森森俱列，在人之善用也。今人見煩熱枯燥之證，而不敢用附子者，惡以熱助熱也。不知不藏精之人，腎中陽氣不鼓，精液不升，故枯燥外見，才用附子助陽，則陰氣上交於陽位，如釜底加火，則釜之氣水上騰，而潤澤有立至者。仲聖方中，輒用附子一枚，今人一錢亦不敢用，總由其識之未充耳！昌亦非偏重溫也，以少陰經之汗，與他經不同。如治《金鑑》，先以溫法及汗法，一藥同用，次以溫法及下法，一藥同用，而收攻反掌。蓋舍三法，别無他法也。設汗藥中可不用溫，下藥中可不用溫，是與治傷寒陽邪之法，全無差等矣。昌之分溫證爲三例者，道本自然，其不以牽強穿鑿，取后世之訾議也明矣。

再按：冬傷於寒，又冬不藏精，春月病發，全似半錶半裏之證，乃以半錶半裏藥用之，病不除而反增。所以者何？此證乃太陽、少陰互爲標本，與少陽之半表半裏絶不相涉也。然隨經用藥，個中之妙，難以言傳。蓋兩經俱病，從太陽汗之，則動少陰之血，從少陰溫之，則助太陽之邪。仲聖且謂兩感於寒者，必不免於死，况經粗工之手，尚有活命之理耶？所云治有先后，發錶攻裏，本自不同，此十二字之秘訣，乃兩感傳心之要，即治溫萬全之規。聖言煌煌，苟能參透此關，其治兩感之溫症，十全八九矣。

《慈航集·春溫論》 夫醫者，易也，易之道，通乎天。醫之道，亦通乎天。春溫者，春日過暖，萬物發生之時也，猶如春花初放，偶受霜雪之侵，寒水凍結，其花盡殭，若不就日之陽和，則漸焦枯，再向陰處藏之，豈望其發生乎？此因寒症用寒藥之悞，今將天時以比之，則知寒涼不可輕投矣。故善醫者，必解乎天時運氣明矣。風寒暑濕燥火六氣之感，皆係暴病標症。風宜溫散、寒宜溫裏、暑宜溫中帶清解之、濕宜溫中分解，四氣之感皆後陰邪，幷非火症，古人立方俱用溫劑解之，一悞寒涼變症難救。燥火二氣，雖係熱邪，初病總因受寒而起，先要溫散寒邪，然後方可清其燥火，則無變症。要知外逼寒邪，內伏燥火，故初治宜溫散內火，亦從汗解矣。經云：暴病無熱，久病無寒。有汗莫發汗，無汗要汗解。寒火之邪自清要明，汗吐下和戰守六字之奥，標症、本病皆得之矣。余自幼習醫三十餘年，遊遍三江兩浙，見治時邪標病，初病太陽陽明，頭痛、惡寒、發燒，不察司天在泉即用少陽經藥，三陰假熱之症而用苦寒之藥，引賊入室，悞者甚夥。但天下醫家無有不存活人之心，總未肯下苦功叅悟耳。治時邪、傷寒、瘟疫等症，宜熟思張仲景先生太陽經上中下三篇、陽明經上中下三篇、少陽經全篇、太陰經全篇、少陰經前後二篇、厥陰經後篇、春溫上中下三篇、夏熱全篇、脉法前後二篇、諸方全篇，即此一書人能深究其源，此治諸病之祖也。一百一十三方，無方不妙。三百九十七法，無法不精，如悟得之，六氣標病應手而愈。余今定六十年春邪標症之方，恐學力不到者誤認太陽陽明症而用少陽藥，三陰假熱症而用苦寒藥之悞。今發明六十年五運六氣，每歲各錄一方，照後見症增減。初病太陽、陽明、少陽、太陰、少陰、厥陰等症，依司天在泉推筴立方，再無傳經之變也。古來醫書甚廣，余學力淺薄，文理未詳，倘有不到之處，惟祈高尚者改而政之。

《重慶堂隨筆·論六氣》 冬春感受風熱而病者，名曰風溫，前已辨之矣。若冬傷於寒，至春令發泄之時，伏氣化熱而出，名曰春溫，亦曰溫病，其邪自內達外，故發熱而渴不惡寒也。然亦有挾新感之風寒而發者，雖惡風寒而口必渴，若誤汗之，禍不可言。長沙而後知此義者，惟郭白雲、劉守眞、王安道、張石頑、周禹載、葉香、巖數君而已，其書皆不可不讀也。

注：溫者，熱之漸也。伏寒化熱，口燥而渴，故謂之溫一切溫散燥熱之藥皆不可犯。奈何以喻氏之賢而誤指《金鑑》春月傷寒爲溫病。治雖合法，立論大謬，在涇先生非之是矣。而俞惺齋、毛達可僉極口贊頌，未免貽誤將來。

《研經言·溫瘧有三説》 古稱溫瘧有三。《素·瘧論》兩溫瘧，《巢源》總叙之，意謂冬中於風，寒氣藏於骨髓，至春遇大暑，或有所用力，邪氣與汗偕出之溫瘧，止有先熱後寒者，而無先寒後熱者。何以言之？經以先風後寒爲先熱後寒之因，先寒後風爲先寒後熱之因，大暑爲時令不必數，故止數風寒之先後，所以止有先熱後寒者也。若夏傷於大暑，腠理發洩，遇夏氣非時小寒，藏於腠理皮膚，至秋傷於風，則病成之溫瘧，則有先熱後寒者，又有先寒後熱者。何以言之？以此。暑也、小寒也、秋風也，爲三感，則當置其一經而論其兩重。若傷暑重而秋風輕，則置風而論暑、寒，而爲先熱後寒之

瘧，若傷暑輕而秋風重，則置暑而論寒、風，而爲先寒後熱之瘧也。復總而別之曰，夫病溫瘧六七日，但見熱者是矣。此謂壯熱不兼寒者，故加夫字，示與經文別出也。不析言冬、夏者，明冬、夏皆有此壯熱者也。此與先熱後寒、先寒後熱爲三矣。大法由冬來者即今春溫，由夏來者即今伏暑，古既統稱溫瘧，則本草諸治溫瘧之藥，皆是治春溫，伏暑明甚，《金匱》白虎加桂枝湯證正此也。此外，尚有《傷寒論》脈陰陽俱緊者，重感於寒，變爲溫瘧。則冬傷於寒，至春分以後復感時行之寒者，先後皆寒，與寒多之牡瘧同理，故《金匱》蜀漆散方下云，溫瘧加蜀漆，當即指此。越其外受之衆，即以截其遞入之路，而俗稱蜀漆截瘧，亦以辭害旨哉。若白虎加桂枝湯方，自是治春溫、伏暑之溫瘧，與重感於寒之溫瘧無涉，故其方同傷寒法，不同瘧法也。

《研經言・溫瘧說》 古者於冬傷於寒不即發，至春遇溫而病者，及冬中於非時之暖不即發，至春遇溫而病者，皆謂之溫。故仲景既存《素問》傷寒成溫之論，復於冬有非節之暖稱爲冬溫。以溫之言蘊，所蘊不同而爲蘊則同，故通爲溫。《巢源》溫病候、溫毒候皆兩存之，固深於仲景者也。

《六因條辨・春溫辨論》 嘗按《內經》冬傷於寒，春必病溫。又云，冬不藏精，春必病溫。語雖二致，理實一貫，所重在藏精而已矣。蓋冬主藏，腎亦主藏，人能體冬之藏陽而藏精，則人不自傷於寒，寒豈遽傷乎人哉。故《四氣調神篇》曰，逆冬氣者腎病，奉生者少；逆春氣者肝病，奉長者少；逆夏氣者心病，奉收者少；逆秋氣者肺病，奉藏者少。彼以春起論，而歸本奉藏，可知奉時之藏以藏精，則四時生長收藏，於五臟各司一氣，交相遞運，無偏無勝，而順一歲之氣候也。若煩勞多欲慾之人，陽氣疎泄，陰水先虧，時令之邪，易於湊襲，所謂至虛之處，便是客邪之處也。況春爲歲首，冬爲歲末，春之發生，賴冬之封藏，觀夫諸陰在上，一陽在下，其時天氣嚴寒，而井水反溫，及諸陽在上，一陰在下，其時天氣炎熱，而井水反涼，是陰陽消長，天地闔闢之機也。人生一小天地，苟能順天時而固密，則腎氣內充，命門三焦之陽氣，足以固腠理而護皮毛，雖當春令升泄之時，而我身之眞氣，內外瀰淪，不隨升令之泄而告匱，縱有寒邪，安能內侵？晉王叔和云，寒毒藏於肌膚，至春而變爲溫，至夏而變爲熱，以致後人翻駁。何不云腎精不藏之人，至春易病溫，至夏易病熱，便能深入理譚矣。即《內經》冬傷於寒，春必病溫之句，註家咸謂冬令閉藏，寒毒伏於腎中，病不即發，至春陽氣大泄，內伏之寒邪，隨升令而外達。後賢錢天來，已大非其說矣，謂冬傷於寒者，乃冬傷寒水之臟，即冬不藏精之互詞，何得以寒邪悞解耶。夫寒爲殺厲之氣，中人即病，非比暑濕之邪，能伏處身中，況腎爲生命之本，所關最大，安有寒邪內入，相安無事，直待春時始發之理。由此推之，顯係溫之爲病，由腎精之不藏矣。蓋腎既失藏，坎水先虧，少陽之少火，悉化爲壯火，與春時之溫氣，互相交熾，然亦必因外感微寒，而能引動，故初起亦似傷寒之頭痛身疼，發熱惡寒，較諸傷寒，則傳變尤速，而於幼穉者爲甚。以體屬純陽，陽與陽合，其感尤易，甚而化癍化痘，爲驚爲厥者也。然此溫字，又與瘟疫不同，瘟疫乃不正之戾氣，四時皆有，而此溫乃獨發於春，故名春溫。至於治法，總宜辛涼清解，預顧陰液，大忌辛溫升散，鼓動風陽，苟能臨症制宜，對症發藥，庶不愧爲司命矣。

《治溫闡要・風溫》 風溫者，其人先傷於風，復傷於熱，風熱相搏故也。古律云：風溫脈陰陽俱浮，不可發汗。仲景云：發汗已，身灼熱者，名曰風溫。蓋風溫之邪，先伏風在內，故一發汗而身始灼熱，非比四時雜感，如冬月風傷衛，桂枝湯，其他如杏蘇散蘇葉　半夏　雲苓　前胡　桔梗　枳殼　杏仁　甘草　姜棗通治四時傷風咳嗽。而風溫之病，必待發汗而身始灼熱者，明明先熱在骨髓，發汗已，然後透出於肌表也。再風屬陽而近燥，燥令從金化，燥熱歸陽明，故肺胃爲溫邪必犯之地。其症多發於春初陽泄之時，頭痛、身熱、自汗、脈動數、尺膚熱、口渴或不渴而咳，治宜辛涼清解。經云：風淫於內，治以辛涼，佐以苦甘，如錢氏之瀉白散，吳氏之銀翹散、桑菊飲等最妙。

《治溫闡要・春溫》 春溫之爲病，發熱而渴不惡寒者是也。《內經》云：冬傷於寒，春必病溫。又云：冬不藏精，春必病溫。自來註家咸謂，冬令閉藏，不藏精之人，腠理疎豁，朔風暴作，驟傷寒冷，鬱於少陰，至春風木司令，陽氣始泄，所伏寒邪，隨氣而升。獨錢氏以爲寒邪凜烈，中人即病，非比暑濕之邪，能伏處身中。故《內經》曰：風寒之中人也，使人毫毛畢直，皮膚閉而爲熱，況腎爲生命之根，所關至大，安有寒邪內入，相安無事，直待春時始發之理。錢氏此說，獨開生面，先得我心，益曉然於風寒、溫熱，無非暴感時氣，豈是少陰伏邪。不過因少陰眞氣先虧，溫邪易於湊襲耳。總之，裏虛者表不固，一切時邪皆易感受。春必病溫之語，亦是就近指點學者，可因此而悟及四時六氣之爲病矣。王叔和曰：寒毒藏於肌膚，至春變爲溫病，至夏變爲暑熱。陶節菴亦謂：溫病於冬時感寒所得，至春變爲溫病耳。華

岫雲曰：冬傷於寒，春必病溫者，重在冬不藏精也。蓋煩勞多慾之人，陰精久耗，入春則裏氣大泄，木火內燃，燔燎之勢，直從裏發，故發必壯熱、煩冤、口乾、舌燥，主治以存精液爲第一要旨，與傷寒大異。蓋傷寒傷於栗烈之寒風，由毛竅而入膀胱足太陽，屬水。寒即水之氣，同類相從，故病始於此。溫病傷於解凍之溫風，由口鼻而入，溫即火之氣。火未有不克金者，故病始作於肺。又曰，溫乃化熱之邪，兩陽熏灼，先傷上焦，種種變幻，不外手三陰肺、心、賢、包絡爲病藪，頭脹、汗出、身熱、咳嗽，必然並見，當與辛涼輕劑清解爲先，大忌辛溫刼爍津液。太陰無肅化之權，救逆則有蔗漿、蘆根、玉竹、門冬之類。陽明失循序之司，救逆則有復脈、建中之類。其主治之方，總以甘藥爲要，或寒、或溫，在人通變可也。

綜述

《傷寒摘錦·傷寒成溫暑感異氣變他病脈證治法》 經曰：從立春節後，其中無暴大寒，又不冰雪，而有人壯熱爲病者，此屬春時陽氣發於冬時，伏寒變爲溫病。此爲溫病，羌活湯。

《溫熱暑疫全書·春溫集補證治并方》 凡溫病發必渴而煩擾，脇滿口苦，惡熱而不惡寒，明係自內發出，更無表證，雖經絡不同，必先少陽，以春行風木之令也。

一法，少陽陽明合病，裏證多者，承氣湯。

一法，三陽合病，大柴胡湯，或雙解散。

一法，若少陽經有客邪而發，脈弦，兩額傍痛，寒熱口苦，宜小柴胡去人參薑半，加括蔞根。有嘔者但去人參。

一法，脈微緊，兼惡寒頭痛，宜梔子豉湯，或益元散加葱豉薄荷。熱甚涼隔散去大黃朴硝加葱豉。

一法，頭痛如破，暴感外邪，宜葛根葱白湯。散邪後，用黃芩湯。

一法，脈洪大而數，外熱譫語，熱在三焦也，三黃石膏湯。

一法，凡應下證，下後熱不去，或暫解復熱，再下之。

一法，下後熱不止，脈濇咽痛，胸滿多汗，熱傷血分也，葶藶酒苦湯吐之。

一法，裏熱已甚，陽邪怫鬱，作戰而不能汗出，雖下證未全者，宜涼膈散。

一法，腹滿煩渴，脈沈實者，三承氣湯選用。勢劇者，合黃連解毒湯。

《辨證録·春溫門》 一、春月傷風，頭痛鼻塞，身亦發熱，是傷風而欲入於太陽，非太陽之傷寒也。夫春傷於風，由皮毛而入肺也，風入於肺而不散，則鼻爲之不利，肺金之氣不揚，自失其清肅之令，必移其邪而入於太陽膀胱，惟恐邪入，乃堅閉其口，而水道失行，於是水不下通，而火乃炎上，頭自痛矣。與傳經太陽之傷寒絕不相同，散肺金之風，杜其趨入膀胱之路，而身熱自退也，方用舒肺湯。此方專入肺金以散其風邪，有風則必生痰，有痰則必有火，天花粉消痰而又善解火，一味而兩用之也，桂枝、茯苓開膀胱之口，引邪直走膀胱而下洩，因肺欲移邪而移之，其勢甚，便隨其機而順用之也。此症用加味甘桔湯亦佳。

一、春月傷風，身熱咳嗽，吐痰惡熱，口渴，是傷風而陽明之火來刑肺金，非傷寒傳經入於陽明也。夫陽明胃土，本生肺金，何以生肺者轉來刑肺乎？蓋肺乃嬌人，風入肺經必變爲寒，胃爲肺金之母，見肺子之寒必以熱濟之。夫胃本無熱也，心火爲胃之母，知胃欲生金，乃出其火以相助，然而助胃土之有餘，必至尅肺金之不足，是借其兵以討賊，反致客兵殘民，故胃熱而肺亦熱，而咳嗽口渴之症生矣。治法瀉心火以安胃土，自然肺氣得養，而風邪自散，方用平邪湯。此方瀉心火者十之三，瀉胃火者十之六，蓋心火之旺尅肺者輕，胃火之旺刑金者重，輕瀉心中之火，則心不助胃以刑金，重瀉胃中之火，則胃不刑金以傷肺，肺氣既回，肺邪又安留哉。此症用清胃散亦效。

一、春月傷風，發寒發熱，口苦，兩脇脹滿，或呑酸吐酸，是少陽之春溫也。何以冬月謂之傷寒，而春月即謂之春溫耶？不知冬月之風寒，春月之風濕，寒則傷深，溫則復淺。傷深者，邪至少陽而有入裏之懼，傷淺者，邪入少陽而即有出表之喜，故同傷少陽，而傷風與傷寒實有異也。至於治傷風之少陽法，又不必大異，皆舒其半表半裏之邪，而風邪自散。雖然傷寒邪入少陽，有入裏之症，往往用大柴胡與承氣之類和而下之，若傷風入少陽，以小柴胡湯和解而有餘，不必用大柴胡承氣而重用之也，方用加減小柴胡湯。此方較原方更神，以用茯苓之多，使邪從膀胱而出，更勝於和解也，佐柴胡以散邪乃建可功耳。此症用安膽湯亦效。

一、春月傷風，身熱，嘔吐不止，人以爲太陰之傷寒也，誰知是太陰之春

溫乎。夫太陰脾土也，風傷太陰，則上中有風，風在地中，則土必震動而水溢，故令人嘔吐不止。非陰寒之氣入於脾土之內而動人嘔吐者，可止此與傷寒傳經之入太陰者，治法迥不相同也。傷寒當溫其經，以回陽，而傷風宜散其風以安土，方用奠土湯。此症亦可用護肝飲。

一、春月傷風，出汗，胃乾燥，渴欲飲水，是春溫之症，火邪入膀胱，非太陽之傷寒也。夫膀胱者，肺金之表也，肺受風邪，久則變熱，肺乃求救於膀胱，邪即乘其求救而下行，而膀胱之水思欲救母乃不肯下泄而上與風火相鬭，邪見膀胱正氣之盛，乃不入膀胱而入胃，於是胃熱而與邪相爭，故爾出汗。汗出而胃之津液自乾，故口渴思水，以救其內焚也。治法不必散風邪而瀉火焰，速利其膀胱，使水從小便而出，則胃中之津液自生，方用五苓散。【略】蓋五苓散專利其膀胱之水，膀胱爲太陽之經。傷風已經出汗，宜太陽之邪盡出矣。乃口渴思水，明是邪熱不肯從皮毛外出，而欲趨膀胱下出矣。五苓散利其膀胱，則水流而火亦流，火隨水去，胃火已消，而胃自生液，自然上潤於肺。肺得胃液之養，則皮毛自閉，邪何從而再入哉。此症知柏茯苓湯亦可用。

一、傷風，頭痛，發熱，盜汗，微出見風則畏，此春溫傷風而非太陽症也。夫頭痛本屬太陽，然而風能入腦亦作頭痛，未可謂身熱頭痛便是太陽之症。風從皮毛而入，皮毛主肺，肺通於鼻，而鼻通於腦，風入於肺自能引風入腦而作頭痛。倘肺氣甚旺則腠理自密，皮毛不疎，風又何從而入，惟其肺氣之虛，故風邪易於相襲，邪正爭鬭，身故發熱，肺氣既虛，安能敵邪，所以盜汗微微暗出也。此症明是傷風，勿作傷寒輕治，蓋邪之所凑，其氣必虛，補其肺氣之虛，表其風邪之盛，自然奏效甚速，方用益金散風湯。此方散重於補何以名爲益金湯？不知肺經爲邪所傷，其氣甚衰，若用大補重藥，必且難受，不若於散表之中，畧爲補益，則邪既外出，而正又內養。兩得其宜，是過於散正善於益也。此症用通腦散亦神。

傷風，頭痛發熱，身疼，腰重，骨節俱痠疼，惡風，無汗，人以爲傷寒而不知非也。夫傷寒則不惡風矣，此內傷脾腎，而風乘虛以入肺，則經絡之間不相流通，故身熱耳。第內傷脾腎，與肺無涉，何以肺經即召外邪耶？不知脾爲肺之母，而腎爲肺之子，母虛而子亦虛，子虛而母亦虛，脾腎之氣既虛，而肺安得有不虛之理，於是腠理不密，毛竅難審以自固，故風邪易入於肺經，而肺氣益虛，何能下潤於腎宮而旁灌於百骸耶？自必至滿身骨節痠痛而腰重矣。但肺虛而邪既易入，則汗亦宜易出，何以邪入而汗不出耶，此乃欺肺氣之虛，又窺脾腎之不足，反使邪氣得蔽於毛孔，故見風反畏，外邪且不能再入，何况內汗能出乎。然則治法惟散肺中之邪，仍補脾腎之氣，脾土旺而肺氣有生發之機，腎水足而肺金無乾燥之苦，自然上可達於腦而頭痛除，下可通於膀胱而腰重去，中可和於中焦而一身支節之痠疼盡愈也，方用黃紫丹。此方補多於散，何補之中又純補脾而不補腎耶？人生後天，以脾胃之氣爲主。脾健則胃氣自開，胃開則腎水自潤，况人參、白术原能入腎而白术尤利腰臍，一身之氣無不利矣。何况肺經爲脾胃之子，母健而子亦健，力足以拒邪，又有紫蘇、黃芩、羌活、貝母補風、散火、消痰、泄水之藥，足以供其戰攻之具，自然汗出熱解，而邪從外越也。此症用益氣散風湯亦效甚。

一、春月傷風，身熱十餘日，熱結在裏，往來寒熱，人以爲傷寒在太陽有入裏之變也。誰知春月傷風與冬月傷寒不同，冬月之寒入於太陽，久則變寒，春月之風入於太陽，久則變熱，寒則遷動不常，必至傳經入臟，熱則靜守不移，惟有固結在腑，然而入臟，在腑雖有不同，而作寒作熱則無不同也。寒在臟則陰與陽戰而發熱熱。在腑，則陽與陰戰而發寒，隨臟腑衰旺分寒熱往來，此症之所最難辨，亦辨之於時令而已。在冬月而熱結在裏者，宜用攻；在春月而熱結在裏者，宜用散，散其熱而寒自除，寒除而熱亦自止也，方用散結至神湯。服一劑而寒熱除，內結亦散。方中多是平肝之藥，絶不去舒肺經之邪。蓋肺氣爲邪所襲，則肝木必欺肺金之病而自旺矣。旺則木中生火以助邪之熱而刑肺，倘不瀉肝而徒去散肺經之邪，則肺氣愈虛，而熱何能遽解耶？惟瀉其肝中之火，則內熱既衰，盛益之桂枝數分，但去散太陽之風，不去助厥陰之火，此熱結所以頓解也。此症用清邪散亦效。

一、傷風八九日，風溼相搏，身體煩疼不能轉側，不嘔不渴，八以爲傷寒之症風溼在太陽之經也，誰知傷風之病亦能使風溼之相搏乎。夫濕從下受，而風從上受者也。下受者膀胱先受之，上受者肺經先受之。膀胱受溼無風不能起浪，肺經受風無溼亦不能生風，傷風而致風溼相搏，因下原感溼而上又犯風，兩相牽合，遂搏聚於一身，而四體無不煩疼也。夫煩疼之症，風之病也，溼主重着，煩痛而至身不能轉側，非重着乎？以此分別風溼之同病，實爲確據。且風症必渴，溼症必嘔，今風溼兩病，風作渴而水齊之，溼欲嘔而風

止之，故不嘔而又不渴也。治法宜雙解其風溼之邪而已，方用雙解風溼湯。此症用風濕兩舒湯亦佳。

一、春月傷風八九日，如瘧之狀，發熱惡寒，熱多寒少，口不嘔吐，人以爲傷寒中如瘧之證，誰知春月傷風亦同有此症乎。夫風邪入於表裏之間，多作寒熱之狀，不獨傷寒爲，然傷風之病輕於傷寒，至八九日，宜邪之盡散矣，何尚有如瘧之病？蓋無痰不成瘧，無食亦不成瘧。無痰無食，即有風邪不能爲害，然則傷風而有如瘧之病者，亦其胸嘔胃脘之中原有痰食，有而不化，八九日之後，正風欲去而痰與食留之耳。熱多寒少，非內傷重而外感輕之明驗乎。惟口不嘔吐，乃內既多熱自能燥，溼，痰得火制自不外吐，然熱之極則外反現寒，惡寒之象乃假寒也，假寒眞熱，適顯其如瘧之症，乃似瘧而非瘧也。治法亦治其如瘧，而不必治其眞瘧耳，方用破假湯。一劑惡寒除，二劑發熱解，四劑如瘧之症全愈。此方於補正之中，寓袪邪之味，正既無虧，邪又退舍，此王霸兼施之道也。此症用散瘧湯亦效。

一、春月傷風，汗多，微發熱，惡風，人以爲傳經之邪，入陽明胃中也，誰知傷風春溫之症，亦有邪入胃者乎。邪到陽明必然多汗而渴，今汗雖多而不渴，是火邪猶夫盛，所以微發熱而不大熱耳。夫同一外邪也，何傷寒之邪入胃而火大熾，傷風之邪入胃而火微旺？蓋傷寒之邪，寒邪也，傷風之邪，風邪也。寒邪入胃，胃惡寒而變熱，風邪入胃，胃喜風而變溫。蓋其熱乃胃之熱，不過風以原之也。風煽其火，則火必外泄，反不留於胃中，所以皮膚熱極而多汗，而口轉不渴，異於傷寒傳經入胃之邪，而無燎原之禍也。然而終何以辨其非傷寒哉？傷寒惡寒而不惡風，傷風惡風而不惡寒，正不必以冬月之惡風，爲是傷寒之的症也，蓋惡風即是傷風之病耳。治法散其風而火自解也，方用薰散湯。此方乾葛、荆芥乃發汗之藥，何用之反能止汗？不知傷風多汗乃風煽之也。今用乾葛、荆芥以散其風，則風息而火亦息，况用石膏以瀉胃火，火靜而汗自止，又得麥冬以滋其肺，茯苓以利其水，甘草以和其中，安得而出汗哉。此症用三奇湯亦效。

一、傷風，口苦咽乾，腹滿，微喘，發熱惡寒，人以爲傷寒之邪入於陽明，不知是傷風之邪入於陽明也。夫傷風之邪，既輕於傷寒，何傷風之病竟同於傷寒乎？不知傷寒之邪入於陽明，其重病不同於傷風，而輕病則未嘗不同也，若口苦，不過胃不和也，咽乾，胃少液也，腹滿，胃有食也，微喘，胃少逆也，發熱惡寒，胃之陰陽微爭也。症既同於傷寒，而治法正不可同也，和其胃而不必瀉其火，解其熱而不必傷其氣，始爲得之，方用和解養胃湯。一劑口苦咽乾之症除，二劑喘熱腹滿惡寒之病去，不必三劑。此方解陽明之火，而不傷胃土之氣所以能和胃而辟邪也。此症亦可用三奇湯。

一、傷風口燥，但欲漱水不欲嚥下，人以爲陽明之火，將逼其熱以犯肺，必有衄血之禍矣，不知冬月傷寒，邪入於陽明，則有此病。若春月傷風，烏得有此，然傷風之症既同於傷寒，安保其血之不衄耶？而傷風終無衄血者，蓋風性動而變，不此寒性靜而凝也，故傷寒寒在胃，而逼其熱於口舌咽喉者，陰陽拂亂而衄血成矣。傷風逼其熱於上，雖亦漱水而不欲嚥，然風以吹之其熱即散，安得而致衄哉。治法瀉陽明之火，而口燥自除也，方用金石散。服二劑此症全愈，不必服三劑也。此方單瀉胃中之火不去散胃中之寒。然而玄參、麥冬、金銀花純是補水之劑，上能解炎，下又能濟水，得甘草以調劑，實能和寒熱於頃刻也。此症亦可用三奇湯治之。

一、春月傷風，脈浮發熱，口渴，鼻燥，能食，人以爲陽明火熱必有衄血之症，不知傷寒不衄則邪不能出，而傷風正不必衄也。蓋傷寒入胃而邪熱火熾，非水穀不能止其炎上之火，既能食而脈仍浮，是火仍不下行，而必從上行也，故必至發衄。若傷風之脈原宜見浮，非其火之必欲上行也，故雖口渴，鼻燥而能食，則火可止遏，火下行而不上行，豈致發衄哉。治法但瀉其胃中之火，無庸顧其肺中之衄也，方用寧火丹。一劑身熱解，二劑口渴鼻燥愈，三劑脈浮亦平矣。此方玄參、生地以解其胃中之炎熱，瀉之中仍是補之味。青蒿同甘草用之，尤甚解胃熱之邪，使火從下行而不上行也。且青蒿更能平肝經之火，脈浮者風象也，肝火既平，則木氣自安，而風何動哉此用藥之妙，一舉而得之也。此症亦可用滋肺湯甚效。

春月傷風，自汗出，醫人又發其汗，小便自利，人以爲傷寒悞汗以致津液內竭也，孰知傷寒邪入陽明，火焚其內，以致自汗，明是陰不能攝陽而陽外泄，又加發汗則陽泄而陰亦泄矣，安得津液不內竭乎？若傷風自汗出者，乃肺金之虛，非胃火之盛，復發其汗則肺氣益耗，金寒水冷而小便自利矣，故治法迥不可同也。若用治傷寒之法以治傷風之症，必有變遷之禍，治法但補其肺氣之虛，而固其腠理，則汗止而病自愈也，方用六君子湯加減治之。一劑止汗而津液自生矣。此方補胃健脾，使土旺以生肺金，則肺氣自安。肺金既

安，則腠理自固，毛竅自閉矣。此症用溫固湯亦妙。

一、春月傷風下血，讝語，頭汗出，以爲陽明之火大盛，必有發狂之禍，誰知是熱入血室似狂而非狂乎。雖傷寒邪入陽明，亦有下血讝語必致發狂之條，然而傷寒之下血讝語者，乃熱自入於血室之中，傷風之下血讝語者，乃風祛熱而入於血室之內，雖同是熱入血室而輕重實殊。蓋熱自入者，內外無非熱也，風祛熱入者，內熱而外無熱也。既熱有輕重，而頭汗無異者何故？以血室之部位在下焦，而脈實走於頭之上，故熱一入於血室，而其氣實欲從頭之顛，由上而下泄，特因下熱未除，各腑之氣不來相應，所以頭有汗至頸而止。傷寒與傷風內熱同，而頭汗出亦同也。治法散其風，引熱外出，而各病自愈，方用導熱湯。一劑讝語除，二劑熱退汗止矣。此方亦小柴胡之變方，但小柴胡湯，純血熱室之火，而此兼補其肝膽之血，使血足而木氣不燥，不來尅脾胃之土，則胃氣有養，胃火自平，所謂引血歸經，即導火外泄耳。此症清室湯亦效。

一、傷風潮熱，大便微鞕，人以爲傷寒之邪入於陽明又將趨入於大腸也，誰知是肺經乾燥乎。蓋大腸與肺爲表裏，肺燥則大腸亦燥，正不必邪入大腸而始有燥屎也。風傷肺金，最易煸乾肺氣，不同寒傷肺金之清冷，故風邪一入肺而大腸容易燥結。然邪終隔大腸甚速，非大腸之中即有邪火結成燥屎而必須下之也，是則傷風潮熱，大便微鞕，乃金燥之症，非火盛之症明矣。治法宜潤肺金之燥，然而大便開闔，腎主之也，腎水足而大腸自潤矣，方用金水兩潤湯。連服二劑而微鞕解，再服二劑而潮熱除矣。此方用熟地以補水，水足則肺金不必去生腎水，而肺之氣不燥，又得麥冬直補肺金，金水兩潤，自然大腸滋灌輓輸有水，可以順流而下，無阻滯之憂，何有餘熱之猶存哉。此症用地榆解熱湯亦效。

春月傷風，讝語潮熱，脈滑，人以爲陽明胃熱，乃傷寒傳經之病，誰知春溫之症亦有胃熱乎。春令發生，胃中本宜熱也，又加春氣之薰蒸，其胃中自然之熱原不可遏，今一旦逢違逆春令之寒風以阻抑之，而不能直達其湮入之氣，所以讝語而發熱也。然胃中無痰，則發大熱而讝語聲重，胃中有痰，則發潮熱而讝語聲低。脈滑者，有痰之驗也，方用消痰平胃湯。一劑讝語止，再劑潮熱除，不必三劑也。此方主青蒿者，以青蒿能散陰熱，尤能解胃中之火，得玄參、麥冬更能清上焦之炎，火熱去而痰無黨援，又得半夏、茯苓、車前以利其水，則濕去而痰涎更消，痰消而火熱更減，欲作入蒸潮熱，迷我心君，胡可得哉。此症用玄黃解熱散亦效。

一、春月傷風，日晡發潮熱，不惡寒，獨語如見鬼狀，人以爲陽明之症，傷寒欲發狂也，誰知是春溫之過熱乎。但傷寒見此病，乃是實邪，春溫見此症，乃是虛邪耳。夫實邪之病從太陽來，其邪正熾而不可遏，必有發狂之禍，若虛邪之病從少陰來，其邪雖旺而將衰，斷無發狂之災。蓋實邪乃陽邪，而虛邪乃陰邪也，陽邪如見鬼狀者，火逼心君而外出，神不守於心宮；陰邪如見鬼狀者，火引肝魂而外遊，魄不守於肺宅，故實邪宜瀉火以安心，而虛邪宜清火以養肺，方用清火養肺湯。一劑潮熱止，二劑不見鬼矣，三劑全愈。此方全是清肺之藥，何以能安胃火？不知胃火乃肺之所移，清其肺金，則邪必來救肺矣。有玄參爲君，乘其未入肺宮，半途擊之，則邪尤易走。茯神安心而又利水，邪不敢上逼而下趨，有同走膀胱而遁矣，何能入肺入肝以引我魂魄哉。此症用梔子清肝飲亦效。

一、傷風發潮熱，大便溏，小便利，胸膈滿，人以爲傷寒之邪入於陽明，而不知乃春溫之熱留於陽明也。夫風傷於肺邪，從皮膚而入，宜從皮膚而出，何以熱反留胃不去乎？蓋胃乃肺之母也，母見子被外侮，必報外侮之仇，外侮見其母之來復，隨舍子而尋母矣，使母家貧弱則外侮自舍母而尋子，無如胃爲水穀之海，較肺子之家富不啻十倍，外侮亦何利於子而舍其母哉？自然利胃母之富，而棄肺子之貧，故堅留而不去，此潮熱之所以作也。顛寒作熱，小便利而大便溏，正陰陽之不正，致轉運失職，胸膈何能快哉。治法祛胃中之邪，而陰陽自正矣，方用加減柴胡湯。一劑潮熱解，二劑陰陽分，三劑諸症盡愈。此方亦小柴胡之變方。蘿蔔子與茯苓同用，最能分陰陽之清濁，清濁一分，而寒熱自解，寧至有胸膈之滿哉。此症用掃胃湯亦佳。

一、春月傷風四五日，身熱惡風，頭項強，脇下滿，手足溫，口渴，人以爲太陽陽明少陽之合病，誰知是春溫之症，有似傷寒而非眞正傷寒也。夫傷寒有此三陽合病，何以春溫之症絕無相異乎？蓋春溫之症，風傷於少陽也，少陽爲半表半裏，凡三陽之表俱可兼犯，而三陽之症即可同徵，不比傷寒之邪由太陽以入陽明，而太陽之症未去。由陽明以至少陽，而陽明之邪尚留。由少陽以入厥陰，而少陽之病仍在。故治春溫之症，止消單治少陽，而各經之病盡愈，不必連三陽而同治也，方用加味逍遙散。二劑諸症盡愈，不必三劑。

論理，瀉少陽膽經之火足矣，此方併和其肝氣，似乎太過。然膽經受邪，正因膽氣之太鬱也。春溫之病，每從肝膽以入邪，吾治其肝膽，則在表在裏之邪無不盡散矣。此症用麻石抒陽湯亦神。

一、婦人經水適來正當傷風，發熱惡寒，胸脇脹滿，譫語，人以爲傷寒結胸也，誰知是熱入血室乎。夫熱入血室，男女皆有之，惟是男有熱入血室之病者，乃風祛熱而入之也，女子熱入血室者，乃血欲出而熱閉之，血化爲熱也。似乎男女之症不同，然而熱則同也，故治法亦不必大異，仍用導熱湯治之。蓋導熱湯最舒肝膽之氣，閉經水於血室之中，正肝膽之病也肝藏血，非少陽膽氣之宣揚，則血不外出，今舒其肝氣，則已閉之血肝不能藏，血泄而熱又何獨留乎？故一劑而發熱惡寒之病除，再劑而胸脇脹滿、譫語之症去矣。此症亦可用加味清室湯。

一傷風身熱後，肢體骨節皆痛，手足寒甚，人以爲傷寒由三陽而傳入於少陰也，誰知其人腎水素虛。因傷風之後爍其肺金，肺傷而不能生腎，則腎水更枯，不能灌注於一身之上下，自然肢體骨節皆痛也。水枯宜火動矣，何手足反寒乎？不知水火原相根也，水旺而火亦旺，水衰而火亦衰，當水初涸之日，火隨水而伏，不敢沸騰，故內熱而外現寒象。治法不可見其外寒而妄用溫熱之藥，當急補其腎中之水，以安腎中之火，則水足以制火，水火既濟，何至有肢體骨節生痛，手足生寒之病乎，方用六味地黃湯。【略】一劑手足溫，二劑肢體骨節之痛輕，連服四劑，即便全愈。蓋此症風邪已散，若再用祛風之藥，則肺氣愈虛，益耗腎水，水虧而火旺，必有虛火騰空，反致生變，何若六味地黃湯直塡腎水，使水火之既濟也。此症用養骨湯亦效。

一、傷風後下利咽痛，胸滿，心煩，人以爲傷寒邪入於少陰，乃陰寒上犯於心肺，而下犯於大腸也，而孰知不然。傷風之後，身涼則邪已盡散，何陰邪之留乎？然則下利者，乃大腸之陰虛自利，非邪逼迫之也，咽痛者，亦陰虛之故，陰水既乾，則虛火自然上越，咽喉竅細，不能遽泄，乃作痛也。胸滿心煩者，腎水不能上濟於心宮，而腎火反致上焚於包絡，胸膈在包絡之間，安得不滿，胸既不舒，而心亦不能自安，此煩之所以生也。故傷風之後見此等證，切勿認作陰寒而妄治之也。治法補水以濟心，復補金以生腎，腎水足而腎氣生，自然上交心而制火，下通大陽而利水矣，方用加味地黃湯。一劑咽痛除，二劑下利止，三劑胸不滿，心亦不煩矣。夫既是腎陰之虛，用地黃湯以滋水，加麥冬、五味以益腎之化源是矣，何加入肉桂以補命門之火，非仍是治少陰之寒邪乎？不知水非火不生，用肉桂數分，不過助水之衰，而非祛寒之盛。且大腸自利，得壯火而瀉，得少火而止，雖地黃湯內減熟地之多，增茯苓、澤瀉之少，亦足以利水而固腸，然無命門之火以相通，則奏功不速，故特加肉桂於水中而補火也。此症用地苓芍桂湯亦效。

一、春月傷風二三日，咽中痛甚，人以爲少陰之火寒逼之也，誰知是少陰之寒火逼之乎。夫傷寒咽痛，乃下寒實邪，逐其火而上出；傷風咽痛，乃下熱虛火，逼其寒而上行，正不可一見咽痛，即用傷寒藥概治之也。蓋傷寒之咽痛，必須散邪以祛火；傷風之咽痛，必須補正以祛寒，方用補喉湯。一劑而喉痛頓除。熟地、山茱滋陰之聖藥，加入肉桂、牛膝則引火歸源，自易易矣。況茯苓去濕以利小便，則水流而火亦下行，何至上逼而成痛哉。所以一劑而奏功也。此症用救咽丹亦妙。

一、春月傷風，身熱下利六七日，咳而嘔，心煩不得眠，人以爲邪入少陰而成，下痢以致嘔、咳、心煩不眠也，誰知春溫之病多有如此，症相同而治法宜別。蓋傷寒之治利其水，而春溫之治不可徒利其水也。夫傷風而至六七日，邪宜散矣，乃邪不盡散，又留連而作利，其脾土之衰可知。咳而嘔，不特脾衰而胃亦衰矣，土既衰而肺腎亦衰矣。況腎因下利之多，重傷其陰，力不能上潤於心，心無水養則心自煩燥，必氣下降而取給於腎，腎水又涸，則心氣至腎而返腎，與心不交，安得而來夢乎。治法健其脾胃，益其心腎，不必又顧其風邪也，方用正治湯。此方心腎脾胃肺五者兼治之藥，茯苓爲君，能調和於五者之中，又是利水之味，下利既除，身熱自止，而咳嘔、心煩不得眠，俱可漸次奏功也。此症用解煩湯亦效。

一、春月傷風，手足逆冷，脈緊，心下滿而煩，飢不能食，人以爲傷寒之症，邪入厥陰結於胸中也，而孰知不然。夫脈浮爲風，脈緊爲寒，明是傷寒之症而必謂春月得之，是傷風而非傷寒，人誰信之？然而實有不同也。蓋風最易人肝，春風尤與肝木相應，但肝性所喜者溫風，而不喜寒風也。春月之風，溫風居多而寒風亦間有之，倘偶遇寒風，肝氣少有不順，脈亦現緊象矣，第於緊中細觀之，必前緊而後濇，緊者，寒之象，濇者，逆之象也。寒風入肝，手足必然逆冷，肝氣拂抑而心氣亦何能順泰乎？心既不舒，不能生脾胃之土，肝又不舒，必至剋脾胃之土矣，所以雖飢不能食也。夫傷寒之入厥陰，由

三陽而至；傷風之入厥陰，乃獨從厥陰而自入者也。是以傷寒之邪人肝深，而傷風之邪入肝淺，入深者恐其再傳，入淺者喜其易出。但解肝中之寒，而木中之風自散，飲食可進，煩滿逆冷亦盡除矣，方用加味逍遙散治之。一劑諸症俱愈。逍遙散原是和解肝經之神藥，得肉桂則直入肝中，以掃蕩其寒風。陽和既回，而大地皆陽春矣，何鬱滯之氣上阻心而下尅脾胃哉？脾胃有升騰之氣，草木更爲敷榮，斷不致有遏抑摧殘之勢矣。倘作傷寒治法，而用瓜蒂吐之，必有臟腑反覆之憂也。此症用衛君湯效亦捷。

一、春月傷風，忽然發厥，心下悸，人以爲傷寒中，有不治厥則水漬入胃之語，得毋傷風亦可同治乎？不知傷寒之悸，恐其邪之下行而不可止；傷風之悸，又慮其邪之上冲而不可定。蓋寒性屬陰，陰則走下，風性屬陽，陽則升上，故同一發厥，同一心悸，治法絕不相同。傷寒宜先治厥而後定其悸，傷風宜先定悸而後治其厥也。方用定悸湯。一劑悸定，再劑厥亦定也。此方止定悸，而治厥已寓其內。蓋病原是心膽之虛，補其肝而膽氣旺，補其肝而心亦旺。又慮補肝以動木中之火，加入梔子以補爲瀉，而復以瀉爲補，則肝火亦平，而厥亦自定。總之傷寒爲外感，傷風爲內傷，斷不可以治外感者移之以治內傷也。此症用奠安湯亦效。

一、春溫之症，滿身疼痛，夜間發熱，日間則涼，人以爲傷寒少陽之症也，誰知是腎肝之陰氣大虛，氣行陽分則病輕，氣行陰分則病重乎。夫陰陽兩相根也，陰病則陽亦病矣，何以春溫之症，陰虛而陽獨不虛耶？不知肝腎之中原有陽氣，陰虛者，陽中之陰虛也，故陽能攝陰而陰不能攝陽，所以日熱而夜涼耳。治法補其肝腎之陰，則陰與陽平，內外兩旺，而後佐之以攻風邪，則風邪自出矣，方用補夜丹。此方乃補陰之神劑，亦轉陽之聖丹，用攻於補之中，亦寓撫於剿之內也。譬如黃昏之際，強賊突入人家，執其主婦，火燒力逼，苟或室中空虛，無可跪獻，則賊心失望，愈動其怒，勢必苦楚更加，焚炙愈甚。今用補陰之藥，猶如將金銀珠玉亂投房中，賊見之大喜，必棄主婦而取資財。佐之以攻邪之藥，又如男婦僕從揚聲門外，則賊自驚惶，况家人莊客，盡皆精健絕倫，賊自勢單，各思飽颺而去，安肯出死力以相斗乎？自然不戰而亟走也。此症用補陰散邪湯亦妙。

一、春溫之症，日間發熱，口乾舌燥，至夜身涼，神思安閒，似瘧非瘧，人以爲傷寒症中如瘧之病也，誰知是傷風而邪留於陽分乎。夫邪之所湊，其氣必虛。所謂氣者，正陰陽之氣也。風邪即陽邪也，陽邪乘陽氣之虛，尤爲易入，以陽氣之不能敵耳。治法於補陽之中，而用政邪之藥，則陽氣有餘，邪自退舍矣，方用助氣走邪散。連服二劑即愈。此方乃補正以祛邪也。譬如青天白晝賊進莊房，明欺主人之懦耳。倘主人退縮，則賊之氣更張。主人潛遁，則賊之膽愈熾。必至罄劫而去。今用參、芪、歸、術以補陽氣，則主人氣旺，執刀而呼，持戟而鬭，號召家人，奮勇格鬭，許重賞酬勞，自然舍命相拒，即鄰佑聞之，誰不執耒以張揚，負鋤而戰擊，賊且逃遁無踪，去之惟恐不速矣。此症用破瘧散亦效。

人有春月感冒風寒，咳嗽，面白，鼻流清涕，人以爲外邪之盛而肺受之，誰知是脾肺氣虛而外邪乘之乎。夫肺主皮毛，邪從皮毛而入，必先傷肺。然而肺不自傷，邪實無隙可乘，又將安入？是邪之入肺，乃肺自召之，非外邪之敢於入肺也。然則祛邪可不亟補其肺乎。惟是補肺必須補氣，氣旺則肺旺，而邪自衰。然而但補其氣，不用升提之藥，則氣陷而不能舉，何以祛邪以益耗散之肺金哉。故補氣以祛邪，不若提氣以祛邪之更勝也，方用補中益氣湯加味治之。一劑邪散，二劑咳嗽流涕之病全愈也。補中益氣湯，治內傷之神劑。春月傷風，亦內傷之類也。用參、芪、歸、术以補氣，用升麻、柴胡以提氣，且二味升中帶散，內傷而兼外感者，尤爲相宜。故服之而氣自旺，外邪不攻自散也。此症用益氣祛寒飲亦效。

人有春日感冒，風寒身熱，發讝，人以爲陽明之內熱也，誰知是肺熱之逼胃乎。春日風邪中人，原不走太陽膀胱之經，每每直入皮毛而走肺，肺得風邪則肺氣大傷，寒必變熱，與傷寒之邪由衛入營而寒變熱者無異，其實經絡有不同，若以冬寒治法治春溫，反致傷命，爲可惜也。苟知春溫與冬寒不同，雖見發熱讝語，但治肺而不治胃，則胃氣無傷，而肺邪易散，方用宜春湯。一劑而寒熱解，再劑而讝語亦失。此方散肺經之邪火又不犯陽明之胃氣。肺：氣安而胃火亦靜矣。此所以治肺而不必治胃耳。此症用潤肺飲亦效。

一、春溫之症，頭痛身熱，口渴呼飲，四肢發斑，似狂非狂，似躁非躁，沿門闔室，彼此傳染，人以爲傷寒之疫症，誰知是傷風之時症乎。夫司天之氣，原不必盡拘一時，天氣不正，感風冒寒，便變爲熱。肺氣不宜，胃氣不升，火鬱於皮毛腠理之中，流於頭而作痛，走於膚而成斑。倘以治傷寒之法治之，必至變生不測，以所感之邪，實春溫之氣，而非冬寒傳經之邪也。夫傳經之

邪最爲無定，春溫之邪最有定者也。何以有定者反至變遷不常？正以時氣亂之也。時氣之來無方，與疫氣正復相同，但疫氣熱中帶殺，而時氣則熱中存生。雖時氣之病亦多死亡，然皆治之不得其法，乃醫殺之，非時氣殺之也。惟是沿門闔宅，各相傳染者何故？以時氣與疫氣同是不正之氣也，故聞其邪氣而即病耳。雖然世人有聞邪氣而不病者何？以臟腑堅固邪不能入也。春溫之傳染，亦臟腑空虛之故耳。治法補其臟腑，而少佐以解火祛邪之藥，則正氣生而邪氣自退矣。方用遠邪湯。一劑頭痛止，二劑身熱解，三劑斑散，狂躁皆安，四劑全愈。此方卻邪而不傷正氣，治不在之時症最效，不止治春溫之時病也。此病用正氣湯亦佳。

《張氏醫通・諸傷門・傷寒》 溫病 有冬時觸犯邪氣，伏於經中，至春分前後，乘陽氣發動而爲溫病。《素問》所謂冬傷於寒，春必病溫是也。其證不惡寒，但惡熱而大渴，其脈多數盛而渾渾不清。越人所謂溫病之脈，行在諸經，不在何經之動，絕不似傷寒浮緊之狀。且右尺與氣口，必倍於人迎，信非人迎緊盛之比。此證大忌發汗，若誤與表散，必躁熱無汗，悶亂不寧而死。以其邪伏經中，日久皆從火化而發，其熱自內達外，必用辛涼以化在表之熱，若寒以泄在里之熱，內氣一通，自能作汗。有服承氣，大汗淋漓而愈者；有大渴飲水，通身汗出而熱頓除者；有渾身壯熱，服黃芩湯、葱白香豉湯得汗而解者；有發熱自利，服葛根黃芩黃連湯而愈者；有舌乾便秘，服涼膈散而安者。故古諺有溫熱病誤下不爲大害，誤汗爲害。

有非時寒疫，間雜其間，不可不審諦明白而爲治療。蓋暴感風寒之證，初時畏寒不渴，至二三日，熱邪傷耗津液方渴，與溫病熱病之一病便昏昏不爽大熱煩渴不同。其脈多浮盛而見於左手，與溫病之右脈數盛亦異。若兼右脈滑盛，或濇滯模糊者，必停飲食之故。故治寒疫，當先發散爲主，即有宿滯，兼與橘、半、枳、朴，不得濫用裏藥。倘邪未入裏而誤與攻下，不無引賊破家之虞，故其治與伏氣迥乎不類也。

《治疫全書・附風溫濕溫等證》 一曰晚發，亦名溫病。緣冬傷於寒或冬不藏精，寒邪深入臟腑，至春陽氣盛行，毛竅疏鬆，伏邪自內而發，自立春至夏至，病之發於此時者，曰春溫；自夏至至立秋，病因濕熱而發者，曰晚發，自立秋至處暑，病因燥熱而發者，亦曰晚發。其病頭痛、壯熱，自汗胸滿，眼赤面紅，神昏譫妄，大小便閉，一切脈証俱與各溫証相同，此須按時令參運氣用藥。大概表宜十神湯，敗毒散，梔子升麻湯。半表裏六神通解散，小柴胡加芒硝湯，大柴胡湯加生地及防風通聖散。純入裏者用三承氣等湯，照冬溫証之法，仍從下奪。

《臨證指南醫案・溫熱》 冬傷於寒，春必病溫者。重在冬不藏精也，蓋煩勞多慾之人，陰精久耗。入春則裏氣大泄。木火內燃，強陽無制，燔燎之勢，直從裏發。始見必壯熱煩冤，口乾舌燥之候矣。故主治以存津液爲第一。黃芩湯堅陰卻邪，即此義也。再者在內之溫邪欲發，在外之新邪又加，葱豉湯最爲捷徑。表分可以肅清，至於因循貽悞。豈止一端。或因氣燥津枯，或致陰傷液涸。先生用挽救諸法，如人參白虎湯，黃連阿膠湯，玉女煎，復脈法。申明條例甚詳，餘則治痙厥以甘藥緩肝。昏閉用幽芳開竅，熱痰之溫膽，蓄血而論通瘀。井井有條，法眞周到。

《醫碥・春溫》 溫，春陽之氣也，時至春而陽氣發動，人應之身中之陽氣亦發動。一遇風寒外襲，閉其腠理，此氣不得升發，即鬱而爲熱，與冬月傷風寒發熱無異。而有惡寒、不惡寒之分者，以冬時陽氣潛藏，表陽虛故怯寒，春月陽氣升發，表陽盛故不怯寒也。無汗者當發散，然冬月陽微，可用辛溫；春月陽盛，宜用辛涼。仲景麻黃湯止爲冬月傷寒立法，不可混施於此証也。經謂冬傷於寒，春必病溫。又謂冬不藏精，春必病溫。又謂凡病傷寒而成熱者，先夏至爲病溫，後夏至爲病暑。程郊倩謂冬傷于寒，寒字當腎字看，蓋腎水屬冬，其氣寒，故古人往往言腎爲寒，如言肝爲風，言脾爲濕之類，細閱前代醫書自見。冬傷寒云云，謂耗傷腎水，陰精泄而不藏，陰虛則火炎，至春陽氣發動，炎炎之勢，不可遏止，一爲風寒所鬱，故溫熱病生耳。然豈特不藏精者乃然哉？即在平人，當春陽氣升發，感受風寒，鬱而成病者固多。《金鑑》謂能藏精者其病輕，不藏精者其病重，韙矣。或曰：經言溫瘧，謂得之冬中風，寒氣藏骨髓中，至春則氣大發。(寒鬱火成熱，因春陽而發爲溫瘧也，即先夏至爲病溫之意。) 邪不能自出，(句上當有若字。) 因遇暑氣，腦髓灼，肌肉消，(言熱至骨。) 腠理開發。(此五句言若春時邪猶不能發，至夏乃發也，即後夏至爲病暑之意。) 或有所用力，邪氣與汗皆出，此病藏於腎，先後內出於外也，如是者，陰虛而陽盛，盛則熱矣。衰熱氣衰也。則氣復返入，入則陽虛，虛則寒矣。(陽氣發泄太過，則表虛而怯寒，表怯寒則氣斂而內返，氣內返則表愈虛，所以寒也。) 明是言冬時觸寒，子何敢程說耶？曰：《禮記》謂言非一端，而各有當，各求其當可也。

風溫即春溫之重者。仲景曰：太陽病，發熱而渴，不惡寒者，在冬月傷寒，則爲陽明經証。爲溫病。春月感冒，邪在太陽，即得此証，不俟傳至陽明乃見，故知爲春溫病也。發汗已，發汗則熱泄，應愈矣。身灼熱者，名風溫。熱感得發表之劑，其勢益揚，如風之煽火愈加熾盛也。風溫爲病，脈陰陽俱浮，自汗出，風溫原本有汗，由內熱熾盛蒸發之故，較春溫內熱不甚而無汗者爲重矣。身重，壯熱傷風，無氣以動，故重。多睡眠，鼻息必鼾，熱壅神昏也。語言難出。氣傷懶言。若被下者，小便不利，亡陰泉竭。眞視，精不榮于目也。失溲。陰不守于內也。若被火者，微發黃色，火上加火，熱溼發黃而熱多溼少，故微黃也。劇則如驚癇，熱極生用。時瘈瘲。筋爲熱灼，乾縮而抽搐也。若火薰之，一逆尚引日，再逆促命期。大抵風溫忌汗，亦不宜下，裡熱未甚者不宜。尤不宜火，當用雙解散去麻黃，加桂枝、石羔。余謂桂枝不必加也。春溫無汗，雖宜解表，然必兼清裡，雙解散審其表裡之重輕爲加減可也。此方雖內紀芒硝、雙解散乃防風通聖散合六一散也。《金鑑》稱其神效，加減用之可也。大黃，然泄熱莫速於此，且分兩有限，不至大下，無傷也。前人云，溫熱証誤下不妨，誤汗則殆。硝、黃可用則用之，可不用則去之，是在臨証斟酌耳。風溫汗太多，脈虛者，桂枝湯見傷溼合人參白虎湯。見發熱溫病兼暑証，名溫毒，治法不出上條。濕溫即溫病挾溼者，其証身重，胸滿多汗，兩脛冷，白虎湯加蒼术、茯苓。

《雜病源流犀燭·外感·春溫病源流》 春溫，少陰病也，仲景何以言太陽？以太陽與少陰相表裏，就其發熱言之，故曰太陽。而邪之所傷者，實少陰也。經曰：冬傷於寒，春必病溫。又曰：冬不藏精，春必病溫。夫邪之所湊，其氣必虛，不藏精矣，有不虛乎？少陰主精，其精不藏，則虛者非少陰乎？特以冬時寒水主令，少陰氣旺，寒雖傷之，未便發泄。至春少陽司令，木旺水虧，不足供其滋溉，所鬱之邪，向之乘虛而入者，今則乘虛而發。木燥火炎，乘太陽之氣，蒸蒸而熱，故所傷雖寒，所病則溫。是以春溫雖太陽、少陽、少陰三經俱有之病，而其原則專屬少陰也。仲景復言太少合病，以發熱不惡寒，兼耳聾脇滿也；復言三陽合病，以脈大爲陽明，多眠爲熱聚少陽也。其發熱而不惡寒者，以寒鬱營間，久則反熱，熱自內發，無表症也。然此其定理也，亦有寒邪將發之時，復感風邪者，必先頭痛，或先惡寒而後熱，此新邪引舊邪也；或往來寒熱，頭痛嘔吐，稍愈後，渾身壯熱，此正氣又虛，伏邪更重也，無外症宜黃芩湯爲主。兼外症必加柴胡，或本經藥以輕解。切不可汗。故仲景曰：發汗已，身灼熱者，名曰風溫。言誤用辛熱，既辛散以刼其陰，復增熱以助其陽，故熱甚脈浮，遂成危症也。誤下誤火亦危，總宜以涼解爲主。夫所傷者寒，所發者熱，而曰溫，何也？蓋冬之傷寒，必先天氣溫煖，開發腠理，忽然寒氣襲之，故受傷。又以所傷不甚，故不即病，乘少陰之虛而伏於其經，至春木旺，其氣溫和，夏熱尙遠，故所發之病，不得仍謂之寒，不得遂謂之熱，而謂之溫也。適當春時，故謂之春溫也。茲據仲景《傷寒論》中所及溫病而條疏之。仲景曰：太陽病，發熱而渴，不惡寒者爲溫病。蓋以邪自內發，表裏俱熱，津液必耗，故渴。內方喜寒，故不惡寒。三四日後或腹滿，或不利者，皆由熱也。未顧他經之症，故曰太陽。以與少陰爲表裏，邪之伏，既在少陰里，邪之發，自在太陽表也。仲景又曰：若汗發已身灼熱者，名曰風溫。風溫爲病，脈陰陽俱浮，自汗出，身重多眠睡，鼻息必鼾，語言難出。若被下者，小便不利，直視失溲。若被火者，微發黃色，劇則如驚，時瘛瘲。若火熏之，一逆尙引日，再逆促命期。蓋以此仍是太陽症而誤汗者，雖與更感風者不同，然其症本溫，復辛散以耗津增熱，以使脈浮，風與溫混，腎水不能獨沉，故理腎之本病。若自汗至語言難出等症也，古律云：風溫治在少陰，不可發汗，發汗者死。今雖太陽風溫，亦同少陰之不可汗也，奈何誤汗之乎？若不汗而誤下，傷膀胱之氣，其變直視等症，由腑臟兩絕也。誤火刼，微則熱傷營氣，而熱瘀發黃；盛則熱甚生風而驚癇，是由神明亂筋脈擾也。一逆再逆，統指汗下火三者言之。仲景又曰：太陽與少陽合病，自利者，與黃芩湯。若嘔者，黃芩加半夏生薑湯主之。蓋以溫病之爲太少二陽，止據脇滿頭痛口苦引飲，不惡寒而即熱斷之，非如傷寒合病皆表症也。且不但無表，兼有下利之裏症。又以內鬱既久，中氣已虛，邪不能一時盡泄於外，至下走即利，非如傷寒協熱利必待傳經也，故不用二經藥，而但用黃芩湯。黃芩湯者，治溫主方也。仲景又曰：三陽合病，脈浮大，上關上，但欲眠睡，目合則汗。蓋以太陽脈浮，陽明脈大，關上又太陽部位，邪雖見於陽，少陰之源未靖，故顯欲眠本症。然母虛子亦虛，目合令伏氣，當須脈之。若脈微弱，當喉中痛似傷，非喉痹也。病人云，實咽中痛。雖爾，今復欲下利。蓋以微弱，少陰脈也。腎虛故不及於陽，百即發於陰，少陰脈循喉，故發則痛而似傷。腎司開闔，雖陰熱上升，而咽痛泄不盡必後陷，故下利可下。此一節，於伏氣之時見伏氣病也。仲景又曰：少陰病，二三日，咽痛者，可與甘草湯。不差

者，與桔梗湯。蓋以甘草湯緩伏氣上升之勢也，桔梗湯開伏氣怫鬱之邪也。不用黃芩湯，以二三日爲初發之時，無胸滿、心煩、下利、嘔渴等症，止咽痛耳。連舉二方，倘服之痛止，邪即衰其大半，後可隨所見而投藥，亦不妄投之道也。仲景又曰：少陰病，得之二三日已上，心中煩而不卧，黃連阿膠湯主之。蓋以此雖未至咽痛，而心煩不卧，血液已耗于伏邪未發時，故以清熱滋陰爲要也。以上皆仲景要法，治溫之準則也。

總之，溫病之發，必渴而煩，脇滿口苦，惡熱不惡寒。以自內發，無表症也。雖經絡不同，必先少陽，以春行風木令也。若周禹載治春溫諸法，可遵用之。其法，有治少陽、陽明合病裏症多者；宜大承氣湯。有治三陽合病者；宜大柴胡湯、雙解散。有治少陽客邪發，脈弦，兩額旁痛，寒熱口苦者；宜小柴胡湯去參、半，薑，加花粉；如嘔，但去人參。有治脈微緊，兼惡寒頭痛者；宜梔子豉湯或益元散加葱、豉、薄荷；熱甚涼膈散去硝黃加葱豉。有治暴感外邪，頭痛如破者；宜葛根葱白湯。邪散後，用黃芩湯。有治熱在上焦，脈洪大而數，外熱譫妄者；宜三黃石膏湯。有治應下症，下後熱不去，或暫解復熱，須再下者；宜承氣湯。有治下後熱不止，脈澀，咽痛，胸滿多汗，熱傷血分宜吐者；宜葶藶苦酒湯。有治裏熱已甚，陽邪怫鬱作戰，而不能汗出，雖下，症未全除者；宜涼膈散。有治腹滿煩渴，脈沉實者；宜選用三承氣湯。勢極，合用黃連解毒湯。以上皆春溫症。有治病溫，少陰伏邪發出，更感太陽客邪，名曰寒溫。必陽脈浮滑，陰脈濡弱，發熱咽痛，口苦，但微惡寒者。宜黃芩湯加桂枝、石膏。或以葱豉先治其外，後用本湯。甚則用葳蕤湯加減。有治本太陽病發熱而渴，誤發汗，身灼熱者，亦名風溫，脈陰陽俱浮如前症。宜麻黃升麻湯去二麻、薑、術。夫誤汗風溫一症，仲景不立方者，以太陽、少陰同時荐至，危於兩感，去生甚遠也。以上皆風溫症，此外又有冬溫病。冬行春令，天氣溫煖，實爲非時之煖，不正之氣。獨冬不藏精之人，腎氣外泄，腠理不固，溫氣襲入，感之成病，此爲冬溫。蓋當冬而溫，火勝矣；不藏精，水虧矣；水既虧，則所勝妄行，土有餘矣；所生受病，金不足矣；所不勝者，反來侮之，火太過矣；火土合德，濕熱相助，故成溫病。是冬氣溫煖，感之而即病者也，非如春溫之由於伏寒者也。故周氏又有治冬溫之法，並條列而採用之。有治寸脈洪，尺脈數，或實大，心煩嘔逆，身熱，不惡寒，或頭痛身重，面腫咳嗽，咽痛下利，與春溫無異，特時令不同者；宜陽旦湯加桔梗、茯苓。有治寒食停滯者；宜厚朴一味以溫散，黃芩涼解其外，即仲景陰旦湯之意。有治先感溫氣，即被嚴寒逼抑，發熱而微惡寒，汗不出而煩擾者；宜陽旦湯加麻黃、石膏。有治本冬溫，醫誤認傷寒，用辛熱發汗，致令發癍成毒者；宜升麻葛根湯加犀角、黑參，或犀角黑參湯。有治誤用辛熱發汗，徒耗津液，裏熱益甚，胸復滿，又誤用下藥，反發熱無休，脈來澀，爲陰血受傷者；急宜採之，宜葶藶苦酒湯。以收陰氣，泄邪熱。若服藥後勢轉劇，神氣昏憒，譫語錯亂，必不救也。冬溫爲病，亦自不一，當各隨見症治之。凡冬溫之毒，大便泄，譫語，脈虛小，手足冷者，皆不治也。以上皆冬溫症，而又有溫瘧者，是春溫病未愈，適又感寒，忽作寒熱者也。《陰陽例》云：脈陰陽俱盛，重感於寒，變爲溫瘧。其症寒熱交作，胸脇滿，煩渴而嘔，微惡寒，即是也。宜小柴胡湯去參、半，加花粉、石膏。又有治無寒但熱，其脈平，骨節煩疼，時嘔者，宜黃芩加生薑湯。至如《內經》所言先熱後寒之溫瘧。乃得之冬，中於風寒，氣藏於骨髓之間，至春陽大發時，邪氣不能自出，因遇大暑，腦髓爍，肌肉消，腠理發泄，或有勞力，邪氣與汗併出。此病固藏於腎，自內達外者也，惟其陰氣陽邪盛，故爲熱。熱甚必衰，衰則氣反而復入，入則陽虛，陽虛則又寒，故先熱後寒，亦名溫瘧。宜人參白虎湯。又或有客邪內蘊，先微惡寒，繼大熱，熱而復大寒者，此伏邪自發之溫瘧，與溫病復感外邪之溫瘧不同。宜人參白虎湯少加桂枝。以上皆溫瘧症，而又有溫毒發斑者。夫發斑皆失於汗下之故，熱毒內攻，不得散，蘊結陽明，而發出肌表。或汗下不解，足冷耳聾，胸煩悶，咳嗽嘔逆，躁熱，起卧不安，俱是發斑之候。春至，病溫之人更遇時熱，變爲溫毒。王氏叔和云：陽脈洪數，陰脈實大，更感溫濕，變爲溫毒。伏溫與時熱交並，表裏俱熱，其爲病最重也，其爲脈浮沉俱盛也，其爲症心煩悶，嘔逆喘咳，甚則面赤身俱赤，狂亂躁渴，咽腫痛，狂言下利而發斑也，最爲危候。周氏亦有治法，更條列之。有治斑如錦紋，身熱煩躁而無燥結者；宜黃連解毒湯。有治躁悶狂亂而無汗者；宜三黃石膏湯。有治自汗煩渴而發斑，爲胃熱者；宜人參花斑湯。有治煩熱錯語不眠者；宜白虎湯合黃連解毒湯。有治斑不透者；宜犀角大青湯。有治斑已透，熱不退者；宜犀角大青湯去升麻、黃芩，加人參、生地、柴胡。有治斑色紫而爲危候者；宜黃連解毒、犀角地黃二湯合用。必須與病家言過，而後用藥。以此症雖藥，十中僅救一二。若色黑而下陷，必死，可勿藥。凡發斑雖禁下，若大便秘，躁渴色紫者，可微下之。宜大柴胡湯。若發斑已盡，外熱已退，內實不大便，譫語，微下之。宜小劑涼膈散，或大柴胡湯。凡發

斑，鮮紅起發者吉，雖大不妨； 稠密成片紫色者，半死半生； 雜色青紫者，十不一生。總之，紅赤者爲胃熱，紫爲胃傷，黑爲胃爛也。凡斑既赤，脈須洪數有力，身溫足煖者，易治； 脈小足冷，元氣虛弱者，難治； 狂言發斑，大便自利，或短氣，燥結不通，而黑斑如果實黶者，皆不治。以上皆溫毒發斑症，夏熱發斑同此驗治。至於脈象，或見浮緊，乃重感不正之暴寒，寒邪束於外，熱邪結於內，故其脈外綳急而內洪盛也。若誤認弦脈爲緊，必謬。蓋脈之盛而有力者多兼弦，不可誤認爲緊而爲寒也。夫溫病之脈，多在肌肉之分，不甚浮，且右反甚於左者，怫鬱在內故也。其左手盛或浮者，必重感風寒，否則非溫病，是非時暴寒耳。溫病亦有先見表症而後見裏症者，怫鬱自內達外。熱鬱腠理之時，若不用辛涼發散，邪不得外泄，遂還裏而成可攻之症，非如傷寒從表而始也。或不明斯理，而於溫病求浮緊之脈，亦疏矣。其脈法有如此者，夏熱病脈，亦同此看法。周氏禹載溫病治法最善，故此篇多採用之。

【脈　法】《靈樞》曰： 尺膚熱甚，脈盛躁者，病溫也。《脈訣》曰： 陰陽俱盛，病熱之極，浮之而滑，沉之散澀。惟溫病脈，散於諸經，各隨所在，不可指名。《脈法》曰： 溫病二三日，身熱腹滿頭痛，食飲如故，脈直而疾，八日死。溫病四五日，頭痛腹滿而吐，脈來細而強，十二日死。溫病八九日，頭身不痛，目不赤，色不變，而反利，脈來澀，按之不足，舉之卻大，心下堅，十七日死。溫病汗不出，出不至足者死。《醫鑑》曰： 溫病穰穰大熱，脈細小者死。溫病下利腹中痛者，死症也。

溫病原由症治　丹溪曰： 夏至前發爲溫病，夏至後發爲熱病，謂之伏氣傷寒。所謂冬於寒，春必病溫是也。《正傳》曰： 溫病初症，未知端的，先以荆防敗毒治之，看歸在何經，隨經施治。又曰： 治法切不可作傷寒正治，而大汗大下，但當從乎中治，而用少陽之小柴胡湯，陽明之升麻葛根湯，加減治之。陶節菴曰： 問曰： 傷寒溫病，何以爲辨？ 答曰： 溫病於冬時感寒所得也，至春變爲溫病耳。傷寒汗下不愈而過經，其症尚在而不除者，亦溫病也。經云： 溫病之脈，行在諸經，不知何經之動，隨其經之所在而取之。如太陽病頭疼惡寒，汗下後，過經不愈，診得尺寸俱浮者，太陽病溫也。如目疼惡寒身熱，汗下後，過經不愈，診得尺寸俱長者，陽明病溫也，如胸脇痛，汗下後，過經不愈，診得尺寸俱弦者，少陽病溫也。如腹滿嗌乾，過經不愈，診得尺寸俱沉細者，太陰病溫也。如口燥舌乾而渴，過經不愈，診得尺寸俱沉者，少陰病溫也。如煩滿囊縮，過經不愈，診得尺寸俱微緩者，厥陰病溫也。是故隨其經而取之，隨其症而治之。如發斑，乃溫毒也。又曰： 治溫大抵不宜發汗。過時而發，不在表也。已經汗下，亦不在表也。經曰： 不惡寒而反渴者，溫病也。蓋其熱自內達外，無表症明矣。又曰： 溫毒者，冬月感寒異氣，至春始發也，表症未罷，毒氣未散，故有發斑之候。心下煩悶，嘔吐咳嗽，後必下利，寸脈洪數，尺脈實大，爲病則重，以陽氣盛故耳，通用元參升麻湯以治之。周禹載曰： 二陽搏，病溫者，死不治。雖未入陰，不過十日死。二陽者，少陽陽明也。又曰： 溫病發於三陰，脈微足冷者，難治。又曰： 溫病大熱，脈反細小，手足逆冷者死。又曰： 溫病初起，大熱目昏譫語，脈小足冷，五六日而脈反躁急，嘔吐昏沉，失血痙搐，舌本焦黑，脈促結代小者，皆死。又曰： 溫病汗後反熱，脈反盛者死。又曰： 溫病誤發汗，狂言不能食，脈反躁盛者，皆不治。華岫雲曰： 冬傷於寒，春必病溫者，重在冬不藏精也。蓋煩勞多慾之人，陰精久耗，入春則裏氣大泄，木火內燃，強陽無制，燔燎之勢，直從裏發，始見必壯熱煩冤，口乾舌燥之候矣。故主治以存精液爲第一，黄芩湯堅陰卻邪，即此義也。再者，在內之溫邪欲發，在外之新邪又加，葱豉湯最爲捷徑，表分可以肅清。又曰： 風溫者，風爲天之陽氣，溫乃化熱之邪，兩陽熏灼，先傷上焦，種種變幻情狀，不外手三陰爲病數，頭脹汗出，身熱咳嗽，必然並見。當與辛涼輕劑，清解爲先，大忌辛溫消散，刼爍清津，太陰無肅化之權，救逆則有蔗漿、蘆根、玉竹門冬之類也。又忌苦寒沉降，損傷胃口，陽明頓失循序之司，救逆則有復脈、建中之類也。大凡此症，驟變則爲痙厥，緩變則爲虛勞，其主治之方，總以甘藥爲要，或兼寒，或兼溫，在人通變可也。

《通俗傷寒論・傷寒兼證・春溫傷寒》 因　伏溫內發，新寒外束，有實有虛，實邪多發於少陽膜原，虛邪多發於少陰血分陰分，當審其因而分爲少陽溫病，手少陰溫病，足少陰溫病，以清界限。

證　膜原溫邪，因春寒觸動而發者，初起頭身俱痛，惡寒無汗，繼即寒熱類瘧，口苦脇痛。甚則目赤耳聾，膈悶欲嘔，一傳陽明而外潰，必灼熱心煩，大渴引飲，不惡寒，反惡熱，甚或神昏譫語，胸膈間瘷疹隱隱，便閉溺澀。舌胎初則糙白如粉，邊尖俱紅，或舌本紅而胎薄白，繼即舌紅起刺，中黃薄膩，甚或邊紅中黃，間現黑點。若溫邪伏於少陰，新感春寒引發者，在血分，初雖

微惡風寒，身痛無汗。繼即灼熱自汗，心煩不寐，或似寐非寐，面赤唇紅，手足躁擾，神昏譫語，或神迷不語，或鄭聲作笑。內陷厥陰肝臟，狀如驚癇，時時瘛瘲，四肢厥逆，胸腹按之灼手。舌胎初則底紅浮白，繼即舌色鮮紅，甚則紫絳少津。在陰分，初起微微惡寒，身痛無汗相同，惟面多油光，尺膚熱甚，口乾齒燥，煩躁狂言，腰疼如折，小腹重痛。男則夢洩遺精，女則帶下如注，小便赤澀稠黏，狀如血淋。兼厥陰肝病，氣上撞心，時時欲厥，厥回則痙，痙後復厥，筋惕肉瞤，甚則兩目上視，或邪視，舌卷囊縮，舌胎初則紫絳而圓，繼即胖嫩，根黃黑，終則深紫而赤，或乾或焦，甚則紫而乾晦，色如豬腰。

脈　左弦緊，中弦滑而數，此外寒搏內熱。《內經》所謂冬傷於寒，春必病瘟。《傷寒論》所云太陽病發熱而渴，不惡寒者爲溫病，俗稱冷溫是也。若右洪盛而躁，左反細弦搏數，此《內經》所謂冬不藏精，春必病溫，病溫虛甚死。亦即喻西昌所謂即傷於寒，且不藏精，至春同時並發是也。

治　膜原伏邪，由春感新寒觸發者，法當辛涼發表，葱豉桔梗湯。先解其外寒，外寒一解，即表裏俱熱。熱結在裏，法當苦辛開泄，柴芩清膈煎。雙解其表裏之熱。如熱勢猶盛，癍疹隱隱者，新加白虎湯。更增炒牛蒡、大青葉各三錢，速透其癍疹。癍疹透後，但見虛煩嘔惡，心悸不寐者，尚有痰熱內擾也。只須蒿芩清膈煎去廣皮。加北秫米三錢、辰砂染燈芯三十支，輕清以息其餘熱。如癍疹既透，依然壯熱譫語，大便閉結，溺赤短澀而濁者，熱結小腸火腑也。急與小承氣湯去川樸，加川連、木通各一錢，清降其小腸之熱結，則二便利而神清矣。兼胸悶痰多者，陷胸承氣湯。加益元散四錢包、淡竹葉二錢，峻下之。下後熱退身涼，則以《金匱》麥門冬湯加生穀芽一錢、廣橘白八分，養胃陰，醒胃氣以善其後。若少陰伏氣溫病，驟感春寒而發者，必先辛涼佐甘潤法，酌用七味葱白湯。加減萎蕤湯二方。以解外搏之新邪。繼進甘寒複苦泄法，酌用犀地清絡飲。導赤清心湯二方。以清內伏之血熱。如兼痰迷清竅，神識昏蒙者，急與玳瑁鬱金湯以清宣包絡痰火。服後如猶昏厥不語，急用犀羚三汁飲以清宣心竅絡痰瘀熱。調下至寶丹，或冲入牛黃膏，其閉自開。開達後，如肝風內動，橫竄筋脈，手足瘛瘲者，急用羚角鈎藤湯熄肝風以定瘛瘲。惟陰分伏熱，熱入精室，較熱入血室爲尤深，慾火與伏火交蒸。轉瞬間陰竭則死，俗稱夾陰溫病。即屬此證，切忌妄與發表，亟亟清裏救陰。陶氏逍遙湯。急瀉其交蒸之火，以存陰液，繼與加味知柏地黃湯，滋陰降火，以交濟心腎。後興甘露飲加減，終與坎氣潛龍湯，滋填任陰，以鎮攝浮陽，如已液涸動風，急與阿膠雞子黃湯，育陰熄風，以平其瘛瘲。然虛憊至此，亦多不及救，即幸而護救，不過十救一二而已。

秀按：春溫兼寒，初用葱豉桔梗湯，辛涼開表，先解其外感，最穩。若不開表，則表寒何由而解。表寒既解，則伏熱始可外潰。熱從少陽膽經而出者，多發疹點，新加木賊煎。加牛蒡、連翹，以透疹。熱從陽明胃經而出者，多發癍，新加白虎湯。加牛蒡、連翹，以透癍。疹癍既透，則裏熱悉從外達，應即身涼脈靜而愈。若猶不愈，則胃腸必有積熱，選用諸承氣湯，急攻之以存津液，病多速愈。此伏氣春溫實證之治法也。若春溫虛證，伏於少陰血分陰分者，其陰血既傷，肝風易動，切忌妄用柴、葛、荊防，升發其陽以刼陰。陰虛則內風竄動，上竄腦戶，則頭搖暈厥，橫竄筋脈，則手足瘛瘲。如初起熱因寒鬱而不宣，宜用連翹梔豉湯去蔻末，加鮮葱白、蘇薄荷，輕清透發以宣泄之，氣宣熱透，血虛液燥，繼與清燥養營湯加野菰根、鮮茅根，甘涼濡潤以肅清之。繼則虛多邪少，當以養陰退熱爲主，如阿膠黃連湯之屬，切不可純用苦寒，重傷正氣。此伏氣春溫虛證之治法也。兪君分清虛實，按證施治，於虛證側重熱入精室，尤治下虛之要着。雖然，夾陰傷寒，已爲難治，夾陰溫病，更多速死。全在初診時，辨證確實，用藥精切，心思靈敏，隨機策應，庶可急救此種危證也。

廉勘　春溫兼寒，往往新感多，伏氣少。每由春令天氣過暖，吸受溫邪，先伏於肺，猝感暴寒而發。葉先生所謂溫邪上受，首先犯肺是也。初起時頭痛，身熱，微惡寒而無汗者，訪張子培法，銀翹散略加麻黃，辛涼開肺以泄衛，衛泄表解，則肺熱外潰，氣分化燥，不惡寒，反惡熱，咳嗽煩渴，小便色黃，須展氣化以輕清，葉氏荷杏石甘湯加味。乍入營分，神煩少寐，脈數舌紅，猶可透營泄熱，仍轉氣分而解，葉氏犀地元參湯爲主。入血，即舌深絳，目赤唇焦，煩躁不寐，夜多譫語，甚或神昏不語，就恐耗血傷心。直須涼血瀉火，陶氏導赤瀉心湯加減。昏厥不語者，加至寶丹，或王氏新定牛黃清心丸，幽香通竅，開內閉以清神識。此泄衛清氣，透營涼血，皆使上焦之邪熱，從外而解，若不從外解，必致裏結胃腸，辨其症之輕重緩急，選用兪氏諸承氣法，參酌而下之。若伏氣春溫，其熱自內達外，表裏俱熱，故最多三陽合病，兪氏葱豉桔梗湯。加知母、黃芩，兩除表裏之熱，繼則表熱微

而裏熱者，又宜酌用諸承氣法，苦寒之劑以瀉之。下後，若表裏俱虛，液燥煩渴者，重則用張氏竹葉石膏湯，輕則用顧氏八仙玉液，清虛熱以生津液。榮齊按 《衷中參西錄》作者張錫純先生論春溫證治，有獨到見解，通過他三十多年的實驗，發表出來，當然是可法可師。他製訂的清解湯涼解湯寒解湯三方，我在臨床時也試用它，多獲療效。茲一併轉載如下： 凡寒氣之中人，其重者即時成病。即正冬之傷寒； 其輕者微受寒侵，不能即病，由皮膚內侵，潛伏於三焦脂膜中，阻塞氣化之升降流通，即能暗生內熱，迨至內熱積而益深，又兼回陽生，薄受外感，以激發其熱，是以熱自內發，而成溫病，即所謂伏氣成溫也。至於治法。清代名醫多有謂此證不宜發汗者，然仍宜以脈證之現象而詳爲區別。若脈象雖有實熱，而仍在浮分，且頭痛苔白者， 仍當投以汗解之劑，宜辛涼以發其汗。如： 薄荷、連翹、蟬衣等，更以清熱之藥佐之。拙擬清解、涼解、寒解三方，皆可斟酌病之輕重而選用。若其病初得即表裏壯熱，脈象洪實，苔白或黃，宜白虎湯加連翹茅根； 如此治法，非取汗解，然服藥後竟自汗而解，或不見汗出，其病亦解，因寒涼之劑與清輕宣散之藥相併，自能排逐內蘊之熱從腠裏達於皮毛以透出。此冬傷於寒春必病溫之大略治法也。至於冬不藏精之人，其所患溫病，有因猝然感冒而成者； 大凡溫病之出。此冬傷於寒春必病溫之大略治法也。至於冬不藏精之人，其所患溫病，有因猝然感冒而成者； 大凡溫病之人，多係內有蘊熱，至春時又薄受外感，其熱即陡發而成溫，冬不藏精之人，必有陰虛，所生之熱，積於臟腑，發動之後，脈象多數，呼吸微喘，舌苔微白，津液短少或乾黃，或舌苔漸黑，狀如斑點，口渴引飲，或時至陰分，益加潮熱； 此症初起，其舌苔白時，亦可汗解，然須以滋陰藥輔之。余常用連翹、薄荷各三錢，元參、生地各一兩，煎湯服之，得汗即愈。若服藥後，汗欲出仍不能出，可用白糖水送服阿斯匹林一分許，其汗即出。或單用元參、生地煎湯送服阿斯匹林，亦能得汗。若熱已傳裏，苔黃，脈象數而有力，然按之弦硬，非苔陽明有實熱者之洪滑。此陰虛熱實之象，治以白虎加人參湯以生地代知母，生山藥代粳米煎服。以上是冬不藏精。春必病溫之治法。附： 清解湯，治溫病初得、頭痛、周身骨節痠痛、肌膚壯熱，背微惡寒、無汗、脈浮滑者。涼解湯即清解湯倍石膏，治溫病表裏俱覺發熱，脈洪而兼浮者。寒解湯治周身壯熱，心中熱而且渴，舌上白苔欲黃，其脈洪滑，或頭猶覺疼，周身有猶拘束之意者。

《慈航集·六十甲子春邪時感方》 甲子年土運，少陰君火司天，陽明燥金在泉，天氣生運，順化之歲，火下生土，春邪初病，惡寒、頭痛、發燒、口渴，此太陽外感，陽明積滯，雖係火燥之年，總由受寒邪而起半表半裏之症。夏秋痘疹瘟疫瘧痢等症，宜和解清理三焦，疏通氣血。邪熱退盡，大便燥結者，潤下之，下後調理正氣爲主。

春邪初病第一方：

紫蘇一錢五分 淡豆豉三錢 枳殼一錢五分炒 厚朴一錢五分炒 製半夏二錢 陳皮一錢五分 草蔻仁三錢研 炙甘草五分 引煨老薑三錢，葱頭連鬚三個水二碗，煎一碗熱服。

初病惡寒發熱一服，蓋暖取汗即愈。如週身痠痛，加獨活一錢五分、秦艽一錢五分，惡心嘔吐加廣霍香三錢、竈心土三錢，口乾加花粉二錢、葛根三錢，腹痛作瀉加赤芍五錢、煨廣木香一錢五分、車前子三錢，胸口飽脹加檳榔一錢五分，大便結者加製軍三錢、當歸八錢。

乙丑年金運，太陽濕土司天，太陽寒水在泉，天氣生運，順化之歲。土下生金，金亦生水，水濕太多，脾土受困，陽微陰盛，濕無火化。本病氣虛中滿，標症頭面四肢水腫，治宜補氣理脾，分利陰陽。春邪時感頭痛、身痛、惡寒、發燒，先由受寒停滯而起半表半裏之症，宜溫劑解表，得汗即退。初不可用苦寒等藥，如悞投之，變症不測，慎之慎之。

春日初病第一方：

紫蘇一錢五分 枳殼一錢五分 製半夏二錢 草蔻仁三錢 冬白朮二錢 炙甘草三分 陳皮一錢五分 雲苓二錢 引煨老薑三錢，紅棗三枚

初病一服，蓋暖得汗即愈。週身痛加秦艽、獨活各一錢五分，發熱不退加淡豆豉三錢，惡心加廣霍香三錢，咳嗽加杏仁二錢，作瀉加赤芍五錢、車前子三錢，胸口不寬，麪積加炒萊菔子三錢，肉積加炒山查三錢，頭面手足浮腫去紫蘇加炒苡仁三錢、炒五谷虫二錢、炒冬瓜子三錢。

丙寅年水運，少陽相火司天，厥陰風木在泉，運尅天氣，不和之年。水上尅火，肝膽不舒，三焦蘊熱，濁火留中。春邪初病，頭痛、惡寒、發燒、口渴。夏秋瘧痢、黃疸、小便多淋，治宜溫散和解，寬中化滯，清理三焦和其少陽。大便結者，下之自安。

春邪初病第一方：

當歸五錢　白芍三錢　甘草五分　枳殼一錢五分炒　陳皮一錢五分製半夏二錢　紫蘇一錢五分　草蔻仁三錢研　引煨老薑二錢

初病惡寒發燒，一服蓋暖得汗即愈。如第二日熱不退，加柴胡八分、炒黃芩一錢五分，如身痛加獨活一錢五分、秦艽一錢五分，如惡心加廣霍香三錢，如日乾加花粉二錢，如胸口脹悶加檳榔一錢五分，如大便結者加製軍三錢，如咽喉痛加桔梗三錢，牛旁子一錢，如病久年尊者，多陰虛內熱，加生地八錢、麥冬三錢。

丁卯年木運，陽明燥金司天，少陰君火在泉，天氣尅運，天刑之年。金下尅木，木不受制，內火生熱，瘟疫、疹痘、喉爛、發癍，外寒內火症多雜亂。初病頭痛、發燒、口渴、煩躁不寧，先宜溫散發汗，邪從汗出，人自平寧。大便結者，當歸承氣湯下之，下後調脾養陰爲主。

春邪初病第一方：

葛根三錢　紫蘇一錢五分　淡豆豉三錢　製半夏二錢　陳皮一錢五分　枳殼一錢五分炒　草蔻仁一錢研　生甘草五分　引煨老薑二錢

初病頭痛發熱，一服蓋暖得汗即愈。如惡心加廣霍香三錢，如口乾加花粉二錢、天冬二錢，如作瀉加赤芍五錢、木通一錢五分，如週身痛加獨活一錢五分，如心煩加連翹一錢五分，如舌苔黃赤加川黃連五分、知母二錢，如胸口飽脹加檳榔一錢五分，如內熱重小便不利加青蒿三錢車前子三錢，大便結者當歸承氣湯下之。

戊辰年火運，太陽寒水司天，太陰濕土在泉，天氣尅運，天刑之年。水下尅火，火衰土弱，膀胱之氣不化，水蓄不行，病多中滿、水腫、腹脹膨悶。暴病標症頭痛、惡寒、發燒，宜溫太陽固本，汗解病退即補氣、理脾、滲濕，分利陰陽。脾虛、虛腫者，苓术散加理土去濕之藥，調補不可破氣傷本。

春邪感冒第一方：

羌活八分　防風八分　赤芍一錢五分　枳殼一錢二分　桔梗一錢五分　桂枝一錢五分　杏仁一錢五分　甘草五分　引煨老薑二錢，大紅棗三枚水二鐘煎一鐘，熱服，即吃稀粥湯二鐘

春日初病傷風感冒，頭痛、惡寒，此方一服蓋暖取汗即愈。如燒不退加淡豆豉三錢、紫蘇一錢五分，如作瀉加焦白術二錢、雲苓二錢，如飽悶加蔻仁二錢。傷風感冒寒熱退清，用苓術散調理。氣虛者加補氣之藥理土滲濕爲主。

己巳年土運，厥陰風木司天，少陽相火在泉，天氣尅運，天刑之年。木下尅土，土受木制，肺氣虛弱，肝木橫逆，三焦不舒，胃滯不化，病多結胸。風邪外伏，內熱生風，初病頭痛、發熱，外感風寒，內停食積，宜先溫散外寒、化其裏滯、和其肝膽爲主。夏秋瘧痢最多，宜細心調治，不可大意。

春邪初病第一方：

柴胡八分　當歸五錢　白芍五錢炒　枳殼二錢炒　草蔻仁三錢研　炙甘草五分　薄荷六分　陳皮一錢五分　製半夏二錢　引煨老薑二錢

初病頭痛發燒，一服蓋暖取汗即愈。如第二日熱不退加炒黃芩一錢、淡豆豉三錢一服即好，如惡心加廣霍香三錢，如頭痛加白芷八分、川芎一錢五分，如咳嗽加桔梗二錢、杏仁二錢，如大便結者加製軍三錢，如作瀉加車前子三錢，如痰多加炒萊菔子三錢。

庚午年金運，少陰君火司天，陽明燥金在泉，天氣尅運，天刑之年。火下尅金，金受火制，毒熱內伏，痘疹癍症瘟疫并行。初病惡寒、頭痛、壯熱、煩躁、口渴，先宜溫表外寒，邪從汗亦分消。熱退身涼，大便結者即下之，當歸承氣湯最穩。初不可用苦寒之藥，如悮早用，變症多致不救。

春邪初病第一方：

紫蘇一錢五分　淡豆豉三錢　枳殼一錢五分炒　製半夏二錢　陳皮一錢五分　檳榔一錢五分　草蔻仁三錢　生甘草五分　引煨老薑二錢

初病頭痛發燒，一服蓋暖得汗即愈。如第二日壯熱不退加葛根三錢、雲苓三錢一服即愈，如口渴加知母三錢，如惡心嘔吐加廣霍香三錢、灶心土三錢，如有麪積加炒萊菔子三錢、肉積加炒山查三錢，如咽喉痛加桔梗三錢、牛旁子三錢，大便結者當歸承氣湯下之。

辛未年水運，太陰濕土司天，太陽寒水在泉，天氣尅運，天刑之年。土下尅水，其年一派寒濕陰邪。春日初病頭痛、發燒、惡寒、身痛、人事昏沉似乎火象，寔屬寒症。此陰極似陽。寒邪夾滯太陽陽明合病半表半裏之症。初方不可用苦寒涼劑，如悮投之，手指甲青、痰喘氣急、面色黧黑，多致不救，愼之、愼之。

春邪初病第一方：

冬白朮三錢土炒　雲苓三錢　桂枝一錢五分　紫蘇一錢五分　枳殼一錢五分炒　陳皮一錢五分　炙甘草五分　淡豆豉三錢　草蔻仁二錢研　引煨老薑二錢葱頭連鬚三個

春日初病頭痛惡寒發燒，一服蓋暖得汗即愈。如惡心嘔吐加廣霍香三錢，如作瀉加炒白芍五錢、車前子三錢，如痰多氣急加炒萊菔子三錢、蘇子二錢，如身痛加秦艽一錢五分。邪熱俱清，頭面四肢虚腫去，紫蘇、豆豉、桂枝加炒苡仁三錢、炒冬瓜子三錢、炒五谷蟲一錢五分。

壬申年木運，少陽相火司天，厥陰風木在泉，運生天氣，小逆之歲。木上生火，火旺化風，內停食滯，外受風寒，初病發熱、惡心、頭痛、身痛、吐逆、嘔酸，男肝氣不舒，胸肋脹痛；女厥逆抽搐，肝火內動。初病宜溫散寬中，化滯順氣和肝，大便結者通其陽明，滯積濁火下降，諸症全好。夏秋有瘧痢，宜細心調治之。

春日初病第一方：

當歸五錢　白芍五錢　柴胡八分　薄荷八分　甘草三分　枳殼一錢炒　草蔻仁三錢研　炒黄芩八分　廣霍香三錢　引煨老薑二錢

初病頭痛惡寒發燒，一服蓋暖得汗即愈。如第二日熱不退加淡豆豉三錢，如作瀉加車前子三錢，如口乾加天花粉二錢、天冬二錢，如小便赤短加青蒿三錢，如肝氣痛加醋炒青皮一錢五分、檳榔一錢五分，如大便堅硬結燥者，陷胸湯主之。

癸酉年火運，陽明燥金司天，少陰君火在泉，運尅天氣不和之年。火上尅金，金受火制無暇顧子，木無水養，君火更旺，三焦內熱，濁火不降，積滯於胃，外感風邪，瘟疫、瘧痢、痧疹並行。初病頭痛，惡寒，發燒，口渴，先宜溫散而邪從汗解矣。初不可用柴胡、桂枝，如悮用之，變症難救，二三日邪熱傳入少陽，方可用柴胡和解。

春日初病第一方：

紫蘇一錢五分　淡豆豉三錢　葛根三錢　枳殼二錢炒　厚朴一錢五分炒　檳榔一錢五分　草蔻仁三錢　製半夏二錢　陳皮一錢五分　炙甘草五分　引煨老薑二錢

春日初感時邪，惡寒、發燒、頭痛，一服取汗即愈。如惡心加廣霍香三錢，如作瀉加炒白芍五錢、車前子三錢，如內熱重加炒黄芩一錢五分，如口渴加知母二錢、天花粉二錢，如寒熱分清，已成瘧疾加柴胡八分、青蒿三錢、大貝母一錢，去紫蘇，豆豉、葛根，河井水煎服，二劑全愈。

甲戌年土運，太陽寒水司天，太陰濕土在泉，運尅天氣，不和之年。土上尅水，脾虛氣弱，濕聚不行，病多腫滿，氣急痰喘，四肢無力。春多時感，氣虛畏寒。夏多暑濕，秋瘧，脾寒。初宜溫散汗解，解後補氣理脾，溫太陽膀胱之氣，分利陰陽。忌用苦寒破氣，如悮投之則有中滿之累矣。

春日初病第一方：

焦白朮二錢　雲苓二錢　枳殼一錢五分　紫蘇一錢五分　陳皮一錢五分　桂枝一錢五分　淡豆豉三錢　製半夏二錢　炙甘草五分　引煨老薑二錢、紅棗三枚

春日感冒，頭痛惡寒發熱，一服蓋暖得汗即愈。如惡心加廣霍梗三錢、白蔻仁二錢，如作瀉加炒白芍五錢，如邪已清，去紫蘇、桂枝、豆豉，加炒苡仁三錢，如腹脹腫滿加炒冬瓜子三錢、川貝母五分炒、五谷虫一錢五分、炒峡曲一錢五分、車前子二錢。

乙亥年金運，厥陰風木司天，少陽相火在泉，運尅天氣，不和之年。金上尅木，木不受制，反侵脾土，橫逆中焦，陽明氣滯，濁火不降，移熱於膽，肝氣不舒，秋生瘧痢。治宜和肝清膽。初病惡寒、頭痛、發燒，先宜溫劑解表，得汗自愈。大便結者，下之即和中調胃。

春日初病第一方：

當歸五錢　白芍五錢　炙甘草五分　紫蘇一錢五分　枳殼一錢五分炒　製半夏二錢　陳皮一錢五分　草蔻仁三錢研　引煨老薑二錢

初病頭痛、惡寒、發熱，一服蓋暖得汗即愈。如第二日寒熱不退，加柴胡八分、葛根二錢，如已成瘧，即用原方於寒熱未來前一時服，二劑全愈。如惡心加廣霍香三錢，如肝氣痛加青皮一錢五分、檳榔一錢五分，如作瀉加車前子三錢，如大便燥結加製軍三錢，如腹痛加廣木香一錢五分，如火瀉加薑汁炒川連五分。

丙子年水運，少陰君火司天，陽明燥金在泉，運尅天氣，不和之年。水上尅火，春邪，瘟疫、痘疹、痧毒，大人小兒病多雜亂。春日初病頭痛、發熱、煩燥、口渴，陽明積滯化火，外受風寒，先宜溫散，邪從汗解，不可即投苦寒之藥，邪氣清後方可用之。大便結者下之即安。

春邪初病第一方：

紫蘇一錢五分　淡豆豉三錢　枳殼一錢五分炒　陳皮一錢五分　製半夏二錢　草蔻仁三錢研　生甘草五分　赤芍二錢　桔梗二錢　引煨老薑二片

初病，一服蓋暖得汗即愈。如口乾熱不退加葛根三錢，如惡心加廣霍香三錢，如口渴煩燥加花粉二錢、知母二錢，如咽喉痛加牛蒡子三錢、連翹一錢五分，如內熱重加炒黃芩一錢、青蒿三錢，如作瀉加炒白芍五錢、車前子三錢，如大便結燥加當歸八錢、生軍三錢，如小兒初病宜疎通氣血爲主，恐防出痘疹。

丁丑年木運，太陰濕土司天，太陽寒水在泉，運尅天氣不和之年。木上尅土，土受木制，陰旺陽虛，脾受濕困，病多水腫、腹脹、痰喘、氣急。春日時感寒熱、頭痛、發冷，初宜溫散，忌用寒涼，若悮投之，變症難治。夏多暑濕，秋有瘧痢，總宜溫劑調治，不致有悮。

春日時感第一方：

紫蘇一錢　枳殼一錢五分　製半夏二錢　陳皮一錢五分　雲苓二錢　淡豆豉三錢研　草蔻仁三錢研　炙甘草三分　引煨老薑二錢，紅棗三枚

春日初病頭痛、惡寒、發燒，一服蓋暖得汗即愈。如惡心加廣霍香三錢，如作瀉加炒白術五錢、車前子三，如腹脹膨悶加炒麥芽三錢、炒神麯一錢五分，如病久陰虛，虛熱不退，加赤色鮮首烏八錢、當歸八錢、青蒿三錢、炒柴胡五分，二三服即愈，如咳嗽加杏仁二錢、炒萊菔子三錢。

戊寅年火運，少陽相火司天，厥陰風木在泉。理氣相同，天苻之歲。運氣皆火，火旺燥陰，三焦內燒，膽火生然，暴病惡寒、發熱、頭痛，雖係火年而暴病無熱，總由停滯於中，寒感於外，先宜溫散，汗解半表半裏之症。初不可用寒涼藥，寒邪解淸方可用之，其年多痧疹、溫瘧，病多雜亂，大要留心。

春日初病第一方：

當歸五錢　白芍三錢　柴胡八分　製半夏二錢　枳殼一錢五分　草蔻仁三錢　炙甘草三分　陳皮一錢五分　薄荷六分　引煨老薑二錢

春日初病，惡寒發熱頭痛，一服蓋暖得汗即愈。如惡心嘔吐加廣霍香三錢，如內熱加炒黃芩一錢五分、知母二錢，如口渴加天花粉二錢，如火盛舌赤潤而不乾燥者加川連五分、竹葉八十片、燈心一錢，如大便燥結舌苔焦黑當歸承氣湯下之即安。

己卯年土運，陽明燥金司天，少陰君火在泉，運生天氣，小逆之年。土上生金，金來刑木，木不受制反來侵脾，橫逆於胃，三焦不舒，濁熱不降，瘟疫痧痘並行。暴病時邪，寒熱、頭痛、煩躁、神昏、譫語等症先要溫解，邪熱亦從汗出，諸症亦輕矣。初方不可即用寒涼，悮早用之，寒伏熱於內則難救治，愼之、愼之。

春邪初病第一方：

葛根三錢　紫蘇一錢五分　淡豆豉三錢　枳殼一錢五分炒　草蔻仁三錢研　檳榔一錢五分　炙甘草三分　製半夏二錢　陳皮一錢五分　引煨老薑二錢

春日初病頭痛、惡寒、發燒，一服蓋暖得汗即愈。如週身酸痛加獨活一錢五分、秦艽一錢五分，如惡心加廣霍香三錢，如口渴加花粉二錢、知母二錢，如作瀉加赤芍五錢、車前子三錢，如胸口飽脹肉積加炒山查三錢、麪積加炒萊菔子三錢，如大便結燥加當歸八錢、製軍三錢。

庚辰年金運，太陽寒水司天，太陰濕土在泉，運生天氣、小逆之年。金上生水，水冷金寒，脾虛氣弱，濕伏不行，病多中滿腹脹，頭面四肢浮腫、痰喘氣急，虛火冲金，咳嗽不寧。春日感冒，頭痛惡寒發熱，宜溫太陽，解表得汗自退，即補氣理脾，分利小便。夏多暑濕，秋生脾寒瘧症，總宜溫劑固本和之。

春日感冒傷風咳嗽第一方：

桂枝一錢五分　赤芍一錢五分　炙甘草五分　防風八分　羌活五分　杏仁二錢去皮尖　桔梗二錢　枳殼一錢五分　雲苓二錢　引煨老薑二錢、紅棗五枚

春日感冒，頭痛畏寒傷風等症，一服即吃熱稀粥湯一碗，蓋暖取汗即愈。如痰多加製半夏二錢，如熱不退加淡豆豉三錢，如胃中有食積加炒麥芽二錢、炒神麯一錢五分、炒山查三錢，以上一二服即全愈。淸後苓術散調補，氣虛者補氣、陰虛者金匱腎氣湯。

辛巳年水運，厥陰風木司天，少陽相火在泉，運生天氣，小逆之年。水上生木，木強土弱，食物難尅，胃氣不舒，三焦內熱，濁火留中不降，移熱於膽，夏秋多疫黃疸、痢瘧，直接壬午年之瘟疫痘疹，初宜溫散，邪從汗解，淸其陽明，濁熱下降，肝膽自舒矣。

春日初病第一方：

當歸三錢　白芍三錢酒炒　甘草五分　柴胡八分　薄荷五分　製半夏二錢

陳皮一錢五分　枳殼一錢五分　引煨老薑二錢

春日初病惡寒、發熱、頭痛，一服蓋暖得汗即愈。如惡心加廣霍香梗三錢、砂仁二錢，如作瀉加車前子三錢，如肝氣刺痛，胃口不寬，加草蔻仁三錢、青皮一錢五分，如內熱甚加炒黄芩一錢五分，如口乾加天花粉二錢、靑蒿三錢，如大便四五日不通、結燥加製軍三錢，一二服即通。調理宜和肝脾。

壬午年木運，少陰君火司天，陽明燥金在泉，運生天氣，小逆之年。木上生火，火盛刑金，金畏火制，無暇生水，火勢更炎。毒火蓄于陽明，三焦蘊熱不降，外受時行不正之氣，瘟疫、痘疹、癍毒、咽喉腫痛諸病蜂起矣。其年人受天災，最重須知保養于平素，愼之爲主。初病先散外邪，後淸內火，方保平寧。

春邪初病第一方：

紫蘇二錢　淡豆豉三錢　枳殼一錢八分　製半夏二錢　生甘草八分　赤芍二錢　木通一錢五分　陳皮一錢五分　炒黄芩一錢五分　引煨老薑二錢

春日受時感頭痛、發燒，一服蓋暖得汗即愈。如惡心嘔吐加廣霍香三錢，積滯不淸，肚口不寬，加炒山查三錢、炒麥芽三錢，如肝氣逆于胃，胸前作脹，加梹榔一錢五分、草蔻仁三錢，如口乾加花粉二錢、知母二錢，如熱極加川連五分，大便堅硬加當歸八錢、生軍三錢下之。

癸未年火運，太陰濕土司天，太陽寒水在泉，運生天氣，小逆之年。火上生土，人事平寧，所有疾病由上壬午年受虧，正氣虛弱，脾土不旺，人軟無力，氣虛浮腫、腹脹，宜補氣溫脾，分利水濕。陽不足者補中益氣，陰不足者金匱腎氣，二方最穩。春日感冒傷風，秋多虛瘧，總以固木溫劑和解萬無一失矣。

春日感冒傷風第一方：

焦白朮二錢　雲苓二錢　桂枝八分　炙甘草五分　製半夏二錢　陳皮一錢五分　紫蘇一錢五分　枳殼一錢五分炒　赤芍一錢五分　引煨老薑二錢紅棗五枚

春日感冒傷風，頭痛發燒，一服即吃熱米湯一碗，蓋暖微汗即愈。如一服未好，再加紫蘇一錢五分、淡豆豉三錢、葱頭連鬚三個，煎熱服必全愈，再調理脾胃。如肚口不寬加白蔻仁一錢，如四肢浮腫，去紫蘇、桂枝、赤芍、枳殼，加炒苡仁三錢、炒冬瓜子三錢、炒五谷虫二錢、車前子二錢。

甲申年土運，少陽上火司天，厥陰風木在泉，天氣生運，順化之年。火下生土，土來尅水，水虧木燥，反來侵脾，橫逆於胃，胃氣壅塞，三焦不舒，熱移於膽，相火生而風木動。春日時邪，夏生暑濕，秋行瘧痢。初病頭痛、惡寒、發熱、口渴，外寒內火，先宜溫散，熱從汗解矣。大便燥者潤下之。

春日初病第一方：

當歸三錢　白芍三錢炒　枳殼二錢炒　製半夏二錢　陳皮一錢五分　柴胡八分　炒黄芩一錢二分　草蔻仁三錢研　炙甘草三分　引煨老薑二錢

春日時邪頭痛、發熱、惡寒，一服蓋暖得汗即愈。如惡心嘔吐加廣霍香三錢，如胸口飽悶加梹榔一錢五分，如口乾加花粉二錢，如頭痛加薄荷八分、川芎一錢二分，如作瀉加車前子三錢，如食積不化加厚朴一錢五分、炒山查三錢，如大便堅結加製軍三錢、元明粉一錢五分。

乙酉年金運，陽明燥金司天，少陰君火在泉，理氣相同，天苻之年。運氣皆金，金來制木，木不受制，反侵脾土，橫逆中州，胃家壅滯，濁火不降，外感不正之氣，瘟疫、痘疹、癍毒流行。初病先宜溫散，邪從汗解，熱退身涼。大便結者固陰潤下，初切不可用柴胡、桂枝、知母，如悮投之，變症難救，愼之。

春邪初病第一方：

葛根三錢　紫蘇一錢五分　淡豆豉三錢　枳殼一錢八分炒　陳皮一錢五分　製半夏二錢　草蔻仁三錢研　生甘草五分　梹榔一錢五分　引煨老薑二錢

春日時感頭痛、發燒、惡寒、口渴，一服蓋暖得汗即愈。如週身痛加獨活一錢五分，如惡心嘔吐加廣霍香三錢，如咽喉腫痛加牛旁子三錢、桔梗三錢、生甘草用一錢五分，如咳嗽加杏仁二錢、炒萊菔子三錢，如小便短赤加靑蒿三錢、赤苓三錢、車前子三錢，如大便結者當歸承氣湯下之。

丙戌年水運，太陽寒水司天，太陰濕土在泉，理氣相同，天苻之年。運氣皆水，陰盛陽微，火衰土弱，濕伏不行，病多中滿、四肢頭面浮腫、腹脹、氣急痰喘、小便閉塞等症，治宜補氣理脾，分利小便，切忌破氣之藥。春邪感冒傷風、怕冷，夏秋虛瘧、虛痢，治宜固木和解，忌用苦寒涼藥。水腫腹脹苓術散加健脾滲濕最佳。

春日初病第一方：

焦白朮二錢　雲苓二錢　桂枝一錢二分　赤芍一錢五分　羌活五分　炙甘草五分　防風六分　紫蘇一錢五分　杏仁二錢　引煨老薑二錢、紅棗五枚

春日感冒，惡寒、怕冷、頭痛、發熱，一服蓋暖得汗即愈，俟汗收方可見風。如未解，原方加淡豆豉三錢、連鬚葱頭三個，熱服即吃清熱粥湯一碗，蓋暖得汗必全愈。寒邪清後，宜調理脾胃，氣虛加補氣之藥，陰虛加當歸白芍苓朮之品最穩。

丁亥年木運，厥陰風木司天，少陽相火在泉，理氣相同，天符之年，運氣皆木，木旺火生，脾土太燥，胃氣不調，三焦內熱，風火頭痛、眼目紅腫之症盛行。治宜疎風清火，戒用苦寒，其年無瘟疫有瘧痢，七情症多翻胃，噎隔，吐逆、嘔酸。春邪感冒宜瘟劑疎解，清理三焦，和其肝膽爲主。

春日感冒第一方：

當歸三錢　白芍三錢炒　炙甘草三分　枳殼一錢五分炒　製半夏二錢　陳皮一錢五分　紫蘇一錢五分　草蔻仁三錢　柴胡八分炒　引煨老薑二錢

春日感冒頭痛、惡寒、發熱，一服蓋暖得汗即愈。如惡心嘔吐加廣霍香三錢，如胸口飽脹作痛加檳榔一錢五分、青皮一錢五分，如發燒熱重加淡豆豉三錢、炒黃芩五分、青蒿三錢一服必愈，如作瀉加車前子三錢，如大便結者加製軍三錢，如痰多咳喘加炒萊菔子三錢、白芥子二錢、杏仁一錢五分去皮尖研。

戊子年火運，少陰君火司天，陽明燥金在泉，理氣相同，天符之歲。運氣皆火，火盛土燥，水受土制，木無水養，橫逆於胃，三焦內熱，濁火不降，外受不正之氣，天花痧疹、瘟疫、喉痺喉閉、大頭、天行發癍等症雜亂。初病頭痛、發燒、口渴，外寒內火，先宜溫散火邪，亦從汗解，熱退身涼。大便結即下之則無變症，毒火皆隨下而清矣。入手不錯，方保平寧。

春邪初病第一方：

紫蘇一錢五分　淡豆豉三錢　赤芍一錢五分　木通一錢五分　枳殼一錢八分炒　生甘草五分　檳榔一錢五分　草蔻仁三錢研　陳皮一錢五分　製半夏二錢　引煨老薑二錢

初病時邪，感冒不正之氣，頭痛發燒，一服得汗即愈。如週身酸痛，加獨活、秦艽各一錢五分，如惡心嘔吐加廣霍香三錢，如口乾加花粉二錢、知母二錢，如內熱煩躁，舌苔滑，色焦黃，加川連八分、竹葉五十片、燈心三分，如瀉加白芍五錢、車前子三錢，大便結加當歸八錢、大黃三錢下之。

己丑年土運，太陰濕土司天，太陽寒水在泉，理氣相同，天符之歲，運氣皆土，濕有土制，俱係寒邪，氣弱脾虛，濕伏不行。春邪時感之症，總由受寒而得，初宜溫散半表半裏，禁用寒涼，夏秋寒暑瘧痢，亦宜溫中帶清，固其本原調治，不可傷其正氣。

春日初病第一方：

焦白朮二錢　雲苓二錢　枳殼一錢五分炒　半夏二錢　陳皮一錢五分　紫蘇一錢五分　淡豆豉三錢　草蔻仁二錢研　炙甘草三分　引煨老薑二錢、紅棗三枚

春日初病頭痛、惡寒、發燒，一服蓋暖得汗即愈。如惡心嘔吐加廣藿香三錢，如作瀉加炒白芍五錢、車前子三錢，如咳嗽痰多加京杏仁三錢、蘇子三錢，如胸口飽脹、停滯，肉積加炒山查三錢，麪積加炒萊菔子三錢，粘食加杏仁三錢、炒麥芽

《慈航集·病愈後調理方》　子午年少陰君火、陽明燥金，恙後調理煎方，照後見症增減：

當歸三錢　白芍三錢　炙甘草五分　陳皮一錢　雲苓二錢　製半夏二錢　白蔻仁二錢　炒枳殼一錢五分　不用引

如胃氣不開加炒焦谷芽三錢，如虛熱不清加赤色鮮首烏八錢、青蒿三錢、炒黑柴胡五分，如不能熟睡加炒棗仁五錢、麥冬二錢、燈心二分、桂元肉五枚，如咳嗽加京杏仁二錢，如作瀉加車前子三錢、煨老薑二錢、大棗三枚，如正氣未復飲食太多，心飽氣悶，一時難消葷腥，吃早加炒山查三錢、炒麥芽三錢，如麪積加炒萊菔子三錢，如糯米積加杏仁五錢，如蛋積加草蔻二錢，如汗多加浮麥八錢，如氣虛加上黨參八錢、炙黃芪三錢，如大便結加巴戟肉酒泡五錢，如小便短赤加車前子三錢。

丑未年太陰濕土、太陽寒水，恙後調理煎方，照後見症增減：

焦白朮二錢　雲苓二錢　陳皮一錢五分　製半夏二錢　炒枳殼一錢五分　炒峽麯一錢五分　白蔻仁二錢研　炙甘草三分　引煨老薑二錢、大棗三枚

如胃氣不開加炒焦谷芽三錢，如作瀉加炒白芍五錢、車前子三錢，如

咳嗽加甜香仁三錢，如便結加當歸八錢，如頭面手足浮腫加炒苡仁三錢、炒冬瓜子三錢、炒五谷虫一錢五分，如腹脹加砂仁殼一錢五分、炒雞肫皮二錢，如腹痛加煨廣木香一錢，如恙後虛熱往來加青蒿三錢、炒柴胡五分，如恙愈正氣未復，飲食太多不能尅化，胸飽氣悶不舒，加炒麥芽三錢，葷腥積滯加炒山查三錢，如麪積加炒萊菔子三錢，如氣虛語言無力加上黨參八錢、炙黃芪三錢、當歸酒炒二錢，如夜不能熱睡加炒黑棗仁五錢、麥冬二錢、桂元五枚

寅申年少陽相火、厥陰風木，恙後調理煎方，照後見症增減：

炒白芍三錢　當歸三錢　枳殼一錢五分炒　炙甘草三分　炒柴胡五分　雲苓二錢　陳皮一錢五分　酒炒黃芩五分　不用引

如胃氣不開去黃芩加炒焦谷芽三錢，如作瀉加車前子三錢、煨老薑二錢、紅棗三枚，如咳嗽加杏仁二錢、製半夏二錢，如痰多加蘇子二錢，如虛熱未清加青蒿三錢、炒柴胡五分、赤色鮮首烏五錢，如夜睡不甜加炒棗仁五錢、麥冬二錢、桂元肉五枚，如心虛加小麥八錢，如恙後正氣未復飲食太多，消化不及加炒焦麥芽二錢、白蔻仁二錢，如葷腥吃早，胃氣不舒，加炒山查三錢，如麪食積加炒萊菔子三錢，如糯米粘食加杏仁五錢，如大便結燥加乾淡蓯蓉酒泡透五錢，如氣弱語言不接，加上黨參八錢、炙黃氏三錢。

卯酉年陽明燥金、少陰君火，恙後調理煎方，照後增減：

赤色鮮首烏五錢　當歸三錢　茯神二錢　麥冬二錢　炒枳殼一錢五分　白蔻仁三錢研　製半夏二錢　陳皮一錢五分　不用引

如恙後虛熱不退加青蒿三錢，如大便溏瀉加炒白芍三錢、車前子三錢，如胃口不開加炒焦谷芽二錢，如夜不寐加炒棗仁三錢，如腹痛加煨老薑二錢、煨廣木香一錢，如咳嗽加甜杏仁三錢，如口乾加天冬二錢，如小便短赤加車前子三錢、赤苓三錢，如恙後正氣未壯，飲食過多難以尅化，加炒麥芽三錢、炒峽麯一錢五分，如食葷太早，胃不能勝，壅塞中焦，加炒山查三錢，如麪積加炒萊菔子三錢，如胸飽氣悶加梹榔一錢五分，如肝氣上逆加青皮一錢五分，痛加元胡索二錢，如大便結加地骨皮五錢酒泡。

辰戌年太陽寒水、太陰濕土，恙後調理煎方，照後增減：

焦白朮二錢　雲苓二錢　枳殼一錢五分炒　陳皮一錢五分　峽麯一錢五分　白蔻仁二錢研　車前子二錢　引煨老薑二片紅棗三枚

如胃口不開加炒焦谷芽三錢，如大便作瀉加炒白芍五錢，如咳嗽加川貝母五分、甜杏仁三錢、蘇子二錢，如口渴加麥冬二錢，如不能寐加炒棗仁五錢、遠志肉蜜炒黑五分，如頭面四肢浮腫加炒苡仁米三錢、炒冬瓜子三錢、炒五谷虫一錢五分，如腹脹加砂仁殼一錢五分、炒雞肫皮一錢五分，如有虛熱小便不清加青蒿三錢，如恙後正氣未壯飲食過多，脾胃不能化，加炒麥芽二錢，如葷腥之積加炒山查三錢，麪積加炒萊菔子三錢，如氣虛語言無力者加上黨參八錢、炙黃芪三錢、當歸二錢，如老年人脾腎火衰者，金匱腎氣丸主之。

巳亥年厥陰風木、少陽相火，恙愈後調理煎方，照後增減：

白芍三錢酒炒　炙甘草五分　茯神二錢　陳皮一錢五分　枳殼一錢五分炒　白蔻仁二錢研　炒柴胡三分　當歸二錢酒炒　不用引

如恙後虛熱未清加青蒿三錢，如口渴加麥冬二錢、鮮六安石斛三錢，如咳嗽加花粉二錢、天冬二錢，如胃口不開加炒焦谷芽三錢，如作瀉加車前子三錢，如夜不寐加炒棗仁五錢、川連酒炒一分，如小便短赤加赤苓三錢，如恙後正氣未壯，吃多脾胃弱不能尅化，胸口飽脹加梹榔一錢五分、炒麥芽三錢，如葷腥吃早，停滯不消，加炒山查三錢，如麪積加炒萊菔子三錢，如糯米粘食積加甜杏仁五錢、炒峽麪二錢，如膽黃加西茵陳二錢、炒黑山梔二錢、炮薑五分，如咽喉痛加桔梗二錢、生甘草八分，如氣虛者以補中益氣湯主之。

《四時病機・附前賢論春溫》 春溫伏於少陰，發於少陽，是伏邪已注於經，由陰而出之陽矣。然豈無肝腎素虧，伏邪內陷不出者？如陷伏於少陰，其人平素消瘦，兼以內鬱之邪灼其腎水，外現鼻煤舌黑，種種枯槁之象，是必益陰以救腎家將絕之水。水液既回，溫邪滋化而外達，宜仲景復脈湯去參薑桂加白芍，虛者不去人參。

如其人腎水將絕，眞陽發露外現，種種躁擾之症，脈豁大或無力者，是必溫養陰分，託散表邪，連進數服，則汗從陰達而伏邪不攻自散，宜景岳理陰煎，虛加人參，內熱去桂。

伏邪傷陰，陰不接陽，熱深厥深者，宜仲景四逆散和解之，舌乾加生地

花粉。

熱邪耗液，液涸風動，肢強口噤，溫邪內陷危篤者，宜甘緩生津，熄風以仲景復脈湯去參薑桂棗加入青甘蔗汁。

《醫門棒喝初集·溫暑提綱·春溫》 春溫者，寒邪久伏化熱，熱由內發，故初病發熱而渴。並非外感，故不惡寒。或兼頭痛喉疼者，皆內火上沖，其脈必數，治法宜清內熱爲主，如黃芩知母，佐甘草和中，薑棗調營衛，化津液而致汗，使熱從汗泄，但必加柴葛爲使。蓋邪伏少陰，乘少陽上升之氣而發，鬱勃既久，驟難宣達，其火內潰，或作暴瀉，外灼則肢體痠疼，上炎則頭痛喉痛，故加柴胡達少陽之氣，因勢導之出外，以少陽爲表裏之機樞，則內邪得以外出。經所謂火鬱則發之，木鬱則達之。春爲風木司令。往往乍寒乍暖。木氣或多鬱而不伸。故柴胡爲時令要藥也。再加葛根，入陽明而止渴解肌，肌解而營衛調，津液化，則汗泄而熱去。或不知此理，見其熱盛，過投寒涼，遏其欲出之勢，其熱反甚而難退矣。如兼喉疼，宜加元參、桔梗。泄瀉，宜加白芍，去知母，恐知母滑泄也。或熱盛渴甚，可加石膏。舌苔黃厚，內有實滯，而便秘者，可加大黃。此皆治實證之法也。若冬不藏精，本體陰傷，春發溫病，尺脈空虛，面多油光，其陰既傷，肝風易動，不可輕用柴胡，升提其陽，恐致痙厥之變。如初起熱鬱不宣，宜用羚羊、荆芥、鬱金、桑葉、貝母、連翹等，輕清透絡之法，以宣泄之。營衛流通，虛多邪少，當以滋陰爲主，如復脈湯加減，便秘加元參、知母，夾食稍佐消導，如枳實、山查之類。胃弱而渴者，宜金匱門冬湯。總以甘涼滋潤，養陰退熱，不可用苦寒而傷正氣，此大法也。虛實補瀉，當細審詳辨，隨證權宜，方爲盡善耳。

《類證治裁·溫症》 春溫 溫熱病，不可作傷寒正治，而用大汗大下。初病憎寒發熱頭痛。得汗則解。溫邪化熱傷肺，上焦氣阻，用辛涼輕劑嘔吐。溼邪內搏，熱迫下泄稀水，脘中痞痛，宜從開泄，宣通氣滯。上焦氣熱爍津，散其無形之熱，勿用血藥溼膩。熱傷胃津，其熱邪耑在氣分，必得戰汗，或大渴索飲，飲後熱達腠開，邪從汗解。但脈象和緩，雖膚冷卻非脫症。更有邪勝正虛，經一再戰汗而愈者。葉氏《溫熱論》云肺主氣屬衛，心主血屬營。臨症者，衛之後方言氣，營之後方言血。邪在衛汗之，到氣方可清氣，入營猶可透熱轉氣，入血乃恐耗血動血，直須涼血散血，否則前後不循緩急之法，動手便錯。且溼邪爲害，面色白者，須顧其陽氣，溼勝則陽微也。雖溼邪化熱後，法應清涼，然到十分之六七，不可過用寒涼，恐成功反棄。何也？溼熱一去，陽亦衰微也，面色蒼者，須顧其津液，清涼到十分之六七，往往熱減身寒，不可遽謂虛寒而投補劑，恐爐焰雖熄，灰中有火也。凡溫熱病，救陰易，通陽難。救陰不在血，而在津與汗。通陽不在溫，而在利小便。較雜症自不同也。如三焦不得從外解，則熱結於腑，必舌灰黃，或老黃，乃下之。至大便硬，慎不可再攻，以屎燥爲無溼也。若舌胎黃不厚而帶滑者，熱未傷津，猶可清熱透表。若胎薄而乾者，津傷也，宜禁苦寒，以甘寒輕劑治。若熱傳營，舌色必絳。其絳色中兼黃白色者，氣分之邪未盡，泄衛透營，兩和可也。純絳鮮澤者，胞絡受病也。舌色絳而粘膩，似胎非胎，溼熱熏蒸爲痰，將閉心胞也，急加芳香逐之。以開其閉，恐昏厥爲痙也。平昔心虛有痰，外熱一陷，裏絡就閉，非鬱金、菖蒲所能開，須牛黃丸、至實丹。舌絳而乾燥者，火邪劫營，涼血清火爲要。舌絳而有碎點黃白者，當生瘡也。大紅點者，熱毒乘心也，用黃連、金汁。色絳而不鮮，乾枯而痿者，此腎陰涸，急以阿膠、雞子黃、地黃、天冬等救之，緩則不及矣。舌獨中心絳乾者，胃熱而心營受爍也，清胃方中加入清心之品，否則延及舌尖，爲火盛津乾也。舌尖絳獨乾，此心火上炎，用導赤散利其腑。胎白而薄，外感風寒也。當疏散之。白而乾薄，肺津傷也。白胎絳底者，溼遏熱伏也，當先泄溼透熱，防其就乾也，再從裏透於外，則變潤矣。舌生芒刺，上焦熱極也，以絹蘸薄荷汁揩之。舌胎不燥，自覺悶極者，脾溼盛也。舌胎粘膩，吐出濁沫者，口必甜味。乃溼熱與穀氣相搏，用芳香辛散以逐之，則退。若胎如碱，胃中宿滯，挾穢濁鬱伏，當急急開泄，否則閉結中焦，不能從募原達出矣。舌黑而滑者，水來克火，爲陰症，宜溫之。若見短縮，爲腎氣竭，欲救之，勉希萬一。舌黑而乾者，津枯火熾，急瀉火補水。舌淡紅無色，或乾而色不榮，胃津傷，氣不化液也，勿用寒涼。舌色紫而暗，捫之溼，乃熱傳營血，或素有瘀傷宿血在胸膈，爲熱所搏，宜加散血之品。不爾，瘀血與熱結，阻遏正氣，遂變如狂發狂症。舌脹大不能出口者，脾溼胃熱，鬱極化風而毒延口也。舌脹自消，其舌白如粉滑，四邊色紫絳者，溫疫病初入募原，未歸胃腑，急急透解，莫待傳陷而爲險惡症。婦人病溫有娠者，保胎爲要，古法用護胎法。熱極，產後慎用苦寒，察其邪可從上中解者，從症用之，勿犯下焦，恐血去多，邪易內陷也。至經水適來適斷，熱陷血室，與瘀血結，少腹必滿痛。挾寒，加桂心。氣滯，加香附、陳皮、枳殼。若譫語如狂血結者，身必

重，宜去瘀通絡，若延久上逆心包，胸痛不可按，是血結胸也。

《溫熱經緯・葉香巖三時伏氣外感篇》 春溫一證，由冬令收藏未固，昔人以冬寒內伏，藏於少陰，入春發於少陽，以春木內應肝膽也。寒邪深伏，已經化熱，昔賢以黄芩湯爲主方，苦寒直清裏熱。熱伏於陰，苦味堅陰乃正治也。知溫邪忌散，不與暴感門同法。若因外邪先受，引動在裏伏熱，必先辛涼以解新邪，葱豉湯。繼進苦寒以清裏熱。況熱乃無形之氣，時醫多用消滯，攻治有形，胃汁先涸，陰液劫盡者多矣。雄按：新邪引動伏邪者，初起微有惡寒之表證。

徐洄溪曰：皆正論也。

章虛谷曰：或云人身受邪，無不即病，未有久伏過時而發者，其說甚似有理，淺陋者莫不遵信爲然。不知其悖經義，又從而和之。夫人身內臟腑，外營衛，於中十二經、十五絡、三百六十五孫絡、六百五十七穴，細微幽奧，曲折難明，今以一郡一邑之地，匪類伏匿猶且不能覺察，況入身經穴之淵邃隱微，而邪氣如煙之漸熏，水之漸積，故如《內經》論諸痛、諸積皆由初感外邪伏而不覺，以致漸侵入內所成者也。安可必謂其隨感即病而無伏邪者乎？又如人之痘毒，其未發時全然不覺，何以又能伏耶。由是言之，則《素問》所言冬傷寒，春病溫。非讕語矣。

雄按：藏於精者，春不病溫。小兒之多溫病何耶？良以冬暵而失閉藏耳。夫冬豈年年皆暵與，因父母以姑息爲心，惟恐其凍，往往衣被過厚，甚則戕之以裘帛，富家兒多夭者半由此也。雖天令潛藏，而眞氣已暗爲發泄矣。溫病之多，不亦宜乎。此理不但幼科不知，即先賢亦從未道及也。

又 春月暴暵忽冷，先受溫邪，繼爲冷束，欬嗽痰喘最多，辛解忌溫，只用一劑，大忌絕穀。若甚者，宜晝夜豎抱勿倒三四日。夫輕爲欬，重爲喘，喘急則鼻掀胸挺。

自注：春溫皆冬季伏邪，詳於大方諸書。幼科亦有伏邪，雄按：人自大小感受則一也。治從大方。雄按：感受既一，治地亦無殊，奈大方明於治溫者罕矣。況幼科乎？然暴感爲多，如頭痛惡寒，發熱喘促鼻塞聲重，脈浮無汗，原可表散。春令溫舒，辛溫宜少用，陽經表藥，最忌混亂。至若身熱，欬喘有痰之證，只宜肺藥辛解，瀉白散加前胡、牛蒡、薄荷之屬，消食藥只宜一二味，雄按：此爲有食者言也。若二便俱通者，消食少用。須辨表裏上中下，何者爲急施治。

又春季溫暵，風溫極多，溫變熱最速，若發散風寒，消食，劫傷津液，變證尤速。

雄按：沈堯封云：溫亦火之氣也，蓋火之微者曰溫，火之甚者曰熱，三時皆有。惟暑爲天上之火，獨盛於夏令耳。

《六因條辨・春溫條辨》 春溫條辨第一

春溫初起，頭痛身疼，無汗惡寒，發熱目赤，口渴舌白，脈浮數，此溫邪襲衛，宜用薄荷、大力、黄芩、杏仁、甘草、桑葉、連翹、葛根等味，涼辛解表也。

溫邪初起，無異傷寒。仲景謂，口渴則爲溫症，不渴則爲傷寒，是千古隻眼也。蓋傷寒必先太陽，而後陽明少陽，以太陽經脈最長，由睛明穴，上額交巓絡腦循項，挾脊抵腰入膕，行身之背，至足跟而終，故見證，必惡寒發熱，頭痛項強，腰痛足酸。而陽明則在太陽之次，其經起於面，挾鼻上額循目眶行身之前，至足內踝而終，故見證必目痛鼻乾，不得卧而少陽則又在陽明之次，其經起於目鋭眦，上頭角，絡耳中，循胸肋，行身之側，至足外跟而終，故見證必胸脇痛而耳聾，寒熱嘔而口苦。至傳入三陰，始太陰，則口燥咽乾，腹滿便瀉，以其經脈循腹遶嗌入口故也。繼少陰，則咽痛舌乾，身熱下利，以其經脈入腹循喉嚨，挾舌本故也。終厥陰，則舌卷囊縮，四肢逆冷，以其經脈循少腹，遶陰器，《傷寒例》中論之最詳。若春溫則木火熾乎中，微寒襲乎外，病起之時，憎寒壯熱，雖與三陽傷寒相類，而口乾舌燥則異，良由先感溫邪，後再感寒，被引而發，故初起必頭痛身疼，惡寒發熱，與太陽傷寒，似乎相同，雖宜表散，而目赤口渴，熱自內蒸，必兼清涼，故用薄荷、大力、桑葉、葛根，解表，黄芩、甘草、杏仁、連翹清裏，無汗加葱白淡豉以助之，咳嗽加枇杷葉以泄之。惟羌活爲太陽表藥，葛根爲陽明表藥，柴胡爲少陽表藥，今頭痛身疼，不用羌活，而用葛根者，以陽明爲太陽之次，邪既在表，先用葛根、薄荷、大力、桑葉，協力透表，以斷太陽入陽明之路也。不然，傳入陽明，則或氣或血，爲疹爲斑，變幻恐無已時焉。

春溫條辨第二

春溫汗出，微惡寒，頭額痛，發熱口渴，脈弦長，此溫邪在氣，宜用杏仁、薄荷、連翹、葛根、大力、蔞皮、黑梔、桑葉、枇杷葉等味，輕苦微辛，以清氣分也。

凡溫症，猶傷寒初起，亦先傷陽經，而後傳變。然傷寒以六經見證爲主，迨傳變，而後更分營衛、氣血。溫熱則以營衛氣血爲主，勢已成，而後兼分六經見證，何也？傷寒先太陽，次陽明少陽，以次相傳而後入陰，溫熱，則太陽之後，便傳變無窮，若不先將營衛氣血，分晰辨明，則茫無畔岸，何可措手。故種福堂《溫熱論》云，溫邪上受，首先犯肺，逆傳心胞，又云，衛之後方言氣，營之後方言血。聆此以權衡營衛氣血，最爲切要，乃既汗後，微惡寒，發熱頷痛，口渴脈長，此邪在陽明之表，衛外之邪既散，氣分之熱未清，欲傳之象已著，故用葛根、薄荷、桑葉、大力、枇杷葉，開泄透表，連翹、黑梔、蔞皮、杏仁，宣清肺氣，使衛分氣分之邪兩解，不致傳入陽明之腑，而爲斑黄狂妄也已。

春溫條辨第三

春溫汗後，頭不痛，身熱不惡寒，舌漸黄，咳嗽脇痛，脈弦數，此溫邪犯肺，宜用杏仁、象貝、沙參、桑葉、薄荷、蔞皮、連翹、兜鈴、枇杷葉等味，輕揚宣肺也。肺位最高，其象空虛，外徹衛表，內司氣化。溫邪初起，首先犯肺，肺主氣，其合皮毛，皮毛者即衛表也。故溫邪之始，亦有頭不痛，而僅見凜凜惡寒者。今汗後頭不痛，不惡寒，是皮毛表邪，已透已泄，而惟身熱舌黄，脈弦或數，是內熱未清。兼咳脇痛，邪尚在肺。若不宣泄，必致傳陷，故用沙參、桑葉、杏仁、象貝、薄荷、連翹、兜鈴、枇杷葉，取氣輕質薄之品，恰到肺位爲度，非敢過清過表，而反致纏綿焉。

春溫條辨第四

春溫汗多，頭仍痛，而煩熱口渴，舌黄脈洪，此邪在陽明氣分，宜用白虎湯，加葛根、連翹、元參、杏仁等味，清氣化熱也。

前條汗後，頭額痛，發熱，脈弦長，乃陽明經病，自宜透表。今汗多，則表邪已解，反煩熱口渴，舌黄脈洪，則邪不在經，而傳及氣分，非表散所能退，故用白虎湯之石膏、知母，連翹、元參，清肺胃；杏仁、葛根，透經邪；甘草、粳米養胃津。特葛根爲陽明經病主藥，石膏爲陽明氣熱主藥，犀角爲陽明血熱主藥，邪既在氣，仍兼經藥者，以冀由氣轉經，由經達表，仍從汗泄耳。

春溫條辨第五

春溫煩熱口渴，舌黄尖絳，昏譫脈洪，此陽明氣血燔蒸，宜用玉女煎，加連翹、元參、鮮石斛、鮮菖蒲、青竹葉等味，兩清氣血也。

上條煩熱口渴，舌黄脈洪，乃陽明氣熱，例宜清氣，此乃舌黄尖絳，神昏譫語，血分已熱，心營被灼，非兩清之，病必不解，故用玉女煎之石膏、知母，以清氣；生地、元參，以涼血；連翹、菖蒲、竹葉以清心營；甘草、粳米、石斛以養胃陰，庶不熱灼津傷，則成痙厥爲要。

春溫條辨第六

春溫熱不解，舌赤尖絳，神昏譫妄，口渴脈數，斑疹隱隱，此熱傳心營，宜用鮮生地、鮮石斛、鮮玉竹、元參心、連翹心、鮮菖蒲、竹葉、牛黄丸等味，清營透邪也。

上條舌黄尖絳，譫語脈洪，乃氣熱傳營。此條舌赤尖絳，神昏脈數，熱已入營，將延血分，故以生地、元參涼血，連翹、玉竹清熱，菖蒲、竹葉清營，牛黄丸宣竅，不致入血成痙，便是回生之兆。

春溫條辨第七

春溫舌絳或黑，譫妄煩躁，神昏脈促，斑疹紫黑，此熱入血分，宜用犀角地黄湯，加元參心、連翹心、鮮石斛、鮮菖蒲、紫草、至寶丹等味，涼血清熱也。

上條神昏舌絳，斑疹脈數，熱在心營。此條舌絳焦黑，昏譫妄笑，脈促斑紫，熱傳血分，古稱斑色紫爲胃熱，黑則胃爛，邪在心胞，則妄笑，心主血，心熱則血熱，血熱則斑黑，舌爲心苗，心熱則舌焦，斯非大劑涼血破瘀，則斑疹難化，須藉犀角、生地、赤芍、丹皮涼血，元參、連翹、菖蒲、至寶清心，倘得斑紅神爽，庶可望治。然亦九死一生之候。若見症如前，而或便閉腹硬，舌黑焦黄，可與涼膈散下之，俾大便一通，邪熱頓祛，則病勢霍然矣。

春溫條辨第八

春溫煩熱消渴，神迷如寐，舌卷囊縮，肢逆昏厥，此熱陷厥陰，眞陰欲涸，宜用犀角、羚角、元參、連翹、天冬、麥冬、牡蠣、阿膠、鈎藤、鮮菖蒲等味，清絡熄風也。

陸廷珍按：仲景《傷寒》厥陰條云，煩熱消渴，氣上撞心，饑不欲食，今兼神昏舌卷，津液消耗，且厥陰爲至陰之臟，有入無出。仲景所謂熱深厥亦深，熱微厥亦微，厥少熱多，是爲病解，厥多熱少，病漸入深，其肢冷昏厥，勢所必至。況厥陰肝脈，上循咽舌，下遶陰器，故爲病必舌卷囊縮，斯時邪深正竭，勉用犀角、羚角、生地、元參，以清營絡，天冬、麥冬以壯水，阿膠、牡蠣以潛陽，鈎藤、菖蒲以熄風，俾陰充陽潛，熱退神清，始有生機，然亦百中圖一而已。

春溫條辨第九

春溫舌黑神昏，煩躁咬牙，手足振顫，時或抽搐，此熱極風生，已成痙厥，宜用東洋參、鮮生地、元參心、連翹心、鮮石斛、羚角、鈎藤、石決明、白芍、鮮菖蒲等味，扶正熄風也。

神昏舌黑，煩躁不安，陽津陰液俱耗，陰虧則陽乏交戀少陽木火，變爲壯火，化出内風，肆横旋擾，内逼神明，外竄經脈，故手足振動，抽搐咬牙。然此亦有虚實之分，其虚者，陰陽風動，熱走胃絡，固宜清之補之；其實者，熱結在腑，腸胃擁塞，但閉口噤，又宜攻之疎之。其間虚實，大相逕庭，若勿辨明，貽害無窮。兹云，手足振顫，咬牙切齒，一似齧物，兼之神昏舌黑，虚象昭然，故用生地、元參、連翹、石斛、白芍以養陰清熱，羚角、石決明、鈎藤、菖蒲以清絡熄風，東洋參以扶補正氣，庶幾可保萬一焉。

春溫條辨第十

春溫熱渴不已，舌光色絳，心悸神迷，此熱傷胃陰，宜用復脈湯，去薑桂，加地骨皮、鮮石斛、牡蠣、白芍等味，甘涼養陰也。舌絳而光，是無苔也，煩熱消渴，胃津涸也，更兼心悸神迷，營液亦耗。若不養陰，必致痙厥，非藉復脈之生地、鮮斛，麥冬、甘草，以養胃陰，阿膠、牡蠣、白芍，以滋肝陰，則恐陽動風生，難免昏痙之變。

春溫條辨第十一

春溫經旬不解，舌乾紫晦，煩熱消渴，神迷脈數，此肝腎陰傷，宜用人參固本湯，加阿膠、牡蠣、鮮石斛、鮮菖蒲、廣鬱金等味，涼肝滋腎也。

上條舌絳神迷，熱渴不已，胃津營液俱耗，宜用甘寒。此條舌乾紫晦，神迷脈數，是肝腎陰傷，宜與鹹寒，故用二冬、二地，以壯水，阿膠、牡蠣以柔肝，甘草、石斛以養胃，菖蒲、鬱金以宣竅，毋使陽升風動，而變痙厥焉。

春溫條辨第十二

春溫面晦肢冷，心腹熱甚，舌卷囊縮，神迷如寐，默不思飲，此邪伏厥陰，宜用吴又可三甲散，加柴胡梢、殭蠶、川芎、桃仁、丹皮、鬱金、鮮菖蒲等味，升泄陰邪也。

邪伏厥陰，漫無泄越，氣血沉混，陽反如陰，所以面反青晦，肢反逆冷，心腹反熱，舌卷囊縮，此邪深入絡，清濁混淆，以致清陽蒙蔽，如醉如痴，機竅不靈，默默如寐，與飲則飲，不與亦不思，一如脱症也。斯時權衡，既非清涼可解，又非溫燥所宜，惟倣吴氏三甲散法，用醋炒鱉甲、土炒山甲、酒浸地鱉蟲，以搜剔厥陰隱伏之邪，更兼胡柴、川芎、殭蠶以升發少陽清陽之氣，桃仁、丹皮以破血，鬱金、菖蒲以清心，服後苟得肢溫面赤，語出思食，反覺煩擾欠安，則邪得升泄之意，而病有轉化之機矣。

春溫條辨第十三

春溫頭痛，發熱惡寒，煩躁神昏，舌白尖赤，此邪著表裏，宜用杏仁、薄荷、蔞皮、連翹、橘紅、羚角、淡豉、桑葉、鬱金、菖蒲等味，表裏兩解也。

凡頭痛發熱，無汗惡寒，乃溫邪初襲肺衛之間，而兼煩躁神昏，舌白尖赤，則表已犯心營之界矣。若僅與開泄，則有邪雖解，而營熱難清，故用杏仁、薄荷、桑葉、淡豉，以疎衛，連翹、羚角、蔞皮、鬱金、菖蒲以清營，此爲泄衛透營之法，俾表裏之邪有兩解，而無傳陷也。

春溫條辨第十四

春溫惡寒發熱，頭痛身疼，而忽大汗不止，或吐或瀉，肢冷脈微，神昏煩躁，此陽證變陰，宜用十四味大建中湯，陰陽兩顧也。

頭痛身疼，發熱惡寒，本係表證，因服升散太過，或被覆強逼，而忽大汗不止，或大吐大瀉，遂致肢冷脈微，神昏煩躁，乃表邪盡泄，陽氣隨脱，反爲陰症，非用十四味大建中湯之陰陽並補，則危在頃刻矣，是非溫症正病，乃因病致變之險候也。

春溫條辨第十五

春溫頭痛發熱，心煩多嘔，欬逆胸悶，將發痧疹，宜用薄荷、大力、杏仁、連翹、淡豉、黑梔、枳殼、桔梗、生薑、竹茹等味，清泄肺胃也。

頭痛發熱，邪初在表，心煩欬嘔，胸悶不舒，是涉及肺胃矣。夫肺熱則化疹，胃熱則化斑。若不開泄，勢必入營，故用薄荷、大力、淡豉、杏仁，疎泄表邪，連翹、黑梔清泄内熱，枳殼、桔梗開提胸膈，生薑、竹茹和胃理痰，使膈上之痰，俱得宣化，則肺胃之氣熱自清，而邪無留停之患。若此用法，庶無偏弊焉。

春溫條辨第十六

春溫頭痛身熱，惡寒無汗，胸悶泄瀉，此表邪傳裏，宜和黄芩湯，加葛根、薄荷、杏仁、厚樸、赤苓、澤瀉等味，通泄三焦也。

頭痛身熱，無汗惡寒，邪尚在表，理宜汗解，或加胸悶泄瀉，是邪不外泄，

反從內走。若不分清，恐成痞結，故倣仲景三陽合病，協熱下利之例，用黃芩湯者，藉黃芩之苦寒清熱，白芍甘草之甘酸化陰，加葛根薄荷以透表，杏仁厚樸以疎脾，赤苓澤瀉以分利，俾表裏三焦之邪，一齊分解，得一擊百中之義焉。

春溫條辨第十七

春溫發熱惡寒，脘痛拒按，舌黃便閉，嘔惡脈滑，此溫邪挾積，宜用保和丸，加藿香、薄荷、淡豉、黑梔等味，消食透邪也。

東垣云，脘痛舌黃便閉，右關脈滑，痛而拒按，此爲食積。若兼惡寒發熱，且欲嘔惡，是挾溫邪。宜與兩解，故用保和丸以消導，加藿香薄荷、淡豉黑梔，以疎泄也。

春溫條辨第十八

春溫惡寒發熱，頭痛無汗，頸頷核腫，牙關不宣，此溫邪時毒，主以荆防敗毒散，再按經加減，以疎風熱可也。

凡時毒初起，亦必發熱頭痛，惡寒無汗，與溫邪仿佛，但頸間核腫，名爲時毒。須要辨明結在何經，而施主治。凡腫在頷下者，屬陽明，以升麻葛根爲主；在耳下者，屬少陽，以柴胡黃芩爲主；在頸項者，屬太陽，以羌活獨活爲主，此係風熱上壅，蘊結而成，故用荆防薄荷，以疎風熱，枳殼桔梗以開上焦。羌獨升葛柴芩，爲三陽經消風化邪之主藥，臨症時，再能按經加減，則症無不痊矣。

春溫條辨第十九

春溫頭痛，惡寒發熱，面赤目紅，欬逆嚏涕，咽痛口渴，此痲疹也，宜用薄荷、大力、荆芥、杏仁、蟬衣、桔梗、甘草、連翹、馬勃、射干等味，疎風透疹也。

風溫犯肺，熱壅上焦，故初起面目俱赤，欬涕咽疼，皆手太陰見證。今頭痛惡寒，發熱無汗，是邪踞衛分，腠理不開，鬱化斑疹，若不疎散，恐其內陷，故用薄荷、荆芥、蟬衣、大力，以祛風，連翹、桔梗、馬勃、射干，以清熱。使斑疹透露，不致傳入心營，而變神昏之險。

春溫條辨第二十

春溫汗多，不惡寒，反惡熱，口渴煩悶，舌黃脈洪，此邪傳陽明氣分，宜用大劑白虎湯，直清陽明也。

發熱而微兼惡寒，目痛額疼，不得卧，此屬陽明經病，宜用葛根湯，辛涼解肌。若不惡寒而反惡熱，口渴，舌黃，脈洪大，此屬陽明氣熱，宜用大劑白虎湯，辛寒清胃。如無汗，而舌淡黃者，不可用也。若舌黑尖絳，神昏譫語，煩熱脈數，此屬陽明血熱。又宜犀角地黃湯，涼血透邪也。若舌雖焦黑，而苔見老黃。此屬陽明腑熱，以涼膈散下之。總之，此皆陽明證，而有經病腑病血病氣病之殊，俱當按證施治，不得絲毫混淆，而夭人性命，可不愼歟。

春溫條辨第二十一

春溫不惡寒，反惡熱，煩躁神昏，斑黃譫妄，舌黃焦黑，揚手擲足，踰垣上屋，此陽明腑熱，宜用大劑白虎湯，加犀角、連翹、元參、人中黃、竹葉。若大便閉結，頻轉矢氣者，更加大黃、元明粉，緩攻清熱也。

上條陽明氣熱，祇宜白虎湯，以清氣分。此條昏譫便閉，舌色焦黃，斑黃狂亂，乃熱結胃腑，非清涼可解，故用大劑白虎，合犀角、人中黃、元參、連翹，以兩清氣血。兼大黃、元明粉，以緩逐其瘀，俾大腑一通，則邪熱頓解，而狂妄皆平焉。仲景云，大便閉而轉矢氣者，有燥矢也，其腹必硬痛。若腹雖硬痛，而下利稀水者，此熱結旁流，仍宜攻之，勿以大便既泄，而徘徊莫進，醫者詳之。

春溫條辨第二十二

春溫經旬不解，神昏狂妄，舌絳焦黑，斑紫或黑，煩躁難禁，此熱陷血瘀，宜用犀角地黃湯，加紫草、元參、連翹、廣鬱金、鮮菖蒲、紫雪丹等味，涼血斑也。

熱傳陽明不解，必致入血，熱與血瘀，非清涼可退，必藉犀角、生地、元參、連翹之涼血，又佐赤芍、丹皮、桃仁、紫草之破血，鬱金、菖蒲之宣竅，紫雪、竹葉之清心，務得神清舌潤，斑轉紅活，方有生機。然斑色紫黑，胃熱已極。若見煩躁，則內閉外脫之勢已成，其危可立而待也，雖欲逆挽天機，恐亦聊盡人工而已。

春溫條辨第二十三

春溫熱不解，少腹硬痛，小便自利，大便黑色，昏譫狂妄，此蓄血也，宜用犀角、生地、桃仁、丹皮、赤芍、歸尾、靈脂、柴胡、黃芩等味，甚者加大黃、䗪蟲，破瘀逐邪也。

上條熱陷血瘀，此條熱與血結。仲景云，小便自利，大便黑色，晝則明了，夜則譫語，此蓄血症也。熱既入血，非破不解，故倣犀角地黃湯，加歸尾、

桃仁、靈脂、䗪蟲、大黃，破血逐邪，俾瘀血破，則邪熱透，則狂妄之形自息也。按仲景論，蓄血有太陽不解，而由腑及血，用桃仁承氣湯；有陽明不解，而由氣及血，用犀角地黃湯，甚者，俱用抵當湯逐之。今溫邪蓄血，必從陽明入血者居多，故用犀角地黃湯清之。陶氏用小柴胡湯，加歸尾、山查、桃仁、丹皮以有寒熱往來涉及少陽者，且熱既入血，非升泄不能解也。

春溫條辨第二十四

春溫婦女，往來寒熱，經水適來，病發適斷，晝明夜昏，此熱入血室，宜用小柴胡湯去半夏，加歸尾、桃仁、山查、丹皮、赤芍、廣鬱金、鮮菖蒲等味，破瘀透邪也。

仲景云，婦女傷寒，經水適來，熱則適斷，寒熱往來，晝則明了，夜則譫語，此熱入血室，當刺期門穴。此穴在脇下，肝之絡也，血室者，血海也，考《內經》衝脈爲血海，又心主血，脾統血，肝藏血，凡婦女經水，貯於衝脈，必由肝脾心三臟之統攝而能蓄泄有常。今熱由少陽傳入血海，則瘀滯不行，血屬陰，夜亦屬陰，凡人衛氣，晝則行陽，夜則行陰，故入血之邪，至夜則劇，陶氏倣小柴胡湯，升泄少陽，加歸尾、桃仁、赤芍、丹皮、山查，涼血祛瘀，兼鬱金、菖蒲，宣竅透邪，甚者加大黃、䗪蟲逐之。總之，臨症之識，不外氣血營衛，陰陽表裏，用藥之要，得中寒熱溫涼汗吐下和而已也。

春溫條辨第二十五

春溫表證未解，大便忽瀉，胸脘痞滿，按之不痛，舌黃脈滑，此邪陷成痞，宜用瀉心湯，苦絳辛通也。

仲景論痞，都因誤下，邪陷而成。今表證未解，而忽加泄瀉，與悞下之意相同，以致表邪乘虛陷入，勢欲下泄，奈其人胃氣尚強，與熱相抗，而邪難直泄，因而阻遏心下，蘊結不散，遂致有形，按之不痛，斯時表之則邪難外越，攻之則邪不下走，故仲景用瀉心湯，得芩連之苦寒泄熱，半夏之辛溫通陽，枳實之苦燥破結，虛者合人參之甘溫扶正，名爲瀉心，非瀉心也，乃瀉心下之痞滿耳。

春溫條辨第二十六

春溫吐瀉已多，舌光乾赤，呃逆不食，脈耎神疲，此胃陰大傷，宜用橘皮竹茹湯，和胃養津。呃不止，用代赭旋覆花湯，通胃鎮逆也。

吐瀉既多，胃氣大傷，所謂大吐傷陽，大瀉傷陰也。若舌既乾紅而無苔膩，鏡面之象已成，胃津消耗已竭矣。加之呃逆不食，胃失沖和，肝邪橫逆，侮其所勝，故用橘皮半夏黨參甘草，和胃氣通陽明，麥冬、竹茹、粳米、白芍，養胃陰，制厥陰。若呃再不止，更加代赭石、旋覆花，以鎮其逆。倘胃津消乏，舌不生苔，加烏梅、木瓜、蔗汁、蘆根汁、薑汁，俾胃中之陰陽兩協其和，則呃無不止也。此皆所論熱劫胃陰之證。更有舌淡無熱，肢冷脈耎，乃胃中陽虛，陰濁上泛，後天坤陽大敗，古稱土敗則其聲噦，噦即呃也，胃陽既困，氣失宣化，若非辛通，陽何由復？即以代赭旋覆花湯，加淡附吳萸薑汁，少入川連二三分，俾苦寒之味，引陽入陰，不致爲陰所拒，而辛熱藥性，得以斬關直入，猶仲景白通湯中，加人尿豬膽之意也。然呃逆之症，陽虛者多，治呃之法，用涼者少，更有肝火上沖，胃氣失降，而致呃逆者，其氣必從少腹上衝咽喉，而軋軋連聲，勢甚雄壯，脈弦目赤，消渴易饑，又宜當歸龍薈丸，大苦大寒之直泄厥陰也。

春溫條辨第二十七

春溫諸恙悉平，不飢不食，舌乾無苔，此胃陰大傷，宜用金匱麥門冬湯，加烏梅、木瓜、穀芽、金柑皮等味，甘酸化陰也。

病後不飢不食，舌乾無苔，乃熱傷胃陰，胃氣不復也。然胃爲陽，土非柔莫濟，故用黨參、麥冬、甘草、茯神之甘以養胃，烏梅、木瓜之酸以制肝，且得甘酸化陰，甲己化土之義，更兼半夏、穀芽，辛溫通陽，使胃可醒，而食可進也。

春溫條辨第二十八

春溫病退，舌淡脈微，不飢不食，泛泛欲嘔，此胃陽大傷，宜用六君子湯，加白蔻、吳萸、薑汁等味，溫補胃陽也。

上條舌赤無苔，不饑不食，傷及胃陰，宜用甘酸柔潤，以濟其陰。此條舌淡脈微，不飢不食，傷及胃陽，宜用甘溫剛燥，以扶其陽，此胃中陰陽偏損，不可不辨，醫者愼之。

春溫條辨第二十九

春溫發熱惡寒，喘逆脇痛，此邪滯肺絡，宜用金匱旋覆花湯，加蘇子、橘絡、杏仁、鬱金、川貝、枳殼、桔梗等味，開肺和絡也。

發熱惡寒者，表邪未散，喘逆脇痛者，肺氣壅遏，若不宣通，恐延痿癰纏綿，故用旋覆、新絳、橘絡，以通絡氣，蘇子、杏仁、川貝，以降肺氣，枳殼、桔

梗、枇杷葉，以開上焦之氣，使邪從上散，不致傳變爲妙。

春溫條辨第三十

春溫熱不解，咳逆脇痛，痰中帶血，此肺絡內傷，宜用金匱旋覆花湯，加歸鬚、柏仁、降香、蘇子、沙參、甜杏、川貝、杷枇葉等味，清肺通絡也。

上條發熱惡寒脇痛，乃邪在表，而阻及肺氣。此條煩熱脇痛痰血，爲邪在裏，而傷及肺絡，必得氣血兩通，庶可病解，故宜旋覆、新絳、歸鬚、柏仁，以和血絡，蘇子、降香以通氣滯，沙參、杏仁、川貝、枇杷葉，以清肺熱，方爲妥帖。

《醫學求是・初集・咳嗽詳求論》 至若春溫誤治成咳嗽者，則又不然。溫病由冬時傷其寒水蟄藏之令氣，水不涵木，木失所養，至春而外感風邪，閉遏營血，而營血久已內焚，若不用滋陰泄衛之藥，徒知淸肺，因循誤治，木火不熄，而傷肺金，致成咳證。若未咳而用滋陰之品，避其重濁膠膩之類，加以泄衛之藥，使營血和而風邪解，決無病後之嗽也。病後咳久，由肺傷脾，痰涎漸生，滋陰無效，燥脾不受，實非易治之證。

《醫學求是・初集・燥濕清源論》 再論春溫一證，乃外感風邪，內傷營血之燥病也。冬令萬物歸藏，人不能避風霜，因精氣，傷其寒水蟄藏之令氣，冬時已胎木火，春木失母氣之涵育，至春而火燥風生，又值風木主令，外感風邪，閉其皮毛，風入皮毛，皮毛愈閉，風爲陽邪，鼓蕩而不得外泄，內逼營血，風火相擊，營血沸騰，是以初起發熱，即見口渴。急宜涼其營血，泄其汗孔，營血既和，衛氣不鬱，其熱自退。調理之法，淸補爲宜，辛溫之品，不可犯也。若以秋時伏暑並論，暑爲火濕合化之邪，遇舌白痰多，夾濕之證，雖熱勢極重，而治法較春病判若天淵，春溫乃木火內焚，伏暑乃火濕相混，《內經》冬傷於寒，春必病溫。夏傷於暑，秋必痎瘧。此兩證之燥濕，最宜詳辨，不可忽也。然遇子午卯酉，少陰陽明司天在泉之年，秋季每多肺燥之證，即濕體亦有上燥之時。濕之重者，燥土利水而兼潤肺；無濕者，即以潤肺爲先，此即秋燥之證也。潤肺宜用輕淸，藥味又與治春溫各異。

《醫學求是・二集・溫暑燥濕辨》 夫春溫夏暑秋燥冬寒之證，無不病涉於經，惟傷寒由外入內，初起發熱無汗，頭痛項強，病在太陽，不解，以次傳經，經盡而愈者有之。經盡不解，視其本體之燥濕，而入腑入臟，入腑則爲燥證，入臟則爲濕證。燥甚者胸實便閉，急用承氣諸方，通腑而存津液。濕甚者，腹滿自利，宜投四逆等法，溫臟而逐寒邪。深明燥濕之理，分別施治，長沙之旨具在，百世不易之軌則也。至若春溫一證，由於冬失閉藏，傷其寒水，水爲木母，而木又爲火母，木失水涵，則木枯而火熾。入春外感風邪，病亦在經，頭痛項強，亦見表證，惟發熱即見口渴，脈不緊而洪數者多，蓋溫病首先犯肺，火必剋金。故有汗多熱甚者，急宜淸木火以保肺金，有風入皮毛，皮毛愈閉而無汗者，用輕淸之浮萍以泄之，餘藥仍不外養陰存液之品。前人云：溫病忌汗。無非恐傷津液之義，溫病內火先焚，純係熱證，不若傷寒必傳遍六經，入腑化燥者，方爲熱病，故與傷寒不同也。

《時病論・冬傷於寒春必病溫大意・春溫》 考諸大家論春溫者，惟嘉言與遠公，精且密矣。嘉言以冬傷於寒，春必病溫爲一例，冬不藏精，春必病溫又爲一例，旣傷於寒、且不藏精、至春同時並發，又爲一例。舉此三例，以論溫病，而詳其治。遠公所論都是春月傷風之見證，分出三陽若何證治，三陰若何證治。觀二家之論，可謂明如指掌。然宗嘉言不合遠公，宗遠公不合嘉言，反使後人無從執法。其實嘉言之論，遵經訓分爲三例，意在伏氣。遠公之論，皆係傷風見證，意在新感。總之春溫之病，因於冬受微寒，伏於肌膚而不即發，或因冬不藏精，伏於少陰而不即發，皆待來春加感外寒，觸動伏氣乃發焉。即經所謂冬傷於寒，春必病溫。冬不藏精，春必病瘟是也。其初起之證，頭身皆痛，寒熱無汗，咳嗽口渴，舌苔浮白，脈息舉之有餘，或弦或緊，尋之或滑或數，此宜辛溫解表法爲先。倘或舌苔化燥，或黃或焦，是溫熱已抵於胃，即用涼解裏熱法。如舌絳齒燥，譫語神昏，是溫熱深踞陽明營分，即宜淸熱毒法，以保其津液也。如有手足瘛瘲，脈來弦數，是爲熱極生風，即宜卻熱息風法。如或昏憒不知人，不語如尸厥，此邪竄入心包，即宜祛熱宣竅法。春溫變幻，不一而足，務在臨極應變可也。

《時病論・冬傷於寒春必病溫大意・晚發》 晚發者，亦由冬令受寒，當時未發，發於來年清明之後，夏至以前，較之溫病晚發一節，故名晚發病也。其證頭痛發熱，或惡風惡寒，或有汗無汗，或煩躁，或口渴，脈來洪數者是也。亦當先辨其因寒、因風而觸發者，始可定辛溫辛涼之法而治之。但其囊受之伏寒，必較溫熱之伏氣稍輕，峻劑不宜孟浪。如無風寒所觸者，仍歸溫病論治。此宜清涼透邪法，加蟬衣、梔、殼治之。如有變證，可仿諸溫門中及熱病之法治之。但是病與秋時之晚發，相去雲埿。彼則夏令之伏暑而發於秋，此

則冬時之伏氣而發於春，愼勿以晚發同名，而誤同一治耳。

或問曰：細考風溫、春溫，發於大寒至驚蟄。溫病、溫毒，發於春分至立夏。界限雖分，然與《內經》先夏至日爲病溫，不相符節。何獨晚發一病，發於清明之後，夏至以前，偏與《內經》拍合何也。答曰：大寒至驚蟄，乃厥陰風木司權，風邪觸之發爲風溫。初春尚有餘寒，寒邪觸之發爲春溫。春分至立夏，少陰君火司令，陽氣正升之時，伏氣自內而出，發爲溫病、溫毒。晚發仍是溫病，不過較諸溫晚發一節也。以上五證，總在乎夏至之先，誠與《內經》先夏至日爲病溫，皆不枘鑿矣。

《時病論·擬用諸法·辛溫解表法》 治春溫初起，風寒寒疫，及陰暑秋涼等證。

防風一錢五分　桔梗一錢五分　杏仁一錢五分，去皮尖，研　廣陳皮一錢　淡豆豉三錢

加葱白五寸煎。

是法也，以防風、桔梗，祛其在表之寒邪，杏子、陳皮，開其上中之氣分，淡豉、葱白，即葱豉湯，乃《肘後》之良方，用代麻黃通治寒傷於表。表邪得解，即有伏氣，亦冀其隨解耳。

《醫學衷中參西録·論冬傷於寒春必溫病及冬不藏精必溫病治法》 嘗讀《內經》有冬傷于寒春必溫病之語，此中原有深義，非淺學者所易窺測也。乃篤信西說者，据病菌潛伏各有定期之說，謂病菌傳于人身，未有至一月而始發動者，況數月乎。因此一倡百和，遂謂內經皆荒渺之談，分毫不足凭信。不知毒氣之傳染有菌，而冬令嚴寒之氣，爲寒水司天之正氣，特其氣嚴寒過甚，或人之居處衣服欠暖，或冒霜雪而外營生，即不能御此氣耳。是以寒氣之中人也，其重者即時成病，即冬令之傷寒也。其輕者，微受寒侵，不能即病，由皮膚內侵，潛伏於三焦脂膜之中，阻塞氣化之升降流通，即能暗生內熱；迨至內熱積而益深，又兼春加生觸發其熱，或更薄受外感以激發其熱；是以其熱自內暴發而成溫病，即後世方書所謂伏氣成溫也。

至於治之之法，有清一代名醫多有謂此証不宜發汗者。然仍宜即脈証之現象而詳爲區別。若其脈象雖有實熱，而仍在浮分，且頭疼、舌苔猶白者，仍當投以汗解之劑。然宜以辛涼發汗，若薄荷葉、連翹、蟬退諸藥，且更以清熱之藥佐之。若拙擬之清解湯、涼解湯、寒解湯三方，斟酌病之輕重，皆可選用也。此乃先有伏氣又薄受外感之溫病也。

若其病初得即表里壯熱，脈象洪實，其舌苔或白而欲黃者，宜投以白虎湯，再加宣散之品若連翹、茅根諸藥。如此治法，非取汗解；然恆服藥後竟自汗而解。即或服藥後不見汗，其病亦解。因大隊寒涼之品與清輕宣散之品相并，自能排逐內蘊之熱，息息自腠理達於皮毛以透出也。蓋此等證皆以先有伏氣；至春深萌動欲發，而又或因暴怒，或因勞心勞力過度，或因作苦於烈日之中，或因酣眠於暖室內，是以一發表裏即壯熱。治之者，只可宣散清解，而不宜發汗也。此冬傷於寒春必溫病之大略治法也。

《內經》又謂：冬不藏精，春必溫病。此二語不但爲西醫所指摘，即中醫對此節經文亦恆有疑意。謂冬不藏精之人，若因腎虛而寒入腎中，當即成少陰傷寒，爲直中眞陰之劇症，何能遲至春令而始成溫病？不知此二句經文原有兩解，其所成之溫病亦有兩種。至其治法又皆與尋常治法不同。今試析言之，并詳其治法。

冬不藏精之人，其所患之溫病，有因猝然感冒而成者。大凡病溫之人，多系內有蘊熱，至春陽萌動之時，又薄受外感拘束，其熱即陡發而成溫。冬不藏精之人，必有陰虛，所生之熱積於臟腑，而其爲外感所拘束而發動，與內蘊實熱者同也。其發動之後，脈象多數，息多微喘，舌上微有白苔，津液短少，後或乾黃，或舌苔漸黑，狀如斑點，或頻飲水不能解渴，或時入陰分益加潮熱。此證初得其舌苔白時，亦可汗解，然須以大滋眞陰之藥補之。愚治此證，恆用連翹、薄荷葉各三錢，玄參、生地黃各一兩，煎湯服之，得汗即愈。若服藥後汗欲出仍不能出，可用白糖水送服西藥阿斯匹靈二分許，其汗即出。或單將玄參、生地黃煎湯，送服阿斯匹靈一丸，亦能得汗。若至熱已傳裏，舌苔欲黃，或至黃而兼黑，脈象數而有力，然按之弦硬，非若陽明有實熱者之洪滑，經陰虛熱實之象，宜治以白虎加人參湯，更以生地黃代知母，生山藥代粳米，煎一大劑，取湯一大碗，分多次溫飲下。拙著處方篇傷寒溫病同用方後載有此方，附載治愈之案若干，可參觀也。

又有因伏氣所化之熱，先伏藏於三焦脂膜之中，迨至感春陽萌動而觸發，其發動之後，恆因冬不藏精者其腎臟虛損，伏氣乘虛而竄入少陰。其爲病狀：精神短少，喜偃卧，昏昏似睡，舌皮乾，毫無苔，小便短赤，其熱鬱於中而肌膚卻無甚熱。其在冬令，爲少陰傷寒，即少陰證，初得宜治以黃連阿

膠湯者也。在春令，即爲少陰溫病。而愚治此證，恆用白虎加人參湯；以生地黃代知母，生懷山藥代粳米，更先用鮮白茅根三兩煎湯以之代水煎藥，將藥煎一大劑，取湯一大碗，分三次溫飲下，每飲一次調入生鷄子黃一枚。初飲一次後，其脈當見大，或變爲洪大；飲至三次後，其脈又復和平，而病即愈矣。此即冬不藏精春必溫病者之大略治法也。

右所論各種溫病治法，原非憑空擬議也。實臨證屢用有效，而後敢公諸醫界同人也。

有溫病初得即表裏大熱，宜治以白虎湯或白虎人參湯者。其證發現恆在長夏，或在秋夏之交。而愚生平所遇此等證，大抵在烈日之中，或田間作苦，或長途勞役，此傷寒論所謂暍病也，亦可謂之暑溫也。其脈洪滑有力者，宜用白虎湯。若脈雖洪大而按之不實者，宜用白虎加人參湯。又皆宜煎一大劑，分數次溫飲下，皆可隨手奏效。

紀事

《掃葉莊醫案·夏暑溫熱》 春溫

過飲酒熱上熾，肺衛心營受迫，旬日間有寒熱，痰飲阻氣，欬逆胸痞，乃內因致病。薄滋味以清肅氣分。

蘆根　枇杷葉　桑葉　米仁　淅芩煎好加入生石膏末再煎

溫邪蒸灼津液，釀爲熱痰，胃口不得清肅，不饑不食，只宜甘涼生津，峻利不可再投。

麥冬　蔗漿　花粉嘉定　川貝　桑葉　大沙參

津涸風動，肢強口噤，溫邪內陷危篤，以甘緩生津熄風，望其出音。

炙草　麥冬　阿膠　火麻仁　細生地蔗漿代水煎

高年左癱，近加風溫寒熱，主客皆病，防其昏痙。

厚朴　廣皮　豆蔻　杏仁　木通　芩皮

溫邪入肺不解，遂逆傳膻中，煩熱昏躁，嗆出血沫，猶然氣喘不食。夫肺主氣，心主血，辨症分經，最爲要旨。

淡竹葉　阿膠　枯黃芩　六一散

病邪已去，虛熱未除。

生地　玉竹　水梨　生草　麥冬　丹皮　花粉

熱邪久伏，風寒外侵，春溫氣機不藏，內蓄之邪復彰，欬嗽咽痛，兩足畏冷。擬辛涼輕劑，掣其潛伏之邪熱。

桑葉　南沙參　鬱金　黑山梔　杏仁　菊花　桔梗　生草

牙斷常紫，膝蓋痠痛，上年秋季爲甚。此濕邪阻於經絡，陽明之氣，不司束筋利機，議宣通脈絡之壅，使氣血和平。

金毛脊　白蒺藜　生白朮　油松節　生米仁　木防己

過飲晨瀉，中宮留濕，乾嘔腹痛，是脾不和，陽氣不主運行於四末。故四肢無力困頓矣，宜忌濕肉，使清陽轉旋，中宮得健。

草果　厚朴　藿香　廣皮　茯苓　半夏

新沐頭痛鼻塞，狀似風溫，次日寒戰大熱，脅肋痛不可轉側，自利稀水，乃濕聚於經脈。病在氣分，熱渴欲飲水，今目黃上視，手肢發痙，舌胎白齒板燥，胸中隱隱痛，皆邪深痙變凶。

木防己　桂枝木　大豆黃卷　茯皮　天花粉　菖蒲汁

用木防己湯，痙厥已緩，經脈鬱伏濕邪已解。胃汗大傷，痰嗽氣閃，與甘藥不傷胃氣。

甘蔗漿　南花粉　薏苡仁　炒黃川貝　麥冬

夏季水土之濕，口鼻受氣，着於脾胃，潮熱汗出稍涼，少頃又熱，病名濕溫。醫但知發散清熱消導，不知濕鬱不由汗解，舌白不饑，泄瀉。

滑石　白蔻仁　茯苓皮　豬苓　通草　厚朴　澤瀉

冷熱濕穢，雜感太陰經受邪。

草果　桂枝　茵蔯　藿梗　厚朴　防己　茯皮　廣皮

濕鬱氣阻，疹發。

飛滑石　茯苓皮　射干　木防己　茵蔯　檳榔摩汁　草果　桂枝木

茯苓皮　厚朴　廣皮　木防己

病本濕溫，元氣不能載邪外出，勢有直犯神京之狀矣。擬以梔豉上下分開之，薑棗左右升降之，芳香之草橫解之。

西豆豉　黃芩　鬱金　生香附　黑山梔　甘草　鮮菖蒲　生薑

舌赤頭痛，惡心脈大，溫邪入募原也。

白蔻仁　桔梗　枇杷葉　鮮醒蘭　瓜蔞皮　天花粉　大杏仁　枳殼

脈右大，舌黄不渴，嘔吐粘痰，神躁語言不清，身熱不除，此勞倦内傷，更感温邪，須防變痙。

竹葉　六一散　厚朴　茯苓　白荳蔻　廣皮

暑濕鬱蒸。

滑石飛　竹葉　連翹　淡芩　桑皮　木通

暑風上鬱陽分，晝日頭痛，鼻淵。

鮮荷葉汁　青菊葉　滑石　羚羊角　連翹　桑葉　銀花

暑風痰嗽，目黄舌白已退，遇風肌熱，此肺病未和，薄味不致瘧。

六一散　川貝母　栝蔞根　地骨皮　桑葉　玉竹

形瘦陰虧，暑熱客氣未盡，氣分有熱，故不耐陰柔膩藥。

竹葉　川貝母　麥冬　知母　生甘草

雖是伏暑温邪，平素陰虚，久積勞倦，病發先有夢遺，此柴芩膏連苦辛皆忌。

鮮生地　連翹心　竹葉心　細木通　六一散　金銀花

舌乾黄，經脈耎弱，脘中不爽，熱傷津液，陰不上承，清熱不應，以甘寒生津。

鮮生地　麥門冬　柏子仁　茯神　人參冷冲

伏暑熱燥氣分，津化痰，形瘦，嗽未止，不飢便溏。

米仁　蘆根　白蔻　浙苓　桔梗　楷杷葉

陰弱之質，暑風外襲，頭蒙口渴，以輕劑肅之。

鮮絲瓜葉　杏仁　連翹　大豆卷　川通草　桑皮

香茹飲泄越滲利，頗不宜於虚體。或有人參者，可以凉服暫用。藥當平和清暑，以兩濕已久，中宫易困耳。

木瓜　扁豆　人參　茯苓　甘草　醒頭草

形瘦液少，暑濕泄瀉初愈，又咽乾咳嗽，以暑挾濕，秋熱化燥，乃勝復之理。

玉竹　麥門冬　北沙參　生甘草　桑葉　南沙參

脈弱無力，心中洞，入夜神昏譫語，面目皆紅，煩渴微飲，是勞倦内傷。頻與苦辛消導滋陰，陽愈傷則浮越，有虚脱之慮，議用仲景救逆法。

生龍骨　炒黑蜀漆　生左牡蠣　炙甘草　川桂枝木　南棗肉

脈弦長，入尺而數，舌上沾苔時或發熱，大便或溏，顯然素稟陰虚，復受暑濕。

草果仁　金石斛　紫厚朴　鼈甲　廣橘皮　淡竹葉

尊體本陰虚，陽氣并邪，獨發熱，兩旬餘不解，無汗。蓋因枯液不作汗，邪亦不解也。連劑養陰之後，邪少鬆則汗大出，是雲行雨施，正品物咸亨之候，何疑其脱也？但弱體久病不解，元氣愈虧，此邪稍出大汗作，亦屬接補關頭，不可少懈耳，心静則氣定而神住，切不可憂擾神氣，致陽上升。

人參四錢　熟地黄一兩　製首烏五錢　抱木茯神二錢　生左牡蠣六錢　天門冬三錢

積勞傷陽，哀戚動臟，重重内損，夏秋伏邪，已深入重圍，此邪從陰經來。故三陰而施温補扶正，正謂托邪。知母入咽即呃，不飢不食不寐，陽不流行三焦，困脾腎憊矣。肛墜屬陰氣陷，難任純剛之劑。

人參　麋角　當歸身　煨生薑　草果仁　紫厚朴

熱甚，心煩燥渴，宜宣膻中熱氣，兼驅伏暑。

清心牛黄丸　辰砂益元散三錢　竹葉心二錢　煎湯送下。

脾胃氣困，鬱蒸爲黄，痛乃陽不流行，久病不可純攻。

山茵蔯　生益智仁　生白术　茯苓皮　紫厚朴　廣橘皮　生香附磨汁

《王氏醫案正續新編·卷七》　陳建周令郎患春温，初起即神氣燥亂，驚懼不眠，兩脈甚數。孟英謂：温邪直入營分也。與神犀丹，佐紫雪，兩劑而瘥。夏間吳守旃暨高若舟令郎，胡秋紉四令愛，患温，初起即肢瘛妄言，神情瞀亂，孟英皆用此法，尋則霍然。世人每執汗解之法，爲初感之治，孰知病無定體，藥貴得宜，無知具眼人稀，以致夭枉載道，歸諸天數，豈盡然哉？

《歸硯録》卷四　蔣君寅昉太夫人，患恙，適余在武林專丁，招往。病已七日，齦糜頤腫，寒熱時形，脘悶頭疼，不眠不食，苔黄便秘，脈數而弦。是冬令伏邪發爲温病，血虚肝旺，稟賦使然。以枳、桔、羚、翹、梔、菖、葱頭、兜鈴、射干爲前茅，三劑而腫消熱退。以小陷胸合梔、豉，加菖、苓、竹茹、雪羹開中堅，亦三劑而便暢胸舒，漸啜糜粥。以西洋參、肉蓯蓉、麥冬、石斛、川貝母、竹茹、歸身、知母、黄連爲後勁，漸安眠食而痊。

《時病論·臨證治案·春温過汗變症》　城東章某，得春温時病，前醫不識，遂謂傷寒，輒用荊、防、羌、獨等藥，一劑得汗，身熱退清，次劑罔靈，復熱

如火，大渴飲冷，其勢如狂。更醫治之，謂爲火證，竟以三黃解毒爲君，不但熱勢不平，更變神昏瘛瘲。急來商治於豐，診其脈，弦滑有力，視其舌，黃燥無津。豐曰：此春溫病也。初起本宜發汗，解其在表之寒，所以熱從汗解，惜乎繼服原方，過汗遂化爲燥，又加苦寒遏其邪熱，以致諸變叢生，當從邪入心包、肝風內動治之。急以祛熱宣竅法，加羚角、鈎籐。服一劑，瘛瘲稍定，神識亦清，惟津液未回，唇舌尚燥，守舊法，除去至寶、菖蒲，加入沙參、鮮地，連嘗三劑，諸恙咸安。

《時病論・臨證治案・春溫甫解幾乎誤補》 三湘劉某之子，忽患春溫，熱渴不解，計有二十朝來，始延豐診，脈象洪大鼓指，舌苔灰燥而乾，即以涼解裏熱法治之。次日黎明，復來邀診，詣其處，見几上先有藥方二紙，一補正回陽，一保元斂汗。劉曰：昨宵變證，故延二醫酌治，未識那方中肯？即請示之。豐曰：先診其脈再議。劉某伴至寢所，見病者覆被而卧，神氣尚清，汗出淋灕，身涼如水，六脈安靜，呼吸調勻。豐曰：公弗懼，非脫汗也，乃解汗也。曰：何以如之？曰：脈靜身涼，故知之也。倘今見汗防脫，投以溫補，必阻其既解之邪，變證再加，遂難治矣。橋梓仍信豐言，遂請疏方。思邪方解之秋，最難用藥，補散溫涼，概不可施，姑以蔞皮暢其氣分，俾其餘邪達表；穭豆衣以皮行皮，使其盡透肌膚；蓋汗爲心之液，過多必損乎心，再以柏子、茯神養其心也；加沙參以保其津，細地以滋其液，米仁、甘草，調養中州；更以浮小麥養心斂汗。連服二劑，肢體回溫，汗亦收住。調治半月，起居如昔矣。

或問曰：先生嘗謂凡學時病，必先讀仲景之書。曾見《傷寒論》中，漏汗不止，而用附子。今見大汗身涼，而用沙參細地，能不令人駭？然請詳其理。答曰：用附子者，其原必寒，其陽必虛。今用沙地者，其原乃溫，其陰乃傷。一寒一溫，當明辨之。又問：春溫之病，因寒觸動，豈無寒乎？曰：子何迂也！須知溫在內，寒在外。今大汗淋灕，即有在外之寒，亦當透解，故不用附子以固，其陽而截其既解溫邪之路，用沙、地以滋津液，而保其既傷肺腎之陰。若執固陽之法，必使既散之邪復聚，子知是理乎？

《中案存真類編・溫熱》 朱先生勞倦嗔怒，是七情內傷。而溫邪感觸，氣從口鼻直自膜原中道。蓋傷寒陽症，邪自太陽，次第傳及。至於春溫夏熱，則鼻受氣，肺受病，口入之氣，竟由脘中，所以原有手經見症，不比傷寒足六經之病也。其原不同，治法亦異。仲景論溫邪不可發汗，汗則劫津傷陽，身必灼熱，一逆尚引日，再逆促命期。又云：鼻息鼾，語言難出，劇則驚癇瘛瘲，無非重劫津液所致。今病發熱，原不是太陽客邪見症，所投羌防辛溫表汗，此誤即爲逆矣。上竅不納，下竅不便，亦屬常事。自評：鮮不見此，張皇失措。必以攻下，希圖泄熱。自評：時醫通弊，亦或暫效，病家宿之，遂致於死。攻下原可遺熱，必須邪熱入在腸胃，堅實有形，不得俱據下竅不便，便謂陽明已實，蓋氣結津傷，有如此者。殊不知強汗劫津而傷陽，妄下劫液更亡陰。頃診脈，兩手如搐而戰，舌乾燥而無胎，前板齒乾，目欲瞑，口欲開，周身燈照而淡晦，班紋隱隱約約，幾日來，時有呃逆，因胃乏穀氣而中空，傷寒絕穀俗例可恨作俑者其無後乎肝陽衝突，上冒肆虐耳。爲令返正，先與糜粥，使胃中得濡，厥陽不致上冒，而神昏之累可已。進藥之理，甘溫可以生津除熱，即斑疹亦不足慮。觀仲景論中，邪少虛多，陰液陽津並涸者，復脈湯主之，謹倣此議。自評：風寒久鬱化熱，皆爲癮疹，況本溫病，誤用辛溫耗津，但生津開鬱，逐穢透表，邪得宣泄，疹自退矣。斑疹不足慮，眞卓識也。

炙甘草　人參　生地　白芍　阿膠　麥冬方中宜加龍、蠣，仿救逆意，爲有瘈也

溫邪有升無降，經腑氣機交逆，營衛失其常度，爲寒熱，是有新感津液日耗，渴飲不饑，陽氣獨行，則頭痛面赤，是皆冬春驟煖，天地失藏，人身應之，患此者最多。攷古人治溫病，忌表散，誤投即謂劫津，自評：忌直用表散也，辛甘涼潤，生津清熱，仍從汗解。逆傳心包，最怕神昏，譫語，妄狂，是法以辛甘涼潤爲主。蓋傷寒入足經，溫邪入手經也。上潤則肺降，不致膹鬱，胃熱下移，知饑渴解矣。

嫩竹葉　桑葉　杏仁　蔗汁　麥冬　生甘草　石膏冰凈糖炒

《凌瘟靈方・春溫逆入心包》 曹十七歲，二月二十四日春溫化斑，隱約不達，痰火自肺胃逆人心榮，熱傷津液，神昏譫語，手指掣搐，唇齒燥裂出血。苔焦燥邊紅，脈弦滑數。兼見以脈參證，愼防痰升內閉之憂，擬清解爲法以俟。高明酌奪。

臺參鬚　牛蒡　丹皮　石決明青黛五分拌打　竹瀝　鮮石菖蒲汁一茶匙和冲　烏犀角　川鬱金　純鈎　人中黃　銀花露　翹心　鮮地　赤芍　珠黃散西珀三分，研同冲入

溫病總部

溫病疾病部

暑溫部

題解

《傷寒總病論·暑病論》 龐曰：冬傷於寒，夏至後至三伏中，變爲暑病，其熱重於溫也。有如傷寒而三陰三陽傳者，有不依次第傳，如見五藏熱證者，各隨證治之。

《證治彙補·暑症章·暑症大意》 暑之爲氣，在天爲熱，在地爲火，在人臟爲心。故暑者，相火行令也。夏月人感之，自口齒而入，傷心胞絡之經。

《傷寒指掌·類傷寒辨·熱病》 夏至以後，時令炎熱，有人壯熱煩渴，而不惡寒者，熱病也。

《傷寒指掌·傷寒類症·溫熱》 夏令炎熱，感之即病，壯熱煩渴，而不惡寒者，熱病也。

《傷寒指掌·傷寒類症·暑證》 行人農夫，於日中勞役得之，爲中暍。暑月病人忽然手足搐攣者，暑風也。

暑瘵 盛暑之月，火能爍金，不禁辛酒，脾火暴甚，勞熱躁擾，火動心脾，令人咳嗽氣喘，驟然吐血，衄血，頭目不清，膈中煩擾不寧。

《增補評註溫病條辨·上焦篇·暑溫》 形似傷寒，但右脈洪大而數，左脈反小於右，口渴甚，面赤，汗大出者，名曰暑溫，在手太陰，白虎湯主之；脈芤甚者，白虎加人參湯主之。

此標暑溫之大綱也。按溫者熱之漸，熱者溫之極也。溫盛爲熱，木生火也。熱極濕動，火生土也。上熱下濕，人居其中，而暑成矣。若純熱不兼濕者，仍歸前條溫熱例，不得混入暑也。形似傷寒者，謂頭痛、身痛、發熱惡寒也。水火極不同性，各造其偏之極，反相同也。故經謂水極而似火也，火極而似水也。傷寒，傷於水氣之寒，故先惡寒，而後發熱，寒鬱人身衛陽之氣而爲熱也，故仲景《傷寒論》中，有已發熱或未發之文。若傷暑則先發熱，熱極而後惡寒，蓋火盛必尅金，肺性本寒，而復惡寒也。然則傷暑之發熱惡寒，雖與傷寒相似，其所以然之故，實不同也，學者誠則究心於此，思過半矣。脈洪大而數甚則芤，對傷寒之脈浮緊而言也。獨見於右手者，對傷寒之左脈大而言也，右手主上焦氣分，且火克金也，暑從上而下，不比傷寒從下而上，左手主下焦血分也，故傷暑之左脈，反小於右。口渴甚面赤者，對傷寒太陽證，面不赤口不渴而言也；火爍津液故口渴，火甚未有不煩者，面赤者煩也，煩字從火後頁，謂火現於面也。汗大出者，對傷寒汗不出而言也。首白虎例者，蓋白虎乃秋金之氣，所以退煩暑，白虎爲暑溫之正例也，其源出自《金匱》，守先聖之成法也。

霖按：《陰陽應象大論》曰：左右者，陰陽之道路也；水火者，陰陽之徵兆也。左屬血，右屬氣，寒傷血，熱傷氣，魏博王安道以熱病脈盛右部者，蓋熱邪傷氣也，鞠通宗王氏說，頗有見地。然不合攘爲己有，又不明經義，而以上焦下焦辨之謬矣。杜撰暑溫兩字，尤屬不經，既云溫者熱之漸，熱者溫之極，熱尚未極，何以便進白虎寒涼之劑？既見熱盛脈證，當用白虎，何以又名之曰溫？殊屬矛盾。夫暑爲天之陽熱，原多挾濕，右脈洪大而數，無弦細芤遲濡象，其不挾濕可知，故宜白虎之辛寒也。

《增補評註溫病條辨·上焦篇·伏暑》 長夏受暑，過夏而發者，名曰伏暑。霜未降而發者少輕，霜既降而發者則重，冬日發者尤重，子午丑未之年爲多也。

長夏盛暑，氣壯者不受也；稍弱者，但頭暈片刻，或半日而已；次則即病；其不即病而內舍於骨髓，外舍於分肉之間者，氣虛者也。蓋氣虛不能傳送暑邪外出，必待秋涼金氣相搏而後出也，金氣本所以退煩暑，金欲退之，而暑無所藏，故伏暑病發也。其有氣虛甚者，雖金風亦不能擊之使出，必待深秋大涼，初冬微寒，相逼而出，故爲尤重也。子午丑未之年爲獨多者，子午君火司天，暑本於火也；丑未濕土司天，暑得濕則留也。

《溫熱經緯・仲景外感熱病篇》 太陽中熱者，暍是也。其人汗出惡寒，身熱而渴也。

王安道曰：暑熱者，夏之令也，大行於天地之間，人受傷而爲病，名曰中暑。亦曰中熱一也。

趙以德曰：汗出惡寒，身熱而不渴者，中風也。渴者，中暍也。

周禹載曰：冬月有寒，則能傷人，名中寒。夏月有熱，亦能傷人，名中熱。此是外來之熱，故曰中。非即伏寒發出，夏必病熱之熱也。然而同用白虎者，總以所傷在氣，則所主在金，所病在熱。生金者土，金生者水，金病則我母我子俱病，故與伏氣之在少陰發出之由陽明者，無異。要皆並主一湯，全不因冬月之伏，與夏月之中爲二義也。又全不以伏氣之渴，舉今病之渴爲稍異也。嗚呼！聖人於此，有意立方，無心表異，以千古之前，自有此理，萬世之下，自有此悟也。

徐洄溪曰：凡汗出多之病，無不惡寒者，以其惡寒汗出而誤認爲寒，妄用熱劑，則立危矣。何報之：曰汗大泄不止亡陽，且令腎水竭絕，津液內枯，是謂亡陰，急當滋水之上源。三伏之義，爲金受囚也，金遇丙丁，失其清肅，而壬水絕於已，癸水絕於午，西北之寒清絕矣。前人有謂夏月宜補者，乃補天元之眞氣，非補熱火也。令人夏食寒是也。

沈堯封曰：此是熱病證據。《素問》在天爲熱，在地爲火，熱者火之氣也。故熱乃五氣之一，而熱病即傷寒有五之一。《傷寒論》以《難經》熱字，恐與下文溫字相混，故特指出曰：暍是也。感烈日之氣而病，即《素問》寒暑燥濕風之暑病。或曰暍是陽邪，暑是陰邪，土潤溽暑，熱兼溼言也，似與暍有異。曰寒往則暑來，與寒對待，非專言熱而何。古人稱暑、暍、熱，一也。若溼熱併至之病《難經》名曰溼溫，不名暑，迨至隨唐後皆指溼熱爲暑，於是眞暑之名失，而暍之名更不知爲何病矣。雄按：《北齊書・後主紀》：六月遊南苑，從官暍死者六十人。《千金》須知云：熱死曰暍。是唐時尚知暑、暍之爲熱也。

雄按：《內經》云：在天爲熱，在地爲火，其性爲暑。又云：歲火太烈，炎暑流行。蓋暑爲日氣，其字從日，曰炎暑，曰酷暑，皆指烈日之氣而言也。夏至後有小暑、大暑，冬至後有小寒、大寒，是暑即熱也，寒即冷也。暑爲陽氣，寒爲陰氣，乃天地間顯然易知之事，並無深微難測之理，而從來歧說偏多，豈不可笑。更有調停其說者，強分動得、靜得爲陰陽。夫動靜惟人，豈能使天上之暑氣，隨人而判別乎。況《內經》有陰居避暑之文，武王有樾蔭暍人之事，仲景以白虎湯爲熱病主方，同條其貫，理益彰彰。何後賢之不察，而好爲聚訟以紊道，深文以晦道耶。若謂暑必兼溼，則亢旱之年，溼難必得，況兼溼者何獨暑哉。蓋溼無定位，分旺四季，風溼、寒溼無不可兼，惟季夏之土爲獨盛，故熱溼多於寒溼。然暑字從日，曰爲天氣，溼字從土，土爲地氣，霄壤不同，雖可合而爲病，究不可謂暑中原有溼也。

《研經言・傷寒傷暑說》 仲景自春分至秋分有非時暴寒，皆爲時行寒疫之言，益信古者於夏月觸冒正邪之暑，及冬月中時行之暑，皆稱傷暑，《素》形氣虛實，氣虛身熱之傷暑，不必專以夏言也。仲景始別之以中暍，冬溫兩名，然溫病《難經》不指定何脈，仲景止略陳其症狀，則是所發無定，不必其盡發熱惡寒也。凡咳嗽、腫癰，皆得有之，仲景雖不明言，其散見於《千金》、《外臺》者，可舉一二以推。蓋傷暑二字之義，雖得兼通夫四時，而傷暑二字之名，不得概施之冬月。此古今稱謂之所由異也。

《時病論・夏傷於暑大意》 夏傷於暑者，謂季夏小暑、大暑之令，傷於暑也。其時天暑地熱，人在其中，感之皆稱暑病。夫暑邪襲人，有傷暑、冒暑、中暑之分，且有暑風、暑溫、暑咳、暑瘵之異。傷暑者，靜而得之爲傷陰暑，動而得之爲傷陽暑。冒暑者，較傷暑爲輕，不過邪冒肌表而已。中暑者，即中暍也，忽然卒倒，如中風狀。暑風者，須臾昏倒，手足遂抽。暑溫者，較陽暑略爲輕可。暑咳者，暑熱襲肺而咳逆。暑瘵者，暑熱劫絡而吐血。又有霍亂之證，因暑氣夾風寒溼食擾亂於中。痧氣之證，因南方體弱，偶犯沙穢之氣。穢濁之證，因暑氣夾穢而襲人，即俗稱爲齷齪也。此皆季夏由暑氣所傷之證也。更有春末夏初之疰夏，孟夏之熱病，仲夏之霉溼，亦當論治。蓋疰夏者，因時令之火爲病。熱病者，因冬時之伏氣爲病。霉溼者，入霉之後，梅雨淫淋，感其雨溼之氣爲病。斯三者，附論於茲，則夏令之病，皆全備矣。

論　說

《脈經・平痓濕暍脈證》 太陽病，關節疼煩，脈沉而緩者，爲中濕。

病者一身盡痛，一云疼煩。發熱，日晡即劇，此爲風濕，汗出所致也。

濕家之爲病，一身盡疼，發熱，而身色熏黃也。

濕家之爲病，其人但頭汗出，而背強，欲得被覆向火。若下之早，則噦。或胸滿，小便利，舌上如胎，此爲丹田有熱，胸上有寒，渴欲飲而不能飲，則口燥也。

濕家下之，額上汗出，微喘，小便利者，死。若下利不止者，亦死。

問曰：風濕相搏，身體疼痛，法當汗出而解，值天陰雨不止，師云此可發汗，而其病不愈者，何也？答曰：發其汗，汗大出者，但風氣去，濕氣續在，是故不愈。若治風濕者，發其汗，微微以欲出汗者，則風濕俱去也。

濕家身煩疼，可與麻黃湯加术四兩，發其汗爲宜，慎不可以火攻之。

太陽中熱，暍是也。其人汗出惡寒，身熱而渴也，白虎湯主之。

太陽中暍，身熱疼重，而脈微弱，此以夏月傷冷水，水行皮膚中所致也，瓜蒂湯主之。

太陽中暍，發熱惡寒，身重而疼痛，其脈弦細芤遲，小便已灑灑然毛聲，手足逆冷，小有勞，身熱，口前開，板齒燥，若發其汗，惡寒則甚；加溫針，則發熱益甚；數下之，淋復甚。

《諸病源候論・中惡病諸候・中熱暍候》 夏月炎熱，人冒涉途路，熱毒入內，與五藏相并，客邪熾盛，或鬱瘀不宜，致陰氣卒絕，陽氣暴壅，經絡不通，故奄然悶絕，謂之暍。然此乃外邪所聲，眞藏未壞。若便遇治救，氣宣則蘇。夫熱暍不可得冷，得冷便死。此謂外卒以冷觸其熱，蘊積於內，不得宣發故也。

《聖濟總録・中暍統論》 論曰：盛夏炎熱，人多冒涉路途，熱毒易傷。微者客於陽經，令人嘔逆頭眩，心神懊悶，汗出惡寒，身熱發渴，即時不治。乃至熱氣伏留經絡，歲久不除，遇熱即發，俗號暑氣；甚者熱毒入內，與五藏相并，客邪熾盛，鬱瘀不宜，致陰氣卒絕，陽氣暴隔，經絡不通，故奄然悶絕，謂之中暍。此乃外邪所擊，眞藏未壞。若遇救療，氣通則蘇，但治熱暍，不可以冷物，得冷則不救。蓋外以冷觸，其熱蘊積於內，不得宣發故也。

《傷寒發微論・論中暑脈不同》 仲景云：脈虛身熱，得之傷暑。又云：其脈弦細芤遲，何也？《素問》曰：寒傷形，熱傷氣，蓋傷氣而不傷形，則氣消而脈虛弱，所謂弦細芤遲，皆虛脈也。仲景以弦爲陰，而朱肱亦云中暑脈細弱，則皆虛脈也可知矣。

《三因方・中暑論》 中暑其脈陽弱而陰虛微遲，似芤。夫暑在天爲熱，在地爲火，在人藏爲心，故暑喜歸心中之令人噎悶，昏不知人。入肝則眩暈、頑痹；入脾則昏睡不覺；入肺則喘滿痿躄；入腎則消渴，小便不利，凡暍死。治之切不可冷，惟宜溫。劑得冷則死，道途無湯則以熱土熨臍中，仍使人更溺，概可見矣。若發其汗，則惡寒甚，加溫邪則發熱甚，治之不可不謹也。然傷寒中暍其實一病也，但輕重不同。新校正要略者乃云：傷寒家別有暍病非也，詳論治法見傷暑門。

《傷寒補亡論・中暑證》 問曰：熱病、暑病、暍病，三者異名，諸家不分，何如？雍曰：熱病亦可謂之暑，暍病亦可謂之暑，故時言熱，亦時言暑，其始則當有熱、暍二病。以其通可謂之暑，故有三名，是以難別。《素問》曰：熱病者，皆傷寒之類也，以熱而言也。又曰：先夏至日爲病溫，後夏至日爲病暑。此以暑而言也。二者其實一也。仲景、叔和曰：中而即病者，名曰傷寒。不即病者，至春變爲溫病，至夏變爲暑病。又曰：辛苦之人，春夏多溫熱病。此一病，或言暑，或言熱也。是以巢氏於傷寒之外，別出熱病一門，而首曰：暑病者，熱重於溫也。是熱病亦謂之暑也。龐安常復出暑病一篇，而取之實傷寒之熱病。又二家所載，皆以《素問》五臟熱病爲主，是名同而實異也。惟朱氏分別熱病與中暑，不相差互。然朱氏所謂熱病者，傷寒也；所謂中暑，即暍者是也。其意易明，不令人惑，當從朱氏名之。其他諸家所論，亦未嘗不同，名特異耳。

《嚴氏濟生方・諸暑門・中暑論治》 夫中暑所以脈虛者，蓋熱傷氣而不傷形也。且暑者在天爲熱，在地爲火，在人臟爲心。是以暑氣傷心，令人身熱頭痛，狀類傷寒，但背寒面垢，此爲異耳，甚者昏倒不知人，手足微冷，煩渴口燥，或吐或瀉，或喘或滿，此皆暑氣之所爲也。

大抵中暑悶亂，切不可便與冷水及卧冷濕地，得冷則死。唯溫養，用布衣蘸熱湯，熨臍中及氣海，或掬熱土圈臍心，乃更溺之，候漸蘇醒，以米湯徐徐灌之，然後隨證調治。

近來江浙之間中暑，多有搐搦不省人事者，屢見之矣。醫經所載，診其脈浮而虛，蓋浮則爲風，虛則爲暑，此中暑而又傷風，故有是證，俗命名謂之暑風，若作驚癇治之，多治不救。倉卒之際，宜以溫熱水化蘇合香丸灌之，候

期稍蘇，卻以黃連香薷散加羌活煎服，作效者多矣。

《普濟方・熱病門・總論》 夫熱病者，皆傷寒之類也。冬傷於寒，至春變爲溫病，至夏變爲暑病者，熱重於溫也。肝熱病者，小便先黃，腹痛多卧身熱，熱爭則狂言及驚，脇滿痛，手足躁，不得安卧。心熱病者，先不樂數日，乃熱，熱爭則卒心痛，煩熱欲嘔，頭痛，面赤無汗。脾熱病者，先頭重頰痛，心煩欲嘔，身熱，熱爭則腰痛，不可用俯仰，腹滿泄，兩頷痛。肺熱病者，先淅然厥起毫毛惡風寒，舌上黃，身熱，熱爭則喘咳，痛走胸膺背，不得太息，頭痛不堪。汗出而寒。腎熱病者，先腰痛胻酸，大渴數飲，身熱，熱爭則項痛而強，胻寒且酸，足下熱，不欲言。肝熱病者，左頰赤，心熱病者，顔先赤。脾熱病者，鼻先赤。肺熱病者，右頰赤。腎熱病者，頤先赤。病雖未發，見色者療之，名曰治未病。一曰汗不出，大顴發者死。二曰泄而腹滿甚者死。三曰目不明，熱不已者死。四曰老人嬰兒熱而腹滿者死。五曰汗不出，嘔血者死。六曰舌本爛熱不已者死。七曰咳血而衄，汗出不至足者死。八曰髓熱者死。九曰熱而痙者死。凡有此候者，皆不可治也。熱病已得汗，脈靜者生，脈躁者難治。熱病脈常盛躁，而不得汗者，此陽之極也，得汗者生，不得汗者難瘥。熱病已得汗，脈尚燥喘且即復熱，喘盛者死。熱病七八日，脈不躁不數，後三日當有汗，若不汗者難治。熱病七八日，其脈微小者生，脈代舌焦乾黑者死。熱病已得汗，常熱不去，脈靜者生，脈躁者難治。熱者脈常躁，此氣之極也，亦死。熱病腹滿常喘，熱不退者死，熱病多汗，脈虛小者生，緊實者死矣。

又云：熱病者。皆傷寒之類是也。或愈或死，皆以六七日之間，其餘以十日以上者何？不知其解，願聞其故。岐伯曰：巨陽者諸陽之屬也，其脈連於風府，故諸陽主氣也。人之傷於寒也，則爲病熱，熱雖甚不死。其兩感於寒而病，必不能免於死矣。帝曰：願聞其狀。岐伯曰：傷寒一日，巨陽受之，故頭項疼，腰背強。二日陽明受之，陽明主肌肉，其脈夾鼻絡於目，故身熱，目痛鼻乾，不得卧也。三日少陽受之，少陽士膽，其脈循脇絡於目，故胸脇痛而耳聾。三陽經絡，皆受其病，而未入於臟，故可汗而已。四日太陰受之，太陰脈布胃中，絡於嗌，故腹滿而嗌乾。五日少陰受之，少陰脈貫腎，絡於肺，係於舌本，故口燥舌乾而渴。六日厥陰受之，厥陰脈，循陰器而絡於肝，故煩滿而囊縮。三陰三陽，五臟六腑，皆受病，榮衛不行，五臟不通，則死矣。其不兩感於寒者，七日巨陽病衰，頭痛少愈。八日陽明病衰，身熱少愈。九日少陽病衰，耳聾微聞。十日太陰病衰，腹減如故，則思飲食。十一日少陰病衰，渴止不滿，舌乾已而嚏。十二日厥陰病衰，囊縮小腹微下，大氣皆去，病日已矣。帝曰：治之奈何？岐伯曰：治之各通其臟脈，病日衰矣，未滿三日，可汗而已。其滿三日，可下而已。

《傷寒一提金・一提金貫珠數》 若夏月大發熱，頭疼燥渴，背惡寒，微汗，脈虛無力，口齒燥者，名中暑，用寒涼之劑清之。

《醫學原理・暑門》 暑邪即是熱，乃夏月炎蒸之氣也。故經云夏至復病熱爲暑是也。蓋夏月陽氣在外，天時蒸熱，人之膚腠疎豁，氣隨汗泄而內虛，不善調攝多易感此。而東垣有中熱、中暑之分，其中暑者，乃無病之人，或於深堂大廈，戒於陰木幽林，或恣食寒冷，以避暑熱，致使周身陽氣爲內外陰寒所遏，不得伸越，經曰口得寒物身犯寒氣是也。其症頭疼惡寒，身体拘急，肢節疼痛而煩心，肌膚火熱而無汗，治宜大順散，熱藥以散表寒可也。其中熱者，乃行人農夫於日中勞役，以致汗泄腠疎，外熱乘虛入內，以傷肺氣。經云邪之所湊，其氣必虛是也。其症頭苦痛，肌膚燥而惡熱，大渴飲水，無力以動，治宜白虎涼劑以清內熱。而丹溪又云：黃連香薷飲、清暑益氣湯、五苓散皆可卂效。如若挾痰，加南星、半夏；挾虛，加人參、黃芪。詳症合宜加減。而戴元禮又謂：暑症有傷有中之不同。如腹痛水瀉，乃胃與大腸受病，但惡心，胃口中成有痰，名曰傷熱，宜黃連香薷飲。若身熱頭疼，燥亂不寧，身如針刺者，名曰中熱，宜解毒白虎湯加柴胡，氣虛加人參。如若咳嗽，發寒發熱，盜汗不止，脈數不止，乃火乘肺，宜清肺湯或柴胡天水散之類，學者臨症自宜裁度，毋縱巨膽爲幸。

《保命歌括・中暑》 小滿交來相火行，天時到此熱如蒸，恆言壯火能消氣，豈識強陽勝弱陰。

按：《素問》運氣：小滿後六十日爲三之氣少，陽相火司令，天時至此，火熱大行，流金爍石，其氣如蒸。又以天地升降之連推之，四月純陽之月，陽氣盡出於地，謂之盛陽。夏至之後一陰始生，其氣甚弱，陽強陰弱也。不勝火，腎虛也。火刑於金，肺虛也。心象離而中虛，熱則氣緩而不收，心虛也。是知暑熱之病，乃陰陽俱虛之所至也。

《傷寒論條辨・辨痙濕暍病證》 太陽中熱者，暍是也。其人汗出惡寒，

身熱而渴也。

蒸熱謂之暑，傷暑謂之暍。汗出惡寒者，太陽表不固也。身熱者，暑邪傷陽也，渴者，亡津液而內燥也。然渴爲內證，太陽主表而有渴，何也？炎暑之時，陽浮外越，人之津液本少，渴爲常事，況更汗出而重亡津液乎？且太陽溫病已有渴，又況暍乎？

太陽中暍者，身熱，疼重而脈微弱，此以夏月傷冷水，水行皮中所致也。身熱疼重，而曰夏月傷冷水，水行皮中所致者，土主肌肉而惡濕，水滲土而蒸發也。脈微弱者，熱則血乾而氣耗也。然夏日則飲水，故人之常事，而曰傷，何哉？良由暑迫，飲之過多，或得之澡洗，暑反內入也。然則庸俗以當盛暑時濯流飲泉，而得身熱疼重，遽謂爲閉水傷寒者，水其暑之訛，而傷寒則浮謠之謬也。

太陽中暍者，發熱，惡寒，身重而疼痛，其脈弦細而芤遲，小便已，灑灑然毛聳，手足逆冷，小有勞身即熱，口開，前板齒燥。若發汗，則惡寒甚，加溫鍼，則發熱甚，數下之，則淋甚。數，音速，發熱，惡寒，身重而疼痛，總上文具證而言，下乃申其詳而致戒也，弦細芤遲，亦詳微弱之意，小便已，灑灑然毛聳者，陰虛而寒內作也。手足逆冷者，陽熱內陷也。小有勞身即熱者，陽虛氣怯，不勝力任之甚也。口開者熱甚也，故反則噤是也。前板齒燥者，陽明熱甚而津液乾也。惡寒甚者，以虛其表也，發熱甚者，以擾其陽而損其陰也，淋甚者，損其陰而津液竭也，言三法皆不可也。然則治之奈何？《金匱》治暍以白虎加人參湯，白虎有嘯則生風之能、薦涼解秋之義，人參有益陽補虛之用、生津止渴之功，是故通寒暑而妙應，神矣哉。所謂方而世爲萬病祖者，此之謂也。

《傷暑全書・辨寒暑證各異》 傷寒、傷暑二證，流毒天地，沿襲古今，人率習而不察。據其外證頭痛身痛，發熱惡寒等證相同，皆混於象而不審內景，不觀乎時因，一名之曰寒。而不知其歧多端，甚不可一律論者。寒之傷人也，一、二日在膚宜汗，三、四日在胸宜吐，五、六日在藏宜下，確有定期可據者。若暑則變幻無常，入發難測，不可尋想。彼暴中之激烈，扁鵲不及指而投咀。久伏之深毒，長桑不能隔膚而見藏，最爲難察而難救已。即尋常之感，亦難覺知，非若傷寒之有定期定證，可據可療者。不拘表裏，不以漸次，不論藏府。冒暑蒸毒，從口鼻入者，直中心胞絡經。先煩悶後身熱，行坐近日，薰爍皮膚肢體者，即時潮熱煩渴，入肝則眩暈頑痹，入脾則昏睡不覺，入肺則喘咳痿躄，入腎則消渴，非專心主，而別藏無傳入也。中暑歸心，神昏卒倒。暑傷肉分，周身煩燥，或如針刺，或有赤腫。蓋天氣浮於地表，故人氣亦浮於肌表也。冒暑入腸胃，腹痛、惡心、嘔瀉。伏暑即冒暑，久而藏伏三焦腸胃之間，熱傷氣而不傷形，旬日莫覺，變出寒熱不定，霍亂吐瀉，膨脹中滿，瘧痢煩渴，腹痛下血等。幷主治法，皆以清內火爲主，而解表兼之。寒之中人乘其虛，暑則虛實幷中，而實更劇。蓋氣血強盛之人，內已有伏火，加之外火，炎炎相合，故焦灼爲甚。經虛處寒棲之，經實處暑棲之，寒凌其弱，而暑親其類也。又藜藿常被寒，惟膏粱獨能禦。若暑則不問膏粱藜藿，而咸能勝之侮之，雖廣廈纍冰，蕙質生粟，輕羅紈綺，冷冷玉樹，一犯其烈焰，詎能卻之乎？是以知暑氣之毒甚於寒，乃古人專以寒爲殺厲之氣，而不及暑何也？試觀寒病，至七、八日方危。暑病則有危在二、三日間者，甚至朝發暮殆，暮發朝殆。尤有頃刻忽作，拯救不及者，如暑風、乾霍亂之類。然則暑之殺厲之氣，視寒尤甚，彰明較著矣。寒病止一途，察脈審候，執古方以療之易爲力。暑證多歧，中熱、中暍，中內中外，甚者爲厥、爲風、爲顛癇。即發，則泄瀉、霍亂、乾霍亂。積久後發，則瘧、痢、瘡瘍，種種病名，約有十餘科，皆暑爲厲。則暑殺厲之氣，視寒不幾倍哉！除暴中暴發，久伏後發，不可度量，其餘受發亦有漸次焉。蓋盛夏之時，熱毒鬱蒸，無論動得靜得，其初入人也，不識不知。外之流火，與內之陽氣，驟遇而爭，陽氣不服先昏憒倦疲，及火與氣合，氣不能勝火力，漸雖散爲外熱，燒灼不已，氣耗而血枯，故燥渴，痞塞、腹痛，諸惡證作焉。此其變化，或乍或久，人莫自覺，醫家亦不能辨。至病深而後施治，故難速愈。宜早辨而早治之，則易愈而取效速。

霖按：此篇辨暑證，精細入微，辨傷寒尤有未盡然。寒暑辨易，溫暑辨難，請詳溫暑之辨，以補司農未盡之義。《素問・熱論》曰：凡病傷寒而成溫者，先夏至日者爲病溫，後夏至日者爲病暑。暑當與汗出勿止。此節經義不明久矣。詮釋家多以冬傷於寒，伏寒化熱，發於夏至前爲溫病，發於夏至後爲暑病，暑即熱也。溫爲熱之漸，熱爲溫之甚。殊不知傷寒爲外感通稱，故《內經》有熱病類傷寒之文，越人作傷寒有五之辨，此言凡病傷寒而成溫者，謂溫病、熱病之類乎。傷寒者，非謂先病傷寒，輾轉不愈，而成溫成熱也。且此一節也，亦專論伏氣而言，當作兩截看。凡病傷寒而成

溫者，先夏至日爲病溫爲一截。蓋言凡病類乎傷寒之溫病，在夏至前發者，乃冬至後陽熱，被嚴寒殺厲之氣折伏，至春夏間，因感觸發，謂之病溫。後夏至日者爲病暑，暑當與汗出勿止，爲一截。此即夏暑汗不出者，秋成風瘧之互詞，夏至陰生，人身所伏者陰氣，遇天日之陽熱，蒸地氣以上騰，人在氣交中，感之爲暑病。熱濕相搏，熱蒸濕爲汗，熱清則汗止，故曰當與汗出勿止也。夫溫、暑之治，其清熱雖同，而一宜兼益陰，一宜兼滲濕，陰陽之機有間，安可概論。泥執暑爲熱病，熱乃溫之甚者，非也。

《傷暑全書·脈理》《脈訣舉要》曰：暑傷於氣，所以脈虛，弦細芤遲，體狀無餘。

劉覆眞曰：暑脈虛而微弱，按之無力，又脈來隱伏弦細芤遲，皆暑脈也。脈虛身熱，得之傷暑。中暍，脈虛而微者是也。寒病傳經，故脈曰變。溫熱不傳經，故脈不變。寒病浮洪有力者易治，芤細無力者難治，無脈者不治。若溫熱則不然，溫有一二部無脈者，暑熱有三四部無脈者，被火所逼勒而藏伏耳，非絕無也。於病無妨，攻之亦易。醫人一診驚走，不知照經用辛寒藥，火散而脈起，脈起而病愈。徒駭何益乎？要在辨之詳耳。蓋溫熱病，有中一二經，始終止在此一二經，更不傳遞別經者，其一二經或洪數，則別經弱且伏。依經絡調之，則洪者平，伏者起，乃愈徵也。昔在萬曆丁未三月間，予寓京師，備員太倉庫差，忽一日吏部同鄉劉蒲亭馳報曰：病劇求救，予就其寓，吏部同僚諸公環守之，已備後事，譫語抹衣，不寐者七八日已。御醫院吳思泉，名醫也，偕醫數人治之。予診脈止關脈洪大，其餘皆伏，乃書方竹葉石膏湯。諸公皆驚曰：吳等已煎附子理中湯，何冰炭如是。予詰之曰：吳云陽證陰脈，故用附子。予曰兩關洪大，此陽脈也，其餘經爲火所伏，非陰脈也。吳厲聲相爭，予亦動色自任，諸公從之，一劑晡時即止譫語，抹衣就寐片時。予視其脈，已洪者平，而伏者起，諸公相視曰：此眞張仲景也。又用辛涼藥調理痊愈。脈症有相合者易知，有相左者難知。脈明而後可以辨證，證眞而後可以施藥，要在虛心細察，不可執己見，而以百藥嘗試，令命在反掌間也。愼之愼之。

霖按：溫暑之脈，多有伏者，然總不全伏。若診一二部未伏之脈，必洪數，雖不洪數，細按之定必有力。初病尤當於血氣中以辨寒熱，《素問·陰陽應象大論》曰：左右者，陰陽之道路也。水火者，陰陽之徵兆也。此論：血氣陰陽之升降。以藏氣言，肝木左升，肺金右降。以脈體言，左屬血，右屬氣。凡診感證之脈，傷寒多盛於左部，寒傷形，傷其有形之營血也。溫暑多盛於左部，熱傷氣，傷其無形之衛氣也。此水火之徵兆，血氣之左右，不可不察。若濕甚熱微者，又不可泥此。

又按：夫血氣陰陽，錯綜互用，其理淵微，言之不盡。自東垣《辨感論》強分左爲人迎，右爲氣口，以人迎脈大於氣口屬外感，氣口脈大於人迎屬內傷。然此所云外感者，指外感風寒而言。云內傷者，指內傷飲食而言。蓋寒傷形血，故脈盛左部；食傷胃府，故脈盛右關。後世醫家，誤會其意，竟謂凡病外感，皆當左盛；凡病內傷，皆當右盛。血氣不分，陰陽莫辨，雖有王安道論之於前，吳又可論之於後，奈積習難反，寒熱倒施，能不遺人夭扎鮮矣。若夫傷寒傳入陽明，右關脈實大者，燥矢塡於胃府，宜議下。溫暑陷入陰經，左關尺數大者，肝腎之伏熱，與外熱相搏，多不治。活法在人，不可拘執左大風寒，右大溫暑也。然而初病風寒，浮緊必盛於左部。初病溫暑，洪數必盛於右部。此又不可不察也。

《傷暑全書·朱丹溪·辨動得靜得》丹溪曰：若暑之時，無病之人，或避暑熱納涼於深堂大廈，涼臺冷館，大扇風車，得之者，是靜而得之陰證也。其病必頭痛惡寒，身形拘急，肢節疼痛而心煩，肌膚大熱無汗，此爲陰寒所遏，使周身陽氣不爲伸越，宜用辛溫之劑，以解表散寒，用厚朴、紫蘇、乾葛、藿香、羌活、蒼朮之類。若外既受寒，內復傷冰水，生冷瓜果之類，前藥再加乾薑、縮砂、神麯之類。此皆非治暑也，治因暑而致之病也。

按：靜動而得，分中暑、傷暑，此論出自張潔古，後皆因之。夫盛暑之時，炎火若炙，無地非是。故古人聞避暑，而未聞避寒，深堂廣廈，正以避暑安得入而中之。且房室陰涼，正可護衛陽氣，又安得而遏傷之乎。即膏粱深處，必不能無冒暑應接，其傷暑者亦於動中得之耳。老子曰：人能常清靜，天地盡皆歸一，靜即可祛，暑從何而中也。至於冰水、瓜果等寒物，多食自傷脾胃，亦生雜證，謂瀉痢諸證。內有此物積聚則可，謂專以此致暑病則不可。若執口得寒物，身犯寒氣，同冬時寒病治之，則謬以千里矣。

霖按：潔古論暑，以動靜分陰陽，甚屬不經，致啓後人訾議，然亦出諸不得已也。何以言之？夫暑字從日，云暑而不云火，其義可思。蓋天日之陽熱，蒸地氣以上騰，人在氣交中，感之者爲病暑。《素問·五運行大論》

謂暑以蒸之國，《禮記·月令》謂土潤溽暑者是也。夏至陰生，人身所伏者陰氣，暑在六氣，屬之君火，在藏屬心，在卦屬離，且離火中虛，則暑爲陽熱，中含陰象可徵。是以仲景治暍，三法鼎峙。潔古猶恐世醫不明其義，故設陰暑、陽暑之名以辨治。丹溪引伸潔古之意，故曰此非治暑也，治因暑天所致之病也。何等曉暢，初不料遺譏於後世也，夫潔古所謂動而得之爲陽暑者，是言藜藿之人，或奔走長途，或戮力田間，暴中天日之熱爲陽暑，乃動中之動也。所謂靜而得之爲陰暑者，是言膏粱之人，廣夏風車，恣慾無度，致損眞陽，陰濕內伏，寒熱外襲，爲陰暑，乃靜中之動也。若果清靜無爲，眞氣內守，百邪亦不能侵，豈獨一暑病哉。

《傷暑全書·方古菴附餘暑論》論曰：寒則傷形，熱則傷氣。何以言之？人與天地，同一橐籥，夏月天之氣，浮於地表，則人之氣，浮於肌表，況被盛暑所傷，膚腠疎豁，氣液爲汗，發泄於外，是表裏之氣俱虛矣。不善攝生者，暑熱傷於外，生冷戕於中，若之何而能運化也。是以水穀停積，而爲濕熱，發爲嘔吐，爲泄瀉，甚則吐瀉俱作，而揮霍悶亂也。若不即病，濕熱怫鬱於內，他日爲瘧爲痢之所由矣。今大順散，非治暑熱之藥，乃治暑月飲涼過多爲病之劑也歟。

《傷暑全書·王節齋附餘暑論》論曰：夏至日後病熱，爲暑。暑者，相火行令也。夏月人感之，自口齒而入傷心包絡之經，其脈虛或浮大而散，或弦細芤遲，蓋熱傷氣，則氣消而脈虛弱。其爲證，汗煩則喘渴，靜則多言，身熱而煩，心痛大渴引飲，頭疼自汗，倦怠少氣，或下血、發黃、生斑，甚者火熱制金，不能平木，搐搦不省人事。治暑之法，清心利小便最好。暑傷氣，宜補眞氣爲要。又有惡寒，或四肢逆冷，甚者迷悶不省，而爲霍亂吐利，痰滯嘔逆，腹痛瀉痢，此則非暑傷人，乃因暑而自致之病也。以其因暑而得，故亦謂之暑病，然治法不同也。

自按：節齋此論，氣、脈、證、方俱備，種種精妙，暑月可錄一通於座右。

葉霖按：節齋此論，似是而非。夫天之六氣，風寒暑濕燥火，應地之五行，則木水火土金。夫君火以明，相火以位。暑爲君火，在卦爲離，離中虛，乃明兩作之義，故暑中多挾濕也。暑先入心，應乎君火，包絡主手厥陰相火，其氣與心相通，其脈與心相連，心病每治包絡者，以心爲君主之官藏，義不受邪也。不得舍君火而言相火，是六氣尚不能明，豈可錄之座右哉。

《傷暑全書·陶節菴·辨溫暑涼寒諸證》論曰：傷暑與傷寒俱有熱，若誤作傷寒治之，則不可。蓋寒傷形，熱傷氣，傷寒則外惡寒，而脈浮緊。傷暑則不惡寒，而脈虛。此爲異耳。經云：脈盛身寒，得之傷寒，脈虛身熱，得之傷暑。治宜小柴胡湯，渴加石膏、知母，或人參白虎湯。天久淫雨，濕令大行，蒼术白虎湯。若元氣素弱，而傷之重者，清暑益氣湯治之。

夫傷寒二字，蓋冬時天氣嚴寒，以水冰地凍，而成殺厲之氣，人觸犯之，即時病者，爲傷寒。乃有惡寒、頭疼、發熱之證，故用麻黄、桂枝發散表中寒邪，自然熱退身涼，有何變證。如或頭疼、惡寒，表證皆除，而反見譫語怕熱，燥渴大便閉者，以法下之，大便通而熱愈，有何怪證。其餘春、夏、秋三時，雖有惡寒身熱，頭疼亦微，即爲感冒非時暴寒之輕，非比冬時氣正傷寒爲重也。如冬感寒不即病，伏藏於肌膚，至春夏秋時，其伏寒各隨時氣改變爲溫，爲熱者。因溫暑將發，又受暴寒，故春變爲溫病，既變之後，不得復言其爲寒矣。所以仲景有云：發熱不惡寒而渴者，其理可見溫病也。暑病亦然，比之溫病尤加。熱不惡寒則病非外來，渴則明其熱自內達表，無表證明矣。治溫者，大抵不宜發汗，過時而發，不在表也。其伏寒至夏，又感冒寒，變爲暑病。暑病者，即熱病也。取夏火當權，而言暑字，緣其溫熱二證，從冬時伏寒所化，總曰傷寒。所發之時既異，治之不可混也。若言四時俱是正傷寒者，非也。此三者皆用辛涼之劑以解之，若將冬時正傷寒之藥通治之，定殺人矣。辛涼羌活冲和湯是也，兼能代大青龍湯治傷寒見風、傷風見寒爲至穩。一方可代三方，危險之藥如坦夷，其神乎哉。世俗皆所未知也。若表解其裏證具者，亦以法下之無惑。又傷寒下後，過經不愈者，亦溫病也。已經汗不，亦不在表也，隨病制宜。凡有辛苦勞役之人，有患頭疼、惡寒、身熱，加之骨腿酸疼，微渴自汗，脈雖浮大而無力，此爲勞力感寒，用補中益氣，甘溫之劑爲良。經云：甘溫能除大熱。正此謂也。若當和解者，即以小柴胡加減和之。下證見者，即以本方加大黄微利之，切勿過用猛烈，其害非細。若初病無身熱、無頭疼，便就怕寒厥冷，腹痛、嘔吐、泄瀉，脈來沉遲無力，此爲直中寒證，宜溫之而不宜汗下也。疫癘者，皆時行不正之義，老幼傳染相同者是也。緣人不近穢氣，免傷眞氣，若近穢氣，有傷正氣，故病相傳染。正如牆壁固，賊人不敢入，正氣盛，邪氣不敢侵，正氣既虛，邪得乘機而入。與前溫暑治又不

同，表證見者，人參敗毒散。半表半裏證者，小柴胡。裏證具者，大柴胡下之。無以脈診，以平爲期。與其瘧、痢等證，亦時疫也，照常法例治之。

按：此辨傷寒、傷暑，最爲吃緊，廣度慈航，一披卷而了然者。當熟讀精思，方得其解。斟酌用之，方得其妙。

《傷暑全書・虞花溪〈醫學正傳〉論暑》《內經》曰：因於暑汗，煩則喘喝，靜則多言。潔古又曰：靜而得之爲中暑，動而得之爲中熱。中暑者陰證，中熱者陽證。仲景《傷寒論》中一證曰：中暍即暑也，虛而微弱，煩渴引飲，體熱自汗。此蓋得勞役體虛，而暑邪干衛之候。是宜東垣清暑益氣湯等，補益之劑，治之而愈。一證曰：熱病即中熱也，脈洪而緊盛，頭疼身熱，口燥心煩。此蓋得之於冬感寒邪，鬱積至夏而發，乃挾暑而成大熱之候。是宜黃連、白虎、解毒等湯，清涼之劑，調之而愈。曰中暑者，陰症，內傷之爲病也。曰中熱者，恐亦外感之爲病也。曰陰曰陽，豈不於斯而明辨之乎？學者宜再思之。

按：暑、熱一氣也。感暑而病熱，原不可分爲二氣。中與傷有輕重之別，丹溪有冒、中、傷三名，細思總爲傷暑，其極重者，則稱中耳。冒不必言也，已有專辯。傷寒證分有陰陽，暑證屬火，多發揚激烈之狀，總謂之陽，似無所爲陰者。惟其感深，日久驟發，而沉香不省人事，閉目息微，此類似陰，其實火極氣結，痰盛氣閉，臟腑不通，咽喉嗌塞使然，乃陽勝非陰也。陰證陽證尚不可分，況以暑與熱分之，益不達矣。

霖按：此闢花溪以暑、熱分陰陽是矣。而謂暑爲火極之證，與熱不分，然則以六和湯爲治暑主方，火熱之證，果宜厚朴、砂仁、藿香、半夏諸燥熱之品乎？自相矛盾，亦不思甚矣。總因不明陰陽互根之義，故開口便錯。近世王孟英，泥執暑爲火邪，而不兼濕，亦由不讀《內經》剿襲一家之說，率爾操觚也。

《景岳全書・傷寒典・溫病暑病》溫病暑病之作，本由冬時寒毒內藏，故至春發爲溫病，至夏發爲暑病，此以寒毒所化，故總謂之傷寒。仲景曰：發熱，不惡寒而渴者，溫病也。暑病則尤甚矣。蓋暑病者，即熱病也，是雖與寒證不同，然亦因時而名，非謂其病必皆熱也。此外如夏月中暑者，亦謂之暑病，則又非寒毒蓄留之證，在仲景則名之爲中暍。義詳暑證門，所當參閱。

一、溫病暑病之治，宜從涼散，固其然也，然必表裏俱有熱證，方可治用清涼。若值四時寒邪客勝，感冒不正之氣，表邪未解，雖外熱如火，而內無熱證可據者，不得以溫暑之名，執以爲熱，而概用涼藥。

一、冬有非時之煖，或君相客熱之令而病熱者，名曰冬溫。此與冬月正傷寒大異，法宜涼解，此舍時從證也。若夏月有寒者，其宜溫亦然。

《素問・刺志論》曰：氣盛身寒，得之傷寒，氣虛身熱，得之傷暑。《傷寒論》曰：脈盛身寒，得之傷寒，脈虛身熱，得之傷暑。此二論之言傷寒傷暑者，非即溫病暑病之謂，蓋單指夏月感觸時氣者，所當辨其爲寒爲暑，而寒則宜溫，暑則宜清也。身寒者，言受寒憎寒，身熱者，言受熱發熱，非曰身冷者方是傷寒，身熱者乃是傷暑也。但此二論，則一曰氣盛氣虛，一曰脈盛脈虛，詞若異而理則一也。故凡察氣者，當在形色，察脈者，當在本元，合而觀之，則見理精矣。

《景岳全書・雜證謨・暑證》述古

潔古曰：靜而得之爲中暑，動而得之爲中熱。中暑者陰證，中熱者陽證。

陳無擇曰：暑熱喜歸心，心中之，使人噎悶，昏不知人，入肝則眩暈頑痹，入脾則昏睡不覺，入肺則喘滿痿躄，入腎則消渴。凡中暍死者，治之切不可用冷，惟宜溫養。道途中無湯，即以熱土熨臍中，仍使更溺其土，取以罨於臍上，概可見矣。凡覺中暑，急嚼生薑一大塊，水送下，如已迷悶，嚼大蒜一大瓣，水送下，如不能嚼，水研灌之，立醒。

戴氏曰：夏月卒倒，不省人事，名曰暑風。

王節齋曰：治暑之法，清心利小便最好。暑傷氣，宜補眞氣爲要。又有惡寒，或四肢逆冷，甚者迷悶不省，而爲霍亂吐利，痰滯嘔逆，腹痛瀉利，此則非暑傷人，乃因暑而自致之病也。以其因暑而得，故亦謂之暑病，治法不同。若吐瀉，脈沉微甚者，不可用涼藥，可用附子大順散，或附子理中湯加芍藥。若夏月多食冷物，及過飲茶水，致傷脾胃，則吐瀉霍亂。故治暑藥多宜溫脾消食，治濕利小便，醫者要識此意。

薛立齋曰：按東垣先生云：暑熱之時，無病之人，或避暑熱，納涼於深堂大廈得之者，名曰中暑。其病必頭痛惡寒，身形拘急，肢節疼痛，煩熱無汗，爲房室陰寒之氣所遏，使周身陽氣不得伸越，以大順散熱藥主之。若行人或農夫，於日中勞役得之者，名曰中熱，其病必苦頭痛，躁熱惡熱，肌熱大

渴，汗泄懶動，爲天熱外傷肺氣，以蒼术白虎湯涼劑主之。若人元氣不足，用前藥不應，宜補中益氣湯主之。大抵夏月陽氣浮於外，陰氣伏於内，若人飲食勞倦，内傷中氣，或酷暑勞役，外傷陽氣者多患之，法當調補元氣爲主，而佐以解暑。若中暑，乃陰寒之證，法當補陽氣爲主，少佐以解暑。故先哲多用薑、桂、附子之類，此推《内經》舍時從證之良法也。今患暑證歿，而手足指甲或肢體青黯，此皆不究其因，不溫補其内，而泛用香薷飲之類所誤也。又曰：前證當分別中暑、中暍，脈虚、脈沉，無汗、有汗，發熱、不熱，作渴、不渴，或瀉、不瀉，飲寒、飲熱，辨其陰陽虚實，不可泛投寒涼之劑。蓋謂夏月伏陰在内，古人用附子大順散之類，溫補陽氣，厥有旨哉。何今人之老弱，至夏月患食少體倦，發熱作渴，或吐瀉腹痛頭痛諸證，反服香薷飲，復傷元氣，無不招引暑證，以致不起，至若清暑益氣湯内用澤瀉、蒼术、黄柏之類，必審其果有濕熱壅滯，方可用之，否則反致虧損其陰，用當審察。

《溫熱暑疫全書・脈理》 周禹載曰：夏日暑濕交蒸，人多中暑，證與熱病相似，首宜以脈辨之，夫熱病之脈必盛，中暑之脈必虚。蓋寒傷形而不傷氣，所以脈盛。暑傷氣而不傷形，所以脈虚。然又有弦細芤遲之脈者何也？人當暑月，必多汗，汗多則脈虚，此其常也。守眞曰：熱爲陽中之至陽。以熱傷氣，則汗自出，病雖爲熱，脈不能實，而反虚弱也。若汗出當風，閉其汗孔，則風與汗濕留泊肌腠，脈故弦細。或虚風不作鬱熱，表虚仍自汗出者，脈必芤遲也。統而言之曰虚，分而言之曰弦、細、芤、遲。其不以浮大之脈混入虚脈之中，稱爲暑病之脈也。

《證治彙補・暑症章・暑症内因》 有素虚衛弱，縱暑中傷者，必兼内傷之病。有素壯盛，暑氣偶侵者，必兼外感之形。故自襲暑氣而言曰中暑，自被日逼而言曰中暍。

《證治彙補・暑症章・暑症外候》 因於暑，汗煩喘渴，靜則多言，體若燔炭，汗出而散暑之中人，先着心胞，則爲頭疼身熱，自汗，心煩，口渴，面垢而已。餘症皆後傳變，入肝則眩暈頑痲，入脾則昏睡不覺，入肺則喘嗽痿躄，入腎則消渴煩躁，其暑邪歸心，則神昏卒倒也。

《證治彙補・暑症章・暑厥》 暑厥者，即暑暍病兼手足厥冷，與傷寒發厥義同。《入門》大概兼惡寒發熱而漸厥者，爲心脾中暑症。不惡寒但惡熱，而漸厥者，爲膀胱中暍症。若夫但惡寒不發熱而漸厥者，又爲夏月感寒陰症，不與暑暍症同類也。

《證治彙補・暑症章・暑病脈法》 脈虚身熱得之傷暑《内經》，或浮大而散，或弦細芤遲。夫暑暍之症，與夏月熱病往往相似，但暑脈或洪或虚，重按無力；熱病脈盛弦長，重按有力，即或有熱病發於陰經，其脈沉小，非若暑脈之見於浮分也。

暑乃六淫中無形之火，大率以五行中有形之水制之。奇效良方 中暑宜解暑和中，中暍宜瀉火益元，傷暑宜補元氣，冒暑宜清利二便。

《證治彙補・暑症章・治暑三禁》 若發汗，則惡寒愈甚。若溫針，則發熱愈甚。若下之，則淋澀愈甚。

《證治彙補・暑症章・雜症宜辨》 夏月出汗太過，則津液傷，筋骨失養，或痛或渴，不可便作暑治。即卒倒不省，亦有氣鬱生痰而厥者，有勞役色慾並傷而厥者，有食滯太陰，清濁痞膈而厥者，豈可盡作暑症。如果衝斥道途，勞役而中，身熱脈虚，方可以暑風暑厥治之。

《松峰説疫・辨疑・辨溫病陰暑》 《此事難知》云：冬行秋令，當寒而溫，火盛水虧云云。推作瘟病之原，固爲近理。乃又云：火土合德，濕熱相助，故爲溫病。是溫病必原於濕熱，將濕熱一門，並可以不立矣。須知濕熱乃夏時之正氣，瘟疫乃天地之雜氣，二者迥乎不同。謂瘟病而兼濕熱則有之，未聞濕熱而爲溫病者也。又云：惟房室勞傷辛苦之人得之，是省房室就安逸之人，必無瘟病矣，有是理乎？每見瘟疫盛行之年，節慾安逸之輩，往往有無端而感者，又何以稱焉？又云：多慾辛苦之人，腎水内竭，陽氣外泄，生化之源既絶，身之所存獨熱云云。謂瘟病中有此一種則可耳，若云瘟病盡由乎此，則萬無是理也。至於暑字，《字彙》解爲夏天氣熱。則人之受是氣者，斷無尚有屬陰之理。其曰陰暑者，祇因人畏暑納涼，外受寒邪所致，仍是感冒，乃抛卻現在之受寒，而止泥前此之受暑，故以陰暑名之，亦猶之曰陰熱也，有是理乎？知陰熱二字之不通，則知暑之不可以陰言也，明矣。

《傷寒指掌・傷寒類症・暑證》 按：暑與暍，皆日氣也，不必分屬，動而得之爲中暍，靜而得之爲中暑，其説出自潔古，後人因之，未可據爲確論也。蓋動靜不過勞逸之分，既均受暑，治法不甚相遠。至於陰暑，尤宜速辨。夫當盛暑之時，炎火若炙，靜處深堂大廈，正以避暑，不近烈日，炎暑何來？即膏粱深處，亦有中暑之症者。蓋不能無冒暑應接，正在動中得之耳。此靜

中之動，即潔古所稱靜得之暑也。若乃納涼於水閣山房，或感冒微風，或靜夜着涼，此外受陰寒，遏其週身陽氣，以致頭痛惡寒，膚熱無汗等症者，當以辛溫之劑微微表散。至若浮瓜沉李，冷水寒冰，以傷胃中之陽，又常溫中散寒，此乃暑月感寒之症，不得以陰暑名之。然以辛溫治陰暑，其弊在命名。若薛氏以溫熱之品治中暍，則貽害不淺矣。竊假爲辨正，以免後學之惑。

邵評：暑與暍二者皆炎天熱日之氣也。夏月火土當令，天之熱氣下。地之濕氣上，濕與熱蒸，或成暑氣。暑者，熱之兼濕者也，故曰暑必挾濕。至於暍，單是炎天火熱之氣，不夾濕氣在內，乃夏天令火之邪爲暍，故奔走於赤日之中而中暍也。治暍只用白虎黃連清其火熱，與治暑之兼用厚朴、滑石辛香滲泄之法不同。如此分別，未知是否。若陰暑二字，尤屬不通。夏天炎火之令，爍石流金，何陰之？有即使陽氣素虛之人，每處夏月，陽氣盡浮於肌表，其人中陽虛弱，或外受涼風，內傷生冷而病者，此暑天受寒，因暑而自致之病，非陰暑爲病也。暑爲陽邪，從無陰暑之名，故特辨之。至暑暍同是熱氣，豈可以動得，靜得而分屬耶？推其意，豈以暍爲陽而暑爲陰，故以動靜之陰陽而分屬之耶。陰暑之名一立，貽誤後人，實非淺鮮。惟納涼而外受風邪，夜間着涼，此是夏月之風寒，人感受之，着於肌表，遏其表之陽氣，以致惡寒頭痛，身熱無汗之表症發現，此是夏月感冒風寒，非暑症也，乃因暑而自致之病。故用辛溫散邪之藥，以疎通其表間之陽氣，與治暑無涉也。多食生冷寒物，內傷脾胃中陽，以致吐瀉霍亂、肢冷汗泄等見症，因夏月陽氣外浮，中陽虛弱，寒冷傷中，亦非暑病，是因暑而自致之病。故用溫中散寒，以扶脾胃之陽，與治暑亦無涉也。古人大順散等方，是治夏月着寒之症，非治陰暑之方。至於以溫熱治中暍，眞是抱薪救火也。

《傷寒指掌・傷寒類症・附暑濕穢合邪論》 凡暑月霪雨之後，日氣煦照，濕濁上騰，人在濕熱蒸淫中感之，則暑濕交受。兼溷穢濁之氣，人中之，即痧毒也。夫人之正氣一虛，暑濕穢濁之邪，俱從口鼻吸入，流布三焦。上乘於心，爲中痧。中入於胃，爲霍亂。踞於膜原，爲寒熱。歸於腸胃，爲泄瀉。蓋暑濕之邪，驟發而重者，爲濕溫，爲傷寒。遲發而輕者，爲寒熱，爲晚發。觸邪隨時即發者，爲寒熱，爲泄瀉。伏邪遇秋始發者，則爲瘧爲痢矣。一邪之染，爲病非一，臨症者可不探本窮源爲治哉。

《醫醫病書・看病須察兼證論》 按暑症已三氣，蓋熱一氣，濕一氣，濕熱交而成暑，又一氣，再加新涼燥氣，是四氣矣。

《吳鞠通醫案・暑溫》 暑兼濕熱，暑溫不比春溫之但熱無濕，可用酸甘化陰、鹹以補腎等法，且無形無質之熱邪，每借有形有質之濕邪以爲依附。此症一月有餘，僉用大劑純柔補陰退熱法，熱總未減，而中宮痞塞，得食則痛脹，非抹不可，顯係暑中之濕邪蟠踞不解，再得柔膩膠固之陰藥與邪相搏，業已喘滿，勢甚重大。勉與通宣三焦法，仍以肺氣爲主，蓋肺主化氣，氣化則濕熱俱化。

《增補評注溫病條辨・原病篇》 《刺志論》曰：氣盛身寒，得之傷寒；氣虛身熱，得之傷暑。

此傷寒暑之辨也。經語分明如此，奈何世人悉以治寒法治溫暑哉！

《生氣通大論》曰：因於暑，汗，煩則喘喝，靜則多言。

暑中有火，性急而疎泄，故令人自汗。火與心，同氣相求，故善煩。煩從火從頁，謂心氣不寧，而面若火爍也。煩則喘喝者，火尅金故喘。鬱遏胸中清廓之氣，故欲喝而呻之。其或邪不外張，而內藏於心則靜，心主言，暑邪在心，雖靜亦欲自言不休也。

霖按：暑乃天之陽邪，傷人陽氣。氣傷外弛，故汗出也。暑邪入包絡則煩，入肺則喘，心肺受邪，故煩而喘喝也，此邪若仍在氣分，氣傷則神虛，故多言也。果否暑邪內藏於心，安得不煩反靜，僅多言而已哉？

《評熱病論》帝曰：有病溫者，汗出輒復熱，而脈躁疾，不爲汗衰，狂言不能食，病名爲何？岐伯曰：病名陰陽交，交者死也。人所以汗出者，皆生於穀，穀生於精。今邪氣交爭於骨肉而得汗者，是邪卻而精勝也。精勝則當能食而不復熱，復熱者邪氣也；汗者精氣也。今汗出而輒復熱者，邪氣勝也；不能食者，精無裨也；病而留者，其壽可立而傾也。且夫《熱論》曰：汗出而脈尚躁盛者死。今脈不與汗相應，此不勝其病也，其死明矣。狂言者是失志，失志者死。今見三死，不見一生，雖愈必死也。

此節語意自明，經謂必死之證，誰敢謂生。然藥之得法，有可生之理，前所謂鍼藥各異用也。

霖按：雖云死證，亦有生理，不可便棄，此仁者之心也。

《增補評注溫病條辨・上焦篇・伏暑》 暑兼濕熱，偏於暑之熱者，爲

暑溫，多手太陰證而宜清； 偏於暑之濕者爲濕溫，多足太陰證而宜溫； 濕熱平等者，兩解之。各宜分曉，不可混也。

此承上起下之文。按暑溫、濕溫，古來方法，最多精妙，不比前條溫病，毫無尺度，本論原可不必再議，特以《內經》有先夏至爲病溫，後夏至爲病暑之明文，是暑與溫，流雖異而源則同，不得言溫而遺暑，言暑而遺濕。又以歷代名家，悉有蒙混之弊，蓋夏日三氣雜感，本難條分縷析。惟葉氏心靈手巧，精思過人，案中治法，絲絲入扣，可謂匯衆善以爲長者，惜時人不能知其一二； 然其法散見於案中，章程未定，淺學者讀之，有望洋之嘆，無怪乎後人之無階而升也。故本論摭拾其大概，粗定規模，俾學者有路可尋，精妙甚多，不及備錄，學者仍當參考名家，細繹葉案，而後可以深造。再按： 張潔古云： 靜而得之爲中暑，動而得之爲中熱； 中暑者陰證，中熱者陽證。嗚呼！ 潔古筆下如是不了了，後人奉以爲規矩準繩，此醫道之所以難言也。試思中暑，竟無動而得之者乎？ 中熱，竟無靜而得之者乎？ 似難以動靜二字分暑熱。又云： 中暑者陰證，暑字從日，日豈陰物乎？ 暑中有火，火豈陰邪乎？ 暑中有陰耳，濕是也，非純陰邪也。中熱者陽證，斯語誠然，要知熱中亦兼穢濁，穢濁亦陰類也，是中熱非純無陰也。蓋潔古所指之中暑，即本論後文之濕溫也； 其所指之中熱，即本論前條之溫熱也。張景岳又細分陰暑、陽暑： 所謂陰暑者，即暑之偏於濕，而成足太陰之裏證也； 陽暑者，即暑之偏於熱，而成手太陰之表證也。學者非目無全牛，不能批隙中窾。宋元以來之名醫，多自以爲是，而不求之自然之法象，無怪乎道之常不明，而時人之隨手殺人也，可勝慨哉！

汪論： 偏濕偏熱，傷手傷足，挈領提綱，可謂不易之論，學者從此認清，自不患動手便錯矣。又按： 潔古所謂動者，指奔走勞役之人，觸冒天地之熱氣而病者也； 所謂靜者，指富貴安逸之人，納涼於高堂大廈，以避熱而中濕者也。然動者亦有時中濕，靜者亦有時中熱，未可拘執。靜者一種內，又有乘涼飲冷，無濕氣而但中寒氣，應用桂枝、大順，甚則理中、四逆者，此即夏月傷寒，當一一條分縷析也。至景岳於六氣治法，全未入門，無足置論。

霖按： 潔古以靜而得之爲中暑，動而得之爲中熱，固屬不經，然假名辨證，又何不可。所謂中暑者，指乘涼飲冷，傷其陽氣，脈必遲濡，治宜理中四逆者是也。所謂中熱者，指奔走勞役，觸冒天日之陽熱，脈必洪大而數，治宜白虎竹葉者是也。但暑之爲病，不僅乎此。夫邪由口鼻吸受，入包絡則先煩悶，後身熱，入心則神昏卒倒，入肝則眩暈頑痲，入脾則昏睡不覺，入肺則喘欬痿躄，入腎則消渴，入腸胃則腹痛惡心嘔瀉，入肌肉則煩躁，或如鍼刺，或有赤腫，入皮膚則肢體潮熱煩渴，是醫家皆宜詳辨者也。豈止熱中有陰，暑中有陽而已。

《重慶堂隨筆・論六氣》 夏令屬火，日光最烈，天時乃熱，人感其氣，名曰傷暑，亦曰中暑暑字從日，曰炎暑，曰酷暑，皆指烈日之火而言也。蓋日爲衆陽之宗，日出則爝火無光，陽燧承之，火可立至。《內經》云： 歲火太過，炎暑流行。若三冬久霽，則生燥火之病，況夏月之暑乎？ 而長沙名中熱曰暍，不曰暑者，所以別於夏至後發之伏氣暑病也。且《說文》： 暍，傷暑也。故暑、熱、暍三者，皆烈日之氣也。後人昧此，遂多歧說，可謂不知冷熱之人矣。暑爲離火，離中虛，故暑脈亦虛，暑傷氣，故氣虛身熱爲傷暑，所謂壯火食氣也。暑爲陽邪，天氣通於鼻，鼻爲肺竅，肺合皮毛，故暑邪由鼻入肺，肺受火爍則多汗，與風傷衞證相似，亦以渴不渴辨之。渴者燥也，燥萬物者莫熯乎火，故溫熱病長沙皆揭渴字以爲準鵠。嘉言先生云： 古人以燥熱爲暑得其旨矣。

注： 暑從日，日爲天上之火，故日字在上。寒從冫，冫爲地下之水，故冫字在下。暑爲陽邪，易入心經寒爲陰邪，先犯膀胱霄壤不同，各從其類也。或有以暑爲陰邪者，豈非坐井觀天，不見日面之語耶。

《感證集腋・中暑・金匱》 《金匱》云： 太陽中暍，發熱惡寒，身重而疼痛，其脈弦、細、芤、遲，小便已，灑然毛聳，手足逆冷，小有勞，身即熱，口開，前板齒燥。若發其汗則惡寒甚，加溫鍼則發熱甚，數下之則淋甚。

李弫臣曰： 此條中暍所見者，皆傷暑虛證。此以時逢長夏，濕熱令行，氣血受困，非苦勞人奔馳烈日，病燥渴煩躁，治以白虎人參湯例也。仲景無治法，東垣以清暑益氣湯主之，其爲濕熱交爭之病無疑矣。蓋發熱、惡寒、身重、疼痛，暑病有之，濕病有之； 暑脈弦、細、芤、遲，濕脈亦沉而細也。

《感證集腋・中暑・喻嘉言》 中暑卒倒無知名曰暑風，大率有虛實兩途。實者痰之實也。平素積痰充滿經絡，一旦感召盛暑，痰阻其氣，卒倒流涎，此固濕暍合之劇者，然而猶易爲也，宜先吐其痰，清其暑； 虛者陽之虛

也。平素陽氣衰微不振，陰寒久已用事，一旦感召盛暑，邪湊其虚，此濕暍病之得自虚寒者也，尤難爲也，宜回陽藥中兼清其暑。

《醫門棒喝初集・六氣陰陽論・附答問》 或問：《內經》法天道之秘，以六氣昭示後人。今論中云：火濕二氣，合而爲暑，敢問火濕二氣，作何安置乎？

答曰：大凡經文，須要活看，不可固執。無如經雖昭示後人，而後人之不明六氣者久矣。蓋經旨有論六氣流行之理，有論六氣爲病之理，原有區別。如云初之氣風木，二君火，三相火，四濕土，五燥金，六寒水者，論六氣流行之理也。如云風寒暑濕燥火者，論六氣爲病之理也。自古多以暑爲相火，病人莫敢違，是不知流行之理，與爲病不同。故竊謂不然，而言火濕合氣爲暑者，經旨如是耳。試觀經云：先夏至日爲病溫，後夏至日爲病暑。暑與汗皆出勿止。蓋溫者熱之漸，陽始充也。熱者溫之甚，陽盛極也。陽盛極則陰生，象乾卦之變姤，正當夏至節令也。經言水火者，陰陽之徵兆，故火微則爲溫，火盛則爲熱，水微則爲濕，水盛則爲寒。是故陽盛極而陰生，即火盛極而濕生也。一陰生於夏至，其濕已動，濕雖動，而當相火司令，故言後夏至日爲病暑。豈非表暑爲火濕二氣相合而成乎？所以流行之理，與爲病不同，用一暑字以別之。若以暑爲相火病，則夏至先後，皆相火司令，何獨於夏至日而分，異其名爲溫爲暑，其故亦可思矣。以其火濕合氣而成，故病有陰暑陽暑之異。或稟質陽旺，或感受熱多，則成陽暑病。或稟質陽虚，或感受熱多，則成陰暑病。如果暑爲相火，火爲純陽，何有陰暑哉？其言暑與汗皆出勿止者，蓋濕火蒸騰而作自汗，汗出則濕去，而火亦得泄。或止其汗，則濕壅而遏火不出，變證蜂起也。由是而知六氣流行與爲病，迥有不同，豈可徒執死句，而不活看以求理乎。蓋六氣者，即是五行以火爲陽，爲五行主，而有體用，彼四氣相從而化，一如天下之聽命君相，故分君相二火，而成六氣之名，其實一火而已。故其爲病，則不能分君相，所以無君相之名，而仍稱一火加一暑字，則與六氣流行之名目已大不同。故又申說先夏至日爲病溫，是有火無濕也。後夏至日爲病暑，是火濕相合也。使知火濕二氣，各爲一病，火濕相合，又爲一病，名之爲暑耳。良以六氣流行，即陰陽之進退消長，其偏旺偏衰之氣，錯雜不齊，如聲韻之有緩急高下，以故分爲五行，列爲六氣。正如聲韻之有節奏，方可循序調和，以歸於平。此聖人法則天地，而爲參贊化育之制度也。由是言之而六氣流行，本來一貫，既不可一一劃分，又不可混而無序，亦造化自然之理。今問火濕二氣合而爲暑，火濕作何安置者，譬如竹木二物，合成一器，則竹木更不能各爲一器，故云作何安置乎？然則六氣流行，果如竹木之各爲一物乎？抑本來一貫，不可劃分彼此乎？請再思之。

又問：豈不見仲景云，太陽中暍者，白虎湯主之。白虎但能清火，而無去濕之藥，則暑非必有濕明矣。答曰：甚矣。子何固哉！余所論者是暑氣，非謂暑病也。暑氣爲火濕相合而成，至其傷人，則又隨人稟質而變。子豈不見余前論中云：若人稟體多火，暑隨火而化燥乎。燥火合氣，正爲白虎之證矣。若稟體多寒，暑隨寒而化濕，寒濕合氣，豈白虎湯所宜哉。是故暑門古方，有大順散、冷香飲等，辛熱之劑，又有六和正氣等溫燥之方，又有桂苓飲兩，清濕火法，皆爲補仲景書之缺也。且如仲景云：太陽中熱者，暍是也。身熱而渴，白虎加人參湯主之。此言太陽中熱，又身熱而渴，是火盛化燥之證可知，故主以白虎。其前條云：太陽中暍，發熱惡寒，身重而疼痛，其脈弦細芤遲。試問身重疼痛，脈又弦細芤遲，是爲有濕乎？無濕乎？其脈證如此，可用白虎乎？抑不可用乎？略知醫理者，亦必能辨矣。此條仲景未曾有方，良由其書殘缺之故，後賢謂宜清暑益氣湯，亦可以備採。然書雖殘缺，即此兩條觀之，一爲火盛之暑病，一爲濕重之暑病，病隨人之稟體變化。而暑之一氣，爲火濕相合而成，不亦顯然可見乎？既引仲景之書爲證，何故但舉次條之白虎，而不察上條之身重疼痛，脈細之濕證乎？嗚呼！人之聰明知識有限，而事物之義理無窮，所以古人孜孜窮理，白首不休，以能問於不能，以多問於寡，虚心體究，不敢自足。凡聰明博洽者，莫不自負，自負必自用，苟有一毫自用，則反蔽其聰明，不能徹悟其理矣。況余淺陋，更不敢自信爲是，偶以一得之愚，竊欲發明經義，聊補古所未備，而以人微言輕，不能取信於世，固其宜也。然而言之是理非理，以天下之大，必有能辨之者。更望高明君子，再加批駁，以期大明斯道，俾開茅塞，實爲幸甚。若不體會至理，而執一已之見，以爭勝爲能，非爲明道起見，則亦毋勞費辭矣。或曰：經文先夏至日爲病溫，後夏至日爲病暑，其上文還有凡病傷寒而成溫者一句。今子斷章取義，果能盡合經旨乎？答曰：嗚呼！此正經文妙處，欲人隅反之意。蓋謂夏至前純陽之氣，則名溫。夏至陰生濕動，與相火合一，其氣已變，則當名暑。即使其人初傷寒邪，而過時發作，其邪已隨時令之氣變化，必

當從時令而名其病。先夏至名溫，後夏至名暑，然則其所傷，本非溫暑，而發作於此時者，且當從時令以名病。則其感溫感暑者，豈反不應從時令之氣，以名病乎？此舉反面托正意，則辭省，而理愈顯且確矣。惜乎後世，少能領會，各逞臆說，辜負經中妙義者，不亦多乎。

《醫門棒喝初集·溫暑提綱》 暑溫者，《素問·熱論篇》曰：凡病傷寒而成溫者，先夏至日爲病溫，後夏至日爲病暑。暑當與汗皆出勿止。此雖同論伏氣之病，但自夏至一陰來姤，陽氣漸退，長夏濕土司令，濕土與相火合氣，乃名爲暑。暑者，陽盛於外，而陰長於內，若姤卦而至遯至否，陰長之象也。如人本有伏氣之邪，蓄熱已深，而發病於暑濕之令，熱自內出，蒸汗外流，清其內熱，則汗自止。若止其汗，則熱反不泄，故不可止，而內熱亦隨汗解。若無伏氣，而但感暑令熱邪，體質多火者，熱從火熾，濕隨汗去，是暑而偏於火盛，皆名暑溫也。兼伏氣者病必倍重，嘗見，有發病一二日，即昏狂大渴，吐血衄血者。若僅感時令之熱，而非蓄邪深重，何至如此迅暴，即叔和所云：冬傷寒邪，至夏變爲熱病。熱病重於溫者是也。

《傷寒論本旨·申義》 或問：前篇引經言，夏傷於暑，秋爲痎瘧。故謂未有伏暑發於冬者也。然子初集中論伏暑，何以言冬寒之時，卻有伏暑之病乎？余曰：豈不見彼之上文，是指南方嶺，表氣候常溫，冬時既無正傷寒病，卻有發伏暑者。蓋陰進則陽退，氣冷則熱消，一定之理也。故凡暑氣內伏者，涼風外加，必然病發，外寒甚，則內暑發盡矣。是故傷寒與伏暑，互相進退，未有同病者也。《內經》明其定理，既曰冬傷於寒，焉有夾暑之理。若溫暖之地，冬發伏暑，則無正傷寒病，亦定理也。仲景本居北地，所論傷寒，豈反牽混伏暑乎？且其論暑病，原有專條方治，若大青龍之麻桂，豈可以治暑邪？注家憑臆混解，誠爲迷惑後學，反晦仲景之道也。

《傷寒論本旨·暑病源流論》 《內經》所言六氣變化爲病之道，其晦也久矣。余初集首卷，已論其概，即如暑之一氣，經言先夏至日病名溫，後夏至日病名暑。歷來以夏爲相火司令，遂謂暑者，相火病也。竟不思夏至前亦相火司令，而經何獨以夏至日後爲暑病乎。可知必有義理所在矣。既不明其氣之所本，故而變化爲病，莫測其陰陽。自金元以後，諸家乃云動而得之者，爲陽暑病，靜而得之者，爲陰暑病，相傳以爲定論。夫氣之本於陽也，豈因人靜而得之，即變爲陰乎。莫非靜坐之人受熱邪，而不成熱病者乎？若氣之本於陰也，豈因人動而得之，即變爲陽乎。莫非勞動之人受寒邪，而不成寒病者乎？可知斷無是理也。既不能分辨陰陽，而見其病變多端，於是紛紛議論，乃立靜暑、動暑、常暑、暑風、暑疫、暑溫、暑瘵、暑瘡、暑痿、暑瘍等，無數名目，使後學目眩心迷，莫知其緒，則臨症罔措，以藥試病，害難言喻，總緣不明六氣變化之理故也。夫乾坤交，而變水火，水即陰之質也，火即陽之質也。水之寒，陰氣也；火之熱，陽氣也。夏至陽極陰生，乾變爲姤，即火極水生也。水火相蒸，即化爲濕，故夏至後，濕從地升，相火下降，火濕合而成暑氣，故言夏至日後名暑，異於夏至前之病也。是故人身陽氣旺，邪隨火化，而成陽暑病。人身陽氣虛，即隨濕化，而成陰暑病也。與人之動靜何涉哉。仲景之書，辨治暑證，止有數條，然即此數條觀之，其邪之爲濕火合化，已灼然可見，而人自不察耳。近世葉天士，既詳論溫病，辨明與傷寒不同，而未暇論暑，止有暑必挾濕一語，後學忽之，故暑之一病，至今未明其氣之源流也。夏至前陽盛上升，若無異氣夾雜，而其病變，猶可測識以治。夫暑者，既由火濕所合，而人身之氣，亦隨天地而變爲內陰外陽，如乾變姤，而至遯至否，故其爲病，變幻尤多，不明此理，則治不得法。其傷人也，比傷寒溫熱更甚。而醫家病家，見其難治而易死也，乃混稱爲伏暑傷寒，非但不明病邪原委，而名實紊亂，致舉世迷惑而不悟。可不爲之痛心哉，蓋風寒溫熱之邪，其氣清而受於經絡。暑因濕火鬱蒸而氣濁，由口鼻吸受，蓄於膜原，流傳三焦，必歸脾胃，以脾胃爲濕土，同類相召。故暑病初起，即不欲食，與風寒等邪之受於表者，現證不同也。濕熱瘀滯難解，人身之氣，外陽內陰，故其邪最易內陷，而治法不獨異於傷寒亦與，溫熱迥別。初治不愈，或變痢變瘧。其邪重而暴者，爲霍亂吐瀉，鬱閉腹痛，即爲痧脹。流於經絡，即成瘡瘍。熱盛化風，或爲痙厥。濕盛傷陽，或成腫脹。邪盛正虛，卒然而死。邪正交混，淹纏不愈。論其病變，莫可枚舉，總其大綱，不離濕火之邪在脾胃也。然邪在脾胃，不干少陽，何以有寒熱往來之瘧疾耶？蓋陽明行氣於三陽，太陰行氣於三陰，脾胃不和，則陰陽相乘，而成寒熱之瘧也。風寒之瘧在少陽，故發熱頭痛。暑邪之瘧，其濕盛太陽者，頭不痛，熱盛陽明者，頭痛在額前，與少陽之痛在額角者不同也。是故暑病必從脾胃主治也。熱盛陽明爲陽暑，用白虎等法。溼盛太陽爲陰暑，往往須薑附方能除其濕。故與夏至前溫病大異也。歷來未明氣之所本，故論證辨治，無規矩尺度，惟吳門薛生白，著《濕熱條辨》以

太陰陽明爲主治，實爲治暑病之準繩。其論證也確，其辨治也當，有合乎聖經之理法者矣。然不曰辨暑，而曰濕熱者，蓋以長夏濕土司令，而暑者，濕熱病中之一病也。即如仲景云：傷寒，脈浮緩，手足自溫者，繫在太陰。太陰當發身黃，若小便利者，不能發黃。又云：陽明病，但頭汗出，身無汗，小便不利者，必發黃。此皆傷風寒，而兼陽明太陰濕熱之病也。是故言暑者，止夏令之一病，稱濕熱，則其所該者廣，而暑病即在其中矣。余故錄其辨，次於仲景條後，以爲治暑病之軌則，又酌採古方之相當者附之，以備臨證之用也。

《潛齋簡效方·〈溫熱經緯〉論暑略》　余纂《溫熱經緯》一書，詳辨溫執暑濕之異於正傷寒。因古人但以寒爲肅殺之氣，而於暑熱甚略也。然嚴寒易禦，酷暑難消，熱地如爐，傷人最速。按徐后山《柳崖外編》云：乾隆甲子五六月間，都城大暑，冰至五百文一觔，熱死者，無算九門出櫬，日至千餘。又余師愚《疫疹一得》云：乾隆戊子丙午壬子癸丑等年，暑疫流行，率用大劑石膏，救全不少。紀文達公云：乾隆癸丑，京師大疫，以景岳治法者多死，以又可法治者亦不驗，馮星實姬人，呼吸將絕，桐城醫士投大劑石膏藥，應手而痊。踵其法者，活人無算，蓋即師愚也。道光間，昆陵莊製亭重刻其書，余已採入《經緯》。而卷帙稍繁，未能授梓，且辨證處方，非精於醫者不可。今附暑疫大略於通俗方書。庶世人咸知暑患之烈，而醫家治疫，亦勿徒守又可之法爲至當也。若王予中太史白田集內謂承氣白虎，孰非爲即病之傷寒，設豈可以治溫暑噫。太史雖深究於理學，殆未深究於醫學乎。至石膏辨云，目聲受石膏之害者甚多，深以繆仲淳袁體菴爲不可法，是亦書生之見也。夫停食不消，因而致死者多矣。豈可歸罪於五穀？以爲神農后稷作俑，而令天下之人辟穀耶。況物性中和，莫如穀矣。而霍亂痧脹，一口米湯下嚥，即難救治。故一病有一病之宜忌，不可舍病而但以藥之純駁爲良毒也。補偏救弊，隨時而中，貴於醫者之識病耳。先議病，後議藥，中病即是良醫。況石膏無毒，甘淡而寒，善解暑火燥熱無形之氣。凡大熱大渴大汗之證，不能舍此以圖功。若兼胸悶腹脹者，須加辛通開泄之品以佐之，第讀書以明理，明理以致用。苟食而不化，則粗庸偏謬，貽害無窮。非獨石膏爲然矣。稽紳先生博覽之餘，往往涉獵岐黃家言。或筆之於書，或參贊戚友之病，世人因信其知儒，遂併信其知醫。孰知紙上談兵，誤人不淺。呂晚村是其尤者也，安得如徐洄溪者，一一而砭之哉。

又按：《內經》云：在天爲熱，在地爲火，其性爲暑。又云：戚火太過，炎暑流行。蓋暑爲日氣，其字從日，曰炎暑，曰酷暑，皆指烈日之氣而言也。夏至後有小暑大暑，冬至後有小寒大寒。是暑即熱也，寒即冷也。故寒字從冫，冫爲水氣，陰陽對待，乃天地間顯明易知之事，並無深微難測之理。而從來歧說偏多，誤人不淺，更有調停其說者，強以動靜分之。夫動靜惟人，豈能使天上之暑氣，隨人而判別乎？又有妄合濕熱二氣爲暑者，則亢旱之年，河井皆涸，禾苗枯槁，濕氣全無，可以謂之非暑耶。況濕無定位，分旺四季，暑與濕固，易兼感。而風濕寒濕，無不可兼。若云濕與熱合，始名爲暑，然則合於風，合於寒，又將何名乎？且二氣兼感者多矣，如風與寒最易合，而仲聖嚴分桂枝麻黃之異治，豈暑與濕而可不爲分別哉。故治暑者，須知暑爲火熱之邪，然必審其有無兼濕，而隨證用藥，庶不誤人。

《類證治裁·暑症》　暑爲陽邪，感之者從口鼻吸入，先阻上焦氣分，則爲頭脹脘悶，漸至面垢舌胎，煩渴自汗。熱則氣泄。或嘔惡腹痛，泄瀉肢冷，倦怠少神，經所謂熱傷氣也。仲景言傷暑脈虛。夫肺主氣，夏火鑠金，則肺傷而氣虛。心主血，暑先入心，則煩汗而脈虛。此千金生脈散，所以重保肺而清心也。經云：因於暑，汗煩則喘渴，靜則多言。蓋暑內擾於營則汗，上迫於肺則喘，內干於心則言多。知暑邪始傷肺，繼傳心胞也。節齋曰：夏至後病熱爲暑，相火行令，人感之，自口齒入，傷心胞絡經，煩渴而熱，頭疼自汗，甚者火熱制金，不能平木，搐溺不省人事，名曰暑風。張兼善曰：清邪中上，濁邪中下。其風寒濕，皆地之氣，係濁邪，所以俱中足經。惟暑乃天之氣，係清邪，所以中手少陰心經。暑本屬火，而兼風寒濕燥，其傳變爲瘧痢霍亂。而條其淺深同異變症，則有冒、有傷、有中、有中暍、暑風、暑厥、暑瘵、濕溫之不同。其感而不即病者，至秋時爲伏暑。其候寒熱渴悶，午後爲甚，日暮更劇，得汗則減，治不合法，熱熾則傷陰化濕，濕滯則傷陽化濁，以致神昏內閉，脘痞肢厥，斯危候矣。葉香巖宗河間三焦立法，在上以辛涼清解，如竹葉、連翹、杏仁、薄荷、梔皮、鬱金、沙參、鮮荷葉。在中以辛苦宣通，如半夏瀉心湯之屬。在下以溫行寒性，質重開下，如桂苓甘露飲之屬。此治三焦之大旨也。更宜細審邪在氣分營分，治氣分有寒溫之別，寒則宗白虎湯及天水散。溫則從二陳湯及正氣散。理營有清補之宜，清則犀角地黃湯，加入心之品。補期如三才湯、人參固本丸、復脈湯。又如濕熱沈混，宜蒼术石膏湯。氣血兩燔，宜玉女煎。宣閉逐穢，宜至寶丹、牛黃丸、紫雪等。扶虛養正，如

參附湯及兩儀膏。隨其變幻，審其陰陽而治要得矣。

冒暑　腹痛水瀉，係胃與大陽受之。香薷飲。惡心者，胃口有痰飲也。香薷飲下消暑丸。此暑病之輕者。

傷暑　由靜而得之，陰症也。傷暑，則暑邪傷及肉分。納涼廣廈，起居不時，惡寒肢厥，面垢煩躁，汗出，脈虛細。正氣散、六和湯。或過襲陰涼，惡寒頭痛，肢體拘急，膚熱無汗，脈弦緊。益元散。或外感暑邪，內傷生冷，腹痛吐利，身熱煩渴，小便不利，乃濕盛而氣不施化。益元散。煩熱頭痛燥渴，乃濕蒸而熱耗津液。麥冬湯。此暑病之稍重者。

中暑　由動而得之，陽症也。中暑，則暑邪傷及藏府。夏日遠行，陽氣內伏，熱舍於腎，水不勝火，煩渴喘促，猝然昏暈。用蒜搗汁，和童便灌下。待甦醒後，隨症用藥。麥冬湯，或人參白虎湯。忌用香薷辛溫之品。香薷飲，可治傷暑，不可治中暑。此暑病之尤重者。

中暍　行旅農夫，日中勞役，忽頭痛壯熱，汗泄，肌肉如火，大渴引飲，無氣以動，乃熱傷元氣。益元散、白虎湯或清暑益氣湯。若吐瀉脈沈微，不宜用涼藥。六和湯、大順散。脈虛身熱，得之傷暑，脈盛身熱，得之傷暍。此暑與暍微有辨也。

內傷夾暑　暑月房勞，兼膏粱水果雜進，致陽氣不得伸越。脈沈細，或弦緊，面垢無汗惡寒，四肢厥逆拘急，霍亂嘔吐。冷香飲子。或吐利兼作，脈微欲絕，急宜漿水散溫之。又有暑痿症，暑月膏粱之人，陽事頓痿，不可全用熱藥，亦不可全用涼藥。黃連解毒湯合生脈散。

暑風　因病暑忽手足搐搦，昏迷不醒，脈浮虛急，先以溫水化蘇合香丸灌之，俟醒再用藥。黃連香薷飲加羌活大效。此因痰火鼓風，蒙蔽心胞，若嘔吐，煎藥加陳皮、藿香。小便不利，加茯苓、豬苓、澤瀉、滑石。痰多，加石菖蒲、薑汁。口渴，去半夏，加花粉。瀉利，加白朮。轉筋，加木瓜。腹滿身重，難以轉側，口不仁面垢，譫語遺尿，此熱兼暍也，白虎湯。

暑厥　中暑手足逆冷。二香散，或人參羌活散合香薷飲。有熱深厥亦深，煩躁昏冒，便秘溺赤，脈沈滑而數者，大小承氣湯加減。有濕熱沈混者，蒼朮白虎湯加滑石。若寒厥脈微者，理中湯、四逆湯加減。

治暑暍，汗液大泄，中氣先傷，雖有膈滿潮熱，最忌攻下，以無形之熱，不能隨藥攻散也。雖有頭額重痛，最忌發汗，以表藥皆能升舉，痰食濁氣支撐膈上也。

張石頑曰：中暍用白虎湯，熱傷氣之治也。用人參白虎湯，兼傷無形之氣也。中暑用生脈散，暑傷無形之氣也。用清暑益氣湯，暑傷於氣，兼挾風熱，乘虛傷其經也。傷暑用十味香薷飲，風熱濕合而傷形氣也。偏於表，則變香薷飲爲消暑十全。偏於裏，則變香薷飲爲六和湯。此夏月鼎峙三法。其用消暑丸者，上盛之濕泛濫而爲痞滿也。用益元散者，下盛之熱，阻滯而爲溺濇也。用大順散者，水果傷於脾也。用冷香飲子者，冷食內傷於腎也。用來復丹者，陰氣固結於下也。用五苓散者，陽氣遏絕於內也。

脈侯　暑脈虛而微弱，或虛大而散，或隱伏，仲景以弦細芤遲爲傷暑。皆虛類也。《活人書》曰：中暑與熱病相似，但熱病脈盛，中暑脈虛，以此辨之。

伏暑　秋發爲伏暑，初由口鼻吸受，繼而內結募原。至伏邪爲新涼引動，頭痛脘悶，漸至唇燥齒乾。烈焰內燔，陰津消灼。內熱煩冤，忽然鼻冷氣窒。夫暑穢，熏蒸則爲粘涎，遏鬱則爲厥冷，得汗則涼。然有一厥而熱，便得汗解者。有再厥三厥四厥而熱，但頭汗出者，有四末不和，身溫而躁擾益甚者，蓋邪伏募原之裏，熱內結，外反不熱。仲景所謂熱深厥亦深也。若用苦寒直降，竟走腸胃，與膈上結邪無干。宜山梔、石膏、天冬、淡竹葉、枳殼、栝蔞、鬱金汁等味。若初但氣分阻痹，手太陰肺。宜治上焦，宜杏仁、貝母、薄荷、薏米、滑石、通草、半夏、橘皮、厚朴等味。若由氣分延及血分，神呆舌縮，鼻煤唇血，邪已逆走膻中，包絡心主。既入營絡，神識漸昏，內閉外脫，危期至速。急宜石菖蒲、犀角尖磨汁、連翹、元參、鮮生地、金銀花露等。或芳香逐穢宣竅，如藿香、佩蘭、鬱金、牛黃丸、至寶丹、紫雪等。若熱痰粘膩，用竹瀝、貝母、橘紅、栝蔞、花粉、沙參、甘草、蔗梨汁，俱可選用。最忌脈象濇數，正虛邪陷，手足厥逆，神昏液涸。若溺短自利，潮熱不解，中下焦均受，或參用六一散、四苓散。然總以清理上中焦爲要。

《溫熱經緯·〈內經〉伏氣溫熱篇》　《評熱病論》帝曰：有病溫者，汗出輒復熱，而脈躁疾，不爲汗衰，狂言不能食，病名爲何？岐伯曰：名陰陽交，交者死也。

葉香巖曰：交者，陰液外泄，陽邪內陷也。

尤拙吾曰：交，非交通之謂，乃錯亂之謂也。陰陽錯亂，而不可復理，攻其陰，則陽捍之不得入。攻其陽，則陰持之不得通。故曰交者死也。郭氏

謂卽是兩感病，然兩感是陰陽齊病，而非陰陽交病也。

章虚谷曰：　陰陽之氣，本來相交而相生者，今因邪勢瀰漫，外感陽分之邪，與內發陰分之邪交合爲一，而本元正氣絶矣。　故病名陰陽交，交者死，非陰陽正氣之相交也。　下文明其所以然之理。

人之所以汗出者，皆生於穀，穀生於精。　今邪氣交爭於骨肉而得汗者，是邪卻而精勝也。　精勝則當能食，而不復熱，復熱者，邪氣也。　汗出者，精氣也。　今汗出而輒復熱，是邪勝也。　不能食者，精無俾也。　病而留者，其壽可立而傾也。　且夫《熱論》曰：　汗出而脈尚躁盛者死，今脈不與汗相應，此不勝其病也，其死明矣。　狂言者是失志，失志者死。　今見三死，不見一生，雖愈必死也。

章虚谷曰：　汗生於穀，穀生於精者，謂由本元精氣，化水穀以生津液，發而爲汗，邪隨汗泄，則邪卻而精勝也。　精氣勝，則當能食以化水穀，其邪已泄，則不復熱矣。　乃復熱者，邪氣未去也。　其所出之汗，精氣徒泄也。　故汗出而輒復熱，是精卻而邪勝也。　所以不能食，精無俾也。　俾者倚藉之謂，其病雖留連，其壽可立而傾也。　古論云：　汗出而脈躁盛者死，正謂其精卻而邪不去也。　若邪去而精氣存，脈必靜矣。　今脈與汗不相應，則精氣不勝邪氣也，其死明矣。　且狂言是失志，失志者死，一也。　汗出復熱，精卻邪勝，二也。　汗與脈不相應，三也。　今見三死證，不見一生，證雖似愈，必死也。

雄按：　溫證誤作傷寒治，而妄發其汗者，多有此候。

汪按：　此條爲溫證不可妄表之訓，夢隱一語，可謂要言不煩，蓋溫病誤表，縱不成死候，亦必不易愈矣。　麻黄、桂枝，人猶膽餒，其最可惡者，節庵之柴葛解肌湯也。

《陽明脈解篇》曰：　足陽明之脈，病惡人與火，聞木音則惕然而驚，鐘鼓不爲動。　聞木音而驚何也？　岐伯曰：　陽明者，胃脈也。　胃者，土也。　故聞木音而驚者，土惡木也。　帝曰：　其惡火何也？　岐伯曰：　陽明主肉，其脈血氣盛，邪客之則熱，熱甚則惡火。　帝曰：　其惡人何也？　岐伯曰：　陽明厥，則喘而惋，惋則惡人。

章虚谷曰：　土被邪困，更畏木克，故聞木音而驚也。　鐘鼓之音屬金，土故不爲動也。　熱甚故惡火，仲景所云不惡寒反惡熱也。　邪結而氣厥逆，則喘而惋惋者，懊惱故惡人也。

帝曰：　或喘而死者，或喘而生者，何也？　岐伯曰：　厥逆連臟則死，連經則生。

章虚谷曰：　邪結在腑，則氣阻而喘，不能循經達於四肢，而又厥逆，蓋四肢稟氣於脾胃也。　邪內入則連臟故死，外出則連經故生。

《生氣通天論》曰：　因於暑，汗，煩則喘喝，静則多言。

吳鞠通曰：　暑爲火邪，與心同氣，心受邪迫，汗出而煩。煩從火從頁，謂心氣不安而面若火鑠也。　喘喝者，火克金，故喘，遏鬱胃中清廓之氣，故欲喝而伸之。　其或邪不外張，而內藏於心，則静。　心主言，暑邪在心，雖静亦欲自言不休也。

《刺志論》曰：　氣盛身寒，得之傷寒。　氣虚身熱，得之傷暑。

林觀子曰：　雖云身寒，實指身發熱言也，要以意得之。　雄按：　雖發熱而仍惡寒，不似傷暑之惡熱，故曰身寒。

吳鞠通曰：　此傷寒暑之辨也。　經語分明如此，奈何世人悉以治寒法治溫暑哉。

雄按：　不但寒傷形，暑傷氣，截然分明。　而寒爲陰邪，雖有紅鑪煖閣，羔酒狐裘，而患火病者，不可謂寒是陽邪，寒必兼火也。　暑爲陽邪，雖有襲涼飲冷，夾雜陰寒之證，亦人事之兼傷，非天氣之本然也　亦如水火之不相射。　經云：　天寒地凍，天暑地熱。　又云：　陰陽之升降，寒暑彰其兆，理極明顯。　奈後賢道在邇而求諸遠，遂不覺其立言之失，而用藥之非矣。

淦按：　云得之者，推原受病之始，分清證因也。　傷寒、傷暑，爲《內經》兩大綱，是從對待説。　若春傷於風，夏生飧泄云云，則從四序説。　喻氏於《內經》中又補傷燥，可見諸氣感人，皆能爲病，先聖後賢，論極昭析。　何今人治感，不論何證，但以傷寒藥治之，而不知有溫、暑、燥、溼之病，陋矣。

《醫醇賸義・暑熱濕》　四序流行，春生夏長，秋收冬藏，故春爲風木，秋爲燥金，冬爲寒水，各司其令，惟夏則暑熱濕三氣迭乘，合操其柄，此蓋大化循環之運，不期然而然，而亦不得不然也。　所謂不期然而然者何也？　天一生水，貞下起元，由水生木，由木生火，至是而天氣下降，地氣上騰，大生廣生，百物蕃阜，此所謂不期然而然者也。　所謂不得不然者何也？　夏爲火令，秋爲金令，由夏入秋，乃火下起金，不惟不能相生，而反相尅，秋令不幾於或

息乎！全賴地氣上騰，長夏土旺，由火生土，藉土生金，此又大化斡旋之妙用，四序方得流行，生尅方不顚倒，所謂不得不然者此也。但暑熱之氣，自上而下，濕氣自下而上，人在其中，無時無處不受其薰蒸燔灼，致病已非一端，又况起居不愼，飲食不節，其受病尙可問乎！《金匱》有痓濕暍之訓，後賢推而廣之，立方愈多，醇駁互見，蓋傷寒有痓病，時邪亦有痓病，而時邪之痓，與傷寒之痓，又復不同。三氣之痓，只須究其致病之由，或由風熱，或由暑熱，或由濕熱，見症治症，直截了當。若牽涉傷寒之痓，較量比例，雖繁稱博引，更令人滋惑矣。且三氣爲病，非有沉寒痼冷，如冬月傷寒之比，若拘執太陽篇中之痓病，動輒麻黄、桂枝，何異抱薪救火乎！兹特舉症於前，列方於後，使閱者了然釋然。

《六因條辨・論傷暑中暑中熱辨悞》 嘗考仲景《金匱》有中暍，而無中暑。後賢諸書有中暑，而無中暍，或以中暑卽傷暑，或以中暍卽中熱，或以傷暑卽傷寒，議論紛紛，終無實指。賴張潔古出而云，靜而得之爲傷暑，動而得之爲中暑。此二語，頗爲中竅，但於動靜之間，雖如指掌，而中傷之義，尙未縷析，猶恐難啓後蒙。蓋冬令風寒，原有中傷之異，而夏間暑熱，豈無傷中之分。夫寒有傷寒中寒之路，大凡傷於陽經在表，則爲傷寒，中於陰經在裏，則爲中寒。冬令如斯，夏間果無待言矣。凡人於盛暑之時，納涼廣廈，避暑深陰，陽爲陰遏，腠理閉塞，俄而無汗，頭痛身疼，惡寒發熱，胸悶嘔惡，此卽靜而得之爲傷暑也。更有暑熱相逼，好食生冷，不禁房慾，遂致腎陽內歉，腠理不密，寒涼暑濕，乘虛直入，頃刻胸腹悶痛，肢逆汗冷，吐瀉交作，此無論動靜，而卽爲中暑也。若此則冬有傷寒，卽夏有傷暑，冬有中寒，卽夏有中暑也，明矣。至於夏暑炎蒸，赤日傍午，或躬親荒野，或力竭長塗，元氣卽虛，曝烈復逼，登時昏倒，人事不知，此卽動而得之爲中熱也明矣。蓋暑症之來路有三，而治暑之例法非一。若由此而擴充之，庶讀書乏問津之嘆，而臨症無岐路之迷。

《六因條辨・伏暑辨論》 當觀醫書林立，並無伏暑之名，惟《己任編》，有秋時晚發，以感證之法治之一語。因著伏暑之稱，蓋人於盛暑之際，汗泄氣疎，百節弛張，設或有隙，邪乘虛入，《內經》所謂至虛之處，便是容邪之處也。又云：春傷於風，夏必飧泄，夏傷於暑，秋必發瘧，秋傷於燥，冬生咳嗽，冬傷於寒，春必病溫。可知四時伏氣，皆能爲病，卽伏寒、伏風、伏燥，皆可與伏暑立名主病，故春溫爲冬令之伏寒，腸風爲春令之伏風，瘧痢爲夏間之伏暑，咳嗽爲秋天之伏燥，以類而推。古人治病立法，良有以也。惜後人習焉不察，漫不關心耳。苦心斯道，廿載虛名，何敢妄爲議論，特前賢旣啓其端，後人未窮其旨，聊爲引伸，以備葑菲之遺，庶可測伏暑之有由名，且不但可測伏暑之有由名，更可測伏暑之有由病，而有由治焉矣。

《醫學求是・溫暑燥濕辨》 暑病，乃夏令酷暑炎蒸，火濕穢濁之邪，由口鼻吸入，先犯三焦，初起發熱無汗，外有太陽經證，而內有濕濁迷漫，頭必重、脘必悶、脈必細濇、苔必白膩，是宜宣洩濕火，驅除穢濁，淸肅三焦，和解少陽，其邪乃解。予《伏暑論》中已詳言之。更有濕邪不重，暑火內鬱，發熱口渴，汗多，脈大，此夏熱正病，尤非剛燥表散之藥，所可浪投，更與傷寒迥別也。

《時病論・夏傷於暑秋必痎瘧大意》 更有似瘧非瘧之伏暑，亦因伏天受暑而發於秋，最難速愈。倘秋時炎蒸於夏，而內並無伏氣，其見證與陽暑相似者，名曰秋暑。此二證皆在乎秋，今附論於斯，蓋恐誤爲瘧治耳。

《血證論・暑疫》 暑者，濕熱合氣之謂也。熱蒸則濕動，濕鬱則熱遏，濕熱合化，是爲暑氣，月令所謂土潤溽暑，此之謂矣。熱甚則心煩口渴、脈數溺赤，濕甚則泄痢腫滿、喘急閉悶，病狀不一，總係熱濕二氣而已。血家陰虛，濕熱之邪尤易感受，宜統以大淸涼飲治之。濕甚者再加防己，雖不能盡暑之治法，然本此方以推廣之，可以得變通之妙。

又有陰暑，實非暑也。乃夏月伏陰內動之寒症，毋循名而失實。疫者四時不正惡淚臭穢之氣，觸人爲病，疫氣又能傳染，是名曰疫。沉冬則無，夏秋常有。其氣觸人皆從口鼻而入，內伏臟腑之中。發作則壯熱頭痛，變瘧動痢，狂躁腫急，不一其形，雖有外證，不得發表，但解其裏，則表氣自和，淸溫敗毒飲加酒大黄治之。血家陰虛，疫邪易發，故弁言之。另有瘟疫專書，詳明者多，宜細查閱，此第舉其大意耳。

《重訂霍亂論・病情篇・總義》 《素問・六元正紀大論》曰：太陰所至，爲中滿，霍亂吐下。

大陰濕土之氣，內應於脾，中滿霍亂吐下，多中焦濕邪爲病。故太陰所至，不必泥定司天在泉而論也。五運分步，春分後交二運火旺，天乃漸熱，芒種後交三運土旺，地乃漸濕，濕熱之氣上騰，烈日之暑下爍，人在氣交之

中，受其蒸淫，邪由口鼻皮毛而入，留而不去，則成溫熱，暑疫諸病，霍亂特其一證也。若其人中陽素餒，土不勝濕，或飲冷貪涼太過，則濕遂從寒化，而成霍亂者亦有之。然熱化者，天運之自然，寒化者，體氣之或爾。知常知變，庶可治無不當也。

《六氣感證要義・暑・集説》 《説文》：暍，傷暑也。《傷寒論》：太陽中熱者，暍是也。故中熱卽中暍，中暍卽中暑，暑熱暍三字，並無二義。張潔古以動而得之爲中熱，靜而得之爲中暑。喻氏駁之云：道途中暍之人，豈可云靜得？動靜二字，止可分外感內傷，動而得之，是外感天日之暑熱；靜而得之，是避暑熱而反受陰濕風露瓜果生冷之傷。觀此可知暑無動靜之分，而別有動得靜得之所以然矣。喻氏云：六氣，春主厥陰風木，秋主陽明燥金，冬主太陽寒水，各行其政。惟春分後秋分前，少陰君火，太陽濕土，少陽相火，三氣合行其事，天本熱也，而益以日之暑，日本烈也，而載以地之濕，三氣交動，時分時合，其分也，以風動於中，勝濕解蒸，不覺其苦；其合也，天之熱氣下，地之濕氣上，人在氣交之中，受其炎蒸，無隙可避，多有體倦神昏，肌膚痱起，胸肩痤出，頭面癤生者矣，甚則消渴、癰疽、吐瀉、瘧痢，又無所不病矣。其不能澹泊滋味，屏逐聲色者，且以濕熱預傷金水二藏，爲秋冬發病之根，故病之繁且苛者，莫如夏月爲最。此種名論，醫家病家，皆不可不知。至於暑濕名義，則暑自暑，濕自濕，不得謂暑爲濕熱合一之病。觀仲景於中暍一證，分白虎加人參湯治熱，一物瓜蒂湯治濕，不併爲一方，意可知矣。

中暑固卽中熱，而與溫熱病之熱，則有不同。《內經》氣虛身熱，得之傷暑，凡暑脈必虛。故治暑必兼顧其虛，白虎湯若不加人參，則不可以治暑。或問有據乎？曰：有白虎加人參湯，仲景屢用於傷寒，無人參之白虎湯，則不一施於中暍，猶不可知暑之所以爲暑乎。拙擬

夏月人身之陽，以汗而外洩；人身之陰，以熱而內耗。陰陽兩有不足，過用甘溫，易竭其陰；過用苦寒，易亡其陽。故仲景於暍病，但用一甘一寒，陰陽平治之劑，此治暑之正病也。拙擬

受暑而濕甚於熱者，去濕卽所以去暑。寒涼遏其陽氣而病者，無汗亦須透表。吐利者，急宜和解，甚則加以溫藥，此治暑之兼病也。治病須先識病名，故綴此説以示區別。

夏月陰氣在內，以陽氣發散於外也。陰氣非寒氣，不得率用熱藥。若脾胃自傷寒涼，則不在此例。

仲景白虎加人參湯，喻氏謂是甘寒平治，後人得其旨而推廣之，厥功偉矣。獨其徒徐忠可，猶信東垣主蒼术白虎之説，悖師傳而改聖方，不知中暍而渴，急宜解熱生津，蒼术人參，一燥一潤，顯然違反，豈東垣知暑中有濕，而仲景反不知耶？亦謬甚矣。拙擬

病有得之一日，不發熱而惡寒，注家或以爲太陽傳經之寒邪，或以爲陽明自受之寒邪，愚謂是陽明自受之熱邪耳。上云不惡寒者，以身熱汗自出也，此云病有得之一日，不發熱而惡寒者，陽明自受之一日，熱鬱於經，故不汗出，不發熱。然不需時，卽熱發汗出，故一日惡寒將自罷，二日無不止矣。不曰寒將自罷，而曰惡寒將自罷，義自可見，卽病有二字，亦非閒文，蓋謂汗出不惡寒者其常，汗不出而惡寒者，熱病亦有之耳。且太陽中熱之惡寒，亦豈有寒邪。彼汗出者，由熱傷其衞，熱之甚而氣虛，虛氣則惡寒，故治以白虎加人參湯；此不汗出者，由熱鬱於經，熱方來而氣阻，氣阻則惡寒，故不待服藥，汗卽出而寒已。雖愚創論，然太陽陽明感受熱邪，確有此兩種不同之候，俱載於仲景書，在人之精心尋繹耳。拙擬

《內經》論火熱淫勝之邪，必肺先受，金爲土子，肺熱則胃亦熱，故肺胃之病，往往並見，其或肺甚胃微，胃甚 肺微，則人之氣體感受有不同耳。拙擬

肺胃固相通矣，而肺主皮毛，太陽亦爲腠理毫毛之應，故肺與太陽又通，仲景以中暍爲太陽病，而治則在肺與陽明，其義蓋原於《內經》也。拙擬

張石頑云：中暑有猝然暈倒如中風者，乃酷暑之氣，鼓運其痰，壅塞心包，故喘乏而無痰聲，由其人腎水素虧，不勝時燔灼也。

暑火二氣難分畛域。本集以暑病入暑門，暑卽熱也。凡外感之病，類於暑者附之。溫熱病入火門，所謂伏氣之病也，凡伏氣之病，類於溫熱者附之，説詳後火門。

風溫濕溫，雖爲外感溫病，以俱有專門，故不入於此。

冬溫者，冬感非節之煖而成，非伏氣也。其證心煩嘔逆，身熱頭痛，或欬嗽自汗，或咽痛下利，羅謙甫云，宜陽旦湯加桔梗萎蕤。

疫癘有濕熱燥熱之分，燥熱之疫，當與此參觀。再詳玩《溫熱經緯・余師愚疫病篇》。

有傷於勞役，以致肌熱面赤，煩渴引飲，脈大而虛，按之無力，此血虛發熱，所謂類中暑也。東垣以當歸補血湯治之。若誤服白虎湯必斃。

《溫熱逢源・詳注〈靈樞〉〈素問〉伏氣化溫諸條》《素問・熱論》篇曰：今夫熱病者，皆傷寒之類也。又曰：凡病傷寒而成溫者，先夏至日者爲病溫，後夏至日者爲病暑。暑當與汗皆出，勿止。

詒按：伏氣發溫，隨時而變。熱之輕者曰溫，熱之重曰暑。夏至後曰小暑、大暑，冬至後曰小寒、大寒。寒暑二字，相爲對待。內經所稱暑與熱，本無分別。觀篇首云：熱病者，皆傷寒之類也。其義可見。至仲景始以夏月暴感之熱邪名曰暍病，正以别於伏氣外發之熱病也。況伏氣隨時外發，亦必兼挾時令之邪。如春令兼風，夏令兼暑，理所必至。是其所以異名者，固不第因乎熱之微甚矣。

又按：經言：凡病傷寒，是傷寒不必專在於冬時，卽三時感寒，亦能鬱化爲溫也。其稱夏至後爲病暑，則暑卽溫之變名，尤不可指爲另是一邪。而此獨分别言之者，因伏氣發於夏至以後，其治病略有不同。蓋溫病忌汗，恐其傷陰。若時交長夏，則汗出必多，而邪氣亦隨汗而出，又未可以汗多而遽止之也。

《溫熱逢源・附注仲景暴感暑熱證治各條》詒按：經云：凡病傷寒而成溫者，先夏至日者爲病溫，後夏至日者爲病暑。據此，則春之溫，夏之暑，均是伏氣所發而爲病也。惟春時另有風溫之邪，暴感而病，與伏氣所發者，名同而實異。夏時亦有暑熱之邪，暴感而病，與伏氣所發者亦異。仲景恐與《內經》伏氣之暑相混，故《傷寒論》中，名曰暍病。而王叔和《傷寒例》，依《難經》傷寒有五而別之，謂冬時伏寒，至春變爲溫病，至夏變爲熱病。後來諸書，遂以伏氣所發者，名爲熱病；而以暴感而病者，仍名曰暑病。以此暑病之名，卽與伏邪之熱病相混，又與仲景之暍病牽涉。後人謂暍是陽邪，專指熱言，暑爲陰邪，兼濕熱而言。殊不知寒往暑來，暑與寒，顯相對待。古人曰暑、曰暍、曰熱，皆屬火氣爲病，不兼濕也。若濕熱并至之病，難經名曰濕溫，不名爲暑。若爲暑必兼濕，則當夏亢旱之年，暑熱偏盛，濕難必得。況濕之可兼者最多，誠以濕無定位，分旺四處，風濕寒濕，無不可兼；惟夏季之土爲獨盛，故熱濕多於寒濕。然暑字從日，日爲天氣；濕字從土，土爲地氣；霄壤不同，雖可合而爲病，究不可謂暑中原有濕也。愚誠恐相習沿誤，易於淆混，因將仲景書中，伏氣發爲溫熱諸條，詳注於前；復將暴感暑熱及濕溫各條，分别附注於後；而另標之曰：暴感暑熱，兼感濕溫。庶幾眉目清楚，讀者不至淆亂云。

《溫熱逢源・辨正周禹載溫熱暑疫各條》若夫夏月暑證，卽《金匱》中濕暍，氣蒸之病也。潔古東垣以動靜分陰陽，動而得之爲陽，用白虎。靜而得之爲陰，用大順、冷香諸劑。豈知夏月杲杲炎威，有陰無陰，動靜不甚相遠，惟多食冰果冰物，及恣意房幃，致傷太陰少陰者，熱藥可以暫用。豈得視溫熱之味爲通行之藥乎。明計部張鳳逵著《治暑全書》，深明理蘊，精確不磨，雖有小疵，不掩大德，誠可振聾瞶於千古者也。

詒按：以上論暑病。春時溫病，有伏氣暴感兩種之不同。夏月之熱病亦然。《內經》云：凡病傷寒而成溫者，先夏至日者爲病溫，後夏至日者爲病暑。則暑病卽伏氣發於夏月之病名也。仲景恐與夏月暴感之病相混，故於暴感者，另立暍病之名，以别於伏氣所發之暑病，亦既苦心而爲分明矣。潔古輩，徒以陰陽動靜斷斷致辨，而於伏氣一層，全未道及，舍本逐末，固無足論。張鳳逵暢論暑病，獨開生面，而其所論，亦祇就暑病之暴感者言之，誠以溫病中之伏氣暴感，治法迥殊。暑病則無論暴感伏氣，均可以白虎爲主方，治法相同，則議論尤易混淆也。

至王叔和云：四時不正之氣，感則爲疫。而大疫之沿門闔境，傳染相同者，多在兵荒之後，尸濁穢氣，充斥道路，人在氣交，感之而病，氣無所異，人病亦同。所以月令於孟春，掩骼埋胔，不敢或後者，聖王早慮及此耳，非徒澤及枯骨也。後世治疫之法，未有定見，如嘉言上焦如霧，升逐解毒；中焦如樞，疏逐解毒；下焦如瀆，決逐解毒。俟其營衛卽通，乘勢追拔，勿使潛滋暗長於未盡之時。此固不易之論，然求其反覆盡義，直窮變態者，舍吳又可之言，必無依傍也。

詒按：以上論疫病。疫病有各種不同，如《素問》所言，五運之氣偏勝，則鬱伏而爲五疫，此尋常之疫病也。其有兵荒之後，沿門闔戶，長幼相似，朝發夕死，醫藥不及，此非常之疫病也。又可所論，似屬尋常之疫病，前人稱其所論，是五疫中之土疫，斯爲切當。其所論病情治法，變化百出，有前人所未經道及，而與伏氣所發之溫熱病相合者甚多，故於下卷證治各條，每採取而論列之。想又可當日，於伏氣疫氣兩證，未能分晰清楚，因誤指伏

氣爲疫病者，亦復不少。故其書中論治，雖稱疫邪，而方治則每於伏氣相合也。

《古今醫案按選·暑》 俞東扶曰：張潔古云：動而得之者，爲中暍，爲陽證。靜而得之者，爲中暑，爲陰證。以暑暍二字析爲兩項，殊屬不然。夫夏之暑暍，猶冬之寒冷也。若指暍爲陽，指暑爲陰，亦將派冷作陽，派寒作陰耶。《内經》云：先夏至日者爲病溫，後夏至日者爲病暑。明以時令别其病名耳。病暑之有陰有陽，一如傷寒之有陰有陽。大順散、冷香飲之類，實爲納涼飲冷，因避暑而受寒，固暑月之陰證也，非中暑也。所以羅謙甫治參政商公泄瀉，完顏小將軍斑衄二案，俱用熱藥，俱不名之曰中暑。吳球治暑月遠行之人，直曰中寒。三案俱見江選。恐後世誤以熱藥治暑，乃舉病因以稱之，誠爲名正言順，故以動靜分陰陽則可，以暑暍分陰陽則不可。惟以脈證辨陰陽斯可矣。近世葉氏治暑，每用滑石、蘆根、通草、白蔻仁、杏仁等藥，以暑氣從鼻而吸入，必先犯肺，故用輕清之藥專治上焦。其西瓜翠衣、鮮荷葉、鮮連子、綠豆皮、絲瓜葉、竹葉、銀花露等，皆取輕清以解暑邪之上蒙空竅，不犯中下二焦，殊有巧思。蓋暑病必究三焦，非比傷寒。若來復丹、大順散，案中偶一見之，又足徵暑月陽證居多，陰證原少耳。

綜述

《聖濟總録·中熱暍》 論曰：熱暍之病，由冒犯暑熱邪氣也。其脈弦細芤遲，其狀汗出惡寒，身熱而渴，體重疼痛，小便已則灑灑然毛聳，四肢厥冷，微勞動即熱，口開齒燥，經所謂脈虚身熱，是爲傷暑。此不可汗下，汗之則惡寒甚，加溫針則發熱甚，數下之則淋甚，宜以去熱邪之藥治之。

治中熱暍，頭痛汗出，惡寒發熱而渴，白虎湯。

治伏暑吐逆，小香薷湯。

治傷暑中暍，解毒丸。

治傷暑煩渴不止，竹茹湯。

治伏暑頭痛，心胸煩悶，旋運惡心，不思飲食，小抱龍丸。

治中暑煩躁，香薷散。

治中暑煩躁，多困乏力，消暑散。

治暑氣，每到夏月即發，四肢無力，不思飲食，檳榔餅。

治暑氣，甘露散。

治一切伏熱，煩躁困悶，菝葜散。

治傷暑胸膈躁悶，昏運倒仆欲死，解毒散。

治暑毒及心經積熱，大黄丸。

治暑毒躁悶，甘露丸。

治暑毒，抱龍丸。

治暑毒煩渴狂躁，嘔吐頭疼，困倦，不灰木散。

治暑毒，救生散。

治中暍，解暑毒煩躁，冰壺散。

治中熱暍方：

右用生麵一匙，沸湯調及半椀，紙蓋椀口，少時微熱呷之，大效。

《聖濟總録·中暍悶絶》 論曰：中暍之病，令人悶絶者，熱毒傷藏也。蓋心藏神而惡熱，若冒觸暑毒，蘊蓄於五藏，則陰陽不能升降，經絡不得宣通，故奄然悶絶。然真藏未壞，救療有方，得氣宣通即蘇。亦不可待其自蘇，又不可犯冷。若外犯冷，則與熱氣相拒，氣愈不通而斃矣。

治熱暍欲死悶亂方：

生地黄洗擣取汁一盞

右一味，旋旋灌之。

治中暑毒熱暍不省方：

白麵不拘多少

右一味，用熱湯調二錢匕灌之。

治中熱暍不省方：

大蒜不拘多少，去皮擣爛

右一味，用新水調勻灌之。

治中熱暍不省方：

右以泥周繞暍人臍，使三四人溺其中，亦可屈革帶，或扣漆椀底，或脱車釭，安著臍上，令溺不使流去。然此謂路途無湯可用。乃令人溺取溫，若有湯不必溺也。仲景云泥及車釭，蓋此物必冷，暍人忌冷。若得熱湯和泥，及

火燒車釭，方可用也。

又方：

右取生菖蒲，不拘多少，搗絞取汁，微溫一盞灌之。

又方：

右先掘地作坑，取蜜半盞傾坑中，以新汲水兩盞投之，攪匀澄取漿一盞灌之。

又方：

右以物斡開口，暖湯徐徐灌之，仍少舉其頭，令湯入腹即蘇。

又方：

右取生蓼不拘多少，用水濃煮，絞汁一二盞灌之。

治中熱暍死方：

右取路上熱塵土，以壅其心，冷復易，候氣通乃止。

治熱暍欲死悶亂方：

右以口噓其心上，便搗地黃汁一盞灌之，仍灸兩乳頭各七壯。

治中熱暍垂死，陳橘皮湯。

治中暍垂死，備急救生丸。

治中熱則精神冒悶，黃連散。

治中暑暍毒，悶亂昏沉，凝水石丸。

治中暑毒，悶亂不省人事，萬金散。

治中暍冒悶吐逆頭痛，出冷汗，玉珠散。

《傷寒類證活人書·問夏月自汗惡寒身熱而渴其脈微弱者》 答曰：此名中暑也。大抵中暑與熱病外證相似，但熱病者，脈盛，中暑者，脈虛，以此別之。《甲乙經》云：脈盛身寒，得之傷寒，脈虛身熱，得之傷暑。蓋寒傷形而不傷氣，所以脈盛，熱傷氣而不傷形，所以脈虛。傷寒即身體肢節痛重，其脈洪盛，按之有力，此是冬月感寒，深至夏發耳。中暑即背寒面垢，其面如塗油類，纂云面垢者，陽證也。一名面塵，若塵埃之着面。手足微冷，煩渴，口燥，但覺倦怠，四肢卻不痛重，其脈微弱，按之無力，白虎湯主之。痰逆惡寒者，橘皮湯主之。不惡寒者，竹葉湯主之。頭疼，惡心，煩躁，心下不快者，五苓散最妙。又問：中暑何故灑然毛聳惡寒？答曰：經云：四時八風之中人也，因有寒暑。寒則皮膚急，腠理閉；暑則皮膚緩，腠理開。開則灑然寒，閉則熱而悶。近人多不明中暑，或作熱病法治之，復用溫熱藥，必致發黃班出，更爲畜血，尤宜戒之。

《三因方·中暑治法》 大黃龍丸　治中暑眩暈昏不知人，或身熱惡寒，頭痛狀如傷寒，或往來寒熱，煩燥渴甚，嘔吐泄瀉，常服去暑毒分利陰陽。

《三因方·中暑凡例》 中暑悶倒，急扶到陰凉處，切不可與冷水。當以布巾衣物等蘸熱湯熨臍上及氣海，續以湯淋布上，令徹臍腹，暖即漸醒。如倉卒無湯，掬道上熱土於臍，以多爲佳，冷則易去。古法：道途無湯即掬熱土於臍上，仍撥開作窩子，令人更溺於其中以代湯，續以解暑毒藥加白虎竹葉石膏湯。凡覺中暑即嚼生薑一大塊，冷水送下，如不能嚼，即用水研灌之立醒。路中倉卒無水渴甚，嚼生葱二寸許，同津嚥可抵水二升。

《三因方·傷暑證治》 病者身熱惡寒，頭痛狀如傷寒，或往來寒熱如瘧，煩躁渴甚，眩暈嘔吐，背寒面垢，泄瀉，昏悶不清，其脈陰陽俱虛緩而微弱，皆由傷暑之所致也。

卻暑散　治冒暑伏熱，頭目眩暈，嘔吐泄瀉，煩渴，背寒面垢。

五苓散　治傷暑煩渴引飲無度，兼治傷寒溫熱表裏未解，煩渴引飲水，入即吐，或小便不利，或汗出表解渴不止。又治霍亂吐利，黃疸，溫疫。

桂苓丸　治煩渴，消痰飲，寬胸膈。

香薷丸　治大人小兒傷暑，伏熱躁渴，瞀悶，頭目昏眩，胸膈煩滿，嘔噦惡心，口苦舌乾，肢體困倦，不思飲食。或發霍亂吐利，轉筋并宜服之。

消毒丸　治中暑煩渴，眩暈，寒熱。

風濕溫證治

病者煩渴引飲，心腹冷痛躁悶，面垢口乾，惡惡風，饑不能食，眩暈嘔噦，此伏暑中風濕所致也，治之各有方。

白术茯苓乾薑湯　治伏暑中風濕，煩渴引飲，心腹疼躁悶，口乾面垢，灑灑惡寒，淅淅發熱，惡風微汗，饑不能食。

暑濕風溫證治

暑者，六經氣之一，能與風濕併合爲病，循經流入諸臟，但與寒不相得，故有暑濕、風溫之證。暑濕者，惡寒反熱，自汗，關節盡痛，頭目昏眩，手足倦怠，不自勝持，此併傷暑濕所致也。風溫者，頭痛，身熱，常自汗出，體重喘息，四肢不收，嘿嘿欲眠，此由先傷風，後傷暑所致也。治之各有方法。

茯苓白朮散　治冒暑毒加以着濕，或汗未乾即浴皆成暑濕。

萎蕤湯　治風濕，兼療冬溫，及春月中風傷寒，發熱頭眩，痛咽喉乾，舌強，胸內疼痛痞滿，腰背拘急。

《傷寒補亡論・中暍證》　仲景曰：太陽中熱者，暍是也。其人汗出惡寒，身熱而渴也。《金匱要略》曰：白虎加人參湯主之。雍曰：亦有惡風者，謂汗太多也。

又曰：太陽中暍者，身熱疼重，而脈微弱，此以夏月傷冷水，水行皮中所致也。《要略》曰：瓜蒂散主之。

又曰：太陽中暍者，發熱惡寒，身重而疼痛，其脈弦細芤遲，小便已，灑灑然毛聳，手足逆冷，小有勞，身即熱，口開，前板齒燥。若發汗，則惡寒甚；加溫針，則發熱甚；數下之，則淋甚。龐氏曰：宜大小橘皮湯。大橘皮湯治動氣在下，不可發汗者。小橘皮湯主手足逆冷、嘔噦，即二味生薑橘皮湯。

問曰：中暑、中暍、熱病，何以別之？雍曰：冬傷於寒，因暑氣而後發者，爲熱病。冬不傷於寒，而夏傷於暑，爲中暑。中暑，即中暍也。皆太陽經受病。故熱病正爲傷寒，而中暑爲與傷寒相似。《活人書》曰：夏月發熱惡寒，頭疼，身體肢節痛重，其脈洪盛者，熱病也。夏月自汗惡寒，身熱而渴，其脈微弱者，中暑也。大抵中暑與熱病外症相似，但以脈盛、脈虛別之。《甲乙經》云：脈盛身寒，得之傷寒；脈虛身熱，得之傷暑。蓋寒傷形而不傷氣，所以脈盛；熱傷氣而不傷形，所以脈虛。傷寒，肢節痛重，其脈洪盛，按之有力，此冬月感寒深，至夏發耳。中暑則背寒，面垢，手足微冷，煩渴口燥，但覺倦怠，四肢卻不痛重，其脈微弱，按之無力，白虎湯主之；其厥逆惡寒者，橘皮湯主之；頭痛惡寒，心煩躁，心下不快者，五苓散爲最良。

《傷寒標本心法類萃・中暑》　中暑之證：身熱頭痛，背寒面垢，自汗煩躁，大渴口乾，倦怠而身不痛，或時惡寒，或畏日，氣脈虛而弱，無問表裏，通宜白虎。夏月感冒發熱煩渴，五苓散、桂枝甘露飲、黃連香薷飲，或雙解散；或裏熱甚，腹滿，而脈沉可下者，大承氣湯下之，或三一承氣湯尤妙；半表半裏者，小柴胡合涼膈、天水散。

《儒門事親・暑》　夫暑者，爲少陰君火之主也。諸痛癢瘡瘍，癰疽腫毒，及胃煩熱，嗌乾欬喘，唾血泄血，胕腫肩痹，皆內痛，心痛，肺脹，腹脹，鬱悶。風溫病多發，風傷於榮，溫傷於衛。血爲榮，氣爲衛。其脈兩手多沉，自汗出，身重，多睡必鼾。三日以裏，且宜辛涼解之，或辛溫解之。如不已，裏證未罷，大不可下。如下則胃中虛空。四日之外，表熱入裏，則譫證口乾，發疹潮熱，直視失溲者，十死八九。肺金爲病，人氣在胸。及小兒瘡疹丹熛，但發人氣在腹。

白虎湯　桂苓甘露散　化痰玉壺丸　益元散　玉露散　石膏散

《儒門事親・暑形・中暑》　小鄭年十五，田中中暑，頭痛，困卧不起。戴人以雙解散汗之，又以米醋湯投之，未解。薄晚，又以三花神祐丸大下之，遂愈。

張叟年七十一，暑月田中，因饑困傷暑，食飲不進，時時嘔吐，口中常流痰水，腹脇作痛。醫者概用平胃散、理中丸、導氣丸，神效，又加鍼灸。皆云胃冷，乃問戴人。戴人曰：痰屬胃，胃熱不收，故流痰水。以公年高，不敢上涌，乃使一筋探之，不藥則吐之痰涎一升，次用黃連清心散、導飲丸、玉露散以調之。飲食加進，惟大便秘，以生薑、大棗煎調胃承氣湯一兩奪之，遂愈。

《內外傷辨惑論・暑傷胃氣論》　《刺志論》云：氣虛身熱，得之傷暑，熱傷氣故也。《痿論》云：有所遠行勞倦，逢大熱而渴，則陽氣內伐，內伐則熱舍於腎；腎者，水臟也，今水不能勝火，則骨枯而髓虛，足不任身，發爲骨痿。故《下經》曰：骨痿者，生於大熱也。此濕熱成痿，令人骨乏無力，故治痿獨取陽明。時當長夏，濕熱大勝，蒸蒸而熾。人感之多四肢困倦，精神短少，懶於動作，胸滿氣促，脈節沈疼。或氣高而喘，身熱而煩，心下膨痞，小便黃而少，大便溏而頻。或痢出黃糜，或如泔色。或渴或不渴，不思飲食，自汗體重。或汗少者，血先病而氣不病也。其脈中得洪緩，若濕熱相搏，必加之以遲，遲病雖互換少差，其天暑濕令則一也。宜以清燥之劑治之，名之曰清暑益氣湯主之。

《內經》云：陽氣者，衛外而爲固也，炅則氣泄。今暑邪干衛，故身熱自汗。以黃耆、人參、甘草補中益氣爲君；甘草、橘皮、當歸身甘辛微溫養胃氣、和血脈爲臣。蒼朮、白朮、澤瀉滲利除濕。升麻、葛根苦甘平，善解肌熱，又以風勝濕也。濕勝則食不消而作痞滿，故炒麴甘辛，青皮辛溫，消食快氣。腎惡燥，急食辛以潤之，故以黃蘗苦辛寒，借甘味瀉熱補水。虛者，滋其化源。以五味子、麥門冬酸甘微寒，救天暑之傷庚金爲佐也。

此病皆因飲食失節，勞倦所傷，日漸因循，損其脾胃，乘暑天而作病也。如汗大泄者，津脫也，急止之，加五味子十枚、炒黃蘗五分、知母三分，此按而收之也。

如濕熱乘其腎肝，行步不正，腳膝痿弱，兩足欹側，已中痿邪，加酒洗黃蘗、知母已上各五分，令兩足湧出氣力矣。

如大便澀滯，隔一二日不見者，致食少，乃血中伏火而不得潤也。加當歸身、生地黃已上各五分、桃仁泥已上各一錢，以潤之。

凡脾胃虛弱之人，遇六七月霖雨，諸物皆潤，人汗沾衣，身重短氣，更逢濕旺，助熱爲邪，西北二方寒清絕矣。人重感之，則骨乏無力，其形如夢寐間，朦朦如煙霧中，不知身所有也。聖人立法，夏月宜補者，補天眞元氣，非補熱火也，夏食寒者是也。故以人參之甘補氣，麥門冬苦寒，瀉熱補水之源，五味子之酸，清肅燥金，名曰生脈散。孫眞人云：五月常服五味子以補五臟之氣，亦此意也。

《備急管見大全良方·治暑濕》 感濕證治　經云：風雨襲虛，山澤蒸氣，民多受濕，濕流關節，則一身盡痛，發熱身黃，小便不利，大便反快，六脈濡弱，此感濕證也。輕者與滲濕湯、不換金正氣散、和解散，甚者異功、五積散、术附湯。不任熱藥或小便不利者，五苓散主之。《外臺秘要》云：治濕不利小便，非其治也。

伏暑證治　夫伏暑之證，從暑中來，涼處坐，其暑喜伏於內。《素問》云：因於暑，汗，煩則喘喝，靜則多言，體若燔炭，汗出而散。中暑則背寒面垢，如塵埃着面，又如塗油。齒乾前齒乾燥。煩冤，手足微冷，煩渴，口燥，四肢卻不痛重，但覺倦怠，灑灑然毛聳，惡寒發熱，煩悶，其脈微弱，按之無力者，伏暑證也。《甲乙經》云：脈虛身熱得之傷暑者，此也，宜白虎湯。立秋後及亡血諸虛家不可用。小柴胡湯煎成沉冷服。痰逆惡寒者，橘皮湯。不惡寒者，竹葉石膏湯主之。頭疼惡心，煩躁心下不快者，與五苓散湯，甚者酒蒸黃連元主之常服。預防暑氣者，宜消暑圓、大黃龍圓、枇杷葉散、桂苓圓、黃連香薷散可選而用之。

《和劑局方·治傷寒》 大順散　治冒暑伏熱，引飲過多，脾胃受濕，水穀不分，清濁相干，陰陽氣逆，霍亂嘔吐，臟腑不調。

枇杷葉散　治冒暑伏熱，引飲過多，脾胃傷冷，飲食不化，胸膈痞悶，嘔噦惡心，頭目昏眩，口乾煩渴，肢體困倦，全不思食，或陰陽不和，致成霍亂，吐利轉筋，煩躁引飲。

冰黃散　治冒暑伏熱，頭目昏暈，嘔吐瀉痢，口乾煩渴，背寒垢面。

消暑圓　治傷暑，發熱頭熱。

《易簡方》云：此藥合時，須用好醋煎煑半夏，薑汁作糊，無見生水，臻至修合，用之神效。中暑爲患，藥下即甦；傷暑發熱頭疼，用之尤驗。夏月常服，止渴利便，雖多飲水，亦不爲患，應是暑藥皆不及此。若痰飲停節，并用薑湯嚥下。入夏之後，不可闕此。

解暑三白散　治冒暑伏熱，引飲過多，陰陽氣逆，霍亂，嘔吐，小便不利，臟腑不調，惡心頭暈，并皆治之。

《世醫得效方·大方脈雜醫科·傷暑》 五苓散　治傷暑，煩渴引飲無度。兼治傷寒溫熱，表裏未解，煩渴引水，水入即吐。或小便不利，及汗出表解，煩渴不止。又治霍亂吐利、黃疸、溫疫。

溫熱病，加甘草一兩炙。瘀熱在裏，身發黃疸，濃煎茵陳湯，食前服。疸病發渴，及中暑引飲，白水調服。小兒，加白术末少許。發虛熱，每料綿黃耆、人參、麥門冬去心各一兩。分陰陽，退寒熱，山茵陳、車前草每服各二根。止瀉，加紫蘇、陳米各少許，薑汁半匕。久痢，加肉豆蔻五錢，每服鹽梅一個。赤痢，烏梅一枚，粟殼二枚去蒂赤膜醋炒。白痢，粟殼二枚，製同上，粟米一撮。腹痛，南木香半錢。渴，烏梅一個，枇杷葉二皮去白毛，糯米一撮。伏暑鼻衄，白茅花一握。小便血，以生料者每服加梔子三個，車前子一撮。煩熱心神恍惚，朱砂一字，燈心二十莖，麥門冬二十粒去心，淡竹葉十皮，車前草二根。傷暑吐血，白茅花一握。熱瀉，車前子一撮，麥門冬二十粒去心。暑濕瀉，紫蘇五葉，木瓜三片，車前子一撮。傷暑頭痛，濃煎葱白湯。大便水瀉，小便不利，加眞車前子末少許。又方：治燥渴，去桂心，加人參，謂之春澤湯。濕瀉身痛，加蒼术少許。秋多淫雨，人患濕疫。在冬時，服之效。

縮脾飲　治伏暑熱，煩渴燥悶，乾嘔霍亂。

傷暑發熱，頭目痛，用以呑消暑圓。

桂苓甘露散　治傷寒中暑冒風，飲食、中外一切所傷，傳受濕熱內甚，頭痛，口乾，吐瀉，煩渴喜飲冷，小便澀，大便急痛，濕熱，霍亂吐下，腹滿痛悶，及小兒吐瀉驚風。

六和湯　治心脾不調，氣不升降，霍亂轉筋，嘔吐泄瀉，寒熱交作，痰喘咳嗽，胸膈痞滿，頭目昏痛，肢體浮腫，嗜卧倦怠，小便赤澀。并傷寒陰陽不分，冒暑伏熱煩悶，或成痢疾。中酒煩渴不食。婦人胎前產後，并宜服之。

冷香飲子　老人虛人，伏暑煩躁，引飲無度，惡心疲倦，服涼藥不得者。

潑火散　傷暑煩躁，發渴口乾。及治血痢，婦人熱崩。如蓄熱而氣血妄行，加甘草等分。

枇杷葉散　治中暑伏熱，煩渴引飲，嘔噦惡心，頭目昏眩。或陰陽不和，致成霍亂吐利，轉筋煩躁。如脾虛感暑，嘔吐不食，以此藥煎，去滓，呑消暑圓六十粒，立效。體本虛，嘔吐昏倦，手足冷，除茅根、麥門冬，加附子炮用。

香薷散　治臟腑冷熱不調，飲食不節，或食腥膾生冷過度，起居不節，或露卧濕地，或當風取涼，而風冷之氣歸於三焦，傳於脾胃，脾胃得冷，不能消化米穀，致令眞邪相干，腸胃虛弱，飲食變亂於腸胃之間，致吐利，心腹疼痛，霍亂氣逆。有心痛而先吐者，有腹痛而先利者，有吐利俱發者，有發熱、頭痛、體疼而復吐利虛煩者，或但吐利心腹刺痛者，或轉筋拘急疼痛，或但嘔而無物出，或四肢逆冷而脈欲絕，或煩悶昏塞而欲死者，此藥悉能主之。

治中暑復傷風，搐搦不省人事者，宜先服蘇合香圓，候其甦省，卻以此藥加黃連、羌活各一錢。暑濕腫滿，香蘇散合和，加生薑三片，木瓜二片，車前草二根。伏暑頭疼，小便澀濁，加山茵陳、車前草各二根。霍亂吐利，加木瓜二片，藿香少許，生薑三片。傷暑腹痛，加陳大蓼三寸，陳壁土一指頭大，木瓜二片。臟腑有熱，便血，加黃連。厚朴、枳殼、烏梅各一錢。小便血，加瞿麥穗一錢，車前子一撮，燈心二十莖。感暑濕，手足繾痛痹冷，合和香蘇散，每服四錢，薑三片，木瓜二片，陳大蓼三寸煎服，留滓再加葱葉、橘葉、竹葉、陳大蓼各一握，水一斗，煮七分，先熏後洗，立效。腳氣作痛，行步艱辛，每料加入木瓜、羌活、炒蒼朮、枳殼去穰、陳皮、半夏、甘草各一兩，成十味，每服加生薑三片，葱白二根。脾胃不和，嘔逆惡心，冒暑心腹脹滿，去羌活，加藿香、烏梅各一錢。壯熱大渴，肚皮熱或五心熱，加燈心二十莖，麥門冬去心、白茅根各一錢，淡竹葉十皮，晚禾根净洗一握。四時感冒嘔泄，亦合和香蘇散，每服四錢，加生薑五片，木瓜二片。諸熱毒，小便赤濁，每服四錢，加車前子、黃連去鬚各一錢，則清利。以上皆溫服。暑月煩躁，潮熱甚，加茵陳、車前草各二莖，苦竹葉七皮，山梔子三枚擘破。心胸煩躁，只依本方，宜清水煎冷服。暑月潮瀉，亦加烏梅、車前子一錢，陳米一撮。暑月，虛人腹痛嘔泄，加丁香、白朮、炮附子、木瓜各半錢，生薑五片，亦名六和湯。解暑和脾胃，加人參、陳皮、白朮、白茯苓、黃耆、木瓜、甘草，每料各一兩，亦名十味香薷散。傷暑，單有頭痛，正方加山茵陳，多服取效。以上并熱服。常服消暑健脾。或爲末煉蜜爲膏，酒服亦妙。陳大蓼須用家園種者，江邊赤蓼則不用。

小黃龍圓　治伏暑，發熱作渴，嘔吐惡心，及年深暑毒不差。或泄瀉，米飲下，食前，日二服。酒及熱物過度，吐血，茅花湯下。

來復丹　治上盛下虛，裏寒外熱，伏暑泄瀉如水，及治中暑。

小柴胡湯　治傷暑外熱內渴，於內更加生薑三片，烏梅一個，麥門冬二十粒去心，煎服，不拘時候。

竹葉石膏湯　治伏暑，內外熱熾，煩躁大渴。

二陳湯　治傷暑復感冷，及內傷生冷嘔吐。

濯熱散　治傷暑迷悶，及泄瀉霍亂作渴，立效。亦能解諸毒。

通苓散　治傷暑，潮熱煩渴，小便不利。每服三錢，水一盞半，燈心二十莖，麥門冬二十粒去心，淡竹葉十皮，車前穗五莖煎，不拘時候服。渴甚，晚禾根少許，白茅根五莖，枇杷葉二皮，去白毛蜜塗微炙，煎服。

《世醫得效方・大方脈雜醫科・中暑》　大黃龍圓　治中暑，眩暈，昏不知人，身熱惡寒，頭疼，狀如傷寒，或往來寒熱，煩躁渴甚，嘔吐泄瀉。常服，去暑毒，分陰陽。

益元散　治中暑，身熱嘔吐，熱瀉赤痢，癃閉澀痛。利小便，益精氣，通九竅六腑，消蓄水，止渴，除煩熱心燥，百藥酒食等毒。解疫癘及兩感傷寒。及婦人下乳催生，兼吹乳、乳癰。孕婦莫服。發汗，煎葱白、豆豉湯并三四服。此藥解散，熱甚多服，無害有益。

消暑圓　治中暑煩渴，暈眩，寒熱，煩躁悶亂，或似欲絕者。中暑爲患，藥下即甦。夏中常服，止渴利小便。若痰飲停滯，中脘不快，頭眩喜嘔，薑湯呑下。正名生料消暑圓。

皂筴湯　治中暑不省人事。

來復丹　治中暑昏迷，霍亂吐瀉。每服五十圓，米飲呑下。五苓散調下亦可。或水研灌亦效。

白虎湯　治中暑手足微冷，煩渴，四肢不痛。

橘皮竹茹湯　治中暑痰逆，惡寒。

竹葉石膏湯　治中暑不惡寒，煩渴。

五苓散　治中暑頭疼，惡心煩躁，心下不快。

香薷散　治中暑霍亂吐瀉。

小柴胡湯　治中暑煩熱口乾。候極冷服之。

白虎加人參湯　治太陽中暍，其脈弦細芤遲，小便已，灑然毛聳，口開前板齒燥者。何故灑然毛聳，緣腠理司開闔，寒則皮膚急，腠理閉，熱則皮膚緩，腠理開，開則灑然寒，閉則熱而悶。

《醫經溯洄集・中暑中熱辨》　潔古云：　靜而得之爲中暑，動而得之爲中熱。中暑者陰證，中熱者陽證。東垣云：　避暑熱於深堂大廈得之者，名曰中暑，其病必頭痛惡寒，身形拘急，肢節疼痛，而煩心，肌膚火熱，無汗，爲房室之陰寒所遏，使周身陽氣不得伸越，大順散主之。若行人，或農夫，於日中勞役得之者，名曰中熱，其現必苦頭痛，發躁熱，惡熱，捫之肌膚，大熱，必大渴引飲，汗大泄，無氣以動，乃爲天熱外傷肺氣，蒼术白虎湯主之。竊謂暑熱者，夏之令也，大行於天地之間，人或勞動，或饑餓，元氣虧乏，不足以禦天令亢極，於是受傷而爲病，名曰中暑，亦名曰中熱，其實一也。今乃以動靜所得分之何哉？　夫中暑熱者，固多在勞役之人，勞役則虛，虛則邪入，邪入則病，不虛則天令雖亢，亦無由以傷之，彼避暑於深堂大廈，得頭疼惡寒等證者，蓋亦傷寒之類耳，不可以中暑名之。其所以煩心，與肌膚火熱者，非暑邪也，身中陽氣受陰寒所遏而作也，既非暑邪，其可以中暑名乎？　苟欲治之，則辛溫輕揚之劑，發散可也。夫大順散一方，甘草最多，乾薑、杏仁、肉桂次之，除肉桂外，其三物皆炒者，原其初意，本爲冒暑伏熱，引飲過多，脾胃受濕，嘔吐，水穀不分，臟腑不調所立，故甘草、乾薑皆經火炒熟。又肉桂而非桂枝，蓋溫中藥也，內有杏仁，不過取其能下氣耳。若以此藥，治靜而得之之證，吾恐不能解，反增內煩矣。今之世俗，往往不明。類曰：　夏月陰氣在內，大順散爲必用之藥。吁，其誤也，不亦甚歟。夫陰氣非寒氣也，蓋夏月陽氣發散於外，而陰氣則在內耳。豈空視陰氣爲寒氣，而用溫熱之藥乎？　陰果爲寒，何以夏則飲水乎？　其蒼术白虎湯雖宜用，然亦豈可視爲通行之藥，必參之治暑諸方，隨所見之證而用之，然後合理。若夫所謂靜而得之之證，雖當暑月，即非暑病，宜分出之，勿使後人，有似同而異之惑。

《普濟方・寒暑濕門・中暑附論》　夫傷暑者，乃夏至前後各三十日有奇，少陽相火用事之時也。炎熱大行，爍石流金，草萎河涸。人或傷之則發熱自汗，面垢背寒，倦怠少氣，以暑消氣，氣消血散，與傷寒相類。此是夏間即病，非冬傷寒至夏發爲熱病也。當以脈別之。傷暑脈虛無力，蓋因氣血消散，致血虛弱。傷寒則血泣而閉，脈緊而有力，大不同也。傷暑病者，身熱惡寒頭痛，或往來寒熱如瘧，煩躁渴甚，眩暈，嘔吐泄瀉，昏悶不清，其脈陰陽俱虛，緩而微弱。皆由傷暑之所致也。暑者六經氣之一，能與風濕并合爲病，循經流入諸臟，但與寒不相得，故有暑濕風濕之證。暑濕者，惡寒反熱自汗，關節盡痛，頭目昏眩，手足倦怠，不自勝持，此并傷暑濕所致也。風溫者，頭痛身熱常汗出，體重喘息，四肢不收，嘿嘿欲眠，此由先傷風後傷暑所致也。風濕溫病者，煩渴引飲，心腹冷痛，燥悶，口乾而垢，惡寒風，饑不能食，眩暈嘔噦。此伏暑中風濕所致也。中暑所以脈虛者，蓋熱傷氣，而不傷形也。且暑者在天爲熱，在地爲火，在人臟爲心，是以暑喜傷心，令人身熱頭痛，狀類傷寒，但背惡寒面垢，此爲異耳。甚則昏悶不知人事，手足微冷，煩渴口噤，或吐或瀉，或喘或滿，此皆暑氣所爲也。暑氣入肝則眩暈頑痹，入脾則昏睡不覺，入肺則喘滿痿痹，入腎則消渴，小便不利。若發其汗則惡寒甚，加溫針則發熱甚，下之則淋甚，傷暑中暍其實一病，但輕重不同耳。中暑背寒面垢，其面如涂油。《類纂》云：　面垢者陽證也，一名面塵，若塵埃之著面，手足微冷，煩渴口燥，但覺倦怠，四肢卻不痛重，其脈微弱，按之無力，白虎湯主之。痰逆惡寒者，橘皮湯主之。不惡寒者，竹葉湯主之。頭痛惡心，煩躁，心下不快者，五苓散最妙。

四時之內，惟夏一季是人脫精神之時，最難調攝。心旺腎衰，腎化爲水，至秋漸凝，及冬始堅。當此之際，正宜溫藥補助，飲食亦當稍熱，飲冷食生皆致病之因也。況暑毒多從口鼻入，凝於牙甲。遠行作勞人，遇止息須嗽口勿咽，如覺入咽寧嘔去之。蓋夏月伏陰在內，腸胃冷滑易於傷動，暑毒一入，遍於五臟六腑，爲病最急。夏月小有感冒，無問風寒暑溫，頭痛寒熱，煩躁昏悶，霍亂瘧痢，皆當先服五苓散，然後隨證以他藥主之。其實豬苓、茯苓利水道，白术、肉桂有實表之功，若用以治病無有不愈。其或正當隆暑之時，無病以五苓散例爲夏間常服之藥，但知可以解暑除煩，而不知內有澤瀉最能伐人

腎氣。腎者人之根本，當根本不充之時，輕進是藥，將以爲利適以爲害，可不謹哉。《瑣碎錄》云：隔年五苓散不可服，服之殺人，良以此也。

一時昏中者，切不可便與冷水，并卧濕地。上法當以熱湯去灌，及用布衣蘸熱湯熨臍下及氣海，續續以湯淋布上，令暖氣透徹臍腹，候其蘇省，以溫熱水化蘇合香丸灌之，進以黄連香薷散、五苓散。若體虚者冷香飲子，霍亂吐瀉來復丹、二氣丹，夾食則用胃苓湯。若挾風則其脈沉而浮，證有搐搦，當於黄連香薷散内加羌活煎服。卻不可作驚癎治之，多致不救。若途中卒然暈倒，急扶在陰涼處，掬道上熱土於臍上撥開作竅，令人尿於其中，以待求熱湯，并生薑或蒜各一塊嚼爛，以湯送下立醒。或生葱一二莖亦可。或灸兩乳頭各七壯，或令人口噓心前，令熱湯人噓，皆備急之法也。夏月炎熱，人冒涉途路，熱毒入内與五臟相并，客邪熾盛鬱瘀於宣，致陰氣卒絶，陽氣暴壅，經絡不通，故奄然悶絶謂之暍。然此乃外邪所擊，眞臟未壞，若便遇救療，氣宣則蘇也。夫熱暍不得太冷將息，得冷即困，此謂外卒以冷觸其熱，熱毒蘊積於内，不得宣發，故悶絶而死也。

方

御愛薑蘇丸出傳信適用方　治中暑惡心頭疼，煩躁，生津止渴。

縮脾飲一名香薷縮脾飲，出《和劑方》　治解伏熱，除煩渴，消暑毒，飲食生冷過多，致霍亂吐瀉者，吐利霍亂後服熱藥太多，致煩躁者，并宜服之。

高年人加附子二兩，煎如前法。暑月以此代熟水飲之極妙，名增損縮脾飲。一方用乾薑炮一兩，咀煎，澄清汁服，治脾弱胃寒不思飲食。口舌乾燥，不生津液，功效如神。一方有生薑，無粉草。一方有香薷。傷暑發熱頭目痛，用以吞消暑丸，一方無乾薑，一方無白扁豆。潔古云：轉筋吐瀉不止者，其病出中焦，陰陽交而不加，發而爲痛也。此最爲急病也，不可與分毫粥飲，谷氣入胃則必死也。治有兩種，渴欲飲水者，是爲陽氣多，五苓散主之，不欲飲水爲陰多，理中湯主之。

心火乘脾，乃血受火邪而不能外發，陽氣伏於地中，地者人之脾也，必用當歸和血，少用黄柏以益眞陰。脾胃不足之證，須少用升麻，乃足陽明太陰引經之藥也。使行陽道，自脾胃中右遷少陽，行春令，生萬化之根蒂也。更少加柴胡，使諸經右遷，生發陰陽之氣，以滋春之和氣也。脾虚緣心火亢甚，而乘其土也。其次肺氣受邪，爲熱所傷，必須用黄芪最多，甘草次之，人參又次之。三者皆甘溫之陽藥也。脾始虚肺氣先絶，故用黄芪之甘溫，以益皮毛之氣。而閉腠理不令自汗，而損其元氣也，上喘氣短懶語，須用人參補之。心火乘脾，須用炙甘草以瀉火熱。而補脾胃中元氣，甘草最少，恐資滿也。若脾胃之急痛，并脾胃大虚，腹中急縮，腹皮急縮者，卻宜多用之。若從權加升麻以引之，恐左遷之邪堅盛，卒不肯退反行陰道，故使引陽道上行。若中滿者去甘草，咳甚者去人參，如口乾嗌乾者加葛根，血虚以人參補之，陽旺則能生陰血也。更加當歸和血，又宜加黄柏以救腎水，蓋甘寒瀉熱火，火滅則心氣平安。如煩亂猶不能止，少加黄連以去之。如氣浮心亂，則以朱砂安神丸鎮固之。如心下痞，亦少加黄連。氣亂於胸爲清濁相干，故以橘皮理之，能助陽氣之升，又助甘辛爲用也。夫長夏濕土客邪大旺，可從權加蒼术、白术、澤瀉，上下分消其濕熱之氣，濕氣太勝主食不消化，故食減不知穀味，加炒麯以消之。復加五味子、麥門冬、人參瀉火益肺氣，助秋損也。此三伏中長夏正旺之時藥也。

凡暑月間，忽有男女老幼昏悶不省人事，手足搐搦，或角弓反張，如小兒驚風之狀，或上吐下瀉，其熱如火，皆因伏暑兼感風而得此證。當服枇杷葉散。如鄉村僻地無問藥處，只以枇杷葉炙去毛爲末，用西瓜一個搗汁，調葉末灌之，醒然無事。誤投他藥十有九死。近俗治沙證，不問感冒暑濕風寒，飲食所傷，凡覺頭疼，渾身壯熱，手足指末微厥冷，先以艾煎湯試，如吐即是其證。及有腹痛，手足冷者亦是。出《經驗良方》

用五月蚕蛻紙碎剪，安碗中以碟蓋之，以百沸湯炮半碗許，仍以別紙封碟縫，良久乘熱飲之，就卧以厚被蓋之，汗出愈。又近時人多看頭額上，及胸前兩邊，有小紅點在於皮膚者，卻用紙捻成條，微蘸清油，於精油燈上點燒紙捻，於紅點上淬爆者，是名水沙，卻用樟木煎湯服，汗出愈。如腹痛不止，又用針於兩手指甲梢針出血愈。又有用青麻蘸水，於頸項兩肘臂等處戛掠，見得血凝皮膚中，紅點如粟粒狀，然後蓋覆衣被，飲食粥湯，或葱頭湯，或清油生葱茶，得汗即愈。此皆使皮膚腠理開發松利，誠不藥之良法也。

白术茯苓乾薑湯出《三因方》　治伏暑中風濕，煩渴引飲，心腹疼，燥悶，口乾面垢，灑灑惡寒，淅淅惡風，微汗，饑不能食。

青金散出《楊氏家藏方》　治中暑煩躁大渴，吐瀉不止。

加減十味香薷湯出《經驗良方》　夏月常服清頭目，去暑濕，順氣清神，

理脾。

秦艽散出《傳信適用方》　治中暑。解暑，濃煎燈心湯下。心痛，煎菖蒲湯下。瀉痢，米飲下。常服熟水下。骨熱，地骨皮湯下二錢。

十味香薷飲出《醫方大成》　治脾胃不和，乘冒暑氣，心腹膨悶，飲食無味，嘔噦惡心，五心潮熱，力乏體倦，常服消暑，健脾進飲食。

廣順散出《楊氏家藏方》　治中暑煩渴。

大黃龍丸一名清暑丸，出《仁齋直指方》　治中暑身熱頭疼，狀如脾寒，或半熱半寒，或寒熱往來，或煩渴嘔泄，昏悶不省，或不能飲食，此方曾治暑甚妙。嘗有中暍已昏欲死者，灌之立蘇。

來復黃龍，大抵性溫，道途中暑昏僕，即扶起以手巾蘸熱湯暖其臍腹，即漸蘇醒。次以來復丹爲末，井水調下，無藥則以大蒜細研，新水調與之，仍以蒜少許置鼻中。或謂中暑最忌得冷，來復黃龍幷蒜以水調下者何？蓋其藥性溫，因寒而發用也，同盧祖常糾繆，謂有李昭文患渴疾，盧診之曰：暮暑月得疾否？李曰然。盧煎參湯候冷，咽下玉壺丸遂愈。

龍須散一名甘草散　治冒暑伏熱，心膈燥悶，飲水過度，不知人事，及霍亂作瀉作渴，衄血吐血，小便下血，頭旋目暈。亦解諸毒物。雖平日不飲冷者，服之亦有奇效。一方加訶子肉，滴水爲丸，謂之龍涎丸，仍以水調下。翟公巽參政，易名濯熱散，陰乾水下。

五物香薷湯　調榮衛，治飲食不節，饑飽失時，或冷物過多，或硬物壅駐，可食畢便睡，或驚憂恚，或勞役動氣便欲飲食，致令脾胃不和，三脘痞滯，內感風冷，外受寒邪，憎寒壯熱，遍體疼痛，胸膈滿悶，霍亂嘔吐，脾疼翻胃，中酒不醒，四時傷寒頭痛，幷進三服，得汗即痊。常服益脾溫胃，散宿痰停飲，能進食，辟風寒霧露之氣，大能驅暑。

玉壺丸　治中暑有起死功。如悶亂欲死者，以水調灌之立蘇，其效如神。昔李昭文，何判院，徐監倉，皆抱渴疾，服此而俱效。蓋此藥治因暑患渴疾，功效不可具述。

黃連香薷散　治陰陽不順，清濁相干，氣射中焦，名爲霍亂。由飲食腥膾復啖乳酪海陸百品無所不食，多飲寒漿，眠卧冷席，風冷之氣傷於脾胃，諸食結而不消，陰陽二氣壅而不反，陽氣欲降，陰氣欲升，陰陽交錯變成吐利已，百脈昏亂，榮衛俱虛，冷搏於筋，正宜服之。

又非時吐利，霍亂腹中撮痛，大渴煩躁，四肢逆冷，冷汗自出，兩腳轉筋疼痛不可忍者，須井水浸冷，頓服極效。

消暑丸一名消毒丸，一名黃龍丸　治傷暑發熱頭痛，脾胃不和，煩渴暈眩，寒熱。臻至修合，用之神效。中暑爲患，藥下即蘇。傷暑發熱頭疼，用之尤驗。夏日常服止渴利便，雖多飲水亦不爲害，應是暑藥皆不及此。若痰飲停積，幷用薑湯咽下。入夏以後不可缺此丸，細嚼尤好，勝五苓散者，以五苓有豬苓、澤瀉、赤茯苓能瀉腎經，兼有目疾者不宜服。秋深亦非宜也。一方以蜜爲丸。脾虛感暑，嘔吐不食，宜以局方枇杷葉散作生料，煎煮吞下六七十丸立效。暑中食生冷等物過多，或胸膈痞塞，嘔吐清水，或乾嘔者，宜以生薑鹽湯調下小烏沉湯，吞下即瘥。江湖聞有消暑丸，用醋煮半夏，酒煮黃連各半，枳殼淨炒，茯苓各四兩爲丸，任意吞下，臟腑不調，服之多驗。

地仙散　治傷寒後伏暑，煩熱不安，及煩熱虛勞。

桂苓甘露飲一名桂苓白朮散，出《宣明論》　治傷寒中暑冒風飲冷，內外一切所傷，傳受濕熱內甚，頭痛口乾，吐瀉煩渴不利，兼小便赤澀，大便急痛，濕熱霍亂吐下，腹滿痛悶，及小兒吐瀉驚風，幷宜服。

此藥下神金丸，止瀉利無不驗也，幷解內外諸邪所傷。劉庭瑞方，卻不用豬苓，或日三服，不計時候。

桂苓丸出《和劑方》　治大解暑毒煩渴，飲水過多，心腹脹滿，小便赤少。

治中暑不拘老少一名黑散，子出《危氏方》　上用不蛀皂莢不計多少，刮出黑皮，燒烟欲盡，用盆合於地上，周回用土遮縫勿令透烟，每一兩皂莢灰，用甘草末六錢，每服一錢，新汲水調下。氣虛人溫漿水調下。昏迷不省者，不過兩服。吳內翰備急方，用皂莢五斤去皮弦，炙焦存性，甘草五兩。蓋中暑人痰塞關竅，皂莢能疏利去痰故也，一方米飲下。

清暑散出《楊氏家藏方》　治伏暑傷熱，燥渴冒悶，嘔噦惡心，或發霍亂。

治中暑甚妙出《傳信適用方》　上用上等重羅細麵，以薑汁及水和成餅子，曝乾，卻碾末收之，每用二三錢，新汲水調下。

治夏月大熱因饑中暑，暈倒昏塞者。出《傳信適用方》　上急煎米飲，徐徐灌之，候漸省，只與大順散及溫氣藥服，或大燥吐，悶亂不止，急取本人汗頭巾，或頭髮挼汁一盞，入青黛一錢調灌，須臾吐出惡毒涎水，定省後，以溫粥

飲投之愈。

去暑方《海上名方》　治伏暑悶絕。

用香附子爲細末，冷水調服。

救生散出《肘後方》　治暑毒。

冷香湯出《醫方大成》　治夏秋暑溫，恣食生冷，遂成霍亂，陰陽相干，臍腹刺痛，脇脇脹滿，煩躁引飲無度。

來復丹出《仁齋直指方》　均平陰陽，治中暑昏迷，霍亂瀉如水，上盛下虛，裏寒外熱伏暑。

此藥可冷可熱，治法當與養正丹、黑錫丹相類，但全體不能鎮墜耳。然硝石既寒，佐以橘皮其性疏快，硫黄且能利人，若作暖藥用以止瀉誤矣。但霍亂一證，吐利交作，蓋由飲啖生冷，或冒暑熱之氣，中脘節閉，揮霍變亂，此藥通利三焦，分理陰陽，服之最驗。兼治反胃嘔吐，其效尤著。中暑昏亂，此藥最爲切當。小兒驚風，用亦有驗。蓋以上證候，皆由涎飲中節，有以致之，此藥溫利，涎飲既去，則諸證悉除。若男子婦人心腹作痛，服疏利之劑得效者，未應遽補，當以藥徐徐服之，令大便常通則痛不復作矣。嘔吐用之，其意亦然，不可不知。腎厥頭疼亦宜服之，老人寒秘悉能主之，一法治老人幷虛損之人。寒氣入腹，大小便不通者，用生薑半兩連根葉，和泥葱一莖，鹽一捻，豆豉五十粒，爛研略炒，盦臍中心，作兩劑更易用之，以利爲度，亦良法也。

桂苓甘露散出劉先生《直格方》　治痰涎，止咳嗽，調臟腑寒熱，嘔吐流濕煩躁，服之令人遍身氣液宣平。及療水腫瀉痢不止。

白虎湯出《儒門事親》　或眩嘔者，加半夏半兩薑製。如伏暑作寒熱未解，宜和五苓散同煎服。伏熱後或冷水沐浴，或吃冷物，清氣在脾不覺解，令日作寒慘壯熱，渾身灑淅，宜加桂煎服，出汗便解。

玉露散出《儒門事親》　治暑。

石膏散出《儒門事親》。

人參散出《宣明論》　治身熱頭痛，積熱黃瘦，肌熱惡寒，蓄熱發戰，膈熱嘔吐，煩渴，濕熱瀉利，或目赤口瘡，咽喉腫痛，或風昏眩，虛汗，肺痿勞嗽不已者。兼服梔子金花丸。一名既濟解毒丸。

黃龍丸出《和劑方》　治丈夫婦人伏暑發熱作渴，嘔吐惡心，年深暑毒不瘥者。

水瓢丸出《仁存方》　治冒暑毒，解煩渴。

桂苓丸出《仁存方》　治中暑煩渴，消痰飲，寬胸膈。

胃苓湯一名胃苓散，出《仁存方》　治傷暑煩渴引飲。所下如水。未效加木香、縮砂、白朮、丁香煎服。來復丹亦可。

黃龍丸出《百一選方》　治冒暑毒，解煩渴，頭疼嘔逆。

二陳湯出《仁齋直指方》　治傷暑復感冷，及內傷生冷。感冷更添生薑。

水浸丹出《和劑方》　治伏暑傷冷，冷熱不調，霍亂吐利，口乾煩渴，飲食積聚，幷宜服之。

一方有輕粉一錢，此藥經伏時方過，取下所積之物即安，糜粥自養，稍不將攝，恣其所欲而食，病即復矣。

二氣丹出《濟生方》　治伏暑傷冷，二氣交錯中脘痞悶，或頭痛惡心，幷皆治之。

通草散出《經驗濟世方》　治伏暑下血如久痢。崇寧二年，自太府出爲發運，自夏及秋患痢兩月，一日一夜三四十次，然血多白少，名醫皆曰此痢也。聞泗州青陽鎮李中和助教善醫，即遣人召之，中和至看脈，即曰此非痢也。始甚怒之，徐叩之，李曰：血多白少，小便澀少，即非痢。其言：中余之病，心已神之。乃是舊因伏暑，小便傳導入大腸，由心經而過遂化爲血，由大腸而下，故其狀似痢而非痢也。但令大小便各歸其本即安。

益元散出經驗良方　治身熱嘔吐泄瀉，腸澼下痢，赤白濁，癃閉淋痛，利小便，偏主腸胃中積聚寒熱，益精氣，通九竅六腑津液，去留結，消蓄水，止渴利中，除煩熱心燥，治腹脹痛，補益五臟，大養脾胃之氣，理內傷陰痿，安魂定魄，補五勞七傷，一切虛損，主癇痓驚悸健忘，止煩滿短氣，臟傷咳嗽，療飲食不下，肌肉疼痛，治口瘡，牙齒疳蝕，明耳目，壯筋骨，通血脈，和氣血，消水穀，保眞元，解百藥酒食邪毒，耐勞役饑渴寒熱，辟中外諸邪所傷，久服強志輕身，駐顏延壽，及解中暑傷寒疫癘，饑飽勞損，憂愁思慮，恚怒驚恐，傳染，幷汗後遺熱勞復諸疾，幷解兩感傷寒，能令遍身結滯，宣通氣和而愈。及婦人下乳催生，幷生後損液血衰，陰虛熱甚，一切熱證，幷宜服之。兼才患方發吹乳，或已覺吹乳癧，頻服即愈。乃神驗之妙藥，惟有孕婦人不得服，恐滑胎也。

穀神散出《仁存方》　治中暑泄瀉。

二黃丸出《經效濟世方》　治伏暑狂燥，及下血痢泄瀉等，凡因暑而得疾者皆治。患痢甘草湯下，水瀉米飲下。

玉壺丹出《經效濟世方》。

異功敵暑丸出《仁存方》　治伏暑或吐或瀉，有效。

檀香丸一名含化丸，出《十便良方》　解暑毒。

香薷銼散出《仁齋直指方》　治解暑毒，止霍亂。

一方有乾薑，無良薑。

解一切暑毒欲死者，使服之立蘇。出《本事方》

半夏四兩，醋一升半，煮盡醋，焙乾　甘草一兩　桂一半兩　赤茯苓二兩　白茯苓一兩

右爲末，用生薑汁作麵糊爲丸，如小豆大。每服五十丸，熱水下。

若身大熱背微惡寒，心中煩悶，時時欲嘔，渴不能飲，頭目昏痛，惡見日光，遇涼稍清，起居如故，此由飲食失宜，胃中空虛熱留胃口，其脈虛大數，謂之中暑。

鎮靈丹一名降氣丹，出《楊氏家藏方》　治中暍冰雪不能解者，陰陽交錯，中脘痞塞，頭疼惡心。

一方無輕粉。

又方出《聖惠方》　治夏月中熱暍死。

用濃煮蓼，取汁三升，飲之即愈，不瘥更灌。

又方出《千金方》：

以使人噓其心令暖，易人爲之。

又方出《千金方》：

用抱狗子若雞，著心上熨之。

又方出《聖惠方》：

用灌地漿一盞即愈，如人行路中，旋以利噐掘開一穴，入水其中搗之，卻取爛漿，以飲死者即愈。

又方出《聖惠方》：

用黃連半兩去鬚，水一大盞，煎至五分去滓，溫服之。

又方出《聖惠方》：

用地黃汁一盞服之。

又方出《聖惠方》：

用水半升，和麵一大抄，攪服之。

又方出《千金方》：

取屋上南畔熱瓦熨心，涼易之。

中熱不能食：　用生薑搗汁和蜜服。

白梅湯　治中熱五心煩躁，霍亂嘔吐，口乾煩渴，津液不通。

竹葉石膏湯出《仁齋直指方》　治伏暑內外熱熾，煩躁大渴不可攻者。

滌煩丸出《楊氏家藏方》　治積年伏暑，遇夏頭昏，肢體倦怠，不進飲食，煩渴多困。

五聖湯出《楊氏家藏方》　治暑積年深，每遇夏月不進飲食，疲倦少力，見日色則頭目昏痛，惡心多睡。

茅根散出《楊氏家藏方》　治伏熱傷冷，心神恍惚，大渴不止，腸鳴腹痛，不思飲食。

橘皮湯出《永類鈐方》　治傷暑痰逆惡寒，若不惡寒，宜竹皮湯。

玉壺丸出《廣南衛生方》　治中暑伏熱，昏困不省人事。

續傳信方造桂漿法　治中暑毒，夏月飲之解煩渴，益氣清痰。

桂末二大兩，白蜜一升斤，以水二斗，先煎取一斗，待冷入新垍瓶中，後下二物，攪二三百轉令勻，先以油單一重蓋，加紙七重，以繩封之。每日去紙一重，七日開之，藥成氣香味美，格韵絕高。今人亦多作，故并著其法，宜換冷水浸瓶底。

蠟梅丸出《十便良方》　治止渴生津。

十全飲子出《十便良方》　治傷暑、病瘧、中暑等疾。

黃芪湯出《十便良方》　治暑月口乾煩躁，渴不思食。

四君子湯出《鮑氏方》　治怯弱人用暑藥太過，脈虛而熱不退，或微渴，冷熱藥皆難投，只用此加陳皮徐徐調之，或瀉入生薑或白薑少許。

治中暑迷悶欲死出《傳信適用方》：　上取蒜一瓣生嚼，以新水送下，或不能嚼，水研灌之，并可救熱死人，切勿便與冷水及卧冷地。正如凍死人須先與冷水，若遽近火即死。一法行路暍死人，唯得置日中或令近火，以熱湯灌之即活。一方爛嚼蒜三兩瓣，溫水送下。

二香散出《如宜方》 治夏月得病頭疼身熱，伏暑傷寒疑惑之間。

又方： 二香散對藿香正氣散，名正氣二香散，若先飲冷後傷暑，五苓散主之。此必下痞，濃煎生薑湯調服佳。出《濟生拔粹方》

橘皮半夏湯出《衛生家寶方》 治中暑伏暑，及痰在胸膈，服此大有神效。

飲靈丸出《衛生家寶方》 治中暑神效。

水瓢丸出《衛生家寶方》 消暑毒。

金露解毒丸出《衛生家寶方》 大治暑毒。

玉壺丸出《衛生家寶方》 治暑氣。

良薑香薷湯出《滄寮方》 治伏暑傷冷，致作霍亂。

一方用藿香葉、良薑、木瓜各半兩，水二盞，煎一盞服。一方用胡椒、綠豆粉各四十粒研破，水煎服。或爲末，研木瓜湯調。一方以平胃散五苓散等分，和爲一處，熱湯點服。若因暑霍亂，煩躁發渴，隨意飲浸冷香薷散或縮脾飲，病去藥除，不宜過多服。陽明主宗筋，屬胃與夫大腸，今暴下暴吐，津液頓亡，外傷四氣，內積七情，飲食甜膩，攻開諸脈枯削於筋，宗筋失養必致攣急，甚則卵縮舌卷，爲難治之。

滑石甘桔湯出《鮑氏方》 治臟腑蘊熱，氣實燥渴，心神煩躁，口苦唇焦，咽膈不快至於腫痛，小便秘澀，大便亦實，感暑煩渴。

人參益氣湯出《試效方》 商人杜彥達，五月間兩手指麻木，四肢困倦，怠惰嗜臥，乃熱傷元氣也。

暑毒連脾，濕熱在腳，不泄不終，則爲瘧。獨煉雄黃，蒸餅和卻。甘草作湯，服之安樂。若作別治，醫家大錯。於丞相夢中韵語，出《永類鈐方》

主胸中伏熱，下氣消痰化食。出《本草》： 以橘皮半兩，微熬作末，如茶法煎呷之。

治暑氣出《本草》： 用甜瓜暑月服之，永不中暑氣。

治傷暑出《本草》： 以建茶煎飲之。

治夏月熱煩悶不止出《本草》： 搗小薊葉取汁半升，服之立瘥。一方用苗生絞汁服。

去熱出《本草》： 以櫸樹皮削取裏皮，去上甲煎，夏日作飲服之。

治煩熱少睡多渴出《本草》： 用小麥作飯，水淘食之。

療熱止渴出《本草》： 以芋蒸煮，冷啖之。

除熱病出《本草》： 以天名精搗汁，夏月服之良。

水沉散出《楊氏家藏方》 治伏暑傷冷，霍亂轉筋，虛煩燥渴，心腹撮痛，吐利交作，四肢逆冷。

治時暫伏暑： 上用香附子，手中捻去皮，入薑汁炒香熟爲末，入沙糖丸如龍眼大。先嚼油麻少許，次嚼藥，冷水送下，當時便覺清涼。

又方： 上用薑汁沙糖丸，不炒，同前。

治人中大熱： 用芹菜作葅食之，或煮食亦得。

《玉機微義·論中暑中熱受病不同》 潔古曰： 靜而得之爲中暑，動而得之爲中熱。中暑者，陰證，中熱者，陽證。

東垣曰： 暑熱之時，無病之人或避暑熱納涼於深堂大廈得之者，名曰中暑。其病必頭痛，惡寒，身形拘急，肢節疼痛而煩心，肌膚火熱無汗，爲房室之陰寒所遏，使周身陽氣不得伸越，多以大順散熱藥主之是也。若行人或農夫於日中勞役得之者，名曰中熱，其病必苦頭痛，發躁熱，惡熱，捫之肌膚大熱，必大渴引飲，汗大泄，無氣以動，乃爲天熱外傷肺氣，蒼术白虎湯涼劑主之。

按： 此論中暑，即仲景所謂暍是也。此只作暑熱分之，可見有陰陽二證，受病不同，然夏月受病有陰寒所遏，使周身陽氣不得伸越，以大順散主之者，爲中暑。蓋當暑月名之，猶冬月發熱爲傷寒也，但中熱治例，雖云用蒼术白虎湯，而又處清暑益氣之法，況大順散一方是仲景太陽例藥。然東垣施用，諒不如此，必有若益氣湯證例發揮礴礴者，惜乎無傳，故使後人不能無疑也。詳後所論，矧中暑證亦有於勞後動而得之，中熱證亦有於避暑靜而得之，大抵因人元氣虛實不同，故所受亦異，爲治豈得而無變法哉。

《玉機微義·論暑傷五臟爲證不同》 陳無擇曰： 暑熱喜歸心，心中之使人噎悶，昏不知人。入肝則眩暈頑痹，入脾則昏睡不覺，入肺則喘滿痿躄，入腎則消渴。凡中暍死，治之切不得用冷，唯宜溫養，得冷則死。道途中無湯，即以熱土熨臍中，仍使更溺，概可見矣。凡覺中暑，急嚼生薑一大塊水送下。如已迷悶，嚼大蒜一大瓣，水送下。如不能嚼，水研灌之，立醒。

按： 暑暍之證，變異不等，亦豈止歸五臟也。冷熱當憑脈證用之，蓋人之形氣有虛實，所感有輕重，輕則後時而發，至秋成瘧痢是也，重則即時發者，如已上之證。至有輕變重，重變輕，亦自感有淺深，傳有兼併爾，況人

之形志苦樂不一，豈得無變異乎？大抵四時之證皆然。

《玉機微義·論暑熱傷氣爲痿厥諸證》 東垣曰：夫脾胃虛弱，必上焦之氣不足，遇夏天熱盛，損傷元氣，怠惰嗜卧，四肢不收，精神不足，兩腳痿軟，遇早晚寒厥，日高之後，陽氣將注，復熱如火，乃陰陽氣血俱不足也。或煩，心下膨痞，小便黃而少，大便溏而頻。或利出黃糜，或如泔色。或渴或不渴，不思飲食，自汗，體重。或汗少者，血先病而氣不病也，其脈中得洪緩。若濕氣相搏，必加之，以遲遲病雖互換少差，其天暑濕令則一也，宜以清燥之劑治之。或有所遠行，勞倦逢大熱而渴，渴則陽氣內伐，內伐則熱舍於腎，腎者水臟也，今水不能勝火，則骨枯髓虛，足不任身，發爲骨痿者，生於火熱也，此濕熱成痿令人骨乏無力，或熱厥而陰虛，或寒厥而氣虛，厥者四肢如在火中爲熱厥，四肢寒冷者爲寒厥，寒厥則腹中有寒，熱厥則腹中有熱，爲脾主四肢故也。

按：此論暑熱證候，即同冬月傷寒傳變爲證之不一也，彼爲寒邪傷形，此則暑熱傷氣。若眞氣元氣虛甚，受病忽有於一時不救者，與傷寒陰毒頃刻害人實同，故東垣啓是病例，大開後人之盲瞶矣，學者當審究其機，宜與痿門兼看。

《玉機微義·論中暑宜補真氣》 東垣曰：夫脾胃虛弱，遇六七月間河漲霖雨，諸物皆潤，人汗沾衣，身重短氣，甚則四肢痿軟，行步不正，腳欹眼黑，此腎水與膀胱俱竭之狀也。當急救之，滋肺氣以補水之上源。又使庚大腸不受邪熱，不令汗大泄也。汗泄甚則止津液，七神無所依，津液相成，神乃自生。津者，庚大腸所主三伏之義，庚金受囚，木無可制，故風濕相搏，骨節煩疼，一身盡痛。亢則害，承乃制是也。五月常服五味子，是瀉丙火補庚大腸，蓋五臟之元氣，壬膀胱之寒已絕於巳，癸腎水已絕於午。今更逢濕旺助熱爲邪，西方北方之寒清絕矣。聖人立法，夏月宜補者，補天元眞氣，非補熱火也。今人夏食寒是也，爲熱傷元氣，以人參、麥門冬、五味子生脈，脈者，元氣也。

《玉機微義·論暑火證治大法》 賈元良曰：暑者，相火行令也。夏月人感之，自口齒而入，傷心包絡之經。其脈虛，外證項疼、口乾、面垢、自汗、倦怠少氣，或背寒惡熱。氣甚者，迷悶不省而爲霍亂、吐利、痰滯、嘔逆、腹痛瀉痢下血、發黃、生斑，皆是其證。甚者，火熱制金，不能平木，搐搦，不省人事，其脈虛浮，一曰浮者風也，虛者暑也，俗名暑風證者，皆是相火甚而行令也。先以溫水化蘇合香丸，次進黃連香薷飲加羌活，只用雙解加香薷尤良。大抵治暑之法，清心利小便甚好。若自汗甚者，不可利小便，宜白虎湯清解之，次分表裏治之。如在表，頭疼惡寒，雙解散加香薷，及二香散十味香薷散之類解之，如在半表半裏，泄瀉、煩渴、飲水吐逆，五苓散治之。熱甚煩渴者，益元散清之。若表解裏熱甚，宜半夏解毒湯下神芎丸、酒蒸黃連丸等，或人平生素弱，及老人冒暑，脈微下痢，渴而喜溫，或厥冷不省人事，宜竹葉石膏湯加熟附半箇冷飲，次以來復丹、五苓散治之。凡夏月暑證，不可服諸熱燥劑，致斑毒發黃、小水不通，悶亂而死矣。

按：言治暑之法，可謂詳備。然云暑風相火爲病，而先用蘇合香丸，至用雙解，皆當審諦脈證施治，不可少有差失。詳蘇合香，但可用於陰寒所遏，或內傷生冷太過，及氣中或中惡者，此等又不可謂之暑風相火之證矣。蓋暑證有陰陽二者不同，治法寒熱霄壤之隔，學者慎之。

《秘傳證治要訣·中暑》 中暑爲證，面垢悶倒，昏不知人，冷汗自出，手足微冷，或吐或瀉，或喘或滿，切不可以冷水及用十分冷劑，卻暑散水調灌下亦得，或以來復丹研末湯調灌之。候其人稍甦，則用香薷飲。香薷湯煎熟去滓，入麝香少許服。或剝蒜肉入鼻中，或研蒜水解灌之。蓋中傷暑毒，陽外陰內，諸暑藥多有暖劑，如大順散之用薑桂，枇杷葉散之用丁香，香薷飲之用香薷。香薷味辛性暖，蒜亦辛暖，又蒜氣臭烈，能通諸竅。大概極臭極香之物，皆能通竅故也。

初覺中暑，即以日曬瓦或布蘸熱湯，更易熨其心腹臍下，急以二氣丹末湯調灌下。

曾有客人，中暑迷悶，四肢厥逆，冷汗如雨，裸形欲投水中，口吻涎沫流溢，此中暑已深，陰陽離絕，難治。

又有暑途一證，似中而輕，欲睡懶語。實人，香薷飲加黃連一錢，虛人，星香飲加香薷一錢。甦後冷汗不止、手足尚逆、煩悶多渴者，宜香薷飲。甦後爲醫者過投冷劑，致吐利不止，外熱內寒，煩躁多渴，甚欲裸形，狀如傷寒陰盛隔陽，當用溫藥。香薷飲加附子，浸冷服；渴者，縮脾飲加附子，亦浸冷服。

《秘傳證治要訣・傷暑》　傷暑，必自汗、背寒、面垢，或口熱、煩悶，或頭疼、發熱、神思倦怠殊甚。所謂暑傷氣而不傷形是也。但身體不痛，與感風寒異，宜香薷飲、六和湯、香薷湯。

嘔而渴者，浸冷香薷湯，或五苓散，兼呑消暑圓；　嘔不止者，枇杷葉散去茅根，呑來復丹；　嘔而痰，欲暑散，呑消暑圓，或小半夏茯苓湯，或消暑飲。

瀉而渴者，生料平胃散和生料五苓散各半帖，名胃苓飲，間進來復丹。此丹本非治瀉之藥，施之暑瀉則宜，然瀉甚亦不可用。瀉定仍渴，春澤湯，或縮脾飲。

傷暑，心頭痞悶，人皆謂暑毒攻心。不知有暑即有痰，痞悶暑，痰爲之也。

盛暑，途中倉卒無水，渴甚，急嚼葱頭二寸許，抵飲水二升。

瀉而腹痛，有積者，生料五苓散、藿香正氣散，匀各半帖。若瀉雖無積，其腹痛甚，生料五苓散加木香七分，或六和湯加木香半錢；　或不加木香，止與二藥煎熟，去滓，調下蘇合香圓。

又有不渴而腹乾痛者，六和湯煎熟，調蘇合香圓，尤宜。

瀉而發熱者，胃苓飲；　瀉而發渴者，胃苓飲，兼進縮脾飲。瀉、渴兼作，未透者，湯化蘇合香圓，呑來復丹，或研來復丹作末，白湯調下；　已透者，香薷飲。感冒，外發熱者，六和湯、香薷湯、香薷飲；　身熱煩者，五苓散，或香薷湯加黃連一錢；　熱而汗多，畏風甚者，生料五苓散；　熱而渴者，五苓散，兼進縮脾飲。

暑氣攻裏，熱不解，心煩、口乾，辰砂五苓散，或香薷飲加黃連一錢；　若大渴不止，辰砂五苓散，呑酒煮黃連圓。

暑氣攻裏，腹內刺痛，小便不通，生料五苓散加木香七分。

冒暑飲酒，引暑入腸內，酒熱與暑氣相幷，發熱、大渴、小便不利，其色如血，生料五苓散去官桂，加黃連一錢，或五苓散去桂，呑酒煮黃連圓。

暑氣入腸胃，而小便艱澀不通者，加味香薷飲，仍佐以三黃圓。

暑氣入心，身煩熱而腫者，宜辰砂五苓散，或香薷飲加黃連一錢。

傷暑而傷食者，其人頭疼、背寒、自汗、發熱、畏食、噁心、噫酸臭氣、胸膈痞滿，六和湯倍砂仁。若因暑渴飲、食冷物，致內傷生冷，外傷暑氣，亦宜此藥。暑偏要入心者，心屬南方離火，暑氣所入，各從其類。小腸爲心之腑，利心經暑毒，使由小腸中出，五苓散利小便，爲治暑上劑也。

有傷於暑，因而露卧，又爲冷氣所入，其人感暑復感冷，自汗、怯風、身疼、頭痛、去衣則凜、著衣則煩，或已發熱，或未發熱，幷宜六和湯內加扁豆、砂仁，一方用藿香，一方用紫蘇。正治已感於暑，而復外感於風寒，或內傷生冷，以藿香、紫蘇，兼能解表；　砂仁、扁豆，兼能溫中。然感暑又感冷，亦有無汗者，只宜前藥。若加以感風，則斷然多汗，審是此證，宜生料五苓散，內用桂枝爲佳。市井中多有此病，往往日間冒熱經營，夜間開窗眠卧，欲取清涼，失蓋不覺，用藥所當詳審。有此證而發潮熱似瘧，猶未成瘧者，六和湯、養胃湯各半帖，相和煎，有此證而鼻流清涕，或鼻孔熱氣時出，六和湯加川芎半錢，羌活七分。

有因傷暑，遂極飲以冷水，致暑毒留結心胸，精神昏憒，語言不出，煎香薷湯，化蘇合香圓服。

有因傷暑，用水沃面，或入水洗浴，暑濕相搏，自汗、發熱、身重、小便不利，宜五苓散。

傷暑而大汗不止，甚則眞元耗散，宜急收其汗，生料五苓散倍官桂，或加黃耆，如术之數，此亦古法也。

傷暑，自汗、手足厥冷者，煎六和湯，調蘇合香圓。

傷暑，自汗、手足時自搐搦者，謂之暑風。緣已傷於暑，毛孔開，而又邪風乘之，宜香薷飲，或香薷湯，幷可加羌活一錢；　痰盛者，六和湯半帖和星香散半帖。

暑月，身癢如針刺，間有赤腫處，亦名暑風，末子六和湯和消風散，酒調服。暑風而加以吐瀉兼作者，六和湯、藿香正氣散各半帖，加全蠍三個。

有暑毒客於上焦，胸膈痞塞，湯藥至口即出，不能過關，或上氣喘急，六和湯浸冷，調入麝香少許。

伏暑，煩渴而多熱痰者，於消暑圓中，每兩入黃連末二錢，名黃連消暑圓；　或二陳湯，或小半夏茯苓湯，幷可加黃連一錢。暑氣久而不解，遂成伏暑，內外俱熱，煩躁，自汗，大渴喜冷，宜香薷飲加黃連一錢，繼進白虎湯。若服藥不愈者，暑毒深入，結熱在裏，譫語，煩渴，不顧去近衣，大便秘結，小便

赤澀，當作熱病治，可於傷寒陽明證求藥。

《傷寒明理續論·溫毒中暑》 中暑，脈虛而伏，身熱背惡寒，面垢自汗，煩躁大渴，毛聳惡寒，昏昏倦怠而身不痛，與傷寒諸證不同矣。內外俱熱，口燥煩渴，四肢微冷而身不痛，用白虎湯。痰逆惡寒，橘皮湯。熱悶不惡寒，竹葉石膏湯。頭痛，惡心煩躁，心下不快，小便不利，五苓散下消暑丸。中暑用小柴胡湯良。脈芤遲，腠理開，灑然毛聳，口齒燥，白虎加人參湯。

《傷寒瑣言·傷暑》 傷暑與傷寒俱有熱，若誤作傷寒治之則不可。蓋寒傷形，熱傷氣，傷寒則外惡寒而脈浮緊，傷暑則不惡寒而脈虛，此爲異耳。經云：脈盛身寒，得之傷寒。脈虛身熱，得之傷暑。治宜小柴胡湯，渴加知母、石膏，或人參白虎湯；天久淫雨，濕令大行，蒼术白虎湯。若元氣素弱而傷之重者，清暑益氣湯治之。

《奇效良方·暑門》 夏三月，炎暑大行，山澤燔燎，林木流津，正由火熱極甚，薰蒸於物，致之然也。在人亦應之而多汗，由火氣浮泄於表。時於此際，溫熱隆盛，人多肢體困倦，精神短少，一或將理失宜，輕則氣虛身熱，頭重腳軟，脾弱少食之證，所謂注夏病也。暑之爲氣，在天爲熱，在地爲火，在人臟爲心，且暑之中人者，先着於心，伏爲三焦腸胃之間。凡中之者，蓋熱傷氣而不傷形也，乃六淫中無形之火，大率以五行中有形之水制之，輕則前證所感，大同小異，重則昏不知人，或吐或瀉，或眩暈頑痹，丹溪以陰虛所致，甚則瞀悶懊惱而死，客氣旺而主氣弱，爲熱傷元氣。古人立法，夏月宜補者，補天眞元氣，非補熱火也，以用人參、五味子、麥門冬名生脈散，蓋此藥能益金水，以禦火土之旺，又令人夏食寒以扶陰氣，養其陽也。蓋謂陽亢於外，陰微於內，庚金受因於上，清肅之源竭於下也。丹溪又辨云：世言夏月伏陰在內，此陰字有虛之義。若作陰冷看，其誤甚矣。或曰以手捫腹，明知其冷，而何曰人之腹屬地氣，於此時浮於肌表，散於皮毛，腹中之陽虛矣。如子月一陽生，寅月三陽生，此氣之升也。巳月六陽生，陽盡出於地之上矣，此氣之浮也。經曰：夏者經滿氣溢，入孫絡受血，皮膚充實，長夏孫絡皆盛，內溢肌中。又曰：陽氣在孫絡，長夏氣在肌肉，所以表實者裏必虛。又言春夏養陽，王太僕謂春食涼，夏食寒，所以養陽也，何以溫熱取其用，此理固然。且如涼臺水館，當風取涼，寒泉水果之物所傷，或吐或瀉，或腹疼自內及外，當用溫劑，前哲又謂升降浮沉則順，寒熱溫涼則逆，夏月火令之時，不可妄投濕燥之藥，看其虛實，不爲患乎？或曰巳月純陽，五日一陰生，六月二陰生，陰氣即動，豈無陰冷，此陰之初動於地下。四陽浮於上，燔灼焚炎，流金爍石，何冷之有？且潔古治中暑之藥，有中暑傷暑之分。若人或傷或中之意，但言避暑納涼於深堂大廈，謂靜而得之爲中暑，其病必頭疼惡寒，身形拘急，肢節疼痛而煩心，肌膚大熱無汗，爲房室之陰寒所遏，使周身陽氣不得伸越，爲陰證，故治以大順散，以取辛甘發散之意，後人不察用溫熱之意，又辨傷暑之證。若人或農夫，於日中勞役，謂動而得之，爲傷暑，其病必頭疼發躁熱，捫之肌膚大滿，大熱大渴，引飲汗大出，元氣已動，乃爲大熱，外傷肺氣，以人參白虎湯，爲陽證，熱傷元氣，非形體受病也。夫白虎治熱傷風，謂元氣不甚虛也，暑去氣清則安矣。《脾胃論》中，長夏濕熱，胃困尤甚。又有暑風一證，因其夏月而病搐搦，故有此名，非風也，乃病暑熱亢極，火盛金衰，木無以制，正邪相拒，汗閉於外，痰鬱於內，風勢妄行，脾必受邪，故手足陽爲動搖，內擾神舍，志識不清而瞀悶，無所知矣，愼勿以風藥治之。治以兼化，但清時令之火，則心經之熱亦泄，金清氣行，則木邪有制，而風不作，開鬱悶之疾，則神識氣寧，當用黃連香薷飲加羌活。且如有人在途路中傷暑者，湯藥皆無，將人攙扶涼處，就將當道上熱土包裹，熨臍腹之上下，或布蘸湯熨之，冷即頻易，待其蘇省，用溫米飲湯，徐徐灌之，便不可用剛燥之劑，可不畏哉？

《丹溪心法·中暑附暑風注夏》 暑證，用黃連香薷飲。挾痰，加半夏、南星，虛，加人參、黃耆。暑病內傷者，用清暑益氣湯，著暑氣是痰，用吐。注夏屬陰虛，元氣不足，夏初春末，頭疼腳軟，食少體熱者，是宜補中益氣湯，去柴胡、升麻，加炒柏、白芍藥，挾痰者，加南星、半夏、陳皮，煎服。又或用生脈湯。暑氣挾痰挾火實者，可用吐法。

暑乃夏月炎暑也，盛熱之氣者火也，有冒、有傷、有中，三者有輕重之分，虛實之辨，或腹痛水瀉者，胃與大腸受之，惡心者，胃口有痰飲也，此二者冒暑也，可用黃連香薷飲、清暑益氣湯。蓋黃連退暑熱，香薷消畜水。或身熱頭疼，燥亂不寧者，或身如針刺者，此爲熱傷在分內也，當以解毒湯、白虎湯，加柴胡。氣如虛者，加人參。或咳嗽發寒熱，盜汗出不止，脈數者，熱在肺經，用清肺湯、柴胡天水散之類。急治則可，遲則不救，成火乘金也。此爲中暑。凡治病，須要明白辨別，愼勿混同施治，春秋間亦或有之，切莫執一，隨病處方爲妙。

戴云：　暑風者，夏月卒倒，不省人事者是也。有因火者，有因痰者。火，君相二火也，暑，天地二火也，內外合而炎爍，所以卒倒也。痰者，人身之痰飲也，因暑氣入而鼓激痰飲，塞礙心之竅道，則手足不知動躡而卒倒也，此二者，皆可吐。《內經》曰：　火鬱則發之。吐即發散也。量其虛實而吐之。吐醒後，可用清劑調治之。

入方：

暑渴

生芐　麥冬　牛膝　炒柏　知母　葛根　甘草

右剉，水煎服。

附錄：　中暍是陽證，中暑是陰證。脈沉弱者，切不可用寒涼藥。清熱宜天水散、五苓白虎湯皆可。熱悶恍惚，辰砂五苓散。脈弦實，黃連香茹湯。熱甚，自汗而渴，便澀者，五苓分利之，或桂苓甘露飲。吐瀉，脈沉微甚者，可用附子大順散。伏熱傷冷，縮脾飲、冷香飲子，皆可。浸冷服之。或剝蒜肉入鼻中，或研蒜水解灌之，蓋蒜氣臭烈，能通諸竅故也。

《丹溪心法・火》　火，陰虛火動難治。火鬱當發，看何經。輕者可降，重者則從其性而升之。實火可瀉，黃連解毒之類。虛火可補。小便降火極速。凡氣有餘便是火，不足者是氣虛。火急甚重者，必緩之以生甘草，兼瀉兼緩，參朮亦可。人壯氣實火盛顛狂者，可用正治，或硝黃冰水之類。人虛火盛狂者，以生薑湯與之，若投冰水正治，立死。有補陰即火自降，炒黃柏生地黃之類。凡火盛者，不可驟用涼藥，必兼溫散，可發有二：　風寒外來者可發，鬱者可發。氣從左邊起者，乃肝火也。氣從臍下起者，乃陰火也。氣從腳起入腹如火者，乃虛之極也。蓋火起於九泉之下，多死。一法用附子末，津調，塞湧泉穴，以四物湯加降火藥服之，妙。陰虛證本難治，用四物湯加炒黃柏，降火補陰。龜板補陰，乃陰中之至陰也。四物加白馬脛骨，降陰中火，可代黃連、黃芩。黃連、黃芩、梔子、大黃、黃柏，降火，非陰中之火不可用。生甘草緩火邪，木通下行，瀉小腸火。人中白瀉肝火，須風露中二三年者。人中黃大涼，治疫病須多年者佳，中氣不足者，味用甘寒。山梔子仁，大能降火，從小便泄去，其性能屈曲下降，人所不知，亦治痞塊，中火邪。

入方：

左金丸　治肝火。一名回令丸。

附錄：　諸熱瞀瘛，暴瘖冒昧，躁擾狂越，罵詈驚駭，胕腫疼酸，氣逆衝上，禁慄如喪神守，嚏嘔，瘡瘍，喉痹耳鳴反聾，嘔涌溢食不下，目昧不明，暴注，瞤瘛，暴瘍，暴死，五志七情過極，皆屬火也。火者有曰君火、人火也，曰相火、天火也，火內陰而外陽，主乎動者也。故凡動，皆屬火，以名而言，形質相生，配於五行，故謂之君。以位而言，生於虛無，守位稟命，因動而見，故謂之相。腎肝之陰，悉其相火。東垣曰：　相火元氣之賊火，與元氣不相兩立，一勝則一負，然則如之何則可使之無騰負乎。周子曰：　神發知矣。五性感動而萬事出，有知之後，五者之性，爲物所感，不能不動，謂之動者，即《內經》五火也。相火易起五性，厥陽之火相扇，則妄動矣。火起於妄，變化莫測，無時不有，煎熬真陰，陰虛則病，陰絕則死。君火之氣，經以暑與熱言之，相火之氣，經以火言之。蓋表其暴悍酷烈，有甚於君火者也。故曰相火元氣之賊。周子又曰：　聖人定之以中正仁義，而主靜。朱子亦曰：　必使道心常爲一身之主，而人心每聽命焉。此善處乎火者，人心聽命於道心，而又能主之以靜，彼五火將寂然不作，而相火者惟有俾補造化，而爲生生不息之運用爾，何賊之有。

《傷寒全生集・辨中暑中暍例》　凡中暍者，即熱也。蓋熱傷太陽經，與傷寒相似，故曰中暍也。中暑熱傷心脾二經，而不在太陽，故曰中暑也。動而得之爲中熱，靜而得之爲中暑。經曰：　太陽經中熱者，即暍是也。其人必汗出身熱，煩渴，宜人參白虎湯。若身重而疼者，人參敗毒散加黃連、香薷主之。中暑者，其人面垢自汗，煩躁而渴，身熱脈虛，或伏或遲，灑然毛聳，惡寒口開，前板齒燥者，人參白虎湯加連、薷、扁豆。或背惡寒者，蓋暑傷心，心不受邪，則包絡受之。包絡相火，此火助火，則熱盛而昏不醒者，大抵清利小水，黃連香薷飲浸冷服之。煩渴熱甚，自汗者，人參白虎湯加竹葉。若煩渴小便不利者，香薷飲合四苓，加木通、滑石。若大便瀉而小便少者，亦以此湯主之。內熱心煩者，加薑炒黃連、山梔，調辰砂末，虛者倍用人參。若嘔吐、頭疼、瀉利、胸滿，或腹痛者，藿香正氣散加香薷、扁豆，名二香湯。轉筋者，加木瓜。若小便不利，而大便自利者，以正氣散合五苓散。大抵不可作傷寒妄治，所謂夏月有四症：　傷寒、傷風，脈症互見，中暑、熱病，疑以難明。若脈緊惡寒謂之傷寒，脈緩惡風謂之傷風，脈盛壯熱謂之熱病，脈虛身熱謂之傷暑，以此別之也。

《明醫雜著·暑病》 夏至日後病熱爲暑。暑者，相火行令也。夏月人感之自口齒而入，傷心包絡之經，其脈虛，或浮大而散，或弦、細、芤、遲。蓋熱傷氣，則氣消而脈虛弱。其爲症：汗，煩則喘渴，靜則多言，身熱而煩，心痛，大渴引飲，頭疼，自汗，倦怠少氣，或下血、發黃、生斑，甚者火熱致金不能平木，搐搦，不省人事。治暑之法：清心，利小便最好，暑傷氣，宜補眞氣爲要。又有惡寒或四肢逆冷，甚者迷悶不省，而爲霍亂吐利，痰滯嘔逆，腹痛瀉痢，此則非暑傷人，乃因暑而自致之病也。以其因暑而得，故亦謂之暑病，治法不同。

若行人或農夫，於日中勞役得之者，是動而得之陽症也。其病必苦頭痛，發燥熱，惡熱，捫之肌膚大熱，必大渴引飲，汗泄，無氣以動，乃天熱外傷元氣也。宜清暑益氣，用香薷、黃連、扁豆、人參、黃芪、五味、知母、石膏之類。

暑熱，發渴，脈虛，宜用人參白虎湯，竹葉石膏湯亦好。

東垣清暑益氣湯，治長夏濕熱蒸人，人感之，四肢困倦，精神短少，胸滿氣促，肢節作痛，或氣高而喘，身熱而煩，心下痞悶，小便黃數，大便溏而頻，或痢，或渴，不思飲食，自汗體重，黃芪、升麻、蒼朮各一錢，人參、白朮、神麴、陳皮各五分，甘草炙、黃柏、麥門冬、當歸各三分，葛根、澤瀉、青皮、五味各二分。

若暑熱之時，無病之人，或避暑熱，納涼於深堂大廈，涼臺冷館，大扇風車得之者，是靜而得之陰證也。其病必頭痛惡寒，身形拘急，肢節疼痛而煩心，肌膚大熱無汗，此爲陰寒所遏，使周身陽氣不得伸越，宜用辛溫之劑以解表散寒，用厚朴、紫蘇、乾葛、藿香、羌活、蒼朮之類。若外既受寒，內復傷冰水生冷瓜果之類，前藥再加乾薑、縮砂、神麴之類，此非治暑也，治因暑而致之病也。若外不受寒，止是內傷冰水冷物，腹痛泄瀉，或霍亂吐逆，宜縮脾飲，或理中湯加神麴、麥芽、縮砂、蒼朮，此專治內，溫中消食也。

若吐瀉，脈沉微甚者，不可用涼藥，可用附子大順散，或附子理中湯加芍藥。

夏月多食冷物及過飲茶水，致傷脾胃，吐瀉霍亂，故治暑藥多用溫脾、消食、治濕、利小便，醫者要識此意。

若既傷暑熱，復傷生冷，外熱內寒，宜先治其內，溫中消食；次治其外，清暑補氣，而以理脾爲主。於前陰陽二條內，相兼取用，東垣清暑益氣湯已兼此意。其用黃芪、升麻、人參、白朮、甘草、麥門冬、當歸、五味、黃柏、葛根，是清暑補氣也；蒼朮、神麴、陳皮、澤瀉、青皮，是治內補脾也。

愚按：前症又當分別中暑、中暍，脈虛、脈沉，無汗、有汗，發熱、不熱，作渴、不渴，或瀉、不瀉，飲寒、飲熱，辨其陰陽、虛實，不可泛投寒涼之劑。蓋爲夏月伏陰在內，古人用附子大順散之類，溫補陽氣，厥有旨哉。何今之老弱，至夏月患食少體倦、發熱作渴，或吐瀉腹痛、頭痛諸症，反服香薷飲，復傷元氣，無不招引暑症，以致不起。至若清暑益氣湯，內有豬苓、澤瀉之類，必審其果有濕熱壅滯，方可用之。否則，虧損其陰而傷其目矣，用當審察。儀部李北川，仲夏患腹痛吐瀉，兩手足捫之則熱，按之則冷，其脈輕診則浮大，重診則微細。余曰：此陰寒之症也，急服附子理中湯。不應，仍服至四劑而愈。

注夏病，屬陰虛元氣不足，宜補中益氣湯去柴胡、升麻，加黃柏炒、白芍藥。挾痰者，加半夏、陳皮。

愚按：丹溪先生云：天地以五行更迭衰旺而成四時，人之五臟六腑亦應之而衰旺，四月屬巳，五月屬午，爲火太旺，火爲肺金之夫，火旺則金衰。六月屬未，土大旺，土爲水之夫，土旺則水衰。況腎水嘗藉肺金爲母，以補其不足。古人於夏月，必獨宿而淡味，保養金水二臟。經曰：冬藏精者，春不病溫。十月屬亥，十一月屬子，正火氣潛藏，必養其本然之眞，而爲來春發生之本。若於此時，不恣慾以自戕，至春升之際，根本壯實，何病之可言哉？文選姚海山，仲暑頭痛發熱，氣高而喘，肢體倦怠，兩手麻木。余謂：熱傷元氣，用人參益氣湯頓安，又用補中益氣湯加麥門、五味而痊。

若夏月傷暑，發熱，汗大泄，無氣力，脈虛細而遲，此暑傷元氣也，服後方。

人參 黃芪蜜炙 麥門冬去心 白芍藥 陳皮 白茯苓各一錢 黃連炒 甘草炙。各五分 黃柏三分 白朮一錢五分 香薷 知母各七分

右薑水煎，食前溫服。

愚按：前症有熱傷元氣而汗出者，有勞傷元氣而汗出者，有因元氣素虛，腠理不密而汗出者。治法：暑傷元氣者，清暑益氣湯；勞傷元氣者，補中益氣湯；元氣素虛而自汗者，十全大補湯。如兼盜汗，佐以六味丸加

五味子。前云大汗、無力、脈虛細遲，屬陽氣虛弱，內黃柏、知母，恐復損陽氣；芍藥、茯苓，恐導損陰氣也，治者審之。

若夏秋暑熱，因過用冷物茶水傷其內，又過取涼風傷其外，以致惡寒發熱，胸膈飽悶，飲食不進，或兼嘔吐、泄瀉，此內外俱傷寒冷也。

人參　乾薑炒紫色　厚朴薑水炒　陳皮　羌活　枳實　白茯苓各一錢　白术一錢五分　甘草炙，五分

右薑水煎，食前溫服。

愚按：前症宜用此方，如未應，宜用薷香正氣散。若內外已解，寒熱未退，或飲食不進，宜用六君子。《保命集》云：霍亂屬陽明症，宜用和中、平胃、建中湯輩，或四君子湯。脈浮，自汗，四君子加桂枝主之。脈浮，無汗，四君子加麻黃。吐利轉筋，脇下痛，脈弦者，木剋土也，用平胃散加木瓜，或建中加柴胡、木瓜。吐利轉筋，腹痛，體重，脈沉而細，四君子加白芍藥，良薑。吐利，四肢拘急，脈沉而遲，屬少陰，四君加薑、附、厚朴。吐利，四肢厥冷，脈微緩，屬厥陰，建中加歸、附。吐利，頭痛而身熱，熱多欲飲水者，五苓散；寒多不欲水者，理中丸主之。《元戎》云：太陰症，霍亂者，理中加橘紅。吐下腹痛，手足逆冷，理中加熟附子。吐利後，轉筋者，理中加火煅石膏一兩。

上舍徐民則，夏月入房及食水果麵食而患腹痛。余曰：此陰寒之症也，急用附子理中湯以回陽。不信，別用二陳、枳實、黃連香薷飲之類而死。

進士劉華甫，夏月食生冷果品，患前症，余用附子理中湯，一鍾頓安。凡方內用木瓜者，俱用砂器煎炒，惡鐵故也。餘方倣此。

若夏暑，在途中常服，以壯元氣、淸熱、驅暑。服之免中暑、霍亂、泄瀉、痢疾等症。

人參一錢二分　白术一錢五分　五味子十粒，杵碎　麥門冬去心　白芍藥炒　白茯苓各一錢　知母炒　陳皮　香薷各七分　黃芩炒，三分　甘草炙，分五

右薑水煎，食前溫服。

愚按：前症若人元氣虛弱，宜用補中益氣去柴胡、升麻，加麥門、五味，或少加炒黑黃柏，人參益氣湯亦可用。

若遇勞倦辛苦，用力過多，即服後方二三服，免生內傷發熱之病，此方主於補氣。

黃芪一錢半，蜜炙　人參　麥門冬去心　陳皮各一錢　白术一錢　甘草炙，七分

右薑、棗水煎，食前溫服。勞倦甚，加熟附子四五分。

愚按：前論開世俗之矇聵，濟無窮之夭枉。內附子若素畏寒飲食者尤宜用。若素喜寒飲食者，以肉桂或炮薑代之亦可。若可因暑熱傷氣而四肢困倦，或手足麻木者，先用人參益氣湯，後用補中益氣湯。

若人過勞心思慮，損傷精神，頭眩目昏，心虛氣短，即服後方補血爲主。

人參一錢　五味子十五粒，杵　當歸一錢，酒洗　麥門冬去心，五分　白芍藥炒，一錢　山梔子炒，五分　茯神去心，一錢　酸棗仁炒，一錢　生地黃酒洗，五分　甘草　陳皮　川芎各五分

右水煎服。

愚按：前症宜用此方，不宜多服，其麥門冬、芍藥、山梔、生地苦寒，恐復損脾氣。若脾胃素虛熱而患前證，但以補中益氣湯加麥門、五味亦可。若因饑渴勞役，或因誤行攻伐，以致氣高而喘，身熱而煩，或自汗，此爲陽氣內傷，宜用補中益氣湯。若因饑飽勞役，或因誤出汗，以致肌熱，大渴引飲，目赤面紅，脈洪大，按之如無，此爲血脫煩躁，宜用當歸補血湯。

《醫學正傳·中暑》　脈法

經曰：脈虛身熱得之傷暑。

脈弦細芤遲。許學士云：傷暑，其脈弦細芤遲，何也？《內經》曰：寒傷形，熱傷氣，蓋傷氣而不傷形，則氣消而脈虛，所謂弦細芤遲，皆虛脈也。仲景以弦爲陰。朱肱亦曰：中暑，脈虛細弱，暑脈虛可知矣。

脈虛而微弱，或浮大而散，或隱不見。微弱、隱伏，皆虛類也。

方法丹溪方法凡三條

丹溪曰：夏月陽氣盡出於地，人之腹屬地氣，陽氣於此時浮於肌表，腹中之陰虛矣。夏月伏陰在內，此陰字有虛之義，若作陰冷看，誤矣。古人治暑有用大順散等劑，蓋以涼亭水閣、寒涼冰雪之傷，不用溫劑，病何由安？非爲伏陰而用也。火令之時，流金爍石，何陰冷之有孫眞人製生脈散，令人夏月服之，非虛而何？

暑證用黃連香薷飲、淸暑益氣湯、五苓散等藥，有挾痰者加南星、半夏之類，挾虛者加人參、黃芪之類。

戴氏曰：暑有冒、有傷、有中。三者輕重之分，或腹痛水瀉者，胃與大

腸受之，惡心者，胃口有痰飲，二者冒暑也，可用黃連香薷飲，黃連退熱，香薷消暑氣，或身熱頭疼，躁亂不寧者，或身如針刺者，此爲熱傷在肉分也，當以解毒白虎等湯，加柴胡，氣虛加人參。或咳嗽，發寒熱，盗汗出不止，脈微者，熱在肺經，火乘金也，此爲中暑，宜用清肺湯、柴胡天水散之類，急治則可。

清暑益氣湯　治長夏濕熱大勝，人感之多，四肢困倦，精神短少，懶於動作，胸滿氣促，肢節煩疼，或氣高而短，身熱而煩，心下痞滿，小便黄而數，大便溏而頻，或泄黄如糜，或如泔色，或渴或不渴，不思飲食，自汗體重，或汗少者，血先病而氣未病也，其脈中得洪緩，若濕熱相搏，必加之以遲病，雖互換少差，其脈暑濕令則一也，宜以清燥之劑治之。

益元散一名天水散，一名六一散　治中暑身熱煩渴、小便不利。此藥能燥濕、分利水道、實大腑、化熱毒、行積滯、逐凝血、補脾胃，降火之要藥也。

大順散　王安道曰：大順散本爲冒暑伏熱引飲過多，脾胃受濕，嘔吐，水穀不分，臟腑不調所立。故甘草、乾薑皆經火炒，又肉桂而非桂枝，蓋溫中藥也。內有杏仁，不過取其能下氣耳。若以此藥治靜而得之之證，吾恐不能解表，反增內煩矣。

愚按：《內經》：必先歲氣，無伐天和。其暑月豈可用此熱藥？此方雖錄於此，不可輕用。

生脈散　孫眞人曰：夏月必服五味子以補五臟氣。東垣曰：夏月服生脈散加黃芪、甘草，令人氣力湧出。

《保命歌括・中暑》 治暑之法，清熱、益氣、養陰，勿使邪火爲元氣之賊也。宜分表裏治之，如有頭痛、惡寒之證，爲症在表，宜雙鮮散去硝黄加香薷，發散之最佳。如泄瀉、嘔吐、煩渴飲水，爲半表半裏，宜六和湯、薷苓湯，合天水散清之。若表已鮮，裏熱甚者，隨症鮮之。渴甚者，白虎湯、甘露飲。心煩不得安者，黃連鮮毒合梔子豉湯。小便不利者，五苓散去桂加車前子主之。大便鞕者，河間涼膈散主之，或人平生素虛及老人傷暑，脈微、下利、渴而喜溫，或厥逆不省人事者，竹葉石膏湯加熟附子半個，冷服。如壯熱汗多不止者，白虎湯加人參、蒼术各一錢，服之汗止，熱退身涼。

暑傷元氣有陽陰，陽受香薷合五苓。若是陰虛宜益氣，平人生脈莫嫌頻。

動而得之者，爲熱病，爲陽症。無惡寒、吐利表裏症者，宜五苓散合香薷飲。靜而得之者，爲暑病、爲陰症，不問有表裏症，并宜清暑益氣湯。若平人無病者，宜常服生脈散待熱湯飲之。東垣云：夏月服生脈散加黃芪、甘艸服，令人氣力湧出。

暑病人參白虎湯，東垣益氣是仙方。六味吐利能專治，煩渴無方甘露良。

此治暑病之大法也，陽受之者，宜人參白虎湯加蒼术主之。陰受之者，宜東垣清暑益氣湯主之。霍亂吐瀉者，六和湯主之。煩渴不止者，甘露飲主之。

奔馳勞役之人，有傷熱者，其症肌熱，躁熱，目赤面紅，煩渴引飲，晝夜不息，所謂症似白虎者是也，宜以脈辨之。其脈洪大而長，按之有力者，眞白虎症也，宜人參白虎湯主之。若脈洪大而虛，重按全無，此脈血症也，誤服白虎湯必死，宜當歸補血湯主之。

凡人夏月衝斥道路，或於田野中務農作勞，或肥白氣虛之人，不能抵當暑熱，忽然暈倒地，其氣將絕，名曰暑風。如在日中，即當移病者於陰處，切不可與冷水飲并卧濕地，取大蒜嚼爛，溫和湯灌之。如無大蒜，只將溫湯灌之，或童便灌，及用布蘸熱湯熨臍并氣海，或掘路中熱土作窩於臍中，令人尿之，候其蘇甦。如不醒，急灸氣海穴，以復其元氣。醒後以琥珀丸、獨參湯，調元辰砂、五苓散治之。若以冷水灌之及以冷水漬之即死。

凡人於春末夏初頭痛，腳軟，食少，體熱，忽瘦者，此屬陰虛元氣不足，名曰注夏。宜補中益氣湯去柴胡、升麻，加炒蘗、白芍藥。挾痰者，加半夏、茯苓。或常服生脈散加黃芪、甘艸、炒蘗。

脈虛身熱暑邪侵，弦細芤遲脈可憑。此是陰陽俱不足，眞人生脈妙通神。

經云：脈盛身熱，得之傷寒。病虛身熱，得之傷暑。此傷寒、傷暑之別也。傷暑之脈，弦細芤遲，皆虛也。愚謂弦細者，氣虛也。芤遲者，血虛也。《難經》云：熱則傷氣，故氣消而脈虛。脈即血也，未有氣虛而脈不虛者也。蓋腎主精，膀胱主津液，皆血之源也，謂之眞陰，又名天一至眞之氣。《易繫辭》云：坎爲血卦，其義精矣。然金者，水之母也。腎與膀胱之化源，肺、大腸實主之。夏月火旺，金被火刑，故腎之癸水絕於午，膀胱之水絕於巳，而眞陰之化源絕矣。孫眞人立生脈散，令人夏月服之。謂四

月建巳，丙火旺而辛金死，五月建午，丁火旺而庚金敗。故用生脈以瀉丙丁之火，補庚辛之金，使壬癸水之化源，潛滋暗長於泉源之化也。

人有形苦者，形樂者。形苦者，病生於外。形樂者，病生於內，其受病一也。潔古：靜而得之者，爲中暑，形樂病也。動而得之者，爲中熱，形苦病也。

《名醫類案・暑》 心病中暑爲正邪，中溼得之，從所不勝者爲賊邪。今心受暑而溼邪勝之，水剋火，從所不勝是也，五邪之中最逆也。經曰：溼溫之脈，陽濡而弱，陰小而急，濡弱見陽部，溼氣搏暑也。小急見於陰部，暑氣蒸溼也。細心精別。暑溼相搏名曰溼溫，是謂賊邪也。總宜白虎合五苓爲佳。

逢年歲熱甚，凡道路城市，昏仆而死者，此皆虛人勞人，或飢飽失節，或素有疾，一爲暑氣所中，不得泄，即關竅皆窒，非暑氣使，然氣閉塞而死也。古方治暑無他，但用辛甘發散疏導心氣，與水流行，則無害矣。宜薑葱湯調益元散。

《傷寒摘錦・痙濕暍脈證治法》 經曰：太陽中暍者，身熱疼腫而脈微弱，此亦夏月傷冷水，水行皮中所致也。此本時所得之病，非冬傷於寒至夏變爲暑之病也。乃夏時暑熱，以水灌洗而得之，一物瓜蒂散主之。若暑病，則用河間之法而治之。

太陽中暍者，發熱惡寒，身重而疼痛，其脈弦細芤遲，小便已，灑灑然毛聳，和腳逆冷，小有勞身即熱，口開，前板齒燥。若發汗，則惡寒甚。加溫鍼，則發熱甚。數下之，則淋甚。此證表裏俱受熱而病也，宜白虎湯。大抵暑熱之病不可發汗，汗之爲大逆，下之其逆小也。此以上皆言暍證也。

《赤水玄珠・暑門・注夏》 子和曰：痿之作也，皆五月六月七月之時，午者，少陰君火之位，未者濕土、庚金伏火之地，申者少陽相火之分，故痿發此三月之內爲熱也。故病痿之人，其脈浮大。

丹溪云：注夏屬陰虛，元氣不足，補中益氣中去柴升，加炒黃柏。挾痰者加南星。

《古今醫鑑・中暑》 脈　暑傷於氣，所以脈虛，弦細芤遲，體狀無餘。

證　大暑者，相火行令也，夏月人感之自口齒而入，傷心胞絡之經，其脈虛，或浮大而散，或弦細芤遲。蓋熱傷氣，則氣消而脈虛弱，其外症頭疼身熱，口乾煩渴，面垢自汗，倦怠少氣，背寒惡熱，甚者迷悶不省而爲霍亂吐利，痰涎嘔逆，發黃生斑，皆是其症。又甚者，火盛制金，不能平木，肝邪獨旺，以致搐搦，不省人事。其脈虛浮，浮者，風也，虛者，暑也，俗曰暑風，治宜黃連香薷飲加羌活，或只雙解散加香薷。

治　大抵治暑之法，宜清心利小便爲主。若自汗甚者，不可利之，以白虎湯清解之，次分表裏治之。如在表，頭痛，惡寒，雙解散加香薷，及二香散，十味香薷飲之類。在半表半裏，泄瀉煩渴，飲水吐逆，五苓散主之，熱甚煩渴，益元散清之。若表解裏熱甚，宜解毒湯，下神芎丸、酒蒸黃連等丸。或人平素虛弱，及老人冒暑，脈微下利，渴而喜溫，或厥逆不省人事，宜竹葉石膏湯，加附子半箇，冷服。凡夏月暑證，不可服諸熱燥劑，若誤用之，乃致斑毒發黃，小便不通，悶亂而死矣。

一傷暑與傷寒，俱有發熱，當明辨之。蓋寒傷形，暑傷氣，傷寒則惡寒而脈浮緊，傷暑則惡熱而脈虛微，以此爲異。經云：脈盛身寒得之傷寒，脈虛身熱得之傷暑。治宜小柴胡湯加石膏知母，或人參白虎湯主之。天時淫雨，濕令并行，蒼朮白虎湯主之。若元氣素弱而傷重者，用清暑益氣湯。

一行人或農夫，於日上勞役得之者，名曰中熱，其病必苦頭痛，發燥熱惡熱，捫之肌膚大熱，大渴引飲，汗大泄，無氣以動，乃爲天熱外傷肺氣也，宜人參白虎湯主之。

一人避暑熱於深堂大廈，而得之者，名曰中熱。其病必頭痛惡寒，身形拘急，肢節痛而煩心，肌膚大熱無汗，爲房室之陰寒所遏，使周身陽氣不得伸越，宜用辛溫之劑以解表散寒，五積散主之。

一外不受寒，止是內傷瓜果冰水冷物，腹痛泄瀉，或霍亂吐逆，宜縮脾飲主之，或理中湯，加神麯、麥芽、蒼朮、砂仁，此專治內溫中消食也。

《醫方考・暑門》 敘曰：暑，六氣之一也。實者清其暑，虛者益其氣，此大都也。至於雜病相糅，則變通在我而已。今考九方如左，論證論藥，可謂舉其大綱，觸類而通，弗可勝用矣。

黃連香薷飲　夏至後暑熱，吐利煩心者，此方冷服。

暑，陽邪也。干於脾則吐利，干於心則煩心。香薷之香，入脾清暑而定吐利。黃連之苦，入心卻熱而治煩心。暑邪結於胸中，非厚朴不散。暑邪陷於脾胃，非藊豆無以和中。然必冷服者，經所謂治溫以清，涼而行之是也。是方也，於伏熱之時，自覺酷暑蒸炎，或遠行而歸，自覺傷於暑熱，服一二

劑，誠爲切當。今人坐於高堂廣廈之中，身與冰盤水閣相習，日與浮瓜水菓相厭，暑邪原淺，每求此藥服之，甚者日日飲之，是謂誅罰太過，弱者寒中之疾作於日暮，壯者待時而病，秋季爲瀉爲利矣，慎之。

十味香薷飲　伏暑，身體倦怠，神昏頭重，吐利者，此方主之。

暑能傷氣，故身體倦怠，神思昏沉。暑爲陽邪，故併於上而頭重。暑邪干胃，故既吐且利。火熱橫流，肺氣受病，人參、黄耆，益肺氣也。肺爲子，脾爲母，肺虛者宜補其母，白术、茯苓、藊豆、甘草，皆補母也，火爲母，土爲子，火實者宜瀉其子，厚朴、陳皮，平其敦阜，即瀉子也。香薷之香，散暑邪而破濕熱。木瓜之酸，收陰氣而消脾濕。脾氣調，則吐利自息。肺氣復，則倦怠皆除。

人參白虎湯　暑月中熱，汗出惡寒，身熱而渴，脈虛者，此方主之。

暑，陽邪也。中人則傷衛，衛虛則不能固表，故汗出日惡寒。表有暑邪，故身熱。裏有暑邪，故口渴。暑傷於氣，故脈虛。經曰：壯火食氣。故用人參、甘草以補氣。石膏性寒味甘辛，寒則能除熱，甘則能調胃，辛則能解肌，以其行清肅之令而除煩暑。得西方神金之象，故以白虎名之，用之者，經所謂折其鬱氣是也。知母滋陰益腎，《易・義》曰：火炎則水乾。故用知母以益水，經所謂滋其化源是也。

六一散　中暑，身熱煩渴，小便不利者，此方主之。

身熱口渴，陽明證也。小便不利，膀胱證也。暑爲熱邪，陽受之則入六腑，故見證若此。滑石性寒而淡，寒則能清六腑，淡則能利膀胱，入甘草者，恐石性太寒，損壞中氣，用以和中耳。經曰：治溫以清，凉而行之。故用冷水調服。是方也，簡易而效捷，暑途用之，誠爲至便。但於老弱陰虛之人，不堪與也。此虛實之辨，明者詳之，否則蹈虛虛之戒，惡乎不慎。

清暑益氣湯　長夏濕熱蒸炎，四肢困倦，精神減少，身熱氣高，煩心便黄，渴而自汗，脈虛者，此方主之。

暑令行於夏，至長夏則兼濕令矣，故此方兼而治之。暑熱蒸炎，表氣易泄，而中氣者，又諸氣之原。黄耆所以實表而固易泄之氣，白术、神麯、甘草所以調中而培諸氣之原。酷暑橫流，肺金受病，人參、五味子、麥冬，以補肺，一以收肺，一以淸肺，此三物，名曰生脈散。經所謂扶其所不勝也。火盛則水衰，故又以黄栢、澤瀉滋其化源。液亡則口渴，故又以當歸、乾葛生其胃液。清氣不升，升麻可升。濁氣不降，二皮可理。蒼术之用，爲兼長夏之濕也。

大順散　夏月引飲過多，脾胃受濕，清濁相干，陰陽氣逆，霍亂嘔吐者，此方主之。

脾胃者，喜燥而惡濕，喜濕而惡寒，時雖夏月，過於飲冷吞寒，則傷之矣，故令氣逆霍亂而嘔吐也。乾薑、肉桂，溫胃而建中，甘草、杏仁，調脾而利氣。此方非治暑，乃治暑月飲冷受傷之脾胃爾。若非飲冷而致諸疾，則勿執方以治也。

桂苓甘露飲　夏月引飲過多、小便不利，濕熱爲患者，此方主之。

三石所以清六腑之熱，五苓所以利三焦之濕。河間此方，誠治濕熱之簡捷者。張子和加人參、甘草，因其脈虛。乾葛之加，解其暑渴，木香之加，化其濕氣。

縮脾飲　夏月伏熱，爲酒食所傷者，此方主之。

砂仁、草菓所以消肉食。烏梅、乾葛卻暑而除煩。藊豆、甘草助脾而益胃。

六和湯　夏月病人霍亂轉筋，嘔吐泄瀉，寒熱交作，倦怠嗜卧，伏者煩悶，小便赤澀，或利，或渴，中酒，胎產，皆可服之。

六和者，和六腑也。脾胃者，六腑之總司。故凡六腑不和之病，先於脾胃而調之，此知務之醫也。香能開胃竅，故用薷砂。辛能散逆氣，故用半杏。淡能利濕熱，故用茯瓜。甘能調脾胃，故用藊术。補可以去弱，故用參草。苦可以下氣，故用厚朴。夫開胃散逆，則嘔吐除。利濕調脾，則二便治。補虛去弱，則胃氣復而諸疾平。蓋脾胃一治，則水精四布，五經幷行，雖百骸九竅，皆太和矣，況於六腑乎。

《傷寒證治準繩・四時傷寒不同・夏爲暑病》　按：中暍、中暑、中熱名雖不同，實一病也。若冬傷於寒，至夏而變爲熱病者，此則過時而發，自內達表之病，俗謂晚發是也。又非暴中暑熱新病之可比。或曰：新中暑病，脈虛，晚發熱病脈盛。

暍病治法，有清熱，有解肌。

太陽中熱者，暍是也。其人汗出惡寒，身熱而渴也。成：汗出惡寒，身熱而不渴者，中風也。汗出惡寒，身熱而渴者，中暍也，白虎湯。太陽中暍者，發熱惡寒，身重而疼痛，其脈弦細芤遲，小便已灑灑然毛聳，手足逆冷，小有勞，身即熱，

口開前板齒燥。若發汗，則惡寒甚。加溫針，則發熱甚。數下之，則淋甚。成：病有在表，有在裏者，有表裏俱病者，此則表裏俱病者也。發熱惡寒身重疼痛者，表中暍也。脈弦細芤遲者，中暑脈虛也。小便已灑灑然毛聳，手足逆冷者，太陽經氣不足也。小有勞身即熱者，謂勞動其陽而暍即發也。口開前板齒燥者，重有熱也。《內經》曰：因於暑汗，煩則喘喝，口開謂喘喝也。以喘喝不止，故前板齒乾燥。若發汗以去表邪，則外虛陽氣，故惡寒甚。若以溫針助陽，則火熱內攻，故發熱甚。若下之，以除裏熱，則內虛而膀胱燥，故淋甚。徐氏曰：此條無治法，東垣以清暑益氣湯主之，所謂發千古之秘也。太陽中暍者，身熱疼重，而脈微弱，此亦夏月傷於水，水行皮中所致也。成：經曰：脈虛身熱得之傷暑。身熱脈微弱者，暍也。身體疼重者，水也。夏時暑熱，以水灌溉而得之。瓜蒂一物散，或云五苓散。

中暍與傷寒相似而異　張氏曰：清邪中上，濁邪中下。其風寒濕者，皆地之氣，係濁邪，所以俱中足經。惟暑乃天之氣係清邪，所以中手少陰心經也。其證多與傷寒相似，但暍與傷寒脈不同耳。夫傷寒雖惡寒發熱，初病未至於煩渴，惟暑則不然，初病即渴，所以與傷寒爲異也。且傷寒之脈，必浮盛，中暑之脈虛弱，或弦細芤遲者有之。經曰：脈盛身寒，得之傷寒；脈虛身熱，得之傷暑，此之謂也。假如太陽病，項背強幾幾，反汗出惡風，若當炎暑之時，豈不與中暍相似，惟其不渴，故與桂枝加葛湯主之。凡居夏秋之令，炎暑之時，必當依經詳審，則無差失之患矣。汪：以證言之，傷寒惡寒，傷熱惡熱。以脈言之，傷寒脈盛，傷暑脈虛，且暑脈虛細，與濕痓之脈有相似者，而證則不同。暑則自汗而渴，濕則不渴，痓則身疼也。

脈虛身熱，得之傷暑　劉純曰：按許學士云：傷暑其脈弦細芤遲，何也？《內經》曰：寒傷形，熱傷氣，蓋傷氣而不傷形，則氣消而脈虛弱，所謂弦細芤遲，皆虛脈也。仲景以弦爲陰，而朱肱亦曰中暑脈細弱，則皆虛脈也，可知矣。

暑證有冒有傷有中　戴氏曰：冒傷中三者，輕重之分，或腹痛水泄，胃與大腸受之，惡心者，胃口有痰飲，此二者冒暑也。可用黃連香薷飲。黃連退熱，香薷消暑。或身熱頭疼，躁亂不寧者，或身如針刺者，此爲熱傷肉分，當以解毒白虎湯加柴胡，氣虛加人參。或咳嗽發寒熱，盜汗不止，脈數者，熱傷肺經，火乘金也，此爲中暑。宜用清肺湯、柴胡天水散之類。

中暑發爲痿厥諸證　東垣曰：長夏濕熱蒸人，損傷元氣，四肢困倦，精神短少，兩腳痿軟，遇早晚之際，則發寒厥，日高之後，復熱如火，乃陰陽氣血俱不足也。或心胸痞滿，肢節沉疼，或氣高而喘，身熱而煩，小便黃而少，大便溏則頻，或利，或渴，自汗體重，此血先病而氣不病也。若濕氣先搏，脈必洪緩而遲。病雖互換少差，其天暑濕令則一，宜以清燥之劑治之。或遠行大熱而渴，則熱舍於腎，故水不勝火，發爲骨痿，此濕熱成痿也。或熱厥而陰虛，或寒厥而氣虛，四肢如火，爲熱厥。四肢寒冷，爲寒厥。寒厥腹中有寒，熱厥腹中有熱，爲脾主四肢故也。徐氏曰：此論暑熱證候則同冬月傷寒傳變，爲證之不一。彼爲寒傷形，此爲熱傷氣。若元氣虛甚，受病忽於一時不救者，與傷寒陰毒頃刻害人實同。故東垣啓是病例，大開後人之盲瞶也。宜與痿門互看。

暑風　賈氏曰：此由火熱制金，不能平木，搐搦不省人事，其脈虛浮。浮者風也，虛者暑也，俗名暑風。乃相火甚而行令也。先以溫水化蘇合香丸，次以黃連香薷飲加羌活，或雙解散加香薷尤良。

治暑大法　賈氏曰：暑者，相火行令也。人感之，其脈虛，外證頭疼，口乾面垢，自汗倦怠。或背惡熱甚者，迷悶不省而爲霍亂、吐利、痰滯、嘔逆、腹痛、泄利、下血、發黃、生斑，皆是其證。治法清心利小便爲上。汗多者，不可利，宜白虎湯。次分表裏以治，如在表頭疼，惡寒，雙解加香薷，及二香散、十味香薷散。如在半表半裏，瀉泄煩渴，飲水吐逆，五苓散。熱甚煩渴，益元散。若表解裏熱，宜半夏解毒湯下神芎丸。或老人及素弱人，冒暑脈微下利，渴而喜溫，或厥冷不省人事，宜竹葉石膏湯加熟附半箇，冷飲。次以來復丹、五苓散治之。凡夏月暑證，不可服諸燥劑，致斑毒發黃，小便不利，悶亂而死矣。徐氏曰：此言治暑之法，可謂詳備。然於暑風，相火爲病，而用蘇合香丸。至用雙解，皆當審諦脈證，不可差失。詳蘇合丸但可用於陰寒所遏，或內傷生冷，及氣中，或中惡者，此等又不可謂暑風相火之證，矣學者審之。陶氏曰：中暑脈虛而伏，身熱背惡寒，面垢自汗，煩躁大渴，毛聳惡寒，昏冒倦怠，而身不痛，與傷寒諸證不同。內外俱熱，口燥煩渴，四肢微冷，而身不痛，用白虎湯。痰逆、惡寒，橘皮湯。熱悶不惡寒，竹葉石膏湯。頭痛惡心，煩躁，心下不抉，小便不利，五苓散下消暑丸。中暑用小柴胡湯最良。

脈洪身熱惡寒爲熱病　《活人》云：夏月發熱惡寒，頭疼身體肢節痛重，其脈洪盛者，熱病也。冬傷於寒，因暑氣而發，爲熱病。治熱病與傷寒

同，有汗宜桂枝湯，無汗宜麻黃湯，加煩躁者宜大青龍湯。然夏月藥性須帶涼，不可大溫，桂枝、麻黃、大青龍須用加減，夏至前桂枝加黃芩半兩，夏至後，桂枝、麻黃、大青龍加知母一兩，石膏二兩，或加升麻半兩。蓋桂枝、麻黃湯，性熱，及煖處非西北之比，夏月服之，必有發黃斑出之失。熱病三日，外與前湯不瘥，脈勢仍數，邪氣猶在經絡未入藏府者，桂枝石膏湯主之。此方夏至後代桂枝證用，若加麻黃一兩，可代麻黃青龍證用也。若三月至夏爲晚發傷寒，梔子升麻湯亦可選用之。

吳綬：自夏至以後，時令炎暑，有人壯熱煩渴，而不惡寒者，乃熱病也。凡脈浮洪者，發於太陽也。洪而長者，陽明也。弦而數者，少陽也。然此發在三陽，爲可治。若脈沉細微小，足冷者，發在三陰，爲難治也。大抵熱病大熱，須得脈洪大有力，或滑數有力，乃爲脈病相應，爲之可治。若小弱無力，爲之難治。若人虛脈弱者，宜以人參湯與之，而扶其元氣也。不可以攻其熱，如脈洪身疼，壯熱無汗煩亂者，宜六神通解散，發汗則愈。或人參羌活散加葛根、淡豆豉、生薑以汗之。輕者只用十味芎蘇散汗之，亦佳。如夾暑，加香薷、扁豆雙解之。若兼有內傷生冷，飲食停滯，或嘔吐惡心，中脘痞悶，或惡風，或增寒拘急者，宜藿香正氣散加香薷、扁豆、葛根以發汗，名二香湯也。若發散熱不解者，在太陽經，宜用人參羌活散加黃芩。在陽明經，宜用升麻葛根湯加黃芩，熱甚燥渴脈大者，白虎湯加人參主之。在少陽，宜用小柴胡湯隨證增損治之。若夾暑者，加黃連、香薷主之。若熱而大便自利，小便不利煩渴者，五苓散去桂，加葛根、黃連、香薷、滑石之類主之。若表裏俱熱，而自利脈浮數，而小便不利者，小柴胡湯合四苓散主之。若其不解，或傳經變證，或裏實可下，或陰寒可溫，或發斑黃等證，皆從正傷寒條內治之也。凡熱病一二日，泄利腹滿，熱甚者死。三四日，目昏譫語，熱盛而脈小者死。四五日，熱盛脈小，足冷者死。五六日，汗不出嘔吐，譫語昏沉，脈急促者死。六七日，舌本焦黑燥者死。七八日，衄血、吐血、躁熱脈 大者死。九日，發痙搐搦，昏亂者死。凡熱病脈促，結代沉小，皆難治也。熱病不得汗，而脈躁急者死。以得汗而熱反盛，脈躁急者死也。

《傷暑全書・暑證》 立夏以後，暑熱盛行，時人有頭疼惡心，身熱惡寒，手足厥冷，肢節沉痛，不思飲食，或氣高而喘，或氣短而促甚者，用手捫之，如火燎皮膚，或腹腸絞疼，或口鼻流血。病候與傷寒相似，不知者誤認傷寒，用辛熱發汗藥，或加衣出汗，則元氣益虛，終不知悟。蓋此證乃夏屬陰虛，元氣不足，濕熱蒸人，暴傷元氣。人初感之即骨乏腿軟，精神倦怠，昏睡懶語，其形如醉夢，間或無汗，或微汗不斷，或大汗不止，煩渴飲水，胸膈痞悶，小便黃而少，大便溏而頻，或嘔或瀉，或結或霍亂不止。此等證與傷寒大異，按時而施治，據證而急療，無不應手者。語曰勿伐天和，正因時之道也。亦有不頭痛、身痛、惡寒者，治法皆同。治法，輕者以五苓散，以利小便，導火下瀉，而暑自解。或香薷飲，辛散以驅暑毒。木瓜制暑之要藥也。或藿香正氣散，十味香薷飲之類。重者人參敗毒散、桂苓甘露飲、竹葉石膏湯、白虎湯之類。弱者用生脈散、清暑益氣湯、補中益氣湯等。若不分內外，不論輕重強弱，一概以和解，百發百中，隨試隨應，則無如六和湯最良矣。方書名家，古今甚衆，其中多所發揮，明切精密者，惟朱丹溪爲最詳且要。近世著作，王宇泰先生有《證治準繩》、《證治類方》諸帙，獨得其解，批卻中窾。轉丸游刃之技，力追古名流已，工醫者，所當時披誦而潛玩者也。

霖按：暑證論治，此篇要言不煩，可作醫門棒喝。然未若仲景治暍精簡也。第一節言暑證總綱，論曰太陽中暍，發熱惡寒，身重而疼痛，其脈弦細芤遲，小便已灑灑然毛聳，手足逆冷。小有勞，身即熱，口開前板齒燥。若發其汗，則惡寒甚。加溫針，則發熱甚。數下之，則淋甚。夫暑爲天日之陽，邪由口鼻皮毛聾入者，多先見寒熱。其身重疼痛，脈弦細芤遲者，暑多兼濕，蓋弦細芤遲，中寓濡象，挾濕故也。太陰主表，膀胱亦主表，熱邪傷氣，故小便已灑灑然毛聳也。手足冷者，陽氣內鬱，而不能外達也。熱濕盛於內，氣淫於外，故汗出身熱，口開齒燥也。若發汗則更傷其表氣，溫針則益其燥熱，下之則熱邪內陷。此示人以暑病之脈證，禁忌而不出方也。第二節論曰：太陽中熱者，暍是也。汗出惡寒，身熱而渴，白虎加人參湯主之。此言熱甚者，宜清熱生陰也。第三節論曰：太陽中暍，身熱疼重，而脈微弱，此以夏月傷冷水，水行皮中所致也，一物瓜蒂湯主之。此言濕甚熱微者，以瓜蒂去身面四肢水氣，水去暑無所依則自解。觀其三法鼎峙，由此類推其熱濕微甚，治暑已無餘蘊。誰謂長沙知治寒，而不知治暑哉。

《傷暑全書・暑厥》 夏月有卒然暈倒，不省人事，手足逆冷者，爲暑厥。此陰風也，不可驟用寒涼藥。先以辛溫藥散解之，俟醒，然後用辛涼，以清火

除根。誤用熱藥。及艾灸，立死。童便和薑汁灌，亦易甦。

霖按：暑厥，乃熱邪閉塞諸竅。先以紫金錠，涼水磨服一二錢，俟厥回，或以竹葉石膏湯，或以黃連香薷飲，夾濕者，白虎加蒼朮湯，陰虧者，麥冬湯，或生脈散消息加減治之。西瓜、蘆根、蘿蔔、甘蔗諸汁，清涼滋潤之品，皆可與服，此言暑厥。若寒厥誤認爲熱，則禍不旋踵。然其寒熱之辨，不可不知，凡四肢逆冷，身冷面青踡臥，手足指甲青黯，腹痛不渴，小便淸白，大便溏泄，脈微遲者，陽衰於下之寒厥也。若四肢厥逆，身熱面赤，脣燥、口乾，舌苦，目閉或不閉，煩渴，小便短濇，大便燥，脈滑者，陰衰於下之熱厥也。然而寒厥，亦有忽然煩躁不寧，欲坐臥泥水井中，此陰極發躁之戴陽證，不可作熱治。熱厥亦有肢冷脈伏，乃熱邪入裏，氣血不得宣通，所謂火極似水也，不可作寒治。夫卒然不省人事，肢冷脈伏，何以辨其脈之滑數爲熱，微遲爲寒耶？雖然，兩手六部脈乍不見，而尺中應有一兩部未伏，設兩手雖伏，十二經動脈中，必有兩三部不伏，即在此未伏脈中，仔細尋其微遲滑數，以定寒熱。若果全身之脈皆伏，其人已氣閟而絕矣。夫暴厥之因實繁，此就寒熱而論。然不獨寒熱當辨，即溫暑同爲熱深之厥，其治有間，而況寒熱乎。是不容不辨也。

《傷暑全書・暑風》 忽然手足搐攣，厲聲呻吟，角弓反張，如中惡狀，爲暑風。亦有先病熱，後甚漸成風者。譫語狂呼，浪走氣力百倍，此陽風也。治法以寒涼攻劫之，與陰風不同，皆宜解散化痰，不宜汗下，有日久而脾胃弱者，宜溫補。

霖按：暑風，即痙也，痙甚則厥。近世雖嚴寒溫之防，而取重於安宮、至寶、清營、紫雪之類，全是溫病伏氣治法。與中暑之痙厥，究隔一間。經言：先夏至爲病溫，後夏至爲病暑。蓋夏至陰生，太陰濕土用事，濕、熱、火三氣交蒸，合而爲暑，異乎春夏水火司令，觸發伏氣之溫熱也。夫暑邪由口鼻吸入，直逼血絡，鼓動內風，風火盤旋，勢不可遏，此少陽相火，太陰濕土，厥陰風木，三氣合邪，奔竄無常，故爲痙爲厥也。蓋手少陽三焦相火，與手厥陰包絡相通，暑熱之邪內襲，招引相火，火動風生，則肝木失養，故筋攣脈急。風煽火熾，則包絡受邪，故神識昏迷。身中之氣，隨風火上炎，而有升無降，常度盡失，由是而形若尸厥矣。正《內經》所謂血之與氣，併走於上，則爲暴厥者是也。外竄經絡，則成痙。內逼膻中，則爲厥。其治速宜熄風泄火，達絡疎肝，急折其勢，以平其暴，不令其煎熬胃液，甚則用釜下抽薪法，以白頭翁湯，消息治之，直折其厥少之盛。待勢稍衰，再議清通包絡，漸進化痰、養陰、清濕之劑。此正治也。更有暑邪熱極，脈微而躁，肢冷膚冷，面赤氣短，大汗不止，而舌潤或手拘攣，瞀亂昏迷者，乃邪熱逼汗，爲陽越之證，急宜參、附加童便以回陽。俟甦後，再以清暑養陰，以善其後，否則，亡陽不救。然苟非脈微足冷，汗出舌潤，則仍是熱證，誤用參、附，即死。若無眞知灼見，不可輕試，要亦不可不知也。

《傷暑全書・暑瘍》 凡癰疽毒瘡，發熱有時，晡甚且止。若夏月間，有頭、面、外項赤腫，或咽喉腫痛，或腿足焮腫，長至數寸，不能動履，人皆疑爲瘡，但其頭痛內燥，晝夜發熱不止，自與瘡證不同。但以敗毒散加石膏、黃連等藥，熱證一解，赤腫自消，全無膿血，此名暑瘍。毫釐而千里者也。

霖按：暑瘍一證，熱勝者紅腫堅痛，風勝者則癢，濕勝者多膿水，治宜清達泄熱，消風袪濕。當權其微甚，以消息之。

《傷暑全書・暑瘵》 盛暑之月，火能灼金。若不禁辛酒，脾火暴甚，有勞熱躁擾，而火動於心肺者，令人咳嗽氣喘，驟吐血、衄血，頭目不清，胸膈煩喝不寧，即童稚老夫，間一病此。昧者以爲勞瘵，不知火在血上，非眞陰虧損而虛勞者等也。宜四物湯、黃連解毒、二陳湯，三藥內去川芎、白芍、黃柏，以貝母易半夏，加桔梗以抑之，薄荷以散之，麥冬五味以歛之，自愈。或加童便，藕汁，或黃連香薷飲一二劑，亦可。靜攝數日，忌酒，煎炒，自安。是名暑瘵，宜酌而善用焉，或用東垣參苓調中亦妙。

霖按：暑瘵，乃陰氣不生，陽氣不潛，證見咳血、吐血，日晡煩蒸，早間清爽，舌白口渴，頭脹身疼，皆暑熱之邪內襲，陰劫絡傷。雖有宿恙，亦當先清絡熱，宜沙參、甜杏仁、川貝、蔞皮、連翹、麥冬、竹葉、鮮生地等味，鮮荷葉汁一盃和服，尤有奇功。俟血止後，再議育陰。若先後失序，或誤用溫補，則絡中伏熱，不得外達，必成不治之證。醫見舌苔白，多疑伏寒，未敢逕用清涼，因循貽誤者有之。不知舌苔白，乃暑邪傷氣，肺主氣屬金，金色白故也。

《傷暑全書・絞腸沙》 夏間有不頭痛發熱，但覺小腹疼痛，或心腹俱痛，鼓脹痞滿，不能屈伸者，人或疑爲陰證，或執爲食生冷過多，不知皆暑火流注，臟腑不能解。故先小腹痛，後及偏心腹。法宜六和湯清解之，或五苓

散加香薷、木瓜、紫蘇、半夏之類利散之，自愈。若以爲陰病生冷，而用熱藥熱物助之，不可救已。或用炒鹽和滾水服，探吐痰涎，亦妙。亦有發熱、身痛等證，内兼心腹痛，大概吐法爲上，用藿香正氣散，或二陳湯加厚朴、炒梔，佳。

霖按：沙脹，爲寒熱錯雜之病。其因甚繁，絞腸特其一證耳。《金匱》所謂陰毒陽毒者是也。其試沙之法，脈與證相反者，沙也。嚼黄豆無豆腥氣，嚼帶毛生芋子。而不麻口者，沙也。辨沙之法，先吐瀉而心腹絞痛者，多由穢氣而發。先心腹絞痛而吐瀉者，多由暑氣而發。心胸昏悶，痰涎膠結者，多從伏熱而發。遍身腫脹疼痛，四肢不舉，舌强不言者，多因氣寒冰伏火毒而發，治沙之法，病在孫絡者，表也，先宜在病者背心輕輕向下刮之。病在絡脈者，裏也，先宜於十手足指甲處，舌下兩旁，兩臂彎，及委中等穴刺之，以泄其毒，然後審證製方。王養吾《沙書》、郭右陶《玉衡》言之最詳。豈六和、五苓、正氣、二陳，便能蒇事哉。仲景於《金匱》未便定方，祇以一升麻鼈甲湯加減，示人途徑，其意深矣。然沙脹之治難定，而沙脹之原，不可不知。

又按：〔略〕沙脹爲寒暑錯雜之毒邪，由皮毛而入者，與陽明悍氣合，阻遏纏布周身孫絡中之血氣。由口鼻吸受者，阻遏絡脈中之血氣。暑毒鬱遏，悍氣愈遏，其毒愈烈，故一發燎原。苟不急治，則毒由迴血管入心，入心則死矣。急治之法，藥餌功緩，故宜刮、宜刺，急泄其毒邪，不令入心，徐圖解救也。否則，不明致沙之原，妄試湯藥，幾同操刃。

《傷暑全書·劉河間·中暑》 中暑之證，身熱頭痛，背寒面垢，自汗煩燥，大渴口乾，倦怠而身不痛，或時惡寒，或畏日氣，脈虛而弱。無問表裏，通宜白虎湯。幷感冒發熱煩渴，五苓散、桂枝茯苓甘露飲、黄連香薷飲，或雙解散。或裏熱甚腹滿，而脈沉可下者，大承氣湯下之，或三一承氣湯尤妙。半表半裏者，小柴胡湯、涼膈散、天水散。

按：劉河間論暑證甚詳，獨明於諸家。用藥頭頭中款，可謂得其解者。但暑證不分表裏，一味清内，得寒涼而解，苦酸而收，不必用下。承氣湯走馬之糞也，卻之卻之。

《傷暑全書·朱丹溪·中暑論》 中暑論曰：暑乃夏月炎暑也。盛熱之氣着人也，有冒、有傷、有中三者，有輕重之分，虛實之辨。或腹痛水瀉者，胃與大腸受之，惡心者，胃口有痰飲也，此二者，冒暑也。可用黄連香薷飲、清暑益氣湯，蓋黄連退暑熱，香薷消畜水。或身熱頭疼，躁亂不寧者，或身如針刺者，此爲熱傷在肉分也，當以解毒湯、白虎湯加柴胡。如氣虛者加人參，此爲傷暑。或咳嗽發寒熱，盜汗出不止，脈數者，熱在肺經，用清肺湯、柴胡湯、天水散之類，急治則可，遲則不救。盛火乘金也，此爲中暑。凡治病須要明白辨別，慎勿混同施治。春秋間亦或有之，切莫執一，隨病處方爲妙。

按：暑病原有輕重，分傷、冒、中三款是已。但凡感暑而病者，皆從冒火而得，總謂之傷暑。其感火多而勢重者，乃爲中暑。以内外諸雜證，分屬五臟，猶爲近理。至以五臟分屬冒、傷、中三者，則誤矣。其内外諸雜證，即有重輕，均從臟腑而發。若以分屬之三證，豈不泥且左矣。名家亦有此誤，又何以破後人之迷也。

《傷暑全書·李文清·〈醫學入門〉論暑》 暑病身熱自汗，口渴，面垢而已。餘證皆後傳變，或兼内傷，必先問其人素虛胃弱，或大病大勞後，縱暑中傷者，宜清暑益氣。素强盛壯實，無虛損病者，宜袪暑和中。

自襲暑氣而言，曰中暑。自被日逼而言，曰中暍。然暑初入，自口鼻牙頰達於心主胞絡，以火從火，故古法治暑，取冷水灌溉勿嗞。

即暑暍證，但以手足搐搦爲風，手足逆冷爲厥，厥與傷寒熱厥義同，黄連香薷飲。暑風乃勞役内動五臟之火，與外火交熾，則金衰木旺生風，香薷飲加羌活，六和湯合消風散。素有痰飲，因暑觸動痰熱生風者，六和湯合星香散。

《傷暑全書·王宇泰·〈證治準繩〉論暑》 論曰：《此事難知》：傷暑有二，動而傷暑，心火大盛，肺氣全虧，故身脈洪大，動而火勝者，熱傷氣也，辛苦人多得之，白虎加人參湯。靜而傷暑，火勝金位，肺氣出表，故惡寒脈沉疾，靜而濕勝者，身重也，安樂之人多受之，白虎加蒼朮湯。傷暑必自汗，背寒面垢，或口熱煩悶，或頭疼發熱，亦有痛者，更有痛甚身如骨碎者，神思倦怠殊甚，暑傷氣而不傷形故也。但身體不痛，與感風寒異，宜香薷飲、六和湯。嘔而渴者，浸冷香薷湯，或五苓散，兼吞消暑丸。嘔不止者，枇杷葉散去茅根，吞來復丹。嘔而痰卻暑散，吞消暑丸，或小半夏茯苓湯，或消暑飲。又有不瀉而腹乾痛者，六和湯煎熟，調蘇合香丸。暑先入心者，心屬南方離火，各從其類，小腸爲心之府，利心經暑毒，使由小腸中出，五苓散利小便，治暑

上劑也。暑月身癢如針刺，間有赤腫處，亦名暑風，末子六和湯和消風散，酒調服。暑風而加以吐瀉交作者，六和湯、藿香正氣散各半貼，加全蠍三個。有暑毒客於上焦，胸膈痞塞，湯藥至口即出，不能過關，或上氣喘急，六和湯浸冷，調入麝香少許。暑氣久而不解，遂成伏暑，內外俱熱，煩躁自汗，大渴喜冷，宜香薷飲加黄連一錢，繼進白虎湯。若服藥不愈者，暑毒深入，結熱在裏，譫語煩渴，不欲近衣，大便秘結，小便赤澀，當用調胃承氣湯，或三黄石膏湯。

按：承氣湯必不可輕用。

《簡易備驗方·暑證》 大抵夏月陽氣浮於外，陰氣伏於內，法當補陽氣爲主，而佐以解暑，不可泛用香薷飲之類。走散陽氣，導損眞陰，而益其病也。至若清暑益氣湯內用豬苓、澤瀉等，必審其果有濕熱壅滯方可，否則亦損其陰，而傷其目矣。又有夏間用薄荷煎湯以代茶，殊不知散人之眞氣，即久用川芎湯令人暴死之類也。

凡人熱急心慌，即將頭髮打開，浸涼水內即解。幷扇兩手心。

消暑丸　治中暑伏暑，煩熱悶亂，或似欲絶者。半夏一斤，好醋一斤煮乾，茯苓去皮，甘草生用，各半斤，爲細末。生薑自然汁作糊，爲丸桐子大。每服五六十丸，或百丸，熟水送下。合時，精潔修治，極有神效。中暑爲患，藥下即蘇。夏中常服，止渴利水，若痰停滯引飲，或爲飲食所傷，脾胃不和，幷用生薑湯送下。入夏之後，不宜缺此，暑藥皆不及也。

治伏暑引飲，口燥咽乾，或吐或瀉：白扁豆微炒，厚朴去皮薑汁炙，各一兩。香薷去土二錢，銼細。水一盞，入酒少許，煎七分，沉冷，不拘時服。

一方，加黄連薑汁炒。如有搐搦，加羌活。

治夏月過飲冷水，及食生冷，又坐卧取涼：忽然惡寒吐瀉，遍身作痛，此中暑，非冒暑也。勿飲冷水，惟用六一散，以葱數根，薑五片，煎湯熱服，少刻汗出，愈。

《景岳全書·夏月伏陰續論》 夏月伏陰在內，此本天地間陰陽消長之正理，顧丹溪特爲此論而反乖其義，因以致疑於人。其謂何也？觀其所論曰：人與天地同一橐籥，子月一陽生，陽初動也；寅月三陽生，陽初出於地也，此氣之升也。巳月六陽生，陽盡出於上矣，此氣之浮也。人之腹屬地，氣於此時，浮於肌表，散於皮毛，腹中虛矣。世言夏月伏陰在內，此陰字有虛之義，若作陰涼看，其誤甚矣。且其時陽浮地上，燔灼焚燎，流金爍石，何陰冷之有？若於夏月火令之時妄投溫熱，寧免實實虛虛之患乎！此丹溪之言虛，是固然矣。若以陰冷二字爲誤，而夏月禁用溫熱，此則余所不服也。

何以見之？夫天地之道，惟此陰陽，陰陽之變，惟此消長，故一來則一往，一升則一降，而造化之機，正互藏爲用者也。經曰：陰主寒，陽主熱。又曰：氣實者熱也，氣虛者寒也。此本陰陽之常性也。今既云夏月之陽盡浮於外，則氣虛於中矣，氣虛即陽虛也，非寒而何？陽浮於外，則陰伏於內矣，陰盛則陽衰也，非寒而何？此固不易之理也。然而尤有顯然者，則在井泉之水，當三冬之寒冽，而井泉則溫，盛夏之炎蒸，而泉源則冷，此非外寒內熱，外熱內寒之明驗乎？此又歲歲皆然，主氣之常候也。至若主氣之外，又有客氣，而天以五周，地以六備，寒暄遞遷，氣更應異，如伏明之紀，寒清數舉；卑監之紀，風寒幷興；堅成之紀，陽氣隨陰治化；流衍之紀，寒司物化，天地嚴凝；太陽司天，寒氣下臨，寒清時舉；太陰司天，地乃藏陰，大寒且至等義，是無論冬夏，皆有非時之氣以動爲民病者也，又豈因夏月之火令，遂可謂之無寒而禁用溫熱乎？且伏陰之義，本以陰陽對待，寒熱爲言，若但以陰字爲虛，則夏月伏陰，宜多虛證，冬月伏陽，即無虛矣，豈其然乎？又若夏月宜禁溫熱，則冬月宜禁寒涼，無待言也。今見四時之病，盛夏每多吐瀉，深冬偏見瘡疹，諸如此類，豈非冬多內熱，夏多中寒乎？總之，夏有熱證，亦有寒證，冬有實證，亦有虛證，雖從時從證，貴乎因病制宜，然夏月伏陰之義，此實天人之同氣，疾病之玄機，有必不可不察而忽之者也。今若丹溪之論，則於理反悖，而何切於用？即無此論，亦何不可？

近見徐東皋亦述丹溪之說云：夏月無寒，世人不察，而用溫熱，爲世通弊。若謂夏月伏陰，宜服溫熱，則冬月伏夏，宜服寒涼，然則孟子冬日飲湯，夏日飲水，亦不足信歟？噫，此公都子之言也，不過借喻內外，原非用析陰陽，而徐氏曲引爲證，獨不思經文《易》義，儻相背乎？《內經》曰：陰中有陽，陽中有陰。曰：寒極生熱，熱極生寒。曰：重陰必陽，重陽必陰。曰：相火之下，水氣承之；君火之下，陰精承之。曰：此皆陰陽表裏內外雌雄相輸應也，故以應天之陰陽也。又如《周易》之兩儀，有陰必有陽也。兩儀而四象，陰陽之中復有陰陽也。在泰之義，則曰內陽而外陰，君子道長，小人道消也。在否之義，則曰內陰而外陽，小人道長，君子道消也。由此觀

之，則丹溪之論，東皋之引證，皆吾之所不信也，故復爲此續論。

《景岳全書・雜證謨・暑證》 論證

暑本夏月之熱病，然有中暑而病者，有因暑而致病者，此其病有不同，而總由於暑。故其爲病，則有陰陽二證： 曰陰暑，曰陽暑。治猶冰炭，不可不辨也。陰暑者，因暑而受寒者也。凡人之畏暑貪凉，不避寒氣，則或於深堂大廈，或於風地樹陰，或以乍熱乍寒之時，不謹衣被，以致寒邪襲於肌表，而病爲發熱頭痛，無汗惡寒，身形拘急，肢體痠痛等證。此以暑月受寒，故名陰暑，即傷寒也。惟宜溫散爲主，當以傷寒法治之也。又有不慎口腹，過食生冷，以致寒凉傷臟，而爲嘔吐、瀉痢、腹痛等證，此亦因暑受寒，但以寒邪在內，治宜溫中爲主，是亦陰暑之屬也。陽暑者，乃因暑而受熱者也，在仲景即謂之中暍。凡以盛暑烈日之時，或於長途，或於田野，不辭勞苦，以致熱毒傷陰，而病爲頭痛煩燥，肌體大熱，大渴大汗，脈浮氣喘，或無氣以動等證。此以暑月受熱，故名陽暑。治宜察氣之虛實，火之微甚，或補或清，以固其氣。此與陰暑之治，大有不同，若或因暑之名，而不分表裏，不察陰陽，則誤人不淺矣。

一、陰暑證，或在於表，或在於裏，惟富貴安逸之人多有之，總由恣情任性，不慎風寒所致也。陽暑證，惟辛苦勞役之人多有之，由乎觸冒暑熱，有勢所不容已也。然暑熱逼人者，畏而可避，可避則犯之者少； 陰寒襲人者，快而莫知，莫知則犯之者多，故凡有病暑者，陽暑不多見，而陰暑居其八九。今之人治暑者，但見發熱頭痛等證，則必曰此中暑也，而所用無非寒涼，其不達也亦甚矣。

一、傷寒之病，雖同爲寒邪，而名有不同也。傷暑之名，雖可同爲暑邪，而病有不同也。傷寒之名有不同者，在冬之寒，即謂之正傷寒； 在春之溫，即謂之溫病； 在夏之暑，即謂之暑病，是溫病暑病，亦皆傷寒之別名耳。經曰： 冬傷於寒，春必溫病。又曰： 凡病傷寒而成溫者，先夏至日者爲病溫，後夏至日者爲病暑。即此謂也。傷暑之病有不同者，其因暑而感寒者，寒則傷形，即傷寒也，因暑而受熱者，熱則傷氣，即傷暑也，是內傷外感，俱有暑病之不同耳。經曰： 氣盛身寒，得之傷寒； 氣虛身熱，得之傷暑。即此謂也。蓋氣盛身寒者，謂身受寒邪而氣無恙也，故曰傷寒。氣虛身熱者，謂身冒暑熱，而熱傷氣也，故曰傷暑。此義人多不解，而謂傷寒者必身寒，則於理不通，而大昧經旨矣。

一、夏月盛暑之時，必令身有微汗，此養身之道，最得時宜者也，若必使快然無汗，則未免陰勝於陽，多致疾矣。觀之經曰： 暑當與汗皆出，勿止。是言暑汗之勿宜止也。又曰： 夏暑汗不出者，秋成風瘧。是言暑汗不出之爲病也。此夏月之汗宜否，蓋可知矣。

一、暑有八證： 脈虛，自汗，身熱，背寒，面垢，煩渴，手足微冷，體重是也。凡治此者，宜調理元氣爲主，清利次之。

一、中暑死者，不可使得冷，得冷便死，只宜以溫煖之物，護其臍中，徐徐治之。

論治

一、陰暑證，凡暑月外感風寒，以致陰邪抑遏陽氣，而病爲發熱頭痛，肢體拘急痠疼，無汗惡寒，脈緊等證，此即傷寒之屬，治以解散爲主，宜正柴胡飲、小柴胡湯，或一、二、三、四柴胡飲之類，酌其寒熱虛實，隨宜用之。若脈見微細，氣體虛弱，不可發汗者，但宜補中氣，使元氣漸充，則寒邪自散，不必攻邪也，或用補中益氣湯主之。若邪感於外，而火盛於內，或陽明熱甚者，宜柴胡白虎煎之類主之。若寒邪在表未解，而六脈微細，背冷惡寒，或嘔惡泄瀉，內無熱證者，此正伏陰在內，而邪不易解，雖在暑月，亦速宜溫中，如理陰煎、理中湯、大溫中飲、麻桂飲之類，皆宜速用，不可疑也，亦不可遲也。若邪盛於外而中不甚虛者，或以五積散。以上諸證有不能盡者，俱宜以傷寒門諸法，察而治之。

一、陰暑證，凡內傷生冷，致損胃氣，而病爲腹痛、泄瀉、嘔吐者，治宜以溫中散寒爲主。若初受寒邪，停積未散，而脾氣未虛者，先宜以抑扶煎、五德丸之類主之。若胃氣微虛者，宜佐關煎、五德丸主之。若胃氣再虛者，宜溫胃飲、理中湯主之。若吐瀉已甚，脾腎兼傷，而痛連小腹二陰，或成痢者，宜胃關煎、理陰煎，或九氣丹之類主之。若表中寒邪，內傷生冷，表裏俱病者，宜兼治之，以和胃飲加柴胡，或溫胃飲加柴胡，或新方諸柴胡飲，察實而用之。古方用大順散爲溫中之總治，亦何足以盡之也。

一、陽暑以酷熱傷人，本爲熱證，然陽中又有陰陽，此不可不辨。凡暑熱中人者，其氣必虛，以火能剋金而熱傷氣也。然熱者不可不清，虛者不可不補，但陽中之陽者宜兼乎清，如身熱，頭痛，煩躁，大渴，大汗，脈洪滑，喜冷

水，大便乾結，小水赤痛之類，皆陽證也。若氣不甚虛，而但有火證者，宜白虎湯，或益元散主之。或火盛之甚者，惟玉泉散更妙。若汗出脈虛浮，煩渴有火而少氣者，宜白虎加人參湯，或仲景竹葉石膏湯、《宣明》桂苓甘露飲之類主之。若眩暈少氣，雖煩渴而火不甚者，宜生脈散主之。以上諸法，用治陽中之陽，皆古法之善者。若雖壯熱口渴，而脈虛無力，或重按全無，及神困氣促者，此脾胃氣虛，元陽不足，假火之證，若誤用白虎等劑，其危立至。

一、凡中暑熱者，人皆知爲陽證，而不知陽中有陰也。蓋外中熱邪，而內亦熱者，此表裏俱熱，方是陽證，治宜清補如前。若內本無熱，而因熱傷氣，但氣虛於中者，便有伏陰之象，故凡治暑熱之證，最當辨其陰陽虛實。若脈虛無力，或爲惡寒背寒，或爲嘔惡，或爲腹痛泄瀉，或四肢鼻尖微冷，或不喜涼茶涼水，或息短氣促，無力以動之類，皆陽中之陰證也。凡見此類，但當專顧元氣，惟宜獨參湯，徐徐與之爲最妙。若兼微嘔惡寒者，宜加煨薑與人參等分主之。再其甚者，則養中煎、理中湯、五君子煎，或五福飲、理陰煎之類，皆當隨宜用之。若虛寒之甚，則舍時從證，桂附皆所必用，切不可因暑熱之名，而執用寒涼解暑等劑再伐陽氣，則變有不可測也。若夏月於盛暑中，過於勞倦，因而中暑者，其勞倦既已傷脾，暑熱又以傷氣，此本內傷大虛之候，當專以調補爲先，然後察其有火無火，或有邪無邪，而兼治如前可也。

一、夏月因暑致病，而醫有不知伏陰，誤投寒劑，以致吐瀉腹痛，或外熱內寒，煩躁多渴，狀若傷寒，但察其脈微神困，便是陰盛格陽之證，速宜溫藥以救其內。

一、夏月既傷暑熱，復傷生冷，外熱內寒者，當專以內寒爲主，有滯者，清其滯，無滯者，益其氣，但溫中理脾，脾氣既復，而暑無不退也。

《景岳全書·雜證謨·暑證》 論香薷飲

香薷飲乃夏月通用之藥餌，常見富貴之家多有備此，令老少時常服之，用以防暑，而不知人之宜此者少，不宜此者多也。若誤用之，必反致疾，何也？蓋香薷一物，氣香竄而性沉寒。惟其氣竄，所以能通達上下，而去菀蒸之濕熱。惟其性寒，所以能解渴除煩，而清搏結之火邪。然必果屬陽臟，果有火邪，果脾胃氣強，肥甘過度，而宜寒畏熱者，乃足以當之，且賴其清涼，未必無益。若氣本不充，則服之最能損氣，火本非實，而服之乃以敗陽。凡素稟陰柔，及年質將半，飲食不健，軀體素弱之輩，不知利害而效尤妄用者，未有不反助伏陰，損傷胃氣，而致爲吐瀉腹痛，及陰寒危敗等證。若加黄連，其寒尤甚，厚朴破氣，均非所宜，用者不可不審。

《傷寒補天石·內傷似外感陽明中熱病》 天氣大熱時，勞役得病。其病肌體壯熱，躁熱悶亂，惡熱，渴飲水漿，與陽明傷寒白虎湯證相似。口鼻中氣促上喘，此乃脾胃大虛，脈或微弱，若白虎證，其脈洪大有力，與內傷中熱不同，用清暑益氣湯。經曰：陽氣者，衛外而爲固也。熱則氣泄，今暑邪干衛，故身熱自汗。以黄芪甘溫補衛爲君，人參、橘皮、當歸、甘草甘微溫補中益氣爲臣，蒼白朮、澤瀉滲利而除濕，升麻、葛根甘苦平解肌熱。又以風勝濕也，濕勝則食不消而作痞滿，故用神麴甘辛，青皮辛溫消食順氣。腎惡燥，急食辛以潤之，故以黄柏苦辛寒，借甘味瀉熱補虛，以滋化源，以人參、五味、麥冬、甘酸微寒，救天暑之傷辛金也。

《傷寒補天石·中暑中暍》 暍，即熱病也。動而得之爲中熱，靜而得之爲中暑。寒傷形，熱傷氣。傷寒則外惡寒而脈浮緊，傷暑則不惡寒而脈虛。故曰脈盛身寒，得之傷寒。脈虛身熱，得之傷暑。傷熱傷暑亦自不同，有熱傷太陽經與傷寒相似者，有熱傷心脾二經而不在太陽者，要在明辨治之也。經曰：太陽中暑者，暍是也。其人汗出惡寒，身熱中暍也。成無己曰：汗出惡寒，身熱不渴者中風也。汗出惡寒，身熱而渴者中暍也。又曰：太陽中暍者，身熱體重而脈微弱，此以夏月傷冷水，水行皮中所致也。夏時暑熱，以水灌洗而得之。又曰：太陽中暍，發熱惡寒，身重疼痛，其脈弦細芤遲，小便已灑灑然毛聳，手足逆冷，小有勞，身即熱，口開，前板齒燥。《內經》曰：因於暑汗，煩而喘渴，口開以喘渴不止，故前板齒燥。若發汗，則惡寒甚。加溫鍼，則發熱甚。數下之，則淋甚。并用人參白虎湯。東垣曰：動而傷暑，心火太甚，肺氣全虧，故身熱脈洪大。動而火勝者，熱傷氣也，白虎加人參主之。辛苦之人多得之。靜而傷暑，火乘金位，肺氣出表，故惡寒脈沉疾。靜而濕勝者，身體重也，白虎加蒼朮主之。安樂之人多受之。暑傷心，心不受邪，包絡受之，包絡本相火也。以火濟火，故熱甚而昏不省也。急用童便灌醒，隨用黄連香茹飲冷服之。戴元禮云：暑風卒倒，有因火者，有因痰者。火者，君相二火也。暑者，天地二火也。內外合而炎爍，所以卒倒也。痰者，人身之痰飲也。因暑氣入而鼓激痰飲，塞礙心竅，則手足不知動攝而卒倒也。此二者皆可吐。經曰：火鬱則發之。吐則發散也。吐醒後，

可以清劑治之。暑傷脾胃，嘔吐瀉利者，黃連香薷飲合五苓散加木通、滑石主之。蓋黃連退熱，香菇消暑，五苓利水也。若外傷暑熱，內傷生冷，外熱內寒，宜先溫中消食，次宜清暑補氣，東垣清暑益氣湯則兼此意。蓋人參、黃芪、白术、升麻、葛根、麥冬、五味、黃栢、甘草是清暑益氣也。蒼术、青皮、陳皮、神麯、澤瀉是治內補脾也。暑傷元氣，身熱而煩，四肢困倦，不思飲食者，清暑益氣、補中益氣主之。蓋病暑之人，其氣必虛。暑傷元氣，故當補氣爲本。惟肺熱多火者，忌人參、二术。凡暑證有冒、有傷、有中三者，輕重虛實不同。若嘔吐惡心，腹痛泄瀉，此爲冒暑。黃連香茹合四苓散幷清暑益氣主之。若身熱頭疼，躁亂不寧，身如鍼刺者，此爲傷暑。因暑傷內分也。白虎合解毒加柴胡主之。若寒熱咳嗽，汗出不止，脈數者，熱在肺金，火乘金也，此爲中暑。清肺湯、天水散主之。急治則可，遲則不救。凡暑病脈雖虛，手足雖冷，原不可用熱藥，當清暑之劑及利小便爲本。凡日中勞役，熱傷元氣者，清暑益氣湯固矣。若避暑納涼，反爲陰寒所遏，周身陽氣不得伸越，以致頭身拘急，肢節疼痛，肌膚大熱，惡寒無汗，此雖中暑而致，亦宜用辛溫之劑以解表散寒也。清暑香茹飲。夏月有四證，傷寒、傷風脈證互見，中暑、熱病疑似難明。脈緊惡寒，謂之傷寒。脈緩惡風，謂之傷風。脈盛壯熱，謂之熱病。脈虛身熱，謂之傷暑。凡暑脈必虛，或浮大而散，或弦細芤遲，蓋熱傷氣，故氣消而脈虛弱。無風卒倒，切不可與冷水飲幷臥濕地。其法急用童便灌醒，及用布蘸熱湯熨臍幷氣海，續續令暖氣透徹臍腹。俟醒省，然後進藥。疰夏由於脾胃薄弱，胃家有濕熱，乃留飲所致。夏初春末，頭疼腳軟食少，體熱者是也。治用補中益氣去柴胡、升麻，加麥冬、五味、白芍、黃栢、黃芩、山梔、知母。

《醫門法律・熱濕暑之氣門・三氣門方》 凡治中暑病，不辨外感內傷，動靜勞逸，一概襲用成方者，醫之罪也。傷寒夾陰，誤用陽旦湯，得之便厥。傷暑夾陰，誤用香薷飲，入喉便暗。後賢於香薷飲中，加入參、黃耆、白术、陳皮、木瓜，兼治內傷，誠有見也。而不辨證者之貽誤，寧止此乎？凡治中暑病，不兼治其濕者，醫之過也。熱蒸其濕是爲暑，無濕則但爲乾熱而已，非暑也。故肥人濕多，即病暑者多。瘦人火多，即病熱者多。凡治中暑病，遇無汗者，必以得汗爲正。若但清其內，不解其外，醫之罪也。中暑必至多汗，反無汗者，非因水濕所持，即爲風寒所閉，此宜先散外邪，得汗已，方清其內。若不先從外解，則清之不勝清，究成瘧痢等患，貽累無窮。凡治中暑病，無故妄行溫補，致令暑邪深入，逼血妄行，醫之罪也。暑傷氣，纔中即㥘㥘短息，有似乎虛。故清暑益氣，兼而行之。不知者，妄行溫補，致令暑邪深入血分，而成衄痢。即遇隆冬大寒，漫無解期，故熱邪誤以溫治，其害無窮也。

《病機沙篆・中風》 中暑　因在暑月，其症卒暴，面垢，冷汗出，手足微冷，昏暈，或吐或瀉，或喘或滿，以來復丹治之。硝石同硫一兩爲末，入磁器內，微火熔，柳條攪，再火不可太旺，恐傷藥力。再研極細，名曰二氣丹。加太陰玄精石水飛、五靈脂水飛、青皮、橘紅各二兩。先用青皮、橘紅、靈脂爲末，次入玄精及二氣末，好醋打糊爲丸如豌豆大，每服三十丸。或蘇合丸，用白术、犀角、木香、香附、檀香、沉香、朱砂水飛、訶子煨去皮、麝香、丁香、蓽茇、安息用酒熬膏、龍腦、熏陸香另研、蘇合油各一兩，上除安息膏、蘇合油煉蜜和劑，其餘共爲末，丸如茨子大，以蠟固匱。用時取出，湯調灌之即蘇。稍蘇，再以香薷、扁豆、厚朴、陳皮煎服。此症外陽而內陰，故用辛溫，取其通竅也。

中熱僵仆　勿與涼水及涼物，如寒氣一逼即死，須安置於近日暖處，取路上熱土，放其臍上作窩，令人溺尿於中；或用大蒜研爛，同熱土爲湯，去渣灌之，或將日曬熱瓦熨其心腹及臍下。勞役動作之人多得之。

中暑靜而逸者得之，陰症也，頭疼惡寒、拘急、肢節痛、煩心無汗、無大熱，宜大順散，動而得之爲中熱，陽症也，身熱煩燥惡熱、大渴多汗、無氣以動，宜蒼术白虎湯，虛人以補中益氣湯爲主。虛人有房勞者，禁香薷。

中暑忽然不省人事，宜灸百會、中脘、三里、脾俞、合谷、人中、陰谷、三陰交斟酌用，或針亦可。

冒暑大熱、霍亂吐瀉，百勞、委中、合谷、曲池、三里、十宣等穴，酌選針灸。

《傷寒緒論・總論・中暑》 夏月暑濕交蒸，人咸中暑，證與熱病相似，首宜以脈法辨之。夫熱病之脈必盛，中暑之脈必虛。蓋寒傷形而不傷氣，所以脈盛。暑傷氣而不傷形，所以脈虛。然又有弦細芤遲之脈者，何也？夫人暑月必多汗，多汗則脈虛，此其常也。守眞曰：熱爲陽中之至，陽以熱傷氣，則汗自出。病雖爲熱，脈不能實，而反虛或弱也。若汗出當風，閉其汗孔，即風與汗濕留泊肌腠，脈故弦細。或虛風不作，鬱熱表虛，仍自汗出者，脈必芤遲也。統而言之曰虛，分而言之曰弦細芤遲。其不以浮大之脈，混入

虛脈之中，稱爲暑病之脈也。潔古以靜而得之爲中暑，爲陽中之陰，爲暑傷陰證。動而得之爲中熱，即謂之中暍，爲熱傷陽證。仲景云：太陽中熱者，暍是也。然亦多陽明證，其大汗出，微惡寒發熱，小便淋灕黄赤者，爲太陽。其面赤，大汗，煩渴，喘急氣粗，前板齒燥，或嘔或泄者，爲陽明。乃當炎暑之令，而受烈日之蒸，即無宿病之人。恆得之，脈必洪人，發熱煩渴重者，昏憒不省人事，有似熱病，但忽輕忽重爲異耳。傷在太陽，五苓散減桂，加香薷。陽明，消暑丸。凡平人偶然中暍，身熱背惡寒，面垢自汗，大渴引飲，煩躁悶亂，痰逆惡心，胸膈不快，或吐瀉轉筋，小便秘濇者，此内外皆熱，即有昏憒困倦，指頭微寒，並宜五苓合益元。若手足搐搦者，暑風也。香薷飲加羌防；嘔吐加藿香、陳皮；小便不利，加茯苓、豬苓、澤瀉、滑石；有痰加半夏、生薑；口渴不用半夏，加栝蔞根；瀉利不止，加白术；轉筋加木瓜。若腹滿身重，難以轉側，口不仁而面垢，讝語、遺尿者，此熱病兼暍也，白虎湯。若農夫田野及慣力役之人，過受燔灼，頭角額痛，發熱大渴引飲，脈洪，汗大泄者，急作地漿水。煎蒼术白虎湯，即白虎湯加蒼术。老人不宜用。寒者竹葉石膏湯，稍加熟附溫順之。又老年平昔陰虛多火，不可用溫者，白虎加人參、竹葉爲當。凡中暍雖勢甚，但一解即愈。不似中暑之必需補益也。《内經》云：因於暑汗，煩則喘喝，靜則多言。此心包證也。然亦多兼入脾及他藏者，入脾則昏憒，入肝則眩暈，入肺則喘滿，入腎則消渴，乃鬱蒸之氣。傷人元氣，惟精神虧乏之人始中之也。脈來虛細，重者伏匿，若喘促逆冷，卒然昏暈，脈雖虛細，慎不可用溫補，此熱傷陰氣，故禁溫劑。凡溫熱藥，皆助陽耗陰也。如避暑深堂，起居不時，而汗出煩躁，面垢，背微惡寒，手足微厥，甚則灑然毛聳，以腠理開則灑然寒，若腠理閉則熱而悶矣。乃包絡之火，不能勝時火，故反微惡寒也。或於陰涼處坐卧，表虛不任風寒，往往自認外感，求醫解表，若誤與表藥，重絶元氣，禍如反掌，惟宜清暑益氣湯。若果脈緊畏寒，有表邪者，消暑十全散。脾氣虛弱，汗出多而惡寒者，十味香薷飲。若暑熱之時，過傷飲食，泄瀉、嘔吐、霍亂者，六和湯。伏暑霍亂，腹痛泄瀉，身熱手足冷者，五苓散下來復丹。如脾胃虛損之人，上焦之氣不足，暑濕之氣鬱蒸，則四肢困倦，精神短少，兩腳痿軟，懶於動作，言語昏昏嗜卧，頭痛而重，心胸痞悶，骨節無力，氣促似喘非喘，其形濛濛如烟霧中。早晚之際，則發寒厥，日高之後，復發熱如火，乃陰陽氣血俱不足也。若四肢灼熱，爲陰虛發熱。或四肢冰冷，爲陽虛寒厥，以脾主四肢故也，清暑益氣湯、清燥湯選用。若自汗過多，風犯汗孔，則身體重痛，肢節痲瞀煩疼，或渴或不渴，或小便黄濇，此風鬱汗濕與暑相搏也，宜六一散加葱豉。兼驚加神砂末，小便數合五苓，或去桂並煎服探吐，令汗出則愈。若遠行勞役，大熱而渴，則陽氣内伐，熱舍於腎，爲水不勝火，發爲骨痿。若黽勉觸熱勞形，發熱煩渴，口鼻氣促而喘，至日晡之際，病必少減。若認作陽明中暍，誤用白虎，旬日必死。此脾胃大虛元氣不足也。總之，脾胃一虛，病證百出。惟補中益氣去升痲加麥冬、五味、茯苓、澤瀉、黄連、黄柏之類，補益中兼清解而漸愈。不似中暍之即能平復也。按暑暍二者，名雖不同，其爲天熱外傷則一。在素虛者，自難禦之。即平人受傷者，亦必因勞役飢餒，而勞役飢餒則虛，虛則邪入而病。不虛則天令雖熱，亦無由以傷之。則知中暑中暍，固有陰陽虛實之殊，彼以動靜所得分之。何哉？即其所謂靜而得之者，避暑深堂，患頭疼惡寒，肢體拘急等證，是亦感寒之類耳。蓋冬月脈浮緊爲傷寒，浮緩爲中風，夏月脈弦緊，爲傷風，弦緩爲中暑。以表疎自汗，則脈緩。表緻無汗，則脈緊耳。然中暑亦有無汗，而脈弦細，此雖中暑，必緣微涼所遏而然。其所以煩心肌膚火熱無汗，非暑邪也。身中陽氣受陰寒所遏而作也。其有涼亭水閣，過受涼快，爲寒所襲而病，脈必弦緊，宜消暑十全散。不可全用表藥，蓋暑月腠理易開，即香薷熱飲，便能出汗也。倘人迎脈弦，氣口脈大，而欬嗽鼻流清涕，目疼額與眉稜骨痛，選奇湯最效。有天暑用冷水淋浴而病者，《金匱》云：太陽中暍，身熱疼重，而脈微弱者，此以夏月傷冷水，水行皮中所致也。一物瓜蒂湯主之。以瓜蒂二七枚，水煎頓服。少頃於無風處大吐，汗出而愈。虛人五苓散加葱豉探吐之，若冒暑伏熱，引飲過多，及恣噉瓜菓生冷，致脾胃受濕，而腹痛嘔瀉，水穀不分，脈來沉緊者，爲内傷寒而病，宜大順散。若陽氣虛人，膏粱與冰果雜進兼恣意房幃，致周身陽氣不得伸越，而脈沉細，或弦遲，面垢如塵，無汗惡寒，四肢厥逆，拘急，或霍亂嘔吐者，冷香飲子。若多汗喘促，吐利兼作，脈見微細欲絶，或虛浮欲散，此爲緊病，非漿水散不救。若汗出浴卧當風，或冷水浸澡，或生卧濕地而病，雖當暑月，非暑傷。人皆因暑而自致之病，當用溫散藥治之。若暑熱爲病，不過清心利小便，解暑毒，補眞氣而已。即有脈虛昏憒，手足厥冷，亦不得用熱藥也。世俗往往不明，概曰：夏月陰氣在内，大順散爲必用之藥。夫陰氣非寒氣也，蓋夏月陽氣發散在外，而陰

氣在內耳。豈可視陰氣爲寒，而用溫熱藥乎？陰果爲寒，何以夏日則飲水乎？丹溪云：伏陰於內，陰字有虛之義，若作陰冷看誤矣。火令之時，爍石流金，有何陰冷，孫眞人令人夏月常服生脈散，非氣虛而何。古人大順散，非謂伏陰而用之，本治嚼冰飲冷所傷。若庸工概用溫藥，治避暑深堂寒鬱其陽之證，恐不能解表，反增內煩也。其蒼朮白虎湯、黃連香薷飲，雖宜暑病，亦豈可視爲通行之藥乎？又酷暑道途中卒然暈仆，爲暑風卒倒。此熱毒湧痰，壅塞心包也。切不可用冷，得冷則死。急以熱土熨臍中，仍使更溺於臍腹，并搗薑蒜絞汁灌之立甦。若熱病因暑而發，治從熱病例。蓋伏邪必從少陰發出心包而入陽明，與陽明中暍不殊，總屬白虎證治，不必辨其是熱是暍也。

《溫熱暑疫全書・暑瘵》　盛暑之月，火能爍金，不禁辛酒。脾火暴甚，勞熱躁擾，火動心脾，令人咳嗽、氣喘，驟然吐血、衄血，頭目不清，胸膈煩渴不甯，節童穉老夫，間有此病，昧者以爲勞瘵。不知火載血上，非眞陰虧損而爲虛勞者比也。宜四物去芎、芍，黃連解毒去黃蘗，二陳以貝母易半夏。加桔梗以抑之，薄荷以散之，麥冬、五味以斂之，自愈，或黃連香薷飲亦可。

《溫熱暑疫全書・暑風》　病人忽然手足搐攣者，暑風也，香薷飲加羌活、防風。嘔吐加藿香、陳皮；小便不利，加茯苓、澤瀉、豬苓、滑石；有痰加薑半夏；渴者去半夏加括蔞根；瀉利不止加白朮；轉筋加木瓜；腹滿身重，難以轉側，口不仁而面垢，譫語、遺溺者，此熱兼暍也，白虎湯。

更有病勢重者，手足搐攣，厲聲呻吟，角弓反張如中惡狀。亦有先病熱，服表散後漸成風者，譫語狂呼浪走氣力百倍，此暑風也。以寒涼攻劫之，與陰風不同，宜解散化痰，不宜汗下。日久而脾胃弱者兼溫補。

《辨證録・暑症門》　行役負販馳驅於烈日之下，感觸暑氣一時猝倒，人以爲中暑也，誰知是中暍乎。夫暍者，熱之謂也，暑亦熱也，何以分之？蓋暑之熱，由外而入，暍之熱，由內而出。行役負販者，馳驅勞苦，內熱欲出，而外暑遏抑，故一時猝倒，是暑在外而熱閉之也。倘止治暑而不宜揚內熱之氣，則氣閉於內而熱反不散矣。治法宜散其內熱而佐之以消暑之味，方用救暍丹。此方用青蒿，平胃中之火又解暑熱之氣，故以之爲君，香薷解暑，乾葛散熱，故以之爲佐，又慮內熱之極但散而不寒，則火恐炎上，故加知母以涼之，用白朮、茯苓利腰臍而通膀胱，使火熱之氣俱從下而趨於小腸以盡出也，火既下行，自然不逆而上衝，而外暑內熱各消化於烏有矣。

此症用解暑散亦效。

一膏粱子弟多食瓜果，以寒其胃，忽感暑氣，一時猝倒，是中暑也。蓋膏粱之人，天稟原弱，又加多慾，未有不內寒者也。復加之瓜果以增其寒涼，內寒之極，外熱反易於深入，陰虛之入。暑氣即乘其虛而入之，治法不可祛暑爲先，必須補氣爲主。然既因陰虛以至陽邪之中，似宜神陰爲主，不知陽邪之入，脾依陰氣也，補陰則陰氣雖旺，轉爲陽邪之所喜，陽得陰而相合，正恐陰弱不能相配，若一旦助其陰氣，無論陰難卻陽，而陽邪且久居之而生變矣。惟補其陽氣即陽氣健旺，益之散暑之味，則邪陽不敢與正陽相敵，必不戰而自走也。方用散暑回陽湯。方中參苓朮豆俱是健脾補氣之藥，以回其陽，用香薷一味以散其暑，何多少輕重之懸殊乎？不知陰虛者，脾陰之虛也，脾雖屬陰，非補陽之藥不能效，况陽邪甚盛，非多用何以相敵乎？倘少少用之，恐有敗衄雖遏之虞，即或取勝，暑退而元氣未能驟復，與其暑去而後補陽，何若於邪旺之日而多用之，止既無虧而邪又去速之爲益哉。

此症用加味四君湯亦效。

一中暑，氣不能升降，霍亂吐瀉，角弓反張，寒熱交作，心胸煩悶，人以爲暑氣之內熱也，誰知是陰陽之拂亂乎。人身陰陽之氣和，則邪不能相干，苟陰陽不能相交，而邪即乘其虛而入之矣。且邪之入人臟腑也，助強而不助弱，見陰之強而即助陰，見陽之強而即助陽。夏令之人多陰虛陽旺，邪乘陰虛而入，本欺陰之弱也。然見陽氣之旺又助陽而不助陰，陰見邪之助陽也。又妒陽之旺而相戰，陽又嫌邪之黨陽也。欲嫁其邪於陰，而陰又不受，於是陰陽反亂，氣不相通，上不能升，下不能降，霍亂吐瀉拂於中，角弓反張困於外，陰不交於陽而作寒，陽不交於陰而作熱，心胸之內竟成戰場之地，安得而不煩悶哉。然則治法和其陰陽之氣，而少佐之以祛暑之劑，緩以調之，不必驟以折之也。方用和合陰陽湯。此方分陰陽之清濁，通上下之浮沉，調和於拂通之時，實有奇功，以其功正而不增火，祛邪而不傷氣化有事，爲無事也。

此症用加減六君湯亦效。

一中暑熱之氣，腹中疼痛，欲吐不能，欲瀉不得，此名爲乾霍亂也。夫邪入胃中，得吐則邪越於上，邪入腹中，得瀉則邪趨於下矣。邪越於上則邪不入於中，邪趨於下則邪不留於內，今不吐不瀉則邪不上不下，堅居於中焦。

譬如賤人反叛，雖四境安寧而一時生變，喋血於城門，橫屍於內地，斯時非奮不顧身之將號召忠勇，冒矢石而奪門，靖雖烏能安反側於頃刻，定禍患於須臾哉。治法急用人參瓜帶散。此等之病，脈必沉伏，不吐則死，古人亦知用瓜蒂吐之，但不敢加入人參耳。蓋也症原因胃氣之虛，以致暑邪之人今加大吐，則胃必更傷，非用人參則不能於吐中而安其胃氣也，且胃氣素虛，而暑邪壅遏，雖用瓜蒂以吐之，而氣怯不能上送，往往有欲吐而不肯吐者，即或動吐而吐亦不多，則邪何能遽出乎。惟用人參至一兩之多，則陽氣大旺，力能祛邪而土湧，况得瓜蒂以助之，安得而不大吐哉。邪因吐而遽散，而正氣又復無傷，譬如內亂一定，而民安物阜，仍是敉寧之日，何至動四郊之多壘哉。

此症用參蘆湯亦佳。

一中暑，熱極發狂，登高而呼，棄衣而走，見水而投，人以爲暑毒之侵，誰知胃火之相助乎。夫暑熱之入人臟腑也，多犯心而不犯胃，蓋暑與心俱屬火也，胃則心之子也。胃見暑邪之犯心，即發其土中之火以相衛，胃乃多氣多血之府，火不發則已，發則其酷烈之威，每不可當，暑邪畏胃火之強，益遁入於心，而心又喜寒不喜熱，畏暑邪之直入不敢自安，胃火怒暑邪之直入於心中而不出，乃縱其火以焚燒於心之外，心又安禁二火之相逼乎？勢必下堂而走，心君一出而神無所依，於是隨火織而飛越，登高而呼者，火騰於上以呼救援也，棄衣而走者，憎衣之添熱也，見水而投者，喜水之冠火也。此時心中無津液之養，皮膚之外必多汗出，亡陽是陰陽兩竭之病，至危至急之候，苟不大瀉，其火則燎原之熖何以樸滅乎，方用三聖湯。三聖湯用石膏至三兩，用人參、玄參各至三兩，未免少有霸氣，然火熱之極，非杯水可息，苟不重用，則爍乾腎水，立成烏燼。方中石膏雖多，而人參之分兩與之相同，實足以驅駕其白虎之威，故但能瀉胃中之火，而斷不至傷胃中之氣，玄參又能滋潤生水，水生而火尤易滅也。至於緩圖湯不用石膏者，以胃中之火既已大瀉，所存者不過餘烟斷熖，時起時滅，何必再用陰風大雨以洗濯之，故又改用麥冬、青蒿，既益其陰，又息其火，使細雨綢繆之爲得也。或問因暑發狂似宜消暑，乃三聖湯但瀉火而不顧暑，何以能奏功耶？不知暑亦火也，瀉火即瀉暑矣，使瀉火之中加入香薷、藿香清暑之藥，則石膏欲下降，而香薷、藿香又欲外散，轉足以掣石膏之手，反不能直瀉共火矣。

此症用三清湯救之亦神。

一中暑熱症，自必多汗。今有大汗如雨一出而不能止者，人以爲發汗亡陽必死之症也，誰知是發汗亡陰之死症乎。夫暑熱傷心，汗自外泄，然而心中無汗也，何以有汗？此汗乃生於腎而非生於心也。蓋心中之液腎生之也，豈心之汗非腎之所出乎？雖汗出亡陽，乃陽旺而非陰虛，但陰不能制陽而陽始旺，亦陰不能攝陽而陽始亡，顧陰陽原兩相根也。陰不能攝陽而陽能戀陰，則陽尚可回於陰之中，而無如其陽一出而不返也，陰根於陽，見陽之出而不留亦且隨之俱出，罄其腎中之精盡化爲汗而大泄。試思心中之液幾何，竟能發如雨之汗乎？明是腎之汗而非心之汗也。汗既是腎而非心，則亡亦是陰而非陽矣。然則聽其亡陰而死乎？尚有救死之法，在方用救亡生丹。此方熟地、山萸、五味子，均是塡精補水之味，茯神安其心，白芍取其魂，人參回其陽，此人之所知也。陰已外亡，非塡其精髓，何以灌注涸竭之陰，陽已外囚非，補其關元何以招其散失之陽。山茱、五味，補陰之中乃是收歛之劑，陰得補而水生，則腎中有本，汗得補而液轉，則心丙無傷，又得茯神以安之，白芍以收之，則陽回陰返，自有神捷之機也。

此症用人參青蒿湯亦神。

一中暑熱極，妄見妄言，宛如見鬼，然入又安靜，不生煩燥，口不甚渴，此是寒極相戰。寒引神出有似於狂，而非熱極發狂也。夫中暑明是熱症，何以熱能變寒而有似狂之症也？蓋其人陰氣素虛，陽氣又復不旺，暑熱之邪乘其陰陽兩衰，由肺以入心，而心氣不足，神即時越出，以遁於腎，而腎中陰寒之氣上升，則暑自出於心之外，流連於肺經之內矣。暑邪既已退出於心外，而心君倘恐暑邪之來侵，乃依其肝木之母以安神，心神入於肝，則肝况不寧，乃遊出於軀殼之外，因而妄見鬼神，而妄言詭異也。魂既外遊，而神居魂室，反得享其寧靜之福，况肝木原無火旺，而腎中陰寒之氣相逼心君，正藉以杜暑邪之侵，且恃之無恐，何生煩惱燥乎。惟是肺氣獨受暑邪，火刑金而作渴，然腎見肺母之被刑，乃陰寒之氣直冲而上以救肺，故口雖渴而不甚也。然則治法奈何散肺中之暑邪，補脾胃之土氣，土氣一旺而肺氣亦旺矣。肺旺可以敵邪，又得散邪之藥，自然暑氣難留，暑散而魂歸神返，必至之勢也。方用護金湯。此方但補肺脾胃之氣，不云救心，以益寒不云助腎，以瀉火不去補肝，以逐神而魂自歸，肝神自返心者，以邪有所制何必逐邪之太甚，正未太虛何必補正之太多，不可因邪居於上而下治，正輕於下而重治也。

此症用人參麥冬湯亦妙。

一中暑熱，吐血傾盆，純是紫黑之色，氣喘作脹不能吐色，口渴飲水又復不快，人以爲暑熱之極而動血也，誰暑是腎熱之極而嘔血乎。夫明是中暑以動吐血反屬之腎熱者，蓋暑火以引動腎火也。夫腎中之火，龍雷之火也。龍雷原久於地，夏月則地下甚寒，龍雷不能下藏而多上泄，其怒氣所激而成霹靂之猛，火光燭天，大雨如注，往往然也。人身亦有龍雷之火下伏於腎，其氣每與天之龍雷相應。暑氣者，亦天之龍雷火也，暑熱之極而龍雷乃從地出，非同氣相引之明驗乎。人身龍雷之火不動，則暑氣不能相引，苟腎水原虧，腎火先躍躍欲動，一遇天之龍火同氣相感，安得不勃然振與哉？既已勃然振興，而兩火相激，其勢更烈，乃直冲而上，挾胃中所有之血而大吐矣。胃血宜紅，而色變紫黑者，正顯其龍雷之氣也。凡龍雷所劈之處，樹木必變紫黑之色，所過臟腑，何獨不然？其所過之胃氣，必然大傷，氣傷則逆，氣逆則喘，胃氣既傷，何能遽生新血以養胃乎？此胸脇之所以作脹也。胃爲腎之關門，關門不閉，夜無開闔之權，安能卧哉？血吐則液乾，液乾則口渴，內水不足，必索外水以救焚，乃飲之水而不快。以龍雷之火乃陰火而非陽火也。治法宜大補其腎中之水，以制龍雷之火，不可大瀉其龍雷之火，以傷其胃中之氣也，方用沛霖膏。此方大補腎水，水足而龍雷之火自歸於腎之宅，火既安於腎宅，血自止於胃關，何必用黃栢、知母以瀉火，用香薷、藿香以散暑哉？況瀉火而火愈熾，必至傷損，夫胃土散暑，而暑難退，必至消耗，夫肺金勢必血不可止，火不可減而死矣。

此症用丹蒿湯亦神。

中暑熱之氣，兩足冰冷，上身火熱，煩躁不安，飲水則瀝，人以爲下寒上熱之症，乃暑氣之阻隔陰陽也，誰知是暑散而腎火不能下歸之故乎。人身龍雷之火，因暑氣相感，乃奔勝而上，世醫不知治法，徒瀉其暑熱之氣，不知引火歸源，於是暑熱已散，龍雷之火下不可歸，留於上焦而作熱矣。火既盡升於上焦，則下焦無火，安得不兩足如冰耶。火在上而寒在下，兩相攻聲中焦之地，排難解紛，兩不相合，煩躁不安有自來也。上熱薰肺，口必渴也。飲水止可救上焦之熱，及至中焦已非所宜，况下焦純寒，冷水正其所惡，欲不吐得乎。治法不可治暑，而幷不可瀉火，不特不可瀉火，必須補火。蓋龍雷之火，處火也。實火可瀉，虛火宜補。然而補火之中，仍須補水以濟之。補水者，補腎中之眞水也。眞火非眞水不歸，眞火得眞水以相合，則下藏腎中不至有再升之患也。方用八味地黃湯。一劑兩足溫矣，再劑上身之火熱盡散，中焦之煩躁亦安，且不思飲水矣。六味地黃湯補水之神藥，桂附引火之神丹，水火既濟，何至陰陽之反背乎？

此症用還腎湯亦效。

人有夏日自汗，兩足逆冷，至膝下腹脹滿，不省人事，人以爲陽微之厥也，誰知是傷暑而漢氣不解乎。夫濕從下受，溼感於人身未有不先從下而上，故所發之病亦必先見於下。溼病得汗，則溼邪可從汗而解矣。向自汗而溼仍不解耶？蓋溼病而又感暑氣，自汗止可解暑而不能解溼，以暑熱浮於上身，而溼邪中於下方，汗解於陽分而不解於陰分耳。治法利小便以解溼，逐熱邪以解暑，則上下之氣通，而濕與暑盡散矣。方用解利湯。此方乃五苓散白虎湯之合方也。濕因暑病不祛暑，則濕不易消，故用白虎湯於五苓散中，解暑利濕而兼用之也。

此症用清暑定逆湯亦佳。

人有冬時寒令，偶開笥箱以取綿衣，覺衣一裹熱氣衝鼻，須臾煩渴，嘔吐，灑灑惡寒，翕翕發熱，惡食喜水，大便欲去不去，人皆以爲中惡也，誰知是傷暑之病乎。夫冬日有何暑氣之侵？人謂之傷暑，不知氣虛之人，遇邪即感，不必值酷熱炎氛奔走烈日之中而始能傷暑也。或坐於高堂，或眠於靜室，避暑而反得暑者，正比比也是。暑氣之侵人，每不在熱而在寒，衣裳被褥晒之盛暑，夾熱收藏於笥箱之內，其暑氣未發，一旦開泄，氣盛之人自不能干，倘體虛氣弱，偶爾感觸，正易中傷，及至中傷而暑氣必發矣。况冬時人身外寒內熱，以熱投熱，病發必速，故開其氣而即病也。治法不可以傷寒法治之，當舍時從症，仍治其暑氣而各症自消，方用香薷飲加減治之。若執冬令無傷暑之症，拘香薷非治寒之方不固泥乎甚矣，醫道之宜通變，而治病之貴審問也。

此症用補氣化暑丹亦效。

《證治彙補·暑症章·中暑》 中暑者，深居密室，先受暑氣，又爲房室之陰寒所遏，靜而得之，傷心脾二經。外症汗出口渴，背微惡寒，身熱頭痛，面垢煩躁，其脈弦細芤遲。又有心煩浮熱而捫之似無灑淅無汗，或微有冷汗，小便已則灑然毛聳，手足逆冷，小有勞，身即發熱。此乃時令之火鬱極於

內，心胞之陽不行於外，則榮衛之開闔不調，所以腠理開則灑然寒，腠理閉則熱而悶也。宜清解暑熱爲主，香茹飲、六和湯，加乾葛。

《證治彙補・暑症章・中暍》 中暍者，由勞役辛苦於田野道塗，動而得之，傷足太陽膀胱經。重者昏迷卒倒，輕者頭疼惡熱，發熱煩躁，捫之肌膚大熱，唇乾舌赤，前板齒燥，大渴引飲，汗雨大泄，無氣以動，無氣以言，脈洪大浮數而虛豁。此天暑外傷，疎泄肺氣，宜清熱養津爲主，人參白虎湯加麥冬、花粉。

《證治彙補・暑症章・傷暑》 傷暑者，稟質素弱，不任外邪，故略感即病，比中暑稍輕，當分三法治之。若日間發熱，夜分乃涼，自汗倦怠，食少脈虛，此暑傷元氣，宜清暑益氣湯。若頭脹眩暈，週身煩躁，膚如針刺，或兼赤腫，此暑傷肉分，宜六和湯。若咳嗽煩渴，寒熱盜汗，脈數不減，此暑傷肺經，宜甘桔湯加黄芩、山梔、麥門冬、丹皮、貝母。

《證治彙補・暑症章・冒暑》 冒暑者，稟氣充實，但不辭辛苦，暑熱冒於肌表，而復傳於裏以成暑病也。其候腹痛水瀉，小便短赤，口渴欲飲，惡心嘔吐，有時眩暈，心煩躁熱，胃與大腸受之，宜胃苓散加藿香，或六一散。又有內傷飲食，外着暑氣而成暑濕傷脾之病者，其候腹痛作瀉，瀉下黄糜，口渴溺熱，宜理脾清暑，平胃散加連、通、麴、瀉。

《證治彙補・暑症章・伏暑》 伏暑者，久而藏伏三焦腸胃之間，熱傷氣而不傷形，旬月莫覺變出寒熱不定，體倦神昏，頭重潮熱，甚或霍亂吐瀉，膨脹中滿瘧痢班黄，腹痛下血等症，消暑丸主之。亦有夏月，晒衣遽藏箱櫃，炙蒸未退，雖移他時，偶爾開視，體憊之人，亦能染之，不可不知。

《證治彙補・暑症章・暑風》 暑風，由衝斥道途中暑熱極，火盛金衰，木旺生風，脾土受邪，故卒然昏倒，手足搐搦，內擾神舍，志識不清而瞀悶無知。宜清時令之火，則金清而木有制，開鬱悶之痰，則神安而氣自寧，慎勿以風藥誤治，連茹飲加薄荷、荊芥。若其人先有痰熱在內，外又感暑而成昏冒者，可用吐法，蓋吐中有發越之義也。

《證治彙補・暑症章・絞腸紗》 絞腸紗者，暑鬱中焦，腹痛連心，上下攻絞不得吐瀉，或手足皆冷，乃腸絞縮腹，須臾殺人。急用生熟水調白礬三錢，少頃探吐去其暑毒即安。或刺委中穴，及指爪甲令出血。如胸背四肢發紅點者，以菜油燈火遍粹之。

《證治彙補・暑症章・用藥總法》 暑症主以香茹飲，嘔惡加半夏、藿香，身熱加黄芩，口渴加乾葛。若舌乾口燥，去半夏用花粉、麥冬，燥甚者，用石羔、知母。若腹痛胸滿嘔吐者，不用石羔、知母、花粉、黄芩、麥冬，宜枳殼、木香。若飽脹而兼瀉，又不可用枳殼，宜厚朴代之。凡夏月瀉泄，乾葛爲要藥。暑火瀉者，加黄連，瀉而脹者，加蒼术、厚朴，瀉而虛者，加白术、芍藥。暑食瀉者，加神麴煨木香。暑濕瀉者，加蒼术、木通、澤瀉，並加乾葛爲佐。小便赤濇，須加木通、澤瀉，煩躁，加山梔、辰砂，煩嘔用竹茹。暑症初起，汗多面赤者，不可即用黄芪固表，恐滯邪氣也。暑清則汗自止，惟日久面色枯白，脈虛自汗，方可以參芪歛之。暑症初起，脈細或遲者，多有暑濕痰食壅滯而致，不可即用參术薑桂，但當疎理中氣，脈自起耳。惟舌色唇色淡白灰黯者，方可用溫散之劑。至於虛人着暑，病氣元氣俱虛者，宜用生脈散、清暑益氣湯、十味香茹飲，切不可過投剋伐寒涼，設或太過，變現陰寒症者，宜用理中湯溫之，乃捨時從症法也。大抵心脾中暑，可飲鮮藿香湯，膀胱中暍，可飲西瓜汁。已上諸法，皆治暑之方。

《張氏醫通・諸傷門・暑》 《素問》云：因於暑，汗煩則喘喝，靜則多言。

暑氣內擾於營則汗，上迫於肺則煩喘，內干於心則多言，總不離乎熱傷心胞，而蒸肺經之證也。

《金匱》云：太陽中暍，發熱惡寒，身重而疼痛，其脈弦細芤遲。小便已，灑灑然毛聳，手足逆冷，小有勞，身即熱，口前，開板齒燥。若發其汗，則惡寒甚；加溫鍼，則發熱甚；數下之，則淋甚。

太陽中暍，發熱惡寒，身重而疼痛，此因暑而傷風露之邪，手太陽標證也。太陽小腸屬火，上應心胞，二經皆能制金爍肺，肺受火刑，所以發熱惡寒，似乎足太陽證。其脈或風弦細，或見芤遲，小便已，灑灑然毛聳，此熱傷肺胃之氣，陽明本證也。發汗則惡寒甚者，氣虛重奪其津也；溫鍼則發熱甚者，重傷經中之液，轉助時火肆虐於外也；數下之則淋甚者，劫其在裏之陰，熱勢乘機內陷也。此段經文，本無方治，東垣特立清暑益氣湯，足補仲景之未逮。太陽中熱者，暍是也。

汗出惡寒，身熱而渴，白虎加人參湯主之。

此無形之熱，傷肺胃之氣，所以多汗惡寒而渴，故用白虎以化熱，人參以益

氣也。

太陽中暍，身熱疼重而脈微弱，此以夏月傷冷水，水行皮中所致也，一物瓜蒂湯主之。

此因冷水灌汗，有形之水，鬱遏皮毛，閉其汗濕，所以身熱疼重。故用一物瓜蒂湯湧吐，則陽氣發越，汗大泄而熱愈矣。後人不敢效用，每以五苓散加葱豉，或梔子豉湯並用，探吐皆效。

王節齋曰：夫暑者，相火行令也。夏月人感之，自口齒而入，傷心胞絡之經，其脈多虛，或浮大而散，或弦細芤遲，蓋熱傷氣，則氣消而脈虛弱，其證身熱汗出而喘，煩渴多言，倦怠少氣，或下血發黃生斑，甚者火熱爍金，致金不能平木，搐搦不省人事。治暑之法，以去濕熱清心利小便爲主，氣傷宜補眞氣爲要。又有惡寒，或四肢逆冷，甚者迷悶不省，而爲霍亂吐利，痰滯嘔逆，腹滿瀉利，此非暑傷，乃因暑而自致之病也。若行人或農夫於日中勞役得之，此熱傷陽證也，必苦頭痛發熱汗泄，肌膚大熱而渴，乃天熱外傷元氣也，宜益元散、白虎湯、竹葉石膏湯選用。若避暑熱於涼亭水閣得之，此暑傷陰證也，必頭痛惡寒，身形拘急，肢節疼痛而煩心，肌膚大熱無汗，此爲陰寒所遏，使周身陽氣不得伸越，宜消暑十全散；或腹痛水瀉者，胃與大腸受之，局方香薷飲；惡心者，胃中有痰飲也，香薷飲下消暑丸。伏暑大熱水瀉脈數，可用黃連香薷飲。若外既受寒，內復傷冰水生冷，腹痛泄瀉，霍亂吐逆，藿香正氣散、養胃湯選用。若飲食過多，吐瀉腹痛，脈沉微者，大順散。若眞陽虛人，房室不愼，復傷生冷，腹痛極瀉利，脈沉弦者，冷香飲子；甚則霍亂吐利，通身冷汗不止，脈伏或脫者，急用漿水散救之，庶可十全一二。暑氣攻裏，腹內刺痛，小便不通，生料五苓散加木香。小便血者，導赤散加辰砂。伏暑藿亂，腹痛泄瀉如水，身熱足冷者，五苓散下來復丹。傷氣困倦，身有微熱，頭重吐利，小便赤澀，十味香薷飲。傷暑咳嗽發寒熱，盜汗不止，脈數者，熱在肺經，清暑益氣湯。冷水澡浴，致暑濕相搏，一身盡痛，自汗發熱；五苓加羌活；吐瀉者，五苓與正氣和服。冒暑縱飲，及飲冷酒，引暑入腹，大熱而小便如血，五苓減桂加黃連。日間冒暑經營，夜間露卧門窗，此先感暑而後感寒，去衣則凜，著衣則煩，或鼻流淸涕，或寒熱如瘧，六和湯加羌活；無汗，加紫蘇；嘔吐，加藿香；兼食，加草豆蔻、砂仁。冒暑作勞，乘汗冷浴，身痹如鍼刺，間有赤腫處，或發水泡者，六和湯加蒼朮、荆、防，甚則加桂；若身熱頭痛，躁亂不寧，或身如鍼刺，此熱傷肉分也，白虎湯加蒼朮；虛加人參；或咳嗽發寒熱，盜汗不止，脈數者，熱在肺經，淸燥湯。秋暑瀉利，消暑丸。疰夏病，屬陽虛元氣不足，宜補中益氣加半夏、茯苓。其人傷濕，因而中暑，名曰濕溫。兩脛逆冷，胸滿頭目疼重，妄言多汗，脈陽濡而弱，陰小而急，及煩渴引飲者，切不可汗，汗之必死，蒼朮白虎湯。

喻嘉言曰：體中多濕之人，外暑蒸動內濕，二氣交通，最易中暑。所以肥人濕多，夏月百計避暑，反爲暑所中者，不能避身之濕，即不能避天之暑也。益元散驅濕從小便出，夏月服之解暑，體盛濕多則宜之。清癯無濕之人，津液爲時火所耗，當用生脈散充其津液，若用益元散妄利小水，竭其下泉，枯槁立至。故凡汗多之人，即不可利其小便也。小半夏茯苓湯，治暑耑治其濕也。少加甘草，即名消暑丸，是消暑在消其濕，理明辭正矣。又如益元散加辰砂，則并去其熱。五苓散加人參則益虛，加辰砂減桂則去熱。白虎湯加人參則益虛，加蒼朮則勝濕也。中暑必顯躁煩熱悶，東垣倣仲景竹葉石膏湯製方，名清燥湯，仍以去濕爲首務。夫燥與濕，相反者也，而清燥亦務除濕，非東垣具過人之識，不及此矣。古方治暑風，用蘇合香丸，大非，今人治暑，概用香薷飲，大謬。按香薷辛淡，辛能發散，淡能滲泄，乃夏月解表利水之劑。果身熱煩躁嘔吐，小便不利者，合黃連以解暑，靡不應手獲效。若氣虛胃弱之人，食少體倦，自當多服參耆，豈能堪此發泄？苟誤用之，是虛其虛也。至於奔走勞役而中熱者，用此溫散之劑復傷其氣，如火益熱矣。今人不分虛實當否，夏月少有不快，一概用之，所謂習俗成訛也。

夏月無故卒倒，昏不知人，面垢，冷汗自出，手足微冷搐搦，或吐瀉，或喘渴，此君相二火內外相煽，兼之素有痰鬱，因火鼓動窒礙心竅故也。宜先以熱土熨臍中，或研蒜水灌鼻中，皆取其通竅也。石頑曰：按中寒卒然倒仆如中風者，乃盛寒之氣卒犯少陰。而厥逆無脈，此陽氣大虛，不勝陰寒厲氣也，必口鼻氣冷而無痰聲。雖盛暑中亦有之，以其人眞陽素虛之故，不可拘於時月也。中暑卒然暈倒如中風者，乃酷暑之氣鼓運其痰壅塞心胞，此腎水素虧，不勝時火燔灼也，必喘乏而無痰聲。若中風卒倒，則必手足搐引，痰聲湧塞於喉中，甚則聲如拽鋸，爲中風之眞候。以此辨之，萬無差誤也。

或問：暍暑用白虎、清暑、香薷等法，何以爲辨？石頑曰：中暍用白虎湯，熱傷形之治也；用人參白虎湯，兼傷無形之氣也。中暑用生脈散，暑

傷無形之氣也；　用清暑益氣，暑傷於氣，兼挾風熱，乘虛而傷其經也。傷暑用十味香薷，風熱濕雜合而傷形氣也；　偏於表，則變香薷飲爲消暑十全；　偏於裏，則變香薷飲爲六和湯；　此夏月鼎峙三法也。其用消暑丸者，上盛之濕泛濫而爲痞滿也；　用益元散者，下盛之熱阻滯而爲溺澀也；　用大順散者，冰果內傷於脾也；　用冷香飲者，冷食內傷於腎也；　用來復丹者，陰氣固結於下也；　用五苓散者，陽氣遏絶於內也。近世醫人，治夏月諸病，不論虛實寒熱，概用香薷飲，既開汗孔，復利水道，且尅中氣，況於方中必除去人參，增入枳、殼檳榔輩重耗其氣，而痞滿發熱煩燥愈劇。此際補之不可，瀉之不可，惟梔子豉湯隨證加入甘草、生薑等味以和之。夜甚者，導赤散加丹皮、白芍以調之，次以生料六味調之；　虛甚躁渴者，合生脈以滋金水之源，此前賢未之及也。當知治暑暍諸證，汗液大泄，中氣先傷，雖有膈滿潮熱，最忌攻下，以無形之熱不能隨藥下散也。即有頭額重痛，最忌發汗，凡表藥皆能升舉痰食濁氣支撑膈上也。而肥人濕熱素盛，加以暑氣相搏，則爲濕溫，證必自汗足冷，漉漉如從水中出，脈雖沉細，而小便必赤澀，不可誤認陰寒而與溫藥，亦不可因其頭重身疼而與發汗。誤汗身青面色變者，大劑行葉石膏湯可救之。亦有因其痞滿喘脹誤與下藥者，大劑桂苓丸可療之。惟誤用附子者，雖有合劑，不能起矣。至於觸熱勞形，卒然倒仆，方書用道途中熱土置當臍，更使聚溺其腹，並搗生蒜汁注鼻孔，其立法最精，惜乎未經闡發，世都不解。殊不知此雖酷烈爲患，良由其人眞元素虧，加以時火亢極，鼓激命門之虛陽，欻然離根，非藉道途中之熱土，往來人之熱溺，不能護衛其陽使之歸源。用蒜汁注鼻孔者，取蒜以開竅，溫散其鬱閉之熱，所謂熱因熱用，溫能除大熱也。若與冷水灌之潠之漬之，則氣隨焰息，而暴絶不返矣。間有元氣不大虛人，眞火原未離根，不勝亢嘆而倒者，用水灌漬，亦有得甦者。因是愚夫一見熱倒，便以水灌，既灌不蘇，雖盧扁不能復圖矣。

診　經云：　脈虛身熱，得之傷暑，此暑傷元氣也。仲景以弦細芤遲爲傷暑，以暑傷氣而不傷形，所以氣消而脈虛弱也。大抵脈來虛大無力，或小弱，皆本氣虛而爲暑所中，不足之證也。若得洪盛數疾之脈，皆熱氣燔灼而爲時氣所傷，爲有餘之邪。至若內傷寒冷，及中寒脈沉緊之類，雖當夏月，卻與暑證無預。

羅謙甫治一人，夏月胸項多汗，兩足逆冷讝語，關前濡，關後急，當作濕溫治。經曰：　濕溫之脈，陽濡而弱，陰小而急。濡弱見於陽部，濕氣搏暑也；　小急見於陰部，暑氣蒸濕也。蓋先傷濕而後傷暑，暑濕相搏，是名濕溫。先與白虎加參，次換蒼术，三日而愈。

又治一蒙古百戶，因食酒肉湩乳，得霍亂吐瀉，從朝至午，精神憒乏，皆脈浮數無力。知所傷之物已出，即於牆陰掘地約二尺，貯新汲水，攪動一時澄定，用清者一杯，調桂苓白术散，徐徐服之，吐瀉遂止。翌日微煩渴，遂與錢氏白术散，時時服之而愈。

滑伯仁治一人，病自汗如雨，目赤身熱，口燥心煩，盛暑中帷幕周密，以至亡陽。服术附數劑，脈虛而洪數，舌上胎黃。曰：　前藥誤矣。令撤幔開窗，以黃連解毒、人參白虎，三進而汗止。渴，用冰水調益元散，七日而愈。

石頑治禮部員外申菽旆，觸熱過梁溪，歸而眩暈麻瞀，發熱便閉，服黃連、香薷不應，用涼膈散，便通。或時昏眩不少省，或時四肢清冷，而晡時爲甚。邀石頑診之，脈得弦細而芤，此暑傷心包，陽氣鬱伏，所以有擬陰寒也，與生脈合保元，清理肺胃，則包絡自寧矣。

《症因脈治·咳嗽總論·傷暑咳嗽》　傷暑咳嗽之症，身熱引飲，內熱煩躁，外反惡寒，或身痛口渴，咳嗽身倦，此暑傷肺氣之症也。

傷暑咳嗽之因，時值夏秋，或氣虛身弱，觸冒暑濕；　或熱甚於中，偶感時行，內外夾攻，蒸釀胸胃之間，上熏於肺，則暑濕咳嗽作矣。

傷暑咳嗽之脈，經曰：　脈虛身熱，得之傷暑。又云：　傷暑之脈，濡耎者多，大抵右寸口脈或虛或數。

傷暑咳嗽之治，身熱引飲，內熱煩躁者，石膏知母湯。身痛口渴，外反惡寒，十味香薷飲、瀉白益元散。外冒暑邪，內傷積熱者，涼膈散。脈虛身熱，氣虛身乏之人，清暑益氣湯。

《絳雪園古方選注·內科·清暑益氣湯》　清暑益氣湯，東垣治脾胃虛衰所生受病之方也。夏月襲涼飲冷，內傷脾胃，抑遏眞陽，而外傷暑濕，上焦心肺先受之，亟宜益氣，不令汗泄以亡津液。人參、黃蓍、炙草之甘，補元氣，退虛熱，麥冬之寒，滋水源，清肺熱，五味之酸，瀉肝火，收肺氣，白术、澤瀉，上下分消其濕熱，廣皮、青皮理脾氣而遠肝邪，升麻、葛根、蒼术助辛甘之味，引清氣以行陽道，俾清氣出於脾，右遷上行以和陰陽。濕勝則食不消，用炒神麯以消痞滿。熱勝則水涸，用黃柏補水虛，以滋化源。潔古云：　暑邪屬

陰，當發散之，此治勞苦之人冒暑者也。若膏粱之體，飲食房勞，避暑而爲暑所中者，當清解與補益兼施。

《臨證指南醫案·暑》 過清則肢冷嘔惡，過燥則唇齒燥裂，每遇秋來，最多是症。求之古訓，不載者多。獨《己任編》名之曰秋時晚發，感症似瘧，總當以感症之法治之。要知伏氣爲病，四時皆有，但不比風寒之邪。一汗而解，溫熱之氣，投涼即安。夫暑與濕，爲熏蒸粘膩之邪也，最難驟愈。若治不中窾，暑熱從陽上薰。而傷陰化燥，濕邪從陰下沉而傷陽變濁，以致神昏耳聾，舌乾齦血，脘痞嘔惡，洞泄肢冷，棘手之候叢生，竟至潰敗莫救矣。參先生用意，宗劉河間三焦論立法，認明暑濕二氣，何者爲重，再究其病，實在營氣何分。大凡六氣傷人，因人而化，陰虛者火旺，邪歸營分爲多。陽虛者濕勝，邪傷氣分爲多。一則耐清，一則耐溫，臟性之陰陽。從此可知也，於是在上者以辛涼微苦。如竹葉、連翹、杏仁、薄荷之類。在中者以苦辛宣通，如半夏瀉心之類。在下者以溫行寒性，質重開下，如桂苓甘露飲之類，此皆治三焦之大意也。或有所夾，又須通變。至於治氣分有寒溫之別，寒者宗諸白虎法。及天水散意，溫者從乎二陳湯，及正氣散法。理營分知清補之宜，清者如犀角地黃。加入心之品，補者有三才復脈等方。又如濕熱沉混之蒼术石膏湯，氣血兩燔之玉女法。開閉逐機，與牛黃及至寶、紫雪等劑，扶虛進參附及兩儀諸法。隨其變幻，審其陰陽運用之妙，存乎心也。附驥蕪詞高明教正。邵新甫

治暑邪，能用輕清涼潤之品以和肺。是其所長，但暑邪深入，必有悶亂煩躁等症。近於霍亂，此則更有治法，至於病重症危。屬熱邪橫逆，不但人參不可輕用，而桂附乾薑服之，無不立斃，乃亦倣仲景傷寒壞症治法。輕於一試，當時不知有害與否，而耳食之徒，竟以爲必用之藥。

天之暑熱一動，地之濕濁自騰。人在蒸淫熱迫之中，若正氣設或有隙，則邪從口鼻吸入，氣分先阻，上焦清肅不行，輸化之機，失於常度。水穀之精微，亦蘊結而爲濕也。人身一小天地，內外相應，故暑病必挾濕者，即此義耳。前人有因動因靜之分，或傷或中之候，以及入心入肝，爲瘧爲痢，中痧霍亂，暴厥卒死，種種傳變之原。各有精義可參，茲不重悉，想大江以南，地卑氣薄濕勝熱蒸，當此時候更須防患於先所謂使天只有三時而無夏則人之病也。驟者在當時爲患，緩者於秋後爲伏氣之疾，其候也脈色必滯，口舌必膩，或有微寒，或單發熱，熱時脘痞氣窒，渴悶煩冤。每至午後則甚入暮更劇，熱至天明，得汗則諸恙稍緩，日日如是。必要兩三候外，日減一日，方得全解。倘如元氣不支，或調理非法，不治者甚多。然是病比之傷寒，其勢覺緩，比之瘧疾，寒熱又不分明。其變幻與傷寒無二。其愈期反覺纏綿，若表之汗不易徹，攻之便易溏瀉。

何　暑濕皆客邪也，原無質，故初起頭脹胸滿，但傷上焦氣分耳。酒家少穀，胃氣素薄，一派消導，雜以辛散苦寒，胃再傷殘。在上濕熱，延及中下，遂協熱自利，三焦邪蒸，氣衝塞塡胸，躁亂口渴，瓜蔞下脘，格拒相鬭，此中宮大傷，况進熱飲略受，其爲胃陽殘憊，而邪結內踞可知矣。考暑門時風煩躁，清濁交亂者，昔賢每以來復丹五六十粒，轉運清濁爲先。攻補難施之際，望其效靈耳。

《醫貫砭·中暑傷暑論》 傷暑而苦頭痛，發躁惡熱，捫之肌膚大熱，必大渴引飲，汗大泄，齒燥，無氣以動，乃爲暑傷氣，蒼术白虎主之。有暑而無濕者，蒼术亦不可用。若人元氣不足，用前藥不應，惟清暑益氣湯或補中益氣湯爲當。自汗多而氣上，反用升、柴，熱氣未清反用參、术，與爾何讎？必欲殺。大抵夏月陽氣浮於外，爾亦知陽浮，何以用升、柴也？陰氣伏於內。若人飲食勞倦，內傷中氣，或酷暑役勞，外傷陽氣者多患之。法當調補元氣爲主，暑氣未清而補，即補暑矣。夏月服補而卒死者，我見亦多矣。皆此等邪說殺之也！而佐以解暑。若陰寒之證，用大順散，桂、附大辛熱之藥，此《內經》舍時從證之良法。《內經》何嘗有此論議。不可不知。

《慎疾芻言·中暑》 暑字之名義，與寒字相反，乃天行熱毒之病也。其證脈微少氣，煩渴燥熱，甚則手足反冷，若汗出不止，用人參白虎湯主之。如或身熱腹痛，脹滿嘔吐，瀉痢厥冷，則名熱霍亂，人參斷不可用，當用香薷飲、藿香正氣散主之，皆治暑之正法也。若《傷寒論》中又有寒霍亂一證，此乃寒邪入陰，用理中湯主之，此治寒霍亂之法也。與暑熱之霍亂，絕不相干，乃後之醫書，於熱霍亂門中，附入寒霍亂一方，名大順散，用肉桂、乾薑，即理中湯之變法，其方下亦注明治夏月傷冷飲之證，其說甚明。乃昏昧之人耳聞有此方，竟以之治暑熱之霍亂，以示奇異。其死也，宛轉呼號，唇焦目裂，七竅見血。熱歸於內，則手足反冷，而脈微欲絕，所謂熱深厥亦深也。手足冷謂之厥。厥者，逆也。乃病者醫者，不知此理，以爲服熱藥而更冷，其爲陰證無疑，故目

覩其慘死而無所悔，以後復治他人，熱藥更加重矣。與治暑熱痢者之用四逆湯，其害正同。舉世盡以爲必當如此，雖言不信也。

《雜病源流犀燭·暑病源流》 經曰：諸病喘嘔，暴注下迫，霍亂轉筋，身熱瞀鬱，小便濁赤，皆屬於熱。經言熱不言暑者，固以熱即是暑，而此數病皆傷暑之見症。故前人言中暑，亦混言中熱也。然而暑與熱，畢竟有辨。試觀仲景特申夏月熱病之旨，謂本伏寒所發，而《金匱》復出中暍之條，正恐人誤認爲熱病之自內而發，不知中暍之自外來而入也。其皆治以白虎湯者，以中暑之發熱，大渴齒燥，汗出而喘，與熱病無異，故皆以甘寒去熱，苦寒降火，甘溫益中，必加人參，因津液耗也。其不宜辛溫表散者，以夏月則人身內陰外陽，暑之中人，必傷氣分。昔人所謂風寒必顯有餘，有餘爲邪；暑氣必顯不足，不足爲正是也。所以香茹辛散，止宜乘涼飲冷，遏抑陽氣，或致霍亂者可用，非強力作勞，內傷重而受暑者之所宜也。宜以白虎湯爲主，清暑益氣湯爲輔，甘露飲、天水散皆可酌用。 蓋以凡暑病，多生於元虛氣弱之人。氣本虛，暑復傷氣，無氣以動，故治暑急補氣。惟肺虛有火者，乃忌參朮也。試先即仲景書推闡之。仲景曰：太陽中暍，發熱惡寒，身熱而疼痛，其脈弦細芤遲。小便已，灑灑然毛聳，手足逆冷，小有勞，身即熱，口開，前板齒燥。若發其汗，則惡寒甚；加溫針，則發熱甚；數下之，則淋甚。蓋以此屬陰陽俱虛，陽虛故脈弦細，陰虛故脈芤遲。若汗之不益傷陽，溫針不益傷陰乎？甘寒之劑，所宜用也。仲景又曰：太陽中熱者，暍是也。汗出惡寒，身熱而渴，白虎加人參湯主之。蓋以此爲火令爍金，肺傷而氣虛，以致膀胱不足而表亦虛。蓋膀胱太陽經，主表也，宜以救肺爲急，故用本湯也。仲景又曰：太陽中暍，身熱疼痛，而脈微弱，此以夏月傷冷水，水行皮中所主也。一物瓜蒂湯主之。蓋以此因夏月暑熱，以水盥洗，水邪鬱遏，令火而成中暍也。瓜蒂能使胸中邪氣皆吐下之。喻嘉言云：《金匱》治暍一以白虎治熱，以夏熱必犯上傷肺，耗津液，用以救肺。孫思邈之生脈散，李東垣之清暑益氣湯，皆祖之矣。一以瓜蒂治濕，以濕淫上甚，亦先傷肺，故外漬之水，得以乘毛孔而聚皮間。皮者，肺之合也，用瓜蒂或吐或下，則肺氣不壅，皮間之水得以下趨。何後如河間通苓散，子和桂苓甘露飲，但宗仲景五苓之例，以爲導濕消暑，竟不能祖瓜蒂之制，以治上焦濕熱，清肺金，而別制一方也？喻氏發明二方之妙如此，然亦止就中暍之方治言之，於暑病則未盡也。且中暍與暑，病固有異，欲以中暍盡概暑病，不可也。蓋傷暑之脈必虛，中暍之脈則微弱，故有異也。故夫暑病大端，先分兩項，一曰傷暑，一曰中暑。傷暑者，靜而得者也，陰症也。或納涼廣夏，起居不節，汗出煩躁，面垢，背微惡寒，手足微厥，甚則灑然毛聳，腠理開則灑灑然寒，閉則蒸蒸熱悶。此心包之火不勝時火，故反微惡寒也。倘坐卧陰涼，表虛不任風寒，若誤以外感作治，必害。宜清暑益氣湯。或涼亭水閣，密樹濃陰，過受涼快，爲寒所襲，頭疼，惡寒發熱，肢體拘急，是感寒之類，脈必弦緊。宜消暑十全散。或脾氣虛弱，汗多惡寒；宜十味香茹飲。或過傷飲食生冷，泄瀉嘔吐霍亂者；宜六和湯、藿香正氣散。此概治傷暑之法也。而其所及之症，有吐利，腹痛氣逆，發熱，頭疼煩渴，肢冷疼，前板齒寒，無汗，脈虛或遲或伏，昏悶者。宜香茹飲。有身熱小便不利者；宜益元散。有吐瀉寒熱，喘咳痞滿，體腫倦卧，便赤者；宜六和湯。有發熱嘔血者；宜黃連二錢，酒煎服。有暑天身熱頭疼燥渴者；宜麥冬湯。有暑天發渴者；宜生津丸。以上皆傷暑之屬，所當分別而治之者也。中暑者，動而得者也，陽症也。或遠行勞役，大熱而渴，陽氣內伏，熱合於腎，爲水不勝火，發熱煩湯，氣息喘促。日晡病減，此脾胃大虛也。宜補中益氣湯去升麻，加五味子、麥冬、黃連、黃柏、澤瀉。或農夫田野，及慣於役力之人，過受燔灼，頭角額痛，發熱，大渴引飲，脈洪大。宜地漿水煎蒼朮白虎湯。或年老及虛汗之人，不宜用寒涼，宜稍加溫藥行之。宜竹葉石膏湯少加熟附子。或平昔陰虛多火，不可用溫藥。宜白虎加人參竹葉湯。凡以中暑皆太陽經分之症，甚或卒倒不省人事，切忌香茹等溫散之品。蓋既中熱，復以辛溫傷其氣，如火益熱矣。故香茹飲只可治傷暑，不可治中暑，此概言中暑之法也。而其所及之症有夏月勞苦，卒然昏暈，甚而若死者，少與冷水即死，亦禁卧冷地濕地。急移其人於陰處，再以熱土放臍上，撥開作竅，令人尿其中，以生薑或蒜搗汁和童便或熱湯送下，外用布蘸立甦，後徐用藥，宜麥冬湯、人參白虎湯。此急救法也。又有煩渴口燥悶亂者，先以布蘸熱水熨臍中氣海，或掬土放臍，令人更溺之。俟甦，以米湯徐灌之，然後隨症調治。宜六和湯、清暑益氣湯隨症加減。凡中暑者必傷氣，宜清暑益氣湯，傷暑亦可用。以上皆中暑之症所當分別而治者也。

夫傷暑、中暑，皆暑病之重且大者。故傷暑則暑熱之邪傷在肉分，中暑則暑熱之邪傷及臟腑。而又有尋常感受暑氣，致腹痛水瀉者，乃胃與大腸感邪之故。或惡心嘔吐者，乃胃口有痰飲，而又感邪之故。此皆名冒暑，是暑

病之輕且小者，宜黃連香茹散、清暑十全飲、解暑三白湯治之　亦當分別而治。然而暑病亦有無脈弦細者，此雖是暑，亦必由過襲陰涼，身中陽氣，爲其所遏，故心煩，肌膚火熱，無汗，非暑邪也，不可全用表藥。宜消暑十全飲。　暑月腠理易開，香茹熱服，便能汗出，故不必用表也。倘人迎脈緊，而氣口反大，咳嗽目疼，鼻流清涕，額與眉稜骨痛，此又被風矣。宜選奇湯。　至有內傷夾暑者，暑月房勞，兼膏粱水菓雜進，至周身陽氣不伸，脈沉細，或弦緊，面垢，無汗惡寒，四肢厥逆拘急，霍亂嘔吐，宜冷香飲子。　或吐利兼作，脈微欲絶，或虛浮而散，此爲緊病，急當救之毋緩。宜漿水散。　或冒暑伏熱，引飲過多，及恣啖生冷，致脾胃受寒，必腹痛嘔泄，水穀不分，脈沉而緊。宜大順散。　又有夾水傷暑者，汗出當風，浴起當風，或冷水浸澡，或坐卧於地，以至水濕畜於身中，適又感受暑邪生病，非全由暑傷也，宜香茹飲。　必溫散之。　又有暑瘵者，暑月火能爍金，不禁辛酒，脾火暴盛，勞熱躁煩，火動心脾，以致喘咳，忽吐衄，頭目不清，胸膈煩渴不寧，即老穉亦有此病。　昧者以爲勞瘵，不知此由火載血上，非眞陰虧損而爲虛勞也。　宜歸身、生地、防風、黃連、知母、山梔、荆芥、黃芩、桔梗、木通、元參、甘草、貝母、白茯苓、陳皮、薄荷、麥冬、五味等劑爲一帖。　煎服黃連香茹飲亦可。　又有暑痿者，暑天膏粱之人陽事頓痿，此不可全用熱藥，亦不可全用涼藥。宜黃連解毒湯合生脈散。　又有攪腸痧者，暑月不頭疼發熱，但覺小腹痛或心腹俱痛，脹痞，不能屈伸，皆水火流注臟腑。　故先小腹後及心腹俱痛，非陰症也，宜六和湯、藿香正氣散。　大抵此症以探吐痰涎爲主。宜二陳湯加厚朴、山梔，或用炒鹽湯探吐。　又有霍亂者，暑氣入腹，惡心腹痛，上吐下瀉，瀉水如注。此暑火暴發，升降不利，清濁不分，所瀉者皆五臟津液，宜速止之。宜胃苓湯，甚者桂苓甘露飲。　此症有挾食積者，切不可下，總當立止爲上，再商食積。　若吐瀉無物，或上下關閉竟不吐瀉，但心腹絞痛，令人立斃，此爲乾霍亂，亦即絞腸痧，宜急以鹽湯探吐。　或探吐得通可救。　即定後，周時勿進米氣，得食又發，戒之！　又有暑意瘍者，夏月頭面外項赤腫，或咽喉腫痛，或腿足焮腫，長至數寸，不能步履，而頭痛內燥，日夜發熱不止，與凡癰毒發熱，晡甚且止者不同。宜敗毒散及石膏、黃連等。　蓋熱一解腫自消，全無膿血，非外科症也。　又有暑瘡者，周身發泡，如碗如杯，如桃如李，光亮脆薄，中有臭水，由濕熱之水，泛於皮膚也。宜黃連香茹飲、黃連解毒湯。　甚者內實便閉，口疳臭穢，外以鮮荷花瓣貼之，中藥周時可平。宜涼膈散或承氣湯。　以上種種，皆暑病之兼及者也。要之，暑病所由之經，固屬太陽，亦有由陽明者。發熱，汗大出，微惡寒，爲太陽矣；面赤大汗，煩渴喘急，即陽明也。甚者脈洪大，昏不知人，有似熱症，但忽輕忽重爲異耳。太陽宜五苓散去桂，加香茹。陽明宜消暑丸。　故平人偶然被暑，必身熱，背惡寒，汗出，口渴，煩躁悶亂，痰逆惡心，或吐瀉轉筋，小便閉澀，指頭微寒。宜五苓散去桂，合益元散用。　若脾胃素弱，上焦不足，暑濕鬱蒸，肢體困倦，頭重心煩，飽悶喘促，早晚寒，日午熱，此氣血俱虛也。宜清燥湯、清暑益氣湯。　或夏月汗太多，風犯汗孔，身體重痛，肢節痲，或渴或不渴，或小便黃澀，此風鬱汗，濕與暑相搏也。宜益元散加葱頭。　故人當濕熱盛時，如梅天夏雨，體倦神疲，胸滿促，肢冷，或氣高喘，身煩熱，溺黃赤，大便溏，自汗不食，須預防暑病。宜清暑益氣湯加滲濕藥。　虛弱人當暑，體倦神疲，胃不和，食無味，須預防暑病。　安樂人當暑，惡寒身重，昏眩寒熱，嘔吐腹痛，乃夏月感寒，非暑病也。宜溫辛散。　辛苦人勞甚暑病，須培其氣。宜人參白虎湯　總當分別而治之者也，而治法大要，惟以清心利小便，解暑毒，補眞氣爲主。　即脈虛喘促，逆冷，卒昏暈，此熱傷陰氣，切不可用溫藥，以助陽而耗陰。

脈法　仲景曰：　傷暑脈虛。又曰：　脈虛身熱，得之傷暑。《脈訣》曰：　暑傷於氣，所以脈虛，弦細芤遲，體狀無餘。《三因》曰：　中暑之脈，陽弱陰虛，微遲似芤。《本事》曰：　暑脈弦細芤遲，何也？　蓋寒傷形，熱傷氣。氣傷則氣消而脈虛弱，所以弦細芤遲，皆虛脈也。《正傳》曰：　暑脈虛而微弱，或浮大而散，或隱而不見。夫微弱隱伏，皆虛類也。《活人書》曰：　中暑與熱病相似，但熱病脈盛，中暑脈虛，以此辨之。張鳳逵曰：　脈理論。　劉復眞云：　暑脈虛而微弱，按之無力。又脈來隱伏，弦細芤遲，皆暑脈也。脈虛身熱，得之傷暑中暍，脈虛而微者是也。寒病傳經，故脈日變；　溫熱不傳經，故不變。寒病浮洪有力易治，芤細無力難治，無脈不治。溫熱不然，溫有一二部無脈者，暑熱有三四部無脈者，被火所逼而伏，非絶無也，於病無妨，攻之亦易。照經用辛寒，火散脈起，病愈矣。蓋溫熱病發在一二經，始終在此，更不傳遞別經者，其一二經或洪數，則別經弱且伏。依經絡調之，伏者起，洪者平，乃愈徵也。鰲按：　此篇言熱病即指暑病而言，非謂伏寒夏發之熱病也。

暑病原由症治　節齋曰：　夏至日後病熱爲暑。暑者，相火行令也，夏月人感之，自口齒而入，傷心包絡經。其爲症煩則喘渴，靜則多言，身熱而煩心，大渴引飲，頭痛自汗，倦怠少氣，或下血發黃，甚者火熱制金，不能平木，

搐搦不省人事。東垣曰：夏至陽盡陰生，氣浮肌表，散於皮毛，腹中之陽虚矣。世言夏月伏陰在内，此陰字有虚之義，若作陰冷，悞甚。火盛之時，流金爍石，何陰冷之？有孫眞人製生脈散，令人夏月服之，非爲虚而何？

《直指》曰：傷暑之症，面垢自汗，身熱背寒，煩悶大渴，倦怠少氣，毛聳惡寒，或頭疼，或霍亂，或四肢厥冷，或身體無痛。中暑之症，則六脈沉伏，冷汗自出，悶絶而昏，不知人矣。

《雜病源流犀燭・治暑病方》　暑瀉，專受暑而成瀉利病也。其原有新有久新者，暑毒入於口齒，傷於腸胃，數日間其邪即發，或挾食，或挾濕，以致煩渴尿赤，自汗面垢腹痛，所瀉如水直注，日夜無度。宜以炒黄連爲君。葛根、升麻佐之。或桂苓甘露飲。久者，暑邪留於三焦腸胃之間，以致久而成泄，所瀉亦是水，但不如新者之暴迫直注，其兼症亦相同。宜玉龍丸。此新久之别也。而其症之所現，雖同屬暑瀉，其爲治又有當分辨者，如暑傷心脾，嘔吐泄瀉，或霍亂轉筋，及浮腫瘧痢，宜六和湯；如暑熱引飲過多，致水暑交併，而上吐下瀉，宜解暑三白散；如傷暑上吐下瀉，而兼煩亂，宜香朴飲子；如暑月煩渴，引飲過多，脾胃停積冷濕，致成吐瀉，宜大順散。以上數條，皆難混治。若不過受暑而瀉，别無他故，則惟清暑足已。宜消暑十全飲、香茹湯。其或有盛暑傷於外，陰冷傷於内，而爲内外受迫者，此症更重，非可易視矣。宜連理湯、桂苓元、縮脾飲。此暑瀉諸症，當與泄瀉條參看。

暑瀉症治　《醫鑒》曰：腹痛水瀉者，胃與大腹受暑；惡心嘔吐者，胃口有痰飲而又受暑也，宜消暑十全飲。疰夏，脾胃薄弱病也。然雖由脾胃薄弱，亦必因胃有濕熱及留飲所致。昔人謂痿發於夏，即名疰夏。以疰夏之症，必倦怠，四肢不舉，羸瘦，不能食，有類於諸痿故也。然疰夏與痿，其原華竟有異，且痿爲偶患之疾，此爲常有之事。凡幼弱人多有之，故必以清暑益氣，健脾扶胃爲主也。故前既列夏痿之症於暑病篇，而此又詳及疰夏，宜參歸益元湯、生脈散爲主。酌加白术、半夏、陳皮、茯苓、扁豆子、白芍、木瓜、澤瀉、炙甘草亦可。

疰夏症治　仲景曰：平人脈大爲勞，極虚亦爲勞。夫勞之爲病，其脈浮，又手足煩熱，寒精自出，脚痠削，不能行，小腹虚滿，春夏劇，秋冬瘥，謂之疰夏病。東垣曰：仲景言脈大者，極虚者，氣損也；春夏劇者，時助邪也；秋冬瘥者，時勝邪也。黄芪建中湯治之可也。丹溪曰：人遇春末夏初，頭痛脚弱，食少身熱，世俗謂之疰夏病。屬陰虚元氣不足，宜補中益氣湯去升、柴，加黄柏、白芍、麥冬、五味子；有痰加南星、半夏。又曰：疰夏病宜服生脈散、參歸益元湯。東垣曰：暑夏宜補氣。蓋以夏至陽盡陰生，腹中之陽虚也。今人夏月服生脈散，爲此故耳。

《通俗傷寒論・傷寒兼證・熱證傷寒》　因　伏熱將發，新寒外束。然發在夏至以前者爲癉熱，多由於暴寒而發。在夏至以後者爲熱病，多由於傷暑而發。古人仍以傷寒稱之者，謂其初受病時，皆寒氣鬱伏所致耳。全在臨證者先其所因，明辨其兼寒與兼暑二端，别其爲熱病兼寒，熱病兼暑，分際自清。

證　熱病兼寒者，初必先淅然厥起，微惡風寒，身熱無汗，或汗出而寒，頭痛不堪，尺膚熱甚，繼即純熱無寒，心煩惡熱，口渴引飲。熱極爍陰，則耳聾目昏，顴赤唇焦，口乾舌爛，咳逆而衄，或嘔下血，或發呃忒，或腰痛如折，前陰出汗，或泄而腹滿。熱極動風，則手足瘛瘲，口噤齒齘，由痙而厥，溺赤澀痛，大便燥結，舌胎初則黄白相兼，繼則純紅苔少。熱病兼暑者，一起即發熱身痛，背微惡寒，頭痛且暈，面垢齒燥，大渴引飲，心煩惡熱，癍疹隱隱，煩則喘喝，静則多言，甚則譫語遺溺，大便或閉或瀉，瀉而不爽，其餘變症，與前相同。舌胎純黄無白，或乾黄起刺，或黄腐滿布，或老黄帶灰黑，甚或鮮紅無胎，或紫紅起刺，或絳而燥裂，或深紫而赤，或乾而焦，或胖而嫩。

脈　左浮緊，右洪盛，緊爲寒束於外，洪盛則熱結於内。此《内經》所謂冬傷於寒，春生癉熱。亦即石頑所云熱病脈見浮緊者，乃復感不正之暴寒，搏動而發也。若左盛而躁，右洪盛而滑，躁則血被火逼，盛滑則伏熱外潰，此《内經》所謂尺膚熱甚，脈盛躁者病溫，盛而滑者病且出也。亦即石頑所云後夏至日爲熱病，乃久伏之邪，隨時氣之暑熱而勃發也。

治　熱病兼寒，必先解其熱以出其汗。輕則葱豉桔梗湯，加益元散三錢包煎、青蒿腦二錢，重則新加白虎湯，加鮮葱白三枚切、淡香豉四錢，使表裏雙解，或汗或痦，或疹或癍，一齊俱出。如猶譫語發狂，煩渴大汗，大便燥結，小便赤澀，咽乾腹滿，昏不識人者，急與白虎承氣湯，加至寶丹，開上攻下以峻逐之。如已風動痙厥者，急與犀連承氣湯，加羚角、紫雪，熄風宣竅以開逐之。若熱病兼暑，必先清其暑以泄其熱，初以新加白虎湯爲主；繼則清其餘熱以保氣液，竹葉石膏湯加減，終則均須實其陰以補其不足。如肺胃陰虚，餘熱不清，虚羸少氣，氣逆欲吐者，竹葉石膏湯，加竹茹、茅根主之。咳逆

鼻衄者，去半夏，加鮮枇杷葉一兩去毛抽筋、鮮生地六錢，去皮、地錦五錢。舌爛嘔血者，加經霜西瓜翠三錢、生蒲黃一錢、製月石三分、鮮生地汁兩瓢，衝。呃逆者，加廣鬱金汁四匙，分冲、枇杷葉一兩，去毛筋，炒微黃、青箬葉三錢。如脾陰既虛，累及脾陽，氣弱肢軟，泄而腹滿，或便血面白者，補陰益氣煎，加煨木香、春砂仁各六分，與水炒香。如肝陰大虧，血不養筋，筋脈拘攣，甚則瘛瘲，頭目暈眩者，阿膠鷄子黃湯主之。如心腎兩虧，顴赤耳聾，舌絳心悸，神煩不寐，腰痛如折，前陰出汗，時欲暈厥者，坎氣潛龍湯主之。陰復則生，陰竭則死。

秀按：大熱證首傷氣血，氣分燥熱，煩渴大汗。脈洪舌黃者，以長沙白虎湯爲主。兼風加，桑葉、薄荷，兼寒加葱白、豆豉，兼暑，加青蒿、香薷，兼濕加蒼朮、川朴。氣虛液枯者，加人參、麥冬，血虛火旺者，加鮮地、丹皮，痰多氣滯者，加半夏、橘紅，絡痹筋攣者，加羚角、桂枝，火旺生風者，加犀、羚、桑、菊，火實便閉者，加芩、連、硝、黃。惟食積化火，宜用大黃；濕熱化火，宜用清蜜丸，均忌石膏，苟非四大俱全，大渴、大煩、大汗、右手脈大。白虎湯切不可用。血分火爍，煩躁譫語，脈數舌絳者，以千金犀角地黃湯爲主。兼疹，加連翹、牛蒡、紫草、大青，兼癍，加元參、大青、野菰根、鮮茅根，嘔血，加醋炒生錦紋、小川連、淡竹茹、地錦，下血，加茅根、槐蕊、青蒿腦、地榆炭，血瘀，加桃仁、丹參、益母草、延胡索、風痙，加羚角、滁菊、鈎藤、童便，昏厥，酌加紫雪、絳雪、行軍散、至寶丹之類，毒盛，加金汁、人中黃、貫仲、紫花地丁、紫金片之類。其次終損精神，精枯髓熱，腰脊酸痛，遺精帶下，骨蒸跟疼，衝任脈動，兩觀嫩紅，耳聾眼花，脈左關尺細弦數，舌質胖嫩，根或灰黑淡薄者，以二加龍蠣湯去薑附，加大補陰丸爲主。虛咳，酌加沙苑子、天冬、野百合、眞柿霜之類，虛喘，酌加靈磁石、北五味、秋石拌搗甘杞子、玄精石泡水磨沉香汁之類，虛痰，酌加淡竹鹽拌炒胡桃肉、秋石水拌炒沙苑子之類，虛呃，酌加青鉛、鐵落、鹽水炒銀杏、刀豆子、沉香水炒淮牛膝之類，虛熱，酌加銀胡、地骨皮、青蒿、炙鱉甲之類。神煩下寐，心悸膽怯，恍惚不安，躁則語言錯亂，靜則獨語如見鬼，交睫則驚恐非常，倏醒則叫呼不寧，脈左寸浮洪，兩尺沉細數搏，舌形圓大嫩紅者，以阿膠黃連湯加半夏、秫米、棗仁、茯神爲主。盜汗，加蓍皮、竹茹、淮小麥之類，征忡，加硃砂、西黃、玳瑁、珠粉之類，挾痰，加竹瀝、竺黃、膽星、川貝之類，血厥，加白薇、歸身、龍齒、牡蠣之類，晝夜不得交睡者，加猺桂與川連同研糊丸呑下。神識近於痴癲者，加《局方》妙香丸、至寶丹之類。此皆予治大熱證初中末變端之大要也。

廉勘：熱證傷寒，爲吾紹常人所通曉。初中末治法，俞氏及先祖隨病立方，多遵《內經》及《傷寒論》。辨證決疑，可謂致廣大而盡精微矣。惟呃逆一證，頭緒甚繁，予從顧松園、王孟英兩家法例，多驗，爰述於後。顧謂：熱病發呃，萬熱屬實者居多。如因胃中熱壅氣鬱而呃者，以清胃熱降逆氣爲主，竹葉石膏湯加竹茹、蘆根，或加枳實、括蔞，因胃中痰飲阻氣而呃者，以消痰降氣爲主，二陳湯加旋覆花、代赭石，因胃中飲食阻氣而呃者，食不消而胸脘痞滿，以消食降氣爲主，如沉香、砂仁、枳實、橘紅、青皮、檳榔之類，便不通而脈來有力，酌用大、小承氣湯下之，因胃中瘀血阻氣而呃者，以通瘀降氣爲主，犀角地黃湯加桃仁、羚角、降香、鬱金。若過服寒藥傷胃，冷氣逆上而呃者，以溫中降氣爲主，宜用丁香、柿蒂、沉香、砂仁、吳茱萸諸品。寒甚者加桂、附，氣虛者加人參。憔屢下後及病久，與夫老人虛體，婦人產後，陰氣大虧，陽氣暴逆，自臍下直衝至胸嗌間而呃者，《內經》所謂病深者其聲噦是也。急用六味地黃湯加大補陰丸、紫石英、沉香汁，或可挽救一二。王氏謂：噦氣牾也，逆氣也，即俗云呃忒。痰阻清陽者宜開，胃火上衝者宜消，肝氣拂鬱者宜疎，腑氣秘塞者宜通，下虛衝逆，吸氣不入者，宜鎭納，豈可專借重一旋覆代赭湯哉？查王氏開豁痰呃，輒用竹茹、橘皮、括蔞、半夏、枳實、薤白、旋覆、菖蒲、紫苑、白前、枇杷葉等品。挾肝火，加茱連雪羹，兼營熱，加犀角、元參。清降熱呃，多用竹葉石膏湯加紫苑、白前、旋覆、杷葉，與顧氏法同。疏降肝逆，多用萸、連、旋、赭、延、鈴、五磨飮子等品，通降腑塞，雖亦以承氣爲主，或間用當歸龍薈丸以瀉肝，或間佐礞石滾痰丸以墜痰，或間投更衣丸以通腑。惟中虛寒飮致呃者，仍用代諸旋覆花湯主治。若下虛衝逆致呃者，往往用龍齒、牡蠣、龜板、鱉甲、石英、白薇、青鉛、鐵落、熟地、沉香、蓯蓉、牛膝、蛤殼、決明、杞子、胡桃等品，出入爲方，即俞東扶治氣衝證，用熟地、歸、杞、牛膝、石英、胡桃、坎炁、青鉛、等藥，亦與王氏法不謀而合。惟杜良一用六味地黃湯合五磨飮子去木香，立法尤新。予每引用俞、杜兩法，以治腎虛衝呃，多收敏效。總之伏氣熱病，與伏氣溫病，皆伏火證，全在辨明虛實，庶無實實虛虛之誤矣。

榮齋按：何廉臣先生說：伏氣熱病，爲時邪引動而發者，當看其兼挾之邪，輕重如何。輕者可以兼治，重者即當在初起時着意先撤邪；俟新

邪既解，再治伏邪，方不礙手。此須權其輕重緩急，以定其治法。張錫純治于君熱病兼寒案，因伏熱初起爲風寒所束，證見壯熱無汗，胸中煩熱，又兼喘促，口渴喜飲，頭猶覺痛，周身亦有拘急之意。脈洪滑而浮，舌苔白滑微黃，此外寒束其內熱。治以自製寒解湯。服兩劑而愈。此熱病兼寒，方中重用膏、知以清胃府之熱，復用連翹、蟬退之善達表者，引胃中化而欲散之熱，仍還太陽作汗而解。斯乃調劑陰陽，聽其自汗，非強發其汗也。這是熱症傷寒的初期治法，錄之以作參考。

《通俗傷寒論・傷寒兼證・暑濕傷寒》 因　先受濕，繼受暑，復感暴寒而觸發。亦有外感暑濕，內傷生冷而得者。夏月最多，初秋亦有。

證　暑濕兼外寒者，初起即頭痛發熱，惡寒無汗，身重而痛，四肢倦怠，手足逆冷，小便已，洒洒然毛聳。但前板齒燥，氣粗心煩，甚則喘而噓氣，繼則寒熱似瘧。濕重則寒多熱少，暑重則熱多寒少。胃不欲食，胸腹痞滿，便溏或洩，溺短黃熱，舌胎先白後黃，帶膩或糙。暑濕兼內寒者，一起即頭痛身重，凜凜畏寒，神煩而躁，肢懈胸滿，腹痛吐瀉，甚則手足俱冷，或兩脛逆冷，小便不利，或短澀熱，舌胎白滑，或灰滑，甚則黑滑，或淡白。

脈　左弦細而緊，右遲而滯者，此由避暑納涼，暑反爲寒與濕所遏，週身陽氣不得伸越，張潔古所謂靜而得之，因暑自致之病也。若脈沉緊，甚則沉弦而細者，此由引飲過多，及恣食瓜果生冷，脾胃爲寒濕所傷。張路玉所謂因熱傷冷，而爲夏月之內傷寒病也。

治　暑濕兼外寒。法當辛溫解表，芳淡疏裏，藿香正氣湯加西香薷錢半、光杏仁三錢爲主。微汗出，外寒解，即以大橘皮湯溫化其濕，濕去則暑無所依而去矣。若猶餘暑未凈者，前方去蒼朮、官桂，加山梔、連翹、青蒿等肅清之。暑濕兼內寒，法當溫化生冷，辛淡滲濕，胃苓湯加公丁香九支、廣木香磨汁，兩匙冲爲主。寒水去，吐瀉止，即以香砂二陳湯溫運胃陽，陽和而暑濕漸從火化，改用大橘皮湯，去桂朮，加山梔、黃芩、茵陳、青蒿子等清化之。

秀按：　此夏月之雜感證也。外感多由於先受暑濕，後冒風雨之新寒，《內經》所謂生於陽者，得之風雨寒暑是也。內傷多由於畏熱卻暑，浴冷臥風，及過啖冰瓜所致，《內經》所謂生於陰者，得之飲食居處是也，乃暑濕病之兼證夾證，非傷暑濕之本證也。凡暑爲寒濕所遏，生冷所鬱，俞氏方法，穩而愜當。與前哲所立香薷飲加減五方，及大順散、冷香飲子、漿水散等劑，意雖相同，而選藥製方，尤鮮流弊，後學當遵用之。

廉勘：　夏月傷暑，最多兼挾之證。凡暑輕而寒濕重者，暑即寓於寒濕之中，爲寒濕吸收而同化，故散寒卽所以散暑，治濕卽所以治暑。此惟陽虛多濕者爲然，俞氏方法，固爲正治。若其人陰虛多火，暑卽寓於火之中，縱感風寒，亦爲客寒包火之證，初用益元散加葱、豉、薄荷，令其微汗，以解外束之薪寒，繼用葉氏薷杏湯，輕宜涼淡以清利之。餘邪不解者，則以吳氏清絡飲辛涼芳香以肅清之。若其間暑濕並重者，酌用張氏蒼朮白虎湯加減。其他雙證，可仿熱證例治。至瓜果與油膩雜進，多用六和湯加減，亦不敢率投薑、附也。

榮齋按：　何廉臣先生說：　暑爲濕遏，初起邪在氣分，即當分別濕多熱多。濕多者，治以輕開肺氣爲主，肺主一身之氣，氣化則濕自化，即有兼邪，亦與之俱化。濕氣彌漫，本無形質，宜用體輕而味辛淡者治之。辛如杏仁、蔻仁、半夏、厚朴、藿梗，淡如苡仁、通草、茯苓、豬苓、澤瀉之類，啓上閘，開支河，導濕下行以爲出路，濕去氣通，布津於外，自然汗解。若暑重於濕者，濕從火化，火必就燥，則生地、石斛，卻爲善後之要葉。

《通俗傷寒論・傷寒兼證・伏暑傷寒》 因　夏傷於暑，被濕所遏而蘊伏，至深秋霜降及立冬前後，爲外寒搏動而觸發。邪伏膜原而在氣分者，病淺而輕。邪舍於營而在血分者，病深而重。

證　邪伏膜原，外寒搏束而發者，初起頭痛身熱，惡寒無汗，體痛肢懈，脘悶惡心，口或渴或不渴，午後較重，胃不欲食，大便或秘或溏，色如紅醬，溺黃濁而熱。繼則狀如瘧疾，但寒熱模糊，不甚分明。或皮膚隱隱見疹，或紅或白，甚或但熱不寒，熱甚於夜。夜多譫語，輾轉反側，煩躁無奈，渴喜冷飲，或嘔或呃。天明得汗，身熱雖退，而胸腹之熱不除，日日如是。速則三四候即解，緩則五七候始除。舌胎初則白膩而厚，或滿布如積粉，繼則由白轉黃，甚則轉灰轉黑，或糙或乾，或焦而起刺，或燥而開裂，此爲伏暑之實證，多吉少凶。若邪舍於營，外寒激動而發者，一起即寒少熱多，日輕夜重，頭痛而暈，目赤唇紅，面垢齒燥，心煩惡熱，躁擾不寧，口乾不喜飲，飲即乾嘔，咽燥如故。肢雖厥冷，而胸腹灼熱如焚，臍間動氣躍躍，按之震手。男則腰痛如折，先有夢遺，或臨病洩精。女則少腹酸痛，帶下如注，或經水不應期而驟至。大便多秘或解而不多，或溏而不爽。肛門如灼，溺短赤澀。劇則手足瘛

瘲，昏厥不語，或煩則狂言亂語。靜則鄭聲獨語，舌色鮮紅起刺，別無苔垢，甚則深紅起裂，或嫩紅而乾光。必俟其血分轉出氣分，胎始漸布薄黃，及上罩薄胎黏膩，或紅中起白點，或紅中夾黑胎，或紅中夾黃黑起刺，此爲伏暑之虛證，多凶少吉。其他變證：兼寒者暑邪內鬱，則成痎瘧。或間一日而發，或間二日而發，總多寒輕而熱重，終則癉瘧而無寒。夾積者暑毒下陷，則成赤痢，或夾黃膿白涕，或夾青汁黑垢，總多稠黏而無糞，終則下多而亡陰。

脈　左弦緊，右沉滯，此《內經》所謂夏傷於暑，秋必痎瘧者是也。實則有正瘧類瘧之殊，皆暑濕伏邪，至秋後被風寒新邪引動而發也。若左弦數，右弦軟，此《內經》所謂逆夏氣則傷心，內舍於營，奉收者少，冬至重病是也。皆《內經》所論伏暑內發，及伏暑晚發之明文也。

治　邪伏膜原而在氣分，先以新加木賊煎，辛涼微散以解外，外邪從微汗而解。暫覺病退，而半日一日之間，寒雖輕而蒸忽轉重，此蘊伏膜原之暑濕，從中而作。固當辨其所傳而藥之，尤必辨其暑與濕孰輕孰重。傳胃而暑重濕輕者，則用新加白虎湯加連翹、牛蒡辛涼透發，從疹瘖而解。傳二腸則伏邪依附糟粕，即用枳實導滯湯苦辛通降，從大便而解。解後暫用蒿芩清膽湯清利三焦，使餘邪從小便而解。然每有遲一二日，熱復作，苔復黃膩，伏邪層出不窮，往往經屢次緩下，再四清利，而伏邪始盡。邪雖盡，而氣液兩傷，終以竹葉石膏湯去石膏加西洋參、鮮石斛、鮮茅根、青蔗汁，甘涼清養以善後。傳脾而濕重暑輕者，先用大橘皮湯加茵陳、木通溫化清滲，使濕熱從小便而泄。然脾與胃以膜相連，濕在胃腸之外，熱鬱在胃腸之中，其濕熱黏膩之伏邪亦多與腸中糟粕相搏，蒸作極黏膩臭穢之溏醬矢。前方酌加枳實導滯丸、更衣丸等緩下之。必俟宿垢下至五六次，或七八次，而伏邪始盡。邪既盡，而身猶暮熱早涼者，陽陷入陰，陰分尚有伏熱也。可用清燥養營湯加鱉血、柴胡八分、生鱉甲五錢、青蒿腦錢半、地骨皮五錢，清透陰分鬱熱，使轉出陽分而解。解後則以七鮮育陰湯，滋養陰液以善後。若邪舍於營而在血分，先與加減葳蕤湯加青蒿、腦粉丹皮滋陰宜氣，使津液外達，微微汗出以解表。繼即涼血清營以透邪，輕則導赤清心湯，重則犀地清絡飲，二方隨證加減。若已痙厥並發者，速與犀羚三汁飲清火熄風，開竅透絡，定其痙以清神識。若神識雖清而夜熱間有譫語，舌紅漸布黃膩，包絡痰熱末净者，宜清肅，玳瑁鬱金湯去紫金片加萬氏牛黃丸。二顆藥湯調下。口燥咽乾，舌乾絳而起裂，熱劫液枯者宜清滋，清燥養營湯去新會皮，加鮮石斛、熟地露、甘蔗汁。心動而悸，脈見結代，舌淡紅而乾光，血枯氣怯者宜雙補，復脈湯加減。衝氣上逆，或呃或厥，或頓咳氣促，沖任脈搏，舌胖嫩圓大，陰竭陽厥者宜滋潛，坎氣潛龍湯主之。亦有涼瀉太過，其人面白唇淡，肢厥便泄，氣促自汗，脈沉細或沉微，舌淡紅而無苔，氣脫陽亡者宜溫補，附子理中湯加原麥冬、五味子救之。

廉勘：春夏間伏氣溫熱，秋冬間伏暑晚發。其因雖有傷寒傷暑之不同，而其蒸變爲伏火則一。故其證候療法，大致相同。要訣在先辨濕燥，次明虛實，辨得眞方可下手。俞公此論，頗有妙旨，耐人研究。後賢如王孟英，論伏氣之治，亦語語精實，大旨謂伏氣溫病，自裏出表，乃先從血分而後達於氣分，故起病之初，往往舌潤而無苔垢，但察其脈耎，或弦或數，口未渴而心煩惡熱，即宜投以清解營陰之藥。迨邪從氣分而化，苔始漸布，然後再清其氣分可也。伏邪重者，初起即舌絳咽乾，甚有肢冷脈伏之假象，亟宜大清陰分伏邪，繼必厚膩黃濁之苔漸生，此伏邪與新邪先後不同處，更有邪伏深沉，不能一齊外出者，縱治之得法，而苔退舌淡之後，踰一二日，舌復乾絳，苔復黃燥，正如抽蕉剝繭，層出不窮，不比外感溫，由衞及氣，自營而血也。秋冬伏暑，證勢輕淺者，邪伏膜原，深沉者亦多如此。苟閱歷不多，未必知其曲折乃爾也。此眞閱歷有得之言歟。然金針雖度，奈粗工祇知新感傷寒，不知伏氣溫暑，羌蘇荆防，隨手亂投，不知汗爲心之液，恣用辛溫燥烈藥，強發其汗，則先傷其津液，涸其汗源，汗何能出。汗不出，反益病，往往發癡譫語，衄血喘滿，昏迷悶亂，發痙發厥，變證百病，目擊心傷。石頑老人曰：世人只知辛溫藥能發汗，不知辛涼藥亦能發汗。華岫雲曰：辛涼開肺，便是汗劑。故余治伏暑內發，新涼外束，輕則用益元散加葱、豉、薄荷，重則用葉氏荷杏石甘湯加葱、豉，皆以辛涼泄衛法解外。外解已，而熱不罷，伏暑即隨汗而發。必先審其上中下三焦，氣營血三分隨證用藥。蓋暑溫內留，多潛伏於三焦膜絡之間，外與皮肉相連，內與臟腑相關，伏暑傳膜外潰，從皮肉而排泄者，氣分病多。入絡內陷，從臟腑而中結者，營分血分病多，陰分病亦不少。凡病在上焦氣分者，酌與薛氏五葉節根湯加味，宣上焦以清肅肺氣。若在上焦營分者，酌與葉氏犀角地黃湯加味，清上焦以涼透心營。若邪犯包絡，舌色純絳鮮澤者，前湯調下安宮牛黃丸；舌罩一層垢濁薄苔者，調下局方至寶丹，芳香宣竅以清包絡。病在中焦氣分者，酌與王氏連朴飲加味，苦降辛

通以清胃氣。若在中焦血分者，酌與吳氏養營承氣湯加減，涼血瀉火以保胃液。病在下焦氣分者，酌與桂苓甘露飲加減，辛淡降泄以清化腎氣。若在下焦陰分血室者，酌與章氏青蒿鱉甲湯加減，透絡熱以清鎮血海。若在陰分精室者，酌與陶氏逍遙湯加減，逐敗精以肅清髓熱。善後之法，則一滋養陰液，肅清餘熱爲主。如葉氏加減復脈湯及甘露飲加西參蔗漿汁，往往得育陰墊托，從中下焦血分復還氣分，陰分轉出陽分，少腹部及兩腰部，發白痦黑疹而解。惟病在中下焦胃腸，夾食積者最多，每用陸氏潤字丸，磨蕩而緩下之；或用枳實導滯丸，消化而輕逐之。此皆治伏暑晚發，博采衆長之療法也。然素心謹慎，選藥製方，大旨以輕清靈穩爲主，以近今膏粱體，柔脆居多，故於去病之時，不得不兼顧其虛也。

《傷寒指掌·傷寒類症·暑證》 暑傷氣分 凡吸入致病，上焦氣分先受。舌白邊紅，嘔惡煩渴，咳嗽喘急，二便不爽，脈右大者，此暑邪阻於上焦氣分也。宜杏仁、石膏、半夏、厚朴、梔皮、豆豉、鬱金、竹茹之類。如熱邪內迫，肺氣鬱閉，而致胸中脹悶者，宜梔子豉湯，加枳實，川鬱金、杏仁、半夏、白蔻、滑石、連翹、薑皮、黄芩之類。

邵評：暑熱由口鼻吸受，先傷上焦氣分。邪留肺胃，邪在肺則舌白邊紅者，熱也。胃熱則嘔惡心煩，肺火盛則咳，氣不降則喘急，大小便不利也。

暑襲肺衛 如身熱、頭脹、脘悶咳嗆不已者，此暑邪外襲，干肺衛也。宜清上焦，甜杏仁、滑石粉各三錢，香薷七分，白蔻五分，通草一錢五分，絲瓜分葉三錢。如暑風外襲肺衛，氣阻發熱，畏風頭脹，咳嗆，防作肺瘧，宜香薷、杏仁、桔梗、連翹、六一散、絲瓜葉。

邵評：邪鬱上焦，肺不宣降，則頭脹咳嗆，身熱脘悶，此邪在衛分也。衛分不解，則入氣分，氣分不解，則邪傳中焦。而入營分，營分不解，則邪傳下焦而入血分矣。三焦俱受，營衛均病，甚至逆傳包絡，邪入膻中，而邪閉正脱之症見矣。故邪初在衛先用辛香以開泄上焦爲主。如暑邪挾風，襲入於肺，肺主皮毛，故亦爲之表。邪在於衛，表氣不宣，暑風鬱蒸發熱，衛氣被邪抑遏，則微惡寒，寒熱似瘧，而畏風咳嗆。此是暑瘧，與少陽足經之瘧大異，當從手經施治，宣泄肺衛之暑邪。

肺傷痰喘 暑風熱氣傷肺，身熱痰嗽而喘，宜桑杏、連翹、石膏、淡竹葉、橘紅、瓜蔞皮、苡仁、蘆根之類。喉痛，加射干、牛蒡。小水不利，加六一散。頭脹，加鮮荷葉。

邵評：此條暑風入肺。肺有痰濁，痰熱傷肺，肺升不降而喘嗽。治宜宣泄上焦，清化痰熱。

如暑溼傷氣，午後痰喘更加者，肺先受病也。亦宜清理上焦，爲無形氣分之治。如蘆根、杏仁、蔞霜、苡仁、橘紅、川貝、西瓜翠衣、通草、茯苓皮之類。

邵評：暑必挾溼，暑先入上焦，與痰熱先傷肺氣，故痰喘加於午，而化痰滲溼，用輕藥以開泄上焦無形之肺氣也。

暑溼傷胃 凡身熱，中焦痞滿，不飢不納，二便不爽，此暑熱傷於中焦氣分，熱痰聚胃所致。宜苦辛泄降，半夏瀉心去甘草、乾薑，加杏仁、枳實。

邵評：邪自上焦而至中焦，由衛分而入氣分。上焦主肺，中焦主胃，病則痞滿不飢不納，是暑熱溼痰伏於中焦氣分，胃氣不得宣行也。宜苦辛開痞，宣泄中焦氣分治之。

暑入營分 凡身熱，心煩面赤，舌絳神呆，夜寐不安，此暑邪入心也。辰砂六一加川鬱金、川連之類，或犀角尖、鮮生地、石菖蒲、川鬱金、連翹、銀花之類。

邵評：邪由肺衛而入心營，邪入漸深矣。心主血而藏神，營熱則傷神，神呆而寐不安也。當清熱以開泄其邪，使邪從肺達爲妥。否則熱灼陰傷，邪入下焦血分，有陰涸邪陷之危。亦有逆傳心包，邪熱內閉，爲內閉外脱之症耳。

暑入膻中 如暑邪初傷氣分，發熱口渴，失治則邪傳膻中。舌形絳縮，小便赤澀，鼻煤裂血，耳聾神昏，此邪由氣分蔓延及血分，最怕內閉外脱，急用犀角尖、石菖蒲、川鬱金、鮮生地、銀花、連翹、元參、西黄之類。

邵評：暑邪由口鼻吸入，先傷上焦肺衛，肺內膜與心包絡膜相連，心在肺下，其道最近，故極易傳入心包，且心爲君火，心包爲相火，暑爲相火行令之邪，同氣相求，其入心包尤易，即陳無擇所謂暑喜歸心是也。邪入營分，而至逆傳心包，則元神傷耗，陰血涸竭，邪熱深入宮城，每多內閉外脱。急用清心達邪芳香開閉一法，如用牛黄清心丸、至寶丹、紫雪丹等。然亦十不救一矣。

暑入陽明 凡大熱大渴、乾嘔脣燥、舌胎黄厚、六脈洪數，此暑邪入於陽

明也，黃連香薷飲及益元散。大熱大渴大汗者，白虎湯。

邵評：暑邪在上焦肺衛，不傳心營而傳入陽明之經，見症熱渴乾嘔，脈洪數而舌胎黃厚，此邪在中焦陽明胃經症也。汗少者，用黃連香薷飲；熱渴而大汗者，白虎湯。蓋邪入陽明，無所復傳，以陽明爲中土，萬物所歸也。然邪入陽明，有在經、在府之分。在經宜清，在府當下，皆以救液逐邪爲務。蓋陽明主津液所生病，病在陽明，津液涸竭，則邪陷氣脫而死，或可遷延二候、四候。非若邪入心包，直犯宮城，元神無所歸束，外散而亡，每在一候、二候，邪內閉而正外脫也。

暑入膜原　暑穢從口鼻吸入，結於募原，則必脘悶寒熱。治宜清疏募原，如廣藿梗、川鬱金、檳榔、厚朴、草蔻、青皮、滑石、連翹、紫蘇、黃芩之類。

邵評：暑溼穢邪，從口鼻吸受，直行中道，流布三焦，結於膜原，膜原附近於胃，爲半表半裏之界，故見症寒熱如瘧。實非瘧也，與少陽之半表半裏大爲不同。故仿達原飲意，用辛香溫化之藥，以達膜原暑穢之邪。

暑入厥陰　凡四肢不熱，中心如焚，舌灰黑，消渴，心下板實，嘔惡吐蚘，寒熱似瘧者，此暑邪陷於厥陰也，病勢最危。治宜酸苦泄熱，扶正祛邪，須人參、枳實、川連、乾薑、黃芩、白芍、椒梅。

邵評：此暑熱乘虛而陷入於足厥陰肝經也。厥者，盡也。陰盡則陽生，木中有相火，故外不熱而內如焚。火灼津傷，故渴而且消。蟲爲風木所化，熱盛生風，木邪犯胃，則嘔而吐蚘也。邪結不開，則心下板實。肝與膽爲表裏，故寒熱如瘧。邪陷至陰，症勢危險。厥陰見症，多寒熱錯雜之邪，故藥亦須寒熱並用耳。

暑毒入腸　如冒暑飲酒，引暑毒入於腸內。酒與暑并，大熱大渴，小便不利，其色如血。五苓去桂，加川連、銀花、滑石。

邵評：暑爲陽熱之邪，酒性大熱而有溼。冒暑飲酒，兩熱相并，入於小腸，火府不宣，故大熱大渴而小便赤如血也。此熱結下焦，而小水不利，用利水清熱之劑以治之。

伏暑內發　凡潮熱汗出不解，煩渴嘔惡，胸痞，舌胎白帶灰黑，小溺赤澀，或自利，此伏暑內發，三焦並受。治宜清理上中爲要，如滑石、杏仁、通草、橘紅、半夏、厚朴、川連、鬱金、黃芩之類。

邵評：人受暑熱，樓伏三焦腸胃之間，久久而發者，爲伏暑。夏不即發，有至秋而發者，亦有至霜降後發者。其發愈遲，則邪伏愈深，而病愈重也。惟伏暑見症，三焦俱有，或吐瀉霍亂，似瘧非瘧，或竟成瘧利等症。蓋暑必挾溼，爲粘膩之邪，留伏於裏，最爲淹牽。治宜宣泄肺胃，清暑滲溼，理分三焦爲主。

暑邪成瘧　頭痛脘悶，舌白而乾，四肢痲痹，脈左勁右濡，寒熱不止，此暑邪入裏，蒙閉清竅而瘧作也。治宜清理上焦，如連翹、滑石、杏仁、川鬱金，淡竹葉、半夏、蔞皮、貝母之類。

邵評：暑從口鼻吸受，先入於肺，挾內有之痰溼，而成瘧疾。雖有頭痛寒熱見症，左脈見勁，此非表邪發瘧，乃是邪蘊於肺胃，痰熱上蒸，蒙閉清氣而作瘧也，與少陽之風寒發瘧者不同。治宜清理肺胃暑熱，化痰滲溼之劑。

傷暑兼感寒　小暑後先觸暑邪，復感寒邪，而病身熱頭痛，惡寒煩渴，無汗或自汗脈虛數，舌胎白者，此屬傷暑後復感寒，邪在肺胃間也。宜紫蘇、薄荷、香薷、青蒿、滑石、厚朴、通草之類。腹脹加枳實、腹皮，挾食加查肉、青皮，舌黃乾嘔加薑製川連。

邵評：先受暑邪，後感秋寒，抑遏肌表。其症身熱、煩渴、自汗，暑邪也。頭痛，惡寒，無汗，表寒也。是肺胃先受暑熱，表復外感寒邪，表裏俱病。當內清暑邪，外散表寒爲治。

勞役辛苦之人，日間冒暑，夜間乘涼，而病頭痛寒熱如瘧者，六和湯加減和之。

邵評：中氣虛弱，內暑熱而外寒涼，表裏均病，故有寒熱頭痛等見症。體虛挾邪，以扶正清暑散寒爲治。

冒暑兼停飲　有因暑熱而飲涼水太多，以致水停心下，遏伏暑邪。證見大熱煩渴，胸膈痞悶，或兼喘急，小水不利，或身重疼痛，右脈微弱。仲景用一物瓜蒂散吐之。如用五苓去朮，加紫蘇、厚朴通草散而利之，亦解。舌黃燥者，加入製川連。

邵評：此水邪鬱令火而爲中暍之症。由夏令火熱，以水灌洗而傷冷水，水行皮中所致。仲景用一物瓜蒂散以去上焦之水。飲水太多，停於心下，遏伏暑邪，則熱渴煩痞。火氣上逆於肺，則喘急而小水不利也。冷水閉汗溼而滯陽氣，故身重疼痛。暑傷元氣，則右脈微弱。以飲冷水灌，冷水俱

鬱遏陽氣，所謂形寒飲冷則傷肺也。用瓜蒂以去上焦水飲，則肺氣通行而水自散矣。後人用五苓散加減，亦通陽利水之治耳。舌黄燥，其邪已入中焦，陽明胃熱，故加川連。

冒暑兼傷冷　有因傷暑口渴，恣食生冷瓜果，以致寒包暑邪，宜六和湯去人參、稨豆，加查肉。凡胸腹悶痛，舌胎中白邊紅，氣口脈微弱，而身大熱者，此即寒包暑之暴症也。若緩發，非瘧即痢矣。

邵評：　暑爲陽邪，熱灼津虧，則多口渴。渴則飲冷，恣食瓜果生冷，傷脾胃中陽，鬱遏陽氣，以致暑不能外出。此因暑而自致之病，非暑傷也。蓋冷物滯於中宫，陽氣不得伸越，故胸腹悶痛。舌胎中白邊紅者，寒抑熱邪也。中虚邪滯，則脈微弱。身大熱者，暑也。寒鬱暑邪，用六和湯和中消邪，加查肉以化冷物之積。

暑挾溼　凡暑必挾溼，溼爲重濁之邪，暑乃熏蒸之氣，熱處溼中，溼熱相蒸，阻於氣分，當治在手太陰。若治不中竅，其邪無處發泄，則漸走營分，侵入血中。其症神昏譫語，舌色絳赤，或咯痰帶血。若上蒙清竅，則耳聾無聞。上焦不解，蔓延中下，則胸腹板悶，二便不利，即爲溼溫重症。治當急清三焦，如滑石、石膏、寒水石、杏仁、銀花、竹茹、枳實、通草、金汁之類，嗣用犀角、連翹、銀花、鮮地、元參、川貝、知母、淡竹葉、綠豆皮之類，清營分以養胃陰。

邵評：　天之熱氣下降，地之溼氣上騰，則蒸而成暑。故暑必挾溼，鬱蒸化熱，先入上焦肺衛，故治在手太陰肺經爲先。治不合法，衛分之邪不解，則入於氣分。氣分暑邪不解，則漸入營分。營分不解，則入下焦血分。所謂衛之後方言氣，營之後方言血也。若邪入營不解，亦有逆傳包絡，神昏耳聾，機竅被蒙，而内閉外脱者，治宜清營達邪、芳香開閉爲主。總之，暑溼溫熱，先由上焦而遞傳中下焦。首在肺衛上焦，病屬氣分及營分。若傳中下焦，則入血分而灼耗陰精，則爲重症。故溫暑宗三焦立法主治。

暑挾痧　暑兼穢氣，從口鼻吸入，亦頭疼、惡寒、發熱，或手足指冷，脈沉伏，飽悶嘔惡，或腹痛泄瀉。治宜清暑兼逐穢，如廣藿梗、川鬱金、紫蘇、青蒿、厚朴、茯苓、皮滑石粉、連翹、草蔻、通草之類清之。有食加青皮、查肉、枳實。

邵評：　夏令暑天，熱氣溼濁，蒸成穢惡瘴毒，謂之痧穢。人中其邪，先從口鼻吸入。適更受暑，留伏膜原，故有頭疼寒熱見症。邪阻氣機，陽不宣運，則有肢冷、脈伏嘔瀉、痛悶見象矣。治宜辛香逐穢，輕淡清暑，使其暑穢兩分，則邪解散而愈。如食滯中宫，加消食化滯之品。

有觸暑穢腹痛，誤飲薑糖湯而成霍亂，吐瀉不得，六脈俱伏，絞腸痛欲死者，此内閉也。外用放痧、提痧、刮痧等法，内急以川鬱金、石菖蒲、西黃另冲、川連、草蔻、藿香、木香、滑石、通草等投之，以開閉逐穢。

邵評：　薑與暑犯，糖與痧犯。誤飲薑糖湯，則邪壅滯中宫，上下格拒，揮霍撩亂，欲吐不吐，欲瀉不瀉，腹中絞痛，脈伏不起。邪内閉而爲絞腸痧症，急用針刺、提刮之法，以開泄其血絡機竅之氣爲外治，内服芳香辛散之劑，以開閉逐穢，而散邪通氣也。如邪重不應，可服三物備急丸溫開之法。

暑挾食　凡頭痛背寒、發熱自汗、脈左虚右滑、畏食胸悶者，傷暑兼傷食也。宜藿香、厚朴、青皮、香薷、神麯、查肉、枳實、麥芽、紫蘇、滑石之類，疏之清之。

邵評：　此清暑熱而消食滯之正法。

邪結下焦　暑溼合邪，鬱結下焦氣分，以致小腹硬滿、大便不下、舌胎白兼微黄。此下焦氣分結邪，勿以傷寒液涸便秘治之。宜豬苓、赤苓、滑石、通草、淡竹葉、晚蠶砂、皂莢子之類，以解下焦氣分之結，二便自通矣。

邵評：　暑溼合邪，暑輕溼重，注於下焦，而結在氣分，則少腹硬滿。氣不宣運，故大便不下，然小水亦未必流利。舌胎白而微兼黄色，溼多暑少之徵也。溼阻氣機，二便不利，與傷寒液涸便結者大異。治以滲溼開氣之法，下焦鬱結之邪開化，則二便通行而邪自化矣。

動暑　行人農夫，於日中勞役得之，爲中暍。暍即暑也。其證頭痛、發躁、惡熱，捫之肌膚大熱，大渴引飲，汗大泄，無氣亦動。乃天熱外傷元氣。宜益氣清暑爲治。按仲景云：　太陽中熱，暍是也。汗出惡寒，身熱而渴，白虎湯加人參主之。夫元氣爲熱邪所傷，以致大熱大渴，汗出不已。故以人參益氣，石膏清暑，乃至精至當之法。何後人以東垣清暑益氣湯代之？　吾恐暑邪正盛，升、葛之升，耆、术之閉，寧不助邪增病耶？　惟生脈散加石膏，可以代之。然形氣壯實者，只服六一散亦解。東垣此湯，乃治暑月溼熱傷氣，脾胃受病之緩症也。若以之治中暑，則謬矣。

靜暑　靜處高堂大廈之中，雖無暑氣，然偶或冒暑應接，亦能中暑。如

迎賓送客，觀荷曝書之類，偶觸暑邪是也。更有斗室低樓，熱氣外逼，即靜處室中，亦能吸受暑邪。俱當以正暑治之。

陰暑　按方書以大順散治陰暑，非暑也，乃暑月所受之陰寒也。然大順散藥經炒熟，重用甘草，雖有杏仁下氣，皆主甘溫守中，並無散寒破結之能，即內傷生冷，外受陰寒，亦非所宜。至若無病之人，避暑山房水閣，過於貪涼，感冒微風，以致寒熱無汗，或頭疼惡寒發熱，是週身陽氣爲寒所遏也。當從傷寒治，輕輕溫散可也。蘇、薄、藿、朴之類。如恣食瓜果，內傷生冷，以致，以致腹痛吐瀉，脈沉遲，手足厥冷者，此即太陰中寒也。理中加藿香、厚朴主之。

陽暑　此即動暑，見前。

暑風　暑月病人忽然手足搐攣者，暑風也。香薷飲加羌防。嘔惡加藿香、陳皮。小便不利加二苓、澤瀉、滑石。有痰加半夏。渴易瓜蔞。瀉不止加蒼术。轉筋加木瓜。勢重者手足攣搐，角弓反張，如中惡狀。亦有先病熱，服表藥後，漸成風者。譫語狂呼浪走，氣力百倍，亦暑氣也。以寒涼攻劫之，兼解散化痰。

暑瘵　盛暑之月，火能爍金，不禁辛酒，脾火暴甚，勞熱躁擾，火動心脾，令人咳嗽氣喘，驟然吐血，衄血，頭目不清，膈中煩擾不寧，即童稚老夫，間有此病。昧者以爲勞瘵，不知火載血上，非眞陰虧損而爲虛勞者比也。宜清暑涼血。如荷葉汁、鮮生地、元參、知母、石膏、鬱金、連翹、杏仁、象貝之類。

暑瘍　凡癰疽毒瘡，發熱有時，晡熱旦止，若夏月間，有患頭面外項赤腫，或腿足焮腫，長至數寸，不能步履，人皆疑爲瘡毒。但頭痛內躁，晝夜發熱不止，自與瘡毒異。宜清暑解毒，如川連、石膏之類。暑毒一解，其腫自消，亦無膿血也。

暑瘡　盛暑之時，有遍身發泡，如碗如盃，如李如桃，晶瑩脆薄，中含臭水。此溼熱之水，泛於肌表也。黃連香薷解毒湯之類。若口疳臭穢，涼膈散效。外用鮮蓮花瓣貼瘡上，一周時平復。

《傷寒指掌·傷寒類症·霍亂》論云：霍亂頭痛發熱，身疼痛。又云：嘔吐而利，名霍亂。又云：頭痛身疼，惡寒吐利，名曰霍亂。合觀之，則霍亂之症始備，蓋亦傷寒之類耳。其治法則云：熱多欲飲水者，五苓散主之。寒多不用水者，理中湯主之。按此皆由陰陽不和，上下拒格不通所致。五苓所以分其清濁，理中所以壯其陽氣，皆中焦治法也。

凡霍亂腹痛吐瀉，脈見結促代，或隱伏，或洪大，皆不可斷爲死，果脈來微細欲絕，少氣不語，舌卷囊縮者，不治。

《內經》云：陰陽易位曰霍，升降失常曰亂。按此症四時俱有，夏秋尤多。大抵中宮必有飲食停滯，外犯暑溼痧穢之邪，阻塞中焦，以致清不得升，濁不得降，陰陽錯亂，得而成斯症，或吐瀉並作，或吐而不瀉，或利而不吐，或先吐後瀉，總屬中焦之病，邪上越則吐，下泄則瀉不必分屬三焦。

感寒　六脈沉遲，口不渴，小便清利，吐瀉並作，或兼腹痛，此名溼霍亂，寒邪重也，宜藿香正氣散出入。若大吐大瀉，六脈俱伏，手足厥冷，舌胎黑滑者，太陰中寒也，作陰霍亂治，理中湯加附子。

吸暑　面赤口渴，或乾嘔，或吐瀉，舌胎微黃而燥，或白中兼紅，胸悶腹痛，此口鼻吸入穢暑而成也，宜辰砂六一散，加枳實、厚朴、川連、鬱金之類。

暑溼兼穢　如觸暑溼痧穢而成霍亂，腹中絞痛，嘔惡吐瀉，宜清暑溼，兼芳香逐穢。如廣藿梗、川鬱金、厚朴、枳實、菖蒲、檳榔、赤苓、滑石、腹皮、通草之類。

溼熱　嗜酒之人，溼熱內着，中宮阻塞而成霍亂，吐瀉不得，二便俱秘，嘔惡不止，宜瀉心法。如半夏、橘紅、川連、枳實、梔子、豆豉、滑石粉、茯苓皮、茵陳、澤瀉之類，須戒其斷米飲甜膩物，以待中宮清肅，否雖藥弗效也。

食挾暑穢　如胃中已停飲食，更兼吸入暑穢，其勢必劇，腹痛飽悶，吐瀉不得，絞腸大痛，舌黃燥厚，煩渴便閉，急宜清疏中宮，如藿梗、厚朴、川連、枳實、查肉、麥芽、鬱金、青皮、草蔻、滑石之類主之。如未效，腹中板實，大痛難忍，二便不通，舌胎厚黃燥刺，脈弦滑有力，此邪結於腸胃中也，大承氣湯下之。如年高氣弱，須用枳實、檳榔、生大黃、生梨、鮮生地等，以養腸胃之陰緩下之可也。便通之後，仍戒其勿進米飲甜膩之物，只用蘆稷湯養之和之，恐餘邪未清故也。

胃傷生冷　如過食生冷，以致心腹脹滿，痛瀉不已，宜理中加青陳、厚朴、木香，必舌潤，口不渴，右脈沉遲是也。

凡霍亂症，無非暑溼痧穢飲食凝結而成，忌一切甘膩之物，更忌熱油氣，犯之必復。患者須遠疱廚坑厠等處，使不犯油氣穢氣，方可調治。

凡霍亂症，大忌飲食，即米飲下咽亦死，熱湯亦忌，并忌一切甜膩滋補，

及辛辣之物，惟清爽鬆利之物可食，如花紅、枇杷，生梨、嫩藕之類。

霍亂因傷暑熱痧穢者，當以蕎麥炒熟作湯服，最妙，既能通利，以去暑穢，又能和中，環頭蘆稷湯，能去穢痧，止嘔吐，尤能養胃和中。

《吴鞠通醫案・暑溫》 小便短而赤甚，微咳，面微赤，尺脈仍有動數之象，議甘潤益下，以治虛熱，少復苦味，以治不盡之實邪。且甘苦合化陰氣而利小便也。按：甘苦合化，陰氣利小便法，舉世不知，在溫熱門中誠爲利小便之上上，妙法。蓋熱傷陰液，小便無由而生，故以甘潤益水之源。小腸火腑，非苦不通，爲邪熱所阻，故以苦藥瀉小腸而退邪熱。甘得苦則不呆滯，苦得甘則不剛燥，合而成功也。廿一日

再按：暑熱之邪，深入下焦血分。身半以下，地氣主之。熱來甚於上焦，豈非熱邪深入之明向徵乎？必借芳香以爲搜邪之用，不然恐日久膠錮之邪，一時難解也。一日熱邪不解，則眞陰正氣日虧一日矣。此紫雪丹之必不可少也。十七日

《吴鞠通醫案・伏暑》 伏暑咳嗽，寒熱將近二年不解，難望回生，既咳且嘔而泄瀉，勉與通宣三焦，俾邪得有出路，或者得有生機。何以知其爲伏暑而非癆瘵？勞之咳重在丑寅卯木旺之時，濕家之咳在戌亥子水旺之時，勞之寒熱後無汗，伏暑寒熱如瘧狀。丑寅卯陽升乃有汗而止，勞之陰虛，身熱，脈必芤大，伏暑之脈弦細而弱。故知其爲伏暑而非癆瘵也。再左邊卧不着席，水在肝也。【略】

伏暑雖退，舌之白滑未化，暑中之伏濕尚存也，小心飲食要緊。脈之滑大者已減，是暑中之熱去也。無奈太小而不甚流利，是陽氣未充，不能化溼，重與辛溫，助陽氣，化濕氣，以舌苔黄爲度。

《增補評註溫病條辨・原病篇》 《熱病篇》曰：熱病三日，而氣口靜，人迎躁者，取之諸陽五十九刺，以瀉其熱而出其汗，實其陰以補其不足者。身熱甚，陰陽皆靜者，勿刺也；其可刺者，急取之，不汗出則泄。所謂勿刺者，有死徵也。熱病七日八日動喘而弦者，急刺之，汗且自出，淺刺手大指間。熱病七日八日脈微小，病者溲血，口中乾，一日半而死，脈代者一日死。熱病已得汗出而脈尚躁，喘且復熱，勿刺膚，喘甚者死。熱病七日八日，脈不躁，躁不散數，後三日中有汗，三日不汗，四日死；未曾汗者，勿腠刺之。熱病不知所痛，耳聾不能自收，口乾，陽熱甚，陰頗有寒者，熱在骨髓，死不可治。熱病已得汗而脈尚躁盛，此陰脈之極也，死；其得汗而脈靜者生。熱病者，脈尚躁盛而不得汗者，此陽脈之極也，死。陽脈之極，雖云死徵，較前陰陽俱靜有差，此證猶可大劑急急救陰，亦有活者。蓋已得汗而陽脈躁甚，邪強正弱，正尚能與邪爭。若留得一分正氣，便有一分生理，只在留之得法耳。至陰陽俱靜，邪氣深入下焦陰分，正無捍邪之意，直聽邪之所爲，不死何待。脈盛躁，得汗靜者生。熱病不可刺者有九。一曰汗不出，大顴發赤，噦者死。二曰泄而腹滿甚者死。三曰目不明，熱不已者死。四曰老人嬰兒，熱而腹滿者死。五曰汗大出，嘔，下血者死。六曰舌本爛，熱不已者死。七曰咳而衄，汗不出，出不至足者死。八曰髓熱者死。九曰熱而痙者死，腰折、瘈瘲、齒噤齘也。凡此九者不可刺也。太陽之脈色榮顴骨，熱病也。與厥陰脈爭見者，死期不過三日。少陽之脈色榮頰前，熱病也，與少陰脈爭見者，死期不過三日。

此節歷叙熱病之死徵，以禁人之刺，蓋刺則必死也。然刺固不可，亦間有可藥而愈者，蓋刺法能泄能通，開熱邪之閉結最速；至於益陰以留陽，實刺法之所短，而湯藥之所長也。熱病三日而氣口靜人迎躁者，邪機尚淺，在上焦，故取之諸陽。以泄其陽邪，陽氣通則汗隨之；實其陰以補其不足者，陽盛則陰衰，瀉陽則陰得安其位，故曰實其陰。瀉陽之有餘，即所以補陰之不足，故曰補其不足也。實其陰以補其不足。此句實治溫熱之吃緊大綱。蓋熱病未有不耗陰者，其耗之走盡則生，蓋則陽無留戀必脫而死也。眞能體味此理，思過半矣。此論中治法實從此處入手。

霖按：治熱病知補陰，是最爲扼要處，知瀉陽之有餘，即所以補陰之不足，不僅恃增液諸湯，進乎道矣。

身熱甚而脈之陰陽皆靜，脈證不應，陽證陰脈，故曰勿刺。熱病七八日動喘而弦，喘爲肺氣實，弦爲風火鼓蕩，故淺刺手大指間，以泄肺熱，肺之熱痹開，則汗出。大指間，肺之少商穴也。

霖按：《素問》有喘脈，喘而短者，謂脈之喘動於寸口，而不及於尺，故知熱邪在氣分，刺少商洩肺邪，使之汗解也。以短易弦，強解大誤。

熱證七八日脈微小者，邪氣深入下焦血分，逼血從小便出，故溲血；腎精告竭，陰液不得上潮，故口中乾。脈至微小，不惟陰精竭，陽氣亦從而竭矣，死象自明。倘脈實者可治，法詳於後。熱病已得汗，脈尚躁而喘，故知其復熱也；熱不爲汗衰，火熱尅金故喘，金受火尅，肺之化源欲絕，故死，間有

可治，法詳於後。熱病不知所痛，正衰不與邪爭也；耳聾，陰傷，精欲脫也；不能自收，真氣憊也；口乾熱甚，陽邪獨盛也；陰頗有寒，此寒字，作虛字講，謂下焦陰分頗有虛寒之證，以陰精虧損之人，真氣敗散之象已見，而邪熱不退，未有不乘其空虛而入者，故曰熱在骨髓，死不治也。其有陰衰陽盛而真氣未至潰敗者，猶有治法，詳見於後。熱病已得汗而脈尚躁盛，此陰虛之極，故曰死。然雖不可刺，猶可以藥沃之得法，亦有生者，法詳於後脈躁盛不得汗，此陽盛之極也。陽盛而至於極，陰無容留之地，故亦曰死。然用藥開之得法，猶可生，法詳於後。汗不出而顴赤，邪盛不得解也；噦，脾陰病也。陰陽齊病，治陽礙陰，治陰礙陽，故曰死也。泄而腹滿甚，脾陰病重也。亦係陰陽皆病。目不明，精散而氣脫也。經曰：精散視歧。又曰：氣脫者目不明。熱猶未已，仍鑠其精而傷其氣，不死得乎！老人嬰兒，一則孤陽已衰，一則稚陽未足，既得溫熱之陽病，又加腹滿之陰病，不必至於滿甚，而已有死道焉。汗不出為邪陽盛，嘔為正陽衰；下血者熱邪深入，不得外出，必逼迫陰絡之血下注，亦為陰陽兩傷也。舌本爛，腎脈膽脈心脈皆循喉嚨係舌本，陽邪深入，則一陰一陽之火結於血分，腎水不得上濟熱退猶可生，熱仍不止，故曰死也。欬而衄，邪閉肺絡，上行清道，汗出邪泄可生，不然則化源絕矣。髓熱者，邪入至深至於腎部也。熱而痙，邪入至深至於肝部也。以上九條，雖皆不可刺，後文亦間立治法，亦有可生者。太陽之脈色榮顴骨為熱病者，按手太陽之脈，由目內眥斜絡於顴，而與足太陽交，是顴者，兩太陽交處也。太陽屬水，水受火沸，故色榮赤，為熱病也；與厥陰脈爭見，厥陰，木也，水受火之反尅，金不來生水反生火，水無容足之地，故死速也。少陽之脈色榮頰前，為熱病者，按手少陽之脈，出耳前過客主人前，足少陽穴交頰至目銳眥而交足少陽，是頰前兩少陽交處也。少陽屬相火，火色現於二經交會之處，故為熱病也；與少陰脈爭見，少陰屬君火，二火相熾，水難為受，故亦不出三日而死也。

霖按：此《刺熱篇》一節，乃承上章論五藏之熱盛於內，六氣之熱熾於外，內外交結而成兩感重證也。外因之熱在表，始必見太陽之脈，內因之熱將發，其色必先見於顴頰之分，榮色初見在表者，可汗而解，在裏者可刺而洩之，此治未病也，若待太陽與厥陰爭見，則表裏之熱產爭，雖有良工，不可為矣。少陽之脈色榮頰前，若與少陰脈爭見者死，其義亦同。顛倒經文，拉雜生尅，謂凡溫病皆從上焦手太陰治，坐以不明伏氣為何氣。故荒謬若是也！

《刺熱篇》曰：肝熱病者，小便先黃，腹痛多臥，身熱。熱爭則狂言及驚，脇滿痛，手足躁，不得安臥，庚辛甚，甲乙大汗，氣逆則庚辛日死。刺足厥陰、少陽，其逆則頭痛員員，脈引衝頭也。

肝病小便先黃者，肝脈絡陰器，又肝主疏泄，肝病則失其疏泄之職，故小便先黃也。腹痛多臥，木病尅脾土也。熱爭，邪熱甚而與正氣相爭也。狂言及驚，手厥陰心包病也，兩厥陰同氣，熱爭，則手厥陰亦病也。脇滿痛，肝脈行身之兩旁，脇其要路也。手足躁不得安臥，肝主風，風淫四末，又木病尅土，脾主四肢，木病熱，必吸少陰腎中真陰，陰傷，故騷擾不得安臥也。庚辛金日尅木，故甚，甲乙肝木旺時，故汗出而愈。氣逆謂病重而不順其可愈之理，故逢其不勝之日而死也。刺足厥陰、少陽。厥陰係本臟，少陽厥陰之腑也，並刺之者，病在臟，瀉其腑也。逆則頭痛以下，肝主升，病極而上升之故。自庚辛日甚以下之理，餘臟倣此。

霖按：肝熱病小便先黃之先字，乃肝伏熱而主疏泄，有內因之熱，故先見是證爭則狂言及驚，熱爭二字，非邪正之謂，乃外淫之邪，內干於藏，與內因之熱交爭而為重病也。肝藏魂，魂傷則狂言。肝與膽相表裏，肝主驚駭，膽熱亦易驚，故宜刺足厥陰、少陽也。肝藏之伏熱發於外，與外熱相應，肝脈與督脈會於巔，氣脈相通，上逆於頭，故痛也。

心熱病者，先不樂，數日乃熱。熱爭則卒心痛，煩悶善嘔，頭痛面赤無汗；壬癸甚，丙丁大汗，氣逆則壬癸死。刺手少陰、太陽。

心病先不樂者，心包名膻中，居心下代君用事，經謂膻中為臣使之官，喜樂出焉，心病故不樂也。卒心痛，凡實痛，皆邪正相爭，熱爭，故卒然心痛也。煩悶，心主火，故煩，膻中氣不舒，故悶。嘔，肝病也，兩厥陰同氣，膻中代心受病，故熱甚而爭之後，肝病亦見也，且邪居膈上，多善嘔也。頭痛，火升也。面赤，火色也。無汗，汗為心液，心病故汗不得通也。

霖按：膻中乃心外之包衣，心不受邪，心病先不樂，以膻中解亦是。其痛煩者，外熱內熱交爭，干於神藏故也。少陰病者，欲吐不吐，故善嘔。心為陽中之太陽，故頭痛。心之華在面，故面赤。心主血液，熱則液亡，故無汗也。手少陰太陽相為表裏，故宜刺二經以瀉其熱。

脾熱病者，先頭重，頰痛，煩心，顏青，欲嘔，身熱；　熱爭則腰痛，不可用俛仰，腹滿泄，兩頭痛；　甲乙甚，戊己大汗，氣逆則甲乙死。　刺足太陰、陽明。

脾病頭先重者，脾屬濕土，性重，經謂濕之中人也，首如裹，故脾病頭先重也。　頰，少陽部也，土之與木，此負則彼勝，土病而木病亦見也。　煩心，脾脈注心也。　顏青欲嘔，亦木病也。　腰痛不可用俛仰，腰爲腎之腑，脾主制水，腎爲司水之神，脾病不能制水，故腰痛；　再脾病胃不能獨治，陽明主約束而利機關，故痛而至於不可用俛仰也。　腹滿泄，脾經本病也。　頷痛，亦本病也。

霖又按：　飲食不納故欲嘔。　太陰陽明主肌肉，邪盛故身熱，胃脈合於氣街腰之前，故腰痛不可俛仰。　脾胃主腹，故腹滿而泄。　胃脈循頤後下廉，出大迎，故兩頷痛。　顏青謂土病則木強，侮其不勝或可。　然《甲乙》、《太素》，皆言頭重顏痛，而無顏青二字，蓋衍文也。　更拉雜少陽，謂土病木亦病，則誤矣。

肺熱病者，先淅然厥，起毫毛，惡風寒，舌上黄，身熱；　熱爭則喘欬，痛走胸膺背，不得太息，頭痛不堪，汗出而寒，丙丁甚，庚辛大汗，氣逆則丙丁死。　刺手太陰、陽明，出血如大豆，立已。

肺病先惡風寒者，肺主氣，又主皮毛，肺病則氣賁鬱。　不得捍衛皮毛也。　舌上黄者，肺氣不化，則濕熱聚而爲黄苔也。　按：　苔字，方書悉作胎。　胎乃胎包之胎，特以苔生舌上，故從肉旁。　不知古人借用之字甚多，蓋濕熱蒸而生苔，或黄、或白、或青、或黑，皆因病之深淺，或寒、或熱、或燥、或濕而然，如春夏間石上土坂之陰面生苔者然。　故本論苔字，悉從草不從肉。　喘，氣鬱極也。　欬，火尅金也。　胸膺，背之腑也，皆天氣主之。　肺主天氣，肺氣鬱極，故痛走胸膺背也，走者，不定之詞。　不得太息，氣鬱之極也。　頭痛不堪，亦天氣賁鬱之極也。　汗出而寒，毛竅開。　故汗出，汗出衛虚，故惡寒，又肺本惡寒也。

霖按：　皮毛者，肺之合也。　熱盛於藏，陰氣浮越於外，故先惡風寒也。　肺脈起於中焦，循胃口，肺熱入胃，胃熱上升，故舌黄而身熱也。　熱爭於肺藏，故喘欬不得太息也。　肺主胸中之氣，氣傷故痛走胸背也。　肺失清肅之令，氣不下行，三陽之脈壅於上，故頭痛。　衛虚陰浮，故汗出而寒。　此太陰陽明病，故當刺二經之絡脈也。　若全以胸氣賁鬱解，則刺太陰、陽明，無着落矣。

腎熱病者，無腰痛䯒痠，苦渴數飲，身熱；　熱爭則項痛而強，䯒寒且痠，足下熱，不欲言，其逆則項痛，員員而澹澹然；　戊己甚，壬癸大汗，氣逆則戊己死。　刺足少陰、太陽。

腎病腰先痛者，腰爲腎之腑，又腎脈貫脊會於督之長強穴，䯒，腎脈入跟中，以上腨內，太陽之脈亦下貫腨內，腨內，腨即䯒也；　痠，熱爍液也。　苦渴數飲，腎主液而惡燥，病熱則液傷而燥，故苦渴而飲水求救也。　項太陽之脈從巔入絡腦，還出別下項；　腎病至於熱爭，臟病甚而移之腑，故項痛而強也。　䯒寒且痠，䯒義見上，寒，熱極爲寒也；　痠，熱爍液也。　足下熱，腎脈從小指之下，邪趨足心湧泉穴，病甚而熱也。　不欲言，心主言，腎病則水尅火也。　員員澹澹，狀其痛之甚而無奈也。

霖按：　腰爲腎之府，腎主骨，故腰痛䯒痠。　腎爲水藏，津不能上資，故渴數飲。　外熱在太陽，故頭痛而強。　內熱在腎，故足下熱，不欲言。

肝熱病者，左頰先赤；　心熱病者，顏先赤；　脾熱病者，鼻先赤；　肺熱病者，右頰先赤；　腎熱病者，頤先赤。　病雖未發，見赤色者刺之，名曰治未病。

此節言五臟欲病之先，必各現端緒於其部分，示人早治，以免熱爭則病重也。

《增補評註溫病條辨·上焦篇·暑溫》

《金匱》謂太陽中暍，發熱惡寒，身重而疼痛，其脈弦細芤遲，小便已，灑然毛聳，手足逆冷，小有勞，身即熱，口開，前板齒燥。　若發其汗，則惡寒甚；　加溫鍼，則發熱甚；　數下，則淋甚。　可與東垣清暑益氣湯。

張石頑注：　謂太陽中暍，發熱惡寒，身重而疼痛，此因暑而傷風露之邪，手太陽標證也。　手太陽小腸屬火，上應心包，二經皆能制金爍肺，肺受火刑，所以發熱惡寒，似足太陽證。　其脈或見弦細，或見芤遲，小便已，灑然毛聳，此熱傷肺胃之氣，陽明本證也。　愚按：　小便已，洒然毛聳，似乎非陽明證，乃足太陽膀胱證也。　蓋膀胱主水，火邪太甚而制金，則寒水來爲金母復仇也。　所謂五行之極，反兼勝己之化。　發汗則惡寒甚者，氣虚重奪當作傷。　其津當作陽。　也。　溫鍼則發熱甚者，重傷經中之液，轉助時火，肆虐於外也。　數下之則淋甚者，劫其在裏之陰，熱勢乘機內陷也。　此段經文，本無方治，東垣特立清暑益

氣湯，足補仲景之未逮。

愚按：此言太過。仲景當日，必有不可立方之故，或會立方，而後世脫簡，皆未可知，豈東垣能立，而仲景反不能立乎？但細按此證，恰可與清暑益氣湯，曰可者，僅可而有所未盡之詞，尚望遇是證者，臨時斟酌盡善。至沈目南《金匱要略注》，謂當用辛涼甘寒，實於此證不合。蓋身重疼痛，證兼寒濕也。即目南自注，謂發熱惡寒，身重疼痛，其脈弦細芤遲，內暑而兼陰濕之變也。豈有陰濕而用甘寒，柔以濟柔之理？既曰陰濕，豈辛涼所能勝任！不待辯而自明。

霖按：小便已，灑灑毛聳者，太陽主表，內合膀胱，便已而氣餒也。此尤飲鶴《金匱》注：此處小注用愚按，用似乎等字，便抹殺尤氏，爲鞠通心得矣。《金匱》此節，爲暑證之提綱，言暑多兼濕，其脈弦細芤遲，皆中含濕象也。此示人明暑病之脈證不可汗，不可下，又不可燒鍼也。下節言不兼濕者，白虎加人參湯，水濕行皮中者，瓜蒂湯，三法鼎峙，暑證已無餘蘊。東垣清暑益氣湯，原屬可用，未免蛇足。

雪堂按：《金鑑》謂：凡此之證，皆中暍妄行汗下溫針致變，以白虎加人參湯主之。章虛谷謂本證未誤治之先，總由濕盛熱閉，宜五苓散開泄其濕，以利小便，使陽氣通則熱可透，然後再清。但原文有口開前板齒燥，五苓似嫌太燥，而口開前板齒燥，尚有發熱惡寒，身重疼痛，白虎似嫌太涼，今擬用桂苓甘露飲，化濕清熱，惟已經誤治者，又當別論。

霖按：王士雄亦有清暑益氣湯，見《濕熱篇》二十八條。方用西洋參、石斛、麥冬、黃連、竹葉、荷梗、知母、甘草、粳米、西瓜翠衣。此方清暑熱而益元氣，最佳。

手太陰暑溫，如上條證，但汗不出者，新加香薷飲主之。

證如上條，指形似傷寒，右脈洪大，左手反小，面赤口渴而言。但以汗不能自出，表實爲異，故用香薷飲發暑邪之表也。按香薷辛溫芳香，能由肺之經而達其絡。鮮扁豆花，凡花皆散，取其芳香而散，且保肺液，以花易豆者，惡其呆滯也，夏日所生之物，多能解暑，惟扁豆花爲最，如無花時，用鮮扁豆皮，若再無此，用生扁豆皮。厚朴苦溫，能瀉實滿，厚朴皮也，雖走中焦，究竟肺主皮毛，以皮從皮，不爲治上犯中。若黃連石草，純然裏藥，暑病初起，且不必用，恐引邪深入，故易以連翹、銀花，取其辛涼達肺經之表，純從外走，不必走中也。溫病最忌辛溫，暑證不忌者，以暑必兼濕，濕爲陰邪，非溫不解，故此方香薷、厚朴用辛溫，而餘則佐以辛涼云。下文濕溫論中，不惟不忌辛溫，且用辛熱也。

霖按：暑溫二字不經，無汗用香薷飲，乃熱爲寒遏，而病必兼濕，脈若洪大，則氣分中熱熾可知，方中去扁豆之清暑益氣，黃連之清心祛暑，而加連翹、銀花謬矣。只知界劃三焦，而不知暑由口鼻吸受，邪先入心之義，恃此治暑，多有因循遺誤者。

手太陰暑溫，服香薷飲，微得汗，不可再服香薷飲，重傷其表，暑必傷氣，最令表虛，雖有餘證，知在何經，以法治之。

按：傷寒非汗不解，最喜發汗；傷風亦非汗不解，最忌發汗，只宜解肌，此麻、桂之異其治，即異其法也。溫病亦喜汗解，最忌發汗，只許辛涼解肌，辛溫又不可用，妙在導邪外出，俾營衛氣血調和，自然得汗，不必強責其汗也。若暑溫、濕溫，則又不然，暑非汗不解，可用香薷發之，發汗之後，大汗不止，仍歸白虎法，固不比傷寒傷風之漏汗不止，而必欲桂、附護陽實表，亦不可屢虛其表，致令厥脫也。觀古人暑門有生脈散法，其義自見。

霖按：暑爲天日之熱邪，何得非汗不解？其所以無汗者，熱爲寒遏也。香薷辛溫達表，然必芩、連、杏、朴之苦降以監制，庶無嘔逆之變。

手太陰暑溫，或已經發汗，或未發汗，而汗不止，煩渴而喘，脈洪大有力者，白虎湯主之；脈洪大而芤者，白虎加人參湯主之；身重者，濕也，白虎加蒼朮湯主之；汗多脈散大，喘喝欲脫者，生脈散主之。

此條與上文少異者，只已經發汗一句。

汗多而脈散大，其爲陽氣發泄太甚，內虛不司留戀可知。生脈散酸甘化陰，守陰所以留陽；陽留汗自止也。以人參爲君，所以補肺中元氣也。

手太陰暑溫，發汗後，暑證悉減，但頭微脹，目不了了，餘邪不解者，清絡飲主之。邪不解，而入中下焦者，以中下法治之。

既曰餘邪，不可用重劑明矣，只以芳香輕藥，清肺絡中餘邪足矣。倘病深而入中下焦，又不可以淺藥治深病也。

霖按：治暑病餘邪，此方輕清可服。

手太陰暑溫，但咳無痰，咳聲清高者，清絡飲，加甘草、桔梗、甜杏仁、麥冬、知母主之。

咳而無痰，不嗽可知，咳聲清高，金音清亮，久咳則啞，偏於火而不兼濕也。即用清絡飲，清肺絡中無形之熱，加甘、桔開提，甜杏仁利肺而不傷氣，麥冬、知母保肺陰而制火也。

霖按：火灼肺金，咳而無痰，不宜甘、桔之開提，宜加枇杷葉，以清降肺熱爲穩。

兩太陰暑溫，咳而且嗽，咳聲重濁，痰多，不甚渴，渴不多飲者，小半夏加茯苓湯，再加厚朴、杏仁主之。

既咳且嗽，痰涎復多，咳聲重濁，重濁者，土音也，其兼足太陰濕土可知。不甚渴，渴不多飲，則其中之有水可知，此暑溫而兼水飲者也。故以小半夏加茯苓湯，蠲飲和中；再加厚朴、杏仁，利肺瀉濕，預奪其喘滿之路；水用甘瀾，取其走而不守也。

此條應入濕溫，卻列於此處者，以與上條爲對待之文，可以互證也。

霖按：因於脾濕釀痰而咳者，此方可服，分量太重，臨時斟酌可也。

脈虛夜寐不安，煩渴舌赤，時有譫語，目常開不閉，或喜閉不開，暑入手厥陰也。手厥陰暑溫，清營湯主之；舌白滑者，不可與也。

夜寐不安，心神虛而陽不得入於陰也。煩渴舌赤，心用恣而心體虧也。時有譫語，神明欲亂也。目常開不閉，目爲火戶，火性急，常欲開以泄其火，且陽不下交於陰也；或喜閉不開者，陰爲亢陽所損，陰損則惡見陽光也。故以清營湯急清營中之熱，而保離中之虛也。若舌白滑，不惟熱重，濕亦重矣。濕重忌柔潤藥，當於濕溫例中求之，故曰不可與清營湯也。

霖按：邪入心營，此方可用。如舌苔白滑而膩，不可服，乃濕邪遏熱也。若舌苔白薄不膩，舌本紅嫩，此火盛傷金，白爲金之色也，暑瘵證常見此舌，不可不知。

手厥陰暑溫，身熱不惡寒，清神不了了，時時譫語者，安宮牛黄丸主之，紫雪丹亦主之。

身熱不惡寒，已無手太陰證，神氣欲昏，而又時時譫語，不比上條時有譫語，謹防內閉，故以芳香開竅，苦寒清熱爲急。

暑溫寒熱，舌白不渴，吐血者，名曰暑瘵，爲難治，清絡飲加杏仁、薏仁、滑石湯主之。

寒熱，熱傷於表也；舌白不渴，濕傷於裏也；皆在氣分，而又吐血，是表裏氣血俱病，豈非暑瘵重證乎？此證純清則礙虛，純補則礙邪，故以清絡飲，清血絡中之熱，而不犯手；加杏仁利氣，氣爲血帥故也；薏仁、滑石，利在裏之濕，冀邪退氣寧，而血可止也。

霖按：暑瘵咯血舌苔白，非濕傷於裏，乃火盛傷金，肺氣鬱閉，暑邪逆入營中也。豈輕劑可治，宜梔、翹、蔞、貝、通、滑、豉、薏等味，以鮮荷葉汁衝服。若見胸痞口粘，脈濡濕象，始可稍增宣濕之品。

小兒暑溫，身熱卒然痙厥，名曰暑癇，清營湯主之，亦可少與紫雪丹。

小兒之陰，更虛於大人，況暑月乎！一得暑溫，不移時，有過衛入營者，蓋小兒之臟腑薄也。血絡受火邪逼迫，火極而內風生，俗名急驚，混與發散消導，死不旋踵，惟以清營湯，清營分之熱，而保津液，使液充陽和，自然汗出而解，斷斷不可發汗也。可少與紫雪者，清包絡之熱，而開內竅也。

霖按：暑溫已屬不經，暑癇亦非是。蓋癇證醒時，口吐涎沫，否則痙瘛厥耳。小兒熱極風生，卒然痙厥，此方宜減生地，加羚羊角、鈎藤。

大人暑癇，亦同上法。熱初入營，肝風內動，手足瘈瘲，可於清營湯中，加鈎藤、丹皮、羚羊角。

霖按：治法尚平妥。

《增補評注溫病條辨・上焦篇・伏暑》 頭痛微惡寒，面赤煩渴，舌白，脈濡而數者，雖在冬月，猶爲太陰伏暑也。

頭痛惡寒，與傷寒無異；面赤煩渴，則非傷寒矣，然猶似傷寒陽明證；若脈濡而數，則斷斷非傷寒矣。蓋寒脈緊，風脈緩，暑脈弱，濡則弱之象，弱即濡之體也。濡即離中虛，火之象也；緊即坎中滿，水之象也。火之性熱，水之性寒，象各不同，性則迥異，何世人悉以伏暑作傷寒治，而用足六經羌葛柴芩，每每殺人哉！象各不同，性則迥異，故曰雖在冬月，定其非傷寒而爲伏暑也。冬月猶爲伏暑，秋日可知。伏暑之與傷寒，猶男女之別，一則外實中虛，一則外虛中實，豈可混哉！

霖按：四時皆有伏氣，非冬寒夏暑爲然。伏暑多挾濕，脈色必滯，口舌必膩，或有微寒，或單發熱，熱時脘痞氣窒，渴悶煩冤，每午後則甚，入暮更劇，天明得汗稍緩，至午後又甚，似瘧無定時。此邪從內發，非由皮毛口鼻吸受之外感，豈銀翹散輕劑可治？又豈丹皮、地、冬、芍滋膩所宜？治法未能妥善，尤可奇者，忽以緊濡二脈配坎離，在鞠通意，借此欺世，不獨精

醫理，而又明易理也。夫緊脈似轉索之無常，乃外寒搏結裹熱也。濡脈如帛衣浮於水中，濕之象也。謂濡即離火，緊即坎水，拉雜附會，無裨實用，徒眩後學。而況內發伏暑，未必在手太陰，更未必遵奉鞠通排定路道，由上而中而下也。

太陰伏暑，舌白口渴，無汗者，銀翹散去牛蒡、元參，加杏仁、滑石主之。

此邪在氣分，而表實之證也。

太陰伏暑，舌赤口渴，無汗者，銀翹散加生地、丹皮、赤芍、麥冬主之。

此邪在血分，而表實之證也。

太陰伏暑，舌白口渴，有汗，或大汗不止者，銀翹散去牛蒡子、元參、芥穗，加杏仁、石膏、黃芩主之。脈洪大，渴甚汗多者，仍用白虎法；脈虛大而芤者，仍用人參白虎法。

此邪在氣分，而表虛之證也。

太陰伏暑，舌赤口渴汗多，加減生脈散主之。

此邪在血分，而表虛之證也。

《增補評註溫病條辨・中焦篇・暑溫伏暑》 脈洪滑，面赤、身熱、頭暈，不惡寒，但惡熱，舌上黃滑苔，渴欲飲涼，飲不解渴，得水則嘔，按之胸下痛，小便短，大便閉者，陽明暑溫，水結在胸也。小陷胸湯加枳實主之。

脈洪面赤，不惡寒，病已不在上焦矣。暑兼濕熱，熱甚則渴，引水求救。濕鬱中焦，水不下行，反來上逆，則嘔。胃氣不降，則大便閉。故以黃連、栝蔞，清在裏之熱痰，半夏除水痰而強胃，加枳實者，取其苦辛通降，開幽門而引水下行也。

霖按：在傷寒水結胸，宜大陷胸湯，此節論小結胸，論大結胸，論暑論溫，似是而非，全無主腦。

陽明暑溫，脈滑數，不食不飢不便，濁痰凝聚，心下痞者，半夏瀉心湯，去人參、乾薑、大棗、甘草，加枳實、杏仁主之。

不飢不便，而有濁痰，心下痞滿，濕熱互結，而阻中焦氣分。故以半夏、枳實，開氣分之濕結；黃連、黃芩，開氣分之熱結；杏仁開肺與大腸之氣痹；暑中熱甚，故去乾薑；非傷寒誤下之虛痞，故去人參、甘草、大棗，且畏其助濕作滿也。虛者復納人參二錢、大棗三枚。

陽明暑溫，濕氣已化，熱結獨存，口燥咽乾，渴欲飲水，面目俱赤，舌燥黃，脈沉實者，小承氣湯各等分下之。

暑兼濕熱，其有體瘦質燥之人，感受熱重濕輕之證，濕先從熱化盡，只餘熱結中焦，具諸下證，方可下之。

霖按：熱邪閉結腸胃宜下者，即所謂陽明之邪，仍假陽明爲出路，然必細察濕邪已盡，不可孟浪也。汪註辨證亦頗明暢，宜參。

汪按：濕熱入胃腑，方可下，雖云化熱，究從濕來，故枳、朴、大黃等分用也。大抵溫病診舌爲要，痞滿之證，見黃燥，方可議下；黃而不燥，仍用宣泄，以驅之入胃，或苦溫助之化燥，見黃，方可用苦泄；瀉心、陷胸之屬。黃白相兼，或灰白色，仍用開提，三香、杏、蔻、枳、桔之屬。以達之於肺，不可誤也。又葉天士論傷寒熱邪劫爍，下之宜猛；溫病多濕邪內搏，下之宜輕；傷寒大便溏，爲邪盡，不可下；濕溫病大便溏，爲邪未盡，便硬方爲無濕，不可攻也。此皆要論，不可不知。

暑溫蔓延三焦，舌滑微黃，邪在氣分者，三石湯主之；邪氣久留，舌絳苔少，熱搏血分者，加味清宮湯主之；神識不清，熱閉內竅者，先與紫雪丹，再與清宮湯。

蔓延三焦，則邪不在一經一臟矣，故以急清三焦爲主。然雖云三焦，以手太陰一經爲要領。蓋肺主一身之氣，氣化則暑濕俱化，且肺臟受生於陽明，肺之臟象屬金，色白，陽明之氣運，亦屬金，色白，故肺經之藥，多兼走陽明，陽明之藥，多兼走肺也。再肺經通調水道，下達膀胱，肺痹開則膀胱亦開，是雖以肺爲要領，而胃與膀胱皆在治中，則三焦俱備矣。是邪在氣分，而主以三石湯之奧義也。若邪氣久羈，必歸血絡，心主血脈，故以加味清宮湯主之。內竅欲閉，則熱邪盛矣，紫雪丹開內竅，而清熱最速者也。

方論：此微苦辛寒兼芳香法也。蓋肺病治法，微苦則降，過苦反過病所，辛涼所以清熱，芳香所以敗毒而化濁也。按三石紫雪丹中之君藥，取其得庚金之氣，清熱退暑利竅，兼走肺胃者也。杏仁、通草，爲宣氣分之用，且通草直達膀胱，杏仁直達大腸，竹茹以竹之脈絡，而通人之脈絡，金汁、銀花，敗暑中之熱毒。

方論：此苦辛寒法也。清宮湯前已論之矣，加此三味者，知母瀉陽明獨勝之熱，而保肺清金，銀花敗毒而清絡，竹瀝除胸中大熱，止煩悶消渴，合清宮湯，爲暑延三焦血分之治也。

暑溫伏暑，三焦均受，舌灰白，胸痞悶，潮熱嘔惡，煩渴自利，汗出溺短者，杏仁滑石湯主之。

舌白胸痞，自利嘔惡，濕爲之也。潮熱煩渴，汗出溺短，熱爲之也。熱處濕中，濕蘊生熱，濕熱交混，非偏寒偏熱可治，故以杏仁、滑石、通草，先宣肺氣，由肺而達膀胱以利濕，厚朴苦溫而瀉濕滿，芩、連清裏而止濕熱之利，鬱金芳香走竅而開閉結，橘、半強胃，而宣濕化痰以止嘔惡，俾三焦混處之邪，各得分解矣。

霖按：凡秋後伏暑，每因新症觸發，初起予用七葉蘆根湯，宣肺達表，使內邪外潰，先使發汗，疹瘧外解，再用緩下清劑，如五仁導滯湯，盡清胃腸積熱，脾腎濕熱，屢效。

《增補評註溫病條辨・中焦篇・風溫溫熱溫疫溫毒冬溫》 陽明溫病，渴甚者，雪梨漿沃之。

陽明溫病，下後微熱，舌苔不退者，薄荷末拭之。

以新布蘸新汲涼水，再蘸薄荷細末，頻擦舌上。

陽明溫病，斑疹溫痘溫瘡溫毒，發黃，神昏譫語者，安宮牛黃丸主之。

心居膈上，胃居膈下，雖有膜膈，其濁氣太甚，則亦可上干包絡，且病自上焦而來，故必以芳香逐穢開竅爲要也。

霖按：方不妥當，宜慎。

《增補評注溫病條辨・下焦篇・風溫溫熱溫疫溫毒冬溫》 風溫、溫熱、溫疫、溫毒、冬溫，邪在陽明久羈，或已下或未下，身熱面赤，口乾舌燥，甚則齒黑脣裂，脈沉實者，仍可下之；脈虛大，手足心熱，甚於手足背者，加減復脈湯主之。

溫邪久羈中焦，陽明陽土，未有不尅少陰癸水者，或已下而陰傷，或未下而陰竭。若實證居多，正氣未至潰敗，脈來沉實有力，尚可假手於一下，即《傷寒論》中急下以存津液之謂。若中無結糞，邪熱少而虛熱多，其人脈必虛，手足心主裏，其熱必甚於手足背之主表也。若再下其熱，是竭其津而速之死也。故以復脈湯復其津液，陰復則陽留。庶可不至於死也。去參、桂、薑、棗之補陽，加白芍收三陰之陰，故云加減復脈湯。在仲景當日，治傷於寒者之結代，自有取於參、桂、薑、棗，復脈中之陽；今治傷於溫者之陽亢陰竭，不得再補其陽也。用古法而不拘用古方，醫者之化裁也。

霖按：辨表裏亦頗精細。

熱邪深入，或在少陰，或在厥陰，均宜復脈。

此言復脈爲熱邪劫陰之總司也。蓋少陰藏精，厥陰必待少陰精足而後能生，二經均可主以復脈者，乙癸同源也。

按：柯韻伯謂舊傳麻仁者誤，當係棗仁，彼從心悸動三字中看出傳寫之誤，不爲無見。今治溫熱有取於麻仁，甘益氣，潤去燥，故仍從麻仁。按地黃三重用法，生地者，鮮地黃未曬乾者也，可入藥煑用，可取汁用，其性甘涼，上中焦用以退熱存津；乾地黃者，乃生地曬乾，已爲丙火煉過，去其寒涼之性，《本草》稱其甘平；熟地製以酒與砂仁，九蒸九曬而成，是又以丙火丁火合煉之也，故其性甘溫。奈何今人悉以乾地黃爲生地，北人並不知世有生地，僉謂乾地黃爲生地，而曰寒涼，指鹿爲馬，不可不辨。

霖按：生地黃產自浙江杭州筧橋，其形長，褐黃色，味苦微甘，大寒入心腎，瀉丙火而平血逆，乾地黃產自河南懷慶，其形肥大而短，味甘微苦，功專養陰涼血，熟地黃即以乾地黃久蒸久曬，非百日不足去其陰寒之氣，三物，二種，不可不辨。

炳按：何廉臣云：吾紹前哲張畹香先生曰：世交張魯封六兄，醫學高明，凡戚友中病至棘手，延至立法即愈。一媛尚在室，患溫邪多日不愈，邀治，舌黑燥神呆，脈滯大，予認爲邪入心包，當用犀角地黃，魯翁對以業已服過，或劑輕之故，再議以大劑，不應，予又診，細問工婦，病中曾經走經否，對以十餘日上至，服主人藥予知其必不用醫通法也。於是以舌黑爲津液之涸，腎水之乾，耳聾者，水不上升也，神昏者，精不上交於心也。兩腿不能自移，衣服著肌肉，即大叫痛者，爲血分之虧也，用吳氏溫病條辨下焦篇中復脈湯加減。內大熟地用至八錢，炙甘草用至六錢，魯翁嫌手筆太重，予謂其書謂甘草不應，加至一兩，曾經得效多人，竟用之，一劑即知，魯翁竟以此湯日進，不過十餘日全愈。予即以《溫病條辨》轉贈，後晤魯翁云，曾經以書內大定風珠，治血崩得效。

又云：昔吾同道韓午棋兄之令嫒，出嫁於皋埠沈宅，胎已九月，因血崩而墜胎，產後又因血崩而痙厥，病勢甚危。予以三甲復脈湯急救，一劑即效，三劑而痙厥止，後用調理法全愈。張魯翁之說，信而有徵，爰爲錄之，聊備參考。

下後大便溏甚，周十二時三四行，脈仍數者，未可與復脈湯，一甲煎主之；服一二日，大便不溏者，可與一甲復脈湯。

下後法當數日不大便，今反溏而頻數，非其人眞陽素虛，即下之不得其道，有亡陰之慮。若以復脈滑濁，是以存陰之品，反爲瀉陰之用。故以牡蠣一味單用，則力大，既能存陰，又澀大便，且淸在裏之餘熱，一物而三用之。

下焦溫病，但大便溏者，即與一甲復脈湯。

溫病深入下焦劫陰，必以救陰爲急務。然救陰之藥，多滑潤，但見大便溏，不必待日三四行，即以一甲復脈法，復陰之中，預防泄陰之弊。

少陰溫病，眞陰欲竭，壯火復熾，心中煩，不得卧者，黃連阿膠湯主之。

按：前復脈法，爲邪少虛多之治。其有陰既虧而實邪正盛，甘草即不合拍。心中煩，陽邪挾心，陽獨亢於上，心體之陰，無容留之地，故煩雜無奈；不得卧，陽亢不入於陰，陰虛不受陽納，雖欲卧得乎！此證陰陽各自爲道，不相交互，去死不遠，故以黃芩從黃連，外瀉壯火，而內堅眞陰；以芍藥從阿膠，內護眞陰，而外扞亢陽。名黃連阿膠湯者，取一剛以禦外侮，一柔以護內主之義也。其交關變化，神明不測之妙，全在一雞子黃，前人訓雞子黃，僉謂雞爲巽木，得心之母氣，色赤入心，虛則補母而已，說雖至當，殆未盡其妙義。雞子黃有地球之象，爲血肉有情，生生不已，乃奠安中焦之聖品，有甘草之功能，而靈於甘草；其正中有孔，故能上通心氣，下達腎氣，居中以達兩頭，有蓮子之妙用，其性和平，能使亢者下爭，弱者得振；其氣焦臭，故上補心；其味甘鹹，故下補腎；再釋家有地水風火之喻，此證大風一起，蕩然無餘，雞子黃鎭定中焦，通徹上下，合阿膠能預熄內風之震動也。然不知人身陰陽相抱之義，必未能識仲景用雞子黃之妙，謹將人身陰陽生死寤寐圖形，開列於後，以便學者入道有階也。

霖按：不知營衛循行之道，便不明陰陽寤寐之理。徒畫數圈便，謂入道之階，更以釋家有地水風火之喻，似覺不獨精於醫理，而又深明內典。其實於陰陽之機，釋家之喻，並不能道其所以然，大言欺世，不值識者一笑。若夫溫病育陰，是屬正治，方法可用。

徵按：此《金匱》治傷寒少陰病，二三日以上，心煩不得卧之祖方也。二三日以上，寒變熱之時也。少陰多寐，以傳經之陽邪灼陰，故不得卧，與少陰溫病確乎相合。陽亢不入於陰，陰虛不受陽納二語，雖倡自葉氏，然亦自經文衛氣留於陽，則陽氣滿，不得入於陰，則陰氣虛，故目不瞑而來，可爲一切不寐之總綱，他如濕痰留於胃腑不寐，《內經》則有半夏湯，以通其陽，其方則以千里外之流水，揚萬遍取五升，炊以葦薪，沸則內秫米一升，半夏五合，炊至升半，去渣飲汁一小杯，日三服，以知爲度。虛煩不眠，仲祖則有酸棗仁湯。以和其陰方用棗仁二升，知母、茯苓、川芎各二兩，甘草一兩，以水八升，煮酸棗仁得六升，內諸藥，煮取三升，分溫三服。又如膽虛不寐，《本事方》有鱉甲丸，鱉甲、棗仁、羌活、牛膝、五味、參耆，各等分，細末，蜜丸桐子大，每用溫酒服三四十丸，痰熱不眠。《集驗方》有溫膽湯，橘紅、半夏、茯神、甘草、枳實、竹茹。振悸不眠，半夏、陳皮、甘草、芡實、茯苓、竹茹。虛勞不寐，棗仁二兩，碾末，同半夏二合煮糜，入地黃汁一合，再煮，時時與服。六一散加牛黃，治煩躁不眠。竹葉湯調服炒棗仁末，治脾虛不眠之類。條例甚多，總不出乎安胃和中，俾陽明之氣順，則陰陽之道路可通而已矣。

夜熱早涼，熱退無汗，熱自陰來者，青蒿鱉甲湯主之。

夜行陰分而熱，日行陽分而涼，邪氣深伏陰分可知，熱退無汗，邪不出表，而仍歸陰分，更可知矣，故曰熱自陰分而來，非上中焦之陽熱也。邪氣深伏陰分，混處氣血之中，不能純用養陰，又非壯火，更不得任用苦燥。故以鱉甲蠕動之物，入肝經至陰之分，既能養陰，又能入絡搜邪；以青蒿芳香透絡，從少陽領邪外出，細生地淸陰絡之熱；丹皮瀉血中之伏火；知母者，知病之母也，佐鱉甲、青蒿而成搜剔之功焉。再此方有先入後出之妙，青蒿不能直入陰分，有鱉甲領之入也；鱉甲不能獨出陽分，有青蒿領之出也。

《增補評註溫病條辨·下焦篇·暑溫伏暑》 暑邪深入少陰，消渴者，連梅湯主之；入厥陰，麻痹者，連梅湯主之；心熱煩躁，神迷甚者，先與紫雪丹，再與連梅湯。

腎主五液而惡燥，暑先入心，助心火獨亢於上，腎液不供，故消渴也。再心與腎均爲少陰，主火，暑爲火邪，以火從火，二火相搏，水難爲濟，不消渴得乎！以黃連瀉壯火，使不爍津，以烏梅之酸以生津，合黃連酸苦爲陰；以色黑沉降之阿膠救腎水，麥冬、生地合烏梅酸甘化陰，庶消渴可止也。肝主筋而受液於腎，熱邪傷陰，筋絡無所秉受，故麻痹也。再包絡與肝均

爲厥陰，主風木，暑先入心，包絡代受，風火相搏，不痲痹得乎！以黃連瀉尅水之火，以烏梅得木氣之先，補肝之正，阿膠增液而熄肝風，冬、地補水以柔木，庶痲痹可止也。心熱煩躁神迷甚，先與紫雪丹者，開暑邪之出路，俾梅連有入路也。

霖按：此條葉案，是暑邪劫陰，防其痙厥。治法全在右脈空大，左脈小芤，鞠通竊其法，揑造方名，而不錄脈象，忽插入心熱神迷，與紫雪丹以清心熱，便瞞過後人非葉氏之方，爲伊心得，此自條之意也。其自辨註云，暑先入心云云者，以明界劃三焦，是邪由上中焦而入下焦，似若病邪皆遵伊道路而行，不敢紊亂者，眞屬夢囈。其入腎消渴，入肝痲痹，出李梴《醫學入門》。張司農收入《傷暑全書》，非由上而中而下也。鞠通想未見過，僅據《臨證指南》，謄錄以欺世耳。

暑邪深入厥陰，舌灰，消渴，心下板實，嘔惡吐蚘，寒熱，下利血水，甚至聲音不出，上下格拒者，椒梅湯主之。

此土敗木乘，正虛邪熾，最危之候。故以酸苦泄熱，輔正驅邪立法，據理製方，冀其轉關耳。

暑邪誤治，胃口傷殘，延及中下，氣塞塡胸，燥亂口渴，邪結內踞，清濁交混者，來復丹主之。

此正氣誤傷於藥，邪氣得以竊據於中，固結而不可解，攻補難施之危證，勉立旋轉清濁一法耳。

方論：晉三王氏云：易言一陽來復於下，在人則爲少陽生氣所出之臟，病上盛下虛，則陽氣去，生氣竭，此丹能復陽於下，故曰來復。元精石乃鹽鹵至陰之精，硫黃乃純陽石火之精，寒熱相配，陰陽互濟，有扶危拯逆之功，硝石化硫爲水，亦可佐元硫以降逆，靈脂引經入肝最速，能引石性內走厥陰，外達少陽，以交陰陽之樞紐，使以橘紅青皮者，納氣必先利氣，用以爲肝膽之鄉導也。

暑邪久熱，寢不安，食不甘，神識不清，陰液元氣兩傷者，三才湯主之。

凡熱病久入下焦，消爍眞陰，必以復陰爲主。其或元氣亦傷，又必兼護其陽。三才湯兩復陰湯，而偏於復陰爲多者也。溫熱溫疫未傳，邪退八九之際，亦有用處。暑溫未傳，亦有用復脈、三甲、黃連阿膠等湯之處。彼此互參，勿得偏執，蓋暑溫不列於諸溫之內，而另立一門者，以後夏至爲病暑，濕氣大動，不兼濕不得名暑溫，仍歸溫熱門矣。既兼濕，則受病之初，自不得與諸溫同法，若病至未傳，濕邪已化，惟餘熱傷之際，其大略多與諸溫同法；其不同者，前後數條，已另立法矣。

伏暑濕溫，脇痛，或咳，或不咳，無寒，但潮熱，或竟寒熱如瘧狀，不可誤認柴胡證，香附旋覆花湯主之；久不解者，間用控涎丹。

按：伏暑、濕溫，積留支飲，懸於脇下，而成脇痛之證甚多，即《金匱》水在肝而用十棗之證。彼因裏水久積，非峻攻不可；此因時令之邪，與裏水新搏，其根不固，不必用十棗之太峻。只以香附、旋覆善通肝絡，而逐脇下之飲，蘇子、杏仁，降肺氣而化飲，所謂建金以平木；廣皮、半夏消痰飲之正，茯苓、薏仁，開太陽而闔陽明，所謂治水者必實土，中流漲者開支河之法也。用之得當，不過三五日自愈。其或前醫不識病因，不合治法，致使水無出路，久居脇下，恐成懸飲內痛之證，爲患非輕，雖不必用十棗之峻，然不能出其範圍，故改用陳無擇之控涎丹，緩攻其飲。

《傷寒微旨論・用藥逆論》 病人若傷暑熱，胃中空虛，飲冷太過，遂成泄利，日二三十往，大便色黃，米穀不化，渴飲水漿。醫者見此證，云脾胃不和，故至此也。投熱藥或止之，或補之，熱藥既下，往往吐出及下利愈甚，此亦陰陽氣相擊也。若處承氣湯之類，令病人熱飲之藥，既得下，必不吐出，亦是與胃中熱氣相從也。熱力既消，藥冷性得行，其病即愈。《素問》注云：以葱、薑和粉藿投之是也。

《四時病機・分經辨症暑門》 暑脈

脈虛身熱，得之傷暑。

太陽中暍者，身熱，疼重，而脈微弱，或脈弦細芤遲，熱傷氣而不傷形，則氣消而脈虛弱。所謂弦細芤遲，皆虛脈也。暑熱有三四部無脈者，被火所逼，勒而藏伏耳，非絕無也，於病無妨，不同寒症。症陽，脈陰者死也。但照經用辛寒藥，火散而脈起矣。然雖無脈，必有一二部洪數爲辨，方爲伏脈。若兩手無脈，膚冷汗泄，或吐瀉不止，又爲陽氣渙散之候，不可概視。

暑症

暑之傷人，不拘表裏，不以漸次，不論臟腑，冒暑蒸毒從口鼻入者，直中心包絡經，先煩悶，後身熱，行坐近日，薰灼皮膚肢體者，即時潮熱煩渴，入肝則眩暈頑痲，入脾則昏睡不覺，入肺則喘咳痿躄，入腎則消渴，非專心主而別

臟無傳入也。中暑歸心，神昏卒倒，暑傷月分，周身煩躁，或如鍼刺，或有赤腫。冒暑入腸胃，或腹痛、惡心、嘔瀉。伏暑久伏三焦腸胃之間，熱傷氣而不傷形，旬日莫覺變出，寒熱不定，霍亂吐瀉，膨脹中滿，瘧痢煩渴，腹痛下血等症。暑乃盛熱之氣著人也，有冒、有傷、有中三者，有輕重之分。或腹痛水瀉者，胃與大腸受之。惡心者，胃口有痰飲也。或身熱、頭痛、躁亂不安者，或身如鍼刺者，此爲熱傷在月分也。或咳嗽、寒熱、脈數，此盛火乘金，熱在肺也。

暑熱有餘

暑熱身熱，自汗，口渴，面垢而已，餘症皆後傳變。

後夏至爲病暑，暑發自陽明，古人以白虎湯爲主治，必審其有大汗而渴，齒燥脈洪而長者可用。無汗不渴禁與。

暑邪在表，頭疼惡寒，雙解散加香薷及香薷飲解之。如在半表半裏，泄瀉，煩渴，飲水吐逆，五苓散治之。熱甚，益元散清之。若表解裏熱甚，黃連消暑丸。

氣虛傷暑

氣虛身熱，得之傷暑，熱傷氣故也。蓋時當長夏濕熱大勝，蒸蒸而熾人，感之四肢困倦，精神短少，懶於動作，胸滿氣促，肢節沉痛，或氣高而喘，身熱而煩，心下膨痞，小便黃而少，大便溏而頻，或渴，或不渴，不思飲食，自汗體重，或汗少者，氣血病也。其脈中得洪緩。若濕氣相搏，必加以遲，宜以清燥之劑治之，名清暑益氣湯。

脾胃虛弱，遇六七月間河漲霖雨，諸物皆潤人，汗沾衣，身重，短氣，甚則四肢痿軟，行步不正，腳欹，眼黑，此腎水與膀胱俱竭之候也。當滋肺氣以補水之上源，又使庚大腸不受邪，熱不令汗大泄也。聖人立法，夏月宜補者，補天元眞氣，以人參、麥冬、五味子生脈，脈者元氣也。

暑之傷也，勞苦者多得之。暑邪開腠理，奪正氣，隨汗大泄，邪不入裏。所謂精氣奪則虛，而發熱者虛火也。脈當遲細，宜扶正氣爲主，帶驅暑邪，清暑益氣湯之類是也。因汗大泄，邪反入裏，所謂邪氣盛則實，而發熱者實火也。脈當洪大，宜驅暑邪爲主，帶扶正氣，白虎加人參湯之類是也。

暑分陰陽

有中暑而病者，爲陽暑；有因暑而致病者，爲陰暑。陽暑者，暑月受熱，如奔走道途、田間力役之類，爲外感天日之暑熱，此宜清涼解其暑毒。陰暑者，暑月受寒，如納涼廣廈、飲啖瓜菓冰水之類，此因避天之暑熱，而反受陰涼風露，即爲傷寒之屬，一切治暑清涼之方，即不得逕施，如無汗，仍須透表以宣其陽；如吐利急，須和解以安其中，甚者少用溫藥，以從治之。故冒暑之霍亂、吐瀉，以治暑爲主；避暑之霍亂、吐瀉，以和中、溫中爲主，不可不辨也。陰暑雖係陰邪，若邪感於外而火盛於內，或陽明熱盛者，此又陰中之陽，而當解表與清熱兼行者也。陽暑雖爲陽症，若內本無熱，而因熱傷氣，但氣虛於中者，便有伏陰之象，或脈虛惡寒，或嘔惡腹痛，或泄瀉倦怠之類，皆陽中之陰，但當專顧元氣，雖在暑月，溫補在所必用。

暑風

中暑卒倒無知，名曰暑風。大率有虛實兩途。實者，痰之實也，平素積痰充滿經絡，一旦感召盛暑鼓激，痰飲阻塞氣道心竅，卒倒流涎，此暑暍合病之最急者。先開其痰，後清其暑，猶易爲也。虛者，陽之虛也，平素陽氣衰微不振，陰寒久已用事，一旦感召盛暑，邪湊其虛，此濕暍病之得自虛寒者，宜回陽藥中兼清其暑，最難爲也。暑者，相火行令也，火熱制金，不能平木，搐搦不省人事，曰暑風者，內外合而炎灼，所以卒倒也。

暑厥

夏令受熱昏厥，即熱氣閉塞孔竅所致，此爲暑厥。其邪入於絡，與中絡同法，牛黃丸、至寶芳香利竅可效。神醒以後，用清涼血分，如連喬、竹葉心、元參、鮮生地、二冬之屬。此病初起，大忌風藥。大凡熱深厥深，四肢逆冷，但看面垢齒燥，二便不通，或瀉不爽爲是，大忌誤認爲寒也。

治暑之法

暑邪先用辛涼，繼用甘寒，後用酸泄斂津，不必用下。暑邪必挾濕狀，如外感風寒，忌用柴、葛、羌、防。如肌表但熱無汗，辛涼輕劑無誤，宣通上焦，如杏仁、連喬、薄荷、竹葉。初病暑熱傷氣，竹葉石膏湯或清肺輕劑。暑熱深入，壯熱煩渴，白虎湯、六一散。

暑病頭脹如蒙，皆濕盛生熱，白虎、竹葉或清散暑風輕劑，如鮮荷葉、滑石、甘菊、連喬、香薷，辛溫氣升，熱服易吐，佐苦降，如杏仁、芩、連，則不吐。

《準繩》治暑之法

暑氣攻裏，熱不解，心煩，口乾，辰砂五苓散或香薷飲加黃連。

暑氣攻裏，腹内刺痛，小便不通，生料五苓散加木香或止用益元散。

暑氣入心，身煩熱而昏悶，辰砂益元散或黄連香薷飲。暑先入心者，心屬南方離火，各從其類，小腸爲心之府，利心經，暑毒由小腸中出，辰砂五苓爲治暑上劑也。

暑毒客於上焦，胸膈痞塞，湯藥至口即出，不能過關，或上氣喘急，六和湯浸涼，調入麝香少許。

傷暑挾邪治法

傷暑，自汗，手足厥冷者，煎六和湯調蘇合香丸。

暑氣久而不解，遂成伏暑，内外俱熱，煩躁，自汗，大渴，喜冷，宜黄連香薷飲，繼進白虎。若暑毒深入，結熱在裏，譫語，煩渴，大便秘結，小便赤澀者，三黄石膏湯。

冒暑飲酒，引暑入腸内，酒熱與暑氣相併，發熱，大渴，小便不利，其色如血，生料五苓散去桂加黄連。

傷暑而傷食者，或因暑渴飲食生冷者，畏食，惡心，脘痞，舌白，並宜六和湯倍砂仁。

有傷於暑，因而露卧，又爲冷氣所入。其人自汗，怯風，身痛，頭痛，去衣則凜，着衣則煩，宜用六和湯，以内有藿香能解表也。

有因傷暑，遂飲以冷水，致暑毒留結心胸，精神昏憒，語音不出者，煎香薷飲化蘇合香丸。

傷暑入水洗浴，或冒冷雨，暑濕相搏，自汗，發熱，身重，小便不利，宜五苓散。

伏暑煩渴，而多熱痰者，黄連消暑丸。

《四時病機・闡發伏暑晚發》《内經・四氣調神論》曰：逆夏氣則傷心，秋爲痎瘧，奉收者少，冬至重病。

此論伏暑晚發之明文也。觀逆春、秋、冬三氣，不過至春、至夏、至冬而病。獨逆夏氣則至秋痎瘧，外多冬至重病一句，可見心屬火，旺於夏，夏失所養，如當風取涼，冰冷瓜果皆鬱遏疏泄之氣，故傷心，而暑氣乘之，至秋金氣收斂，暑邪内鬱則成痎瘧。猶陽氣受病淺而輕也。惟至霜降後，冬至前，或瘧痢，或發熱，多陰經受病，深而重也，故曰冬至重病。夏傷於暑，至秋冬而病發，歷三時之久，其爲伏邪也。明矣。《活人》不明此理，乃曰秋應涼而反大熱折之，病名秋溫。豈知秋時金風薦爽，溫熱之氣化爲烏有。不過夏伏暑濕之邪，邪氣久伏。六淫客氣皆從火化，故病發心中，躁熱煩渴，與溫無異，豈眞秋有溫病耶。至陶氏則曰：交秋至霜降前有頭痛，發熱，不惡寒，身體痛，小便短者，名濕病。夫長夏傷於濕，至深秋則天潔地明，焉得有濕？彼頭痛發熱體痛，正新邪引動伏邪之病。伏邪自内發出，故不惡寒，暑濕内鬱，故小便短。此但當察其在表在裏，在腑在臟而達解之，何得混名濕溫，漫無着落也？按伏邪發熱非一汗可解，初起新涼外束，以辛涼解外，外解已而熱不罷，即伏邪發見矣。因所感之新邪隨大汗而解，所伏之暑邪即隨大汗而發。須審其臟腑、表裏、陰陽，或和解，或緩緩達散。若陰陽兩傷，虚邪因而内結者，又當和其陰陽，庶虚邪亦從外越。總之，伏邪潰散，自内達表而解。若伏於陰分者，最難得汗，須扶正託邪，方汗出至足而愈。

凡伏邪病，脈多鬱伏不起，或三部或六部脈俱伏。四肢逆冷，此係熱深厥深。大忌誤認爲陰也，但照經用辛涼達解，邪透而脈起矣。初起身微熱，或壯熱，口或渴或不渴，舌苔或黄或白或赤，或乾，或濕，睡夢不甯，惡心胸悶，煩躁無奈，或吐，或瀉，小便秘赤，但脈不浮，熱無汗即熱，亦不寒，以此辨其非新感耳。惟察其舌白，脘悶，惡心，氣悶者，邪伏氣分。在氣者，散以辛苦溫，佐以微涼。熱鬱甚而耗津者，純以辛涼解散，開結除熱，使脈伏者漸轉浮大數。微熱者漸至暢熱，無汗者漸至屢汗，便赤者漸至清利，如是則邪化矣。若舌絳乾光，悶瞀厥逆，日輕夜重，煩躁不甯者，必邪伏血分。在血分者，須審熱甚宜清，熱傷津液者宜滋，昏閉者宜解開，以宣膻中包絡之熱。心煩躁渴者宜輕清上焦心肺之熱，陷入者宜扶正以託邪，使提出陽分爲要。

凡治伏邪，須優游漸漬，屢汗而解。以邪鬱臟腑經絡，日久蒙痹，邪未化而遲，遲理同然也。須欵欵以待勢，庶無正氣與邪俱耗之虞。

夏秋暑邪内伏，深入重圍，根深蒂固。所感既深，決非一二升汗可除，故瘧在陰分須徹，起陽分者，即《格至論》中云：臟傳出至腑，亂而失期也。又當因其汗之多寡而爲補養升發之術。

張鳳逵曰：暑邪變幻無常，久伏之深毒長桑不能膈膚而見臟。蓋其傷人不拘虚實，臟腑幷中。經虚處寒棲之，經實處暑棲之，寒凌其弱，而暑親其類也。人受之而不即發，棲伏三焦腸胃之間，熱傷氣而不傷形，旬日莫覺，變

出寒熱不定，霍亂吐瀉，膨脹中滿，瘧痢煩渴，腹痛下血，不可度量也。【略】

伏暑，煩渴而多熱痰者，黃連消暑丸，或二陳，或小半夏加茯苓湯，並可加黃連。

伏暑引飲，嘔噦惡心者，枇杷葉散。

身熱煩渴，小便不利者，桂苓甘露飲。

暑氣久而不解遂成伏暑。內外俱熱，煩躁自汗，大渴喜冷，宜黃連香薷飲，繼進白虎湯。若不愈者，暑毒深入，結熱在裏，譫語，煩渴，不欲近衣，大便秘結，小便赤澀者，三黃石膏湯、調胃承氣湯。

伏暑，霍亂，腹痛泄瀉，正氣散。汗出厥冷，脈微，其勢危者，人參湯下來復丹。身熱足冷者，五苓散煎湯下。

口苦咽乾，多嘔，虛煩不眠者，溫膽湯。

伏暑壅閉，劫陰渴欲飲水者，豬苓湯。

伏暑攻裏，腹內刺痛，小便不通，五苓加木香，或益元散。下血者黃連香薷飲，潑火散。小便如血，發熱大渴者，五苓散、香薷飲，或佐以三黃丸。

三焦無形，而以軀殼爲郛郭，主宣補上中下陽氣，屬相火遊行之部，暑熱傷氣，必親其類，故多伏於三焦。在臟腑之外，肌月之裏，至伏之久而發動。但現昏憒，疲倦，膈熱，煩悶，嘔惡，二便不利，口渴乾燥，腹痛痞塞，外則燒灼不已。醫者不知邪在何處，症成何病，動手便差。不知上焦如霧，主氤氳之天氣，治宜辛涼微苦，輕以去實，如連喬、薄荷、白蔻仁、大豆卷、竹葉、荷葉、絲瓜葉、佩蘭葉、西瓜翠、通草、苓皮、桑皮、杏仁、川貝母、橘紅之類。中焦如漚，如氣在乎水上，治宜苦辛宣通，如草果、廣皮、茅朮、厚朴、香薷之類，藿香、滑石、石膏、黃連、黃芩之類。下焦如瀆，主宣通乎壅滯，治宜通利二便，如五苓、六一、桂苓甘露、豬苓承氣之類。迨病成而變着何臟腑，則各隨見症，分別何經治之。

暑伏三焦

伏暑蘊熱，內閉於膈，其氣先通心肺。膻中火燔，煩熱當上下分消，宜涼膈散。大便利者去硝黃加竹葉。熱從包絡而發，心煩躁渴，昏瞀痙厥，宜宣通膻中熱氣，兼驅伏暑，牛黃清心丸。辰砂益元散調入竹葉、連喬、犀角、鮮生地等湯劑中。

伏暑引飲，脾胃不和，消暑丸。

身熱，煩渴，小便不利者，天水散。

陽既困，邪得深入流連，非治瘧通，套柴芩可效，治宜通陽以搜邪，固陰以存正。桂枝、蜀漆、龍骨、牡蠣、炙草、薑棗與之。寒熱少減，自述寒熱起由兩足跗蹠，此陽維失護，少陰內怯也。以人參、鹿茸、桂枝、牡蠣、歸身、炙草四劑，而寒熱止。

馬元儀治一人深秋病月餘，身重不能轉舒，面色青，中帶黑，形如骨立，至晚寒熱，自汗盜汗，口中乾燥，飲粒不入。診其脈細濇而微，右尺倍弱，蓋得之陰陽兩傷，虛邪因而內結也。於此而欲補其陽，轉虛其陰，欲補其陰，益傷其陽。治此必以活法斡旋。用藥補陰，避其凝滯，用藥補陽，避其辛燥。所謂噓以陽春，滋以雨露，庶陰陽兩和，而虛邪亦從外越矣。時用製首烏爲君，滋其肝腎之陰，人參、炙草扶其正氣，丹皮、芍藥和其陰氣。中虛則痰生，以半夏麯、茯苓和中理痰。陰虛故邪陷，以鱉甲、柴胡除熱透邪。又令其早服八味丸以培眞陽，調理而康。

《感證集腋·中暑·喻嘉言》 喻嘉言曰： 體中多濕之人，最易中暑，兩相感召故也。外暑蒸動內濕，二氣交通，因而中暑。所以肥人多濕，故夏月百計避暑而反爲暑所中，蓋不能避身之濕，卽不能避天之暑也。益元散驅濕從小便出。

《感證集腋·伏暑·家學淵源參論郭又陶痧脹》 鼻氣通於天，口氣通於地。污穢從口鼻而入，先注中焦，以次分布上下，則發爲時疫，痧卽時疫之迅發者也。其症於夏月最多。夏月暑濕熱三氣合蒸，不觸污穢之邪者，猶且昏悶不舒，觸其邪者，焉得不倍加迅疾也！然暑濕熱三氣，前賢已有明文，而痧脹之症，惟槜李郭又陶《玉衡》一書，始有發明。然亦不外《內經》三陽莫當，及後賢所云乾霍亂之旨。據所云脈象，陽脈浮大，而反沉細；陰脈宜沉細，而反浮大，或宜浮反沉，或宜沉反浮，或時數時止，皆屬陰陽錯亂。邪阻其正也又云頭痛身熱，目眩神昏者邪在表也。胸悶煩嘔而腹痛者，半表半裏也；心胸大痛，盤腸弔痛，欲吐不吐，欲瀉不瀉者，邪氣在裏，遏抑正氣也。故其治法與治時疫之三氣相同。時疫未病，則預服芳香以禦邪，痧症一發，卽急投芳香以逐邪。治上焦者，如荊芥、防風、青皮、陳皮、川芎、連翹之類；治中焦者，如霍香、薄荷、香附、枳殼、山查、連翹之類； 治下焦者，如陳皮、厚朴、山查、烏藥、枳實之類。治邪氣衝心，則悶脹欲死者，如寶花散之類。

鬱金、降香、細辛、荆芥治邪氣衝心，昏迷欲死者，如菜油、麝香之類。其治法可謂條分縷晰矣。但其刮放之法似爲卑鄙，然亦治痧之一助也。更有治上焦心胸悶脹者，或鹽湯或礬湯以吐之。治下焦肚腹脹痛者，用枳實、大黄、木通、澤瀉以通之，皆爲要藥。惟生薑宜酌用，甘草斷不可用。或曰：治痧之法，雖盡於是，但暑證多岐，或中暑、中暍，安能卒辨其爲痧耶？子曰：夫心屬手少陰，心開竅於舌，邪氣歸心，則舌下痧筋自現，并兩手兩足委中痧筋亦現。痧筋者，紫筋粗黑起者也。

《醫門棒喝初集・溫暑提綱・暑溫》 暑溫者，夏至後所感熱邪也。古人分陰暑陽暑。蓋夏至以後，相火濕土，二氣交會，合而爲暑，或值時令熱盛，或人稟體陽旺，而成陽暑之證，是暑而偏於火者。或值時令濕盛，或人稟體陽虚，而成陰暑之證，是暑而偏於濕者，非同傷寒之陰證也。昔人每用薑、桂、附子治陰暑，若冷香飲、大順散等，昧者或與傷寒陰證同論，則大誤矣。因六氣之中，寒爲陰，濕亦爲陰，雖同屬於陰，而二氣爲病不同，治法迥别，豈可混乎？若偏於火而名暑溫者，既爲火邪，先傷肺金，肺主氣，氣傷故脈虚無力，肺主皮毛，故皮腠開而自汗，汗多火爍，津液耗而口渴，喜涼飲，宜白虎湯爲主。小便不利者，佐六一散，或益元散。以辛涼甘緩之法，清熱救肺。或氣傷而喘，必加人參，或《金匱》竹葉石膏湯。若渦飲停蓄腹滿者，桂苓甘露飲最妙。如汗多脈弱，宜生脈散。日久氣傷，宜東垣清暑益氣湯。此大法也。倘內有伏熱，如叔和所云：冬傷寒邪，至夏變爲熱病，辛苦力食之人多有之。如上提綱中所論者，又感暑熱，而新久之邪並發，其勢暴厲，一二日即昏狂大渴，或發癍疹，或吐血衄血，必大劑寒涼，如白虎、三黄、涼膈、犀角地黄、三承氣等，審證選用。若僅感時令暑熱，而無伏邪，何至如是迅暴，故辛苦之人則有之，膏粱中鮮矣。不可不知此理也。

《傷寒論本旨・〈金匱〉暑病脈證治法》 太陽中暍，發熱惡寒，身重而疼痛，其脈弦細芤遲，小便已，灑然毛聳，手足逆冷，小有勞，身即熱，口開前，板齒燥。若發其汗，則惡寒甚；加溫針，則發熱甚；數下之，則淋甚。

人身分六經，辨表裏之淺深。分三焦，定上下之部位。而臟腑經絡，氣血流行，四通八達。故上焦，外通太陽陽明，中焦，外通少陽太陰，下焦，外通少陰厥陰，此上下表裏，互相貫注者也。營行脈中，衛行脈外，營衛之氣，內出於脾胃，外統於太陽，而上焦即爲太陽陽明之裏也。暍者，暑也。暑由口鼻吸受而入膜原，仲景標太陽中暍者，中於太陽之裏，而在上焦，即膜原之地也。所以不言上焦者，上焦統太陽陽明兩經，太陽淺而陽明深，邪必先受淺處，故標太陽，而與風寒之中於太陽之表者，實不同也。如其未明此理，則不知仲景治法綱要之所在，而與傷寒牽混不清矣。夫傷寒傳陽明化熱，方用白虎湯。今云太陽中暍，而有用白虎湯者，可見其邪不在太陽之表，而在太陽之裏，逼近胃口，故現身熱而渴之陽明證，即當用白虎湯也。是故分六經以辨證，則包括表裏淺深，上下三焦，精細周到。若止分三焦，則疎略而不能精詳矣。所以仲景於六經中各經皆有表裏之分，若不細審，則其精微理法皆不能明也。且如溫病，從內發者，故發熱而渴不惡寒，暑邪從外受，故發熱而惡寒。此條濕重火輕，故無渴。若火邪重者，如下條之必渴矣。以其濕重，故身重而疼痛，其脈弦細芤遲屬太陰之證也。濕閉三焦，陽氣不達於表，則必惡寒。《內經》曰：三焦膀胱者，腠理毫毛其應。故小便已，表氣欲通不得通，則灑然毛聳，如水灑身。而手足逆冷，全是濕鬱其陽氣之故也。濕中原有熱伏，故小有勞，則邪熱動，而身即熱也。脾胃氣虚，而口開不闔。邪熱薰蒸，而前板齒燥也。此溼盛閉熱之證，當先開泄其濕，以利小便，使陽氣通，則熱外透，即可一清而愈。如不知此理，見其發熱惡寒，認作外感風寒而發其汗，則陽氣走泄，而表益虚，濕邪反閉而不去，故惡寒更甚也。或見其惡寒甚，又加溫針，反助其濕中之火，故發熱又甚也。或見其發熱甚，誤作傷寒之傳裏化熱，而數下之，則三焦氣陷，小便閉濇，濕熱下墜，則淋痛不止也。嗚呼！後世不明暑邪之源流，妄意揣度而亂治，豈料仲景於二千年前，已歷歷言之如繪，此其所以爲醫聖也。與此條無方，總因書有殘缺之故，若按本證，未經誤治以先，宜五苓散，或後世之藿香正氣散，皆有合法，因其濕邪所閉也。如東垣所擬清暑益氣湯，則太補而閉其邪，或擬以白虎湯，則又太涼，而遏其濕，皆非所宜也。若經誤治後，更當别論矣。

或曰：既是太陽中暍，而子何以言屬太陰之證也？余曰：膜原爲太陽之裏，指其邪之始受也。由膜原傳三焦，則小便已而毛聳；由三焦歸脾胃，則口開而前板齒燥；脾胃主肌肉，濕傷肌肉，故身重疼痛，即脾胃之表證也。脾胃者，濕土也。熱盛於濕者，屬陽明，濕盛於熱者，屬太陰。是陰陽相感而相應，一定之理也。由是觀之，暑邪之爲溼火合化，仲景固已

昭示後人，其如人之不悟何哉。

太陽中熱者，暍是也。汗出惡寒，身熱而渴者，白虎加人參湯主之。

此即申明熱重於濕，屬陽明之證，而始中於太陽之裏也。故特標中熱，又恐人誤作夏至前之溫熱，故又曰暍是也。《內經》言：暑當與汗皆出，勿止。以其熱中有濕，濕盛則閉其熱不得泄，熱盛則蒸其濕而爲汗，故勿止其汗以閉熱也。汗出而腠理疎，故惡寒。內熱盛，而身熱口渴。故當清內熱，白虎湯是陽明之主方也，加參益氣以生津止渴，蓋津由胃氣化水穀以生者，邪熱無不傷氣而耗津，津耗則渴矣。此與濕重之證，治不同也。

太陽中暍，身熱疼重，而脈微弱，此以夏月傷冷水，水行皮中所致也。一物瓜蒂湯主之。

此又申明濕重於熱之證，而因有不同。前條脈弦細芤遲，是濕火交濕之邪，由表而入，故惡寒。此脈微弱者，因受暑發熱，熱盛而多飲冷水，水隨胃氣外行皮中，以脾胃主肌肉，皮中者，肌肉也，故身熱而疼重。水遏其中氣，而脈微弱，故以瓜蒂湯吐之，吐之則陽氣伸，氣伸則在內之水上下分消，在表之水化汗而泄，其熱亦隨之而去矣。或曰：既云水行皮中，豈非由浴於冷水所致乎？余曰：非也。若浴冷水而傷表陽，則必惡寒，而脈緊。當用解表之藥矣。今無惡寒，而不用表藥，可知其水非從表入也。因營氣起於中焦，而行脈中，冷水遏之，營氣不達，故脈微弱，其水漸隨胃氣而行皮中，故身熱疼重也。仲景雖止三條，而暑邪之源流，病因之別異，證狀之變化，已極詳明。學者能於此而熟玩深究之，則治暑之道，思過半矣。夫濕盛則爲陰暑，故脈多微弱，或弦細芤遲。其不明此理者，以脈弱爲虛，而用補法，不知反閉其邪，如油入麪。其邪輕者，因而乍寒乍熱，困倦食少，口乾無味，夜不能寐，更似虛勞，醫者不悟，或告以伏邪之故，病者反不能信，遂致淹纏而終死者有之。衆醫聚議，詫爲奇病。其邪重者，補之即變悶痧而死者多矣。良可慨也。蓋因東垣之辨內傷外感也，其曰：外感手背熱，內傷手心熱；外感頭痛不止，內傷時痛時止；外感脈盛，內傷脈虛。殊不知暑病，邪在脾胃，其手心無不熱也。自汗出，其手背不熱也。濕熱相蒸，勞動則熱動而頭痛，靜息則熱伏而不痛，故亦時痛時止也。熱傷氣者，脈則虛大無力，白虎湯證也。濕閉清陽，脈則微弱，弦細芤遲，五苓散瓜蒂湯等證也。其有止記東垣之言，不知仲景理法者，無不將暑而作虛治，以殺人於冥冥中。後世論云：無東垣，則內傷不明，故以配仲景爲四大家。嗟乎！誰知因東垣，反使外感不明，誠得罪於仲景者也。反謂其補仲景所未備，莫非仲景《金匱要略》未明內傷者乎？此等臆說相沿，遂使仲景之道不明，而軒岐之正脈斷也。非夫！且自宋分雜病爲《金匱要略》，其各條證治更紊，而《傷寒論》中，仍有非風寒證治攙混者，即如所云。

病如桂枝證，頭不痛，項不強，寸脈微浮，胸中痞鞕，氣上衝咽喉不得息者，此爲胸中有寒也。當吐之，宜瓜蒂散。諸亡血虛家，不可與瓜蒂散。

歷來或以此條解作痰病者，余細詳其因，必兼外邪，與前條中暍，瓜蒂湯證相類。何也？病如桂枝證者，脈浮緩，自汗出，發熱而惡風寒也。頭不痛，項不強，其非太陽風寒之邪，是客於膜原之暑邪也。何也？若無暑邪，焉有發熱、惡寒、自汗出之證乎？即如前條白虎湯證，有自汗、惡寒、發熱，因其渴爲內熱盛，故用白虎湯清熱。此內挾痰飲，與暑搏結，故但寸脈微浮，胸中痞鞕，而升降不利，氣衝咽喉不得息，故言胸中有寒者，指寒飲也。如桂枝證者，謂暑邪也。正如上條之用瓜蒂湯，同屬一理。彼則新入之水，此則夙蘊之痰，故以瓜蒂散吐其痰飲，而暑亦隨解矣。若有亡血宿病，及虛家，不可用吐法，恐致虛陽上升，而變厥逆，又當別議治法也。

病人手足厥冷，脈乍緊者，邪結在胸中。心下滿而煩，飢不能食者，病在胸中。當須吐之，宜瓜蒂散。

病人者，指如桂枝證之病人。又加手足厥冷，脈乍緊者，寒飲閉其暑熱，結在胸中，熱不得外泄，故心下滿而煩。熱邪內擾則飢，濁壅不開，仍不能食也。首條中暍，手足冷逆，以外濕鬱其陽氣，故脈弦細芤遲，此以內飲閉其外邪，故亦手足厥冷，而脈乍緊，病在胸中痰飲閉結，故亦宜瓜蒂散吐之。而與外濕鬱其陽氣者，治法不同也。

病胸上諸實，胸中鬱鬱而痛，不能食，欲倩人按之，而反有涎唾，下利，日十餘行，其脈反遲，寸口脈微滑，此可吐之，吐之利則止。

病胸中諸實者，若止痰飲，不過滿悶而已。因挾暑濕，遂致上結下利，胸中鬱鬱而痛，不能食。其脹滿難忍，欲人按之，按之則氣行飲動而上溢，則有涎唾。暑濕下走，則泄利，日十餘行，此亦濕重之症，故脈反遲。滑者，熱伏濕中也，故當吐之，痰飲出而陽氣升，則濕由小便而去，其下利自止，而

熱亦解矣。余觀此數條，實類暑證，故彙於此，更俟高明辨之。

《醫學妙諦·暑病》 暑病章暑與濕爲薰蒸粘膩之邪，治不中竅，暑熱從陽上蒸而傷陰化燥，濕邪從陰下沉而傷陽變濁，六氣傷人，因人而化。

夏月盛暑氣注人，令人病熱生暑症，總由陰虛挾痰火，脈虛身熱症可認。腹痛泄瀉兼嘔吐，惡心頭暈冒暑病，傷暑身熱兼頭痛，身如針刺躁難靜。中暑寒熱自汗多，咳嗽倦怠不知性，動而得之病屬陽，加味香薷湯可定。香薷麥味茯甘陳，豆朴木瓜次第尋，川連燈心薑棗服，氣虛白朮與芪參。寒熱柴芩爲要藥，嘔吐藿半法尤精。瀉用澤豬功最速去麥味，渴增知粉效如神。綿綿腹痛傷水冷，乾薑滑石法從心。小水不利或短赤，澤瀉山梔并滑石。搐搦加羌辨暑風，胸滿枳檳消食積。自汗不止用芪參，水瀉木通澤有益。頭痛川芎并石膏，痰悶瓜蔞及枳實。以上陽症治法。若居涼館喜風涼，惡寒頭痛頭項強，身形拘急熱無汗，靜而得之陰寒傷。宜用羌活與茅朮，川朴乾薑及藿香，柴蘇等分薑三片，水煎熱服號升陽。兼食神麯、滑石妙，內傷冰冷用炮薑。

陳曰：六氣傷人，因人而化。陰虛者，火旺邪歸營分爲多；陽虛者，濕勝邪傷氣分爲多。

暑傷氣分，上焦閉鬱。

杏仁、通草、象貝、鬱金、射干、石膏、半夏、山梔、豆豉、滑石、豆卷、橘皮、竹茹、苡仁、川朴、元參、香薷、犀角、蘆根、丹皮、甘草、赤芍、連翹、竹瀝、細生地，益元散、石菖蒲、西瓜翠，以上藥皆可參用之。

暑風傷肺：

石膏、連翹、竹葉、杏仁、六一散、苡仁、橘紅、甘草、桑皮。

暑厥中惡，暑熱必先傷氣分，故舌發燥，口渴身痛。

蒼朮白虎湯加滑石。

暑熱阻氣，中痞不運：

半夏瀉心湯去乾薑、甘草，加杏仁、枳實、竹心、廣皮、茯苓、知母、廣藿、半夏粬、黃芩、白芍、山梔、川朴、麥芽、白蔻仁、生脈四君湯、清暑益氣湯。

煩勞傷暑胃虛：

金匱麥門冬湯，如脈左關大，木瓜、麥冬、沙參、烏梅、甘草。

暑入心營：

鮮生地、元參、銀花、川連、竹心、石菖蒲、丹參、連翹、犀角。

暑病久延傷液：

生脈散、三才湯、熟地、人參、天冬、茯苓、白芍、辰砂。

暑熱深入劫陰：

阿膠、門冬、川連、生地、人參、烏梅。

暑瘵寒熱，舌白不渴，吐血：

西瓜翠、竹芯、苡仁、鮮荷葉、杏仁、滑石。

暑邪入厥陰：危症。消渴，吐蚘，舌縮，肺氣阻塞，若逆傳腔中，必致昏厥。心之下有膈膜，與脊脇周圍相着，所謂腔中也，暑病必挾濕。

川連、黃芩、乾薑、人參、楊梅、川椒、白芍、枳實。

暑兼血症：

鮮生地、菉豆皮、通草、石膏、川貝、枇杷葉、白蔻仁、知母、苡仁、丹皮、連翹、鬱金、桑葉、元參、竹心、杏仁、橘紅、六一散，六味丸加阿膠、麥冬、沙參。

陳曰：《內經》云：病自上受者治其上。上受者以辛涼微苦，如竹葉、杏仁、連翹、薄荷。在中者以苦辛宣通，如半夏、瀉心湯法。在下者以溫行寒性質重開下，如河間桂苓甘露飲之類，乃治三焦之大意。

暑病用苦辛味，自能泄降也。

《霍亂論·熱證》 張鳳逵曰：暑氣入腹，惡心腹痛，上吐下瀉，瀉如水注。

春分以後，秋分以前，少陽相火，火陰君火，太陰濕土，三氣合行其政。故天之熱氣下，地之濕氣上，人在氣交之中，受其蒸淫之氣，由口鼻入而擾其中，遂致升降失司，清濁不分，所瀉者皆五臟之津液，急宜止之。然止非通因塞用之謂也。濕甚者，胃苓湯分利陰陽，暑亦自去。熱甚者，桂苓甘露飲清其暑火，濕亦潛消。若火甚之體，內本無濕，而但吸受暑邪者，白虎湯之類宜之。蓋臟性有陰陽之別，陰虛者火旺，雖病發之時，適犯生冷，而橘朴等僅宜暫用。陽虛者濕勝，雖寒潤之品，非其所宜，如胃苓湯已爲合法，縱或體氣極弱，亦不過補氣清邪並用。若因其素秉之虛，而忘其現病之暑，進以丁、附、薑、桂之劑，眞殺人不轉睫矣。且傷暑霍亂，有身熱煩渴，氣粗喘悶，而兼厥逆躁擾者，愼勿認作陰證，但察其小便必黃赤，舌苔必粘膩或白厚，宜然照湯，澄冷服一劑，即現熱象。此時若投薑、附藥，轉見渾身青紫而死矣。甚有手足厥冷少氣，脣面爪甲皆青，腹痛自汗，六脈俱伏，而察其吐出酸穢，瀉下

臭惡，便溺黄赤者，是熱伏厥陰也。熱極似陰，急作地漿水煎竹葉石膏湯服之。又有吐瀉後，身冷如水，脈沉欲絕，湯藥不下，或發噦，亦是熱伏於內。醫不能察，投藥稍溫，愈服愈吐。驗其口渴，以涼水與之即止，後以駕輕湯投之，脈漸出者生。然暑之爲病，傷之驟者則發之暴，傷之漸者發之緩。故九月時候，猶多伏暑、霍亂之證，醫者不可不知。

《潛齋簡效方·〈溫熱經緯〉論暑略》 行軍散 治暑熱直中，頭目眩暈，昏不知人，心腹痞滿，絞腸痧脹，及山嵐障癘，道途穢惡，一切不正之氣，涼水調服三五分。兼治口瘡喉痛，併點治眼目風熱翳障，搐鼻能辟疫癘之邪。

絳雪一名八寶紅靈丹 治證如前。

涼開水灌下，小兒減半。

紫雪 治暑火溫熱、障疫、毒癘諸邪，直犯心經猝死，及溫瘧煩熱發斑，狂易叫走，五尸五疰，痧脹穢毒，心腹痛，急黄蠱毒，鬼魅驚癇，痳痘火閉，口舌生瘡，一切邪火毒火，穿經入臟，蘊伏深沉，無藥可治之證。

以上三方，藥甚珍貴，初不敢選入《簡效》，然暑邪直犯心包，非此芳香逐穢，凊熱通竅之方，不能奏績，且非處處可買，人人能購之藥，特詳載之，以便心存利濟者之易於修合也。

《四科簡效方·内科通治·外淫》 外淫，風寒暑濕之感也。

葱白十四莖，淡豆豉三錢，水煎頓服。此名葱豉湯。乃解散風寒之神劑。寒重者加蘇葉、杏仁、橘皮、生薑之類；兼感溫熱之氣者，可加蘆根、桑葉、滑石、竹葉之類。

滑石六兩，甘草一兩，二味研細末，每服三錢，溫水調下，熱甚者新汲水下，名六一散，通解暑濕之仙方，功難縷述。若外挾風寒者，以葱白五寸，淡豆豉五十粒，煎湯調服。

《醫略十三篇·暑證》 蔣寶素曰：暑證者，乃夏暑司令。從榖雨以後至秋分節前，觸冒太陽君火，炎蒸亢熱之氣，卽發之病，而爲痎瘧之原。非冬傷於寒，夏必病暑之暑病。正與冬寒司令，從霜降以後至春分節前，觸冒嚴寒之氣，卽發之傷寒，相對之證也。冬寒因暑而發之暑病，卽伏邪，當從伏邪門論治，不在此列。《素問·生氣通天論》曰：因於暑汗，煩則喘喝，靜則多言。又《陰陽應象大論》曰：夏熱於暑，秋必痎瘧。又《刺志論》曰：氣虛身熱，得之傷暑。又《五運行大論》曰：暑以蒸之。又《氣交變大論》曰：歲火太過，炎暑流行。此《内經》諸篇，言因暑則汗出，伏暑爲痎瘧。氣虛身熱爲傷暑，暑以蒸之，歲火太過，炎暑流行，暑爲熱證明矣。而張潔古謂靜而得之爲中暑。中暑者陰證何耶？《難經》以中暑當身熱而煩，《左傳》言陽淫熱疾，京房言暑有暍死者。《淮南子》言蔭暍人於樾下，皆以暑暍爲熱證，與《内經》相合。蓋以暑爲夏月天令之當然，暑甚則人病爲暍，暍甚則死，則暍爲中暑之名。故《金匱要略》、《傷寒論》、巢元方、陳無擇，俱以暑病名中暍。孫思邈以熱死爲暍差矣。乃張潔古誤以靜而得之爲中暑，中暑者陰證。李東垣宗之曰：或避暑熱於深堂大廈，其病頭痛身疼，惡寒發寒無汗，爲房室之陰寒所遏，使周身陽氣不得伸越，大順散主之。蓋不知此乃夏月有意違時之涼，猶冬時因寒就暖之溫。且夏月天令非時之涼致病，尙不得名中暑。猶冬時非節之暖之冬溫，不得名傷寒，而況因暑貪涼之病乎。冬溫不可名傷寒，則靜而得之，避暑涼陰，有意違時之夏感，不可名中暑。王安道已辨其誤，謂夏時陽氣在外，陰氣在内，豈可空視陰氣爲寒，而用溫熱之藥，何以夏則飲水，所謂靜而得之之證。雖當暑月，卽非暑病，誠是也。然未及冬溫，不可名傷寒，夏涼不可名中暑爲證據。王節齋以夏至後病熱爲暑，此誤以冬傷於寒，後夏至日爲病暑之暑爲中暑。戴元禮以中暑卒倒不識人名暑風，蓋不知卽中暍之甚，如死之狀。巢元方、陳無擇所謂不可得冷，以尿和土罨臍中，多有得生之證也。王肯堂謂市井之人，日間冒暑經營，夜間開牕露卧，先傷於暑，復感於涼，誠有之矣。然非靜而得之可比，亦猶先傷於寒，復感冬溫之意。張景岳承潔古、東垣之弊，而立陰暑之名，蓋不知暑月感違時之涼，仍是感寒。猶冬時受有意之暖，卽是受熱。喻嘉言是安道之論，以靜而得之爲中暑，非是又以避暑熱反受陰濕風露，仍爲暑證。蓋亦不知避暑貪涼致病，不得名中暑也。由是言之，傷寒惡寒，傷暑惡熱，傷寒無汗，傷暑有汗，寒乃冬月之正邪，暑乃夏月之正邪。冬寒内伏，爲四時之伏邪，夏暑内伏，爲四時之痎瘧。是以伏邪或轉爲痎瘧者，兼有夏暑内伏也。痎瘧或轉爲伏邪者，兼有冬寒内伏也。寒暑互伏，如環無端。若冬之正傷寒，夏之中暑，俱是中而卽發之病。無邪内伏，故無互轉之證。治暑之法，《金匱》用白虎湯，凊肅炎氛。加人參輔正氣，可以類推矣。瓜蒂散，治飲冷水，水行皮中。大順散，治違時涼氣，皆非治暑。巢元方、陳無擇治暍死，謂不可得冷，用薑蒜及溺土罨臍等法，以熱極則閉，寒不能入，必假溫通之意，卽同氣相求，衰之以屬，非治暑不

可用冷也。劉河間宗《金匱》用白虎不加人參，通治暑證。無問表裏，蓋未達白虎湯加人參之意，用補天眞元氣。且虚人中暑，豈可例用白虎？故東垣製清暑益氣湯及生脈散，以治虚人中暑善矣。然不舍潔古靜而得之爲中暑，仍用大順散。蓋不知潔古所論，乃避暑貪涼，有意違時致病，不可名暑也。朱丹溪推《金匱》白虎加人參之意，用黄連香薷飲，清心發汗，隨證加減。兼内傷，則宗東垣清暑益氣湯固是，王節齋清心利小便亦好。王肯堂以市井之人，日間冒暑經營，夜間開窗露卧，先傷於暑，後感於寒，用六和湯五苓散，此乃圓機。大要暑證，常人白虎加人參湯、黄連香薷飲。兼虚者清暑益氣湯、生脈散。非時之涼，有意避暑及飲冷，爲夏感。猶冬溫，非中暑，瓜蒂散、大順散，或藿香正氣散。先傷於暑，復感於涼，六和湯、正氣散、五苓散。若醫案用白虎合生脈，誠爲活法。醫話樾蔭湯，乃中正和平之劑，可通用也。

略曰：經言寒極生熱，熱極生寒，此一寒字，卽虚字之義。寒傷血，化爲熱。暑傷氣，化爲虚。如冬至春，萬物茂，寒化熱也。夏至秋，萬物凋，熱化虚也。故傷寒伏邪宜攻邪爲主。中暑痎瘧，宜扶正爲先。則暑化虚而非寒明矣。

《溫熱經緯・〈内經〉伏氣溫熱篇》　《刺熱篇》曰：肝熱病者，小便先黄，腹痛多卧，身熱，熱爭則狂言及驚，脇滿痛，手足躁不得安卧。庚辛甚，甲乙大汗，氣逆則庚辛日死，刺足厥陰、少陽。其逆則頭痛員員，脈引衝頭也。

吴鞠通曰：肝病小便先黄者，肝脈絡陰器，又肝主疏泄，肝病則失其疏泄之職，故小便先黄也。腹痛多卧，木病克脾土也。熱爭，邪熱甚而與正氣相爭也。狂言及驚，手厥陰心包病也，兩厥陰同氣，熱爭則手厥陰亦病也。脇滿痛，肝脈行身之兩旁，脇其要路也。手足躁不得安卧，肝主風，風淫四末，又木病克土，脾主四肢，木病熱必吸少陰腎中眞陰，陰傷，故騷擾不得安卧也。庚辛金日，克木故甚。甲乙肝木旺時，故汗出而愈。氣逆，謂病重而不順其可愈之理，故逢其不勝之日而死也。厥陰少陽並刺者，病在臟兼瀉其腑也，逆則頭痛以下，肝主升，病極而上升之故。白庚辛日甚，以下之理，餘臟倣此。

心熱病者，先不樂，數日乃熱，熱爭則卒心痛，煩悶，善嘔，頭痛面赤，無汗，壬癸甚，丙丁大汗。氣逆則壬癸死，刺手少陰太陽。

吴鞠通曰：心病先不樂者，心包名膻中，居心下，代君用事。經謂膻中爲臣使之官，喜樂出焉。心病故不樂也。卒心痛，凡實痛，皆邪正相爭，熱爭故卒然心痛也。煩悶，心主火，故煩，膻中氣不舒，故悶。嘔，肝病也，木火同氣，熱甚而肝病亦見也。且邪居膈上，多善嘔也。頭痛，火升也。面赤火色也。無汗，汗爲心液，熱閉液乾，汗不得通也。

章虚谷曰：人身生陽之氣，根於腎臟，始發於肝木，木生火，火生土，土生金，金生水，水又生木，如是生生不息，則安和無患也。邪伏血氣之中，必隨生陽之氣而動，動甚則病發。然其發也，隨氣所注而無定處，故《難經》言溫病之脈，行在諸經，不知何經之動也。如仲景所論，或發於陰經，或發於陽經，正合《難經》之言也。今《内經》按生氣之序，首列肝，次以心脾肺腎，以明邪隨生氣而動。其於不定之中，自有一定之理。足以印證《難經》、仲景之言，而軒岐、越人、仲景之一脈相承，更可見矣。

脾熱病者，先頭重，頰痛，煩心，顔青欲嘔，身熱。熱爭則腰痛不可用俯仰，腹滿泄，兩頷痛。甲乙甚，戊己大汗，氣逆則甲乙死。刺足太陰、陽明。

吴鞠通曰：脾病頭先重者，脾屬溼，土性重，經謂溼之中人也，首如裹，故脾病頭先重也。頰，少陽部也。土之與木，此負則彼勝，土病而木病亦見也。煩心，脾脈注心也。顔青欲嘔，亦木病也。腰痛不可用俯仰，脾病則胃不能獨治，陽明主約束而利機關，故痛而至於不可俯仰也。腹滿泄，脾經本病。頷痛，亦木病也。

肺熱病者，先淅然厥起毫毛，惡風寒，舌上黄，身熱。熱爭則喘欬，痛走胸膺背，不得太息，頭痛不堪，汗出而寒。丙丁甚，庚辛大汗，氣逆則丙丁死。刺手太陰、陽明，出血如大豆，立已。

吴鞠通曰：肺病先惡風寒者，肺主氣，又主皮毛，肺病則氣膹鬱，不得捍衛皮毛也。舌上黄者，肺氣不化，則溼熱聚而爲黄苔也。章虚谷曰：若外邪初感而非内熱，其苔必白。喘，氣鬱極也。欬，火克金也。胸膺背之腑也，皆天氣主之，肺主天氣，肺氣鬱極，故痛也。走者，不定之辭。不得太息，熱閉肺臟也。頭痛不堪，亦天氣膹鬱，熱不得泄，直上衝腦也。鬱熱而腠開汗出，其熱暫泄則寒也。

腎熱病者，先腰痛，胻痠，苦渴，數飲，身熱。熱爭則項痛而強，胻寒且痠，足下熱，不欲言。其逆則項痛，員員澹澹然。戊己甚，壬癸大汗，氣逆則戊己死。刺足少陰、太陽。

吳鞠通曰：　腎病腰先痛者，腰爲腎之腑，又腎脈貫脊，會於督之長強穴。胻，脈入跟中以上腨內，太陽之脈，亦下貫腨內，腨卽胻起。痠，熱鑠液也。苦渴數飲，腎主五液而惡燥，病熱則液傷而燥，故苦渴而飲水求救也。項，太陽之脈，從顚入絡腦，還出別下項，腎病至於熱爭，臟病甚而移之腑，故項痛而強也。胻寒，熱極爲寒也。足下熱，腎脈從小指之下，邪趨足心涌泉穴，病甚而熱也。不欲言，有無可奈何之苦也。邪氣上逆，則項更痛，員員澹澹，一身不能自主，難以形狀之病也。

肝熱病者，左頰先赤。心熱病者，顏先赤。脾熱病者，鼻先赤。肺熱病者，右頰先赤。腎熱病者，頤先赤。病雖未發，見赤色者刺之，名曰治未病。

章虛谷曰：　此更詳五臟熱邪未發，而必先見於色之可辨也。左頰顏鼻，右頰頤是肝，心脾肺腎臟之氣，應於面之部位也。病雖未發，其色先見，可見邪本伏於血氣之中，隨氣血流行而不覺，更可卽證《難經》所云溫病之脈，行在諸經，不知何經之動也。故其發也，必隨生氣而動，則先現色於面。良工望而知其邪動之處，乘其始動，卽刺而泄之，使邪勢殺而病自輕。卽《難經》所云隨其經之所在而取之者，是爲上工治未病也。用藥之法，亦可類推矣。

太陽之脈，色榮顴骨熱病也。榮未交，曰今且得汗，待時而已。與厥陰脈爭見者，死期不過三日。其熱病內連腎。

章虛谷曰：　此明外感與伏邪互病之證也。與《熱論篇》之兩感，同中有異。彼則內外同時受邪，內外俱病，故不免於死。此則外感先發，伏邪後發者，可生。若同發，則死期不過三日也。云太陽之脈者，邪受太陽經脈，卽一日巨陽受之，頭項痛，腰脊強者是也。色榮顴骨者，鮮榮色赤現於顴於顴也。蓋顴者，骨之本。骨者，腎所主。腎臟伏熱之邪已，動循榮血現色於顴也。榮未交，今且得汗，待時而已者，言太陽經脈外受之邪，與榮血中伏熱之邪，尚未相交。今且使其得汗，先解外邪，所謂未滿三日，可汗之是也。其內伏之邪後發，待臟氣旺時可已。如腎熱病待壬癸日，得大汗而已也。又如所云見赤色者刺之，名治未病亦可也。倘與厥陰經脈病證爭見，則腎肝皆有邪熱內發，其勢必與太陽外邪連合而不可解，故比之兩感，死期更速，不過三日也。蓋兩感病起於經，必待胃氣盡，六日方死。此則其熱病內連腎臟，本元卽絕，故死速也。

少陽之脈色榮頰前，熱病也。榮未交，曰今且得汗，待時而已。與少陰脈爭見者死，期不過三日。

章虛谷曰：　上言肝熱病者左頰先赤，肝爲厥陰，膽爲少陽，相表裏者也。外邪受於少陽經脈，而肝臟伏熱之色，榮於頰前。若外內之邪尚未相交，今且使其得汗以解外，其內發之熱，可待臟氣旺時而已。若與少陰經脈病證爭現，則肝連腎熱，而內外邪勢必交合難解，死期不過三日也。大抵外內之邪，發有先後，而不交合，尚可解救。故要緊在榮未交一句。下文病名陰陽交亦卽榮已交之義也。經文止舉太陽少陽兩證，不及陽明太陰，合病者，余竊度之，以陽明之腑，可用攻瀉之法，不至必死。非同太陽、少陽、厥陰，其邪連合而無出路，則必死也。

《玉版論要》曰：　病溫虛甚，死。

吳鞠通曰：　病溫之人，精血虛甚，則無陰以勝溫熱，故死。

治諸熱病，以飲之寒水，乃刺之。必寒衣之，居之寒處，身寒而止。

章虛谷曰：　以其久伏之邪，熱從內發，故治之必先飲寒水，從裏逐熱，然後刺之，從外而泄，再衣以寒，居處以寒，身寒熱除，而後止。

雄按：　今人不讀《內經》，雖溫、熱、暑、疫諸病，一概治同傷寒，禁其涼飲，厚其衣被，閉其戶牖，因而致殆者，我見實多。然飲冷亦須有節，過度則有停飲、腫滿、嘔利等患。更有愈後，手指足縫出水，速投米仁三兩、茯苓三兩、白朮一兩、車前子五錢、桂心一錢，名驅溼保脫湯，連服十劑，可免腳趾脫落。此卽諺所謂脫腳傷寒也，亦不可不知。若飲冷雖多，而汗出亦多，必無後患。

《熱病篇》曰：　熱病三日，而氣口靜，人迎躁者，取之諸陽五十九刺，以瀉其熱，而出其汗，實其陰，以補其不足者。

吳鞠通曰：　人迎躁，邪在上焦，故取之諸陽，以泄其陽邪。陽氣通，則汗隨之。實其陰以補其不足者，陽盛則陰衰，瀉陽則陰得安其位，故曰實其陰。瀉陽之有餘，卽所以補陰之不足，故曰補其不足也。雄按：　用藥之道亦如此。

又曰：　實其陰以補其不足，此一句實治溫熱之喫緊大綱。蓋熱病未有不耗陰者，其耗之未盡則生，盡則陽無留戀，必脫而死也。眞能體味斯言，思過半矣。雄按：　耗之未盡者，尚有一綫之生機可望。若耗盡而陰竭，如旱苗之根已枯

矣，沛然下雨亦曷濟耶。

汪按：葉氏必以保津液爲要，細考經文此條，可知其理。奈何忞用升提溫燥，重傷其津耶。

身熱甚，陰陽皆靜者，勿刺也。其可刺者，急取之，不汗出則泄，所謂勿刺者，有死徵也。

吳鞠通曰：陽證陰脈，故曰勿刺。

熱病七日八日，動喘而弦者，急刺之。汗且自出，淺刺手大指間。

吳鞠通曰：喘爲肺氣實，弦爲風火鼓蕩，故淺刺手大指間，以泄肺熱。肺之熱痹，開則汗出。大指間，肺之少商穴也。

熱病七日八日，脈微小，病者溲血，口中乾，一日半而死。脈代者，一日死。

吳鞠通曰：邪氣深入下焦，逼血從小便出，故溲血。腎精告竭，陰液不得上潮，故口中乾。脈至微小，不惟陰精竭，陽氣亦從而竭矣。死象自明，倘脈實者，可治。

熱病已得汗出而脈尙，躁喘且復熱，勿刺膚。喘甚者，死。

吳鞠通曰：熱不爲汗衰，金受火，克喘而化源欲絕，故死。然間有可治者。

熱病不知所痛，耳聾不能自收，口乾陽熱甚，陰頗有寒者，熱在骨髓，死不可治。

吳鞠通曰：不知所痛，正衰不與邪爭也。耳聾，陰傷精欲脫也。不能自收，正氣憊也。口乾熱甚，陽邪獨盛也。陰頗有寒，熱邪深入陰分，外雖似寒，而熱在骨髓也。故曰死，不治。其有陰精未至涸竭者，間可徼幸得生。

熱病已得汗而脈尙躁盛，此陰脈之極也，死。其得汗而脈靜者，生。

吳鞠通曰：汗後脈躁，陰虛之極，故曰死。然雖不可刺，能以甘涼藥沃之得法，亦有得生者。

熱病者，脈尙躁盛，而不得汗者，此陽脈之極也，死。脈盛躁得汗，靜者生。

吳鞠通曰：脈躁無汗，陽盛之極，陽盛而至於極，陰無容留之地，故亦曰死。雖然較前陰陽俱靜有差，此證猶可大劑急急救陰，亦有活者。卽已得汗而陽脈躁甚，邪強正弱，正尙能與邪爭，若留得一分津液，便有一分生理，貴在留之得法耳。至陰陽俱靜，邪氣深入下焦陰分，正無捍邪之意，直聽邪之所爲，不死何待。

熱病不可刺者有九：一曰汗不出，大顴發赤，楊按：陰虛勞損，兩顴必赤，可與此比類而觀。噦者，死。

雄按：汗不出，大顴赤，似屬陽盛。噦者，呃忒也，肺胃之氣不降，楊按：此是實證，必顏赤，不僅兩顴赤。則呃呃而上逆也。治以輕清肅化之劑，病似可瘳。何以經文，卽斷爲不可刺之死候。殆謂熱邪方熾，而腎陰欲匱，陽已無根，病深聲噦之證歟。楊按：大顴屬腎，發赤是伏藏之陽上脫也。加以噦，則證與色合，頃刻而脫，故不治。則其噦必自下焦而升，病由冬不藏精所致，更察其脈亦必與上焦陽盛之病有別也。

二曰泄而腹滿甚者，死。

雄按：腹滿者，當泄之。既泄而滿甚，是邪尙踞而陰下脫，猶之乎熱不爲汗衰也，故死。又陳遠公云：喘滿直視，譫語下利，一齊同見者，不治。若有一證未見者，或可望生，宜用人參、麥冬、白芍各一兩，石膏五錢，竹茹三錢，名挽脫湯，欲脫未脫時，亟服之，庶幾可挽。

三曰目不明，熱不已者，死。

吳鞠通曰：目不明，精散而氣脫也。經曰：精散視歧。又曰：氣脫者，目不明。熱猶未已，仍鑠其精而傷其氣，不死得乎。

汪按：此目不明，乃所謂脫陰者目盲也。陰竭而熱猶未已，安得不死。

四曰老人嬰兒，熱而腹滿者，死。

雄按：腹滿者，宜泄之。老人嬰兒不任大泄，既不任泄，熱無出路，老弱陰液不充之體，涸可立待，故曰死。

五曰汗不出，嘔，下血者，死。

雄按：汗不出，熱內逼，上干淸道以爲嘔，迫鑠於營而下血，陰液兩奪，是爲死徵。

六曰舌爛，熱不已者，死。

吳鞠通曰：陽邪深入，則一陰一陽之火結於血分，腎水不得上濟，故舌本爛。熱退猶可生，熱仍不止，故曰死也。

汪按：此舌爛乃由腎中虛陽，故斷爲死候。與肺胃熱熾，大熱，口舌糜糜者，大異。

七曰欬而衄，汗不出，出不至足者，死。

吳鞠通曰：　欬而衄，邪閉肺絡，上行清道，汗出邪泄可生，不然則化源絕矣。

雄按：　汗出不至足者，肺氣不能下及，亦是化源欲絕之徵也。

八曰髓熱者，死。九曰熱而痙者，死。　腰折、瘈瘲、齒噤齘也。

吳鞠通曰：　髓熱者，邪入至深，至於腎部也。熱而痙，邪入至深，至於肝部也。此節歷敘熱病之死徵，以禁人之刺，爲刺則必死也。然刺固不可，亦有可藥而愈者。蓋刺法能泄能通，開熱邪之閉結，最速。至於益陰以存津，實刺法之所短，而湯藥之所長也。

汪按：　統觀死候九條，大抵由於陰竭者爲多，吳氏語破的。

《溫熱經緯・仲景伏氣溫病篇》　服桂枝湯，大汗出後，大煩渴不解，脈洪大者，白虎加人參湯主之。

張路玉曰：　此本溫熱病，誤認風傷衛，服桂枝湯也。若風傷衛，服湯後必微汗而解矣。不知此本溫熱，誤服桂枝湯，遂至脈洪大，大汗，煩渴不解。若誤用麻黃，必變如上條之危殆。蓋桂枝治自外入之風邪，石膏治自內發之熱邪，故白虎湯爲熱邪中暍之的方，專解內蒸之熱，非治在經之熱也。大汗傷津，故加人參以救液，則煩渴自解矣。

尤拙吾曰：　溫邪非發散可愈，即有表證，亦豈辛溫可發。桂枝湯爲傷寒表病而裏和者設，溫證邪從裏發，而表且未病，誤用桂枝，適足以助邪而耗液。蓋伏寒化熱，少陰之精已被劫奪，更用辛熱，是絕其本而資之脱也。若曰少陰本寒標熱，邪入其界，非溫不散。然溫病之發，寒已變熱，其欲出之勢，有不待引之而自甚者，其不能出者，必皆陰精已涸者也。不然，甯有不出者耶。

雄按：　先曾祖云：　風寒爲病，可以桂枝湯發汗而愈。若發汗而熱反灼者，乃風溫病。溫即熱之謂也。後人不爲詳玩，謂風溫爲汗後壞病，抑何固耶。夫病本熱也，加以桂枝之辛熱，故液爲熱迫而汗大出，液去則熱愈灼，故大煩渴而脈洪大，連上條似論一證，主以白虎加人參，正《內經》風淫熱淫，治以甘寒之旨也。又《醫林改錯》謂發熱有汗之證，從未見桂枝湯治愈一人，是亦溫病也。

《溫熱經緯・仲景伏氣熱病篇》　《傷寒論》曰：　陽明脈浮而緊，咽燥口苦，腹滿而喘，發熱汗出，不惡寒，反惡熱，身重。若發汗則躁，心憒憒，反譫語。若加燒鍼，必怵惕煩躁不得眠。若下之，則胃中空虛，客氣動膈，心下懊憹，舌上胎者，梔子豉湯主之。若渴欲飲水，口乾舌燥者，白虎加人參湯主之。若脈浮發熱，渴欲飲水，小便不利者，豬苓湯主之。

周禹載曰：　浮緊，傷寒脈也。何以爲熱病，以其發於夏，不惡寒反惡熱也。又何以獨言陽明，以其夏時溼熱上蒸，邪從胃發，且腹滿而喘，種種皆陽明證也。然咽燥非少陰證耶，不知陽明爲從出之途，少陰其伏藏之地也。夫既陽明熱病，曷又爲脈反浮緊，正以夏時肌腠本開，人本多汗，風邪襲入，致腠理反閉而無汗，故夏之風脈每似冬之寒脈也。今云汗出而脈亦浮緊者，正因浮甚有力，熱邪盛而致也。若不知者，以辛熱汗之，耗其精液，必至躁妄昏昧。火劫溫鍼，燥其陰血，必至驚擾無寐。下之必亡其陰，必至胃虛邪陷，心中懊憹，此皆誤治。將何以救之乎？顴舌上胎滑者，則外邪尚在，以梔子解熱，香豉祛邪，是爲合法。若渴飲漿水，口乾舌燥，知其外邪亦入，總以白虎湯爲治。加人參者，以誤治而精液大傷也。設使緊脈去而浮在，發熱飲水，小便不利，則其浮爲虛，而熱邪已入膀胱。入膀胱者，曷不飲以四苓，而主以豬苓耶。傷寒之小便不利，結於氣分。熱病之小便不利，由於血分者也。因邪鬱既深，耗液日久，故必阿膠補虛，滑石祛熱，而無取乎白朮也。

沈堯封曰：　未經誤治之時，本是白虎湯主治。

陽明病，汗出多而渴者，不可與豬苓湯，以汗多胃中燥，豬苓湯復利其小便故也。

周禹載曰：　渴而小便不利，本當用豬苓湯，然汗出在所禁也。此與傷寒入腑，不令溲數同意。蓋邪出陽明，已劫其津，汗出復多，更耗其液，津液曾幾，更可下奪耶。當以白虎加人參去其熱，則小便之不利者，津回而自利矣。

沈堯封曰：　穀食在胃，全賴津液充足，方能滑潤達下。若津液一枯，穀食即燥結難下，故陽明非燥不病。然燥者五氣之一，而五氣中風與熱亦能致燥。《易》曰：　燥萬物者，莫熯乎火。又曰：　風自火出。此三氣皆因乎天者，若人之燥有二，汗與小便是也。苟過多，則亦未有不燥者矣。

三陽合病，腹滿身重，難以轉側，口不仁而面垢，譫語遺溺，發汗則譫語。

下之則額上生汗，手足逆冷。若自汗出者，白虎湯主之。

馬元儀曰：此證發汗則偏於陽而津液傷，攻下則偏於陰而眞氣損，惟有白虎一法，主解熱而不礙表裏。但三陽病脈當浮大，而亦有微弱不起者，以邪熱抑遏，不得外達，待清其壅則脈自起，勿謂陽衰故脈微也。雄按：更不可誤以爲陽證見陰脈。

章虛谷曰：此條邪熱更重，瀰漫三陽，而致腹滿身重，難以轉側，口不仁者，不知味也。由胃中濁壅熏蒸，故又面垢也。熱甚神昏，則讝語遺溺。若未經誤治而自汗出者，主以白虎湯。雄按：仲涫云：宜加百合。此倒裝文法，謂非誤發其汗之汗，故名自汗出，雄按：尤在涇注云：若自汗出句，頂腹滿身重四句來。若誤發其汗，而致讝語，雄按：白虎加人參湯，或可救也。或下之，額上生汗者，是絶汗也。手足逆冷，陽氣將亡卽所謂再逆促命期，非白虎所可治也。

《溫熱經緯・仲景外感熱病篇》太陽中暍者，身熱疼重而脈微弱，此以夏月傷冷水，水行皮中所致也，一物瓜蒂湯主之。

皇甫士安曰：脈盛身寒，得之傷寒。脈虛身熱，得之傷暑。蓋寒傷形而不傷氣，所以脈盛。熱傷氣而不傷形，所以脈虛。

朱奉議曰：夏月發熱惡寒，頭痛身體肢節痛重，其脈洪盛者，熱病也。夏月自汗惡寒，身熱而渴，其脈微弱者，中暑也。

王夢隱按：此注之熱病，乃夏至後所發之伏邪，《內經》亦謂之暑病。中暑者，夏月外感之熱病，亦曰中暍。病有內外之殊，脈有洪微之別。是微弱本暍脈，惟身重爲溼候。後條雖亦身重而口開，齒燥熱熾已極，似當急與甘寒救液矣。

方中行曰：夏日則飲水，人之常事，而曰傷何哉？良由暑迫，飲之過多，或得之冷水澡洗，暑反入內也。

張路玉曰：此條言因熱傷冷之病，乃中暍之變證。喻氏謂無形之熱，傷其肺金，則用白虎加人參湯以救之。有形之溼，傷於肺金，則用瓜蒂湯救之。各有所主也。

太陽中暍者，發熱惡寒，身重而疼痛，其脈弦細芤遲。小便已，灑灑然毛聳，手足逆冷，小有勞，身卽熱，口開，前板齒燥。若發汗，則惡寒甚；加溫鍼，則發熱甚；數下之，則淋甚。

成聊攝曰：病有在表者，有在裏者，有表裏俱病者，此則表裏俱病者也。發熱惡寒，身重疼痛者，表中暍也。脈弦細芤遲者，中暑脈虛也。小便已，灑灑然毛聳，手足逆冷者，太陽經氣不足也。小有勞，身卽熱者，謂勞動其陽，而暍卽發也。口開，前板齒燥者，裏有熱也。卽此一端，可見其爲熱熾津枯之候，雖身重惡寒，豈可再投清暑益氣湯、五苓散、霍香正氣丸等，辛溫燥烈，以重劫其陰液乎？東垣虛谷之言，貽誤後人不淺。《內經》云：因於暑汗，煩則喘喝。口開，謂喘喝也。以喘喝不止，故前板齒燥。若發汗以去表邪，則外虛陽氣，故惡寒甚。若以溫鍼助陽，則火熱內攻，故發熱甚。若下之以除裏熱，則內虛而膀胱燥，故淋甚。雄按：觀此治法之三禁，則仲景雖未立方，而甘涼撤熱存津之當用，已可不言而喻矣。趙氏、方氏主用白虎加人參湯，殆從三陽合病。比例而出，似亦近理。

沈堯封曰：此言精氣素虧，而中暍者。

脈浮而芤，浮爲陽，芤爲陰，浮芤相搏，胃氣生熱，其陽則絶。

方中行曰：浮爲氣上行，故曰陽芤爲血內損，故曰陰。胃中生熱者，陰不足以和陽，津液乾而成枯燥也。雄按：沈氏曰：浮爲邪，芤爲陰血虛。以余論之，凡見浮芤相搏之脈，多是暑熱傷津。

沈堯封曰：衛氣爲陽，人之所知也。津液爲陽，人之所未知也。經云：上焦出氣，宣五穀味，熏膚，充身，澤毛，若霧露之溉，是謂氣。衛氣，卽津液也。故在外之津液少，則曰無陽，不能作汗。在內亡津液，則曰陽絶於裏。要之言陽也，卽言衛氣也，卽言津液也。

《醫原・濕氣論》伏暑及伏暑晚發較春夏溫病，來勢稍緩，而病實重。初起微寒發熱，午後較重，狀似瘧疾，而不分明，繼而但熱不寒，熱甚於夜，天明得汗，身熱稍退，而胸腹之熱不除，日日如是，往往五七候始解。推此病之由，總緣陰虛之質，夏月汗多傷液，內舍空虛，陽浮於外，暑濕合邪，深踞膜原，夏月伏陰在內，陽邪處於陰所，相安無事，然雖暫無患，必有焦煩少寐，飲食少納，面少華色之象，秋來陽氣漸歛，邪與正爭而病作矣。初起邪在氣分必須分別濕多熱多，尤須知此病從陰虛而得，邪熱一傳陰分，卽當以育陰養液托邪爲弟一義。余前謂陰柔滋膩不可誤用者，謂邪在肺經氣分，氣爲邪鬱，不能敷布水精，而見煩渴舌赤諸燥象，自當輕清開化。若用陰柔，則肺氣愈遏，金不生水，燥必轉甚，邪近心宮，邪閉心宮，亦當輕虛開泄。若用陰柔，

則心氣愈遏，邪無出路，閉必益甚。邪已傳裏，卽當攻下，若但用陰柔，是揚湯止沸，非釜底抽薪，此皆不當用而用之者也，余豈謂陰柔養液之不可用乎？況伏暑本由陰虛得乎，雖然亦自有辨，伏暑有濕多，有熱多，濕多者，舌苔白膩，或變黄黑，而舌邊仍白，脈息模糊，口乾不喜飲，宜用前辛淡法，忌用涼藥。熱多者，舌苔黄滑，或黄膩，脈息細數而遏，口乾頻飲而不能多，宜用前辛涼淡法。邪在膈膜上下，乃由表傳裏之漸，舌苔黄膩而厚，胸痞脘悶，乾嘔心煩口渴，用濕熱與氣相搏，雖近乎裏，卻仍在氣分，宜用前辛苦通降法。若傳及肝腎，見有陰虛諸證，卽宜加養液，如南北沙參元參細生地麥冬鮮石斛玉竹龜板阿膠之類。邪未傳裏時，寒已退而熱不解者，亦用此法。若邪已傳裏，而入血分，暑濕無形之熱，與有形糟粕相搏，舌苔黄膩而厚，脘腹按痛，大便不解，或雖解無多，或雖多而仍覺不爽，宜於辛苦劑中，加熟大黄瓜蔞緩通之，或酒煮大黄爲丸緩化之，往往服一二錢，大解一次，再服再解，不服不解，如此服五七次，行五七次，而邪始盡，非病者多食之過也。亦非宿滯之多也，乃膜原伏有暑濕，脾胃因散輸不力，小腸亦變化機遲，所進穀食，皆化糟粕，不化津液，所以屢解不盡。暑濕本屬濁邪，以濁附濁，膠滯纏綿，焉能脱然而解。若初起誤用辛散，傳裏又誤用峻下，必致亡陰，變成神昏痙厥脱厥不救。其有裏邪已盡，熱仍不退者，審其舌無多苔，或苔薄而無質地，則一以育陰養液托邪爲主，如北沙參大生地玉竹元參麥冬龜板之類。虛甚而神氣消索，無熱象者，甘涼猶不中竅，宜用甘平甘潤之劑，如六味地黄湯，復脈湯之類，頻進而墊托之，切勿見其不效，中途易法，致令不救。往往上焦之邪，因中無砥柱，内舍空虛，乘虛内陷，得育陰墊托，從中下焦血分復還氣分，發白痦而解。白痦細小，色白有水，多發於胸腹缺盆肩頸肘臂部位。白者肺之色，水者濕之氣，所發部位，皆屬肺經所行之地。若枯白無水，則又爲陰涸之象，亦有育陰墊托，由裏還表邪從汗解。將欲汗時，脈必浮緩，苔必宣鬆。汗解後，舌苔有卽退者，有遲一二日始退者，必得苔净脈静身涼，舌之兩旁生薄白新苔，方爲邪盡。一切外邪伏邪，均係如此。

《醫醇賸義・暑熱濕・剛痙》 則痙者，頭痛項強，手足搐逆，甚則角弓反張，發熱無汗，此風熱盛也。熱傷榮血，筋脈暴縮，風入經絡，肢節拘攣，風熱合而爲病，赤芍連喬散主之。

《醫醇賸義・暑熱濕・傷暑》 傷暑者，汗多體倦，渴而引飲，心煩脈虛，加味白虎湯主之。

《醫醇賸義・暑熱濕・柔痙》 柔痙者，身體重着，肢節拘攣，有汗而熱，暑熱爲天之氣，其來甚速，其去亦甚速。體重筋攣，乃熱邪爲濕所留，故有汗而熱不退也，白术苡仁湯主之。

《醫醇賸義・暑熱濕・中暑》 猝然而倒，昏不知人，身熱口噤，此熱邪内犯君主，黄連滌暑湯主之。

《醫醇賸義・暑熱濕・嘔吐》 暑月嘔吐，乃飲食不節，外感不正之氣也，四正散主之。

《醫醇賸義・暑熱濕・泄瀉》 暑月泄瀉，乃貪涼受寒，過食生冷，腸胃受傷所致，和中化濁湯主之。

《醫醇賸義・暑熱濕・傷溼》 傷溼者，四肢倦怠，食少胸痞，加味神术湯主之。

《醫醇賸義・暑熱濕・霍亂轉筋》 暑月受邪，鬱於中焦，上吐下瀉，手足厥冷，筋脈抽掣，化逆湯主之。

《醫醇賸義・暑熱濕・淋濁》 濕熱内蘊，移於下焦，小溲混濁作痛，牡丹皮湯主之。

《理瀹駢文》 夏至陰生，金爲火爍。内寒外熱，心旺腎衰。其氣多虛，其毒彌烈。夏月病熱爲暑，暑者相火行令也。寒傷形，故無汗；暑傷氣，故有汗。外症頭痛口乾，面垢自汗，嘔逆泄瀉，少氣倦怠，其大較也。有餘症者，後有傳變也。元氣虛，人每有一時不救者，與傷寒陰毒害人實同，不可不慎。暑邪傷在分肉爲傷，暑傷及藏府爲中暑，尋常嘔吐泄瀉爲冒暑，夏月受暑爲風寒所固，至秋冬始發爲瘧、痢、霍亂者，或由曝衣、曝書未盡之邪至秋冬觸發者，爲伏暑。又夏月四肢倦怠，不思飲食，爲熱傷元氣，卒倒搐搦者爲暑風。暑風中臟多不救。口噤者爲暑閉，用藥不開者亦難救。傷暑者因寒而中，無汗卽是傷寒。避暑高堂，陰寒所逼，暑不得越，反中入内，致頭痛、惡寒、發熱、無汗者爲傷暑陰症也。與傷寒同治，宜溫散。中暍者由熱而傷，大渴斯爲中熱。農夫行路，熱傷元氣，猝然跌倒，致頭疼、煩躁、肌膚大熱、大渴，爲中暍陽症也。審其虛實，或清或補，忌溫散洩氣。暑先漱齒，凡暑皆自口齒而入，直傷心包絡經，故受暑急嗽口。凡中暑發昏，井水滴兩乳。暍且澆臍。中熱倒者，忌飲涼水、卧涼地，宜置日中，用草紙卷筒燒烟熏鼻，或嗅皂角末通竅，或大蒜搗泥裹塞鼻，再取途中熱壓土，或田中泥漿積心口及臍上作一窩，使人尿其中，自醒。昏暈絶，則熏熱白檀；中暑挾虛暈絶者，沈香、檀香燒熏，令香氣滿室以達其竅，卽醒。

暑風手足搐搦者，以蘇合丸擦之，并用香薷、黄連煎水搨胸。煩悶甚，則塗調黄土。中熱，口渴，面赤，煩躁欲死，掘地深尺餘，取凈黄土，以新汲水調化，敷胸口及臍上。又中熱煩渴者，用天水散或用白虎湯煎水熨，并敷臍腹。麪可涼敷，黄龍之丸盍試；暑症身熱頭疼，狀如傷寒，煩渴嘔吐，昏悶不食，硫黄、硝石一兩，明礬、雄黄、滑石五錢，白麪四兩，井水調敷腹，卽黄龍丸也。田螺三枚搗爛，入青鹽三分，攤膏貼臍下一寸三分，治受暑二便不通者。水能溫熨，中暍，熱湯熨氣海，固元氣。白虎之湯宜行。虛加黨參煎熨疰以蒜擦脊骨，三關悉開。凡人遇春末夏初，頭痛脚弱，食少身熱，爲疰夏病。屬陰虛元氣不足，宜於午日午時用漂硃砂、明雄、黄柏、硫黄各一錢，研末，燒酒和勻，用大蒜去蒂，蘸藥從尾閭脊骨起徐徐逐節擦上。此藥能開背後三重關竅，令人神清氣爽，經絡流通，大有益處。瘵症不論新久，皆能除根，擦時有腫痛乃蟲所在，切勿放鬆。

《六因條辨・傷暑條辨中暑條辨》 傷暑條辨第一

傷暑初起，無汗惡寒，頭痛身熱，渴不引飲，舌白嘔惡，此邪初襲衛，宜用香薷飲，加杏仁、薄荷、通草、豆卷、連翹、大力、絲瓜葉等味，汗解可也。

暑必挾濕，先傷氣分，凡人靜坐納涼，暑風乘襲，肌表因之，陽被陰遏，腠理閉鬱，發爲頭痛身熱，惡寒無汗等症，矧濕蘊化熱，勢漸燎原，胃液不升則口渴，濕邪內蘊則不引飲，肺氣失宣則煩而欲嘔，兼之舌白苔膩，脈形緩大，無非挾濕而然，治用香薷者，體輕浮而性溫泄，乃夏令之麻黄，善於走表，加杏仁宣肺，薄荷、大力祛風，連翹、豆卷、通草泄濕清熱，是邪在衛分，宜先汗解者，杜其傳裏之患矣。

傷暑條辨第二

傷暑既汗，頭痛雖減，熱仍不解，舌白漸黄，脈洪口渴，此邪不汗解，熱延氣分，宜用白虎湯，加杏仁、通草、連翹、淡竹葉、枇杷葉。若頭痛未止，再加葛根、薄荷清涼解散也。

此承上條，既發汗而熱不解，則衛外之邪，漸傳氣分，故頭痛減，而舌轉黄，至脈洪口渴，則氣熱盛也，用白虎湯直清陽明氣分，如頭額仍痛，外邪未盡，必加葛根、薄荷，走表祛風，以頭爲清陽，非風藥不能到也。

傷暑條辨第三

傷暑不惡寒而發熱，身痛嘔吐，溺赤便瀉，此邪佈三焦，上下交徵，宜用六一散合黄芩湯，加杏仁、厚朴、赤苓、豆卷、粉葛根、連翹等味，清泄三焦也。

此與前條同是上焦之病，而溺赤便瀉，則已傳佈三焦，又與《傷寒論》中三陽合病下利之義同。蓋既汗不解，清氣分亦不解，則邪無出路，必致下傳而爲瀉也，故倣六一散合黄芩湯，加杏仁、葛根、厚朴、連翹、赤苓、豆卷，俾三焦表裏之邪一齊盡解，庶爲周至爾。

傷暑條辨第四

傷暑汗出，身不大熱，而舌黄膩，煩悶欲嘔，此邪踞肺胃，留戀不解，宜用黄連溫膽湯，苦降辛通，爲流動之品，仍冀汗解也。

此條汗出，而不大熱，是衛分之邪既解，但舌黄欲嘔，又爲邪阻肺胃，氣分未清，用溫膽湯，辛以通陽，加黄連，苦以降逆，不用甘酸膩濁，恐留連不楚耳。

傷暑條辨第五

傷暑六七日脈洪而數，口渴，舌乾苔紅，此熱劫胃津，氣血燔蒸，宜用玉女煎，加鮮石斛、花粉、麥冬、梨汁、蔗漿等味，兩清氣血也。

上條表邪解，而餘邪逗留。此條表邪傳裏由氣及血，亢陽偏燎，消爍津液，所以口渴舌乾，色紅少苔，濕盡化熱，兼之脈洪數，而煩渴喜飲，其亢熱不獨在氣，而兼在血矣，故用玉女煎，兩清氣血，加花粉、石斛、麥冬、梨汁、蔗漿，甘寒生津，不致舌黑神昏爲要。

傷暑條辨第六

傷暑熱甚，口渴，舌黄尖絳，斑疹隱隱，神昏譫語，此氣分不解，而熱漸入營，宜用沙參、連翹、元參、桑葉、甜杏仁、花粉、鮮生地、羚羊角、鮮石斛、鮮菖蒲、廣鬱金、牛黄丸，芳香宣竅，爲心營肺衛兩清之也。

此條氣分不解，漸入營分者，以肺主氣，心主血，故口渴舌黄爲氣熱，尖絳昏譫斑現，爲營分受灼，若不兩清，病必不解，故用沙參、連翹、元參、花粉、石斛清氣熱，鮮生地、羚角、菖蒲、鬱金、牛黄丸，以透營邪也。

傷暑條辨第七

傷暑舌黄漸黑，尖絳底赤，神昏煩躁，斑疹透露，目赤齒枯，此邪既入營，氣分猶熾，宜用犀角地黄湯，加元參、人中黄、鮮菖蒲、鮮石斛、青竹葉、牛黄丸等味，清營透邪也。

上條氣熱傳營，此條營既受邪氣猶未清，故舌黑尖絳底赤，仍帶黄苔，薄而乾裂，甚至昏譫斑現，目赤齒枯，營分之熱已極，非藉犀角地黄湯涼血，合元參、中黄化斑，菖蒲、竹葉清心，牛黄丸芳香入絡，能清營熱，而兼透邪。

若舌黑尖絳，黃苔厚燥，此爲有地之黑，乃熱結胃腑，又宜涼膈散下之。

傷暑條辨第八

傷暑旬餘，熱仍不解，舌絳焦黑，斑色或紫或黑，神昏妄笑，此熱熾血分，津枯邪滯，宜用犀角地黃湯，加羚羊角、元參心、連翹心、鮮石斛、人中黃、鮮菖蒲、紫草、紅花、至寶丹等味，涼血透斑也。

此言營熱不解，而延入血分，故舌絳焦黑，血既被蒸，失於榮灌，則斑色或紫或黑，且心主血，心熱則血熱，血熱則昏譫妄笑，故用犀角地黃湯，合紫草、紅花行血清熱，兼至寶丹芳香入絡，以透內邪。若再不解，病必危矣。此舌黑而鮮絳者宜之，爲無地之黑也。

傷暑條辨第九

傷暑熱甚，舌焦神昏，譫語妄笑，尋衣摸牀，撮空理線，此邪盛正虛，宜用人參固本湯，加牡蠣、白芍、元參、鮮石斛、斛菖蒲、羚角、鈎藤等味，扶正透邪也。

此言營血熱熾，故舌黑昏譫，熱極傷陰，眞元失守，故尋衣摸牀，撮空理線，乃將危之兆。近世以尋衣摸牀、撮空理線，爲心胞熱極，不知此乃腎陰大傷，水不濟火，陽化內風，旋擾不息，有水火未濟之象，宜用人參、二地、二冬、甘草、牡蠣、白芍塡陰濟陽，羚角、鈎藤清絡熄風，庶幾可保萬一焉。

傷暑條辨第十

傷暑日多，舌黃焦黑，大便閉結，少腹硬痛，轉矢氣者，此有燥矢也，宜用小承氣湯，加元明粉、鮮石斛、元參心、鮮菖蒲、生首烏等味，化內結而保胃津也。

舌赤苔黃，而兼焦黑，一如沉香色者，斯爲有地之黑，熱爍既多，津枯邪滯，既難汗解，又難涼泄，且便閉腹硬，時轉矢氣，此仲景所云轉矢氣者有燥糞也，急以小承氣，合元明粉、生首烏，倣仲景急下存津，既不傷胃，又能化結，誠爲至當。

傷暑條辨第十一

傷暑會經吐瀉，舌黃而膩，胸膈不爽，此陽邪內陷，將成痞結，宜用半夏瀉心湯，苦降辛通，毋使成結也。

按：仲景《傷寒例》云：痞氣每因表邪未盡，遽行攻下，以致陽邪乘虛內陷，結於胸下，既不能下泄，又不能上散，上下欠通，陰陽互結，心下有形，按之不痛，名曰痞氣。今暑濕之邪，初起雖與傷寒不同，然其吐瀉邪陷而成痞則一也，故用芩連苦寒降熱，薑夏辛溫通陽，俾熱泄陽通，使痞不攻自散矣。

傷暑條辨第十二

傷暑胸間痹痛，氣逆如阻，此結胸也，宜用小陷胸湯，加枳殼、桔梗、甘遂、鬱金等味，滌痰開結也。

凡結胸之症，必因其人中氣素虛，濁痰復盛，又感暑濁，交相互結，胸間因而作痛，宜用甘遂、半夏、瓜蔞，以滌濁痰，佐入黃連、枳、桔，泄熱開胸也。

傷暑條辨第十三

傷暑瘀熱不解，胸脇板痛，此血結胸也，宜用桂枝、紅花、瓜蔞、鬱金、桃仁、赤芍、海蛤等味，消而且散。若少腹硬痛，小便自利，大便黑色，此蓄血也，宜用桃仁承氣湯祛瘀逐邪也。

前二條痞與結胸，皆言熱結在氣。此條結胸與蓄血，皆言熱結在血，其結在胸者，倣海藏桂枝紅花湯，加瓜蔞、桃仁、海蛤，爲表裏並消。若結在少腹者，用桃仁承氣湯，爲上下分消。仲景謂蓄血者，必小便自利，大便黑色，若小便不利者，乃熱結膀胱，非血結也，以此辨諸，最爲明驗，學者詳之。

傷暑條辨第十四

傷暑熱久不解，神迷如寐，舌紅少津，飢不欲食，脈數無神，此熱傷胃陰，津不肯復，宜用復脈湯，去薑桂，加地骨皮、鮮石斛、鮮穀芽等味，養胃和陰，以待一陰來復也。

此言熱久傷陰，胃津大損，故舌乾紅，而神疲多寐，餘熱消爍，則易飢，胃陰被傷，則不欲食，用復脈湯養陰，石斛、穀芽養胃，俾熱去津還，而胃納自旺也。

傷暑條辨第十五

傷暑熱久，杳不知飢，舌乾或赤或黑，而無苔膩，此鏡面舌也，以熱劫胃津，氣不化液，宜用西洋參、麥冬、藿山斛、知母、白芍、木瓜、建蓮肉、鮮穀芽、甘草等味，甘酸化陰也。

凡熱病之後，舌乾赤而光潔無苔者，此名鏡面舌，無論病樣如何，總宜滋陰爲主。若黑而乾赤無苔，此爲無地之黑，乃陰傷液涸，急宜甘涼補陰，故用

洋參、甘草、麥冬、穀芽合白芍、木瓜，甘酸化陰，卽甲己化土之義也。若見焦黑，熱勢尤甚，宜加生地、知母，柔陰和陽，法雖如斯，而神機變化，則存乎其人焉。

傷暑條辨第十六

傷暑日多，身無大熱，脈耎神疲，默默如寐，喚之略應，並不煩躁，此邪正混淆，濕濁蒙蔽，淸補兩難，惟用鮮藿香葉、鮮稻葉、鮮荷葉、鮮佩蘭葉、鮮菖蒲、白蔻仁、益元散等味，辛涼淸解，以化飲邪也。

身不大熱，脈耎神疲，乃病退之象，但默默如寐，喚亦不甦，與飲則飲，不與不索，此餘邪蒙繞三焦，淸陽不得舒轉，淸之則損其陽，補之則助其濕，最爲兩難。惟宜藿香葉、稻葉、佩蘭葉、荷葉、菖蒲，俱用鮮者，取其質輕氣薄，芳香驅濁，更加白蔻仁、益元散，通陽宣氣，俾正不傷而濕可祛也。

傷暑條辨第十七

傷暑汗多身熱，經旬不解，胸腹發出白痦，狀如水晶粒，此濕邪化熱，氣液外泄，急宜洋參、連翹、甜杏、花粉、骨皮、銀花、麥冬、菉豆殼、鮮荷葉等味，淸養氣液也。

身熱汗多，而病不肯解，正氣已虛，又見白痦，是氣液外泄，不可再用疎散，以傷其氣，惟宜洋參、麥冬、銀花、菉豆殼，淸養氣液，而又兼化邪也。若舌紅少津，而食不甘味，卽以復脈湯，去薑桂，養陰益氣。更有舌淡少苔，而胃不加納，當以六君子湯，加牡蠣、白芍，扶胃斂陰，勿因見痦而躊躇莫進。近時醫輩，者以治痧之法治痦，不知痧爲大陰風熱，斑爲陽明火毒，其初見隱隱，固宜淸之透之，若已見點粒，卽宜解之化之，尚不敢恣意透泄，以虛其內，而恐邪陷莫救也。至白痦乃氣液外泄之候，若既現而再行疎泄透汗，其不致氣脫而斃者幾希矣。予見知醫之輩，不惟青年淺見者，蹈此流弊，卽皓首老成者，尚難覷破此關，故併及之，以質諸高明，爲是否耶。

傷暑條辨第十八

傷暑解後，胸脘不爽，舌淡不渴，脈緩不飢，此濕去陽傷，宜用六君子去朮，加蔻殼、檀香、粳米、薑渣、益智、麥芽等味，扶胃運陽也。

此熱勢雖解，而陽已受傷，故胸脘不爽，舌淡不渴也。蓋脈已和緩，則無熱可知，而猶不飢不食，乃胃陽被傷，失運行之機，故用六君子合蔻殼、薑渣、檀香，斡旋坤陽，去白朮者，恐致壅滯耳。

傷暑條辨第十九

傷暑初起，惡寒發熱，咳逆氣喘，此素有痰飲，復挾暑穢，宜用溫膽湯，合蘇子降氣湯，淸暑化痰也。

凡有痰飲，陽氣必虛，加以暑穢乘襲，則痰動氣升，肺失淸降，故喘咳並作，用溫膽湯以逐飲，蘇子以降氣，俾痰開氣順，則暑邪不攻自走矣。

傷暑條辨第二十

傷暑發熱欬喘，胸脇刺痛，痰中帶血，此暑熱壅滯，激傷肺絡，宜用葦莖湯，加沙參、川貝、新絳、旋覆花、杏仁等味，淸肺和絡也。

前條暑熱動飲，此條暑熱動血，故胸脇刺痛，咳痰帶血，用葦莖湯，加旋覆、新絳、沙參、杏仁、川貝，兩淸手太陰氣血也。

傷暑條辨第二十一

傷暑發熱頭痛，泄瀉不止，此肺邪下迫，宜用黃芩湯，加葛根、豆卷、二苓、澤瀉等味，淸肺利濕也。

發熱頭痛，邪尚在表，而泄瀉頻頻者，乃肺邪不解，下傳大腸，因肺與大腸相爲表裏，原是一臟一腑也，蓋邪既不能外解，勢必直趨大腸，而爲瀉利，卽仲景《傷寒例》中三陽合病協熱下利之義，故用黃芩之苦寒淸肺，甘芍之甘苦斂脾，其頭痛者，加葛根以解表邪，合二苓、豆卷、澤瀉，分利膀胱也。

傷暑條辨第二十二

傷暑熱不解，先瀉後痢者，此腑邪傳臟，熱積氣滯，宜用潔古芍藥湯，加杏仁、厚朴、山查等味。若轉紅者，爲病進，更加當歸、桃仁、地榆，淸氣和血也。

此言表邪已解，而瀉漸轉痢，是邪既入內，而腑邪傳臟，最爲凶兆，故用潔古芍藥湯，藉芩、連之苦寒，以淸濕熱，檳、木之辛溫，以通氣滯，合歸、芍和血，查、朴破積。若轉紅痢，乃氣已轉血，更加桃仁、地榆，和營止血，所謂和其血，而痢自止，調其氣，而後重除焉。

傷暑條辨第二十三

傷暑熱不解，脘悶嘔惡便瀉，舌白罩灰，此胃陽不足，濕濁阻遏，宜用生薑、半夏、厚朴、通草、六一散，通陽泄濁。熱甚者，加黃芩、黃連，苦寒淸熱也。

此言中陽不振，暑穢內結，上嘔下瀉，胸脘痞悶，例宜生薑、半夏、厚朴辛溫

通陽，通草、六一淡滲泄濁。但舌白罩灰，發熱煩躁，又爲熱邪内伏，加芩、連苦寒泄熱，俾邪熱解而胃陽復，則濕濁自祛也。

傷暑條辨第二十四

傷暑身有大熱，而汗多口渴，舌黄神疲氣喘，脈大而虚，此氣虚挾暑，宜用清暑益氣湯，加熟石膏、鮮荷葉扶正卻邪也。

暑必傷氣，故汗多，熱則傷津，故口渴，證類白虎，而舌不甚赤，苔帶微黄，脈似洪而虚耎無力，乃虚中挾暑，非若熱傳陽明之汗多口渴，舌赤苔黄，脈洪有力者可比。兼之神疲肢倦，氣逆煩躁，正《内經》所謂脈虚身熱，得之傷暑是也。用東垣清暑益氣湯者，藉參、蓍、朮甘補中州，麥冬、五味生津液，合升、葛升陽，苓、澤泄濕，神麯、青皮疎脾氣，石膏、黄柏清内熱，此爲升降疎補，表裏上下，一齊分消之意。勿以藥味之多而妄爲增減，用得其宜，效如桴鼓也。

傷暑條辨第二十五

傷暑身無大熱，汗多神疲，嗜卧不食，舌黄溺赤，此暑濕傷陽，宜用清暑益氣湯，益氣利濕也。

上條虚中挾暑，身熱汗多，故升降疎補之中，少雜苦寒，以清内熱。此條暑濕傷陽，無熱汗多，故不加清涼之味，再損中陽也。

傷暑條辨第二十六

傷暑日多，病仍不解，朝涼暮熱，舌黄尖赤，口渴汗多，夜或昏讝，此熱傷陰分，邪逗營中，宜用玉女煎，加人參、元參、骨皮、柴胡、荷葉、青蒿、鮮菖蒲等味，育陰清營也。

暑熱不解，而致朝涼暮熱，此名潮熱。狀雖如瘧，卻無寒戰，如潮之不愆其期，故名。甚至舌尖赤，而夜則昏譫，乃熱傷陰液，邪逗營中，午後則衛氣行陰，陰邪用事，所伏餘熱，乘時而動，故用玉女煎之石膏、知母清氣分，生地、元參滋血分，青蒿、荷葉、柴胡透裏邪也。

中暑條辨第一

中暑頭脹，惡寒身熱，胸腹滿悶，欲吐不吐，欲瀉不瀉，煩悶難安，此暑濁中胃，宜用食鹽一撮，童便調服，用指探吐，以宣上焦也。

凡中暑穢，必先入胃，胃氣阻遏，升降失宣，致不得吐瀉，而煩悶不安，此屬閉症，非吐不解，故用食鹽一撮，放鍋刀上燒紅，衝入童便一杯調服，以指探吐，蓋吐中卽有發散之意也，況食鹽童便，性皆鹹寒下降，纔下咽而隨卽探吐，使邪仍從上散，吐後稍平，卽以梔豉湯，加杏仁、厚朴、扁豆和之。若吐瀉不止者，卽用藿香正氣散祛穢化邪也。

中暑條辨第二

中暑發熱，心下似煩，漾漾欲嘔，此暑侵上焦，肺胃不和，宜用蘇葉、藿香葉、白蔻殼、人中白等味，宣通肺氣也。

古稱有聲無物謂之嘔，有物無聲謂之吐。然嘔則在脾，吐則在胃。更有軋軋連聲似噫氣而短促者，謂噦，病亦在胃，卽呃逆是也，乃胃敗之象。《内經》所謂土敗，則其聲噦也。又軋軋連聲似呃逆而緩長者，則謂噫，病在肝，卽噫氣是也。今邪犯上焦，未盡傳胃，而漾漾欲嘔，乃肺氣不和，故用蘇葉、藿香葉、白芷、蔻殼，辛香輕薄，恰到肺位，兼用人中白者，因暑本濁邪，以濁攻濁也。

中暑條辨第三

中暑吐瀉並作，吐既止而瀉不止者，宜胃苓湯泄之。若瀉止而吐不止者，宜黄連溫膽湯和之。

既吐且瀉，邪已分佈，今吐止而瀉不止，爲上焦既清，而邪趨於下，用五苓以分泄，合平胃以驅濕。若瀉止而吐猶未止，乃邪在中焦，用黄連溫膽湯，苦降辛通，勿使邪結中焦，而成痞脹爲要。

中暑條辨第四

中暑吐瀉不止，漸致肢厥汗冷，甚而轉筋麻木，初起宜六和湯，甚則四逆湯，加吳萸、木瓜、薑汁、炒川連等味，溫胃制肝也。

凡暑中在脾，秋發則爲瘧痢，驟發則爲霍亂。今吐瀉不止，而致四肢厥逆，汗冷氣衰，陽津陰液俱涸，氣血營衛皆傷，霎時形肉頓癟，轉筋麻痹，皆氣血不能運達四末，急宜大劑峻補中陽，仍兼和榮益氣，以冀吐瀉止。而肢溫汗斂，卽是回陽之兆。若再疎泄，則投石下井矣。至於嘔吐頻頻，藥難下咽，陰盛於内，陽藥拒格，故用四逆湯，加吳萸、木瓜，平肝斂液，更用薑汁、炒川連三四分，另煎取汁一杯，滴入藥内飲之，俾以類相招，不致嘔出，此卽仲景白通湯中，加人尿豬膽汁之意也。再按轉筋霍亂，年來屢見，甚至如疫一般，同時並染，雖係人間病象，究亦天時所侵，蓋大江以南，地卑氣濕，其沿江瀕海，霧露潮濕，甚於別處，故濕邪爲患，四時多有，山嵐瘴

氣，夏秋益倍，苟其人正氣素虛，暑穢濕濁乘虛犯之，必由口鼻直趨中道，忽然胸腹悶痛，煩亂不安，且不得吐瀉，此屬閉症，宜與探吐。更有胸腹滿悶，卽時吐瀉，甚至頻頻，而肢冷汗多，形肉頓癟，且轉筋痲木，此屬脫症，宜用溫補。蓋旣吐且瀉，水穀傾囊，冷汗不止，氣液外泄，致身中陽津陰液俱涸，氣血營衛皆損，無以榮養筋脈，自然肢節拘攣，痲痹不仁並至矣，此時急宜大補，以附子理中湯溫理中陽，合吳萸、木瓜舒筋泄肝，或以烏梅安胃丸，去黃柏，倍用參附，亦對症之良方。余遇是症，每用此湯，屢獲奇效，較之四逆理中湯，更爲合宜。

中暑條辨第五

中暑吐瀉，四肢逆冷，吐蚘者，用烏梅安胃丸，肝胃兩和也。

按：仲景謂蚘厥無陽症。又《厥陰篇》云：氣上撞心，飢不欲食，食則吐蚘者，亦由中陽大損，厥濁上泛而然。故蚘乃平人皆有，惟胃氣調和，不得上湧，且邪不犯厥陰，亦不上出。茲因吐瀉已多，四肢厥冷，中焦陽氣大傷，厥濁乘虛上泛，故蚘自吐出。凡厥陰爲病，必錯雜不一，用藥亦難純粹，故用楝連之苦寒，降其逆，梅芍之酸寒，制其肝，又合椒薑之辛辣，驅其陰濁，參歸桂附之甘溫，溫補眞陽也。

中暑條辨第六

中暑吐瀉後，汗多肢冷，舌潤而黑，並不渴飲，此水極如火，宜用回陽救急湯，驅陰復陽也。

此條全以辨舌爲要，不可以舌黑而遽爲熱極，蓋凡黑而焦者，果火極如水，今吐瀉之後，汗多肢冷，陰症昭然，況雖黑而潤，並不渴飲，的是水極如火，係陰盛旣劇，一綫之陽，杳杳欲脫，非藉六君子湯補中州，兼薑附歸桂，助陽驅陰，其不致危殆者幾希矣。

中暑條辨第七

中暑吐瀉後，身反熱，舌焦赤無苔，口渴不欲食，此邪去陰傷，宜用金匱麥門冬湯，加白芍、烏梅、穀芽、荷葉等味，兩濟其陰也。

吐瀉傷陰，故身反熱，舌乾赤無苔，口渴不欲食，皆胃津大傷，不得化液上升，且胃爲陽土，非柔莫濟，故用金匱麥門冬湯合烏梅、白芍之酸，穀米之甘，化陰和陽也。

中暑條辨第八

中暑之後，舌淡不渴，身痛，脈耎，不食，此邪去陽傷，宜用黃蓍五物湯，加麥芽、穀芽、木瓜、藿香等味，甘溫扶陽也。

上條邪去陰傷，治以甘酸，此條邪去陽傷，主以甘溫。況身痛脈耎，表陽亦傷，故用黃蓍五物，合藿香、益智、麥芽、穀芽，甘溫之味，固表扶陽，庶爲合例。

中暑條辨第九

中暑惡寒發熱，肢節酸疼，頭痛頸強，此暑風襲表，防發痙，宜用桂枝、杏仁、黃蓍、防風、蒺藜、鈎藤、海風藤、桑葉、防己、地龍等味，祛風宣絡也。

夏間暑炎，汗多氣泄，風邪易襲，以致頭痛項強，惡寒發熱，骨節不和，乃虛中挾風，故宜桂枝、黃蓍固表，防、杏、二藤、地龍、桑葉祛風，俾表和風熄，則不致延爲痙厥之患。夫痙者仲景原有剛痙柔痙之異，猶恐後人虛實難明，故以有汗無汗爲辨。然愚意言之，無汗惡寒發熱，頭項強痛，手足抽搐，角弓反張，此風自外來，卽無汗爲剛痙也。更有吐瀉之後，或產後血虛，或熱極傷津，汗多液虧，而身熱口噤，頭搖直視，抽搐反張，斯風自內作，卽有汗爲柔痙也。是則風有內外，病有虛實。外來者，宜散宜清，內作者，宜柔宜補。宜清散者，用小續命湯加減，宜柔宜補者，用復脈湯加減，此爲治痙之權衡，明理者裁之。

中暑條辨第十

中暑過汗，肢冷脈微，息淹神疲，狀如欲脫，小便黃赤，此濕留氣脫，宜用歸蓍建中湯，加赤苓、車前、滑石、萆薢等味，護陽利濕也。

汗多肢冷脈微，神倦，氣脫之象已著，但小便黃赤，則濕熱內蘊之形昭然，故用歸蓍建中護陽氣，合車前、赤苓、滑石、萆薢清濕熱，庶得邪正兩清之妙。若一路扶補，則濕熱愈盛，愼之可也。

中暑條辨第十一

中暑汗之淸之，旬外不解，漸致神迷，默默不知飲食，面反淡，肢反冷，脈微如絲，身僵如死，此邪入厥陰，與血沉混，宜用吳又可三甲散，加柴胡、殭蠶、廣鬱金、鮮菖蒲、連翹心、元參心、紫雪丹等味，從血透表也。

此邪熱入絡，與血混淆，非淸涼攻瀉可解，故宜土炒山甲、醋炒鱉甲、酒浸地鱉蟲，俾潛竄入絡，以攻隱伏之邪，合柴胡、殭蠶、紫雪丹，疎透宣泄，由內達表，用得其宜，可救萬一。否則幾無法矣。

《六因條辨·中熱條辨》 中熱條辨第一

中熱卒然昏倒，人事不知，口角流涎，目閉手撒，此熱冒心神，陰不上承，宜用大蒜數枚，打爛取汁，和醋灌之。並移置涼處，卽甦，宜用洋參、麥冬、蓮子、竹葉、鮮菖蒲、遠志、黃連、益元散等味，清心安神也。

凡夏暑炎蒸，經營擔荷，僕僕長途，赤日傍午，曝烈，酷逼，卒然昏倒，不知人事，目閉手撒者，此不可卽以涼水灌之，恐致熱氣攻心而死，宜用大蒜數枚，打爛取汁，和醋灌下，再移置涼處，以手掬道上熱土，圍於臍之四旁，令人溺尿於臍中卽甦，甦後宜清心安神，將洋參、麥、蓮、菖、遠、黃連、竹葉、益元散，服之神清卽愈。

中熱條辨第二

中熱卒倒，語言不清，心神恍惚，此《內經》所謂煎厥，宜用天王補心丹，加龍齒、牡蠣，鎮神攝陰也。

凡暑熱之際，忽然昏倒，語言不清，心神恍惚，狀如中風，正《內經》煩勞則張，精絕辟積於夏，令人煎厥之謂。宜用補心丹清心，合龍齒、牡蠣鎮神，不致內閉外脫，庶幾可望有成。

中熱條辨第三

中熱脈大，身熱，口渴汗多，此熱傷元氣，宜用人參白虎湯，甘寒養正也。

凡身雖大熱，而不惡寒，口渴汗多，脈形洪大，此東垣所謂脈虛身熱，爲傷暑也，用白虎湯之石膏、知母清胃熱，參、甘、粳米養胃津，則不致燔灼傷陰矣。

中熱條辨第四

中熱後，神雖清，而懶言倦臥，朝涼暮熱，夜則譫語，此熱留膽中，營液被灼，宜用清骨散，加鮮菖蒲、廣鬱金、益元散等味，清營卻熱也。

中熱之後，倦臥懶言，乃病退之象，但朝涼暮熱，夜則譫妄，是餘熱逗留，營絡被灼，故用清骨散，清營卻熱，兼菖蒲、鬱金、益元散，宣竅除邪，庶爲合法。

中熱條辨第五

中熱後，舌絳芒刺，腐點如疳，寐則譫語，醒則神清，此熱毒蘊結，營絡未清，宜用導赤散，加犀角、菉豆殼、人中白、鮮菖蒲、辰砂、燈草等味，清營解毒也。

此條與前條相似。惟兼舌絳腐疳芒刺，乃餘熱化毒，蘊結心胞，故用導赤散，加犀角、燈草、綠豆殼、人中白、菖蒲、辰砂，清心解毒，勿致熱毒蔓延，變生腐蝕之累爲妙。

中熱條辨第六

中熱神清，能食便閉，目瞑不寐，而多驚惕，此熱留膽絡，營衛失度，宜和秫米半夏湯，加羚角、丹皮、薑汁、炒棗仁、酒浸鬱李仁、豬膽皮、龍齒、蒺藜等味，清膽熱而下肝係也。

能食神清，病退之象，溺赤便閉，目瞑驚惕，乃熱延膽絡，肝係橫急，《靈樞》所謂衛氣行陽二十五度，行陰亦二十五度，一日一夜，周於一身。又云：衛氣行陽則寤，行陰則寐，乃但行於陽，則陽蹻盛，而不得入於陰，則陰氣衰，故寤而不寐，目瞑驚惕不寧。因膽熱肝橫，胃失衡和，營衛失度，倣《內經》秫米、半夏，和胃氣之升降，棗仁、鬱李、龍齒下肝係，以鎮驚，羚角、豬膽、丹皮清膽熱，而泄火風爲妙。

中熱條辨第七

中熱汗大泄，口大渴，身大熱，氣喘神倦，脈虛且大，並不鼓指，此熱傷氣分，陰不戀陽，宜用人參、黃蓍、白朮、麥冬、五味、地骨皮、甘草、生地、牡蠣、白芍等味，甘溫除熱也。

汗多口渴，身熱氣喘，神倦脈大，既非外感之形，又無內傷之象，顯係熱傷氣分，陰乏戀交，陽遂上冒，倣東垣甘溫能除大熱，故用人參、黃蓍、白朮、甘草，甘溫益氣，生地、牡蠣、五味、白芍，鹹寒固陰，俾陰陽交固，而大命回於頃刻焉。

中熱條辨第八

中熱汗大出，口大渴，心中惡熱，肢冷脈微，神疲倦臥，時或煩躁，此因熱傷陽，陰失交戀，氣脫之候將至，宜用十四味大建中湯，護陽攝陰也。

上條脫證未現，此條脫形既著，故肢冷脈微。若更煩躁，是立危矣。故用十全大補加附子、麥冬、蓯蓉，陰陽並補，庶幾樞紐復續，而轉危爲安也。

《六因條辨·伏暑條辨》 伏暑條辨第一

伏暑秋發，頭痛無汗，惡寒發熱，身痛，胸腹滿悶，或吐或瀉，此新感外邪，引動伏暑，宜用香薷飲，合正氣散，表裏兩和也。

此伏暑之提綱，凡夏間伏暑，因遇秋令凄愴之寒，襲於腠理，致內邪亦爲引

動，故無汗頭痛身疼，發熱惡寒，係新感之見證，病尚在表，胸腹滿悶，吐瀉交作，係伏暑之發動，病涉在裏。大凡看法，須辨明新感與伏邪，何有何無，孰輕孰重，故用香薷飲合正氣散者，藉香薷、藿香、蘇葉、芷、桔之苦辛走表，而散新邪，夏朴、陳皮、大腹、神麴之辛溫理中，而疏伏邪，則內外通徹，邪自疎泄矣。

伏暑條辨第二

伏暑微惡寒，發熱，嘔惡，泄瀉，脘悶舌白，此伏邪內動，宜用藿香正氣散，疏滯利濕也。

此發明伏邪之異於新邪，既無頭痛身疼，則表邪甚微，而惡寒發熱，脘悶吐瀉，爲伏邪發動，並無新邪勾引也明矣。非藉藿、朴、蘇葉、白芷、陳、腹、夏、麴，以祛穢疎泄，則恐邪無泄越，蔓延傳變焉。

伏暑條辨第三

伏暑熱不解，欬逆欲嘔，煩悶泄瀉，此伏邪瀰漫三焦，宜用蘇子降氣湯，合六一散，加通草、赤苓等味，通泄三焦也。

此言熱不解，而伏邪傳變，逗留肺胃，則欬而欲嘔，盤踞中焦，則脘悶不舒，奔迫下趨，則泄瀉無度，是邪既瀰漫三焦，上下交爭，故用蘇子降氣宣肺胃，六一、通苓分水道，則上下三焦，得一齊通泄，不致留邪變患爲妙。

伏暑條辨第四

伏暑熱漸甚，欬逆不眠，胸脇刺痛，痰多舌白，此痰滯肺絡，肺氣失降，宜用旋覆花、新絳、枳殼、桔梗、桑皮、薏仁、蘇子、降香、枇杷葉、蘆根、滑石等味，降氣通絡也。

上條熱不解，而傳佈三焦，此條熱不解，而邪與痰沍，阻滯肺絡，若不通調，恐致痿癰纏綿，故用金匱旋覆花湯，藉新絳青葱，一通氣分，二通血絡，再兼枳、桔、桑皮、蘇子、降香開肺降氣，苡仁、枇杷葉、蘆根、滑石甘淡之味，清熱泄濕也。

伏暑條辨第五

伏暑發熱，喘不得卧，痰嘶胸板，此暑滯肺絡，宜用葶藶大棗湯，合六一散、枇杷葉等味，徹清肺飲也。

上條脇痛痰多而欬，此條胸板痰嘶而喘，病甚深於欬矣。雖喘有虚實之分，治有肺腎之異，今由伏暑內發，身熱胸板痰嘶，其候舌必黄膩，脈必滑數，溺必黄赤，體必豐盛，斯爲肺實，故宜葶藶苦寒以瀉肺熱。然古人猶恐損胃，合大棗之甘以緩之，得漸馴以除上焦之飲。凡用葶藶而不用大棗者，未識仲景之心法也。再兼六一枇杷葉，清氣利濕也。

伏暑條辨第六

伏暑惡寒發熱，乍有乍無，或輕或重，如瘧非瘧，舌白脈大，此暑必挾濕，薰蒸粘膩之邪，伏於肺胃，宜用溫膽湯，加杏仁、通草、青蒿、黄芩等味，通胃泄邪也。

凡伏暑濕，亦有輕重之分，其重者，勢難延緩，乘時竊發，其輕者，直至露冷氣肅，金飈颯爽，陽氣漸收，腠理漸閉，所伏之邪，遂無隙可容，然後發出。其見證，如瘧非瘧，或有微寒，或單發熱，但無六經之可辨，無表裏之可分，其舌白，其脈大者，正虚濕盛也明矣。若不從中驅泄，必致變成瘧患，故用溫膽湯通胃腑，加杏仁、通草清肺泄濕，黄芩、青蒿清氣泄肝，則邪可盡解也。

伏暑條辨第七

伏暑熱甚，煩躁昏譫，至夜更甚，舌燥脈數，此邪傳入裏，宜用沙參、甜杏仁、花粉、川貝、桑葉、細生地、鮮菖蒲、連翹、益元散等味，兩清營衛也。

此言伏邪不解，漸化爲熱也。煩躁昏譫，夜則尤甚，乃由衛入營，從陽轉陰，故舌必漸燥，脈必漸數，邪既入裏，徒清表分，無益於事，惟用沙參、杏仁、川貝、花粉、生地、桑葉、連翹、菖蒲、益元散，清氣涼血，不致傳陷入血，可免昏痙之變。

伏暑條辨第八

伏暑煩熱，舌赤神昏譫妄，此邪已入營，宜用玉女煎，加羚角、元參、沙參、鮮石斛、鮮菖蒲、牛黄丸等味，清營透邪也。

上條將欲傳營，此條已傳營分，故熱而煩亂，舌赤昏譫，非用玉女煎之生地，石膏、知母、麥冬、沙參、元參、菖蒲、鬱金、牛黄丸，清營透邪，必致熱陷入血，而成痙厥之險焉。

伏暑條辨第九

伏暑舌焦，尖絳昏譫，妄笑脈促，斑紫，肢體振顫，此邪已入血，熱動風生，宜用犀角地黄湯，加元參心、連翹心、鮮石斛、鮮菖蒲、紫草、竹葉、至寶丹等味，涼血化邪也。

凡營熱不解，必致入血，舌黑尖絳，斑紫昏譫，血熱已極，熱極則陰損陽亢，風由振動，故肢體顫搖，將欲變痙，必用犀角，生地、丹皮、赤芍、紫草，涼血清熱，合連翹、元參、菖蒲、石斛，化斑養津，兼竹葉，至寶清心鎮神，不致痙厥，便爲佳兆。

伏暑條辨第十

伏暑婦女，舌絳口渴，脈數而濇，經水適來適斷，寒熱如瘧，晝則明了，夜則譫語，此熱入血室，宜用小柴胡湯，加山查、歸尾、赤芍、桃仁、丹皮等味，破血透邪也。

凡熱入血室，《金匱》論之最詳。血室者，卽血海也。本屬衝脈，隸於陽明，《內經》所謂衝爲血海。任主胞胎，又謂衝脈起於中極底，循少腹，上至胸中而散，任脈亦起於中極底，循毛際遶陰器，入少腹，上環口脣，榮於髭鬚，故婦女無鬚者，以任脈之血下泄，不能上榮於口脣也。督脈亦由中極，挾腰循脊，上至巔頂。此衝督任三脈，皆會於下極，而分行於背腹，故督脈行於身之背，任脈行於身之腹，衝脈行於背腹之中。其天癸盈餘，諸路之血，皆貯於血海，而能蓄洩有常者，以任脈爲之擔任，督脈爲之總督，帶脈爲之收束，更有陽維陰維，維持陰陽於身之前後，陽蹻陰蹻，蹻健機關於身之左右，故能蓄則有度，洩則有期，與月盈虧，循序流行，不失其常，謂之爲經。若血海無權，任督失司，則或崩漏無休，或蓄結不行，至於血之蓄洩，或寒或熱，皆能爲患，故傷寒蓄血，六經皆有，不獨膀胱與胸腹間也。蓋凡風寒暑濕之來，必先陽經，而後他傳，陽經者，在表，在衛，在氣，漸傳於血，故婦女之病，有値經水適來，病發適斷者，因熱與血沍，反不得行也，如太陽初起之頭痛發熱，惡寒無汗，便有鼻衄肌衄，此太陽經之邪干血分也，宜以開泄透汗，不可因見血而遽用寒涼，反成血結胸等證。若少腹硬痛，小便自利，大便黑色，身熱煩躁，譫語如狂，此太陽腑病，而蓄血膀胱也，仲景先師，恐後人悞認熱結膀胱，故以小便不利者爲熱結，小便自利者爲蓄血，例用桃仁承氣湯，一解太陽，一破瘀血。又陽明初起之目痛鼻乾，不得卧，而致鼻衄吐血，此陽明經之邪干血分也，宜以兩清氣血，不可因汗少而更大發之。如少腹硬痛，小便自利，上爲結胸，或吐血，下爲腹痛，或便血，身熱狂妄，狀如神附，此陽明腑病，而蓄血衝脈也，宜用犀角地黃湯，一清陽明，一祛瘀血。又少陽之額痛脇疼，寒熱耳聾，嘔苦，而致鼻衄欬血，此少陽經之邪干血分也，宜以小柴胡湯，清泄膽絡，不可因見血而妄投滋膩。如有少腹痛，小便自利，大便黑色，晝則明了，夜則譫語，寒熱如瘧，此少陽腑病，而蓄血肝絡也，宜用陶氏小柴胡湯，加生地、歸尾、桃仁、山查、丹皮，一清少陽，一破瘀血。以上皆論三陽經之經病腑病，蓄血見證也。至熱邪傳入三陰，則少陰心主血，太陰脾統血，厥陰肝藏血，邪既入血，則熱與身凝，勢難清化，必致舌絳神昏，晝明夜劇，狀如邪祟，宜用犀角地黃湯，加鬱金、菖蒲，甚則腹痛便黑，仲景用抵當湯，以攻熱破瘀，庶幾可以兩解矣。然此症不特婦女，卽男子亦有諸，至於治法，大約相等，以蓄血一症，概用小柴胡加破血之品，如或不應，視爲無法，意置束手，醫者咎焉，願有鑒於是者。

伏暑條辨第十一

伏暑但熱無寒，一日一發，口乾舌赤，汗多脈數，此名癉瘧，宜用玉女煎，加沙參、竹葉等味，甘涼養陰也。

此《內經》所謂陰氣先傷，陽氣獨發，但熱無寒，是名癉瘧。喻嘉言主以甘涼養陰一法，深造仲景之堂矣。

伏暑條辨第十二

伏暑微寒多熱，頭痛身疼，煩冤欲嘔，此名溫瘧，宜用桂枝白虎湯，加杏仁、厚朴等味，清肺透邪也。

此《內經》所謂寒少熱多，煩冤欲嘔，骨節疼痛，是名溫瘧。宜用石膏、知母清肺胃，甘草、粳米養胃津，加桂枝引肺邪以達皮毛。其本方下自注云，一劑知，二劑已。由此推之，仲景原有白虎加桂枝以止溫瘧，至景岳加葛根則名葛根白虎，加柴胡則名柴胡白虎，以治陽明少陽二經之瘧，亦深得仲景心法也。

伏暑條辨第十三

伏暑但寒無熱，一日一發，汗冷舌白，脈虛溺赤，此名牝瘧。宜用桂枝湯合柴胡湯，扶陽止瘧也。

凡瘧來但寒無熱，汗冷舌白，陽虛之象昭然，故名牝瘧。牝者，陰之謂也。其用桂枝湯以護陽，柴胡湯以止瘧，亦得仲景之妙義焉。

伏暑伏辨第十四

伏暑先寒後熱，汗出則解，逾時再寒，舌白脈弦，此名陰瘧，宜用小柴胡湯，加草菓、知母、烏梅、杏仁、蜀漆等味，兩清太陰少陽也。

凡瘧來先寒戰而後發熱者，因陰與陽爭，陰勝則寒，陽與陰爭，陽勝則熱，令逾時而再寒者，其陰邪未泄，陽氣未和，且舌白脈弦，乃陰盛之狀，亦名陰瘧，宜用柴胡、黄芩泄少陽，合半夏、甘草、草菓、烏梅、知母、蜀漆溫太陰，俾少陽太陰之邪兩清，則瘧自止矣。

伏暑條辨第十五

伏暑成瘧，每日一發，過一日，則遲一時，十二經絡循環無休，此名鬼瘧，宜用桂枝湯合柴胡湯，加龍骨、牡蠣扶正卻邪也。

此言瘧發，過一日，則遲一時，轉輾循環，無有休息，斯邪不在臟腑，而在經絡，故其發必由營衛循行，周流不息，而名鬼瘧者，以日遲一時，刻無鎮神卻邪，毋使邪盛正虛，而遷延歲月也。

伏暑條辨第十六

伏暑瘧發間日，或早或晚，脘脹脈弦，舌淡便溏，此太陽瘧也，宜用清脾飲，加鱉甲、青蒿、神麯等味，溫脾理邪也。

凡瘧邪之來，必由四末以擾中宮，發雖間日，脘脹脈弦，舌淡便溏，是脾陽大傷，木乘所勝，將延腫滿，故用白术、厚朴、半夏、茯苓、陳皮、神麯、草菓溫太陰，兼柴胡、青皮、鱉甲清厥陰也。

伏暑條辨第十七

伏暑三日一瘧，或臨夜分，面黄食減，腹膨便溏，脈弦，此厥陰瘧也，宜用吳又可三甲散，合清脾飲理脾疏肝也。

瘧已成三，更值暮夜，是邪伏三陰，最爲深邃，雖屬肝邪，久必傷脾，若見面黄食減，腹脹便溏，乃脾受其所不勝，而正氣傷也，若不扶脾，必滋脹滿，故用清脾飲，理脾疏肝，合吳氏三甲散，以搜逐隱伏之邪，則脾元漸復，肝邪漸洩，瘧不攻自止矣。

伏暑條辨第十八

伏暑瘧久纏綿，邪無出路，脇下結瘕，此名瘧母，宜用鱉甲飲子、鱉甲煎丸，消痞治瘧也。

此言瘧邪，深伏厥陰，結瘕脇下，是爲瘧母，以脇乃少陽膽經所歷之處，瘧邪初犯，必由少陽漸傳厥陰，久必入絡，遂與痰氣交凝，凝聚成形，非用鱉甲、地鱉蟲、殭蠶、山甲之飛升走降，貫竄經絡，則恐不能搜剔幽隱，升泄潛踞，又兼柴胡、川芎、歸鬚、射干、桃仁爲升降疏泄，四法具備，則邪無可容，勢必越出耳。以上諸條，都因伏暑而成，故兼收之，學者當更以瘧症門，兼參之可也。

伏暑條辨第十九

伏暑痢積，色白腹痛，裏急後重，舌白嘔惡，此邪伏脾胃，宜用藿香正氣散，加山查、木香、檳榔、車前等味，理脾逐濕也。

凡暑伏募原，外感客邪而發者，名爲瘧症；內傷生冷而成者，名爲痢疾。先賢所謂暑邪在脾，不瘧則痢，不痢則瘧，今痢下白積，而兼腹痛，舌白嘔惡，乃冷濕傷脾，雖有裏急後重，先宜理氣分消，故用正氣散，加山查、木香、檳榔、車前，溫脾理濕，分利膀胱，使不釀延血分，而轉成赤痢焉。

伏暑條辨第二十

伏暑痢積，色赤腹痛，裏急後重，此由氣傷血，宜用潔古芍藥湯，調氣和血也。

上條痢下白積，專傷氣分，只宜理氣。此條痢已轉赤，傷及血分，非但理氣可效，故用潔古芍藥湯，藉芩、連苦寒清裏熱，檳、木辛溫通氣滯，歸、芍、桃仁和營止血，大黄、肉桂溫通積滯，所謂和其血，而痢自止，調其氣，而後重除焉。再按痢者，古稱滯下，又名腸澼，都由夏秋之間，暑濕傷脾，阻遏氣機，蒸逼蘊釀，而致氣不宣化，邪無出路，奔迫大腑，而粘結滯下也，故初起便兼腸脂濁垢交結而下，不拘赤白，總有裏急後重腹痛下垂之患。然腹痛之中，務要辨明虛實，其痛隨便減者爲實，宜通之，如痛不隨便減者爲虛，宜補之。裏急之狀，亦有虛實，以欲痢之時，腹先如垂，故名裏急，其急隨痢減者爲實，宜疏通爲主，如急不隨痢減者爲虛，宜固補爲先。後重之狀，亦有虛實，以痢後不爽，肛門如墜，故名後重，其實者因邪火窘迫，宜苦寒以清之，如虛者以液枯氣陷，宜甘溫以補之。學者當於氣血虛實之間，諦審其的，溫清補瀉之法，用得其宜，靈機活潑，在乎其人耳。

伏暑條辨第二十一

伏暑痢兼赤白，腹痛窘迫，聞穀欲嘔，此名噤口，宜用生薑瀉心湯，加石蓮肉、烏梅、白芍等味，苦辛泄降也。

凡痢稱噤口，最爲險候，俗言吃勿死的瀉痢信然也。然亦有虛實之分：如痢色清淡，口不甚渴，舌白脈耎，身無大熱，而食入嘔惡，此屬虛寒，宜用瀉心湯之薑、連苦辛通降，參、草甘溫養胃，加梅、芍酸收制肝，石蓮苦寒堅

陰，且得苦辛甘酸之味，而無拒格之患。若痢色濃穢，舌黃口渴，脈滑或數，發熱痛甚，而聞穀欲嘔，此屬實熱，宜用芩、連苦寒以降其逆，白芍秦皮以和其肝，山查、厚朴以疎其滯，大黃、芒硝以攻其積，車前、赤苓以分水道，則積滯祛而邪火退，其痢自止。

伏暑條辨第二十二

伏暑痢兼五色，腹痛裏急，不食，神疲脈弦，此名五色痢，宜用東垣補中益氣湯，加禹糧石、白芍、茯苓、澤瀉等味，升清泄濁也。

凡痢兼五色，病涉五臟矣，而食減脈弦，胃虛之象益著，故用補中益氣湯，以升清陽，加茯苓、澤瀉以降濕濁，禹糧石以止瀉痢，使陽升陰降，而痢可止焉。

伏暑條辨第二十三

伏暑痢赤轉白，漸變爲瀉，此臟邪轉腑，宜用眞人養臟湯，溫濇止痢也。

痢赤轉白，又變爲瀉，此由臟轉腑，從重轉輕，將愈之兆，並無積滯，故用眞人養臟湯，濇腸止瀉，斯爲的當。

伏暑條辨第二十四

伏暑痢久不止，肛脫腹垂，腰酸足痿，食入作脹，此脾腎兩傷，氣虛下陷，宜用景岳補陰益氣煎，加杜仲菟絲等味，升陽攝陰也。

痢雖脾病，久必傷腎，今肛垂，腰酸足痿，食入作脹，係腎虛不攝，脾虧不運，若不兩顧，病難向愈，故用景岳補陰益氣煎之，參、蓍、术甘以健脾，熟地、山藥歸身、杜仲以補腎，兼升麻。柴胡以升清陽之氣，俾陽升陰攝，而痢自止矣。

伏暑條辨第二十五

伏暑痢久，或止或作，色雜不一，面黃腹脹，此名休息痢，宜用繆仲淳脾腎雙補丸，兼補二天也。

痢久面黃腹脹，已見脾虛之象，若仍或作或止，不特脾虛氣陷，腎臟亦少攝納之權，非用仲淳之脾腎雙補丸，兼補先後二天，則脾腎日虧，痢無已時也。

伏暑條辨第二十六

伏暑痢赤，身熱口渴，腹痛窘迫，肛門如火，脈數弦滑，此濕火奔迫，宜用白頭翁湯，苦味堅陰也。

此條熱迫下注，邪火消爍，故腹痛下墜，窘迫無度，常如裏急之狀，且肛門如烙，而身熱口渴，脈得滑數，若非白頭翁湯之苦以堅陰，寒以清熱，則痢必不止。如熱甚者，再加大黃以滌之，若熱不甚，而脈虛數，舌乾少津，咽燥口乾，乃陰虛火熾，宜用黃連阿膠湯，養陰清熱爲要。

伏暑條辨第二十七

伏暑痢色如凍，雜以水穀，肛垂裏急，隨食隨痢，完穀不化，此直腸痢也。宜用赤石脂、禹糧石、炮薑、粳米，共研粉調服，兼補中益氣湯，堵截陽明也。

凡痢初起，必先傷脾，而後及腎，故古人治痢，雖先辨明暑濕之在氣在血，而後施治，必以脾腎兩臟爲主。今痢色如凍，而雜有水穀，虛寒之狀已著，更兼肛垂裏急，完穀不化，此脾腎失固，關閘已撤，的是直腸之險，《內經》云：腎者，胃之關也。開竅於二陰，腎眞失固，則胃關不守，致食入於胃，不及腐化而仍完穀，若非砥柱中流，截堵閘道，則痢何以休？倣仲景少陰下痢之桃花湯，合禹糧石，濇腸堵胃，毋使直下，庶得運化如常，而出納有度，再兼補中益氣以扶土升陽，得清氣上升，庶善會《內經》濁氣在上，則生䐜脹，清氣在下，則生飧泄之旨矣。再按仲景論瀉痢，有寒而下利清穀者，因釜中無火，不能熟腐五穀，固屬虛寒，又有熱甚而亦完穀不化者，雖云邪熱不殺穀，據愚意言之，究係胃關失守，攝納無權，予所閱是證，必係身熱口乾，舌赤少津，脈數無力，虛熱者居多，大抵陰虧陽動，化生內風，縱橫擾亂，清濁混淆，總屬虛象，並非邪熱，故每用胃關煎加赤石禹糧，以固濇之，往往收功。更有肢冷脈虛，面慘舌淡，此屬虛寒，用桃花湯，加人參附子以溫補之，亦可奏效。要之完穀直腸之病，雖有陰陽寒熱之分，然寒固屬虛，熱亦不外乎虛也，若云邪熱不殺穀，數廿年閱歷以來，未可準信，故辨及之，以俟明眼定裁。

伏暑條辨第二十八

伏暑痢下赤白，奔迫無度，痛隨痢減，舌黃脈緊，此寒凝氣滯，宜用當歸、白芍、黃連、木香、山查、厚朴、大黃、附子等味，溫通理氣也。

上條言熱，此條言寒，且痛隨痢減，奔迫後重，日夜無度，脈緊舌黃，乃寒濕黏滯，蘊蒸阻遏，而致腸胃失宣也，考《內經》五臟者，主藏而不泄，六腑者，主通而不滯。此大腸與胃，皆手足是明之腑，又爲水穀之海，主傳導化物者也，蓋因寒濕蘊釀，氣道阻遏，致腹痛裏急，數圊不爽，例宜宣通疎化，使

氣機運則濕濁走，而病可霍然矣。再按古人謂暴崩暴痢，宜溫宜補，久崩久痢，宜清宜通，要非暴崩暴痢，總宜溫補，久崩久痢，總宜清通。究在臨症時，細心諦審，隨症用藥，不可執一。卽下痢一證，固宜疎通，然有寒通溫通之異，如脈症屬熱屬實，原以苦寒通利，若脈症屬寒屬虛，又宜甘溫固補，倘寒中挾實，倣附子大黃湯，溫而且通，若熱而兼虛，倣黃連阿膠湯，清而且補，如虛中挾積，倣人參芍藥湯，通而且補，若虛中挾滯，倣景岳通解散，淸疎帶補。以上諸條，苟能參互考訂，潛心玩味，庶無膠柱皷瑟，涉海問津之患矣。近世以積滯二字，爲痢症之通稱，予意積者屬實，由無形而釀爲有形，滯者屬虛，本運氣而凝爲滯氣，要不可以積滯二字，混稱爲實，故併及之，以質諸高明，爲是爲否，當有能辨之者。

《張氏溫暑醫旨·暑》

經云：暑症當汗出，勿止。此言感受陽暑，卽仲師《傷寒論》之中暍，用白虎湯。蓋暑爲陽邪，陽則上升，故多汗。勿者禁之之辭，暑從汗洩，恐醫者見其汗多，止其汗，故戒之。白虎秋令肅殺之神，取其殺止炎熇也。若汗出過多，反畏冷，脈虛者，加人參。暑傷氣，故益氣，孫眞人之生脈散、李東垣之清暑益氣，皆此意。無汗名陰暑，本草香薷，能出暑汗，香薷飲，治暑瀉頗效。若求陰暑汗，當用葉氏辛涼法，薄荷、杏仁、竹葉、連翹，加淡豆豉、香薷，則有汁。古方消暑飲，半夏辛散，恐過汗，以醋收之，深合仲景濕家忌汗，汗之則發痙厥之戒。其有稨豆、茯苓者，暑必夾濕，治暑必治濕也。至葉氏《指南》暑論，以暑爲無形，首禁攻瀉。卽丹溪暑濕，從無大便攻瀉之論。以河間三焦立法，無下法，亦無汗法，其通陽不難，難於通溲，是絕妙之秘鑰。又表之汗不易徹，攻之便易溏瀉，過淸則肢冷嘔惡，過燥則唇齒燥裂，尤爲至要之口訣。惜習醫者，皆虛字不通之輩，卽有通者，不肯博覽群書，精心究察。曾見一老幼科，日夜捧讀葉文，遇暑症，仍用柴胡、蔞仁、羌活，消導。如程子云：讀竟《論語》，如未讀一般。予詢以四句中，兩過字，兩之字，作何解，蓋全不知。是責醫者之辭。嗚呼，以性命託諸若輩，何不尊生至此。古稱幼科爲啞科，則當存康誥誠求之心。今則肆無忌憚，蓋方脈投劑增劇，勢必咎醫。茲甚幸其不能言，但奉迎其父母信任，則日迫之死無礙也。至《痘症金鏡錄》所載，生死日數，不爽毫髮。葉氏云，有看法，無治法。凡張喻葉氏所云，十中救一二者，全不考究。隣人樊阿齊，痂後色白，云其週年必死，至今四十餘，力作頗強，然則看痘亦未精明，至內外雜病，無非風火食痰蟲，湊雜爲方，先言防驚，久則藥致慢驚，則百無一活矣。方書內用參附救援者，茫然不知，無非鈎藤、膽星而已，又何論暑濕之須分三焦，輕以治實耶？予讀葉案通陽不難，難於通溲，知暑濕感六氣之二，朋比爲姦，故多變幻。若使暑濕分開，勢必鬆解。暑，陽邪也，陽從上化。若午後不寒而熱，熱卽有汗，爲陽之通，有涼汗，爲汗之徹。非若風寒之邪可表而散，故表之汗不易徹徹通也。濕，陰邪也。陰從下降，若小溲通利，爲濕之走，小溲清長，爲濕之淨。濕須分利，故攻之易於溏瀉，以自本欲瀉也。反致溏瀉，是丹之治水以鄰國爲壑，水不由地中行而氾濫也。薄荷、白叩殼、淡豆豉，爲通陽之藥，薄荷、杏仁、竹葉、連翹、滑石，爲上焦之藥，以藿香、厚朴、醋炒半夏，爲溫開中焦之藥，石膏、知母、六一散，爲涼解中焦之藥，澤瀉、焦梔、通草、寒水石，爲下焦之藥，酒炒黃芩、桔梗、蔞皮，以日久不涼，爲領邪外出之藥，吳氏鞠通法也。根生地、地骨皮、麥冬、生米仁、茯苓皮，爲滋肺收汗通溲之藥。仲景云：小溲多者禁發汗，汗多者禁利小溲，可知汗少則小溲可多，故必收汗可通溲也。如逢上焦，毫無中焦症者，知舌淨則邪在上焦，如無脘肉則中焦無病。卽厚朴不可加入。邪在上焦勿犯中下，誤加厚朴藥必不靈。若帶咳嗽，名曰暑風，加絲瓜葉、桑葉。若喉痛，加射干、甘桔，頭額痛，爲夾少陽邪，用鮮荷葉邊三圈，爲輕妙捷法。若風傷營，痰紅，加鮮生地、元參、絲瓜絡、山茶花。上焦症日久怕化燥，久則傷陰夾風，尤易化燥。則用元參、鮮生地、生芍、麥冬，入領邪外出藥中。咳嗽久不能除，葉氏用川貝母三錢，妙黃色，入滋肺藥中，三四劑，咳卽止。

意在通陽，用上焦法，或領邪外出。通草、梔子不可加入，以二味雖肺藥，性趨下，用之藥力不專於上浮也。下焦藥，河間桂苓甘露、張子和桂苓甘露。其甘露者，二此二冬也，滑石、石膏、寒水石，質重開下也，肉桂溫行寒性也。又春澤瀉、五苓、四苓諸散，豬苓湯、香薷飲、蒼朮白虎湯、霹靂散、來復丹、胃苓湯，或霍亂，或水瀉，或溏瀉，或轉筋，有一定不易之用法。三焦均感者，身熱有汗，頭痛，或帶咳嗽，嘔吐，胸脹滿，腹痛作瀉，或水瀉，其勢甚重，用河間三焦分消飲，爲三焦均治之法。有初起作瀉，瀉瘥而反身熱頭痛者，是暑濕濕邪先化之症，當用上焦法，領暑上出。若兼中焦，稍加厚朴，否則不用，切勿誤入中下藥，反致淹滯。暑濕禁用大黃，卽痳子仁、蔞仁，切勿誤入。以二味有油性滯，濕遇油滯，反令粘膠不化也。一見舌尖鮮紅，爲犯心包之兆，卽當用犀角地黃湯，加銀花、麥冬、益元、紫雪，或至寶丹截其路，如滿舌

皆紅，或脱液，或乾縐，或已昏沉，多用芳香，亦無及矣。予遇一症，用前法，再加川連、羚角，亦不應，嗣加元明粉壹錢五分始效，以芒硝味鹹能破結，蓋破其胸中暑熱之結也。

《南病別鑑·續集·傷暑》 傷暑與傷寒俱有熱，若作傷寒治，則大誤。蓋寒傷營，熱傷氣，傷寒則外惡寒而脈浮緊，傷暑則不惡寒而脈虛，此爲異耳。經云，脈盛身熱，得之傷寒，脈虛身熱，得之傷暑，治宜小柴胡湯。柴胡宜酌用，渴加知母、石膏，或人參白虎湯。天久淫雨，濕令大行，蒼朮白虎湯。若元氣素弱而傷之重者，清暑益氣湯治之。

《醫學求是·初集·治伏暑贅言》 伏暑一證，江以南有如油入麪，伏半年之稱。業醫者亦作是。言予嘗疑之，未敢辨其是非也。予少年病，延醫治之，誤於滋陰，卧床八越，月費用至千金，後值起予病者，謂初起但能用藥得當，費數百文可愈，何至纏綿若是乎？因勸予廣購醫書，留心斯道，予遂訂爲契友，晨夕講求，習是以來，至今二十餘年。傷寒宗仲景外，而於溫暑之證，每參薛氏、葉氏、吳氏之法，頗著靈效。究未有伏半年之事，然猶不敢自信，而力辨其妄也。同治戊辰，得張虛谷所著《醫門棒喝》一書，細意揣摩，覺於溫暑源流，詳明洞徹，至其中肯處，殊覺先得我心，自此臨證，深悉病情，隨法施治，罔不應驗。並無所謂如油入麪，伏半年之事也。乃屢見江南時師，凡治伏暑，輒纏綿半載，不以爲怪。予竊異之，遂留心採其方案。乙亥歲，有靖友寓江南，患伏暑，延時師治不效，屢更醫，仍不效，但聞其汗出不止，以爲無患，詎料汗出數月，半載起床。後始得閱其方案，云：脈細濇，舌白滿佈，發熱少汗。觀此的是夾濕伏邪，其用藥非不對證，而第一味有鮮地豆豉同打，夫既知用朴、橘、半、滑、薏、苓等，泄濕而清上焦，何以畏其發熱而用涼味乎？豈不知鮮地助濕邪之威，其火反被濕鬱，非特熱不能退，而使辛溫之藥亦無功矣。尤可異者，因汗閉而方中用葛根二錢，柴胡一錢，不知夾濕之證，重用辛溫泄解，若不雜以鮮地，濕開自有汗出，何至用柴、葛解肌之品乎？《書》云：暑當與汗皆出，勿止。非謂伏暑必發其汗也。若但使其汗出勿止，何以不云發汗，而云與汗皆出乎？則與字皆字，大有妙義。試深論之，是證乃濕濁火邪內蘊，此濕爲無形之濕，如烟霧之迷於清空，外束新涼而汗閉，濕邪迷漫上焦，熱邪鬱伏於內，必有蒸淫之氣，上犯清虛之嬌臟，肺位最高而主皮毛，不雜涼藥，先用辛溫，濕邪解散，自有津津汗出，此汗若見，斷不可用止汗之藥，所謂與汗皆出者此也。濕爲陰邪，得鮮地之滋涼，濕愈凝結，所用溫濕，不能開泄，肺氣窒塞，焉能有汗？不知其理，而用柴、葛，豈內蘊之濕邪，可用解肌之品而盡去乎？可笑屢更醫而柴、葛不去，以至汗出半載，醫者病者，皆安於伏半年之説而悟，不亦深可慨哉！經云：先夏至日爲病溫，後夏至日爲病暑。暑者，乃夏至一陰生，其濕已動，斯時相火司令，天時酷熱，人在氣交之中，受其蒸淫之氣，而地中穢濁濕邪，又因天氣熱蒸而上升，觸入人之口鼻，迷漫上焦，所入之濕邪，被鬱於內，不得流行，則濕遏於上，火鬱於下矣。然而濕熱之邪，人多受之，未必皆成伏暑證也。其人中陽素旺，不受寒涼，不喜生冷，濕濁未嘗凝聚，時有汗出，逐日解散，自然無病。凡人於暑令，不可有一時之汗閉，倘有汗閉成病，治法原可開泄，但與傷寒不同，如法施治，必輕而易愈，內邪未經久伏，易於解散故也。至其人中氣素餒，或榮倦傷中，濕熱易於內蘊，至秋偶受寒邪，新涼外逼，內邪被逼而動，內外合邪，發爲伏暑，治此證者，必先用辛溫，開泄溫邪，而辛溫之性，亦能開腠理而發汗，使濕邪內化而外解，鬱火得以上升，旋用辛涼輕劑以清之，其效甚速，外邪重者，重用辛溫，略兼開泄，濕邪解散，而腠理自然疎通，汗亦自至，何必用柴、葛、荆防以傷其表乎？蓋傷寒由表而入，使其由表而出，伏暑爲伏邪，閉鬱上焦，外受新涼而發，倘見其熱甚而清火，見其無汗而發表，濕邪得清火之涼藥而愈伏，外受寒邪，反有依附，而內鬱之火，無從透達，發表之汗，非濕邪外達之汗，乃用燥烈風藥，而開皮毛之汗，徒傷津液，濕邪未解，鬱火內焚，又傷津液，肺胃日漸傷殘，勢必唇焦齒黑，不明其故，再用滋陽，或用苦寒，鬱火逼極而入心胞，必見神昏譫語，至此而用犀角至寶，牛黃紫雪之類，取其芳香逐穢，通神明而開內閉，若濕邪凝結未堅者，或可挽回，濕邪膠結之深者，每成不救之證矣。更有陽虛之體，濕重火微，得涼藥而成痢證者，皆因未明此理故也。若先去濕邪，火邪上透，津液不傷，烏得內陷？又烏得成痢乎？然又非謂火與濕，因治法有先後，而強分爲上下也。六淫之邪，火濕兩氣合化謂之暑，火性炎上，濕性就下，人所其知，若非合邪，將火爲火病，濕爲濕病，焉得謂之伏暑？又焉得謂之合化乎？故葉氏云：暑必兼穢，暑必挾濕。謂濕與火之不相混固不可，謂火與濕之不分上下，治法之不分先後次序，斷不可也。請以初起之病象論之，頭重脘悶者，乃上焦之清氣，被濕濁擾亂而不得流行也，微寒發熱者，乃外束新涼，與內邪相鬭於膜原之界

也；　脈象細濇，如雨沾沙，濕邪壅遏之象也；　舌上白苔滿佈，濕濁現象於外也；　苔白而舌邊紅甚者，鬱熱甚也；　若苔厚而舌本不紅，乃濕重火微之證；　若白苔不厚，舌邊淡白，但有寒熱，乃伏邪輕證，用藥不當，亦變爲重證也。《書》云：　治上焦如羽，中焦如衡，下焦如權。伏暑爲上焦病，畏其入於下焦，而成難治之證也。是以葉氏治法，初起用杏仁、象貝、蔞皮之類，開利肺金，乃流通上焦之清氣也；　用藿香、豆蔻者，取其芳香逐穢，溫脾而解濁邪也；　胸脘痞悶，而用豆豉、山梔者，去其上焦之陳腐也；　川朴、半夏、橘紅，每爲君藥，取其辛溫勝濕，而利腑氣，亦疏腠理；　佐以薏仁、通草、滑石、苓皮等，輕清而理上焦邪熱，凡皮屬陽，滑石亦開腠理，又開太陽，且有滲泄下行之功，非比泄瀉之證，乃下注濕邪，而用四苓五苓，爲利水之法也。余治伏暑夾濕證，每語病家，服藥後，濕邪一解，火必上升而熱重，不喜飲者，反加口渴，轉方自然病解，不可見其熱甚口渴，而有懼心，用是治之，百不失一。嘗過東臺，見一伏暑敗證，熱甚口渴，齒黑唇焦，神昏面赤，譫語無休，視其舌苔白膩罩黃，醫者仍進鮮地斛牛黄丸等，苔卽變黑，余知病已入深，一齊衆楚，不易挽回，且係過客，不能久留，觀其所服一味滋涼，使濕濁日凝而火鬱，因客地罔識顧忌，不覺暢所欲言，豈有日進涼藥，如水益冰而火益熾，徒知暑爲火病，竟不知舌上白苔何來？　從未聞暑必挾濕，暑必兼穢之言乎？　大凡雜證之驗舌，不過察之以合證情，若溫暑證之驗舌，萬不可輕忽也。嘗治一伏暑敗證，聲啞不語，閱前方，知爲熟地赭石所誤，診脈細濇，舌本紅而苔白罩黃，已現燥裂之紋，方用元參石斛，救陰而不助濕，重用橘、半、川朴，利腑氣而泄濕邪，佐以薏通滑苓等，清上滲下，加杏貝桔梗，潤肺開提，兩劑，舌上濁苔，透出如層雲，言語如常矣。原方增減，再進而口渴熱甚，改用人參、石羔、知母、竹葉等，一劑而諸恙悉平。是家韓姓，一妻一子一媳一孫女，前後皆患暑證，妻媳孫女，皆爲前醫誤治而斃，余所救者其子也。用石羔時，見其汗多、脈大、熱甚、口渴，若未見此象，石羔仍不可用也，又治一伏暑之濕重者，前醫一進涼藥而熱退，用地骨而加腹痛。余診脈細濇，舌上偏體白苔，厚膩異常，進朴半等無效，改用附子、乾薑、川椒、葱白，以豬膽汁爲引，一劑而舌白退半，大便旬日未解者，至此亦通。減輕再進，證已霍然。此乃濕重之證，倘不慎寒涼而用下法，必成痢證。乙亥秋，暑證夾濕，及濕瘧極多，辨明熱邪濕邪，孰輕孰重，用藥分其淺深，隨意指揮，效如桴鼓，心喜前人之起予而不我欺，而我庶可不負前人矣。夫醫理，一也。如天下人之耳目口鼻，四肢百骸，無不同也。而病象脈象之變化無窮者，如天下人之容貌志慮，多不同也。故治病者，必明其證之源流，觀其證情變現，然後用法，立方時，君臣佐使，逆治從治，悉心配合，用一味藥，必有命意，不可執用古方，定方之後，未嘗不與古合，所謂用古而不泥於古也。若以某方治某病，不辨藥之氣味，證之相宜，鮮有切中病情者矣。至於養正驅邪之法，外邪入於肌腠，或邪襲經絡肢節者用之。溫暑爲內蘊之邪，萬無可用，且內熱最傷津液，故溫邪有存津液之戒。而暑邪之存津液，豈以滋陰養液爲務乎？　非也！　初起先用燥濕，暑散而火不鬱，火散而津液自然不傷，用燥藥時，已寓存津液之義也。《書》云：　治內傷如相，治外邪如將。邪之所中，必搜其所在而治之，安可因循怠玩乎？　然余第言伏暑夾濕之一證，目覩夫誤用清火表散，醫至纏綿難愈，且習俗成風，以爲熱甚必用鮮地，以爲汗少必用柴、葛，不知内邪不解而發其表，徒傷津液，鮮地助其濕邪，火鬱不達，煎熬津液，以至變證蜂起矣。故不惜反覆辨論也。至於證之變化，隨歲時而轉旋，若丙子秋，所見之證，大都脈數、舌光、發熱、少汗、乾咳、喉癢、咽疼、口渴，一派秋燥，初起卽當潤肺，而清燥邪，間有舌白夾濕者，亦輕而易愈。偶過安豐場，曾診秋病之壞證，皆因不明燥邪，誤用隔年辛溫之藥，而不起者，余曾救治兩證，較治夾濕之證，易於奏效，蓋丙子歲，少陰君火司天，陽明燥金在泉，夏秋多旱，人與天地同氣，故所見燥證極多。今歲丁丑，太陰濕土司天，太陽寒水在泉，夏秋多雨，暑令不熱，秋病濕證居多，霍亂證，恐亦不少，治不中病，危殆立見。而伏暑證，亦有初起卽見泄瀉者，皆因濕邪已入下焦，治法又當通變，余也譾陋，似有一隙之明，因時師中，尚有未見章氏之書，陳氏之論，或見之未暇精求至理，猶以時方自鳴，屢誤而不知其弊。被其誤者，亦以爲本有如油入麪，伏半年之稱，余目擊者屢矣。用敢力闢斯言，敬爲業斯道者告也。至於證情之錯綜變化，雖有古聖之書，未免有難明之旨，醫書之稱名家者，每每各立門戶，今得陳氏之《淺注》，章氏之《棒喝》，無處不循《内經》之訓，仲聖之法。陳氏於傷寒雜證，剖晰詳明，觀其勸讀十則，實爲救世婆心，而格物之功，尤稱獨擅。章氏於溫暑之證，精求至理參悟了然，且又採取各家論説，縷晰條分，略無餘蘊。業斯道者，知其得所宗矣。余何贅焉。

《醫學求是・初集・溫暑異治辨》　經云：　冬傷於寒，春必病溫。又

云：冬不藏精，春必病溫。所謂傷於寒而不藏者，因入冬寒水主令，萬物歸藏，人不能休息保養，而傷其寒水蟄藏之令氣也。至春，風木主令，偶感外邪，則衛閉而營鬱，發熱而口渴，蓋冬令水不蟄藏，木失其養，至春發病，營血先已内焚，雖在初起可汗之時，必用養液之品，清肺金而涼營血，若果木燥營熱，内火極盛，則鮮生地實爲至寶。惟溫病陽明之燥，能奪太陰之濕，眞陰虛證也。溫邪爲清邪，所伏者水不涵木，營血之内熱耳。伏暑爲濁邪，經謂：夏傷於暑，秋必痎瘧。後人謂：無痰不成瘧。伏暑乃瘧之重者，濕伏火鬱，所鬱之火，暑邪之火也，去其濕而火自達耳。溫邪乃營血之鬱蒸，必以清内熱爲主，而無汗者，兼泄其衛，但防風蘇葉等，性烈者不可用。證之輕者，葱豉、薄荷，可勝其任。若熱重而汗閉，欲疎其衛，必用浮萍，取其生於水，而不被風氣之動搖，開汗孔，而無燥烈之性味也。兹因生地之利於治溫病，而不利於治夾濕伏暑也。故又續論而明辨之。夫病變多端，原非數證所能詳盡，而余之急欲辨此者，實目擊夫時尚之弊，相習成風，惟此數證，誤人不少，若不明指其弊之所在，誠恐執而不化者仍多，萬不敢摘人之短，炫己之長也。所望業斯道者，轉圜有術，不爲先見所拘，因而追蹤前哲，加意揣摩，出奏奇效，當不至河漢余言矣。

《醫學求是・二集・伏暑再論》 歲在甲戌乙亥，伏暑證濕重者居多，而時師中有用鮮地等滋涼之品，致病有綿延不起者，余心憫之，因有伏暑贅言之作，冀挽救於一時也。今者來遊滬瀆，值壬午癸未歲，夏季淫雨兼旬，入秋異常炎熱，伏暑證外燥内濕火鬱，三者互見，乃多有發爲㾦疹者，推原其故，皆誤服豆卷、川朴桂枝等所致。而香薷又爲不易之品。噫！何不察證之甚哉。吾故不惜再言之也。伏暑症乃燥傷於外，濕傷於内，外燥内濕，鬱極火生，初起泄其外衛，滲其内濕，汗孔既啓，則濕邪有宣達之機，蘊結既開，則燥火得升降之路。察燥火濕三者孰甚孰微，施治匪難，不明此理，概投溫散，外邪不清，内火愈熾，而有濕邪者，仍鬱於脾肺，以致病變莫名，豈非醫之過哉？夫豆卷之製，乃用麻黃。馬元儀以世俗多畏麻黃，而釀成此品，暑病本非所宜。香薷飲在世俗用爲治暑套方，而香薷其性辛溫，火甚之證，非可浪用，若體本燥熱，服此等方劑，燥傷陽明，營血被逼，衛氣外歛，以至營衛兩鬱，迫於皮毛，發爲似㾦非㾦，似疹非疹之象。不知藥誤，復用風燥發散，以爲達邪，勢必津液乾涸，氣促痰鳴，證成不救。醫者技已告窮，猶諉爲㾦毒内攻，本屬敗證，眞可概矣。追憶昔年，予從弟厚夫患伏暑，病將就殆，時予尚未知醫，力主延刑峙清先生治之，先生年已古稀，精於醫理，見前醫所進各方，不禁有伏暑失傳之歎。後予留心醫學，搜括方書，欲得其專於治暑者，如葉氏《指南》，用法清靈，治暑最爲合拍，惜但有醫案，難以洞悉根源。吳鞠通《溫病條辨》於溫病已具大旨，而附論暑證，並未周詳。王孟英《溫熱經緯》暑火燥實之證，治法周備，而濕重火微者，未深求也。章虛谷《醫門棒喝》，以爲六淫中之邪，暑乃火濕兩氣合化，發明陰陽升降之原，火濕所以合化之理，意義獨超，再引薛氏《濕熱條辨》，以爲準則，實有可宗，惟以隆冬亦有伏暑，未免成見太拘，不過冬令亦有火濕兩鬱之證耳。及讀黃氏書至《四聖懸樞》，其論溫病也，窮源竟委，彰往察來，深得聖經之旨，而暑證獨略而弗詳，但云：汗之不可，攻之不可，下之不可，補之不可。然比數言也，予謂已將治暑之祕，不啻盡傳之矣。蓋暑邪從口鼻吸入，迷漫三焦，徒恃發表，非特内蘊濕濁難從汗解，且過汗反傷津液，此汗之不可也。若用攻消，則香燥耗散，邪未能去，正氣已傷，下之則傷及太陰，濕濁下陷，必成痢證，此攻與下之不可也。至於補之不可，更無論矣。其論熱病云：熱者溫之漸，治熱之法，即寓於治溫之中。苟明其由溫而熱，熱甚於溫之理，治暑自不難矣。凡病首犯太陽，太陽主皮毛，爲六經之綱領。其次傳陽明，陽明主肌肉，爲氣血之海，經脈之長。其次傳少陽，少陽乃三焦之經，内護臟腑，臟腑氣盛，能拒外邪，其病仍在軀殼。故傳於太陰則經絡病，傳於少陰則血脈病，傳於厥陰則筋節病。但經有十二，手足各六，六經同氣，内外相應，六經傳遍，邪必内犯臟腑。故腑氣燥熱者，邪即入腑而成燥火證。臟氣虛寒者，邪即入臟而成濕寒證。故燥濕兩途，凡病必分之理也。今云伏暑先犯三焦，三焦手少陽之經，似邪由裏入，非由太陽而傳，豈知夏令蒸淫之氣，由口鼻吸入，客於膜原，膜原即三焦空隙之區，邪堪暫伏，且夏令汗孔常開，尚有泄路。至秋金氣司權，涼風外襲，其性收歛而燥，濕邪欲泄無門，外燥既歛，内濕愈鬱，鬱極火生，故伏暑病，乃燥火濕三者互結而成。惟當辨其孰甚孰微，而施治之耳。今且聊舉治之之法：其有初感新涼，外閉不甚者，用薄荷等輕清之品，已能開泄。若涼風外束，皮毛緊閉，未嘗不欲其汗解，但不可用麻、桂、羌、防等發汗之品，以其與燥火相犯，有傷營血，營血愈鬱，外閉愈甚，逼極而有發爲㾦疹之害，故泄汗利用浮萍，浮萍其性輕清，能開皮毛，不傷津液，不耗營血，遇火鬱而宜

開泄者，春夏秋三時之病皆可進之。徐靈胎云：《本草》謂：浮萍氣味辛寒，入手太陰肺經，發表出汗，泄濕清風。萍生於水中，而出於水上，其葉入水不濡，故能治濕火之病。且其根不著土，上浮水面，故又主皮毛。神農本草藥止三百六十味，萍乃載於中品，乃世俗惑於贅説，於浮萍則畏如麻黄，於豆卷羌防等則肆意用之，是亦不思之甚矣。蓋外閉内鬱無汗，初起均利於表散也，再有外邪既重，内藴亦深，濕鬱火升，致頭有汗而身無汗，用法先滲其濕，以滌穢濁，次清其火，以救肺胃，亦當佐以浮萍，開其外閉，此外燥内濕火鬱，三者並見之證也。有皮毛不閉，發熱汗多，而兩足獨冷者，乃濕鬱於中，火浮於上，火浮則肺液被蒸，故汗出，濕鬱則肺氣不降，故足冷，法用苓薏斛滑等滲濕利竅，用黄芩以救肺急，杏陳以和肺氣，選用青蒿柴胡，和解少陽，口渴不甚用半夏，渴甚火升易蔞根，胸脘痞悶用豆豉山梔。倘濕邪先退，火邪尚炎，必見脈大汗多，口渴熱甚，改用石膏知母湯，而病去矣。亦有火邪漸熄，汗減而嗆咳痰多，胸滿少納，倦怠嗜卧者，豆蔻、砂仁、川朴、半夏之類，務宜斟酌而施，此乃濕火互結之重症，當察其變動而治之也。若夫火爍肺金，液結成痰，吐咯不爽，口渴唇焦，此乃秋燥正病，石膏、知母、麥冬、川貝、白芍、桑皮、杏仁等固宜擇用，而淡滲之品，亦不得全捐也。至於邪鬱少是，寒熱並見，必有濕邪中阻，以致手足兩少陽相火，升降不遂，亂於本經，用法和解少陽，而必君以利濕降濁，惟小便全賴手少陽三焦氣化，邪犯三焦，無不溺短黄赤，滑石清上熱而利下竅，濕症中每多用之，且有加製各法，隨證而施，此乃濕鬱火逆，少陽症也。若夫火甚刑金，肺經逼極，傳於大腸，陡見泄瀉，瀉時直噴，不得疑爲食積虚寒，誤用溫中消導，但當清解其火，仿白頭翁湯之意，增減用之，此又火鬱生風，風從下竅而泄也。更有如予前論中用薑、附、豬膽汁者，則又濕重之寒證矣。辨證既明，驗舌毋忽。白苔滿布，厚膩異常，濕甚也；滿布薄白，並無濁膩，濕微燥甚也；舌中黄厚，邊尖皆紅，濕鬱火升也；舌苔緊貼，平而無孔，邪未透達，邪達則苔浮矣；舌潤苔少者，緣初起失表，濕積火鬱，用涼營泄衛之法，得以汗解；倘於黄白之上，而罩黑苔，乃火邪外達，正爲輕候，邪去正安，其苔自退，若誤用犀角、鮮地、紫雪等，逼其熱邪，轉成内陷；故必苔黑舌乾，並見脈大汗多，口渴熱甚，加以煩燥不安，神昏譫語，方是犀角地黄之證。更有痞悶燥實，胸滿便堅，承氣諸方，可以擇用也。夫暑病現變多端，而泄衛滲濕，驅濁清火，此其大較。余也追念伏暑失傳之言，又目見治此者，略撮傷寒大意，未審伏暑源流，故又論之如此。

《醫學求是・二集・溫暑燥濕辨》 至於暑病至秋發者，名爲伏暑，實亦不離乎秋燥。秋令燥金司權，天行收斂之政，人若外受新涼，爲燥氣所縛，則内藴之濕，生火而内動，故云火濕合邪。若徒清其火，不滲其濕，濕邪鬱結，燥火煎熬，迫入手陽明燥腑，遂成痢疾，實因寒涼助濕而滅火，火無所歸，漸變爲太陰濕土之重證。若濕濁既開，火邪外達，而見燥象，宜用清涼。蓋濕開火透，證已入於陽明。凡若此者，原不能執一以論，惟濕入太陰者其證重，燥入陽明其證輕也。總之燥入陽明爲熱，濕入太陰爲寒，凡病皆不出傷寒論之範圍。非特春夏秋三時之感證爲然，特不能拘執傷寒成法，以應三時之病變耳。【略】

至若夏秋暑病，往往不辨寒濕燥熱，不問病涉何經，混施發散，香薷、豆卷等，在所必用，且有表散藥中，更用耗血動血之品，誤成變證，其餘之慣用攻伐者，更不足論。予若偶一見之，猶不爲怪，特無如時醫盛行之時方也。果孰能提其耳而面命之哉。

《時病論・擬用諸法・清涼滌暑法》 治暑溫暑熱，暑瀉秋暑。

滑石三錢水飛　生甘草八分　青蒿一錢五分　白扁豆一錢　連翹三錢去心　白茯苓三錢　通草一錢

加西瓜翠衣一片入煎。

滑石、甘草，即河間之天水散，以滌其暑熱也。恐其力之不及，故加蒿、扁、瓜衣以清暑。又恐其干犯乎心，更佐連翹以清心。夫小暑之節，在乎相火之後，大暑之令，在乎溼土之先，故先賢所謂暑不離溼也，兼用通、苓，意在滲溼耳。

《時病論・夏傷於暑大意・傷暑》 長夏傷暑，有陰陽之別焉。夫陰暑之爲病，因於天氣炎蒸，納涼於深堂大廈，大扇風車得之者，是靜而得之之陰證也。其脈浮弦有力，或浮緊，頭痛惡寒，身形拘急，肢節疼痛而心煩，肌膚大熱而無汗。此爲陰寒所逼，使周身陽氣不得伸越。宜用辛溫解表法減去防風，益以香薷、藿香治之。嘔逆加茯苓、半夏，便瀉加厚朴、木香。又有陽暑之病，緣於行旅長途，務農田野，烈日下逼得之者，是動而得之之陽證也。其脈浮洪有力，或洪數，面垢喘咳，壯熱心煩，口渴欲飲，蒸蒸自汗。此爲炎

熱所蒸，使周身中外皆熱。宜以清涼滌暑法去扁豆、通草，加石膏、洋參治之。嘔逆加竹茹、黃連，便瀉加葛根、荷葉。更宜審其體實體虛而藥之，自無不當耳。

張介賓曰：　陰暑證，或在於表，或在於裏，惟富貴安逸之人多有之，總由恣情任性，不慎風寒所致也。陽暑證，惟辛苦勞役之人多有之，由乎觸冒暑熱，有勢所不容已也。然暑熱逼人者，畏而可避，可避則犯之者少。陰寒襲人者，快而莫知，莫知則犯之者多。故凡有病暑者，陽暑多不見，而陰暑居其八九。今之人治暑者，但見發熱頭痛等證，則必曰此中暑也，而所用無非寒涼，其不達也亦甚矣。

江誠曰：　介賓先生謂陰暑多於陽暑，最爲確切，今人治暑，不別陰陽，一見發燒，遂投涼藥，若此貿貿，則害人匪淺矣。

《時病論·夏傷於暑大意·冒暑》　冒暑者，偶然感冒暑邪，較傷暑之證，稍爲輕淺耳。夫暑熱之邪，初冒於肌表者，即有頭暈、寒熱、汗出、咳嗽等證，宜以清涼滌暑法加杏仁、蔞殼治之。其證雖較傷暑爲輕，然失治入裏，此又不可以不知也。如入於肉分者，則周身煩躁，頭脹體燒，或身如針刺，或有赤腫等證，宜以祛暑解毒法治之。如入於腸胃者，則有腹痛水瀉，小便短赤，口渴欲飲，嘔逆等證，宜以增損胃苓法佐黃連治之。然冒暑之證，雖謂爲輕，亦必須防微杜漸耳。

《時病論·夏傷於暑大意·中暑》　潔古曰：　靜而得之爲中暑。東垣曰：　避暑乘涼得之者，名曰中暑。其實二說，皆是陰暑之證，而無中字情形，似不可以中暑名之。考中暑即係中暍，中暍之證，可以不必另分。蓋中暑忽然而發，如矢石之中人也，不似傷暑初則寒熱無汗，或壯熱蒸汗之可比。是病忽然悶倒，昏不知人，軀熱汗微，氣喘不語，牙關微緊，亦或口開，狀若中風，但無口眼喎斜之別，其脈洪濡，或滑而數。緣其人不辭勞苦，赤日中行，酷暑之氣，鼓動其痰，痰阻心包所致，宜清暑開痰法治之。如果手足厥冷，名曰暑厥，宜蘇合香丸化開灌之，或以來復丹研末白湯灌之，或以蒜水灌之，或剝蒜肉入鼻中，皆取其通竅也。俟其人事稍甦，繼進卻暑調元法爲治。

《時病論·夏傷於暑大意·暑風》　暑風之病，良由暑熱極盛，金被火刑，木無所畏，則風從內而生，此與外感風邪之治法，相懸霄壤，若誤汗之變證百出矣。夫木既化乎風，而脾土未嘗不受其所制者，是以卒然昏倒，四肢搐搦，內擾神舍，志識不清，脈多弦動，或洪大，或滑數。總當去時令之火，火去則金自清，而木自平，兼開鬱悶之痰，痰開則神自安，而氣自甯也。擬用清離定巽法佐以鬱金、川貝治之。倘有角弓反張，牙關緊閉者，宜加犀角、羚羊。痰塞喉間有聲者，宜加膽星、天竺。服藥之後，依然昏憒者，宜加遠志、菖蒲。然而證候至此，亦難治矣。

《時病論·夏傷於暑大意·暑溫》　考暑溫之證，較陽暑略爲輕可。吳淮陰曰：　溫者熱之漸，熱乃溫之極也。其名暑溫，比暑熱爲輕者，不待言矣。在醫者務宜留心慎藥，弗使溫盛成熱耳。夫暑溫之初病也，右脈勝於左部，或洪或數，舌苔微白，或黃而潤，身熱有汗，或口渴，或咳嗽，此邪在上焦氣分，當用清涼滌暑法加杏仁、蔞殼治之。倘汗少而有微寒，或有頭痛者，宜透肌膚之冒，於本法內去扁豆、瓜翠，加藿香、香薷治之。如口不渴者，乃兼溼也，加米仁、半夏治之。如舌苔黃燥，渴欲喜飲，宜清胃家之熱，用涼解裏熱法治之。如舌苔光絳，傷於陰也，宜用清熱保津法加西洋參、北沙參、元參治之。總當細究其因，或夾冒，或夾溼，或胃熱，或陰傷，按證而分治之，未有不向愈者。

《時病論·夏傷於暑大意·暑瘵》　暑瘵者，驟然吐血、衄血，頭目不清，煩熱口渴，咳嗽氣喘，脈象浮取則洪，中取則空，沉取復有。此因盛夏之月，相火用事，火爍肺金，復燃陽絡，絡血上溢所致。昧者以爲勞瘵，殊不知火載血上，非真陰虧損而爲虛勞者比也。當清暑熱以保肺，清絡熱以止血。如初起體實者，宜以清宣金臟法加枯芩、黑梔治之。體弱者，宜以卻暑調元法去石膏、半夏、粳米，加鮮地、鮮斛、鮮藕節治之。如未止，再加丹皮、旱蓮草可也。雖非癆瘵之病，但失血後有潮熱咳嗽之證，小數之脈，其陰分不虧亦虧，又當以甘鹹養陰法治之。倘蹉跎失治，傷及真陰，遂難療矣。

《時病論·夏傷於暑大意·穢濁》　穢濁者，即俗稱爲齷齪也。是證多發於夏秋之間，良由天暑下逼，地溼上騰，暑溼交蒸，更兼穢濁之氣，交混於內，人受之，由口鼻而入，直犯募原。初起頭痛而脹，胸脘痞悶，膚熱有汗，頻欲惡心，右脈滯鈍者是也。然有暑溼之分，不可以不察也。如偏於暑者，舌苔黃色，口渴心煩，爲暑穢也。偏於溼者，苔白而膩，口不作渴，爲溼穢也。均宜芳香化濁法治之。暑穢加滑石、甘草，溼穢加神麯、茅蒼。吾衢見穢濁之證，便禁藥餌，惟以揪刮當先，殊不知禁滋膩呆滯之藥，如地、歸、沙參等味

是也，芳香氣分之品，又何害乎？倘執禁藥之説，每見其輕證轉重，重證轉危，誤人性命，不可勝數，悲哉悲哉。

《時病論・夏傷於暑大意・疰夏》　疰夏者，每逢春夏之交，日長暴煖，忽然眩暈頭疼，身倦脚軟，體熱食少，頻欲呵欠，心煩自汗是也。蓋緣三月屬辰土，四月屬巳火，五月屬午火，火土交旺之候，金水未有不衰，夫金衰不能制木，木動則生内風，故有眩暈頭疼。金爲土之子，子虚則盗母氣，脾神困頓，故有身倦足軟，體熱食少。又水衰者，不能上濟乎心，故有頻欲呵欠，心煩自汗等證。此皆時令之火爲患，非春夏溫熱之爲病也。蔓延失治，必成癆怯之根，宜以金水相生法治之。如眩暈甚者，加菊花、桑葉。頭痛甚者，加佩蘭、荷錢。疲倦身熱，加潞黨、川斛。心煩多汗，加浮麥、蓮子。加減得法，奏效更捷耳。

《時病論・夏傷於暑大意・熱病》　《金鑑》云：經曰：冬傷於寒，春必病溫，至夏爲熱病。熱病者，乃冬傷正令之微寒，未即病也。倪氏謂：交立夏以來，久伏之氣，隨時令之熱而觸發，故初病即發熱汗出，口渴心煩，不惡寒而反惡熱，脉來洪大之象，是爲熱病也。《醫通》曰：邪非外來，故但熱而不惡寒，熱自内發，故口燥渴而多引飲，其邪既鬱爲熱，不得復言爲寒。合而觀之，熱病因伏氣者了然，然較晚發更發於晚，比諸溫更伏於深。初起之時，宜用清涼透邪法。熱勢不衰，繼用清涼蕩熱法。倘有惡寒相兼，脉象舉取浮緊，是有夏時暴寒所加，寒在外而熱在裏，先用辛溫解表法，以透其外，外邪得透，再用清涼之劑，以蕩其裏熱也。設無浮緊之脉，又無惡寒之證，誤用辛溫之方，耗傷津液者，宜用清熱保津法加西洋參、石膏治之。倘或兼之惡風，微微汗出，脉象與取浮緩，此表有風邪所加，風在外而熱在裏，當用辛涼解表法，先解其外也。至於舌苔化燥，譫語昏狂，急用清涼蕩熱法加紫雪丹治之。發斑者，加黄連、梔子。發疹者，加荷葉、牛蒡。須加熱病最易傷陰，當刻刻保陰爲要，辛溫劫液之劑，勿浪用也。

《時病論・擬用諸法・祛暑解毒法》　治暑毒煩熱赤腫，身如針刺。

茯苓三錢　製半夏一錢五分　滑石三錢，水飛　粉甘草五分　參葉六分　黄連八分　銀花三錢　連翹三錢，去心

加菉豆衣三錢煎服。

凡暑熱成毒者，此法最宜。苓、夏偕甘，即海藏消暑方也。滑石偕甘，即河間清暑方也。更佐參葉以卻暑，黄連以清心，銀翹、菉豆以解毒也。

《時病論・擬用諸法・增損胃苓法》　治暑溼内襲，腹痛水瀉，小便熱赤。

蒼朮一錢，米泔炒　厚朴一錢，薑汁炒　廣陳皮一錢五分　豬苓一錢五分　白茯苓三錢　澤瀉一錢五分　滑石三錢，水飛　藿香一錢五分

水煎溫服。

蒼、朴、陳皮以化溼，即平胃散損甘草也。二苓、澤瀉以利溼，即五苓散損桂、朮也。增滑石清暑滲溼，增藿香止瀉和中。凡因暑溼而致瀉者，是法最爲拍合耳。

《時病論・擬用諸法・清暑開痰法》　治中暑神昏不語，身熱汗微，氣喘等證。

黄連一錢二分　香薷一錢　扁豆衣三錢　厚朴一錢，薑汁炒　杏仁二錢，去皮、尖，研　陳皮一錢五分　製夏一錢五分　益元散三錢，入煎

加荷葉梗七寸爲引，汗多除去香薷。

連、薷、扁朴，清熱祛暑。杏仁陳夏，順氣開痰。益元散，清暑寧心，荷葉梗，透邪宣竅。

《時病論・擬用諸法・卻暑調元法》　治暑熱盛極，元氣受傷。

石膏四錢，煨　滑石三錢，飛　白茯苓三錢　製半夏一錢　東洋人參二錢，或用西洋人參　麥門冬二錢，去心　粉甘草六分

加粳米一撮爲引。

石膏、滑石卻暑瀉火爲君，茯苓、半夏消暑調中爲臣，暑熱刑金，故以人參、麥冬保肺爲佐，暑熱傷氣，故以甘草、粳米調元爲使。

《時病論・擬用諸法・清宣金臟法》　治熱爍肺金，咳逆胸悶，身體發熱。

牛蒡子一錢五分　川貝母二錢，去心　馬兜鈴一錢　杏仁二錢，去皮、尖，研　陳瓜蔞殼三錢　桔梗一錢五分　冬桑葉三錢

加枇杷葉三錢，去毛蜜炙爲引。

夏日炎暑，火旺尅金，宜乎清熱宣氣，保其金臟。法中蒡、貝、兜鈴，清其肺熱，杏、蔞、桔梗，宣其肺氣。夫人身之氣，肝從左升，肺從右降，今肺被暑熱所爍，而無降氣之能，反上逆而爲咳矣。故佐桑葉，以平其肝，弗令左升太

過。杷葉以降其肺，俾其右降自然，升降如常，則咳逆自安謐矣。

《時病論·擬用諸法·金水相生法》　治疰夏眩暈神倦，呵欠煩汗，及久咳肺腎并虧。

東洋參三錢　麥冬三錢去心　五味子三分　知母一錢五分　元參一錢五分
炙甘草五分

水煎溫服。

法內人參補肺，麥冬清肺，五味斂肺，此千金生脈飲也。主治熱傷元氣，氣短倦怠，口渴汗多等證。今以此方治疰夏，眞爲合拍。加色白之知母，以清其肺，復清其腎；色黑之元參，以滋其腎，兼滋其肺；更以甘草協和諸藥，俾金能生水，水能潤金之妙耳。

《時病論·備用成方》　六和湯　治夏月飲食不調，內傷生冷，外傷暑氣，寒熱交作，霍亂吐瀉，及伏暑煩悶等證。

新加香薷飲　治暑溫汗不出者。

雷豊按：香薷辛溫香散，宜於陰暑而不宜於陽暑也。蓋陰暑無汗，用香薷以發之，陽暑多汗，用之能無害乎？李時珍曰：香薷乃夏月解表之藥，猶冬月之用麻黃。由是論之，其發表之功可見矣。今人不別陰陽，一概用之則誤甚。

三石湯　治暑溫蔓延三焦，舌滑微黃，邪在氣分者。

清營湯　治暑溫逼盡心包，舌赤煩渴，不寐譫語。舌苔白滑，不可與也。

雷豊按：鞠通先生云：溫者熱之漸，熱者溫之極也，暑溫較暑熱爲輕者，不述可知。此二方乃大寒之劑，治暑溫似乎過峻，試問治暑熱之病，將何寒藥所用耶？竊謂治暑熱，二方最可，治暑溫，不若豊之清涼滌暑法爲穩。

清暑益氣湯　治長夏溼熱炎蒸，四肢困倦，精神減少，胸滿氣促，身熱心煩，口渴惡食，自汗身重，肢體疼痛，小便赤濇，大便溏黃，而脈虛者。

《時病論·夏傷於暑秋必痎瘧大意·伏暑》　伏天所受之暑者，其邪盛，患於當時。其邪微，發於秋後，時賢謂秋時晚發，即伏暑之病也。是時涼風颯颯，侵襲肌膚，新邪欲入，伏氣欲出，以致寒熱如瘧。或微寒，或微熱，不能如瘧分清。其脈必滯，其舌必膩，脘痞氣塞，渴悶煩冤，每至午後則甚，入暮更劇，熱至天明得汗，則諸恙稍緩。日日如是，必要二三候外，方得全解。倘調理非法，不治者甚多。不比風寒之邪，一汗而解，溫熱之氣，投涼則安。擬用清宣溫化法，使其氣分開，則新邪先解，而伏氣亦隨解也。然是證變易爲多，其初起如瘧，先服清宣溫化法。倘畏寒已解，獨發熱淹綿，可加蘆竹、連翹，本法內之半夏，陳皮，乃可刪去，恐其溫燥之品，傷津液也。其舌苔本膩，倘漸黃漸燥漸黑漸焦，是伏暑之熱，已傷其陰，於本法內可加洋參、麥冬、元參、細地治之。倘神識昏蒙者，是邪逼近心包，益元散，紫雪丹，量其證之輕重而用。倘壯熱舌焦，神昏譫語，脈實不虛，是邪熱歸併陽明，宜用潤下救津法治之。如年壯體強，以生軍易熟軍，更爲有力。種種變證，務在臨證之時，細審病之新久，體之虛實，按法用之，庶無差忒耳。

或問曰：曾見禹載書中論伏暑，謂三伏之時，以書曬曝烈日之中，隨即收藏於笥，火氣未散，冬時啓笥，觸之遂病。今是論中，全未言及，得毋遺漏乎？答曰：子誠刻舟求劍也，此不過偶一有之之證。若此論之，則伏暑之證，專病曬書之家，而無書曬者則不病。專病在冬，而三秋則不病，可發一笑。

《時病論·擬用諸法·清營捍瘧法》　治暑瘧惡寒壯熱，口渴引飲。

連翹一錢五分去心　竹葉一錢五分　扁豆衣二錢　青蒿一錢五分　木賊草一錢　黃芩一錢酒炒　青皮一錢五分

加西瓜翠衣一片爲引。

此治暑瘧之法也。夫暑氣內舍於營，故君以翹、竹清心，卻其上焦之熱。臣以扁衣解暑，青蒿祛瘧，佐以木賊發汗於外，黃芩清熱於內。古云：瘧不離乎少陽。故使以青皮引諸藥達少陽之經，瓜翠引伏暑透肌膚之表。

《時病論·夏傷於暑秋必痎瘧大意·秋暑》　七月大火西流，暑氣漸減，而涼氣漸生，其時炎歊尚存，一如盛夏，亦有較盛夏更熱之年，人感其熱而病者，爲秋暑，即世俗所稱秋老虎是也。斯時溼土主氣，猶是暑溼交蒸，但見壯熱煩渴，蒸蒸自汗，脈象洪濡或數，是秋暑之證。其治法與陽暑相同，亦宜清涼滌暑法。倘交秋令以來，涼氣襲人，人感其氣，即患頭痛惡寒，發熱無汗，脈象浮弦或緊，是秋涼之證，其治法與陰暑無異，亦宜辛溫解表法。若交秋分之後，燥金主氣，遇有秋涼之見證者，是爲燥之勝氣，宜用苦溫平燥法。遇有秋暑之見證者，是爲燥之復氣，宜用甘寒生津法。每見近時之醫，不究六氣者多，一交秋令便云秋燥，不知初秋煩熱，是爲秋暑。又不知斯時溼土主

令，指暑指溼，而爲燥氣，不甚謬哉。

《時病論・擬用諸法・清宣溫化法》 治秋時晚發之伏暑，并治溼溫初起。

連翹三錢，去心 杏仁二錢，去皮、尖，研 瓜蔞殼三錢 陳皮一錢五分 茯苓三錢 製半夏一錢 甘草五分 佩蘭葉一錢

加荷葉二錢爲引。

連翹寒而不滯，取其清宣，杏仁溫而不燥，取其溫化，蔞殼宣氣於上，陳皮化氣於中，上中氣分，得其宣化，則新涼伏氣，皆不能留，茯苓、夏、草、消伏暑於內，佩蘭、荷葉，解新邪於外也。

《醫家四要・方歌別類・暑病方》 清暑利濕天水散，滑石六兩甘一兩。治中暑表裏皆熱，煩燥口渴，瀉痢霍亂。即滑石六兩，甘草一兩，爲末，冷開水調下。取天一生水、地六成之之義。故又名六一散。加入辰砂名益元，雞蘇乃是薄荷兼。若加青黛名碧玉，去暑涼肝堪可服。本方加辰砂少許，名益元散，能清心卻暑。加薄荷少許，名雞蘇散，能散肺清暑。加青黛少許，名碧玉散，能涼肝清暑。清暑益氣湯草參耆，當歸麥味青陳皮，麯柏葛根蒼白朮，升麻澤瀉棗薑隨。治長夏感受暑濕，神倦氣促，煩渴自汗。胸悶脈虛者。即甘草、人參、黃耆、當歸、麥冬、五味子、青皮、陳皮、神麯、黃柏、葛根、蒼朮、白朮、升麻、澤瀉，加薑棗煎。暑熱傷氣用生脈散，即是人參五味麥。治熱傷元氣，氣短倦急，口渴多汗，肺虛而咳。即人參、五味子、麥門冬。伏暑惟宜消暑丸，茯苓夏草共三般。治伏暑煩渴，頭痛發熱，脾胃不和。即茯苓、半夏、甘草，薑汁糊丸，開水送下。倘逢傷暑身無汗，三物香薷飲可散。原來朴扁共香薷，四味黃連熱重需。治陰暑身熱，頭痛而重，或無汗，或吐瀉。即香薷、厚朴、扁豆。若煩渴有汗，加黃連，名四味香薷飲。若加苓草和中土，五物香薷飲爲妥。於三物香薷飲內加茯苓、甘草，名五物香薷飲，能祛暑和中。六味香薷飲加木瓜，祛暑利濕最爲佳。於五物香薷飲中加木瓜，名六味香薷飲，治中暑濕盛。即此加陳參耆朮，十味扶中祛暑濕。即六味香薷飲加人參、陳皮、黃耆、白朮，名十味香薷飲，主治中虛暑濕內傷之症。理脾去濕縮脾飲，砂果梅甘葛扁併。清暑除煩，兼治霍亂。即砂仁、草果、烏梅、甘草、乾葛、扁豆。溫中散暑宜大順散，即係桂薑甘草杏。治冒暑受濕。兼治霍亂吐瀉。即肉桂、乾薑、甘草、杏仁。

《溫症斑疹辨證》 夏月受暑溫、暑毒，頭暈、渴甚、壯熱、週身大汗、煩燥，脈洪數，右脈反大於左，則爲暑溫症，白虎湯主治。此方壯熱、口渴、大汗，脈數，短一字不可與服。蓋石羔一品，原爲溫熱有熱、有汗，解肌退熱而設，若短一字服之，反成爲閉症，有癍症宜服。

《西塘感症・感證兼病・中暑》 有一種中暑症，自汗，背寒，面赤，面部必通紅紫脹，眼白必黃，或兼頭痛，氣粗，發躁，狂亂，審知陽明的確，用白虎湯。

《重訂霍亂論・病情篇・熱證》 《素問・六元正紀大論》曰：土鬱之發，爲嘔吐霍亂。

諸鬱之發，必從熱化。土鬱者，中焦濕盛，而升降之機乃窒，其發也，每因吸受暑穢，或飲食停滯，遂至清濁相干，亂成頃刻，而爲上吐下瀉。治法如燃照湯，宣土鬱而分陰陽。連朴飲，祛暑穢而行食滯。若驟傷飽食，而脘脹脈滑，或脈來澀數模糊，胸口按之則痛者，雖吐猶當以鹽湯探吐，吐盡其食，然後以駕輕、致和等湯調之。【略】

《治暑全書》曰：暑氣入腹，惡心腹痛，上吐下瀉，瀉如水注。春分以後，秋分以前，少陽相火，少陰君火，太陰濕土，三氣合行其政，故天之熱氣下，地之濕氣上，人在氣交之中，受其蒸淫之氣，由口鼻入而擾其中，遂致升降失司，清濁不分，所瀉者皆五臟之津液，急宜止之。然止非通因塞用之謂也。濕甚者，胃苓湯分利陰陽，暑亦自去。熱甚者，桂苓甘露飲清其暑火，濕亦潛消。若火盛之體，內本無濕，而但吸暑邪者，白虎湯之類宜之。且臟性有陰陽之別，陰虛者火旺，雖病發之時，適犯生冷，而橘、朴等只宜暫用。陽虛者濕勝，雖寒潤之品，非其所宜，如胃苓湯已爲合法，縱使體極虛羸，亦不過補氣清邪并用。若因其素稟之虧，而忘其現病之暑，進以丁、附、薑、桂之劑，眞殺人不轉睫矣。凡傷暑霍亂，有身熱煩渴，氣粗喘悶，而兼厥逆躁擾者，愼勿認爲陰證。但察其小便必黃赤，舌苔必黏膩，或白厚，宜燃照湯，澄冷服一劑，即現熱象。彼時若投薑、附藥，轉見渾身青紫而死矣。甚或手足厥冷少氣，脣面爪甲皆青，腹痛自汗，六脈皆伏，而察其吐出酸穢，瀉下臭惡，小便黃赤熱短，或吐下皆係清水，而瀉出如火，小便點滴，或全無者，皆是熱伏厥陰也。熱極似陰，急作地漿，煎竹葉石膏湯服之。又有吐瀉後，身冷如冰，脈沉欲絕，湯藥不下，或發噦，亦是熱伏於內。醫不能察，投藥稍溫，愈服愈吐，驗其口渴，以涼水與之即止，後以駕輕湯之類投之，脈漸出者生。然暑之爲病，傷之驟，則發之暴。

傷之漸，則發之緩。故九月時候，猶多伏暑，霍亂之證，醫者不可不知。

《伏邪新書・伏暑》 暑字從日，夏日炎熱，天上太陽火氣也，在六氣則爲少陽相火。其邪氣傷人，皆由人頭背口鼻皮毛而入。夏日受暑而不即病者，以從人之汗孔，化汗而出也。若汗孔閉，津液虛，陰氣不足送邪出表，則病作矣。有送而未盡出表，日復一日，積累暑邪內伏，至秋方病作，或至秋末冬時而作者，皆爲伏暑。秋初即發者輕，易治；冬月方發者重，難治。不兼溼邪與穢濁之氣者，治法可與伏熱同參。

其症惡寒身熱，氣虛入暮熱甚，口或渴或不渴，不渴者已入血分矣。面色額上黑暗，紫氣隱於皮膚之內，頭眩體疲自汗，有汗亦不退熱，其脈兩關寸虛大而芤，兩尺長大洪數，尺膚熱甚，舌苔白沙，舌質紅紫，甚有薄白苔，如雪青杭綢色，反覺滑潤者。此伏暑常見之形症也，治宜荷梅湯、六一散、生脈散、白虎湯、四法選用。惡寒甚者，用白虎湯加薄荷。脈芤虛甚者，生脈散加六一散。入暮熱甚，似瘧非瘧，舌紅潤，口不渴，天明得汗始退熱，入暮又熱，是暑邪已深入伏於少陽厥陰血分也，青蒿鱉甲煎主之。

暑邪伏於手太陰肺經者，日晡咳甚，肌熱，右寸芤虛，喉中乾甚則氣喘，生脈散主之。欲作肺痿者，暑熱伏肺陰，津液乾則痿。天府穴痛，天府穴，肺之募也，在乳上三脇間。咳引胸腹痛，陰氣傷也。毛槁髮焦，則痿已成矣。肺之華在皮毛，毛槁髮亦乾槁矣，至此候則危。大劑生脈散加濂珠粉主之。貧者以鷄子清代珠，溫水浸熱，生呑之，連黃亦可食。

暑伏於手足太陽、手足少陽經者，口苦而渴，小便不利，頭眩心煩，手足心熱甚，尺膚熱甚者，六一散主之。

暑伏於足厥陰肝經者，或渴或不渴，嘔酸水，脇痛，脈左關弦數，椒梅湯主之。

暑伏於手厥陰胞絡血海者，夢多怪異，少腹脹痛，時作時止，嘔胸悶不思食，煩躁，女子月事不調，男子疝瘕癥結，甚或譫語，吳氏加減桃仁承氣湯主之。

暑伏於兩太陰者，舌白口渴，腹脹氣怯，寒熱似瘧，有汗不解，小便已，灑然毛聳，右寸虛大，右關弦緩，左關細濇，此兼足太陰溼氣爲病也，東垣清暑益氣湯主之。

暑兼溼氣，伏於兩太陰者，舌苔薄白而滑，脈緩身重，藿香正氣散主之；熱甚者，加滑石湯送下。

暑兼溼氣，伏於足陽明太陰者，舌白，脈弦緩而大，無汗，或但頭汗出，香薷飲主之。

暑兼溼氣，伏於足厥陰陽明者，呑酸、心悸、脇痛，消暑丸主之；化熱脈數大者，椒梅薄荷湯；脈緩弦細，而滑不鼓指者，雖渴甚，左金丸、香連丸選用。

暑兼溼氣，伏於足厥陰，太陰大絡者，脇痛、呑酸，日久變生停飲，脇下漉漉有聲，脈弦、舌滑，香附旋覆花湯。

暑兼溼氣，伏於兩陽明及手太陽小腸者，脈右關寸左寸皆緩滑而大，滯下紅白，後重裏急，腹中時痛，木香檳榔丸主之。化熱脈數大，有力鼓指者，調胃承氣湯加薄荷主之；脈振指有力，按下芤者，可參用熱症治法，增液承氣湯主之。

暑邪伏久，深入足厥少二陰，與足陽明經者，失治謂不得治法。日久，陰液傷耗，大肉削脫，皮毛枯槁，脈弦濇而緊勁，或細若蝦游，發爲戰慄抽搐，角弓反張，或形似虛癆，而有外症病移者危。有外症病移者，尚可救治，以其正氣尚能捍邪外出也，潰久則難矣。勉救之，用大定風珠法，加珍珠，合增液承氣。

《暑症發源》 夏令離陽用事，大氣主開，人如調護不謹，諸症叢生，或內傷外感，因熱反寒，見症紛紜，分門疏叙。茲以暑氣鬱蒸，自鼻孔吸入，傷於手經者，宗《內經》主病以參治例，特表於前。蓋暑爲上受，宜入清虛之臟，及其在腑，非口受穢氣，胃有穢積，即經邪轉入於腑也。故仲聖立傷寒方法，亦有關於手經者，則傷暑治療亦不遺於足經矣。若曰暑先入心，則寒先入腎，傷寒非全入腎，即傷暑非悉入心矣。須知暑氣無形，惟注者受之。至伏暑爲病，附於秋間復感涼風而發者，經：曰夏傷於暑，秋爲痎瘧。暑積內着，宜爲滯下，然則今之秋令病邪者，又不本於伏暑而何哉。

《暑症發源・手太陰肺經》 寒傷營，暑傷氣，言後天之表；寒傷火，熱傷水，言先天之本。大江以南，傷暑倍於傷寒，遍考古書，詳於傷寒而略於傷暑。仲聖治傷寒，至後則言邪分六經證通其變也。古人治傷暑用香茹白虎湯、清暑益氣等方治其常也。今之暑邪祇有各經見症，而無各經主方，故特表而出之。

手太陰肺經症治

暑風襲肺，灑然汗出，惡風淅然，汗閉煩熱，鼻塞善嚏，喘滿痿躄，或口渴舌黃，少氣不得太息，或膚痲手瞀，咳引胸膺，背臑臂前廉痛，大小解不肅。肺爲清虛之臟也，宜辛涼解肌。

辛夷　白薇　杏仁　桔梗　六一散　開茉莉

天泉水煎。

無汗惡寒加蘇葉，汗多加白芍，去桔梗，熱甚加黄芩，渴甚加花粉，少氣煩渴加沙參、麥冬。

第二條承上

氣口脈濡弦而濇，太陰傷暑也。前湯主之。服湯已，汗出時不惡風而熱暢者，表欲解也，鼻塞當愈。適喘咳未除而氣促者，肺逆也，此湯主之。

白前　杏仁　大貝　粳米　桑皮　六一散

照前煎服。

虛加洋參麥冬，痰膩加橘白，肺火加山梔，唇燥口渴加甘梨漿。

第三條裏症

太陰暑症，脈反滑，大汗出，惡熱，胸滿，便閉，大次指痛，氣滿皮膚殼殼然，堅而不痛，或下齒痛，喉痹，目黃，鼽衄，頸腫，此爲腑脈腑症。肺與大腸爲表裏，腑以通爲泰也。此湯方之。

瓜蔞仁　杏仁　枳實　桔梗　六一散　秦艽

急流水煎。

熱盛加條芩，津枯便秘不胸滿不可與之。不滿胸而下利，甘桔湯主之。齒痛鼽衄熱盛，加葛根石膏。

第四條夾寒

暑入太陰，自汗膚熱，適其人脈反弦緊，惡寒無汗，鼻塞聲重，舌苔白膩，腰足拘急。此爲寒伏少陰，貪涼卧濕所致。倣《內經》實則瀉子法也。此湯主之。

獨活　辛夷　香茹　桔梗　六一散

韭白湯煎。

濕勝加澤瀉，飲冷遏肺者加生薑，陽虛色傷有汗忌服。

第五條夾熱

傷暑脈濡弦，今脈洪數有力，煩熱多汗，氣促口渴，咳嗆咽乾，此壯火爍金也。可與此湯。

知母　大貝　花粉　麥冬　六一散　桑葉

粳米湯煎。

風淫自汗加白薇、玉竹，虛加人參，如大熱大渴大汗，脈洪實者，腑脈也，與白虎互參。

第六條壞症

傷暑，服前湯表裏症解，脈自和者，爲不傳也。若有變幻，參其脈症，所犯何逆，所兼何症而治之。設暑熱傷肺金，津不布化，濁痰結於肺下，痰復生熱，熱更生風，以致久咳，痰腥如癰膿者，恐成暑瘵。此湯主之。

牛蒡子　馬兜鈴　瓜蔞仁　六一散　大貝　桔梗　橘白　麥冬　蛤粉

苡米湯煎。

熱渴加山梔，嗽血加阿膠，如肺氣虛而伏痰自汗者，以玉屏風散去朮加貝母麥冬湯主之。

第七條傳經

太陽傷暑，若解若清若利小便，反煩熱不解，消渴神昏善笑，此欲傳手厥陰也。太陰未解，還從肺治，太陰症罷，恐入少陰，當於本門求之，餘經倣此。

第八條調愈救逆

肺家暑解，津虧氣弱者，調之則愈。

蜜拌洋參　茯苓　懷山藥　大麥冬　炙草

扁豆湯煎。

太陰傷暑，誤服足經表藥，升散以致汗出不止，氣促煩渴，脈促，無表症者，生脈散救之。若暑傷元氣，誤汗者，保元湯主之。若升散太過，元海無根，龍雷飛躍者，六味地黃湯加龍骨、牡蠣。若暑傷肺絡者，咳血，補肺阿膠湯加麥冬絲瓜絡。

《暑症發源・手厥陰心包經》　手厥陰心包絡經症治

暑邪之入心包也，腠理開則灑然汗出，閉則蒸蒸熱悶。澹澹心動，笑不休，心大熱，手心熱，或目赤面黃，或胸脇支滿，以是經界於營衛交濟之中，先宜辛香宣營達衛。

紫背鮮浮萍　連喬殼　薄荷梗　益元散　桔梗　鮮佛手

熱盛目赤加川蓮，汗多去薄荷、桔梗，加茯神。

第二條承上

心包傷暑，脈本芤遲。設其人脈反洪大，躁煩神越，多汗，譫狂，壯熱，舌絳，此暑熱鼓動心陽。防爲昏喘，前湯不中與也。無足少陰症者，可與此湯。

辰砂麥冬　粉丹皮　赤芍　益元散　烏犀尖　鮮生地　佛手露

竹葉湯煎。

狂甚加金氣。

第三條化風

暑入心包，煩躁發熱，反見昏腫，面垢油赤，眼閉，少溺，表無大熱，此暑痰蒙昧心包，裏熱不隨汗減者，將欲化風，發爲痙厥。此湯主之。

廣黄尖　瓜蔞殼　大貝　遠志肉　天竹黄　山梔皮　蟬殼　益元散

衝入竹瀝、梨汁，無汗加鮮菖蒲汁。

第四條經病

肺主衛，心主營，包絡出則衛入則營。是經從胸走手，若肘臂攣急，胸脇支滿，乃爲經病，或熱化風而循經者，此湯主之。

鈎藤勾　蟬退　丹皮　赤芍　當歸鬚　瓜蔞殼　絲瓜絡　西瓜翠

衝入甘梨漿，熱盛加羚羊角。

第五條腑症

暑入心包，服前法後，脈反洪長，壯熱頭汗，躁擾狂越，驚駭溢血，耳鳴喉腫，目鋭眥疼，次指如廢，此爲腑症。包絡與三焦爲表裏，宗河澗先生三焦治法。

大豆卷　黄芩　黄連　益元散　黄柏

脈實便閉無少陰症者，重加大黄。大黄原可救陰，但虚不宜耳。又熱在上焦，梔豉湯越之。熱在中焦，白虎湯清之。熱在下焦，豬苓湯利之。三焦治法均可選用。

第六條

傷暑，服前湯不解，轉見消渴浸淫，善驚譫妄，舌不能言，此欲傳手少陰也。若熱退脈和，舌紅苔濁，神倦如迷，不語如呆，此暑解痰凝包絡，心液受戕之象。

囫圇川貝　麥冬　鮮菖蒲　遠志　鮮生地　天竹黄　露水一杯

熱鬱加薄荷露，陰陽相火薰心加龜版、龍齒。

第七條

心包暑解，汗多神倦，煩渴不眠者，此湯主之。

生脈散　麥冬包川連

暑解神倦脈弱者，此湯調之則愈。

鮮蓮子　人參　麥冬　百合　元眼

暑解服前湯，靜養五日愈。

《暑症發源・手少陰心經》手少陰心經症治

暑入心經，煩熱自汗，面赤目黄，掌心熱，善笑消渴，善驚善忘，或言多面垢，或咳吐氣泄，或兩臂內痛。乃火淫所勝，金水之症疊出。隨其開洩之。權以宣之，非表汗也，是袪暑也。

鮮菖蒲　益元散　連翹心　梔子仁　荷花露　佛手露

咳吐加麥冬，臂痛加黄柏，寒淫戰慄無汗少加細辛，本經胸脇引臑臂內後臁痛，風淫搐搦，加薄荷。煩燥神亂加珠黄散。

第二條承上

少陰暑熱，脈若虛洪，洪而有力，即爲壯火，舌色應絳。汗出則喘促煩冤，汗閉則躁煩狂亂。多汗舌潤，淡滲清利。無汗煩熱，芳香宣竅。煩熱舌紅者，此湯主之。

眞川連　辰砂　麥冬　元參心　薄荷露　荷花露　調益元散

喘加竹葉，驚加牛黄紫石英，渴加瓶菓，不渴加丹參。

第三條承上

暑熱入心，兩陽相灼，蒸逼陰津，本應多汗，反無汗者，一爲營液素虧，一爲剛陽熏爍離宮。陰劫舌絳無苔。津液不能灌通絡竅，內結爲痰，舌反生胎。體若燔炭，汗出而散，神迷躁擾者，芳香以開之。

甘梨漿　薄荷露　銀花露　化服至寶丹

無汗加浮萍汁，熱渴加西瓜水。

渴不能飲加淡天冬，面赤而紫加丹皮、紫草汁。

第四條

暑熱觸心陽，壯熱昏冒，汗出反劇，舌絳譫妄，面赤嗌乾，欲飲冷水，目赤如金者，此離宮陰涸，陽熱自燔。亟用清火救陰爲主。

烏犀尖　淡天冬　麥冬　眞川連　中生地　衝入荷花露

無汗加桔梗、薄荷露，停飲加益元散，拂鬱加佛手露。

第五條

少陰傷暑，脈浮洪者，易兼腑症。如嗌痛頷腫，耳聾口糜，小便短閉者，皆爲腑症。心與小腸爲表裏也。無汗者，清揚有汗者，與此湯。

元參心　木通　甘草梢　薄荷露　竹葉心　中生地

熱盛加黑山梔，熱盛不飲，熱在血分，大便結，少加大黃微利之。

第六條

心營暑熱，服前法已，熱退神清，爲已解也。若譫妄舌不能言，即爲入臟。或卒心痛煩悶，善嘔，壬癸甚丙丁。大汗氣逆，則壬癸死，刺手少陰太陽穴。餘經生剋皆可類推。臟腑不可刺，不過刺經刺穴。或心陽挾暑熱蘊結，而爲瘡瘍者，此湯主之。

眞川連　黃柏　生甘草　全當歸　赤芍　粉丹皮

瘡在表加荆芥、金銀花，瘡在裏加穿山甲、廣鬱金。

第七條

暑熱轉心營，汗多液涸，邪退熱除，舌至光紅有紋，語言強澀，或神倦如迷，或聲啞，煩躁渴不欲飲者，此爲無液承滋。用存精養液法。

清阿膠　元參心　大麥冬　鷄子黄　淡天冬　中生地

聲啞加桔梗，躁煩加荷花露，咽齒俱乾加豬膚、白蜜，有痰加天竺黃，神搖惕惕加辰砂、金器、百合心。

第八條

心家暑解，心氣虛者，此湯補之則愈。

人參　麥冬　丹參　桂元　棗仁

心陰虛者，此湯養之。

西洋參　淡天冬　柏子仁　囫圇鷄子黃　鮮蓮子　紅棗肉

《暑症發源・手陽明大腸經》　手陽明大腸經症治

暑熱入陽明之經，脈見浮滑幾幾，即壯熱口乾，目黃汗出不徹，鼽衄頸腫，或喘，或面赤耳聾，中咽中如核，肩肘臂外前臁引手大指次指熱痛。此爲經邪宜越。是湯主之。

白葛根　秦艽　杏仁　六一散　石膏

無汗不渴，去石膏加茅根，咽中如核加桔梗。

第二條

暑熱服前湯若解，則捍衛熱洩可以通營，脈必浮和滑耎。若喉痹鼽衄，下齒作痛，本經之熱已揚，再宜清解。

淡黃芩　茅根　石膏　六一散　桔梗

見疹加牛蒡子。

第三條

手陽明病，汗收熱徹，脈不耎，尺浮，日晡潮熱，大便秘結，裏急後重，或泄痢下血，疽痔脫肛者，此爲經邪入腑也。此湯宣之。

條黃芩　枳實　桔梗　全瓜蔞　秦艽

痢血痔下者，去瓜蔞，枳實，加葛根、槐花、甘草。大腸血結者，去瓜蔞，加桃仁。大腸寒閉，腸鳴而痛，此湯不中與也。

第四條

服前湯秘結若通，暑滯亦從下解。若泄痢下血者，小腸邪熱亦從下趨，可兼理小腸。設利止反微熱而咳者，此大腸餘邪傳肺而解也。甘桔湯主之。

生草　桔梗二味煎。

無汗加香薷同煎服。

第五條

經邪歸腑，本不復傳表，熱則退，餘邪皆從濁道而趨。若邪靜有虛濕虛燥之分。燥結用麻仁、松子仁類潤之。滑泄用白朮、半夏之屬燥之。

經邪表熱不徹，反兼嗌痛，頷腫，口糜，欲傳手太陽也。如兼耳鳴、嗌腫、驚駭，爲欲傳手少陽也。

《暑症發源・手太陽小腸經》　手太陽小腸經症治

暑熱入手太陽經，脈見浮洪，身熱微惡寒，嗌痛頷腫，渴不善飲，或口糜耳聾，或掌熱汗出，此爲經邪宜越。是湯主之。

蔓荆子　梔子　丹皮　鮮菖蒲　益元散

惡寒，肩臂外痛加羌活。嗌痛口糜加鮮生地。

第二條

服前湯已，營通熱化，諸症必減。浮洪脈退爲經邪得解。設腰似折，入暮熱劇，不可轉側，此熱結於血分也。此湯主之。

捲邊香藁　桃仁　丹皮　鮮生地　赤苓　茅根汁

見癍加浮萍、紅花。

第三條

小腸經病若解，表症悉罷。設其人小便短，或閉，小便後血，小腸氣痛，此爲經邪入腑也。是湯主之。

鮮生地　木通　甘草梢　粉丹皮　赤苓　瞿麥

裏熱加山梔，氣痛加延胡。

第四條

太陽腑症，服前湯溺血止，而小便自利，大便水穀利，或大便後血，此由小腸失受盛之權，或暑熱侵傷腑氣也。此湯養而升之。

生白朮　清阿膠　赤苓　水楊枝　荷葉蒂

足太陽用五苓降逆，手太陽用此升陽。

第五條

太陽經腑均解，本經氣血若虛不能分泌清濁，大便反溏者，此湯補之則愈。

上黨參　丹參　茯神　生白朮　砂仁　柴胡三分，補膽母

《暑症發源・手少陽三焦經》　手少陽三焦症治

傷寒至厥陰爲陰極，暑熱入三焦爲陽亢。三焦爲相火之用，分布命門，元氣游行三才之間，故伏氣必究三焦也。夫三焦有經界，而無臟腑虛靈之權，最重上焦，主納主宣佈，則心肺之陽可灌溉，以下濟而光明。中焦主運化，分別陰陽，升降清濁。下焦主出主傳導，則肝腎之陰得蒸變，地道卑而上行。守眞先生升降分消，獨得三焦之治法也。三焦已屬乎陽，暑熱亦陽，主客皆陽，陽動則化火風，變化莫捷，兼之徹上徹下，皆其所司，能治最宜精切。

暑熱之在上焦者，清解。暑熱之在中焦者，分消。暑熱之在下焦者，清利。

第二條

暑熱之入三焦也，微見惡寒戰慄，即壯熱自汗，脈洪而長，口渴溺赤，驚駭狂越，或喘滿頭汗，或霍亂吐利，或暴注下迫，譫忘血溢者，分消湯主之。

粉葛根　六一散　生石膏

脈不洪，無汗，不渴，忌石膏。無汗惡寒，少加細辛。喘滿頭汗，加山梔，霍亂吐利，加川連，暴注下迫加黃柏。

第三條

三焦暑病，喘滿心煩，胸痞嘔逆，頭汗口渴，嗌痛喉痹，或耳鳴耳聾，耳後痛，目鋭眥疼，小次指不用，此熱在上焦，宜越之。

淡豆豉　薄荷葉　元參　連翹　炒山梔　益元散　枳殼

耳聾脇痛，如柴胡、黃芩。氣逆衝上，加桑皮、地骨皮。胸痞嘔逆，加半夏、瓜蔞。肩臂外疼，加鈎藤。

第四條

三焦傷寒，善饑而瘦，口渴壯熱，善飲多汗，狂越譫妄，或中滿諸脹，或上下關格不通，或霍亂吐利者，此熱在中焦也。宜清之。

大豆卷　石膏　知母　粳米　竹葉　六一散

腹脹上下關格，去石膏，加川連、乾薑、枳殼。霍亂吐利，去知母，加半夏、藿香、砂仁。

第五條

暑在三焦，壯熱自汗，忽暴注下迫，小便渾濁不利，或大便閉結，或泄血下痢，胕腫痿者，此熱在下焦也。宜利之。

益元散　豬苓　澤瀉　清阿膠　黃柏　荷葉

大腸氣閉加枳殼，小腸血結加丹皮，胕腫痿痛加木瓜。

第六條

服前湯已，暑熱似解，尙見壯熱瞀瘛，暴瘖溢血，躁擾譫狂，氣逆衝上，此三焦本病也。汗出舌紅者，清火存陰酌之。

黃芩　黃連　黃柏　生地　茯神

粳米湯煎蔗湯亦可。若熱起小腹，加鮮生地骨皮。有虛陽上越，宜溫補者；有舌紅善笑，傳包絡者；有汗多亡陰，陽熱獨發而爲暴厥則危。

第七條

三焦病解，中氣虛寒，胸滿吐涎，已食反出，寒脹不化，二便不禁，臍腹冷疼者，此湯養之則愈。

人參　白朮　茯苓　補骨脂　木香

小便不禁去茯苓，臍腹冷痛加肉桂。

中穢中霧

鼻受穢氣，芳香以宣之。陰虛陽胃易於觸穢。

口食穢味，芳香兼下之。

霧乃濕從陽泛，濁氣干於清道，陽虛肺薄者上受之。其症頭重，惡寒煩悶，此湯主之。

桂枝皮　檳榔皮　茯苓皮　飛滑石　茅朮

霧蒙肌表，飲阻胸中，宗金匱一物瓜蒂湯。

手六經症治，古書所註甚罕，此乃新稿，未可爲憑。以古明家方能著作，平人只可述也。故特書此恐誤於人。

《暑症發源・論伏暑發於秋初者》 夏時伏暑舍營內，秋感涼風併衛居，蓋未月包絡主令，離陰初降，屆秋大腸主令，其應庚金，包絡在營之標，大腸主衛之標。蓋夏月汗出營虛，暑熱易蘊，秋初金風拂腠，汗孔將收，如是則衛風入而與暑爭，營暑出而爲風拂，則寒熱往來。暑鼓風陽出於手經氣分者，則寒微熱熾，發於辰巳之交，淺而易汗易愈。風束暑邪入於足經血分者，則寒甚熱深，發於午未之後，深而遲汗遲愈。若至晚則寒，日高則熱，又爲氣血俱虛也，前人已有治例存焉。

治涼風束衛，暑熱伏營無汗者：

蘇葉　防風　丹皮　薄荷　杏仁　桔梗　益元散

治前症有汗者則暑重涼輕：

牛蒡子　丹皮　山梔皮　益元散　赤芍

《暑症發源・論伏暑在裏外感暴寒者》 伏暑在裏，外感暴寒，其人忽寒戰，腹急痛，或吐瀉，至壯熱大汗，則寒從暑化，爲病解。若厥冷，面青，爲暑從寒陷，則病進。

寒從暑化：　藿香正氣散、黃連香茹飲。

暑從寒陷：　加減五積散、加減大順散選用。

《暑症發源・論伏暑傷金成瘵》 元虛津薄之人，暑熱蘊入心營，營虛氣耗不能宣布暑熱，暑熱挾心陽反來熏肺，肺爍金痿則皮毛乾，五心熱，喘咳、煩冤，食少無味，面白無華，肌肉消爍，溺赤便難，或自汗或痰中帶血，釀成勞瘵，此在良工消息治之，或開肺生津，或滋營涼解，使暑熱外洩，方可存陰保肺，補土生金，庶無夭枉。

《暑症發源・論暑熱內伏未感涼風者》 平人忽發熱，鼻中氣熱，唇口乾燥，煩擾不寧，小便赤，或咳或嗽，若熱在營分者，渴不欲飲，若無汗者，熱至烙手，汗出則熱減，汗徹則復熱，此暑熱自裏達表也。

涼膈散去硝黃加益元散，或犀角地黃湯加香茹黃連香茹飲選用。

《暑症發源・論暑濕內伏已感涼風者》 秋令暴涼，人每懶倦嗜卧，肢痠無力，慘慘不樂，食少煩悶，大小便不調，蕭嗇惡風寒，或肌膚不仁，此暑濕傷中涼風着肺，陽不升則陰不降，用升陽益胃湯助燥收可也。升陽益胃湯加減：去黃芪加桑皮。

《溫病指南・濕溫上焦篇》 暑溫初起，頭痛身熱，面赤心煩，口渴汗出，右脈洪大者，暑傷上焦手太陰氣分也，加味天水散主之。如右脈洪數有力，口渴甚，汗大出而喘者，金被火刑也，白虎湯主之。脈洪大而芤者，氣虛也，白虎加人參湯主之。身重者，濕也，白虎加蒼朮湯主之。蒼朮燥烈，陰虛人禁用。當以淡滲之品代之。

手太陰暑溫，右脈洪大，頭痛身熱，面赤心煩，口渴，凜凜畏寒。而汗不出者，暑爲寒束也，新加香薷飲主之。服後微得汗，即勿再服，恐香薷重傷其表也。

暑溫四肢倦怠，精神減少，身熱氣高，心煩溺黃，口渴自汗，脈虛者，王氏益氣湯主之。暑邪已淨，氣虛倦怠，口渴汗多，脈散大欲脫者，生脈散主之。如暑邪未淨，萬不可用生脈散，用之必喘滿難治。

暑溫餘邪未清，但頭微脹，目不了了者，清絡飲主之。

手太陰暑溫，咳而無痰，聲清亮者，熱傷肺絡也。一加清絡飲主之。

暑溫發寒熱，舌白不渴吐血者，表裏氣血俱病也，名曰暑瘵，二加清絡飲主之。

兩太陰暑溫，咳嗽聲重，痰多不甚渴，或渴不多飲者，暑溫而兼停飲也，加味小半夏加茯苓湯主之。脈虛夜寐不安，煩渴面赤，時有讝語，目常開不閉，或喜閉不開者，暑入手厥陰心包也，清營湯主之。如舌苔滑白，乃濕重也，當按濕溫法治之。

手厥陰暑溫，身熱不惡寒，神昏時時讝語者，牛黃丸主之，紫雪丹亦主之。

小兒暑溫，身熱卒然痙厥者，名曰暑癇，清營湯主之。熱初入營，肝風內動，手足瘛瘲者，加勾藤、丹皮、羚羊角。亦可少與紫雪丹。大人暑癇治法亦同。

長夏受暑，過夏而發，頭痛微惡寒，面赤煩渴，舌白脈濡而數者，無論秋冬皆爲太陰伏暑，加減銀翹散主之。

太陰伏暑，舌白汗多，口渴甚，脈洪大者，仍用白虎湯，脈虛大而芤者，仍用人參白虎湯，舌赤、口渴、汗多者，加減生脈散主之。

《溫病指南・濕溫中焦篇》 脈洪滑，面赤身熱，頭暈，不惡寒但惡熱，舌上黃滑苔，渴欲涼飲，飲不解渴，得水則嘔，按之胸下痛，小便短，大便閉者，暑溫轉入陽明，水結在胸也，加味小陷胸湯主之。

陽明暑溫，脈滑數，不食不飢不便。濁痰凝聚。心下痞者，濕熱互結，阻滯中焦氣分也，二加半夏瀉心湯主之。

陽明暑溫，口燥咽乾，渴欲飲水，面目俱赤，舌燥黃，脈沉實者，濕氣已化，結熱獨存也，小承氣湯主之。

暑溫蔓延三焦，舌滑微黃者，邪在氣分也，三石湯主之。邪氣久留，舌絳苔少者，熱搏血分也，加味清宮湯主之。神識不清者，熱閉內竅也，先服紫雪丹，再服清宮湯。

暑溫伏暑，三焦均受，舌灰白，胸痞悶，潮熱嘔惡，煩渴自利，汗出溺短者，濕熱交混，氣分閉結也，杏仁滑石湯主之。

《溫病指南・濕溫下焦篇》 暑邪深入少陰消渴者，心火獨亢，腎液受虧也；深入厥陰痳痹者，熱邪傷陰，筋失所養也，俱連梅湯主之。心熱煩燥，神迷甚者，先服紫雪丹，再服連梅湯。

暑邪深入厥陰，舌灰消渴，心下板實，嘔惡吐蚘，寒熱，瀉血水，甚至聲音不出，上下格拒者，土敗木乘，正虛邪熾危侯也，椒梅湯主之。

暑邪誤治，胃口傷殘，延及中下，氣塞塡胸，燥亂口渴者，邪氣內結，清濁交混，危候也，來復丹主之。

暑邪久熱，寢不安，食不甘，神識不清者，陰液元氣兩傷也，三才湯主之。

暑溫畜血，及熱入血室證，均與溫熱同法。

《醫學衷中參西録・論天水散治中暑宜於南方北方用之宜稍變通》 河間天水散，爲清暑之妙藥。究之南方用之最爲適宜；若北方用之，原宜稍爲變通。蓋南方之暑多挾濕，故宜重用滑石，利濕即以瀉熱。若在北方，病暑者多不挾濕，或更挾有燥氣，若亦重用滑石以利其濕，將濕去而燥愈甚，暑熱轉不易消也。愚因是擬得一方，用滑石四兩，生石膏四兩，粉甘草二兩，朱砂一兩，薄荷冰一錢，共爲細末，每服二錢，名之曰加味天水散。以治北方之暑病固效，以治南方之暑病，亦無不效也。方中之義：用滑石、生石膏以解暑病之熱；而石膏解熱兼能透表，有薄荷冰以助之，熱可自肌膚散出；滑石解熱兼能利水，有甘草以和之，熱可自小便瀉出；又恐暑氣內侵，心經爲熱所傷，故仿益元散之義加朱砂以涼心血，即以鎮安神明，使不至怔忡瞀亂也。

又：人受暑熱未必即病，亦恆如冬令伏氣伏於膜原，至秋深感涼氣激薄而陡然暴發，腹疼作瀉。其瀉也，暴注下迫，恆一點鍾瀉十餘次。亦有吐瀉交作者。其甚者，或兩腿轉筋。然身不涼，脈不閉，心中惟覺熱甚，急欲飲涼食冰者，此仍係暑熱爲病，實與霍亂不同。丁卯季夏，暑熱異當，中秋節後發現此等證甚多。重用生石膏煎湯送服益元散，其病即愈。腹中疼甚者，可用白芍、甘草與石膏同煎湯，送服益元散；或用拙擬滋陰潤燥湯加生石膏兩餘或二兩，同煎服，病亦可愈。其欲食冰者，可即與之以冰，欲飲井泉涼水者，可即與之以井泉水，聽其盡量食之飲之無礙也。且凡吐不止者，若欲食冰，聽其盡量食之，其吐即可止，腹疼下瀉亦可并愈。其間有不并愈者，而其吐既止，亦易用藥爲之調治也。

《感證寶筏・暑證》 按：暑與暍皆曰氣也，不必分屬。動而得之爲中暍，靜而得之爲中暑，其說出自潔古。後人因之，未可據爲確論也。蓋動靜不過勞逸之分，即均受暑，治法不甚相遠。至於陰暑，尤宜速辨。夫當盛暑之時，炎火若炙，靜處深堂大廈，正以避暑不近烈日，炎暑何來？膏粱體亦有中暑之證者，蓋不能無冒暑應接，正在動中得之耳。此靜中之動，即潔古所稱靜得之暑也。若乃納涼於水閣山房，或感冒微風，或靜夜着涼，此外感陰寒，遏其周身陽氣，以致頭痛惡寒、膚熱無汗等症者，當以辛溫之劑微微表散。至若浮瓜沉李、冷水寒冰，以傷胃中之陽，又當溫中散寒，此乃暑月感寒之證，不得以陰暑名之。然以辛溫治陰暑，其弊在命名。若薛氏以溫熱之品治中暍，則貽害不淺矣。竊爲辨正，以免後學之惑。

邵評：暑與暍二者，皆炎天熱日之氣也。夏月火土當令，天之熱氣下，地之濕氣上，濕與熱蒸，成爲暑氣。暑者，熱之兼濕者也，故曰暑必挾濕。至於暍，單是炎天火熱之氣，不挾濕氣在內，乃夏天令火之邪爲暍，故奔走於赤日之中而中暍也。治暍只用白虎黃連清其火熱，與治暑之兼用厚朴、滑石辛香滲泄之法不同。如此分別，未知是否。若陰暑二字，尤屬不通。夏

天炎火之令，爍石流金，何陰之有？ 即使陽氣素虛之人，每處夏月，陽氣盡浮於肌表，其人中陽虛弱，或外受涼風，內傷生冷而病者，此暑天受寒，因暑而自致之病，非陰暑爲病也。暑爲陽邪，從無陰暑之名，故特辨之。至暑暍同是熱氣，豈可以動得、靜得而分屬耶？ 推其意，豈以暍爲陽而暑爲陰，故以動靜之陰陽而分屬之耶。陰暑之名一立，貽誤後人，實非淺鮮。惟納涼而外受風邪，夜間着涼，此是夏月之風寒，人感受之，着於肌表，遏其表之陽氣，以致惡寒頭痛、身熱無汗之表證發現，此是夏月感冒風寒，非暑證也，乃因暑而自致之病。故用辛溫散邪之藥，以疏通其表間之陽氣，與治暑無涉也。多食生冷寒物，內傷脾胃中陽，以致吐瀉霍亂、肢冷汗泄等見症，因夏月陽氣外浮，中陽虛弱，寒冷傷中，亦非暑病，是因暑而自致之病。故用溫中散寒，以扶脾胃之陽，與治暑亦無涉也。古人大順散等方，是治夏月着寒之證，非治陰暑之方。至於以溫熱治中暍，眞是抱薪救火也。

暑傷氣分

凡吸人暑氣致病，上焦氣分先受。舌白邊紅，嘔惡煩渴，咳嗽喘急，二便不爽，脈右大者肺胃邪熱脈也，此暑邪阻於上焦氣分初起在於肺衛也，宜杏仁、石膏、半夏、厚朴、梔皮、豆豉、鬱金、竹茹之類。如熱邪內迫，肺氣鬱閉而致胸中脹悶，熱鬱肺氣，邪在胸膈，擾及陽明，故胸中脹痛。宜梔子豉湯加枳實、川鬱金、杏仁、半夏、白蔻、滑石、連翹、蔞皮、黄芩之類。開泄陽明之表，宣肺氣而化邪。

邵評：暑熱由口鼻吸受，先傷上焦氣分。邪留肺胃，邪在肺則舌白邊紅者，熱也。胃熱則嘔惡心煩，肺火盛則咳，氣不降則喘急、大小便不利也。

暑襲肺衛

如身熱，頭脹，脘悶，咳嗆不已者，此暑邪外襲於肺衛也，宜清上焦，光杏仁、滑石粉各三錢、香薷七分、白蔻五分、通草一錢五分、絲瓜葉三錢。如暑風外襲肺衛，氣阻發熱，畏風頭脹，咳嗆，防作肺瘧，宜香薷、杏仁、桔梗、連翹、六一散、絲瓜葉。化暑風而治頭脹。

邵評：邪鬱上焦，肺不宣降，則頭脹咳嗆，身熱脘悶，此邪在衛分也。衛分不解，則入氣分；氣分不解，則邪傳中焦而入營分；營分不解，則邪傳下焦而入血分矣。三焦俱受，營衛均病，甚至逆傳包絡，邪入膻中，而邪閉正脫之證見矣。故邪初在衛，先用辛香以開泄上焦爲主。如暑邪挾風，襲入於肺，肺主皮毛，故亦爲之表。邪在於衛，表氣不宣，暑風鬱蒸發熱，衛氣被邪抑遏，則微惡寒，寒熱似瘧，而畏風咳嗆。此是暑瘧，與少陽足經之瘧大異，當從手經施治，宣泄肺衛之暑邪。

肺傷痰喘

暑風熱氣傷肺，身熱痰嗽而喘者，宜桑杏、連翹、石膏、淡竹葉、橘紅、栝蔞仁皮、苡仁、蘆根之類。喉痛痰熱上蒸加射干、牛蒡滌痰開肺，小水不利肺熱不能通水道加六一散清暑利水，頭脹暑風上擾加鮮荷葉清暑化風。

邵評：此條暑風入肺，肺有痰濁，痰熱傷肺，肺升不降而喘嗽。治宜宣泄上焦，清化痰熱。

如暑濕傷氣，午後痰喘更加者，肺先受病也。亦宜清理上焦，爲無形氣分之治。如蘆根、杏仁、蔞霜、苡仁、橘紅、川貝、西瓜翠衣、通草、茯苓皮之類。以上邪在上焦肺衛。

邵評：暑必挾濕，暑先入上焦，與痰熱先傷肺氣，故痰喘加於午後。暑爲陽邪，而濕爲陰類，則甚於午後陰分也，治以清暑熱而化痰滲濕，用輕藥以開泄上焦無形之肺氣也。

暑濕傷胃

凡身熱中焦痞滿，不飢不納，二便不爽，此暑熱傷於中焦氣分，熱痰聚胃所致。宜苦辛泄降，半夏瀉心去甘草、乾薑，加杏仁、枳實。

邵評：邪自上焦而至中焦，由衛分而入氣分。上焦主肺，中焦主胃，病則痞滿不飢不納，是暑熱濕痰伏於中焦氣分，胃氣不得宣行也。宜苦辛開痞，宣泄中焦氣分治之。

暑入營分

凡身熱心煩，面赤舌絳，神呆，夜寐不安，此暑邪入於心也。辰砂六一散，加川鬱金、川連之類，或犀角尖、鮮生地、石菖蒲、廣鬱金、連翹、銀花之類。

邵評：邪由肺衛而入心營，邪入漸深矣。心主血而藏神，營熱則傷神，神呆而寐不安也。當清熱以開泄其邪，使邪從肺達爲妥。否則熱灼陰傷，邪入下焦血分，有陰涸邪陷之危。亦有逆傳心包，邪熱內閉，爲內閉外脫之症耳。

暑入膻中

如暑邪初傷氣分，發熱口渴，失治則邪傳膻中。舌形絳縮，小便赤澀，鼻煤裂血，耳聾神昏，此邪由氣分蔓延及血，最怕內閉外脫。急用犀角尖、石菖蒲、廣鬱金、鮮生地、銀花、連翹、元參、西黄之類。

邵評：暑邪由口鼻吸入，先傷上焦肺衛，肺內膜原與心包絡膜相連，心在肺下，其道最近，故極易傳入心包；且心爲君火，心包爲相火，暑爲相火行令之邪，同氣相求，其入心包尤易，即陳無擇所謂暑喜歸心是也。邪入營分，而至逆傳心包，則元神傷耗，陰血涸竭，邪熱深入宮城，每多內閉外脫。急用清心達邪，芳香開閉一法，如用牛黄清心丸、至寶丹、紫雪丹等。然亦十不救一矣。

暑入陽明

凡大熱大渴，乾嘔唇燥，舌胎黄厚，六脈洪數，此暑邪入於陽明也，黄連香薷飲及益元散。大熱大渴大汗者，白虎湯。

邵評：暑邪在上焦肺衛，不傳心營而傳入陽明之經，見症熱渴乾嘔，脈洪數而舌胎黄厚，此邪在中焦陽明胃經證也。汗少者，用黄連香薷飲；熱渴而大汗者，白虎湯。蓋邪入陽明，無所復傳，以陽明爲中土，萬物所歸也。然邪入陽明，有在經、在腑之分。在經宜清，在腑當下，皆以救液逐邪爲務。蓋陽明主津液所生病，病在陽明，津液涸竭，則邪陷氣脫而死，或可遷延三候、四候。非若邪入心包，直犯宮城，元神無所歸束，外散而亡，每在一候、二候，邪內閉而正外脫也。

暑入膜原

暑穢從口鼻吸入，結於膜原，則必脘悶寒熱。治宜開達膜原，如廣藿香、川鬱金、檳榔、厚朴、草蔻、青皮、滑石、連翹、紫蘇、黄芩之類。

邵評：暑濕穢邪，從口鼻吸受，直行中道，流布三焦，結於膜原，膜原附近於胃，爲半表半裏之界，故見症寒熱如瘧。實非瘧也，與少陽之半表半裏大爲不同。故仿達原飲意，用辛香溫化之藥，以達膜原暑穢之邪。

暑入厥陰

凡四肢不熱，中心如焚，舌灰黑暑穢挾濕內蒸，則舌胎灰黑，消渴，心下板實，嘔惡吐蛔，寒熱似瘧者，此暑邪陷於厥陰也，病勢最危。治宜酸苦泄熱、扶正祛邪，宜人參、枳實、川連、乾薑、黄芩、白芍、椒梅。

邵評：此暑熱乘虛而陷入於足厥陰肝經也。厥者，盡也。陰盡則陽生，木中有相火，故外不熱而內如焚。火灼津傷，故渴而且消。蟲爲風木所化，熱盛生風，木邪犯胃，則嘔而吐蛔也。邪結不開，則心下板實。肝與膽爲表裏，故寒熱如瘧。邪陷至陰，症勢危險。厥陰見症，多寒熱錯雜之邪，故藥亦須寒熱并用耳。

暑毒入腸

如冒暑吃酒，引暑毒入於腸內。酒與暑并，大熱大渴，小便不利，其色如血。五苓去桂，加川連、銀花、滑石。

邵評：暑爲陽熱之邪，酒性大熱而有濕。冒暑飲酒，兩熱相并，入於小腸，火腑不宣，故大熱大渴而大便赤如血也。此熱結下焦，而小水不利，用利水清熱之劑以治之。

伏暑內發

凡潮熱汗出不解，心煩口渴，嘔惡胸痞，舌胎白帶灰黑，小便赤澀或自利，此伏暑內發，三焦并受。治宜清理上中爲要，如滑石、杏仁、通草、橘紅、半夏、厚朴、川連、鬱金、黄芩之類。

邵評：人受暑熱，栖伏三焦腸胃之間，久久而發者，爲伏暑。夏不即發，有至秋而發者，亦有至霜降後發者。其發愈遲，則邪伏愈深，而病愈重也。惟伏暑見症，三焦俱有，或吐瀉霍亂，似瘧非瘧，或竟成瘧利等症。蓋暑必挾濕，爲黏膩之邪，留伏於裏，最爲淹牽。治宜宣泄肺胃，清暑滲濕，理分三焦爲主。

暑邪爲瘧

頭痛痞悶，舌白而乾，四肢痲痹，脈左勁右濡，寒熱不止，此暑邪入裏，蒙閉清氣而瘧作也。治宜清理上焦，如連翹、滑石、杏仁、川鬱金、淡竹葉、半夏、蔞皮、貝母之類。

邵評：暑從口鼻吸受，先入於肺，挾內有之痰濕，而成瘧疾。雖有頭痛寒熱見症，左脈見勁，此非表邪發瘧，乃是邪蘊於肺胃，痰熱上蒸，蒙閉清氣而作瘧也，與少陽之風寒發瘧者不同。治宜清理肺胃暑熱，化痰滲濕之劑。

傷暑兼感寒

小暑後先觸暑邪，復感寒邪，而病身熱頭痛，惡寒煩渴，無汗或自汗，脈虛數是暑脈，舌胎白邪在表在肺，則舌胎白，此屬傷暑後復感寒，邪在肺胃間也，

宜紫蘇、薄荷、香薷、青蒿、滑石、厚朴、通草之類。腹脹加枳實、腹皮邪入中焦，故加運中調氣之品，挾食加楂肉、青皮消化食滯，舌黃乾嘔加薑製川連。邪入陽明胃經，寒已化熱，故加川連以清胃熱。

邵評：先受暑邪，後感秋寒，抑遏肌表。其症身熱、煩渴、自汗，暑邪也。頭痛、惡寒、無汗，表寒也。是肺胃先受暑熱，表復外感寒邪，表裏俱病。當內清暑邪，外散表寒爲治。

勞役辛苦之人，日間冒暑，夜間乘涼，而病頭痛寒熱似瘧者，六和湯加減和之。

邵評：中氣虛弱，內暑熱而外寒涼，表裏均病，故有寒熱頭痛等見症。體虛挾邪，以扶正清暑散寒爲治。

冒暑兼停飲

有因暑熱而飲涼水太多，以致水停心下，遏伏暑邪。症見大熱煩渴、胸膈痞悶，或兼喘急、小水不利，或身重疼痛，右脈微弱。仲景用一物瓜蒂散吐之。如用五苓去朮，加紫蘇、厚朴、通草散而利之，亦解。舌黃燥者，加入薑製川連。

邵評：此水邪鬱令火而爲中暍之證。由夏令火熱，以水灌洗而傷冷水，水行皮中所致。仲景用一物瓜蒂散以去上焦之水。飲水太多，停於心下，遏伏暑邪，則熱渴煩痞。水氣上逆於肺，則喘急而小水不利也。冷水閉汗濕而滯陽氣，故身重痛。暑傷元氣，則右脈微弱。飲冷水以灌，冷水俱鬱遏陽氣，所謂形寒飲冷則傷肺也。用瓜蒂以去上焦水飲，則肺氣通行而水自散矣。後人用五苓散加減，亦通陽利水之治耳。舌黃燥，其邪已入中焦，陽明胃熱，故加川連。

冒暑兼傷寒

有因傷暑口渴，恣食生冷瓜果，以致寒包暑邪，宜六和湯去人參、扁豆，加楂肉。凡胸腹悶痛、舌胎中白邊紅、氣口脈微弱，而身大熱者，此即寒包暑之暴證也。若緩發，非瘧即痢矣。

邵評：暑爲陽邪，熱灼津虧，則多口渴。渴則飲冷，恣食瓜果生冷，傷脾胃中陽，鬱遏陽氣，以致暑不能外出。此因暑而自致之病，非暑傷也。蓋冷物滯於中宮，陽氣不得伸越，故胸腹悶痛。舌胎中白邊紅者，寒抑熱邪也。中虛邪滯，則脈微弱。身大熱者，暑也。寒鬱暑邪，用六和湯和中消暑，加楂肉以化冷物之積。

暑挾濕

凡暑必挾濕，濕爲重濁之邪，暑乃熏蒸之氣，熱處濕中，濕熱相蒸，阻於氣分，當治在手太陰。若治不中的，其邪無處發泄，則漸走營分，侵入血中。其症神昏譫語入營見症，舌色絳赤入營舌色，或咯痰帶血擾動營血。若上蒙清竅，則耳聾無聞。上焦不解，蔓延中下，則胸腹板悶，二便不利，即爲濕溫重證。治當急清三焦，如滑石、石膏、寒水石、杏仁、銀花、竹茹、枳實、通草、金汁之類清肺衛而宣通氣分之劑，嗣用犀角、連翹、銀花、鮮地、元參、川貝、知母、淡竹葉、綠豆衣之類，清營分以養胃陰清營分而化熱存津之法。如入下焦血分，當急用救陰涼血之品爲治。

邵評：天之熱氣下降，地之濕氣上騰，則蒸而成暑。故暑必挾濕，鬱蒸化熱，先入上焦肺衛，故治在手太陰肺經爲先。治不合法，衛分之邪不解，則入於氣分。氣分之邪不解，則漸入營分。營分不解，則入下焦血分。所謂衛之後方言氣，營之後方言血也。若邪入營不解，亦有逆傳包絡，神昏耳聾，機竅被蒙，而內閉外脫者，治宜清營達邪，芳香開閉爲主。總之，暑濕溫熱，先由上焦而遞傳中下焦。首在肺衛上焦，病屬氣分及營分。若傳中下焦，則入血分而灼耗陰精，則爲重證。故溫暑宗三焦立法主治。

暑挾痧

暑兼穢氣，從口鼻吸入，亦頭疼、惡寒、發熱，或手足指冷、脈沉伏、飽悶嘔惡，或腹痛泄瀉。治宜清暑兼逐穢，如廣藿梗、川鬱金、紫蘇、青蒿、厚朴、茯苓皮、滑石粉、連翹、草蔻、通草之類清之。有食加青皮、楂肉、枳實。

邵評：夏令暑天，熱氣濕濁，蒸成穢惡瘴毒，謂之痧穢。人中其邪，先從口鼻吸入。適更受暑，留伏膜原，故有頭疼寒熱見症。邪阻氣機，陽不宣運，則有肢冷、脈伏、嘔瀉、痛悶見象矣。治宜辛香逐穢，輕淡清暑，使其暑穢兩分，則邪解散而愈。如食滯中宮，加消食化滯之品。

有觸暑穢腹痛，誤飲薑糖湯而成霍亂，吐瀉不得、六脈俱伏、絞腸痛欲死，此內閉也。外用放痧、提痧、刮痧等法，內急以川鬱金、石菖蒲、西黃另衝、川連、草蔻、藿香、木香、滑石、通草等投之，以開閉逐穢。

邵評：薑與暑犯，糖與痧犯。誤飲薑糖湯，則邪壅滯中宮，上下格拒，揮霍撩亂，欲吐不吐，欲瀉不瀉，腸中絞痛，脈伏不起。邪內閉而爲攪腸痧

症，急用針刺、提刮之法，以開泄其血絡、機竅之氣爲外治，內服芳香辛散之劑，以開閉逐穢而散邪通氣也。如邪重不應，可服三物備急丸溫開之法。

暑挾食

凡頭痛背寒、發熱自汗暑證的據，脈左虛右滑左虛爲暑，右滑是食，畏食胸悶者傷食見症，傷暑兼傷食也。宜藿香、厚朴、青皮、香薷、神麯、楂肉、枳實、麥芽、紫蘇、滑石之類疏之清之。

邵評：此清暑熱而消食滯之正法。

邪結下焦

暑濕合邪，鬱結下焦氣分，以致小腹硬滿、大便不下、舌胎白兼微黃。此下焦氣分結邪，勿以傷寒液涸便秘治之。宜豬苓、赤苓、滑石、通草、淡竹葉、晚蠶沙、皂莢子之類，以解下焦氣分之結，二便自通矣。

邵評：暑濕合邪，暑輕濕重，注於下焦，而結在氣分，則少腹硬滿。氣不宣運，故大便不下，然小水亦未必流利。舌胎白而微兼黃色，濕多暑少之征也。濕阻氣機，二便不利，與傷寒液涸便結者大異。治以滲濕開氣之法，則下焦鬱結之邪開化，則二便通行而邪自化矣。

動暑

行人農夫，於日中勞役得之，爲中暍。暍即暑也。其症頭痛、發躁、惡熱，捫之肌膚大熱，大渴引飲，汗大泄，無氣以動，乃天熱外傷元氣，宜益氣清暑爲治。按仲景云：太陽中熱，暍是也。汗出惡寒，身熱而渴，白虎湯加人參主之。夫元氣爲熱邪所傷，以致大熱大渴，汗出不已。故以人參益氣，石膏清暑，乃至精至當之法。何後人以東垣清暑益氣湯代之？吾恐暑邪正盛，升、葛之升，芪、術之閉，寧不助邪增病耶？惟生脈散加石膏，可以代之。然形氣壯實者，只服六一散亦解。東垣此湯，乃治暑月濕熱傷氣、脾胃受病之緩證也。若以之治中暑，則謬矣。

靜暑

靜處高堂大廈之中，雖無暑氣，然偶或冒暑應接，亦能中暑。如迎賓送客、觀荷曝書之類，偶觸暑邪是也。更有斗室低樓，暑氣外逼，即靜處室中，亦能吸受暑邪。俱當以正暑治之。

陰暑

按：方書以大順散治陰暑，非暑也，乃暑月所受之陰寒也。然大順散藥經炒熟，重用甘草，雖有杏仁下氣，皆主甘溫守中，并無散寒破結之能，即內傷生冷，外受陰寒，亦非所宜。至若無病之人，避暑山房水閣，過於貪涼，感冒微風，以致寒熱無汗，或頭疼、惡寒、發熱，是周身陽氣爲寒所遏也。當從傷寒治，輕清溫散可也，蘇、薄、藿、朴之類。如恣食瓜果，內傷生冷，以致腹痛吐瀉，脈沉遲，手足厥冷者，此即太陰中寒也，理中湯加藿香、厚朴主之。

以上合參《治法彙》、《葉案》、《暑症全書》。

暑風

暑月，病人忽然手足搐攣者，暑風也，香薷飲加羌防。嘔惡加藿香、陳皮，小便不利加二苓、澤瀉、滑石，有痰加半夏，渴易瓜蔞，瀉不止加蒼术，轉筋加木瓜。勢重者，手足攣搐，角弓反張，如中惡狀。亦有先病熱，服表藥後，漸成譫語狂呼浪走，氣力百倍者，亦暑風也，以寒涼攻劫之，兼解散化痰。

暑瘵

盛暑之月，火能鑠金，不禁辛酒，胃火暴甚，勞熱躁擾，火動心脾，令人咳嗽氣喘，驟然吐血、衄血，頭目不清，膈中煩擾不寧。即童稚老夫，間有此病。昧者以爲勞瘵，不知火載血上，非眞陰虧損而爲虛勞者比也。宜清暑涼血，如荷葉汁、鮮生地、元參、知母、石膏、鬱金、連翹、杏仁、象貝之類。

暑瘍

凡癰疽毒瘡，發熱有時，晡熱且止。若夏月間，有患頭面外項赤腫，或腰足焮腫，長至數寸，不能步履，人皆疑爲瘡毒。但頭痛內躁，晝夜發熱不止，自與瘡毒異。宜清暑解毒，如川連、石膏之類。暑毒一解，其腫自消，亦無膿血也。

暑瘡

盛暑之時，有遍身發疱，如碗如杯、如李如桃，晶瑩脆薄，中含臭水，此濕熱之水泛於肌表也，黃連、香薷、解毒湯之類。若口瘡臭穢，涼膈散效。外用鮮蓮花瓣貼瘡上，一周時平復。

紀　事

《名醫類案・暑》　羅謙甫治蒙古百戶，因食酒肉，飲潼乳，得霍亂吐瀉症。從朝至午，精神昏憒，已困，急來告羅視之，脈皆浮數，按之無力，所傷之物已出矣，即以新汲水半碗，調整桂苓白术散，徐徐服之，稍得安静，又於牆陰掘地約二尺許，貯以新水，在内攪動，待一時澄定，用清者一盃，再調服之。漸漸氣調，吐瀉遂止，至夜安卧，翌日，微煩渴，遂煎錢氏白术散，時時服，良愈。或曰：用地漿者何也？坤屬地，地屬陰，土平曰静順，感至陰之氣，又於牆陰貯新汲水，以取重陰之氣也，陰中之陰，能瀉陽中之陽，霍亂因暑熱内傷所得，故用地漿之意也。提舉父年近八十，六月中暑毒，霍亂吐瀉，昏冒終日，不省人事，時夜參半。請羅視之，脈七八至，洪大有力，暑脈虚大當作虚論。頭熱如火，足冷如冰，半身不遂，牙關緊急，蓋年高氣弱當暑氣極盛，陽明得令之際，况因動而得之，中暑明矣。非甘辛大寒之劑。不能瀉其暑熱，墜浮溜之火安神明也。遂以甘露散，甘辛大寒，瀉熱補氣，加茯苓以分陰陽，約一兩，水調灌之，漸漸省事，諸證悉去，慎言語，節飲食，三日，以參术調中湯以意增減旋服，理正氣，逾十日平復。

一倉官季夏時病胸項多汗，胸項多汗先傷暑。兩足逆，譫語，醫者不曉，雜治經旬。羅診之，關前濡，關後急，當作溼溫治。蓋先受暑後受溼，暑溼相搏，是名溼溫。先以白虎加人參湯，次以白虎加蒼术湯，頭痛漸退，足冷頭痛並見，當知此是溼溫症。足漸溫，汗漸止，三日愈。此名賊邪，誤用藥，有死之理。

吴茭山治一婦，冬月偶感患灑灑惡寒，翕翕發熱，惡食乾嘔，大便欲去不去，諸醫皆以虚弱痰飲治之，以二陳補心等藥，服不效，延及半月，吴診其脈，虚而無力，類乎傷暑，衆不然之。究問其病因，其婦曰：因天寒，換著綿衣，取綿套一牀，蓋之，須臾煩渴，寒熱嘔吐，綿延至今耳。吴曰：誠哉，傷暑也。蓋綿套曬之盛暑，夾熱收入笥中，必有暑氣尚未開泄，今人體虚，得之易入，故病如是。其婦曰：然。遂製黄連香薷飲，連進二服而愈。

崇寧乙酉吴爲書局時，一馬夫馳馬出局下，忽仆地絶，琇按：此由動而得之，是爲中暍。急以五苓大順散灌之，皆不驗，已踰時，同舍王相使取大蒜辛溫一握，道上熱土補胃，雜研爛，以新水甘寒和之，濾去渣，決其齒灌之，少頃即甦，至暮此僕爲吴御馬而歸，乃知藥病相對。有如此者，此方本徐州沛縣市門，忽有板書釘其上，或傳神仙救人者，沈存中王聖美，皆著其説，而吴親驗之，出石林老人避暑録。

《傷暑全書・名醫類案》　提舉父年近八十，六月中暑毒，霍亂吐瀉，昏冒終日，不省人事，時夜參半，請羅視之。脈七八至，洪大有力，頭熱如火，足冷如冰，半身不遂，牙關緊急。蓋年高氣弱，當暑氣極盛，陽明得令之際，爲陰得而動之，中暑明矣。非甘辛大寒之劑，不能瀉其暑熱，墜浮溜之火，安神明也。遂以甘露散，甘辛大寒，瀉熱補氣，加茯苓以分陰陽，約一兩水調灌之，漸漸省事，諸證悉去，慎言語，節飲食。三日以參术補中湯，以意增減，旋服理正氣愈，十日平復。

滑伯仁治一人，病自汗如雨，面赤身熱，口燥心煩，當盛暑帷幕周密，自以虚亡陽，服术附數劑，脈虚而洪數，舌上苔黄。伯仁日前藥誤矣，熱病熱治，醫者死之。《素問》云：必先歲氣，毋伐天和。术附豈可輕用？以犯時令。又云，脈虚身熱，得之傷暑，暑家本多汗，加剛劑脈洪數而汗甚，乃令撤幔開窗，少頃漸覺清爽，以黄連人參白虎湯。三進而汗止大半，諸證亦減，兼以既濟湯，渴用冰水調天水散，二日而愈。

孫兆治一人，自汗兩足冷至膝下，腹滿不省事。孫診六脈小弱而急，問其所服藥，取視皆陰病藥也。孫曰：此非受病重，藥能重病耳。遂用五苓散白虎湯十餘帖，病少甦，再服全愈。或問治法，孫曰：病人傷暑也。始則陽微厥，而脈小無力，醫謂陰病，遂誤藥，其病厥，用五苓散利小便，則腹消，白虎湯解利邪熱，則病愈。凡陰證，脛冷則臂亦冷，汝今脛冷臂不冷，則下厥上行，是如陽之微厥也，此證乃先傷濕後傷暑，爲濕之證也。

丹溪治一人，夏大發熱譫語，肢體莫舉，喜冷飲，脈洪大而數，以黄耆茯苓，濃煎如膏，用涼水調服，三四次後，昏卧如死，氣息如常，次日方醒而愈。一人夏發大熱大汗，寒戰慄。不自禁持，且煩渴，此暑病也。脈虚微細弱而數，其人好賭，致勞而虚，以人參竹葉作湯，調辰砂四苓散，數劑而安。

項彦章治一人病甚，醫皆以爲瘵，盡愕束手，項診之，脈細數而且實，細數者暑也，暑傷氣宜虚，今不虚而反實，乃熱傷血，藥爲之也，家問死期，曰何

得死爲，作白虎湯飲即瘥。

《張氏醫通・諸傷門・傷寒》　一童姓者，伏氣發於盛暑，其子跪請求治。診時大發躁擾，脈皆洪盛而躁，其婦云大渴索水二日，不敢與飲，故發狂亂。因令速與，連進二盞，稍寧，少頃復索，又與一大盞，放盞，通身大汗，安睡熱除，不煩湯藥而愈。同時有西客二人寓毛家，亦患此證，皆與水而安。

《臨證指南醫案・暑》　某二二　身熱頭脹脘悶，咳嗆此暑邪外襲於肺衛。當清上焦。

絲瓜葉三錢　大杏仁三錢　香薷七分　通草一錢半　飛滑石三錢　白蔻仁五分

陳　脈左勁，右濡。頭痛脘悶，麻痹欲厥，舌白。此暑邪內中，蒙閉清空，成瘧之象。平昔陰虛，勿犯中下二焦。

嫩竹葉　連翹　飛滑石　野鬱金汁　大杏仁　川貝母

程三六　暑風必挾濕，濕必傷於氣分。斷瘧瘡發，即濕邪內發之徵。濕伏熱蘊，致氣壅塞咽底脘中。及至進穀無礙，二便通調。中下無病顯然。

白通草　西瓜翠衣　活水蘆根　苡仁

池　伏暑至深秋而發，頭痛煩渴少寐。

薄荷　淡竹葉　杏仁　連翹　黄芩　石膏　赤芍　木通

某三三　穢暑吸入，內結募原。脘悶腹痛，便泄不爽，法宜芳香逐穢以疏中焦爲主。

藿香梗　杏仁　厚朴　茯苓皮　半夏麯　廣皮　香附　麥芽

楊　秋暑內爍，煩渴，喜得冷飲，脈右小弱者，暑傷氣分，脈必芤虛也。此非結胸症。宜辛寒以徹裏邪。

石膏　知母　厚朴　杏仁　半夏　薑汁

《未刻本葉氏醫案・保元方案》　濕熱下陷，腹痛泄瀉。

藿梗　神麯　桔梗　廣皮　川連　茯苓　米仁　澤瀉

暑濕未净，下利頻來。

人參　茯苓　薑炭　炒陳皮　焦朮　炙草　木瓜　益智仁

暑濕上阻，頭重脘悶，脈糢糊，病勢正在方張。

藿香　杏仁　絲瓜葉　連軺　厚朴　廣橘紅

穢濁未清，中焦氣痹。

杏仁　藿香　廣橘白　厚朴　半夏　生香附

復感暑風，發爲風疹。

桑皮　蘆根　桔梗　大力子　薄荷　連軺　赤芍　飛滑石

滯下半載，猶然腹痛，積未盡耳。

熟地炭　歸身炭　炒黄柏　澤瀉　黑豆皮　山查炭　百製軍　赤苓

暑風上襲，頭重咳嗽。

絲瓜葉　桑皮　杏仁　飛滑石　橘紅　米仁

舌白，頭脹脘悶渴飲，此暑熱上阻耳。

絲瓜葉　桑皮　杏仁肉　飛滑石　通草　白蔻仁

暑濕頗盛，頭蒙脘悶，舌黄。

鮮絲瓜葉　厚朴　滑石　半夏　帶皮茯苓　杏仁　黄卷　橘白

暑濕內伏，陽氣怫鬱，肢冷頭汗，脘悶噫氣。

杏仁　半夏　藿梗　豆蔻　茯苓　橘白

暑熱傷陰，心中猶熱，頭重不飢。

竹葉心　新鮮粗蓮子　茯神　川貝母　硃砂拌麥冬　燈心

暑熱阻於三焦。

竹葉　飛滑石　杏仁　橘紅　連翹　通草

瘧止，痺熱渴飲，頭痛脘悶。

絲瓜葉　飛滑石　連喬　杏仁　白通草　橘皮紅　厚朴　花粉

暑邪成瘧，脘悶渴飲。

絲瓜葉　滑石　厚朴　半夏　白蔻仁　杏仁　藿香　橘白

暑風作咳。

杏仁　蘆根　通草　桑皮　象貝　米仁

暑濕下利，左脈弦，鼻衄。

藿香　木瓜　炒扁豆　川連　赤苓　廣陳皮

暑風濕邪夏鬱，怯風脘脹。

藿香　杏仁　茯苓　厚朴　半夏　陳皮

暑熱鬱於上焦。

苦丁茶　薄荷　赤芍藥　鮮荷蒂　連喬　黑梔皮

濕熱下注，溺痛淋濁。

黑梔皮　連喬　飛滑石　木通　淡竹葉　赤苓　龍膽草　生草梢

陰弱挾暑，頭脹神倦。

竹葉心　川貝　鮮蓮子　燈草心　茯神　赤麥冬

暑濕成瘧，脈虛，宜用和法。

藿香梗　半夏　連皮苓　杏仁　橘皮白　木瓜　老生薑

暑熱鬱蒸發黃，分利三焦，亦爲正治。

滑石　寒水石　石膏　厚朴　豬苓　連皮苓　草果　杏仁　桑皮　白豆蔻　茵陳　澤瀉

暑濕鬱於衛，背冷，食下少運。

藿香梗　茯苓　陳皮　半夏麯　杏仁　木瓜

頭脹鼻衄。

犀角地黃湯加白茅花、側柏葉。

暑阻上焦，頭重咳嗽，寒熱似瘧。

絲瓜葉　桑皮　杏仁　飛滑石　橘紅　通草

溫瘧脘悶。

草果　半夏　烏梅　厚朴　橘白　杏仁

暑邪發熱脘悶。

絲瓜葉　藿香　滑石　連軺　白蔻仁　杏仁　厚朴　橘白

此新受暑風，鬱於腠理，與宿糕無涉。

細香薷　連軺　杏仁　飛滑石　橘紅　川通

此暑熱逼入胞絡，神昏亂語，心中熱。

竹卷心　川黃連　鮮蓮子　赤麥冬　白茯神　白燈心

暑熱鬱於少陽，頭脹偏左，齒痛。

苦丁茶　大連軺　赤芍藥　菊花葉　黑梔皮　夏枯花

暑濕內陷下利。

益智仁　砂仁殼　木瓜　廣藿香　白茯苓　廣皮

暑熱鬱於上焦，涕流氣腥，主以辛涼。

薄荷梗　絲瓜葉　黑山梔皮　連軺殼　飛滑石　大豆黃卷

暑熱阻於中焦。

藿梗　橘白　厚朴　川連　半夏　茯苓

暑侵上焦。

杏仁　通草　橘紅　桑皮　蘆根　桔梗

胃氣不甦，濕熱內蘊耳。

竹茹　半夏　橘白　枳實　茯苓　金斛

暑阻中焦，發熱脘悶。

滑石　半夏　厚朴　杏仁　藿香　連翹

伏暑，發熱形寒，脘悶身痛，惡心。

藿香　杏仁　橘白　厚朴　半夏　滑石

伏暑痺瘧，汗多脈細。

生穀芽　木瓜　烏梅肉　半夏麯　知母　細青蒿

瘧轉下痢，脈細如絲，神倦不食，暑邪入裏，正憊不能泄越，症險恐脫。

人參　柴胡　羌活　川芎　枳殼　桔梗　獨活　炙草　前胡

暑風上受，首先犯肺，執蘊不解，逆傳心包，肝陽化風，盤旋無動，神昏譫語，脈虛，急宜辛涼，開熱疏痰，俾神魂復攝，斯無變幻，爲今治法，須治上焦，苦降消尅。是有形有質，非其治矣。

犀角尖二錢　鮮生地一兩　甘草五錢　廉珠末三分，研細衝入　焦丹皮二錢　連軺一錢五分　赤芍二錢　捲心竹葉二錢　白燈心五分

煎成化服牛黃丸二分、冰糖四兩、烏梅一錢，煎湯代藥。

《續選臨證指南・暑》　范　伏暑阻其氣分，煩渴，咳嘔，喘急，二便不爽，宜治上焦。

杏仁　石膏　炒半夏　黑梔皮　厚朴　竹茹

又　痰多咳嘔，是暑鬱在上，醫家亂投沉降，所以無效。

石膏　杏仁　炒半夏　鬱金　香豉　黑山梔

楊　秋暑內爍，煩渴喜得冷飲，脈右小弱者，暑傷氣分，脈必芤虛也。此非結胸症，宜辛寒以徹裏邪。

石膏　知母　厚朴　杏仁　半夏　薑汁

張　舌白罩灰黑，胸脘痞悶，潮熱嘔惡，煩渴汗出，自利，伏暑內發，三焦均受，然清理上中爲要。

杏仁　滑石　黃芩　半夏　厚朴　橘紅　黃連　鬱金　通草

張　病歲一月，猶然耳聾，神識不慧，嗽甚痰粘，呼吸喉間有音。此非傷

寒暴感，皆夏秋間暑濕熱氣內鬱，新涼引動內伏之邪，當以輕劑清解三焦。奈何醫者不曉伏氣爲病，但以發散消食，寒涼清火爲事，致胃汁消亡，眞陰盡爍。舌邊赤，齒板燥裂血。邪留營中，有內閉瘛瘲、厥逆之變。況右脈小數，左脈濇弱，熱固在裏，當此陰傷日久，下之再犯亡陰之戒。從來頭面都是清竅，旣爲邪蒙，精華氣血不肯流行，諸竅失司聰明矣。此輕淸淸解，斷斷然也。議清上焦氣血之壅爲先，不投重劑苦寒，正倣古人肥人之病，慮虛其陽耳。

連翹心　元參　犀角　鬱金　橘紅蜜水炒　黑梔皮　川貝　鮮菖蒲根

加竹瀝

又　昨進清上焦法，諸症雖然略減，而神識猶未清爽，總由病久陰液內耗，陽津外傷，聰明智慧之氣，俱被濁氣蒙蔽，所以子後午前稍清，他時皆不清明，以陽盛時，人身應之也。擬進局方至寶丹，藉其芳香，足以護陽逐邪，庶無內閉外脫之虞。

至寶丹每服三分，燈心、嫩竹葉湯送。

又　脈右緩大，左弱，面垢色已減，痰嗽不爽。良由胃中津液，爲辛散溫燥所傷，心營肺衛，悉受熱焰蒸迫，致神呆喘急耳聾。清陽阻痹，九竅不利，首方宣解氣血，繼方芳香通竅，無形令其轉旋，三焦自有專司，豈與俗醫但曉邪滯攻擊而已。今已獲效，當與清養胃陰肺氣，體素豐盛，陽弱不耐沉寒，然深秋冬交，天氣降則上焦先受，試觀霜露下垂，草木皆改容色，人在氣交，法乎天地，兼參體質施治。

枇杷葉　炒黃川貝　橘紅　鬱金　茯苓　苡仁

某　初病伏暑，傷於氣分，微熱渴飲，邪犯肺也。失治邪張，逆走膻中，遂舌絳縮，小便忽閉，鼻煤裂血，口瘡，耳聾神呆，由氣分之邪熱，漫延於血分矣。夫肺主衛，心主營。營衛二氣，晝夜行於經絡之間，與邪相遇，或涼或熱。今則入於絡，津液被劫，必漸昏寐，所謂內閉外脫。

鮮生地　連翹　元參　犀角　石菖蒲　金銀花

顧，右脈空大，左脈小芤，寒熱痲痹，腰痛冷汗，平素積勞內虛，秋暑客邪，遂干臟陰，致神迷，心熱煩躁，刮痧似乎略爽，病不肯解，此非經絡間病，頗慮熱深劫陰，而爲痙厥。張司農集諸賢論暑病，謂入肝則痲痹，入腎爲消渴，此其明徵。議清陰分之邪，仍以養正輔之。暑熱深入劫陰。

阿膠　小生地　麥冬　人參　小川連　烏梅肉

龔六十　暑必挾濕，二者皆傷氣分，從鼻吸而受，必先犯肺，乃上焦病。治法以辛涼微苦，氣分上焦廓清則愈。惜乎專以陶書六經看病，仍是與風寒先表後裏之藥，致邪之在上，漫延結錮，四十餘日不解。非初受六經，不須再辨其謬。經云：病自上受者治其上。援引經義以論治病，非邪僻也。宗河間法。

杏仁　栝蔞皮　半夏　薑汁　白蔻仁　石膏　知母　竹瀝

秋露水煎。

又　脈神頗安，昨午發疹，先有寒戰，蓋此病起於濕熱，當此無汗，肌腠氣窒，至膚間皮脫如麩，猶未能全泄其邪，風疹再發，乃濕因戰慄爲解。一月以來病魔，而肌無膏澤，瘦削枯槁。古謂瘦人之病，慮涸其陰，陰液不充，補之以味。然腥羶濁味，徒助上焦熱痰，無益培陰養液。況宿滯未去，腸胃氣尚窒鈍，必淡薄調理，上氣清爽，痰熱不至復聚。從來三時熱病，怕反覆於病後之復，當此九仞，幸加意留神爲上。

元參心　細生地　銀花　知母　生甘草　川貝　丹皮　橘紅鹽水炒

竹瀝

此煎藥方，只用二劑可停，未大便時，用地冬汁膏，大便後，可用三才湯。

程四二。穢熱由清竅入，直犯募原，初頭痛肌脹，今不飢痞悶，以苦辛寒法。

杏仁　半夏　厚朴　橘紅　竹葉　黃芩　滑石

某六一　舌黃，脘悶，頭脹，口渴，溺短，此吸受穢氣所致。

飛滑石三錢　白蔻仁七分　杏仁三錢　厚朴一錢半　通草一錢半　廣皮白一錢半

某三三　穢暑吸入，內結募原，脘悶腹痛，便泄不爽，法宜芳香逐穢，以疏中焦爲主。

藿香梗　杏仁　厚朴　茯苓皮　半夏麴　廣皮　香附　麥芽

沈二三　脈小色白，氣分不足，兼之胃弱少食，聞穢濁要刮痧，陰柔之藥。妨胃助濁，常以豬肚丸養胃。入夏令熱更傷氣，每食遠，進生脈四君子湯一劑，恪守日服，可杜夏季客暑之侵。生脈四君子湯，長服豬肚丸。

鬱二六　暑熱，頭脹，咳喉痛。

鮮荷葉　杏仁　射干　橘紅　桑皮　桔梗　木通　滑石

胡　不飢不食不便，此屬胃病，乃暑熱傷氣所致。味變酸濁，熱痰聚脘，苦辛自能泄降，非無據也。暑熱阻氣中痞不運。半夏瀉心湯去甘草、乾薑，加杏仁、枳實。

王　身熱自汗，腹痛，大小便不利，脈虛，右大左小，暑熱內閉，擬和表裏法。

薄荷　枳實　黃芩　生白芍　竹葉心　黑山梔　通草　甘草

金　熱止，津津汗出，伏暑已解。只因病魔日久，平素積勞，形色脈象虛衰，深慮變病，今飲食未進，寤寐未寧，議以斂液補虛暑病久延傷液。

人參　茯神　麥冬　五味　炒白芍

塊辰砂一兩，綿裹同煎。

又　熱久胃汗被劫，不飢不便，亦病後常事耳。古人論病，必究寢食，今食未加餐，難寐，神識未清，爲病傷元氣。而熱病必消爍真陰，議用三才湯意。

人參　天冬　生地　麥冬　五味子

楊二八　暑熱必挾濕，吸氣而受，先傷於上，故仲景傷寒先分六經，河間溫熱須究三焦。大凡暑熱傷氣，濕著阻氣，肺主一身周行之氣，位高，爲手太陰經。據述病樣，面赤足冷，上脘痞塞，其爲上焦受病顯著。緣平素善飲，胃中濕熱久伏，辛溫燥烈，不但肺病不合，而胃中濕熱，得燥熱錮閉，下利稀水即協熱下利，故黃連苦寒，每進必利甚者，苦寒以勝其辛熱，藥味尚留於胃底也，然與初受之肺邪無當。此石膏辛寒，辛先入肺，知母爲味清涼，爲肺之母氣，然不明肺邪，徒曰生津，焉是至理。昔孫真人未診先問，最不悞事，再據主家說及病起兩旬，從無汗泄。經云：暑當汗出，勿止。氣分窒塞日久，熱侵入血中，咯痰帶血，舌紅赤，不甚渴飲，上焦不解，漫延中下，此皆急清三焦，是第一章旨。故熱病之瘀熱，留絡而爲遺毒，注腑腸而爲洞利，便爲束手無策。再論濕乃重濁之邪，熱爲薰蒸之氣，熱處濕中，蒸淫之氣，上迫清竅，耳爲失聰，不與少陽耳聾同例。青蒿減柴胡一等，亦是少陽本藥，且大病如大敵，選藥若選將，苟非慎重，鮮克有濟。議三焦分消，治從河間法。初三日。

飛滑石　生石膏　寒水石　大杏仁　炒黃竹茹　川通草　瑩白金汁

金銀花露

又　暮診，診脈後，腹胸肌腠。發現癮疹，氣分濕熱。原有暗泄之機，早間所談，餘邪遺熱。必兼解毒者爲此。下午進藥後，診脈較大於早晨，神識亦如前，但舌赤中心甚乾燥，身體捫之。熱甚於早間，此陰分亦被熱氣蒸傷，瘦人慮其液涸，然痰咯不清，養陰藥無往而非膩滯，議得早進清膈一劑，而三焦熱穢之蓄，當用紫雪丹二三匙，藉其芳香宣竅逐穢，斯錮熱可解，濁痰不粘，繼此調理之方，清營分，滋胃汁，始可瞻顧，其宿垢欲去，猶在旬日之外。古人謂下不嫌遲，非臆說也。紫雪丹一錢六分。

又　一劑後用：

知母　竹葉心　連翹心　炒川貝　竹瀝　犀角　元參　金汁　銀花露

又　一劑後，去銀花、菉豆皮，加人參、麥冬。

竹葉心　知母　菉豆皮　元參　鮮生地　金銀花

又　初十申刻診，經月時邪，脈形小數，小爲病退，數爲餘熱，故皮膚麩蛻，氣血有流行之義。思食欲餐，胃中有醒豁之機，皆佳兆也。第舌赤而中心黃苔，熱蒸既久，胃津陰液俱傷，致嚥物咽中若阻。溺澀尿管猶痛，咯痰濃厚，宿垢未下，若急遽攻奪，恐真陰更涸矣。此存陰爲主，而清腑兼之，故亂進食物，便是助熱，惟清淡之味，與病不悖。自來熱病，最怕食復、勞復，舉世共聞，非臆說也。

細生地　元參心　知母　炒川貝　麥冬　地骨皮　銀花露　竹瀝

又　脈症如昨，仍議滋清陰分餘熱，佐清上脘熱痰。照昨日方去地骨皮、銀花露，加鹽水炒橘紅。

王　暑邪寒熱，舌白不渴，吐血，此名暑瘵重症。

西瓜翠衣　竹葉心　青荷葉汁　杏仁　飛滑石　苡仁

王三九　雖是欬痰失血，然強能食，不知飢，目黃晡熱，舌心黃，已現暑熱客邪症象。此先宜清理肺胃，莫因久恙而投膩補。

杏仁　象貝母　鬱金　川通草　桑葉　石膏　橘紅　苡仁

又　晚服枇杷葉膏，早六味加阿膠、麥冬。

又　阿膠　雞子黃　小生地　麥冬　桑葉　炒黑丹皮

《續選臨證指南・產後》　凌　一歲四氣之交，夏季發泄爲甚。凡夏至一陰初復，未及充盈，恰當產期，爲陰氣未充先泄，暑熱乘隙內侵，正如內經

最虛之處，便是容邪之處矣。產科未明此旨，徒曉產後逐瘀成藥，苦辛破血，津液愈劫，所伏暑熱，無由可驅，六氣客邪，內迫臟腑，漸漸昏蒙內閉，攻熱害正，養正邪留，藥難立方調治。幼讀仲景，揣摩聖誨，惟育陰可以除熱，況乎暑必傷氣，人參非益氣之聖藥乎，大隊陰藥，佐以人參，誠爲陰分益氣之法。服之熱癤壘壘而起，惡露緩緩而下，扶正卻邪，並行不悖。今穀食已安，諒無反覆，難成易虧之陰。須安養可望圖功，倘加情志感觸，輕則奇損帶淋，重則髓枯蓐損，莫道贈言之不詳也。陰虛夾暑。

雄烏骨雞一雙　人參二兩秋石拌　鮮生地三兩　柏子仁一兩半　天冬一兩半　麥冬二兩　阿膠二兩　建蓮肉三兩　茯神二兩

熬膏。

《吳鞠通醫案・暑溫》　馬三十八歲　暑熱本易傷陰，誤用消導攻伐，重傷陰氣，致令頭中耳中鳴無止時。此係肝風內動，若不急救肝腎之陰，瘈瘲熱厥立至矣。癸亥六月初八日

大生地六錢　麥冬五錢　生牡蠣五錢　炒白芍六錢　丹皮三錢　菊花炭二錢　生鱉甲五錢　桑葉一錢五分　炙甘草三錢　火麻仁二錢，大便太稀去此

煮三杯。分三次服。

外邪雖退，無奈平素勞傷太過，虛不肯復，六脈無神，非參不可。十二日

沙參三錢　大生地六錢　阿膠三錢　元參六錢　生鱉甲六錢　丹皮三錢　麥冬六錢　火麻仁三錢　白芍生六錢　甘草炙，四錢

煮三杯，分三次服。

得大便後，去元參，加牡蠣六錢、人參三錢、桂枝一錢、大棗去核二枚、生薑一片。

病後飲食不調。又兼暑濕着裏，腹中絞痛，痛極便溏，脈微數，欲作滯下。議芩芍法，奪其滯下之源。七月初六日

焦白芍一錢五分　厚朴二錢　廣木香一錢　黃芩炭一錢二分　枳實一錢　小茴香八分　南查炭一錢五分　廣皮炒一錢五分　雲連炭八分　神麯炭二錢

一二帖後，腹痛除，仍服復脈湯。

《吳鞠通醫案・伏暑》　靳十九歲　不兼濕之伏暑誤治，津液消亡，以致熱不肯退，唇裂舌燥，四十餘日不解，咳嗽膠痰，譫語口渴。可先服牛黃清心丸，清包絡而搜伏邪，湯藥與存陰退熱法。乙丑八月廿二日

細生地三錢　生扁豆三錢　生鱉甲五錢　麥冬不去心五錢　沙參三錢　生甘草一錢　生牡蠣五錢　炒白芍三錢

煮三杯，分三次服。

暑之偏於熱者，誤以傷寒足經藥治之，以致津液消亡。昨用存陰法，兼芳香開絡中閉伏之邪，已見大效。茲因小便赤甚而短，熱雖減而未除，議甘苦合化陰氣法。廿四日

二甲復脈湯加黃芩三錢，如有譫語，牛黃丸仍服。

昨用甘苦合化陰氣法，服後大見涼汗。茲熱已除，脈減，舌苔盡退，但六脈重按全無，舌仍乾燥。議熱之所過，其陰必傷例，用二甲復脈湯。重加鱉甲、甘草。廿六日

興六十四歲　夏傷於濕，冬必咳嗽。況六脈俱弦，木旺克土，脾土受克則泄瀉，胃土受克則不食而欲嘔，前曾腹脹，現在胸痞舌白滑，此寒濕病也，而脈反數，思涼思酸，物極必反之象，豈淺鮮哉！急宜戒惱怒，小心一切爲要。乙丑九月十六

薑半夏三錢　飛滑石三錢　生苡仁五錢　杏仁泥四錢　旋覆花包二錢　廣鬱金三錢　茯苓皮五錢　白蔻皮一錢　白通草一錢

水五杯，煮取兩杯，渣再煮一杯，分三次服。

脈數，甚思涼，濕中生熱之故。十八日

飛滑石六錢　苡仁六錢　白蔻仁一錢五分　茯苓皮六錢　半夏四錢　廣鬱金二錢　杏仁泥六錢　黃芩二錢　白通草二錢　藿香梗三錢　枳實一錢五分

水八碗，煮取八分三茶碗，渣再煮一碗，日三夜一，分四次服。

伏暑必夾火與濕，不能單顧一邊。至服藥後，反覺不快，乃久病體虛不任開泄之故，渴思涼者，火也。得水則停者，濕也。二十日

生石膏六錢　半夏三錢　炒知母一錢五分　杏仁泥六錢　黃芩一錢　白蔻仁一錢

煮三杯，分三次服。

於前方內去蔻仁。加：

生石膏四錢　藿香梗三錢　炒知母五分　飛滑石四錢　白通草一錢五分

加入前方內，煮四杯，分四次服。

飲居右脇不得卧，格拒心火，不得下通於腎，反來鑠喉，故嗌乾。廿七日

薑半夏五錢　杏仁三錢　小枳實三錢　茯苓皮三錢　香附三錢　藿香梗三錢　旋覆花包三錢　廣皮二錢　蘇子霜三錢

煮三杯，分三次服。

小便不通，於前方內加：

飛滑石三錢　生苡仁三錢　白通草一錢五分

前後共八帖。

小便已通，於前方內去滑石、通草、生苡仁，服五帖而全愈。初六日

某　其人本有飲咳，又加內暑外涼，在經之邪，似瘧而未成，在腑之邪，泄瀉未止，恐成滯下，急以提邪外出爲要。按：六脈俱弦之泄瀉，古謂之木泄。即以小柴胡湯爲主方，況加之寒熱往來乎？六脈俱弦，故謂脈雙弦者寒也，指中焦虛寒而言。豈補水之生熟地所可用哉！現在寒水客氣。燥金司天。而又大暑節氣，與柴胡二桂枝一法。丙寅六月初六日

柴胡六錢　炒白芍二錢　青蒿二錢　桂枝三錢　藿香梗三錢　生薑三錢　半夏六錢　廣橘皮三錢　大棗去核二枚　黄芩二錢　炙甘草一錢

王氏廿八歲　上年初秋伏暑，午後身熱汗出，醫者誤以爲陰虛勞損，不食，胸痞咳嗽，舌苔白滑，四肢倦怠，不能起牀。至今年三月不解，已經八月之久，深痼難救，勉與宣化三焦，兼從少陽提邪外出法。乙酉三月二十日

飛滑石六錢　桂枝三錢　白蔻仁二錢　茯苓皮五錢　青蒿三錢　炒黄芩二錢　薑半夏五錢　苡仁五錢　白通草一錢　杏仁泥四錢　廣皮三錢

煮三杯，分三次服。

此方服二帖，能進食。服四帖飲食大進，即起，能行立。後八日復診，以調理脾胃而愈。

興男三歲　暑溼傷脾，暮夜不安。小兒脈當數而反不數，且少腹以下常腫痛。肝腎亦復虛寒，況面色青黄，舌苔白，手心時熱，調理乳食要緊，防成疳疾。議腑以通爲補食非溫不化例。癸亥七月初二日

生薏仁二錢　半夏炒一錢五分　小枳實八分　杏仁泥一錢五分　厚朴一錢五分　白蔻仁四分　焦神麯一錢五分　扁豆炒一錢　廣皮炭八分　小茴香炒一錢　生薑煨三小片　雞內金一錢

前證已愈，惟脾尚虛弱，以疏補中焦爲主。初六日

台氏十六歲　伏暑內發，新涼外加，誤與三陽經表藥，以致譫語神昏。前用芳香開包絡，神識已清，惟舌苔白厚，腹脹，熱未盡除。與通宣三焦法。丁亥八月十二日

雲苓皮五錢　厚朴二錢　藿香梗三錢　飛滑石五錢　香附二錢　炒黄芩二錢　杏仁泥三錢　廣皮二錢　白蔻仁一錢　生薏仁五錢

煮三杯，分三次服。二帖。

伏暑新涼，今日新涼之邪已退，而伏暑之溼邪未除，以腹未全消，故知之。十四日

雲苓皮五錢　薏仁五錢　大腹皮三錢　薑半夏三錢　豬苓三錢　黄芩炭二錢　杏仁泥二錢　厚朴三錢　白蔻仁一錢五分　藿香梗三錢　廣皮三錢

煮三杯，分三次服。二帖。

《肘後偶鈔·暑》　周二八　入暮熱甚，心煩不寐，形體驟消，舌白面暗，兩脈小數，胸前痞滿。此暑邪已入血分。血爲陰，故暮夜發熱。在氣分則渴，今在血分，故不渴。黄芩、知母雖能逐熱，而心胸之邪非黄連不能除。故南陽小陷胸法加減之。

川連一錢　栝樓仁四錢　枳實一錢磨衝　鮮生地四錢　丹皮一錢五分　鬱金一錢五分　通草七分

又　兩服熱退安眠，小便清矣，惟胃口被暑熱銷爍，未能遽健。改用芳香醒胃，甘寒養津。

麥冬二錢　花粉二錢　鮮石斛四錢　茯苓二錢　橘紅六分　白蔻仁五分

沈二三　嘔血發熱，胸悶自汗，脈虛大而數。此屬暑傷肺絡。暑傷氣，分脈虛。今又傷絡，故脈大而數。議與涼血清暑法。

鹽水炒香豉一錢五分　光杏仁三錢　焦山梔三錢　廣鬱金二錢　飛滑石三錢，荷葉包　醋炒丹皮一錢五分　冬桑葉一錢五分　生甘草四分

又脈靜身涼血止，見風略覺灑淅。氣被暑傷，衛失外護，其畏風宜矣。余歷吐血一症，多有六淫致病者，雖非眞陰失守之比，然切宜保養，以冀復元。

北沙參二錢　麥冬二錢　冬桑葉二錢　丹皮一錢　茯神一錢五分　棗仁一錢五分　南棗肉二錢　淮小麥一錢五分　山梔一錢五分

周四十　病熱旬日，形瘦神呆，心煩不寐，汗泄口燥，便赤氣濁，兩脈沈細欲絶。此屬伏暑重症，古稱暑傷心，故煩而不寐。暑邪從口鼻吸受，先傷氣分，肺爲百脈所朝，是爲氣母，因受暑熱銷爍，故脈伏而細，乃庚金逢暑必伏之意。其形脈雖似大虛，切審口燥，思涼飲，小便短赤，生脈白虎合劑最對是症。若龍、牡、歸、地，滋膩鎮攝，暑邪何由得解。

西洋參三錢　麥冬二錢　通草七分　石膏八分　知母一錢五分　飛滑石三錢　甘草四分　竹葉七片　白粳米一撮

陸二八　氣急胸悶，發熱口渴，小便短赤，中暑之症。

石膏五錢　麥冬二錢　杏仁二錢　通草七分　瓜蔞皮一錢五分　鬱金一錢五分　滑石二錢　絲瓜葉一片

一服病已脱然。彼以效驗神速，大有妙處，接服一劑，竟致胸中氣逆，痰喘有聲。因方内有石膏一味，能寒肺氣，過服陷秋降之令，氣不外泄，則逆於内。故當盛暑，絶無汗出，反見多痰。

杏仁　薄荷　防風　桔梗　橘紅　蘇子

朱三三　從前吸受暑邪，熱熾發渴，恣啖西瓜，熱渴稍解，而腹脹足腫，不思納食，脈細舌白，呼吸窒滯。氣分受病無疑，調治失宜，必成鼓脹。

杏仁　橘紅　通草　鬱金　連翹　蘇梗　茯苓皮　淡竹葉

又三服，病減大半，惟氣短未平。原方加北沙參、枇杷葉。

王四十　暑邪内伏，風寒外侵，頭疼惡寒，身熱冷汗，口臭便赤，大腹脹滿。已歷四旬，納食無幾，形瘦神呆，豈是小恙。用河間桂苓甘露飲加減。

石膏四錢　滑石一錢五分　桂枝五分　小川連六分　茯苓一錢五分　橘皮一錢　厚朴一錢　通草七分　甘草三分

兩服前患頓除，胃陰受傷，元氣虛耗，當用滋養。

黨參　麥冬　黄耆　橘皮　茯苓　扁豆　甘草

午後微熱自汗，小便復赤，脈浮大而數。此爲假實，法當大補，十全大補去川芎。十數劑而愈。

《四時病機・闡發伏暑晚發》　伏暑時行新案

遠邪當先扶正，因以復脈湯去薑桂與服。舌苔稍潤，脈象略舒，遂遵熱深逆深之治，用四逆散。本方一劑則汗大出，厥回神爽。病者曰：我煎如在夢中，今覺身爲已有矣。索粥飲一盞，病勢遂減。次日以製首烏、鱉甲、柴胡、青蒿、丹皮輕調病退六七。越兩日，熱又熾，忽然發狂亂，蓋少陽膽也。其藏風，其生火，腎水久虛之。下其足供，風火之挹取者幾何？遂以生首烏、知母、芩、連、枳、朴、半夏麯、杏仁以滋其陰，譫語止而身熱減。大便不行，再以更衣丸一服。去宿糞數枚，脈變虛，口燥渴，蓋陰虛生内熱也。以人參、製首烏、丹皮、白芍、柴胡、鱉甲、半夏麯、廣皮補虛清熱，熱遂止。經一月，始起坐於床，百日始散步於地，尚骨瘦皮乾，以左歸丸加人參調半載而康。

《醫門棒喝初集・虛損論・溫暑治案》　又如舌紅而光，若不乾渴，亦不可盡作胃陰不足。雖有苔垢而乾枯者，濁邪既結，津液又傷，必須兼養胃陰也。余在粤時，有蕭山何先生，夏月不爽，自謂受暑。食西瓜一大枚，又服涼藥數帖。後無所苦，惟胃不開，每日强飲薄粥一二鍾，甚無味，尚行動自如，小便淡黄，大便乾，多日不解。胸腹無脹悶。面色如常，舌紅而光無苔，酷似胃陰不足，但不喜湯飲。脈則浮中皆無，按之至骨，縈縈如蛛絲而已。醫者猶言有火而進涼藥。余曰：此證固非火邪。舌雖光，不欲湯飲，亦非胃陰不足。脈微如是，元陽大虧。幸而小便淡黄，大便堅固，腎氣略爲有根。若再服涼藥必死。遂用附子理中湯，去朮加當歸、桂枝以養榮，數劑後，毫無效驗。又去桂枝，加肉桂、吳萸、黄蓍等，連服十餘劑，依然如故。惟脈似成條，沈細如髮，出大便些須，仍乾。又進前藥十餘劑，共服大熱藥，已三十餘劑，仍復如此。余細思其小便通，大便乾，則腎元未絶，何以胃總不開，令停藥四五日以觀之，亦只如是。百味烹調皆不喜，粥亦勉强飲，行動如常。余乃屏去熱藥，重用鹿角膠，佐枸杞、當歸、參、芪、蓯蓉、廣皮等，溫潤養陽，連服十劑，始覺脈形稍粗，飲食略加。又服十劑，其胃始開，脈亦漸充。其間二十餘日，不出大便，胃開後，大便一二日即解，其人反軟弱臥牀，不能起坐。又養半月，始得下牀。嗚呼！此眞奇病也。仲景曰：脈縈縈如蛛絲者，陽氣衰也。何公本面白氣虛之人，年逾五旬而見此脈，陽衰已極，然服助陽大熱藥三十餘帖，全然不覺，胃竟不開，其生氣幾竭矣。鹿角不須一月，即長至數尺，其得生陽之氣爲最，故其功勝於桂附。是桂附之熱，可以勝寒，而草本無情，不及血肉有情，能助生氣也。

又如溫暑之邪，必用涼解。若其人體盛色白，或不白而肌鬆者，本質陽虛，凡感熱邪，往往涼藥不效。以其陽虛，涼藥入口，中氣先餒，不能運藥驅

邪故也。此須辨舌，舌雖邊黃，中必白滑，乃熱邪外受，中卻虛寒，須先用辛溫通陽，使中陽振，舌心亦黃，再用涼藥即解。如兼厚膩舌苔者，此熱伏濕中，尤當先用辛溫開濕。倘見其熱甚，驟用大涼，遏其濕而火反伏，必淹纏難愈，或作洞瀉。則濕去一半，火邪內陷，變證百出，不可不知。余在粵時，有一體盛肌鬆之人，春令患風溫，身熱頭痛、咳嗽喉疼，屢用辛涼疎解，咳嗽喉疼差愈，而身熱不退。其邪反鬱，肢體隱隱如疹狀，煩擾不安。觀舌邊黃中白而皆滑，始悟其中寒外熱，而有濕痰，故辛涼不能解熱也。乃用二陳湯加附子一劑，其身大熱，滿舌皆黃，再用辛涼，加藿、朴數劑隨愈。

又有一面白體盛人，夏月患暑溫，服涼解數帖而愈，以邪輕故也。旬日復感，自服蘇合丸，覆被發汗，津液大泄，熱邪內陷。又兼少年多欲，其脈空數無根，余告以難治。蓋蘇合丸中冰麝等，辛溫走竄，治寒尚可，溫暑大忌也。勉進甘涼薄味之藥，養陰和陽。四五日，脈象稍轉，而尺部甚空。身熱不退，夜則譫語，天明即清。舌有薄苔，邊淡黃，中白滑。每日飲粥二三碗，如是十餘日，病不增減。藥稍疏利，則委頓不堪；稍補助，則邪熱愈熾。余不能治，病家篤信，不肯更醫。一日因換牀起動，即大汗口開，眼閉欲脫。余急視之，幾如死狀，細審脈象，雖虛數無神，尚不至於即脫。因思其二便尚通，能進粥食，胃氣未絕，胸腹不脹，則腑氣無礙。正氣欲脫，不得不先扶本元。且因多欲腎虧，而粵東木火之地，肝風易熾，常多痙厥。故參不能用，恐助虛陽上越，則下元根脫。乃用熟地一兩二錢、附子四錢、厚朴二錢，合二陳湯如數，煎一大碗。黃昏時服一半，即熟寐，二更醒後，又服一半，亦無所覺。子後仍譫語，天明則清。余視之，脈稍有神而加數，舌苔中心亦黃，胸腹仍寬，能進粥食。乃用白虎湯，加細生地等，連服數日。脈漸好，粥稍加，惟身熱不退，夜仍譫語，左關脈獨滯且沈。因思晝清夜昏，爲熱入血室，血室厥陰所主，故左關獨滯，而仲聖有刺期門之法，是邪結血分也。余不知此法，乃用歸鬚、赤芍、新絳、青蒿、鱉甲、柴胡、黃芩、細生地之類，五六服，全然不效。此時已一月有二日矣，因病家篤信，不獲辭，藥總不效，徹夜思之，未得其理。倦極而寐，醒後忽記來復丹方，中有靈脂，專入厥陰。暑濕濁邪，與傷寒不同，故前藥不效。靈脂以濁攻濁，兼有硝磺，直達至陰，助本元以祛邪，必當奏功。遂於前方去柴胡，送來復丹一錢，果然神效。夜即安睡，至曉而無譫語。又連進三服，身熱即退。忽解小便甚長，色深碧，稠如膠漿。病家驚疑詢余，余曰：此病根除矣。因其少年多慾，濕熱之邪，乘虛陷入肝腎，故與傷寒之熱入血室，病同而邪不同。邪不同，故藥力不能勝邪，則不效。此來復丹，以濁攻濁，所以神效也。所謂有是病，必用是藥，此見醫理幽微，難測如是。即進補劑而愈。嗚呼！此證若非病家篤信專任，余雖竭盡心思，無從著力，或多延數醫，亂投雜試，則萬無生理矣。仲聖治傷寒變熱之邪內陷，用芩、連、大黃，水漬取汁以洲熱，和入煎熟附子汁扶陽，其法妙矣。以上兩證一以外熱中寒而挾痰，先治中寒，用二陳加附子。一兼腎元空虛，先救其本，故又重加熟地。慮其礙中，又加厚朴。皆師仲聖之意，而變化其法，因宜裁制也。設非熟地、附子，先扶腎元，邪陷至陰之經，而正氣將脫，又何能使邪外出乎？若腎元既空，腑氣又窒者，熟地不能進，參又不可用，則爲無法可施矣。管見是否，以俟高明教之，並爲臨證者鑒焉。

或問：熱入血室，晝則明了，夜發譫語，何也？答曰：人之衛氣，晝行於陽，夜行於陰。邪入血室，至陰之地，衛氣行於陽分，晝當陽旺之時，心神自清。邪伏於陰而不動，至夜衛氣入陰，與邪角爭，則擾亂神魂，而發譫語也。衝脈爲血海，故昔人指血室爲衝脈。然肝爲藏血之地，故血海爲肝所主。而仲聖有刺期門之法，期門，肝之募也。婦人經水，由衝脈而下，其邪或得隨下。若男子則必從肝經治之。此來復丹一法，亦可推廣仲聖之遺意也。

以上三按，若非先生心靈手巧，蓋病人無命矣，學者亦當思先生之妙法如神，而奉仲景爲聖也。

《三家醫案合刻》卷一　稚年純陽體質，熱症最多。病偏右胸高，呼氣不利，肺氣不能清肅，熱鬱內蒸，逆傳膻中。經天君震動，狀若癇症。夫肺主衛，心主營，二氣循環於肺胃脈中，苟營衛失和，越日觸遇乃發。翁仲仁謂扶肚抬胸，爲肺熱壅塞。然不及周歲，未受穀食涵養，藏府柔薄，一切苦寒沉降及膩滯陰藥，俱在禁例。且肺位最高，逆行心胞絡間，仍從上治，抱持勿卧，令上氣下行爲順，可使營衛兩和。

薄荷　桑葉　米仁　茯苓　鬱金　淡竹葉　鮮石菖蒲

再診

西瓜翠衣　鮮枇杷葉　通草　茯苓　生米仁　淡竹葉

三診　宿熱未平，秋金燥令亦從天降，致上氣不能全順。症見咳嗽燥逆，議清氣分之熱。

大沙參　麥冬　花粉　生甘草　桑葉　燈心

四診　視面部清竅未能爽適，顯然肺熱未能全解。議進甘寒，仿喻嘉言清燥意。

桑葉　麥冬　梨肉　川貝母　銀花　生甘草

五診　伏暑上壅，得宣通而降，頭頭胸次已平，但乳食不能少運，便溏日有數次，思肺降之熱，必移於府。考古幼稚泄瀉，每以四苓爲主方，不越分利和中之意。

四苓加廣皮、木瓜、生穀芽。

據述產育頻多，產後兩年，經水至今未來，此爲病根，已屬下元陰虧。長夏初患泄瀉，必天雨地濕，潮霧穢濁氣，由口鼻吸受，原非發散消攻可去。只因體質甚薄，致穢濁蔓延，充在三焦，上則咳痰不飢，下則二便澀少，非表有風寒，故無寒熱見症。然氣分壅塞，津化濁痰，入夜渴飲，胃汁消乏，求助於水，是本虛標實之病。夫肺位最高，與大腸相表裏，清肅不行，小便不利矣。

蘆根　米仁　通草　茯苓　桑葉　西瓜翠衣

衝入白蔻末。

再診　前議虛不受補，皆因夏令伏邪著於氣分。夫肺主一身之氣，既因氣阻清肅不行，諸經不能流暢，三焦悉被其蒙。前言攻邪不效，蓋客邪由吸而受，與風寒感冒不同，乃氤氳虛空，聚則爲殃耳。故取淡滲無味氣薄之品，僅通其上，勿動中下，俾虛無傷，伏氣可去，稍佐辛香，非燥也，仿辟穢之義。

經霜桑葉　鮮枇杷葉　茯苓　蔻仁　米仁　蘆根

病已十餘日，身尚躁熱，舌苔粘膩，神呆目定，脈剛而數，煩躁囈語。此暑濕久伏，與時氣之穢邪凝合，釀成膠膩之痰，閉塞清明之府，神情迷昧，胃家濁液蒸遏不宣。藥食甘味，必蛔厥上冒。然内經有濕位之下，燥氣乘之，是以從之濕轉爲燥。若無濕痰之潮氣上蒸，舌苔早已燥刺矣。今先滋液以潔烈焰之燔。

鮮生地　麥冬　烏梅　蔗漿　銀花露　羚羊角　蚌水

再診　面垢舌白，渴飲，氣短如喘，自利，是穢濁氣入口鼻，與水穀之氣互相混擾，濕氣阻窒，氤氳內蒸，三焦皆受。胸背肢節有晦黯斑紋，穢與氣血膠固，心絡爲邪薰灼，神昏囈語，手經蔓延，疫邪不與傷寒同例，法當芳香辟邪，參以解毒，必得不爲濕穢蒙閉，可免痙厥之害。

石菖蒲汁　白蔻仁　犀尖　小青皮　連翹心　金銀花　六一散　金汁

至寶丹

三診　邪陷復利，傷及厥陰。症見氣上撞心，飢不能食。乾嘔腹痛，全是肝病見端。爲至陰之藏，相火內寄，仲聖治法，不用純剛之劑，以肝爲剛藏也。令正交土旺之時，水火爲仇，五日內未爲穩當，宜慎之。

人參　淡吳萸　當歸　白芍　秦皮　炒烏梅

暑由上受，先入肺絡，日期漸多，氣分熱邪，逆傳入營，遂逼入心胞絡中，神迷欲躁，舌音短縮，手足牽引，乃暑熱流陷，勢將發痙。熱閉在裏，肢體反不發熱，熱邪內閉外脫，豈非至危至急！考古人方法，清絡熱必兼芳香，開裏竅以清神識。若重藥攻邪，直走腸胃，與胞絡無干涉也。

犀尖　鮮生地　元參　銀花　石菖蒲　化至寶丹

暑屬陰邪，一種濕溫穢濁之氣，膠結於三焦，故苔灰邊白，氣喘脘結，周身痛難轉側，小溲窒澀而痛。老年情氣已衰，恐有內閉外脫之變。

鮮石菖蒲　厚朴　茯苓皮　橘紅　白蔻仁　杏仁

另服蘇合香丸。

《三家醫案合劑》卷二　據述，吐血在二月至六月方止，血止發熱，如火後漸止。今又發熱，推測病情，尚是伏暑，失血後，邪乘虛入營分，久而復發，竟有熱入血室之意。仲聖陽明篇原有此條，正可援其例而變通之。

鮮地骨皮　桑根白皮　青蒿汁　水梨汁　蟬衣　蘆根　生甘草

加三甲煎。

暑病槁熱下利，昏狂譫語，至旬日而陡然口喑目閉，手足顫掉，是邪熱內陷心胞，肝陰告絕矣。危險何辭。原翁芳香開絡，亦背城借一計，佐以清滋熄風，以冀弋獲。

鮮蓮子　羚羊角　川貝　麥冬　鉤藤　稻葉

化至寶丹一粒。

病情如昨，勢不可援，勉擬以冀萬一。

淡芩　黑山梔　甘草　元明粉　連翹　薄荷　大黃

今日病情更幻，用藥更難，議從手經開達。

枇杷葉　杏仁　荷梗　青蒿梗　桑白皮　桔梗　佛手　連翹　川貝

鬱金

前病，暑去濕存，今又濕復招暑，煩熱一候，神煩寐少，脈數右大，舌紅口乾，陽明不和，濕轉化熱矣。

大竹葉　法半夏　甘草　麥冬　生石膏　粳米

仿仲聖復病法。

淡豆豉　黑山梔　枳實

更衣後，勢猶不退，表未解也。舌紅苔黃，小溲短赤，裏熱亦不清泄。議從三焦分泄。

大竹葉　豆卷　杏仁　連翹　大麥芽　桑皮　赤苓　滑石

脈弦帶數，偶吸暑濁，致身熱不解，而宿病肝氣隨發，腹中塊壘，痛劇，嗆咳心嘈，皆屬木火升擾。姑以宣降開達，佐以輕苦和陽。

枇杷葉　黑山梔　金石斛　桑葉　杏仁　炒豆豉　生麥芽　半麴

《張千里醫案・暑溫》論宋可齋之嫂，胎前感溫病案。令嫂懷孕感邪，據述病狀，當是風輕濕重之溫，今既化熱，而舌苔焦黃，胸脘痞悶，其陽明尚少壅滯，從三焦施者，當從中上着手，甘平宣肺，少兼微辛微苦以疎降氣腑。如燥渴引飲，而便實者，用芩、梔、杏、橘，甚或稍加黃連、竹茹。如舌膩、便溏、欬，或兼嘔，則用竹茹、佩蘭，甚或稍加枳殼、蘇子。精審詳察，必期能化邪而不致傷胎，斯爲盡善。苟有疑似，寧輕劑緩化，慎勿孟浪。凡春夏之交，大都溫必兼濕，而春溫之氣，又每因營虛之體，乘間竊發，故措手尤須慎重耳。至於宣肺存津，以及涼血安營等法，諒能詳悉，故不復贅祇。論疎中一法備採。

潞仲朱媼煩勞傷陽，肺衛疎豁，冬溫風燥之邪，實於肺衛。初起即見微寒而盛熱，欬嗽錯語，迄今旬日，燥熱氣急，呼吸有音，痰濃而少，嗽甚不爽，頭痛睡罷，耳鳴顴紅，唇燥舌乾，苔白有裂，欬引胸脇隱痛，脈寸關俱滑數而促，此冬溫客肺之重症也。八旬高年，素有腸痔，津液久虛。今肺脾喘欬，邪無出路，最易劫津涸液，痰膠氣喘益甚，頭汗，最防驟脫，慎勿因小有鬱怒滯氣，拋荒主病。蓋雖小有食滯，今已大便一次，腹右有塊，不過腸滯未盡，肺與大腸表裏也，潤肺即可通腸，故此時以滋氣化痰，急救肺以存津液爲要着。

西洋參一錢五分　橘紅一錢五分　鮮生地四錢　川貝母二錢　米仁三錢　杏仁二錢　地骨皮一錢五分　桑白皮二錢　冬瓜子三錢　炙草四分　茅草根五錢　枇杷葉三片

光按：唇燥舌乾，苔白有裂，此葉氏所謂氣熱爍津。用藥恰好，唯鮮生地當易鮮石斛，茅根易蘆根更妙。

王涇江陳投清營宣氣，存津透邪方藥，脈象僅得濡緩弦虛，不致糢糊，難以尋按，濡緩爲風爲胃，神虛則陽爲濕，遏弦爲濕釀痰濁。凡春夏之交感症，風爲春之餘氣，濕爲夏之王氣，故現症每每如此。其昏昏如醉，蒸熱，舌黃而灰，溺赤便閉，痱疹隱隱，現於肌腠，欲達不達，都屬濕溫二氣薰蒸鬱遏，似煙似霧，清明之氣，皆爲蒙蔽。所謂肺氣窒痹，不能宣化，則周身之氣皆痹，而化解不易耳。今雖未有大效，所幸安靜，不致躁擾，舌邊齒板，稍有潤澤之意，若得一意拯治，七八日工夫，或有挽回之望。

犀角八分　鮮生地三錢　連翹一錢五分　小川連三分　天竺黃一錢　石菖蒲三分　炒山梔一錢五分　丹皮一錢五分　陳膽星三分　橘紅一錢五分　蘆根八寸　竹葉十五片

至寶丹一粒，燈心湯鎔化下先服。

光按：舌灰而黃，溺赤便閉，可參用增液承氣大劑投之，以冀萬一。

濮縣呂暑濕阻氣，鬱而爲熱，汗出不解，邪迫心包，目赤耳聾，神昏譫語，幸得欬嗽疹出，諸症漸退。迄今兩月，稍得安寐納穀。惟氣火蒸騰，乾咳未罷，目眥赤，脈象濡滯。是暑退而濕未化，宜甘平淡滲，以清氣化濕。若小心調養，不致食復勞復，則愈期亦不至遷延也。

西洋參一錢五分　川貝母二錢　鮮石斛三錢　飛滑石三錢　杏仁二錢　天竺黃二錢　米仁三錢　竹葉十五片　橘紅一錢五分　炒山梔一錢五分　通草八分　蘆根八寸

又感症後，諸恙俱平，惟舌苔猶膩，耳目失清，背易惡寒，汗出即解，此皆陽虛濕勝，蒸鬱氣分，尚須平劑清化。

西洋參一錢五分　澤瀉一錢五分　川石斛三錢　半夏八分　丹皮一錢五分　茯苓二錢　廣藿香一錢五分　荷梗尺許　橘皮一錢五分　米仁三錢　夏枯草一錢八分

震澤孔痎瘧三年，近漸作止不常，大抵過勞輒發，已是勞瘧景象。瘧時溺數不禁，是陰不內守。煩渴引飲，是津不上騰。況兼痔漏復潰，膿水淋漓，氣液之消亡甚矣。比復當春夏陽氣升洩之時，陡然凝寒而熱，渴嘔痞，攻脇痛，神煩，此屬濕濕之氣，乘虛襲人，兼鬱於肺胃，少陽氣絡阻痹，游行三焦

也。今熱退食進，脈象弦數已平，惟見虛弱濡，滯病熱似將退舍。然口乾舌碎，苔白神衰，氣奪汗多，食少寐不能安，虛體感邪，邪既未化，而正已告疲。深慮汗液過多，津氣內奪，虛脫驟見，幸勿以小愈而忽之。

西洋參一錢五分　甜杏仁二錢　茯苓二錢　庶皮四錢　黃芪皮一錢五分　麥冬一錢五分　川貝母二錢　炙草四分　金石斛三錢　豬苓一錢五分　炒穀芽三錢　竹茹七分

震澤陸寒熱咽痛吐瀉，肢節腫痛，紫斑隱見，迄今七日，昏沉如故，稍有譫語。齒燥耳聾舌黃地地揚手擲足，喉間痰氣有聲，便下一次甚少，溲澀而胞痹，身熱，口渴，脈弦數，此風寒濕三氣雜受經腑，表裏皆痹，挽救大難。

荆芥一錢五分　牛蒡二錢五分　石菖蒲三分　厚朴八分　小川連三分　防風八分　豬苓一錢五分　絲瓜絡三錢　連喬二錢　蘆根八寸　山梔一錢五分　澤瀉一錢五分　木防己一錢五分　枳殼八分

光按：此症乃外感風濕，引動伏邪已，充斥表裏三焦，荆防尚嫌太燥，當用桑菊銀喬，參入化濕之品如通草滑石等，以辛涼解表爲妙。

嘉興陳腫見於上，頸頷尤甚，鼻易壅塞，痰從上腭來，肌膚漸見青紫，似癍非癍，病經兩月，脈濇。此風溫上受，鬱於肺分，與風水尚有小別，宜輕揚之劑上者上治之法。

蜜炙麻黃三分　炙甘草四分　蟬蛻一錢　西洋參一錢五分　杏仁二錢　鮮生地三錢　荆芥一錢五分　枇杷葉兩片　煨石膏一錢五分　廣橘紅一錢五分　紫苑一錢五分

光按：肌膚青紫，似癍非癍，則邪不盡在氣分，生地、荆芥頗與此症相關。善連楊前投清肺化邪清心安神方，諸恙漸退，胃納亦增。復因煩勞傷陽，風溫乘隙而入，微寒而熱，欬嗽又甚，痰多色黃，中夾粉紅，氣急頭汗，溺黃舌白，脈濡數弦，明屬復感，所以諸恙皆來。急宜清熱化邪，毋使喘汗復盛。

西洋參二錢　杏仁二錢　牛蒡子一錢五分　羚羊角一錢五分　川貝母二錢　丹皮一錢五分　桑白皮一錢五分　枇杷葉兩片　天竹黃二錢　茅根四錢　地骨皮一錢五分

又腸腑已通，所下宿矢頗多，腸通則胃和而肺亦隆，今寢食俱安，熱退痰少，耳聰目明，舌邊紅，苔薄白。脈虛小和緩，症情已臻安善矣。而感症之後，食復勞復，最宜謹慎。治法不宜驟補，清養肺胃大腸，以通爲補，俾寢食漸復其常，即是不補之補。

西洋參二錢　陳皮一錢五分　鮮生地三錢　米仁三錢　金石斛三錢　茯苓二錢　丹皮一錢五分　炙草四分　川貝母二錢　枇杷葉兩片

《類證治裁・溫症》　房師午園張公，高年上盛下虛，案牘勞神，冬春不寐，感濕嗆欬，暈僕，兩寸脈洪大，由平昔陽不交陰，內風上冒，兼引溫邪，表裏煽動，症見眩僕，喉痛聲啞，舌如煤熏。夫心爲君主，義不受邪，因春溫傷肺，逆傳心包，神明俱爲震動，且素餌桂附，致炎陽獨亢，營液內劫，此怔忡無寐根由。師言昔病足痹，徽醫用祛風藥兼桂附得效。近三年矣，愚謂風藥多燥，況桂附乎！以脈症參時令，宜辛涼輕劑，於熄風潤燥中，佐以滋陰安神，不過一劑，當夜自能成寐，再劑嗆嗽除，悸眩止矣。初劑，鮮生地三錢、沙參、麥冬、淡竹葉、瓜蔞仁、甘菊炒、山梔、茯神各二錢、貝母、甜杏仁炒研各錢半、棗仁八分、蔗汁。，一杯諸品清輕涼潤，能除上焦瀰漫之邪，兼入空竅熄風火，除悸眩，清音平嗽。若重濁便無效。再劑，前方加天冬、玉竹、百合，減蔞仁，六七服諸症平，舌色復故，後用膏方，三才膏加五味、核桃、牛膝、茯神、棗仁、柏子仁、白芍、玉竹、杞子熬膏，白蜜收，白湯化服。諸品能交心腎，安神志，利腰膝，兼使金水相涵，陰陽和平，自無上盛下虛之患矣。

韋氏　邪由鼻吸，伏於募原，發則頭暈痛，口渴飲，熱煩嘔悶，溺痛帶下，邪踞上中焦，主以葱豉湯散邪，佐以清泄膽火，豆豉、葱白、山梔、羚羊角、嫩桑葉、薄荷、銀花、花粉、滑石二服，汗出熱解。此乍發，散邪得解者。

族某　溫邪內鬱，頭眩熱渴，手心似烙，舌胎淡黃，寸脈浮大而數，是邪留上焦，宜肅清太陰氣分，用黃芩酒炒、川貝母、杏仁、山梔、瓜蔞仁、麥冬、嫩桑葉、荷葉邊、煎湯，一啜眩渴稍定；　原方去芩、梔，加鮮石斛、元參、花粉、蔗汁衝，二服愈。此溫邪上受，治從氣分得解者。

族某　邪從口入，嘔渴惡熱，舌膩脘痞，溫從溼化，宜與開泄中上，豆豉、蔞霜、通草、半夏、薏苡、赤苓、竹茹、枳殼、鬱金汗衝，蘆根煎湯，一啜汗津津而愈。同時李某症同，但溺濇痛，前方加燈心、車前穗，亦一劑愈。此濕滯中上焦，治從透滲得解者。

某　脈浮大，右數，有汗熱熾，渴眩譫煩，溫邪挾風熱，將陷營分，用薄荷、牛蒡、羚羊角、梔皮、丹皮、連翹、嫩桑葉，日再服，夜半汗透身涼。此清少陽膽熱得解者。

吳　邪入膻中，舌縮唇裂，目瞑神迷，沈昏迷不醒者七晝夜，脈沈數，此邪深將成內閉矣，勉用鮮佩蘭、菖蒲、連翹、銀花以解穢通閉，鮮生地、麥冬、梨蔗汁以生津，黃芩、知母、元參、石斛以徹熱，兼下牛黃丸。二服神識漸清。因尿管熱痛，去佩蘭、菖蒲、黃芩，加甘草梢、車前穗以利腑熱而愈。此清理心包，熱閉得解者。

朱　風木司天，溫邪內熾，脈數，頭眩嗽血，由木火並炎，上迫竅絡，舌鮮絳，邪已入營，用鮮生地、羚羊角、元參、連翹、山梔、蔞霜、貝母、丹皮、鮮藕，三四服脈靜身涼。此清營熱得解者。

蔣　勞力傷陰，感溫，嗆欬不寐，鼻衄痰紅，下利血沫，脈虛大不數，誤用柴葛升散，劫液動風，法以甘酸平潤調之，阿膠水化、麥冬、炙草、潞參、茯神、白芍、棗仁、五味、生地、紅棗，二服神安血止，即飲糜粥，原方去膠加甜杏仁、山藥，再劑而痊。此邪傷血絡，用調補得愈者。

族子　溫邪鬱而化熱，頭暈口乾舌燥唇血，右脈大，左糢糊，有汗不解，胸腹悶，溺渾濁，熱邪蒸溼，治宜上下分消，淡豉、蔞霜、羚羊角、丹皮、麥冬、山梔、赤苓、滑石、嫩桑葉、金銀花露，二服熱輕渴減，暈止舌潤，但宵分譫語，溺管濇痛，齒燥液，虛熱劫，鮮石斛、蘆根、黑豆皮、花粉、天冬、元參、蔗汁，二服疹現稀紅，肺衛之邪已從外泄，仍用輕清透發連翹牛蒡鮮生地、丹皮、赤芍、沙參、竹葉，疹色淡；　忽又煩躁不寐，舌心灰燥而尖絳，邪入心營，恐其蒸痰蔽竅，急清營熱兼豁痰，犀角尖磨汁、生地、鮮藕、元參、丹皮、竹茹、貝母、菖蒲，再服汗透而解。此濕熱俱盛，兼治肺衛心營得解者。

孫　濕邪化熱，頭眩痰嗽，用辛涼清上，豆豉、杏仁、貝母各錢半、薄荷、山梔、花粉各一錢、滑石、赤苓各三錢，加燈心、桑葉，二服熱退。用甘涼調理胃陰得安。此清降痰熱，治從肺胃得解者。

族某　溫邪逆入心包，神識忽明忽昧，舌乾津潤，全無譫狂，不近衣被，欲掃熱痰熏灼，急用芳香解穢，犀角尖八分、鮮生地一兩、元參、麥冬各五錢、連翹、山梔、鬱金各二錢、梨蔗汁各一杯衝，再加至寶丹一丸，日再服，諸症立退。此大劑救液開閉得解者。

某　壯熱目赤，煩冤不寐，痧疹遍體，急用救液養陰。舌轉黑而燥，呃逆昏厥，服大劑犀角地黃湯加至寶丹，不應，仍用大劑犀角地黃湯，日三四服，加紫雪三分，呃止厥回身涼而愈。此大劑涼心瀉火得解者。

馬氏　有年，溫邪夾滯，溼阻脘悶，舌縮渴飲，瀉污水甚多，此熱結旁流也，用大承氣湯，直至所下皆黑硬，然後溼滯乃盡，脘痞乃寬，舌乾乃潤。此攻蕩濕滯得解者。

潘　伏邪內發，兼旬未解，譫聾肉脫，自利純血，唇縮舌強，脈沈數，邪陷血分，症已瀕險，急用犀角地黃湯加阿膠、元參、山梔、鮮藕、黑豆皮、竹葉心，四劑譫聾漸清，利血止，思糜粥矣。此伏邪治從血分得解者。

陳姓兒　周歲感溫，邪熱內閉，舌絳津乾，用麥冬、連翹、梔心、菖蒲、竹茹，加紫雪二分，汗解而愈。此直瀉心包邪熱得解者。

李　寒熱微汗，口渴嗆嗽，脈浮洪，乃春溫犯肺，用辛涼輕劑，爲手太陰治法，山梔、淡豉、桔梗、花粉、杏仁、象貝、桑皮蜜炙、薄荷、蔗汁衝，二服嗽減，去梔、豉、桔、粉，加栝蔞、橘紅、前胡服愈。此邪干肺，從衛分得解者。

何　氣粗目赤，舌絳疹紅，神機不發，脈洪數，宵煩無寐，邪已入營，急宜清透。若再消導劫津，必至液涸成痙，犀角汁、鮮生地、天冬、麥冬、元參、赤芍、丹皮、連翹、藕汁、菖蒲，日三服，汗澈熱退，神識亦清；　但右脈長大，胃火猶燔，用石膏、白芍、黃芩、知母、甘草，大便數次，脈較平；　寐中手指微搐，乃液虛風動，欲成痙也，用阿膠水化、生地、鈎藤、當歸、白芍、石斛、棗仁，數劑症平。此營虛用滋液熄風得愈者。

王　夏至前驟暍，邪從吸入踞募原，熱渴引飲，中脘格拒，熱蒸溼騰，嘔悶午煩，舌膩白，脈數漲渾，是溼勝也。治先滲溼於熱下，則熱勢孤矣，用藿梗、佩蘭以逐穢，通草、滑石、蘆根以驅溼，栝蔞、貝母以滌痰，羚羊角、山梔、丹皮以清膽火，鮮生地、連翹、麥冬以瀉心火，日再服，汗出溺清，嘔悶除，熱渴減。然脈仍疾數，兩寸大，時煩不寐，是欲發疹也，明晨疹出，舌胎轉黃，是熱勝也，治在透熱於溼外，則溼不升矣，原方去藿、蘭、通草、滑石、蘆根、羚羊等，加黃芩、梨汁以清肺，牛蒡、銀花、連翹、赤芍以透疹，青蒿、石斛、知母、沙參以退熱生津，二三服汗徹脈勻，舌黃退。日用大麥仁粥熱啜，陰復全瘳。此分利濕熱，清涼疹毒得解者。

《類證治裁・熱症》　姪　夏至後伏氣自裏而發，熱渴心煩，頭汗氣促，舌灰疹現，厥逆譫語，脈濡數。夫濡爲溼，數爲熱，裏邪蒸溼則爲頭汗，溼邪鬱熱則爲渴煩，邪壅肺竅則爲氣促、爲紅疹，干心包則爲譫語、爲舌灰，其手足厥逆，乃熱深厥深。誤用風藥升舉助邪，遂致暈厥無寐躁擾。宜清營中伏

邪，犀角汁、羚羊角、丹皮、鮮生地、鮮藕、元參、茯苓、赤芍。日再服，汗透脈和，諸症悉退，調理得平。

族女　熱症脈緩而濡，溼甚於熱，頭暈目瞑，唇痞齒燥，胸腹滿痛，溼蒸爲熱，小溲赤濇，三焦皆邪勢瀰漫，况疹現肢厥，急須透解，勿使熱釀溼痰，蒙蔽膻中，致成內閉危症。所用枳、樸，墮損胎元，柴、葛乃傷寒足經藥，與三焦無涉。醫不中窽，焉望獲效。通草、豆豉、羚羊角、蔞霜、麥冬、連翹、牛蒡、山梔、赤苓、燈心、鮮蘆根，二服熱勢退，手足和；　去通草、香豉、羚羊、連翹、蒡、梔，加鮮生地、鮮石斛、沙參、象貝、黄芩，以防熱邪內陷；　兼以護胎，數服汗解而愈。

幼孫　哺熱頭暈，汗渴煩躁，脈洪數，用大劑白虎湯加羚羊角，一啜汗透而愈。

姪　少陰伏邪內發，壯熱煩冤，頭目如蒙，耳聾，舌尖絳，唇紫口乾，手心如烙，脈浮洪溢指外，右尤甚，交巳午刻症重，初用辛涼以泄衛熱，如薄荷露、甘菊、竹葉、杏仁、梔皮、豆豉之屬，頭目略清，微汗不徹，脘痞痰沫，用疏利以滲痰溼，如枳殼、大貝、蔞霜、通草、蘆根、燈心之屬，痰稀溺爽，而臂膊紅疹隱現，胸背全無，再加清透之品，如赤芍、丹皮、連翹、牛蒡、青蒿、麥冬之屬；　向晚防其邪入心營，用透營救液法，如犀角尖磨汁、鮮生地、鮮石斛、元參、花粉、丹皮、沙參之屬；　舌色未退，轉益乾燥，脈洪長，防其入腑，急用涼膈散，芒硝改元明粉，去甘草、大棗。得便二次，裏結乍通，熱勢較退；　而神迷昏寐，脈數譫語，乃熱爍心包，慮其蒸痰內閉，用犀角汁下至寶丹及牛黄清心丸，以宣竅驅熱；　數脈減，再用清鎮神明，佐豁痰通絡，如血珀、石決明、茯神、羚羊角、象貝、杏仁、竹茹、夜交藤、通草之屬；　神識稍清，脈仍浮大，巳午爲甚，額顴疹現，喜其邪從外解，再與清透，用茅根、梨、藕汁服。明早浮脈稍斂，灰舌轉潤，决其陽極於午，必俟夏至陰生陽退，乃冀轉機。且舌尖暈痕未消，溺後色變渾濁，用黄連、人中黄、山梔、赤芍、麥冬之屬，加六一散衝服，微汗脈平。身始涼解，乃用燕窩湯及粥飲調理，漸次培養胃陰得安。此症乃熱兼疫邪。

余於丙夏，因診視時邪染恙，寒熱，脈浮大，服梔豉葱白湯，胸背汗，三日後熱甚，渴煩少寐，舌胎黄變黑，服犀角、羚羊角、竹葉、蘆根、藕、蔗諸汁，熱稍平。逾夕，復壯熱語譫神昏，服至寶丹分半，鮮菖蒲根汁下，神稍清，又用前各汁，加洋參、鮮生地、象貝、龜板、青蒿、連翹、滑石，清營滋液，耑驅痰熱，兼瀉三焦，舌黑頗淡，但汗出微涼，汗收仍熱，脈數氣粗，煩擾竟夕，又服至寶丹分半，神未定，直視氣促，再服前丹二分半，昏睡，進洋參湯，汗出熱退，但舌心乾，用石膏煎清胃，加梨、藕汁，稍津潤，逾日，目赤，舌再灰黑，神再煩擾，改服牛黄清心丸二分，橘紅湯下，得寐；　耑服洋參、藕、蔗汁、麥冬、橘紅湯，寐熟，熱輕；　再啜洋參湯，汗出涼解；　越五宿，欲大便，以蜜煎導，當夜感寒復熱，舌胎如粉，吐痰欲嘔，此爲復感，用半夏麴、杏仁、茯苓、紫蘇、薄荷、佩蘭葉，加薑，熱未退，口燥脈數，煩擾不寐，再服牛黄清心丸五分、犀角磨汁，衝服，逾日大汗如雨，乃涼。然已兼旬外矣。此案芝本日記，附誌之，見熱邪之劫爍津液甚熾也，憶是夏坐卧樓窗，吸受暑暍，更加傳染，病中苦熱，見曦炎出，如膏自焚，口占七絶，日十餘首，有自笑吳牛喘明月，簷梢怕見石榴紅之句。左氏謂明淫心疾，良不予欺。

《類證治裁·暑症》　吳　脈虛傷暑，得汗身涼，頭眩神疲，懈言不食，溺少而痛，生脈散合六一散主之。潞參五錢、麥冬三錢、五味五分、赤苓二錢、滑石、甘草各六分、荷葉一張、燈心三分、玉竹錢半，二服效。

族某　感暑頭暈，微熱額汗，左脇痞鞕，湯飲格拒不下，脈濡濇，此中焦氣阻溼聚，用香薷飲加減。香薷、厚朴、杏仁、枳殼、栝蔞、橘白、半夏薑製、薄荷梗。二服痞鞕除，熱眩減，去朴、枳、蔞、夏，加梔子、丹皮、茯苓、薏米、燈心，再劑而瘳。

厲氏　暑熱傷氣，勞倦食少，煩滿口乾，下部骨蒸，足心如烙，倣清暑益氣湯加減。潞參、麥冬、五味、陳皮、神麴、當歸、生地、沙參、地骨皮，數服效。

李　暑症，用傷寒六經治法，致壯熱煩冤，頭目重脹，喉梗氣窒，呼吸不利，舌白不飢，夫暑暍所傷，必脈虛少氣，自汗面垢，縱有兼症，大異傷寒浮緊脈象，豈堪例治。迨失治而症加重，本症尚自顯然，何者？暑入心，故煩冤；　暑挾溼，故重脹；　暑犯肺，故氣窒不利。葉氏所謂暑由鼻吸，必傷上焦氣分，每引經義云，自上受者治其上。法宜辛涼微苦，廓清上焦氣分，自愈。黄芩酒炒八分。黑山梔、橘白、鬱金磨汁各一錢、栝蔞仁麩炒、赤苓各二錢、薄荷梗八分、沙參、薏仁各三錢、新荷梗五錢。二服頭清咽爽，煩熱大減；　去黄芩、鬱金，加麥冬、鮮藕，渴熱退而思食矣。

族某　有年，力農中暍，惡熱無汗，腹痛自利，唇乾肌槁，舌焦而燥，脈小

數，乃熱爍肌消，陽津陰液俱涸也。經曰，熱淫於內，治以鹹寒，佐以苦甘。用花粉、麥冬、沙參、黃芩酒炒、枳殼、白芍、丹皮、鮮石斛、甘草，三服舌潤利稀，腹不痛，身熱減；　去沙參、黃芩、枳殼，加青蒿、知母酒炒、滑石、赤苓、生地、車前子、燈心，數服熱退利止；　呃逆間作，少寐，此胃虛有痰，用痰竹茹、杏仁、潞參、茯神、當歸、白芍、柿蒂、橘紅、棗仁，二服呃止熟寐，又調補乃平。

族某　稟賦素弱，中年暑熱傷氣，神倦嗜卧，食少肢痲，聞腥欲嘔，脈右虛左促，按東垣論長夏溼熱損傷元氣，肢倦神少，足痿軟，早晚發寒厥，日午熱如火，乃陰陽氣血俱不足也。此症雖未至甚，然熱傷元氣，久則水不勝火，發爲骨痿，先服清暑益氣湯，蒼朮改生白朮，去澤瀉、升痲、乾葛，加歸、芍、半夏、石斛、茯神；　後服生脈散。又服大補元煎加橘絡、桑枝膏，丸服而安。

張　暑熱作勞，汗泄面垢，初起吐蚘，厥陰受病，已非淺恙，消導表散，延至譫妄神昏，舌心灰而尖絳，齒燥鼻煤，津液告涸，脈虛細濇數，邪陷營絡，治者徒知下焦火亢，用黃蘗、知母，苦寒直降，與心包襲入暑邪全不相涉。更醫，用羚羊角、陳海蛇，泄膽熱而降肺火，究竟治不中病，使熱邪漫布，神明漸昏。昔人治邪入心包，每用芳香宣竅逐穢，如至寶丹之類，若得痰熱凈掃，如清風捲霧，神識稍開，方不至內閉外脫。然症險難挽，姑據理論治而已。犀角尖磨汁衝、連翹心、赤芍、丹皮、佩蘭葉、琥珀、石菖蒲搗汁衝、鮮荷梗煎服。明晨頗覺神氣清爽，更酌加梨皮、燈心、麥冬、銀花，煎送至寶丹，乃窮鄉一時竟同返魂香，無覓處矣。

王　脈不鼓指，渴不多飲，舌尖絳，身熱語譫，肢冷溺渾赤，伏暑晚發，熱深厥深之象。川連酒製三分、元參、連翹、山梔、麥冬各錢半、石斛、梨肉、赤苓各二錢、燈心、滑石各四分，一服而手足溫，譫語息；　去川連，加生地，再服再汗而解。

幼兒　伏暑秋發，頭痛壯熱，燥渴引飲，自汗，手足心如烙，脈洪而疾，溺赤而濁，由素稟陰虛，伏邪內爍，仲景所謂陰氣先傷，陽氣獨發，不寒癉熱，令人肌肉消爍者也。宜甘寒生津，以解熱煩，用生地、知母、麥冬、石斛、丹皮、花粉、甘草、鮮蘆根、鮮荷梗，一服汗徹身涼；　越日再發，覺熱氣由腹背上蒸，頃刻如焚，一日夜渴飲唇乾，前方去丹皮、荷梗，加石膏，一服熱退；　越日又發，一日兩夜汗出熱不解，云石膏，加鮮地黃、綠豆皮、車前穗，又服又退；　越二日，夜分又發熱，勢較輕，原方再加通草、滑石、青蒿，半夜熱退，調理而安。暑必挾溼。此症歷四五發，於清暑中必兼利溼，方得熱退涼解。按暑溼傷人，隨發者淺，遲至秋後爲伏氣；　晚發者深，其候脈色必滯，口舌必膩，或微寒，或單熱，頭重脘痞，渴煩溺濁，午則甚，暮尤劇，一次汗則邪一次散，比傷寒勢較緩，比瘧疾發無時，秋來此症最多，名曰伏暑晚發。不似風寒之邪，一汗輒解，溫熱之症，投涼即安，以暑溼爲熏蒸粘膩之邪，故難驟卻耳。

湯氏　灼熱無汗，瀉後重，舌乾少潤，脈緩大，乃溼熱交蒸，用六一散加薄荷、青蒿、麥冬、藿香、赤苓、石斛、綠豆皮、車前穗、燈心，一啜熱退，去首四味，加豬苓、枳殼，瀉止。

《王氏醫案正續新編》卷一　陳嫗年已七旬，患霍亂轉筋甚危，亟拉孟英救之，已目陷形消，肢冷音颯，脈伏無溺，口渴汗多，腹痛苔黃，自欲投井。令取西瓜汁先與恣飲，方用白虎加芩、連、黃柏、木瓜、威靈仙，略佐細辛分許爲劑，覆杯即安。人皆疑用藥太涼，何以徑效？　孟英曰：　凡夏熱亢旱之年，入秋多有此病，豈非伏暑使然，況見證如是之熾烈乎？　今秋余已治愈多人。詢其病前有無影響？　或曰：　五心煩熱者數日矣；　或曰：　別無所苦，惟睹物皆紅如火，已而病即陡發。夫端倪如此，更爲伏暑之的據焉。

《王氏醫案正續新編》卷二　王某久患吐血，體極孱弱。沈琴痴囑其丐孟英治之，服藥甫有小愈。而酷暑之時，陡患霍亂轉筋，大汗如雨，一息如絲，孟英視曰：　陰血久奪，暑熱鴟張，吾《霍亂論》中之缺典也，姑變法救之。用北沙參、枇杷葉、龍、牡、木瓜、扁豆、苡仁、滑石、桑葉、蠶砂、石斛、豆卷，投之良愈。調理每日仍服滋補，以治宿恙。越二載，聞服溫補藥，致血暴涌而亡。

赤山埠李氏女，素稟怯弱，春間汛事不行，脇腹聚氣如瘕，減餐肌削，屢服溫通之藥，至孟秋加以微寒壯熱，醫仍作經閉治，熱瀕於危。乃母托伊表兄林豫堂措辦後事，豫堂特請孟英一診以決之。孟英切其脈時，壯熱烙指，汗出如雨，其汗珠落於脈枕上，微有粉紅色，乃曰：　虛損是其本也。今暑熱熾盛，先當治其客邪，急則治標之法。庶可希冀。疏白虎湯加西洋參、元參、竹葉、荷杆、桑葉。及何醫至，一籌莫展，聞孟英主白虎湯，乃謂其母曰：　危險至此，尚可服石膏乎？　且本草於石膏條下致戒云：　血虛胃弱者禁用，豈彼未之知也？　豫堂毅然曰：　我主藥，與其束手待斃，盍從孟英死裏求生之路耶？　遂服一帖，熱果退，汗漸收，改用甘涼清餘熱，日以向安。繼與調氣養

營陰，宿瘕亦消，培補至仲冬，汛至而痊。次年適孫夔伯之弟。

劉廉方，常州名士也，在西湖受暑，移榻於崔仲遷别駕處，醫治垂危。莊芝階舍人拉孟英往診之。裸卧昏狂，舌黑大渴，溺赤便秘，脈數而芤。與犀角地黄湯加減服之，神識已清，略能進粥。次日復診，頗知，問答，大有生機，仍處甘涼法以贈之，并囑伊格外謹慎。而越日莊半霞詒孟英偕往診視，見其目張睛瞪，齒露唇焦，氣喘汗出，揚手擲足，而不可救藥矣。衆楚交咻，謂是寒涼藥凝閉而然。孟英曰：病之宜涼宜熱，汝輩不知也。脈乃皮裏之事，汝等不見也，吾亦不屑爲之爭辨。惟目瞪唇焦，人所共睹，則其死於何藥，自有定論。遂拂衣出，半霞再三請罪，孟英曰：俗人之見，何足介懷？是非日後自明，於我心無慊焉。第斯人斯病，皆可惜也。既而始知有人主熱藥以僨事，豈非命耶？僅二載而仲遷病，孟英聞之曰：殆矣。蓋知其陰虚而受暑濕，恐主藥者未必能悔悟於前車也。後果聞其廣服溫補之劑，以致眞陰竭絕而死。覆轍相尋，迷而不醒，可哀也已！

《王氏醫案正續新編》卷四 吳爾純八月下旬患滯下，腹痛異常，伊外祖許仲廉，延孟英往診。形瘦，脈數而弦，口渴，音微，溺澀。乃陰分極虚，肝陽熾盛，伏暑爲痢。治法不但與寒痢迥異，即與他人之伏暑成痢者，亦當分别用藥也。與白頭翁湯，加知母、花粉、銀花、丹皮、金鈴、延胡、沙參、芩、連服之。亦治通伏暑成痢之方。次日復視，痢減音開，而右腹疼脹拒按，爲加冬瓜子、烏藥、鼠矢，三劑而消，滯下亦愈。惟薄暮火升，面赤自汗，重加介類潛陽而痊。此方顧及陰虚。

《歸硯録》卷四 朱氏婦，患赤痢匝月，多醫雜治，痢止三日矣。而起病至今，胸頭痞脹，米飲不粘，口渴苔黄，瘦熱而痛，凜寒身熱，夜不成眠，神憊形消。諸醫技窮，乞余往視。脈數而弦，伏暑未清，營津已劫，氣機窒塞，首議清洩。南沙參、石菖蒲、蔞、薤、梔、芩、茹、連、橘、半、白薇、紫菀，四劑而痰活胸舒，寒熱大減，且能啜粥。改用北沙參、生首烏、柏子仁、冬瓜子、元參、蔞、薤、菖、梔二劑，堅矢下，用清養法而痊。

季夏余遊檇李，陸君又溪邀視其友王姓之病。寒熱時作，汗多不解，便溏不暢，溲赤妄言，面黑如煤，苔黄大渴，煩躁氣逆，脈滑而洪，按其心胸堅便而痛，乃暑濕挾痰食也。群醫但知時，感輒進寒涼，聞説胸次不舒，遂疑爲痧，羚、犀、膏、地，力竭計窮，已令病家備後事。余曰：此非重證，何必張皇。撤被啓窗，騰於服藥，病家唯唯，而不甚信。余即手爲揭被，開窗，病人即曰：舒暢多矣。藥以小陷胸加芩、枳、翹、茹、薤、菖、海蛇，數服而愈。繼有里中張姓者，證相類，面不黑而紅，舌無苔而乾。諸醫亦不察其氣分之尚結，痰食之未行，屢進生地，唇齒漸焦，遂束手。余以小陷胸加元參、海蛇、菖、枳、芩、翹，一飲而脘舒得卧，齒舌皆津。蓋結散邪行，則氣通液佈也。

《時病論·臨證治案·陰暑誤用陽暑之藥》 古黔吳某，晚餐之後，貪涼而睡，醒來頭痛畏寒，壯熱無汗，氣口脈緊，舌苔邊白中黄。豐曰：此陰暑兼食之證也。即以藿香正氣散去白术，加香薷治之，服一煎未有進退。又更一醫，遂駁陰暑之謬，暑本屬陽，何謂爲陰？見病人身熱如火，遂用白虎湯加蘆根、連翹等藥。初服一帖，似得小效，繼服一帖，即譫語神昏。頻欲作嘔，舌苔灰黑。醫謂邪入心包，照前方再加犀角、黄連、紫雪等品，服下全無應驗，仍求豐診。其脈右勝於左，形力並強，此邪尚在氣分，猶未逆傳心包，視其舌苔，灰黑而厚，依然身熱昏譫嘔逆等證。竊思其邪必被寒涼之藥所阻，非溫宣透法，不克望其轉機。當用杏仁、薤白、豆卷、藿香、神麯、蔻仁、香薷、橘殼，加益元散合爲一劑，服頭煎熱勢益劇，次煎通身有汗，則壯熱漸退盡矣。來邀復診，神未清明，譫語仍有，舌苔未退，更覺焦乾，右脈仍強，愈按愈實。豐曰：汗出熱退，理當脈静津回，神氣清爽，今不然者，定有燥結留於腸胃。思表邪退盡，攻下無妨，用黄龍湯以芒硝改元明粉，以人參換西洋參，服下半日許，遂得更衣，諸恙忽退，繼用甦土養陰之法，日漸全可。

或問曰：彼醫證雖誤治，謂暑本屬陽，何謂爲陰？亦似近理，其説當有所本耶。答曰：然也。即《條辨》有云：暑字從日，日豈陰物乎？暑中有火，火豈陰邪乎？殊不知前賢取陰暑二字之義。陰，陰寒也；暑，暑月也。暑月傷於陰寒，故名陰暑。曰：何不以傷寒名之？曰：寒乃冬令之氣，在暑月不能直指爲寒，益恐後學不明時令，先賢之用心，亦良苦矣。

驟然中暑

盛夏時，豐赴西鄉療病，路過石梁村口，見一人奄然昏倒於道傍，遂停輿出診。脈之兩手洪大，其爲暑熱所中者昭然。即以通關散吹鼻，似欲噴嚏而不得，令輿夫挾之，又令入村採蒜取汁，頻頻灌之，連得噴嚏，少焉乃甦。求賜一方，遂用六和湯去參、术、厚朴，加滑石、通草，囑服三帖。數日後，登門泥首而去。

暑風急證

城西陳某，年近五旬，倏然昏倒，人事無知，手足抽掣。一醫作中暑論治，雖不中亦不遠矣。一醫輒稱中風，反駁前醫有誤，敢以小續命湯試之，更加搐搦，身熱大汗，迓豐商治。診其脈，洪大而數，牙關緊閉，舌不能出。但見唇焦齒燥。豐曰：此暑風證也。稱中風之醫，亦在座中，遂曰：子不觀《指南醫案》，常有暑風，何得有搐搦之證？曰：香巖之案，謂暑風係暑月所感之風，非熱極生風之内風也。豐今所謂乃暑熱内燃，金被火爍，木無所制，致發内風之證也。理當清其暑熱，兼平風木。遂用清離定巽法加石膏、甘草、橘絡、扁豆花治之。彼醫似爲不然，病家咸信於豐，即使人揀來煎服，幸喜法中病機，抽搐稍定，神識亦省，繼服二帖，得全愈矣。

江誠曰：今之醫者，每見夏月有頭痛發熱，而無昏倒肢抽，皆批爲暑風之證，大概亦得香巖之皮毛，而未得其骨髓。此耳聽之學，非神聽之學可知。

暑溫過服大寒致變

西鄉吳某，偶患暑溫，半月餘矣。前醫認證無差，惜乎過用寒劑，非但邪不能透，而反深陷於裏，竟致身熱如火，四末如冰。復邀其診，乃云熱厥，仍照舊方，添入膏、知、犀角等藥，服之益劇，始來求治於豐。診其左右之脈，舉按不應指，沉取則滑數。豐曰：邪已深陷於裏也。其兄曰：此何證也？曰：暑溫證也。曰：前醫亦云是證，治之乏效。何曰：暑溫減暑熱一等，蓋暑溫之勢緩，纏綿而愈遲；暑熱之勢暴，涼之而愈速。前醫小題大做，不用清透之方，恣用大寒之藥，致氣機得寒益閉，暑溫之邪，陷而不透，非其認證不明，實係寒涼過度。刻下厥冷過乎肘膝，舌苔灰黑而膩，倘或痰聲一起，即有倉扁之巧，亦莫如何？明知證屬暑溫，不宜熱藥，今被寒涼所壓，寒氣在外在上，而暑氣在裏在下，暫當以熱藥破其寒涼，非治病也，乃治藥也。得能手足轉溫，仍當清涼養陰以收功。遂用大順散加附子、老蔻。服一帖，手足漸轉爲溫，繼服之，舌苔仍化爲燥，通身大熱，此寒氣化也，暑氣出也。當變其法，乃用清涼透邪法去淡豉，加細地、麥冬、蟬衣、荷葉，一日連服二劑，周身得汗，而熱始退盡矣。後擬之法，皆養肺胃之陰，調治匝月而愈。

程曦曰：學醫知常爲易，知變爲難。病有千變，而藥亦有千變，即如是證，遇服寒涼，熱證未去，而寒證又生，此病一變也。暫用溫熱之劑，先破寒涼之氣，此藥一變也。服之肢體回溫，舌苔仍燥，此病又一變也。即舍熱藥，轉用涼劑收功，此藥又一變也。不知通變之醫，反謂朝秦暮楚，僥倖圖功耳。

暑熱劫絡致成暑瘵

長洲葉某，忽然血湧盈升，身熱口渴，速來求治於豐。抵其寓，見几上有參湯一盞，病者即詢可服否？豐曰：姑診其脈，辨其虛實可知。按之洪大而來，舌苔黃而欠潤，此暑熱内劫陽絡之候，即經謂陽絡傷，血從上溢是也。當從暑瘵治之，速清暑熱以養其陰，參湯勿可服也。遂用玉女煎以生地易熟地，再加滑石、蔞根、杏仁、桑葉，兩日連嘗四劑，咳血並止，身熱亦退矣。

【略】

陰虛痓夏

江蘇張某，於麥秋患頭暈目眩，食減神疲，偶欲頭痛。一醫作水不涵木治之，雖未中機，尚稱平穩。一醫作風溼侵脾治之，服之神氣更疲。邀豐診之，脈濡且弱，毫無外感之形，見其呵欠頻頻，似屬虧象。豐曰：此陰虛之體，過於煩勞，勞傷神氣所致，所以前醫滋補無妨，後醫宣散有損。張曰：頭痛非外感乎？曰：非也。外感頭痛，痛而不止；今痛而暈，時作時止，是屬内傷。曰：何證也？曰：痓夏也。當用金水相生法去玄參、知母，加冬桑葉、穭豆衣、省頭草治之，服至第三劑，諸痾皆屏矣。

熱病化燥傷津

芹嶺王某，來郡應試，忽沾熱病。其師知醫，以爲風食，而用羌、防、查麯等藥，則熱渴更甚，譫語發狂。邀豐醫治，脈形洪數有力，舌苔黑燥而厚，此屬熱邪化燥，津液被劫，非鹹苦下法，不能攻其熱而保其陰，倘畏而不用，則津液告匱爲難治。即以潤下救津法加紫雪五分，隨即揀來煎服。服後約半日許，遂欲更衣，乃得燥屎數團，狂勢似緩。繼進次煎，又得燥屎無數，神氣覺疲，令房中寂靜，待其安睡，計五六時始醒，醒來神識已清，身涼微汗，舌黑而潤，六脈不躁。豐曰：邪已解也。用西洋參、麥冬、生地、玉竹、麻仁、蔞殼、米仁、炙草等藥，令服三劑而安。

《時病論・臨證治案・伏暑過服辛溫改用清涼而愈》 武林陳某，素信於豐，一日忽作寒熱，來邀診治，因被雨阻未往。伊有同事知醫，遂用辛散風寒之藥，得大汗而熱退盡。詎知次日午刻，熱勢仍燃，汗多口渴，痰喘宿恙又萌，脈象舉取滑而有力，沉取數甚，舌苔黃黑無津。豐曰：此伏暑病也。理

當先用微辛，以透其表，荆、防、羌、芷，過於辛溫，宜乎劫津奪液矣。今之見證，伏邪已化爲火，金臟被其所刑。當用清涼滌暑法去扁豆、通草，加細地、洋參。服二劑，舌苔轉潤，渴飲亦減，惟午後尚有微燒，姑照舊方，更佐蟬衣、荷葉。又服二劑，熱從汗解，但痰喘依然，夜卧不能安枕，改用二陳加蘇、葶、旋、杏，服之又中病機。後議補養常方，稛載歸里矣。

《葉案存真類編·溫熱》 吴子純 連朝驟熱，必有暑氣内侵，頭熱目瞑，吸短神迷，此正虛邪痹，清補兩難。先與益元散三四錢，用嫩竹葉心二錢，煎湯，涼用二三小盃，常用綠豆清湯服。

第二案 溫邪中傷之後，脾胃不醒，不飢口渴，議清養胃津爲穩。

鮮佩蘭葉　川斛　知母　大麥仁　炒麥冬

《葉案存真類編·暑暍》 初病伏暑，傷於氣分，潮熱渴飲，邪犯肺也。失治邪張，逆走膻中，遂至舌縮，小便忽閉，鼻煤裂血，耳聾，神呆昏亂，邪熱蔓延血分，已經入絡，津液被劫，必漸昏寐，所謂内閉外脱。

連翹　銀花　石菖蒲　犀角　鮮生地　元參　至寶丹一粒

今年七月秋暑未除，初病頭痛身熱，是暑由上竅傷及清陽。醫藥當辛涼取氣，同氣相求，中上之輕邪自散。無如辛溫苦寒清滋之類，雜然竝投，水穀内蒸，氤氳不解，見症仍在身半以上，軀殻之間，非關臟腑大病。能蔬食十日，可解上焦之鬱。

川芎　薄荷　荆芥炭　炒白芷　蔓荆子　菊花蒂　元茶三錢

煎湯代水。

《重訂霍亂論·醫案篇·夢影》 甲辰五月下旬，天即酷熱異常，道路卒死者甚多。有腹痛者，有不痛者，人率以香燥痧丸投之，輒無效。蓋香燥反以益熱，而此證並非陰寒濕毒之邪，即古所謂中暍也。不出戶庭之人，亦有病此者，必其人陰分素虧，内熱較甚，或居處飲食之失宜也。往往延醫不及，醫多不識其病，雖死身不遽冷。亦有口鼻流血者，是暑從吸入，直犯心臟也。時余居錢塘之髦兒橋，嘗稟先慈，令家人慎起居，薄滋味。乃六月初二日午膳後，季傑弟婦，腹忽微痛，平日貪涼，自謂受寒也。私囑女僕沽燒酒飲之，即狂瞀不安。先慈知之，命僕從四路速余回，日甫昳也，病者已口鼻出血死矣。其時新產婦人死者尤多，以陰血大去，暑熱易侵，而昧者不知因時制宜，尚扃其窗戶，冪以帟幃，環侍多人，飲以糖酒故也。粗工亦不察天時人稟之不齊，動輒生化湯，雖熱象已顯，猶誤信產後宜溫之俗說，而不知因證製方之活法，以致覆杯而斃者比比。或問：當此熱地如爐，惡露不行而腹痛者，生化湯既不可服，宜用何方？余謂六一散最佳，既行瘀血，又能清熱也。設暑熱重感，雖石膏、犀角對證，皆爲良藥，古人何嘗禁用。余案中治愈諸條，皆可參閲，然難與淺人言也。

盔頭巷姚氏婦，妊已臨月，腹中陡痛，家人謂其欲娩，急煎參湯以助其力，服後痛益甚。忙喚穩婆至，婦已渾身赤斑，喘逆昏狂，始知受暑，頃刻云亡。寶祐坊曹氏婦，亦懷妊臨月腹痛，家人以爲將產而煎參湯，迨湯成痛已止。察其情景，知不即娩，然炎威甚烈，參湯久存欲壞。其姑云：婦既未娩，豈可服參以滯胎氣？我體素弱，常服補劑，參湯定亦相宜，遂飲之，甫下嚥，即覺氣悶躁擾，霎時危殆，踰刻而終。後丙午、壬子、丙辰，皆酷熱傷人，不勝縷述。古人以燥熱爲暑，故曰流金爍石，況人非金石之質乎？惜世人多不察耳。不但酷暑時，胎前產後之腹痛，當細審其有無別故也。

潘紅茶方伯之孫翼廷，館於外氏，酷熱異常，因啜冷石花一碗，遂腹痛痞悶，四肢漸冷，上過肘膝，脈伏自汗，神困懶言。方某診謂：陽虛陰暑，脱陷在即。用大劑薑、附、丁、桂以回陽，病者聞之。益形餒憊，其叔岳許杏書茂才，駭難主藥，適族人許芷卿茂才過彼，遂與商之，芷卿云：此藥豈容輕試，而病象甚危，必延半癡決之。時已乙夜，余往視，面色垢滯，苔膩唇紅，是既受暑熱，驟爲冷飲冰伏，大氣不能轉旋，故肢冷脈伏，二便不行，所謂閉證也。何脱之云，亟取六一散一兩，以淡鹽湯攪之，澄去滓，調下紫雪一錢，翼日再診，脈見痛蠲，溺行肢熱，口乾舌絳，暑象畢呈，化而爲瘧，與多劑白虎法而痊。丙午舉於鄉，杏書多才尚義，與余稱莫逆。庚申春，聞其罵賊而死，嗚呼榮矣。認證既確，治法用辛香以通冰伏之氣，用意又極精妙，眞可爲萬世法程。素園。

蔣敬堂令堂，年七十四，陡患嘔瀉，身熱腹痛，神思不清。或以爲霍亂，或慮其虛脱。迎余診之，脈微弱而數，曰：暑脈自虛，不可以高年而畏脱，辛散痧藥，則不免耗傷其津液。爰定芩、連、滑、斛、茹、柏、銀花、竹葉、橘皮、枇杷葉之方，冬瓜湯煎，一劑而熱退神清，再劑霍然。

五月初三日，余抵上洋，霍亂轉筋，已流行成疫，居鎮海周君采山家，不謁一客，藉以藏拙，且杜酬應之勞也。初八日，紹武近族稼書家，有南潯二客，同患此證，一韓姓，須臾而死，一紀運翔，年十七，勢亦垂危。采山強拉余

往視曰：豈可見死而不救哉？然已手面皆黑，目陷睛竄，厥逆音嘶，脈伏無溺，舌紫苔膩，大渴汗淋，神情瞀亂，危象畢呈。時未交芒種，暑濕之令未行，仍是冬寒內伏，春令過冷，入夏猶涼，氣機鬱遏不宣，故欲變溫病者，皆轉爲此證，與伏暑爲患者，殊途同歸，但不腹痛耳。以寒邪化熱，究與暑濕較異也。亟令刺曲池、委中，出血如墨，方以黄芩爲君，臣以梔、豉、連、茹、苡、半，佐以蠶矢、蘆根、絲瓜絡，少加吴萸爲使，陰陽水煎，候溫徐徐服之，遂不吐。次日脈稍起，又兩劑，黑色稍淡。肘膝稍和，反加睛赤煩躁，是伏邪將從外泄也。去吴萸、蠶矢，加連翹、益母草、滑石，而斑發徧身，苔始漸化，肢溫得寐，小溲亦行，隨與清搜化毒之藥，多劑而痊。采山因囑余詳述病因治法，刊印傳布，名其方曰黄芩定亂湯，嗣治多人，悉以此法增損獲效。如利泰一洞庭史客，素吸洋烟，而患此證，與此方數帖後，反便祕目赤，渴汗昏狂，亦是久伏之邪，漸欲外越也。予竹葉石膏湯減而瘳，其濕盛者，加茵陳、滑石，氣實者加枳、桔。飲阻食滯者，加厚朴、蘆菔，肝鬱氣結者，加紫蘇、楝實，口渴用茅根湯，或藕汁頻灌，活法在人，不能縷述。紹武在屠甸市，得余此方，勸人合藥施送，幾及千料云。

《王旭高臨證醫案・溫邪門》　溫　暑邪挾積，身熱腹痛，先與疏達。

香薷　川朴　花檳榔　砂仁　藿梗　蘇梗　赤苓　焦六麯　陳皮　通草

又　腹痛拒按，當臍有塊，壯熱無汗，舌苔黄膩。氣升煩懊，防其發厥，法以表裏兩解。

柴胡　淡芩　枳實　赤苓　赤芍　半夏　元明粉　生大黄

又　投大柴胡湯法，下出碎塊溏糞兩次，腹痛不減，煩懊不安，氣升嘔逆，舌苔黄燥。食積塡塞陽明，暑邪內走厥陰。防其昏厥，擬以洩厥陰通陽明。

川連吴萸炒　查炭　淡豆豉　黑山梔　瓜蔞仁　當歸龍薈丸三錢絹包煎　枳實　蘇梗　木香三味磨衝

外敷方：

葱一把　鹹一杯　丁香一錢　飛麵三錢

打爛敷痛處。

此四磨飲合小陷胸梔豉左金合劑，疏通氣分，洩肝化積。再用外敷法，其氣有不通行者乎。

淵按：暑必挾濕，濕爲陰邪，最能阻礙陽氣。故暑濕病，多脘腹痞痛，積滯內阻，暑濕之不化，實由氣機之不通。下而痛仍不減，乃未得辛通之藥，中焦痞滯未去耳。

丁　暑乃鬱蒸之熱，濕爲濡滯之邪。暑雨地濕，濕淫熱鬱。惟虚者受其邪，亦維素有濕熱者感其氣。如體肥多濕之人，暑即寓於濕之內。勞心氣虚之體，熱即伏於氣之中，於是氣逆不達，三焦失宣。身熱不揚，小溲不利，頭額獨熱，心胸痞悶，舌苔黄膩，底絳尖紅，種種皆爲濕遏熱伏之徵。邪蘊於中，不能外達，亦不下行，頗慮內閉之變，擬以梔豉上下宣洩之，鷄蘇表裏分消之，二陳從中以和之，芳香宣竅以達之，冀其三焦宣暢。未識能奏功否。

淡豆豉　黑山梔　通草　半夏　菖蒲　鮮荷葉　六一散　薄荷　赤苓　竹茹　蔻仁研，後下

吴　勞碌之人，中氣必虚。暑濕熱穢濁之氣，自口鼻吸入氣道，滿佈三焦。雖舌苔滿佈，而胸無痞悶，非邪伏膜原之比。重濁之藥，徒傷中氣，與濕熱彌漫之邪無益。今交五日，神氣似清而渾，恐其過候，有耳聾、神迷、呃逆等變。爲治之法，且以芳香理氣逐穢再議。

力豆子　鬱金　澤瀉　石菖蒲　杏仁　瓜蔞仁　陳皮　滑石　香薷　桔梗　北沙參　赤苓　藿香　佛手　鮮荷葉　鮮佩蘭葉

李　暑濕陰氛之氣，從口鼻肌表而入，寒熱便泄頭脹。擬芬芳逐穢，分消濕熱方法。

藿香　川朴　焦六麯　半夏　茯苓　陳皮　澤瀉　大腹皮　砂仁　通草

仁淵曰：兩日相合而成暑字。暑爲陽邪，行役道途，力作田間，辛苦於烈日之中，受天地炎熱之氣而病者，名曰傷暑。此外飱涼襲冷，乘風露卧，皆因避暑而感受寒風冷濕之邪。雖病在暑天，名曰暑濕，其與傷炎熱之暑不同，不得以暑邪名之。前人有陰暑陽暑之論，皆蛇足也。然盛暑之時，反多陰寒之病者何？蓋天之化，盛極則變，六陽盡洩，一陰早寓乎其中。地上則熱，地下已寒。人身小天地，何莫不然？且濕土司令，濕濁爲盛熱蒸騰，濕熱相合，最易感病。故四時之病，惟盛夏爲雜，寒濕、熱濕、霍亂、瀉痢、痧穢、暑風，名目不一。隨其所感，與其人之本體而變焉。要皆暑天兼有之證，非

傷暑熱之正病也，然證雖夾雜，要不離太陰陽明脾胃兩經。試思夏令用藥，不外芳香辛淡苦泄，雖有治心治肺治肝膽膀胱，用寒用熱之不侔，莫不爲中焦脾胃開脫，不但濕土司令，主氣使然，以脾胃屬土，喜燥惡濕，暑天之病，無有不夾濕耳。

《王旭高臨證醫案・伏暑門》 李　暑濕先伏於內，涼風復襲於外，交蒸互鬱，皆能化火。濕遏熱伏，其熱愈熾，故其爲虐也。先寒後熱，日輕夜重。經旨所謂先傷於熱，後感於寒。喻氏所謂陰日助陰，則熱減而輕，陽日助陽，則熱甚而重也。夫瘧之發，必從四末始，既必擾及中宮，故心胸煩燥，中脘痞塞。又必先嘔吐而泄瀉，瀉已乃衰，腹中猶脹。所以然者，熱甚於中，蒸薰水穀之濕上泛，而復下泄，熱勢得越，煩躁乃安，餘濕復聚，故仍作脹也。今當瘧退，脈弦帶數，舌苔白膩，小溲不爽。本有胃寒，痰濁素盛，雖從未得汗，表邪未解，而病機偏重於裏，法從裏治，大旨泄熱爲主，袪濕兼之，解表佐之，是亦表裏分消三焦並治意。

葛根　淡芩　川連　甘草　蒼术　川朴　橘皮　藿香　菖蒲　赤苓　澤瀉　薄荷　滑石　鬱金　竹茹

淵按：洩瀉嘔吐，乃兼有之症，非必有之症。由暑濕穢濁鬱遏中宮，太陰失升，陽明失降，不克分化使然。

顧　病方三日，外無大熱，而虛煩懊憹，反覆不安，寐則神思擾亂，舌苔白膩，惡心欲嘔，腹中鳴嚮，大便溏洩穢臭。邪積在裏，氣機不達。用梔豉以發越其上，陳朴以疏理其中，葛以散之，苓以洩之，夏秫和胃而通陰陽。陰陽交則得寐。明日再議。

淵按：起病，即是濕痰挾滯，阻遏中宮，熱鬱不達之象。勿謂外熱不揚，而輕視之。

又　伏暑至秋而發，其發愈晚，其伏愈深。故其爲病也，大起而大伏，熱一日，退亦一日。既非間瘧，又非癉瘧。癉瘧則但熱不寒，間瘧則寒熱往來。此症微寒發熱，熱一晝夜而退，退亦不清，名之伏暑，其説最通。夫暑必挾濕，濕蘊則化熱蒸痰，痰不易出，熱盛劫津也。身重屬濕，煩躁屬熱。熱來口渴，渴不多飲，仍是濕遏熱熾見象。舌苔白而乾枯，是濕邪在於氣分，氣虛故濕不易化也。葉氏云：舌白而薄者，肺液傷也。病方八日，邪未宣達。刻下用方，無庸深刻，但須解表而不傷正，去濕而不傷陰，清熱而不助濕，生津而不礙濁，中正和平，耐心守服。扶過兩候，始冀漸安。

黑山梔　連喬　茯苓　川貝　通草　北沙參　滑石　澤瀉　豆豉　枇杷葉　鮮薄荷根

淵按：伏邪深重，脾肺氣弱，力不足以化達之，故大起大伏耳。

胡　素有痰飲欬嗽，今夏會經吐血，是肺受熱迫也。玆六七日來，伏暑內蘊，涼風外襲，病起先寒慄而後大熱，熱有起伏。表之汗不暢，裏之熱不退。所以然者，痰飲阻於胸中，肺胃失其宣達故耳。舌色底絳，望之粘膩，心苔白厚，如豆大者一瓣，此即伏暑挾痰飲之徵，而況氣急痰嘶乎！據云，廿六日便洩數次，至今大便不通。按腹板窒，卻不硬痛。小溲先紅濁，今則淡赤不渾。乃濕熱痰濁聚於胸中，因肺金失降，不能下達膀胱，故濕濁上逆，爲痰氣喘嘆之候。病機在是，病之凶險亦在是，法當從此理會。滌痰洩熱，降氣清肺，乃方中必需之事。但清肅上焦，尤爲要務耳。

葶藶子　鬱金　川貝　杏仁　枳實　羚羊角　膽星　連喬　赤苓　竹油　枇杷葉　滚痰丸入煎，絹包

陳　餘邪餘積，留戀未清，元氣元陰消耗欲竭。暫停苦口之藥，且投醒胃之方，化氣生津，忌夫重濁。變湯蒸露，法取輕清。效東垣以化裁，希弋獲以圖倖。

清暑益氣湯、荷葉、香稻葉，蒸露，每晨溫服四五杯。

淵按：湯丸膏散，古人各有意義，非徒具虛文。若變湯爲露，法取輕清，惟大邪去，而胃氣不勝苦藥者宜之。此處恰合。

《王旭高醫案・暑邪》 安　連日煩勞憂慮深，暑邪傷氣易歸心；神昏、脈數細而沉，病危甚！邪悶心胞，如火如焚。舌色乾黃唇齒燥，耳聾便泄津枯了！三焦皆病須分曉，究治療，河間熱論宜參考。

鮮石斛　天竺黃　連喬　菖蒲　赤苓　北沙參

《張聿青醫案・伏暑》 某左　熱盛之時，心胸窒悶，則呼吸之氣，有出無入，呼吸煩擾，刻刻欲厥。而脈雖數，甚覺沉細，苔雖濁，多半白膩，舌心黑，仍屬浮灰。安有如此煩熱，已經旬日，而不克化火者？顯係中陽不足，而痰濕鬱遏。叠進辛開，胸間喘呼，雖得稍平，脈轉糊滑，苔白轉黃，顴紅目赤，稍一交睫，輒覺驚跳。此濕蒸成痰，熱鬱成火。亟爲清泄，參以化痰，俾免痙厥。事濟與否，非所敢知也。

羚羊角先煎，二錢　黑山梔三錢　廣鬱金明礬水磨，五分，衝　枳實一錢，炒　九節石菖蒲五分　製半夏三錢　益元散三錢，包　鮮竹茹一錢五分　陳膽星七分

李右　每至下午，輒凜寒而熱，熱勢不揚於外，而甚於裏，胸悶中脘痞阻，惡心嘔吐，渴不多飲，少腹作痛，脈數沉鬱不揚，咳嗽痰多，苔黃質膩。暑邪夾濕，鬱阻氣分，肺胃之氣，不克下行，開合因而失度。症起旬日，病邪方盛，恐再轉劇。姑開泄氣機，以通三焦而致開合。即請商裁。

製半夏一錢五分　炒枳實一錢　上廣皮一錢　白蔻仁五分　竹茹一錢　粉前胡一錢　淡乾薑二分　廣鬱金一錢五分　川連三分　杏仁三錢　鮮佛手一錢

《古今醫案按選·瘧》　僧慎柔治淮安客年三旬外，季夏患癉瘧，但熱不寒，連日發於午後，熱躁譫語，至次日天明纔退，數日後忽腹痛，晝夜無間，勺水不進，呼號欲絕，遇瘧發時即厥去，醫治不效。求慎柔診之，脈弦細而耎，乃謂：弦細爲虛爲暑，而耎爲溼，蓋暑邪成瘧，溼熱乘虛內陷而腹痛。用酒炒白芍一兩，炙甘草一錢五分，水煎調下天水散五錢，一劑痛如失，次日瘧亦不發。

俞按：腹痛如是，遇瘧即厥，恐戊己天水未必勝任也。

雄按：溼熱乘虛內陷而腹痛，亦非戊己所宜投。脈象弦細而非耎，固屬暑溼，其腹痛，恐兼肝木凌脾，故此藥一劑即瘳也。

俞按：果哉乃王金壇之高弟，準繩序中所謂：嘉善高生隱從余游，因采取古今方論，命高生次第錄之者是也。著有《醫林廣見》及《雜證》二書，又有醫案數卷，均未刊印，略選數條，以存吾邑之文獻云耳。

雄按：此條脈證俱不載明，不知瘧屬何因，雜以垂訓。觀其用藥，似係瘧久邪入厥陰經者。然老薑用至每劑一兩，殊爲可議。至用桃葉，則未免惑於世俗之論，尤可陋矣。

楊曰：瘧久則正虛邪亦衰，用滋陰而愈者有之。若參入升、柴、薑、棗，未免錯雜不倫，宜孟英議之也。

沈堯封治一張姓少年，春間患寒熱如瘧，始服發散，繼服養陰，已愈矣。越數日瘧又作，且兼白濁不止，服小柴胡加首烏、生地、丹皮、萆薢等不應。又數日寒熱漸重，不能起坐，口渴煩燥，舌赤唇焦，服白虎湯而熱益甚，發暈昏沉幾死，熱氣衝開二三尺，兩目赤腫，目眵膠閉，舌紅且乾，唇焦面赤，兩足如烙，惟大便泄瀉。沈診之，脈虛而耎，遂用人參二錢，熟附子三錢，茯苓五錢，白芍一錢五分，一劑而熱少定。連服旬餘，惟以牡蠣、牛膝、枸杞、生地出入加減，粥進熱退，病去六七。忽然腹痛大作，連瀉二三十次，煩渴又作，懊憹迷悶不安，舉家駭泣。沈曰：無恐，此久積之寒飲，因脾得參、附之力以運動，飲乃大下也。雄按：所加之牛膝、枸杞、生地未盡善美，宜以薏苡、澤瀉、橘、半之類佐之爲妥。復用附子五錢，乾薑二錢，苓、芍、炙草數劑而安。又用參、朮平補全愈。

高果哉治張習可五月間受微雨及風冷，遂患三瘧，瘧發於暮，熱甚於夜，至九月中，診得六脈虛數，此陰虛而暑入陰分，最難治，當先升舉其陽。用生地、川芎、歸、芍、炙草、知母、乾薑、乾葛、升、柴，薑、棗煎服，四劑後加首烏、人參。又定丸方：首烏四兩，生地三兩，參、朮、當歸、龜板、豬苓、知母、黃芩、山查各二兩，柴胡一兩六錢，牛膝一兩五錢，乾薑、穿山甲各一兩，甘草五錢，活鼈一個，入砂仁末二兩，煮取鼈肉，同藥搗勻烘乾，其骨亦炙爲末加入，荷葉湯法丸。服完全愈。

雄按：此暑溼兼風冷之邪而入於營分也，故用此法治之而愈。其人雖屬陰虧，並非暑邪入陰。設是暑熱入於陰分，則升散燥烈之品皆爲戈戟。高君治法雖神，立案尚覺顢頇，學者須加咀嚼也。

《凌臨靈方·暑濕》　姑奶奶暑風穢濕互擾陽明，升降不和，寒熱如潮，脘悶絡痠，口乾溺少，脈弦滑數，胎黃膩。惟恐汗出不徹轉受白痦之弊，治宜清解一法。

連翹　川斛　赤苓　川鬱金　銀花露　佩蘭葉　青蒿子　益元散　純鈎　牛蒡　地骨皮　杏仁　竹茹

《凌臨靈方·伏暑》　游左蔣杏泉診，伏暑內發，新涼外束，自肺胃干及，少陽先起，寒熱作潮，繼則壯熱神蒙，煩渴引飲，胸脘懊憹，脈來弦數而滑，兩尺偏大，兩關短數，苔黃膩，四支厥逆，兩目悶瞀，便溏溲少。以脈參證，惟恐邪鬱不達，致上厥下脫之變。擬升提陽明宣解一法，是否如斯，附方即請高明酌正。

羚角片　葛根　川鬱金　紫雪丹三分，衝　竹茹　連翹　製川朴　通草　銀花露　薄荷梗　新會皮　益元散　車前草

服一劑白痦紅疹即透。紫雪丹易金斛。

《邵氏醫案》 暑風夾濕，寒熱交作，汗徹不出，脈浮弦，咳逆，腰疼肢疲，法當和解，防變痙病。

香茹一錢五分　淡豆豉三錢　前胡一錢五分　青蒿一錢五分　光杏仁三錢　枳殼一錢五分　防己一錢五分　滑石四錢　桔梗一錢五分　白芷八分　廣橘紅一錢

引絲瓜藤壹把。二帖。

暑濕傷氣，苔滑白，脈濡細，腹痛瀉痢溺少，宜清陽明經爲主。

白頭翁一錢五分　藿香三錢　澤瀉三錢　青木香七分　滑石四錢　新會皮一錢五分　豬苓二錢五分　炒銀花二錢　草決明三錢，即青葙子　絲通一錢五分　枳殼一錢五分

引荷葉半張。三帖。

徲孩濕熱內着，脈弦濡，身微熱，腹痛堅滿，大便忽瀉，宜太安丸法加減治之。

焦神麯三錢　仙半夏一錢五分　廣藿香二錢　枳殼一錢　炒川連四分　赤苓三錢　通草一錢五分　佛手片五分　陳皮一錢　炒萊菔子三錢　紅藤一錢五分

溫病總部

溫病疾病部

濕溫部

題　解

《傷寒指掌·類傷寒辨》 夏月有病，頭痛譫語，自汗，身不甚熱，兩脛逆冷，四肢沉重，胸腹滿而渴者，濕溫也。

《增補評註溫病條辨·上焦篇·濕溫寒濕》 頭痛惡寒，身重疼痛，舌白不渴，脈弦細而濡，面色淡黃，胸悶不飢，午後身熱，狀若陰虛，病難速已，名曰濕溫。汗之則神昏耳聾，甚則目瞑，不欲言，下之則洞泄，潤之則病深不解，長夏深秋冬日同法，三仁湯主之。

頭痛惡寒，身重疼痛，有似傷寒，脈弦濡則非傷寒矣。舌白不渴，面色淡黃，則非傷暑之偏於火者矣。胸悶不飢，濕閉清陽道路也。午後身熱，狀若陰虛者，濕爲陰邪，陰邪自旺於陰分，故與陰虛同一午後身熱也。濕爲陰邪，自長夏而來，其來有漸，且其性，氤氳粘膩，非若寒邪之一汗即解，溫熱之一涼即退，故難速已。世醫不知其爲濕溫，見其頭痛惡寒，身重疼痛也，以爲傷寒而汗之，汗傷心陽，濕隨辛溫發表之藥蒸騰上逆，內蒙心竅則神昏，上蒙清竅則耳聾，目瞑不言，見其中滿不飢，以爲停滯而大下之，誤下傷陰，而重抑脾陽之升，脾氣轉陷，濕邪乘勢內漬，故洞泄。見其午後身熱，以爲陰虛，而用柔藥潤之，濕爲膠滯陰邪，再加柔潤陰藥，二陰相合，同氣相求，遂有錮結而不可解之勢。惟以三仁湯，輕開上焦肺氣，蓋肺主一身之氣，氣化則濕亦化也。濕氣瀰漫，本無形質，以重濁滋味之藥治之，愈治愈壞。伏暑濕溫，吾鄉俗名秋呆子，悉以陶氏《六書》法治之，不知從何處學來，醫者呆，反名病呆，不亦誣乎！再按：濕溫，較諸溫病，勢雖緩而實重，上焦最少，病勢不甚顯張，中焦病最多，詳見中焦篇。以濕爲陰邪故也，當於中焦求之。

霖按：濕溫之因有三，其脈陽濡而弱，陰小而急，此先受暑後中濕，乃暑邪蒸濕者是也。證見兩脛冷、腹滿，又胸頭目痛，苦妄言，治在足太陰。不可發汗，此先傷於濕，因而中暍，濕熱相搏者是也。脈濡弱，舌苔白或絳底，嘔逆口乾，不能湯飲，胸耎而滿悶，身潮熱，汗出稍涼，少頃又熱，此春分後秋分前，少陰君火，少陽相火，太陰濕土，三氣合行，加以天熱下降，地濕上騰，由口鼻吸受，着於脾胃者是也。設誤治，其變證非一端可盡。若濕自外來，上焦氣分受之，潮熱自汗，表之不解，清之不應，宜宣通氣分，如豆豉、苓皮、滑石、半夏、豬苓、米仁、苓蔻之屬。若冒雨霧，濕留太陰，肌表發熱，自汗不渴不飲，舌苔灰白黏膩，身雖熱不欲去衣被者，宜解肌和表，如桂枝、秦艽、紫蘇、苓皮、半夏、陳皮、薑衣之屬。上焦濕熱，豈三仁湯可以賅治，論證不清，治法多舛，良可嘆也。

《醫門棒喝初集·溫暑提綱》 濕溫者，夏感暑濕，及四時溫病，而體質陽虛多濕者，則熱爲濕遏，不能宣達，濕因熱蒸，蘊釀膠粘，故最淹纏難愈，或胸腹滿悶、或體重痠疼、或爲瘧疾、或爲瀉痢、或爲黃疸、或爲痺腫，變證多病，皆濕熱爲病，是名濕溫也。

論　説

《景岳全書·傳忠録·表證篇》 濕證之辨，當辨表裏。經曰：因於濕，首如裹。又曰：傷於濕者，下先受之。若道路衝風冒雨，或動作辛苦之人，汗濕沾衣，此皆濕從外入者也。若嗜好酒漿生冷，以致泄瀉、黃疸、腫脹之類，此濕從內出者也。在上在外者，宜微從汗解，在下在裏者，宜分利之。濕熱者宜清宜利，寒濕者宜補脾溫腎。

《傷寒論類方·別證變證·濕溫》 兩脛逆冷，胸腹滿，多汗，頭目痛，苦妄言，其脈陽濡而弱，陰小而急，不可發汗，治在太陰。

《傷寒指掌·傷寒類症·溼症》 張司農謂暑邪之害甚於寒，因作《暑症全書》濟世。竊以爲溼邪之害，更有甚於暑者。蓋盛暑之時必兼溼，而溼盛之時不兼暑。暑邪止從外入，而溼邪兼乎內外。暑邪爲病，驟而易見，溼邪爲病，緩而難知。凡處澤國水鄉者，於溼症尤宜加察焉。如外感之溼，着於肌表者，或從雨霧中而得，或從地氣潮溼中而得，或上受，或下受，或遍體均受，皆當以解肌法微汗之。兼風者，微微表散。兼寒者，佐以溫藥。兼熱者，佐以清藥。此外受溼邪之治也。如內生之溼，留於藏府者，乃從飲食中得之。凡膏粱酒醴，甜膩厚味，及嗜茶湯瓜果之類，皆致內溼。治法不外上開肺氣，下通膀胱，中理脾陽爲治。然陽體多成溼火，而陰體多患寒溼，又當察其體質陰陽爲治。用藥之法，當以苦辛寒治溼熱，苦辛溫治寒溼，概以淡滲佐之。甘酸膩濁之品，在所禁用。前太陰新法內，已陳溼邪之概，茲特參溼邪之兼症，而以表裏三焦分治焉。若夫溼邪變幻之態，爲病非一，當以雜症各門求之可也。

《傷寒指掌·傷寒類症·濕溫》 夏月頭冬疼妄言，自汗，身不甚熱，兩脛逆冷，四肢沉重，胸腹多汗而滿，其人先傷於溼，因而中暑。其脈陽濇或弱，陰小而急，不可發汗，汗之名重暍，必死。汗多者，白虎湯加桂枝。汗少者，白虎湯加蒼术，或概用蒼术白虎湯。

按溼溫症，因長夏每多陰雨，得日氣煦照，則潮溼上蒸，襲人肌表，着於經絡，則發熱頭脹，身痛，足脛痛，舌胎膩白等症。重者，兼感時邪不正之氣，即爲溼溫疫症。

《重慶堂隨筆·論六氣》 濕土分旺四季，長夏是其正令，土潤溽暑，故暑濕二氣最易相合。人受其感，名曰濕溫，亦曰濕熱，即暑濕相兼之病，爲五種傷寒之一。《難經》已詳其脈證，而昧者逞其臆說，謂濕與熱合始名爲暑，然則濕與寒合，又將何名乎？夫天寒地凍，天暑地熱，陰陽之對待也。暑必濕熱相合，而始爲暑寒，將何氣相合而始爲寒乎？若亢旱之年，流金爍石，禾苗欲槁，河裂井枯，不名酷暑何名乎。蓋濕無定體，風也寒也暑也，無不可合，故治濕者，須察其相合。治暑者，亦必審其有無兼濕，庶無遺憾也。然濕熱之病爲獨多而變證甚易，療治頗難，惟香巖先生之法，可謂空前絕後，學者宜奉爲金科玉律也。

注：暑也濕也，皆五氣之一也。暑屬火，濕屬土，各居五行之一，火土合德，故暑濕每易相兼，亦理之常也。若謂暑中有濕，是析一行爲二也。若謂濕熱合而始爲暑，則併二氣爲一也，豈五行之理未知而五氣之名未聞乎，自誤誤人，莫此爲甚。

《感證集腋·濕門·喻嘉言一條》 喻嘉言曰：人身陽盛則輕矯，濕盛則重著。乃至重如山，百脈痛楚，不能轉側，此而不用附子以回陽勝濕，更欲何待？在表之濕，其有可汗者，用附子合桂枝湯以驅之外出，在裏之濕，其有可下者，用附子合細辛大黃以驅之下出；在中之濕，則用附子合白术以溫中而燥脾；今之用白术雜入羌、防、枳、朴、梔、橘等藥，且無濟於事，況用檳榔、滑石、舟車導水等法乎！

《類證治裁·濕症·論治》 濕爲陰邪，乃重濁有質，不比暑熱瀰漫無形。其自外受者，霧露泥水，由地氣之上蒸。經所謂地之濕氣感則害人皮肉筋脈也。自內生者，水穀生冷，由脾陽之不運。經所謂諸濕腫滿，皆屬於脾也。濕蒸於上，則頭脹如蒙。經所謂因於濕，首如裹也。濕感於下，則跗腫攻注。經所謂傷於濕者，下先受之也。在經絡，則痺痿重著。經所謂濕熱不攘，大筋緛短，小筋馳長，緛短爲拘，弛長爲痿也。在臟腑，則嘔惡腫脹，小水赤濇，經所謂濕勝則濡瀉也。又或在肌表，則惡寒自汗；在肉分，則痲木浮腫。其身重如山，不利轉側，腰膝腫，筋骨痛，小溲秘，大便溏，則有濕兼風者、有濕兼熱者、有濕兼寒者、有濕兼暑者。有中濕而口喎舌強，昏不知人，類中風者。不得誤作中風症治。在表在上，宜微汗；在裏在下，宜滲泄；中虛，宜實脾；挾風而外感者，宜解肌；挾寒而在半表半裏者，宜溫散；挾暑熱而滯於三焦者，宜清利分消。其濕熱蒸痰，內閉昏厥者，宜宣竅逐穢。此治濕之要也。【略】

然眞陽素虛之人，汗出，小便滴瀝，正泉竭而陽欲亡之候，若以爲濕熱而大利之，眞陽無水，頃刻脫離而死矣。不宜過利，第去其六七，即改用理脾之劑。否則虧其腎水。羅氏曰：春夏之交，病如傷寒。其人汗自出，肢體重痛，轉側難，小便不利，此名風濕，因時令陰雨，或坐卧卑濕，或引飲過多，宜利小便。五苓散。濕去則愈。切忌汗下，誤則不救。醫不識症，誤作傷風治之，發汗死，下之亦死。丹溪曰：濕本土氣，火熱能生濕土，故夏熱則萬物潤，秋涼則萬物燥也。夫熱鬱生濕，濕生痰，用二陳湯加酒黃芩、羌活、防風。去風行濕，以風能勝濕也。又曰：濕甚而熱，治以苦溫，佐以甘辛。平胃散主之。濕在上，宜微汗而

解，不欲汗多；忌麻黄葛根等，宜防己黄耆湯。濕在中下，宜利小便，五苓散主之。此淡滲治濕也。

《醫略十三篇·濕證》 《難經》曰，傷寒有五，有中風、有傷寒、有濕溫、有溫病、有熱病。《活人書》曰，濕溫者，兩脛逆冷，胸腹滿，多汗，頭痛，妄言。其人嘗傷於濕，因而中暑，暑濕相搏，則發濕溫。又曰，濕溫與中暑同，但身涼不渴耳。《本事方》曰，一人季夏得病，胸頸多汗，兩足逆冷，譫語，是濕溫。蓋先傷暑，後受濕也。先用人參白虎湯，次服蒼术白虎湯，足漸溫，汗漸止，三日而愈。此上三條，言濕溫證也。蓋伏邪因濕而發，與溫熱一體，故名濕溫。即伏邪兼見六淫，濕證因春溫氣而發名溫，因夏暑氣而發名暑，因長夏濕氣而發名濕溫是也。故《難經》以濕溫與風寒溫熱同科。《活人》以濕主長夏，遂與暑相合，以暑濕相搏爲濕溫。蓋不知《難經》所以名濕溫者，明與溫熱一體，即伏寒因濕而發，非暑也。暑濕相搏，自有瘧痢瘴氣諸證，不得名濕溫。後世多宗《活人》身涼不渴爲濕溫，略而不辨。蓋思之而未得，不知《難經》濕溫之本旨、《金匱》六淫濕證之全體、伏邪因濕而發之源流也。余故論及之，以俟識者。然濕性沉潛凝滯，治宜溫通，伏邪化熱傷陰，法當清解。治濕溫者，當以伏邪爲主，參以治濕之意，如清解法中，佐以溫通之品，歸於伏邪門。

《傷寒尋源·辨濕溫一》 仲景論濕病，未嘗明言濕溫。然濕溫之病狀，可即仲景論中比類得之。王叔和於仲景《傷寒論》，剔出痓、濕、暍三種，以爲宜應別論，其於濕病首列濕痺，即從太陽辨證。曰：太陽病關節疼痛而煩，脈沉而細者，此名濕痺。則是濕證中同有頭項強痛惡寒之太陽病，其類於傷寒者以此。然濕痺之病，其人小便不利，大便反快，故當利小便，使濕邪從太陽之府而解，是濕也，而不必其兼溫也。又云：濕家之爲病，一身盡疼，發熱，身色如似熏黄，此又示人以諦實濕病之法。然濕病多端，亦不必盡屬兼溫。因思仲景已分明揭出太陽病發熱而渴，不惡寒者爲溫病。以所言種種濕證，與此條之溫病互勘，則濕溫之病狀，可得而言矣。濕溫初起，所見之太陽病，頭痛，腰痛，骨節煩痛，與太陽傷寒同，以濕病本主身疼也。發熱，汗出，惡風，與太陽中風同，以溫邪本易汗出也。但風寒之邪，由表入裏，濕溫之邪，由裏出表，故當太陽病初起時，其蒸鬱之氣，即已瀰布三焦，故或往來寒熱，胸膈痞滿，嘔吐，不欲食，或腹中痛，不大便，或下利稀臭水，表裏之病，往往一時並見。以上各證，不必悉具，必兼口渴舌上胎者，此屬濕溫之定證。又濕病脈多沉細，濕既兼溫，脈不盡沉。溫病脈浮，溫復挾濕，其脈又不盡浮。不浮不沉之間，其中候必數，以數之甚與不甚，別邪之輕重，病之緩急，合此脈證互參，始知仲景不言濕溫，而濕溫之脈證在其中，濕溫之治法，即在其中矣。讀仲景書，當知比類，不知比類，即風寒之顯然者，尚且目眩，奚況濕溫哉。

《傷寒尋源·辨濕溫二》 門人問曰：夫子本仲景法而言濕溫之爲病，既可比類以通其義矣。然仲景言濕病曰風濕，曰寒濕，此顯然可稽者，不識治法可與濕溫相通否？答曰：此同一濕病而治法判然不同，今且與子先論風濕。仲景言風濕相搏，一身盡疼痛，其稍輕者，身體煩疼，不能自轉側。重則骨節煩疼，掣痛不得屈伸，近則痛劇，或身微腫，甚至汗出短氣，小便不利，惡風不欲去衣。此其證雖有輕重不同，總由風濕中入關節，浸淫於皮膚筋骨之間，並無裏邪。故仲景於風濕相搏證，特著出不嘔不渴四字，以明與濕溫有別。風濕相搏之證，法當汗出而愈。但大發其汗，風氣去，濕氣在，只取微微似欲汗出者，此爲風濕俱去。閱仲景方，主用術以理脾勝濕，更藉附子之大力，迅走衛外，追風逐濕，絕不雜一毫風藥，自得微汗而解。此與中風病之主用桂枝，必賴芍藥、甘、棗，和營分以托出衛邪者同義。設以此等劑而誤施之既渴且嘔之濕溫病，不立速其斃者幾希。又濕家之爲病，身色如似熏黄，發黄之證，不惟濕熱已也。寒濕在裏，亦能發黄，仲景有不可下之戒，以其別於濕溫病也。而曰當從寒濕中求之，則當以溫藥祛寒勝濕不言可知矣。子欲知濕溫，當知濕證中又各有表裏寒溫之不同，能辨於其似，則濕溫之眞面目始見。欲知濕溫之別於風濕寒濕，當先審其口之渴與不渴，在他證皆可或有或無，斷未有溫邪內伏，而口不渴者，此要訣也。

《傷寒尋源·辨濕溫三》 門人問曰：仲景言太陽病發熱而渴不惡寒者爲溫病。濕症兼溫，以渴辨證矣。然太陽中暍，其初起亦汗出而渴，與濕溫之渴，又何以別之。答曰：此當以舌上胎爲辨，凡熱邪之在經者，口雖渴，舌上無胎，且渴能引飲。濕溫之病，陽明胃府，先爲濕困。內伏之溫邪，被濕邪鬱遏，不能遽出於陽經。故當濕溫病初起之時，雖渴不能引飲，必待傳變之後，邪入於胃，而成陽明可攻之證，方大渴引飲。故仲景云：濕家病，舌上如胎者，以丹田有熱，胸中有寒，渴欲飲水而不得飲，則口燥煩也。

此一段文字，雖未明言濕溫恰確是濕溫初起之候，仲景於此證雖有下早則噦之禁。若邪已入胃大渴引飲而成陽明可攻之證，則此時下不宜遲。又仲景言外之意矣，而謂仲景書中無從窺濕溫眞面目者。彼其人實未窺仲景藩籬，惡足與言治病哉。

《傷寒尋源・辨濕溫四》　門人問曰：夫子本仲景法而勘破濕溫之源流，可謂詳且盡矣，究之主治若何，願并明之。答曰：欲知其治，當先明其禁，予從仲景書推廣其義，按仲景言濕家不可發汗。又溫病不宜發汗，若見頭痛發熱之太陽病而妄發其汗，卒之汗出熱不退，且津液內奪，裏邪愈錮，變證蠭起，此首禁也。濕溫病，一經傳胃，便當急下以存陰，切不可誤信後人下不厭遲之謬說。若當初起之時，全是一團蒸鬱之氣，未傳到胃，遽予妄下，轉致壅遏，胃氣無由輸邪外泄，此二禁也。燥能勝濕，此理之常，今濕邪又兼溫邪，若純用香燥，破氣立致，劫津化熱，此三禁也。溫者清之，亦理之常，今溫邪又兼濕邪，若純用寒涼直折，轉致助濕壅邪，此四禁也。濕痺之病，可利小便，若兼溫邪，全藉內中津液，足勝病氣，病雖劇可治。若用苓澤等滲泄之劑，強責其小便，則有著之邪，安能從膀胱宣洩。一經傳變，內外灼熱，眞陰隨涸，此五禁也。溫邪內伏，與濕交蒸，熱淫之氣，上蒙清竅，往往病起。即見昏譫，但當逐去其邪則神識自清，若遽指爲熱入心營，遂予犀角牛黃之屬，是謂誅伐無過。究之膈間之邪，分毫不動，徒擾營血，反致引邪深入。立召斑狂喘厥諸變，此六禁也。凡此皆濕溫病初起之禁例，至於傳變之後，仍當按仲景種種救逆諸法，分別施治。然則初起之時，汗之不可，下之又不可，燥之不可，清之又不可，利之不可，開之又不可，果何從著手耶，則惟化濕之中，佐以清溫，其庶幾乎。

《傷寒尋源・辨濕溫五》　門人又問曰：夫子向言吳又可溫疫論，其所列溫疫各證，即今之濕溫病。今言濕溫初起治法，但當於化濕之中，佐以清溫，則吳氏達原飲，當必有合。而今人每訾吳氏爲偏於用下，夫子亦言濕溫初起，不宜妄下，若吳氏之書，其不能無弊與。答曰：吳又可覷破此等證，與風寒之邪，由外而入者不同。其所定達原飲一方，厚朴、檳榔、草果，破結以化濕，知母、黃芩、芍藥、甘草，和陰以清溫，當時服之者稱爲仙方。然吳氏目此病爲溫疫，指爲異氣所致，未嘗明言濕溫。至喻嘉言辨明溫疫，謂濕溫即包疫而言。今以吳氏所列種種各證與今病相參，始知其所指溫疫，即今之濕溫病。此則無心暗合。至於傳變之後，仍不離仲景種種救逆諸法，故吾謂吳氏立論，雖似撇開仲景，反足爲仲景之功臣。至濕家病，仲景本有下早之禁，而吳氏亦有邪未入胃不宜妄下之戒，若入胃之後，不予以急下大下，則津液立涸。且風寒之邪傳入陽明，而成胃實可攻之證，一下即解。濕溫係黏著之邪多有下之未盡，仍須再下者。此實病機之使然，而不得議其偏於用下也。倘不傳入胃，便不得妄下。凡風寒之種種傳變，濕溫病皆得有之，并有轉屬寒證，宜用溫藥而愈者。此又吳氏論中之所未及，亟當從仲景追尋淵源矣。

《溫熱經緯・薛生自濕熱病篇》　一濕熱證，雄按：既受濕又感暑也。即是濕溫，亦有濕邪久伏而化熱者。喻氏以爲三氣者。謂夏令地氣已熱，而又加以天上之暑也。始惡寒，後但熱不寒，汗出，胸痞，舌白。口渴不引飲。雄按：甘露消毒丹最妙。

自注：此條乃濕熱證之提綱也。濕熱病屬陽明太陰經者居多，章虛谷云：胃爲戊土屬陽，脾爲己土屬陰。濕土之氣，同類相召，故濕熱之邪，始雖外受，終歸脾胃也。中氣實則病在陽明，中氣虛則病在太陰。外邪傷人，必隨人身之氣而變，如風寒在太陽則惡寒，傳陽明即變爲熱而不惡寒，今以暑濕所合之邪，故人身陽氣旺，即隨火化而歸陽明，陽氣虛即隨濕化而歸太陰也。病在二經之表者，多兼少陽三焦，病在二經之裏者，每兼厥陰風木，以肝脾胃所居相近也。以少陽厥陰同司相火，少陽之氣，由肝膽而升，流行三焦即名相火。陽明太陰濕熱內鬱，鬱甚則少火皆成壯火，而表裏上下，充斥肆逆。經曰：少火生氣，壯火食氣。少火者陽和之生氣，即元氣也。壯火爲亢陽之暴氣，故反食其元氣，食猶蝕也，外邪鬱甚使陽和之氣悉變爲亢暴之氣，而充斥一身也。故是證最易耳聾乾嘔，發痙發厥。暑濕之邪，蒙蔽清陽，則耳聾，內擾肝脾胃，則乾嘔而痙厥也。而提綱中不言及者，因以上諸證，皆濕熱病兼見之變局，而非濕熱病必見之正局也。必見之證，標於提綱，使人辨識，不至與他病混亂。其兼見之變證，或有或無，皆不可定。若標之反使人迷惑也。始惡寒者，陽爲濕遏而惡寒，終非若寒傷于表之惡寒。濕爲陰邪，始遏其陽而惡寒，即與暑合，則兼有陽邪，終非如寒邪之純陰，而惡寒甚也。後但熱不寒，則鬱而成熱，反惡熱矣。雄按：後則濕鬱成熱，故反惡熱，所謂六氣皆從火化也。況與暑合，則化熱尤易也。熱盛陽明則汗出，章云：熱在濕中，蒸濕爲汗。濕蔽清陽則胸痞，濕邪內盛則舌白，濕熱交蒸則舌黃。雄按：觀此句則提綱中舌白下應有或黃二字。熱則液不升，而口渴。濕則飲內留，而不引飲。章云：以上皆明提綱所標，爲必有之證也。然所云表者，乃太陰陽明之

表,而非太陽之表。濕熱邪歸脾胃,非同風寒之在太陽也。雄按:據此則前病在太陰下必有脫簡。應從吳本補入。太陰之表,四肢也,陽明也,陽明之表,肌肉也,胸中也。四肢稟氣於脾胃,而肌肉脾胃所主,若以脾胃分之,則胃爲脾之表,胸爲胃之表也。故胸痞爲濕熱必有之證,四肢倦怠,肌肉煩疼,亦必並見。此濕熱在脾胃之表證也。其所以不干太陽者,以太陽爲寒水之腑,主一身之表。雄按:肺爲天,天包地外而處於上,膀胱爲木,水環地極而處於下,故皆爲一身之表。而風爲陽邪,首及肺經,寒爲陰邪,先犯膀胱。惟濕爲中土之氣,胃爲中土之腑,故胃受之。楊云:此注奇情至理,所謂語必驚人,總近情也。風寒必自表入,故屬太陽。雄按:陳亮師云,風邪上受,肺合皮毛,故桂枝證有鼻鳴乾嘔也。濕熱之邪從表傷者,十之一二。章云:是濕隨風寒而傷表,鬱其陽氣而變熱,如仲景條內之麻黃赤小豆湯證是也。由口鼻入者,十之八九。暑熱薰蒸之氣,必由口鼻而入。陽明爲水穀之海,太陰爲濕土之臟,故多陽明太陰受病。濕輕暑重,則歸陽明,暑少濕多,則歸太陰。膜原者,外通肌肉,內近胃腑,即三焦之門戶,實一身之半表半裏也。雄按:此與葉氏溫熱篇第三章之論合。邪由上受,直趨中道,故病多歸膜原。章云:外經絡,內臟腑,膜原居其中,爲內外交界之地,凡口鼻肌肉所受之邪,皆歸於此也。其爲三焦之門戶,而近胃口,故膜原之邪,必由三焦而入脾胃也。楊云:細繹此言,則膜原乃人脂內之膜也,然邪之由鼻入者必先至肺。由口入者,必先至胃,何以云必歸膜原,此不可解者也。若云在內之邪,必由膜原達外,在外之邪,必由膜原入內,則似矣。要之濕熱之病,不獨與傷寒不同,且與溫病大異,溫病乃少陰太陽同病。此仲景所論伏氣之春溫,若葉氏所論外感之風溫,則又不同者矣。雄按:此注知有少陰太陽之溫病,則與前篇風溫條例力非伏氣之論者,斷非一人之筆,按:前篇自序自稱其名曰祖恭,未言又有此篇,此篇又無自序,其非出一人手明甚,夢隱辨之是也。即按文義亦彼遜於此。吳氏何以併爲一家,江本必欲相合強爲刪改,豈非自呈僞妄耶?汪濕熱乃陽明太陰同病也。始受於膜原,終歸於脾胃。而提綱中言不及脈者,以濕熱之證,脈無定體,或洪或緩,或伏或細,各隨證見,不拘一格,故難以一定之脈,拘定後人眼目也。陽明熱盛見陽脈,太陰濕盛見陰脈,故各隨證見也。

濕熱之證,陽明必兼太陰者,徒知臟腑相連,濕土同氣,而不知當與溫病之必兼少陰比例,少陰不藏,木火內燔,風邪外襲,表裏相應,故爲溫病。此即經言冬不藏精,春發溫病。先由內傷而後外感,膏粱中人多有之。其冬傷於寒,曰少陰伏邪,至春發出於太陽之溫病。藜藿中人多有之,皆必兼少陽者也,若外感風溫。邪由上受者,又當別論矣。太陰內傷,濕飲停聚,客邪再至,內外相引,故病濕熱。脾主爲胃行津液者也,脾傷而不健運,則濕飲停聚,故曰脾虛生內濕也。雄按:此言內還素盛者,暑邪入之。易於留著,而成濕熱病也。此皆先有內傷,再感客邪,非由腑及臟之謂。若濕熱之證,不挾內傷,中氣實者,其病必微。雄按:內濕不盛者,暑邪無所依傍,雖患濕溫,治之易愈。或有先因於濕,再因飢勞而病者,亦屬內傷挾濕,標本同病,然勞倦傷脾爲不足,濕飲停聚爲有餘。雄按:脾傷濕聚,曷云有餘,蓋太飽則脾困,過逸則脾滯,脾氣因滯而少健運,則飲停濕聚矣。較之飢傷而脾餒,勞傷而脾乏者,則彼尤不足,而此尚有餘也。後人改飢飽勞逸,爲饑飽勞役,不但辨證不明,於字義亦不協矣。所以內傷外感,孰多孰少,孰實孰虛,又在臨證時權衡矣。

《研經言・兩濕溫不可合一辨》 《難經》濕溫言脈不言證,《脈經》濕溫言證不言脈,何也?蓋在《難經》者既屬傷寒,則必有頭痛,發熱等證,又以其脈陽濡弱也,推得先受溫,而尺熱、口渴在其中;陰小急也,推得後受濕,而身疼、拘急在其中,不言證而證可知已。其與《脈經》所言先受濕、後受熱者迥別。後受濕者,其濕浮於表,與寒同法而減等,小急者,緊之減象也。許叔微蒼术白虎湯,蒼术散濕、白虎治溫最合,緣此濕溫重在溫也。先受濕者,其濕沉於裏,與凡濕病同法,故脛冷、胸腹滿,其脈當沉,可以白虎概治之乎?頭目痛、妄言,是濕甚於裏,將與後受之熱合化,故禁汗之虛表以甚裏,蒼术其可用乎?緣此濕溫雖屬中暍,重在濕也。觀其所重,兩者懸殊,朱奉議見其名同而合之,則奉議之不足與言傷寒也明矣。

《世補齋醫書文集・答施王二生問陽明濕溫之治》 施生子程王生藝耕同侍坐於世補齊,敎以濕溫之病,必從陽明論治,二子惑焉,謂陽明主燥,太陰主濕,夫子乃以濕屬陽明何也?且陽明之燥,而何以有濕也。余曰:此陽明中氣之病,不求諸《內經》所言,本標中見者,不能知其然矣。內經六微旨大論,以火燥寒風熱濕爲本,本者,六元本始之氣也,以少陽太厥少太爲標,標者,六經標著之氣也,以上本下標之中見者,爲中氣,中氣者,人身藏府表裏,互相爲絡之氣也。經之言氣則曰:有從本者,有從標本者,有不從標本者。經之言病則曰:有生於本者,有生於標者,有生於中氣者。經之言治則曰:少陽、太陰從本,少陰、太陽從本,從標,陽明、厥陰不從標本,從乎中也。啓元子解之曰:少陽本火,太陰本濕,標本同,故從本。少陰本熱標陰,太陽本寒標陽,標本異,故或從本,或從標。陽明之中,太陰厥陰之中,相火標本與中不同,故不從標本而從乎中。其言標本,固所易曉,而於從中之治,則仍言其所當然,尚未言其所以然也。余謂六經既各有中氣,何不可從

中治，陽明厥陰既各有標本，亦豈無從標本治者，胡獨於陽明厥陰，必從中治耶。蓋經既言病，言治，則治必因病而施。彼四經之病，不生於中氣，則治不必從乎中。惟此陽明厥陰兩經，則有生於中氣之病，故有必從中氣之治，試就各經論之：少陽相火，火爲其本。太陰濕土，濕爲其本。火陽也，而少陽之經亦陽。濕陰也，而太陰之經亦陰。既有火與濕之本在，則標從本化，而中之木爲火母，中之金爲土子，則中氣亦從本化，故從本治，不從標治，亦不必從中治也。少陰、太陽，一爲本熱，一爲本寒，本之熱同中陽，中之寒又同標陰，本之寒同中陰，中之熱又同標陽，中與本同，而標與本則異，中與標同，而本與標則異，故或從本治，或從標治，而亦不必從中治也。獨至陽明，則本燥標陽，而中爲濕，厥陰，則本風標陰，而中爲火，本與標之不同，理易明也。而中之火，何以見於厥陰，中之濕，何以見於陽明，則人皆忽之，而不知病既生於中氣，治即不從標本，故有必從乎中治者。若火但見於少陽，則治少陽之本，濕但見於太陰，則治太陰之本，以其病，生於本也。若厥陰而以中之火，病則必治中氣之火，陽明而以中之濕，病則必治中氣之濕，以其病生於中氣也。不講《內經》中見之旨，何由知厥陰風病之有火，而陽明溫病之有濕哉。余於風寒溫熱，多所發明，而於濕溫之論，猶有闕焉。二子曰：然則濕而見爲寒濕，則治太陰，濕而見爲濕溫，必治陽明，其爲方也，當是蒼术白虎之類乎？余曰：得之矣。

《六因條辨・傷濕辨論》　夫濕乃重濁之邪，其傷人也最廣，考《難經》《金匱》，有傷濕、中濕、風濕、濕溫之名。殆傷則傷其表，表者，乃陽明之表，肌肉也，四肢也，中則中其內，內者，乃太陰之內，脾陰也，濕土也。故傷表則肢節必痛，中裏則脘腹必悶，及濕與風搏，而周身痛楚，濕與熱合，而煩悶熱蒸，都甚於夏秋。蓋江南地卑氣濕，沿江瀕海，霧露風潮，較別處尤甚，且易感染，故醫者，亦不務傷寒，專事濕溫，然比之傷寒，尤爲瑣屑，更難調治，所謂能醫大江南之病者，思過半矣。矧其症，不獨夏秋，四時兼有，其濕之盛者，猶有微熱惡寒，身痛舌白，胸痞溺赤等症可憑。若濕之微者，依然外無痛楚，內不煩擾，但覺倦怠嗜卧，脈證緩弱，一如虛損。斯候也，悞補之則濕遽化熱而病反增劇，悞消之則濕留正損而更覺難堪。又要分別陽濕陰濕，陽濕者，胃熱恆多，即爲濕熱，陰濕者，脾陽必衰，即爲濕寒。更審其傷內傷外，傷內者脾土必虛，《內經》所謂卑隘之土，易於聚濕，胸腹必滿，氣機必滯。傷外者，陽氣必虧，河間所謂表虛之體，易於着濕，肢體必重，關節必痛。傷內者，理脾爲主，傷外者，宜氣爲先，陽濕者，主以苦辛，陰濕者，主以苦溫。俱當以淡滲佐之，苟能明其陰陽，分其內外，臨機應變，神而明之，庶不愧爲醫中之司命焉。

《六氣感證要義・濕溫・集説》　《難經》：濕溫之脈，陽濡而弱，陰小而急。《活人書》：其人兩脛逆冷，腹滿，胸多汗，頭目痛苦，妄言，脈陽濡而弱，陰小而急，治在太陰，不可發汗，汗出必不能言，耳聾，不知痛所在，身青，面色變，名曰重暍，如此死者，醫殺之耳。白虎加蒼术湯主之。王宇泰云：凡陰病厥冷，兩臂皆冷，脛冷臂不冷，則知非不厥上行，不當以陽微寒厥論治。張石頑云：暑傷氣，故陽脈濡弱；濕傷血，故陰脈小急。觀此數説，而濕溫之證瞭然矣。

《活人書》以濕溫爲先傷濕，後中暑，《本事方》謂先受暑，後受濕。而兩書所用之方則同，可知先受後受，並不關病之出入。

王孟英謂濕熱即濕溫，張石頑分濕熱濕溫爲二，而不言其所以然。竊思濕熱濕溫，固不能無別。濕熱者，濕與熱比，多由內鬱；濕溫者，暑濕相搏，多由外感。內鬱者徐，外感者暴。然此在初發之時則然，迨其變化，往往彼此互見，故孟英之言，亦未爲盡失也。

濕熱病，屬陽明太陰居多。中氣實則病在陽明，中氣虛則病在太陰，而大便之溏鞕即因之。

脾惡濕，夏月濕熱相蒸，多有發黃之候。然與傷寒瘀熱發黃，卻有不同。彼屬熱多，其色明亮；此屬濕多，其色黯晦。

仲景論濕與風濕，皆屬毘於寒之證。故發熱身色如薰黃，並不以茵蔯蒿湯主之，與茵蔯蒿湯之治濕熱發黃，絕不相混，即其明證。王孟英創爲仲景濕溫篇，而以仲景濕風濕之論入之，方則不錄，豈仲景之誤治耶？亦未識濕風濕與濕溫之大不侔矣。

羅謙甫謂仲景瀉心湯諸方，取治濕熱最當。愚則會遇是證，其人素多痰濕，又中暑邪，遂胸滿氣逆，勢極險惡，用生薑瀉心湯，去乾薑，加薑汁竹瀝，立見奇效。洵謙甫之善用仲景方也。

濕溫證，當以《活人書》爲準，濕熱證，可熟玩《溫熱經緯》葉氏薛氏諸篇。本集不分列兩門者，以二證原不相徑庭也。

濕溫一證，即藏疫癘在內，一人受之，則爲濕溫；一方受之，則爲疫癘。若燥熱之疫，則與此大異。

《溫熱逢源·伏溫挾濕内陷太陰發黄疸腫脹泄利等證》 溫邪挾濕，則爲濕溫。其濕之輕者，仍以溫邪爲主，略參化濕可耳。其濕之重者，與熱相合，熱勢雖熾，而有脘悶嘔水、舌膩不渴等證。初起宜參芳香宣化，迨濕邪化燥，用蒼术白虎湯，清熱燥濕，可以一劑而愈。若初起即與清滋，欲清其熱，轉助其濕，百愈發纏綿。每有治不如法，遷延一兩月而病不退者，皆治之不得其法也。然則此乃濕溫之在胃者，治之猶易。有一種濕熱蘊於太陰者，初起不見濕象，但覺熱象，蒸鬱不揚，脘悶口甜，而胃口無病，仍可納穀，舌上不見濁苔。其濕熱深鬱於脾藏，漫無出路，或發黄，或腹滿肢腫，或則泄，或便祕，或嘔噁，或小水赤濇，甚則熱鬱日深，脾營受傷，則舌底絳色，或薄苔罩灰黄，而不甚燥。種種見證，無非濕鬱化熱。何以燥之則增熱，清之則助濕，如此其百無一效也？蓋藏病無出路，必借道於府，乃能外出。此病熱蘊已久，脾中之熱，漸欲外達於胃，或胃中挾有痰積，熱即附之而熾。亦有便祕舌焦，燥渴煩譫等證，投以苦泄，則胃熱下行，而病勢一鬆。然所泄者，胃府之標熱也。其脾藏中蘊遏之熱，仍未達也。故病雖暫減，而閱日復熾。屢伏屢熾，久而正氣不支，遂成壞證。此等病，治之最難得手。誠以此證，病勢不重於外，病家每每忽視，投劑不能速效，病家勢必更醫。後來者見前醫無功，必且改弦更張。因之雜藥亂投，致成不救者，吾見實多。治此者，必須將太陰之濕，與少陰之熱孰經孰重，細細較量；再看其濕熱所傷，或爲脾氣，或爲脾陰；其兼挾之病，或爲痰積，或爲瘀滯；均宜細意分晰，方可用藥。至用藥之法，須得輕清靈三字俱全，冀其緩緩疎化。切不可側滯一面，以致無益反害。吳鞠通《溫病條辨》其原出於葉氏，上中焦濕溫各條，頗有此理者。薛生白《濕熱條辨》亦多可取。試細繹之，當有得心應手之妙也。

《溫熱逢源·附註仲景兼感濕溫證治各條》 濕家其人但頭汗出，背強欲得被覆向火。若下之早則噦，胸滿，小便不利；舌上如胎者，以丹田有熱，胸中有寒，渴欲得水而不能飲則口燥煩也。

王夢隱曰：胸中有寒之寒字，當作痰字解。胸中有痰故舌上如胎。其津液爲痰所阻，故口燥煩。而痰飲乃水之所凝結，故雖渴而不能飲也。

尤在涇曰：寒濕在表，陽氣不得外通而但上越，故頭汗背強，欲得被覆向火也。是宜用溫藥以通陽不可用攻藥以逐濕。乃反下之，則陽更被抑，而噦乃作矣。或上焦之陽不布，而胸中滿；或下焦之陽不化，而小便不利，隨所傷之上下而爲病也。舌上如苔者，本非胃熱，而舌上津液燥聚如胎之狀，實非胎也。蓋下後陽氣陷於下，而寒濕聚於上，於是丹田有熱，而渴於得水，胸中有寒而復不能飲則口舌燥煩，而津液乃聚耳。

濕家下之，額上汗出，微喘，小便利者死。若下利不止者亦死。

尤在濕曰：濕病在表者宜汗，在裏者宜利小便。苟非濕熱蘊積成實，未可遽用下法。額汗出微喘，陽已離而上行；小便利下利不止，陰復決而下走；陰陽離決，故死。一作小便不利者死，謂陽上浮而陰不下濟也，亦通。

王夢隱曰：張石頑云，由此推之，雖額汗微喘，若大小便不利，則陰氣未脫而陽之根猶在也。雖大小便利，而無額汗微喘，則陽氣不越，陰之根猶在也。陰陽不至離決，尚可隨其虛實而救之。至於下利不止，雖無喘汗陽脫之候亦死。又小便反閉，而額上汗出者謂之關。經云：關格不通，頭無汗者可活，有汗者死。

問曰：風濕相搏，一身盡疼痛，法當汗出而解。值天陰雨不止，醫云此可發汗，汗之病不愈者何也？答曰：發其汗，汗大出者，但風氣去，濕氣在，是故不愈也。若治風濕者，發其汗，但微微似欲汗出者，風濕俱去也。

汪謝城云：古人即表汗，亦有節度如此；奈何今人動發其汗，且逼令其多耶？此與《傷寒論》桂枝湯後註，可以互參。

濕家病身疼痛，發熱，面黄而喘，頭暈鼻塞而煩，其脈大，自能飲食，腹中和無病，病在頭中寒濕，故鼻塞，内藥鼻中則愈。

章虛谷曰：此所謂霧露清邪，中於上也。三陽經脈，上頭而行於身之表，頭中寒濕，則表氣不宣，故身疼發熱。肺開竅於鼻，而行氣於皮毛，邪從鼻入，濕遏其陽而上蒸則面黄，氣閉則喘，氣壅則頭痛鼻塞而煩，皆肺氣窒塞，不得下降，故脈反大，與濕中於下，而在陰之脈沉細者，迴不同也。肺通喉，胃通咽，邪在肺，不在胃，故腹無病而自能飲食。頭中寒濕故鼻塞，當用辛香苦泄之藥納鼻中。如近世之痧藥，使肺氣通達，其濕邪化水，從鼻中出則愈。

《醫醫小草·濕溫》 葉子雨曰：濕溫之因有三，陽脈濡而弱，陰脈小

而急，此先受暑，後中濕，乃暑邪蒸濕者是也。證見兩脛冷、腹滿，又胸頭目痛、妄言，治在足太陰，不可發汗。由先傷於脾，因而中暍，濕熱相搏者是也。脈濡弱，舌胎白或絳底，嘔逆口乾，不能湯飲，胸滿悶，身潮熱，汗出稍涼，少頃又熱，此春分後，秋分前，少陰君火、少陽相火、太陰濕土，三氣合行，加以天氣熱下降，地氣濕上騰，由口鼻吸受，着於脾胃者是也。誤治變證，非一端所能盡。夫濕自外來，上焦氣分受之，潮熱、自汗，表之不解，清之不應，宜宣通氣分。若冒雨霧，濕留太陰，肌表發熱、自汗、不渴、不飲、舌胎灰白粘膩，身雖熱，不欲去衣被者，宜解肌和表。論證不清，鮮有不僨事者。

按：春溫曰風，夏溫曰濕，夏至後則不曰溫而曰暑。或曰溫與暑有別乎？對曰：有。溫外陰內陽，傷在血分。暑外陽內陰，傷在氣分。所傷既異，主治安同？

醫善治風濕二溫者，則療小兒痘疹，急驚風，慢驚風，易如反掌，蓋證本各殊，理實一貫。此中化機，是在慧心人自領之。

綜　述

《傷寒總病論・天行溫病論・傷寒感異氣成溫病壞候并瘧證》 病人嘗傷於濕，因而中暍，濕熱相搏，則發濕溫。病苦兩脛逆冷，腹滿，又胸頭目痛苦妄言，治在少陰，不可發汗。汗出則不能言，耳聾，不知痛所在，身青而色變，名曰重暍，如此者醫殺之耳。

治濕溫如前證者，白虎湯主之。

濕溫多汗，妄言煩渴，石膏甘草散。

龐安時曰：愚醫昧於冷熱之脈，見足脛冷，多行四逆輩，如此醫殺者不可勝計。濕溫脈小緊，有如傷寒脈，但證候有異，數進白虎，則脛自溫而差也。

《傷寒類證活人書・問兩脛逆冷胸腹滿多汗頭目痛苦妄言》 問兩脛逆冷，胸腹滿，多汗，頭目痛苦，妄言？答曰：此名濕溫也。其人嘗傷於濕，因而中暑，濕熱相薄，則發濕溫。病苦兩脛逆冷，腹滿，又胷多汗，頭目痛苦，妄言，其脈陽濡而弱，陰小而急，治在太陰。脾屬土主濕。不可發汗，汗出必不能言，耳聾，不知痛所在，身青面色變，名曰重暍，如此死者，醫殺之耳。白虎加蒼朮湯主之。此方出《傷寒微旨》，亦倣金匱白虎加桂湯。

《傷寒補亡論・濕病》 問曰：何謂濕溫？王叔和曰：傷寒濕溫，其人常傷於濕，因而中暍，濕熱相搏，則發濕溫病。若兩脛逆冷，腹滿支胸，頭目痛苦，妄言，治在足太陰，不可發汗。汗出不能言，耳聾，不知痛所在，身黃而色變，名曰重暍。如此死者，醫殺之也。朱氏曰：濕溫多汗，頭目痛苦，妄言，其脈陽濡而弱，陰小而急，治在足太陰經。郭雍曰：白虎加蒼朮湯主之。《活人書》載中濕、風濕、濕溫三種之外，尙缺寒濕痺，今續附於後。濕痺謂緩風濕痺，亦云濕風，非風溫也。

《衛生寶鑒・長夏濕熱胃困》 有長夏五六月濕熱之時，人困倦，四肢不收，精神短少，胸滿短氣，肢節疼痛，氣促而喘，身熱而煩。或大便泄利而黃，或白泔色，或渴，或不渴，或不飲食，或小便頻數而黃。治用清暑益氣湯。

五苓散　治中暑煩渴，身熱頭痛，霍亂吐瀉，小便赤少。或飲水即吐，亦宜服之。

縮脾飲　解伏熱，除煩渴，消暑毒，止吐利，霍亂之後。服熱藥太多致煩躁者，并宜服之。

枇杷葉散　治中暑伏熱，引飲太過，脾胃傷冷，飲食不化，胸膈痞悶，嘔噦惡心，頭目昏眩，口乾煩渴，肢體困倦，全不思食，或陰陽不和，致成霍亂吐利轉筋，煩躁引飲。

桂苓甘露飲　治伏暑引飲過度，肚腹膨脹，霍亂瀉利，并皆治之。

黃連香薷湯　治伏暑引飲，口燥咽乾，或吐或瀉。及治臟腑冷熱不調，飲食不節。或食腥膾生冷過度，或起居不節，或露卧濕地，或當風取涼。而風冷之氣，歸於三焦，傳於脾胃。脾胃得冷，不能消化水穀，致令眞邪相干，腸胃虛弱，飲食變亂於腸胃之間，便致吐利，心腹疼痛，霍亂氣逆。有心痛而先吐者，有腹痛而先利者，有吐利俱發者，有發熱頭痛體疼，而復吐利虛煩者，或但吐利心腹刺痛者，或轉筋拘急疼痛，或但嘔而無物出，或四肢逆冷而脈欲絕，或煩悶昏塞而欲死者，此藥悉能主之。

消暑十全飲　消暑氣，進飲食。

《玉機微義・治濕大法》 賈眞孫曰，濕爲土氣，火熱能生濕土，故夏熱則萬物濕潤，秋涼則萬物乾燥，濕病本不自生，因熱而怫鬱，不能宣行水道，

故停滯而生濕也。況脾土脆弱之人，易爲感冒，豈必水不流而後爲濕哉。人只知風寒之威嚴，不知暑濕之炎暄感人於冥冥之中也。《病式》云，諸痙強直、積飲等證，皆屬於濕。或胕腫體寒而有水氣，裏必小便赤少不通，或渴，是蓄熱入裏極深，非病寒也。大抵治法，宜理脾清熱利小便爲上，故治濕不利小便非其治也，宜桂苓甘露木香葶藶木通治之。守眞師曰，葶藶木香散下神芎丸，此藥下水濕，消腫脹，利小便，理脾胃，無出乎此也。腹脹腳腫甚者，舟車丸下之，濕熱內深，發黃，茵陳湯下之，或佐以防己黃芪一身盡腫痛或無汗，是濕流關節，邪氣在表，宜五苓散加官桂蒼术微汗之，不可大汗。若自汗出多熱燥津液內水不利，切勿利之，重損津液也，宜防風白术甘草湯主之。其濕證有二，濕熱證多，濕寒證少，當以脈證明辨之。如脈滑數，小便赤澁引飲，爲濕熱證；若小便自利淸白，大便瀉痢，身疼自汗，爲寒濕證，治之宜五苓散加生附、蒼术、木瓜主之。

《秘傳證治要訣·中濕》 風、寒、暑、濕皆能中人。惟濕氣積久，留滯關節，故能中，非如風、寒、暑之有暴中也。中濕之證，關節痛重浮腫，喘滿腹脹，煩悶昏不知人，宜白术酒。有破傷處，因澡浴濕氣從瘡口入。其人昏迷沉重，狀類中濕，名曰破傷濕，宜白術酒。

《秘傳證治要訣·傷濕》 傷濕爲病，發熱、惡寒、身重、自汗、骨節疼痛、小便秘澀、大便多泄、腰腳痺冷，皆坐卧卑濕，或冒雨露，或着濕衣所致，幷除濕湯。

又前諸證，而腰痛特甚，不可轉側，如纏五、六貫重，皆由濕氣入腎經。腎屬水，從其類也。宜腎着湯，或滲濕湯，煎服。

小便秘、大便溏者，《尙書》雨淫腹疾者是也。五苓散，呑戊己圓。戊己屬土，土能剋水，因以得名。五苓乃濕家之要藥。經云：治濕不利小便，非其治也。義蓋取此。

傷濕而兼感風者，旣有前項證，而又惡風不欲去衣被，或額上微汗，或身體微腫。汗漬衣濕，當風坐卧，多有此證，宜除濕湯、桂枝湯各半帖和服。合微發汗，若大發其汗，則風去濕在。已得汗而發熱不去者，敗毒散加蒼术一錢、防風半錢。

傷濕又兼感寒，有前諸證，但無汗、慘慘煩痛，宜五積散和除濕湯各半帖。微發汗已，仍復熱而渴者，除濕湯半帖和五苓散半帖。

傷濕而兼感風寒者，汗出、身重、惡風、喘滿、骨節煩疼，狀如歷節風，臍下連腳冷，痺不能屈伸，所謂風寒濕合而成痺，宜防己黃耆湯、五痺湯。詳五痺用藥，於風濕最宜。若因浴出，未能裙衫，身上未乾，忽爾熟睡，致及腎經，外腎腫痛、腰背攣曲，只以五苓散一帖，入眞坯少許，下青木香圓。如此三服，臟腑纔過，腫消腰直，其痛自止。

《傷寒明理續論·風溫濕溫》 濕溫，寸濡而弱，尺小而急，素傷於濕，因而中暑，濕與熱搏，即爲濕溫。其狀胸腹滿，目痛，壯熱妄言，自汗，兩脛逆冷攣急，惡寒。若發其汗，使人不能言，耳聾，不知痛處，其身青而色變，醫殺人耳。

濕溫在太陰經，用白虎蒼术湯加桂枝。濕勝，則一身盡痛，發熱身黃，小便不利，大便反快，五苓散加茵陳。臟腑虛，自利甚，理中湯、术附湯。

《傷寒家秘的本·濕溫》 濕溫，寸濡而弱，尺小而急，素傷於濕，因時中暑，濕與熱搏，即爲濕溫。其狀胸腹滿，目痛，壯熱妄言，自汗，兩脛疼，倦怠惡寒。若發其汗，使人不能言，耳聾，不知痛處，其身青，面色變，是醫殺人耳。濕溫在太陰，蒼术白虎湯加桂。濕氣勝，一身盡痛，發熱身黃，小便不利，大便盡快，五苓散加茵陳。臟虛自利，附子理中湯也。

《奇效良方·濕門》 丹溪云：夫濕者土之氣，土者火之子，故濕病多自熱生，蓋火熱能生土濕也。或曰：濕溫風濕寒濕矣，未聞有所謂濕熱病者。由六氣之中，濕熱爲病，十居八九，故《內經》云：濕上潤而熱。又云：因於濕，首如裹，濕熱不攘，大筋軟短，小筋馳長，軟短爲拘，弛長爲痿。或云：溫熱在其中。又云：濕熱在其中，此古人論其細微之處。世之有病濕者，或處卑濕，或冒雨露，或卧陰潤，或衣濕汗，俱能致害。其病關節疼痛而煩，肢體頑痲而重，脈沉細者名曰濕痺，其小便不利，大便反快者，當利其小便，或身痛而煩，脈沉而緩，名曰重濕。患一身盡痛發黃，小便自利，當燥陰土。若肢體重着者可轉側，額上微汗，不欲去被，身微腫，或脈浮者，名曰風濕，是眞風濕二氣相搏以致此，治當微微發汗，使風濕俱從汗出。若大發汗，則風去而濕存，兩脛逆冷，胸腹滿，頭自痛，多汗妄言，脈陽濡弱，陰急小，是名濕溫。因傷濕而復傷暑者，濕熱相搏而成此患，不可發汗，汗則必不能言及耳聾，不知痛癢，乃是重暍。濕家寒多者，爲痛爲腫。凡濕家不可大下，下之額上汗出，微喘，小便利者不治，下利不止者亦不治。又有脾胃素弱，內

蓄痰飲，外冒雨露，痰濕相搏，上衝心胸令人涎潮壅塞，口眼歪斜，半身不隨，昏不知人，與中風相似，但脈沉澀或沉而細，不可作中風治之，謂其脾土好乾惡濕，而被濕流相乾，則有是疾，若作中風治之，脾元愈虛，痰濕愈盛，必致危篤。戴人論濕之證，而以濕熱爲源，風寒爲兼，深得《內經》之旨也。治濕得行則渙然，而濕行而氣復散，暫時開也。殊不知濕得行，則豁然而收也，濕得衛也，或從針灸而得安，有以其開通而壅滯，殊不知濕得開通而壅滯行，如此亦用權者有可劫之病也，要當分別上下內外之由，自外而感者，或因霧露陰雨所客，澡浴爲風所闕，涉水爲寒所鬱，汗出當風而快坐卧，卑地清氣襲虛，從下而起，上爲頭重，鼻塞而煩，表鬱則發寒熱，身色如似薰黃，着入骨節，爲重疼痛，足趺浮腫，其脈浮緩。《內經》曰：地之濕氣，感則害人皮肉筋脈。又云：傷於濕者下先受之，非外感所致乎。大法腰以上宜汗，腰以下宜利小便之分。東垣云：濕淫所勝，助風以平之，非風藥表散之謂乎？經云：濕上甚而熱，治以苦溫，佐以甘辛，以汗爲故而止。此治上治外之法也。自內而致者，或因酒面積多，過飲湯液停滯膩物，甘滑陳久，燒炙香辛，膏粱過度，氣熱薰蒸，濁液不行，涌溢於中，濕從內作，重則發痙強直，霍亂吐利，輕則痞膈中滿，怠惰嗜卧，沉重無力，流濫關節則煩疼，注於絡脈，屈伸不可轉側。水性潤下，氣不能煦，滯於經絡，發腫肉軟如泥，按之不起，其脈多沉潛。《內經》曰：濕氣在中。又曰：脾惡濕，非內致所生乎，治法脾苦濕，急食苦以燥之。又曰：濕淫於內，以苦燥之，以淡泄之。此濕自內成，故宜燥宜利小便，非表散所能去也，此內治下之法也。今濕分上下內外，蓋可知矣，藥亦有所據乎？《金匱》方以汗藥發濕者也，古方以熱藥燥寒濕者也，東垣以風藥勝濕者也，河間以涼藥治濕熱者也。大率言淡滲之藥，利濕者也，諸家發明，互相迨矣。前人所述一證，各有立論，全在醫者識病，或內因外因，或虛或實，六淫七情所感，的於何經受證以致之，治之無不效矣。

《丹溪心法附餘・金匱鈎玄・濕》 戴云，濕有自外入者，有自內出者，必審其方土之致病源。東南地下多陰雨地濕，凡受必從外入，多自下起，以重腿脚氣者多，治當汗散。久者宜踈通滲泄。西北地高，人多食生冷濕麪，或飲酒後寒氣怫鬱，濕不能越作，腹皮脹痛，甚則水鼓脹涌，或通身浮腫如泥，按之不起，此皆自內而出也，辯其元氣多少而通利其二便，責其根在內也。此方土內外，亦互相有之，但多少不同，須對證施治，不可執一。

木草、蒼术治濕，上下俱可用。

二陳湯加酒芩、羌活、蒼术散風之藥，行濕最妙。

《丹溪先生心法・中濕》 《本草》云，蒼术治濕，上下部皆可用。二陳湯中加酒芩、羌活、蒼术，散風行濕。脾胃受濕，沉困無力，怠惰好卧，去痰須用白术。上部濕，蒼术功烈；下部濕，宜升麻提之；外濕宜表散，內濕宜淡滲。若燥濕，以羌活勝濕湯、平胃散之類。若風濕相搏，一身盡痛，以黄耆防己湯。若濕勝氣實者，以神佐丸、舟車丸服之。氣虛者，桑皮、茯苓、人參、葶藶、木香之類。凡肥人沉困怠惰，是濕熱，宜蒼术、茯苓、滑石。凡肥白之人，沉困怠惰，是氣虛，宜二术、有參、半夏、草果、厚朴、芍藥。凡黑瘦而沉困怠惰者，是熱，宜白术、黄芩。凡飲食不節，脾胃受傷，不能遞送，宜枳术丸。去上焦濕及熱，須用黄芩，瀉肺火故也。又如肺有濕，亦宜黄芩，如肺有虛熱，宜天門冬、麥門冬、知母，用黄芩多則損脾。去中焦濕與痛熱，用黄連，瀉心火故也。如中焦有實熱，亦宜黄連。若脾胃虛弱，不能運轉而鬱悶，宜黄芩、白术、乾葛。若中焦濕熱，積久而痛，乃熱勢甚盛，宜黄連，用姜汁炒。去下焦濕腫及痛，併膀胱有火邪者，必須酒洗防己、黄柏、知母、草龍膽。又云，凡下焦有濕，草龍膽、防己爲君，甘草、黄柏爲佐。如下焦腫及痛者，是濕熱，宜酒防己、草龍膽、黄芩、蒼术。

若肥人氣虛之人，腫痛，宜二术、南星、滑石、茯苓。黑瘦之人，下焦腫痛，宜當歸、桃仁、紅花、牛膝、檳榔、黄柏。

戴云，濕有自外入者，有自內出者，必審其方土之致病源，東南地下，多陰雨、地濕，凡受必從外入，多自下起，以重腿脚氣者多，治當汗散，久者宜踈通滲泄；西北地高，人多食生冷、濕麵、湩酪，或飲酒後寒氣怫鬱，濕不能越，以致腹皮脹痛，甚則水鼓脹滿，或通身浮腫，按之如泥不起，此皆自內而出也，辨其元氣多少，而通利其二便，責其根在內也。此方土內外，亦互相有之，但多少不同，須對證施治，不可執一。

《傷寒全生集・辨濕溫例》 濕溫，寸濡而弱，尺小而急，素傷手濕，因時中暑，濕與熱搏，即爲濕溫。其狀胸腹滿，目疼壯熱，多汗妄言，雙脛疼，倦怠惡寒，术附湯加人參、香薷、扁豆。若發其汗，使人不能言，耳聾不知痛處，其身赤，面色變，是醫殺之也。且濕溫在太陰，蒼术白虎湯加桂。濕氣勝，一身盡痛，發熱身黄，小便不利，大便反快，茵陳五苓散。臟虛自利，术附湯。脈

大有力，煩渴自汗者，人參白虎湯加香薷、扁豆、黃連治之也。

《醫學正傳・濕證》論

《內經》曰：諸濕腫滿皆屬脾土。又曰：濕勝則濡泄。地之濕氣感則害人皮肉、筋脈。《原病式》曰：諸痙強直、積飲痞膈中滿，霍亂吐下，體重跗腫，肉如泥按之不起，皆屬於濕。夫濕之爲病所感不同，有從外感而得之者，有從內傷而得之者。若居處卑濕之地，與夫道途衝斥風雨，或動作辛苦人汗沾衣裳，皆濕從外感者也。或恣飲酒漿、醲酪，多食柑橘、瓜果之類，皆濕從內傷者也。大抵宜發汗及利小便，使上下分消其濕，是其治也。經又曰：因於濕，首如裹。濕熱不攘，大筋緛短，小筋弛長。緛短爲拘，弛長爲痿。因於氣爲腫，四維相代，陽氣乃竭。丹溪釋曰：濕者，土之濁氣。首爲諸陽之會，其位高，其氣清，其體虛，故聰明係馬。濁氣薰蒸，清道不通，故沉重不利似乎有物蒙之。失而不治，濕鬱爲熱，熱留不去，熱傷血不能養筋，故爲拘攣，濕傷筋不能束，骨故爲痿弱。王註曰：素嘗氣疾濕熱，加之氣濕熱爭，故爲腫也。邪氣漸盛，正氣漸微，陽氣衰少，致邪代正氣，不宣通故四維發腫，諸陽受氣於四肢也。但今人見膝間關節腫痛全以爲風，治者多誤矣。學者宜詳察之。

脈法

《脈經》曰：濕家爲病，一身盡疼，發熱，而身色似薰黃也。

脈浮而緩，濕在表也。脈沉而緩，濕在裏也。或弦而緩，或緩而浮，皆風濕相搏也。

方法

丹溪曰：六氣之中濕熱爲病十居八九。

濕在上宜微汗而解，經曰：濕上甚而熱，治以苦溫，佐以甘辛，以汗爲故而止也。不欲汗多，故不用麻黃、乾葛等劑。

濕在中下宜利小便。此淡滲治濕也。一云濕在下宜升提之。

濕有自外而入者，有自內得者。陰雨、濕地皆從外治，宜汗散，久則疎通滲泄之。

蒼朮治濕上下部都可用，一云上焦濕用蒼朮，其功甚烈。

二陳湯加酒芩、羌活、蒼朮、木通，散風行濕最妙。

丹溪活套云：濕本爲土氣，火熱則能生濕土。故夏熱則萬物濕潤，秋涼則萬物乾燥。夫熱而怫鬱，則生濕也，因濕生痰，故用二陳湯加酒芩、羌活、防風去風行濕。蓋風藥能勝濕也。大抵治濕宜利小便爲上策，故曰治濕不利小便，非其治也。如一身盡痛或無汗是濕流關節，邪氣在表，宜五苓散加羌活、蒼朮以微汗之，不可大汗，恐汗去而虛，濕仍在也。若自汗多者，宜白朮甘草湯。若小便自利清白，大便泄瀉，身痛自汗，此爲寒濕，宜五苓散加生附、蒼朮、木瓜。如風濕身痛，微腫，惡風，宜杏仁湯，又治濕消腫脹、利小便、健脾胃葶藶木香散，然已上諸方乃略示其端倪耳，全在活法加減而用之，不可執一論也。夫治濕者，固當以二朮爲君以補脾爲主治，然亦有濕盛、氣滿膨脹者，又當以利水行氣爲先，補脾藥又未可遽用。我以二朮爲君，而利水藥爲臣，使或以木通、澤瀉葶藶、車前子等利水藥爲君，而以茯苓、白朮、人參等補脾藥爲臣。使有本而標之者，亦有標而本之者，看緩急而施治，則萬舉萬全之功可立而待也。

《保命歌括・濕病》濕熱病，內甚則瀉痢，外甚或痛，或熱，或腫發黃，腫來滑疾，身熱煩喘，胸滿口燥。發黃者，濕熱也，宜茯苓參濕湯。濕家之爲病，一身盡痛，發熱，身色如熏黃者，宜茵陳五苓散主之。

濕熱俱甚，內外壅塞，水腫腹脹，小便赤澀，大便秘結者，宜葶藶木香散、神芎丸主之。河間云：此藥下水濕，消腫脹，利小便，理脾胃，無出乎此也。

《傷寒摘錦・痙濕暍脈證治法》叔和曰：陽脈濡弱，陰脈弦緊，更遇溫氣，變爲濕溫。嘗傷於溫，因而中暑，濕熱相搏，發而爲病，其證兩脛逆冷，胸腹滿，目痛，壯熱妄言，自汗，名曰濕溫，治在太陰，不可發汗。汗出則不能言，耳聾，不知痛所在，身青而色變，名曰重暍，如此者，醫殺之也。濕溫之證，數進白虎，則脛自溫而差也。此證與前風溫、溫瘧、溫毒四證，即叔和所謂同病異名，同脈異經者也。蓋風溫與中風脈同，溫瘧與傷寒脈同，濕溫與中濕脈同，溫毒與熱病脈同，唯證候異而用藥有殊耳。誤作傷寒發汗者，十無一生。此以上皆濕證也。

《古今醫統大全・濕證門・病機・〈內經〉敘論》經曰：諸濕腫滿，皆屬脾土。又曰：濕熱傷脾。諸頸項強，皆屬於濕。因於濕，首如裹。濕熱不攘，大筋緛短，小筋弛長。緛短爲拘，弛長爲痿。因於氣，爲腫。四維相代，陽氣乃竭。風寒濕三氣雜至，合而爲痺。又曰：地之濕氣，感則害人皮膚、筋脈。濕盛則濡泄，濕氣甚者爲著痺。聲如從室中言，此中氣之濕也。

《原病式》曰：諸勁強直，積飲，痞膈中滿，下體重，胕腫，肉如泥而按之不起，皆屬於濕。

《要略》曰：太陽病，關節疼痛而煩，脈沉細者，此名中濕，亦曰濕痺。其候小便不利，大便反快，當利其小便。

一身盡痛，發熱，日晡所劇者，此名風濕。此病傷於汗出當風，或久傷冷所致也。風濕脈浮，身重，汗出，惡風。風濕相搏，身體疼煩，不能轉側；不嘔，不渴，脈浮虛而澀。風濕相搏，骨節疼煩，掣痛不能屈伸，近之則痛劇；汗出，短氣，小便不利，惡風不欲去衣，或身微腫也。

濕家之爲病，一身盡痛，發熱，身色如薰黄也。濕家病，身疼，發熱，面黄而喘，頭痛，鼻塞，其脈大；自能飲食，腹中和；病在頭，中寒濕，故鼻塞。内藥鼻中，即愈。

《古今醫統大全・濕證門・病機・濕病多爲脾虚所致》 陳無擇云：脾虚多病濕。内因酒麪積多，過飲湯液，停滯膩物，燒炙膏粱過度，氣熱薰蒸，濁液不行，湧溢於中，此濕從内作；外因坐卧濕地，霧露陰雨所客，澡浴爲風所闕，涉水爲濕所鬱。鬱於表腠則發黄。故經云：地之濕氣，感則害人皮膚筋脈。此濕從外生，可見内外所感，皆由脾氣虚弱，而濕邪乘而襲之。故曰：壯者氣行則愈，怯者著而爲病。

《古今醫統大全・濕證門・病機・濕證要分表裏上下四證》 濕邪自外而感者，爲表邪鬱熱，故發寒熱，身如薰黄，皮膚著痺。清濕襲虚，而上爲頭痛，鼻塞而煩；入骨節爲重痛，足趺浮腫；脈浮緩。濕邪由内作者，爲裏結滯，故霍亂吐利。重則發痙強直，輕則痞膈中滿，怠惰嗜卧，沉重無力。流濫關節則煩痛，注於經絡，屈伸不得，氣不能統則發腫，肉如泥，按之不起，其脈多沉。

經曰：因於濕，首如裹，聲如從室中言。濕熱不已，薰蒸於上，則頭重，目黄而鼻塞也。故東垣云：濕淫所勝，助風以平之，爲濕邪之襲於上者也。

經曰：傷於濕者，下先受之。故足胕腫而膝重，無力以行。腿腳痲痺，腰腿爲之不利也。又曰：腰重如帶五千錢，皆濕邪之著於下者也。

《古今醫統大全・濕證門・脈候》 《脈經》曰：沉而緩、沉而細、微緩者，皆中濕。脈浮爲風濕。浮而緩，濕在表也；沉而緩，濕在裏也。脈沉細遲微爲寒濕，爲濕痺；脈滑疾，身熱，煩喘，胸滿，口燥，發黄者，爲濕熱；洪而緩者，皆濕熱自甚而痛也。

《古今醫統大全・濕證門・治法・治濕以理脾清熱分利小便爲主》 經云：諸濕腫滿，皆屬脾土。濕病本不自生，因脾熱内虚，怫鬱不能宣行，故停滯而生濕也。況脾氣虚弱之人，易於感冒，豈但水不流而後爲濕哉？人只知風寒之威嚴，不知暑濕之炎暄，感人於冥冥之中也。故治濕之法，宜理脾清熱利小便爲上。故曰：治濕不利小便，非其治也。經曰：濕淫於内，以苦燥之，以淡泄之，宜桂苓甘露、木香、葶藶、木通治之。又云：葶藶木香散下神芎丸，下水濕，消腫脹，理脾胃，無出乎此也。

《古今醫統大全・濕證門・治法・治濕不宜太汗及熱藥》 經曰：因於濕，首如裹。又云：濕熱不攘。此蓋濕鬱爲熱，故身體疼痛而煩，肢節強直而腫。或脈浮者，名曰風濕，當微微發汗，使風濕俱從汗出。若大發汗，則風去而濕尚存，兩脛逆冷，胸腹滿，頭目痛，多汗，妄言，脈陽濡弱，陰急小，是名濕溫，因傷濕而復傷暑也。濕熱相搏，而成此疾，不可發汗。汗則必不能言，及耳聾，不知痛癢，乃是重暍濕證。雖有寒熱，然濕熱證多，濕寒證少，故不宜驟用薑、附大熱之藥。戴人論濕證，而以濕熱爲原，風寒爲兼，深得《内經》之旨也。丹溪亦云：六氣之中，濕熱爲病，十居八九。

《古今醫統大全・濕證門・治法・濕證不可作中風治》 有脾胃素弱，内蓄痰飲，外冒風露，相搏上衝心胸，令人涎潮壅塞，口眼喎斜，半身不遂，昏不知人。與中風相似，但脈沉澀或沉而細。不可作中風治，謂其脾土好乾惡濕，而被濕熱相干，則有是疾。若作中風治之，脾元愈虚，痰濕愈甚，必致危篤。

《古今醫統大全・濕證門・治法・因證裁方》 濕從外入者，宜汗散；濕在上者，亦宜汗散；濕從中起者，宜疏利二便，分輕理用之。

在下者，宜淡滲，以利小便；腹脹腳腫甚者，舟車丸下之。

濕熱内深發黄，茵陳湯下之。或佐以防己、黄耆。

一身盡腫痛，或無汗，是濕流關節，邪氣在表，宜五苓散加桂、蒼术微汗之，不可大汗。若自汗出多，熱燥津液少，内水不利，切勿利之，重損津液也。宜防風白术甘草湯主之。

濕鬱者，越麴丸主之。

肥人多濕，二東湯加酒炒黄芩、羌活。散風行濕最妙。

蒼朮治濕爲必用之藥，上下部皆可用。

身如被杖，濕傷熱血分也。

《局方》用燥劑，爲散濕鬱也。濕得燥則豁然而收。燥濕宜羌活勝濕湯、平胃散。

濕勝氣實者，宜神佑丸、舟車丸； 虛者，桑白皮、茯苓、人參、葶藶、木香、白朮之類。 去濕與熱，須用黄芩、梔子爲主。

下焦濕腫及痛，膀胱有火邪者，酒防己、黄蘗、知母、梔子、草龍膽、蒼朮之類； 濕病，外不熱，内不渴，小便自利者，朮附湯主之。

濕病，脈緩弱，昏迷腫痛，身重自汗，失音，下痢不禁，用白虎湯、葱白、乾薑、附子、白朮。

肥白人沉困怠惰者，多虛，宜參、耆、二朮、二陳、厚朴之類。

黑瘦人多熱，宜芩、連、白朮、茵陳。

濕氣勝者爲著痺，濕盛則濡泄，濕注生痰，濕爲痰瘧，濕鬱爲疸證，濕熱成痿，濕爲脚氣。

《古今醫鑒・中濕》 脈 經云，脈浮而緩，濕在表也； 脈沉而緩，濕在裹也。或弦而緩，或緩而浮，皆風濕相搏也。又曰，或濇或細，或緩或濡，皆可得而斷。

證 夫濕之爲病，所感不同，有從外感而得之者，有從内傷而得之者。若居處卑濕之地，與夫道途衝斥風雨，或衝作辛苦之人，汗出沾衣，皆濕從外感者也。或恣飲酒漿醺酪，多食柑橘瓜果之類，皆濕從内傷者也。濕之中人，入皮膚爲頑痲，入氣血爲倦怠，入肺爲喘滿，入脾爲濕痰腫脹，入肝爲脇滿而肢節不利，入腎則腰疼胯痛，身如板夾，脚如砂墜，入腑則痲木不仁，入臟則舒伸不得，而肢體強硬。又云，濕本土氣，火熱能生濕土，故夏月則萬物濕潤，秋涼則萬物乾燥，濕病木不自生，因熱而怫鬱，不能宣行水道，故脾滯而生濕也。

治 因濕生痰，故用二陳湯，加羌活、防風、酒炒黄芩，去風行濕。 蓋風能勝濕故也。 大抵宜發汗，及利小便，使上下分消其濕，是其治也。

《醫方考・濕門》 敘曰： 濕有内外，有陰陽，有上下，今考七方，言其常耳，未及其變也。東南卑下之區，十病九濕，惡能盡其變耶，此在臨證而加察焉可也。

二陳湯 脾弱不能制濕，内生積飲者，此方主之。

水穀入胃，無非濕也。脾土旺，則能運化水穀，上歸於肺，下達膀胱，無濕氣之可留也。惟夫脾弱不能制濕，則積而爲痰飲。半夏之辛能燥濕，茯苓之淡能滲濕，甘草之甘能健脾，陳皮之辛能利氣。脾健則足以制濕，氣利則積飲能行。東南之人，多有濕飲之疾，故丹溪恆主之。其曰加升提之劑者，亦清氣升而濁氣自降之謂。

平胃散 濕淫於内，脾胃不能尅制，有積飲痞膈中滿者，此方主之。

此濕土太過之證，經曰敦阜是也。蒼朮味甘而燥，甘則入脾，燥則勝濕。厚朴味溫而苦，溫則益脾，苦則燥濕。故二物可以平敦阜之土。陳皮能泄氣，甘草能健脾。氣泄則無濕鬱之患，脾強則有制濕之能，一補一泄，又用藥之則也。是方也，惟濕土太過者能用之。若脾土不足，及老弱陰虛之人，皆非所宜也。

羌活勝濕湯 外傷於濕，一身盡痛者，此方主之。

脾胃虛弱，濕從内生者，二陳、平胃之類主之。水停於膈，濕盛濡瀉者，六一、五苓之類主之。水滲皮膚，肢腫黄脹者，五皮、茵陳之類主之。今濕流關節，非上件所宜矣。經曰： 風能勝濕。故用羌、防、藁、獨、芎、蔓諸風藥以治之，以風藥而治濕，如卑濕之地，風行其上，不終日而濕去矣。又曰： 無竅不入，惟風爲能，故凡關節之病，非風藥不可。用甘草者，以風藥悍燥，用以調之，此之謂有制之兵也。

甘草附子湯 風濕骨節疼煩，不欲去衣，小便不利，大便反快者，此方主之。

風濕相搏，故骨節疼煩。傷風則惡風，故不欲去衣。小便不利而大便燥者爲熱。今小便不利而大便反快，則濕可知矣。附子之熱，可以散寒濕。桂枝之辛，可以解風濕。甘草健脾，則濕不生。白朮燥脾，則濕有制。是方也，以桂附之辛熱而治濕，猶之淖潦之地，得太陽暴之，不終朝而濕去，亦治濕之一道也。

二妙散 濕熱腰膝疼痛者，此方主之。

濕性潤下，病則下體受之，故腰膝病，然濕未嘗痛，積久而熱，濕熱相搏然後痛。此方用蒼朮以燥濕，黄栢以去熱。又黄栢有從治之妙，蒼朮有健脾之功，一正一從，奇正之道也。

四苓散　濕生於內，水瀉，小便不利者，此方主之。

經曰：濕盛則濡瀉。故濕生於內者，令人水瀉。濕併於大腸，故小便不利。白术燥而痰，燥則能健脾，淡則能利濕。茯苓甘而淡，甘則能補中，而淡亦滲濕矣。豬苓枯而淡，澤瀉鹹而淡，枯者有滲利而無補益，鹹者直能潤下而兼滲利。丹溪曰：治濕不利小便，非其治也。故主此方。

不換金正氣散　凡受山嵐瘴氣，及出遠方不服水土，吐瀉下利者，此方主之。

山嵐瘴氣，谷氣也。《內經》曰：穀氣通於脾，故令人不服水土而壞腹。是方也，蒼术、厚朴、陳皮、甘草，前之平胃散也，可以平濕土敦阜之氣而消嵐瘴。乃半夏之燥所以醒脾。藿香之芬所以開胃。方名曰正氣者，謂其能正不正之氣故爾。

《傷寒證治準繩・四時傷寒不同・夏爲暑病》　脛冷腹滿頭痛渴而無熱者濕溫：《活人》云：濕溫者，兩脛逆冷，胸腹滿，多汗，頭痛妄言。其人常傷於濕，因而中暑，濕熱相搏，則發濕溫。其脈陽濡而弱，陰小而急，治在太陽，不可發汗，汗出必不能言。耳聾不知痛所在，身青面色變，名曰重暍，如此死者，醫殺之耳。白虎加蒼术湯主之。

許叔微：癸丑年，故人王彥龍作毗陵倉官，季夏時病，胸項多汗，兩足逆冷，譫語，醫者不曉，雜進藥已經旬日。予診之，其脈關前濡，關後數。予曰：當作濕溫治之，蓋先受暑，後受濕，暑濕相搏，是名濕溫。先以白虎加人參湯，次白虎加蒼术湯，頭痛漸退，足漸溫，汗漸止，三日愈。此名賊邪悮用藥，有死之理。有人難曰：何名賊邪？予曰：《難經》云：五邪有實邪、虛邪、正邪、微邪、賊邪，從後來者，爲虛邪。從前來者，爲實邪。從所不勝來者，爲賊邪。從所勝來者，爲微邪。自病者，爲正邪。又曰：假令心病中暑，爲正邪。中濕得之，爲賊邪。今心先受暑而濕邪勝之，水尅火，從所不勝，斯謂之賊邪，五邪之中最逆也。《難經》曰：濕溫之脈，陽濡而弱，陰小而急，濡弱見於陽部，濕氣搏暑也。小急見於陰部，暑氣蒸濕也。故經曰：暑濕相搏，名曰濕溫，是謂賊邪也，不特此也。予素有停飲之疾，每至暑月兩足汗漐漐，未嘗乾，每服此藥二三盞，即愈。

王海藏：濕溫汗少者，白虎加蒼术。汗多者，白虎加桂枝。白虎加桂枝方見

《傷寒證治準繩・四時傷寒不同・身盡痛爲濕》　濕溫：《活人》曰：其人傷濕，又中於暑，名曰濕溫。兩脛逆冷，胸滿，頭目痛，妄言多汗，其脈陽浮而弱陰，小而急，茯苓白术湯，白虎加蒼术湯。切勿發汗，汗之名重暍，必死。趙氏曰：《活人》云：嘗傷於濕，因而中暑。濕熱相搏，則發濕溫。許學士云：先受暑，後受濕，雖所言感受先後不同，而其證治則一也。又論脈曰：陽濡而弱陰，小而急，許學士以關前爲陽，關後爲陰。紀氏則以浮爲陽，沉爲陰。雖所言部位不同，而其脈狀則一也。要之二說皆通，不可偏廢。然于用藥，則白虎加蒼术誠爲至當。但《活人書》前不可表門，兼言術附湯。此濕溫門，卻但言白虎，而不言术附，何耶？龐氏方云：愚醫昧於冷熱之脈，見足脛冷，多行四逆輩，如此醫殺之耳。濕溫脈小緊，有類傷寒脈，但證候有異。數進白虎，則脛自溫而瘥。朱氏之意，豈以术附與四逆藥物相類，恐犯龐氏之戒，而此問不載。設若濕氣勝，藏府虛，大便滑，术附其可瘞乎。屠氏藥法見前。

本義云：一身盡痛，不能轉側者，謂之濕溫。吳氏曰：經曰：濕溫之脈，陽濡而弱，陰小而急，《活人》書謂其人先傷於濕，後傷於暑，暑濕相搏，其證多汗，妄言，雙脛逆冷者，宜术附湯加人參、香薷、扁豆主之。若脈大有力，自汗煩渴者，人參白虎湯加白術主之，輕者或十味香薷飲，清暑益氣湯增損主之，但在除濕，益元氣清暑而已，方見中暑門。

《傷寒補天石・濕溫證》　濕溫者，素傷於濕因而中暑，濕與熱相搏，則爲濕溫。其脈陽軟而陰弱，小而急。其證胸腹滿，目疼壯熱，妄言自汗，兩脛逆冷，攣急而痛，倦怠惡寒。若發其汗，使人不能言，耳聾，不知痛處。其證身青面色變，醫殺之耳。濕溫不可汗，汗之名重暍，死。病在太陰，蒼术白虎湯。濕甚身盡痛，發熱，身黃，小便不利，大便反快，五苓散加茵陳。臟腑虛，自利甚，理中湯，术附湯加人參、香茹、扁豆。

《醫門法律・申明仲景律書・一申治濕溫不可發汗之律》　傷寒濕溫，其人常傷於濕，因而中暍，濕熱相搏，則發濕溫。病苦兩脛逆冷，腹滿叉胸，頭目痛，苦妄言，治在足太陰不可發汗，汗出必不能言，耳聾，不知痛所在，身青面色變，名曰重暍。如此者死，醫殺之也。

濕溫即暑與濕交合之溫病，素傷於濕，因復傷暑，兩邪相搏，深入太陰，以太陰主濕，召暑而入其中也。兩脛逆冷腹滿，濕得暑而彰其寒。叉胸、頭

目痛、苦妄言，暑得濕而彰其熱，此但當分解熱濕之邪，而息其焰，寧可發汗，令兩邪混合爲一耶？發汗則口不能言，耳不能聞，必不知苦，但身青面色變，顯露於肌肉之外耳。暍病而至重暍，又非虛虛實實之比，直爲醫之所殺矣。

《**傷寒緒論·總論·濕溫**》 若其人素有痹濕，復傷於暑，暑濕相搏，深入太陰，則發濕溫。以太陰主濕，召暑而入其中也。證若兩脛逆冷，腹滿，濕得暑而彰其寒也。支胸頭目痛苦，妄言，壯熱多汗，暑得濕而彰其熱也。其脈陽濡而弱，陰小而急，蓋濕傷於血，則必小急，暑傷於氣，則必濡弱也。羅謙甫云：濡弱見於陽部，濕氣搏暑也。小急見於陰部，暑氣蒸濕也。病在太陰陽明，不可發汗。汗之則不能言，耳聾不知痛處，身青面色變，名曰重暍，死。宜白虎湯加蒼术，分解兩經混合之邪。如有寒熱加桂枝，若濕氣勝，一身盡痛，發熱身黃，小便不利，大理反快，五苓散加茵陳。此乃熱入陰分，故見足冷脈弱。不可因其足冷脈弱，而誤用溫藥也。若內夾冷食，五苓散去豬苓、澤瀉，加甘草、乾薑，即茯苓白术湯。或五苓合甘草乾薑亦得。然夏月亦有中寒厥冷宜溫者，必小便清白，知裏無熱，方可用溫。若是濕溫，小便必赤濇而少，即如厥陰熱厥，亦有唇青脈伏，當用竹葉石膏湯者，與此不異。此正內經亢則害，承乃制，火極反兼勝己之化也。王肯堂云：昔人治濕溫，遍身皆潤而足冷至膝下，腹滿，不省人事，六脈皆小弱而急，問其所服之藥，皆陰病藥也。此非受病重，藥能重病耳。遂以五苓散合白虎湯，十餘劑少甦，更與清燥湯調理而愈。凡陰病厥冷，兩臂皆冷。今脛冷臂不冷，則非下厥上行，故知非陽微寒厥，而令用祛濕藥也。

《**傷寒辨證·類傷寒七證**》 一曰濕溫：夏月有病頭痛，譫語自汗，身不甚熱，兩脛冷，四肢沉重，胸腹滿者，濕溫也。其人常傷於濕，因而中暑，濕熱相搏，則發濕溫，治在太陰。脾爲土，主濕。不可再發其汗，汗出必不能言，耳聾，不知痛所在，身青面色變，名曰重暍，如此死者，醫殺之耳。宜白虎湯加蒼术，或清暑益氣湯增損治之。此不因冬傷於寒，至夏而變爲熱病者，只是新中暑熱之病。新中暑熱脈虛，晚發熱病脈盛。

《**證治彙補·暑症章·附濕溫症**》 濕溫者亦外感病中之一症也。因先傷濕而又傷暑，濕與熱搏，病在心脾二經。其症惡寒壯熱，頭目痛，胸腹滿，口雖渴而不能飲冷，多汗妄言，不省人事，兩脛逆冷，其脈寸濡而弱，尺小而急者是也，宜茯苓二术湯加減。不可汗下，誤汗，則不能言，耳聾嘔惡，身變赤色，不知痛處，名曰重暍者死。誤下，則頭汗喘急，二便不止者，亦死。

《**治疫全書·附風溫濕溫等證**》 一曰濕溫。春夏之間，或天時淫雨，或晦室陰濃，或澡浴臥地涉水，濕氣相侵，又傷暑氣，暑濕相搏，發爲溫病，名曰濕溫。其症頭痛身重，胸滿妄言，壯熱自汗，兩脛逆冷，甚則遍體如冰，此病治在心脾，切禁發汗，若再發汗，令人嘔聾，身變青色，不語，名曰重暍，不治，宜茯苓白术湯。勝濕溺澁便利者，五苓散，除濕湯。臟滑者，术附湯。暑勝壯熱，二便澁者，香茹飲。便閉渴譫，白虎加蒼术湯或少加官桂。

濕溫，茯苓白术湯治濕溫寒熱，頭目疼痛，胸滿，妄言，多汗，兩脛厥冷等症。

不換金正氣散　治四時感冒風寒時氣，溫疫，山嵐瘴氣。

五苓散　治溫侵脾土，小便赤澁，熱結膀胱等證。

除濕湯　治頭痛身重，熱渴狂譫，便澁足腫，此用風藥以收濕氣也。

术附湯　治中濕一身盡痛，發熱身黃，燥急多煩，脈浮而緩者。

香茹飲　解暑氣，除濕熱，清暑除濕之要藥。加四君子湯并藿香、陳皮、木瓜各十味。香茹飲能止藿亂吐瀉轉筋。

白虎加蒼术湯　即白虎湯加蒼术或再加桂，乃治濕溫之要藥。

《**醫宗金鑑·傷寒心法要訣·同傷寒十二證**》 濕溫

濕復傷濕濕溫病，身重胸滿及頭疼，妄言多汗兩脛冷，白虎湯加蒼术苓。

註：溫病復傷於濕，名曰濕溫。其證則身重胸滿，頭疼妄言，多汗，兩脛逆冷，宜白虎湯加蒼术、茯苓，溫、濕兩治法也。

《**續選臨證指南·濕**》 華岫雲譯：濕爲重濁有質之邪，若從外而受者，皆由地中之氣升騰。從內而生者，皆由脾陽之不運。雖云霧露雨濕，上先受之，地中潮濕，下先受之，然霧露雨濕，亦必由地氣上升而致。若地氣不升，則天氣不降，皆成燥症矣，何濕之有。其傷人也，或從上，或從下，或遍體皆受，此論外感之濕邪，著於肌軀者也。此雖未必即入於臟腑，治法原宜於表散，但不可大汗耳。更當察其兼症，若兼風者，微微散之。兼寒者，佐以溫藥。兼熱者，佐以清藥。此言外受之濕也。然水流濕，火就燥，有同氣相感之理。如其人飲食不節，脾家有濕，脾主肌肉四肢，則外感肌軀之濕，亦漸次入於臟腑矣。亦有外不受濕，而但濕從內生者，必其人膏粱酒醴過度，或嗜

飲茶湯太多，或食生冷瓜菓及甜膩之物。治法總宜辨其體質陰陽，斯可以知寒熱虛實之治。若其人色蒼赤而瘦，肌肉堅結者，其體屬陽，此外感濕邪，必易於化熱；若內生濕邪，多因膏粱酒醴，必患濕熱、濕火之症。若其人色白而肥，肌肉柔軟者，其體屬陰，若外感濕邪，不易化熱；若內生之濕，多因茶湯生冷太過，必患寒濕之症。人身若一小天地，今觀先生治法，若濕阻上焦者，用開肺氣，佐淡滲，通膀胱，是即啓上閘，開支河，導水勢下行之理也。若脾陽不運，濕滯中焦者，用术、朴、薑、半之屬以溫運之，以苓、澤、腹皮、滑石等滲泄之，亦猶低窊濕處，必得烈日曬之，或以剛燥之土培之，或開溝渠以泄之耳。其用藥總以苦辛寒治濕熱，以苦辛溫治寒濕，概以淡滲佐之，或再加風藥，甘酸膩濁，在所不用。總之，腎陽充旺，脾土健運，自無寒濕諸症。肺金清肅之氣下降，膀胱之氣化通調，自無濕火、濕熱、暑濕諸症。若夫失治變幻，則有腫脹、黄疸、泄瀉、淋閉、痰飲等類，俱於各門兼參之可也。

徐火椿評：治濕不用燥熱之品，皆以芳香淡滲之藥，疎肺氣而和膀胱，此爲良法。惟健脾消痰培土之方未備，則於固本之法，猶有缺耳。

《掃葉莊醫案・夏暑溫熱》　今年天運寒水，地氣濕土，春夏兩濕泛潮，鬱勃穢濁之氣，人在氣交之中，口鼻觸受，直走胃絡募原，分佈上下，如此症初病頭脹，痞悶嘔惡，必舌白，病全在氣分，爲裏中之表，芳香逐穢，淡滲逐痰，此不爲僅以陶氏全書方案競進，彼寒分六經，熱犯三焦，不同道也。且醫藥初用即瀉，暑必挾濕也，消之不降，清之不應，此濕邪乃是無形，醫治卻是有形，今診脈小濇，舌乾口渴，不能湯飲，胸次叜而濇，仍有嘔逆之狀，當溫脾陽以運濕，仍佐辛香，可望其效。

《雜病源流犀燭・外感・濕溫症源流》　濕溫，暑濕病也。《活人書》所謂先傷於濕，又中於暑是也。蓋中暑則速，濕溫則緩，固知先受濕而後中暑也。濕因暑邪遏抑陽氣，故必脛冷腹滿。暑挾濕邪，鬱蒸爲熱，故必頭痛妄言多汗。其脈陽濡而弱，陰小而急，浮爲陽，沉爲陰也。濕傷血，故沉，按之則陰脈小而急；暑傷氣，故浮，候之則陽脈濡而弱也。凡濕溫症，切不可發汗，汗之名重暍，必死。宜蒼术白虎湯。如有寒熱外邪，必加辛涼解表之藥一二味。如濕氣勝，一身盡痛，小便不利，大便反快，急宜祛濕。宜蒼术白虎湯加香茹、茵陳。如有寒物停滯，及中寒，則宜溫之，必小便清白然後可；如赤澀而少，斷不可溫。宜十味香茹飲、清暑益氣湯、天水散。王宇泰曰：昔人治濕溫，通身皆潤，足冷至膝下，腹滿，不省人事，六脈皆小弱而急。問所服，皆陰病藥。此非病本重，乃藥令病重耳。以五苓合白虎十餘劑，少甦，更與清燥湯調理而安，凡陰病厥冷，兩臂皆冷，今脛冷臂不冷，則非下厥上行，故知非陽微寒厥，而合用祛熱藥也。

脈法　仲景曰：太陽病，關節疼痛而煩，脈沉而細者，此名中濕，亦曰濕痺。其候小便不利，大便反快，但當利其小便。陶節菴曰：濕溫之脈，寸濡而弱，尺小而急。

濕溫症治　《活人書》曰：濕溫與中暑同，但身涼不渴耳。《本事方》曰：一人季夏得病，胸項多汗，兩足逆冷，譫語。予診之，其脈關前濡，關後數，是濕溫。蓋先傷暑，後受濕也。先用人參白虎湯，次服蒼术白虎湯，足漸溫，汗漸止，三日而愈。方廣曰：冒暑遭雨，暑濕鬱發，四肢不仁，或半身不遂，或人浴暈倒，口眼喎斜，手足不仁，皆濕溫類也，宜苓术湯茯苓白术湯。陶節菴曰：素傷于濕，因時中暑，濕與熱搏，即爲濕溫。其人胸腹滿，身痛壯熱，妄言自汗，兩脛疼，倦怠惡寒。若發其汗，使人不能言，耳聾，不知痛處，其身青，面色變，是醫之殺人也。《葉氏醫案》曰：病起旬日，猶然頭脹，漸至耳聾。正如《內經》所云：因於濕，首如裹。此呃忒鼻衄，皆邪混氣之象，况舌色帶白，咽喉欲閉，邪阻上竅空虛之所，諒非苦寒直入胃中。可以治病，病名濕溫。不能自解，即有昏痙之變，醫莫泛稱時氣而已。宜連翹、銀花、牛蒡子、馬勃、射干、金汁。又曰：體壯有濕，近長夏，陰雨潮濕，着於經絡，身痛自利發熱。仲景言：濕家大忌發散，汗之則變痙厥。脈來小弱而緩，濕邪凝遏陽氣，病名濕溫。濕中熱氣，橫衝心包絡，以致神昏，四肢不煖，亦手厥陰見症，非與傷寒同法也，宜犀角、連翹心、元參、石菖、銀花、野赤豆皮煎送至寶丹。

《通俗傷寒論・傷寒兼證・濕溫傷寒》　因：伏濕醞釀成溫，新感暴寒而發，多發於首夏、初秋兩時。但濕溫爲伏邪，寒爲新邪，新舊夾發，乃寒濕溫三氣雜合之病，與暑濕兼寒，暑濕爲伏氣，寒爲新感者，大同小異。惟濕溫兼寒，寒濕重而溫化尚緩，暑濕兼寒，濕熱重而寒象多輕。

證：初起頭痛身重，惡寒無汗，胸痞腰疼，四肢倦怠，肌肉煩疼，胃鈍腹滿，便溏溺少，舌苔白滑，甚或白膩浮漲。

脈：右緩而滯，左弦緊，此濕溫兼寒，阻滯表分上中氣機，足太陽與足

太陰同病也。

治：首宜芳淡辛散，藿香正氣湯加葱豉，和中解表，祛其搏束之外寒。次宜辛淡疏利，大橘皮湯加川朴錢半、蔻末六分冲宣氣利溺，化其鬱伏之內濕。寒散濕去，則醞釀之溫邪無所依附，其熱自清，即或有餘未清者，祇須大橘皮湯去蒼朮、官桂加焦山梔、綿茵陳各三錢以肅清之足矣。餘詳傷寒傳入太陰火化條。

秀按：濕溫兼寒，與傷寒兼濕證，大旨相同。須從濕未化熱與濕已化熱，及有無夾痰夾食，隨證酌治，庶免貽誤。

廉勘：濕溫兼寒，有發於首夏梅雨蒸時者，有發於仲秋桂花蒸時者。一則防有春溫伏熱，一則防有夏暑內伏，其因雖有溫暑之不同，而潛伏既久，醞釀蒸變，無一不同歸火化。又加以外寒搏束，往往鬱之愈甚，則發之愈暴，全在初起一二日。藿、樸、葱、豉，疏中發表，使寒濕從微汗而泄，蔻、苓、滑、通，芳透淡滲，使濕熱從小便而泄，汗利兼行，表裏雙解，自然寒散濕開，伏熱外達，易於措手。繼辨其濕多熱少，側重太陰，用苦辛淡溫法，熱多濕少，側重陽明，用苦辛淡涼法，濕熱俱多，則太陰陽明幷治，當開泄清熱，兩法兼用。其法已詳於傷寒兼濕勘語中，茲不贅。

榮齋按：濕溫傷寒是一個大症，愈氏所說，不夠全面。秀山先生按語中提出了須從濕未化熱與濕已化熱，及有無夾食、夾痰，隨證酌治，庶免貽誤。這是應該的，也是必要的。紹興醫學衛生報發表何廉臣先生主編的《濕溫時疫治療法》學說內容，是很符合秀山先生的要求的。節載如下，以資補充：

濕溫本症，當須分別濕多熱多之界限，現症與治法，判分兩歧，試詳述如左：

濕多者，濕重於熱也，其病發自太陰肺脾，多兼風寒。

舌色：苔必白膩，或白滑而厚，或白苔帶灰，兼粘膩浮滑，或白帶黑點而粘膩，或兼黑紋而黏膩，或舌苔滿佈，厚如積粉，板貼不鬆。

脈象：模糊不清，或沉細似伏，斷續不勻。

神色：多沉困嗜睡。

症狀：必凜凜惡寒，甚而足冷，頭目脹痛昏重，如裹如蒙，身痛不能屈伸，身重不能轉側，肢節肌肉疼而且煩，腿足痛而且酸，胸膈痞滿，渴不引飲，或竟不渴，午後寒熱，狀若陰虛，小便短澀黃熱，大便溏而不爽，甚或水瀉。

治法：以輕開肺氣爲主。肺主一身之氣，肺氣化則脾濕自化。即有兼邪，亦與之俱化，宜用藿樸夏令湯，疎中解表，使風寒從皮腠而排泄。芳淡滲利，使濕邪從內腎膀胱而排泄。汗利兼行，自然濕開熱透，表裏雙解矣。雖然，濕熱自內而出，恆結於中焦而成痞滿，必有痰食錯雜其間，前方中痰鬱加星香導痰丸，食滯加沉香百消麯，或生蘿蔔汁和生薑汁少許最妙。既開濁穢之鬱閉，亦消痰食之停留，隨症均可加入。若兼神煩而昏蒙者，此由濕熱鬱蒸過極，內蒙清竅，前方去蔻仁、厚朴，加細辛二三分，白芥子錢許，鮮石菖蒲根葉錢半，辛潤行水，豁痰開蒙，再加水蘆二三兩，燈芯錢許，輕清甘淡，泄熱導濕，蒙閉即開。若兼大便不利者，此由濕阻氣滯，或夾痰涎，前方去襄、樸、豆豉，加蔻仁拌搗括蔞仁，蘇子拌搗鬱李淨仁等品，此皆味辛質滑，流利氣機，氣機一開，大便自解，即汗亦自出矣。熱多者，熱重於濕也。其病多發於陽明胃腸，雖或外兼風邪，總屬熱結在裏，表裏俱熱，此時氣分邪熱鬱遏灼津，尚未凝結血分。

舌色：苔必黃膩，舌之邊尖紅紫欠津，或底白罩黃，混濁不清，或純紫少白，或黃糙起刺，或苔白底絳，黃中帶黑，浮滑黏膩，或白苔漸黃而灰黑，伏邪重甚者，苔亦厚而且滿，板黏不鬆。

脈象：數滯不調。

面色：或如油膩，或如煙薰。

症狀：必心煩口渴，渴不引飲，甚則耳聾乾嘔，口穢噴人，胸腹熱滿，按之灼手，甚或按之作痛。

治法：宜先用枳實梔豉合劉氏桔梗湯，再加茵陳、貫仲之清芬解毒，內通外達，表裏兩徹，使伏邪從汗利而雙解。漸欲化燥，渴甚脈大，氣粗逆者，重加石膏、知母、蘆根汁等，清肺氣而滋化源，其次用清芬辟疫湯，辛涼芳烈，輕清甘淡，泄熱化濕，下行從膀胱而解，外達從白痦而解，或癍疹齊發而解。即或有邪傳心經，神昏譫煩，亦須辨明舌苔。如舌苔黃膩，仍屬氣分濕熱，內蒙包絡清竅，宜用昌陽瀉心湯，加竹瀝和薑汁少許，辛潤以達之，苦寒以降之，清淡以泄之，使濕熱濁邪，無地自容，其閉自開。極重者再加太乙紫金丹，如昏蒙而厥者，可用厥症返魂丹。如舌色紫乾，或純絳，或圓硬，或黑苔，神昏譫語，或笑或痙，甚則暈厥，閉目不語，此由濕溫化火，竄經入絡，內陷心

臟，陡動肝風也，治宜大劑犀地清神湯，重加瓜霜、紫雪、清心透絡，瀉肝熄風，或用加減神犀湯合犀珀至寶丹，清營解毒，通血宣竅，急救得法，尙可十全三四。

根據編者經驗，凡昏蒙痙厥，多屬胃熱蒸腦，腦筋起炎，神即昏蒙，頭搖目瞪矣，延及脊腦筋亦發炎，則手足發痙，甚則角弓反張矣。蓋胃爲五臟六腑之海，其清氣上注於目，其悍氣上衝於頭，循咽喉，上走空竅，循眼系，入絡腦。腦爲元神之府，所以胃熱蒸腦，無不發現神經諸病也，治宜辨明舌苔。如黃燥黑燥而有質地，此胃腸實火，濁熱壅閉，清竅因之亦閉，宜犀連承氣湯急下之，以決壅閉。陰虛者，加鮮生地、元參、活水蘆根、鮮冬瓜子等，輕清滑利之品，滋燥養陰足矣。若陰柔滋膩藥多，雖用大黃亦恐不解，是滋陰轉致傷陰也。如舌苔黃厚而滑，脈息沉數，中脘按之微痛不硬，大便不解，此黏膩濕熱，與有形渣滓相搏，按之不硬，多敗聚色溏糞，宜用小陷胸湯合樸黃丸，或枳實導滯丸等，緩化而行。重者合神芎導水丸，或陸氏潤字丸等，磨蕩而行。設使大劑攻下，走而不守，則必宿垢不行，以行稀水，徒傷正氣，變成壞症。若舌苔黃如沉香色，或黃黑而燥，脈沉實而小，甚者沉微似伏，或四肢發厥，或渴喜熱飲，脘腹按痛，痞、滿、燥、實、堅、悉具。痞滿者濕熱氣結。燥實堅爲燥矢，甚則上蒸心腦，下爍肝腎，煩躁譫語，舌卷囊縮，宜犀連承氣湯急下之。陰傷者，加鮮生地、元參、知母、川柏之類足矣。蓋速下其邪，即所以存津液也。

若舌色黑潤，少腹按痛，大便色黑如漆，反覺易行，其人喜笑如狂，小便色黑自利，是胃腸蓄血，累及膀胱，宜桃仁承氣湯急下之，或合犀角鮮地黃湯，以涼血逐瘀。發黃、小便不利、腹滿者，茵陳蒿湯緩下之。其間有氣虛甚而邪實宜下者，參黃湯。陰虧甚而邪實宜下者。《千金》生地黃湯去硭硝，或養榮承氣湯緩下之。即極虛不任下者，宜用雪羹加鮮生地汁、鮮冬瓜汁、元參、括蔞仁、蜂蜜等汁，稍加薑汁之類，鹹滑以去著，辛潤以清燥。愼勿當下不下，徒用滋膩，俾邪無出路，轉致傷陰。亦勿遲迴顧慮，致令失下。失則邪愈盛，正愈衰，後即欲下而不可得矣。以上皆濕溫傷寒之療法也。

《傷寒指掌·傷寒類症·瘟疫九傳》 絞腸瘟，腸鳴，腹痛，乾嘔，水泄不通者是也。探吐之，宜雙解散。

邵評：此症上下格拒，閉結不通，急急探吐，吐則氣通，或有生機。然此濕毒多鬱於下焦，與乾霍亂相近，《金匱》備急丸亦可用。

軟腳瘟，便清泄白，足腫難移者是也。即濕溫症，宜蒼朮白虎湯。

邵評：濕熱伏於下焦，脾不運行，用蒼朮白虎以清濕熱。此與上條同是邪在下焦，上條是寒濕，帶中焦症，此條溫熱，純是下焦症矣。

《傷寒指掌·傷寒類症·濕症》 濕着肌表　如發熱身痛，脘悶不渴，舌胎白膩，或汗出不解，此濕邪着於肌軀之表也。宜解肌滲濕，如桂枝、秦艽、紫蘇、二陳、厚朴、薑皮、茯苓皮之類。

濕留氣分　凡發熱身痛，汗出則解，繼而復熱，脈來濡緩，舌胎白膩，此濕邪阻於氣分。熱自濕中來，徒用清熱藥不應，宜茯苓皮、大腹皮、滑石粉、黃芩、通草、半夏、豬苓之類，以逐氣分之濕，熱自除矣。

太陰濕伏　凡身體沉重，不能轉側，四肢乍冷，目黃脘痞，自利，語言欲蹇者，此濕邪伏於太陰，以致脾陽不運而然也。宜健脾兼分利，茅朮、厚朴、茯苓皮、草蔻、菖蒲、廣皮、木瓜、澤瀉之類。如口內生白疳，而仍不渴者，此濕滯於中，氣蒸於上也。治在氣分。茅朮、米仁、豬苓、澤瀉、廣皮、桔梗、寒水石之類。如痞結胸滿，飲食不進，舌黃微渴，此濕熱傷脾也。宜瀉心法。半夏、茯苓、川連、厚朴、茅朮、通草。

濕熱內結　如寒熱腹滿，小便不利，此濕熱內結也。宜走濕清熱，茅朮、赤小豆、茵陳、茯苓皮、厚朴、黃柏、澤瀉之類。

酒濕傷胃　脘中食阻，痛而嘔吐，或目色金黃，此酒濕傷胃所致，宜以苦辛寒爲治。半夏、枳實、薑汁、黃連、豆豉、茵陳之類。

濕兼痧穢　穢濕從口鼻吸入，則膜原先受，分布營衛，先嘔逆，次寒熱，頭脹身痛，小便不通，舌胎白膩，渴不多飲。當以芳香淡滲兼施，俾穢濕濁邪可以分消。宜廣皮、藿梗、鬱金、茅朮、米仁、茯苓皮、豬苓、大腹皮、石菖蒲、通草。

濕熱兼穢　暑濕兼穢氣，都從口鼻觸入，必由膜原以走中道。踞募原，則寒熱交作。走中道，則不食不饑，口渴舌黃，胸痞腹脹。治宜清熱開鬱，兼芳香逐穢。梔豉湯加藿香、川鬱金、白蔻、枳實、製連、蔞皮、桔梗之類。若小水不利，加赤小豆、赤茯苓之類。腹脹甚，加厚朴、大腹皮。

濕熱爲痺　外受濕熱之邪，內進甜膩之物，則濕聚熱蒸，蘊於經絡，寒戰熱熾，骨骱煩疼，舌胎灰膩，面目痿黃，此濕熱入於經絡爲痺也。濕家忌汗，

宜苦味辛通爲治。防己、杏仁、滑石、半夏、米仁、連翹、山梔、野赤豆皮、路路通之類。更有暑濕風邪混雜，阻於氣分，氣不主宣，右肢若廢，頭脹胸痞。法當通陽驅邪。

杏仁三錢　生米仁三錢　桂枝五分　厚朴一錢　半夏一錢五分　漢防己一錢五分　白蒺藜二錢　片薑黄一錢

三焦濕鬱　發熱後，神識漸昏，小腹硬滿，大便不下，此暑濕氣蒸，瀰漫三焦，乃諸竅阻塞之兆。氣分結邪，忌用滋膩，須桂苓甘露飲法。

《傷寒指掌·傷寒類症·濕溫》　邪入氣分　暑濕之邪，阻於肺，必咽痛、發熱、身痛。舌胎黄厚粘膩，煩渴不解，當清上焦。如連翹、桔梗、滑石、射干、米仁、馬勃、通草、淡竹葉、銀花、蘆根之類。如見身發癍疹，舌黄燥厚，當涼膈疏癍。如連翹、薄荷、生梔、石膏、牛蒡、杏仁、枳實、黄芩之類。

邪乘包絡　濕溫之邪，乘於包絡，則神識昏呆，發熱身痛，四肢不煖，舌胎鮮紅燥刺者，宜解手厥陰之邪。如犀角尖、連翹、石菖蒲、川鬱金、元參、赤小豆、西黄之屬主之。

邪入營分　如濕溫之邪，入於血絡，舌胎中黄邊赤，發爲赤癍丹疹，神昏譫語，宜清疏血分以透癍，佐芳香逐穢以開閉，犀角、連翹、赤芍、銀花、牛蒡、菖蒲、鬱金、元參、薄荷、人中黄之類。

邪阻上焦　病起發熱頭脹，漸至耳聾，喉痛欲閉，鼻中衄血。此邪混氣之象，邪在上焦空虛之所，非苦寒直達胃中之藥可以治，病不能即解。即有昏痙之變，宜輕清理上爲治。如連翹、馬勃、牛蒡、銀花、射干、白金汁。如見呃忒，加枇杷葉、竹茹。

《增補評註溫病條辨·上焦篇·濕溫寒濕》　濕溫邪入心包，神昏肢逆，清宮湯去蓮心麥冬，加銀花赤小豆皮煎，送至寶丹，或紫雪丹亦可。

濕溫着於經絡，多身痛身熱之候，醫者誤以爲傷寒而汗之，遂成是證。仲景謂濕家忌發汗，發汗則病痙。濕熱相搏，循經入絡，故以清宮湯，清包中之熱邪，加銀花、赤豆，以清濕中之熱，而又能直入手厥陰也。至寶丹去穢濁，復神明，若無至寶，即以紫雪以代之。

霖按：　濕溫邪入心包，此方宜去元參、銀花，可加丹皮、鬱金、石菖蒲以開之。若因火痰內閉，更加牛黄、天竹黄、川貝、竹瀝之屬，以清火豁痰。設譫語神昏狂亂，舌見紅心點點者，非加黄連、金汁不解。如舌絳碎生黄白點者，欲生疳也，宜苦寒重劑，更當從傷寒狐惑證治中求之。

濕溫喉阻咽痛，銀翹馬勃散主之。

肺主氣，濕溫者，肺氣不化，鬱極而一陰一陽謂心與膽也之火俱結也。蓋金病不能平木，木反挾心火來刑肺金。喉即肺系，其閉在氣分者即阻，閉在血分者即痛也，故以輕藥開之。

霖按：　此從臨證指南治周姓案竊來方，名是鞠通捏造者。

不痛但阻甚者，加滑石六錢，桔梗五錢，葦根五錢。

太陰濕溫，氣分痺鬱而噦者，俗名爲呃宣痺湯主之。

上焦清陽膹鬱，亦能致噦，治法故以輕宣肺痺爲主。

霖按：　此從葉案呃門竊來之方，捏造其名爲宣痺湯云。

太陰濕溫喘促者，千金葦莖湯加杏仁滑石主之。

《金匱》謂喘在上焦，其息促。太陰濕蒸爲痰，喘息不寧，故以葦莖湯輕宣肺氣，加杏仁滑石，利竅而逐熱飲。若寒飲喘咳者，治屬飲家，不在此例。

《增補評註溫病條辨·中焦篇·濕溫》　濕熱上焦未清，裏虛內陷，神識如蒙，舌滑脈緩，人參瀉心湯加白芍主之。

濕在上焦，若中陽不虛者，必始終在上焦，斷不內陷；或因中陽本虛，或因誤傷於藥，其勢必致內陷，濕之中人也，首如裹，目如蒙，熱能令人昏，故神識如蒙，此與熱邪直入包絡，讝語神昏有間。裏虛故用人參以護裏陽，白芍以護眞陰；　濕陷於裏，故用乾薑、枳實之辛通；　濕中兼熱，故用黄芩、黄連之苦降。此邪已內陷，其勢不能還表，法用通降，從裏治也。

霖按：　此篇濕溫，全抄葉氏濕門醫案十餘條，并未剪裁，惟捏撰方名而已。不知先哲所傳之案，乃得心應手者，并將所以治愈之理，或先治不效，後易法始效，敷暢厥義，以告來茲，若始終不效而僨事者則不錄。故東垣案中多以溫補，丹溪案中多以養陰，張子和偏用三法，易思蘭全事解鬱，各有專長，其獲效之案，皆治其所長之證，然當時就診者，未必各就其長，此可爲僨事不錄之明徵。臨證指南一書，本非香岩先生手筆，乃門診底薄，爲諸門人分類刊刻，其獲效僨事，不得而知，安能便爲不磨之矜式哉？況在濕門，統言濕病，非專指濕溫言，故治濕溫之法，多有未備。今從陳平伯《濕溫篇》節錄其義，夫熱濕之邪，由口鼻吸入，屬陽明太陰者多，雖始由雨露皮毛而入者，終亦歸於脾胃。蓋胃爲陽土，脾爲陰土，同氣相召也。但

熱勝多在陽明，濕勝多在太陰，病在二經之表者，多兼少陽三焦；　病在二經之裏者，每兼厥陰風木，以少陽厥陰同司相火也。　陽明太陰濕熱內鬱，鬱甚則少火皆成壯火，而表裏上下，充斥肆逆，故初見惡寒，後但熱不寒，汗出胸痞，舌白或黄，口渴不引飲，甚則有耳聾乾嘔，發痙發厥之惡候。　其始惡寒者，陽爲濕遏之惡寒，非若寒傷於表之惡寒甚也。　後但熱不寒者，則濕鬱成熱，故反惡熱矣。　熱在濕中蒸濕則汗出，濕蔽清陽則胸痞，耳聾，濕邪內盛則舌白，濕熱交蒸則舌黄，熱甚則液不升而口渴，濕甚則飲內留而不引飲，上蒙清竅，則目昏、頭如裹，內擾胃肝則乾嘔而痙厥也。　其所謂表者，乃太陰陽明之表，太陰之表四肢也，陽明也，陽明之表肌肉也，胸中也，故胸痞爲濕溫常有之證，四肢倦怠，肌肉煩疼亦多并見。　惟冒雨霧而病者，先傷上焦氣分，故兼見手太陰經也，但非風熱之邪，汗之即解，當宣通氣分之濕，濕走熱自解矣。　然濕傷手太陰者，十之一二，傷足太陰陽明者十之八九。　緣陽明爲水穀之海，太陰爲濕土之藏，致多陽明太陰受病也。　要之濕溫之病，不獨與傷寒不同，且與溫病風溫大異。　溫病是冬不藏精之伏氣，乃少陰太陽同病，風溫爲外感之熱邪，先犯手太陰；　濕溫乃足陽明太陰同病。　蓋太陰內傷，濕飲停聚，暑熱之邪再至，內外相引，故病濕溫。　抑或內伏暑熱，外傷水濕，亦成斯證。　若加飢飽勞倦，標本同病者，其證尤重。　然總不外脾胃二經之藏府相連，濕土同氣也。　其內傷外感，孰重孰輕，孰虛孰實，要在臨證之工，權衡至當，豈剽竊此葉案數條，便謂道在斯乎，陋矣。

濕熱受自口鼻，由募原直走中道，不飢不食，機竅不靈，三香湯主之。

此邪從上焦來，還使上焦去法也。

方論：　按此證由上焦而來，其機尚淺，故用蔞皮、桔梗、枳殼，微苦微辛開上，山梔輕浮微苦清熱，香豉、鬱金、降香，化中上之穢濁而開鬱。　上條以下焦爲邪之出路，故用重。　此條以上焦爲邪之出路，故用輕。　以下三焦均受者，則用分消，彼此互參，可以知葉氏之因證製方，心靈手巧處矣。　惜散見於案中，而人多不察，茲特爲拈出，以概其餘。

吸受穢濕，三焦分布，熱蒸頭脹，身痛嘔逆，小便不通，神識昏迷，舌白，渴不多飲，先宜芳香通神利竅，安宮牛黄丸；　繼用淡滲分消濁濕，茯苓皮湯。

按：　此證表裏經絡臟腑三焦，俱爲濕熱所困，最畏內閉外脫，故急以牛黄丸，宣竅清熱而護神明；　但牛黄丸不能利濕分消，故繼以茯苓皮湯。

陽明濕溫，氣壅爲噦者，新製橘皮竹茹湯主之。

按：　《金匱》橘皮竹茹湯，乃胃虛受邪之治，今治濕熱壅遏胃氣致噦，不宜用參甘峻補，故改用柿蒂。　按柿成於秋，得陽明燥金之主氣，且其形多方，他果未之有也，故治肺胃之病有獨勝。肺之臟象屬金，胃之氣運屬金。　柿蒂乃柿之歸束處，凡花皆散，凡子皆降，凡降先收，從生而散而收而降，皆一蒂爲之也。　治逆呃之能事畢矣。　再按：　草木一身蘆與蒂爲升降之門戶，載生氣上升者，蘆也，受陰精歸藏者，蒂也，格物者不可不於此會心焉。

有痰火者，加竹瀝、栝蔞霜，有瘀血者，加桃仁。

三焦濕鬱，升降失司，脘連腹脹，大便不爽，一加減正氣散主之。

再按：　此條與上第五十六條，同爲三焦受邪，彼以分消開竅爲急務，此以升降中焦爲定法，各因見證之不同也。

方論：　正氣散，本苦辛溫兼甘法，今加減之，乃苦辛微寒法也。　去原方之紫蘇、白芷，無須發表也。　去甘桔，此證以中焦爲扼要，不必提上焦也。　祇以藿香化濁，厚朴、廣皮、茯苓、大腹瀉濕滿，加杏仁利肺與大腸之氣，神麯、麥芽升降脾胃之氣，茵陳宣濕鬱而動生發之氣，藿香但用梗，取其走中不走外也。　茯苓但用皮，以諸皮皆涼，瀉濕熱獨勝也。

濕鬱三焦，脘悶便溏，身痛舌白，脈象模糊，二加減正氣散主之。

上條中焦病重，故以升降中焦爲要。　此條脘悶便溏，中焦證也，身痛舌白，脈像模糊，則經絡證矣，故加防己，急走經絡中濕鬱；　以便溏不比大便不爽，故加通草、薏仁利小便，所以實大便也；　大豆黄卷從濕熱蒸變而成，能化蘊釀之濕熱，而蒸變脾胃之氣也。

穢濕着裏，舌黄脘悶，氣機不宣，久則釀熱，三加減正氣散主之。

前兩法，一以升降爲主，一以急宣經隧爲主；　此則以舌黄之故，預知其內已伏熱，久必化熱，而身亦熱矣，故加杏仁利肺氣，氣化則濕熱俱化，滑石辛淡而涼，清濕中之熱，合藿香所以宣氣機之不宣也。

穢濕着裏，邪阻氣分，舌白滑，脈右緩，四加減正氣散主之。

以右脈見緩之故，知氣分之濕阻，故加草果、查肉、神曲，急運坤陽，使足太陰之地氣，不上蒸手太陰之天氣也。

穢濕着裏，脘悶便泄，五加減正氣散主之。

穢濕而致脘悶，故用正氣散之香開；便泄而知脾胃俱傷，故加大腹運脾氣，穀芽升胃氣也。以上二條，應入前寒濕類中，以同爲加減正氣散法，欲觀者知化裁古方之妙，故列於此。

按：今人以藿香正氣散，統治四時感冒，試問四時止一氣行令乎？抑各司一氣，且有兼氣乎。況受病之身軀臟腑，又各有不等乎。歷觀前五法，均用正氣散，而加法各有不同，亦可知用藥非絲絲入扣，不能中病。彼泛論四時不正之氣，與統治一切諸病之方，皆未望見軒岐之堂室者也，烏可云醫乎。

脈緩身痛，舌淡黄而滑，渴不多飲，或竟不渴，汗出熱解，繼而復熱，内不能運水穀之濕，外復感時令之濕，發表攻裏，兩不可施，誤認傷寒，必轉壞證，徒清熱則濕不退，徒袪濕則熱愈熾，茯苓滑石湯主之。

脈緩身痛，有似中風，但不浮，舌滑不渴飲，則非中風矣。若係中風，汗出則身痛解，而熱不作矣；今繼而復熱者，乃濕熱相蒸之汗，濕屬陰邪，其氣留連，不能因汗而退，故繼而復熱。内不能運水穀之濕，脾胃困於濕也；外復受時令之濕。經絡亦同於濕矣。倘以傷寒發表攻裏之法施之，發表則誅伐無過之表，陽傷而成痙；攻裏則脾胃之陽傷，而成洞泄寒中，故必轉壞證也。濕熱兩傷，不可偏治，故以黄芩、滑石、茯苓皮，清濕中之熱，蔻仁、豬苓，宣濕邪之正，再加腹皮、通草，共成宣氣利小便之功，氣化則濕化，小便利則火腑通，而熱自清矣。

陽明濕溫，嘔而不渴者，小半夏加茯苓湯主之；嘔甚而痞者，半夏瀉心湯去人參、乾薑、大棗、甘草，加枳實、生薑主之。

嘔而不渴者，飲多熱少也，故主以小半夏加茯苓，逐其飲而嘔自止。嘔而兼痞，熱邪内陷，與飲相搏，有固結不通之患，故以半夏瀉心，去參、薑、甘、棗之補中，加枳實、生薑之宣胃也。虛者，復納人參、大棗。

濕聚熱蒸，藴於經絡，寒戰熱熾，骨骱煩疼，舌色灰滯，面目痿黄，病名濕痺，宣痺湯主之。

經謂風寒濕三者合而爲痺，《金匱》經熱則痺，蓋《金匱》誠補《内經》之不足。痺之因於寒者固多，痺之兼乎熱者亦復不少，合參二經原文，細驗於臨證之時，自有權衡。本論因載濕溫，而類及熱痺，見濕溫門中，原有痺證，不及備載痺證之全，學者欲求全豹，當於《内經》、《金匱》喻氏、葉氏，以及宋元諸名家，合而參之自得。大抵不越寒熱兩條，虛實異治。寒痺勢重，而治反易，熱痺勢緩，而治反難，實者單病軀殼易治，虛者兼病臟腑，夾痰飲腹滿等證，則難治也，猶之傷寒兩感也。此條以舌灰目黄，知其爲濕中生熱；寒戰熱熾，知其在經絡；骨骱疼痛，知其爲痺證。若泛用治濕之藥，而不知循經入絡，則罔效矣。故以防己急走經絡之濕，杏仁開肺氣之先，連翹清氣分之濕熱，赤豆清血分之濕熱，滑石利竅而清熱中之濕，山梔肅肺而瀉濕中之熱，薏苡淡滲而主攣痺，半夏辛平而主寒熱，蠶沙化濁道中清氣，痛甚加片子薑黄海桐皮者，所以宣絡而止痛也。痛甚，加片子薑黄二錢，海桐皮三錢。

濕鬱經脈，身熱身痛，汗多自利，胸腹白疹，内外合邪，純辛走表，純苦清熱，皆在所忌，辛涼淡法，薏苡竹葉散主之。

上條但痺在經脈，此則臟腑亦有邪矣，故又立一法，汗多則表陽開，身痛則表邪鬱，表陽開而不解表邪，其爲風濕無疑，蓋汗之解者寒邪也，風爲陽邪，尚不能以汗解，況濕爲重濁之陰邪，故雖有汗不解也。學者於有汗不解之證，當識其非風則濕，或爲風濕相搏也。自利者，小便必短，白疹者，風濕鬱於孫絡毛竅。此濕停熱鬱之證，故主以辛涼解肌表之熱，辛淡滲在裏之濕，俾表邪從氣化而散，裏邪從小便而驅，雙解表裏之妙法也，與下條互斟自明。

風暑寒濕，雜感混淆，氣不主宣，咳嗽頭脹，不飢舌白，肢體若廢，杏仁薏苡湯主之。

雜感混淆，病非一端，乃以氣不主宣四字爲扼要。故以宣氣之藥爲君。既兼兩濕中寒邪，自當變辛涼爲辛溫。此條應入寒濕類中，列於此者，以其爲上條之對待也。

《增補評註溫病條辨・下焦篇・濕溫》 濕溫久羈，三焦瀰漫，神昏竅阻，少腹硬滿，大便不下，宣清導濁湯主之。

此濕久鬱結於下焦氣分，閉塞不通之象，故用能升能降，苦泄滯淡滲濕之豬苓，合甘少淡多之茯苓，以滲濕利氣；寒水石色白性寒，由肺直達肛門，宣濕清熱，蓋膀胱主氣化，肺開氣化之源，肺藏魄，肛門曰魄門，肺與大腸相表裏之義也；晚蠶砂化濁中清氣，大凡肉體未有死而不腐者，蠶得

殭而不腐，得清氣之純粹者也，故其糞不臭不變色，得蠶之純清，雖走濁道，而清氣獨全，既能下走少腹之濁部，又能化濁濕而使之歸清，以己之正，正人之不正也，用晚者，本年再生之蠶，取其生化最速也；皂莢辛鹹性燥，入肺與大腸，金能退暑，燥能除濕，辛能通上下關竅，子更直達下焦，通大便之虛閉，合之前藥，俾鬱結之濕邪，由大便而一齊解散矣。二苓、寒石，化無形之氣；蠶砂柜、皂子，逐有形之濕也。

雄按：發明蠶砂功用，何其精切，故余治霍亂，以此爲主藥也。

霖按：剽竊葉氏治蔡姓案，議用甘露飲法，捏名宣清導濁湯，其發明蠶砂功用，頗爲精切，亦不可沒其善也。

濕凝氣阻，三焦俱閉，二便不通，半硫丸主之。

熱傷氣，濕亦傷氣者何？熱傷氣者，肺主氣而屬金，火尅金，則肺所主之氣傷矣。濕傷氣者，肺主天氣，脾主地氣，俱屬太陰濕土，濕氣太過，反傷本臟化氣，濕久濁凝，至於下焦，氣不惟傷而且阻矣。氣爲濕阻，故二便不通，今人之通大便，悉用大黃，不知大黃性寒，主熱結有形之燥糞；若濕阻無形之氣，氣既傷而且阻，非溫補眞陽不可。硫黃熱而不燥，能疏利大腸，半夏能入陰，燥勝濕，辛下氣，溫開鬱，三焦通而二便利矣。按上條之便閉，偏於濕重，故以行濕爲主；此條之便閉，偏於氣虛，故以補氣爲主。蓋腎司二便，腎中眞陽，爲濕所困，久而彌虛，失其本然之職，故助之以硫黃；肝主疏泄，風濕相爲勝負，風勝則濕行，濕凝則風息，而失其疏泄之能，故通之以半夏。若濕盡熱結，實有燥糞不下，則又不能不用大黃矣。學者詳審其證可也。

霖按：溫通燥濕法，是從葉香巖治嚴姓竊來，入濕溫篇不類。

濁濕久留，下注於肛，氣閉，肛門墜痛，胃不喜食，舌苔腐白，朮附湯主之。

此濁濕久留腸胃，致腎陽亦困，而肛門墜痛也。肛門之脈曰尻，腎虛則痛，氣結亦痛。但氣結之痛有二：寒濕熱濕也。熱濕氣實之墜痛，如滯下門中，用黃連檳榔之證是也。此則氣虛而爲寒濕所閉，故以參附峻補腎中元陽之氣，薑朮補脾中建運之氣，朴橘行濁濕之滯氣，俾虛者充，閉者通，濁者行，而墜痛自止，胃開進食矣。按肛痛有得之大恐，或房勞者，治以參、鹿之屬，證屬虛勞。與此對勘，故幷及之。再此條應入寒濕門，以與上三條有互相發明之妙，故列於此，以便學者之觸悟也。

霖按：剽竊葉案，捏造方名，既名濕溫，何以錄其治寒濕之法，設大腸有熱，用此等溫補，殆矣。

《濕熱病指南集・濕溫紀條例》 濕溫證始惡寒，後但熱不寒，汗出胸痞，舌苔白或黃，口渴不引飲，此濕溫證之提綱也。濕溫證屬陽明太陰經者居多，中氣實則病在陽明，中氣虛則病屬太陰。病在二經之表者，多兼少陽三焦；病在二經之裏者，每兼厥陰風木，以少陽厥陰同司相火，濕本土化，鬱而生熱，即兼火化，故是證最易耳聾乾嘔，發痙發厥。而提綱中不言及者，因以諸證皆非濕熱證始生之正局，蒸案：正字原譌症，依贅言本改。實乃濕熱病必有之變局也。始惡寒者，陽爲濕鬱而惡寒，終非若寒傷於表之惡寒，後但熱不寒，則久鬱成熱，反惡熱矣，陽不衛外則汗出，濕擾清陽則胸痞，濕霧上勝則舌白，與熱相蒸則苔黃，熱極則液不升而口渴，濕盛則飲內留而仍不引飲，然所云表者，乃陽明太陰之表，而非太陽之表。太陰之表上四肢也，胸中也，陽明之表胸中也，肌肉也，故胸痞爲濕溫必有之證，而四肢倦怠，肌肉煩疼，亦必幷見。其所以不干太陽者，以太陽主一身之表，風寒必自表入，故屬太陽，濕熱不盡從表入，故不由太陽。況風寒傷營衛，營衛乃太陽所司，表濕傷肌肉，肌肉爲陽明所主，其有寒濕而亦留太陽者，以太陽爲寒水，同氣相求也。熱濕之必歸陽明者，陽明中土，火化從陽也，寒濕之邪每傷形，熱濕之邪恆傷氣，故寒濕附太陽，治多辛熱，熱濕布三焦，治用辛涼，要之濕溫爲病，不特與傷寒不同，抑且與風溫亦異。風溫乃肺胃受病，病必欬嗽煩渴，濕溫乃脾胃受病，病必身疼胸痞。一爲燥熱，一爲濕熱也。而提綱中不及言脈者，以濕熱之邪脈無定體，或洪或緩，或伏或細，各隨證現，不拘一格，故難以一定之脈，印定後人眼目，濕熱之病，陽明必兼太陰者，人徒知臟腑相連，濕土司氣，而不特此也。蓋脾本爲胃行津液，若脾氣健運，散布水精，上輸於肺，下輸膀胱，縱有濕邪，安能著留。惟是飢飽勞役，先傷中氣，或生冷炙煿，內賊太陰，以致健運失司，濕飲停積，客邪再至，遏伏氣機，病則倦怠痞悶，有必至者。此皆先有內傷，再感外邪，非由腑及臟之謂。至於所感之邪，爲暑爲濕，爲熱爲風，或從內或從外，又在治病者之臨證時權衡矣。

惡寒無汗，身重頭痛，胸痞腰疼，濕在表分，宜羌活、葛根、六神麴、蒼朮皮、枳殼、廣皮等味，頭不痛去羌活。

身重惡寒，濕遏衛陽之表證，然頭爲諸陽之首，頭痛必挾風邪，故用羌活，不獨勝濕，兼以祛風，而此條總是陰濕傷表之候。

汗出惡寒，發熱身重，關節疼，胸痞腰痛，濕在肌表，不可汗解，宜滑石、豆卷、茯苓皮、蒼术皮、神麯、廣皮等味。若汗少惡寒者，加葛根。

此條外候與上條頗同，而汗出獨異，更加關節疼痛，乃濕邪初犯陽明之表，故略見惡寒。及至發熱，則惡寒當自罷矣。用藥通陽明之表，而即清胃脘之熱，使濕邪不致上壅化熱，而欲其因滲下走耳。此乃陽濕傷表之候，然藥用滲利，其小便之不利可知矣。

濕溫證發熱汗出，胸痞不知饑，口渴不喜飲，舌苔滑白者，濕初内伏，蒙閉清陽，宜蔻仁、藿香、桔梗、枳殼、鬱金、六一、菖蒲、佩蘭等味。

濁邪上蒙，則胸痞，胃液不升，則口渴，病在上焦，故用辛香氣分之藥，開泄上焦。

濕溫證身熱面赤，蓀案：面字贅言本譌作而胸痞口渴，時或譫語，舌苔黃澀，汗出，濕伏中焦，蘊伏爲熱，宜神麯、豆卷、連翹、廣皮、萆薢、滑石等味。

濕邪内伏，鬱久化熱，甚至譫語如夢，舌苔黃澀，是太陰之濕，與陽明之熱相合矣。倘仍用辛溫開濕法，轉燥胃津而助熱邪矣，故宜運脾逐濕，涼泄熱邪。凡濕溫證，憑驗舌以投劑，至爲要訣。

濕溫證身熱口渴，胸痞自利溺澀，此濕在下焦，宜神麯、廣皮、滑石、豬苓、萆薢、茯苓等味。

濕下注故自利，化源滯故溺澀，脾不輸津，口渴胸痞，濕滯於下，故治從分利。

濕熱之邪，不自表入，故無表裏可分，而未嘗無氣血與三焦可辨。醫者不能分析，一概混治雜投，無當病情，徒傷正氣矣。今論濕熱病機，而得一暢其旨。夫熱爲天之氣，濕爲地之氣，熱得濕而彌熾，濕得熱而愈張，故濕熱兩分，其病輕而緩，濕熱交合，其病重而速。然此論夏月濕熱交蒸之邪，非爲人身中濕鬱化熱者言也。是以有濕無熱，或濕鬱生熱，止能蒙閉清陽，惟是濕熱並集，則身中少火悉成壯火，則三焦相火，有不起而爲暴者哉。蓀案：痙字贅言本譌作或。兼之木火同氣，表裏分司，引動肝風，痙蓀案：痙字贅言本譌作痓。厥立至。胃中津液幾何，而能供此交爭乎？至於濕熱之邪，所以必屬陽明者，以陽明爲水穀之海，鼻食氣，口食味，悉歸陽明，邪從口鼻而入，則陽明爲必由之道路也。其始也邪入陽明，無有不耗其胃液，其繼也邪盛三焦，更欲取資於胃液，司命者可不深爲陽明顧慮哉。

或謂：木火同氣，熱甚生風，以致痙厥，理固然矣。然有濕熱病表裏極熱，不痙不厥者何也？余曰：風木爲火熱引動者，原因木火素旺，肝陰先虧，内外相引，兩陽相得，因而勁張。若肝腎素充，本無裏熱者，火熱安能招引肝風哉。試觀產婦及小兒家，一經壯熱，便成瘈瘲者，以失血之後，及純陽之體，陰氣未充，故肝風易動也。

或問曰：亦有陰氣素虧之人，病患濕熱，甚至痲疹外現，入暮譫語昏迷，而不痙不厥者何也？答曰：此病邪自甚於陽明之營分，故由上脘而熏胸中，是入暮譫妄。邪不在三焦氣分，則金不受囚，木有所畏，未敢起而用事。至於痲屬陽明，疹屬太陰，亦二經營分熱極，不與三焦相干，即不與風木相引也。此而痙厥，必胃中津液盡涸，耗及心營，則肝風亦起，蓀案：則字原誤作庶，贅言本同，今以意改。而其人早已無生理矣。

濕溫證壯熱口渴，舌苔黃，蓀案：苔黃二字原誤倒，依贅言本改。或焦紅，發痙，神昏譫語，或笑，邪灼心胞，營血已耗，宜連翹、犀角、羚羊、生地、元參、勾藤、鮮菖蒲、至寶丹等味。

暑濕之邪，本傷氣分，及至熱極，逼入營陰，則津液耗而陰亦病，心胞受灼，則神昏譫語，用藥以清？熱救陰，洩邪平肝爲務。

或問余曰：仲景治痙，以有汗無汗分剛柔二痙，治用蔞根桂枝湯，及葛根湯二方。後人屏而不用，豈宜於古者，不宜於今耶？今之痙者，與厥相連，仲景不言暴厥，豈金匱有遺文耶？余曰非也。仲景蔞葛二湯。乃未痙時之治法，非作痙後之主方。況近世所病之痙，由於濕熱者居多，蓋三焦與肝膽同司相火，中焦濕熱不解，則熱甚於裏，而少火悉成壯火，火動則風生，而筋攣脈急，風煽則火熾，而識亂神迷，身中之氣，隨風火上炎而有升無降，常度盡失，由是而形若尸厥。正《内經》所謂血之與氣，并走於上，則爲暴厥者是也。外竄筋中則成痙，内并膻中則爲厥，内外瀰淪，痙厥遞現，正氣猶存一線，則氣復起而醒，胃津不克支持，則厥不回而死矣。故痙之與厥，往往相連也。

暑月痙病，與霍亂同出一源，風因火生，火隨風轉，乘入陽明則嘔，賊及太陰則瀉，是名霍亂；竄入筋中則攣急，流入脈絡則拘牽，是名痙。但痙病

發厥，十有八九；霍亂發厥，十無一二。蓋痙則風火閉鬱，鬱則熱勢愈甚，不免逼亂神明；霍亂則上吐下瀉，風火外洩，不致循經內竄，此痙與霍亂之分也。然痙病邪滯三焦，三焦乃火化，風得火而愈煽，逼入膻中蒸案：膻字贅言本譌作膽。而暴厥；霍亂邪走脾胃，脾胃乃濕化火，得濕而自熄，惟風濕脈中而拘攣，火增則厥，少散則攣，又痙與霍亂之遺禍也。痙之強直，乃濕熱生風；霍亂之轉筋，乃風來勝濕，則由藏及筋而攣，總由濕熱與內風淆亂清濁，升降失常之故。夫濕多熱少，蒸案：熱字贅言本譌作氣。則風入土中而霍亂；熱多濕少，則風乘三焦而痙厥。厥不返者死，胃液乾枯，火邪不解也；轉筋入腹者死，胃液內涸，風邪獨勁也。然則胃中之津液，其關於人者，顧不鉅哉。

厥證用辛，開泄胸中無形之邪也；乾霍亂用探吐，泄胃中有形之邪也。然泄邪而胃液不上供者，熱邪愈熾，探吐而胃液不四布者，風邪益張，總成死候，不可不知。

濕溫證發痙撮空，神昏笑妄，舌苔乾黃起刺，或轉黑色，大便不通者，熱邪閉結胃腑，宜用承氣湯下之。

撮空一證，昔賢謂非大實即大虛。虛則神明渙散，將有脫絕之虞；實則神明被逼，故多撩亂之象。今舌苔黃刺乾澀，大便閉而不通，其爲熱邪內結，陽明實熱顯然矣。徒事清熱泄邪，止能散絡中流走之熱，不能除胃中蘊結之邪，故假承氣以通地道。然舌不乾黃起刺者，仍不可投。

承氣用硝黃，所以逐陽明之燥火實熱，原非濕熱內滯者所宜用，然胃中津液爲熱所耗，甚至撮空撩亂，舌苔乾黃起刺，此時胃熱極甚，胃津告竭，濕火轉成燥火，故用承氣以攻下。承氣者，所以承接未亡之陰氣於一線也，濕溫病至此，亦危矣哉。

或問：吳又可治瘟疫，一遇舌黃胸腹痞滿者，便用大黃攻逐，今濕溫用下，必遇苔黃乾刺何也？余曰：此正瘟疫與濕溫之所由分也。瘟疫感天地之厲氣，厲氣必挾時毒，故一涉陽明裏證，即以逐毒爲主。濕溫感天地之常氣，常氣未嘗有毒，苟非胃家燥實，未可輕言攻下也。是以瘟疫失下，有腐腸潰胃之虞；濕溫妄下，有下利不止之變。毫釐千裏，學者參之。

濕溫證壯熱煩渴，舌焦紅或縮，瘢疹胸痞，自利神昏痙厥，濕熱充斥表裏三焦，宜大劑犀角、羚角、生地、元參、連翹、丹皮、紫草、鮮菖蒲等味。

此痙厥證之最重者，上爲胸痞，下挾熱利，瘢疹痙厥，陰陽俱困，而獨以清陽明之熱，救陽明之液爲急務者，恐胃液不存，其人必自焚而死也。

濕溫證壯熱口渴，自汗身重，胸痞脈洪大而長者，此太陰之濕，與陽明之熱相合，宜蒼朮、石膏、知母、甘草等味。

熱渴自汗，陽明之熱也，胸痞身重，太陰之濕兼見矣，脈洪大而長，知濕熱滯於陽明之經，故用蒼朮白虎湯以清熱散濕，然此乃熱多濕少之候。

按：白虎湯，仲景用以清陽明無形之燥熱也。胃汁枯涸者，加人參以生津，名曰白虎加人參湯。身中素有痺氣者，加桂枝以通絡，名曰桂枝白虎湯，而其實意在清胃熱也。是以後人治暑熱傷氣，身熱而渴者，亦用白虎加人參湯。熱渴汗泄，肢節煩疼者，亦用白虎加桂枝湯。胸痞身重兼見，則於白虎湯中加入蒼朮，以理太陰之濕。寒熱往來兼集，則於白虎湯中加入柴胡，以散半表之邪。凡此皆熱盛陽明，他證兼見，故用白虎清熱，而復各隨證以加減。苟非熱渴汗泄，脈洪大者，白虎便不可投。辨證察脈，最宜詳審也。

濕溫證濕熱傷氣，四肢困倦，精神減少，身熱氣高，心煩溺黃，口渴自汗，脈虛者，東垣用清暑益氣湯主治，方用人參、黃耆、甘草、白朮、蒼朮、神麯、青皮、升麻、乾葛、麥冬、五味、當歸、黃柏、澤瀉、廣皮，共十五味。

同一熱渴，自汗而脈虛神倦，便是中氣受病，而非陽明鬱熱。清暑益氣湯，乃東垣所製，方中藥味頗多，學者當於臨證時，斟酌去取可也。

吳鶴皋曰：暑令行於夏，至長夏則兼濕令矣，此方兼而治之。炎暑則表氣易洩，兼濕則中氣不固，黃耆所以實表，白朮、神麯、甘草所以調中。酷暑橫流，肺金受病，人參、五味、麥冬，所以補肺斂肺清肺經，所謂扶其所不勝也。濕熱蒸淫，以黃柏、澤瀉清其濕熱。熱邪傷陰，以當歸和陰。清氣不升，升、葛可升；濁氣不降，二皮可理。蒼朮之用，爲兼長夏濕也。

濕溫證寒熱如瘧，舌苔滑白，口不知味，濕熱阻遏募原，宜厚朴、草果、神麯、半夏、蒼朮、六一散等味。

瘧由暑濕伏於內，秋涼末於外。若夏月腠理大開，毛竅疏通，安得成瘧？而寒熱有定期，如瘧之發作者，乃邪留幕原故耳。募原者，外近肌肉，內近胃府，即三焦之門戶，而實陽明之半表裏也。濕熱阻遏，則營衛分急，證雖

如瘧，不得與瘧同語，故仿吳又可達原飲之例。而瘧門中嚴用和清脾飲，亦可參用。

濕溫證身熱口苦，嘔吐清水，或痰多，此濕熱內留，木火上逆，宜溫膽湯加黃連碧玉散。

此素有停飲，而陽明少陽同病者，故一以滌飲，一以降逆爲治。溫膽湯中，用半夏、廣皮、茯苓、枳實、甘草、竹茹，加入黃連，名黃連溫膽湯。碧玉散即六一散加青黛也。

濕溫證四五日，大渴胸悶欲絕，乾嘔不止，脈細數，舌光如鏡，此胃液被劫，膽火上衝，宜西瓜白汁、鮮生地汁，磨服鬱金、烏藥、木香、香附等味。

此營陰素虧，陽明少陽同病者，故一救陽明之液，一救少陽之邪。不同煎者，取其力之全耳。

以上兩條，嘔同而治異，正宜並參。

濕溫證嘔惡不止，晝夜不差欲死者，此肺胃不和，胃移熱於肺，肺不受邪也，宜用黃連三五分，蘇葉二三分，煎服，其嘔立止。

肺胃不和，最能致嘔。人所不知，蓋胃熱移肺，肺不受邪，還歸於胃，嘔惡不止。若以肝膽之嘔治之則誤矣，即漫投生薑、半夏，亦與病不相值。必用黃連以降濕，蘇葉以通肺胃，則投之立愈。以肺胃之氣，惟蘇葉能通也。分兩用輕者，以輕劑能治上焦之疾故耳。

濕溫證欬嗽喘逆，面赤氣粗，晝夜不寧者，暑邪入於肺絡，宜葶藶子、六一散、枇杷葉等味。

人知暑傷肺氣爲氣虛，不知暑滯肺絡則肺實。葶藶引滑石，直瀉肺邪，則病自除。

有一酒客，蓀案：贅言本作余在金閶，見業師張友樵治一酒客。夏月痰欬氣喘，夜不得臥，服涼藥及開氣藥不效，有議用金匱麥冬湯者。余蓀案贅言本余作師下同診其脈，右寸數實，此肺實非肺虛也，投以人參則立斃矣。遂用葶藶、五錢焙研滑石五錢煎服立愈。明年復感客邪，壅遏肺氣，喘欬復作。醫有葶藶進者，蓀案：進字疑當在葶藶上，贅言本同，仍之。服之不效，反煩悶汗泄。余脈蓀案：脈疑當作診，贅言本同，仍之。其右寸浮數，口渴惡熱，冷汗自出，喘急煩悶，余曰此熱邪內壅，肺氣鬱極，是以逼汗外越，非氣虛自汗也。服葶藶而反煩悶者，肺熱極盛，與苦寒相拒格也。夫肺苦氣上逆，本宜苦以泄之，而肺欲散，又當急食辛以散之。與麻杏甘膏湯一劑，肺氣得通，而喘止汗斂，諸證悉平矣。

暑月熱傷元氣，氣短倦怠，口渴多汗，肺虛而欬者，宜人參、麥冬、五味子等味。

此即千金生脈散也，與上同一肺病，而氣粗與氣短有分，則肺實與肺虛各異。實則瀉而虛則補，一定之理也。然方名生脈，則熱傷氣之脈虛欲絕可知矣。

汪訒庵曰：肺主氣，肺氣旺則四臟之氣皆旺，虛故脈絕氣短也。人參甘溫，大補肺氣爲君，麥冬甘寒，潤肺滋水清心瀉熱爲臣，五味酸溫，斂肺生津，收耗散之氣爲佐。蓋心主脈，肺朝百脈，補肺清心，則氣充而脈伏，故曰生脈也。人有將死脈絕者，服此能復生。蓀案：服字原譌，復依贅言本改。其功甚大。夏月火旺剋金，當以保肺爲主，清晨服此，能益氣而卻暑也。

暑月乘涼飲冷，陽氣爲陰寒所遏，皮膚蒸熱，凜凜畏寒，頭痛頭重，自汗煩渴，或腹痛吐瀉者，宜用局方香薷飲，香茹、厚朴、扁豆。

此感受暑月陰寒之邪，名曰陰暑。陰邪外鬱，故頭重頭痛而畏寒；陽氣被遏，故蒸熱煩躁而口渴；暑必兼濕，故自汗；內乾太陰則吐利。故用香薷之辛溫以散陰邪，而發越陽氣，厚朴之苦溫除濕邪，而通行滯氣，扁豆之甘淡，消暑濕而調和中氣。倘無惡寒頭痛之外證，即無取香薷之辛香走竄，無腹痛吐利之裏證，亦無取厚朴、扁豆之疏滯和中矣。故熱渴甚者，加黃連以清裏熱，名四味香薷飲。減去扁豆，名黃連香薷飲。濕甚於裏，腹膨瀉泄者，去黃連，加茯苓、甘草，名五物香薷飲。若中虛氣怯，汗出多者，加入黃耆、人參、白朮、廣皮、木瓜，名十味香薷飲。然香薷之用，總爲陰暑外襲而設，不可用以治濕熱傷陽之陽暑也。經云：脈虛身熱，得之傷暑。後人又謂動而得之爲中熱，靜而得之爲中暑。以致後人有謂暑是熱邪者，有謂暑是寒邪者，紛紛不一。不知暑月六陽盡出於地上，凡陽氣有餘於外者，必不足於中，故經謂傷暑之脈多虛，原未定其爲寒爲熱也。總之暑月受病，無論寒熱，皆謂之暑，但有陰暑陽暑之辨耳。

李時珍曰：有處高堂大廈而中暑者，緣納涼太過，飲冷太多，陽氣爲陰邪所遏，故見頭痛惡寒之證，用香薷以發越陽氣，散水和脾則愈。此正言陰暑也。

又云：香薷乃夏月解表之藥，猶冬月之用麻黄，氣虚者不可多服。今人謂能解暑，用以代茶，誤矣。

李士材曰：香薷爲夏月發散之藥其性溫熱，只宜於中暑之人，若中熱之人誤服之，反成大害。此言宜於陰暑，不宜於陽暑也。

濕溫證胸痞發熱，肌肉煩疼，始終無汗者，腠理氣機拂鬱，濕熱不能達外，宜六一散一兩，薄荷葉三四十片，泡湯調服，即汗解。

此濕熱蘊遏，氣鬱不宣，故宜辛涼解散。汗出灌浴之輩，最多此患。若加頭痛惡寒，便宜用香薷溫散矣。

濕熱内滯太陰，鬱久而爲滯下。其證胸痞腹痛，下墜窘迫，膿血稠黏，裏急後重，脈耎數者，宜厚朴、黄芩、神麯、廣皮、木香、檳榔、柴胡、煨葛根、銀花炭、荆芥炭等味。

古之所謂滯下，即今所云痢疾也。由濕熱之邪，内伏太陰，阻遏氣機，以致太陰失健運，少陽失疏達，熱鬱濕蒸，傳道失其常度，蒸爲敗濁，膿血下注肛門，故後重，氣壅不化，仍數至圊而不能便。傷氣則下白，傷血則下赤，氣血並傷，赤白兼下。濕熱盛極，痢成五色。故用厚朴除濕而行滯氣，檳榔下逆而破結氣，黄芩清庚金之熱，木香、神麯疏中氣之滯，葛根升下陷之胃氣，柴胡升土中之木氣。熱侵血分而便血，以銀花炭、荆芥炭入營清熱。若熱甚於裏，當用黄連以清熱。大實而痛，宜增大黄以逐邪，昔張潔古製芍藥湯以治血痢，方用白芍、當歸、黄芩、黄連、大黄、木香、檳榔、甘草、桂心等味。而以芍藥名湯者，蓋謂下血必調藏血之藏，故用之爲君，不特欲其土中瀉木，抑且賴以斂肝和陰也。然芍藥味酸性斂，終非濕熱内蘊者所宜服。倘遇痢久中虚，而宜用芍藥、甘草之化土者，恐難任芩、連、大黄之苦寒，木香、檳榔之破氣。若其下痢初作，濕熱正盛者，白芍酸斂滯邪，斷不可投。此雖昔人已試之成方，不敢引爲後學之楷式也。

痢久傷陽，脈虚滑脱者，眞人養臟湯，方用人參、白术、甘草、當歸、白芍、木香、肉桂、肉果、粟殼、訶子肉。

脾陽虚者，當補而兼溫。然方中用木香，必其腹痛未止，故兼疏滯氣；用歸、芍，必其陰分虧殘，故兼和營陰。但痢雖脾疾，久必傳腎，以腎爲胃關，司下焦而開竅於二陰也。況火爲土母，欲溫中土之陽，必補命門之火。若虚寒甚而滑脱者，當加附子以補陽，不得雜入陰藥矣。

痢久傷陰，虚坐努責者，宜熟地炭、炒當歸、炒白芍、炙甘草、廣皮之屬。

裏急欲便，坐久而仍不得便者，謂之虚坐努責。凡裏急屬火居多，火性傳送至速，鬱於大腸，窘迫欲便，而便仍不舒，故痢疾門中每用芩、連清火，甚者用大黄逐熱。若痢久血虚，血不足則生熱，亦急迫欲便，但久坐而不得便耳。此熱由血虚所生，故治以補血爲主。裏急與後重不同，裏急者急迫欲便，後重者肛門重墜。裏急有虚實之分，實爲火邪有餘，虚爲營陰不足。後重亦有虚實之異，實爲邪實下壅，虚由氣虚下陷。是以治裏急者，有清熱養陰之異；治後重者，有行氣升補之殊。虚實之辨，不可不明。

暑濕内襲，腹痛吐利，胸痞脈緩者，濕濁内阻太陰，宜縮脾飲，方用砂仁、草果、扁豆、烏梅、葛根、甘草。

此暑濕濁邪傷太陰之氣，以致土用不宣，太陰告困。蓋脾土之性，喜燥惡濕，喜甘惡苦，喜香惡臭，故用砂仁、草果，醒脾逐濕，扁豆、甘草，補土和中。妙在烏梅、葛根，一斂一升，滌邪安胃，兩擅其長，斯中氣和而吐利止矣。

暑月飲冷過多，寒濕内留，水穀不分，上吐下瀉，肢冷脈伏者，宜大順散，方用乾薑、肉桂、甘草、杏仁。

暑月過於貪涼，陰暑外襲者，有香薷飲；陰暑内侵者，有大順散。夫吐瀉肢冷脈伏，是脾胃之陽爲寒濕所蒙，不得伸越，故以乾薑、肉桂，散寒和胃，杏仁、甘草，利氣調脾。然廣皮、茯苓仍不可少，此即宗仲景治陰邪内侵之霍亂，而用理中湯之旨乎。

腹痛下痢，胸痞煩躁，口渴脈數大，按之豁然空者，宜冷香引子，方用附子、草果、廣皮、甘草，冷服。

此不特濕邪傷脾，抑且寒邪傷腎。煩躁熱渴，極似陽邪爲病，惟數大之脈，按之豁然而空，知其躁渴等證，爲虚陽外越，而非熱邪内擾。故以附子爲君，散寒救陽，廣皮、草果，理脾逐濕，甘草止痛緩中。法當冷服者，以眞寒假熱之病，必治以眞熱假寒之藥。昔人所謂下咽之後，冷氣既消，熱性乃發，庶藥氣與病氣無扞格之虞也。

下利咽痛，口渴心煩，尺脈數疾者，熱邪内耗少陰之陰，宜倣豬膚涼潤法。

寒邪内犯少陰則亡陽，如用冷香引子者是也。熱邪内犯少陰易亡陰，如本

條下利者是也。少陰之脈，實膈上循喉嚨，液燥則火邪上逆，故咽痛心煩；上出舌下，陰傷故口渴。兼之尺中脈數，則下利爲熱犯少陰，副液下走無疑，是以仲景製豬膚湯。用豬膚、白蜜、白粉，但取甘涼潤燥，腎陰得和，裏熱自息，不治利而利自止矣。後人用養陰藥以治痢，皆倣其意也。

下痢腹痛後重，時或圊血，肛門熱痛，脈沈弦者，熱邪傳入厥陰，血液內耗，宜倣白頭翁湯法。

白頭翁湯，仲景治厥陰熱利之方也，方用白頭翁、黃連、黃柏、秦皮，清濕熱而升木火之鬱。熱入厥陰而下痢圊血者，安得不宗其意，以涼血散邪耶。

濕溫證五六日後，忽大汗出，手足冷，脈細如絲，或絕，口渴莖痛，而起坐自如，神清語亮，此因汗出過多，衛外陽亡，濕熱內結，一時表裏之氣不相接，故肢冷脈伏，非眞陽外脫也，宜五苓去术，加滑石、黃耆皮。

此條脈證前用冷香引子證，全似陽盛，而獨於脈之數大而空，知其陽虛。此條脈證全似亡陽，而獨於舉動神氣中得其病情。凡病之陽證似陰，陰證似陽者，正復不少，要在醫者之善於審察也。粗工昧此，藥味亂投，一匕下咽，神丹莫挽，可不愼歟。

濕溫證數日後，汗出熱不除，或痙，忽頭痛不止者，營液內耗，厥陰風火上升，宜羚羊角、蔓荆子、鈎藤、元參、生地、白芍藥等味。

此濕熱傷營，肝風上逆，血不榮經而痙作，上升巔頂則頭痛。熱勢已緩，木氣獨張，故痙而不厥。至於投劑，以熄風爲標，養營爲本也。

濕熱證十餘日後，大勢已退，惟口渴汗出，骨節陷痛不舒，小便赤澀不利，此餘邪留滯經絡，宜煎元米泔漬於术，蒸案：於原譌作于，依贅言本改。絞汁飲之。

病後濕邪未盡，陰液已傷，故身蒸案：身字贅言本誤作生。疼口渴。此時救液則助濕，治濕則刦陰。宗仲景麻沸湯之法，取氣不取味，則走陽不走陰。妙在元米泔養陰逐濕，兩擅其長。

濕熱病默默不語，神識昏迷，不知所苦，與飲食亦不卻，二便自通，諸藥不效者，此病不在脾胃，而在手厥陰營分，凝滯血絡，堵塞神明，非辛香氣藥所能開泄，宜醉地鼈蟲、醋炙鱉甲、土炒山甲、柴胡、桃仁泥等味，行血通瘀。暑邪本傷心氣，間有侵入營中，凝瘀絡脈，心主阻遏，靈機窒塞，所以神識不明，昏迷默默也。用直入厥陰營分之藥，破滯通瘀，斯絡通而邪亦解矣。

以上所載風溫濕溫，雖未能盡窮其變，然病有虛實之異，治有補瀉之殊，在氣在血，爲熱爲寒，已露一斑。學者能引伸三反，開發靈機，則他山片石，未必非攻玉之一助也。蒸案：贅言本此後有察舌一條，辨脈四條，注云從辨證活人摘入，蓋是後人所增今不補錄。

《四時病機・闡發濕溫》 濕溫治在足太陰不可發汗

《脈經》曰，傷寒濕溫，其人常傷於濕，因而中暍，顯熱相搏，則發濕溫病。若兩脛逆冷，腹滿義胸，頭目痛，苦妄言，治在足太陰，不可發汗。汗出必不能言，耳聾，不知痛所在，身青，面色變，名曰重暍。如此者死，醫殺之也。

濕溫即暑與濕交合之溫病也。素傷於濕，因復傷暑，兩邪相搏，深入太陰，以太陰主濕，召暑而入其中也。兩脛逆冷，腹滿，濕得暑而彰其寒。義胸，頭目痛，苦妄言，暑得濕而彰其熱，此但當分解濕熱之邪而息其焰，豈可發汗令兩邪混合爲一耶？汗出，口不能言，耳不能聞，心不知苦，但身青面色變，顯露於肌月之外耳。暍病而至，重暍又非實實虛虛之比，直爲醫之所殺矣。

時令濕溫

喻嘉言曰，夏月少陰君火，繼以太陰濕土，則出暍濕，兩症爲一大綱。以暍病，該濕溫天然不易也，乃濕溫一大症。從古不言及，是則夏月竟無着落矣。詎知長夏之濕氣，春分後早已先動，最能與溫氣相合而爲濕溫之症，濕溫至盛，長幼相似，則疫矣。故濕溫，該疫症亦包在內。又云，六氣各行其政，惟春分後秋分前少陰君火、少陽相火、太陰濕土三氣合行其事，是故天本熱也，而益以日之暑，日本烈也，而載以地之濕，三氣交動，時分時合，其分也，風動于中，勝濕解蒸不覺其苦。其合也，天之熱氣下、地之濕氣上，人在氣交之中受其炎蒸，無隙可避，口鼻受氣，着於脾胃潮熱汗出，稍涼少頃又熱，病名濕溫，脈濡弱，舌白，嘔逆，口乾不能湯飲，胸次耎而滿，或飲以芳香而散，或戰汗而解，或入裏下之而解，或內陷而神昏不愈。初起在氣分，日久漸入血分，當分別治之。

葉天士曰，夏季雨濕潮沴，鬱勃穢濁之氣，人在氣交中，口鼻觸受，直走胃絡，膜原分佈上下，初病頭脹痞悶嘔惡，舌白，病全在氣分，爲裏中之表，芳香逐穢，淡滲逐濕，少佐辛解爲治，宜達原飲、防己茯苓湯之屬。又云，濕邪鬱遏經脈，身痛不可轉側，變出目黃上視，手肢發痙，舌苔白，齒板燥，皆邪深

變症，可與木防己湯、栝蔞桂枝湯、大豆藥散之屬。

又云，濕溫初在氣分，日多不解，漸入血分，唇舌絳赤，芩連膏梔不應，必用血藥，佐以清氣藥一味足矣。輕則用犀角、鮮生地、連喬、竹葉、青蒿、丹皮、木通、元參，重者邪入包絡，昏閉，必加至寶丹、牛黄清心丸。

又云，熱久痞結，瀉心湯選用。

此言觸時令鬱蒸之氣，爲濕溫與傷濕中暍之説不同。

《醫門棒喝初集·溫暑提綱·濕溫》　濕溫者，以夏令濕盛，或人稟體陽虚多濕，而感四時雜氣，遂成濕溫。雖四時皆有，而夏秋爲多，濕熱二氣膠粘，淹纏難愈。如從下受，則足腫體重。上受，則頭目昏悶，胸滿腹膨，乍寒乍熱，胃不思食，渴不欲飲，大便溏泄，頻而不爽，小理黄赤，短而不利，或變黄疸，或化瘧痢，皆濕熱二氣合病也。良由清陽不振，陰邪竊踞，故宜苦溫芳香，以宣三焦氣化，使小便通利爲法。如藿香正氣、五苓、六和、消暑丸等方，審證選用。仲景言濕家忌發汗，指濕熱在裏者，因其膠粘之邪，汗之徒泄津液，傷元氣，而邪仍在，反變壞證矣。既爲膠粘之邪，故寒滯之藥，亦不宜用。若見腹滿，妄用大黄攻瀉，則更傷腎元，敗脾陽，脹必愈甚，而至危殆，故又不可下也。其或濕盛熱輕，尤當用辛熱如姜附之類，使陽氣克振，而佐二苓滑石等，以泄其濕，兼表分者，可加防己、赤小豆、木通之類，此大法也。吴門薛生白先生，有《濕熱條辨》三十五則，論治甚詳，宜參究之。其黄疸瘧痢等，各按本門論治可耳。夫陽暑爲火，陰暑爲濕，無汗身熱爲邪閉，有汗熱渴爲津泄，表裏虚實，辨别宜清，驅邪養正，不可混施。每見世俗以香薷飲，爲治暑通套之方，病家不知其害，醫者以爲成法，可免褒貶，而不知香薷辛淡而熱，爲暑門發汗之品，如傷寒門之麻黄也。不辨有汗無汗，表裏虚實，而混用之，其害多矣。若黄連瀉心火，厚朴溫中開胃，原爲治濕熱之藥，而不可治暑溫火盛傷氣之證，以其苦燥傷陰，則熱反不退而化燥病矣。臨證者，辛詳辨之。以上四證，雖源流不同，但有互相兼病者，必參合諸證，而施治法，知常通變，神而明之，存乎人耳。

《醫門棒喝初集·溫暑提綱·答問》　或問薛生白先生條辨内，有諸證皆退，惟目瞑，則驚悸夢惕，餘邪内留，膽氣不舒，宜酒浸郁李仁、姜汁炒棗仁等一則，即製法得宜，得不嫌其留滯乎，請示之。

答曰：　藉酒氣之濕熱，與郁李之滑利，導去濕熱之邪，取同氣相感之理也。驚悸夢惕，魂不藏肝，棗仁酸先入肝，而能安魂，爲慮酸能斂邪，故製以姜汁之辛，辛散爲陽，酸斂爲陰，一辛一酸，二味相和，得一陰一陽闔闢之道，陰陽闔闢，而肝之血氣以和，則魂安邪去，無驚惕之患。藥雖平淡無奇，製法極臻妙理，然亦不過示人規矩，要須隨證變化。予卻不慮其留滯，防其太溫，蓋相火寄於肝膽，姜汁棗仁，性皆溫熱，故當臨證審察，或宜佐以涼肝耳。

《溫熱贅言·濕溫症條例》　濕溫症條例

濕溫症始惡寒，後但熱不寒，汗出胸痞，舌苔白或黄，口渴不引飲，此濕溫症之提綱也。濕溫症屬陽明太陰經者居多，中氣實則症正陽明，中氣虚則病屬太陽。病在二經之表者多兼少陽三焦，病在二經之裏者每兼厥陰風木以少陽厥陰司相火。濕本土化，鬱而生熱，即兼火化。故是症，最勿耳聾乾嘔，發痙發厥，而提綱中不言及者，因以諸症皆非濕熱症始生之正局實乃濕熱病必有之變局也。始惡寒者，陽爲濕鬱，而惡寒，終非若寒傷於。表之惡寒後但熱不寒，則久鬱成熱，反惡熱矣。陽不衛外則汗出，濕擾清陽則胸痞，濕霧上騰則舌白，與熱相蒸則苔黄，熱極則液不升而口渴，濕盛則飲内留而仍不引飲。然所云表者，乃陽明太陰之表，而非太陽之表。太陰之表，四肢也胸中也。陽明之表，胸中也肌肉也。故胸痞爲濕溫必有之症，而四肢倦怠肌肉煩疼亦必並見。其所以不干太陽者，以太陽主一身之表，風寒必自表入，故屬太陽。濕熱不盡從表入，故不由太陽。況風寒傷營衛，營衛乃太陽所司；表濕傷肌肉，肌肉爲陽明所主。其有寒濕而亦留太陽者，以太陽爲寒水同氣相求也。熱濕之。歸陽明者，陽明中土火化從陽也。寒濕之邪每傷形，熱濕之邪恆傷氣，故寒濕附太陽，治多辛熱；熱濕布三焦，治用辛涼。要之濕溫爲病，不特與傷寒不同，亦且與風溫有異。風溫乃肺胃受病，病必欬嗽煩渴；濕溫乃脾胃受病，病必身疼胸痞，一爲燥熱，一爲濕熱也。而提綱中不及言脈者，以濕熱之邪，脈無定體，或洪或緩，或伏或細，各隨症現，不拘一格，故難以一定之脈，印定後人眼目。濕熱之病，陽明必兼太陰者，人徒知臟腑相連，濕土同氣，而不特此也。蓋脾本爲胃行津液，若脾氣健運，散布水精，上輸於肺下輸膀胱，縱有濕邪安能著留。惟是饑飽勞役，先傷中氣，或生冷炙煿内賊太陰，以致健運失司，濕飲停積，客邪再至，遏伏氣機，病則倦怠痞悶有必至者，此皆先有内傷，再感外邪，非由腑及臟之謂。至於所感之邪，爲暑爲濕，爲熱爲風，或從内或從外，又在治病者之臨症時權衡矣。惡寒

無汗，身重頭痛，胸痞腰疼，濕在表分，宜羌活、葛根、六神麯、蒼朮、廣皮、枳殼等味，頭不疼去羌活。

身重惡寒，濕遏衛陽之表症。然頭爲諸陽之首，頭痛必挾風邪，故用羌活，不獨勝濕兼以祛風，而此條總是陰濕傷表之候。

汗出惡寒，發熱身重，關節疼，胸痞腰痛，濕在肌表，不可汗解，宜滑石、豆卷、茯苓皮、蒼朮皮、神麯、廣皮等味。若汗少惡寒者，加葛根。

此條外候與上條頗同，而汗出獨異，更加關節疼痛，乃濕邪初犯陽明之表，故略見惡寒。及至發熱，則惡寒當自止矣。用藥通陽明之表，而即清胃脘之熱，使濕邪不致上壅化熱，而欲其因滲下走耳，此乃陽濕傷表之候。然藥用滲，利其小便之不利可知矣。

濕溫症，發熱汗出，胸痞不知饑，口渴不喜飲，舌苔滑白者，濕初內伏，蒙閉清陽，宜豆蔻仁、藿香、桔梗、枳殼、鬱金、金六一、菖蒲、佩蘭等味。

濁邪上蒙，則胸痞，胃液不升，則口渴，病在上焦，故用辛香氣分之味，開泄上焦。

濕溫症，身熱而赤，胸痞口渴，時或譫語，舌苔黃澀，汗出，濕伏中焦蘊化爲熱，宜神麯、豆卷、連翹、廣皮、萆薢、滑石等味。

濕邪內伏，鬱久化熱，甚至譫語如夢，舌苔黃溫，是太陰之濕與陽明之熱相合矣。倘仍用辛溫開泄之法，轉燥胃津則助熱邪矣，故宜運脾遂濕，涼泄熱邪。

凡濕溫症，憑驗舌以投劑，至爲要訣。

濕溫症，其熱，口渴胸痞，自利溺澀，此濕流下焦，宜神麯、廣皮、滑石、豬苓、萆薢、茯苓等味。

濕下注，故自利；化源滯，故溺澀。脾不幹津自渴胸痞，濕滯於下，故從分利。

濕熱之邪不自表入，故無表裏可分，而未嘗無氣血與三焦可辨。醫者不能分晳，一概混治雜投，無當病情，徒傷正氣矣。今論濕熱病機，而得一暢其旨。夫熱爲天之氣，濕爲地之氣，熱得濕而彌熾，濕得熱而愈張。故濕熱兩分，其病輕而緩，濕熱交合，其病重而速。然此論夏月濕熱交蒸之邪，非爲人身中濕鬱化熱者，言也。是以有濕無熱，或濕鬱生熱，止能蒙閉清陽。惟是濕熱並集，則身中少火，悉成壯火而三焦相火。有不起而爲暴者，或兼之木火同氣，表裏分司，引動肝氣，痓厥立至。胃中津液幾何？而能供此交爭乎？至於濕熱之邪，所以必屬陽明者，以陽明爲水穀之海。鼻食氣，口食味，悉歸陽明。邪從口鼻而入則陽明爲必由之道路也。其始也邪入陽明無有不耗其胃液，其繼也。邪盛三焦，更欲取資於胃液，司命者可不深爲陽明顧慮哉。

或謂木火同氣，熱甚生風，以致痙厥，理固然矣。然有濕熱病，表裏極熱，不痙不厥者，何也？余曰：風木爲火熱引動者，原因木火素旺，肝陰先虧，內外相引，兩陽相得，因而勁張。若肝胃素充，本無裏熱者，火熱安能招引肝風哉！試觀產婦及小兒家，一經壯熱，便成瘈瘲者，以失血之後，及純陽之體，陰氣未充，故肝風易動也。

或問曰：亦有陰氣素虧之人，病患濕熱，甚至癍疹外現，入暮譫語昏迷，而不痙不厥者，何也？答曰：此病邪自甚於陽明之營分，故由上脘而薰胸中，則入暮譫語妄；邪不在三焦氣分，則金不受囚，木有所畏，未敢起而用事。至於癍屬陽明，疹屬太陰，亦二經營分，熱極不與三焦相干，即不與風木相引也。此而痙厥，必胃中津液盡涸，耗及心營，庶肝風亦起，而其人早已無生理矣。

濕溫症，壯熱口渴，舌苔黃或焦紅，發痙神昏，譫語或笑，邪灼心胞營血已耗，宜連翹、犀角、羚羊、生地、元參、勾藤、鮮菖蒲、至寶丹等味。

暑濕之邪本傷氣分，及至熱極，逼入營陰，則津液耗，而陰亦病。心胞受灼，則神昏譫語，用藥以清熱救陰，洩邪平肝爲務。

或問余曰：仲景治痙，以有汗無汗分剛柔二痙，治用蔞根桂枝湯，及葛根湯二方。後人屏而不用，豈宜於古者，不宜於今耶。今之痙者，與厥相連，仲景不言暴厥，豈金匱有遺文耶。余曰：非也。仲景蔞葛二湯，乃未痙時之治法，非作痙後之主方，况近時所病之痙，由於濕熱者居多。蓋三焦與肝膽同司相火，中焦濕熱不解，則熱甚於裏。而少火悉成壯火，火動則風生，而筋攣脈急，風煽則火熾，而識亂神迷。身中之氣，隨風火上炎而有升無降，常度盡失。由是而形若尸厥，正內經所謂血之與氣併走於上，則爲暴厥者是也。外竄筋經則成痙，內併膽中則爲厥，內外瀰淪痙厥遞現。正氣猶存一綫，則氣復起而醒；胃津不克支持，則厥不回死矣。故痙之與厥，往往相連也。

暑月痙病與霍亂同出一源，風因火生，火隨風轉。乘入陽明則嘔，賊及太陰則瀉，是名霍亂。竄入筋中則攣急，流入脈絡則拘牽，是名痙。但痙病發厥十有八九，霍亂發厥十無一二。蓋痙則風火閉鬱，鬱則熱。勢愈甚，不免逼亂神明。霍亂則上吐下瀉，風火外洩，不致循經內竄，此痙與霍亂之分也。然痙病邪濡三焦，三焦則火化，風得火而愈煽也。入膽中而暴厥，霍亂邪走脾胃，脾胃乃濕化，火得濕而自熄。惟風淫脹中而拘攣，火增則厥少，散則攣，又痙與霍亂之遺禍也。痙之強直，乃溫熱生風，霍亂之轉筋，乃風來勝濕痙則由經及臟而厥。霍亂則由臟及筋而攣，總由濕熱與內風淆亂，清濁升降失常之故。夫濕多氣少，則風入土中而霍亂熱多濕少，則風乘三焦而痙厥。厥不返者死，胃液乾枯火邪不解也。轉筋入腹者死，胃液內涸，風邪獨勁也。然則胃中之津液，其關於人者固不鉅哉！故厥症用辛，開泄胸中無形之邪也。乾霍亂用探吐，泄胃中有形之邪也。然泄邪而胃液不上供者，熱邪愈熾探吐而胃液不四布者，風邪益張，俱成死候，不可不知。

濕溫症，發痙撮空，神昏笑妄，舌苔黃起刺或爲黑色，大便不通者，熱邪閉結胃腑，宜用承氣湯下之。

撮空一症，昔人謂非大實即大虛，虛則神明渙散。將有脫絶之虞，實則神明被逼，故多撩亂之象。今舌苔黃刺乾澀，大便閉而不通，其爲熱邪內結陽明，實熱顯然矣。徒事清熱泄邪，止能散絡中流走之熱，不能除胃中蘊結之邪，故假承氣以通地道。然舌不乾黃起刺者，仍不可投。然胃中津液承氣用硝黃，所以逐陽明之燥火實熱，非濕熱內滯者所宜用。然胃中津液爲熱所耗，甚至撮空捺亂，舌苔乾黃起刺，此時胃極熱甚，胃津告竭，濕火反成燥火，故用承氣以攻下。承氣者，所以承接未亡之陰氣於一綫生機也。濕溫病至此，亦危矣哉。

或問：吳又可治瘟疫，一遇舌黃胸腹痞滿者，便用大黃攻逐。今濕溫用下，必遇苔黃乾刺何也。余曰：此正瘟疫與濕溫之所由分也。瘟疫感天地之厲氣，厲氣必挾時毒。故一涉陽明裏症，即以逐毒爲主。濕溫感天地之當氣，當氣未嘗有毒，苟非胃家燥實，未可輕言攻下也。是以溫疫失下，有腐腸潰胃之虞，濕溫妄下，有下利不止之變，毫厘千里，學者參之。

濕溫症，壯熱煩渴，舌焦紅或縮，癍疹胸痞，自利神昏痙厥，濕熱充斥表裏三焦，宜火劑，犀角、羚角、生地、元參、連翹、丹皮、紫草、鮮菖蒲等味。

此痙厥之最重者，上爲胸痞，下挾熱利，癍疹痙厥，陰陽俱困。而獨以清陽明之熱救陽明之液爲急務者，恐胃液不存，其人必自焚死也。

濕溫症，壯熱口渴，自汗身重，胸痞脈洪大而長者，此太陰之濕與陽明之熱相合，宜蒼术、石膏、知母、甘草等味。

熱渴自汗，陽明之熱也。胸痞身重，太陰之濕兼見矣。脈洪大而長，知濕熱滯於陽明之經，故用蒼术白虎湯，以清熱散熱，然此乃熱多濕少之候。

按：白虎湯，仲景用以清陽明無形之燥熱也。胃中枯涸者，加人參以生津，名曰白虎加人參湯。身中素有脾氣者，加桂枝以通絡，名曰桂枝白虎湯，而其實意在清胃熱也。是以後人治暑熱傷氣身熱而渴者，亦用白虎加人參湯。熱渴汗泄枝節煩疼者，亦用白虎加桂枝湯。胸痞身重兼見，則於白虎湯中加入蒼术以理太陰之濕。寒熱往來兼集，則於白虎湯中加入柴胡以散半表之邪。凡此皆熱盛陽明他症兼見，故用白虎清熱而復各隨症以加減。苟非熱渴汗泄脈洪大者，白虎便不可投，辨症察脈，最宜詳審也。

濕溫症，濕熱傷氣，四肢困倦，精神減少，身熱氣高，心煩溺黃，口渴自汗，脈虛者，用東垣清暑益氣湯主治方用人參、黃芪、甘草、白术、蒼术、神麯、青皮、升麻、乾葛、麥冬、五味、當歸、黃柏、澤瀉、廣皮共十五味。

同一熱渴自汗，而脈虛神倦，便是中氣受傷，而非陽明鬱熱。清暑益氣湯乃東垣所製，方中藥味頗多，學者當於臨症時斟酌去取可也。

吳鶴皋曰：暑令行於夏，至長夏則兼濕令矣，此方兼而治之。炎暑則表氣易泄，兼濕則中氣不固。黃芪所以實表；白术、神麯、甘草，所以調中酷暑橫流，肺金受病，人參、五味、麥冬，所以補肺斂肺清肺，經所謂扶其所不勝也。濕熱蒸淫，以黃柏澤瀉清其濕熱，熱邪傷陰，以當歸和陰，清氣不升，升葛可升，濁氣不降，二皮可理，蒼术之用，爲兼長夏濕也。

濕溫症，寒熱如瘧，舌苔渦白、口不知味，濕熱阻遏募原，宜厚朴，草果、神麯、半夏、蒼术、六一散等味。

瘧由暑濕伏於內，秋涼束於外。若夏月腠理大開，毛竅疎通，安得成虐？而寒熱有定期，如瘧之發作者，乃邪留募原故耳。募原者，外近肌肉，內近胃府，即三焦之門戶，而實陽明之半表裏也。濕熱阻遏，則營衛分爭，症雖如瘧，不得與瘧同語，故倣吳又可達原飲之例。而瘧門嚴用和清脾飲，亦

可參用。

濕熱症，身熱口苦，嘔吐清水，或痰多，此濕熱內留，木火上逆，宜濕膽湯加黃連碧玉散。

此素有停飲，而陽明少陽同病者，故一以滌飲一以降逆爲治，溫膽湯中，用半夏、廣皮、茯苓、枳實、甘草、竹茹，加入黃連，名黃連溫膽湯。碧玉散即六一散加青黛也。

濕溫症，四五日大渴，胸悶欲絶，乾嘔不止，脈細數，舌光如鏡，此胃液被刼，膽火上衝，宜西瓜白汁、鮮生地汁、摩眼鬱金、烏藥、木香、香附等味。

此營陰素虧，陽明少陽同病者，故一救陽明之液。一救少陽之邪，不用煎者，取其力之全耳。以上兩條嘔同而治異正宜並參。

濕溫症，嘔惡不止，晝夜不差欲死者，此肺胃不和，胃移熱於肺，肺不受邪也宜用黃連三五分，蘇葉二三分，煎服，其嘔立止。

肺胃不和，最能致嘔，人所不知，蓋胃熱移肺。肺不受邪，還歸於胃，嘔惡不止。若以肝膽之嘔治之，則誤矣，即謾投生薑、半夏。亦與病不相值，必用黃連以降濕，蘇葉以通肺胃，則投之立愈。以肺胃之氣，則蘇葉能通也。分兩用輕者，以輕劑能治上焦之疾故耳。

濕溫症，欬嗽喘逆，而赤氣粗，晝夜不寧者，暑邪入於肺絡，宜葶藶子，六一散，枇杷葉等味。

人知暑傷肺氣爲氣虛，不知暑滯肺絡則肺實，葶藶引滑石直瀉肺邪，則疾自除。

余在金閶見業師張友樵治一酒客，夏月痰欬氣喘，夜不得卧，服涼藥及開氣藥不效，有議用金匱麥冬湯者。師診其脈右寸數實，此肺實非肺虛也，投以人參則立斃矣，遂用葶藶五錢並研、滑石五錢煎服立愈。明年復感客邪，壅遏肺氣，喘欬復作，醫有葶藶進者，服之不效，反煩悶汗泄。師脈其右寸浮數，口渴惡熱，冷汗自出，喘急煩悶。師曰：此熱邪內壅，肺氣鬱極，是以逼汗外越，非氣虛自汗也。服葶藶而反煩悶者，肺熱極盛，與苦寒相拒格也。夫肺苦氣上逆，本宜苦以泄之，而肺欲散，又當急食辛以散之，與麻杏甘膏湯一劑，肺氣得通，而喘止汗斂，諸症悉平矣。麥冬湯。用麥冬、半夏、人參、大棗、粳米。

暑月熱傷元氣，氣短倦怠，口渴多汗，肺虛而欬者，宜人參、麥冬、五味子等味。

此即千金生脈散也。與上同一肺病，而氣粗與氣短有分，則肺虛與肺實各異實則瀉，而虛則補，一定之理也。然方名生脈，則熱傷氣之脈虛欲絶可知矣。

汪訒菴曰：肺主氣，肺氣旺，則四臟之氣皆旺。虛故脈絶氣短也，人參甘溫，大裨肺氣爲君，麥冬甘寒，潤肺滋水清心瀉熱爲臣，五味酸溫斂肺生津收耗散之氣爲佐。蓋心主脈，肺朝百脈。補肺清心，則氣充而脈復，故曰生脈也。人有將死脈絶者，服此能復生，其功甚大。夏月火旺尅金，當以保肺爲主，清晨服此，益氣而卻暑也。

暑月乘涼飲冷，陽氣爲陰寒所遏，皮膚蒸熱，凜凜畏寒，頭痛頭重，自汗煩渴，或腹痛吐瀉者，宜用局方香薷飲，香薷、厚朴、扁豆。

此感受暑月陰寒之邪，名曰陰暑。陰邪外鬱，故頭重頭痛而畏寒；陽氣被遏，故蒸熱煩燥而口渴，暑必兼濕，故自汗；內干太陰則吐利，故用香薷之辛溫，以散陰邪而發越陽氣。厚朴之苦溫，除濕邪而通行滯氣；扁豆之甘淡，消暑濕而調和中氣；倘無惡寒頭痛之外症，即無取香薷之辛香走竄，無腹症吐利之裏症，亦無取厚朴扁豆之疎滯和中矣。故熱渴甚者，加黃連以清裏熱名四味香薷飲，減去扁豆名黃連香茹飲。濕甚於裏腹膨瀉泄者，去黃連，加茯苓、甘草，名五物香薷飲。若中虛氣怯，汗出多者，加入黃芪、人參、白朮、廣皮、木瓜，名十味香茹飲。然香茹之用，總爲陰暑外襲而設，不可用以治濕熱傷陽之陽暑也。《經》云：脈，虛身熱得之傷暑。後人又謂：動而得之爲中熱靜，而得之爲中暑。以致後人有謂暑是熱邪者，有謂暑是寒邪者，紛紛不一。不知暑月，六陽盡出地上。凡陽氣有餘於外者，必不足於中。故經謂傷暑之脈多虛，原未定其爲寒爲熱也，總陰暑陽暑之辨耳。李時珍曰：有處高堂大廈而中暑者，緣納涼太過飲冷太多，陽氣爲陰邪所遏，故見頭痛惡寒之症。用香茹以發越陽氣，散水和脾則愈，此正言陰暑也。

又云：香茹乃夏月解表之藥，猶冬月之用麻黃，氣虛者不可多服。今人謂能解暑，用以代茶誤矣。

李士材曰：香茹爲夏月發散之藥，其性溫熱，只宜於中暑之人。若中熱之人誤服之，反成大害。此言宜於陰暑，不宜陽暑也。

溼溫症，胸痞發熱，肌肉煩疼，始終無汗者，腠理氣機拂鬱，溼熱不能達外，宜六一散一兩，薄荷葉三四十片，泡湯調服即汗解。

此溼熱蘊遏，氣鬱不宣，故宜辛涼解散，汗出灌浴之輩最多此患。若加頭痛惡寒，便宜用香茹溫散矣。

溼熱內滯，太陰鬱久而爲滯下，其症胸痞腹痛，下墜窘迫，膿血稠粘，裏急後重，脈輭數者，宜厚朴、黄芩、神麴、廣皮、木香、檳榔、柴胡、煨葛根、銀花炭、荆芥炭，等味。

古之所謂滯下，即今所云痢疾也。由溼熱之邪，由伏太陰阻遏氣機，以致太陰失健運，少陽失疎達，熱鬱溼蒸。以道失其常度，蒸爲敗濁，膿血下注肛門，故後重氣壅不化。仍數至圊而不能便傷氣，則下白，傷血則下赤，氣血並傷赤白兼下。溼熱盛極痢成五色，故用厚朴，除溼而行滯氣，檳榔下送而破結氣；黄芩清庚金之熱；木香神麴疎中氣之滯；葛根升下陷之胃氣；柴胡升土中之木氣。熱侵血分而便血，以銀花炭、荆芥炭，入營清熱。若熱甚於裏當用黄連以清熱，大實而痛，宜增大黄以逐邪。昔張潔古製芍藥湯，以治血痢，方用白芍、當歸、黄芩、黄連、大黄、木香、檳榔、甘草、桂心等味。而以芍藥名湯者，蓋謂下血必調藏血之臟，故用之爲君，不特欲其土中瀉木，亦且賴以斂肝和陰也。然芍藥味酸性斂終非溼熱內蘊者所宜服。倘遇痢久中虛，而宜用芍藥甘草。之化土者，恐難任芩連、大黄之苦寒，木香、檳榔之破氣。若其下痢初作，溼熱正盛者，白芍酸斂滯邪，斷不可投。此雖昔人已試之成方，不敢引爲後學之楷式也。

痢久傷陽，脈虛滑脱者，眞人養臟湯，方用人參、白术、甘草、當歸、白芍、木香、肉桂、肉果、粟殼、訶子肉。

脾陽虛者，當補而兼溫。然方中用木香，必其腹痛未止，故兼疎滯氣。用歸芍必其陰分虧殘，故兼和營陰。但痢雖脾極，久必傳腎，以腎爲胃，關司下焦，而開竅於二陰也。況火爲土母，欲溫中土之陽，必補命門之火。若虛寒甚而滑脱者，當加附子以補陽，不得雜入陰藥矣。

痢久傷陰，虛坐努責者，宜用熟地炭，炒當歸，炒白芍、炙甘草、廣皮之屬。

裏急欲便，坐久而仍不得便者，謂之虛坐努責。凡裏急屬火居多，火性傳送至速，鬱於大腸，窘迫欲便，而便仍不舒，故痢疾門中，每用黄芩清火，甚者用大黄逐熱。若痢久血虛，血不足則生熱，亦急迫欲便，但久坐而不得便耳。此熱由血虛所生，故治以補血爲主，裏急與後重不同。裏急者，急迫欲便，後重者，肛門重墜裏急有虛實之分，實爲火邪有餘，虛爲營陰不足。後重亦有虛實之異，實爲邪實下壅，虛由氣虛下陷。是以治裏急者，有清熱養陰之異。治後重者有行氣升補之殊虛實之辨不可不明。

暑熱內襲，腹痛吐痢，胸痞脈緩者，溼濁內阻太陰，宜縮脾飲，方用砂仁、草菓、扁豆、烏梅、葛根、甘草。

此暑溼濁邪傷太陰之氣，以致土用不宣，太陰告困。蓋脾土之性，喜燥惡溼，喜甘惡苦，喜香惡臭。故用砂仁、草菓，醒脾逐溼，扁豆、甘草，補土和中，妙在烏梅葛根。一斂一升，滌邪安胃，兩擅其長斯中氣和，而吐利止矣。

暑月飲冷過多，寒溼內留，水穀不分，上吐下瀉，肢冷脈伏者，宜大順散，方用乾薑、肉桂、甘草、杏仁。

暑月過於貪涼，陰邪外襲者，有香茹飲。陰暑內侵者，有大順散。夫吐瀉、肢冷、脈伏，是脾胃之陽爲寒溼所蒙，不得伸越。故以乾薑、肉桂、散寒和胃，杏仁、甘草、利氣清脾，然廣皮、茯苓、仍不可少，此即宗仲景治陰邪內侵之霍亂，而用理中湯之旨乎。

腹痛下痢，胸痞煩燥，口渴脈數大，按之豁然空者，宜冷香引子。方用附子、草果、廣皮、甘草、冷服。

此不特溼邪傷脾，抑且寒邪傷腎，煩躁熱渴，極似陽邪爲病。惟數大之脈，按之豁然而空，知其躁渴等症，爲虛陽外越，而非熱邪內侵。故以附子爲君，散寒救陽；廣皮、草果，理脾逐溼；甘草止痛緩中。法當冷服者，以眞寒假熱之病，必治以眞熱假寒之藥。昔人所謂下咽之後，冷氣既消熱性乃發，庶藥氣與病氣無扞格之虞也。

下痢咽痛，口渴心煩，尺脈數疾者，熱邪內耗少陰之陰，宜倣豬膚涼潤法。

寒邪內犯少陰則亡陽，如用冷香飲子者是也。熱邪內犯，少陽易亡，如本條下利者是也。少陰之脈，貫膈上循，咽喉液躁，則火邪上逆，故咽痛心煩。上出舌下陰陽故口渴兼之，尺中脈數則下利，爲熱犯少陰，逼液下走無疑。是以仲景製豬膚湯，用豬膚白蜜，白粉，但取甘涼潤燥。腎陰得和，

裏熱自息，不治痢而痢自止矣。後人用養陰藥以治痢，皆倣其意也。

下痢，腹痛後重，時或圊血，肛門熱痛，脈沈弦者，熱邪傳入厥陰，血液內耗，宜倣白頭翁湯法。

白頭翁湯仲景治厥陰熱利之方也。方用白頭翁、黃連、黃柏、秦皮、清濕熱，而升水火之鬱。熱入厥陰而下利圊血者，安得不宗其意以涼血散邪耶。

濕溫症，五六日後忽大汗出，手足冷，脈細如絲或絕，口渴莖痛，而起坐自如，神清語亮，此因汗出過多，衛外陽亡，濕熱內結，一時表裏之氣不相接故肢冷脈伏，非眞陽外脫也。宜五苓去朮，加滑石、黃芪皮。前用冷香引子，症全似陽盛，而獨於脈之數大而空。知其陽虛，此條脈症全是亡陽，而獨於舉動神氣中，得其病情。凡病之陽症似陰，陰症似陽者，正復不少。要在醫者之審察也。粗工察此，藥味亂投，一吃下咽，神丹莫挽，可不慎哉。

濕溫症，數日後汗出，熱不除或痙，忽頭痛不止者，營液內耗厥陰，風火上升。宜羚羊角、蔓荊子、勾籐、元參、生地、白芍等味。

此濕熱傷營，肝風上逆，血不營經而痙作，上升巔頂則頭痛，熱勢已緩，木氣獨張，故痙而不厥。至於投劑，以息風爲標養營爲本也。

濕熱症，十餘日後大勢已退，惟口渴汗出，骨節隱痛不舒，小便赤澀不利，此餘邪留滯經絡，宜煎元米泔漬於术絞汁飲之。

病後濕邪未盡，陰液已傷，故生疼口渴。此時救液則助濕，治濕則刼陰。宗仲景麻拂湯之法，取氣不取味，則走陽不走陰，妙在元米泔，養陰逐濕兩擅其長。

濕熱病，默默不語，神識昏迷，不知所苦，與飲食亦不卻二便自通，諸藥不效者，此病不在脾胃而在手厥陰營分，凝滯血絡，堵塞神明，非辛香氣藥所能開泄。宜醉地鱉蟲、醋炙鱉甲、土炒甲片、柴胡、桃仁泥、等味、行血通瘀。

暑邪本傷心氣，間有侵入營中，凝瘀絡脈，主心阻遏，靈機窒塞，所以神識不明，昏迷默默也。用直入厥陰營分。

《類證治裁·溫症》　濕溫　傷於濕，又中暑，暑挾濕邪，鬱蒸爲熱，其脈寸濡而弱，尺小而急，身痛頭重，妄言自汗，兩脛逆冷。忌發汗，汗之名重暍，必死。胸滿，頭脹耳聾，邪與氣混也。小便不利，大便反快。

《溫熱經緯·仲景濕溫篇》　太陽病關節疼痛而煩脈沉而細者此名濕痺。其候小便不利，大便反快，但當利其小便。

沈堯對曰：《傷寒論》原序云：撰用《素》《難》當即以《素》《難》釋之。《難經》傷寒有五，即《素問》寒暑燥濕風之五氣爲病也。故仲景於太陽論中，五證並列，挨次剖析，此論濕痺，即《難經》之濕，溫證也。《素問》在天爲濕，在地爲土，濕乃土之氣也。故濕爲五氣之一，濕溫乃傷寒有五之一。編《傷寒》者，以濕暍爲非傷寒，置之別論，然則中風亦非傷寒，何以獨存卷首耶。《難經》云：濕溫之脈，陽濡而弱，陰小而急，與此稍異。《傷寒》既以頭痛胃實等項分六經，即以汗字判風寒，渴字認燥熱，小便不利認濕氣，縱橫辯別，邪無遁形矣。學者當於此等處，着實留心。

《溫熱經緯·葉香巖外感溫熱篇》　再論三焦不得唐本無此字。從外解，必致成裏結。裏結於何，在陽明胃與腸也。亦須用下法，不可以氣血之分，就唐本作謂其。不可下也。但傷寒邪熱在裏，刼燥津液，下之宜猛。此多濕邪內搏，下之宜輕。傷寒大便溏，爲邪已盡，不可再下。濕溫病大便溏爲邪未盡，必大便鞕，愼唐本作乃爲無濕始。不可再攻也，以糞燥爲無濕矣。唐本無此句。

胃爲臟腑之海，各臟腑之邪皆能歸胃，況三焦包羅臟腑，其邪之入胃尤易也。傷寒化熱，腸胃乾結，故下宜峻猛。濕熱凝滯，大便本不乾結，以陰邪瘀閉不通，若用承氣猛下，其行速而氣徒傷，濕仍膠結不去，故當輕法頻下，如下文所云小陷胷、瀉心等，皆爲輕下之法也。

雄按：傷寒化熱，固是陽邪，濕熱凝滯者，大便雖不乾結，黑如膠漆者有之，豈可目爲陰邪，謂之濁邪可也。惟其誤爲陰邪，故復援溫脾湯下寒實之例，而自詡下陽虛之濕熱，爲深得仲景心法，眞未經臨證之言也。似是而非，刪去不錄。

又　且吾吳濕邪害人最廣，如面唐本作多色白者，須要顧其陽氣，濕勝則陽微也。法應清涼，唐本法上有如字。然唐本作用。到十分之六七，即不可過於寒唐本無此二字。涼，恐成功反棄。何以故耶？本無此二句，有蓋恐二字。濕熱一去，陽亦衰微也。面色蒼者，須要顧其津液，清涼到十分之六七，往往熱減身寒者，不可就唐本作便。云虛寒，而投補劑，恐鑪煙雖息，灰中有火也須細察精詳方少少與之愼不可直率唐本作漫然。而往唐本作進。也。又有酒客，裏濕素盛，外邪入裏，裏濕爲合。唐本作與之相搏在陽旺之軀，胃濕恆多。在陰

盛之體，脾濕亦不少，然其化熱則一。熱病救陰猶易，通陽最難，救陰不在唐本有補字。血，而在津與汗；唐本作養津與測汗。通陽不在溫，而在利小便。然唐本無此字。較之雜證，則唐本無此字。有不同也。

六氣之邪，有陰陽不同，其傷人也，又隨人身之陰陽強弱變化而爲病。面白陽虛之人，其體豐者，本多痰濕，若受寒濕之邪，非薑、附、參、苓不能去；若濕熱亦必黏滯難解，須通陽氣以化濕，若過涼則濕閉而陽更困矣。面蒼陰虛之人，其形瘦者，內火易動，濕從熱化，反傷津液，與陽虛治法正相反也。胃濕脾濕雖化熱則一，而治法有陰陽不同。如仲景云，身黃如橘子色而鮮明者，此陽黃胃濕，用茵陳蒿湯。其云色如熏黃而沉晦者，此陰黃脾濕，用梔子檗皮湯，或後世之二妙散亦可。救陰在養津，通陽在利小便，發古未發之至理也。測汗者，測之以審津液之存亡，氣機之通塞也。

雄按：熱勝於濕，則黃如橘子色而鮮明；濕勝於熱，則色沉晦而如熏黃，皆屬陽證，而非陰黃也。

雄按：所謂六氣，風寒暑濕燥火也。分其陰陽，則《素問》云：寒暑六入，暑統風火，陽也，寒統燥濕，陰也。言其變化，則陽中惟風無定體，有寒風，有熱風。陰中則燥濕二氣，有寒，有熱。至暑乃天之熱氣。流金爍石，純陽無陰。或云陽氣爲熱，陰邪爲暑者，甚屬不經。經云：熱氣大來，火之勝也，陽之動，始於溫盛於暑。蓋在天爲熱，在地爲火，其性爲暑。是暑即熱也，並非二氣。或云暑必兼濕者，亦誤也。暑與濕原是二氣，雖易兼感，實非暑中必定有濕也。譬如暑與風亦多兼感，豈可謂暑中必有風耶。若謂熱與濕合始名爲暑，然則寒與風合又將何稱。更有妄立陰暑、陽暑之名者，亦屬可笑。如果暑必兼濕，則不可冠以陽字。若知暑爲熱氣，則不可冠以陰字。其實彼所謂陰暑，即夏月之傷於寒濕者耳。設云暑有陰陽，則寒亦有陰陽矣。不知寒者水之氣也，熱者火之氣也，水火定位，寒熱有一定之陰陽。寒邪傳變，雖能化熱而感於人也，從無陽寒之說。人身雖有陰火，而六氣中不聞有寒火之名。暑字從日，日爲天上之火，寒字從冫，冫爲地下之水，暑邪易入心經，寒邪先犯膀胱，霄壤不同，各從其類。故寒暑二氣，不比風燥濕有可陰可陽之不同也。況夏秋酷熱，始名爲暑；冬春之熱，僅名曰溫。而風寒燥濕皆能化火，今曰六氣之邪有陰陽之不同，又隨人身之陰陽變化，毋乃太無分別乎？至面白體豐之人，既病濕熱，應用清涼，本文業已明言，但病去六七，不可過用寒涼耳，非謂病未去之初不可用涼也。今云與面蒼形瘦之人，治法正相反，則未去六七之前，亦當如治寒濕之用薑、附、參術、矣。陽奉陰違，殊乖詮釋之體。若脾濕陰黃，又豈梔檗湯苦寒純陰之藥可治哉？本文云：救陰不在血，而在津與汗，言救陰須用充液之藥，以血非易生之物，而汗需津液以化也。血津上加補益字已屬蛇足，於汗上加測字，則更與救字不貫，章氏仍之陋矣。

又按：寒暑燥濕風，乃五行之氣合於五臟者也。惟暑獨盛於夏令，火則四時皆有，析而言之，故曰六氣。然三時之煖，燠雖不可，以暑稱之，亦何莫非麗日之煦照乎。須知暑即日之氣也，日爲衆陽之宗，陽燧承之，火立至焉。以五行論，言暑則火在其中矣，非五氣外另有一氣也。若風寒燥濕悉能化火，此由鬱遏使然，又不可與天之五氣統同而論矣。

又按：茅雨人云：本文謂濕勝則陽微，其實乃陽微故致濕勝也。此辨極是，學者宜知之。

《溫熱經緯・葉香巖三時伏氣外感篇》 夏爲熱病，然夏至已前，時令未爲大熱，《經》以先夏至病溫，後夏至病暑，溫邪前已申明，暑熱一證，雄按：《陰陽大論》云：春氣溫和，夏氣暑熱，是暑即熱也，原爲一證。故夏月中暑，仲景標曰中熱也。昔人以動靜分爲暑、熱二證，蓋未知暑爲何氣耳。醫者易眩。夏暑發自陽明，古人以白虎湯爲主方。後賢劉河間創議迥出諸家，謂溫熱時邪，當分三焦投藥，以苦辛寒爲主，若拘六經分證，仍是傷寒治法，致誤多矣。蓋傷寒外受之寒，必先從汗解，辛溫散邪是矣。口鼻吸入之寒，即爲中寒陰病，徐云亦不盡然治當溫裏，分三陰見證施治。若夫暑病，專方甚少，皆因前人略於暑，詳於寒耳。考古如《金匱》暑、暍、痙之因，而潔古以動靜分中暑、中熱，各具至理，雄按：雖有至理，而強分暑熱，名已不正矣。茲不概述。論幼科病暑熱夾雜別病有諸，而時下不外發散消導，加入香薷一味，或六一散一服。考《本草》香薷溫辛發汗，能泄宿水。夏熱氣閉無汗，渴飲停水，香薷必佐杏仁。以杏仁苦降泄氣，大順散取義若此。徐云：大順散非治暑之方，乃治暑月傷冷之方也，何得連類及之。上言香薷治渴飲停水，佐杏仁以降泄，故曰大順散之義亦若此也。長夏濕令，暑必兼濕。雄按：長夏濕旺之令，暑以蒸之。所謂上潤溽暑，故暑濕易於兼病，猶之冬月風寒每相兼感。

暑傷氣分，濕亦傷氣，汗則耗氣傷陽，胃汁大受劫爍，變病由此甚多。發

泄司令，裏眞是虛。張鳳逵云：暑病首用辛涼，繼用甘寒，再用酸泄酸斂，不必用下。可稱要言不煩矣。然幼科因暑熱蔓延，變生他病，茲摘其概。

暑邪必挾濕，暑令濕盛，必多兼感，故曰挾。猶之寒邪挾食，濕證挾風，俱是二病相兼，非謂暑中必有濕也。故論暑者，須知爲天上烈日之炎威，不可誤以濕熱二氣併作一氣始爲暑也。而治暑者，須知其挾濕爲多焉。

狀如外感風寒，忌用柴、葛、羌、防。如肌表熱無汗，辛涼輕劑無誤。香薷辛溫氣升，熱伏易吐，佐苦降如杏仁、黄連、黄芩則不吐。宣通上焦，如杏仁、連翹、薄荷、竹葉。暑熱深入，伏熱煩渴，白虎湯、六一散。雄按：無濕者白虎湯挾濕者六一散須別暑病頭脹如蒙，皆熱盛上熾，白虎竹葉。酒濕食滯者，加辛溫通裏。

又 夏令受熱，昏迷若驚，此爲暑厥。雄按：受熱而迷，名曰暑厥。譬如受冷而仆，名寒厥也。人皆知寒之即爲冷矣，何以不知暑之爲熱乎。即熱氣閉塞孔竅所致。其邪入絡，與中絡同法。牛黄丸至寶丹芳香利竅可效。雄按：紫雪亦可酌用。神甦已後，用清涼血分，如連翹心、竹葉心、元參、細生地、鮮生地、二冬之屬。雄按：暑是火邪，心爲火臟，邪易入之，故治中暑者，必以清心之藥爲君。此證初起，大忌風藥。雄按：火邪得風藥而更熾矣。初病暑熱傷氣，雄按：所謂壯火食氣也。竹葉石膏湯，或清肺輕劑。雄按：火邪克金，先必清肺矣。大凡熱深厥深四肢逆冷，魏柳洲曰：火極似水，乃物極必反之候。凡患此，爲燥熱溫補所殺者多矣。哀哉，蓋內眞寒而外假熱，論及者罕也。雄按：甲辰六月初一日至初四日，酷熱異常，如此死者，道路相接。余以神犀、紫雪二方救之，極效。但看面垢齒燥，二便不通，或瀉不爽爲是，大忌誤認傷寒也。雄按：尤忌誤以暑爲陰邪，或指暑中有濕，而妄投溫燥滲利之藥也。右暑厥。雄按：王節齋云：夏至後病熱爲暑，相火令行，感之自口齒入傷心包絡經，甚則火熱制金，不能平木，而爲暑風。張兼善云：清邪中上，濁邪中下，其風寒濕皆地之氣，所以俱中足經。惟暑乃天之氣，係清邪，所以中手少陰心經。

《溫熱經緯・薛生白濕熱病篇》 濕熱證，惡塞無汗身重頭痛，濕在表分，宜藿香、香薷、羌活、蒼术皮、薄荷、牛蒡子等味。頭不痛者，去羌活。

自注：身重惡寒，濕遏衛陽之表證，頭痛必挾風邪，故加羌活，不獨勝濕，且以祛風。此條乃陰濕傷表之候。

楊照藜云：濕宜淡滲，不宜專用燥藥，頭能屬熱，不必牽涉及風。

章虛谷云：惡寒而不發熱，故爲陰濕。

雄按：陰濕故可用薷、術、羌活，以發其表。設暑勝者，三味皆爲禁藥。章氏既知隊濕，因見其用香薷一味，遂以此條爲暑證之實據，總由誤以濕熱爲暑也，故其論暑連篇累牘，皆是影響之談。夫七政運行，有形可據，尚難臆斷，况太極無形，空談無謂，道邇求遠，反誤後人。茲概從删，免滋眩惑。

濕熱證，惡寒發熱身重關節疼痛，濕在肌肉，不爲汗解。宜滑石、大豆黄卷、茯苓皮、蒼术皮、藿香葉、鮮荷葉、白通草、桔梗等味。不惡寒者，去蒼术皮。雄按：吳本此句作汗少惡寒者加葛根。條內無荷葉藿香通草桔梗有神麴廣皮。

自注：此條外候與條同，惟汗出獨異，更加關節疼痛，乃濕邪初犯陽明之表，而即清胃脘之熱者，不欲濕邪之鬱熱上蒸，而欲濕邪之淡滲下走耳。此乃陽濕傷表之候。章虛谷按：以其惡寒少而發熱多，故爲陽濕也。下有然藥用滲利，其小便之不利可知矣二句。

濕熱證，三四日即口噤，四肢牽引拘急，甚則角弓反張，此濕熱侵入經絡脈隧中。宜鮮地龍、秦艽、威靈仙、滑石、蒼耳子。絲瓜藤、海風藤、酒炒黄連等味。

自注：此條乃濕邪挾風者，風爲木之氣，風動則木張，乘入陽明之絡則口噤；走竄太陰之經則拘攣。故藥不獨勝濕，重用息風，一則風藥能勝濕，一則風藥能疏肝也。選用地龍諸藤者，欲其宣通脈絡耳。十二經絡皆有筋相連繫，邪由經絡傷及於筋，則瘈瘲拘攣，角弓反張。筋由肝所主，故筋病必當舒肝。雄按：地龍殊可不必，加以羚羊、竹茹、桑枝等亦可。笵伯云：地龍、靈仙、蒼耳、海風藤，似嫌過於走竄，不如羚羊、竹茹、桑枝等較妥，或加鉤藤可乎？

或問：仲景治痙，原有桂枝加栝蔞根及葛根湯兩方，豈宜於古而不宜於今耶？今之痙者，與厥相連，仲景不言及厥，豈《金匱》有遺文耶？予曰：非也。藥因病用，病源既異，治法自殊。傷寒之痙自外來謂由外風。證屬太陽口噤即屬陽明，義詳本論治以散外邪爲主；濕熱之痙自內出波及太陽，治以息內風爲主。蓋三焦與肝膽同司相火，少陽生氣生於肝膽流行三焦，名相火也。中焦濕熱不解，則熱盛於裏，而少火悉成壯火。火動則風生，而筋攣脈急；風煽則火熾，而識亂神迷。雄按：設再投桂葛以助其風則燎原莫救矣。身中之氣，隨風火上炎，而有升無降，雄按：治溫熱諸病者不可不知此理常度盡失，由是而形若尸厥，正《內經》所謂血之與氣併走於上，則爲暴

厥者是也。外竄經脈，則成痙；內侵膻中，則爲厥。痙厥並見，正氣猶存一綫，則氣復返而生；胃津不克支持，則厥不回而死矣。雄按：喻氏云，人生天眞之氣，即胃中之津，液是也故治溫熱諸病，首宜瞻顧及此董廢翁云，胃中津液不竭，其人必不即死，皆見到之言也。奈世人既不知溫熱爲何病，更不知胃液爲何物，溫散燥烈之藥漫無顧忌，誠不知其何心也。所以痙之與厥，往往相連，傷寒之痙自外來者，安有是哉。雄按：此痙即瘈瘲也，吳鞠通辨之甚詳。

暑月痙證，與霍亂同出一源。風自火出，火隨風轉，乘入陽明則嘔，賊及太陰則瀉，是名霍亂。竄入筋中則攣急，流入脈絡則反張，是名痙，但痙證多厥，霍亂少厥。蓋痙證風火閉鬱，鬱則邪勢愈甚，不免偪亂神明，故多厥。霍亂風火外泄，泄則邪勢外解，雄按：宜作越。不至循經而走，故少厥。此痙與霍亂之分別也。然痙證邪滯三焦，三焦乃火化，風得火而愈煽，則偪入膻中而暴厥。霍亂邪走脾胃，脾胃乃濕化，邪由濕而停留，則淫及諸經而拘攣。火鬱則厥，火竄則攣，又痙與厥之遺禍也。痙之攣急，乃濕熱生風，霍亂之轉筋，乃風來勝濕。雄按：木克土也。痙則由經及臟而厥，霍亂則由臟及經而攣，總由濕熱與風，淆亂清濁，升降失常之故，夫濕多熱少，則風入土中而霍亂，雄按：霍亂濕多熱少，道其常也。余自髫年即見此證流行，死亡接踵，然聞諸父老云，向來此證甚稀，而近則常有，因於道光戊戌輯一專論問世，嗣後此證屢行，然必在夏熱亢旱酷暑之年，則其證乃劇，自夏末秋初而起，直至立冬後始息，夫彤彤徂暑，濕自何來。只緣今人蘊濕者多，暑邪易於深伏，迨一朝猝發，遂至闔戶沿村，風行似疫。醫皆未知原委，理中、四逆隨手亂投，殊可歎也！余每治愈此證，必問其人曰：病未猝發之先。豈竟毫無所苦哉。或曰：病前數日，手足心先覺熱。或曰：未病前覩物皆紅如火。噫！豈非暑熱內伏欲發，而先露其機耶？咸豐紀元，此證盛行，經余治者，無一不活，而世人不察，輒以薑、附殺之，不已値乎？楊云：道光元年，直省此證大作，一覺轉筋即死，京師至棺木買盡，以席裹身而葬，卒未有識爲何證者。俗傳食西瓜者即死，故西瓜賤甚。余時年十一，輒與同學者日日飽啖之，卒無恙。今讀此論，則醫學之陋，不獨今日爲然也。熱多濕少，則風乘三焦而痙厥。厥而不返者死，胃液乾枯，火邪盤踞也。轉筋入腹者死，胃液內涸，風邪獨勁也。然則胃中之津液，所關顧不鉅哉。雄按：此理喻氏發之，葉氏暢之，實諸病之生死關頭也，在溫熱等病尤爲扼要。然明明言之，而鞠通虛谷之論霍亂也，猶未知之，況他人乎？厥證用辛開，泄胷中無形之邪也；乾霍亂用探吐，泄胃中有形之滯也。然泄邪而胃液不上升者，熱邪益熾，探吐而胃液不四布者，風邪更張，終成死候，不可不知。

雄按：此條自注，明以濕熱二氣分疏，章氏妄逞己見，謂濕熱即暑也，強合二氣爲一氣，且併《難經》濕溫熱病爲一證矣。蓋由未讀越人之書耳。茲於原釋中悉爲訂正，而兩記於此，以質宗工。

濕熱證，壯熱口渴，舌黃或焦紅，發痙，神昏譫語或笑，邪灼心包，榮血已乾。宜犀黃、羚羊角、連翹、生地、元參、鉤藤、銀花露、鮮菖蒲、至寶丹等味。

上條言痙，此條言厥。溫暑之邪本傷陽氣，雄按：此謂邪之初感，必先干陽分而傷氣也。及至熱極，偪入營陰雄按：雖挾濕邪，日久已從熱化，在氣不能清解，必至偪營。則津液耗而陰亦病，心包受灼，神識昏亂。用藥以清熱救陰，泄邪平肝爲務。

濕熱證，發痙，神昏笑妄，脈洪數有力，開泄不效者，濕熱蘊結胷膈，宜倣涼膈散。若大便數日不通者，熱邪閉結腸胃，宜倣承氣微下之例。章云：曰宜倣、曰微下，教人細審詳愼，不可孟浪攻瀉。蓋暑濕黏滯，須化氣緩攻，不同傷寒化熱而燥結，須鹹苦峻下以行之也。雄按：吳本無此解。

自注：此條乃陽明實熱，或上結或下結清熱泄邪，止能散絡中流走之熱，而不能除膈中蘊結之邪，故陽明之邪，仍假陽明爲出路也。陽明實熱，舌苔必老黃色，或兼燥，若猶帶白色而滑者，乃濕重爲夾陰之邪，或脹滿不得不下，須佐二術健脾燥濕，否則脾傷氣陷，下利不止，即變危證。蓋濕重屬太陰證，必當扶脾也。苔色白滑不渴，腹雖脹滿，是太陰寒濕，豈可議下，但宜厚朴、枳、木等溫中化濕爲治。若陽明之邪假陽明爲出路一言，眞治溫熱病之金鍼也。蓋陽明以下行爲順，邪既犯之，雖不可孟浪攻瀉，斷不宜截其出路，故溫熱自利者，皆不可妄行提澀也。楊云：注語極鄭重，孟英辨駁尤精，二說皆宜參究。

濕熱證，壯熱煩渴，舌焦紅或縮，斑疹，胷痞自利，神昏痙厥，熱邪充斥表裏三焦。宜大劑犀角、羚羊角、生地、元參、銀花露、紫草、方諸水、金汁、鮮菖蒲等味。雄按：吳本無銀花露，方諸水、金汁，有丹皮、連翹。

此條乃痙厥中之最重者。上爲胷悶，下挾熱利，斑疹，痙厥，陰陽告困，獨清陽明之熱，救陽明之液爲急務者，恐胃液不存，其人自焚而死也。雄按：此治溫熱諸病之眞詮也，醫者宜切記之。方諸水難取，俗以蚌水代之，腥濁已甚，宜用竹瀝爲妙。此證紫雪神犀丹皆可用也。

濕熱證，寒熱如瘧，雄按：吳本下有舌苔滑白，口不知味八字。濕熱阻遏膜原。宜柴胡、厚朴、檳榔、草果、藿香、蒼朮、半夏、乾菖蒲、六一散等味。雄按：吳本無柴胡、檳榔、藿香、菖蒲，有神麴。

自注：瘧由暑熱內伏，秋涼外束而成，若夏月腠理大開，毛竅疏通，安得成瘧？而寒熱有定期，如瘧證發作者，以膜原爲陽明之半表半裏，濕熱阻遏，則營衛氣爭。證雖如瘧，不得與瘧同治，故倣又可達原飲之例。蓋一由外涼束，一由內濕阻也。章虛谷按：膜原在半表半裏，如少陽之在陰陽交界處，而營衛之氣，內出於脾胃，脾胃邪阻，則營衛不和，而發寒熱之瘧矣。

濕熱證，數日後脘中微悶，知飢不食，濕邪蒙繞三雄按：宜作上焦宜藿香葉、薄荷葉、鮮荷葉、枇杷葉、佩蘭葉、雄按：《離騷》紉秋蘭以爲佩，故稱秋蘭爲佩蘭。若藥肆中所售之佩蘭乃嬭酣草之類，不可入藥也。蘆尖、雄按：即蘆根也，用尖取其宣暢。冬瓜仁等味。雄按：吳本無此條。

王士雄按：吳本無柴胡、檳榔、藿香、菖蒲、神麴。

自注：此濕熱已解，餘邪蒙蔽清陽，胃氣不舒，宜用極輕清之品，以宣上焦陽氣。若投味重之劑，則與病情不相涉矣。雄按：章氏謂輕劑專爲吳人體弱而設，是未察病情之言也。或問濕熱盛時，疫氣流行，當服何藥，豫爲消弭？予謂葉訥人《醫案存眞》載其高祖天士先生案云：天氣鬱勃泛潮，常以枇杷葉拭去毛，淨鍋炒香，泡湯飲之，取芳香不燥不爲穢濁所侵，可免夏秋時令之病。餘則建蘭葉、竹葉、冬瓜、蘆根，皆主清肅肺氣，故爲溫熱暑濕之要藥，肺胃清降，邪自不容矣。若別藥恐滋流弊，方名雖美，不可試也。而薄滋味，遠酒色，尤爲先務。

此條須與第三十一條參看，彼初起之實邪，故宜涌泄，投此輕劑不相合矣。又須與後條參看治法有上中之分臨證審之。解後餘邪爲虛，初發者爲實。上焦近心，故有懊憹讝語，中焦離心遠，故無如其舌黃邪盛，亦有發讝語者。

濕熱證，初起發熱汗出胷痞，口渴舌白，濕伏中焦。宜藿梗、蔻仁、杏仁、枳殼、桔梗、鬱金、蒼朮、厚朴、草果、半夏、乾菖蒲、佩蘭葉、六一散楊云：俱可用，但須擇一二味對證者用之，不必並用。等味。雄按：吳本胷痞下曰不知飢，口渴下曰不喜飲舌白作舌苔滑白，無杏仁、蒼朮、厚朴、草果、半夏。

濁邪上干則胷悶，胃液不升則口渴，病在中焦氣分，故多開中焦氣分之藥。雄按：亦太多，頗不似薛氏手筆。此條多有挾食者，其舌根見黃色，宜加瓜蔞、查肉、萊菔子。

濕熱證，數日後，雄按：吳本下有胷痞二字。自利溺赤，雄按：吳本作澀。口渴，雄按：吳本上有身熱二字。濕流下焦。宜滑石、豬苓、茯苓、澤瀉、萆薢、通草等味。吳本無澤瀉、通草，有神麴廣皮。

下焦屬陰太陰所司，陰道虛故自利，化源滯則溺赤脾不轉津則口渴，總由太陰濕勝故也。濕滯下焦，故獨以分利爲治，然兼證口渴胷痞，須佐入桔梗、杏仁、大豆黃卷開泄中上，源清則流自潔，不可不知。雄按：據此則本條胷痞二字，當從吳本增入爲是。至源清流潔云云，則又非自注之文法，殊可疑也。以上三條，俱濕重於熱之候。

濕熱之邪，不自表而入，故無表裏可分，謂由膜原中道而入也，雖無表裏之分，亦有淺深當別。而未嘗無三焦可辨，猶之河間治消渴，以分三焦者是也。夫熱爲天之氣，雄按：此明熱即暑之謂也，章氏何以曲爲改釋。濕爲地之氣，熱得濕而愈熾，濕得熱而愈橫。雄按：熱得濕則鬱遏而不宣，故愈熾濕得熱則蒸騰而上熏，故愈橫。兩邪相合，爲病最多。丹溪有云：濕熱爲病，十居八九，故病之繁且苛者，莫如夏月爲最，以無形之熱，蒸動有形之濕。素有濕熱之人，易患濕溫，誤發其汗，則濕熱混合爲一，而成死證名曰重暍也。濕熱兩分，其病輕而緩；濕熱兩合，其病重而速。章云：故當開泄以分其勢，若誤作虛而用補法，則閉塞氣道而死矣。濕多熱少，則蒙上流下，當三焦分治；調三焦之氣，分利其濕也。濕熱俱多，則上閉下壅，而三焦俱困矣。當開泄、清熱兩法兼用。猶之傷寒門二陽合病、三陽合病也。蓋太陰濕化，三焦火化，有濕無熱，止能蒙蔽清陽，或阻於上，或阻於中，或阻於下，若濕熱一合，則身中少火悉化爲壯火，而三焦相火，有不皆起而爲瘧者哉。雄按：濕熱一合業已陰從陽化，如此披猖，沉熱多濕少乎？故不言熱多濕少者，非闕文也，蓋急宜清熱，有不待言矣。所以上下充斥，內外煎熬，最爲酷烈。雄按：曰酷曰烈，皆暑之威名。兼之木火同氣，表裏分司，再引肝風，痙厥立至。雄按：津虛之體，至暑月每有肝風陡動之煎厥，一蓋言其不耐暑氣煎熬，可謂形容偪肖。胃中津液幾何，其能供此交征乎？雄按：不辨暑證之挾濕與否，而輒投溫燥以劫津者，宜鑑斯言。至其所以必屬陽明者，以陽明爲水穀之海，鼻食氣，口食味，悉歸陽明，邪從口鼻而入，則陽明必由之路。雄按：肺胃大腸，一氣相通，溫熱究三焦，以此一臟二腑爲最要。肺開竅於鼻，吸入之邪先犯於肺，肺經不解則傳於胃，謂之順傳，不但臟病傳腑爲順而自上及中，順流而下，其順也有不待言者，故溫熱以大便不閉者易治，爲邪有出路也。若不下傳於胃，而內陷於心包絡，不但以臟傳臟，其邪由氣分入營，更進一層矣，故曰逆傳也。因葉氏未曾明說順傳之經，世多誤解逆傳之理，余已僭注於本條之後，讀此可證管窺之非妄。其始也，邪入陽明，早已傷殘其胃液，其繼也，邪盛三焦，更欲取資於胃液，司命者可不爲陽明顧慮哉。雄

按：此不獨爲濕熱病説法也。風寒化熱之後，亦須顧此，况溫熱乎。或問木火同氣，熱盛生風，以致痙厥，理固然矣。然有濕熱之證，表裏極熱，不痙不厥者何也？余曰：風木爲火熱引動者，原因木氣素旺，木旺由於水虧，故得引火生風，反焚其木，以致痙厥。若水旺足以制火而生木，即無痙厥者也。肝陰先虧，内外相引，兩陽相煽，因而動雄按：吴本作勁。張。若肝腎素優，並無裏熱者，火熱安能招引肝風也。雄按：喻氏云，遇暄熱而不覺其熱者，乃爲平人。蓋陰不虛者，不畏暑而暑不易侵，雖侵之亦不致劇，猶之乎水田不懼旱也。陰虛者見日即畏，雖處深宫之内，而無形之暑氣，偏易侵之，更有不待暑侵而自成煎厥者矣。楊云：虛損之原，一語揭出。試觀産婦及小兒，一經壯熱便成瘈瘲者，以失血之後，與純陽之體，陰氣未充，故肝風易動也。雄按：原本未及産婦，今從吴本與小兒並論，尤爲周密，然婦科不知血脱易痙，往往稱爲産後驚風，喻氏闢之韙矣。幼科一見發熱，即以柴解葛肌爲家常便飯，初不究其因何而發熱也，表熱不清，柴葛不撤，雖肝風已動，瘈瘲已形，猶以風藥助虐，不亦値乎？此葉氏所以有劫肝陰、竭胃汁之切戒也。楊云：痙厥之證舉世不知其因，今經此詳明剖析，昭如白日矣。

或問曰：亦有陰氣素虧之人，病患濕熱，甚至斑疹外現，入暮讝語昏迷而不痙不厥者，何也？答曰：病邪自甚於陽明之營分，故由上脘而熏胷中，則入暮讝語妄，邪不在三焦氣分，則金不受囚，木有所畏，未敢起而用事。至於斑屬陽明，疹屬太陰，亦二經營分熱極，不與三焦相干，即不與風木相引也，此而痙厥，必胃中津液盡涸，耗及心營，則肝風亦起。而其人已早無生理矣。

此從吴本採補。觀此則粗工之治溫熱，妄用柴葛竭力以耗胃汁，而鼓其肝風者，眞殺人不以刃也。惟稍佐於涼潤方中，或不致爲大害。

濕熱證，舌偏體白，口渴，濕滯陽明。宜用辛開，如厚朴、草果、半夏、乾菖蒲等味。

舌白者言其苔，若苔滑而口不渴者，即屬太陰證，宜溫之。雄按：苔白不渴，須詢其便溺，不熱者始爲宜溫之的證也。又按：此與第十條證相似，吴本無此條。楊云：濕盛熱微之證，初起原可暫用此等藥開之，一見濕開化熱，便即轉手清熱。若執此爲常用之法，則誤矣。注内補出者便溺一層，尤爲周到。

此濕邪極盛之候口渴乃液不上升非有熱也辛泄太過即可變而爲熱。而此時濕邪尚未蘊熱故重用辛開使上焦得通津液得下也。

濕熱證，舌根白，舌尖紅，濕漸化熱，餘濕猶滯。宜辛泄佐清熱，如蔻仁、半夏、乾菖蒲、大豆黄卷、連翹、緑豆衣、六一散等味。雄按：吴本無此條。

此濕熱參半之證，而燥濕之中，即佐清熱者，亦所以存陽明之液也。上二條憑驗舌以投劑，爲臨證時要訣。蓋舌爲心之外候，濁邪上熏心肺，舌苔因而轉移。

章虚谷按：葉氏《溫熱論》辨舌最精詳，宜合觀之。

雄按：更宜參之《準繩》。

濕熱證，初起即胷悶，不知人，瞀亂，大叫痛，濕熱阻閉中上二焦。宜草果、檳榔、鮮菖蒲、蕪荽、六一散各重用。或皀角、地漿水煎。吴本無此條。淦按：此條頗似痧證宜用靈驗痧刃爲妙六一散有甘草須愼用。

此條乃濕熱俱盛之候，而去濕藥多，清熱藥少者，以病邪初起即閉，不得不以辛通開閉爲急務，不欲以寒涼凝滯氣機也。雄按：蕪荽不如用薤白或可配栝蔞、梔豉。

濕熱證，四五日口大渴，胷悶欲絶，乾嘔不止，脈細數，舌光如鏡，胃液受劫，膽火上衝。宜西瓜汁、金汁、鮮生地汁、甘蔗汁、磨服鬱金、木香、香附、烏藥等味。雄按：吴本作西瓜白汁，謂不取瓤中汁，而以瓜肉搗汁也。併無金汁、蔗汁。此營陰裏虧，木火素旺者，木乘陽明，耗其津液，幸無飲邪，故一清陽明之熱，一散少陽之邪，不用煎者，取其氣全耳。

舌光無苔津枯而非濁壅，反胷悶欲絶者，肝膽氣上逆也，故以諸汁滋胃液，辛香散逆氣，凡治陰虛氣滯者，可以倣此用藥。此例精當，能如此旁通，方爲善讀書人。雄又按：有治飲痛一案，宜參前惺庵嘉善一人，胷脹脘悶，諸治不效，一瓢用續隨子煎湯，磨沈香、木香、檀香、降香、丁香，服一月，瀉盡水飲而痊。續隨子去油務蓋，否則誤人。去油法：木牀用椹榨後，更宜紙隔重壓，換紙多次，方能去盡。

濕熱證，雄按：吴本下有身熱口苦，四字。嘔吐清水，或痰多，濕熱内留，本火上逆。宜溫膽湯加栝蔞、雄按：吴本作黄連。碧玉散等味。

自注：此素有痰飲，而陽明少陽同病，故一以滌飲，一以降逆，與上條嘔同治異，正當合參。碧玉散即六一加青黛，以清肝膽之熱。上條液枯以動肝膽之火，故乾嘔，此條痰飲鬱其肝膽之火，故嘔水。

濕熱證，嘔惡不止，晝夜不差欲死者，肺胃不和，胃熱移肺，肺不受邪也。宜用川連三四分、蘇葉二三分，兩味煎湯，呷下即止。

肺胃不和，最易致嘔。蓋胃熱移肺，肺不受邪，還歸於胃，必用川連以清濕熱，蘇葉以通肺胃，投之立愈者，以肺胃之氣非蘇葉不能通也。分數輕者，以輕劑恰治上焦之病耳。

雄按：此方藥止二味分不及錢，不但治上焦宜小劑，而輕藥竟可以愈重病，所謂輕可去實也。合後條觀之，蓋氣貴流通，而邪氣撓之，則周行窒滯，失其清虛靈動之機，反覺實矣。惟劑以輕清，則正氣宣布，邪氣潛消，而窒滯者自通。辛甫云見迫之言，設投重藥，不但已過病所，病不能去，而無病之地反先遭其克伐，章氏謂輕劑爲吳人質薄而設，殆未明治病之理也。川連不但治濕熱，乃苦以降胃火之上衝；蘇葉味甘微辛，而氣芳香通降順氣，獨擅其長，然性溫散，故雖與黄連並駕尚減用分許而節制之，可謂方成知約矣。世人不知諸逆衝上皆屬於火之理，治嘔輒以薑萸、丁桂從事者，皆粗工也。余用以治胎前惡阻，甚妙。

濕熱證，欬嗽晝夜不安甚至喘不得眠者，暑邪入於肺絡宜葶藶、枇杷葉、六一散等味。雄按：吳本欬嗽下有喘逆面赤氣粗六字，而無甚至句。

人但知暑傷肺氣則肺虛，而不知暑滯肺絡則肺實。葶藶引滑石直瀉肺邪，則病自除。

吳子音曰：業師張友樵治一酒客，夏月痰欬氣喘，夜不得卧，服涼藥及開氣藥不效。有議用人參、麥冬等藥者，師診其脈，右寸數實，此肺實非肺虛也，投以人參則立斃矣，遂與此方煎服，立愈。明年，復感客邪，壅遏肺氣，喘欬復作，醫有以葶藶進者，服之不效，反煩悶汗泄。師脈其右寸浮數，口渴惡熱，冷汗自出，喘急煩悶，曰熱邪內壅，肺氣鬱極，是以偪汗外出，非氣虛自汗也。服葶藶而反煩悶者，肺熱極盛，與寒苦相格拒也。夫肺苦氣上逆，本宜苦以泄之，而肺欲散，又當急食辛以散之。與麻杏甘膏湯一劑，肺氣得通而喘止汗斂，諸證悉平矣。

楊云：余曾治一酒客，大喘，用《金鑑》蘇葶丸而愈，亦與此同，此蓋濕熱上壅之證也。至案內所云服此益甚，則外感束其肺熱，用此降之，則外感反內陷而病益甚。麻杏甘石，正祛外感而清內熱之方，故速愈。張君用藥則是，而立論高而不切，非垂教後學之法也。

濕熱證，十餘日，大勢已退，惟口渴汗出，骨節雄按：吳本有隱字。痛，雄按：吳本下有不舒小便赤澀不利八字。餘邪留滯經絡。宜元米。即稉米湯泡於术，隔一宿，去术煎飲。

病後濕邪未盡，陰液先傷，故口渴身痛，此時救液則助濕，治濕則劫陰。宗仲景麻沸湯之法，取氣不取味，走陽不走陰，佐以元米湯，養陰逐濕，兩擅其長。楊云煎法精妙，注亦明晰。雄按：用沙參、麥冬、石斛、枇杷葉等味，冬瓜湯煎服亦可。

濕熱證，數日後汗出，熱不除，或痙，忽頭痛不止者，營液大虧，厥陽風火上升。宜羚羊角、蔓荊子、鉤藤、元參、生地、女貞子等味。雄按：吳本無女貞，有白芍。楊云：白芍不如女貞。

濕熱傷營，肝風上逆，血不榮筋而痙，上升巔頂則頭痛，熱氣已退，木氣獨張，故痙則不厥。投劑以息風爲標，養陰爲本。雄按：蔓荊不若以菊花、桑葉易之。楊云：蔓荊最無謂，所易甚佳。

濕熱證，胷痞，發熱，肌肉微疼，始終無汗者，腠理暑邪內閉，雄按：吳本無此四字，作氣機拂鬱，濕熱不能達外。楊云：吳本臚於原本。宜六一散一兩、薄荷葉三四分，雄按：吳本分作十片二字。泡湯調下，即汗解。

濕病發汗，昔賢有禁，此不微汗之，病必不除。蓋既有不可汗之大戒，復有得汗始解之治法，臨證者當知所變通矣。

吳云：此濕熱蘊遏，氣鬱不宣，故宜辛涼解散，汗出灌浴之輩，最多此患。若加頭痛惡寒，便宜用香薷溫散矣。

章云：濕病固非一概禁汗者，故仲景有麻黄加术湯等法。但寒濕在表，法當汗解；濕熱在表，必當清利。今以暑濕閉於腠理，故以滑石利毛竅，若閉於經者，又當通其經絡可知矣。

濕熱證，按法治之，數日後忽吐下一時並至者，中氣虧損，升降悖逆。宜生穀芽、蓮心雄按：當是蓮子。扁豆米仁、半夏、甘草、茯苓等味。甚者用理中法。雄按：吳本無此條。若可用理中法者，必是過服寒涼所致。

升降悖逆，法當和中，猶之霍亂之用六和湯也。若太陰憊甚，中氣不支，非理中不可。

忽然吐下，更當細審脈證，有無重感別邪，或傷飲食。雄按：亦有因忿怒而致者，須和肝胃。

濕熱證，十餘日後，左關絃數，腹時痛時圊血，肛門熱痛，血液內燥，熱邪傳入厥陰之證。宜倣白頭翁法。

自注：熱入厥陰而下利，即不圊血，亦當宗仲景治熱利法。若竟逼入營陰，安得不用白頭翁湯，涼血而散邪乎。設熱入陽明而下利，即不圊血，又宜師仲景下利譫語，用小承氣湯之法矣。

雄按：章氏謂小承氣湯，乃治厥陰熱利，若熱入陽明而下利，當用黃芩湯。此不知《傷寒論》有簡誤之文也。本文云，下利譫語者有燥矢也，宜小承氣湯。既有燥矢，則爲太陰轉入陽明之證，與厥陰無涉矣。濕熱入陽明而下利，原宜宗黃芩湯爲法，其有燥矢而譫語者，未嘗無其候也，則小承氣亦可援例引用焉。

濕熱證，十餘日後，尺脈數，下利，或咽痛，口渴心煩，下泉不足，熱邪直犯少陰之陰。宜倣豬膚湯涼潤法。

自注：同一下利，有厥少之分，則藥有寒涼之異。然少陰有便膿之候，不可不細審也。

濕熱證，身冷脈細，汁泄胸痞，口渴舌白，濕中少陰之陽。宜人參、白朮、附子、茯苓、益智等味。雄按：吳本無此條，楊云此等證固有之然本論濕熱，卻夾入寒濕，又不提明藥誤，豈不自亂其例。

此條濕邪傷陽，理合扶陽逐濕。口渴爲少陰證，烏得妄用寒涼耶。津液出於舌下少陰經之廉泉穴，故凡少陰受邪，津液不升則渴也。然胸痞舌白，當加厚朴、半夏，或乾薑，恐參、朮太壅氣也。渴者，濕遏陽氣，不化津液以上升，非熱也。

雄按：此濕熱病之類證，乃寒濕也，故傷人之陽氣。或濕熱證，治不如法，但與清熱，失於化濕，亦有此變。但口渴而兼身冷、脈細、汗泄、舌白諸證者，固屬陰症，宜溫。還須察其二便，如溲赤且短便熱極臭者，仍是濕熱蘊伏之陽證，雖露虛寒之假象，不可輕投溫補也。章氏所云濕遏陽氣，不化津液之渴，又爲太陰證，而非少陰證矣。

暑月病，初起但惡寒，面黃，口不渴，神倦，四肢懶，脈沈弱，腹痛下利，濕困太陰之陽。宜倣細脾飲，甚則大順散來復丹等法。雄按：吳本無此條。

暑月爲陽氣外泄，陰氣內耗之時，故熱邪傷陰，陽明消爍，宜清宜滋。雄按：此治暑之正法眼藏太陰告困，濕濁瀰漫，宜溫宜散。雄按：凡寒濕爲病，雖在暑月，忌用涼藥宜舍時從證也，昔賢雖知分別論治惜不能界畫清釐，而創陰暑等名，遺誤後學不少。徐洄溪云：天有陰暑，人間有陰熱，矣可謂一言破的。古法最詳，醫者鑑諸。仲景謂：自利不渴者，屬太陰，以其臟有寒故也，今濕重惡寒不發熱，即爲太陰證之寒濕也，如或肢冷、脈細，必須薑附理中法。

濕熱證，按法治之，諸證皆退，惟目瞑則驚悸蘿惕，餘邪內留，膽氣未舒。宜酒浸郁李仁、薑汁炒棗仁，豬膽皮等味。雄按：吳本無此條。

滑可去著，郁李仁性最滑脫，古人治驚後肝系滯而不下，始終目不瞑者，用之以治肝系而去滯。此證借用，良由濕熱之邪，留於膽中，膽爲清淨之府，藏而不寫，是以病去，而內留之邪不去，寐則陽氣行於陰，膽熱內擾，肝魂不安。用郁李仁以泄邪，而以酒行之，酒氣獨歸膽也。棗仁之酸，入肝安神，而以薑汁製，安神而又兼散邪也。肝性喜涼散，棗仁、薑汁太溫，似宜酌加涼品。雄按：此釋甚是。如黃連、出梔、竹茹、桑葉皆可佐也。

濕熱證，曾開泄下奪，惡候皆平，獨神思不清，倦語不思食，溺數，脣齒乾，胃氣不輸，肺氣不布，元神大虧。宜人參、麥冬、石斛、木瓜、生甘草、生穀芽、蓮子等味。雄按：吳本無此條。

開泄下奪，惡候皆平，正亦大傷，故見證多氣虛之象，理合清補元氣。若用膩滯陰藥，去生便遠。

雄按：此肺胃氣液兩虛之證，故宜清補，不但陰膩不可用，且與脾虛之宜於守補溫運者亦異。楊云：分別極清。

濕熱證，四五日，忽大汗出，手足冷，脈細如絲或絕，口渴，莖痛，而起坐自如，神清語亮，乃汗出過多，衛外之陽暫亡，濕熱之邪仍結，一時表裏不通，脈故伏，非眞陽外脫也。宜五苓散去朮，加滑石、酒炒川連、生地、耆皮等味。雄按：吳本無川連生地。

此條脈證全似亡陽之候，獨於舉動神氣得其眞情。噫！此醫之所以貴識見也。以口渴，莖痛知其邪結，以神清語亮知非脫證。

雄按：此條原注全似評贊，章氏以爲自注，究可疑也。至衛陽暫亡，必由誤表所致，濕熱仍結，陰液已傷，故以四疑也。至衛陽暫亡，必由誤表所致，濕熱仍結，陰液已傷，故以四苓加滑石導濕下行；川連、生地清火救陰；耆皮固其衛氣，用法頗極周密。楊云：發明方意精當。

濕熱證，發痙神昏，足冷陰縮，下體外受客寒，仍宜從濕熱治，只用辛溫之品，煎湯熏洗。楊云：仍從濕熱治是矣。辛溫熏洗，不愈益其濕乎，不惟治下而遺

上也。

陰縮爲厥陰之外候，合之足冷，全似虛寒，乃諦觀本證，無一大虛，始知寒客下體，一時營氣不達，不但證非虛寒，併非上熱下寒之可擬也，仍從濕熱治之，又何疑耶？發痙神昏，邪犯肝心，若邪重內閉，厥陰將絕，必囊縮足冷而舌亦卷，是邪深垂死之證，本非虛寒，今云由外受客寒，臨證更當詳細察問爲要。

雄按：此條本文頗有語病，恐非生白手筆。

濕熱證，初起壯熱口渴，脘悶懊憹，眼欲閉，時譫語，濁邪蒙閉上焦。宜涌泄，用枳殼、桔梗、淡豆豉、生山梔，無汗者加葛根。

此與第九條宜參看。彼屬餘邪，法當輕散。餘邪不凈者，自無壯熱譫語等證，必與初起邪勢重者形勢不同。此則濁邪蒙閉上焦，故懊憹脘悶，眼欲閉者，肺氣不舒也；時譫語者，邪鬱心包也。若投輕劑，病必不除。經曰：高者越之，用梔豉湯涌泄之劑，引胃脘之陽，而開心胸之表，邪從吐散。

若舌苔薄而滑者邪未膠結，可以吐散。如舌苔厚而有根，濁邪瘀結，須重用辛開苦降，如吐之，邪結不得出，反使氣逆而變他證矣。此釋甚是。病在上焦，濁邪未結，故可越之，若已結於中焦，豈可引吐。不但濕熱證吐法宜慎也，即痰飲證之宜於取吐者，亦有辨別要訣。趙恕軒《串雅》云：宜吐之證，必須看痰色。吐在壁上，須其痰乾之後，有光亮如蝸牛之涎者，無論痰在何經，皆可吐也。若痰乾之後，無光亮之色者，切忌用吐。彼驗痰漬，此驗舌苔，用吐者識之。辛甫云：引據傳治。又按：何報之云：子和治病，不論何證，皆以汗吐下三法取效，此有至理存焉。蓋萬病非熱即寒，寒者氣不運而滯，熱者氣亦壅而不運，氣不運則熱鬱痰生，血停食積，種種阻塞於中矣，人身氣血，貴通而不貴塞，非三法，何由通乎？又去邪即所以補正，邪去則正自復，但以平淡之飲食調之，不數日而精神勃發矣。故婦人不孕者，此法行後即孕，陰陽和暢也，男子陽道驟興，非其明驗乎。後人不明其理而不敢用，但以溫補爲穩，殺人如痲，可歎也。

濕熱證，經水適來，壯熱口渴，譫語神昏，胸腹痛，或舌無苔，脈滑，數邪陷營分。宜大劑犀角、柴草、茜根、貫衆、連翹、鮮菖蒲、銀花露等味。雄按：世人但知小柴胡湯一法，而不分傷寒、溫暑之病，何也？淦按：茜根不若以丹皮、赤芍易之。

熱證，上下失血，或汗血，毒邪深入營分，走竄欲泄。宜大劑犀角、生地、赤芍、丹皮、連翹、紫草、茜根、銀花等味。雄按：以上四條，吳本無之丹皮雖涼血，而氣香走泄，能發汗，惟血熱而瘀者宜之，又善動嘔，胃弱者勿用。

熱傴而上下失血，汗血，勢極危而猶不即壞者，以毒從血出，生機在是。大進涼血解毒之劑，以救陰而泄邪，邪解而血自止矣。血止後須進參、耆，善後乃得。

汗血，即張氏所謂肌衄也。《內經》謂熱淫於內，治以鹹寒。方中當增入鹹寒之味。

此說未知何人所注，亦甚有理也。雄按：此條本文但曰熱證，是感受暑熱而不挾濕邪者也。暑熱之氣，極易傷營，故有是證。章氏乃云：此篇所謂濕熱，即是暑也。然則此條不曰濕熱，而曰熱者，又是何病耶？夫寒暑二氣，《易經》即以往來對待言之矣，後之妄逞臆說者，眞是冷熱未知。辛甫云：辨得是。

濕熱證，七八日，口不渴，聲不出，與飲食亦不卻，雄按：吳本有二便自通句。默默不語，神識昏迷，進辛香涼泄，芳香逐穢具不效。此邪入雄按：吳本下有手字。厥陰，主客渾受。宜倣吳又可三甲散醉地鱉蟲、醋炒鱉甲、土炒穿山甲、生殭蠶、雄按：吳本無此味。柴胡、桃仁泥等味。

暑濕先傷陽分，然病久不解，必及於陰，陰陽兩困，氣鈍血滯，而暑濕不得外泄。雄按：據章氏以此爲薛氏自注，然疊以暑濕二氣並言，以解濕熱病證，若謂暑中原有濕，則暑下之濕，又爲何物乎？一笑。余恐後學迷惑，故不覺其饒舌也。遂深入厥陰，絡脈凝瘀，使一陽少陽生氣也。不能萌動，生氣有降無升，心主阻遏，靈氣不通，所以神不清而昏迷默默也。破滯通瘀，斯絡脈通而邪得解矣。

海昌許益齊云：此條即傷寒門百合病之類；趙以德、張路玉、陶厚堂以爲心病；徐忠可以爲肺病。本論又出厥陰治法，良以百脈一宗，悉致其病，元神不布，邪氣淹留。乃祖仲景法，用異類靈動之物，鱉甲入厥陰，用柴胡引之，俾陰中之邪，盡達於表；䗪蟲入血，用桃仁引之，俾血分之邪，盡泄於下；山甲入絡，用殭蠶引之，俾絡中之邪，亦從風化而散，緣病久氣鈍血滯，非拘拘於恆法所能愈也。

濕熱證，口渴苔黃起刺，脈弦緩，囊縮舌鞕，譫語昏不知人，兩手搐搦，津枯邪滯。宜鮮生地、蘆根、生首烏、鮮稻根等味。若脈有力，大便不通者，大黃亦可加入。雄按：吳本無此條。

胃津劫奪，熱邪內遽，非潤下以泄邪則不能，故倣承氣之例，以甘涼易苦

寒，正恐胃氣受傷，胃津不復也。

濕熱證，發痙撮空，神昏笑妄，舌苔乾黃起刺，或轉黑色，大便不通者，熱邪閉結胃腑。宜用承氣湯下之。雄按：此下十一條從吳本補入。

自注：撮空一證，昔賢謂非大實即大虛，虛則神明渙散，將有脫絶之虞；則神明被偪，故多撩亂之象。今舌苔黃刺乾澀，大便閉而不通，其爲熱邪內結，陽明腑熱顯然矣。徒事清熱泄邪，止能散絡中流走之熱，不能除胃中蘊結之邪，故假承氣以通地道。然舌不乾黃起刺者，不可投也。雄按：第二十八條有曾開泄下奪之文，則濕熱病原有可下之證，惟濕未化燥，腑實未結者不可下耳，下之則利不止。如已燥結，亟宜下奪，否則垢濁熏蒸，神明蔽塞，腐腸爍液，莫可挽回，較彼傷寒之下不嫌遲者，死更速也。楊云：通透之論。
承氣用硝黃，所以逐陽明之燥火實熱，原非濕熱內滯者所宜用，然胷中津液爲熱所耗甚，至撮空撩亂，舌苔乾黃起刺，此時胃熱極盛，胃津告竭，濕火轉成燥火，故用承氣以攻下。承氣者，所以承接未亡之陰氣於一綫也。濕溫病至此，亦危矣哉！
雄按：董廢翁云，外感之邪，既不得從元腑透達，則必向裏而走空隙，而十二臟腑之中，惟胃爲水穀之海，其上有口，其下有口，最虛而善受，故諸邪皆能入之。邪入則胃實矣，胃實則津液乾矣，津液乾則死矣。楊乘六云，此言道盡感證致死根由。彼肆用風燥之劑，劫液夭人生命者，坐不知此義耳。余謂凡治感證，須先審其胃汁之盛衰，如邪漸化熱，即當濡潤胃腑，俾得流通則熱有出路，液自不傷，斯爲善治。若待承氣湯爲焦頭爛額之客，詎非曲突徒薪之不早耶？楊云：陳修園自謂讀《傷寒論》數十年，然後悟出存津液三字，而其用藥仍偏辛燥，不知其所悟者何在？得孟英反復申明，迷者庶可大悟乎。

濕熱證，壯熱，口渴自汗，身重胷痞，脈洪大而長者，此太陰之濕與陽明之熱相合。宜白虎加蒼朮湯。

熱渴自汗，陽明之熱也；胷痞身重，太陰之濕兼見矣，脈洪大而長，知濕熱滯於陽明之經，故用蒼朮白虎湯以清熱散濕，然乃熱多濕少之候。雄按：徐氏云：暑不挾濕，蒼朮禁用。
白虎湯仲景用以清陽明無形之燥熱也。胃汁枯涸者，加人參以生津，名曰白虎加人參湯。雄按：余於血虛者加生地，精虛者加枸杞，有痰者加半夏，用之無神效。身中素有痺氣者，加桂枝以通絡，名曰桂枝白虎湯。而其實意在清胃熱也。是以後人治暑熱傷氣，身熱而渴者，亦用白虎加人參湯；熱渴汗泄，肢節煩疼者，亦用白虎加桂枝湯；胷痞身重兼見，則於白虎湯上加入蒼朮，以理太陰之濕；寒熱往來兼集，則於白虎湯中加入柴胡，以散半表半裏之邪。雄按：余治暑邪熾盛，熱渴汗泄，而痞滿氣滯者，以白虎加厚朴極效。凡此皆熱盛陽明，他證兼見，故用白虎清熱。而復各隨證以加減。楊云：此論極圓活，可悟古方加減之法。苟非熱渴汗泄脈洪大者，白虎便不可投，辨證察脈，最宜詳審也。雄按：熱渴汗泄而脈虛者，宜甘藥，以養肺胃之津。

濕熱證，濕熱傷氣，四肢困倦，精神減少，身熱氣高，心煩溺黃，口渴自汗，脈虛者，東垣用清暑益氣湯主治。
同一熱渴自汗而脈虛神倦，便是中氣受傷，而非陽明鬱熱，清暑益氣湯乃東垣所製，方中藥味頗多，學者當於臨證時斟酌去取可也。
雄按：此脈此臨自宜清暑益氣以爲治，但東垣之方雖有清暑之名，而無清暑之實。觀江南仲治孫子華之案，程杏軒治汪木。
汪曰楨按：清暑益氣湯，洄溪譏其用藥雜亂，固當此云無清暑之實，尤確。
工之案可知，故臨證時須斟酌去取也。汪按：清暑益氣湯，洄溪譏其用藥雜亂固當，此云無清暑之實尤確。余每治此等證，輒用西洋參、石斛、麥冬、黃連、竹葉、荷桿、知母、甘草、粳米、西瓜衣等，以清暑熱而益元氣，無不應手取效也。

暑月熱傷元氣，氣短倦怠，口渴多汗，肺虛而欬者，宜人參、麥冬、五味子等味。
自注：此即《千金》生脈散也。與第十八條同一肺病，而氣粗與氣短有分，則肺實與肺虛各異，實則瀉而虛則補，一定之理也。然方名生脈，則熱傷氣之脈虛欲絶可知矣。
王士雄按：徐洄溪云：此傷暑之後，存其津液之方也。觀方下治證，無一字治暑邪者，庸醫以之治暑病，誤之甚矣。其命名之意，即於復脈湯內取用參麥二味，因止汗故加五味子。近人不論何病，每用此方收住邪氣，殺人無算。用此方者，須詳審其邪之有無，不可徇俗而視爲治暑之劑也。

暑月乘涼飲冷，陽氣爲陰寒所偪，皮膚蒸熱，凜凜畏寒，頭痛頭重，自汗

煩渴，或腹痛吐瀉者，宜香薷、厚朴、扁豆等味。

自注：此由避暑而感受寒濕之邪，雖病於暑月，而實非暑病。昔人不曰暑月傷寒濕，而曰陰暑，以致人淆惑，貽誤匪輕，今特正之。其用香薷之辛溫，以散陰邪而發越陽氣；厚朴之苦溫，除濕邪而通行滯氣，扁豆甘淡，行水和中倘無惡寒頭痛之外證，即無取香薷之辛香走竄矣。無腹痛吐利之裏證，亦無取厚朴、扁豆之疏滯和中矣。故熱渴甚者，加黃連以清暑，名四味香薷飲；減去扁豆，名黃連香薷飲；濕甚於裏，腹膨泄瀉者，去黃連加茯苓、甘草，名五物香薷飲，若中虛氣怯，汗出多者，加入參、耆、白朮、橘皮、木瓜，名十味香薷飲。然香薷之用，總爲寒濕外襲而設，楊云：活人亦云：夏月之用香薷猶冬月之用麻黃。不可用以治不挾寒濕之暑熱也。略參拙意。

《醫原・濕氣論》 蓋聞坤土主濕，濕土寄王四季，而春夏爲甚，季夏爲尤甚。人知避風寒，不知避濕。能避風寒，不能避濕者，以風寒傷人顯而急，濕傷人隱而緩。隱則莫見，而受之也深，緩則不覺，而發之也遲。濕生於土，本氣屬陰，陰爲寒濕，後乃漸化爲濕熱。然陰氣必得陽氣而後升，所以盛夏熱甚濕生，萬物皆潤，溽暑蒸淫，自下而上，升於太虛，爲雲霧雨露，則濕之化氣，又爲陰中之陽。陰中之陽，爲濕熱，爲溫病。濕熱溫病，固同氣異名者，濕熱爲病，濕與熱猶分爲二，溫病，濕與熱直合爲一，濕中有熱，熱中有濕，濁熱黏膩，故謂之溫。治之者，須要分別爲本氣，爲化氣，爲分邪，爲合邪，爲外感，爲內傷。於外感中，又須分別兼風、兼寒、兼暑之因。於外感內傷中，又須分別濕多，熱多，化燥，化火之變。傷人身天氣地氣之次第，入氣分血分之淺深。大抵濕之化氣，多從上受，邪自口鼻吸入，故先傷天氣，次及地氣。經曰：傷於濕，首如裹。又曰：濕上甚爲熱，是也。濕之本氣，多從內受，總由脾腎陽虛，不能化水所致，故先傷地氣，後及天氣。經曰：諸濕腫滿，皆屬於脾。又曰：腎主水，腎爲胃關，關門不利，故聚水而從其類，是也。濕之本氣，又或從外受，下受，傷天氣並及地氣。經曰：風濕之傷人也，氣血與邪，並客於分腠之閒。寒濕之傷人也，皮膚不收，肌肉堅固，營血濇，衛氣去。又曰：陰受濕氣。又曰：傷於濕者，下先受之。又曰：地之濕氣，感則害人皮肉筋骨，是也。夫皮膚肌肉經絡筋骨，雖有形質屬地，而其空竅之運行實皆天氣主之，此天包乎地之說也。界乎人身天地之閒者，則有膈膜。膈膜之下，肝膽布焉，三焦右腎旁三焦府。之經脈行焉，相火寄於肝膽。濕邪傷肺脾胃之表，肺之表皮膚也，脾之表四肢也，胃之表。肌肉也。表屬氣分，故多兼少陽膽與三焦病。濕邪傷肺脾胃之裏，裏屬血分，故多兼厥陰肝病。蓋以肺與脾胃爲濕熱鬱遏，則天氣不得清肅下降，地氣不得承順下行，肝膽三焦，適當其衝，上下爲邪所阻，不得遂其條達之機，其所寄之相火必與濕熱同升爲病，而見寒熱往來，耳聾，口苦，乾嘔，脇痛，停飲膈痛等證。居乎人身前後之閒者，又有膜原。膜原前近胸腹，後近腰脊，即上中下三焦之衝衢，人身半表半裏之中道也。蓋濕土鬱蒸之氣，濕中有熱，熱中有濕，其穢濁黏膩之邪，由地而上，從口鼻傳入，直趨中道，流布三焦，故膜原爲藏邪之淵藪，伏邪多發於此焉。邪傷毛竅經絡之表與藏府之裏，皆隨感隨發，惟膜原空隙，如夾牆腹裏一般，最易藏邪，逾時乃發，名曰伏邪溫，伏邪也。金之劉守眞，論溫病主三焦，明吳又可，又於三焦中揭出膜原。膜原本自《靈樞經》，二公之論皆獨超千古。伏邪往往因風寒而發，得藥開通肺氣，在經之邪，從汗而解，暫覺病退，而半日一日之閒，忽然轉重，此無他，膜原濕熱互釀之邪，從中而作。斯時也，必視其所傳而藥之，傳表則從汗解，邪氣遏伏重者，則從斑疹解，傳裏則依附胃腸糟粕，必從大便解。濕爲濁邪，以濁歸濁，故傳裏者居多。藥之邪退，遲一二日，復作復傳，反覆循環，往往經屢下而邪始盡，吳氏又可所謂九傳是也。其進銳者其退速，其進緩者其退遲，在春夏發者退速，在秋冬發者退遲。愈期速者，兩候五日爲一候。三候，遲者五七候不等。凡溫病及伏暑晚發，暑濕瘧痢，多見如此，虛者尤甚，請析言之。濕之化氣，爲陰中之陽，氤氳濁膩，故兼證最多，變遷最幻，愈期最緩。其見證也，面色混濁如油膩，口氣濁膩不知味，或生甜水，舌苔白膩。膜原邪重則舌苔滿布，厚如積粉，板貼不鬆，脈息模糊不清，或沈細似伏，斷續不勻，脈爲邪遏，有似虛寒之象，悞治爲害匪輕。神多沈困嗜睡。斯時也，邪在氣分，即當分別濕多、熱多。濕多者，無煩渴熱象，天氣爲濕阻遏，不能外達下行，則必凜凜惡寒，甚而足冷，頭目脹痛昏重，如裹如蒙，身痛不能屈伸，身重不能轉側，肢節肌肉疼而且煩腿足痛而且痠。胸痞者，濕閉清陽道路也。午後寒熱，狀若陰虛者，申酉戌時，金氣主令，又濕邪本王於陰分也。小便短濇黃熱者，肺不能通調水道，下輸膀胱，天氣病地氣因而不利也。大便溏而不爽，或濡瀉者，肺與大腸相表裏，心與小腸相表裏，天氣病，地氣因而不調也。治法總以輕開肺氣爲主，肺主一身之氣，氣化則濕自化，即有兼邪亦與之俱化。

濕氣瀰漫，本無形質，宜用體輕而味辛淡者治之，辛如杏仁、蔻仁、半夏、厚朴、藿梗，淡如苡仁、通草、茯苓、豬苓、澤瀉之類，啓上閘，開支河，導濕下行，以爲出路。濕去氣通，布津於外，自然汗解。經曰：水鬱折之，謂水上泛，折回而使之下也。賈眞孫曰：治濕不利小便，非其治也。兼風者，汗出惡風，兼寒者，惡寒無汗，前法酌加蘇梗、桔梗、豆豉、葱白、生薑之類，邪在經絡，一身掣痛，酌加桂枝水炒防己秦艽之類，以開毛竅經絡之壅。兼暑者，面赤，口渴，心煩，前法去蔻仁，酌加扁豆花、鮮荷葉清香辟穢，連翹、山梔、滑石輕清微苦淡滲，以解暑濕熱之結。熱多者，及濕熱合邪病溫者，前論氣色苔脈諸證畢見，更加神煩口渴，亦用前辛淡法，酌加蘆根、淡竹葉、滑石輕淡辛涼之類，清金泄熱，肺得清肅之權，自能化濕熱於無何有之鄉。肺是人身天氣，天氣下降，濁邪焉有不降之理？或從汗解，或從小便解。濕熱內鬱時，溺赤而清，濕熱下注，則溺赤而渾，濕熱治肺，千古定論也。余氏春山曰：陽爲濕鬱，不能外達下行，每見惡寒足冷，若拘傷寒，惡寒之說，投以溫散，其寒反甚，但用蘆根燈草甘淡通陽利竅，滾煎熱服，下咽即覺熱從外達，津津汗出而解。屢驗不爽，此其證也。其有初起神煩而昏者，此濕熱鬱蒸過極，內蒙清竅，前辛涼淡法，去寇仁厚朴，加細辛二三分，白芥子錢許，辛潤行水開閉，合之蘆根滑石等味，輕清甘淡，泄熱導濕，蒙蔽即開，亦屢驗不爽。若初起神智模糊，不能言語，舌苔白膩，無熱象者，此寒燥之氣，搏遏水濕，內蒙清竅，急用辛開淡滲法，如杏仁、牛蒡、桔梗、芥子、細辛、通草、茯苓、澤瀉之類。其辛香辛燥升散諸品，切勿沾唇，即生薑辛潤不燥，亦不可用，以其性升故也，紅糖甘緩塡中，糜粥濃厚膩邪，均在禁例，愈後亦須忌一二日，此病與痧麻霍亂，治法宜忌皆同。其大便不利者，用蔞皮薤白辛滑流利氣機，氣機一開，大便自解。即汗亦自出，隨證均可加入。假使不知濕家忌汗忌升，汗則亡陽，升則上蔽。閉證忌燥忌升，燥則閉而且結，升則蒙而益蒙。誤以頭身疼痛，惡寒無汗，隱疹而用升散，如薄荷、蘇葉、荆芥、防風、羌獨活等味。誤以濕蒙清竅，痧麻霍亂諸閉證，而用藿香葉、香茹、佩蘭葉、蔻、砂、桂、薑等味，升散走竄，香燥濁烈，則是濕熱之氣，本是蒸騰，最易蒙蔽，而藥復升之燥之，必致未閉者閉，已閉者益閉，輕則多言讝語，重則神昏煩燥，內竅閉極，則目瞑不言，目睛頻轉，亦必致肝膽三焦少火化爲壯火，耳聾乾嘔，甚則痙厥，又必致邪走皮膚肌肉，發疹發斑，兹不具論。論其化熱，其化熱也，氣分邪熱，鬱遏灼津，尙未傳入血分，面色紅黃黑混，口氣穢濁，舌苔黃膩，舌之邊尖紅紫欠津，或底白罩黃，混濁不清，重者厚而且滿，板貼不鬆，脈息數滯不調，神煩口渴，濕邪化熱，多見此象。濕熱合邪病溫，初起時亦見此象。宜用前辛涼淡法，加以微苦，如連翹山梔之類，或加薑水炒木通之苦辛，內通外達，表裏兩徹，以冀汗解。濕熱交合，加半夏薑水炒黃芩，重者加薑水炒黃連三四分，苦辛通降。漸欲化燥，加知母清滋肺金。肺氣爲濕熱鬱蒸，不能敷布水精，外達下行，必見煩渴多汗斑疹停飲等證，如熱汗時出，大渴引飲，輕者用前辛涼微苦法，加花粉銀花之類，重者用白虎湯，辛涼重劑，清肺泄熱，虛者加南沙參。蓋濕熱清肺，如溽暑炎蒸，金風驟起，頃刻濕收熱退，如登清涼界中。其邪走皮膚發疹，邪走肌肉發斑，隱隱不見者，用杏仁、牛蒡、桔梗、蔞皮、大貝、銀花、連翹、淡竹葉、通草之類，辛涼開達，最忌多用辛燥，如蘇葉、薄荷、荆芥、柴胡之類。斑疹已出，熱重者，用白虎湯酌加元參、銀花、蘆根以化之。其飲停胸膈者，必見胸膈悶痛，心煩，乾嘔，渴欲飲水，水入則吐等證，斯時須辨舌苔。如舌苔白膩，則屬飲重，熱因飲鬱而生，宜辛淡化飲。辛能行水，辛潤又不爍津，如芥子最妙，重者加細辛二三分尤妙，淡如通草茯苓豬苓澤瀉苡仁之類，或用五苓散，清淡如滑石淡竹葉、蘆根之類。如飲熱並重，濕熱與氣互結，舌苔黃膩，宜苦辛通降，佐以淡滲，如小陷胸湯，半夏瀉心湯，去參草大棗，以薑汁炒芩連代乾薑，加通草、茯苓、瓜蔞皮、薤白等味。黃芩滑石湯，杏仁滑石湯，黃連溫膽湯，均可選用。濕熱遏鬱肝膽三焦經脈，耳聾乾嘔者，亦宜用此法，苦辛開化。脇痛及欲痙者，加鼈甲、石決明、牡蠣以鹹降之，既能柔肝，又能化濕，兩不相悖。邪傳心包，神昏讝煩，亦須辨舌苔。如舌苔黃膩，仍屬氣分濕熱、內蒙包絡，與前同一病因，宜用半夏瀉心陷胸等湯，或用杏仁、芥子、薑水炒木通、鹽水炒黃連、連翹、滑石、蘆根、淡竹葉、瓜蔞皮之類，辛潤以通之，鹹苦以降之，清淡以泄之，其濕熱濁邪自化，其閉自開，涼膈散亦可間用，妙在用散。甯上丸普濟丹亦效。更有邪傳包絡，化燥傷陰，神昏讝妄，舌赤無苔，此證與前證同一神昏，而虛實相反，前係舌苔黃膩，濕熱明徵，此係舌赤無苔，傷陰確據，斯時用藥，最要空靈，神昏爲內閉之象，閉則宜開，心宮乃虛靈之所，虛則忌實，宜犀角、鮮地黃、連翹、銀花、鬱金、鮮石菖蒲、蘆根、梨汁、竹瀝、和薑汁少許滾煎熱服，再用甯上丸或普濟丹，開閉養陰，較牛黃至寶尤勝。地黃用鮮者，取其滑利，少加薑汁，涼藥熱飲，取其

流通，此即陰陽開闔之理。蘆根尤宜多用，輕清甘淡，兩清金水，又能泄熱化濕，從膀胱而解，如此治法，斷無不效之理。心宮之邪，本屬鬱蒸之氣，無質無形，最忌一派苦寒冰伏，陰柔濁膩，如三黃解毒、三黃地冬、犀角地黃、清營、清宮等湯，集而用之，有闔無開，毫無方義。今時習俗，尤誤於溫病傷陰之說，不知氣分熱鬱灼津之理，每見舌絳，便用大劑陰柔，是濁熱已遏上焦氣分，又用濁藥，兩濁相合，逼令邪氣深入膏肓，深入骨髓，遂成錮結不解之勢。又或舌苔黃膩，明係氣分濕熱熏蒸，法宜苦辛開化，乃不用開化，而用大劑涼藥，如三黃、白虎、三石、玉女煎之類，有闔無開，亦足逼令邪氣深伏邪，伏則胃氣不得上升，舌苔因之亦伏，轉成舌絳無苔，見其舌絳無苔又用犀角地黃、清宮增液諸湯，更令邪氣深伏，藥愈清滋，舌肉愈燥愈赤愈黑，甚至音啞神昏竅閉。斯時若邪在心包，勢必閉而益閉，變在須臾。若邪在膜原中道。又必逼令下傳肝腎，銷爍眞陰，陰涸乃斃，變期稍緩，二者均屬難救。於難救之中而求救法，其邪閉心包者，酌用連翹、銀花、蘆根、梨汁、竹瀝、薑汁、鮮石菖蒲之類，和甯上普濟丹丸以開之，邪入肝腎，神智尚清者，用復脈湯之類，屢進而墊托之，陰液托足，傳送邪氣，由裏還表，從戰汗而解。邪盛正虛，故汗必先戰。又有神昏譫煩，舌苔黃燥，黑燥而有質地，此胃腸實邪，地氣壅閉，天氣因之亦閉，宜承氣湯急下其邪，以決壅閉，陰虛者加鮮生地、元參、蘆根、清輕滑利之品，滋燥養陰足矣。若陰柔滋膩藥多，雖用大黃，亦恐不解，是滋陰轉致傷陰也。濕熱化氣，病人之天氣及膈膜肝膽三焦者如此，濕熱病天氣，若脾腎不虛，即從天氣而化，不致內傳。若脾腎素虛，或誤於藥，或膜原之邪本重，皆令內傳，邪既內傳，不能還表，即從裏治。從裏治，最要辨其人之體質陰陽，濕多熱多，即可知虛實之分。若其人色白而肥，肌肉柔脆，素有寒濕，此金水之質，其體屬陰，濕邪不易化熱，多病太陰脾土。病脾土，則舌苔腐白，或底白灰滑，見證多胸痞脘悶，不饑不食不便，或大便溏滑，或濕鬱爲熱，走入肌肉，發爲陰黃，黃而昏暗，如熏黃色，而無煩渴熱象，或漸次化熱，舌苔黃滑，口乾而不多飲。其未化熱者，宜苦辛淡溫法，如除濕湯，吳氏加減正氣散之類。已化熱者，宜苦辛淡清法，如加減正氣散加清藥，溫膽湯，清熱滲濕湯之類。發黃酌加茵陳、黃栢、梔子之類。斯病也，若誤以脘悶等證爲食滯，而消之下之，則脾陽下陷，濕邪內漬轉成洞泄，脹滿諸病如是，則又當急救脾腎之陽，用寒濕門方法治之。若其人蒼赤而瘦，肌肉堅實，素有濕熱肝熱，此木火之質，其體屬陽，濕邪最易化熱，多病陽明胃土。病胃土，又要分別有形質與無形質。若無形濕熱，與氣相搏，舌苔黃滑而無質地，或有質地而黃膩，見證多嘔逆，心煩口渴，間有譫語，胸脘痞悶，按之不痛，或濕熱瘀遏，走入肌肉，發爲陽黃，黃而鮮明，如橘皮色，法宜苦辛通降，如黃芩滑石湯，半夏瀉心等湯，量加瓜蔞以通之，陰虛者加以育陰，如舌苔黃厚，脈息沈數，中脘按之微痛不鞕，大便不解，此無形濕熱與有形渣滓相搏，按之不鞕，多似敗醬色溏糞，宜兼用酒煮大黃爲丸，緩化而行，重者加熟大黃元明粉磨蕩而行。設使大劑攻下，走而不守，則必宿垢不行，反行稀水，徒傷正氣，變成壞證。若舌苔黃如沈香色，或黃黑而燥，脈沈實而小，甚者沈微似伏，四肢發厥，或渴喜熱飲，此皆裏氣不通之象，酌用三承氣湯急下之。中脘痞滿按痛，邪在胃府，宜小承氣湯。當臍及少腹按痛，邪在小腸，胃脘下口及臍兩旁按痛，邪在大腸，熱結旁流，按之鞕痛，必有燥矢，均宜調胃承氣湯鹹苦下之。脘腹均按痛，痞滿燥實堅悉具，痞滿爲濕熱氣結，燥實堅爲燥矢，甚則上蒸心包，下爍肝腎，煩躁譫語，舌卷囊縮，宜大承氣湯急下之，陰傷者加鮮生地、元參、知母、蘆根之類足矣。蓋速下其邪，即所以存津液也。少腹按痛，大便色黑如漆，反覺易行，其人喜笑若狂，是腸胃蓄血，上干包絡，小便色黑自利，是膀胱蓄血，均宜桃仁承氣湯急下之，或合犀角鮮地黃湯，以清包絡。發黃，小便不利，腹滿者，茵陳蒿湯下之。其有氣虛甚而邪實者，宜參黃湯。陰虧甚而邪實者，宜護胃承氣湯，去芒硝，或增液承氣湯下之。即虛極不任下者，宜用鮮生地汁、小生地汁、元參知母、瓜蔞、麻仁、蜂蜜、梨汁、稍加薑汁之類，滑以去著，辛以潤燥，愼勿當下不下，徒用滋膩俾邪無出路轉致傷陰，亦勿遲迴顧慮致令失下。虛人尤不可失，失則邪愈盛，正愈衰，後即欲下而不可得矣。更有邪熱化燥，傷及腎陰，旦慧夕劇面少華色，或邪傷肝之經脈，發痙發厥，審其有熱無結，則又惟有酌用增認二甲復脈等湯，養陰托邪而已。又有發黃小便不利而渴，腹不滿者，及熱入膀胱小便濇痛者，桂苓甘露飲最妙。其或病中遺滑，濕熱襲入精竅，小便濇痛者，甘露飲加龜板石決明蘆根，一面養陰，一面化濕，兩不相悖。濕熱化氣，病人之地氣者又如此。

《薛氏濕熱論歌訣》 一瓢先生《濕熱論》獨具卓識，立言明簡，而用藥精奇，惜不立湯名，學者難於記誦，茲編歌訣，以便誦習。

濕熱蒸騰五六月，肌表口鼻皆能入，太陰脾陽明胃受病多，濕熱交蒸，夏暑

爲甚，從肌表傷者，十之一二；從口鼻入者，十之八九。陽明爲水穀之海，太陰爲濕土之藏，故太陰陽明受病居多。或兼三焦，或涉膜原，茲不繁註。始則微寒後但熱。始則微寒後發熱，凡風溫、溫熱、溫疫皆如此類，尚非濕熱病的症。但傷寒初起，則甚惡寒，風溫、濕熱等初起，則微惡寒，此爲辨也。汗出陽濕有汗，陰濕無汗，觀下條便知。胸痞舌白黃，口渴不飲或不渴，此則濕熱症之的症。論中原註云：始惡寒者，陽爲濕遏而惡寒，終非寒傷於表之惡寒。但熱不寒，則鬱而成熱，反惡熱矣。熱甚陽明則汗出，濕蔽清陽則胸痞，濕邪內盛則舌白，濕熱交蒸則舌黃，熱則液不升而口渴，濕則飲內留而引飲。此條濕熱症提綱，病在中焦氣分窒。病在中焦者，如上所謂發熱汗出胸痞口渴舌白等是也。藿香蒼术杏仁蔻厚仁朴半夏菖蒲，六一散佩蘭葉枳穀鬱金桔。梗此濕熱病初起，用藥之大法也。濕熱蘊於上中二焦，尚未化火，祇見氣機阻窒，參舌白胸痞渴不多飲可審，故從藿香正氣、太無神术二方化裁。去蘇梗白芷甘草等味，嫌其疏散太過，又恐甘能濕濕，加入杏仁枳殼鬱金，輕若微辛，開通上中二焦氣分；六一散乃河間治暑濕熱之專藥；佩蘭葉芳涼逐穢之用耳。若兼挾食舌根黃，查肉瓜蔞萊菔子益。此條多有挾食者，宜加瓜蔞查肉萊菔子。舌根若現黃色，即是挾食症。

陰濕傷表必無汗，惡寒身重且頭疼。羌活蒼术香薷藿香薄荷牛蒡等，頭不痛將羌活存。此條無汗惡寒，身重頭痛，與感冒寒邪同。何以知其爲陰濕傷表。必有舌白胸痞如首條所云。症爲表重，以辛芳理濕邪，稍兼辛溫散表寒。蓋頭痛惡寒，必挾風邪，故加羌活散之，頭不痛者去羌活。

陽濕傷表自汗出，汗出不解身仍熱，關節煩疼微惡寒，濕在肌表身重極。此條與上條頗同，惟汗出關節煩疼獨異，明是濕邪見症。云陽濕傷表者，以汗出熱不解，且口必微渴也。豆卷茯苓皮蒼术皮，滑石藿香葉鮮荷葉，通草桔梗等味宜，不惡寒者去蒼术。此條陽濕傷表，故用藥即從三焦分泄，不專解表。因其有汗也，故不惡寒者，便去蒼术皮。陰濕傷表，無汗，用發表；陽濕傷表，有汗，用解肌，暗合仲景麻黃、桂枝之意，宜究心焉。

濕熱舌白用辛開，厚朴半夏菖蒲草果煨。偏舌白苔爲濕盛，口雖微渴勿疑猜。偏舌白苔滿佈，爲濕邪極盛之候。口雖微渴，乃液不上升，非有熱也，故重用辛開以達邪。濕漸化熱舌尖紅，餘濕猶滯舌根白。蔻仁半夏大豆卷菉豆衣六一散連翹，辛泄之中佐清熱。此濕熱參半之症。辛泄濕邪，慮其刼液，故祇取蔻仁半夏菖蒲等之辛能味，而不取蒼术川朴草果之辛烈，甘涼清熱，慮其滋濕，故祇取豆卷連翹菉豆衣六一散之輕清，而不用鮮斛知母麥冬之滋膩也。用藥頗見斟酌，最宜熟玩。

濕熱症初起，口渴身熱熾。脘悶或懊憹，眼閉時讝語。濁邪蒙上焦，高者越之是。枳殼桔梗梔淡子豆豉宜，無汗乾葛使。此濁邪蒙閉上焦，故脘悶懊憹，眼欲迷閉者，清陽之氣不舒也。時讝語者，氣分熱熾，心胞受灼也。然驗其舌，必有白苔，且病方初起，斷無熱邪即走心胞之理，故知爲濁邪蒙閉上焦。經云：在上者，引而越之。故用梔豉涌泄之劑，合枳桔之開提，邪從上解矣。

濕熱一二日，胸悶不知人，瞀亂大叫痛。鮮菖蒲草果厚樸檳榔。六一散芫荽各重用，或加皂角末地漿水煎藥臻。濕熱阻閼上中閉，病方初起散邪遵。此條濕熱俱重之候，阻閼上中二焦，閉而不達，故胸悶不知人，瞀亂大叫痛。用藥以辛通散邪爲急，故用草果仁檳榔厚朴，直達膜原，以破濕熱穢惡粘膩之氣。鮮菖蒲開竅洩邪，六一散清熱利竅。取芫荽者，芫荽辛溫香竄，內通心脾，外達四肢，能辟一切穢惡不正之氣，故痧出不快者，用之取效。令引用之，亦取內通外達以辟邪也。猶恐藥力不及，復以皀角末辛通開竅最捷。地漿水煎，取其水土交混，有澄而復清之意，能瀉濕中之熱也。

濕熱症方三四日，即口噤而四肢急。此乃邪侵經絡中，甚則角弓爲痙厥。蒼耳子威靈仙鮮地龍，酒淬川連秦艽滑石，絲瓜籐與海楓籐，熄風通絡斯方合。此條乃濕熱化風爲痙。口噤四肢拘急，甚則角弓反張，邪侵經隨之中，故用藥稍清濕熱，重用熄風通絡。

濕熱痙厥每相連，肝膽三焦風火鬱。濕能生熱熱生風，風煽火熾亂神識。外竄筋經則成痙，內併膻中則爲厥。胃液乾枯風火炎，厥而不返終難活。傷寒厥者未必即痙，痙者未必即厥。若濕熱爲痙必致厥，爲厥則必致痙。蓋濕熱本在太陰陽明二經，病在二經之表者，多兼少陽三焦，病在二經之裏者，每兼厥陰風木，以肝膽三焦，同司相火。陽明太陰少濕，久鬱則生熱，熱盛則少火皆成壯火，火動風生，而筋攣脈急則爲痙，風煽火熾而識亂神迷則爲厥，內外充斥，痙厥並見。正氣猶存一綫，則氣復反而生，胃津不克主持，則厥不回而死矣。所以治痙顧惜津液爲主。此方乃治痙症初見，津液尚在未傷，重用泄氣通絡，正所以保其津液也。

濕熱煩渴舌焦黃，或焦紅。發痙神昏讝笑狂。邪灼心胞營血耗，犀角羚羊銀花露與鮮菖蒲，連翹蒲元參鮮生地鉤鉤等，更要芳開至寶丹良。清熱救陰爲急務，此條言厥義當量。上條言痙，此條言厥。濕熱化大，逼灼營陰，心胞受邪神識譫笑，用藥以清熱救陰爲急務，兼至寶丹開心胞之邪也。可知但痙而未厥，且痙方初起者，猶可散邪通絡，若痙厥相兼，當以救陰爲要。

濕熱昏痙用開泄，不效須知邪蘊結。涼肺散承氣湯相機從，大便不通脈數實。此係陽明實熱多，下奪陽明爲便捷。濕熱發痙，神昏笑妄，用清泄芳開不效者，須知熱邪蘊結，法非下奪不可，更審其脈洪數有力，其爲熱邪蘊結無疑。但上結於胸膈者，宜仿涼膈散，若下結於腸胃者，宜調胃承氣之例。此係陽明實熱，仍假陽明爲出路也。

濕熱化火熱邪燎，充斥表裏及三焦。煩渴舌焦紅或縮，斑疹胸痞自利饒。壯熱神昏爲痙厥，陰津涸竭命難逃。急投大劑犀角羚羊角鮮生地，紫草元參銀花露調，金汁鮮菖蒲兼蚌水，清火救液此方超。此條乃痙厥症之最重者。上爲胸痞，下爲熱利，外發斑疹，熱邪充斥表裏三焦，陰津消涸，熱極凶危，重用大劑涼火救液，希冀萬一。若未曾服過芳開者，兼投至寶丹，若已經芳開者，宜珠黃散。

濕熱阻遏於膜原，寒熱分爭如瘧狀。檳榔厚樸草果柴胡蒼術藿香菖蒲，半夏六一散達原倣。濕熱阻遏膜原，舌苔必白，心胸必痞，發爲瘧疾，是名濕瘧，與秋風成瘧有間，故倣吳又可達原飲加減，以達膜原之邪，合入不換金正氣散意，祛嵐瘴濕熱也。

濕熱數日胸中痞，自利溺赤口渴膩。桔梗杏仁大豆卷澤瀉滑石茯苓豬苓，三焦開泄兼分利。此條以自利溺赤，濕滯下焦，故以分利爲主。又胸痞口渴，故佐桔梗杏仁豆卷，開泄上中二焦，源清則流自潔矣。

濕熱症，四五日，口渴脈細數，胸中悶欲絕，乾嘔不止膽火衝，舌光如鏡胃津刼。宜用西瓜汁鮮生地汁甘蔗汁，磨服木香香附烏藥鬱金，生津清熱佐疏通，不煎氣味俱全捷。此本營虧木旺人，邪犯陽明刼津液。幸無痰飲雜其中，此法施之爲熨帖。此條從胸悶欲絕，乾嘔不止，舌光如鏡上著筆，用方亦奇。不用煎者，取其氣之全耳。然幸無痰飲夾雜其中，故得用清法。

濕熱內留挾痰飲，嘔吐黏痰清水併。滌飲降逆和少陽陽明，溫膽湯瓜蔞碧玉進。此素有痰飲，而陽明少陽同病，嘔吐清水，或痰多粘膩，乃溫熱內留，木火上逆，故用溫膽湯加瓜蔞碧玉散，滌痰降逆爲治。與上條嘔同而治異，正當參看。

濕熱嘔惡無休止，晝夜不瘥如欲死。是因肺胃不相和，胃熱移肺肺還胃。川連蘇葉各數分，兩味煎湯服之美。肺胃不和，最易致嘔。今濕熱嘔惡不止欲死者，因肺胃不和，胃熱移肺，肺不受邪，還歸於胃也。然多乾嘔，是屬上焦，並無酸水苦水脇痛等症，其非肝膽之嘔可知。又無清水粘痰，非痰飲又可知。夫治嘔之法，必用若辛通降，是固然有分別，如嘔惡呑酸脇痛者，用左金法，川連同吳萸服，直達肝經鬱結之熱，如嘔惡胸痞舌白者，川連同乾薑服，以開中焦之痞。此肺胃不和，嘔惡不止，用川連之苦降雖同，而用蘇葉之辛通則異。蓋蘇葉質輕，氣味辛芳，能宣通上焦肺胃，合川連之苦能燥濕，寒能清熱，以治混熱在上焦作嘔，尤足稱爲神化，故本論云：煎湯呷下即止嘔。

暑濕入肺爲咳嗽，甚至喘而不得眠。葶藶六一散枇杷葉，瀉肺消暑濕邪宣。按韓飛霞治久雨天行咳嗽頭痛，用六一散，葱薑湯調服，應手取效。蓋甲己土運，濕令，痰壅肺氣上竅，但洩其膀胱下竅而已，不在咳嗽例也。此方即師其意，加葶藶枇杷葉瀉肺，同六一消暑濕，引從下竅而泄，化裁之妙也。

濕熱暑邪閉腠理，始終無汗胸中痞，胸肉微疼身熱燎，六一散一兩研末細，薄荷錢許泡湯調，服下頓時汗即至。六一散解肌利濕清熱，繞治暑濕熱三焦之症，河間贊爲凡間仙藥。合上條並參，可知其功用之廣，活法在人，顧用者巧拙何如耳。

濕熱傷營風火升，時時汗出熱仍蒸，忽然頭痛須防痙，女貞子生地元參羚羊角鉤籐蔓荊子。此濕熱傷營，風陽上逆，故汗出熱仍不止，口燥成痙，忽頭痛不止，用藥滋養。

濕熱脈細舌苔白，身冷汗洩胸痞口渴。濕中少陰濕中太陰口不渴，濕中少陰則口渴。陽欲亡，茯苓益智仁人參附子白朮。上條熱傷營陰，風陽上逆，故以女貞子生地羚羊角鉤籐等，養營泄風爲治。此條濕邪傷陽，陽欲先亡，故以參附苓朮等扶陽逐濕爲法。因其舌白胸痞脈細，知爲濕傷陽氣。更審身冷汗泄，知爲陽氣欲失。口中雖渴，乃少陰本症，並非屬熱，故湯用溫法而無疑也。加益智醒脾陽，以濕從土化也。

濕困脾陽但惡寒不熱，腹疼洩利脈沈弱譫，面黃不渴四支倦，用藥須從溫法參。大順散方杏薑桂甘縮脾飲方草果烏梅砂仁甘草葛根扁豆來復丹方硫黃硝石青皮陳皮五靈脂元精石。等，冷香飲子附子陳皮甘草淡乾薑草果效皆堪。此濕困脾陽之候。觀腹痛泄利脈沈，屬太陰裏症，又面黃口不渴，四肢懶倦，屬太陰外現之症，初起便惡寒而不身熱，是中於陰濕，非陽濕也。當用溫法無疑，但分輕重耳。或問何煎藥，曰薑附苓朮川朴益智等。虛者，參附理中法。

濕熱四五日，忽然大汗淋灕出，手足厥逆寒，脈細如絲或欲絕。觀其脈症似亡陽，神精語亮非陽脫。況起坐，能自如，又痙痛，兼口渴，此乃大汗暫亡衛外陽，而濕熱之邪仍阻結，表裏不通脈故伏。仍須去濕兼清熱，五苓散去朮加生黃芪皮，酒淬川連幷滑石。原文云：濕熱症，四五日，忽大汗出，手足冷，脈細欲絕，口渴莖痛，而起坐自如，神清語亮，乃汗出過多，衛外之陽暫亡，濕熱之邪仍結，一時表裏不通，脈故伏，非眞陽外脫也。宜五苓去朮，加滑石酒淬川連生黃芪皮。徐鑒泉曰：此條脈症全似亡陽之候，而獨於舉動聲音神氣中得其眞情。噫！此醫之所貴識見也。按：五苓散去白術者，以濕熱仍結於中，而術性守中故也。口渴莖痛，故加川連滑石。汗太多，故加生芪固衛陽。合桂苓豬澤四味，通陽消暑去濕，恰如其數。

濕熱症，發昏痙，設兼陰縮兩足冷，實熱虛寒須細審。發痙神昏，多由熱盛，而陰縮足冷，又似虛寒。故須細審，具如下文。虛寒便利脈沈微，既見陰縮足冷，又見泄

利脈沈微，雖神昏發痙，亦屬虛寒陽氣欲脱之候。實熱便秘渴喜飲。既見昏痙，又便秘不通，煩渴喜飲，雖陰縮足冷，亦屬熱深厥深之候。諦觀本症無　虛，知由下體客寒進。既無下利脈沈微，則非虛寒矣。何故足冷陰縮始知下體受寒，一時營氣不通使然，不但症非虛寒，並非上熱下寒之可擬也。只用辛溫之品煎湯薫，薫洗兩足。治法仍從濕熱訂。仍用清泄之法。

濕熱刧津邪內據，舌硬苔黃起芒刺，神昏譫語不知人，囊縮搐搦危極矣。鮮生地鮮首烏蘆根鮮稻根，甘涼潤下無傷胃。脈若有力大便堅，大黃加入方相配。胃津刧奪，熱邪內據，既已昏痙，又見舌硬囊縮，爲厥陰之死候。幸脈不微細，尚見弦緩，故倣承氣之例，以甘涼易苦寒，潤下泄邪，不傷胃氣。若脈有力，大便不解，大黃亦可加入也。

熱毒入營邪欲泄，上下失血口鼻及前後二陰皆失血。或汗血。從汗孔出血，名曰血汗。大劑犀角地黃湯。犀角地黃丹皮赤芍。銀花連翹茜草紫草加無失。熱毒入營，營血如沸，而致上下失血，或汗血，勢極危矣。而猶不即壞者，以毒從血出，生機在是，大進涼血解毒，救陰泄邪，邪解而血自止矣。血止後須進參芪善後乃得。

濕熱症，七八日，口不渴而聲不出，飲食不討亦不卻，神昏不語形默默。此邪深入厥陰經，主客交渾難解釋。芳香涼泄俱無效，加減三甲散方合，醋炒鼈甲生天蟲，土炒穿山甲酒醉地鼈，柴胡桃仁等味參，破滯通瘀邪自撤。比邪入厥陰，主客又交渾，氣滯血瘀，邪不得泄，故用吳又可三甲散加減，去龜甲之滋，䗪蟲之猛，牡蠣之濇，加入酒醉地鼈蟲、柴胡、桃仁，直入厥陰，破滯通瘀泄絡，而邪鮮矣。

濕熱數日忽吐瀉，中氣虧損升降乘。扁豆蓮心半夏苡仁，甘草茯苓生穀芽。甚者當參理中法，太陰憊甚用無差。原文云：按法治濕熱症數日後，忽吐下一時並至，非關藥誤，乃中氣虧損，升降悖逆也。法當和中，故用藥如此。若太陰備甚，中氣不支，則非理中不可。

濕熱按法治，諸症悉皆已。惟獨目不瞑，瞑則夢驚悸。此係餘邪留，膽氣不舒耳。宜用薑汁炒棗仁，豬膽皮兼酒浸郁李，仁膽以合膽酒引之，郁李去滯下肝系，酸棗安神薑散邪，此方此法稱靈秘。古人治驚後肝系滯而不下，始終日不瞑者，用郁李之滑以去著。令病後濕熱餘邪內留，膽氣不舒，故目瞑則驚悸夢惕，用豬膽皮以清膽熱，郁李仁以下肝系，酒入於胃，其氣先注於膽，故藉酒引郁李入膽也，棗仁安神而製以薑汁，安神而兼散邪矣，用藥如此，可謂心敏手靈者矣。

濕熱已解餘邪滯，蒙閉清陽胃不舒。知饑不食脘微悶，投劑輕清宣上奇。藿香薄荷佩蘭荷葉枇杷葉鮮稻，六般俱用葉相宜。蘆尖更有冬瓜子，此法時師知不知。此濕熱已解，餘邪蒙閉清陽，胃氣不舒，故脘中微悶，知饑不食，用極輕清芬芳之品，宣揚升降上焦之氣，鮮荷葉升清氣，佩蘭葉除濁氣，枇杷葉降肺氣，鮮稻葉資胃氣，鮮藿香鮮荷葉，辛涼散上焦之熱，蘆尖冬瓜子，甘淡泄上焦之濕，不涉一味重濁之藥，粗工當此，斷乎不能矣。

濕熱開泄下奪後，惡症雖平元氣傷。神思不清脣齒燥，倦語不食溺數黃。胃氣不輸肺不布，清滋膩藥不可嘗。木瓜甘草人參麥冬川石斛，鮮蓮心鮮稻葉採鮮芳。生津醒胃和中氣，生穀芽湯煎藥良。濕熱症開泄下奪之後，惡候雖平，而元氣已傷，故神思不清，倦語不思飲食，溺數黃，脣齒乾，胃氣不輸，肺氣不布，難用清滋膩濁之藥，故此生津和胃一法，清補元氣，江南之人，體氣薄弱，宜倣此。

濕熱症已十餘日，腹時痛時圊血肛門熱。熱邪傳入厥陰經，左關弦數是其訣。治法宜仿白頭翁，湯入陰升陽以涼血。仲景治熱痢下重，用白頭翁湯，涼散厥陰之熱，白頭翁北秦皮黃連黃柏，今雖不下利，而肛門熱痛，腹痛圊血，安得不用此方乎？

假如尺脈數少陰熱邪可徵。而口乾渴，下利心煩咽痛，或熱邪宜直犯少陰之陰，豬膚涼潤方爲得。仲景云：少陰病，下利咽痛，胸滿心煩者，豬膚湯主之。王晉三解曰：腎應彘而肺主膚，腎液下泄，不能上薰於肺，致絡燥而爲咽痛，又非甘草所能治矣。當以豬膚潤肺腎之燥，解虛煩之熱。白粉白蜜緩於中，俾豬膚比類而致津液，從腎上入肺中，循喉嚨，復從肺出絡心，注胸中，而上中下燥邪盡解矣。

濕熱病後陰液虧，餘邪留滯絡中羈。口渴汗出骨節痛，不已元米湯泡於朮奇。隔宿去朮煎飲服，養陰逐濕好思維。病後濕邪未盡，陰液已傷，故口渴汗出，骨節隱痛不已，乃餘邪留滯經絡中也。此時救液則肋濕，祛濕則刼陰。宗仲景麻沸湯之意，取氣不取味，走陽走陰，用糯米湯泡於朮，隔一宿去朮煎飲之，養陰逐濕，兩擅其長，眞匪夷所思者。

濕熱方張經水適來，神昏讝語舌無苔。脈滑數而胸腹痛，熱邪入血室要清開。犀角連翹茜草貫仲銀花露，紫草鮮菖蒲重用該。熱入血室，晝則明了，夜則譫語，葉氏《溫熱論》中，較此條言之尤詳。

濕熱非從表入裏，始終當究三焦理。夫熱爲天之氣，而濕爲地之氣。濕得熱而濕愈蒸，熱得濕而熱愈熾。濕熱兩分其病輕，濕熱交混其病駛。熱多濕少當清泄，濕多熱少當分利。濕熱俱多上下閉，三焦俱病爲難治。濕熱化火刧陰津，引動肝風痙厥至。陽明經胃是衝衢，救胃生津扼要旨。此條非原丈，乃撮論中大旨，編爲總訣，以附於末。原本共三十五條，令將第十條，并於首條下，二十三、二十四兩條，亦合而爲一，故祗得三十三條。

《溫病合編・濕溫大綱》 濕溫者，偏於暑之濕者也。濕中有熱，氤氳粘膩，故兼證最多，最難分析，其間反復變遷，不可窮極，總要認定三焦，并氣分血分，陰分陽分，濕熱二氣偏多偏少，方可論治。初起頭痛惡寒，身重疼痛，有似傷寒，脈弦濡，則非傷寒矣。舌白不渴，面色淡黄，又非傷暑之偏於火者矣。胸悶不饑，濕閉清陽道路也。午後身熱，狀如陰虛者，陰邪旺於陽分也。自長夏而來，暑濕溫三氣雜感，半陰半陽，其性氤氳粘膩，非若寒邪之一汗即解，溫熱之一涼即退也。世有誤認頭痛惡寒，身重疼痛，以爲傷寒而汗之，汗傷心陽，濕隨辛溫發散之藥，蒸騰上逆，內蒙心竅則神昏，上蒙心竅則耳聾，目瞑不言。見其中滿不饑，以爲停滯，而消之下之，誤下傷陰，而重抑脾陽之升，脾氣轉陷，濕邪乘勢內漬則洞泄。見其午後身熱，以爲陰虛，而用柔藥潤之，濕爲膠滯，陰邪再加柔潤陰藥，二陰相合，同氣相求，遂有錮結而不可解之勢。治法病在上焦，以輕開肺氣爲主，蓋肺主一身之氣，氣化則濕亦化矣。濕氣彌漫，本無形質，以重濁滋味之藥治之，愈治愈壞，宜三仁湯主之。此即啓上閘，開支河，導水勢下行之理也。濕溫在上焦，若中陽不虛者，必始終在上焦，不致內陷。若中陽本虛或誤傷於藥，其勢必內陷。首如裹，目如蒙，神識沉困，此與熱邪直入心包，譫語神昏有間，但邪已內陷，不能還表。宜用苦降辛通，以從里治，如瀉心湯之類。若至神識昏迷，小便不通，宜用芬香利竅，佐以利濕分消，如至寶丹、五苓散之類。若脾陽不建，常有上焦未清，即陷中焦，并入下焦，是爲三焦受邪，升降失司，脘悶腹脹，或大便不爽，或大便溏泄，或邪阻氣分而舌苔白滑，或邪漸化熱而舌苔黄滑，或脾胃兩作而上嘔下瀉。治法以中焦爲扼要，兼治上下，如加減正氣散、半夏瀉心湯、黄芩滑石湯之類。亦猶竄下濕地，必得烈日以曬之，或用剛土以培之，或開溝渠以泄之。總之未化燥時宜苦辛溫，既化燥時宜苦辛寒，皆以淡滲佐之。或加風藥燥之。彼甘酸膩濁之品，在所不用。善治者使肺金清肅之氣下降，膀胱之氣通調，脾胃之氣無阻無陷則善矣。否如失治，則腫脹、黄疸、泄瀉、淋閉、痰飲、濕痹，水氣、咳嗽、瘧、痢、衄血、便血、疝氣、痔瘡、癰膿等證蜂起矣。

《六因條辨・傷濕條辨第一》 傷濕初起，無汗惡寒，發熱頭痛，身重肢節痛楚，舌白脈緩，此陽濕傷表，宜用羌活、防風、薄荷、大力、杏仁、厚樸、豆卷、通草、赤苓、薏仁等味，祛風利濕也。

此言陽濕傷表，陽濕者，即濕溫也。凡人坐卧濕地，披着汗衣，皆能爲患。蓋其重濁薰蒸之氣，阻遏衛陽，則惡寒而無汗，閉塞腠理，則發熱而身重。且陽明者胃也，中州之土也，其主肌肉，又主四肢，濕邪襲之，則經氣不宣，關節欠利，而致頭痛身疼，斯時之脈緩而且大，皆爲濕熱薰蒸而然。須知濕爲土餘，非風不勝，故用羌活、防風、薄荷、大力祛風走表，杏仁、厚樸。苦溫理脾，豆卷、薏仁、赤苓、通草。淡滲利濕，正合《內經》濕淫於內，治以苦溫，佐以淡滲之旨也。

《六因條辨・傷濕條辨第二》 傷濕汗多，頭額不痛，而肢節欠利，渴不引飲，身熱脈大，此濕漸化熱，宜用杏仁、厚樸、連翹、黄芩、豆卷、滑石、通草、蘆根、鮮荷葉、枇杷葉等味，利濕清熱也。

上條無汗頭痛，濕襲衛陽之表，仲景云，濕家忌汗，汗之則變痙者，爲傷陰也。所以垂訓後人，不可過於升散，以傷陰液爲誡。此條既汗而頭不痛，是表邪已泄，而濕猶未化，所以肢節仍痛，濕從熱化，則液不升而口渴，熱被濕蘊，則氣不清，不喜引飲，脈漸大者，燎原之勢漸熾也，須用杏仁、厚樸，苦溫理脾，連翹、黄芩。苦寒清熱，仍兼豆卷、滑石、通草、蘆根，甘淡滲濕，荷葉、枇杷葉。辛涼清氣，俾濕化熱清，陰液不傷，庶無熱陷昏譫之險耳。

《六因條辨・傷濕條辨第三》 傷濕肢節不和，舌苔漸黄，口渴喜飲，溺赤煩冤，此濕遏熱蒸，宜用葛根、花粉、黄芩、木通、杏仁、厚樸、滑石、豆卷、蘆根、淡竹葉等味，清肺理濕也。

上條濕熱參半，故宜苦辛涼解。此條熱甚於濕，漸灼肺津，勢等燎原，所以肢節欠利，口渴舌黄，煩蒸溺赤，身中陰液皆被消爍，豈可再雜溫燥，以傷氣液，祇宜葛根花粉。清上焦，黄芩木通。宣經隧，杏仁厚樸運脾氣，滑石蘆根豆卷竹葉甘涼淡滲，以清氣分，庶不致陰傷風動也。

《六因條辨・傷濕條辨第四》 傷濕煩蒸身痛，舌黄尖絳，脈大而洪，此陽明氣熱，宜用蒼术白虎湯，加連翹、元參、杏仁、通草、蘆根、滑石等味，清氣化熱也。

上條熱甚於濕，濕尚留連，故清涼淡滲之中，少雜苦溫以運脾陽。此條濕漸化熱，熱甚於濕，傳入陽明，則蒸熱煩躁，逼犯心營，則舌尖漸絳，脈漸洪大，此邪在陽明，將欲入營，故用白虎湯，加元參、連翹以清氣熱，合滑石、蘆根、通草甘涼淡滲，以驅濕熱。仍用蒼术者，以身尚疼痛，餘濕未盡耳。

《六因條辨・傷濕條辨第五》　傷濕熱不解，舌黃鮮絳，神昏譫語，脈大而數，此氣血燔蒸，熱陷心營，宜用玉女煎，加連翹心、元參心、鮮石斛、鮮菖蒲、青竹葉、牛黃丸等味，兩清氣血也。

此條濕盡化熱，氣血俱病也，熱在氣分，則舌黃，即灼血分，則鮮絳，及燎於心營，則神昏譫妄，故用玉女煎之生地涼血，石膏清氣，知母石斛養胃陰，連翹元參清內熱，菖蒲竹葉清心，牛黃丸宣竅，務得氣爽神清，不使熱爍津耗，而成痙厥爲要。

《六因條辨・傷濕條辨第六》　傷濕身熱，煩躁舌絳而黑，神昏譫妄，斑疹隱隱，脈數而促，此熱陷入血，宜用犀角地黃湯，加元參心、連翹心、鮮石斛、鮮菖蒲、人中黃、青竹葉、至寶丹等味，涼血化斑也。

上條氣血兩燔，此條熱陷入血，致舌絳而黑，心主血，心熱則譫妄，血熱則斑現，熱極則脈促，凡脈見數促，其熱已極，《脈經》謂漸退則生，漸進則死。非藉犀角地黃湯涼血，合連翹、元參清熱，石斛、人中黃化斑，菖蒲、竹葉清心，兼至寶丹芳香逐穢，恐難速效，然亦已險焉。

《六因條辨・傷濕條辨第七》　傷濕惡寒發熱，肢體重痛，胸膈滿悶，或嘔或瀉，脈浮而緩，此濕傷表裏，宜用杏仁、厚樸、橘紅、香薷、薄荷、藿香、豆卷、澤瀉、通草等味，兩清表裏也。

凡濕傷於表，則惡寒發熱，身重而痛，傷於內，則嘔惡泄瀉，脘滿而悶，脈見浮緩者，表裏俱病也，故宜香薷、薄荷透表，橘紅厚樸溫中，杏仁藿香宣上焦，豆卷澤瀉泄下焦，使三焦表裏之邪，一齊分清，則濕邪不攻自走矣。

《六因條辨・傷濕條辨第八》　傷濕惡寒微熱，舌白不渴，脘節酸楚，胸脘滿悶，脈緩而小，此陰濕傷內，宜用藿香正氣散，加豆卷、通草等味，溫脾利濕也。

此條陰濕傷陽，必由煩冗過度，氣弱陽衰，時令之濕，得以乘之，初起雖惡寒而不甚發熱，舌白不渴，濕壅中焦，則瀰漫上下，所以胸脘不舒，肢節酸楚並見矣，故用正氣散中之藿樸陳苓溫脾陽，術麯蘇夏宣脾氣，加豆卷通草理濕氣，俾脾陽得運三焦宣暢，則重濁之邪，由此俱化矣。

《六因條辨・傷濕條辨第九》　傷濕舌白肢冷，脘痛欲嘔，脈弦而小，此冷濕傷脾，宜用理中湯去朮，加半夏益智吳萸附子等味，扶陽泄濕也。

上條脾陽內虛，濕自外侵。　此條脾陽不足，濕自內壅，故並無寒熱身疼，但見脘痛肢冷，舌白脈緩，若非辛溫健脾，濕何由解，故用理中湯以運中陽，去術則恐其壅滯，如半夏益智則通陽，吳萸則泄濁，寒甚者再加附子溫之。

《六因條辨・傷濕條辨第十》　傷濕發熱微寒，舌黃溺赤，口渴不食，身倦脈大，汗多氣泛，此陽濕傷胃，宜用鮮佩蘭、鮮藿香、鮮石斛、鮮荷葉、六一散、蘆根、淡竹葉等味，理濕清熱也。

前條陰濕傷脾，例宜溫散。　此條陽濕傷胃，必由多食煎炙，恣情酒色，致陰虛胃熱，更值暑濕之令，內外燔蒸，故外無頭痛身疼，內無嘔惡胸悶，但見發熱，而略似惡寒，直至舌黃溺赤，口渴不食，勢已燎原，兼之身倦脈大，汗多氣泛，皆陰虛陽亢之候，故用佩蘭、荷葉、藿香、石斛，俱取鮮者，得氣輕力薄以卻熱邪，猶恐拘留不解，再兼六一、蘆根、竹葉。　清之利之，此法既不傷正，又能祛邪，捨此而投滋膩，恐反增劇矣。

《六因條辨・傷濕條辨第十一》　傷濕肢體倦怠，嗜臥不食，舌膩便溏，脈虛無力，此氣虛挾濕，宜用東垣清暑益氣湯，升清降濁也。

凡人中氣素餒，濕邪易蘊，至夏則大氣開泄，不克支持，忽而肢體倦怠，嗜臥不食。　經云，傷於濕，則身重不舉，又云，脾病則臉濇，嗜臥，且舌膩便溏，脈虛無力，皆脾衰濕盛之證。　故用參耆朮甘補中州，葛根升麻升清陽茯苓澤瀉降濁陰，神麯麥芽疎脾氣，兼之麥冬清心，五味斂肺，合升降疎補俱備，而幷力補土，又能清熱斂液者也，此東垣先師化裁製方之妙，豈流俗所能測哉。

《六因條辨・傷濕條辨第十二》　傷濕頭重，倦臥懶言，煩熱汗多，口渴溺赤，脈洪，此濕熱傷氣，宜用清暑益氣湯，加熟石膏、知母、鮮荷葉等味，益氣清熱也。

《內經》云，傷於濕，則頭似蒙，首如裹。　又云，言遲則氣虛。　今頭重懶言，更兼煩熱汗多，氣虛之象昭然矣。　況液不升則口渴，濕內蘊則溺赤，故用清暑益氣湯，大補中州，加熟石膏、知母、鮮荷葉，大清氣熱，然須細察精詳，慎勿輕忽以悞人也可。

《六因條辨・傷濕條辨第十三》　傷濕身倦嗜臥，目黃溲黃，此脾虛濕蘊，將成穀疸，宜用茵陳、茅朮、厚樸、薏仁、赤苓、車前、神麯、穀芽等味，運脾理濕也。

脾氣內虛，則身倦嗜臥，濕蘊中焦，則目溲俱黃，斯濕熱與穀氣薰蒸，蘊釀必成黃疸，故用茅術、厚樸、赤苓、薏仁健脾，神麯、穀芽疎脾，車前、茵陳分

利膀胱，俾脾氣健運，則濕熱自化也。

《六因條辨·傷濕條辨第十四》 傷濕目黃，身倦便溏，溺赤，脾膨跗腫，此脾虛濕泛，將成腫滿，宜用小溫中丸，加茵陳、車前子等味，補土逐濕也。

上條目黃溲黃，濕蘊熱蒸，必成黃疸。此條目黃便溏，腹膨跗腫，濕盛化水，漬於肌內，必成浮腫，用小溫中丸，苦溫理脾，加車前、茵陳，分利膀胱，猶開支河以通水道之理也。

《治溫闡要·濕溫》 濕溫，暑濕病也。仲景曰：濕溫之脈，陽濡而弱，陰小而急。朱肱曰：濕溫者，兩脛逆冷，胸腹滿，多汗，頭痛，妄言，其人常傷於濕因而中暑，暑濕相搏，則發濕溫，切忌發汗，汗之名曰重暍，白虎加蒼术湯。吳氏曰：濕之一症，變症多端，大法不外乎寒熱二者而已。蓋寒濕之邪，每傷形，治多辛熱。故《金匱》中太陽病，關節疼痛而煩，脈沉細者，名曰濕痺。其症小便不利，大便反快，但當利其小便。若風寒在表，脈浮、惡風，身重疼痛，當以麻黃、白术、桂枝、杏仁、薏苡、附子等發其汗爲宜矣。若風濕在表，脈浮、身重，法當汗解。若其人汗自出而惡風者，屬表虛，不得用麻黃達外，防己、黃芪湯主之，以防己內達，芪、術甘草正使衛陽復振而驅濕下行。又傷寒八九日，風濕相搏，身體疼痛不能自轉側，不嘔不渴，脈浮虛而濇，桂枝附子湯主之。若大便堅，小便自利者，白術附子湯。此表陽雖弱而裏氣尚通，濕行皮中，故於前方去桂枝之辛散，加白术之苦燥，合附子之大力運行於皮中而逐水氣，亦因勢利導之意。此仲聖治傷寒太陽經風濕之病，非濕中兩太陰與少陰之比。其治法千變萬化，難以枚舉。有出於天氣之雨露者，侵人藏氣營衛；有出於地氣之泥水者，襲人皮肉筋脈，有由於飲食酒酪者，害人六腑；有由於汗衣沾身者，傷人膚腠。故濕之外感雖多，而濕之內生不一，總不外乎脾、腎虧敗，使水不化氣，陰不從陽，而致其爲證也。在肌表則發熱、惡寒、自汗，在經絡則體重、腰痛、骨痛，在肌肉則麻木、胕腫、黃疸，在藏府則嘔惡、脹滿、溺澀、便泄、腹痛、後重、脫肛、癩疝等症。凡肌表經絡之病，濕由外而入者也。飲食氣血之病濕，由內而生者也。蓋濕從土化而分旺四季，故土近東南，則火土合氣而濕以化熱，土在西北則水土合德而濕以化寒，此土性之可以熱可以寒，故挾熱者謂之濕熱，挾寒者謂之寒濕。濕熱之病，多感於陰虛質瘦之人，脈必濡數沉濇，症必溺赤舌黃，主於脾家熱蒸濕鬱，治宜清利，如開溝泄水之象。寒濕之病，多感於氣虛質肥之人，脈必沉細緩溺，證必倦怠濡泄，主於脾家陽弱濕侵，治宜溫燥，如乾灰收濕之義。此治濕之大綱也。而其條分縷析，如陰濕傷表陽，則必形寒、無汗、脈緩、身重、頭痛、舌白滑、脘悶不渴、經絡拘束，全係寒症，宜羌活、川芎、神曲、甘草，防風、蒼术、廣皮、枳殼，甚則用薑、附溫中，白術燥濕，桂枝通表。吳鶴皇曰濕流關節，非風藥不能到，故羌活勝濕湯俱用辛散，使濕從表解而化。若水濕在裏，當用行水滲洩之劑。此治太陽表症，若濕溫則不由太陽，初起在上焦者與肺合，肺主氣，氣化則濕亦化矣。故治上焦之濕，以宣肺爲主，如頭脹、身重、舌白、不渴、胸悶不飢、面色淡黃、午後身熱、脈弦細而濡，宜杏仁、通草、生米仁、廣皮、豆卷、滑石、寇仁、竹葉、川朴、半夏。

若咽喉阻痛，此肺鬱而心與膽火俱結，宜輕藥以開之，連喬、銀花、馬勃、牛旁、射干、桔梗。若濕困中焦，與脾胃合，脾與胃同爲受濕之區，故寒濕傷脾胃之陽，熱濕傷脾胃之陰，若寒濕傷太陰，痞結、胸滿、不飢，此濕鬱脾陽，中焦不運，宜半夏、茯苓、川朴、通草。若腹脹小便不利，大便溏而不爽，胃苓湯主之。太陰寒濕，四肢乍冷，自利，舌白滑或灰，邪阻脾竅，舌蹇語重，宜四苓散驅濕下行。加木瓜以平木，治其所不勝也，厚朴、草果溫中行滯，芳香驅濁。若中焦痞滯，四肢厥冷，面目俱黃，加附子、乾薑、茵陳。太陰寒濕，舌白滑，脈遲，大便窒塞，濁陰凝聚，陽爲濕困，腹中大痛，甚則肢厥，宜椒附白通湯，以附子回陽，乾薑溫中逐濕，太陰之本藥，川椒燥濕除脹消食，治心腹冷痛，葱白中空通陽止痛，佐以膽汁不致格拘，此用仲景白通與許學士椒附湯合而裁製者也。若濕溫由募原而走中道，鬱極化熱，勞必耗其胃液。若木火素旺，肝陰不足，內外相引，二陽相合，因而痙厥、斑疹，宜犀角、生地、元參、羚角、紫草、連翹、丹皮、菖蒲。濕溫，脘連腹脹，大便不爽，加減正氣散爲主。濕溫，舌淡黃而滑，渴不欲飲，汗出而熱不解，小便赤，宜黃芩、茯苓皮、豬苓、白寇仁、滑石、通草、大腹皮。濕溫，嘔而不渴者，半夏、生薑，茯苓嘔而痞者，半夏、黃芩、川連、枳實、薑、汁。又肺胃不和，嘔惡不止，此胃熱移肺，肺不受邪，復歸於胃，是以嘔惡不止，宜用黃連三五分，蘇葉二三分煎服立愈，以蘇葉能通肺胃之氣也。若肝膽之濕痰犯胃，必嘔吐清水，或痰，身熱口苦，宜用溫膽湯中。濕溫，壯熱口渴，自汗，身重，胸痞，脈洪大而長，此太陰之濕與陽明之熱相合，宜蒼术白虎湯。若肢節煩痛，加桂枝以通絡。濕熱蘊於經絡，骨骱疼痛，寒戰熱熾，舌色灰

滯，面目痿黃，病名濕痺。宜用防己宣絡，杏仁理氣，連翹清氣分之濕熱，赤豆清血分之濕熱，滑石、山梔清熱利濕，杏仁、半夏主寒熱，若痛甚加片子薑黃、海桐皮。

《時病論·夏傷於暑大意·霉濕》　霉濕之爲病，在乎五月也。芒種之後，逢丙入霉，霉與梅通，其時梅熟黃落，乍雨乍晴，天之日下逼，地之濕上蒸，萬物感其氣則霉，人感其氣則病。以其氣從口鼻而入，即犯上中二焦，以致胸痞腹悶，身熱有汗，時欲惡心，右脈極鈍之象，舌苔白滑，以上皆霉濕之濁氣，壅遏上中氣分之證，非香燥之劑不能破也。擬以芳香化濁法，俾其氣機開暢，則上中之邪，不散而自解也。倘或連朝風雨，人冒之者，即患身痛腰疼，惡寒發熱，此邪由太陽之表，而入於少陰之裏，即《內經》所謂雨氣通於腎也。宜乎表裏兩解，擬以二活同袪法。倘兼腹痛泄瀉，再加煨葛、木香治之。

或問曰，濕土之令，始於大暑，終於白露。今論霉濕在乎芒種之後，夏至節中，斯時相火司令，不論火而論濕，得非矛盾乎？答曰：濕土之令，在於夏末秋前，蓋按內經六氣之主政也。然而土寄於四季之末，四時皆有濕病，總當因時制宜，不必拘於常例。即如春日陽和，夏日炎熱，秋日燥裂，冬日溫煖，何濕之有？惟其春雨瀟瀟，夏雨淋淋，秋雨霏霏，冬雨紛紛，人感之者，皆爲濕病。今專論霉濕在乎五月，以其乍雨乍晴，濕中有熱，熱中有濕，與諸濕之病頗異，故列霉濕爲一門。

《時病論·擬用諸法·芳香化濁法》　治五月霉濕，并治穢濁之氣。

藿香葉一錢　佩蘭葉一錢　陳廣皮一錢五分　製半夏一錢五分　大腹皮一錢，酒洗　厚朴八分，薑汁炒　加鮮荷葉三分爲引。

此法因穢濁霉濕而立也。君藿蘭之芳香，以化其濁，臣陳、夏之溫燥，以化其濕；佐腹以寬其胸腹，厚朴暢其脾胃，上中氣機，一得寬暢，則濕濁不克凝留；使荷葉之升清，清升則濁自降。

《時病論·擬用諸法·二活同袪法》　治表裏受濕，寒熱身疼，腰痛等證。

羌活一錢五分　防風一錢五分　獨活一錢五分　細辛五分　茅蒼朮一錢五分　甘草五分　加生薑三片煎服。

兩感表裏之濕證，此法堪施。其中羌活、防風，散太陽之表濕，獨活、細辛，搜少陰之裏濕，蒼朮燥濕氣，生薑消水氣；蓋恐諸藥辛溫苦燥，故佐甘草以緩之。

《時病論·擬用諸法·宣透膜原法》　治濕瘧寒甚熱微，身痛有汗，肢重脘懣。

厚朴一錢薑製　檳榔一錢五分　草果仁八分煨　黃芩一錢酒炒　粉甘草五分　藿香葉一錢　半夏一錢五分薑製　加生薑三片爲引。

此師又可達原飲之法也。方中去知母之苦寒，及白芍之酸斂，仍用朴、檳、草果，達其膜原，祛其盤踞之邪，黃芩清燥熱之餘，甘草爲和中之用，擬加藿、夏暢氣調脾，生薑破陰化濕，濕穢乘入膜原而作瘧者，此法必奏效耳。

《時病論·秋傷於濕大意》　土寄於四季之末，四時皆有濕氣，何獨經謂秋傷於濕乎？蓋一歲之六氣者，風、君、相、濕、燥、寒也。推四之氣，大暑至白露，正值濕土司權，是故謂之秋傷於濕。鞠通先生列濕溫於夏末秋初，誠有高見。豐謂因濕爲病者有六：一曰傷濕，一曰中濕，一曰冒濕，一曰濕熱，一曰寒濕，一曰濕溫。蓋傷濕者，有表裏之分焉。在表由於居濕涉水，雨露沾衣，從外而受者也。在裏由於喜飲茶酒，多食瓜果，從內而生者也。中濕者，卒然昏倒，頗與中風相似。冒濕者，因冒早晨霧露，或冒雲瘴山嵐。濕熱者，夏末秋初感受爲多，他時爲少。寒濕者，先傷於濕，後傷生冷。濕溫者，濕釀成溫，溫未化熱，最難速愈，非寒濕之證，辛散可化，濕熱之證，清利可平之比也。此六者，皆濕邪之爲病耳。喻嘉言先生又謂秋傷於燥，發出秋燥之論，其說未嘗有謬。據按六氣而論，其實濕氣在於秋分之前，燥氣在於秋分之後，理固然矣。姑附秋燥一條，以備參攷。

《時病論·秋傷於濕大意·濕熱》　賈氏曰：夏熱則萬物濕潤，秋涼則萬物乾燥。若此論之，濕熱之證，在長夏而不在秋，豈非與《內經》之秋傷於濕不合耶。細思之，斯二句書，不重夏秋二字，當重在熱涼二字也。蓋熱蒸則濕，涼勝則燥，理固然矣。即如立秋處暑之令，炎蒸如夏，患者非秋濕，即秋暑，其實秋令之濕熱，亦必夾之秋暑也。考濕熱之見證，身熱有汗，苔黃而澤，煩渴溺赤，脈來洪數是也，當用通利州都法治之。如大便秘結，加瓜蔞、薤白，開其上以潤其下。如大便未下，脈形實大有力者，是濕熱夾有積滯也，宜本法內元明粉、製大黃治之。

或問曰：先賢嘗謂暑必夾濕，今先生謂濕熱夾暑，有是說乎？答曰：小暑之節，在於相火之後，大暑之氣，在於濕土之先，故先賢有暑必夾濕之訓

也。豐謂濕熱夾暑，專在大暑至白露而言。蓋斯時濕土主氣，暑氣漸退，濕令方來，而濕甚於暑者，故謂之濕熱夾暑也。又問曰：章虛谷錄薛生白濕溫之條，加之註解，統以濕溫稱爲濕熱，今先生分門而論者何也？曰：濕體本寒，寒濕可以溫散。醞釀成熱，熱濕可以清通。惟濕溫不熱不寒，最爲難治，斷不可混濕溫爲濕熱，理當分列濕熱濕溫爲二門。又問曰：濕熱致病者多，何略而弗詳乎？曰：因濕致病者，固屬不少，如腫滿、黃疸、淋濁等證，諸先賢皆早詳於雜證之書，是編專論時病，毋庸叠贅可耳。

《時病論·秋傷於濕大意·寒濕》 傷濕又兼寒，名曰寒濕。蓋因先傷於濕，又傷生冷也。夫寒濕之證，頭有汗而身無汗，遍身拘急而痛，不能轉側，近之則痛劇，脈緩近遲，小便清白，宜以辛熱燥濕法治之。毋使其醞釀成溫，而成濕溫之病。溫甚成熱，而成濕熱之病。又毋使其變爲痰飲，伏而不發，交冬發爲咳嗽之病。由是觀之，可不速罄其濕乎？須知寒濕之病，患於陽虛寒體者爲多，辛熱燥濕之法，未嘗不爲脗合。濕熱之證，患於陰虛火體者爲多，此法又宜酌用耳。貿貿者，不別病之寒濕熱濕，體之陰虛陽虛，一遇濕病，概投通利之方，若此鹵莽，未有不誤人者也。

《時病論·秋傷於濕大意·濕溫》 濕溫之病，議論紛紛，後學幾無成法可遵。有言溫病復感乎濕，名曰濕溫，據此而論，是病乃在乎春。有言素傷於濕，因而中暑，暑濕相搏，名曰濕溫，據此而論，是病又在乎夏。有言長夏初秋，濕中生熱，即暑病之偏於濕者，名曰濕溫，據此而論，是病又在乎夏末、秋初。細揆三論，論濕溫在夏末秋初者，與《內經》秋傷於濕之訓，頗不齟齬。又與四之氣大暑至白露，濕土主氣，亦屬符節。當宗夏末秋初爲界限也。所有前言溫病復感於濕，蓋溫病在春，當云溫病夾濕。言素傷於濕，因而中暑，暑病在夏，當云中暑夾濕。皆不可以濕溫名之。考其致病之因，良由濕邪踞於氣分，醞釀成溫，尚未化熱，不比寒濕之病，辛散可瘳，濕熱之病，清利乃解耳。是病之脈，脈無定體，或洪或緩，或伏或細，故難以一定之脈，印定眼目也。其證始惡寒，後但熱不寒，汗出胸痞，舌苔白，或黃，口渴不引飲，宜用清宣溫化法去連翹，加厚朴、豆卷治之。倘頭痛無汗，惡寒身重，有邪在表，宜用宣疎表濕法，加葛、羌、神麯治之。倘口渴自利，是濕流下焦，宜本法內去半夏，加生米仁、澤瀉治之。倘有脛冷腹滿，是濕邪抑遏陽氣，宜用宣陽透伏法去草果、蜀漆，加陳皮、腹毛治之。如果寒熱似瘧，舌苔白滑，是爲邪遏膜原，宜用宣透膜原法治之。如或失治，變爲神昏譫語，或笑或痙，是爲邪逼心包，營分被擾，宜用祛熱宣竅法，加羚羊、鈎籐、元參、生地治之。如撮空理線，苔黃起刺，或轉黑色，大便不通，此濕熱化燥，閉結胃腑，宜用潤下救津法，以生軍易熟軍，更加枳殼，庶幾攻下有力耳。倘苔不起刺，不焦黃，此法不可亂投。濕溫之病變證最多，殊難罄述，宜臨證時活法可也。

《時病論·擬用諸法·宣疎表濕法》 治冒濕證，首如裹、遍體不舒，四肢懈怠。

蒼术一錢土炒　防風一錢五分　秦艽一錢五分　藿香一錢　陳皮一錢五分　砂殼八分　生甘草五分　加生薑三片煎服。

此治冒濕之法也。君以蒼术防秦，宣疏肌表之濕。被濕所冒，則氣機遂滯，故臣以藿、陳、砂殼，通暢不舒之氣。濕藥頗燥，佐以甘草潤之；濕體木寒，使以生薑溫之。

《時病論·擬用諸法·辛熱燥濕法》 治寒濕之病，頭有汗而身無汗，遍身拘急而痛。

蒼术一錢二分土炒　防風一錢五分　甘草八分　羌活一錢五分　獨活一錢五分　白芷一錢二分　草豆蔻七分　乾薑六分　水煎服。

法中蒼、防、甘草，即海藏神术散也。用於外感寒濕之證，最爲中的。更加二活、白芷，透濕於表；草蔻、乾薑燥濕於裏，諸藥皆溫熱辛散，倘陰虛火旺之體，勿可浪投。

《時病論·備用成方》 松峯達原飲又可達原飲有知母、黃芩，無黃柏、梔子、茯苓　治濕熱盤踞膜原。

劉松峯曰：溫而兼濕，故去知母，而換黃柏以燥濕，且救水而利膀胱，去黃芩換梔子，瀉三焦之火，而下行利水；加茯苓利小便而益脾胃。三者備，而濕熱除矣。

三仁湯　治濕溫胸悶不飢，舌白不渴，午後身熱，狀若陰虛。

蒼苓白虎湯　治濕溫身重，胸滿頭疼，妄言多汗，兩脛逆冷。

雷豐按：三仁湯，治濕溫之輕者。蒼苓白虎湯，治濕溫之重者，當別見證而分治之。

《醫學四要·濕病方》 表濕羌活滲濕湯，獨活芎藁草蔓防。治濕氣在表，頭重身痛，微熱昏倦。即羌活、獨活、川芎、藁木、甘草，蔓荆子、防風。裏濕宜乎五苓散，

澤苓桂术豬苓件。治濕熱在裏，微熱消渴，小便不利。即澤瀉、茯苓、官桂、白术、豬苓。除去官桂名四苓，五苓加參春澤名。五令散去桂，名四苓散，治同。加人參，名春澤湯。再加甘草，亦名春澤湯。主治無病而渴。豬苓湯即茯滑瀉，佐以阿膠保津液。能利濕瀉熱，主治渴欲飲水，小便不通，即豬苓、茯苓、滑石、澤瀉、阿膠。風濕黄耆防己湯，加之术草棗生薑。治風水諸濕，汗出惡風，痲木身痛，即防己、黄耆、白术、甘草，加薑棗煎。腎着湯治濕傷腎，乾薑术草茯苓品。治濕傷腰腎，不渴，小便自利。即乾薑、白术、甘草、茯苓。濕熱當歸拈痛湯，茵陳升葛與羌防。苦參知母豬澤瀉，甘草黄芩白术蒼。治濕熱相搏，身疼，腳氣，足膝生瘡，膿水不絶。即當歸、茵陳、升痲、葛根、羌活、防風、苦參、知母、豬苓、澤瀉、甘草、黄芩、白术、茅蒼术。五苓合平胃，名曰胃苓湯。傷濕夾食及停飲，腹痛滯瀉服之康。五苓散合平胃散，名胃苓湯，一名對金飲子。治中暑傷濕，停食痛瀉。平胃散見傷食門。倘遇風寒與暑濕，藿香正氣散皆堪服。藿蘇桔芷夏陳苓，腹朴術甘薑棗入。治外感風寒。內傷飲食。中暑傷濕。山嵐瘴氣。即藿香、紫蘇、桔梗、白芷、半夏、陳皮、茯苓、腹皮、厚朴、白术、甘草、生薑、大棗。

《西塘感症·感症兼病·濕溫》 有一種頭痛，妄言，兩脛逆冷，胸腹滿，多汗，其人常傷於濕，因而中暑，名曰濕溫。其脈陽濡而弱，陰小而急，治在太陰，不可發汗，白虎加蒼术湯主之。保命云：立夏之後，至立秋處暑之間，傷寒者，身多微涼，自汗，四肢沉重，謂之濕溫，蒼术石膏湯主之。

《伏邪新書·伏濕》 其人面色黄白，惟天庭兩太陽微暗，鼻有油垢，皮膚潤澤，舌質淡，邊如鋸齒，苔無正色，黄白灰雜相混，其脈緩弱，沉取則滑利，喜食香脆，惡飲，兼熱脈則緩大，化熱則脈數，兼寒脈則弦遲沉，寒則遲細如屋漏。體重神困，此伏濕常見之象也。濕邪伏於兩太陰者，寒熱往來如瘧，又似虛榮，午後熱甚，綿綿不已，或微咳，或不咳，口淡，舌白滑苔薄，胸悶，飲入輒脹，食不消腹脹，或自利溏瀉，小便不爽，脈右關寸緩，藿香正氣丸主之，六君子丸亦主之。三仁湯亦可選用。

濕邪伏於足太陰厥陰者，脾不統血，則血化爲水，女子不月，男子少腹脹大，小便不爽利，沉沉澤澤，毫無所苦，呵欠、倦怠、嗜卧，四肢重，久則浮腫，香連丸、左金丸、戊己丸，選用。脈見兩關緩。

濕邪伏於兩陽明足太陰者，胃陽困，泄痢後重，腹痛，時作時止，面浮，見右關寸緩，痢痛甚者脈兼結。小兒發爲疳疾，頭毛槁，腹大，化熱則嘈飢，時時欲食，食亦不多，不消食，已而泄。神术丸、異功散、香砂枳术丸。

濕邪兼熱，伏於二少陽、二太陽經者，寒熱、小便赤、自汗、目胞浮，脈緩大兼數，見於左關寸，舌苔黄膩，黄芩滑石湯。

濕邪兼熱，伏於二厥陰經者，善怒，脇下痛，有止息，女子經前腹痛，月事不爽，色淡黄，男子疝瘕，脈左關寸，右尺緩大兼數，舌苔黄灰而膩，金鈴子元胡索散。

濕邪兼熱，伏於手太陰足陽明者，發爲陽黄，舌黄灰而膩，脈右關寸緩大而數，苡仁滑石湯。

濕邪伏於兩太陰、兩厥陰、足少陰者，兩脈弦緩，痰飲停蓄，喘咳嗽稀痰，面微浮，甚則如哮嘔吐狀。如胃寒，小青龍湯、外臺茯苓飲。見水心怯，欲作寒戰者，膏肓受濕，須灸膏肓俞二穴，砒豉丸少少與之，不知，再加二粒。

濕邪伏於足少陰腎經者，小便濁，腰脹，腰以下如坐水中，面色黄而暗，如油垢狀，脈兩尺緩大，如按綿包，鷄絲魚翅湯。魚翅如平常調和，亦中加鷄絲。兼寒濕者發爲陰黄，茵陳术附湯、金毛狗脊五加皮湯。兼熱者發爲陽黄，黄汗，滑精，茵陳大黄湯、痲杏石甘湯加細辛。滑精者二妙丸、黄芩白术散。

陽氣虛陰液足者，易化爲寒濕；陰液虛陽氣旺者，易化爲濕熱；陰陽平等者，濕邪本氣始終不變。有因藥而變者，不可不知。如久利則陰傷陽餒，如久燥則陰傷陽亢之類。潤之則病深不解，補之則鶩悶煩躁，下之則潤泄不止。鷄絲魚翅湯、母鷄、沙魚翅，治法如酒席烹煮法，不拘多少，量力酌用。大約每日極少一小碗，多則二小碗，連湯連翹飲食之。貧者以烏魚羹代之，即黑魚有七星者，白湯煑食，不可加酒鹽。金毛狗脊五加皮湯。金毛狗脊一兩、五加皮五錢、附片一錢、苡米五錢、木通一錢、酒炒鹿角霜一錢、何首烏三錢，炒。

論夏初陰雨濕溫

夏初陽氣未暢，則濕濁之氣已升未從陽化，適逢陰雨連綿，則濕盛亢陽於內，以致頭重體倦，舌白增寒，弱不勝衣，筋痠腰重，難於展側，蒸熱口渴，足脛逆冷，脈耎而混，或濡弱者，名曰濕溫。濕盛小便不利者，五苓散主之。陽升則濕騰，熱蒸則濕化，若逢陰濕，內不化濕，外反受之，則表裏合蒸。

自汗、脈浮洪、口渴，濕化熱兼表症者，桂枝白虎湯或桂苓甘露飲。桂苓甘露二冬苓，兩地甘斛與茵蔯，枳楷抑氣能降火，本事方中犀角均。自汗、脈洪緩、口渴、舌紅苔白，熱盛者，蒼术白虎湯

愚按：巳午之月，六陽之氣齊浮，若人眞水下竭，陽升吸濁，皆浮於胃中，反見面垢，脈混而舌白，煩渴，最似溫熱，惟以神脈合參之，果如是者，六味地黃湯，少加梔豉。或梔豉太越，則加荳卷、滑石，或豬苓湯亦穩。若虛寒者，原可攝陰溫下沉陽。六味地黃君熟地，山萸山藥與丹皮，豬苓湯用治熱勝，茯苓澤瀉通水道，肝腎不足最相宜，澤瀉茯苓阿膠增。

《溫病指南・濕溫上焦篇》 濕溫初起，頭痛惡寒，身重疼痛，面色淡黃，舌白不渴，胸悶不飢，午後身熱，脈弦細而濡者，邪在上焦氣分也，三仁湯主之。按：濕溫病，發表則神昏，攻下則洞泄，滋陰則濕愈重，只能以辛開淡滲徐療治，勿求急功，以濕邪柔膩，勢雖緩而難速愈也。

濕溫惡寒足冷，服溫散藥，其寒更甚者，陽爲濕鬱，不能外達下行也，通陽利竅湯主之。

濕溫神昏譫語，舌苔黃膩者，濕熱盤踞氣分，內蒙包絡也，杏仁芥子湯主之。

濕溫神昏譫語，舌赤無苔者，邪傳心包，化燥傷陰內竅將閉也，金蒲湯主之。最忌陰寒柔膩之品。

濕溫誤表，以致神昏四肢厥逆者，邪陷心包，循經入絡也，加減清宮湯煎送至寶丹或紫雪丹。

濕溫喉阻咽痛者，邪閉肺氣也，銀翹馬勃散主之。

太陰濕溫，痺鬱而噦者，俗名呃忒。上焦清陽氣鬱也，宣痺湯主之。

太陰濕溫喘促者，濕熱蒸痰，阻滯氣分也，加味千金葦莖湯主之。寒飲不在此例。

《溫病指南・濕溫中焦篇》 濕熱上焦未清，因中陽素虛，或誤用攻下，以致神識如蒙，舌滑脈緩者，裏虛內陷也，人參瀉心湯主之。按：濕證，亦舌滑脈濡緩，不可以此定爲虛象，必須細加審辨，實係因虛邪陷者，方可用此方，若辨認未眞，萬勿輕用。

溫熱受自口鼻，由募原直走中道，不飢不食，機竅不靈者，三香湯主之。

吸受穢濕，三焦分布，熱蒸，頭脹，身痛，嘔逆，舌苔白，渴不多飲，小便不通，神識昏迷者，表裏經絡臟腑，俱爲濕熱所困也，先服牛黃丸，繼服茯苓皮湯。

陽明濕溫，氣壅爲噦者，濕熱阻遏胃氣也，新製橘茹湯主之。

三焦濕鬱，脘連腹脹，大便不爽者，升降失司，表裏俱病也，一加正氣散主之。濕鬱三焦，舌白，脘悶，身痛，便溏，脈象糢糊者，經絡着濕也，二加正氣散主之。穢濕着裏，舌黃脘悶，氣機不宣者，濕將化熱也，三加正氣散主之。穢濕着裏，舌白滑，脈右緩者，濕阻氣分也，四加正氣散主之。穢濕着裏，脘悶便泄者，脾胃俱傷也，五加正氣散主之。末二條證屬寒濕，因同用正氣散，故列於此。

脈緩，身痛，舌苔淡黃而滑，渴不多飲，或竟不渴，汗出熱解，繼而復熱者，內外合邪，脾胃經絡兼困於濕也，黃芩滑石湯主之。

陽明濕溫，嘔而不渴者，濕多熱少也，小半夏加茯苓湯主之。嘔甚而痞者，熱邪內陷與停飲相搏也，一加半夏瀉心湯主之。

濕溫，大便閉，中脘微拒按而不硬，舌苔黃厚，脈象沉數者，無形濕熱與有形渣滓相搏也，酒軍丸緩化之。此證若用大劑攻下，必下利稀水，變爲壞證。

《溫病指南・濕溫下焦篇》 濕溫久羈，三焦瀰漫，神昏竅阻，少腹硬滿，大便不下者，濕鬱下焦氣分也，宣清導濁湯主之。

濕凝氣阻，三焦俱閉，二便不通者，腎中眞陽爲濕所困也，半硫丸主之。

濕溫病，身熱久不解，口渴，舌乾，忽然發痙，或手足搐搦者，津枯邪滯，厥陰風火上升也，羚羊角湯主之。如兼大便不通，脈沉有力，舌黃起刺者，本方去牡蠣，送酒軍丸徐攻之。

濕溫伏暑，脇痛，或咳或不咳，或但熱不寒，或寒熱往來如瘧者，濕邪積爲支飲懸於脇下也，不可悞認柴胡證，香附旋覆花湯主之。

《醫學衷中參西錄・醫話拾零・答劉希文問濕溫治法之理由》 行醫之道，貴識病之本源，而爲提綱挈領之治法。故其疏方也，不過緊要之藥數味，以直擣病之要冲而掃除之，則一切諸連帶之病，不治自愈。乃今者醫學不講，而恆著書立說以自矜奇異，一症之中，立方衆多，一方之中，用藥龐雜。必就其諸端論說，而皆深究其所以然之故。若遇說有不通之處，而曲爲將順，是渾俗同流也；顯爲指摘，是傲氣凌人也，不如付之不論之爲愈也。今詳觀所論濕溫病狀，純系濕熱鬱中，致經絡閉塞，故其外雖覺寒涼，而內則小便短澀赤黃也。爲小便難，水氣必多歸大腸，所以兼泄瀉也。其肢體疼痛者，濕而兼風也。胸膈痞滿者，濕氣挾飲也。欲治此症，甚屬易易，用滑石兩許煎湯，送服阿斯匹靈一片半，汗出即愈。蓋二藥一發汗，一利水，可令內蘊

之濕，由汗與小便而解。且二藥之性皆涼，其熱亦可隨之而解。阿斯匹靈又善愈關節疼痛也。余用此方，連治數人，皆一汗而愈。若熱劇者，滑石或多用，或加生石膏數錢與滑石同煎，亦莫不隨手奏效也。蓋拙著中自擬之方凡百余，約皆歷試有效而後筆之于書，非敢憑虛擬議以誤人也。

《感症寶筏・卷四・濕溫》 夏月頭疼、妄言、自汗、身不甚熱、兩脛逆冷、四肢沉重、胸腹多痞而滿，其人先傷於濕，因而中暑，其脈陽濡而弱、陰小而急。不可發汗，汗之名重暍，必死。汗多者白虎湯加桂枝，汗少者白虎湯加蒼朮，或概用蒼朮白虎湯。述古。

按：濕溫證，因長夏每多陰雨，得日氣煦照，則潮濕上蒸，襲人肌表，着於經絡，則發熱頭脹、身痛、足脛痛、舌胎白膩等症。重者，兼感時邪不正之氣，即爲濕溫疫證。

邪入氣分

暑濕之邪阻於肺，必咽痛、發熱、身痛，舌胎黃厚黏膩，煩渴不解。當清上焦，如連翹、桔梗、滑石、射干、米仁、馬勃、通草、淡竹葉、銀花、蘆根之類。如見身發斑疹、舌黃燥厚，當涼膈疏斑，如連翹、薄荷、生梔、石膏、牛蒡、杏仁、枳實、黃芩之類。

邪乘包絡

濕溫之邪，乘於包絡，則神識昏呆、發熱身痛、四肢不暖、舌胎鮮紅燥刺者。宜解手厥陰之邪，如犀角尖、連翹、石菖蒲、川鬱金、元參、赤小豆、西黃之屬主之。

邪入營分

如濕溫之邪，入於血絡，舌胎中黃邊赤，發爲赤斑丹疹、神昏譫語。宜清疏血分以透斑，佐芳香逐穢以開閉，犀角、連翹、赤芍、銀花、牛蒡、菖蒲、鬱金、元參、薄荷、人中黃之類。

邪陽上焦

病起發熱頭脹，漸至耳聾、喉痛欲閉、鼻中衄血，此邪混氣分之象。在上焦空虛之所，非苦寒直達胃中之藥可以治病，不能即解，即有昏痙之變。宜輕清理上爲治，如連翹、馬勃、牛蒡、銀花、射干、白金汁。如見呃忒，加枇杷葉、竹茹。以上參《葉案》。

暑濕穢合邪論附

凡暑月淫雨之後，日氣煦照，濕濁上騰，人在濕熱蒸騰中，感之則暑濕交受，兼溷穢濁之氣，人中之即痧毒也。夫人之正氣一虛，暑濕穢濁之邪俱從口鼻吸入，流布三焦，上乘於心爲中痧，中入於胃爲霍亂，踞於膜原爲寒熱，歸於腸胃爲泄瀉。蓋暑濕之邪，驟發而重者爲濕溫，遲發而輕者爲寒熱如瘧，爲伏暑晚發。觸邪隨時即發者，爲寒熱，爲泄瀉；伏邪遇秋始發者，則爲瘧，爲痢矣。一邪之染，爲病非一，臨證者可不探本窮原以治哉。

紀事

《臨證指南醫案・濕》 周 病起旬日，猶然頭脹，漸至耳聾。正如《內經病能篇》所云，因於濕，首如裹。此呃忒鼻衄，皆邪混氣之象。況舌色帶白，咽喉欲閉，邪阻上竅空虛之所，諒非苦寒直入胃中可以治病。病名濕溫，不能自解，即有昏痙之變，醫莫泛稱時氣而已。

連翹 牛蒡子 銀花 馬勃 射干 金汁

李三二 時令濕熱之氣，觸自口鼻，由募原以走中道。遂致清肅不行，不飢不食。但溫乃化熱之漸，致機竅不爲靈動，與形質滯濁有別。此清熱開鬱，必佐芳香以逐穢爲法。濕熱穢氣阻竅。

栝蔞皮 桔梗 黑山梔 香豉 枳殼 鬱金 降香末

李四五 脈小濇痰多上湧，食入脘阻，大便不爽。上秋至今夏不愈，自述飢飽失和，曾病黃疸。以濕傷氣痺主治。

大杏仁 苡仁 半夏 薑汁 茯苓 橘紅 鬱金 香豉

某五九 舌白目黃，口渴溺赤，脈象呆鈍，此屬濕鬱。

綿茵陳三錢 生白術一錢 寒水石三錢 飛滑石三錢 桂枝木一錢 茯苓皮三錢 木豬苓三錢 澤瀉一錢

某五十 穢濕邪吸受，由募原分布三焦。升降失司，脘腹脹悶大便不爽。當用正氣散法。濕邪彌漫三焦。

藿香梗 厚朴 杏仁 廣皮白 茯苓皮 神麴 麥芽 綿茵陳

某 長夏外受暑濕，與水谷之氣相幷。上焦不行，下脘不通，氣阻，熱從濕下蒸逼。不饑不食目黃舌白，氣分之結。

厚朴　杏仁　廣皮　伏苓　半夏　薑汁

《未刻本叶氏醫案·保元方案》　濕熱鬱於營分，是以四末如烙，肌膚搔癢，治以苦辛。

穭豆皮　金銀花　粉萆薢　酒炒黃柏　白苦參　地膚子　赤芍藥　晚蠶砂　白蒺藜　萹蓄草

舌苔濁膩，色如松花，瘅熱不渴，少腹隱隱痹痛，此陰濕着於募原，中陽怫鬱不宣，切勿投以寒涼，恐成瘧痢。

藿香　半夏　紫色厚朴　杏仁　橘白　連皮茯苓

《續選臨證指南·濕》　任十六沖年眞陰未長。逢長夏濕熱交迫。斯氣泄煩倦。當靜坐涼爽。過月涼飇至。炎歊去。乃卻病之期。與清暑益氣之屬。　清暑益氣湯。

徐十四　長夏濕熱令行。肢起膿窠。煩倦不嗜食。此體質本怯。而濕與熱邪。皆傷氣分。當以注夏同參。用清暑益氣法。

人參　白朮　廣皮　五味　麥冬　川連　黃柏　升麻　葛根　神麴　麥芽　穀芽　乾荷葉汁泛丸。

某　吸受穢邪，募原先病，嘔逆。邪氣分布，營衛皆受，遂熱蒸頭脹，身痛經旬，神識昏迷，小水不通，上中下三焦交病。舌白，渴不多飲，是氣分窒塞，當以芳香通神，淡滲宣竅，俾穢濕濁氣由此可以分消。

苡仁　茯苓皮　豬苓　大腹皮　通草　淡竹葉　牛黃丸二丸

張嫗　體壯有濕，近長夏陰雨潮濕，著於經絡，身痛自利，發熱。仲景云：　濕家大忌發散，汗之則變痙厥。脈來小弱而緩，濕邪凝遏陽氣，病名濕溫。濕中熱氣，橫沖心胞絡，以致神昏，四肢不煖，亦手厥陰見症，非與傷寒同法也。濕溫邪入心胞。

犀角　連翹心　元參　石菖蒲　金銀花　野赤豆皮

煎送至寶丹。

周　病起旬日，猶然頭脹，漸至耳聾，正如《內經》病能篇所云：　因於濕，首如裹。此呃忒鼻衄，皆邪混氣之象，况舌色帶白，咽喉欲閉，邪阻上竅空虛之所，諒非苦寒直入胃中可以治病，病名濕溫。不能自解，即有昏痙之變，醫莫泛稱時氣而已。

連翹　牛蒡子　銀花　馬勃　射干　金汁

李三二　時令濕熱之氣，觸自口鼻，由募原以走中道，遂致清肅不行，不飢不食。但溫乃化熱之漸，致機竅不爲靈動，與形質滯濁有別。此清熱開鬱，必佐芳香以逐穢爲法。濕熱穢氣阻竅。

栝蔞皮　桔梗　黑山梔　香豉　枳殼　鬱金　降香末

《吳鞠通醫案·濕溫》　張三十三歲　六脈弦細而勁，陰寒證脈也。咳嗽稀痰，陰濕咳也。舌苔刮白而滑，陰舌苔也。嘔吐泄瀉，陰濕症也。雖發熱，汗出而解，乃濕中兼風，病名濕溫，天下有如是之陰虛症乎。丙寅四月初八日。

茯苓塊四錢　桂枝三錢　炒白芍二錢　薑半夏五錢　於朮三錢　廣皮炭二錢　生苡仁五錢　澤瀉四錢　生姜汁每盃沖三小匙

煮三杯，分三次服。

痰飲兼風，誤治成壞症。前用溫平逐飲除風，諸惡症俱減，惟寒少熱多，熱後汗出未除。現在面赤口渴，暮夜譫語，有風化熱之象，但六脈尚弦，未盡轉陽也。再咳嗽則胸脇小腹俱微痛，又有金克木之象。初十日。

桂枝三錢　生石膏六錢　青蒿二三錢　半夏五錢　茯苓塊四錢　生姜三片　杏仁三錢　焦白芍二錢　大棗去核二枚　豬苓二錢　炙甘草二錢

煮三杯，分三次服。

脈弦數，午後潮熱，前有白苔，茲變爲黃，嘔惡口渴，頗有濕瘧之象，但咳嗽便溏，又有濕溫之形，伏邪內陷所致。最難清理。十四日。

生石膏八錢　桂枝四錢　生苡仁五錢　飛滑石六錢　知母三錢　杏仁泥三錢　茯苓皮五錢　青蒿二錢　炙甘草二錢　煮三杯。分三次服。

《三家醫案合刻·卷一》　濕溫長夏最多，濕熱鬱蒸之氣，由口鼻而入，上焦先病，漸布中下，河間所謂三焦病也。治與風寒食積迥異。仲景云：　濕家不可發汗，汗之則痙。濕本陰邪，其中人也則傷陽，汗則陽易泄越，而邪留不解。濕蒸熱鬱，發現爲黃，熏蒸氣墜之間，正如罨曲之比。斯時病全在氣分，連翹赤小豆湯可以奏效。今經一月，邪彌三焦，自耳前後左腫及右，癰瘍大發。夫癰者壅也，不惟氣滯，血亦阻塞，蒸而爲膿，谷食不思，陡然肉消殆盡，胃氣索然矣。商治之法，補則助壅，清則垂脫，前輩成法，一無可遵，因思濕熱穢濁結於頭面清竅，議輕可去實之法，選芳香氣味，使胃無所苦，或者壅遏得宜，少進漿粥，便是進步。經云：　從上病者治其上。《靈樞》云：　上焦如霧，非輕揚芳香之氣，何以開之？

青菊葉　荷葉邊　金銀花　象貝母　綠豆皮　馬兜鈴　連翹　射干

煎好，露一宿，臨服加金汁一小杯。

《三家醫案合刻·卷二》 濕勝則腫，如何服五味，腫而熱痛，奈何以鹿膠助熱。

大豆卷　海桐反　川萆薢　宣木瓜　川通草　白㾓骨　米仁　茯神

《三家醫案合刻·卷三》 病本濕溫，元氣不能載邪外出，有直犯中焦之勢矣。擬以梔、豉上下分開之，姜、芩左右升降之，芳香之草橫解之，以冀廓清諸邪，未識得奏膚功否。

黑山梔　淡芩　川鬱金　生香附　炒香豉　生姜　鮮石菖蒲　生甘草

《張千里醫案·濕》 九里橋徐　寒熱參差，原屬秋深晚發，迄今月餘，餘熱蒸蒸汗多，便溏溺黃，脈小弦數，胸腹白疹續發未巳，此濕熱餘邪，尚未盡化，阻痺蒸鬱。腑陽既未通降，則宿痞自然升逆，疏腑通陽，濕熱漸化，則痞自漸和矣。

西洋參一錢五分　杏仁三錢　穭豆衣三錢　澤瀉一錢五分　廣陳皮一錢五分　炒穀芽三錢　丹皮一錢五分　桑葉一錢五分　雲茯苓三錢　白蒺黎二錢　左牡蠣三錢　蘆根八寸

姚景垣按：　簡潔老當，方亦靈動。

杭州王　平居嗜酒，濕凝陽鬱爲病。去秋四肢疼痺，兩足及左臂爲甚，乃是濕蒸氣滯，足太陰陽明脈絡不宣也。繼則鼻衄，難經所謂陽絡傷則血外溢陰絡傷則血內溢，熱泄氣通，自然絡痺較衰矣。今春左乳結核，時欬痰稠，體疲，脈濡舌黃，目昏耳鈍，亦濕邪上蒙耳。然絡病宜清，腑病宜通，時值夏令，收效難速。擬用和陽化濕，清氣宣絡緩圖之。

潞黨參二錢　法半夏一錢　木防己一錢五分　赤豆衣三錢　竹茹七分　新會皮一錢五分　生冬朮一錢　川黃柏一錢五分　粉丹皮一錢五分　雲苓二錢　炙甘草四錢　米仁三錢　建澤瀉一錢五分

洞庭山蔡　陽虛嗜酒之體，屢爲濕困，以致腰重不耐久坐，左肩臂痛，瘡痍時發，不能盡洩。經隧之濕，由陽明深入厥陰，爲便難肛痔，爲囊風腿癬，滋蔓無已，皆濕病也。脈濡濇，不宜用剛藥燥刼。議養陽明以清厥陰，冀其緩效。

大生地　歸身　川斷　米仁　製首烏　丹皮　杜仲　稀薟草　生冬朮　萆薢　黃柏　忍冬籐

另服《指迷》茯苓丸，三錢酒下。

姚景垣按：　此症生地首烏太覺膩滯，可加銀花絲瓜絡桑葉等，以靖厥陰之濕熱。比㾓李身熱已退七八，大便逐日一度，乾而尚順，耳聰神清，食進溺淡黃，舌薄白，脈濡滑緩，論症情喜已退舍。此時宜清養陽明，冀其腸胃通和，則未盡之濕熱便可漸次清化矣。

西洋參一錢五分　陳皮一錢五分　米仁三錢　竹葉念片，煨　石羔三錢　赤苓四錢　通草七分　蘆根八寸　益元散三錢　知母一錢五分　杏仁二錢

姚景垣按：　南方地形卑下，入夏以來，雨水較多，泛潮更甚，故濕病最多。往往胸痞納呆，頭額脹悶，身熱凜寒，甚或壯熱汗多，發爲白㾦，治不得法，動輒經月，更有延誤傷生者。此證最忌辛溫發表，苦寒冰伏，要在清熱不助濕，利濕不傷陰，方爲妙手。

《時病論·臨證治案·霉濕時病》 東鄉劉某，來舍就醫，面目浮腫，肌膚隱黃，胸痞脘悶，時欲寒熱，舌苔黃膩，脈來濡緩而滯，豐曰：　此感時令之濕熱也，必因連日務農，值此入霉之候，乍雨乍晴之天，濕熱之邪，固所不免。病者曰：　然，豐用芳香化濁法，加白芷、茵陳、黃芩、神麯治之，服五帖，遂向愈矣。

《時病論·臨證治案·秋濕時令忽患暴中》 丁丑孟秋，炎蒸如夏，乍雨如霉，患急病者甚衆。有城北王某，刈稻歸來，正欲晚餐，倏然昏倒，不知人事，痰響喉間。吾衢土俗，以爲齷齪，即倩人揪刮，神識略見清明。邀豐診之，脈來沉細，舌苔白滑。豐曰：　此中濕也。傍有一醫曰：　沉細之脈，白滑之苔，當是中寒，分明四逆、大順之證。豐曰：　欲用桂、附，則予謝不敏矣。彼醫不言而退。其妻泣涕求治。豐聞呼吸之聲，將有痰起，風雲之變，恐在頃刻。即用藿香、神麯、川朴、杏仁、製夏、陳皮、菖蒲、遠志、竹瀝、薑汁，合爲一劑，服之未有進退；　令加蘇合香丸，痰響漸平，人事稍醒。守舊略爲增損，連嘗數劑而瘥。

江誠曰：　舌苔白滑，寒象也。沉細之脈，少陰中寒也。考今歲又係太陽在泉，寒淫於內，彼醫謂中寒，欲用四逆、大順，似乎相像。不知中寒、中濕，大有攸分。以脈舌而論，似屬中寒；　以時令而論，實爲中濕。雖脈沉細，舌苔白滑，但無吐瀉、腹痛、肢冷等證，豈可遽認爲寒；　四逆、大順豈可

隨手而用！況在孟秋，正値濕土主氣，相火客氣，又非寒水加臨之候。故是證直斷爲濕，而用宣竅導痰之藥，以收效耳。

《時病論・臨證治案・濕溫化燥攻下得愈》須江周某之郎，由濕溫誤治，變爲唇焦齒燥，舌苔乾黑，身熱不眠，張目安言，脈實有力。此分明濕溫化熱，熱化燥，燥結陽明，非攻下不能愈也。即用潤下救津法，服之未效，屢欲更衣而不得。後以熟軍改爲生軍，更加杏霜、枳殼，始是大解，色如敗醬，臭不可近。是夜得安寐，讝安全無。次日舌苔亦轉潤矣。繼以清養肺胃，調理二旬而安。

《葉案存真類編・溫熱》范升九　四肢作冷，自利未已，目黃稍退，而神倦不語，濕邪內伏，足太陰之氣不運。經言脾竅在舌，邪滯竅必少靈，以致語言欲蹇。法當分利，佐辛香以默運坤陽，是太陰裏症治法。自評：是濕溫治法。

生於术　草果仁　厚樸　木瓜　茯苓　澤瀉

第二案　身體稍稍轉動，語蹇神呆，猶氣機未爲靈轉，色脈非是有餘，而濕爲陰邪，不徒偏寒偏熱已也。

生於术　石菖蒲汁　鬱金　茯苓　遠志　米仁

第三案　濕滯於中，氣蒸於上，失降不得寐，日起白疳，仍不渴飲，開上鬱，佐中運，利腸間，亦是宣通三焦也。

生於术　寒水石　米仁　桔梗　廣皮　豬苓　澤瀉

自評：滲藥究宜少用，不渴飲者，濕之結也運中開上，便可祛之，起白疳者，熱之結也，滲利太過，則津不上承，熱更亢而莫制矣。

第四案　濕勝中宮不運，易生痰飲，不欲食，須使神機靈泛，少佐疏滯。外臺茯苓飲去廣皮，加天竹黃、石菖蒲。

第五案　人參　金斛　枳實　於术　茯苓　廣皮

第六案　脾胃不醒，皆從前濕蒸之累，氣升痰咳，參藥緩進。

炒川貝　茯苓　地骨皮　米仁　鬱金　淡芩

《葉案存真類編・濕溫》雨濕地蒸，潮穢經旬，人在氣交之中，口鼻吸受，從上內侵，頭脹脘悶，肉刺骨痛。蓋肺位最高，其氣主周身貫串，既被濕阻，氣不運通，濕甚生熱，汗出熱緩，少間再熱。凡風寒得汗解，濕邪不從汗解耳。仲景云：濕家不可發汗，汗之則痙。謂濕本陰晦之邪，其傷必先及陽，故汗下清熱消導，與濕邪不相干涉也。濕也、熱也，皆氣也，能蒙蔽周身之氣，原無有形質可攻，由上不爲清理，漫延中下二焦，非比傷寒六經，自表傳裏相同。河間暢發此義，專以三焦宣通爲法。明張司農亦以苦辛寒主治，總以氣分流利爲主，氣通則濕解矣。今兩旬不愈，入暮昏厥，厥者逆亂之稱，以邪深入至陰之中，熱蒸上冒，致神明爲邪所蒙蔽矣。初濕邪下注，而大便爲溏，今則氣窒結閉，而大便不通。自評：初則陽氣能運濕下出，繼則氣困難運也。古稱熱深厥深，又云厥少熱多則病退，厥多熱少則病進，凡厥多隸陰也。自評：案中論濕邪禁汗，卻不盡然，但汗之有法，如傷寒中風，時時汗出，衛氣不諧，以桂枝復汗則愈，是有正汗邪汗之分。故風寒亦有得汗不解，濕亦有得汗而解，寒濕陽虛，宜溫中。暑濕氣虛，宜益氣。俱不得徑行發數，致如水淋灕。

掘地坎三、五尺，全無瓦礫，方是眞土，入新汲井水，用木棍淘二三百下，取泥漿水，澄清二盞，另以綦豆皮、野赤豆皮、馬料豆皮各五錢，入地漿水中，煎湯一茶杯許，候溫，入珍珠細粉約七、八分，冰片半釐，勻三次服。

再論暑濕客氣由上受，以行中道，未按經法，致三焦否塞，逆亂爲厥。厥屬邪深在陰，故取地漿重陰之氣，珠潛水底鹹寒，少佐冰片辛熱，能開熱痺，直走至陰，以冀厥止。究竟暑濕熱氣，乃無質之邪，瀰漫胸臆，如烟霧繚繞，諸宗氣營氣，無以展舒，焉有知味知饑。彼攻消峻剋，能滌有質之邪滯，非濕結氣分之治也。昔軒岐云：從上病者，治其上。且上焦如霧，藉輕揚可以去實，半月不更衣，斷勿攻下，皆氣窒使然。自評：天濕上受，所謂陽中霧露之氣也。地濕下受，其證兼寒，治法與此不同。

川貝　米仁　兜鈴　白蔻　連翹　射干　通草

脈弦緩，面目肌膚皆黃，舌白滑膩，胸脘膈間脹閉，病名濕溫。由瀕海潮濕氣入口鼻，至募原，分布三焦，此爲外因。仍食水穀腥物，與外入穢濁之邪，兩相交混，濕甚熱鬱，三焦隧道氣血不通，遂變黃色。發汗不愈者，濕家本有汗也。清熱消導不愈者，熱從濕中而起，濕不去則熱不除也。夫濕邪無形質，攻滯乃有形治法，其不效宜矣。昔河間治濕熱，必取乎苦辛氣寒。蓋苦降以逐濕，辛香以祛穢，寒取乎氣，藉氣行不閉寒於內也。當世醫者，混以傷寒表裏爲治，殊不知穢濕氣入口鼻，游走三焦，不與傷寒同治。

綿茵陳　白豆蔻　厚樸　川通草　廣皮白炒　茯苓皮　半夏麯　塊滑石

望色萎瘁晦黯。聞聲呼吸不利，語音若在甕中，診脈右緩左急，問初病忽熱忽溫，頭中如裹，腰痛欲拊捫，神識呆鈍，昏昏欲寐，肢節瘈瘲，咳痰映紅，溺溲短縮，便溏帶血，不饑不渴，環口微腫，脣乾不紅，舌白糜腐，此水穀酒醴，濕熱相併鬱蒸，阻撓清氣之游行，致周身氣機皆令痺塞。夫熱邪、濕邪皆氣也，由募原分布三焦，營衛不主循環，升降清濁失司。邪屬無形，先著氣分，時師橫議表邪宜汗，裡滯宜消，見熱投涼，殊不知熱由濕鬱，氣行熱走，仲景於痙、暍從濕化，忌汗忌下，明示後人，勿傷陰陽耳。但無形之邪久延，必致有形由氣入血，一定理也。據色、脈、證參之，未見或可採用。

羚羊角　茵陳　銀花　連翹　通草　大腹皮　茯苓皮　豬苓　澤瀉　至寶丹

《王旭高臨證醫案・溫邪門》　宋　濕溫過候，瘖疹並見，心胸煩懊，神識模糊。脈數混混而不清，舌心苔乾而不膩。濕蘊化熱，熱漸化燥，氣粗短促，目赤耳聾，陰精下虧，風陽上亢。慮其內陷昏痙，擬生津達邪，兼芳香逐穢。

鮮斛　淡豆豉　竹茹　連喬　橘紅　赤苓　天竺黃　黑梔　菖蒲　鬱金　羚羊　陳膽星　牛黃清心丸五分　加犀黃三厘

又　濕溫邪在太陰陽明，濕勝於熱，太陰爲多；熱勝於濕，陽明爲甚。日晡煩躁，陽明旺時也。口雖渴，苔仍白膩，乃濕蘊化熱，餘濕猶滯，氣火薰蒸，蒙蔽清竅。故瘖疹雖透，而神識時糊，脈沉小而數疾，皆邪鬱不達之象。倘若熱甚風動變痙，便難措手。

半夏　赤苓　鮮斛　連喬　川連姜汁炒　菖蒲　通草　豆豉　鬱金　益元散　竹茹　茅根　黑梔

淵按：宜參涼膈散緩緩通下，不致下後化燥內陷耳。蓋濕溫雖不可早下，而熱勝挾滯者不下則熱邪挾滯不去，濕邪亦從熱化燥化火也。

又　濕溫旬日，脈數較大於昨，熱勢較盛於前。所謂數則煩心，大爲病進，並非陰轉爲陽，自內達外之象。舌苔白厚，上罩微灰。面紅目赤，陽盛之徵。頭昏耳聾，陰虛之象。小溲窒塞，氣化不及也。當生津以徹熱，利竅以化濕，救陰不在腎，而在生胃津。去濕不可燥，而在通小便。蓋汗生於津，津充汗出而熱解。小腸爲心之府，小便通利，心火降而神清。

羚羊角　赤苓　菖蒲　竹黃　澤瀉　益元散　知母　鮮斛　通草　竹葉　鮮薄荷根

另用珠子五分血珀五分爲末調服

淵按：名言儻論，勿草草讀過。

又　濕熱鬱蒸，如煙如霧，神識沉迷。脈時躁時靜，靜則神倦若寐，躁則起坐如狂，邪內陷矣。雖便不通，而腹鳴不滿，腸胃不實，其糞必溏，未可驟攻下之。大凡溫邪時症，驗舌爲先，今尖苔白，上罩微霉，邪在營氣之交。葉氏云，邪乍入營猶可透熱，仍轉氣分而解，如犀、羚、元、翹，等是也。從此立方，參以芳香宣竅。

犀角　羚羊角　鮮斛　竺黃　元參　連喬　益元散　赤苓　竹茹　至寶丹一粒

又　前方加鮮地、瓜蔞仁、枳實

又　舌黑而乾，濕已化燥。頻轉屎氣，脘腹按痛，邪聚陽明。腸胃已實，當商通腑。但小便自遺腎氣虛也。正虛邪實，津枯火熾，惟有瀉南補北，勉進黃龍湯法。

鮮地　人參　生軍　元參　元明粉　菖蒲　竺黃　連喬　竹葉　甘蔗汁代水煎藥

淵按：蔗汁生飲最妙。代水煎藥，不但膩膈，且失涼潤之性矣。

又　下後舌黑稍退，而脈反洪大，神識仍昏，陽明火旺也。清陽明燔灼之火，救少陰涸竭之陰，用景岳玉女煎。

鮮地　元參　鮮斛　知母　竺黃　麥冬　石膏　竹葉　蘆根　蔗汁一杯沖

又　津回舌潤固屬休徵，風動頭搖仍爲忌欵，溫邪雖退，元氣大虛。虛風上擾不息，又防眩暈厥脱。今當扶正熄風，參以生津和胃。

生洋參　鈎鈎　天麻　茯神　製半夏　石決明　秫米　陳皮　麥冬　竹茹　甘蔗皮

淵按：熱滯雖從下而鬆，肝家陰液，早爲燥火所傷，故見證如此。遲下之累也。

《王旭高醫案・溫邪》　胡　素有肝胃病，適挾濕溫，七日汗解，八日復熱。舌灰唇焦，齒板口渴，欲得熱飲。右脈洪大數疾，左亦弦數。脘中仍痛，經事適來。靜思其故，請明析之。夫肝胃乃腹中一藏一府，木乘土則氣鬱而痛，若不挾邪，安得寒熱？即有寒熱，斷無大熱，以此爲辨也。又詢大便堅

硬而黑，是腸胃有實熱，所謂燥屎也。考胃氣痛門無燥屎症，惟瘀血痛門有便血，然此症無發狂妄喜之狀，則斷乎非蓄血，此又一辨也。渴喜熱飲，疑其爲寒，似矣。不知濕與熱合，熱處濕中，濕居熱外，必飲熱湯而濕乃開，胸中乃快，與陰寒假熱不同。再合脈與唇，其屬濕溫挾積無疑。《傷寒大白》云：唇焦爲食積。此言諸書不載，可云高出前古。

豆豉　鬱金　延胡　山梔　香附　赤苓　連喬　竹茹　蔞皮

外用葱頭十四上，鹽一杯，炒熱，熨痛處。

王旭高按：病本濕溫挾食，交候戰汗而解，少頃復熱，爲一忌。汗出而脈躁疾者，又一忌。適值經來，恐熱陷入血室，從此滋變，亦一忌。故用豆豉以解肌，黑梔以清里，一宣一泄，祛表里之客邪。延胡索通血中氣滯、氣中血滯，兼治上下諸痛。鬱金苦泄以散肝鬱，香附辛散以利諸氣，二味合治婦人經脈之逆行，即可杜熱入血室之大患。瓜蔞通府，赤苓利濕。加竹茹、連喬，一以開胃氣之鬱，一以治上焦之煩。外用葱、鹽熱熨，即古人摩按之法，相贊成功。

方仁淵按：此雖有食積，亦不可下，以胸痞脘痛，渴喜熱飲，中焦濕飲鬱遏不開，寒熱錯雜，陽明之氣失於順降，若遽下之，輕則痞隔，重即結胸矣。同一濕溫夾滯，其不同有如此者。

《張聿青醫案・濕溫》 江蘇撫軍吳　病濕溫下虛，纏綿兩月有餘，僕以病近膏肓，恐藥石難於奏效，以未便立方辭。主人堅懇至再，不得已勉盡綿力，將病脈症因，方治宜忌，變方案之式，爲之分列各條，備諸方家及主政採擇之。　一、久病濕熱，化燥化火，而藏氣虛微，脈至少神，症屬難治。循例告辭者爲此。　一、病既沉重，不能袖手，惟有細究其理，勉爲調治。　一、口燥舌黃帶灰，時喜涼飲，非胃中熱甚，安得有此。　一、讝語錯語，病涉於心。蓋陽明胃脈，上通於心，胃熱上乘，則心神爲之擾亂。　一、胃中燥火，原從濕熱所化。夫濕熱何以致燥。蓋津之與液，清濁攸分，升降異致。濁之清者爲津，清之濁者爲液，液從上而下降，津從下而上升，滋養涵濡，悉賴津液敷布。今濕邪抑鬱，則津液不布，燥是其標，濕是其本。　一、救陰即是潤燥，降火即是清心，無如津不上承，清之養之，仍苦揚湯止沸。　一、大腹飽滿，按之而軟，謂之虛膨，虛者何，脾虛也。脾有氣血，有陰陽，虛膨不運，脾虛其陽，確有可見。　一、胃有燥火，而脾虛其陽，勉欲挽回，動輒矛盾。　一、瀉胃熱而仍顧慮脾陽，前人有連理湯一方，茲仿其意。　一、連屬苦燥，薑屬辛燥，似有抱薪救火之弊。但火從燥化，燥從濕化，燥爲假燥，濕爲真濕，正治從治，例得權宜。　一、養陰救津，甘涼之品，有益於胃，即損於脾。再仿前人藥露之法，專取其氣，以潤其津，於脾無損。

川雅連五分炒　炮薑三分　生熟甘草各二分　以上三味煎服。

上濂珠三分　西黃一分　辰砂二分飛　三味研細末，先調服。

西洋參五錢　元參八錢　細生地一兩　北沙參一兩五錢　麥冬一兩　生甘草二錢　白芍四錢　上藥七味，加荷葉二兩，用蒸壺取露，隨意溫服。

《古今醫案按選・濕熱》 林北海治一人，夏月遠行勞倦，歸患熱證，下痢膿血，身如燔炭，舌黑而燥，夜多讝語。曰：此陽明病也，不當作痢治。但脈已散亂，忽有忽無，狀類蝦游，殆不可治。其家固請用藥，林曰：陽明熱甚當急解其毒，在古人亦必急下之以存津液。然是證之源，由於勞倦，陽邪內灼，脈已無陰，若驟下之，則毒留而陰絕，死不治矣。勉與養陰，以冀萬一，用熟地一兩，生地、麥冬、歸、芍、甘草、枸杞佐之。戒其家曰：汗至乃活。服後熱不減，而讝語益狂悖，但血痢不下，身有微汗，略出即止。林診之，脈已接續分明，洪數鼓指，喜曰：今生矣。仍用前方，去生地，加萸肉、丹皮、山藥、棗仁，連服六帖。讝妄昏熱不減，其家欲求更方，林執不可。又二日，診其脈始斂而圓，乃用四順清涼飲子，加熟地一兩，大黃五錢，下黑矢而諸證頓愈。越二日，忽復狂讝發熱，喘急口渴，舉家惶惑，謂今必死矣。林笑曰：豈忘吾言乎，得汗即活矣。此緣下後陰氣已至，而無以鼓動之，則營衛不洽，汗無從生，不汗則虛邪不得外達，故內沸而復也。病從陽入，必從陽解，遂投白術一兩，歸、芍、乾薑各三錢，甘草一錢，盡劑汗如注，酣卧至曉，病良已。

俞按：此證疑難在於初末，初時脈類蝦游，若援景岳證實脈虛之說而用參、術、薑、附，則必死。末後狂熱復發，若引又可餘邪注胃之說，而用白虎承氣，亦必危。此案見解用藥俱佳，然其得生處，在於養陰而血痢頓止，脈即應指耳，中間連服六帖，讝妄昏熱不減，幸不手足厥冷，尤幸不至聲瘖不語，絕穀不食也，則以脈之斂而圓故也，但白術一兩，乾薑三錢，以治狂熱喘渴，殊難輕試。

又云：溫熱病最怕發熱不退，及痙厥昏蒙，更有無端而發暈。雄按此卻

不防及神清而忽間以狂言者，往往變生不測。遇此等證，最能惑人，不比陽證陰脈，陽縮舌卷，撮空見鬼者，易燭其危也。要訣在辨明虛實，辨得眞，方可下手。然必非劉河間、吳又可之法所能救。平素精研傷寒論者，庶有妙旨。至如葉氏之論溫熱，有邪傳心包，震動君主神明欲迷，瀰漫之邪，攻之不解，清竅既蒙，絡內亦痺，豁痰降火無效者，用局方至寶丹，或紫雪，或牛黃丸，宗喻氏芳香逐穢宣竅之說，眞足超越前賢，且不蹈用重藥者一匙偶誤，覆水難收之弊也。此翁聰明誠不可及。

《凌臨靈方・濕溫》 程四月濕溫時邪擾於陽明，頭痛暈眩，身熱煩渴，筋骨痠楚，暮夜神昏譫語，大便挾熱溏泄，小便短赤，脈弦滑數。治宜清解。

羚角片　薄荷梗　丹皮　益元散　牛黃清心丸一顆　連翹　川鬱金　象貝　銀花露　牛蒡　鮮斛　竹茹　車前子

《邵氏醫案》 濕邪侵肺，咳痰帶紅，脈滑數，苔黃，咽痛音嘶，條熱乍寒頭疼，姑宜清解化痰。

馬勃一錢五分　薄荷七分　橘紅一錢　白前一錢五分　連翹三錢　焦山梔三錢　銀花一錢五分　光杏仁三錢　象貝三錢　元參三錢　茜根三錢　鮮枇杷葉三片去毛　三帖

風濕發熱口燥，脈數左浮滑，嗆咳痰阻，左脇痛，癸水適至淋灕，大便粘滯不爽，尤防痙厥之變。

瓜蔞皮三錢　銀花一錢五分　炒黃芩一錢五分　枳殼一錢五分　象貝三錢　廣橘紅一錢　廣鬱金三錢原杵　萊菔子二錢生杵　炒梔子三錢　前胡一錢五分　光杏仁三錢　引鮮竹肉一丸　二帖

濕鬱氣阻，遍體浮腫，脈沉弦、右澁滯，癸澁遲滯，中痞防脹。

大腹絨三錢　生香附三錢　省頭草三錢　茯苓皮五錢　厚朴一錢五分　炒枳殼一錢五分　沉香五分　防己一錢五分　鷄內金三錢　商陸一錢五分　地骷髏三錢

溫病總部

溫病疾病部

秋燥部

論說

《奇效良方·燥門》《內經》曰：諸燥枯涸，乾勁皺揭，皆屬于燥。乃陽明燥金，肺與太陽之氣也，故曰燥。萬物莫熯乎火，燥之爲病，皆屬燥金之化。然金體本燥，能令燥者火也。夫金爲陰之主，爲水之源，而受燥氣，寒水生化之源，竭絕于上，而不能灌溉周身，營養百骸，色乾而無潤澤，皮膚滋生毫毛者，有自來矣。或大病而克伐太過，或吐利而亡津液，或預防養生，誤餌金石之藥，或房勞致虛，補塞燥劑，食味過厚，辛熱太多，醇酒炙肉，皆能偏助狂火，而損害眞陰，陰中伏火，日漸煎熬，血液衰耗，使燥熱轉甚爲諸病，在外則皮膚皺揭，在上則咽鼻焦乾，在中則水液衰少而煩渴，在下則腸胃枯個、津不潤而便難，在手足則痿弱無力，在脈則細澀而微，此皆陰血爲火熱所傷也。《原病式》云：風熱火同陽也。寒燥濕同陰也，又燥濕小異也，燥金雖屬秋陰，而異于寒濕，故反同其風熱也。火熱勝而金衰，而風生，則風能勝濕，熱能耗液而反寒，陽實陰虛，則風熱勝于水濕而爲燥也。凡人風病多因熱甚而風，燥者爲其兼化，以熱爲其主也。然陽實陰虛，而風熱太甚，以勝水濕，因而成燥，肝主于筋，而風氣自甚，又燥熱加之，液還聚于胸膈，則筋太燥也。燥金主于收斂勁切，腎澀故爲病筋脈勁強，緊急而口噤也。或病燥熱太甚，而脾胃乾涸，而成消渴者，或風熱燥甚，怫鬱在表，裏氣平者，善伸數欠，筋脈拘急，或時惡寒，或筋惕而搐，脈浮數而弦也，風熱燥鬱甚于裏，故煩滿而或閉結也。及風癇之發作者，由熱甚而風燥，爲其兼化，涎溢胸膈，燥爍而瘛瘲，昏冒僵僕也。凡此諸證，皆由熱甚而生。風燥各有異者，由風熱燥各微甚不等故也。所謂中風或筋緩者，因其風熱勝濕而爲燥，乃燥之甚也。然筋緩不收而痿痹，故諸膹鬱病痿，皆屬肺金，乃燥之化也。如秋深燥甚，則草木痿落而不收，病之象也，是以手得血而能握，足得血而能步。夫燥之爲病，血液衰少，而氣血不能通暢，故其病也，治法當以甘寒滋潤之劑，故甘寒俱能生血。又寒能勝熱，陰得滋而火殺，液得潤而燥除，源泉下降，精血上榮，如是則氣液宣通，由內神茂而外色澤矣。《內經》治法，燥者潤之，非養血潤燥之謂歟。世或有言風熱而燥，誤以辛涼驅風苦泄之劑，愈燥其液，損之又損，殊不知血衰致燥，多招風象，乃木火得侮金水之衰也。風燥之疾，當求其本，治則不失矣。

《赤水玄珠·燥門·明燥篇》 生生子曰：諸書視燥爲風熱，爲血少，是固然矣。子謂諸書僅言病機耳，而令氣則未之及也。夫燥是六氣中五之氣也，《運氣六化篇》已明言之。其論曰：在地成形，在天爲氣，行有五而氣有六，以分君火相火之化。六氣化者，謂寒濕暑燥風火也。乃天之元氣，然後三陰三陽上奉之，謂之標六氣，皆有一化舉大槩也。而《難經》亦曰：辛啇也，丙之柔則金之化明矣。觀運氣以卯酉爲陽明燥金司天者，又豈無所本哉。夫金者，西方之氣，在人主肺。運氣所以不言肺而言陽明者，緣肺爲華蓋，雖陰臟居膈上，處陽之部位，必待陽而後發，故屬陽明也。金之化淸與燥主於秋爲五之氣，主秋分后六十日，有奇自斗建酉正至亥之中，天度至此，淸氣乃行，萬物皆燥也。一年之間有此必然之勢，亦有此必然之理也。何以然金屬庚辛，辛爲丙婦帶火之氣，故燥。予故曰：《素問》言燥者，指令氣也。諸書云燥者，指病機也。燥之胎自丙中來，故古人有云莫治風，莫治燥，治得火時風燥了。此深得夫操之旨者，同志者詳之。

《內經》病機云：諸澀枯涸，乾勁皴揭，皆屬於燥。

《赤水玄珠·燥門·燥本風熱論》《原病式》云：經曰風熱火同陽也，寒燥濕同陰也，又燥濕小異也。然燥雖屬秋陰，而異於寒濕，故反同其風熱也。故火熱盛，金衰而風生，則風能勝濕，熱能耗液，而反寒。陽實陰虛，則風熱勝于水濕而爲燥也。凡人風病多因熱甚而風燥者，爲其兼化，以熱爲其主也。然陽實陰虛而風熱太甚以勝水濕，因而成燥。肝主於筋，而風氣自甚，

又燥熱加之，液還聚於胸膈，則筋太燥也。燥金主於收斂勁切緊濇，故爲病筋脈勁強緊急而口噤也。或病燥熱太甚而脾胃乾涸成消渴者，或風熱燥甚怫鬱在表而裏氣不舒，善伸數欠，筋脈拘急，或時惡寒，或筋惕而搐脈，浮數而絃也。風熱燥幷鬱甚於裡，故煩滿而或閟結也。及風癇之發作者，由熱甚而風燥爲兼化涎溢胸膈，而瘈瘲昏冒僵仆也。凡此諸症皆由熱甚而生風燥。各有異者，由風熱燥各微甚不等故也。所謂中風或筋緩者，因其風熱勝濕而爲燥，乃燥之甚也。然筋緩不收而痿痺及諸膹鬱病痿，皆屬金肺乃燥之化也。如秋深燥甚，草木痿落而不收病之象也。是以手得血而能握，足得血而能步。夫燥之爲病者，血液衰少也。而又氣血不能通暢，故病然也。

《傷寒論條辨・或問》 問：天有六氣，風寒暑溼燥火，風寒暑溼，經皆揭病出條例以立論，而不揭燥火，燥火無病可論乎？曰：《素問》言春傷於風，夏傷於暑，秋傷於溼，冬傷於寒者，蓋以四氣之在四時，各有專令，故皆專病也。燥火無專令，故不專病，而寄病於百病之中，猶土無正王，而寄王於四時辰戌丑未之末。不揭者，無病無燥火也。條目中理會自見。

《醫門法律・傷燥門・秋燥論》 喻昌曰：燥之與濕，有霄壤之殊。燥者，天之氣也；濕者，地之氣也。水流濕，火就燥，各從其類，此勝彼負，兩不相謀。春月地氣動而濕勝，斯草木暢茂。秋月天氣肅而燥勝，斯草木黄落。故春分以后之濕，秋分以后之燥，各司其政。今指秋月之燥爲濕，是必指夏月之熱爲寒然后可，奈何《內經》病機一十九條，獨遺燥氣。他凡秋傷于燥，皆謂秋傷于濕，歷代諸賢，隨文作解，弗察其訛。昌特正之，大意謂春傷于風，夏傷于暑，長夏傷于濕，秋傷于燥，冬傷于寒。覺六氣配四時之旨，與五運不相背戾，而千古之大疑始一決也。然則秋燥可無論乎？夫秋不遽燥也，大熱之后，繼以涼生，涼生而熱解，漸至大涼，而燥令乃行焉。經謂陽明所至，始爲燥終爲涼者，殆誤文也。豈有新秋月華露湛，星潤淵澄，天香遍野，萬寶垂實，歸之燥政？迨至山空月小，水落石出，天降繁霜，地凝白鹵，一往堅急勁切之化，反謂涼生，不謂燥乎？或者疑燥從火化，故先燥而后涼，此非理也。深乎！深乎！

使在人之脈，方春即以弦應，方夏即以數應，躁促所加，不三時而歲度終矣。其能長世乎？即是推之，秋月之所以忌數脈者，以其新秋爲燥所勝，故忌之也。若不病之人，新秋而脈帶微數，乃天眞之脈，何反忌之耶？且夫始爲燥，終爲涼，涼已即當寒矣。何至十月而反溫耶？涼已反溫，失時之序，天道不兒頓乎。不知十月之溫，不從涼轉，正從燥生，蓋金位之下，火氣承之，以故初冬常溫，其脈之應，仍從乎金之濇耳。由濇而沉，其濇也，爲生水之金；其沉也，即爲水中之金矣。珠輝玉映，傷燥云乎哉？然新秋之涼，方以卻暑也，而夏月所受暑邪，即從涼發。經云：當暑汗不出者，秋成風瘧。

若夫深秋燥金主病，則大異焉。經曰：燥勝則乾。夫乾之爲害，非遽赤地千里也。有乾于外而皮膚皺揭者；有乾于內而精血枯涸者，有乾于津液而榮衛氣衰。肉爍而皮著于骨者。隨其大經小絡，所屬上下中外前后，各爲病所，燥之所勝；亦云熯矣。至所傷則更厲，燥金所傷，本摧肝木，甚則自戕肺金。蓋肺金主氣，而治節行焉，此惟土生之金，堅剛不撓，故能生殺自由，紀綱不紊。若病起于秋而傷其燥，金受火刑，化剛爲柔，方圓且隨型埴，欲仍清肅之舊，其可得耶？經謂欬不止而出白血者死，白血謂色淺紅，而似肉似肺者，非肺金自削。何以有此？試觀草木菁英可掬，一乘金氣，忽焉改容，焦其上首，而燥氣先傷上焦華蓋，豈不明耶。詳此則病機之諸氣膹鬱，皆屬于肺；諸痿喘嘔，皆屬于上。二條明指燥病言矣。生氣通天論謂秋傷于燥，上逆而欬，發爲痿厥。

《醫醫病書・醫不明六氣論》 風、火、暑、顯、燥、寒六淫之病，唐宋以後，皆未分晰清楚。如以傷寒法治溫病，又以溫病法治燥症。且自唐以後，皆不識燥症，略而不講。只有沈目南先生，論燥之勝氣，引經爲證。與喻嘉言、葉天士之論燥，但指化氣而言者，大不相同，其余概不之講。甚至有云燥不爲病者，謬之甚也。蓋風爲長養萬物之用，在天爲元，尙爲百病之長，豈燥屬金爲殺厲之氣，反不爲病乎？不過以《陰陽應象大論》中，但言冬傷於寒、春傷於風、夏傷於暑、秋傷於濕，故云爾也。豈未見《天元紀》、《六元正紀》諸篇，詳言燥氣之病乎？此乃讀書不細之故也。

《增補評註溫病條辨・卷四・雜説・方中行先生或問六氣論》 原文云：或問天有六氣，風、寒、暑、溼、燥、火，風、寒、暑、溼，經皆揭病出條例以立論，而不揭燥火，燥火無病可論乎？曰：《素問》言春傷于風，夏傷于暑，秋傷于溼，冬傷于寒者，蓋以四氣之在四時，各有專令，故皆專病也。燥

火無專令，故不專病，而寄病于百病之中；　猶土無正位，而寄王于四時辰戌丑未之末。不揭者，無病無燥火也。愚按此論，牽強臆斷，不足取信，蓋信經太過則鑿之病也。春風，夏火，長夏溼土，秋燥，冬寒，此所謂播五行於四時也。經言先夏至爲病溫，即火之謂，夏傷于暑，指長夏中央土而言也；　秋傷于溼，指初秋而言，乃上令溼土之氣，流行未盡。蓋天之行令，每微於令之初，而盛於令之末；　至正秋傷燥，想代遠年湮，脱簡故耳。喻氏補之誠是，但不當硬改經文，已詳論於下焦寒溼第四十七條中。今乃以土寄王四時比燥火，則謬甚矣。夫寄王者，溼土也，豈燥火哉！　以先生之高明，而於六氣乃昧昧焉，亦千慮之失矣。

霖按：　喻氏之硬改經文，是不明《素問・陰陽應象大論》四時伏氣之旨。觀鞠通下焦寒溼四十七條中之註，不過以秋分前後六氣之呆法立論。又何嘗達《内經》之精義哉？　余曾釋此義於拙集傷寒正義中。邊幅有限，未便抄錄。

《增補評註溫病條辨・雜説・燥氣論》　前三焦篇所序之燥氣，皆言化熱傷津之證，治以辛甘微涼，金必克木，木受克，則子爲母復仇，火來勝復矣。未及寒化。蓋燥氣寒化，乃燥氣之正，《素問》謂陽明所至，爲清勁是也，《素問》又謂燥極而澤。土爲金母，水爲金子也。本論多類及於寒濕伏暑門中，如腹痛嘔吐之類，經謂燥淫所勝，民病善嘔，心脅痛，不能轉側者是也，治以苦溫，《内經》治燥之正法也。前人有六氣之中，惟燥不爲病之説，蓋以燥統於寒，而近於寒，凡見燥病，只以爲寒，而不知其爲燥也。合六氣而觀之，餘俱主生，獨燥主殺，豈不爲病者乎。細讀《素問》自知。再前三篇，原爲溫病而設，而類及於暑溫濕溫，其於伏暑濕溫門中，尤必三致意者，蓋以秋日暑濕踞於内，新涼燥氣加於外，燥濕兼至，最難界限清楚，稍不確當，其敗壞不可勝言。經謂粗工治病，濕證未已，燥證復起，蓋謂此也。濕有兼熱、兼寒，暑有兼風、兼燥，燥有寒化熱、化。先將暑濕燥分開，再將寒熱辨明，自有準的。

《醫醇賸義・秋燥》　燥爲六淫之一，《内經》於此條，並未大暢其説。至西昌喻氏，著《秋燥論》一篇，謂世俗相沿，誤以濕病爲燥病，解者亦競以燥病爲濕病，而於《内經》所謂秋傷於燥，上逆而咳，發爲痿厥數語，全然誤會，可謂獨具隻眼，大聲喝破矣。惟篇中謂秋不遽燥，大熱之後，繼以涼生，涼生而熱解，漸至大涼，而燥令乃行焉，此則燥字之義，乃作大涼解，而燥中全無熱氣矣。獨不思秋陽以暴之一語，朱子註中，謂秋日燥烈，言暴之乾也，可見秋陽甚於夏日，燥非全主乎涼。乃篇中又申其説，以爲天道春不分不溫，夏不至不熱，則秋不分不燥之意，隱然言下矣。信斯言也，則必秋分以後，方得謂之秋燥，是燥病亦只主得半季，而秋分以前之四十五日，全不關秋燥矣。由斯以推，則冬至以後，方是傷寒，春分以後，方是春溫，夏至以後，方是三氣；而於冬至以前，春分以前，夏至以前，秋分以前之四十五日内，所感者爲何氣，所得者謂之何病乎？　愚謂燥者乾也，對濕言之也。立秋以後，濕氣去而燥氣來，初秋尚熱，則燥而熱，深秋既涼，則燥而涼，以燥爲全體，而以熱與涼爲之用，兼此二義，方見燥字圓相。若專主一邊，遺漏一邊，恐非確論，竊附管見，或亦愚者千慮之一云。

《六因條辨・秋燥辨論》　嘗觀《内經》、《金匱》及後賢諸書，所論六淫之病，因於四時，故冬有傷寒，春有溫症，夏有暑濕，惟秋令燥氣，則並未論及。迨喻嘉言先生，著有《秋燥》一症，誠爲另開手眼。然仲景先師，非無卓識而遺漏也，其散見諸條之内者，如《金匱》但熱無寒之癉瘧，寒少熱多之溫瘧，及《内經》脾癉消渴，而爲風發，《傷寒》燒針發狂，而爲風溫，皆用甘涼濡潤，清肅肺胃等法，非燥火而何？　予三十餘年，閲歷以來，留心斯症，都因秋令太溫，雨澤愆期，風陽化燥，鼓盪寰宇，以致消爍之勢，乘虛襲肺，肺失清肅，則洒洒惡寒，翕翕發熱，鼻鳴乾燥，欬逆衄血，舌赤齒枯，諸症叢生。蓋犯是症者，必由稟賦陰虧，亢陽偏盛，或形瘦身長，或色蒼少澤，稟乎木火之質者，比比皆然，是則水流濕，火就燥，以類相招，其感甚易，況陽有餘，便是火，火必從燥，先傷肺金，故每現之症，多是肺熱爲幻，喻嘉言所著清燥湯，但取甘寒養陰，辛涼清肺，眞對症之良方，濟世之慈航焉。

《傷燥論》　燥氣爲病，古人未之詳言，近人於秋三月，病初起微微發熱，既而大熱，口渴，無汗，日夜不休，醫者從太陽表散不效，作暑治，利小水，亦不效；　作癉瘧治，亦不效。病甚則昏沉，譫語，或頭痛如破，衄血，咳嗽，目赤，耳聾，脇痛，少腹痛，秘結不通，舌苔白、黃、黑燥，諸症紛起，清之、下之、亦不效，遷延日久，近數十日，遠百日，或死，或愈，莫知其由。間有服六味地黃湯而起者，予就其症細審之，曰此秋燥也。《易》曰：　同氣相求。六淫之燥氣，陽明受之，其病不從太陽入。天氣通於肺，或從鼻入，中於面則下，陽明或從面入。故表散無功，且燥氣因水氣不勝而亢，汗傷太陽，寒水水竭而燥愈益亢，

故病因之而轉，增利小水亦然。遷延日久，皆因初起誤治傷其津液，雖清之下之，不能應手也。其病始在陽明經，旣而入府，繼病肝膽，終病腎。或兼病肺，或結諸腸胃。《易》曰：火就燥，燥勝，而火助之。故其症與熱病相似，用熱病治法而亦不遽。愈者以其初或汗，或利小水，傷其津液，火退而燥不解故也。予爲製方治之，始則直表陽明經，不沾太陽少陽，病輕者即愈，重者清之，下之，而亦愈。用地黃湯收功，因思燥氣，雖病於秋而《素問》所言有不專病於秋者，是以反覆。經言求病發之源，病見之症以立傷燥之治法，備爲論列如左。

病原《靈樞》：風從西方來，名曰剛風，其傷人也。內舍於肺，外在於皮膚，其氣主爲燥《陰陽應象大論》：天有四時五行，以生長收藏，以生寒、暑、燥、濕、風。燥勝風，徒以風藥治之，不特不足以勝燥，而且爲燥之所勝也。西方生燥，燥生金，每歲主氣燥在五之氣。在天爲燥，在地爲金。燥勝寒。

《天元紀大論》：陽明之上，燥氣主之，燥以乾之。

《五運行大論》：風寒在下，燥熱在上，濕氣在中。火遊行於其間，寒暑六入，燥勝則地乾。

《氣交變大論》：歲金太過，燥氣流行，肝木受邪。庚。歲木不及燥乃大行。丁。

《五常政大論》：審平之紀，其令燥。乙庚歲之平氣。

《六元正紀大論》：陽明司天，燥氣下臨，肝氣上從，庚辰庚戌歲其病燥。少陽司天，厥陰在泉，陽金在中，木受尅制。陽明司天，二之氣燥熱交合，燥極而澤。在泉終之氣，燥令行餘火內格。己亥歲風燥火熱勝復更作。金鬱之發燥氣流行，陽明所至爲燥生，終爲涼生，德化之常也。陽明燥化施於厥陰。

《至眞要大論》：陽明司天，其化以燥。陽明司天，爲燥化，在泉爲辛，化司氣，爲素化間氣，爲清化。歲陽明在泉，燥淫所勝，司天燥，淫所勝。燥化於天熱反勝之，清氣大來，燥之勝也。風木受邪，肝病生焉。熱氣大來，火之勝也，金燥受邪，肺病生焉。

綜　述

《醫學正傳・燥證》論

《內經》曰：諸澀枯涸，乾勁皴揭，皆屬於燥。《原病式》曰：經云風熱火同陽也，寒燥濕同陰也。又燥濕少異也，然燥金雖屬秋陰而異乎寒濕，故反同其風熱也，故火熱勝則金亥而風生，緣風能勝濕，熱能耗液而反寒，陽實陰虛，則風熱勝於水濕而爲燥也。凡人風病多因熱甚而風燥者，爲其兼化，以熱爲其主也。蓋肝主於筋而風氣自甚，又燥熱加之，則筋大燥也。燥金主於收斂，其脈緊澁，故爲病勁強緊急而口噤也。或病燥熱太甚，而脾胃乾涸成消渴者，或風熱燥甚怫鬱在表而裏氣平者，或善伸數欠，筋脈拘急，或時惡寒，筋惕而搐，又或風熱燥併而鬱甚於裏，故煩滿，而或秘結也。及風癇之發作者，由熱甚而風燥，爲其兼化，涎溢胸膈，燥爍而瘈瘲，昏冒僵仆也。凡此諸證，皆由熱甚而生風燥，病各有異者，由風熱燥各微甚不等故也。所謂中風筋緩者，因其風熱勝濕而爲燥之甚也。然筋緩不收而痿痺，故諸膹鬱病痿，皆屬於肺金，乃燥之化也。如秋深燥甚，則草木萎落而不收，病之象也。是以，掌得血而能握，足得血而能步。夫燥之爲病者，血液衰少不能榮養百骸，故若是也，學者不可不知。

脈法

脈緊而澁，或浮而弦，或芤而虛。

方法

丹溪曰：皮膚皴揭拆裂，血出，大痛，或肌膚燥癢，皆火爍肺金，燥之甚也，宜以四物湯去川芎加麥門冬、人參、天花粉、黃柏、五味子之類治之。

和血益氣湯　治口燥、舌乾、便數、舌上赤脈。此藥生津液、除乾燥、生肌肉。

當歸潤燥湯　治消渴大便秘澁、乾燥、結硬，兼喜溫飲，陰頭退縮，舌燥、口乾、眼澀難開等證。

生津甘露湯　治消中能食而瘦，口舌乾燥、自汗、大便結燥、小便頻數。

生津甘露飲子　治消渴諸燥證。

辛潤緩肌湯　治諸燥肌渴及皮膚燥澁等證。

潤燥湯　治大便燥結、腸胃枯涸等證。

潤腸丸　治大便乾燥、閉結不通，潤燥和血。

活血潤燥丸　治大便風秘、血秘，常常燥結。

潤腸湯　治大便結燥不通。

《醫門法律・傷燥門・秋燥論》　其左胠脅痛，不能轉側，嗌乾面塵，身無膏澤，足外反熱，腰痛驚駭筋攣，丈夫㿗疝，婦人少腹痛，目昧眥瘡，則燥病之本于肝，而散見不一者也。《內經》燥淫所勝，其主治必以苦溫者，用火之氣味而制其勝也。其佐以或酸或辛者，臨病制宜，宜補則佐酸，宜瀉則佐辛也。其下之亦以苦溫者，如清甚生寒，留而不去，則不當用寒下，宜以苦溫下之。即氣有餘，亦但以辛瀉之，不以寒也。要知金性畏熱，燥復畏寒，有宜用平寒而佐以苦甘者，必以冷熱和平爲方，制乃盡善也。又六氣凡見下承之氣，方制即宜少變。如金位之下，火氣承之，則苦溫之屬宜減，恐其以火濟火也。即用下，亦當變而苦溫而從寒下也。此《內經》治燥淫之旨，可贊一辭者也。至于肺氣膹鬱，痿喘嘔欬，皆傷燥之劇病，又非制勝一法所能理也。茲併入燥門，細商良治，學者精心求之，罔不獲矣。若但以潤治燥，不求病情，不適病所，猶未免涉于粗疎耳。

律五條

凡秋月燥病，誤以爲濕治者，操刃之事也。從前未明，咎猶可諉。今明知故犯，傷人必多，孽鏡當前，悔之無及。

凡治燥病，燥在氣而治血，燥在血而治氣，燥在表而治里，燥在里而治表，藥不適病，醫之過也。

凡治雜病，有兼帶燥証者。誤用燥藥，轉成其燥，因致危困者。醫之罪也。

凡治燥病，須分肝肺二藏見証。肝藏見証，治其肺燥可也。若肺藏見証，反治其肝，則坐誤矣！醫之罪也。肝藏見燥証，固當急救肝葉，勿令焦損。然清其肺金，除其燥本，尤爲先務。若肺金自病，不及于肝，即顓力救肺，焦枯且恐立至，尚可分功緩圖乎？

凡治燥病，不深達治燥之旨，但用潤劑潤燥，雖不重傷，亦誤時日，祗名麤工，所當戒也。

《醫門法律・傷燥門・秋燥門方》　昌按：諸氣膹鬱之屬于肺者，屬于肺之燥也。而古今治氣鬱之方，用辛香行氣，絕無一方治肺之燥者。諸痿喘嘔之屬于上者，亦屬于肺之燥也。而古今治法，以痿嘔屬陽明，以喘屬肺，是則嘔與痿屬之中下，而惟喘屬之上矣。所以千百方中，亦無一方及于肺之燥也。即喘之屬于肺者，非表即下，非行氣、即瀉氣，間有一二用潤劑者，又不得其旨矣。總之《內經》六氣，脫誤秋傷于燥一气，指長夏之濕，爲秋之燥。后人不敢更端其說，置此一气于不理，即或明知理燥，而用藥夾雜。如弋獲飛蟲，茫無定法示人也。今擬此方，命名清燥救肺湯，大約以胃氣爲主，胃土爲肺金之母也。其天門冬，雖能保肺。然味苦而氣滯，恐反傷胃阻痰，故不用也。其知母能滋腎水、清肺金，亦以苦而不用。至如苦寒降火，正治之藥，尤在所忌。蓋肺金自至于燥，所存陰氣，不過一綫耳。倘更以苦寒下其氣，傷其胃，其人尚有生理乎？誠倣此增損以救肺燥變生諸証，如沃焦救焚，不厭其頻，庶克有濟耳。

滋燥養榮湯　治皮膚皴揭，筋燥，爪乾。

大補地黃丸　治精血枯涸，燥熱。

東垣潤腸丸　治脾胃中伏火，大便秘濇，或乾燥閉塞不通，全不思食，乃風結秘，皆令閉塞也，以潤燥和血疎風，自然通矣。

東垣導滯通幽湯　治大便難，幽門不通，上衝，吸門不開，噎塞不便。燥秘氣不得下，治在幽門，以辛潤之。

清涼飲子一名生液甘露飲　治上焦積熱，口舌咽鼻乾燥。

大秦艽湯　治血弱，陰虛不能養筋，筋燥而手足不能運動，指爪乾燥，屬風熱甚者。方見三卷中風門。

元戎四物湯　治臟結祕濇者。

丹溪大補丸　降陰火，補腎水，治陰虛燥熱。

六味地黃丸　治下焦燥熱，小便澀而數。又治腎氣虛，身體憔悴，寢汗發熱，五臟齊損，瘦弱虛煩，骨蒸下血，自汗盜汗，水泛爲痰，咽燥口渴，眼花耳聾等証，功效不能盡。

自制清燥救肺湯　治諸氣膹鬱，諸痿喘嘔。

痰多加貝母、瓜蔞。血枯加生地黃。熱甚加犀角、羚羊角，或加牛黃。

《絳雪園古方選注・內科・清燥救肺湯》　燥曰，清者傷於天之燥氣，當

清以化之，非比內傷血燥，宜於潤也。肺曰，救者燥從金化，最易自戕肺氣。經言秋傷於燥，上逆而咳，發爲痿厥，肺爲嬌臟，不容緩圖，故曰救。石膏之辛，麥門之甘，杏仁之苦，肅清肺經之氣，人參、甘草生津補土，培肺之母氣，桑葉入肺走腎，枇杷葉入肝走肺，清西方之燥，瀉東方之實，阿膠、胡麻色黑入腎，壯生水之源，雖亢火害，金水得承而制之，則肺之清氣肅而治節行，尙何有喘嘔痿厥之患哉！　若夫經言燥病治以苦溫，佐以酸辛者，此言初傷於燥，肺金之下，未有火氣乘勝者也。　嘉言喻子論燥極而立斯方，可謂補軒岐之不及。

《臨證指南醫案·燥》　燥爲乾濇不通之疾，內傷外感宜分。外感者由於天時風熱過勝，或因深秋偏亢之邪。始必傷人上焦氣分，其法以辛涼甘潤肺胃爲先。喻氏清燥救肺湯，及先生用玉竹門冬桑葉薄荷梨皮甘草之類是也。內傷者，乃人之本病。精血下奪而成，或因偏餌燥劑所致。病從下焦陰分先起，其法以純陰靜藥，柔養肝腎爲宜。大補地黃丸，六味丸之類是也。要知是症，大忌者苦濇，最喜者甘柔。若氣分失治，則延及於血。下病失治，則槁及乎上，喘咳痿厥。三消噎膈之萌，總由此致。大凡津液結而爲患者，必佐辛通之氣味，精血竭而爲患者，必藉血肉之滋塡。在表佐風藥而成功。在腑以緩通爲要務。古之滋燥養營湯，潤腸丸，五仁湯，瓊玉膏，一炁丹，牛羊乳汁等法。各有耑司也。

《通俗傷寒論·傷寒兼證·秋燥傷寒》　因　秋深初涼，西風肅殺，感之者多病風燥，此屬燥涼，較嚴冬風寒爲輕。若久晴無雨，秋陽以曝，感之者多病溫燥，此屬燥熱，較暮春風溫爲重。然間有夾暑濕內伏而發，故其病有肺燥脾濕者，亦有肺燥腸熱者，以及胃燥肝熱者，脾濕腎燥者。全在臨證者，先其所因，伏其所主，推求其受病之源而已。

【證】涼燥犯肺者，初起頭痛身熱，惡寒無汗，鼻鳴而塞，狀類風寒，惟唇燥嗌乾，乾咳連聲，胸滿氣逆，兩脇串疼，皮膚乾痛，舌胎白薄而乾，捫之戟手。溫燥傷肺者，初起頭疼身熱，乾咳無痰，即咯痰多稀而黏，氣逆而喘，咽喉乾痛，鼻乾唇燥，胸懣脇𦢊，心煩口渴，舌胎白薄而燥，邊尖俱紅。若秋燥伏暑，當辨其挾濕化火兩端。如濕遏熱鬱者，淺則多肺燥脾濕，一起即灑淅惡寒，寒已發熱，鼻唇先乾，咽喉乾痛，氣逆乾咳，肢懈身痛，渴不思飲，飲水即吐，煩悶不寧，胸脇脹疼，大腹滿痛，便泄不爽，溺短赤熱，舌胎粗如積粉，兩邊白滑，深則多脾濕腎燥，肢懈無力，周身疼重，咳痰鹹而稀黏，氣喘息短，顴紅足冷，腳心反熱，甚則痿厥，後則便泄，泄而後重，前則精滑，溺後餘瀝。婦女則帶多腰酸，舌圓胖嫩，上罩一層黏苔，邊滑根燥。若暑從火化者，淺則多肺燥腸熱，上則喉癢乾咳，咳甚則痰黏帶血，血色鮮紅，胸脇串疼，下則腹熱如焚，大便水泄如注，肛門熱痛，甚或腹痛泄瀉，瀉必艱澀難行，似痢非痢，腸中切痛，有似鞕梗，按之痛甚，舌胎乾燥起刺，兼有裂紋，深則多胃燥肝熱，大渴引飲，飲不解渴，灼熱自汗，四肢雖厥，而心煩惡熱，時而氣逆乾嘔，時而氣衝脘痛，筋脈拘疼，不能轉側，其則手足瘛瘲，狀如驚癇，男子睾丸疝痛，婦人少腹連腰牽疼，臍間動氣，按之堅而震手，便多燥結，或便膿血，或裏急欲便而不得，或後重欲圊，欲了而不了，溺短赤澀，或點滴而急痛。

脈　燥證脈多細澀，雖有因兼證變證，而化浮洪虛大弦數等兼脈，重按則無有不細不澀也。

治　涼燥犯肺，以苦溫爲君，佐以辛甘，香蘇葱豉湯去香附，加光杏仁三錢、炙百部二錢、紫苑三錢、白前二錢，溫潤以開通上焦，上焦得通，涼燥自解。若猶痰多便閉腹痛者，則用五仁橘皮湯，加全瓜蔞四錢，生薑四分，拌搗極爛、乾薤白四枚，白酒洗搗、紫苑四錢。前胡二錢。辛溫以流利氣機。終用歸芍異功散加減。歸身二錢、白芍錢半、潞黨參、雲茯苓、清炙草、蜜炙廣皮，各一錢，金橘餔、蜜棗各兩枚，切碎。氣血雙補以善後。溫燥傷肺，以辛涼爲君，佐以苦甘，清燥救肺湯加減。冬桑葉三錢、光杏仁二錢、冰糖水炒石膏、大麥冬、眞柿霜、南沙參各錢半，生甘草八分，雞子白兩枚，秋梨皮五錢。氣喘者，加蜜炙蘇子一錢、鮮柏子仁三錢、鮮茅根五錢，痰多者，加川貝三錢。淡竹瀝兩瓢冲。括蔞仁五錢，杵；胸悶者，加梨汁兩瓢、廣鬱金汁四匙，嘔逆者，加蘆根汁兩瓢。鮮淡竹茹四錢。炒黃枇杷葉一兩，涼潤以清肅上焦。上焦既清，若猶煩渴氣逆欲嘔者，則用竹葉石膏湯去半夏，加蔗漿、梨汁各兩瓢，冲。生薑汁兩滴，冲。甘寒以滋養氣液。終用清燥養營湯，加霍石斛三錢，營陰雙補以善後。肺燥脾濕，先與辛涼解表，輕清化氣，葱豉桔梗湯加紫苑，杏仁，辛潤利肺以宣上。上焦得宣，氣化濕開，則用加減半夏瀉心湯去半夏，加川貝三錢、蘆筍二兩，苦辛淡滑以去濕。濕去，則暑無所依，其熱自退。熱退而津氣兩傷，液鬱化痰者，則用二冬二母散加味。淡天冬，提麥冬、知母各一錢，川貝母、南北沙參各三錢，梨汁、竹瀝各兩瓢，薑汁三滴，和勻同冲。甘潤佐辛潤，化氣生津以活痰。痰少咳減，終用加減玉竹飲子。氣液雙補，

兼理餘痰以善後。脾濕腎燥，較肺燥脾濕，病尤深而難療，必須潤燥合宜，始克有濟。但須辨其陽虛多濕，濕傷腎氣而燥者，陰凝則燥也。治宜溫潤，每用《金匱》腎氣湯加減。淡附子八分、拌搗直熟地四錢，紫猺桂四分、拌搗山萸肉一錢二分，生打淮藥三錢，南芡實四錢，淡蓯蓉三錢，半硫丸一錢。溫化腎氣以流濕潤燥，腎氣化則陰凝自解。終與黑地黃丸。脾腎雙補以善後。陰虛多火，濕熱耗腎而燥者，陰竭則燥也，治宜清潤，每用知柏地黃湯加減。知母二錢，川柏五分，陳阿膠錢半，生打山藥三錢，澤瀉一錢，南芡實三錢，川連四分，先用生曬術二錢，熟地六錢，切絲，清漿水泡取汁出，代水煎藥，滋養陰液以堅腎燥脾，腎陰堅則液竭可回。終與補陰益氣煎去升、柴，加春砂仁五分，搗，甜石蓮錢半，杵，補中塡下以善後。肺燥腸熱，則用阿膠黃芩湯。甘涼複酸苦寒，清潤肺燥以堅腸。胃燥肝熱，則用清燥養營湯去歸、橘，加龍膽草八分，鹽水炒。生川柏六分、東白薇四錢，甘寒複鹹苦寒，清潤胃燥以泄肝。風動瘛瘲者，加羚角錢半，先煎。瑩白童便一杯冲，大便燥結者，加風化硝三錢。淨白蜜一兩，二味煎湯代水。其餘對證方藥，已詳六淫中燥病藥例，隨證選用可也，茲不贅。

秀按：春月地氣動而濕勝，故春分以後，風濕暑濕之證多，秋月天氣肅而燥勝，故秋分以後，風燥涼燥之證多。若天氣晴暖，秋陽以曝，溫燥之證，反多於涼燥。前哲沈目南謂：《性理大全》燥屬次寒，感其氣者，遵《內經》燥淫所勝，平以苦溫，佐以辛甘之法，主用香蘇散加味，此治秋傷涼燥之方法也。喻嘉言謂《生氣通天論》秋傷於燥，上逆而咳，發爲痿厥，燥病之要，一言而終，即諸氣膹鬱，皆屬於肺，諸痿喘嘔，皆屬於上。二條指燥病言明甚，更多屬於肺之燥。至左胠脇痛，不能轉側，嗌乾面塵，身無膏澤，足外反熱，腰痛筋攣，驚駭，丈夫㿗疝，婦人少腹痛，目眯眥瘡，則又燥病之本於肝而散見不一者也，而要皆秋傷於燥之徵也。故治秋燥病，須分肺肝二臟，遵《內經》燥化於天，熱反勝之之旨，一以甘寒爲主，發明《內經》燥者潤之之法，自製清燥救肺湯，隨證加藥，此治秋傷溫燥之方法也。張石頑謂：燥在上必乘肺經，宜《千金》麥門冬湯。燥於下必乘大腸，須分邪實、津耗、血枯，三端。邪實者，通幽潤燥湯。津耗者，異功散加減。潞黨參、浙苓、蜜炙廣皮、麻仁研各一錢、天麥冬各錢半、生甘草五分、沉香汁兩匙冲；血枯者，《千金》生地黃湯或六味地黃湯加減。熟地四錢，淡蓯蓉、生首烏、當歸各三錢，淮藥、茯苓、丹皮、澤瀉各錢半。燥在血脈，多血虛生風證，宜以滋燥養營湯治外。內補地黃丸治內。潤燥養營爲第一義。燥在陰分。多手足痿弱證。養陰藥中。必加黃柏以堅之。如虛潛丸之類。由是三說以推之，燥病初中末之方藥，洵云大備。

廉勘凡治燥病，先辨涼溫。王孟英曰：以五氣而論，則燥爲涼邪，陰凝則燥，乃其本氣。但秋承夏後，火之餘炎未息。若火既就之，陰竭則燥，是其標氣。治分溫潤、涼潤二法。費晉卿曰：燥者乾也，對濕言之也。立秋以後，濕氣去而燥氣來。初秋尚熱，則燥而熱，深秋既涼，則燥而涼。以燥爲全體，而以熱與涼爲之用。兼此二義，方見燥字圓活，法當清潤、溫潤。次辨虛實。葉天士先生曰：秋燥一證，頗似春月風溫。溫自上受，燥自上傷，均是肺先受病。但春月爲病，猶是冬令固密之餘，秋令感傷，恰值夏月發泄之後。其體質之虛實不同，初起治肺爲急，當以辛涼甘潤之方，氣燥自平而愈。若果有暴涼外束，只宜葱豉湯加杏仁、蘇梗、前胡、桔梗之屬。延綿日久，病必入血分，須審體質證候。總之上燥治氣，下燥治血，愼勿用苦燥劫爍胃汁也。又次辨燥濕。石芾南曰：病有燥濕，藥有潤燥。病有風燥、涼燥、暑燥、燥火、燥鬱夾濕之分，藥有辛潤、溫潤、清潤、鹹潤、潤燥兼施之別。燥邪初傷肺氣，氣爲邪阻，不能布津外通毛竅，故身無汗，寒熱疼痛，又不能布津上濡清竅，下潤胃腸，故口乾舌燥，喉癢乾咳，胸懣氣逆，二便不調。治者當辨燥濕二氣，孰輕孰重，所兼何邪。如兼風、兼寒、兼伏暑之類，所化何邪。如化火、未化火之分，所夾何邪。如夾水、夾癢、夾食、夾內傷之類，對病發藥，使之開通。開是由肺外達皮毛，與升散之直向上行者不同，通是由肺下達胃腸，通潤通利，皆謂之通，非專指攻下言。雖然，燥病夾濕，用藥最要靈活。專潤燥，須防其滯濕，專滲濕，須防其益燥。必先詰其已往，以治其現在，治其現在，須顧其將來。試述其用藥要略：涼燥初起，宜用辛潤，開達氣機爲君，如杏仁、牛蒡、葱白、豆豉、前胡、桔梗之屬，寒重者，加以溫潤，如蔻仁、橘紅、生薑、紅棗皮之屬。邪機閉遏，在上焦，咳嗽胸懣，痰黏氣逆者，加以通潤，宜暢上氣，如遠志、蘇子、紫苑、百部、之屬；在中焦，脘悶嘔惡，噯腐吞酸者，加以消降，疏暢中氣，如萊菔子、生蘿蔔汁、蜜炙枳實、鮮佛手之屬，在下焦，裏氣不暢，大便燥結者，加以辛滑，通暢下氣，如炒蔞皮、鮮薤白、春砂仁拌搗郁李淨仁之屬。氣機一開，大便自解，即汗亦自出。此皆辛中帶潤，自不傷津。且辛潤又能行水，燥鬱夾濕者宜之，辛

潤又能開閉，內外閉遏者宜之。若涼燥之氣，搏遏濕熱，內蒙清竅，神識昏迷者，急用辛開淡滲，如賴橘紅、炒牛蒡、白芷、白芥子、細辛、鮮石菖蒲、連翹心、生苡仁、浙苓皮、通草、燈芯之屬。查辛開上遠之品，首推細辛。辛潤而細，善能開遠，用量多至二三分，少則一分。其次芥子。牛蒡。芥子辛潤而圓，善能流走，牛蒡辛潤而香，善能開透。屬子與仁，皆寓生機，又次曰芷翹心，氣香味辛，質又極滑，化濕開閉，而不傷津，皆能開表，又能通裏，余已歷驗不爽，配蘆筍鮮冬瓜子尤妙。以開氣閉。氣爲水母，氣開乃能行水，氣以養神，氣宣則神自清。如燥已化熱，及新感溫燥，宜用辛涼甘潤，清宜氣機。辛涼，如蘇薄荷、鮮葱白、嫩桑芽、青連翹、炒牛蒡、清蒿腦、滁菊花、銀花之類，甘潤，如鮮茅根、鮮野菰根、活水蘆筍、括蔞皮、雅梨皮、青蔗皮、梨汁、蔗汁、竹瀝、柿霜、西瓜皮、綦豆皮、生荸薺汁、生藕汁之類。於辛潤劑中，酌加三四品，清潤輕靈以泄其熱。熱泄則清肅令行，氣機流利，津液運行，亦必津津化汗而解。陰虛便結者，於辛潤劑中，酌加鮮生地、元參心、鮮柏子仁、大麻仁、黑芝麻、淨白蜜、淡海蜇之類，養陰潤腸。夾濕而兼有伏暑者，於辛潤劑中，酌加鮮冬瓜皮子、滑石、通草、淡竹葉等之淡滑清滲，生山梔、青蒿子、霜桑葉、鮮竹葉、絲瓜絡、蘿蔔纓等之輕苦微燥。皆取輕清流利，以解蘊伏之暑濕。若重者，酌加薑汁、炒木通、芩、連、柏、及綿茵陳、鮮貫仲之類，苦降辛通，開化濕熱。其濁熱黏膩之伏邪，依附胃腸渣滓者，則攻下一法，又未可緩施。或用苦泄，如枳實汁、酒浸生軍汁之類；或用鹹潤，如風化硝、元明粉之類，或用滑降，如瀉葉、炒蔞皮、鮮圓皂仁、郁李淨仁之類。但下宜適中，不可太過。且上焦邪氣開通，天氣下降，地氣自隨之以運行，又何必峻下爲能乎？其有燥熱竄入肌肉皮膚，發瘖發疹，隱隱不現者，宜用辛涼開達，輕清芳透，如牛蒡、連翹、銀花、丹皮、括蔞皮、青蒿腦、紫草尖、鮮大青、鮮茅根、活水蘆筍、鮮捲心竹葉、燈心、青箬葉、之類。其有燥熱傷陰，邪閉心宮，舌絳無苔，神昏譫妄者，宜用清潤開透，用藥最要空靈，如犀角尖、鮮生地、連翹心、銀花、鮮石菖蒲、蘆筍、梨汁、竹瀝、和薑汁少許之類。涼藥熱飲，取其流通。此治新感秋燥，初中末用藥之大法也。張禾芬曰：燥氣搏濕之病。即吳鞠通所謂肺感燥氣，脾伏濕邪是也。但不如喻氏燥濕二字爲簡當。嘉言曰：濕統四時，春曰風濕，夏曰暑濕，秋曰燥濕，冬曰寒濕。其病秋深時最多。如秋分後天久不雨，最易劇發，人烟稠密之處尤廣。若兼伏暑，病尤深重。一起即煩躁昏譫，燥渴恣飲，或閉悶無汗，或汗雖泄而邪不解，或咳血，或泄血。甚則血熱肝燥，火旺生風，筋脈瘛瘲，肢臂強直，目瞪口噤，舌卷囊縮，便多乾結。或澼澼似痢，或初雖水瀉，暴注下迫，旋即乾秘，溲多赤澀。脈多沉部弦數，按之細澀。證雖險變百出，大綱亦只數端。在上焦有二：一肺之化源絕，二熱閉神昏。中焦亦有二：一胃絡脈絕；二臟結下痢。下焦只有一：男則精竭髓枯，女則血枯肝絕。選藥制方，莫如鮮藥之取效較速，其次花露。如鮮葦莖、鮮菊葉、鮮忍冬藤葉、鮮枇杷葉、鮮淡竹葉、鮮大青葉、鮮桑芽、鮮梨皮、鮮橘葉、鮮青箬葉等之輕清氣燥；生蘿蔔汁、生梨汁、淡竹瀝、鮮石菖蒲汁等之清化燥痰，辛潤開閉，鮮茅根、鮮大青、鮮益母草、鮮生地、鮮馬鞭草、生藕汁、西瓜汁、金汁、童便等之涼血通瘀，解毒透瘖；鮮石斛、蔗漿、鮮稻穗露、雞肉露、熟地露等之滋養胃汁；生地栗、淡海蜇等之鹹潤腸燥。皆燥熱病中有利無病之品。至若燥氣夾濕，是濕爲地氣，燥爲天氣，天氣能包地氣，先當以治燥爲急，燥邪一解，開熱透，自然隨出。惟虛損體復感燥邪，勢尤危險。初治以潤肺養液清絡泄熱爲主，既不能過事透表，亦不得徑投滋補。繼進甘潤養胃，以存隊液。虛甚者，氣結津枯，清潤又非所宜，必得溫潤甘燥，如淡蓯蓉、熟玉竹、菟絲子、枸杞、熟地、阿膠、鹿膠之類。方爲中窾，虛燥治法，大率類此。燥門述此諸法，方藥洵云全備。中惟脾濕腎燥一證，外感夾內傷者居多。外感、多由於濕熱未盡，陰液先傷；內傷、多由於酒濕傷脾，色慾傷腎。外感已屬難治，其證口乾不渴，飲亦不能滋乾，骨節隱痛不舒，溺亦赤澀不利。此時滲濕則劫陰，救陰則助濕。治必養陰逐濕，潤燥合宜。予每參用薛、王兩法，以元米煎合參斛冬瓜湯。尚多應手。內傷尤爲難治，有脾濕下流，陽損及陰者，其證肢懈氣墮，腸鳴腎泄，夜發內熱，腰痠溺少，每用仲淳脾腎雙補法奏功。潞黨參、炒蓮肉、淮山藥、炒扁豆、煨肉果、帶殼春砂、炒白芍、炒車前、鹽水炒補骨脂、五味子、菟絲子、巴戟肉、爲丸如綦豆大，每服八分至一錢，空心臨卧服。有腎燥不合，陰損及陽者，其證泄瀉如注，裏急後重，頭暈氣促，六脈兩尺白無神，舌色淡紅而乾，每用愼齋潤腎固氣法取效。淡蓯蓉三錢、太子參、生芍、各一錢，歸身、五味子、各八分、炙草六分、炮薑二分；又有濕襲精竅，陰虛多火者，其證腰痠背熱，腳跟熱痛，兩足痿弱難行，男子精熱自遺，女子帶多稠黏，每用虛潛丸及加味二妙丸，以漸圖功，更有縱恣酒色，濕熱釀痰，虛火時

升，上實下虛者，其證頭暈面赤，痰嗽喘逆，胸脇虛痞，周身痠痛，腰足尤疼，甚則痿厥，每用六味地黃湯加生搗左牡蠣，冲竹瀝、薑汁、童便。送下猴棗二三分或吞黑錫丹一二分緩圖收功；更有陰虛氣滯，脾濕肝火，釀痰上壅者，其證嗽痰白黏，氣逆胸悶，口渴善嘔，四肢倦懈，舌絳似乾，上罩垢濁薄苔，脈左細數，每用自製七汁飲。屢收敏效。總之陽虛多濕，氣不化津，由陰結而致腎燥者，證多食少脈微，大便閉結。俞氏《金匱》腎氣湯加減，曾用有驗，然不多見。惟陰虛挾濕，因燥利太過，濕竭化燥，腎水虧而肝火鴟張，上則爍肺咳血，下則逼動衝任，男子遺精夢泄，女子帶多髓枯，釀成下損痿厥重證，數見不鮮。多由外感而做成內傷，非柔潤靜藥，及血肉有情之品，大劑滋塡不可。

榮齋按　本節秋燥傷寒證治，俞氏分涼燥犯肺、溫燥傷肺、肺燥脾濕、脾濕腎燥、肺燥腸熱、胃燥肝熱六個類型。秀山先生更補出沈目南治秋傷涼燥法，喻嘉言治秋傷溫燥法，張石頑治燥病初中末方法。廉臣先生又補出：葉天士、石芾南、張禾芬及他自己等的經驗治法。這樣的集思廣益，去蕪存菁，在當時可以說是秋燥證治的一篇總結彙報。根據廉臣先生晚年實驗，他對於燥夾伏暑即俞氏所謂肺燥脾濕。的理解，認爲：秋日暑濕踞於內，新涼燥氣加於外，燥濕兼至，最難界限清楚，稍不確當，其敗壞不可勝言。蓋燥有寒化熱化，先將暑、濕、燥分開，再將寒熱辨明，自有準的。治法：先用苦溫發表，辛潤宜上，以解涼燥外搏之新邪；俟涼燥外解，濕開熱透，然後肅清其伏熱，或用芳透清化，或用緩下清利，必俟伏邪去淨，如發現津液兩虧，則改用增液育陰以善後。他歸納秋燥的治法，也很簡單扼要，他說：六氣之中，惟燥氣難明，蓋燥有涼燥、溫燥、上燥、下燥之分。涼燥者，燥之勝氣也，治以溫潤；杏蘇散主之。溫燥者，燥之復氣也，治以清潤；清燥救肺湯主之。上燥治氣，吳氏桑杏湯主之。下燥治血，滋燥養營湯主之。這些中心學說的提供我們記取，對我們研究祖國醫學的過程中是有幫助的。

《吳鞠通醫案・中燥》　按：《內經》有五疫之稱，五行偏勝之極。皆可致疫。雖癘氣之至，多見大症。而燥金寒濕之疫。亦復時有。蓋風火暑三者爲陽邪。與穢濁異氣相參則爲溫癘，濕燥寒三者爲陰邪，與穢濁異氣相參則爲寒癘。現在見症多有肢痲轉筋，手足厥逆，吐瀉腹痛，脇肋疼痛，甚至反惡熱而大渴思涼者。經謂霧傷於上，濕傷於下。此症乃燥金寒濕之氣直犯筋經，由大絡別絡內傷三陰臟眞，所以轉筋入腹。即死也。既吐且瀉者。陰陽逆亂也。諸痛者。燥金寒水之氣所搏也。其渴思涼飲者。少陰篇謂自利而渴者屬少陰，虛則少陰眞水受尅，陰火上炎。故飲水求救也。其頭面赤者，陰邪內，逼於上，陽不能降安其位，所謂戴陽也。其周身惡熱喜涼者，陰邪蟠踞於內，陽氣無附，欲散且脫也。諸斑疹者，陰邪凝結於血絡，同於陽火薰灼也。陰病反見陽症，所謂水極似火，其受邪尤重也。諸陽症畢現，有一認定爲陰寒者，然必當臍腹痛甚拒按者，方謂陽中見純陰，乃爲眞陰之症。否則必有轉筋腿痛等寒症，此處斷不可誤，故立方薈萃溫三陰經剛燥苦熱之品。急溫臟眞，保住 陽氣。又經謂陽明之上中見太陰，又謂陽明從中治，且重用芳香急驅穢濁。一面由臟眞而別絡大絡，外出筋經經絡，以達皮毛；一面由臟絡腑。絡以痛六腑，外達九竅，俾穢濁陰邪。一齊立解。大抵皆扶陽抑陰，取義於雷霆奮迅，所謂離照當空，羣陰退避也。

自唐宋以後，醫者皆不識燥氣所干，凡見前證，欲名曰痧。這時竟有著痧症書者，捉風捕影，雜亂無章，害人不淺。即以病論，未有不干天地之氣，而漫然成痧者。究竟所感，何氣，不能確切指出，故立方毫無準的，其誤皆由前人謂燥不爲病，又有燥氣化火之說。瑭亦爲其所誤。故初刻《溫病條辨》時，雖再三疑慮，多方辨難，見於雜說篇中，而正文衹有化氣之火證，無勝氣之寒證。其燥不爲病之誤，誤在《陰陽應象大論》篇中脫秋傷於燥一條，將在夏傷於濕，又錯秋傷於濕，以爲竟無燥證矣。不知《天元紀》《氣交變》《五運行》《五常政》《六微旨》諸篇。平列六氣，燥氣之爲病，與諸氣同，何嘗燥不爲病哉！經云：風爲百病之長。按：風屬木主仁。《大易》曰：元者，善之長也。得生生之機，開生化之源，尙且爲病多端，況金爲殺厲之氣。歐陽氏曰：商者傷也，主蓋主收主刑主殺。其傷人也，最速而暴，竟有不終日而死者。瑭目擊神傷，故再三致意，而後補於原書云。

《增補評註溫病條辨・上焦篇・秋燥》　秋感燥氣，右脈數大，傷手太陰氣分者，桑杏湯主之。前人有云：六氣之中，惟燥不爲病，似不盡然。蓋以《內經》少秋感于燥一條，故有此議耳。如陽明司天之年，豈無燥金之病乎？大抵春秋二令，氣候較夏冬之偏寒偏熱爲平和，其由于冬夏之伏氣爲病者多，其由于本氣自病者少，其由于伏氣而病者重，本氣自病者輕耳。其由于

本氣自病之燥證，初起必在肺衛，故以桑杏湯清氣分之燥也。

感燥而咳者，桑菊飲主之。

亦救肺衛之輕劑也。

燥傷肺衛陰分，或熱或咳者，沙參麥冬湯主之。

此條較上二條，則病深一層矣，故以甘寒救其津液。

霖按：此下沙參麥冬湯及翹荷湯，其方亦從葉案竊來者，惟畏地骨皮未用耳。久熱久咳者，加地骨皮三錢。

燥氣化火，清竅不利者，翹荷湯生之。

清竅不利，如耳鳴目赤，齦脹咽痛之類，翹荷湯者，亦清上焦氣分之燥熱也。

翹荷湯加減法，耳鳴者，加羚羊角、苦丁茶；目赤者，加鮮菊葉、苦丁茶、夏枯草；咽痛者，加牛蒡子、黄芩。

諸氣膹鬱，諸痿喘嘔之因於燥者，喻氏清燥救肺湯主之。

喻氏云：諸氣膹鬱之屬於肺者，屬於肺之燥也，而古今治氣鬱之方，用辛香行氣，絶無一方治肺之燥者。諸痿喘嘔之屬於上者，亦屬於肺之燥也，而古今治法，以痿嘔屬陽明，以喘屬肺，是則嘔與痿屬之中下，而惟喘屬之上矣，所以千百方中，亦無一方及於肺之燥也。即喘之屬於肺者，非表即下，非行氣即瀉氣，間有一二用潤劑者，又不得其肯綮。總之《內經》六氣，脱誤秋傷於燥一氣，指長夏之濕，爲秋之燥，後人不敢更端其説，置此一氣於不理，即或明知理燥，而用藥夾雜，如弋獲飛蟲，茫無定法示人也。今擬此方，命名清燥救肺湯，大約以胃氣爲主，胃土爲肺金之母也。其天門冬雖能保肺，然味苦而氣滯，恐反傷胃阻痰，故不用也；其知母能滋腎水，清肺金，亦以苦而不用，至如苦寒降火正治之藥，尤在所忌，蓋肺金自至於燥，所存陰氣，不過一綫耳，倘更以苦寒下其氣，傷其胃，其人尚有生理乎？誠倣此增損，以救肺燥，變生諸證，如沃焦救焚，不厭其頻，庶克有濟耳。

霖按：燥之爲病，內傷外感宜分，喻西昌論風熱過勝偏亢之燥邪，頗有心得。但以《素問》秋傷於濕，易作秋傷於燥，不達經旨。殊屬悖妄。故鞠通亦有《內經》少秋感於燥一條之謬説也。夫《生氣通天論》、《陰陽應象大論》中，所謂秋傷於濕者，以長夏濕土鬱蒸之餘氣，漸積身中，隨秋令收斂而伏藏於肺胃之間，直待秋深燥令大行，燥與濕兩不相容而爲病，經言秋傷於濕，冬生欬嗽者此義也。西昌欲以濕易燥者，亦此義也。故此證有肺燥胃濕，兩難分解之勢，但秋令感傷氣分，值夏月發泄之後，其體必虚，若以辛溫發散，多有喘急告危之候，當以辛涼甘潤爲方，則燥氣自平，誤投苦燥，亦增他變，所用數方，雖竊自葉案，卻從喻氏清燥救肺湯中脱化而出，層次不紊，尚可爲法。若見呈濕象，又須參以甘淡滲濕之品爲是，至若內傷燥氣，由精血下奪而成，或偏餌燥劑所致，病從下焦陰分先起，宜純陰靜藥，柔養肝腎爲宜。下病失治，槁及乎上，爲三消噎膈之根，上病失治，槁及乎下，乃痿厥祕結之始，若論燥金勝氣爲病，則沈目南之論是也。而鞠通數方，亦可酌用，惟論治固當明司天在泉之氣運，其偏燥偏濕之機，須察夏秋淫雨亢晴爲斷，不可妄執運氣，借以鳴高，而無裨實用也。

清燥救肺湯　痰多加貝母、瓜蔞，血枯加生地，熱甚加犀角、羚羊角，或加牛黄。

《增補評註溫病條辨・中焦篇・秋燥》　燥傷胃陰，五汁飲主之，玉竹麥門冬湯亦主之。土虚者，加生扁豆，氣虚者，加人參。

霖按：潤燥數方平正。

胃液乾燥，外感已淨者，牛乳飲主之。

此以津血填津血法也。

燥證氣血兩燔者，玉女煎主之。

汪按：燥證路徑無多，故方法甚簡。始用辛涼，繼用甘涼，與溫熱相似。但溫熱傳至中焦，間有當用寒苦者；燥證則惟喜柔潤，最忌苦燥，斷無用之之理矣。其有濕未退而燥已起，及上燥下濕，下燥上濕者，俱見濕門。

《增補評註溫病條辨・下焦篇・秋燥》　燥久傷及肝腎之陰，上盛下虚，晝涼夜熱，或乾咳，或不咳，甚則瘛厥者，三甲復脈湯主之，定風珠亦主之，專翕大生膏亦主之。

腎主五液而惡燥，或由外感邪氣久羈，而傷及腎陰，或不由外感而內傷致燥，均以培養津液爲主。肝木全賴腎水滋養，腎水枯竭，肝斷不能獨治，所謂乙癸同源，故肝腎並稱也。三方由淺入深，定風濃於復脈，皆用湯，從急治。專翕，取乾坤之靜，多用血肉之品，熬膏爲丸，從緩治。蓋下焦深遠，草木無情，故用有情緩治。再暴虚易復者，則用二湯，久虚難復者，則用專翕。專翕之妙，以下焦喪失，皆腥臭脂膏，即以腥臭脂膏補之，較之丹溪之

知柏地黃，云治雷龍之火而安腎燥，明眼自能辨之。蓋凡甘能補，苦能瀉，獨不知苦先入心，其化以燥乎！再雷龍不能以剛藥直折也，腎水足則靜，自能安其專翕之性；腎水虧則動而躁，因燥而躁也。善安雷龍者，莫如專翕，觀者察之。

肝虛而熱者，加天冬一觔，桑寄生一觔，同熬膏，再加鹿茸二十四兩爲末。本方以陰生於八，成於七，故用三七二十一之奇方，守陰也。加方用陽生於七，成於八，三八二十四之偶方，以生胎之陽也。古法通方多用偶，守法多用奇，陰陽互也。

徵按：此集始於銀翹散之清芬，終於專翕膏之濁臭，本乎天者親上，本乎地者親下，則各從其類也。後之覽者，亦可以悟三焦大意矣。

霖按：此方穢濁，一味蠻補，用者慎之。

雄按：吴氏此書，不過將指南溫熱暑溼名案，穿插而成，惜未將《內經》《難經》《傷寒論》諸書，溯本窮源，即葉氏《溫熱論》《幼科要略》亦不彙參，故雖曰發明葉氏，而實未得其精奧也。至采附各方，不但剪裁未善，去取亦有未當，此余不得已而有溫熱經緯之纂也。

《類證治裁·燥症》論治

燥爲陽明秋金之化，金燥則水源竭，而灌溉不周，兼以風生燥，火化燥，《原病式》所謂諸濇枯涸，乾勁皴揭，皆屬於燥也。燥有外因，有內因。因乎外者，天氣肅而燥勝，或風熱致傷氣分，則津液不騰，宜甘潤以滋肺胃，佐以氣味辛通；因乎內者，精血奪而燥生，或服餌偏助陽火，則化源日涸，宜柔膩以養腎肝，尤資血肉填補。葉氏以上燥治氣，下燥治血二語括之，最爲簡當。今析言之，燥在上，必乘肺，爲燥嗽，喻氏清燥救肺湯加減。肺中有火，爲乾欬；申先生瓊玉膏主之。外內合邪，千金麥門冬湯。肺痿欬唾，心中溫溫液液者，仲景炙甘草湯。燥在中，必傷脾胃之陰，爲熱壅，食不下，金匱麥門冬湯。胃脘有死血，乾燥枯槁，食下痛，胃翻便秘，丹溪韭汁牛乳飲。胃熱善消水穀；丹溪消渴方。燥在下，必乘大腸，爲大便燥結，其氣秘，濁陰不降者，東垣通幽湯。潤燥湯。玉菌麻仁丸。風秘血燥，東垣潤腸丸加郁李仁、防風。津枯秘結，丹溪潤燥生津湯加麻仁，或蜜煎導。血枯膈噎，便結如栗，生料六味丸去山萸。加首烏、當歸。或加肉蓯蓉、桃仁，擂。水煎服，兼食人乳酥蜜。此燥在臟腑者也。若燥在血脈，多見風症，宜溫燥養營湯治外。大補地黃湯治內血虛外燥，皮膚皴揭，筋急爪枯，滋燥養營湯。諸痿由於肺熱，熱亢則液耗，百骸無所營養，故手足痿弱，不能自收持，反似痺溼之症，養陰藥中，加黃藥以堅之，如虛潛丸之類，切忌用風藥。又婦人藏燥，肺臟也。非傷欲泣，仲景甘麥大棗湯以生肺津，凡諸燥症，多火灼眞陰，血液衰少，故其脈皆細微而濇也，通治。滋燥飲、生血潤膚飲。

脈候

燥症脈微細濇小，間有虛大急數浮芤，重按無不細濇而微者。入門曰，傷燥脈濇。

《醫醇賸義·秋燥·肺燥》肺受燥熱，發熱咳嗽，甚則喘而失血，清金保肺湯主之。

《醫醇賸義·秋燥·脾燥》脾本喜燥，但燥熱太過，則爲焦土，而生機將息，令人體疲便鞕，反不思食，此正如亢旱之時，赤地千里禾稼不生也，澤下湯主之。

《醫醇賸義·秋燥·心燥》心受燥熱，渴而煩寃，養心潤燥湯主之。

《醫醇賸義·秋燥·肝燥》肝受燥熱，則血分枯槁，筋縮爪乾，涵木養榮湯主之。

《醫醇賸義·秋燥·腎燥》腎受燥熱，淋濁溺痛，腰腳無力，久爲下消，女貞湯主之。

《醫醇賸義·秋燥·胃燥》胃燥胃受燥熱，津液乾枯，渴飲殺穀，玉石清胃湯主之。

《醫醇賸義·秋燥·小腸燥》小腸燥小腸受燥熱，水穀之精，不能灌輸，溲溺澁痛，滋陰潤燥湯主之。滋陰潤燥湯。

《醫醇賸義·秋燥·大腸燥》大腸燥大腸受燥熱，則臟陰枯槁，腸胃不通，大便秘結，清燥潤腸湯主之。清燥潤腸湯。

《溫病合編·秋燥大綱》經謂陽明司天，燥淫所勝，民病善嘔，心脅痛，不能轉側，治以苦溫，《內經》治燥之正法也。蓋以燥氣寒化乃燥之正，本論多類及於寒濕、伏暑門中，如腹痛嘔吐之類，此因寒而化之燥也。當以辛潤治之。若熱化之燥，乃干燥不通之疾，內傷外感宜分。外感者，由於天時，風熱過勝，或因深秋偏亢之邪，始必傷上焦手太陰氣分，右脈數大，或熱或咳，燥氣化火，清竅不利，如耳鳴目赤，齦腫咽痛之類。其治始用辛涼，桑杏湯是也。繼用甘涼救肺胃之陰，喻氏清燥救肺湯，葉氏用玉竹、麥冬、沙參、桑葉、

梨皮之類，及炙甘草湯諸法。內傷者，乃人之本病，精血下奪而成，或因偏餌燥藥所致。病從下焦陰分先起，其法以純陰靜藥柔養肝腎爲宜，大補地黄丸、六味丸之類是也。要知是證大忌者苦澀，最喜者甘柔。上燥者，津液結而爲患，治氣爲主，必佐辛潤流通之氣味。下燥者，精血結而爲患，治血爲主，必藉血肉之滋填。在表佐風藥而成功。在腑以緩通爲急務。若氣分失治，則延及血分，下病失治，則禍及乎上，喘咳、痿厥、三消、噎膈之萌，總由於此。古之滋燥養營湯，潤腸丸，瓊玉膏，一炁丹，牛羊乳汁等法，各有專司也。

《六因條辨・秋燥條辨》 秋燥條辨第一

秋燥初起，頭脹無汗，灑灑惡寒，翕翕發熱，鼻鳴乾燥，舌白少津，此燥熱傷氣，邪尚在表，宜用蔞皮、沙參、甜杏、桔梗、桑葉、連翹、鬱金、薄荷、鮮荷葉、枇杷葉、西瓜翠衣等味，辛涼透解也。

此條乃燥症之提綱，凡秋燥之來，必由秋陽太暴，致陽氣化風，風又化燥，燥必化火，先傷肺金，苟其人眞陰不足，木火偏燃，不覺類從就燥，其初起也，先襲皮毛，後乃入肺，故必洒洒惡寒，翕翕發熱，鼻乾息鳴，所見無非燥熱之狀，然此症不與傷寒同例，亦與溫熱迥異，切不可辛溫升陽，而助其燥氣，又不可過於寒涼，而遏其肺氣，故宜沙參、甜杏、連翹、桔梗，清肺熱，合鬱金、薄荷、荷葉、枇杷葉疎腠理，俾肺得清肅，而燥化自清，不致蔓延爲幻。

秋燥條辨第二

秋燥汗出，不惡寒，而但發熱，欬痰不爽，鼻衄口乾，舌白轉黄，此邪熱傷肺，宜用沙參、花粉、地骨皮、知母、甜杏、玉竹、元參、甘草、連翹、枇杷葉、西瓜翠衣等味，清肺泄熱也。

上條無汗惡寒，例宜透解。此條汗出不惡寒，而但發熱，乃邪不肯解而漸傳乎肺，故欬痰舌黄，鼻衄已現，熱逼肺營之狀，必用沙參、花粉、骨皮、杏仁、知母、玉竹、元參、連翹，清肺金而解熱邪也。

秋燥條辨第三

秋燥熱不解，舌赤黄燥，嗆欬胸痛，朝涼暮熱，此肺熱傳營，宜用沙參、麥冬、鮮石斛、鮮生地、桑葉、甜杏、川貝、花粉、連翹等味，清營卻熱也。

此言熱不解，而舌赤心黄少津，是邪漸入營，肺猶未清，故嗆欬胸痛，朝涼暮熱，入絡之形已著，不得不藉沙參、麥冬、斛地、杏、貝、花粉、連翹，兩清氣血也。

秋燥條辨第四

秋燥煩熱口渴，舌赤無苔，夜則熱甚，欬唾痰血，此熱傷肺絡，宜用喻氏清燥湯，育陰清熱也。

此條熱既入絡，傷及氣血，故煩熱夜甚，口渴舌赤，欬痰帶血，若非喻氏清燥湯中之沙參麥冬，甜杏川貝，桑葉石羔，清氣分，兼生地阿膠滋血液，則恐邪難泄越，而滋蔓難圖焉。

秋燥條辨第五

秋燥經旬不解，舌絳焦黑，神昏譫妄，斑疹累累，此熱入血分，宜用犀角地黄湯，加鮮石斛、元參心、連翹心、鮮菖蒲、青竹葉、牛黄丸等味，清絡宣竅也。

此條營熱不解，必致入血，舌絳焦黑，昏譫煩亂，斑疹俱現，此血熱甚也，故用犀角、生地、丹皮、赤芍、元參、連翹，皆涼血清熱之品，又兼菖蒲、竹葉、牛黄丸，芳香宣竅逐穢也。

秋燥條辨第六

秋燥舌黑，昏譫妄笑，斑色紫黑，便閉腹脹，頻轉矢氣，此熱結在腑，宜用生首烏、鮮生地、鮮石斛、大黄、元明粉、甘草等味逐邪養正也。

上條熱入血分，而用涼血清熱。此條血熱不解，瘀結在腑，其舌黑，昏譫雖同，但少腹脹而便閉，轉矢氣者，斷非清涼可解，故用首烏、生地、石斛、甘草，保養眞陰，兼大黄元明粉攻滌熱邪，既不傷正又能逐邪，庶爲兩全。

秋燥條辨第七

秋燥犯肺，其人素有欬血，更加身熱頭汗，舌赤脈數，嗆欬益劇，此熱逼動血，宜用葦莖湯，加西瓜翠衣、杏仁、川貝、鮮荷葉、沙參、地骨皮等味，兩清太陰氣血也。

素有欬血，肺氣已傷，加以身熱頭汗，舌赤脈數嗆欬，是外來之燥火，消爍肺金而致動血，故用葦莖、桃仁、東瓜仁、薏仁、杏仁、川貝、沙參、西瓜翠衣、地骨皮，清肺通絡。如再不止，以清燥湯育陰清金，方爲妥貼。

秋燥條辨第八

秋燥犯肺，其人陰分素虧，加以身熱汗多氣喘，脈洪無力，此燥火刑金，宜用玉女煎加地骨皮、百合、麥冬、五味、西洋參等味，淸金滋水也。

此言素稟陰虧，木火易炎，更加身熱汗多，氣喘脈洪，燥熱之狀甚熾，故

用玉女煎，滋養腎陰，又清肺熱，俾肺得清肅，而能生水，水得滋養，而能制火焉。

秋燥條辨第九

秋燥汗出不解，口大渴，日晡發熱，淸晨則涼，狀雖如瘧，而無寒戰，此癉瘧也。宜用西參、生地、麥冬、石膏、知母、花粉、青蒿、甘草、粳米等味，甘寒養陰也。

陸廷珍按：《金匱》云，陰氣先傷，陽氣獨發，但熱無寒，是名癉瘧。主以飲食消息之，而並未註方，至喻嘉言，悟出甘涼濡潤，以養胃陰之義，與飲食消息之意恰合。故用人參白虎湯，甘寒養正，又佐花粉青蒿，清金泄木，爲法中之法焉。

秋燥條辨第十

秋燥汗多不解，每臨午後，寒微熱甚，煩悶欲嘔，舌赤脈洪，此溫瘧也，宜用桂枝白虎湯，加杏仁、厚樸。嘔則加半夏、茯苓等味。兩清表裏也。

陸廷珍按：《金匱》云，微寒多熱，煩悶欲嘔，骨節疼痛，是名溫瘧，用桂枝白虎湯。其方下自註云，一劑知，二劑已。蓋言汗多則表邪既微，故寒少，煩嘔，則內燥已甚，故熱多，是病在肺之表裏，用白虎以淸內熱，合桂枝引邪出表。加杏樸疎通內滯，半夏爕和陰陽。所謂一劑知，則已知其確中病情，二劑已，則病必霍然矣。

秋燥條辨第十一

秋燥日久不解，悞補邪留，消爍肺金，咳痰濃濁，甚唾膿血，胸間版痛，此肺痿也，宜用葦莖湯，加瓜蔞、杏仁、桑皮、桔梗、百合、川貝等味，淸肺祛濁也。

凡燥熱之症，重則果易辨明，輕則淹淹發熱，喉燥欬逆，若悞認陰虛而投滋補，則邪無出路，逗留肺內，炎炎薰灼，肺陰日損，以致咳唾濁痰，繼出膿血，與肺癰似是而非，故《金匱》稱爲肺痿，蓋癰則屬實，痿則屬虛，故用葦莖湯，合瓜蔞、杏、貝、桑、桔、百合，宣通肺氣，以化其瘀腐敗濁，俾肺熱得淸，呼吸無阻，而病可漸瘳也。

《時病論・秋傷於濕大意・秋燥》 推六氣之中，燥金主氣，自秋分而至立冬。喻嘉言以燥令行於秋分之後，所以謂秋不遽燥，確與氣運相合也。沈目南云：《性理大全》謂燥屬次寒，奈後賢悉謂屬熱，大相徑庭。如盛夏暑熱炎蒸，汗出濈濈，肌肉潮潤而不燥也。深秋燥令氣行，人體肺金應之，肌膚乾槁而燥，乃火令無權，故燥屬涼，謂屬熱者非矣。豐細玩之，誠非謬也。凡治初患之燥氣，當宗屬涼擬法。夫秋燥之氣，始客於表，頭微痛，畏寒咳嗽，無汗鼻塞，舌苔白薄者，宜用苦溫平燥法治之。若熱渴有汗，咽喉作痛，是燥之涼氣，已化爲火，宜本法內除去蘇、荆、桂、芎，加元參、麥冬、牛蒡、象貝治之。如咳逆胸疼，痰中兼血，是肺絡被燥火所刼，宜用金水相生法去東參、五味，加西洋參、旱蓮草治之。如諸證一無，惟腹作脹，大便不行，此燥結盤踞於裏，宜用松柏通幽法治之。總而言之，燥氣侵表，病在乎肺，入裏病在腸胃，其餘肝燥腎燥，血枯虛燥，皆屬內傷之病，茲不立論。

或問曰：先生遵喻氏《秋燥論》中秋不遽燥，燥氣行於秋分以後之説，殊未見《醫醕賸義》中，論之最詳，又明出喻氏之謬，既謂燥氣行於秋分以後，而秋分以前四十五日，全不關於秋燥矣，故云初秋尙熱，則燥而熱，深秋既涼，則燥而涼，此誠是振聾發聵之語，先生曷不遵之爲龜鑑耶？答曰：子不知六氣循環，亦疑喻氏之謬，不察大寒至驚蟄，主氣風木，春分至立夏，主氣君火；小滿至小暑，主氣相火；大暑至白露，主氣溼土；秋分至立冬，主氣燥金；小雪至小寒，主氣寒水。此年年之主氣，千古不易。由是而推，則燥金之令，確在乎秋分而至立冬，而秋分以前之白露、處暑、立秋四十五日，猶是溼土主氣，豈可誤爲燥氣乎？子以爲然否？或唯唯而退。

程曦曰：論燥氣者，首推嘉言，其次目南與鞠通也。嘉言論燥，引大易水流溼，火就燥，各從其類，乃論燥之復氣也。目南所論燥病屬涼，謂之次寒，乃論燥之勝氣也。至鞠通論燥，有勝氣復氣，與正化對化，從本從標之説，可爲定論，乃曰：如仲景用麻、桂、薑、附，治寒之勝氣也，治寒之正化也，治寒之本病也。白虎、承氣，治寒之復氣也，治寒之對化也，治寒之標病也。能於此理悟通，則燥氣之勝復正對本標，亦皆了然於胸中矣。

江誠曰：人皆知溫爲熱，而不知燥爲涼。以燥爲熱者，蓋因燥字從火之弊耳。試問既以燥爲熱，曷不以溫字從水而爲寒乎？不知四時之令，由春溫而後夏熱，由秋涼而後冬寒，目南先生引《性理大全》之説，謂燥屬涼，眞所謂千載迷津，一朝點破耳。

《時病論・擬用諸法・苦溫平燥法》 治燥氣侵表，頭微痛，畏寒無汗，鼻塞咳嗽。

杏仁三錢去皮尖研　陳橘皮一錢五分　紫蘇葉一錢　荆芥穗一錢五分　桂枝一錢蜜水炒　白芍一錢酒炒微焦　前胡一錢五分　桔梗一錢五分

水煎，溫服。

凡感燥之勝氣者，宜苦溫爲主。故以橘、杏、蘇、荆以解之，加白芍之酸，桂枝之辛，是遵聖訓燥淫所勝，平以苦溫，佐以酸辛是也。秋燥之證，每多咳嗽，故佐前、桔以宣其肺，肺得宣暢，則燥氣自然解耳。

《時病論・備用成方・清燥救肺湯》　治諸氣膹鬱，諸痿喘嘔之因於燥者。

麥冬　阿膠　杏仁　麻仁　桑葉　枇杷葉　人參　甘草　石膏

水煎，溫服。

《時病論・秋傷於濕冬生咳嗽大意・乾咳》　乾咳者，乏痰而咳逆也。此因秋分之後，先傷乎燥，燥氣内侵乎肺，當時未發，交閉藏之令乃發，斯爲金寒水冷之欬也。前論秋燥條中，是爲燥之新邪，此論乾咳，是爲燥之伏氣。其證咳逆乏痰，即有痰亦淸稀而少，喉間乾癢，咳甚則胸脇引疼，脈沉而勁，舌苔白薄而少津，當用溫潤辛金法治之。如胸脇痛者，可加旋覆、橘絡；咳逆艱難者，再加松子、款冬。咳劇震動血絡，喉痛吐紅，脈轉沉滑，或沉數，此燥氣已化爲火也，當用清金寧絡法治之。如咳逆氣短，甚則有汗，咽喉乾燥者，當用金水相生法治之。蹉跎失治，最易延爲癆損，可不謹歟。

或問曰：曾見《内經》有五臟六腑，皆令人咳之訓。今先生只列痰嗽、乾咳爲二門，不及臟腑等咳，毋乃遺漏乎？曰：是書專論四時之咳，如春令風溫之咳，夏令暑熱之咳，秋令秋燥之咳，冬令冬溫之咳，其實五臟六腑之咳，不過就其見證而分。如胸疼、喉痛，爲心欬，兩脇卜痛爲肝欬，右胠痛引肩背爲脾欬，喘急欬血爲肺欬，腰背相引而痛爲腎欬。又有小腸欬者，欬而失氣也。膽欬者，欬嘔苦水也。胃欬者，欬而欲嘔也。大腸欬者，欬而遺屎也。膀胱欬者，欬而遺溺也。三焦欬者，腹滿而不食也。此皆内經分臟腑之欬也，念莪先生已分條治之，茲不復贅。

《燥病方》　加減杏蘇散，燥之勝氣良。枳桔苓甘夏，前陳棗共薑。治秋燥勝氣傷於本臟，頭微痛，惡寒咳嗽，鼻塞，脈弦無汗。即杏仁、紫蘇、枳殼、桔梗、茯苓、甘草、半夏、前胡、陳皮，加薑棗煎。燥之復氣須桑杏湯。沙參貝豉梔梨併。治秋燥復氣，咳嗽或渴，右脈數大。即桑葉、杏仁、沙參、象貝、淡豉、梔皮、梨皮。又有清燥救肺湯，原來喻氏得宜方。阿膠桑麥枇杷葉，膏杏麻仁參與甘。治諸氣膹鬱，諸痿喘嘔之因於燥者。即阿膠、桑葉、麥冬、枇杷葉、石膏、杏仁、胡麻仁、人參、甘草。瓊玉膏治乾咳逆，人參生地雲苓蜜。治肺燥乾咳。即人參、生地、茯苓、白蜜。仲景炙甘湯，炙甘草湯，一名復脈湯。生津兼養血。參地麥冬膠，桂麻薑棗協。功在益血生津，主治肺痿咳逆。即炙甘草、人參、生地、麥冬、阿膠、桂枝、胡麻仁、生薑、大棗。水酒各半煎。猶有金匱麥冬湯，燥火傷津羨妙方。參甘米棗生津液，半夏加之法勝常。治燥火氣逆，咽喉不利。即麥冬、人參、甘草、粳米、大棗。取其補氣生津。恐其滋膩，兼一味溫燥之半夏，其法實勝常矣。通幽湯可治燥閉，歸草桃紅升二地。治幽門不通，噎塞便閉。即當歸、甘草、桃仁、紅花、升麻、生地、熟地。

紀　事

《醫學正傳・燥》　予仲兄懷德處士年四十五，平生體瘦弱血少。値庚子年歲金太過，至秋深，燥金用事，久晴不雨，得燥證。皮膚拆裂、手足枯燥，搔之屑起、血出，痛楚，十指甲厚，反而莫能搔癢。予製一方，名生血潤膚飲，服數十貼，其病如脫。後治十數人皆驗。

祖傳方：生血潤膚飲

川歸身酒洗　生地黄　熟地黄酒洗　黄芪蜜炙各一錢　天門冬一錢五分　麥門冬去心一錢　五味子九粒　片芩去朽，酒洗五分　栝蔞仁五分　桃仁泥五分　酒紅花一分　升麻二分

上細切，作一服，水二盞，溫服。如大便結燥，加麻仁、鬱李仁各一錢。

《臨證指南醫案・燥》　某　燥火上鬱齦脹咽痛，當辛涼清上。火鬱上焦。

薄荷梗　連翹殼　生甘草　黑梔皮　桔梗　菉豆皮

某　脈右數大，議清氣分中燥熱。氣分熱。

桑葉　杏仁　大沙參　象貝母　香豉　黑梔皮

某　上燥治氣，下燥治血。此爲定評，今陽明胃腑之虛。因久病嘔逆投以辛耗破氣，津液劫傷，胃氣不主下行，致腸中傳送失司，經云，六腑以通爲補。半月小效全在一通補工夫豈徒理燥而已，議甘寒清補胃陰。

鮮生地　天冬　人參　甜梨肉　生白蜜

張　脈數虛，舌戲口渴，上齗乾涸，腹熱不饑。此津液被劫，陰不上承，心下溫溫液液，用炙甘草湯。熱劫陰液。

炙甘草　阿膠　生地　麥冬　人參　麻仁

某氏　心中煩熱，正值經來，而熱渴不已。若清肺氣大謬，用復脈法。

炙甘草　生地　阿膠　麥冬　棗仁　蔗漿

某　陽津陰液重傷，餘熱淹留不解。臨晚潮熱，舌色若赭，頻飲救亢陽焚燎，究未能解渴。形脈俱虛，難投白虎。議以仲景復脈一法，爲邪少虛多，使少陰厥陰二藏之陰少甦，冀得胃關復振。因左關尺空數不藏，非久延所宜耳。

人參　生地　阿膠　麥冬　炙草　桂枝　生薑　大棗

《吴鞠通醫案·中燥》　張女十五歲　燥金之氣直中入裏，六脈全無，殭卧如死，四肢逆冷，已過肘膝腿痛轉筋，與通脈四逆湯，加川椒吴萸公丁香一大劑，厥回脈出一晝夜，次日以食粥太早，復中宛如前症，脈復厥體厥又死去矣。仍用前方。重加溫熱一劑，厥回其半，又二劑而復活，後以補陽收功。

鄭二十六歲　先是三月初九日得太陽中風，與桂枝湯已愈。十二日晚已卧，下身有微汗，因廚房不戒於火，止穿小汗衫一件，未著襪，出外救火俟火熄復卧，一覺身微熱惡寒，腹中脹痛，脈弦數，與桂枝柴胡各半湯汗出稍輕。究不能解，以後外雖化熱，面赤汗多，如溫病狀，以當臍之痛未休，舌白不燥，斷不敢用辛涼，而辛溫之藥，或進或退，十日不解，至二十四日反重用溫熱反佐頂高黄連三錢。次日表症裏症，一劑俱解如失，後與調理脾胃兩陽而全愈。

華二十三歲　感受燥金之氣，陽明之上中見太陰，胸痛脇痛，腹脹泄瀉飲咳，皆太陰病也，誤服寒涼，勢已重大，勉與開太陽合陽明法。丁亥九月十三日

雲苓皮五錢　豬苓三錢　厚朴二錢　薑半夏五錢　澤瀉三錢　乾薑二錢　桂枝三錢　川椒炭三錢　廣皮四錢　廣木香一錢五分

煮三杯分三次服。

仍服一貼。十四日

燥症誤用涼藥，泄瀉不止，右脈如無，左脈弦細而緊，不寐，痰飲咳嗽仍舊，惟胸脇痛止。十五日

雲苓皮六錢　豬苓四錢　大腹皮三錢　薑半夏八錢　澤瀉四錢　廣木香三錢　南蒼術炒二錢　桂枝四錢　廣陳皮三錢　煮四杯，分三次服。再服一帖。十六日

諸症皆退惟餘咳嗽口渴，與辛能潤法。十七日

雲苓皮五錢　蘇梗三錢　杏仁泥三錢　薑半夏六錢　乾薑二錢　五味子二錢　生苡仁五錢　廣皮三錢　炙甘草三錢　煮三杯。分三次服於前方内減五味子一錢，加炙甘草一錢，改雲苓皮爲塊。十八日

咳嗽已止，脈静身涼，惟舌白口渴，尚有伏飲，調理飲食要緊，藥與通補脾胃兩陽。十九日

雲苓塊三錢　益智仁二錢　廣皮二錢　薑半夏三錢　蒼術炭二錢　生姜三片　生苡仁五錢　炙甘草二錢　大棗去核二枚　煮三杯，分三次服。以後通補中焦可收功。二十日

某　燥金克木，由厥陰外犯太陽，季脇偏右攻，腰痛不發於春夏而發於冬令不後於巳前而發於午後六脈弦數其爲陰邪留滯絡中沈着不移可知，以故久而不愈，此症當於絡中求之。戊子十月二十日

霹靂散四兩

每服二錢，每日早、中、晚三次開水和服，以清絡中之邪。

又：《金匱》謂凡病至其年月日時復發者當下之。此症病發時，不得大便，乃肝主疏泄，肝受病則不得疏泄，但不可寒下耳。

天台烏藥散一錢

加巴豆霜六厘，以泄絡中沈着之伏邪，庶可拔其根也。

《張千里醫案·燥》　桐鄉會八月初寒熱似瘧，是新涼外迫，伏暑内動之感證。奈挾食挾怒，而脘痛嘔逆，吐蚘物甚，客反勝主，治法不免喧賓奪主矣。腑病宜通，得濡潤而痛減，得溏泄而痛竟暫止，感症之流連肺胃者，每每如此。糾纏一月，病未了了，寒熱又作，頓加欬嗽面浮，則又病中體虛，復加一層秋燥之邪，肺氣益痺，以致腹痛作而齦齒乾燥也。脘痛連及胸背，動輒氣逆，肺之膹鬱極矣。耳鳴汗出，劑頸而還，則病邪傷陽也。腹痛便瘀，溺色似血，病邪傷陰也。體之陰陽雖皆受傷，而秋燥之邪，大隊尚聚在胸鬲之間。脈右虛凝，左小弦數。顧正但須養胃存津，化邪但宜宣肺化燥，眼光但照大局，未可偏執一隅，枝枝節節爲之

矣。至於病機之危，何須再說。

西洋參一錢五分　川貝母二錢　茯苓二錢　金石斛三錢　麥冬一錢五分　驢皮膠二錢　丹皮一錢五分　炙甘草四分　杏仁二錢　橘紅一錢五分　紫菀一錢五分　霜桑葉一錢五分

姚景垣按：此乃喻氏清燥救肺湯加減，惟既有脘痛徹背，則辛潤之品不可缺少。九里涯陸向有跗腫，或大小足指痛不能行，每發必糾纏累月。近因心境動擾，先覺脚痛，繼以齒痛，延及左半頭額顴頰，甚至身熱左耳流膿。迄今兩旬，耳膿及額俱痛，而徹夜不能成寐，煩躁益增。咽腭乾燥，耳鳴口乾，咯有凝血，食少便難。脈兩關見弦。素體操勞憂鬱，由來久矣。心脾營虛是其質，近來復感風燥之火，上爍肺金，金不制木，肝陽化風化火，上擾清空，肺胃津液，皆爲消爍。是以現症種種，虛實混淆，宜先用甘涼濡潤，以存津液，以化虛燥。

鮮生地三錢　知母一錢五分　胡麻仁二錢　夏枯草一錢五分　茅根四錢　驢皮膠二錢　麥冬一錢五分　杭黃菊二錢　西洋參二錢　桑葉一錢五分　石決明三錢　棗仁二錢　川芎七分　川貝母二錢

又連服甘涼濡潤之劑，以存胃津，熄肝風，咽腭之燥已減，血亦漸止，右額浮腫亦退，大便雖澁而日行，胃納亦安。脈左靜小而虛，右關稍有弦象，惟寐尚少，即寐未酣適。鼻氣窒塞，蓋燥爲虛邪而言，以素虛之體，易受燥邪也。其平素面跗龐然，兩足易痛，原屬陽明津虛，絡脈久失濡潤，故燥氣加臨，愈覺衝逆。今擬滋養肺胃，充潤津液，肺金清肅，則肝木自平，胃氣充和，則夜寐自安矣。至於節勞戒怒，則在自愛者留意焉。

鮮生地二錢　麥冬一錢五分　西洋參二錢　蛤殼三錢　桑葉三錢　驢皮膠二錢　橘紅一錢五分　丹皮一錢五分　枇杷葉兩片　金石斛三錢　川貝二錢　胡麻仁二錢

又，脈六部緩小，右關之滑形已退，大便稍潤，漸能假寐，然咽腭仍乾，上及於鼻，瘀聚氣穢，呼吸不利，兩耳抽掣，心中時惕，凡鼻息不得卧眠，陽明病也。顯屬風躁之火，上傷天氣，清竅窒塞，津液不能上承，疊投甘涼濡潤，而迄今不能大效。計惟有倣古人風以潤之之義，取其清陽上達，可至病所，則存津滋液，庶乎有裨。

西洋參二錢　元參一錢　驢皮膠二錢　夏枯草一錢五分　薄荷一錢五分　川貝母二錢　甘草四分　鮮生地三錢　枇杷葉兩片　茅根三錢　犀角尖六分　辛夷一錢　牛蒡子二錢　防風八分

西崙頭陳婦，經來色黑久矣，漸致屆期少腹必痛脹，似崩似淋，而成紫黑，且有塊兼之。去年至今，便血半年，血分鬱熱之深可見。血燥則臟燥，故悲喜無端，似有鬼神。凡婦科血燥而鬱熱，則心營之有虛火，不待言矣。心主易震，則肝膽相火安得不動，火燄於上，則肺受尅而津氣易釀濁，痰與瘀血爲心火所引，則漸入手厥陰包絡，故現症有如此之變幻龐雜也。病之源流標本如此，從此用意，自有治法。總而言之，此藏燥夾痰症也。

鮮生地三錢　白薇一錢五分　五靈脂二錢　川百合二錢　淮小麥二錢　紫草一錢　黑芝麻二錢　羚羊角一錢五分　炙甘草四分　驢皮膠二錢　天竺黃二錢

又進治臟燥血鬱方，半月餘諸症皆退，體中頗適。近因經候之期先覺便難，繼以內熱。經來仍然紫黑，自覺諸症皆動，而忽悲忽笑，不能自主。此其故總由血分尚有鬱熱，深伏於衝任血室之間，屆期血動則鬱火亦動，心主血主火，君火動則五志之火，一時燄發，故現症種種，幾乎無藏不動也。乘其血動之時，因勢而內奪之，必得鬱火清則狂潤不沸，心君泰然矣。

犀角尖七分　丹皮一錢五分　酒製大黃三錢　紫草一錢　鮮生地三錢　白芍一錢五分　桃仁泥一錢五分

姚景垣按：案語老鍊方亦簡潔

又臟燥漸減，秋冬之交，竟有三月不大發。然稍勞怒，輒覺火升鼻乾，心神不能自主。而帶重腰痠，左足易熱，經來參差，腹痛氣墜，色仍紫黑。此八脈鬱火，尚未清化，宜用靜劑，專清奇經。

鮮生地三錢　歸身一錢五分　白芍一錢五分　驢皮膠二錢　丹皮一錢五分　川貝母二錢　蒲黃三分　五靈脂二錢　白薇一錢五分　西洋參二錢

姚景垣按：此症與金匱之藏燥似是而非，此乃血結成燥，彼乃血虛藏燥，故用藥亦不同。

武康錢肌表微寒而熱，似瘧非瘧，鼻乾有血，胃鈍少納。脈浮弦數，陽部爲甚。此燥火上薄肺金，自秋初至今，迄不肯已，反致便溏，是肺與大腸兩金皆困，老年豈是輕症，況素有失血，則氣血俱耗矣。

西洋參一錢五分　麥冬一錢五分　川百合四錢　白粳米一撮　川貝母三錢

紫苑一錢五分　驢皮膠二錢　枇杷葉兩片　欵冬花一錢五分　炙甘草四分

姚景垣按：燥爲次寒，復氣爲熱，故秋令漸涼，則燥氣大行，而其字則從火也。古來治內燥，首推魏玉橫之集靈膏；治外燥，允捧推喻西昌之清燥救肺湯。

《時病論・臨證治案・妊娠燥氣爲病》 三湘喻某之內，孕經七月，忽受燥氣，咳嗽音嘶。前醫貿貿，不詢月數，方內遂批爲子瘖。竟忘卻《內經》有婦人重身，九月而瘖一段。醫者若此，未免爲識者所議，觀其方案，龐雜之至，所以罔效。豐診其脈，弦滑而來，斯時肺經司胎，咳逆音啞，顯係肺金被燥氣所侵之證。宜辛涼解表法去蟬衣、淡豉，加桑葉、菊花，橄欖爲引，連嘗三服，音揚咳止矣。

《時病論・臨證治案・感受秋涼燥氣》 城西戴某之女，賦稟素虧，忽患微寒微熱，乏痰而咳。前醫用耆皮、桂、芍，和其營衛；百合、款冬，潤其乾咳；西黨、歸身，補其氣血。方藥似不雜亂，但服下胸膈更閉，咳逆益勤，寒熱依然不減。豐診其脈，浮弦沉弱，舌苔白薄，此感秋涼之燥氣也。即用蘇梗、橘紅、蟬衣、淡豉、蔞皮、叭噠、象貝、前胡。服二劑，寒熱遂減，咳逆猶存，病家畏散，不敢再服，復來邀診。豐曰：邪不去則肺不清，肺不清則咳不止，倘懼散而喜補，補住其邪，則虛損必不可免。仍令原方服二劑，其咳日漸減矣。後用輕靈之藥而愈。可見有是病當用是藥，知其虧而不補者，蓋邪未盡故也。

《時病論・臨證治案・血虧液燥加感燥氣》 雲岫錢某之妹，素來清瘦，營血本虧，大解每每維艱，津液亦虧固已。邇來畏寒作咳，胸次不舒，脈象左部小濇，而右部弦勁，此屬陽明本燥，加感燥之勝氣，肺經受病，氣機不宣，則大便益不通耳。遂用蘇梗、杏仁、陳皮、桔梗、蔞皮、薤白、淡豉、葱葉治之。服二劑，畏寒已屏，咳逆亦疎，惟大解五曰未行。思丹溪治腸痺之證，每每開提肺氣，使上焦舒暢，則下竅自通泰矣。今照舊章加之兜鈴、紫菀、柏子、麻仁，除去蘇、陳、葱、豉。令服以四煎，得燥屎數枚，肛門痛裂，又加麥冬、歸地、生黑芝麻，服下始獲全愈。

《時病論・臨證治案・燥氣伏邪作咳》 括蒼馮某，陰虛弱質，向喫洋菸，患乾咳者，約半月矣。曾經服藥未驗，十月既望，來舍就醫。兩手之脈極數，餘部皆平。豐曰：據此脈形，當有咳嗽。馮曰：然。曾服散藥未效何？豐曰：散藥宜乎無效，是證乃燥氣伏邪之咳，非新感風寒之咳，理當清潤肺金，庶望人彀。遂用清宣金臟法去兜鈴、杷葉，加甘菊、梨皮。服一劑，減一日，連服五劑，咳逆遂屏。後歸桑梓，擬進長服補丸。

《時病論・臨證治案・燥氣刑金致使咳紅》 鄂渚阮某之妾，乾咳喉疼，纏綿匝月，始延豐治。未診即出前方閱之，初用辛散之方，後用滋補之藥，不但罔效，尤增咳血頻頻。細診其脈，左部緩小，右部搏指，舌尖絳色而根凝黃。此屬燥之伏氣，化火刑金，雖乾咳吐紅，眞陰未損。前以辛散治之固謬，以滋補治之亦非，斯宜清暢其肺，以理其燥，肺得清肅，則咳自平，而血不止自止。即用桑葉、杏仁、兜鈴、浙貝、梔皮、杷葉、蔞殼、梨皮，再加橄欖爲引。請服三煎，忌食煎炒之物，服下稍知中窾，繼進三劑，遂獲全可。

《時病論・臨證治案・陰虛體伏燥化火刑金》 古黔劉某婦，素吸洋烟，清癯弱體，自孟冬偶怙咳逆，一月有餘，未效來商豐診。閱前所用之藥，頗爲合理，以桑、菊、蔞、旁、杏、蘇、桔、貝等藥，透其燥氣之邪。但服下其咳益增，其體更怠，晝輕夜劇，痰內夾雜紅絲，脈形沉數而來，舌絳無苔而燥。豐曰：此屬眞陰虛損，伏燥化火刑金之候也。思金爲水之母，水爲金之子，金既被刑，則水愈虧，而火愈熾。制火者，莫如水也，今水既虧，不能爲母復仇。必須大補腎水，以平其火，而保其金。金得清，則水有源，水有源，則金可保，金水相生，自乏燎原之患。倘或見欬治欬，見血治血，即是舍本求末也。豐用知柏八味除去山萸，加入阿膠、天、麥，連進五劑，一如久旱逢霖，而諸疴盡屏卻矣。

《葉案存真類編・燥》 中氣素虛，形寒飲冷，遏伏暑溼之火蘊於膻中，劫津耗液，盡從燥化。肺氣不能下輸，腸胃燥滿不行，下之遂逼血下行，血既下奪，亦云竭矣。陰不配陽，汗從外泄，即爲上厥，上厥下竭，肺經獨受燥累，急進清燥救肺湯以回陰液。自評：《傷寒論》有當汗不汗，則致衄之條，是血上行也。此案因誤下，則血下行，正好對看。再火蘊膻中，而肺氣不轉，所以便致下血者。以肝血沸勝而溢下也。方中清肺，必兼涼肝。再寒從外束，內熱無泄，鼓血妄行，治宜涼潤清裏，辛散疏表。趙養葵有透汗以止血之論，爲徐靈胎所斥，而實有妙旨。此等汗法，宜輕迅不傷血，惟麻黃最宜，惜世無知之者。

繼進方：

羚羊角　棗仁　茯神　山梔皮　黑豆皮　枇杷葉　麥冬　蔗汁　鮮菖蒲

再進方

小生地　人參　阿膠　茯苓　黑豆皮　枇杷葉　青蒿　麻仁　麥冬

《**邵氏醫案**》　秋感化燥，嘔惡發熱，脈浮滑，苔黃燥嗆咳，症勢非輕，宜防昏蒙之變幻，候正。

冬桑葉三錢　炒梔子三錢　橘紅一錢　天竺黃一錢五分　連翹三錢　淡豆豉一錢五分　象貝三錢　牛蒡子一錢五分　天花粉三錢　蟬衣一錢　前胡一錢五分　引活水蘆根五錢

二貼

秋感發熱乍寒，脈浮數苔黃，頭脹而疼，姑宜辛涼輕解。

薄荷一錢五分　桔梗一錢五分　桑葉三錢　荆芥一錢五分　連翹三錢　廣鬱金三錢　甘菊二錢　絲通草一錢五分　淡豆豉三錢　前胡一錢五分　炒枳殼一錢五分

溫病總部

溫病疾病部

伏氣部

題解

《伏邪新書・伏邪病名解》 感六淫而即發病者，輕者謂之傷，重者謂之中；感六淫而不即病，過後方發者，總謂之曰伏邪。已發者而治不得法，病情隱伏，亦謂之曰伏邪。有初感治不得法，正氣內傷，邪氣內陷，暫時假愈，後仍復作者，亦謂之曰伏邪。有已發治愈，而未能除盡病根，遺邪內伏，後又復發，亦謂之曰伏邪。夫伏邪有伏燥、有伏寒、有伏風、有伏溼、有伏暑、有伏熱。

《傷寒指掌・傷寒類症・晚發》 晚發者夏受暑溼之邪，留伏於裏，至秋新邪引動而發也。

論說

《傷寒摘錦・傷寒冬溫伏氣時行疫病證篇》 經曰： 伏氣之病以意候之，冬月之內，欲有伏氣，假令舊有伏氣，當須脈之。若脈微弱者，當喉中痛似傷，非喉痹也，病人云實咽中痛，雖爾，今覆欲下利，此隨經所在而取之法也。冬時感寒，伏藏於經中，不即發者，謂之伏氣。伏氣欲發，當須脈之，審在何經。假如脈微弱者，知邪在少陰也，餘仿此推之。

《傷寒論類方・別證變證・伏氣》 伏氣之病，謂非時有暴寒中人，伏於少陰經，始不竟病，旬月乃發，脈便微弱，法先咽痛，似傷寒非咽痹之病，次必下利。

《增補評註溫病條辨・原病篇》 《陰陽應象大論》曰，喜怒不節，寒暑過度，生乃不固，故重陰必陽，重陽必陰，故曰，冬傷於寒，於春必病溫。

上節統言司天之病，此下專言人受病之故。細考宋元以來諸名家，皆不知溫病傷寒之殊辨，如龐安常之《卒病論》，朱肱之《活人書》，韓祇和之《微旨》，王實之《證治錄》，劉守眞之《傷寒醫鑒》、《傷寒直格》，張子和之《傷寒心鏡》等書，非以治傷寒之法治溫病，即將溫暑認作傷寒，而疑麻桂之法不可用，遂別立防風通聖、雙解通聖、九味羌活等湯，甚至於辛溫藥中加苦寒，王安道《溯洄集》中，辯之最詳，茲不再辯。論溫病之最詳者，莫過張景岳、吳又可，喻嘉言三家，時醫所宗者，三家爲多，請略陳之。按張景岳、喻嘉言，皆著講寒字，並未理會本文上有故曰二字，上文有重陰必陽，重陽必陰二句。張氏立論出方，悉與傷寒混，謂溫病即傷寒，襲前人之舊，全無實得，固無足論。喻氏立論，雖有分析，中篇亦混入傷寒少陰厥陰證，出方亦不能外辛溫發表，辛熱溫裏，爲害實甚。以苦心力學之士，尚不免智者千慮之失，尚何怪後人之無從取法，隨手殺人哉。甚矣學問之難也。吳又可實能識得寒溫二字，所見之證，實無取乎辛溫、辛熱、甘溫，又不明伏氣爲病之理，以爲何者爲即病之傷寒，何者爲不即病待春而發之溫病，遂直斷溫熱之原，非風寒所中。不責己之不明，反責經言之謬。瑭推原三子之偏，各自有說，張氏混引經文，將傷寒之文，引證溫熱，以傷寒化熱之後，經亦稱熱病故也，張氏不能分析，遂將溫病認作傷寒。喻氏立論，開口言春溫當初春之際，所見之病，多有寒證，遂將傷寒認作溫病。吳氏當崇禎凶荒兵火之際，滿眼溫疫，遂直闢經文冬傷於寒，春必病溫之文。蓋皆各執己見，不能融會貫通也。瑭按伏氣爲病，如春溫、冬咳、溫瘧，《內經》已明言之矣。亦有不因伏氣，乃司天地令現行之氣，如前列《六元正紀》所云是也。此二者皆理數之常者也。更有非其時而有其氣。如又可所云戾氣，間亦有之，乃其變也，惟在司命者，善察其常變而補救之。

霖按： 上節言外感之溫熱，將《六元正紀論》斷章取義，爲溫病立說，而不涉他證猶可，此節論伏邪，安能割裂經文，刪去春傷於風，夏生飧泄，夏傷

於暑，秋必痎瘧，秋傷於濕，冬生欬嗽之二十四字，是全不達經旨矣。《陰陽應象論》中，此章爲示人四時伏氣之機，陰陽互根之理，首重在重陰必陽，重陽必陰兩句耳。或問寒爲陰邪，何以至春而必溫病，暑爲陽邪，何以至秋而必痎瘧？蓋冬至一陽漸生，人身之陽氣內盛，被冬日嚴寒殺厲之氣所折，深浹於肌髓之間，至春內伏鬱結之陽氣，爲外邪觸發，伏氣既得發泄，遇天氣之陽熱，兩熱相干，發爲溫病。夏傷於暑，秋必痎瘧者，夏至一陰漸生，人身之陰氣內盛，暑乃陽邪，陽氣外熾，則裏氣虛寒，加以貪涼飲冷，損其眞陽，至秋陰氣盛長之時，內伏陰邪欲出，外襲陽暑欲入，陰陽相持，故發爲往來寒熱之痎瘧。以痎瘧而改作溫瘧，是更不達經旨矣。春傷於風，夏生飧泄，秋傷於濕，冬生欬嗽者，乃陰陽上下之相乘也，夫喉主天氣，咽主地氣，陽受風氣，陰受濕氣，傷於風者，上先受之，傷於濕者，下先受之，陽病者，上行極而下，是以春傷於風，夏爲飧泄，陰病者，下行極而上，是以秋傷於濕，上逆而欬，斯皆重陰必陽，重陽必陰之義也。但天地陰陽之邪，皆由人身之陰陽氣化感召而成，豈有傷寒而能化熱，傷熱而能化寒也哉。鞠通侈談伏氣，譏張、喻之非，而自亦不知伏氣爲何氣。噫，五十步而笑百步，多見其不自量也。病機尚不能明，安敢妄言運氣耶！

《金匱眞言論》曰：夫精者，身之本也，故藏於精者，春不病溫。

《易》曰，履霜堅冰至，聖人恆示戒於早，必謹於微記曰，凡事豫則立。經曰，上工不治已病，治未病，聖人不治已亂，治未亂。此一節，當與月令參看，與上條冬傷於寒互看。蓋謂冬傷寒，則春病溫，惟藏精者，足以避之，故《素問》首章《上古天眞論》即言男女陰精之所以生，所以長，所以枯之理，次章緊接《四氣調神大論》示人春養生，以爲夏奉長之地，夏養長，以爲秋奉收之地，秋養收，以爲冬奉藏之地，冬養藏，以爲春奉生之地，蓋能藏精者，一切病患皆可卻，豈獨溫病爲然哉。《金匱》謂五藏元眞通暢，人即安和是也。何喻氏不明此理，將冬傷於寒作一大扇文字，將不藏精，又作一大扇文字，將不藏精而傷於寒，又總作一大扇文字，勉強割裂《傷寒論》原文以實之，未免有過慮則鑿之弊。不藏精三字，須活看，不專主房勞說，一切人事之能搖動其精者皆是，即冬日天氣應寒，而陽不潛藏，如春日之發泄，甚至桃李反花之類亦是。

霖按：右第三節，釋經義明白曉暢，不藏精三字須活看，尤有卓見，闢喻氏之誤是矣，惟不能闡伏氣之原，尚不足折西昌之心。

汪按：喻氏天資超卓，學力精鋭，在此道誠爲獨闢榛蕪，深窺窔奧，但怗括結習太重，往往於間架門面上著力，論傷寒以青龍與桂麻鼎峙，柯氏已正其失矣，乃論溫病，仍用三扇，甚至方法數目，一一求合傷寒論，正如漢唐步天，以律呂卦爻爲主，牽湊補綴，反使正義不明，讀者當分別觀之也。

○《寓意草》中金鑑一條，仍屬傷寒，指爲溫病者非。

《溫熱經緯·內經伏氣濕熱篇》《素問·生氣通天論》曰：冬傷於寒，春必病溫。

張仲景曰：冬時嚴寒，萬類深藏，君子固密，則不傷於寒。雄按：傷而即病者，爲傷寒，不即病者，爲溫熱。

章虛谷曰：冬寒伏於少陰，鬱而化熱，乘春陽上升，而外發者，爲實證。

《金匱眞言論》曰：夫精者，身之本也。故藏於精者，春不病溫。知此便知治溫病之法。

王啓元曰：精氣伏藏，則陽不妄升，故春無溫病。

尤拙吾曰：冬傷於寒者，春月溫病之由。而冬不藏精者，又冬時受寒之源也。

吳鞠通曰：不藏精，非專主房勞。說一切人事之能動搖其精者，皆是。即冬時天氣應寒而陽不潛藏，如春日之發泄，甚至桃李反花之類，亦是也。

章虛谷曰：經論溫病有內伏而發，外者，有外感隨時而成者，其由內伏發外者，又有虛、實二證。上條爲實證，此條爲虛證也。

《溫熱經緯·仲景伏氣溫病篇》三陽合病，脈浮大，上關上，但欲眠睡，目合則汗。

周禹載曰：溫氣發出，乃至三陽皆病，其邪熱溷實，不言可知，故其脈浮大也。意邪伏少陰時，則尺脈亦已大矣。今因由內發外，由下達上，而浮大見於關以上，故曰上關上也。邪雖上見陽位，少陰之源未靖，則欲眠尚顯本證，而目合則汗，即爲盜汗，又顯少陽本證。何以獨見少陽，因母虛子亦虛，而少陰邪火，與少陽相火同升燔灼也。所以稍異熱病者，但目合則汗，不似熱病之大汗不止也。然何以不言太陽陽明二經證，以浮爲太陽經脈，大爲陽明經脈也。

雄按：《御纂醫宗金鑑》正誤篇云：浮大上之上字，當是弦字，始合三陽

合病之脈。至其治法，繆仲淳擬用百合一兩、麥冬五錢、知母、栝蔞根、白芍藥各二錢、龜甲三錢、炙甘草一錢、竹葉五十片。

楊云：此條與發汗已，身灼熱之風溫，正是一串。初起爲此病，汗後則爲風溫證。

徐亞枝云：楊侯嘗語余曰：《傷寒論》當逐條分讀，不必固求連綴次序。其意以洄溪《傷寒類方》但當因證以論方，不必循經而論證爲直截了當。蓋逐條分讀，則其間脈絡貫通處自見，若泥次序求連綴，不免鑿矣。及讀此評，益服其讀書另具隻眼，不覺首之至地矣。

《研經言·晚發解》 平脈法脈陰陽俱緊，至於吐利，其脈獨不解。若脈遲，至六七日不欲食，此爲晚發，水停故也，爲未解。成注，晚發者，後來之疾也。泉案，《外臺》卷一張文仲療晚發傷寒，三月至年末爲晚發方，生地、梔子、升麻、柴胡、石膏五味。若頭面赤，去石膏，用乾葛，無地用豉。然則晚發云者，乃傷寒最晚所發，以意逆之，感寒熱而至半年發者曰晚發。三月晚發者，其感在冬至前，不論時氣、正氣也；年末晚發者，其感在夏至後，不論時氣、正氣也。以寒熱在身，蓄至半年必發也。何以言之？自秋分至春分，正氣之寒，當以冬至爲界，冬至前傷寒者，其晚發至三月末而極，以距秋約半年也；若冬至後傷寒，至五月後發，則爲病熱，不稱晚發，爲其兼新感也。凡寒熱至二至後而極偏，最易有新感。有新感則病兩歧，故不得稱晚發。自春分至秋分，時氣之寒，當以夏至爲界，夏至前傷寒，至九月發則爲溫瘧，不稱晚發，爲其兼新感也；若夏至後傷寒，至年末發者，則爲晚發，以相距半年也。自秋分至春分，時氣之熱，以冬至爲界，冬至前感熱者，其晚發在三月末，法與正氣同；若冬至後感熱者，至夏末發，則爲溫熱，不稱晚發，法與正氣同。自春分至秋分，正氣之熱，亦以夏至爲界，夏至前感熱者，至九月發則爲溫瘧，不稱晚發，法與正氣同；若夏至後感熱，至年末發，則爲晚發，法與正氣同。然則發云者，是從溫熱兩病中別出言之，亦對時氣、正氣之即發者言之。蓋冬至後感之年末發，與夏至前感之六月發，皆即發也。即字與晚字正相對。若專以冬月正氣言之，恐未能遲至次年末始發也。《活人書》因此改爲三月至夏，殆未達其旨，所以如是。晚者，以積受寒邪，寒搏於液，液停爲水，邪不得發故也。凡邪伏不發者，多由水停。《外臺》卷四溫病，冬溫未即發，至春被積寒所折不得發，至夏得熱，其春寒解，冬溫毒始發出，肌中斑爛隱軫如錦文，壯熱欬悶，嘔吐淸水。據此，知冬溫被春寒折時，先有水停，故至夏發時，必嘔吐出水，而後疹見。此冬至後感時氣發於夏末者，不稱晚發之證。彼方用麻、杏、葛、橘，與此方皆是提出寒水之意。又《錄驗》載溫毒，此條下又云已自得下利，宜服黃連橘皮湯。然則停水之毒，吐利皆有，與晚發同法。即謂《外臺》、《錄驗》兩溫毒爲晚發之溫也，亦無不可。

《讀醫隨筆·證治類·伏邪皆在膜原》 膜原者，夾縫之處也。人之一身，皮裏肉外。皮與肉之交際有隙焉，即原也。膜託腹裏，膜與腹之交際有隙焉，即原也。腸胃之體皆夾層，夾層之中即原也。藏府之系，形如脂膜，夾層中空，即原也。膈肓之體，橫隔中焦，夾層中空，莫非原也。原者平野廣大之謂也。故能邪伏其中。不礙大氣之往來，古書所謂皮中淫淫如蟲行，及行痹周痹，左右上下相移者，皆在皮肉夾縫之中也，藥力亦復不能直達其處。何者？藥力不過鼓正氣以攻邪，今氣道寬大，中雖有邪，而正氣仍綽有可行之道，即不必與邪氣相值矣。若夫吳又可所謂瘟疫之邪，盈溢膜原，是邪氣自行發動，與正氣相觸也，猶以外皮既堅，內膜亦固，中道寬大，疏泄維艱，故有屢淤到胃，屢泄始盡之法。更有必俟復淤到胃，方能再下之議，此從裏泄也。葉天士治溫熱有再從裏託於表之說，是從外泄也。故養生者，只當閉密，使邪勿入膜原，既入膜原，必待發病，邪氣舒張，始能攻泄，當其未發，邪正相避，無從著力，故難經謂溫病之脈，行在諸經，不知何經之動也，各隨其所在而取之，即俟其既動而後治之之義也，既動則有所動之專經，而可施專攻矣。內經四時之傷，伏氣爲病，皆伏於膜原也。吳又可既知有膜原之事，又力斥伏氣之非，謂人身之中，何處可容邪伏，越時許久，而後發耶，仍未徹膜原之情形者也，夫果百邪皆即傷即病，是人身只有邪傷膚表之病，何以有邪在膜原之病，且如人之一病，累愈累發，或一年，或數年，不能除根者，當其暫愈，豈非內伏之明驗耶。其所伏，必不在呼吸之衝道，亦必不在血氣之細絡，而必在空闊無所拘束之部，此既膜原是也。然則邪又何以遽入膜原也，曰其由皮毛入者，方始中於表也，必發寒熱，由呼吸入者，其始中於肺也，必發嗆咳。中於胃也，必發嘔滿，或以其勢微而忍之，或攻之而未盡，適遇勞力汗出及與房室，膜原之中大氣暫虛，遂攝入之而不覺矣。亦有不發寒熱咳嘔，而浸潤漸漬以深入者。邪入膜原，身中即隱隱常不自在，或頭常暈眩，或身常汗出，或常畏寒畏熱，或驟苦氣短不能任勞或四肢少力，或手心常熱，或

小便赤濇，或大便常泄，或大便常祕，或飲食不消，或飲食倍增，或口常渴，或口淡少味，或舌苔倍厚，或夜不成眠，或多夢紛紜。及其發也，隨邪毒之微甚，正力之強弱，而變化焉。寒化爲溫者，其陽盛也。風化爲泄者，其陰盛也。暑化爲瘧者，發於表也。溼化爲咳者，發於裏也。更有發爲痹痛，身中累累如桃李核，久不愈者。有發爲癮瘮，發於一肢一臠，逐年應期即發，不得斷根者。嘗治化證，疏有清裏，展轉搜剔，久而乃效，以其邪在膜原，不在腠理，又僅發於一臠，能與藥力相避故也，當其既愈，中氣必虛，千金方論治腫脹，必攻之使其人虛弱，病乃可愈，即此義也。始表散之，繼清泄之，乘其外發而散之，因其內留而泄之，散而泄之，泄而散之，而邪可淨矣。而其人有不虛弱者乎，是又在調理之得法也，常有調理之後，餘燄復熾，諸證微發，仍復間用攻泄，始得淨盡者，甚矣。膜原之邪之不易治也。

《伏氣解》 解一

六淫之邪，感之即病者輕，伏久而發者重。《內經》於伏氣之義，不憚反覆數見，能闡明其旨者，仲景後未聞其人。近世醫家，侈談伏氣。言多道晦，徒事紛拏，不克明其所以然也。嗟乎！不究天人之理，不察陰陽之機，烏足言醫！醫可以小道視之哉！《易》曰：一陰一陽之謂道。此一陰一陽者，非各一之一，乃道之妙用。合一之一，而三氣即存乎其間。蓋動一也，靜一也，所以能使其動靜者又一也。惟其合一，乃能各一。有互根之理在焉。雖陰陽萬端，則是本一而已。明乎一之道，則知乾坤之動靜，三才之指歸矣。

漢儒以十二辟卦，候一年消息，乃乾坤二卦之旁解也。蓋乾之六陽，自十一月建子，冬至一陽生，爲地雷復卦，即乾之初九爻；十二月丑，二陽生，爲地澤臨，即乾之九二爻；正月寅，三陽生，爲地天泰，即乾之九三爻；二月卯，四陽生，爲雷天大壯，即乾之九四爻；三月辰，五陽生，爲澤天夬，即乾之九五爻；至四月建巳，六陽充足，而爲乾爲天，即乾之上九爻。此一年之乾卦也。五月建午，夏至一陰生，即坤之初六爻，爲天風姤卦；六月未，二陰生，即坤之六二爻，爲天山遯；七月申，三陰生，即坤之六三爻，爲天地否；八月酉，四陰生，即坤之六四爻，爲風天觀；九月戌，五陰生，即坤之六五爻，爲山地剝；十月亥，六陰純靜，爲坤爲地，即坤之上六爻。此一年之坤卦也。夫坤爲萬物之母，而能生物。然坤本純陰，必待乾與之交，而得其陽，然後始能生萬物也。十二支次序，世人皆以子爲首。因坤臨十月亥，坤爲純陰之卦。陰極則陽生，故十一月冬至一陽升於地上，爲地雷復也。不知造化端倪，實不在子而在午。蓋天地交而後萬物生。是乾坤交姤之初，即爲萬物造端之始。然交必陽體充足而後能交。乾之六陽乃充足於四月之巳，次爲午。故乾至五月建午，夏至始與坤交。是則乾足於巳而動於午，巳午皆火，故周易乾居正南。乾之外體屬火，乾中含蓄陰精屬金，故五行家言庚金長生在巳。所謂長生者，乃指其生之之源而言也。乾之初動於午，每年五月夏至之時，乾上九爻一陽，已升至天頂極高，不得不轉而向下，向下即感動坤陰之氣，上升而交。故天地三交。五月建午爲第一交，六月未爲二交，七月申爲三交，所謂坤三索於乾也。乾坤交而謂之索者，以坤本純陰，必索於乾而後有陽，始能生化也。乾陽入坤陰而化爲氣，氣升爲雲、爲雨。蓋十二辟卦，乾位巳火也，坤位亥水也。乾與坤交，則火入水中，而化爲氣。以水爲質，火爲性。試以一碗，人張口氣呵之，則生水。故知氣之形屬水，而其所以能升騰行動者則火也。《爻辭》曰：見羣龍無首吉。言氣升能爲雲雨，故喻爲龍，而乾與坤三交。則乾上四五之三爻，盡入於坤，而乾上爻，巳火之首，早入亥水之中，爲育生胚胎之兆，故龍無首吉也。此天地陰陽化育之義。推之於人亦然。飲入於胃，由胃小腸相接處幽門，幽門之上有一竅，水飲從此竅散布下焦脂膜之中。由脂膜而滲入膀胱，膀胱無上口，故曰滲入也。氣血之升降，必由呼吸以循環。吸入天之陽，呼出地之陰。吸入之氣，由鼻入肺歷心，引心火從總脈管循督脈入腎，又從腎系以達下焦胞室挾膀胱。其吸入天陽之氣，合人身心火，蒸動膀胱之水，化而爲氣，循衝任而上，化精化汗化液，過膈入肺，還至於口，由呼而出。斯即乾坤相交，三索之義也。明乎此，水火之徵兆，陰陽之盛衰，及夫四時伏氣之病機，莫不由茲悟入。否則如盲人之摸象耳。

《素問・生氣通天論》曰：凡陰陽之要，陽密乃固。兩者不和，若春無秋，若冬無夏。因而和之，是爲聖度。故陽強不能密，陰氣乃絕。陰平陽祕，精神乃治。陰陽離決，精氣乃絕。夫論名生氣通天者，言人身陰陽五行之氣，上通於天；天之陰陽五行之氣，下通於人。天人一氣相感也。然天之五行，生化六氣。人苟陽固於外，陰祕於內，則邪弗能傷。反之則陰陽離決，精氣乃絕。其天之五行之氣，化爲淫邪以傷人。若因於露風，乃生寒熱，此感之即病，其病尤淺。故又曰：是以春傷於風，邪氣留連，乃爲洞洩；夏

傷於暑，秋爲痎瘧；秋傷於濕；上逆而咳，發爲痿厥；冬傷於寒，春必病溫，此又言感之下即病者，乃藏於經脈臟腑之間，而爲伏氣之病也。春傷於風者陽邪也，留連日久，乃下爲洞洩之陰病；秋傷於濕之陰邪，乃爲上逆而咳之陽病，甚則必成痿厥；夏傷於暑熱之陽邪，至秋發爲痎瘧之陰病；冬傷於寒之陰邪，至春必爲溫熱之陽病。是陰陽上下之相乘也。然伏氣之因，不僅乎此，經文簡奧，特示人以四時之機，互根之理，再推而論之。天之六氣傷人，由人之陰陽不固，而冬寒夏暑所伏之因各異。又於《金匱眞言論》中續之曰：夫精者身之本也。故藏於精者，春不病溫；夏暑汗不出者，秋成風瘧。言人身之氣血，皆生於精。冬宜閉藏，則陰氣固密。若縱慾精耗則陰虛，陰虛則陽邪易犯，故多病溫。夏宜疏泄，逆之而汗不出，汗不出則暑邪內伏，遇秋風凄切，寒熱相戰，則爲瘧病。陰陽啓閉，時氣宜然。舉冬夏言，其春秋伏氣，自可類推。觀此則夏日之病暑，其非冬寒所變者明矣。軒岐釋伏氣之義已明，猶恐後之讀者不能隅反，更於《陰陽應象大論》補之曰：天有四時五行，以生長收藏，以生寒、暑、燥、濕、風。人有五臟，化五氣，以生喜怒悲憂恐。故喜怒傷氣，寒暑傷形，暴怒傷陰，暴喜傷陽。厥氣上行，滿脈去形。喜怒不節，寒暑過度，生乃不固。故重陰必陽，重陽必陰。故曰：冬傷於寒，春必病溫；春傷於風，夏生飧泄；夏傷於暑，秋必痎瘧；秋傷於濕，冬生咳嗽。此承《生氣通天論》言四時五行之氣，以生長化收藏，而生寒暑燥濕風爲外邪；人之五臟化五氣，而生喜怒悲憂恐爲內賊。苟七情不愼，則六淫傷之。舉一喜怒不節、寒暑過度、內而及外，則疾疢生焉。其悲憂恐燥濕風已包括於中，又不必泥執冬精不藏、夏汗不出也。然而伏氣之爲病，固有陰陽互根、上下相乘之變，而尤重於重陰必陽、重陽必陰之兩句。足徵坤臨十月亥，至冬至陰極則陽生；乾臨四月巳，至夏至陽極則陰生。天人相通，伏氣者，隨天時人事陰陽氣化以感召。故曰：人與天地參也。何以後之論伏氣者，謂伏寒變熱，夏至前爲溫病，夏至後爲熱病。或謂傷其寒水蟄藏令氣，相火熾盛，宜作內傷水虧治。或謂陽熱之邪，由口鼻吸受，宜從三焦外感治。似是而非，離經悖道，坐不明陰陽合一之理故也。《熱論》曰：凡病傷寒而成溫者，先夏至日者爲病溫，後夏至日者爲病溫。暑當與汗出，勿止。此節經義不明久矣。詮釋家多以冬傷於寒，伏寒化熱。發於夏至前爲溫病，發於夏至後爲暑病，暑即熱也。溫爲熱之漸，熱爲溫之甚解，殊不知傷寒爲外感通稱，故上經有熱病類傷寒之文，越人作傷寒有五之辨。此言凡病傷寒而成溫者，謂溫病熱病之類乎傷寒者，非謂先病傷寒，輾轉不愈，而成溫成熱也。且此一節也，亦專論伏氣而言者，當作兩截看。凡病傷寒而成溫者，先夏至日爲病溫，爲一截。蓋言凡病類乎傷寒之溫病，在夏至日前發者，乃冬至後一陽生，人身所伏之陽熱，被冬日嚴寒殺厲之氣所折伏，藏於肌骨之間，至春夏間，或爲風熱逗引，或爲情慾所傷，感而觸發，謂之病溫。後夏至日者爲病暑，暑當與汗出勿止，爲一截。此即夏暑汗不出者，秋成風瘧之互詞。夏至陰生，人身所伏者陰氣，遇天日之陽熱，蒸地氣以上騰，人在氣交中，感之爲暑病。熱濕相搏，熱蒸濕爲汗，熱清則汗止。故曰：當與汗出，勿止也。夫溫、暑之治，其清熱雖同，而一宜兼益陰，一宜兼滲濕。陰陽之機有間，安可概論謂暑爲熱病，熱乃溫之甚者？謬說也。

《傷寒平脈篇》師曰：伏氣之病，以意候之。今月之內，欲有伏氣。假令舊有伏氣，當須脈之。若脈微弱者，當喉中痛似傷，非喉痹也。病人云實咽中痛。雖爾，今復欲下利。此仲景釋《內經》伏氣之旨。舉一春之風氣以例其餘。言春傷於風，其氣內伏，至夏將發，其脈必微弱。緣風木之邪，賊於中土也。傷於風者，上先受之，故當喉痛。然喉痛有時行之喉痹，更釋之曰：不特喉痛，而且咽痛。蓋以風氣通於肝，地氣通於咽，脾主地，風木之邪尅土也。若風邪留連不愈，上行極則下，必爲下利。乃上下之相乘，一氣之相感，即重陽必陰之義也。讀傷寒者，不明經旨，誤會仲景之意，見有脈微弱、喉痛下利，便作春溫伏氣、少陰水虧解，故喻西昌竟用溫經通陽諸法，以治溫熱，幾同操刃。近世吳鞠通、王孟英諸君，宗吳門葉氏說，輯《溫病條辨》、《溫熱經緯》等書，無不以此節冠諸首。僉謂伏氣溫病，當從少陰水虧論治，雖詆喻氏溫補之非，亦不能出其範圍。其所以誤會之故，蓋緣脈微細喉痛下利，乃少陰應有之脈證。不知少陰之脈乃微細，此云微弱，但弱與細有間，而微則加於弱細之上，非專論微脈也。弱乃眞陽不足，胃氣大虛之候。固非少陰之細脈，亦斷無實熱之理。因其土虛，故木邪侮其不勝而尅之。夫春溫一證，本屬水虧火熾，加以冬至陽生，井泉溫，有習坎之義。乃天人之陽熱，爲嚴寒所遏而成。喻氏之溫經通陽，固屬大謬。若趙養葵、程郊倩輩，先不啓發，惟從事於滋陰壯水，亦非所宜。惟葉香巖用肘後葱豉湯，庶乎近之，然亦不可泥也。且伏氣之因，不僅乎春溫一證，四時伏氣之治，當於《內經》

中求之。活法運乎一心，又未可囿於一偏之見也。醫豈易言哉。

解二

前《熱論》言：先夏至日者爲病溫，後夏至日者爲病暑。此指陰陽潛伏爲病。然而亦有冬至後之陽熱，被嚴寒所折，深藏於骨髓之間，不能隨春陽之氣而升散，又未遇六淫七情之邪以逗引，至夏因有所用力而觸發者有之。又不可執夏至陰生，無冬日伏熱之氣也。若謂凡夏日之暑證，皆冬時之伏熱，誤之甚矣。

《素問・瘧論》帝曰：夫病溫瘧與寒瘧而皆安舍，舍於何藏？岐伯曰：溫瘧者，得之冬，中於風，寒氣藏於骨髓之中，至春則陽氣大發，邪氣不能自出。因遇大暑，腦髓爍，肌肉消，腠理發泄。或有所用力，邪氣與汗皆出。此病藏於腎，其氣從內出之於外也。如是者，陰虛而陽盛，陽盛則熱矣。衰則氣復反入，入則陽虛，陽虛則寒矣。故先熱而後寒，名曰溫瘧。此言冬日之陽，爲寒所折，深伏於骨髓之間。腎主骨，故曰其氣藏於腎也。若在肌肉經脈間，即可隨春陽之氣而外泄，緣氣行經脈。邪熱伏於骨髓，兩不相值，不能引之而出也。至夏因遇大暑，暑熱上炎，則腦髓熾，腦乃腎氣之所主，或再有所勞力，則深伏骨髓之邪，因腦熱汗出，逗引而發爲溫瘧。其病則先熱而後寒。然先熱後寒之溫瘧，不因於腎藏之伏氣，亦有斯證，不可誤會也。上經卻先明此義。故帝曰：先熱而後寒者何也？岐伯曰：此先傷於風，而後傷於寒，故先熱而後寒也。亦以時作，名曰溫瘧。此陰陽兩感，是以寒熱交作。雖有先後之相同，然與邪熱伏藏骨髓之溫瘧有間，不可不知。

《瘧論》帝曰：癉瘧何如？岐伯曰：癉瘧者，肺素有熱，氣盛於身，厥逆上衝，中氣實而不外泄，因有所用力，腠理開，風寒舍於皮膚之內，分肉之間而發。發則陽氣盛，陽氣盛而不衰，則病矣。其氣不及於陰，故但熱不寒。氣內藏於心，而外舍於分肉之間，令人消爍脫肉，故命曰癉瘧。帝曰：善。此又論不必泥冬日之陽熱，伏藏於腎，而始爲病。即其人氣分中素有伏熱，肺主氣，故曰：肺素有熱也。因中氣實而不外泄，有所勞力汗出，風寒襲入肌腠之間，觸引而發者，名曰：癉瘧。因氣實，故邪不能入於陰，而單發於陽。心主血脈之氣，血脈之氣內通於心，故曰氣內藏於心也。邪藏於血脈之裏，外舍於分肉之間，陽氣盛而無陰氣以和之，是以陽熱不衰，而令人消爍脫肉也。癉者單也。單熱不寒，故曰癉瘧。此與邪藏於骨髓之中，而病於腎之伏氣，似同而異。蓋腎爲陰藏，故邪復反入之陰，則先熱後寒；心爲陽藏，故氣不及於陰，而單發於陽，則但熱不寒。雖然，論伏氣則一也。

《金匱瘧病脈證論》師曰：陰氣孤絕，陽氣獨發，則熱而少氣煩寃，手足熱而欲嘔，名曰癉瘧。若但熱不寒者，邪氣內藏於心，外舍分肉之間，令人消爍肌肉。溫瘧者，其脈如平，身無寒但熱，骨節疼痛時嘔，白虎加桂枝湯主之。此仲景引申軒岐之義，於癉瘧溫瘧中，出一白虎加桂枝湯，示人以活法也。經言溫瘧先熱後寒，癉瘧但熱不寒，然亦不可拘泥。如身無寒但熱者，爲暑熱之邪引動伏氣也。何以言之？在其脈如平知之。邪伏於內，鬱而未發，則脈如平人。及熱甚時，脈必大數，此非伏氣而何？若內外熱熾，消爍肌肉，自是白虎湯佐入甘寒益陰之品，何以又加桂枝？蓋暑多兼溼，骨節疼痛，則熱中挾有風寒溼可證。不加桂枝通陽取汗，則病何以瘳？若謂暑熱證中，定必挾此三氣，則非仲景示人活法之意。夫治病固不容出諸規矩以外，又不得囿於方圓之中，是深得軒岐仲景之心者矣。

《素問・瘧論》帝曰：瘧先寒而後熱者何也？岐伯曰：夏傷於大暑，其汗大出，腠理開發，因遇夏氣凄滄之水寒，藏於腠理皮膚之中，秋傷於風，則病成矣。夫寒者陰氣也，風者陽氣也。先傷於寒而後傷寒風，故先寒而後熱也。病以時作，名曰寒瘧。此言夏時暑熱溽蒸，腠理開發，或貪涼露坐，或溼汗當風，感凄滄之氣伏藏於肌理之中，至秋復感於風而成病。故先受之寒，從陰而病寒；後受之，從陽而病熱。是先有夏日水寒之伏氣，又傷於秋風之陽邪，乃陰陽兩感而爲病。經言寒瘧，即正瘧也。謂非伏氣可乎？若王孟英謂冬日感寒即病者，爲正傷寒。乃寒邪由表而受，其所感之風寒較輕。而入於少陽之經者，不爲傷寒，則爲正瘧。此謬論也。

解三

人身素有伏熱，前於《癉瘧論》中，已露一斑。夫五志之熱，五藏各有偏勝，不獨一肺藏爲然？且肺藏伏熱，亦非僅癉瘧而已。今推釋經義，以闡明之。

《素問・刺熱論》曰：肝熱病者，小便先黃，腹痛多卧，身熱，熱爭則狂言及驚，脇滿痛，手足躁，不得安卧。庚辛甚，甲乙大汗，氣逆則庚辛死。刺足厥陰少陽。其逆則頭痛員員，脈引衝頭也。此言內因之伏熱傷五藏之神志也。何以知其內因之熱。觀其未病而小便先黃。蓋肝主疏泄，內熱動而

先見是證也。熱爭則狂言及驚者，外淫之邪內干於藏，與內熱交爭而爲重病也。肝脈環陰器抵少腹而上，故腹痛。肝藏魂，魂不安則狂言，手足躁而不得安卧。肝與膽相表裏肝主驚駭，膽熱亦易驚，故宜刺足厥陰少陽，以泄其熱。肝藏之伏熱發於外，與外邪相應，肝脈與督脈會於巔，氣脈相通，上逆於頭，故頭痛也。庚辛甚，甲乙大汗，庚辛死者，言干支生尅之略例耳，下倣此。

《刺熱論》曰：心熱病者，先不樂，數日乃熱。熱爭則卒心痛，煩悶善嘔，頭痛面赤無汗。壬癸甚，丙丁大汗，氣逆則壬癸死。刺手少陰太陽。夫心爲君主之宮藏，內熱將動，故先不樂，數日熱始發內熱外出，外邪內入，內外熱爭，干於神藏，故卒然煩痛也。心火上炎故欲嘔。少陰之脈上出於頭，故頭痛。心之華在面，故面赤。汗爲心液，心熱則液乾，故無汗也。手少陰與太陽相爲表裏，刺二經以泄其內外之熱。

《刺熱論》曰：脾熱病者，先頭重頰痛，煩心顔面欲嘔，身熱，熱爭則腰痛不可用俛仰，腹滿泄，兩頷痛。甲乙甚，戊己大汗，氣逆則甲乙死。刺足太陰陽明。此節《甲乙》、《太素》皆云頭重顔痛，青字衍文也。脾與胃爲表裏，以膜相連，脾病必及於胃，胃脈循頰車上耳前至頭顱。熱氣上逆，故頭重頰痛。脾脈注心中，故心煩。脾胃受邪，則飲食不納，故欲嘔。太陰陽明主肌肉，邪盛故身熱。胃脈合於氣街，在腰之前，機關不能約束，故腰痛不能俛仰。脾胃主腹，故腹滿而泄。胃脈循頤後下廉出大迎，故兩頷痛。刺足太陰陽明者，泄其熱也。

《刺熱論》曰：肺熱病者，先淅然厥，起毫毛，惡風寒，舌上黃，身熱，熱爭則喘咳，痛走胸膺背，不得太息，頭痛不堪，汗出而寒丙丁甚，庚辛大汗，氣逆則丙丁死。刺手太陰陽明出血如豆大立已。夫肺合皮毛，熱甚於內，則陰氣浮越於外，故惡風寒。肺脈起於中焦，下絡大腸，還循胃口，肺熱入胃，則胃熱上蒸。又陽明主肌肉，故舌上黃而身熱。內外之熱急於肺臟，故喘咳不得太息肺主胸中之氣，氣傷故痛走胸背。肺失淸肅之令，氣不下行，三陽之脈壅，則氣逆上衝，故頭痛。衛虛陰浮，故汗出而寒。當刺手太陰陽明，以泄其熱。

《刺熱論》曰：腎熱病者，先腰痛胻酸，苦渴數飲身熱，熱爭則項痛而強，胻寒且酸，足下熱，不欲言，其逆則項痛員員澹澹然戊己甚，壬癸大汗，氣逆則戊己死。刺足少陰太陽。腰爲腎之府，腎主骨，故腰痛胻酸。腎爲水藏，而主津液，津液不能上資，故渴飲。外邪在太陽，故項痛而強。內熱在腎，熱極反寒，故胻寒且酸。足下熱者，少陰之脈下趨足心也。不欲言者，少陰脈挾舌本也。夫五藏之熱病，皆主身熱者，內因之熱從內而外也。熱爭者，外因這熱交爭於內也。其爭氣之熱上逆，故項爲員員澹澹之微痛。刺足少陰太陽者，以泄其熱也。然五志之熱將發，必有先見於色者，故《下經》曰：肝熱病者左頰先赤。心熱病者顔先赤。脾熱病者鼻先赤。肺熱病者右頰先赤。腎熱病者頤先赤。病雖未發，見赤色者刺之，名曰治未病。是軒岐示人以治法，詳且盡矣。奈庸工漠然不知何，可概也夫！

《刺熱論》曰：太陽之脈，色榮顴骨，骨熱病也。榮未交，曰：今且得汗，待時而已。與厥陰脈爭見者，死期不過三日。其熱病內連腎，少陽之脈色也。少陽之脈色榮頰前，熱病也。榮未交，曰：今且得汗，待時而已。與少陰脈爭見者，死期不過三日。此承上章言五臟之熱盛於內，六氣之熱熾於外，內外交結，而成兩感重證也。外因之熱在表，始必見太陽之脈。內因之熱將發，其色必先見於顴頰之分。榮色初見在表者，可汗而解。在裏者，可刺而泄之。此治未病也。若待太陽與厥陰爭見，則表裏之熱交爭於營血之間，雖有良工，不可爲矣。少陽之脈色榮頰前，若與少陰脈爭見者死。其義亦同。緣太陽爲傳表之始，厥陰爲傳裏之終，少陽爲傳表之終，少陰爲傳裏之始，自終而始，自始而終，六經皆遍。則陽明太陰之爭見，亦包括於中矣。其熱病內連腎兩句，是承上起下之文。《靈樞・本輸篇》曰：少陽屬腎，蓋少陽之氣發原於腎，故熱病內連腎者，少陽之脈色也。夫熱邪傷氣，數大之脈當盛於右部。嘗診溫熱病右部脈緩弱，左關尺數大有力，證見胸脘痞痛、譫語神糊、入夜較劇，雖不必定以死期三日，而病終不起。乃外熱陽邪，內陷陰經，與陰經伏熱互結，亦陰陽交之義也。識此治熱病之兩感，當知所適從矣，司命者可不愼諸。

《評熱論》黃帝曰：有病溫者，汗出輒復熱而脈躁疾，不爲汗衰，狂言不能食。病名爲何？岐伯曰：病名陰陽交。交者死也。帝曰：願聞其說。岐伯曰：人所以汗出者，皆生於穀，穀生於精。今邪氣交爭於骨肉而得汗者，是邪卻而精勝也。精勝則當能食，而不復熱。復熱者邪氣也。汗者精氣也，今汗出而輒復熱者，是邪勝也。不能食者，精無俾也。病而留者，其壽可立而傾也。且夫《熱論》曰：汗出而脈尚躁盛者死。今脈不與汗相應，此不

勝其病也，其死明矣。狂言者是失志，失志者死。今見三死，不見一生，雖愈必死也。上經是統論内伏熱病而言。此復論冬至後，熱邪爲嚴寒折遏，至春所發之溫病。陰陽交者，陽熱之邪，交陷陰經，逼眞陰外泄，而爲汗也。前《刺熱論》重在脈色，此又重在形證。是脈與證，皆當參論。甚矣軒岐教人以活法也。夫汗出輒熱者，病氣留而陰氣竭也。脈躁急不爲汗衰 者，腎氣絶也。狂言不能食者，胃氣絶也。人身之汗津液，皆水穀精汁，由命火蒸騰膀胱之氣所化。今伏熱熾盛，蒸逼膀胱之精汁，不化津液而化汗外泄。脈仍躁急，是邪勝精竭，安有不死之理？更重之曰：狂言不能食者死。以明精生於穀氣所化，食不入，精何由生？有出無入，是在必死，而况加以邪熱縱横，生機有不息者乎？故又引《靈樞・熱論篇》曰：汗出而脈尙躁盛者死。反覆諄諄示人以眞諦。然而暑熱之證，熱邪蒸濕，汗出脈平，俄頃身復熱，脈又數盛者有諸，不得謂之死證。故首言有溫病者四字，以揭出溫暑同爲熱病，而治則不同之旨。觀此則前釋熱論，先夏至日爲病溫，後夏至日爲病暑，當分兩截解，非臆説也。

解四

五藏伏熱，爲外邪觸發者，諸熱論已盡詳其義。伏氣之熱，有不因外邪逗引而爲病者，不可不知。抉摘經文，以闡其旨。俾後之論伏熱者，不囿於一偏之見也。《素問・痿論》黄帝曰：五藏使人痿何也？岐伯對曰：肺主身這皮毛，心主身之血脈，肝主身之筋膜，脾主身之肌肉，腎主身之骨髓。此言人之病痿，由於五藏伏熱，傷其藏氣，藏氣傷則不能呴養於皮毛筋脈骨肉，而成痿躄。先舉其五藏所主，以啓下經之義。

《痿論》曰：故肺熱葉焦，則皮毛虚弱急薄著，則生痿躄也。帝曰：何以得之？岐伯曰：肺者藏之長也，爲心之蓋也。有所失亡，所求不得，則發肺鳴。鳴則肺熱葉焦。故曰：五臟因肺熱葉焦，發爲痿躄，此之謂也。此言五臟之熱而成痿者，由肺熱葉焦之所致也。臟眞高於肺，肺朝百脈，而行氣於臟腑，故爲臟之長。若有所亡失，所求不得，則心志靡寧，而火氣炎上。肺乃心之蓋，金受火刑，即發喘鳴，而肺葉焦矣。肺所以行營衛，治陰陽。飲食之精，必自肺家傳布，變化津液，灌輸臟腑。肺臟一傷，五臟無所稟受，則五臟皆熱。故因之以成痿躄也。

《痿論》曰：心氣熱則下脈厥而上，上則下脈虚，虚則生脈痿。樞折挈，脛縱而不任地也。悲哀太甚則胞絡絶，胞絡絶則陽氣動，發則心下崩，數溲血也。故《本病》曰：大經空虚，發爲肌痹，傳爲脈痿。此言脈痿屬心火上炎。故三陰在下之脈，亦皆厥逆而上，上逆則下虚，而病生焉。悲哀太甚，神志俱傷，而上下之氣不交，是以胞絡絶，而陽氣内動。心熱動，其血故下崩，而溲血矣。夫心主百脈，胞絡乃心外之包衣，代心主以行令，與三焦胞室，同司相火者也。中焦之精液，奉心化赤爲血，流溢於中，從衝脈而上循背裏者，貫於脈中，循腹右上行者，至胸中而散於脈外。充膚熱肉，而生毫毛，是胞絡之血，半行於脈中，半行於肌腠。脈外之血少，則肌痹。脈内之血少，則爲脈痿。總由心臟之伏熱，逼血妄行，致大經空虚，而成斯證也。

《痿論》曰：肝氣熱則膽泄口苦，筋膜乾，筋膜乾則筋急而攣，發爲筋痿。思想無窮，所願不得，意淫於外，入房太甚，宗筋弛縱，發爲筋痿，及爲白淫。故下經曰：筋痿者生於肝，使内也。此言筋痿因於肝熱也肝熱則逼膽液滲泄於外，故口苦。肝主筋膜，熱甚則筋 膜乾而攣急也。其肝熱之所由來，則因於思想無窮，意淫於外，故慾火内動，入房太甚，則宗筋縱弛。火盛傷其血液，血虧故筋失濡養。是筋痿雖生於肝，實由意淫於外，入房太甚故也。

《痿論》曰：脾氣熱則胃乾而渴，肌肉不仁，發爲肉痿。有漸於濕，以水爲事，若有所留，居處相濕，肌肉濡漬，痹而不仁，發爲肉痿。故下經曰：肉痿者得之濕地也。此言肉痿者脾病也。脾與胃以膜相連，而開竅於口。脾有伏熱，則精氣耗傷，故胃乾而渴。脾爲濕土之臟，水濕積蓄，而與熱相搏，致成肉痿也。《生氣通天論》曰：濕熱不攘，大筋軟短，小筋弛長。軟短爲拘，弛長爲痿。又曰：秋傷於濕，發爲痿厥。《陰陽應象論》曰：地之濕氣感則害皮肉筋骨。蓋脾既受濕，必流於關節，内熱應之，則爲痿躄。非止於肌肉不仁也。

《痿論》曰：腎氣熱則腰脊不舉，骨枯而髓減，發爲骨痿。有所遠行勞倦，逢大熱而渴，渴則陽氣内伐，内伐是熱舍於腎，腎者水臟也，今水不勝火，則骨痿而髓虚，故足不任身，發爲骨痿。故下經曰：骨痿者生於大熱也。此言骨痿屬腎病。腰爲腎之腑，腎脈上股内，貫脊而主骨，腎氣熱故見斯證。其所由來，因於勞倦熱渴，是陽熱之氣内伐，則陰液大傷。夫腎爲水臟，水盛則能制火。今陽盛陰消，水不勝火，以致骨枯髓竭，足不任用於身，而爲骨

痿也。

《痿論》曰：帝曰：何以別之？岐伯曰：肺熱者色白而毛敗。心熱者色赤而絡脈溢。肝熱者色蒼而爪枯。脾熱者色黄而肉蠕動，腎熱者色黑而齒槁。此言痿病之因，或憂思内傷，或勞倦積熱。五臟熱盛，則精液竭，不能榮養於筋脈肌肉而成痿。然有諸内必形諸外，五臟五痿，皆當驗其色也。肺屬金，金色白而主皮毛。故肺熱者，色白而毛敗。心屬火，火色赤而主百脈。故心熱者，色赤而絡脈溢。肝屬木，木色青而主筋，爪者筋之應也。故肝熱者，色蒼而爪枯。脾屬土，土色黄而主肌肉。故脾熱者，色黄而肉蠕動。腎屬水，水色黑而主骨，齒爲骨之餘。故腎熱者，色黑而齒槁。察外而知内，則識所從治矣。

《痿論》曰：帝曰：如夫子言可矣。論言治痿者，獨取陽明何也？岐伯曰：陽明者，五臟六腑之海，主潤宗筋，宗筋主束骨而利機關也。衝脈者，經脈之海也，主滲灌谿谷。與陽明合於宗筋，陰陽總宗筋之會，會於氣街。而陽明爲之長，皆屬於帶脈，而絡於督脈。故陽明虚則宗筋縱，帶脈不引，故足痿不用也。帝曰：治之奈何？岐伯曰：各補其榮而通其俞，調其虚實，和其逆順。筋脈骨肉，各以其時受月，則病已矣。帝曰：善。此以痿之因之證辨明又出以治法也。治痿當取陽明，蓋陽明爲水穀之海，血氣之所由生。五臟奇經，皆賴以潤養。若不知治陽明，則血氣竭。血氣竭則宗筋縱。宗筋縱則帶脈不引。帶脈不引則足痿不用。致成痿躄也。然治痿之法，雖取陽明，而當兼取其五臟之俞。夫補五臟之榮，培其眞氣也。通五臟之俞，泄其伏熱也。氣血虚者補之，邪熱邪盛者瀉之，要在良工消息調和，又不必泥執獨取陽明也。

按痿躄一證，經論綦詳。言外之旨，釋尤未盡。謹一申其義。經言肺熱葉焦者，是足軟而不任地，不疼痛，不紅腫，與痹證異也。獨取陽明者，肺氣熱則通陽明。陽明主宗筋，束骨而利機關。陽明爲熱所灼，而筋脈弛長，痿病之作，乃陽明之熱，實肺熱累及之也。下部屬肝腎根，由陰虧髓空，火逆於肺，肺葉焦枯，金不生水，水益虧，火益熾，筋爲熱灼，未有不痿躄者也。故痿手者少，痿足者多。然肺熱葉焦，亦是肺葉之脈絡焦枯，不是肺臟焦枯。若是肺藏葉焦，火灼之甚，安有足痿在下，而肺金傷不咳嗽者乎？果否，肺臟焦枯，必有咳嗽不已，毛髮敗落之徵兆。况痿有十年不死者，其爲肺絡焦而非肺臟焦明矣。但不腫不痛，非外因之風寒濕，實内臟之伏熱，益多不足可證。雖然氣血不足，亦有所感而致者，當明辨之。氣虚痿者，因於饑餓勞倦。脾胃氣虚，百骸谿谷，皆失所養，以致宗筋弛縱。凡人病後手足痿者，皆屬氣虚。所謂脾病不能爲胃行其津液，四肢不得稟水穀氣，故不用者是也。血虚痿者，凡産後及諸失血後，面色萎黄，手足無力，不能行動者是也。陰虚痿者，由於酒色過度，下焦陰火燔灼筋骨，以致腿膝痿軟，行步艱難，脈來澀弱，或左大無力者是也。血瘀痿者，或産後惡露流於腰膝，或跌撲損傷，積血不消，四肢因而不運，脈澀而芤者是也。濕痿挾痰者，因於肥盛之人，血氣不能運動其痰，以致濕痰内停，客於經脈，腰膝麻痹，四肢不舉者是也。食積痿者，因於飲食太過，妨礙道路，以致升降失常，脾氣不得運於四肢，手足痿弱，或腹膨脹痛，惡心噯氣，右脈沉滑者是也。設不細審致痿之因，未有不僨事者矣。

解五

前解五藏之伏熱，不關外邪觸發者。摘一痿證，以明其義。惟經文簡奥，雖已申敍其榮俞虚實之治，恐誤會者，謂痿屬伏熱一因，故又於釋經後，詳言致痿之由，不獨伏熱已也。然而伏氣之爲病，六淫皆有，豈僅一端？今略舉數節，以闡經旨。惟不足盡伏氣之原，而一隅三反。於醫家病家，或不無小補云。

《素問·氣厥論》曰：心移寒於肺爲肺消。肺消者飲一溲二，死不治。《金匱》云：男子消渴，小便反多。以飲一斗，小便亦一斗。腎氣丸主之。《氣厥論》所云：心有伏寒，《金匱》所云乃腎藏虚寒，皆伏氣爲病，不僅乎熱也。消渴一證，河間獨主燥熱，是不明軒岐仲景之旨，亦智者一失耳。請試明之：夫飲入於胃，從小腸散布下焦脂膜，而滲入膀胱，吸入天之陽，引心火從督脈達下焦，以蒸膀胱之水，上騰化而爲氣，此氣由任脈上升入肺而呼出之，循環無間。氣即是水，凡諸津液汗，皆氣所化。肺爲五藏華，蓋得陽氣上蒸則潤。若無陽氣上蒸，則肺乾而渴。易否卦乾上坤下，陽無陰不降，陰無陽不升，上下不交而成否，即此義也。軒岐所論心移寒於肺之消渴，言寒伏於心。心火衰熄，不能引吸入之天陽下交，蒸水氣上騰，肺乾無陽氣蒸潤，則渴而就飲。飲一溲二，乃不焦精液輸泄無餘。故斷之曰：死不治。《陰陽別論》云：心之肺謂之死陰者是也。仲景所論腎氣丸主之之消渴，乃腎

有伏寒，致令命火微弱，不能蒸水氣上升，飲一斗上便亦一斗。未若飲一溲二，心陽衰滅之甚，而生化之源未絶，故可治。若夫《傷寒論·太陽篇》，用五苓散五節，皆治渴，乃溼伏於脾，脾津不得上布，故君以白术，以燥脾溼，臣以桂心，以助命火，而佐使以茯苓澤瀉滲利，令溼邪有出路。較腎氣丸虚實各異，而其義則一也。

《氣厥論》曰：　心移熱於肺，傳爲膈消。此言心藏受熱，轉移於肺，肺屬金，其化本燥，心復以熱移之，則燥愈甚，而傳爲膈消。膈消者，膈上焦煩，飲水多而善消也。與心移寒於肺之肺消各異。一因火鬱於上，一因火衰於下。蓋陰陽寒熱不同，然寒熱辨之之法。寒則溺多而清，熱則溺少而赤，而更以脾溼之旺否爲進退也。然此寒此熱非心藏之伏氣而何。《氣厥論》言五藏伏氣，寒熱移易甚夥。舉此心藏，以明其厓略耳。

《靈樞·賊風篇》黄帝曰：　夫子言賊風邪氣之傷人也，令人病焉。今有其不離屏蔽，不出室穴之中，卒然病者，非不離賊風邪氣，其故何也？岐伯曰：　此皆嘗有所傷於溼氣，藏於血脈之中，分肉之間，久留而不去。若有所墮墜，惡血在內而不去卒然喜怒不節，飲食不適，寒溫不時，腠理閉而不通，其開而遇風寒，則血氣凝結，與故邪相襲，則爲寒痺。此言伏氣之溼，藏於血脈分肉之間，若或有所墮墜，惡血留而不去；或卒然喜怒不節，則氣逆血菀，或飲食不適其宜，則內有所傷，或寒溫不時，致腠理閉而衛氣不通。若再感受風寒，新邪與故邪相襲，致氣血凝結而爲寒痺。雖不遇賊風，亦成斯證。蓋伏氣之爲病也。

《素問·風論》曰：　久風入中，則爲腸風飧泄。此即春傷於風，夏生飧泄之義，推而言之也。風中於內，久而不散，入於腸胃之中。寒則水穀不化，而爲飧泄瀉利。熱則爲腸風下血。舉一風邪伏氣，有寒熱之不同，變證之各異，則六淫之伏氣，從可類推矣。《評熱論》帝曰：　勞風爲病何如？岐伯曰：　勞風法在肺下。其爲病也，使人強上冥視，唾出若涕，惡風而振寒，此爲勞風之病。帝曰：　治之奈何？岐伯曰：　以救俛仰巨陽，引精者三日，中年者五日，不精者七日，咳出青黄涕，其狀如膿，大如彈丸，從口中若鼻中出。不出則傷肺，傷肺則死也。此言少陰不藏之人，風邪易感也。腎脈從腎上貫肝膈入肺；　因精虧於內，則陽虚於外。陽虚於外，則風邪由皮毛襲受。抑遏三焦之相火，不得上升。金水同源肺主皮毛；　故曰勞風法在肺下也其風寒由皮毛而入於肺，故惡風而振寒。三焦之相火被遏鬱而不升，則蒸灼精液爲涕，甚則爲喘爲逆，不能俛仰，瞑目而視，故曰使人強上冥視也。手太陰主表，足太陽亦主表。腎病在肺，由表入也。腎與膀胱相表裏，風寒抑遏，伏熱煎熬，腎水不能自行升散，必得太陽之氣引之上升。其風熱，釀精液爲青黄涕，如膿則出。少壯者三日，中年者五日，老年之人，精衰氣虚，必待七日，始能出。若不出則傷肺，故曰傷肺則死也。此證初起，多見鼻塞聲重，惡風乾咳，或微惡寒，或身熱無汗，或喉痛頭昏。斯時以葱豉蠶蟬蒡薄等辛涼輕劑。祛表邪而啓發腎臟伏熱，以助太陽之氣，引精外達，化爲稠涕濃痰，由嗽而出數日即愈。奈近世庸工，謂之傷風小恙。既云小恙，而初劑卻以大劑辛溫發表。風藥多燥，致金水兩傷，竟成不治者有之。見咳甚動血，不先達邪，肆用清涼，而致成不治者有之。因咳久身熱，用滋陰斂肺，令風熱之邪，不得外出，釀爲勞瘵而死。諺云：　傷風不愈變成勞。其實醫者有以成之也。

《奇病論》帝曰：　人有身體髀股胻皆腫，環齊而痛，是爲何病？岐伯曰：　病名曰伏梁。此風根也。其氣溢於大腸，而着於肓，肓之原齊下，故環齊而痛也。不可動之，動之爲水溺濇之病也。此言風邪伏氣積於內而爲病也。名之曰風根伏梁者，其風邪之氣溢於大腸之外，空廓之間，留着於肓，肓之原出於脖胦，脖胦正在臍下，故環臍而痛也。外則身體腫，內是環臍痛，不可妄攻以動之。蓋風邪之根，留於臍下，動之則風氣淫佚，而鼓動其水。水溢於上，則小便爲之不利。風木尅土，土氣益弱，則身腫更不能消矣。

《奇病論》帝曰：　人有病頭痛，以數歲不已，此安得之？名爲何病？岐伯曰：　當有所犯大寒，內至骨髓，髓者以腦爲主。腦逆故令頭痛齒亦痛。病名曰：　厥逆。此言寒邪伏於骨髓而爲病也。人先生於腦，由腦氣筋散布周身而生藏腑百骸，腦髓即由腎氣從督脈上滋，經言腦爲髓者是也。寒伏骨髓，上犯於腦，故頭痛。腎主骨，齒爲骨之餘，故齒亦痛也。觀此寒伏骨髓，至數歲之久，其不能變熱明矣。若夫春日之溫病，乃少陰水虧，相火熾盛，加以冬至陽生，內伏之陽熱，被嚴寒折遏，至春因感觸發。謂是伏寒變熱者，讕語也。

解六

論伏氣之邪，於寒熱風溼，已釋其大意。惟暑燥二氣，尤未能曉暢厥旨，婺源江氏言：　人爲三才之一，本與天地相肖，督脈統一身之陽，任脈統一身

之陰，此即人身之乾坤也。其六子配二十經藏府；肺大腸屬兌金，脾胃屬艮土，心小腸屬離火，膀胱腎屬坎水，心包絡三焦屬震，肝膽屬巽。肝膽風木屬巽是矣，何以震爲陽木，而屬包絡三焦之相火？蓋火無體，以木爲體。說卦傳謂震爲雷爲龍，雷之火，豈不象人身之相火乎？此乾坤六子配人身之定體也。夫督任二脈者，人身之天地定位。肺金脾土，大腸金胃土者，人身之山澤通氣。心火腎水，小腸火膀胱水者，人身之水火不相射。心包絡三焦之相火，肝膽之陰木，即人身之雷風相薄。人身與造化相符如此。而兌之燥，離之暑，震之火，陽儀之卦，其脈行於手；巽之風，坎之寒，艮土，陰儀之卦，其脈行於足。自然之理也。觀此，則暑燥二氣，卦屬陽儀，然陽中有陰，陰中有陽，亦陰陽互根之理，無足怪者。奈何王孟英謂暑爲陽邪，而不兼陰。沈目南謂燥爲陰邪，而不兼陽。皆屬一偏之說，貽誤來茲。不得不引軒岐仲景之旨。一詳其義，以破世惑。

《素問・五運行大論》曰：燥以乾之，暑以蒸之，風以動之，濕以潤之，寒以堅之，火以溫之。故風寒在下，燥熱在上，溼氣在中，火遊行其間。寒暑六入，故令虛而生化也。詳暑以蒸之之義，則暑爲天日之陽熱，蒸地氣以上騰，人在氣交中，感而爲病。是暑乃熱熾之邪，而中多兼溼明矣。

《金匱・暍論》曰：太陽中暍，發熱惡寒，身重而疼痛，其脈弦細芤遲。小便已洒洒然毛聳，手足逆冷，小有勞，身即熱，口開前板齒燥。若發其汗，則惡寒甚。加溫針則發熱甚。數下之則淋甚。太陽中熱者暍是也。汗出惡寒，身熱而渴，白虎加人參湯主之。太陽中暍，身熱疼重，而脈微弱。此以夏月傷冷水，水行皮中所致也。一物瓜蒂湯主之。詳仲景此論，首節言暑證之大意。肺主氣，熱邪傷氣，則表虛，故發熱惡寒。暑多挾溼，故身重而疼痛。然熱傷氣，脈應浮大而虛，其見弦細芤遲者，中涵濡象，兼濕故也。小便已洒洒然毛聳，手足逆冷者，太陽經氣爲熱邪所傷也。小有勞身即熱者，表陽虛而易感也。陽虛若發汗則惡寒，加溫針則助熱。數下之則淋甚。緣暑熱蒸汗，乃膀胱水液所化，若再屢下，則內虛而膀胱燥，小溲澀滯也。此爲暑熱之總綱，故不出方。次節則言熱重於溼者，主以白虎加人參湯。三節言溼重於熱者，主以一物瓜蒂湯。三法鼎峙，何等周密！潔古恐庸工不明，夏至陰生，人身所伏者陰氣，且暑爲天日之陽熱，蒸地氣以上騰，中多挾溼。故立奔走長途，役力田間，猝中天日之陽熱者，爲陽暑。納涼廣廈，飲啖冰菓，感陰寒風露之氣者，爲陰暑。陽暑陰暑，語雖不經，其用心亦良苦矣。而王孟英大斥其非，直謂暑乃陽邪，不兼溼化，並言暑即日之氣，日爲衆陽之宗，陽燧承之，火立至，以五行論，言暑則火在其中，非五氣外另有一氣。若風寒燥溼，悉能化火云云。斯言也，似近理而彌亂眞。無怪乎吠聲吠影之徒，奉爲圭臬，不知在天爲暑，在卦爲離，在藏爲心，在六氣屬之君火。離卦內陰爻，坎之水也。外陽爻，離本卦之火也。惟其以水濟火，乃發光明而成離象。是以灌膏則燎盛，抽薪則燄息。膏有汁液，火得之而後燃，此以水濟火之明驗，大易所謂明兩作之義也。甚矣陰陽互根之理不明，不可談醫，而况逞才穿鑿哉？能不殺人幾希矣！

《素問・至眞要大論》曰：陽明司天，燥淫所勝，則木乃晚榮，草乃晚生。筋骨內變，民病左胠脇痛，寒清於中，感而成瘧。大涼革候，欬，腹中鳴，注泄鶩溏，名木斂。生菀於下，草焦上首，心脇暴痛，不可反側，嗌乾面塵腰痛，丈夫㿗疝，婦人少腹痛，目眛眥傷，瘡痤癰，蟄蟲來見。病本於肝，太衝絕，死不治。此言陽明司天，燥金淫勝，則木受其制。左胠脇痛，心脇暴痛，不可反側，嗌乾面塵㿗疝皆瘍，皆肝木受尅爲病。故曰太衝絕，死不治也。感寒成瘧，腹中鳴注泄鶩溏，皆秋深變炎暑爲清涼，寒清於中而爲病也。

《至眞要論》又曰：燥淫所勝，平以苦溫，佐以酸辛，以苦下之。此言苦而微溫，能勝清，辛則能潤燥。燥若內結，故當以酸苦泄之。經義以陽明金氣之燥而言，是言燥之常氣，而未及燥之變氣。且亦祇道燥之標，而未言燥之本也。若果燥是陰邪，何以屬陽儀之卦？《五運行論》謂燥以乾之，則燥乃火燥乾澀之象可證。故汪雙池曰：燥之爲氣也，枯槁而非熱，蕭瑟而非寒，竟有難以楮墨形容之態。致沈目南言燥是寒邪，喻嘉言謂燥乃熱證，皆有至理。然均屬偏見，不能融貫燥氣之所以然也。夫太極判而有天地，有天地而陰陽，有陰陽而有水火。故伏羲以乾坤爲體，而文王以坎離爲用也。坎爲水而中含乾之陽，離爲火而中含坤之陰，是水火之陰陽，又當以濕燥爲之用。故大易曰：水流濕，火就燥。此固同氣相求，自然之理也。夫一歲之中，偏旱偏水，苗物必傷而年歉，未見多寒多暑而損歲也。人感淫邪之氣，伏而成病亦然。十二辟卦，以候一年消息，其陰陽之機，即在冬至夏至始，亦即濕燥二氣之本也。冬至陽生，地雷復，一陽生於地中，則地中之濕氣已動。交春漸出於土，故地易潮濕，萬物含汁而萌芽。交夏濕蒸之氣更甚，萬物繁隆，濕

盛水生，故多雨水。化剛爲柔，水不生於冬，而長於夏者，物生微時，否極泰來，剝極思復之義也。夏至陰生，天風姤。一陰生於天，陰從天降，燥氣已動，至秋漸降至地，故萬物漸乾，枝枯葉落，交於乾燥之氣更劇。地斥水冰，濕化乾象，雨化雪，露化霜，柔化爲剛。燥甚於冬，亦猶濕旺於夏也。然濕爲陰邪，應乎陽； 燥爲陽邪，應乎陰。此即陰陽互根之理也，人自不察耳。夫天地之間，陰陽之機用，如橐籥之開闔，時時不息，故能變化萬物。其機一停則病，一偏亦病，若機息則死矣。六氣中寒濕偏於闔，燥火偏於開，風與暑有開有闔。風兼於寒濕則闔，兼於燥火則開。暑氣宜分別熱多濕多，偏於熱者多開，偏於濕者多闔。治病之機，但能體認六氣開闔之偏重，則思過半矣。若夫治燥之法，寒燥宜溫潤，熱燥宜涼潤。知燥爲乾澀之病，以潤字爲主腦，則常變標本，一以貫之，庶不爲偏見所誤。

解七

六氣伏邪，已釋其義。仍有寒熱錯雜之毒，伏藏絡脈間，一發燎原，殺人最速。仲景所謂陰毒陽毒，即近世林藥樵郭右陶所謂沙脹是也。欲釋此證之伏氣，須明營衛循行之理。欲明營衛循行之理，非以經義證之西書不可。蓋臟腑之學，西士言之最詳，其氣化之理昧焉。是知其位之定，不明其氣之通也。故互相參證。

《靈樞·五味篇》曰： 穀始入於胃，其精微者，先出胃之兩焦，以漑五臟。別出兩行營衛之道。其大氣摶而不行者，積於胸中，命曰氣海。

《邪客篇》曰： 五穀入於胃也，其糟粕津液宗氣，分爲三隧。故宗氣積於胸中，出於喉嚨，以貫心脈，而行呼吸焉。營氣者，泌其津液，注之於脈，化而爲血，以營四末，內注五臟六腑，以應刻數焉。

《營氣篇》曰： 營氣之道，內穀爲寶。穀入於胃，乃傳之肺，流溢於中，布散於外，精專者行於經隧，常營無已，終而復始。是謂天地之紀。

《營衛生會篇》曰： 人受氣於穀，穀入於胃，以傳於肺五臟六腑，皆以受氣。其清者爲營，濁者爲衛營在脈中，衛在脈外。

經言營氣，取營運於中之義。西醫言食入於胃，至小腸，皆有微絲管，吸其精液，上至頸會管，過肺入心左房，化赤爲血。此即清者爲營也。其血從左房入總脈管，由脊之膂筋循行經脈之間，一日夜五十周，盡八百十丈之脈道，以應呼吸，漏下者之營氣也。經言衛氣了取衛護於外之義。西醫言經脈中之血氣，由脈管之尾出諸氣街，入微絲血管，經謂孫絡者是也。與陽明之悍氣。人之飲食，五味雜投，奚能無毒。【略】相合，散布通體皮腠之間，充膚熱肉，淡滲毫毛此即濁者歸衛也。脈管之赤血，既入微絲血管，合陽明悍氣，則其色漸變漸紫。【略】散布遍體，漸併漸粗，而接入迴血管經謂脈絡者是也。之尾血入迴血管，內而臟腑，外而經脈，並脈管交相逆順而行。外行經脈者，有陰陽之別。一支浮於肌腠之上，一支沉於分肉之間。即陽絡行於皮表，陰絡行於皮裏，而皆與脈管偕行。經言營在脈中，衛在脈外者是也。迴血管內外行遍，入總迴管，至心右房，遞入於肺，呼出悍氣，吸入生氣，其血復化爲赤，入心左房。經言陰陽相貫，如環無端者，此之謂也。然氣中有血，血中有氣，氣與血不可須臾之相離，乃陰陽互根，自然之理也。至若外邪襲入，熱傷氣，寒傷血，當責諸孫絡，纏布周身之營衛。伏氣之邪內發，當責諸脈絡中之營衛。沙脹爲寒暑錯雜伏邪，當先取浮於脈外之陽絡，急刺之以泄其毒。再察其陰陽之偏盛，以藥急攻之，以殺陰絡中之伏氣。蓋錯雜之邪，抑遏陰明，悍氣之毒，不得外泄，由絡脈入心，入心則死矣。其氣化之理，首篇已釋明，茲不復贅。

《六氣感證要義·火·集説》 伏氣之説，發於仲景，實與《內經》符合。喻氏以春溫爲伏氣，夏暑非伏氣。《金鑑》亦以後夏至日之病暑，爲隨時而病。不知上文病傷寒而成溫，已明示伏氣矣，病暑即謂病熱，非指身熱氣虛之暑病也。喻氏論不藏精之義極精，即以其言春夏之病，皆起於冬覈之，豈非熱病亦由冬不藏精所致。至吳鞠通著《溫病條辨》而全不及伏氣之病，竟似古有伏氣而今無伏氣，其師法葉氏，而於葉氏所謂春溫以黃芩湯爲主方者，亦悖之不顧，眞可怪異。

伏邪發於春爲溫病，發於夏爲熱病，言其常也。然春時亦有熱病，夏日亦有溫病，溫者熱之輕，熱者溫之重，故古人往往互稱。

傷寒之邪，自太陽遞入三陰； 伏氣溫熱，自三陰傳出三陽。

太陽病發熱而渴，不惡寒者爲溫病，夫不惡寒而渴，非太陽病而云太陽病者，以冬月伏藏之邪，感春令少陽之氣，由內而發，其始固太陽也，寒閉成熱，熱鑠其液，故發而即渴； 表無邪鬱，表裏俱熱，故不惡寒，延至三五日，或腹滿，或下利，黃芩湯是正治之方。若因外邪先受，引動在裏伏熱，則宜先以辛涼解其新邪，繼進苦寒以清裏熱。

黄芩湯治太陽少陽合病，或謂傷寒合病，或謂溫病合病。周禹載更謂是伏氣而非合病。按：黄芩一物，治少陽伏氣，固爲恰合，但下利可不藉甘棗，嘔亦不宜薑夏。仲景斷不如是之疎，竊謂其方於傷寒合病爲切。然治溫病，豈可不主黄芩？即熱病亦不能舍此一物，加減隨宜，而不執其方斯可矣。

白虎湯之治，或以爲府病，或以爲經病。按：表裏俱熱四字，是用白虎湯之把鼻，石膏一味，善解肺胃之熱，兼走表裏，謂之經府俱病亦可。《傷寒論》主白虎湯有二條，一傷寒脈浮滑，一傷寒脈滑而厥。主白虎加人參湯有三條，一傷寒無大熱，一傷寒脈浮發熱，一傷寒若吐下後。沈堯對王孟英以爲中暍，他家則主伏氣。然則溫熱之伏氣與外感，非絕不可通，亦可見矣。

《溫熱逢源・詳註靈樞素問伏氣化溫諸條》 《靈樞・診疾診尺篇》：岐伯曰：尺膚熱甚，脈盛躁者，病溫也。其脈盛而滑者，病且出也。

《素問・平人氣象論》：岐伯曰：人一呼脈三動，一吸脈三動而躁，尺熱，曰病溫。

詒按：尺膚發熱，熱在陰也。尺熱而脈數且躁，中有溫邪也。更兼盛滑，則熱邪已動，有外出之象矣。此言伏溫而發之脈證也。【略】

《靈樞・熱病篇》曰：熱病，不知所痛，耳聾不能自收，口乾，陽熱甚，陰頗有寒者，熱在骨髓，死不可治。又曰：熱病已得汗，而脈尚躁盛，此陰脈之極也，死。其得汗而脈靜者生。熱病脈尚躁而不得汗者，此陽脈之極也，死。脈盛躁，得汗靜者生。

詒按：此節不知所痛二句，形容伏溫初發，神情呆鈍，其狀如繪。陽熱甚者，其熱邪之浮於外者已甚也。陰頗有寒者，其寒邪之伏於陰者尚未外透也。若此者，其熱深在骨髓，故不可治。

《溫熱逢源・評註仲景伏氣化溫證治各條》 《傷寒論・平脈法篇》：師曰：伏氣之病，以意候之，今月之內，欲有伏氣。假令舊有伏氣，當須脈之。若脈微弱者，當喉中痛似傷，非喉痹也。病人云：實咽中痛。雖爾，今復欲下利。

詒按：溫邪化熱內動，脈當數大，乃見微弱，是氣弱不能托邪，邪鬱不達之象。熱不外達而循經上浮，則爲喉痛，以少陰之脈循喉嚨也。傷寒少陰病，本有下利、咽痛之條，亦即此義。蓋以熱鬱既久，則陰液腐敗，故不但咽痛，而復欲下利也。

又按：此條可爲溫邪內伏少陰之證。

章虛谷曰：觀仲景標中風、傷寒、暑熱等病脈，與《難經》同。惟《難經》言溫病之脈，行在諸經，不知何經之動也。是言溫病初由伏邪隨氣血流行在諸經中，及其發也，不知從何經而動，其發無定處，故無一定之脈可指也。今仲景又教人審脈，以辨邪發之經；如脈微弱，即知其邪未離少陰，隨經上下，必當有咽痛、下利等證，正與難經互相發明也。

《溫熱逢源・論伏氣發溫與暴感風溫病原不同治法各異》 冬時伏邪，鬱伏至春夏，陽氣內動，化熱外達，此伏氣所發之溫病也。《內經》云：冬傷於寒，春必病溫。又云：凡病傷寒而成溫者，先夏至日爲病溫，後夏至日爲病暑。《難經》云，傷寒有五，有溫病，有熱病。《傷寒論》云：太陽病，發熱而渴，不惡寒者爲溫病。凡此皆指伏邪所發之溫病言也。另有一種風溫之邪，當春夏間，感受溫風，邪鬱於肺，欬嗽發熱，甚則發爲痧疹。內經所謂風淫於內，治以辛涼，葉氏《溫熱論》所謂溫邪上受，首先犯肺者，皆指此一種暴感風溫而言也。伏氣由內而發，治之者以清泄裏熱爲主。其見證至繁且雜，須兼視六經形證，乃可隨機立法。暴感風溫，其邪專在於肺，以辛涼清散爲主；熱重者兼用甘寒清化。其病與伏溫病之表裏出入，路徑各殊，其治法之輕重深淺，亦屬迥異。近人專宗葉氏，將伏氣發溫之病，置而不講。每遇溫邪，無論暴感伏氣，概用葉氏辛涼輕淺之法，銀翹桑菊，隨手立方，醫家病家，取其簡便，無不樂從。設有以伏氣之說進者，彼且視爲異說，茫然不知伏氣爲何病。嗟乎！伏溫是外感中常有之病。南方尤多，非怪證也。其病載在《內經》、《難經》、《傷寒論》諸書，非異說也。臨證者，竟至茫然莫辨，門逕全無，醫事尚甚問哉。

《溫熱逢源・伏溫陰陽淆亂見證錯雜》 伏溫由陰而出於陽，於病機爲順，若病發於陰，而即潰於陰，不達於陽，此於病機爲逆。若是乎陰陽兩層，界限分明，安有淆亂者哉。凡病之陰陽淆亂者，其故有二，一則由乎正虛，如陽虛者陰必湊之，則陰病可淆於陽矣；陰虛者陽必擾之，則陽病可淆於陰矣。一則由乎藥誤，如病在陰而誤投陽藥，則陽氣爲藥所傷，而陰病淆於陽矣；病在陽而誤投陰藥，則陰氣爲藥所傷，而陽病淆於陰矣。至其見證錯

雜，有即由於陰陽淆亂而雜者，有由他邪之兼挾而雜者，看此等證，全要天分聰明，識見老到，方有把握。蓋此等證，變化最多，無一定路逕可循，臨病須將正氣邪氣，表病裏病，新邪舊邪，孰本孰標，孰輕孰重，孰緩孰急，一一衡量得宜，方可施治。有當先顧本元，苟得正氣一旺，而邪自解散者；有當急袪外邪，必得邪速退，而正乃不傷者；有症雖錯出，而發於一原，祇須專治其本，而各症自退，所謂緩則治其本者；有證雖在標，而病機甚急，必須先治標病，而本病從緩，所謂急則治其標者；有病勢蔓延，欲治其根，而正氣不支，祇可先披其枝葉，而用漸衰漸勝之法者；有病情糾結，必除其根，而各證自退，不得不攻其堅壘，而用擒賊擒王之計者。以上所謂錯雜，猶不過表裏虛實，其用藥尚可一線相承。此外更有寒熱錯雜，如陰虛而挾寒飲，陽虛而挾肝火，治此則礙彼，治彼則礙此者，其用藥更難措手。此中奧妙，有知之而不能言，言之而不能盡者，總宜於輕重緩急，權之極精，方可論治。至選藥宜彼此照顧，尤必有手揮五弦，目送飛鴻之妙，乃爲得法，否則失之毫釐，謬以千里，其不誤人性命者鮮矣。

《醫醫小草・游藝誌略》 外感重病，因四時之有伏氣也。伏氣不明，何療外感？張隱菴非不知也，惜於反覆辨論中，多有詞不達意者，繼而王孟英議吳鞠通略伏氣，而自強侈談，毫無實際，願聞其說。

答曰：《素問・陰陽應象大論》曰，重陽必陰，重陰必陽。故曰冬傷於寒，春必病溫，春傷於風，夏生飧泄，夏傷於暑，秋必痎瘧，秋傷於濕，冬生欬嗽。此四時伏氣之機，尤重在重陰必陽，重陽必陰八字，以明陰陽互根之義也。何以言之傷於風者，上先受之，傷於濕者，下先受之，風爲陽邪，陽病者上行極而下，是以春傷於風，夏生飧泄，此重陽必陰也。濕爲陰邪，陰病者下行極而上，是以秋傷於濕，冬生欬嗽，此重陰必陽也。冬傷於寒，春必病溫者，冬至一陽漸生，人身之陽熱內盛，被嚴寒之氣，折伏於肌髓之間，至春陽氣盛長，伏邪淺者，亦可隨春陽之氣漸散，伏邪深者，或因風寒所遏，或爲嗜慾所傷，伏結之陽氣，遇天氣之陽熱，兩熱相干，發爲溫病，此重陰必陽也。夏傷於暑，秋必痎瘧者，夏至一陰漸生，人身之陰氣內盛，暑乃陽邪，陽氣外熾，則裏氣虛寒，加以貪涼飲冷，損其眞陽，至秋陰氣之時，內伏陰邪欲出，外襲陽暑欲入，陰陽相持，故發爲往來寒熱之痎瘧，此重陽必陰也。是即伏氣是即外感之源也。再求精詳，自有子兩之伏氣解在。

《醫學衷中參西録・少陰病黄連阿膠湯證》 或問：外感之伏氣，恆受於冬日，至春日陽生隨春日之陽而化熱，是以溫病多有成於伏氣化熱者，至傷寒約皆在於冬日，何亦有伏氣化熱者乎？答曰：伏氣化熱，原有兩種化法。伏氣冬日受之，伏於三焦脂膜之中，遲至春日隨春日之陽生而化熱，此伏氣化熱之常也。乃有伏氣受於冬日，其所伏之處，阻塞腹內升降之氣化，其氣化因阻塞而生熱，伏氣亦可隨之化熱，此伏氣化熱之變也。迨其化熱之後，或又微受外感而觸發之，其觸發之後，又恆因某經素有虛損，乘虛而竄入其經，此所以傷寒病中亦有伏氣化熱者也。注疏諸家，因不知傷寒中亦有伏氣化熱，故對於少陰病之熱者，而釋之終涉影響也。

《伏瘟證治實驗談・病原》 伏溫病原推本於時令說

己未秋冬之交，自寒露至冬至，三月不雨，兩間燥烈之氣達於極點。人身一小天地，天地既燥，人處其間亦未有不燥者。經云：秋之爲病在肺，燥氣上受，首先犯肺，肺病不已，逆傳心胞。此燥氣之邪感於前，伏於上焦心肺之間，爲發生疫症之本因也。自小寒以後至庚申春分三月之間，恆雨恆風昕夕不休。寒冽之氣逼人太甚，或雷霆大震，陽氣暴泄，肌腠不密，感邪更易。際此時間，倘能慎起居，時飽煖，節勞作，戒色慾，可永保健康之福，自無罹瘟疫之災。一或不慎，邪必乘之，此冬寒之邪感於後，中於表層太陽之經，爲發生疫症之續因也。如其人先感秋燥之邪，伏藏體內，再傷於寒，其病即發，此己未冬月發生疫症之原因也。如其人未傷於燥而傷於寒，其寒邪亦伏留而不即發，至春重感於寒，其病亦即發，此庚申春月發生疫症之原因也。

己未冬月病原推本於運氣說

《內經》：丑未之歲，太陰司天，太陽在泉。自秋分至立冬六十日，是謂五之氣，主氣、客氣並屬陽明燥金司令，陽明本燥而標陽，適值天時久旱，燥令太過。經曰：秋傷於燥，冬生咳嗽，此秋燥伏氣傷於肺金本臟之爲病也。又自小雪至大寒六十日，是爲六之氣。主氣、客氣並屬於太陽寒水司令，適值下半年，在泉之氣又同爲太陽，寒令太過，故是年冬月，天氣寒冽異常。然太陽本寒而標陽，又有陽明燥氣伏藏在內，燥金之下火氣承之，嚴寒之中伏藏火氣，故是時冰雪之間，雷霆大震，非時不正之氣莫此爲甚。凡夙有伏燥之人，兼感冬寒者，症見惡寒、背冷、頭痛、項強，是太陽傷寒之本病也。初起嘔吐，繼則發熱、口渴、譫語、便秘，是陽明伏燥之本病也。衛出上焦，榮出中

焦，衛出於肺，榮通於心。陽明乾涸則榮衛之源絕，溫邪犯肺，逆傳心胞，燥氣亦然，此昏厥之原因也。《生氣通天論》曰：秋傷於燥，上逆而欬嗽，爲痿厥。《至眞要大論》曰：燥淫所勝，木乃晚榮，筋骨內變，民病左胠，此氣逆、欬嗽、筋攣、骨痹及半身不遂之原因也。

庚申春月病原推本於運氣說

《內經》：寅申之歲，少陽司天，厥陰在泉，少陽本火而標陽，中見厥陰，標本同氣，自大寒至驚蟄六十日，主氣厥陰風木司令，客氣少陰君火加臨，歲運主客木火同氣，木從火化，火氣太過。《至眞要大論》曰：少陽之勝，熱客於胃，煩心欲嘔，譫妄消灼，草萎水涸。《六元正紀大論》曰：寅申之歲初之氣，溫病乃起。此歲氣、時氣爲本病之原因也。《陰陽應象大論》曰：重陰必陽，重陽必陰。冬傷於寒，春必病溫。去冬天氣嚴寒中人膚腠，鬱久化熱，消灼眞陰，至春重感於寒，乃激之而發現，此伏氣爲本病之原因也。

《伏瘟證治實驗談・症狀》一種肺金本臟之現症：初起惡寒，旋即發熱、咳嗽、胸悶喘急不得臥，痰多，嗌燥咯不得出，口渴不多飲，食思缺乏，頭部有汗，大便或秘或泄，狀甚危急，然死者不過十之二三。

一種太陽兼陽明之現症：分爲二類，一類初起惡寒、嘔吐，旋即發熱、頭痛、身痛、項筋強硬、舌乾、口渴、目赤、胸悶、神昏譫語，脊部強直不能轉側，手足亂動，食思缺乏，大便秘結，小便短少，兩手脈浮部弦硬，沉部濇數。一類口噤不語，軀體手足不知運動，或身體發熱，目閉昏睡不省人事，或身無寒熱，目開稍知人事，但不言語，或初起一二日，兩手俱無脈者。此二類最爲危險，死者十之七八。

一種太陽、陽明、少陽三經合病者，初起惡寒、嘔吐，旋即發熱、項筋痙攣最甚，頭部疼痛尤劇，有半日或一日即昏厥而死者，有昏厥復甦潦纏一二旬或一二月而仍死者，有左右各半身不遂者，有能食粥一二碗而軀體手足痿痹不能起立者，有一二月後精神仍然呆鈍或耳聾或目盲或語言無序者，此一種，吾臨海流行最廣最盛，亦最延長，死者亦最多數。

《伏瘟證治實驗談・診斷》定名爲伏氣瘟症，亦名痙瘟，亦名熱疫，此皆就其症狀之危險名之也。若質直言之，實係時感傷寒引動內伏之症也。或混稱爲冬溫，爲春溫，皆未切當。

《內經・病機》曰：諸氣膹服，皆屬於肺。諸痿喘嘔，皆屬於上。喻嘉言以此二條明指燥病而言。《生氣通天論》曰：秋傷於燥，上逆而欬，發爲痿厥。燥屬金氣，肺屬金臟，同氣相求，必從其類，故燥氣爲患，首先犯肺，肺氣上逆則生喘欬，肺氣不宣則肢體萎廢。此已未冬月之病，原於伏燥之氣傷及肺臟，而發爲欬逆痿厥也。

《五常政大論》曰：少陽司天，火氣下臨，肺氣上從，欬嚏、鼻塞、厥逆、膈不通。火氣下臨，金從所制，肺逆不降，故欬嚏諸症以起，此庚申春月之病，原於時感風溫之邪，首先犯肺而發爲咳嗽也。

《六微旨大論》曰：陽明之上，燥氣治之，中見太陰。去秋主客與天空三氣皆燥，燥氣太過，故不從中，見濕化而從標本。陽明本燥而標陽，燥陽合氣，其化爲火，仲景《傷寒論》以脾陰消爍爲脾約，屬太陽、陽明症，以胃家實屬正陽陽明症，以胃中燥煩實，大便難屬少陽、陽明症，此己未冬月之病，皆由此秋燥伏氣之爲禍也。

《六微旨大論》曰：少陽之上，火氣治之，中見厥陰。標本同氣，亦從火化，《傷寒論》曰：少陽之爲病，口苦、咽乾、目眩也。少陽經脈始從兩目銳眥，上抵頸角，下耳後，過頰車，循頸下腋，至季脇。故少陽經病有目赤、咽乾、口噤、頭痛、腰疼、不能食諸症。且春令主氣爲厥陰風木，歲氣中見亦同爲厥陰風木，火乘風勢，厥氣上逆，故氣上衝心則昏厥不省，氣上衝腦則頭如裂，木萎不榮則筋骨痙攣，半身不遂，此庚申春月之病，皆由此歲時主客三氣加臨之爲患也。

仲景《傷寒論》有太陽、陽明、少陽三陽合病之症，爲腹滿，身重，難以轉側，口不仁而面垢，譫語、遺尿，如此症狀，自冬及春最屬普通，是皆歲氣與伏氣合併爲病之原因也。

《傷寒論》云：太陽之爲病，脈浮，頭項強痛而惡寒。太陽經脈起於目內眥，上額交巔絡腦，下項挾脊抵腰中。自冬及春，症狀初起即惡寒、頭痛如裂、項筋強硬、腰脊疼重不可轉側，此實太陽傷寒之症，但在己未冬月，爲時令傷寒，在庚申春月，爲伏氣傷寒，病態雖同而治法微有異也。

己未冬月，陽明爲伏氣之病，太陽爲時感之病，少陽相火爲燥金復氣之病。庚申春月，太陽爲時感與伏氣之併病，少陽爲主氣之病，陽明爲太陽傳化及少陽制侮之病。自冬及春三陽皆病，故所患亦大率皆同也。

《伏瘟證治實驗談・與冬溫春溫風溫三症異同辨》經云：秋傷於燥，

冬生欬嗽。此伏燥化火，肺陰受傷，適遇冬失閉藏之令，天氣大溫，人處此陽擾之時，伏邪外泄而發爲溫病，名曰冬溫。又云：冬傷於寒，春必病溫。此伏寒化熱，少陰受傷，適值春陽上升之令，天氣大泄，人處此氣交之中，木火內燃而發爲溫病，名曰春溫。故仲景所云發熱而渴，不惡寒者爲溫病是也。以其內已化熱，故初病即渴，以邪非外感，故不惡寒。《素問》云：陰氣先絕，陽氣獨發，此冬春二溫發生之原因也。至於風溫之症，則又異是風溫。章虛谷謂四時皆有當氣候溫煖之時，毛竅腠理開泄，偶感虛風賊邪，即時成病，是爲風溫。風爲陽邪，故初起即發熱而惡風，風爲輕清之邪，故先傷表分，非熱久內陷，必無昏厥之險也。今此症狀，初起必惡寒，口不即渴，及鼻塞、頭痛、項強者，實係當時感冒之症，亦即仲景傷寒之症也。但傷寒症必二日傳陽明，始有發熱、譫語、喘滿而死之惡候。今此惡寒三五點鐘即發熱，或身不甚熱，遂致神昏痙厥者則明非純係傷寒之症矣。蓋此症所感之邪極爲複雜，爲從前醫籍所不載，苟非明眼人當之，鮮有不目迷心亂，醫藥雜投而致死者。以故莫不衆口一詞曰：瘟疫也，天災也，殊不知爲醫者實難辭其咎也。

綜　述

《保命歌括・瘟疫》　龐氏云：伏氣之氣，古方謂之腎傷寒，謂非時有暴寒，中人伏毒於少陰經，始衰不病，旬日乃發熱微弱，法當咽痛似傷，次心下利，勿用寒涼之劑，宜半夏散、桔梗湯主之。

《溫熱暑疫全書・溫病方論》　伏氣發出少陰之經，必咽痛者，不必言矣，先與甘草湯以緩其上升之勢，更與桔梗湯以開其怫鬱之邪，亦不必言矣。但伏氣爲重證，少陰爲至虛，仲景輕輕先試，不用黃芩本湯者，夫豈無故，以纔發少陰，止見咽痛，無胸滿心煩等症也，無下利嘔渴等症也。欲用他藥，從何入手？故二三日間，姑就咽痛，連舉二湯，使服之痛止，則少陰之邪，先已去其大半，後有證見，隨之投藥，此聖人明示不可妄治之道也。

《張氏醫通・諸傷門・傷寒》　熱病　伏氣之發於夏至後者，熱病也。其邪乘夏火鬱發，從少陰蒸遍三陽，與傷寒之逐經傳變不同。亦有兼中暍而發者，其治與中暍無異。暍雖熱毒暴中，皆緣熱耗腎水，汗傷胃汁，火迫心包，故用白虎之知母以淨少陰之源，石膏以化胃府之熱，甘草、粳米護心包而保肺胃之氣。與熱病之邪伏少陰，熱傷胃汁，火迫心包不殊，故可異病同治而熱邪皆得渙散也。若熱毒亢極不解，腹滿氣盛者，涼膈、雙解、承氣、解毒，兼苦燥而攻之；或三黃、石膏、梔子豉湯汗之。用法不峻，投劑不猛，必不應手。非如傷寒，待陽明胃實而後攻下也。

伏暑症，暑久伏病也。蓋人受暑邪，當時即發謂之暑病。若熱毒之氣既已受之，或爲些小風寒所固，此毒遂漸漸入內，伏於三焦腸胃之間，或秋或冬，久久而發，此暑毒伏於人身之內者也。宜消暑元、香茹飲。亦有夏月曝書曝衣，暑氣未散，隨即收藏，至秋冬近之，其氣亦從口齒而入，入而即發，此暑毒伏於物而觸於人者也。故伏之一字雖同，其所以伏則異。然此二端，其變生之病，或霍亂吐瀉，或洩痢腹痛，或瘧發寒熱，皆能致之，皆當細詢其因以爲治。宜香茹飲、藿香正氣散。甚或有身熱足冷者，其勢則甚危矣。宜五苓散下來復丹。

伏暑症治　仲景曰：伏暑之症，背寒面垢，少有勞，身即熱，口開，前板齒燥，小便已洒洒然毛聳。《入門》曰：每於夏月後發者，爲伏暑也。又曰：伏暑者，即冒暑久而藏伏者也。其嘔渴惡心下血，及年深暑毒不差者，宜酒蒸黃連丸。其煩渴引飲或泄利者，宜桂苓甘露散。其腸澼下痢赤白癃閉者，宜益元散。其暑邪伏久傷肺，喘咳煩渴氣促者，宜清肺生脈飲。其大煩大渴及霍亂後渴者，宜濯熱散。

暑風，因暑而感生風病也。病人忽手足搐，昏迷不省，脈浮而虛，急先以溫水化蘇合丸灌之，俟醒再用藥。宜黃連香茹飲加羌活二錢，大效。若嘔吐，宜加陳皮、藿香。小便不利，宜加茯苓、豬苓、澤瀉、滑石。有痰，宜加生姜。大渴，宜去半夏加花粉。瀉利不止，宜加白朮。轉筋，宜加木瓜。腹滿身重，難以轉側，口不仁，面垢，譫語，遺尿，此熱兼暍也，宜白虎湯。各當加減爲治。或更病勢重，搐搦，厲聲吟呻，角弓反張，如中惡之狀，亦或先病熱，服表散藥後，漸成風病，譫語，狂呼亂走，氣力百倍，此亦暑風，與陰風不同，宜解散化痰，不可汗下。宜竹葉石膏湯去參、米，加黃連、知母。日久脾胃弱，必兼溫補。若脈實，必須吐之。若欲預卻，則以壯元爲主。宜四君子湯、生脈散。凡患暑風，誤作癎治必不救。

暑風症治　《得效》曰：中暑復傷風，搐搦不省人事，曰暑風。《入門》

曰：暑風、暑厥者，但以手足搐搦爲風，手足逆冷爲厥，並宜二香散，或人參羌活散合香茹飲服之。《醫鑑》曰：夏月感寒者，乃取涼之過也，或納涼致風寒以傷其外，或食生冷以傷其內故也。若感暑風，痰塞喘急，六和湯倍半夏加養活、川芎。又曰：感冒暑風，身熱頭痛，或泄瀉嘔吐，以二香散主之。又曰：凡暑月傷風、傷寒，悉以二香散解表發散。

《雜病源流犀燭·外感·夏熱病源流》 夏熱，少陰病也。經曰：冬傷於寒，夏必病熱。則知熱病之由於伏寒，與春溫同；熱病之伏寒伏於腎，亦與春溫同也。春溫之寒，傷於冬而發於春。夏熱之寒，傷於冬而發於夏。同一伏寒，而發有異時者，人有強弱，邪有重輕，感觸有異故也。同一伏寒，發於春而病名溫，發於夏而病名熱者，以春氣溫，故病當其時亦曰溫，夏氣熱，故病當其時亦曰熱也。春溫之伏寒，伏於少陰，而發必由於少陽，以當春而病，少陽司令，故少陽即爲伏寒所出之途。夏熱之伏寒，伏於少陰，而發則由於陽明，以當夏而病，陽明司令，故陽明即爲伏寒所出之途也。至兼見之經不一，溫與熱病同。溫病主方用黃芩湯，以熱尚淺，不必大爲滌蕩也。熱病主方用白虎湯，以熱更熾，故必重爲清肅也。春溫之外，有不必盡由伏寒，由現感春時之邪而病亦名溫者。夏熱之外，亦有不必盡由伏寒，由現感夏時之邪而病亦名熱者。春溫本自內達外，無表症。有表者爲重感風邪，治法必先撤外邪，而後用黃芩湯。夏熱亦自內達外，無表症，有表者爲重感熱邪，治法亦必先撤外邪，而後用白虎湯。此春溫夏熱，固爲異病而同源也，茲據仲景傷寒書之言熱病者詳爲論。仲景曰：傷寒，脈浮滑，此表有熱，裏有寒，白虎湯主之。蓋以浮爲風脈，知不獨傷於寒矣。滑爲裏熱，滑且浮，知不獨熱在裏矣。故表有熱，不言裏而裏之熱可知。裏有寒，乃所以發熱之由。雖言裏寒，而表裏之皆熱可知，故非白虎湯不能治也。仲景又曰：三陽合病，腹滿身重，難以轉側，口不仁而面垢，讝語遺尿。發汗則讝語，下之則額上生汗，手足逆冷。若自汗出者，白虎湯主之。蓋以腹滿，熱本病也，身重，又濕病也；口不仁等，又暍病也。此因中暑濕引動伏寒，齊出爲病，故曰三陽也。如此熱勢自劇，故不可汗，而致津液外亡；不可下，而致陰竭於下，陽脫於上。故必仍自汗，方可用白虎。若誤汗下而症如上，不得專用白虎也。宜人參白虎湯。仲景又曰：傷寒脈滑而厥者，裏有熱也，白虎湯主之。蓋以滑者，邪實也。而乃曰厥，是熱深厥深之謂，故曰裏有熱。仲景又曰：傷寒脈浮，發熱無汗，其表不解者，不可與白虎湯。渴欲飲水，無表症者，白虎加人參湯主之。蓋以熱病無不發熱汗出者，今脈浮無汗，風邪襲表矣，故必先辛涼解表，然後熱可治。渴欲飲，邪耗津液也；無表症，邪已解也。然其時元必虛矣，故必加人參。仲景又曰：傷寒無大熱，口燥渴，心煩，背微惡寒者，白虎加人參湯主之。蓋以熱病無不燥渴且煩者，乃曰無大熱，以背微惡寒也。背爲太陽經位，惡寒必正氣虛矣，故必加人參。仲景又曰：陽明病，脈浮而緊，咽燥口苦，腹滿而喘，發熱汗出，不惡寒，反惡熱，身重。若發汗，則燥，心憒憒，反讝語。若加燒針，必怵惕煩躁不得眠。若下之，則胃中空虛，客氣動膈，心中懊憹，舌上胎滑者，梔子豉湯主之。若渴欲飲水，口乾舌燥者，白虎加人參湯主之。若脈浮，發熱，渴欲飲水，小便不利者，豬苓湯主之。蓋以熱病而見傷寒浮緊之脈，以本由伏寒，止發於夏，故反惡熱不惡寒，而爲熱病也。腹滿等皆陽明症，以本由少陰之伏寒，故特見咽燥之本症也。緊而兼浮，其重襲風邪可知。若其時兼用梔子葱頭解外，繼用白虎治本，得其法矣。倘誤汗以耗液，誤燒針以燥血，誤下以亡陰，自必變生諸症，漸至難救。觀舌上胎滑，外邪尚在可知，渴而口乾舌燥，外邪內入可知，故必用梔豉、白虎二湯也，其加人參，以誤治必傷液也。若脈浮云云，則浮爲虛，而熱已入膀胱矣。治以豬苓湯者，此之小便不利，由於血分，故以阿膠補虛，滑石泄熱，非如傷寒之便不利，由於氣分，必用白术等也。仲景又曰：陽明病，汗出多而渴者，不可與豬苓湯，以汗多胃中燥，豬苓湯復利其小便也。蓋以汗多之故，而不用豬苓，因津液之耗，不可再泄也。宜人參白虎湯。仲景又曰：傷寒病，若吐若下後，七八日不解，熱結在裏，表裏俱熱，時時惡風，大渴，舌上乾燥而煩。欲飲水數升者，白虎加人參湯主之。蓋以誤爲吐下，而熱邪不但不衰，反爲更甚。故陽外虛而惡風，陰內亡而燥煩大渴，故非本湯不可。仲景又曰：服桂枝湯，大汗出後，大煩渴不解，脈洪大者，白虎加人參湯主之。蓋以誤認爲風，而妄投辛熱之藥，津液竭矣，故有如是之症，而必當用本湯也。以上皆仲景妙法，無可易者。其言熱病，而皆冠以傷寒，何歟？蓋以熱病由於冬月傷寒之伏邪，雖發出而爲熱病，其原實由於寒，故冠以傷寒字，追其始也。其治法以白虎湯爲主者，又以熱病自下發上，自內發外，必經陽明，陽明必以石膏之辛涼，乘勢升散，知母之苦寒，清少陰伏邪之原，甘草粳米調養中州，良爲妙法。今人不明此旨，誤以白虎治傷寒，既非表

藥，又非下藥，不大謬乎？ 總緣不知熱病之爲熱病，傷寒之爲傷寒，故冒昧若此也。 蓋所謂熱病者，其時必夏至後，炎暑司令，相火用事之時也。 其症則止發熱身痛，而不惡寒，但大熱，而不大渴之症也。 傷寒之時，豈其時乎？ 傷寒之症，豈如是症乎？ 故益知仲景之法之妙也。 然而熱病之爲症，更有可臚列者。 如熱病脈應洪大，反見浮緊，是又感夏時暴寒，其實內伏已發，故浮之則緊，若重按則應仍洪盛也，宜通解散去麻黃、蒼朮同，加葱白、香豉。 或先以連鬚葱白香豉湯去姜以解外，次用白虎加人參法。 如熱病。 凡客邪所感，不論脈浮脈緊，惡風惡寒，宜解不宜解者，有通治之法。 宜雙解散去硝、黃，或再減白朮、白芍、桔梗二三味，加葱、豉、知母最妥。 如熱病兼衄兼喘，藥必兼治。 宜以白虎湯爲主，衄加生地、丹皮，喘加花粉、厚樸、杏仁。 如惡熱煩渴腹滿，舌黃燥或黑乾，五六日不大便，須用下法。 宜涼膈散、三乙承氣湯。 如熱病又兼暑濕，必兼清暑濕； 宜涼膈散合天水散用。 並小便不利兼利水。 宜竹葉石膏湯倍用石膏。 如熱病兼風痰，須先用探吐，再以涼藥熱飲，被覆取汗，百無一損之法。 宜雙解散，煎好先以半碗探吐，再盡劑服之。 如誤用辛溫藥，致發斑，喘滿，譫語昏亂，則解之。 宜黃連解毒湯加減用。 如屢下後，熱勢猶盛，不便再下。 或諸濕內盛，小便黃澀，大便溏，小腹痛者，欲作利也，則解之。 宜黃連解毒湯。 夫熱病之症治，亦既備矣。 若夫神明其間，勿致妄錯，是在臨症時悉心辨之，庶乎其可。

此篇亦間採周禹載熱病論。

脈法 《靈樞》曰： 熱病脈靜，汗已出脈盛，一逆也，死不治。《醫鑑》曰： 熱病得汗，脈安靜者生，躁急者死； 及大熱不去者亦死。 又曰： 熱病七八日當汗，反不得汗，脈絕者死。 宜與春溫脈法參看。

夏熱原由症治 丹溪曰： 夏至前發溫病，夏至後發爲熱病，謂之伏氣傷寒。《正傳》曰： 治熱病，切不可作傷寒正治。 周禹載曰： 熱病七八日，脈微小，溲血，口乾，一日半而死。 脈代者一日死熱病七八日，脈不躁，或躁，不散數，三日中有汗，三日不汗，四日死，熱病已汗，脈尚躁喘，且復熱，喘甚者必死。 熱病不知痛處，耳聾，不能自收，口乾，陽熱甚，陰頗有寒者，熱在髓，死不治。 熱病汗不出，大顴發赤，噦者死。 熱病泄甚，而腹愈滿者死。 熱病目不明，熱不已者死。 熱病汗不出，嘔血下血者死。 熱病舌本爛，熱不止者死。 熱病咳而衄，汗出不至足者死。 熱病熱而痙者死。 腰折瘈瘲，齒禁齘也。 陶節菴曰： 冬月感寒不即病，至春夏時，其伏寒各隨時氣改變，爲溫爲熱者，因溫暑將發，又受暴寒，故春變爲溫病。 既變之後，不得復言其爲寒矣。 所以仲景有云： 發熱不惡寒而渴者，其理可兼溫病也。 暑病亦然，比之溫病尤加熱也。 不惡寒則病非外來，渴則明其熱自內達，其無表症明矣。 治溫暑大抵不宜發汗，以過時而發，不在表也。 其伏寒至夏，又感暴寒，變爲暑病。 暑病者，即熱病也，取夏火當權而言暑字。 緣其溫熱二症，從冬時伏寒所化。 總曰傷寒，所發之時既異，治之不可混也。 若言四時俱是正傷寒者，非也。 此二者，皆用辛涼之劑以解之，若將冬時正傷寒藥通治之，定殺人矣。 辛涼者，羌活冲和湯是也。

《通俗傷寒論・傷寒兼證・風溫傷寒》 因 伏氣溫病，感冷風搏引而發，或天時溫暖，感風寒鬱而暴發。 一爲伏氣，一爲新感，病因不同，病勢亦輕重迥異。

證 冷風引發伏溫者，初起必頭疼身熱，微惡風寒，繼則灼熱自汗，渴不惡寒，咳嗽心煩，尺膚熱甚，劇則鼻鼾多眠，語言難出，狀如驚癇，手足瘛瘲，面若火熏，舌胎初則白薄，邊尖紅燥，繼即舌赤苔黃，甚或深紅無苔。 風寒搏束溫邪者，初起頭痛怕風，惡寒無汗，繼即身熱咳嗽，煩渴自汗，咽痛喉腫，舌苔白燥邊紅，甚則白燥起刺，或由白而轉黃。

脈 右寸浮洪，左弦緩者，此新感引動伏氣，仲景所謂發汗已，身灼熱者，名曰風溫是也。 甚則寸尺浮洪，且盛而燥，乃外風引動內熱，仲景所謂傷寒七八日不解，時時惡風，舌上乾燥，大渴而煩，欲飲水數升者，熱結在裏，表裏俱熱是也。 若右浮數，左弦緊，乃外寒束搏內熱，仲景所謂心煩口渴，背微惡寒者是也。 發汗後，脈轉浮洪有力，仲景所謂服桂枝湯大汗出後，大煩渴不解，脈洪大者是也。

治 冷風引發伏熱，先與葱豉桔梗湯，輕清疏風以解表，繼與新加白虎湯，辛涼泄熱以清裏。 裏熱大盛，已見風動瘛瘲者，速與羚角鈎籐湯，甘鹹靜鎮以熄風，終與人參白虎湯。 加鮮石斛、梨汁、蔗漿等，甘寒救液以善後。 若風寒搏束內熱，先與新加三拗湯，減輕麻黃，重加牛蒡，微散風寒以解表，繼與連翹梔豉湯，加嫩桑芽鮮竹葉，輕泄溫邪以清裏。 其間痰多者，加淡竹瀝、兩瓢。 生薑汁。 兩滴，和勻，同冲。 貪滯者，加生蘿蔔汁兩大瓢枳實汁兩小瓢，和勻同冲。 見疹者，加炒牛蒡三錢活水蘆筍。 一兩喉痛者，加金果欖、一錢。 安南子、三枚。 製月石、五分。 吹加味冰硼散，以肅清肺胃爲要法。

秀按：風溫四時皆有，惟春爲甚。新感從口鼻而內襲三焦，伏氣多匿於膜原，或內舍於營，二證屬於肺胃者，照俞君按證施治，自能奏效。若邪伏膜原，初用微發其汗後，風寒之表邪雖解，而膜原之伏邪，尚欲出而不能遽出，證必寒熱如瘧，胸膈痞滿，心中懊憹，嘔吐不食。速用柴胡達原飲，開達膜原，使伏邪外潰，熱從外透。此時辨其爲燥熱，則用新加白虎湯，辛涼甘寒以清泄之，爲濕熱，則用增減黄連瀉心湯，苦辛淡滲以清利之。如有下證，辨其輕重緩急，酌用諸承氣法引而竭之。若內舍於營，證較膜原伏邪爲尤急，初用葱豉桔梗湯，辛涼發汗後，表邪雖解，暫時熱退身涼，而胸腹之熱不除，繼即灼熱自汗，煩躁不寐，神識時清時昏，夜多譫語，脈數舌絳，甚則肢厥脈陷，急宜清透營熱，使伏熱轉出氣分，氣宜衛泄，或從疹癍而解，或從狂汗而解。輕則玳瑁鬱金湯，重則犀地清絡飲，皆可選用，劇則紫雪品行軍散，歷驗如神。

廉勘：伏溫自內發，風寒從外搏，而爲內熱外寒之證者，予治甚多。重則麻杏石甘湯。加連翹、牛蒡、桑葉、丹皮，輕則桑菊飲加麻黄，惟麻黄用量極輕，約二分至三分爲止，但取共輕揚之性，疏肺透表，效如桴鼓。奈吴鞠通，溫病初起惡風惡寒者，主用桂枝湯解肌，豈知桂枝辛熱灼營，溫病忌用。洄溪批葉案云：風溫證服桂枝、生薑，必吐血，甚則失音。吴氏豈未之見耶？宜乎夢隱譏其誣聖誤也。鞠通又謂溫病忌汗，最喜解肌。予讀《傷寒論》病人藏無他病條：發汗則愈，病常自汗出條，須發其汗則愈，並主桂枝湯。可見桂枝湯是風寒發汗之劑，非外寒搏內熱之劑也。王大昌謂鞠通《溫病條辨》一書，以桂枝湯爲治溫首方，更屬可議，洵不誣焉。

榮齊按：張畹香溫暑醫旨說：風溫分三焦治，葳蕤湯、葦莖湯、銀翹散、白虎湯上焦藥也，黄芩湯提少陰邪併肺而祛之，亦上焦藥也；至寶丹、紫雪、牛黄丸，芳香開竅，心宫藥，心肺同屬上焦藥也。涼膈散，由上焦至中下焦藥也。舌黄滑厚，痰多，用象貝，蔞仁，或葶藶大棗湯，皆肺分下藥也。葉氏所云忌下者，不用承氣耳。予逢夾少陽邪者加柴胡，其頭痛由於血虚者，用芎歸無不效。風溫有夾食者，予亦不用消導，以風能消穀，即油膩厚味，不過多痰，祛其痰可也；若湊入消導，勉強成方，即屬誤事。又藥案中有風溫刼傷陰津，用生地、阿膠、麥冬、白芍、炙甘草、蔗漿，又或用沙參、麥冬、玉竹，其大旨總以甘藥爲主。若辛溫表散，或剛燥消導，未有不傷及陰液者；其驟變爲痙厥，緩變爲虚勞，皆未經顧及陰分之過耳。

《傷寒指掌・傷寒類症・晚發》 晚發者，夏受暑溼之邪，留伏於裏，至秋新邪引動而發也。其症與瘧疾相似，但寒熱模糊，脈象沉滯，舌胎粘膩，脘痞煩悶，午後更熱，天明汗解，或無汗，清晨稍解。此暑溼之邪，留着於裏，最難驟愈。治法不外三焦主治。在上焦，則舌胎白膩，頭脹身痛，肢疼胸悶，咽乾溺澀等症。當泄氣分之熱，宜連翹、杏仁、滑石、薄荷、橘紅、通草、半夏、桔梗。熱邪重，加黄芩、蘆根。溼邪重，加白蔻、厚樸。在中焦，則舌胎微黄粘膩，痞悶胸滿，或目黄舌白，口渴溺赤。宜溼熱兼治，用瀉心法，半夏、陳皮、赤苓、枳實、川連、通草之類。若溼邪重，則脾陽受傷，目黄腹脹，小溲不利，或大便不實，又宜溫中去溼。如茅術、厚樸、二苓、澤瀉、木香、木瓜之類。溼甚，加乾薑。溼熱結於下焦氣分，必兼小腹脹滿，小便不利，宜茯苓、豬苓、滑石、寒水石、晚蠶砂、茵陳、澤瀉之類。桂苓甘露飲亦可。若暑溼之邪，入於營分，則口渴，心煩舌赤，宜清營分之邪。犀角、鮮地、菖蒲、元參、連翹、銀花之類。若舌胎中黄邊絳，齒燥脣焦，脈左數右大，此暑邪內燔，氣血兩傷也。玉女煎。

《醫略十三篇・伏邪》 蔣寶素曰：伏邪者，本篇創立之名。本之《內經》，參之諸家，驗之今世，即世人泛指傷寒、溫疫、春邪、秋邪、時邪、溫病、熱病諸證之本原也。

《伏邪新書・伏熱相火爲暑，君火爲熱，熱即二火之總名也。凡暑熱不兼溼症者，皆可以熱名之，皆可以熱症法治之》

其症惡寒，頭眩身熱，形類傷寒，但身裏之熱甚於表，胸、腹、手足心、腋下、胯內、較背項諸陽部更熱，不似傷寒表熱甚也。日晡甚，日輕夜重，入暮熱甚。不若傷寒日夜綿綿，熱無退時，無輕重之別也。有汗亦不退熱，或汗出退，至時復熱，不若傷寒表熱，可以一汗而解也，此是分別處。口或渴或不渴，渴者輕，易治；不渴者重，難治。不渴者熱邪深入血分，用清潤藥服之，使達至氣分則渴。能渴而甘飲，則熱邪已淺一層矣。脣燥，口雖不渴，其脣必燥。以口中津液被火灼，以舌舐脣，脣上津液易乾燥，如豆腐皮米湯鍋焦狀。面雖黄暗，睛明二穴、鼻孔及額上，必有紫赤之色，隱於皮膚之裏，冒看黄黑浮於外，如煙煤籠罩，如久禁風塵日晒，細看或背光看，則紫紅隱於內矣。週身骨骱痠，骨骱痠者骱熱，骨筋皆被熱灼也，肝腎熱之明症也。腰痛，腎水爲熱所灼也。胸悶，肺管中津液，與胃脘中胃汁，爲熱所灼，津汁少則肺胃之氣不滑利，故悶。自汗，津液熱逼，走

於皮毛之外也，雖有汗，手足心必無，足心更難得汗。頭眩，如酒醉狀。其脈沉數，兩尺長大，浮取細軟，沉取則數而有力，或靜中有動或促。舌色白沙，如米粉鋪紅紙上，或如雪青杭綢色。舌質絳紫，深入血分則反滑潤。此乃手足少陽厥陰，足少陰伏熱，常見之形症也，凡六淫伏邪，首列常見之形症，其下雖不言及，皆當與常見之形症，參合而斷。病伏熱之症，尤當加意，問其初病形症，與首列者合否。以下諸條，不詳述者，省筆墨耳。治宜青蒿龜甲湯，或青蒿二甲湯。不言手太陰症，以肺經伏熱，伏尚未深，其症與初感無甚大異。且鞠通、天士，有太陰伏暑在前，人易知識，不必再述。

伏久傳入陽明，即以上之症，日久不愈；或誤服二陳三仁等辛溫宣中之藥；或未服藥，熱邪循經傷耗胃汁，傳入胃中而生熱結。但頭汗出，或身半以下無汗，或嘔，或不甚嘔，便祕，身半以上自汗，便溏瀉醬色；誤藥甚者，多服籼、穀、枳、朴、砂仁，辛溫化痰之品。則津液上逼，壅於胃脘上口，則口生涎沫，狀若水飲。辰巳時熱甚煩悶，其脈可芤或洪，芤者胃汁已傷，所存者少；洪者較輕；有洪芤并見者。或細數，按之濇而有力，陰液陰氣，皆傷於熱也。濇見於沉部，精血亦耗也，有力鼓指，邪熱之力也。舌質紫，苔或黃，黃宣者正象，易治；有紅孔膩滑者難治，必有他故。或燥，燥者正氣，黃燥易治，黑燥難治。防其由潤而變燥，變爲神糊脫津，熱症未傳之候則危。或潤，潤者熱入血分，熱逼津液上泛也。或白腐而厚，熱症有白苔厚腐之苔，無寒症苔，乃胃中濁氣，熱逼濁氣上蒸，故厚如腐渣堆鋪狀。溼痰寒痰油膩之症，苔雖厚而膩粘舌上，不服苦溫宣化藥宣透終不腐。或中心裂，有直裂一條者，是氣分不足也；有橫裂二三條者，有直橫俱有裂紋者，皆陰津傷也；有裂如冰片紋者，腎水血皆傷耗也；直塊如挖去者，胃中陰汁大虧也；有無苔赤舌，而中心如挖去一片皮者，胃汁大虧，損及胃裏膜也；有舌尖如挖去一片皮者，有舌邊破裂者輕。胸悶或拒按，拒按者，按之痛，正象也，人易知爲陽明胃中結熱，其病輕，以其正氣尚能捍邪，尚自如邪實也。或不拒按，不拒按者重，必其人下症初見之時，尚知拒按，延誤多日不下，正陰已傷，正不能捍邪，邪熱安結於內。賊已久踞城池，城中人反覺無賊，兵來克復，賊難安居，又亂作矣。正陰稍復，正能捍邪，則反知悶而拒按矣。必待下盡，邪結方解。治宜調胃承氣湯。陰液乾耗者，合增液法潤之。如當下不下，邪結在胃之上中脘者，易變譫語，煩燥狂迷，土實尅水，耗盡腎陰，水不濡木，肝木生風，直視搖頭，督脈實強，角弓反張則危；昏迷靜卧，或自言自語，唧唧噥噥，聲音不高，呃逆聲如擊木，是內傳手少陰厥陰，心與胞絡，胃陰欲脫之候，則危在旦夕，甲日甚，土被木尅，正五行氣受尅，甲爲土運有餘，今土實而土助旺尅水，是五行化氣尅水也，病更甚，藥難見功。戊日險，正五行土尅水化氣五行戊屬火運有餘，火土炎烈，金水氣虛者，不堪命矣，故多難延殘喘者。每見於辰巳二時。辰巳時氣血注氣脾胃。肺脈弱，氣逆，多絕於寅卯二時。寅卯時，血注肺與大腸，且金絕於寅，肺病怕寅時。辰戌丑未四時，土旺尅水，腎陰敗者，多絕於四時之內。

陽明伏熱，腸胃中有燥屎，熱結旁流，自利稀水者，增液承氣合調胃法主之。凡係陽明熱結，皆有首條與上條，傳入陽明之形症。熱傷胃汁，腸胃中之脂膏，不甚滑利，故宿糞難下。熱邪逼迫，津液稀汁，上下消亡，上則嘔吐明汁清水，下則熱瀉暴注清水，甚有清水中如蛋白而下者。其僅泄溏糞醬色、金黃、金紅色者，猶爲輕症。故下陽明熱結，用增水行舟法，使水漲，舟浮方能行動。如初下用增液調胃法，雖下出稀水稀糞，或黑水或清水，腐渣腳如石屑狀者，皆可下之症，難下之症也，不必驚懼，仍守法更加重用之。下至有糞色稍見小效，下至宿糞如鞭、如馬栗、如羊矢豆，甚有小如豌豆，黑堅如鐵子者，下去之後，復待大便新黃，如鷄爪葵花，黃白相兼，色軟如折帶，盤若小蛇之糞，其熱乃眞盡之候，始停下法，用養正法調理，如加減復脈湯、芍藥甘草湯等類，不比傷寒化燥下法，傷寒化燥，有燥屎無熱邪傷陰，故傷寒未化燥屎，誤用大小承氣，下稀水者，十有九脫不救。熱症用增液調胃二承氣，下無形之熱爲重，下有形之宿糞爲次，不過借有形之糞水，驗無形之熱邪，解未解，盡未盡耳。熱邪有重輕，下有難易之別：熱結輕者，一下便得燥糞而症解者；稍重者，初下便得溏醬色，再下得燥屎解；有初下得稀黃糞，再下得黑垢，再下轉醬溏，再下燥屎，再下得新黃折帶恭始解者；有初下得青黃糞水，再下得黑水，如洗黑灰垢水三四下，始能得黑垢，如黐黏黑血條，五六下後，始轉換醬溏燥屎者；有初下得清水，再下得蛋白漂水中，二三次下之，始得清水蛋花糞少許，然後漸轉黑水、黑垢、醬溏等樣者；有初下得清水，中夾黑屑如鍋焦，黑屑如茶末，再下得清水，中有屑腳沉底，如炒黃腐渣層，或如石屑粗粉，然後始轉蛋花糞等樣；有初下已得燥糞症，脈不減，再下得前樣等物者；有中間已得燥屎，其症不減，再下得羊矢豆後，始轉新黃折帶方解者；有下得燥屎後，症脈不減，或症減脈不減，或脈減症不減，再加生脈法，合前法下之，又得黑爛水糞，或得小鐵丸硬子之後，始漸轉黑垢醬等樣者。其症則始輕後重：先不渴後反渴；先不大燒熱，後反大燒熱；先舌不黑，後反舌黑；先脣不焦破，後反焦破。總之下症先不全現，後反下症全現，皆藥攻病外達之象也。攻陽明伏熱，推大黃爲第一良將，元明粉次之。生甘草則宰相安民，運餉駕馭將士，扶助國脈之大功臣也。前所述各樣之糞水，皆一層重一層，層次甚多，險象疊現，清水以下，皆奇險難治之症。現症多可怕煞人，病家醫士，多心驚膽戰，而予敢守定潤下增水行舟之法，而收人難能之功者，其要訣祕法，惟在於脈任尋按。愈下之，愈覺脈象起有神，有力鼓指，按之愈覺有力，雖細弱如無脈，按之至筋骨間，覺細數有力之一二動，下之一二劑，反覺有脈者，皆可救之症也。經歷多年不爽，故敢述之，以告後學。案驗列後，此皆陽明熱結，當下失下，日久遏伏而成之症。治之之法，總不外乎增液調胃二承氣，故細述所下之物，以堅後學之心。特用藥有重輕加減，要貴隨症變化耳。

陽明伏熱，傳入血分，週身血脈皆熱，氣旺者發紅疹，氣弱者邪深發紫瘢，俗名葡萄瘟症。犀角大青湯合調胃承氣主之；氣虛者加北沙參；氣旺者發疹，加薄荷油三四滴。疹高起而亘手者，肺氣旺也。瘢不高起，氣虛者邪陷，不能外達反有中凹者，有欲爛破者，皆危候也。如顏色鮮紅不紫，黑瘢雖大無妨。

陽明伏熱，發爲牙癰牙疳，喉疳口臭者，胃已腐也，增液承氣湯主之。牙癰者輕，牙疳者疳蝕也，牙齦紫暗黃白，横延如蠶蝕葉之狀。喉疳者喉外不腫，尚輕，重者內外皆腫，極危。腫者外面宜用針刺出血，內需大下大瀉，主能挽回。如不瀉及不大瀉者，有腐胃爛腸，爛喉爛舌，鼻流臭涕者；涕有紅白黃水而臭，由陽明熱傳入腦髓者，皆十難救一二之症也。僅流黃水，湯內加薄荷油五七滴。如不嫌麻刺，或不覺薄荷辛，而反覺甜者，倍加與之。

陽明伏熱，發爲瘡瘍，或發爲疫痘，腰痛甚者，增液承氣湯合青蒿龜板煎主之。發而未盡，瘡痂愈復，變爲瘡蠱，或變爲浮腫，以上法加薄荷油三四滴主之。有疹後發腫，有瘢後發腫，有瘡後發腫者，有瘧痢後發腫者，其腫與溼腫無異，但皮色不黃而紅，皮上撫摸之，覺毛孔如有刺，病人覺刺痛，稍重則不覺痛，有衣角衣邊輕掃之而覺痛者，誤作溼腫治之必壞。世醫見腫，多作溼腫治之，不知浮腫，有幾種病因，故經歷雜論有浮腫辨法。此陽明伏熱變生浮腫者，由於熱邪竄入肌肉故也，雖腫皮不甚光亮，不甚黃白，皮內有血色隱於內，必稍兼色，必有以上伏熱形症。即現在不現以上伏熱形症，其初病之時，必已現過。醫者切脈問症，必問其初症情形，與現在形色，參合斷之，自無疑惑矣。有陽明伏熱之症，下之已通，燥糞已下，而忽然紅腫，乃內裏餘熱外達也；再下之，見折帶新黃糞則消。

陽明、手太陰、足少陰伏熱，發爲下痿皮槁，或內作肺痿，乾咳引痛，或內作腎痿，腰痛足痿，足皮發宣，增液承氣加龜板雪羹湯主之。實者發爲熱痹，見於手足腿腕肩臂而痛，其痛處色微紅，前方加忍冬藤桑枝；下部加木瓜少許以引經。經曰，肺葉焦，令人痿。肺主皮毛，肺熱耗傷津液，則毛髮枯槁而不生，咳則牽引胸脇痛；耗及腎水，少腹亦覺牽引抽痛；咳則筋骨震，有欲咳而不敢咳之勢；腰爲腎府，足爲腎司，虛則足不能立；其足皮發宣者，陽明主肌肉，故皮肉宣厚，如隔布袋，搔癢甚則麻木不仁；氣體實者，正能捍邪熱，故僅見四肢癢痛。恐人誤作風寒溼痹痛治，故標明痛處，皮色微紅，有血熱之象；或不見紅色，以手按之，指縫際皮色，即現紅紫血印，指按處白印，是熱傷肌肉、脈絡之血的實證據也。

陽明、少陰、督脈、陰蹻伏熱，發爲筋急拘攣，脊強反張，腿並不能開，膝彎曲而不直，增液承氣加龜板、犀角、豬脊髓主之。此條人每以風症目之，而不知熱症亦有是症也。熱入督脈，則脊強反張，以督脈之陰液被熱所耗也。入督脈之藥，多係溫品，寒品少有，而予於古人無法處思出一法，用大黃以瀉陽明陽明會督脈於頭，瀉陽明即所以瀉督脈也。豬脊髓鹹寒滋潤，以豬爲水畜，能治火熱，即用其督脈，以補人督脈之陰液，清人督脈之火也。《脈經》曰：尺左右彈者，陰蹻脈爲病。動苦少腹拘急而瘰痛，足內攣。又曰：陰蹻脈爲病，當下之。此腿並不能分開，膝曲而不直，足陰蹻脈內攣急之證據也。其未筋攣以前，必有少腹拘急之症，既攣之後，或反不自覺矣。此症雖筋骨拘攣而不知痛，下之至知筋痛；再下之，由小痛至於大痛；復下之，由大痛日漸輕減；至於不痛而後伸開，再清其餘熱，養其腎陰，方漸復。若誤作風溼痹症治之，易至不救。

陽明伏熱，當下失下，日久變生外症，名曰病移發，其症界乎癰疽之間，有初起紅者，暈大白粒小，紅暈易散大，潰亦易於平爛。敷以陽癰藥，則變腐黑紫暗；用提膿藥，則流水而不得膿，更易漫延散大。有初起顏色不變，漫腫無頭而皮熱，愈摸愈熱，肉中脈管青紫色。生於手臂腿下者輕，生於腰背股胻胸腹者重，難治。有內生胃癰，外發於胃腧穴部；有內生腸癰，而外發於少腹臍腰下者；有發於腎腧穴者；有發於肺腧穴得；皆難救治。必須先治內症，待內症減而後可顧外症。若先閉遏外症邪出之路，內必加重不救矣。故外用從治法，使引熱外出；內用勝治法。外貼散陰膏和陽膏，能散能斂增液調胃承氣湯主之。陰液不虛者，調謂承氣主之；陰液虛虧者，增液承氣主之；氣虛者另加北沙參。

陽明、足少、陰手太陰伏熱，狀似虛癆乾咳，或吐白沫，甚則粉紅白沫。夜熱骨蒸，飲食不納，肌肉消索，大肉削脱，大骨枯槁，皮黑毛槁，色如麵垢，豬膚湯、豬腎湯，合調胃增液法，加龜板主之。富者加珍珠、燕窩，貧者以生鷄子代之。陽明與肺腎熱久，陰傷津液枯槁，則乾咳無痰，反咳吐白沫者，此沫非溼氣飲水也，乃肺腎胃津液，被熱邪逼迫而上也；甚則紅白相間，熱傷血絡，肺絡傷破也。粉紅色者，肺本色也，其病必危。夜熱骨蒸，陰虛內熱，本象也；病甚則熱邪內陷，反自不覺蒸熱矣。胃陰傷者，先食不香，難納米飯，若用藥再燥刦其陰，遂致亦不能容飲水矣。肉消骨立，皮黑枯槁如麵垢，肺主皮毛，毛槁皮垢，乾而棘手，邪傷肺汁之症也。胃主肌肉，大肉即合谷兩臂兩腿之鼠肉也。病者無鼠肉，胃汁已將竭也。大骨枯槁，謂骨瘦如柴。骨韌鋒露，骨孔空陷也。腎主骨主髓，腎熱已久，骨髓枯槁，骨衣之油皆耗，故大小骨空深陷，畢現於外也，用豬膚湯去白。粉蜜。單用豬膚，即豬之厚皮也，取其鹹寒微甘而多脂膏，能除大熱，能塡補胃汁、肺汁、骨髓，功力最大。豬腎湯取豬爲水畜，位鎭亥方，上應室宿，得乾六之精，能生坎水，有一六共宗之妙，爲水畜中之水臟，以補人之腎水，大有殊功。本草不載其能，前人謂無補益之性，但可用以引經，而予則以卦理斷之，每獨用以爲大將，而成功收效，神妙無

比。調胃、增液承氣，合龜板，治病之本也。加珍珠者，取珠爲蚌胎，蚌受月華而孕胎成珠，月者先天金水之母，太陰之精，取先天金水之氣，以補人先天金水之氣，有再造肺腎之功。極富者用數錢，文武火日夜煎服，但煎至水泛白即服；珠有光，放水再煎，煎至無光，再換再增。但宜吊空煎，不可沉底。力薄者用二三分，乳極細以藥湯送下。燕窩取其滋潤肺液耳。生雞子，亦有重造肺腎，塡補胃汁之功，溫水浸熱生吞之，象形補形，能補人稀汁，尤能補肺臟中之蛋白汁，不特貧可用，富人亦可兼用之，收功更易矣。

陽明、少陰伏熱，戊癸合化爲火，發爲癉瘧。俗名子母瘧。每日辰巳時大熱，午後方退，日晡復大熱，天明方退者，青蒿二甲煎合增液承氣湯主之。辰巳時，血氣注於脾胃時也；日晡酉時，氣血注於腎經時也。世人見病有去來發於二時，皆目爲子母瘧，而不知其時，是何經主事。其瘧來寒輕熱重，或但熱不寒，故名曰癉瘧。宗《內經》凡病至其年月日時復發者，當下之之旨，故主以增液承氣，得燥糞下後，見新黃折帶糞，辰巳時熱方解。青蒿二甲煎，治少陰伏熱之正劑，得熱汗至足心，日晡夜熱方解。

陽明少陰伏熱，夜間熱甚，逼迫津液，血滯滯下，俗名痢疾，調胃承氣湯主之。日久上嘔，下則完穀不化者，加白芍、龜板、阿膠主之。熱痢滯下之症，多由於陽明伏熱而成。熱邪逼迫腸中脂膏血垢而下，腹痛時作時止，痛甚則便，便後痛減。不入少陰，夜間不熱；一入少陰，是夜間熱痛，則少腹拘急，身不能直，故以調胃承氣主之。若誤治傷陰，燥傷胃汁，則舌光無苔而嘔惡，下則完穀不化，此乃邪熱不殺穀，非脾土虛無火者比，良以腸胃中脂膏刷盡，米穀不能兜留故也，故加白芍之酸寒以和陰氣，合甘草有奠安腸胃之功，龜板鹹寒以勝大熱，阿膠塡補脂膏，令能留存米穀也。仍以調胃承氣加味者，取寓通於補，得燥糞則痢自止矣。

陽明伏熱，與足厥陰合病，發爲胸悶脘痛脅痛，俗名肝胃氣痛。翻胃嘔吐，噎膈，俗名痛膈。便溏者，調胃承氣加白芍、烏梅、花椒主之。結熱在陽明胃脘，故胸悶，而脘間食入輒脹痛甚，得大便則減痛，或泄氣則減痛。脅痛者，厥陰肝絡之血，亦受熱邪也。肝木上犯胃土故嘔吐，世人皆以胃寒胃氣目之，以辛溫降氣治之，每多反增嘔吐，不能納穀，勢成膈食之症，不知實屬肝胃熱邪上犯所致。便結者無正相好屎，非便祕即便溏，而細如貓屎，甚或如金菓條，雖便亦不甚多，皆腑氣通而不通之證也，故主以調胃承氣之緩下，而加椒、梅、芍以和肝，取甘酸鹹苦以和胃，而降胃之熱結也。

陽明伏熱，與兩厥陰衝任帶三脈合病，男子疝氣，結核便毒，腎囊陰莖兩旁腫大如癰。女子天癸不調，或崩，或漏，或帶下，或經不行，或妄言妄見，如有鬼神依附狀，或燒熱體蒸，咳嗆消瘦，而少腹脹，俗名乾血癆症。加減桃仁承氣湯主之。陰液乾涸，形消骨立者，加增液潤之。此條即《內經》云，二陽之病發心脾，有不得隱曲，女子不月，其傳爲息賁風消者，死不治之症。二陽即兩陽合明，陽明病發也。心脾有不得隱曲，謂女子善鬱，不得遂其隱曲之私心，故胸脘不舒，飲食少進也。其傳爲息賁者，即胸中當脘處，墳起一塊，狀如覆杯而熱也，風消骨瘦也。衝脈麗於陽明，任脈與衝脈會合，同爲血海，爲月經之源。帶脈橫繞於身，當帶腎之所，渾如一帶，陽明胃陰虛，則帶脈拘急，如帶束腎之狀。帶脈麗足少陽膽，與厥陰肝，肝膽熱胃熱則白帶下，甚則黃色，或赤帶下。胞絡爲血臟，生血發血之源，衝任之上游也。衝任不通，血海瘀熱上犯心胞絡，故妄言妄見，血多而熱甚，妄行則血崩，天癸當去而不去，欲行而不行，行亦不暢，爲漏。血海有瘀熱停滯，庸醫再用芎歸等溫通之藥，則血中稀汁明汁如水液者，耗乾血輸，血塊乾涸於內，反更不得流行，故燒熱骨蒸，瘦損之症成矣。俗有乾血癆之名，惟此因熱瘀而成之症，最合名實相符。惜世有其名而無其法，予因名悟出治乾血之法，必先令乾血變爲稀汁，方能流行，故主以吳氏加減桃仁承氣湯，用大黃入衝任陽明以逐熱瘀，桃仁助之，乾甚者加增液潤之，添補血中稀汁，使復其流動之流質，而後可通行也。其病根不過陽明伏熱耳，陽明熱解，則衝任諸脈絡之血熱自解矣。予屢驗有功，誰謂《內經》死症無治法耶？

陽明、厥陰伏熱，發爲息賁，胸中墳起一塊，狀如覆杯，按之皮愈熱。瘧母硬塊者，加減桃仁承氣湯主之。此熱結熱瘀，熱瘧熱痞之治法也。瘧母結於脅下，熱瘧熱邪歸結之所也。

陽明伏熱，吐血鼻衄，女子天癸逆行者，加減桃仁承氣湯主之。此血逆熱行治法也。

陽明伏熱當下，脈尚滑利，痰涎津液多者，不可與調胃增液二承氣，當以蔞貝承氣湯下之。氣實者加枳實，氣虛者加北沙參。

《六氣感證要義·火·集說》 溫熱病，用辛溫發汗，多致不救。然有宜辛涼解散者，蓋伏邪自內達外，熱鬱腠理之時，若不得外泄，必還入裏而成可攻之證，益元散加葱豉薄荷，即發汗之妙劑，或酌加神麯、浮萍、川貝母亦佳。

王孟英云，伏氣溫病，自裏出表，先從血分而後及於氣分。故起病之初，往往舌潤無苔，其伏邪重者，初起即舌絳咽乾，甚有肢冷脈伏之假象，亟宜大清陰分，繼必厚膩黃濁之苔漸生；更有伏邪深沉，不能一齊出外者，雖治之

得法，而苔退舌淡之後，踰一二日，舌復乾絳，苔復黃燥，正如剝蕉抽繭，層出不窮，不比外感溫邪，由衛及氣，自營而血也。秋月伏暑證，輕淺者邪伏膜原，深沉者亦多如此。此理不發自孟英，而孟英言之綦詳，故備錄之，雖與辛涼散解之旨頗異，然伏氣之發原無定處，難拘一轍。《難經》云：溫病之脈，行在諸經，不知何經之動，各隨其經所在而取之。此可爲治溫熱病之法矣。

溫熱病，其脈洪大有力，此陽證見陽脈也，可治；若脈來沈細微小，此陽證見陰脈也，必死。

凡溫熱病，若發於三陰，脈微足冷者，多難治。

但熱無寒之溫瘧，是伏氣爲病，宜與溫熱同論；其餘雖亦伏氣，而其始受之因不一，例不收入。

《溫熱逢源·辨正蔣問齋〈醫略〉伏邪篇》 詒按：伏邪之名，從前未經道及，自蔣問齋著《醫略十三篇》，煌煌然著伏邪之名，而伏溫一病，始照然大白於天下。惜乎其所撰伏邪篇，歷引《內經》、仲景之文，既詳且備，而羼入吳又可募原之論，謂伏邪即與溫疫同條共貫，殊不知溫疫之邪，從口鼻吸受，所受者濕穢之邪，藏於募原，則發爲寒熱、痞悶嘔噁等證。伏溫之邪，從經絡內襲，所襲者風寒之邪，伏於少陰，發爲寒熱身疼之候。病原見證，兩者截然不同。蔣氏不能細加審別。而伏邪論中，每每將募原之說牽涉攙混，致學者轉有多歧之惑，爰亟取蔣氏伏邪篇原文，爲之逐條辨正，俾讀者豁目爽心，而於伏邪疫邪，不至更相牽混，貽非好與前人辨難也，亦以病機所在，出入生死之間，不容稍有假借耳。

伏邪者，冬寒伏於募原之間，化熱傷陰，表裏分傳，多爲熱證，以始得病，溲即渾濁，或黃或赤爲據。

原註：蘭亭曰，小便乃州都氣化，邪在表，無關於裏，何至變色渾濁顯是邪伏於中，化熱傷陰之明驗也。

詒按：暑穢之邪，從口鼻吸受者，由肺胃而伏於募原，至秋令涼氣外束，則發爲伏暑。冬寒之邪，從皮毛襲入者，由太陽而伏於少陰，至春令溫氣外達，則發爲伏溫。暑溫兩病，其病源見證，截然兩途。吳又可所論溫疫病源，都屬暑穢之邪。蔣氏乃謂冬寒伏於募原，是將溫暑兩邪，混爲一病，其認題既誤，則立論自不能中的矣。

其見證初起，即溲赤而渾，神煩少寐，或洒洒振寒，蒸蒸發熱，或但熱不寒，或汗出熱不退，或潮熱往來，或寒熱如瘧，或頭疼身痛，或狂躁譫語，或渴或不渴，或反欲熱飲，或有汗或無汗，或汗不達下。

詒按：伏寒化熱，由少陰而發，每有骨節煩疼，腰脊強痛之證，以腎主骨髓腰脊，又爲太陽經所轄之地也，內熱上蒸則頭作痛，慎勿誤認爲表證，而強與發汗也。邪已化熱而反欲熱飲者，中有痰濁瀰漫，得熱飲則開爽也。溫病得汗，而熱不達於下，甚或足冷不溫，此由正虛而氣不流通，或因邪重而氣被鬱，以後病必見重，務宜留心。

舌苔或白或黃，或灰或黑，或滑或濇，或生芒刺，或反無苔，而色紫赤。

詒按：邪涉於胃，則舌上生苔。又可所論邪由募原而發，故始則苔如積粉，其邪化熱日漸加重，故苔亦由白而黃而灰而黑，日漸增重也。若伏溫化熱，由少陰而出間有不涉於胃者，則舌色如常無論不見灰黑之苔，即白黃之苔亦不甚厚，誠以熱在陰經其患不犯於胃，則胃中濁氣無由上騰，而結爲苔也，此亦溫暑兩證之分別處。學者當細心領會。

大便或祕或溏，或下利臭水，或如敗醬，或帶瘀血。

詒按：伏溫熱養於裏，必以大便通達，爲熱邪之出路，此與傷寒便溏爲邪陷者，其論相反，而其理則一也。

或遇濕土司令，釀成濕溫，則身痛異常，溲更渾濁，當與濕證門參治。然濕從土化，土無成位濕無專證，但治伏邪爲主，輔以溫通治濕之意可也。

詒按：濕邪有外感時令之濕，亦有內傷久伏之濕，身痛亦有不因乎濕者，均當分別論治。至治法之或以濕邪爲主，或以伏溫爲主，當視濕邪溫邪之輕重其見證之緩急，方可着手，不容豫設成見也。

其解或戰汗自汗，躁汗狂汗，發痱發疹。

詒按：表氣之鬱，固由痱疹戰汗而解。而欲求達表，必先裏氣暢行，則通腑一層，正伏溫吃緊關頭，不可遺漏也。

其劇則或發痙，或神昏如醉，或苔黑起刺，脣齒焦枯，或鼻煤舌裂，或呃逆從少腹上衝，或搖頭肢體振掉，或氣急痰壅。

詒按：所敍諸劇證，皆熱潰於陰，而燔及胃府，或涉於手足厥陰之候，當分別施治未可混列也。

其脈則忌緊澀細數，而喜和緩滑大。

詒按：溫邪之脈，弦滑數大，此其常也。間有邪熱鬱遏，而脈見細數不暢

者，有正氣不充。而脈見細弱不數者，病必見重，醫者宜留意焉。

其治或先用吳氏達原飲加減，從乎中治。然後或汗或下，如見三陽表證，則加羌、葛、紫胡之類；見三陰裏證，則加硝黃之類。或先汗而後下，或先下而後汗，或汗而再汗，或下而再下，或但汗不下，或但下不汗，或養陰化邪，補瀉兼施，毋爲夾陰所惑，誤服桂附則死。當察其證脈，表裏虚實，老少強弱，風土寒暄，膏粱藜藿，參合爲治。善後則宜和胃養陰。

原註：蘭亭曰，夾陰二字，流俗相傳，本無足據，若因房室致病，男子爲夾陰，將女子爲夾陽乎？眞不値一笑也。病在三陰爲陰證，小兒亦有之，與房室何與焉。況陰證乃正傷寒家事，伏邪疫邪，均無陰證，即或有之，亦千百中之一耳。

詒按：伏氣化溫，從陰而達，法當助陰托邪，達原飲乃燥烈傷陰之品，惟暑濕在募原，舌苔濁膩者宜之。若施於伏溫之病，則助熱爍陰，豈堪嘗試。蓋由蔣氏誤認又可所論之疫邪，謂即是伏溫，而置《內經》、《難經》所論於不問。

再按：吳氏所列治法，於表證多用溫燥劫陰之劑，與伏氣發溫，先傷陰分之病甚不相宜，至所論裏證治法，都與伏溫相合，可以取法不少。緣吳氏當日所見之證，仍屬伏氣居多，所論病情，亦多伏氣之候，祇以病源未澈，識見不眞，復有暑濕之邪夾雜而發者，淆亂其間，故論中每有病情確屬伏溫，治法亦合，而立論皆以疫邪爲名者，此則吳氏立說之鹵莽也。

汗不出九味羌活湯、活人敗毒散、柴葛解肌湯、小柴胡湯、吳氏達原飲，加三陽表藥。《醫話》柴胡白虎湯之類。下則大小承氣湯、調謂承氣湯、桃仁承氣湯、大柴胡湯、柴胡加芒硝湯、涼膈散、拔萃犀角地黃湯、吳氏達原飲，加大黃《醫話》中承氣湯、蔞貝二陳湯之類。養陰化邪，則犀角地黃湯，《醫話》柴胡生地湯之類。補養兼施，則陶氏內龍湯，《醫話》大黃人參湯，或半夏瀉心湯，或十味溫膽湯之類。善後則醫話歸芍二陳湯，加穀芽、神麴之類。此其大略，神而明之，存乎其人。

詒按：所死諸方，粗淺雜湊，學者觀其大略，原不能舉以治病，其汗劑所列九味羌活及敗毒解肌等方，燥烈劫陰，於溫病尤非所宜，學者勿爲其所誤也。

《黃帝內經靈樞·邪氣臟腑病形篇》曰：正邪之中人也微，先見於色，不知於身若有若無，若亡若存，有形無形，莫知其情。

又《五變篇》曰：百病之始期也，必先生於風雨寒暑，循毫毛而入腠理，或復還，或留止。

《素問·生氣通天論》曰：冬傷於寒，春必病溫。

《八正神明論》曰：正邪者身形若有用力，汗出腠理開，逢虚風，其中人也微，故莫知其情，莫見其形。

《熱論篇》曰：今夫熱病者，皆傷寒之類也。此《內經》諸篇，分明以正邪內伏，而後發爲溫病也。

詒按：以上內經各條，所論伏邪，亦既詳且盡矣，何蔣氏尚牽涉募原之說，混而不分也。

《六元正紀大論》曰：司天之氣，氣溫草榮，民康之際，溫厲大作，遠近咸若。此其先有伏邪可知。

《難經》溫病之脈，行在諸經，不知何經之動，此經中有伏邪可知。周禮四時皆有厲疫，蓋邪伏之深，亦可期年而發。

《呂覽》、《禮記》以非時之氣爲疫，即伏邪因感而發。

《史記》齊中御府長信，冬時墮水濡衣，至春病熱，此伏邪化熱可證。

詒按：《呂覽》一條，既以非時之氣爲疫，而又爲伏邪因感而發，是將疫邪伏邪牽合爲一，蔣氏之病根在是矣。

《金匱要略》百合病，必待日數足而後解，是亦伏邪之類。

《傷寒論·平脈篇》直以伏邪爲病名。

《傷寒例》以寒毒藏於肌膚，春變爲溫，夏變爲暑，此以冬傷於寒，發爲溫病，本於經旨。

《太陽篇》太陽病發熱而渴，不惡寒，爲溫病。既不惡寒，邪非在表，而渴屬內熱，其爲伏氣顯然。

《陽明篇》諸下證，與伏邪入胃之意同。

《少陰篇》之自利，心下痛；厥陰篇之厥深熱亦深，諸下證，亦與伏邪化熱傷陰之意同。

詒按：傷寒既經化熱，以後其證治法，與伏溫大略相同。其不同者，在即起自內達外之時，則恰與傷寒爲對待耳。

《太平御覽》載曹植說疫氣致病，悉被褐茹藿之子，荊室蓬戶之人。若夫

殿處鼎食之家，若是者鮮矣。此亦饑寒傷正，邪伏而後發也。巢元方以疫癘與時氣溫熱相類，蓋不知由於一氣所伏，而有多寡輕重之分耳。《通鑑·唐紀》關中比歲饑饉，兵民率皆瘦黑，至麥始熟，市有醉人，當時以爲嘉瑞，人乍飽食，死者五之一。此人飽食，非受風寒，蓋有伏邪內動也。劉河間《宣明方》治疫癘，不宜熱藥，解表而用白虎湯涼膈散，明其有伏熱在內也。李東垣《辯惑論》載壬辰改元，京師戒嚴，受敵半月，解圍之後，都人之不病者萬無一二，既病而死者接踵不絕，將近百萬，豈俱感風寒耶，蓋伏邪所致耳。《丹溪心法》附餘附傷寒直格心要論證治諸法，治伏邪甚善，當與吳氏《溫疫論》互閱。

《丹溪心法》溫疫衆人一般，病者是治有三法，宜補宜散宜降，首用大黄黄芩，先攻其裏，亦因其內有伏邪也。方約之謂溫熱之病，因外感內傷，觸動鬱火，自內而發之於外也，此明言邪伏於中也。元史耶律楚材，用大黄治士卒病疫，亦足見其邪之伏於裏也。

詒按：以上各條所論，均係疫證。而蔣氏引之，每條牽入伏邪，其實疫證中有專病疫者，有兼伏邪者，當隨證審治，若將兩證牽合立論，則不特伏邪之證治不清，并疫證亦茫無依據矣。

王履《溯洄集》溫病熱病，發於天令暄熱之時，怫熱自內而達之於外。又云，世人治溫熱病，雖誤攻其裏，亦無大害；誤發其表，變不可言。足以明其熱之自內達外矣。

張景岳以溫疫本即傷寒，多發於春夏，必待日數足，然後得汗而解，此與《金匱》百合病之義同，皆有內伏之邪故也。吳又可《溫疫論》治伏邪最切，而反以冬傷於寒，春必病溫爲非，是蓋不知寒乃冬月之正邪，正邪之中人也微，先見於色，不知於身，若有若無，若亡若存，及身形若用力，汗出腠理開，逢虛風，謂正邪可伏而後發也。由是觀之，伏邪所從來遠矣。

詒按：《溯洄集》所論，確係伏氣所發，其論病情最爲確當，蔣氏以伏邪與溫疫牽合，已屬誤認。張景岳乃爲溫疫本即傷寒。則誤而又誤，其謂必日數足而後能解，理亦不確，緣景岳於外感六淫病，其理路本未能清晰也。吳又可專論溫疫，遂將當時所見之病，無論其爲伏溫，爲溫疫，一概謂之疫邪，不責己之分辨不清，反疑內經冬傷於寒之語爲不確，其才識粗疏，橫肆武斷，亦未免不自量矣蔣氏既知所伏者爲正邪，則所見高出於吳氏矣，何以篇中引用，仍以達原飲爲主方，前後自相矛盾，吾所不解。

然人之強弱不同，攻補有異，大法有三，攻邪爲上策，扶正祛邪爲中策，養陰固守爲下策。蓋邪伏於中，猶禍起蕭牆之內，邪正交爭，勢不兩立，正氣無虧，直攻其邪，邪退而正自復也。若正氣有虧，不任攻邪，權宜輔正，且戰且守，勝負未可知也。若正氣大虧，不能敵邪，惟有養陰一法，悉力固守，冀其邪氛自解，不已危乎。是以正氣不虛，伏邪雖重，治得其宜，可奏全捷。惟正虛可畏，不知者反以攻邪爲太峻，樂用平穩之方，致使邪氣日進，正氣日虧，正不勝邪，則輕者重，重者危，卒至不起，乃引爲天數，豈不謬哉。

詒按：蔣氏此論，以攻邪爲主，蓋以邪退則正自復，去邪所以救陰也。吳鞠通《溫病條辨》則專以養陰爲主，陰氣既充，則在表者，液足自能致汗；在裏者，增水乃可行舟，陰旺則熱自解，養陰即以泄熱也。愚謂此兩法，亦當隨人而施，如偏於陰虛者，則養陰以泄熱，吳氏之論爲宜。偏於邪重者，則泄熱以存陰，蔣氏之法爲合。二者雖似相反，而實則相成也。

《溫熱逢源·伏溫從少陰初發證治》 經曰，冬傷於寒，春必病溫。又曰，冬不藏精，春必病溫。分而言之，則一言其邪之實，一言其正之虛。合而言之，則惟其冬不藏精，而腎氣先虛，寒邪乃得而傷之，語勢雖若兩平，其義原歸一貫也。喻氏以冬傷於寒，與冬不藏精，又以既不藏精，更傷於寒，分立三綱，各爲證治。試思如果冬不藏精，別受寒之事，則其病爲純虛，與溫病何涉。蓋喻氏祇顧作文之排場，而不自覺其言之不切於病情也。原其邪之初受，蓋以腎氣先虛，故邪乃湊之，而伏於少陰。逮春時陽氣內動，則寒邪化熱而出，其發也。有因陽氣內動而發者，亦有時邪外感引動而發者。凡陽氣內動，寒邪化熱而發之證，外雖微有形寒，而裏熱熾甚，不惡風寒，骨節煩疼，渴熱少汗，用藥宜助陰氣，以托邪外達，勿任留戀。其爲時邪引動而發者，須辨其所挾何邪，或風溫，或暴寒，或暑熱，當於前法中，參入疏解新邪之意。再看其兼挾之邪，輕重如何，輕者可以兼治，重者即當在初起時，着意先撤新邪，俟新邪既解，再治伏邪，方不礙手。此須權其輕重緩急，以定其治法，不可豫設成見也。寒邪潛伏少陰，寒必傷陽，腎陽既弱，則不能蒸化而鼓動之，每見有溫邪初發，而腎陽先餒，因之邪機冰伏，欲達不達，展轉之間，邪即內陷，不可挽救，此最難着手之危證。其或邪已化熱，則邪熱燎原，最易灼傷陰液，陰液一傷，變證蠭起，故治伏溫病，當步步顧其陰液。當初起時，其外達

之路，或出三陽，或由肺胃，尚未有定程，其邪仍在少陰界內，前人治溫病之法，如《千金》用陽旦湯，則偏於太陽，陸九芝用葛根芩連湯，則偏於陽明，張石頑用小柴胡湯，則偏於少陽，至喻嘉言之麻附細辛，則過於猛悍矣，葉香岩之辛涼清解，則失之膚淺矣，愚意不若用黃芩湯加豆豉元參，爲至當不易之法。蓋黃芩湯爲清泄裏熱之專劑，加以豆豉爲黑豆所造，本入腎經，又蒸罨而成，與伏邪之蒸鬱而發相同，且性味和平，無逼汗耗陰之弊，故豆豉爲宣發少陰伏邪的對之藥，再加元參以補腎陰，一面泄熱，一面透邪。凡溫邪初起，邪熱未離少陰者，其治法不外是矣。至兼挾別項外感或兼內傷，或邪雖未脫少陰，而已兼有三陽見證者，均宜臨證參酌施治，固非可刻舟以求劍矣。

《溫熱逢源・伏溫由少陰外達三陽證治》 寒邪潛伏少陰，得陽氣鼓動而化熱，苟腎氣不至虛餒，則邪不能容而外達，其最順者，邪不留戀於陰，而逕出於三陽，則見三陽經證。太陽則惡寒發熱，頭項疼腰脊強，治宜豉芩合陽旦湯。陽明則壯熱鼻乾，不得卧，治宜豉芩合葛根知母等味。少陽則寒熱往來，口苦脇痛，治宜芩豉合柴胡山梔等味。其邪初出三陽，或兼新感，外有惡寒熱無汗等證，則桂葛柴胡，自當參用。若裏熱已甚，則不宜桂枝壯熱，汗多則不宜葛根，內風易動則不宜柴胡，此則又在臨時之化裁矣。《難經》曰，溫邪行在諸經，不知何經之動也，故其發也，本無定處，大略乘經氣之虛，或挾別邪而發，如太陽虛則發於太陽，陰氣虛則戀於陰分。其有溫邪化熱已出三陽，而未盡之邪，尚有伏於少陰而未化者。即或全數化熱，而其熱有半出於陽，半戀於陰者。用藥總宜隨證化裁，活潑潑地，方能應手取效也。

《溫熱逢源・伏溫熱結胃腑證治》 伏溫化熱而達，其證由少陰而出三陽者，於法爲順。惟無形之熱，可從經氣而達。若中焦挾有形食積濁痰，則邪熱蘊蒸，每每乘機入胃，熱結於中，而爲可攻之證。蓋胃爲五藏六府之海，位居中土，最善容納，邪熱入胃，則不復他傳，故溫熱病熱結胃府。得攻下而解者，十居六七。前人如又可所論，雖名瘟疫，其實亦係伏邪，所列治法用攻下者，十之七八。蓋傷害重在誤下，溫病重在誤汗，溫病早投攻下，不爲大害，前賢本有此論，吳氏又確見病證之可下者多，故放膽言之，而不自覺其言之偏重也。陸九芝謂溫病熱自內燔，其最重者，祇有陽明經府兩證，經證用白虎湯，府證用承氣湯，有此兩法，無不可治之溫病矣。其意專重陽明。若溫病決不涉及別經者，其言亦未免太偏。總之，溫病邪熱，蒸鬱入於陽明者居多。熱在於經，猶屬無形之熱，其證煩渴多汗，狂譫脈洪，此白虎證也。若熱結於府，則齒垢唇焦，晡熱，舌苔焦黃，神昏譫語，脈沉實，此承氣證也。祇要認證清楚，確係熱在於胃，則白虎、承氣，依法投之，可以取效反掌。切勿因疑生怯，反致因循貽誤也。

前人用大黃下奪，有因泄熱而用者，有因解毒而用者，有因疏瘀化痰而用者，有因疏泄結氣而用者，原不專爲積滯而設。無如不明醫理者，見方中有大黃一味，即謂之承氣，即謂之攻積，因而疑忌多端，當用不用，坐此貽誤者多矣。

傷寒熱結胃府者，糞多黑而堅燥；溫病熱結於胃者，糞多醬色而溏。藜藿之子，熱結者糞多栗燥；膏粱之人，多食油膩，即有熱灼，糞不即燥，往往有熱蘊日久，糞如污泥，而仍不結爲燥栗者。此不可不知也。有初起病時，便溏作瀉，迨兩三日後，熱勢漸重，乃結於胃而便祕者，仍宜依法下之。又有熱勢已重，渴飲頻多，或用清泄之劑，因而便泄稀水，堅糞不行者，此熱結旁流也。古法用大承氣下之，吳鞠通改爲調胃承氣甚合。

熱結而成燥糞者，行一二次後，燥糞已完，熱邪即盡。若溏糞如烟膏黴醬者，或一節燥一節溏者，此等證，其宿垢最不易清，即邪熱亦不易淨，往往有停一二日再行，有行至五六次，多至十餘次者，須看其病情如何，以定下與否，慎勿震於攻下之虛聲，遂謂已下不可再下，因致留邪生變，而受養癰之實禍也。

《溫熱逢源・伏溫上灼肺金發喘逆咯血欬膿證治》 伏邪在少陰，其由經氣而外出者，則達於三陽，其化熱而內壅者則結於胃府，此溫熱病之常也。少陰之系，上連於肺，邪熱由腎系而上逆於肺，則見肺病。況溫邪化熱，火必尅金，則肺藏本爲溫邪所當犯之地，其或熱壅於胃，上熏於鬲，則熱邪由胃而炎及於肺，更爲病勢所應有。近時煙草盛行，肺中津液，熏灼成痰，阻窒肺隧，平日每多痰欬，更值溫熱上蒸，痰得熱而痰更膠粘，熱附痰而熱愈留戀，其爲欬爲喘，意中事也。肺絡不通，則胸脇刺痛，熱鬱日甚，則痰穢如膿，或欬紅帶血，無非熱灼金傷所致。此時苟伏邪已一律外透，則治之者，祇須清泄肺胃。夫病在肺，而何以治者必兼及胃，蓋肺中之熱，悉由胃府上熏，清肺而不先清胃，則熱之來路不清，非釜底抽薪之道也，古方如麻杏甘石、越婢、青龍、清燥救肺等方，均用石膏，誠見及於此也。輕則葦莖湯，鮮斛鮮沙參之

類，必不可少，脇刺者兼和絡氣，欬紅者兼清血絡。滋膩之藥，恐其肋痰，溫燥之品，恐其助熱，均爲此症所忌。又此症在初起時，醫者粗心不察，視爲尋常外感，恣用發散，或見其痰多，妄用二陳，或見其喘逆，作外感治，而用麻桂，作內傷治，而用生脈熟地，均屬背謬，而耗液助熱生痰諸弊畢集矣。迨見病勢日增，始細心體認，改投清泄，而肺金藏陰已傷，不能遽復，即使邪熱得清，而內熱乾欬，綿延不愈，遂成上損，終致不救者，往往有之。誰之咎哉。

《溫熱逢源・伏溫內燔營血發吐衄便紅等證治》 溫邪化熱外出，其熏蒸於氣分者，爲煩熱口渴等證，其燔灼於營分者，血爲熱擾，每每血由肺絡而溢出爲欬血，由吐而出爲吐血，上行清道爲鼻衄齒衄，下行濁竅爲溲血便血，凡此皆血爲熱邪所迫，不安其絡，因而上溢下決，惟血既外奪，則邪熱亦隨血而泄，病勢宜由此而減，乃爲吉象。若血既外奪，而裏熱仍盛，昏譫煩躁，仍不輕減，即屬重症。推其故，蓋有二焉，一則伏熱重而蒸鬱過深，絡血雖溢，而裏熱之留伏尚多也；一則營陰虛而爲燔灼所傷，陰血枯竭，而不能托邪外出也。邪重者宜涼血泄邪，如犀地梔丹銀花連翹茅根側柏之類；血虛者宜養血清熱，如地芍梔丹阿膠元參之類，總以涼陰泄熱爲主腦。血虛者兼以滋養，邪實者兼以清泄，必使血止，而熱亦因此而解，斯爲順手耳。此等症，每有急求止血，過用清涼，以致血雖止，而上則留瘀在絡，胸脅板痛，下則留瘀在腸，垢痢瘀紫，甚或留瘀化熱，變爲暮熱朝涼，欬痰帶血，見種種陰損之候，昧者不察，誤認爲虛，漫投補劑，遂遷延不愈，愈戀愈虛，以致不救，可慨也夫。

凡瘀留在腸胃者，易於疏化，以其在康莊大道，不在細微曲折之處，藥力易於疏通也。若瘀留於肺肝血絡之中，則絡道蠶從，藥力既非一時可到，而又不宜於猛劑攻消，祇有通絡化瘀泄熱之法，緩緩圖功，如曹仁伯清瘀熱湯之法，最爲得竅。學者宜仿此用之。清瘀熱湯

《溫熱逢原・伏溫外竄血絡發斑疹喉痧等證》 伏溫化熱，燔灼血絡，因致絡血外溢，邪熱即隨血而泄，於病機猶爲順象。乃有邪熱鬱於血絡，不得外達，其在於肺，肺主皮毛則爲疹；其在於胃，胃主肌肉則爲斑，有斑疹各發，不相交涉者，有斑疹兼發，不能分晰者，總之以清營透邪，疎絡化斑爲主。凡外面斑疹透齊，即神清熱解者爲吉。若斑疹雖透，而裏熱不解，則熱鬱已甚，其勢必有變端，當隨其見證，小心斟酌。【略】

治肺疹初起，須兼透達者，於清營方中，用牛蒡蟬衣，以透發之。古方治斑毒，用化斑湯，白虎合犀地之類。或玉女煎之類，然須煩熱多汗者，乃爲合劑。若熱不甚，汗不暢，遽投石膏，恐有邪機冰伏之弊，臨用時宜加斟酌。黃玉楸於此證，用浮萍爲表藥，頗有思路，可取用之。

《溫熱逢原・伏溫化熱鬱於少陰不達於陽》 伏溫之邪，冬時之寒邪也，其傷人也，本因腎氣之虛，始得入而據之，其乘春陽之氣而外達也，亦以腎氣暗動，始能鼓邪化熱而出。設其人腎陽虛餒，則邪機冰伏，每有半化半伏，欲達不達之症，如外面熱象熾盛，或已見昏譫痙厥之候，而少陰之伏邪尚有未經化熱，仍留滯於陰分者，此時就熱象論，已有熱擾厥陰之險，清泄之藥不容緩，而內伏之邪，又以腎氣內餒，不能化達，設專用涼泄，則邪機愈滯，設用溫化，又屬抱薪救火，展轉之間，內則陰液乾涸，外則邪熱蒙閉，遲之一二日，即不可挽救矣，此等症情，在溫病中，爲最險重之候，即使竭力挽回，亦屬冒險圖功。治病者，必須豫爲道破，庶免疑謗。此證邪伏少陰，喻氏仿仲景少陰病治例，用麻黃附子細辛湯，及麻黃附子甘草兩方，以透邪，增入生地，以育陰扶正，其用意頗爲切當。惟溫邪既動，必有熱象外現，其甚者邪熱蒙陷，已有痙厥之象，此時麻附細辛，斷難遽進，然非此大力之藥，則少陰之沉寒，安能鼓動。治當師其意而變其制，如用麻黃汁製豆豉，附子汁製生地，至涼肝熄風，治標之藥，仍宜隨症參入，似此面面周到，庶可收功。

《溫熱逢源・伏溫化熱內陷手足厥陰發痙厥昏蒙等證》 伏溫由少陰而發，外出於三陽經證，內結於胃府，則見陽明府證，其證雖深淺不一，但由陰出陽，於病機爲順，均在可治之例。惟有伏邪已動，而熱象鬱滯，不達於三陽，亦不歸於胃府，而即竄入厥陰者，在手厥陰則神昏譫語，煩燥不寐，甚則狂言無序，或蒙閉不語；在足厥陰則抽搐蒙痙，昏眩直視，甚則循衣摸床。此等凶證，有兼見者，有獨見者，有府熱內結，邪氣充斥而潰入者，有陰氣先虧，熱邪乘虛而陷入者，有挾痰涎而蒙閉者，有挾蓄血而如狂者。凡遇此等重證，第一先爲熱邪尋出路，如在經者，從斑汗解，在府者，從二便出是也。至照顧正氣，轉在第二層，蓋氣竭則脫，陰涸則死，皆因熱邪燔劫而然，用藥於祛邪中，參以扶正養陰，必使邪退，而正氣乃有立腳。如徒見證治證，但以清心泄肝，化熱養津之劑，就題面敷衍，雖用藥並無大謬，而坐失事機，迨至遷延生變，措手不及，誰之咎歟。今姑就手足厥陰見證各條，擬治法如左。

凡熱重昏譫，至夜增劇，舌底絳色，此熱灼於營也，以犀角地黄爲主方。煩躁不寐，口渴舌板，神情昏擾，熱鬱於上也，以涼膈散爲主方。神志煩亂，小溲赤濇，舌尖乾紅，熱劫心陰也，導赤各半湯爲主方。面赤神煩，大渴多汗，熱熘陽明之經也，白虎湯爲主方。大便祕結，或熱結旁流，唇焦齒垢，舌刺焦黄者，熱結陽明之府也，以三承氣爲主方。又如熱蒸痰升，蒙閉神明者，加用至寶、紫雪、菖蒲汁之類，痙掣搐搦，肝風升擾者，加用羚羊角鈎藤石決明之類。病證紛繁，治難縷述，而總以祛邪扶正兩意爲提綱。祛邪之法已列於前，至扶正之法，在溫病以養陰爲主，以溫熱必傷陰液也。人參難得佳者，且病家無力者多，豈能概用，惟西洋參甘涼養津，施於溫熱傷陰者，最爲合用。餘如生地滋腎陰，白芍養肝陰沙參養肺陰，石斛養胃陰，沙參養肺陰，麥冬養心陰，如遇虛體，或久病陰傷者，無論發表攻裏劑中，均可加入。其或熱已竄入厥陰，而邪之藏地少陰者，熱氣尚伏而不揚，宜於清泄中仍兼疎托或熱已內陷營陰，而邪之走於經者，表氣尚鬱而不達，宜於涼營中，再參透表。其最重者，邪熱內熘，而外面反無熱象，甚至肢厥膚冷，脈濇數而不暢，必得大劑泄熱透邪，乃使熱勢外揚，脈象轉見洪大，庶可免厥空閉脫之危也。

《內經》謂冬傷於寒，春必溫病，此言伏氣化熱成溫病也。究之伏氣化熱成溫病者，大抵因復略有感冒，而後其所化之熱可陡然成溫，表裏俱覺壯熱。不然者，雖伏氣所化之熱深入陽明之府，而無外感束其表，究不能激發其肌肉之熱。是以治之者恆不知其爲伏氣化熱，放膽投以治溫病之重劑，是以其熱遂永留胃府致生他病。

《伏瘟證治實驗談・治療》 秋燥本氣屬涼，謂之次寒。故《素問》有燥淫於內，治以苦溫，佐以甘辛，以苦下之之說。此秋燥勝氣之治法也。又云：燥金之下，火氣承之。燥之對化爲火，故《素問》又言：燥化於火，熱反勝之，治以辛寒，佐以苦甘之說，此秋燥復氣之治法也。二法截然不同，不相假借。如此已未冬月之證，乃係復氣之爲病，況邪氣內伏，久必化火，陰液虛耗，亦生內熱，當遵《素問》辛寒苦甘及喻氏、葉氏辛涼甘潤諸治法，庶合正規。昧者咸以羌活、防風、桂枝、獨活、川朴、枳殼諸苦溫辛熱之藥投之，故多致氣逆喘急而死。此一節論已未冬月症正治之法也。

仲景以發熱而渴，不惡寒者，爲伏寒化熱之溫病。既已化熱，定必傷陰，故初病即渴，即不惡寒，此庚申春月之病，亦當遵《內經》治燥之例以治之。故仲景治太陽病發汗後大熱不解，大渴飲水者，及三陽合病，腹滿、身重、難以轉側，口不仁而面垢，譫語、遺尿者，並用白虎湯主之。石膏辛寒，辛能解肌，寒能降火，辛能升通，寒能沉降，並擅上下內外之能，故以爲君。知母苦潤，苦以瀉火，潤以滋燥，故以爲佐。且用甘草、粳米稼穡作甘之味調和於宮，寒劑得之緩其沈寒，苦劑得之化其苦劣，能收滋陰之益，不受傷陰之害，即《素問》治以辛寒，佐以苦甘之旨，此聖人立法所以爲善也。此一節論庚申春月症正治之法也。

當初起時期，惡寒、鼻塞、嘔吐、舌白、頭痛、項強，純係外感風寒之症。其內伏之邪尚未發動，宜速用辛平發汗散寒諸劑，透澈外邪，病可立愈，但爲時無幾，一轉瞬而發熱、口渴、舌紅，既已引動其內伏之邪，表裏化合，混和併發，當此時期，外寒而內熱，外濕而內燥，徒攻其外則眞陰立涸，若滋其裏則邪去無期，宜以辛平解肌，甘涼安內，一舉兩得，庶可保全。自兹以往，外邪既隨內伏而化熱，燎原之勢無待躊躇，則救內應較攘外而彌急，宜治以辛涼甘寒，佐以微鹹微苦。用手經輕清之劑大隊並進，津液得復，邪氣自除。至於足經鹹苦重濁諸劑，咸在禁忌。鹹性作瀉，苦性降下，必傷其氣。鹹令人渴，苦從火化，必傷其液。燥病是久，元氣、津液所存無幾，若更以鹹苦沈降之藥下其氣，竭其液，其人尚有生理乎？惟舌苔黄濁，裏結實甚者可暫之，非正治也。

或曰：此症發現，起因既由傷寒爲導線，傳經見症仍由太陽、陽明、少陽爲轉歸，則仲景遺法具在。若麻黄湯、承氣湯、小柴胡湯，子皆棄之而不用，何也？答曰：仲景《傷寒論》，乃傷寒即發，按日傳經之治法也。故仲景另以傷寒不即發，伏留化熱者名曰溫病，論中未出方劑。今此症由於伏氣，與仲景所謂溫病者同一類，故傷寒諸方無所用之也。或曰：伏邪發動之後，其治法不遵傷寒，既得聞命矣。若初起惡寒、頭項強痛純係太陽表症，子何不用麻黄湯乎？答曰：初起時期，內伏雖未發動，然必要預防，當使潛消，不令暗長乃爲上策。麻黄杏仁氣分藥，猶可用之，若桂枝，其色紫赤，其性入心、入血，能引助君火之氣以遊行於週身榮衛之間。今內伏雖未發動，倘驟入桂枝爲導火線，則伏邪未有不隨引而暴發者。鄙人每易以紫金錠輩與服，無不應手取效。蓋紫金錠一面以麝香開散表邪，一面以硃砂涼鎮心火，故收效如神也。

《伏瘟證治實驗談·一種肺臟現症之治法》 初起惡寒、咳嗽、頭痛、鼻塞、脈浮腎者，宜杏蘇散加減主之。

此初感風寒，倘水觸動內伏，急宜治以辛平苦甘之劑發汗利氣，一鼓蕩平，不使留遺後患，是爲得之。

初起惡寒、發熱、鼻塞、咽乾、痰粘不出，咳嗽、喘急、倚息不得卧，脈浮，候弦沈，候數者，宜仲景麻杏石甘湯主之。【略】

此燥火內伏，寒邪外束，當遵仲景以辛瀉肺之旨，用辛溫散寒、辛寒清燥表裏兼顧法。

數日後不惡寒，但身熱或熱不甚，頭痛，口微渴，飲水後痰易咯出，喘急不得卧，脈弦數而濇者，宜吳鞠通辛涼輕劑桑菊飲主之。【略】

日久無惡寒發熱，但諸氣膹鬱，諸痿喘嘔，脈虛數者，宜喻氏清燥救肺湯去阿膠加菊花主之。【略】

《伏瘟證治實驗談·一種太陽陽明少陽三經現症之治法》 初起期惡寒、鼻塞、嘔吐、舌苔白、頭項強痛，或喘悶昏厥者，宜紫金錠及諸葛行軍散並主之。【略】

初起期惡寒、發熱、嘔噁、頭痛、項筋拘急、舌白尖紅者，宜泄衛護榮湯主之。

方論： 風傷太陽，衛氣不行於頭，則必頭痛，寒中經絡，榮氣不充於裏，則必拘急； 濕閉三焦，陽氣不達於表，則必惡寒； 嘔噁者，胃有寒也； 舌白者，表有寒也。 陰邪外束，陽氣不得外泄，必致內竄； 表邪外激，內伏乘機發動，必致合化。 身熱，舌尖紅者，此邪漸入榮，引動伏熱，勢將昏厥之兆，急用辛平之劑泄衛以徹表邪，甘涼之劑護榮而增陰液，養正攻邪，內外兼顧，衛鋒急進，一鼓可以蕩平，眞神方也。

初起期惡寒、發熱，項強筋急、頭腦疼痛最爲劇烈，口微渴，舌尖紅者，宜疏風清腦飲主之。

方論： 足太陽經及督脈同起於目內眥，上額交巓絡腦間，下項挾脊抵腰中。 太陽爲病，頭痛、脊痛、腰如折，項似拔； 督脈爲病，脊強反折，治宜藁本、葱白，以疏達其經氣。 足厥陰經從目系出額，會督脈於巓頂。 肝風煽動邪火上炎，直冲犯腦則腦痛而筋攣，治宜菊花、薄荷、丹皮、玄參以疏火清火； 豆豉、蠶砂以升清降濁； 再加銀花藤、鈎藤通脈絡，解疫毒，使外襲之邪一齊達表，斷無續後內陷之危矣。

中汎期發熱、口渴、唇舌焦燥、頭腦劇痛、頸背痙攣、精神恍惚、譫語、驚妄或昏沉不省者，宜救陰清心湯加至寶丹主之。

方論： 伏邪化熱，眞陰虧耗，心神已處可危之地點，又復外邪內竄，逆犯心胞，心君乏抵抗之能力，飽受驚惶，所以有恍惚、譫驚之狀態。 此時邪氣方張，元氣將絕，存亡呼吸之間，最危險、最張皇之時期也。 急宜治以大劑辛涼甘寒，佐以微苦微鹹芳香靈異諸品，清熱降火，育陰和陽，通神明、化穢濁，大隊並進，庶可回天，切忌芩、連、知、柏苦劣沉寒諸藥，傷陰刼液以化燥。 三甲、驢膠足經鹹寒諸藥引邪深入，下焦如水益深，如火益熱，遂致不起，無可挽救，惜哉！

中汎期又有發熱、神昏、沈睡無語、不知痛苦、不能轉側者，宜前方加九節蒲、生黃芪主之。

方論： 此症陰傷而陽亦受困，用九節蒲、生黃芪以發動其心陽。 服一劑即能言語，但未免有恍惚胡言之候，宜除去九節蒲、生黃芪，再服前方一劑，即可神清矣。

中汎期又有舌潤、身涼、脈弦遲或伏，眼或開或閉，口噤不能言，不知痛苦，不能轉側者，宜喻嘉言滌痰湯加減與之。

方論： 此症風痰、寒濕凝滯脈絡，良由素性寒涼，伏邪未能化熱，重感於邪，陽氣痹困太甚，宜用辛香諸品通陽利氣，則風痰、寒濕之邪自能流通而無滯矣。

中汎期身微熱，口噤、筋攣、四肢抽搐、口眼喎斜、神識昏迷、脈弦滑、舌苔黃濁者，宜熄風安神湯主之。

方論： 此風邪直中厥陰，引動伏火，風從火化，風火相煽，氣升痰湧，阻滯竅絡，故見症如是。 宜急以熄風、清火、宣竅、通絡、降氣、化痰治之，邪氣廓清，而心君自泰矣。

中汎期身熱，口渴、心煩、喘悶、頭疼、身重、舌苔焦黃，濁厚垢膩，胃中痞實，不知飢，不大便者，宜調胃承氣湯或涼膈散微下之。

方論： 此濁邪熾盛，盤踞中宮，以致上下脈絡痞隔不通，不得不遵《內經》熱淫火淫之例，治以鹹寒，佐以苦甘，通順腸胃，則濁降清升而諸症悉退矣。 若舌雖焦黑而苔薄不膩者，此伏氣化火，無形燥熱，此方不可與也。 宜

仿吴鞠通增液湯法，於應用方内重加麥冬、玄參，大便自下矣。

終後期心神清醒後，身熱未清，口渴舌燥，頭痛甚劇，項筋疼脹，身不轉側，身有汗，右關脈洪數者，白虎湯主之。身無汗但頭汗出，左關脈弦數者，宜養液通痹湯主之。

方論：　足陽明胃經脈，上耳前，循髮際至額顱，凡頭前額痛者，乃由陽明悍氣上衝，宜石膏、知母，辛通苦降之劑鎮墜其上衝之悍氣，抑令下降。然恐其沉降太過，致傷中氣，特佐以粳米、甘草甘緩滋潤之品，養胃和中，以劑其平，所以爲主治陽明溫熱病之最大有力者也。

方論：　此症頭痛項疼，爲前、中、後三期必有之特徵，大概前期多屬太陽，中、後二期多屬陽明、厥陰。蓋太陽主表，屬外感傷寒症；　陽明主中，屬傳裏化熱症；　厥陰主裏，屬内風煽火症。太陽宜開，治以麻黄、羌活、藁本、薄荷之類；　陽明主通降，治以白虎、增液、承氣之類；　厥陰宜闔，治以鮮生地、丹皮、骨皮、菊花、桑葉、蠶沙之類。選取加入，自有卓效。太陽、陽明症治，前條既詳，兹不復贅，但厥陰治法，前人多用龜板、鱉甲、阿膠、牡蠣、地黄、白芍、五味、磁石酸收膩補質重沈寒之物，今皆摒棄不用者，蓋此症純由五運六氣在天輕清之邪伏化而成，繼以肝風内起，煽動伏火直犯上部清虚之體，震撼神經，重則必致昏厥，故治法亦宜倣此，而用微辛、微苦、微甘、微寒之劑，質輕味薄，氣清性平之品。耑入上部清之處，使之鎮熄於無形，乃爲善法，若厚重粘膩之藥，不達病所，非所治也。

終後期神清身涼，軀體強直，重着疼痛不能轉側，脈弦硬而濇者，宜宣絡通痹湯主之。

方論：　此痿也，宜治以甘寒，佐以微辛。清肺氣以益衛，滋胃液以養榮，飲食漸進，脈絡自通，則病即霍然矣。

終後期左半肢體痿痹者，燥傷肝血也。痹症屬血瘀，宣絡通痹湯亦治之；　痿症屬血虚，宜喻氏人參丸加減治之。

方論：　此痹症也，誤服足經鹹苦沉寒之藥太過，以致風寒痰濕諸邪留滯經絡瘀不動而成，宜治以辛甘，通陽、導氣、消痰、化瘀，而病自愈。

終後期身微熱，口微渴，頭項微痛，四肢委廢不能起坐，脈數而微弱者，宜益衛養榮湯主之。

終後期右半肢體痿痹者，燥傷肺胃之液也。痹症屬濕痰凝滯，脾氣不行，喻氏滌痰湯加減亦始之；　痿症屬肺胃陰傷，益衛養榮湯亦治之。

終後期身涼進食，但覺四肢痿弱不能起立行走者，宜補榮通俞飲主之。

方論：　此症治不得法，纏綿一二月，雖幸諸症俱退，必致肢體痿弱不能起立行走，此臟陰虧耗不榮筋脈，故緩縱不收也。治法必以養陰爲先，養陰必以納穀爲要。《内經・痿論》云：　治痿獨取陽明。陽明者，五臟六腑之海，主潤宗筋，宗筋主束骨而利機關，故陽明虚則宗筋緩縱，帶脈不引，故足痿不用也。宜各補其榮而通其俞，調其虚實，和其順逆，則病已矣。補榮者，補養五臟之陰也；　通俞者，通利五臟之熱也。榮出中焦，水穀入胃，取汁化赤而爲血，以奉生身，行於經隧。故養陰之道，宜注意納穀之漸多，胃液之漸足，則庶幾矣。方中諸味，皆所以長胃液，助胃用，預期納穀之地也。

終後期身涼進食，或二三月後尚然，精神呆鈍，語言蹇濇，步履困難，脈弦細而濇者，宜天王補心丹主之。

方論：　心液，腦汁久爲燥火煎熬，傷耗已甚，故神經衰弱，知覺運動俱處困難。陳修園曰：　以生地黄補水，使水上交於心，以玄參、丹參、二冬瀉火，使火下交於腎，又佐參苓以和心氣，當歸以生心血，二仁以安心神，遠志以宣其滯，五味以收其散，更假桔梗之浮爲向導，榮氣通於心，心得所養則靈機自轉，經脈自和，尚何疾病之有哉。

《感症寶筏・伏暑晚發》　晚發者，夏受暑濕之邪，留伏於裏，至秋新邪引動而發也。其症與瘧疾相似，但寒熱模糊，脈象沉滯，舌胎黏膩，脘痞煩悶，午後更熱，天明汗解，或無汗，清晨稍解，此暑濕之邪留着於里，最難驟愈。治法不外三焦主治。

在上焦，則舌胎白膩，頭脹身痛，肢冷胸悶，咽乾溺澀等症。當泄氣分之熱，宜連翹、杏仁、滑石、薄荷、橘紅、通草、半夏、桔梗。熱邪重加黄芩、蘆根，濕邪重加白蔻、厚樸。

在中焦，則舌胎微黄黏膩，痞悶胸滿，或目黄舌白，口渴溺赤。宜濕熱兼治，用法半夏、陳皮、赤苓、枳實、川連、通草之類。

若濕邪重，則脾陽受傷，目黄腹脹，小溲不利，或大便不實。又宜溫中去濕，如茅朮、厚樸、二苓、澤瀉、木香、木瓜之類。濕甚加乾薑。

濕熱結於下焦氣分，必兼小腹脹滿，小便不利。宜茯苓、豬苓、滑石、寒水石、晚蠶沙、茵陳、澤瀉之類，桂苓甘露飲亦可。

若暑濕之邪，入於營分，則口渴心煩，舌赤。宜清營分之邪，犀角、鮮生地、菖蒲、元參、連翹、銀花之類。

若舌胎中黄邊絳，齒燥唇焦，脈左數右大，此暑邪内燔，氣血兩虧也。玉女煎加減。

紀　事

《三家醫案合刻·卷一》身瘈，體質適值過勞，陽氣受傷，嘔吐食物，身熱而無頭痛。已非外感風寒。間日煩躁渴飲，唇焦舌黑，是内伏熱氣。由募原以流布三焦，亦如瘧邪之分爭營衛者然。然積勞既久，伏邪客病，脈來小緩，按之不鼓，可爲徵驗。且兩便頗通，略能納穀，焉有停聚積滯？仲景以單熱無寒之症，不出方藥，但以飲食消息之。後賢參擬甘寒滋養胃陰，其熱自解。

竹葉　花粉　麥冬　連翹　生地　杏仁　蔗漿

《溫熱逢源·伏溫熱結胃腑證治》光緒初年冬仲，徐君聲之，因欲服補劑，屬爲定方。予診其脈，兩尺浮數弦動而不靜。予謂據此脈證，當發冬溫，補劑且從緩進。因疏方，黄芩湯加生地，囑其多服幾劑。當其時飲啖如常，並無疾苦。勉服三兩劑，即停不服。迨十二月十七，忽振寒發熱，兩日後，漸覺神情昏糊困倦，熱勢蒸鬱不達，神呆耳聾面垢，此少陰伏邪，化熱外達，其勢外已入胃，而内發於陰者，尚未離少陰之界，而并有竄入厥陰之勢，病情深重而急。予以至戚，誼無可諉，不得不勉力圖之。先與梔豉黄芩二劑，繼進清心涼膈法兩劑，均無大效。而痙厥昏譫，舌燥脣焦，病勢愈急，乃用調胃承氣，加洋參、生地、犀角、羚羊、元參，養陰清泄之品，兩劑之後，始得溏糞如黴醬者二遍。間進犀、羚，地、芍，豆豉，梔、丹，芩、元參，養陰熄熱，清透少陰之劑，而熱仍不減。乃再與調胃承氣合增液法，又行垢糞一次。此後即以此法，與養陰清泄之法相間迭用。自十二月二十三起，至正月初十通共服承氣八劑，行宿垢溏黑者十餘次，裏熱始得漸鬆，神情亦漸清朗，用養陰之劑，調理兩月而痊。

按：此證少陰伏邪本重，其化熱而發也。設熱邪全聚於胃，即使熱壅極重，猶可以下泄之藥，背城借一，以圖幸功。乃中焦之熱勢已劇，而伏熱之潰陰分者，又内熾於少厥兩陰之界，岌岌乎有蒙陷痙厥之險，不得已用助陰托邪之法，從陰分清化，使其漸次外透。其已達於胃者，用緩下法，使之隨時下泄，戰守兼施，隨機應變。如是者，將及兩旬，邪熱始得退清。假使攻下一兩次後，即畏其虛而疑不能決，其險有不堪設想者。然則焦頭爛額，得爲今日之上客者，幸也。

長媳徐氏，戊戌七月，患感冒挾肝氣發熱，脘痛嘔噁不納者五六日，八月朔，得大解頗暢。余謂大便一通，病可鬆也，不意至夜寒熱大作，噁心乾嘔，徹夜不止，與左金平胃溫膽瀉心，均無寸效。至初五日，煩躁口渴，舌燥起刺，予以其質弱陰虧，慮其不耐壯熱，急思乘早擊退，冀免淹纏，遂用涼膈合瀉心法，佐以洋參石斛等，連進兩劑，得大解兩遍，嘔噁即止，而裏熱不減，間服養陰泄熱藥一二劑，大便仍不行，而舌苔灰熱轉厚，乃改用調胃承氣，合增液法，間日一進，每進一劑，即行一次，糞色或黄或黑，或溏或結，又進三次，至十五日，方中大黄重至五錢，乃腹中大痛，宿糞暢行。當時冷汗肢厥，幾乎氣脱不回，急進人參以扶正氣，始能漸定。自此次暢行後，裏熱漸松，用藥總以養陰扶胃爲主，每間三四日，大解不行，即用人參湯送大黄丸藥一服，或瀉葉湯一盞，大便始行，而糞色仍黑紫如醬。至九月初，乃能漸進米湯稀粥，然每至三五日大解不通，即覺胃熱熏鬱，須與清泄，得大解始平。至九月十九日，服瀉葉湯後，忽然宿垢大行，得黑糞半桶之多，然後積熱濁熱，始得一律肅清，不再有餘熱熏蒸矣。自初病至此，共用大黄三兩零，元明粉一兩零，人參參鬚二三兩，洋參、麥冬各十餘兩，鮮地、石斛各一斤，其犀羚珠粉等味，用數少者不計焉。此證因陰虚質弱之體，患此大病，米飲不沾唇者一月；而得全性命者，緣自病迄今，始終以扶正養陰爲主，故雖屢頻危殆，而卒獲保全。其積垢行至一月有餘而始净，則初念亦不及料也。然從此可知時病之餘熱不除，皆由積垢不清所致，斷不可顧慮其虛，轉致留邪生變民。又此證最易惑者，其脈始終細弱，毫無實象，惟將見證細意審察，究屬體虛證實，惟有用洋參鮮地石斛大黄，以養陰泄熱，爲至當不易之治，碻守不移，始得回一生於九死也。亦幸已哉。

《溫熱逢源·伏溫化熱鬱於少陰不達於陽》附案，及門生金石如，戊戌三月初旬，患時感。初起惡寒發熱，服疎散藥一劑，未得汗解，而熱勢轉淡，

神情呆鈍，倦卧耳聾，時或煩躁足冷，及膝指尖耳邊鼻準亦冷，兩便不利，腰愈板硬，不能轉側，脈遲細而弱，嘔噁不能納水飲，惟嚼醬薑稍止，舌苔厚燥微灰，此由新感引動伏邪，而腎陽先餒，不能托邪化熱，故邪機冰伏不出，其已化之熱，内陷厥陰，欲作痙厥，證情極爲險重。趙生静宜先往，用梔、豉、桂枝、羚羊角，合左金法，小便得通，足溫嘔止，餘則證情如故，邪仍不動，議用麻附合洋參生地等，扶正托邪，而余適至，遂令趕緊煎服，兩進之後，足脈議弦，而神情之呆鈍，腰脊之板痛仍爾也，擬用麻黄製豆豉附子製大生地，桂枝製白芍，合人參、牛膝、元參、淡芩、羚羊生牡蠣等味出入，三劑後，以舌苔灰厚而乾，又加大黄，服後忽作寒慄戰汗，而腰脊頓鬆，隨得大解，而裹熱亦泄，神情爽朗，調理一月而愈。此證就邪之深伏，而未化熱者論之，則祇宜溫托，大忌寒涼。然痙厥神糊，舌苔灰燥，若再助其熱，勢必内陷厥陰，而爲昏狂蒙閉之證，無可挽也，就邪之已動，而化熱者論之，則祇宜清泄，何堪溫燥。然脈情遲細，神呆形寒，經府俱窒，若專用涼化，則少陰之邪伏不出，遷延數日，勢必内潰，而爲厥脱之證，其去生愈遠矣。再四籌審，決無偏師制勝之理，不得已，取喻氏法以治其本，合清泄法以治其標，一面托邪，一面化熱，幸賴少陰之氣，得扶助而伸，凡經邪府邪，已化未化之邪，乘腎氣之動，一齊外達，故戰汗一作，大便一行，而表裏諸病若失也。

黄村橋范養逵令郎，於戊戌夏間患三瘧，至八月初服截藥而止，至二十外，忽然遺泄數次，遂發寒熱，如日作之瘧，先寒後熱，迨外熱已甚，而下身骨節仍寒，須再作寒慄一次，隨啜熱粥一碗，然後得汗而解，延至九月初，已十餘發矣，一日當啜粥助汗之時，忽然頭暈目暗，冷汗肢厥，如欲脱之狀，逾時始定，此後遂卧床不起，惟胃納尚不大壞，纏綿不愈。予往診時，十月中矣，予謂從前三瘧，是暑濕之邪，迨愈而復作，是引動少陰伏邪，乘少陽新病之虚而出，而腎陽先餒，不能托邪，故寒慄日甚，而熱勢反不重也。此當用溫經托邪之法，用桂枝湯，加人參、當歸、生地、附子汁、製牛膝，仍用柴胡、豆豉、黄芩等味出入，十餘劑，中間迭見驚悸痙愓諸證，又加龍骨、牡蠣、羚羊角等味，隨證治之而愈。此證當瘧疾再發之時，諸醫仍用暑濕門套方，服二三十劑，而病情毫無增減，病者自言不起，每夜分輒有譫語，病家疑神鬼，醫家莫測其病原所在，其故皆由近日醫家，不囿於吴又可募原之説，即泥於吴鞠通三焦之論，而絶不知有少陰伏邪，隨經發病之理，故遇此等證，便覺毫無把握，輕者遷延致重，重者無法挽救。近年所見不少矣哀哉。

《古今醫案按選・火》 虞花溪治一婦年四十餘夜間發熱案。

兪按：夜熱脈數，的係陰虚。因其脈伏且牢，浮取不應，故用升陽散火得效，仍以陰藥收功。然陰藥用六味地黄及二地二冬必不效。妙在芎歸合知蘗，及從治之炒乾薑也。

雄按：此血分有熱，故以血藥收功。與陰虚生熱可用陰柔者，治法有别，誤用皆爲戈戟。兪氏之論尚欠明析也。

周愼齊治一婦，五月間身涼，自言内熱，水瀉二月，一日數次，小水絶無，自言上熱極，下凍死，腰腿足俱冷，腹痛如冰，或一時發熱不欲近衣，或一時怕冷遍身盡然，面目紅腫，藥之不愈，六脈洪大，此伏火也。火性炎上，故上熱，下冷耳，用四物湯加柴、葛、升麻、甘草、芩、梔、黄蘗二貼。小水行，瀉止，復發牙疼，三日不愈，用黄耆建中湯加附子一服愈。

一人七月病，上辰昏暈，下午不言昏睡，一日不醒，人叫不應，身涼不食，不寒不熱，皆曰：陰證。議用理中四逆。愼齊診其脈，沈小帶伏，曰：内有火邪也，故小便一二日不解，延至夜不醒。其妻曰：前日房事，如何是火？周曰：夜有房事，内虚又勞熱甚，楊曰：恐有脱遺。夫乾熱從虚入，則陰氣將絶。以水救之則可。取冷水一桶，飲至五碗，病者曰：渴甚。飲至七碗，大汗如雨，病者曰：餓啜粥一碗。用補中益氣湯，加炮薑，澤瀉溫中，瀉冷水而愈。

一婦六月卒死，遍體俱冷，無汗，六脈俱伏，三日不醒，但氣未絶耳。衆用理中四逆，亦不能納。四日後，愼齊診之，仍無脈，念人一二日無脈立死，今三日不死。此脈伏也，熱極似寒耳。用水溼青布放身上，一時身熱，遂灌冷水五六碗，反言渴。又一碗，大汗出。後用補中益氣加黄蘗十貼愈。

兪按：愼齊之治上熱下寒，腹痛如冰，粗工必引立齊治韓州同之例矣。乃與花溪升陽散火湯同軌合轍。此等案必須合看則有益，至於飲以冷水，覆以青布，亦是試火之眞假。

雄按：此三條論證設治，洵屬可傳，惟首條既伏火如是之甚，則瀉甫止而牙疼，顯爲餘火上升，豈可用建中湯加附子哉？一服而愈，殊有可疑。次條飲冷水而大汗如雨，則水已外泄，何必以炮薑、澤瀉其冷水耶？畫蛇添足此之謂矣。

《醫學衷中參西録·論伏氣化熱未顯然成溫病者之治法》 天津建設廳科長劉敷陳君，愚在奉時之舊友也。於壬申正月上旬，覺心中時時發熱，而周身又甚畏冷。時愚回籍，因延他醫診治。服藥二十餘劑，病轉增劇，二便皆閉。再服他藥，亦皆吐出。少進飲食，亦恆吐出。此際愚適來津，診其脈，弦長有力，然在沉分。知其有伏氣化熱，其熱不能外達於表，是以心中熱而外畏冷，此亦熱深厥深之象也。俾先用鮮茅根半斤切碎，水煮三四沸，視茅根皆沉水底，其湯即成。取清湯三杯，分三次服，每服一次，將土狗三個搗爲末，生赭石三錢亦爲細末，以茅根湯送下。若服過兩次未吐，至三次赭石可以不用。及將藥服後，嘔吐即止，小便繼亦通下。再診其脈，變爲洪長有力，其心中仍覺發熱，外表則不畏冷矣。其大便到此已半月未通下。遂俾用大潞參五錢煎湯，送服生石膏細末一兩。翌晨大便下燥糞數枚，黑而且硬。再診其脈，力稍緩，知心中猶覺發熱。又俾用潞黨參四錢煎湯，送服生石膏細末八錢。翌晨又下燥糞二十餘枚，仍未見溏糞。其心中不甚覺熱，脈象仍似有力。又俾用潞黨參三錢煎湯，送服生石膏細末六錢。又下燥糞十餘枚，後則繼爲溏糞，病亦從此全愈矣。蓋凡伏氣化熱竄入胃府，非重用石膏不解，傷寒論白虎湯原爲治此證之的方也。然用白虎湯之例，汗吐下後皆加入參，以其虛也。而此證病已數旬，且頻嘔吐，其元氣之虛可知，故以人參煎湯送石膏，此亦仿白虎加人參湯之義也。至石膏必爲末送服者，以其涼而重墜之性善通大便，且較水煮但飲其清湯者，其退熱之力又增數倍也。是以凡伏氣化熱，其積久所生之病，有成肺病者，有成喉病者，有生眼疾者，有患齒疼者，有病下痢者，有病腹疼者，其種種病因若皆由於伏氣化熱，恆有用一切涼藥其現皆不能愈，而投以白虎湯或投以白虎加人參湯，再因證加減，輔以各病當用之藥，未有不隨手奏效者。此治伏氣化熱之大略也。至於拙著全書中，所載伏氣化熱之病甚多，其治法亦各稍有不同，皆可參觀。

《邵氏醫案》 宿恙夾新邪，痰壅氣塞，咳嗽暮夜尤劇，脈弦苔滑，姑宜清降化痰。

瓜蔞皮三錢　射干一錢　仙半夏一錢五分　光杏仁三錢　象貝四錢　賴橘紅八分　杵蘇子二錢　白前一錢五分　海浮石三錢　葶藶子三錢　生蛤殼六錢　引鮮竹肉一丸　三貼

溫病總部

溫病疾病部

溫疫部

題解

《保命歌括・傷寒》 脈濡弱，陰弦緊，更遇溫氣，名曰溫疫。

《簡易備驗方・霍亂》 腹痛即利，甚者吐利俱發，名濕霍亂，俗云虎狼病。

《治疫全書・瘟疫辨症》 品按：瘟疫之病症有多端，操醫術者必須逐一審詳，庶乎胸有成見，如大頭、瓜瓤、探頭、疙瘩四種，吳氏已曾論及。復查世俗所謂大頭瘟者，巔如火熱，頭面腮顱腫似瓜瓠者是也；所謂蝦蟆瘟者，喉痹，聲啞，肚膨，氣促，頸筋脹大者是也；所謂瓜瓤瘟者，胸高脇起，心腹絞疼，嘔汁如血者是也；所謂疙瘩瘟者，通身上下，結核成塊，紅腫如瘤者是也；所謂絞腸瘟者，臍築湫痛，腸鳴乾嘔，水泄不通者是也；所謂軟腳瘟者，膝脛水冷，便清，泄白，足重難移者是也。其症種種不同，究莫非癘氣之所釀。

《四聖縣樞・伊公四問・伊公問旨》 癸酉八月，玉楸子成《四聖懸樞》，論溫疫痘疹之法。少司馬伊公問曰：溫疫痘疹四病，異同之義云何？玉楸子曰：感於秋冬，謂之傷寒，感於春夏，謂之溫病。溫病者，一人之病，非衆人所同病也。其州里傳染，衆人同病者，是爲疫癘。疫分寒溫，春夏謂之瘟疫，秋冬謂之寒疫。痘即大人之寒疫，疹即大人之溫疫也。

《松峰説疫・論治・瘟疫名義論》 古人言諸瘟病者，多作溫熱之溫。夫言溫而不言瘟，似爲二症，第所言與瘟病相同，則溫瘟爲一病也明矣。後人加以疒字，變溫爲瘟，是就病之名目而言，豈可以溫瘟爲兩症乎？其曰春溫、夏溫、秋溫、冬溫，總屬強立名色，其實皆因四時感瘟氣而成病耳。其曰風溫、濕溫、溫瘧、溫暑者，即瘟病而兼風、濕、暑、瘧也。其曰瘟毒者，言瘟病之甚者也。曰熱病者，就瘟病之發於夏者而言耳。至於晚發之説，更屬不經。夫冬月寒癘之氣，感之即病，那容藏於肌膚半年無恙，至來歲春夏而始發者乎？此必無之理也，而顧可習而不察歟！至於疫字，傳以民皆疾解之，以其爲病，延門闔戶皆同，如徭役然。去彳而加疒，不過取其與疾字相關耳。是則瘟疫二字，乃串講之辭，若曰瘟病之爲癘疫如是也。須知疫病所該甚廣，瘟字原對疫字不過。瘟疫者，不過疫中之一症耳，始終感溫熱之癘氣而發，故以瘟疫別之。此外尚有寒疫、雜疫之殊，而瘟疫書中，卻遺此二條，竟將瘟疫二字平看，故強分瘟病、疫病，又各立方施治，及細按之，其方論又謾無差別，殊少情理，斷不可從也。吁！瘟疫二字尚不明其義意，又奚以治瘟疫哉。

《傷寒指掌・傷寒類症・疫邪兼六氣入足經從表裏汗下》 秋應涼而反熱，冬宜寒而反溫，感此非時之暖爲溫疫。

《增補詳註溫病條辨・雜説・寒疫論》 世多言寒疫者，究其病狀，則憎寒壯熱，頭痛骨節煩疼，雖發熱而不甚渴，時行則里巷之中，病俱相類，若役使者然。非若溫病之不甚頭疼骨痛而渴甚，故名曰寒疫耳。蓋六氣寒水司天在泉，或五運寒水太過之歲，或六氣中加臨之客氣爲寒水，不論四時，或有是證。其未化熱而惡寒之時，則用辛溫解肌，既化熱之後，如風溫證者，則用辛涼清熱，無二理也。

霖按：寒疫多見於金水之年，是金水不能斂藏，人物應之而爲疫也。

《研經言・溫疫説》 溫也、疫也、溫疫也，三病之稱，第稱溫疫者爲定名，而稱溫、稱疫者爲虚位。溫者，蘊也。儒書謂夫子溫良，言容之蘊；詩教溫柔，言辭之蘊；良玉溫潤，言彩之蘊。醫書謂春氣溫和，言陽之蘊；則病之稱溫，必以其邪之蘊也。蘊寒曰溫，蘊熱亦曰溫。《傷寒例》：冬傷於寒，至春變爲溫病，是蘊寒者；冬有非節之暖名曰冬溫，及《巢源》冬感非時之暖，至春亦溫病，是蘊熱者。所蘊不同，而其爲蘊則同也。言乎其治，則一於寒，何也？其初則異，其終則同也。然而論治可通者，臨文必不可通；

著書之指，固與臨證別也。疫者役也，傳染之時，病狀相若，如役使也。役於寒曰疫，役於熱亦曰疫。《傷寒例》之疫，是役於寒者，《巢源》、《千金》以下諸書之疫，半是役於熱者，所役不同，而其爲役則同也。然此所謂寒若熱者，非正邪之寒熱也。必感夫反時者，始相役也。故溫有正邪之溫，而疫無不由於賊邪。古謂賊邪病爲時氣，一曰時行，故後世稱疫爲時疫。然時氣乃賊邪之混稱，不暇詳其傳染與否也。其傳染者，若僅目之爲時氣，則無以示別也。且傳染之氣，惡於不傳染者，不得不別也。疫氣惡，故疫亦曰癘疫。癘之爲言惡也，此疫之別於時氣也。或曰：如此則役於熱者，不幾與溫相混乎？曰：否。冬溫亦以傳染者爲疫，其未經傳染，或止就一人言之者，直稱溫，不得稱疫。溫者先乎病以言之，疫者後乎病以言之，以其各有寒若熱，故曰虛位，若合溫疫兩字以名之之病，則惟《傷寒例》陽脈濡弱，陰脈弦緊，遇溫氣變爲溫疫者，可以當之，以其先有溫邪，又傳染時氣中之寒之役使者，例不得另立一名，故叠此兩字以呼之，所謂定名也。至於溫熱云者，其指多本《內經》先夏至爲溫，後夏至爲熱之文，而括其輕重之謂，倘知溫之爲蘊，則溫熱兩病之僅皆屬溫可決已。周揚俊以《溫熱暑役》名其書，而王孟英著《溫熱經緯》，復雜取《傷寒論》文，皆由不能識別，則不敢正稱，而姑以含糊囫圇可以附古可以欺今之溫熱兩字，爲藏身之固，使人不便顯言其非耳。近世醫說之不足恃類此。

《研經言・溫疫總論》 寒與熱爲定名，溫與疫爲虛位。《傷寒例》：雖以溫兼正氣，疫貼時氣，其實溫者蘊也，疫者役也，苟有蘊蓄在內，而其病如相役使者，不論寒熱，皆得稱爲溫疫。例據時稱以示別，不必泥看。能知此義，而後百家之言溫疫者，可一一以意逆之也。夫溫與疫既爲虛位，則其爲病不一。但因於寒暑，而又有四時不正之氣挾之，則爲天行溫疫，屬傷寒，若因於寒暑，而又有山川林谷及天地雺霧之氣抑之，則爲瘴疫溫瘴，亦通稱爲溫疫；因於寒暑，而又有鬼神之氣乘之，則爲癘疫，亦稱溫疫，屬雜病；若因於寒暑，而又有飲食之氣間之，則發爲雜病，如霍亂、瘧、疸之類，皆不稱爲溫疫，屬雜病。條分縷析，而後溫疫諸雜出之論不至目炫。此溫疫數者中，惟鬼神一因與因於寒暑者言多相混。近世不能分別，須細參《病源》卷十癘疫、瘴氣兩候，及《千金》卷九辟溫篇自明。《病源》癘瘴不與溫病同篇，而另列爲一卷；《千金》以兩溫分居二篇首尾，豈無意哉！而鬼神之不兼溫疫者，自屬中惡，與傷寒法無涉。猶瘴不兼溫疫，但謂之瘴；飲食不兼溫疫，但謂之傷飲食而已。

《瘟痧要編・瘟疫有三種論》 傳曰：疫者，民皆疾也。又曰：疫，厲也。人如磨厲傷物也。夫曰民皆疾而不言何疾，則疾之所該也廣矣。蓋受天地之厲氣，城市鄉井以及山陬海澨所患皆同，如徭役之役，故以疫名耳。其病千變萬化，約言之，則有三焉。一曰瘟疫。夫瘟者，熱之始熱者，溫之終始，終屬熱症。初得之即發熱，自汗而渴，不惡寒，其表裏分傳也。在表則現三陽經症，入裏則現三陰經症，入腑則有應下之症。其愈也，總以汗解，而患多在熱時其與傷寒不同者，初不因感寒，而得厲氣自口鼻入，始終一於爲熱。熱者，溫之終，故名之曰瘟疫耳。二曰寒疫。不論春夏秋冬，天氣忽熱，衆人毛竅方開，倏而暴寒，被冷氣所逼，即頭痛身熱，脊強。感於風者，有汗；感於寒者，無汗。此症亦與太陽傷寒、傷風相似，但係天之孽，衆人所病皆同。且間有冬月而發疹者，故亦得以疫稱焉。其治法則有發散解肌之殊。其輕者，或喘嗽氣壅，或鼻息聲重，雖不治亦自愈。又有病發於夏秋之間，其症亦與瘟疫相似，而不受涼藥，未能一汗即解，纏綿多日而始愈者。此皆所謂寒疫也。三曰雜疫。其症則千奇百怪，其病則寒熱皆有。除諸瘟諸掙諸痧瘴暴症之外，如瘧、痢、泄瀉、脹滿、嘔吐、喘嗽、厥痙、諸痛、諸見血、諸癰腫、淋濁、霍亂等疾，衆人所患皆同者，皆有厲氣以行乎其間。故往往有以平素治法治之不應，必洞悉三才之蘊而深究脈症之微者，細心入理，一一體察，方能奏效，較之瘟疫更難揣摩。蓋治瘟疫尚有一定之法，而治雜疫得隨症施治。且其病有寒者，有熱者，有上寒而下熱者，有上熱而下寒者，有表寒而裏熱者，有表熱而裏寒者，種種變態，不可枚舉。世有瘟疫之名，而未解其義，亦知寒疫之說，而未得其情，至於雜疫，往往皆視爲本病，而不知爲疫者多矣。然特表而出，以俟後之覽者，雜疫形類甚多，故開列於後，以俟後之治症者，按症酌量用之。

《醫醫小草・説疫》 疫者役也，猶徭役之謂。多見於旱潦兵燹之餘，烈日鬱蒸，尸骸之氣，與亢勝之氣，混合化而爲厲毒，散漫於天地之間，受之者大則一郡一城，小則一村一鎮，互相傳染，所感之因雖同，所患之證不一。如東坡所論寒濕之疫也，東垣所論虛疫也，吳又可所論濕熱相摶之疫也，余師愚所論暑燥之疫也。故劉溫舒《素問遺篇》五疫之刺。龐安常《總病論》，有

五色之治。然不可泥也。越人五十八難言傷寒有五，其中風、傷寒、濕溫、熱病，證脈委曲詳盡，行在諸經，不知何經之動也。蓋隨其經所在而取之，蓋天地沴厲之氣，不可以常理測，不得以常法治。彼見瘟病動手發汗，是誤以傷寒法治溫病。每遇疫病，往往失下，則又是以溫病法施治於疫，更誤之甚矣。

按：古所謂陰陽毒、百合狐惑，今所謂霍亂、沙瘴、羊毛疔、蝦蟆瘟之類，名目繁多，其實統之曰疫。

《瘟疫霍亂答問》 問：何以名疫？答：《説文》：民皆病也。

問：疫即是瘟否？答：是。此病古僅稱溫，或天行。六朝時始有連稱瘟疫者，元和陸氏謂宋元以後，始名爲瘟。蓋偶失考。

問：疫即是癘否？答：略異。疫自天來，癘從地至。具詳《內經》，由司天在泉之分。

《疫證集説・古今疫名考》 疫病之來，時不分寒暑，地不分南北，人不分老幼，到處傳染，病狀一律。死亡之數動以百千萬計。六合之大，五洲之衆，談者色變，聞者心悸，誠爲百病之元凶，生民之大厄也。《周禮・方相氏》儺以逐疫。疫之名古時已有之，宋以後又稱疫爲瘟，明季又稱疫爲瘟疫。間嘗攷之《素問遺篇》，詳載五疫，曰金疫、木疫、水疫、火疫、土疫。木疫，亦名風疫。金疫，亦名殺疫。又有金癘、木癘、水癘、火癘、土癘諸名。漢張南陽論疫，祇就六氣之偏勝名之。如偏於寒者即名寒疫，偏於熱者即名熱疫。隋巢元方《病源論》疫癘類有山瘴、殃注等名。宋龐安時《總病論》更從四季定名，春有青筋牽，夏有赤脈攢，秋有白氣狸，冬有黑骨瘟，四季有黃肉隨症。陳無擇《三因方》又有所謂獄瘟、場瘟、墓瘟、廟瘟、社瘟、山瘟、海瘟、家瘟、灶瘟、歲瘟、天瘟、地瘟等名。吳又可《瘟疫論》始將疫之形似者就病立名。所謂大頭瘟、瓜瓤瘟、蝦蟇瘟、捻頸瘟、楊梅瘟、疙瘩瘟、絞腸瘟、軟腳瘟是也。許浚《東醫實鑑》又有所謂瘴疫。吳震芳談往又有所謂瘍瘩瘟者。喻嘉言《醫門法律》由人及物有豬鷄等瘟，惜畧而未詳。張路玉《醫通》又有所謂臭毒番沙者。陳惠民《證治要義》以物方人。謂牛之脹膽瘟，行走不動，猶人之軟腳瘟。馬瘟，偏身腫脹，猶人之大頭瘟。豬瘟，皮起小皰，猶人之疙瘩瘟。羊瘟，腸變紅黑而倒亂，猶人之絞腸瘟。郭右陶《痧脹玉衡》書復將瘟痧幷列，又有所謂刺蝥瘟痧、地葡瘟痧，劉松峯《説役》更將方言收入，如葡萄瘟、鸕鶿瘟、龍鬚瘟、蝦子瘟、芋艿瘟、版腸瘟、脇痛瘟、手足痲瘟、扣頸瘟，又有椅子翻、扁擔翻、王瓜翻、狼掐翻、蚰蜒翻、白眼翻、遶臍翻、疙瘩翻，更有鵓鴿掙、烏鴉掙、兎兒掙、狐狸掙、猿猴掙、痲雀掙、烏沙掙、黃鷹掙、羊毛掙、長蛇掙、纏絲掙、啞叭掙、母豬掙、老鼠掙、奔牛掙、海青掙、眠羊掙。近又有雜疫二種，傳染最烈，由人氣、地氣、死鼠異氣相鬱而成。一名喉痧，即陳靜岩《疫痧草》所謂疫痧，玉峯顏氏《丹痧經驗闡解》所謂丹痧。一種即吳子存《鼠疫治法》所謂鼠疫，亦名核瘟，《四醫譯疫統》名曰潑來克。總之曰癘、曰注、曰瘴、曰瘟、曰毒、曰翻、曰掙、曰痧、曰潑來克，蓋名稱雖異，而其爲疫則一也，即仲景所謂人人皆病之疫也。茲特彙錄簡端以告閱者。

論　説

《諸病源候論・時氣病諸候・時氣病》 時行病者，是春時應暖而反寒，夏時應熱而反冷，秋時應涼而反熱，冬時應寒而反溫，非其時而有其氣，是以一歲之中，病無長少，率相似者，此則時行之氣也。從春分後，其中無暴大寒，不冰雪，而人有壯熱爲病者，此則屬春時陽氣，發於冬時，伏寒變爲溫病也。從春分以後至秋分節前，天有暴寒者，皆爲時行寒疫也。一名時行傷寒。此是節候有寒傷於人，非觸冒之過也。若三月、四月有暴寒，其時陽氣尚弱，爲寒所折，病熱猶小輕也；五月、六月陽氣已盛，爲寒所折，病熱則重也；七月、八月陽氣已衰，爲寒所折，病熱亦小微也。其病與溫及暑病也；七月、八月似，但治有殊耳。然得時病，一日在皮毛，當摩膏火灸愈。不解者，二日法針，服行解散汗出愈。不解，三日復發汗，若大汗即愈；不解，止勿復發汗也。四月服藜蘆丸微吐愈；若病固，藜蘆丸不吐者，服赤豆瓜蒂散，吐已解，視病者尚未了了者，復一法針之當解。不愈者，六日熱已入胃，乃與雞子湯下之愈。百無不如意，但當諦視節度與病耳。食不消病，亦如時行，俱發熱頭痛。食病，當速下之；時病，當待六七日下之。時病始得，一日在皮，二日在膚，三日在肌，四日在胸，五日入胃。入胃乃可下也。熱在胃外而下之，熱乘虛便入胃，然病要當復下之。不得下，胃中餘熱置此爲病，二死一生。此輩不愈。胃虛熱入胃爛，微者赤斑出，五死一生；劇者黑斑出，十死一生。病人有強弱相倍也。若得病無熱，但狂言煩躁不安，精神語言與

人不相主當者，勿以火迫，但以豬苓散一方寸匕，已上飲之，以一升，若升半水，可至二升益佳。當以新汲井水，強令飲之。以指刺喉中吐之，隨手愈。不時吐者，此病皆多不瘥，勿以餘藥治也。不相主當必危。若此病不時以豬苓散吐解之者，其殆速死。亦可先以法針之，尤佳。以病者過日，不以時得下之，熱不得泄，亦胃爛矣。其湯熨針石，別有正方，補養宣導，今附於後。

《養生方・導引法》云：清且初起，以左右手交互，從頭上挽兩耳，舉，又引鬢髮，即流通，令頭不白，耳不聾。又，摩手掌令熱，以摩面從上下二七止。去肝氣，令面有光。又，摩手令熱，令熱從體上下，名曰乾浴。令人勝風寒時氣，寒熱頭痛，百病皆愈。

《諸病源候論・時氣病諸候・時氣陰陽毒候》 此謂陰陽二氣偏虛，則受於毒。若病身重腰脊痛，煩悶，面赤斑出，咽喉痛，或下利狂走，此爲陽毒。若身重背強，短氣嘔逆，脣青面黑，四支逆冷，爲陰毒。或得病數日，變成毒者。或初得病，便有毒者。皆宜依證急治，失候則殺人。

《諸病源候論・時氣病諸候・時氣令不相染易候》 夫時氣病者，此皆因歲時不和，溫涼失節，人感乖戾之氣而生病者，多相染易，故預服藥及爲方法以防之。

《諸病源候論・溫病諸候・溫病令人不相染易候》 此病皆因歲時不和，溫涼失節，人感乖戾之氣而生病，則病氣轉相染易，乃至滅門。延及外人，故須預服藥及爲法術以防之。

《諸病源候論・疫癘病諸候・疫癘病候》 其病與時氣、溫、熱等病相類，皆由一歲之內，節氣不和，寒暑乖候，或有暴風疾雨，霧露不散，則民多疾疫。病無長少，率皆相似，如有鬼厲之氣，故云疫癘病。

《養生方》云：封君達常乘青牛，魯女生，常乘駮牛，孟子綽常乘駮馬，尹公度常乘青騾，時人莫知其名字爲誰。故曰：欲得不死，當問青牛道士。欲得此色，駮牛爲上，青牛次之，駮馬又次之。三色者，順生之氣也。云古之青牛者，乃栢木之精也；駮牛者，古之神宗之先也；駮馬者，乃神龍之祖也。云：道士乘此以行於路，百物之惡精，疫氣之癘鬼，將長揖之焉。延年之道，存念心氣赤，肝氣青，肺氣白，脾氣黃，腎氣黑，出周其身，又兼辟邪鬼。欲辟卻衆邪百鬼，常存心爲炎火。如斗煌煌光明，則百邪不敢干之，可以入溫疫之中。

《外臺秘要・辟溫不相染方二首》 《千金》：斷溫疫，主溫病轉相染著，乃至滅門，延及外人，無收視者，赤小豆丸。

《延年》主辟溫疫疾惡氣，令不相染易，豉湯。

《外臺秘要・傳屍方四首》 蘇遊論曰：大都男女傳屍之候，心胷滿悶，背髆煩疼，兩目精明，四肢無力，雖知欲卧，睡常不著，脊膂急痛，膝脛酸疼，多卧少起，狀如佯病。每至旦起，即精神尚好，欲似無病。從日午以後，即四體微熱，面好顏色，喜見人過，常懷忿怒，纔不稱意，即欲嗔恚，行立腳弱，夜卧盜汗，夢與鬼交通，或見先亡，或多驚悸，有時氣急，有時欬嗽，雖思想飲食，而不能多飡。死在須臾，而精神尚好，或兩肋虛脹，或時微利，鼻乾口燥，常多粘唾，有時唇赤，有時欲睡，漸就沈羸，猶如水涸，不覺其死矣。

又論曰：傳屍之疾，本起於無端，莫問老少男女，皆有斯疾。大都此病相剋而生，先內傳毒氣，周遍五藏，漸就羸瘦，以至於死。死訖復易家親一人，故曰傳屍，亦名轉注。以其初得，半卧半起，號爲殗殜。氣急欬者，名曰肺痿。骨髓中熱，稱爲骨蒸。內傳五藏，名之伏連。不解療者，乃至滅門。假如男子因虛損得之，名爲勞極。吳楚云淋瀝，巴蜀云極勞。其源先從腎起，初受之氣，兩脛酸疼，腰脊拘急，行立腳弱，食飲減少，兩耳颼颼，欲似風聲，夜卧夢洩，陰汗痿弱。腎既受已，次傳於心。心初受氣，夜卧心驚；或多忪悸，心懸乏氣，吸吸欲盡，夢見先亡；有時盜汗，食無滋味，口內生瘡，心常頗熱，唯欲眠卧，朝輕夕重，兩頰口唇悉紅赤如傅烟脂，又時手足五心皆熱。心既受已，次傳於肺。肺初受氣，時時欬嗽，氣力微弱；有時喘氣，卧即更甚，鼻口乾燥，不聞香臭，假令得聞，唯覺朽腐物氣；有時惡心，憒憒欲吐，肌膚枯燥；或時刺痛，或似蟲行，乾皮細起，狀若麩片。肺既受已，次傳於肝。肝初受氣，兩目膜膜，面無血色，常欲顰眉，視不及遠，目常乾澀，又時赤痛，或復睛黃，朝暮瞢莫紅切，音蒙。瞢音甍。常欲合眼，及至於卧，睡還不著。肝既受已，次傳於脾。脾初受氣，兩肋虛脹，食不消化，又時渴利，熟食生出，有時肚痛，腹脹雷鳴，脣口焦乾；或生瘡腫，毛髮乾聳，無有光潤，或復上氣，擡肩喘息，利赤黑汁。至此候者，將死之證也。

又論曰：毒氣傳五藏，候終不越此例，但好候之，百不失一。

又論曰：凡患癥癖之人，多成骨蒸，不者即作水病。仍須依癖法灸之，兼服下水藥差。

又論曰：此病若脊膂肉消，及兩臂飽肉消盡，胷前骨出入即難療也。若痢赤黑汁，兼上氣擡肩喘息，皆爲欲死之證也，此是藏壞故爾。

又論曰：童女年未至十三以上，月經未通，與之交接，其女日就消瘦，面色痿黄。不悟之者，將爲骨蒸。因錯療之，屢有死者。有此輩者，慎勿療之，待月事通，自當差矣。

又論曰：或有人偶得一方，云療骨蒸，不解尋究根本，遂即輕用之，主療既不相當，病愈未知何日，了不求諸鑒者，唯知獨任己功，若此之人，寓目皆是。至如以主肺痿、骨蒸方，將療痃癖、傳屍者，斯乃更增其病，豈有得痊之理？何者？主肺痿方中多是冷藥，冷藥非痃癖之所宜，若用以療痃癖，此乃欲益反損，非直病仍未差，兼復更損其脾，脾唯宜溫，不合取冷。如其傷冷，脾氣即衰，脾衰之證，兩肋虛滿，食既不消，兼之下利，如斯穿鑿，欲益反損，終莫能悟，良可悲哉。夫略舉一隅，他皆倣此。

又論曰：凡患骨蒸之人，坐卧居處，不宜傷冷，亦不得過熱。冷甚則藥氣難通，兼之脹滿食不消化，或復氣上。熱甚則血脈擁塞，頭眩目疼，脣乾口燥，心胷煩悶，渴欲飲水。此等並是將息過度之狀，深可誡也。將養之法，須寒溫得所，先熱而脱，先寒而著。若背傷冷，即令欬嗽，若手足傷熱，即令心煩；若覆衣傷厚，即眠卧盜汗；若覆衣過薄，即心腹脹滿。所是食飲不限時節，寧可少食，保無宿疰。數數進之。助藥勢也。必須傷軟，易消故也。不宜傷硬，恐損胃氣致不消也。此皆以意消息之爲佳。

又論曰：主療之法，先須究其根本，考其患狀，診其三部，決其輕重，量其可不，與其湯藥，指期取差。若能如此，方可措手，先療其根，次其末。針、灸、湯、散，必須相應，無容病根深遠，少服即望痊除。未及得瘳，便復罷藥，乃言藥病乖越，似不相當，如此懷疑，余所不取。亦有因瘧後作，亦有因痢後爲。此病根，其源非一，略舉綱紀，比類而取療之，方法如後所言。

又論曰：骨蒸之病，無問男女，特忌房室，舉動勞作，尤所不宜。陳、臭、酸、鹹、粘食不消。牛、馬、驢、羊、大小二豆，豬、魚、油膩、酒、麪、瓜、果、野豬之屬，葵、笋、蒜、蕨及生冷等，並不得飡，自非平復一月以後，乃漸開也。大略如此，觸類而長之，此病宜食煮飯，鹽豉，豆醬，燒薑，葱韭，枸杞，苜蓿，苦菜，地黄，牛膝葉，並須煑爛食之。候病稍退，恐肌膚虛弱者，可時食乾鹿脯，爲味中間所有得食之者，按其條下具言之。

《廣濟》：療婦人腹內冷癖，血塊虛脹，月經不調，瘦弱不能食，無顔色，狀如傳尸病。方：

麴末二升　大麥蘗末二升　生地黄肥大者切，三升　白术八兩　牛膝切，三升　桑耳剉三升，金色者　薑黄八兩　當歸十四分　生薑合皮切，二升　桃人　杏人各二升，去皮、尖及雙人者熬　近用加橘皮八兩

右十二味，並細切，於臼中以木杵擣之如泥，内瓶中，以物蓋口封之，勿令洩氣，蒸於一大石米中，飯熟出之，停屋下三日，開出暴乾，擣爲散，酒飲服方寸匕，日二服，漸加至一匕半，不利。初服十日内，忌生冷、難消之物，以助藥勢。過十日外，即百無所忌，任意恣口食之，唯忌桃、李。若須桃李，宜去术。若不能散，蜜丸服之亦得，一服三十丸，日二服。去病，令人能食肥健，好顔色。忌桃李、雀肉、蕪荑。

文仲論：傳屍病，亦名痎瘧、遁疰、骨蒸、伏運、殗殜。此病多因臨屍哭泣，屍氣入腹，連綿或五年、三年，有能食不作肌膚，或二日、五日，若微勞即發，大都頭、額、頸、骨間，尋常微熱翕翕然。死復家中更染一人，如此乃至滅門。療之方：

獺肝一具，破乾炙　鼈甲一枚，炙　野狸頭一枚，炙　紫菀四分　漢防己一兩半　蜀漆洗　麥門冬去心　甘草炙，各一兩

右八味，擣、篩以成鍊烊，羊腎脂二分，合蜜一分烊，冷和丸，藥如梧子大，服十丸。加至十五丸，日再，以飲下之，其藥合和訖，分一分頭邊著，一分懸門額上，一分繫臂上。先服頭邊，次服臂上，次服門上者，大驗。忌海藻、菘菜、莧菜。

又灸法：立腳於繫鞋處横文，以手四指於文上量，脛骨外逼脛當四指中節，按之有小穴，取一縷麻刮令薄，以此麻緩繫上炙，令麻縷斷。男左婦右，患多減。

又方：

青羚羊肺一具，破於布上乾之　莨菪子一升，絹袋盛　醋一升

同漬經三日出，各於布上暴之，令至乾，微火熬莨菪子，各擣篩和以蜜，丸如梧子。服三丸，加至四丸。

地骨皮　白薇　芍藥　甘草　犀角　升麻　茯神　麥門冬　黄芩　桔梗　枳實　大黄　前胡　茯苓　天門冬　生薑　桑根白皮　羚羊角

當歸　柴胡　朱砂　芎藭　鼈甲　蜀漆　知母　石膏　常山　烏梅　香豉　黃耆　地黃　橘皮

以上並可詳度病用之。

《外臺秘要・飛尸方三首》《病源》：飛尸者，發無由漸，忽然而至，若飛走之急疾，故謂之飛尸。其狀心腹刺痛，氣息喘急脹滿，上衝心胷。

《集驗》：療飛尸，瓜蔕散。

《備急》：張仲景療飛尸，走馬湯。

《古今錄驗》：附著散。療飛尸在人皮中，又名惡脈，又名賊風，發時急頭痛，不在一處，鍼灸則移，發時一日，半日乃微差，須臾復發，皆療之。

《外臺秘要・遁尸方三首》《病源》：遁尸者，言其停遁在人肌肉血脈之間，若卒有犯觸，則發動。亦令人心腹脹滿，刺痛，氣息喘急，傍攻兩脅，上衝心胷，差後復發，停遁不消，故謂之遁尸也。

《廣濟》：療初得遁尸及五尸，經年不差，心腹短氣方：

鸛骨三寸，炙　羚羊鼻二枚，炙令焦　乾薑一兩　麝香二分，研　蜥蜴一枚，炙　斑貓十四枚，去翅、足，熬　雞屎白三兩，熬　巴豆五枚，去心皮，熬令黑　芫青二十枚，去翅、足，熬　藜蘆一兩，去蘆頭，熬令黃

右十味，擣、篩，蜜和丸。空腹以飲服如小豆三丸，日二服，稍加至六七丸，以知爲度，至吐利。忌生冷、油膩、豬肉、蒜、粘食、陳臭、蘆笋。一方無斑貓、雞屎白、巴豆、芫青、藜蘆。

又初得遁尸鬼疰，心腹中刺痛不可忍方：

青木香六分　丁香六分　鬼箭羽　桔梗　紫蘇　橘皮　當歸各八分　生薑十二分　檳榔十四分，合子碎　桃梟十四枚，去核

右十味，切，以水九升，煮取三升，絞去滓，分爲三服，日晚再，以快利爲度。忌如藥法。一方無橘皮、桃梟。

《集驗》：療遁尸，心腹刺痛不可忍方：

桂心一尺，準一兩　乾薑三分　巴豆二枚，去皮、心，熬

右三味，合擣下篩。以好苦酒和之如泥，以塗痛處，燥即易之。忌野豬肉、蘆笋。《千金》同，用乾薑一兩。

《外臺秘要・五疰方四首》《病源》：注者，住也。言其連滯停住，死又注易傍人也。注病之狀，或乍寒乍熱，或皮膚淫躍，或心腹脹刺痛，或支節沉重，變狀多端，而方云三十六種，九十九種，及此等五注症，皆不顯出其名，大體與諸注皆同。

《删繁》《華佗錄帙》：五疰丸，療中惡，五疰、五尸入腹，胷脅急痛，鬼擊客忤，停尸垂死者，入喉即愈。若已噤，將物強發開；若不可發，扣齒折以灌下藥湯，酒隨進之，即效。

《小品》：五疰湯，主卒中、賊風、遁尸、鬼邪，心腹刺痛大脹急。

《古今錄驗》：五疰丸，一名神仙丸，一名千金丸，一名轉疰丸，名司命丸，一名殺鬼丸。療萬病，邪鬼疰忤，心痛上氣，厭夢蠱毒，傷寒時疾疫癘。

又五野丸，療五疰，尸疰、哭疰、冷疰、寒疰、熱疰在身體，寒熱短氣，兩脅下痛，引背腰脊，吸吸少氣，不能行，飲食少，面目痿黃，小便難，項強，不得俛仰，腹堅癖，臍左右下雷鳴脹，手足煩疼，目不明，喜忘，久風濕痹，腰脊不隨，喜夢寤，百病皆療之。

《外臺秘要・江南九十九疰方二首》《集驗》：療江南疰病，凡有九十九種，寒熱尸疰，此病隨月盛衰，人有三百六十脈，走入皮中，或左或右，或裏或表，如刀錐所刺，乍寒乍熱，喉咽如鯁，食如噎，胷中痛，繞臍苦痛，食不知味，腰中難以俛仰，兩膝屈伸，面或黃、或青、或白、或黑，至死更相注易方：

取桑根白皮三升，暴燥作湯，淋取汁，浸小豆二升，如此取汁盡，蒸豆熟，作羊鹿肉羹，噉此豆。

《崔氏》：金牙散，主邪魅，心腹刺痛，病狀與前方同。

《外臺秘要・疰病相染易方三首》《深師》：療鬼物前亡，轉相染，夢寤粉紜，羸瘦，往來寒熱，嘿嘿煩悶，欲寢復不能，手足熱，不能食，或欲向壁悲涕，或喜笑無常，牛黃散。

《崔氏》：療江南三十六疰丸，療轉疰滅門絶族，族盡轉逐，中外滅盡，復易親友方：

雄黃研二分　麥門冬去心三分，一方用天門冬　皂莢去皮子炙　莽草炙各二分　鬼臼三分　巴豆去心、皮，熬二分

右六味，擣篩，蜜和爲丸如小豆。服二丸，日一服。忌鯉魚、野豬肉、蘆笋。

又赤丸，療人久疰，室家相傳，乃至滅族。

《三因方・料簡》凡春分以前，秋分以後，天氣合清涼，忽有溫煖之氣

折之，則民病溫疫；　春分以後，秋分以前，天氣合溫熱，忽有清涼之氣折之，則民病寒疫。治之各有法，不可拘以日數汗下，皆宜據方論一體而分，既有寒溫二疫，風溫亦宜備論。如己未年原缺二字人疫，汗之死，下之亦死，服五苓散則愈，此無他，溫疫也。以此爲法，每遇年有不正之氣，即當紀而用之。假如冬合寒時有溫煖之氣，則春必患溫疫；　春合溫而有清涼之氣，則夏必患燥疫；　夏合熱而有寒氣折之，秋必病寒疫；　秋合晴而反霪雨，冬必病濕疫。此亦一途而推之，更須以時斟酌，不可偏執。沉疫之所興，或溝渠不泄，畜其穢惡薰蒸而成者，或地多屍氣鬱發而成者，或官吏枉抑怨讟而成者，世謂獄瘟、傷瘟、墓瘟、廟瘟、社瘟、山瘟、海瘟、家瘟、竈瘟、歲瘟、天瘟、地瘟等，不可不究。古法辟之，用屠蘇酒、務成子螢火丸、李子建殺鬼煎、老君神明散，皆辟瘟法。惟劉根別傳令於州治太歲六合處穿地濶三尺，深亦如之，取淨沙三斛寔之，以醇酒三升沃其上，俾使君祝之。此亦濟人除疫之良術。所謂太歲六合者，歲泄氣之所在，故以厭禳。

聖散子方：　東坡叙云：　昔嘗觀《千金方》，三建方於病無所不治，而孫思邈著論以謂此方用藥節度，不近人情，至於救急，其驗特異。乃知神物效靈，不拘常制，至理觀感，智不能知。今余所謂聖散子，殆此類也。自古論病，唯傷寒至爲危急，表裏虛實，日數證候，應汗、應下之法，差之毫厘，輒至不救。而用聖散子者，一切不問，陰陽兩感，男女相易，狀至危篤者，連飲數劑；　則汗出氣通，飲食漸進，神宇完復，更不用諸藥連服取差其餘，輕者額微汗，正爾無恙。藥性小熱，而陽毒發斑狂之類，入口即覺清涼，殆不可以常理詰也。時疫流行，平旦輒煮一釜，不問老少良賤各飲一大盞，則時氣不入其門。平居無病能空腹一服，則飲食快美，百病不生。眞衛生濟世之寶。其方不知從來，而故巢君數世寶之，以此治病，百不失一。余既得之，謫居黃州連歲大疫，所全活者，至不可數。

《三因方・凡例》　夫疫雖以三事鍾成，若天行多，假六淫，反錯鬱折而致之者，既有寒溫二疫風濕其可不辨。但證似傷濕而脈色不同，與夫一方相染，長幼同病，即當作疫治。除辟法外治濕用五苓散加甘草，治風用桂枝湯加黃芩，無不愈者。其如淫邪交結互織當以類推之。

《傷寒補亡論・傷寒名例》　問曰：　時行之氣何如？　叔和述仲景之言曰：　《陰陽大論》曰：　春氣溫和，夏氣暑熱，秋氣清涼，冬氣冰冽，此則四時正氣之序也。如春時應暖而反大寒，夏時應大熱而反大涼，秋時應涼而大熱，冬時應寒而反大溫，此非其時而有其氣也。人感非時之氣，是以一歲之中，長幼之病多相似者，此則時行之氣也。

問曰：　古書言歲之所以皆同病者，亦時行乎？　雍曰：　此則上古謂之歲露也。時行者，失時之和，而中病者也。何以謂之歲露？　《靈樞》七十九篇曰：　冬至之日，風雨從南方來者，爲虛風，賊傷人者也。其以夜半至者，萬民皆卧而弗犯也，故其歲民少病；　其以晝至者，萬民懈怠，而皆中於虛風，故萬民多病。此黃帝所謂歲之所以皆同病者，又非失時之和而中病也，故特謂之歲露。

《傷寒補亡論・傷寒溫疫論》　若夫一鄉一邦一家皆同患者，是則溫之爲疫者然也，非冬傷於寒自感自致之病也。蓋以春時應煖而反寒，夏熱反涼，秋涼反熱，冬寒反煖，氣候不正，盛強者感之必輕，衰弱者得之必重，故名溫疫，亦曰天行時行也。設在冬寒之日，而一方一鄉一家皆同此病者，亦時行之寒疫也。大抵冬傷於寒，經時而後發者，有寒毒爲之根，再感四時不正之氣而病，則其病安得不重。如冬病傷寒，春病溫氣，與夫時行瘟疫之類，皆無根本蘊積之類，纔感即發，中人淺薄，不得與寒毒蘊畜有時而發者同論也。

《傷寒全生集・辨溫疫例》　經曰：　陽脈濡弱，陰脈弦緊，更遇溫氣，變爲溫疫。蓋此先因傷寒，前熱未除，更遇時行溫氣而爲瘟疫也。治法與溫病同也。

《保命歌括・瘟疫》　天行時病似傷寒，大小相傳病一般。火濕爲邪人不識，伏藏鬼氣禍連綿。

有一歲之中，衆人病一般者，此天行時病也，名曰瘟疫。疫氣之發，大則流行天下，次則一方，次則一鄉，次則偏着一家，皆相染易，無問大小，病狀相似。悉由氣轉鬱發，有勝有復，遷正退位之所致也。故治疫病者，不明運氣以施治法，雖智者不能措手，况庸劣之士乎。

大抵疫病皆屬火濕，雖以傷寒，不可作傷寒正治而大汗大下也。誤汗之，則爲班、爲黃。誤下之，則爲痞滿、泄痢、膿血之證。宜從少陽、陽明二經之藥，以爲主治之法。少陽屬火，陽明屬濕，所謂治從本也。少陽小柴胡湯，陽明升麻葛根湯是也。

天有五星，地有五行，人身中之五藏應之，五疫之鬼，其五者之變化乎。曾

有病疫死者，游魂不散，隨氣往來，乘人之虛而中之，致有夭亡，曰屍疰，曰伏連，曰殗殜，皆此類也。

惡毒常存汗泄中，不知迴避便相衝。邪從鼻口如侵入，氣亂神危造化窮。

病疫之人，所出之汗，所出之便溺，無非惡毒之氣。或有觸犯者，從鼻而入，上至腦中，流入諸經之中，令人染病矣。

五疫還從五藏分，龐公名義豈無憑。若人識得中間意，解毒毋令毒入深。

按：龐一常云：春三月，行青筋牽病。夏三月，行赤脈攢病。秋三月，行白氣貍病。冬三月，行黑骨瘟病。四季月各餘十八日，行黄肉隨病。命名取義必有憑據。惜乎夏冬四季有證無方。

又按：《素問・運氣遺篇》云：木疫，名曰風疫，火疫、土疫、金疫，一名殺疫。水疫，一名寒疫。由此二説觀之，五疫者，天地之厲氣，人或中，各隨藏氣以爲病也。如風先入肝，肝主筋，其色青，其病強直，肢節疼痛，裏急筋縮，故曰青筋牽，即木鬱也。熱先入心，心主血脈，其色赤，其病身熱自汗，煩躁驚悸，甚則血溢，故曰赤脈攢，即火鬱也。濕入脾，脾主肉，其色黄，其病體重跗腫，偏痹不隨，甚則結核起於項側，故曰黄肉隨，即土疫也。濕先入肺，肺主氣，其色白，其病上氣喘嗽，故曰白氣貍，即金疫也。寒先入腎，腎主骨，其色黑，其病咽痛厥逆不利，故曰黑骨瘟，即水疫也。五疫之病，在於泄汗及下，取之各隨其證以施治也。

《傷寒摘錦・傷寒成溫暑感異氣變他病脈證治法》 經曰：陽脈濡弱，陰脈弦緊者，更遇溫氣變爲溫疫，以此各傷於寒，發爲溫病，脈之變證，方治如説。此前熱未已，又感溫氣，溫熱相合，變爲溫疫。

《傷寒證治準繩・四時傷寒不同・一歲長幼疾狀相似爲疫》 春應暖反寒、夏應熱反涼、秋應涼反熱，冬應寒反溫，此非其時而有其氣，是以一歲之中，長幼之病多相似者，爲時行疫病也。按《説文》：民皆疾爲疫，從疒役聲，今省作殳爾。《釋名》厲，礪也，病氣流行，中人如磨礪傷物也。疫，役也，彡有鬼行役，役不住也。後人有溫疫、寒疫、時氣、大頭、傷寒等名，其實皆疫也。俗謂之瘟病，即溫病之訛，而名實淆矣。按《傷寒例》云：傷寒病熱未已，再遇風寒濕，而各變爲一病也，何至於溫。既曰再遇溫熱，變爲溫毒矣。又曰：再遇溫氣，變爲溫疫。是獨溫之再遇，而有二病之異。且疫者，特感非時之氣，衆人病一般也。如冬應寒而反大溫，人感冬溫而病，則所謂溫疫。如春夏應溫熱，而反大寒，人感暴寒而病，則所謂寒疫也。何待再遇於異氣耶。茲云再遇溫氣變爲溫疫，是傷寒再遇異氣而變病也。再遇異氣而變病，未必衆人病相似，安可以疫言。《傷寒例》云：陽氣濡弱，陰脈弦緊，此溫疫之脈也。《活人書》注此脈於冬溫條下，是以溫疫、冬溫合爲一病。殊不知冬溫特感非時之氣耳，溫疫，是傷寒再遇於異氣也，豈可合爲一病邪？此理未明，故書此以似明哲。愚謂感溫熱而爲溫毒，感溫氣而爲溫疫，此乃有微甚之分。但疫字疑誤，恐當作疾字。若作疫字，則冬溫又何一家長幼病相似也。一家病相似，方可言疫，況此傷寒病熱未已，再遇溫氣而病，何至於一家傳染，病相似哉。

溫疫：陽脈濡弱，陰脈弦緊者，更遇溫氣，變爲溫疫。以此冬傷於寒，發爲溫病，脈之變證，方治如説。成：此前熱未已，又感溫氣者也。溫熱相合，變爲溫疫。

按溫疫之治，與傷寒陽證相同，然經所謂溫疫者，即溫病也，宜參溫病條處之。【略】

四時非時之氣：時氣者乃天疫暴厲之氣流行，凡四時之令不正者，乃有此氣行也。若人感之，則長幼相似而病，及能傳染於人，其作與傷寒相似。蓋傷寒因寒而得之，此乃疫氣，不可與寒同論也。治法要當辟散疫氣，扶正氣爲主。若多日不解，邪熱傳變何證，宜從傷寒變證條内詳而用之。惟發散之藥，則不同矣。凡發散湯劑，霍香正氣散、芎芷香蘇散、十神湯、人參敗毒散、十味芎蘇等方，皆可選用之也。

《景岳全書・雜證謨・瘟疫》 論證

經曰：冬傷於寒，春必病溫，是溫病即傷寒也。然傷寒有四時之不同，如冬感寒邪而即病者，爲眞傷寒。其有寒毒内侵而未至即病者，必待春溫氣動，眞陰外越，再觸寒邪，其病則發，故至春犯寒，則發爲溫病，至夏犯寒，則發爲熱病，亦猶傷氣者遇氣則作，傷食者遇食則發，其義一也。然而傷寒瘟疫，多起於冬不藏精及辛苦饑餓之人。蓋冬不藏精，則邪氣乘虛易人，而饑餓勞倦之流，則受傷尤甚，故大荒之後，必有大疫，正爲此也。但此輩疫氣既盛，勢必傳染，又必於體質虛濁者先受其氣，以漸遍傳，則又有不待冬寒而病

者矣。然此以冬寒主氣之爲病也。至於客氣變遷，歲時不同，故有冬行春令，則應冷反溫，夏行冬令，則應熱反冷，春秋皆然，是則非其時而有其氣，壯者無恙，怯者受傷，是又不止冬寒，而運氣不正之害，所當察而愼避者有如此。

一、瘟疫本即傷寒，無非外邪之病，但染時氣而病無少長率相似者，是即瘟疫之謂。古人有云：瘟證因春時溫氣而發，乃因鬱熱自內而發於外，初非寒傷於表也，故宜用辛平之劑，治與正傷寒用麻黄者不同也。此說固若近理，而實有未必然者。蓋瘟疫若非表證，則何以必汗而後解？故余於前論中，謂其先受寒邪，再觸則發，誠理勢之確然也。但其時有寒熱，證有陰陽，治陽證熱證者，即冬時亦可清解，治陰證寒證者，即春夏亦可溫散。謂宜因證因時者則可，謂非寒傷於表也則不可。

《溫疫論・原病》 病疫之由，昔以爲非其時有其氣，春應溫而反大寒，夏應熱而反大涼，秋應涼而反大熱，冬應寒而反大溫，得非時之氣，長幼之病相似以爲疫。余論則不然。夫寒熱溫涼，乃四時之常，因風雨陰晴，稍爲損益，假令秋熱必多晴，春寒因多雨，較之亦天地之常事，未必多疫也。傷寒與中暑，感天地之常氣，疫者感天地之厲氣，在歲運有多寡；在方隅有厚薄；在四時有盛衰。此氣之來，無論老少強弱，觸之者即病。邪從口鼻而入，則其所客，內不在藏府，外不在經絡，舍於夾脊之內，去表不遠，附近於胃，乃表裏之分界，是爲半表半裏，即《鍼經》所謂横連膜原是也。胃爲十二經之海，十二經皆都會於胃，故胃氣能敷布於十二經中，而榮養百骸，毫髮之間，靡所不貫。凡邪在經爲表，在胃爲裏，今邪在膜原者，正當經胃交關之所，故爲半表半裏。其熱淫之氣，浮越於某經，即能顯某經之證。如浮越於太陽，則有頭項痛、腰痛如折；如浮越於陽明，則有目痛、眉稜骨痛、鼻乾；如浮越於少陽，則有脇痛、耳聾、寒熱、嘔而口苦。大槩觀之，邪越太陽居多，陽明次之，少陽又其次也。邪之所着，有天受，自傳染，所感個殊，其病則一。凡人口鼻之氣，通乎天氣，本氣充滿，邪不易入，本氣適逢虧欠，呼吸之間，外邪因而乘之。昔有三人，冒霧早行，空腹者死，飲酒者病，飽食者不病，疫邪所着，又何異耶？若其年氣來之厲，論強弱，正氣稍衰者，觸之即病，則又不拘於此矣。其感之深者，中而即發，感之淺者，邪不勝正，未能頓發，或遇機飽勞碌，憂思氣怒，正氣被傷，邪氣始得張溢，營衛運行之機，乃爲之阻，吾身之陽氣，因而屈曲，故爲熱。其始也，格陽於內，不及於表，故先凜凜惡寒，甚則四肢厥逆。陽氣漸積，鬱極而通，則厥回而中外皆熱，至是但熱而不惡寒者，因其陽氣之通也。此際應有汗，或反無汗者，存乎邪結之輕重也。即使有汗，乃肌表之汗，若外感在經之邪，一汗而解。今邪在半表半裏，雖有汗，徒損眞氣，邪氣深伏，何能得解，必俟其伏邪漸退，表氣潛行於內，乃作大戰，精氣自內由膜中以達表，振戰止而復熱，此時表裏相通，故大汗淋灕，衣被濕透，邪從汗解，此名戰汗。當即脈靜身涼，神清氣爽，劃然而愈。然有自汗而解者，但出表爲順，即不藥亦自愈也。伏邪未退，所有之汗，止得衛氣漸通，熱亦暫減，逾時復熱。午後潮熱者，至是鬱甚，陽氣與時消息也，自後加熱而不惡寒者，陽氣之積也。其惡寒或微或甚，因其人之陽氣盛衰也；其發熱或久或不久，或晝夜純熱，或黎明稍減，因其感邪之輕重也。疫邪與瘧仿佛，瘧不傳胃，惟疫乃傳胃。始則皆先凜凜惡寒，既而發熱，又非若傷寒發熱而兼惡寒也。至於伏邪動作，方有變證，其迹或從外解，或從內陷，從外解者順，從內陷者逆。更有表裏先後不同，有先表而後裏者，有先裏而後表者，有但表而不裏者，有但裏而不表者，有表裏偏勝者，有表裏分傳者，表而再表者，有裏而再裏者。從外解者，或發斑，或戰汗、狂汗、自汗、盜汗；從內陷者，胸膈痞悶，心下脹滿，或腹中痛，或燥結便秘，或熱結傍流，或協熱下利，或嘔吐、惡心、譫語、唇黄、舌黑、胎刺等證。因證而知變，因變而知治。

《溫疫論・傳變不常》 疫邪爲病，有從戰汗而解者；有從自汗、盜汗、狂汗而解者；有無汗竟傳入胃者；有自汗淋灕熱渴反甚，終得戰汗方解者；有胃氣壅鬱，必用下乃得戰汗而解者；有表以汗解，裏有餘邪，不因他故，越三五日前證復發者；有發黄因下而愈者；有發黄因下而斑出者；有竟從發斑而愈者；有裏證急，雖有斑，非下不愈者。此雖傳變不常，亦疫之常變也。有局外之變者，男子適逢淫慾，或向來下元空虛，邪熱乘虛陷於下焦，氣道不施，以致小便閉塞，小腹脹滿，每至夜即發熱，以導赤散、五苓、五皮之類，分毫不效，得大承氣一服，小便如注而愈者。或表有他病，一隅之虧，邪乘宿昔所損而傳者，如失血崩帶，經水適來適斷，心痛疝氣，痰火喘急，凡此皆非常變，大抵邪行如水，惟注者受之，傳變不常，皆因人而使，蓋因疫而發舊病，治法無論某經某病，但治其疫，而舊病自愈。

《溫疫論・內壅不汗》 邪發於半表半裏，一定之法也。至於傳變，或出

表，或入裏，或表裏分傳，醫見有表復有裏，乃引經論，先解其表，乃攻其裏，此大謬也。嘗見以大劑脈黃連進，一毫無汗，轉見煩躁者何也？ 蓋發汗之理，自內以達表。今裏氣結滯，陽氣不能敷布於外，即四肢未免厥逆，又安能氣液蒸蒸以達表。譬如縛足之鳥，乃欲飛升，其可得乎？ 蓋鳥之將飛，其身必伏，先足縱而後楊翅，方得升舉，此與戰之義同。又如水注，閉其後竅，則前竅不能涓滴，與發汗之義同。凡見表裏分傳之證，務宜承氣先通其裏，裏氣一通，不待發散，多有自能汗解。

《溫疫論・邪氣復聚》 裏證下後，脈不浮，煩渴減，身熱退，越四五日復發熱者，此非関關飲食勞復，乃膜原尚有餘邪隱匿，因而復發，此必然之理。不知者每每歸咎於病人，誤也。宜再下之即愈，但當少與，愼勿過劑，以邪氣微也。

《溫疫論・論氣盛衰》 其年疫氣盛行，所患者重，最能傳染，即童輩皆知其爲疫。至於微疫，似覺無有，蓋毒氣所鍾有厚薄也。其年疫氣衰少，里閭所患者不過幾人，且不能傳染，時師皆以傷寒爲名，不知者固不言疫，知者亦不便言疫。然則何以知其爲疫？ 蓋脈證與盛行之年所患之證纖悉相同，至於用藥取效，毫無差別。是以知溫疫四時皆有，常年不斷，但有多寡輕重耳。

疫氣不行之年，微疫轉有，衆人皆以感冒爲名，實不知爲疫也。設用發散之劑，雖不合病，然亦無大害，疫自愈，實非藥也，即不藥亦自愈。至有稍重者，悞投發散，其害尚淺，若誤用補劑及寒涼，反成痼疾，不可不辨。

《溫疫論・行邪伏邪之別》 凡邪所客，有行邪有伏邪，故治法有難有易，取效有遲有速。假令行邪者，如正傷寒始自太陽，或傳陽明，或傳少陽，或自三陽入胃，如行人經由某地，本無根蒂，因其漂浮之勢，病形雖重，若果在經，一汗而解，若果傳胃，一下而愈，藥到便能獲效。先伏而後行者，所謂溫疫之邪，伏於膜原，如鳥栖巢，如獸藏穴，營衛所不關，藥石所不及。至其發也，邪毒漸張，內侵於府，外淫於經，營衛受傷，諸證漸顯，然後可得而治之。方其浸淫之際，邪毒尚在膜原，必待其或出表，或入裏，然後可導邪而去，邪盡方愈。初之時，毒勢漸張，莫之能禦，其時不惟不能即瘳，而病證日惟加重，病家見證日增，即欲更醫，醫家不解，亦自驚疑。竟不知先時感受邪甚，則病甚，邪微則病微。病之輕重，非關於醫，人之生死，全賴於藥。所以疫邪方張之際，勢不可遏但使邪毒速離膜原便是，治法全在後段工夫，識得表裏虛實，更詳輕重緩急，投劑不致差謬，如是可以萬舉萬全，即使感受之最重者，按法治之，必無殞命之理。若夫久病枯削，酒色耗竭，耆耄風燭者，此等日是天眞幾絕，更加溫疫，自是難支，又不可同日而語矣。

《溫疫論・服寒劑反熱》 陽氣通行，溫養百骸。陽氣壅閉，鬱而爲熱。且夫人身之火，無處不有，無時不在，但喜通達耳。不論藏府經續，表裏上下，血分氣分，一有所阻，即便發熱，是知百病發熱，皆由於壅鬱。而火鬱又根于氣，氣常靈而火不靈，火不能自運，賴氣爲之運，所以氣升火亦升，氣降火亦降，氣行火亦行，氣若阻滯，而火屈曲，熱斯發矣。是氣爲火之舟楫也。今疫邪透出於募原，氣爲之阻，時疫到胃，是求伸而未能遽達也。今投寒劑，抑遏胃氣，氣益不伸，火更屈曲，所以反熱也。往往服芩、連、知、蘗之類，病人自覺反熱，其間偶有靈變者，言我非黃連證，亦不知其何故也。終以寒涼清熱，熱不能清，竟置弗疑，服之反熱，全然不悟，雖至白首，終不究心，悲夫！

《溫疫論・知一》 邪之着人，如飲酒然。凡人醉酒，脈必洪而數，氣高身熱，面目俱赤，乃其常也。及言其變，各有不同：有醉後妄言妄動，醒後全然不知者；有雖沉醉而神思終不亂者；醉後應面赤而反刮白者；應委弱而反剛強者；應壯熱而反惡寒而戰標者；有易醉而易醒者；有難醉而難醒者；有發呼欠及嚏噴者；有頭眩眼花及頭疼者。因其氣血虛實之不同，臟腑稟賦之各異，更兼過飲之別，考其情狀，各自不同，至於醉酒則一也，及醒時諸態如失。凡受疫邪，始則晝夜發熱，日晡益甚，頭疼身痛，舌上白胎，漸加煩渴，乃衆人之常也。乃言其變，各自不同，或嘔，或吐，或咽喉乾燥，或痰涎湧甚，或純純發熱，或發熱而兼凜凜，或先凜凜而後發熱，或先惡寒而後發熱，以後漸漸寒少而熱多，以至純熱者，或晝夜發熱者，或但潮熱，餘時稍緩者。有從外解者：或戰汗，或狂汗、自汗、盜汗，或發斑；有漸消者；有從內傳者：或胸膈痞悶，或心腹脹滿，或心痛腹痛，或胸脇痛，或大便不通，或前後癃閉，或協熱下利，或熱結傍流。有黃胎黑胎者，有口燥舌裂者，有舌生芒刺、舌色紫赤者，有鼻孔如烟煤之異者，有發黃及蓄血、吐血、衄血、大小便血、汗血、嗽血、齒衄血，有發頤疙瘩瘡者，有首尾能食者，有絕穀一兩月者，有無故善反復者，有愈後漸加飲食如舊者，有愈後飲食勝常

二三倍者，有愈後退爪脫髮者。至論惡證，口禁不能張，昏迷不識人，足屈不能伸，唇口不住牽動，手足不住振戰，直視，圓睜，目瞑，上視，口張，聲啞，舌強，遺尿，遺糞，項強發痓，手足俱痓，筋惕肉瞤，循衣摸床，撮空理線等證，種種不同，因其氣血虛實之不同，臟腑稟賦之各異，更兼感重感輕之別，考其證候，各自不同，至論受邪則一也，及邪盡諸證如失。所謂知其一萬事畢，知其要者一言而終，不知其要者流散無窮，此之謂也。

以上止舉一氣，因人而變。至有歲氣稍有不同者，有其年衆人皆從自汗而解者，更有其年衆人皆從戰汗而解者，此又因氣而變，餘證大同小異，皆疫氣也。至又雜氣爲病，一氣自成一病，每病各又因人而變。統而言之，其變不可勝言，醫者能通其變，方爲盡善。

《溫疫論・諸家溫疫正誤》 雲岐子：傷寒汗下不愈，過經其病尚在而不除者，亦爲溫疫病也。如太陽證，汗下過經不愈，診得尺寸俱浮者，太陽溫病也。如身熱目痛不眠，汗下過經不愈，診得尺寸俱長者，陽明溫病也。如胸脇脹滿，汗下過經不愈，診得尺寸俱弦者，少陽溫病也。如腹滿咽乾，診得尺寸俱沉細，過經不愈者，太陰溫病也。如口燥舌乾而渴，診得尺寸俱沉細，過經不愈者，少陰溫病也。如煩滿囊縮，診得尺寸俱微緩，過經不愈者，厥陰溫病也。是故隨其經而取之，隨其經而治之，如發斑乃溫毒也。

按：傷寒叙一日太陽、二日陽明、三日少陽、四日太陰、五日少陰、六日厥陰，爲傳經盡，七日後傳太陽，爲過經。雲岐子所言傷寒過經不愈者，便指爲溫病，竟不知傷寒溫病，自是兩途，未有始傷寒而過經變爲溫病者。若果溫病自內達外，何有傳經，若能傳經，即是傳經而非溫病明矣。

汪云：愚謂溫與熱，有輕重之分，故仲景云：若遇溫氣，則爲溫病，此叔和之言，非仲景本論。更過溫熱氣，即爲溫毒，熱比溫尤重故也。但冬傷於寒，至春而發，不感異氣，名曰溫病，此病之稍輕者也。溫病未已，更遇溫氣，變爲溫病，此病之稍重者也。《傷寒例》以再遇溫氣名曰溫疫，又有不因冬傷於寒，至春而病溫者，此特感春溫之氣，可名春溫，如冬之傷寒、秋之傷濕、夏之中暑相同也。按《陰陽大論》四時正氣之序：春溫、夏暑、秋涼、冬寒。今特感春溫之氣，可名春溫，若感秋涼之氣，可名秋涼病矣。春溫可以爲溫病，秋涼獨不可爲涼病乎？以涼病似覺難言，勉以濕證搪塞，既知秋涼病有礙，反而思之，則知春溫病殊爲謬妄矣。以此觀之，是春之溫病，有三種不同，有冬傷於寒，至春變爲溫病者；有溫病未已，再遇溫氣，而爲溫病者；有重感溫氣，相雜而爲溫病者；有不因冬傷於寒，不因更遇溫氣，只於春時，感春溫之氣而病者。若此三者，皆可名爲溫病，不必各立名色，只要知其病原之不同也。

凡病各有病因，如傷寒自覺觸冒風寒，如傷食自覺飲食過度，各有所責。至於溫病，乃伏邪所發，多有安居靜養，別無他故，倏焉而病。詢其所以然之故，無處尋思，況求感受之際，且自不覺。故立論者或言各時非節之暖，或言春之溫氣，或言傷寒過經不解，或言冬時伏寒，至春夏乃發，按冬傷於寒春必病溫，出自《素問》，此漢人所撰，晉時王叔和又以述《傷寒例》，蓋順文之誤。或指冬不藏精，春必病溫。此亦漢人所撰，但言斲喪致病，不言因邪致病。見冬時之溫病，與春夏之溫疫，脈證相同，治法無異。據云：冬時即病爲傷寒，今溫病亦發於冬時，思之至此，不能無疑，乃覺前人所論難憑，務求其所以然之故，既不可言傷寒，又不可言伏寒，因以冬時非節之暖，牽合而爲病原。不思嚴寒酷暑，因其鋒利，人所易犯，故爲病最重。至於溫暖，乃天地中和之氣，萬物得之而發育，氣血得之而融和。當其肅殺之令，權施仁政，未有因其仁政而反蒙其害者。切嘗較之冬時，未嘗溫暖，亦有溫病，或遇隆冬，暫時溫暖，雖有溫病感溫之由，亦無確據，此不過猜疑之說，烏足以爲定論。或言感三春當令之溫氣爲溫病，夫春時自應溫暖，責之尤其無謂；或言溫病復感溫氣，而爲溫病，正如頭上安頭；或言傷寒汗下過經不愈者爲溫病，則又指鹿爲馬。《活人》又以夏應暑而寒氣折之，責邪在心，爲夏溫；秋應涼而大熱折之，責邪在肺，爲秋溫，轉屬支離。陶氏又以秋感溫氣而爲秋溫，明是雜證，叙溫者絡繹，議論者各別，言愈繁雜，而本源愈失，使學者反增亡羊之感，與醫道何補。

《活人書》云：夏月發熱惡寒頭疼，身體肢節痛重，其脈洪盛者，熱也。冬傷於寒，因暑氣而發爲熱病，治熱病與傷寒同，有汗宜桂枝湯，無汗宜麻黃湯，如煩躁宜大青龍湯，然夏月藥性須帶涼，不可太溫。桂枝、麻黃、大青龍須用加減，夏至前桂枝加黃芩，夏至後桂枝、麻黃、大青龍加知母、石膏或加升麻，蓋桂枝、麻黃性熱，地暖處，非西北之比，夏月服之，必有發黃出斑之失。熱病三日外，與前湯不瘥，脈勢仍數，邪氣猶在經絡，未入藏府者，桂枝石膏湯主之，此方夏至後，可代桂枝湯，若加麻黃，可代麻黃青龍湯證也。若三月至夏，爲晚發傷寒，梔子升麻湯，亦暫用之。王宇泰述萬曆癸卯，李氏一壻，應

舉南下，時方盛暑，傷寒，一太學生，新讀仲景書，自謂知醫，投以桂枝湯，入腹即斃，大抵麻黃桂枝二湯，隆冬正傷寒之藥，施之於溫病不可，況於熱病乎？

按：《活人書》以溫熱病，用桂枝、麻黃，雖加涼藥，終未免發散之誤，不危幸矣，豈止三日外，與前湯不瘥，脈勢仍數而已哉？至此尚然不悞爲半裏之證，且言邪氣猶在經絡，仍用桂枝石膏湯，至死無悔。王宇泰非之甚當，是以不用麻黃桂枝，賢於《活人書》遠矣。究竟不識溫熱之源，是以不知用藥耳。

春溫　《活人書》曰：春應溫而清氣折之，責邪在肝，或身熱頭疼，目眩嘔吐，長幼率相似，升麻葛根湯、解飢湯、四時通用敗毒散。陶氏曰：交春後至夏至前，不惡寒而渴者爲溫病，用辛涼之藥微解肌，不可大發汗，急裏症現者，用寒涼之藥，急攻之，不可誤汗誤下，當須識此，表證不與正傷寒同法，裏證治法同。

夏溫　《活人書》曰：夏應暑而寒氣折之，責邪在心，或身熱頭疼、腹滿自利，長幼率相似，理中湯、射干湯、半夏桂枝湯。陶氏曰：交夏至，有頭疼發熱，不惡寒而渴，此名溫病，愈加熱者爲熱病，止用辛涼之藥解肌，不宜大汗，裏證見者，急攻下，表證不與正傷寒同法，裏證治法同。

秋溫　《活人書》曰：秋應涼而大熱折之，責邪在肺，濕熱相搏，民病咳嗽，金沸草散、白虎加蒼术湯，病癉發黃，茵陳五苓散。陶氏曰：交秋至霜降前，有頭疼發熱、不惡寒、身體痛、小便短者，名濕病，亦用辛涼之藥，加疎利以解肌，亦不宜汗，裏證見者，宜攻下，表證不與正傷寒同法。

冬溫　《活人書》曰：冬應寒而反大溫折之，責邪在腎，宜萎蕤湯。丹溪曰：冬溫爲病，非其時有其氣者，冬時嚴寒，君子當閉藏而反發泄於外，專用補藥帶表藥。

按：西北高厚之地，風高氣燥，濕證希有，南方卑濕之地，更遇久雨淋灕，時有感濕者，天地或時久雨，或時亢旱，蓋非時令所拘，故傷濕之證，隨時有之，不待交秋而後能也。推節菴之意，以至春爲溫病，至夏爲熱病，至秋似不可復言溫熱，然至秋冬，又未免溫病，只得勉以濕證抵搪。且濕爲襍證，更不可借此混淆。惟其不知溫病四時皆有，故說到冬時，遂付之不言，王宇泰氏因見陶氏不言，乃引丹溪述非其時有其氣，以補冬溫之缺。然則冬時交錯之氣，又不可以爲冬溫也。俗人但言四時之溫，蓋不知溫之源，故春責清氣，夏責寒氣、秋責熱氣、冬責溫氣，殊不知清、溫、寒、熱，總非溫病之源。復以四時專令之藏而受傷，不但膠柱鼓瑟，且又罪及無辜矣。

《溫疫論補註・補註溫疫名實引經析義下篇》　《傷寒論・辨脈篇》云：寸口脈，陰陽俱緊者，法當清邪中於上焦，濁邪中於下焦。清邪中上，名曰潔也；濁邪中下，名曰渾也陰中於邪，必內慄也，表氣微虛，裏氣不守，故使邪中於陰也；陽中於邪，必發熱頭痛，項強頸攣，腰痛脛酸所謂陽中霧露之氣，故曰清邪中上，濁邪中下，陰氣爲慄，足脛逆冷，便溺妄出，表氣微虛，裏氣微急，三焦相混，內外不通，上焦怫鬱，藏氣相蒸，口爛食斷也。中焦不治，胃氣上衝，脾氣不轉，胃中爲濁，榮氣不通，血凝不流，若衛氣前通者，小便赤黃，與熱相搏，因熱作使，遊於經絡，出入藏府，熱氣所過，則爲癰膿。若陰氣前通者，陽氣厥微，陰無所使，客氣內人，嚏而出之，聲嗢咽塞寒厥相逐，爲熱所擁，血凝自下，狀如豚肝，陰陽俱厥，脾氣孤弱，五液注下，下焦不闔，清便下重，令便數難，臍築湫痛，命將難全。此非論傷寒，蓋時疫從入之門，形證之要，傳變之體也。叔和集《傷寒論》於散亡之餘，故於此條盡衍病證二百六十一字，而因首言寸口，遂編人辨脈，亦猶凡遇厥字，收入厥陰，非長沙公本旨也。河間劉氏，謂疫厲之別，脈不浮者傳染也，忌以熱藥解表。夫脈既不浮，自非外感，其云傳染，即病氣相傳，葛雍所謂近穢氣觸眞氣者也。然則疫之爲病，叔和以爲異氣，劉葛以爲傳染，又可吳君以爲厲氣。雜氣有天受，有傳染，總之則始於天行，盛於傳染，衰於氣化改革，此時疫大致也。夫人鼻氣通於天，口氣通於地，親上親下，邪從類感，而中州都會，必先受邪，上行極而下，下行極而上，榮衛漸通，則病勢衰，內外壅塞，則邪方熾，陰陽孤厥，斯大命臨之，此時疫喫緊宗旨也。世俗多以疫邪所感，同於寒暑六氣，因與傷寒溫熱混同一治，眞屬憒憒，吳君斯論，謂疫厲非風寒，暑濕四時常氣之爲病，乃別感戾氣，邪從口鼻而入，伏於募原，去表不遠，附近於胃，越出某經，因現某經形證。其傳有九，統在表裏，出表斯順，入裏爲逆，可謂深悉病機，適合仲景與旨，至其治法喫緊，在達原一散，乘疫初發破其伏結，使邪從中潰，出表汗解，不至牽纏反復，變生他患。至於伏邪既潰，則出表者觧以斑汗，入裏者解以吐下，榮實斑解，衛實汗解，上衝怫鬱，越而出之，解以吐，胃濁脾滯，決而逐之，觧以下，斑多吐少，汗下爲常及乎失治，臨病消詳。凡此綱領條目，大經大法，眞獨闢長沙公秘奥。而曲盡其精微，於時疫一證，蓋卓乎名借

家矣。西昌嘉言喻君，嘗引仲景本論，剖晰世俗證名，謂淸邪中上，發熱頭痛，項強頸攣，即大頭、蝦蟇等病；濁邪中不，內慄足冷，便溺裏急，即絞腸、軟腳等病；邪注中焦，中焦不治，胃中爲濁，營氣不通，血凝不流，即瓜瓤、疙瘩等病。然而上焦怫鬱，亦或爲發頤、牙疳，營衛熱壅，輕則止癰膿畜血，且嘉言蓋引論於後，而吳君實闡發於前，其識其力，不較然遠哉。所惜謂凡疫邪，皆入胃府，陰證罕有，好用承氣，是在讀者臨證，消詳活變耳。玆因原書溫疫統稱，名實相混，恐致時師眩惑，故特各引經論，剖析其義如此。夫溫病得之冬不藏精，時疫得之厲氣傳染，一責少陰，一責三焦，病機治法風馬牛不相及。吳君本論原爲三焦傳染熱淫時疫而發，所著條下，原無《內經》、仲景厥少二陰溫證。讀者但用以治三陽熱疫，萬舉萬當，倘遇內發連藏之候，自應別會長沙經旨。苟因名稱偶混，遂忘實證迥殊，亦奚可哉。要之吳君本爲疫著書，讀者亦秖還爲疫用，則思過半矣。

《溫疫論補注・論陰證紀間罕有》 補按：前論溫疫陰證罕有者乃感不正之氣，原未感寒，自無直中陰經之證。至於傳變，皆有六經，豈止專入陽明，能禁其不入三陰者乎？惟因人質之厚薄不同耳！若人質本厚，傳入三陰，邪熱益深，乃爲傳經熱證，其舌焦、便秘、煩躁、譫語、消渴等證，雖屬陽明，而厥少二陰熱證，亦皆類此，因胃爲五藏六府之海，借大承氣湯瀉胃土以救腎水，即兩陰傳經熱證，亦主在氣湯，豈獨陽明哉？若人質澆薄，腎陽素虧，冬不藏精，正氣衰微，能感不能化，大熱滾滾，脈沉足冷，邪熱久爍，眞氣熱消，或誤汗誤下，誤服苦寒，元氣不振，邪不外解，必致內捕，裏氣本虛，不能內實，而爲熱證，至七八日轉變虛寒，陡現亡陽諸證，或眞氣衰微，厥逆脈沉而細，或眞陽外越，發熱脈大無根，面赤戴陽，陰躁陰斑，汗呃下利，欲飲冷水，席地而卧，此即陰證似陽矣。須急回陽，遲則寒戰汗利而脫，當此危證，安得不用眞武四逆湯，以救逆也？溫疫毒多，此證所謂傷寒偏死下虛人也。本論條中，每遇此證，但言危殆，宜大補峻補，皆不立方，主治似乎闕畧。揔之虛者必寒，實者必熱，虛者傳陰，變爲虛寒，實者傳陰，轉爲實熱。如質厚者大汗大下，霍然而愈，質薄者汗下變證而篤，此理明矣。仲景辨脈論而證類時疫者云：寸口脈，陰陽俱緊者，法當淸邪中於上焦，濁邪中於下焦。淸邪中上，名曰潔也，濁邪中下，名曰渾也。陰中於邪，必內慄也，表氣微虛，裏氣不守，故使邪中於陰也。陽中於邪必發熱頭痛。蓋天地有陰陽，人稟天地而生，則身中亦有陰陽。天之寒熱溫涼，本一氣也，因四時而變更，病之寒熱陰陽，雖二氣也，因人虛實而變證。若謂溫疫無直中之陰寒，則合經旨，若謂全不干陰，一皆於陽，恐未盡然也。

《溫疫論補法・論陽證似陰》 補按：陽厥冷不過肘膝者居多，即冷過肘膝者，一時必回溫，依然發熱，即週身厥冷寒戰，脈伏者，一時必熱大汗一出，脈復病解。如天欲雨陰雲四佈，雨霽朗然，溫疫戰汗類此，乃熱厥也，必從陽治。若厥逆終日不回溫，兼有冷汗呃利，則當詳辨陰陽。其舌胎乾黑，亦有陰極似陽，食壓太陰少陰，誤汗誤下，逼其虛陽於上者，必不大渴，脈來無力可辨，小便赤白，不足盡憑。三陰病下焦陽虛，氣化不淸，小便亦赤濁，不必澄徹淸冷，方爲寒也。須察脈之陰陽，辨餘證之虛實，未可以一證便爲憑也。

《傷寒補天石・溫疫》 經曰：陽脈弱，陰脈弦緊者，更遇溫氣，變爲溫疫。治法與溫病同。溫瘧、風溫、溫毒、溫疫四證，皆傷寒壞證。前熱未除，更感異氣而變焉者也。

《尚論篇・駁正序例・詳論溫疫以破六惑》 喻昌曰：聖王御世，春無愆陽，夏無伏陰，秋無淒風，冬無苦雨，乃至民無夭札，物無疵癘，大和之氣，瀰滿乾坤，安有所謂溫疫哉？然而《周禮》儺以逐疫，方相氏掌之，則溫疫之由來，古有之矣。鄉人儺，孔子朝服而致其誠敬。蓋以裝演巨像爲儺神，不過彷彿其形。聖人以正氣充塞其間，俾疫氣潛消，迺位育之實功耳。古人元旦汲淸泉以飲芳香之藥，上巳採蘭草以襲芳香之氣，重滌穢也。後漢張仲景著《傷寒論》，欲明冬寒、春溫、夏秋暑熱之正，自不能併入疫病以混常法。然至理已畢具於脈法中。叔和不爲細繹，乃謂重感於寒，變爲溫疫。又謂春時應暖而復大寒，夏時應大熱而後大涼，秋時應涼而反大熱，冬時應寒而反大溫，此非其時而有其氣。是以一歲之中，長幼之病多相似者，此則時行之氣也。又謂冬溫之毒與傷寒大異，冬溫復有先後，更相重沓，亦有輕重，爲治不同。又謂從春分節以後，至秋分節前，天有暴寒者，皆爲時行寒疫也。蓋以春夏秋爲寒疫，冬月爲溫疫。所以又云：三月四月，或有暴寒，其時陽氣尚弱，爲寒所折，病熱猶輕。五月六月，陽氣已甚，爲寒所折，病熱則重。七月八月，陽氣已衰，爲寒所折，病熱亦微。後人奉此而廣其義，謂春感淸邪在肝，夏感寒邪在心，秋感熱邪在肺，冬感溫邪在腎。壎篪遞奏，舉世若狂矣。

嗟嗟！疫邪之來，果寒折陽氣，乘其所勝而直入精神魂魄之藏，人莫能逃避矣。更有謂疫邪無形象、聲臭、定時、定方可言，是以一歲之中，長幼莫不病此，至病傷寒者，百無一二。治法非疏裡則表不透，非戰汗則病不解，愈摹愈遠。究竟所指之疫，仍爲傷寒、傷溫、傷暑熱之正病。疏裡則下早可知，戰汗則失表可知，祇足自呈敗闕耳。夫四時不正之氣，感之者因而致病，初不名疫也。因病致死，病氣尸氣，混合不正之氣，斯爲疫矣。以故雞瘟死雞，豬瘟死豬，牛馬瘟死牛馬。推之於人，何獨不然？所以饑饉兵凶之際，疫病盛行，大率春夏之交爲甚。蓋溫暑熱濕之氣，交結互蒸，人在其中，無隙可避。病者當之，魄汗淋灕。一人病氣，足充一室，况於連牀並榻，沿門闔境，共釀之氣，益以出戶尸蟲，載道腐墐，燔柴掩席，委壑投崖，種種惡穢，上溷蒼天清淨之氣，下敗水土物產之氣。人受之者，親上親下，病從其類有必然之勢。如世俗所稱大頭瘟者，頭面顋頤腫如瓜瓠者是也。所稱蝦蟆瘟者，喉痹失音，頸筋脹大者是也。所稱瓜瓤瘟者，胸高脇起，嘔汁如血者是也。所稱疙瘩瘟者，遍身紅腫，發塊如瘤者是也。所謂絞腸瘟者，腹鳴乾嘔，水泄不通者是也。所稱軟腳瘟者，便清泄白，足重難移者是也。小兒痘瘡尤多。以上疫症，不明治法，咸委之刦運，良可傷悼。大率瘟疫痘疹，古昔無傳，不得聖言折衷，所以墜落叔和坑塹，曾不若俗見摸索病狀，反可顧名思義也。昌幸微窺仲景一斑，其《平脈篇》中云：寸口脈陰陽俱緊者，法當清邪中於上焦，濁邪中於下焦。清邪中上，名曰潔也。濁邪中下，名曰渾也。陰中於邪，名曰慄也。凡二百六十九字，闡發眞理，全非傷寒中所有事，乃論疫邪從入之門變病之總，所謂赤文綠字，開天闢地之寶符，人自不識耳。篇中大意，謂人之鼻氣通於天，故陽中霧露之邪者爲清邪。從鼻息而上入於陽，入則發熱頭痛，項強頸攣，正與俗稱大頭瘟、蝦蟆瘟之說符也。人之口氣通於地，故陰中水土之邪者爲飲食濁味，從口舌而下入陰，入則其人必先自慄，足膝逆冷，便溺妄出，清便而下重，臍築湫痛，正與俗稱絞腸瘟、軟腳瘟之說符也。然從鼻從口所入之邪，必先注中焦，以次分布上下。故中焦受邪，因而不治，中焦不治，則胃中爲濁，營衛不通，血凝不流，其釀變即現中焦，俗稱瓜瓤瘟、疙瘩瘟等證，則又陽毒癰膿，陰毒遍身青紫之類也。此三焦定位之邪也。若三焦邪混爲一，內外不通，臟氣薰蒸，上焦怫鬱，則口爛食斷。衛氣前通，因熱作使，遊行經絡臟府則爲癰膿。若營氣前通者，因召客邪，嚔出、聲溫、咽塞，熱壅不行，則下血如豚肝。然以營衛漸通，故非危候。若上焦之陽，下焦之陰，兩不相接，則脾氣之中難以獨運。斯五液注下，下焦不闔而命難全矣。傷寒之邪，先行身之背，次行身之前，次行身之側，由外廓而入。溫疫之邪，則直行中道，流布三焦。上焦爲清陽，故清邪從之上入。下焦爲濁陰，故濁邪從之下入。中焦爲陰陽交界，凡清濁之邪，必從此區分。甚者三焦相溷，上行極而下，下行極而上，故聲嗢、咽塞、口爛、食斷者，亦復下血如豚肝。非定中上不及下，中下不及上也。傷寒邪中外廓，故一表即散。疫邪行在中道，故表之不散。傷寒邪入胃府，則腹滿便堅，故可攻下。疫邪在三焦，散漫不收，下之復合。此與治傷寒表裡諸法，有何干涉，奈何千年憒憒？試折中以聖言，從前迷謬，寍不渙然冰釋哉？治法，未病前，先飲芳香正氣藥，則邪不能入，此爲上也。邪既入，即以逐穢爲第一義。上焦如霧，升而逐之，兼以解毒。中焦如漚，疏而逐之，兼以解毒。下焦如瀆，決而逐之，兼以解毒。營衛既通，乘勢追拔。勿使潛滋。詳訂諸方，載春溫方後。

有問：春夏秋蒸氣成疫，豈冬溫獨非疫耶？余曰：冬月過溫，腎氣不藏，感而成病，正與不藏精之春溫無異。計此時有春無冬，三氣即得交蒸成疫。然遇朔風驟發，則蒸氣化烏有矣。是以東南冬月患正傷寒者少，患冬瘟及痘瘡者最多。西北則秋冬春皆患正傷寒，殊無瘟疫痘瘡之患矣。此何以故？西北土高地燥，即春夏氣難上升，何况冬月之凝沍。東南土地卑濕，爲霧露之區，蛇龍之窟，其溫熱之氣，得風以播之，尚有可耐。設旦暮無風，水中之魚，衣中之虱，且爲飛揚，况於人乎。蒸氣中原雜諸穢，益以病氣死氣，無分老少，觸之即同一病狀矣。此時朔氣了不可得，故其氣轉積轉暴，雖有薰風，但能送熱，不能解涼。盛世所謂解慍阜財者，在兵荒反有注邪佈穢之事矣。叔和以夏應大熱而大寒爲疫，詎知大寒正疫氣消弭之候乎。故疫邪熕盛，惟北方始能消受。《詩》惡譖人，思欲投畀有北，以熄其燄，析義精矣。鄉紳萬吉人，營葬五雷驚蛇之地，獨動土瘟，壯者病疫，少者病痘，一夕暴死五人。余令於營北掘井二丈，投豬首、饅首、蒸飯，促引上氣下收，旋封其井，即得安全無損。此余偶試楊曾之秘，非心得也。范文正公守饒，冬溫吏請禱雪。公取薄冰置座，嘿坐良久，瑞雪滿庭，頃深三尺，蝨賊疫鬼，何地潛蹤耶。可見先儒退藏於密，借凝冰爲影草，已攝大地於清冷之淵矣，詎非法王手眼乎？

《傷寒纘論·傷寒例》 凡時行者，春時應暖而復大寒，夏時應大熱而反大涼，秋時應涼而反大熱，冬時應寒而反大溫，此非其時而有其氣。是以一歲之中，長幼之病多相似者，此則時行之氣也。傷寒是感天時肅殺之氣，以寒犯寒，必先寒水。時行是感濕土鬱蒸之氣，以濕犯濕，必先濕土。陽明爲榮衛之原，始病則榮衛俱病，經絡無分，三焦相溷，內外不通，所以其病即發而暴，非比傷寒以次傳經而入也。蓋地爲污穢濁惡之總歸，平時無所不受，適當天時不正之極，則平時所受濁惡之氣，亦必乘時迅發。或冬時過暖，肅殺之令不行，至春反大寒冷，或盛夏濕熱，污穢之氣交蒸，忽然熱極生風，而人汗孔閉拒，毒邪不得發泄而餉病，病則老幼無分，此即時行之氣也。

《溫熱暑疫全書·疫病論》 周禹載曰：疫之行於天地間久矣，而人之治之者未之知也。治之而適奏其效者，亦未知之也。觀《周禮·方相氏》所掌，儺以逐疫，則疫者氣爲之也。惟氣故爲害，從口鼻入。雖然六淫之氣皆氣也，而風、寒、暑、濕、燥、火之病，不聞有沿門闔境相染觸發者，何也？六淫之氣，日留於天地之間。偏勝則病，且人之病之者，每因於己之所不勝，以淫於所勝，而不獨天地之氣，足以害之也。若疫則古今來雖有是證，而天地間實無是氣，或因天之風雨不時，地之濕濁蒸動，又因胔骼掩埋不厚，遂使大陵積尸之氣，隨天地之升降者，飄泊遠近。人在氣交中，無可逃避，感之而病而死，於是更增一種病氣尸氣，流行其間復相漸染，至久彌甚矣。故從來疫癘行於兵荒之後居多，不但人之中氣先弱也，良由所積之穢氣特甚耳！乃數千年來，說鬼說夢，賴嘉言先生，援經據古，特標蘊義。我北海經林夫子引伸觸類指點治法，豈非功在萬世者乎！但嘉言自詡於《平脈篇》中，已見一斑。謂清邪中於上焦，濁邪中於下焦云云。以爲此即是仲景論疫，予未之信也。天下穢惡之氣，至疫則爲毒極矣。人犯之者，三焦混淆，內外無間，不分表裏，直行中道，然究竟古今恆變，未有定情，而中上下之說，仲景實論濕氣之脈如是，而後入腑入臟，游行經絡，便有種種危證，祇因三焦相混，內外不通等語，有似乎疫，而實無涉也。此嘉言善讀書處，能開發人之聰明，譬之茫無畔岸，借爲指南，則可謂竟爲疫之脈證，則甚謬矣。然則如世俗所稱大頭瘟者，下非不病也，特甚於上耳。所稱疙瘩瘟者，內非不病也，特現於外耳。所稱蝦蟇瘟者，腹非不病也，特痹於喉耳。其他證顯多端，要以寒涼解毒則一。施治之法，先上先下，從內從外，可以因證起悟。

《溫熱暑疫全書·疫病方論》 吳又可曰：疫癘之邪，從口鼻而入。舍於伏春之內，去表不遠，附胃亦近，乃表裏之分界，即《內經·瘧論》所謂橫連膜原者也。其熱淫不正之氣，本氣充滿者，或不受邪，適有內因。便乘外因感之淺者，或俟有觸而發；若感之深者，中而即病也。其始陽格於內，營衛運行之機，阻抑於表，遂覺凜凜惡寒，甚則四肢厥逆，至陽氣困鬱而通，厥回而中外皆熱，昏昧不爽，壯熱自汗，此時邪伏膜原，縱使有汗，熱不得解，必俟伏邪已潰，表氣潛行於內，精氣自內達表，表裏相通，振慄大汗，邪方外出，此名戰汗，脈靜身涼而愈也。若伏邪未盡，必復發熱，其熱有久有淺，因所感之輕重也，因元氣之盛衰也。要皆始先惡寒，既而發熱，至於發出，方顯變證。其證或從外解，或從內陷。外解則易，內陷則難。更有先後表裏不同，有先表後裏者，有先裏後表者，有但表而不復裏者，有但裏而不復表者，有表而裏再表者，有裏而表再裏者，有表裏分傳者，有表多於裏者，有裏多於表者，此爲九傳。

《治疫全書·問答》 表弟魏爲質問曰：瘟疫病原是觸冒異氣矣。吾謂氣機一動，便如雲騰風起，籠罩多方，吹噓一切，觸其氣，而發爲病者，宜乎處處皆然。乃此處盛行彼地截然，無有此處皆病，彼地卻甚安然。且有同在一村一室一房，仍或有病，有不病者，果何以故？答曰：異氣者，非風比也。風若一起，則在處皆風；又非寒比，寒若一生，則在處皆寒。此種因是毒氣釀成，深藏鬱結。于方土之中，偶遇天時燥暴，濕熱薰蒸，其氣輒從地起，譬如窯冲之燄，烽墩之烟，一線長騫，飄然遠引，渺渺漠漠，無臭無聲。若其氣注某方，則某方冒邪氣。注某人，則某人受毒。入由口鼻，伏于膜原，隨注隨感，隨感隨發。此處盛行，彼地截然無有者，以其氣未曾流布于彼地也。此處人病而彼地安然者，因彼地之人並未觸冒其氣也。共此一村一室一房而有病，有不病者，原視其人之精神元氣，若其人元氣素虛，精神甚減，一觸此氣定遭傳染；若其人元氣壯盛，精神強健，則正氣充實，病氣屍氣無從侵入，即或與病者共被同床，間亦有不相傳染者。故病不病常有此處彼地之不同，病不病常有某人某人之各異焉。曰：病與不病緣由，予今聞言而知其故矣。常見某某年此病此症極重極多，某某年此病此症頗輕頗少，某年竟絕無此種病症，抑又何歟？答曰：癘氣年年不絕，疾病歲歲皆有，其多寡微甚不一者，因其年所發之氣有厚薄盛衰之不同耳。假若其年癘氣最盛，則其

症最重最多；　若其年癘氣稍薄，則其病頗輕頗少，疫病之多少輕重，原視其年癘氣之厚薄盛衰也。至某年似覺無有者，非眞無有也，但不過其氣微薄，故其症亦輕，其病亦少。凡觸冒者，都如感冒風寒，一藥便愈，或不藥亦自愈之症，人皆不覺而已矣。質曰：然。

《治疫全書・原病》　品按：　瘟疫初起，其症每似傷寒。蓋傷寒惡寒發熱，頭疼身痛，瘟疫亦憎寒發熱，頭疼身痛。然傷寒邪從皮毛而入，由皮毛而漸入肌肉臟腑，脈或浮緊浮緩，一二日間未曾入裏，口中不渴，舌上無胎，尚知食味，通身翕翕發熱，晝夜如常。若夫瘟疫感天地厲氣，此氣之來，無論老少強弱，觸之者即病。邪自口鼻而入，並不由皮毛肌肉。初則舍于伏脊之前，膜原之間，乃表裏交界，稍遇感觸，自内由中達外，初覺凜凜憎寒，蒸蒸發熱，日後但熱而不惡寒，日晡益甚，其脈不浮不沉而數，甚或頭疼如劈，身痛若鞭，面紅眼赤，咽乾口渴，舌胎芒刺，人事懨懨，胸脇苦滿，煩燥不寧。更有一種初起之時，一陣憎寒，一陣作熱，時而寒熱併作，譫妄如狂，不陰不陽，似瘧非瘧，飲食不思，語言不爽，頭疼身痛，氣噴如火，心中鬱悶，體倦神疲，但覺憒憒無奈，醫家無從捉摸，揔不識其症爲何症。凡斯二者，皆是瘟疫之情狀，即今世俗稱爲天行時疫，延門合境共相傳染者也。

品再按：　疫邪雖從内發，必由肌肉透達，故每浮越于太陽、陽明、少陽三經。凡遇此症，每于頭疼身熱，腰背項痛，凜凜憎寒發熱，時即用達原飲加入羌活，如兼陽明症即加乾葛，兼少陽症即加柴胡。大劑與服，提引疫邪速從三陽出於肌表。輕者一二劑可愈。服藥後或欲轉爲瘧疾，隨與分清陰陽，按瘧法治之。揔不可稍事遷延，使其舌胎黄黑而聽疫邪陷胃也。所以然者，瘧不傳胃，惟疫乃傳胃。若舌胎一見黄色，邪已入胃，必俟下而後愈。但得轉成瘧疾，作止有時，或間日一發，或每日一發，前此所染之氣因大熱蒸蒸而盡升泄于肌表，所觸之邪因狂汗濈濈而漸透出于膜原，即或不藥，亦自愈矣。故凡治瘟疫，務先着意于疫邪浮越各經之時，及早透從外出，切切不可錯過此一個機會，此法屢試屢驗，兹特表而出之。

《治疫全書・傳變不常》　品按：　疫邪着人，先雖伏匿，及其傳變，種種不一。療此症者，務先辨症明確，并審定其人平日所有舊病，然後詳慎用藥，庶無大誤。

《治疫全書・急證急攻》　品按：　症未急速，譬若賊寇凶勇而來，勢莫敢當，若非斬關奪門之將乘勢勦除，城池必難保守。今一日三變，數日之法，可不一日行之乎？　遇此等證，萬萬不可羈遲而併用緩劑。

《治疫全書・表裏分傳》　品按：　疫邪傳于表，則有頭疼身熱，脊強脇痛，耳聾口苦，眉稜眼眶皆痛，鼻乾不眠，舌上白胎之症，即宜於達原飲内加羌活、柴胡、乾葛，使邪從表而出。若疫邪分傳于裏，即有咽乾口燥，胸膈痞滿，面紅眼赤，渴欲飲冷，舌根黄黑，大便秘結，小水濃黄，即宜于達原飲内加入大黄，使邪從下解。凡用三消飲，務必辨明疫邪傳表傳裏孰少孰多，然後施治，不可造次。

《治疫全書・熱邪散漫》　品按：　傷寒定例，白虎湯係治陽明經汗後脈洪大而渴，欲飲冷，身熱有汗不解，或發紅班，方宜服之。若身熱無汗，脈浮，表尚未解，或陰氣盛，雖渴，不可用白虎湯，必裏有寔熱，大渴，大汗者，方可用。今疫邪入胃，裏有寔熱，陰氣不盛，可知若果口渴多汗，脈長洪而數，得此辛涼，必從戰汗自汗而解矣。然有一等已汗已下後而自汗虛熱不除者，必須審明，當加入人參，方纔取效如神。

《治疫全書・内壅不汗》　品按：　上條云：　邪發於表半裏者，此以邪氣平分而言。蓋疫邪從口鼻而入，舍于伏脊之前，膜原之間，附近於胃，去表不達，乃經與胃交界。及遇感觸邪，即從此交界之處發泄，或是浮溢于太陽、陽明、少陽三經，半出于表矣。而現表症乃謂之半表，如邪氣傳入胃腑，半入于裏矣，而現裏症乃謂之半裏。所以然者，蓄積之邪滯結壅塞，雖麻黄不能取汗，而惟承氣先通其裏，裏氣一通，則陽氣敷布，不待發散，而自然氣液蒸蒸矣。

《治疫全書・注意逐邪勿拘結糞》　品按：　傷寒陽邪入裏，上中下三焦皆病。痞滿燥實堅俱全者，主以大承氣湯，用厚朴苦溫以去痞，枳寔苦寒以泄滿，芒硝鹹寒以潤燥軟堅，大黄苦寒以泄寔去熱。若胸無痞滿，除去枳朴，名調胃承氣湯，因其不作痞滿，用之恐傷上焦氤氳之元氣也。若腸胃寔而未堅，不用芒硝，名小承氣湯，以腸胃雖實而臍下未至結塊堅硬如石，用之恐傷下焦血分之眞陰，謂不伐其根也。今疫邪蓄積胃腑，火氣内攻，耗氣搏血，腸胃如焚，或是胸脇痞滿，或是面紅眼赤，或是舌刺唇焦，或是狂言譫語，或是上屋踰垣，或是撮空理線。倘非承氣下奪以存津液，以救腎水，則陽亢而陰不獨存，有死無生而已矣！　品再按：　三承氣湯係除一切裏症之要藥，但亦

有裏証甚急，而外證尚有，頭疼身熱，表証未除，不得不下者，須用大柴胡湯通表裏而緩治之。又小柴胡湯加芒硝一味，亦是轉藥。凡有表証略未解及老弱并血氣兩虛之人，均應于此二方酌量用之。

《治疫全書・邪在胸膈》 品按：吐法多用梔豉湯。此用瓜蒂散者，取其吐頑痰而快膈，濕風涎而逐水也。

《治疫全書・統論疫有九傳治法》 品按：先表而後裏者，此不是表邪入裏，乃膜原伏邪潰有先後也，先潰者先傳，後潰者後傳。若先傳表者，宜先行表，解表已而裏證復見者，乃後潰之邪至是方傳裏也。其先裏而後表者，亦不是裏邪出表，仍是後潰之伏邪至是方傳表也。至于表裏分傳，亦伏邪分潰也。

《治疫全書・吴論揔按》 品按：吳又可先生論治瘟疫，立法選方，洵屬超前軼後。其論瘟疫，初起感觸天地厲氣，邪從口鼻而入，匿於伏脊膜原經胃交界之所，但覺身熱頭疼，胸脇苦滿，飲食不思，語言不爽，心中鬱悶，體跄神疲，憒憒無奈，即用達原飲搗其巢穴，如疫邪外傳，浮越于三陽經，乃爲半表，本方加羌活、柴胡、乾葛表之。如疫邪內陷入于胃腑，此爲半裏，本方加大黃下之。若膜原邪潰之際，內外分傳，表裏見症，即于本方加羌活、柴胡、乾葛、大黃，名三消飲，以消內消外消不內不外而雙解之。假如疫邪散漫，大汗大渴，用白虎湯。邪留胸膈，心煩喜嘔，用瓜蒂散。以治疫于始之大法也。或其人邪既陷胃，但惡熱，舌胎黃，面赤眼紅，燥渴譫妄，或熱結旁流，或恊熱下利，或大腸膠閉，或大便閉結，裏證具者，用三承氣湯，專主下奪，或一下未愈，尤宜再下，甚而下至三次四次，揔以邪盡方止。其或有應下而未敢遽下者，如脈長洪而渴，如胎如積粉，如似裏非裏，如久病先虧，如虛煩似狂，如勞復虛熱，如數下亡陰，如四損不可正治，均以不可妄下殺人諄諄示戒。此治疫于中之大法也。至于下後揔在相其津液，其潰邪傳表，身發熱而脈續浮者，用柴胡清燥湯。若舌上依然乾燥，氣噴如火，不用柴胡而用白虎倍生地，以救津液。若津乾飲結，瓜貝養營湯，陰枯血燥，清燥養營湯，裏邪未盡，承氣養營湯，本氣虛寒，下後微惡寒者，參附養營湯。他如血汗斑黃，隨機用藥，燥渴厥呃，照病掄方。與夫調理必適其宜，飲食必得其當，此治疫于終之大法也。具此三法，其于瘟疫一症，或起初感受之不同，或繼而傳變之不一，或次而淹纏之莫定，或終而調養之失宜，任病熊紛更，揔不出其範圍之內，變症百出，要皆在其指掌之中。是先生此書獨能高出手眼，大開生面，而發前人所未發者也。精醫術者，請試即其辯症諸條，勤加體察，就其療治各法，仔細推詳，以先生手定之良方，療四時多有之險症，一匕之施，回生起死，功匪小矣，德莫大焉。然則繼自今有患是症而得以更生者，皆先生之賜也。品：是以亟付剞劂以廣其傳，惟願天下後世有司人性命之責者究心焉。

《治疫全書・瘟疫辨症》 張仲景曰：太陽病，發熱而渴，不惡寒者，爲溫病。

吳有性曰：瘟疫者，感天地之癘氣，邪自口鼻而入，藏於膜原，經胃交界，半表半裏之所，稍遇感觸而發。其發泄時，或游溢于三陽經，或入于胃，或表裏分傳，其所感天地癘氣及病氣尸氣，無論老少、強弱觸之即病，甚至沿門合境，共相傳染。

張景岳曰：疫症無非外邪，但染時氣，病無少長，率相似者，是即瘟疫之謂。

《明醫雜著》曰：有一種時行寒疫，卻在溫煖之時，時值溫煖而也。又如一人患病，旁議紛紜：或說鬼稱神、求符請咒，延巫數輩擺設鋪張，通宵達旦，鑼鼓喧鬧，燈火煇煌。病家既憂戚不遑，神疲力倦，傍人惟葷酒是戀，傷食冒寒。每見連夜禳求，勞神傷食後，而次日家人隣戚輒致病起。此難保其病人之病，必不致漸相傳染者，又其一也。諺有之曰：傷寒無鬼，氣候相傳，又曰：禍福無門，惟人自召。其所以合境延門，無論老少、強弱而病如一般者，皆因其不識回避，并不能出以小心之故也。玆特略爲指出，凡遇此等，尚其慎重而謹防之。

《瘟疫明辨・二辨色》 風寒，主收斂，斂則急，面色多緥急而光潔。瘟疫，主蒸散，散則緩，面色多鬆緩而垢晦。人受蒸氣，則津液上溢於面，頭目之間多垢滯，或如油膩，或如烟熏，望之可憎者，皆瘟疫之色也。一見此色，雖頭痛發熱，不宜輕用辛熱發散。一見舌黃、煩渴諸裏症，即宜攻下，不可拘於下不厭遲之說。

《瘟疫明辨・三辨舌》 風寒在表，舌多無胎。即有白胎，亦薄而滑。漸傳入裏，方由白而黃，由黃而燥，由燥而黑。瘟疫一見頭痛發熱，舌上即有白胎，且厚而不滑，或色兼淡黃，或粗如積粉。若傳經入胃，則兼二三色。又有

白胎即燥，與至黑不燥者。大抵疫邪入胃，舌胎頗類風寒，以兼濕之故而不作燥耳。惟在表時，舌胎白厚，異於傷寒。能辨於在表時，不用辛溫發散，入裏時而用清涼攻下，斯得矣。

《瘟疫明辨・四辨神》 風寒之邪傷人，令人心知所苦而神自清，如頭痛作寒熱之類，皆自知之。至傳裏入胃，始神昏譫語，緣風寒爲天地正氣，人氣與之乖忤而後成邪，故其氣不昏人神情也。瘟疫初起，令人神情異常而不知所苦，大概煩躁者居多，或如癡如醉，擾亂驚悸，及問其何所苦，則不自知。即間有神清而能自主者，亦多夢寐不安，閉目即有所見，有所見即譫妄之根，緣瘟疫爲天地邪氣，中人人病，中物物傷，故其氣專昏人神情也。

《瘟疫明辨・五辨脈》 瘟疫之脈，傳變後與風寒頗同，初起時與風寒迥別。風寒從皮毛而入，一二日脈多浮，或兼緊、兼緩、兼洪而皆浮，迨傳入裏，始不見浮脈，其至數亦清楚而不模糊。瘟疫從中道而變，自裏出表，一二日脈多沉，迨自裏出表，脈始不沉，乃不浮不沉而數，或兼弦、兼大而皆不浮，其至數則模糊而不清楚。其初起脈沉遲，勿作陰寒斷，沉者，邪在裏也；遲者，邪在陰分也。脈象同於陰寒，而氣色、舌胎、神情依前諸法辨之，自不同於陰寒，或數而無力，亦勿作虚視。緣熱蒸氣散，脈不能鼓指，但當解熱，不宜補氣。受病之因有不同，故同脈而異斷也。

《四聖懸樞》 外感之邪，秋冬傷寒，春夏病溫，寒溫之外，乃有疫癘。天地違和，人物罹殃，州里相傳，死亡繼踵，慘目傷心，莫甚於此。念此身世，長不百齡，風霾夭骨，霜露彫年，益以醫藥差訛，調攝乖方，人壽幾何，那復堪此！仲景《傷寒》垂法，宏濟百代，人亡義晦，復無解者，况於疫癘，先師無言。著書立說之家，甚於瘟魔，製方用藥之人，殘於癘鬼。丈夫有志，燮理無權，永念來者，情何能已，作疫病解。

《四聖懸樞・疫病解・疫病原始》 中風傷寒，外感風寒，而寒熱陰陽，視乎本氣，是以人不皆病而病不皆同，半由客邪而半關主氣。疫癘感於歲氣之偏，鄉里傳染，證狀皆同，少由主氣而多屬客邪。

蓋天地有六氣，風火暑濕燥寒也，歲有五運，土金水木火也。天之六氣，隨五運而迭遷，地之六氣，亘千古而不變。五運迴周，以天之六氣，合地之六氣，客主加臨，太過不及之數見焉。由是生剋勝復，亢害承制之變，參差不一，而歲氣於焉不正。

人與天地相通也，一氣不正，而人氣感之，而一經之病見焉。風淫則病在厥陰，火淫則病在少陰，濕淫則病在太陰，暑淫則病在少陽，燥淫則病在陽明，寒淫則病在太陽，同氣相感也。木火病則傷在血分，金水病則傷在氣分，土者氣血之中，血化於己土而氣化於戊土，血傷則己土病，氣傷則戊土病也。

《四聖懸樞・疫病解・寒溫病異》 疫病之邪，雖備六氣，而寒溫爲多。溫疫感春夏之風，寒疫感秋冬之寒。風爲陽邪，感則傷陽，寒爲陰邪，感則傷陰。衛氣爲陽，故中於風，營血爲陰，故傷於寒。

平人衛氣在外而內交於營，營血在內而外交於衛，營衛調和，是以無病。風傷衛氣，則遏閉營血而生內熱，寒傷營血，則裏束衛氣而生外寒，營衛不調，是以病也。衛傷而內鬱其營，故風雖傷衛而病實在血，營傷而外束其衛，故寒雖傷營而病實在氣。血病者，多傳陽明而爲熱，以血藏於肝而肝木生火，火盛則陽旺而入府也，氣病者，多傳太陰而爲寒，以氣藏於肺而肺金生水，水盛則陰旺而入藏也。

溫疫之家，陰氣不衰，足以濟陽，則但傳陽經而不入陽明之府，寒疫之家，陽氣不衰，足以濟陰，則但傳陰經而不入太陰之藏，是謂順證。六日六經俱偏，邪退正復，則表解而病愈矣。

《四聖懸樞・疫病解・溫疫由來》 溫疫之證，發熱出汗，得之於風。其年木火不能發泄，則人氣應之，多病溫疫，以孔竅閉而風氣泄之也。

木火生長，因乎陰氣之左升。蓋純陰之位，而一陽已生，陽生必升，升則溫暖而化風木，積溫成熱，是爲君火。溫則生而熱則長，陽氣敷舒於九天之上，孔竅發宣而不闔，故弗傷於風，木火不能發泄，則陽氣下鬱，而生內熱。經絡閉塞，孔竅不開，是以易中於風。

天人同氣，天地之木火不能發泄，人物應之，而病溫疫，故多病於春夏。其病於春者，傷在乙木，其病於夏者，傷在丁火也。

《四聖懸樞・三陽傳胃・表裏同異》 寒疫有傳經之證，傳經者，前三日則在三陽，後三日則在三陰。

六日六經，人所同也，亦凡蓋純所同也，有傳府傳藏之證。傳府者，不拘何日，陽盛則內傳，陰盛者，不入於府，傳藏者，不拘何日，陰盛則內傳，陽盛者，不入於藏。人所不同也，亦凡感病所不同也。蓋溫病原有內熱，必傳藏府，不論傳府傳藏，皆是熱證。傷寒原無內熱，陽旺而後傳府，陰旺而後傳

藏，入府則爲熱，入藏則爲寒。溫疫亦無内熱，然營鬱熱盛，陽旺之家，則有入府之熱，陰旺之家，亦無入藏之寒。寒疫亦無内熱，亦無内寒，不必定入於府，不必定入於藏。但人不皆陽盛，不皆陰盛，不皆陽虚，不皆陰虚，故或入於府，或入於藏，或不入府，或不入藏。人各不同，法與傷寒無殊，但疫感天氣之非正，淫泆纏綿，較之傷寒，頗難驅逐。而其入藏入府，亦半關歲氣之偏，不盡由人氣也。

《四聖懸樞·三陽傳胃·陽衰衛陷》 寒疫之病，在於氣分。寒本傷營，營傷而束其衛氣，是以病在氣分。肺藏衛氣，則陽明爲化氣之原，胃以陽土而含陰氣，胃陰一降，則清涼而化肺金。寒疫之病，非第在肺，而實連於陽明。胃陽不虚，足以發越其衛氣，則衛鬱外達而毛理泄。陽明胃府，從燥金化氣，陽衰傳藏，燥化爲濕，陰旺而生裏寒，則衛氣内陷而不外達。寒疫之死，死於胃陽之虚，水土濕寒，而衛鬱不能達也。

《四聖懸樞·三陽傳胃·傳經大凡》 寒疫傳經，亦與傷寒相同，一日太陽，二日陽明，三日少陽，四日太陰，五日少陰，六日厥陰。陽性熱而陰性寒，裏熱非盛，不入陽明之府，内寒非盛，不入太陰之藏。始終在表，未嘗内陷，六日經盡，則邪退正復，汗出而愈矣。

其衛盛而感輕者，皮毛易泄，則先期而汗解。其衛虚而感重者，腠理難開，則過期而汗解。其衛弱鬱深，不能遽發，往往振慄戰搖，而後汗出。

寒戰者，少陽之證，寒戰而不能發熱者，相火之虚，發熱而不能汗出者，表寒之盛也。少陽爲陰陽之樞，寒極則入於太陰，熱極則入於陽明，故陰陽偏勝而内傳藏府，多由少陽而入。入於藏府，則解無定期而動致危亡，不可不慎也。

《四聖懸樞·三陽傳胃·陽旺傳府》 府陽素盛而經氣鬱遏，則裏熱感發而傳胃府。府陽長則藏陰消，凡人之病，陽長則安，陰長則危，傷寒三陽之少死者，因於陽長而陰消也。病傳胃府，陽氣日長，自是吉事，但陽不可亢，亢則陰亡而寓死機。胃土燥熱，攻下失期，陰精枯槁，亦成死證，是以入府雖吉，不如在經之有吉而無凶也。

《四聖懸樞·三陽傳胃·陰盛傳藏》 藏陰素旺而經氣閉束，則内寒鬱動而傳脾藏。藏陰進則府陽退，凡人之疾，陽進則安，陰進則危，傷寒三陰之多死者，以其陰進而陽退也。病傳脾藏，陰氣日進，最是險事，蓋陰不可勝，勝則陽敗而無生望。脾土濕寒，溫補後時，陽氣消滅，則成死證，是以入藏則險，不如在府之夷多而險少也。

《四聖懸樞·伊公四問·問疫五條》 問：疫分寒溫，前賢不解，先生推仲景微義，以發眇旨，今吾聞所不聞，快矣！但猶有疑焉。秋冬則曰傷寒，春夏則曰溫病，寒疫亦以秋冬名，溫疫亦以春夏名。溫病溫疫，俱緣中風，仲景《傷寒》所列中風，實非春夏之溫病，是爲何時之邪也？玉楸子曰：仲景中風，秋冬之病了。秋冬之月，不皆寒天，其時日暖風和而病外感，自是風淫而非寒邪。然究與三春之炎風，九夏之溫風，氣候迥别，故但名中風，而不可以爲溫熱也。

問：寒疫溫疫，感異風寒，邪既不同，證自懸殊，其分别之義安在？玉楸子曰：風爲陽邪，而性疏泄，寒爲陰邪，而性閉澀，故溫疫之脈浮緩，其證發熱而有汗，寒疫之脈浮緊，其證惡寒而無汗。溫疫衛閉而營鬱，是以經盡而出紅斑，寒疫營閉而衛鬱，是以經盡而發白汗。汗者，衛氣之所蒸泄，斑者，營血之所逼現。其病解既别，其病發亦判，不相混也。

問：溫疫得之風邪，當與中風同法，寒疫得之寒邪，當與傷寒同法，今溫疫不用桂枝，寒疫不用麻黄，其法不同，何居？玉楸子曰：春夏溫病，秋冬傷寒，雖感天地之風邪，然不因歲氣之偏。至於疫癘，陰陽愆伏，寒暄錯亂，或盛夏而零寒露，或隆冬而飄溫風，節候乖常，是以成疫。其分寒溫於冬夏者，大略如此，而未始盡然，固難以桂枝黄統治錯綜無定之寒溫也。

問：寒疫溫疫之傳藏府，同乎不同？玉楸子曰：溫疫有表熱而無裏熱，不必傳府，陽盛者，裏熱作，乃傳於府。寒疫有表寒而無裏寒，不必傳藏，陰盛者，裏寒動，乃傳於藏。寒疫傳藏，未始不入府，其入府者，亦是寒而非熱也。溫疫傳府，未始不入藏，其入藏者，亦是熱而非寒也。溫疫非無寒，而寒終不勝其熱，入府而病熱者多，入藏而病寒者少。寒疫非無熱，而熱終不勝其寒，入藏而病寒者多，入府而病熱者少也。

問：溫疫熱勝，法宜清瀉，寒疫寒勝，法宜溫補，否耶？玉楸子曰：溫疫之熱，在表不在裏，法宜清散其表熱，不必清裏，表熱入府，而後用清瀉之劑。寒疫之寒，在表不在裏，法宜溫散其表寒，不必溫裏，表寒入藏，而後用溫補之方。是當透發表邪，非有裏證，不可誤用攻補。後世庸工之於疫癘，不論寒溫表裏，概用硝黄瀉下，十治九誤，此助天爲虐者也。

《傷寒論類方・別證變證・溫疫》　一歲之中，男女老少之疾相似，其狀不一。

《溫病朗照・吳又可時行濕溫分條總録》　濕溫一證，每在春夏之交，未可以言疫。惟沿門闔戶隨處皆病，始可以疫名之。今姑論其常，勿語其變，善乎張子石頑推言之也。其言曰：盛夏濕溫之症，即藏疫癘在內。一人受之，則爲濕熱，一方傳遍，則爲疫癘。所以疫癘之發，每每盛於春夏者，以其熱、暑、濕三氣交蒸故也。蓋春主厥陰肝木，秋主陽明燥金，冬主太陽寒水，各行其政。惟春分以後至秋分以前，少陽相火，少陰君火，太陰濕土，三氣合行其事。天本熱也，而益以日之暑，日本烈也，而載以地之濕。三氣交動，時分時合。其分也，以風動於中，勝濕解蒸，不覺其苦；其合也，天之熱氣下，地之濕氣上，人在是氣之中，無隙可避。故病之繁而苛者，莫如夏月爲最。以無形之熱，蒸動有形之濕，即無病之人感之，尚未免於爲患，况素有濕熱或下元虛人，安得不患濕溫之證乎？是以濕溫之證，最忌發汗。發汗則濕、熱混合爲一，而中氣盡傷，多成死證。惟宜分解，先扶中氣，使中氣徐領其表其裏，而上下盡消，故多愈也。至於疫症，則邪正混合，邪極勝，正極衰，轉眼立斃。苦寒傷胃，溫補助邪，如人中黃丸之類，始爲合法也。

《寒溫條辨・溫病非時行之氣辨》　春溫，夏暑，秋涼，冬寒，此四時錯行之序，即非其時有其氣，亦屬天地之常，而雜氣非其類也。雜氣者，非溫非暑，非涼非寒，乃天地間另爲一種疵癘旱潦之毒氣，多起於兵荒之歲，樂歲亦有之。在方隅有盛衰，在四季有多寡，此溫病之所由來也。叔和序例有云：春應溫而反大寒，夏應暑而反大涼，秋應涼而反大熱，冬應寒而反大溫，非其時有其氣，一歲之中長幼之病多相似者，此則時行之氣也。觀於此言，嘴裏說得是時氣，心裏卻當作溫病，由是而天下後世之言溫病者，胥準諸此，而溫病之實失焉矣，而時氣病之實亦失焉矣。總緣人不知疵癘旱潦之雜氣而爲溫病，抑不知時行之氣，宜熱而冷，宜冷而熱，雖損益於其間，及其所感之病，豈能外乎四時之本氣？假令春分後，天氣應煖，偶因風雨交集，不能溫煖而反大寒，所感之病，輕爲感冒，重爲傷寒。但春寒之氣，終不若隆冬殺厲之氣，投劑不無輕重之分，此爲應至而不至。如秋分後，適多風雨，暴寒之氣先至，所感之病，約我與春寒仿佛，深秋之寒，亦不若隆冬殺厲之氣爲重，此爲未應至而至。即冬月嚴寒倍常，是爲至而太過，所感乃眞傷寒耳。設溫煖倍常，是爲至而不及，所感傷寒多合病併病耳，即冬溫也。假令夏月，時多風雨，炎威少息，爲至而不及，時多亢旱，爍石流金，爲至而太過。不及亦病，太過亦病，一時霍亂吐瀉，瘧痢咳嗽等項，不過因暑溫而已。又若春秋俱行夏令，天地暴烈，人感受之，內外大熱，舌胎口裂，腹脇脹滿，頭痛身痛，狀類傷寒而實非傷寒，狀類溫病而實非溫病，此即諸家所謂風溫、暑溫、濕溫、秋溫是也。與冬溫差近。凡此四時不節之時氣病，即風寒暑濕燥火之六氣病，所感終不離其本源。正叔和序例所云云者是也，於雜氣所中之溫病終何與焉？誤以溫病爲時氣病者，又寧不渙然冰釋哉。

按：《內經》云：冬傷於寒，春必病溫。謂春必病熱也，非溫病也。霜降後雨水前，風送寒來，寒隨風入，傷寒即冬之時氣也。又云：春傷於風，夏生飧泄，即春之時氣也。夏傷於暑，秋必痎瘧，即夏之時氣也。秋傷於濕，濕土也，土生金則燥。冬生咳嗽，即秋之時氣也。知此便知溫病非時氣病，乃天地之雜氣病也，後人多爲叔和所誤。

又按：喻氏謂仲景獨傷寒一門立法，乃四序主病之大綱也。春夏秋三時雖不同，其外感則一，自可取傷寒之方錯綜用之。此亦臆斷，非確論也。所傷風暑濕燥，飧泄、瘧痢、咳嗽，亦能殺人，何必定以冬寒爲大綱，於三時不立法乎。至於包含萬有，百病千方，不能出其範圍，自是別具隻眼。

又按：春傷風，夏傷暑，秋傷濕，冬傷寒，是人感節氣之變，虛損家多爲所傷也，隨感隨病者固多，過時而病或亦有之。若中嚴寒殺厲之氣，即至壯之人亦必病，難言過時發矣。諸家註釋四傷，皆推求太過，但只平易說去，則經旨自明，而無穿鑿之患。

《寒溫條辨・溫病是雜氣非六氣辨》　日月星辰，天之有象可觀；水火土石，地之有形可求；昆蟲草木，動植之物可見；寒暑風濕，四時之氣往來可覺。至於山嵐瘴氣，嶺南毒霧，兵凶旱潦薰蒸，咸得地之濁氣，猶或可察，而唯天地之雜氣，種種不一，亦猶天之有日月星辰，地之有水火土石，氣交之有寒暑風濕，動植之有昆蟲草木也。昆蟲有龍蛇猛獸，草木有桂附巴豆，星辰有羅計熒惑，土石有雄硫硇信，萬物各有善惡，雜氣亦各有優劣也。第無聲無形，不覩不聞，其來也無時，其着也無力，感則一時不覺，久則蓄而能通。衆人有觸之者，各隨其氣而爲諸病焉。或時衆人發頤，或時衆人頭面浮腫，俗名大頭溫是也；或時衆人咽痛聲啞，或時衆人頸筋脹大，俗名蝦蟆

溫是也； 或時衆人吐瀉腹痛，或時衆人斑疹疔腫，或時衆人嘔血暴下，俗名攪腸溫、瓜瓤溫是也； 或時衆人瘿核紅腫，俗名疙瘩溫是也； 或時衆人痿痹足重，俗名軟腳溫是也。 大抵病偏於一方，延門合戶，當時適有某氣專入某藏府，某經絡，專發爲某病，故衆人之病相同，不關人之强弱，血氣之盛衰。又不可以年歲四時爲拘，是知氣之所來無時也。 或發於城市，或發於村落，他處安然無有，是知氣之所着無方也。 雖有多寡輕重不同，其實無處不有，如瓜瓤溫、疙瘩溫，緩者三二日死，急者朝發夕死，在諸溫中爲最重者，幸而几百年來罕有之病，不可以常時並論也。 至於腫頭發頤，喉痹咽腫，項强反張，流火丹毒，目赤斑疹，腹痛嘔瀉，頭痛身痛，骨痿筋搐，登高棄衣，譫語狂叫，不識人之類，其時村市中偶有一二人患此，考其證，甚合某年某處衆人所患之病，纖悉皆同，治法無二。 比即當年之雜氣，但目今所鍾不厚，所患者稀少耳，此又不可以衆人無有，斷爲非雜氣也。 況雜氣爲病最多，然舉世皆誤認爲六氣。 假如誤認爲風者，如大麻風、鶴膝風、歷節風、老幼中風、痛風、厲風、癇風之類，概作風治，未嘗一驗，實非風也，亦雜氣之一耳。 誤認爲火者，如疔瘡發背，癰疽毒氣流注，目赤瘴翳，以及斑疹之類，概作火治，未嘗一驗，實非火也，亦雜氣之一耳。 誤認爲暑者，如瘧痢吐瀉，霍亂轉筋，暴注腹痛，以及昏迷悶亂之類，概作暑治，未嘗一驗，實非暑也，亦雜氣之一耳。 至誤認爲濕燥寒病，可以類推。 又有一切無名暴病，頃刻即亡，無因而生，無識鄉愚認爲鬼祟，並皆雜氣所成，從古未聞者何也？ 蓋因來而不知，着而不覺，人唯向風寒暑濕燥火所見之氣求之，而不索之於無聲無形，不覩不聞之中，推察既已錯認病源，處方未免誤投藥餌。《大易》所謂，或繫之牛，行入之得，邑人之災也。 劉河間作《原病式》，百病皆原於風寒暑濕燥火六氣，殊不知雜氣爲病更有甚於六氣者。 蓋六氣有限，現在可測； 雜氣無窮，茫然不可測也。專務六氣，不言雜氣，烏能包括天下之病歟。

《寒溫條辨・雜氣所傷不同辨》 夫所謂雜氣，雖曰天地之氣，實由方土之氣也。 蓋其氣從地而起，有是氣即有是病，譬如天地生萬物，亦由方土之產也。 但植物藉雨露而滋生，動物賴飲食而頤養，蓋先有是氣，然後有是物，推而廣之，有無限之氣，因有無限之物也。 但二五之精未免生尅制化，是以萬物各有宜忌，且者益而忌者損，損者制也。 故萬物各有所制，如貓制鼠，鼠制象之類。 既知以物制物，既知以氣制物矣。 以氣制物者，如蟹得霧則死，棗得霧則枯之類，此有形之氣，動植之物皆爲所制也。 至於無形之氣，偏中於動物者，如豬溫、羊溫、牛馬溫，豈但人溫而已哉。 然豬病而羊不病，牛病而馬不病，人病而禽獸不病，究其所傷不同，因其氣各異也，知其氣各異，故謂之雜氣。 夫物者氣之化也，氣者物之變也。 物即是氣，氣即是物，知氣可以制物，則知物之可以制氣矣。 夫物之可以制氣者，藥物也，如蜒蚰解蜈蚣之毒，山甲補蟻瘻之潰，此受物氣之爲病，是以物之氣，制物之氣，猶或可測，至於受無形之雜氣爲病，莫知何物之能制矣。 惟其不知何物之能制，故勉用汗、吐、下、和四法以決之耳。 噫！ 果知以物制氣，一病止用一藥，又何煩用四法，君臣佐使，品味加減，分兩輕重之勞，並用方投證不投證，見效不見效，生死反掌之苦哉。

《寒溫條辨・溫疫瘟疫之訛辨》 《傷寒論》曰： 凡治溫病，可刺五十九穴。 只言溫病，未有所謂瘟疫也。 後人省氵加疒爲瘟，即溫字也。 少彳加疒爲疫，即役字也。 又如病證之證，後人省登加正爲証，後又省言加疒爲症，即證字也。 古文並無瘟字、疫字、症字、証字，皆後人之變易耳。 不可因變易其文，遂以溫病瘟疫爲兩病。 序例以冬之伏寒，至春變爲溫病，至夏變爲暑病。 又以冬時有非節之煖，名爲瘟疫。 春分後，秋分前，天有暴寒者，名爲寒疫病熱云云。 其後《活人書》以冬傷於寒，因暑而發爲熱病，若三月至夏爲晚發傷寒。 又以非其時有其氣，責邪在四時專令之藏，名爲春溫、夏溫、秋溫、冬溫。 雲歧子以傷寒汗下過經不愈，如見太陽證，頭痛發熱惡寒，名爲太陽溫病； 見陽明證，目痛鼻乾不眠，名爲陽明溫病； 見少陽證，胸脇痛，寒熱嘔而口苦，名爲少陽溫病； 見三陰證，名爲三陰溫病云云。 又以發斑，名爲溫毒。 汪氏以春之溫病有三種，有冬傷於寒，至春變爲溫病者； 有溫病未已，再遇溫氣而爲瘟疫者； 有重感溫氣，相雜而爲溫毒者。 又以不因冬傷於寒，不因更遇溫氣，只於春時感春溫之氣而病，可名春溫云云。 諸如此類，敍溫者絡繹不絕，議溫者紛紜各異，其憑空附會，重出疊見，不唯膠柱鼓瑟，且又罪及無辜。 果爾，則當異證異脈，不然，何以知受病之原不一也。 設使脈證大相懸殊，又當另立方論治法，然則脈證何異，方論治法又何立哉。 所謂枝節愈繁而意愈亂，學者不免有多歧之惑矣。 夫溫者熱之始，熱者溫之終，故夏曰熱病，而春曰溫病也。 因其惡厲，故名爲疫癘。 終有得汗而解者，故又名爲汗病。 俗名瘟疫者，蓋疫者役也，如徭役之役，以其延門合戶，衆人均等之

謂也，非兩病也。此外，又有風溫、暑溫、濕溫、秋溫、冬溫之名，明明皆四序不節，所謂非其時有其氣，乃風、火、暑、濕、燥、寒之邪，天地之常氣爲病也，與溫病何相干涉。總緣人不知天地間，另爲一種疵癘旱潦之雜氣而爲溫病，俗名雜疾是也。諸家愈說愈鑿，無所不至矣。噫！毫釐千里之謬，一唱百和之失，千古同悲。余故不辭固陋，詳爲論辯，以就正於知物君子。《溫疫論》曰：溫病本於雜氣，四時皆有，春夏較多，常年不斷，不比凶年之盛且甚耳。序例、《活人》、汪氏，悉屬支離，正如頭上安頭，伏寒異氣，原非溫病根源。雲歧子則又指鹿爲馬，並不知傷寒溫病原是兩途，未有始傷寒而終溫病者。若是溫病，自內達外，何有傳經？若果傳經，自是傷寒由外之內，而非溫病也。又曰：溫病初起，雜氣熱鬱腠理，亦發熱惡寒，狀類傷寒，後但熱而不惡寒也，其脈不浮不沉，中按洪長滑數，甚則沉伏，晝夜發熱，日晡益甚，雖有發熱惡寒，頭痛身痛等證，而怫熱在裏，浮越於外，不可認爲傷寒表證，輒用麻黄、葛根之類強發其汗，其邪原不在經，汗之反增狂躁，熱亦不減，此溫病之所以異於傷寒也。

按：又可《溫疫論》以溫病本於雜氣，徹底澄清，看得與傷寒判若雲泥，諸名公學不逮此，眞足啓後人無窮智慧。獨惜泥於邪在膜原半表半裏，而創爲表證九傳之說，前後不答，自相矛盾，未免白圭之玷，然不得因此而遂棄之也，余多擇而從之。

《寒溫條辨・四損不可正治辨》凡人大勞大慾，及大病久病，或老人枯槁，氣血兩虛，陰陽並竭，名曰四損。眞氣不足者，氣不足以息，言不足以聽，或欲言而不能，感邪雖重，反無脹滿痞塞之證；眞血不足者，通身痿黄，兩唇刮白，素或吐血、衄血、便血，或崩漏產後失血過多，感邪雖重，面目反沒赤色；眞陽不足者，或厥逆，或下利，肢體畏寒，口鼻氣冷，感邪雖重，反無燥渴譫妄之狀；眞陰不足者，肌膚甲錯，五液乾枯，感邪雖重，應汗不汗，應厥不厥，辨之不明，傷寒誤汗，溫病誤下，以致津液愈爲枯涸，邪氣滯濇，不能轉輸也。凡遇此等，不可以常法正治，當從其損而調之。調之不愈者，稍以常法正治之，正治不愈者，損之至也。一損二損尚可救援，三損四損神工亦無施矣。

按：病有純虛純實，非淸則補，有何乘除？設有既虛且實者，淸補間用，當詳孰先孰後，從少從多，可緩可急，纔見醫家本領。余丙子在亳，生員張琴斯正，年過六旬，素多鬱結，有吐血證，歲三五犯，不以爲事也。四月間，忽而而發熱頭痛身痛，不惡寒而作渴，乃溫病也。至第二日，吐血倍常，更覺眩暈，大熱神昏，手足戰掉，咽喉不利，飲食不進。病家醫家但見吐血，便以發熱眩暈神昏爲陰虛，頭痛身痛戰掉爲血虛，非大補不可救，不察未吐血前已有發熱作渴，頭痛身痛之證也。余曰舊病因溫病發，血脫爲虛，邪熱爲實，是虛中有實證也，不可純補。余用炙甘草湯去桂枝，加歸、芍、熟地黄、五味、犀、丹、殭蠶、蟬蛻，二服血已不吐，諸證減去七分，舉家歸功於參，均欲速進，余禁之竟不能止，又進一服，遂覺煩熱頓作，胸腹痞悶，遍體不舒，終夜不寐，時作譫語。余曰：諸證皆減，初補之功也。此乃本氣空虛，以實塡虛，不與邪搏，所餘三分之熱，乃實邪也。再補則以實塡實，邪氣轉熾，故變證蠭起，遂與升降散作丸服，微利之而愈。後因勞復，以參柴三白湯治之而愈。後又食復，以梔子厚朴湯加神麯六錢而愈。引而伸之，觸類而長之，可以應無窮之變矣。

《寒溫條辨・六經證治辨》凡傷寒足太陽膀胱經，從頭頂貫腰脊，故頭項強，發熱惡寒。然風寒常相因，寒則傷榮，頭痛惡寒，脈浮緊無汗，麻黄湯主之。開發腠理以散寒，得汗而愈。風則傷衛，頭痛惡風，脈浮緩有汗，桂枝湯主之。充塞腠理以散風，汗止而愈。若風寒並受，榮衛俱傷，大青龍湯主之。此三方者，冬月天寒腠密，非辛溫不能發散，故宜用也。若夫春夏之溫病，其雜氣從口鼻而入，伏鬱中焦，流佈上下，一發則炎熱熾盛，表裏枯涸，其陰氣不榮，斷不能汗，亦不可汗，宜以辛涼苦寒清瀉爲妙。輕則淸之，神解、淸化、芳香之類；重則下之，增損雙解、加味涼膈、升降之類，消息治之。傷寒汗後熱不退，此陰陽交而魂魄離也，證亦危矣。其勢稍緩者，宜更汗之。若反劇煩躁者，必有夾食夾痰，或兼有宿病，當尋其源而治之。若發熱煩躁，小便不利，爲熱入膀胱之本，五苓散主之。溫病淸後熱不退，脈洪滑數，或沉伏，表裏皆實，譫妄狂越，此熱在三焦也，加味六一順氣湯、解毒承氣湯大下之。傷寒傳至陽明，則身熱目痛，鼻乾不得卧，葛根湯。表裏俱盛，口渴引飲，脈洪大，白虎湯。傳至少陽，爲半表半裏之經，往來寒熱，脇滿口苦而嘔，默默不欲食，小柴胡湯加減和之。過此不解，則入陽明之府。表證悉罷，名爲傳裏，潮熱譫語，唇焦舌燥，大便秘，脈沉實長洪，如痞滿燥實四證皆具，大承氣湯主之。但見痞滿實三證，邪在中焦，謂胃承氣湯，不用枳、朴，恐傷上

焦之氣。但見痞滿二證，邪在上焦，不用芒硝，恐傷下焦之血也。小腹急，大便黑，小便自利，喜忘如狂，蓄血也，桃仁承氣湯、代抵當湯丸。濕熱發黃，但頭汗出，茵陳蒿湯。傷寒下後熱不退，胸中堅滿不消，脈尚數實者，此爲下未盡，或下後一二日復發熱喘滿者，並可用大柴胡湯，或六一順氣湯復下之。若下後仍不解，宜詳虛實論治。如脈虛人弱，發熱口乾舌燥，不可更下，小柴胡湯、參胡三白湯和之。溫病下後厥不回，熱仍盛而不退者，危證也。如脈虛人弱，不可更下，黃連解毒湯、玉女煎清之。不能不下，黃龍湯主之。若停積已盡，邪熱愈盛，脈微氣微，法無可生，至此下之死，不下亦死，用大復甦飲，清補幷施，宣散蓄熱，脈氣漸復，或有得生者。《醫貫》以六味地黃丸料，大劑煎飲，以滋眞陰，此亦有理。若傷寒腹滿而嗌乾，則知病在太陰也。口燥咽乾而渴，則知病在少陰也。煩滿囊縮而厥，則知病在厥陰也。邪到三陰，脈多見沉，倘沉而有力，此從三陽傳於三陰，熱證也。外雖有厥逆，自利欲寢，舌捲囊縮等證，正所云陽極發厥，止該清之下之，自是桂枝加大黃，承氣、六一一派。若本是陽證，因汗下太過，陽氣已脫，遂轉爲陰證。夫邪在三陽，其虛未甚，胃氣尚能與邪搏而爲實熱之證。邪到三陰，久而生變，其虛之甚也，氣血津液俱亡，不能勝其邪之傷，因之下陷，而裏寒之證作矣。此熱變爲寒之至理。脈必沉而無力，證見四肢厥逆，心悸惕瞤，腹痛吐利，畏寒戰慄，引衣踡卧，急宜溫之補之。陽虛者附子、四逆，陰虛者理陰、補陰。傷寒多有此證治，溫病無陰證，熱變爲寒，百不一出，此辨溫病與傷寒六經證治異治之要訣也。蓋傷寒之邪，風寒外感，始中太陽者十八九。溫病之邪，直行中道，初起陽明者十八九。信乎治療之宜早，而發表清裏之宜諦當也。倘審之不諦，而誤治之，即成壞病矣。

《寒溫條辨・壞病辨》 壞病者，非本來壞病，醫壞之也。謂傷寒不當汗而汗，不當下而下，或汗下太早，或汗下太遲，或汗下無力不及於病，或汗下過度虛其正氣。如誤汗則有亡陽衄血，斑黃譫語，驚惕眩冒；誤下則有煩躁嘔瀉，結胸痞氣，下厥上竭等證是也。《傷寒論》曰：太陽病，已發汗，若吐，若下，若溫鍼，仍不解者，此爲壞病。桂枝不中與也。觀其脈證，知犯何逆，隨證治之。又曰：若已發汗、吐下、溫鍼，譫語，柴胡證罷，此爲壞病，觀其脈證，知犯何逆，以法治之。前一段桂枝不中與，謂表證已罷，邪已傳變。後一段柴胡證罷，謂半表半裏之證已罷，邪入更深。仲景隨證治之一語，語活而義廣。以視王韓諸公專主溫補者，爲盡善也。若溫病一壞，勢雖烈於傷寒，果隨證治之，亦有得生者，但不可鹵莽滅裂耳。又溫病怫熱內鬱，斷無傳經之理。傷寒則以七日爲一候，其有二候三候不解者，病邪多在三陽經留戀。仲景《傷寒論》原本《內經・熱論》一篇，並無過經再經明文，唯有七日太陽病衰，頭痛少愈；八日陽明病衰，身熱少歇；九日少陽病衰，耳聾微聞；十日太陰病衰，腹減如故；十一日少陰病衰，渴止舌潤而嚏；十二日厥陰病衰，囊縱少腹微下，大氣皆去，病人之精神頓爽矣。玩本文六衰字，語意最妙。蓋謂初感之邪，至七日及十餘日尚未盡衰，則可或汗吐下錯誤，以致邪氣愈熾，則可自當依壞病例治之。豈有厥陰交盡於裏，再出而傳太陽之事哉？試質之高明。

《寒溫條辨・兩感辨》 表裏俱病，陰陽並傳，謂之兩感，乃邪熱亢極之證。冬月正傷寒，病兩感者亦少。一部《傷寒論》僅見麻黃附子細辛湯一證，有太陽之發熱，故用麻黃，有少陰之脈沉，故用附子、細辛，發表溫裏並用，此長沙正傷寒，太陽少陰之兩感治法也。即此而推，陽明與太陰兩感，自當以陽明太陰二經之藥合而治之。少陽與厥陰兩感，自當以少陽厥陰二經之藥合而治之。病有外內，藥有標本，斟酌合法，未必如《內經》所云必死也。惟溫病兩感最多。蓋傷寒兩感，外感之兩感也；溫病兩感，內傷之兩感也。傷寒得於常氣，受病在經絡，如前註《內經》所云云者是也。溫病得於雜氣，受病在藏府，錢氏曰：邪氣先潰於藏，繼傷於府，縱情肆慾，即少陰與太陽兩感；勞倦竭力，飲食不調，即太陰與陽明兩感；七情不慎，疲筋敗血，即厥陰與少陽兩感。此所以內之鬱熱爲重，外感爲輕，甚有無外感而內之鬱熱自發者，不知凡幾。河間特制雙解散、三黃石膏湯，爲兩解溫病表裏熱毒之神方，即以補長沙凡治溫病可刺五十九穴之瀉法也。《續論》謂河間以傷寒爲雜病，溫病爲大病，其見高出千古，深得長沙不傳之秘，知言哉。余觀張、劉二公用方，正以辨溫病與傷寒兩感異治之要訣也。祖長沙，繼河間，以著書立說者，何啻汗牛充棟，未見有方論及此者，間或有之，亦掛一漏百，有頭無尾。余糾合前賢，廣採衆論，於散遺零星中湊集而暢發之，而分晰之，務使溫病脈證不致混入傷寒病中，溫病治法不致混入傷寒方中。後有識者，或不以余言爲謬云。乾隆乙亥、丙子、丁丑、戊寅，吾邑連歲饑饉，雜氣遍野，溫病甚行，余推廣河間用雙解、三黃之意，因定升降散、神解散、清化湯、芳香飲、

大小復甦飲、大小清涼散、加味涼膈散、加味六一順氣湯、增損大柴胡湯、增損普濟消毒飲、解毒承氣湯，並雙解、三黃亦爲增損，共合十五方。地龍湯亦要藥也。出入損益，隨手輒應，四年中全活甚衆，有合河間心法，讀《纘論》不禁擊節稱賞不置也。

《寒溫條辨·傷寒合病併病辨》 按傷寒感冒風寒常氣，自表傳裏，故多循序而傳，而合病併病爲極少。溫病因雜氣怫熱，自裏達表，或饑飽勞碌，或憂思氣鬱，觸動其邪，故暴發競起，而合病併病爲極多，甚有全無所觸，止是內鬱之熱，久則自然蒸動。《緒論》之邪氣充斥奔迫六字，可爲傷寒合病併病傳神，並可爲溫病傳神。故溫病但見太陽少陽證，即可用增損大柴胡湯。但見三陽證，即可用加味涼膈散。傷寒見太陽少陽合病，必俟邪熱漸次入裏，方可用黃芩湯。見三陽合病，必有身重腹滿，譫語自汗，方可用白虎湯，又何論大柴胡、涼膈散乎？太陽陽明併病，在傷寒自是麻黃、葛根之類，蓋傷寒但有表證，非汗不解也，在溫病自是神解、升降、增損雙解之類，不可發汗，裏氣清而表氣自透，汗自解矣。太陽少陽併病，在傷寒小柴胡湯加減治之；在溫病增損大柴胡湯。此辨溫病與傷寒，合病併病異治之要訣也。

《寒溫條辨·表證》 發熱惡寒惡風，頭痛身痛，項背強痛，目痛鼻乾不眠，胸脇痛，耳聾目眩，往來寒熱，嘔而口苦，脈浮而洪，或緊而緩，或長而弦，皆表證也。在傷寒，風寒外入，但有一毫表證，自當發汗解肌消散而愈，其用藥不過麻黃、桂枝、葛根、柴胡之類；在溫病，邪熱內攻，凡見表證，皆裏證鬱結浮越於外也，雖有表證實無表邪，斷無正發汗之理。故傷寒以發表爲先，溫病以清理爲主，此一着最爲緊要關隘。今人一遇溫病，便以爲傷寒，遂引經論，先解其表，乃攻其裏之說，此大謬也。總因古今醫家，俱將溫病與傷寒看成一證，不分兩治。如王宇泰、張景岳曠代名手也，其論傷寒證治妙矣至矣，蔑以加矣。至說到溫病，猶是老生常談，他何足道。人每以大劑麻黃、葛根等湯，強發其汗，此邪原不在經，汗之徒損經氣，熱亦不減，轉見狂躁。蓋發汗之理，自內由中以達外，今裏熱結滯，陽氣不能敷佈於外，即四末未免厥逆，又安能氣液蒸蒸以透表，如縛足之鳥焉能飛升？又如水注之器，閉其後竅，前竅焉能涓滴？惟用升降、雙解，裏熱一清，表氣自透，不待發散多有自能汗解者。此中玄妙，王劉二公其先覺乎。

《寒溫條辨·表裏兼證》 表裏俱見之證，疑似之間最宜詳晰。蓋在表者宜汗，在裏者宜下。今既兩證相兼，如欲汗之，則裏證已急，欲下之則表證尚在。在傷寒，自表傳裏，通宜大柴胡湯兩解之。在溫病，自裏達表，輕則增損大柴胡湯，重則加味六一順氣湯主之。

《寒溫條辨·裏證》 不惡寒反惡熱，掌心并腋下濈濈汗出，腹中硬滿脹痛，大便燥結或膠閉，或熱結旁流，或協熱下利，譫語發狂，口渴咽乾，舌黃或黑，舌捲或裂，煩滿囊縮而厥，脈洪而滑，或沉實，或伏數，此裏證之大略也。溫病與傷寒表證實不同，裏證無大異，亦須辨明治之。

按：傷寒有表證，自當汗之。然脈有忌汗者七條，證有忌汗者十一條。有裏證，自當下之。然脈有忌下者十四條，證有忌下者二十二條，此尤不可不知也。《傷寒論》三百九十七法，一百一十三方，詳且盡矣。兼以諸家闡發無餘，觀之自明，何須余贅。是集特辨溫病根源脈證治方與傷寒大異，令業醫者分別清楚，不以傷寒混治溫病，是則余之志也已。

又按：訒菴云：汗、吐、下、和，古人治病之四法。景岳云：若無邪氣在上不可輕吐，亦無多法，梔子豉湯吐無形之虛煩，瓜蒂散吐有形炎實邪。一法以萊菔子爲末，溫水調服一錢，良久即吐。和解，小柴胡湯加減足矣。二法之外，最切於病，無過汗下。正傷寒之當汗當下者，已逐條分晰矣。溫病無正發汗之理，惟下證最多，特爲指明，莫厭其煩。

面黃　耳黃

黃者土色也，脾胃於五行屬土，陽明之脈榮於面，黃則濕熱鬱於脾胃之中，薰灼上蒸於面，甚則身黃如橘子色，此大熱之象。並宜茵陳蒿湯合升降散，再酌病情合三承氣湯下之。下後熱退，汗自出，黃自消矣。或以溫酒洗之。

目暗不明　目赤　目黃　目瞑　目直視　目反折

目者至陰也，五藏六府精華之所係，水足則明察秋毫，如常而瞭瞭者，裏無邪也。至於目暗不明，乃邪熱居內焚灼，腎水枯涸，不能朗照。若赤，若黃，若瞑，若直視，若反折，邪俱在裏也。若不急下，則邪愈熾矣。並宜加味涼膈散加龍膽草。

薛氏曰：凡開目而欲見人者，陽證也；閉目而不欲見人者，陰證也。目中不了了，目睛不和，色赤，熱甚於內也。目瞑者，必將衄也。目睛黃者，將發身黃也。或瞪目直視，或戴眼反折，或目胞陷下，或睛暗而不知人者，皆

難治也。

舌白胎　黃胎　黑胎

凡傷寒邪在表者，舌無胎。邪在半表半裏，白胎而滑，肺主氣而色白。故凡白胎猶帶表證。止宜和解，禁用攻下。有尖白根黃，尖黃根白，或尖白根黑，及半邊黃白而胎滑者，雖證不同，皆屬半表半裏。若傳裏則乾燥，熱深則黃，甚則黑也。然黑胎止有二種，有火極似水者，爲熱極；有水極似火者，爲寒極。細辨之，黑色亦自不同。熱極者色黑而胎燥，或如芒刺，再驗必小便赤澀，大承氣湯下之；寒極者色青灰而胎滑，再驗必小便清白，或淡黃，理中湯加附子溫之。又溫病與傷寒，舌色不同，傷寒自表傳裏，舌胎必由白滑而變黃變黑，不似溫病熱毒由裏達表，一發即是白黃黑諸胎也。故傷寒白胎不可下，黃則下之；溫病稍見黃白胎，無論燥潤，即以升降散、加味涼膈散下之，黑則以解毒承氣湯急下之。下後間有二三日裏證去，舌尚黑者，胎皮未落也，不可再下，務在有下證方可下。有一種舌俱黑而無胎，此經氣，非下證也。妊娠多有此，陰證亦有此。又有一種舌，屢經汗下消導，二便已通，而舌上青灰色未退，或濕潤，或雖不濕潤，亦不乾燥，不可因其濕潤妄投薑、附，亦不可因其不濕潤而誤與硝、黃。此因汗下過傷津液，其脈必虛微無力，急宜救陰爲主，炙甘草湯、左歸丸料，或六味地黃丸料合生脈散滋其化源。又有一種舌，眞陰虧損，火勝津枯，乾燥涸極，唇裂鼻煤舌黑，宜以涼水梨漿治其標，左歸、六味滋其本，庶或可生。若執用承氣、涼膈則殆矣。杜清碧三十六舌法，三十五舌屬熱，惟一舌屬寒，大抵熱多寒少。三十六法已覺其煩，後廣之一百有餘，眞屬蛇足。

舌白砂苔　舌紫赤色

舌上白苔乾硬如砂皮，一名水晶舌。乃自白胎之時，津液乾燥，邪雖在胃，不能變黃，急下之。紫赤亦胃熱也，亦宜下之。

舌芒刺

熱傷津液，此熱毒之最重者，急下之。

舌裂

日久失下，血液枯涸，多有此證。又熱結旁流，日久不治，在下則津液消亡，在上則邪火毒熾，故有此證，急下之，裂自滿。

舌短　舌捲　舌硬

此皆邪氣勝，眞氣虧，急下之，舌自舒。

唇燥裂　唇焦色　口臭　鼻孔如烟煤

此胃家實多有此證，急下之。鼻孔煤黑，溫毒在胃更甚，急下之。

口燥咽乾　氣噴如火　揚手擲足　小便極臭　小便赤黑　小便涓滴作痛

此皆內熱之極，急下之。

潮熱

邪熱在胃，宜下之。

善太息

此胃家實。呼吸不利，胸膈痞悶，每欲引氣下行故然，宜下之。

心下滿　心下痛　心下滿痛　心下高起如塊　腹脹滿痛　腹痛按之愈痛　小腹滿痛

此皆胃家邪實，內結氣閉，急下之，氣通則已。

頭脹　頭脹痛　頭汗　頭痛如破

此皆胃家邪實，氣不下降，急下之，脹痛立止。頭汗亦宜下之，則熱越而遍身汗出矣。

譫語　發狂　蓄血如狂

此胃家實，陽邪勝也，急下之。有氣血兩虛，躁煩如狂者，不可下，須辨之。

溫疹

治法不外清散，增損雙解散加紫萍。

小便閉

此大便秘，氣結不舒，因而小便不通也。急下之，大便行，小便立解。

大便燥結　轉屎氣極臭

此下之無辭。但有血液枯竭者，無表裏證，虛燥不可下，宜六味地黃丸料加麥冬、五味，煎成入人乳，減半飲之。一方用白菜自然汁、大麻仁汁、生芝蔴汁等分，入蜜和服自通。或用蜜煎導法。

大便膠閉

某人平日大便不實，一遇溫邪便蒸作極臭，狀如粘膠，愈蒸愈粘，愈粘愈閉，以致胃氣不能下行，溫毒無自而出，不下即死。若得粘膠一去，無不

愈者。

協熱下利

其人大便素或不調，邪熱乘胃，便作煩渴。一如素日泄瀉稀糞而色不敗，其敗色但焦黄而已。午後潮熱，便作瀉泄，子後熱退，泄瀉亦減，次日不作潮熱，利亦止，爲病愈。若潮熱復作，利不止者，以增損大柴胡湯徹其餘邪，而利自止。

熱結旁流

此胃家實，邪熱壅閉，續得下利純臭水，全然無糞，日三五度，或十數度，急以加味六一順氣湯下之，得結糞而利自止。服藥後不得結糞，仍稀水旁流，及所進湯藥，因大腸邪勝，失其傳送之職，知邪猶在也，病必不減，仍以前湯更下之。或用解毒承氣湯。如虚並加人參。無參，以熟地一兩、歸身七錢、山藥五錢煎湯，入前藥煎服，累效。蓋血不亡，氣亦不散耳。

脈厥　體厥

脈厥，沉伏欲絶。體厥，四肢逆冷，涼過肘膝，半死半生，通身如冰，九死一生。此邪火壅閉，陽氣不能四佈於外，胃家實也，急以解毒承氣湯大清大下之。下後而鬱熱已解，脈和體溫，此爲病愈。若下後而鬱熱已盡反見厥者，爲虚脱，宜補。若下後鬱熱未盡，仍見厥者，更下之，厥不回者死。

按溫病厥逆皆下證，傷寒厥逆多兼下利，則陽熱變爲陰寒者十之五。蓋木盛則胃土受尅，水穀奔迫，胃陽發露，能食則爲除中。木盛則腎水暗虧，汲取無休，腎陽發露，面赤則爲戴陽。戴陽尚多可救，除中十不救一。所以溫之灸之，以回其陽，仍不出少陰之成法也。但厥而下利，陰陽之機甚微，不可不辨也。

下後脈反浮

裏證下後，宜脈靜身涼。今脈浮，身微熱，口渴，神思或不爽，此邪熱溢於肌表，裏無大留滯也。雖無汗，宜白虎湯。若大下後，或數下後，脈空浮而虚，按之豁然如無，宜玉女煎加人參，覆杯則汗解。以其人或自利經久，或他病先虧，或本病日久不痊，或反覆數下，以致周身血液枯涸。石膏、知母、麥冬辛涼除肌表散漫之熱邪，人參、熟地、牛膝滋陰以助周身之血液，於是經絡潤澤，元氣鼓舞，腠理開發，此邪從榮解，汗化於液之義也。

下後脈復沉

下證脈沉而數，下後脈浮，當得汗解，以熱邪溢於氣分也。今下後二三日，脈復沉者，餘邪復瘀到胃也，宜更下之。更下後，脈再浮者，仍得汗解，宜白虎湯。

下後脈反數

應下失下，口燥咽乾而渴，身反熱減，四肢時厥，欲得近火壅被，此陽氣伏也。下後厥回，身復熱，脈大而反數，舌上生津，不甚飲水，此裏邪漸去，鬱陽暴伸也，柴胡清燥湯以和解之。此證類近白虎，但熱渴既除，又非白虎所宜也。

下後身反熱

應下之證，下後當脈靜身涼，今反發熱者，此内結開，正氣通，鬱陽暴伸也。即如爐中伏火撥開，雖焰不久自息，與下後脈反數義同。

下後反痞

邪氣留於心胸，令人痞滿。下之痞應去，今反痞者，以其人或因他病先虧，或因稟賦嬌怯，氣血兩虚，下之益虚，失其健運，邪氣留止，故致痞滿。今愈下而痞愈甚，若用行氣破氣之劑，轉成壞病矣。宜參歸養榮湯，中病即止。

下後邪氣復聚

裏證下後，脈不浮洪，煩渴減，身熱退，三五日後復發熱者，亦無傷食勞役，乃餘邪尚隱伏，因而復發，此必然之理。不知者，每發咎於醫家，誤也。再酌前方下之，慎勿過劑，以邪熱微也。

急證急攻

雜氣流毒，怫鬱三焦，其病不可測識。一發舌上白胎如積粉，譬如早服涼膈、承氣等方下之，至午舌變黄色，煩滿更甚，再急下之，至晚舌變黑刺，或鼻如烟煤，仍加硝黄大下之。所謂邪微病微，邪甚病甚，非藥之過也。此一日之間而有三變，幾日之法一日行之，稍緩則不及救矣。若下後熱渴除胎不生方愈。更有熱除胎脱，日後熱復發胎復生者，再酌前方下之，不必疑二也。嘗見溫病有一二日即死者，乃其類也。丁亥五月，監生李廉臣女，年十八，患溫，體厥脈厥，内熱外寒，痞滿燥實，譫語狂亂，罵詈不避親疏，煩躁渴飲，不食不寐，惡人與火，晝夜無寧刻。予自端陽日診其病，至七月初三始識人，熱退七八而思食，自始至終以解毒承氣湯一方，雪水熬石膏湯煎服，約下三百餘行，黑白稠粘等物，愈下愈多，不可測識，此眞奇證怪證也。廉臣曰：若

非世兄見眞守定，通權達變，小女何以再生。戊子秋，舉人李煦南長公，約年十五，患溫，脈沉伏，妄見妄言，如醉如癡，渴飲無度，以加味涼膈散連下一月而甦。又予甥年二十一，患溫，初病便煩滿囊縮，登高棄衣，渴飲不食，日吐血數十口，用犀角地黃湯加柴、芩、連、梔、元參、荆芥穗灰十劑，間服瀉心、承氣湯七劑，諸證退而飲食進。越五日，小便不通，脹痛欲死。予細診問，脈仍沉，臍間按之勁疼，予思此土實氣閉不舒，因而小水不利也，以大承氣湯下黑血塊數枚，而病始痊。此皆證之罕見者也，可見凡下不以數計，有是證即投是藥。但恐見理不明，認證不透，反致擔閣，而輕重緩急之際，有應連日，有應間日下者，如何應多，如何應少，其間不能如法，亦足誤事，此非可以言傳，臨時酌斷可也。

發熱

凡治傷寒溫病，當發熱之初最爲緊要關隘，即宜詳辨脈證治療，此時用藥稍不確當，必變證百出而成壞病矣。如溫病發熱，雜氣怫鬱三焦，由血分發出氣分，斷無正發汗之理。而發熱頭痛，身痛而渴，爲熱之輕者，神解散、小清涼散之類；如發熱氣噴如火，目赤舌黃，譫語喘息，爲熱之重者，加味涼膈散，增損三黃石膏湯之類；如發熱厥逆，舌見黑胎，則熱之極矣，加味六一順氣湯、解毒承氣湯大清大下之。若正傷寒，自當詳發熱之表裏虛實以施治。如翕翕而熱者表熱也，謂若合羽所覆，明其熱在外也，桂枝麻黃各半湯、桂枝二越婢一湯、葛根湯選用；蒸蒸而熱者，裏熱也，謂若薰蒸之蒸，明其熱在内也，白虎湯、黃連解毒湯、瀉心湯選用。太陽經以表爲標，膀胱爲本。凡發熱頭項痛，腰脊強，脈浮緊無汗，此寒在標也，麻黃湯汗之；發熱脈浮緩自汗，此風在標也，桂枝湯和之；發熱脈緊而兼緩，此風寒並在標也，大青龍湯發之。若脈浮發熱，煩渴小便不利，此熱在本也。五苓散兩解之。陽明經以肌肉爲標，胃爲本。凡發熱目痛，鼻乾不眠，無汗，葛根湯，熱甚加黃芩、知母主之者，乃熱在標也；若表裏俱熱，渴飲水漿，汗出脈洪數，白虎湯主之者，乃熱在標本也；若不惡寒反惡熱，或蒸蒸而熱，内實不大便，脈洪數有力，調胃承氣湯下之者，乃熱在本也。少陽經主半表半裏，從乎中治，脈弦，發熱頭痛，口苦耳聾，胸滿脇痛，往來寒熱，心煩喜嘔，默默不欲食者，小柴胡湯主之。若標病止宜小柴胡加減，若本病因邪深入，不能傳散，多以柴胡加芒硝湯，或大柴胡湯。大抵熱在太陽忌下，熱在陽明忌利小便，熱在少陽忌汗、忌下、忌利小便。至傳入三陰，則不發熱，唯少陰經能發熱。然少陰發熱有二證，初病即見少陰證，脈沉反發熱，麻黃附子細辛湯。若下利清穀，裏寒外熱，手足厥逆，脈微欲絶，身反不惡寒，此陰盛格陽，内寒而外熱也，理中湯加附子，或通脈四逆湯。蓋陽邪傳陰經而下利者，乃是熱利，陽陷入陰，外所以無熱，自是白頭翁湯、黃連阿膠湯一派。如陰邪入陰經而下利者，乃是裏寒自利，寒既在裏爲主，則陽氣必客於外，外所以反熱，非理中、四逆何以禦之。要知雖皆發熱，畢竟不同，發於陽而發熱者，頭必痛，發於陰而發熱者，頭不痛，此爲辨也。又太陽以惡寒發熱爲病進，恐邪氣傳裏也。厥陰以厥少熱多爲病退，喜陰盡陽復也。然熱氣有餘，則又爲内癰便血之兆矣。發熱多端，不可不詳辨也。

按《傷寒論》之論内癰，止於三句中，即以三證辨内癰爲極確，文法精練，不可不細玩之。第一句，諸脈浮數，當發熱，而反灑淅惡寒，謂脈浮數，本當發熱，而反多灑淅惡寒者，内癰也。第二句，若有痛處，謂浮數之脈，主邪在經，當一身盡痛，而痛偏着一處者，内癰也。第三句，飲食如常，謂病傷寒，當不欲飲食，而飲食如常者，内癰也。讀仲景書，可不於一字一句深求其義哉。景岳治肺癰，有桔梗杏仁煎；治腸癰，有腸癰秘方；通治有連翹金貝煎；外又有蠟礬丸。皆神方也，謹採以備用。

惡寒

傷寒惡寒者，不見風亦惡寒，身雖發熱，不欲去衣被也。惡寒屬表證，而有虛實之分，以有汗者爲虛，無汗者爲實也。但有惡寒爲表不解，若欲攻其熱，當先解其表，麻黃、桂枝之屬是也。必不惡寒反惡熱，此爲表解，乃可清裏，白虎、承氣之屬是也。然又有少陰之惡寒者，則踡卧足冷，脈沉細，四逆湯溫之，不可發汗。必振寒，脈微細者，内外俱虛也，眞武湯主之。又有止稱背惡寒者，蓋人背爲陽，腹爲陰，陽氣不足，陰寒氣盛，則背爲之惡寒，陽微陰盛之機已露一斑。《傷寒論》云：少陰病一二日，口中和，背惡寒者，當灸之，處以附子湯者是也。又有陽氣内陷入陰中，表陽新虛，有背微惡寒者。《傷寒論》云：傷寒無大熱，口燥渴，心煩，背微惡寒者，白虎加人參湯主之者是也。蓋微，不甚也；若少陰，則寒甚也。二者一爲陰寒氣盛，一爲陽氣内陷。蓋陰寒爲病，不能消耗津液，故於少陰病則曰口中和；及陽氣内陷，則熱灼津液爲乾，故於陽明病則曰口燥渴也。二者均爲背惡寒，要辨陰陽寒

熱不同，亦於口中潤燥可知，不可不仔細審之也。又有傷寒惡寒，全不發熱，六脈緊細，乃素稟虛怯而不能發熱，此太陽寒傷榮證。但極虛感寒，無正發汗之理，宜理陰煎、大溫中飲以滋其陰，而雲騰致雨之妙，則景岳有心得矣。若溫病惡寒，口燥咽乾，舌黃唇焦，乃陽盛格陰，內熱則外寒，非惡寒也。蓋惡寒表證也，得就煖處便解，外寒重證也，雖近火烈不除。輕則神解散，甚則升降散、增損雙解散，豈可與正傷寒惡寒同日語哉。

惡風

惡風者，見風則惡，密室中則無所惡也。雖屬表證，而發散又自不同。若無汗惡風，則爲傷寒，當發其汗，麻黃湯；有汗惡風，則爲中風，當解其肌，桂枝湯。裏證雖具，而惡風未罷者，皆當先解其表也。又有汗多亡陽與風濕皆有惡風之證，蓋汗出漏不止，則亡陽外不固，是以惡風也，以桂枝加附子湯，溫其經而固其衛。風濕相搏，骨節煩痛，濕盛自汗而皮膚不密，是以惡風也，以甘草附子湯，散其濕而實其衛。若溫病，惡風等於惡寒，陽伏於內，陰格於外，不過初病一二日，後則惡熱不惡風寒矣。要之邪熱內鬱，輕則發越於外而手足溫，重則內外格拒而通身涼，死生關頭，惟在識與不識耳。神解、芳香、升降、涼膈等方，斟酌得宜，萬無一失。

頭痛

太陰少陰，有身熱而無頭痛，蓋二經皆不上頭故也。厥陰，有頭痛而無身熱，蓋厥陰與太陽會於巔也。若身熱又頭痛，皆屬三陽經也。傷寒太陽頭痛，發熱惡寒無汗，麻黃湯；頭痛發熱，惡寒有汗，桂枝湯。陽明頭痛，不惡寒反惡熱，白虎湯；不大便，調胃承氣湯；頭痛甚者必衄，葛根湯去大棗加葱白，少陽頭痛，頭角痛，或耳中痛，或口苦發熱，或往來寒熱，脈弦數，並宜小柴胡湯。厥陰頭痛，嘔而吐沫，吳茱萸湯；又厥陰頭痛，脈微浮爲欲愈，如不愈小建中湯。若溫病頭痛，或頭脹痛，乃邪熱鬱結於內，上攻頭面三陽，斷不可發表，輕則神解散、清化湯治之，重則增損雙解散、升降散合內外而治之。

身痛

凡傷寒太陽病，身體痛，骨節痛，若惡寒無汗，脈浮緊者，麻黃湯汗之；若脈浮緩，惡風自汗者，桂枝湯和之；若風寒並中，脈浮緊而緩者，大青龍湯發之。少陰病，身體痛，骨節痛，手足厥，脈沉者，附子湯主之。然此陰陽二證，一般身痛，用藥則相去雲壤，浮沉之脈，要在旨下辨識。若誤發少陰經汗，必動其血，或從口鼻出，或從目出，則爲下厥上竭而死，或可以當歸四逆湯救之。凡一身盡痛，發熱發黃，頭上汗出，背強，小便不利者，濕也，茵陳蒿湯。凡發汗後，身疼痛，脈沉遲者，桂枝新加湯。凡身痛下利清穀者，表裏俱寒也，原文先救裏四逆湯，次救表桂枝湯。若溫病，雜氣熱鬱三焦，表裏阻隔，陰陽不通，身體痛，骨節痛，以及頭痛項強，發熱惡寒惡風，目痛鼻乾不眠，脇痛耳聾，寒熱而嘔，一切表證狀類傷寒，實非風寒外感之邪，通宜清熱解鬱以疏利之，如神解散、芳香散、升降散、加味涼膈散、增損雙解散之類，隨其輕重酌量用之。裏氣一清，表氣自透而外證悉平矣。故溫病凡見表證，皆裏證鬱滯浮越於外也。不知者，一見身痛頭痛，發熱惡寒等證，便以爲傷寒，而用麻黃、青龍以發其汗，則壞病蠭起矣。此即前一節治法大有天淵之別也，王劉兩公其先覺乎。

不眠

陽盛陰虛，則晝夜不得卧，陰盛陽虛，則嗜卧不欲起。蓋夜以陰爲主，陰氣盛則目閉而卧安。若陰爲陽擾，故煩躁而不眠也。溫病熱鬱三焦，陰不敵陽，大渴引飲，煩躁不眠，輕則增損大柴胡湯，重則增損雙解散，兩解表裏之熱毒以治之。若太陽傷寒，脈浮數，身痛無汗，煩躁不眠，大青龍湯或桂枝麻黃各半湯；若發汗後不眠，脈浮數，微熱煩渴，小便不利，五苓散；若大汗後，胃中乾燥，不眠，煩渴欲飲水者，少少與之愈；脈數大者，白虎湯或竹葉石膏湯，不用五苓。又太陽傷寒，脈浮，以火劫汗，亡陽驚狂，起卧不安，桂枝去芍藥加蜀漆牡蠣龍骨救逆湯。陽明經病，目痛鼻乾不眠，葛根湯；內熱多加黃芩、知母；若自汗，脈洪數，經府俱熱，煩渴舌燥不眠，白虎湯；若大熱，錯語呻吟，乾嘔不眠，黃連解毒湯。少陽病往來寒熱，口苦，心煩不眠，脈弦數，小柴胡湯加黃連、梔子；若虛弱人，津液不足，加酸棗仁、五味子、麥冬。少陰病得之二三日以上，心煩不眠，黃連阿膠湯。凡汗、吐、下後，煩渴不眠，劇者懊憹不眠，此邪熱乘虛客於胸中，煩熱鬱悶而不得散也，梔子豉湯。凡下後虛煩不眠，參胡溫膽湯、加味溫膽湯。

多眠

凡病者多不得眠，傷寒反多眠者。以衛氣晝則行陽，夜則行陰，行陽則寤，行陰則寐。陽氣虛陰氣盛，則目瞑，故多眠，乃邪氣傳於陰而不在陽也。

昏昏閉目者，陰司闔也。默默不言者，陰主靜也。凡傷寒頭痛發熱，神昏多眠者，表證也，宜解表爲先，疏表湯。若得汗後，脈浮細，身涼嗜卧者，此陽邪去而陰氣復，可不藥而愈。設胸滿脇痛，風熱内攻而喜眠者，邪傳少陽也，小柴胡湯加桔梗、枳殼。少陰病得之二三日，表邪未悉併陰，但欲寐，脈微細，無裏證者，麻黃附子甘草湯以微發其汗則愈。少陰病，欲吐不吐，心煩多眠，自利而渴，小便色白者，眞武湯。凡脈微細欲絶，或踡卧惡寒向壁，或身重逆冷，皆屬少陰，附子湯。若溫病多眠，三陽合病，目合則汗，小清涼散合白虎。譫語有熱者，增損三黃石膏湯加大黃。蓋凡胃中有熱者，亦欲多眠，但神昏氣粗而大熱，絶不似少陰之踡卧足冷也。

自汗

自汗者，不因發散而自然汗出也。然有表裏之别，虛實之異焉。凡傷寒太陽病，汗出惡風，反微惡寒者，表未解也，宜桂枝湯，或小建中湯，或黃耆建中湯，隨證用之。陽明病，發熱汗多者，急下之，大承氣湯，陽明病脈遲，雖汗出不惡寒，表證罷裏證實者，急下之，大承氣湯。夫脈遲，乃熱鬱陽明，火邪閉脈也。裏實乃身重，短氣腹滿而喘，濈濈汗出也，非若邪氣在表而汗出之可緩也。漏風亡陽者，桂枝加附子湯。凡陰證四逆，額上及手背冷汗出者，與自利厥逆大汗出者，急以四逆湯溫之。凡自汗出，小便難，脈沉者，桂枝附子湯加茯苓。若溫病邪熱内結，誤服表藥，大汗亡陽，煩渴不解，大復甦飲。不因誤表而自汗者，增損三黃石膏湯，裏實者加大黃。愈後每飲食及驚動，即自汗出，此表裏虛怯也，人參固本湯加黃耆、牡蠣、麻黃根以固之。若發熱而利，自汗不止者死。若大汗出，熱反盛，狂言不止者死。若汗出髮潤，喘不休者死。若汗出如珠，不流者死，此又不可不知也。

盗汗

盗汗者，睡着而汗出也，是由邪在半表半裏。何者？若邪氣一切在表與衛，則自然汗出也，此則邪氣侵行於裏，外連於表，及睡則衛氣行於裏，乘表中陽氣不緻，津液得泄，故但睡而汗出，覺則氣散於表而止矣。雜病盗汗者，或陽虛血熱，補中益氣湯加防風、麻黃根、生地黃、牡丹皮。或陰虛火動，當歸六黃湯加浮麥、麻黃根。傷寒盗汗，責於半表半裏，知其膽有熱也。《傷寒論》曰：微盗汗出，反惡寒者，表未解也，小柴胡湯主之。《傷寒論》曰：陽明病，脈浮而緊，必潮熱，發作有時，但浮者，必盗汗出。病愈脈靜身涼，數日後，忽得盗汗及自汗者，此屬表虛，並宜黃耆湯加防風、麻黃根。若溫病盗汗，邪熱内鬱，外侵於表，升降散或增損大柴胡湯加牡蠣、龍膽，或龍膽末二錢、豬膽汁同溫酒調服。

頭汗

凡熱邪内蓄，蒸發腠理，遍身汗出者，謂之熱越。若身無汗，則熱不得越，上蒸於陽，故但頭汗出也。熱不得越，陽氣上騰，頭汗出譫語者，在傷寒大柴胡湯、涼膈散；在溫病增損大柴胡湯、加味涼膈散。頭汗出劑頸而還，渴飲水漿，小便不利，此爲熱鬱在裏，身必發黃，在傷寒茵陳蒿湯，在溫病加味涼膈散加茵陳蒿。心下滿，頭汗出，水結胸也，並宜柴胡陷胸湯。陽明病，下血譫語，此爲熱入血室。此證兼男子言，不僅婦女也。但頭汗出者，在傷寒小柴胡湯加歸尾、桃仁、穿山甲、丹皮、梔子；在溫病柴胡清燥湯加穿山甲、桃仁、黃連、大黃、芒硝。又傷寒五六日，已發汗而復下之，胸脇滿微結，小便不利，渴而不嘔，往來寒熱，心煩，但頭汗出者，柴胡桂枝乾薑湯。又傷寒五六日，頭汗出，微惡寒，手足冷，心下滿，口不欲食，大便難，脈沉細者，此爲陽微結，必有表復有裏也。脈沉亦在裏也。汗出爲陽微，假令純陰結，不得復有外證，悉入在裏，此爲半在裏半在外也。脈雖沉緊，不得爲少陰病，所以然者，陰不得有汗，今頭汗出，故知非少陰也，可與小柴胡湯。設不了了者，得屎而解，柴胡加芒硝湯。若中濕，誤下之，頭汗出，小便利者死。又下後，額上汗出而喘，小便反秘者亦死。二者乃頭汗之逆，以陰陽上下俱脱也。關格不通，不得尿，頭無汗者生，有汗者死。若元氣下脱，額上汗如貫珠者死。《脈經》曰：陽氣上出，汗見於頭，五内枯乾，胸中空虛，醫反下之，此爲重虛也。蓋頭汗有生死之分，須詳辨之。

手足心腋下汗

凡潮熱手足濈濈汗出，爲陽明胃實也。腋下濈濈汗出，爲兼少陽膽實也。在傷寒大柴胡湯，在溫病增損大柴胡湯。若大便秘硬者，在傷寒大柴胡湯加芒硝，在溫病加味六一順氣湯。若手足心濈濈汗出，大便難而譫語者，此有燥糞，爲熱聚於胃也。在傷寒調胃承氣湯，在溫病加味涼膈散。《傷寒論》曰：陽明病，中寒不能食，小便不利，手足心濈濈汗出，此欲作痼瘕。大便必初硬後溏，胃中虛，水穀不别故也。痼瘕者，寒氣結而爲積也，厚朴生薑甘草半夏人參湯，或理中湯加木香、檳榔，不可下也。若額上及手背褺冷

汗出者，此屬陰證傷寒，通脈四逆湯溫之。此皆不可不辨也。

結胸痞氣

《傷寒論》曰：病發於陽，而反下之，熱入裏作結胸。謂表證當汗也，而醫反下之，則外邪乘虛內陷結於心膈，乃爲結胸也。《傷寒論》曰：太陽病，脈浮動數，頭痛發熱，微盜汗出，反惡寒者，表未解也。而反下之，動數變遲，膈內拒痛，胃中空虛，客氣動膈，短氣煩躁，心中懊憹。陽氣內陷，心下因硬，則爲結胸，大陷胸湯主之。若不結胸，但頭汗出，餘無汗，劑頸而還，小便不利，身必發黄，梔子豉湯主之。又曰：太陽病，重發汗而復下之，不大便，舌上燥而渴，日晡潮熱，從心下至小腹硬滿而痛不可近者，大陷胸湯主之。又曰：傷寒嘔而發熱，柴胡證具，而以他藥下之，其柴胡證仍在者，復與小柴胡湯，必蒸蒸振汗而解。若心下滿而硬痛者，此爲結胸也，大陷胸湯主之。又曰：傷寒六七日，結胸實熱，脈沉而緊，心下硬痛者，大陷胸湯主之。又曰：結胸無大熱，此爲水結在胸脇也，但頭汗出者，大陷胸湯主之。又曰：小結胸病，正在心下，按之則痛，脈浮滑者，小陷胸湯主之。又曰：病應汗解，反以冷水噀之，或灌之，其熱被卻不出，彌更益煩，肉上粟起，意欲飲水，反不渴者，服文蛤散。若不瘥，與五苓散。寒實結胸無熱證者，與小陷胸湯，白散亦可服。崔行功曰：傷寒誤下，結胸欲絶，心胸高起，手不可近，用大陷胸湯。恐不得瘥，此下後虛逆，氣已不理，當以枳實理中丸，先理其氣，次療諸疾，古今用之如神。且誤下之初，未成結胸者，急宜頻服理中湯加枳殼、桔梗，自得解散，更不作結胸也。又有衄血不盡，血結胸中，手不可近，漱水不欲嚥，身熱喜忘如狂，腹脇脹滿，大便黑，小便利，犀角地黄湯加大黄主之。凡結胸，脈沉緊、沉滑、沉實，或數大有力者，乃可攻之。若脈微沉細，手足冷者，爲難治。若欲救之，宜四逆湯。凡結胸，有兼發黄或發斑，或厥逆者，皆爲最重之證。又結胸證悉具，煩躁者死。又結胸脈浮大者，不可下，下之則死。須詳辨之。張景岳曰：結胸治法，仲景俱以大陷胸湯主之。然以余之見，惟本病不因誤下而實邪結胸，下連小腹，燥渴譫妄，脈來沉實者，正大陷胸湯所宜用也。至於太陽少陽，表邪未解，因下早結胸，而復用大陷胸湯，是既因誤下而又下之，恐不得瘥，不若用枳實理中丸、柴胡陷胸湯，以緩治之爲妙。

余按崔張皆謂不得瘥者，恐復下之過也。不知仲景大有所見，蓋誤下結胸危證也，緩則死矣。結胸而用陷胸者，有病則病受之。觀大病瘥後，從腰以下有水氣者，用牡蠣澤瀉散峻攻，何反不顧其虛耶。蓋病勢危急，設用緩劑，陰水襲入陽界，驅之無及，可見活人之事迂闊者無劑也。

《傷寒論》曰：病發於陰而反下之，因作痞，以下之太早故也。謂內挾痰食，外感風寒，裏之陰虛已受邪熱，中氣先傷也。或熱微下證未全，不任轉瀉也，而醫反下之，則裏之微熱雖除，表之邪熱又至，表邪乘虛內陷，結於心下，但硬滿而不痛，雖不結胸，亦成痞氣也。若不因下早而爲痞氣者，或痰、或食、或氣、或血爲之結也。各有寒熱之不同，要在辨而治之。大約輕者，通用枳殼桔梗湯。若實熱而爲痞者，內實熱盛之大便，手足溫，其脈關上浮，大黄黄連瀉心湯。如寒熱偏勝者，上有濕熱，下有陳寒也，心下痞，而復惡寒汗出者，附子瀉心湯。如寒多熱少，胸滿脈濡者，半夏瀉心湯。如胃不和，心下痞硬，乾嘔，脇下有水氣者，生薑瀉心湯。如下利腹鳴者，非熱結也。但以胃中虛，客氣上逆，故心下痞硬，甘草瀉心湯。要之瀉心非瀉心火之熱，乃瀉心下之痞滿也。如痞滿胃寒咳逆，理中湯。如外證未除，而數下之，爲重虛其理，邪熱乘入，遂挾熱而利，心下痞硬，表裏不解者，桂枝人參湯，即理中湯加桂枝而易其名，爲治虛痞下利之的方也。如汗吐下後，胃虛停飲痞硬，噫氣不除，旋覆花代赭石湯，此輔正匡邪蠲飲下氣之妙方也。如本以下之，故心下痞，與諸瀉心湯不解，其人渴而煩躁，小便下不，五苓散。邪在上而治在下，使濁氣出下竅，而清陽之在上焦者，自能宣化，乃藏實而瀉其府也。蓋五苓有兩解之功，潤津滋燥，導飲盪熱，亦消痞滿之良方也。如發熱汗出不解，心下痞硬，或吐，或下利，脈滑數，或關脈沉緊，大柴胡湯。蓋外邪不解，轉入於裏，心下痞硬，嘔吐不利，攻之則礙表，不攻則裏證又迫，計惟有大柴胡湯，合表裏而兩解之。

余按大凡結胸痞氣，未經攻下而成者，此或痰、或食、或氣、或血凝滯而然，先須柴胡陷胸湯、柴胡枳桔湯以開之，開之不愈，則攻下之。曾經下後，此爲外邪陷入而爲結胸痞氣，時其輕重，當下則下，緩則誤矣。若不分曾下未下，但見心下脹滿，便以爲結胸痞氣，輒用攻下之劑，反成眞結痞矣。又按結言胸，痞言心下，結言按之石硬，痞言按之濡，結言寸脈浮關脈沉，痞不言寸而但言關上浮，可以知其病之分，治之異矣。然此皆爲正傷寒言之也。若溫病鬱熱內攻，火性上炎，一發即心胸結痞，脈洪滑數，或伏沉，自是熱實結

胸痞氣，特患下之不早耳，非大小陷胸，或陷胸承氣、加味涼膈等方下之不爲功。凡結胸，不問寒熱虛實遲早，便用罨法，生薑、葱白等分，生蘿蔔加倍。三味共搗一處，炒熱，白布包作餅，罨胸前結痛處。此法須分二包，冷則輪換，無不即時開通，但不宜太熱，恐炮烙難受也。更以溫手順下揉之，自無不愈。並治一切痞滿脹痛，眞妙法也。

張氏《發明》曰：成註云：無熱而惡寒者，發於陰也。既無熱而又惡寒，其爲陰證明矣，安有下之之理，下之豈止作痞而已哉。夫仲景所謂陰陽者，指表裏而言也，非此之謂也。病在表則當汗，而反下之，因作結胸。病雖在裏，尚未入府，而輒下之，因成痞。所以成結胸者，誤下之故也。所以成痞氣者，下之太早故也。經曰：脈浮而緊，浮則爲風，緊則爲寒。風則傷衛，寒則傷榮。又曰：脈浮而緊，復下之，緊反入裏則作痞。由此言之，風邪入裏則結胸，寒邪入裏則爲痞。然此亦皆太陽病之所致，非陰證之謂也。又曰：病在陽，應以汗解。陽指表證而言明矣。況痞證諸條，未有因無熱惡寒下之而成者，此成註之誤也。按此說深合經義，故錄之。

腹滿

腹滿者，腹中脹滿也。腹滿不減者爲實，時滿時減者爲虛。以手按之，堅硬而痛不可按者爲實，可揉可按而軟者爲虛。《傷寒論》曰：凡傷寒太陰之爲病，腹滿而吐食不下，自利益甚，時腹自痛。若下之，必胸下結痛。自利益甚，宜理中湯加藿香、厚朴、陳皮、半夏，甚則四逆湯。腹滿時減復如故，此虛寒從下而上也，理中湯加厚朴、木香。病人自言腹滿，他人以手按之不滿，此屬陰證，切不可攻，宜四逆湯溫之。凡汗解後腹滿，厚朴生薑半夏甘草人參湯。本太陽證而反下之，因而腹滿時痛者，桂枝加芍藥湯。大實痛者，桂枝加大黃湯。少陰病六七日，腹脹不大便者，大承氣湯。凡發汗後不解，腹脹滿痛者，大承氣湯。凡潮熱腹滿，短氣而喘，內實者，大柴胡湯加厚朴、檳榔。胸中有熱欲嘔吐，胃中有寒作滿痛者，黃連湯。溫病無陰證，熱鬱失下，邪火久羈，腹脹滿痛者，升降散、加味涼膈散加枳實、厚朴。大抵陽熱爲邪，則腹滿而咽乾，便秘譫語；陰寒爲邪，則腹滿而吐利，食不下。與夫曾經汗吐下後腹滿，治各不同。故爲醫者，要知邪氣所起所在。審其所起，知邪氣之由來，觀其所在，知邪氣之虛實，汗下之不差，淸補之適當，則十全之功可得也。

小腹滿

小腹滿者，臍下脹滿也。胸膈滿爲邪氣，小腹滿爲有物，物者何？尿與血耳。小腹滿，小便不利者，尿濇也。在傷寒，自氣分傳入血分，宜五苓散、豬苓湯；在溫病，自血分發出氣分，宜神解散、升降散。小腹滿，小便自利者，蓄血也。在傷寒，桃仁承氣湯、代抵當湯丸；在溫病，解毒承氣湯加夜明砂，桃仁、丹皮、穿山甲。又傷寒小腹滿，厥逆，眞武湯。小腹滿，不結胸，按之痛，厥逆，脈沉遲，冷結關元也，四逆湯加吳茱萸，外灸關元穴。溫病無陰證。

腹痛

凡腹中痛，按而痛甚爲實，按而痛減爲虛。陽邪痛者，痛不常久；陰邪痛者，痛無休歇。傷寒腹痛，須明部分，中脘痛屬太陰脾經分，脈沉遲而寒者理中湯，甚加附子。陽脈濇，陰脈弦，小建中湯。不瘥，小柴胡湯。臍腹痛屬少陰腎經分，脈沉者眞武湯。小腹痛屬厥陰肝經分，陽鬱厥逆者，當歸四逆湯加吳茱萸、生薑；陰寒厥逆者，四逆湯加吳茱萸。若太陽病下之早，因而腹痛者，屬太陰也，桂枝加芍藥湯。若內實腹痛，繞臍刺痛，煩躁，發作有時，此有燥糞也，調胃承氣湯；大實腹滿而痛，脈實者，大承氣湯。若脈弦，口苦發熱，腹中痛者，小柴胡湯去人參，加炒白芍；寒熱交作，腹中痛者，小柴胡湯加肉桂、白芍，寒多去黃芩。大抵傷寒腹痛，有虛有實，有寒有熱，要在辨脈證而治之；溫病腹痛，乃雜氣潛入，邪火鬱滯陽明也，以升降散、加味涼膈散消息治之。溫病無陰證，實與熱自不屑言，即有虛者，亦當先去其急，而後理其緩也。張子和曰：良工先治其實，後治其虛。今之庸工，不敢治其實，惟誤補其虛，舉世不知其非，奈何。

煩熱

煩熱者，因發熱而煩躁不安也，惟溫病爲特甚。此蓋雜氣伏鬱三焦，邪火亢閉，怫熱燔灼，故心神無定耳。增損雙解、增損三黃石膏之屬，消息治之。若傷寒有表邪不得汗出而煩躁者，其脈浮緩而緊數，大青龍湯。若煩而渴，脈弦數者，乃半表半裏證也，小柴胡湯加知母、天花粉。若煩渴舌燥，大汗出，飲水，脈洪數有力者，陽明經府證也，白虎湯，甚則調胃承氣湯。若手足厥，下利而煩，脈沉細而軟者，此則陰證之類煩也，急以人參、附子溫之。若手足厥，邪結胸，心中滿而煩，此非少陰之藏寒也，急以瓜蒂散吐之。若內

傷勞役，陰虛火動而煩者，身倦自汗，尺脈浮虛者，補陰益氣煎加白芍滋之。凡傷寒五七日，兩手六部脈皆至，大煩。而口噤不能言，其人躁擾者，欲作汗解也。若脈和大煩，目腫瞼內際黃者，此亦欲作汗解也。所以言大煩者，以肌表大熱，則是邪熱欲泄達於外也，故爲欲解。間有大戰者，然必以脈爲主，若脈不至而大煩，不能言，脈不和而瞼黃大煩，其病爲進，又不可執一而論也。

潮熱

潮熱者，如潮水之潮，其來不失其時。蓋陽明屬土，應時則旺於四季，應日則旺於未申，故必日晡發者爲潮熱。陽明內實也，宜下之。若一日三五發者，乃是發熱，非潮熱也。又須切脈之滑大沉實，再審其人臍腹脹滿，以手按之則硬而痛，手足心並腋下濈濈然有汗，此內實有燥糞也。在傷寒大柴胡湯，或調胃承氣湯；在溫病增損大柴胡湯，或加味涼膈散加龍膽草。務要酌度適中病情，不可太過不及。若傷寒，發在寅卯辰巳時分，且未可下，宜小柴胡湯加減與之。若少陽邪併陽明，發潮熱，大便溏，小便自可，胸脇痛不去者，主以小柴胡湯。又脇下硬滿，不大便而嘔，舌上白胎者，可與小柴胡湯，則上下通和，濈然汗出而解。至於溫病，邪鬱胃中，但有潮熱，悉以增損大柴胡湯，甚則加味六一順氣湯。凡傷寒潮熱者，先以小柴胡湯，如熱不除，內實可下者，以大柴胡湯。此大略也。

往來寒熱

傷寒往來寒熱，邪正分爭也。蓋寒爲陰，熱爲陽，裏爲陰，表爲陽。邪客於表，與陽相爭則發寒矣；邪客於裏，與陰相爭則發熱矣。表邪多則寒多而熱少，裏邪多則熱多而寒少。邪在半表半裏之間，外與陽爭而爲寒，內與陰爭而爲熱，表裏之不拘，內外之無定，由是寒熱往來而無常也，故以小柴胡湯，立諸加減法以和之。又往來寒熱與寒熱如瘧，似是而實非也。寒熱如瘧者，作止有時，正氣與邪爭則作，分作止矣。往來寒熱，則發作無時，往來無常，日三五發或十數發，此其與瘧異也。雖治往來寒熱屬半表半裏，當和解之，又有病至十餘日，熱結在裏，復往來寒熱，自宜大柴胡湯下之。凡少陽證，往來寒熱，必先與小柴胡湯和之。服後不解，其脈反浮者，與柴胡桂枝湯，使邪從表而散。其脈如數者，與大柴胡湯，使邪從裏而出也。溫病伏邪內鬱，往來寒熱多屬熱結在裏，陰陽不和，增損大柴胡湯主之，如升降散，乃此證妙藥也。蓋升清可以解表，降濁可以清裏，則陰陽和而內外俱徹矣。若施之傷寒，則又不可。

譫語

譫語者，語言訛謬而氣盛也。經曰：實則譫語。蓋邪熱深入，蓄於胸中，則昏其神氣，遂語言無次而妄說也。邪熱輕者，惟睡中譫語，醒則無矣；邪熱重者，即不睡亦譫語；如熱極者，詈罵不避親疏，不識人，此神明之亂也。譫語蓋非一端。傷寒發汗多亡陽譫語，以胃爲水穀之海，津液之主，汗多津液亡，胃中燥，必發譫語。此非實熱，故不可下，以柴胡桂枝湯和其榮衛，以通津液後自愈。譫語不惡寒反惡熱，白虎湯。腹滿身重，難以轉側，口不仁面垢，譫語，遺尿自汗，脈滑實者，白虎湯。潮熱，手足腋下濈濈汗出，其脈沉實，或滑數有力，大便難而譫語者，大承氣湯。溫病熱鬱三焦，神昏氣亂，譫語不識人，時其輕重，以升降、涼膈、六一、解毒承氣之類，消息治之。若誤服表藥，譫語悶亂者，增損三黃石膏湯加大黃。若蓄血譫語，大便黑，小便利，在傷寒桃仁承氣湯；在溫病解毒承氣湯加夜明砂、桃仁、穿山甲、丹皮。下利譫語，脈滑而數，有宿食也。在傷寒，六一順氣湯加黃連；在溫病，加味六一順氣湯。此非內寒而利，乃燥糞結實，胃中稀水旁流之物也，必須能辨滑數之脈，乃可下之。此證最難酌度。溫病多有體厥脈厥者，更須下之。此《內經》通因通用之法也。若下後下證悉除，三五日後譫語不止者，此邪氣已去，元氣未復，宜柴胡養榮湯加辰砂一錢。大抵譫語脈短則死，脈自和則愈。或氣上逆而喘滿，或氣下奪而自利，皆爲逆也。

鄭聲

鄭聲者，鄭重頻繁，謬語諄諄不已而氣微也。經曰：虛則鄭聲。如老人遇事誶語不休，成氏以爲聲轉其本音，二理並通，故兩存之。蓋鄭聲，乃因內虛正氣將脫而言，皆不足之狀。如手足厥，脈沉細，口鼻氣息短少，所說語言輕微無力，氣少難以應息者，皆陽氣微也。若神昏氣促，不知人事者死。如氣不促，手足頗溫，其脈沉細而微者附子湯。或內熱不可用附子者，人參三白湯、五福飲、七福飲之類，隨證加減治之。所謂傷寒溫病，四損不可正治者此類是也。婁氏曰：譫語，氣虛獨言也。此出《素問》。予用參、耆、歸、術治之屢驗。按此即所謂鄭聲也。大抵譫語、鄭聲，態度無二，但有虛實之分，須詳辨之。

發狂

凡發狂，本屬陽明實熱之證。蓋陽明爲多氣多血之經，或傷寒陽邪傳入胃府，或溫病陽邪起自胃府，熱結不解，因而發狂。《內經·脈解篇》曰：胃者土也，故聞木音而驚者，土畏木也。其惡火者，熱甚則畏火也。其惡人者，以陽明厥則喘而惋，惋則惡人也。其病甚則棄衣而走，登高而歌，或數日不食，或踰垣上屋者，以四肢爲諸陽之本，陽盛則四肢實，實則能登高也。其棄衣而走者，以熱盛於身也。其妄言罵詈不避親疏而歌者，以陽盛爲邪也。又曰：陰不勝其陽，則脈流薄疾，乃狂。又曰：邪入於陽則狂。是皆以陽明熱邪上乘心肺，故令神志昏亂若此，此陽狂也。傷寒溫病雖根源不同，至於發狂皆邪熱已極，使非峻逐火邪則不能已。故但察其大便硬結，或腹滿而堅，或濕滯膠閉，或協熱下利，或熱結旁流有可攻之證，酌用大小承氣、涼膈、六一、解毒承氣之類下之。如無脹滿結實等證，而惟胃火使然者，但以白虎、解毒、三黃石膏、大小清涼之屬，清其火邪，其病自愈。外有傷寒如狂發狂二證，以太陽邪熱不解，隨經入府，重則發狂，輕則如狂，此熱搏血分，蓄血下焦，故宜桃仁承氣與代抵當下之。溫病多蓄血陽明，以黃連解毒湯，送下代抵當湯丸去桂加牛膝、丹皮。近見別有一種如狂之證，或由失志而病，其病在心；或由悲憂而病，其病在肺；或由失精而病，其病在腎；或由鬱怒思慮，饑餓勞碌而病，其病在肝脾，此其本病已傷於內，而邪氣復侵於外，則本病必隨邪而起矣。其證所謂虛狂是也。外無黃赤之色，剛暴之氣，內無胸腹之結，滑實之脈，或不時躁擾而禁之則止，或口多妄誕而聲息不壯，或眼見虛空，或驚惶不定，察其上，口無燥渴，察其下，便無硬結，是皆精氣受傷，神魂不守，其證與陽極發狂者反若冰炭，而時醫不察，但見錯亂，便謂陽狂，妄行攻下，必致殺人。凡治此者，須辨氣血陰陽四損何在。其有虛而挾邪者，邪在陽與氣分，宜補中益氣湯、大溫中飲。邪在陰與血分，宜補陰益氣煎、理陰煎。設有邪氣閉結，勢不能下者，必以黃龍湯，或大柴胡湯加人參。其虛而無邪者，在陽與氣分，宜八珍、十全、腎氣丸料、右歸丸料。在陰與血分，宜六味丸料、左歸丸料。其虛而挾寒者，宜四逆湯加人參、右歸丸料。其虛而挾火者，宜六味丸料、左歸丸料。此方治之宜，大略如此。若夫潤澤之，則在醫者活法耳。

發斑疹

發斑者，輕如蚊跡，重如錦紋。其致此之由，總因熱毒不解。或當汗不汗，則表邪不解。當下不下，則裏邪不解。當清不清，則火盛不解。陽證誤用溫補，則陽亢不解。必須察脈之浮沉，人之虛實，熱毒之輕重而治之，斷不可執成氏不可汗，不可下之說。凡邪氣自外而入，深入不解，則又自內而出，表裏相乘，勢所必至，原非表虛證也。但使內外通達，則邪由表裏而解矣。即如犀角地黃湯，乃治斑之要藥。人知此湯但能涼血解毒，而不知此湯尤善解表散邪，若用之得宜，裏氣一清，必通身大汗，熱邪頓解，何爲不可汗耶。發斑大熱，狂躁引飲，又何爲不可下耶。凡斑出赤紅者爲胃熱，紫紅者爲熱甚，黑色者爲胃爛也。鮮紅起發者吉，最忌稠密成片。如熱甚脈洪數煩渴者，以白虎湯合犀角地黃湯加殭蠶、蟬蛻、青黛。如熱毒內蘊，煩心不得眠，錯語呻吟者，犀角大青湯加殭蠶、蟬蛻，或增損三黃石膏湯加青黛、犀角。熱燥便結者，俱加酒大黃。如斑發已盡，外熱稍退，內實便秘譫語者，以加味涼膈散微下之。溫病與傷寒治法同。蓋殭蠶、蟬蛻尤斑疹要藥也。至於陰證，亦時有發斑者，狀如蚊跡，多出胸背手足間，但稀少而淡紅，身雖熱而安靜。以其人元氣素弱，或因慾事傷腎，當補不補，則陰凝不解。或誤服涼藥太過，以致變成陰證。寒伏於下，逼其無根失守之火，聚於胸中薰灼肺胃，傳於皮膚而發斑點，補陰益氣煎加乾薑、附子。寒甚脈微，大建中湯、通脈四逆湯，則眞陽回陰火降，而證乃痊，此治本不治標也。溫病無陰證。若夫疹與斑等乃溫病中之重證也，治同溫病，傷寒百不出一。總緣雜氣之毒鬱於胃中，無所施瀉，發於皮膚而爲疹，增損雙解散主之。加紫背浮萍五七錢，或重加石膏、大黃、芒硝，清散得宜，未有不出者。如身出而頭面不出，此毒氣內歸，危候也。急以大蟾蜍一個，搗和新汲水，去渣痛飲之，自出，屢驗。若溫病有久而甚者，煩躁昏沉，祇用蟾蜍心三兩個，和水飲一二次，定心安神而病去矣，勿以爲微而忽之。凡斑疹，脈洪長滑數易治，脈沉伏弦微難治。黑如果實靨者死，不可不知。

發黃

凡傷寒溫病皆發黃，多由陽明濕熱，與合麯相似。如發熱汗出者爲熱越，不得發黃也。但頭汗出，身無汗，際頸而還，或心中懊憹，或渴飲水漿，小便不利，或赤或黃，或溷濁，肚腹脹滿，或痛或不痛，或燥結，脈來沉實有力，此皆瘀熱在裏。薰蒸於皮膚之上，身黃如橘子色者，在傷寒茵陳蒿湯，在溫

病加味涼膈散加茵陳蒿。古方治裏證有三承氣湯，便於三承氣中合茵陳蒿湯，或加味茵陳蒿湯，隨證施治，方爲盡善。外用黑豆一升，黄蒿四兩，煮滾湯一鍋，傾銅盆內，攪稍冷，入鷄子清七八個，以手指攪起白沫，敷身黄處，黄散，溫覆汗出而愈。又傷寒有身黄發熱者，梔子檗皮湯。傷寒有瘀熱在裏表者，麻黄連軺赤小豆湯。此瘀熱在表而發黄，故用表藥。設泥裏字豈有邪在裏而反治其表之理哉。夫傷寒溫病，至於發黄爲疾已甚，多有不治之證。形體如烟薰，直視頭搖，是爲心絶；環口黧黑，柔汗發黄，是爲脾絶，當辨之。

蓄血

蓄血者，瘀血蓄結於內也。身黄如狂，屎黑善忘，皆蓄血之證。許學士云：血在上則喜忘，血在下則發狂。蓋傷寒病在太陽，則當發汗。或不汗，或汗遲，或脈盛汗微，邪無從出，故隨經入府，結於膀胱，乃爲蓄血。溫病起無表證，而惟胃實，陽明熱鬱失下，邪火久羈，故腸胃蓄血多，膀胱蓄血少。亦有血爲熱搏，下注膀胱者，雖腐爲黑血，溢於腸間，結糞得瘀而潤下，然眞元已憊矣。醫者必察人胸臍旁、小腹，但有硬滿處，以手按則痛者，便爲蓄血。若蓄血陽明，不必問其小便。若小腹硬滿而小便自利，則膀胱之氣化行，而與尿濇氣不化不同也，允爲有形之蓄血矣。溫病與傷寒治法亦無大異。《保命集》分三焦。上焦胸脇手不可近，在傷寒犀角地黄湯加大黄，在溫病再合黄連解毒湯；中脘臍間手不可近，在傷寒桃仁承氣湯加丹皮、枳殼，在溫病去肉桂，再合黄連解毒湯；臍下小腹手不可近，在傷寒代抵當湯丸，在溫病以黄連解毒湯送下此丸，去肉桂，加丹皮、牛膝。夫傷寒溫病至於蓄血，實病證之奇異，治法之精微，能審諸此，垂手取效，可爲妙也，然而難矣。實者可救，虚者多危。

衄血

經絡熱盛迫血妄行，出於鼻者爲衄。傷寒責其血熱在表也；溫病責其血熱在裏，浮越於表也。犀角地黄湯加芩、連、柴、梔、元參、殭蠶、蟬蜕，甚加大黄，入蜜、酒、小便，冷服。凡傷寒陽明病，口乾鼻燥能食者，知邪不在裏而在經，故必衄也，葛根湯去大棗，加葱白、黄芩。不止，黄芩湯去棗，加生茅根、生艾、生藕、生荷葉、生側栢葉，小便煎。太陽病脈浮緊，發熱無汗而衄者愈。太陽病衄血，及服桂枝湯後衄者，爲欲解。亦可服犀角地黄湯加茅花。如無，以根代之。脈浮大，發熱下利，衄血乾嘔者，黄芩湯去大棗，加生地汁、童便。衄血煩而渴欲飲水，水入即吐者，先服五苓散，後服竹葉石膏湯。不止，茅花湯。即茅花五錢，小便煎服是也。或於涼血藥中，磨京墨三茶匙亦妙。汗後熱退，衄血不止，用草紙折數層，浸於新汲水中，貼頂門上及項脊，溫則易之，必止。少陰病，但厥無汗而强發之，必動其血，或從口鼻出，或從目出，是爲下厥上竭，爲難治，可與當歸四逆湯。仲景曰：衄家不可發汗，汗出必額上陷，脈急緊，直視不能瞬，不能眠。又曰：亡血家，不可發表，汗出即寒，慄而振。二説皆爲久衄，亡血已多，故不可汗。若熱毒藴結成衄，脈浮緊者，麻黄湯；脈浮緩者，桂枝湯。若脈已微，二藥必不可用。脈細者，黄芩湯去大棗，加生地、童便；脈滑者，犀角地黄湯。大抵衄血、吐血、下血，脈微小者生，脈實大者死。或衄後、吐後、下後，脈微小易治。若熱反盛，脈反洪數者死也。若衄而頭汗出，或身上有汗不至足者，皆難治也。

吐血

傷寒諸陽受邪，其邪在表，當汗不汗，熱毒深入，故吐血也，麻黄湯汗之。內有瘀血者，桃仁承氣湯利之。服桂枝湯後吐血者，犀角地黄湯加茅花。凡久病虚弱，外有寒形，內有火邪，風寒閉塞，壅遏裏熱，以致吐血者，麻黄芍藥人參湯主之。凡吐血鮮紅色者，皆熱也，犀角地黄湯以涼之；凡吐血紫黑成塊，脈沉遲細，口不渴，小便清，爲瘀血寒凝也，宜理中湯加丹皮、肉桂之辛溫以散之。若脈洪數，仍屬熱，宜桃仁承氣湯以行之。溫病吐血與衄血，皆屬熱毒內鬱，經絡火盛，火載血液而妄行，大清涼散，或犀角地黄湯合瀉心湯。有瘀血紫黑成塊者，加桃仁、大黄以利之。

辨中有發經論所未發者，實千古不易正理，後學宗之，自不覆晉人轍矣。畏齋。

《疫疹一得・疫疹提要》 一傷寒太陽、陽明頭痛，不至如劈，而疫則痛如劈，沉不能舉。

一傷寒無汗，而疫則下身無汗，上身有汗，頭汗更甚。

一傷寒太陰自利者，腹必滿，疫症自利者，腹不滿。

一傷寒不發癍，瘟疫乃發癍，癍紅如硃點紙，黑如墨塗膚，雖紫黑一片可生，若緊束有根，如履底透針，如矢貫的縱，不紫黑亦死。

一瘟疫，熊恁昭治法，首以敗毒散去其爪牙，繼用桔梗湯退胸膈及六經之熱，最爲良法。

一疫疹不可表散，表則必死。

一疫症陽極似陰，妄投參、桂，死如服毒，遍身青紫，鼻口流血。

一執傷寒之法以治疫症，萬無不死之理。

一疫症頭痛傾側，誤用辛香表散，必轉悶症。

一疫症骨節煩痛，腰如被杖，誤用表寒，死不終朝矣。

一遍體炎炎，一經清解而疹自透，妄肆發表，必致內伏。

一疫症陽極似陰，週身如水，倘手遇庸，妄投桂、附，藥不終劑，死如服毒。

一疫症四肢逆冷，重清脾熱，手足自溫。

一疫症胃熱不食，胃氣一清，自能飲食。

一疫症腹痛，或左或右，或痛引小腹，乃毒火衝突，發洩無門，若按尋常腹痛，分經絡而治之必死。如初起只用敗毒散或涼膈散加黃連，其痛立止。

一疫疹冷氣上升，此乃熱極之徵，火極水化，非眞冷氣也。

一疫疹滿口如霜，舌必厚大，此火極水化，誤用溫表，旋即變黑。

一疫症燎泡，發於面上，大小不一，有紅有白，有紫黑相間，痛不可忍，破流清水，亦有流血水者，治同大頭。

一腮腫不急清解，必成大頭。

一疫症耳中出血者不治。

一疫症紅絲繞目，治宜重清脾熱，兼治肺、腎、肝三經而紅自退，誤以眼科治之，爲害不淺。

一疫症舌上白點如珠，較之紫赤黃黑，古人謂之芒刺者更重。

一疫症舌如鐵甲，乃妄投溫表所，致治之得法，其甲整脫。

一疫症舌丁，或紅或紫，大如馬乳，小如櫻桃，三五不等，流膿出血，重清心火，舌上成坑，愈後自平。

一疫症愈後，舌出寸餘，累日不收，名曰陽強，因犯房勞而得，長數寸者不治。

一疫症似利非利，只宜清熱利水，誤用通利止澀之劑，決不可救。

《疫疹一得·論四時運氣》《內經》曰：不知年之所加，氣之盛衰，虛實之所起，不可以爲工矣。王冰以爲四時運氣尚未該通，人病之由，安能精達？夫運有五而氣有六，六氣化者，寒、暑、燥、濕、風、火也。然又有君火、相火之分焉。木之化曰風，主於春；君火之化曰熱，主於春末夏初；相火之化曰暑，主於夏；金之化曰燥，主於秋；水之化曰寒，主於冬；土之化曰濕，主於長夏。即六月也。天之氣，始於少陰，終於厥，陰此少陰標，厥陰終也。地之氣，始於厥陰木，而終於太陽水。故天之六氣，反合於地之十二支，以五行正化、對化爲其緒，則知少陰司子午，太陰司丑未，少陽司寅申，陽明司卯酉，太陽司辰戌，厥陰司巳亥，此天氣始終之因也。地之氣，反合於天之四時，則厥陰風木主春，少陰君火主春末夏，初少陽相火主夏，太陰濕土主長夏，陽明燥金主秋，太陽寒水主冬，此地氣始終之因也。夫四時寒暄之序，加以六氣司化之令，歲歲各異。凡春溫，夏熱，秋涼，冬寒，皆天地之正氣；如春應溫而反寒，夏應熱而反涼，秋應涼而反熱，冬應寒而反溫，皆四時不正之氣也。天有不正之氣，人即有不正之疾。疫症之來，有其漸也，流行傳染，病如一轍，苟不悉通司天大運，主氣小運，受病之由，按經絡源流而施治，焉能應手取效？予每遇此症，靜心窮理，格其所感之氣，隨症施治，無不效若影響。然用藥必須過峻，數倍前人，或有議其偏而譏其妄者，予亦不過因所閱歷，聊以盡吾心耳！至於世之褒貶，悉聽悠悠之口而已。

《松峰說疫·論治·疫症繁多論》余於疫症，既分三種，曰瘟疫，曰寒疫，曰雜疫，三者具而疫症全矣。然猶未也。憶某年，一冬無雪，天氣溫和，至□□春不雨，入夏大旱，春杪即疫癘盛行。正瘟疫殊少，而雜疫頗多，有小兒發疹者，有大人發疹者，有小兒疹後而患痢患泄瀉者，有大人患痢患泄瀉者，有先瀉而後痢者，有先痢而後瀉者，有瀉痢而兼腹脹痛者，有脹痛而不瀉痢者，有瀉痢既愈，遲之又久而復作者，有瘟症既愈，遲之又久而復作者，有復作而與前不同者，有腹脹而不痛者，有痛而不脹者，有不思飲食者，有單發熱者，有先瘟症而後不語者，有腫頭面者，有週身長瘡者，有長疥者，有霍亂者，有身癢者，有患瘟症而兼泄瀉者，城市鄉井，緣門闔戶皆同。此豈達原飲一方所能療瞅！其治法亦與乎常患瀉痢、脹痛等疾亦異。此皆雜疫之類也。要之，雜疫無病不有，惟無咽膈夢遺之爲疫病者耳。

《松峰說疫·論治·治疫症最宜變通論》世之重疾，無逾風、勞、臌、膈。而四者之治，總有蹊徑可尋。如風症止眞中、類中二條，眞中殊少，治法無多，止有類中亦不過氣血虧損而已。故張景岳恐人認作風治，特立非風一門。究其治法，惟大補氣血而止。勞症即云難治，亦不過陰陽、水火、氣血、

先天、後天，視其何者虧損而補益之。臌脹有驅水理氣之殊，噎膈止潤燥養血之法。惟至於疫，變化莫測，爲症多端，如神龍之不可方物。臨症施治者，最不宜忽也。瘟疫尚好治療，識其表裏，已得大綱，即有變現雜症，如斑汗、發黃之類，皆易捉摸。即雜疫如所謂諸瘟、諸痧、諸挣等症，各具療法，亦易施治。唯乙巳年，民之所患並非奇疾怪症，不過痢疾，泄瀉，肚腹脹痛等病，有何難療？孰意用平日治此疾法治之，半皆不應。或二三人同患一症而治法各異者，施之此人而效，施之彼人而又不效矣。或有一人患是症而愈，而復作者，其治法又異，施之前次而效，施之後此而又不效矣。若非具慧眼卓識，而窺見垣一方者，豈能人人而濟之乎！蓋必深明乎司天在泉之歲，正氣客氣之殊，五運六氣之微，陰陽四時之異，或亢旱而燥熱煩灼，或霖雨而寒濕鬱蒸，或忽寒而忽暖，或倏晴而倏陰，或七情之有偏注，或六欲之有慝情，或老少強弱之異質，或富貴貧賤之殘途，細心入理，再加以望聞問切，一一詳參，庶病無遁情，而矢無妄發。至於治法，千變萬化，隨宜用藥，莫可名言。故仲景曰：瘟疫不可先定方，瘟疫之來無方也，旨哉斯言。疫病一門，又豈一百一十三方所能盡哉！是在留心此道者，神而明之可耳。

《松峰説疫・論治・僅讀傷寒書不足以治瘟疫不讀傷寒書亦不足以治瘟疫論》 傷寒者，爲寒所傷，其來也有因，故初感總以汗散爲主。若瘟疫並非因寒而得，不可以治傷寒之法治之。非惟麻、桂不用，即羌活、十神等湯亦非對症之藥。所謂讀傷寒書不足以治瘟疫者此也。至於瘟疫變現雜症之多，幾與傷寒等。吳又可《瘟疫論》中，僅有斑、黃汗、狂等數條，至於《傷寒》中之諸汗、諸痛、諸血症，以及譫狂、渴煩、惕瞤、瘛瘲、不語、搖頭、大小便等症之方論，瘟疫中可以裁取而用之者，正復不少也。然必斟酌盡善而後，可是總在人之學力見解，而非口説之所能盡矣。所謂不讀傷寒書，不足以治瘟疫者如此。

《松峰説疫・論治・讀傷寒書當先觀陽症論》 傷寒書率皆將陰陽二症參錯並舉，倏言陽症而用硝、黃，又倏言陰症而用桂、附，推作者之意，雖相提並論，而其中分析，原自了然，若曰陽症若此，而陰症則如彼也。讀者不善體會，隨將陰陽二症攪作一團，故有謂一人之病，有忽陰而忽陽者，有謂病在陽經爲陽症，傳入陰經爲陰症者，有謂陰陽錯雜而難分者，種種支離，不可枚舉。即不出乎此，亦視陰症爲世所長有，與陽症參半，故臨症每將陰陽二字交戰於心，而迄無定見。無怪乎用藥差錯，而誤人性命也。欲除此弊，莫若分讀，先習傳經之陽症，將直中陰經之陰症，暫行緩看。蓋陽症明，而習陰症自易易耳。何者？陽症頭緒繁多，變現百出，至於陰症，並無傳變，治法無多，易學易療，當黜之雜症門中，與暑、濕、霍亂、諸中等疾爲一類，則自無陰陽誤治之弊。

《松峰説疫・論治・舍病治因論》 吳又可書中，有舍病治藥之論，此第知其一耳。而抑知瘟疫之有所因者，更非一説之所能盡也。蓋有因食、因酒、因痰、因驚、因鬱、因氣、因思水不與、因飲水過多、因過服涼藥、因誤服溫補、因服諸藥錯誤、因信巫祝擔擱，種種因由，未可更僕，皆當暫舍其所患之瘟，而求其弊，以治其因也。食宜消之，酒宜解之，痰宜化之，驚宜鎮之，鬱宜開之，氣宜順之，水宜行之，寒宜溫之，熱宜涼之，再佐以治瘟疫之藥始得，非全拋而舍之之謂也。更有兼食、兼飲、兼痰、兼水等證，而卒難得汗者，治法略同。但又當以治瘟疫爲主，而治兼之藥佐之矣。總之，務要寒熱溫涼之不差，臟腑經絡之不惑，方可以起死人而肉白骨也。是亦在乎神而明之者。

《松峰説疫・雜疫・大頭瘟》 此症有陰陽，有可汗不可汗者。其症發於頭上，并腦後、項、腮、頰與目，赤腫而痛，發熱，症似傷寒。

《松峰説疫・辨疑・辨夏涼冬暖不足致疾》 吳又可《瘟疫論》中駁冬溫之説曰：夏涼冬暖轉得春秋之和氣，豈有因其和而反致疾者？

四時之序，應寒則寒，應暖則暖，所以人得天地之正氣不能爲病。若夏宜熱而反涼，冬宜寒而反暖，未有不致疾者。但夏過於涼，其爲病也，即時而見，惟冬令天氣過於和煦，往往當時不能爲害，至來歲春夏之間方大發瘟疫，此余屢經而屢驗者，實非臆説也。第夏應熱而反涼，人感寒邪而閉塞腠理，不能疏泄，其爲病也，固無足異。唯冬時有非節之暖，當時不即病，必至來歲春夏間始作，此誠不可解也。人動曰：冬傷於寒，至春夏變爲溫暑病。余則曰：冬過於溫，至春夏多發瘟疫病。彼吳又可謂冬暖夏涼不足以致疾也。吾棄不以爲然。蓋以暖屬於春，涼屬於秋，暖與涼爲春秋之正氣，謂之和也始宜，若見於冬夏之令，夏涼冬暖。此爲非其時有其氣，則不得謂之和矣。不和即爲反常之戾氣，此夏涼冬暖之多致疾也，又烏得言溫暖清涼之未必爲病也哉。

《松峰説疫・辨疑・辨張景岳言瘟疫》 《景岳全書》各門中講解俱極精

詳透闢，唯瘟疫□□□□然緣其將傷寒、瘟疫二症，攪作一團，未曾分晰。□□□□□□□□□□□□□□也。其論瘟疫曰：瘟疫本即傷寒，無非外邪之病，但染時氣而病，無少長率相似者，是即瘟疫之謂云云。□□□□□□□□□□□□第傷寒爲寒所傷，或涼雨所逼，或風雪所激，或失足落水，或猝然脫衣，或當風而寢，以致頭痛憎寒，皮膚壯熱，脊強無汗，方謂之傷寒。此係自取之病，病只一人而止，而衆人不然也。至於瘟疫絶無諸項感觸，而抖然患病，且非一人，鄉邑閭里動皆相似，其症雖有頭痛身熱，脊強而多汗，始終一於爲熱。□□□□與傷寒迥乎不同，治法亦異。如何曰瘟疫本即傷寒乎？夫既曰本即傷寒，再立瘟疫一門，豈非贅瘤乎？且既曰本即傷寒，而又曰染時氣而病。吾不知先傷於寒，而後爲時氣所染乎？抑染於時氣，而後爲寒所傷乎？抑二者并集於一人之身乎？總緣傷寒、瘟疫原未看清，猶做帖括者，認題不眞，下筆便錯。雖詞藻絢爛而不中肯綮，總屬陳飯土羹，其何以言文哉？□□最不敢從者發汗峻補二條。抑知瘟疫豈強汗之所能解者乎？而峻補豈可施於熱毒之人乎？唯汗下後或顯虛症，或虛極久病之人而感瘟者，用補法亦自不可少也。

《松峰説疫·辨疑·辨瘟邪止在三陽經》 吳又可之《瘟疫論》世所盛行，其中達原飲固爲治瘟疫之良方。第言瘟邪浮越於某經者，即加某經之藥，止有三陽在表治法，至於邪之傳裏者，僅有入陽明胃腑一條，傳三陰則略而不及。夫云：邪伏膜原，自內達外，不似傷寒之按次傳經則可。若云邪總不入三陰，是將臟腑、經絡劃然中斷，而人身之營衛，總扞格而不通矣，此豈理也哉？即傷寒傳足不傳手之説，識者猶或非之。至於瘟疫之傳變，且並將三陰而遺之何也？每見患瘟疫者，腹脹滿，大便實，或自利發黃，以及四肢諸症，非傳入足太陰經乎？舌乾口燥咽痛，但欲寐，非傳入足少陰經乎？煩滿囊縮，以及善怒號呼，衝逆動搖并脇肋諸症，非傳入足厥陰經乎？且不特此也，患在皮毛氣分而哮喘、欬嗽者，知邪之入肺；患在神志昏冒而面赤、喜笑者，知邪之入心。是則五臟六腑瘟邪之傳變無所不到，謂臟腑諸症，不能一時皆現，則可謂瘟邪止在三陽經，必無是理也。

《松峰説疫·辨疑·辨汗無太早下無太晚》《此事難知》云：汗無太早，非預早之早，乃早晚之早。謂當日午以前謂陽之分，當發其汗。午後陰之分，不當發汗。下無太晚，非待久之晚，乃當日巳後，爲陰之分也，下之謂當巳前，爲陽之分也。

凡人初感寒邪，一覺憎寒，頭痛身痛，身熱脊強，便宜用溫散之劑，速發其汗，斷無不愈之理。雖年老及平素虛怯之人，不易作汗者，覺病即服汗劑，其邪亦無不即當時解散者。此余屢用而屢效者也。遲則寒邪稽留，傳變百出，而斑黄狂躁等症作矣。所以一覺感寒便宜速治，若必如《難知》所説，或日午以後感寒，必遲至明朝午前服汗劑不亦晚乎！假如午後感寒，此時雖屬陰分，亦宜速服散劑，且服之多未有當時即汗者，必俟次早藥力既行，又逢陽分出汗更易易耳。所謂汗無太早者，明系預早之早，豈早晚之早乎？傷寒如此，瘟疫亦然。瘟病之所謂不宜發汗者，指麻、桂、紫蘇而言，至於元霜、紫雪等丹，豈非涼散之劑乎？瘟疫初起當即服藥，亦不必拘以時日也。至所謂太晚之説，分明解作遲下，非早晨夜晚，第此言爲庸醫不應下而妄下之者説法耳。然其言□不能無弊也。若遇宜急下之症，而必執下無太晚之説。則陽明胃府勢必被邪火燒至燥裂而不可救矣！下劑若必拘以時不亦謬哉。早晚二字，當易以遲速云。汗無太速，下無太遲，則不煩言而解矣。

《松峰説疫·辨疑·辨褚氏春瘟夏疫》 瘟疫之説，前諸論中已詳哉其言之矣。茲讀《褚氏遺書·審微篇》有云：春瘟夏疫內症先出，是將瘟疫二字拆開分配春夏。□□□□□總緣平看瘟疫二字，且未悉其理解。□□□□□須知諸凡雜症，苟一時所患皆同者，皆有疫氣以行乎其間，如徭役之役，故悉得以役名之，而所該之病甚廣。瘟疫不過疫中之一症耳，乃串講之辭。若曰瘟病之爲癘疫，如是也，若必如褚氏春瘟夏疫之説，是將瘟疫二字拆開對待言之矣。由此以推，則世之稱傷寒者，獨不可云秋爲傷而冬爲寒乎？知分作傷病寒病之不通，則知言春瘟夏疫者之未妥也明矣。至於褚氏言男女異脈云：女子陰逆自上生下，故右寸爲受命之根，萬物從土而出，故左關爲脾，生左尺肺，肺生右寸腎，腎生右關肝，肝生右尺心等説。□□□□□□□□□戴起宗曾非之，今不必再辨。

《溫疫論類編·諸論·雜氣論》 松峯曰：論雜症透闢之至。至於言風火等，雜氣爲病，投本症藥，未嘗一效。不知當用何藥始得耶？令我悶甚，豈引而不發，使能者從之歟？《傳》曰：能與人規矩，不能使人巧茲。並規矩不與焉，何耶？其所指誤認者，共有二十七症，愚意欲治此等疾，先

當於司天在泉主氣客氣間氣六十年天時民病以及剛柔失守三年化疫等說中求之，而更叅觀天時之旱澇，歲序之豐凶，人身之虛實，仍不離本病之方而更叅以因時制宜之藥，其庶幾乎。語云：瘟疫不可先定方，瘟疫之來無方也。雜氣爲病之不列治法，又可其有見於之而然歟。

《溫疫論類編・諸論・陰證世間罕有論》 松峯曰：世原有一種寒疫發於冬月，亦能出疹，此余之所經歷者。然其病絶少，且輕不能傷人。至於瘟疫，俱係熱症，疫分寒瘟則可，若言瘟疫有陰症，是猶之於傷熱中求陰症矣，有是理乎？唯瘟疫在表時，過服涼藥變成陰症者有之，則宜溫，兹亦不過洁作添設之陰症耳，豈瘟疫之本來面目乎？

《溫疫論類編・諸論・陽證似陰論》 松峯曰：小便赤白定陰陽，第語其常耳。余子秉錦患傷寒，汗後已愈，尚有微熱未清，伊時正值初冬，思食涼物，覓一西瓜，嘗之而甘，姿意食盡，旋覺抄復門。三日後小便遂作金黄色，臧表弟諱毓駒者來看視，據小便定其爲濕熱，欲投涼劑，余察其現症時時拳卧，引衣自蓋，睡欲向牆壁，不喜見明，隨斷其爲陰症，用四逆理中加減出入與服而愈。是陰症亦有小便黄赤者，第知常而不知變，豈足以言醫乎？

《溫疫論類編・諸論・四損不可正治論》 松峯曰：丙午夏，瘟疫大行，素虛弱者，感之反輕且易愈；少壯者，感之反重且多死者，人多有不感者，縱感亦輕，此又豈可以常理論耶？求其故不得：豈壯年火盛，感瘟疫之熱毒，以火遇火，遂致燎原而不可撲滅耶？老人無火，故反是虛怯者，感之輕且易愈，則又不可解矣。

《溫疫論類編・傷寒例正誤》 松峯曰：此篇初讀之，並不知其意旨之所在。再三披閲，始知不過言春溫、夏熱、秋涼、冬寒。縱因風雨陰晴交錯致疾，不過本氣自病，不得指爲瘟疫而已。第其行文不亮，故令人乍看不省耳。至於其議論見解，總無可疵議也。兹不過增删順叙其文辭以意逆志，俾作者之心皎然大白於天下，有識者自能辨之。

松峯曰：通篇不過駁其冬暖不足致疾之説，但余所經歷者，冬有非節之暖，來年四五月間必有瘟疫。已驗過數次矣。至於當時即病溫者，殊少見。

松峯曰：冬傷於寒，春必病瘟等説，雖四大家如李東垣輩言瘟疫亦宗其説，故振古以來習見習聞，無人敢駁，亦未有能駁者。自又可先生起而正之，隨令瘟疫理解大白於世，其卓識確論，仲景後一人而已。

《吴醫彙講・周思哲・瘟疫贅言》 春溫、夏熱、秋燥、冬寒，固病之常。若夫疫者，穢惡之氣，互相傳染，吴又可論之詳矣。惟吴氏謂從口鼻而入，即踞膜原。愚謂既由口鼻吸受，肺爲出入之門戶，無有不先犯肺者。疫皆熱毒，肺金所畏，每見此症之身熱先有憎寒，肺先病也，繼而充斥三焦，或有徑入心胞者，所云厲氣無非鬱熱，是以喻西昌所講瘟、溫二字未嘗區别，蓋亦有見乎此耳。況所云上焦如霧，升逐解毒；中焦如漚，疏逐解毒；下焦如瀆，決逐解毒，總不脱一毒字者，其爲鬱熱意在言表矣。更有患此病者，縱飲冷水亦能大汗而解，此非熱毒之明驗乎？至於疫邪雖解，而肺蓄餘熱，每多咳嗆，肌熱，自汗等證，亦所謂肺先受病而未愈之明徵也。又有大旱之年，水涸日烈，河水每多熱毒，飲其水者，多發疫痢，以痢門常法治之無效。余於治痢方中加以貫衆之苦寒解毒，無不應手取效，此亦熱毒之一驗也。合併志之。

《羊毛瘟症論・辨惑論》 或問：卯酉之歲，陽明司天燥氣主之，又乙庚化金，金生辛，辛生肺，肺生皮毛，羊毛一證自然歲運氣化，乃非卯酉之歲亦見其證，非乙庚化象亦見其證，有一方見羊毛證，有一方不見羊毛證。再者毛生皮内名曰羊毛，拔出形似蠶絲，何以不名蠶絲而名羊毛？至藥用峻重涼攻何以不傷氣血？病愈易於如常識。羊毛證候何法以别之？亦有服輕藥而護效者，何不盡用輕藥而治之？答曰：歲運氣化可知客氣流行有風氣之變化否，且在地有高下，天有陰晴皆統乎一氣，萬物皆備於土，如天時晴久其氣伏之轉深，故各方病見之有異，然則天運之妙，其可知耶，其不可知耶？其運氣之旨，譬如走盤之珠，無一定之時也。但氣之變化固不常在，而物由之而人應之難以執一論也。至毛生皮内，如合麴然，因氣之所感，伏藏於土，金氣蓄之，火氣蒸之，故從金化。《素問》云：金位之下，火氣乘之。考之，《周禮》夏官註云：羊屬南方火。《説文》：羊，祥也，《易》説：卦兑爲羊，其質好剛鹵曲。《禮》：羊曰柔毛。月令註，羊，火畜也。其病伏藏毒火，謂之羊，非無因也。考之《説文》：蠶，任絲也。蠶吐有數丈之絲，羊生無數尺之毛，是羊毛耶，是蠶絲耶？果是羊毛乎，非也。伏藏毒火，取其名耳，且身中伏邪即毒火也，火可燎原，火可炎燒氣血。其毒火浮於肺胃三焦，攻之速者，毒火即解。其氣血未曾損傷，故病退即如常人。至於識證，易於

明顯。毒火輕者，自然涼藥輕攻，毒火重者，斷不可以輕藥，其毒火最速，毒重藥輕，則腐腸爛胃，及至受害則悔無及矣。

《羊毛瘟症論·羊毛溫證規則》 羊毛見證有輕重之分，宜詳細申明。但此病之來人皆不覺，而爲醫者未曾多見，亦或見者未必深識，何况於病家焉得信其爲羊毛證乎。夫溫證羊毛伏鬱毒火有注於厥陰少陽者，有注於少陰太陽者，有注於太陰陽明者，此爲雙注證，毒邪極重者。也有注於少陽經者，有注於陽明經者，有注於太陽經者，此爲單注證，毒火少輕也。

《羊毛瘟症論·羊毛溫邪不治證》 毒注不解，人事昏厥，胸脹如石，不能呼吸，皮膚紫黑，脈不至者死。

毒火雙注證，悞服溫燥藥者死。

毒重脈空，神昏煩亂者死。

毒火熾甚，口鼻出血，狂躁譫言，脈虛散者死。

毒火注絡，周身拘痛，痛急昏厥，面色青收，手足紫脹浮腫，脈急或伏者死。

舌紫無苔，鼻孔如煤，而紫脹亮，人事昏沉者死。

目紅嗆血，氣促脈微者死。

腹脹如石，叫痛不休，舌紫有刺無苔者死。

煩躁喘阻，抽搐鼻搧，眼眶落陷者死。

呃逆不止者死。

張狂直視，舌強不語者死。

氣急吐蛔。循衣被者死。

舌卷囊縮者死。

發熱脈躁，狂言不食，舌赤無苔者死。毒留不退，體如烟熏，搖頭氣急者死。

嗆欬不食，氣喘神倦者死。

溫邪病退，元氣散亂者死。

屢汗而病不退者死。

久熱不退，脈虛者死。

病後不食，唇青或黑，昏倦肢冷者死。

挑羊毛至膜無血者死。

婦人有孕，毒火迫血不止，神昏阻厥者死。

婦人產後，昏厥腹痛，阻脹浮腫紫色者死。

婦女熱入血室，暴下不止，神昏狂躁，喘阻舌強不食者死。

嬰兒病昏厥直視，脹阻喘悶，欬嗆不食，浮腫紫亮，口鼻出血者死。

毛毒閉悶，痘痧不出者死。

《傷寒指掌·傷寒類症·瘟疫》 按儺爲古禮，疫之由來尚矣。奈何仲景《傷寒》書非全璧，止言溫病熱病，並無片言及疫。是以後人無善治之法。惟近世喻嘉言、吳又可、張景岳輩，可謂論切治詳，發前人所未發。但景岳宜於汗，又可宜於下，嘉言又宜於芳香逐穢。夫三子皆名家，何治法之懸絕若此？要知三子之治法皆當，顧其所治之疫，各有不同耳。景岳所論之疫，即六淫之邪，非時之氣，其感同於傷寒，故每以傷寒並提，而以汗爲主。欲盡汗法之妙，景岳書精切無遺。又可所論之疫，是熱淫之氣，從口鼻吸入，伏於膜原，膜原爲半表半裏之界，其邪非汗所能達，故有不可強汗峻汗之戒。附胃最近，入裏尤速，故有急下屢下之法。欲究疫邪傳變之情，惟又可論最爲詳盡。然又可所論之疫，是四時之常疫，即俗名時氣症也。若嘉言所論之疫，乃由於兵荒之後，因病致死，病氣尸氣混合天地不正之氣，更兼春夏溫熱暑溼之邪，交結互蒸，人在氣交中，無隙可避，由是沿門闔境，傳染無休，而爲兩間之大疫。其穢惡之氣，都從口鼻吸入，直行中道，流布三焦，非表非裏，汗之不解，下之仍留，故以芳香逐穢爲主，而以解毒兼之。是三子之治，各合其宜，不得執此而議彼也。茲於是症，亦參三法爲治，而分爲兩途。蓋汗與下，即同傷寒表裏之治。而逐穢解毒一法，乃疫邪匿伏三焦，非表非裏之治也。分列於左，治疫之大法得矣。

邵評：景岳所論疫症，是三時感冒，非其時而有其氣，名爲三時寒疫。邪由肌毒而入，故同傷寒治而先用汗法。若又可所論疫症，是溼溫痧暑熱邪，從口鼻吸受，伏於膜原。膜原者，脾與胃以膜相聯，爲脾胃半表半裏之界。邪伏於此，入胃最速，邪既在胃，故以下法爲治。此是溫熱溼濁之邪襲入六經，而傳陽明胃府，是四時之常疫，即溼溫嵐瘴時氣之症，與毒厲天行瘟疫之病，自是兩種，截然不同。景岳所言，是即受溫熱，邪已入胃。故景岳主汗，而又可主下也。此二者可從足經。同傷寒論治，分爲一途。至嘉言所論，是眞瘟疫大病，乃天地不正之氣，惡毒瘴厲，合病氣口氣，交結

互蒸，人受其氣由口鼻吸入，直行中道，流布三焦，最多閉結。故用芳香逐穢，解毒開化之法。此毒厲疫邪，與前二症各殊，不同傷寒治法，分逐穢解毒，合行一途，爲兩大法門也。瘟疫大病，別有一種厲毒之氣，極易傳染，故每病一家長幼相似，甚則沿門闔境，傳染不休也。三子論治不同，各有其症。當隨症審察，合宜而用，不可拘執一說也。

長幼傳染，衆人一般，此疫氣流行，俗名時氣是也。乃天地穢惡之氣，都從口鼻吸入。然有兼六淫者，有不兼六淫者，有入足經而爲表裏者，有入手經而忌汗下者。當分途而治，其辨在舌。

邵評：六淫者，風寒暑溼燥火六氣之邪，此四時之常氣也。大疫發時，或挾寒，或挾暑，所謂兼六淫也。總之，純是厲疫爲病，當分邪從肌表而受，則入足經，可用下汗法，邪由口鼻而受，則入手經，宜宗三焦立法，從心營肺衛施治，忌用汗下。

凡舌胎由白而黄，由黄而黑者，疫邪由表達裏也，宜汗下法。

邵評：邪在表則舌白，入裏則舌黄，入府熱深則舌黑。邪在足經，分表裏而用汗下之法。

舌胎由白而變鮮紅者，疫邪由衛及營，不入足經而入手經也。忌汗下，宜逐穢解毒清泄營分。

邵評：邪在肺衛則舌白，入心營則舌紅，傳入心包則鮮紅起刺。邪在手經，宗心衛，辨明上中下三焦而施治，忌用足經汗下之法。

《傷寒指掌・傷寒類症・瘟疫脈候》 凡瘟疫脈，洪大滑數，而數中兼緩者可治，緊數甚者難治。

邵評：瘟疫是陽症，洪大滑數是陽脈，更兼緩是有胃氣，故可治，緊則無胃氣，故難治。

身大熱，而脈沉澀細小足冷者危。

邵評：大熱是陽邪，沉澀細小爲陰脈，陽病見陰脈，故危。足冷者，邪盛而陽衰也。

瘟病四五日，身熱腹滿而吐，脈細而弦強者，十二日死。

邵評：瘟病四五日，邪已入裏，腹滿而吐，病在脾胃，身熱脈細，陽症見陰脈，弦強是邪盛而無胃氣，故死。

瘟病二三日，頭痛腹痛，脈直而疾者，八日死。

邵評：病起二三日，表裏症俱見，脈見直而疾，是邪盛而正衰，故死。

瘟病八九日，頭身不痛，色不變而利不止，心下堅而脈大者，十七日死。

邵評：病至八九日，邪去表而入裏矣。利不止而心下堅，是虚邪結。其脈反大，久病脈大，則爲病進，正虚邪盛，遷延必死。

又評：此種瘟疫，是天行之癘氣從口鼻而入，風熱與溼濁熏蒸，其氣流布三焦。在上焦者，爲大頭瘟，捻頸瘟。在中焦者，爲瓜瓤瘟、楊梅瘟，疙瘩瘟。在下焦者，爲絞腸瘟、軟腳瘟等症。治法當宗河間三焦立論，分心營肺衛，用手經辛涼之藥，清熱解毒，是爲正治。不可用傷寒表裏分界，而用足經辛溫發散之劑也。所列諸方，學者以意參之可也。

《溫證指歸・溫證窮源論》 客有問於予曰：溫證有源乎？予曰：有厲氣者，溫證之源也。夫厲氣自口鼻入，中人三焦，內通臟腑，傳變不一，乃天地間別有一種疵厲旱潦之毒氣，非四時不正之常氣可比。如《內經》冬不藏精，春必病溫。仲景太陽篇不惡寒之溫病，以及風溫、濕溫，猶是四時不正之常氣也。惟厲氣則不然，中人則人病，中畜則畜傷，且此隅病而彼隅安，可知氣至則病，氣不至則安。試觀天之寒暑，地之草木，應候而生，應候而更，概可見矣。《平脈篇》云：清邪中上焦，濁邪中下焦。以此悟之，邪中三焦，又可徵矣。此溫證感受之源也，蓋溫厲之氣，多行於歲火太過之年，流行一方，民病相似，邪之中人，潛伏三焦，無聲無臭，鬱極而發，發時爲病不一，考《評熱病論》，問有溫病者，汗出輒復熱，而脈躁疾，狂言不能食，病名爲何？對曰：病名陰陽交，交者死。參之今之治溫者，往往強發其汗，而邪不解，其義顯然矣。且邪伏三焦，其病作之狀，有可得而言者。腎通心臟之陽，又爲胃之關門，胃爲交會之地，兩陽合明，病從其象。故上焦受邪，則胸悶壯熱，背脹氣急；中焦受邪，則嘔吐脇痛，口渴胃痛；下焦受邪，則二便或有或無，或腹痛便血；三焦俱受，則頭痛如破，腰痛如折，一身不動，往往昏憒，反似虚寒，有脈或沉伏如絲，而病現壯熱煩渴者，有舌或白滑，而口乾咽燥者，有便利而解膿血者，外雖似寒，內實大熱，所謂亢極似陰。若不細心研究，誤投溫補，過不旋踵。詳此治法，粟山楊君，先得我心，《寒溫條辨》書出，首列升降一方，以一方化至十餘方，輕則清之，重則瀉之，與吳氏達原，變而爲三消等方之義同，但達原者，因歲土太陰之政，邪發膜原，故立辛溫苦寒之法，此濕土之正治也，與三焦有名無形不同，考《中藏經》云：三焦者，人

之三元氣也，號曰中清之府，總領五臟六腑，榮衛經絡，內外左右，上下之氣。三焦通，則內外左右上下皆通，閉則皆閉，可見溫邪困伏，爲病不一，且是經爲手少陽，與命門相火爲表裏，故焦字從火，義可思矣。少陽又爲半表半裏之境，邪伏於此，則出表入裏，任其所爲，治法自當表裏兼治，雙解法所爲獨得其旨也。假令伏邪初萌，外爲寒濕所困，時俗治法，往往投以辛溫發散，一汗而表解，解後溫邪繼發，而仍守表裏常格，每見變生倉卒，若以治溫之法治之，無不隨手而愈。更有虛寒，兼夾溫症，得雙解病勢甫平，虛寒隨見，或以溫補之法，偶爾成功，遂大謗雙解之非，此不明兼夾之故，豈足以言，經權也哉。

《溫證指歸・羊毛疹辨》 按羊毛疹之說，倡於張陽和，辨於沈萍如，陽和以其法治病，多所全活。余及瘍醫濮韞良，皆身受其益。余踵其法，以愈詩人何南園，南園酬我以詩，載在詩集。萍如引《證治準繩》，說鈴談往，及御纂《醫宗金鑑》三則，逐條辨釋，並斥陽和指災異爲常病，余請爲平心論之。

夫明於理者，不可惑以神怪，準繩婦人散毛之說，本屬不經，說鈴談往，乃文人紀載，未必深悉醫理，且云有紅點在背，既未明言爲疹，亦未確指爲疔。云包羊毛一縷，則與陽和所治，擦出羊毛甚衆者不符。云無得活者，則與陽和救治多人不合。是此條與羊毛疹，全無干涉推御纂《醫宗金鑑》，載有羊毛疔，形症治法，井井有條，且言後心有紅點，隱隱如疹形，則疔與疹相通，固已明著其端矣。萍如乃謂：吳太醫未嘗經見此證，因《準繩》載有前條，不敢遺又不敢信，不知《金鑑》一書，乃我皇上仁育萬物之心。一時秉筆，皆老師宿學，所載證治，確而有徵，豈他書不足取信者比耶。萍如引經文毛蟲屬木，及肝膽屬木其氣臊之說，以爲羊毛疔證，乃少陽經病，木邪侮金，發於肺部膻中背俞之分，獨不思疹亦肺病乎，木邪侮金，可以爲疔，獨不可以爲疹乎？

若謂從前方書，未見其名，遂棄而不信，則讀漢以前之書，將謂世無痘證可乎。至其詳列歲氣，謂前此丁亥癸未，未聞有此證，則尤所謂刻舟求劍，視古今成一印板天地，而造化爲無權矣。若羊毛之名，原不必泥，《禮》云：羊曰柔毛，或取毛之細弱，有類於羊而名，易大壯以羊象陽，羊爲兌象，或如萍如所言少陽經病，以羊象少陽，或如萍如所言木邪侮金，以象兌金，於義皆有可通，復何訾議耶？若云蕎麥麵久搓，能落毛髮，則毛之一搓即出，及必待針挑而後見，且毛間五色長短不一者，又何說耶？

總之陽和立法，原有活人之功，萍如著書，亦爲濟人而設，乃陽和既未能自暢其說，而萍如又徒逞一己之私見，而不酌事理之平，其書中【奄醬生毛之喻，及少陽爲樞，樞闔而毛化，樞滯而人死之論，亦多可取，獨其據說鈴指爲災異，則是理不足，而以危語相恐嚇，非君子立言之道也。

夫醫者意也，當參活法，毋狃成心，况《金鑑》明載有羊毛疔，以疔例疹，正可舉一反三，何災異之有？如晰微補化之羊毛沙脹，金鏡錄集解之羊毛沙證，種種皆可印證，豈可盡指爲災異耶？

余淺見寡聞，未能博考方書，惟準以情理，參以見聞，覺疔疹皆屬溫邪，重則爲疔，輕則爲疹，結則爲疔，散則爲疹，治疹者但治其溫邪，而毛自化，與《金鑑》治疔之法相仿，間或加以挑擦，亦祖《內經》瀉熱之義，於人亦何所損。夫醫乃仁術，生命所關，惟望二三同志，毋狃於有此說，而借此居奇，尤毋狃於無此說，而直廢成法，使可治之病，横罹夭枉。虛心辨證，按證立方，務求切實功效，而不徒爲嘵嘵口舌之爭，則於張沈二君之心，兩無所負，並能推廣《金鑑》仁育萬物之功於無窮矣。詎不足增醫林之光，而爲蒼生之福哉。

又按痧疹二字，遍檢字學，有疹無痧，想痧字乃近世之方言也。考疹者癮疹也，皮外小起，又疿病也，與今所見之疹，如雲頭，如疙瘩，如粟起，如疿瘖，頗與字學相符，多屬風熱，鬱於手太陰肺，足太陰脾，困於裏，故腹痛；散於表，故搔癢。雖曰微恙，調治不當，多成痼疾，甚者閉悶即危，可不慎與。

又考痧之形證，每逢盛行之際，比戶皆然。患者身發壯熱，咳嚏頻頻，現形如霞如錦，有輕有重。輕者三日漸沒，重者七日尚不能遽退。閉者一二日即斃，斃後渾身靑紫，有邪化不盡，多延歲月，或羸疲潮熱，或肌膚甲錯，或咳吐膿血，或牙齦破爛，種種不一，竟無一起，良可悲夫。昔賢論屬胎毒，發自六腑，子理未確，予則謂天行疫氣使然。今人肖形命名。痧字與疹字。義原可通况古人原有痧即是疹。疹即是痧之說。《內經》曰：金位之下，火氣承之。明指熱邪鬱於肺胃，膻中胸膺背俞之分，以此悟彼，羊毛溫疹，可以類推矣。

《溫證指歸・溫病有表證無表邪論》 溫屬厲氣，自口鼻吸入，流佈三焦，越人云：上焦在胃上口，主納而不出；中焦在胃中脘，主腐熟水穀；下焦在膀胱上口，主分別淸濁。細繹經文，三焦雖有名無狀之腑，而實總統

於胃，胃者五臟六腑之海，主裏不主表，溫邪自裏達表，故治溫諸家，有下不厭早之說，蓋在經謂之表邪，在胃謂之裏邪，溫病有裏邪，無表邪，與傷寒表邪傳裏方爲裏邪者不同，故當專治裏邪。或問：溫病既無表邪，焉有表證？如太陽之發熱頭項痛，陽明之目痛鼻乾、眉稜骨痛，少陽之脇痛耳聾、寒熱口苦，傷寒有之，溫病亦有之，何謂也？予曰：不然。傷寒之表證，皆表邪顯呈於外也，故有表邪，因有表證。溫病之表證，即裏邪浮越於外也，故有表證，實無表邪。又可吳氏所謂熱淫之氣，浮越於某經，即現某經之證，者此也。試以格物之理言之，燃薪於一室，煙必迷漫於當空，人望其烟而指爲烟，不知烟之有其本也。《內經》云：有在其標，而求之於本，使治其標，而忘其本，不幾誤哉。嘗見今之治溫病者，一見發熱頭痛，遂誤認表邪，桂枝、麻黃，習爲常例，不但雙解涼膈，不敢遽投，即神解芳香，亦不敢遽用，皆緣辨證不明，故致貽誤。夫三焦總統於胃，胃氣能敷布十二經，而榮養百骸，毫髮之間，靡所不貫。溫邪本厲氣耳，浮越於經，而現表證則有之，謂表邪則斷斷無也。問者曰：唯唯。既而又曰：溫病亦有無表證者乎，亦有兼表邪者。予曰：有。無表證者，溫邪內伏，如窮凶巨寇，埋伏之兵，更爲酷厲。非嚴肅之師，不能克濟，至於溫邪萌作，而爲表邪所困，自當兼治其表。如九味羌活湯、荆防敗毒散、梔豉湯之類。先解表邪，再治溫病，方爲合法，此溫病兼表邪則有之。若謂溫病有表邪，有表證，則誤矣。於是問者曰：予今而後始知治溫病者，不可誤認表邪，而強發其汗也。

《溫證指歸·慎始》 溫邪慎始，最爲要着。常見伏邪輕而發之緩者，尚可遷延時日。若伏邪重而發之速者，一病舌即乾紅，或紫或黑，人事異常，身體散漫，不能站立，頗似虛象，誤認爲虛，投以溫補，往往一二日即斃，可不慎歟？甚有不熱反冷，心腹絞痛，酷似中寒，認明舌胎，一見紅紫裂紋，或口渴引飲，不論脈之浮沉，放手施治，無不迎刃而解。倘病家醫者，疑似畏怯，必致輕變重，重變死矣。更有始治不善，邪化不淨，延致潮熱乾枯者有之，肺傷咳嗽者有之，肌膚甲錯，骨立而死者有之，此時縱有良工，莫可如何。初起輕者，神解、芳香、升降選用，重者非大劑雙解不可，或黃連解毒合升降散亦可。夾表者敗毒散合升降爲妙。

溫疫之邪，本天地穢惡之氣，古人所以飲屠蘇，採蘭草，取芳香之氣，重滌穢也。如神解、芳香、升降、太極等方，皆逐穢之劑，故首列之，以冠羣方，與古人之意，有深契焉。

《溫證指歸·急發證》 夫證有緩急，猶天地之有常變。處常如和風甘雨，證之和緩者然；處變如狂風疾雨，證之暴急者然。觀於天地之常變，而證之緩急，思過半矣。惟溫疫一證，不同他證，不循六經，難以窺測，故有緩急之殊。緩發者，多延時日，用藥頗可消息；惟急發者，每每倉猝，不及提防，甚至朝爲平人，暮爲病鬼，雖有良工，其如走馬之勢何？是以業醫者，當細心研究，其於證之急者，能早辨之，不致夭人性命，是即回天再造之手也。謹將急證形情，略舉數則，以便閱者，易於明白。

一、早間發熱，午即舌黑，神識不清者，增損、雙解，大劑疊進，方能有救。

一、陡然如醉如癡，神情恍惚，六脈全伏，舌色紫赤者，脇胸背痛者，邪伏最深，趁此初萌，先與神解合太極升降，或敗毒加大黃、滑石等藥，俟邪勢向表，可與敗毒，加梔、豉、人中黃，或涼膈。

一、初病即頭痛如破，身痛如杖，腰痛如折者，即用神解、敗毒、九味羌活皆可。

一、初病即神昏不語，有似中風，甚至手足抽掣，半身不遂者，其人平素必有痰火氣鬱之證，與邪併作，可與清化湯。兼痰者，可加白芥子、萊菔子；兼火者，加酒炒熟大黃；兼氣者，加烏藥、青皮、野玉金，或涼膈散。

一、初病即狂妄不識人者，急與敗毒，加犀、連、大黃，甚者雙解，或涼膈加人中黃。

一、陡然阻厥，如氣厥氣阻，脈象全伏，神解、清化、四七選用。舌紫赤者，清化湯加白薇，邪勢發作，增損雙解散下之。

一、小兒突然驚搐不醒，少定又驚，或一連數十次者，參之舌乾舌赤舌黑，頭重不立者，即是溫病極重之候，初起宜用清化湯，加羚羊，或珠黃散，合加味太極丸。沙痘常有此證，宜用大無比散和加味太極丸。藥用神解散，加羌活、大黃。

一、歸人或壯熱神昏，崩下不止者，此邪熱入胞中，舌必乾紅，或黑或紫赤，宜用神解散、黃連解毒湯，加生地。

一、面色青縮者，舌必紫赤，胎或白黃，口有臭氣，或小便短赤，脈或沉伏而數，此邪伏極重，初宜清化湯，繼用增損雙解散。

一、或登高而歌，棄衣而走者，舌必紫赤，三黃石膏湯，加大黃、鐵落。

一、無故吐血者，脈或數大，舌或紫赤，抽薪飲、清化湯，加生地、澤蘭、歸芎。

一、無故霍亂者，舌色乾紅，清化湯、定中湯，加蘆根。若舌本淡，舌胎白，又宜藿香正氣散。

一、下痢不止，舌赤脈數者，荆防敗毒加軍，或雙解散，此通因通用法也。

《溫證指歸·緩發證》 溫邪之急發者，前條申明，惟緩發者，其始悠悠戚戚。若無大苦，現證與溫邪殊不相類，醫者不察，見病治病，屢藥不效，迨至旬日，或半月後，病邪陡然猖獗，即成燎原之勢，甚至熱邪內潰，譫妄神昏，舌刺呃逆，循衣撮空，危證叠現，斯時即有對證之藥，極力救之，雖鞭之長，不及馬腹矣。惟能早辨其證，治其萌蘗，或有兼夾，先治兼、夾，使邪得外達，正氣不傷，庶可保全。今將緩法證治列左，俾業醫者，熟習胸中，不致臨證誤治，斯爲盡善盡美之道也。

一、初起不熱惡寒，時作時止，舌胎白者，荆防敗毒散。舌白如膩粉者，宜服達原飲、藿香正氣散、梔豉湯。虛人人參敗毒散。陰虛歸葛飲，臨證選用。

一、恍惚如醉如癡者，舌或乾紅，或咽乾口不渴，或頭眩而不自知其苦者，宜用神解散、清化湯、升降散消息之。

一、惡食不渴，如濕痰者，而心內作煩，舌尖泛紅者，初起夾寒食者，藿香正氣散。加羌、防、芎、芷之類，俟寒食退，再照溫例治之。

一、咳嗽咽痛，如風熱者，參之脈數舌赤，清化湯、升降散、甘桔湯，加牛子、薄荷。

一、偶然失血一二口，如內傷者。

一、胸悶脇脹，如氣鬱者。

一、胃痛胸痛，及肋脇肚腹痛，有似氣逆夾寒者。

一、嘔吐痰水，如霍亂者。

一、頭眩頭痛者。

一、面色青黃，飲食不爲肌肉者。

一、兼夾風寒，舌先有澆白胎，舌本或淡或紅，伏邪發動，舌色紅紫。

一、兼夾暑濕，舌或白膩，或淨赤無胎。

一、兼夾飲食，舌胎粗厚，口有穢氣，舌本紅赤。

《慈航集·五運太過不及》 甲巳之年爲土運，土喜暖而惡寒，宜溫劑以助之。

乙庚之年爲金運，金喜清而惡燥，宜平劑以和之。

丙辛之年爲水運，水喜暖而惡寒，宜熱劑以溫之。

丁壬之年爲木運，木性寒怕燥喜疎，宜和劑以平之。

戊癸之年爲火運，火喜寒而惡熱，宜清劑以解之。

以上五運，宜細心忝悟，治四時之症，寒熱溫涼用藥，則無錯悮矣。

《慈航集·六氣司天在泉》 子午年，少陰君火司天，陽明燥金在泉。丑未年，太陰濕土司天，太陽寒水在泉。寅申年，少陽相火司天，厥陰風木在泉。卯酉年，陽明燥金司在，少陰君火在泉。辰戌年，太陽寒水司天，太陰濕土在泉。己亥年，厥陰風木司天，少陽相火在泉。

《慈航集·論瘟疫受病之由》 瘟疫時邪傳染，非春溫可比。春溫之症，因冬令過暖，精氣不藏，寒邪內伏，至春而發，此爲春溫。瘟疫之症，乃天地之疫毒，能傳染傷人。子午年盛於卯酉者，少陰君火司天，陽明燥金在泉，卯酉年陽明燥金司天，少陰君火在泉，子午心、腎、大腸、胃受病，卯酉胃、大腸、心、腎受病，此臟腑受病之源。人能明司天運氣、臟腑經絡，用藥合症，方無錯悮。凡大瘟疫之年，或冬無雨雪，或夏多亢旱，污濁之氣上浮，無雨雪下降，一遇暴雨滂沱，污穢之氣隨水泛溢，流入溝渠池河，人渴飲之，蓄積於胃，因內受毒水。春夏之氣上升，皆不正之氣，從人口鼻而入，由外觸之，惟貧苦閭閻受病最多，因爲謀生早起，空腹出門，正不勝邪，邪乘虛入，故多受之。其病初起，頭痛身痛，惡寒發燒，口渴煩躁，頗似熱症。殊不知病因受寒而引動內火，太陽陽明合病，其爲半表半裏之症明矣。仲景治春溫，先表而後裏，吳又可治瘟疫，先裏而後表，每見用此法者，多有傳經之變，病致纏綿，綿非妥治。余幼習醫，見瘟疫之病損人甚多，每悟瘟疫二字之因，沉思半表半裏之意，又非傷寒、溫病可比，況上古苦無成法可師，因終日澄思渺慮，豁然頓開而得之。夫瘟者，疫氣也。治要解其疫毒之氣。半表半裏者，內外分其邪滯之勢也。然理已明而求方未得。古人有言曰：思之思之，鬼神通之。一日，余爲母至齊雲求壽，偶遇一老人在山談醫，余忽觸動瘟疫之症，即請教於老者，并詢有何奇方。老人答曰：此乃天行災疫，治之易也。初病蘇豉湯合平胃散一服，外邪裏滯俱解矣。余進香回時，瘟疫正行，即用蘇豉湯、達原

飲去黃芩、知母治之，眞爲神濟。余三十餘年治瘟疫，專以此方加減，百無一失。今見悞治者多，特爲發之，亦以效愚者之一得云耳。

《重慶堂隨筆・論六氣》 溫病、熱病、濕溫病，治不得法，皆易致死，流行不已，即成疫癘。猶之治盜不得其法，則賊黨衆而爲流寇也。因熱氣病氣屍氣互相轇轕，即成毒癘之氣而爲疫，豈眞天地之間另有一種異氣哉。故疫之流行，必在都會人烟繁萃之區，若山鄉僻壤地廣人稀之處，從無大疫。如果另是一種不正之氣，何必擇地而行哉。其盛行於兵荒之後者，兵荒之死亡，亦在人烟繁萃之區也。蓋人氣最熱，紀曉嵐先生雜詩云：萬家烟火暖雲蒸，銷盡天山太古冰。自注曰：烏魯木齊自設郡縣以後，嬰兒出痘與內地同。蓋彼處氣候極寒，數載以來漸同內地，人氣盛也。於戲紀氏此言，可謂先得我心。夫上古無痘，至漢始有，今則罕有不出痘者矣。何也？生齒日繁，地氣日熱，所以古人最重傷寒，今世偏多溫熱也。費建中以治疫之法治痘，豈非千古隻眼。治疫之法，惟清熱解毒宣氣六字爲扼要，而宣氣尤爲首務，未有氣不宣而熱能清毒能解者，質諸宗匠，然乎否耶？

注：溫病雖能成疫，而治溫治疫有殊。吳又可混同論治未免粗疎，且不知暑熱亦能成疫。乾隆甲子，都中暑疫，熱死者無算。徐後山《柳崖外編》嘗言之。嗣有余師愚專論熱疫，惜其書未甚流行耳。

校：宣氣之法，不但用藥爲然，如衣被宜潔凈，飲食宜澹泊，卧房宜寬綽，牕戶宜開爽，侍人勿雜，燈火少燃，清風徐來，疫氣自然消散。反是則熱氣濁氣益爲疫氣樹幟矣。病家醫家皆宜識此。

刊：痘爲疫氣，萬密齋、王勳臣皆知之，疹爲疫氣，惟余師愚知之。故所著書名曰《疫疹一得》。治疫專用大劑石膏，曉嵐先生目擊其技之神，載入《閱微草堂筆記》。道光間歸安江筆花宗其法，《醫鏡》載將治一時疫發斑，用石膏至十四觔而斑始透。因歎師愚之道爲不孤。曩客東甌，適多溫證，而彼處風俗，病戒穀食，專噉番薯。余謂溫邪初發，如何可食寔脾補氣之物？土人以爲相傳如是，不之聽也。且醫者用藥，輒尚溫補，遂致死亡接踵，百無一生。人皆謂之天行時疫。余歎曰：此藥釀爲疫，非天有不正之氣，乃人有不正之治耳，當名其病曰藥疫。比至宜黃，楊素園明府述江西習尚亦類是。然則天下之大，疫癘之頻，吾恐釀成於藥者，不止所見所聞之兩地也，比之養成寇患，的是確喩。

《溫毒病論・大疫與常疫不同》 吳又可云：疫邪傳外，自汗而解，疫邪傳裏，下之而解。又云：疫邪留於氣分，解以戰汗，留於血分，解以發斑，皆爲尋常疫病毒輕者言之也。若丙子年之疫，初起無不微，有自汗，汗出不解，繼無不發斑，斑透不解，又無不下之，下之亦不即解，最後而得戰汗、狂汗、自汗，乃稍解。然餘邪達表，尚發白瘖如穀痦，一病而全備諸症，何哉？予細推之，是年之疫，乃毒氣深重之大疫，不可以常法拘也。始無不自汗者，以手少陽三焦是動則自汗出，氣所生病也。氣者屬陽，陽主開泄，火邪侵入，擾亂陰氣，則自汗出，故不解。繼而氣血兩傷，斑見肌表，此毒邪固結，營衛俱劇之症也，以寒涼兩清氣血，毒雖漸化，營衛尚未通行，故不得汗解，必以大黃通地道，芒硝破堅燥，從營衛所出之源，剷去邪毒之根，斯裏氣一通，表氣亦順，因而大汗得解。最後尚發白瘖者，直達肌表，餘邪畢散也，參觀之而覺得如此。

《感證集腋・舒馳遠論疫有九傳》 疫有九傳者，病人各得其一，非一病而有此九也。證有表裏輕重，而法之宜先宜後，即出其間，先表而後裏者，此非表邪入裏，乃膜原伏邪潰有先後也。先潰者先傳，後潰者後傳。若先傳表者則表證先見，宜先行表，表解已而裏證復見者，乃後潰之伏邪，至是方傳裏也。其先裏而後表者，亦非裏邪出表，仍是後潰之伏邪，至是方傳表也。至於表裏分傳，亦伏邪分潰也，其初用表藥之時，亦不可不兼看其本氣。

《感證集腋・柯韵伯溫暑論》 要而言之，溫與暑偶感天氣而病者輕，因不藏精者其病重，此爲自傷。若再感風土之異氣，此三氣相合，而於是遂成溫疫之溫也。溫熱利害，只在一人，溫疫貽害，禍延隣里。今人不分溫熱、溫疫，渾名溫病，令人惡聞，不且以辭害義哉！吳又可《溫疫論》、程郊倩《熱病註》，具有至理，愚不復贅。至溫熱不因寒而致者，但須扶陰抑陽，補中益氣，不在此例。

《雜疫證治》 瘟疫爲病，千奇百怪，方書不及備載，且來勢迅速，醫治失時，頃刻告斃，往往明醫不能措手，而方士口授村老傳聞者，依法施治，轉能應手奏效。是編本《松峰說疫》，敬信錄諸書曾附刻經驗，内載雜疫治法七十二證，云得之岱宗石壁及太行道中，歷經試驗，并彙集放痧避瘟諸方。所謂瘟者，痧者，翻者，掙者，各隨其方言命名，實皆瘟疫也。今夏時疫流行，隨時隨地變症不測，特重梓廣傳。現在即無此類異症，不妨預爲翻閱，臨時或有

把握。至其中針挑各要害處，暨方藥，有礙孕婦者，更宜臨時審擇，萬不可造次致戾也。

《醫門棒喝初集・溫暑提綱》 至於瘟疫，又屬大異，蓋由五運六氣，主客流行，互相剋制，或兼穢污之氣，蘊釀而成。故其病邪，較風溫等爲重。考《素問・六元正紀大論》曰：辰戌之歲，初之氣，地迺遷，氣迺大溫，民迺厲，溫病乃作。卯酉之歲，二之氣，陽迺布，物迺生榮，厲大至，民善暴死。丑未之歲，二之氣，大火正，物承化，溫厲大行，遠近咸若，濕蒸相薄，雨迺時降。己亥之歲，終之氣，流水不冰，地氣大發，其病溫厲。按古無瘟字，溫瘟義同，所謂厲者，狀其氣之暴厲，而與尋常有別，即後世所稱瘟疫也。瘟疫病發，往往一方相類，如經所云：遠近咸若也。由是可知瘟疫一證，固非吳又可所創論，《內經》已歷歷言之，仍不出六氣錯雜所致。而與溫病不同者，在厲之一字。豈可謂溫病即瘟疫乎？又可復言風寒暑濕等，爲天地之常氣，瘟疫乃天地別有一種厲氣，竟謂瘟疫與六氣無涉者，豈天地間六氣以外，更有他氣？軒岐不知，而又可獨知之乎？可見不明六氣變化之理，遂亦不辨伏氣發病，將春溫風溫等，概指爲瘟疫，即悖經旨，而誤後學，其害多矣，可不辨乎？方書又有瘟毒之名，亦即經云溫厲之意，曰厲、曰毒，不過狀其邪之凶暴，即瘟疫一類，不必另立名目，以省繁惑也。

《傷寒論本旨・申義》 痧脹，即疫病中之一證耳。自明吳又可著《瘟疫論》，舉世宗之，而有續論者，有推廣者，嗟乎！此所以醫書愈，多聖道愈晦，而醫風愈下矣。其故何也？又可不悟《內經》之是，不明六氣變化之道，以己之閱歷治驗，輒憑臆見而著書。不知己之識淺，反以《內經》論伏邪發病爲非理，將一切溫病，盡指作瘟疫，使俗學效尤，以重藥治輕病而殺人，其非又可之遺害乎。《素問》《天元紀大論》、《六元正紀大論》諸篇，詳論主客運氣流行變化，三年化疫，五年化厲，而有金木水火土五疫之分，即燥風寒火濕之五病也。以其由鬱勃蘊釀而成，其氣惡毒，故名曰厲。以其一方之氣皆同，而人人皆病，如徭役然，故名疫也，又可所論，僅濕疫一證，略兼火化耳。以其從閱歷治驗而明，著之於書，若寒風燥火之疫，未曾經歷，則不知也。又不明六氣變化之道，率憑臆見，以一切溫病，指作瘟疫，悖經旨而誤後學，其害深矣。昔蘇東坡在黃州，以聖散子方，治民間疫病，無不神效。到惠州，復用之，而即死者甚多。蓋聖散子辛熱發散之藥，服之而神效者，寒疫也。服之而死者，非寒疫也。近世所稱弔腳痧者，風疫也。風木之邪，轉筋入腹而乘脾土，故吐瀉驟發而死。其有迅暴不及救援者，火疫也。蓋風火之性，皆急速耳。若沿門闔戶，若大若小，乍寒乍熱，而乾咳無痰者，燥疫也。五疫之邪，亦無不相兼，而有多寡之異，其人又有陰陽強弱之稟質不同，故病狀變幻無盡。由是言之，則《內經》之聖訓，確然不易，而仲景明六經證，治以統萬病，無不可以治疫病也。若以吳又可爲宗者，止明一隅之理，焉能免誤治殺人之害哉。是故非聖之書不可讀，盡信書則不如無書，蓋爲不善讀者而言也。若自具慧眼者，舍其短而用其長，則無書不可讀，然非先明聖經至理，而欲辨別諸書之瑕瑜，必不能矣。故學者當知所務也。至六氣變化之道，余初集首卷，已論其概矣。

《溫熱經緯・余師愚疫病論》 論發瘡 論發瘡疫毒發斑，毒之散者也。疫毒發瘡，毒之聚者也。初起之時，惡寒發熱，紅腫硬痛，此毒之發揚者。但寒不熱，平扁不起，此毒之內伏者，或發於要地，發於無名，發於頭面，發於四肢，種種形狀，總是瘡證，何以知其是疫毒所聚？尋常瘡脈，洪大而數；疫毒之脈，沈細而數。尋常瘡證，頭或不痛；疫毒，則頭痛如劈，沈不能舉，是其驗也。稽其證，有目紅面赤而青慘者，有忽汗忽燥者，有昏憒如迷者，有身熱肢冷者，有腹痛不已者，有大吐乾嘔者，有大泄如注者，有譫語不止者，有妄聞妄見者，有大渴思冰者，有煩躁如狂者，有喊叫時作若驚若惕者。病態多端，大率類是，誤認尋常瘡證，溫託妄施，斷不能救。

雄按：暑、溼、熱、疫諸病，皆能外發癰瘡。然病人不自知其證發之由。外科亦但見其外露之瘡，因而誤事者最多。人亦僅知其死於外證也。噫！【略】

疫證條辨 熱疫爲病，氣血被其煎熬，瘥後飲食漸進，氣血滋生，潤皮膚而灌筋骸。或痛或癢，宛如蟲行，最是佳境，不過數日，氣血通陽而自愈矣。

《研經言・駁吳喻二家說溫疫之非》 泉昔著溫疫說，以證其自時氣來，復慨吳又可、喻嘉言之惑人也，而爲此駁。

吳、喻之言曰：溫疫感受，異於傷寒，異於溫熱，又異於非時寒疫，是天地間另有一種厲氣爲之。夫謂溫疫異於傷寒、溫熱，與傷寒例合，可；謂溫疫異於非時寒疫，與例不合而合，猶可，至謂另有一種厲氣，則例無此文，不可。天地間止有六氣，其厚者即爲厲氣，厲氣有毒，毒者厚也。此外果有另

一種氣，可與並列爲七，何以軒、岐、鵲、景如此神聖，而無一字及之？原夫兵荒後所以有疫者，非謂人屍混處之故，以人憂勞倍苦，則正氣倍虛，非時之氣易入，而爲病易深耳。要其所感之氣，仍是六氣。天何嘗特設另一種厲氣，以困此身遭兵荒者乎？吳、喻不解例意，妄斥叔和。豈知仲景書賴叔和存，無叔和即無仲景也。

《世補齋醫書文集・瘟疫病説一》《説文》：疫，民皆病也，從疒，役省聲，小徐繫傳，若應役然。《釋名》：疫，役也。言有鬼行疫也，《一切經音義》注：引《字林》疫病流行也。此即《内經・刺法論》所謂五疫之至，皆相染易，無問大小，病狀相似。亦即仲景原文，所謂一歲之中，長幼之病，多相似者是也。惟其大小長幼，罔不相似，故曰皆病，惟其皆病，若應役然，故謂之疫，仲景爲後漢人，請即以後漢言之。安帝元和己未，會稽大疫，延光子丑，京師大疫，張衡上封事，謂民都病死，死有滅戶，人人恐懼，朝廷焦思，以爲至憂，此非長幼相似，病不獨在一人者乎。仲景當靈獻時，遭疫者六，建甯之辛亥，嘉平之癸丑，光和之己未，壬戌、中平之乙丑，建安之丁酉，皆有疫，而以丁酉之疫爲最。曹植嘗言曰：是年癘氣流行，家家有僵尸之痛，室室有號泣之哀，或闔門而病，或覆族而喪，罹此者，悉被褐茹藿之子，荆戶逢室之人耳。若夫殿處鼎食之家，重貂累蓐之門，若是者鮮焉，此乃陰陽失位，寒暑錯時，是故生疫。仲景所值有疫之年如此，此六年外，豈無溫病而爲一人所獨者，一人獨病，即不是皆病之疫。近人於無疫之年，所遇溫病，概名爲疫，幾若一人獨病之溫，世間更無此病者然。然則此病其安往乎？其在宋元時，則不名爲疫，而名曰瘟。蘇公雪夜詩云：稍壓冬瘟聊得健。蓋以俗傳有雪壓瘟疫之語，此亦指皆病之瘟言之也。近如喻嘉言所謂雞瘟死雞，豬瘟死豬，牛馬瘟死牛馬；吳又可所謂大頭瘟、瓜瓤瘟、蝦蟇瘟、疙瘩瘟、絞腸瘟，、軟腳瘟，劉松峯所謂葡萄瘟、鸕鶿瘟、龍鬚瘟、蝦子瘟、芋艿瘟；又有所謂椅子翻、扁擔翻、王瓜翻；所謂鵓鴿掙、烏鴉掙、兔兒掙、狐狸掙、猿猴掙者，瘟也，翻也，掙也，皆疫也，即所謂皆病之疫也。陳素中謂凶暴大病，死生人在數日間。戴天章謂中人人病，中物物傷，試察廁間糞氣，與凶地屍氣，自能辨之。楊栗山謂毒霧之來也無端，烟瘴之出也無時，餓殍在道，鹵骼之掩埋不厚，死尸連牀，魄汗之淋漓自充。凡爲疵癘旱潦之氣，禽獸草木，往往不免，即此諸説，且不僅爲長幼相似，直有比屋連村，一家而斃數人者矣。不獨死生在幾日間，且有朝發夕死，夕發朝死，尤急則頃刻而死者矣。如是者，即古人之所謂疫，如是者，即近人之所謂瘟。或數十年而一見，或數十年亦不一見。試問病家，其與年年常有之溫，一人獨病之溫，有何干涉？若年年常有之溫，何至朝廷亦爲之焦思，如張平子之所言乎？若一人獨病之溫，何至闔門覆族，家家痛，室室哀，如陳思王之所言乎？著作家或意本在溫，而迹其所指，則皆瘟疫，或其書竟名瘟疫，而味其所言，則仍是溫。生其後者，不且迷於所向，而無可適從哉。余特將凡言瘟疫之大異於尋常溫熱者，羅列於此，以告病家，冀病家先識此爲瘟疫，而將尋常溫熱之病，別而出之。庶知溫熱之治，仍可取用《傷寒論》中之方，而頭頭是道矣。

《世補齋醫書文集・瘟疫病説二》余既明瘟之與疫，不過爲古今異名，則疫即是瘟，瘟即是疫，而與溫熱之溫，全不相涉者，概可明矣。乃更有謂溫瘟爲古今字，不可以溫瘟爲兩字者，則吳又可之瘟疫論也。蓋又可欲謂溫瘟爲一病，故謂不可以溫瘟爲兩字。夫疫有兩種，一爲溫之疫，一爲寒之疫。若既論疫，則疫之溫者宜寒，疫之寒者宜溫，各有治法。又可之書，只説疫之有溫，本未及疫之有寒，且但説疫中之溫，本不説不疫之溫，其義自在。若必欲以溫瘟爲一字，則疫之寒者，既不可稱寒溫，豈疫之溫者，獨可稱爲溫溫乎？其後周禹載之分溫熱暑疫，王孟英之集溫熱溼疫，非不欲明疫之外，自有溫熱，然皆平列四證，則又不知溫熱暑溼皆就一人之病言，疫則必以病之傳染言。如其溫熱暑溼之四證，而並爲一時所傳染，則溫爲溫疫熱爲熱疫，暑溼爲暑溼之疫，且當與寒病之有傳染者，皆以疫名若之何其可平列乎。凡著書者，但説溫疫，不説寒疫，故幷果爲有疫之年，而其疫之或爲寒，或爲溫者，亦令人罔知所措也。

《世補齋醫書文集・瘟疫病説三》疫之稱謂，不可不明，疫之治法，亦不可不講。《内經》五疫之至，各隨其所值之年，由伏而發，其治盡於木鬱達之，火鬱發之，土鬱奪之，金鬱泄之，水鬱折之。五法，蓋治疫獨講太少之五運與夫主客之六氣，就寒溫兩面而言，卻是溫疫多而寒疫少，故五運之有木火土金水也，半寒而半溫也，六氣之有溼寒、寒溼、風火、火風、燥火、火燥也，溫又多於寒也。然正不得以溫多於寒，而遂置寒疫於不問也。周禹載於溫獨説春溫，而於疫又獨説溫疫，則既不解溫之無寒，又不解疫之有寒故耳。黃坤載則知有寒疫矣，然於溫疫則云無内熱，無内熱，何以謂之溫乎？於寒

疫則反用石膏，用石膏何以謂之寒乎？喻嘉言論疫，專主三焦，頗得治疫之法。坤載之於疫，偏說手足六經。夫疫之小者，不分經絡，疫之大者，頃刻變生，尚何六經傳遍之有？只是仲景六經之藥，不外溫清兩法，以之分治兩疫，亦爲甚合。大抵以溫而疫，則論中芩、連、梔、柏之統於膏、黃者，可用也。以寒而疫，則論中吳萸、蜀椒之統於薑、附者，可用也。余獨舉運氣一方，冠其首，而又舉普濟消毒飲之治溫疫者以概溫法。舉聖散子之治寒疫者以概用桂枝者，皆可删。總而言之，不傳染而有熱無寒者，是曰溫，傳染而有寒有熱者，是爲疫。而禹載之惑可解坤載之混可別，及嘉言治溫而用薑附，即鞠通本之而不得以治寒疫者，治溫疫，更不得以治寒疫者，治溫病也。此溫熱瘟疫所以必嚴其界，而瘟疫寒疫所以亦不可偏舉也。

《世補齋醫書文集・重訂吳又可〈溫疫論〉序》 疫有兩種，曰溫曰寒，以其病爲大小相同，長幼相似，如役使，如徭役，故古人謂之役，後人稱爲疫，至宋以後又稱爲瘟，瘟即疫也。溫與寒，則疫中之兩證也，若必以溫瘟爲一字，則豈疫之溫者，可名溫溫，而疫之寒者，亦可名寒溫乎？即此已說不去矣。又可之所謂疫，即宋以後之所謂瘟，故言疫，不當再言瘟，言瘟，不當再言疫。而味其所論，則實論疫中之溫者，不論疫中之寒者，且只言疫中之溫者，不言不疫之溫者，以其所遇崇正辛巳之疫，固是溫疫，不是寒疫。然則其爲書也，自當名之曰《溫疫論》，乃人云亦云，漫不加察，書之意不錯，而書之名則錯，讀者不知其書名之錯，而轉謂其立論之非，則又錯中錯矣。呂莯村曰：若以又可此書治溼溫證，方合此言。正不盡然，蓋溼溫而在無疫之年，則僅爲溼溫之病，溼溫而爲有疫之年，則便是溼溫之疫。又可所遇，既爲沿門闔戶，病狀相似，則竟是疫。疫之狀類溼溫，則竟是溼溫之疫，必謂其不當言疫可乎。書中傳變一節，謂有表而再表，裏而再裏者，有先裏後表，但裏不表者，及挾熱痢一節，謂有熱結旁流者，有膠閉而非燥結者，皆爲又可特識。能言前人所未言，厥功偉矣。但其書名，則定應改正，而於書中之混雜不清者，亦一一釐訂之。誠以此書實有至理，足爲寒疫外之溫疫，垂一治法，而正未可執不疫之溫，自亂其例也。

《世補齋醫書文集・重訂戴北山〈溫熱論〉序》 北山此書，以溫熱與傷寒辨，條分縷晰，逐病疏明，傷寒之治不混於溫熱，溫熱之治不混於傷寒，誠於秦越人四曰熱病。五日溫病之異於二日傷寒者，分疆畫界，不得飛越一步矣。然其書明是溫熱，而其書名則曰《廣瘟疫》，推其命名之意，固本於吳又可《瘟疫論》，而欲有以廣之，故篇中或稱疫癘，或稱時疫，或單稱疫，一若自忘其爲論溫熱者，是傷寒之與溫熱。北山能辨之，而傷寒之與瘟疫，北山亦混之矣。余始不解其故，久之而始恍然悟曰：吳氏書名瘟疫，而不自知其所論，但爲溫疫，戴氏專論溫熱，而不自知其書之不可以名瘟疫，更合兩家觀之，在吳氏自論疫中之溫，而仍不免糾纏不疫之溫，在戴氏則專論不疫之溫，恐人於陽明溫熱之病，誤用太陽風寒之法，特於書成時，未加檢點，仍沿俗說以瘟疫之名，名溫熱之病，只與删去論中屍氣腐氣等語，及後幅大青龍一方，此外則絕無羼入瘟疫之處，亦無夾雜傷寒之處。余愛其論之精，而惜其名之誤，乃於凡所稱時行疫癘者，悉改之曰溫邪。其開首云：世之治傷寒者，每誤以溫熱治之。治溫熱者，又誤以傷寒治之。四語，則余所綴也。有此一提，而所以作書之意，乃先於卷端揭清，即爲之改題曰《溫熱論》，則此書實足爲溫熱病正法眼藏矣。

《世外齋醫書文集・答鄭仲協問〈內經〉〈刺法〉〈本病〉二篇論疫》 《素問》《刺法論》、《本病論》二篇，原在《六元正紀篇》後，專爲《內經》論疫之文，不知何代，爲人竊出私傳，不入正本，此明馬氏仲化之說。故林億等校正王氏本，及所見全元起本，皆無之。而疫之一字，反不見於《內經》，遂令後之人不識何病。是疫，而輒以傷寒中之溫熱當之，其誤實基於此也。漢劉成國《釋名》一書，分爲二十七門，其第八卷兩門，一爲釋疾病，所載疾病甚夥，而獨以疫癘二者，列於第一卷釋天，並不纂入疾病門內。蓋以疫爲天行時氣，人病不必爲時行，惟疫則必爲時行。所以仲景之論傷寒，首將時行與非時行，兩兩相比，以明其於一歲之中，長幼之病，多相似者，乃謂之疫。可見東漢以前，皆不以疫爲疾病之常，故專屬諸時行之氣，且必歸之於天，而不僅言之於人病中也。是氣也，唐以前謂之疫，宋以後謂之瘟，至明而通稱瘟疫，且以溫熱病通作瘟疫，自此而幷溫與瘟之字，亦不復能辨矣。《內經》無瘟字，但有溫字，然其字則一，其病則異。如《生氣通天論》：冬傷於寒，春必病溫。《金匱眞言論》：冬不藏精，春必病溫。此兩溫字，與《評熱論》有病溫者，《熱病論》凡病傷寒而成溫者，皆言溫熱之溫。至《六元正紀大論》：辰戌紀，初之氣，民迺厲，溫病迺作；卯酉紀，二之氣，厲大至，終之氣，其病溫；寅申紀，初之氣，溫病迺起；丑未紀，二之氣，其病溫厲盛行，遠近咸若；

子午紀，五之氣，其病溫；　己亥紀，終之氣，其病溫厲。則厲即癘字，溫即瘟字，而其病則爲疫。《說文解字》：　疫，民皆病也。《一切經音義》：　人病相注曰疫。此不可見民不皆病，病不相注者，即不是天行之瘟疫，而但爲尋常溫熱病乎。自後世大著作家，皆於傷寒外，動稱瘟疫，皆不識何病是溫熱，實皆不識何病是瘟疫，則欲其識得溫熱病，必先令其識得瘟疫病。今攷此二篇，所說五疫之至皆相染易，無問大小病狀相似，正與六元紀之遠近咸若，仲景之長幼多相似者，一一可以互證，使人知如是者，方是疫，乃可以知不如是，即不是疫，然後溫病熱病，必當求諸傷寒論中者，益於此而可見，此《內經》遺篇，《刺法》、《本病》二論，所以亦不可廢也。斯二者，馬仲化取而注之，高士宗亦爲之注，吳鶴皐則棄而不取，吳意以爲近於誕也，而不知疫之爲病，所不同於尋常溫熱者，正賴有此二篇以明之也。足下以疫爲問，而意實在於欲明溫熱，故謹覆如此。

《痧喉闡義・疫闡》　天有非時之氣，地有旱澇之偏，上下相摩，氤氳鼓盪，以致清陽不升，濁陰不降，蘊結於中者，曰瘟。障蔽於外者曰瘴，沉埋欲降而不得降者謂之霾，冒務欲升而不得升者謂之霧，是皆天地沴鬱之氣漫無所洩，感觸萬物，役使行災，謂之天行。故其役於物也，如天之使役，是故謂之疫。其厲於人也，如雷之壯厲，是故謂之癘。其感也，潛滋而暗長，故積之也深。其發也，一洩而無遺，故發之也。暴而蒙其氣者，則無論草木鳥獸，百穀昆蟲，舉凡神機，氣立根外根中者，莫不薰染及之，故雞犬每斃於災瘟，禾稼亦傷於螽螣，人染之則痧喉互發，累巷盈邨，其肆虐，實烈於八風，而傳染尤嚴乎六氣。爰疫之中具有毒之一義存焉，更當爲之一闡。

《痧喉闡義・傳染闡》　疫痧傳染而六氣八風不傳染，何也？　緣六氣八風可知可避，而疫則不可知不可避也。蓋六淫之氣本自太和而爲歲氣司天浸淫過度，此淫之所以名也。然天地間苟無此氣相推運行，則生化收藏之道，盈虛消長之機，幾乎息矣。故岐伯謂六氣八風人當知避，則是寒也。人知其爲冷暑也，人知其爲熱、風、濕、燥、火，人知其爲風、濕、燥、火，是六淫之默運可驗而知矧，八風之顯來莫知警避，故雖嚴寒酷暑之盛行，疾風暴雨之驟至，氣似猛於時行，而必無傳染之患者，良以此能知能避故也。惟疫也不可知，或歲值不承，或天符不應，或在泉所侮，或司天獨勝。其至也，非時其行也，無定。雜賦六淫之內，流行八風之中，冒玄府而不知，感呼吸而莫覺，人在氣交之中，蒙被氣化，猶白之能受采。苟非堅實之質，孰能涅而不淄？以故彼染此傳，如磁引鐵，感其深淺，發爲重輕，一夫抱疴，四方風動。《易》曰：　或繫之牛。又曰：　邑人之災。故能與時消息，五類行災，雖知之而已染，且避之而盛傳矣。可不畏哉。

《痧喉闡義・毒闡》　毒邪傷形，形因腫潰，疫痧有之，故曰疫中有毒。疫者鬱也，即濁陰之地氣鬱結不散，復役於人，以爲癘，故又謂之疫也。前賢吳又可、葉天士悉以瘟疫統論，而吳鞠通則又統爲溫病。名義未分，而其實瘟者溫也。乃司天溫熱之氣，蘊釀流行，蘊於萬物以成災，是故謂之瘟也。瘟症腫而不痧者，乃本司天蘊釀之溫氣；　疫症痧而兼腫者，實根濁陰鬱結之地氣疫毒。濁瘟毒升，一在氣，一在血也。經曰：　喉主天氣，咽主地氣。天地者，在氣則爲清陽濁陰，在人則爲氣與血也。故疫症之中有爛喉發痧之別者，乃分人身之清陽濁陰與夫氣與血也。人身手太陰主氣，然其經實多氣少血，故爛喉之中有紅爛白腐之二者，乃分太陰之氣與血也。人身足陽明主肌肉，以其經氣血俱多，故發痧之中有丹痧、白疹之二者，實分陽明之氣與血也。緣丹痧之發，係血爲毒干，血即敗壞而變色，於是肌膚漸腫，露出痧點外呈，即是疫毒之邪，游溢胃之經絡，傳從血分達出。譬猶他邪之從汗解，緣他邪無毒，得汗可解。獨疫邪有毒：而毒必災形，故或癢或痛，或爛或癍，血分之毒盡透乃已。又考麻、痘二症，麻發先天之陽毒，痘發先天之陰毒，雖發所當發，然必借天行時氣以引之，而後人身之毒方出。天行者，疫也，由是以觀，同氣相求，疫能引發痘麻之毒，則是疫中有毒，不待明矣。然則痧喉一症，先天之毒雖無時行之毒必有症，固不比於痘麻，亦可借痘以罕譬，而痧實發乎疫毒也，又明矣。

《醫學求是・初集・外感寒溫辨》　至論疫證，乃歲氣之偏。天之六氣，客氣也；　地之六氣，主氣也。主客加臨，自有太過不及之數，即有生剋勝復之變。人感疫癘不正之氣，是以鄉里傳染焉。然而凡病不過陰陽，故有溫疫寒疫之別。溫疫每發於木火不得升泄之年，寒疫多盛於金水不得斂藏之歲也。溫疫之在經，內無積熱，外感疫癘之氣，內成溫熱之證。只有寒泄之法，而無溫補之條，較治傷寒不同，與溫病亦異。其異於溫病者，冬時木火未傷於內，因癘氣之鬱而生內熱，並無人臟生寒之證耳。溫疫經盡，每發癍疹，其發癍疹者，營血達而內熱清，以病仍在經，未嘗入腑也。內傷雜證之痰多濕

鬱，宜燥土達木，溫病溫疫之木枯營熱，宜渥土滋木，內傷外感之不同也如此。寒疫之證，證情雖與傷寒相似，而未嘗熱驟入腑，寒驟入臟，而又未嘗不入於腑，不入於臟，大都在經在腑，必由汗解。緣疫癘之氣，加以寒傷營血，勢必淫泆在經，纏綿固濇，一時難於驅逐，故較傷寒之證，似同而又有不同也。治此證者，惟以不傷胃陽爲主，胃陽旺，則衛氣發越而外散，皮毛開泄，其病自解。若胃陽傷而化濕，化濕則內寒，內寒則衛陽內陷而成不治。

《瘟疹要編·疫症繁多論》 松峰曰：余於疫，既分三種，曰瘟疫，曰寒疫，曰雜疫，三者具而疫症全矣。然猶未也，有遇年一冬無雪，天氣溫和，至春不雨，入夏大旱，春秒即疫厲盛行，正瘟疫殊少，而雜疫頗多，有小兒發疹者，有大人發疹者，有小兒疹後患痢患瀉者，有大人患痢洩瀉者，有瀉而後痢者，有先痢而後瀉者，有瀉而兼腹脹痛者，有脹痛而不瀉痢者，有瀉痢既愈，遲之又久而復作者，有瘟疫既愈遲之又久而復作者，而與前症不同，有腹脹而不痛者，有痛而不脹者，有不思飲食者，有單發熱者，有先瘟症而後不語者，有腫頭面者，有週身長疥者，有霍亂者，有身癢者，有患瘟症而兼泄瀉者。城市鄉井延門闔戶相同，此豈達原飲一方所能療與？其治法與平常患瀉痢脹痛等症亦異，此皆雜疫之類也。要之，雜疫無病不有，惟無咽隔夢遺之症病耳。

《瘟疹要編·治疫症最宜變通論》 世之重疾，無逾風、勞、臌、膈，而四者之治，均有蹊徑可尋。如風症只眞中、類中二條。眞中殊少，治法無多，只有類中，亦不過氣血虧損而已。故景岳恐人認作風治，特立非風一門，究其治法，惟大補氣血而止。勞症即云難治，亦不過陰陽、水火、氣血、先天、後天，視其何者虧損而補益之。臌脹有驅水理氣之殊，噎隔祇潤燥養血之法。惟至疫變化莫測，爲症多端，如神龍之。

臨症施治最不宜忽也，瘟症尚好治療，識其表裏，已得大綱。即有傳變雜症，如斑、汗、發黃之症，皆易捉摸。即雜疫如所謂諸瘟、諸痧、諸掙等症，各具療法，亦易施治。惟乙巳年，民之所患，並非奇疾怪症，不過痢疾泄瀉，肚腹脹痛，有何難療，孰意用平日治法，治之皆不應效。或二三人同患一症，而治法各異者，施之此人而效，施之彼人而又不效矣。或有一人患是症而愈而復作者，其治法又異，施之前此而效，施之後此而又不效矣。若非具慧眼卓識，而窺見一方者，豈能人人而濟之乎？蓋必深明乎司天在泉之歲正氣客氣之殊，五運六氣之微陰陽四時之異，或亢旱而燥熱煩灼，或霖雨而寒濕鬱蒸，或忽寒而忽煖，或倏晴而倏陰，或七情之有偏注，或六慾之有慝情，或老少強弱之異質，或富貴貧賤之殊途。細心理會，再加望、聞、問、切，一一詳參，庶病無遁情而矢不妄發。至於治法千變萬化，隨症用藥莫可明言，故仲景曰：瘟疫不可先定方，瘟疫之來無方也。旨哉斯言，疫病一門，又豈一百一十三方所能盡哉。是在留心此道者，神而明之可耳。

《時病論·春傷於風大意·寒疫》 叔和《序例》曰：從春分以後，至秋分節前，天氣暴寒者，皆爲時行寒疫也。考之《金鑑》又謂：春應溫而反寒，名曰寒疫。據此而論，春有是病，而夏秋無是病也。其實夏令之寒，是爲陰暑之病。秋月之寒，是爲秋涼燥氣。此分明夏秋不病寒疫，當宗《金鑑》之訓，寒疫在乎春令也。蓋疫者，役也，若役使然。大概衆人之病相似者，皆可以疫名之。此又與瘟疫之疫，相懸霄壤。須知瘟疫乃天地之厲氣，寒疫乃反常之變氣也。其初起頭痛身疼，寒熱無汗，或作嘔逆，人迎之脈浮緊者，宜用辛溫解表法治之。觀此見證，與冬令傷寒初客太陽無異，因在春令，所以不名傷寒，又因衆人之病相同，所以名爲寒疫。然其治法，又與傷寒相去不遠矣。如有變證，可仿傷寒法治之。

或問曰：先生謂夏令之寒，是爲陰暑之病。倘未交小暑大暑之令，而受立夏、小滿、芒種、夏至之寒，可以名寒役否？答曰：可也。昔賢謂夏應熱而反涼，是爲非時之氣。若果見證與寒疫相合，不妨用寒疫之方，此所謂超乎規矩之外，仍不離乎規矩之中也。

《時病論·附論·溫瘟不同論》 溫者，溫熱也。瘟者，瘟疫也。其音同而其病實屬不同。又可《瘟疫論》中，謂後人省氵加疒爲瘟，瘟即溫也。鞠通溫病條中，統風溫、溫熱、溫疫、溫毒、冬溫爲一例。兩家皆以溫瘟爲一病。殊不知溫熱本四時之常氣，瘟疫乃天地之厲氣，豈可同年而語哉。夫四時有溫熱，非瘟疫之可比。如春令之春溫、風溫，夏令之溫病、熱病，長夏之暑溫，夏末秋初之溼溫，冬令之冬溫，以上諸溫，是書皆已備述可弗重贅。而鞠通先生之書，其實爲治諸溫病而設也。至於瘟疫之病，自唐宋以來，皆未詳細辨論。迨至明末年間，正值凶荒交迫，處處瘟疫，慘不堪言，吳又可先生所以著《瘟疫論》一書，所謂邪從口鼻而入，則其所客，內不在臟腑，外不在經絡，舍於伏脊之內，去表不遠，附近於胃，乃表裏之分界，是爲半表半裏，即《鍼

經》所謂橫連膜原是也。其初起先憎寒而後發熱，日後但熱而無憎寒，初得之二三日，其脈不浮不沉而數，頭痛身疼，晝夜發熱，日晡益甚者，宜達原飲治之。咸豐八載，至同治紀元，粵匪竄擾吾衢，大兵之後，繼以凶年，沿門合境，盡患瘟疫。其時豊父子診治用方，皆宗又可之法也。更有頭面頸項、頰腮並腫者，爲大頭瘟。發塊如瘤，遍身流走者，爲疙瘩瘟。胸高脇起，嘔汁如血者，爲瓜瓤瘟。喉痛頸大，寒熱便秘者，爲蝦蟆瘟。一名捻頸瘟。兩腮腫脹，憎寒惡熱者，爲鸕鶿瘟。遍身紫塊，發出黴瘡者，爲楊梅瘟。小兒邪鬱皮膚，結成大小青紫斑點者，爲葡萄瘟。此皆瘟疫之證，與溫病因時之證之藥，相去徑庭，決不能溫瘟混同而論也。因憶又可著書，正崇禎離亂之凶年，鞠通立論，際乾嘉昇平之盛世。一爲瘟疫，一爲溫熱，時不同，而病亦異。由是觀之，溫病之書，不能治瘟疫，瘟疫之書，不能治溫病。故凡春溫、風溫、溫病、暑溫、溼溫、冬溫，字必從氵，瘟疫、大頭、疙瘩、瓜瓤、蝦蟆、鸕鶿、楊梅、葡萄等瘟，字又從疒。溫瘟兩字，判然不同，而况病乎？知我者，幸弗以豊言爲河漢也。

《醫法心傳・溫疫原考》 嘗考仲景先師著《傷寒雜病論》十六卷，自西漢至晉，曾歷兩朝，數經兵燹，相傳《卒病論》六卷，久不可復覩矣。即《傷寒論》亦遺亡過半。迨王叔和搜羅斷簡殘篇、不全遺稿，編爲序例，以三百九十七法、一百一十三方，流播人間，傳之奕祀，不爲無功。惜其雜以己意，以溫病爲伏寒暴寒，妄立四變攙入《傷寒論》中，以致後學不能出其窠臼，莫不以溫病爲傷寒，莫不以傷寒之方法治溫病，混淆不清，貽害非淺。自吳又可參悟仲景之旨，著《溫疫論》，然後知與傷寒治法有霄壤之殊。又考疫症多端，有葡萄瘟、捻頸瘟、蝦蟆瘟、大頭瘟、瓜瓤瘟、楊梅瘟、疙瘩瘟、軟腳瘟、絞腸瘟、鸕鶿瘟、龍鬚瘟、蠏爪瘟、版腸瘟、結肋瘟、螯刺瘟、地蔔瘟、扣頸瘟、啞瘴瘟、手足麻瘟等名，共二十種，而又可所論瘟疫，特其一耳。至霍亂、瀉痢、喉痺、丹毒、眼疾、咳嗽、風溫、暑溫、濕溫、秋溫、冬溫，俱能傳染，故謂之雜疫。此感時行不正之氣而成者，或寒或熱，或寒熱錯雜，是當參酌寒溫，消息治之。若溫疫之症，係天地間病尸穢惡疵癘之雜氣，無形無聲，氣交流行，人相傳染，由口鼻而入，先入膜原，膜原在半表半裏、陰陽交界之區，邪伏其中，鬱久蒸熱，突然而發，並無感冒之因，人自不覺耳。至分佈三焦，則三焦如焚，火症迭出，故溫疫之病從血分傳出氣分，陽症居多，而無陰症，必內潰然後從裏達表，戰汗而愈。非同傷寒從氣分傳入血分，有寒有熱也。治溫疫之法，雖非一端，其要旨在存津液。如初起忌表汗，恐傷津液也。繼則清解攻毒，早下之以存津液也。至補陰諸方法，何莫非養其津液哉。蓋疫毒煎熬，最傷津液，惟恐津液燒枯，邪毒不能傳化而出，至成下閉上脫之危候，則不可救治矣。余故云：治溫疫得其竅，較治傷寒頗易，若不得其竅，較治傷寒更難。傳云：苟得其要，一言而終，不得其要，流散無窮。其斯之謂歟。

《重訂霍亂論・病情篇・熱證》 雄按：霍亂濕多熱少，道其常也。至於轉筋，已風自火出，而有勝濕奪津之勢矣。余自髫年，即見此證流行，死亡接踵，嗣後留心察勘，凡霍亂盛行，多在夏熱亢旱酷暑之年，則其證必劇，自夏末秋初而起，直至立冬後始息。夫彤彤徂暑，濕自何來？祇緣今人蘊濕者多，暑邪易於深伏，迨一朝卒發，漸至閭戶沿村，風行似疫，醫者不知原委，理中、四逆，隨手亂投，殊可歎也。余每治愈此證，必詢其人曰：豈未病之先，毫無所苦耶？或曰：病前數日，手足心如烙；或曰：未病之前，睹物皆紅如火。噫，豈非暑熱內伏，欲發而先露其機哉？智者苟能早爲曲突徙薪之計，何至燎原莫救乎！以胃液之存亡，決病情之生死，尤爲精識。味者肆行燥烈，助虐爍津，徒讀父書，可爲痛哭。道光元年，直省此證大作，一覺轉筋即死，京師至棺木賣盡，以蓆裹身而葬。卒未有識爲何證者，俗傳食西瓜者即死，故西瓜賤甚。余時年十一，輒與同學者日日飽啖之，卒無恙。今讀此論，則醫學之陋，不獨今日爲然也。素園楊照藜識。

楊氏之論極是，余於是年亦日食西瓜，而闔家無染病者，即其驗也。然是年霍亂，間有誤食西瓜而死者，爲友人董鑄范所親見。蓋宜服香薷之證，誤信乩壇之語，以致寒涼遏抑而斃也。是亦不可不知，故處方論治，非辨證不可，本論第二篇治法，西瓜汁證法，有汗頻二字最的。烏程汪曰楨謝城。

王清任曰：道光元年，病吐瀉轉筋者數省，都中尤甚，傷人過多，貧不能埋葬者，國家發帑施棺，月餘間，費數十萬金。彼時醫工或云陰寒，或云火毒，余謂不分男婦老少，衆人同病，即疫也。卓識名言。或曰：既是疫，何以芩、連、薑、附亦有或效者？余曰：芩連效在邪勝之時，薑附效在正虛之體，亦有服藥終不效，必鍼刺而得愈者。試看所流之血，盡是紫黑，豈不是疫火之毒，深入於營分哉！以疫邪自口鼻由氣管達於血管，將氣血凝結，壅塞津門，《醫林改錯》曰：幽門之左寸許，另有一門，名曰津門。津門上有一管，名曰津管，是

由胃出精汁水液之道路。水不得出，故上吐下瀉。初得病時，宜即用鍼刺尺澤穴，出紫黑血，則毒氣外泄矣。蓋人身氣管，周身貫通，血管周身亦貫通，尺澤左右四五根血管，刺之皆出血，皆可愈。尺澤上下刺之，亦可愈。一面鍼刺，一面以解毒活血之藥治之。

雄按：王氏親見臟腑而善鍼法，所論皆鑿鑿可信，非懸揣虛擬可比。雖用藥非其所長，而以解毒活血四字爲綱，亦具有卓見。

《溫熱逢源・辨正吴又可〈溫疫論〉各條》 詒按：吴氏所論溫疫中後治法，大概與伏溫相合，故後來張石頑、蔣問齋等治溫熱病，每每引用。惟方藥粗悍，宜於藜藿壯實之體，而不宜於膏粱虛弱之人耳。所可議者，開手即謂溫疫穢濁之邪，由口鼻吸受，藏於募原而發，將伏氣化溫之病，概行抹煞，并疑《內經》冬傷於寒，春必病溫之語爲不足憑。試思募原之邪，專在氣分，即使善於傳變，亦何至有先裏後表，但裏不表，裏而又裏，如後面所稱九傳之變證哉。至所叙初起證情，以及舌苔脈象，大略是暑溼濁邪蒙蔽中焦之證，與疫厲惡毒之邪，沿門闔戶，如霍亂、爛喉、捻頸等險惡之證傳染不已者，亦不相同。然則又可所指之溫，既未得伏溫之眞諦，所論之疫又未得疫證之全體，似無足取矣。然又可當明季兵荒洊至之時，確有是病，以此治病，確乎有效，乃以其所閱歷者，著爲此論。雖不免有粗疏之弊，亦豈容一概屏棄。況篇中所論，應下失下，及下後諸變證，曲折詳盡，多闡前人未發之秘，堪爲臨證圭臬者，正復不少。爰採論中與伏溫相合者各條，附列於左，並分繫於各篇之後而詳論之。

溫疫之邪從口鼻而入，不在經絡，舍於伏膂之內，去表不遠，附近於胃，乃表裏之分界，是即《內經・瘧論》所謂横連募原是也。凡人本氣充滿，邪不易入，適逢虧欠，因而乘之。感之淺者，待有所觸而發；感之深者，中而即病。其始陽氣鬱伏，凜凜惡寒，甚則四肢厥逆，既而陽氣鬱發，中外皆熱，發即昏昏不爽，壯熱自汗，此邪伏於募原，即使汗之，熱不能解，必俟伏邪已潰，表氣漸行於內，精元自內達表，此時表裏相通，大汗淋灕，邪從外解。此名戰汗，當即脈靜身涼而愈。

詒按：從口鼻吸受者，必係暑濕穢濁之邪。其發也，必有痞悶嘔噁嘈攪等，募原達胃之見證，治之當用芳香開泄，如藿香正氣之類。此不在經絡，本非汗所能解。若暴受風寒，邪在經絡者，其邪尚淺，一汗即解而不戰也。若大寒大熱，必戰而得汗，乃能解熱者，其邪必深且重。迨鬱伏而發，邪正交爭則戰，正勝邪卻則汗，此即屬伏溫見證。雖病情萬變，不可執一。伏溫之病，每有兼挾暑溼穢濁，或暴感風寒夾雜而發者，然醫者必須逐層分別，認清來源，方可施治。吴氏於入手之初，叙述病情，不能分晰清楚，混稱之曰溫疫，致後人相沿遺誤，不容不辨。

若伏邪未盡，必復發熱，其熱之久暫，視所感之輕重，要皆先寒後熱，至伏邪發出，方顯變證。

詒按：據此病機，合之下文表裏九傳，則所云伏邪，必非輕淺之邪，如募原所伏之穢濁矣。

其證或從外解，或從內陷。更有表裏先後不同，有先表而後裏者，有先裏而後表者，有但表而不裏者，有但裏而不表者，有表而再表，有裏而再裏，有表勝於裏者，有裏勝於表者，有表裏分傳者，此爲九傳。

詒按：所列九傳證情，變幻殊甚，然惟伏氣化溫，從少陰外達者，每每有之。邪機僅在募原者，未必如是也。

疫邪初起脈不浮不沉而數，晝夜皆熱，日晡益甚，頭疼身痛，不可用辛熱藥汗之，又未可下，宜用達原飲以透募原之邪爲當。若見少陽陽明太陽證，隨經加柴胡、葛根、羌活爲引，以提其邪出陽分也。

詒按：若係暑溼濁邪，舌苔白膩者，用達原飲甚合。若伏溫從少陰外達者，則達原飲一派辛燥，既不能從裏透邪，而耗氣劫津，非徒無益，而又害之矣。學者當細心體認，勿誤用也。

邪之輕者，舌上白苔亦薄，脈亦不甚數，一二劑自解。如不得汗，邪氣盤錯於募原也，只以本方主之。感之重者，舌上苔如積粉，藥後不從外解而反內陷，舌根先黄漸至中央，此邪漸入胃也，前方加大黄下之。

詒按：以舌苔之厚薄，爲病之輕重，是暑溼濁邪之的據。若伏溫則儘有邪機極重，而舌苔如無病者，緣邪發於陰，未涉於胃故也。學者於此等處，細心分別，則伏溫與疫邪異同之辨，自可瞭然矣。

若脈長而洪數，大汗多渴，此邪氣適離募原，欲表不表，白虎湯證也。如舌上純黄色，兼見裏證，此邪已入胃，承氣湯證也。

白虎承氣均是治熱邪犯胃之重劑。凡無形之邪熱，燔灼於胃者，用白虎；有形之垢熱，結於胃府者，用承氣，此一定不易之法。乃以欲表不表則當

以導之出表爲要，不當以白虎專淸裏熱矣。

疫邪爲病，有從戰汗解者，有從自汗盜汗解者，有無汗竟全歸胃府者，有自汗淋灕熱渴反甚，終得戰汗而解者，有胃氣壅遏，必下後始得戰汗而解者，有汗解而裏和，越三四日復發熱者，有已發黃，因下而復熱發斑者，有竟從發斑而愈者，有裏證偏重，雖有斑仍非下不愈者，此雖傳變不常，要皆意中事也。

詒按：所列病情傳變，頗爲詳悉，但如汗解後，越日復熱，發黃後，因下復熱，發斑後，仍非下不愈，此等證情，伏溫每每有之。若邪伏募原之溼溫，未必爾也。

又有意外之變，如男子適逢使內，邪熱乘虛陷於下焦，氣道不通，以致小便淋濇，少腹脹滿，至夜發熱，用導赤五苓輩，分毫不效，與大承氣一服，小便如注而愈者。

詒按：此邪熱陷於肝腎之部，當從陰分，導泄其熱乃愈。導赤五苓，固與證不合，即承氣得效，亦不過得大黃泄熱之力耳，其實方中之枳朴芒硝，與證情亦不相合也。

又有女子經水適來適斷，以及失血崩帶，心痛疝氣，痰火喘哮等證，隨時挾發者，此皆出於意外者也。大抵邪行如水，惟窪處受之，此喻最切要。至因新病而來舊病，但治新病而舊病自已也。

詒按：因新病牽動舊病，治當以新病爲主，此定理也。但其中亦須審察輕重緩急，以定治法，未可執一論也。

然有大勞大慾，大病久病後發病者，此爲四損。其正氣先虧，每致邪氣易陷，多不可救。

詒按：凡決溫熱病之生死，總以正氣之強弱衡之。病邪雖重，而正氣能支，尚可不死。有病邪雖輕，而正氣不能支持，每每猝然蒙陷，不可不知。

吳又可曰：疫邪一二日，舌上苔如積粉，早服達原飲一劑；午後舌色變黃，隨見胸膈滿痛，大渴煩擾，此伏邪已潰，毒傳於裏也，前方加大黃下之；煩熱稍減，傍晚後加躁煩發熱，通舌黑刺，鼻如烟煤，此邪毒最重，待瘀到胃，急接承氣湯，抵暮大下，夜半熱退，次早黃刺如失，一日有此三變。數日之法，一日行之。因其毒甚，故傳變亦速，投劑不得不緊，設用緩法，必無及矣。

詒按：似此傳變迅速，疫邪穢毒極重者多有之。若尋常伏氣所發，未必若是之重且速也。

又曰：邪入胃者，非承氣不愈。誤投白虎，既無破結之能，反抑邪毒，致脈不行，反變細小。倘誤認陽證陰脈，復不敢下，逡巡死耳，當此急投小承氣，庶可挽回。

詒按：必有大熱大渴，脈洪多汗，舌無厚濁苔，方爲白虎的證。至脈變細小，仍投承氣，亦須認淸見證，若胃無垢熱，承氣豈可妄施。

又曰：疫邪初發，必在半表半裏。至於傳變，或表裏分傳，醫執成見，必先解其表，此大謬也，嘗見用大劑麻黃，一毫無汗，轉加煩熱，蓋裏氣結滯，陽氣不得宣達於表，即四肢未免微厥，安有津氣蒸蒸而外達乎？必用承氣通其府，苟裏氣一通，不待發散，多有自汗而解者。

詒按：所論雖屬疫邪，而溫熱病熱結於胃，津液不行而無汗者，其理與此正同。

綜　述

《千金要方・辟溫》 辟疫氣，令人不染溫病及傷寒，歲旦屠蘇酒。

辟溫氣，太一流金散。

辟溫氣，雄黃散。

天氣不和，疾疫流行，預備一物柏枝散。

辟溫病，粉身散常用。

辟溫氣，殺鬼燒藥方：

雄黃　丹砂　雌黃各一斤　羚羊角羖羊角亦得　蕪荑　虎骨　鬼臼　鬼箭羽　野丈人　石長生　猳豬屎　馬懸蹄各三兩　青羊脂　菖蒲　白朮各八兩　蜜蠟八斤

右十六末之，以蜜蠟和爲丸如彈許大，朝暮及夜中，戶前微火燒之。

辟溫虎頭殺鬼丸。

辟溫殺鬼丸，熏百鬼惡氣。

漢建寧二年，太歲在酉，疫氣流行，死者極衆。即有書生丁季迴從蜀青

城山來，東過南陽，從西市門入，見患疫癘者頗多。遂於囊中出藥，人各惠之一丸，靈藥霑脣，疾無不差。市中疫鬼數百千餘見書生施藥，悉皆驚怖而走，乃有鬼王見書生，謂有道法兼自施藥，感衆鬼等奔走，若是遂詣書生欲求受其道法。書生曰：吾無道法，乃囊中之藥。呈於鬼王。鬼王覩藥，驚惶叩頭乞命而走。此方藥帶之入山能辟虎狼蟲蛇，入水能除水怪蛟蜃，雄黄丸。

赤散，辟溫、疫氣、傷寒、熱病。

斷溫病令不相染著方：汲水瓶綆長七寸，盜著病人臥席下良。

又方：以繩度所住戶中壁，屈繩即斷之。

治溫令不相染方：桃樹蠹屎末之，水服方寸匕。

又方：朮豉等分，酒漬服之妙。

又方：正旦吞麻子、赤小豆各二七枚，又以二七枚投井中。

又方：新布袋盛大豆一升，內井中一宿出服七枚。

又方：新布袋盛赤小豆內井中，三日出，舉家服二七枚。

又方：松葉末之，酒服方寸匕，日三服。

又方：常以七月七日合家吞赤小豆，向日吞二七枚。

又方：常以七月七日男吞大豆七枚，女吞小豆二七枚。

又方：神仙教人立春後有庚子日，溫蕪菁菹汁合家大小並服，不限多少。

斷溫疫轉相染著，乃至滅門延及外人，無收視者方：

赤小豆　鬼箭羽　鬼臼　丹砂　雄黄各二兩

右五味末之，以蜜和服如小豆一丸，可與病人同牀傳衣。

治瘴氣方：

蒜五子幷皮碎之　豉心升一

右二味以三歲男兒尿二升，煮五六沸，去滓服之良。

又方：青竹茹二升以水四升，煮取三升，分三服。

治患霧氣者，心內煩悶少氣，頭痛項急，起則眼眩欲倒，身微熱戰掉不安，時復憎寒，心中欲吐，吐時無物方：新豬屎二升半，內好酒一升，攪令散，以生布絞取汁，更以綿濾，頓服之取盡，即地鋪暖臥覆蓋，鋪前著火，當汗出，若得汗當細細去上衣，勿使心寒，寒即不差，看汗自乾乃起。慎風冷，亦治瘧及風勞蠱毒。

《聖惠方・治時氣令不相染易諸方》 夫時氣病者，此皆因歲時不和，溫涼失節，人感乖候之氣，而生病者，多相染易，故預服藥，及爲方法以防之也。

治時氣相染易者，即須迴避，將息飯食之間，不得傳喫，但一人受病，全家不安。有此相染，宜服麻黄散。

治時氣轉相染易不止，宜服烏頭散。

治時氣病轉相染易，乃至滅門，傍至外人，無有不著者，宜服雄黄圓。

治時氣轉相染著，延及外人，人不敢視者，朱砂圓。

治時氣熱毒，令不相傳染易方：

豆豉一升　伏龍肝三兩細研　童子小便三中盞

右件藥相和，煎取一中盞半，去滓，分爲三服，每平旦一服，令人不著瘴疫。

治時氣溫毒，令不相染易方：右於正月，取東行桑根，粗如指者，長七寸，以朱砂塗之，懸於門上，又令人帶之。

《傷寒總病論・時行寒疫論・時行寒疫治法》 昔嘗覽《千金方》，三建散於病無所不治，而孫思邈特爲著論，以謂此方用藥節度，不近人情。至於救急，其驗特異，乃知神物效靈，不拘常制，至理開惑，智不能知，今予所得聖散子，殆此類也歟。自古論病，唯傷寒至危急，表裏虛實，日數證候，應汗應下之法，差之毫釐，輒至不救。而用聖散子者，一切不問陰陽二感，或男女相易，狀至危篤者，連飲數劑，則汗出氣通，飲食漸進，神宇完復，更不用諸藥連服取差，其餘輕者心額微汗，正爾無恙。藥性小熱，而陽毒發狂之類，入口即覺清涼，此殆不可以常理詰也。時疫流行，平旦輒煮一釜，不問老少良賤，各飲一大盞，則時氣不入其門。平居無病，能空腹一服，則飲食快美，百疾不生，眞濟世衛家之寶也。其方不知所從來，而故人巢君穀世寶之，以治此疾，百不失一二。余既得之，謫居黄州，連歲大疫，所全活至不可數。巢君初甚惜此方，指江水爲盟，約不傳人，余竊隘之，乃以傳蘄水人龐君安常。龐以醫聞於世，又善著書，故以授之，且使巢君之名與此方同不朽也。

《傷寒總病論・斑痘瘡論・溫病發斑治法》 天行發斑瘡，須臾遍身，皆戴白漿，此惡毒之氣。世人云永徽四年，此瘡自西域東流於海內，但煮葵菜蒜虀啖之則止，鮮羊血入口即定。初患急食之，作菜下飯亦得。

《傷寒總病論・天行溫病論・辟溫疫論》 劉根別傳曰：潁川太守到

官，民大疫，掾吏死者過半，夫人、郎君悉病。府君從根求消除疫氣之術，根曰：寅歲泄氣在亥，今年太歲在寅，於聽事之亥地，穿地深三尺，廣與深同，取沙三斛着中，以淳酒三升沃其上。府君從之，病者即愈，疫氣遂絶。

《傷寒類證活人書・問一歲之中長幼疾狀多相似》 答曰：此名溫疫也。四時皆有不正之氣，春夏亦有寒清時，秋冬或有暄暑時，人感疫厲之氣，故一歲之中，病無長少，率相似者，此則時行之氣，俗謂之天行是也。老君神明散、務成子螢火圓、聖散子、敗毒散。冬氣溫，春氣寒，夏氣冷，秋氣熱，爲時氣。時氣與傷寒同而治有異者，蓋因四時不正之氣，而變更不拘以日數淺深，汗吐下隨證施行，所以聖散子不問表裏、陰陽者此也。唯聖散子性差，熱用者宜詳之。若春應暖而清氣折之，則雜邪在肝。三四月或有暴寒，其時陽氣尚弱，爲寒所折，病熱猶輕，升麻湯、解肌湯主之。夏應暑而寒氣折之，則雜邪在心。五月六月陽氣已盛，爲寒所折，病熱則重，七月八月陽氣已衰，爲寒所折，病熱亦微，調中湯、射干湯、半夏桂枝甘草湯，可選用也。秋應涼而反大熱折之，則雜邪在肺。濕熱相薄，民多病癉，癉者，黄也，宜白虎加蒼术湯，煎茵蔯汁，調五苓散。冬應寒而反大溫折之，則雜邪在腎。其冬有非節之暖者，名爲冬溫。此屬春時陽氣發於冬時，則伏寒變爲溫病，宜萎蕤湯。按此屬云云溫病，仲景無則字，乃春溫病。今奉議以添一則字，而云冬溫、溫疫何耶？土無正行，因火而名，當隨其經而取之也。別本無土無至之也十六字。仲景云：冬溫之毒，與傷寒大異，蓋傷寒者，傷寒氣而作。冬溫者，感溫氣而作。寒疫者，暴寒折人，非觸冒之過。其治法不同，所施寒熱溫涼之劑亦異，不可拘以日數，發汗吐下，隨證施行。要之治熱以寒溫而行之，治溫以清冷而行之，治寒以熱涼而行之，治清以溫熱而行之，以平爲期，不可以過此爲大法。清音凈下同。此寒疫與溫疫不同，奉議公不解仲景，前後兩說不同，而混爲一證，誤之甚矣。所以溫疫有條，而寒疫則無條矣。溫疫則春夏秋冬俱有，而寒疫止春三月起，至秋八月止矣。

《聖濟總録・伤寒疫癘》 論曰：人居天地間，稟氣於陰陽，氣和則安，氣盭則病。故一歲之內，節氣不和，寒暑乖候，皆爲疫癘之氣，感而爲病，故名疫癘。其狀無問長少，率皆相似，俗又名天行。其病與時氣溫熱等病相類，治各隨其證，以方制之。

治疫癘病，頭痛壯熱惡寒不解，神明白散。

治時行疫癘，壯熱咳嗽，頭痛心悶，前胡湯。

治傷寒，辟毒氣疫病，七物赤散。

治時行疫癘病，頭痛體熱渴燥，百骨節疼痛，麻黃湯。

治時行疫癘兼風熱，目疼心中妨悶，葛根湯。

治時行疫癘病，壯熱頭痛唇乾，石膏湯。

治時行疫癘，一二日頭疼壯熱煩躁，麻黃解肌湯。

治時行疫癘，未經汗下，體熱煩悶，桂心湯。

治時行疫癘，壯熱惡寒，食即嘔吐，前胡湯。

治時行疫癘，發表攻裏不盡，形證尚在，其人垂死不療者，苦參湯。

治時行疫癘，數日未得汗，渾身壯熱，嘔逆不下食，柴胡湯。

治時行瘟疫，惡氣熱毒攻心脇，氣滿脹急，及注忤鬼氣，沉香丸。

治時行疫癘，一二日頭痛壯熱，柴胡湯。

治疫癘病，始得之，頭疼壯熱，葱豉湯。

治疫癘病壯熱煩躁，頭疼體痛，救生散。

治天行時疫，三二日內，未經汗下，术豉湯。

《聖濟總録・辟溫疫令不相傳染》 論曰：凡時行溫疫，皆四時不正之氣，感而病者，長少率相似。此病苟不辟除，多致傳染，宜有方術，預爲防之。

治辟時氣溫疫，令不相傳染，敗龜湯。

治辟時氣疫癘，絶瘴散。

治時行疫癘，辟溫湯。

治溫癘病轉相傳染，雄黃丸。

治辟時行瘟疫瘴癘，令不相染，赤小豆丸。

治辟溫疫病，眞珠貝母散。

治時疫更相傳染，宜預服，羌活湯。

治辟瘴癘瘟疫時氣，預服蒼耳散。

治辟時行瘟疫瘴癘方：

蕪青不限多少，擣取汁

右一味，立春後遇庚子日，闔家大小，各溫服一二盞。

治辟時行瘟疫，流金散。

治辟瘟疫去百惡，雌黃丸。

治辟瘟疫時氣，塗傳方：

雄黃二兩，研　丹砂研　菖蒲切　鬼臼各一兩

右四味，搗研爲末，再同研勻，以水調塗五心，及額上鼻中耳門，辟瘟甚驗。

治傷寒疫癘傳染，頭目昏重，項膂拘急，胸膈不通，辟瘟丸。

辟四時疫癘非節之氣，調中丸。

《三因方·簡料》 屠蘇酒 治疫氣令人不染及辟瘟病傷寒。

太乙流金散 辟瘟氣。

敗毒散 治傷寒、瘟疫、風溫頭痛，目昏眩，四肢疼痛，增寒壯熱，項強，眼睛痛，尋常風眩拘急，風痰，並宜服之。

《傷寒補亡論·風溫溫毒論》 雍曰：天行溫疫，雖症不多，用藥亦多端。如《千金方》言辟溫疫氣并斷溫疫相染諸方，及《千金翼》彈鬼丸、神明白散、太乙流金散、螢火丸等方，前人雖嘗選用，更嘗缺省，收其遺逸用之。大抵治疫，尤要先辨寒溫，然後用藥，取陰陽表裏之在傷寒也。故龐安常又述其治寒疫諸方。蓋以赤散、解聖散之類，皆宜治寒疫，若施之瘟疫，則益熱矣。

《傷寒標本心法類萃·傳染》 凡傷寒疫癘之病，何以別之？蓋脈不浮者傳染也。設若以熱藥解表，不惟不解，其病反甚而危殆矣。其治之法：自汗宜以蒼术白虎湯；無汗宜滑石涼膈散，散熱而愈；其不解者通其表裏，微甚，隨証治之，而與傷寒之法皆無異也。雙解散、益元散，皆爲神方。

《和劑局方·治傷寒》 升麻葛根湯 治大人、小兒時氣瘟疫，頭痛發熱，肢體煩疼；及瘡疹已發及未發，疑貳之間，並宜服之。

葛根解肌湯 治傷寒、瘟病、時行寒疫，頭痛項強，發熱惡寒，肢體拘急，骨節煩疼，腰脊強痛，胸膈煩悶。

竹葉石膏湯 治傷寒時氣，表裏俱虛，遍身發熱，心胸煩悶；或得汗已解，內無津液，虛羸少氣，胸中煩滿，氣逆欲吐，及諸虛煩熱，與傷寒相似，但不惡寒，身不疼，頭不痛，脈不緊數，即不可汗下，宜服此藥。

柴胡升麻湯 治時行瘟疫，壯熱惡風，頭痛體疼，鼻塞咽乾，心胸煩滿，寒熱往來，痰盛咳嗽，涕唾稠黏。

不換金正氣散 治四時傷寒，瘴疫時氣，頭疼壯熱，腰背拘急；五勞七傷，山嵐瘴氣，寒熱往來，五膈氣噎，咳嗽涎，行步喘乏；或霍亂吐瀉，臟腑虛寒，下痢赤白，並宜服之。

來蘇散 解利四時瘟疫，傷寒，身體壯熱，頭痛增寒，項背拘急，渾身疼痛，煩渴悶亂，大小便澀，嗜卧少力，不思飲食，及諸氣疾，五勞七傷，山嵐瘴瘧，寒熱往來，並皆治之。

十神湯 治時令不正，瘴疫妄行。此藥不問陰陽兩感，或風寒濕痹，皆可服之。如發熱頭痛，加連鬚葱白三莖。如中滿氣實，加枳殼數片同煎。及產婦、嬰兒、老人皆可服。如傷寒，不分表裏，以此導引經絡，不致變動，功效非淺。

《和劑局方·治一切氣》 蘇合香丸。療傳屍骨蒸，殗殜肺痿，疰忤鬼氣卒心痛，霍亂吐利，時氣鬼魅瘴瘧，赤白暴痢，瘀血月閉，痃癖疔腫驚癇，鬼忤中人，小兒吐乳，大人狐狸等病。

《和劑局方·治積熱》 紫雪 療脚氣，毒遍內外，煩熱不解，口中生瘡，狂易叫走，瘴疫毒病，卒死溫瘧，五尸五疰，心腹諸疾，疞刺切痛，及解諸熱藥毒發，邪熱卒黃等，并解蠱毒鬼魅，野道熱毒。

《普濟方·時氣門·總論》 《易》稱天地變化，各正性命。然則變化之迹無方，性命之功難測，故有炎涼寒燠，風雨晦冥，水旱妖災，虫蝗怪異，四時八節，種種施化不同。七十二候，日月運行各別，終其晷度方得成年，是謂歲功畢矣。天地尚且如然，在人安可無事，故人生天地之間，命有通塞，時有否泰，吉凶悔吝，苦樂安危，喜怒愛憎，存亡憂畏，關心之慮，日有千條，謀身之道。時生萬計，乃度一日。是故天無一歲不寒暑，人無一日不憂喜。故有天行瘟疫病者，即天地變化之一氣也。斯蓋造化必然之理，不得無之，故聖人雖有補天立極之德而不能廢之，而能以道御之。其次有賢人，善於攝生，能知撙節，與時推移，亦得保全。天地有斯瘴癘，還以天地所生之物以防備之，命曰知方，則病無所侵矣。然此病也，俗人謂之橫病，多不解治，皆曰滿日自瘥，以此致枉者，天下大半。凡始覺不佳，即須救療，迄至於病愈，湯食兢進，折其毒勢自然而瘥。必不可令病氣自然恣意攻人，拱手待斃，斯爲誤矣。夫天時氣病者，是春時當暖而反大寒，夏時應熱而反大涼，秋時應涼而反大熱，冬時應寒而反大溫者，此非其時而有其氣，是以一歲之中，病無長少，率多相似者，此則時行之氣也。從立春節后，其中無暴大寒，又不冰雪，而人有壯熱爲病者，此屬春時陽氣發於冬時，伏寒變爲溫病也。從春分以後，至秋分節前，天有暴寒者，皆爲時行寒疫也，一名時行傷寒，此時節候，有寒傷於人，非

觸冒之過也。若三月四月或有暴寒，其時陽氣尚弱，爲寒所折，病熱猶小輕也。五月六月陽氣已盛，爲寒所折，病熱則重也。七月八月陽氣已衰，爲寒所折。

病熱亦小微也。其病與溫及暑病相似，但治有殊耳。【略】

然得時行病，一日在皮毛，當摩膏火灸愈。不解者，二日在膚，可法針，服解肌散，汗出愈。不解，三日復發汗，若大汗則愈，不解者，止勿復發也。四日在胸，服藜蘆丸微吐之愈。若病固，服藜蘆丸不吐者，服赤小豆瓜蒂散，吐之即愈。視病者尚未了了，復一法針之當解。不愈者，六日熱已入胃，乃以利湯下之愈，百無不如意，但當諦視節度與病耳。若食不消病，亦與時行病，俱發熱頭痛，食病當速下之，時行病當待六七日下之。時行病，始得一日在皮，二日在膚，三日在肌，四日在胸，五日入胃，乃可下也。熱在胃外而下之，則熱乘虛便入胃。然病要當復下去之，不得留於胃中也。胃若實熱致此爲病，三死一生。此輩皆多不愈，胃虛熱入胃爛也，其熱微者赤斑出，劇者黑斑出。赤出者，五死一生。黑斑出者，十死一生。但論人有強弱，病有難易，切效相倍耳。病者過日不以時下之，熱不得泄，亦胃爛斑出矣。若得病無熱，但狂言煩躁不安，精彩言語與人不相主當者，勿以火迫之，但以豬苓散一方匕，水和服之，當以新汲冷水，令強飲一升，若一升半可至二升益佳，以指刺喉中吐之，隨手愈。不即吐者，此輩病多不善，勿強與水，水停即結心下也。更當以餘藥吐之，皆令相主當者，不爾必危。若此病不急以豬苓散吐解之者，其死殆速。亦可先以去毒物，及法針之尤佳。

又云：此病方家呼爲傷寒，有二種，有陰有陽。陰傷寒者，反於陽是也，陽傷寒狀，表裏相應，心熱則口乾苦，肝熱則目赤暈，脾熱則穀道稍澀，腎熱則耳熱赤，肺熱則鼻乾渴，胃熱則嘔逆，大腸熱則大便例澀，小腸熱則小便赤少，皮膚熱則脈洪數，身體熱，反此者乃陰傷寒。夫傷寒者，則爲寒所傷也，寒主陰，陰主殺，凡人陰陽調則無病，氣既爲寒所傷，便致斯病也。

又云：陰陽傷寒者，則毒氣傷陰陽氣也。人身中有陰陽之氣，陰陽者，則寒熱也。本以陰爲毒所傷，則不能流行，陽熱獨王，故天行多熱者也。以病於諸病之中最難爲療，陰陽二病，陰尤可憂耳，時聞有此病，而倉卒死者不少，或由診候不能精審，方藥未達指歸，飲食乖宜，寒溫失節，故致爾。自心不全甄別，他醫難得精妙，與其療也，寧可任之。但能滋味適寒溫，將理中間

冷暖，守過七日，此最爲得計。其中事須服藥，不可徒然者，唯多日大便不通，暫須一轉泄耳。

又時氣病，一日太陽受病，太陽爲三陽之首，主於頭項，故得病一日，頭項腰脊痛。

又時氣二日，陽明受病，陽明主於肌肉，其脈絡鼻入目，故病二日，內熱鼻乾，不得眠。夫諸陽爲表，表始受病皮膚之間，故可摩膏火灸發汗而愈。

又時氣病，三日少陽受病，少陽脈循於脇，上於頸耳。故得病三日，胸脇熱而耳聾也。三陽經絡始相傳病，未入於臟。故可汗之而愈。

又時氣病，四日太陽受病，太陰爲三陰之首，是知三日已後，諸陽受病訖，即傳之於陰，而太陰受病焉，其脈主於咽嗌，故得病四日，腹滿而嗌乾，其病在胸膈，故可吐而愈也。又云：夫得病四日，毒在胸膈，故宜取吐。有得病二三日，便止煩滿，此爲毒氣已入，或有五六日已上，毒氣猶在上焦者，其人有痰實故也，所以復宜取吐也。

又時氣病，五日少陰受病，少陰脈，貫腎絡肺系於舌本，故得病五日，口熱舌乾，渴而引飲，其病在腹，故可下而愈。

又時氣病，六日厥陰受病，厥陰脈，循陰器絡於肝，故得病六日，煩滿而囊縮也。此爲三陽三陰俱受病，毒氣入於腸胃，故可下而愈。

又時氣病，七日法當小愈，所以然者，陽陰諸經傳病竟故也。今病不除者，欲爲再經病，再經病者，謂陰陽諸經重受病也。

又時氣病，八九日以上不解者，或是陰陽諸經重受於病，或已發汗吐下之后，毒氣未盡，所以病不能除。或一經受病，未即相傳，至於停滯累日，病證不改者，故皆當察其證而治之。凡病傷寒而成溫病者，先夏至日者爲病溫，後夏至日者爲病暑，故曰冬三月早卧起，必待日光，使志若伏若慝，若有私意，若己有得，去寒就溫，無泄皮膚，使氣極奪。又因於寒，欲如運樞，故冬傷於寒，春必病溫也。又有冬時傷非節之暖，名爲冬溫之毒，與傷寒大異也。有病溫者，乃天行之病耳，其冬月溫暖之時，人感乖候之氣，未即發病，至春或被積寒所折，毒氣不得泄，至天氣暄熱，溫毒始發，則肌肉斑爛也。經曰：虛邪賊風避之有時，恬淡虛無，眞氣從之，精神內守，病安從來？故曰：人清淨，則肉腠閉拒，雖有大風苛毒弗之能害。又云：四時陰陽者，萬物之根本也，是以聖人春夏養陽，秋冬養陰，以從其根。從陰陽則生，逆之則死，故

曰精者身之本。藏於精者，春不病溫也。有病溫汗出，輒復熱而脈躁疾，不爲汗衰，狂言不能食，病名爲何？曰病名陰陽交，交者死。人所以汗出者，皆生於穀，穀生於精。今邪氣交爭於骨肉之間，而得汗者，是邪卻而精勝也。精勝則當能食，而不復熱，熱者邪氣也。汗者精氣也，今汗出而輒復熱者，是邪勝也，不能食者精氣竭，而病留者，其壽可立而傾也。汗出而脈尚躁勝者死。今脈不與汗相應，此不勝其病也，其死明矣。狂言者，是失志也，失志者死。今見三死，不見一生，雖愈必死。凡膚熱，其脈盛躁者，病溫也。其脈盛而滑者，汗且出也。凡溫病人，三二日，身軀熱脈疾，頭痛，食飲如故，脈眞疾，八日死。四五日，頭痛脈疾，喜吐，脈來細，十二日死。此病不療，八九日，脈不疾，身不痛，目不赤，色不變，而反利，脈來牒牒，按不彈手指，時時大，心下硬，十七日死。病三四日已下，不得汗，脈大疾者生，脈細小難得者死，不療也。下利腹中痛甚者死，不療也。

已能行射獵，行房室則吐涎而死，凡熱病房室，名爲陰陽易。其病皆難療多死。近者有一士大夫，小得傷寒發汗已十餘日，能乘馬行來，自爲平復，故入房室，則小腹急痛，手足拘拳而死。深師說：天行病未復，強食黃花菜，手足稍重。一方云青花。

天行病瘥，食鷄魚必變成底，又食鷄魚肉結氣不化。天行病瘥，飲酒合陰陽，復必死。天行病損未滿三月，食鰡肉則復下血，食鹽豉令人四肢不舉。天行病瘥，食諸菜有花者，三年肌膚不充。天行病未好，食生瓜、芥菜，三月浮腫也。天行病瘥，食菜合陰陽，復必死。千金天行病瘥後未滿五日，食一切肉麵者，病更發大困。天行病瘥，食芥、發病。天行病瘥新起，飲酒及食韭菜，病更發。天行病瘥，食生魚酢，下利必不止。天行病食生菜，顏色終身不平復。天行病新汗解，飲冷水者，損心包，令人虛不復。天行病未復，食犬肉幷葫，以合食之，復則死。天行病瘥，食生棗及羊肉者，腸復作熱蒸。天行病瘥，食犬肉食羊肉，作骨中蒸熱。天行病瘥，食魚肉幷瓜、生菜者，令人身腫。天行病瘥食蒜者，病發大困。

問曰：傷寒溫病何以辨脈？答曰：溫病冬傷於寒所得也，至變爲溫病，傷寒汗下不愈而過經，其證尚在而不除者，亦溫病也。經曰：溫病之脈行在諸經，不知何經之動，隨其經所在而取之。如太陽證汗下後，過經不愈，診得尺寸俱浮者，太陽溫病也。如身熱目疼，汗下後過經不愈，診得尺寸俱長者。

陽明溫病也。如胸脇痛，汗下后過經不愈，診得尺寸俱弦。

少陽溫病也。如腹滿嗌乾，診得尺寸俱沉細，過經不愈者，太陰溫病也。如口燥舌乾而渴，診得尺寸俱沉，過經不愈者，少陰溫病也。如煩悗囊縮，診得尺寸俱微緩，過經不愈者，厥陰溫病也。是故隨其經而取之，隨其證而治之。如發斑乃溫毒也。

又云：黃帝曰：傷寒熱病，死候有九。太素云：不可刺者九。一曰：汗不出，大熱發噦者死。太素云：汗不出，火熱發噦者死。二曰：泄而腹滿甚者死。甚一作黃三曰：目不明，熱不已者死。四曰：老人嬰兒熱病腹滿者死。五曰：汗不出，嘔下血者死。六曰：舌本爛，熱不已者死。七曰：咳而衄，汗不出，出不至足者死。八曰：體熱者死。九曰：熱而痙者死。熱病痙者，腰反折瘛瘲，齒噤齘也。熱病七八日，脈微小，病者便血，口中乾，一日半而死。脈代者，一日死。熱病七八日，脈不躁不數，后三日有汗，三日不汗，四日死。熱病已得汗，而脈尚躁盛，此陰脈之極也死，其得汗而脈靜者生。熱病脈常盛躁，而不得汗者，此陽脈之極也死，脈盛躁而得汗者生。

疫癘傳染，老幼皆相似，調治一也。寸虛弱盡弦緊，或肝脈濡細，是雖責邪四時，然發汗吐下條例通行，故曰：明知順逆，正治從治，不外陰陽表裏，條例通行固也。然其毒癘之氣，蘊畜於中，亦隨其溫涼，權其輕重而利導之，庶毒有所泄，則易爲力也。《病源》云：挾毒癘之氣壯熱煩，毒發爲心腹脹滿，若不治，春感淸邪在肝，升麻葛根湯、解肌湯。夏感寒邪在心，調中湯、射干湯、半夏桂枝甘草湯。秋感熱邪在肺，白虎加蒼朮湯。發黃疸，茵陳調五苓散。冬感溫邪在腎，亦名冬溫，葳蕤湯。土無正形因火而名，當隨經取之。此大概然耳。寒證者聖散子、螢火丸、神明散，可選用。聖散子內用香附、豆蔻、良薑，只可施之寒濕，毋惑於通用之說。

凡溫病可針刺五十九穴，又身之穴六百五十有五，其三十六穴灸之有害，七十九穴刺之爲災。

《傷寒明理續論・時行兩感》 時行者，春應暖而反大寒，夏應熱而反大涼，秋應涼而反大熱，冬應寒而反大溫，此非其時而有其氣。是以一歲之中，長幼之病多相似者，此即時行之氣。春感寒邪在肝，升麻葛根解肌湯。夏感寒邪在心，調中益氣湯、射香湯、半夏桂枝甘草湯。秋感濕邪在肺，白虎加蒼

術；發黄，茵陳五苓散。冬感寒邪在腎，名曰冬溫，瓜蔞湯。溫疫通用人參敗毒散、升麻葛根湯。從春分以後至秋分節前，天有暴寒者，皆爲時行寒疫，宜用辛溫藥發散。

《傷寒明理續論・溫毒中暍》　溫毒者，冬月感寒毒異氣，至春始發也。表證未罷，毒氣不散，故有發斑之證。心下煩悶，嘔逆咳嗽，後必下利，寸脈洪數，尺脈實大，爲病則重，以陽氣盛故耳。治法通用玄參升麻湯、黑膏主之。

《傷寒家秘的本・正傷寒及溫暑暴寒勞力感冒時疫治各不同論》　疫癘者，皆時行不正之氣，老幼傳染相同者是也。緣人不近穢氣，免傷眞氣。若近穢氣，有傷眞氣，故病相傳染。正如牆壁固，賊人不敢入，正氣盛，邪氣不敢侵。正氣既虚，邪得乘機而入，與前溫暑治又不同。表證見者，人參敗毒散。半表半裏證者，小柴胡。裏證具者，大柴胡下之。無以脈診，以平爲期。與其瘧痢等證，亦時疫也，照常法例治之。

《傷寒全生集・辨傷寒審證問因察形正名總論》　凡冬閒正傷寒，須此書用藥看脈，無有不應。若瘟疫時症，不須論脈，但無怪脈，則不妨，切不可發汗。此病定一七，或二三七，自然汗出身涼而愈，只須小柴胡，見熱甚，合解毒湯。只要扶之使正，便是醫之功也。若發汗，雖汗而熱不退，益重其虚，切戒，切戒。

《傷寒全生集・辨時氣例》　時氣者，乃天時暴癘之氣，流行人間，凡四時之令不正者，則有此氣行也。若春應溫而反寒，夏應熱而反涼，秋應涼而反熱，冬應寒而反溫，此時行不正之氣也。邪傷眞氣，若近穢氣而傷眞氣，正如牆壁不固，賊乃敢入。若正氣既盛，邪氣難侵矣。其病勢與傷寒相類。蓋傷寒因寒而得之，時氣乃感疫癘之氣而得之。不可與傷寒同治，惟發散之藥則同矣。凡發散湯藥，春感寒邪在肝，升麻葛根湯。夏感涼邪在心，調中湯。秋感熱邪在肺，蒼术白虎湯。冬感溫邪在腎，葳蕤湯。其溫疫敗毒散，若表不愈者，用羌活沖和湯、正氣散、冲和羌活湯、芎藭散選而用之。其瘧痢等症，亦時行也。

《醫學正傳・瘟疫》　論

《内經》曰：蒼天之氣，清淨則志意治順之則陽氣固，雖有賊邪，弗能害也。又曰：冬不藏精者，春必病瘟。是以，多感於房勞辛苦之人，安樂者未之有也。俗名瘟病，醫書曰疫癘，曰黄病，嶺南閩廣等處曰瘴氣，蓋指山嵐霧露煙瘴濕熱惡氣而名之也，一皆觸冒四時不正之氣而爲病焉。《傷寒論》曰：春應溫而反清，夏應熱而反寒，秋應涼而反熱，冬應寒而反溫。龐安常曰：疫氣之發，大則流行天下，次則一方，次則一鄉，次則偏著一家。悉由氣運鬱發，有勝有伏，遷正退位之所致也。視斯疾者，其可不推運氣而治之乎。陶氏曰：夫疫氣之中人，輕重不一。仲景無治法，後人用敗毒散，治甚得理，然亦有愈，不愈者。蓋疫氣有淺深，資稟有壯怯，怯而受癘氣之深者，雖智者尚不能治，况庸劣之士乎？若資稟壯實，所感又淺，則庶幾可愈，切不可作傷寒正治而大汗大下也，但當從乎中治，而用少陽陽明二經藥。看所中陰陽經絡脈證，而以二方加減和治之，殊爲切當。學者宜詳察之，毋忽。

脈法

脈陽濡弱，陰弦緊，更過溫氣，變爲瘟疫。

溫病二三日，體熱腹滿頭痛，食飲如故，脈直而疾，八日死。

溫病四五日，頭痛腹滿而吐，脈來細而弦，十二日死。

溫病八九日，頭身不疼，目不赤，色不變，而反利，脈來澀澀，按之不鼓手，時大，心下堅，十七日死。

溫病汗不出，出不至足者死。厥逆，汗自出，脈堅强急者生，虚軟者死。

溫病下利，腹中痛甚者死。

方法

丹溪曰：衆人病一般者，此天行時疫也。治有三法，宜補宜散宜降，用大黄、黄芩、黄連、人參、桔梗、蒼术、防風、滑石、香附、人中黄爲末，神麴糊爲丸，每服五七十丸。氣虚以四君子湯下，血虚以四物湯下，痰多以二陳湯下，熱甚者加童便。

陶尚文治瘟疫法

若病只在少陽經者，小柴胡加防風羌活微發之而愈。若病兼陽明經者，柴葛二方合服之。若見太陽證大便泄者，以本方去黄芩對五苓散。尤當看脈寒熱，若無寒，去桂留苓。

若小便不利，是膀胱本病，本方加去桂五苓散。

若入太陰經無熱證見者，用理中湯。此證必須腹痛而瀉，明日瀉止痛止，仍用小柴胡和之。

若入少陰經及厥陰經，用陰證傷寒傳經法治之。

若初看未端的，且先以敗毒散治之，看歸在何經，再隨經施治，無不效者。

若發黃，小柴胡合去桂五苓散。未退，茯苓滲濕湯。

瘟疫作渴，本方加石膏、知母。濕溫渴，蒼朮白虎湯。

瘟疫發狂不識人，大柴胡湯加當歸。如大便泄者，三黃石膏湯、柴苓湯。

瘟疫胷膈滿悶，本方中加枳殼、橘紅、黃連。若大便不通，大柴胡湯微利之。

敗毒散　治傷寒瘟疫、風濕、風眩、四肢痛、憎寒壯熱、項強、睛疼，不問老人小兒皆可服。或嶺南煙瘴之地，或瘟疫時行，或人多風痰，或處卑濕之地腳氣痿弱，此藥不可缺也。日三五服，以知爲度。一方加薄荷少許，每服五錢，加薑水煎服。

九味羌活湯　治瘟疫初感一二日間，服之取汗而愈，其效如神。

黑奴丸　治溫毒發斑，煩躁、大渴，及時行熱病六七日未得汗，脈洪大而數，面赤、目眩、身痛、大熱、狂言欲走、渴甚。又云：五六日已上不解，熱在胷中，口噤不能言，爲壞傷寒，醫所不治，棄爲死人。精魄已竭，心下尚溫，斡開其口灌藥，下咽則活。

《丹溪活套》云：衆人病一般者，乃天行時疫。蓋冬月閉藏之時，反行春令，溫勝於寒而發泄眞陰，土勝水虧矣。所勝者妄行，上有餘也。所生者受病，所勝者侮之，火土相合，濕熱相聚，故春來木長之時，無水滋生化源，故人病瘟治有三法，見前春感清氣，無汗惡寒爲疫癘，通用升麻葛根湯。春感清氣，發熱而渴不惡寒，宜解肌湯。春溫發熱，咳嗽身疼，口燥渴，脈浮洪。熱甚，宜小柴胡湯加桂枝治之。咳嗽加五味子。渴去半夏加瓜蔞根、人參。脈實，渴，宜大柴胡湯下之。渴加知母石膏。凡溫病脈尺寸俱浮，素傷於風，因而傷熱，風熱相搏，其證四肢不收，身熱自汗，頭痛喘息，發渴昏睡，或體重不仁，愼勿發汗。汗之則譫語，煩躁，目眯無睛光，病在少陰厥陰二經，宜萎蕤湯、人參敗毒散、葛根龍膽湯、小柴胡湯。甚者，括蔞葛根湯。脈浮身腫汗出，漢防己湯。誤汗者，防己黃芪湯。四時傷寒疫癘，或傷風有汗，或風濕身腫體痛，惡風口乾，日晡潮熱，脈實，並用人參敗毒散。夏應熱而反寒，夏及秋初而爲暴寒，折於盛暑，熱結四肢，則壯熱頭痛，或寒傷於胃，下利膿血，或水瀉脈實者，宜下之安，調中湯。

《保命歌括·瘟疫》　火儺逐疫見於經，疫鬼常隨厲氣行。欲避妖氛有眞訣，念頭勿動混邪淫。

按：《禮記·月令》：季冬之月，命有司大儺，季春之月，命國儺。儺之事，在《周官》則方相氏掌之，所以逐疫也。蓋季冬之月日在虛危二宿，中有四司墳墓之氣。季春之月日在胃昴二宿，中有太稜積屍之氣，厲鬼隨之而行，恐其將來爲災，故儺以禳除之也。夫周公、孔子，大聖人也。周公作《周禮》，有方相氏掌於天官。孔子於鄉人，儺必朝服，立於阼階。然則疫鬼之事，理或有之，攝生愼疾者，不可不知避也。

按：《素問·遺篇》云：欲將人於疫室，先想青氣，自肝而出，左行於東，化作林木。次想白氣，自肺而出，右行於西，化作戈甲。次想赤氣，自心而出，南行於上，化作燄明。次想黑氣，自腎而出，北行於下，化作玄水。次想黃氣，自脾而出，存於中央，化作會城一座。吾身其中，五氣護之。次想頭上，如北斗之煌煌，然後可入疫室。蓋人之身中，太乙帝君在頭，曰泥丸，揔神也。以統乎一身，無英君在左，以統三魂，白元君在右，以統七魄，能存其神，避其毒氣，則神光自聚，邪不可干也。若五神失守，即神光不聚，圓光亦缺，非但尸鬼之侵，一切邪虛乘虛而害之矣。

已上論存神守正，以避惡毒之氣。

凡入疫室，飲食之物，不可便嘸，先出火氣呵之，次出水氣吹之。坐卧之處，不可便就。以氣吹之，以袖拂之，常以鷄鳴時，存心念四海神名三七遍：東海神阿明，南海神祝融，西海神巨東，北海神禺強。每入病人家，存心念三遍，口勿誦，自然神藏，煞沒不敢矣。

此言布氣誦呪，以驅逐疫癘之氣。

凡瘟疫之家，自生臭穢之氣，所謂傷寒無種，氣味相傳者是也。當取光明雄黃，不拘多少，細研，以筆濃點鼻孔內兩傍陷中，則疫氣不能入，雖與病人同床，亦不相染也。五更洗面後，及臨卧點之。設若鼻中聞其氣即，便以紙紉入鼻中，嚏出之爲准。不爾，邪氣上入泥丸宮，遂百脈成斯病也。以雄黃點之，則自不聞其氣，并辟諸惡怪夢，神良。

或用香油抹其鼻竅，或把扇在手，常向前扇之，使穢氣散去也。或常飲醇酒一二杯，以壯神氣，或帶辟瘟殺鬼丸、務成子螢火丸，或常取蒼朮口中嚼

之，自然惡毒之氣不相染着也。

此言用藥以解瘟癘之氣。

疫癘之病，乃天地之害氣也。天地有斯害氣，還以天地所生之物，以防備之。蓋天食人以五氣，地食人以五味，合氣味而服之，可以祛邪，可以解毒，古有預防疫病之方，不可不知也。雖人命有遭逢，時有否泰，知而防之，庶幾其有免者矣。

《素問・遺篇》云：一法於春分之日，用遠志去心，以水煮一，日未出時，面東飲二盞，吐之，則疫疾不生矣。

一法於穀雨日後，用川芎、蒼术、白芷、藁本、零陵香各等分煎湯，三浴之，以泄其汗，汗出臭者，無疫也。或用摩風膏常摩其身。一法用五瘟丹服之，或丹溪加味三黄丸。

其素有内傷虚弱之人，宜補中益氣湯隨時令加減服之，使正氣常強，邪氣不能侵矣。

此已上預解疫病之法。

其在疫家，常正其心，妄念勿興，恭敬謹慎，如對大賓，敬疫神也。美色艷粧，視如不見。歌謳笑謔，聽如不聞。美酒香飱，勿先下箸。堆金積玉，目如浮雲。行住坐卧，勿近臭穢。言語呼喧，厲色高聲，見怪莫怪，聞驚莫驚，妄誕莫答，禱祀必欽。請事斯語，疫病不侵。

一嚏能令毒氣清，香蘇敗毒可驅瘟。十神羌活并雙解，神术三黄汗劑輕。

惡毒之氣，自鼻入。經云：五氣入鼻，藏於心肺，未病之人，不知迴避之法，或生疑懼之心，邪即中之，先入腦，令人昏悶，急用搐鼻法嚏而去之。此奇方救苦散主之，不知用此，則成病矣。

邪氣之中人者入腦之後，一日在皮毛則肺受之，二日在血脈則心受之，肺受之則洒淅惡寒，心受之則煩熱而渴。其病在表宜以汗解，香蘇散、人參敗毒散主之。

如春三月，風行於天，其氣宜溫，清反勝之，肝木受邪，人有病者，宜九味羌活湯主之。

風溫自病，萎蕤湯主之。

如夏三月，火行於天，其氣宜熱，寒反勝之，心火受邪，人有病者，宜雙解散主之。

火熱自病，三黄石膏湯主之。

如長夏濕行於天，風反勝之脾土受邪，人有病者，羌活勝濕湯主之。

濕氣自病，大無神术湯主之。

如秋三月，清行於天，其氣宜涼，火反勝之，肺金受邪，人有病者，三黄石膏湯主之。

清氣自病，宜參蘇飲主之。

如冬三月，寒行於天，其氣宜寒，熱反勝之，腎水受邪，人有病者，十神湯主之。

寒氣自病，宜麻黄湯主之。

凡疫病初得一二日之間，即如上法，因時隨病，加減治之，似得汗而解。

汗之不解毒邪深，合用柴胡及葛根。涼膈黄連梔子豉，臨時加減只滋陰。

疫病依前法治一二，汗之不解，不可再汗也，宜用少陽經藥小柴胡湯，陽明經藥升麻葛根湯爲主治。看所中陰陽經絡脈症，加減和解之，殊爲切當，萬舉萬全也。

如病三四日不解，其人寒熱往來，頭眩，脇下滿，心煩，乾嘔，口苦咽乾，耳聾，此邪在少陽一經也，宜小柴胡合東垣涼膈散、天水散主之。

如三四日不解，其人頭痛身熱，鼻乾，不得眠，渴飲水，此邪在陽明一經也，宜升麻葛根湯合白虎湯主之。如三四日不解，少陽與陽明病兼見之，宜小柴胡、升麻葛根合而服之。如只少陽症，小便不利，大便瀉者，宜小柴胡合五苓散主之。看寒熱多少，熱多寒少者，去桂留苓，寒多熱少者，去苓留桂，小便不利，加天水散。

如少陽病少，陽明病多，寒少，渴欲飲水者，宜小柴胡湯去半夏，合白虎梔子豉湯主之。

如陽明病多，少陽症少，面赤頭痛，大熱而渴，宜葛根湯加石膏、葱白、豆豉，合小柴胡湯去半夏，加括蔞根主之。

如少陽或陽明經病，不必悉見，但見一二症，大熱無汗者，宜小柴胡合葛根梔子豉湯，以微汗解。其有汗者，宜小柴胡合黄連解毒湯和之。

如只大熱大渴不止者，宜人參白虎湯合天水散和之。

如大便秘者，宜河間涼膈散合黃連解毒湯微利之。如大熱大渴，自汗不止者，宜白虎加人參蒼朮湯主之。

病過六日勢將危，要把其人脈症推，合補合攻休怠忽，更防厲氣易他人。

疫病五六日後，或汗，或下，其熱不解者，其勢已危，須憑脈症辯之。

如發狂譫語，大便結者，宜急下之，三乙承氣合黃連解毒湯主之。

如只大便鞕結，無發狂譫語者，宜大柴胡湯合涼膈散利之。結甚，作膽導法。

如胸膈滿痛者，宜小柴胡合小陷胸湯主之。如不止，本方去甘草，入甘遂末三分服之，神效。

疫病發黃，此危症也，宜五苓散去桂，加茵陳合梔子豉湯主之。如不退者，河間涼膈散去朴硝，加茵陳合天水散，以小便如皂角汁佳。

疫病發班，此危症也，宜升麻葛根湯合人參白虎湯主之。如不退，人參白虎湯合黃連解毒，加玄參、大青主之。

疫病自利不止者，宜五苓散去桂加阿膠，合天水散主之。如不止，宜四君子湯合五苓散去桂，有腹痛加白芍藥。

疫病發狂不識人，大便秘者，大柴胡湯加當歸、生地黃主之。

疫病衄血者，爲欲解。或不解者，宜涼膈散合四物湯主之。

疫病渴不止者，宜人參白虎湯加生地黃、天花粉主之。

疫病心煩不得卧者，宜黃連解毒湯合梔子豉湯主之。

疫病腹滿，大便不通者，三乙承氣湯利之，後以小柴胡湯主之。

如時行喉痹，此火疫爲邪也，宜加味甘桔湯主之，外以楊氏一字散搐其鼻，更刺少商二穴。

如時行火眼，大小相染，謂之赤瞎，亦火疫也，宜救苦湯主之。

經云：夏傷於暑，秋發疫瘧。此時行之正病也，當從暑病，小柴胡合白虎加桂枝湯主之。如時行寒瘧，大小相似者，此厲氣之瘧也，宜人參敗毒散加常山主之。

如時行疫痢，大小相似者，初得之，有惡風寒，頭痛，腰痛熱之症，爲病在表，宜發之，人參毒散加陳倉米主之。如五六日已後，無惡寒之證，但發熱作渴腹中痛者，爲病在裏，宜大承氣合黃連解毒湯下之。

《古今醫統大全・瘟疫門・病機》 瘟疫叙論

經曰：冬傷於寒，春必病溫。瘟疫當推運氣所發。

巢氏《病源》云：春氣溫和，夏氣暑熱，秋氣淸涼，冬氣冰寒，此四時正氣之叙也。冬時嚴寒，萬物深藏，君子固密，則不傷於寒。觸冒之而即病者，爲傷寒；不即病者，爲寒毒藏於肌膚中，至春變爲溫病，至夏爲熱病。是以辛苦之人，春夏必有瘟病者，皆由冬時觸冒之所致也。凡病傷寒而成瘟者，先夏至日爲病瘟，後夏至日爲病暑，其冬復有非節之暖，是爲冬瘟。冬瘟爲病，非其時而有其氣者。冬氣嚴寒，君子當閉密，而反發泄於外者，爲冬不藏精，春必病瘟。

丹溪云：衆人病一般，此天行時疫。

瘟病者，春時天道和暖，患壯熱，口渴而不惡寒者是也。

瘟疫病者，其病與時氣瘟熱等證相類，皆由歲之內節氣不和，寒暑乖候，或有暴風疾雨，霧露不散，則民多瘟疫病，無少長率皆相似，如有鬼厲之氣，故云瘟厲病。

黃瘟者，由邪氣鬱結不散，或失於汗解，或汗後不解，猶邪熱深鬱於胃中，小便不利，舉發爲黃，遍身如橘枳，故曰黃病。

瘟疫傳經與傷寒證同

一日太陽受病，邪在皮膚，故頭項強腰脊強；二日陽明受病，邪在肌肉，故身熱鼻乾不得眠；三日少陽受病，故胸脇痛而耳聾；四日太陰受病，故咽乾腹滿；五日少陰受病，故口熱舌乾而引飲；六日厥陰受病，故煩滿而陰陷；七日六經傳變，法當愈。其不愈者，邪氣未除而欲再傳經，重受病也。

病瘟勞役者難治

巢氏云：凡瘟毒病新瘥，脾胃尚虛，穀氣未復，若作勞妄動傷力，并食豬、羊、鷄、犬、魚膾、炙爆、肥膩、生果、麪食，硬澀難消之物，停積腸胃，膈悶腹脹便秘，或大吐大下，重復發熱病作，不可救也。

治法

瘟病發汗與傷寒不同

瘟因春時溫氣而發，初非傷寒於表也。此因鬱熱自內而發於外，故宜辛平之劑以發散之，况時令已暖，更不可用麻黃，所以與傷寒發表不同也。

瘟病用三因治法權輕重用方最效

凡瘟病，發於三陽者多，而三陰者少。脈浮，頭痛發熱者，太陽也，宜人參羌活散加葛根、葱白、生薑、紫蘇汗之。自汗身痛者，九味羌活湯。脈尺寸俱長，鼻乾不眠而躁者，陽明也，宜葛根解肌湯、十味參飲汗之。脈尺寸俱弦數，胸脇痛而耳聾，少陽也，小柴胡湯主之。

疫病，發狂妄語，身大熱而赤者，調胃承氣湯下之。

疫病，發熱頭痛身疼，見風惡寒，脈浮數者，必得大汗而後愈。用以羌活神术湯。天氣溫暖加麻黄、葛根，煩躁加石膏。

秋月感瘟疫者，宜白虎湯加蒼术。

疫病，頭汗出而發黄者，五苓散倍加茵陳。汗下後餘熱不解，不可復攻，惟以柴胡清之。煩躁而渴者，宜白虎湯、水漬法。

陶尚文治疫，只在少陽者，小柴胡加防風、羌活微發之而愈。經陽明者，柴根二方合服之。若見太陽證，大便泄者，以小柴胡湯去黄芩。對五苓散，尤當看脈寒熱，若無寒去桂留芩。

小便不利，是膀胱本病，小柴胡加五苓散去桂用。

入太陰，無熱證見者，用理中湯。此證必腹痛而瀉，明日瀉止痛止。仍用小柴胡和之。入少陰、厥陰之經，用陰證傷寒傳經法治。

如看疫病未知端的，且先以敗毒散治之，看歸何經，再隨經施治，無不效者。

春感清氣，無汗惡寒發熱爲瘟疫，通用升麻葛根湯。

春感清氣，發熱而渴不惡寒，解肌湯，葛根、黄芩、芍藥、麻黄、桂枝、甘草、大棗煎服。

春瘟，發熱身痛咳嗽口渴，脈浮洪而熱甚者，小柴胡湯加桂枝。治嗽加五味子。渴去半夏加天花粉、人參。脈實渴宜大柴胡湯下之。渴加知母、石膏。

瘟病，尺寸脈俱浮，素傷於風，因而傷熱，風熱相搏，其證四肢不收，身熱自汗頭痛，喘息發渴昏睡，或體重不仁，慎勿發汗。汗之則譫語煩躁，目昧無精光。病在少陰、厥陰二經，宜萎蕤湯、人參敗毒散、葛根龍膽湯、小柴胡湯，甚者，瓜蔞葛根湯。脈浮身腫汗出者，漢防己湯；誤汗者，防己黄耆湯。

四時傷寒疫癘，或傷風有汗，或風溫身腫，體痛惡風口乾，日晡潮熱，脈實，並用人參敗毒散。夏因熱而反感寒，夏及秋初而爲暴寒，折於盛暑，熱結四肢，則壯熱頭痛，宜金沸散治之。

瘟疫六七日不解，以致熱入血室，反發黄，身如煙薰，目如金色，口燥而熱結，以砭針刺曲池出惡血，仍以通聖散兼散兼下如汗如黄水，糞如黑膏者而速愈。

凡瘟疫病，八九日而熱不退，發斑發黄及氣飽逆上等證，雖大便通而脈不甚浮緊者，率可以承氣五苓合服而下之。

瘟疫病，發狂不知人，大柴胡湯加當歸；泄者，三黄石膏湯、柴苓湯。

疫病，胸膈滿悶，小柴胡加枳實、橘紅、黄連；大便不通，大柴胡湯微利之，不可峻下；作渴者，小柴胡加石膏、知母；濕溫加蒼术白虎湯；發黄者，柴苓湯去桂用，未退，用茯苓滲濕湯。

《赤水玄珠・疫門》 生生子曰：夫溫病有冬傷於寒，不即發，過時而爲春溫者；有冬不藏精者；有感四時不正之氣者；有君相二火加臨而沿門闔境相似者；有用和解法者；有用補法者；有用寒涼者；有用漬法者。各推其所因而施治之，毋執熱之一途，而槩用寒涼法也。

大抵治時疫，當按邪在何經及參之時月，故奏效甚捷。發熱發班，以玄參升麻湯治之。

頭痛，先寒後熱，以小柴胡湯。渴加知母、天花粉。無汗加葛根。夏加石膏、知母各三錢。

先熱而後寒，口渴，無汗，葛根升麻湯加柴胡。熱甚及夏月，加石膏、知母。

但熱無寒，口渴，煩躁，白虎湯加麥門冬。

大渴大熱，譫語，腹滿，脈洪大有力，大柴胡湯，或涼膈散。

發熱而大便瀉，小便短，柴苓湯。

發熱口渴，而大便不利，五苓散。

韓飛霞五瘟丹亦妙。

張子和六神通解散　治時病從外而感者，頭痛體疼，見風怕寒，遇暖則喜，不問日數，皆當大汗。

如譫語，神思不寧，熱邪在裏，而汗不能盡解，又加人參、黄連二味即安。此方用藥輕微，人多不曉易而忽之，不知其中自有神妙。如解汗未通，更加紫蘇葉、葛根、白芷等，助其威風得汗，其病如掃。

治瘟病活套

人中黃療時行熱毒，爲君。蒼朮、香附散鬱，爲臣。黃芩、黃連降火，人參補虛，桔梗、防風利氣行經，爲佐。熱鬱結，則內外氣液不通成燥，大黃苦寒而能滌蕩燥熱，滑石性滑味淡，將以利竅解結通氣液以潤燥，二者一陰一陽，用之爲使。

《古今醫鑑・溫疫》 脈： 陽濡弱，陰弦緊，更遇溫氣，變爲溫疫。左手脈大於右手，浮緩而盛，按之無力。

證： 衆人病一般者，乃天行時疫也。悉由氣運鬱發，遷正退位之所致也。

治： 冬應寒而反溫，春發溫疫，敗毒散主之。春應溫而反涼，夏發燥疫，大柴胡湯主之。夏應熱而反寒，秋發寒疫，五積散主之。秋應涼而反淫雨，冬發溼疫，五苓散主之。凡溫疫，切不可作傷寒症治，而大汗大下也。但當從乎中治，而用少陽陽明二經藥，少陽小柴胡湯，陽明升麻葛根湯。

看所中陰陽，而以二方加減和治之，殊爲切當。人參敗毒散治四時溫疫，通用羌活冲和湯，治溫疫初感，一二日間服之取汗，其效甚速。

方： 凡入溫疫之家，以麻油塗鼻孔中，則不傳染，出以紙撚探鼻深入，令嚏之爲佳。

《醫方考・瘟疫門》 叙曰： 瘟疫以六淫致疾，證狀各各不同，自非良醫，鮮有明者。吾嘗執贄遠邇而求學益，叩及瘟疫諸證，即擅名之士猶訥焉。今考方十二首，詳辨其證，庶幾乎活人之補也。

敗毒散加黃芩湯　壯熱，不惡風寒而渴者，瘟病也，此方主之。

冬時觸冒寒氣，即病者名曰傷寒。不即病者，寒毒藏於肌膚，至春變爲溫病，至夏變爲熱病，以其陽毒最深，名曰瘟疫。寒變爲溫爲熱，故病壯熱，不惡風寒而渴也。經曰： 治溫以清。又曰： 開之發之，適事爲故。羌活、獨活、柴胡、前胡、川芎，皆輕清開發之劑也，故用之以解壯熱。用黃芩、枳殼、桔梗者，取其清膈而利氣也。用人參、茯苓、甘草者，實其中氣，使瘟毒不能深入也。培其正氣，敗其邪毒，故曰敗毒。

九味羌活湯　觸冒四時不正之氣，而成時氣病，憎寒壯熱，頭疼身痛，口渴，人人相似者，此方主之。

謂春時應暖而反大寒，夏時應熱而反大涼，秋時應涼而反大熱，冬時應寒而反大溫，此非其時而有其氣，是以一歲之中，長幼之病多相似也。藥之爲性，辛者得天地之金氣，於人則爲義，故能匡正而黜邪。羌、防、蒼、細、芎、芷，皆辛物也，分經而主治： 邪在太陽者治以羌活，邪在陽明者治以白芷，邪在少陽者治以黃芩，邪在太陰者治以蒼朮，邪在少陰者治以細辛，邪在厥陰者治以川芎。而防風者，又諸藥之卒徒也。用生地所以去血中之熱。而甘草者，又所以和諸藥而除氣中之熱也。易老自序云： 此方冬可以治寒，夏可以治熱，春可以治溫，秋可以治濕，是諸路之應兵也。用之以治四時瘟癘誠爲穩當，但於陰虛氣弱之人在所禁爾。

三黃石膏湯　瘟毒表裏俱盛，五心煩熱，兩目如火，鼻乾面赤，大渴舌燥者，此方主之。

寒毒藏於肌膚，至夏變爲熱病，熱病未除，更遇溫熱，名曰瘟毒，熱病之最重者。寒能制熱，故用石膏。若能下熱，故用芩、連、梔、栢。佐以麻黃、淡豉之發散者，以溫熱至深，表裏俱實，降之則鬱，揚之則越，鬱則溫熱猶存，兼之以發揚，則炎炎之熱皆燼矣。此內外分消其勢，兵之分擊者也。

沃漬法： 瘟熱內外皆實，喜飲水入水者，取新汲井華水一大鋼，使病人坐其水中，復以大杓盛水自頂沃之，水熱則病減矣。病人喜飲冷亦聽其大啜，毋得阻也。行此法者，《易・義》曰： 水盛則火滅。經曰： 行水漬之，和其中外，可使畢已。此之謂也。

萎蕤湯　風溫憎寒壯熱，頭疼身痛，口渴面腫者，此方主之。

寒毒藏於肌膚，至春變爲溫病，溫熱未除，更遇於風，病爲風溫。表有邪，故寒熱。裏有邪，故口渴。風之傷人也，頭先受之，故頭疼。風盛則氣壅，故面腫。風溫壅盛，甘能發之，故用萎蕤、甘草。辛能散之，故用羌活、麻黃。清能平之，故用川芎、甘菊。寒能勝之，故用石膏、白薇。佐以杏仁，取其利氣。而青木香者，清熱下氣之物也。

白虎加蒼朮湯　濕溫憎寒壯熱，口渴，一身盡痛，脈沉細者，此方主之。

溫毒藏於肌膚，更遇於濕，名曰濕溫。濕爲陰邪，溫爲陽邪，故壯熱。溫熱入裏，故口渴。濕流百節，故一身盡痛。濕爲陰，故脈沉細。石膏、知母、甘草、粳米，白虎湯也，所以解溫熱。加蒼朮者，取其辛燥能治濕也。

大青龍加黃芩湯　寒疫頭疼身熱，無汗惡風，煩躁者，此方主之。

春分以後至秋分節前，天有暴寒，抑遏陽氣，不得泄越，有上件諸證者，皆

爲時行寒疫。表有風寒，故見太陽證頭疼身熱，無汗惡風。裏有溫熱，故見煩躁。麻黄、桂枝、甘草、杏仁、生薑、大棗，辛甘物也，辛以散風寒，甘以調營衛。石膏、黄芩，寒苦物也，寒以淸溫熱，苦以治煩躁。

升麻葛根湯　冬溫，無汗發熱口渴者，此方主之。

冬月應寒而反大溫，民受其溫癘之氣，名曰冬溫。非時不正之氣，由鼻而入，皮毛未得受邪，故無汗。病由於溫，故發熱口渴。升麻、葛根辛涼而發散者也，故足以解冬溫。芍藥味酸，能養陰而退熱。甘草味甘，能調營而益衛。

太無神术散　人受山嵐瘴氣，憎寒壯熱，一身盡痛者，此方主之。

山嵐瘴氣，謂山谷間瘴霧，濕土敦阜之氣也。濕氣蒸騰，由鼻而入，呼吸傳變，邪正分爭，陰盛則憎寒，陽盛則壯熱。流於百節，則一身盡痛。是方也，用蒼术之燥以尅制其瘴霧之邪。用厚朴之苦，以平其敦阜之氣。菖蒲、藿香，辛香物也，能匡正而辟邪。甘草、陳皮，調脾物也，能補中而泄氣。《內經》曰：　穀氣通於脾。故山谷之氣，感則壞人脾。太無此方，但用理脾之劑，而解瘴毒之妙，自在其中，使非深得經旨，不能主此方也。其高識若此，誠不愧爲丹溪之師矣。

漏蘆湯　疫癘積熱，時生疙瘩結毒，俗稱流注，面腫咽塞者，此方主之。經曰：　營氣不從，逆於肉理，乃生毒癰。又曰：　熱勝則腫。故疫癘之餘熱解之未盡，逆留於分肉之間，則作上件諸證。藥之爲性，辛能解散，苦能勝熱。漏蘆、升麻、藍葉，辛而且苦，故足以解結熱。鹹能輭堅，苦能瀉實。大黄味苦，芒硝味鹹，故足以輭堅而瀉實。玄參苦而潤，黄芩苦而枯，潤者去血中之熱，而枯者去氣中之熱爾。況與漏蘆、升麻走散之藥，同用之則又無所不至矣。

消毒丸　疫毒內鬱，時成疙瘩者，此方主之。

《內經》曰：　陷脈爲瘻，留連肉腠。謂陽毒乘脈之虛而陷入之，便壅結而爲瘻核，留連於肉腠之間，正此疫毒疙瘩之謂也。苦能下熱，故用大黄。鹹能輭堅，故用殭蠶、牡蠣。

辟瘟法：　凡覺天行時氣，恐其相染，須日飲雄黄酒一巵，仍以雄黄豆許用綿裹之，塞鼻一竅，男左女右用之。或用大蒜塞鼻，或用阿魏塞鼻，皆良。雄黄氣悍，能辟惡邪。大蒜、阿魏，氣之至臭者，臭勝，則諸穢皆不足以加之矣。但蒜大熱，阿魏透腦，虛人難用，不若雄黄便於事爾。

《傷暑全書・時疫》　春應煖反寒，夏應熱反涼，秋應涼反熱，冬應寒反溫，此非其時而有其氣，是以一歲之中，長幼之病多相似者，爲時行溫疫病也。治法用人參敗毒散、九味羌活湯。夏加滑石、石膏，冬加麻黄、桂枝，春、秋止依原方，或藿香正氣散、五積散、防風通聖散，亦可，甚者黄連解毒湯、竹葉石膏湯。

霖按：　疫者，徭役之謂。大則一郡一城，小則一村一鎭，比戶傳染，多見於大凶之後。蓋旱潦兵火之餘，烈日鬱蒸尸骸之氣，與亢勝之氣，混合化爲沴厲之毒，散漫於天地之間，沿門闔境，最易沾染。若不傳染，便非溫疫，乃四時常氣之緼熱證耳。越人所謂，異乎寒熱之溫病，其脈行在諸經，不知何經之動也，各隨其經之所在而取之。緣古無瘟字，溫即瘟疫之謂也。夫溫疫爲天地沴厲之氣，不可以常理測，即不可以常法治。方書溫瘟不分，治法多誤，良可嘅矣。先哲治疫，有上焦如霧，升逐解毒，中焦如漚，疎逐解毒，下焦如瀆，決逐解毒之論，深得治疫要領。故吳又可《溫疫論》，治熱濕相搏之疫，首用達原飲，繼則三消、承氣，以決逐之。陳錫三二分晰義，楊栗山《寒溫條辨》中，亦以升降散，升決併用爲首方。若余師愚《疫疹一得》之淸溫敗毒飲，乃專治熱淫所勝之溫疫，故一意淸熱，而不兼驅濕也。更有爛喉丹沙，傳變甚速，亦不外乎疎達淸散，淸化下奪，救液諸法。陳耕道《疫痧草》，論之最詳。近又出熱疫、白喉一證，其治法載諸張紹修《白喉捷要》，此兩證亦互相傳染，皆溫疫之流亞也。龐安常《傷寒總病論》所載靑筋牽、赤脈攢、黄肉隨、白氣狸、黑骨溫諸疫，是本於《素問》遺編之五行、五疫也。近人約爲六證，所謂大頭瘟、蝦蟇瘟、瓜瓤瘟、疙瘩瘟、軟腳瘟、絞腸瘟是也。斯皆疫之兼於溫者，其病層出不窮，其方亦難備載。豈人參敗毒、九味羌活兩方加減便可概治？　非常理所能測之溫疫哉。

《傷暑全書・寒疫》　一夏月亦有病涼者，偶遇暴風怒雨，不及加衣，或夜失覆，或路行冒犯，皆能爲涼證，此非其時而有其氣，謂之寒疫。治法與暑症異。亦以九味羌活湯、敗毒散以辛散和解爲主，不可專用汗藥。此論乃李東垣先生發自《十書》中，從來醫書罕及，然僅百之一耳。以一律百，以或然爲固然，左矣。

霖按：　寒疫，多病於金水不斂之年，人氣應之，以其毛竅開而寒氣閉之

也。疫乃天地不正淫泆厲氣，頗難驟逐，非風寒之邪，一汗可解。治法宜蘇、桂、杏、草等溫散，更察其兼濕兼風，消息治之。東坡在黄州，以聖散子治疫甚效，亦寒疫挾濕之方也。後永嘉宣和間，服此方殞命者，不知凡幾。蓋以寒疫之方，誤施於溫疫者也。

《简易備驗方・瘟疫》 瘟疫者，其病與時氣溫熱等證相類。乃天地不時之厲氣，感而受之，狀若傷寒，遞相傳染。若體氣壯盛，感之淺者，輕而易療；若元氣虛敗，感之深者，重而難愈。其證自外而入，當從仲景傷寒法變通治之。但不可大汗大下，宜從中治。如小柴胡湯，升麻葛根湯，人參敗毒散之類。大要仍在補養元氣爲主。經云：養正而邪自除是也。若天行時毒疫癘，初覺憎寒體重，次傳頭面腫痛，或咽喉不利，舌乾口燥，値饑渴之後患之，最宜用普濟消毒飲。仍當固胃氣。

宣聖避瘟方：臘月二十四日，五更初，汲井花水，用浄器盛，浸乳香。至歲元旦五更，暖令溫。從小至大，每入乳香一小豆塊，以浸香水三呷咽下，則一年不患時疫。

又方：用上好朱砂一兩，細研。以白蜜丸如麻子大，常以太歲日平旦，一家大小勿食諸物，面東立，各呑三七粒，勿令近齒，永無疫病。

治乾霍亂　一名絞腸痧。不吐不瀉，肚腹如刀割，漸痛至胸膈，令人冷汗，不救即死。艾葉不拘多少，焙乾，揉穰，鋪臍上。外用綿絮作圈子，將食鹽炒極熱，以布囊盛安艾上。用大碗合蓋圈子，勿令泄氣，熱氣入腹，立效。

又法：大勝諸治，凡有痧證，急先用之。食鹽置刀頭燒紅，淬入涼水中，乘熱飲之，探吐。或用鹽一勺，調溫水，頓飲數碗，即時大吐，愈。或用炒鹽不拘多少，將冷水四碗，滚水二碗，攪勻，通口飲之，以吐爲度。如不能吐，又服二三碗，必吐。如吐后不止痛，又服一二碗，再吐，以痛止爲度。如不止，將針刺少商穴、中指與拇指頭，出血即愈。穴在兩拇指頭上指甲之兩旁，與出指甲之處相齊，只離指甲兩邊各一韭葉地位就是。刺入二分許，以手自臂勒血出。

《景岳全書・雜證謨・瘟疫》 汗散法

凡傷寒瘟疫，表證初感，速宜取汗，不可遲也。故仲景曰：凡發汗服湯藥，其方雖言日三服，若病劇不解，當半日中盡三服。如服一劑，病證猶在，當復作本湯服之。至有不肯汗出者，服三劑乃解。若汗不能出者，死病也。此所謂汗不宜遲也。然取汗之法，又當察其元氣，病氣之虛實，若忽爾暴病，表證已具，而元氣未虧者，但以辛平之劑，直散之可也。若兼雜證，則當察其寒熱溫涼，酌宜而治，不得但知發散也。又若身雖大熱，表證全具，而脈見虛弱者，必不易汗，此即當詳察補虛法，酌而治之，若不知標本，而概行強散，營竭則死。

一、傷寒之宜平散者，以其但有外證，內無寒熱，而且元氣無虧也，宜以正柴胡飲爲主治。此外如十神湯、參蘇飲，皆可酌用。若病在陽明者，宜升麻葛根湯。若感四時瘟疫，而身痛發熱，及烟瘴之氣者，宜敗毒散，或荆防敗毒散。若病在三陽，而頭痛鼻塞，項強身痛，欬嗽者，宜神术散。【略】

若溫暑大熱大渴，津枯液涸，陰虛不能作汗者，宜歸葛飲。

守在中，足民正所以強中，強中正所以禦外，保命玄機，惟此一着，何爲補住邪氣？庸妄誤人，莫此爲甚。余因再悉於此，用補傷寒治法之未備，漸用漸熟，方知其妙。自今而後，知必有不惑余言，而受余之生者，將無窮矣。

瘟疫熱毒辨

瘟疫本即傷寒，然亦有稍異。以其多發於春夏，且因時氣遍行，大小相似，必待日數足，然後得汗而解者，是爲瘟疫之證。雖古法云：瘟病在三陽者多，三陰者少，然亦不可拘泥。若見陰證陰脈，是即三陰病也，大宜辨而治之。

一、瘟疫之在三陽者，當辨其經。如脈浮頭疼，發熱身痛者，太陽證也。宜九味羌活湯加減治之。若脈長鼻乾，不眠而躁者，陽明病也，宜葛根解肌湯，或十味參蘇飲加減治之。若脈弦而數，胸脇痛而耳聾，少陽證也，宜小柴胡湯加減治之。按此三陽之治，乃古方治瘟之大略。然此證寒熱虛實，無所不有，仍當察治如前，不可拘也。

一、瘟疫初起，而頭疼身痛，憎寒發熱，脈緊數洪滑，而別無他證，先宜正柴胡飲，或敗毒散，或十神湯。若瘟疫起初，多陰少陽，脈證無虛者，宜神术散。若瘟疫胸膈滿悶，小柴胡加枳實、橘紅。熱在內者，仍加黄連。若暑月時行瘟疫，表裏俱熱甚，宜淸火解毒者，羌活升麻湯。若瘟疫火盛，脈洪大而熱躁甚者，三黄石膏湯。若瘟疫熱毒上浮，頭面俱腫，目不能開，口乾舌燥，咽喉不利者，普濟消毒飲。若瘟疫脈洪大，煩躁熱渴者，白虎湯。或兼嘔吐者，仲景竹葉石膏湯。若瘟疫發狂譫語，脈洪大滑實，而大便秘結不通者，大

承氣湯，或鷄子清飲。若瘟疫內外俱有實邪，大便不通，當表裏雙解者，防風通聖散。若瘟疫病八九日不退，而發斑發黃，但脈不虛浮緊，而腹見痞滿者，率可以承氣、五苓合服而下之。若瘟疫頭身紅赤，肢體熱甚，煩躁不能當者，宜用解瘟疫熱毒法，及內飲雪梨漿，或用井花水調玉泉散，俱妙。按以上諸法，乃因時因證，皆陽證實邪之所宜。若瘟疫脈弱無力，或外雖實而內則虛，或口不喜冷，大便不結之類，即非陽證，不得以身熱脈數，俱認爲火，雖在暑月，如理中湯、理陰煎、大溫中飲、大補元煎，及前溫補諸法，皆當隨證必用，此舍時從證之妙法也。矧夏月尤多伏陰，故凡臨此證者，必先察陰陽，次辨虛實，則其要也，宜切識之。

徐東皐曰：瘟疫六七日不解，以致熱入血室，發黃身如烟薰，目如金色，口燥而熱結，以砭針刺曲池出惡血，仍以通聖散兼散兼下，得汗如黃水，糞如黑膏而即愈。按此即此方之所謂打寒也。其法用手捋上膊，使血聚於臂，以帛縛定，乃用筋夾磁鋒，擊刺肘中曲澤傍之大絡，使邪毒隨惡血而出，亦最捷之法，窮人用之極效，然非曲池穴也。

《溫疫論・溫疫初起》 溫疫初起，先憎寒而後發熱，日後但熱而無憎寒也。初得之二三日，其脈不浮不沉而數，晝夜發熱，日晡益甚，頭疼身痛。其時邪在脥春之前，腸胃之後，雖有頭疼身痛，此邪熱浮越於經，不可認爲傷寒表證，輒用麻黃桂枝之類強發其汗，此邪不在經，汗之徒傷表氣，熱亦不減。又不可下，此邪不在裏，下之徒傷胃氣，其渴愈甚。宜達原飲。

按：檳榔能消能磨，除伏邪，爲疎利之藥，又除嶺南瘴氣；厚朴破戾氣所結；草菓辛烈氣雄，除伏邪盤踞。三味協力，直達其巢穴，使邪氣潰敗，速離膜原，是以爲達原也。熱傷津液，加知母以滋陰；熱傷營氣，加白芍以和血；黃芩清燥熱之餘，甘艸爲和中之用；以後四味，不過調和之劑，如渴與飲，非拔病之藥也。凡疫邪游溢諸經，當隨經引用，以助升泄，如脇痛、耳聾、寒熱、嘔而口苦，此邪熱溢于少陽經也，本方加柴胡一錢；如腰背項痛，此邪熱溢于太陽經也，本方加羌活一錢；如目痛、眉稜骨痛、眼眶痛、鼻乾不眠，此邪熱溢于陽明經也，本方加乾葛一錢。證有遲速輕重不等，藥有多寡緩急之分，務在臨時斟酌，所定分兩，大畧而已，不可執滯。間有感之輕者，舌上白胎亦薄，熱亦不甚，而無數脈，其不傳裏者，一二劑自解，稍重者，必從汗解，如不能汗，乃邪氣盤踞於膜原，內外隔絕，表氣不能通於內，裏氣不能達於外，不可強汗。或者見加發散之藥，便欲求汗，誤用衣被壅遏，或將湯火熨蒸，甚非法也。然表裏隔絕，此時無遊溢之邪在經，三陽加法不必用，宜照本方可也。感之重者，舌上胎如積粉，滿布無隙，服湯後不從汗解，而從內陷者，舌根先黃，漸至中央，邪漸入胃，此三消飲證。若脈長洪而數，大汗多渴，此邪氣適離膜原，欲表未表，此白虎湯證。如舌上純黃色，兼之裏證，爲邪已入胃，此又承氣證也。有二三日即潰而離膜原者，有半月十數日不傳者，有初得之四五日淹淹，五六日後陡然勢張者。凡元氣勝者毒易傳化，元氣薄者邪不易化，即不易傳。設遇他病久虧，適又微疫能感不能化，安望其傳？不傳則邪不去，邪不去則病不瘳，延纏日久，愈沉愈伏，多致不起，時師誤認怯證，日進參芪，愈壅愈固，不死不休也。

《溫疫論・急證急攻》 溫疫發熱一二日，舌上白胎如積粉，早服達原飲一劑，午前舌變黃色，隨現胸膈滿痛，大渴煩燥，此伏邪即潰，邪毒傳胃也，前方加大黃下之，煩渴少減，熱去六七，午後復加煩躁發熱，通舌變黑生刺，鼻如烟煤，此邪毒最重，復瘀到胃，急投大承氣湯。傍晚大下，至夜半熱退，次早鼻黑胎刺如失。此一日之間，而有三變，數日之法，一日行之，因其毒甚，傳變亦達，用藥不得不緊。設此證不服藥或投緩劑，羈遲二三日必死。設不死，服藥亦無及矣。嘗見溫疫二三日即斃者，乃其類也。

《溫疫論・表裏分傳》 溫疫舌上白胎者，邪在膜原也。舌根漸黃至中丸，乃邪漸入胃。設有三陽現證，用達原飲三陽加法。因有裏證，復加大黃，名三消飲。三消者，消內消外消不內不外也。此治疫之全劑，以毒邪表裏分傳，膜原尚有餘結者宜之。

《溫疫論・熱邪散漫》 溫疫脈長洪而數，大渴復大汗，通身發熱，宜白虎湯。

按：白虎湯辛涼發散之劑，清肅肌表氣分藥也。蓋毒邪已潰，中結漸開，邪氣分離膜原，尚未出表，然內外之氣已通，故多汗脈長洪而數。白虎辛涼解散，服之或戰汗，或自汗而解。若溫疫初起，脈雖數未至洪大，其時邪氣盤踞於膜原，宜達原飲。誤用白虎，既無破結之能，但求清熱，是猶揚湯止沸也。若邪已入胃，非承氣不愈，誤用白虎，既無逐邪之能，徒以剛悍而伐胃氣，反抑邪毒，致脈不行，因而細小。又認陽證得陰脈，妄言不治，醫

見脈微欲絕，益不敢議下，日惟雜進寒涼，以爲穩當，愈投愈危，至死無悔。此當急投承氣緩緩下之，六脈自復。

《**溫疫論・下後脉浮**》　裏證下後，脈浮而微數，身微熱，神思或不爽，此邪熱浮於肌表，裏無壅滯也。雖無汗，宜白虎湯加人參，覆盃則汗解。下後脈浮而數，原當汗解，遷延五六日脈證不改，仍不得汗者，以其人或自利經久，或素有他病先虧，或本病日久不痊，或反覆數下，以致週身血液枯涸，故不得汗。白虎辛溫除肌表散漫之熱邪，加人參以助週身之血液，於是經絡潤澤，元氣鼓舞，腠理開發，故得汗解。

《**溫疫論・下後脉復沉**》　裏證脈沉而數，下後脈浮者，當得汗解。今不得汗，後二三日脈復沉者，膜原餘邪復瘀到胃也，宜更下之。更下後脈再浮者，仍當汗解，宜白虎湯。

《**溫疫論・下後身反熱**》　應下之證，下後當脈靜身涼，今反發熱者，此內結開，正氣通，鬱陽暴伸也。即如爐中伏火，撥開雖焰，不久自息，此與下後脈反數義同。若溫疫將發，原當日漸加熱，胃尚無邪，誤用承氣，更加發熱，實非承氣使然，乃邪氣方張，分內之熱也。但嫌下早之誤，徒傷胃氣耳。日後傳胃再當下之，又有藥煩者，與此懸絕，詳載本條。

《**溫疫論・下後脉反數**》　應下失下，口燥舌乾而渴，身反熱減，四肢厥，欲得近火壅被，此陽氣伏也。既下厥回，去爐減被，脈大而加數，舌上生津，不思水飲，此裏邪去，鬱陽暴伸也，宜柴胡清燥湯去花粉、知母，加葛根，隨其性而升泄之。此證類近白虎，但熱渴既除，又非白虎所宜也。

《**溫疫論・因證數攻**》　溫疫下後二三日，或一二日，舌上復生胎刺，邪未盡也。再下之，胎刺雖未去，也無鋒芒而輭，然熱渴未除，更下之，熱渴減，胎刺脫，日後更復熱，又生胎刺，更宜下之。余里周因之者，患疫月餘，胎刺凡三換，計服大黃二十兩，始得熱不復作，其飲脈證方退也。所以凡下不以數計，有是證則投是藥，醫家見理不透，經歷未到，中道生疑，往往遇此證，反致擔閣。但其中有間日一下者，有應連下三四日者，有應連下二日間一日者，其中寬緩之間，有應用柴胡清燥湯者，有應用犀角地黃湯者。至投承氣，某日應多與，某日應少與，其間不能得法，亦足以悞事，此非可以言傳，貴乎臨時斟酌。

朱海疇者，年四十五歲，患疫得下證，四肢不舉，身卧如塑，目閉口張，舌上胎刺，問其所苦不能答，因問其子，兩三日所服何藥，云進承氣湯三劑，每劑投大黃兩餘不效，更無他策，惟待日而已，但不忍坐視，更祈一診。余診得脈尚有神，下證悉具，藥淺病深也。先投大黃一兩五錢，目有時而小動，再投舌刺無芒，口漸開能言。三劑舌胎少去，神思稍爽。四日服柴胡清燥湯，五日復生芒刺，煩熱又加，再下之。七日又投承氣養榮湯，熱少退。八日仍用大承氣，肢體自能少動。計半月共服大黃十二兩而愈。又數日，始進糜粥，調理兩月平復。凡治千人，所遇此等，不過三四人而已，姑存案以備參酌耳。

《**溫疫論・注意逐邪勿拘結糞**》　溫疫可下者，約三十餘證，不必悉具，但見舌黃心腹痞滿，便於達原飲加大黃下之。設邪在膜原者，已有行動之机，欲離未離之際，得大黃促之而下，實爲開門祛賊之法，即使未愈，邪亦不能久羈。二三日後，餘邪入胃，仍用小承氣徹其餘毒。大凡客邪貴乎早逐，乘人氣血未亂，肌肉未消，津液未耗，病人不至危殆，投劑不至掣肘，愈後亦易平復。欲爲萬全之策者，不過知邪之所在，早拔去病根爲要耳。但要諒人之虛實，度邪之輕重，察病之緩急，揣邪氣離膜原之多寡，然後藥不空投，投藥無太過不及之弊。是以仲景自大柴胡以下，立三承氣，多與少與，自有輕重之殊，勿拘于下不厭遲之說。應下之證，見下無結糞，以爲下之早，或以爲不應下之證，誤投下藥，殊不知承氣本爲逐邪而設，非專爲結糞而設也。必俟其糞結，血液爲熱所搏，變證迭起，是猶養虎遺患，醫之咎也。況多有溏糞失下，但蒸作極臭如敗醬，或如藕泥，臨死不結者，但得穢惡一去，邪毒從此而消，脈證從此而退，豈徒孜孜糞結而後行哉！假如經枯血燥之人，或老人血液衰少，多生燥結；或病後血氣未復，亦多燥結。在經所謂不更衣十日無所苦，有何妨害，是知燥結不致損人，邪毒之爲殞命也。要知因邪熱致燥結，非燥結而致邪熱也。但有病久失下，燥結爲之壅閉，瘀邪鬱熱，益難得泄，結糞一行，氣通而邪熱乃泄，此又前後之不同。總之邪爲本，熱爲標，結糞又其標也。能早去其邪，安患燥結也。

假令滯下，本無結糞，初起質實，頻數窘急者，宜芍藥湯加大黃下之。此豈亦因結糞而然耶？乃爲逐邪而設也。或曰：得毋爲積滯而設與？余曰：非也。邪氣客於下焦，氣血壅滯鬱而爲積，若去積以爲治，已成之積方去，未成之積復生，須用大黃逐去其邪，是乃斷其生積之原，營衛流通，其積不治而自愈矣。更有虛痢，又非此論。

或問：脈證相同，其糞有結有不結者何也？曰：原其人病至大便當即不行，續得蘊熱，益難得出，蒸而爲結也。一者其人平素大便不實，雖胃家熱甚，但蒸作極臭，狀如粘膠，至死不結。應下之證，設引經論初硬後必溏不可攻之句，誠爲千古之弊。

按：三承氣湯功用彷彿。熱邪傳裏，但上焦痞滿者，宜小承氣湯。有堅結者，加芒硝輭堅而潤燥，病久失下，雖有結糞，然多粘膩極臭惡物，得芒硝則大黄有蕩滌之能，設無痞滿，惟存宿結，而有瘀熱者，調胃承氣宜之。三承氣攻效俱在大黄，餘皆治標之品也。不耐湯藥者，或嘔或畏，當爲細末蜜丸湯下。

《溫疫論·邪在胸膈》 溫疫胸膈滿悶，心煩喜嘔，欲吐不吐，雖吐而不得大吐，腹不滿，欲飲不能飲，欲食不能食，此疫邪留於胸膈，宜瓜蒂散吐之。

《溫疫論·發斑戰汗合論》 凡疫邪留於氣分，解以戰汗；留於血分，解以發斑。氣屬陽而輕清，血屬陰而重濁。是以邪在氣分則易疎透，邪在血分恆多膠滯，故陽主速而陰主遲，所以從戰汗者，可使頓解；從發斑者，當圖漸愈。

《溫疫論·解後宜養陰忌投參术》 夫疫乃熱病也，邪氣内鬱，陽氣不得宣布，積陽爲火，陰血每爲熱搏，暴解之後，餘焰尚在，陰血未復，大忌參芪白术，得之反助其壅鬱，餘邪留伏，不惟目下淹纏，日後必變生異證。或周身痛痹，或四肢攣急，或流火結痰，或遍身瘡瘍，或兩腿鑽痛，或勞嗽涌痰，或氣毒流注，或痰核穿滿，皆驟補之爲害也。凡有陰枯血燥者，宜清燥養榮湯。若素多痰，及少年平時肥盛者，投之恐有膩膈之弊，亦宜斟酌。大抵時疫愈後，調理之劑，投之不當，莫如靜養節飲食爲第一。

《溫疫論·用參宜忌有前利後害之不同》 凡人參所忌者裏證耳。邪在表及半表半裏者，投之不妨，表有客邪者，古方如參蘇飲、小柴胡湯、敗毒散是也。半表半裏者，如久瘧挾虚，用補中益氣，不但無礙，而且得效，即使暴瘧，邪氣正盛，投之不當，亦不至脹，爲無裏證也。夫裏證者，不指傷寒溫疫傳胃，至如雜證，氣鬱、血鬱、火鬱、濕鬱、痰鬱、食鬱之類，皆爲裏證，投之即脹者，蓋以實填實也。今溫疫下後，適有暫時之通，即投人參，因而不脹，醫者病者，以爲用參之後雖不見佳處，然不爲禍，便爲是福，乃恣意投之，不知參乃行血裏之補藥，下後雖通，餘邪尚在，再四服之，則助邪填實，前證復起，禍害隨至矣。間有失下以致氣血虚耗者，有因邪盛數下，及大下而挾虚者，遂投人參，當覺精神爽慧，醫者病者，皆以爲得意，明後日再三投之，即加變證。蓋下後始則胃寒乍虚，霑其補益而快，殊弗思餘邪未盡，恣意投之，則漸加壅閉，邪火復起，愈投而變證愈增矣。故前後利害之不同者有如此。

《溫疫論·下後間服緩劑》 下後或數下，膜原尚有餘邪未盡傳胃，邪熱與衛氣相併，故熱不能頓除，當寬緩兩日，俟餘邪聚胃，再下之，宜柴胡清燥湯緩劑調理。

《溫疫論·下後反嘔》 疫邪留於心胸，胃口熱甚，皆令嘔不止，下之嘔當去，今反嘔者，此屬胃氣虚寒，少進粥飲，便欲吞酸者，宜半夏藿香湯，一服嘔立止，穀食漸加。

有前後一證首尾兩變者，有患時疫，心下脹滿，口渴發熱而嘔，此應下之證也。下之諸證減去六七，嘔亦減半，再下之脹除熱退渴止，向則數月不眠，今則少寐，嘔獨轉甚，此疫毒去而諸證除，胃續寒而嘔甚，與半夏藿香湯一劑，而嘔即止。

《溫疫論·補瀉兼施》 證本應下，耽閣失治，或爲緩藥羈遲，火邪壅閉，耗氣搏血，精神殆盡，邪火獨存，以致循衣摸床，撮空理線，筋惕肉瞤，肢體振戰，目中不了了，皆緣應下失下之咎。邪熱一毫未除，元神將脱，補之則邪毒愈甚，攻之則幾微之氣不勝其攻。攻不可，補不可，補瀉不及，兩無生理，不得已勉用陶氏黄龍湯。此證下亦死，不下亦死，與其坐以待斃，莫如含藥而亡，或有回生於萬一者。

按：前證實爲庸醫耽閣，及今投劑，補瀉不及，然大虚不補，虚何由以回？大實不瀉，邪何由以去？勉用參、地以回虚，承氣以逐實，此補瀉兼施之法也。或遇此證，純用承氣，下證稍減，神思稍延，續得肢體振戰，怔忡驚悸，心内如人將捕之狀，四肢反厥，眩暈鬱冒，項背強直，併前循衣摸床，撮空等證，此皆大虚之候，將危之證也，急用人參養榮湯。虚候少退，速可屏去。蓋傷寒溫疫俱係客邪，爲火熱燥證，人參固爲益元氣之神品，偏於益陽，有助火固邪之弊，當此又非良品也，不得已而用之。

如人方肉食而病適來，以致停積在胃，用大小承氣連下，惟是臭水稀糞而已，於承氣湯中但加人參一味服之，雖三四十日所停之完穀及完肉，於是方下。蓋承氣藉人參之力，鼓舞胃氣，宿物始動也。

《溫疫論・老少異治》 三春旱草，得雨滋榮，殘臘枯枝，雖灌弗澤。凡年高之人，最忌剝削，設投承氣，以一當十； 設用參朮，十不抵一。蓋老年榮衛枯澀，幾微之元氣易耗而難復也。不比少年氣血生機甚捷，其勢浡然，但得邪氣一除，正氣隨復。所以老年慎瀉，少年慎補，何况誤用也。萬有年高稟厚，年少賦薄者，又當從權，勿以常論。

《溫疫論・妄投破氣藥論》 溫疫心下脹滿，邪在裏也，若純用青皮、枳實、檳榔諸香燥破氣之品，冀其寬脹，此大謬也。不知內壅氣閉，原有主客之分，假令根於七情鬱怒，肝氣上升，飲食過度，胃氣填實，本無外來邪毒，客氣相干，止不過自身之氣壅滯，投木香、砂仁、豆蔻、枳殼之類，上升者即降，氣閉者即通，無不見效。今疫毒之氣，傳於胸胃，以致升降之氣不利，因而脹滿，實爲客邪累及本氣，但得客氣一除，本氣自然升降，脹滿立消。若專用破氣之劑，但能破正氣，毒邪何自而泄？ 脹滿何由而消？ 治法非用小承氣弗愈。既而腸胃燥結，下既不通，中氣鬱滯，上焦之氣不能下降，因而充積，即膜原或有未盡之邪，亦無前進之路，於是表裏上中下三焦皆阻，故爲痞滿燥實之證。得大承氣一行，所謂一竅通，諸竅皆通，大關通而百關盡通也。向之所鬱於腸胃之邪，由此而下，腸胃氣舒，在膜原設有所傳不盡之餘邪，方能到胃，乘勢而下也。譬若河道阻塞，前舟既行，餘舟連尾而下矣。至是邪結並去，脹滿頓除，皆藉大黃之力。大黃本非破氣藥，以其潤而最降，故能逐邪拔毒，破結導滯，加以枳朴者，不無佐使云爾。若純用破氣之品，津液愈耗，熱結愈固，滯氣無門而出，疫毒無路而泄，乃望其寬胸利膈，惑之甚矣。

《溫疫論・妄投補劑論》 有邪不除，淹纏日久，必至尫羸。庸醫望之，輒用補劑，殊不知無邪不病，邪氣去，正氣得通，何患乎虛之不復也。今投補劑，邪氣益固，正氣日鬱，轉鬱轉熱，轉熱轉瘦，轉瘦轉補，轉補轉鬱，循環不已，乃至骨立而斃，猶言服參幾許，補之不及，天數也。病家止誤一人，醫者終身不悟。

《溫疫論・妄投寒凉藥論》 疫邪結於膜原，與衛氣並，因而晝夜發熱，五更稍減，日晡益甚，此與瘴瘧相類。瘴瘧熱短，過時如失，明日至期復熱。今溫疫熱長，十二時中首尾相接，寅卯之間，乃其熱之首尾也。即二時餘焰不清，似乎日夜發熱。且其始也，邪結膜原，氣併爲熱，胃本無病，誤用寒凉，妄損生氣，此其誤者一。及邪傳胃，煩渴口燥，舌乾胎刺，氣噴如火，心腹痞滿，午後潮熱，此應下之證，若用大劑芩連梔柏，專務清熱，竟不知熱不能自成其熱，皆由邪在胃家，阻礙正氣，鬱而不通，火亦留止，積火成熱，但知火與熱，不知因邪而爲火熱，智者必投承氣，逐去其邪，氣行火泄，而熱自已。若槩用寒凉，何異揚湯止沸？ 每見今醫好用黃連解毒湯、黃連瀉心湯，蓋本《素問》熱淫所勝治以寒凉，以爲聖人之言必不我欺，况熱病用寒藥，最是捷徑，又何疑乎？ 每遇熱甚，反指大黃能泄，而損元氣，黃連清熱，且不傷元氣，更無下泄之患，且得病家無有疑慮，守此以爲良法。由是凡遇熱証，大劑與之，二三錢不已，增至四五錢，熱又不已，晝夜連進，其病轉劇，至此技窮力竭，反謂事理當然。又見有等日久，腹皮貼背，乃調胃承氣證也，况與痞滿，益不敢議承氣，唯類聚寒凉，專務清熱，又思寒凉之最者莫如黃連，因而再倍之，日近危篤，有邪不除，耽誤至死，猶言服黃連至幾兩，熱不能清，非藥之不到，或言不治之證，或言病者之數也。他日凡遇此證，每每如是，雖父母妻子，不過以此法毒之。蓋不知黃連苦而性滯，寒而氣燥，與大黃均爲寒藥，大黃走而不守，黃連守而不走，一燥一潤，一通一塞，相去甚遠，且疫邪首尾以通行爲治，若用黃連，反招閉塞之害，邪毒何由以泄？ 病根何由以拔？ 既不知病原，焉能以愈疾耶。

問曰： 間有進黃連而得效者，何也？ 曰： 其人正氣素勝，又因所受之邪本微，此不藥自愈之證，醫者誤投溫補，轉補轉鬱，轉鬱轉熱，此以三分客熱，轉加七分本熱也。客熱者，因客邪所鬱，正分之熱也，此非黃連可愈； 本熱者，因誤投溫補，正氣轉鬱，反致熱極，故續加煩渴、不眠、譫語等證，此非正分之熱，乃庸醫添造分外之熱也。因投黃連，於是煩渴、不眠、譫語等證頓去。要之，黃連但可清去七分無邪本熱，又因熱減而正氣即回，所存三分有邪客熱，氣行即已也。醫者不解，遂以爲黃連得效，他日藉此，槩治客熱，則無效矣。必以昔效而今不效，疑其病原本重，非藥之不到也，執迷不悟，所害更不可勝計矣。

問曰： 間有未經溫補之誤，進黃連而疾愈者何也？ 曰： 凡元氣勝病爲易治，病勝元氣爲難治，元氣勝病者，雖誤治，未必皆死； 病勝元氣者，稍誤未有不死者。此因其人元氣素勝，所感之邪本微，是以正氣有餘，足以勝病也，雖少與黃連，不能抑鬱正氣，此爲小逆，以正氣猶勝而疾幸愈也。醫者不解，竊自邀功，他日設遇邪氣勝者，非導邪不能瘳其疾，誤投黃連，反招閉塞之害，未有不危者。

《溫疫論・脈證不應》　表證脈不浮者，可汗而解，以邪氣微，不能牽引正氣，故脈不應。裏證脈不沉者，可下而解，以邪微不能抑鬱正氣，故脈不應。陽證見陰脈，有可生者，神色不敗，言動自如，乃稟賦脈也。再問前日無此脈，乃脈厥也。下後脈實，亦有病愈者，但得證減，復有實脈，乃天年脈也。夫脈不可一途而取，須以神氣形色病證相參，以决安危爲善。

張崑源之室，年六旬，得滯下。後重窘急，日三四十度，脈常歇止，諸醫以爲雀啄脈，必死之候，咸不用藥。延予診視，其脈參互不調，或二動一止，或三動一止，而復來，此澀脈也。年高血弱，下利膿血，六脈短澀，固非所能任，詢其飲食不減，形色不變，聲音烈烈，言語如常，非危證也。遂用芍藥湯加大黄三錢，大下純膿成塊者兩碗許，自覺舒快，脈氣漸續，而利亦止。

《溫疫論・乘除》　病有純虚純實，非補即瀉，何有乘除？設遇既虚且實者，補瀉間用，當詳孰先孰後，從少從多，可緩可急，隨其證而調之。

吴江沈音來之室，少寡，素多鬱怒，而有吐血證，歲三四發，吐後即已，無有他證，蓋不以爲事也。三月間，别無他故，忽有小發熱，頭疼身痛，不惡寒而微渴，若惡寒不渴者，乃感冒風寒，今不惡寒微渴者，疫也。至第二日，舊證大發，吐血倍常，更加眩暈，手振煩躁，種種虚躁，飲食不進，且熱漸加重，醫者病者，但見吐血，以爲舊證復發，不知其爲疫也，故以發熱認爲陰虚，頭疼身痛，認爲血虚，不察未吐血前一日，已有前證，非吐血後所加之證也。諸醫議補，問予可否。余曰：失血補虚，權宜則可。蓋吐者内有結血，正血不歸經，所以吐也。結血牢固，豈能吐乎？能去其結，於中無阻，血自歸經，方冀不發。若吐後專補，内則血滿，既滿不歸，血從上溢也。設用寒凉尤誤。投補劑者，只顧目前之虚，用參暫效，不能拔去病根，日後又發也。況又兼疫，今非昔比，今因疫而發，血脱爲虚，邪在爲實，是虚中有實，如投補劑，始則以實填虚，霑其補益，既而以實填實，災害並至。於是暫用人參二錢，以茯苓、歸、芍佐之，兩劑後，虚證咸退，熱減六七，醫者病者皆謂用參得效均欲速進，余禁之不止，乃恣意續進，便覺心胸煩悶，腹中不和，有氣求噦不得，此氣不時上升，便欲作嘔，心下難過，遍體不舒，終夜不寐，喜按摩搥擊，此皆外加有餘之變證也。所以然者，止有三分之疫，只應三分之熱，適有七分之虚，經絡枯澀，陽氣内陷，故有十分之熱。分而言之，其間是三分實熱，七分虚熱也，向則本氣空虚，不與邪搏，故無有餘之證。但虚不任邪，惟懊憹、鬱冒、眩暈而已，今投補劑，是以虚證减去，熱減六七，所餘三分之熱者，實熱也，乃是病邪所致，斷非人參可除者，今再服之，反助疫邪，邪正相搏，故加有餘之變證，因少與承氣微利之而愈。按此病設不用利藥，宜静養數日亦愈。以其人大便一二日一解，則知胃氣通行，邪氣在内，日從胃氣下趨，故自愈。間有大便自調而不愈者，内有灣糞，隱曲不得下，下得宿糞極臭者，病始愈。設邪未去，恣意投參，病乃益固，日久不除，醫見形體漸瘦，便指爲怯證，愈補愈危，死者多矣。

《溫疫論・似表非表似裏非裏》　時疫初起，邪氣盤踞於中，表裏阻隔，裏氣滯而爲悶，表氣滯而爲頭疼身痛。因見頭疼身痛，往往誤認爲傷寒表證，因用麻黄、桂枝、香蘇、葛根、敗毒、九味羌活之類，此皆發散之劑，强求其汗，妄耗津液，經氣先傷，邪氣不損，依然發熱。更有邪氣傳裏，表氣不能通于内，必壅於外，每至午後潮熱，熱甚則頭脹痛，熱退則已，此豈表實者耶？以上似表，誤爲表證，妄投升散之劑，經氣愈實，邪氣上升，頭疼轉甚，須下之，裏氣一通，經氣降而頭疼立止。若果感冒頭疼，無時不痛，爲可辨也。且有别證相參，不可一途而取。若汗若下後，脈静身凉，渾身肢節反加痛甚，一如被杖，一如墜傷，少動則痛苦號呼，此經氣虚營衛行澀也。三四日内，經氣漸回，其痛漸止，雖不藥必自愈，設妄引經論，以爲風濕相搏，一身盡痛，不可轉側，遂投疎風勝濕之劑，身痛反劇，似此誤人甚衆。

傷寒傳胃，即便譫語，下之無辭。今時疫初起，便作潮熱，熱甚亦能譫語，誤認爲裏證，妄用承氣，是爲誅伐無辜。不知伏邪附近於胃，邪未入腑，亦能潮熱，午後熱甚，亦能譫語，不待胃實而後能也。假令常瘧，熱甚亦作譫語。瘅瘧不惡寒，但作潮熱，此豈胃實者耶？以上似裏證，誤投承氣，裏氣先虚，及邪陷胃，轉見胸腹脹滿，煩渴益甚，病家見勢危篤，以致更醫，醫見下藥病甚，乃指大黄爲砒毒，或投瀉心，或投柴胡枳桔，留邪在胃，變證日增，神脱氣盡而死。向則不應下而反下之，今則應下而反失下，蓋因表裏不明，用藥前後失序之誤。

《溫疫論・標本》　諸竅乃人身之戶牖也。邪自竅而入，未有不由竅而出。經曰：未入於府者，可汗而已，已入於府者，可下而已。麻徵君復增汗、吐、下三法，總是導引其邪從門戶而出，可爲治之大綱，舍此皆治標云爾。今時疫首尾一於爲熱，獨不言清熱者，是知因邪而發熱，但能治其邪，不治其

熱，而熱自已。夫邪之與熱，猶形影相依，形亡而影未有獨存者。若以黃連解毒湯、黃連瀉心湯，純乎寒涼，專務清熱，既無汗、吐、下之能，焉能使邪從竅而出，是忘其本徒治其標，何異於小兒捕影！

《瘟疫論·應下諸證》 舌白胎漸變黃胎　邪在膜原，舌上白胎；邪在胃家，舌上黃胎。胎老變爲沉香色也。白胎未可下，黃胎宜下。

舌黑胎　邪毒在胃，薰騰於上，而生黑胎。有黃胎老而變焦色者，有津液潤澤作軟黑胎者，有舌上乾燥作硬黑胎者，下後二三日，黑皮自脫。又有一種舌上俱黑而無胎，此經氣，非下證也，妊娠多見此，陰證亦有此，並非下證。下後裏證去，舌尚黑者，胎皮未脫也，不可再下，務在有下證方可下。舌上無胎，況無下證，誤下舌反見離離黑色者危，急當補之。

舌芒刺　熱傷津液，此疫毒之最重者，急當下。老人微疫無下證，舌上乾燥易生胎刺，用生脈散，生津潤燥，芒刺自去。

舌裂　日久失下，血液枯極，多有此證。又熱結傍流，日久不治，在下則津液消亡，在上則邪火毒熾，亦有此證，急下之，裂自滿。

舌短、舌硬、舌卷　皆邪氣勝，眞氣虧，急下之，邪毒去，眞氣回，舌自舒。

白砂胎　舌上白胎，乾硬如砂皮，一名水晶胎，乃自白胎之時，津液乾燥，邪雖入胃，不能變黃，宜急下之。白胎潤澤者，邪在膜原也，邪微胎亦微，邪氣盛，胎如損粉，滯布其舌，猶未可下，久而胎色不變，別有下證，服三消飲，次早舌即變黃。

唇燥裂、唇焦色、辰口皮起、口臭、鼻孔如烟煤　胃家熱，多有此證，固當下。唇口皮起，仍用別證互較。鼻孔煤黑，疫毒在胃，下之無辭。

口燥渴　更有下證者，宜下之，下後邪去胃和渴自減。若服花粉、門冬、知母，冀其生津止渴殊謬。若大汗脈長洪而渴，未可下，宜白虎湯，汗更出，身涼渴止。

目赤、咽乾、氣噴如火、小便赤黑涓滴作痛、小便極臭、揚手躑足、脈沉而數　皆爲內熱之極，下之無辭。

潮熱　邪在胃有此證，宜下。然又有不可下者，詳在似裏非裏、熱入血室、神虛譫語三條之下。

善太息　胃家實，呼吸不利，胸膈痞悶，每欲引氣下行故然。

心下滿、心下高起如塊、心下痛、腹脹滿、復痛按之愈痛、心下脹痛　以上皆胃家邪實，內結氣閉，宜下之，氣通則已。

頭脹痛　胃家實，氣不下降，下之頭痛立止，初起頭痛，別無下證者，未可下。

小便閉　大便不通，氣結不舒，大便行，小便立解，誤服行氣利水藥無益。

大便閉、轉屎氣極臭　更有下證，下之無辭，有血液枯竭者，無表裏證，爲虛燥，宜蜜煎導及膽導。

大腸膠閉　其人平日大便不實，設遇疫邪傳裏，但蒸作極臭，狀如粘膠，至死不結。但愈蒸愈粘，愈粘愈閉，以致胃氣不能下行，疫毒無路而出，不下即死，但得粘膠一下，證自除而愈。

四逆、脈厥、體厥　並屬氣閉，陽氣鬱內，不能四布於外，胃家實也，宜下之，下後反見此證者，爲虛脫，宜補。

發狂　胃家實，陽氣盛也，宜下之。有虛煩似狂，有因欲汗作狂，並詳見本條，忌下。

《溫疫論·應補諸證》 向謂傷寒無補法者，蓋傷寒時疫，均是客邪，然傷於寒者，不過風寒，乃天地之正氣，尚嫌其填實而不可補。今感疫氣者，乃天地之毒氣，補之則壅裏其毒，邪火愈熾，設誤補之，爲害尤甚於傷寒，此言其常也。及言其變，則又有應補者，或日久失下，形神幾脫，或久病先虧，或先受大勞，或老人枯竭，皆當補瀉兼施。設因行而增虛證者，宜急峻補。虛證少退，切忌再補，補後虛證不退，及加變證者危。下後虛證不見，乃臆度其虛，輒用補劑，法所大忌。凡用補劑，本日不見佳處，即非應補。蓋人參爲益元氣之極品，開胃氣之神丹，下咽之後，其效立見。若用參之後，元氣不回，胃氣不轉者，勿謂人參之功不捷，蓋因投之不當耳，急宜另作主張，若恣意投之，必加變證，變證加而更投之者死。

《溫疫論·舍病治藥》 嘗遇微疫，醫者誤進白虎湯數劑，續得四肢厥逆，脈勢轉劇，更醫謬指爲陰證，投附子湯病愈。此非治病，實治藥也，雖誤病原，藥則偶中。醫者之庸，病者之福也。蓋病本不藥自愈之證，因連進白虎寒涼慓悍，抑遏胃氣，以致四肢厥逆，疫邪強伏，故病增劇，今投溫劑，胃氣通行，微邪流散故愈。若果直中，無陽陰證，誤投白虎一劑立斃，豈容數劑耶？

《溫疫論・舍病治弊》 一人感疫，發熱煩渴思飲冰水，醫者以爲凡病須忌生冷，禁止甚嚴，病者苦索勿與。遂至兩月火迸，咽喉焦躁，不時烟焰上騰，晝夜不寐，目中見鬼無數，病劇苦甚，自謂但得冷飲一滴下咽，雖死無恨。於是乘隙匍匐竊取井水一盆，置之枕傍，飲一杯，頓覺清亮，二杯，鬼物潛消，三杯，咽喉聲出，四杯，筋骨舒暢，飲至六杯，不知盞落枕傍，竟而熟睡，俄而大汗如雨，衣被濕透，脫然而愈。蓋因其人瘦而多火，素稟陽藏，始則加之以熱，經絡枯燥，既而傳表，不能作正汗而解，誤投升散，則病轉劇，今得冷飲，表裏和潤，所謂除弊便是興利，自然汗解宜矣。更有因食、因痰、因寒劑而致虛陷疾不愈者，皆當舍病求弊，以此類推，可以應變於無窮矣。

《溫疫論・感冒兼疫》 疫邪伏而未發，因感冒風寒，觸動疫邪，相繼而發，既有感冒之因由，復有風寒之脈證，先投發散，一汗而解，一二日續得頭疼身痛，潮熱煩渴，不惡寒，此風寒去，疫邪發也，以疫法治之。

《溫疫論・瘧痢兼疫》 瘧疾二三發，或七八發後，忽然晝夜發熱、煩渴不惡寒、舌上胎刺、心腹痞滿、飲食不進，下證漸具，此溫疫著，瘧疾隱也，以疫法治之。

溫疫晝夜純熱、心腹痞滿、飲食不進、下後脈靜身涼，或間日或每日，時惡寒而後發熱如期者，此溫疫解，瘧邪未盡也，以瘧法治之。

《溫疫論・溫瘧》 凡瘧者寒熱如期而發，餘時脈靜身涼，此常瘧也，以瘧法治之。設傳胃者，必現裏證，名爲溫瘧，以疫法治者生，以瘧法治者死。裏證者下證也，下後裏證除，寒熱獨存者，是溫疫減，瘧證在也。瘧邪未去者，宜疎邪，去而瘧勢在者，宜截瘧；勢在而挾虛者宜補，疎以清脾飲。截以不二飲，補以四君子，仍恐雜亂，此不附載。

《溫疫論・疫痢兼證》 下痢膿血，更加發熱而渴，心腹痞滿，嘔而不食，此疫痢兼證，最爲危急。夫疫者胃家事也，蓋疫邪傳胃下常八九，既傳入胃，必從下解，疫邪不能自出，必借大腸之氣傳送而下，而疫方愈。夫痢者，大腸內事也，大腸既病，失其傳送之職，故正糞不行，純乎下痢膿血而已，所以向來穀食停積在胃，直須大腸邪氣退而胃氣通行，正糞方能自此而下。今大腸失職，正糞尚自不行，又何能與胃載毒而出？毒氣既不前，羈留在胃，敗壞眞氣，在胃一日有一日之害，一時有一時之害，耗氣搏血，神脫氣盡而死。凡遇疫痢兼證者，在痢尤爲喫緊，疫痢俱急者，宜檳芍順氣湯，誠爲一舉兩得。檳芍順氣湯宜專治下痢頻數，裏急後重，兼舌胎黃，得疫之裏證者。

《溫疫論・主客交》 凡人向有他證尫羸，或久瘧，或內傷瘀血，或吐血、便血、咳血，男子遺精白濁，精氣枯涸，女人崩漏帶下，血枯經閉之類，以致肌肉消爍，邪火獨存，故脈近於數。此際稍感疫氣，醫家病家，見其穀食暴絕，更加胸膈痞悶，身疼發熱，徹夜不寐，指爲原病加重，誤以絕穀爲脾虛，以身痛爲血虛，以不寐爲神虛，遂投參、术、歸、地、茯神、棗仁之類，愈進愈危。知者稍以疫法治之，發熱減半，不時得醒，穀食稍進，但數脈不去，肢體時疼，胸脇錐痛，過期不愈。醫以雜藥頻試，補之則邪火愈減，瀉之則損脾壞胃，滋之則膠邪愈固，散之則經絡益虛，疎之則精氣愈耗，守之則日削近死。蓋但知其伏邪已潰，表裏分傳，裏證雖除，不知正氣衰微，不能脫出，表邪留而不去，因與血脈合而爲一，經爲痼疾也。肢體時疼者，邪與榮氣搏也；脈數身熱不去者，邪火並鬱也；脇下錐痛者，火邪結於膜膈也；過期不愈者，凡疫邪交卸，近在一七，遠在二七，甚至三七，過此不愈者，因失其治，非壞證即痼疾也。客邪膠固於血脈，主客交渾，最難得解，久而愈錮，治法當乘其大肉未消，眞元未敗，急用三甲散，多有得生者。更附加減法，隨其平素而調之。

若素有老瘧或癉瘧者，加牛膝一錢、何首烏一錢胃弱欲作瀉者，宜九蒸九曬；若素有鬱痰者，加貝母一錢；有老痰者，加瓜蔞霜五分，善嘔者勿用；若咽乾作痒者，加花粉、知母各五分；若素燥嗽者，加杏仁搗爛一錢五分；若素有內傷瘀血者，倍䗪蟲，以乾漆炒烟盡爲度，研末五分，及桃仁搗爛一錢代之，服後病減半勿服，當盡調理法。

《溫疫論・統論疫有九傳治法》 夫疫之傳有九，然亦不出乎表裏之間而已矣。所謂九傳者，病人各得其一，非謂一病而有九傳也。蓋溫疫之來，邪自口鼻而感，入於膜原，伏而未發，不知不覺。已發之後，漸加發熱，脈洪而數，此衆所同，宜達原飲疎之。繼而邪氣一離膜原，察其傳變，衆人多有不同者，以其表裏各異耳。有但表而不裏者，有但裏而不表者，有表而再表者，有裏而再裏者，有表裏分傳者，有表裏分傳而再分傳者，有表勝於裏者，有裏勝於表者，有先表而後裏者，有先裏而後表者，凡此九傳，其病則一。醫者不知九傳之法，不知邪之所在，如盲者之不任杖，聾者之聽宮商，無音可求，無路可適，未免當汗不汗，當下不下，或顛倒誤用，或尋枝摘葉，但治其證，不治其邪，同歸於誤一也。

所言但表而不裏者，其證頭疼身痛發熱，而復凜凜，內無胸滿腹脹等證，穀食不絕，不煩不渴，此邪外傳，由肌表而出，或自斑消，或從汗解，斑則有斑疹、桃花斑、紫雲斑，汗則有自汗、盜汗、狂汗、戰汗之異，此病氣使然，不必較論，但求得汗得斑爲愈。凡自外傳者爲順，勿藥亦能自愈，間有汗出不徹，而熱不退者，宜白虎湯；斑出不透，而熱不退者，宜舉斑湯；有斑汗並行而愈者，若斑出不透，汗不徹而熱不除者，宜白虎合舉斑湯。

間有表而再表者，所發未盡，膜原仍有隱伏之邪，或二三日後，四五日後，依前發熱，脈洪而數，及其解也，斑者仍斑，汗者仍汗而愈，未愈者，仍如前法治之，然亦希有。至於三表者，更希有也。

若但裏而不表者，外無頭疼身痛，繼而亦無三斑四汗，惟胸膈痞悶，欲吐不吐，雖得少吐而不快，此邪傳裏之上，宜瓜蒂散吐之，邪從其減，邪盡病已。若邪傳裏之中下者，心腹脹滿，不嘔不吐，或大便燥，或熱結傍流，或協熱下利，或大腸膠閉，並宜承氣輩導去其邪，邪減病減，邪盡病已。上中下皆病者，不可吐，吐之爲逆，但宜承氣導之，則在上之邪，順流而下，嘔吐立止，脹滿漸除矣。

復發熱，反加頭疼身痛脈浮者，宜白虎湯汗之。服湯後不待汗者，因精液枯竭也，加人參覆卧則汗解。此近表裏分傳之證，不在此例。

若大下後，大汗後，表裏之證悉去，繼而一身盡痛，身如被杖，甚則不可反側，周身骨寒而痛，非表證也，經氣漸回，身痛自愈。

凡疫邪再表再裏，或再表裏分傳者，醫家不解，反責病家不善調理，以致反復，病家不解，每咎醫家用藥有誤，致病復起。彼此歸咎，殊不知病勢之所當然，絕非醫家病家之過，但得病者精神完固，雖再三反復，可以隨復隨治而愈，惟虛怯者不宜耳。

間有延挨失治，或治之不得其法，日久不除，精神耗竭，嗣後更醫，投藥固當，現在之邪拔，因而得效。殊不知膜原尚有伏邪，一二日內，前證復起，反加循衣摸床，神思昏憒，目中不了了等證，大凶之兆也，病家不咎於前醫擔誤時日，反咎於後醫生之而又殺之，良可嘆也！當此之際，攻之則元氣幾微，是求速死；補之則邪火益熾，精氣枯燥；守之則正不勝邪，必無生理矣。

《溫疫論補法·補瀉兼施》 補按：此證陰陽兩傷邪熱，故在黃龍湯，眞屬對證之藥。然惟亡陰者爲合法，蓋此證已知吉少凶多，臨證更須審決，或虛多實多，或標急本急，憑脈爲斷。若脈尚實，黃龍湯猶恐助邪，若脈脫亡陽，黃龍湯猶嫌攻多補少，求死不及。故必合脈證推詳，庶可救逆。

補按：前條失治，以致精神殆盡，邪火獨留，元神將脫，不得已而用黃龍湯，猶慮不救，何敢仍蹈虛虛之戒，純用承氣湯，而輕試乎？雖下後暫減，未幾即亡陽欲脫，則人參養營湯，猶嫌其爲長陰抑陽之品，而非肩弘任大之劑，乃服人參稍回，微陽未足，施欲屏參，則前功必墮，若此又不可盡信書矣。

《尚論後篇·溫證下篇·溫疫主治　人參敗毒散》 溫疫病，陽脈濡弱，正虛也；陰脈弦緊，邪實也。正虛邪實，則一團外邪內熾，莫能解散。病固纏身爲累，而目前不藏精之人，觸其氣者，染之尤易。所以發表藥中宜用人參，以領出其邪，《寓意草》中論之已悉，茲不復贅。

《傷寒緒論·總論·時行》 夫春夏溫熱之邪能傳染者，即時行疫癘也。吳又可曰：瘟疫之邪，皆從口鼻而入，不在經絡，舍於伏脊之內，去表不遠，附近於胃，乃表裏之分界，是即《內經瘧論》所謂横連募原是也。凡人本氣充滿，邪不易入，適逢虧欠，因而乘之。感之淺者，待有所觸而發；感之深者，中而即病也。其始先陽氣鬱伏，凜凜惡寒，甚則四肢厥逆。既而陽氣鬱發，中外皆熱，發即昏昏不爽，壯熱自汗，此邪伏於募原，即使汗之，熱不能解，必俟伏邪外發，表氣潛行於內，精氣自內達表，此時表裏相通，大汗淋灕，邪從外解，此名戰汗，當即脈靜身涼而愈。若伏邪未盡，必復發熱，至伏邪已發，方有變證。其證或從外解，或從內陷，更有表裏先後不同。有先表而後裏者，有先裏而後表者，有但表而不裏者，有但裏而不表者，有表而再表者，有裏而再裏者，有表勝於裏者，有裏勝於表者，有表裏分傳者，此爲九傳。從外解者，或發斑，或戰汗、狂汗、自汗、盜汗；從內陷者，胸膈痞悶，腹痛燥結，熱結傍流，協熱下利，或嘔吐惡心，譫語舌胎，當因證用治。疫脈不浮不沉而數，晝夜發熱，日晡益甚，頭疼身痛，宜用達原飲，以透達募原之邪氣。若見少陽、陽明、太陽，隨經加柴胡、葛根、羌活爲引，以提其邪出陽分也。然證有輕重不等，藥之多寡隨宜，務在活法。感之輕者，舌上白胎亦薄，熱亦不甚，脈亦不數，其不傳裏，一二劑自解。稍重者，必從汗解，如不能汗，邪氣盤錯於募原也，只以本方主之。感之重者，舌上胎如積粉，服藥後不從外解而從內陷，舌根先黃，漸至中央，此邪漸入胃也，前方加大黃下之。若脈長而洪

數，大汗多渴，此邪氣適離募原，欲表未表，白虎湯證也。如舌上純黃色，兼見裏證，此邪已入胃，乃承氣湯證也。有二三日即離募原者，有半月十日不傳者，有初得之四五日，而淹淹攝攝，五六日後陡然勢張者。元氣勝者毒易傳化，元氣薄者邪不易化，即不易傳。如他病久虧，適逢時疫，能感不能化，安望其傳？不傳則邪不去，淹纏日久，愈沉愈伏，設誤認虛證而進參耆，愈壅愈固，不死不休也。

疫邪爲病，有從汗解者，有無汗竟傳入胃者，有自汗淋漓熱渴反甚，終得戰汗方解者，有胃氣壅鬱，必從下乃得戰汗而解者，有汗解裏未和，越三五日復發者，有發黃因下而斑出者，有竟從發斑而愈者，有裏證急，雖有斑，非下不愈者。此雖變傳不知，亦爲常也。又有局外之變，男子適逢接內，或向來下元虛空，邪熱乘虛陷於下焦，氣遂不舒，致小便祕塞，小腹脹滿，至夜發熱，與導赤五苓不效，得大承氣一服，小便如注而愈。女子經水適來適斷，失血崩帶，及心痛疝氣，痰火喘急，凡此皆非常變。蓋因疫而發舊病，但治其疫而舊病自已。然大勞、大慾、大病、久病後，此爲四損，以正氣先虧，邪氣自陷，多不可救也。

瘟疫發熱一二日，舌上白胎如積粉，早服達原飲一劑，午後舌變黃色，隨現胸膈滿痛，大渴煩躁，此邪毒傳裏也，前方加大黃下之。煩渴少減，熱去六七，午後復加煩躁發熱，通舌變黑生刺，鼻如烟煤，此邪毒混合三焦，復瘀到胃，急投大承氣。傍晚大下，至夜半熱退，次早胎刺如失。此一日之間而有三變，數日之法，一日行之。因其毒盛，傳變亦速，用藥不得不緊，設用緩劑，必死無救，嘗見瘟疫二三日即死者，皆此類也。

瘟疫初起，脈雖數未至洪大，其邪尚盤結於募原，宜達原飲，誤用白虎，既無破結之能，但求清熱，是揚湯止沸耳。若邪已入胃，非承氣不愈。誤用白虎，既無逐邪之能，徒伐胃氣，反抑邪毒，致脈不行，因而細小。又認陽證陰脈，益不敢下，湯藥雜進，愈投愈危，當此急投承氣庶可救也。

邪伏於募原表裏之間，至其傳變或出表，或入裏，或表裏雙傳。醫見有表復有裏，乃引經論先解其表，乃攻其裏，此大謬也。嘗見大劑麻黃，一毫無汗，轉加煩躁者何耶？蓋發汗之理，自內以達表。今裏氣結滯，陽氣不得敷布於外，即四肢未免厥逆，又安能氣液蒸蒸以達表？譬之水注，閉其後竅，則前竅不得涓滴，與發汗之義同。凡見表裏分傳之證，宜承氣湯，先通其裏，裏氣一通，不待發散，多有自汗而解。裏證下後，脈浮而微數，身微熱，神思不爽，此邪熱浮於肌表，裏無壅滯也。雖無汗，宜白虎湯，邪從汗解。若大下後，或數下後，脈空浮而數，按之豁然如無，宜白虎加人參湯，覆蓋即汗解。下後脈數而浮，原當汗解，遷延五六日，脈證不改，仍不得汗者，以其反覆數下，致周身血液枯涸，故不得汗，白虎加人參湯，以助周身之血液，鼓舞元氣，開發腠理，即得汗解也。裏證脈沉而數，當下之。下後脈浮，當得汗解，今不得汗，後二三日脈復沉者，募原餘邪復瘀到胃也，更宜下之。更下後，而脈再浮者，仍當汗解，宜白虎湯。裏證下後，熱退身涼，越四五日復發熱者，此非關飲食勞復，乃募原尚有餘邪隱匿，因而發熱，此必然之理。不知者每每歸咎於病人，誤也，宜再下之則愈。但當少與，慎勿過劑，以邪氣微也。應下失下，口燥舌乾而渴，身反熱減，四肢微厥，欲得近火擁被，此陽氣伏也。既下厥回，去火減被，脈大而數，舌上生津，不思水飲，此裏邪去而鬱陽暴伸也。

瘟疫下後二三日或一二日，舌上復生胎刺，邪未盡也。再下之，胎雖未去，已無芒刺而軟，然渴熱未除，更下之，熱渴減，芒刺脫，日後更復熱，又生胎刺，更宜下之。凡下不以數計，有是證即投是藥。醫人見理不透，經歷未到，中道生疑，往往遇此證反致擔閣。但其中間有一日一下者，有應連下二三日或三四日者，有下二日間一日者，其緩急之間，有應用小柴胡湯去參、半加栝蔞根、知母者，有應用犀角地黃湯者，至投承氣，某日應多與，某日應少與，此非可以言傳也。但數下之證，百人中之一二人而已。瘟疫愈後，脈證俱平，大便二三旬不行，時時作嘔，此爲下格之證。蓋下不通，必返於上，宜調胃承氣熱服，宿垢頓下，嘔吐立止。慎勿驟補，少與參者，下焦復閉，嘔吐仍作也。

疫邪傳裏，遺熱下焦，小便不利，邪無輸泄，經氣鬱滯，其傳爲癉，身目如金，宜茵蔯蒿湯。若用茵蔯五苓不惟不能退黃，小便亦難得利，此乃胃家移熱，是以大黃爲專功也。

瘟疫邪在胸膈，滿悶心煩，喜嘔腹不滿，欲吐不吐，欲飲不飲，欲食不食，此邪熱與痰飲結聚胸中也，宜瓜蒂散吐之。

邪留血分，裏氣壅閉，非下之則斑不出，斑出爲毒邪外解。下後斑漸發，更不可大下，設有下證，宜少與承氣緩緩下之。若大下則中氣不振，斑毒內陷則危，宜用白芍、當歸以和血，升麻、柴胡、白芷以托邪，大劑穿山甲末以透毒，名托裏舉斑湯。如下後斑出復大下，斑毒隱伏，反見循衣撮空，脈微者，

前方加人參一錢，得補發不出者死。

凡時疫日久失下，自利純臭水，晝夜十數行，口燥唇乾舌裂，此熱結傍流也，急與大承氣一服，去其宿垢頓止。

按吳又可所論，皆是尋常所有疫癘。喻嘉言所言，乃天地不正之大疫，不可彼此膠執也。夫瘟疫證類多端，豈可一律而論。若傷於氣則頭項腫脹，傷於血則肢體疙瘩，傷於胃則嘔汁如血，傷於腸則水泄不通，至入藏則不知人，不待救藥則斃矣。大法以證爲則，無以脈診。其傷之輕者，二三日尚能行動，至四五日後，忽然大熱，慎勿誤認傷寒，而與表藥發汗，不惟不解，其熱轉甚而危殆矣。其初病惡寒、發熱、頭痛，宜敗毒散。躁熱不得汗，通解散。若頭疼如破，十神湯。兼瘴癘腳膝疼軟，獨活散。此皆爲表證多者立方也。若一病便壯熱無寒，多汗神昏，嘔逆痞滿等證，又當從涼膈、雙解、三黃石膏、黃連解毒兩解表裏法治之。古人以普濟消毒飲治大頭瘟，荆防敗毒散治捻頸瘟，生犀飲治瓜瓤瘟，清熱解毒湯下人中黃丸，併刺塊出血治楊梅瘟，三稜鍼刺入委中三分出血及服人中黃散治疙瘩瘟，蒼术白虎湯治軟腳瘟，雙解散探吐治絞腸瘟，此皆昔人已驗之方，足補仲景之未逮也。

凡時疫流行之際，小兒亦多傳染，《傷寒例》所謂小兒女子益以滋甚，以小兒年幼筋骨柔脆，染時疫即驚搐發痙，誤作驚治必死，治稍遲亦死。其治與大人彷彿，但幼科專於痘疹驚疳，而傷寒甚略，但知其不思飲食，不知其疫邪傳胃，但知其嘔渴瀉泄，不知其協熱下利，凡此何暇致思其爲疫證乎？

《溫熱暑疫全書·霍亂》 暑氣入腹，惡心腹痛，上吐下瀉，瀉如水注。此暑火暴發，升降不利，清濁不分，所瀉者，皆五臟之精液，宜速止之，用五苓散，或胃苓湯利小便、清暑火，甚者桂苓甘露。此證有夾食積者，醫用下之誤矣。不知精液暴涸，元氣頓傷，當立止之爲上。按云：止者，非通因塞用之謂也。分陰陽、去暑氣，則吐利自止矣。

《雜症大小合參·治瘟疫不染病法》 瘟疫，衆人一般病者，是謂之天行時疫。治有三法，宜補宜散宜降。熱甚者，加童便，或人中黃於三法中。凡入病家，欲避其邪氣，不使染着，以雄黃末塗鼻孔，其行動，從客位而入。凡男子病，穢氣出於口； 女子病，穢氣出於陰門。其相對坐立之間，必須識其向背。

《張氏醫通·諸傷門·傷寒》 時行 時行疫癘，非常有之病，或數年一發，或數十年一發，多發於饑饉兵荒之後。發則一方之內，沿門闔境，老幼皆然，此大疫也。亦有一隅偶見數家，或一家止一二人或三五人，病證皆同者，此常疫也。即如痘疹痲斑之類，或越一二年，或三五年一見，非若大疫之盛行，所以人不加察耳。即如軟腳瘟證，醫者皆以腳氣目之； 捻頸瘟證，醫者皆以喉痹目之； 絞腸瘟證，醫者皆以臭毒目之； 楊梅瘟證，醫者皆以丹腫目之； 黑骨瘟證，醫者皆以中毒目之； 瓜瓤瘟證，醫者皆以蓄血傷寒目之。惟疙瘩瘟之闔門暴發暴死，大頭瘟之驟脹熱蒸，穢氣遍充，不敢妄加名目也。其常疫之氣，皆是濕土之邪鬱發，治宜表裏分解，隨邪氣所在而攻之。孫眞人云： 疫氣傷寒，三日以前不解，葱白香豉湯加童便熱服汗之； 不汗，少頃更服，以汗出熱除爲度。三服不解而脈浮，尚屬表證，則用白虎； 見裏證則宜承氣解毒； 表裏不分，則宜涼膈、雙解。汗下後復見表證，再與白虎； 復見裏證，更與承氣； 表裏勢熱，則宜三黃石膏、三黃梔子豉湯汗之。有汗下三四次而熱除者，有熱除後忽復壯熱，不妨再汗再下。若見脈證皆虛，法無更攻之理，惟與清熱解毒湯、人中黃丸、人中黃散之屬調之。非如傷寒有下早變證之慮，亦非溫熱不可頻下之比，大率以熱除邪盡爲度，不當牽制其虛也。惟下元虛人，非生料六味補其眞陰，則不能化其餘熱，又不可拘於上說也。至於大疫，則一時詳一時之證，一方用一方之法，難可預爲擬議也。以上所述，不過爲雜病家開一辨證法門，其間肯綮，不遑繁述。

《溫疫發源·凡例·瘟疫治法表其大略》 瘟疫受病，皆因五行相尅，陰陽不得升降，以致五運五鬱，客氣流行變遷，人感天地疫癘不正之氣。內虛之人，邪由口鼻而入，壯實之人，外邪不能侵害。此疫癘之邪，非若傷寒感冒，邪氣由毛孔而入，斷不可認爲傷寒感冒表症，強發其汗，徒傷表氣，病亦不減，反使病輕者重，病重者即危。

一論瘟疫皆是熱症。如初舉一二日間，發熱頭暈，頭痛身痛，口乾發渴，嘔泄等症，初用達原飲調和疎通之劑，其病速愈。此時受病日淺，又不可下，若下之太早，則成結胷。病至五六日，舌上生胎，其胎各色不同，或咽喉腫痛，湯水不下，或發斑發疹，或大便乾結，或三五日不通，當速用三消飲。輕者二三劑而愈，甚者五七劑而痊。若瘟毒太甚，危在旦夕，而頭痛腹痛，紫黑瘟疹，或身目發黃，舌胎語濇，或不省人事，或譫語，或妄言撮空，尋衣摸床，煩躁不寧，遺溺不知等症，當速用加減運氣五運丹，連進二三服，立可回生。

又論瘟疫俱是熱症，宜用清解寒涼之劑，又最宜用大黃。蓋大黃乃是流通之物，且能卻邪逐穢之妙品。若不用大黃，徒用寒涼，寒則凝滯，但非不能退熱，反能鬱遏邪氣，以至外則身涼，內則壅熱，遷延待斃，莫可救援，可不慎歟。

又論瘟症至五七日之間，當爲速下。若日久失下，內結壅閉，以致脈厥，此時若徒用寒涼之味，無大黃流通之性，愈遏其熱，其邪愈結，脈愈不行。遇者認脈微欲絕，委而棄之，悞人甚矣。或妄投參、芪、桂、附，大補回陽之理，下咽立斃，可不嘆哉。病若至此，宜用小承氣湯，加檳榔二錢，緩緩下之，六脈自復，諸證漸愈。

又論瘟症下法。病至七八日，舌上生胎，即當速下。或大便結滯不行，更當速下。下過二三次，輕者自愈，重者舌上胎退刺軟，熱渴減或又復熱，即再下之。凡下不以數計，病有淺深，有是症則投是藥，若見理不明，中道生疑，遇此反致忱悞，可不惜哉。

《傷寒大白・疫病》 疫邪之症，長幼相似。若一人獨病，不染他人者，此人自感，非大災之疫也。疫症之原不一，如春時應煖而反寒，則有寒疫。冬時應寒反溫，則有溫疫。推之於夏應熱而反涼，秋應涼而反熱，應燥而反溫，及久雨之溼，久旱之燥，偏於太過者，則皆可成疫也。《傷寒論》惟註溫疫、寒疫，不知六氣之不正者，皆能發疫也。故各隨時氣之不正者主治，則得之矣。總之，時令應煖而反寒，散寒邪即是治疫；時令應寒而反溫，清溫熱即是治疫；應燥而反溼，祛溼邪即是治疫；應溼而反燥，清燥火即是治疫。

寒疫，即時行之傷寒病也。既冒寒邪，當以辛溫散表。若內無積熱，太陽見症者，冬月北方用麻黃桂枝湯，南方用羌獨敗毒散等。若表邪未散，即內有積熱者，亦止宜羌活冲和湯等和解，未可用清涼。若陽明見症者，冬用北方葛根湯，南方升麻乾葛湯。少陽見症者，北方柴胡桂枝湯，南方柴胡防風湯。若寒邪已散，裏有結熱，仍照傷寒清裏之法。

溫疫，即時行傷熱病也。熱邪帶表，當以辛涼解表。太陽見表症，羌活冲和湯。陽明見表症，升麻乾葛湯。少陽見表症，小柴胡湯。溫疫禁用辛溫，若裏有結熱，涼膈散、三黃湯、人參白虎湯。有下症者，三乙承氣湯選用。若表邪未盡，仍要先散表邪，然後清下。

溼疫，即時行傷溼病也。溼邪之症，當分寒溼熱溼。發熱無汗，身痛拘緊，口不消水，脈濡而小，此太陽寒溼之症，宜辛溫散表，羌獨敗毒散、羌活勝溼湯。若少陽見症，加柴胡；陽明見症，加蒼朮、白芷。發熱多汗，口渴消水，脈洪而數，此陽明溼熱之症，宜辛涼解肌，升麻乾葛湯合神朮湯。若兼有太陽表症，合羌活冲和湯。少陽見症，合小柴胡湯。

燥疫，即時行傷燥病也。燥熱之症，多傷手陽明大腸、手太陰肺，故燥火之症，每多煩渴喘逆，當用清燥之藥，如人參白虎湯、清燥湯等，切忌溫燥，又不可發汗、利小便，重亡津液。又不比內傷之燥，可用滋陰凝滯之藥。

雙解散　寒疫可用辛溫，若溫熱之疫，即有表邪，止用此方辛涼雙解。

乾葛石膏湯　太陽溫疫，當以雙解散治之。陽明溫疫，則以此方雙解。若兼少陽，合用小柴胡湯。

涼膈散　溫疫病有表症，當以前方雙解。若表邪已解，當以此方清裏。涼膈散，通治上焦裏熱。此方耑治陽明胃熱。若下部有熱，再加清下部之藥。

三黃湯　前二方，治上焦溫熱。若三焦皆熱，大便燥結，當用此方。

六一散　夏令溼熱溫疫，當用此清利溼熱，從下竅而出。

神朮湯　溼熱疫邪，當分表裏主治溼熱在裏，用寒藥以清熱，淡藥以利水。若溼熱在表，用風藥以散溼，燥藥以勝溼，佐以石羔、甘草，則溼熱盡去。

蒼朮防風湯　風溼疫邪，散表爲捷。防風勝溼，蒼朮燥溼。兼寒者，加熱藥；兼熱者，加寒藥。此二語開無窮之悟。

朮附湯　寒溼疫邪在表者，宜用辛溫散溼。若裏有寒溼，當以此方主治。

人參白虎湯　燥熱疫邪，肺胃先受，故時行熱病，見唇焦消渴者，即用此方。

清燥湯　陽明燥熱疫症，用前白虎湯。若燥傷肺氣，而見發熱喘嗽，則以此方清肺。若陽明燥熱，上冲刑肺，二方合用。

《治疫全書・附大頭瘟等症》 蝦蟆瘟　蝦蟆瘟者，喉痹咽腫，頸筋粗大，上氣喘促，肚膨腹脹，胸膈飽偪，聲啞失音，宜人參敗毒散加荆芥防風。若屬風熱者，防風通聖散。

絞腸瘟　絞腸瘟者，心胸板偪，肚腹絞疼，臍築湫痛，腸鳴乾嘔，二便秘

結，水泄不通，速探吐之，宜用雙解散。

軟脚瘟　軟脚瘟者，膝脛冰冷，便清泄白，雙足腫大，寸步難移，宜蒼术。白虎湯。

瓜瓤瘟　瓜瓤瘟者，腦悶頭暈，胸高脇起，腹中飽脹，肚臍上下湫築，絞痛，嘔汁如血，宜生犀飲。若便膿血，去蒼术倍加黄土。

疙瘩瘟　疙瘩瘟者，其症通身上下起凸結塊，痛同錐刺，紅腫如瘤，速以三棱針刺入委中穴三分，令出血，并服人中黄散、人中黄丸、消毒丸。

以上各種皆感觸夭扎暴癘之氣，邪從口鼻而入，直行中道，流布三焦，其顯於外者，如憎寒壯熱，頭痛身重，鼻乾口燥等項，均與大頭瘟不過大同小異耳。是在臨病者，活法參看，神而明之可也。

喻嘉言先生《疫病論》曰：按仲景先師，《平脈篇》中大意謂人之鼻氣，通於天，故陽中霧露之邪者，爲清邪。清邪中上，從鼻息而上入於陽，入則發熱，頭痛，項強，頸攣，正與俗稱大頭瘟、蝦蟆瘟之說符也。人之口氣通于地，故陰中水土之邪者，爲飲食溺味，從口舌而下入于陰，入則其人必先内慄，足膝逆冷，便溺妄出，清便下重，臍築湫痛，正與俗稱絞腸瘟、軟脚瘟之説符也。然從鼻從口所入之邪，必先注中焦，以次分佈上下，故中焦受邪，因而不治中焦，不治則胃中爲濁，營衛不通，血凝不流，其釀變即現。中焦俗稱瓜瓤瘟、疙瘩瘟等症，則又陽毒癰膿，陰毒遍身青紫之類也。此三焦定位之邪也。

治法：未病前，預服芳香正氣藥，則邪不能入此爲上也。邪即入，則逐穢爲第一義，上焦如霧，升而逐之，兼以解毒；中焦如漚，疏而逐之，兼以解毒；下焦如瀆，決而逐之，兼以解毒。營衛既通，乘勢追拔，勿使潛滋，斯爲善治。

《治疫全書・附風溫濕溫等證》　一曰溫疫。三、四、五月天時晴暖，酷熱炎蒸，人被暴熱所傷，發爲溫病，名曰溫疫。此皆時行不正，即各書指爲熱病熱疫者也。傷之者，頭痛脊強，身發熱而不惡寒，口大渴，日晡益甚，面紅舌刺，胸膈飽悶，二便澀閉，譫語妄言，甚則掀棄衣被，揚手擲足，如癲如狂，踰垣上屋，脈則實大洪數，與吳氏所指瘟疫相類。治法先宜梔子升麻湯、不換金正氣散、達原飲、敗毒散。半表裏者，桔梗湯、三消飲、大柴胡湯、雙解散、水解散。煩躁者，竹葉石羔湯、涼膈散、白虎加人參湯。入裏躁甚者，黄連解毒湯、三黄石羔湯、調胃承氣及大小承氣等湯，俱可按證選用。

一曰溫毒。凡傷寒瘟疫并各種溫病初感外邪，未得解散，留滯經絡、肌肉、臟腑，杳無出路，常於頸項、胸脇、腰膝、胯脛中忽然掀瘇，或小如李實，或大而覆杯，堅硬紅暈，痛如錐刺，畏寒作熱，腦悶頭昏。當此之時，急宜玄參升麻湯，人參敗毒散加荆、防、銀花、升麻，葛根湯加玄參、紫草、銀花、赤芍及四妙湯之類，使其從外消散。若毒在臟，口渴鼻煤，舌焦，目赤，胸膈脹滿，譫語妄言，二便壅閉，人事昏沉，即用黄連解毒湯及調胃承氣加黄連、銀花、赤芍、生地、丹皮，或玄明粉散及大小承氣等湯下之；如已汗已下，毒仍不解者，黑膏活龍散主之；潰後，拔毒呼濃，歛口生肌，一概宜從外科法。

再按醫書所載：傷寒陽證發癍謂之陽毒；春溫發癍謂之溫毒；夏熱發癍謂之熱毒；時行與瘟疫發癍謂之時毒。名雖不同，同歸於熱，按此則但凡癍疹悉以毒稱。其各般掀腫并塊核癍紋及肢體發生多枚起凸、成串俗稱爲傷寒流注。發順者，皆莫非外邪留滯經絡、肌肉、臟腑，未曾解散之故耳。

《治疫全書・瘟疫客難》　同學姻兄帥右臣問曰：嘗見瘟疫服疎解藥而愈，愈一二日而復作，隨與前藥，而仍愈，愈又復作，或更加重，卒至殞命者，何耶？曰：此由厲氣伏於膜原，一時祛除未盡所致也。服藥而愈者，以其邪浮越在經，纔得疎解，而即能通散也。一二日而復作者，即浮越在經之邪未盡透出也，故隨與疎解而仍愈。然在經之邪雖解，而傳入胃腑之邪深藏蔽錮，故愈仍復作，甚至殞命者皆理，勢之所必致者也。譬之於火灶内積薪，則火性壅遏，火性壅遏，必烟焰鬱騰，而彌漫充斥矣。故其復作也，亦必頭重，身疼，胸膈痞滿，面紅目赤，舌胎、便秘者。無他薪積火遏，而烟必騰空，邪積毒興，而病皆迸發也。吳氏于達原飲中加用大黄速從下奪，寔爲釜底抽薪之妙法。蓋疫病之毒火燎原，惟大黄之奏功最捷，而爲效最神也。曰：若是，則疫症之不可不用大黄也明矣。曰：雖然亦有辨如起初頭疼，身熱，脊強，惡寒，舌上白胎，或如積粉，此則邪氣游溢陽經，未入胃腑者，當用達原飲，而不可用大黄；如脈長洪而數，通身發熱，大渴大汗，此則熱邪散漫肌膚，未入胃腑，當用白虎湯，而不可用大黄；又如胸中偪悶，心煩作吐，不能飲食，此則邪停胸膈，未入胃腑者，當用瓜蒂散，而不可用大黄；惟頭痛如劈，身熱如焚，氣噴如火，胸腹滿硬，舌胎黄黑，目赤面紅，燥渴譫妄，甚或狂走叫號，尋床摸被，又或熱結旁流，協熱下利，或大腸膠凝，二便秘結，

此則疫邪積爲毒火，蒸炙胃中，不但專用大黃，尚須佐以實、朴、芒硝之類開其壅鬱，使裏氣得通，裏氣通，而後表氣可透表，裏通透之後，或發戰汗，或狂汗自汗，邪隨汗出，無少留餘，而疫遂邪消，無虞反覆矣。若不當下而下之，是又炷薪未燃，遽沃巨浸也，病安得愈哉？是故，有應一日一下者，有應間日一下者，有應一下不可再下者，有應三四日連下者。他如承氣等湯，亦有某日應多，與某日應少；與者有某日既已，與還應再與，可不必與者，有合表裏而緩下者，有同和解而微下者，要在察其脈理，審其症候，參消息於微茫，辨毫釐之同異也。曰：疫之自復者，固然矣。而有勞復、食復者，何以治之？曰：勞復者，疫退，脈平，但元氣未復耳。而或因梳洗沐浴，或因笑哭多言，或因作勞妄動，致眞氣受虧，而復作者，故曰勞復也。食復者，病甫愈而縱餌飲食，油葷不正之味停積脾胃，感觸外邪，因而復作者，故曰食復也。治勞復之輕者，令其靜養可痊；重者，須補血氣，血氣和，而眞元乃足，直元足，而餘火自消也。治食復之輕者，即調飲食，淸戒油葷，漸次可愈；重者，先爲消導，次則理氣扶脾，氣足運脾，脾能統消，而後病可除也。曰：有自復而兼勞，與食者又何如？曰：視所受之重輕，爲施治之先後也。夫大病之後，體如壞屋，四圍培護，尚免傾欹，若自撤藩扉加之，以旁風上雨則摧頹立見矣。況瘟疫之受傷更甚者，而加之以勞，與食焉？是不自愛其生也。至其勞食之甚，則如吳氏所謂三損、四損，雖盧扁，亦無所施其後者也，而尚可以治，自復之治以治之乎？

同學友雷靜夫、雷夙元、楊星輝、燦遠同問品曰：癘氣之說，比類極明，瘟疫之辨，分剖最晰，但不知癘氣傷人，或有可以躲避之法否？答曰：癘氣之傷人也，入口鼻而不覺不知，伏膜原而無聲無臭，一如鷹鸇豺虎之傷人傷物，突如其來，驀然而至，此雖欲避之不及避，且欲避之而決不能避者也。但値此萬難躲避之邪，而以欲尋一避之之法，則惟有當合境延門，時氣大發，瘟疫盛行，遞相傳染之際，內則養定精神，外則加謹防範，而毋犯房勞，毋妄動作，毋忍饑餓，毋傷飲食，毋啖生冷，毋饜肥甘，毋肆罵詈，毋鳴鑼鼓，毋貪涼，坐卧濕地，毋冒雨感受風寒，毋近病人床榻，染其穢污，毋憑死者屍棺，觸其臭惡，毋食病家時菜，毋拾死人衣物，常以蒼朮、雄黃辟穢，大蒜、酒驅邪，則正氣實，而疫不能侵；元神旺，而邪不敢入。譬如寇賊當前，我之城池高深，又復糧充餉足，馬壯兵強，縱賊勢猖獗，耀武揚威，而我之市賈居民自能安堵，無恐絕、無震撼之憂焉。避疫如拒寇，拒寇之法，非即避疫之法耶！然則，人之當斯際者，其必審詳，愼重預防其患於將然，而洞燭其機于先事，可也。

《治疫全書·風溫濕溫等症方》 溫疫

梔子升麻湯　治溫熱病虛煩潮熱不止，幷晚發病在大陽。不可大汗，宜此淸肌解熱。

涼膈散　解上焦之火，淸中下焦之熱。鬱蒸頓除，煩燥自止。

過經不解

六神通解散　治溫疫因濕因燥而發，內外通解之劑。

參胡芍藥湯　治傷寒十四日外餘熱未除，脈息未緩，大便不快，小便黃赤，煩渴不睡，飲食不思，精神恍惚等症。

壞症

知母麻黃湯　治時氣汗、吐、下、溫針不解，及小柴胡湯罷而熱不除，名爲壞症，服此以取微汗即愈。

溫膽湯　治瘥後一切虛煩不眠，氣血不和，及食復勞復等症。

竹葉石羔湯　治溫疫病躁急虛煩，微汗口渴，神昏譫妄等症。

溫毒

升麻葛根湯　治時行不正，用此解散溫疫、溫毒。

玄參升麻湯　治溫毒初起掀發腫痛，無論色紅色白者並用。

四妙湯　治諸毒初起腫痛異常，用此托裏解熱散毒。

三物備急丸　治患溫疫傷於飲食油葷生冷，停積腸胃，腹脹，氣急痛滿，及中惡客忤卒暴諸証。《崔氏》以乾薑易桂枝名備急散，治同。

鱉甲散　治壞症諸藥不效者。

玄明粉散　治溫疫發狂，身如火烙，齒黑舌刺，面赤眼紅，大便秘結等症。

活龍散　治四氣不和，溫疫大發，火毒燔熾，煩燥擾亂，坐卧不寧等症。

人中黃丸　治四氣不和發爲溫疫，溫毒畧經，汗下不通，結胸硬痛，喘促熱躁狂亂等症。

寒疫

調中湯　時令大熱觸冒暴寒，邪氣從外而入，當視其寒熱輕重，先調其

中，然後隨症加減。

晚發

十神湯　治時行不正并感傷風寒。

《溫疫明辨·汗法》　時疫貴解其邪熱，而邪熱必有着落，方着落在肌表時，非汗則邪無出路，故汗法爲治時疫之一大法也。但風寒，汗不厭早。時疫，汗不厭遲。風寒，發汗必兼辛溫、辛熱以宣陽。時疫，發汗必兼辛涼、辛寒以救陰。風寒，發汗，治表不犯裏。時疫，發汗，治表必通裏。其不同有如此。故方疫邪傳變出表時，輕者，亦可得表藥而汗散。若重者，雖大劑麻黄、羌、葛，亦無汗也，以伏邪發而未盡之故。亦有不用表藥，而自汗淋灕，邪終不解者。蓋此汗緣裏熱鬱蒸而出，乃邪汗，非正汗也。必待伏邪盡發，表裏全徹，然後或戰汗，或狂汗而解。所謂汗不厭遲者此也。辛涼發汗，則人參敗毒散、荆防敗毒散之類是。辛寒發汗，則大青龍、九味羌活、大羌活之類是。發表兼通裏，則吳氏三消飲、六神通解散、防風通聖散之類是。更有不求汗而自汗解者，如裏熱閉甚，用大承氣以通其裏，一不已而再，再不已而三，直待裏邪逐盡，表裏自和，多有戰汗而解。此不求汗，而自汗解者一。又如裏熱燥甚，病者思得涼水，久而不得，忽得痛飲，飲盞落枕而汗大出，汗出即解。此不求汗，而自汗解者二。又如平素氣虚，屢用汗藥不得汗，後加人參於諸解表藥中，覆杯立汗。此不求汗，而自汗解者三。又如陰虚及奪血，枯竭之極，用表藥全然無汗，用大滋陰潤燥生津藥數劑，而汗出如水。此不求汗，而自汗解者四。總之，疫邪汗法，不專在乎升表而在乎通其鬱閉，和其陰陽。鬱閉在表，辛涼辛寒以通之，鬱閉在裏，苦寒攻利以通之。陽亢者，飲水以濟其陰。陰竭者，滋潤以回其燥。氣滯者，開導。血凝者，消瘀。必察其表裏無一毫阻滯，乃汗法之萬全。此時疫汗法，理不同於風寒，謹撮諸汗症，詳列於左。

發熱　惡寒　無汗　頭項痛　背痛　腰痛　肩臂痛　膝脛痛　周身肢節痛

《瘟疫明辨·下法》　時疫下法，與傷寒不同。傷寒下不厭遲，時疫下不厭早。傷寒在下其燥結，時疫在下其鬱熱。傷寒裏症當下，必待表症全罷。時疫不論表邪罷與不罷，但兼裏症即下。傷寒上焦有邪不可下，必待結在中下二焦方可下。時疫上焦有邪亦可下，若必待結至中下二焦始下，則有下之不通而死者。傷寒一下即已，仲景承氣諸方，多不過三劑。時疫用下藥，至少三劑，多則有一二十劑者。時疫下法有六。結邪在胸上，貝母下之。貝母本非下藥，用至兩許即解。結邪在胸及心下，小陷胸下之。結邪在胸脇連心下，大柴胡湯下之。結邪在臍上，小承氣湯下之。結邪在當臍及臍下，調胃承氣湯下之。痞、滿、燥、實三焦俱結，大承氣湯下之。此外又有本質素虚，或老人久病，或屢汗屢下後，下證雖具而不任峻攻者，則麻仁丸、蜜煎導法、豬膽導法爲妙。下法之輕重緩急，總以見證爲主，詳列於後。

急下證：

舌乾　舌卷　舌短　舌生芒刺　舌黑　齒燥　鼻如烟煤　胸腹滿痛　狂　沉昏　發熱汗多　身冷　呃逆

當下證：

舌黄　讝語　善忘　多言　協熱利　頭脹痛　煩躁

緩下證：

舌淡黄胎　微渴　大便閉　小便黄赤　潮熱　齒燥

以上諸症，緩下者不下，則必漸重而爲當下症。當下者緩下，則必加重而爲急下症。急下者失下，則後雖下之，多不通，而致結熱自下逆上，脹滿直至心下，又逆上透過膈膜，有至胸滿如石，咽喉鋸響，目直視反白，或睛盲，瞳散，耳聾，九竅不通，雖有神丹，莫之能救矣。外更有畜血、畜水諸證下法，前已散見諸條，兹再詳列以便翻閲。

畜水證：

小便不利　大便微利

畜血證：

小便自利　大便黑

他若畜水、畜血，在胸脇不當下者，此不贅。

《瘟疫明辨·清法》　時疫爲熱證，未有不當清者也。其在表宜汗，使熱從汗泄。汗法，亦清法也。在裏宜下，使熱從下泄。下法，亦清法也。若在表已得汗而熱不退，在裏已下而熱不解，或本來有熱無結，則惟以寒涼直折，以清其熱而已。故清法可濟汗下之不逮。三者之用，可合而亦可分。時疫當清者十之六七，則清法不可不細講也。凡清熱之要，在視熱邪之淺深。熱之淺者在營衛，以石膏、黄芩爲主，柴胡、葛根爲輔。熱之深者在胸膈，花粉、

知母、蔞仁、梔子、豆豉爲主。熱大腸胃者，當用下法，不用清法，或下而兼清亦可。熱入心包者，黄連、犀角、羚羊角爲主。熱直入心臟，則難救矣。用牛黄猶可十中救一，須用至錢許，少則無濟。非若小兒驚風諸方，每用分許，即可有效。當清諸症，謹列於左。

熱在營衛證：

身熱汗自出　不惡寒反惡熱　身重　頭面項紅腫　周身紅腫　斑疹　鼻孔乾　唇燥　煩躁　遺尿　舌胎白

熱在胸膈證：

身熱反減　渴　嘔　欬　咽乾　讝語　多言　胸前紅腫　舌胎厚白

熱在腸胃證：

便血　便膿血　餘悉見下證條中

熱在心包及心證：

狂　沉昏　多睡　舌黑

《瘟疫明辨·和法》寒熱並用之謂和，補瀉合劑之謂和，表裏雙解之謂和，平其亢厲之謂和。所謂寒熱並用者，因時疫之熱，夾有他邪之寒，故用此法以和之也。凡方中有黄連與生薑同用，黄芩與半夏同用，石膏與蒼朮同用，知母與草果同用者，皆是。所謂補瀉合用者，因時疫之邪氣實，人之正氣虚，故用此法以和之。凡方中有參、芪、歸、芍與硝、黄、枳、朴同用者是。所謂表裏雙解者，因疫邪既有表症，復有裏症，故用此法以和之。凡方中有麻、葛、羌、防、柴、前與硝、黄、梔、芩、苓、澤、枳、朴合用者是。所謂平其亢厲者，因時疫之大勢已去，而餘邪未解，故用此法以和之，或用下法而小其劑料，緩其時日，或用清法而變其湯劑，易爲丸散者，皆是。凡此和法，雖名爲和，實寓有汗下清補之意，疫邪尤有宜和者。凡熱不清，用清涼藥不效，即當下其熱之所附麗，蓋無所附麗之熱，爲虚而無形之氣。如盛夏炎蒸，遇風雨即解。故人身之熱，氣清即退。有所附麗之熱，爲實而有物，如洪爐柴炭，雖沃以水，尤有沸騰之憂，必撤去柴炭而熱始退。凡熱之所附麗，非痰即滯，非滯即血，徑清其熱，不去其物，未能有效。必視其附麗何物，於清熱諸方加入何藥，效始能捷，此和法之精微神變者也。宜和之症，詳列於左。

寒熱往來　盗汗　口苦　咽乾　頭眩　舌強　渴胸脇滿　耳聾　小便黄　嘔吐　下利而心下痛　口乾舌強而惡寒　大小便閉而寒熱　痞滿而悸　二便自利而舌胎　形體瘦損而舌胎

凡此表裏虚實寒熱相兼者，不可枚舉，引此數端，可以類推。其有似和而實非和證者，詳後辨似條。

《瘟疫明辨·補法》時疫本不當補，而有屢經汗下清解不退者，必待補而愈。此爲病藥所傷，當消息其所傷，在陰在陽，以施補陰補陽之法。疫邪爲熱症，傷陰者多，然亦有用藥太過而傷陽者。則補陰補陽，又當酌其輕重，不可偏廢。凡已經汗、下、清、和，而煩熱加甚者，當補陰以濟陽。所謂寒之不寒，責其無水者是。六味、四物、生脈、養榮諸方酌用。當其汗、下、清、和，熱退而昏倦痞利不止者，當補陽。所謂養正以卻邪者是。四君、異功、生脈、六君、理中、建中、附子等方酌用。諸症詳後。

當補陰證：

舌乾無胎　舌黑無胎　耳聾　目直視　目不明　服清涼藥渴不止　服清涼藥煩熱加甚　服攻下藥舌胎愈長　服攻下藥，舌胎芒刺燥裂愈甚　服清涼藥身熱愈甚，身體枯瘦　用利水藥小便愈不通　腰膝痿軟　周身骨節痛不可移動　多睡

當補陽證：

多冷汗　汗出身冷經日不回　小便清而多　大便利清穀　嘔吐用清熱開導藥愈甚　自利用清下藥愈甚　痞滿

《瘟疫明辨·辨似》凡病皆以虚實寒熱四字爲大綱，時疫何獨不然。但虚實寒熱之眞者易辨，似者難辨。前所列時疫表裏諸證，皆實邪熱邪。而實熱中亦有虚寒，四損四不足，皆虚邪寒邪。而虚寒中亦有實熱，余於逐條下已細辨之矣。然有實症似虚，虚症似實，熱症似寒，寒症似熱，尤不可不細辨，故復通論而詳述之。所謂實症似虚者，即以表症論之，頭痛發熱邪在表也。其脈當浮，證當無汗，而反自汗，脈無力，用發表藥而身反疼痛，則似虚矣。故人惑於多自汗，而誤用桂枝湯者有之。惑於脈無力，而引仲景《太陽篇》發熱惡寒脈微弱爲無陽，而誤用建中湯者有之，惑於身疼痛，而引仲景若不瘥，身體疼痛當溫其裏，誤用四逆湯者有之。不知此等症，在時疫中，皆在表實症之似虚者也。其自汗者，疫熱自裏蒸出於表，非表虚也。其脈無力者，熱主散漫，散漫則脈軟，非比寒主收斂而脈緊也。身體反疼者，伏邪自裏而漸出於表，非比陽虚不任發表也。此表症之實症似虚者也。又以半表半

裏論之，寒熱往來，胸脇滿，邪在半表半裏也。其脈當弦，其口當渴。而有脈反沉，口不渴者，則似寒矣。故人惑於脈沉，而以胸脇滿爲太陰，口不渴爲內寒，而誤用理中者有之。不知此症，在時疫中，皆半表半裏熱症之似寒者也。其脈沉者，邪伏在募原而未出表，故脈不浮，非陽虛也。其不渴者，邪未傳變，未入胃府，故不能消水，非內寒也。此半表半裏之似寒者也。又以裏症論之，口燥咽乾不得卧，邪在裏也。其脈當滑，其身當熱，其便當結。按：滑當作洪。經云：滑者，陰氣有餘也，主痰飲宿食吐逆諸症。洪爲氣血燔灼之候，主煩，主咽乾。表裏俱熱，二便濇，傷寒陽明經病。而脈反沉微濇弱，身反四逆厥冷，大便自利，則全似虛冷矣。人惑於脈之沉微弱濇，而用參、芪者有之。惑於厥逆，而用桂、附者有之。惑於自利，而用參、术、乾薑者有之。不知此等症，在時疫皆裏熱之似寒也，裏實之似虛也。其脈沉微弱濇者，乃邪熱結於腸胃，氣不達於營衛也。其身反厥冷者，邪熱結於裏，結於下，氣不達於外，通於上也。其自利者，乃熱結旁流也。此裏證之實證似虛，熱症似寒者也。總之，時疫爲熱因，與風寒之寒因大異。故脈症雖有似虛似寒之時，而一辨其爲時疫，則屬邪自外至。邪氣盛則實，大都反見虛寒假象，明眼人不當爲所惑也。所謂虛證似實者，即以表證論之，頭痛發熱，身疼痛，自汗，脈浮大，邪在表也。而屢用表散清涼藥，不惟不減，其症轉甚者，非藥力之不到，乃正氣不能傳藥力達表，陰液不能隨陽氣作汗也。此邪在表時，虛症之似實者也。氣虛者，加參、芪於表藥即汗。陰竭者，加潤劑於表藥即汗。若不知其氣血之兩虧，而宣表不已，勢必暴厥而成脫症矣。更以半表半裏論之，胸脇痛，耳聾，嘔吐，如瘧狀，脈弦，邪在半表半裏也。而屢用和解消導藥，不惟不減，其症更加者，非藥力之不到，乃中焦脾胃傷而氣不運，肝木傷而火燥逆也。此疫邪在半表半裏時，虛症之似實者也。必合四君、六君於和解藥中，合四物於清解藥中，始能戰汗而解。若更消導清解不已，必至胃氣絶而死。更以裏症論之，舌胎黃黑裂燥芒刺，胸腹脇臍硬痛，大小便閉，六脈數大，邪在裏也。而屢用攻利藥，或總不得利，或利後更甚，非藥力之不峻，乃正氣不能傳送腸胃，血液不能滋潤腸胃也。氣虛者，助氣以資傳送。血枯者，養陰以藉濡滑。氣行津化，方得通利。此疫邪傳裏時，虛證之似實者也。若不知其虧竭而恣意攻利，必沉昏痿頓而死。總之，藥不中病，則傷正氣。傷其下，則正氣浮越而上逆。傷其中，則正氣解散而外張。脈症雖有似實似熱之時，而一詢其來路。若治之太過，則屬氣從內奪，正氣奪則虛，明眼人不當爲所惑也。夫一證而虛實互異，用藥稍訛而生死攸分，將以何者爲辨症之把柄乎？曰：以開卷所列氣、色、神、脈、舌胎，辨其是疫與非疫，以曾經誤治與未經誤治，辨其時疫之爲實爲虛，則得其大綱。更細玩前所列各症，條分縷析之詳，則得其細目。則似是而非之症，斷不能惑矣。余於前各條下，每症已細辨其虛實。而此復重言以通論之者，正以前散見於諸條，恐讀者略過，故復總論以提撕其爲吃緊處也。至若寒症似熱，則傷寒諸症有之，時疫絶無，故不論及云。

《醫師秘籍・傷寒暑熱溫病溫疫論治》 冬月正傷寒，張仲景之論治也。而春爲溫病，夏爲暑病，秋爲熱病，其理原可相通，惟瘟疫則又感以不正之氣而互相傳染，然其入於藏府仍不出六經之外，今合而纂之六經，症脈俱分別清楚，以傳醫者之對症立方。

瘟疫即傷寒病之重者，乃天地不正之氣入人之身而相傳染也。凡病之傳染入者，必其病人之藏府有壞，而其臭惡之氣自口鼻出，或自大小便出，或在膿血中，旁人嗆其氣而入口鼻中，因而病者，是氣瘟疫也。使於其時即用牙皀、細辛之類入鼻中，使之涕出則無害也。則此傳染之由病人，自知非有其氣不得以爲傳染之邪，而曰瘟疫也。故即朝夕親近病人亦無傳染，惟其受病人之臭氣而病乃爲傳染，瘟疫其氣入人口鼻，嗆入氣管而入乎肺中，故古人有膜原之論，膜原乃三焦胎膜之上，原在肺之旁，夫邪何以入之？蓋臭氣入肺，肺氣未傷則不受邪而達之經脈邪乃停於此也，停之久而外受風寒則其邪傳於三陽，內傷七情則其邪傳於三陰。若內外無傷之人則其邪亦從嚏涕而出，可無病也。古人有達原飲之方，其藥皆開肺竅，全仗檳榔、草果、蒼术之力，然特其邪之輕者，也不如用牙皀爲君，桔梗爲使，佐以解毒之品乃駈邪也。又必視其所受之氣，或是陽毒加以清涼解之，或是陰毒加以溫暖解之，審其所病之經，仍以傷寒治法，治之可耳。

《醫效秘傳・溫疫》 溫疫者，因傷寒之熱未已，更感時行之氣，而爲溫疫也。其症身熱、頭疼、煩渴、嘔逆，或有汗，或無汗。皆由溫熱相合而成，治宜寒涼解熱爲主。經曰：更遇溫氣，變爲溫疫。則知是再感溫氣而成溫疫，更感溫熱而成溫毒者也。何《活人書》混注冬溫症下，而《百病歌》強以冬溫、溫疫爲一病？不知冬溫是感非節之氣，長幼之病相似，時行之氣爲病

也。溫疫乃傷寒再感溫氣而成，實相似而非也。敢錄之瘟疫者，渾身壯熱，惛惛不爽，沿門闔境，遞相傳染，盛於春夏之閒者是也。雖因時氣而得，然所感者，皆由惡毒異氣而成，非若春寒、夏涼、秋熱、冬溫之類也。夫天地閒之氣，升於春，浮於夏，不無有惡毒者在焉。人在氣中，莫知也，若正氣虛者，遂致傳染。或病者，身熱，其氣蒸蒸浮越於外，若正氣虛者，亦致傳染。然感天地之邪者，在春夏閒。感病人之邪者，無分春夏者也。是以獄中，此病四時無閒，最易傳染。其不染者，由正氣內實，邪不能感巾。然感是邪者，從口鼻而入也。由是正被邪侵，怫鬱煩擾，而病作矣。雖因大地之邪，實自內出者也。故感受之因，異傷寒，異溫暑，異非時感冒之寒疫。其治法亦異也，故丹溪用人中丸，補、散、降三法並施，《明醫雜著》用淸熱解毒湯，內外兼施。斯二者，乃治瘟疫之大法也。大率當辟邪散氣，扶助正氣爲主。若與長幼相似之時行混論，則非矣。今人多以溫病、熱病名時行，又以溫毒爲瘟疫，謬之甚矣。噫！非造道之元，烏能識此？

《西山記》曰：近穢氣，傷眞氣。孫眞人曰：乘馬夜行，當沐浴更衣，方可近小兒，使不聞馬毒氣。不然，則多天弔、急驚也。錢仲陽曰：步糞穢之履，毋近嬰兒。亦此意也。

雍正癸丑，疫氣流行，撫吳使者屬先生製此方，全活甚衆。時人比之，普濟消毒飲云。

先生云：時毒癘氣，必應司天。癸丑，太陰濕十氣化，運行後天，太陽寒水，濕寒合德，挾中運之火，流行氣交，陽光不治，疫氣乃行。故凡人之脾胃虛者，乃應其厲氣，邪從口鼻皮毛而入。病從濕化者，發熱、目黃、胸滿、丹疹、泄瀉，當察其舌色，或淡白，或舌心乾焦者，濕邪猶在，氣分用甘露消毒丹治之。若壯熱，旬日不解，神昏、譫語、斑疹，當察其舌絳，乾光圓硬，津涸液枯，寒從火化，邪已入營矣。用神犀丹。

《續選臨證指南·疫》 鄒滋九評：疫癘一症，都從口鼻而入，直行中道，流布三焦，非比傷寒六經，可表可下。夫疫爲穢濁之氣，古人所以飮芳香，採蘭草，以襲芬芳之氣者，重滌穢也。及其傳變，上行極而下，下行極而上。是以邪在上焦者，爲喉啞，爲口糜。若逆傳膻中者，爲神昏舌絳，爲喉痛丹疹。今觀先生立方，淸解之中，必佐芳香宣竅逐穢，如犀角、菖蒲、銀花、鬱金等類，兼進至寶丹，從表透裏，以有靈之物，內通心竅，搜剔幽隱，通者通，鎭者鎭。若邪入營中，三焦相溷，熱愈結，邪愈深者，理宜鹹苦大製之法，仍恐性速直走在下，故用玄參、金銀花露、金汁、瓜蔞皮，輕揚理上，所謂倣古法而不泥其法者也。考是症，惟張景岳、喻嘉言、吳又可論之最詳，然宗張喻二氏，恐有遺邪留患。若宗吳氏，又恐邪去正傷。惟在臨症權衡，無盛盛，無虛虛，而遺人夭殃，方不愧爲司命矣。

徐大椿評：治時疫不外此等方。若癘疫則一時傳染惡毒，非用通靈金石之品，虔製數種，隨症施用，不能奏效也。

《四聖懸樞·疫病解·表裏殊法》 病在營衛，皮毛閉秘，法宜解表，以發內鬱。營衛外發則生，內陷則死。風傷衛氣，衛閉其營，營血外發，則斑生而病解，寒傷營血，營閉其衛，衛氣外發，則汗出而病愈。

溫疫傳府，府熱則營血內陷而不外發，寒疫傳藏，藏寒則衛氣內陷而不外發。故溫疫營病，藏陰旺者多生，府陽盛者多死，寒疫衛病，府陽旺者多生，藏陰盛者多死。

溫疫傳府，當淸其府熱，以發營血，寒疫傳藏，當溫其藏寒，以發衛氣。營司於肝，而實生於太陰，藏陰旺則外發，溫疫之家，非陰盛之極者，不可輕瀉其脾精，衛司於肺，而實化於陽明，府陽旺則外發，寒疫之家，非陽盛之極者，不可輕瀉其胃氣也。

《四聖懸樞·疫病解·表解熱除》 風性疏泄，氣性收斂，風傷衛氣，開其腠理，氣欲內斂，風欲外泄。氣閉於內，則營鬱而爲熱，風泄於外，則竅開而爲汗。風愈泄而氣愈閉，營熱日積，待至六經既盡，斑點外發，而後血分之熱泄。

若氣閉而不泄，則營熱內鬱，而生燥悶，五藏燔蒸，而人死矣。或泄之不透，隱見於皮膚之閒，必鬱而爲癢。癢者，是謂隱診。隱疹之家，血熱蘊積，久而肌肉潰腐，發爲痂癩，所謂脈風者也。當涼血發表，使營熱外達，不令內蒸也。

《四聖懸樞·疫病解·陰衰營陷》 溫疫之病，在於血分。風本傷衛，衛傷而閉其營血，是以病在血分。

肝藏營血而太陰爲生血之本，脾以陰土而含陽氣，脾陽一升，則溫暖而化肝木。溫疫之病，非第在肝，而實連於太陰脾陰不弱，足以滋潤其營血，則營鬱外達而斑點生。太陰脾藏，以濕土主令，陰衰傳府，濕化爲燥，陽旺而生

裏熱，則營氣內陷而不外達。溫疫之死，死於脾陰之弱，火土燥熱而營鬱不能達也。

《四聖懸樞·疫病解·太陽經證》 發熱頭痛

太陽之經，總統營衛，風傷衛氣，遏閉營血，鬱迫而生裏熱。肝木藏血而生火，火者，血中溫氣蓄積而化熱也。太陽寒水之經，應當惡寒，以營鬱而生火，故但熱而不寒。其經自頭走足，行身之背，經逆而不降，故頭痛而項強也。

身痛脈緊煩躁無汗

溫疫在太陽之經，脈浮頭痛，發熱汗出，以風強而氣不能閉也。若脈浮而緊，發熱惡寒，身痛腰痛，煩躁無汗而喘促者，是氣強而風不能泄也。蓋寒疫無汗，溫疫有汗，以寒性閉藏而風性疏泄也。若衛陽遏閉，風不能泄，營鬱莫達，是煩躁喘促，與傷寒同證，宜以浮萍、石膏清散經絡之熱也。

煩熱燥渴

病在太陽經，未入陽明之府，不至遽生煩渴，若陽明燥盛之人，經熱外逼，燥熱內應，則見煩渴。陽明從燥金化氣，府燥發作，故有煩熱便難之證。而府燥未作，經燥先動，是以煩渴生焉。

其太陽表證未解，宜浮萍石膏清金而解表，絕其煩熱入府之源。表證已解，第以白虎加元麥湯清燥而生津。氣虛者，加人參以益氣，以表解陽虛，恐其燥去而陽亡也。

《四聖懸樞·疫病解·陽明經證》 目痛鼻乾嘔吐泄利

三陽之經，陽明爲盛，足陽明從燥金化氣，太陽表邪不解，經熱內傳，火性就燥，必入陽明。陰盛於裏而陽盛於表，府燥未作，經燥先動。《熱論》：二日陽明受之，其脈挾鼻絡於目。故身熱目痛而鼻乾，不得卧，是皆經絡燥熱之證也。

陽明主降，戊土右降，則金水收藏，相火歸根，故上焦清空而善容。陽明不降，金水失其收藏，膽木逆行，相火上炎，肺金被克，故目痛而鼻乾。膽木逆行，而賊胃土，胃氣壅遏，不能容受，故嘔吐而泄利，緣經邪鬱迫其府氣故也。

《四聖懸樞·疫病解·陽明府證》 潮熱汗出譫語腹痛便秘

病傳陽明之經，不得汗解，府陽素旺之人，以經熱鬱蒸而府熱內作，開其皮毛，則見大汗。至於手足淋漓，表邪盡解，全是內傷矣。經氣發舒，無復鬱迫，府氣鬆暢，吐利皆安。汗愈泄而土愈焦，燥愈增而熱愈盛。每至申酉之交，應時發熱，如潮汐不爽，是謂潮熱。燥土消爍心液，於是譫語。燥矢壅遏府氣，於是滿痛。遲則藏陰耗亡，營氣鬱陷，生死攸關，不可不亟下也。瀉以大小承氣，而加養陰涼血之味，藏陰續復，營鬱外達矣。

《四聖懸樞·疫病解·少陽經證》 目眩耳聾口苦咽乾胸痛脅痞嘔吐泄利

溫疫二日，陽明經熱不解，三日則入少陽之經。少陽以相火主令，足少陽以甲木而化氣於相火，傷寒之口苦咽乾而目眩者，皆相火之上炎也。其經自頭下項，行身之側，熱病之胸脅痛而耳聾者，皆膽木之逆行也。少陽在二陽之裏，三陰之表，陰盛則傳太陰之藏，陽盛則傳陽明之府，少陽者，入府入藏之門戶也。溫疫營鬱熱盛，火旺木枯，但傳胃府而爲熱，不入脾藏而爲寒。傳胃則木邪逼土，府氣鬱遏，而生吐利。是宜清散經邪，杜其入府之路之。

三陽傳胃

溫病三陽經病，營鬱熱盛，勢必內傳胃府。而胃陽素旺，燥熱感發，經府同氣，表裏俱病。府熱內遏，而藏陰消爍，過經不解，則藏府鬱蒸，而人死矣。

溫疫所最忌者，營熱不能外泄，其不外泄之由，全以衛盛而營衰，脾陰虛而胃陽旺也。若脾陰不衰，胃陽雖旺，六經既徧，邪欲內傳，而藏氣扞格，熱無內陷之隙，則蒸泄皮毛，發爲斑點，而病解焉。溫疫之斑發而不死者，藏陰充足，外禦經邪而熱不內陷也。若一入胃府，府陽日盛，則藏陰日枯，不得不用瀉法。緩則瀉於經盡之後，急則瀉於經盡之前。府熱一清，則經熱外達，而紅斑發矣。

《四聖懸樞·疫病解·太陰經證》 腹滿嗌乾

太陰以濕土主令，其經自足走胸，行身之前，溫疫營鬱熱盛，三陰之經，化氣於三陽，故病傳太陰，則腹滿而嗌乾。陽明之燥氣太亢，則營熱內蒸，而殞性命，太陰之濕氣不枯，則營熱外達，而生斑點，溫疫所最懼者，濕衰而燥勝也。太陰經病，脾陰足以濟胃陽，則營熱不至於內蒸，自然發越於皮毛矣。

《四聖懸樞·疫病解·太陰經證》 口燥舌乾

少陰以癸水而化君火，其經自足走腰，行身之後，溫疫發於春夏相火得令之時，火勝水衰，故口燥舌乾而渴。丁火太亢，則營鬱而內焚，癸水不枯，

則斑生而熱退。溫疫之所最懼者，水敗而火勝也。少陰經病，腎水可以支相火，則營熱不至於內焚，自然宣泄於孔竅也。

《四聖懸樞・疫病解・厥陰經證》　煩滿發斑

厥陰以風木主令，其經自足走胸，行身之側，循陰器而絡肝，故煩滿而囊縮。厥陰肝木司營血而胎君火，溫疫之病，受在營血，則傳至厥陰，邪熱斯甚。若木榮血暢，經藏潤澤，營熱不能內傳，六經既徧，別無去路，則鬱極而發，蒸泄皮毛，而見紅斑。若營氣虛弱，不能遽發，過時斑見，而色帶紫黑，則多至不救。以其經熱鬱蒸，後期而發，營血傷敗，失其華鮮也。是宜清解涼血，使其營熱發達，此治厥陰溫疫之定法也。

《四聖懸樞・疫病解・六經治法》　溫疫營鬱血熱，六日而至厥陰。六經既盡，陰氣續復，血熱外達，應見紅斑，斑生則熱退而病解矣。紅斑之後，繼以白斑。紅斑者，營血之外發，白斑者，衛氣之外泄。

寒疫營閉而衛鬱，溫疫衛閉而營鬱，營開而衛泄則爲汗，衛開而營發則爲疹。小兒寒疫，皮膚緻密，不得汗泄，則衛氣升騰，衝突皮膚而爲痘，溫疫則大人小兒皆生疹點，無有異也。

溫疫之感，全在少陽厥陰兩經。厥陰職司營血，而營中之伏熱，則少陽之相火，而非但乙木所胎之君火也。若未滿六日，而表證已解，血熱未深，止是汗出，尙無紅斑也。六日而傳厥陰，血熱已深，是以表解而斑紅。

若六日之外，過時而後斑發，營血鬱蒸，紅轉而紫，紫變而黑，則十不救一。

治法：　六日之內，總宜透發肌表，以瀉血熱，至六日經盡之後，表藥更當急進，刻不可緩也。血熱不泄，立致殞亡，即泄之不透，隱見於皮膚之間，亦生風癩之疾，非細故也。

《四聖懸樞・疫病解・停水不消》　溫疫綜述

溫疫固無入藏生寒之證，然亦不皆入府而生內熱。其藏不寒而府不熱，而經熱燔蒸，木火枯燥，煩渴飲冷，不能禁止。水積胃府，停蓄不消，於是腹脇脹滿，小便不利，以土濕木鬱，疏泄之令不行也。

凡府陽非旺，而病溫疫，無有不停水之證。此在傷寒，便是三陰四逆眞武諸病，以溫疫經熱勝其藏寒，故內寒不作。然至積水不消，則藏陰較甚於府陽矣。

其表證未解，當以豬苓湯加浮萍，表裏雙解之。表解而斑發，則但以豬苓瀉其積水也。

《四聖懸樞・疫病解・表解寒散》　寒性閉澀，血性發揚，發揚則竅開，閉澀則竅闔。平人之氣，營陰在內，衛陽在外，寒傷營血，閉其皮毛，衛氣陷於營陰之內，營陰閉藏，則生表寒。其陽盛者，三陰藏氣從陽而化熱，其陰盛者，三陽經氣從陰而化寒。陽盛則衛氣外發而汗出，陰盛則衛氣內陷而人亡。故寒疫之病，陽盛而外熱者吉，陰盛而內寒者凶。緣其病愈，必須汗出，而其汗出，全賴陽旺。使其裏氣平和，則但可解表，勿輕用硝黃誤下，以陷其衛陽也。

若其裏陽素盛，而表寒不解，以致裏熱鬱發，則兼清裏熱，以解表寒。若裏陽素虛，衛氣鬱淪，不能外發，但用表藥，猶難汗解，再事寒攻，則衛陽愈陷，禍變遂生。如其裏陰鬱動，寒濕淫溢，當速用溫燥，以回陽氣，稍用瀉下之劑，則人隨藥斃，不可治矣。

《四聖懸樞・疫病解・太陽經證》　頭痛惡寒

太陽之經，外在皮毛，實爲六經之長。肺藏衛氣，肝藏營血，而總統於太陽。寒傷營血，裏束衛氣，不得外發，故閉藏而生表寒。其經自頭下項，行身之背，經氣上壅，故頭項痛而腰脊強。肺主衛氣而開竅於鼻，衛氣遏閉，不能外泄，故逆行鼻竅而生嚏嚔。衛氣逆行，不得下降，故胸膈鬱悶而發喘促也。

紫蘇湯　治一日太陽寒疫，頭痛，發熱，惡寒者。

寒疫得之傷寒，亦是麻黃湯證。但不盡見於冰雪之天，非皆純寒，未必咸宜麻黃辛溫，故以桂枝瀉營血之鬱，蘇葉、杏仁瀉衛氣之鬱也。

血升鼻衄

太陽經病不解，衛鬱莫泄，升逼營陰，則見衄證。以肺主衛氣，開竅於鼻，衛陽遏閉，不得外達，經脈莫容，上尋出路，衝其營血，是以上溢。血衄則衛鬱發瀉，亦同汗解，但營血流灕，不無耗喪耳。

陽明傷寒，脈浮發熱，口乾鼻燥，能食者，則衄。方在太陽陽明，於其脈浮發熱，口乾鼻燥之時，早以紫蘇石膏地黃湯瀉衛鬱而涼血熱，則血不上流矣。

紫蘇石膏地黃湯　治寒疫太陽經病不解，血升鼻衄者。

水氣內停

太陽膀胱，寒水之經，太陽經病，陽虛之人，多有水氣停瘀之證。或原無積水，而渴燥飲冷，蓄而不消，水氣阻格。肺胃上逆，則眩暈而嘔咳，肝脾下陷，則淋澀而泄利。外寒未解而裏水又動，久而火敗土崩，則入三陰之藏，是宜外發表邪而內驅寒水也。

茯桂薑辛湯。若下利，加赤石脂一錢。若渴者，去半夏，加栝蔞根三錢。若小便不利，加茯苓三錢。若喘者，加杏仁三錢。若噎者，加附子三錢。

病在太陽，未應煩渴，設見煩渴，便是將入陽明之府，以陽明燥氣，因表鬱而內發也。若表證已解，用白虎加元麥湯，清燥而生津。氣虛者，加人參以益氣，以汗後陽虛，恐其渴止而陽亡也。

白虎加元麥湯　治寒疫太陽經罷，煩躁發渴者。

人參白虎加元麥湯　治寒疫太陽經罷，氣虛煩渴者。

寒疫之病，藏府易生濕寒，燥熱者少，然白虎證亦恆有之，此法不可廢也。表證未解，加紫蘇三錢。

《四聖懸樞·疫病解·陽明經證》　嘔吐泄利

陽明之經，在肌肉之分，皮毛之內，太陽表寒未解，以次相傳，則及陽明。其經挾口環鼻，行身之前，經氣上壅，故鼻乾口燥而胸滿。陽明從燥金化氣，太陰以濕土主令，燥盛則傳府而生熱，濕盛則入藏而生寒。衛氣之外發而汗解，全恃乎胃陽盛而燥氣長也。

胃者，水穀之府，一傳陽明，必見嘔吐。以少陽膽木，本從胃土下行，陽明經病，不能順降，則膽木上逆而剋胃土。胃氣壅遏，失其容受之量，水穀在中脘以上者則爲嘔吐，在中脘以下者則爲泄利。嘔多則胃病，利多則脾病也。

紫蘇葛根升麻湯　治寒疫陽明經泄利者。

紫蘇葛根半夏湯　治寒疫陽明經嘔吐者。

乾燥發渴

陽明經病，而見燥渴，便是將入胃府，用白虎加麥冬、元參，清肺金而潤燥。氣虛者，酌加人參。蓋病入陽明，燥氣必作。燥必先見於庚金而後見於戊土，以燥乃庚金之令氣而戊土之化氣也。戊土之燥在腹，庚金之燥在胸。胸者，辛金之位，辛金本化氣於濕土，陽明旺則辛金不化己土之濕而化庚金之燥，是以燥見於胸。大腸者，庚金之府，胸燥則腸燥可知矣。

《四聖懸樞·疫病解·陽明府證》　潮熱汗出譫語腹滿便秘

三陽以陽明爲盛，經熱不解，轉入胃府，陽鬱火旺，必作潮熱。每日申酉之交，煩熱倍加，如海水潮信，是名潮熱。熱蒸皮毛，汗出表解，津亡土燥，糟粕焦枯，不俟入腸，煉成結糞，堵塞下脘。胃熱鬱遏，上耗心液，於是譫語。胃氣閉壅，於是腹滿。遲而傷及三陰，脾陰爍則脣裂，腎陰枯則耳焦，肝陰涸則舌短。陰精竭流，則人死矣。是宜以承氣加元參、麥冬、白蜜，瀉其熱而潤其燥。雖用攻下，而不至亡陰也。

調胃承氣加麥冬元參湯。

小承氣加麥冬元參湯。

大承氣加麥冬元參湯。

《四聖懸樞·疫病解·少陽經證》　口苦咽乾目眩耳聾胸痛脇痞寒熱往來

少陽甲木，從相火化氣，病則行其火令。其經起銳眥，上絡於耳，下頸而合缺盆，行兩脇而走足。經氣逆升，滯塞胸脇，相火燔騰，是以口苦咽乾，目眩耳聾，胸痛而脇痞也。位居陽明之裏，太陰之表，太陰主營，陽明主衛。營陰外束，衛氣欲出而不能，鼓勃振動，則爲寒戰。衛氣透發，則汗出。凡將汗而戰搖者，衛弱不能遽發也。衛陽內發，營氣欲出而不得，蓄積壅遏，則爲發熱。營氣透發，則熱退。凡發熱而無汗者，營鬱不能外達也。營衛交爭，迭爲勝負，是以寒往而熱來，寒來而熱往。相爭之久，勝負遂分，寒勝則入於太陰，熱勝則入於陽明。入於太陰，則陽負而多危，入於陽明，則陰盡而亦凶。其於寒熱往來時，以小柴胡雙解表裏之邪。柴胡、黃芩，清瀉半表之陽，人參、甘草，溫補半裏之陰，則無偏陰偏陽，內傳藏府之患矣。

嘔吐泄利

少陽經氣，隨陽明戊土下降，寒邪外束，甲木鬱塞，不能順降，逆侵戊土，戊土被賊，遂與少陽之經，痞結胸脇。凡心胸痞塞，脇肋鞕滿之證，皆少陽陽明兩經之上逆也。胃主受盛，戊土賊於甲木，府氣鬱遏，不能容納水穀，故吐利並作。木賊土負，中氣被傷，陰虛則入陽明之府，陽虛則入太陰之藏。方其木邪肆虐之時，下見泄利，則以黃芩湯清其相火，上見嘔吐，則以黃芩半夏生薑湯降其逆氣。其半在少陽之經，半入陽明之府，則以大柴胡湯雙解經府之邪。其半在少陽之經，半入太陰之藏，而下見泄利，則以柴胡桂枝乾薑湯

溫其濕土，上見嘔吐，則以柴胡桂薑半夏湯降其逆氣也。

黄芩湯　治寒疫少陽經胸脇痞滿泄利者。

黄芩半夏生薑湯　治寒疫少陽經胸脇痞滿嘔吐者。

大柴胡湯　治少陽經傳陽明府，胸脇痞滿，嘔吐泄利者。

柴胡桂枝乾薑湯　治少陽經傳太陰藏，胸脇痞滿，泄利者。

柴胡桂薑半夏湯　治少陽經傳太陰藏，胸脇痞滿，嘔吐者。

寒疫之少陽與傷寒之少陽，病同而法亦不殊。凡見少陽諸證，非內傳於府，即內傳於藏。內連藏府而後，少陽經證日久不罷，方宜小柴胡湯增減治之。若不連藏府，而但經絡外病，則是三日少陽之證，總以太陽爲主，第宜紫蘇湯發表，無事大小柴胡湯也。

《四聖懸樞・疫病解・太陰經證》　痛滿吐利

寒疫傳經，四日而至太陰，脾陰非旺，終不入藏，脾陰一旺，則不拘何日，皆可內傳。太陰以濕土主令，表鬱濕動，故病傳脾藏。土濕則中氣不運，傷寒太陰痛滿吐利之證俱起。衛氣鬱陷，皆因於此。當補火燥濕，以回脾陽，則衛氣發宣而不陷沒矣。

苓桂參甘厚朴湯　治寒疫太陰腹滿者。

苓桂參甘椒附湯　治寒疫太陰腹痛者。

參甘苓桂半夏湯　治寒疫太陰嘔吐者。

茯苓四逆加石脂湯　治寒疫太陰泄利者。

《四聖懸樞・疫病解・少陰經證》　厥逆吐泄

寒疫傳經，五日而至少陰，腎陰非旺，終不入藏，腎陰一旺，則不拘何日，皆可內傳。少陰以癸水而化君火，病則水旺而火衰，以水能勝火而火不勝水，自然之勢也。表鬱寒作，故病傳腎藏。水寒則侮土滅火，傷寒少陰厥逆吐泄之證俱起。衛氣陷敗，全由於此。當補火瀉水，以回腎陽，則衛氣發達而不陷亡矣。

茯苓四逆加半夏湯　嘔吐與泄利並見，加石脂。但見泄利，用茯苓四逆加石脂湯。四肢厥冷，踡卧惡寒，而不吐泄，但用茯苓四逆湯治之。

《四聖懸樞・疫病解・厥陰經證》　厥逆發熱消渴吐泄

寒疫傳經，六日而至厥陰。肝陰非旺，終不入藏，肝陰一旺，則不拘何日，皆可內傳。厥陰風木主令，下爲腎水之子，上爲君火之母病則水火不交，下寒上熱。水勝則厥生，火復則熱發，厥而陽絶則死，熱而陽回則蘇。

寒疫之在少陰，但有厥逆，一傳厥陰，厥逆之極，多見發熱。其厥逆者，母氣也，其發熱者，子氣也。厥爲死機，熱爲生兆，厥熱勝復之際，不可不察也。

風木之性，疏泄而枯燥，土濕水寒，木鬱風動，腸竅疏泄，則爲泄利，肺津枯燥，則爲消渴。風木者，脾土之賊，其死者，死於水旺而土負，其生者，生於火旺而土勝。厥陰之泄利消渴日甚不已者，水勝而火息，土敗而木賊也。暖水以榮木，補火以生土，厥陰之法，不外此矣。

茯苓參甘薑附歸脂湯　治寒疫厥陰厥逆泄利者。

參甘歸芍麥冬栝蔞湯　治寒疫厥陰發熱消渴者。

《四聖懸樞・疫病解・三陰治法》　傷寒三陰之病，皆三陰藏證而非經證。經證者，四日太陰，五日少陰，六日厥陰，但在三陰之經，不入三陰之藏。法以太陽爲主，不論何日，總是麻黄湯證，不必另立三陰之門也。仲景三陰諸法，原爲三陰藏病而設。寒疫亦然，其但在三陰之經，總是紫蘇湯證，以其離經而入藏，不得不另立專法也。

其傳經而不傳藏者，六日經盡，自能汗解。緣裏陽不虚，衛無內陷之由，正復邪衰，自然外發。凡過期纏綿不得汗解者，皆陰盛而入藏也。陽盛入府。則潮熱汗出而不解，陰盛入藏，則厥冷無汗而不解。寒疫入府者少，入藏者多。溫疫之死，死於陽旺而入府，寒疫之死，死於陰旺而入藏。

小兒痘病，即大人之寒疫。其陽虚衛陷，痘瘡癢塌而死者，皆陰盛而入藏也。

寒疫之感，受在太陽少陰兩經。寒水之氣旺，感於太陽之經，則傳於少陰之藏。少陰主水，五藏之陰，莫盛於少陰，太陰厥陰之病，悉因少陰之水旺，瀉癸水而益丁火，三陰之通法也。

《金匱翼・諸濕統論・瘟疫大法》　瘟疫之病，近代諸家，多與溫病同論，以其聲稱之同與病形之似也。然而瘟疫者，天地之厲氣也，最爲惡毒，感之而病者，往往致死，其甚者，致於滅門。若冬春間之溫病，苟調治得理，則未必致死，亦必不傳染多人。故其方法，宜應別論，且也歲運有太過不及之殊，天時有恆雨恆暘之異，是以疫厲之行，亦有表裏寒溫熱濕之分，其可以一概論哉！約而言之，計有三門：若其表裏俱病，而盛於表者，則用東垣普

濟消毒之法；　若其病不在表，又不在裏，而獨行中道者，則用吴又可達原飲之法；　若其表熱既盛，裏症復急，治表治裏，救療不及者，則用陶尙文三黃石膏湯之法。此瘟疫入手法門也。亦有邪氣獨盛於表，而裏無熱症者，則活人敗毒散之治也；　亦有寒濕獨行，而病在肌皮胷膈者，則東坡聖散子之證也。合前三法，共爲五法，以余所見，則未有不兼裏者。而有寒濕而無蓄熱，亦十中未得其一二也，然而法不可不備，惟用之者得其當耳。

《雜病源流犀燭・瘟疫源流》 瘟疫，時行病也。類於傷寒，春夏秋三時俱有，夏秋更甚。皆因天之風雨不時，地之濕熱鬱蒸，齒骼之氣延蔓，人觸之而病而死。於是更增一種病氣死氣相漸染，犯之者從口鼻入，抵臟腑，溷三焦，正閉邪盈，因而陽格於內，營衛運行之機阻於表。始必惡寒，甚而厥逆，迨陽鬱而通，厥回而中外皆熱，昏沉自汗。此時邪伏膜原，雖有汗熱亦不解，必候伏邪潰，表氣入內，精氣達表，戰慄大汗，邪氣方出，脈靜身凉。猶或伏邪未盡，亦必先惡寒，再發熱，至於發出，方顯變症。其症或從外解，或從內陷。外解者，發煩、戰汗、自汗；　內陷者，胸膈痞悶，心下脹滿，腹中痛，燥結便秘，熱結旁流，協熱下利，或嘔吐惡心，譫語，舌黃，及胎黑芒刺等症。脈則不沉不浮而數，日夜皆熱，日晡更甚，頭疼身痛，忌汗與下，宜透膜原之邪。宜達原飲。若見各經，加引經藥。感輕者舌胎薄，脈不甚數，此必從汗解。如不得汗，邪結膜原，表裏不通，亦不可外逼強汗。感重者，舌胎如粉漬，藥後反內陷，舌根先黃，漸至中央，邪漸入胃矣，須下之。宜達原飲加大黃。若脈長洪而數大，此邪適離膜原，欲表未表也。宜白虎湯。舌黃，兼裏症，此邪已入胃也。宜大小承氣湯。邪之離膜原，每因元氣厚薄爲久暫，厚則邪易傳化，薄則邪難傳化。倘本有病又感邪，能感不能化，安望其傳？不傳則邪不得去，日久愈沉，切勿誤進參芪。且疫之傳有九，總不越表裏之間：一爲但表而不裏；　二爲但裏而不表；　三爲表而再表；　四爲表裏分傳；　五爲再表再裏或再表裏分傳；　六爲先表後裏；　七爲先裏後表；　八爲表裏各偏勝；　九爲不論表與裏，其初發必重。此九者之名目既審，而九者之症治可詳。曷言乎但表而不裏也，其症頭疼身痛，發熱，似畏冷，穀食如常，無裏症。此邪傳外由肌表出，或斑消，或汗解，爲順輕劑可愈。有汗不透而仍熱者，宜白虎湯。有斑不透而仍熱者，宜舉斑湯。有斑汗並行俱不透者。宜參用白虎舉斑二湯。曷言乎但裏而不表也，其症胸膈痞悶，欲吐不吐，吐亦不快。宜瓜蒂散。若邪傳裏之中下，心腹脹滿，不吐不嘔，或燥結便閉，或熱結旁流，或協熱下利，或大腸膠閉，甚或有再發三發者。俱宜承氣湯。曷言乎表而再表也，所發未盡，膜原尙有隱伏之邪，故隔數日再發熱，脈洪大而數，及其解也，斑者仍斑，汗者仍汗，甚有至於三發四發者。宜清熱解肌湯。曷言乎表裏俱傳也，其始邪伏膜原，尙在半表裏，二症俱現，必先令裏邪去，自能達表，或斑或汗，隨宜升泄之。病退而熱未除，膜原尙有未盡之邪也。宜三消飲。若分傳至再三，照前治之。曷言乎再表再裏，或再表裏分傳也，此亦病氣如此，非醫之疏於救治，病家之失於調養也。宜酌用清熱解肌湯、三消飲、普濟消毒飲子。曷言乎先表後裏也，其始但有表症，宜達原飲。其繼脈大且數，自汗而渴，此邪離膜原，未能出表耳。宜白虎湯。迨邪既從汗解，三四日後仍發熱，宜達原飲。至後反加胸滿腹脹，煩渴不食等症，復傳裏矣。宜達原飲加大黃。曷言乎先裏後表也，其始發熱，有裏症，下之便愈。後又發熱，反加頭疼身重，脈浮，必當汗。宜白虎湯。服之不得汗，液枯也。宜白虎湯加人參即解。若大汗大下後，表裏症悉去，繼而一身盡痛，身如被杖，脈沉細，此汗出太多，陽氣不周，骨寒而痛，非表症也，不必治，陽回自愈。曷言乎表裏偏勝也，膜原伏邪發時，若表症多而裏症少，當治其表，裏症兼之。若裏症多而表症少，但治其裏，表症自愈。宜大柴胡湯。曷言乎不論表裏，初發必重也，蓋以邪有行有伏，正傷寒行邪也，故依次傳經，或汗或下立解。若疫邪，則先伏後行。始伏膜原，營衛所不關，藥石所難治；　及其發時，邪毒張熾，內浸於腑，外淫於經，營衛受傷，諸症漸顯，然後得而治之。方其浸淫之際，邪毒在膜原，此時但可疏利，使伏邪易出。宜香蘇散。邪既離膜原，乃觀其變，或出表，宜達原飲。或入裏，宜白虎湯。然後可導邪而出，邪盡方愈。不得初發方張，即爲驚愕無措也。古人云：瘟疫莫治頭，癆怯莫治尾。其始但使邪毒速離膜原，便是治法。全在後段識得表裏虛實，緩急重輕，不致錯治，自可全愈。若久病後，老年人，酒色輩，又加溫疫，自難支矣。此瘟疫九傳症治也。

而其詳更有可條分縷析者，蓋疫邪爲病，有從戰汗解者；　有從盜汗自汗解者；　有無汗而全歸胃者；　有大汗熱渴，終得戰汗解者；　有胃氣壅抑，必從下而得戰汗解者；　有汗解未盡，三四日復發熱者；　有發黃因下而復熱發斑者；　有發斑即愈者；　有裏症急，雖斑不愈者；　凡此皆尋常之變。又有局外之變，男子犯房事，熱邪乘虛陷下焦，以致夜熱，便淋澀，小腹

脹，用導赤五苓不效者，宜大承氣湯，便如注而愈。女了經適來適止。失血崩帶，及心痛疝氣，痰火哮喘，凡此皆非常之變。要之，因疫而來他病，但治疫爲要。有一二日舌胎白，早服達原飲。舌色變黃，並胸膈滿痛，大渴煩躁，此伏邪傳裏也；宜達原飲加大黃。下之，煩熱稍減，晚又熱躁，舌全黑刺，鼻黑煤，此邪毒瘀胃也；宜大承氣湯。抵暮大下，夜半當熱退，次早舌刺如失。一日三變，因其毒甚故傳變亦速，用藥亦必緊，緩劑則無救矣。有初起脈數，未至洪大，邪尚在膜原，止宜達原飲。誤用白虎湯者，必不能破結使愈。或邪入胃，必宜承氣湯。誤用白虎湯，徒伐胃氣，反抑邪毒，致脈不行，反變細小，勿更誤認陽症陰脈，妄言不治，因不敢下。急宜承氣湯。有表裏傳變無定者，不得拘先解表後攻裏之說。蓋邪在裏，裏氣結滯，不得外達，即四肢未免微厥，雖發汗不得愈，必解其裏，宜承氣湯。裏氣一通，多有自汗解者。設下後脈浮而微數，身微熱，神思不爽，此邪止浮於肌表也，宜白虎湯。便色清，便蒸蒸汗解。若下後脈數而空，此則虛也，宜人參白虎湯。補之，即汗解。下後脈數而浮，原當解，至五六日無汗，脈症不改，此因數下，血液枯正氣微也，宜人參白虎湯。以涼解，即得汗。裏症脈沉，下之改浮，今不得汗，二三日脈更沉者，此膜原之邪仍瘀到胃也，更宜下之。或又脈浮，宜白虎湯。自愈。或裏症下之愈。幾日復熱，非關飲食勞役，乃膜原之邪復聚，仍當下之，但制輕劑耳。有應下失下，口燥舌乾而渴，反熱減，四肢時厥，欲就煖，此陽氣伏藏也。既下，厥回，脈大而數，舌上生津，不思水飲，此裏邪去而鬱陽暴伸也。宜柴胡清燥湯去花粉、知母，加葛根。有下後二三日，舌又生胎，邪未盡也，再下之。胎刺去，煩熱留，更下之。已愈數日，復熱，復胎，更下之，勿忌。生疑失治，但其間或間日一下，或三四日一下，或下二日間一日，其後輕重緩急，或應用柴胡清燥湯，或犀角地黃湯，或承氣湯，與多與少，亦皆治法，若不明，必誤事。有下後已愈，腹中有塊，按之痛，常作蛙聲，氣之升降之不利，此邪雖除，宿結未清也，不可攻，須善調養，常食粥，結塊方下，或堅黑如石。又有病氣促，月餘塊方消者，此無形之結也。有下後已愈，大便十數日不行，時嘔，此名下膈，蓋下不能通，必及於上也，必使宿垢盡下，宜調胃承氣湯。嘔自止，切不可補。總之，疫邪貴早下，但見舌黃，心腹脹滿，乘氣血未亂，津液未枯，即當下之，宜承氣湯。不得拘下不嫌遲之說。蓋疫氣多濕，未便即結，非如傷寒必俟結定而後攻也。凡疫邪傳裏，遺熱下焦，小便不利，邪無輸泄，經氣鬱滯，其傳爲癉，身目如金，或用茵陳五苓散不效，乃胃家移熱，必以大黃奏功。宜茵陳蒿湯。凡疫邪胸滿喜嘔，腹不滿，欲吐不吐，欲飲不飲，此邪與痰飲結滯也。必吐之。宜瓜蒂散。凡疫日久失下，自利純黑水，晝夜十數行，口燥唇乾舌裂，此熱結旁流也，宜承氣湯。去其宿垢頓止。凡胃熱失下，經氣爲熱所鬱而爲黃，熱更不減，搏血爲瘀，是因發黃而爲畜血，非因畜血而至發黃也，但畜血一行，熱隨血泄，黃隨泄減矣。治黃宜茵陳蒿湯。治畜血宜桃仁承氣湯去桂枝、甘草，加丹皮、當歸、白芍。凡疫邪留血分，裏氣壅閉，不下則斑不出，出則邪解矣。如下後斑出，更不可下。設猶有下症，宜少與承氣緩服。若大下，則元氣損，斑陷則危矣，必當托裏。宜舉斑湯。如下後斑隱，反見循衣撮空，脈微，宜舉斑湯加人參三錢。或得補復發出，可不死。凡胃移熱下焦氣分，小便不利，熱結膀胱也。若移熱於下焦血分，膀胱畜血也。夫畜血症，在小便利不利也。故晝稍減，夜熱譫語者，瘀血也。未行宜桃仁承氣湯下之，後用犀角地黃湯調之。凡失下，循衣摸床撮空，肉惕，目不了了，邪熱愈甚，元氣將脫者，不可竟下，又不可不下，宜陶氏黃龍湯。既下，急用生脈散加生薑、當歸、白芍、知母、陳皮、甘草。皆死中求生法也。凡疫病邪不入胃，必終始能食，勿絕其食，只少少與之耳。凡大下後，須善調理。宜清燥養菜湯。或有表留餘熱者，宜柴胡養榮湯。或有痰飲積而胸膈不清者，宜瓜貝養榮湯。凡舌胎白，邪在膜原，變黃，邪在胃。沉香色胎老白不可下，黃宜下，黑急下。下後胎不脫，舌刺、舌短、舌裂、舌硬、舌卷、白砂胎、黑硬胎，皆當下。胎雖白，倘別有下症，宜達原飲加大黃。則下之。若大汗，脈洪大而渴，未可下也。宜白虎湯。惟目赤咽乾，氣噴如火，小便黃赤作痛，揚手擲足，脈沉數，下之。宜承氣湯。有心下痛，腹脹滿痛，頭痛，下之立止；如初起，未可下。而有血液枯竭者，當用導法導之，宜蜜煎法。以其爲虛燥也。凡疫病，在現症或輕，雖有頭疼身熱自汗，而飲食不絕，力可行走，脈又不浮不沉而數，少得誤認爲勞倦傷脾，竟用補法，以致不救。凡疫痢相兼最危，疫屬胃，痢屬大腸，大腸病而失傳送之職，故糞不行，下膿血，穀食俱留停在胃，直須大腸邪氣退，胃氣通，今大腸既病，糞尚不行，何能爲胃載毒而出？毒既不行，最傷胃氣，胃傷必死。凡遇疫痢兼病，在痢尤宜吃緊。宜檳榔順氣湯。凡孕婦疫發，設用三承氣，須隨症施治，不可過慮。慎勿生疑掣肘，必致母子兩傷。倘應下之症，誤用安胎補劑，熱毒愈熾，胎愈不安，急當下之，以逐其邪，當子母俱安。若腹痛腰痛，必墜無疑矣，須預爲病家言之

也。凡婦人病疫，惟經水適來適斷，崩漏產後，與男子不同。蓋經水適來，邪不入胃而入血海，勿以胃實攻之，熱隨血下自愈。宜小柴胡湯加赤芍、丹皮、生地。如結胸狀者，血因邪結也，宜刺期門。經水適斷，血室乍空，邪乘虛入，難治，與適來者，有虛實之分也。宜柴胡養榮湯。新產亡血，衝任空虛，與素崩漏經氣久虛者，亦如前治。宜柴胡養榮湯。若藥不行，須和其性。宜加生薑。氣虛不運，須助宣行。宜加人參。凡疫行，小兒目吊驚搐十指鈎曲，角弓反張，切勿誤認驚風，當與大人疫病同治，但藥劑須輕小耳。凡裏症下後，卧幾日，汗不止，身微熱，此表有餘邪，邪盡汗自止。若不能止，小柴胡湯加廣皮，嘔加半夏，虛加人參，不可用芪術。如已愈幾日後，反得盜汗，宜略用補法。虛實之分，在有熱無熱也。下後邪去嘔止，若復嘔，胃虛也，稍進粥飲調之。凡感冒兼疫，先治感冒，宜上清散。後治疫。凡瘧疫相兼，治疫而瘧自已。凡方食肉，病停積在胃，因承氣連下，惟下旁流臭水，其病不退，加人參一味，即三四十日停積頓行。應下失下，眞氣虛微，及投承氣，少頃汗出，額上髮祭癢，手足冷，甚則戰慄心煩，坐卧不安，如狂，此中氣已虧，不勝藥力，名曰藥煩。如遇此症，須多加生薑，匀兩次服，防嘔。以上治疫之法，既詳且盡，更無挂漏矣。

而疫與傷寒異同處，更有當辨者：傷寒必有感冒之因，惡風惡寒，身疼頭痛發熱，無汗脈浮緊爲傷寒；有汗脈浮數爲中風；若溫疫，無感冒之因，始覺凜凜，後但熱不惡寒，雖飢飽勞役，焦思怒鬱，皆能觸發其邪，然無所觸而自發者居多。傷寒藥一汗即解；疫發散雖汗不解。傷寒不纏染；疫則纏染他人。傷寒邪從毛竅入；疫邪從口鼻入。傷寒感而即病；疫感而後發。傷寒汗解在前；疫汗解在後。傷寒可使立汗；疫必俟其內潰，方自汗盜汗戰汗。傷寒不易發斑；疫多發斑。傷寒邪感在經，以經傳經；疫邪感在內，邪溢於經，經不自傳。傷寒感發甚暴；疫卻有淹纏幾日，漸加重，或忽加重。傷寒初起，必先發表；疫初起，必先疏利。此皆其異焉者也，而亦有其同焉者，皆能傳胃，故必皆用承氣道邪而出。故始異而終同也。傷寒之邪自外傳內，原無根蒂，惟傳法有進無退，故下之皆愈。疫之邪始匿膜原，根深蒂固，時發與營衛交併，客邪由經之處，營衛無不被傷，故曰潰，不潰則不能傳，不傳則邪不出，不出則病不愈。乃疫下後，或有不愈者，何也？蓋疫邪多表裏分傳，因有一半向外，邪傳留於肌肉，一半向裏，邪傳留於胃。惟傳胃故裏氣結，裏結，表氣亦不通於是肌肉之表，不即達肌表下後裏氣通，表氣亦順，向鬱肌肉者，或斑或汗，然後可謀治。傷寒下後無此法，雖曰終同，實不同也。至傷寒似陰者，傷寒與疫皆有之。若陰症似陽，惟正傷寒爲然，疫必無此症。夫陽似陰，雖外寒而內必熱，故小便必赤澀。若陰似陽，膈陽之症也，上熱下寒，故小便淸白。但以小便淸白爲據，萬不失一，此又宜辨也。凡四損不可治，大勞、大慾、大病、久病後，此四者，氣血俱虛，陰陽並竭，正氣先虧，邪氣自陷者是也。

至若疫氣，則邪正混合，邪勝正衰，轉眼立死。苦寒則傷胃，溫補則助邪，如人中黃之類方合法。別有瘴疫，如嶺南春秋時月，山嵐霧瘴之毒，中於人，發爲寒熱溫瘧。此其瘴毒，亦從口鼻入也。宜蒼术升麻湯。即如南方疫癘，亦有挾嵐瘴溪源蒸毒之氣者，其狀熱乘上焦，病欲來時，令人迷困，甚則發躁狂妄，或啞而不能言語，皆由敗血瘀於心，毒涎聚於脾故也。宜加味柴胡湯、太無神术散。夫傷寒之邪，先行身之背，次行身之前，次行身之側，由外廓而入；瘟疫之邪，直行中道，流布三焦，甚者三焦相混，上行極而下，下行極而上。傷寒邪行中外廓，一表即散；疫邪行中道，表之不散。傷寒邪入胃府，則腹滿便鞕，故可攻下；疫邪布中焦，散之不收，下之復合，此與治傷寒表裏諸法，有何涉哉？吳又可《瘟疫論》治法精詳，千古莫易，雖論疫症者甚多，皆莫越其範圍，故此篇即就其書面而裁竄之。

脈法　《靈樞》曰：尺膚熱盛，脈盛躁者，病溫也。又曰：熱病脈靜，汗已出，脈盛，一逆也，死不治。《脈經》曰：陽脈濡弱，陰脈弦緊，更遇溫氣，變爲溫疫。《脈訣》曰：陰陽俱盛，病熱之極，浮之而滑，沉之散澀。惟有溫病，脈散諸經，各隨所在，不可指名。《脈法》曰：溫病二三日，體熱腹滿頭疼，食飲如故，脈直而疾，八日死。溫病四五日，頭痛腹滿而吐，脈來細而強，十二日死。溫病八九日，頭身不痛，目不赤，色不變，而反利，脈來澀，按之不足，舉之卻大，心下堅，十七日死。溫病汗不出，出不至足者死。溫病厥逆，汗自出，脈堅強急者死；虛軟者死。《得效》曰：時疫之脈無定據，隨時審思纔得，未可輕議。《醫鑑》曰：溫病穰穰大熱，脈細小者死。溫病下利，腹中痛甚者死。又曰：熱病得汗，脈安靜者生，躁急者死；及大熱不去者亦死。熱病八九日法當汗，反不得汗，脈絕者死。

瘟疫原由症治　《三因》曰：凡時行病者，冬應寒反煖，春發濕疫，其症

發熱，腰痛強急，腳縮不伸，胻中欲折，目中生花，或淅淅憎寒，復熱。春合溫反涼，夏發燥疫，其症身體戰掉，不能自禁，或內熱口乾，舌破咽塞，聲嘶。夏合熱反寒，秋發寒疫，其症頭重頸直，皮肉強痹，或蘊而結核，起於咽喉頸項之間，布熱毒於皮膚分肉之中。秋合涼反陰雨，冬發溫疫，其症乍寒乍熱，損傷肺氣，暴嗽嘔逆，或體熱發斑，喘咳引氣。《入門》曰：疫疾，如有鬼癘相似，故曰疫癘。又曰：春發瘟疫，宜葛根解肌湯；夏發燥疫，宜調中湯；秋發寒疫，宜蒼术白虎湯；冬發濕疫，宜甘桔湯。表症，宜荆防敗毒散；半表裏症，宜小柴胡湯；裏症，宜大柴胡湯。宜補宜散宜降，用人中黃丸治之。《醫鑑》曰：感四時不治之氣，使人痰涎壅盛，煩熱頭疼身痛，憎寒壯熱，項強睛疼，或飲食如常，起居如舊，甚至聲啞，或眼赤口瘡，腮腫喉痹，咳嗽稠粘噴嚏。《正傳》曰：瘟病初症未端的，先以敗毒散治之，看歸在何經，隨經施治。又曰：九味羌活湯治溫疫，初感一二日間服之，大效。又曰：凡治溫疫，切不可作傷寒症治，而大汗大下，但當從乎中治，而用少陽陽明二經藥。少陽小柴胡湯，陽明升麻葛根湯，即二方加減以治之可也。

《通俗傷寒論·傷寒兼證·傷寒兼疫》 因　春應溫而反寒，夏應熱而反涼，感而爲病，長幼率皆相似，互相傳染。其所以傳染者，由寒氣中或挾厲風，或挾穢濕，病雖與傷寒相類，而因則同中有異。

證　初起頭疼、身痛、憎寒壯熱、無汗、不渴、胸痞惡，或氣逆作嘔，或肢懈腹痛，舌胎白薄，甚或淡灰薄膩。若傳裏後亦有口渴便閉，耳聾神昏者，舌胎由白而黃，由黃而黑。

脈　左略緊，右弦緩。

治　春分後挾厲風而發，頭疼形寒獨甚者，蘇羌達表湯。加鮮葱白三錢淡香豉四錢，辛溫發表。秋分前挾穢濕而發，身痛肢懈獨甚者，藿香正氣湯加葱豉。辛淡芳透，均加紫金片以解毒，如有變證，可仿正傷寒傳變例治之。

廉勘：　春應溫而反寒，夏應熱而反涼，感此非時之寒爲寒疫，秋應涼而反熱，冬應寒而反溫，感此非時之暖爲溫疫。此皆四時之常疫也，通稱時疫。近世寒疫少，溫疫多，醫者尤宜注意。前哲吳坤安曰：治時疫，當分天時寒暄燥濕，病者虛實勞逸，因症制宜，不可執泥，如久旱天時多燥，溫疫流行，宜清火解毒，忌用燥劑，久雨天時多濕，民多寒疫，或兼吐瀉，宜燥濕散寒，忌用潤劑。此治時疫之正法也。

《通俗傷寒論·傷寒兼證·黃耳傷寒》 因　風溫時毒，先犯少陽，續感暴寒而發，乃太少兩陽合病，狀類傷寒，以其兩耳發黃，故見形定名曰黃耳傷寒，其病多發於春令。

證　發熱惡寒、脊強背直、狀如剛痙、兩耳輪黃，耳中策作痛，繼則耳鳴失聰，赤腫流膿，舌胎白中帶紅，繼卽純紅起刺。

脈　左浮弦，右浮數者，此石頑稱爲太陽類傷寒。實則外寒搏動內熱，兩陽合病之時毒也。

治　法當內外兼施。內治以荆防敗毒散加減，辛散風毒以解表，表解痙止。少陽相火猶盛，耳中腫痛者，繼與新加木賊煎去葱白，加連翹、牛蒡各二錢、大青三錢、生綦荳一兩、杜赤荳四錢，二味煎湯代水，辛涼解毒以清火。火清毒解，尚覺耳鳴時閉者，終以聰耳達鬱湯肅清餘熱以善後。外治以開水泡製月石二錢和入鮮薄荷汁、苦參、青木香磨汁各兩匙，時灌耳中，清火解毒以止痛。

廉勘：　黃耳傷寒，前清光緒己丑年四五月間，經過七人，皆四鄉藜藿體。其證兩耳紅腫黃亮，捫之焮熱而痛，兩顒亦紅腫痛甚，耳中望之紅腫，時有黃涎流出，築築然疼，聲如蟬噪，兩目白及眼瞼，亦皆發黃，身熱體痛，惡寒無汗，背脊拘攣串痛，強直難伸，不能轉側，溺短赤澀，脈右濡滯，左浮弦略緊，舌苔白膩帶黃，邊尖俱紅，斷其病由風熱挾濕溫時毒，作流行性中耳炎治，以麻黃連翹赤小荳湯加味，送下聰耳蘆薈丸。辛涼開達，疏風散寒以發表；苦寒清利，解毒瀉火以治裏。外用清滌耳毒水以灌耳，清耳五仙散以吹耳，更以鹽鴨蛋灰拌搗天荷葉，塗布耳輪兩顒以消腫退炎。似此表裏雙解，內外並治，速則一候，緩則兩候，七人皆愈。

《通俗傷寒論·傷寒兼證·赤膈傷寒》 因　風溫時毒，先犯少陽陽明，續被暴寒搏動而發，乃三陽合病，狀類傷寒，以其胸膈赤腫熱痛，故見形定名曰赤膈傷寒，病亦多發於春令。

證　初起先發熱惡寒，頭疼身痛，繼卽胸膈焮赤腫癧，甚或外發紫皰，舌胎邊紅，中黃糙起刺，甚或黃中夾現黑點。若胸中劇疼，口穢噴人，痰嗽氣喘，咯出濁唾腥臭者，毒已內陷傷肺，欲釀內癰，舌胎多白厚起腐。

脈　左浮弦急數，右洪盛弦滑者，張石頑所謂赤膈屬少陽風熱，非正傷

寒，實則二陽合病之風溫時毒，猝被太陽客寒引動而發也。

治　法當內外兼施。內治輕則荆防敗毒散加減，冲犀角汁一瓢、金汁一兩；　重則通聖消毒散加減，表裏雙解以逐毒。表證已退，內火尚盛，神昏譫語，便閉溺澀者，急用解毒承氣湯加紫雪，瀉火逐毒以清神。若囈語痙厥，暴注下迫者，急以犀羚竹石湯調下至寶丹一粒，瀉火熄風以清心。若二便已利，神識亦清，尚咳出濁痰腥臭，甚或吐膿，胸中猶隱隱痛，舌苔白腐滿布，脈右寸滑數而實，時毒傷肺成癰者，急用加味葦莖湯。降氣行血以宣肺痹，敗膿去腐以清肺毒。毒除痛止而肺火不清者，繼與桑丹瀉白湯加野百合錢半、白芨、合歡皮各一錢，鮮野菰根二兩，鮮白茅根、鮮菩提根各一兩，上三味煎湯代水，涼瀉肺中之伏火，清斂肺臟之潰穴。終與二冬二母散加西洋參、綿蓍皮各錢半，鮮石斛四錢，清養氣液以善後。外治以細銀針刺腫處出紫血，即以薄棉拭乾滋水，隨用解毒清涼散塗敷之，泄其熱毒以消腫，使其速愈。

廉勘：　赤膈傷寒，如張石頑、俞根初兩前哲。所述病狀，顯然內癰傷寒，外科診治居者多。若先由肺癰，而後胸脇赤腫發疱者，曾經治癒四人矣。均倣洄溪老人肺癰法例，幸而收功。徐氏曰：　肺癰病，膿已成者，《金匱》雖云始萌可救，膿成則死，然多方治之，竟有生者。蓋予平日因此證甚多，集唐人以來治肺癰之法，用甘涼之藥以清其火，滋潤之藥以養其血，滑降之藥以祛其痰，芳香之藥以通其氣，更以珠黃之藥解其毒，金石之藥塡其空，兼數法而行之，屢試必效。此眞肺癰正治之良法，而非自衒其能之謊語也。惟《徐氏醫案》往往有法無藥，此亦巧於藏拙，一則避後人吹毛求疵，一則欲後學勤求古訓，博採衆方之深意耳。今年秋，吾紹某部中一兵士，處州人姓陳名士卿者，夏初患肺病，屢服西藥，痰嗽病終莫能愈。夏末初秋，患暑濕兼寒夾食，初次邀診。見病人面赤如硃，胸膈赤腫，昏厥不語，已五晝夜，口穢噴人，唇焦齒黑，目瞪口噤，四肢厥冷，按其胸腹，灼熱異常，大便水瀉如注，臭穢難聞，溺短赤澀，臍間衝脈，動躍震手，診其脈兩寸陷下似伏。兩關尺沉弦搏數。愈按愈盛，抉其口，望其舌，焦紫起刺，層層黑暈，遂以攝氏表檢驗溫度，已達一百另五度，遂斷爲暑濕病中之壞熱症，遂立俞氏解毒承氣湯，加紫雪九分、品三物白散一分，進一煎後，時隔四點多鐘，毫無變動，又進次煎，畢，即大吐臭痰一甌，乃開言，云腹中如錐刺，或如刀割，疼劇不可忍，同人爲其撫摩一句鐘，乃大瀉黑垢一堆。次日上午又邀診視，察其脈兩寸起而數促，關尺如昨，舌苔只退黑暈一層，二便均閉，躁則狂言亂語，靜則獨語而笑，溫度計僅退一度，惟四肢不厥而轉溫，於原方略爲加減，去紫雪及三物白散，加犀角汁一瓢約計一錢、鮮車前草汁一瓢，與金汁和勻同冲。安宮牛黃丸一顆、生錦紋又加二錢。服兩煎後，連下黑垢兩次，熱度昏譫依然，咳吐臭痰如米粥狀，則加多矣。滿屋臭不可聞，同人皆爲之掩鼻，從此連診七日，皆從前方加減，或減安宮牛黃丸，加王孟英新定牛黃清心丸；　或仍用紫雪四分、品絳雪一分；　或減西瓜硝，加風化硝。臭痰日吐兩甌，黑垢一日一次，多則兩次，惟小便逐次加多，色終紫赤渾濁，溫度退至百另一度半，昏譫猶多，清晨時神識較清，略能應對一二語，脈搏數而不弦，臍中衝動漸底，舌苔白腐滿布，略現黑點，約計生川軍已服至三兩，金汁已有九兩，紫雪服至二錢餘分，牛黃丸等服至六顆，外感之暑濕食滯，已去大半。乃一意療其肺癰，改與俞氏加味葦莖湯，磨冲太乙紫金丹一顆，遵徐氏甘涼清火，芳香通氣之法，連診五日，皆從此方加減，去柴金丹，加紫金片，或加新絳、旋覆、橘絡，通其肺絡；　或加竹瀝、梨汁、鮮石菖蒲汁，豁其臭痰；　或加製月石、甘中黃、尿浸石膏，解其毒以防腐，連診五日，忽然寒戰壯熱，手足躁擾，頭面胸背遍發黑癍疱瘡，而胸膈赤腫始退。臭痰全無，日吐白痰兩甌，或痰中帶膿，或夾紫血，如絲如珠；　譫語大減，神識轉清，但睡醒後，仍有昏言，面唇轉白，體亦憔悴，脈搏小數微弦，舌胎白腐大減，胃動思食，口燥善飲，改用顧曉瀾八汁飲去西瓜汁、荷葉汁，加麥冬汁二匙、淡竹瀝二瓢、解瘨草根汁一瓢，甘潤養胃，以補其血，連服四劑，胃口大開。每飧食粥一大甌，日夜須服五飧，而痰中血絲血珠，終不能除。胸中尚隱隱痛，大便已轉嫩黃，時溏時燥，改用《古今錄驗》桔梗湯，加北沙參四錢、甜石蓮錢半、杵，雙補肺脾以清餘毒；　另服王氏聖靈丹加減，每用五分，以鮮茅根、鮮菩提根各一兩，煎湯送下，日夜各一服，服完，胸痛止，痰血除，益信徐氏珠黃等品解其毒，金石等藥塡其空之說，精確不磨也。且知馬培之麝香走竄，盜泄眞氣，肺癰忌服之說，亦難拘執也。終以《金匱》麥門冬湯，加霍石斛、生玉竹各三錢，氣液雙補以善後，幸而其人年壯體實，病乃霍然，起居飲食如常矣。

《松峰說疫·論治·用黨參宜求真者論》　疫病所用補藥，總以人參爲最，以其能大補元氣。加入解表藥中而汗易出，加入攻裏藥中而陰不亡，而芪、朮不能也。則年高虛怯而患疫者，有賴於人參爲孔亟矣。第參非素豐家

莫能致，無已則以黨參代之。夫古之所謂人參，即今之所謂黨參也。故古有上黨人參之號。上黨者何？即山西之潞安府也。今日上黨所出者，力雖薄弱而參性自在，其質堅硬而不甚粗大，味之甘與苦俱而頗有參意，第較之遼參色白耳。憶四十年前，此物盛行，價亦不昂，一兩不過價銀二錢。厥後，有防黨、把黨者出，止二錢一斤，而藥肆利於其價之賤，隨專一售此，而眞黨參總格而不行，久之且並不知眞者爲何物，而直以把黨、防黨爲黨參矣。豈知今之所謂把黨、防黨者□□□□□□□□□以其捆作把，故以把名，以其形類防風，故以防名也。將此物加入瘟疫藥中，又焉能扶正而除邪也哉。用黨參者，必當向潞安求其眞者而用之，方能奏效。但眞者不行已久，聞之濟寧藥肆中尚有，而他處則鮮矣。此外又有明黨、洋參二種，明黨形類天冬而兩頭俱鋭，洋參形似白芨而其性頗涼，總不知其爲何物，皆不敢用。至於藥肆中，又有所謂廣黨者，云出自廣東。夫黨者，地名也。不曰廣參，而曰廣黨，其命名先已不通，又安敢服食歟！眞可發一笑也。余閲本草云葳蕤可代人參，又閲醫書云少用無濟。吾鄉山中頗有此物，因掘取如法炮制而重用之，冀其補益，不意竟爲其所誤。服之頭痛惡心，尚意其偶然，非藥之故，後竟屢用皆然，因知可代人參之説斷不足信也。

《松峰説疫・論治・治瘟疫慎用古方大寒劑論》 夫古之黄連解毒、三黄、涼膈、瀉心等劑，非古人之好用涼藥也，以其所秉者厚，故用之無寒中之患，而獲敗火之功。今人所秉者薄，既不逮古，而又兼之以鑿喪，若用大苦大寒之劑，其何以當之。況瘟疫之火，因邪而生，邪散而火自退矣。若用大寒之劑，直折其火，未有驅邪之能，而先受寒涼之禍。受寒則表裏凝滯，欲求其邪之解也難矣。總之如黄連、黄柏、龍膽草、苦參大苦大寒等藥，皆當慎用。以有生地、二冬、元參、丹皮、梔子、黄芩、銀花、犀角、茅根、竹瀝、童便、葛根、石膏、人中黄輩加減出入，足以瀉火而有餘矣。如果有眞知灼見，非黄連等藥不可，少者分計，多者錢計而止，不可多用。

《松峰説疫・論治・用大黄石膏芒硝論》 或曰：大苦大寒之劑既在禁例，而治瘟疫顧用三承氣、白虎何也？答曰：石膏雖大寒，但陰中有陽，其性雖涼而能散，辛能出汗解肌，是逐溫暑煩熱，生津止渴，甘能緩脾，善祛肺與三焦之火，而尤爲陽明經之要藥。凡陽狂、斑黄、火逼血升、熱深、便秘等症，皆其所宜。唯當或煅或生，視病之輕重而用之耳。大黄雖大寒有毒，然能推陳致新，走而不守。瘟疫陽狂、斑黄、譫語、燥結、血鬱，非此不除。生恐峻猛，熟用爲佳。至於芒硝，雖屬劫劑，但本草尚稱其有卻熱疫之長，而軟堅破結非此不可，但較諸石膏、大黄，用之便當審慎矣。夫以大黄、石膏之功能，彰彰若是，較之只有寒涼凝滯之性者，其宜否不大相逕廷也哉！此治瘟疫者之所不可闕也歟。

《松峰説疫・論治・立方用藥論》 雜病用藥品過多或無大害，即如健脾者多用白术固已，再加山藥可也，再加扁豆亦可也，再加蓮肉、棗肉亦無不可也。即如補腎者多用熟地固已，再加枸杞可也，再加菟絲亦可也，再加蓯蓉、首烏、芡實、杜仲亦無不可也。補藥固不厭多，即雜症藥品過繁亦爲害尚淺，覺其不善，速爲減去或可挽回，而瘟疫不能也。即如葛根治瘟疫藥中至和平之品，若邪在太陽，加之太早反足以引邪入陽明矣。又如葛根與白芷均屬陽明散劑，而白芷溫散，葛根涼散。白芷散陽明風寒之邪，葛根散陽明瘟熱之邪。若瘟邪之在陽明，用葛根而再用白芷，必然掣肘，恐不似他症用藥繁多之帖然無事矣。所以瘟疫用藥，按其脈症，眞知其邪在某經，或表或裏，併病合病，單刀直入，批隙導窾，多不過五六味而止。至於分兩之重輕則在臨時，看其人之老少虛實，病之淺深進退，而酌用之，所以書内記載之方，大半止有炮製而無分兩，欲以變通者，俟諸人耳。

《松峰説疫・論治・瘟疫統治八法》 解毒

凡自古飢饉之後，或兵氛師旅之餘，及五運之害制，六氣之乖違，兩間厲氣與人事交併而溫疫始成焉。人觸之輒病，症候相同，而飢寒辛苦之輩感者居多，年高虛怯之人感之偏重，是皆有毒氣以行乎間，此毒又非方書所載陽毒、陰毒之謂。未病之先，已中毒氣，第伏而不覺，既病之時，毒氣勃發，故有變現諸惡候。汗下之後，餘毒往往未盡，故有自復之患。是毒氣與瘟疫相爲終始者也。玆定金豆解毒煎以解其毒勢，且能清熱。並不用芩、連、梔、柏而熱已殺矣。

銀花能清熱解毒，療風止渴。菉豆甘寒亦清熱解毒之品，兼行十二經，祛逐疫毒，無微不入，甘草解一切毒，入涼劑則能清熱，亦能通行十二經，以爲銀花、菉豆之佐。陳皮調中理氣，使營衛無所凝滯。蟬退取其性之善退輕浮，易透肌膚，可散風熱，開肌滑竅，使毒氣潛消也。此方於瘟疫九傳中，皆可加減消息用之。

菉糖飲自定新方　五穀皆可入藥，如白虎湯之用粳米，白术散之用薏仁，牡蠣散之用浮小麥，疏鑿飲之用赤豆，阿膠散之用糯米，以及麥芽、黃卷、飴醯等項，靡不各效其能以見於世。甚至於麵合麯則稱之曰神。黍釀酒則推之曰聖。取精用宏，未可更僕數矣。獨菉豆之功能，世鮮有知者。何菉豆之蹇於遇乎？菉豆性雖清涼而不寒苦，且善於解毒退熱，除煩止渴，利小水，獨於治瘟疫爲尤宜焉。張景岳有菉豆飲，載在新方寒陣中，雖極贊其妙，但惜加入食鹽，以之治瘟反益發渴，而菉豆之功能隱矣。今易以洋糖，則既能解毒，且兼涼散，瘟疫初終，俱可服食，乃平易中之最佳最捷方也，至於窮鄉僻壤，農家者流，以及寒士征人，倉卒苦無醫藥，用此亦可漸次汗解，即服藥者，兼服此飲，更能添助藥力，以成厥功。經症未明者服之，亦總不犯禁忌，誠治瘟疫之良劑，幸毋以平淺而忽之也。

菉豆不拘多少，白糖酌加。菉豆功全在皮，毋去之。將菉豆煮釄湯，取出，加洋糖與飲，冷熱隨病者之便。以此代茶，渴即與飲，饑則拌糖，並食其豆。

針刮

針法有二，用針直入肉中曰刺。將針尖斜入皮膚向上一撥，隨以手擠出惡血曰挑。刮法有四，有用蛤殼者，有用磁盅者，有用蔴蒜者，惟刮臂用。有用銅錢者。凡刮，或蘸清水，或鹽水，或香油。余見刮瘟疫者，則用小棗蘸燒酒刮之，刮出紫疙瘩如熟椹，隨用針斜挑破，擠出血，再另刮出疙瘩挑之，刮畢挑止。原其用棗蘸酒之意，取其以火攻火固已，不如易以蓽麻油蘸刮，如無，用麻汁搗蓽麻仁稍加水，取濃汁。更捷。余見刮挑者，往往待瘟邪入裏，現譫狂等症方用之，初感即用此方當更善也。至於瘟疫，或有咽喉諸症則刺少商穴。或體厥脈厥等症則刺少商穴，並十指上薄肉靠指甲邊一韮葉寬處。當中刺之血出，如血不出，可擠出之皆效。刮針穴道，頸項後當中，刮一道；兩傍左右大筋上，各刮一道；左右兩肩軟肉處，靠肩井。各刮一道；兩肩下脊背上軟肉處，各刮一道；脊骨兩傍，豎刮自脖下至腰。各兩道；脊後脇間肋縫中軟肉處，左右各刮數道；前俠傍軟肉處，斜刮各一道；前脇間肋縫中軟肉處，左右各刮數道。每處如刮出紫疙瘩，隨用針挑破，擠血。

湧吐

吐法近今多不講，而抑知實有奇效也。吳又可止言邪在胸膈，欲吐不吐者方用此方，而抑知瘟疫不論日數，忽得大吐，甚是吉兆，將欲汗解也。吳太史德菴宿病胃痛，痛極則吐，偶感瘟病，十餘日，正危急間，又犯宿疾，胃口大痛，移時繼以嘔吐，困頓不止。衆皆惶遽莫措，求余診視，余曰：無妨，可勿藥，有喜，不久當汗解矣。衆以余言始定。至夜，果大汗而愈。蓋吐中即有發散之意，彼觸動沈疴而吐者，尚能發瘟疫之汗，則湧吐之功又安可沒也耶！

仙傳吐法　治一切瘟疫、傷寒、傷風、傷酒、傷食，飲百沸湯半碗，以手揉肚，再飲再揉，直至腹無所容，用雞翎探吐，吐後煎葱湯飲之，覆衣取汗，甚捷。初得病用之更宜。蘿蔔子湯吐法　凡邪實上焦，或痰食氣逆不通等症，皆可吐。可代瓜蒂、三聖散。

蘿蔔子搗碎，溫湯和攪，徐飲之，少頃即吐，或吐不盡，必從下行。

又法：食鹽少許，炒紅，入滚水，寧稱淡勿過鹹，取半碗，漸次加增飲，自然發吐，以袪病爲度。治食傷痞悶，膈痛，手足逆冷，尺脈全無，兼治冷氣、鬼氣、蠱毒。

又法：燒鹽對熱童便，三飲而三吐之，治乾霍亂。

又法：治積食胸悶，不宜汗下者，淡豉、食鹽，水煎服，取吐。

罨熨

《景岳全書》中有罨法，止治傷寒結胸一症。而抑知此法不第治結胸爲然。凡瘟疫用藥後，弗即汗解，俟六七日，應汗不汗，覺心腹中稍有悶痛等症，用罨熨之法，往往大汗而愈，是亦一瘟疫取汗之良方也。蓋內通而外未有不解者。且不特此也，舉凡瘟疫傷寒，諸結胸痞氣，支結臟結，其有中氣虛弱不任用藥攻擊者，以此法治之，則滯行邪散，其效如神，並治雜症。不論寒熱，胸脇心腹鞕痛、版悶皆效。

助汗

古有汗吐下三法，而汗居其首者，以邪之中人，非汗莫解也。吐雖有散意，尙待汗以成厥功。下之有急時，因難汗而始用。此是不論傷寒、溫疫，而汗之之功，爲甚巨矣。瘟疫雖不宜強發其汗，但有時伏邪中潰，欲作汗解，或其人秉賦充盛，陽氣沖激，不能頓開者，得取汗之方以接濟之，則汗易出，而邪易散矣。玆謹擇和平無礙數方以備用。倘瘟疫之輕者，初覺即取而試之，又安知不一汗而解乎。【略】

取汗方：用新青布一塊，冷水或黃連水浸過，略擠乾，置胸上良久，布

熱即易之，須臾，當汗出，或作戰汗而解。夏月極熱用此法，他時斟酌用之。凡瘟症，熱在上中焦皆可用之，清熱解毒，邪解而汗出，非能發汗也。

又取汗方：

蒼朮　羌活　白礬

等分，生薑汁爲丸，彈子大。每用一丸，男左女右，緊攥，對前陰處。再吃葱湯取汗。

點眼取汗方：

冰片一分　枯礬一錢　粉草錢半

共爲細末，蘸無根水點眼角，先飲百沸水一二碗，點後，兩手緊搬兩肩，屈膝片時即汗。二三次，汗透即愈。

塞鼻手握出汗方　譫語，循衣摸床，形如醉人，且如猴像，呃逆目赤。俗云猴症，實陽毒也。

麝香　黃連　硃砂各三分　斑蝥一分

共爲細末，棗肉爲丸。銀硃三分爲衣，作兩丸，用絹包，一塞鼻內，男左女右。一握手中，出汗即愈。

松峰按：此即俗云猴藥也。然此名不見經傳，細參其方，亦未可厚非，故亦能取效。麝香以開竅，黃連以清熱，硃砂以逐邪，用斑毛之毒以攻疫毒，棗以和營衛，銀硃以發散，頗有至理存焉。【略】

又發汗方：瘟疫始得一二日，頭痛，壯熱，脈盛。硃砂一錢，水三盅，煎一盅，去砂飲之，蓋被取汗。忌生血物。

又方：朱砂末，酒調遍身塗之，向火坐，得汗即愈。

又方：頭痛，壯熱，脈盛，乾艾葉水煎服。

又方：生牛蒡根汁，空腹服訖，取桑葉一把，炙，水煎服，無葉用枝。

又方：頭痛壯熱，生葛根汁一盅，豉三錢，水一盅，共煎一盅服。如心煩熱，加梔子一二錢。

又方：頭痛，煩熱，皀角燒、研，新汲水一盅，薑汁、蜜各少許，共和皀角末二錢服。先以熱水浴淋，次服藥取汗。

止汗法：瘟病如大汗不止，將髮入水盆中，足露於外，宜少蓋。用炒麩、糯米粉，龍骨，牡蠣煅，共爲細末。和勻，周身撲之，汗自止，免致亡陽之患。

除穢

凡瘟疫之流行，皆有穢惡之氣，以鼓鑄其間。試觀入瘟疫之鄉，是處動有青蠅，千百爲羣，夫青蠅乃喜穢之物，且其鼻最靈，人所不聞，而蠅先聞之，故人糞一拋，而青蠅頓集，以是知青蠅所聚之處，皆疫邪穢氣之所鍾也。更兼人之穢氣，又有與之相濟而行者。凡凶年飢歲，殭尸遍野，臭氣騰空，人受其熏觸，已莫能堪，又兼之扶持病疾，歛埋道殣，則其氣之穢，又洋洋而莫可禦矣。夫人而日與此二氣相習，又焉得不病者乎！使不思所以除之，縱服藥亦不靈，即靈矣，幸愈此一二人，而穢氣之彌淪布濩者，且方興而未有艾也，可不大畏乎！兹定數方，開列於左，倘瘟疫之鄉，果能焚燒佩帶，則不覺穢氣之潛消，而沉痾之頓起矣。

宜忌

治瘟疫，雖以用藥爲尚，而宜忌尤不可以不講也。不知所宜，不能以速愈；不知所忌，更足以益疾。兹特取所宜所忌者如干條，開列於左，俾病家醫者有所持循遵守，庶投劑有靈而養痾無弊矣。

房中不可燒諸香，祇宜焚降眞。諸香燥烈，降香除邪。不宜見日光，太陽眞火。不宜見燈光。總以火故。臣須就地，南方即在地塘版上布薦卧。亦就陰遠熱之意。衣被不可太暖，寧可稍薄，唯足宜常暖。不必戴帽。風有應避、不應避。風能解熱清凉，有滌疫之功，正疫家對症妙藥，不必垂簾密室，病者言不欲見風，避之可也。不可惱怒，病時病後俱宜戒。食莫過飽，病時病後皆宜戒。尤忌魚肉，病時病後。忌房事，病後。忌勞心力，病後。滌舌散火，蜜潤刮之。愈後半月，不可食韭。食即發。忌飲燒酒，陸路不可坐車。震動之，病增劇，不救。當宜靜，不宜動。愈後浴冷水，損心包。

善後

瘟疫愈後，調養之方，往往不講，而抑知此乃後一段工夫，所關甚巨也。即如過飽者曰食復，腦怒者曰氣復，疲於筋力者曰勞復，傷於色慾者曰女勞復，載在經書，世皆知之，尚有時而觸犯。此外，人所最易忽者，猶有三焉，不在諸復之條者也。雖已愈多日，而氣血苟不充足，犯之隨有釀成終身之患者焉。一曰淫慾，凡人房事，必撮周身之精華以泄，氣血未充，七日未能來復，慾事頻數，勢必積損成勞，尫羸損壽。一曰勞頓，或遠行或作苦，疲弊筋力，當時不覺，將來肢體解㑊，未老先衰，其苦有莫可名言者。一曰忍饑，愈後凡

有覺餓，必得稍食，萬毋強耐，過時反不欲食，強食亦不能化，是飢時既傷於前，強食又傷於後，中州敗而肺金損，則勞嗽，脾胃之病成矣。三者人多忽之，故不可不謹。

《松峰説疫・論治・瘟疫六經治法》 太陽經

頭痛熱渴

太陽以寒水主令，手太陽以丙火而化氣於寒水，陰勝則壬水司氣而化寒，陽勝則丙火違令而化熱，故太陽以寒水之經，而易於病熱。冬不藏精，相火升泄，傷其寒水閉蟄之氣，火旺水虧已久，及春夏感病，衛閉營鬱，寒水愈虧，故受病即發熱作渴而不惡寒也。太陽在六經之表，是以感則先病。其經自頭下項，行身之背，故頭項痛而腰脊強。肺主衛，肝主營，而總統於太陽。太陽之經，在皮毛之部，營衛者，皆皮毛之所統轄。瘟病衛閉而營鬱，法當清營熱而泄衛閉。治宜涼金補水而開皮毛，元霜丹主之。

身痛脈緊煩躁無汗

瘟疫在太陽，脈浮、頭痛、發熱、汗出，以風強而氣不能閉也。若脈浮而緊，發熱惡寒，身痛腰疼，煩躁無汗而喘促者，是寒束而邪不能泄也。蓋瘟疫有汗，寒疫無汗，以風性疏泄，而寒性閉藏，衛陽過閉，邪不能泄，營鬱莫達，則煩躁喘促。與傷寒同治，宜以浮萍黃芩，清散經絡之熱也。

煩熱燥渴 煩熱燥渴與前發熱作渴不同，故用白虎而不用元霜矣。

病在太陽經，未入陽明之府，不至遽生煩渴。若陽明燥盛之人，經熱外遏，燥氣內應，則見煩渴。陽明從燥金化氣，腑燥發作，故有燥熱便難之症。今腑燥未作，胸燥先動，是以煩渴生焉。其太陽表症未解，宜浮萍石膏湯清金而解表，絶其燥熱入腑之源。表症已解，第以白虎加元麥湯清燥生津。氣虛者加人參以益氣，因表解而陽虛，恐燥去而陽亡也。

陽明經

目痛鼻乾

陽明以燥金主令，足陽明以戊土而化氣於燥金，太陰勝則陽明化氣而爲濕，陽明勝則太陰化氣而爲燥，故陽明之經易於病燥。冬水失藏，相火升，胃津槁，脾精亦亡。太陰之濕，久化陽明之燥，春夏感病，衛陽遏閉，營熱鬱發，土焦金燔，燥氣愈盛，其經挾鼻絡目，行身之前，故目痛鼻乾而身熱不臥。陽莫勝於陽明，燥熱在經，不得泄越，遲則胃腑積熱，臟陰漸枯，便伏異日危機。於其腑熱未動之時，涼泄經絡，以清其熱，則後患絶矣。素雪丹主之。

瘟病方傳陽明之經，腑熱未作，法宜清熱而發表。熱甚者，必傷肺氣，當用人參白虎湯清金泄熱，益氣生津，乃爲妙善。

目痛鼻乾嘔吐泄利

三陽之經，陽明爲盛。足陽明從燥金化氣，太陽表邪不解，經熱內傳，火性就燥，必入陽明。陰盛於裏，而陽盛於表，腑燥未作，經燥先動，膽木逆行而賊胃土，胃氣壅遏，不能容受，故嘔吐而泄利。緣經邪鬱迫其腑氣故也。

陽明腑證： 汗出潮熱譫語腹滿便秘

病傳陽明經，不得汗解，腑陽素旺之人，以經熱鬱蒸，而腑熱內作，開其皮毛，則見大汗淋灕，第汗愈泄而土愈焦，燥愈增而熱愈盛。每申酉之交，應時發熱，如潮汐不爽，是謂潮熱。燥土消爍心液，故譫語。燥矢壅遏腑氣，故滿痛。遲則臟陰耗亡，營氣鬱陷，生死攸關，不可不急下也。泄以大小承氣，而加養陰涼血之味，臟陰續復，營鬱外達矣。

少陽經

脇痛耳聾

少陽經以相火主令，足少陽以甲木而化氣於相火，須則下蟄而溫腎水，逆則上炎而刑肺金，故少陽經最易病火。瘟病寒水失藏，相火炎蒸，已旺於衰癈之時。春夏感病，衛閉營鬱，熱盛火發，勢當得令之候，愈極重赫。彼少陽傷寒，二陽在表，三陰在裏，陽盛則熱，陰盛則寒，少陽居表裏之半，是以往來寒熱。至於瘟病，三陰經氣從陽化熱，故但熱而無寒也。其經自頭下項，絡耳循脇，行身之側，故胸脇痛而耳聾。火曰炎上，炎上作苦，故咽乾而口苦，相火內鬱，則刑肺金。甲木內鬱，則克胃土。外無泄路，熱必焦土流金而入陽明。當以清涼和解之法，散其炎烈。紅雨丹主之。

三陽經絡皆受其病，而未入於腑者，法應汗之，但瘟病與傷寒、傷風，寒暄異氣，不宜麻桂辛溫，滋以清潤之劑，涼泄經絡燥熱，方是瘟病汗法。其傷在衛氣，而病在營血，營鬱發熱，故用丹皮、芍藥，泄熱而涼營也。

目眩耳聾口苦咽乾胸痛脇痞嘔吐泄利

瘟疫陽明經熱不解，則入少陽之經，少陽在二陽之裏，三陰之表，陰盛則傳太陰之臟，陽盛則傳陽明之腑。少陽者，入腑入臟之門戶，瘟疫營鬱熱盛，火旺木枯，故但傳胃腑，而鮮入脾臟。傳胃則木邪逼土，腑氣鬱遏而生吐利，

是宜清散經邪，杜其入腑之路也。

三陽傳胃

瘟病經熱不解，外泄無路，斷無但在經絡，不傳胃腑之理。此自然之層次，則宜用攻泄。蓋胃土燥熱，必爍臟陰，其肺脾肝腎精液，久爲相火煎熬，益以燥熱燔蒸，臟陰必至枯竭。是當滋其臟陰，泄其腑熱，勿令陽亢而陰亡也。白英丹主之。

陽明戊土，位居三陽之長，陽盛之極，必皆歸宿陽明而入胃腑。瘟疫三陰臟病，悉以胃熱爲之根本，雖曰五臟六腑皆受病，而陽明胃腑實其網領也。其裏熱發作，不拘在何臟腑，總以泄胃爲主，而兼清本部。但陽胃未至燥結，則第滋臟陰，不須承氣。即燥結本未甚，亦當俟之經盡之後，腑邪內實，始用泄熱滋陰之法，一下而清矣。若燥熱隆盛，則不拘日數，俱可泄下，是當用傷寒急下之法，不可循傷寒緩攻之條，以其內熱鬱伏，原與傷寒不同也。

三陽傳胃發斑

瘟疫三陽經病，營鬱熱盛，勢必內傳胃腑，胃陽素旺，燥熱感發，經腑同氣，表裏俱病，腑熱內逼，而臟陰消爍，過經不解則危。瘟疫所最忌者，營熱不能外泄。蓋以衛盛而營衰，脾陰虛而胃陽旺也。若脾陰不衰，胃陽不旺，六經既遍，邪欲內傳，而臟氣扞格，外禦經邪，熱無內陷之隙，則蒸泄皮毛，發爲斑點，而病輕矣。若一入胃腑，腑陽日盛，則臟陰口枯，不得不用泄法，緩則泄於經盡之後，急則泄於經盡之前。腑熱一清，則經熱外達而紅斑發矣。

太陰經

腹滿嗌乾

太陰以濕土主令，手太陰以辛金而化氣於濕土，陽明盛則太陰化氣而爲燥，太陰盛則陽明化氣而爲濕，故百病之在太陰皆是濕，而惟溫病之在太陰則化濕爲燥。以其冬水失藏，相火泄而脾陰爍，春夏感病，營鬱熱旺，濕氣自當愈耗。其經自足走胸，行身之前，布胃絡嗌，故病傳太陰，則腹滿而嗌乾。太陰之濕奪於陽明之燥，燥亢濕枯必死。是宜清散皮毛，泄陽明之燥，則滋太陰之濕也。黄酥丹主之。

少陰經

乾燥發渴

少陰以君火主令，足少陰以癸水而化氣於君火，陽盛則丁火司權而化熱，陰盛則癸水違令而生寒，故百病之在少陰多是寒，而惟溫病之在少陰則化寒爲熱。以其冬不藏精，水虧火泄，春夏感病，更值火旺水虛之候。其經貫腎絡肺而繫舌本，故口燥舌乾而渴。腎者主水，人身水火對列，水枯而火亢，則人亡矣。是宜清散皮毛，泄君火之亢而益腎水之枯也。紫玉丹主之。

厥陰經

煩滿囊縮

厥陰以風木主令，手厥陰以相火而化氣於風木，治則木達而化溫，病則火鬱而生熱。以厥陰乙木原胎丁火，故厥陰之經，最易病熱，瘟病衛閉而遏營血，營鬱是以發熱。而營藏於肝，方隆冬火泄，營血已傷騰沸，春夏感病，衛閉營遏，血熱更劇。其經自足走胸，行身之側，循陰器而絡於肝，故煩滿而囊縮。手厥陰之火，扇以足厥陰之風，風烈火炎，煎迫營血，枯槁命殞，是宜清散皮毛，泄相火之炎，而滋風木之燥也。蒼霖丹主之。

厥陰發斑

瘟病傳至厥陰，邪熱斯甚，若木榮血暢，經臟潤澤，營熱不能內傳，六經既遍，別無出路，則鬱極外發而見紅斑。若營虛不能透發，過時斑見而色帶紫黑，營血敗傷，多至不救。是宜解表涼血，使其營熱發達，亦蒼霖丹主之。

吳又可用達原飲治瘟疫，善矣。但瘟之愈，終由汗解，往往有下後，而仍自解以汗者，是瘟疫之需汗也，恐急矣。因思能發瘟疫之汗者，莫過於浮萍，其性涼散，入肺經，達皮膚，發汗甚於麻黄，本草載之詳矣。間嘗以之治瘟疫，輒效。後又質諸北海老醫黄玉楸，頗與余意合。用之數年，歷有成效，始敢筆之於書。並添三陰經治法，以補又可之所未及。第醫者，意也。茲不過規矩焉已耳。但有是方，未必有是病。神而明之，則又在存乎其人矣。

《松峰説疫・雜疫・楊梅瘟》 其症遍身紫塊，忽發出黴瘡者是也。用清熱解毒湯下人中黄丸，并刺塊出血。黴，音枚，物着濕變色。

《松峰説疫・雜疫・軟脚瘟》 其症便清泄白，足重難移，即濕瘟。宜蒼术白虎湯。即白虎湯加蒼术。

《松峰説疫・雜疫・油痧瘴》 其症兩脇脹滿，築心疼痛，或腹內攪腸作痛，頭暈眼黑，或大小便閉塞，氣不通暢，命在旦夕。將綿花子油與吃試之，食之香甜不油氣者，即是此症。速將綿子油令病人吃足，或用之四五兩、半斤、一斤立愈，仍將油吐出不少，奇方也。

《**松峰説疫・雜疫・烏痧瘴**》其症初中，頭疼惡心，兩脇脹痛攻心，不能坐卧。得此症吃黃豆不腥氣者便是。用車頭油十二兩，黃連三錢，乳香三錢。二味爲末，用車頭油共搗匀，丸梧子大，百草霜爲衣，用無根水送七丸立效。愈後一日無食。忌腥冷、氣惱數日。車頭油，即車轂中所積油垢，或用六兩、三兩、兩半皆可。

《**松峰説疫・雜疫・啞瘴**》其症血乘上焦，令人昏迷，甚則發躁狂妄，亦有啞而不能言者，皆由敗血瘀心，毒涎聚胃所致。用柴胡二錢，黄芩錢五，半夏一錢製，人參一錢，枳殼一錢麩炒，大黃二錢，黃連六分，甘草七分，薑三片，棗一枚，煎服效。

《**松峰説疫・雜疫・鎖喉黃**》其症面黑目黃，舌白語澀，牙關緊閉，胸痛，緩不過二三日即死。人皆錯以烏痧瘴治之，多致誤命。如遇此症，將牙關攪開，用藍布擦去舌白，次以錢蘸鹽水刮兩太陽穴，穴在眉稍眼角之際，試有坑窠便是。出紫點泡，針刺出血，見黃水爲度，脖項兩側亦如此治。後用生大黃三錢，硫黃一錢，共搗粗末。水二盅，煎一盅，溫服立愈。

《**松峰説疫・雜疫・虖脖子猴**》其症咽喉暴腫而痛，痰涎壅盛，水漿難入，甚則脖項亦腫，寒熱交作，頭面烘熱，或四肢厥逆，氣息不順，用眞阿魏三分，麝香三分，巴豆一個，去油，杏仁一個，去皮、尖，紅棗一枚，去核。共搗爛，丸梧子大，銀朱爲衣，綿紙包一層。用時將紙撕去，按男左女右塞鼻孔，汗出即愈。避風，忌口二三日，所忌不言何物。止食粥飯、小菜，便無不是。

松峰按：此係熱毒而用巴豆者，亦熱因熱用，以毒攻毒之意。此與前症雖俱係咽喉之病，而症治各有不同。

《**松峰説疫・雜疫・谷眼**》其病初覺時，頭暈心亂，煩躁不寧，漸而心腹疼痛，即是此症。有緊慢之分，緊者立刻殞命，急以銀針針大眼角內白皮，如無銀針，想鐵針亦可。及兩耳稍、鼻尖、顋門、太陽穴，見血即愈。皆針挑破皮，捻血，非直刺。凡有心腹痛兼吐瀉，俱是此症，俱宜挑。初起先挑鼻尖，後挑別處，挑後用陳醋半碗，無陳用新。入銀子少許，共入砂鍋，熬三四滾，臨服時，再用銀子醋內研攪，溫服，立刻回生。若治遲危急。看舌根下有紫泡，挑破，鹽擦即愈。

《**松峰説疫・雜疫・天行虜瘡**》其症發斑疹，頭面及身須臾周匝，狀如火瘡，或戴白漿，隨決隨上下，此句費解。此毒惡之極。急治，取好蜜通摩瘡上，以蜜煎升麻數匕拭之。

《**松峰説疫・雜疫・疫厥**》凡人感瘟疫，視其症脈，尚不至殞命不救。而突然無氣，身直，其至無脈，且不可驚慌，視爲告終，此疫厥也。急用臘月雄狐膽，溫水研灌即活。若牙關已緊，即攪開灌之。雄狐膽必臘月預爲搆收爲妙。

松峰曰：如得此症，不論有無狐膽，總宜先針少商穴並十指甲上薄肉。穴道針法見前。攝出惡血，並用好豬牙皂末吹鼻，或用京中靈寶如意丹十餘粒吹鼻，可活。

《**松峰説疫・雜疫・羊毛疔**》萬曆間金臺有婦人，以羊毛遍鬻於市，忽不見，繼而都人身生泡瘤，漸大，痛死者甚衆，瘤內唯有羊毛。有道人傳一方，以黑豆、莜麥末塗之，毛落而愈。莜，音喬。疑即北方之蕎麥。

《**松峰説疫・雜疫・纏喉風**》其症咽塞，水穀不下，牙關緊急，不省人事，楊氏一字散。

《**松峰説疫・雜疫・赤瞎**》其症兩目突然紅腫疼痛，此亦時疫也。救苦湯治之。

《**松峰説疫・雜疫・神鬼箭打**》其症身痛有青筋，以亂髮擦痛處，髮捲成團而硬者方是此症。用金銀花澧煎湯飲之。不愈，再加甘草。髮不捲不硬者非此症，不必服，另察脈與兼症治之。

《**松峰説疫・雜疫・霧氣**》其症心煩少氣，頭痛項急，起則目眩欲倒，身微熱，戰掉不自安，時復憎寒，心中欲吐，吐時無物。新豬糞不拘多少。入上好黃酒中攪開，用細白絹濾出青汁，頓熱服之，盡劑。鋪厚，上蓋暖，覆卧取汗，天寒房內生炭，常令暖毋寒，寒則不汗。如汗出，候乾乃起，慎風冷，兼治瘧及風勞蟲毒。

《**松峰説疫・雜疫・化金疫**》其症初覺即昏不知人，不治即死。急以生豆令嚼，甘美不腥即是。以幕上有河字錢一文，放入喉中即化，有化至三四枚而愈者。

《**松峰説疫・雜疫・抱心疔**》其症肚痛連心，兩脇脹滿，脊背痛，上連頭痛，痛極渾身強直，昏暈欲死。視其臍上必有紅絲一條，照心口蔽骨下二指挑斷其絲。又於兩肋骨端亦挑兩處，如前法。又於脊上對臍腎俞穴，上下各指半，再挑二處，如前法，皆將盤絲挑盡斷，皆以皂礬末納挑眼內令滿，以

手揉之即愈。忌腥冷、豆腐、諸豆，幷一切蔓生之物。三日後食發物，發所挑瘡口。

《松峰説疫・雜疫・瘟痧》 其症惡寒發熱，或腹痛，似瘧非瘧，氣急喘逆，頭面腫脹，胸腹飽悶脹滿，或泄瀉下痢膿血。輕者牽連彌月，重者危急一時。治宜放痧，消食積爲主，俟痧毒已泄，然後和解清理除其寒熱，健脾養血補其中虛。

《松峰説疫・雜疫・宜識痧筋》 凡痧有青筋、紫筋，或現於數處，或現於一處。必用針去其毒血，然後據症用藥。

《松峰説疫・雜疫・撲鵝痧》 其症痰涎壅盛，氣急發喘，喉聲如鋸，痛似喉鵝，但喉鵝喉內腫脹，此則無之。又形似急喉風，但喉風痛而不移，此則痛無定處。且喉鵝無痧筋，此有痧筋。依前刺法刺之，服吹方開後擇用之。

《松峰説疫・雜疫・放痧十則》 一在頭頂心百會穴。一在兩眉中間印堂。一在兩眉稍窪陷處太陽穴。一在結喉兩旁。一在舌底下筋之兩旁。一在雙乳。以上俱斜挑。一在兩手背十指尖當中近甲薄肉。一在兩臂灣。一在兩足背十指尖當中近甲薄肉。一在兩腿灣。以上但直刺。

《松峰説疫・雜疫・放痧法》 腿灣上下有細筋，深青色或紫色，或深紅色者便是。皮白嫩者方顯紫紅色。刺之則有紫黑毒血。腿上大筋不可刺，刺亦無毒血，反令人心煩，兩腿邊硬筋上筋不可刺，硬筋，腿之大粗筋。其上筋，乃指靠皮之小筋言。刺之恐令人筋弔，縮也。手臂筋色亦如此辨之。至於宜針挑者，唯取挑破皮略見血。如無血，手擠之。至於指尖刺之太近指甲，令人頭眩。凡刺不可太深，銀針方佳，鐵性有毒。

《松峰説疫・雜疫・刮痧法》 背脊頸骨上下及胸脇兩肩背臂之痧，用錢蘸香油刮之。頭額腿上痧，用棉紗線或蒜麻蘸香油刮之。大小腹軟肉內痧，用食鹽以手擦之。

《松峰説疫・雜疫・新定刮痧法》 頸項後當中窪處刮一道，頸項後兩旁左右大筋上各刮一道，前身兩肩下脇上軟肉縫中各斜刮一道，兩脇肋軟縫中左右各刮三道，左右肩靠着肩井軟肉處各刮一道，背脊骨兩旁豎刮，自項下至腰各刮一道，背後脇肋軟縫中左右各刮三道。以上皆用錢蘸鹽水刮之。兩臂內用蒜麻一縷，撚鬆繩蘸水刮之，但要出痧紅紫爲度。諸穴並治一切痧症，唯蒜麻刮臂灣，專治眩暈惡心痧。若非病症，刮之亦不紅紫。

《松峰説疫・雜疫・治痧三法》 肌膚痧用油鹽水刮之，則毒不內攻。血肉痧看青比筋刺之，則毒有所泄。內形痧須辨經絡臟腑，在氣在血，則可消散而絕其根。此段言當用藥。

《松峰説疫・雜疫・治痧分經絡症候》 足太陽膀胱痧，腰背巔頂連風府脹痛難忍。

足陽明胃經痧，兩目紅赤如桃，唇乾鼻燥，腹中絞痛。

足少陽膽經痧，脇肋腫脹痛，連兩耳。

足太陰脾經痧，腹脹版痛，且不能屈伸，四肢無力，瀉不止。

足厥陰肝經痧，心胃弔痛，身重難移，作腫身上。作脹。腹內。

足少陰腎經痧，痛連腰腎，小腹脹硬。

手太陽小腸經痧，半身疼痛，痲木不仁，左足不能屈伸。

手陽明大腸經痧，半身脹痛，俯仰俱礙，右足不能屈伸。

手少陽三焦經痧，胸腹熱脹，揭去衣被，乾燥無極。

手太陰肺經痧，欬嗽聲啞，氣逆發嗆。

手厥陰心包絡痧，或醒或寐，或獨語一二句。

手少陰心經痧，病重沉沉，昏迷不醒，或狂言亂語。

《松峰説疫・雜疫・用藥大法》 痧症藥宜冷服。蓋昏迷不醒，乃痧之熱毒攻心，故心不能自主而昏迷。冷藥入口，從膈間順流而下，則熱毒在胸臆者，隨藥而消，故旋清醒，即尚昏迷，必有食積、血痰阻塞，再按脈症用藥，開導攻下，未有不醒者，玆特舉用藥之一隅，以俟神而明之者。用荆、防之類，從表而散；用青、陳二皮，從中而消；用枳實、大黄之類，從大便而下；用木通、澤瀉之類，從小便而行；用查、芽、蔔子之類，所以治其食之阻；用銀花、紅花之類，所以治其血之壅；銀花治血未解。用檳榔、蓬朮之類，所以治其積之滯。

《松峰説疫・雜疫・痧前禁忌》 忌熱湯、熱酒、粥湯、米食諸物，犯之輕者必重，重者立斃。

《松峰説疫・雜疫・痧後禁忌》 痧後略鬆覺餓，驟進飲食即復，忍耐一二日，乃可萬全。

《松峰説疫・辨疑・辨吴又可偏用大黄》 瘟疫一症，感邪癘之毒十之六，感溫熱之毒十之四故用黃連解毒等湯。不唯在表時服之，寒凝血滯，厥

疾不瘳。即邪熱内傳，應服涼藥，余往往不用黄連。不過生地、丹皮、二冬、元參、銀花、童便，極數用石膏、梔子、黄芩而止，無不奏效。故吴又可戒用寒劑而專用大黄，亦未可爲非。蓋大黄雖寒，其性走而不守，當瘟疫膠固之時，得此一番推盪，邪便解散，較純用寒涼者固勝一籌。但邪未入腑而輒用之，既不能解在經之邪，徒受寒中破腹之患，其害有不可勝言者。又可之用大黄雖不孟浪至是，但宜下諸症未免偏於攻擊，全忘下不厭遲之説。□□□□□□□□若不善師又可而舉手即用大黄，反引又可爲證，則又爲又可之罪人矣！

《松峰説疫·辨疑·辨用老君神明散東坡聖散子》 《活人》云：一歲之中，病無長幼，率相似，此則時行之氣，俗謂之天行是也。老君神明散、務成子螢火丸、聖散子、敗毒散，不拘日數淺深，吐下隨症施行，所以聖散子不問陰陽表裏也。

語云：用古方治今病，譬如拆舊料蓋新房，不再經匠氏之手，豈可用乎？旨哉斯言，洵堪爲醫學用藥之準矣。夫古今之元氣不同，觀漢人之處方，動以兩計，宋元而降，不過錢計而已。以漢人之方，治今人之病，吾知其過於峻重，以今人之方，治漢人之病，吾知其不及病情。此處方分兩之未可泥也。至於用藥之權衡，則又不得以漫投者，蓋四方之風土不齊，羣倫之老少各異，天道之寒暄無定，南北之燥濕頓殊。人在氣交之中，或偏於陽，或偏於陰，或有時而壯旺，或有時而虚怯，即一人之身，一日之際，内傷七情，外感六氣，其病情之出沒隱現，眞有若雲龍之不可方物者。若必執一方，以應無窮之變也，有是理乎？《活人》以老君神明散、東坡聖散子爲治疫癘之的方，不拘日數之淺深，病症之吐下，亦不問陰陽表裏，便率爾妄投，其不殺人如麻者鮮矣！蓋二方中用烏、附、吴萸毒熱之品，陰寒直中者，服之庶或無過。若傷寒傳經熱症，以及瘟疫、瘟毒正宜用芩、連、大黄之時，若投此湯，入口必斃。神明散用絹袋盛帶，以此外治，不服食尚不能爲害，至於聖散子則煎服之藥，是斷斷乎不可用者。此方藥味亂雜，即眞陰寒症用之亦恐未能獲效也。後世因過信蘇長公，隨奉爲良劑，甘就死地。噫！抑何其爲東坡之名之所震，以至於此哉？以及神明散不過平人所製，假以李、蘇之名，以眩人之耳目，好異者遂深信而不疑者。若必謂是方出自李、蘇，則張景岳新方八陣中王母桃一品，豈眞瑤池仙府之所垂乎？吾願世之業醫者不可拘於一定之方，亦不可執其一偏之見，變動不拘，權衡有準，則於岐黄一道思過半矣。

《松峰説疫·辨疑·辨賠賑散等方》 《二分晰義》書中載賠賑散一方，用大黄爲君，而以殭蠶、蟬蜕、薑黄佐之。共爲末，蜜酒調服，用治三十六般熱疫。夫一方而治多病者，唯萬應膏爲然，除此則廣東蠟丸亦有此説。然彼必有一單某症用某引和服，是丸雖一方，而引因病異，則引之所關最大，視無引而一方兼治者不侔矣。且瘟疫更與雜症不同，有表裏分傳之異，經腑臟胃之殊，老少強弱之分，天人風土之別焉，能以一方而治三十六症乎？余始得此書，値瘟疫盛行之年，曾修和一料備用。後偶出門，一女孫患瘟疫，家中人因取與服，服之返泄瀉昏睡增劇，筠谷兄修合此藥云：乳蛾等疾服之甚效。余細維其故，孫女服之增劇者，以邪尚在表，方内有大黄宜乎不受。至於云治咽喉或於熱毒相宜，豈三十六症中詎無一應者乎？□□□□□中又有大小復甦飲子、大小清涼滌疫散、靖疫飲、驅疫飲等方，總以黄連爲君，更雜錄諸寒苦藥以佐之，□□□□有至二十味之多者，更斷斷不敢用也。

《松峰説疫·辨疑·辨五疫治法》 龐氏云：春三月行青筋牽病，夏三月行赤脈攢病，秋三月行白氣貍病，冬三月行黑骨瘟病，四季月各餓十八日，土王用事，行黄肉隨病。後人又以木火金水土五疫配之，治各有定法。其中止有所謂五疫乃天地之癘氣，人中之則各隨其臟氣以爲病之説，尚屬近理。如所謂青筋牽等名色矜奇立異無益症法。其用方，如春三月用羌活湯，夏三月用雙解散等法，亦見沾滯，至秋三月天漸涼冷，反用三黄石膏，殊不近理。至其所用藥俱係發散等劑，亦非治瘟疫的方也。

《松峰説疫·辨疑·辨吴又可疫有九傳治法中先裏後表》 吴又可九傳治法，有先裏而後表者，始則發熱，漸加裏症，下之裏症除，二三日内又發熱，反加頭痛，身痛，脈浮者，宜白虎湯。按其瘟疫初起治法云：脈長洪而數，大汗多渴，此白虎湯症。又云：白虎治瘟疫脈長洪而數。又云：脈長洪而數，白虎清涼解散，服之或戰汗自汗而解。是凡三言白虎症，而絶無脈浮之説也。至於發熱頭痛，雖列於白虎湯之下，而又無身痛，前後多所滲漏不符，看來頭身痛脈浮三症，似宜小柴胡加羌、防始與症對，而乃用白虎何也？

《瘟疫論類編·統治·瘟疫初起治法》 松峯曰：達原飲誠治瘟疫之仙方，和平穩當，如勞症之有地黄湯也。仲景之治傷寒，用麻桂尚多避忌，而此獨無之。治瘟疫初起者，按症問因，加減出入，無往不利，如因食積而觸動

其邪者，本方加神麯、麥芽；因肉積者，加山查之類。類而推之，可應變於無窮矣。唯方内用白芍，雖曰活血，而其性未免收歛，瘟疫雖不宜發汗，然始終賴汗以解，芍藥乃歛汗之物，於溫疫症中似不相宜也。

《溫疫論類編·婦娠瘟疫》　松峯按：孕婦而投承氣，定當減去芒硝，不得已用之，止可損胎存母，不如止用大黄爲妥，蓋此一味已足以蕩滌其邪穢矣。此之用大黄，不過專爲孕婦而得裡症應下者言之，若邪尚在表者，當速逐其表邪，毋使内陷爲上。又產後而感瘟當於治瘟藥中帶補藥，如熟地、當歸之類所不可闕。即參芪，亦間或用之，但發審愼。

《溫疫論類編·客邪膠固於血脈結爲痼疾論》　松峯按：鱉甲色青入肝，益陰除熱，治瘧疾瘧母血瘕；龜甲入腎，味厚純陰，亦能滋陰，兼理久瘧血枯遺精。以二味爲君，治客邪膠固於血脈，更以山甲之走竄佐之，引二甲之功能協力幷入於藏府經絡以成厥功，故取三甲爲名。蟬退取其善脱，殭蠶取其散結，䗪蟲取其破血，當歸取其養血、活血，甘草取其敗毒。蓋客邪在身，血必受傷，更兼凝積。且邪毒蘊厚，用當歸生甘草亦大有見解，唯牡礪性澀，似不宜用，此時專用其濇精，亦見迂濶。白芍性歛，亦似不宜。又可先生好用白芍，但瘟疫宜散，白芍似不必常用也。至於藥味分兩成分者，餘由甲外他藥未免太輕，投之何濟於事。用此方者，似學變通之。

《溫疫論類編·舍病治藥論》　松峯曰：舍病治藥之法，凡投劑有誤者，皆可以此救之。如寒藥治熱藥之誤，熱藥治寒藥之誤，補藥治瀉藥之誤，瀉藥治補藥之誤，推而廣之，可應無窮之變。

《羅氏會約醫鏡·瘟疫·論汗宜緩》　凡疫病傳變，或出表，或入裏，或表裏分傳，不得執《傷寒論》先解其表，後攻其裏。此大謬也。蓋裏氣結滯，陽氣不得敷布於外，務宜承氣，先通其裏；不待發散，多有自能汗解，以伏邪中潰也。如未得汗，以柴胡湯和之。復不得汗者，從漸解也，不可苛求其汗。疫病多有作戰汗解者，或有戰而無汗，次日當期復戰。戰者必厥，戰而厥回無汗者，眞陽尚在，表氣枯涸，可以漸愈。若厥不回，汗不出者，危矣。但戰不可動擾，動擾則止汗不出矣。但可溫復而已。

《羅氏會約醫鏡·瘟疫·論下宜急》　傷寒下宜遲，要待邪傳裏方可議下。疫病下宜早，以邪伏中，下之而邪乃潰。但見舌黄，心腹痞滿，便於達原飲加大黄下之。設邪在膜原者，已有行動之機，得大黄促之而下，實爲開門卻賊之法。即使未愈，邪亦不能久留，二三日後，餘邪入胃，用小承氣湯徹其餘毒。大凡客邪，貴乎早治，乘人血氣未亂，不至危殆，投劑不至掣肘，愈後亦易平復，以病根之早拔也。倘謂下無結糞，似乎太早，殊不知因邪熱而致燥結，非燥結而致邪熱也，下其邪熱，又何燥結之有！

邪熱傳裏，在上焦痞滿者，宜小承氣湯。中有堅結者，加芒硝，軟堅而潤燥。設無痞滿，惟存宿結，而有瘀熱者，宜調胃承氣湯。雖無結糞，但下粘膩極臭惡物，其邪熱散矣。若待燥結，熱極變症，不可揣摩，爲害不小。

凡瘟疫舌有白胎者，邪在膜原也。舌色黄至中央，乃熱邪入胃，用達原飲，加大黄。若兼三陽症現，照前加藥，名三消飲。消内消外，消不内不外也。此治内外有邪，爲疫症全劑。

《羅氏會約醫鏡·瘟疫·論下法權變》　凡瘟疫初起身熱，或一日二日舌上白胎如粉，早服達原飲一劑。午前舌變黄色，隨見胸膈滿痛，大渴煩躁，此伏邪潰而傳胃也，前方加大黄下之，煩減熱退，午後復加煩熱，舌黑生刺，鼻如烟煤，此邪毒最重，復瘀到胃，急投大承氣湯，傍晚大下，至夜半熱退，次早鼻黑胎刺如失。因其毒甚，傳變亦速，用藥不得不緊。設不及時重劑，二三日必死。但其中有應一日下二三次者，有連下三四日者，有下一日間一日者。其中寬緩之間，有應用柴胡清燥湯者，有應用犀角地黄湯者。至於承氣有三方，固宜酌用；又宜某日應多與，某時應少與，稍不得法，便至誤事，此貴臨時斟酌。

《羅氏會約醫鏡·瘟疫·論應下諸症》　舌胎黄白胎，邪在膜原也，未可下胎黑有一種舌俱黑滑而無胎者，此陰症也，宜四逆理中八味之類。　舌芒刺　舌裂　舌短　舌硬　舌卷　唇裂焦燥　口臭　唇口起泡起皮　鼻孔如烟煤　口燥渴若大汗，脈長洪而渴，未可下，宜白虎湯。汗更出，身涼渴止。　目赤　咽乾　氣噴如火　脈沉而數　小便赤黑涓滴作痛　小便極臭　揚手擲足　潮熱在日晡時者爲胃實。　心下痞滿　心下高起如塊　心下痛　腹脹滿　腹痛按之愈痛　心下脹痛　頭脹痛初起頭痛，別無下處，不可下。　小便閉屬氣結，若大便行，小便立解矣。　大便閉有血液枯竭者，無表裏症，爲虛燥，宜蜜煎導，及豬膽導。　屎極臭　大便粘膠　協即挾熱下利　熱結傍流　四厥　脈厥體厥厥者陽氣内鬱，不能外泄，胃家實也，宜下之，若下後復厥，爲虛脱，宜補。　發狂外有虛煩作狂，有因欲汗作狂，忌下。

以上三十六症，諸屬實熱，下之乃解。但有實熱，必見實證。雖證不一，必有數端宜下之症顯然於外，須及時攻治，庶不致遺害。

《羅氏會約醫鏡・瘟疫・論下後脉證變幻》 凡裏證脈沉而數，宜下。下後脈浮者，當得汗解。若無汗而微熱，神昏口渴，此邪熱浮於外，而里無壅滯也，宜白虎湯。設數下後，脈浮數而空，當加人參。白虎辛溫，除肌表之邪熱，加人參助一身之血液，於是經絡潤澤，元氣充周，自得汗而解。倘不得汗，二三日後，脈復沉而大熱，因膜原餘邪，復瘀到胃，宜再下之。下後脈再浮者，仍當汗解，宜白虎湯。下後脈浮，大汗而熱者，此內邪散，正氣通，佳兆也，不得再下。又有當下失下，口舌燥渴，身反熱減，四肢厥逆，此陽氣伏也。既下厥回，身上不寒，脈大而反數，津生不渴，此裏邪去，鬱陽暴伸也，宜用柴胡清燥湯去花粉、知母，加乾葛，隨其性而升泄之。此症似宜用白虎湯，但熱渴既除。又非白虎所宜也。

服達原飲後，毒邪分離膜原，內外之氣已通，故脈長洪而數。白虎辛涼解散，服之或戰汗，或自汗而解。若邪已入胃，不用承氣，而用白虎，反抑邪毒，致脈不行。人見陽症而得陰脈，愈不敢下；投以寒涼，愈投愈危。惟用承氣緩緩下之，六脈自出。

《羅氏會約醫鏡・瘟疫・論瘟疫投涼藥之害》 疫邪結於膜原，與衛氣幷固，而日夜發熱，日晡益甚，五更稍減。此時胃本無病，以舌不黃，小便清白故也，不得誤用承氣，使里氣先虛，邪氣乘虛而入，爲害不小。及邪傳胃，煩渴口燥、舌黃芒刺，午後潮熱等症，此宜下也。而人不知熱由於邪，去其邪而熱自止，乃用芩、連、知、柏，或解毒，或瀉心，蓋本《素問》熱淫所勝，治以寒涼，謂熱病用寒藥，可以無疑。故每遇熱甚，反指大黃能泄而損元氣，黃連清熱，且不傷元氣，更無下泄之患。醫家病家俱以爲然，由是大劑與之，其熱轉甚，耽誤至死，猶言重用黃連而熱不清，非藥之不力，病者之數也。殊不知黃連苦而性滯，寒而氣燥，雖與大黃均爲寒藥，而大黃走而不守，黃連守而不走；一燥一潤，一通一塞，相去甚遠。且疫病首尾，以通行爲治；若用黃連，反招閉塞之害，邪毒何由以泄？病根何由以拔？既不知病原，焉能以治疾耶！

疫病狂躁，用苦參研末，薄荷湯下二錢半，日宜三服。天行熱病，結胸脹痛，用苦參一兩煎服，醋引。疫病垂死者，用竹去皮，浸於大糞缸中，以內水服之，可救。不染疫病，用黑豆一杯，天將亮時，勿令人見，置於井中，雖共井用水不染。或入水缸內，共屋居住不染。又方：於五月五日午時，採蒼耳葉陰干，臨時研末，冷水調服二錢，或水煎，合家皆服，能辟疫邪。又方：用松毛細切，七日，酒調服三次，能辟五年瘟疫。又方：用馬骨以絳袋盛之，男佩左，女佩右，能辟瘟疫。又方：用上品朱砂，研細末，煉蜜爲丸，綠豆大，……平旦，向東方，各呑七粒，少用溫水送下，勿令近齒，永絕瘟疫。……天行疫病，取初病人裏衣小衣，於甑上蒸過，勿開甑，移於遠處，一家不染。又方：凡人欲近前者，或用明雄黃，或用蒼朮，口中細嚼，塗擦鼻內，常有藥氣，自然不染。又方：用明雄黃一兩，丹參、衛茅、別名鬼箭羽，其兜上有毛似箭，即天麻之苗也。赤小豆各二兩爲末，煉蜜爲丸，空心溫水下五錢。即與病人共被睡，不能傳染，名辟邪丸。又方：用皀角、蒼朮焚香，可辟疫邪。又方：用赤小豆以新布囊盛，放井中浸二日取出，舉家各呑二十一粒，不染。又方：人入疫家，以雄黃末調燒酒飲一二盞，既出，以紙拈探鼻，令噴嚏，不染。

《羊毛瘟症論・羊毛論》 羊毛之爲病也，始覺微寒發熱，或憎寒，或壯熱，或發疹塊，面色微青，唇紅而脹，舌有薄苔紅點裂紋，胸中滯塞，身脹痠痲，手足不利，前心後心，或有斑點，或無斑點，及病至而色青板，身重不仁，皮膚紫脹，脈不至，則無救矣。伏讀御纂《醫宗金鑑》，內載羊毛疔證一條，初起時身發寒熱，狀類傷寒，但前心後心有紅點，又如疹形，視其斑點，色紫黑者爲老，色淡紅者爲嫩，宜服蟾酥丸汗之。毒勢不盡，憎寒壯熱仍作者，宜服五味消毒飲汗之。如發熱、口渴、便閉，脈沉實者，邪在裏也，宜黃連解毒湯加生大黃一錢五分，葱頭五個淸之。治法，先將紫黑斑點，用衣針挑出，如羊毛狀，前心後心，共挑數處，用黑豆、蕎麥研粉塗之，即時汗出而愈。一法，用明雄黃末二錢，青布包紥，蘸熱燒酒，於前心擦之，自外圈入內，其毛即奔至後心，再於後心擦之，其羊毛俱拔出於布上，忌茶水一日。竊思疔有羊毛，與近日羊毛時證大略相同，即以治疔之理，而會通其意，治此證亦可也。且人身災眚，自古迄今，備載病目，有增無損，有書載而未見，有病見而無書者，誠可悼歎。所以一時之病證，一方之疾厄，古人筆之於書，以備後人參考，知某書有此等病也。夫業醫者，智圓行方，心小膽大，臨證即師，療證即法。今時邪，由毒氣土藏，鬱蒸金化，忽有羊毛，類似蠶絲，其毛倒生膚裏膜外，針刺皮

膚，絕無點血，剔出羊毛，長者七八寸，短者二三寸，剔未盡者，再以蕎麥麵用陰陽水和團，自胸前圈滾至腹，背心圈滾至腰，滾處約百餘轉，麵團中毛多，遍身全滾皆有，投以加減雙解散，至肺氣舒暢，血脈流通，大汗如雨，或發疹塊而愈。蓋此證獲效於雙解之方，治法即倣羊毛疔證。五味消毒飲、黃連解毒湯加大黃、葱頭之意，要亦《內經》金鬱泄之，土鬱奪之之旨。清太陰，通陽明，達三焦，爲無上法門，非重劑硝、黃，烏能勝其病哉。伏邪毒重者，連投大劑雙解，膏、黃用一二十兩，亦不爲過，但稍有疑畏之心，莫能解釋其疾。或有誤治者，以寒熱作瘧治，胸悶氣脹作停食受寒治，或以溫中燥濕治，或以達原破氣治，病日加增，昏悶而死。至於不能醫治者，病來急速，氣阻神昏，而色青慘，站立不起，肢冷脈無，故不治也。所謂不治者，毒火與元氣勢不兩立，并於上焦，陽氣不行，肺胃不通，即經云：諸氣膹鬱，皆屬於肺。此爲悶絕之由。其可治者，惟臨證之時，不可不細心耳。

《羊毛瘟症論·羊毛溫邪疑似辨》 羊毛溫邪，亦有疑似難明，須辨質之虛實，毒之輕重，毛之有無，有似虛寒而伏大熱，有似雜病而治不能痊者，此疑似之證，貽誤匪輕。然而虛者宜輕逐毒火，實者大可涼攻。毒之輕者宜緩攻，毒之重者宜急攻。羊毛有無，用蕎麥麵團圈擦，醫皆能知之也。至於虛證似實，實證似虛，毒輕似重，毒重似輕，外無疹點，內有羊毛，類似雜證，而有羊毛，類似虛寒，而伏大熱，最難詳辨。若不細心體認，辨出眞情，何能破其隱蔽，療其病患耶？

羊毛溫邪，虛證似實，如陽氣素虧，氣短少息，陰血素虧，而色痿黃，至毒火伏藏於內神反精壯，而反光亮，初病微覺寒熱，胸反不脹，擦有羊毛，舌本赤色，浮有白苔，現有點紋，脈象虛洪，或見細數，渴而不飲，煩而不躁者是也。縱宜宣伐，於攻藥之中，兼以養氣和血爲主。

羊毛溫邪，實證似虛，精神素健，飲食倍常，毒伏於內，神反倦怠，面反青白，心慌頭眩，內燒無力，時忽發麻，用蕎麥麵團圈擦身有羊毛，舌本紫色，現有厚苔，或黃或白，紫點裂紋，脈象數實，或浮軟沈堅，喜飲不多，昏沈困睡者是也。急宜宣伐，於攻藥之中，重用膏、黃、芒硝爲主，並用珠黃散、紫雪金丹。

羊毛溫邪，毒輕似重，毒火發作，面色青紅，壯熱煩躁，無汗口渴，胸悶不寬，舌苔薄黃，點紅紋細，脈象洪數。攻伐解毒之藥，利於輕用。

羊毛溫邪，毒重似輕，毒火發作，舉動如常，面色青滯，微熱惡寒，口淡嘔痰，惡心胸悶，舌苔灰白，紫點裂紋，脈象沈實，攻伐解毒之藥，利於峻重。

羊毛溫邪，毒火發動，胸悶惡寒，皮膚忽木，前後心無點，周身無疹，或神昏氣悶，或潮熱不止，或飲食減少，或嘔酸痰，或不發熱，俱用蕎麥麵團圈擦前心後心，如有毛者，宜服解毒攻伐藥除之。

羊毛溫邪，有大熱似寒，四肢厥冷，身重不仁，面青浮腫，目瞪神呆，唇淡而縐，舌苔灰白，紫色細點，嘔吐痰沫，痰有辛味，胸悶神昏，早覺甦醒，午後如死，脈象沈微，獨右尺見促脈，余初臨此證，類似虛寒，懨懨一息，疑爲必死。細推證象，早覺甦醒，右尺脈促，舌苔灰白，有細紫點，痰有辛氣，唇有縐紋，此非寒證所有。以蕎麥麵團圈擦前後心有毛，果即此證也。譬諸人事，言多者必假，一語者反眞，審之醫理證象，少者爲眞，多者爲假，人身四肢，爲諸陽之本，頭爲六陽之首，又臟不和則九竅不通，陽氣不能運動，即現諸般寒象。若陽氣宣通，其寒自散矣。此病之形證，有一二生機，不可不救，方用黃連解毒湯，加大黃，繼以理脾和肝。羊毛溫邪，類似雜證，如胃痛、脇痛、腹痛、傷風、停食、積聚、冷痰、嘔吐等證，病證甚多，難以枚舉，或問何以別之？答曰：易識其證，面青胸脹，舌有點紋，脈象有力爲準，宜從羊毛溫治不宜從雜病治。

《羊毛瘟症論·羊毛溫類證治》 羊毛溫邪重證用加減雙解散，一日兩服。若病劇不解者，當半日中盡二服。羊毛溫邪，面現青色，舌有點紋，寒熱胸悶，周身拘板，頭眩作痛，是此證也。如舌現點紋，寒熱胸悶，身痠作痛，面色不青，非此證也。蓋溫邪病、羊毛病，各從其證調之，亦不拘於溫證、羊毛證之方，要知合宜而用。

羊毛溫邪，四時發作，夾表邪者，宜先服荆防敗毒散，次服加減雙解散，得汗得利爲愈。

羊毛溫邪，表裏熱盛，或發瘢疹，或頭面腮腫，宜用加減普濟消毒飲，兼服五黃丹。

羊毛溫邪，病作不識，昏悶狂躁，忽寒忽熱，延至四五日，或十餘日，用蕎麥麵團圈擦，擦出毛有五色，其毛甚健。治法：用黃連解毒湯，加大黃、石膏、蒲公英、防風、雄黃、黃蜜。

羊毛溫證，伏邪發動，煩躁發熱惡寒，頭痛面色青滯，舌赤苔黃，浮黑有

刺，口渴神昏，診脈右手數實、左手關尺空虛，此係肝腎素虧，溫毒極重，病急不可緩治，亦不宜補陰托邪。此證屢次經見，速用加減雙解散，逐去毒火，外除羊毛，保全氣血，不致火灼陰陽，內陷變證若畏涼攻，則無濟矣。

羊毛溫邪，伏毒發動，寒熱痰血，面青色滯，舌用點紋，或素有血證，當此毒火內蒸，其血必然漸湧，脈象洪數，以溫邪爲主。治法：外除羊毛，內服加減雙解散，次以清熱解毒，和肝養血調理。

羊毛溫邪，毒火發動，面色青滯，舌有點紋，忽作寒熱，煩躁內燒，便血不止，或素有便血，脈象數大，以溫邪爲主。治法：外除羊毛，內服加減雙解散，次以黃連解毒湯，加白芍、地榆、銀花、苡仁而愈。

羊毛溫邪，痹痛十餘日，忽寒忽熱，自腹痛至腿足，又至肩背，晝夜不安。醫以桂枝、杜仲、牛膝、秦艽等藥不效，更加煩躁，病象甚危，面色青板，舌有紫點，身痛難以轉側，脈象數實。治法：外除羊毛。內服黃連解毒湯，加蟬衣、殭蠶、石膏煎汁，加雄黃、熟大黃、黃蜜和服，數劑而愈。

羊毛溫邪，雙注單注證，悞服溫燥藥，如霍香、厚朴、烏藥、木香等藥，至毒火傷其氣血，病加沈重。宜用黃連解毒湯、白虎湯，加黃蜜、雄黃和服，氣弱者不易收功，如本質氣壯者，仍服加減雙解散而愈。

羊毛溫邪，發動毒火，面色青滯，舌尖紫赤，寒熱胸悶，口眼歪斜，不語肢廢，人事昏沈，類似中風病情，診脈忽沈數而伏，忽洪大而實，脈證不應，非中風也。以溫邪法治，外除羊毛。用瓜蒂散探吐，次服加減雙解散、五黃丹，吐瀉宣通爲要，並服紫雪金丹、珠黃散，若服藥後溫毒外達，內臟素虧，右寸虛弱，欬嗽浮熱，煩躁言蹇，日輕夜重，宜早服清燥救肺湯，晚服黃連解毒湯，加蟬衣、殭蠶、白附子，水煎去渣，和雄黃、熟大黃、黃蜜溫服，繼以解毒清熱，扶脾養陰而愈。

羊毛溫邪，腹脹寒熱，周身浮腫，面色青亮，舌有白苔紫點，脈象洪實。外除羊毛，內服加減雙解散，增入大腹皮、薑皮，兼服五黃丹藥。服數劑後，腫消毒解，再以清理餘毒，扶脾而愈。

羊毛溫邪，咽痛欬嗽，痰濁聲低，脈象數實，舌有黃苔，布有赤點，面色青滯，忽然發紅，胸悶背脹，內燒煩躁，食減神倦，醫多以虛弱治，延久不愈。細診此證，若論虛勞本病，則五火並蒸，氣血漸損，損盡而已。如心火灼金，欬嗽胸悶，肝火乘胃，面浮色青，兩頤忽紅，食減作瀉，腎火炎上，咽痛喉燥，水泛痰沫，脾火內焚，肌肉索澤，膚如甲錯，肺火內燒，音瘖無聲，痰如蟹沫，五臟火焚，脈必細數，或虛洪，或弦急而空，此皆難療之病也。至所見之脈證，用蕎麥麵團擦出有毛，脈數實，面青色滯，舌有赤點，數條病形，有三條訛別，豈可定爲虛弱耶？治法：宜用蘭膏湯。外除羊毛。病者胸悶覺寬，身增寒熱，次用加減雙解散，並五黃丹、紫雪金丹，繼以理脾和肝，清熱解毒而愈。

羊毛溫邪，鼻衄不止，或口齒出血，或耳內出血，忽寒忽熱，舌現黃苔，布有紫點，胸悶減食，神倦心煩，脈象數實，面色青滯。治法：外除羊毛，內服加減雙解散，次服犀角地黃湯。如齒衄，白虎湯。如耳衄，黃連解毒湯。溫毒若減，統以清涼飲治之而愈。

羊毛溫邪，惡寒肢冷，一月有餘，胸悶食少，頭暈心煩，舌有紅點，脈數有力，醫以肝鬱伏寒治，用桂枝、木香等藥，其病日增。審病有寒，脈則不數，舌有紅點，必有溫毒，所謂惡寒肢冷，此熱厥也。宜用新製蘭膏湯，兼五黃丹服。外除羊毛。惡寒漸退，數解黃沫，肢冷回陽，繼用黃連解毒湯，並調理脾胃而愈。

羊毛溫邪，潮熱月餘，面色青滯，舌有黃苔，布有紅點，脈象數實，胸悶作煩，食少神倦。治法：外除羊毛，內服加減雙解散，繼以清熱解毒，和脾而愈。

羊毛溫邪，七八日後，病退微喘，食少神倦，忽昏忽明，絕無病苦，脈象細數，寸口脈微，此陽氣不足，欲脫之象也。法用補中益氣湯，加麥門冬、生地黃救之。

羊毛溫邪，七八日後，餘邪不退，神昏氣怯，忽寒忽熱，腹中微痛，胸忽作悶，脈象虛洪，氣口脈濇，此陰氣不足，欲脫之象也。法用理陰煎，加黃連、石膏救之。

羊毛溫邪，病十餘日，毒火未盡，腎虛呃逆，自下而上，方用六味地黃湯，加磁石、石斛、黃檗、黃連。

羊毛溫邪，肝虛呃逆，自左而上，用理陰煎，加代赭石、旋覆花、白芍、川黃連，繼服六味地黃湯，加防風。

羊毛溫邪，脾虛呃逆，自右而上，用理陰煎，加丁香、柿蒂、川黃連，次用四君子湯，加薏苡仁、澤蘭葉、白芍、黃芩、川貝母。

羊毛溫邪，三焦呃逆，自中而上，用新製止呃湯。

羊毛溫邪，肺虛呃逆，連聲不止，不知所來。法用茅草探嚏，內服參麥湯，加葶藶子、石膏、杏仁。

羊毛溫邪，毒火痰結，煩躁昏亂，寒熱氣促，呃逆連聲，肺胃壅閉，脈數而促。治法：外除羊毛，內服加減雙解散，並服五黃丹。

羊毛溫邪，毛已擦出，大解紅沫，脇痛急迫，難以轉側，已服加減雙解散數劑，舌苔黃厚，浮黑布有點紋，神昏煩躁，忽熱忽寒，方用黃連解毒湯，加當歸、白芍、石膏、滑石、雄黃、黃蜜，兼服紫雪金丹。

羊毛溫邪，已得汗解毛出，延久不愈。病因溫邪發動，悮服桂、附、乾薑、草果、蔻仁等藥，致伏毒不除，陰陽氣怯，臟腑賊火內生，眞火無權，類與溫邪初起之火相同。辨其證候，在色，在脈，有病形可考，如面色青灰，與表滯有辨，脈象虛洪，與實數有別。治法：用犀角地黃湯，並參麥湯救之，生地用一二兩，人參用一二錢，繼用六味地黃湯，加白芍、當歸、沙參、麥冬、黃芩、黃連。

羊毛溫邪，病證輕減，氣血空虛，脈象洪大而軟，神和能食，苦於夜不安卧，煩熱內燒，行動少勞，自汗不止。方用當歸六黃湯，加茯神、炒棗仁，繼用製甘草湯。羊毛溫邪，毒火已退，人事清爽，神虛忽煩，安卧食少。方用黃芩湯，加薏苡仁、藊豆、石膏、澤蘭葉。倘病久藥煩，宜用加減《資生》健脾丸，早晚服之。

羊毛溫邪，毒火未盡，欬嗽連聲，食少作嘔。方用黃連解毒湯，加杏仁、薏苡仁、澤蘭葉，並服瀉白散，加石膏、桔梗、大貝母。

羊毛溫邪，病後復發本證，或胃痛，或脇痛。法用黃芩湯，加澤蘭葉、川黃連，兼服逍遙散，加石膏、烏梅肉。

羊毛溫邪，毒火已退，素有肝鬱，氣逆阻脹，心煩內熱，夜不能卧。法用甘露飲，加旋覆花、代赭石。

羊毛溫邪，病愈復患，素有疾病，宜依常治方法，倘有餘邪不盡，方中加石膏、澤蘭葉。

羊毛溫邪，病後狐惑，似病非病，情不能釋。治法：凡飲食之中，皆用石膏泡水烹煑。

羊毛溫邪，毒壅胃口，湯藥不下。法用鮮薑一片擦舌，雜證同法。

羊毛溫邪，毒火熾盛，不能納藥。法用甘蔗漿、梨汁、西瓜水、荸薺汁，俱微溫服，冷服亦可。

羊毛溫邪，外除羊毛，內服加減雙解散。煩躁不寧，渴嘔吐蟲，氣逆胸脹，法以冷飲烏梅湯兼服。

《羊毛瘟症論·申明羊毛雙注證治》 厥陰少陽形證，寒熱似瘧，面青色滯，唇燥乾嘔，舌苔白滑有紫點裂紋，周身振動，腹內如梗兩條，胸悶氣急，忽毒火衝動人事昏亂，兩目徬徨驚悸直視，角弓反張，如畏刀鋸，如見鬼神。治法：外除羊毛，內服加減雙解散增雄鼠糞七枚，次用五黃丹珠黃散、紫雪金丹並犀角、羚羊、地丁、蒲公英、銀花、雄黃解毒等藥。少陰太陽形證，時發寒熱，面色青赤，唇燥舌破，苔黃點紫，咽喉不利，周身板束，四肢痲木，骨痛如碎，頭如斧劈，或嘔或瀉，胸悶氣脹，晝夜不安，小便閉塞，煩躁不寧。治法：外除羊毛，內服加減雙解散增羌活，兼服五黃丹，次用加味涼膈散、黃連解毒湯，並服金汁、人中黃、牛黃、銀花、蒲公英解毒等藥。

太陰陽明形證，壯熱微寒，四肢厥冷，面色青灰，紫脹唇掀腫裂，舌木紫赤苔如粉白有刺兼有紅點裂紋，渴欲多飲，又嘔吐，牙床出血，胸脹腹痛，狂躁氣急。治法：外除羊毛，內服加減雙解散兼五黃丹，繼服加減大柴胡湯，並服西瓜水、犀角、羚羊、人中黃、銀花、蒲公英、地丁、雄黃、牛黃解毒等藥。

《羊毛瘟症論·申明羊毛單注證治》 少陽形證，寒熱如瘧，面色微青，神倦身重，頭眩目澀，口苦喜噦，舌有薄苔或黃或白皆有點紋，胸悶心煩。治法：內服荆防敗毒散兼服五黃丹，外除羊毛，次服五味消毒飲並加減雙解散，增雄黃少許和服。

陽明形證，不惡寒忽發熱，唇乾微渴，面青微紅，舌如積粉有細紋紅點，胸悶身倦，頭暈作煩不能安卧。治法：內服升痲葛根湯兼服五黃丹，外除羊毛，次服加減雙解散白虎湯。

太陽形證，寒熱身重，面青微赤，頭痛脊強，或嘔或瀉，胸悶氣脹，舌木紫色苔見白滑有細點裂紋，唇乾咽燥，口淡面黏，渴而不飲，小便赤澀，或遺精或淋濁。治法：內服荆防敗毒散兼服五黃丹，外除羊毛，次服加減雙解散、豬苓湯。

以上雙注、單注羊毛溫證，用藥調治使病者汗出徹，舌浮白苔點紋皆退，或偏身作癢，或發瘮塊以熱退毛除爲愈。又雙注單、注形證不必拘於日期，惟辨臟腑毒火之輕重也。至於治法俱以太陰肺、陽明胃、少陽三焦爲主，其

最要者陽明胃腑，胃爲水穀之海，五臟之源，十二經總會之地。當於此處逐毒不可忽略，實者宜用加減雙解散，虛者宜用新製蘭膏湯並服五黃丹。倘毒重本虛亦宜加減雙解散，不可太過至四損，不可正治。由於大勞大慾及大病久病氣血兩虧，陰陽並竭，名爲四損，又病羊毛溫邪最難調治，宜臨證時細加詳察，是氣虧、是血虧、是元陽虧、是元陰虧，必至審定然後施治得當爲良。

《羊毛瘟症論・除羊毛法》 蕎麥研細成粉，用冷水熱水各半和勻成團，手握在病者胸前，圈擦至腹背，後圈擦至腰，再擦膀腕腿腕四處，再擦頭面遍身，其毛盡。多擦爲妙，事後病不復發。有用燒酒和蕎麥麵成團擦者亦好，有用青布浸熱燒酒遍身圈擦其毛亦出。

用蕎麥麵陰陽水和團，圈擦並治風寒、氣鬱、脹悶、反胃、欬嗽、痹痛皆效。此乃偶遇之方並錄。

《傷寒指掌・傷寒類症・疫邪兼六氣入足經從表裏汗下》 初起頭疼發熱惡寒，舌胎白而薄者，邪在表也。敗毒散散之，微汗而解。如未解，鼻乾口渴，耳聾脇痛，舌胎白中帶黃，此陽明少陽見症，須解肌法。柴、葛、連翹、防風、薄荷、牛蒡、黃芩、木通之類。如再不解，須看有無癍疹，或見心煩膈悶，足冷耳聾，身痛如束，或咳或嘔，寸關沉伏，或躁動，便是發癍之候。須提透之，以癍盡爲度。脈伏心煩，謂之欲癍。煩止人靜，肌膚中無隱隱之點，始爲癍盡。癍已出而口乾，脈洪滑者，宜化癍解毒爲主。當以癍疹門參看。

邵評：邪入於裏則發癍疹。疹出於肺，癍發於胃。將發癍疹，尚未外透，欲出不出之際，故見症如此。若癍毒滯氣，則脈沉伏，伏邪外出則脈躁動。亦一定之脈理。

已汗而熱不解，氣口脈弦滑，飽悶惡心，必是胃中宿食爲患。消導爲主。如生查肉、麥芽、枳實、連翹、青皮、萊菔子等涼疏之。若脈弦滑，潮熱，譫語，臍腹脹痛，舌胎漸漸黃厚燥刺者，乃燥矢在腸胃中也。大柴、承氣，看微甚下之。更衣舌潤爲愈。

邵評：食停胃中，未化糟粕尚在胃之上脘，宜消化其食滯，切忌早用攻下。食滯已化而成燥屎，故用攻下。與前半條停食未化者治法不同，大宜着眼。

如表已解，尚身熱脈浮，小便不利者，是熱結膀胱也。五苓去朮，合六一利之。

邵評：身熱脈浮，其脈仍在太陽經，表解而小便不利，邪入太陽之府，而熱結膀胱也。宜宣化膀胱熱結而利水。

如表已解，餘熱未凈，其人如狂不甚，小腹堅痛，而小便自利者，乃血蓄膀胱也。桃仁承氣加減。

邵評：上條熱與水結，此條血蓄膀胱。如狂而小腹硬痛，血蓄下焦之徵。辨熱結與蓄血，在小便之利與不利。熱結膀胱，小便不利，血蓄膀胱，小便自利。用桃仁承氣破其蓄血，正治也。

若無表裏症，但熱而瀉，或寒熱而瀉者，此溼邪在於氣分也。小柴合五苓主之。渴者去桂留苓，不渴去苓留桂。疫邪必兼溼者，以當溼熱司令之時也。

邵評：但熱而瀉，溼熱在裏，寒熱而瀉，裏溼而表有微邪也。用小柴胡以和解其表裏之寒熱，以五苓滲其裏溼。渴爲有熱，故去桂留苓，不渴爲無熱，故去苓留桂。至疫病每發於四五六七月，正在夏天溼熱當權之令，故多挾溼。

疫癘熱毒，鬱極則發黃，二便俱祕，若投茵陳五苓，小水必不能利，須茵陳蒿湯，加黃柏，則小便利而黃退矣。

邵評：熱鬱發黃，二便俱祕，陽分實熱發黃也。用茵陳五苓以利膀胱，無益也。當用茵陳蒿湯，以瀉陽明之實熱，二便通利，黃自退矣。

亦有發黃兼發癍者，無非熱毒鬱結所致。宜犀角、連翹、赤芍、梔子、茵陳、黃柏、牛蒡、薄荷、銀花之類主之。

瘟疫發於春夏之間，必熱症爲多。如初起卽大熱大渴，目赤脣焦，煩躁不寧，六脈洪滑，舌胎燥黃焦刺，急用三黃石膏湯，去黃柏，加連翹汗之。取汗在於速，一服無汗，卽再進之，得汗熱退爲愈。若延至四五日，毒遍三焦，表裏俱病，用三黃石膏湯，加連翹、銀花，表裏兼解之。其妙在麻黃、石膏二味，不可去一。此方通解三焦表裏，治疫最妙。

邵評：疫必兼溼，故致發黃。熱毒鬱結，則黃而發癍矣。用淸熱滲溼、宣透癍毒爲治。若外受溫疫，表裏俱病，火熱大盛之時，身雖大熱而無汗泄，此表氣外鬱，內熱不得發泄，故目赤脣焦而煩渴。表裏熱盛，則六脈洪滑。火盛灼津，則舌胎燥黃焦刺。此皆熱鬱不宣之象。此方淸內火而宣散表熱。表有汗出，則內之火熱亦隨汗而外泄矣。此表裏熱甚兩淸之法也。

倘遷延不治，上中下三焦俱受毒邪，表裏三焦均病，必用此大劑以兩解之。

如見目赤脣焦，舌黃燥刺，大熱煩渴，汗出津津，此陽明血熱火盛，切忌風藥升散。宜涼膈散加石膏。

邵評：見症裏熱極盛之候，與上條似同。上條無汗，是表鬱內火。汗出津津，是邪入陽明而熱盛，故用涼膈散，加石膏以解陽明。

大都疫癘初起，宜辛涼解散，次則和解解毒。必裏症全具，脈實口燥，心下堅滿，方可攻下。若胃中飲食未化，雖芩、連、栝蔞，尚宜緩進，況硝黃乎？如用寒涼，食爲寒凝結而不散，必變結胸。

邵評：初起邪在肺衛，故宜辛涼解散。若肺邪入陽明之府，則裏症發現，脈實堅滿，口燥均是裏實之症，故可攻下。倘飲食停滯，未化糟粕，早用寒涼，寒藥與食互結，防成結胸，況攻下乎？必待其食化糟粕，結於陽中，方可用下耳。寒涼切忌早用，恐其凝結不化。

疫病當分天時寒暄燥溼，病者虛實勞逸，因事制宜，不可執泥。如久旱天時多燥，熱疫流行，宜清火解毒，忌用燥劑。天久霪雨，溼令大行，脾土受傷，民多寒疫，或兼瀉痢，宜滲溼和脾，忌用潤劑。

邵評：天時寒溼，病多寒疫、寒溼，天時暄燥，病多溫疫、溼熱，須分別治之。蓋天時旱燥，陽亢熱盛，故多熱疫，熱則宜清火而忌溫燥，天久陰雨，寒溼流行，脾土受傷，故多寒疫、寒溼，宜溫燥而忌清潤。二者治法大異，最當分辨。

春當暖而反寒，夏應熱而反涼，感此非時之寒爲寒疫。宜太無神术散，加羌活、紫蘇、溫散之。或藿香正氣散加減亦可。從正傷寒治。此條寒疫。

邵評：應暖熱而反寒涼，是非時不正之氣，人受其氣而病者，爲時行寒疫。治以溫散爲主，忌用寒涼潤藥。

秋應涼而反熱，冬宜寒而反溫，感此非時之暖爲溫疫。宜犀角、連翹、黃芩、薄荷、銀花、牛蒡之類清解之。宜從溫熱症治。

邵評：應寒涼而反溫熱，是非時之溫氣，人受之而爲冬溫秋燥之症，卽爲瘟疫。治宜辛涼清解，大忌溫燥。

疫症先從頤頷腫起者，陽明熱邪也。腫於耳之前後者，少陽風熱也。並宜辛涼散之。二活、荆防、連翹、黃芩、薄荷、元參、牛蒡、桔梗、犀角水汗之。陽明加升麻，少陽加柴胡、鉤藤。解散後，加清火解毒之品，淨銀花、人中黃之類。

邵評：風火熱毒之邪，故宜辛涼清散。風邪解而火毒未清，故宜清化火毒。此從表裏法施治。

時毒從頤腫者，名鸕鶿瘟。耳下項與咽中腫脹，聲不出者，名蝦蟆瘟。皆風熱不正之氣干於上焦所致。治宜散邪清熱，不可一味寒涼。

邵評：頤與耳下項咽中，俱是上焦部位。邪從口鼻吸受，先入肺胃，宗三焦立法，從手經施治，必先清解宣散，以泄其邪。如一味寒涼，則鬱遏邪熱，恐其傳裏內陷，不可不愼。

疫症有兼咽喉腫痛者，必辛散爲主。不可驟用寒涼，反閉其邪。宜荆防敗毒散，加桔梗、射干、馬勃、牛蒡之類。

邵評：咽喉亦屬上焦，邪入肺中，先宜辛散，早用寒涼，防其逼邪內陷，最當謹愼。

冬應寒而反溫。感之多咽喉腫痛，寸關脈浮洪而數，舌燥脣乾，宜甘桔湯，加牛蒡、薄荷、防風、射干、連翹、黃芩、銀花、犀角水之類涼解之，以升陰消陽。

邵評：冬時不正之氣，人受之而卽發者，爲冬溫。溫邪入肺，則咽喉腫痛。溫邪在上焦，則寸關脈洪數。陽邪傷陰，則脣舌乾燥。法宜提透辛散，清解上焦邪熱。

夏應熱而反涼，感之，邪伏於少陰之經，每多咽痛，或兼泄瀉，舌潤不渴，寸口脈沉而小，宜甘結湯，加半夏、天蟲、陳皮、桂枝、射干、防風、薑皮之類溫散之，以助陽消陰。

邵評：不正之氣，乃夏令陰邪，人感其邪，伏於少陰腎中，陰火上升，則咽痛。寒溼之邪內入，則泄瀉。陰邪傷陽，則舌潤不渴。邪鬱其陽，則脈沉小。宜清腎中陰火而透邪，以辛溫藥散之。

《傷寒指掌·傷寒類症·大頭天行》 初起憎寒壯熱體重，次傳頭面大腫，目不能開，或咽喉不利，俗名大頭傷寒是也。東垣謂陽明邪熱太甚，挾少陽木火而生。陽明溼熱甚爲腫，少陽木火盛則痛。陽明之邪，首大腫。少陽之邪，腫於耳之前後也。治法不宜藥峻，峻則藥過其病，所謂上熱未除，中寒復起，其死尤速。當少與，時時呷之。方用酒製芩連、人中黃以解毒，荆防、薄荷以去風，連翹、天蟲、桔梗、牛蒡以散結。頭痛惡寒無汗，加二活以散寒。

陽明引經，加升麻、犀角水。少陽引經，加柴胡、花粉，普濟消毒飲妙。十餘日表症仍在者，亦用荆防、薄荷微散之。

邵評：風溫時毒，中於頭部清空之所，故名大頭瘟。病因風火溼，痰邪熱由表而入於少陽、陽明二經，以陽明行身前而循首面，少陽行身側，出於耳之前後，邪在最上，藥宜輕清宣解上焦。若用重濁之味，則入中下，而過病所矣。但天行時毒，必以解毒爲先，風溫之邪，故必去風。邪結則腫痛，故當散結。寒鬱於表，則無汗頭痛而惡寒，當疎表散寒。此方治大頭天行，極妙。若日數雖多，尚有表症，仍宜表散。

胃氣虛者，於春夏初晴，感山谷蒸氣，面腫發寒熱者，先用平胃散，加羌活、荆、防、桔梗、藿香之類以散之。次加苓、連清熱。蓋山嵐、瘴氣、濁霧，皆溼熱也。嶺南人中之即死者，緣內多毒蛇所吐之氣故耳。

邵評：胃虛而邪入中焦，感瘴氣溼熱之邪，入於陽明。法宜運中祛瘴，以宣散中上二焦。

歲荒普患者，不宜峻劑，宜扶正祛邪，調理脾胃爲主。

有已汗而熱不解，身漬漬汗出，右關脈大無力，舌胎白嫩，四肢倦怠者，此中氣素弱，汗後虛熱也。補中益氣湯主之，汗止身涼而愈。升柴須蜜炙。

邵評：忍飢而脾胃中虛，邪乘虛入，宜調中散邪，亦中焦病也。若汗出而餘熱不退，是虛熱也。脈舌見症，俱是虛象，法宜扶正散邪。此正虛挾邪之治法。

疫邪傳裏，毒攻腸胃，臍腹大痛，下利鮮血，或黑臭水，小便不利，身熱大渴，六脈洪數，舌胎黃燥如刺，或紅刺如楊梅狀，當急治之。宜鮮生地二兩，生大黃五錢，淨銀花五錢，黃連一錢，黃芩、丹皮、赤芍各錢半，生甘草五分，清之下之。

邵評：此火毒熱邪，直入腸胃而傷血絡之正法。

疫邪傳裏，目赤面紅，六脈洪大，舌黃燥刺，此熱毒傳遍三焦，經絡閉塞，榮衛不通，以致汗不得出，癍不得透，大熱煩渴不解。宜三黃石膏湯，去黃柏加連翹、銀花、牛蒡子，表裏兼解之。

邵評：疫邪自表入裏，先在陽明氣分，若上、中、下三焦表裏俱有熱邪，氣血經絡不通，表間抑遏，癍與汗均不外達，熱伏於裏而燔灼，必用此方解表清裏，宣通上、中、下三焦熱邪，汗出癍透而愈。

若遇天時亢旱，熱疫流行，毒蘊三焦，目赤舌絳，癍疹丹赤，汗出津津，陽明血熱便閉。宜涼膈散，去芒硝，加鮮生地、牛蒡子、人中黃清之。

邵評：天旱熱毒而成疫，三焦均受，邪熱入營而陽明熱實也，宜清膈間邪熱。此條邪在中、上二焦，熱侵營分而陽明熱實。上條表裏同治。此宗心營肺衛，分三焦治法。

疫邪發於歲荒之後，凡流離飢民，無不一病即死者，由於勞役飢寒，脾胃早傷，雖感微邪，亦不禁也。故治此者，須調補脾胃爲主。補中益氣、六君子之類，微加表藥治之。

邵評：中虛受邪，正氣不能勝邪，每多邪陷正脫，故必補正以托邪。正氣充復，邪自外達耳。

凡遇疫症，診得右關脈虛大或軟弱者，即中氣虛也。當補以汗之，補中益氣加羌活、紫蘇。如診得寸軟尺遲者，此營衛兩虛之症也。當以歸耆建中湯加防風汗之。

邵評：此條營衛虛而受邪。

凡治虛症，宜外邪輕可治，若外見重症，而脈虛細無神者死。

邵評：正氣大虛，不能勝邪，則死。

凡治虛症，詳於景岳瘟疫門汗、補、溫、清、吐、下六法中。須閱之。

邵評：景岳論治虛症，最爲詳細，宜參考之。

《傷寒指掌・傷寒類症・疫邪吸穢濁入手經宜逐穢解毒》 六氣之外，另有一種癘氣，乃天地穢惡之氣，都從口鼻吸入，直行中道，流布三焦，非比傷寒六經，可汗可下也。嘉言先生以逐穢爲第一義。上焦如霧，升而逐之；中焦如漚，疏而逐之；下焦如瀆，決而逐之，並以解毒兼之。營衛既通，乘勢追拔，勿使潛滋，此喻氏心法也。葉天士先生謂疫邪從口鼻吸入，上焦心肺先受，如喉啞喉痛口糜舌燥者，先入於肺也。漸至神昏舌絳者，邪由肺繫干於心包絡也。故初病喉痛，舌燥，最怕竅閉神昏。先生立法，清解中必佐芳香，宣竅逐穢，如犀角、銀花、菖蒲、鬱金之類，兼服至寶丹。以有靈之物內通心竅，搜剔幽微。又謂吸入疫邪，三焦均受，由衛及營，久則血分漸瘀，邪與三焦相溷，愈熱愈結。理宜鹹苦大製之法，然恐性速，直走下焦。仍用輕揚理上，加金汁、銀花露之類，此又先生法中之妙法也。

邵評：邪由口鼻吸受，其氣先入肺衛，次者遞傳心營，甚至逆傳心包，從

上焦而及中下二焦。當從心營肺衛，宗三焦立法，從手經施治。若自肺而入陽明胃中經府者，可同傷寒用足經藥施治。凡溫熱暑疫等症，皆當如是，所謂與傷寒治法始異而終同也。惟治疫之法，當分清上中下三焦，用芳香逐穢、解毒開泄之劑，是第一要旨。

又評：凡病衛之後方言氣，營之後方言血，邪入心營肺衛，尚在上焦。至入於血分，則邪干下焦矣，故曰三焦相溷。若直走下焦，與包絡中結邪不相干涉，故仍主輕揚清上，而佐以鹹苦之味，兩相兼顧。此疫邪入手經，與前列之症不同也。

疫邪入上焦　如口糜、丹疹、喉啞、咽痛，舌胎紅中間白，或白中兼紅，此邪在肺與包絡也。宜犀角、鮮生地、元參、連翹、石菖蒲、川鬱金、牛蒡子、射干、銀花、人中黄之類。

邵評：此邪由肺衛而入心營，尚未傳入包絡。包絡有邪，必神昏譫語，如下條之見象也。此是營衛交病，用泄衛透營兩解之劑。

疫邪入膻中　如見舌胎鮮紅，神昏譫語，或發丹疹，或兼喉痛，疫邪逆傳膻中也。非比傷寒客邪，無庸發散。亦非停滯裏症，無庸消導。治當清血絡以防內閉。大宜解毒逐穢，宣竅開閉。如犀角、連翹、元參、生地、銀花、人中黄、川鬱金、石菖蒲、西黄、琥珀之類，兼用至寶丹。

邵評：此與傷寒表裏之邪，大相懸絶，治法大異。此清血絡而開閉宣竅逐穢之法，治溫熱暑疫邪入包絡之要旨，不獨疫症然也。

疫邪遍三焦　疫癘穢邪，從口鼻吸入，分布三焦，久則血分漸瘀。其邪愈深，其熱愈結。當以苦鹹之製，仍是輕揚理上爲治。加犀角水、銀花露、白金汁、西瓜翠衣、瓜蔞皮、黑元參之類。

邵評：邪從上受，先肺衛，次心營，此邪在上焦。至入於血，則邪於下焦矣，故曰邪偏三焦。邪愈深入，則熱結而不能外泄。用鹹苦以清下焦血熱，仍佐輕揚清上之劑，則三焦同治矣。此鹹寒清血之味，餘俱輕清上熱，爲治疫偏三焦之良法。

《傷寒指掌・傷寒類症・瘟疫九傳》　但表不裏

疫之傳有九，然亦不出表裏之間而已。但表不裏者，其證頭疼身痛發熱，而復凜凜，內無胸滿等證，穀食如常，此邪傳外，由肌表而出，或斑消，或汗解爲順，輕劑可愈。有汗出不徹，而熱不退者，宜白虎湯，或斑出不透，而熱不退者，宜舉斑湯，有斑汗並行，而並不透，合用煎湯。

但裏不表

但裏不表者，惟胸膈痞悶，欲吐不吐，吐而不快，宜瓜蒂散吐之。若邪傳裏之中下二焦，則心腹脹滿，不吐不嘔，或燥結便閉，或熱結旁流，或熱結下利，或大腸膠閉，並宜承氣輩。有裏而再裏，或至於三，皆依前法。

邵評：吐下未淨，復聚於中，故曰裏而再裏，至三裏之症，少有也。

表而再表

表而再表者，所發未盡，膜原尚有隱伏之邪，故三四日後，依前發熱，脈洪而數，及其解也，斑者仍斑，汗者仍汗而愈，至於三表者亦稀有也。

邵評：瘟疫之邪，由膜原達表，或瘷或汗之表。表邪化而膜原尚有未盡之邪，復出於表，故曰表而再表。此與傷寒先表後裏之治迥別，須使出表之邪，仍從瘷、汗而解。至三表之症實罕見焉。

表裏分傳

表裏分傳始則邪氣伏於膜原，尚在半表半裏，二證俱見，必先通其裏，令裏邪去，自能達表。或斑或汗，隨其性而升泄之，病退而熱未除者，膜原尚有未盡之邪也，宜三消飲調之。若分傳至再至三，未之頻見，照前同治。

邵評：疫邪自口鼻吸受，直行中道，流布三焦，伏於膜原，爲半表半裏之界。邪在於此，或表裏分傳。表裏二症同見者，治宜先通其裏，裏通則表達，與傷寒先表後裏之法大異。從表解者，或瘷或汗兩門，隨症治之。膜原之邪，未能盡傳，表裏症並見者，用三消飲內外並解之。若分傳再三之症，亦屬稀少，治法同前。

再表再裏

有再表再裏，或再表裏分傳者，醫家不解，反責病人不善調養，以致反覆，病家不解，反咎醫師疎於救治，彼此歸怨，胥失之矣。不知病勢之當然，其氣性如此。

邵評：疫症是穢濁之邪，不正之氣，伏膜原而布三焦。其邪之或結或開，或表或裏，本無一定。故多表而再表、裏而再裏、表裏分傳再見之症。此病情之傳變不常，邪氣之聚散無定，乃病勢之當然，非關調治之失宜。然必病者元氣不虛，方可隨症施治。若虛弱之體，恐未能當此纏擾耳。疫症之外，若風寒溫暑溼熱諸病，則鮮如此見症也。

先表後裏

先表後裏者，始則但有表證，而無裏症，宜達原飲。有三陽經症者，加三陽經藥，繼而脈大而數，自汗而渴，邪離膜原，未能出表宜白虎湯辛涼解散。邪從汗解，脈靜身涼而愈。二三日後，或四五日後，依然發熱尚宜達原飲，至後反加胸滿腹脹，不思穀食，煩渴等證，加大黃下之。

邵評：邪從口鼻吸受，先由肺入，肺主皮毛，則先見表症，有頭疼身痛發熱凜寒之象，用達原飲以宣其邪。三陽者，太陽、陽明、少陽也。故太陽加羌活，陽明加葛根，少陽加柴胡也。

先裏後表

先裏後表者，始則發熱，漸加裏證，下之便愈，後復發熱，反加煩疼，身重脈浮者，宜白虎湯主之。不得汗者，津液枯竭也，加人參，覆杯卽愈。

邵評：瘟疫自口鼻而入，直行中道，伏於膜原，膜原爲半表半裏。其邪自內出外，故有先見裏症，可先下之。下後裏通，邪漸出外，在陽明之經，故見煩熱、脈浮，身疼重之症，再用白虎湯以清之。不得汗者，正虛液竭，白虎加人參，以扶正達邪。

若大汗大下後，表裏之證悉去繼而一身盡痛，身如被杖，脈沉細者，此汗出太過，陽氣不週，骨寒而痛，非表證也，此不必治，二三日後陽回自愈。

邵評：汗下之後，表裏之症雖去，而津虧氣弱，不能營養筋骨、脈絡，故痛如被杖，用藥宜養營和陽之劑。

又評：瘟疫與傷寒大異，傷寒不可早下，瘟疫有先裏後表之症，故可先下，下之裏通而表達。蓋瘟疫之邪，自內達外，與傷寒先表後裏之治不同法。此瘟疫、傷寒分涇渭處也。

表證偏勝

表證偏勝者，膜原之伏邪發時，傳表之邪多，傳裏之邪少，當治其表，裏證兼之。

邵評：膜原附近於胃，爲表裏之分界。邪伏膜原，出表者多，入裏者少，則表證偏勝，乃七表三裏之候。當先治表，而略兼治裏。

裏證偏勝

若裏證多而表證少，但當治其裏，而表證自愈。

邵評：膜原之邪，入裏者多，出表者少，則裏症偏勝，乃七裏三表之候。但治其裏，裏通則邪外出而愈。

瓜瓤瘟

胸高而起，嘔血如汁是也，生犀飲。

邵評：此邪在中焦而血熱受傷，疫毒深重，故以清營解毒爲治。

楊梅瘟

遍身紫塊，忽然發出，黴瘡是也，刺塊出血，宜清熱解毒，人中黃丸。

邵評：此症毒瘀血分，人中黃丸用蒼术之燥烈，專走氣分，防風之辛散，專走肝經者。似爲未合。當加銀花等解毒之品，并當宣通血分爲妥。若清熱解毒湯，用羌、葛、升麻，皆是軀殼之藥，不能疏通三焦，溫疫諸症，俱當從上、中、下三焦治，不當以表裏爲界也。人中黃丸之蒼术，雖芳香逐穢，未免燥烈太甚，宜酌用之。

疙瘩瘟

發塊如瘤，偏身流走，旦發夕死者是，用三稜針刺入委中三分，出血，服人中黃散。

邵評：疙瘩一症，崇禎十六年京城大盛，患者有頃刻卽死。其治法與此同，載見《説鈴》。同時有羊毛瘟，起病必有紅點在背，挑破中有羊毛一縷，無得活者，死有數百萬。當博求《千金方》、《外臺祕要》、《聖濟總錄》等書，或有治法。

《傷寒指掌・傷寒類症・痧穢》 凡痧穢從口鼻吸入，卽從膜原流布三焦，便見頭痛惡寒發熱。骨節痠疼，與傷寒相似，但脈沉細，或手足指冷，腹滿嘔惡，與傷寒異，刺少商穴，其血紫滯者是也。須用川鬱金、石菖蒲、廣藿香、檳榔、厚朴、青皮、紫蘇等以逐穢邪，則膜原清肅，三焦通利而愈矣，亦當兼察食痰暑溼爲治。

邵評：外經絡內藏府，膜原在內外交界之地。章虛谷、薛氏《溼熱條辨》，釋膜原外通肌肉，不獨口鼻所入之邪歸之，肌肉溼熱之邪，亦必歸之。其爲三焦之門戶而近胃口，故膜原之邪必由三焦而歸脾胃也。

《慈航集・瘟疫論脉》 夫瘟疫之脈，初病弦大而數，重按有力者，內滯外邪盛也。卽宜溫散，解肌退熱，和中化滯，表裏並行，汗後熱退脈和，方爲病退。如表汗後，脈仍弦大，此邪滯未清，大便結者，急用調胃承氣湯加當歸下之。脈數弱者，陰虛邪勝也。當固正養陰，和解化滯，清理陽明爲主。

脈弦遲者，寒盛於熱也。法宜溫解和裏，化滯爲主。兩寸脈浮者，風邪未清，必主頭痛，宜歸、芎加入主方，一二服自愈。兩關脈滑者，肝胃不和，三焦不舒，宜和中清胃。兩尺遲弱者，上焦熱少陰寒也，宜溫劑和解爲主。有陰證而見陽脈，壯熱不退，舌苔白者，仍主方溫解，此從證不從脈也。有陽證見陰脈者，手足逆冷，此陽明胃中壅滯，氣不宣通，脈之伏也。此從脈不從證也，亦宜主方少加清涼，不可過用苦寒藥。有初病疫症一樣，起忽然欲卧，卧不多時又起，起而又卧，神皆不寧，其脈浮取中取弦而平，重按散亂者，此臟腑內傷而夾疫邪，此證十中難救一二。遇此脈證，若悞表悞裏，悞用苦寒之藥，百無一生。初見此證，陰虛口渴者，附子理陰煎。陽虛口不渴者，附子理中湯、十全大補湯，十中可救二三。大瘟之年，此種脈證最多，必須留心慎之。

《慈航集・瘟疫論治》 治瘟疫者，要明邪正之強弱。邪勝于正者，專固正而不攻邪，正旺而邪自遁矣。正氣勝而邪氣弱者，乘此強鋭之氣，一鼓掃除之，不但病之易愈，而且不傷本原。此治諸症之大法，該和該攻該守三者之要，皆得之矣。瘟疫邪氣，人多傳染，初治必須解疫邪之毒，表裏分消其勢，再無傳經入裏之變。所有纏綿不已，皆因初時藥不合症之悞。病之總因由貪涼受寒，停滯觸其外邪而起，治之理明，用藥合病，隨手而愈。

《慈航集・子午卯酉治瘟疫方》

紫蘇一錢五分　淡豆豉三錢　枳殼一錢八分炒　檳榔一錢五分　草蔻仁三錢研　生甘草六分　厚朴一錢五分炒

引加煨老薑二錢、葱頭三個、連鬚。

瘟疫初病頭痛、惡寒、發燒，一服蓋暖取汗卽愈。如週身酸痛加獨活一錢五分、秦艽一錢五分，如惡心嘔吐加廣霍香三錢、灶心土三錢，如作瀉加赤芍五錢、赤苓三錢、車前子三錢，如舌苔滑白加製半夏二錢、陳皮一錢五分，如舌苔黄、口渴加知母二錢，如有葷腥停滯，胸口不寬，加炒黑由查三錢，如麪積加炒萊菔子三錢，糯米粘食積加杏仁五錢、炒麥芽三錢，如食牛肉積加稻草一兩，黑豆一兩，炒山查五錢，如熱退身涼，三四日不大便，加生軍三錢、當歸八錢，下後卽去之，如第二日熱邪留戀不解，口必苦此傳入陽明少陽矣，第三日加葛根三錢、炒柴胡五分、炒黄芩一錢五分，一二服卽愈，再養陰調理，方錄於後。

《慈航集・卯酉年瘟疫初病主方》

葛根三錢　紫蘇一錢五分　淡豆豉三錢　枳殼一錢八分炒　梹榔一錢五分　草蔻仁三錢，研　生甘草八分　黄芩一錢二分，酒炒

引加煨老薑二錢、大黑豆五錢。

瘟疫初病頭痛、發燒不惡寒、週身痛，一服蓋暖取汗卽愈。如頭痛甚加川芎八分、白芷八分，如週身疼痛甚加獨活一錢五分、秦艽一錢五分，如咽喉痛加桔梗三錢、牛旁子三錢，如心煩加連翹去心一錢，如舌苔白口不渴加製半夏二錢、陳皮一錢五分，如惡心嘔吐加廣藿香三錢，如舌苔黄口渴加花粉二三錢、炒麥芽三錢，如作瀉加赤芍五錢、車前子三錢，如葷腥停滯、胃口不舒加炒山查三錢，麪積加炒萊菔子三錢，糯米食積加杏仁五錢、炒麥芽三錢，如咳嗽痰多加蘇子二錢，如肝氣不舒加青皮一錢，如舌苔黄大便三四日不通加製軍三錢、元明粉二錢，一服卽解，熱退身涼，調理營衛，正氣自復矣。如恐有傳少陽者，照子午初方加減。

《慈航集・瘟疫愈後陰虛調理方》

赤色鮮首烏五錢，打碎　當歸五錢　酒炒白芍三錢　茯神二錢　白蔻仁三錢研　炙甘草三分　陳皮一錢五分

不用引。

陰虛虛熱不清加青蒿三錢，口渴加麥冬二錢，大便溏瀉加車前子三錢，痰多加製半夏二錢，飽悶加炒枳殼一錢或一錢五分、炒麥芽二錢，胃口不開加炒神麯一錢五分、炒穀芽三錢，大便結加酒泡地骨皮三錢。

《慈航集・瘟疫愈後陽虛調理方》

蜜炙南沙參五錢　當歸二錢　炙黄芪三錢　甜冬白朮二錢土炒　炙草三分　陳皮一錢五分　茯苓二錢

引加煨老薑二錢、大棗三枚.

胃氣不舒飽悶加炒枳殼一錢五分、白蔻仁二錢，作瀉加炒白芍三錢、車前子三錢，痰多加製半夏二錢、蘇子一錢，胃氣不甜加炒焦谷芽三錢、炒神麯一錢五分，大便不通加酒泡巴戟天五錢、炒升麻八分。

瘟疫表邪未清而轉瘧者，宜養陰和少陽之邪，清陽明積滯自愈。其脈弦滑多汗，寒輕熱重，先傷陰分，務必固陰和解穩當。

固陰和瘧飲

赤鮮首烏五錢打碎　當歸三錢酒洗　白芍三錢酒炒　枳殼一錢五分炒　青皮

一錢五分　草蔻仁三錢研　柴胡五分微炒　甘草三分炙

引加煨老薑二片。河井水各一碗煎，早一時服。

如惡心加廣藿香梗三錢，如作瀉加車前子三錢、大元棗三枚，如熱重加青蒿三錢，如瘧來三次未愈加製半夏二錢、大貝母一錢五分，口渴加知母一錢五分，煎好在瘧未來早一時服卽愈，愈後漫進飲食，如心中發嘈以薑二錢、大棗五枚，砂鍋煮，去薑湯並棗子代之，二三日後再吃飲食，免其病之反復也。用後方調理脾胃自愈。

《慈航集·瘧後調理方》

冬白朮二錢　雲苓二錢　枳殼一錢五分　白蔻仁二錢研　當歸三錢酒洗

製半夏二錢　陳皮一錢五分

引煨老薑二錢、大元棗三枚。

瘟疫有裏邪未清而變痢者，宜養陰清下爲主，其脈弦弱兼濡者，吉。弦洪數大者凶，能食者可治，胃敗不食者內傷難治。

養陰清痢飲

當歸五錢　白芍五錢酒炒　炙甘草五分　枳殼一錢八分　檳榔一錢五分

車前子三錢　萊菔子三錢炒研　陳皮一錢五分

引加煨廣木香一錢五分。

如腹痛加製軍三錢，如下痢紅多加酒炒川連五分，如無紅，白色加炮薑一錢五分、紅棗五枚。

瘟疫愈後脾虛，食物作瀉者，宜苓朮補脾飲主之。人瘦脈弱者多。

苓朮補脾飲

冬白術五錢止炒　雲苓五錢　白芍五錢酒炒　炙甘草三分　車前子三錢

枳殼一錢五分麩炒　陳皮一錢五分

引煨老薑二錢、大元棗三枚。

如有虛熱加青蒿三錢，如腹痛加煨廣木香一錢，如瀉下熱者，火瀉也，加酒炒川連三分，一二服愈。

《慈航集·瘟疫誤表失裏變症救治方》。瘟疫專表失裏，內毒化火，舌如鏡面光赤無苔，最難救治，引邪毒入心，余丙午年在六合縣救過三四人，用元參解毒飲，方錄於左以備救此危症。其脈堅，人事昏沉，面赤

瘟疫專裏失表，上結下痢，面赤、煩燥、舌中苔焦黃色、舌尖並兩邊硃紅色而潤，此胃滯疫邪留戀於中。余用蔞貝陷胸加川連知母救者甚多。其脈弦有力，五至無損至之脈，方可用之，其效如神。有損脈弱者，滋陰全好。

《慈航集·少陰君火初誤用柴胡桂枝石膏知母救治方》　少陰君火、陽明燥金之年，瘟疫初病，未入少陽，如悞早用柴胡、桂枝、石羔、知母，症變狂燥、壯熱不退，目赤舌黑，津液內傷，神昏讝語，疫毒盡歸陽明胃腑，毒熱內焚，上薰於少陰，心移熱於肝膽，目不識人，無汗不下痢者，急宜固陰清胃救之，汗出如油，下痢發戰，循衣直視者不治。

如有瘢疹隱伏不出，加升麻一錢五分、葛根三錢、芫荽五錢，發出紅潤鮮明者，吉；紫黑色及發不出者，皆不治。如咽喉腫痛潰爛，加桔梗三錢、牛旁子三錢、連翹一錢五分、生甘草用一錢五分。如作瀉加車前子三錢、木通一錢五分。如口乾加天冬三錢、天花粉三錢，瘢疹之毒俱已發透，用後元參化毒飲照依增減收功。

如熱重口渴，瘢疹盡透，加生石羔五錢、知母三錢。如咽喉痛加牛旁子三錢。如煩躁加犀角一錢五分、川連五分。如頭煩腫加馬勃五分、靛根三錢、大貝母一錢五分。如有伏風惡寒，加羌活八分、葛根二錢、薄荷六分。

【略】

如大便溏瀉，加鮮首烏五錢、車前子三錢。如大便結加製軍三錢、炙甘草三分，通卽去之，調理養陰、和中爲主。【略】

如胃氣不開，加炒焦穀芽三錢、炒峽麯一錢五分。如咳嗽痰多加製半夏二錢、炒萊菔子三錢。如口渴加麥冬二錢。如瀉加車前子三錢，腹痛加煨廣木香一錢五分。如大便結加酒泡巴戟天五錢。

瘟疫有毒火盛者，初病發熱口渴、煩燥發狂、妄言妄語、目不識人，疫毒盡入陽明，胃熱重極，急宜化滯清陽明，岐伯清胃飲主之。

瘟疫無頭痛身痛，不惡寒單發熱，自汗口渴，此無表邪之症，滯積盡在陽明，宜清胃化滯爲主，其脈弦濡不數。

《慈航集·鎖喉瘟症》　鎖喉瘟病，十分危候，來如風火，措手不及之症。初未病前二三日，胸中脹悶，週身酸痛惡寒忽然咽喉堵塞，滴水不能下咽。此因肝火久鬱，胃熱壅塞，內火化風，外寒所逼。子午卯酉寅申己亥年多患此病。今備存方，以救此症之一助爾。

解肝清胃飲如行此病時見胸口脹悶，預服此方速解之，以免措手不及之慮。

當歸八錢　生白芍八錢　枳實二錢　檳榔二錢　草蔻仁三錢，研　生甘草五分　白殭蠶三錢，炒　桔梗三錢

不用引。

初病胸口脹悶，一服卽鬆，第二日加柴胡八分，薄荷六分，再二服，全解此患矣。如咽喉痛，加牛旁子三錢，山豆根二錢；如大便結，加大黃三錢；如痰涎多，加萊菔子三錢，白芥子二錢；如口乾，加花粉三錢，天冬三錢。

急救方：如咽喉堵塞，卽用開水一碗，入生桐油三錢，攪入水內，用鵞毛蘸水在喉內攪之，吐出風涎卽愈。

又方：用巴豆一粒去油淨，細辛五厘，雄黃二厘，牙皂角一厘，各研淨末，用小紅棗一個去核，並棗子頂蓋，將藥末照棗核填入。男塞左鼻，女塞右鼻，一刻藥力卽到，嚏涕痰涎，湧湧而出，卽時開關，眞爲仙藥，開後卽去棗子，塩開水漱口吐之。

又開關散神方：

白殭蠶二錢，烘　全蝎二錢洗去尾勾　牙硝二錢　硼砂二錢　膽礬三錢　薄荷葉一錢　牙皂二錢　冰片三分

右藥各研淨細末，磁瓶收好，不可走其藥性，遇咽喉急症吹入，吐出風涎卽愈。

此藥能治喉閉、喉風、喉癉、雙單蛾、喉瘟之聖藥。宜預爲製好，藏之以備急用。

又方：用萬年青根搗汁半酒盃，人乳半盃，頓溫服之，卽吐痰涎而愈。塩開水漱口吐之。

又方：如鄉間藥不便用，針刺兩手大拇指少商穴，擠出紫黑血，其喉卽鬆。再用塩一兩燒紅開水冲入，俟溫，漱口，吐出粘涎卽解矣。

又咽喉腫痛煎方：

桔梗三錢　生甘草一錢五分　薄荷八分　白殭蠶三炒　牛旁子三錢　蟬退一錢五分　連翹一錢五分

不用引。

又肝火喉痛，面赤者，此方服之卽愈。

元參八錢　麥冬三錢　桔梗三錢　生甘草一錢五分　白殭蠶三錢，炒　牛旁子三錢　山豆根二錢　薄荷八分

不用引。

又陰虛火盛，喉痛煎方。脈遲弱，面色青白，手足冷者，服此方。

大熟地八錢　山萸肉三錢　懷山藥三錢　丹皮二錢　雲苓三錢　澤瀉二錢　製附子一錢五分

不用引。

《慈航集・蝦蟆瘟症》　由毒熱積於陽明，風寒客於肌表，初兩顋腫硬、惡寒，耳底抽痛，宜敗毒散主之。

初病一服蓋暖出汗卽鬆其半，再一服去其八分，如大便結燥加製軍三錢、去羌活一服卽通，用後方調理。

調理方四劑全愈：

當歸三錢酒洗　白芍三錢酒炒　甘草三分　枳殼一錢五分炒　山查三錢炒　柴胡五分炒　麥芽二錢炒　陳皮一錢五分

不用引。

《辨疫瑣言》　風寒暑濕燥火，爲天之六氣，其中人也，皆發熱惡寒，頭疼身痛，其邪從皮毛而入，太陽經之所司也。疫爲地所蘊鬱之氣，其中人也，亦發熱惡寒，頭疼身痛，其邪從口鼻而入，肺胃之所司也。六氣爲天氣，天氣輕清，但中皮毛，不入口鼻。瘟疫爲地氣，地氣重濁，但入口鼻，不中皮毛。所入雖異，所病則同，若不於同處別其所異，則六氣之寒熱，皆得混指爲疫，是不可不首先辨之。六氣之辨，仲景論之詳矣，今祇言疫。疫爲地氣，歲不常有，此氣一行，病則少長率皆相似，沿門闔戶，互相傳染，故《說文》釋疫字云：民皆疾也。無疫之年，每春夏之間，偶見一二症，確乎是疫者，不過地之偏氣，由其人正氣偶傷，爲地氣所觸，口鼻受之，亦謂之疫。口氣通於脾，邪從口入，必先於胃，胃者脾之表也，胃喜清通，以下行爲順，胃受其濁，胸膈必悶，甚則兩脇亦脹，不能下行，勢必上逆，不爲惡心，則爲嘔噦，鼻氣通於肺，肺主氣，以氣干氣，尤易受邪。經云，上焦如霧，濁邪壅閉，則霧氣瀰漫，爲舌胎，爲頭目蒙混。六氣之中，人初雖發熱惡寒，頭疼身痛，未嘗便有胸滿脇脹，舌胎，頭目蒙混諸裏症，縱間有兼裏症者，亦必四五日後，經氣鬱久而成，初病則未嘗有也。疫症纔起，諸裏症與寒熱齊見，蓋疫從口鼻而入，本屬裏邪，無關於表，故見症異於太陽之表也，得其所異，以別其所同，則是疫非疫，可一問而決矣。或曰，疫從口鼻而入，無關於表，何以又有發熱惡寒，頭

疼身痛諸表症？曰：經云：心營肺衛，心肺俱在膈上，今膈上被壅則營衛錯亂，安得不惡寒發熱，人之胃屬於頭，胃壅故頭疼，上中二焦被遏，則周身之經氣皆遏，故身痛。此症不但異處有辨，即同處亦略有辨，六氣之寒熱，由邪自外干，故寒熱特甚，疫則邪自內壅，故惡寒不甚，或半日一日便止，後只發熱不惡寒，其熱初在肌肉，由內漸及於表，裏閉則表通，雖灼熱而有汗，六氣之頭疼身痛，由邪氣搏擊於經，疫則邪壅於內，而致經氣阻遏，雖疼不甚疼也，不甚疼者，無邪以搏擊也，仲景《傷寒論》其中表裏腑臟，虛實寒熱，頭緒紛繁，每日何以別之？辨之明，乃治之當，不可忽也。

既別其症之所異，次當明乎脈之所異。異者何？往來凝滯而有力也。夫脈爲血氣之先，切脈之學，即察氣之學也。邪從口鼻而入，壅閉肺胃，上中二焦被壅，則寸關之脈，未有不壅者，壅則凝滯而有力矣。初得一二日，寸關脈沉弦有力，往來凝滯，重按微數，寸關沉弦者，陽氣被遏，而不能升也，重按微數者，陽氣被遏於下也，往來凝滯者，濁邪壅閉也，三四日脈弦大有力，甚則弦數弦大，爲壅遏之甚，弦數爲肝膽之陽，遏而不宣，肝膽之陽，何以遏而不宣也。考諸臟象，無病之人。肝膽之陽，上入於心，心有兩耳，由右耳而入，在心中細鍊，自左耳而出，其絡上通於肺，肺屬金而畏火，安能勝此陽火煆煉，故開竅於鼻，其熱由鼻而泄，吸冷氣以涼心肺。今肺氣被壅，陽無出路，故脈見弦數，症見口苦喜嘔等症，由少陽被遏，非邪傳少陽也。

五六日邪傳愈深，脈難豫料，或從正氣之盈虛而變，或因治療之寒熱而更，要之往來凝滯之脈，始終自在也。

問症察脈，既別其異，次當明乎治法，治法維何？曰：輕清以開肺舒氣，芳香以醒胃辟邪，地氣渾濁，爲污穢之氣，爲不正之氣，治以輕清芳香，祛濁邪而復清陽，方名清氣飲，雖出杜譔，實具至理。其間開之醒之，與正氣略無所損，果遇疫症，日服二三劑，輕者即愈，重者亦減，歷試多人，頗有效驗。

杏霜桔梗，苦以開肺，蟬脫輕清上升而從風化，上焦如霧，一經鬱遏，則霧氣瀰漫，用蟬脫者，取清風生霧氣潛消之義，銀花藿香蘇葉，芳香辟穢，散胸中不正之氣。穀芽乃稻，浸窨而成，神麴乃麵蒸窨而成。凡蒸窨之物，能舒鬱遏，同氣相求也。廣皮辛香通陽，半夏滑利通陰，赤苓利水，三焦通暢，何氣不清，故曰清氣飲。二小碗水，煎一碗，略煎便成，取清芬未散耳。疫症初起二三日內，宜用此方，四五日鬱深則熱，如有煩渴面紅等熱象，本方去蘇葉，易冬桑葉二三錢，丹皮一錢或一錢五分，口燥渴去廣皮半夏，加瓜蔞根一二錢，或蘆根五七錢，煩熱口苦咽乾，加黃芩一錢，或一錢五分，小便不利，加白通草四五分，或飛滑石二三錢。腹脹大便閉，喜冷惡熱，加大黃三五錢或七八錢。以上用諸涼藥，須慎而又慎，一劑不應，便當揣摩不應之故，恐似是而非也。如寸口脈微弱，爲裏陽不充，於本方加玉竹五七錢，蓋玉竹甘緩而不滯也。乾隆二十二年，暨五十一年，皆大疫，余日治多人，其用黃芩、大黃者，不過百人中之四五人耳。如脈大而空，或大而寸脈不滿，或大雖似有力而往來凝滯，症雖見煩躁舌焦諸熱象，便防其人正虛，如再見心中慌甚，便非疫邪，蓋疫爲氣遏於內，決不作慌也，審屬正虛，如補中益氣湯、四君子湯、六味地黃湯、理中湯等類，皆可擇宜而用。蓋行疫之年，未必人人皆疫，亦有勞傷以及裏虛寒，傷濕傷暑諸症，夾雜其中，所謂似是而非者，全在細心體認，疫雖互相傳染，醫者不可爲疫症所拘也。

清氣飲，乃余訂以治暑之方。經云：寒傷形，暑傷氣。既云傷氣，其入必於口鼻，古人治暑諸方，如香薷飲、大順散、人參白虎湯等類，發散溫裏清熱，皆非治氣之方，長夏炎蒸之氣，從口鼻吸入之症最多，其症發熱頭目昏蒙，胸滿脇脹，因訂此方，用頗有效，後逢行疫之年，思疫從口鼻而入，亦屬傷氣，用之輒驗，遂移爲治疫之主方。

驗舌之法，仲景《傷寒論》、《金匱要略》雖間及之，而實不以爲重。予少時疑其闕略，問諸前輩，或以紅黃黑白分寒熱，或以燥濕分寒熱，及後驗之，皆不足憑，始悟仲景罕言之妙。數十年來，所見舌黑芒刺，舌紅如硃，服乾薑附子而愈者，又不知凡幾。舌白如粉之乾，舌白如腐之濕，服黃芩石膏而愈者，又不知凡幾。可見治病，全憑乎脈症，尚不足憑，何況區區之舌色？仲景《傷寒論》六經之前，有辨脈法、平脈法，猶匠之有規矩也有此規矩，方可以治六經之病。不但六經，即萬病皆莫能逃，莫能逃者，寒熱虛實表裏腑臟之辨也。疫氣二三日，舌上確有白胎，或如積粉，或如濕腐。如積粉者，肺氣爲疫壅塞也，如濕腐者，上焦如霧，瀰漫而化水也，四五日，舌心漸黃，黃者胃氣不得升降，鬱久成熱，津液漸傷也，愈久則愈傷，無黑芒刺也，舌固如此，勿盡據舌，仍當以脈爲據也。

余幼年見舌白如腐之濕，疑從寒化，用溫燥藥治之不效，不得其解，後思經言，上焦如霧，始悟霧氣不開，即爲雨而從水化也。

耶律楚材，收大黃以治疫，而大黃遂爲疫症良藥，何也？曰，通是也。肺主氣，肺氣壅閉，則一身之氣皆閉，大腸爲肺之標，大腸氣閉，胃氣何從下行，清氣飲三五劑不愈，如見胸滿脇脹，不惡寒，反惡熱等症，於方中加大黃三五錢，大腸得通，胃氣斯得下行爲順。往往大便通後，汗出而愈。蓋胃氣先得降，而後能升，升斯化汗，汗生於穀精也，但用大黃，須要審人之虛實。此症屬於氣閉，取氣以通氣，每有奇驗。何謂取氣？其法用大黃七八兩，先以水潤透，用小甑蒸之，取露，每用露半茶杯，或半小碗，對入飲內，大便通而胃氣順，其疫渙然而解。此用大黃而無傷正氣，與虛弱之人，最爲穩當。又有湯泡一法，用大黃二三錢，沸湯略泡，去渣，俟藥煎成對，服泡之法，仍有輕重，溫湯泡氣多而味少，沸湯泡則氣味兼有也。在臨時酌人之虛實用之。外此又有煎法，有同煎略煎之別，大黃爲血分藥，如血分病，宜於同煎，氣分病，宜於略煎，略煎者，取其氣也。

仲景論下法，必俟表已解訖，誠恐表邪不盡，一經下早，陷入胸中，而成結胸痞滿等症，有一毫惡寒不盡，卽爲表不罷而禁下，疫從口鼻而入，本非表邪，亦不惡寒，故下之不厭早也。若云疫症有表，亦可下，斷無此理。

疫從口鼻而入，肺胃之氣被壅，薰蒸膈膜，久則膈膜氣結，邪不易散，故藥取芳香透膜爲多，如青荷葉醒頭草等類，俱可擇用，推之上等芽茶，如陽羨龍井，銀針松蘿，其氣清芬，皆可透膜逐邪。

乾隆二十二年，歲在丁丑，江蘇大疫，沿門闔戶，熱症固多，寒症亦有，大抵寒熱兩途，總由其人之秉賦，素秉陽虛，縱染疫邪，亦多從寒化，素秉陽旺，再經邪鬱，其熱愈勝。仲景《陽明篇》首一條云：陽明之爲病，胃家實也。胃家實，不是病症，指其人素秉陽旺，胃氣素實，一經表邪，鬱遏而火流就燥，成其爲三承氣之實症。古人治病，必先問其平日飲食起居，不然從何知其胃家實也？是先有實之因，一經得病，而後方成實之證，非一切表邪，皆能成三承氣之實症也。

語云：大荒之後，必有大疫。驗之信然。乾隆二十一年荒，二十二年疫，五十年荒，五十一年疫，水荒爲偏災，雖荒不得爲大，惟三時三伏無雨，亢燥之氣，鬱遏土中，至秋冬雖雨，所遏之氣，已經凝結，水土不相和，地之陰陽二氣俱偏，陰閉於外，陽鬱於內，交春雨水節後，地氣上升，陰鬱先起，多爲寒症，陽鬱後起，多爲熱症，其疫初起人受之多，三陰症用四逆理中等湯二三劑卽愈。一月後漸有熱症，繼後熱症多而寒症少，顯屬地氣，《瘟疫論》云：天地之戾氣，天氣清純，決不爲疫，亦不入於口鼻也。

吳又可《瘟疫論》發明疫從口鼻而入，誠千古不易之理，但其立論著方，不無可議，如達原飲，檳榔、厚朴、草果，皆破氣峻烈之品。《原病》云：本氣適逢虧欠呼吸之間，外邪因而乘之云云。可見邪乘虛入，雖云留而不去，其病則實，治當一意逐邪，然於逐邪之中，何妨稍存正氣地步。又邪氣鬱閉，必化爲熱，亦必俟三四日後，其熱方實，今甫受邪，未必化熱，如此之速，方中便用黃芩知母，無熱可清，必致傷其陽氣，陽氣一傷，不但變症蜂起，且恐內陷。根於是矣，或曰達原飲不可用耶，曰非也。必審其人形色充盛，聲音雄壯，症見煩渴，脈息實大有力，未嘗不可用也。要亦十中之一人耳，若一概用之，鮮有不誤者。仲景小柴胡湯，用黃芩是何等慎重，《少陽篇》首一條云：少陽之爲病，口苦咽乾，目眩也。口苦者，膽熱而氣蒸於上也，咽乾者，膽脈絡於咽，而火氣上炎也，目眩者，風火之氣搖動也。此三症，專指黃芩而言。有此三症，方可用黃芩，蓋黃芩爲清膽熱之品，膽爲甲木，爲東方生氣，十一臟皆秉此生氣，故經云：十一臟皆取決於膽。而可妄行戕伐乎？生氣一傷，未有不輕病變重，重病變危者。近日達原飲之殺人，比比皆是。由其意中，祇知《瘟疫論》一書，除《瘟疫論》而外，皆未嘗深究，甚至未嘗寓目，此倡彼和，不至敗壞不止，及至敗壞，借口內陷，使早知顧惜正氣，何至內陷。方案中預寫緊防內陷四字，而藥仍攻擊，不爲預防於先，而欲令病家自防於後，不思彼若能防，請醫何事？

疫從口鼻而入，上焦之氣被壅，舌上白胎者氣爲邪結也。舌根漸黃至中央者，邪壅於胃也，加大黃以通其大腑，胃氣得以下行，陽氣自得上升，自然汗解，何須三消飲之羌活、葛根、柴胡。不思邪從口鼻而入，斷無從皮毛而出之理。表藥無表可散，必致散及正氣，正氣一傷，變可立待，不可不慎也。

仲景三承氣湯，爲陽明胃實而設，胃氣素秉亢燥承其氣而治之，卽經云亢則害，承乃制之義也。今疫症氣結於上，腸結於下，加大黃以通其腸胃，氣得下行爲順，而後正氣得升，疫邪自解，無承制之義，不過取通而已，枳朴芒硝，切宜斟酌。

《瘟疫論》引用仲景五苓散、桃仁承氣湯、抵當湯，此仲景爲太陽經犯本而設。何爲犯本？足太陽胱膀經爲多氣多血之經，營衛均主之，風傷衛分，

鬱久不散，邪干本經氣分，小便不利，五苓散利其水，而衛陽得升，寒傷營分，鬱久不散；　邪干本經血分，少腹急結，桃仁承氣湯攻其血，而營陰自和。二方中俱用桂枝，以其從太陽經來也，甚則瘀血凝結，少腹硬痛不可近，抵當湯主之，此太陽經之所有，餘經則無也。疫從口鼻而入，與膀胱毫無干涉，若云由胃失下而瘀及血分，何以仲景《陽明篇》絕不一言，其不能干於血分也明矣。疫症小便不利頗有之，由氣閉於上，失其清肅下行之道，開其肺氣，小便立通，若利水則大謬。

《瘟疫論·辨明傷寒時疫》曰：　夫傷寒必有感冒之因，或單衣風露，或強力入水，或臨風脱衣，或當檐出浴，當覺肌肉粟起，既而四肢拘急，惡風惡寒，然後身疼頭痛，發熱惡寒，脈浮而數，脈緊無汗爲傷寒，脈緩有汗爲傷風云云。不知仲景《傷寒論》包六氣而言。天之六氣，傷及太陽膀胱寒水之經，故曰傷寒。今云傷寒，必有感冒之因，常見感冒，並未有因，即單衣風露，強力入水等因，六經俱可受病，不止太陽一經，亦不止風寒兩途。又云傷寒投劑一汗而解，治傷寒寧如是之易乎？　由其意中只知瘟疫，尚未知傷寒二字作何解説也。

疫爲地氣，自口鼻而入，《瘟疫論》只言口入，忘其鼻入，故用方絕無一味開肺之品，不知鼻入較口入尤多，人有時不言，未有一刻不呼吸者。

《瘟疫論》云：　傷寒時疫，皆能傳胃，至是同歸於一，故用承氣輩導邪而出，要之傷寒時疫，始異而終同也云云。傷寒與時疫，一是天氣，一是地氣，其原不同，治法亦異。傷寒之傳胃，由其人胃氣素實，實者胃陽強，胃陰弱也，一經表鬱，胃氣已熱，火流就燥，胃氣益實，仲景之用硝黃，雖曰瀉陽，實是救陰也，未必人人皆胃實症，症皆傳胃。矧今人虛者多，實者少，寒者多，熱者少，溫補養正而愈者，十中五六，何嘗盡用承氣也？　疫從口入，必先於胃，又何用傳胃？　氣以下行爲順，用大黃者，通其下行之道路也，與傷寒用承氣之義迥別，何同歸於一之有？

《瘟疫論》云：　時疫之邪，匿於膜原，根深蒂固云云。膜原是穴名，不是經名，疫從口入，胃經是其所舍，疫是邪之氣，氣在胃，膈膜受其薰蒸，是以取乎芳香，非芳香不能透膜也，何嘗是匿，又何嘗根深蒂固？　良由不知芳香透膜之理，遂覺根深蒂固矣。

《瘟疫論》云：　陰症世間罕有云云。從前諸説，尚屬小誤，此一句，印定後人眼目，殺人無止矣。予臨症數十年，三陰之病，無日無之，設學者奉又可之言，讀書時不向三陰篇討論，臨症時不向三陰症著想，而世之死於三陰者，伊誰之過耶？　嗚乎，立言不可不慎也。

《瘟疫論》以溫病之溫字，即瘟字省文，溫即瘟也云云。溫指邪氣言爲實邪，溫指正氣言爲虛邪。經言冬傷於寒，春必病溫，又云冬不藏精，至春發爲中，是其常也，傷其腎水，陽不能藏，陽無水氣涵養，是謂亢陽，至春亢陽發動，是謂溫病。仲景云：　太陽病發熱而渴，不惡寒者爲溫病。亢陽內發，故發熱而渴，邪非外來，故不惡寒，與瘟從口鼻而入者，大相懸絕，此等溫病，治惟滋陰壯水爲主。若概作瘟疫治之，吾知其不死於溫病，而必死於瘟藥矣。

世之宗《瘟疫論》者，十人而九，但見發熱惡寒，不論何經，不論虛實寒熱，春則曰春瘟，夏則曰時疫，秋則曰秋疫，冬則曰冬瘟，方則寒涼峻厲，加減出入，立案不敍脈症之理，但曰瘟疫幾朝，症重防變，醫者既先立不敗之地，及至敗壞，則案中原已載明，與醫無涉。予實恥之，因取又可之書，細加論定，予非敢輕議前人，實有不忍不言者，閲者幸鑒其苦心，恕其狂妄可也。

《感證集腋·附李念莪霍亂證治》　霍亂者，揮霍撩亂，起于倉卒，心腹大痛，嘔吐瀉利，憎寒壯熱，頭痛眩暈。先心痛則先吐，先腹痛則先瀉；心腹俱痛，吐瀉並作，甚者轉筋入腹則斃。以其陰陽反戾，清濁相干，以致陰陽否隔，上下奔迫也。是必先爲分理陰陽，河水井水各半，加霍香、生萊菔葉煎。然後遵《內經》風、暑、濕、熱、虛、實而爲施治。轉筋四肢收引者，風木也；建中湯加木瓜、柴胡。身熱煩渴氣粗者，暑氣也；桂苓白术散：苓、桂、术、甘加人參、澤瀉、滑石、寒水石、石膏。或香薷散：香茹、黃連、甘草、厚朴。體重骨節煩疼者濕侵也；除濕湯：茯苓、甘草、霍香、陳皮、半夏麯、白术、蒼术、厚朴，水煎服。脈洪口渴便赤者熱邪也；胸腹飽悶者飲食停滯也；六和湯加山查、麥芽、神麯、枳實之類。病因既異，治亦不同。要言之以和中行氣爲主，何則脾胃之濕爲本，諸邪感動之因爲標也。古人用六和湯加減良有深意。半夏、赤苓、甘草、藿香、扁豆、砂仁、厚朴、杏仁、人參、白术、生薑、大棗。初發不可驟補去參、术可也。若霍亂因於寒者，必厥冷、唇青、脈微、少氣，當用理中湯，以溫之。或建中湯加附子、乾薑。若吐利不止，元氣耗散，雖發熱煩燥口渴飲引，而肢冷畏寒者，陰盛格陽也，亦當用理中湯以溫之。或附子理中湯，不效，四逆湯並進，宜冰冷與服。如霍亂已透，尚有餘吐餘瀉未止，腹有餘痛者，宜一味報秋豆葉煎服，乾者尤佳。更有一種腹

中絞痛，上不得吐，下不得瀉者，俗名絞腸痧，卽乾霍亂是也，病者多危，因邪不能出，正不能舒也。此由脾土鬱極，不得發越，以致火熱內擾也。治之者不可過於攻，過攻則脾愈虛；不可過於熱，過熱則火愈熾；不可過於寒，過寒則火扞格，須反佐以治。然後鬱可開，火可散，宜用燒鹽童便，三飲而三吐之，鹽湧於上，便泄於下，則中通而可治矣。切勿與穀食，卽米湯下咽亦死得吐後，可以用藥。不吐者必死無疑也。

《雜疫證治》 葡萄疫 小兒多患此症。以受四時不正之氣，鬱於皮膚，結成大小青紫斑點，色若葡萄，發在遍體頭面，乃爲腑症，邪毒傳胃，牙根出血，久則必至虧損。初起宜服羚羊角散，清熱涼血；久則胃脾湯滋益其內。又有牙根腐爛者，人中白散。

軟腳瘟 其症便清泄白，足尰難移，卽濕瘟。宜蒼朮白虎湯。

絞腸瘟一名痧 其症腸鳴乾嘔，或水瀉，氣不通，則探吐之，宜雙解散。有陰陽二症。陰痧：腹痛、手足冷、身上有紅點，用燈草蘸油點著，將紅點焠之。陽痧：腸痛、手足暖，以針刺少商穴並十指尖近甲處。

鸕鶿瘟 其症兩腮腫脹，憎寒惡熱。外用赤小豆，側柏葉共搗爛，水醋調敷。內服，薄荷濃煎湯服之。

龍鬚瘟 其症喉硬、舌強並牽耳中。急以針挑喉上，横七針，豎七針，硃砂不拘多少，研蜜一匙，入燒酒和勻，灌之。

芋頭瘟 其症昏沉不食。用芋頭燒灰，存性，研黃酒送下。

蝌子瘟 其症喉痛，發熱惡心，痛連腮頰，頭亦痛，喉中兩旁有疙瘩，四散紅絲如蝌爪。壓舌針挑之，要挑爪，不可挑頂，每爪上挑一針，令血出，旋以硃砂末搽之。再含醋少許卽愈。如刺當中頂即爲傷蝌蓋，必出膿不食而危。

脈腸瘟刮出紫疙瘩六個，卽難治。 其症初發如傷寒熱病三四日，小腹脹滿。不治數日卽死。用麻一縷如指粗，先自兩肩頭刮至手腕，刮出紫疙瘩，針刺破擠去惡血，又自兩大腿跟，刮至兩足跟，有紫疙瘩，刺破，去惡血，俱男先左女先右。又自咽窩，刮至臍下，刺法如前卽時汗愈。

脇痛瘟一名結肋瘟，甚惡不治數日卽斃。 其症但脇肋痛。蘿蔔切片，蘸燒酒刮痛處，出痧卽愈。未愈，用豆油一大鍾，銅杓熬三分之一，服之愈。

《筆花醫鏡·疫痢瘧腫論治》 疫痢瘧三症最多，腫最難治，故合提而論。疫有由天時者，有由人染者。由天時則邪從經絡入，爲頭痛發熱咳嗽，頸腫發頤，大頭天行之類，用香蘇散、普濟消毒飲治之。由人染則邪從口鼻入，爲憎寒壯熱，胸膈滿悶，口吐黃涎之類，用神朮散、藿香正氣散治之。此兩路之邪，若傳入臟腑，漸至譫語腹脹，唇焦口渴者，宜治疫清涼散、承氣湯治之，總不越乎發散、解穢、淸中、攻下四法而已。

《醫門棒喝初集·溫暑提綱·瘟疫》 瘟疫者，由六氣錯雜，穢惡釀成。邪既深重，原非輕藥能治。然人稟體究有虛實不同，亦不可概施攻擊。吳又可論證頗詳，而立法未免偏於峻猛，或更辨證未確，將暑濕風濕等，誤作瘟疫而治，則病輕藥重，戕賊何堪。余見世俗蹈此弊者不少，良由又可不究六氣變化之理，混指一切溫病爲瘟疫故也。康熙間，上元戴麟郊先生，推廣吳又可之論，而著《廣瘟疫論》，其辨證要法有五，學者最宜記取。一曰氣，瘟疫病氣，臭穢如尸氣，與衆病氣不同。二曰色，其面色垢滯而晦。三曰舌，其苔厚濁滿舌，初起白如積粉，旋變醬色，或黃或黑。四曰神，其心神憒憒，似夢似醒，躁擾不安，問其所苦，不能淸楚以告。五曰脈，初起脈多沈數，至數模糊不清，或弱或伏，皆由穢濁之邪，壅蔽膜原，神氣昏蒙故也。有是五者，方爲瘟疫。初用達原飲，開泄膜原，使邪傳化，傳化之後，其脈象即不模糊沈伏矣。倘五者之中，止見二三，或係暑濕風溫等證，不可便作瘟疫而重藥。凡治疫病，於應用方中，必加芳香逐穢。亦須量其虛實，未可如又可所謂，必用大黃，方能祛邪。但將風溫暑濕等證辨明，庶免病輕藥重之誤也。乾隆間，有山東劉松峰先生者，編次吳又可之論，潤色而增益之，稱又可爲治瘟疫之聖，與靈素仲景鼎足千秋，又言又可以《內經》冬傷寒，春必病溫爲非者，最確。冬傷於寒，當作冬傷於汗，以冬令多暖出汗，至春必多瘟疫之病，已嘗試驗者也。予觀又可，以一時治驗之證，自謂千古不易之法，遂以一切溫病爲瘟疫，實不明陰陽六氣變化之理，獨逞臆見，以內經爲非，乃強不知以爲知者也。若又可而果聖耶？既以《內經》爲非，則必聖于軒岐仲景矣，不止鼎足而已。使又可而聞此言也，不知何以自處乎？今軒岐仲景之書具在，請與又可之論，比而觀之，果可鼎足千秋否乎？天下後世，必有能辨之者，予可毋贅焉。若冬傷於寒，可以改作冬傷於汗，則春傷於風，夏傷於暑，可以改作何字乎？自古及今，果有傷汗之病名否乎？余誠淺陋，未之聞也。且余嘗客粵東高雷等州，無冬不暖，無人不汗，卻未見春必病瘟疫也。總之陰陽六

氣，偏駁倚伏，變化多端，必求理之所在，斷非臆見揣度所能知。不悟己之不明，反以經語爲非，過矣。此所以説愈多，則經旨愈晦，而聖道愈衰，後學之惑愈甚，而醫風愈下，則生民之厄愈重也。可慨哉！

《瘟疫彙編·八法總治·解毒法》 劉松峯曰：凡自古饑饉之後，或兵氛師旅之餘，及五運之害制，六氣之乖違，兩間癘氣，與人事交并，而瘟疫始成焉。人觸之輒病，症候相同，而饑寒辛苦之輩，感者居多，年高虛怯之人，感之偏重，皆有毒氣以行乎其間。此毒又非方書所載陽毒、陰毒之謂。未病之先，已中毒氣，第伏而不覺，既病之時，毒氣勃發，故有變現諸惡候。汗下之後餘毒往往未盡，故有自復之患，是毒氣與瘟疫相爲終始者也。兹定金豆解毒煎，以解其毒勢，且能清熱，並不用芩連梔柏，而熱已殺殺音曬矣。

銀花能清熱解毒，療風止渴，菉豆甘寒亦清熱解毒之品，兼行十二經，祛逐疫毒，無微不入。甘草解一切毒，入涼劑則能清熱，亦能通行十二經，以爲銀花、菉豆之佐，陳皮調中理氣，使營衛無所凝滯，蟬蜕取其性之善退，輕浮易透肌膚，可散風熱，開肌滑竅，使毒氣潛消也。此方於瘟疫十傳中，皆可加減消息用之。

五穀皆可入藥，如白虎湯之用粳米，白术散之用薏仁，牡蠣散之用浮小麥，疏鑿飲之用赤豆，阿膠散之用糯米，以及麥芽、黃卷、飴醣等項，靡不各效其能，以見於世。其至於麯合麯則稱之曰神，黍釀酒則推之曰聖。取精用宏，未可更僕數矣，獨菉豆之功能，世鮮有之者，何菉豆之蹇於遇乎？菉豆性雖清涼，而不寒苦，且善於解毒退熱，除煩止渴，利小水，獨於治瘟疫爲尤宜焉。張景岳有菉豆飲，載在新方寒陣中。雖極贊其妙，但惜加入食鹽，以之治瘟反益發渴，而菉豆之功能隱矣，今易以洋糖，則既能解毒用兼涼散瘟疫初終俱可服食，乃平易中之最佳最捷方也。至於窮鄉僻壤，農家者流，以及寒士征人倉卒苦無醫藥，用此亦可漸次汗解。即服藥者兼服此飲，更能添助藥力，以成厥功。經症未明者，服之，亦總不犯禁忌，誠治瘟疫之良劑。辛毋以平淺而忽之也。

菉豆不拘多少，白糖酌加。菉豆功全在皮，毋去之。

將菉豆煮釅湯取出，加洋糖與飲，冷熱隨病者之便，以此代茶，渴即與飲，飢則拌糖，並食其豆。

《四科簡效方·内科通治逐疫》 逐疫 赤豆非半紅半黑之相思子，新布囊盛之，置井中，三日取出，舉家男服十粒，女服二十粒。

雄黃三兩 雌黃 羖羊解各二兩 礬石 鬼箭羽各一兩

搗爲散，以三角絳囊盛藥一兩，帶心前并掛門戶上，月旦用青布裹一刀圭，燒於庭中。若於病人榻前燒熏之即瘥。或蜜以艾灸病人床四角各一壯，勿令病者知，即愈。

《潛齋簡效方·治疫方》 辟疫方：以枇杷葉拭去毛，淨鍋炒香，錫瓶收貯。泡湯常飲，取其芳香不燥，不爲穢濁所侵，能免夏秋一切時病。若別藥恐滋流弊，方名雖美，概弗輕試。而薄滋味遠，酒色尤爲先務。外以諸葛行軍散搐鼻，可辟屍穢惡氣，食井中宜入白礬雄黃水，缸内以菖蒲根浸之。室内頻用大黃焚之。此外，皆屬異端不必惑也。

普濟解疫丹，治濕温時疫之主方也。六元、正紀、五運分步。春分後，交二運火旺，天乃漸熱。芒種後，交三運土旺，地乃漸濕。濕熱之氣上騰，烈日之暑下爍，人在氣交之中受其蒸。淫邪由口鼻皮毛而入，留而不去，乃成温熱暑疫之病。則爲發熱倦怠，胸悶腹脹，肢痠咽腫，斑疹身黃頤腫口渴，溺赤便祕，吐瀉瘧痢淋濁瘡瘍等證。但看病人舌苔淡白，或厚膩，或乾黃者，是暑濕熱疫之邪尚在氣分，悉以此丹治之立效。醫家臨證，亦當準此化裁自，可十全爲上。方用飛滑石十五兩，茵蔯十一兩，淡黃芩十兩，石菖蒲六兩，貝母、木通各五兩，藿香、連翹、射干、薄荷葉、白豆蔻各四兩。凡十一味不可加減，生曬研細末，每服三錢，開水調下，日二次或以神麴糊丸如彈子大，開水化服亦可。

神犀丹，專治温熱暑疫諸病。邪不即解，耗液傷營，逆傳内陷，痙厥昏狂，譫語發斑等證。但看病人舌色乾光，或紫絳，或圓鞭，或黑苔，皆以此丹救之。若初病即覺神情躁亂，而舌赤口乾者，是温暑直入營分。酷熱之時，陰虛之體及新產婦人，最易患此，急須用此，多可挽回。切勿拘泥日數，誤投別藥以僨事也。兼治痘麻毒重，夾帶紫斑及麻痘後餘毒内熾。口糜咽腐，目赤神煩，瘈瘲等證。但温暑直入之證，告危甚速，意有延醫不及之憾況。方中犀角鎊而煎之，味極難出，磨則需時，緩不及待。亦且價昂，非貧苦人所能猝辦。惟望濟世爲懷者，預將此丹配合施送，則患者易於得藥救活必多，貧人亦可重生，豈非陰德。更望存心之藥舖，誠合出售，僅取工本，獨於此丹不取利，亦不費錢之功德也。方用烏犀尖磨汁、石菖蒲、黃芩各六兩，直生地冷

水洗淨浸透搗絞汁、銀花如有鮮者搗汁用尤良各一觔，糞清、連翹各十兩，板藍根九兩，淡豆豉八兩，元參七兩，紫草、花粉各四兩。凡十二味不可加減，生曬研細。以犀角、地黄汁、糞清和搗爲丸，切勿加蜜。銀花如有鮮者，亦絞汁和入。如汁少難丸，可將淡豆豉煮爛。如無糞清，可用人中黄四兩研入。如無板藍根，以飛淨青黛代之。每丸重三錢，用涼開水調服，小兒用半丸。

玉樞丹，一名解毒萬病丹，俗名紫金錠。治諸中毒、諸癰疽、五絶、時疫、喉風、障氣、水土不服。

《類證治裁・疫症》疫爲時行癘氣，有大疫，有常疫。大疫沿門闔境，多發於兵荒之後，不數見。常疫則一隅數家，一家數人，症多相似，春夏秋三時皆有之，而夏秋爲甚。其癘邪之來，皆從溼土鬱蒸而發。觸之成病，其後更相傳染，必由口鼻吸受流入募原。從鼻吸入，故頭額暈脹，背微畏寒。從口吸入，故嘔惡滿悶，臍痛下利，足膝逆冷，邪出募原，故壯熱，有汗不解，必俟表氣入內。精氣達外，大發戰汗，然後脈靜身涼。亦有自汗而解者，但以出表爲順，陷裏爲逆。從表解者，戰汗、自汗、發斑。從裏陷者，胸腹痞痛、便秘、熱結旁流、協熱下利、嘔惡譫語、舌黄黑刺，疫證脈，不沈不浮而數，然必右盛於左。以溼土之邪，多犯陽明胃經也。陽明居太陽之裏，少陽之外，爲三陽經之中道。傷寒之邪，自表傳裏，溫熱之邪，自裏達表。疫癘之邪，自陽明中道，隨表裏虛實而發，不循經傳也。邪伏中道，必表裏分解。然不能一發便盡，故有得汗熱除，二三日復熱如前者，有得下裏和，二三日復見表症者。有表和復見裏症者，有表裏偏勝者，有表裏分傳者，總由伏邪既潰，傳變不一，故屢奪屢發也。疫症治法，外解如香豉、葱白、連翹、薄荷之屬。內清如山梔、芩、連、人中黄、滑石之屬。下奪如芒硝、大黄之屬。且疫爲穢濁之邪，若熏蒸熱痰，蒙蔽心胞，則神識漸昏，必用芳香宣逐，清血絡以防結閉，如犀角、菖蒲、銀花、鬱金、佩蘭之屬。煩渴多汗，用石膏、知母。斑發咽痛，用犀角、牛蒡、生地。衄血下血，用山梔、犀角、丹皮。發熱自利，用葛根、芩、連。胸膈痞滿，用栝蔞、枳、桔。嘔吐呃逆，用藿香、竹茹。邪混三焦，熱結血分，宜大製鹹苦，用元參、金銀花露、金汁之屬。而人中黄、香豉尤爲時疫之專藥。以其總解溫熱時行內外熱毒也。蓋疫爲燥熱毒癘，從無辛溫發散之例，一切風燥辛熱，皆不可犯。至於大疫，又宜斟酌司天歲氣方向，不拘一轍也。其發於外者，有大頭、捻頭、瓜瓤、楊梅、疙瘩、絞腸、軟腳等症。亦條列治法，備查用焉。

吴又可曰：傷寒必有感冒之因，然後頭疼身痛，發熱惡寒。時疫原無感冒之因，忽覺凜凜，以後但惡熱，不惡寒。傷寒不傳染，時疫多傳染。傷寒邪從毛竅入，時疫邪從口鼻入。傷寒感而卽發，時疫感久乃發。傷寒投劑，一汗而解。時疫發散，有汗不解。傷寒汗解在前，時疫汗解在後。傷寒投劑，可使立汗。時疫俟其內潰，乃得自汗戰汗。傷寒發斑則病篤，時疫發斑則病衰。傷寒感邪在經，以經傳經。時疫感邪在內，內溢於經，經不自傳。傷寒感發甚暴，時疫卻淹纏加重。傷寒必先發表，時疫必先疏利。種種不同，所同者，傷寒時疫皆能傳胃，故同用承氣湯導邪以出也。然疫症下後，多有未能頓解者。由於表裏分傳，一半向外傳，邪留肌肉。一半向裏傳，邪留胃腑，留胃故裏氣結。表氣因而不通，於是肌肉之邪，不能卽達肌表。下後裏氣通，表氣亦順。向鬱肌肉，乃或斑或汗，脱然而愈。傷寒下後無是矣。

疫症　初起三日，汗之，不汗，少頃更服，以汗出熱除爲度。三服不解而脈浮，尚屬表症，用白虎湯。見裏症，用承氣湯、解毒湯。表裏不分，用涼膈散雙解散加減。汗下後，復見表症，再與白虎湯。復見裏症，更與承氣湯。表裏熱結，用三黄石膏湯、梔豉湯汗之，有汗下三四次而熱退者，有熱退後，忽復壯熱，用再汗再下而愈者。若脈症皆虛，用清熱解毒湯、人中黄丸調之。非如傷寒，有下早變症之慮，亦非溫熱不可頻下之比，總當以熱除邪盡爲度。惟下元虛者，非六味生料補其眞陰，不能化其餘熱。初發，邪伏募原，營衛交阻，凜寒發熱，甚則厥逆，迨陽鬱而通。厥回而中外皆熱，不可發汗，宜透其邪，用達原飲。輕者，舌胎白而薄，脈不數，可從汗解。重者舌胎如粉，舌根先黄，延及中央，邪漸入胃，須下之，達原飲加大黄。若脈長洪而數，大汗而渴，此邪適離募原，欲表未表也，白虎湯。舌黄兼裏症，邪已入胃，大小承氣湯。凡舌胎白，邪在募原，不可下胎黄，邪在胃，宜下。黑而芒刺，急下。目赤咽乾，氣噴如火，揚手擲足，脈沈數，下之，俱承氣湯。凡失下，循衣摸床，撮空肉惕，目不了了，邪熱愈甚，元氣將脱者，宜陶氏黄龍湯。既下，急用生脈散加歸、芍。痰滯胸膈，瓜貝養榮湯。斑不透，仍熱，舉斑湯。屢汗而液枯，人參白虎湯。表症多，裏症少，達原飲加大黄、枳實。裏症多，表症少，大柴胡湯。燥結便秘，熱結旁流。協熱下利，俱承氣湯。疫兼痢者危，檳榔順氣湯。熱結下焦，小便不利，導赤散。熱瘀發黄，茵陳蒿湯。血蓄膀胱，夜熱

譫語，桃仁承氣湯。婦人病疫，經水適來，邪入血海，熱隨血下，自愈，小柴胡湯加赤芍、丹皮、生地黃。如結胸狀者，血因邪結也，宜刺期門穴。經水適斷，血室乍空，邪乘虛入，難治，柴胡養榮湯。新產亡血，柴胡養榮湯。孕婦病疫，隨症施治，以安胎保胎爲主，亦有宜用承氣湯者。用之，反得母子俱全，愼勿生疑掣肘也。

《醫略十三篇・伏邪》《椿田醫話》曰：小金丹主治預解伏邪溫疫。夫兵荒之後，人多病疫，固在人事，不在天時，然牛疫而人不疫，鷄瘟而鴨不瘟，豈非天乎？蓋天時人事兩失其宜，疫厲乃作。

柴胡生地湯，主治伏邪溫疫。人虛證實，正不敵邪，攻補兩難，或攻補失宜，日久不解，餘氛未盡，陰液大虧，邪正相持，奄然待斃。

虛甚加人參一錢，便結加懷牛膝三錢，中胃不開加穀芽、神麯。

柴胡白虎湯，主治伏邪溫疫，身熱脈浮，有汗心煩口渴等證，非羌防所宜者。

痰多加製半夏錢半、陳橘皮一錢。心下滿加枳殼一錢、桔梗一錢，或加秋梨二兩，或加荸薺六箇。

人參大黃湯，主治伏邪溫疫，日久失下，陰液枯涸，神志沉迷，溲赤而渾，大便不解，不思米飲，手足掉搖，形消脈奪，攻之元氣不繼，補之邪結不開，攻之不可，補之不及。兩無生理，與其坐待，莫如一決，故立此方，冀其百一。

中承氣湯，主治伏邪一切下證。慮其大承氣太峻，小承氣太輕，調胃承氣太緩，三乙承氣太渾，執其中治宜之。

蔞貝二陳湯，主治裏實宜下。人虛證實，非硝黃所宜。

治疫大法，汗下養陰而已。然下證十居八九，下之當萬舉萬全，下之不當，危亡立見，運用之妙，存乎一心。玆略舉其應下諸證，以俟圓機之士。舌苔起刺，其苔或黑或灰，或黃或白，其舌或強或硬，或短或裂或卷，唇齒焦黑，鼻煤如煙熏，目赤如火爍，咽喉乾燥思冷飲，心下至少腹痞滿脹痛拒按，溲赤而渾，或涓滴作痛，大便自利純臭水不可近，或如敗醬，大便祕結，二便俱祕，熱厥，厥深熱亦深，甚至身冷脈伏，神昏如醉，發狂，消渴，譫語煩躁，發痙，身形強直，未申時潮熱，呃逆腹滿，二便不利，發黃，畜血，通宜犀角地黃湯合調胃承氣湯下之。素稟陽虛者加製附子，陰虧已極者用生地露煎藥，氣虛者加人參，痰多者加陳膽星。凡下不必待七日後，有三五日卽死，何可待也。有是證則投是藥，大都三五日卽死者，皆下證也。然有不可下者，大勞大慾之後，及宿疾先虧，年邁氣衰，稟賦羸弱，適逢伏邪內發，如空城遇敵，戰守兩難，惟有犀角地黃湯合生脈散，冀其或免。

《溫熱經緯・仲景疫病篇》寸口脈陰陽俱緊者，法當清邪中於上焦，濁邪中於下焦。清邪中上，名曰潔也。濁邪中下，名曰渾也。陰中於邪，必內慄也。表氣微虛，裏氣不守，故使邪中於陰也。陽中於邪，必發熱頭痛，項強頸攣，腰痛脛痠，所謂陽中霧露之氣，故曰清邪中上。濁邪中下，陰氣爲慄，足膝逆冷，便溺妄出，表氣虛微，裏氣微急，三焦相溷，內外不通，上焦怫鬱，臟氣相熏，口爛食斷也。中焦不治，胃氣上衝，脾氣不轉，胃中爲濁，營衛不通，血凝不流。若衛氣前通者，小便亦黃，與熱相摶，因熱作使，遊於經絡，出入臟腑，熱氣所過，則爲癰膿。若陰氣前通者，陽氣厥微，陰無所使，客氣入內，嚏而出之，聲嗢咽塞，寒厥相逐，爲熱所擁，血凝自下，狀如豚肝，陰陽俱厥，脾氣孤弱，五液注下，下焦不闔，清便下重，令便數難，臍築湫痛，命將難全。

此一節言受疫之源。疫者，卽寒暑燥溼風夾雜而成，清濁不分，三焦相溷。其曰中上、中下者，是就邪之清濁而言。曰陰中、陽中者，亦卽邪之中上、中下而言。扼要全在中焦得治爲主，中焦者，脾胃是也。脾胃之氣有權，若衛氣前通者，邪可從經而汗解，若榮氣前通者，邪可從腑而下解。倘脾胃之氣不足，邪必內陷傷臟，五液注下，便難臍痛，命將難全矣。爲癰膿下豚肝，指其重者而言，未必定當如是也。所以疫證最怕邪伏膜原，內壅不潰。爲難治。

傷寒，脈陰陽俱緊，惡寒發熱，則脈欲厥，厥者，脈初來大，漸漸小，更來漸漸大，是其候也。楊云：疫病乃穢邪瀰漫，其脈恆糢糊不清。此所云漸漸大，漸漸小，正其候也。如此者，惡寒甚者，翕翕汗出，喉中痛。熱多者，目赤脈多，睛不慧。楊云：凡疫證，目睛必不了了。醫復發之，咽中則傷。若復下之，則兩目閉。寒多者，便清穀。熱多者，便膿血。若熏之，則身發黃。若熨之，則咽燥。若小便利者，可救之。小便難者，爲危殆。

此篇言疫邪初起之證與脈也。陰陽俱緊，惡寒發熱，與傷寒同，而漸小漸大之厥脈，是疫之所異也。因邪氣深伏，正氣不得宣通，所以先必惡寒而甚，則又形熱汗出，喉痛目赤也。若因惡寒而發汗，則助熱上蒸而咽傷。

若因內熱而下之，則陽氣內陷而目閉。陰邪多，則便膿血。熏之，則溼熱鬱蒸而身黃。熨之，則熱爍津液而咽燥。總因邪伏膜原，故汗、下、熏、熨，皆誤也。其可救與不救，當於小便之利不利驗也。楊云：溫病小便利則陰氣未竭。疫證小便利，則腑氣尚通，邪有出路，故俱可治。

傷寒發熱頭痛，微汗出，發汗則不識，人熏之則喘，不得小便，心腹滿。下之則短氣，小便難，頭痛背強，加溫鍼則衄。

此節言清邪之中上者，故陽分之證居多。清邪中上，直入膜原也。其發熱、頭痛、微汗，爲邪熱熏蒸，非在表也，故發汗則熱盛而神昏。楊云：汗爲心液，過汗則心虛而邪蔽清陽。熏之則熱壅而作喘。楊云：熏之則以熱益熱而傷水之上原。不得小便，心腹滿者，氣不通也，亦非在裏。短氣，小便難，頭痛背強者，下傷津液也。衄者，溫鍼傷絡也。楊云：邪熱入營，故衄治當先達膜原，不致此變。

傷寒發熱，口中勃勃氣出頭痛目黃，衄不可制，貪水者必嘔，楊云：水積而不運故嘔。惡水者厥。楊云：熱盛而無制，故厥。若下之，咽中生瘡。楊云：熱遺於上故生瘡。假令手足溫者，必下重便膿血。楊云：四末屬脾，溫則熱邪充斥，脾胃，故下膿血。頭痛、目黃者，若下，則兩目閉。楊云：溫邪非蕩滌所能驅，而反虛其正故目閉。貪水者，脈必厥，其聲嚶咽喉塞。楊云：亦水積泛溢之象。若發汗，則戰慄，陰陽俱虛。楊云：邪在裏不在表，汗之，則徒虛其表。惡水者，若下之，則裏冷，不嗜食，大便完穀出。楊云：惡水則溼盛熱微，下之則傷其中氣。若發汗，則口中傷，舌上白胎楊云：津液外竭，則穢邪上蒸。煩躁，脈數實，楊云：熱盛於內。不大便六七日，後必便血。若發汗，則小便自利也。楊云：太陽膀胱主津液，汗之則正虛而不能約束。

此節言濁邪之中下者，故陰分之證居多。濁邪中下者，非下受也，仍從膜原分布，謂陰邪歸陰也。邪併於陰，則陰實陽虛，故有勃勃氣出，頭痛、目黃，衄不可制，貪水咽瘡，下重便膿血諸證，此陰實也。其目閉脈厥，聲嚶咽塞，戰慄不嗜食，大便完穀，小便自利者，此陽虛也。實爲眞實，虛爲假虛，故非偏陰偏陽可治。

病人無表裏證，發熱七八日，雖脈浮數者，可下之。假令已下，脈數不解，合熱則消穀善飢，至六七日不大便者，有瘀血也，宜抵當湯。若脈數不解，而下利不止，必協熱而便膿血也。

此疫邪之分傳者，病無表裏證，邪在膜原，此指初起而言。脈數者，熱盛於內也。浮者，熱蒸於外也。發熱七八日，而不從汗解，其內熱已深，故曰可下，此指現在而言。假令已下，是指下後言也。若下後脈數不解，熱傳於陽，則消穀善飢，爲衛氣前通也。熱傳於陰，必傷血成瘀，爲營氣前通也。宜抵當湯，卽下如豚肝之類。若脈數不解，而下利便膿血者，已成脾氣孤絕，五液注下，爲不治之證也，勿作尋常協熱利看。

病在陽應以汗解之，反以冷水潠之，若灌之，其熱被卻不得去，彌更益煩，肉上粟起，意欲飲水，反不渴者，服文蛤散。楊云：此條溫熱俱有之不獨疫病若不瘥者，與五苓散。寒實結胷，無熱證者，與三物小陷胷湯，白散亦可服。

此疫邪之傳表者，卻字疑是劫字之誤，徐亞枝云：卻不得前也。熱被冷抑，不得外出，轉而內攻，故彌更益煩。卻字似非誤，楊云：是。文蛤散當屬文蛤湯，病在陽者，謂疫邪已傳陽分也。傳於陽當從汗解，潠噴也，灌溉也。疫邪熱極，原可飲冷水得大汗而解者，乃以之潠灌皮毛，內熱被冷水外劫，故內煩益甚，肉上粟起也。欲飲而不渴者，內熱爲外水所制也。文蛤性寒、氣燥，合之麻、杏、石、甘，去外水而清內熱。五苓散亦俱利水徹熱之功。小陷胷湯及亦可服七字，疑衍。

傷寒噦而腹滿，視其前後，知何部不利，利之則愈。

此疫邪之傳裏者。噦，在傷寒多寒，在疫證爲熱，況現有腹滿，前後不利可據，其爲邪氣壅蔽無疑。前後，二便也，利二便，卽疏裏法也。

得病六七日，脈遲浮弱，惡風寒，手足溫，醫二三下之，不能食而脅下滿痛，面目及身黃，頸項強，小便難者，與柴胡湯，後必下重。本渴而飲水嘔者，柴胡湯不中與也。食穀者噦。

此疫邪之越於三陽者。得病六七日，惡風寒而脈浮弱，非表虛也。手足溫而脈遲，非裏寒也。合之爲疫邪內伏不潰之證，醫者重於疏裏，乃二三下之，不能食，小便難，不無傷中，而脅下滿痛，少陽也。面目及身黃，陽明也。頸項強，太陽也。邪已越於三陽，斯時但於清解熱毒劑中，按經據證，略加引經達表之藥，足矣。若拘於脅痛爲少陽，與柴胡湯，參、甘、薑、棗錮蔽疫邪，必下重作利也。若先渴後嘔，爲水飲內停，非少陽喜嘔，柴胡湯必不可與。食穀者噦，亦屬邪蔽使然，非內寒也。末句之義，似有脫簡。

太陽病未解，脈陰陽俱停，先必振慄汗出而解。但陽脈微者，先汗出而

解，但陰脈微者，下之而解。若欲下之，宜調胃承氣湯。

此疫邪之越於太陽者。太陽病不解，係疫邪浮越，非太陽經病也。停，勻也。脈陰陽俱停，是尺寸浮、沈、遲、速、大、小同等也。其正氣有權，足以化邪，故從汗解。振慄者，戰汗也。脈微，謂邪氣衰也。陽邪先退，先從汗解，陰邪先退，先從下解。汗法不一，而下法宜調胃承氣。以疫邪雖熱，不必盡實也。

太陽病，下之而不愈，因復發汗，以此表裏俱虛，其人因致冒，冒家汗出自愈。所以然者，汗出表和故也。得裏未和，然後下之。

此言疫邪傳表，先下後汗之誤。疫邪達表，當從汗解，乃拘於疏裏而先下之，徒虛其裏，故不愈。因復發汗，是又虛其表，故汗出而作冒也。必俟表氣已和，再和裏氣。疫證汗後，往往有宜下者，有下後必汗出而始解者，總由邪氣分傳，而無一定之治法也。

太陽病下之，其脈促，不結胷者，此爲欲解也。脈浮者，必結胷也。脈緊者，必咽痛。脈弦者，必兩脅拘急，脈細數者，頭痛未止。脈沈緊者，必欲嘔。脈沈滑者，協熱利。脈浮滑者，必下血。

此言疫邪誤下之變。治疫雖宜疏裏，但既越於太陽，自當從表，一誤下之，其變有不可勝言者。促爲陽盛，下之必致結胷，不結者，陽邪外散也。爲欲解。浮爲在表，下之則內陷，爲結胷。緊爲邪實，下之則邪上浮爲咽痛。弦者挾風，下之則引風入肝，故兩脇拘急。細數者，熱鬱於內也，下之則邪火上衝，故頭痛未止。沉緊多飲，下之必動其飲故欲嘔。沉滑者，熱爲溼滯也，下之則溼熱下流，故協熱利。浮滑者，熱盛於表也，下之則熱邪內攻，故下血。【略】

狐惑之爲病，狀如傷寒，默默欲眠，目不得閉，卧起不得安。蝕於喉爲惑，蝕於陰爲狐。不欲飲食，惡聞食臭也。其面目乍赤、乍黑、乍白，蝕於上部，則聲嗄，甘草瀉心湯主之。蝕於下部，則咽乾，苦參湯。溼之蝕於肛者，雄黃熏之。

百合病是餘熱留連於氣機者，狐惑病是餘毒停積於幽陰者。狐惑，水蟲也，原疫邪不外溼熱，久留不散，積而生蟲，聽泉云：疫邪久留，人不活矣。久留上宜加餘邪二字。喉與二陰爲津液溼潤之處，故蟲生於此也。聲嗄，因知其蝕於喉，咽乾，而知其蝕於陰者，因其熱鬱於下，津液不能上升也。餘熱內鬱，故狀似傷寒。內熱，故默默欲眠。內煩，故目不得閉，卧起不安，面目乍赤、乍黑、乍白，以熱邪隱見不常，非蟲動也。苦參、雄黃皆燥溼殺蟲之品，甘草瀉心，不特使中氣運而溼熱自化，抑亦苦辛雜用，足勝殺蟲之任也。略參尤氏。

病者脈數無熱，微煩，默默但欲卧，汗出，初得之三四日，目赤如鳩眼，七八日目四眥黑。若能食，膿已成，赤豆當歸散主之。

此疫邪熱毒蘊伏於內也。故有脈數身不熱，微煩欲卧之證。初得之汗出，表氣尚通也。至三四日目赤如鳩眼，熱傷血分也。七八日目四眥黑，血已腐敗也。能食者病，不在胷腹，膿成於下也。赤小豆清熱去溼，兼以解毒，當歸和血化膿，使毒從下解也。先輩喻嘉言將《平脈篇》中清邪中上焦，濁邪中下焦一節，爲仲景論疫根據，可謂獨具只眼者矣。其治法以逐穢爲第一義。上焦如霧，升而逐之，兼以解毒。中焦如漚，疏而逐之，兼以解毒。下焦如瀆，決而逐之，兼以解毒。此論識超千古。雄按：林北海亦云，喻氏論疫，高出千古，直發前人所未發。蓋仲景於吐利、霍亂等，不過感一時冷熱之氣者，猶且論及，而謂疫病之爲流行大毒者，反不之及耶。然則《傷寒論》中之必有疫證，是非臆說。坤學識淺陋，不敢妄自搜羅，擾亂經旨，但將《傷寒》、《金匱》中證治，與風寒等法不合寓有毒意者，均歸之疫焉。

雄按：守眞論溫，鳳逵論暑，又可論疫，立言雖似創闢，皆在仲景範圍內也。

《溫熱經緯·余師愚疫病論》 論治疫

仲景之書，原有十六卷，今世祇傳十卷，豈疫疹一門，亦在遺亡之數歟？以致後世立說紛紛。至河間清熱解毒之論出，有高人之見，異人之識，其旨既微，其意甚遠，後人未廣其說，而反以爲偏《馮氏錦囊》亦云：斑疹不可發表，此所謂大中至正之論。惜未暢明其旨，後人何所適從？又可辨疫甚析。如頭痛、發熱、惡寒，不可認爲傷寒表證，強發其汗，徒傷表氣。熱不退，又不可下，徒傷胃氣。斯語已得其奧炒，奈何以疫氣從口鼻而入，不傳於胃而傳於膜原，此論似有語病。至用達原飮，三消諸承氣，猶有附會表裏之意。惟熊恁昭熱疫之驗，首用敗毒散去其爪牙，繼用桔梗湯同爲舟楫之劑，治胷膈手六經邪熱，以手足少陽俱下膈絡胷中三之氣爲火同相火遊行一身之表，膈與六經乃至高之分，此藥浮載亦至高之劑，施於無形之中，隨高下而退胷膈

及六經之熱，確係妙方。余今採用其法，減去硫黄，以熱疫乃無形之毒，難以當其猛烈，重用石膏，直入肺胃，先擣其窩巢之害，而十二經之患自易平矣，無不屢試屢驗，明者察之。

論治疹

疹出於胃，古人言：熱未入胃而下之，熱乘虛入胃，故發斑。熱已入胃，不卽下之，熱不得泄，亦發斑，此指寒邪化熱，誤下、失下而言。若疫疹未經表下，有熱不一日而卽發者，故余謂熱疫有斑疹，傷寒無斑疹也。熱疫之斑疹發之愈遲，其毒愈重。一病卽發，以其胃本不虛，偶染疫邪，不能入胃，猶之牆垣高大，門戶緊密，雖有小人，無從而入。此又可所謂達於膜原者也，有遲至四五日而仍不透者，非胃虛受毒已深，卽發表攻裏過當。胃爲十二經之海，上下十二經，都朝宗於胃，胃能敷布十二經，榮養百骸，毫髮之間，靡所不貫，毒既入胃，勢必敷布於十二經，殘害百骸，使不有以殺其炎炎之勢，則百骸受其煎熬，不危何待？疫既曰毒，其爲火也明矣。火之爲病，其害甚大，土遇之而焦，金遇之而鎔，木遇之而焚，水不能勝則涸。故《易》曰：燥萬物者，莫熯乎火。古人所謂元氣之賊也。以是知火者疹之根，疹者火之苗也。如欲其苗之外透，非滋潤其根，何能暢茂？一經表散燔灼火燄，如火得風其燄不愈熾乎？燄愈熾，苗愈遏矣。疹之因表而死者，比比然也。其有表而不死者，乃麻疹、風疹之類。有謂疹可治而斑難治者，殆指疫疹爲斑耳！夫疫疹亦何難治哉，但人不知用此法也。

論疫疹之脈不宜表下

疫疹之脈，未有不數者。有浮大而數者，有沈細而數者，有不浮不沈而數者，有按之若隱若現者。此《靈樞》所謂陽毒伏匿之象也。診其脈，卽知其病之吉凶。浮大而數者，其毒發越，一經涼散，病自霍然；沈細而數者，其毒已深，大劑清解猶可撲滅。至於若隱若現，或全伏者，其毒重矣，其證險矣！此脈得於初起者間有，得於七八日者頗多，何也？醫者初認爲寒，重用發表，先傷其陽。表而不散，繼之以下，又傷其陰。殊不知傷寒五六日不解，法在當下，尤必審其脈之有力者宜之。疫熱乃無形之毒，病形雖是大熱，而脈象細數無力，所謂壯火食氣也。若以無形之火熱，而當硝、黄之猛烈，熱毒焉有不乘虛而深入耶？怯弱之人，不爲陽脫，卽爲陰脫。氣血稍能駕馭者，亦必脈轉沈伏，變證蜂起。或四肢逆冷，或神昏譫語，或鬱冒直視，或遺溺旁流，甚至舌卷囊縮，循衣摸牀，種種惡候，頗類傷寒。醫者不悟引邪入內，陽極似陰，而曰變成陰證。妄投參、桂，死如服毒。徧身青紫，口鼻流血。如未服熱藥者，卽用大劑清熱，敗毒飲重加石膏，或可挽回。余因歷救多人，故表而出之。【略】

疫疹治驗

乾隆戊子年，吾邑疫疹流行。初起之時，先惡寒而後發熱，頭痛如劈，腰如被杖，腹如攪腸，嘔泄兼作，大小同病，萬人一轍，有作三陽治者，有作三陽治者，有作兩感治者，有作霍亂治者，迨至兩日，惡候蜂起，種種危證，難以枚舉。如此死者，不可勝計，良由醫者固執古方之所致也。要之執傷寒之方以治疫，焉有不死者乎？是人之死，不死於病，而死於藥。不死於藥，而死於執古方之醫也。疫證乃外來之淫熱，非石膏不能取效。且醫者，意也。石膏者，寒水也。以寒勝熱，以水勝火，投之百發百中。五月間，余亦染疫，凡邀治者不能赴診，叩其證狀，錄方授之。互相傳送，活人無算。癸酉京師多疫，卽汪副憲、馮鴻臚亦以余方傳送，服他藥不效者，俱皆霍然。故筆之於書，名曰清瘟敗毒散。隨證加減，詳列於後。

雄按：吳門顧松園靖遠因父患熱病，爲庸醫投參、附所殺。於是發憤習醫，寒暑靡間者，閱三十年，嘗著《醫鏡》十六卷。徐侍郎秉義爲之序，稱其簡而明，約而該，切於時用而必效。惜無刊本，余求其書而不得。近見桐鄉陸定圃進士《冷廬醫話》，載其治汪繽功陽明熱證，主白虎湯。每劑石膏用三兩，兩服，熱頓減。而徧身冷汗，肢冷發呃。郡中著名老醫，謂非參、附，弗克回陽，諸醫和之，羣譁白虎再投必斃。顧引仲景熱深厥亦深之文，及嘉言陽證忽變陰厥，萬中無一之說，諄諄力辨，諸醫固執不從，投參、附回陽斂汗之劑，汗益多而體益冷，反詆白虎之害，微陽脫在旦暮，勢甚危，舉家驚惶。復求顧診，仍主白虎，用石膏三兩，大劑二服，汗止身溫。再以前湯加減，數服而痊。因著《辨治論》，以爲溫熱病中，宜用白虎湯，並不傷人，而解世俗之惑。陸進士云：此說與師愚之論合，且《醫鏡》中佳方不少。其治虛勞方，用生地、熟地、天冬、麥冬、龜板、龍眼肉、玉竹、茯苓、山藥、人乳。《吳醫彙講》乃屬之汪繽功，方中增入牛膝一味，豈顧著《醫鏡》一書，爲汪氏所竊取耶？附及之以質博雅。

疫證條辨

熱宜和，不宜躁，若熱至偏體炎炎，較之昏沈肢冷者。而此則發揚，以其氣血何堪勝毒，一經清解，而痧自透。妄肆發表，必至內伏。宜本方增石膏、生地、丹皮、芩、連。

狐惑，宜本方增石膏，犀角，加苦參、烏梅、槐子。

《歸硯録》卷二　蕭山郁龍士《瑤史》云：到瘴癘之鄉，一不可喫冷物，凡蠱毒皆下於冷物也；二不可近女色；三不可過飽，飢則可治，飽則不可治也。若瘴氣來，鼻聞異香，宜即卧地，口含土，即不受矣。又廣中溪水不可飲，因山多鐵梨，其葉落於山水中，漬之極毒，又多孔雀，其糞甚毒，惟開土掘泉爲妙，左江至英德一路，皆然。鐵梨器用放熱物，受毒誤食，即生癰疽。愚謂食無求飽，乃養生卻疾第一方。應休璉詩云量腹節所受是也。強飯二字，最爲無理，世人因此致命者甚多，豈獨瘴鄉所忌哉。

《理瀹駢文》　寒以時行爲多，世人傷寒病少，時氣病多。而溫熱其變。冬寒不即發，至春變爲溫病，至夏變爲熱病。又有風溫、濕溫等治法，詳見醫書。篇中均有方，可增減易借。牛黃、蘇合，分涼熱之阻。擦胸口以醒迷，凡中藏閉症，熱阻關竅，牛黃丸擦胸。寒阻關竅，蘇合丸擦胸，并治氣厥者。五仙、萬靈，合表裏之消，貼背心以達鬱。冬疫多寒，春疫多熱。治春疫五仙膏，用薑、葱、蒜各一斤，大黄八兩，皂角四兩，麻油熬，黄丹收，滑石六兩攪匀貼。治冬疫五仙膏，乾薑二兩，大黄四兩，麻黄、白芷、細辛、甘草三兩，麻油熬，黄丹收，滑石六兩攪，或加基豆，皆表裏分消之方。萬靈膏：元參、苦參、生地、黄連、黄芩、山梔、大黄、當歸、川芎、白芷、赤芍、羌活、獨活、防風、連翹、花粉、桔梗、五倍、皂角、白芨、白斂、山茨姑、紅大戟、官桂、草麻仁、木鼈仁、巴仁、山甲、杏仁、髮團各一兩，槐柳桃枝、馬齒莧各八兩，麻油熬，黄丹，鉛粉等分，松香、黄蠟二兩收，百草霜兩半，輕粉、兒茶乳香、沒藥五錢，麝一錢，攪匀。治四時傷寒及溫熱症，貼背心胸口，可代羌活湯、通聖散、敗毒散用。凡一切內外熱病皆可貼。一方無百草霜，有兩頭尖五錢。又方照此加黨參、熟地、草烏、白芍、沈香、丁香、木香，去羌獨、防、翹、芩、梔、粉、吉、倍、芨、斂、慈、戟、槐、柳、桃枝、馬莧、輕粉等。治四時傷寒，貼背心，并治外症。亦名萬靈膏，較前方爲溫。

《溫病合編・溫疫大綱》　溫疫，非風、非寒、非暑、非溫，乃天地間別有一種厲氣，有天受、有傳染，皆從口鼻吸入。蓋口鼻之氣，通乎天氣，本氣充滿，邪不能入，本氣適逢虧欠，呼吸之間，外邪因而乘之，口爲脾竅，邪入必干脾胃，故每見嘔惡滿悶，鼻爲肺竅，邪入必干肺，故每見頭痛惡寒，而肺胃交關之所，乃表裏之分界，故吳又可曰：疫邪所客，外不在經絡，內不在臟腑，舍於夾脊之內，去表不遠，附近於胃，是爲半表半裏，即《針經》所謂膜原是也。故疫邪萌動，脊背先覺驚惕，再以氣色舌脈神五者驗之，則無差矣。溫疫氣多尸味，色多垢膩，脈多模糊，神多煩躁，而第一以舌苔爲明證，初起舌苔滿布，厚如積粉，此邪在膜原之的候，此時頭痛惡寒，甚則四肢厥逆，此格陽於內，不及於表之象。迨一日之後，陽氣漸積，遏鬱極通，則厥回而中外皆熱，至是但熱而不惡寒，此際應有汗，而或反無汗者，存乎邪結之輕重也。即使有汗，乃肌表之汗。若外感在經之邪，一汗而解。今半表半裏，疫邪深伏，所有之汗，止得衛氣漸通，熱亦斬減，逾時復熱，日晡熱甚，必得裏邪一通，始得正汗而解。治溫疫者，初起頭痛惡寒，以疏利爲主，佐以解肌，導邪達原飲，加豆豉、滑石、木通。嘔惡滿悶，以疏利爲主，佐以逐穢，神術散加人中黄，二方皆能使伏邪潰散，速離膜原。一離膜原，便看傳變。傳雖有九，要認定三焦，審邪之所在，辨清表裏，識邪之淺深，傳表者輕，傳裏者重，表證雖多，以斑疹汗爲大，裏證雖多，以胸腹滿痛爲大。傳表者，辛涼透毒。傳裏者，攻下逐邪。至傳變日期，又不據遲速，總以舌苔爲權衡。舌赤如朱，乃邪入營之確證。舌苔黄燥，乃邪傳胃之鐵憑。入營則神躁暮昏。上受穢邪，逆走膻中，辛涼芳香，清達血絡，以防內閉。傳胃則胸滿拒按，膜原疫邪，下傳胃腑，急用攻下，以防臟結。司命者知溫邪最易傷陰，能處處照顧陰分，於在膜原時不用辛溫發散傷陰，在裏時而用承氣攻下，俾病人陰液不至銷亡。此便是照顧陰分，不是要用大隊陰藥滋膩其邪也。若邪傳下焦，則又非養陰墊托不克矣。

《溫疫析疑・疫毒門》　絞腸

絞腸者，卒然腹痛腸鳴，旋卽絞痛如錐刺，面脣瓜甲俱青，欲吐不得，欲瀉不得，四肢厥冷，舌白，脈亂。急以陰陽水和玉樞丹三錢，乘熱灌之。以指探吐。二聖救苦丹亦可。並以通關散吹鼻取嚏。更用熨臍法。再刺委中、少商及兩尺澤穴出血。尺澤穴，在兩肩臂交界縫正中。續進自製宣化飲。

此證又名乾霍亂，卽濁邪中下焦者也。在陰毒中爲第一凶證。

方以檳榔之疏利，草果之辛烈，厚朴之辛散，直入邪所。蒼术和中止嘔，腹皮下氣行水。木瓜、牛膝，皆氣輕味酸澀，通調營衛，舒筋活絡。陳皮氣輕味厚，利膈清痰。生神麴氣薄味厚，除痰逆霍亂。熟神麴氣味平和，調胃扶脾，以消脹滿。甘草解毒止痛。檀香氣厚味辛，正氣驅邪。降香氣雄味辛，辟惡濁怪異之氣。藿香氣稟清芬，味辛微苦，爲霍亂主藥。少佐細辛，氣雄

味辛，通關開竅，使氣機通暢，則邪逆自釋。

熨臍法：

白蘿蔔一觔　葱白四兩　鮮薑二兩

共搗爛，砂銚炒熱。用白布包作二包，乘熱熨臍及胸前兩脇肋。冷則易之。按三物氣雄味辛，皆通陽之妙品。

輭脚

輭脚者，卒然上吐下瀉，腹中揪痛，兩腿筋縮不能動轉，或舌卷囊縮，喘促不甯，四肢厥冷，頭出冷汗，面如蒙垢，目睛上視，或殭卧如尸，舌色白，六脈閉者，雷擊散主之。外用燒酒塗兩委中、兩尺澤穴，以手擱打旋出紫痧，即用鍼重刺出血。舌卷者，並刺金津玉液穴。出血再用貼臍法。

此亦濁邪中下焦，與絞腸多兼見之，俗名轉腿肚，當以辛溫香竄之劑宣散之。一得溫汗便有生機，然後隨其變而治之。

《瘟痧要編·立方用藥論》 雜症用藥品多或無大害，即如健脾者，多用白朮固已，再加山藥可也，再加扁豆亦可也，再加蓮肉、棗肉亦無不可也。即如補腎者，多用熟地固已，再加枸杞可也，兎系子亦可也，再加蓯蓉、首烏、芡實、杜仲亦無不可也。補藥固不厭多，即雜症藥品過繁，亦爲害尚淺，覺其不善速爲減去，或可挽回，而瘟疫不能也。即如葛根，并瘟症藥中至和平之品，若邪在太陽加之太早，反足以引邪入陽明矣。又如葛根與白芷均屬陽明散劑，而白芷溫散，葛根涼散，白芷散陽明風寒之邪，葛根散陽明瘟熱之邪，若瘟邪在陽明用葛根而再用白芷，必然掣肘。又有半夏與貝母均有消痰之功，然貝母開肺鬱，治肺中熱痰，半夏除脾濕，去胃中寒痰，且半夏多用燥入血分，瘟疫愈後，多落頭髮。所以瘟疫用藥，按其脈症，眞知邪在某經，或表裏併病合病，單力直入，批隙導竅，多不過七八味而止。至於分兩之重輕，則在臨時看其人之老少虛實，病之淺深進退而酌用之。所以書内記載之方，大半止有炮製而無分兩，欲以變通者，俟諸人耳。

《時病論·卷四·備用成方》 痧疫回春丹　治一切痧疫神效。

雷豐按：此丹治痧極妥，無論風、暑、陰、陽、紅、烏、悶、絞等痧，皆可治之。倘能辨者，於藥引中變動可也。

行軍散　治霍亂痧疫，去一切穢惡。

絳雪一名紅靈丹　治霍亂吐瀉，痧脹時疫等證。

雷豐按：此二方，皆可按一時之急，凡有求名遠處者，覓利他方者，皆可預藏於篋，以備自用，或可濟人。

《時病論·卷五·備用成方》 太無神术散　治感山嵐瘴氣，憎寒壯熱，一身盡痛，頭面腫大，瘴瘧時毒。

雷豐按：以上之方，治溼瘧、瘴瘧之證，極爲平安。但柴平湯之人參，必體弱氣虛者乃可用之，倘不細審而概施之，恐補其氣而阻其邪，病必增劇。

《時病論·擬用諸法·治亂保安法》 治夏秋之間，霍亂吐瀉，腹中絞痛。

廣藿香一錢五分　台烏藥一錢　廣木香五分　製半夏一錢　白茯苓三錢　茅蒼朮八分米泔浸炒　陽春砂仁八分研冲

加伏龍肝三錢，水煎服。

邪擾中州，揮霍撩亂，宜此法也。首用藿香、烏木，行氣分以治其亂。夏、苓、蒼朮，祛暑溼以保其中，更佐砂仁和其脾，伏龍安其胃，此猶兵法勦撫兼施之意也。

《時病論·夏傷於暑秋必痎瘧·疫瘧》 疫瘧之爲病，因天時寒熱不正，邪氣乘虛而襲膜原，欲出表而不能透達，欲陷裏而未得空隙，故作寒熱往來，或一日二三次，或一次而無定期也。寒輕熱重，口渴有汗，右脈多勝於左，是爲疫瘧也。蓋疫者役也，若役使然，大概沿門合境，長幼之瘧相似者，皆可以疫名之。竟不必拘於一定之見證，當隨時令而治，此司天運氣之所宜考也，擬以宣透膜原法爲主。

《醫法心傳·疫症關係全在虛實二字論》 又可先師著《溫疫論》一書，洵可謂獨闢鴻蒙，堪爲實筏。第其書專於攻邪，畧於補正，雖有四損不可正治之條，惜未將四損之義，逐細詳明，列於各條之下，似乎虛症原屬罕有。然今之世，虛損之人十嘗八九，寒熱之輩，十無二三，故凡病疫者，氣血多虛。經云：邪之所湊，其氣必虛。間有體實之人而感者，邪受不深，不藥亦可自愈，以正氣素實，邪毒易於傳化，精血素盛，津液不至燥乾，故不藥自可得汗而解。每見實症之始，被庸醫誤投麻桂，亦不至於死者有之。若體虛者感之，邪受必深，斷不可誤聽勿藥自愈之說，不過較之誤服溫散爲緩耳。蓋疫毒伏於膜原，薰蒸腸腑，此微之氣血，逢蒸而敗，敗極則陰陽脫於外，邪毒伏於中，未有不終於内閉外脫者也。余見此等損症，有被俗醫悞服硝黄，其有

不至於危者鮮矣。噫！實症悞服麻桂，得經妙手，尚可挽回；損症悞服硝黄，雖有明醫，不可救藥，治虛損之症，可不慎歟？故孔以立云：人參雖能固邪，然氣虛不能傳化者非人參何以砥柱中流；地黄雖膩膈，然陰虛不能作汗者非地黄何以澤枯潤燥。倘執祛邪存正之說，擅用攻瀉，不知正氣衰微，必不能敷布津液，坐令虛人多致暴脱，卽不暴脱，亦必毒邪沉匿，終至不救。余治實熱之症，議用逐邪存正之法；虛損之症，議用補正祛邪之治。其氣虛者，於祛邪解毒中倍加人參以補氣托邪，貧者以黨參、沙參代之。其血虛者，於祛邪解毒中倍用地黄以養血作汗。但臨症之中，惟陰血虛者諸多，因疫症多屬熱病，熱邪最傷陰血。故余治陰虛熱甚者，惟玉女煎、諸養營湯之輩。陽盛而熱甚者，惟三黄解毒、犀角地黄之類。間有陽虛者，亦惟參麥、四君輩，桂附究不輕投，卽有過服寒涼者，暫與一劑，陰氣潛消，卽止後服，仍以養陰爲主。固不可以實症而投虛損之方，更不可以虛症而用實熱之法。虛實一差，毫釐千里，未有不夭枉民命者也。故臨症時，務宜於虛實上細心求之，設辨之不明，識之不廣，膠滯一說，必致一悞再悞，或始悞而終悞也。虛實二字，可辨之不早辨哉。

《醫家四要・時疫觸冒四氣務要先明》 四氣者，春應溫而反寒，夏應熱而反涼，秋應涼而反熱，冬應寒而反溫，此天時不正之氣也。人感此氣而爲病，則長幼病皆相似，名曰時疫。其證初起憎寒壯熱，頭痛身疼，口渴欲飲，後但惡熱而不惡寒，治以人參敗毒散表之，或小柴胡湯解之。裏症見者，大柴胡湯攻之。若疫病纏累，寒熱不除，是邪未盡，痰結膜原，宜用達原飲去芍藥加半夏治之。俾其餘邪達，痰癖開，不數劑而獲效耳。

《疫證治例・疫病論》 風寒暑溼燥火六氣失時，是謂六沴。沴惡氣，抑毒氣也。沴氣之作，多值陰陽勝復，二五駮雜之候，晦霧蒙空，黄沙蔽天，雖平原曠野與嶺南之嵐瘴同氣，人在氣交之中，呼吸吐納，清濁混淆，中其毒者率由口鼻入，口氣通地，鼻氣通天，口鼻受邪，直干肺胃，稽留氣道，蘊蓄軀殼，病發爲疫。證類傷寒，來路既異，初治與傷寒迥殊，及其傳布六經則一也。傷寒邪自外人，由皮毛而肌肉而筋脈而藏府，疫病邪自中作，或出而三陽三陰之經，或入而三陽之府，三陰之藏，聽邪氣之出入以爲出入，而邪氣之出入，又每隨人元氣之厚薄藏府之寒熱以爲傳化，醫者當隨邪氣之傳化以施治，不可泥古以疫爲熱邪，輒用寒涼，草菅人命也。所創蘆根方，隨邪氣之傳化運用抽添，用之得當，藥入口，表氣卽通。有從汗或衄或斑疹或戰汗而解者，有表氣通而裏氣亦隨之而通，或從小便黄赤或大便溏或下黑水或下黑血而解者，有裏氣通，而表氣亦隨之而通，鬱熱一下，登時發疹，或汗出解者，蓋以斯方透發沴毒，邪無附麗故也。其或沴邪膠固，纏綿中道，蘊蓄三焦，上極而下，下極而上，如膠投漆莫之能離，如油入麪莫之能出，當從中道驅逐，邪結在上，梔豉二黄湯輩；邪結上中，陷胸瀉心湯輩；邪結三焦，防風通聖散、三黄石膏、犀角地黄湯輩；則不慮稽留中道之爲害也。若服蘆根方，中道沴毒雖藉透發，而邪潰則傳三陽經府，當按三陽經府證例治之。邪潰而傳三陰，出而太陰之經，桂枝加芍藥湯；少陰之經，麻黄附子細辛湯、四逆散；厥陰之經，當歸四逆湯輩。入而三陰之藏，則有寒有熱，辨證最宜分曉。如其人元氣素王，隨陽化熱者，黄連阿膠、桂枝、大黄、白頭翁湯輩，按三陰熱證例治之。如其人元氣素衰，隨陰化寒者，四逆、理中、吳茱萸湯輩，按三陰寒證例治之。然治法如此，而奏效殊難，服四逆輩正信邪詘；有濈然汗出還表而解者，有中氣有權穢惡隨下還府而解者；有邪不服病似小愈，過數日而又肆其虐者，蓋沴雖隨陰而化，終屬熱邪，四逆輩能扶陽不能祛沴，以沴邪滋蔓故也。當此之際，在視人之正氣以匡救之。如正將復而邪盛者，閒用清潤之品，玄麥生地黄輩；或用攻於補，黄龍湯輩，用勦於招，附子瀉心湯輩。俟邪稍退，又當顧正，如正未復而邪盛者，當清補兼投，炙甘草湯、元麥地黄湯、玉女煎輩，或寒溫並進，連理湯、黄連湯、烏梅丸、白通加豬膽汁湯輩。正復而耶亦徐，服此等治法，在旁觀鮮不以爲用藥顛倒，而不知治疫而至三陰醫者，非三折其肱，不能隨機應變，因病制方也。雖然，邪之出入三陽三陰，與正傷寒小異而大同，若初起而審辨不確，鮮不以疫病誤作傷寒者。辨之之法：一在色，傷寒初起面色光潔，疫病初起面色晦滯；一在舌，傷寒之舌在表色白，入裏則黄，由黄而燥而黑，疫病之舌初起或白，或白厚，或白黄，或淡黄，或黑黄，甚至多有腫者，迨傳入胃則燥黄而黑，然黑黄亦有隨三陰寒化而見，尤宜參證審辨；一在神，傷寒初起神不昏迷，至傳裏入胃，始神昏譫語，疫病初起神識不清，擾亂煩躁，如醉如癡，妄見妄言；一在氣，傷寒初起室中有汗臭氣，疫病初起另有一種穢氣觸人，鼻觀善者入室便知；一在耳，傷寒邪傳少陽，始有耳聾之證，疫病初起則氣逼兩耳，恍若甕覆，甚者萬籟交集，殊難耐過；一在熱，傷寒初起發熱惡寒頭疼體痛，疫病初起證

類傷寒，或先憎寒而後壯熱，或壯熱微覺惡寒，沈沈默默，其熱入暮更甚，無汗；一在頭，傷寒初起頭項強痛，疫病初起頭顱緊箍，或痛，或眩暈，一在腹傷寒入裏乃腹滿脹痛，疫病初起臍腹多板實不靈；一在覺，傷寒初起有無煩熱疼痛確覺其處，疫病則內府揮霍撩亂，無可奈何，莫名其狀，莫覺其所；一在脈，傷寒自外而入，初起脈多浮或兼緊兼緩兼長，迨傳入裏始不見浮，至數清楚，疫病自中而作，初起脈多沈取，或中取，有數有遲，迨自中達表，其脈多中取而數，或兼弦兼緊，至數模糊。凡此數端，亦不必求備，但有三四確證，卽以疫病方揆之，而自不至指鹿爲馬也。光緒戊子秋，小兒光馥染疫，當萬難措手之時，紬繹古今治疫名方，竊取其中藥品之精粹者，名曰蘆根方，投之立應，越二年庚寅，疫又盛行，檢是方與人，無不應手取效。雖由一時冥悟，亦或鬼神通之，謹縷陳病原，臚列方治，若能尋余所集，縱疫邪變證百出，而規以中道六經，殊少賸義。至入乎法中，超乎法外，覽吾言而筌蹏相忘，是所望於後之君子。

《疫證治例・邪留中道治例》　沴邪鬱結上焦，壅塞心胸，胸中窒，煩熱，或發汗吐下後，虛煩不眠，劇者反覆顛倒，心中懊憹，梔子豉湯主之。若素有飲邪，挾飲上滯，胸中痞鞕，氣衝咽喉不得息，寸脈微浮，瓜蒂散主之。其或沴熾上部，咽喉腫痛，頭面腫大，口瘡目赤，二黃湯主之。

沴邪鬱結上中二焦，虛邪則心下痞滿，按之自濡，脈關上浮，大黃黃連瀉心湯主之。痞而惡寒汗出，附子瀉心湯主之。痞而發熱嘔逆，半夏瀉心湯主之。痞而下利腹鳴，乾嘔，心煩，甘草瀉心湯主之。痞而下利腹鳴，乾噫食臭，生薑瀉心湯主之。痞而噫氣不除，旋覆代赭石湯主之。痞而尿閉燥渴，五苓散主之。實邪則心下結鞕，痛不可近，脈沈緊，大陷胸湯主之。結鞕項強如柔痙狀，大陷胸凡主之。結鞕微熱，但頭汗，爲水結，大陷胸凡主之。結鞕漱水不欲嚥，爲血結，抵當湯或桃仁承氣湯主之。結鞕正在心下，按之始痛，脈浮滑，爲小結，小陷胸湯主之。結鞕身無大熱，口不燥渴，爲寒實，三物白散主之。又有寒實結胸，因屢經下後，虛氣上逆，胸膈高起，手不可近，枳實理中凡主之。

按：結胸，痞滿，在傷寒由誤下，在疫病自中作，多有不經誤下傳變，聽沴邪乘其虛實而干之，以邪原在中道，所傷至易也。

沴邪蘊蓄三焦，大熱煩渴，脈洪數，表實無汗，三黃石膏湯主之。裏實祕結，三黃湯主之。表裏俱實，防風通聖散主之。尿赤而澀，涼膈散合天水散主之。熱甚斑狂，煩躁譫語，黃連解毒湯主之。身熱脈和，目赤，脣焦，神昏獨語，狀如醉人，導赤各半湯主之。煩熱驚狂，多言喜笑，水不制火，二陰煎主之。壯熱發斑，吐衄便血，漱水不嚥，犀角地黃湯主之。

《疫證治例・太陽證治例》　邪入太陽之府，干於氣分者，脈浮，微熱，消渴，小便不利，在傷寒爲水蓄膀胱，宜五苓散；而在疫病則爲熱入膀胱，宜桂苓甘露飲、導赤散之屬。然疫病亦有水蓄者，因其人素有裏溼，疫邪一入，熱隨溼化，則五苓散又不可不用也。其有疫病日久，熱灼津液，小便不利，當育陰利水，宜豬苓湯、六味地黃湯之屬。邪入胃府，熱灼下焦，小便不利，其治在胃，宜三承氣湯之屬，不可利水更耗津液。干於血分者，熱隨血蓄，脈沈結，大便黑，小便自利，燥渴譫語，輕者小腹脹滿，發熱如狂，桃仁承氣湯主之；重者小腹鞕痛，發狂善忘，抵當湯主之。

《疫症證治例・陽明證治例》　疫邪入胃，下法與傷寒同而異，傷寒下不厭遲，疫病下不厭早；傷寒下其宿食燥結，不可過劑，疫病下其鬱熱穢惡，少則數劑，多則十餘劑，以毒盡爲度，第少與多與緩與急與閒日而與，務宜臨證權衡，老人虛人難任下者，則用導法，或陶氏黃龍湯；傷寒邪從表始，誤攻而生變者多，疫證不從表始，攻之雖不爲大害，而要貴得其法耳。蓋人胸中曠若太空，一團氤氳之氣，既爲邪所混擾，斯時出表入裏，尙無定著，師用蘆根方解毒安中，聽中氣之轉輸，或出表從戰汗發斑而解，入裏從下利污穢而解。此二者不妨隨經導散也。若攻下一法，在傷寒大便先硬後溏，則不可攻，疫證則不然。蓋傷寒者六淫之正氣也，隨人之陰陽偏勝以爲虛實也，疫證者六淫之沴氣也，譬草賊流寇，東掠西竄，其充斥凶悍之勢，非猛將雄兵，挽強弓，操毒矢，不能威服。故邪勢內潰，稍涉胃府，不必問其大便或溏或硬，但覺潮熱汗出，臍腹痞滿，卽當下之。倘病不盡除，則流散餘黨，宜隨人之陰陽虛實以施治也。臘故曰攻之貴得其法耳。

《疫證治例・太陰證治例》　其有沴邪傳入太陰，身熱發黃者，蓋太陰溼氣之藏，邪入熱與溼搏，熱盛於溼，發熱，身黃如橘子色，梔子葉皮湯主之。身黃橘色，尿閉，腹微滿，茵陳蒿湯主之。外傷於寒熱瘀於裏，身黃橘色，麻黃連軺赤小豆湯主之。熱與溼搏，溼盛於熱，身黃色暗，便溏尿利，茵陳四逆湯，或茵陳理中湯主之。身黃色暗，便溏尿利，茵陳四逆湯，或茵陳理中湯主

之。身黃色暗，便溏尿閉，茵陳五苓散主之。

《疫證治例・附瘟病治例》 瓜瓤瘟　瓜瓤瘟者，胸高脇起，嘔血如汁者是也。宜生犀飲。

捻頸瘟　捻頸瘟者，喉痹失音，頸大腹脹如蝦蟆者是也。宜荆防敗毒散。

楊梅瘟　楊梅瘟者，遍身紫塊，忽然發出黴蒼者是也。清熱解毒湯，下人中黃丸，並刺塊出血。

疙瘩瘟　疙瘩瘟者，發塊如瘤，徧身流走，旦發夕死者是也。三稜鍼刺入委中三分出血，及服人中黃散。

絞腸瘟　絞腸瘟者，腸鳴乾嘔，水泄不通者，是也，探吐之，宜雙解散。

按：腸鳴乾嘔，水泄不通，卽乾霍亂，俗名絞腸痧也。病來甚暴，不急治之，壅遏正氣，關格陰陽，命在頃刻，故古人以絞腸瘟名之。余雲游方外，差得別傳，爰錄其方，以救斯證之厄。

赤蓼方　治腸鳴乾嘔，水泄不通，腹切痛，諸般痧證。

按：赤蓼，草之微，烟膏，物之賤，用內舌下，取效何神。蓋舌乃心苗，廉泉腎竅，二物辛溫，藥到其處，卽下達於腎，上通於心，心腎氣通，則陰陽交理，妙在又不留邪，能使所傷之邪，悉從涎沫涌出，一刻內府霍然。藥雖微賤，功與諸葛武侯平安散、川督普濟丹相埒。平安普濟，中有片麝蟬酥貴重之物，購辦殊難，配合不易，非預備不足以應倉卒之急，不若此二方取之至易，用之至神，願好生君子，徧傳天下，一歲閒，卽此一證，可救無限生靈，况運會之無窮期哉。

軟脚瘟　軟脚瘟者，便清泄白，足腫難移者，是也。卽溼溫，宜蒼術白虎湯。

按：軟脚瘟，初起足軟不用，無甚痛苦，渾身微熱，或便清泄白，乃溼熱爲患，卽痿病也。經云：治痿獨取陽明。陽明主潤宗筋，宗筋弛而不能束骨，發而爲痿，故出蒼術白虎湯，白虎清熱，蒼术燥溼，溼熱去其病立起，功居二妙散之上。同治初，朱秀二家，同患三人，用是方各服二劑而愈。後遇是證，檢是方與之，輕者二三劑，重者數劑，無不效捷桴鼓。若立案，卽此一證不下數十，吾恐名方塵封，世人不敢信用，故特揭而出之。憶昔年道過靑市，友人引一小見，足軟不用，余作脾虛治之，退後思之，悔未用蒼术白虎湯，後月餘復過，詢及此子已殤，惜哉。雖命之長短有數，一時思索不到，未用名方救療，至今抱歉。是證初起失治，日久不愈，正氣已虧，不敢用蒼术白虎湯者，用虎潛丸，或二妙地黃湯，須知。

《西塘感症・感症兼病・瘟疫》 初起宜辛涼解散，次則和解。解毒必重病全具而脈實，舌燥，口乾，心下堅滿，方可攻下。若飲食在胃脘中，未曾腐熟，糟粕未成，雖芩連瓜蔞等，俱不可用，况硝黃乎。恐變結胸故也。荒歲多疫，皆因飢飽不時所致。右氣口脈多大，用人參敗毒散，先發其表，次用人參柴胡湯以和解。右脈大於左，自汗，心下不脹，無表裏症見者，補中益氣湯。若用正傷寒法，大汗、大下，多致殺人。疫病，當分天時、寒暄、燥濕病者，虛實勞逸，因時制宜，不可拘泥。如久旱天時多燥，熱疫流行，忌用燥劑，宜解毒潤燥。天久淫雨，濕令大行，脾土受傷，民多寒疫，多兼瀉利，忌用潤劑，宜滲濕理脾。又有一種全家長幼相傳染，頭痛發熱，乃天行時氣，重卽疫癘也，亦係陽明熱病，治法當與感症參。

《西塘感症・感症兼病・時毒》 時毒者，感四時不正之氣。初發狀似傷寒，五七日間，乃能殺人。十日外，不治自愈。診其脈，滑、數、浮、洪、沉、緊、弦、濇皆其候也。浮數者，邪氣在表，宜發之。沉實者，邪氣在裏，當下之。此症有陰有陽，有可汗有可下，常見粗工但云熱毒，驟用寒涼，不知病有輕重，治有逆從，豈容輕忽也。寒涼不可輕用。頭面耳項腫赤痛甚，惡寒口渴，大便閉澀，脈數實者，表裏俱實也，防風通聖散主之。無表裏症，或已汗下，腫不消者，小柴胡加酒連、連翹、玄參、薄荷、桔梗、鼠粘子、天花粉和解之。腫甚焮痛，汗下不消，宜砭去惡血，內服解毒藥，勢不可散。欲膿脈弱不潰，宜托裏。飢年傳染，先因胃虛飲食不節，邪乘虛入，宜從輕治。發散解毒必加人參以固元氣。病頤頷腫者，卽俗名蝦蟇瘟是也。又名曰痄腮。先用敗毒散微汗之，次以酒芩、連、黃連非熱甚且緩之，梔芩足矣。玄參、薄荷、連翹、甘草、桔梗、升麻、鼠粘子頻頻緩服大便實者，加熟大黃。此法卽非流行。凡偶見此症，用之自效。大抵熱不止，不可便與穀食，恐助邪熱也，脈虛無停滯者，不禁。

《重訂霍亂論・治法篇・刺法》 第一宜刺少商穴，刺時扶病人坐直，男左女右，用力將其手臂從上捋下，捋其惡血聚於指頭，以油頭繩紮住寸口，用尖銳銀鍼，在大指甲向裏如韭葉許刺之，擠出毒血卽鬆，重者兩手並刺。若神昏不醒，刮刺不鬆者，爲邪入心包絡，獲撑開病人之口，看舌底有黑筋三

股，男左女右，用竹著嵌瓷鋒，刺出惡血一點。兩臂灣名曲池穴，兩膝灣名委中穴，以手蘸溫水拍之，露出青筋紅筋，若肌膚白皙者，則露柴筋，皆痧筋也，並用銀鍼刺出紫黑毒血。其腿上大筋不可刺，刺亦無毒血，反令人心煩。腿兩邊硬筋上筋不可刺，刺之恐令人筋吊。案談往云：崇禎十六年，有疙瘩瘟、羊毛瘟等疫，呼病即亡，不留片刻。八、九兩月，死者數百萬。十月間，有閩人曉解病由，看膝灣後有筋突起，紫者無救，紅則速刺出血可活。至霜雪漸繁，勢始漸殺。余謂此疫雖奇，殺人既速且多，然無非暑熱毒氣深入於絡耳。故輕者刺之可活，而霜雪繁，病自衰也。考嘉興王肱《枕蚓菴瑣語》，及桐鄉陳松濤《災記事》，皆云崇禎十四年大旱，十五、十六經年亢旱，通國奇荒，疫癘大作。合三書而觀之，其爲暑燥熱毒之邪，深入營分無疑矣。故委中之筋已突起，不待拍之而始露。詳載之，以爲留心民命者告。

玉衡又云：一應刺法，不過鍼鋒微微入肉，不必深入。又以諸穴非親見不明白，故不具載。而故人管榮棠謂余曰：曩遇桐鄉八十老人張德祥者，善治痧，數十年來，生死決其鍼下，百不失一。凡鍼入而肌肉凝閉者，必不得生。然其所刺部位，不僅郭氏所言之十處，惜世罕知也。據云。

《瘟疫霍亂答問》 問：上吐下瀉，謂之霍亂，夏秋時有，何本年發早而多死？答：本年發者疫病也，能傳染，而患者多相似，而霍亂不過疫之見證。

問：何謂病證？答：病爲綱，而證爲目，如以霍亂爲病，則肢厥聲嘶，轉筋汗出爲證。以疫爲病，則霍亂又爲疫中之證，蓋疫病所發，不止霍亂，論疫各書，所列名目，多至七十餘種，霍亂僅居其一。【略】

問：病證二字，爲治法所係，故夫子必先正名，否則事亦不成。今既得聞命矣，又聞運氣之說，於此病源流，亦略得其概，敢問此病，究竟屬熱屬寒？答：霍亂有寒有熱，若瘟疫之霍亂，則悉屬熱，而寒者，不過虛人百中之一。

問：然則各書所言寒疫皆非歟？答：《素問》但分金水五疫，並無寒疫。蓋疫者，毒癘之氣，未有不熱，余另有說。

問：是病初起，即吐瀉少氣，肢厥無脈，爪甲唇面皆青，狀類陰寒，何以決其爲熱？答：既知疫多屬熱，死亡接踵，非常時霍亂，又病者每大渴內熱，喜飲冷水，則自不惑於見證之屬陰寒矣。蓋肢冷者，熱深厥深也，無脈者，邪穢阻塞隧道，深伏不出，脈伏非脈絕也，故有挑出紫血而輕者。

問：病從傳染之後，或易知疫悉屬熱，若初發之時，並未有所見所聞，而無脈可候，無色可參，何能遽斷爲熱？答：此醫家所以不可不讀《內經》諸書，預詳本年運氣，應發何病，則臨證方有把握。

問：先生言疫悉從熱，然實有服熱藥而效者，此是何故？答：其人中氣素虛，一經吐瀉汗出，陽氣隨之而陷，故或用陽藥救急於其前，然終必轉熱證，或用寒涼過劑，而以辛開之藥濟其後，此救藥誤，非眞治病，醫者病者，治愈尚茫然，如墜雲霧，而於服涼藥不及者，則引以爲過，此疫病未必盡死證，而醫法錯亂，則未有不死。

問：涼藥熱藥之誤，請示要訣，以祛世人之惑。答：此本易知，涼藥之誤，必入咽則病愈甚，吐瀉或由輕而重，且汗出無臭氣，或口由渴而淡，或神由清而陷，脈或由細數而沉遲，面色由黃亦而漸青白，或自覺心頭寒涼，必無得藥略輕之理。若熱藥之誤，則必口渴煩躁，目赤身熱，試問近日之病，孰寒孰熱，當自知之矣。故富貴之家，醫生沓至，必有一二劑參桂薑附，催其速死。而貧寒無力者，或恣飲黃泥水、雪水、西瓜，多有得生，可以悟矣。

問：此證如早投涼藥，可決其悉愈否？答：不能。疫非僅熱，實兼有毒在，一二日內死者，腸胃先壞，恐盧扁莫救。若延至數日後始死者，多係傳染而來，用藥得法，必能十全六七，其死者，則醫學之疏也。【略】

問：西醫言疫有蟲，中醫似未之及，果西勝於中耶？答：西醫不獨言疫有蟲，其論人身有無數微生蟲，皆能致病，其實中國古籍，皆已引而不發，無論蚘厥蠱脹，狐惑蛟蛸，明言蟲病，即天行溫病方中，所用如桃葉、苻葉、石榴皮、馬齒莧、川椒、苦參、小藍、穿山甲、獺肉、地龍、屋塵、水銀、雄黃等味，無一不兼取其殺蟲，至范汪麝香丸，療天行熱毒，明言當下細蟲，如布絲縷大，或長四五寸，黑頭銳尾。唐王燾《外臺祕要》卷三，天行慝瘡方錄至八首之多，但中醫束書不觀耳。余嘗解五積肥氣，謂肥係蜰之假借，亦詳證其有蟲，《內經》爲軒皇敎醫之書，特言風爲百病之長，而其臣倉史造字，風字從蟲，實已微露其旨。

問：霍亂古方，何以多用辛熱？答：此元運使然。《世補齋》有運氣大司天之說，雖與僕所校不同，然其理可推。

問：霍亂有何書最精？答：王孟英《霍亂論》力闢辛熱之非，可稱暗

室一燈，然於治法，亦尚未得要領，所製黄芩定亂湯等八方，仍專主濕熱，且輕淺無力量，易至遷延誤事，蓋此證未有不涉及厥陰者，風性疏泄，開於上則爲吐，開於下則爲泄，風輪一動，炎烈沸騰，燎原之勢，斷非杯水能平，病者每胸膈熱懣，大渴引飲，此卽厥陰提綱中，所謂消渴，氣上撞心，心中疼熱之的狀。厥陰之藏，原有相火游行，此時但當保護心主，令邪火不至上竄，一面熄風解毒，散血疏氣，急移火邪使從水府而出，則於此證，思過半矣。蓋手厥陰上系包絡，而手太陽亦絡心，正可借小腸間道，爲曲突反風之舉，但不得漫施苓澤滲利刦陰之品，速其斃亡，故此證初起，不妨任其吐瀉，以少殺毒氣，僕乙未所論，和陰陽，分清濁，交紐中宫，固爲醫門正軌。然尚落第二義，升平館閣體裁，非下馬作露布時所急也。

問：此證有何流傳最靈之藥，以便修合施捨？答：藥以治病，當先議病，而後製藥，故設局捨醫，主腦首當擇人，天行一發，單方祕藥，紛貼街衢，無知倉卒，易罹其毒，嚴明官長，當懸爲厲禁。凡有方藥，須令疏明，此爲何病，方治何義，方准刊印售賣，則枉死者必少。若所舉不當，恐以生人之具，罹殺人之罪，不如其已。

問：此證有刮刺而愈者，何理？答：瘟疫霍亂與痧，同源異派，皆穢毒所釀而成，故在氣皆宜刮，在血皆宜刺，均所以解散其毒氣也。

問：可刺不可刺，以何爲辨？答：先將要處，用頭篩腦，蘸香油順手刮之，有毒則自有紫黑粗筋隆起，隨用磁鋒點其盡處，當出紫黑血而愈，若無粗筋，則不必刺。

問：當刮要處何在？答：背脊兩乳，直上兩肘臂兩腿灣，如項下，及大小腹輭肉處，可以食鹽研細，用手擦之，或以指蘸清水撮之。

問：當刺要處何在？答：大指向裏如韭葉許，先用力將患者兩手臂從上捋下，使惡血聚於指頭，以油頭繩紮住寸口，用針刺之，又重者，須看舌下有黑筋三股，男左女右，用竹箸嵌磁鋒，刺出惡血，又兩臂灣，及兩膝灣，先以溫水拍之，露出青紫紅筋者刺之。

問：此證有簡便不甚值錢之藥否？答：有。新汲井水和百沸湯，名陰陽水，又鍋底墨煤，百沸湯煎呷一二口，又路傍破草鞋煎服，又鷄矢白水溫服，臘月收者尤良，又地漿水，掘黄土地作坎，深三尺，以新汲水攪取服，皆良方也，如西瓜、梨汁、生藕、冬瓜、萊菔、綠荳之類，亦爲神丹。

問：人遇此證多以爲痧，率先延薙匠，及平素刮痧之輩來看，問當刮刺與否，而此輩意在居功射利，到必大試其技，因而誤事者不少，請問證之不必刮刺者，以何爲驗？答：凡當刮刺者，謂其有穢毒蘊結也，否則開門揖盜矣，可先以生黄豆，或生芋或生薑等試之，如不腥不澀不辣者毒也，可以刮刺，若有本味者，切當忌之。

問：近日用乾隆大錢，嚼碎可治，此是何義？答：此本古方，《肘後方》：用大錢百文，水一斗，煑八升，入麝香末三分，治時氣欲死。又方：用比輪錢一百五十七文，水一斗，煑取七升，服汁，須臾復以水五升，更煑一升，以水二升投中，合得三升，出錢飲汁，當吐毒出云云。而《聖濟總錄》治霍亂轉筋方，則用青銅錢四十九枚，木瓜一兩，烏梅炒五枚，水二盞，均言之鑿鑿。但世醫不之知耳。昔亭林先生，惓惓明社，曾六謁孝陵，嗣見時疫盛行，以順治錢煎服者各愈，疑爲天命有歸，蓋先生雖曾習醫，而所見未廣之故。

問：此證嚼銅錢，有多至六七十枚，究屬何氣使然？答：氣相剋制，無堅不破，硫強水可以蝕銅，盡人而知，此證亦硫磺氣過重也，甌人稱口熱臭者，爲熱磺氣，淮北人則直稱硫磺氣，於此可悟，西醫亦稱銅之功用，能安肚腹腦氣筋，但過多則吐耳。

問：銅何以有安腦氣筋之功？答：蓋肝主筋，筋病者，肝火太旺所致，金能平木也，本年此證，悉木邪過甚，故能愈也。

問：聞西法每用鴉片止下利，義尚易曉，而止霍亂嘔吐，用鉀養綠養鈉綠，其功用何如？答：二藥皆鹽類改血藥，減生炎而有涼性，鈉綠卽尋常食鹽，但西法化過較淨耳。

問：聞西法樟腦酒哥囉昉，亦均治霍亂，可用否？答：須愼用。二藥辛竄走氣，似於近證不盡相宜，哥囉哥卽蒙迷藥，多服令人醉欲死，惟蘸於手帕以解毒則可。

問：此證古方既不可用，西法又不相宜，先生何不出其心得，及曾經治驗之方，錄示遠近，以作南鍼？答：僕曾製有一十八方，以供蕘採。

問：十八方中精義，先生可略疏其概，以開聾否？答：各方實從傷寒千金脫化而出，於近今瘟疫門中，另闢手眼，如入股老批頭所云，長鎗大戟，細針密縷，皆兼而有之，似非時下溫熱諸名家，僅事揚湯止沸者可比，減輕其劑，幷可治十年以內，木火之時邪，非止瘟疫霍亂也，但每方作解，不特

辭費，且亦非引而不發之旨，明眼者當自得之。

問：方中所用益母桃根柏葉等，皆按節氣收採，倉卒未備，奈何？答：可即用近時所採者，但不若如法修合者，力量較大而靈異耳。

問：按時採藥，雖有其說，恐亦影響之言，未盡可憑？答：院中曾歷試有驗，古人司歲備物，如戊癸年則收乾薑，丙辛年則收黃連，皆取其年化氣，以助藥力，《內經》人或未必讀，而三年蓄艾，載在《孟子》，當皆童而習之，況臘月豬油，盛夏常凍，冬春粟米，經久不蛀，其故可思，若六日鷄鳴水，則更奇矣。

問：第一方全劑甚重，何以大黃僅用八分？答：此取其通火府，使毒從前解，重則直趨大腸矣。

問：第一方註云：多煎少服，中病即止。又云：輕者減半，何不即將全方分兩減輕，而云重者倍服？答：重病用大劑，中病即止，不必盡劑，此本古法，具有深義，譬如以斗米煑粥，得飲三升，就取一升，若徑以三升米煑粥，取飲一升，其濃厚粘稠之力，實自有別。

問：第二方意在迎陽歸舍，防其虛脫，敢問欲脫之候，尚有別訣可認否？答：人中上吊，汗出囊縮，口開撒手，神奪，目上視，不得僅以眶陷，輒投此湯，蓋瀉多眶未有不陷者。

問：第七方救焚湯，不用煎而用水浸，此是何義？答：此義甚精，蓋大吐大瀉之後，藏津內槁，一切湯液，皆經煎沸，陰精已灕，濃濁之味，與藏津不相周浹，故取天一眞氣，使其浸淫灌漑，一氣相生，以資吸攝，古人郊天用明水，亦即此義。

問：定亂九方，爲霍亂之主方，各有主義，顧名可思，天行八方，則多預防救誤之方，先生前言各方尚可治十年以內木火之時邪，其義云何？答：以僕古三元法，推得同治甲子，已交水運，而今日所發之病，尚多屬火者，蓋火未退位，水未遷正也，十年以後，運纔交足，此如奇遁家超辰接氣之訣，未易明言也，近日冬地寒滯之品，已多誤事，薛葉吳王諸家，皆不免將束高閣矣。

問：霍亂從前皆僅專顧太陰一經，故用藥不出理中方法，先生著《霍亂病源方法論》，始言當求之厥陰，不悉此證，尚別有兼證否？答：著書者但能明其綱領，而曲折實不能盡也。吾院陳粟菴，長於燥證，言此證亦有由金氣不宣，而木火愈鬱者，論甚精碻，應驗第三方，即採其意。

問：霍亂吐瀉雖止，而仍有不得生者，此是何故？答：邪實者，當時雖經寒劑急救，而透發不早，多至餘熱內燔，正虛者，雖扶陽得效，神清汗止，而脈終不起者，此元氣無根，如瓶花得水，非不暫潤，終必萎落。

《溫病指南·濕溫上焦篇》 溫疫盛行之時，陡然得病，憎寒壯熱，頭痛身痛，若不可支，午後益甚，舌苔白膩如積粉，板貼不鬆，脈象極數，或沉伏者，疫毒由人傳染，自口鼻入踞募原也，達原飲主之。體弱者，先以銀翹散透解，如不效，再用達原飲。

《醫學衷中參西録·治瘟疫瘟疹方》 疫與寒溫不同。寒溫者，感時序之正氣。因其人衛生之道，於時序之冷暖失宜，遂感其氣而爲病。其病者，偶有一二人，而不相傳染。疫者，感歲運之戾氣。因其歲運失和，中含毒氣，人觸之即病。《內經·刺法論》所謂天無大小，病狀相似者是也。其病者，挨戶挨村，若徭役然，故名曰疫，且又互相傳染也。《內經·本病論》有五疫之名，後世約分爲寒疫、溫疫。治溫疫，世習用東垣普濟消毒飲。治寒疫，世習用巢谷世聖散子。然溫疫多而寒疫少，拙擬之清盂湯，實專爲治溫疫設也。

病疫相傳染者，以其氣自口鼻而入也。其初彌漫於上焦，或煩熱頭疼，外薄於營衛，或身熱無汗，與溫病初得者相似。然溫病初得，用辛涼解肌即可愈。若疫病，則必須兼用解毒之藥。至其傳經已深，所現之証有與寒溫相似者，皆可用治寒溫之藥治之。然始終宜佐以解毒之藥。究之其變証多端，萬言難罄。方書中惟喻氏《醫門法律》、陸氏《世補齋》論之甚詳。今録二家之說於左，以備參考。

陸九芝曰：《內經》五疫之至，各隨其所值之年，由伏而發。其治盡於木鬱達之、火鬱發之、土鬱奪之、金鬱泄之、水鬱折之五法。蓋治疫獨講太少之五運，與司天主客之六氣。就寒溫兩面而言，卻是溫疫多而寒疫少。故五運之有木火土金水，半寒而半溫也。六氣之有濕寒、寒濕、風火、火風、燥火、火燥也，溫又多於寒也。然正不得以溫多於寒，而遂置寒疫於不問也。周禹載於溫獨說春溫，而於疫又獨說溫疫。則既不解溫之無寒，又不解疫之有寒故耳。黃坤載則知有寒疫知。然於溫疫則曰無內熱。無內熱何以謂之溫乎？於寒疫則反用石膏，用石膏何以謂之寒乎？喻嘉言論疫專主三焦，頗得治疫之法。坤載於疫，遍說六經。夫疫之小者不分經絡，疫之大者頃刻變

生，尚何六經傳遍之有。只是仲景六經之藥，不外溫清兩法，以之分治兩疫，亦爲甚合。大抵以溫而疫，則論中芩連梔柏之統於膏黄者可用也。以寒而疫，則論中吴萸蜀椒之統於薑附者可用也。余獨舉運氣一方冠其首，而又舉普濟消毒飲之治溫疫者，以蓋清法。舉如聖散子之治寒疫者，以蓋溫法。而禹載之惑可解，坤載之混可別，及嘉言治溫而用薑附，即鞠通本之而用桂枝者皆可删。總而言之，不傳染而有熱無寒者，是曰溫。傳染而有熱有寒者，是爲疫。不得以治寒疫者治溫疫，更不得以治寒疫治溫病也。

瘟毒之病，有所謂羊毛瘟者。其證亦係瘟疫，而心中兼有撩亂之證。若視其前後對心處有小痤俗名疙瘩，以針鼻點之，其頂陷而不起，其中即有白毛，當以針挑出之。若恐挑之不凈，可用發面饃饃去皮，雜以頭發，少蘸香油，周身搓擦。再審其證之虚實涼熱，投以治疫病之藥，即愈。此證古書不載，而今人患此證者甚多，其白毛，即周身之汗毛，大抵因有汗受風閉其毛孔，而汗毛不能外出，因不外出，所以作白色。

瘟疫之證，雖宜重用寒涼，然須謹防其泄瀉。若泄瀉，則氣機内陷，即無力托毒外出矣。是以愚用大劑寒涼，治此等證時，必分三四次徐徐溫服下，俾其藥力長在上焦，及行至下焦，其寒涼之性已爲内熱所化，自無泄瀉之弊。而始終又須以表散之藥輔之，若薄荷、連翹、蟬退、僵蠶之類。則火消毒凈，疹愈之後亦斷無他患矣。至若升麻、羌活之藥，概不敢用。友人劉仲華，濟南博雅士也，精通醫學。曾治一孺子，出疹剛見點即回。醫者用一切藥，皆不能表出。毒氣内攻，勢甚危急，衆皆束手。仲華投以傷寒論麻杏甘石湯，一劑疹皆發出，自此遂愈。夫麻杏甘石湯，爲汗後、下後、汗出而喘無大熱者之方，仲華用以治疹，竟能挽回人命於頃刻，可爲善用古方者矣。

《疫證集説·瘴説》 《玉篇》曰：瘴，癘也。又曰：癘，疫氣也。是瘴亦疫屬明矣。《正字通》曰：中山川厲氣成疾也。《巢源》曰：山瘴瘧，其病生於嶺南。鄭守愚南遊詩云：山城多曉瘴。薩眞齋閩中詩云：海瘴連雲起。大抵南方地熱，山川鬱蒸，多患毒瘴。劍南《避暑漫鈔》謂：嶺南或見異物從空而墜，始如彈丸，漸如車輪，倏焉四散，人中之即病，謂之瘴母。且瘴名不一，曰黄芒瘴、新禾瘴。二三月曰青草瘴，四五月曰黄梅瘴，六七月曰新水瘴，八九月曰黄茅瘴、蝦蟆瘴、芳草瘴、撲蛇瘴、鎖喉瘴、蛇瘴、冷瘴、熱瘴、中箭、烟瘴、嵐瘴、蚺蛇瘴、烏蟳瘴、迴頭瘴、黄瓜瘴、攪腸瘴、梅瘴、鸚武瘴、蚯蚓瘴、啞瘴、花風瘴、烏腳瘴、人瘴、炎瘴、楸頭瘴、桂花瘴、暑溼瘴、毒水瘴、孔雀瘴、江米瘴、頸瘴、香花瘴、毒涇瘴、菊花瘴、油沙瘴、烏痧瘴、啞叭瘴、瘴疫。《本草》載三人晨行觸瘴，飲酒者獨不死。嶺外諺云：莫飲卯時酒，莫吃申時飯，又可見酒之爲物能辟瘴以生人，亦能滋瘴以害人。《廣韻》釋瘴曰：熱病是以。盧玉川有就中南瘴欺北客，憑君數磨犀角喫之句。後漢馬伏波在交趾時常餌薏苡以卻瘴，蓋病由溼熱，古人所以將犀角薏苡主治。

《疫證集説·防疫芻言》 避疫之法，莫要於自保其身。經云：正氣存内，邪不可干。能使吾身不失其固有之健康，則八方之賊風、四時之異氣，自無可乘之隙。

寢興失時，飲食愆度，以及逾量之酒，失飪之饌，又若饐餲餒敗一切腐朽之類，一有不慎病即隨之。

未病之人固須恆食新鮮之物，或當枵腹之候，萬勿接近病人。

每日須向曠地散步，輪換兩間清明之氣。然行動不得過勞，勞則神疲，疲則外邪易觸。

每日更宜澡浴，不僅潔身去垢，有裨衛生，且使百脈流通，精神充長。疫之中人雖四時皆有，而夏秋之交受疫尤易者，其故有二。一因人之肌膚脈絡得寒常歛，得熱常弛，弛則腠理不密，外邪易侵；一因烈日暴暑，大雨忽來，將塲圃之蒸毒，阡陌之朽腐，溝澮之臭垢一洗而流入河渠，波及廛市則釀疫之媒，所在皆是，可不懼哉？

大凡疫氣觸發由於水之不潔居多。近今衛生家恆以汽鍋蒸水、沙礫瀝水，則水中一切微生物除之務盡，亦防疫之一法也。

地無論南北，時無論炎涼，人無論中外，得生氣則生，得死氣則死。死氣者卑下溼鬱、朽爛沉悶是也，生氣者高爽軒敞、精潔雅靜是也。天地清明之氣，草木暢達之氣，山川靈秀之氣，皆生氣也。西人往往結廬於名山佳島，以爲避暑之處，亦即寓避疫之意焉。

凡有疫之家，不得以衣服、飲食、器皿送於無疫之家，而無疫之家亦不得受有疫之家之衣服、飲食、器皿。

凡有疫人家之衣服、器皿，每日須以硫黄薰洗，以免闔家傳染。

《疫證集説·論疫癘暴亡》 或問：天地六淫之所感即兩間戾氣之所鍾，何以釀而成疫？何以傳染若是之易？死亡若是之速？得毋有邪祟憑

乎其間耶？余曰：非也。古人儺以逐疫，不過籍以鎮人心、順民情耳，非眞有所謂疫鬼也。其一觸卽殞者，皆緣人之呼吸出入機關司其職者惟口與鼻，口鼻二部最與腦經直接，蓋鼻之氣通於腦，口之氣通於胃，亦通於腦，疫邪中人，頃刻震撼全腦，腦中血管爆裂，不待布現病象，而人已斃矣，此其所以傳染也易，此其所以死亡也速。

《疫證集説・論治疫之要首重陽明并辨神經之昏不涉心胞》 疫癘之氣自口鼻吸受，直入陽明。治疫之法，當以陽明爲主。經云：陽明者，十二經脈之長。又云：胃爲五藏六府之海，其清氣上注於目，其悍氣上衝頭者，循咽喉上走空竅，循眼係入絡腦，蓋陽明乃一身之綱領，爲百病之傳舍。醫者能知治疫之重在陽明，卽以陽明之藥而愈陽明之病，不使陽明之邪鴟張變幻，方克稱職，否則陽明之火蒸騰入腦，神卽昏矣。由是以推，則神經之昏，明明神經受熱，究其神經之熱仍由陽明而來，卽經所謂悍氣上衝頭者之明證也。且神昏之神係神經之神，非心神之神，更無所謂心胞之神也，一經道破，固盡人而知矣。

《疫證集説・疫痧條辨》 疫痧古無是名，亦時行之一種也。嘉慶間虞山陳靜岩始著《疫痧草》，源源本本，詳辨甚晐。玉峯顧氏著《痧喉經驗闡解》，所論亦精。此後金葆三所編《丹痧輯要》卽從顧氏原書畧增補之，惟所收藿香正氣散及挑括等法，祇宜治痧氣之痧，不可治喉痧之痧，兩痧迥不相侔，引用者未免溷亂，殊玷原書，曹侯甫《喉痧正的》論治頗多可取，惟首引金氏所載葉天士醫案一條尚欠詳考，是證於嘉道間猶不多見，自光緒辛丑滬上盛行，之後幾於無歲無之，惟傳染未有如辛丑之烈耳，諸書所製各方非囿于辛涼，卽偏於溫燥，要皆難於適用，謹補治法數則，並製新方六道，藉貢採擇。

疫痧又名爛喉痧，外感時行疫癘，內挾伏濕、伏熱，醖釀而成。若感疫者之伏熱重則毒亦重，且毒重則喉爛亦重，驗喉爛之淺深，定疫毒之輕重，百無一失。

疫痧流行之際，毒重者喉爛必深，氣穢尤惡，一門數口往往連屬而殂，或朝入疫家暮已染疫而斃，最爲可險。凡入疫家，先宜飽食，乍出疫家不宜遽食，蓋飽食則氣壯而邪不外干，緩食則氣舒而邪不內蓄。

疫痰初起，苟能施治得宜，何致牽連傳染，而治不得法，遂致貽害無窮。治痧治喉大要不外辛散寒瀉兩法。

此證輕重懸殊，約略可分三種，曰順、曰險、曰逆。順者雖外觸時疫而內無伏邪，神不昏迷，身熱一二日卽布痧子，雖不醫治亦得痊愈。險者外有所觸，內有所蘊，神迷煩熱，或痧子未透而咽喉已爛，或痧多毒重逗遛不化，或因體虛或夾他證，病象雖險，治之得法尙可十獲八九。逆者口鼻吸受疫癘與府藏積毒成伍，來勢迅烈，變幻尤速，疫毒入藏則喉爛，入腦則神昏，俄頃之間瀰漫藏府，氣機爲毒所掩，血絡爲毒所凝，神昏如醉，鼾睡不醒，痧點喫緊不化，或紫黯枯燥，或嬌艷異常，呼吸短而促，舌本絳而紫，鼻煤、鼻煽，六脈或細伏不起，或洪大無根，有此惡象多屬不治。

疫痧輕重之分，亦各隨其人之伏熱多寡而變現焉。推其所因，厥有三害，一曰過暖，一曰煤毒，一曰人氣。今人喜用鴨絨枕墊及鴨絨被褥，毛絨圍巾，非不輕軟適體也，蓋於高年火衰則相宜，於少壯陽盛則熱，由是而伏矣，其害一；近時煤油燈、煤油爐及一切火爐、煤竈，用者祇圖利便，殊不知毒由是而受矣，其害二；通商大埠，地窄人稠，往往一椽同住數家，一家聚卧一室，租則省矣，殊不知呼吸之間，空氣不夠輸換，炭氣由是而積矣，其害三，更有房室不節，飲食不愼，皆爲釀病之媒，衛生者所當詳究焉。

此證初起，先覺四肢痠痛，肌膚瘇脹，雖有大熱而形寒不減，按之皮膚隨見白痕者，卽疫痧也。如無喉證，宜服靑萍湯；若痰疹隱約，神煩口渴，兼有喉證者，宜服蟬翼飲，兼吹玉鑰匙；若痧疹初見，頻頻嘔噁，脾胃素有痰溼者，宜服紫朴湯；痰涎壅塞，喉閉不通者，兼吹金鑰匙；如神迷煩燥、癮疹不透，喉爛尙淺者，宜服龍腦飲，兼吹錫類散；咽喉腫脹者，更須外貼異功散；若痧多毒重，喉爛漸深者，宜服羚羊煎；若疫毒凝結，喉爛氣穢者，宜服神犀煎；此方鹹寒瀉火，如能多服頻灌，病至危險猶可獲救。至於臨時策應諸法，皆當隨證加減，兹不詳載。幼穉氣弱，時疫流行，尤易傳染，其未曾種痘者受疫更重，欲免染疫則莫妙於早種牛痘，近惟牛痘盛行，使胎毒早洩，而天花之夭枉者日鮮，亦惟牛痘少種，致胎毒未淸，而疫痧之傳染者日多。每兒只要種過牛痘三四次，卽遇大疫亦能履險如夷矣，保赤者幸毋忽諸。

《防疫芻言・先時預防編》 先時預防者，防天地人之戾氣。戾氣卽疫氣發生之根也。

何以須防天氣？昇平之時，冬無愆陽，夏無伏陰，春無淒風，秋無苦雨，

雷出不震，無菑霜雹，癘疾不降，民夭不札。又時和，則風不鳴條，不雨破塊，此天之正氣也。若寒熱不時，風雨過甚，震雷疾電，嚴霜大雹，則爲天之戾氣。君子宜適其寒熱，避其風雨，靜坐正心，以待雷霆之過，加衣入室，以避霜雹之威。又虹霓亦天之戾氣，嘗見江河澗溪。虹霓發現之處，人若適在其中，則其身之皮膚，不久必有變爲白色，如白癜風病一樣者，故亦須避之。返此而行，則天之戾氣，中於人身矣。

何以須防地氣？《天官》書，雲氣各象其山川人民所聚積，實息者吉，虛耗者凶。望氣經，鬱鬱葱葱，隱隱隆隆，佳氣也。綿綿絞絞，條條片片，兵氣也。澤澤啖啖，女子氣也。如藤蔓挂樹者，寶氣也。紫氣如樓者，玉氣也。

由此推之，則各種礦質珍寶，與夫屍骸污穢之物，凡藏在土中，堆積地面者，莫發洩爲氣，其詳散見於載籍，不可勝述，兹不贅。

但其地潔潔淨淨，土厚水深，林疏草秀，人或遊息寢處其間，常覺神清氣爽，身安心泰者，則其地必有吉氣。若水土惡劣，卑濕污穢，常令人物不甚安甯，鼻中時覺有臭腐之味，則爲地之戾氣。君子趨吉避凶，故吉。反此，則地之戾氣，必中於人身矣。

何以預防人氣？身體衣服飲食居住，均求潔淨，而又能仁義禮智根於心。其生色也，睟然見於面，盎於背，施於四體，即《大學》所謂心廣體胖，又即易所謂黄中通理，正位居體，美在其中，而暢於四肢，發於事業者，則爲人之吉氣。若身體衣服飲食居住，不求潔淨，而又不知律法，肆意妄爲，則爲人之戾氣。

蓋人之頭面手腕，須一日洗濯數次，下部前後，腑窩左右，須每晚擦洗一次。週身上下，冬春時，凡中國黄河以北之人，每七日須洗濯一次，至多不得過十日。若黄河以南之人，三五日須洗濯一次，至多不得過七日。夏秋時，北人可二三日洗濯一次，南人則每日一次。

蓋人皮膚各毛孔內，均有微蟲，汗液與氣，從毛孔內，不時透出，若不勤洗，則汗液粘合塵埃，閉阻毛孔，微蟲不能得外面清養之氣，以遂其生。身內飲食變化之氣，不能外出，則吾身固有養身之蟲，遂變而害身，或時常發癢，或起大小疙疸，癢而微痛，甚則變成瘡泡，破之則流水流膿，最難忍受。

《感症寶筏·瘟疫》 按：儺爲古禮，疫之由來尚矣。奈何仲景《傷寒》書非全璧，只言溫病、熱病，一無片言及疫，是以後人無善治之法。惟近世喻嘉言、吳又可、張景岳輩，可謂論切治詳，發前人所未發。但景岳宜於汗，又可宜於下，嘉言又宜於芳香逐穢。夫三子皆名家，何治法之懸絶若此？要知三子之治法，皆當顧其所治之疫，各有不同耳。景岳所論之疫，即六淫之邪，非時之氣，其感同於傷寒，故每與傷寒幷提，而以汗爲主。欲盡汗法之妙，景岳書精切無遺。又可所論之疫，是熱淫之氣從口鼻吸入，伏於膜原。膜原爲半表半裏之界，其邪非汗所能達，故有不可強汗、峻汗之戒；附胃最近，入裏尤速，故有急下、屢下之法。欲究疫邪傳變之情，惟又可論最爲詳盡。然又可所論之疫，是四時之常疫，即俗名時氣證也。若嘉言所論之疫，乃由於兵荒之後，因病之死，病氣、尸氣混合天地不正之氣，更兼春夏溫熱暑濕之氣，邪氣交結互蒸，人在氣交中，無隙可避，由是沿門闔境，傳染無休，而爲兩間之大疫。其穢惡之氣，都從口鼻吸入，直行中道，流布三焦，非表非裏，汗之不解，下之仍留，故以芳香逐穢爲主，而以解毒兼之。是三子之治，各合其宜，不能執此而議彼也。兹於是證，亦參三法爲治，而分爲兩途。蓋汗與下，即同傷寒表裏之治從足經治而用汗下之法，與風寒之治法相同；而逐穢解毒一法，乃疫邪匿伏三焦，非表非裏之治也。從手經治，用芳香開泄三焦，與傷寒之治法不同。分列於下，治疫之大法得矣。

邵評：景岳所論疫證，是三時感冒，非其時而有其氣，名爲三時寒疫。邪由肌表而入，故同傷寒治而先用汗法。若又可所論疫證，是濕溫痧暑熱邪，從口鼻吸受，伏於膜原。膜原者，脾與胃以膜相聯，爲脾胃半表半裏之界。邪伏於此，入胃最速，邪既在胃，故以下法爲治。此是溫熱濕濁之邪，襲入六經而傳陽明胃腑，是四時之常疫，即濕溫嵐瘴時氣之證，與毒癘天行瘟疫之病，自是兩種，截然不同。景岳所言，是感受風寒而邪在表；又可所言，是吸受溫熱，邪已入胃。故景岳主汗，而又可主下也。此二者，可從足經同傷寒論治，分爲一途。至嘉言所論，是眞瘟疫大病，乃天氣不正之氣，惡毒瘴癘，合病氣口，氣交結互蒸，人受其氣，由口鼻吸入，直行中道，流布三焦，最多閉結。故用芳香逐穢，解毒開化之法。此毒癘疫邪，與前二證各殊，不同傷寒治法，分逐穢解毒，合行一途，爲兩大法門也。瘟疫大病，別有一種癘毒之氣，極易傳染，故每病一家長幼相似，甚則沿門闔境，傳染不休也。三子論治不同，各有其證。當隨證審察，合宜而用，不可拘執一說也。

長幼傳染，衆人一般，疫邪淫溢，受其氣而病，病氣傳染，故沿門闔境爲患也。此疫氣流行，俗名時氣是也。乃天地穢惡之氣不正之癘氣。都從口鼻吸入。然有兼六淫者，亦有不兼六淫者；有人足經而爲表裏者，有入手經而忌汗下者。當分途而治，其辨在舌。

邵評：六淫者，風寒暑濕燥火六氣之邪，此四時之常氣也。大疫發時，或挾寒，或挾暑，所謂兼六淫也。總之，純是癘疫爲病，當分邪從肌表而受，則入足經，可用汗下法；邪由口鼻而受，則入手經，宜宗三焦立法，從心營肺衛施治，忌用汗下。

凡舌胎由白而黃，由黃而黑者，疫邪由表達裏也。宜汗下法。

邵評：邪在表則舌白，入裏則舌黃，入腑熱深則舌黑。邪在足經，分表裏而用汗下之法。

舌胎由白而變鮮紅者，疫邪由衛及營，不入足經而入手經也。忌汗下，宜逐穢解毒，清泄營分。新法。

邵評：邪在肺衛則舌白，入心營則舌紅，傳入心包則鮮紅起刺。邪在手經，宗心營肺衛，辨明上中下三焦而施治，忌用足經汗下之法。

疫邪兼六氣，入足經，從表裏汗下。

初起頭疼發熱惡寒，表邪見症，邪從肌表而入。舌胎白而薄者，表邪舌胎則薄白。邪在表也，敗毒散散之，疏散表邪。微汗而解。如未解，鼻乾口渴陽明見症、耳聾脇痛少陽見症、舌胎白中帶黃半表半裏舌胎，此陽明少陽見症，須解肌法，柴、葛、連翹、防風、薄荷、牛蒡、黃芩、木通之類。少陽、陽明同治。如再不解，須看有無斑疹或見心煩膈悶，足冷耳聾，身痛如束，或咳或嘔，寸關沉伏，或躁動，便是發斑之候，須提透之，以斑發盡爲度。脈伏心煩，謂之欲斑；見此脈症極宜留心。煩止人靜，肌膚無隱隱之點，始爲斑盡。已出而口乾，脈洪滑者，斑出而仍口乾脈洪，内之火熱未盡也。宜化斑解毒爲主。當以斑疹門參看。

邵評：邪入於裏，則發斑疹。疹出於肺，斑發於胃。將發斑疹，尚未外透，欲出而不出之際，故見症如此。若斑毒滯氣，則脈沉伏；伏邪外出，則脈躁動。亦一定之脈理。

已汗而熱不解，氣口脈弦滑，已汗仍熱邪不解；右脈弦滑，停食之據。飽悶惡心，邪食滯於胃之上脘，故飽悶惡心。必是胃中宿食爲患。消導爲主，如生楂肉、麥芽、枳實、連翹、青皮、萊菔子等涼疏之。若脈弦滑、潮熱譫語、臍腹脹痛、食滯已化，糟粕而下，腸中已成燥屎，故譫語腹痛。舌胎漸漸黃厚燥刺者，胃實舌胎。乃燥屎在腸中也。大柴、承氣，看微甚下之，更衣舌潤爲愈。

邵評：食停胃中，未化糟粕，尚在胃之上脘，宜消化其食滯，切忌早用攻下。食滯已化而成燥屎，故用攻下。與前半條停食未化者治法不同，大宜着眼。

如表已解，尚身熱脈浮、大小便不利者，是熱結膀胱也，五苓去术，合六一散利之。

邵評：身熱脈浮，其脈仍在太陽經，表解而小便不利，邪入太陽之腑，而熱結膀胱也。宜宣化膀胱熱結而利水。

如表已解，餘熱未凈，其人如狂不甚、小腹硬痛而小便自利者，乃血蓄膀胱，桃仁承氣湯加減。

邵評：上條熱與水結，此條血蓄膀胱。如狂而小腹硬痛，血蓄下焦之征。辨熱結與蓄血，在小便之利與不利。熱結膀胱，小便不利；血蓄膀胱，小便自利。用桃仁承氣破其蓄血，正治也。

若無表裏證，但熱而瀉，或寒熱而瀉者，此濕邪在於氣分也，小柴胡合五苓主之。渴者去桂留苓，不渴去苓留桂。疫邪必兼濕者，以當濕熱司令之時也。以上諸條同傷寒施治。

邵評：但熱而瀉，濕熱在裏，寒熱而瀉，裏濕而表有微邪也。用小柴胡以和解其表裏之寒熱，以五苓滲其裏濕。渴爲有熱，故去桂留苓；不渴爲無熱，故去苓留桂。至疫病每發於四五六七月，正在夏天濕熱當權之令，故多挾濕。

疫癘熱毒鬱極則發黃，二便俱秘。若投茵陳五苓，小水必不能利。須茵陳蒿湯加黃柏，則小便利而黃退矣。

邵評：熱鬱發黃，二便俱秘，陽分實熱發黃也。用茵陳五苓以利膀胱，無益也。當用茵陳蒿湯，以瀉陽明之實熱，二便通利，黃自退矣。

亦有發黃兼發斑者，無非熱毒鬱結所致，宜犀角、連翹、赤芍、梔子、茵陳、黃柏、牛蒡、薄荷、銀花之類主之。瘟疫發於春夏之間，必熱證爲多。如初起即大熱大渴、目赤唇焦、煩躁不寧、六脈洪滑、舌胎燥黃焦刺，急用三黃石膏湯去黃柏，加連翹汗之。取汗在於速，一服無汗，即再進之，得汗熱退爲愈。若延至四五日，毒遍三焦，表里俱病，用三黃石膏湯，加連翹、銀花清除熱

毒表裏雙解之。其妙在麻黃、石膏二味，不可去一。麻黃散表，石膏清裏，二味必須同用。此方通解三焦表裏，治疫最妙。

邵評：疫必兼濕，故致發黃。熱毒鬱結，則黃而發斑矣。用清熱滲濕、宣透斑毒爲治。若外受瘟疫，表裏俱病，火熱大盛之時，身雖大熱而無汗泄，此表氣外鬱，内熱不得發泄，故目赤唇焦而煩渴。表裏熱盛，則六脈洪滑。火盛灼津，則舌胎燥黃焦刺。此皆熱鬱不宣之象。此方清内火而宣散表熱。表有汗出，則内之火熱亦隨汗而外泄矣。此表裏熱甚兩清之法也。倘遷延不治，上中下三焦俱受毒邪，表裏三焦均病，必用此大劑以兩解之。

如見目赤唇焦、舌黃燥刺、大熱煩渴、汗出津津，此陽明血熱火盛。切忌風藥升散，宜涼膈散加石膏清降之。

邵評：見症是裏熱極盛之候，與上條似同。上條無汗，是表鬱内火。汗出津津，是邪火入陽明而熱盛，故用涼膈散加石膏以解陽明。

大都疫癘初起，初宜辛涼解散，次則和解解毒。必裏證全具，脈實口燥、心下堅滿，方可攻下。若胃中飲食未化，雖芩、連、瓜蔞尚宜緩進，況硝、黃乎？如用寒涼，食爲寒凝，結而不散，必變結胸。以上諸條照溫熱施治。

邵評：初起邪在肺衛，故宜辛涼解散。若肺邪入於陽明之腑，則里證發現，脈實堅滿口燥，均是裏實之證，故可攻下。倘飲食停滯，未化糟粕，早用寒涼，寒藥與食互結，防成結胸，況攻下乎？必待其食化糟粕，結於腸中，方可用下耳。寒涼切忌早用，恐其凝結不化。

疫癘當分天時寒暄燥濕，病者虛實勞逸，因證制宜，不可執泥。如久旱天時多燥，熱疫流行，宜清火解毒，忌用燥劑。天久淫雨，濕令大行，脾土受傷，民多寒疫，或兼瀉痢，宜滲濕和脾，忌用潤劑。

邵評：天時寒濕，病多寒疫、寒濕，天時暄燥，病多溫疫、濕熱，須分別治之。蓋天時旱燥，陽亢熱盛，故多熱疫，熱則宜清火而忌溫燥；天久陰雨，寒濕流行，脾土受傷，故多寒疫、寒濕，宜溫燥而忌清潤。二者治法大异，最當分辨。

春應暖而反寒，夏應熱而反涼，感此非時之寒爲寒疫。宜太無神术散加羌活、紫蘇溫散之，或藿香正氣散加減，二方均是溫中散寒之劑。亦可從正傷寒治。此條寒疫。

邵評：應暖熱而反寒涼，是非時不正之氣，人受其氣而病者，爲時行寒疫。治以溫散爲主，忌用寒涼潤藥。

秋應涼而反熱，冬宜寒而反溫，感此非時之暖爲溫疫。宜用犀角、連翹、黃芩、薄荷、銀花、牛蒡之類清解之，宜從溫熱證治之。此條溫疫。

邵評：應寒涼而反溫熱，是非時之溫氣，人受之而爲冬溫、秋燥之證，即爲瘟疫。治宜辛涼清解，大忌溫燥。

疫證先從頤頷陽明部位腫起者，陽明風熱也。腫於耳之前後少陽部位者，少陽風熱也。并宜辛涼散之，二活、荆、防、連翹、黃芩、薄荷、元參、牛蒡、桔梗、犀角汁汗之。陽明加升麻，少陽加柴胡、鈎藤，解散後，加清火解毒之品，淨銀花、人中黃之類。

邵評：風火熱毒之邪，故宜辛涼清散。風邪解而火毒未清，故宜清化火毒。此從表裏法施治。

時毒從頤腫者，名鸕鶿瘟。耳下頸項與咽中腫脹，聲不出者，名蝦蟆瘟。皆風熱不正之氣干於上焦所致。治宜散邪清熱，不可一味寒涼。

邵評：頤與耳下項咽中，俱是上焦部位。邪從口鼻吸受，先入肺胃，宗三焦立法，從手經施治，必先清解宣散，以泄其邪。如一味寒涼，則鬱遏邪熱，恐其傳裏内陷，不可不慎。

疫證有兼咽喉腫痛者，必辛散爲主，不可驟用寒涼，反閉其邪。宜荆防敗毒散辛涼解散加甘、桔、射干、馬勃、牛蒡之類提透解毒。

邵評：咽喉亦屬上焦，邪入肺中，先宜辛散，早用寒涼，防其逼邪内陷，最當謹慎。

冬應寒而反溫，感之多咽喉腫痛，寸關脈浮洪而數、舌燥唇乾。宜甘桔湯加牛蒡、薄荷、防風、射干、連翹、黃芩、銀花、犀角汁之類，涼解以升陰消陽。此是冬溫。

邵評：冬時不正之氣，人受之而即發者，爲冬溫。溫邪入肺，則咽喉腫痛。溫邪在上焦，則寸關脈洪數。陽邪傷陰，則唇舌乾燥。法宜提透辛散，清解上焦邪熱。

夏應熱而反涼，感之邪伏於少陰之經，每多咽痛，或兼泄瀉，舌潤不渴，寸口脈沉伏而小。宜甘桔湯加半夏、天蠶、陳皮、桂枝、射干、防風、姜皮之類

溫散之，以助陽消陰。此夏令寒濕陰邪。

邵評：不正之氣，乃夏令陰邪，人感其邪，伏於少陰腎中，陰火上升，則咽痛。寒濕之邪內入，則泄瀉。陰邪傷陽，則舌潤不渴。邪鬱其陽，則脈沉小。宜清腎中陰火而透邪，以辛溫藥散之。

大頭天行

初起憎寒壯熱，體重，次傳頭面大腫，目不能開，或咽喉不利，俗名大頭傷寒是也。東垣論陽明邪熱太甚，挾少陽木火而生陽明濕熱，甚則爲腫，少陽木火盛則痛。陽明之邪上盛，則首大腫；少陽之邪横逆，則腫於耳之前後也。治法不宜峻藥，峻則藥過其病所，恐上熱未除，中寒復起，其死尤速。當少與，時時呷之，緩攻之法。方用酒制芩、連，人中黄以解毒，荆、防、薄荷以去風，連翹、天蟲、桔梗、牛蒡以散結。頭痛惡寒無汗，加二活以散寒；陽明引經，加升麻、犀角汁；少陽引經，加柴胡、花粉。此名普濟消毒飲，最妙。如十餘日，表證仍在者，亦用荆芥、防風、薄荷微散之。

此條邪在上焦而有表證。

邵評：風溫時毒，中於頭部清空之所，故名大頭瘟。病因風火濕痰，邪熱由表而入於少陽、陽明二經，以陽明行身前而循首面，少陽行身側，出於耳之前後。邪在最上，藥宜輕清宣解上焦。若用重濁之味，則直入中下，而過病所矣。但天行時毒，必以解毒爲先。風溫之邪，故必去風。邪結則腫痛，故當散結。寒鬱於表，則無汗頭痛而惡寒，當疏表散寒。此方治大頭天行，極妙。若日數雖多，尚有表證，仍宜表散。

胃氣虚者，於春夏初晴，感山谷蒸氣，而腫發寒熱者，先用平胃散加羌活、荆、防、桔梗、藿香之類以散之，次加芩、連清熱。蓋山嵐、瘴氣、濁霧皆濕也，嶺南人中之即死者嵐瘴毒氣中之則多死。緣内多毒蛇所吐之氣耳。此條邪入中焦，而有瘴毒濕熱。

邵評：胃虚而邪入中焦，感瘴氣濕熱之邪，入於陽明。法宜運中祛瘴，以宣散中上二焦。

歲荒普患者，不宜峻劑，宜扶正祛邪、調理脾胃爲主。有已汗而熱不解、身漬漬汗出、右關脈大無力、舌胎白嫩、四肢倦怠者，此中氣虚弱，汗後虚熱也，嶺南人中之即死者，風瘴毒氣中之則多死。緣内多毒蛇所吐之氣耳。此條邪入中焦，而有瘴毒濕熱。

邵評：忍饑而脾胃中虚，邪乘虚入，宜調中散邪，亦中焦病也。若汗出而餘熱不退，是虚熱也。脈舌見症，俱是虚象，法宜扶正散邪。此正虚挾邪之法則。

疫邪傳里，毒攻腸胃熱毒直攻腸胃，臍腹大痛火迫作痛、下利鮮血熱傷血絡或黑臭水、小便不利、身熱大渴、六脈洪數火熱脈象、舌胎黄燥如刺陽明火熱或紅刺如楊梅狀熱入營血，當急治之遲恐熱爛腸胃。宜鮮生地二兩，生大黄五錢清血熱而解陽明火毒，凈銀花五錢，黄連一錢，黄芩、丹皮、赤芍各錢半，生甘草五分，下之清之。

邵評：此火毒熱邪，直入腸胃而傷血絡之正法。

疫邪傳裏，目赤面紅、六脈洪大陽明熱脈、舌黄燥刺陽明熱邪舌胎，此熱毒傳遍三焦，經絡閉塞，榮衛不通，以致汗不得出，斑不得透，大熱煩渴不解。宜三黄石膏湯去黄柏，加連翹、銀花、牛蒡子表裏兼解之，俾汗斑并透而解，妙在麻黄、石膏雙解表裏之邪在此二味。

此條上、中、下三焦表裏俱有熱邪，病在氣分。

邵評：疫邪自表入裏，先在陽明氣分，若上、中、下三焦表裏俱有熱邪，氣血經絡不通，表間抑遏，斑與汗均不外達，熱伏於里而燔灼，必用此方解表清里，宣通上、中、下三焦熱邪，汗出斑透而愈。

若遇天時亢旱，熱疫流行，毒蘊三焦，目赤舌絳營熱舌胎、斑疹丹赤紅疹屬營，汗出津津陽明胃實，此陽明血熱也。便閉，宜凉膈散去芒硝，加鮮生地、牛蒡子、人中黄加味清營熱而解毒清之。

邵評：天旱熱毒而成疫，三焦均受，邪熱入營而陽明熱實也，宜清膈間邪熱。此條邪在中、上二焦，熱侵營分而陽明熱實。上條表裏同治。此宗心營肺衛，分三焦治法。

疫邪發於歲荒之後，凡流離饑民，無不一病即死者，忍饑受餓，中氣先虚，故病則即死。由於勞役饑寒，脾胃早傷，雖感微邪，亦不禁也。故治此者，須調補脾胃爲主，補中益氣、六君子之類，微加表藥治之。

此條中虚受邪。

邵評：中虚受邪，正氣不能勝邪，每多邪陷正脱，故必補正以托邪。正氣充復，邪自外達耳。

凡遇疫證，診得關脈右關，脾胃部也。虚大或軟弱者，即中氣虚也。當補

以汗之，補中益氣補正托邪加羌活、紫蘇疏散表邪，此正虛挾邪。如診得寸軟尺遲者，寸軟，衛氣虛也；尺遲，營血衰也。此營衛兩虛之證也。當以歸芪建中湯，加防風汗之。調補營衛而散邪。

邵評：此條營衛虛而受邪。此三條是虛證。

凡治虛證，宜外邪輕可治。若外見重證，而脈虛細無神者，死。

邵評：正氣大虛，不能勝邪，則死。

凡治虛證，詳於景岳《瘟疫門》，汗補溫清吐下六法中，須細閱之。

以上諸條，系新法。前三條實證，後三條虛證。

邵評：景岳論治虛證，最爲詳細，宜參考之。

疫邪吸穢，濁入於經，宜逐穢解毒。

六氣天地之常氣。之外，另有一種癘氣，非常惡毒之邪氣。乃天地穢惡之氣，都從口鼻吸入，直行中道，流布三焦，非比傷寒六經可汗可下也，嘉言先生以逐穢爲第一義。上焦如霧，升而逐之。中焦如漚，疏而逐之。下焦如瀆，決而逐之。并以解毒兼之，營衛即通，乘勢追拔，勿使潛滋。營衛流通，邪自外出，故治疫專主一通字。此喻氏心法也。葉天士先生謂：疫邪從口鼻吸入，上焦受其無形之氣。心肺先受，如喉啞喉痛，熱毒穢邪入肺見症。口糜舌燥者，或白或兼燥而不潤。先入於肺也。漸至神昏舌絳，者由肺而遞入心營包絡，其舌必絳紅少胎。邪由肺系干於心包絡也。故初病喉痛肺經見症舌燥，最怕竅閉神昏。邪入包絡則邪內閉，閉則正氣外脫矣。先生立法，清解中必佐芳香宣竅逐穢，清絡熱必兼芳香開里竅，以通神識，如犀角、銀花、菖蒲、鬱金之類，兼服至寶丹。開閉達邪，搜剔絡中邪熱。以有靈之物，內通心竅，搜剔幽微。又謂吸入疫邪，三焦均受，由衛及營，久則血分漸瘀，邪與三焦相溷，愈熱愈結，理宜咸苦大制之法。咸苦則能入血分。然恐性速直走下焦，仍用輕揚理上，如金汁、銀花露之類。此又先生法中之妙法也。

邵評：邪由口鼻吸受，其氣先入肺衛，次則遞傳心營，甚至逆傳心包，從上焦而及中下二焦。當從心營肺衛，宗三焦立法，從手經施治。若自肺而入陽明胃中經腑者，可同傷寒用足經藥施治。凡溫熱暑疫等證，皆當如是，所謂與傷寒治法始異而終同也。惟治疫之法，當分清上中下三焦，用芳香逐穢、解毒開泄之劑，是第一要旨。

又評：凡病，衛之後方言氣，營之後方言血，邪入心營肺衛，尚在上焦。至入於血分，則邪干下焦矣，故曰三焦相溷。若直走下焦，與包絡中結邪不相干涉，故仍主輕揚清上，而佐以咸苦之味，兩相兼顧。此疫邪入手經，與前列之證不同也。

疫邪入上焦上焦者，心營肺衛也。

如口糜丹疹、喉啞咽痛肺衛見症、舌胎紅中間白營多衛少或白中兼紅衛多營少，此邪在肺與包絡也。宜犀角、鮮生地、元參、連翹、石菖蒲、鬱金、牛蒡子、射干、銀花、人中黃之類。此條營衛均病。

邵評：此邪由肺衛而入心營，尚未傳入包絡。包絡有邪，必神昏譫語，如下條之見象也。此是營衛交病，用泄衛透營兩解之劑。

疫邪入膻中膻中，即包絡也。

如見舌胎鮮紅、神昏譫語包絡舌胎見症，或發丹疹營血熱則發丹疹，或兼喉痛肺尚有熱，疫邪逆傳膻中也。非比傷寒客邪，無庸發散病不在表，忌用發散；亦非停滯裏證，無庸消導病非胃實，忌用攻消。治當清血絡以防內閉，大宜解毒逐穢、宣竅開閉，如犀角、連翹、元參、生地、銀花、人中黃、川鬱金、石菖蒲、西黃、琥珀之類，清營解毒、宣絡化邪之劑。兼用至寶丹。芳香開閉。此條邪入心包。

邵評：此條傷寒表裏之邪，大相懸絕，治法大異。此清血絡而開閉宣竅逐穢之法，治溫熱暑疫邪入包絡之要旨，不獨疫證然也。

疫邪遍三焦

疫癘穢邪，從口鼻吸入，分布三焦，久則血分漸瘀，其邪愈深，其熱愈結。當以苦咸之制，仍佐輕揚理上爲治，如犀角汁、銀花露、白金汁、西瓜翠衣、栝蔞皮、黑元參之類。以上均參《葉案》。

此邪入下焦血分，三焦均病。

邵評：邪從上受，先肺衛，次心營，此邪在上焦。至入於血，則邪干下焦矣，故曰邪遍三焦。邪愈深入，則熱結而不能外泄。用咸苦以清下焦血熱，仍佐輕揚清上之劑，則三焦同治矣。此咸寒清血之味，餘俱輕清上熱，爲治疫遍三焦之良法。

吳又可法摘要

凡瘟疫如見舌胎白如粉者，其邪已入膜原，汗之必不解，當用達原飲，以透膜原之邪。看兼何經，加入引經表藥，如兼太陽加羌活，陽明加葛根，少陽加柴胡。如舌胎薄而不厚，脈不甚數者，感之輕也，可從汗解。此汗非用麻、

桂，宜辛涼達表，薄荷、荆芥、梔、豉之屬。如感之重者，舌苔必厚，脈必數，縱服藥，邪必內陷內陷者，由膜原而入胃腑，非陷入心包也。但看舌胎漸漸黄燥，邪入胃腑則舌黄燥。此邪漸入於胃也，前方加大黄下之。邪入胃腑則當下。若脈洪長而數陰明經邪脈象、汗大出，此邪適離膜原，初入陽明，白虎證也。邪離膜原，入陽明之經而未入胃腑，故宜白虎清法。舌上純黄燥刺，純黄燥刺，已入胃腑也。又兼裏證，此邪已入胃腑，腹滿、便閉等症，已入胃腑也。承氣湯選用。

邵評：邪從口鼻而入，直行中道而入膜原，故舌胎白如敷粉。膜原者，脾與胃以膜相聯，乃脾胃之半表半裏，附近於胃。疫邪先入膜原，最易陷入於胃，如從表達，亦從三陽經外出，故加三陽引經藥。

疫證有兩三日即離膜原者，有一旬半月不傳者，疫邪傳變遲速不定，邪在膜原或傳表或入裏，傳變遲速不齊，有初得之四五日厭厭聶聶，至五六日陡然勢張者。邪熱抑遏，一時不能外達，必至五六日陡然勢盛。疫邪爲病，有從戰汗解者，有從自汗、盜汗而解者，疫邪從膜原外達而汗解者。有無汗竟歸於胃者。邪入於胃。有胃氣壅抑，必從下後而得戰汗解者。裏不通則表不遠，必得下後，裏通則表達，故從汗解。有汗解未盡，越三四日復熱者。表解未盡，裏熱復盛而復發者。有發黄因下而復熱發斑者，熱鬱爲黄，下則氣通，邪越而身熱發斑。有竟從發斑而愈者，邪從斑達而病愈。有裏證急，雖得斑不愈者。裏證急，邪不能從外達，故得斑不愈，須當下之。

疫毒甚者，日有三變傳變極速。初起一二日，舌胎白如粉膜原舌胎，早服達原飲。宣達膜原之邪。一服午後舌變黄色，邪不外達而內傳入胃，故舌黄。胸膈滿痛、大渴煩躁，邪入陽明胃熱見象。此毒邪傳裏也，前方加大黄下之。此邪由膜原初入於胃，熱而未實，故用達原飲加大黄一味，以下其熱。煩躁稍減，傍晚後加煩躁大熱、通舌變黑刺、鼻生烟煤，此毒邪最重，復合聚於胃，急用承氣湯下之。至夜半熱退，次早胎刺如失。此數日之法，一日行之，因其毒盛變速，故用藥不得不緊。設用緩藥，必無救矣。每見瘟疫二三日即死者，皆此類也。

邵評：下後稍緩，至夜復熱，其勢更甚，熱而成實，灼傷肺胃津液，故舌黑刺而鼻煤，邪毒盛也。熱實胃腑，故用承氣急下之，使邪毒從下而解。若一日數變，用藥亦一日行數日之法。蓋病變極速，治法亦急，所謂急病急攻也。失治則液涸邪秘而死。

疫病失下，自利純臭水，晝夜十數行，純水無糞，此燥屎內結而水液從旁下漏，正糞未下也。口燥唇乾舌裂津被灼傷，腹滿硬痛內實證據，此熱結旁漏也。急以承氣下之，以去宿垢，其利自止。正糞一下，則邪去而利自止。若胃熱失下，鬱而爲黄，熱更不減，搏血爲瘀。故經氣不爲熱瘀，不致發黄；熱邪不干血分，不致蓄血。若同受其邪，則發黄而兼蓄血，非蓄血而致發黄也。但蓄血一行，熱隨血走，黄隨熱泄。故治黄茵陳蒿湯，治蓄血桃仁承氣湯去桂枝、甘草，加丹皮、歸尾、赤芍。

邵評：胃中熱鬱不得泄越，則發黄。熱甚血瘀，則蓄血。此邪熱入於中下兩焦所致。至辨發黄與蓄血，當察其小便。若小便不利，則熱鬱膀胱而發黄。若小便自利，則熱瘀血分而蓄血。如此辨治，萬無一失。治黄滲濕清熱而通下，治蓄血消瘀清熱而破血。

瘟疫九傳

但表不裏

疫之傳有九，然亦不出表裏之間而已。但表不裏者，必見頭疼身痛表證、發熱而復凜凜表熱、內無胸滿裏無病等症。穀食如常胃和無邪，此伏邪傳外，由肌表而出，或從斑消，或從汗解斑與汗是邪出之路，爲順，輕劑可愈。有汗出不徹而熱不退者，宜白虎湯。表解未凈，熱在陽明之經，用白虎以清陽明經熱。或斑出不透而熱不退者，宜舉斑湯。斑出而邪未凈透，仍透斑以達邪。有斑汗益行而幷不透，合用二方煎湯。斑與汗俱不暢快，仍宜發汗透斑。

但裏不表

但裏不表者，惟胸膈痞悶，欲吐不吐，吐而不快，所見之症，邪在里之上焦。宜瓜蔕散吐之。在上者因而越之，吐法是也。若邪傳之中下二焦，則心腹脹滿邪在中焦，不吐不嘔，或燥結便閉，或熱結旁漏，邪注下焦，正糞未行，爲旁漏，或熱結下利，或大腸膠閉。膠閉者，便溏而閉也，幷宜承氣輩邪入中下二焦，宜下之。有裏而再裏，或至於三，皆依前法。

邵評：吐下未凈，復聚於中，故曰裏而再裏，至三裏之證，少有也。

表而再表

表而再表者，所發未盡，膜原尚有隱伏之邪，故三四日後，依前發熱，脈洪而數。及其解也，斑者仍斑，汗者仍汗而愈。至於三表者亦稀有也。

邵評：溫疫之邪，由膜原達表，或斑或汗之後，表邪化而膜原尚有未盡之邪，復出於表，故曰表而再表。此與傷寒先表後裏之治迥別，須使出表

之邪，仍從斑、汗而解。至三表之證實罕見焉。

表裏分傳

表裏分傳，始則邪氣伏於膜原，尚在半表半裏。二證俱見，必先通其裏，令裏邪去，自能達表。或斑或汗，隨其性而升泄之。病退而熱未除者，膜原尚有未盡之邪也，宜三消飲調之。若分傳至再至三，未之頻見，見亦照前同治。

邵評：疫邪自口鼻吸受，直行中道，流布三焦，伏於膜原，爲半表半裏之界。邪在於此，或表裏分傳。表裏二證同見者，治宜先通其裏，裏通則表達，與傷寒先表後裏之法大異。從表解者，或斑或汗兩門，隨證治之。膜原之邪，未能盡傳，表裏證并見者，用三消飲內外并解之。若分傳再三之證，亦屬稀少，治法同前。

再表再裏

有再表再裏，或再表裏分傳者，醫家不解，反責病人不善調養，以致反復；病家不解，反咎醫師疏於救治。彼此歸怨，胥失之矣。不知病勢之當然，其氣性本如此。

邵評：疫證是穢濁之邪、不正之氣，伏膜原而布三焦。其邪之或結或開，或表或裏，本無一定。故每多表而再表、裏而再裏、表裏分傳再見之證。此病情之傳變不常，邪氣之聚散無定，乃病勢之當然，非關調治之失宜。然必病者元氣不虛，方可隨證施治。若虛弱之體，恐未能當此纏擾耳。疫證之外，若風寒溫暑濕熱諸病，則鮮如此見症也。

先表後表

先表後表者，始則但有表證而無裏證，宜達原飲。有三陽經證者，加三陽經藥。繼而脈大而數，自汗而渴白虎主症，邪離膜原，未能出表，宜白虎湯邪在陽明之經，宜白虎以清解之。辛涼解散，邪從汗解，脈靜身涼而愈。二三日後，或四五日後，依然發熱，尚宜達原飲。日數雖多而仍發熱，膜原尚有留邪，故宜達原飲以宣達之。至後反加胸滿腹脹、不思穀食、煩渴等症，加大黄裏證見而邪已傳胃，故達原飲中加大黄以下之。下之。

邵評：邪從口鼻吸受，先由肺入。肺主皮毛，則先見表證，有頭疼身痛發熱凜寒之象，用達原飲以宣其邪。三陽者，太陽、陽明、少陽也。故太陽加羌活，陽明加葛根，少陽加柴胡也。

先裏後表

先裏後表者，始則發熱，漸加裏證，下之便愈。後復發熱，反加煩疼、身重脈浮者，宜白虎湯主之。不得汗者，津液枯竭也，加人參，覆杯即愈。

邵評：瘟疫自口鼻而入，直行中道，伏於膜原，膜原爲半表半裏。其邪自內出外，故有先見裏證，可先下之。下後裏通，邪漸出外，在陽明之經，故見煩熱，脈浮、身疼重之症，再用白虎湯以清之。不得汗者，正虛液竭，白虎加人參，以扶正達邪。

若大汗、大下後，表裏之證悉去，繼而一身盡痛，身如被杖，脈沉細者，此汗出太過，陽氣不周，骨寒而痛，非表證也。此不必治，二三日後陽回自愈。

邵評：汗下之後，表裏之證雖去，而津虧氣弱，不能營養筋骨、脈絡，故痛如被杖，用藥宜養營和陽之劑。

又評：瘟疫與傷寒大異，傷寒不可早下，瘟疫有先裏後表之證，故可先下，下之裏通而表達。蓋瘟疫之邪，自內達外，與傷寒先表後裏之治不同法。此瘟疫、傷寒分涇渭處也。

表證偏勝

表證偏勝者，膜原之伏邪發時，傳表之邪多，傳裏之邪少。當治其表，裏證兼之。

邵評：膜原附近於胃，爲表裏之分界。邪伏膜原，出表者多，入裏者少，則表證偏勝，乃七表三裏之候。當先治表，而略兼治裏。

裏證偏勝

若裏證多而表證少，但當治其裏，而表證自愈。

邵評：膜原之邪，入裏者多，出表者少，則裏證偏勝，乃七裏三表之候。但治其裏，裏通則邪外出而愈。

紀事

《醫學正傳・瘟疫》 普濟消毒飲子　泰和二年四月民多疫癘。初覺憎寒壯熱、體重，次傳頭面，腫盛，目不能開，上喘，咽喉不利，舌乾、口燥，俗云大頭傷寒。諸藥雜治，終莫能愈，漸至危篤。東垣曰：身半已上天之氣也，

邪熱客於心肺之間，上攻頭面而爲腫耳，須用下項藥共爲細末，半用湯調時時服之，半用蜜丸噙化。服盡良，愈活者甚衆。時人皆曰：天方，謂天仙所製也。遂刻諸石以傳永久。

《名醫類案·瘟疫》 成化二十一年，新野疫癘大作，死者無虛日，鄰人樊滋夫婦，卧牀數日矣。余自學來，聞其家人如殺羊聲，不暇去衣巾，急往視之。見數人用綿被覆其婦，牀下致火一盆，令出汗，其婦面赤聲啞幾絶。余叱曰：急放手，不然死矣。衆猶不從，乃強拽去被，其婦躍起，倚壁坐，口不能言。問曰：飲涼水否？頷之。與水一碗，一飲而盡，始能言。又索水，仍與之，飲畢汗出如洗，明日愈。或問其故，曰：彼發熱數日，且不飲食，腸中枯涸矣。以火蒸之，速死而已，何得有汗？今因其熱極投之以水，所謂水火既濟也，得無汗乎。觀以火然枯鼎，雖赤而氣不升，注之以水，則氣自來矣。遇此等證者，不可不知。

虞恆德治一婦，年二十九，三月間，患瘟疫證，病三日，經水適來，發熱愈甚，至七八日病劇。胸中氣築作痛，莫能卧，衆醫技窮。入夜迎翁治，病者以棉花袋盛，托背而坐於牀，令婢磨胸不息。六脈俱微，數極而無倫次，又若蝦遊狀。翁問曰：恐下早成結胸耳。主人曰：未也。翁曰：三日而經水行，致中氣虛，與下同。乃用黄龍湯四物湯小陷胸湯共爲一劑，加薑棗煎服。主人曰：此藥何名？虞曰：三合湯也。一服而諸症悉減，遂能卧，再服熱退而病全安愈。又因食粥太多，而病復熱，又作内傷處治，而用補中益氣湯，出入加減，調理而愈。

汪石山治一人，年弱冠，房勞後，忽灑灑惡寒，自汗發熱，頭背胃脘皆痛，唇赤舌強，嘔吐，眼胞青色風虛，醫投補中益氣不遠於病，午後譫語，惡熱表，小便長表未除，初日脈皆細弱而數，次日脈則浮弦而數。醫以手按臍下痛，議欲下之。豈有下理。遣書來問，汪曰：此疫也。斷之曰疫，妙。疫兼兩感，内傷重，外感輕耳，臍下痛者腎水虧也，妙。按：痛爲實而斷爲腎虛，明其理耳。若用利藥，是殺之也。古人云：疫有補，有降，有散，兹宜合補降二法以治，用清暑益氣湯，除蒼术嫌燥、澤瀉嫌利、五味嫌斂，加生地補腎、黄芩、石膏除惡熱譫語。服十餘貼而安。

陳斗嵓，句曲人也，父病疫，藥罔效，精誠禱天，一夕夢老叟書授：蚖蟺水，愈汝父。既覺莫辨爲何物，廣咨博訪，知爲蚯蚓也。搗水飲，疾愈。人咸以爲孝感所致。

江應宿治陳氏子，年十七歲，患疫，大渴、大熱、頭痛如破、泄瀉頻數，六脈洪大，與三黄石膏湯，口進三服，石膏加至一兩，三日而愈。

何氏僕患天行時疫，目不識人，狂言妄語，投以地漿，童子小便浸白頭頸蚯蚓，搗細，新汲井花水濾下清汁，任服一二碗，即知人，三日愈。

《溫熱暑疫全書·附醫案十三則》 又治提舉公年近八十，至元丙寅六月初四日，中暑毒，霍亂吐利，昏冒終日，不省人事。時夜方半，請羅治之，診其脈洪大而有力，一息七八至，頭熱如火，足冷如冰，半身不遂，牙關緊急。因思《内經·五亂篇》中云清氣在陰濁氣在陽，營氣順脈，胃氣逆行，亂於胸中，是謂大悗。亂於陽胃，則爲霍亂。於是霍亂之名，自此而生。蓋因年高氣弱，不任暑氣，陽不維陰則瀉；陰不維陽則吐；陰陽不相維，則既吐且瀉矣。前賢見寒多以理中丸，熱多以五苓散爲定法。今暑氣極盛，陽明得時，況因動而得之，中暍明矣。非甘辛大寒之劑，則不能瀉其暑熱，墜浮溜之火，而安神明也。遂以甘露散，甘辛大寒，瀉熱補氣，加白茯苓以分陰陽，約重一兩，米水調灌，漸漸省事，而諸證悉去。後慎言語、節飲食三日，以參术調中湯之劑增減服之，理正氣，逾十日後方平復。

《臨證指南醫案·疫》 朱 疫癘穢邪，從口鼻吸受，分布三焦，瀰漫神識，不是風寒客邪，亦非停滯裏症，故發散消導，即犯劫津之戒。傷寒六經大不相同。今喉痛，丹疹，舌如硃，神躁暮昏，上受穢邪，逆走膻中，當清血絡，以防結閉。然必大用解毒，以驅其穢。必九日外不致昏憒，冀其邪去正復。

犀角 連翹 生地 玄參 菖蒲 鬱金 銀花 金汁

癘邪入膻漸干心胞。

譚 口鼻吸入穢濁，自肺系漸干心胞絡。初病喉痛舌燥，最怕竅閉神昏之象。疫毒傳染之症，不與風寒停滯同法。

玄參 連翹 鬱金 銀花 石菖蒲 靛葉 射干 牛蒡

衝入真白金汁一杯。

楊 吸入疫癘，三焦皆受，久則血分漸淤，愈結愈熱。當以鹹苦之製，仍是輕揚理上，倣古大製小用之意。

玄參 西瓜翠衣 金銀花露 瑩白金汁

《續選臨證指南·溫熱》 張 週歲内未得穀味精華，溫邪吸入，上焦先

受，頭面頤頷腫浮，邪與氣血混處，刀針破傷經絡，溫邪內閉熱壅，蔓延三焦，昏寐痰潮，舌刺卷縮，小溲點滴渾濁，熱氣結錮在裏。但膏、連、芩、梔之屬，藥性直降，竟由胃達腸。而熱氣如烟如霧，原非形質可蕩可掃，故牛黄産自牛腹，原從氣血而成，混處氣血之邪，藉此破其蘊結。是得效之因由也。夫溫熱時癘，上行氣分，而漸及於血分，非如傷寒足六經，順傳經絡者。大抵熱氣鴟張，必薰塞經絡內竅，故昏躁皆裏竅之欲閉。欲宣內閉，須得芳香。氣血久鬱，必致瘍毒內攻。謹陳大意參末議，用紫雪丹三分，微溫開水調服。

褚　溫邪中自口鼻，始而入肺，爲咳喘，繼傳膻中則嗆血。乃心營肺衛受邪。然邪在上焦，壅遏阻氣，必驟爲熱，痰臭嗆渴，是欲內閉。惜不以河間三焦立法，或謂傷寒主六經，或謂肺癰專泄氣血，致熱無出路，胸突腹大，危期至速矣。即有對病藥餌，氣湧沸騰，勢必湧吐無餘，焉望有濟。夫溫熱穢濁，填塞內竅，神識昏迷，脹悶欲絕者，須以芳香宣竅，佐牛黄、金箔深入臟絡，以搜錮閉之邪。今危篤若此，百中圖一而已，紫雪丹。

《疫疹一得・附一紫黑相間治驗》 正陽門外蔣家衚衕口內，祥泰布鋪祁某，晉人也。長郎病疫，原診謝以不治，又延一醫，亦不治。及至邀予，已七日矣。診其脈，六部全伏，察其形，目紅面赤，滿口如霜，頭汗如雨，四肢如冰，稽其症，時昏時躁，譫妄無倫，嘔泄兼作，小水癃閉。週身癍疹，紫黑相間，幸而鬆活，浮於皮面，毒雖盛而猶隱躍，此生機也。檢視前方，亦用犀連，大劑不過錢許，乃杯水之救耳！予曰：令郎之症最險，不畏予藥過峻，死中求活，不然，變在十四日，祁懇甚切。予用大劑，石膏八兩，犀角六錢，黄連五錢，餘佐以本方之味，加伏龍肝一兩，滑石五錢，木通三錢，豬苓、澤泄各二錢，更加生地一兩，紫草三錢，歸尾三錢，大青葉二錢，以色紫黑也，連投二服。至九日脈起細數，手足回溫，嘔雖止而泄如舊，仍用本方去伏龍肝，又二服。至十一日，脈轉洪數，頭汗遂止，黑癍變紫，小水亦利，大便亦寔，但妄譫如前，身忽大熱，煩躁更甚，大渴不已，以火外透也，仍用本方去滑石、木通、豬苓、澤泄，加花粉、山豆根，以喉微痛也，更以冰水與服，以濟其渴。又二貼，色轉深紅，熱勢稍殺，譫妄間有，猶渴思冰，按本方減生地五錢，去歸尾、紫草、豆根、花粉。又二服，諸症已退十分之三，藥減四分之一，但飲水而不思食。祁疑而叩曰：病雖減，而十數日不食，尚能生乎？予曰：生矣，按法治之，二十一日方可全愈。又二服，癍化多半，胃氣漸開，熱亦大減，照本方藥減四分之二，去大青葉。又二服，癍點全消，飲食旋食旋餓，方能起坐，診其脈，尚有六至，猶有餘熱，不即清之，其勢復張，更難爲力，猶用石膏二兩四錢，犀角三錢，黄連二錢，餘亦類減。十九日用石膏一兩二錢，犀角二錢，黄連一錢，加烏梅三個，酸以收之也。予曰：前言二十一日，方能成功，今已十九日矣，令郎如此，可見前言之不謬也。祁某喜曰：若非立定主意，幾爲衆口所誤，初立此方，體全堂不肯賣藥，叩其所以，言誤開分兩，以八錢寫八兩、六分寫六錢耳。予歷指同鄉服此得痊者頗多，雖賣，猶囑以再三斟酌。二十日猶用石膏八錢，犀角錢半，黄連八分，加洋參二錢，麥冬三錢，歸身二錢川芎一錢，以調氣血。二十一日用八珍湯加麥冬、五味，立方需大紙一張。昨言初方藥店不肯發藥，今令郎已愈，錄一治法於方前，計服石膏、黄連、犀角若干，使彼知予用藥之奇，即藥鋪亦未之見也。

錄曰：瘟毒發癍，疫症之最重者，然有必活之方，無如醫家不敢用，病家不敢服，甚至鋪家不敢賣，有此三不敢，疫疹之死於誤者，不知凡幾，可勝嘆哉！令郎之症，蒙相信之深，邀予診治。予用大劑連投十五貼，今已全安，計用石膏六觔有零，犀角七兩有零，黄連六兩有零。此前人之所未有，後人之所未見，故筆之於書，以徵奇效。

《疫疹一得・附一紫黑呃逆治驗》 丙午夏四月，塞道掌姪孫兆某者，病疫已十一日，原診辭以備後事。塞公另延一醫，用理中湯，兆某妻舅工部員外伊公，素精醫術，不肯與服。曰：若治此症，非余某不可。其家因有人進讒言。予用藥過峻，懼不敢請，伊公力爭，懇予甚切。予因知遇之感，慨然同往。診其脈，沉細而數，驗其症，週身癍點，紫黑相間，加以鬱冒直視，譫語無倫，四肢如冰，呃逆不止，舌卷囊縮，手足動搖，似若循衣。此實危症，幸而兩目紅赤，嘴唇焦紫，驗其是熱。檢視前方，不過重表輕涼，此杯水投火，愈增其焰，以致變症蜂起。予用大劑，更加元參三錢，大青葉二錢，使其內化外解，調服四磨飲。本家懼不敢服，伊公身任其咎，親身煎藥，半日一夜，連投二服，呃逆頓止，手足遂溫，次日脈轉洪數，身忽大熱，以毒外透也。予向伊公曰：按法治之，二十一日得痊。但此劑不過聊治其焰，未拔其根，藥力稍懈，火熱復起。一方服至五日，病勢大減，藥亦減半。服至八日，藥減三分之二，去大青葉。服至十日，藥減四分之三，以後諸症全退，飲食漸進。計服石膏五筋十四兩，犀角四兩六錢，黄連三兩四錢，舉家狂喜，始悔進讒者之

誤也。

《**疫疹一得・附昏憒呃逆治驗**》 右營守府費公名存孝者，年近七旬，癸丑四月，病疫已八日矣。診其脈，細數無至，觀其形色，如蒙垢，頭汗如蒸，昏憒如癡，譫語無倫，身不大熱，四肢振搖且冷，癍疹隱於皮內，紫而且赤，幸不緊束。此疫毒內伏，症亦危矣。如癍不透，毒無所洩，終成悶症，斃在十四日，檢視前方，不外荆、防、升、葛。不知毒火壅遏之症不清，內熱不降，癍終不出，徒肆發表，愈增其勢，燔灼火焰，癍愈遏矣。予用大劑，石膏八兩。犀角六錢，黃連五錢，加大青葉三錢，升麻五分。使毒火下降，領癍外透，此內化外解，濁降清升之法。次日，週身癍現，紫赤如錦，精神若明若昧，身亦大熱，手足遂溫，間有逆氣上衝，仍照本方加生地一兩，紫草三錢，調服四磨飲。其姪懼逆氣上衝，予曰：無防，服此即止。進門時，見又貼有堂號，因問曰：又延醫乎？其姪曰：相好請來，但診其脈，不服藥耳。予曰：予治此症，前人未有，昨日敢服此方令叔活矣。然見者必以爲怪，君其誌之。後醫者至，果見予方，大叱其非，曰：一身癍疹，不按古法，用如許寒涼水注，癍疹如何能透？急宜提表，似或可救，即用荆、防、升，葛，更加麻黃，連服二煎，及至半夜，呃逆連聲，四肢逆冷，足涼過膝。舉家驚惶，追悔莫及。守城而進，叩門求見，問其所以，曰：變矣。問服何方？曰：他方。予曰：既服他方，仍請他治之。其姪見予不往，權將四磨飲原方，連灌二煎，呃逆頓止，手足遂溫，轉懇予素契者，登門叩懇，予憐其以官爲家，又係異鄉人，仍按本方。大劑調治，二十一日全愈。計用石膏五觔四兩，犀角五兩二錢，黃連四兩八錢，此癸丑四月間事也。

《**疫診一得・附一嘴唇掀腫治驗**》 四川聞藩臺二令媛，癸丑冬月一病即癍，其色深紅而鬆浮，症原不重，但脈細數有力，此內有伏熱，即用中劑加大青葉，連投五服，癍退而神安，再二服，可以無事。因年輕畏藥，不肯多服，又不忌飲食，越七日，身忽大熱大渴，嘴唇掀腫，牙縫流血，口穢噴人。予用大劑，加生地一兩，次日熱渴稍殺，而頸亦紅腫。即於本方加牛子、夏枯草、銀花各三錢，連投三服，頸雖消，右腮又腫。又於本方去牛子、夏枯草，加板藍根、馬勃，又三服而腮腫全消，唇亦稍散，週身泛砂，紅白相間。又於本方去板藍根馬勃，加大青葉，又三服，嘴唇全消通身脫皮成片，彼按本方調理十餘日方痊。此症計用石膏八觔有零、犀角八兩、黃連七兩。聞公任部曹時，與予契交，夫人信任無疑，是以得痊。

《**溫證指歸・醫案**》 丙辰夏四月，有高姓之子，患溫夾葷滯甚重，中宮堵塞，邪不易透。邀予診之，初時病家頗不介意，予即囑感邪極重，又夾葷滯，將來發作非輕。旋邀二醫，公同商酌，先開裏氣，使邪有出路。其時已服過溫燥散藥數劑矣。而現在之證，神煩，舌赤胎黃口渴，遂以大劑雙解，疊進五六日，去宿糞以斗計。壅滯雖開，伏邪大作，舌黑胎刺，譫妄煩躁之勢疊現。要之，此狀因邪重夾食，初病又投溫散，未治萌蘖，以致病勢猖獗如此。再以增損大柴，合犀、羚、梨汁、蘆根等味，黑胎漸退，邪勢向衰。予等醫俱云，幸有生機。詎料病家信任不專，另延他醫，譖言疊進，有云涼藥太過者，擬理中法；有云失表者，擬達原法。不知所服何劑，而病勢更加沉困，譫妄更增。而醫又欲以涼下法治之，苦病家譖言已入胸臆，堅不肯服大黃。羣醫仍屬大劑清涼解毒，拖延多日始安。要之，再得雙解二三劑，則邪淨病已，不致半途而廢，又投溫燥，以致病勢更重。在病家執譖言，只說前藥之非，孰知後藥之誤，此子之得以生全者，天意也，非人力也。

丙辰夏溫證大行，現證多有口不能言，神情昏倦者，其證有愈有不愈。如陳姓一子，甫生數歲，哭不出聲，神情倦怠，其家以爲必敗，置之於地者久矣。病者與予有姻誼，邀予往視，予見勢非全敗，先投以加味太極，繼與雙解，而哭聲出，人事安。同時有陸兄婦歸寧母家，一病即苔黃壯熱，予與一醫合診，見勢甚重，即與雙解。延至三日，口不能言，舌乾胎刺，病熱加劇。予詢及再四，緣何似此重劑，未得去病。家人告以其母姑息，每劑藥服不及半，以致如此。後延至七日，內陷厥陰，舌強脈微而斃。要之，溫邪者，熱邪也，不語者，厥陰爲熱邪所閉也。夫傷寒傳足，溫證傳手，手厥陰爲心包絡之經，熱邪傷陰，則厥陰心包內閉，不但口不能言，并且舌強拘攣，神昏囊縮，變態多端。故早下以去邪，則六腑通，三焦暢，不致陷入厥陰。如陳氏子可爲明驗也。因循失治，則變證甚速，張氏婦亦良可慨夫。更有失治如李翁之孫，田翁之婦，皆係溫邪內陷厥陰，不語而逝。又有陳姓妻，七月中旬，若發本證腳氣，嘔吐阻厥，邀一醫投以解暑和肝熄風之劑，次日神識昏憒，脈氣散亂，口硬不言，四日而逝。朱氏之子，得挑得下，數日而甦。是溫邪之治，宜用力於未曾不語之先，如待不語而急力挽回，猶堪幾幸。迨至不語數日，而欲其語也，不亦難哉甚矣。治病於未然者，其聖人之法與。

張公於丙辰年夏間，閤室患溫者十餘人。初病者，伏邪甚重。予與一醫，合訂清解攻下之方，服之而愈。越數日，伊仲媳亦患溫邪，予與一醫視其一病胎即滿黃，均云邪重，直與神解加軍，二日不愈，病勢加劇。予曰：溫邪之證，得下藥而不解，病反加重，其故何也？詢及再四，詰旁人始知以其祖母姑息，藥未即服。交三日邪勢猖獗，直犯厥陰，神昏舌硬，拘攣倔強。旋邀一醫看視，同以大劑育陰化邪，毫無一效，迨至七日而殂。皆由溫毒萌時，未得藥力，以至於此。又一人一病即壯熱胎黃，一醫初用九味羌活，次用三消。予見勢劇，投以雙解，叠下數次，病勢更劇，知受邪太深。病家自云：似此酷毒，若不放手攻擊，勢難救援。是以醫膽倍壯，硝、黃、膏、連猛進，舌黑神昏，俱方漸退。嗣後轉瘧日作，迨至月餘而痊。此時又一患溫者，一醫以溫散之劑，七日亦殂。可見溫邪之證，得能早下，使表裏通暢，十全八九，遲下失下，十難全半。嗚呼！大命雖由天定，醫藥豈可混施。此所謂君子言理，不言數也。

吳氏子患溫邪之證，他醫皆謂暑溼痰滯，藥用發表溫消之劑，迨至二旬外，諸證更劇。始延予診視，予察其胎黑唇焦，舌紫鼻煤，身熱未退，腹脹如鼓，種種病邪，悉屬溫邪困鬱，未經宣洩，且從前所服之藥，半屬辛溫。夫溫邪本易灼陰，又加燥劑，陰分愈竭，邪伏更深，法在難治。不得已，擬大復甦飲，滋培陰氣，加味太極丸，滌蕩熱邪，服後諸證少減。更以雙解散，加養陰之藥下之，連投數劑，熱象漸平。改用養陰化熱之劑，越數日肛門腫痛，大解欲便不能。予知其下焦熱結，陰液虧結，不能滋潤之故，遂易大劑潤腸藥，內加肉蓯蓉四錢，峻補眞陰，一劑下燥糞數十枚，腹脹漸消，竟獲成功。此證設首用清解，何至此極。此見不明溫熱治法，誤以風寒混治，其失有如此者。

揚姓年二十，乙卯年間，忽然右半不仁，舌強不語，神昏，諸醫以中風受寒，治之罔效。延予診視，予診其脈象沉數，舌黃面垢，外雖不熱，內現口渴便秘，神昏不語，種種形證。予曰：此證全係溫邪內伏，非中風也。夫中風脈應浮緩，無口渴便秘之證，況年力富強，中風之事亦少。據脈證相參，端由溫厲之氣，由裏達表，自陰分發出陽分。四肢爲諸陽之本，不仁者溫熱傷陰，陽氣未宣之象也。偏於右者，右爲陰，男子不足於陰也。舌強神呆者，少陰之脈循舌本，蓋其人少陰素虧，故溫邪易亂其神明。觀冬不藏精，春必病溫，是其明驗也。治法當急下以存陰，若待津涸陰亡，幾無濟矣。於是以大劑硝黃，下十餘次。彼延二醫合診，亦主此法。後舌始轉音，熱象始作，繼得養陰化熱收功。若非辨識清細，以中風之法治之，不幾誤耶。

金姓者，鄉間人也。據云客歲秋間患溫證，瘧痢迭至，仲冬方愈，服過硝黃十有餘兩。今春間午後，忽腹大痛，惡寒頭疼，自利脈沉，口渴舌乾，苔刺，旋邀裏中醫者治之。以脈沉肢冷，痛瀉爲寒，用附子理中湯。病人因去歲病時，悉領溫熱之象，梗概頗知，若盡寒邪，豈有口渴苔刺等證，未敢服此藥。又延二醫，一係去歲之醫，訂清解散，一訂溫中散寒，三法皆未行。次日邀余診視，面垢神煩，唇燥口渴，苔刺鼻煤，熱利無度，寒熱仍作，胸悶腹痛，幸得刮放，經絡少鬆。余云：此係溫邪極重之候，瀉乃熱邪自尋出路，脈伏腹痛，乃邪困未宣，據此唇舌，確非寒象。病者疑舊病愈未久，焉得又招此邪？余曰：邪之中人，乘下之虛，如水之趨下，遇竇即留，何分遠近？能保週身之元氣，庶免賊邪之侵害。刻據證用藥，仍當雙解，稍遲陰竭，則無救矣。旋投雙解，泄瀉反止，痛勢大減。然唇舌如故，更加筋惕肉瞤，余與前醫，知爲病後眞陰未復，大有陰竭之象，難於純用攻下，酌以生龜甲、生地、沙參各兩許，煎濃汁以煨前藥叠投三劑，病勢大減。忽然嗆咳不休，吐痰沫數盂，知肺爲燥傷，遂用清金保肺化邪一法，不出十日全愈。

己未冬，天氣甚暖，宛如春日。蓋陽氣不主收藏，而反發洩。是時彭姓闔室病溫，輕者數人，重者亦數人，俱已向愈。最後一婦人甚篤，初起時不甚大熱，微微咳嗽，脈象沉數，面色微赤，咽乾口苦，舌淨無苔。舌赤如絳。彼延許生診視，許生以神解清化之藥與之，越三日，壯熱大作，而舌終無苔神，情躁亂，口渴心煩。余診之曰：此溫邪伏在營分，由裏以達於外也。譬之隱伏之火，得搜揚而烈燄焚空，不可止遏，但此婦稟質弱，陰分極虧，陰虧則不能化邪，以致邪勢延漫三焦。若不下，邪無出路，若下，又恐陰液隨竭。勉用復甦飲，加軍末八分，一劑而得解數次。二日添舌短神昏，鼻煤譫妄等象。余曰：此梟燄猖狂，陰液乾枯，不可救矣。其子再三諄請，余想《內經》曰：諸寒之而熱者，取之陰。所謂求其屬也。王太僕云：寒之不寒，責其無水。倣費建中治痘用濁陰意，合張景岳玉泉散方，用金汁一碗，井水兩杯，生石膏二兩，研和服下，而人事漸清，譫妄亦止，舌不絳而心不煩，熱亦漸退，惟咳更甚。余曰：此溫邪餘熱，從營陰出於衛陽，由血分達於氣分，熱在上焦肺部，溫邪漸達皮毛，後必發疴發癢，清金保肺可愈矣。令許生以清燥救肺湯

與服，繼以梨汁熬膏，調治而愈。

乙卯夏，有耿姓客，寓某行，患寒熱身痛等證。一醫用清散之藥，越三日，熱象頗加，人事昏迷，身痛不能轉側。行東延醫診視，醫云：脈象數大，舌苔黃厚，作熱邪傷陰，治以滋化之法，病勢更重。時已六日矣。邀余診之，余驗舌色深黃，脈象數大，面垢神昏，壯熱至夜更盛，胸高氣促，種種危證，皆溫邪深伏三焦，未經潰達，時已六日，病勢益劇，陰分先傷，雖連得養陰之藥，奈溫邪不潰，若不早下以存陰，必致舌黑、苔刺、譫妄等變。但病者係異鄉孤客，非一人可以當擔，必得一二道中，同爲斟酌，方能用藥。伊即延一醫診視，亦主此法，用增損雙解散，硝黃四五錢，連服二劑，下敗糞十餘次，病勢頗減。改用養陰，壯熱如故。與雙解數劑，苔色已退，脈和熱輕，越二日，呃逆甚劇，舌苔白本淡。與同視之醫合商。醫曰：邪勢未盡，下之可乎？余曰：邪固未盡，但正虛呃逆，不可下也，宜歸氣飲消息之。服後呃止。又二日，呃復作，更盛於前，皆以爲邪未盡之故，正虛不能再下，酌用和法，服二貼，呃全不止。余診時，旁坐久聽，呃聲由肋而起，此必兼氣鬱，因訂代赭旋覆湯，合歸氣減丁香，一服即安。可見溫邪盛時宜涼下，衰時有兼證，自當從兼治，不可拘於一格也。

文學某翁，素知醫，四十二歲始得一子，甫一週，於嘉慶丁巳七月間患溫。某自與前、葛、枳、桔等藥，服之不效，次日又服清化之劑，至三更，喘嗪非常，就診於余。余見苔黃帶黑，喘如曳鋸，因與麻、杏、石膏，合加味太極法治之。藥未煎就，舌黑如炭，芒刺如銼，喘嗪尤甚，舉家號哭，以爲必斃矣。所幸者猶可灌藥，至次日午刻，忽解一次。余大喜曰：生機在此。又與加味太極丸二粒。始終服增損，雙解一法，至十六日，始得喘平，熱退而愈。共約服硝黃二兩有餘，下糞一百餘次，愈下愈多，頗可驚訝。其祖母年逾八十，向余泣拜曰：非翁見之眞，守之定，小孫何能再生？余急扶而謝之。誌此以見溫邪始終當下，有如此者。

《肘後偶鈔・疫》 毛二二 發熱旬日，舌黃口燥，大腹有塊，按之甚痛，大便難通，所解無幾，兩脈疲軟帶數。此春溫疫症，熱邪結於大腑。當用承氣湯下之。

大黃三錢 芒硝一錢 枳實一錢 石膏八錢 知母二錢 橘皮一錢 甘草四分

一服之後，能下燥糞數塊，腹和不硬，熱緩神清而愈。

瘧

周二四 紅瘧偏體，自覺胸寬熱緩，邪熱透發明矣。欬嗆咽痛，因手太陰受熱熏灼。清疏肺胃立愈。

鮮生地四錢 鮮石斛三錢 犀角尖一錢鎊 川貝一錢五分 丹皮一錢五分 桔梗一錢 橘紅八分 甘草四分

又瘧後不思納食，宜醒胃陰。

北沙參 麥冬 川斛 花粉 茯苓 橘皮 甘草

《類證治裁・疫證》 本 疫邪傳胃，舌黃，脈洪數，汗渴，白虎湯。一服熱退，明午復煩，恐散漫之邪雖去，已成裏結也，用苦辛寒方，人中黃、元明粉、黃芩、知母、枳殼、檳榔，三服脈症俱平，用蜜煎導糞下而解。

冷 高年染疫，脈右大於左，由邪從口鼻吸受，客於夾脊，溢自募原，見症頭痛，胸中怫鬱。務徹其邪，使速離募原，倣達原飲，用黃芩、知母、花粉、厚朴、枳殼、赤芍、豆豉，汗出熱退。間日前症仍作，惡熱，更加譫妄，診時揚手擲足，揭去衣被，卧不安席，此欲戰汗也，頃之，臂脛冷，身振戰，逾一炊時，肢溫汗透，脈靜身涼。

白 甲戌春大疫，初病渴煩，五日後液復神甦，毘陵醫按傷寒論治，拘定日數，謂邪入陽明之腑。予言疫邪始伏募原，繼乃表裏分傳，不比風寒自表傳裏，治法必分徹表裏之熱，方不逆入心包，變現痙厥，今邪有轉機，再與透解營熱，則不虞內陷矣。乃用鮮生地、石斛、凡皮、知母、麥冬、竹茹、甘蔗、參鬚，一劑神識清，洪脈退，加青蒿、地骨皮，汗津津而熱退。

冷 時邪傷肺，逆傳膻中，由衛入營，營毒發疹，密如雲片，竟至神昏遺溺，是邪方張而陰氣已虧也，用沙參、麥冬以保肺陰，牛蒡、連翹以泄疹毒，生地、五味以固腎氣，丹皮、鮮藕引入血分，菖蒲、鬱金開心竅，降熱痰。二服疹消，加減症平。

張氏 疫症投補，壯熱煩冤，齒焦唇血，舌芒刺，昏譫，循衣撮空，頷顫手戰，脈小數，此熱邪深陷，液涸風生，已顯痙象，速用生地、六錢，鮮斛、天冬各四錢，赤芍、元參各三錢，連翹、梔子、知母各一錢，鮮藕二兩，石菖蒲汁冲服，唇舌稍潤，躁擾漸平，三服神識清爽，調理得痊。

趙氏 疫癘用五積散，煩渴，昏譫不寐，舌縮唇黑，又誤進麻黃湯，肢搐

鼻衄，脈數無度，竊謂五積散治傷寒惡寒，方中薑、桂、蒼、朴皆熱燥，疫症本不惡寒，服此營液愈涸，邪燄益熾，是抱薪救焚，再服麻桂，強汗刼津，更傷表氣，與內陷熱邪風馬不及，勢必痙厥衄紅矣。勉用鮮生地、石斛各五錢，天冬、麥冬各二錢，山梔、知母、赤芍、連翹各錢半，犀角磨汁七分，蔗汁一杯，冲服，即安睡，醒而神甦。

王氏　初春感疫，寒熱不時，頭脹面腫，此鼻吸癘邪，襲入竅絡，目閉項痛，失治則結核潰膿，急須解散，倣普濟消毒飲，升麻、柴胡、桔梗、薄荷、陳皮、連翹、甘草，加山梔、荆芥、冬桑葉，三服而消。

韋嫗　病疫兼旬，煩渴脈數，舌黑神迷，症成內閉，用犀角尖、元參、牛黃、鮮生地、連翹、麥冬、石菖蒲、銀花露，二服熱減神清。

曹氏　病起頭暈欲嘔，是穢邪從口鼻吸入，壯熱肢冷，昏譫多寐，邪已熏灼心包，神明蒙蔽，急宜開解，勿令竅閉，羚羊角八分，人中黃一錢，豆豉二錢，梔心、連翹心各錢半，薄荷一錢，竹葉心五錢，菖蒲根汁五匙，一服神甦，汗出而解。

何氏　暑疫汗煩，疹出目瞑，舌焦脈洪長，症已傳胃，倣石頑以穢攻穢，人中黃、豆豉、石膏、犀角汁、銀花露、知母、山梔，症退。

貢氏妹　時疫秋發，傳染必深，初起寒熱，耳後結核，頭眩脛冷，疹出便瀉，宜從少陽透熱泄溼，表裏分解。醫慮其體素陰虛，早投阿膠、熟地、雞子黃滋膩，致壅氣分之邪，脈來沈數，熱勢深陷，必難汗解。姑用清裏徹熱法，黃芩、羚羊角、人中黃、梔皮、連翹、滑石、通草、燈心。日再服，頭汗劑頸，熱猶蒸溼，思欲清掃瀰漫，雖核消疹退，瀉止脛溫，而舌心已乾，邪刼胃液，隨用鮮地黃、石斛、麥冬、沙參、花粉、白蘆根。舌已強，光燥無津，脈更促數，用透營滋液，犀角尖磨汁、鮮地黃、藕汁、天冬、西瓜翠衣、蘆根、淡竹葉、梔心、知母。舌猶乾黑而縮，目瞑多睡，三焦受邪，幸前藥沁透心包，膻中不爲熱痰蒸蔽，然機竅不靈，仍用昨犀角方，加水甜梨肉二服，即以梨片安舌上，咀其涼潤，越宿，舌津黑蛻，汗出熱解。

張氏據述　病經旬餘，仍頭暈脘悶，熱煩汗潮，今夏延境沴疫，皆溼土鬱蒸致病，節交處暑，炎熇未除，必是時氣晚發，膽火上冒，溼熱交搏，灼及心營，神呆液涸，撮空齒噤，熱極生風，遂成痙厥，速宜透邪救液，遙擬一方，生地、犀角、羚羊角、元參、赤芍、鮮梨、麥冬、蔞仁、連翹、蘆根，三服症平。

蕭　體微熱而虛煩，不渴不寐，是疫症已退，脈虛大按之如無，此禁穀而胃虛也，經云，胃不和則卧不安，得胃陰一復，煩熱自除，用潞參、玉竹、白芍、歸身、麥冬、茯神、棗仁、石斛、半夏麴、甘草、香稻葉，數服全瘳。

眭女　口鼻吸入癘邪，頭暈脘痞，煩熱面紅，適值經行，連小腹亦脹悶，脈右小數，左模糊，乃溼熱與氣血混併，治宜上下分解，梔皮、嫩桑葉、枳殼、栝蔞霜、鬱金、杏仁、薄荷、人參、丹皮、赤芍、桃仁，日二服。頭暈腹脹已減，但熱煩，中脘微痛，猶是熱蒸溼痰阻氣，且煩出於肺，防其變現斑疹，用宣通法，枳殼、栝蔞霜、白蔻殼、大貝母、杏仁、丹皮、赤芍、牛蒡子、連翹、燈心。二服汗出未徹，紅疹稀疏，邪已外透，渴不多飲，而溺赤便溏，胸仍不寬，脈仍小數，溼熱尚熾，法用辛涼透熱於表，甘淡滲溼於裏，薄荷、豆豉、通草、牛蒡子、杏仁、貝母、栝蔞、枳殼、赤苓、滑石、車前子、燈心。數服諸症漸平，但口燥饑不思食，乃病後胃津未復，法宜涼潤調養胃陰，麥冬、石斛、玉竹、白芍、沙參、薏仁、茯神、蔗汁，數服而瘳。

眭女　熱渴脘悶，舌胎裏黃尖赤，頭痛未解，手心如烙，溼邪搏熱，僭踞上中焦，速速透解，毋俾出入募原，釀成陷裏重症，枯芩酒炒、豆豉、枳殼、蔞霜、梔皮、薄荷、杏仁、荷葉邊；二服汗出熱減，去豆豉、荷葉邊，加連翹、牛蒡子、丹皮，預防入營發疹；忽欬而衄，此蘊熱迫血，直犯清道，爲疫毒將解之兆，用黑山梔、鮮生地、杏仁、大貝母、花粉、沙參、蘆根、蔗汁數服愈。

族某　疫後感暑，舌光薄而乾，渴飲肢厥，脈右緩左微，便溏語譫，仍理三焦在裏溼熱，元參、麥冬、花粉、石斛、赤苓、車前、薏米、知母，二服肢和舌潤，去元參、車前、知母，加沙參、玉竹、大麥仁，數服而安。

姪　熱渴嘔眩而煩，舌胎黃膩，牙垢唇燥，疫邪作熱，由募原分布上中焦，閱所服方，未能透邪，勢必表裏分傳，宜急宜解爲要，淡豆豉、人中黃、黃芩、枳殼、梔皮、連翹、半夏、牛蒡子、嫩桑葉，二服煩眩嘔渴俱止，舌胎黃膩亦消；脈來虛大，數象較退，邪留氣分，不難透解，原方去人中黃、枳殼、連翹，半夏、桑葉，加薄荷、青蒿、麥冬、赤苓、蔗汁。一服微汗，未徹，兩寸脈仍大，舌心灰尖絳，火邪刼營，用透熱救陰，鮮生地、花粉、石斛、麥冬、知母、元參、丹皮、赤芍、蔗汁。一服汗至胸項而還，邪猶未徹，舌心黑燥邊絳乾，心胃火燔，清營熱以透表，犀角尖汁、鮮生地、丹皮、花粉、元參、滑石、麥冬、蘇梗、燈心、蔗汁、甘草，一服汗週熱解。

貢　據述　時疫脈數，熱渴暈悶，誤用蒼芷劫液，柴葛升陽，遂至躁煩譫妄，舌黑齒焦，循衣撮空，此邪熱入營，將變昏痙，爲棘手重症，遙擬透營宣竅救液法，用犀角磨汁五分、鮮生地五錢、乾生地三錢、山梔、連翹、赤芍各二錢，鮮石菖蒲四錢、鮮藕、西瓜翠衣各二兩，二服神清舌潤，去犀角、鮮生地、菖蒲、西瓜翠衣，加茯苓二錢、燈心八分、六一散六分沖服，徹熱滲溼而平。

潘　疫熱挾膽火上升，頭痛如裂，旬日外汗出熱減，渴煩震眩不解，脈虛而芤，此疫兼暑也，用羚羊角、天麻、嫩桑葉、薄荷、香薷、山梔、麥冬、花粉、石斛、燈心。日二服，諸症悉平，惟液涸口燥，不思納食，宜調肺胃之陰，麥冬、沙參、玉竹、白芍、生地、扁豆，一服而思食。

《時病論・臨證治案・産後寒疫》　豫章邱某之室，分娩三朝，忽患時行寒疫，曾經醫治，有守産後成方用生化者，有遵丹溪之法用補虛者，僉未中的，而熱勢益張。邀豐診之，脈似切繩轉索，舌苔滿白，壯熱汗無。豐曰：此寒疫也，雖在産後，亦當辛散爲治。擬用辛溫解表法去桔梗，加芎、芷、乾薑、黑荆、穭豆，囑服二劑，則熱遂從汗解，復用養營滌污之法，日漸而瘳。

《時病論・臨證治案・時行寒疫》　城中王某之女，剛針黹時，偶覺頭痛畏寒，身熱無汗。延醫調治，混稱時證，遂用柴葛解肌，未效又更醫治，妥謂春溫伏氣，用萎蕤湯又未中病。始來商治於豐，按其脈，人迎緊盛，舌白而浮，口不乾渴。豐曰：春應溫而反寒，寒氣犯之，是爲時行寒疫。前二方，未臻效者，實有礙乎膏、芩，幸同羌、葛用之，尚無大害。據愚意法當專用辛溫，弗入苦寒自效。即以松峯蘇羌飲加神麯、豆卷治之，令其輕煎溫服，謹避風寒，覆被安眠，待其汗解，服一煎，果有汗出，熱勢遂衰，繼服一煎，諸痾盡卻矣。

《時病論・臨證治案・時行疫瘧》　己卯夏五患寒熱者甚衆，醫者皆以爲瘧，所用咸是小柴胡湯、清脾飲及何人飲、休瘧飲等方，未有一方奏效。殊不思經謂夏傷於暑，秋必痎瘧。瘧每發於秋令，今於芒種夏至而發者何也？考歲氣陽明加於少陽，天政布涼，民病寒熱，斯時病瘧者，盡是時行疫瘧也。有建德錢某來舍就醫，曰：患瘧久矣，請先生截之。豐曰：此乃時行疫瘧。遂用宣透膜原法加豆卷、乾薑治之，其效捷於影響。後來求治者，皆與錢病無異，悉以此法治之，莫不中竅。可見疫瘧之病，不必拘瘧門一定之方，又不必拘一定之證，更又不必拘一定之時，但其見證相同，而用藥亦相同者，斷斷然矣。

《疫證治例・得蘆根託解汗出回生一則》　族石峯其長孫體仁，於辛卯七月初八日在寶郡染疫，十五日與歸，二十四日延余治。診之，壯熱無汗，微覺惡寒，其熱入暮更甚，錯語神昏，舌胎黑焦，耳聾，殭卧，旬日不食，六脈浮空，勢危急，萬難措手，時伊戚杜君遜成在坐亦善醫，述用發表和解清裏劑均不應。余諦審病證，乃是沴邪蘊蒸，欲出表而不能，提邪外出，得汗出熱解，方是活法，然六脈浮空，不顧正氣，即提邪透表，恐致汗脱莫救，與杜君議用蘆根薄荷銀草，直解沴毒，人蕿萎蕤歸地白芍，養液以助汗源，因咳嗽加貝母、陳皮，用柴胡一味輕輕提之。服二劑，果大汗，熱退身涼，神識清朗，舌黑漸潤。大便旬日未解，用苧根導法，頃下穢惡。小便短赤，用育陰利水之劑，服三劑小便清長，六脈有神，舌轉紅潤，議用養陰之劑。余歸，渠家速求復體，方内加耆术，服數劑。忽日晡發熱，狂妄譫語，復延余，余以服耆术太早，助其餘邪，與杜君議用二陰煎去木通，易黄連以蓮心，更加石斛清陽明虛熱，龍骨牡蠣交媾心腎，柴胡白芍養血提邪，一劑狂定熱除。善後仍議養陰之劑，得杜君調理而安。

《葉案存真類編・時疫》　此吸受穢濁，募原先病嘔逆，邪氣分布營衛，熱蒸頭脹身痛。經旬至神識昏迷，小溲不通，上中下三焦交病。舌白，渴不多飲，仍是氣分窒塞。當以芳香通神，淡滲宣竅，俾穢濁氣由此分消耳。

通草　豬苓　茯苓皮　米仁　淡竹葉　腹皮　至寶丹

目赤脣焦，齒燥舌黑，嬉笑錯語，發㖂發斑，溫毒遏伏之象。

菉豆殼　銀花露　方諸水　犀角　川貝母　人中黄　蘆根汁

徐徐溫服。

又方：

金汁拌浸人參　銀花露　鮮菖蒲　元參　鮮生地　羚羊角　眞金箔

時疫發熱，脘悶惡心，斑發不爽，神煩無寐，舌色轉紅，邪熱將入營分，雖胃滯未清，亦宜先清營熱，勿得滋膩爲穩。觀證，苟令邪入包絡，便是不治。凡熱由氣分蒸人心包者，易治。由血分壞及心包者，難治。所以先清營熱爲急。先生眞有識力。

鮮竹心　元參　連翹心　鮮菖蒲　銀花　川貝

時疫六日不解，頭疼發熱，舌絳煩渴，少腹痛劇，已經心包，慮其厥痙。

犀角　連翹心　銀花　元參　通草　鮮生地

又方：

犀角　鮮生地　元參　麥冬　川貝

《古今醫案按選·瘟疫》　壺仙翁治張文學病時疫。他醫診其脈，兩手俱伏，曰：陽證見陽不治。欲用陽毒升麻湯升提之。壺曰：此風熱之極，火盛則伏，非陰脈也，升之則死矣。用連翹涼膈之劑，一服而解。

俞按：此條是瘟疫病以證爲則，勿專以脈爲憑之一據。

雄按：疫證將欲戰汗之時，其脈多伏。即勘雜證如痛、厥、嚾亂、食滯、痰凝，凡氣道阻塞之暴病，脈亦多伏。俱宜以證爲則，豈僅瘟疫不可專以脈爲憑耶？粗工不知此理，亂投溫補，因而致斃者多矣。

孫文垣有僕孫安，遠行途次食麪三椀，勞倦感疫，又加麪傷，表裏皆熱，昏悶譫語，頭痛身痛腹痛。醫以遇仙丹下之，大便瀉三四十行，邪因陷下而爲挾熱下利之候，舌沉香色，額疼口渴，煩悶昏憒，脈左弦數，右洪數，但不充指，知爲誤下壞證。以柴胡、石膏各三錢，白芍、黃芩、竹茹、葛根各一錢，花粉，甘草各五分，山梔，枳實各七分，葱白五莖。煎服後，半夜吐蚘一條，稍得睡。次早，大便猶瀉二次，嘔吐酸水，腹猶痛。改用小柴胡加滑石、竹茹，夜熱甚。雄按：内有薑也。與絲瓜汁一椀，飲既，神頓清爽。少頃，藥力過時，煩熱如前，再以絲瓜汁一大椀進之，即大發戰。孫謂此非寒戰，乃作汗之徵耳。不移時，汗果出而熱依然，因憶《活人書》云：再三汗下熱不退，以人參白虎湯加蒼术一錢如神。跡此再加元參、升麻、柴胡、白芍、黃連。飲後，身上發斑，先發者紫，後發者紅。中夜後，乃得睡而熱散，斑尋退去，腹中微痛，腸鳴口渴，右脈尙滑，左脈已和。再與竹葉石膏湯加白芍、蒼术，服後睡安，腹仍微痛。用柴胡、白芍各一錢，人參、黃芩、橘皮、半夏各六分，甘草三分，烏梅一箇，腹痛漸減而愈。惟兩胯痛不能轉動，此大病後汗多而筋失養之故。用參、耆、白芍、枸杞、薏苡、木瓜、熟地、歸身、黃蘗、牛膝、桑寄生，調養全安。

俞按：戰汗後熱不退，勢亦危矣。引用《活人書》治法佳極。再看其人參、石膏之去取，幷不執着，兩胯疼痛之調養方更周到，的是高手。

雄按：文垣治案，佳者甚多，若此案尙有可議也。時疫挾麪食之傷，下之原不爲謬，惟以熱藥下之，則津液耗奪，邪熱披猖，非下之誤，乃以熱藥下之誤耳。清解以救其誤，不應雜入參、半、薑、棗之辛甘溫，幸灌絲瓜汁之甘寒，始能戰汗。又賴人參白虎之充津，始能發斑退熱。可見前用清解之法未能純善，故愈後復有兩胯之疼痛也。

又治張孝廉患疫，頭大如斗，不見項，唇垂及乳，雄按：此恐言之過甚。色如紫肝，昏憒不知人事。見者駭退。診其脈，浮弦而數。初以柴胡一兩，黃芩、元參各三錢，薄荷、連翹、葛根各二錢，甘草一錢，楊曰：何不用普濟消毒飲？服三劑，寒熱退，脈轉洪大，知其傳於陽明也。改以貫衆一兩，葛根、花粉各三錢，甘草一錢，黑豆四十九粒，三劑而愈。

雄按：仲聖小柴胡湯，雖用柴胡半斤，以今準之，亦止六錢零八釐，且分三服。此案柴胡用一兩，而服三劑，恐未可爲訓也。

丁漢奇素嗜酒，臘初醉後，夜行二里許，次日欬嗽身微熱，兩目腫，自用羌、芷、芎、芩等藥，頤皆腫，又進一劑，腫至喉肩胸膛，喉頻不爽，氣息微急，喉有痰聲，其腫如匏，按之熱痛，目赤如鳩，而便瀉足冷。醫謂大頭瘟，而用普濟消毒飲子。藥未服，沈堯封診之，六脈細數，右更細耎，略一重按即無，曰：此虛陽上攻，斷弗作大頭大行治。病者云：内子歸甯，絕慾兩月矣，何虛之耳？沈曰：唇上黑痕一條，如乾焦狀，舌白如傅粉，舌尖亦白不赤，乃虛寒之確據，況泄瀉足冷，右脈耎微，斷非風熱之象。況無痞悶煩熱躁渴不安之候，豈有外腫如此而内裏安帖如平人者乎？其爲虛證更何疑焉？遂以菟絲、枸杞、牛膝、伏苓、益智、龍骨，一劑而腫定，二劑而腫漸退，右脈稍起，唇上黑痕亦退。但舌白厚，伸舌即顫掉，手亦微振。乃用六君加沉香而腫大退，目赤亦減，嗽緩痰稀，舌上白胎去大半矣。次日再診，右脈應指不微細，重按仍覺空豁，肝氣時動，兩顴常赤，口反微渴，復用參、苓、杞、芍、橘紅、龍骨、沙蒺，補元益腎斂肝而全愈。

雄按：此人不但虛陽浮動，且素有寒溼停飲，案中雖未明言其小便如何，然看其前後所用之藥，必便溏而溺色淸白者，故治法如是也。炳按：小便小字原作二，後改爲小。

《疫證集説·雜俎》　《周禮·天官·疾醫職》：疾醫掌養萬民之疾病，四時皆有癘疾。《夏官·方相氏》帥百隸而時儺以索室敺疫。

《禮記·月令》：季春行夏令則民多疾疫，孟夏行秋令則其民大疫。

《太公六韜》：人主好重賦役，大宮室多臺遊，則民多病瘟也。

《呂氏春秋》：孟春行秋令則民大疫疾；季春行夏令則民多疾疫；仲夏行秋令則草木零落、果實早成、民殃於疫；《仲冬紀》曰：發蓋藏起大

衆，地氣且洩，是謂發天地之房，諸蟄則死，民多疾疫。

《時令論》：反時令則有大疫、風欬、鼽嚏、虚寒、疥癘之疾。

《史記・曆書》：堯復遂重黎之後，立羲和之官，明時正度，則陰陽調、風雨節、茂氣至、民無夭疫。

《史記・天官書》：氐爲天根，主疫。

《南越尉佗傳》註：高后遣將軍隆慮侯往擊佗，會暑濕大疫，兵不能踰嶺。

《漢書・王莽傳》注：剛卯，以正月卯日作佩之，長三寸、廣一寸四分。或用玉，或用金。銘曰：既直、既觚、既方，大疫剛癉，莫我敢當。

《漢書・順帝紀》：上乾和氣，疫癘爲災。

《質帝紀》：詔以疫癘水潦，半輸今年田租。

《盧植傳》：植上書曰：宋后家屬并以無辜，委骸橫尸不得收葬，疫癘之來，皆由於此。

《論衡》：春秋之時，敗績之軍，死者蔽草，尸且萬數，饑饉之歲，餓殍滿道，溫氣疫癘，千戶滅門。

《魏志・文帝紀》：黄初四年，宛許大疫，死者萬數。

《魏文帝與吳質書》：昔年疾疫，親故多罹其災。

曹植曰：建安二十二年，癘氣流行，家家有僵尸之痛，室室有號泣之哀。或闔門而殪，或覆族而喪。或以爲疫者鬼神所作，夫罹此者悉被褐茹藿之子，荆室蓬戶之人耳。若夫殿處鼎食之家，重貂累蓐之門，若是者鮮焉。此乃陰陽失位，寒暑錯時，是故生疫。而愚民縣符厭之，殊可笑也。

《蜀志・朱桓傳》：孫權爲將軍，桓給事幕府，除餘姚長。往遇疫癘，穀食荒貴。桓分部良吏，隱親醫藥，飱粥相繼，士民感戴之。

《王連傳》：諸葛往征南方，連諫曰：此不毛之地，疫癘之鄉，不宜以一國之望，冒險而行。

《吳志》建興二年四月，諸葛恪圍新城，大疫，死者太半。

《三國志・賈逵傳》注：時太子在鄴，鄢陵侯未到，士民頗苦勞役，又有疾癘，於是軍中騷動。

《晉書・武帝紀》：咸寧元年十一月，京都死者十萬人。

晉孝武帝：太元五年五月，自冬大疫，至於此夏多絶戶者。

《庾衮傳》：咸寧中大疫，庾衮二兄俱亡，次兄毗復危殆，父母諸弟皆出，衮獨留不去，親自扶持十餘旬，毗得瘥，衮亦無恙。

《良吏傳》：廣州包帶，山海珍異所出，一篋之寶可資數世，然多瘴疫，人情懼焉。

張華《博物志》：漢武帝時，西域月氏國度弱水貢返魂香三枚，大如燕卵，黑如桑椹。值長安大疫，西使請燒一枚辟之，宫中病者聞之即起，香聞百裏，數日不歇，疫死未三日者薰之皆活。

郭璞《山海經》：堇理之山有鳥如鵲，青身、白喙、白尾，名禦疫，英山有鳥焉，其狀如鶉，其名曰肥遺，食之已癘。

《十三國春秋》：晉泰始五年大疫，上命醫以駟馬小車馳救療。

《北史・李士謙傳》：凶年散穀至萬餘石，合諸藥以救疾疫，如此積三十年。

《南史・宋武帝紀》：六月，都下疫癘，使巡省給醫藥。

《唐書・馮盎傳》：天下初定，創痍未復，大兵之餘，疫癘方作。

《陸贄傳》：贄既放荒遠，避謗不著書，地苦瘴癘，祇爲《古今集驗方》五十篇以示人。

《楊炎傳》：至德後天下起兵因以饑癘。

《吐蕃傳》：山谷常冰，地有寒癘，中人輒痞促而不害。

葉廷珪《名香譜》：石葉香狀如雲母，可以辟疫。

《宋史・仁宗紀》：至和元年春正月壬申，散通天犀和藥以療民疫。

《王克明傳》：張子蓋救海州，戰士大疫，克明時在軍中，全活者幾萬人。

《吳趨漫錄》：范文正公所居之宅，浚井必先納青木香數斤以避瘟。

《李石續博物志》：《海藥本草》云：降眞香主天行時氣，燒之或引鶴降。

范成大《桂海虞衡志》：草子即寒熱時疫。南中吏卒小民不問病源，使人以小錐刺唇及舌尖出血，謂之挑草子。實無加損於病，必服藥乃愈。

《金史・李慶嗣傳》：天德間歲大疫，廣平尤甚，貧者往往闔門卧病。慶嗣攜藥與米分遺之，全活者衆。

《元史》：至大元年春，紹興、慶元、台州疫，死者二萬六千餘人。皇慶

二年冬，京師大疫。《唐志》云：國將有恤，則邪亂之氣被於民，故疫。

《元耶律楚材列傳》：材從太祖下靈武，諸將爭取子女金帛，材獨取遺書及大黃。既而士卒病疫，惟得大黃輒愈。

《明史》：永樂六年正月，江西建昌、撫州，福建建寧、邵武自去年至是月，疫死者七萬八千四百餘人。八年，登州、寧海諸州縣自正月至六月，疫死者六千餘人。邵武，比歲，大疫，至是年冬，死絶者萬二千戶。

正統九年冬，紹興、寧波、台州瘟疫大作，及明年死者三萬餘人。

成化十一年八月，福建大疫延及江西，死者無算。

正德元年六月，湖廣平溪、清浪、鎮遠、偏橋四衛大疫，死者甚衆。

崇禎十六年，京師大疫自二月至九月。

《葉拙齋筆記》：蜀遭獻忠之亂後，瘟疫流行，有大頭瘟，頭發腫赤，大幾如斗。又有馬眼睛瘟，雙眸黃大，森然挺露。又有馬蹄瘟，自膝至脛青腫如一，狀似馬蹄。三病患者皆不救。

《職方外紀》：哥阿島曩國人盡患疫，内有名醫名依卜加得，不以藥石，令城内外遍舉大火燒一晝夜，火息而病亦愈矣。蓋疫爲邪氣所侵，火氣猛烈能盪滌諸邪，邪盡而疾愈，亦至理也。

吳震芳《談往》：崇禎十六年八月至拾月，京城外病疙瘩，貴賤長幼呼病即亡，不留片刻。兵科曹良直古遺正與客對談，舉茶打恭，不起而殞。兵部朱希萊念祖拜客急回，入室而殂。宜興吳彥升授溫州通判，方欲登舟，一价先亡，一价爲之買棺，久之不歸，已卒於棺木店中。有同寓友鮑姓者，勸吳移寓，鮑負行去，旋入新遷，吳署後至，見鮑已殂於屋。吳又移出，明辰亦殂。又金吾錢普明同客會，飲言未絶而亡，少停夫人婢僕輩一刻間殂十五人。又兩客坐馬而行，後先叙話。後人再問，前人已殞於馬鞍，手猶揚鞭奮起。又一民家合門俱殂，其室多藏，偷兒二人，一俯於屋簷，一入房中將衣飾疊包遞上在簷之手，包積於屋已累累。下賊擊一包托起，上則俯接引之，上者死，下者亦死，手各執包以相縴。又一長班方剪銀蹲下，不起而死。又一新婚家合巹，坐帳久不出，啓幃視之，已殞於床之兩頭。沿街小戶收掩十之五六，凡楔杆之下更甚，街坊間乞兒爲之絶影，有棺無棺九門計數已二十餘萬。大内亦然，天師張眞人輯瑞入都，出春明不久，急追再入，論其施符噴咒唪經清解，眼宿禁中一月，而死亡不滅。發内帑四千，三千買棺，一千理藥，竟不給。十月初，有閩人補選縣佐者曉解病由，看膝灣後有筋腫起，紫色無救，紅則速刺出血可無患。來就看者日以萬計。後霜雪漸繁，勢亦漸殺。閩醫以京銜雜職酬之，明春爲流賊所戕。

壎按：王肱《枕蚓菴瑣語》及陳松濤《災荒記事》皆云：崇禎十四年至十六年，連年亢旱，通國奇荒，繼以疫癘大作，甚有呼病即亡，其爲暑燥熱毒之氣直入於臟可知，《醫賸》曰：疙瘩即痧病也。然痧亦疫也，是疫之又一名，非疫之又一種也。觀其傳染之速，死亾之多，吁可畏矣！

《一統志》：救疫井在大理府點蒼山下，有疫癘者飲之即愈。

王養吾《痧書》：明末時，京師大疫，患者有胸腹脹滿、生白毛如羊者，頭大如斗、眼鼻俱沒者，有兩腮紅腫、痰喘壅塞者，呼吸之間，死以萬計。識者曰此痧症也。

章偉《嶺表十說》：嶺外雖以多暑爲病，而四時亦有傷寒、溫疫之疾。其類不一，土人不問何疾，悉謂之瘴，治療多誤。或有一歲盛寒近類中州，而土俗素無蠶績，冬不衣綿，居室踈漏，戶扃不固，忽遭歲寒則次年溫疫必興。醫者之治溫疫亦當以本法治之，而隨風土氣候、人之強弱酌宜可也。

《劉松峯說疫》：余家曾有患瘟症者十餘人，互相傳染，余日與病人伍，飲食少進，且夕尤患，所不待言，而竟免傳染。偶一日入疫家即病，求其故不得。因憶伊時舉家患病，余忙亂終日，夜來獨居一室，閉門焚降眞香一塊，想以此得力耶。

溫病總部

溫病疾病部

溫毒部

論說

《傷寒總病論・天行溫病論・傷寒感異氣成溫病壞候并瘧證》 病人素傷於熱，因復傷於熱，變爲溫毒。溫毒爲病最重也。

《治疫全書・附大頭瘟等症》 大頭瘟者，因素傷濕熱，毒氣鬱結，上攻巔頂，其症增寒壯熱，頂強體重，頭面浮腫，目不能開，咽喉閉塞，舌乾，口燥，氣促息喘，二便艱澀。

《通俗傷寒論・傷寒兼證・大頭傷寒》 風溫將發，更感時毒，乃天行之癘氣，感其氣而發者，故名大頭天行病。又係風毒，故名大頭風。狀如傷寒，故名大頭傷寒，病多互相傳染，長幼相似，故通稱大頭瘟。多發於春冬兩季，間有暑風挾濕熱熏蒸，亦多發此病。

《傷寒指掌・傷寒類症・疫邪兼六氣入足經從表裏汗下》 時毒從頤腫者，名鸕鶿瘟。耳下項與咽中腫脹，聲不出者，名蝦蟆瘟。皆風熱不正之氣干於上焦所致。

《傷寒指掌・傷寒類症》 初起憎寒壯熱體重，次傳頭面大腫，目不能開，或咽喉不利，俗名大頭傷寒是也。

《時病論・臨證治案・有孕發斑》 建德孫某之妻，懷胎五月，忽發溫毒之病，延豐診之，已發斑矣。前醫有用辛溫發散，有用補養安胎，不知溫毒得辛溫愈熾，得補養彌盛，是以毒勢益張，壅滯肌肉而發爲斑，其色紫者，胃熱盛也，脈數身熱，苔黃而焦，此宜解毒清斑，不宜專用安補。遂以石膏、蘆根，透陽明之熱，黃芩、鮮地，清受灼之胎；佐連翹、甘草以解毒，荷葉以升提。服一帖，身熱稍清，斑色退淡，惟脈象依然數至，舌苔未見津回，仍守舊章，重入麥冬，少增參葉。繼服二帖，諸恙盡退，後用清補之法，母子俱安。

溫毒發疹

古越胡某之郎，年方舞象，忽患熱渴咳閉，甫半月矣，前醫罔效，病勢日加沉重，遣人延豐診治。詣其寓所，先看服過三方，皆是沙參、麥冬、桑皮、地骨，清金止咳等藥。審其得病之時，始則發熱咳嗽，今更加之胸閉矣。診其脈，兩寸俱數，此明係溫熱之毒，盤踞於上，初失宣氣透邪之法，頓使心火內熾，肺金受刑，蓋肺主皮毛，恐溫毒外聚膚腠而發爲疹。遂令解衣閱之，果見淡紅隱隱，乘此將發未透之際，恰好輕清透劑以治之，宜以辛涼解表法，去蔞殼，加荷葉、蒡豆衣、西河柳葉。服下遂鮮紅起粒，再服漸淡疎，而熱亦減，咳亦平。繼以清肅肺金之方，未及一旬，遂全瘥耳。

喉痹急證

城東陳某之室，偶沾溫毒而成喉痹，來邀診治，見其頸腫牙閉，不能納食，惟湯水略爲可嚥，脈象浮中不著，沉分極數。豐曰：此溫毒之證，過服寒涼，則溫毒被壓，益不能化，索前方一閱果然。據愚意理當先用溫宣，解其寒涼藥氣，俟牙鬆腫減，而後以涼劑收功。滿座皆曰：然。遂以穀精、紫菀開其喉痹；薄荷、荆芥宜散風邪；橘紅快膈代痰；甘草瀉火解毒；桔梗載諸藥之性在上。仍能開暢咽喉；細辛治喉痹有功，且足少陰本藥，以少陰之脈，循喉嚨也。速令煎嘗，另用玉鑰匙，自日晡進藥，至二更時候，牙關略展，忽作咳嗽連聲。次日復邀診視，告以病情。豐曰：有生機也。脈形稍起，苔色純黃，此溫毒透達之象。改以元參、細地、紹貝、牛蒡、參葉、射干、大洞果、金果欖等藥。疊進三劑，頸腫盡消，咽喉暢利，咳嗽亦漸愈矣。

或問曰：觀先生數案，皆用法而不用湯。嘗見古人治斑疹頤喉，皆不出吳氏舉斑湯、錢氏升葛湯。活人玄參升麻湯、東垣普濟消毒飲等方，方內皆用升麻。竊思斑疹賴其透發，頤喉藉其升提，今先生舍而不用者，是何意也？答曰：吳淮陰云，升騰飛越太過之病，不當再用升提，說者謂其引經，亦愚甚矣。誠哉非謬也！也豐深有味乎斯言。即遇當升透之病，莫如荷葉、桔梗爲穩。升麻升散力速，他病爲宜，於斑疹頤喉，究難用耳。

《痧喉正義・葉香巖論疫》　葉香巖論疫癘穢邪。口鼻吸受，分布三焦，瀰漫神識，既非風寒客邪，亦非停滯裏證，故發散消導，即犯劫津之戒。有朱姓者，病喉痛丹痧，舌如硃，神躁暮昏，上受穢邪，逆走膻中，爲之清血絡以防閉結，解疫毒以驅穢濁，使九日外不致昏憒。冀其邪去正復，用犀角、連翹、生地、元參、菖蒲、鬱金、銀花、金汁。姚姓病疫毒口糜，丹痧喉啞。治以上焦之藥，犀角、鮮生地、元參、連翹、石菖蒲、銀花、金汁、至寶丹。譚姓病口鼻吸受穢濁，自肺係漸於心胞絡，喉痛舌燥。恐竅閉神昏，用元參、連翹、銀花、鬱金、石菖蒲、靛葉、射干、牛蒡，冲入眞白金汁一杯。

《痧喉正義・王孟英論痧喉》　武林王孟英，名士雄，號夢隱，著有《回春錄》、《仁術志》、《霍亂論》、《溫熱經緯》，其治段婦痧喉也，喉腫白腐，齦舌皆糜，骨瘦如柴，肌熱如烙，韌痰阻於咽喉，不能咯吐，須以紙帛攪而曳之。米飲不沾，汛事非期而至，按其脈，左細數，右弦滑，則曰：此陰虧之體，伏火之病，失於清降，擾及於營。先以犀角地黃湯，清營分而調妄行之血，續與白虎湯加西洋參等，肅氣道而瀉燎原之火，外用錫類散。象牙屑焙三分，眞珠三分，飛凈青黛六分，梅花冰片三厘，壁錢二十箇，俗名喜兒窠。木板上者勿用，西牛黃五厘，人指甲五厘，男病用女，女病用男。研極細粉，吹患處，掃痰腐而消惡毒，繼投甘潤藥，蠲餘熱而充津液，日以向安。又治吳兒，發熱咽痛，有誤投升透藥者。赤斑似錦，喉爛如焚。半月之間，闔家傳染，以青龍白虎湯，橄欖、白蘆菔、水煎服。橄欖色青，清足厥陰內寄之火風，而靖其上騰之焰，蘆菔色白，化手太陰外來之燥熱，而肅其下行之令，合而爲劑，消經絡留滯之痰，解膏粱魚麵之毒，用以代茶，則龍馴虎伏，臟腑清和，豈但喉病之可免耶，勿以平淡而忽之。潘兒，種痘三日，咽痛，妄投升散藥，發熱斑爛，七朝而夭。家有染其病者，咽喉爛至於舌，胸膈痞塞，牙關緊澀，小溲淋痛，日流紫黑血塊，治以犀角地黃湯，加元參、銀花、童溺、藕汁、竹黃、花粉、貝母、石菖蒲之類，吹以錫類散。用椀承其口，流出涎血甚多，咽喉牙關胸膈皆漸舒，繼與生津填補而痊。秋燥冬暖，無霜雪，河井幷涸。時疫流行，喉疹甚多。庸醫不悟其致病之因，妄投發散，正如火上添油，惟治以白虎湯，爲救焚主劑。若已及於營分者，用晉三犀角地黃湯，相機加減。陳女痦疹甫出，汛期忽至，幼科僅知套藥，升麻柴葛亂施，以致脈滑而數，舌絳大渴，面赤失音，不食便瀉，治以西洋參、石膏、知母、麥冬、犀角、生地、連翹、甘草、石斛、丹皮、桑葉、竹葉大劑，愈。緣是時溽暑之令，痦疹盛行，其證或輕或重，一以清解而痊。陳太史書伯之弟，年未冠，咽痛失音，口大渴，脈滑且數，治以犀、羚、石膏、元參、豆根、牛蒡、射干等清肅大劑。音開而咽糜，吹以錫類散。糜愈而疹點滿布，左目及耳後皆腫，方中加以鮮菊葉二兩，疹愈，痰嗽不已，仍主前法，遂告痊。其庶母同時患喉糜而頭偏左痛，心悸欲嘔，壯熱煩躁，脈弦細數，則曰陰虧風動也。先以犀、羚、元參、菊花、丹參、梔子、桑葉、馬勃投之，外吹錫類散，咽愈熱退。續用二至、二冬、生地、石英、蓯蓉、龜板、茯苓，滋陰潛陽而瘳。又其妹亦患喉疹，汛事適行，四肢痠痛，略難舉動，氣塞於咽，脈弦滑，治以犀、羚、旋、赭、茹、貝、兜鈴、牛蒡、射干、豆根、花粉、銀花、海蛇、竹瀝、絲瓜絡等出入爲方，兼吹錫類散而瘥。朱女，患痲痦。汛事適來。醫投小柴胡湯。遂狂妄莫制。脈至洪滑弦數。目赤苔黃。大渴不寐。則曰痦因溫邪而發，大汗不已，何必再事攻表。汛行爲熱迫於營，胡反以薑棗溫之，參柴升之，宜其燎原而不可遏也，與大劑犀角、元參、生地、石膏、知母、花粉、銀花、竹葉、貝母、白薇，以清衛涼營，服後即眠，久而未醒。或疑爲昏沈也，屢爲呼喚，病者驚寤，即令家人啓篋易服，穿鞵梳髮，告別父母，云往花神廟歸位，人莫有阻，舉家痛哭，迓視之。脈象依然，囑其家靜守勿哭，仍以前方加重，和竹瀝童便，繼用養陰清熱而愈。趙氏患喉痹，誤用大劑生軍下之，而藥不能入，以錫類散吹之即開，與白虎法而瘥。劉兒，甫五齡，痦點不綻，妄進檉柳等藥，壯熱無汗，面赤靜卧，二便閉，治以犀羚白虎湯而轉機。時有庸醫，力阻石膏不可再餌，仍進溫散，以致氣喘痰升，復加痲黃八分，欲圖定喘，而喘汗瀕危，二便復秘。再懇視之，投白虎加西洋參竹葉而愈。李氏患痦未齊，痰嗽氣喘，苔白滑，小溲不赤，或主犀角地黃湯加紫雪，服而不效。延診之，右脈洪滑而口渴。則曰天時酷熱，暑邪薄肺，挾其素有之痰，而阻其治節，所以氣機不行，而疹不能達，苔不能化，溺不能赤也。溫散大忌，涼血亦非，與竹葉石膏湯，合葦莖、加杏、苑、旋、杷、海石投之，氣平疹透，苔退舌紅，小溲亦赤，數日而愈。徐氏患痦，體厚痰多，脈甚滑數，揚擲譫妄，舌降面赤，渴飲便澀，與大劑白虎，加犀角、元參、銀花、花粉、貝母、竹黃、竹葉、竹茹、竹瀝，送滾痰丸。服後大便，下如膠漆，脈證漸和。數日後，去丸藥，其勢復劇，甚至發厥，仍加丸藥乃平，如是者三次，險浪始息。朱婦患赤疹，神氣漸昏，誤以犀角地黃湯投之，遺溺痙厥。延診之，則曰：形瘦陰虧，邪易擾

營，幸非濕盛之軀，尚可設法，但心下拒按，呃逆便閟，是痰熱尚阻氣分，誤服升提，每成結胸，地黄滋滯，實爲禁藥，因以犀角、元參、茹、貝、旋、蔞、杷、菀、白前、菖蒲爲方，調紫雪，兩服呃逆止，神漸清而咽疼口渴，去紫雪、前、菖，加射干、山豆根、知母、花粉，吹以錫類散。二日喉愈胸舒，惟大便久不行，以蓯蓉、麻仁、當歸、生地等藥遂愈。

《疫痧草・辨論章・辨論疫痧名義》 痧，方書名麻疹，浙人呼爲瘄子，其病輕，自古無專書也。至石頑《醫通》，始有麻疹一種。其書曰：麻疹者，手足太陰陽明蘊熱所致，邇來痲疹，變幻百出，其危有甚於痘者，書中諸論極詳，至爛喉之說，疫毒之名，未之加也。而近年發痧，大半爛喉，且復重險，何也？感疫毒也。感疫輕，則喉爛輕，而痧亦輕，感疫重，則喉爛重，而痧亦重。重者最易傳染，往往一家連斃數口，可謂險而又險也。

《痧喉闡義・痧喉闡》 疫痧時氣，吸從口鼻，併入大陰氣分者，則爛喉；併入陽明血分者，則發痧。太陰者，肺臟也，主喉而屬氣。陽明者，胃腑也，主咽而屬肌肉。喉通呼吸之氣，行乎五臟，咽爲飲食之道，六腑源頭，故喉主天氣，咽主地氣，是以口鼻吸入咽喉，傳導之肺胃，交承之一臟一腑，同受疫邪，一氣一血，各呈其象。故爛喉者，色多白，病在肺而屬氣，發痧者，色多赤，病在胃而屬血，而其實同爲一痧一發於咽喉之地，一達於肌肉之間，移步以換形，因形而名別耳。故在肺則曰爛喉，在胃則曰發痧，是以名爛喉痧。

《傷寒補亡論・傷寒溫疫論》 惟溫毒一病，既非傷寒，又非溫病，乃在冬時表嘗感寒，先感冬溫不正之毒，後復爲寒所折，膚腠閉密，其毒進不得入，退不得泄，必假天氣暄熱，去其外寒，而後溫氣得通。鬱積既久，毒傷肌膚，故斑如錦文，或爛爲瘡，而後可出。仲景曰：其冬有非節之煖，名爲冬溫，冬溫之毒與傷寒大異。謂此溫毒也。亦有所感輕淺則易出，所感深重，則非節之煖，人人皆感，故每爲疫，其實先溫後寒，所以與傷寒大異。

《傷寒補亡論・風溫溫毒論》 郭雍曰：仲景言風溫、溫毒二症，又與二說不同。仲景之言曰：傷寒過十三日以上，不間，尺寸陷者，大危。若更感異氣，變爲他病者，當依後壞病症而治之。若陽脈浮滑，陰脈濡弱者，更遇於風，變爲風溫。陽脈洪數，陰脈實大者，更遇溫熱，變爲溫毒，溫毒爲病最重。此乃傷寒後四種壞病。此病最爲重也，又非但前所謂風溫、溫毒而已，其用藥亦當不同。然則仲景所言，傷寒壞病中風、溫毒也；諸家所言者，冬春自感風溫、溫毒也。其治之輕重，不得不異也。

《醫學正傳・瘟疫・附大頭天行病》 丹溪曰，大頭病乃濕熱在高巔之上，用羌活及酒炒黄芩、酒蒸大黄隨病加減，切不可用降藥。

東垣曰，陽明邪熱太甚，實資少陽相火而爲之也。濕熱爲腫，火盛爲痛，此邪見於頭，多在兩耳前後先出，皆主其病也。治法大不宜藥速，速則過其病所，謂上熱未除，中寒復生，必傷人命，宜用緩藥緩服，徐徐少與，當視其腫勢在何部分，隨經處治之。陽明爲邪，首大腫，少陽爲邪，出於耳項前後也。

《保命歌括・傷寒》 脈陽洪數，陰實大太過，溫熱兩合，變爲溫毒。洪數實大，皆熱脈也。

《景岳全書・雜證謨・瘟疫・大頭瘟》 證治　大頭瘟者，以天行邪毒客於三陽之經，所以憎寒發熱，頭目頸項或咽喉俱腫，甚至腮面紅赤，肩背斑腫，狀如蝦蟆，故又名爲蝦蟆瘟。大都此證多屬風熱，然亦有表裏虛實之辨。又外科有時毒證，亦即此也，方治具見本門，當參閲用之。

《尚論篇・駁正序例・論春溫大意並辨叔和四變之妄》 今且再辨溫毒，夫溫證中之有溫毒，一如傷寒證中之有陽毒陰毒也，傷寒不以寒毒另爲一證則溫病何得以溫毒更立一名耶。況溫毒復有陰陽之辨，太陽溫證，病久不解，結成陽毒。少陰溫證，病久不解，結成陰毒。叔和不知風溫爲陰邪，故但指溫毒爲陽毒，以致後人襲用黑膏、紫雪。陰毒當之，慘於鋒刃，其厲階亦至今未已耳。其溫疫一症別辨致詳。

《尚論後篇・溫證下篇・溫毒主治》 溫毒爲病最重，溫毒必發斑。宜人參白虎湯，竹葉石膏湯，玄參升麻湯，黑膏。清氣涼血。

《傷寒論類方・別證變證・溫毒》 冬時觸冒疹毒，至春始發，肌肉發斑，癮疹如錦紋，或欬嗽心悶，但嘔清汁。

《寒溫條辨・溫病大頭六證辨》 大頭者，天行疵癘之雜氣，人感受之，壅遏上焦，直犯清道，發之爲大頭溫也。世皆謂風寒閉塞而成，是不知病之來歷者也。若頭巔腦後項下，及耳後赤腫者，此邪毒内蘊，發越於太陽也；鼻頞兩目，並額上面部，焮赤而腫者，此邪毒内蘊，發越於陽明也；耳上下前後，並頭角赤腫者，此邪毒内蘊，發越於少陽也。其與喉痹項腫，脛筋脹大，俗名蝦蟆溫，正經論所云清邪中上焦是也。如絞腸溫吐瀉湫痛，軟腳溫

骨痿足重，正經論所云濁邪中下焦是也。如瓜瓤溫胸高嘔血，疙瘩溫紅腫發塊，正經論所云陰中於邪是也。古方用白殭蠶二兩，酒炒，全蟬蛻一兩，廣薑黄去皮，三錢，川大黄生，四兩。爲末，以冷黄酒一盅，蜜五錢，調服三錢，六證並主之。能吐能下，或下後汗出，有升清降濁之義，因名升降散，較普濟消毒飲爲尤勝。

夫此六證，乃溫病中之最重且凶者，正傷寒無此證候，故特揭出言之，其餘大概相若。七十餘條，俱從傷寒内辨而治之，正以明溫病之所以異於傷寒也，正以明傷寒方之不可以治溫病也。知此則不至誤傷人命耳。

喻氏曰：叔和每序傷寒，必插入異氣，欲鳴己得也。及序異氣，則借意《難經》，自作聰明，漫擬四溫疑鬼疑神，駸成妖妄。世醫每奉叔和序例如箴銘，一字不敢辨别，故有晉以後之談溫者，皆僞學也。粟山獨取經論平脈篇一段，定爲溫病所從出之原，條分縷析，别顯明微，辨得與傷寒各爲一家，豪無蒙混，不爲叔和惑煽，直可追宗長沙矣。

陽毒陰毒

《傷寒論》曰：陽毒之爲病，面赤斑斑如錦文，咽喉痛，吐膿血。五日可治，七日不可治，升麻鱉甲湯主之。

《傷寒論》曰：陰毒之爲病，面目青，身痛如被杖，咽喉痛。五日可治，七日不可治，升麻鱉甲湯主之。

按陰陽和正氣也，陰陽偏異氣也。正氣者，四時錯行之氣也；異氣者，四時不節之氣也。而雜氣非其種也。雜氣者，兵凶旱潦，疵癘烟瘴，一切惡穢不正之氣也。此氣適中人之陽分，則爲陽毒；適中人之陰分，則爲陰毒。觀其所主之藥，二證一方，並不用大寒大熱之劑，可知長沙所謂陽毒陰毒，乃天地之雜氣，非風、寒、暑、濕、燥、火之六氣也，豈若後人之所謂陽毒陰毒乎？要之後人所謂陽熱極盛，固是陽毒；陰寒極盛，固是陰毒，終非長沙所以立名之本義。此二證者，即所稱溫病是也。即大頭溫、蝦蟆溫、瓜瓤溫，以及痧脹之類是也。吳又可溫病無陰證之論，實本長沙陽毒、陰毒中於雜氣之説，受毒有淺深，爲病有重輕，一而二，二而一者也。王太僕曰：『此陽盛格陰而致之，非寒也。凡中此雜氣之人，不止咽喉痛身痛，甚至心腹絞痛，大滿大脹，通身脈絡青紫，手足指甲色如靛葉，口噤牙緊，心中忙亂，一二日即死者，此類是也，但刺尺澤、委中、十指出血，即令服玉樞丹最妙，撥正散尤爲奇方，男左女右吹入鼻中，雖危必甦，以增損雙解散主之。

《吳醫匯講・爛喉丹痧論》 近來丹痧一症，患者甚多，患而死者亦復不少。世人因方書未及，治亦無從措手，或云辛散，或云涼解，或云苦寒泄熱，俱師心自用，各守專門，未嘗探其本源。按仲師《金匱》書：陽毒之爲病，面赤斑斑如錦紋，咽喉痛，吐膿血。五日可治，七日不可治，升麻鼈甲湯主之。之文細繹其義，實與此症相類，何會心者之絶少耶，惟是升麻鼈甲湯蓋以升麻升透厲毒，鼈甲泄熱守神，當歸和血調營，甘草瀉火解毒，正《内經》熱淫於内，治以鹹寒，佐以苦甘。之旨。而内有蜀椒、雄黄，似當加於陰毒方中，或因傳寫之訛耳。一轉移間，則於陽毒、陰毒之義尤爲貼切，而人之用之者，亦鮮疑畏矣。今如遇此丹痧一證，常於經義詳之，毋謂古人之未及也，不揣愚陋用敢質之同人。

《吳醫匯講・爛喉痧論》 爛喉痧一症古書不載，起於近時，而並易傳染，治之者每謂太陰，陽明二經風熱之毒而至。爛之由亦不可不詳察也，醫之於物以盛火逼之，祇見乾燥，而不知濕熱鬱蒸，所以致爛耳。此症凡風熱者，治宜清透，濕熱者，治宜清滲，痰火凝結者，治宜消降，蓋邪達則痧透，痧透則爛自止矣。若過用寒涼，勢必内陷，其害可勝言哉。夫症有可治，有不可治。口中作臭者，謂之回陽，其色或淡黄，或深黄者，此係痰火所致，皆可治之症。他如爛至小舌者，鼻塞者，合眼矇矓者，並有元氣自虚，毒氣深伏，色白如粉皮樣者，皆不可治之症也。總之，因天地不正之氣，感而受之，故體有虚實之不同，即症有重輕之各異耳。其餘喉症、痧症古人言之詳矣。概不復贅。

《吳醫匯講・爛喉丹痧治宜論》 夫丹痧一症方書未有詳言。余究心是症之所來，不外乎風寒溫熱時厲之氣而已，故解表清熱各有所宜。治之得當，愈不移時，治失其宜，禍生反掌，無非宜散宜清之兩途也。其症初起凜凜惡寒，身熱不甚，並有壯熱而仍兼憎寒者，斯時雖咽痛，煩渴，先須解表透達爲宜，即，或宜兼清散，總以散字爲重，所謂火鬱發之也。苟漫用寒涼，則外益閉而内火益熖，咽痛愈劇，潰腐日甚矣。不明是理者，反云如此涼藥，尚且火勢勃然。不察未散之誤，猶謂寒之未盡，於是愈涼愈遏，以致内陷而斃者有之。或有云是症專宜表散者，余謂所見亦偏。前所云寒熱之時散爲先務，俾汗暢而丹痧透發，已無惡寒等症，至此則外閉之風寒已解，内藴之邪火方張，

寒涼泄熱是所宜投，熱一盡而病自愈矣。若仍執辛散之方，則火得風而愈熾，腫勢反增，腐亦滋蔓，必至滴水下咽痛如刀割。間有議用清涼者，乃以鬱遏誹之炎熱燎原，殺人最暴。此偏於散，而謗匪清者之爲害也。彼言散之宜，此言散之禍，彼言寒之禍，此言寒之宜要，惟於先後次第之間隨機權變，斯各中其窾耳。再此症愈後，每有四肢痠痛，難以屈伸之狀，蓋由火爍陰傷，絡失所養，宜進滋陰，非同痹症。此又管窺之所及，敢以質之高明。

《溫證指歸·時毒》 時毒一證，亦由天時厲氣，風熱鬱於少陽陽明。作時每多耳畔高腫，輕則不熱，重則惡寒發熱。夾食者胸悶，闔家大小，每每傳染，雖屬輕恙，不可忽視。倘經數過，致邪不化，或口腹不禁，以致熱邪內陷，爲害甚酷，治法亦主清散，甚則兼下。

《溫證指歸·治溫毒當與痘毒同參》 痘毒者，父母情慾之火也。溫毒者，天地疵厲之火也，同一火也，爲病各殊。痘感未形之先，發於既形之後，必待天行疫氣，擊而後發，如石中之火，不擊則不出也。是疫爲擊火之器，火爲發痘之原，古人謂痘爲溫疫之一端，誠哉此言，治痘法以升散攻利，保元化毒，導邪外出爲先，尚有一定之規模，不似溫毒有質皆傷，如棗得霧即枯，蟹得霧即死。人中之無論老幼強弱，一觸即病，至其失治，較痘之焦頭破額，爛胃腐腸，實同一轍。更有甚者，毒閉不出，如痘之折腰發斑，溫之膚紫衄血，形異情同，考之《內經》，諸痛瘡瘍，皆屬心火之旨。爲火言，非專爲痘言。余以靜理參之，上古人情淳樸，飲食淡泊，即有七情六淫之火，爲害亦小，不似今人腥膻適其口，炙烙充其腹，醪醇灌其腸，嗜慾勞其精，起居失其時，一遇天行溫毒，邪未中人，而人以預損之軀，早已招邪外入，與內蘊之火，兩相搏激，其致病與痘相同，痘得天眞之體，尚稱完全，溫欺殘傷之身，誠難施治。予一得之見，請證高明。

《疫痧草·辨論章·辨論疫痧治法》 爛喉疫痧，以喉爲主。喉爛淺者疫邪輕，喉爛深者疫邪重。疫邪輕者易治，重者難痊。醫者當視其喉。喉爛宜淺不宜深也；觀其神，神氣宜清不宜昏也；按其脈，脈宜浮數有神，不宜沉細無力也；察其痧，痧宜顆粒分明，而緩達透表，不宜赤如紅紙，而急現隱約也。合而論之以定吉凶。

《疫痧章·辨論章·辨論疫毒感染》 爛喉疫痧，疫毒自口鼻吸入，干於肺胃，甚者直陷心包。鼻之氣通於天，天有鬱蒸之氣，霾霧之施，人自口鼻吸入，着於肺胃，肺主咽喉，故疫痧多見爛喉也。至於神昏，其疫毒已陷心包，如暑氣之歸心矣。其有吸受病人之毒，而發者，爲傳染。所自雖殊，其毒則一也。

《疫痧章·辨論章·辨論疫氣所結》 疫厲氣也，厲氣何自而結？結於天應寒而反大熱，天應熱而反大寒；或大寒之後，繼以大熱；大熱之後，繼以霾霧；大熱之後，繼以大寒；大寒之後，繼以淫雨；或河水泛而氣穢，或疾風觸而氣毒，或天久陰而鬱熱，或天盛暑而濕蒸，此疫氣之所由結也。然此特於有象求之，天之布疫也，象無可擬，或布一方，或布一家。有感有不感者，數也。

《疫痧章·辨論章·辨論疫邪所由來》 疫痧之發，昔日少而近日多，昔日輕而近日重，重者死而死者多，不可不考其所由來也。其所由有四：疫毒厲干臟腑，氣稟薄，易吸受，種痘盛行，胎毒未清，起居不調，疫毒易干。疫氣，今昔之所同有也。然往昔疫邪，未聞發痧；往昔發痧，未聞爛喉。疫痧者，疫毒直干肺臟而喉爛氣穢，甚者直陷心包，而神昏不救，瞬息之間，命遂夭殂。毒氣傳染，枉死甚衆，疫厲之重，良可哀也。然人之氣稟厚，正氣旺，精神強固，氣血充和，呼吸之間，疫毒無自而干。即或氣稟薄，正氣弱，而能寡嗜慾，節飲食，調寒暖以愼起居，使臟氣和諧，精神清暢，疫毒雖厲，究亦邪不勝正。否則疫毒之干，誠易易也。痘是借溫熱之邪，以發先天之毒，邪盛毒重，十斃五六。時痘纏綿，盈村累巷，而種痘之法，俟其溫熱不蘊積之時，發其先天一二分之毒，種之得法，十不失一，簡便靈妙，無逾於此。種痘之法，是假人巧以息危疾，而疫痧之行，又因人巧而致危症。自出之痘，胎毒輕則痘輕，胎毒重則痘重，先天之毒必盡達乃已。而種痘者胎毒雖重，不過發其一二，其餘胎毒，仍蘊而未發也。毒未發而疫毒干之，則二毒混淆，若火燎原，津液爲之涸，臟腑爲之腐，得其疾者，危殆不救。疫痧之行，非因人巧而致危症乎？然因疫痧而詆種痘，則又非也。胎毒雖盛，氣稟雖薄，疫厲雖重，而能寡嗜慾，節飲食，調寒暖，消疫痧之患於無形者，亦未嘗無之，所謂人定可以勝天也。

《疫痧章·辨論章·辨論發痧有疫無疫》 疫痧爛喉，原是溫熱之症，其症無疫者輕，有疫者險。無疫者，病雖重而死者少。究其由無疫而發痧，無疫而爛喉，則溫熱之邪，僅在經絡，疎而達之，故易鬆解。若觸毒而發痧爛

喉，一時俱見，則溫熱之毒，深藏臟腑，故病重。病重者，重用疏達而痧反隱，神反昏，喉爛反盛者，往往有之，何也？溫熱之邪，自肌表感冒。溫熱之毒，自口鼻吸入。肌表感冒者，邪在經絡，疏以達之，得汗即鬆。口鼻吸入者，毒在臟腑，疏以達之，所以反險也。

《疫痧章·辨論章·辨論疫邪所干臟腑不同傷寒》 傷寒傳遍六經疫痧之邪。不傳遍於六經也。其感冒疫邪在肺胃，甚者直陷心包，如嘔惡、呃逆、舌絳、口渴、牙關拘急等象，是邪據陽明，而陽明病象見也。如鼻搧、鼻煤、喉爛、氣穢、失音、齁齘等象，是邪犯太陰，而太陰之病象見也。如神煩、神昏、鼾睡、詀語等象，是邪干心包，而心包之病象見也。肺胃在身半之上，主乎口鼻，疫邪自口鼻而入，故其邪多據於肺胃。而心包與肺胃相近，宜哉陷心包之徑捷也。其餘他臟，或火盛而波及，未必疫邪據此矣。

《疫痧章·辨論章·辨論疫邪迅速一感即發》 疫之爲病，一感即發，未發之前，安然無恙也，既發之後，迅若雷電也。醫者全然視其感疫之輕重，覷其正氣之虛實。正氣虛而感疫重，一發即多犯象。感疫輕而正氣實，其發自有順機，其犯象也，其順機也，亦必身熱痧見而後定之。不能因弟發痧而決兄不發也，亦不能因兄發痧而決弟之必發也，亦有兄發痧而預使弟服藥，盍因弟發痧而使兄他居之爲妙乎。若論如傷寒之有伏邪而後發，何以病疫之家，兄發而弟亦發，此發而彼亦發，天然之巧，伏邪人聚於一家乎？若論感疫久之而後發，何以朝見兄病而夕即弟病，更有親來視病而即染病乎？總之醫者在乎視其感疫之輕重，觀其正氣之虛實，而定其病勢之順險。其險其順，能於一發時決之，斯爲老眼。

《疫痧章·辨論章·辨論治疫痧法不同治傷寒》 疫痧之火迅若雷電，身熱一發，便見爛喉神呆，痧隱肌赤，不分顆粒。其毒火炎炎，灼傷臟腑，在片刻間爾！安能如傷寒之傳變六經，緜延日久哉？其治法必如傷寒之疏達既透而後而後清之化之，則恐十死八九矣。治疫痧者，在疫火未肆之前，而先化其火，則其火漸化，其病漸鬆。在疫火既肆之後，而後化其火，吾恐化之無益矣。汗雖無，身灼熱；痧雖隱，無顆粒；脈雖鬱，喉已腐；舌雖垢，神已煩。疏不兼清每多凶，達而兼化每多吉。故以治疫之法治傷寒，不可以治傷寒之法治疫痧，亦不可。然善治疫痧者，必善治傷寒；善治傷寒者，必善治疫痧；善治疫痧傷寒者，亦必善治雜症。神而明之，存乎其人也。

《疫痧章·辨論章·辨論疫痧愈後宜謹慎調攝》 痧後調攝，最宜謹慎。調攝不善，豈特痧後虛痨，種種惡疔隨其所犯而乘之，曾見食堅硬而腹脹死，食生冷而水腫死，如此之類，不可勝記。疫痧之症，毒火內熾，津液爲之涸，臟腑爲之傷，其後病愈未久，或火雖退而正氣甚虛，或正既虛而餘火未凈，偶有所犯，則邪火復熾，正如摧糞牆折朽木，往往有直干臟腑而立斃者。夫疫痧惡症，其愈甚難，痧後不慎，其斃甚易，思既愈而復斃之可畏，自必謹慎調攝已。

《疫痧章·辨論章·辨論時痧見象治法》 時痧次於疫痧也，身乍熱而痧細，隱約無汗，脈鬱喉爛神煩者，疫痧也。身發熱而咳嗽，神清有汗，喉不腐，數日後痧點乃見，三三五五，零星散布，又數日咳盛脈大，或兼便溏，痧形轉大轉多，大塊雲密，肌膚赤焮，此爲大塊時痧，次於細小疫痧也。夫大塊痧未必必無疫必不死也，細小痧未必必有疫必死也。痧雖細小，而熱不盛，神不昏，脈有胃氣，喉不腐爛，無疫毒之伏，非必死之症。痧雖大塊，而熱不止，神不清，津液乾涸，正氣敗壞，即無疫毒之伏，亦爲必死之症。然大塊之痧，無疫者多，死者少。細小之痧，有疫者多，死者衆。細小之痧，熱不盛，喉不腐者，俗名爲風痧，非疫痧也，不以此例也。大塊之痧，亦如疫痧之易於傳人，而死者少，余故以時痧目之。疫痧法治已悉，此特以時痧之見象治法言：時痧者，風溫時邪在經絡，無疫毒干臟之患身熱而有汗，咳嗽而神安，其發也遲，始則三五散布，繼則赤焮雲密，自發至退，常十餘日，兼有便溏，火下泄也，喉不腐爛，緣無疫也。痧足而便溏止身熱退，胃氣開，病將愈矣，其治法也，身熱咳嗽，痧點未達者，疏解兼以開肺，繼則痧點漸透，達而未足，或兼泄瀉，仍用疏解，不必止泄，痧足而泄自止也。痧雖未足，目赤神煩，舌絳脈數，散藥加犀，達而兼清，痧透已足，赤焮雲密，脈象數大，舌絳神煩，清火養液，在所必需。痧足漸回，熱退胃開，而咳嗽未止，輕清理肺，其病自愈。痧發早回，而燥熱不退，神機呆倦，腹痛胸滿，鼻搧氣促，液涸舌乾，正虛脈亂，此等惡象，犯之多危，勿謂大塊時痧必不死者。

《溫毒病論·述古》 邵登瀛按：愚按冬溫、春溫、溫疫、濕溫四症盛行之時，每夾襍溫毒一症者，有諸嘉言謂是病久熱熾成毒，爲病中之病，然攷《金匱》則曰七日不可治。三十年來，親歷是病，其斃多在六七日之間，其病

一起即劇，多在三四日之內，可知嘉言病久成毒之說爲非。是而仲景所云七日不可治，爲的確也。嘗細繹之，風寒暑濕皆天地之常氣，人感之入手足經，可以汗吐下溫清補常法治之。苟治法頭頭是道，無不應手取效。若溫毒感天地這厲氣，無歲不有，但有輕重耳。感入手經則病在上，如頭面頤腫如匏瓜，喉痹失音，頸項粗大，爛喉丹痧之類。感入足經則病在中，胃中有濁，營衛不通，血凝不流，發斑紫黑，陽毒癰腫陰毒面青，身如被杖之類。若下入於陰，則下血如豚肝，清便下重，臍築湫痛之類。感天地之常氣者，病有傳變，治有候數，可以常理測之，常法治之。若感天地之厲氣者，一發暴不可禦，寒之、散之、攻之，毫無一效，醫者茫不知作何病治，束手待斃。熱毒閃爍，七日內已消滅人之氣津血液，不可治矣。然則治之奈何？曰：治溫毒，以逐解爲功，不可以清熱爲能。嘉言云，上焦如霧，升逐解毒；中焦如漚，疏逐解毒，下焦如瀆，抉逐解毒。吳又可云，白虎無破結之能，黃連有閉塞之害，但求清熱，猶揚湯止沸，且徒伐胃氣，反抑邪毒，脈變細小，不治。惟承氣有奪邪之能，當乘人氣血未亂，津液未枯，病人未至危殆，投劑不致掣肘旨哉。二先生之論合而觀之，溫毒之治，思過半矣。今人遇溫毒病，但知揚湯止沸，迨至服寒涼而愈，熱茫無頭緒，遷延待斃。嗟乎，其亦知寒涼無破結之能，反抑邪毒之理乎？且亦知治溫毒，當於七日前下手，乘人氣血未至消亡，驅逐解毒，乘勢追拔之理乎。

《溫毒病論・瘟疫所因》 四時不正之氣，感而致病，初不名疫也。因病致死，病氣、尸氣混合不正之氣，斯爲疫矣。以故雞瘟死雞，豬瘟死豬，牛馬瘟死牛馬，推之於人，何獨不然？所以飢饉兵荒之際，疫癘盛行，大率春夏之交爲甚。蓋溫暑熱濕之氣交結互蒸，人在其中，無隙可避，病者當之魄汗淋漓，一人病，氣足充一室，况於連床並榻，沿門闔境，共釀之氣益以出。戶尸蟲載道，腐墐燔柴掩席，委壑投崖，種種惡穢上混蒼天，清淨之氣下敗水土，物產之氣人受之者，親上親下，病從其類，有必然之勢。

《溫毒病論・疫邪中三焦》 人之鼻氣通於天，故陽中霧露之邪者，爲清邪從鼻，息而上入於陽，入則發熱頭痛，項強頸攣？正與俗稱大頭瘟、蝦蟇瘟之說符也。人之口氣通於地，故陰中水土之邪者，爲飲食濁味，從口舌而下，入於陰，入則其人必先內慄、足膝逆冷、便溺妄出、清便下重，臍築湫痛，正與俗稱絞腸瘟、軟腳瘟之說符也。然從鼻從口所入之邪，必先注中焦以次分佈上下，故中焦受邪則胃中爲濁，營衛不通，血凝不流，其釀變即現中焦。俗稱瓜瓤瘟、疙瘩瘟等症，則又陽毒、癰膿、陰毒遍身，青紫之類也，此三焦定位之邪也。甚者三焦邪溷爲一，內外不通，藏氣熏蒸，上焦怫鬱則口糜齗蝕，衛氣先通者，因熱作使遊，行經絡藏府則爲癰膿，營氣先通者，因召客邪嚏出，聲嗢咽塞，熱壅不行，則下血如豚肝，然以營衛漸通，故非危候。若上焦之陽，下焦之陰，兩不相接，則脾氣於中，難以獨運。斯五液注下，下焦不闔而命難全矣。

《溫病合編・疫痧表裏見證》 爛喉

疫痧輕重，全以喉爛別之。其爛零星，其色鮮潤，疏達之而痧即透，爛即減，是疫輕也。其爛滿布，其色乾黃，其痧隱約而不達，或雖達而爛更盛，是疫重也。初病身熱緩，脈微數，喉爛兩旁，疏達之而痧漸足，爛漸減，不延及喉底小舌，并無穢氣者，其證漸松。若延及喉底小舌，并痧一見即縮，是疫已內伏，神清尚險，若神昏、氣喘、鼻煽，直視必不救也。痧點云密尖高，神清熱減，而喉底小舌腐爛盛者，是疫火極盛，其證危險，用大劑清化，換回百一。總之疫痧輕者，喉不腐。悶痧惡證，亦有喉不腐爛者，其不爛也，爲悶極而無從爛喉也。其證必見別端惡象，以決死生。

《爛喉疿痧輯要・論症續要》 一、凡脈表散之劑，必得汗至足心，疿痧透咽，痛止，胸悶舒，方無餘邪。若有痧，汗少，或痧現即隱，症勢窮險，或痧後重感風邪，或食新鮮發物，必有餘毒爲患，俗稱痧尾是也。痧瘄、痧癩、痧癆內外諸證百出。愼之！

一、凡脈事之人，最爲緊要，必須老誠可靠者。約日終夜不得倦怠，病人不得脫裏衣，以被緊蓋。出汗後不可使露，致汗不暢，若任性貪涼，雖方藥中病，亦難奏效。蓋痧邪當發出之時，病人每悶不可耐，稍一反側於被內略露以爲適意，痧點即隱，毒從內陷，雖有奇方，亦不及治。貪適意即速死之道也。

一、凡痧多屬於肺，陽氣從上，頭面愈多者爲吉。若餘處見而面部不見者，名白面痧，白鼻痧。其症最重，必多用升發之劑。至於疿，多屬於脾。隱在皮膚之間，或成塊如雲，突起，多見於手足身背之上。發則癢或麻木不仁，是兼濕痰之故。藥宜佐以滲濕祛痰。有先見疿，後見痧，亦有疿而不痧，痧而不疿者，亦有喉腐，不見疿痧者，然其宜表汗則一也。一凡喉痧，由來已

久。《綱目》云，天行喉痹，一鄉相似，屬運氣之邪。火或寒藥下之，酸藥點之，鬱其邪在内而不得出也。《正傳》云，火性急，速發必暴悍，必以度治之。法甘桔、荆旁、防風、紫蘇等，加以溫藥爲導。徐徐頻與，不可間斷。切不可驟用寒涼繆仲醇云，痧子不宜依症施治，惟當治肺，使痧疹發出，則了無餘蘊矣。

一、凡神昏譫語，惟當透肺邪，不宜用寒涼。即使痧回脱皮、舌紅唇燥，餘火熾盛，只須輕清泄肺爲主，是集後方藥中所不載者，明眼人當深知其意。

一、凡喉閉，毒氣歸心，胸前腫滿氣煩促下部洞泄不止者，死不治。若初起咽腐，嘔吐清水，神昏妄語，目光上竄，脈伏或沉澀，痰聲如鋸者不治。若乍起三四日内即見津液枯涸，舌光絳、剝裂，唇焦齒黑鼻煽口張，二目無神者，死不治。

一、凡此症以有汗則生，無汗則死，二語爲要訣。故雖舌黑唇焦、枯熱燥灼，懸雍白腐，煩躁不安，或時雜譫語者，旦夕可虞。症雖不治，然於死中求活，不得不效孤注之一博。急與託裏舉癍湯，參加麻黄、厚朴、人中黄，易甘草而重用之，以期津津汗洩，痧透熱潤則間有得生者，是須確有不奪之志方可爲治。若仍不汗，雖倉扁不能起矣，萬不可猶疑無定，隨人所好而逆治之。擬用連、芩、翹、梔、生地、珠黄、琥珀等品以清熱潤燥爲法，是速其殆也。慎之！

一、凡乍起，一二日内覺咽喉作梗微疼，略形寒熱頭脹，即投梅花點舌丹一二顆，開水送吞，隨進荆防葛根湯一二服，無有不愈者，效驗如神。

《六因條辨・冬溫溫毒辨論》 更有陰虧陽亢之體，陰氣暴絶，陽邪獨發，初起便目赤齒枯，舌絳口渴，斑如錦紋，神昏咽痛，脈弦數促，此名溫毒，即《傷寒例》中陽毒症也。較諸冬溫更上一層，爲感症中之最險者，故名爲毒。而惟幼稺爲甚者，蓋以體屬純陽，陽與陽合，以類相招，其感尤速。凡遇此症，即宜辛涼清解，甘寒養陰，佐以解毒，可免萬一。若再溫表，猶抱薪救火，定遭熱斃，故大江以南，地卑氣濕，潮濕霧露皆能致病。況冬失其令，尙易感溫，其眞傷寒者，廿無一二，間有證類太陽，而頭痛身疼，發熱惡寒，祇須辛涼清解，得汗即愈，究因地暖氣疎，易感易散，非若北方地寒氣剛，可概以眞傷寒法治之也。

《疫喉淺論・雜氣成疫論》 甚矣，疫之難言也，如春應溫反寒，夏應熱反涼，秋應涼反熱，冬應寒反溫，非時不正之氣，觸冒之者長幼相同，互爲傳染，名曰疫症。然此皆屬常疫，前賢治法具載簡編，不難憑證處方。所可危者，雜疫耳。雜疫者，雜氣成疫也。夫雜氣者，風寒暑濕燥火六氣之外，迺天地間别有一種天扎暴厲之氣，如天之毒霧黄沙，地之山嵐瘴氣，溝渠積穢，土壤藏污，加以兵燹之後水旱頻仍，道路流凶，半多槀葬，尸氣臭味混合瀰漫，一遇狂風飛揚鼓舞，隨風散漫，遍及方隅，是氣也，無形可求，無象可見，況復無聲無臭，何能得睹、得聞，其來無時，其著無方，人在氣交之中，七竅空虛，口鼻爲最，忽逢是氣憑空而來，必得乘虛而人。經云：邪之所奏，其氣必虛。其爲病也，内而瘟疫、瘧痢、霍亂、軟脚等症，外而大頭、瘕瘼、疙瘩、瓜瓤等瘟，以及疫疹、疫痘之類，無非皆受雜氣之爲害，均危候也。其至危者，莫疫喉痧若也。古人謂咽喉爲要害之區，疫痧屬君相二火，要害既經邪據，火勢又復鴟張，充斥三焦，蒸騰血脈，外化疫痧，内擾神明，治之稍差，不斃何待？且予歷驗患疫喉痧而斃者，非幼稺即酒色是耽者。幼稺臟氣未充，酒色是耽者，肝腎空虛，脾濕内蘊也，是以肝腎空虛之人，未有患疫喉痧而不危者。再考十二經中，大陰之脈上膈挾咽，連舌本，散舌下，少陰之脈循喉嚨挾舌本，厥陰之脈循喉嚨之後，上入頏顙，下絡舌本，故前論疫喉白腐屬濕熱上蒸，蓋太陰脾土從濕化也。吾特於清透攻下法中，方葆眞陰，清熱滲濕，方内參入芳香。奈何世人不究病原，每遇斯症，動輒投以麻桂細辛，以誇膽識超群，不知麻黄發太陽之表，桂枝和衛外之陽，細辛溫少陰之經，與疫喉痧極不相合也。嗚呼，醫者不識六經不足以治傷寒，不明六氣不足以治時感，而六氣之外更多雜氣。吾故以非時之氣成疫爲常疫，而雜氣成疫爲雜疫。雜疫之危更勝於常疫，良以六氣有限循序可求，雜氣無窮茫然難測，妄著雜氣成疫論，聊備有心司命者之採擇云爾。

茲有友人詢及疫喉痧症，近年以來大江南北靡不盛行，一歲之中無時不見，不獨僅見於三春，更不獨僅見於甲乙兩歲運也，究竟是證果屬不正之氣所致耶，抑别有雜氣使然耶？予聞之欣然答曰：善哉斯問也，不正之氣皆爲厲氣。雜氣者，即種種不正之厲氣。厲氣之發，其來無時，其著無方，故其害甚速。君以雜氣相詢，甚有先得我心，予不敏勉，著雜氣成疫論，以質之，仍祈高明教我是幸。時光緒，歲在戊寅孟春月上元節夕，春農自記。

《疫喉淺論・辨疫邪少陰咽痛與傷寒少陰咽痛證治不同論》 蓋六經中

三陽以少陽爲樞紐，三陰以少陰爲樞紐，而疫喉痧尤以二經爲吃緊樞紐，故前論疫邪充斥三焦，加以肝膽木火焮騰，直犯心胞，危凶立判已詳言矣。至於少陰疫喉一證，尚覺闕焉未備，茲續論之，夫少陰屬腎，爲人一身之根本，位臨坎水，一陽居中，故少陰一經兼水火二氣，而寒熱相雜最不易圖。仲聖於傷寒少陰篇中歷言死證，誠以寒傷少陰甚可危也，而疫犯少陰則其危尤甚。考傷寒《少陰篇》云：少陰之爲病，脈微細，但欲寐也。少陰病欲吐不吐，但欲寐，五六日自利而渴者，屬少陰也，虛故引水自救，若少陰病形悉具，小便白者，以下虛有寒不能制水，故令色白也。少陰病下利清穀，裏寒外熱，手足厥逆，脈微欲絶，身反不惡寒，其人面色赤，或腹痛，或乾嘔，或咽痛，或利止脈不出者，通脈四逆湯主之。細繹斯文，傷寒少陰咽痛與疫邪少陰咽痛，其緊要關鍵全在二便剖別，何也？以腎司二便，故也。蓋寒傷少陰之陽，陽傷則腎火不藏，循經而上走空竅，故令咽痛，然上雖咽痛，下有寒邪，故小便色白而不利清穀。疫傷少陰之陰，陰傷則不能潛陽，循經而上走空竅，亦令咽痛，然上已咽痛，下復有熱，故小便色亦而下利渾濁，吾故以二便之赤白清濁爲寒熱二邪之緊要關鍵。故仲聖於傷寒少陰咽痛方中首立甘草湯，取甘以緩之，配以桔梗，取辛以散之，亦辛甘化陽之旨，然甘草倍用於桔梗，不使辛味出頭，用意頗深。雖有半夏湯及散，方用半夏桂枝，取其除嘔散寒。而柯韻伯註云：此必有惡寒欲嘔症，故加桂枝以散寒，半夏以除嘔，若夾相火，則辛溫非所宜矣。韻伯於傷寒咽痛，尚致意辛溫非所宜，況疫喉本屬相火爲害乎。又《少陰篇》云：少陰病嘔而咽中傷，生瘡不能語，聲不能出者，苦酒湯主之。方中亦用半夏，而柯註云：必因嘔而咽傷，胸中之痰飲尚在，故用之，且以散雞子苦酒之酸寒，但令滋潤其喉，不令泥痰於胸膈也。可見前賢不但薑桂慎用，卽半夏亦慎用也。再考傷寒少陰咽痛方中，尚有豬膚湯，豬爲水畜，津液在膚，用以爲君，取其滋化源，培母氣，水升火降則陰平陽秘，而咽痛除矣。是傷寒咽痛，仲聖尚有滋潤生津之法，何世人於疫喉妄用辛溫，果何效法乎？雖仲聖立有通脈四逆湯，方用薑附，取其溫裏通脈，脈出則生，脈不出則死，是脈爲生死關頭，非以咽痛爲生死關頭，用薑附通脈，非除咽痛也，明矣。且通脈湯後註明，病皆與方相應者，乃服之。足見仲聖立方慎重，恐後人妄用辛溫，何今人用以治疫喉乎？不知疫犯少陰，陰火上衝，上爲咽痛，脈象微細，昏昏欲寐，或吐，或利，溲赤且少，溫熱無汗，或有微汗，苔黃或赤，口渴咽乾，似此形症，來勢甚猛，變幻甚速，一投辛溫，毒火渙散，上犯心營，外化疫痧，隱而不透，內擾神明，神識昏沉，危凶之機更勝於毒火充斥三焦之候，是疫邪少陰咽痛與傷寒少陰咽痛受邪之來路不同，二便之見症亦異，則治法奚容相混。不但疫邪咽痛與傷寒咽痛治法固不相同，卽疫犯少陰與疫犯少陽而治法亦有微異，蓋疫犯少陽，三焦，閉塞，神昏，氣喘，開奪兼施，硝、黃、芩、連、在所弗禁。若疫犯少陰，水虧火旺，吐利神糊，危如朝露，硝黃固不當用，芩連亦難足恃，以腎本無實，實則轉屬陽明，不在此例矣。嗚呼，疫喉之難圖也如此。予本不敏，再四思維，稍有所得，勉擬清咽人中黃湯以治少陰疫喉，從甘苦合化，複以芳香透邪。然一得之愚，殊難自信，姑擬此以備高明，裁而用之可耳。

《疫喉淺論・辨論疫喉形證四言要略》 咽喉腫爛

喉有二孔，曰咽曰喉，咽居喉後，納食之由，喉列咽前，納氣者流，咽關腫爛，通胃須籌，喉關腫爛，清肺兼收。疫喉初起，分別重輕，赤紫凶險，紅潤順平，重爛滿布，輕爛零星，微痛易散，痛甚難清，腐爛色黃，明潤何妨，晦暗終險，白腐悲涼，白如豬脂，濕疫參詳，白如枯骨，音瘂非祥，白延小舌，一名蒂丁火灼陰傷，救陰化疫，清熱相當。

發熱惡寒有汗無汗

疫之重輕，先審發熱，溫熱有汗，邪易外洩，壯熱無汗，邪不肯越，或有微寒，疫邪蘊結，清透清化，方無虛設。辛溫取汗，津液內竭，舌乾神煩，痧癮不徹，清上奪下，貴在早決。痧醫身熱，症勢尤烈，清熱育陰，兩不可缺。

疫痧

疫喉乍起，痧點隨生，皮膚紫赤，顆粒無分，壯熱神煩，悶痧危程，透達清化，庶可回春。色轉紅潤，化險爲平。稀疎高點，奏效如神。痧醫膚燥，育陰須憑。辛溫升托，例禁分明。

脈象

疫喉腐爛，脈要審詳，浮緩平順，弦數披猖。清透清化，審證定方。喉爛痧隱，沉伏爲殃，弦數洪大，火勢鴟張，清上奪下，功效異常。神昏壯熱，細數非祥，數爲火灼，細屬陰傷，辛溫誤服，津液消凶，救陰清火，危者安康。痧醫洪數，餘焰須防，沉細微弱，陰湯互戕。

舌色

脈體已辨，舌色當分，粉白潮膩，疫伏未升，若帶灰潮，濕熱互仍，毒火潮濕，辨別須清。伏邪初出，兼症未形，論寒則悞，論熱匪眞，疫中兼濕，濕中有溫，偏寒偏燥，變證紛紛。苦辛透達，參以芳芬，氣開疫化，引邪外騰。乾白煩熱，疫火內淫，黃垢潮膩，濕熱薰蒸，清上泄下，移重爲輕，疫升火發，苔黃乃成，熱宣濕化，潮退灰平。痧艷舌絳，火勢尤深，舌縮苔黑，喉爛神昏，壯熱痧癟，命難更生。

面色

疫喉乍起，面色須詳，紅亮火盛，清化相當，青滯晦暗，悶痧須防。清開清透，審證定方，喉爛痧隱，神呆非祥，鈍青瘟白，逆證堪傷。

咳嗽喘呃失音

痧本肺病，咳出咳進，喉爛不深，痧透安定，喉爛痧隱，咳甚火境，透化雙清，以觀動靜，喘息不平，悶痧匪輕，神糊喉爛，壯熱歸陰，痧艷氣喘，火勢沸騰，清上洩下，卻病回春。若逢呃逆，肺胃熱深，清開肺胃，呃逆無增。咳甚音啞，清肺何暇，口有穢氣，肺爛非假。痧後音嘶，虛勞危兮，清金培土，庶挽天機。

項間外喉漫腫牙關拘急

疫喉腐爛，項間漫腫，拘急牙關，陽明毒壅，透化兼清，腫消無恐，毒結不化，神丹何用。

毒泡

痧點之側，毒泡相加，輕如白痱，重似水花，毒火潮濕，混合無涯，清化滲濕，熱退爲佳。

神煩神昏譫語口渴鼾睡鼻搧

心主神明，神識宜清，疫火內熾，心君欠靈，喉爛痧隱，譫渴匪輕，透達清化，神爽安甯。便秘脈實，清洩兼行，舌乾煩渴，參以育陰，神煩神呆，心胞火蒸，清開清洩。庶幾回春，再加鼾睡，喉有痰聲，鼻搧氣捉，百難一生。

嘔吐乾嘔吐蛔

痧隱嘔吐，疫伏甚深，透達清化，使疫宣騰，神煩乾嘔，火勢頻增，峻清疫火，功效有成。吐蛔乾嘔，痧隱尤惡，壯熱譫煩，難乎救藥。

自利便閉便溏洩濇

暴注下迫，皆屬於熱，喉爛痧隱，熱勢尤烈，若逢便閉，疫火內結，壯熱神煩，速投清洩。痧隱便溏，熱留大腸，清透清化，痧達安康。痧後便溏，虛在脾陽，和中培土，清熱審詳。熱畜下焦，洩短而濇，溲黃熱輕，溲赤熱極，丙腑不通，溲痛如塞，導赤清通，庶可奏績。

腹痛

疫痧腹痛，僅熱無寒，火鬱於內，清化開顏，或兼宿食，消導相參。神呆痧隱，悶痧細看，壯熱脘痞，氣促尤難，清上奪下，危者向安。

目赤齒衄鼻衄

火性上炎，兩目純赤，毒蘊陽明，齒鼻雙衄，峻投清化，疫升火熄，陽秘陰平，血症如失。

牙疳遺毒

疫痧毒留，牙疳堪愁，不治之候，五證細求，清火化毒，走馬速投，用藥應手，厥疾乃瘳。更有遺毒，四肢四彎，項間腮畔，漫腫尤難，身熱氣促，不寐少食，毒留正敗，惡候難堪，扶正化毒，清熱相參，外加敷貼，危者轉安。

附錄牙疳五不治

口臭涎穢者一不治，黑腐不脫者二不治，
牙落無血者三不治，穿腮破唇者四不治，
用藥不效者五不治。

《疫喉淺論・養陰清肺湯辨》 嗚呼，醫之難言也，而醫之著書立說尤難言也，何也？ 如白喉治法，出鄭梅澗先生重樓玉鑰中，首立養陰清肺湯以治白喉。其原文云： 此症發於肺腎，凡本質之不足者，或遇燥氣流行，或食辛熱之物，感觸而發，治法不外肺腎，總要養陰清肺兼辛涼而散爲主。細繹斯文，凡本質之不足者，陰虛可知。其觸發也，或外襲燥氣，或內食辛辣。由是觀之，陰虛體質吸受燥邪，理宜養陰清肺，當兼辛涼而散。養陰者，養少陰之陰也，清肺者，清肺經之熱也，兼辛涼而散者，以辛涼之品散其燥邪也，面面皆到，標本兼施。至於臨症加減，隨機應變，誠非止此一方，遂爲醫者之能事畢矣。其方藥生地、元、參、麥冬、薄荷、丹皮、白芍、貝母、木通八味，分量共計八錢一分，正合古人上病治下，重藥輕用之旨。在先生頗有斟酌，深恐後人孟浪，僨事的係陰虛燥火上乘於肺，肺屬金，其色白，白乃肺之本色，致成白喉，投以養陰清肺湯，故多獲效。且西北風高土燥，東南地卑水濕，南北之風土不同，受邪之來路亦異。如大江南北揚鎮兩郡，由去歲秋冬迄今春夏，

患疫喉痧者，沿門比戶，長幼相同，互相傳染，此謂瘟疫流行。凡人咽喉腐潰，無不見癍痧，吳人謂之爛喉痧是也。《吳醫彙講》中已言之矣，初起或因外風相搏，或因濕熱互乘，或兼濁痰上壅，或兼宿垢塡中。如外風相搏，先宜透達，濕熱互乘，首當宣化，以及濁痰宿垢壅遏，化痰消導必須參用，若受疫毒太重，芳香化濁清涼敗毒萬不可少。何今人一見白喉不審兼挾襍症，概以養陰清肺湯重用之。試問初來卽投寒膩之品，閉塞氣機，錮結其邪，邪無出路，津液消耗，危亡立待。愚見外邪一經宣達，內火漸欲鴟張，雖犀角地黃、清心涼膈、普濟消毒去升柴犀羚二鮮，吳氏化癍，清營清宮、清咽、化痧、清咽人中黃等湯，皆可選用，何必拘拘養陰清肺一方也。伏讀御醫《金鑑》序文云：病有萬變，藥亦有萬變，旨哉！斯言病變而藥不變，千古無斯情理，斷不可以一方而印定後人眼目也。噫嘻，不通天地，人不足以成大儒，不通天地，人亦不足以爲名醫。若不究歲運之陰陽，不察風土之燥濕，不審稟賦之強弱，貿貿然而欲執定一方以療千萬人之疾，吾知其枘鑿者多矣，此豈前人立方之未善哉，此豈是方宜於古不宜於今而不堪引用哉，特用之而未得其當耳。蓋用之得當，效如桴鼓，用之失當，禍不旋踵。余素不知醫，然目擊心傷，雖欲不辨惡，得而不辨，梅澗先生有知，其亦鑒余不得已之苦衷，而不斥余言爲狂瞽矣，是爲辨。

《痧喉闡義・爛喉卽痧闡》 爛喉卽痧，乃氣血同病，內外異形之故。而雲間朱鐵山獨創痧本喉末之論，是不知氣血之形當有別耳。其論謂痧邪之發，必先見咽喉腫痛，是癘邪痧子爲本，咽喉咳嗽爲末。而諸醫偏重於咽喉而忽於痧子，舍本求末，執守《內經》諸痛屬火，紅癨爲熱之說，急進寒涼，遏伏癘邪，以致體弱者病勢轉重，而醫猶謂病重藥輕，寒涼倍進，痧毒內陷，喉閉疫升，命歸泉路。要知頭面腫赤乃痧毒外達之勢，正當表散開達，毒自不留，直待腫退痧回、鼻流清涕，方進涼血清解，靡不速效。按鐵山初宜表散，繼宜涼血之論，誠可謂知所先後矣，若以發痧爲本而宜散，爛喉爲末而宜涼，則是疫有二邪，一病兩治，緣痧邪之發，氣血有分形，痧喉無本末，治之之法皆當一本於痧，均要先解後涼抑或涼解雙用，斷不能以痧爲本而宜散，以喉爲末而宜涼也。至《內經》諸痛屬火，紅癨爲熱二語，諸醫執論痧喉，何嘗不是第，經不又曰火鬱發之，諸醫若更執此以治疫，則於痧喉一症當無剩義，是內經之旨本詳明，而領經之趣則自晦，非執之咎，實執而不化之咎，若陳耕道《疫痧方》中所論，表邪末也，火熾本也。二語確是深明本末之理。而吾姻洪麗川嘗謂，痧喉一症，名雖兩殊，實則一痧分呈乎內外耳。玩味斯言，一語道破，推而治疫得其旨矣。

《痧喉闡義・引證金匱辨訛》 痧喉引證，未見有人，獨吳閶唐迎川誤將《金匱》論陽毒之爲病，面赤斑斑如錦文，咽喉痛，吐膿血，五日可治，七日不可治，升麻鱉甲湯主之。細繹其義，實與此證相類，何會心者之絕少耶，蓋以升麻升透厲邪，鱉甲泄熱守神，當歸和血調營，甘草瀉火解毒，正《內經》熱淫於內，治以寒鹹，佐以苦甘之旨。而內有蜀椒、雄黃，似當置於陰毒方中，或因傳寫之訛耳，一轉移間則於陽毒陰毒尤爲貼切，而人之用之者亦鮮疑畏矣。今遇此一證，當於經義求之，毋謂古人之未及也。在迎川之意，以爲陽毒卽是疫痧，不知《金匱》所論，乃風寒凝滯，久蘊身中，內腐氣機，外傷肌肉，病發氣分者，曰陽毒；病發血分者，曰陰毒，實非疫癘時行之毒也。迎川蓋不知此，故於蜀椒、雄黃，二義未識，從治之方顚倒錯置，大乘《金匱》本旨，卽以疫論，原無取乎蜀椒、雄黃，縱使用之亦當置於陽毒，取其導火下行，芳香解穢，正是以火引火，從治之義，陽毒恰好用之。若在血分，名曰陰毒者，則是陰血已爲蘊毒所傷，豈有再加辛熱更灼其陰之理？正宜去此二藥，僅用泄熱養陰治法至穩至當，何謂傳寫之訛？况吐膿血爲痧喉絕少之症，卽或有之亦係肺胃腐爛而吐。毒焰肆虐至此，臟腑已不可堪，安有不陷心胞須臾斃命之理？尙何待至五日而猶曰可治耶？迎川誤引《金匱》亟當爲之辨正。

《痧喉闡義・發痧每不爛喉多兼發痧闡》 臟腑之質，有勝有偏。呼吸之司，氣無二息。若肺氣實而胃氣虛者，胃腑受邪宜發痧而不爛喉。若肺氣虛而胃氣實者，肺臟感疫宜爛喉而不發痧。何以發痧者每不爛喉，爛喉者多兼發痧？緣肺主呼，聲息飲食與胃相依，况肺脈起於中焦，下絡胃之上口賁門之地，肺家既見爛喉，喉毒隨吸入胃，胃家吸受肺毒，是以必兼發痧，縱輕微不覺，必膚養依稀，此爛喉無不發痧者以此。又《內經》曰陽病者上行極而下。是以肺病累及於胃，正上行極而下也，亦順也。胃病不害於肺者，乃疫爲陽邪不應下行極而上也，亦順也，故發痧每不爛喉，爛喉多兼發痧者，又以此也。

《痧喉闡義・雙解有三說》 時行疫氣，非風不傳，故列子謂：風爲大

塊之噎氣，雖陰霾不開之氣，一遇風鼓盪之卽，從其化而爲陽矣。故疫屬陽邪而陽淫熱疾，初感在表，雖屬惡寒，然邪之來本於火熱，此雙解之涼散兼施者一也。至惡寒之故，乃風傷於衛，熱傷於氣，故衛氣不敵而退縮，邪卽勝之而寒作矣。陽邪鼓動最速，既侵衛分，旋隨衛氣以相出入，又從衛化而爲熱，所病原在於衛，本無損於陰營，然久戀衛而不祛，將風勝則動，熱勝則腫，於是陽亢陰消，陰亦灼耗而營傷矣，所以疏達養陰不能偏廢，此雙解法之所以當施者二也。又若初起神呆，痧點隱約，燥熱爛喉，來勢猛烈者，當此之際使認症不清而以小劑嘗試，直是優柔養奸，必致釀成巨患，譬之車薪杯水適以增焰，何能止炎？若僅以苦寒從事不加雙解，則是不通風火之情，激成燎原之勢，勢必猛烈尤甚，氣焰愈增，推疫之氣從風從火，風火相生，變端甚速。然風之性宜疏而火之情尙達，所以涼劑中必兼疏達也，以此蓋寒涼之性非下卽閉，適與疏達相反，實是拂其情性，何怪電掣風馳激之生變？假如酷暑大熱赤日懸空，雖驟雨而無風，不但氣不轉涼而反因之加熱，正是熱爲雨遏，熱氣何自而宣？但得微風疏動，燥氣便覺消除，使再加雨潤之，卽轉太和氣象，此雙解之所以當施，尤貴重施者三也。

《痧喉闡義・分別傳染感發感冒》 時行疫氣，雖易染人，未見盡人而染，何也？自召之也！召之何由？由夫人之氣質素弱，藩籬又疏，於是疫從口鼻而傳，痧自肌膚而染者，謂之傳染。抑人正氣雖足，而或外伏他邪，則是素有伏邪，更感時行而發者，謂之感發。更有外強中乾，雖身無伏邪，而賦質偏勝，則是氣有所偏，疫乘其偏而冒受者，謂之感冒。必也正氣內充，更無夙疾，少神志之煩，絕勞頓之役，不傳不染，其殆庶幾。

《痧喉闡義・疑似辨正》 岐伯曰：不相染者，正氣存內，邪不可干。是疫之入也，必乘其虛。然虛有內外，故感有淺深。氣有偏勝，故症有疑似。其在內氣實而外氣虛者，雖感冒輕微亦應見微疾，故認症難眞辨之之法惟咳嗽、膚癢、脈象弦洪而數、隱約痧形在所必見。其襲於皮毛者，則內應乎肺，故目赤者以白珠屬肺，膚癢者以肺主皮毛，喉痛者以喉爲肺管，溏洩者以大腸爲肺之表邪從表洩，咳嗽者爲邪襲肺經，是皆皮毛冒疫，其象如此抑有皮毛閉密，邪不能侵，而或困乏其身。四肢感冒者則內應乎脾，而脾又與胃相爲表裏。故肢癢者以脾主四肢，液乾者爲脾不輸津；作渴者爲胃熱思飲；嘔惡者爲胃邪上越；不思食者爲邪襲胃經；不寐者爲胃有燥屎；發痧者爲邪達肌表；是皆因正氣內充；外冒疫邪而不能循經人內者其象又如此。均爲疑似之症，最易誤作他邪，故特爲之辨別，以明似是之非。

《痧喉闡義・陰痧附錄》 俗有發痧一症，卽古所謂暑月。中惡陰凝腹痛之痞氣也，既非傳染，復非疫癘，俗曰脹痧、烏痧、鈎腳痧、絞腸痧等，症與疫相反而俗亦謂之痧者，尤當附以辨明，蓋疫痧者，傳染時行而發；陰痧者卒中惡氣而然。惡氣者何卽矢氣也，矢氣者乃濁穢所積襍挾陰邪感人之身，如矢中的，其氣陰凝，故不傳染。爰盛夏之時，六陽盡發於外，六陰盡藏於內，故夏氣升而井水寒，人身應乎天地臟腑，應屬寒涼。藩籬因而不密，以故陰邪易干，矢氣易入，入則直射貫革，痛楚難勝。若無伏邪而感者，立致容顏慘黯，腹痛腸鳴，閉阻氣機，四肢厥冷，祇須推拿揉刮，使血氣頻分頻合，陽氣疏通，矢氣遂從肌肉傳達而出，漸露痧點外呈，勿藥亦可自愈。然須一周日不能飲水，飲則邪留經絡，一遇寒涼憤鬱最易舉發，不可不知。右有伏邪而更千矢氣者，則直射腸腑，立致血脈凝泣，營衛失司，霍亂吐瀉，鈎腳絞腸，痛不可耐，厥逆身僵，人事不省。亟以辛熱溫通之品逐其凝寒，芳香靈明之藥導其關竅。俾氣血流暢，陽和頓開，小可立愈。故無論輕重，而腹痛腸鳴在所不免，良以腹內寒涼復襲矢氣，於是腹爲寒凝而疼痛，腸卽阻結而如絞，此絞腸之所以名也。至於鈎腳，乃足爲三陰脈絡發源之所，陰從下受，故傷陰胳，陰胳凝泣腳不能伸而爲鈎，此鈎腳之所以名也，救之不及命斃須臾。是皆中惡腹痛，痞氣陰凝之症，俗雖謂之發痧，實與疫痧之痧有由異，卽傳染與不傳染所由分也。

綜述

《傷寒總病論・斑豆瘡論》 龐曰：天行豌豆瘡，自漢魏以前，經方家不載，或云建武中南陽征虜所得，仍呼爲虜瘡。其後名醫雖載發斑候，是發汗吐下後，熱毒不散，表虛裏實，熱氣燥於外，故身體發斑。又說豌豆皰瘡，表虛裏實，一如發斑之理。別云熱毒內盛，攻於臟腑，餘氣流於肌肉，遂於皮膚毛孔中，結成此瘡。既是裏實，熱毒內盛，則未發及欲發，瘡斑未見，皆宜下之也；瘡已差，則再下之。此病有兩種。一則發斑，俗謂之痲子，其毒稍

輕；二則豌豆，其毒最重，多是冬溫所變。凡覺冬間有非節之暖，瘡毒未發，即如法下之，次第服預防之藥，則毒氣內消，不復作矣；有不因冬暖，四時自行者，亦如法下之。古方雖有治法，而不詳備，疑當時毒熱未甚，鮮有死者耶。近世此疾，歲歲未嘗無也，甚者夭枉十有五六，雖則毒氣內壞不治，因醫爲咎，又大半矣。若身疼壯熱頭痛，不與小汗，何由衰散？大腑久秘，毒攻腰脇，或心腹脹滿，不與微利，何由釋去？故當消息汗下。然則寒藥固不當行，溫藥反增熱毒，若熱勢大盛，脈候洪數，涼性之藥，不阻表裏氣，亦可通用；若寒氣阻礙，脈候浮遲，則溫性之藥，不阻表裏氣者，可冀冰釋。云不可汗下寒熱之藥，只可紫草一味者，乃滯隅之流，秖是遭逢輕疾，以自差爲功，若值重病，則拱手待斃矣。世有權貴，自信不任人拘忌，冷熱汗下，病或不救，則責醫謬誤，斯又可爲傷歎。夫調瑟者必當移柱，故用古方，附以愚見，爲斑豆方，以小兒多染此患，故專用小湯劑，大人可倍用之。

《傷寒總病論·天行溫病論》 春三月青筋牽證，其源自少陰、少陽。從少陰而涉足少陽，少陽之氣始發，少陰之氣始衰，陰陽怫鬱於腠理皮毛之間，因生表裏之痾。因從足少陽發動及少陰，則臟腑受癘而生其病。

肝腑臟陰陽毒氣病，頸背雙筋牽急，先寒後熱，其病相反。若腑虛爲陰邪所傷者，則腰強急，腳縮不伸，腑中欲折，眼中生花，此法主之。不可作煑散。柴胡地黃湯。

肝腑臟陰陽溫毒病，頸背牽急，先寒後熱，其病相反，若臟實則爲陽毒所損，眼黃，頸背強直，若欲轉動，即合身回側。不可作煑散。石膏竹葉湯。

夏三月，行赤脈攢病，其源自少陰、太陽。

心腑臟陰陽溫毒氣，身熱，皮肉痛起，其病相反。若臟實則爲陽毒所侵，口乾舌破而咽塞；若腑虛則爲陰邪所傷，戰掉不定而驚動。不可作煑散石膏地黃湯。

四季月終，餘十八日行黃肉隨病。其源從太陰、陽明相格，節氣相移，三焦寒濕不調，四時關格而起，則臟腑之痾隨時而受癘，陽氣外泄，陰氣內伏。

脾腑臟溫毒病，陰陽毒氣，頭重項直，皮肉強，其病相反。臟實則陽疫所傷，蘊而結核，起於頸下，布熱毒於分肉之中，上散入髮際，下貫顳顬，隱隱而熱，不相斷離，不可作煑散。玄參寒水石湯。

秋三月行白氣貍病，其源從太陽繫於太陰。太陰受淫邪之氣，則經絡壅滯，毛皮竪堅，發泄邪氣，則臟腑傷溫，隨狀受癘。

肺腑臟溫病，陰陽毒氣，其病相反。若腑虛則陰邪所傷，乍寒乍熱，損肺傷氣，暴嗽嘔逆，不可作煑散。宜石膏杏仁湯。

肺腑臟溫病，陰陽毒氣，其病相反。若臟實則爲陽毒所損，體熱生班，氣喘引飲，不可作煮散。宜石膏葱白湯。

冬三月行黑骨溫病，其源從太陽、少陰，相搏蘊積，三焦上下壅塞，陰毒內行，臟腑受客邪之氣，則病生矣。

腎腑臟溫病，陰陽毒氣，其病相反。若腑虛則爲陰毒所傷，裏熱外寒，意欲守火而引飲，或腰痛欲折。腎腑臟溫病，陰陽毒氣，其病相反。若臟實則爲陽毒所損，胸脇切痛，類如刀刺，心腹彭脹，服冷藥差過而便洞泄，不可作煑散。苦參石膏湯。

《傷寒類證活人書·問初春病人肌肉發班癮疹如錦紋或咳嗽心悶但嘔清汁者》 答曰：此名溫毒也。溫毒發班者，冬時觸冒寒毒，至春始發。病初在表，或已發汗吐下，而表證未罷，毒氣不散，故發班，黑膏主之。又有冬月溫暖，人感乖戾之氣，冬未卽病，至春或被積寒所折，毒氣不得泄，至天氣暄熱，溫毒始發，則肌肉班爛，癮疹如錦紋，而咳心悶，但嘔清汁，葛根橘皮湯主之，黃連橘皮湯尤佳。

《傷寒補亡論·風溫溫毒論》 《活人書》曰：初春病人，肌肉發斑、隱疹，跡如錦文，或咳，心悶但嘔者，此名溫毒也。溫毒發斑者，冬時觸冒寒毒，至春始發，病初在表，症如傷寒，或已發汗、吐、下，而表症未罷，毒氣不散，或發斑，黑膏主之。成瘡者，自作瘡毒治，不可用黑膏。又有冬月溫煖，人感乖戾之氣，冬未即病，至春或被積寒所折，毒氣不泄，至天氣暄熱，溫毒如發，則肌肉斑爛，癮疹如錦文，而咳，心悶，但嘔清汁，葛根橘皮湯主之。郭壅曰：不必初春春夏，皆發其斑，與傷寒不同，癮疹如錦文而不作瘡爛者是也。其發瘡膿爛者，即時行熱毒豌豆瘡也。二者初症，皆先有表證如傷寒。又有癮疹赤白二種，初無表症，暴感溫氣而作，其毒輕淺，風尸之類也。又有一種偏身如錦，初亦無表症，暴感而作，如丹如疹，其毒亦輕，皆詳見小兒瘡疹後，斑瘡癮疹論辨中。

《傷寒全生集·辨大頭傷風例》 大頭者，一曰時毒，一曰疫毒，蓋天行疫毒之氣，人感之而爲大頭傷風也。若先發於鼻額紅腫，以至面目盛腫不

開，并額上面部掀赤而腫者，此屬陽明也。或壯熱氣喘，口乾舌燥，或咽喉腫痛不利，脈來數大者，普濟消毒飲主之。內熱甚者，通聖消毒飲。若發於耳之上下前後，并頭角紅腫者，此屬少陽也。或肌熱，日晡潮熱，往來寒熱，口苦咽乾，目疼脇滿，宜小柴胡加天花粉、羌活、荆芥、連翹、芩、連主之。若發於項上，并腦後項下，及目後赤腫者，此屬太陽也，宜荆芥敗毒散主之。若三陽俱受，邪併於頭面、耳、目、鼻者，以普濟消毒飲，外用清涼救苦散敷之。大抵治法不宜太峻，峻攻則邪氣不伏，而反攻內，必傷人也。且頭面空虛之分，既着空處，則無所不至也。治法當先緩後急，則邪伏也。先緩者，宜退熱消毒，虛人兼扶元氣，胃氣弱食少者，兼助胃氣，候其大便熱結，以大黄下之，拔其毒根，此先緩之法也。蓋此毒先腫鼻，次腫於耳，從耳至頭上絡腦後結塊則止，不散必成膿也。

《傷寒全生集・辨冬溫溫毒例》 冬月非常之煖，各日冬溫。蓋此卽時氣也。陽脈洪數，陰脈實大者，遇濕熱變爲溫毒，溫毒爲病最重也。此前熱未已，又感溫熱者也。若發斑者，名曰溫毒，亦時行發斑也。蓋因冬月感寒毒異氣，至春而發，表邪未解，毒氣未散，故發斑也。其症心下煩悶，嘔逆咳嗽，後必下利，寸脈洪數，尺脈實大，用元參升麻湯、人參化斑湯。

《醫學正傳・瘟疫・蝦蟇溫》 丹溪曰，蝦蟇瘟屬風熱，防風通聖散加減用之，或用小柴胡加防風、羌活，荆芥、薄荷、桔梗煎服，外以側柏葉搗汁調火煅蚯蚓糞敷之，或用丁香尖、附子尖、南星醋調敷之，或五葉藤、車前草皆可搗敷之有效。

疫癘夏感寒伏於少陰，咽痛，次必下利，名曰腎傷寒。宜用半夏、桔梗、甘草各一錢，加薑五片煎服。大頭天行病從頤頷腫熱者，又名顱顖瘟。東垣有方用羌活、酒炒黄芩、酒蒸大黄加減水煎服，十五六日服小柴胡湯不愈者，仍用陳皮、紫蘇發散而愈。又法酒炒黄芩、黄連爲君，炙甘草爲佐，水煎，細細呷之。再加鼠粘子，酒蒸大黄，煎入芒硝，亦細細頻與服之，微利爲度。腫減後去三味，祇服煎藥。如渴，屬陽明加石膏，屬少陽加瓜蔞根。若陽明行經加升麻、芍藥、葛根、甘草，太陽行經加羌活、荆芥、防風。如頭痛加黄芩，渴加葛根，身痛加羌活、防風、荆芥、桂枝、芍藥，隨宜用之，入上藥相合煎服。或時疫腫毒疙瘩，或臟腑積熱發於頭項，咽嗌堵塞水漿不下，或面赤、脈浮洪、熱甚，漏蘆湯治之。

《丹溪心法附餘・活法機要・大頭風證》 夫大頭風證者，是陽明邪熱太甚，資實少陽相火而爲之也，多在少陽，或在陽明，或在太陽，視其腫勢在何部分，隨經取之。濕熱爲腫，木盛爲痛，此邪見於頭，多在耳前後先出，治之大不宜藥速，速則過其病所，謂上熱未除，中寒復生，必傷人命。此病是自外而之內者，是血病，况頭部分受邪，見於無形跡之部，當先緩而後急。先緩者，謂邪氣在上，着無形之部分，既着無形，無所不至，若用重劑速下，過其病難已。雖無緩藥，若急服之，或食前，或頓服，皆失緩體，則藥不能得除，病當徐徐浸漬，無形之邪也。或藥性味形體據象皆要不離緩體是也。且後急者，謂緩劑已瀉，邪氣入於中，是到陰部，染於有形質之所，若不速去，則損陰也，此終治，卻爲客邪當急去之，是治客以急也。且治主當緩者，謂陽邪在上，陰邪在下，若急治之，不能解紛而益亂也。治客以急者，謂陽分受陰邪，陰分受陽邪，此客氣急除去之也。

假令少陽陽明爲病，少陽爲邪出於耳前後也，陽明爲邪者，首大腫也，先以黄芩黄連甘草湯通炒過，剉煎，少少不住服，或劑畢，再用煨黍粘於新瓦上炒香，同大黄煎成，去滓內芒硝，俱各等分，亦時時呷之，無令飲食在前，得微利。及邪氣已，祇服前藥，如不已，再同前次第服之，取大便利，邪氣則止。如陽明渴者，加石膏。如少陽渴者，加瓜蔞根。陽明行經，升麻、芍藥、葛根、甘草。太陽行經，羌活、防風之類。

黑白散治大頭風如神。

消毒丸。

《保命歌括・瘟疫》 春夏人多病大頭，秋來瘧痢不勝愁。喉風赤瞎相傳染，自各臨時以法求。

天行時病，不但傷寒爲疫癘也。如大頭瘟、瘧疾、痢疾、咽喉腫痛、火眼之類，亦有相傳染者，多致殺人，各隨病以法治之。

經云：春氣者，病在頭，兪在頸項，陽氣升也，故大頭之病，春夏之氣主之。此即龐氏所謂黄肉隨病，乃土疫也。其氣蘊爲結核，起於頸之側，布毒熱於分肉之中，上散於髮際，下貫顳顬，隱隱而熱腫，不相斷離，宜服玄參寒水石湯，灸脾之二兪。皮肉之腫處，則須刺破傳貼，所謂血實則決之，無不愈矣。傳貼拔毒散主之。劉河間云：大頭痛是陽明邪熱太甚，資少陽相火而爲之也。多在少陽，或在陽明，或傳太陽，視其腫勢在何部分，隨經取之。濕

熱爲腫，木盛爲痛，治法當先緩而後急。先緩者，謂邪氣在上，又自外而之内者，若用重劑急下，則過其病所，上熱未除，中寒復生，必傷人命。當視其病少陽爲邪，出於耳之前後，陽明爲邪，首腫大，緩藥緩服，黄芩黄連甘草湯主之。後急者，謂緩藥已瀉，邪入於内，當急治之，前方内加鼠粘子、芒硝以微利之。

東垣云：身半已上，天之氣也，邪熱客於心肺之間，上攻頭面而爲腫耳，宜普濟消毒飲子主之。

丹溪云：大頭乃濕熱在高巔之上，不宜用降藥。

此已上，治大頭病之法也。

《保命歌括・瘟疫》 丹溪云：蝦蟆瘟屬風熱，其症頷下腫，腮腫，宜防風通聖散加減用之，或小柴胡加防風、羌活、荆芥、薄荷、桔梗，外用敷藥星烏散。

《名醫類案・大頭天行》 江應宿按：陽明邪熱兼少陽相火爲病，視其病勢在何部，隨經處治，當緩勿令重劑，過其病所。陽明爲邪，首大腫，少陽爲邪，出於耳前後，子每治此症，初用凉膈散，繼以消毒飲，無不立愈。

《傷寒摘錦・傷寒成溫暑感異氣變他病脈證治法》

經曰：陽脈洪數，陰脈實大者，過溫熱變爲溫毒。專責平少陰心火，表裏俱熱，爲病最重，宜玄參升麻湯。

《古今醫統大全・瘟疫門・大頭瘟候》 大頭瘟爲天行邪氣客於太陽、陽明、少陽之經，頭目俱腫而爲病也。太陽病發於頭上，并腦後下項，及目後赤腫者是也，治宜荆防敗毒散，羌活、藁本行經。陽明病發於鼻額，并二目不開，及面部者是也。或熱氣喘、口乾、舌燥、咽喉腫痛不利，脈數大者，普濟消毒飲。若内實熱者，防風通聖散間服之。少陽病發於耳之上下前後，并頭角紅腫者是也。若肌熱日晡潮熱，或寒熱往來，口苦咽乾目痛，胸脇滿悶，小柴胡湯加消毒之藥。

三陽經俱受邪，併發於頭面耳鼻者，以普濟消毒飲或通聖散、消毒散，外用清凉救苦散敷之。

治大頭瘟不宜速，攻則邪氣不伏，反攻於内而傷人也。且頭空虛之分，既着空虛，則無所不至也。所以治法當先緩而後急，則邪伏也。緩治以清熱消毒，虛者兼益元氣，胃虛食少者兼助胃氣，内實熱盛者大便秘結，以酒浸大黄下之，乃宣熱而泄其毒也。此爲先緩後急之法。若先從鼻腫，次腫於目，又次腫於耳至頭上，絡腦後結塊，則止不散，必出膿而後愈。

蝦蟆瘟候

蝦蟆瘟，天行邪氣客於少陽，頸項并腮俱腫，大如蝦蟆樣者，故名蝦蟆瘟，宜用風熱藥解毒丸間下之，外以側栢汁調蚯蚓糞敷之。大頭蝦蟆之候，盡因風熱溫邪在於高顛之上，宜敗毒散加羌活、黄芩、酒浸大黄隨病加減，不可峻用降藥。雖有硝黄之劑，必細細呷之。大抵攻之太峻，則邪在上，自如無過之地，及受其害也。

《赤水玄珠・疫門・頭面腫》 俗名鸕鷀瘟、蝦蟆瘟。

車前草水煎服，極效。大便秘者，加蜂蜜一匙。

多是少陽、陽明二經之火上壅，熱極而生風也。故腫每在兩頰車及耳前後，當用清降二法，防風通聖散加減治之。感之輕者，衹清之，亦自消散，不必加硝黄，恐藥過於病也。

予嘗治多加痰藥於清散之中，取效甚速，今列於左。

白薑蚕　天花粉　酒黄芩　酒黄連　大力子　甘草　北柴胡各一錢　貝母　元參　桔梗　枳殼各八分　連翹　石膏各三錢　升麻一錢　葱白三根　生薑三片　淡竹葉廿片

食後緩緩服之。

大便秘結，加酒煨大黄一錢。

若被重劑，瀉下太過，損傷中氣，脾弱泄瀉，面與項腫不退，此所謂上熱未除，中寒復生者也，以小柴胡湯加白术、山藥、升麻、白芷，一補一消，庶幾保全。

大頭病與此亦相須而治。

丹溪曰，大頭天行病，乃濕熱在高巔之上，用羌活、酒芩、酒煨大黄，隨病加減，不可用降藥。

東垣有法有方，謂陽明邪熱太甚，資實少陽相火而爲之。視其腫熱在何部，隨經治之，當緩。勿令重劑過其病所。陽明之邪，首大腫，少陽之邪，出於耳前後，先以酒炒黄芩、黄連、炙甘草煎，頻頻少與呷之。食後再煎大黄、大力子，臨時加芒硝等分，亦時時呷之，俟邪氣少殺，只服前藥，未已，再如前次第服之，取大便邪氣已即止。陽明渴，加石膏。少陽渴，加括蔞根。陽明

行經，升麻、芍藥、葛根、甘草。太陽行經，藁活、荆芥、防風並與。上藥相合服之。

或云頭痛，酒芩。口渴，乾葛。身疼，羌活、桂枝、防風、芍藥。

《醫考方・大頭瘟》敘曰：大頭瘟，前占未之論也，東垣始論之。今上壬午，北方病此者甚衆，死者不啻數萬人。崐居南土，未嘗見其證。鄉人自北方來者，皆言患者頭大如斗，躋頸而還自若也。今考三方，觀其大略。

二黄湯

天行大頭疫病，此方主之。

頭大者，炎上作火之象也，故用芩連之苦以瀉之，甘草之甘以緩之。

普濟消毒飲子

泰和二年四月，民多疫癘，初覺憎寒壯熱體重，次傳頭面腫盛，目不能開，上喘，咽喉不利，舌乾口燥，俗云大頭傷寒。諸藥雜治，終莫能愈，漸至危篤。東垣曰：身半已上，天之氣也，邪熱客於心肺之間，上攻頭面而爲腫爾。乃主是方爲細末。半用湯調，時時呷之。半用蜜丸噙化，活者甚衆。時人皆曰天方，遂刻諸石以傳永久。崐謂：芩、連苦寒，用之以瀉心肺之火。而連翹、玄參、板藍根、鼠黏子、馬勃、殭蠶，皆清咽利膈之物也。緩以甘草之國老，載以桔梗之舟楫，則諸藥浮而不沉。升麻升氣於右，柴胡升氣於左，清陽升於高巔，則濁邪不得復居其位。經曰：邪之所湊，其氣必虚。故用人參以補虚，而陳皮者，所以利其壅滯之氣也。又曰：大便秘者加大黄，從其實而瀉之，則竈底抽薪之法爾。

五香麻黄湯

凡傷寒熱病後，忽發浮腫，或着頭面，或着唇口頸項，或着胸背，或着四肢，或偏着兩足，不痛不赤者，此方主之。

腫而痛者爲實邪，不痛者爲虚邪，腫而赤者爲結熱，不赤者爲留氣。故知上件諸證，乃是餘邪未去，營衛之行不相順接，逆於肉理而爲腫爾。是方也，用五香以開氣竅。而麻黄、防風、獨活、秦艽、萎蕤、白薇，皆辛散也，一以解其餘邪，一以流其着氣。乃甘草之補，所以致新，枳實之悍，所以推陳。

《傷寒證治準繩・四時傷寒不同・春爲溫病》溫毒：陽脉洪數，陰脉實大者，遇溫熱變爲溫毒。成此前熱未已，又感溫熱者也。陽主表，陰主裏，洪數實大，皆熱也。兩熱相合，變爲溫毒。

《活人》云：初春發斑，咳嗽，爲溫毒。

吳綬：冬有非節之煖，名曰冬溫，此即時行之氣也。若發斑者，又曰溫毒，而亦時氣發斑也。又傷寒壞病，陽脉洪數，陰脉實大，更遇溫熱，變爲溫毒，其病最重也。蓋此因前熱，多日不解，更感溫熱之氣，而爲病，故曰重也。若無汗者，以三黄石膏湯汗之。若有自汗者，宜人參白虎湯主之。煩熱錯語，不得眠者，白虎合黄連解毒湯主之。表熱又盛者，更加柴胡主之。若内實大便不通，宜三黄瀉心湯下之，或大柴胡湯加芒硝下之亦可。若斑出如錦紋者，多難治也。宜人參化斑湯，玄參升麻，并黑膏、大青四物湯主之。方論詳發斑。

《訂補簡易備驗方・時毒》薛立齋曰：齊氏云，時毒者，爲四時邪毒之氣，而感之於人也。其候發於鼻面、耳項、咽喉，赤腫無頭，或結核有根。令人憎寒壯熱，頭疼或肢體痛。甚者，恍惚不寧，咽喉閉塞，人不識者。將謂傷寒，便服解藥，一二日腫氣增益，方悟，始求醫藥。原夫此疾，古方無論，世俗通爲丹瘤，病家惡言時疾，切恐傳染，考之於經。曰：人身忽經變赤，狀如涂丹，謂之丹毒。此風熱惡毒所爲，謂之丹瘤，與夫時毒特不同耳。蓋時毒者，感四時不正之氣，初發如傷寒，五七日之間，乃能殺人。治者宜精辨之。先診其脈，滑、數、浮、洪、沉、緊、弦、澀，皆其候也。蓋浮數者，邪氣在表也；沉澀者，邪氣深也；在表，則發之；在裏，則下之；表實而不利者，下之；表實而不解者，散之；表裏俱實而不解者，解表攻裏。表裏俱解而不消者，和之。元氣素弱，脉微細而伏，此形病俱虚也。用補中益氣料，去芪加芎，以升舉陽氣。用牛蒡子、玄參、連翹、桔梗，以解熱毒。苟以脉微細爲屬陰，以腫赤爲屬陽，而藥之，鮮有不誤者。腫甚焮痛者，砭去惡血，更用消毒之劑，并用通氣散主之，搐鼻内，取十餘嚏，作效。若搐藥不嚏者，不可治。如嚏出膿血者，治之必愈。如左右看病之人，日日用搐藥嚏之，必不傳染，切須忌之。其病人每日用嚏藥三五次，以泄其熱毒。不作膿，或不潰者，托之。經三四日不解者，不可大下，宜和解之。至七八日大小便通利。頭面腫起高赤者，可服托裏散，宜針鐮砭割出血，泄其毒氣，十日外不治自愈也。此病，若五日以前，精神昏亂，咽喉閉塞，語聲不出，頭面不腫，食不知味者，必死之候，治之無功矣。然而此疾，有陰有陽，有可汗，有可下，苟且粗工，但云熱毒，衹用寒藥，殊不知病有微甚，治有逆從，不可不審。凶年勞役普患者，不

宜用峻利之劑，安裏爲主，普濟消毒飲最善，此治時毒之良法也。

《訂補簡易備驗方・痘麻》　認痘法　氣尊血分者生。謂火錆而後出，氣得其令，頭粒尖而白根，顆紅而不散。譬如一顆珍珠放在胭脂上也。頭粒白於上，見氣升而尊；　根紅於下，見血附而安其分也，故生。

毒參陽位者死。謂帶火而出，氣不得令，頭粒紅紫，地界不分。譬如衃血豬肝，勢極而不返，故死。若朱砂胭脂包者，生息之氣猶存，可治。

順者，初出於口、鼻、腮、耳年壽之間，血點紅潤。此吉之象，勿藥自愈。如七八日內貫漿之時，略服保元散一二劑，以助其氣血。

逆者，初生於天庭、司空、印堂、結喉、心胸方廣之處，形如蠶種、紫黑乾枯、氣澀血滯。宜用保元湯，加解毒藥治之。

痘疹其證不一，難以預料。大法不外保元湯加減，自然平安。此用之屢驗。奈時醫迎合世情，吝惜人參，多不肯用，夭枉不少。傷哉！

保元湯　治痘，令其內固外護。扶助陽氣，則氣旺血附，氣血無恙。一身之元氣可保，而無壞亂矣！惟其有起死之功，轉危就安之力，故曰保元。

《景岳全書・雜證謨・瘟疫・大頭瘟》　證治　一、大頭蝦蟆瘟治法：凡病在頭目，內火未盛者，先當解散，宜正柴胡飲，或敗毒散。若時毒咽喉腫痛，內火不甚，而便利調和者，葛根牛蒡湯。時毒表裏俱熱，頭目俱腫，宜清宜散者，柴葛煎。若毒在陽明，表裏俱熱，多頭痛鼻乾，宜散者，柴葛解肌湯。若時毒三陽熱極狂躁，咽喉腫痛，宜清兼散者，梔子仁湯。若時毒偏行，邪熱上浮，頭面俱腫，咽喉不利者，普濟消毒飲。若時毒風熱上聚頭面，宜升散者，犀角升麻湯。若時氣盛行，宜清火解毒者，羌活升麻湯。若時毒血熱煩躁，兼赤斑者，犀角散、人參白虎湯。若時毒內外俱實，當雙解者，防風通聖散。若時毒焮腫作痛，脈實便秘，宜下者，五利大黃湯，或漏蘆升麻湯，或連翹消毒散。若時毒雖盛，而外實內虛，脈弱神困，凡諸虛證有據者，必當救裏內托，宜參芪托裏散，或托裏消毒散。其有陽虛假熱，而兼嘔惡泄瀉者，如六味回陽飲之類，皆所必用，不可疑也。若頭項腫甚，疼痛難忍者，宜用清涼救苦散敷之，或取側柏葉自然汁，調蚯蚓泥敷之。

徐東臯曰：　大頭蝦蟆之候，因風熱濕邪在於高顛之上，宜先用敗毒散加羌活、黃芩、酒浸大黃，隨病加減，不可峻用降藥，雖有硝黃之劑，亦必細細呷之。蓋凡治大頭瘟者，不宜速攻，若攻之太峻，則邪氣之在上者自如，而無過之中氣反受其害而傷人也。且頭乃空虛之地，既著空虛，則無所不致，所以治法當先緩而後急，則邪伏也。緩治以清熱消毒，虛者兼益元氣，胃虛食少者，兼助胃氣；　內實熱甚，大便秘結者，以酒浸大黃下之，乃宣熱而泄其毒也，此爲先緩後急之法。若先從鼻腫，次腫於目，又次腫於耳，漸至頭上，絡腦後結塊則止，不散，必出膿而後愈。又曰：　大頭瘟太陽病，發於頭上，幷腦後下項，及目後赤腫者是也。治宜荆防敗毒散，羌活、藁本行經。陽明病，發於鼻頞，幷目不能開，及面部者是也。或內熱氣喘，口乾舌燥，咽喉腫痛不利，脈數大者，普濟消毒飲；　若內實而熱者，防風通聖散間服之。少陽病，發於耳之上下前後，幷頭角紅腫者是也。若發熱，或日晡潮熱，或寒熱往來，口苦咽乾，目痛，胸脇滿悶者，小柴胡加消毒之藥。

《傷寒補天石・溫毒》　經曰：　陽脈洪數，陰脈實大者，遇溫熱爲溫毒，爲病最重也。表裏皆熱故也。又溫毒者，冬月感寒毒異氣，至春始發也。表裏未罷，毒氣不散，故有發斑之證也。心下煩悶，嘔逆咳嗽，後必下利。治須用元參升麻湯、黑膏攪和服之。若無汗，三黃石膏湯。有汗，人參白虎湯主之。內實不大便，大柴胡湯主之。

《傷寒補天石・大頭傷寒》　凡先發於鼻額紅腫，以致兩目盛腫而不開，幷額上面部皆赤者，此屬陽明也。或壯熱氣喘，口乾舌燥，咽喉腫痛不利，脈來數大者，普濟消毒飲主之。

內熱實甚者，通聖消毒飲。若發於耳之上下前後，幷額角紅腫，此屬少陽也。或肌熱，或日晡潮熱，往來寒熱，口苦咽乾，目痛，脇下滿，小柴胡加天花粉、羌活、荆芥、連翹、黃連、黃芩主之。若發於頭上幷腦後項下，及目後赤腫，此屬太陽也。荆芥敗毒散主之。若三陽俱受邪，倂於頭面耳目鼻者，用普濟消毒飲，外用清涼救苦散。凡頭面清虛之分，治法不宜太峻，恐邪氣不伏，而反攻內傷人也。宜先緩後急，邪自伏也。先緩者，宜退熱消毒，虛人兼補元氣，胃虛食少，兼助胃氣。候大便熱結，以大黃下之，拔其毒根。凡時行頭面赤腫，咽嗌堵塞，水藥不受，此臟腑素有積熱，發爲腫毒疙瘩，一切惡瘡紅腫，並宜解之，漏蘆湯。凡頭風，頭面疙瘩腫痛，憎寒壯熱，四肢拘急，狀似傷寒，清震湯。夫雷屬震卦，震象仰盂，故用青荷葉，中通外直，以類象形，治之效也。咽喉腫痛，用綠雲散。

《傷寒補天石・黃耳傷寒》　凡耳中策策痛者，皆風入腎經也。不治，流

入腎，卒然變惡寒發熱，脊強背直如痙狀，此非正傷寒，乃類傷寒也，名黄耳傷寒。小續命湯、荆防敗毒散、又一草方，藤天竹、紫金皮、雞屎子、馬蹄金、苦參、兩面龜、詐死子，酒和服。

又方：用苦參磨水，滴入耳中。或用虎耳草，或用猴薑根汁，或用薄荷土、木香汁滴入耳中，尤佳。

《傷寒補天石·赤膈傷寒》凡胸膈赤腫疼痛，發熱惡寒，頭痛身痛，此非正傷寒，乃類傷寒也，名赤膈傷寒。荆防敗毒加赤芍、芩、連、瓜蔞仁、紫金皮、元參、升麻。若有表復有裏證，防風通聖加瓜蔞仁、黄連、紫金皮。若表證已退，大便燥實，涼膈、解毒加瓜蔞仁、紫金皮、枳殼、桔梗、赤芍。又宜於腫處鍼刺出血。若半表半裏，柴胡、桔梗加蔞仁、紫金皮、赤芍。

《傷寒緒論·總論·大頭》疫癘中一種大頭天行病，雖略見前，然不細陳，難於治療。此證乃濕熱在高巔之上，所以必多汗氣蒸，初覺憎寒壯熱，體重面目腫甚，目不能開，上喘，咽喉不利，舌乾口燥，宜普濟消毒飲。不速治，十死八九。東垣云：身半已上，天之氣也。邪熱客於三陽之間，上攻頭面爲腫，切不可用降藥。陽明之邪，首大腫。少陽之邪，出於耳前後。甚至兩目不開，面部赤腫，以普濟消毒飲少少不佳服。治法不宜太速，速則過其病所，上熱未除，中寒復生，必傷人命。宜用緩藥，徐徐少與爲妙。額上面部焮赤而腫，或壯熱氣喘，口乾舌燥，或咽喉腫痛不利，其脈數大者，此屬陽明。本方加石膏。若內實熱甚者，加酒大黄下之。若發於耳之上下前後，并額角傍紅腫者，此屬少陽也。或寒熱往來，口苦咽乾，胸脇滿脹，本方加柴胡、栝蔞根。脈實便秘者，加酒大黄利之。若發於頭腦項下，併耳後赤腫者，此屬太陽也。荆防敗毒散。熱甚去參，加芩連。若三陽經俱受邪，併發於頭面耳鼻者，亦宜普濟消毒飲。大抵此證以辛涼清輕之劑，散其上盛之濕熱則愈。節庵以普濟消毒飲除去人參、升麻、白芷、黑參、馬勃、殭蚕、藍根，而加入川芎、羌活、防風、荆芥、射干、薑汁、竹瀝，名芩連消毒飲。藥雖稍異而功效不殊。其用大黄，必須酒洗。如鳥在高巔，惟射以取之也。又四時疫癘，天行大頭，並宜用人中黄散。輕者祇用芩、連、甘草，煎成頻服。不效，加鼠黏子、芒硝，微利之。不必大劑攻毒也。蝦蟆瘟，則兩頤頰下腫，小柴胡去參半，加羌、防、荆、薄、桔梗、馬勃，煎服。荆防敗毒散亦可。夏暑濕熱氣蒸，亦多發此，宜消暑十全散加荆、防、馬勃，一二劑可愈。

《傷寒緒論·總論·溫毒》若冬時溫暖，人感乖戾之氣，至春始發，更遇天道過於驟熱，遂變溫毒。傷寒例云：陽脈洪數，陰脈實大，更感溫熱，變爲溫毒。溫毒爲病最重也。伏毒與時熱交併，表裏俱熱，故其脈浮沉俱盛。亦有冬溫，誤用辛熱，或熱毒不得外解，而陷入於裏，裏有是證也。其證心下煩悶，嘔逆欬嗽，甚則面赤，身體俱赤，狂亂躁渴，咽喉腫痛，狂言下利而發斑，最爲危候。治宜大解熱毒爲主。若斑如錦紋，身熱煩躁而無燥結者，黄連解毒湯。若躁悶狂妄而無汗者，三黄石膏湯。自汗煩渴而發斑爲胃熱，人參化斑湯。即人虎白參湯。煩熱錯語不得眠，白虎合黄連解毒湯。斑不透，犀角大青湯。斑透熱不止，本方去升麻、黄芩，加人參、生、地、柴胡。發斑熱毒勢甚，咽痛心煩，狂言悶亂，犀角黑參湯。雖大便不通，勿用下藥，惟宜犀角地黄湯。凡斑色紫者，爲危候，黄連解毒合犀角地黄。若斑色紫黑而平下坑爛，脈虛小自利者，不治。其失於汗下，及溫熱時行，夾食陰斑，詳後發斑本例。

《傷寒緒論·總論·赤膈》赤膈者，胸膈赤而疼痛發熱，頭疼體痛，或胸脇赤腫發疱者，屬少陽風熱，非正傷寒也。宜荆防敗毒去參，加芩、連、犀角、紫荆皮主之。若表證已退，大便燥結，涼膈散。若半表半裏，合小柴胡去參，加枳桔。又宜稜鍼刺腫處出血，以瀉其熱毒，則易愈矣。

《傷寒緒論·總論·黄耳》黄耳者，耳中策策痛，兩耳輪黄，風入於腎也。卒然變惡寒發熱，脊強背直如痙狀此，屬太陽類傷寒也。宜荆防敗毒去參，甚則小續命去附子，加白附、蔓荆、殭蠶、天麻，更以苦參，或骨碎補磨水，滴耳中良。

《傷寒辨證·傷寒大頭·發頤》大頭者，時毒也。蓋天行疫毒之氣，人感之爲大頭也。若發於鼻頞兩目，并額上面部，焮赤而腫者，此屬陽明也。若發耳之上下前後，并頭角紅腫者，此屬少陽也。若發於頭上，并腦後下項，及目後赤腫者，此屬太陽也。服藥須加引經之藥。且邪在空虛之處，治之大不宜速，速則過其病，所謂上熱未除，中寒復生，必傷人命。當徐徐浸漬無形之邪，藥之性味形體，皆要不離緩體，并宜普濟消毒飲，或防風通聖散，各加引經藥，增損治之，更宜小劑頻服，藥須并用酒浸，炒。傷寒大頭有部分。若內實大便結燥，以酒浸大黄微利之。若虛人，兼益元氣。至若項外腫，喉內亦腫痛，聲音不出者，不治，必須認得。

《傷寒辨證·傷寒大頭·發頤》 又有所謂發頤者，以傷寒汗出不徹，熱遺少陽，結於耳後或耳下，其形鞕腫者，名曰發頤，速宜消散，緩則成膿爲害。頤屬陽明經部分，若發於頤，藥中必加白芷、葱白，以通陽明之經，慎不可外敷寒涼藥。

《溫熱暑疫全書·疫病方論·大頭瘟》 大頭瘟

大頭瘟者，此天行之厲氣也。其濕熱傷高巔之上，必多汗氣蒸。初增寒壯熱，體重，頭面腫甚，目不能開，上喘，咽喉不利，舌乾口燥，不速治，十死八九，宜普濟消毒散，如大便硬，加酒蒸大黄，一、二錢緩緩服，作丸噙化尤妙。若額上面部焮赤，面腫，脈數者，屬陽明，本方加石膏，内實加大黄。若發於耳之上下前後，并額角傍紅腫者，此少陽也，本方加柴胡、栝樓根，便實亦加大黄。若發於頭腦項下，并耳後赤腫者，此太陽也，荆防敗毒散去人參加芩、連，甚者砭鍼刺之。

《溫熱暑疫全書·疫病方論·捻頸瘟》 捻頸瘟者，喉痺失音，頸大腹脹如蝦蟇者是也，宜荆防敗毒散。

《中寒辨注·附後賢治中寒方論變法》 龐安時曰： 經云，陽虚則外寒，陰虚則内熱，陽盛則外熱，陰盛則内寒。以此别之，若陰獨盛而陽氣暴絶，必四肢逆冷，臍腹築痛，身疼如被杖，面青或吐，或利，脈細欲絶，名曰陰毒也。須急灸臍下，服以辛熱之藥，令陽氣復生，濈然汗出而解。

《中寒辨注·附後賢治中寒方論變法》 琥按上方實出仲景《金匱要略》中，《金匱》云： 陽毒之爲病，面赤斑斑如錦文，咽喉痛，吐膿血，五日可治，七日不可治。升麻鼈甲湯主之。陰毒之爲病，面目青，身痛如被杖，咽喉痛，五日可治，七日不可治。升麻鼈甲湯去雄黄、蜀椒主之。孫眞人《千金方》分爲二湯，其治陽毒者，名升麻湯，卽金匱方六味中去鼈甲、反加桂心是也。又於六味中止去雄黄，治陰毒，名甘草湯，卽上湯方是也。愚以陰毒爲陽氣暴絶，不用辛熱之劑，何能以回陽。若然，則是升麻湯中宜去椒，甘草湯中宜加桂爲妥。蘄水龐安時，於二湯中椒、桂、雄黄皆用之，殊出不解。

琥又按陰毒之病，乃陰寒之毒，深入三陰，三陰之脈，皆行於腹。太陰挾咽，連舌本。少陰循喉嚨，挾舌本。厥陰循喉嚨之後，上入頏顙。又太陰之支別上膈，注心中。少陰之脈，出絡心，注胸中。厥陰之脈，别實膈上，注肺。寒邪中於三陰之經，故見腹中絞痛，咽喉不利，毒氣攻心等證也。陰寒之極，併於厥陰，厥陰者，陰之盡，故見嘔逆脣青，面黑，四肢厥冷也。又身重者，陰主靜也。背強非太陽病，乃心腹痛堅強，氣不得息，故背亦不舒轉也。方名甘草湯者，取辛甘發散之意，蜀椒、甘草，味辛甘也，蜀椒能通三焦，暖脾胃，達命門，入太陰、少陰二經氣分，得甘草以和其辛烈之性，斯發中有補之義。當歸入厥陰血分，亦辛甘藥也。三藥得鼈甲引用，能入至陰之分，内搜陰毒而出。若無升麻之辛甘微苦，不能引邪升至肌肉之分，由乎陽得汗而散也。

或問陰證不得有汗，上湯溫覆取汗出者，何也？ 余答云： 陽證寒邪入藏，藏中陽氣既微，恐誤發其汗，則幾微之陽氣，由汗而脱，故禁發汗也。陰毒證五日以前，寒邪在經，其人眞陽之氣未至大虚，診其脈沉細中帶緊數，故可發汗。况仲景法，少陰病反發熱者，用麻黄附子細辛湯。又少陰病二、三日，無裏證者，麻黄附子甘草湯。二湯皆微發汗之藥，大抵陰證禁汗是其常，發汗是其變。合常與變而能通之，斯可以言醫矣。

《中寒辨注·附後賢治中寒方論變法·始得陰毒候》 《陰證略例》曰： 陰毒本腎氣虚寒，因慾事，或食生冷物，而後傷風，内既伏陰，外又感寒，或先感外寒而後伏陰，内外皆陰，則陽氣不守，遂發頭痛，腰重，眼睛疼，身體倦怠，不甚熱，四肢厥逆冷額上及手背，冷汗不止，或多煩渴，精神恍惚，如有所失，二三日間或可起行，不甚覺重，診之則六脈沉細而疾，尺部短小，寸口或無，若服涼藥則渴轉甚，燥轉急，有此證者，急服還陽退陰之藥，卽安。惟補虚和氣而已，宜服正元散、退陰散、五膽散。陰證不宜發汗，如氣正脈大，身熱而未差，用藥發汗無妨。或寸口小而尺脈微大亦，同積陰感於下，則微陽消於上。故其候沉重，四肢逆冷，腹痛轉甚，或喉不利，或心下脹滿結硬，躁渴，虚汗不止，或時狂言，爪甲面色青黑，六脈沉細，而一息七至以來，有此證者，速宜於氣海、關元二穴，灸三二百壯，以手足和暖爲效。仍服金液丹、來復丹、玉女散，還陽散、退陰散之類，隨證用之。沉困之候，六脈附骨，取之方有，按之卽無一，息八至以上，或不可數，至此則藥餌難爲功矣。但於臍中灼艾半棗大，三二百壯以來，手足不和暖，則以硫黄及熱藥助之。若陰氣散，陽氣來漸，减熱藥而和治之。

汪琥按上論云： 頭痛眼睛疼，此陽明經有風寒也。且内食生冷物，亦傷陽明之府。陽明之氣上逆，故發頭痛眼睛疼，但其疼不甚，乃内傷重而外感輕也。若治外感，則誤甚矣。至其云： 或多煩渴躁渴，必不能消水，喜飲

熱湯，以自救。或喉不利，必口中無熱臭之氣，或腹痛轉甚，心下脹滿結硬，必喜手按，及欲得熱物以熨之。或時狂言，必聲不甚揚方爲內傷生冷外中寒邪不作鬱熱全是陰寒之證。始宜服還陽退陰之藥，及灼艾法可無疑也。正元、退陰、五勝等散方附後，又玉女散、還陽散，皆不可考。金液丹，出《和劑局方》，見本草石硫黃下。來復丹亦出《和劑局方》。令從元戎中採附於後。

《雜症大小合參·論大頭傷寒治法》 發於鼻額紅腫，以至兩目盛腫，而不開，額上面部皆赤而腫者，屬陽明也；或壯熱氣喘，口乾舌燥，咽喉腫痛不利，脈來數大者，用普濟消毒飲主之。如內實熱盛者，用通聖消毒飲；若發於耳之上下前後并頭角紅腫，此屬少陽也，或肌熱，日晡熱，寒熱往來，口苦咽乾，目疼脇下滿，宜小柴胡加花粉、羌活、荆芥、連翹、芩、連主之；若發於頭上，并腦後項下及自後赤腫者，此屬太陽也，宜荆芥敗毒散主之；若三陽俱受邪，併於頭面耳目鼻者，以普濟消毒散外用清涼救苦散敷之。治法當先緩後急，則邪伏也；先緩者，宜退熱消毒，虛人兼扶元氣，胃虛食少者，宜助胃氣。候其大便，內結熱甚，方以大黃下之，拔其毒根。此先緩後急之法也。蓋此毒先腫於鼻額，次腫於目，又次腫於耳，從耳至頭，上絡後腦，結塊則止。若不散，必成膿也。俗云，大頭天行，親戚不相訪問，染者多不救。泰和間，多有病此者，醫以承氣加藍根下之，稍緩；翼日如故，下之又緩，終莫能愈，漸至危篤。東垣視之，由夫身半以上，天之氣也；身半以下，地之氣也。此邪熱客於心肺之間，上攻頭而爲腫盛，以承氣瀉胃中之實熱，是爲誅伐無過。遂處普濟消毒飲子，全活甚衆。

《瘟疫明辨·表證·面腫》 時疫面腫，風熱溢於上部，陽明之經脈被鬱也，赤腫者方是。治以白芷、防風、葛根、石膏，散其風熱，視表裏之輕重，合頭腫條內諸方加減用之。若黃腫，乃水氣也，當從水腫治之。

《瘟疫明辨·表證·耳旁腫》 時疫耳旁腫，乃少陽風熱，俗名黃耳傷寒。小柴胡湯加荆、防、芎、芍、元參。亦當與頭腫參看。

《瘟疫明辨·表證·胸紅腫》 時疫胸前一片紅腫，粟起似痲疹，風熱也，俗名赤膈傷寒。亦於頭面諸條表裏方中加荆、防、連翹、赤芍、牛蒡、土貝。

《瘟疫明辨·表證·頭腫》 時疫頭腫，乃風熱壅於上部，太陽之經脈，鬱滯巔頂，俗名大頭傷寒。當視表裏輕重，加輕清疏風之品，以散其腫，荆防、薄荷、蟬退、川芎、蔓荆、菊花之類。如發熱舌胎白，表重於裏也，合表藥用九味羌活湯，人參敗毒散是也。如煩渴舌胎黃者，裏重於表也，合裏藥用三消飲、涼膈散、大柴胡湯、調胃承氣湯是也。古有用三稜針刺出惡血，法亦可用。至發癰膿者，不在此例。

《瘟疫明辨·表證·頸項腫》 時疫頸項腫，乃陽明風熱，俗名捻頭瘟，又名蝦蟆瘟。當按頭腫條內，表裏諸方加葛根、桔梗、牛蒡、防風、玄參。癰膿發頤，不在此例。

《絳雪園古方選注·內科·升麻鼈甲湯》 《金匱》原文，陰毒去蜀椒、雄黃。《肘後方》《千金方》，陽毒用升麻湯，無鼈甲，有桂枝，陰毒用甘草湯，無雄黃。

升麻入陽明太陰二經，升清逐穢，辟百邪，解百毒，統治溫厲陰陽二病。如陽毒爲病，面赤斑如錦紋，陰毒爲病，面青身如被杖，咽喉痛，毋論陰陽二毒皆已入營矣，但升麻僅走二經氣分，故必佐以當歸，通絡中之血，甘草解絡中之毒，微加鼈甲守護營神，俾椒黃猛劣之品，攻毒透表，不亂其神明，陰毒去椒黃者，太陰主內不能透表，恐反助厲毒也，肘後方，千金方，陽毒無鼈甲者，不欲其守，亦恐留戀毒也。

《蘭臺軌範·丹瘤》 丹瘤之症，因熱毒客於腠理，搏於血氣，發於皮膚，當以白玉散塗之。

《雜病源流犀燭·瘟疫源流》 且夫瘟疫，有發於內者，亦有見於外者。茲更舉其症條列於左：一曰大頭瘟，俗呼爲狸頭瘟，又雷頭風，亦謂之時毒。頭痛腫大如斗，此天行厲氣也，因濕熱傷高巔之上，其症狀發於鼻面耳項咽喉間，皆赤腫無頭，或結核有根，令人多汗氣蒸。初則憎寒壯熱，肢體重，頭面俱痛，目不能開，上喘，咽喉不利，甚則堵塞不能食飲，舌乾口燥，或恍惚不寧，不速治，十死八九。宜人中黃丸，普濟消毒飲子。便硬加酒大黃一二錢，緩服，作丸噙化尤妙。沈氏頭瘟湯。至於潰裂膿出，必反染人，所以謂之疫癘，大約冬溫後多有此症。若額上面部，焮赤腫痛，脈數者，屬陽明病。宜普濟消毒飲子加石膏，內實加大黃。若發於耳之前後，並額角旁紅腫，此少陽也。宜普濟消毒飲子加柴胡、天花粉，便實亦加大黃。若發於頭腦項後，並耳後，赤熱腫痛，此太陽也。宜荆防敗毒散去人參，加芩、連。甚則砭針刺之。沈氏頭瘟湯。

大頭瘟症治　王海藏曰：大抵足陽明邪火太盛爲實，少陽相火爲熾。

濕熱爲腫，木盛爲通，多在少陽，或在陽明。陽明爲邪，首大腫；少陽爲邪，出於耳之前後。《精義》曰：大頭瘟初發，狀如傷寒，五七日之間，乃能殺人。又曰：大頭瘟，俗謂之時毒，常搐通氣散於鼻中，取十餘嚏作放。若搐藥不嚏，不治；如嚏出膿血，治之易愈。每日用嚏藥三五次，以泄毒，此是良法。左右看病之人，亦日用搐藥，必不傳染。又曰：經三四日不解，宜荆防解毒散。七八日大小便通利，頭面腫起高赤，宜托裏消毒散，兼針砭出血，泄其毒氣。十日外，不治自愈。若五日以前，精神昏亂，咽喉閉塞，語音不出，頭面大腫，食不知味者，必死。丹溪曰：大頭瘟，此熱氣在高巔之上，切勿用降藥。《入門》曰：大頭瘟治法，當先緩而後急。先緩者，邪見於無形之處，至高之分，當用緩緩徐徐服之，寒藥則用酒浸酒炒皆是也；後急者，邪氣入於中有形質之所，此爲客邪，故須急急去之。又曰：服藥俱仰卧，使藥氣上行。又曰：東垣普濟消毒飲子最妙，人中黃丸亦妙。

《通俗傷寒論・傷寒兼證・大頭傷寒》 因 風溫將發，更感時毒，乃天行之癘氣，感其氣而發者，故名大頭天行病。又係風毒，故名大頭風。狀如傷寒，故名大頭傷寒。病多互相傳染，長幼相似，故通稱大頭瘟。多發於春冬兩季，間有暑風挾濕熱氣蒸，亦多發此病。人體手足六經，惟三陽與厥陰諸經，皆上頭面清竅，必先辨其爲太陽時毒，少陽時毒，陽明時毒，厥陰時毒，三陽同受時毒，少厥並受時毒，分際斯清。

證 太陽時毒：初起頭項強痛，身熱體重，憎寒惡風，繼即頭腦項下脹大，併耳後赤腫。少陽時毒：一起即寒熱往來，口苦咽乾，胸脇滿悶，隱隱見疹，兩耳上下前後硬腫而痛，兩額角傍亦皆紅腫，甚或咽喉不利，喉腫而痹。陽明時毒：一起即壯熱氣喘，口乾舌燥，咽痛喉腫，額上面部焮赤而腫，或發皰瘡，癍點隱隱，目腫難開，厥陰時毒，一起即頭痛吐涎，巔頂尤疼，寒熱類瘧，一身筋攣，手足微厥，面青目赤，耳聾頰腫，顋頤亦皆腫硬而疼，胸滿嘔逆，甚則狀如驚癇，時發瘛瘲，上爲喉痹，下便膿血。若三陽同受時毒，則頭面耳目鼻與咽喉，皆發紅腫熱痛。少厥並受時毒，則巔頂及兩耳上下前後，尤爲焮赤腫疼，嘔吐酸苦，或兼吐蛔，甚則兩脇劇疼，疼甚則厥，厥後發痙，其舌胎在太陽，胎雖薄白，舌色反紅，或白薄而燥刺，邊尖俱紅。少陽則紅多白少，或夾灰黃雜色，甚或白如積粉，邊沿色紅而紫。陽明則舌胎正黃，黃而薄膩，甚或深黃厚膩，間夾灰黑，或老黃焦，黑多起芒刺。三陽同受，多舌赤苔黃，或夾灰點黑刺。少厥並受，更多舌色紫紅，甚或焦紫起刺。

脈 左浮弦而盛者，太陽經受時毒也。左浮弦搏數者，少陽經受時毒也。右不甚浮，按之洪盛搏數，右大於左者，陽明經受時毒也。左右浮沉俱盛，按之弦洪搏數者，三陽經同受時毒也。左浮弦搏數，右洪盛滑數者，少厥兩經並受時毒也。此卽東垣所謂大頭傷寒，風毒邪熱客於心肺之間，上攻頭面爲腫是也。然經謂風氣通於肝，肝脈直上巔頂，往往少陽火旺，搏動肝風，風助火勢，火假風威，外風引起內風，而爲死生反掌之危候也。

治 法當內外並治，治之速，十全七八，不速治，十死八九，內治以辛涼發散、宣氣解毒爲主。輕則葱豉桔梗湯加牛蒡、銀花、大青各三錢、蟬蛻錢半，先用三荳湯代水煎藥。重則用通聖消毒散加減，疏風解表以宣上。上焦宣化，熱毒尚盛，便結溺澀者，繼與解毒承氣湯，三焦分消以逐毒。毒去熱減，終與清燥養營湯。加鮮茅根一兩、西洋參二錢，清養氣液以善後。若少厥並受時毒大盛，風火交煽，痙厥兼臻者，速與羚角鈎籐湯加犀角汁二瓢、金汁二兩、童便一杯冲、紫雪五分至八分，瀉火熄風以消毒，繼與七鮮育陰湯清滋津液以善後。外治以細針偏刺腫處，用繡花極細引針三十六支、用線紮成圓大空靈一支、醫必預備應用。先放紫血，繼放黃涎。泄出血毒以消腫，卽用清涼救苦散塗敷腫處以退火。咽痛喉痹者，急用生桐油和皂莢末少許，白鵝翎蘸以掃喉，探吐痰涎以開痹。繼吹加味冰硼散以退腫，終用土牛膝汁二瓢和開水一碗，調入製月石二錢，紫雪二分，俟其煬化，頻頻含漱以祛腐。總之此毒先腫鼻，次腫耳，從耳至頭上，絡腦後，結塊則止，不散，必成膿。故必內外兼治，始能消散，切忌驟用苦寒，如東垣普濟消毒飲之芩連並用。亦禁浪用辛熱，如節庵荆防敗毒散之羌獨二活，貽誤頗多，學者愼毋拘守成方也。

秀按：元泰和二年四月，民多疫病。初覺憎寒壯熱體重，次傳頭面腫甚，目不能開，咽喉不利，氣逆上喘，口燥舌乾。俗云：大頭傷寒，染之多不救。醫以承氣湯加藍根，屢下莫能愈。東垣遂創製一方，名普濟消毒飲。施其方，全活甚衆。方下自詮，謂：身半以上，天之氣也。疫毒既客於心肺之間，上攻頭面爲腫，故用芩、連各五錢，苦寒瀉心肺之火；元參二錢，連翹、馬勃、鼠黏子、板藍根各一錢，苦辛平清火散腫消毒；殭蠶七分，清痰利膈；甘草二錢以緩之；桔梗三分以載之；升麻七分，升氣於右；柴胡五分，升氣於左。氣虛而滯者，用人參二錢以補虛，佐陳皮二錢以疏

氣；便閉者加酒煨大黃，共爲細末，半用湯調，時時服之，半用蜜丸噙化，以適其病所。其方意服法均巧，宜乎刻石以傳世。厥後羅謙甫倣製一方，名既濟解毒湯，只多一味當歸，少元參、馬勃、牛蒡、板藍根四味，與李方大同小異。惟遵《難經》畜則腫熱，以注射之之法於腫上，約正十餘刺，血出紫黑如露珠狀，頃時腫痛消散，足爲後學師範，洵堪傚法。故俞君內外並治，奏功愈捷。

榮齋按：本節俞氏在因證脈各論中，一再提及三陽時毒，厥陰時毒，三陽同受時毒，少厥並受時毒等，而論治則僅分內治、外治兩法，內治以辛涼發散、分消清泄爲提綱，而不肯定於三陽、厥陰用藥，這是他對症處方，靈活運用的法則。在此，我認爲治療大頭傷寒，應注重病因及症候，不必從三陽、厥陰中兜圈子。陳實功《外科正宗》寫出看法與治法兩條，平舖直敍，可取作參考。至於病名，《病源論》、《千金翼》、《外臺秘要》都叫做丹毒，他們認爲：初發於鼻梁，或鼻旁頰部之皮膚，由鼻而頰，由頰而眼瞼而耳翼，以及顔面全部，再蔓延至額部，至髮際而止，此謂顔面丹毒。有髮部亦爲所侵襲，全頭皆遭患者謂之頭部丹毒。現在我們所謂大頭瘟，劉河間謂之大頭，東垣謂之大頭天行，朱丹溪謂之大頭病，李梴、喻嘉言、沈金鰲亦皆稱大頭瘟，陳實功謂之時毒；其實皆是頭部丹毒。有證可憑，這裏不多說了。

又按：吳坤安《傷寒指掌》說：初起憎寒壯熱體重，次傳頭面大腫，目不能開，或咽喉不利，俗名大頭傷寒是也。治法不宜峻藥，峻則藥過其病，所謂上熱未除，中寒復起。其死尤速。常少與時時呷之，方用酒製芩連、人中黃以解毒，荆、防、薄荷以去風，連翹、天蟲、桔梗、牛蒡以散結，頭痛惡寒無汗加二活以散寒。

《松峰說疫・雜疫・赤膈類傷寒》　凡胸膈赤腫疼痛，頭痛身痛，發熱惡寒，名赤膈傷寒，宜荆防敗毒散見捻頸瘟。加蔞仁去油、黃連、黃芩、紫金皮、元參、赤芍、升麻、白芷。如症有表復有裏而胸膈赤腫疼痛者，雙解散見絞腸瘟。加蔞仁、黃連、紫金皮。如表症已退，大便燥實，胸膈腫痛者，涼膈解毒加蔞仁、枳殼、桔梗、紫金皮、赤芍。又宜稜針刺腫處出血。如半表半裏，胸膈腫痛者，小柴胡湯加桔梗、蔞仁、紫金皮、赤芍。

《松峰說疫・雜疫・黃耳類傷寒》　凡耳中策策痛者，是風入腎經也。久則變惡寒發熱，脊強背直如痓之狀，曰黃耳傷寒。宜小續命湯加殭蠶泡焙、天麻酒焙、羌、獨，次用荆防敗毒散加細辛、白芷、蟬退去足翅、黃芩、赤芍、紫金皮。

《松峰說疫・雜疫・痧病類傷寒》　嶺南閩廣間，溪毒、沙虱、水弩、射工、蟈短狐、蝦鬚之類，俱能含沙射人。被其毒則憎寒壯熱，百體分解，似傷寒。初發，土人治法，以手摩痛處，用角筒入肉，以口吸出其痧毒，外用大蒜煨搗膏，封貼瘡口即愈。諸蟲唯鰕鬚最毒，其毒深入於骨，若鰕鬚之狀，其瘡類疔腫，不治必死。彼地有鸂、鶒、鸀、鳿等鳥專食以上諸蟲。故以此鳥毛糞服之，及籠此鳥於身畔吸之，其痧聞氣自出而愈。

《松峰說疫・雜疫・解㑊類傷寒》　解者，肌肉解散。㑊者，筋不束骨。其症似寒非寒，似熱非熱，四體骨節解散懈墮，倦怠煩痛，飲食不美，食不知味，俗呼爲痧病。《內經》名爲解㑊。其原因或傷酒中濕，感冒風寒，房事過多，婦人或經水不調，氣血不和，皆能爲此，似痧病實非痧病也。治宜先蘸熱水打其臂膊裏面，或以麻蘸水刮之，刮打必皆令其皮紅紫爲度，更宜針刺十宣、委中二穴出血，當服蘇合香丸。

《松峰說疫・雜疫・喉管傷寒》　其症喉中作癢難過，吃茶酒湯水便不可救。

薄荷二分　麝香一分

爲細末，吹喉。待氣通吐涎碗許，然後吃陳米湯半碗即愈。

劉松峰按：此雖名傷寒，實疫癘之類。夫曰喉癢，似病之輕者；曰難過，則癢不可當矣。雖然何至吃茶水便不可救乎？觀其待氣通三字，則癢時其氣已有大不通者在矣！味其言吐涎碗許，則氣之所以不通，涎爲之也。此症甚惡，亦世之所不輕見者。

《吳醫滙講・葵菜預解痘毒說》　預解痘毒，萬氏有代天宣化丸，但可預防天行，究於內毒無涉。若餌硃砂、珍珠、黃連、犀角、兎血、鶴卵之屬，總因視爲慾火之毒，故專入少陰，方雖新奇，試多無效。或塗萆蔴，膏浴，鱧魚湯，欲提毒出外，亦取末舍本。余究心格致，獨主毒襲脾經之說，又得《松槃山人筆記》，詳言葵菜解毒之驗按，葵菜性涼滑，入脾，清濕熱有功，喜其言之信而有徵也，令附載於後。

葵，一名甜菜，一名女菜，一名滑菜，一名莙蓬，蓋百菜之主也。四時可

種爲蔬，秋種者更佳，故冬葵子尤爲藥品所尚。嘗閱《本草綱目》李氏開載葵菜之功萬不失一。而歷代流傳疑信相半，遂從菜部改入草部，且因葵性寒滑，恐傷脾胃，不敢輕試，遂令對病妙藥棄置不用。而惡毒流染坐致瘻頓，心甚傷之，久有此疑，無從辨識，十數年間，廣詢博訪，乃知爲甜菜無疑。間令童稚餌之，雖無傷害，而功效未顯，未敢輕傳。比年以來，數經此症盛行，見不治者十有八九，而嘗食此菜者百無一失，乃知相傳之訛，致神功之久湮也，可勝慨哉。方敢形之諸著，以廣其傳。嗟乎！慎重而坐令陸沉，因未廣而猶然胥溺，失今不傳，後悔奚及，乃開列其方，以公諸天下後世。蓋其寒滑者，性也，洩利者，毒也，與脾胃根本何與？且未病而先藥，病受之，病去木完，最爲上策。即見點而後食，猶將收大半之功，不猶愈於坐火觀薪者乎。又豈若俗醫見危迫，輒進芩、連，慘均剸刃者乎。噫，是在信不信，試不試之間耳。安敢以人命爲等閑，而冀其必售乎。其法，採此菜，熟之以供蔬，食愈久愈佳。余所爲懇懇欵欵，祈人之必信，必傳者，聊以逭逋慢之愆而爲不可復生者志痛耳，余何慕焉。天啓乙丑歲三月吉旦，慈溪松槃山人薑應鱗筆記。

《吳醫滙講・痧疹今昔不同治法亦異說》 夫痧之與痘同一胎毒也，而有府藏之分焉，其發也亦有出遲出速之異，以伏藏之地有遠近也。第痧之一證，古人治法惟以升麻葛根湯爲祖劑，芫荽酒之外治而已。其有風寒外束，內毒難出而喘急者，麻杏石甘湯主之。若夫輕淺之證，竟有不必延醫，自用櫻桃核、麤草紙、棉紗線煎湯飲之而愈者。即其發也不過周時而透，透之後亦僅二三日而自愈矣。今之痧也則不然。有二三日而方透者，有四五日而終未透者，或身肢雖達而頭面不透，咳聲不揚，喘逆氣麤，悶伏危殆者，又有一現即回，旋增喘促，狂躁，悶亂謂之隱早者，更有痧雖外達，而焮紅紫滯，或目封，或皆赤，譫語神昏，便秘腹痛，或便泄無度，種種熱盛毒深之象。以向來痧疹門方治之無濟，仿治痘之法，先以紫雪芳透於前，繼以犀、羚、芩、連、丹、地、石膏、人中黃大劑清涼解毒，始得轉重爲輕，易危爲安。或有病深藥淺，而至於危變者，幾同痘瘡有順、險、逆之別。嗟嗟！同一痧也，何今昔不侔若此耶？揆其所以然，大率邇年來種痘盛行，胎毒未得盡泄，借此痧症以泄其毒者；有之，抑或近來時厲之氣甚於昔日，以致症之險重者有之。要在臨此證者，無執前人之治，因時制宜，因證立方，圓機活潑，勿以痘重痧輕

而忽之，庶無愧爲司命矣。

《傷寒指掌・傷寒類症》 大頭瘟

即大頭天行，宜普濟消毒飲。

邵評：風熱濕濁，擾亂淸陽之境，故傷高顛之上。從上越者生，下行者死。初起寒熱體重，頭面腫痛，或紅或紫，或靑或黃，目不能開，咽喉不利。不速治，十死八九，甚者砭針刺之。如大便硬，加酒蒸大黃三錢緩下之。若額上面部腫赤者，屬陽明，本方加石膏。耳之上下前後，并額旁紅腫者，屬少陽，本方加柴胡、花粉。項下耳後赤腫者，屬太陽，本方加荆防、羗活。蓋大頭瘟腫赤之處，分三陽經部位，故藥亦分三陽經加法。但邪在上焦，藥宜輕淸，頻進而緩服，急則過其病所矣。

捻頸瘟

頭與咽中腫脹，喉痛，聲不出，即蝦蟆瘟，宜荆防敗毒散。

邵評：邪傷上焦，蘊於肺胃，喉痹失音等象，較大頭瘟之腫在肌表者，更深一層矣。此症邪干肺胃，當用射干以發肺邪，石膏以瀉肺熱，犀角以解胃毒，大黃以疏胃壅，方爲正治。此方先用羗活、獨活、荆芥、防風、柴胡、前胡，燥烈而專達表，與穢邪之在上焦肺胃者，似不相値，須斟酌用爲妥。

《增補評註溫病條辨・上焦篇・風溫溫熱溫疫溫毒冬溫》 溫毒外腫，水仙膏主之，並主一切癰瘡。

按：水仙花，得金水之精，隆冬開花，味苦微辛，寒滑無毒，苦能降火敗毒，辛能散邪熱之結，寒能勝熱，滑能利痰，其妙用全在汁之膠粘，能拔毒外出，使毒邪不致深入臟腑傷人也。

溫毒敷水仙膏後，皮間有小黃瘡，如黍米者，不可再敷水仙膏，過敷則痛甚而爛，三黃二香散主之。

三黃取其峻瀉諸火，而不爛皮膚，二香透絡中餘熱而定痛。

溫毒神昏讝語者，先與安宮牛黃丸、紫雪丹、之屬，繼以淸宮湯。

霖按：溫毒至神昏譫語，非芳香涼洩可愈，當參酌議下以存陰。安宮牛黃丸、紫雪丹、淸宮湯。

《增補評註溫病條辨・中焦篇・風溫溫熱溫疫溫毒冬溫》 陽明溫毒發痘者，如斑疹法，隨其所在而攻之。

溫毒發痘，如小兒痘瘡，或多或少，紫黑色，皆穢濁太甚，療治失宜而然也。

雖不多見，間亦有之。隨其所在而攻，謂脈浮則用銀翹散，加生地、元參，渴加花粉，毒重加金汁、人中黃，小便短加芩、連之類；　脈沉内壅者，酌輕重下之。

陽明溫毒，楊梅瘡者，以上法隨其所偏而調之，重加敗毒，兼與利濕。此條當入濕溫，因上條溫痘連類而及，故編於此，可以互證也。楊梅瘡者，形似楊梅，輕則紅紫，重則紫黑，多現於背部、面部，亦因感受穢濁而然。如上法者，如上條治溫痘之法。毒甚故重加敗毒，此證毒附濕而爲災，故兼與利濕，如萆薢、土茯苓之類。

《增補評註溫病條辨・上焦篇・風溫溫熱溫疫溫毒冬溫》　溫毒咽痛喉腫，耳前耳後腫，頰腫，面正赤，或喉不痛，但外腫，甚則耳聾，俗名大頭溫、蝦蟆溫者，普濟消毒飲去柴胡、升麻主之。初起一、二日，再去芩、連，三四日加之佳。

溫毒者，穢濁也。凡地氣之穢，未有不因少陽之氣，而自能上升者，春夏地氣發泄，故多有是證；　秋冬地氣，間有不藏之時，亦或有是證；　人身之少陰素虛，不能上濟少陽，少陽升騰莫制，亦多成是證；　小兒純陽火多，陰未充長，亦多有是證。咽痛者，經謂一陰一陽結，謂之喉痹。蓋少陰少陽之脈，皆循喉嚨，少陰主君火，少陽主相火，相濟爲災也，耳前耳後頰前腫者，皆少陽經脈所過之地，頰車不獨爲陽明經穴也。面赤者，火色也。甚則耳聾者，兩少陽之脈，皆入耳中，火有餘則清竅閉也。治法總不能出李東垣普濟消毒飲之外。其方之妙，妙在以涼膈散爲主，而加化清氣之馬勃、殭蠶、銀花，得輕可去實之妙；　再加元參、牛蒡、板藍根，敗毒而利肺氣，補腎水以上濟邪火；　去柴胡、升麻者，以升騰飛越太過之病，不當再用升也。說者謂其引經，亦甚愚矣！　凡藥不能直至本經者，方用引經藥作引，此方皆係輕藥，總走上焦，開天氣，肅肺氣，豈須用升柴直升經氣耶？　去黃芩、黃連者，芩連裏藥也，病初起未至中焦，不得先用裏藥，故犯中焦也。

霖按：　治大頭天行，用普濟消毒飲甚是。此方有升、柴之升散，亦有芩、連之苦降，開闔得宜，不得譏東垣之誤也。去升麻、黃連尚可，去柴胡、黃芩則不可。只知泥執三焦，不知有陰陽十二經脈。只知外感之溫邪，不知有伏氣之溫病、溫毒，乃內伏疫邪，借少陽爲出路，舍柴胡何以樞轉伏邪，況數證亦難以一方蕆事，溫熱、溫疫不分，誤人非淺。

《溫證指歸・頭面腫耳旁腫》　溫邪頭面耳旁腫，乃熱邪上溢三陽，溢於太陽則頭腫，溢於陽明則面腫，溢於少陽則耳旁腫。頭腫者，俗名大頭溫，此證最惡，治不宜緩。緣清陽爲濁邪所干，最易滋蔓，急用普濟消毒飲加野菊或根或花。舌黃口乾者，加大黃下之，或清化湯加野菊、大黃。面腫色赤屬溫熱，宜用荆防敗毒散加白芷、葛根、蘆根、石膏、滑石等藥。如舌黃口渴，譫妄便赤者，增損雙解散。若面腫色黃色白者，皆屬風濕，卽《內經》面腫曰風之證，又當從神朮、青龍、越婢諸法而參酌之。至於耳旁腫，亦名時毒，初起只宜疏解，不宜敷貼，致邪內閉，如紅腫堅硬，則有潰膿之患，並宜荆防敗毒散加柴胡、牛子，甚者加軍下之，增損小柴胡湯亦可。

《溫證指歸・頸項胸紅腫》　溫邪頸項腫，乃邪鬱陽明，兼夾風熱，俗名捻頸溫，又名蝦蟆溫，宜普濟消毒加生軍、石膏、葛根之類。餘邪發頤，又當參虛實治之，至胸前紅腫，有赤起小疹，羊毛溫多有此證，亦有不見此形者，治法不外乎神解、雙解，總以邪之輕重爲準。

《溫證指歸・周身紅腫》　溫邪周身紅腫，一則熱爲寒伏，一則熱邪外溢，最佳之象，宜用清化湯、神解散。如紅腫如疹如霞，宜荆防敗毒散。加殭、蟬、歸、芎之類。如顏色紫暗，或片或塊，纍纍或如葡萄，或如玳瑁，又屬葡萄疫、玳瑁溫也，宜普濟消毒飲。或犀角地黃湯爲最。此溫疫門中周身紅腫之大概也，至於病後周身腫亮如燈，或目下卧蠶，脈象沉滑，又當作風濕治，開鬼門，潔淨府諸法，又在所必需也。

《溫證指歸・胸背脇肋腹痛》　又羊毛溫邪一證，大都胸背閉悶，予每踵其法而治之，活人甚多，若不申明閉悶二字，何以釋醫者病家之疑。試觀痘之閉悶，初病亦無大苦，轉瞬腰折頭傾，目泛紅水，胸悶氣促，斑點叢生，痘形不見，竅血肉紫，非閉悶之明驗乎？　大抵痘與溫同一疫邪也，而痘之酷於溫者，一病卽腰折不立，緣胎毒伏於命門，與腎相通，溫邪一開，二火交灼，腎經留邪，斷難望生。間有不然，能治萌芽，表裏雙解，使外疫開而內毒解，予之經手驗者，予之子與姪，及孝廉路公之姪也，他處未有，多由不能治其萌芽之故。但羊毛溫疹一證，有何異於痘疹乎？　以此悟彼，能治痘之閉悶，卽能治溫之閉悶也。況溫邪中人三焦，較痘又輕一層，所以人之擬議者，上古無此名證，要之痘證，上古亦然。至於疹之二字，予歷驗二十餘年，有病解而現點

如疹者，非人人病解必有之形，今而後不呼羊毛疹，而呼羊毛溫可乎？ 治法總以清涼解散，縱有虛象，當審明何處之虛，加藥兼治，爲此證始終之關鍵也。

《溫證指歸・羊毛溫疹治法》 羊毛溫疹，有輕重遲速之分，感邪輕而發之速者，挑擦固愈，卽不挑擦亦愈，藥不出神解、太極、諸方。 若夫感邪重而發之遲者，厲氣久蘊於三焦，熱象忽彰於一旦，證現胸悶壯熱之形，且有紅紫乾刺之舌，脈洪口渴，譫語神昏，此邪鬱極而發也，不行挑擦之法以瀉熱，不用雙解之法以滌邪，不至脹悶而斃者幾希矣。 夫證有輕重者邪也，發有遲速者，邪之化與不化也，故用藥得當，邪從外化，則爲汗爲利，爲吐衄，爲斑疹，氣血得以條暢，榮衛得以宣和，毛其化矣。 邪不外化，內鬱於上焦，使肺氣不宣，溫邪不散，清虛之地，皆成渾濁之區，且肺爲生毛之臟，以氣相感，毛其現矣。 或謂平人之身，得蕎麥麵久搓，則毫毛自落，此說似乎近理，而抑知大有不然，人身之毫毛甚短，而玆之盈寸盈尺者，與此不符，人身之毫毛色白，而玆之或白或紅，或間五色者，與此更覺不符，況毫毛生於皮膚，而針挑必在肉裏，且毫毛遍身皆可粘落，而羊毛獨在胸背之間，此其顯而易見，不待辨而自明者，卽或偶人有平人搓出，直與病者無異，每每越數日卽病，可見溫邪感受，潛伏於裏，發之輕重遲速，更可見矣。 余恭讀《御纂醫宗金鑑》，羊毛疔證，除毛有法，用藥有方，黑豆蕎麥粉以塗之，五味消毒飲加軍以下之，堂堂煌煌，正治法門，自當遵倣其法，表裏雙解之，務使有此證者，不致藉口於無此證以自誤，非此證者，不致混同於是此證以相欺，庶乎同慶生全，而醫者病者之心，兩無憾矣。

《慈航集・大頭瘟症》 大頭瘟症卽大頭天行，陽明燥金，少陽相火之年多有此症。病由內積毒熱外受風寒而起，寒逼火伏，火無出路，因而上行頭面，腮頰頤腫，初病惡寒、發燒、大便結燥、胸口不寬，治宜解其外風，清其裏熱，加減消毒飲主之，照後增用。

初病惡寒發熱，一服蓋暖出汗卽鬆，第二日加蟬退一錢，第三日加炒柴胡八分，第四日加元參五錢，四服全愈。 如大便結者，加製軍三錢、枳殼一錢五分下之卽去，如口乾加花粉二錢、大貝母一錢五分，後附調理方。

調理煎方

當歸三錢　白芍三錢　枳殼一錢五分，炒　陳皮一錢五分　峽麴一錢五分，炒

炙甘草三分　製半夏二錢　白殭蚕三錢炒

不用引。 如胸口飽悶加白蔻仁二錢，如口乾加麥冬二錢。

《慈航集・爛喉瘟症》 爛喉瘟症初病惡寒，喉痛破爛，食飲皆嗆，其症最危，來如風雨，急用清涼解毒飲主之。 爛喉內服清涼解毒飲，外用千金吹喉散，內外並治爲妙。【略】

又方，喉爛久不愈神效：

蝙蝠大者一個，煆成炭　兒茶二錢　人中白二錢煆　冰片三分

共研細麵，磁瓶收好，吹之自愈。

又方，專治咽喉腫痛神效：

白殭蚕一錢烘　牙硝三錢　兒茶一錢五分　硼砂二錢　冰片三分　青黛一錢

共研細麵，磁瓶收好，吹之自愈。

以上諸方皆應驗神效，臨機應變，全在心思用之。

四君子湯補氣補脾神劑

人參一錢　於术二錢，土炒　雲苓一錢五分　炙甘草五分

《疫痧草・見象章》 發熱

發熱，邪欲達也，宜疎達之，以有汗爲吉，無汗爲凶。 症雖乍起，而灼熱無汗肌如紅紙，痧隱不透，其症險，宜清散並用。 若灼熱無汗，痧隱神昏，喉爛氣穢，是疫火內閉，最忌也，再見脈象軟細無神者必死，藥物勉用清散，或兼內開。 若得汗而仍灼熱痧隱，神昏喉爛而舌絳脈弦者，毒火重也，宜清散並用。 更有痧後身熱不止，亦爲大忌。 仍見喉爛舌乾，神躁鼻搧，脈空虛，或虛弦無神者危。

不熱

不熱，謂疫痧隱約，而身熱不盛也。 痧爲陽邪，身熱乃透。 若痧隱如硃，神昏喉爛，脈細無神，而身不甚熱，是毒火內閉，痧點何自而達？ 其病險重也，清達並用，或挽萬一。 若得汗痧足，神清脈和而喉不爛，其身熱漸退，乃爲病鬆而熱退也。 至於時痧，竟有身不甚熱者其病本輕，必無他犯。

得汗

得汗雖吉，然汗後必得痧點漸足，喉爛漸退爲吉。 若得汗而痧仍隱約，喉爛反盛，是疫火太盛，症險重也，宜重用清化，或挽萬一。

不得汗

不得汗，疫毒内鬱也。疫毒内鬱，痧點無自而達，若一味疎達，則更無汗。痧隱，喉爛盛，而神機呆，往往不治，疫痧險惡者，多不得汗也。不得汗而喉爛痧隱，急清達幷重，或者痧透汗來，而病鬆耳。

痧達

痧達，痧點透表也。痧點透表，神漸安而喉爛漸鬆者，病退也。若痧雖透，而喉爛猶盛，神機煩躁，舌絳如硃，口渴唇乾脈弦且數，痧點之上，毒泡纍纍，是疫火極盛，症勢非輕，宜重用清化也。若見便閉，兼用下法。舌乾且縮，重加育陰。

痧不達

痧不達，痧點隱約，不能透表也。凡灼熱無汗，痧點隱約不達，急用疎達，而仍無汗，痧隱，喉爛盛，而病勢危者甚衆。何不清達，並進乎？清達之而痧點仍屬隱約，或一見即縮，但見喉爛者，其症必危。

形色

痧點之形宜興疎，痧點之色宜紅潤。若身乍熱，即痧隱成片，不分顆粒，其色紫滯、乾枯而無汗，脈，兀神昏喉爛，爲火毒内陷，最險症也。若兼脈軟細無神者難治，治當清散並用。亦有痧形匾潤，始而三五散布，繼而雲密焮腫，其發也，除邪火雖重，猶能透表。所謂時痧，非眞疫痧也，若咳嗽神清，脈弦有力，而喉不爛者，先達繼清，自得漸鬆矣。

部位

發痧部位，自頭至足者順，自足至頭者不順；先胸背而後四肢順，先四肢而後胸背不順，陽部多順，陰部位多不順。陽部，頭頂背也；陰部，胸脇腰也。石頑之説如是，而余觀疫痧，無所謂部位也，總以透表爲順。痧透表而喉爛減，神氣清者，部位雖不順，猶順也；痧隱縮而喉爛盛，神氣呆者，部位雖順，猶不順也。

痧發痧沒

痧之發也，宜辨其透表不透表；痧之沒也，宜辨其早沒正沒。何謂透表？痧點分科，而有觸手之質，透表也。透表之後，或起毒泡，或仍見喉爛舌絳等象，是疫火之盛，宜大劑清化也。清化之而喉爛減，神氣清，則症勢鬆，反是者險。若身熱而即見痧點，隱約成片毫不分科，雖無毒泡發於上，卻有毒火鬱於中，所謂不透表也，若兼喉爛神昏難治。發熱之後，痧點一現而遂無蹤，謂之早沒。早沒者，痧縮而毒陷也。痧縮之後，喉爛增而鼻搧氣促，呃逆神昏者，其症不治。正沒者，痧點與爛喉之勢並退也。透表二三日後，痧點漸退，喉爛漸減，神清脈和，乃爲正沒。

脈象

脈象弦數，疫火盛也；脈象鬱伏邪未達也；數大空虛，正氣弱而疫邪惡也。若灼熱痧隱，喉爛神煩，而脈情弦數者，宜清散並用。喉爛盛而神氣昏，脈來弦數無序者險。灼熱無汗，痧隱成片，喉爛神昏者險。脈雖鬱，亦宜清散並用。若灼熱無汗，神昏喉爛痧隱成片，而脈沉細如絲，軟如綿，是陽症陰脈也，難治。痧點透表，脈數大，宜清之。若脈象浮取數大，沉按空虛，而見痧隱氣促，喉爛神倦，其人正氣大虧，恐難支横行之疫毒，或痧後脈細如絲，而見喉爛遺毒，牙疳肌腫等象，毒盛正虛，總屬重險。

舌色

疫邪内伏，舌色外見，舌白且膩，疫邪未化火也，宜達之。若喉爛盛而痧隱成片，灼熱神煩者，症雖乍起，可兼用清。舌赤多刺，疫邪已化火也，宜清之。若喉爛不盛，而熱緩神清，痧達未足者，仍兼用散。舌絳心黑，津液將涸，滋液化火，在所必需。舌黑且縮，神昏喉爛，液乾臟枯，症必危險。

爛喉

發痧有疫毒、無疫毒，別於喉爛、喉不爛。疫毒輕重，亦以喉爛別之。其爛零星，其色鮮潤，疎達之而痧即透，爛即減，是疫輕也。其爛滿布，其色乾黄，其痧隱約不達，或雖達而爛更盛，是疫重也。病起身緩熱，脈微弦，喉爛兩旁，疎達之而痧漸足，爛漸減，不延及喉底小舌，幷無穢氣者，其症漸鬆。若延及喉底小舌，痧點一見即縮，是疫已内伏，神清尚險，若神昏氣喘，鼻搧直視，必不救也。痧點雲密興高，神清熱減，而喉底小舌腐爛盛者，是疫火極盛，其症危險，用火劑清化，以冀挽回百一。總之痧症輕者喉不腐，悶痧惡症，兼有不爛喉者，其不爛也，爲悶極而幷無從爛喉也，其症必多別端惡象，以決死生。

毒涎

喉中腐爛，吹藥而毒涎垂滴者，藥力可愈，吹藥而毫無毒涎者，其症至險。

穢氣

穢氣非口氣也，口氣由於內熱，穢氣由於爛喉。疫毒重者喉爛盛，是以吐出之氣穢濁也。喉爛氣穢，其症至險，且易於纏人。何以喉爛氣穢？蓋以爛及喉底。喉底之爛，卻非自外爛入，實自肺中爛出，所以吐氣穢濁也。疫痧爛喉，見喉底好肉爲吉，不見喉底好肉爲凶。

神煩

神煩，疫火盛也。疫火內熾，心君不寧，所以神煩。神煩而喉爛盛，痧點隱者，爲疫毒內陷心包之象，其症險，宜清達並用。若便閉脈實，可兼下法；舌乾液虧，可兼育養；痧透神煩，重用清化；痧後神煩，宜用清滋。神煩不止，總非吉象。

神昏

神昏，似睡非睡，昏倦不語，由疫毒內伏，正氣不能支持，邪勢直欲內陷也。痧未達者，宜清達並用，清其臟腑之疫火，達其經絡之溫邪，或兼內開，庶幾挽回於萬一。神昏而喉爛不盛者，已屬至險，若喉爛盛，而痧隱縮，其人神昏不語，是疫毒已陷，危者多而活者少矣。

鼾睡

鼾睡，是神昏已盛，迷悶似睡，而有痰聲也。毒火已陷心包，比神昏尤惡，不治。

鼻搧

鼻搧爲痧症最忌，痧症之邪伏肺胃，鼻搧是肺爲邪火灼傷也。痧隱喉爛而鼻搧，是疫毒伏於肺也；痧沒喉爛而鼻搧，是疫毒結於肺也，二者俱難治。若兼氣促痰鳴，更危。

鼻煤

鼻煤，亦是毒火灼肺，而鼻上起烟煤也。若兼喉爛面青，氣促痰鳴等象，必難治。用清火化毒，使喉爛減而神氣爽，其烟煤漸退，或有挽回。

牙關拘急

牙關拘急，是陽明毒火盛也。若見喉爛神昏痧隱者，其症至險，宜清散並用。痧沒後，因遺毒而牙關拘急，是陽明餘火未清，毒潰症鬆，拘急乃開。

失音

失音，肺熱也。痧本爲肺家病，肺經積熱，是以失音。失音之於痧症，無關輕重也。有喉爛極盛而失音者，非失音也，肺已爛傷音從何出，是難治之症。若痧後久咳，形瘦脈虛，聲音不爽，防成痧癆。

呃逆

疫痧呃逆，總是火呃。有神昏痧隱而呃逆者，火也，有喉爛脈鬱而呃逆者，火也。痧症呃逆，毒火必盛也。化其火，則呃自止，不必治呃也。若其火不化，非但呃不止，而且命不保矣。

便閉

便閉，火內結也。喉爛痧隱，神煩脈實，大便閉濇不通，舌絳者，宜清下兼施，舌垢者，宜疏下並用。

便溏

便溏，火下洩也。疫痧便溏，卻非凶兆。然便溏而神昏痧隱，喉爛脈鬱，是火盛正虛而洩，則爲險候也，切不可用燥濇之藥。痧後火勢已退，而便溏不止，是脾氣虛，宜保肺理脾，卻不可用溫燥之品。大塊時痧，每有便溏，痧回溏止，毋庸濇也。

肌癢

痧點隱約，肌癢欲達，痧點已足，肌癢已退，營衛猶和，故爾肌癢。

肌燥

灼熱無汗，疫火盛而肌燥者，其痧難達，痧點雖透，津液虧而肌燥者，其火必盛。二者若兼，喉爛盛而神氣煩，總爲險象。

唇絳

疫火結於陽明，陽明之津液漸虧，是以唇絳也。疫火盛而津液涸，唇色紫絳且裂，若兼喉爛盛者其症必險。喉爛痧隱而唇絳，宜清火達邪。喉爛痧透而唇絳，宜清火養液。火勢衰，津液充，其唇絳自退，其喉爛亦當自減也。

齒乾

火灼液虧，是以齒乾。若喉爛舌絳而齒焦黑。即痧未透達，疏散品中，必兼養液清化。庶幾火化液回，而痧乃透也。

咳嗽

咳嗽是發痧吉象。咳甚發痧，其痧易達。若爛喉盛而咳逆，雖咳亦凶。咳嗽，頻聲而咳也。咳逆，是氣逆而咳，一咳即止，如嗆然也。痧前咳，邪易達；痧後咳，邪留逼。痧後咳久不止，形瘦脈弱，防成痧癆。

不咳嗽

不咳嗽而爛喉，喉爛必盛也。若見神昏痧隱，則爲險象。

目赤

疫痧初發，每多目赤，目赤者，火上炎也。大塊時痧，目赤非險。若發細痧而火盛者，必目赤多眵，兼之喉爛痧隱，是爲險象也。舌絳者，宜清達兼使；便閉者，宜汗下並用。若痧點已足，喉爛目赤，宜重用清化，庶幾保之。

嚏

嚏，是肺氣之發越也。疫痧多嚏不爲凶，若見痧隱脈鬱，神迷不語，可用冲天散吹入鼻孔，使得嚏而發越其氣機。未必得嚏即活，蓋緣得嚏而開生機者，亦或有之也。

氣促

氣促是邪火結於肺，致呼吸不利其關隘，是以氣機喘促也。若兼喉爛盛者極危。即喉不盛爛而喘促，亦是疫火傷肺，肺氣欲絶之象也，總屬險候。

譫語

譫語，毒火欲乘心包，心神不能自持，是以語言顛倒也。若喉爛盛，痧隱約，而見譫語，是疫毒内閉，其勢甚危，所用藥物，清散并重。若見神昏兼以内開，或能挽回萬一。

面色

身熱乍發，面色紅亮者，火盛也；青滯者，邪伏也。痧隱成片，喉爛神呆，疎達品中，必兼清化，以冀火化而邪達。若喉爛盛而面青晄呆白，險候也，兼有氣促鼻搧神昏等象，難治。面晄呆白，即喉爛不盛亦險，又有疫毒盛者，初發熱時，繞鼻現赤色一圍亦險。

惡寒

疫邪鬱伏，營衛不和，腠理固閉，故爾惡寒。疫痧之發，有惡寒有不惡寒。惡寒起者，其症不輕，其惡寒者，未發熱時，稍稍惡寒，既發熱後，亦不惡寒也。

鼻衄

鼻衄，俗名紅汗，邪火盛則衄。衄而痧透神清，喉爛漸減，清化之其症自安。衄而喉爛盛，痧點隱，火盛極也，清達並重。

嘔惡吐蚘

發痧每多嘔惡，是發洩胃家熱邪，痧透而嘔自止也。若痧隱不透，嘔甚吐蚘，其症險。亦有疫火内鬱，欲吐不吐，乾惡神呆，喉爛痧隱，其症更險。

溺濇

毒火重者，小便赤濇。若痧達神清，喉爛不盛，清化火毒，其濇自利。若喉爛盛而小便濇，痧點未足，達必兼清，僅利小便，何益之有。

渴

痧爲溫邪，溫邪化火則口渴。渴而爛喉灼熱者，痧雖未足，毒火已盛，急宜清達並施。

腹痛

腹痛是疫火内鬱，或者兼有食積也。若灼熱脈微，神呆痧隱而腹痛，悶痧也。喉爛便閉而腹痛，爲火滯俱盛，亦險象也，可以清而兼下。發痧腹痛，總爲不善。

毒泡

毒泡，是痧點雲密，猶不足以盡其毒，故痧上又發白泡，謂之毒泡。盛者泡密通漿，火毒極盛也，宜大劑清化。若得喉腐不盛，神機清爽，痧得泡而邪達，亦非必死之症。

牙疳

痧後毒火尚盛，發爲牙疳。其症面腫而堅，色晄亮者，頤必穿，穿者不救，口内齦黑者不治，齒落者不治，臭盛者難治，堅腫不退者不治。其治法以清火化毒，其吹藥以解毒止腐。服藥之後臭氣減而黑腐退，腫勢消而牙關開，開則見多骨而去之，則漸愈矣。此症痧痘俱有，而疫痧之症，發牙疳者少，發遺毒者多。

遺毒

疫痧，火毒未清，以致遺毒。遺毒發於項間腮畔，及喉外四肢爲重。痧邪甚者乃遺毒，遺毒之症，不可輕視也。遺毒而喉爛不減，飲食不增，身熱不止者，俱難治。其治法，火盛者宜清火化毒；正虚者宜扶正化毒。疫痧惡症，有痧隱神昏，喉爛極盛，而喉外堅腫，是毒結咽喉，而無從發洩，所以喉外堅腫也，見之不治。此症見，多在一候之内。有痧後毒走四肢，四肢光亮浮腫者，難治，此症見，每在兩候之外。

虚癆

疫痧火症，其症暫而不久，未必即爲虚癆也。然痧後餘熱未清，正氣未

充，或乘風安睡，或喜食酸冷，或不戒酒色，以致咳逆食減，虛熱便溏，氣倦神乏，脈數虛細，而成虛癆，俗名謂之痧癆也。不善調攝者死。如虛熱咳嗽，宜理肺清熱；食少便溏，宜健脾和胃。調寒暖，節飲食，寡嗜慾，以調攝之，庶幾起死回生乎。

《疫痧草・湯藥章》 邪在表者，疎而達之。發痧無疫，火不內熾，其痧稀，其熱輕，其神清，而咽喉不爛。達透後清，是常理也。

葛根湯。治身熱神清，痧隱稀疎，舌白脈鬱而喉不甚腐者。

疫痧重者，疎散清化宜並進也。表邪未解疎散固不可少，疫火內熾，清化豈可以緩？表邪末也，火熾本也，症雖乍起，而見灼熱無汗，痧隱成片，喉爛神煩，火熾已甚矣。灼熱痧密，火盛而使然也。若泥無汗痧隱，而必一味疎達，愈疎則汗愈無，愈達則痧愈隱，愈疎達則神愈昏，喉愈腐，不顧在本之火，徒治在表之邪，所謂捨本求末。焉能效乎？故立清散一門，表本兼顧，邪火並治。

葛犀湯。治灼熱神煩，喉腐脈弦，痧隱成片不分顆粒，無汗舌垢者。

疫痧之火，迅而且猛，清化之劑，不可緩，更不可輕也。表邪未解，內火已熾，見機者，在疫火未肆之前而先化其火。故散必兼清，恐疫火肆而治之無益也。若表邪已解，火熾已盛，痧透脈弦，喉爛舌絳，口渴神煩，此時清化不重，正如一杯水救一車薪之火，焉能有效乎？

犀角地黃湯。治痧點已透，火灼液虧，脈數弦大，喉爛舌絳者宜之。如火灼液虧，舌絳喉爛，即痧透未足，疎達品中亦宜加之此湯化火救液之妙劑也。

下奪之劑，不得已之所爲也。表邪未解，內火已熾，可以助疎達之品，而爲斬關之將，如雙解散是也。表邪已解，火熾太盛，可以佐清化之品，而有奪門之能，如四虎飲是也。重劑也，而可施於正強邪實也。正強邪實，表邪未解者，必無汗痧隱，喉爛神煩，便閉脈實，施之雙解，不亦宜乎？表邪既解者，必得汗痧密，喉爛神躁，脈實便閉，進以四虎，不亦宜乎？重劑也，不得已之所爲也。

雙解散。治痧隱約，喉爛氣穢，神煩便閉，目赤脈實，症勢乍作，正強邪實者。

救液之劑，是佐使之一法，火盛液虧者必需也。疫痧之症，不出乎火，火盛者液必虧。疫痧之症，全賴乎液，液虧者病必危。而救液之品，化其火於平淡之中，養其陰於未涸之候，佐疎達之品，不嫌其寒凝，佐清化之劑，無憂乎液涸，病之液，兵之糧也，糧既匱矣，兵勇何爲？救液之劑，其可緩乎。

五鮮飲。治舌絳而乾，脈絃數大，痧隱而喉腐不盛，可以葛根湯並服。痧隱而喉腐盛，可與犀豉飲齊進。

《疫痧草・附刊各種經驗良方》 一、爛喉痧症，現在時行初起，脈浮數有力，有汗，色淡紅，皆易收功。如初見色紫而艷，即用瘍醫大全痧疹論中方，歸尾桃仁紫草生蒲黃紅花地丁等藥，參酌出之，頗能見效。

一、爛喉痧症，或咽喉不甚腫痛，初起時身現微紅，似有似無之狀，脈伏肢涼，面青唇紫，口閉流涎，目睛直視，指甲青滯，胸腹飽脹，氣促神昏，四肢抽搐等症，此爲悶痧。雖百無一生，亦不忍坐視其斃，速用臥龍丹多吹兩鼻取多嚏爲吉，隨用眞蘇薄荷錢許煎湯，磨太乙紫金錠二枚，頻灌之，俟形色稍轉，再酌進煎劑可也。如無以上諸般閉象，不宜輕用吹塞鼻孔取嚏辛燥之藥。

一、爛喉痧症，無論已暢未暢之時，若咽喉腫痛不堪，形色紫艷，尚未潰爛，或已破未深，而項外漫腫堅硬，痰湧氣閉，湯水難容，急用喉針，在喉之兩旁高腫處，刺入分許，連刺兩三下，嘌去紫黑毒血，隨時便可下藥，亦不致大潰矣。

一、刺喉痧，用衣針刺兩手大指裏側爪甲下分許，即少商穴也，刺入分許，擠盡紫血，最能開洩肺經熱毒，頗見效驗。

一、咽喉內外，或不甚腫痛，可進湯水。或形色淡紅不艷，或潰爛過深，皆不必針刺。他如脈細神昏，毒已內陷心包，亦不必針刺。

一、治疫痧爛喉，嘔吐肢涼，皆緣陽明疫邪壅閉，以致腠理不開，氣結不舒，斷不可作寒症治之，便投辛溫，如蒼朮厚朴半夏肉桂附子生薑之類。又初見痧形似有似無，驟然驚搐，亦不宜用苦寒鎮驚之藥，如牛黃蘇合等丸。此二症均，宜透疹得暢，自能漸愈。如咽喉已潰爛，芫荽觀音柳棉線紗櫻桃核，一切忌用。即不潰爛，疫痧溫熱，均不相宜。

一、疫痧草中犀角地黃一方，似須痧壓後用，書中雖未載明，臨症務宜斟酌。

補遺

一、痔痧咽喉腫大，牙關緊閉，需用吐法。

眞膽礬三錢，即石膽也

冬月用青魚膽拌，陰乾研極細末，水調送下。此藥入口，無有不嘔者，吐出頑痰立愈。如無青魚，膽製者亦可用。

一、喉痧症，屢進疏達之劑，痧仍隱而不透，此屬悶痧，宜用徐靈胎無價散。

雄豬糞，臘月用火煆至煙盡，水漂白，洗淨，研末，加冰片二分，絹包投入煎劑內，立驗。

一、喉痧症，疫邪達之未盡，項中兩旁起核，寒熱不清，宜用牛蒡解肌湯。

一、喉痧症如見協熱便泄，身熱口渴，不可妄用溫濇之藥以止瀉，急用仲景葛根芩連湯，隨症加減。

又吹喉方，名十寶丹，如初起各種喉風，淡紅微腫，痰涎上壅，虛火等症，一切勿用。另有喉科耑門吹藥。

耑治一切已潰未潰，腫痛色艷，爛喉痧症。並治痘毒攻喉，以及疹痘後牙疳，楊梅後毒結咽喉，消腫止痛，化毒生肌。此仙方也，其效如神，屢試屢驗，萬勿增減是幸。

又漱喉方。并治一切喉症，消腫散血，止痛化痰。

又方用萬年青葉，洗淨搗爛取汁，加滴醋少許，頻漱其喉，效驗如神。倘喉已破爛，不可加醋。

又敷方。即時毒門二味拔毒散。耑治痧疹後毒結項外，漫腫堅硬無論色紅色白，其效如神，潰處忌用。

又方，紫金丹。治症同前。

又牙疳第一神方。凡遇痧疹後走馬牙疳，並皆治之，先用冬青葉煎水漱淨，再以此藥乾上。

又驅瘟避邪法：

生大黃片二兩　緜茵陳一兩　降香末一兩　茅蒼術五錢

拌勻，不時燒烟薰之。病人卧室不必用，恐防嗆咳，慎之。

附李純修爛喉痧論

爛喉痧一症，古書不載，起於近時，而並易傳染。治之者，每謂太陰陽明二經風熱之毒，而致爛之由，亦不可不詳察也。譬之於物，以盛火逼之，祇見乾燥，而不知濕熱鬱蒸，所以致爛耳，此症凡風熱者，治宜清透，濕熱者，治宜清滲，痰火凝結者，治宜消降。蓋邪達則痧透，痧透則爛自止矣。若過用寒涼，勢必內陷，其害可勝言哉。夫症有可治有不可治，口中作臭者，謂之回陽。其色或淡黃或深黃者，此係痰火所致，皆可治之症。他如爛至小舌者，鼻塞者，合眼朦朧者，竝有元氣日虛，毒氣深伏色白如粉皮樣者，皆不可治之症也。

附祖鴻範爛喉丹痧治宜論

夫丹痧一症，方書未有詳言，余究心是症之所來，不外乎風寒溫熱，時厲之氣而已。故解表清熱，各有所宜，治之得當愈不移時，治失其宜，禍生反掌，無非宜散宜清之兩途也。其症初起，凜凜惡寒，身熱不甚，竝有壯熱而仍兼憎寒者，斯時雖咽痛煩渴，先須解表透達爲宜，即或宜兼清散，總以散字爲重，所謂火鬱發之也。苟漫用寒涼，則外益閉而內火益陷，咽痛愈劇，潰腐日甚矣。不明是理者，反云如此涼藥，尚且火勢勃然，不察未散之誤，猶謂寒之未盡，於是愈涼愈遏，以致內陷而斃者，有之。或有云是症專宜表散者，余未所見亦偏。前所云寒熱之時，散爲先務，俾汗暢而丹痧透發，已無惡寒等症，至此則外閉之風寒已解，內蘊之邪火方張，寒涼泄熱，是所宜投，熱一盡而病自愈矣。若仍執辛散之方，則火得風而愈熾，腫勢反增，腐亦滋蔓，必至滴水下咽，痛如刀割，間有議用清涼者，乃以鬱遏誹之。炎熱燎原殺人最暴。此偏於散而謗誹清者之爲害也。彼言散之宜，此言散之禍，彼言寒之禍，此言寒之宜，要惟於先後次第之間，隨机權變，斯各中其窾耳。再此症愈後，每有四肢痠痛，難以屈伸之狀，蓋由火灼陰傷，絡失所養，宜進滋陰，非同痹症，此又管窺之所及，敢以質之高明。

雍正癸丑年間以來，有爛喉痧一症，發於冬春之際，不分老幼，遍相傳染，發則壯熱煩渴，痧密肌紅，宛如錦紋，咽喉疼痛腫爛一團火熱內熾，醫家見其火熱甚也，投以犀羚芩連梔膏之類，輒至隱伏昏閉，或喉爛廢食，延挨不治，或便瀉內陷，轉眼兇危。醫者束手，病家委之於命。孰知初起之時，頻進解肌散表，溫毒外達，多有生者《內經》所謂微者逆之，甚者從之。火熱之甚，寒涼強遏，多致不救，良可慨也。

附王氏景伯丹痧傳變喉風急救宜刺論

痧之一症，古曰疹，亦胎毒之所發，因疫癘而後成，其色如斑，摸之有迹，其形似痘，視之無津，病發肺胃，每多咽痛欬嗽，然痧之與丹，則又不同，不可混稱也。丹者紅暈如霞而無點粒，必使發出身如塗朱，乃爲發透，則咽喉腐

痛亦愈，其症咽喉先爛，故名爛喉丹痧。自見點起期，至七日乃回，爲上，否則恐隱縮痰喘之變。施治之法，疎散表邪，開泄肺經，切忌早投清藥，須待舌轉絳色，或如楊梅，乃可進以清化泄熱。然丹毒盛者，每多濁痰，傳變喉風，氣閉而斃者恆多，如遇此症，醫家當開導病家，切勿因噎廢食，怕痛不刺，急用蘆刀喉鎗，刺喉間廉泉穴，鍼出紫黑血，咽關頓開，喉腫即消，再以鵝翎毛蘸探吐藥，入喉內探吐，嘔出稠痰即可得生，此傳變喉風急風之法也。

附喉科引吐法： 用硼砂二錢火硝六分米醋一錢薑汁小半錢用鵝翎探入喉中，吐痰椀許，活者甚多。

《溫毒病論·述古》 《金匱》云，陽毒之爲病，面赤斑斑如錦紋，咽喉痛，唾膿血，五日可治，七日不可治。陰毒之爲病，面目青，身痛如被杖，咽喉痛，五日可治，七日不可治。

趙以德云，斑皆熱毒，傷於陰陽二經血分，所以不分表裏，俱以升麻解時氣毒厲，療發斑，開咽喉毒，攻與熱毒成膿之症。熱毒在陽經絡則面赤如錦斑，唾膿血； 在陰經絡則面青，身如被杖。其曰五日可治七日不可治者，五日乃土之生數，熱未極也。七日爲火之成數，熱已極矣，陰陽之氣津血液皆消滅矣。傷寒七日經氣已盡，而此加之以毒，至七日不惟消滅，其陰且火極亦自滅矣。

王安道云，仲景所云陰毒，非陰寒之病，乃感天地惡毒之氣，入於陰經。

王叔和云，陽脈洪數，陰脈實大，更感溫濕變爲溫毒。周禹載云，春至病溫之人，更遇時熱爲未至而至之異氣，變爲溫毒。

此論伏溫與時熱交并，表裏俱熱。溫毒爲病，最重也。其脈浮沉俱盛，其症心煩悶，嘔逆喘咳，甚則面赤，身體俱赤色，狂亂躁渴，咽腫痛，狂言，下利，而發斑，最爲危候。

溫毒發斑，因熱毒內攻不得散，蘊於胃府而發出肌表，或失於汗下，或汗下不解，足冷耳聾，胸中煩悶，咳嗽嘔逆，躁熱起卧不安者，便是發斑之候。

溫毒發斑，並非因失汗下及汗下不解。

斑如錦紋，身熱煩躁，大便燥結者，黄連解毒湯。

躁悶狂妄而無汗者，三黄石膏湯。

自汗煩渴而發斑，爲胃熱，人參化斑湯。

煩熱錯語不得眠，白虎合黄連解毒湯。

斑不透，犀角大青湯。已透，熱不退，本湯去升麻、黄芩，加人參、生地、柴胡。

斑色紫者，爲危候，黄連解毒合犀角地黄湯。然須與病家言過方用，此症十中救二三，若黑色而下陷者，必死也。

發斑雖禁下，若大便秘，躁渴色紫者，可微下之。

發斑已盡，外熱已退，內實不大便，譫語，小劑涼膈或大柴胡微下之。

發斑紅赤者，爲胃熱，紫爲胃傷，黑爲胃爛也。大抵鮮紅起發者吉，雖大不妨。稠密成片紫色者，半死半生。襍色青紫者，十死不一生矣。

凡斑既出，須得脈洪數有力，身溫足暖者，易治。若脈小足冷，元氣虚弱者，難治。狂言發斑，大便自利，或短氣燥結不通，而黑斑如果實黶者，不治。

吳又可云，熱留血分，裏氣壅閉，則邪毒不得外透而爲斑。若下之，內壅一通，則衛氣亦從而疏暢，或出表爲斑，則邪毒亦從而外解矣。若下後斑漸出，不可更大下。設有下症，少與承氣緩緩下之。

邵登瀛按： 發斑不可下，指傷寒時氣而言，內實色紫者，可微下，正指溫毒而言，何也？時行發熱內鬱及傷寒失汗失下，汗下後不解，煩躁嘔悶，但得出表爲斑，則嘔逆止，煩悶解，熱邪即從之外泄，非如溫毒斑，雖見於肌表，熱毒甚而內結，煩躁愈加，嘔悶仍然，唇乾齒燥，譫語昏昧，不大便，鼻煤，僅以犀、地、膏、連之類解之，揚湯止沸。其如竈底加薪，何惟大黄走而不守，從營衛所出之源，劃去邪毒之根，使裏氣一通，表氣亦順，則火毒消散，炎熇頓爲清涼爾。

《溫毒病論·溫毒可下症》 舌黄胎　黑胎芒刺

得病二三日，舌乾焦黄，大渴，煩躁，熱已瘀胃也，調胃承氣湯。若表裏俱實熱者，涼膈散。黑胎芒刺，邪毒在胃，薰騰於上也，或硬黑，或軟黑，大承氣湯下之，黑皮自脫。

唇燥裂　唇焦　鼻如烟煤

胃熱多有此症，若鼻煤尤熱，毒在胃，下之無疑。

目赤　氣噴如火　狂煩揚手擲足　小便赤黑，涓滴作痛，皆熱極，下之無疑。

心下脹滿　高起如塊　心下拒按

邪傳胸，胃內結氣閉，小承氣下之，客熱一除，本氣自然升降，脹滿立消。

若投陷胸、瀉心，反致遏抑邪毒。

腹痛按之愈痛

邪結氣阻，痞滿燥實作痛，得大承氣，一行邪結並去，脹滿頓除，皆藉大黄拔毒、逐邪、破結、導滯，所爲一竅通，諸竅皆通也。

熱結旁流　下利挾熱

自利純臭水，晝夜十數行，口燥唇乾，舌裂，此熱結旁流也。急下以大承氣湯去其宿垢，頓止。

下利挾熱，承氣湯以撤熱，利自止。

大斑紫黑

熱極胃爛，氣血不行，大承氣下之，僅救二三，若以化斑消斑，殊謬。

頭痛，頭面腫大，咽喉痛，咽嗌，堵塞，牙關口噤。

胃家熱瘀，氣不下降，毒氣攻衝，下之裏氣一通，毒消氣降而自愈。僅投散邪、退熱、消毒，殊謬。

口燥舌乾　煩渴　口臭

邪熱在胃，阻礙正氣，氣止火亦止，積火成熱，投承氣，逐去其邪氣，行大泄而熱自已。若用解毒瀉心，專務清熱，反致閉塞之害。

脈厥　體厥

陽亢已極，六脈如無，通體水冷，下之脈復厥回。

循衣摸床　撮空肉惕　目不了了

失下，邪火獨甚，元神將脱，下亦死，不下亦死，黄龍湯下之。

《溫毒病論・疫病名狀》　大頭瘟者，其濕熱傷高巔必多汗，氣蒸初憎寒壯熱，體重頭面腫甚，目不能開，上喘，咽喉不利，舌乾口燥，不速治十死八九，宜普濟飲。如大便鞕加酒蒸大黄，若頷面焮赤而腫，脈數者，屬陽明本方，加石膏，内實加大黄，若發於耳之上下前後并額角傍，紅腫者，此少陽也，本方加柴胡花粉，便實亦加大黄，若發於頭腦項下，并耳後赤腫者，此太陽也，荆防敗毒散加芩連，甚者砭鍼刺之。

《溫毒病論・疫病名狀》　蝦蟇瘟：　蝦蟇瘟者，喉痹失音，頸筋脹大，腹脹如蝦蟇者是也。宜荆防敗毒散加金汁尤妙。

瓜瓤瘟：　瓜瓤瘟者，胸高脇起，嘔血如汁者是也，宜生犀飲。

疙瘩瘟：　疙瘩瘟者，遍身紅腫，發塊如瘤，且發夕死者是也。三稜鍼刺入委中三分，出血及服人中黄散。

絞腸瘟：　絞腸瘟者，腹鳴乾嘔，水瀉不通者是也。探吐之宜雙解散。

軟脚瘟：　軟脚瘟軟脚瘟者，便瀉清白，足腫難移者是也，即濕溫，宜蒼术白虎湯。

楊梅瘟：　楊梅瘟者，遍身紫塊，忽然發出黴瘡者是也，清熱解毒湯下人中黄丸，并刺塊出血。

《溫毒病論・治疫略同治痘》　治疫之法，大略與治痘相似，痘初見標，以解肌疏表，則毒鬆而易出。若疫病初起，熱格於外，不達於表，凜凜惡寒，或咽痛，喉痹，煩躁不甯，斯時不以輕凉解散之方達之外傳，則毒未有不向裏者，此疏解之與治痘相似也。及痘既發齊，以清涼解毒則化成膿漿。若疫病當五六日，陡然大發，火毒熾盛，發斑發狂，使不以氣血並清，寒涼解毒之方則瘟毒不化，漸至津亡液涸，神昏閉陷，此解毒之與治痘相似也。惟大黄抽薪之法，治痘用於水毒初萌之際，而治疫用於斑毒漸化之時，恐下早則斑毒内陷也，惟俟表熱漸除，裏熱未去，斯時一大下之，火毒消散，炎熇頓爲清涼，此則先後不同。爾然亦有一起，表裏俱急，陽邪怫鬱者，用涼膈散、雙解散治之，内不去硝黄也。

《溫毒病論・疫病一二三日厭厭聶聶以疎爲主》　疫邪初發，惡寒凜凜，頭脹眩暈，耳鳴耳聾，渾渾焞焞，或心中憺憺大動，及邪毒漸張，營衛受傷，外淫於經則頭疼、身痛，目鋭皆痛，壯熱自汗，昏昧不爽，日漸加重，不惟不能，即瘳且見症反增，莫之能禦。古人云：　瘟疫莫治頭，良有以也。此時但可疎利，使邪傳外，由肌表而出，或斑消或汗解爲順。

《溫毒病論・疫重解毒》　古人治疫，全以解毒爲要，嘗攷古方，以解毒、消毒、敗毒名及以人中黄、生犀、大青、青黛、元參、黄連立方者，凡幾十首，皆解毒之品，可見感時邪，天地之常氣，故無毒疫。病感天地之厲氣，故有大毒。蓋疫起兵荒之後，道路死亡無虚日，以致千百一塚，埋藏不深，因天之風雨不時，地之濕濁蒸動，逐致死氣、尸氣、濁氣、穢氣隨地氣上升，混入蒼天清淨之氣，而天地生物之氣，變爲殺厲之氣，無形無臭，從口鼻而入，直犯藏府。正氣閉塞，邪氣充斥，頃刻云亡，故天下穢惡之氣，至疫爲毒極矣。善治者，分三焦傷、氣傷、血傷、胃之殊，隨機解逐。大抵毒輕者愈，毒化者亦愈，毒重者危，毒陷者死，何謂毒陷，即周禹載云入藏者，不知人而死也。乾隆乙亥

冬，吳中大荒，途多餓莩，尸氣綿亘至丙子，君相司令之際，遂起大疫，沿門闔境死者以累萬計，予手歷是病，故將經驗筆之於左。

《溫毒病論・達原飲不可用》 疫病首尾一於爲熱，達原飲中草果、檳榔以辛烈之猛破盲原之伏，每至津液愈耗，熱結愈固，邪無由化，因而閉陷者，屢矣。予所用疎利法，門亦從又可之論，悟入其論云諸竅乃人身之戶牖也，邪自竅而入，未有不由竅而出。經曰：未入於府者，可汗而已。已入於府者，可下而已。總是導引其邪，從門戶出，可爲治疫之大綱。舍此皆治標。云爾此段議論甚確，惜未立方耳。因思古之長於治火者，莫如守眞氏，其立通聖散、涼膈散二方通治表裏三焦俱實，大有微妙。通聖散中防風、荆芥解表藥也，疫邪之浮越於經者得之由汗而泄；薄荷、連喬清上藥也，疫邪之上蒸高巓者得之由鼻而泄，大黃芒硝通利藥也，疫毒之在於腸胃者得之由後而泄，滑石山梔水道藥也，疫毒之在於決瀆者得之由溺而泄。熱淫於膈。肺胃受邪，石膏桔梗淸肺胃也。而連喬黃芩又所以袪諸經之遊火也，其涼膈中上則薄荷黃芩從肺主衛者，散而解之；中則連喬山梔從心主營者，淸而解之；下則芒硝大黃從胃與大腸，下而解之。庶幾燎原之場，頃刻爲淸虛之府，正所謂驅而逐之，由竅出也。予借用二方投之，無汗者得汗，或發斑疹，邪從外解，不從內陷矣。

《溫毒病論・疫病以症為則》 有初起舌苔焦黃一二日，即乾黑芒刺，脈二陽搏，胸滿痞塞，手揚足擲，氣噴如火，此疫邪直犯胃府，不下則危，即有斑亦不能發出，必以承氣下之。內毒旣疎，外斑自透，不待發散，多有自汗而解者。又有一起，舌紫無苔，煩躁悶瞀，坐起不安，此症最凶，其死多在二三日間。此疫邪直犯包絡，入藏之症也，淸之、開之、攻之，終不免於死。最後一遇，此症以拔萃犀角地黃湯投之，得下而幸免，以內有大黃泄毒於營分也。因信周禹載云：疫病之治，大法以症爲則毋專以脈爲據也。

《溫毒病論・疫病五六日陡然大發以驅逐解為主》 毒之重者，五六日火毒大發，口穢氣噴如火，目赤如鳩眼，大渴引飲，狂煩譫語，此時當以解毒爲主，審其在氣分，舌黃焦乾，或黑苔芒刺，嘔吐呃逆，胸膈痞悶，心下脹滿，腹中痛。或燥結便秘，熱結旁流者，淸解以白虎湯、竹葉石膏湯、竹茹湯、梔豉湯、瀉心湯、陷胸湯等方。驅逐以三承氣湯、三黃石膏湯、茵陳蒿湯等方。俾氣分之毒化濁爲淸，則脈之洪數者轉爲和平，邪氣潰散，衛氣漸通。或戰汗，或自汗，或斑疹，審其舌絳、神昏、唇紫、齒燥、煩燥發斑者，傷血分也，以犀角地黃湯、犀角大靑湯、竹葉地黃湯、黑膏紫雪等方，治之如昏閉者必用牛黃淸心丸、至寶丹加入犀、羚、金汁、人中黃、連喬、元參、鮮生地等湯、劑中，以淸營分之熱，則毒氣潰散而斑消汗解。

《溫毒病論・疫重戰汗根夲在胃穀腎精》 凡疫病，戰汗近在一七，遠在二七，甚至三七，其及期而或戰或不戰者，所關全在穀氣精氣，請援古證今以明之。內經溫論云：人所以汗出，皆在於穀，穀生於精。此叚論溫，獨創穀氣精氣之旨，蓋穀氣化爲精，精氣騰乃爲汗，身中之至寶者也。予見病溫之人。右脈搏大，愈按愈勁，不爲指撓狂煩，大熱如火，口穢噴人，欲得水飲，未嘗不白虎淸之，承氣下之，然藥自藥，病自病，不減分毫而死，何也？因思溫論云二陽搏其溫，死不治。雖未入陰，不過十日死。二陽，手足陽明也，金土剛，燥亢熯，陰絕胃穀腸精，水穀將絕，乃致腸胃如焚矣。以是知疫邪傷胃而死者，胃爛而絕穀也。又見左脈洪搏，下溢入尺者，病至一七外，忽然昏不知人，遺尿喘息，口開儼似類中，此時以犀地淸之則愈，陷以參附挽之則抱薪救火，坐而待斃。何也？因思疫論云：入藏者，不知人而死。又仲景云：少陰息高者死。正指精氣虛之人，邪陷入藏，昏昏如夢，根本已撥，故息高舌本已強故不語也，知乎此則胃穀腎精一藏一腑，可不愼乎，予於毒歸胃府之症，早用承氣下之，以驅熱存津。如發斑者，以白虎、竹葉石膏、犀角大靑、紫雪輩淸之，虛者人參化斑救之，而以蘆根汁、銀花露、蔗漿、白金汁、淸米飲任意和服，不令胃汁乏竭，致變亡陽絕穀而死。又於少陰不足之人以，黃連阿膠合犀地淸滋並行，以復脈湯去薑桂換北沙參蔗漿以保下泉之竭，甚則用三才以救垂絕之元陰，不令精氣虧涸，邪乘虛陷致變，直視讝語，遺尿喘息等絕症皆見而死，則雖至二七、三七之期，仍得戰汗而愈也。如遇陽明邪實，吸引腎水而竭，精神殆盡，邪火獨存者，勉以陶氏黃龍湯下之，十中亦救一二，所挽回者多矣。

註：息高者，目瞪口張不語，呼出多而吸入少也。

註：亡陽即亡津液之互辭。脈

《雜疫證治》 瓜瓤瘟　其症胸高脇起，嘔汁如血，宜生犀飲。

楊梅瘟形似楊梅其症遍身紫塊，忽發出黴瘡者是也。用淸熱解毒湯下人中黃丸，幷刺塊出血。黴音枚物著濕變色

疙瘩瘟　其症發塊如瘤，遍身流走，旦發夕死，三棱針刺入委中穴三分，出血，並服人中黃散。委中穴在兩腿屈盤當中，前對膝蓋。

大頭瘟外科門亦名時毒，此症有陰陽，有可汗不可汗者。其症發於頭上，幷腦後項腮頰與目，赤腫而痛，發熱，症以傷寒。治療散見各醫書本門，茲不多贅，用前挑法，亦妙。

又方　大頭瘟，生疙瘩及喉閉，並將疙瘩刺出血，即愈。

《潛齋簡效方・喉痧》　爛喉時痧，錫類散。象牙屑焙廉珠各三分，飛青黛六分，梅花冰片三釐，壁錢俗名喜子窠二十個，用泥壁上者勿用木板上者西牛黃、人手指甲男病用女女病用男各五釐。共研極細粉吹患處，雖瀕死者，可救。兼治乳蛾牙疳，舌腐等證，甚效。

蘆菔菜於初冬攤於屋瓦上，或挂樹枝上。仕其風吹日曬，雨洗霜凌，直至立春前一日收下，懸挂簷下有風無日處，陳久愈佳，煎濃湯服。

冬春一季，每晚食生蘆菔數片，可以免患喉證，或以橄欖蘆菔常煮湯代茶飲亦妙。

《潛齋醫話》　吾鄉管榮棠，樂善人也，好施藥。嘗曰痧邪深入血分，必用刺法以泄其熱而通其絡。曩過桐鄉，八十老人張德祥者，善治痧，數十年來生死決其鍼下，百不失一。凡鍼入而肌肉凝閉者，必不得生。然其所刺部位，不僅《玉衡》書所言之十處，惜世罕知，囑余錄入《醫話》，以便窮鄉僻壤。皆得按證而施救療也。凡痧證頭暈者刺素髎。穴在鼻柱上端準頭，鍼入一寸。頭痛者刺風府。穴在項後入髮際一寸大筋內宛宛中，鍼入一寸。偏痛者刺風池。穴在耳後，顳顬後，腦空髮際陷中，鍼入一寸。腹痛而吐者刺上脘。穴在臍上五寸，鍼入一寸。腹痛而瀉者刺下脘。穴在臍上二寸，鍼入一寸。腹痛而欲吐不吐，欲瀉不瀉者，刺中脘。穴在臍上四寸，鍼入一寸卽愈。以上三穴，用手極力提起其皮而刺。以上諸穴，並不出血。手瘈者刺商陽。穴在手次指內側，去爪甲如韭葉，出血立已。足弔者刺厲兌、穴在足次指之端，去爪甲如韭葉，出血而已。刺承筋、穴在脛後足跟上七寸，出血立已。刺承山。穴在腿肚下分肉間，出血立已。然此穴非精明者不易取，宜愼刺。牙關緊閉者刺人迎。穴在結喉兩旁一寸五分，大脈動應手處，刺之立開。

《類證治裁・溫症》　溫毒　病溫更遇時毒，面赤斑如錦紋，咽痛煩躁，黃連解毒湯。自汗而渴，胃熱發斑者，人參化斑湯。斑已透，熱不退者，犀角大青湯去黃芩、升麻，加生地、人參、柴胡。誤用熱藥，邪毒深陷，發爲狂亂，面赤眼紅，舌黑鼻煤，下利脈洪數者，消斑青黛飲。忌下藥，惟便秘躁渴，可微下之。大柴胡湯。

《類證治裁・疫症》　大頭瘟　濕熱傷巔，腫大如斗，赤瘟無頭，或結核有根，令人多汗氣蒸。初則憎寒壯熱，體重，頭面痛，目不能開，上喘，咽喉不利。甚則堵塞不能飲食，舌乾口燥，恍惚不安，不速治，十死八九。若潰膿，必染人。若發於面部，焮赤腫痛，屬陽明。普濟消毒飲子加石膏。發於耳前後，額角旁，紅腫，屬少陽。發於腦頂後，幷耳後赤熱腫痛，屬太陽。

《歸硯録》卷一　又荷葉條下云：東垣諸方不論溫、涼、補、瀉，必用升、柴、蒼、葛等升散之藥數味，乃至治天行、疙瘩、大頭證，亦用升、蒼、荷葉三味爲清震湯，名其病曰雷頭風。升麻、荷葉助其上盛之陽邪，蒼朮燥其垂竭之陰液，背道離經，至此而極。後世無目之，人猶亟稱之豈不悲哉。此證之來，其氣最惡，死最速。回憶生平閱，歷惟以退熱、消風、解毒爲主者，則十全八、九。服清震湯者，則百無一生，嘗目擊數十百人矣。愚謂此言是也。何以於蒜，因其能療凍瘡，遂謂其性大熱，凡肺熱嗽血，心熱悸遺，並垂深戒，殆智者之一失也。夫治凍瘡之品，如椒、蒜之類，固屬辛熱，然黃蘗亦治凍瘡，豈可概指爲熱藥乎？又東垣普濟消毒，飲用者亦須減去上升之藥，庶免助邪之患。

《理瀹駢文》　有均爲傷寒而各治者：大頭傷寒名，瘟也。冬寒反熱，人受其毒，至春發之，因成此症。先腫鼻、額，次腫目，次耳，從耳至頭上絡後腦結塊則止。不散則成膿矣。此皆風火鬱結所致。頭上漫腫無頭，名曰時毒。頭面盡腫，是大頭瘟，亦名抱頭火丹，俗呼貍頭瘟。從耳前後腫起，名蝦蟆瘟。從頤頷腫起，名鸕鶿瘟。又捻頭瘟，喉痹、失音，項大腹脹如蝦蟆，亦名蝦蟆瘟。大頭瘟初起，男左女右刺少商穴。大頭蝦蟆皆刺十宣穴，宜夜刺。但得醒鬆卽可，亦不必盡刺。則蚓泥、白糖或井水調掃。燕泥、醋調掃。崩裂出膿，馬蘭頭掃。胡索嚔膿，時毒掀腫喉痛者，延胡錢半，川芎一錢，藜蘆五分，躑躅花二分半，紙撚蘸藥推入鼻內，嚔出膿血痰涎爲度，自鬆。卽在上用吐之法。三黃解其毒；治頭面耳目鼻腫痛，大黃、黃連、黃柏芒硝、赤小豆、芙蓉葉、桑葉、車前葉、雄黃、白芷、白芨、白斂、白蜜調塗。此方通治熱毒。又方：生地黃、蒲黃、牛黃、冰片，研側柏葉和蜜敷。若氣凝血滯挾陰症者，生薑葱汁敷。兼治小兒一切丹毒。夾色傷寒名，卽男女陰症，於房後感寒、食冷而得者。則鴿屎、肚痛面青者，滾水冲鴿糞一升熏，被蓋睡。鼠屎、雄鼠屎兩頭尖者，醋丸納臍中以通陰陽。露房起痿，陰縮者，露蜂房一個燒存研末，葱丸，包於陰口。按訓俗遺規

云：眞陰症，小便舉硬者是，軟縮者非。二烏通其陽便秘者，川、烏草烏末，葱蘸塞穀道內。此方亦治冷秘，太便不通，名霹靂箭。喉管，傷寒名，喉中作癢者，切忌茶酒，不救。有薄荷之吹。研末吹喉黃耳，傷寒名，寒熱如瘧，耳中策策不安者。有苦參之滴。水磨苦參滴耳，或用猴薑，按耳鳴通氣散用猴薑，生地汁、生薑汁可參。棱針以刺赤膈，赤隔傷寒，胸膈赤腫疼痛，頭疼身痛，發熱惡寒，用三棱針刺胸出血。古方用荆防敗毒散加元參、升麻、瓜蔞、紫荆、連、芩、芎、芷可參。坑砂以敷脫腳。脫腳傷寒，溺桶砂、樟本屑、陳小粉、醋調敷熱痛處，有奪命功。伏氣咽痛，腎傷寒也，夏、桂主之。暴寒中人伏於少陰經，旬日始發爲咽痛者，俗名腎傷寒。用半夏、桂枝、甘草、薑汁調塗頸上及臍內，再用附子片貼足心。症詳前咽乾而渴註。

《世補齋醫書文集・丹痧斑疹辨》 近見有刻《爛喉痧證輯要》者，教人宜從表散，固不誤也，而又切戒寒涼，則幷表散而亦鮮當矣。開首先載葉天士先生醫案一則，云：此證一團火熱內熾，醫見火熱之甚，投以犀羚芩連梔膏之類，輒至隱伏昏閉，轉眼凶危，孰知初起時解肌散表，溫毒外達，多有生者，火熱之甚，寒涼強遏，遂至不救，良可慨也以上醫案語。云云。此言恐是假托，若葉先生，當不如是之謬也。夫此證之在初起宜從解肌散表時，但有表熱無裏熱，自當從表解散，固無所謂毒也，若既云一團火熱內熾，則有表熱，復有裏熱，而其毒成矣，熱既成毒，安得不用寒涼。乃又曰：火熱之甚，寒涼強遏，只此八字，如何連貫？況以犀角之本不當用者，與他藥渾作一例，遂並芩連膏梔之當用者，而並斥之，既不識病，又不識藥，一例加以良可慨也等字，後人遂以此爲葉先生語而信之，則此病從此無治法矣。試思仲景於青龍湯已用石膏，於白虎湯不復用麻桂，蓋於宜青龍時，已不獨是表熱，宜白虎時，直是獨有裏熱。豈有葉先生，而幷表熱裏熱之不分者哉。況明明說是一團火熱，而尚不用寒涼，則寒涼之藥，直到何時方可用耶。凡病已到裏熱地步，而仍一味表散，則汗大出而液且枯，熱更灼，所有溫毒何由消散，既不外達，自當內陷，遂至不救，皆此等讕語害之也。此冊本爲爛喉而發，乃後半插入委中、少商、挑痧、刮痧等語，並載霍香正氣一方，則此痧非彼痧，尚且渾而一之，似此妄談，直堪捧腹。

近又有重刻痧喉論者，前半意亦略同，獨後半載祖鴻範一論，則平允之至，因亟登之。祖云：此證解表清熱，無非兩法而已。初起自須透達，卽或宜兼清散，總以散字爲重，及外閉之風寒已解，內蘊之邪火方張，惟有寒瀉方能泄熱，熱一盡而病自愈，若仍執辛散之方，則火得風而愈熾，炎勢燎原，殺人最暴，要惟於先後之間，隨機應變，斯各中其窾耳。此則勝於他說萬萬，若彼之妄戒寒涼者，正未識此奧窔也。

《溫病合編・溫毒大綱》 溫毒，即瘟疫之穢濁最重者也。中物物死，中人人傷。嘗見饑饉兵荒之歲，疫氣盛行，大率春夏之交爲甚。蓋溫熱暑濕之氣，交結互蒸，人在其中，無隙可避，舉凡露霧之區，蛇龍之窟，監獄之內，亂冢之旁，燔柴掩席，委壑投崖，病氣尸氣，種種惡穢，上溷蒼天清淨之氣，下敗水土物產之氣，人受之者，親上親下，病從其類，如世俗所稱大頭瘟者，頭面腮頤，腫如瓜殼是也。所稱蝦蟆溫者，喉痹失音，頸筋腫痛是也。所謂瓜瓤溫者，胸高脇起，嘔汁如血是也。所稱疙瘩溫者，遍身紅腫，發塊如瘤是也。所稱絞腸溫者，腹痛乾嘔，水泄不通是也。所稱軟腳溫者，便清泄白，足重難移是也。考仲景平脈篇云：寸口脈 陰陽俱緊者，法當清邪中於上焦，濁邪中於下焦，清邪中上，名曰潔也，濁邪中下，名曰渾也。陰中於邪，必內栗也。篇中大意，謂人之鼻氣通於天，故陽中霧露之邪，爲清邪，從鼻息而上入於陽，入則頭腫項強頸攣，正當俗稱大頭溫，蝦蟆溫之說符也。人之口氣通於地，故陰中水土之邪，爲飲食濁味，從口舌而下入於陰，入則其人必先內栗，足膝逆冷，便溺妄出，清便下重，臍腹急痛，正與俗稱絞腸溫、軟腳溫之說符也。然從鼻從口，所入之邪必先注中焦，以次分布上下，故中焦受邪，則胃中穢濁，營衛不通，血凝不流，其釀變即見中焦證，正與俗稱瓜瓤溫、疙瘩溫之類是也。此三焦定位之邪也。若三焦邪溷爲一，上行極而下，下行極而上，聲嘔咽塞，口爛斷食，又復下血如豚肝，然營衛漸通，猶非危候。若上焦之陽，下焦之陰，兩不相接，則脾氣於中，難於獨運，斯五液注下，下焦不闔，而命難全矣。治法於病之前，不受饑餓煩勞，以充實其本氣，則邪不能入矣。若邪既入，急以逐穢爲第一義。上焦如霧，升而逐之，兼以解毒。中焦如漚，疏而逐之，兼以解毒。下焦如瀆，決而逐之，兼以解毒，營衛既通，乘勢追拔，勿使潛滋，方詳於後。

《溫病合編・列論溫毒證治》 大頭天行論一

大頭溫者，天時之厲氣也。此毒先腫於鼻額，次腫於目，又次腫於耳，從耳至頭，上於腦後，結塊則止。若不散必成膿。初起鼻額紅腫，以至兩目咸腫而不開，額上面部皆赤而腫者，屬陽明也。憎寒壯熱，口乾舌燥，咽喉腫痛

不利，上喘，脈來數大，不速治，十死八九。普濟消毒飲主之。如便實，加酒蒸大黄一二錢，緩緩通之。若發於耳之上下前後，并額角紅腫者，屬太陽，本方加花粉，便實亦加酒蒸大黄。若發於頭并腦後項下及腦後赤腫者，屬太陽，荆防敗毒散，去人參，加芩、連，甚者砭針刺之。治此證者，宜先緩而後急，先緩者，疏散清熱消毒治之。後急者，大便内結熱甚，方以大黄下之，拔去根毒，此一定治法也。俗云：大頭天行，親戚不相訪問，傳染多不救。泰和間多有病此者，醫以承氣加藍根下之，稍緩，明日如故，下之又緩，終莫能愈，漸至危篤。東垣視之曰：身半以上，天之氣也，身半以下，地之氣也。此邪熱客於心肺之間，上攻頭目而爲腫盛，以承氣瀉胃中之實熱，是爲誅伐爲辜，遂立普濟消毒飲，全活甚衆。

大頭天行論二

溫毒者，穢濁也。凡地氣之穢，未有不因少陽之氣而能上升者。春夏地氣發泄，故多有是證，秋冬地氣間有不藏之時，亦或有是證。人身之少陰素虚，不能上濟少陽，少陽升騰莫制，亦多得是證，小兒純陽火多，陰未充復，亦多有是證。耳前耳後頰前腫者，皆少陽經脈所過之地，頰車不獨屬陽明經穴也。腫甚耳聾者，兩少陽之脈，皆入耳中，火有餘則清竅閉也。治法總不能出東垣普濟消毒飲之外。妙在以涼膈散爲主，而加化清氣之馬勃、薑蠶、銀花，得輕可去實之妙，再加元參、牛蒡、藍根，敗毒而利肺氣，補腎水以上濟邪火，去柴胡、升麻者，以升騰飛越太過之病，不當再用升也。説者謂其引經，亦甚異矣。凡藥不能直至本經者，方用引經，此方皆係輕藥，總走上焦，開天氣，肅肺氣，豈須用升、柴直升經氣耶。去黄連者，以其爲里藥也。初起病未至中焦，不得先用里藥，故犯中焦也。三四日里熱甚者加之。大便結者攻之，神昏譫語者，加牛黄。總認定三焦施治，則中的矣。

論大頭天行順險逆三條

初起寒熱交作，頭面一處作腫紅赤，發熱疼痛者順。初起寒多熱多，頭面耳項俱腫，狀如水晶不熱者險。已成，漫腫無頭，牙頭緊閉，湯藥不入，聲音不出者逆。

《爛喉丹痧輯要·丹痧經驗闡釋總論》　丹痧經驗闡解總論原文

近年，喉痧一症，日甚一日，且多殞命者。其故何也？祇緣舍本求末。重於咽喉，忽於痧子，早進寒涼，遏伏厲邪之故耳。蓋天有六氣，俱能生殺萬物。凡疫風暴雨、酷暑嚴寒、四時不正之氣，即爲厲氣。人若感之，便能爲害邇年。天道南行，冬不藏陽，每多溫煖。及至春令，及有暴寒妍伏，皆爲非時不正之厲爭，感觸者蘊釀成病。所以重症發必一方，長幼男女相似，互爲傳染，與厲疫同。稟氣旺者，雖感重邪，其發亦輕。稟氣弱者，即感微邪，其發亦重。夫人肺主一身之氣，肺主皮毛。脾主肌肉。肺開竅於喉鼻，鼻氣通於天氣。受邪之時，後口鼻而入於肺脾。故發必由肺脾，而出於肌表。當夫厲毒發作之時，熱淫之氣浮越於肺之經隧，所以必現咽喉腫痛、鼻塞、噴嚏、欬嗽、胸悶、嘔惡、渾身痠疼等證。此非厲邪痧子爲本，咽喉欬嗽等形爲末乎。今醫者，不究其要痛之因，乃執《内經》諸痛屬火，紅腫爲熱，急進寒涼，甚至用犀、羚、石膏、金汁、黄連等味，稍益辛涼表散以爲雙解之法。體質強旺者，幸藉元氣充足，或可敵邪而愈。秉體單弱者，即變音啞、喉腐、氣促、腹瀉、齒鼻流血、舌縮、唇焦、膚乾、無汗、發厥口噤種種險候。醫家見之，猶曰病重藥輕，更以寒涼倍進，必致痧毒内陷，燔灼愈騰，喉閉痧升，命歸泉路。要知頭面經腫掀赤，正痧毒外達之時。當此邪欲外洩，進表散開達之劑，重寒涼清熱之味。一味不可兼雜，使痧從汗透，則其毒自然不留。其聲既減，咽喉豈有不愈哉？所以先賢諸敗毒散中，皆用表散品，同此意命名也。

《爛喉丹痧輯要·論症悉從原本》　論症悉從原本

一、凡形寒壯熱，咽喉腫痛、頭疼、咳嗽、胸悶、鼻塞、嘔惡、兩目汪汪、手足指冷、脈來濡數或現浮數、膚色或紅如染，此即厲邪痧症。需進後方荆防葛根湯二三劑，俟其暢汗痧透，顆粒明潤，足心全佈，舌有楊梅刺，方可稍進清涼辛潤之品，以解血熱而養胃陰。總之，痧子宜慎於始。若有一毫胸臆未清，略覺滿悶，便是痧毒未透，不可早進寒涼，遏伏餘邪，以致不治。萬勿輕易泛視而貽後悔。

一、凡痧症於現出未出之時，宜早爲發散，以解其毒，則無餘患。玆不預解，或早投寒涼，抑遏而使毒蓄於中。或爲壯熱日久枯瘁，或成驚癇，或爲瀉痢，或爲咽喉腐爛，咳血喘促，或作浮腫，疳蝕而死。此雖一時戾氣之染，然未有不由於人事之未盡也。

一、凡痧症逡巡不出者，乃風寒外束，皮膚閉密也。宜荆防葛根湯主之。外用芫荽酒、苧蔴蘸酒，趂熱戛之。此法恐露體冒風不可用。

一、凡形寒發熱，面若裝硃，痧不出肌，即現上吐下瀉，腹痛如絞，甚至發

厥口噤，目閉神昏，此乃內挾濕滯痧穢，外感戾毒暴寒，折伏表裏爲病。陰陽不通從屬危侯。每至朝發夕死，不能過二三日者，若投寒凉清解，有如操刃，急進藿香正氣散，加煨葛根、牛蒡、蟬衣、焦粬等一兩劑，得暢汗、吐瀉，昏厥止，痛停，痧得掀赤，扶過三日庶無防礙。但此症吐瀉之後，津液大傷，必然發渴思冷，切勿與吞凉水、甘蔗、水梨，一切寒凉之物都在禁例。慎之戒之。

一、凡熱邪壅於肺，逆傳於胞絡，痧疹不得出，或已出而復沒者，乃風寒所遏使然。若不早治，毒必內攻，以致喘急、音啞而死。急用升麻葛根湯，加荆芥、牛蒡、桔梗、蟬退、櫻桃核、浮萍草、枇杷葉煎服。外用芫荽酒戛之，必使痧疹復出，乃可無虞。倘本質單弱，不能透達，需用透邪煎或柴歸飲發之。如進二湯，仍不掀赤者，急託裏舉癍湯。

一、凡痧疹只怕不能出，若出得暢，盡其毒便解，故治痧疹者，貴慎於始。發熱之時，當察時令寒煖，酌而治之。倘時令嚴寒，即桂枝葛根湯或麻黄湯俱可用，勿拘辛溫遲疑。二湯內俱加牛蒡、蟬衣、桔梗，以透發之。倘時令大熱，以升麻葛根湯加牛蒡、辰砂、蟬衣、益元散發之。如果火熱充熾，稍加生石膏三四錢亦可。倘時令平和，以荆防葛根湯加牛蒡、浮萍，務使發得透暢，莫使絲毫逗留，致生變幻纏綿。痧後切忌大葷，以及海鮮、酸鹹濇辣之味，於其後患。至要至戒。

《六因條辨・溫毒條辨》 溫毒條辨第一

溫毒初起，煩熱嚴寒，口渴舌赤，鼻乾氣燥，咽痛脈數，此邪襲氣分，宜用薄荷、連翹、羚角、桑葉、大力、鮮石斛、沙參、杏仁、桔梗、甘草等味，辛凉透泄也。

溫毒之起，蓋因先伏溫邪，後再感溫，兩溫相灼，卽無風寒感召，而其病亦能作也。然溫上加溫，病中添病其熱尤熾，較之冬溫更緊一層，故一起便發煩躁，微兼惡寒，夫表裏俱熱，則口渴舌赤，熱邪上壅，則咽痛鼻乾，斯邪在氣分，宜用薄荷、大力祛風，沙參、桑葉清熱，連翹、羚角化熱毒，甘草、桔梗利咽喉。慎勿辛溫助熱，激傷津液，反滋傳變也。

溫毒條辨第二

溫毒汗出熱甚，面紅脣燥齒枯，舌赤口渴，脈數神昏，此邪留營分，宜用鮮生地、羚角、鮮石斛、玄參、銀花、桑葉、石膏、鮮菖蒲、青竹葉等味，兩清營衛也。

汗出熱甚，面紅齒枯，舌赤脈數，神志漸昏，乃邪欲入營，故倣玉女煎法，兩清心營肺衛，佐以解毒爲要。

溫毒條辨第三

溫毒神昏舌絳，丹疹如錦，煩躁咽痛，鼻煤齒枯，脈數而促，此邪鬱內外，宜用犀角地黄湯，加元參、連翹、人中黄、蟬衣、青竹葉、薄荷、牛黄丸等味，凉血清熱也。

丹疹咽痛，邪尚在肺，神昏舌絳，邪又犯營，若不清營透邪，病何由解？況鼻煤脈促，陰液大傷，血分被灼，痙厥之變近在目前，故用犀角、生地、丹皮、赤芍凉血，玄參、連翹、人中黄透斑，薄荷、蟬衣透表，牛黄、竹青清心，俾營熱轉氣，以達肌表，則斑可化矣。

溫毒條辨第四

溫毒煩躁，神昏舌赤，斑疹紫黑，脈促模糊，便閉或瀉稀水，此邪瘀血分，漫無泄越，宜用犀角大黄湯，加元參心、連翹心、紫草、赤芍、鮮菖蒲、紫雪丹等味，凉血祛瘀也。

前條氣血兼病，此條熱與血瘀，非徒凉血清熱可解，若勿用犀角生地凉血，大黄逐滌，黄連清心，升麻透斑，元參連翹化斑，紫草赤芍行血，紫雪丹清心化毒，俾氣血上下一齊分消，否則邪無出路，而勢必危矣。再按便閉腹硬，原宜攻下，然亦有下利稀水，而臭穢異常，少腹仍兼硬痛，此仲景所謂協熱下利，又謂熱結旁流，蓋因燥矢堅凝，穢水旁流，水雖下而結矢未下，仍宜調胃承氣湯攻之。倘得結矢一下，旁流自止，毋謂大便既泄，而禁用攻法，學者詳之。

《疫喉淺論・疫喉痧論治》 一、是書原爲疫喉痧而設，如尋常喉癰、喉蛾，風熱痧疹不在此例。

一、前賢謂喉證屬風熱者十之七，屬火者十之三，寒證十無一二，然則熱證多而寒證少，非僅熱證予謂疫喉腐潰全是君相二火爲害寒證絕無也，或因外風相搏者有之，然總不宜辛溫發散耳。或兼濕熱蒸騰當加芳香化濁淡滲導濕之品爲安

一、疫喉痧治法首當辛凉透表，繼用苦寒洩熱，終宜甘寒救液。兼痰者清化之，兼濕者淡滲之，兼風者清散之，辛溫升托皆在所禁。

一、疫喉痧傳變甚速，非如傷寒之傳變六經綿延時日，如證勢太猛，裏熱

太甚，初起不妨清咽利膈湯、涼膈散表裏兼施，遲則恐無及矣。

一、是書首立清咽湯，疫喉初起，無論紅腫白腐，或夜晚燈不看視不清，均宜先服一帖，以觀動靜，然後再隨證進方。

一、疫喉痧皆由口鼻吸受疫厲不正之氣而得，方中黨參入敗毒之品更妙，或加芳香逐穢一二味尤佳。

一、疫喉初起，先取鮮土牛膝根汁一茶鍾，内麝香一厘和勻，隔水頓溫服，先吐痰涎，然後隨證進方亦可，移重就輕。如遍身皮膚紫赤，痧點顆粒不分，即當除去麝香爲要，再首列吐法數條，參酌用之可也。

一、疫痧全是相火沸騰，營血熱極而化也，清營、透邪、化毒、洩熱即是托痧之法，如吳氏化斑湯、犀角地黃湯清咽化痧煎、清咽瀉白散，皆可選用。

一、羌獨二活、麻黃、升麻、半夏、薑桂、附子、茅朮、厚朴、川草二烏、吳萸、細辛、芫荽、觀音柳、櫻桃核、白棉紗，皆在所禁。

一、悶痧之證最爲凶惡，咽喉腐潰湯飲難受，壯熱神煩，遍身紫赤，顆粒無分，肢涼脈伏，舌苔灰白，垢膩滿布，面青，目瞪，口緊流涎，指甲色青，胸滿氣粗，搐搦，譫言，自利溲短，以上等證百無一生，可速用通關散搐鼻取嚏以開其閉，隨用蘇薄荷一錢、連翹一錢五分、天花粉三錢、象貝母三錢、川鬱金一錢五分、鮮浮萍三錢汗多者去煎湯磨入玉樞丹一枚和勻，頻灌之，候形色稍轉，再酌進湯劑爲要。如無以上諸般閉象，不宜輕用嗃鼻取嚏辛燥之藥，玉樞丹亦不宜輕投也。

一、疫喉刺法： 用衣針，先刺少商穴出血以洩疫熱。再看咽喉紅紫腫痛已潰未潰，或潰而未深，項外漫腫，痰壅氣閉，湯水難受，急用喉針，在喉之兩旁高腫處刺入分許，或一二下，或二三下，嘔去紫血亦能洩熱消腫，或患者畏用針刺，可取熟開水一碗，傾豆油些許於水面，着一人取古銅錢一枚，蘸豆油向患者項外腫處刮之，如刮痧一般，刮至皮膚紅暈斑起爲度，亦能洩熱消腫，如起紫斑則熱極矣，另有按穴針刮兩法列前，宜酌用之爲要。

一、喉腐色晦，神糊氣喘，鼻搧口張，壯熱自利，痧點隱約，證在不治，勿刺也，庶免歸咎耳。

一、嬰兒臟腑嬌嫩，氣血未充也，倘患疫喉痧者，急當清化，去熱留陰爲第一要旨。若驟然驚搐者，亦熱極使然也，不可輕投開竅鎮驚之品，如抱龍蘇合等圓亦不宜服，速當清上洩下主治，俾邪有出路，庶驚搐自定矣，如涼膈散，犀角地黃湯皆可選用。若涉虛者，三甲復脈湯中增損用之可耳。

一、懷妊全賴血以養胎也，倘患疫喉痧者最爲險候。書云急則治標，客去主安，自然之理也，清透洩熱，在所必施。如熱勢鴟張，犀角羚羊黃連大黃等藥急進之以洩其熱。前賢謂有故無殞是無殞也，遲則熱深血耗，痙厥風生，則母子俱危矣，可不畏哉。

《疫喉淺論・疫喉痧總論》 疫喉痧一證，古書未載，後人名之曰爛喉痧也。吾揚道光年間，兩行此疫，長幼咸若，男女相同，互爲傳染，其中殞命者不可勝紀，今春雨澤稀少，天氣亢燥，郡中患喉痧而斃者亦弗少也，可勝嘆哉。夫疫者，役也，如役使然也。又役者，行也，用也，皆動象也。動則火生，故六氣皆從火化，五行之速莫如風火，暴病暴死者，皆火證也。經云一陰一陽結，謂之喉痹，一陰謂心胞，一陽謂三焦，二脈并絡於喉，氣火内結，故成喉痹。又經云諸熱瞀瘛，暴瘖冒昧，躁亂狂越，罵詈驚駭，胕腫疼酸，氣逆衝上，禁慄如喪神守，嚏嘔，瘡瘍，喉痹，耳鳴及聾，嘔涌，溢食不下，目昧不明，暴注瞤瘛，暴病暴死，皆屬於火，此段經文俱指少陽相火爲害也。是以疫喉初來，咽喉即腐，或左或右，或左右全腐，其色或白或黃，或紅或紫，其痛或重或輕，或不痛，遍身熱如火燎，皮膚紅暈如斑，苔色或白或黃，或灰黑，或粘厚，脈象或浮數，或弦數，或洪大，或沉伏，嘔吐氣喘，神煩昏冒，自利溲赤口乾唇紅，躁亂驚惕，或微惡寒，面垢，肢涼，譫言，搐搦，輕者猶可救療，重者多不逾三日而死也，何也？ 緣乎手少陽三焦經與手厥陰心胞絡經相爲表裏，三焦相火沸騰，直犯心胞，故神糊不識人也。前賢謂溫病首先犯肺，逆傳心胞，予謂疫喉痧三焦火炎直犯心胞，同一危疴也。且咽喉者，水穀之道路也； 喉嚨者，氣之所以上下者也； 會厭者，音聲之戶也； 懸雍者，音聲之關也； 喉者，候氣，喉系堅空，連接肺本，爲氣息之路也； 咽者，嚥物，咽系柔空，下接胃本，爲飲食之路也。天氣通於鼻，地氣通於口，口鼻吸受天地疫厲不正之氣，與肺胃蘊伏之熱混合盤踞，一遇少陽相火沸騰，肺胃蘊熱與疫厲之毒之齊上干，或加外風相搏，遂令咽喉暴痛暴腐也。肺主皮毛，胃主肌肉，三焦火炎薰蒸營血，故爲癍爲痧也，此疫喉痧之所由來也。愚見以三焦相火爲發源，以肺胃二經爲戰場，以吸受疫厲之氣爲賊渠也。夫厲者，烈也，猛也，故變症迅且速也。又厲者，毒也，火也，而克奏膚功，又以清火化毒爲第一要着也。奈病來倉卒，成法無稽，以致治者聚訟紛紜，或謂先治其喉，

禁用寒涼，或謂首重癍痧，當宜升托，然總難獲效。不知疫厲之氣充斥三焦，猝然而發，咽喉一腐，遍身皮膚紫赤如癍如痧，并無顆粒可分，世所謂爛喉痧是也。考前賢以傷寒胃熱失下衝入少陽則助相火而爲癍，衝入厥陰則助君火而爲疹。傷寒胃熱失下，合君相二火尚爲癍疹，何况疫痧本是君相二火爲害乎，此疫痧之不宜辛溫升托也，明矣。且予歷驗之於患疫喉痧者，疫痧一回，無不皮膚甲錯，可見營血亢害已極。每見投風藥升散過度者，或幸不致斃，然皮膚蒸熱逗遛，總不易清，必須涼營清熱救陰之品日夜頻進，大作湯液，直待營陰來復而外熱始清也。是疫痧亦當以清透、化毒、涼營、洩熱之法爲正治，不必分治喉治痧之先後也，又明矣。再喉之紅腫者，熱也，紫腫者，熱極也，黃腐者，濕熱相乘也，白腐者，濕重於熱也。譬之於物火逼則焦腐，置之潮濕之處亦能糜爛耳。大凡喉之紅腫紫潰皆大痛難忍也，黃腐則痛緩也，白腐則不痛也，或有微痛耳。經云諸瘡痛癢皆屬心火，白腐不痛者，非潮濕醞釀之明證乎。予不揣鄙陋，妄論如是，謹遵前賢法程，草擬數方，非敢言法，聊備當世，高賢採擇焉。然管窺之見，難免班門弄斧之誚，卽求明哲指疵則患者幸甚，予亦幸甚。

《疫喉淺論・附録疫喉痧問答》 歲在乙亥仲春月之望日，有客悄然而問曰：先生疫喉論中云，去春雨澤稀少，天氣亢燥，致患疫喉痧，雖白腐蔓延而禁用溫散者我已知之矣，然今春淫雨兼旬，天氣輕寒，揚城患疫喉痧較去歲尤多而尤險，何也？至白腐蔓延，果屬火耶抑寒痰之凝結耶，請先生明以告我。予聞之默然，既而喟然答曰：嗚呼，醫道之難言也。春溫夏熱，秋涼冬寒，四時之正氣也，反此皆爲厲氣。厲氣醞釀，疫由以生，去春亢燥，今歲輕寒，同一釀疫之原也，且甲戌乙亥納音同屬丙丁，甲爲太宮土齊木化，乙爲少商金兼火化，今歲又值厥陰司天，風淫所勝，少陽在泉，火淫所勝，肝膽相通，木火燄騰，加以連緜淫雨，以致疫遏不升，故今春疫喉悶痧較去歲尤多且險也。經云：必先歲氣無伐天和。予恐今歲疫喉痧不獨爲害三春矣，明眼人能無思患預防乎。奈何子以春雨兼旬，指爲寒證，疑清宣之，非是欲溫散之混投。且又云：白腐寒痰凝結，意在溫散驅痰，殊不知疫喉悶痧毒火深藏爲本，客風相搏爲標，辛涼透達，參以芳香，氣道開通，邪潰疫化，若妄投溫散暗竭津液，火勢燎原，杯水難制。至疫喉白腐前論已明，玆再補其未備者，蓋白屬肺金，主乎天氣，疫蒸氣分，上見金象，治當清化氣分之疫爲是，予首立清透之劑，一派辛涼輕清宣透，不傷津液爲化疫之捷徑，痧隱不齊亦借辛涼輕揚之品以助宣發，荆芥、前胡、葛根、杏仁、蟬衣、豆豉、山查、枳殻、牛子、薑蠶、鬱金、橘紅、透表通裏，相輔而行。至於悶痧危候，先用通關散嗃鼻取嚏以開清竅，繼用玉樞丹芳香宣達以暢氣機，直待疫升火發，再酌進清化攻下之品。然宣發之中，步步以保津液爲主，非專以寒涼從事也。今子不明歲運之陰陽，徒以時令不正之寒熱相問，故不惜反覆詳言以揭其旨耳。客聞之恍然而笑曰：向之百種疑團今聆先生一言而破之，快何如也，謹爲先生書之，以質當世之高明者。

《疫喉淺論・治法機緒分清論》 夫疫喉治法最重入手機緒分清，庶免變幻也。然治法要旨，總以疫火已熾未熾爲兩大關鍵耳。如疫喉初起，表未解，火未熾者，清透之劑量爲增減卽可圖功。倘表尚未解，疫火已熾者，不解表不可，單解表尤不可，須以透化變清之法并進不悖乃可向安。疫喉治法如是，悶痧治法亦如是也。而悶痧一證又爲疫喉中之險而尤險也，以變生莫測斃不終朝耳。故悶痧初來疫火未熾，當速用開關散嗃鼻取嚏，內用薄荷、花粉、連翹、鬱金、貝母、鮮浮萍煎湯，磨服玉樞丹通竅開閉。用浮萍者，取其輕揚升發耳，有汗者，急去之，恐升發太過也。如痧悶未開，疫火已熾，神昏躁擾，岌岌可危，當速用卧龍丹嗃鼻取嚏，內用紫雪丹三四分，新汲水調灌之，清火開閉以安神明。倘牙關緊急，湯水難嚥，速將牙關撬開，取紫雪丹二三分卽塗舌上，庶可挽回一二，或另磨烏犀角汁頻灌亦妙。然下之濁竅不通，則上之清竅難開，急當接服清咽三黃湯，或清咽利膈湯，隨證加減，上開下奪，背水一戰，冀奏膚功，否則稍遲卽無救矣。此予治悶痧疫火已熾之屢試屢驗也，然一得之愚，定難絲絲入箴，惟祈當世。

高賢匡其不逮，俾患疫喉悶痧者，共登壽域也，是予之深願矣。

《疫喉淺論・疫喉芻言》 甚矣，疫喉之流行也，其患最猛，其害最速。揚郡由去歲秋冬迄今春令，患斯症者，沿門比戶，長幼相同，互相傳染，夭折頗多，心實憫之。予不敏，謹按《內經》云：一陰一陽結謂之喉痹。一陰者，手厥陰心胞絡也，一陽者，手少陽三焦也。胞絡代心君行令，名曰君火，三焦謂之相火，君相火炎，直衝於上而爲喉痹矣。細繹斯文，此經旨之言其常也。又讀仲聖《辨脈篇》云：清邪中上，濁邪中下，清者潔也，濁者渾也，此明言天之清邪，地之濁邪，非風寒暑濕燥火六氣之邪，乃天地間別有一種暴厲雜

氣之邪也。其中人也，由口鼻而吸受，以天氣通於鼻，地氣通於嗌也。凡中之輕者，清化自愈，中之重者，治之稍緩多不逾，三日而死也，可畏哉。再按今歲少陽相火司天，初之氣厥陰風木主氣，又加少陰君火客氣，君相二火炎炎，得風木而鴟張，肺金受尅，且丁壬化木，木運統之，歲土不及，胃亦受制，適逢瘟疫流行之際，合歲氣之君相二火而上犯肺胃，遂致疫喉痧，危而尤險也。正與內經君相二火爲害相爲吻合，更加以瘟毒充斥三焦，流布五臟，上而咽腐，下而自利，外而丹痧，內而譫煩，人身之血氣有限，何堪任瘟毒蔓延，表裏上下交爭，津液頃刻消亡，不死何待。故瘟病論，謂瘟病首先犯肺，逆傳心胞。予謂疫喉痧，三焦火炎，直犯心胞，同一危疴也。揚郡通都大邑不乏高明，有謂禁用寒涼者，有謂先宜表散者，有謂升託丹痧者，有謂直折攻下者，聚訟紛紜，莫衷一是。予本不知醫，間而涉獵醫書，如重樓玉鑰，瘍科心得，疫痧草，白喉捷要，疫喉淺論諸書，各有心得，不無可采。想司命者，自有疫喉痧之見解地步，何待鄙人貢言見解，既明治，必合法，豈必拘，拘於禁用寒涼，瘟毒鴟張何堪辛熱先宜表散，三陽表藥非治瘟也。升託丹痧，和營化熱清透丹痧直折攻下臟氣未傷攻下量用之諸法乎。總之隨症應變，圓機活法，神而明之，存乎其人，可也。芻蕘愚見未卜是否，質諸高明以爲何如。

《疫喉淺論・疫喉痧初起三禁》 一禁辛溫發表。

二禁苦寒洩熱。凡疫喉初起，務審所觸何邪，以何葯治之，外邪宣化，內火鴟張，始進清涼洩熱。若苦寒早投，邪陷無治。如無邪觸，僅本臟君相火炎，當視火之輕重，量用清涼之品，宣化洩熱，憑症處方，無不獲效。

三禁直折下奪。凡疫喉初起，清洩尚須愼進，何堪直折下奪乎。必俟邪化火升，氣陰未傷，攻下諸法方可量用。前治法機緒分清論，疫喉芻言，養陰清肺湯辨請參酌，互觀可也。

《疫喉淺論・疫喉痧原委治法論》 用藥如用兵，古人先我言之矣，賊氛慓悍，其來也驟，誰不知用兵以禦之，設使賊四面環攻，異常猖獗，當局苟倉皇失措，或守經而不諳行權，或顧此而轉多失彼，鮮有不敗績者，善用兵者，亦惟統籌全局，賊兵雖衆，絕無罅隙之可乘，早定良謀，我兵雖分，仍若首尾之相顧，誠所謂知己知彼是百戰百勝者也。知此可與言醫理，知此可與言疫喉痧之醫理。夫疫也，喉也，痧也，斯三者均瀕危瀕險之症也，有僅見一症者，有互見兩症者，有齊見三症者，僅見一症，治之有法，尚覺不難，互見兩症，勢雖棘手，步步獲效，亦屬難而不難；至若齊見三症，變化多端，存亡頃刻，則眞難之又難得矣。考疫者，毒也，火也，喉屬君相二火上炎也，痧乃心脾毒火而上薰於肺也。按患喉者，其因有二，一爲外感風熱，風寒亦或有之，一爲內傷陰火，分別表裏，寒熱虛實，治之可愈，至於見痧亦有二因，一爲正痧，一爲時痧。正痧者，痘出之後，或兩三月，或一半年，或數年後，發熱見痧，斯爲正痧，正痧出後決不復出，緣痘出之際，毒洩未盡，因觸外邪而化爲痧也，故治痧必當托齊，免毒內攻，以痧痘同一胎毒使然也。但痘要稀疎爲順，痧宜齊密爲佳。時痧者，感受時行風熱之氣而化也，衡其風熱輕重而疎化清透，自無不效，若既患喉而又見痧，更加以一家之內，一鄉之中，一邑之廣，長幼互相傳染者，此謂之疫喉痧也。咽喉白腐，又謂之爛喉痧也。再按白腐亦有二因，一爲溫疫，一爲濕疫。溫疫白腐者，煩渴熱甚，腐白色鮮，腫甚，紅紫，脈象數大，治當清化解疫。濕疫白腐者，不煩渴，腐色黯，音低身倦，脈體濡緩，治以芳香化濁。總之疫喉痧二症，齊見危險極矣。譬如大敵當前，三面包抄，蜂擁而至，我當率大隊攔頭猛擊以挫其鋒，再分左右兩翼以應之，務使賊兵轍亂旗靡，不容聯絡一氣，更令游兵四方策應，後列勁旅，嚴陣以待，既防前面衝突，又防後路暗襲，激勵將士勇氣百倍，十盪十決，賊無不卻之理。用兵如斯，用藥亦然。僕不敏，除濕疫白腐，擬用清咽滲濕湯見前論加菖蒲、藿香、防風、省頭草、地漿、水煎化濕退腐。若疫喉痧之溫疫白腐，擬用清咽透表化毒湯三面合治，方用連翹、山枝、牛子、元參，以清咽利膈，荆芥、防風、薄荷、蟬衣，以透痧出表，銀花，人中黃、竹葉、燈心，以清熱敗毒，庶幾三症齊來，以三路之兵應之。如表閉無汗，香豉、葛根量加，裏實便秘，大黃、化硝酌用。冬月寒甚無汗，可加蘇葉、葱頭，夏月熱甚，煩渴，須增花粉、石膏，疫毒重者，加以菉豆、貫衆，營熱深者，益以生地、丹皮，熱甚神昏者，犀、羚、黃連量增，譫語舌強者，至寶丹紫雪丹參用。但變幻莫測，筆難縷述，惟在臨症者，神而明之。此正兵家所云運籌帷幄決勝千里者也。蓋善用兵者，兵有嚴明之紀律法令，而後收攻堅陷銳之奇功，亦善用葯者，葯有確當之君臣佐使，而後展探本窮原之妙用，醫略之通於將略，誠哉其彰明較著矣。然芻蕘之見，自愧蠡測管窺，世有神聖邁衆，工巧呈能著，僕願就而正之矣。

醫，儒術也，亦仁術也，不通儒者之理，不足以言醫，不廑仁人之念，不可以業醫，或曰醫小道也，固儒者所不爲，亦仁人所羞語。然察陰陽五行者儒，

辨正淫六氣者亦儒，能煦育萬物者仁，僅拯救一方者亦仁，醫顧可藐視乎哉。竊見今之言醫，業醫者高明固不乏人，謹厚亦多足取，而胸無經旨，略讀湯頭藥性，輒懸壺於市，營營然，逐逐然，惟沽名射利是務者，亦隨在恆有，嗚呼，是但術而已矣，遑言儒哉，遑言仁哉。 家君學術既純，心術亦正，幼卽聰潁，年未成童，時交均斐然可觀，吾鄉前輩範膏庵先生見而重之，目爲後生可畏遂與 家君訂忘年交，嗣因家計日絀，不得已棄儒習醫，甫弱冠卽出而濟世，而盤桓詩酒，仍日與名流碩彥相往，還同里中，如朱雲林、王小汀錢藕衫蓮舟上人，皆 家君騷壇舊友，迄於今行年八十謳吟之，聲猶昕，宵不輟，蓋西園翰墨，固未嘗一日忘懷也，著有《存吾春齊詩草》待梓，其以醫鳴於世者，由前及後，垂六十年，每一病至，不計利，不畏難，不苟且草率，而必探病原，窺病竅，因時用藥，隨證立方，以故病就。 家君醫者十愈八九，屈指六十年來，其指下回春所全活者，殆以萬計，不獨顯秩巨紳，爭相延聘，卽下至耕夫販婦，遠在僻壤窮鄉，凡有疾病，莫不扶老攜幼而來一求家君診治爲幸，無他，誠以家君無市井氣而儒邪居人上，具菩提心而仁澤入人深也，此豈半解一知，儒修未懋，私恩小惠，仁量未宏者所可望其巔背也耶。 迨至髦年，其好學愈濳，其居心愈善，恆於雪夜霜宵一聞病家邀請，立披衣而就診，或因病勢疑難，思出奇以制勝，或因病情變幻，欲反經而行權，往往慘澹經營，不知東方之既白，所以病者之性命賴家君之苦心斟酌而保全。 而家君之風寒轉以應病者之昏暮，呼籲而感受矣，病縱經荀浹月，家君迄無怨言，嘗慨然曰，人病幾死，我醫之以生亦大快事，我偶病何憾焉？ 家君夙染腳氣錮疾，當夏秋舉發之時，足難履地，猶倚枕而爲病者籌良方，思妙劑，稍一痊可輒倩人劍負而踵門療病矣，相習爲常不自爲苦。 蓋 家君視已病輕，而視人病特重，是以如此其亟也。 所著經絡穴道歌簡，溫病湯頭歌註，皆理明詞達，非邃於醫者不辨惜，尙未付剞劂，茲刊《疫喉淺論》上下二篇，都二萬四千餘言，在 家君止露其一斑，在醫林群奉爲寶筏，無怪搢紳子弟親附門牆，瀛海賓朋乞求丹藥，推之後輩之殷殷就正者，家君亦樂爲之面命耳。 提相與考歧黃，談內難闡和緩之精微，講倉扁之體用，切磋琢磨不數年而有志者，遂窺堂奧，皆 家君誘掖獎勸之力，有以默啓之也，不幾與欲立，立人欲達，達人之旨，若合符節耶，是 家君之學術固非晚近所敢希，家君之心術尤非尋常所可及也。 學術者，何儒術是也，心術者，可仁術是也。 溯福自束髮受書，乙酉入郡庠，旋補增廣，七赴鄉闈，薦而未售，已亥歲始，以縣佐聽鼓杭，垣四十年來，家君舉衛天營地之提綱，陰克陽生之樞紐，望色聞聲之神妙，內傷外感之區分，爲福指示者屢矣。 迨辛丑歲聞丁內艱，由浙返里，奉諱家居至今，春始服闋，旋省回憶，此三年中趨庭之暇，確見家君春秋愈高，心神愈細，格律愈嚴，探向背於微渺之間，辨疑似於毫釐之末，所以藥愈用而愈靈，方愈選而愈當，而一種熱腸俠骨亦遂愈老愈堅而靡，懈謂爲儒術也，可謂爲仁術也，亦無不可。 若猶僅以醫名之亦淺之乎視，家君矣，家君摛文極速，揮毫疾書，輒灑灑千餘言，每一帙成，擲以示福，福不肖，愧不能紹弓治箕裘之業，斯書蒇事，福固不敢贊一辭，然福既知，家君學業勤劬差近乎儒，心地樸實隱合乎仁，與世俗之醫逈乎有別，爰詳其巔末，聊綴數語於後，以告世之操斯術而見笑於儒，見絀於仁者。

光緒歲次甲辰夏五月男增福百叩盥沐謹書。

《疫喉淺論・乙巳春三月疫喉證治誌略》

疫喉白腐遵《內經》一陰手厥陰胞絡經一陽手少陽三焦經結謂之喉痹之宗旨，前論已詳言矣，然天時寒暄之不一，氣運陰陽之不同，則人之感邪也亦異。 如去歲季冬，雷電交作，大雨滂沱，是陽不濳藏發洩太蚤也，今歲又值厥陰風木司天，少陽相火在泉，歲金不及，肺病生焉。 大寒節交初之氣，主氣厥陰風木，客氣陽明燥金，金木交爭，木氣受邪，加以春寒肅殺，尤勝於冬，淫雨溟濛，兼旬匝月，時至初夏，猶有衣重棉者，此非常特別之厲氣也。 蓋地之濁氣上蒸，則天之清氣不化，脾主地氣，肺主天氣，脾爲已土，肺屬辛金，土濕蒸騰，金氣欝遏，金本色白，疫喉白腐，同氣使然，較之君相火炎，幻爲白腐尤爲難圖，何也，緣濕爲陰邪與水同類，在天爲雨露，在地爲江河，在土中爲濕，在人身爲脾，足太陰脾濕勝則手太陰肺治節不行，以手足兩太陰相生也。 故今春疫喉初來，兩關卽腐，或寒或熱有汗者，輕無汗者，重不渴不煩，脈濡不數，舌苔滑白，或粘而灰，胸滿溲黃。 春分交二之氣，少陽君火主氣太陽寒水加臨，又多自利而鮮有痧疹者，間有痧疹亦濕疫中挾伏熱也，凡濕疫白腐者，投以清咽滲濕湯，夾痰者，參以導痰湯。 總以芳香化濁爲主，佐以辛涼宣肺爲輔。 俾天氣清朗，地氣平和，庶白腐自化矣。 此今春揚城疫喉證治之情形也。 小滿交三之氣少陽相火主氣，厥陰風木加臨，木火燔蒸，晴曦乍放，忽於念二日午後暴兩疾風頓使驟涼，革候黃沙冰雹突然晦暗天光，此亦非常特別之厲氣也。 素問謂春氣發陳，夏氣蕃秀，秋氣容平，冬氣閉藏，四時之正氣也。 如春凋秋榮，夏雪冬雷，

是四時之節序失其常度也。不獨疫喉白腐之變幻莫測，誠恐瘟疫雜症亦從茲蜂起矣。醫者到此活人殺人一彈指間耳，要惟體察天時，詳究氣運，細心審證，卓識處方，庶幾沉疴起而災沴消，是則予之甚願，而不敢自信也哉。

光緒乙巳清和月小滿後八日廣陵耕雲老人謹誌。

《痧喉闡義·治疫要領》 疫痧一症，不外熱毒二氣互結而成。熱爲火之餘，故熱騰則腫；毒爲穢之積，故毒勝災膚。然熱非清涼不解，而毒非芳香不除，卽以清涼解毒芳香逐穢八字爲治疫要領，再視其氣血重輕隨症通變。而治疫之法要不出此八字範圍，至推拿針刺其法最古，大旨多爲痹症而設。痹者氣機阻閉不得流通之謂也，針之取義如以管入水，閉其上則下不出，旁穿一隙則水自洩，故人病痹不通卽刺經穴以通其氣，推合毛竅以疎其氣，非謂針刺可洩毒邪也，蓋毒既干經，豈一針之微遂能將毒洩出？故針法有補有瀉，若陰虛火旺血不營經而爲阻痹，或寒凝經絡而爲筋痹，針之卽所以瀉其氣而使通，又恐經氣過洩，故又以針補而閉之。若病非痹症，可毋庸多用針刺徒傷經絡，是以《素問》謂升降出入，無器不有，出入閉則生機化息，故針之用在乎通，而非所以洩毒也。

《痧喉闡義·用藥勿拘成格》 痧喉症不挾風寒外遏者，只宜疏託外達，忌用溫燥發表。蓋疫爲陽邪，而發散大都陽藥，動則胃津腎液被劫消亡。若無結胸內陷症者，只宜甘涼泄熱，忌用苦寒消導，往往痧勢將達，反爲寒涼遏伏，故葉天士以發散消導爲疫家大戒，意旨良深。竊謂疫根於熱，雖曰口鼻吸受，肺胃感邪，然以類相從，君相二火亦當內應。故每直布三焦，逆傳胞絡，則邪在裏而不在表，使以燥劑表之，是重虛其表，而反實其裏，勢將逼成內陷。若從玄府染受者，未侵營衛，病在表而不在裏，使以下劑導之則裏氣愈虛，表邪愈實，亦將引邪內陷。故發散消導均有貽誤。嘗攷諸家論說，每謂初失之表，誤用寒涼，將邪遏伏，確論名言，實有見地。第恐拘遷之輩，不察表裏之由，不分病勢輕重，視寒涼爲畏途，奉發散爲圭臬，成見實足貽害，故虞山陳耕道謂治疫之要，當於一發之時，見其勢之順逆，宜散宜涼，一決無誤。斯爲老眼，此論誠有膽識，獨折其衷，故將前賢二說引而伸之，以明用藥之方重在勿拘成格。

《痧疾闡義·治喉防範胃》 爛喉治肺固當然矣，然宜防範及胃，其故有二，內景曰喉在前，其形堅健。咽在後，其質和柔。前後雖有區分，然在懸雍以下，會厭之間，方分氣食二管。爛處乃是咽喉交互之所，肺胃未判之區，安可治肺略胃？此胃之不可偏廢者也，又以咽喉呼吸聲息飲食與胃依隨如影之能從表，更宜防範胃家，此胃之不可偏廢二也。故曰治喉防範胃卽是上工治未病。

《痧喉闡義·痧象》 痧之順逆，大都先發胸背而後四肢者順，先自頭面而後腿足者亦順。而痧之色，要在紅勻，不在多寡。如鮮紅細碎，着手有痕者吉，週遍均勻，肌膚作癢者亦吉，徐徐緩達從裏透出者亦吉，凡此之類雖多如雲錦，亦不爲凶。若驟如紅紙者，爲胃熱極盛；色紫且黑者，熱毒灼動陰血；全黑者，胃爛不治，然黑而亮者，在氣血充足之人，亟進涼血泄熱，間有一二挽回；惟黑而暗者必死。若痧雖黑，四邊隱隱帶有赤色者，爲火鬱內伏，大用涼血解毒，尚冀轉紅可治。若驟形滅沒，神色昏迷者，爲內陷肌膚。作癢者營衛猶和，膚燥無汗者，毒灼液乾，難於透達。痧透後點土白泡纍纍者，并非痧疹互發，乃是熱毒極盛，一痧猶不足以盡其毒，故點上再加白泡。泡大而有漿者，多凶。痧後遺毒發於項顋者，難治。汗後痧隱者，險。四肢浮腫而亮者。多敗於十日之間。

《痧喉闡義·喉象》 喉中小粒其色多白者，乃邪干太陰，發於氣分之故。故俗有時候白爛之名。若素有伏寒或挾濕邪者爛痕亦多白色，大都白爲肺金本色，無繫重輕。若白而且腐狀如粉皮者，乃氣分大傷，爲難治。若白爛展開穿及鼻孔者，俗名天白蟻，難治。若色現鮮紅者，乃疫干太陰血分。若紅點一二吹藥多涎者，熱雖盛而液尚未傷，易治。若吹藥而涎不生者，津液大虧，難治。若痧透後而喉爛尤甚者，爲外毒雖鬆，內毒尚猛，屬險症。若喉內爛而外瘇且堅者，爲毒結喉間，無從發洩，難治。若爛至喉底不見好肉者，爲敗象，多斃於五日之內。

爛喉而噴嚏者，肺機開洩爲吉。呃逆者，毒火上逆爲凶。嗆然而咳者，毒火射其肺系爲險。頻聲而咳者，邪襲肺經爲吉。爛喉而不咳嗽者，爲險。失音者，肺熱葉焦氣促者，熱盛灼金。

《痧喉闡義·各種見象》 痧症面腫目赤者，以疫爲陽邪，而頭爲諸陽之會。以陽重陽，故頭目多見腫赤。而吳又可《溫疫論》謂腫是兼有水腫而發。又謂裏邪失下，喪裏氣滯而然。按此一症或亦有之。而疫之腫乃《內經》熱勝則腫之腫，雖無兼症，亦應見腫。痧之脈宜絃數有序，忌軟弱無序，若沉而

伏者，爲邪未達出，宜進疏托。數大而空虛者，爲正弱邪勝，宜勿傷正氣。陽症見陰脈者難治。

面色紅而亮者爲火盛；　青而滯者爲毒盛內伏；　㿠白而呆者爲夙伏寒邪；　青黯而喉不爛或不甚爛者爲素伏濕邪。治之之法，在寒濕附及者治參辛熱，濕熱附及者治用辛涼。

鼻煤者乃胃脈起於山根，胃熱極而根源應之，故煤鼻。紅而搧者乃鼻爲肺竅，肺胃之氣均爲熱傷，正氣不支而欲絶。初起一團黑色繞於鼻間者乃胃家伏毒已甚。鼻衄者乃胃脈下挾鼻孔，胃熱湧血上行，溢從鼻竅而出。舌苔灰而膩者爲濕霧上騰，邪未化火。純白而膩者爲素挾寒邪，均宜疏達。舌赤多刺者爲邪已化火，宜清化。舌絳中黑者爲津液虧耗，宜救液。舌白中絳者爲外束寒邪，宜雙解。舌絳且縮者爲熱陷心營，宜育陰。舌苔黄厚者爲胃熱將解，宜清胃熱。

脣絳者乃陽明之脈環於脣，爲胃液虧。脣紫而裂者爲胃液涸，宜救液。

譫語者爲邪陷心胞，不譫語而鼾睡迷悶、喉有痰聲者爲毒霧濛閉清宮，最防內陷。

惡寒者爲初邪侵衛，惡寒而後熱者乃邪既入衛則隨衛氣以出入，遂常熱而不復惡寒，治之之法要乘其未熱之先或寒熱交作之際疎而達之，攔其入營之路。

嘔惡者藉洩胃熱爲吉，欲吐不吐乾惡神呆者，爲胃邪將犯心營。

便閉者胃有燥屎爲火結。

腹痛者最忌爲悶痧。

有汗者心液足爲吉，無汗者心液虧防内陷。

足無汗者乃疫爲陽病，陽病之情應由上行極而下邪未及於足陰，故足應無汗，非關汗出不遍也。

《痧喉闡義・熱極旁流》　便溏而色黝者，以大腸爲肺之表，乃邪從表洩，正是解機。若黑亮有光粘稠如膝者，乃熱極旁流反爲不美，蓋疫毒之邪內干臟腑，在正氣盛旺之人則邪流腸腑，從便而洩，腑毒卽可驅除。若正虛邪實之人則邪布三焦，滯留腸胃，刼動陰血，化腐，脂膏，漫無所洩，溢從地道，旁流而出，形似淤血凝結而成，不堪其臭，有象之邪雖洩，無形之毒方張，莫謂寇去城空，乃是盈中溢外，亟用重劑清化以凈臟腑之邪，未可再事狐疑，誤認邪從表洩，是熱極旁流一症，爲死生一大關鍵，幸勿忽諸。

《痧喉闡義・口臭爲内腐先機》　爛喉而口臭者，有牙疳穿顋等症，其氣皆發於口中，非從喉内達出。若無牙疳各症而臭穢之氣逼人從喉間達出者，爲肺胃化腐之機，蓋跡雖未形而機則已露，爛喉之消息系乎口臭之重輕，不徒喉爛之深淺，若使一聞此氣，無論爛與不爛，亟進清涼化毒治其未病，斯謂上工。

《痧喉闡義・口糜屬胃病》　口爲脾之竅，胃爲脾之表，而胃之脈起鼻，上額、挾口、循頰，故胃熱極而上騰則口圜唇糜腫，芒刺有膿。色紅者疫熱雖盛未入陰營，色紫或黑者陰血已動，乃爲險症，然較之口臭症屬略輕。若僅口糜而色不紫黑者，尚非絶症，第口臭儘有不口糜，而口糜斷無不口臭，分别之處一自口中呼出，一僅唇外難聞。法以上用輕宣，下清胃熱，因勢利導，上下兼賅，方無遺漏。

《痧喉闡義・齒齦見象》　齒乃腎之餘，齦爲胃之絡。胃陰灼耗，則腎水之源難既濟，而坎中之火震爲雷，胃液腎津源根一泒，齦牙唇齒脈胳貫通，故胃陽血動則齦中血，色黄如敗醬。胃熱極盛則齒燥如石而有光。腎陰血動則齦中血辦紫如黑漆。腎液耗乾則齒枯如骨而無彩，甚至齒黑忽然脱落，抑或穿顋牙疳，均爲極險之症，亟用下奪之方以潛龍雷之火，不使腎水煎枯，庶免陰從下竭，更參育陰之劑以冀赤地流膏，勿令胃液消亡致使陽從上厥。

《痧喉闡義・痧類别門》　痧之一症，昔人概以斑疹痧痲目之，獨痲一症，係發先天之陽毒。外此則大塊如斑者曰瘢，細熾如錦者曰疹；　黍粒如沙者曰痧。而其實白疹發胃陽之邪，丹痧洩胃陰之毒，陰陽赤白雖有區分，瘢疹痧痲悉歸胃腑，故古人一概統論，不分痧目科條，吳又可則混於溫疫。葉天士、吳鞠通悉叙於溫病。而時賢更於痧之中别出喉痧、紅痧、悶痧、風痧，瘖子，疹子等目，其名不一，其義則同，前論已詳言之矣，乃若風痧等類，譬猶强弩之末，氣勢雖微，中人亦利，有不咳嗽、不發熱、不過喉間微痛、皮膚作癢而已，初本輕微，人多輕忽，苟忽之不治，將釀成悶痧，難於救藥。其故以人既干邪，則腠理常開，衛氣漸馳而正弱，正氣既弱則口鼻呼吸尤易內傳，況復身中伏疫卽從腠理而循經隧，由經隧而干臟腑，內外響應，其勢甚速。星星之火可以燎原。故古人常謂禍忽於隱，微病生於不覺，誡人防其漸也。至於悶痧。形狀亦不過微惡寒，熱，痧點依稀狀與風痧相似，獨神昏鼾睡，面

黯身青，則大異於風痧，良由感疫極深，體弱難任，無力發出或加他邪再束，或爲涼藥誤投，悶閉於中，發洩不出，勢成内陷而死，故曰悶痧。

《瘟疫析疑・疫毒門》　大頭者，卽疫毒中上焦也。發則頭面赤腫如瓜瓠，身熱大渴，心中煩悶，小便赤澀，大便或通或閉，舌色紅白，脈右寸關洪大有力者，加減清化湯並外治法。

按疫之名毒，蓋有别於疫也。疫之爲患雖厲，猶可醫治。而毒之害人猛烈，難以措手，以其殺人迅速，故有是名。凡由鼻息上中陽分者，統謂之陽毒。凡由口氣下中陰分者，統謂之陰毒。均當以和中敗毒爲主。

加減清化湯。

方卽普濟消毒飲之變體。以芩、連、梔、翹、蠶、蟬、銀花、馬勃、元參、桔梗，皆上行散毒消腫之藥。龍膽清肝膽炎。佩蘭氣清味苦，行氣利水。甘草和中敗毒。蜜取其潤下，酒取其引上。分服者，少則上行速也。渴甚，加石膏一兩。大便閉，加大黃五、七錢。切勿拘於清邪中上，大黃走下之説。此卽鳥在高巔，惟射可取之義。腫甚，加白附子一錢，氣味俱厚，大熱有毒，專解熱毒。咽喉痛甚，卽刺委中穴出血。穴在膝蓋對後，大小腿交界縫正中。並刺少商穴，穴在大手指内側轉角向外一分左右。皆刺出血。舌腫者，刺舌下兩旁紫膜出血，卽金津玉液二穴。再以玉屑無憂散吹之。

《溫疫析疑・蝦蟆》　蝦蟆者，亦疫毒中上焦。發則頸項腫大，咽喉緊痛，失音聲啞，身熱而渴，胸膈滿悶，小便赤，大便燥，舌色紅白，右手脈洪大滑數者，治法與上同。

此證與大頭每多兼見，皆陽毒上攻於三陽，不過見證稍有不同耳。

錦霞

錦霞者，卒然暴熱遍身，赤斑如錦紋，痛癢難堪，大熱大渴，或吐膿血，小便赤，大便燥，舌絳乾裂，六脈洪大無倫者，加減陽毒升麻湯。

此陽毒攻於陽經血分也，比諸大頭、蝦蟆尤凶。治之得法，尚可挽回。設斑色黑陷，脈虚小，自利者，不治。

加減陽毒升麻湯方。方中皆涼血解毒之藥，足以破壘擒王。斑不透，加大青一兩。渴甚，倍石膏，加天花粉七、八錢。小便不利，加天水散一兩。熱極狂躁，爲斑不透，卽用黃連四兩，熬水以冰鎮涼漬青布一方，作兩摺罯胸前，熱則再易。不但透斑，亦有提汗。渴甚，以冰水時飲之。

搶頸

搶頸者，忽覺咽喉緊痹而痛，旋卽湯水不下，煩躁不甯，舌色紅白，脈兩寸或六部洪大者，卽用鍼刺兩旁紅腫處出血，或刺兩鼻孔出血，並刺少商、委中二穴出血。更以解毒散或西霜散吹喉。儻製藥不及，卽以明亮白礬一塊，含口中徐徐嚥之，繼服加減元參升麻湯。

此亦陽毒中上焦，爲害更烈。必先鍼刺放出毒血，稍殺凶燄，再進湯藥，否則無救。俗呼爲嗓瘟。

加減元參升麻湯方。方中皆輕揚上浮，散結解毒之藥。射干，氣輕味苦，消瘀血，破膠痰，爲咽喉證之良藥。二便不利，卽酌加大黃、天水散以通之。

瓜瓤

瓜瓤者，卒然胸高脇脹，躁擾不安，繼之嘔吐血水，舌色紅，右手脈沈伏者，急以玉樞丹灌之。次進加味生犀飲。

此卽陰邪中於陰，以致營衛不通，血凝不流，故有是證。較諸陽毒殺人尤速。

加味生犀飲方。方中重用壁土者，以其先得太陽眞火之氣，味甘溫，爲定中止嘔之神品。餘皆清氣涼血，驅疫解毒。大便閉，右手脈有力者，酌加大黃三、五錢，引血歸經。左手脈有力者，酌加地黃、芍藥、丹皮，滋陰降火，隨變加減之。

探頭

探頭者，亦邪中於陰，與瓜瓤之異，在喘息抬肩，頸伸頭探，前胸高凸也。治法悉同上。

上二證，均爲陰邪中於中焦，以致氣血不通，上下拒格。二者亦多兼見，故主治無異。今以嘔血水者，爲瓜瓤；抬肩伸頸者，爲探頭。皆九死一生之證。

楊梅

楊梅者，卒然遍體紫塊如瘡，痛癢不止，身熱渴飲，小便赤，大便或通或閉，舌色絳，脈右手洪數者，加減清熱解毒湯調人中黃丸並外砭法。

此亦陰邪中中焦。其毒攻於陽明血分，胃主肌肉，故應外發。爲陰中之陽證，比之瓜瓤内潰者，差輕耳。

加減清熱解毒湯方。方以荆芥、升、葛入陽明，以解表熱。餘皆滋陰瀉火，以清裏熱。人中黄丸專祛中宫之穢惡，緩急相濟，奏功甚速。

砭法

破細磁一片打碎，取其有鋒芒者，按紫塊遍刺出血，再以黑膏塗之。

疙瘩

疙瘩者，初覺身熱，旋卽頸項兩旁腫鞕如癭核，痛苦異常，或連及前胸後背，遍身走痛，二便不通，舌色絳，脈右寸關洪大者，加味人中黄散並刺少商、委中穴出血，再以馬齒莧膏敷之。

此證亦陽毒結於頸項，與蝦蟆捻頸不同。治得法，多有生者。

加味人中黄散方。方中皆散結解毒之藥，臨證加減可也。

《時病論·冬傷於寒春必病溫·溫毒》 溫毒者，由於冬令過暖，人感乖戾之氣，至春夏之交，更感溫熱，伏毒自内而出，表裏皆熱。又有風溫、溫病、冬溫，誤用辛溫之劑，以火濟火，亦能成是病也。其脈浮沉俱盛，其證心煩熱渴，咳嗽喉痛，舌絳苔黄，宜用清熱解毒法，加甘草、桔梗治之。然有因溫毒而發斑、發疹、發頤、喉腫等證，不可不知。蓋溫熱之毒，抵於陽明，發於肌肉而成斑，其色紅爲胃熱者輕也，紫爲熱甚者重也，黑爲熱極者危也，鮮紅爲邪透者吉也。當其欲發未發之際，宜用清涼透斑法治之。如斑發出神氣昏蒙，加犀角、元參治之。心法云：疹發營分，營主血，故色紅。棒喝云：邪鬱不解，熱入血絡而成疹。疹亦紅輕、紫重、黑危也。雖然邪鬱未解，熱在營分，但其溫毒已發皮毛，與斑在肌肉爲大異。蓋肺主皮毛，胃主肌肉，所以古人謂斑屬足陽明胃病，疹屬手太陰肺病。疆界攸分，不容混論。鞠通混而未别，虚谷已駁其非，洵無謬也。當其欲發未發之時，速用辛涼解表法，加細生地、菉豆衣治之，甚者加青黛、連翹治之。又有溫熱之毒，協少陽相火上攻，耳下硬腫而痛，此爲發頤之病，頤雖屬於陽明，然耳前耳後，皆少陽經脈所過之地，速當消散，緩則成膿爲害，宜内服清熱解毒法，去洋參、麥冬，加馬勃、青黛、荷葉治之。連面皆腫，加白芷、漏蘆。腫硬不消，加山甲、皂刺，外用水仙花根，剝去赤皮與根鬚，入臼搗爛，敷於腫處，乾則易之，俟膚生黍米黄瘡爲度。又有溫熱之毒，發越於上，盤結於喉，而成腫痹。《内經》云：一陰一陽結，謂之喉痹。一陰者，手少陰君火也。一陽者，手少陽相火也。二經之脈，幷絡於喉，今溫毒聚於此間，則君相之火並起。蓋火動則生痰，痰壅則腫，腫甚則痹，痹甚則不通而死矣。急用玉鑰匙以開其喉，繼以清熱解法，去洋參、麥冬，加殭蠶、桔梗、牛旁、射干治之。溫毒之病，變證極多，至於斑疹頤喉，時恆所有，故特表而出之。

《時病論·擬用諸法·清涼透斑法》 治陽明溫毒發斑

石膏五錢，煨用　生甘草五分　銀花三錢　連翹三錢，去心　鮮蘆根四錢　豆卷三錢，井水發

加新荷錢一枚煎服，如無用乾荷葉三錢亦可。

凡溫熱發斑者，治宜清胃解毒爲主。膏、甘治之以清胃，銀、翹治之以解毒。更以蘆根、豆卷透發陽明之熱。荷錢者，卽初發之小荷葉也，亦取其輕升透發之意。熱勢一透，則斑自得化矣。

《時病論·擬用諸法·清熱解毒法》 治溫毒深入陽明，刼傷津液，舌絳齒燥。

西洋參三錢　大麥冬三錢去心　細生地三錢　元參一錢五分　金銀花二錢　連翹二錢去心

加菉豆三錢煎服。

此法治溫熱成毒，毒卽火邪也。溫熱既化爲火，火未有不傷津液者，故用銀翹菉豆，以清其火而解其毒，洋參、麥冬，以保其津，元參、細地，以保甚液也。

《時病論·備用成方·連翹敗毒散》 治時毒發頤。

連翹　天花粉　牛旁子　柴胡　荆芥　防風　升麻　桔梗　羗活　獨活　紅花　蘇木　川芎　歸尾　粉甘艸

水煎服。如兩頤連面皆腫，加白芷、漏蘆；堅腫不消，加皂刺、穿山甲；大便燥結，加酒炒大黄。

三黄石膏湯。治傷寒溫毒，表裏俱盛，或已經汗下，或過經不解，三焦大熱，脈洪盛，及陽毒發斑。

《溫症斑疹辨證》 昔聖有言曰：冬不藏精，春必病溫。冬傷於寒，春必病溫。統曰：傷於寒而已。蓋冬主收藏，不藏精則坎陽泄露，孔竅常開，故寒易中之也。若天時不正，冬行春令，每因天氣尙煖，疏於檢點而寒亦易中之。天下之患多生於反常，而中於人之所忽。故冬煖者，春必多溫症。王叔和曰：中寒而即病者，爲傷寒；中寒不即病者，寒毒藏於肌膚，至春變

爲溫病。誠哉，是言！夫溫症危矣。溫毒發癍尤爲大害。初起身中壯熱，二三日週身出紅點，紅者輕，紫者重，黑者不救。其症神昏譫語，煩滿狂亂，若不及早投以辛涼，佐以鹹寒之品，則命在旦夕。癍毒之形與疹毒相似，而實不同。時醫誤癍爲疹，以山川柳、羌活、柴葛等藥升發，如火增薪，草菅人命。往往坐此不知疹由頭面上發，顆粒有尖；癍由脖項中發，漸至週身四肢，光潤成片，色如丹砂，細看點點稠密，其癍上皆出白痧，惟頭面不出，出則毒火甚極，尤爲險症。每見有溫毒發癍，癍痧退後隨即週身脫皮者，此時宜謹避風寒，誠恐溫毒甫清，表邪外襲，必作腫而變他症。疹毒則無脫皮事楫。蓋癍毒發於陽，承於陰；疹毒發於陰，承於陽。疹毒似宜升發，春夏之間又不宜升提過甚，恐助陽火鼻衄、神昏，山川柳、升麻、羌活、柴葛須斟酌用之。如人弱，陽火衰敗，疹似出不出，脈小數，數神倦怠，稍可助陽升提。如體素強，身壯熱，脈洪數，升提斷非所宜，是在活法辨證耳。楫診治癍毒活命者，何可勝計？故敢擬方質證。

高明惟冀酌擬、裁正，俾斯人同登仁壽則楫之所厚望夫。

再癘氣鬱爲溫疫，初起從口鼻而入，傳手三經，並三焦。又有因四時不正之氣，應寒而溫，應溫而涼，觸之成疾，是爲溫病。初起從毛孔而入，傳手三經，並三焦。受病之始，身中微冷而壯熱，頭眩，咳嗽或嘔，時有潮汗、口渴、煩躁，癍疹發痧，咽喉腫白，兩寸口脈浮數，治法以辛涼解肌化毒，與傷寒異。傷寒之症，古聖具有明訓：初由足三陽三陰而傳，頭痛，項強，惡寒、惡熱，一身疼痛無汗，兩手脈浮緊，治法以辛溫發散取汗。夫言豈一端各有所當？時醫於溫症、傷寒，隨口而說，用藥一無定見，辛涼、辛溫，大寒、大熱，隨手而投，視人如草芥，殺人如反掌。楫坐視不忍，謹擬治溫辨證之方，請海內諸高明指教之幸甚。【略】

溫病服普救化溫散二三劑，而受邪過深，壯熱不退，神昏譫語，是邪傳入心胞絡，以安宮牛黃丸一二丸、或紫雪二三錢沖服。溫病五六日、或七八日，譫語、煩躁，思涼水飲之亦可稍與，若生梨果品皆可與喫。其邪傳入陽明，口渴，舌苔老黃、芒刺，大便結、或四五日未通，陽明證無疑矣，宜服大承氣湯下之。【略】

溫病服承氣湯，壯熱退，惟午後有潮熱不盡，乃餘邪伏於陰，用加味青蒿鱉甲湯。【略】

溫病身中壯熱退後，忽然由項下出白痧，肌肉並無紅色，單見白痧，尖頭光白、細如鍼尖，是餘毒伏陰深矣，仍宜青蒿鱉甲湯，服數劑出盡。如身無潮熱，去青蒿服之。【略】

溫癍發重色紫，神敢不清，日服二劑，口渴甚，生果多喫，金汁可飲三四兩，以解大毒，此方服至癍痧退，皮脫始，勿服。切勿畏其藥性過寒。蓋陽毒之症，非大寒不救，遲至毒火歸心，悔無及矣。至溫毒發癍已脫皮，壯熱漸退，大傷於陰，宜用養陰復液湯。

此方二三劑，頭面四肢疹俱出齊，身熱不退，丹服俟。身熱漸退，疹毒漸回，方內去荆防、薄荷、蟬衣、殭蠶、杏仁，加小生地三錢，丹皮一錢，赤芍一錢，服三四劑，疹回盡，身涼 而安矣。如在秋冬之時，身熱三四日，必須在光明處細心觀看，有隱隱紅點否？若有紅點不透，此時天氣漸寒，閉伏陽氣，疹毒不得升發，方內加升麻三四分，葛根一錢，芫荽一小株，去銀花、連翹，服一二劑，疹毒全發，即去升、葛、芫荽，身熱退與不退，照方內加減調治。再有癍疹出後，兩腮脖項作腫而疼，餘毒未盡，爲溫毒發頤症，方用消毒散。

《疫證治例·附瘟病治例》 大頭瘟

大頭瘟者，其濕熱傷高巔，必多汗氣蒸，初憎寒壯熱，體重，頭面腫甚，目不能開，上喘，咽喉不利，舌乾口燥，不速治，十死八九，宜普濟消毒飲。如大便硬加酒蒸大黄一二錢，緩緩服，作凡噙化尤妙。若額面焮赤腫，脈數者，屬陽明，本方加石膏，內實加大黃。若發於耳上下前後並額角旁紅腫者，此少陽也，本方加柴胡花粉，便實亦加大黃。若發於頭腦項下並耳後赤腫，此太陽也，荆防敗毒散加芩連，甚者砭針刺之。

朱增藉按：大頭瘟一證，歷代名醫，皆謂熱毒上蒸高巔，獨出普濟消毒飲一方，爲不二法門，竊意是證有熱而無寒也。臨證以來，以書驗證，以證索方，乃知證不一證，方不一方有濁陰上逆者，有風熱上攻者，有正虛不能託毒者，三種病機皆非普濟消毒飲之屬所能治。若是證果係熱毒上蒸，則普濟消毒飲又其主方也。其有風寒上犯高巔，頭面腫大，色不紅赤，但解散寒凝，祛逐風邪卽愈，非大頭瘟也。

《溫熱逢源·伏溫外竄血絡發斑疹喉痧等證》 又有一種爛喉丹痧，此於伏溫之中，兼有時行疫毒。發熱一二日，頭面胸前，稍有痧疹見形，而喉中已糜爛矣。此證小兒居多，其病之急者，一二日卽見壞證。如面色青晦，痰

塞音啞，氣急腹硬，種種惡候，轉瞬卽來，見此者多致不救。此等急症，初起卽宜大劑清營解毒，庶可挽回萬一。若稍涉遲延，鞭長莫及矣。

鮮生地爲此證清營泄熱必用之藥。欲兼疎散之意，重則豆豉同打，輕則用薄荷葉同打，均可。丹皮清血中伏熱，且味辛主散，炒黑用之最合。銀花清營化毒，元參清咽滋水，均爲此症必要之藥。

《醫學衷中參西録・論喉證治法》 又閱《傷寒論》，陽毒之爲病面赤斑斑如錦紋，咽喉痛，唾膿血，五日可治，七日不可治。王孟英解曰：陽毒卽後世之爛喉痧耳。是爛喉痧衍之傷寒，而相傳已久，截喉癰卽爛喉痧之重者也。蓋白喉與爛喉痧證均有外感，特白喉證內傷重而外感甚輕，其外來之邪惟襲入三焦，三焦色白，是以喉現白色，故方中宣散之品但少用薄荷，連翹已能逐邪外出。至爛喉痧原卽傷寒論之陽毒，其中挾有瘟毒之氣，初得之時，原宜重用宣散之品；然宜散以辛涼，而斷不可散以溫熱，且又宜重用涼藥以佐之。此爲喉證之大略也。

《醫學衷中參西録・閱劉華封代爛喉痧證治辨異書後》 其由外感傳染者，爲爛喉痧，喉中亦有白腐。乃係天行時氣入於陽明，上蒸於肺，致咽喉潰爛，或兼有疹子，正是溫熱欲出不得所致。正宜疏通發表使毒熱外出。二證之辨：白喉則咽中乾；喉痧則咽中多痰涎。白喉止五心煩熱；喉痧則渾身大熱云云。誠能將此二證，一內因，一外因，辨別極精。及至後所載治喉痧諸方，詳分病之輕重淺深，而措施咸宜，洵爲喉科之金科玉律也。惟其言今日之好人參難得，若用白虎加人參湯及小柴胡湯，方中人參可以沙參代之，似非確論。蓋小柴胡湯中之人參或可代以沙參。若當下後小柴胡湯證仍在者，用小柴胡湯時，亦不可以沙參代人參。至白虎加人參湯，若其熱實脈虛者，以沙參代人參其熱必不退，此愚由經驗而知，非想當然爾之談也。且古方中人參卽係今之黨參，原非難得之物。若恐人工種植者不堪用，凡黨參之通體橫紋者皆野生之參也。至其後論喉證原有因下焦虛寒迫其眞陽上浮致成喉證者，宜治以引火歸原之法，洵爲見道之言。

《感症寶筏・瘟疫》 大頭瘟

即大頭天行，邪傷上焦。宜普濟消毒飲。

邵評：風熱濕濁，擾亂清陽之境，故傷高巔之上。從上越者生，下行者死。初起寒熱體重，頭面腫痛，或紅或紫，或靑或黃，目不能開，咽喉不利。不速治，十死八九，甚者砭針刺之。如大便硬，加酒蒸大黃三錢緩下之。若額上面部腫赤者，屬陽明，本方加石膏。耳之上下前後，并額旁紅腫者，屬少陽，本方加柴胡、花粉。項下耳後赤腫者，屬太陽，本方加荆、防、羌活。蓋大頭瘟腫赤之處，分三陽經部位，故藥亦分三陽經加法。但邪在上焦，藥宜輕清，頻進而緩服，急則過其病所矣。

捻頸瘟 一本有頸大、腹脹二症

頭與咽中腫脹，喉痛聲不出，即蝦蟆瘟，宜荆防敗毒散。

邵評：邪傷上焦，蘊於肺胃，喉痹失音等象，較大頭瘟之腫在肌表者，更深一層矣。此證邪干肺胃，當用射干以發肺邪，石膏以瀉肺熱，犀角以解胃毒，大黃以疏胃壅，方爲正治。此方先用羌活、獨活、荆芥、防風、柴胡、前胡，燥烈而專達表，與穢邪之在上焦肺胃者，似不相值，須斟酌用爲妥。

瓜瓤瘟

胸高而起，嘔血如汁是也，生犀飲。

邵評：此邪在中焦，而血熱受傷，疫毒深重，故以清營解毒爲治。

楊梅瘟

遍身紫塊，忽然發出霉瘡此疫毒熱邪內伏中焦，深入血分，故發此症是也。先刺塊出血刺塊出血以泄其毒，吃緊之至；次用清熱解毒湯、人中黃丸。

邵評：此症毒瘀血分，人中黃丸用蒼朮之燥烈，專走氣分，防風之辛散，專走肌肉者，似爲未合。當加銀花等解毒之品，并當宣通血分爲妥。若清熱解毒湯，用羌、葛、升、麻，皆是軀殼之藥，不能疏通三焦。瘟疫諸症，俱當從上、中、下三焦治，不當以表裏爲界也。人中黃丸之蒼朮，雖芳香逐穢，未免燥烈太甚，宜酌用之。

疙瘩瘟

發塊如瘤，遍身流走，旦發夕死者此邪毒內伏中焦，傷耗氣血，故多速斃是也。委中有筋腫起，紅者可救，紫者必死。用三棱針刺入委中三分，出血，宜更刺臂彎尺澤穴出血。服人中黃散。此方專以解毒。

邵評：疙瘩一症，崇禎十六年京城大盛，患者有頃刻即死。其治法與此同，載見《說鈴》。同時有羊毛瘟起，病必有紅點在背，挑破中有羊毛一縷，無得活者，死有數百萬。當博求《千金方》、《外臺秘要》、《聖濟總錄》等書，或有治法。

絞腸瘟

腸鳴、腹痛、乾嘔，水泄不通者是也。探吐之，宜雙解散。

邵評：此症上下格拒，閉結不通，急急探吐，吐則氣通，或有生機。然此濕毒多鬱於下焦，與干霍亂相近，《金匱》備急丸亦可用。

軟腳瘟

便清泄白，足腫難移者是也，即濕瘟證，宜蒼术白虎湯。

邵評：濕熱伏於下焦，脾不運行，用蒼术白虎以清濕熱。此與上條同是邪在下焦，上條是寒濕，帶中焦證，此條溫熱，純是下焦證矣。

瘟疫脈候附錄

凡瘟疫脈洪大滑數，而數中兼緩者可治，緊數甚者難治。

邵評：瘟疫是陽證，洪大滑數是陽脈，更兼緩，是有胃氣，故可治；緊則無胃氣，故難治。

身大熱，而脈沉澀細小、足冷者，危。

邵評：太熱是陽邪，沉澀細小爲陰脈，陽病見陰脈故危。足冷者，邪盛而陽衰也。

瘟病四五日，身熱腹滿而吐，脈細而弦強者，十二日死。

邵評：瘟病四五日，邪已入裏，腹滿而吐，病在脾胃，身熱脈細，陽證見陰脈，弦強是邪盛而無胃氣，故死。

瘟病二三日，頭痛腹滿，脈直而疾者，八日死。

邵評：病起二三日，表裏證俱見，脈見直而疾，是邪盛而正衰，故死。

瘟病八九日，頭不痛、身不痛、色不變而利不止，心下堅而脈大者，十七日死。

邵評：病至八九日，邪去表而入裏矣。利不止而心下堅，是虚邪結。其脈反大，久病脈大，則爲病進，正虚邪盛，遷延必死。

又評：此種瘟疫，是天行之癘氣從口鼻而入，風熱與濕濁熏蒸，其氣流布三焦。在上焦者，爲大頭瘟、捻頸瘟。在中焦者，爲瓜瓤瘟、楊梅瘟、疙瘩瘟。在下焦者，爲絞腸瘟、軟腳瘟等症。治法當宗河間三焦立論，分心營肺衛爲主治。諸瘟疫當從三焦立法，分别心營肺衛，用手經辛涼之藥，清熱解毒，是爲正治。不可同傷寒表裏分界，而用足經辛溫發散之劑也。所列諸方，學者以意參之可也。

紀事

《名醫類案・大頭天行》 羅謙甫治中書右丞姚公茂六旬有七，宿有時毒，至元戊辰春，因酒再發。頭面耳腫而疼，耳前後腫尤甚，胸中煩悶，咽嗌不利，身半以下皆寒，足脛尤甚。熱壅於上。由是以牀相接作炕，身半以上卧於牀，身半以下卧於炕，飲食減少，精神困倦而體痛，命羅治之。診得脈浮數，按之弦細，上熱下寒明矣。若以虚治則誤。《內經》云：熱勝則腫。又曰：春氣者，病在頭。難經云：畜則腫熱，砭射之也，蓋取其易散故也。急則治標。遂於腫上約五十餘刺，其血紫黑如露珠之狀，頃時腫痛消散。治上熱。又於氣海中大艾炷灸百壯，灸法佳。乃助下焦陽虚退其陰寒次於三里二穴各灸三七壯治足胻冷亦引導熱氣下行故也。治下寒。遂處一方名曰既濟解毒湯，以熱者寒之，然病有高下，治有遠近，無越其制度，以黄芩、黄連苦寒酒製炒，亦爲引用以瀉其上熱，以爲君，桔梗甘草辛甘溫上，升佳諸苦藥以治其熱，柴胡升麻苦平味之薄者，陰中之陽散發上熱，以爲臣，連翹苦辛平，以散結消腫，當歸辛溫，和血止痛，酒煨大黄，苦寒引苦性上行至巔，驅熱而下，以爲使，投劑之後，腫消痛減，大便利，再服減大黄，慎言語，節飲食，不旬日良愈。

江篁南治給事中游讓溪，嘉靖壬子正月，忽感大頭風症，始自頸腫，時師以爲外感，而誤表之，繼以爲內傷，而誤補之，面發赤，三陽俱腫，頭頂如裂，身多汗，寐則譫語，緜延三日。喘咳勢急，其親汪子際，以竹茹橘皮湯，繼以川芎茶調散，合白虎湯，去人參，服一劑而減，次日用前方，去寒峻藥，至晚漸定耳。輪發水泡數箇，餘腫漸消，獨耳後及左頰久不散。又次日，以當歸六黄湯爲主，加散毒之藥，延及二旬，頂巔有塊，如雞子大，突起未平，及面頰餘腫未消，時時頭疼，大便稀溏。時二月中旬，江至，診得左脈浮小而駛，右浮大近快，有勃勃之勢，江按脈症，當從火治。以生黄芪八分，白术，薏苡各一錢半，茯苓，片芩各八分，生甘草三分，煎加童便服。次日脈稍平，然兩頰尚赤，早間或覺頭痛，蓋餘火未全殺也。黄芪加作一錢二分，薏苡加作二錢，頂塊漸消，以後加生芪二錢，晚飲菉豆湯，童溲五劑而愈。

《溫證指歸・醫案》 丁巳春二月初旬，有何姓子，患溫病初起，舌卽乾

紅，身次不支，神情恍惚。余診之曰：此證感溫甚重，十難救一，非大劑雙解，不能挽回，遲則不治。因病家曾患此證，專信不疑。遂順手治療得愈。計服大黃一兩五錢，膏、黃、芩、連倍數，不但正氣不虧，抑且病起旬日，儼如無病者然。於以見溫病早得下藥之力，其效之神速如此。有張姓妻，忽然寒戰，戰後大笑，笑甚卽厥，自暮至曉，如此者數次。邀予診之，見其面赤壯熱，頭痛如破，心煩作麻，胸背作脹，舌胎白滑，六脈沉數，譫言神昏。予曰：此脈證乃羊毛溫也，方以大劑雙解治之。其時同事數醫，論證用藥，咸同一轍。藥後得利而嘔未止，邪困上焦也。連投三劑，外行搓法，毛出五色，諸證漸平。時又邀一醫，診云：乃肝風內動，少陽受病，方主溫膽、白薇一法。病家見其立方平穩，停雙解而投是藥，夜間前證復作，次日仍以雙解投之漸平。至第五日，惟自笑不已，遂以加味太極丸，加牛黃治之，一服而諸證俱平，竟獲全愈。

乾隆乙卯六月上浣，予診盛姓之子，患羊毛溫半月，診時脈證俱平，每交午刻，卽心煩作麻，不自知其所苦，口內喃喃不已，人卽昏去，交子卽醒，如是者三日。詢及前診之醫，皆以治溫之法治之，今病未解者，是溫邪感受原輕，發之不暴，治法雖當，奈毛毒未化，故延多日，一挑擦卽可愈也。病家旋邀一老嫗挑之，得毛如縷，內服神解散，是夜卽安。後以辛涼之藥，清理上焦得愈。夫羊毛本熱化耳，得挑則毛去，毛去則熱不留。《內經》刺穴瀉熱之法，岐伯已先得我心。因《內經》之義，引伸觸類，可爲治溫證之津梁，亦可爲後人之楷式。

又同時湯姓子，患溫毒結於少陽陽明，腮腫結硬，齟潰出膿，邀予診時，已數日矣時寒熱交作，人事不清，苔黃舌赤。予卽云：此溫毒極重之證，若不極早雙解，迨至傷陰，舌黑神昏，則無救矣。奈病家膽怯，堅不肯服，權與清化、太極二三日，宿糞略去，而病勢未減。言之至再，始服雙解一帖，尚未盡劑，去宿糞甚多，而身熱人事頓爽，意欲再進此藥，病家萬不肯服。又延二日，診時苔黑神昏，予卽諄辭。旋邀一醫，一見此證，卽行涼下，見病家堅執不服，只得以加味太極丸，加牛黃，服後病勢亦減，再進不允。又延他醫，乘機進譖，在昏瞶之病家，在他醫前，不述病之原委，而只云予辭言之過激，致病者因驚致舌黑神昏，有是理耶？殊不知未進言前，予臨床診時，早已神昏舌黑，連叫不醒，病家閤室環聽，抑因驚致神昏耶？抑因失治致神昏耶？而後醫不知所進何藥，終致不起。悲夫！夫前此兩證，有幸有不幸者，雖屬天意，亦由人事。在高姓之病，得雙解多劑，後藥雖誤，尚可挽回。湯子之斃，不斃於後藥，而斃於前藥之不徹也。

有林姓患羊毛溫疹半月，所服之藥，初溫散，繼養陰，未曾攻下，亦未曾挑放。予診時，見其發狂自笑，歌罵不休，診其脈，則沉數，驗其舌，則苔黑芒刺。予曰：此證失下，奈陰分已傷，難任攻逐。所幸者，得前藥養陰，尚未枯竭，今據現證種種，悉屬溫邪困伏三焦，心包內閉，發狂自笑，最凶之候，治法當以逐邪爲主，佐以養陰之味。古人原有黃龍一方，兩得其妙，遂用之，加牛黃、犀角等藥，是日得解，自笑少止。外用挑法，得羊毛縷縷，胸次少寬。次日換方，仍用是藥，令以蕎麥麵作團滾胸背間。後復診一次，狂笑熱勢少輕，舌雖未凈，脈亦少和，藥用輕劑攻邪，佐以和方。病家見凶勢已平，率皆大意，竟不延診。孰知燎原之火雖去，而餘焰猶未熄也。聞知數日不藥，以致餘邪猖獗而斃。可見餘邪不盡一分，卽爲禍一分，俗云星星之火，能燒萬頃之柴，吁！可畏哉。

金姓六月間患溫，初病時早起食麵蛋，午食葷膩，午卽舌白神昏，譫妄胸悶，頭脹脈伏，面色垢暗，勢極危篤。予知其溫邪極重，非速進攻下不可，投以雙解數劑，服後毫不應手，其勢更甚。予急令挑放，挑出羊毛無數，仍投雙解一服，卽得大解徹行，人事漸清。連進攻逐之品，約十餘劑，熱象方減。後轉瘧證，以小柴養陰調理而安。誌此以見溫邪極重者，若不先爲挑放，雖有對證之藥，亦難取效也。七月伊母患痢，兼口乾咽燥胸悶，以神砂丸，蕎麥麵搓之，得毛如許。照溫邪治，痢隨手而起。宋叟年逾七旬，素無疾苦，乙卯四月中旬，午後方食糕點，忽然煩躁壯熱，人事迷亂，勢頗危殆。延予診視，余驗其舌色乾黑，脈象洪大，煩渴譫語，知溫邪驟發，兼夾痰滯，壅遏極重之候。擬雙解救之，連投一劑，熱象少減，但舌黑而潤，人事昏沉如故，更加呃逆，六脈無力。此陰竭之象，雙解不中與也。急以歸氣治之，一劑呃止神清，諸證悉退。後與和劑而愈。彼不守禁忌，甫愈三日，卽食糕肉無數，以致餘邪復作，後以清解消滯之品，始獲成功。噫，前以涼下驅邪，後卽以甘溫扶正，轉丸之技，固不可與膠柱者同日語也。

《肘後偶鈔·溫毒發頤》 史女十七仲春發熱浹旬，神昏耳聾，頸項與頤俱腫，唇口焦燥，目脂膠結，脈反小數。觀其脈症，是爲溫邪內蘊化毒，久則

血燥風盛，釀成發頤重症。姑投淸疏消毒，但得腫退能納，方保無妨。

川連一錢　鮮生地四錢　鮮石斛四錢　蟬衣五分　連翹二錢　丹皮一錢五分　柴胡三分　薄荷五分

三服腫退，熱減神清，稍能納粥。仍用涼解。

川連五分　鮮生地四錢　鮮石斛一錢　連翹一錢五分　麥冬二錢　丹皮一錢五分　白芍一錢五分

數服全愈。

《肘後偶鈔·痄腮》　沈氏卅六春升陽氣，爲寒邪所鬱而爲痄腮。畏寒發熱，口臭，耳聾。外宜辛散，內淸伏火。

防風　薄荷　細蘇梗　石膏　連翹　荆芥　蟬衣

孫氏五十條然頭眩，汗泄神昏，耳聾舌痲氣促。此由肝腎不足，風火上騰，痰因氣聚，三者使然。物之迅速，莫甚於風火。此是內生，非由外致，防、薄能驅外束理，此種須遵丹溪和陽熄風，兼淸痰氣。

丹皮　桑葉　白芍　菊花　鈎藤　橘皮　半夏　薑汁　竹瀝

一服效。

《溫毒病論·疫兼運氣》　疫症當兼運氣施治，如東垣製普濟消毒飲以療大頭瘟法是矣。

泰和間，民多疫癘，初則憎寒壯熱，體重，次傳頭面，腫盛目不能開，上喘，咽喉不利，舌乾口燥，俗云大頭傷寒，東垣曰身半以上天之氣也，邪熱客於心肺之間，上攻頭面而爲腫耳，用普濟消毒飲全活甚衆，時人皆曰天方，謂天仙所製也。

《溫毒病論·疫重解毒》　乾隆乙亥冬，吳中大荒，塗多餓莩，尸氣綿亘，至丙子，君相司令之際，遂起大疫。沿門闔境死者以累萬計。

《溫毒病論·大疫與常疫不同》　丙子年之疫，初起無不微，有自汗，汗出不解，繼無不發斑，斑透不解，又無不下之，下之亦不即解，最後而得戰汗、狂汗、自汗，乃稍解。然餘邪達表，尙發白痧如痦，一病而全備諸症。

《溫毒病論·治疫名案》　羅謙甫治中書右丞姚公茂疫發，頭面腫疼，耳前後尤甚，胸中煩悶，咽嗌不利，身半以下皆寒，足脛尤甚，脈浮數，按之弦細。上熱下寒明矣。內經云熱勝則腫，又云春氣病在頭，難經云蓄則腫熱，砭射之也。遂於腫上刺其血，紫黑頃時，腫痛消散，又於氣海、三里、大街艾炷灸百壯，導熱下行，遂立旣濟解毒湯。

江篁南治給事中游讓溪感大頭風症，始自頸腫，延至面赤，三陽俱腫，頭頂如裂，身多汗，寐則譫語，喘咳，其親汪子際以川芎茶調散合白虎湯服一劑而減，次日耳輪發水泡，數箇餘腫漸消，獨耳後及左頰不散。又以六黃湯加散毒藥延及二旬，巔頂有塊如雞子大，面頰餘腫未，消江以生黃芪、米仁、茯苓、黃芩、生草加童便從火治，更飲菉豆、童便，五日愈。

《疫喉淺論·疫喉痧治驗》　張樨入齡，素體肝旺，吸受疫邪，突然壯熱，自汗，咽腫白點，膚見赤疹，煩渴，脈數，乃疫毒兩干氣血，火勢掀騰，急投銀翹、山枝、薄荷、牛蟬、人中黃、元參、赤芍、丹皮、木通、花粉、象貝、蘆根、竹葉，一日兩帖，熱平煩減，膚赤亦淡，惟咽腐較重，原方減薄荷加生地、馬勃、瓜蔞兩帖，得大便溏醬夾沫數次，熱退神安，腐去其半，加知母、石斛三帖而愈。

吳右洒淅，惡寒發熱，汗少，咽白，口渴，膚隱赤疹，此時行疫邪，由營出表，治當淸達，方用荆、薄、豆豉、牛、蟬、薑、蠶、甘、桔、赤芍、馬勃、萊菔、英、生、山查一帖，汗大出，熱平疹透，次日去荆芥、豆豉加枝、翹、通草，熱淸腐退渴減，去薄荷加象貝，得大便二次，諸恙悉愈。

庚子冬月，邰太守琴谷之文孫，小琴賢弟之子也，同時壯熱，無汗，咽腐，治以淸達，荆、薄、豆豉、牛、子、殭、蠶、馬勃、生、山查、蘿蔔、英，午服一帖，汗出熱未平，日晡又增，戰慄煩渴，苔黃頂腫，此疫毒充斥肺胃，症猛且險，急用銀、翹、薄荷、牛、子、甘、桔、山枝、馬勃、殭蠶、芩芍、滑石、板藍根，服後夜煩稍平，腐略退，項腫較甚，次日又大寒戰慄，煩躁復劇，予遵《內經》諸噤鼓慄如喪神守皆屬於火之旨，當進猛劑以洩毒火，延恐燎原不可救藥，方用犀角、生地、丹皮、赤芍、大黃、黃連、銀翹、枝、芩、元、丹、二參、人中黃、板藍根、蘆根、竹葉一帖，得大便三次，煩熱稍減，而肢微搐搦，肝風乘勢肆虐，顯然次加羚羊、鈎藤，又得大便溏醬帶沫，三便煩熱又減，咽腐亦退，項腫漸消，次服原方又得熱沫二次，熱大減，腐退腫消，接進淸熱養陰生津和中之品，調理旬餘而痊。惟伊二孫項腫四圍皆消，右耳後遺毒堅腫如核，後化膿出，頭從瘍科治法全愈。

按此症當戰慄，時若作寒，治投以溫藥，禍不旋踵，幸有伊之西席鄭春臺夫子，醫理高明，互相商酌，獲益良多，且小琴曾受業於予，故不避嫌怨，攘臂

而起，幸奏膚功耳。

小琴之女公子先患喉痧，他醫治愈，惟手不能舉，足不能行，膚熱掌心熱未退，適予診治，兩少君順邀診視，予謂痧後餘熱逗留營絡，絡脈痹阻，投以清營之品，方用知母、花粉、歸、芍、生地、丹皮、桑葉絡、橘絡、荷葉絡、忍冬藤、山枝、地骨皮六帖，蒸熱清而手足自如矣。

辛丑九月，杪陳廣文虞文之貴公子患喉邀診，咽紫帶白，寒熱脈數，是疫喉也，姑用清化法，荆、薄、甘、桔、牛、子、香豉、殭、蠶、赤芍、山查、萊菔英，服後小汗寒退，譫煩熱甚，咽腐，膚赤，此疫喉痧險症也，急用銀、翹、薄荷、牛、蟬、殭蠶、馬勃、赤芍、人中黃、枝、豉一帖，痧透，津津汗出，煩熱未衰，咽關帝丁皆腐，予曰勢急矣，當用峻劑，苦寒以洩毒火。廣文云：病甫兩日，寒涼早進，邪伏奈何？予曰：毒火深藏營分，發之必暴，爲害最速，急進苦洩，挽回遲恐無及矣。適有張朗齋先生同商亦然，方用犀角、生地、銀、翹、芩、連、蠶、蟬、枝、芍、丹皮、馬勃、元參、人中黃、板藍根，一日夜兩帖，熱稍平，舌乾少津，加知母、花粉、石斛、蘆根，又兩帖，熱清痧回腐退，惟項外遺毒漫腫，後化膿，從瘍科法治愈。

陳廣文之大女公子，初起身熱大汗，渴飲，咽腐，面赤，丹痧隱然，此邪中氣分，營熱亦重，方用枝、翹、花粉、芩、芍、甘草、牛子、通草、貝母、蘆根，兩服汗少熱減，痧亦未見，次加馬勃、人中白兩帖，諸症全愈。

廣文之二女公子，晚間忽然憎寒咽痛，邀診肢涼無熱，脈伏咽腫甚。予曰：此傳染疫喉之閉證也，開則火勢外騰，不開則厥，遂用荆、薄、枝、豉、桔梗，以透表，山查、枳殼、玉金、通草、枇杷葉以宣裏，服後寒退熱發，脈漸起，咽白腐，膚赤，譫煩，耳聾，口渴，此氣閉已開，伏火鴟張，由裏出表，急投犀、羚、元參、知母、生地、丹皮、芩連、山枝、貝母、蘆根、竹葉、燈心，一日夜二帖，次加人中白、馬勃，又二帖，熱平腐退神清，大局始定，疊進清滋平復。

陳觀察巽卿之大世兄且魯大令時，喉紅腫無寒熱，延綿多日，此清邪中上，疊進輕清宣化之品而愈。

觀察之孫小姐亦染喉疹，肢涼身熱，咽腐，疹隱，心煩，苔厚，卽進清宣化導法數帖亦痊。

有女僕傳染時疫甚深，初起壯熱，咽腐，痧隱，譫煩，音啞，神糊，舌乾而短，法在不治，觀察存心救人，囑予大劑挽回不惜藥資，遂用犀、羚、鮮大生地、銀、翹、枝、芩、元參、人中黃、馬勃、貫衆、紫草、板藍根、蔞貝、風化硝二帖，得大便溏醬七次，熱減神漸清，原方去硝加元參、天麥二冬、石斛、菉豆衣、地骨皮，又三帖而平。

辛丑嘉平月二日魚更三躍，曹明經衡甫邀往江都學署，診治令先兄廣文靜海之孀媳周宜人，詢之夜寐不安，晨起咽痛卽腐，壯熱頭暈，煩渴，衡翁投以清化，午刻狂煩神糊，搐搦，延醫診云係中寒，方用柴胡、官桂、烏藥、二陳等，衡翁阻之，予按脈洪大，無倫神糊譫煩，舌不出齒，前隱色紫，予曰此君相二火鴟張已極，合瘟疫毒火互相掀騰，上犯心胞，危如朝露，辭不治。衡翁云：伊兄周玉川翁在座，務祈盡心挽回以俟天命。遂同衡翁商進犀、羚二汁各八分，鮮大生地汁各二兩，銀、翹、枝、連、芩、芍、元參、丹皮、馬勃、殭蠶、蟬衣、鈎藤、竹葉，夜進一帖，次早風略定，神略清，再加決明、藍根、貫衆、蘆根，又兩帖，風定舌出齒，疹透，渴甚，溲濇，去決明、鈎藤、蠶蟬，加寒水石、滑石、木通。蔞貝、花粉，又二帖，得大便熱沫數次，譫煩平，舌無津，去寒水石、滑石、木通，加知母、麥冬，又二帖，熱清腐退，去馬勃，加天冬、石斛、北沙參，三帖諸恙均平，大局向安。

陳觀察之二世兄栘孫明經患喉疹邀診，予適卧病辭經，張朗翁治愈。時屆嚴寒，世兄體質陽微，項間結核漫腫，皮色不變，午後寒熱，招小兒章甫往診，章本不知醫，因受業於觀察門下，特往視之。云：係恙後陽虛，濁痰凝結成核，陰象顯然，午後寒熱者，陽不宣通也，以溫藥和之。壬寅試燈前一日，觀察偕二世兄來舍就診，予按其堅硬如石，的係陰象，投以香貝二陳合之小建中湯加乳沒二帖，寒熱減，又三帖寒熱盡，外貼陽和解凝膏，犀黃散，根腳日收，頂高色紅，轉陽化膿，從瘍科法治愈。

小琴之如君咽腐數日，口緊，溫熱微汗，苔滑，脈沉數，痰膠粘，心煩，耳痛，膚隱赤疹，此毒壅陽明，胃逆不降，濁痰乘鬱火上阻機竅，擬通降陽明，方用薄荷、蔞、貝、銀、翹、芩、連、山枝、人中黃，大黃風化硝、朱、蠶、竹葉，一日夜兩帖，得大便溏醬稀沫數次，另服鮮上牛膝汁，吐痰盈盂，口開疹透，又增鼻衄，煩渴，脈數大，此陽明腑通，鬱火透露，轉用犀、羚、鮮生地、丹皮、赤芍、枝、翹、元參、人中黃、竹葉，蘆根，又兩帖，衄止煩平，陰液漸耗，膠痰未清，再進天麥二冬、生地、元參、知母、川貝、石斛、甘草、蘆根、竹葉，耳痛甚加苦丁茶、羚羊，又三帖，調理而愈。

朱右，素有肝胃嘔吐，忽感疫邪，發熱咽腐，煩渴，疹點隱隱，苔粘，脈滑數，嘔吐氣粗，肝邪擾胃爲本，疫痰壅肺爲標，投以荆、薄、枝、豉、牛、蟬、枳、桔、杏仁、玉金、橘皮、竹茹，一日夜兩帖，吐止煩減疹出，惟神呆腐甚，加貝母、馬勃、風化硝，得大便二次，疹透熱退，神漸清，再進婁、貝、桑葉、枇杷葉、玉金、枳殼、通草、枝、翹、馬勃、人中白二帖，腐退神安，清滋和中而痊。

黄左，疫喉白腐，身熱有汗，痧隱心煩，苔潮灰黄，脈濡而數，自利溲少，此太陰濁濕挾疫邪瀰漫，方用豆卷、薄荷、茵陳、杷葉、蠶退、連翹、通草、赤苓、滑石、地漿，水煎兩帖，煩平，熱未解，苔未宣，去薄荷加菖蒲、藿香、橘皮、省頭草，通陽化濁二帖，濕化、火升、汗透、痧齊、熱清，口渴，脈數，苔宣，去豆卷、茵陳、牛子、蠶退，加枝、苓、婁、貝，而平。

陳女六齡，喉痛，零星白點，微熱，醫進清化，白點轉腐，又進清涼腐甚，再進清涼重劑，白腐滿布，帝丁亦腐，熱甚已延五日，邀診熱而無汗，煩而不渴，肢涼脈伏，此邪遏未化，失於疎達，遂投荆、薄、枝、豉、牛子、桔梗、枳殼、玉金、陳皮、佩蘭、通草、蘿蔔英一帖，得汗熱減，加杏仁，馬勃，汗透，熱退，腐褪，口渴，去荆、薄、豆豉、杏、桔，加婁、貝、連翹一帖，得大便而愈。

强穉生甫十月，忽然發熱，咽腫，白腐，邀閔純夫先生診治，投以清化，服藥尚未盡劑又增煩渴，微搐。純翁云：疫邪深重，人小肝旺，治不容緩，擬進涼膈去黄加羚羊招予商酌，予深服其膽識俱優，照方加馬勃中白一帖，得大便二次，熱減腐褪搐定，公議去硝加婁貝一帖，得大便熱沫二次，腐退熱清，後經純翁調理而愈。

李穉八齡，於芒種後一日，忽發壯熱，自汗，微煩渴，醫進清化法，熱日減，咽漸痛漸腐，益清涼腐甚，進滚痰丸，得大便稀水二次，帝丁滿腐，邀予診，脈，緩苔白，不渴，神倦，視腐白而黯，不痛既未見痧，又不傳人，其非疫喉痧可知。按今歲甲辰太陽寒水司天，太陰濕土在泉，又値三之氣主氣，少陽相火客氣，寒水加臨，顯係濕溫，因感而發，前進清化溫解濕蒸，遂令咽腐，予進清咽滲濕湯去馬勃、連翹，加藿香、菖蒲、防風、省頭草、地漿水煎二帖，腐褪苔黄，又進原方加和中升降脾胃之品，三帖而愈。

《溫熱逢源・伏溫外竄血絡發斑疹・喉痧等證》 塘市孫蘊之大令郎，聰穎異常，年甫十歲，十三經已能背涌，且能舉其大意。蘊翁視之，不啻掌上珠也。丁亥秋，專信邀診。余夜船赴之，至明晨抵塘市，已不及救矣。蘊翁曰：大兒已死。次兒後一天起病，今已兩天矣，病狀與大兒纖毫無異。以大兒之死例之，則次兒至今夜五鼓時，亦將不救矣。姑爲我視之，可尚挽救否？余視之，面色青晦不語，惟煩躁陣作，發躁時將臂內搔挖，若不知痛楚者。挖破處，血亦紫黯不流，舌質紫刺如楊梅，喉間板黄不腐。余細審，乃疫毒閉於營中，不能外達，而毒攻心肺，故其死若是之速。此證屬陰毒陽毒之類，在古書中雖無確當治法，而以意測之，欲圖挽回，必使疫毒有外泄之路，乃有生機。遂令其用犀角磨汁，鮮生地大黄絞汁，再合元參丹皮銀花等，化毒泄熱之品，陸續灌之。至黄昏得大便溏黑者兩次。灌至天明，盡藥兩茶盞，又得大便溏黑者兩次。余再視之，神情較能靈動，舌上黄苔浮膩，喉間起腐，仍用前法，加入金汁，合養陰之意，如煎灌之。一日夜服三四碗，大小便始暢，腹硬亦平。其上半如頸項肩肘下部如腰脊髀關膝膕等處。凡肢節交接之處。從前有紫痕僵塊者。至此皆紅腫作膿，不特咽喉潰爛，幷肛門亦潰爛流膿，余力守養陰活血，泄熱化毒之方，兩旬以後，咽喉及通身之潰爛，均得以此收功。惟大便中仍有膿瘀雜下，余參用內癰治法，又月餘始痊。是役也，余用犀地大黄，多進不撤，人皆駭之，不知此證之熱毒，亦非尋常所有。設遲回審愼，兼顧其虚，無論如此重病，不能挽救於垂危；即使當時就挽，而後半如此波濤，亦斷不能收全功於萬一也。

溫病總部

溫病諸證部

水腫部

論說

《溫熱經緯・余師愚疫病論・疫證條辨》 疫證瘥後，四肢浮腫，弗遽溫補。

雄按： 宜清餘熱，兼佐充津。

綜述

《醫學入門・雜病分類・濕類》 水腫上下陰陽微，

陽水，多外因涉水冒雨，或兼風寒、暑氣，而見陽證； 陰水，多內因飲水及茶酒過多，或饑飽、勞役、房欲，而見陰證。 陽水，先腫上體，肩背手膊，手三陽經； 陰水，先腫下體，腰腹脛跗，足三陰經。 故男從腳下腫起，女從頭上腫起者爲逆，陰陽微妙如此。

濕熱變化總屬脾；

人身眞水眞火，消化萬物以養生。 脾病水流爲濕，火炎爲熱，久則濕熱鬱滯，經絡盡皆濁腐之氣，津液與血亦化爲水。 初起目下微腫如卧蠶，及至水浮膜外，則爲膚脹，流下焦則爲跗腫，手按隨手而起，如裹水之狀，以指畫之成字者，名燥水，不成字者，名濕水。 有按之作水聲者，乃氣虛不能宣泄，久成水瘕。

下注腎經陰跗腫，

腎主水也，惟脾病則不化飲食滋眞水，非惟腎精損削，而濕熱下注，陰跗獨腫者有之，甚則泛濫遍體無歸，必土實而后足以收攝邪水，腎氣歸元。

上升氣喘肺孤危。

金生水也，惟脾病則肺金失養，非惟肺氣孤危，而失降下之令，滲道不通，且濕熱濁氣上升，爲喘爲咳，必土實而后肺金清肅，以滋化源。 或曰： 獨無寒濕者乎？ 寒則土堅水清，間有亦更易治。

陽水熱渴二便閉，汗下分消要得宜；

經曰： 諸跗腫疼酸，皆屬於火。 又曰： 結陽，肢腫是也。 治與水證、濕證不同。 大法： 腰已上腫，宜汗； 腰已下腫，宜下。 表證喘咳，小青龍湯、越婢湯、古麻甘湯、桂枝苦酒湯； 里證腹腫脅硬，十棗湯、澤瀉湯、澤瀉牡蠣湯、導水丸、三花神佑丸、浚川丸、布海丸。 然證雖可下，又當權其輕重，若年衰久病及虛者，黄米丸； 初起只宜上下分消其濕，五苓散用桂枝，合六一散，加橘皮、木香、檳榔、生姜煎服，或單山梔丸，木香、白朮煎湯下。 兼黄者，茵陳五苓散滲之。

陰水身涼大便利，補中行濕或升提。

經曰： 陰蓄於內，水氣脹滿是也。 治宜補脾土以復運化之常，清心火降肺金，俾肝木有制，而滲道又且開通，此補中行濕兼全，虛而有濕熱者最宜。 若中寒者，溫補則氣暖，而小便自通； 氣陷者，升提則陽舉而陰自降，故曰行濕非五苓、神佑之謂也。 補中氣，六君子湯加木香； 瀉者，參苓白朮散、升陽除濕防風湯； 嘔者，赤茯苓湯； 中寒者，玄武湯、實脾散； 挾食積者，緊皮丸、千金養脾丸； 挾濕熱者，中滿分消湯、丸； 濕甚者，退黄丸。 虛甚氣陷，口無味者，六君子湯加升麻、柴胡以提之，復元丹，切忌淡滲。 腎虛，腰重腳腫濕熱者，加味八味丸、滋腎丸； 陽虛小便不利者，古沉附湯； 二便俱利者，術附湯、復元丹。

陰多久病或產后，

久病喘咳、瘧痢，或誤服涼藥以致腫者，危證也，俱宜補脾爲主。 大概挾喘者，分氣紫蘇飲、五皮飲、葶藶丸； 久痢，加味八味丸； 久瘧，退黄丸。 產後腫，必大補氣血，使水自降，八物湯加蒼朮、陳皮、半夏、香附。 有熱，

加麥門冬、黄芩； 氣不順，加木香、砂仁； 懷胎氣遏水道腫者，去半夏加紫蘇、大腹皮。飲食無阻者，雖不藥，而既產自消矣。

陽兼食毒與瘡痍；

食積，香平丸、枳朮丸； 因酒，小蘿皂丸。飲毒水而腫者，名水蠱，滲雄丸； 不服水土者，胃苓湯； 膿瘡搽藥，愈后發腫，敗毒散； 便閉，升麻和氣飲； 干瘡洗浴，水氣入腹者，赤小豆湯； 瘡久倦怠，嗜卧腫者，五苓散加橘皮、木香、檳榔、滑石、甘草、枳殼、大腹皮、砂仁，姜煎溫服。

風腫走注皮痲木，

陽水、陰水腫外，又有風腫、氣腫、血腫。惟腸簟、石瘕，乃婦人病也。風腫，即痛風腫者，腫面多風熱，腫腳多風濕，關脈浮洪弦者，風熱濕三氣鬱而爲腫。因脾土不足，木火太盛，胃中純是風氣，所以清氣不升，腹作䐜脹，濁氣不降，大便閉澀。經曰中滿瀉之於內者是也。外證，走注疼痛，面皮粗，痲木不仁，先服三和散，次服小續命湯，大便閉去附子加檳榔、牽牛。日久者，金丹，風從汗散故也； 虛弱不敢汗者； 四君子湯加升麻、柴胡、蒼朮、防風； 汗多者，防己黄芪湯。

氣腫隨氣消長之。

七情停涎，鬱爲濕熱，脾肺俱病，四肢瘦削，腹脅膨脹，與水氣相似。但以手按之成凹不即起者，濕也； 按之皮厚不成凹者，氣也，六君子湯加木香、木通。喘者，木香流氣飲； 大便閉者，三和散、六磨湯、木香檳榔丸； 小便閉者，分心氣飲； 嘔滿者，四炒枳殼丸，瀉者，單香附丸； 挾痰腹脹滿者，加味枳朮湯、控涎丹。

瘀血之腫如何識，皮間赤縷血痕兒；

四物湯加桃仁、紅花，或續斷飲、加味八味丸。婦人經閉敗血腫者，腎氣丸加紅花，或紅礬丸。詳婦人經候。

莖囊又有陰陽候，

玉莖與陰囊，伸縮痿強，乃身中陰陽之機。有陽火玉莖腫脹，健裂不體者，柴青瀉肝湯； 濕熱下流者，四苓散加山梔、木通、金鈴子； 莖囊腫大通明者，木香流氣飲加木通，煎吞青木香丸； 暴風客熱，陰挺腫脹者，龍膽瀉肝湯； 膀胱熱甚，囊腫二便不通者，三白散、八正散； 腫痛者，用小茴、全蝎、穿山甲、木香等分爲末，每二錢，空心酒下。有陰寒濕腫痿弱者，五苓散加茴香，或八味丸； 腎大如斗者，荔核散； 上熱下虛，玉莖腫痛者，清心蓮子飲； 陰腫大如升核者，用馬鞭草搗爛涂之，或干地龍爲末，鷄子清調敷，囊軟者可治。婦人陰腫便秘，枳橘熨。

通治忌甘與刺皮。

凡陽水，宜辛寒散結行氣，苦寒瀉火燥濕； 陰水，宜苦溫燥脾，或辛熱導氣。極忌甘藥助濕作滿，尤忌針刺，犯之流水而死。通用二陳湯去甘草，加蒼朮、白朮爲君，佐以豬苓、澤瀉、山梔消濕熱； 麥門冬、黄芩爲使，清肺制肝。腹脹，加厚朴； 瀉，加肉豆蔻、訶子； 喘急，加桑白皮、杏仁； 氣壅，加香附； 食積，加山楂、麥芽； 陽水便閉，加甘遂少許； 陰水氣弱，加人參； 風腫，加羌活、防風、白芷； 夏月，加香薷； 寒，加姜、桂； 氣腫，加蘿蔔子，枳殼； 血，加歸、芎； 痰，加貝母； 上腫，加紫蘇； 下腫，加防己、木瓜； 陰囊腫，加小茴、木香； 外腎如石引脅痛，加巴戟。又太陽腫證，加藁本、赤小豆； 少陽，加芫花、雄黄、木通； 陽明，加茯苓、椒目； 太陰，加甘遂、葶藶； 少陰，加澤瀉、連翹、巴戟； 厥陰，加大戟、吳萸。此推廣古法，不可妄用。蓋甘遂、大戟、芫花，損氣破血，巴豆損腎陰氣，輕粉傷齒，毒留腸胃，土狗劫奪，消而復腫，慎之！ 凡先腫腹，而后散於四肢者，可治； 先腫四肢，而后歸於腹者，難治。若肌肉崩潰，足脛流水，唇黑耳焦，缺盆平，臍凸背平，手足掌平，肉硬，腹多青筋，大便滑泄者，不治。又面黑者，肝死； 兩手無紋者，心死； 臍凸者，脾死； 兩肩凸者，肺死； 下注腳腫者，腎死。

陰陽毒部

題　解

《溫熱經緯・仲景疫病篇》 陽毒之爲病，面赤斑斑如錦紋，咽喉痛，唾膿血，五日可治，七日不可治。升麻鼈甲湯主之。

陽毒者，疫邪犯於陽分也。陽邪上壅，故面赤。熱極傷血，故偏體斑斑如錦紋也。咽喉痛，唾膿血，皆邪熱爍津，有立時腐敗之勢。五日經氣未周，毒猶未徧，故可治。七日則邪氣徧而正氣消矣，故曰不可治。方用升麻鼈甲者，所以解陽分之毒，卽所以救陰分之血也。

《溫熱經緯・仲景疫病篇》　陰毒之爲病，面目青，身痛如被杖，咽喉痛，五日可治，七日不可治。升麻鼈甲湯去雄黃，蜀椒主之。

陰毒者，疫邪入於陰分也。陰中於邪，故面目青。邪閉經絡，故身痛如被杖。咽喉痛者，陰分熱毒上壅也。故其日數與陽經同，而治法原方去雄黃，蜀椒者，陰分已受熱邪，不堪再用熱藥也。

王安道云：　陰者非陰寒之病，乃感天地惡毒異氣，入於陰經，故曰陰毒耳。後人謂陰寒極盛，稱爲陰毒。引仲景所敘，面目青，身痛如被杖，咽喉痛數語，卻用附子散、正陽散等藥。竊謂陰寒極盛之證，固可名爲陰毒，然終非仲景所以立名之本意。後人所敘陰毒，與仲景所敘陰毒，自是兩般，豈可混論。蓋後人所敘陰毒，是內傷生冷，或暴寒所中，或過服寒涼藥，或內外俱傷於寒而成，非天地惡毒異氣所中也。又趙養葵云：　此陰陽二毒，是感天地疫癘非常之氣，沿家傳染，所謂時疫也。

又按：　雄黃、蜀椒二物，用治陽毒。解者謂毒邪在陽分，以陽從陽，欲其速散也。余謂雄黃尚屬解毒之品，用之治毒，理或有之。至蜀椒豈面赤發斑，咽痛唾血之可試乎？　必有錯簡，未可曲爲之說也。

又按：　倪沖之《傷寒彙言》附錄：　袁雲龍云，仲景之書，前敘六經諸條其中文義，前後起止，多有闕失，歷代醫哲，並未深勘。至於陽毒、陰毒二條，更可訝異，俱用升麻鼈甲湯，陰毒但無雄黃、蜀椒，此坊刻之譌本也。宋龐安常於陰毒、陽毒概用全方，陰毒不去椒、黃，於理稍近。余於萬歷乙亥，得南陽舊本，其陰毒條於去雄黃下，作倍蜀椒加半主之，於理爲是。蓋陽毒陰毒二證，良由平素將息失宜，耗疲精髓，逆亂氣血，所以卒受山林水澤瘴厲惡氣，所中感而成疾。余當壯年北遊燕邸，以及遼陽之外，南遊閩廣黔甸以及交趾之區，大抵南方多陽毒，北方多陰毒。時醫按法施治，曾無一驗。中州等處有人患此，亦罕能救。細按二證，俱有咽喉痛三字，以余竊論，瘍科書有鎖喉風，纏喉風，鐵蛾纏三證，其狀相似。有面色赤如斑者，有面色青而悽慘者，有吐膿血者，有身痛如被杖者，有氣喘急促者，有發譫語、煩亂者，雖有兼證，如此總以咽喉閉，痛爲苦。卒發之間，三五可治，至七日不減，卽無生理，豈非陽毒、陰毒二證之類乎。再察其脈，緩大者生，細數緊促者死。余見此二證，不論陽毒陰毒，概用喉科方：　以蓬砂二錢，火硝六分，米醋一琖，薑汁小半琖，用鵝翎探入喉中，吐痰椀許，活者百數。據袁公之論，則陽毒爲陽邪，陰毒爲陰邪矣。陰邪固宜倍蜀椒之半，而以蜀椒施之陽邪，終嫌未妥，改從喉科法引吐，卻穩當。以余度之，陽毒卽後世之爛喉痧耳。叔和謂之溫毒是已。治法忌用溫散，宜用清代陳繼宜《疫痧草》專論此症。

論　説

《傷寒總病論・敘論》　龐曰：　陰陽虛盛者，非謂分尺寸也。榮衛者，表陽也。腸胃者，裏陰也。寒毒爭於榮衛之中，必發熱惡寒，尺寸俱浮大，內必不甚躁。設有微煩，其人飲食欲溫而惡冷，謂陽虛陰盛也，可汗之則愈，若誤下則死也。若寒毒相搏於榮衛之內，而陽盛陰衰，極陰變陽，寒盛生熱，熱氣盛而入裏，熱毒居腸胃之中，水液爲之乾涸，燥糞結聚。其人外不惡寒，必蒸蒸發熱而躁，甚則讝語。其脈浮滑而數，或洪實，或汗後脈雖遲，按之有力，外證已不惡寒，腹滿而喘，此皆爲陽盛陰虛，當下之則愈，若誤汗則死也。仲景載三等陽明，是陽盛陰虛證矣。《調經論》云：　陽虛則外寒，陰虛則內熱，陽盛則外熱，陰盛則內寒，以此別之。若陰獨盛而陽氣暴絕，必四肢逆冷，臍築腠痛，身疼如被杖，面青，或吐，或利，脈細欲絕，名曰陰毒也。須急灸臍下，服以辛熱之藥，令陽氣復生，濈然汗出而解。若陽獨盛而陰氣暴絕，必發躁，狂走妄言，面赤咽痛，身斑斑如錦文。或下利赤黃，脈洪實或滑促，名曰陽毒也。宜用針泄熱，服以苦酢之藥，令陰氣復生，濈然汗出而解也。

《三因方・陰毒證治》　陰毒爲病，手足冷，腰背強，頭疼腹痛，或煩渴，精神恍忽，額與手背時出冷汗，聲音鄭重，爪甲色青黑多，因脾寒伏陰，重感於寒所致。

《三因方・陽毒證治》　陽毒爲病，躁熱面赤，咽痛，身斑色，如錦紋，下利赤黃，內外結熱，舌焦鼻黑類如烟煤，妄言狂走，多因腸胃燥熱，陽氣獨盛，

陰氣暴絕，妄服燥藥熱食所致。

綜述

《千金要方・辟溫》 治肝腑藏溫病陰陽毒，頭背雙筋牽，先寒後熱腰強急縮，目中生花方：

桂心一兩 白朮 芒消 大青 梔子各三兩 柴胡五兩 石膏 生薑各八兩 生地黃 香豉各一升

右十味㕮咀，以水九升煮取三升，分三服。

治肝腑藏溫病陰陽毒，先寒後熱頸後牽攣，面目赤黃，身中直強方：

玄參一兩 細辛二兩 梔子 黃芩 升麻 芒消各三兩 石膏三兩 車前草暴切，二升 竹葉切，五升

右九味㕮咀，以水一斗半煮竹葉車前，取七升，去滓下諸藥煎至三升，下芒消，分三服。

治心腑藏溫病陰陽毒，戰掉不定驚動方：

太青 黃芩 梔子 知母 芒消各三兩 麻黃四兩 玄參六兩 石膏 生葛根各八兩 生地黃切一升

右十味㕮咀，以水九升煮取三升，去滓，下芒消，分三服。 治脾腑藏溫病陰陽毒，頭重頸直，皮肉痹結核隱起方：

大青 羚羊角 升麻 射干 芒消各三兩 梔子四兩 寒水石五兩 玄參八兩

右八味㕮咀，以水七升，煮取三升，分三服。

治肺腑藏溫病陰陽毒病，欬嗽連續聲不絕嘔逆方：

麻黃 梔子 紫菀 大青 玄參 葛根各三兩 桂心 甘草各二兩 杏人 前胡各四兩 石膏各八兩

右十一味㕮咀，以水九升，煮取三升，分三服。

治肺腑藏溫病陰陽毒熱暴氣斑點方：

梔子 大青 升麻 芒消各三兩 葱鬚切，四兩 豉一升 石膏 生葛各八兩一作生，薑

右八味㕮咀，以水七升，煮取三升，下芒消，分三服。

治腎腑藏溫病，身面如刺，腰中欲折，熱毒內傷方：

茵蔯蒿 梔子 芒消各三兩 苦參 生葛各四兩 生地黃 石膏各八兩 葱白 豉各一升

右九味㕮咀，以水九升，煮取二升半，下消，分三服。

溫風之病，脈陰陽俱浮，汗出體重，其息必喘，其形狀不仁，嘿嘿但欲眠，下之者則小便難，發其汗者必讝言，加燒針者則耳聾難言，但吐下之則遺失便利，如此疾者宜服葳蕤湯方：

葳蕤 白薇 麻黃 獨活 杏人 芎藭 甘草 青木香各二兩 石膏三兩

右九味㕮咀，以水八升，煮取三升，去滓，分三服，取汗。若一寒一熱加樸消一分及大黃三兩下之，如無木香可用麝香一分。小品方云，葳蕤湯治冬溫，及春月中風傷寒，則發熱、頭眩、痛喉、咽乾、舌強、胸內疼、心胸痞滿、腰背強，亦治風溫。

夫蠚病與百合狐惑濕風溫病鬼魅皆相類，宜精察節氣，其新故二氣相搏，喜成此疾。

《傷寒總病論・陰毒證》 初得病一二日，便成陰毒；或服藥六七日以上至十日，變成陰毒。其病身重背強，腹中絞痛，咽喉不利，毒氣攻心，心堅強，氣不得息，嘔逆，唇青面黑，四肢厥冷，其脈沉細而緊。仲景云：陰毒之候，身痛如被杖，喉咽痛。五六日可治，七日不可治，甘草湯主之。不可作煮散。【略】

陰毒之爲病，因汗下藥性冷所變，多在四五日也；或素來陽氣虛冷，始得病便成陰毒；或始因傷風傷冷物，便成陰毒。其病六日內可治，過六日不可治。

《傷寒總病論・陽毒證》 初得病一二日，便成陽毒；或服藥吐下後，變成陽毒。其病腰背痛，煩悶不安，狂言欲走，或見鬼，或下利，其脈浮大而數，面赤斑斑如錦紋，咽喉痛，吐下膿血。五日可治，七日不可治，升麻湯主之。不可作煮散。【略】陽毒宜葛根龍膽湯。方在可發汗證中。

《傷寒類證活人書・問發狂》 答曰：發狂有二證，陽毒發狂，畜血如狂，其外證與脈皆不同。病人煩燥，狂走妄言，面赤咽痛，脈實潮熱，獨語，如

見鬼狀，此陽毒也。病人無表證，不發寒熱，唇燥但欲漱水，不欲入咽，其脈微而沉小，腹鞕滿，小便反利，大便必黑，身黃發狂，此血證諦也。

病人加熱狀，煩滿口燥，其脈反無熱，此爲陰伏，其血證審矣。仲景云：太陽病不解，熱結膀胱，其人如狂，其血自下者愈，若外不解者，尚未可攻，當先解其表，宜桂枝湯。外已解，但小腹急結者，乃可攻之，屬桃仁承氣湯主之。

大抵傷寒當汗則汗，熱畜在裏，熱化爲血，其人喜忘，而如狂血上逆則喜忘，血下畜則內爭，甚者抵當湯，抵當圓，輕者，桃人承氣湯。犀角地黃湯，須取盡黑物爲效。

失汗，熱畜在膀胱經，若用抵當湯，更須子細審其有無表證，若有畜血證，而外不解亦未可中便用抵當湯，先用桂枝湯解以其外，緣熱在膀胱太陽經故也。

又有火邪發驚狂者，蓋以火於卧床下，或周身用火，迫刼汗出，或熨而成火邪，其人亡陽，煩躁驚狂，卧起不安，桂枝去芍藥加蜀漆牡蠣龍骨救逆湯、桂枝甘草龍骨牡蠣湯主之。

凡灸及燒針後，證似火刼者，並用刼法治之，金匱風引湯尤良，柴胡加龍骨牡蠣湯更捷。

《傷寒類證活人書・問發躁狂走妄言面赤咽痛班班若錦文或下利赤黃而脈洪實》 答曰：此名陽毒也。傷寒病，若陽氣獨盛，陰氣暴絕，必發躁狂走，妄言面赤，咽痛，身班班若錦文，或下利赤黃，脈洪實或滑促，宜用酸苦之藥，令陰氣復，而大汗解矣，葶藶苦酒湯，陽毒升麻湯，大黃散，梔子人湯，黑奴圓，可選而用之。近人治傷寒，脈洪大，內外結熱，舌卷焦黑，鼻中如烟煤，則宜以水漬布薄之，疊布數重，新水漬之，稍捩去水搭於胃上，須臾蒸熱，又漬令冷如前薄之，仍數換新水，日數十易。熱甚者，置病人於水中，熱勢才退則已，亦良法也。

《三因方・陰毒證治》 附子散　治陰毒、傷寒、唇青面黑，身重強，四肢冷，或因服冷藥過度，心腹脹滿，昏沈不識人。

附子三分　桂心五錢　當歸　白朮　半夏各五錢　炮薑三分

返陰丹　治陰毒、傷寒、心神煩躁，頭痛，四肢逆冷，面青腹脹脈、沉伏者。

硫黃五兩通明另研　硝石另研　太陰玄精石另研各二兩　炮薑　桂心　附子各五錢

右用鐵銚先鋪玄精石，次下硝石末各一半，中間鋪硫黃末，又將二石餘末蓋上，以小盞合着熱炭火三觔燒令得所，勿令烟出，急取瓦器合着地上，四面灰蓋，勿令烟出，候冷取出，研細入後藥爲末，同研匀米糊丸，桐子大艾，湯下二三十丸，頓服，汗出爲度。未退艾灸臍下丹田、氣海，更不退，則以葱餡熨之。

葱餡熨法　治氣虛陽脫，身冷、無脈、氣息欲絕，不省人事，及傷寒厥陰百藥不效者。

葱一束，以麻縛如餅餡大只，用長白二寸許，先以火熁一面，令通熱勿致灼人乃以熱處着病人臍上下以熨斗盛火熨令，葱餅熱氣透入腹中，更作三四餅餅，壞不可熨，易餅再熨。候病人醒，手足溫，有汗，服四物湯良。

《三因方・陽毒證治》 升麻湯　治陽毒、傷寒一二日便成陽毒，或服藥吐下後變成陽毒，腰背痛煩，悶不安，面赤狂言，或赤或見鬼，或下利，面赤斑斑如錦紋，咽喉痛下，膿血，脈大浮數，五日可治，七日不可治。

升麻五錢　犀角　射干　黃芩　人參　炙草各一分

右剉散，每服五錢，煎七分，去滓，熱服，并進三四服，溫覆汗出爲度。

梔子仁湯　治陽毒、傷寒壯熱、百節疼痛

黑梔　赤芍　大青　知母各一兩　升麻　杏仁　黃芩　石膏各二兩　柴胡一兩五錢　炙甘草五錢

右剉散，每服四錢，薑三片，豉二十粒，同煎七分服。

《傷寒補亡論・陽毒》 郭雍曰：傷寒陰陽二毒，最爲疾勢重者，張仲景有升麻、甘草二湯，今竟不見於仲景書中，惟《脈經》載其論證二篇，《千金方》中略言之。今二湯用藥加減，與仲景異同，《金匱要略》復合爲一，曰陰毒陽毒，升麻鼈甲湯主之。前後諸方書，皆無是說，然二疾，冰炭也，用藥正相反。諸書之間，雖有升麻、甘草二湯，方味皆同，又與《要略》異，以此不能無疑。惟《活人書》二方用藥不同，最爲當理，第不見《活人書》升麻湯所出方書，想朱氏必有所據。今從《活人書》用二藥。上弱曰：二方載《外臺秘要》，云出《古今錄驗方》。

王叔和《脈經》曰：陽毒爲病，身重，腰背痛，煩悶不安，狂言，或走，或

見鬼，或吐下利，其脈浮動大數，而赤斑斑如錦文，咽喉痛，吐膿血，五日可治，至七日不可治。有傷寒二三日，便成陽毒；或服藥，吐下後，變成陽毒，升麻湯主之。龐氏云：又宜葛根龍膽湯。雍曰：此疾常有之，不知治，多大吐、下血而死。雖用助陰去熱藥，亦須有解毒在其中，則可用。

《活人書》曰：陽毒病，陽氣獨盛，陰氣暴絶，必發躁，狂言妄走，面赤斑斑如錦文，咽痛，或下利赤黄，脈洪實滑促，宜用升酸苦之藥，令陰氣復，而大汗解矣。葶藶苦酒湯、升麻湯、大黄散、梔子仁湯、黑奴丸，可選而用之。雍曰：表裏皆大熱證者，宜黑奴丸。審知熱在裏不在表，以樸硝、大黄、桃仁藥下之，其物則多服升麻也。蓋陽毒之作甚暴，非陰毒比，雷時強人及小兒，便宜用麻湯預防其毒。

又曰：近人治傷寒，脈洪大，内外結熱，舌卷焦黑，鼻中如烟煤者，則以水漬布薄之。疊布數重，新水漬之，稍挨去水，搭於胸上。須臾蒸熱，又漬令冷，如前薄之。乃換新水，日數十易。熱甚者，置病人於水中，熱勢纔退即已，亦良法也。

郭雍曰：置人水中之法，勢甚不得已，雖可用，亦難用，須内熱少衰，勢未解則可。不然，水迫外熱，併歸於内，則不可支也。大抵陽虚狂躁，與傷寒下證不同。下證只坐卧不安，陽毒則必欲起走，且有力，人不能制，雖見江河，亦入也。亦有偶然得解者，非常道也。雍曰：嶺南治熱瘴，取蚯蚓研爛，新冷水漬，取清汁飲之。此未試也。蓋説言獺肝治熱不治冷，余嘗苦病後潮熱，以冷水調少許未服之則止，然未嘗用治大熱也。漫書之以備用。

《傷寒補亡論・陰毒》 叔和《脈經》曰：陰毒爲病，身重背強，腹中絞痛，咽喉不利，毒氣攻心，心下堅強，短氣不得息，嘔逆，脣青面黑，四肢厥冷，其脈沈細緊數，身如被杖，五六日可治，至七日不可治也。或傷寒病一二日，便結成陰毒，或服藥六七日以上，至十日，變成陰毒，甘草湯主之。雍曰：《要略》有咽喉痛字，《千金》二毒並同《脈經》。《金匱要略》陽毒之爲病，面赤斑斑如錦文，咽喉痛，吐膿血。陰毒之爲病，面目青，身痛如被杖，咽喉痛。此與《脈經》證同語異，第語簡而易明，故重録之。

龐氏曰：陰毒之爲病，因汗下藥性冷所變，多在四五日也；或素表陽氣虚冷，始得病便成陰毒；或始因傷寒冷物，便成陰毒。服甘草湯，仍作返陰丹。喘促吐逆者，入口便定。服藥三五服不退，便於劑下一寸半灸之，大炷百壯，未愈，可至二百壯。若手足極冷，小便濇，小腹硬痛，囊縮，即須於臍下四寸，如前灸之，仍用當歸四逆加吳茱萸湯同返陰丹，頻頻與服，内外逼逐，亦可解，稍緩則死矣。其陰毒氣結在小腹，故小便濇，切不可用利小便藥。有以炒鹽及熱藥熨臍下者，其冷氣在少腹之間，被熱物所熨，無處通出，即衝上奔心，其死尤速也。當須預服溫劑，然後熨之，非不當熨也。

又曰：陰毒，脈沈微欲絶，四肢逆冷，大躁而渴不止，宜服附子飲子，仍下硫黄丸，尤妙。

《活人書》曰：陰毒之爲病，初得病，手足冷，背強咽痛，糜粥不下，毒氣攻心，腹痛短氣，四肢逆冷，嘔吐下利，身如被打，宜服陰毒甘草湯、白术散、附子散、正陽散、肉桂散、返陽丹、返陰丹、天雄散、正元散、退陰散之類，可選用之。雍曰：升麻、甘草二湯，觀其用藥，性甚緩，然諸家必先用之者，以古人治陰陽二毒者，惟此二湯，故須用之，以去其毒勢，而後輔之以他藥也。

又曰：陰毒本因胃氣虚寒，或因冷物傷脾，外傷風寒，内既伏陰，外又感寒；或先感外寒，而内伏陰。内外皆陰，則陽氣不守，遂發頭疼腰重。

又曰：陰盛傷寒，心間煩躁，四肢逆冷，白术散、返陰丹皆主之。雍曰：朱氏返陰丹，比之龐氏加附子、乾薑、桂心爲六物。其灸法，先灸臍下一寸間；若其人手足冷，少腹鞕，即更於臍下兩邊各一寸，三處齊灸之，仍與四逆、返陰二藥頻服，方可解退；若加以小便不通，及陰囊縮入，少腹絞痛欲死者，更於臍下三寸石門穴火灸之，仍可服二藥，切不可與尋常利小便藥也。

郭雍曰：從兄盛年恃健，不善攝生，因極飲冷酒食，内外有所感，初得疾，即便身涼自利，手足厥，額上冷汗不止，遍身痛，呻吟不絶，偃卧不能轉側，心神俱無，昏憒恍惚，呼醫視之，治不效。予言兄曰：此疾證甚重，而病人甚靜，又覺昏憒，身重不能起，自汗自利，四肢厥，此陰病無疑也。又遍身痛，不知處所，出則身如被杖，陰毒證也，安得不急治？醫者之言，繆誤不可聽。乃急令服四逆湯，灸關元及三陰交。未知，加服九鍊金液丹，利、厥、汗皆少止。稍緩藥艾，則諸證復出，再救急治。如此進退者三，比三日兩夜，灸十餘壯，服金液六十餘粒，四逆湯一二斗，方能住火灸湯藥。陽氣雖復，而汗不出，證復如太陽證，未敢服藥，以待汗。二三日後，大煩燥，飲水，次則譫語，斑出熱甚，無可奈何，復與調胃承氣湯，得利，大汗而解。陰陽反覆有如

此者！前言煩躁不可投涼藥，此則可下證具，非止小煩躁而已，故不可同也。

《傷寒補亡論・發斑》 又曰：若陰毒漸深，其候沈重，四肢逆冷，腹痛轉甚，或咽喉不利，心下脹滿結硬，躁渴，虛汗出不止，或時鄭聲，指甲面色青黑，六脈細沈而疾，一息七至以上。有此證者，速於氣海及關元二穴，灸二三百壯，以手足和煖爲效，仍兼服諸丹散，內外逼逐，令陽氣復而大汗解矣。若陰毒盛而陽氣暴絕，則爲陰毒，陽毒盛而陰暴絕，則爲陽毒。大抵離絕陰陽，非大汗不能復其正氣也。

又曰：若陰毒已深，疾勢困重，六脈附骨，取之方有，按之則無，一息十至以上，或不可數，至此則藥餌難爲功。但於臍中用葱熨法，或灼艾三五百壯。如手足不溫，不可治也。如手足溫，更服藥以助之。若陰氣散，陽氣來，則漸減熱藥調治之。陽氣乍復，往往卻煩躁，切不可投涼藥，煩躁甚者，再與返陰丹則定也。

又曰：六脈俱浮大，或沈取之而不甚疾者，非陰證也。大抵陽毒傷寒，其脈多弦而洪數；陰毒傷寒，其脈沈細而弦疾。

《傷寒瑣言・陰證》 凡治傷寒，尺脈弱而無力者，切忌汗下，宜小柴胡湯和解之。陽毒傷寒，服藥不效，斑爛皮膚，手足皮俱脫，身如塗硃，眼珠如火，燥渴欲死，脈洪大而有力，昏不知人，宜三黃石膏湯主之。

《傷寒瑣言・諸方》 陽毒傷寒，皮膚斑爛，身如凝血，兩目如火，十指皮俱脫，煩渴，躁急不寧，庸醫不識，莫能措手，命在須臾，三黃石膏湯主之。

《傷寒全生集・治傷寒證病所看病人目法》 凡治傷寒，先觀兩目，若見目赤、唇焦、舌黑，屬陽毒。脈洪數有力，大便實，大渴譫語者，法當下之。設或大便如常，脈浮洪者，三黃石膏湯主之。

《傷寒證治準繩・陽明病・陽毒》 陽毒之證，初受病時，所加邪毒深重，加以當汗失汗，當下失下，或吐下後邪熱乘虛而入，誤服熱藥，使毒熱散漫，如抱薪救火，無不延燎。至於六脈沉實，舌卷焦黑，鼻中如烟煤，身面錦斑，狂言直走，踰垣上屋，登高而歌，棄衣而走，皆其證也。五日可治，六七日不可治。

陶華：陽毒傷寒，服藥不效，斑爛，皮膚手足皮俱脫，身如塗硃，眼珠如火，躁渴欲死，脈洪大而有力，昏不知人，宜三黃石膏湯主之，或升麻梔子湯吐之。若熱甚時狂時昏，口噤咬牙，藥不可下者，用水漬法。候牙寬，狂亂稍定，投藥亦良。如黑奴丸，不可輕用。

《活人書》：陽氣獨勝，陰氣暴絕，必發躁，狂走妄言，面赤咽痛，發斑，或下下利赤黃，脈洪實或滑促，宜酸苦之藥救陰。陽毒輕者，桔梗大黃湯。陽毒升麻湯，梔子仁湯，又龍膽草一物湯。

趙嗣眞：陽根於陰，陰根於陽，無陽則陰無以化，無陰則陽無以生，可見兩者不能相無也。又仲景云：陽氣先絕，陰氣後絕，此人死身色必青。陰氣前絕，陽氣後竭，此人死身色必赤。則知陰陽二氣，在人身中，不可偏絕，絕則無復生之理。今《活人書》論陰毒而曰陽氣絕，論陽毒而曰陰氣絕，既絕矣是爲不治之證，又何藥焉。蓋陰陽二證之深重也，又挾毒氣，是爲陰毒、陽毒。故其藥皆用升麻、犀角、雄黃、大青輩以解其毒，然後陽毒泄而陰氣復，陰毒泄而陽氣復，大汗出而解矣。《活人書》何不曰陽氣極盛，陰氣極微爲陽毒。陰氣極盛，陽氣極微爲陰毒。庶不爲極絕之證。

《傷寒證治準繩・厥陰病・陰毒》仲景但名陰毒主發表，陰毒之爲病，面青身痛如被杖，咽喉痛，五日可治，七日不可治。升麻鱉甲湯去雄黃、蜀椒主之。

王履：攷之仲景書，雖有陰毒之名，然其所敘之證，不過面目青、身痛如被杖，咽喉痛而已，並不言陰寒寒極甚之證。况其所治之方，亦不過升麻、甘草、當歸鱉甲而已，並不用大溫大熱之藥。是知仲景所謂陰毒者，非陰寒之病，乃是感天地惡毒異氣，入於陰經，故曰陰毒耳。後之論者，遂以爲陰寒極甚之證稱爲陰毒，乃引仲景所叙，面目青，身痛如被杖，咽喉痛數語併而言之，卻用附子散、正陽散等藥以治。竊謂陰寒極甚之證，固亦可名爲陰毒，然終非仲景所以立名之本意。觀後人所叙陰毒，與仲景所敘陰毒，自是兩般，豈可混論。後人所叙陰毒，亦只是內傷冷物，或不正暴寒所中，或過服寒涼藥所變，或內外俱傷於寒而成耳，非天地惡毒異氣所中者也。《活人》更名陰毒傷寒主退陰，陰毒甘草湯，治傷寒時氣初得病一二日，便結成陰毒，或服藥後六七日已上至十日，變成陰毒，身重背強，腹中絞痛，咽喉不利，毒氣攻心，心下堅強，短氣不得息，嘔逆唇青，面黑四肢厥冷，其脈沉細而疾，身如被杖，咽喉痛。五六日可治，七日不可治。

甘草炙　桂枝去麄皮　升麻　當歸各伍錢　雄黃貳錢半　蜀椒去閉口者，炒

去汗及子，伍錢　鼈甲酥炙，壹兩半

右吹咀水煎服。如人行五里許，更進一服，覆取汗。毒從汗出即愈。若未汗，再服。

《傷寒補天石·陽毒陰毒傳傷寒》 傷寒一二日，便成陰毒、陽毒者，或服藥後變陽毒、陰毒者。陽毒之證，舌卷焦黑，鼻中如烟煤，身面錦斑，咽喉痛吐膿血，或下利赤黃，甚則狂言直走，踰牆上屋，其脈洪大而數。五日可治，六七日不可治。陽毒升麻湯。

咽痛，玄參升麻湯。若熱甚者，時狂時昏，口噤咬牙，藥不可下者，用水漬法。

青布尺許三五塊，浸於冷水中，微絞半乾，搭在病人胸膛，頻易搭，熱者換之。

候牙寬狂亂稍定，投藥用黑奴丸。

《傷寒補天石·陽毒陰毒傳傷寒》 陰毒之證，身重背強，腹中絞痛，咽喉不利，毒氣攻心，心下脹滿如石之硬，短氣不息，嘔逆，唇色青黑，四肢如冰，身如被杖，其脈沉細而疾，或伏絕。五日可治，七日不可治，甘草湯。取汗，眞武湯、人參附子湯，再者灸關元、氣海穴，二三百壯。或熨臍。

以索纏葱，如臂大者，切去根及青，留白二寸許。先以火熨一面，然後放於病人臍上，熨斗熨之，令葱餅熱氣透人肌肉。作三四餅，乾則易之。

候手足溫和，脈息漸起爲效。陰毒盛則陽暴絕，則爲陰毒。陽毒盛則陰暴絕，則爲陽毒。陰陽離絕，非大汗不能復其正氣也。陽毒其脈當強而洪數，陰毒其脈沉細而疾。陽病則身熱無汗，陰病則身冷有汗。《金匱》論陽毒爲病，面赤斑斑如錦文，咽喉痛，吐膿血，五日可治，七日不可治。陰毒爲病，面目青，身疼，狀如被杖，咽喉痛，死生與陽毒同。

《傷寒緒論·總論·陽毒》 有陽熱亢極而成陽毒者。《金匱》云：陽毒之爲病，面赤斑如錦紋，咽喉痛，唾膿血，五日可治，七日不可治。升麻鼈甲湯主之。虛熱勢盛，毒不能化者，活人陽毒升麻湯。有一二日間便成陽毒者，有誤用辛熱發汗，或吐下未當，邪熱內陷變成陽毒者。其證壯熱頭項痛，躁悶不安，或狂言罵詈，妄言妄見，或口唾膿血，面生綿紋，或舌卷焦黑，鼻如烟煤，或咽喉腫痛，下利黃赤，六脈洪大而數，人參白虎湯。咽喉痛者，犀角、黑參、升麻、甘草，等分煎服。若熱毒大盛，時狂時昏，口噤咬牙，藥不得下者，先用水一盆，用絹裹指，醮水漬牙關，候牙關放寬，狂亂稍定，方與服藥，三黃石膏湯加減。脈洪大，黃連解毒湯。愼不可以其熱盛而誤下之，蓋此證之熱，散漫於外，故以攻下爲首禁也。夏月熱甚，狂躁悶亂不安，脈洪數者，用新汲水，或黃連水清，青布四五尺，作數摺略絞，搭病人胸前，熱即易之，須臾得睡，效，睡即去之。

《傷寒緒論·總論·陰毒》 有陰熱亢極而成陰毒者。《金匱》云：陰毒之爲病，面目青，身痛如被杖，咽喉痛，五日可治，七日不可治。升麻鼈甲湯，去雄黃、蜀椒主之。活人用原方加桂枝，名陰毒甘草湯。復有陰寒極甚而成陰毒者，自是兩種，不可混也。夫陰寒極甚，反大熱躁渴，四肢厥逆，脈沉細而疾，或尺部短而寸部大，額上手背冷汗不止。或先因房事而後著寒，或內傷生冷而犯房室，內既伏陰，復加外寒，積寒伏於下，微陽消於上，遂成陰盛格陽，陽氣上脫之候。五六日後，胸前手足發出淡紅小斑，爲陰毒。雖盛夏禁用涼藥，宜附子理中湯。甚則身重眼睛疼，額上冷汗，嘔噦呃逆，或爪甲青，或腹絞痛，或面赤足冷，厥逆躁渴，身發青黑斑，口鼻灰色，舌黑而卷，莖與囊皆縮，六脈沉細而遲，或伏而不出，或疾至七八，至已上不可數者，急用葱餅於臍上熨之，隨用附子散，人參三白湯合四逆湯主之。熨之手足不和暖者，不治。劉守眞云：世俗所言陰毒，皆陽熱亢極，蓄熱深於內，身表有似陰寒，此特指仲景升麻鼈甲湯去雄黃、蜀椒陰熱亢極之證。若後世所謂陰寒極甚之陰毒，必用回陽退陰之藥。內溫正氣，逼邪出外，庶或可愈。若服涼藥，則渴轉甚，躁轉急，必致虛陽暴脫而死也。王安道曰：陰陽二毒，與陰陽二證迴異。考仲景書雖有陰毒之名，然其所敘之證，不過面目青，身痛如被杖，咽喉痛而已，並不言陰寒極甚之證，況其所治之方，不過升麻、甘草、當歸、鼈甲而已，並不用大溫太熱之藥。是仲景所謂陰毒，非陰寒之病，乃是感天地之惡毒異氣，入於陰經，故曰陰毒。後中遂以陰寒極甚之證，參入仲景證中，卻用附子散等溫藥以治。竊謂陰寒極甚之證，或內傷冷物，或暴中陰寒，或過服寒藥所變，內外俱冷，固可名爲陰毒，然終非仲景所言惡毒異氣中所之謂也。趙以德曰：按古方書謂陽毒者，陽氣獨盛，陰氣暴衰，內外皆陽，故成陽毒。謂陰毒者，陰氣獨盛，陽氣暴衰，內外皆陰，故成陰毒。二者或傷寒初得，便爲是證，或服藥後變而成之。陽毒盡治以寒涼，陰毒盡治以溫熱。藥劑如冰炭之異，何乃仲景以一方治之乎。其曰陰毒去雄黃蜀椒，則

反去其溫熱者矣，豈非熱毒傷於陰陽二經乎。在陽經絡，則面赤斑如錦紋，唾膿血。在陰經絡，則面青，身如被杖，比皆陰陽水火動靜之本象也。其曰七日不可治者，陰陽之津氣血液皆消滅矣。傷寒七日猶得再經，而此加之以毒，至七日不惟消滅其陰，且火極亦自滅矣。

《傷寒辨證·陰毒》 陰毒者，腎本虛寒，或傷冷物，或感寒邪，或汗吐下後，變成陰證。頭痛，腹中紋痛，眼睛痛，身體倦怠而不甚熱，四肢逆冷，額上手背有冷汗，舌上胎黑而滑，恍惚，身痛如被杖，虛汗不止，鄭聲，嘔逆，六脈沉微，或尺衰寸盛，或沉細而疾，一息七至。五日可治，四逆湯、眞武湯、霹靂散，詳證治之。六七日不可治矣。陰毒甚者，須用熨灸法。用吳茱萸熨，用葱熨，灸氣海、關元、丹田穴，眞有起死回生之功，不可忽也。

《傷寒辨證·陽毒》 陽毒者，邪熱深重，因失汗失下，或誤服熱藥，熱毒散漫。舌捲焦黑，鼻中如烟煤，咽喉痛甚，身面錦斑，狂言直走，踰垣上屋，登高而歌，棄衣而衣，脈洪、大、滑、促。五日者可治，陽毒升麻湯、黑參升麻湯、大黃散，詳證治之。過六七日不可治矣，大約宜三黃石膏湯、黃連解毒湯，加減施治。愼不可以熱盛而誤下之。大熱不可用承氣，而用三黃石膏湯之理。蓋此證散漫於外，故以攻爲禁也。陽毒甚者，宜用水漬法。以水漬布薄之，疊布數重，新水漬之，稍捩去水，搭於胸上，須臾蒸熱，又漬令冷，如前薄之，仍數換新水，日數十易。曾見虛人大熱，如此治之而愈，不可忽也。

發黃部

題解

《三因方·黃疸證治》 病者發黃，身面眼悉黃如金色，小便如黃栢汁，名曰黃疸。

《疫疹一得·疫疹之症》 發黃　黃者中央戊己之色，屬太陰脾經。脾經挾熱，不能下輪膀胱，小水不利，經氣鬱滯，其傳爲疸。週身如金矣。

論説

《諸病源候論·時氣病諸候·時氣變成黃候》 夫時氣病，濕毒氣盛，蓄於脾胃。脾胃有熱，則新穀鬱蒸，不能消化，大小便結澀，故令身面變黃，或如橘柚，或如桃枝色。

《諸病源候論·溫病諸候·溫病變成黃候》 發汗不解，溫毒氣瘀結在胃，小便爲之不利，故變成黃，身如橘色。

《三因方·五疸叙論》 古方叙五種黃病者即：黃汗、黃疸、穀疸、酒疸、女勞疸是也。顴別錄則不至於斯。然疸與黃其實一也，今古立名異耳。黃汗者，以胃爲脾表，屬陽明。陽明蓄熱，喜自汗，汗出因入水中，熱必鬱，故汗黃也；黃疸者，此由暴熱用冷水洗浴，熱留胃中所致，以與諸疸不同，故用黃字字之。又云：因食生黃，瓜氣上薰所致，人或疑其不然。古賢非妄詮也，必有之矣。酒疸者，以酒能發百脈熱，由大醉當風入水所致。穀疸者，由失飢發熱，食多傷胃，胃氣衝鬱所致。女勞疸者，由大熱交接竟入水，水流濕入於脾，因腎氣虛，脾以所勝尅入致。腎氣上行，故有額黑、身黃之證，世謂脾腎病者即此證也。其間兼渴與腹脹者，並難治。發於陰，必嘔；發於陽，則振寒而微熱。雖本於胃氣鬱發土色上行，然發於脾則爲肉疸，發於腎則爲黑疸。若論所因，外則風、寒、暑、濕；內則憂、怒、喜、驚，酒食、房勞、三因。悉備世醫獨麗於傷寒論中不亦濫矣，學者宜識之。

《松峰説疫·論治·瘟疫雜症治略》 發黃　瘟疫發黃，惟陽明與太陰兩經有之。黃者，土之正色。二經俱屬土，故發黃。蓋外不能汗，內不得小便，脾胃之土爲熱所蒸，如合麯然，故發外爲黃。若小便利，則熱不內蓄，故不能變黃。其有別經發黃者，亦由脾胃之土受邪也，但黃色不一。寒濕之黃，身如薰黃，色暗而不明。熱盛之黃，如橘色、黃栢而明，汗出染衣，此其辨也。而其致黃之由亦不一。有蓄血在下焦發黃者，有濕熱鬱積於內發黃者，有因寒濕發黃者，有因下之太過變成陰黃者，有不因下而太陰經中去聲。濕之陰黃者。惟瘟疫之黃止濕熱、蓄血兩條。瘀熱發黃，脈浮滑堅數，其症則頭汗際頸而還，腹微滿，小便不利而渴者是也。瘀血發黃，脈微而沉或結，其

人如狂，小腹急結鞕滿，小便自利，大便黑者是也。至於發黄而體如薫，直視摇頭，鼻出冷氣，環口黧黑，皆不治。

《醫醇賸義・黄癉》 經曰：面目發黄，小溲赤澀，安靜嗜卧者，黄癉也，此係脾有積濕，故倦怠嗜卧，胃有積熱，故發黄溺赤，但濕自内生，熱有外感，故内經有開鬼門，潔凈府之法，開鬼門者，開其腠理，使熱邪從肌表出也；潔凈府者，瀉其膀胱，使濕邪從小便出也。然外感之熱，可從汗解，若陽明内蘊之熱，發汗則刧陰，而内熱更甚，祇宜清胃熱，利脾濕，而汗吐下之法，均不可用矣。至於陽黄、陰黄、穀癉、灑癉女勞癉種種不同，見症治法，條列於後。

綜述

《傷寒論・辨陽明病脈證並治》 陽明病，發熱汗出者，此爲熱越，不能發黄也。但頭汗出，身無汗，劑頸而還，小便不利，渴引水漿者，此爲瘀熱在裏，身必發黄，茵蔯蒿湯主之。

茵蔯蒿六兩　梔子十四枚擘　大黄二兩去皮

右三味，以水一斗二升，先煑茵蔯，減六升，内二味，煑取三升，去滓，分三服。小便當利，尿如皂莢汁狀，色正赤，一宿腹減，黄從小便去也。

傷寒發汗已，身目爲黄，所以然者，以寒濕一作溫在裏不解故也。以爲不可下也，於寒濕中求之。傷寒七八日，身黄如橘子色，小便不利，腹微滿者，茵蔯蒿湯主之。

傷寒身黄發熱，梔子蘖皮湯主之。

肥梔子十五箇擘　甘草一兩炙　黄蘖二兩

右三味，以水四升，煑取一升半，去滓，分溫再服。

《金匱要略・黄疸病脈證並治》 風寒相搏，食穀即眩，穀氣不消，胃中苦濁，濁氣下流，小便不通，陰被其寒，熱流膀胱，身體盡黄，名曰穀疸。額上黑，微汗出，手足中熱，薄暮即發，膀胱急，小便自利，名曰女勞疸；腹如水狀不治。心中懊憹而熱，不能食，時欲吐，名曰酒疸。

陽明病，脈遲者，食難用飽，飽則發煩頭眩，小便必難，此欲作穀疸。雖下之，腹滿如故，所以然者，脈遲故也。

夫病酒黄疸，必小便不利，其候心中熱，足下熱，是其證也。

酒黄疸者，或無熱，靖言了，腹滿欲吐，鼻燥，其脈浮者，先吐之；沉弦者，先下之。

酒疸，心中熱，欲嘔者，吐之愈。

酒疸下之，久久爲黑疸，目青面黑，心中如噉蒜齏狀，大便正黑，皮膚爪之不仁，其脈浮弱，雖黑微黄，故知之

師曰：病黄疸，發熱煩喘，胸滿口燥者，以病發時，火刧其汗，兩熱所得。然黄家所得，從濕得之。一身盡發熱而黄，肚熱，熱在里，當下之。

脈沉，渴欲飲水，小便不利者，皆發黄。

腹滿，舌痿黄，躁不得睡，屬黄家。

黄疸之病，當以十八日爲期，治之十日以上瘥，反劇爲難治。

疸而渴者，其疸難治；疸而不渴者，其疸可治。發於陰部其人必嘔；陽部，其人振寒而發熱也。

穀疸之爲病，寒熱不食，食即頭眩，心胸不安，久久發黄，爲谷疸，茵陳蒿湯主之。

茵陳蒿湯方：

茵陳蒿六兩　梔子十四枚　大黄二兩

右三味，以水一斗，先煮茵陳，減六升，内二味，煮取三升，去滓，分溫三服。小便當利，尿如皂角汁狀，色正赤，一宿腹減，黄從小便去也。

黄家日晡所發熱，而反惡寒，此爲女勞得之。膀胱急，少腹滿，身盡黄，額上黑，足下熱，因作黑疸。其腹脹如水狀，大便必黑，時溏，此女勞之病，非水也。腹滿者難治。消石礬石散主之。

消石礬石散方：

消石　礬石燒等分

右二味，爲散，以大麥粥汁，和服方寸匕，日三服。病隨大小便去，小便正黄，大便正黑，是候也。

酒黄疸，心中懊憹，或熱痛，梔子大黄湯主之。

梔子大黄湯方：

梔子十四枚　大黃一兩　枳實五枚　豉一升

右四味，以水六升，煮取二升，分溫三服。

諸病黃家，但利其小便。假令脈浮，當以汗解之，宜桂枝加黃芪湯主之。

諸黃，豬膏發煎主之。

豬膏發煎方：

豬膏半斤　亂發如鷄子大三枚

右二味，和膏中煎之，發消藥成，分再服，病從小便出。

黃疸病，茵陳五苓散主之。一本云茵陳湯及五苓散并主之。

茵陳五苓散方：

茵陳蒿末十分　五苓散五分

右二物和，先食飲方寸匕，日三服。

黃疸腹滿，小便不利而赤，自汗出，此爲表和里實，當下之，宜大黃硝石湯。

大黃硝石湯方：

大黃　黃柏　硝石各四兩　梔子十五枚

右四味，以水六升，煮取二升，去滓，內硝，更煮取一升，頓服。

黃疸病，小便色不變，欲自利，腹滿而喘，不可除熱，熱除必噦。噦者，小半夏湯主之。方見痰飲中。

諸黃，腹痛而嘔者，宜柴胡湯。必小柴胡湯。

男子黃，小便自利，當與虛勞小建中湯。

《千金翼方·黃疸》 論曰：凡遇時行熱病，多必內瘀著黃，但用瓜丁散內鼻中令黃汁出，乃愈。即於後不復病黃矣。常須用心警候病人四肢身面微似有黃氣，須用瓜丁散。不得令散漫，失候必大危矣。特忌酒麪，犯者死。

黃疸目黃不除，瓜丁散：

瓜丁細末如壹大豆許內鼻中，令病人深吸取，入鼻中黃水出差。

凡人無故忽然振寒，便發黃皮膚黃麴塵出，小便赤少，大便時閉，氣力無異食飲不妨。已服諸湯餘熱不除，久黃者，苦參散主之。方：

苦參　黃連　黃蘗　黃芩　大黃　瓜丁　葶藶熬各壹兩

右柒味，擣篩爲散，飲服方寸匕，當大吐，吐者日壹服，不吐者，日再亦得下。服藥五日，知可消息不知，可更服之。

小半夏湯：治黃疸小便色不異欲自利，腹滿而喘，不可除熱，熱除必噦噦者。

半夏壹升，洗，去滑　生薑半斤

右貳味，切以水壹斗，煑取貳升，分再服。壹法以水柒升煑取壹升半

黃疸身目皆黃，皮肉麴塵出方。

茵蔯壹把切　梔子仁貳拾肆枚　石膏壹斤

右參味，以水伍升，煑貳味取貳升半，去滓，以猛火燒石膏令赤。投湯中，沸定服壹升，覆取汗，周身以粉粉之。不汗更服。

黃疸腹滿小便不利而赤，自汗出，此爲表和裏實，當下之，宜大黃湯方：

大黃　黃蘗　消石各肆兩　梔子拾伍枚擘

右肆味，㕮咀，以水陸升，煑取貳升，去滓，下消石，煑取壹升，先食頓服之。

茵蔯湯：主時行黃疸結熱面目四肢通黃，乾嘔，大便不通，小便赤黃似蘗汁，腹痛心煩方：

茵蔯　半夏洗各貳兩　生薑肆兩切　大黃貳兩半　芍藥、白朮各壹兩半　梔子擘　前胡各三兩　枳實炙　厚朴炙　黃芩　甘草炙各壹兩

右壹拾貳味，㕮咀以水四斗，煑取九升柒合，分十服。

又方：黃蒸汁叁升，頓服即差。

又方：蔓菁子伍升末服方寸匕，日三，數日驗。

又方：黃蒸　麥麵　豬矢各壹升

右叁味，以水伍升漬一宿，且絞去滓，服一升，覆取汗出。

大茵蔯湯：主內實熱盛發黃，黃如金色，脈浮大滑實緊數者，夫發黃者多是酒客，勞熱食少胃中熱，或濕毒內熱者故黃如金色方：

茵蔯壹兩半　大黃　茯苓　前胡　白朮各三兩

黃蘗壹兩半　梔子仁貳拾枚　黃芩　栝樓　枳實炙　甘草炙，各貳兩

右壹拾壹味，㕮咀以水玖升，煑取叁升，分服一升，得快下，三四日愈。

治黃疸病五年以上不差，但是湯藥服之即差，差已還發者。

茵蔯貳斤，淨擇去惡草，切之

右壹味以水貳斗，煑取五升，空腹一服二升，日三夜一。

隔黄疸變成黑疸醫所不能治方：

土瓜根皆取汁，壹升

右壹味頓服之，病當從小便出。

黄黑等疸方：

當歸叁兩　桂心陸兩　乾棗壹拾柒枚去核　麥門冬壹升去心　大黄壹兩　茵陳　黄芩　黄耆壹本無　乾薑　茯苓　芍藥　黄連　石膏碎　人參　甘草炙各貳兩

右壹拾伍味，㕮咀以水壹斗，煮取叁升半，分四服。

赤苓散：主黑疸身皮大便皆黑。方：

赤小豆叁拾枚　茯苓陸銖切　雄黄壹銖　瓜丁肆銖　女萎陸銖　甘草貳銖炙

右陸味，以水叁升，煑豆茯苓，取八合，擣四味爲散，和半錢匕服之，須臾當吐，吐則愈，亦主一切黄。

茵蔯圓：主黑疸身體闇黑小便澀體重。方：

茵蔯壹兩　甘遂壹分　當歸　蜀椒汗各半兩去目閉口　杏仁去皮尖雙仁熬　大黄　半夏洗各叁分　葶藶熬　茯苓　乾薑各壹兩　枳實㕮咀蒸黄　白术熬黄各伍分

右壹拾貳味，擣篩爲末，鍊蜜和圓如梧子大，空腹以飲服叁圓，日叁。

濕疸之爲病，始得之一身盡疼發熱，面色黑黄，七八日後壯熱，熱在裏有血當下，去之如㹠肝狀，其少腹滿者急下之亦一身盡黄，目黄腹滿，小便不利方：

礬石伍兩燒　滑石伍兩研如粉

右貳味，擣篩爲散，水服方寸匕。日三服先食服之。便利如血已當汗出愈千金以麥粥汁服。

風疸小便數或黄或白，灑灑惡寒壯熱，好睡不欲動方：

生艾三月三日取一束擣取汁銅器中煎如漆密封之勿令泄　大黄　黄連　凝水石　苦參　葶藶子　栝樓各等分熬

右陸味，擣篩爲散，以艾煎和爲圓如梧子，先食飲服伍圓。日三可至貳拾圓，有熱加苦參渴加栝樓，小便澀加葶藶。小便多加凝水石，小便黄白加黄連，大便難加大黄。

秦椒散：主膏疸飲少溺多方：

秦椒壹分汗　瓜丁半兩

右貳味，擣篩爲散，水服方寸匕，日三。

秦王九疸散方。

胃疸食多喜飲，梔子人主之。

心疸煩心心中熱，茜根主之。

腎疸脣乾，葶藶子主之。熬。

脾疸尿赤出少惕惕恐，栝樓主之。

膏疸飲少尿多，秦椒瓜蒂主之。椒汗膏，一作肺。

舌疸渴而數便，鍾乳主之。

肉疸小便白凝水石主之。研。

髓疸目眶深多嗜卧，牡蠣澤瀉主之。

肝疸胃熱飲多水激肝，白术主之。

右壹拾壹味等分，隨病所在加半兩，擣篩爲散飲服伍分匕，日三稍稍加至方寸匕。

論曰：夫酒疸，其脈浮者先吐之，沈弦者先下之，酒疸者或無熱，靖言了了，腹滿欲吐者，宜吐之，酒疸心中熱欲嘔者宜吐之，酒疸必小便不利，其候當心中熱，足下熱，是其候也。酒疸下之久久爲黑疸。目青面黑，心中如啖蒜虀大便正黑，皮革搔之不仁，其脈浮弱，雖黑微黄，故知之也。

寒水石散：主肉疸飲少小便多，白如泔色，此病得之從酒方：

寒水石　白石脂　栝樓各五分　知母　菟絲子　桂心各叁分

右陸味，擣篩爲散，麥粥服五分匕，日三五日知，十日差。

酒疸身黄麴塵出牛膽煎方：

牛膽壹枚　大黄捌兩　芫花壹升熬　蕘花半升，熬　瓜丁叁兩

右伍味，以酒壹升，切肆味漬之一宿，煑減半，去滓，內牛膽，微火煎，令可圓丸如大豆，服壹丸。日移六七尺不知更服壹丸。膈上吐膈下利，或不吐利而瘥。

酒疸心中懊憹或痛，梔子湯方：

梔子拾肆枚擘　枳實叁枚炙　大黄貳兩　豉半升

右肆味，㕮咀以水陸升，煑取貳升，服柒合，日三。

茵蔯湯：主黄疸酒疸身目悉黄方：

茵蔯叁兩　大黄　黄芩　黄連各貳兩　人參半兩　梔子仁叁柒枚　甘草壹兩炙

右柒味，㕮咀以水壹升，煑取叁升五合，分四服。

半憂湯：主酒癖癮胸心脹滿，肌肉沉重，逆害飲食，小便赤黄，此根本虛勞風冷飲食衝心，由脾胃客淡所致方：

半夏壹升洗　生薑拾兩切　黄芩壹兩　前胡　茯苓各叁兩

當歸　茵蔯各壹兩　枳實炙　大戟　白术　甘草炙各貳兩

右壹拾壹味，㕮咀以水壹斗，煑取叁升，分叁服。

宛轉圓：凡患黄疸足腫，小便赤，食少羸瘦方：

乾地黄　石斛　白术各貳兩　牡蠣熬　芍藥　芎窮　大黄　小草　甘草炙各叁兩

右玖味，擣篩爲散，鍊蜜和圓如梧子，飲服四圓，日三。

茯苓圓：主患黄心下縱横結堅小便赤是酒疸方：

茯苓　茵蔯　乾薑各壹兩　半夏洗　杏仁去皮尖雙人熬各三分　高陸半兩

甘遂壹分　枳實伍分炙　蜀椒貳合汗去目閉口　白术伍分切熬令變色

右壹拾味，擣篩爲末鍊蜜和圓如蟬豆叁圓以棗湯下之。夫患黄疸常須服此，若渴欲飲水即服伍苓散若妨滿。宛轉圓治之，五苓散見傷寒中。

治黄疸小便赤黄方：

前胡　茯苓各壹兩半　椒目壹兩熬　附子半分，炮去皮　茵蔯貳兩半　昌蒲貳兩半

右陸味，擣篩爲散食以前取一錢匕，日三服此劑更參服上二藥。

黄疸之爲病，日晡所發熱惡寒，少腹急，體黄額黑，大便黑溏泄，足下熱，此爲女勞也。腹滿者難療方：

滑石研　石膏研各伍兩

右貳味，爲散麥粥汁服方寸匕，日三，小便極利差。

灸黄法貳拾兩

第十一椎下俠脊兩邊各一寸半，灸脾俞百壯。

兩手小指端，灸手少陰隨年壯。

手心中，灸七壯。

胃管主身體痿黄，灸百壯，治十差，忌針。

耳中在耳門孔，上横梁，主黄疸

上腭入口裏邊在上縫赤白脈上是，針三鍉。

舌下俠舌兩邊針鍉。

頰裏從口吻邊入往對頰裏去口一寸鍉。

上腭裏正當人中及脣針三分鍉。

巨闕　上管

右二穴並七壯，狂言浪走者灸之差。

寅門從鼻頭直入髮際，度取通繩分爲三斷，繩取一分，入髮際當繩頭鍉。

鍉字未詳，不敢刊正。

脊中椎上七壯。

屈手大指節理各七壯。

中管　大陵　勞宮　三里　然谷　大谿

右八穴皆主黄疸。

論曰：黄疸之爲病，若不急救，多致於死，所以具述古今湯藥灸鍉方法，按據此無不差也。有人患之，皆昏昧不識好惡，與茵蔯湯一劑不解，亦有惺惺如常，身形似金色，再服亦然，隔兩日一劑，其黄不變，於後與灸諸穴乃差。瘡上皆黄水出，然此大慎麪、肉、醋、魚、蒜、韭、熱食，犯之即死。

《外臺秘要·諸黄方一十三首》《病源》：黄病者，一身盡疼，發熱，面色洞黄，七八日後，結熱在裏，有血當下，去之如豘肝狀，其人小腹滿急。若其人眼睛澀疼，鼻骨疼，兩膊及項強，腰背急，則是患黄。大便澀，但令得小便快，則不慮死。不用，大便多，多則心腹脹，不好。此由寒濕在表，則熱畜於脾胃，腠理不開，瘀熱與宿穀相搏，鬱蒸不得消，則大、小便不通，故身體面目皆變黄色。凡黄候，其寸口近掌無脈，口鼻氣冷，並不可療之，必死。

仲景《傷寒論》：諸黄，豬膏髮煎主之。方：

豬膏八兩　亂髮大如雞子一枚

右二味，內髮膏中煎之，髮消盡研，絞去膏細滓，分二服，病從小便去也。

《肘后備急》文仲、《千金》古今錄驗《深師》、《范汪》同。云：太醫校尉史脫家婢再病，胃中乾糞下，便差，神驗。

《刪繁》：療天行毒熱，通貫藏腑，沈鼓骨髓之間，或爲黄疸、黑疸、赤疸、白疸、穀疸、馬黄等疾，喘息須曳而絶。瓜蒂散方：

瓜蒂二七枚　赤小豆三七枚　秋米二七粒

右三味，擣篩爲散，取如大豆粒，吹於兩鼻之中，甚良。不差，間日復服之。《千金》《範汪》《集驗》同。

又方：

瓜蒂二七枚

右一味，以水一升，煮。取五合，作一服

又方：

監一升

右一味，紙裹漬濕，燒之取通赤，内三升水中，攪令調，手巾漉度爲一服。已前二方服訖，並吐出黄汁。

崔氏療黄，貧家無藥者，可依此方：

取柳枝三大升，以水一斗，煮。取濃汁，搦半升，一服令盡。

又，療黄兼主心腹方：

蔓菁子一大合揀令淨

右一味，擣碎，熟研，以水一升，更和研，濾取汁，可得一大盞，頓服之。少頃自當轉利，或亦自吐，腹中便寬，亦或得汗，便愈。《備急》文仲、《深師》同。並出第一卷中。

《延年・秘錄》：療黄，瓜蒂湯方：

瓜蒂一兩　赤小豆四十九枚　丁香二七枚

右三味，擣末，以水一升，煮。取四合，澄清，分爲兩度，滴入兩鼻中。

急黄方六首。

《病源》：脾胃有熱，穀氣鬱蒸，因爲熱毒所加，故卒然發黄，心滿氣喘，命在頃刻，故云急黄也。有得病即身體、面、目發黄者，有初不知是黄，死後乃身、面黄者。其候，得病，但發熱心戰者，是急黄也。

《廣濟》：療急黄，身如金色。瓜蒂散方：

赤小豆二七枚　丁香二七枚　黍米二七枚　瓜蒂二七枚　麝香　薰陸香等分別研青布二方寸燒爲灰

右七味，擣、篩爲散，飲服一錢匕，則下黄水，其黄則定。忌生冷、熱麵、粘食、陳臭等。方止三味出第一卷中。

《必效》：療急黄疸，内等黄，大黄湯方：

大黄三兩切　芒消二兩

右二味，以水二升，生漬大黄一宿，平旦絞汁一升半，内芒消，攪服，須臾當快利，差。出第一卷中。

《延年秘錄》：療急黄，心下堅硬，渴欲得水喫，氣息喘麤，眼黄，但有一候相當，即須宜服此瓜蒂散，吐則差。方：

瓜蒂二小合　赤小豆二合

右二味，擣、篩爲散，年大人煖漿水五小合和散一服，滿一方寸匕，一炊久，當吐。不吐，更服五分匕，水亦減之。若輕病，直吹鼻中，兩黑豆粒大，亦得，當鼻中黄水出，即歇。并宜灸心厭骨下一寸，名巨闕，灸五七炷以來，初，小斥炷，在後漸大，仍不得大如梧子。

吐訖及灸了計即渴，仍服麥門多飲子。方：

麥門冬四兩去心　栝樓三兩　竹葉一升　茯苓四兩　升麻二兩　生蘆根一升　甘草一兩炙

右七味，切，以水七升，煎。取二升五合，絞去滓，分溫三服，服別相去如人行八九里久，服此飲，渴即止。出第十卷中。

《千金》：療急黄，熱氣骨蒸，兩目赤脈，地黄汁湯方：

生地黄汁八合　大黄六分末　芒消一兩

右三味合和，一服五合，日二服，以利爲度。

《近效》：療急黄方：

取蔓菁子油一盞，頓服之。臨時無油，則以蔓菁子擣取汁，水和之喫，亦得。候顔色黄，或精神急則是此病。癊黄方三首。

《病源》：陽氣伏，陰氣盛，熱毒加之，故但身面色黄，頭痛而不發熱，名爲癊黄也。

《廣濟》：療癊黄，身面眼俱黄，小便如豉汁色，茵陳散方：

茵陳四兩　白鮮皮三分　栝樓四分　黄芩三分　梔子四分　芍藥三分　青木香三分　柴胡三分　枳實三分炙　黄連三分　柴雪八分　土瓜根三分　大青三分　大黄十分

右十四味，擣篩，爲散，煮茅根飲，待冷。平旦空腹，以茅根飲服五錢

七。一服少讓，當一兩行，微利。利後煮稀葱豉粥食之。利多，以意漸減，常取微洩，利通一兩行爲度，差止。忌豬肉、冷水、魚蒜、粘膩及諸熱食。出第一卷中。

《必效》：療癊黃，眼睛，黃汗染衣，涕唾黃方：

好黃蒸二大升

右一味，每夜以水二大升浸，煆煖令熱，勿令沸銅器中。平旦絞取汁半升飲之，餘汁須臾則飲，冬日微煖服，夏冷飲，每夜則浸，依前服之亦得。每夜小便中浸白帛片，取色退爲驗。兩方並極效，忌麵、羊肉、豬、魚。

又療癊黃，汗染衣，涕唾黃者方：

取蔓菁子擣細末，平旦以井花水和一大匙服之，日再，漸加至兩匙，以知爲度。每夜小便裏浸少許帛，各書記日，色漸退白，則差，不過服五升以來必差。季潤州傳，極效。《備急》、《肘後》、張文仲、《深師》同。

黃疸小便不利及腹滿喘方二首。

仲景《傷寒論》：黃家腹滿，小便不利而赤，身汗出者，表和裏實也，宜下之，大黃黃蘗皮梔子消石湯方：

大黃四分　黃蘗四兩　梔子十五枚　消石四兩

右四味切，以水六升，煮三物得二升半，云滓，內消石更煎取一升，先食頓服盡。《小品》、《千金翼》、《深師》、《范汪》並同。

又黃疸小便色不變，欲自利，腹滿而喘者，不可除其熱，熱除必噦。噦者，小半夏湯主之方：

半夏五兩炮　生薑八兩

右二味，以水六升，煮取一升半，去滓，分溫三服。忌羊肉、餳。《范汪》同。

許仁則療諸黃方七首。

許仁則：療急黃病。此病始得，與前天行病不多異，五六日，但加身體黃，甚者洟、音夷，鼻液也，下同。淚、汗、唾、小便如蘗色，眼白睛正黃，其更重狀，與天行病候最重者無別。如至此困，自須依前救天行最重半夏等分十味湯救之。若未至是者，宜依後法。急黃狀始得，大類天行病，經三兩日，宜合麻黃等五味湯服之，發汗以洩黃勢方：

麻黃三兩去節　乾葛五兩　石膏八兩　生薑六兩　茵陳二兩

右藥切，以水八升，煮取二升七合，去滓，分溫三服，服相去十里久。服訖當欲汗，則覆被微取汗以散之。

又依前麻黃等五味湯，服之取汗，汗出後未歇，經三五日，又合梔子等五味湯以取利方：

梔子二十枚　柴胡三兩　黃芩三兩　茵陳三兩　芒消六兩

右藥切，以水八升，煮四味，取二升六合，去滓，內芒消攪令消。分溫三服，如人行十里久，更服之效。

又依前梔子等五味湯，服之取利，利後病勢不歇，經六七日，又合秦艽牛乳二味湯服之方：

秦艽六兩　牛乳二升

右藥切，秦艽以牛乳煮之，可三分減一，去滓，帶煖頓服令盡，極驗。文仲《必效》同。西域法也。

又依前秦艽等二味湯藥服後，不覺病退，漸加困篤，勢如前天行最重狀，則不可更服諸冷物。冷物在心唯是痞，速宜同前天行用半夏等十味湯以救之，亦可合瓜蒂等三味散吹鼻孔中，并與之服方：

瓜蒂七枚　丁香七枚　赤小豆七枚

右藥擣篩末，取如大豆，分吹兩鼻孔中。須臾當出黃水，正如煮蘗汁，及出黃蟲。亦可以新汲水和一方寸匕，與患人服，或利或吐，吐利所出，亦如煮黃蘗汁。天行用此療，亦與崔氏同。

又論云：此病俗間亦有單煮瓜蒂汁灌鼻孔中者，亦有單服生麻油者。

又療黃疸病，此病與前急黃不同，自外狀與平常無別，但舉體正黃，甚者眼色如蘗，涕涎，洟小便，及汗，悉如蘗汁，食消多於尋常，稍覺瘦悴乏力，此病不甚殺人，亦有經年累歲不療而差者。此由飲酒多，亦是積虛熱所致。黃疸初得，稍覺心中煩熱，滿身黃色，眼白，睛黃。覺如此者，宜合白鮮皮等七味湯以洩之，黃連十味丸以壓之：

白鮮皮三兩　乾葛五兩　黃芩三兩　鬱金三兩　豉五兩　梔子十枚　芒消六兩

右藥切，以水八升，煮取二升半，去滓，內芒消，分溫三服。服相去如人行二十里久，更服此湯當得利。利後將息一二日，則合後黃連等十

味丸服之。

又黃連丸方：

黃連五兩　黃芩五兩　苦參六兩　沙參五兩　乾地黃六兩　乾葛六兩　梔子人三兩　麥門冬一升去心　地骨白皮五兩　茯苓五兩

右十味擣篩爲末，蜜和爲丸，以米飲下，初服十丸，日三服，稍稍加至三十丸，如梧子大。黃疸亦有單服豬脂得差者。忌豬肉、冷水、大酢、蕪荑等物。吳昇同。

《聖惠方·治時氣發黃諸方》 夫時氣病者，因濕毒氣盛，蓄於脾胃，有熱則新穀鬱蒸，不能消化，大小便結澀，故令身面變黃，或如橘色，或如桃枝色也。

治時氣壯熱，腹滿，心下硬，不能食，發黃，宜服秦艽散方：

秦艽去苗　柴胡去苗　芎藭　桔梗去蘆頭　葛根　黃芩　甘草炙微赤剉　川大黃剉碎微炒　桑根白皮以上各一兩

右件藥，細剉和勻。每服半兩，以水一大盞，煎至五分，去滓，不計時候，溫服。

治時氣五六日，壯熱，骨節煩疼連心，兩肋氣脹急，硬痛，不能食，變爲黃，宜服柴胡散方：

柴胡去苗　枳實麩炒令微黃　栝蔞根　黃芩　梔子仁　茵陳　龍膽去蘆頭　川大黃剉碎微炒，各一兩　甘草半兩，炙微赤，剉

右件藥，擣篩爲散。每服五錢，以水一大盞，煎至五分，去滓，不計時候，溫服。

治時氣三日外，若忽覺心滿，堅硬，腳手心熱，則變爲黃，不療殺人，宜服梔子散方：

梔子仁　紫草　白鮮皮　黃芩　秦艽去苗　各一兩　甘草半兩炙微赤剉

右件藥，擣篩爲散。每服五錢，以水一大盞，煎五分，去滓，不計時候，溫服。

治時氣熱毒不解，心胸躁悶，變爲黃，宜服茵陳圓方：

茵陳一兩　川大黃二兩剉碎微炒　豉一合　梔子仁一兩　鼈甲一兩塗醋炙令黃去裙襴　川芒消二兩　杏仁一兩湯浸去皮尖雙仁麩炒微黃

右件藥，擣羅爲末，鍊蜜和圓，如梧桐子大。每服不計時候。以竹葉湯下三十圓，以利爲度。

治時氣偏身發黃，心膈煩熱，宜服大黃圓方：

川大黃剉碎微炒　黃連去鬚　黃芩　黃蘗剉　麴衣　梔子仁以上各一兩

右件藥，擣羅爲末，鍊蜜和圓，如梧桐子大。不計時候，以溫水下三十圓。

治時氣發黃，宜服此方：

甜葶藶二兩，隔紙炒令紫色　川大黃二兩，剉碎，微炒

右件藥，擣羅爲末，鍊蜜和圓，如梧桐子大。每服不計時候，以溫水下二十圓，以利爲度。

又方：

右以生小麥苗擣絞取汁，每服一小盞，日三四服，即愈。

《聖惠方·治熱病發黃諸方》 夫熱病發黃，一身面目俱黃，遍體疼痛，心煩壯熱，小腹脹滿，眼睛赤澀，肩項疼強，腰背拘急，此由寒氣在外，則熱蓄於脾胃，腠理不開，瘀熱在內，宿穀鬱蒸，不得消化，則大小便不通，故身體面目皆變黃色。凡發黃，其寸口近掌無脈，口鼻氣冷，并不可療，必死之候也。

治熱病，黃疸熱渴，及患酒勞，胸滿氣促，皮膚漸黃如金色，宜服犀角散方：

犀角屑一兩　葛根三分剉　通草一兩　知母三分　人參一兩，去蘆頭　柴胡一兩，去苗　藍葉三分　桔梗三分去蘆頭　桑根白皮三分剉　赤茯苓三分　秦艽三分，去苗

右件藥，擣篩爲散。每服四錢，以水一中盞，煎至五分，去滓，入竹瀝一合，攪令勻，不計時候，溫服。

治熱病黃疸，目黃如金，小便如血，心煩躁悶，口苦頭痛，宜服茵陳散方：

茵陳三分　木通一兩，剉　梔子仁三分　甘草半兩，炙微赤，剉　栝蔞根一兩　麥門冬一兩半，去心　柴胡一兩，去苗　秦艽一兩，去苗

右件藥，擣篩爲散。每服五錢，以水一大盞，入竹葉三七片，煎至五分，去滓，不計時候，溫服。

治熱病黃疸，熱渴，額上汗出，手足熱，小便赤澀，宜服龍膽散方：

龍膽一兩，去蘆頭　川升麻半兩　麥門冬三分，去心　犀角屑一兩　甘草半兩，炙微赤剉　梔子仁半兩

右件藥，擣羅爲散。每服五錢，以水一大盞，入生姜半分。煎至五分，去滓。入生地黄汁一合，更煎一兩沸。不計時候，溫服。

治熱病，面目俱黄，心腹堅滿，氣急，精神恍惚，語多倒錯，宜服麥門冬散方：

麥門冬一兩半，去心焙　茵陳一兩　梔子仁半兩　川升麻半兩　黄芩半兩　川大黄半兩，剉碎微炒　大青半兩　川芒消一兩

右件藥，擣粗羅爲散。每服四錢，以水一中盞，煎至六分，去滓，不計時候，溫服。

治黄疸，遍身面目悉黄，宜服黄連散方：

黄連一兩去鬚　大青一兩　梔子仁一兩　茵陳一兩　柴胡一兩去苗　地骨皮一兩　黄芩一兩　川芒消一兩　川大黄二兩，剉碎微炒　甘草一兩，炙微赤剉

右件藥，擣粗羅爲散。每服四錢，以水一中盞，煎至六分，去滓。不計時候，溫服。

治黄疸，通身幷黄，宜服茵陳散方：

茵陳二兩　栝蔞根二兩　川升麻二兩　龍膽二兩，去蘆頭　寒水石三兩　甘草一兩，炙微剉

右件藥，擣粗羅爲散。每服五錢，以水一大盞，煎至五分，去滓，入生地黄汁半合，更煎一沸，不計時候，溫服。

治心黄熱毒攻舌，急眼黄，宜服犀角飲子方：

犀角屑半兩　茵陳三分　黄芩半兩　梔子仁半兩　川升麻半兩　甜竹葉一握　川大黄三分，剉碎微炒　川芒消三分　甘草三分，炙微赤剉

右件藥，細剉，拌令勻。每服半兩，以水一大盞，煎至五分，去滓，不計時候，溫服。

治遍身黄如橘色，心脇滿急，宜服梔子仁散方：

梔子仁一兩　黄芩一兩　柴胡一兩，去苗　川升麻一兩　龍膽一兩，去蘆頭　川大黄一兩，剉碎微炒　栝蔞一枚乾者　川芒消一二兩　甘草半兩炙微赤剉

右件藥，擣粗羅爲散。每服四錢，以水一中盞，入葱白兩莖，煎至六分，去滓，不計時候，溫服。

治熱病多有内瘀，即成黄疸。若用瓜蔞散吹鼻中，令黄汁出後，多差。忽然振寒，便發黄，皮膚如黄塵出，小便赤少，大便時閉，氣力有異，食飲不妨，餘熱不除，久黄者，宜服苦參散方：

苦參半兩剉　黄連半兩去鬚　甜葶藶半兩隔紙炒令紫色　瓜蒂一分　黄芩半兩　黄蘗一分，剉　川大黄半分，剉碎微炒

右件藥，擣細羅爲散。每服，以粥飲調下二錢，不計時候服。

治熱病發黄病，宜服茵陳圓方：

茵陳半兩　恆山一分　梔子仁一兩　鼈甲一兩，塗醋炙令微黄，去裙襴　川樸消一兩　川大黄一兩，剉碎微炒　木香一兩　犀角屑一兩　川升麻半兩　巴豆一分，去皮心，研，紙裹壓去油　杏仁一兩，湯浸去皮尖，雙仁麩炒微黄，別研如膏

右件藥，擣羅爲末，入杏仁巴豆，同研令勻，鍊蜜和擣三二百杵，圓如梧桐子大。每服，空心煎烏梅湯下三圓，如人行十里，或利或汗或吐爲效。如未應，即再服三圓。

治熱病諸黄，豬膏髮煎方：

豬膏八兩　亂髮如鷄子大二枚

右安豬膏等於鐺中，煎令髮消盡，研絞去滓，不計時候，分爲四服，如人行五里，再服。服盡，則病從小便出。

治熱病毒熱，通貫臟腑，深入骨髓之間，或爲黄疸，黑疸，赤疸，白疸，穀疸，馬黄等疾，喘急須臾不絶，瓜蒂散方：

瓜蒂二七枚　赤小豆二七枚，炒熟　秫米二七枚

右件藥，擣細羅爲散。取如大豆粒，吹於鼻中，當有黄水出，爲效。

又方：

右瓜蒂二七枚，擣碎，以水一中盞，煎至五分，去滓，溫服。

《全生指迷方・疸病》　論曰：黄疸之病，皆屬於脾，脾屬上而色黄，惡濕，濕勝則上氣不行而鬱，故發則眞色見。蓋黄疸本得之濕，瘀熱在裏，濕熱相搏，身必發黄。若先有留熱，而後爲濕氣所加，則熱多而濕少，治之先導其熱。若先爲濕氣所乘，而後有熱，則濕多而熱少，治之先去其濕，去其濕，則熱從而去。亦有因冷痞結，陰加於陽，上下氣不通，而脾氣不行，則陰氣鬱而生濕，其狀胸中痞，嘔逆，時惡寒，當先除痞，利其小便，則濕自去，脈洪大，大便利加渴者死。脈微小，小便不利，不渴則生。若病人一身悉黄，四肢微腫，胸滿不得卧，汗出如黄蘗汁，此由大汗出，卒入水中所致，苦酒湯主之。

苦酒湯：

黄耆五兩　芍藥　桂心取心，各三兩

右爲散。每服五錢，水二盞半，苦灑半盞，同煎至一盞，去滓溫服。

若因他病未除，忽然一身面目悉黄如橘，瘀熱在裏也，或因大熱以冷水洗之，濕熱相搏，薰蒸肌肉，謂之黄疸，蘗皮湯主之，茵陳五苓散主之。

蘗皮湯：

黄蘗　黄連　黄芩各等分

右爲散。每服五錢，水二盞，煎至一盞，去滓溫服。

茵陳五苓散：

茵陳一兩　豬苓　茯苓　白术炒，各十八銖　澤瀉兩半　桂心半兩

右爲散。每服五錢，水一盞半，煎至一盞，去滓溫服。

若心下懊痛，足膝脛滿，小便黄，面發赤斑，由大醉當風入水，濕加於熱，内蒸脾氣，謂之酒疸。治屬飲家，茯苓半夏湯主之：

茯苓半夏湯：

茯苓四兩　半夏二錢半，湯洗七遍　旋覆花三錢　甘遂剉末，炒，一錢

右㕮咀，水二盞，煎至一盞，去滓，將甘遂末分二服，用藥汁半盞調服，以利爲度。

《醫學入門・雜病分類・濕類》　黄疸

黄疸須知有濕干，

發黄譬如盦曲，五疸同歸濕熱。蓋濕熱熏蒸血熱，土色上行面目，延及爪甲身體俱黄，黄即疸也。干黄熱勝，色黄而明，大便燥結；　濕黄濕勝，色黄而晦，大便潤利。又濕病與黄病相似，但濕病在表，一身盡痛；　黄病在里，一身不痛

虚勞口淡腳軟弱，

内虚發黄，口淡怔忡，耳鳴腳軟，微寒發熱，白濁。氣虚，四君子湯；　血虚，四物湯合四苓散加茵陳、麥門冬；　氣血俱虚，人參養榮湯、八味丸。如飲食、勞役失節，中寒生黄者，黄芪建中湯、理中湯。食積者，二陳湯加砂仁。

外感瘀血詳傷寒。

凡時行感冒及伏暑解毒未盡，蓄熱在内及宿食未消，皆能發黄。大要，時疫瘧痢發黄，瘴疸丸。風證，色黄帶青，小柴胡湯加茵陳、青皮、枳實，無汗者用麻黄三錢，酒煎溫服以汗之；　暑濕證，色黄帶赤，五苓散加茵陳最妙。瘀血發黄，喜狂喜忘，便黑，詳傷寒。

治分表里滲爲妙，

治疸表證，小柴胡湯微汗之；　表少里多者，茵陳五苓散滲之；　半表里者，梔子柏皮湯、茵陳三物湯、一清飲子和之；　里急者，茵陳湯下之，就中尤以滲利爲妙，通用五苓散爲主。濕多倍茵陳，食積加三棱、莪術、砂仁、神曲，熱加芩、連、草龍膽，小便不利加山梔，胃弱合平胃散，去厚朴，加茵陳、黄連、山梔、防己、枳實。

溫中兼補腎與肝。

疸屬脾胃，不可驟用涼藥傷胃。輕則嘔噦，重則喘滿。又酒疸下之，則成黑疸，不渴便利者，俱宜六君子湯加茵陳、蒼术、山藥以溫中。甚者，小溫中丸、大溫中丸、退黄丸。若虚損，猶宜滋補肝腎，眞陽之精一升，而邪火自斂。若必用茵陳強利小便，枯竭肝津腎水，則疸病幸痊，而雀目腫脹又作，慎之！

渴多喘滿治之難。

凡疸，以十八日爲期，十日以外，入腹喘滿渴多，面黑者死。要知疸兼雜證最多，脾胃稍實，更斷厚味可治。酒色傷，恣口腹者難。

汗溺俱黄身體腫，

汗出染衣亦黄，身腫者，曰黄汗。因陽明表熱多汗，帶汗入水，宜桂枝苦酒湯、芪陳湯。小溺，面目、牙齒、肢體如金，曰黄疸。因暴熱用冷水洗浴，熱留胃中，故食已善饑，安卧懶動，宜茵陳三物湯加木通、瓜蔞仁、石膏，或單桃根煎湯服之。

頭眩懊憹發赤斑。

食已頭眩腹脹，曰谷疸。因胃熱大饑過食，停滯胸膈，宜小柴胡湯加谷芽、枳實、山梔，或谷疸丸、紅丸子。傷冷食，肢厥者，四逆湯加茵陳。心胸懊憹，欲吐不食，腹如水狀，足心熱，脛滿，面發赤斑，眼黄鼻齆，曰酒疸。因大醉當風入水，酒毒留於清道，初起令病人先含水，后以瓜蒂末一字搐鼻，吐出黄水，次服葛術湯，探吐亦可。熱者，小柴胡湯加茵陳、白术、豆豉、干葛、黄連、澤瀉。便閉者，梔豉枳實湯加大黄，或酒蒸黄連丸。如酒后犯

房，瘀熱入心成疸者，妙香散； 痰火入肺成疸，咳嗽見血，喉腥，及婦人血崩，龍腦鷄蘇丸。

甚則額黑小腹滿，

額上黑，微汗，手足心熱，薄暮即發，膀胱小便不利，曰女勞疸。因大熱犯房入水，腎虛從脾氣上行，虛者，四白湯、秦艽飲子、小菟絲子丸； 熱者，古礬硝散、滋腎丸。

陰經嘔吐陽熱寒，

諸疸，發於陰經必嘔，小半夏湯； 發於陽經必有寒熱，小柴胡湯加山梔。

《溫疫論·發黃》 發黃疸是府病，非經病也。

疫邪傳裏，遺熱下焦，小便不利，邪無輸泄，經氣鬱滯，其傳爲疸，身目如金者，宜茵陳湯。

茵陳一錢 山梔二錢 大黃五錢

水薑煎服。

自按： 茵陳爲治疸退黃之專藥，今以病證較之，黃因小便不朝，故用山梔除小腸屈曲之火，瘀熱既除，小便自利。當以發黃爲標，小便不利爲本。及論小便不利，病原不在膀胱，乃係胃家移熱，又當以小便不利爲標，胃實爲本。是以大黃爲專功，山梔次之，茵陳又其次也。設去大黃而服山梔、茵陳，是忘本治標，鮮有效矣。或用茵陳五苓，不惟不能退黃，小便間亦難利。愚按舊論，發黃有從濕熱，有從陰寒者。陰病發黃。確有其證，未可盡從熱至，何得云妄濕熱發黃，尤爲最多，大約如合麯相似。飲入子胃，胃氣薰蒸，則成濕熱，濕熱外蒸，透入肌腠，遂成黃病。燥火焉有發黃之理，此言爲吳君白圭之玷。

《瘟疫明辨·表證·發黃》 時疫發黃有四，一宿食，二畜水，三畜血，四鬱熱。當疫症初轉在表時，胸膈痞悶，目珠黃，面鼻正中黃，宿食壅於胃脘也，於表藥中加山查、神麯、麥芽、萊菔子。傳裏時，小便不利，腹滿而鄉，面目身俱黃，畜水也。四苓散加梔子、茵陳。胸腹有軟痛處，小便自利，大便黑而發黃者，畜血也。桃仁承氣湯。熱在下焦，大小便俱不利而發黃者，鬱熱也。茵陳蒿湯。凡發黃必二便爲辨，二便調，屬上焦； 小便不利，屬水； 小便自利而大便黑潤，屬血； 大小便俱不利，屬熱鬱。乃胃熱移於膀胱，不必利其小便，但當通其大便，是以茵陳湯有專功也。發黃當辨其色，上焦宿食發黃，只在面目，不及周身。畜水發黃，周於身，兼微黑而黯淡。瘀血發黃，亦兼微黑而潤澤。鬱熱發黃，兼赤而鮮明，此即以黃辨黃之法也。

《醫宗金鑑·傷寒心法要訣·發黃》 濕熱發黃頭汗出，小便不利渴陽明。素有寒濕發汗後，黃從陰化太陰經。陽色鮮明陰色暗，太陽血蓄併狂生。表實麻翹赤小豆，茵蔯裏實梔子淸。陰黃茵蔯四逆主，便溏尿秘茵五苓。環口黧黑柔汗死，體若烟熏陽絶徵。

注： 陽明病應徧身有汗，謂之熱越。令頭汗出身，無汗，是熱不得越也。渴而引飲，小便不利，是停水也。熱與濕瘀，從土而化，外薄肌肉，謂之濕熱發黃也。或其人素有寒濕，爲表邪遏鬱，或已成黃，又經發汗，傳入太陰，從陰而化，謂之濕寒發黃也。陽明屬陽，故其色明亮。太陰屬陰，故其色晦暗也。太陽蓄血亦有發黃，多與狂病併生，法當從蓄血治也。表實無汗發黃者，宜麻黃連翹赤小豆湯汗之。裏實不便者，宜茵陳蒿湯下之。無表裏證熱盛者，宜梔子蘗皮湯淸之。陰證發黃者，宜茵蔯四逆湯溫之。若大便溏，小便秘，發黃者，宜茵蔯五苓散利之。環口黧黑柔汗者，陰黃死證也。柔汗，謂冷汗也。身體枯燥如烟熏者，陽黃死證也。

《醫碥·瘟病兼證論》 發黃疫邪傳裏，移熱下焦，小便不利，邪無輪泄，經氣鬱滯而發黃，身目如金，宜茵陳湯。

《溫病朗照·鬱熱發黃》 疫邪傳里，遺熱下焦，小便不利，邪無輸泄，經氣鬱滯，其傳爲疸，身目如金，宜茵陳蒿湯。按： 茵陳爲治疸退黃之專藥。今以病症較之，黃因小便不利，故用山梔，除小腸屈曲之火。瘀熱既除，小便自利，當以發黃爲標，小便不利爲本。及論小便不利，病原不在膀胱，乃系胃家遺熱。又當以小便不利爲標，胃熱爲本，是以大黃爲專功，山梔次之，茵陳又其次也。

茵陳湯：

茵陳一錢 山梔二錢 大黃五錢

水、姜煎服。

《羅氏會約醫鏡·瘟疫·論瘟疫發黃》 疫邪傳里，胃氣熏蒸，則成濕熱。透於肌腠，遂成黃病。由小便不利，邪無輸泄也。

《增補評註溫病條辨·中焦篇·風溫溫熱溫疫溫毒冬溫》 陽明溫病，不甚渴，腹不滿，無汗，小便不利，心中懊憹者，必發黃。黃者梔子柏皮湯

主之。

受邪太重，邪熱與胃陽相搏，不得發越，無汗不能自通，熱必發黃矣。霖按：傷寒陽明篇，發黃濕熱鬱於氣分者，茵陳蒿湯，濕熱不鬱於裏，而反越於外者，梔子蘗皮湯，熱畜於內，迫其濕氣蒸於外者，麻黃連軺赤小豆湯。若夫溫熱時疫之黃，發有三十六證，其方法載在《聖濟總錄中》，可按法施治也。因與陰陽諸黃癉不同，亦較傷寒發黃有異，粗工多不識，無怪鞠通知有傷寒發黃治法，而不知溫熱發黃治法也。方論：此濕淫於內，以苦燥之，熱淫於內，佐以甘苦法也。梔子淸肌表，解五黃，又治內煩。黃柏瀉膀胱，療肌膚間熱。甘草協和內外，三者其色皆黃，以黃退黃，同氣相求也。按又可但有茵陳大黃湯，而無梔子柏皮湯，溫熱發黃，豈皆可下者哉。

陽明溫病，無汗，或但頭汗出，身無汗，渴欲飲水，腹滿舌燥黃，小便不利者，必發黃。茵陳蒿湯主之。

此與上條異者，在口渴腹滿耳，上條口不甚渴，腹不滿，胃不甚實，故不可下。此則胃家已實，而黃不得退，熱不得越，無出表之理，故從事於下趨大小便也。

方論：此純苦急趨之方也。發黃外閉也，腹滿內閉也，內外皆閉，其勢不可緩，苦性最急，故以純苦急趨下焦也。黃因熱結，瀉熱者必瀉小陽，小陽丙火，非苦不通。勝火者莫如水，茵陳得水之精；開鬱莫如發陳，茵陳生發最速，高出衆草，主治熱結黃疸，故以之爲君。梔子通水源而利三焦，大黃除實熱而減腹滿，故以之爲佐也。

《溫證指歸・發黃》 溫證發黃，乃邪熱侵犯肝膽，非溼熱鬱蒸陽明可比，脈必弦數，口必苦，心必煩，脅必脹，一身盡黃，兩目如金，小便如血，夜卧不安，舌尖紅赤，茵陳蒿湯。倍大黃爲專主，或增損小柴胡。合溫膽、導赤，皆可選用。兼嘔者，橘皮竹茹湯。加茵陳、枇杷葉。如瘀血發黃，面色不榮，必多晦滯，如烟熏狀，小便自利，茵陳蒿湯。加桃仁、歸尾、殭蟬、丹皮、梔、滑之類，破瘀化熱爲主。如兼溼熱，色亦黃，多暗垢，舌白不渴，小便不利，以此爲辨，茵陳五苓散，或益元散。加蒼朮、白蔻之類，甚者理中湯，加附子。如胸悶脅脹，兼憎寒作熱，脈或弦長滑大，胎雖白，必兼紅點，達原飲加茵陳、梔、滑之類主之。

至於女勞黃、酒黃，不在此例。

《溫熱經緯・余師愚疫病論・疫證條辨》 淫熱熏蒸，溼濁壅遏，則周身發黃。宜本方增石膏、梔子、加萌陳、滑石、豬、苓、澤瀉、木通。

雄按：此證亦有宜下者。

《醫醇賸義・陽黃》 面目發黃，口燥而渴，小溲赤澀，胃火熾盛，濕熱熏蒸，是爲陽黃，導黃湯主之。

《醫醇賸義・陰黃》 面目發黃，身冷不渴，小便微黃而利，此爲陰黃，茵陳朮附湯主之。

《醫醇賸義・穀癉》 穀癉者，脾胃不和，食穀則眩，穀氣不消，胃中濁氣下流，小便不通，寒熱入於膀胱，身體盡黃，名曰穀癉，和中茵陳湯主之。

《醫醇賸義・女勞癉》 女勞癉者，膀胱急，小腹滿，身盡黃，額上黑，足下熱，大便黑而時溏，此因血瘀不行，積於膀胱少腹，故仲景用硝石礬石散，峻攻其瘀，自極精當。但今人之體質，遠不逮古人，若復峻攻，更傷元氣，擬通利下焦，兼去瘀之法，桃花化濁湯主之。

《醫醇賸義・黃瘟・酒癉》 酒癉者，平日嗜飲，濕火熏蒸，面目發黃，黃甚則黑，心中嘈雜，雖食甘芳，如啖酸辣，小便赤澀，茵陳玉露飲主之。茵陳玉露飲。

《溫熱逢源・附註仲景兼感濕溫證治各條》 濕家之爲病，一身盡疼，發熱，身色如熏黃。

倪仲之曰：此濕家爲病之總綱也。前條濕在關節而疼，故曰痺。此則一身盡疼，而表有熱，故成氏謂之在經。熏黃與橘子黃，同是濕熱，彼以熱勝者黃而明，此以濕勝者黃而晦，宜茵陳五苓散。王海藏以熏黃爲陰黃，蓋既濕勝，則次傳寒中，小便自利者有之宜朮附陽。

沈尧封曰：丹溪云：如造麴然濕熱鬱久則發黃也。

王夢隱曰：濕熱發黃，名曰黃癉，皆是暴病，故仲景以十八日爲期。其餘所因甚多：有穀疸，酒疸，女勞疸，黃疸，黃汗，及冷汗便溏氣虛之陰黃，身面浮腫、睛白能餐、勞倦之弱黃，神志不足。猝然恐嚇、膽氣外泄之驚黃，肝木橫肆、胃傷殘、土敗而黃色外越之痿黃。皆與暴病不同，不可概爲之濕熱病。【略】

傷寒瘀熱在裏，身必發黃，麻黃連軺赤小豆湯主之。

章虛谷曰：表邪未解，濕熱內瘀則發黃，用麻黃解表，連軺赤豆利肺氣以清濕熱。此以邪在經絡，故從表解之。

王夢隱曰：夏月濕熱發黃，表有風寒者，余用本方，以香薷易麻黃輒效。

傷寒身黃發熱者，梔子蘗皮湯主之。

尤在涇曰：此熱瘀而未實之證。熱瘀故身黃，熱未實故發熱而腹不滿。梔子撤熱於上，蘗皮清熱於下，而中未實者，故用甘草以和之。

沈堯封曰：梔蘗湯清熱利水，治濕熱之主方也。程扶生以麻黃小豆湯爲主方，不知麻黃小豆乃發汗之方，惟外兼風寒者宜之；梔蘗湯爲利小便之方，乃治濕熱之正法。觀論中但當利其小便句，則此理自明矣。

傷寒七八日，身黃如橘子色，小便不利，腹微滿者，茵陳蒿湯主之。

尤在涇曰：此熱結在裏之證也。黃如橘子色者，色黃而明爲熱黃也。若陰黃則色黃而晦矣。熱結在裏，則小便不利而腹滿，故宜茵陳湯，以下熱通瘀爲主也。

陽明病，發熱汗出，爲熱越不能發黃也。但頭汗出，身無汗，劑頸而還，小便不利，渴飲水漿者，此爲瘀熱在裏，身必發黃，茵陳蒿湯主之。

尤在涇曰：熱越，熱隨汗而外越也。熱越則邪不蓄而散，安能發黃？若但頭汗出，劑頸而還，則熱不外達；小便不利，則熱不下泄；而又渴飲水漿，則熱之蓄於內者方熾，而濕之引於外者無已；濕與熱合。瘀鬱不解，則必蒸發爲黃矣。茵陳蒿湯苦寒通泄，使病從小便出也。

陽明病，面合赤色，不可攻之；攻之必發熱色黃，小便不利也。

沈堯封曰：此寒邪外束之濕溫證也，麻黃小豆湯是其主方。除卻惡寒，即是梔蘗湯證。更加腹微滿，即是茵陳蒿證。

章虛谷曰：面赤者熱鬱在經也，當以汗解。若攻之，傷其府氣，則經熱反從內走，與水穀之氣鬱蒸發黃，三焦閉塞，小便不利也。

陽明病，無汗，小便不利，心中懊憹者，身必發黃。

章虛谷曰：此條雖未誤下，而無汗小便不利，其邪熱閉結而無出路，與胃中水液鬱蒸，則必發黃矣。

陽明病被火，額上微汗出，小便不利者，必發黃。

喻嘉言曰：濕停熱鬱而誤火之，則熱邪愈熾，津液上奔，額有微汗，而周身之汗與小便，均不可得矣；發黃之變，安能免乎。

《溫病指南·溫病治法要略》 發黃　濕熱壅遏於中，小便不利，則周身發黃，其黃亮如金者，名陽黃，熱重也；黃暗而滯者，名陰黃，濕重也。陽黃用四苓散加茵陳、梔子、滑石、木通，陰黃用四苓散加官桂、蒼朮、厚朴之類。

《感證輯要·名醫通論》 黃疸有陰陽之分　吳鞠通曰，黃疸《金匱》有辨證三十五條，出治一十二方，先審黃之必發不發，在於小便之利與不利，疸之易治難治，在於口之渴與不渴。再察瘀熱入胃之因，或因外併，或因內發，或因食穀，或因酣酒，或因勞色，有隨經蓄血入水黃汗，上盛者一身盡熱，下鬱者小便爲難。又有表虛裡虛，熱除作噦，火刼致黃，知病有不一之因，故治有不紊之法，於是脈弦脇痛，少陽未罷，仍主以和。渴飲水漿，陽明化燥，急當瀉熱。濕在上以辛散，以風勝濕。在下以苦泄，以淡滲。如狂蓄血，勢所必攻。汗後溺白，自宜投補。酒客多蘊熱，先用清中，加之分利後，必顧其脾陽。女勞有穢濁，始以解毒，繼以滑竅，終當峻補眞陰。表虛者實衛，裏虛者建中。至陰黃一證，寒熱相搏，譬如卑監之土，須暴風日之陽。純陰之病，療以辛熱無疑。方雖不出，法已顯然。奈丹溪云，不必分五疸，總是如盦醬相似，以爲得治黃之扼要。殊不知以之治陽黃，猶嫌其混，以之治陰黃，惡乎可哉。喻嘉言於陰黃一證，竟謂仲景方論亡失，恍若無所循從，惟羅謙甫具有卓識，力辨陰陽，遵仲景寒濕之旨，出茵陳四逆湯之治。間有始因寒濕，病人陽氣尚未十分虛敗，得燥熱藥，陽明轉燥金之化，而爲陽證，即從陽黃例治之。

紀事

《名醫類案·黃疸》 東垣治一人年六十二，素有脾胃虛損病。目疾時作，身面目睛俱黃，小便或黃或白，大便不調，飲食減少，氣短上氣，怠惰嗜臥，四肢不收，至六月中，目疾復作，醫以瀉肝散，下數行而前疾增劇，李謂大黃牽牛，雖除濕熱而不能走經絡，妙。下咽，不入肝經，先入胃中。大黃苦寒，重虛其胃，牽牛其味至辛，味辛者爲金用，尅肝木則可經曰肺病，無多食辛。能瀉氣，重虛肺本，嗽大作，蓋標實不去，本虛愈甚。加之適當暑兩之際，素有黃症之人，所以增劇也。此當於脾胃肺之本臟，瀉外經中之濕熱，製清神益氣

湯主之茯苓，升麻各二分，澤瀉，蒼朮，防風各三分，生薑四分，瀉濕熱而補脾胃此藥能走經，除濕熱而不守，故不瀉本臟，經臟二字妙絶，當熟玩。補肺與脾胃本臟中氣之虛弱，魏之琇按：江瓘氏元本止此，今考東垣《脾胃論》，此方凡分作三段，江或誤認爲三方，故節去下二段耳，爲補刊於後。青皮一分，橘皮，生甘草，白芍藥，白朮各二分，人參五分。此藥皆能守本而不走經，不走經者，不滋經絡中邪，守者，能補臟之元氣，黄蘗一分，麥冬二分，人參二分，五味子三分，琇按：第二段已用人參五分，此段復用人參二分，似悮。然觀後《發明》云：救以生脈散，則配方本意如此，非重出也。江氏或緣此悮認爲三方耳。此藥去時令浮熱濕蒸，右件剉如麻豆大，都作一服，水二盞，煎至一盞，去粗稍熱，空心服。火熾之極金伏之際，而寒水絶體於此時也，故急救以生脈散，除其濕熱。以惡其太甚，肺欲收，心苦緩，皆酸以收之，心火盛，則甘以瀉之，故人參之甘，佐以五味子之酸。孫思邈云：夏月常服五味子以補五臟氣是也，麥門冬之微苦寒，能滋水之源於金之位，而清肅肺氣，又能除火刑金之嗽而歛其痰邪。復微加黄蘗之苦寒，以爲守位，滋水之流，以鎮墜其浮氣，而除兩足之痿弱也。

羅謙甫治兀顔正卿，二月間，因官事勞役，飲食不節，心火乘脾，火生土，火甚亦能侮土。脾氣虛弱，又以恚怒，氣逆傷肝，心下痞滿，四肢困倦，身體痲木，熱傷氣故痲木。次傳身目俱黄，微見青色，顔黑，初起顔黑故可治，色黑，濕也。心神煩亂，怔忡不安，兀兀欲吐，口生惡味，飲食遲化，時下完穀，小便癃閉，面赤黑，濕熱故小便秘。辰巳胃脾間發熱，日暮則止，至四月尤盛。羅診其脈浮而緩，《金匱要畧》云：寸口脈浮爲風，緩爲痹，痹非中風，四肢苦煩，脾色必黄，瘀熱已行，趺陽脈緊爲傷脾，風寒相搏，食穀則眩，穀氣不消，胃中苦濁，濁氣下流，小便不通，陰被其寒，熱流膀胱，身體盡黄，名曰穀疸。穀疸寒熱不食，食則頭眩，心胸不安，小便難，久久發黄，此風寒相搏，穀氣不消，胃中苦濁，小便不通，熱流膀胱所致。以茵陳葉一錢，茯苓五分，梔子仁、蒼朮去皮，炒白朮各三錢，生黄芩六分，黄連，枳實，豬苓去皮，澤瀉，陳皮，漢防己各二分，青皮去白一分，作一服，以長流水三盞，煎至一盞，名曰茯苓梔子茵陳湯。一服減半，二服良愈。《内經》云：熱淫於内，治以鹹寒，佐以苦甘。又濕化干火，熱反勝之，治以苦寒，以苦泄之，以淡滲之，以梔子茵陳苦寒能瀉濕熱而退其黄，故以爲君，《難經》云：苦主心下滿，以黄連枳實苦寒，泄心下痞滿，肺主氣，今熱傷其氣，故身體痲木，以黄芩苦寒瀉火補，氣故以爲臣，二朮苦甘溫，青皮苦辛溫，能除胃中濕熱，泄其壅滯，養其正氣，漢防己苦寒能去十二經惡濕，澤瀉鹹平，茯苓豬苓甘平，導膀胱中濕熱，利小便而去癃閉也。

《未刻本葉氏醫案・才按》 濕熱内鬱發黄，丹溪謂五疸皆由濕熱而成。

茵陳　枳實皮　廣皮　大豆黄卷　穀芽　陳皮　茯苓

《葉案存真類編・濕溫》 溼濁内蒸，瘀熱發黄，三焦壅遏，濁氣迷漫，又非有形質滯，此辛香逐穢宣通，是一定法。日期既多，恐濁閉神昏，另以銀花湯化至寶丹二粒。

綿茵陳　白豆蔻　茯苓皮　厚朴　煨草果　滑石　杏仁　木通　鮮菖蒲根汁

復診：

綿茵陳　厚朴　江枳實　草果仁　細木通　黑山梔　雲茯苓　黄柏

壞死證部

論說

《傷寒總病論・溫病死生候》 有病溫汗出，輒復熱而脈躁疾，不爲汗衰，狂言不能食，病名曰陰陽交，見三死而未見一生。寅申巳亥辰戌丑未年有此證。溫病得病，便短息微悶，神識惺惺，脈尺寸反者死。子午卯酉年有此證。

凡溫病人三二日，身熱脈疾，頭痛，食飲如故，脈直疾，八日死；　四五日頭痛脈疾，喜吐，脈來細，十二日死，此病不療；　八九日脈不疾，身不痛，目不赤，色不變，而反利，脈來牒牒，按不彈手指，時時大，心下硬，十七日死。心下不硬者生。

《傷寒總病論・熱病死生候》 熱病陽進陰退，頭獨汗出，死；　陰進陽退，腰以下至足有汗出，亦死；　陰陽俱進，汗出已，熱如故，亦死；　陰陽俱退，汗出已，寒慄不止，口鼻氣冷，亦死。

熱病所謂併陰者，熱病已得汗，因得泄，是謂併陰，故治；　熱病所謂併

陽者，熱病已得汗，脈尚躁盛，大熱汗出，雖不汗，身和而衄，是謂併陽，故治。
熱病不知痛所在，不能自收，口乾渴熱甚，陰頭有寒者，熱在骨髓，死，不治。
病若譫語妄言，身當有熱，而反四逆，脈沉細者，死。
熱病在腎，令人渴口乾，舌焦黃赤，晝夜引飲不止，腹大而脹，尚不厭飲，目無精光，死，不治。
熱病所謂陽附陰者，腰以下至足熱，腰以上寒，陰氣下爭而還，心腹滿者，死。
熱病所謂陰附陽者，腰以上至頭熱，腰以下寒，陽氣上爭而還，得汗者，生。
熱病得汗，脈減躁，身和面赤，此爲榮未交，待時自已，肝病待甲乙之列。《素問》云：榮未交曰，今且得汗，待時而已。
熱病七八日，脈微小病者，溲血口中乾，一日半死；代脈日死。
熱病七八日，脈不躁不數而喘，後三日有汗。三日不汗，四日死。未曾汗，勿庸刺。
熱病身面發黃，面腫，心熱口乾，舌卷焦黃黑，身麻而臭，伏毒傷肺，中脾者死。
熱病汗不出，出不至足，嘔膽吐血，善驚不得卧，伏毒在膽足少陽者死。
熱病瘈瘲狂言，不得汗，瘈瘲不止，伏毒傷肝，中膽者死。
熱病陰陽交者，熱煩身燥，太陰寸口脈兩衝尚躁盛，是陰陽交，死，得脈靜者生。
熱病得汗，身冷脈欲絶，其人已安靜，但昏沉喜睡，急與四逆輩，令手足溫，不爾，熟寐而卒。

《傷寒瑣言·急下急溫》 熱病目不明，熱不已者，死。目睛不明，腎水已竭，不能照物，則已危矣，須急下之。

《傷寒證脈藥截江綱·論傷寒有證見之必死法》 夫傷寒死證，一一須明，生死不明，將何措手？非惟有幹名節，亦且投藥無用。且赤斑者，五死五生。黑斑者，十死一生。陽證見陰脈者，死。發少陽汗連厥陰血者，厥竭而死。發左右動氣汗者，死。發風濕者，死。發陰陽毒，過六七日死。大發濕家汗，成痓熱而痓者，死。發熱，發少陽汗，譫語者，死。發溫家汗，爲重暍者，死。兩感傷寒者，死。有汗不爲汗衰，爲陰陽交者，死。結胸證悉具，煩躁者，死。狂言不食者，死。發厥肌冷而發躁無時得安者，曰臟厥而死。結胸，舌上生胎，爲臟結者，死。咳逆不止者，死。舌卷囊縮者，死。【略】目亂無神氣，目無精者，死。男子病新瘥，婦人與之交，曰陽易。婦人病新瘥，男子與之交，曰陰易。男子陰腫，小腹痛，婦人裏急連腰股，眼昏，四肢拘急，爲女勞復者，死。

《傷寒全生集·辨熱病例》 凡熱病一二日，瀉利腹滿，熱甚者死。三四日，目昏譫語，熱甚脈小者死。五六日，舌本焦黑，燥渴者死。七八日，衄血、吐血、下血，燥熱脈大者死。八九日，發痓兼昏沉者死。凡熱病脈促、結、伏、沉、小，皆難治。熱不得汗，脈躁急者，亦難治。已得汗而熱反盛，脈躁急者，死也。

《傷寒補天石·傷寒死證》 夫傷寒死證，一一細明。生死不明，將何措手，非惟有干名節，亦且投藥無用。如赤斑者，五死五生。黑斑者，十死一生。陰病見陽脈者生，陽病見陰脈者死。脈陰陽俱盛，大汗出不解者死。脈陰陽俱虛，熱不止者死。脈至乍踈乍數者死。脈至如轉索者死在卽日。譫語妄言，逆冷脈沉細者，一日死。脈絶不至，或久乃至者，立死。少陽發汗連厥陰血者，竭厥而死。發左右動氣汗者死。發風溫汗者死。發陰陽毒汗，過六七日死。大發濕家汗，成痓者死。發少陽汗者死。發濕家汗，中暍者死。兩感傷寒者死。汗之不爲汗衰，爲陰陽交者死。狂言不食者死。發厥肌冷，發燥先時後寧者，曰藏厥而死。結胸證，舌上生胎，爲藏結者死。咳逆不止者死。舌卷囊縮者，少陰吐利，煩躁四逆者死。結胸證，煩躁悉具者死。少陽陽明合病，下利脈長大而弦，名曰負，負者目亂無精氣神，目無光者死。婦人病新差，男子與之交，曰陰易。男子病新差，婦人與之交，曰陽易。男子陰腫，少腹痛，婦人裏痛，連腰股痛，眼昏，四肢拘急，爲女勞復者死。下利本不能食，反能食，曰除中者死。傷寒七八日，大發熱，汗出不止如貫珠，此本氣衰者死。爪甲青爲陽衰者死。循衣摸牀，喘而不休，衛氣絶者死。柔汗冷汗也。發黃脾絶也，死。唇吻反青四肢濈濈然汗出，肝絶也，死環口黧黑，脈絶也，死。陽反獨留，體如烟薰，直視搖頭，心絶也，死。面黑遺尿，腎絶也，死。聲如鼻鼾，汗出髮潤，喘不休者，肺絶也，死。身體如僵，正氣脫也，死。喘而不休，邪氣勝也，死。水漿不下，胃氣絶也，死。形體不仁，營衛不行也，死。

乍靜乍亂者死。頭重視深，天柱骨倒，元氣絕也，死。大便濁氣臭者死。目睛正圓者死。卵縮入腹，脈離經者死。差後小便澀者，有血名內外瘡皆黑黯不出膿者死。少陰下利止，頭眩，時時自冒者死。熱甚踈急，不得汗出，是脈極也，死。舌上黑胎生芒刺，刮不去，易生者死，夏月可治。鼻衄自汗者死。胃寒發呃，丁香、茴香、柿蒂、良薑、薑湯調服，脈不出，加膽汁合生脈散，脈又不出，反暴出者皆死。

《傷寒緒論·總論·熱病》　大抵溫病熱病，皆是熱鬱之氣，故多發於三陽。若發於三陰者，必難治。其脈若沉細，或微弱，或虛大無力，爲脈不應病，必死然發於三陰者，必有所因。或因冷食傷脾，或因慾事傷腎，皆正氣先傷，熱毒乘虛而發。設用甘溫調補，寍不助邪轉熾。若行若寒峻攻，眞元立致消亡，雖長沙河間復起，恐難爲力矣。凡溫病、熱病，榮未交者可治，陰陽交者必死。夫所謂榮未交者，言榮分熱毒之色，未交遍於衛分也。而類經誤釋爲邪猶在衛，未交於榮，其氣不深，意謂熱病之邪，亦如傷寒自表傳裏也。按內經刺熱篇云：太陽之脈，色榮顴骨。榮未交，曰今得汗，待時而已。與厥陰脈爭見者，死期不過三日。其熱病內連腎，少陽之脈，色榮頰前，熱病也。榮未交，曰今且得汗，待時而已。與少陰脈爭見者，死。舊釋殊悖，今特明之。夫太陽之脈，浮脈也。色，赤色也。其證初起，如以採飾，止顴骨一處，不交他處，爲榮未交。熱勢尚淺，脈色相符，是猶可治。大凡溫病熱自內出，經氣先虛，雖發汗，多未得汗。故云今且得汗，待時而已。雖有餘證未退，少需聽其自解，此眞訣也。至於與厥陰脈爭見者，死期不過三日，言熱病大熱煩渴，反見陰脈陰色，色脈皆陰，故爲爭見。爭見赤紫滯晦，傳經勢重，已爲主死。爭見青黑尅賊，十死不救矣。三日死者，以其熱毒復入於裏，三日傳書三陰，陰精內竭，故惡毒之色，發見於外也。太陽厥陰爭見者死，少陽少陰爭見亦死。牽連腎水在內，以少陰爲厥陰，母水勢垂危，源流並竭故也。所謂陰陽交者，言陰陽交互，邪勝正負，毒邪亢盛，反逼正氣爲汗也。按評熱病論云：黃帝問曰，有病溫者汗出撤復熱，而脈躁疾，不爲汗衰，狂言不能食，病名爲何？岐伯對曰：病名陰陽交，交者死也。帝曰：願聞其說。岐伯曰：人所以汗出者，皆生於穀，穀生於精。今邪氣交爭於骨肉而得病者，是邪卻而精勝也，精勝則當能食而不復熱，復熱者邪氣也，汗者精氣也，今汗出徹復熱者，是邪勝也。不能食者，精無俾也。病而留者，其壽可立而傾也且。夫熱病曰：汗出而脈尚躁盛者死。今脈不與汗相應，此不勝其病也。其死明矣。狂言者是失志，失志者死。今見三死，不見一生，雖愈必死也此。叚論溫獨創穀氣之旨。穀氣爲精，精氣勝乃爲汗，身中之至寶也。故藏於精者，春不病溫。病溫皆冬不藏精之故，所以熱毒亢極，腎水傷竭，乃至狂言失志，精脫而死，以此故也。有云二陽搏，其病溫，死不治，不過十日死。二陽者，手足陽明也。雖未入陰，病溫至極，必至不治，稍延不過十日死。較三日死陰之屬，少饒其期耳。再按《靈樞·熱病》云：熱病七日八日，脈微小，病者溲血口中乾，一日半而死。脈代者，一日死熱。病已得汗出，而脈尚躁，喘且復熱喘甚者死。熱病七日八日，脈不躁，躁不散數，後三日中有汗，三日不汗，四日死。熱病不如所痛，耳聾不能自收，口乾，陽熱甚，陰頗有寒者，熱在髓，死不可治。熱病已得汗，而脈尚躁盛，此陰脈之極也，死。其得汗而脈靜者生。熱病脈尚盛躁，而不得汗者，此陽脈之極也，死。脈盛躁得汗，靜者生；汗不出，大顴發赤噦者，死。泄而腹滿甚者死。目不明熱不已者死。老人嬰兒，熱而腹滿者死。汗不出，嘔下血者死。舌本爛，熱不已者死。欬而衄，汗不出，出不至足者死。髓熱者死。熱而痓者死，腰折瘈瘲，齒噤齘也。

《傷寒緒論·總論·死證》　至於不治諸證，亦須胸次了然，臨證始能決斷。如傷寒病熱不退，脈反況細者死。欬逆上氣，脈散者死。三部緊盛，汗出不解者死。陰陽尺寸俱虛，熱不止者死。身熱喘粗，脈躁疾者死。汗後餘熱不解，未可言死，脈如轉索者，其日死。讝語微熱，脈浮大手足溫者生，厥逆脈沉細者死。陽病見陰脈者死。【略】

發陰陽毒，過六七日死。誤汗言亂目眩者死。【略】亡陽讝語，脈短者死。直視讝語，喘滿者死，下利者亦死。吐下不解，循衣摸床，微喘直視，脈濇者死。【略】

發溫濕汗，爲重暍者死。兩感傷寒者死。汗出熱不解而脈躁疾，爲陰陽交者死。陰陽易，熱極躁亂，脈急疾無倫者死。夾陰傷寒，身熱足冷，下虛邪盛不可溫者死。溫熱時行，大發熱，手足下體寒，陽縮，脈沉小虛散者死。溫病遍身紫赤者死。結胸證悉具煩躁者死。結胸脈浮大者，下之死。狂言不能食者死。發厥肌冷而躁，無時得安者死。黑斑如果實黶者死。舌卷囊縮者死。目亂無神氣者死。脈不至不煩而躁者死。下利止而頭眩。時時自冒

者死。下利厥逆脈服湯脈暴出者死。脈不出者亦死。發熱下利厥逆。躁不得卧。厥不止者死。汗出不止者亦死。下利厥冷煩躁無脈灸之不溫反微喘厥不還者死。下利脈反實者死。厥利本不能食。今反能食。爲除中者死。瓜甲青爲陽衰者死。循衣摸牀爲神亂者死。四肢振動。唇吻反青。爲肝絶者死。體如煙薰。直視搖頭。爲心絶者死環口黧黑冷汗發黄爲脾絶者死。汗出如油聲如鼻鼾。爲肺絶者死。卵縮遺尿。狂言目瞑爲腎絶者死。喘而不休爲邪勝者死。水漿不下。爲胃絶者死。形體不仁爲榮衛不行者死。乍靜乍亂。爲命絶者死。已上死證，不可輕投湯劑。若邪熱甚者，靜候氣衰，或有可生之理。正氣衰者，惟與漿飲，庶幾元神將復。經曰：漿粥入胃，泄注止，則虚者活，身利後，則實者活，比其候也。要知傷寒證類百出，貴在治法，先後不誤，則長沙復起，不過如是。余於暇日集諸家之要，參以所歷辨論頗晰，臨證庶無歧謬非，敢云補長沙未逮，聊以抒蒭荛之一得耳。

《溫熱暑疫全書·總論溫熱死脈死證》 周禹載曰：《內經·刺熱》云，太陽之脈之色，榮顴骨，營未交，曰今且得汗，待時而已。與厥陰爭見者，死期不過三日。其熱病內連腎，少陽之脈色，榮頰前，熱病也，營未交，曰今且得汗，待時而已，與少陰脈爭見者，死。太陽之脈色屬赤，初起時其色止榮顴骨一處不交他處，純是赤色，曰今且得汗者，謂邪勢漸從外解，卽餘證未靖，少待而自解，言無害也。至於厥陰爭見者，死不外三日，是爲交已。熱病大熱煩渴汗出，反見厥陰肝經之脈，色爭見赤紫晦滯，已爲主死，况爭青黑之色耶！何者？少陽青色，少陰黑色也。爭見者，命期甚促矣。又《評熱病論》云：帝問曰：有病溫者，汗出輒復熱，而脈躁疾，不爲汗衰，狂言不能食，病名爲何？夫帝既曰：病溫矣。復曰病名爲何者，正欲知病之本於陰陽也。岐伯曰：名陰陽交者死。何也？交則不解也。謂人所以汗出者，生於精氣也。精氣者，穀氣也。邪正交爭而得汗者，是邪退而精氣勝也。精氣勝則能食而不復熱復熱者邪勝，則是汗出不爲汗衰也。不能食者，精無俾也。病而留，其壽可立而傾也。故《熱病》曰：汗出脈尙躁盛者死。脈既不與汗應，此不勝病矣，其死必矣。狂言者是失志。失志者死。今見三死，不見一生，雖愈必死也。此段論溫，獨創穀氣之旨，穀氣爲精，精氣爲汗，故藏精者不病溫，其病溫者，咸不藏精之人也。而有主有死者，藏精，甚与不甚之分也。

二陽搏病溫者死不治。雖未入陰不過十日死。二陽者，手足陽明也。

溫病發於三陰，脈微足冷者難治。

溫病大熱，脈反細小，手足逆冷者死。

溫病初起大熱，目昏譫語，脈小足冷，五六日而脈的躁急，嘔吐昏沉，失血痙搐，舌本焦黑，脈促、結、代、沉、小者皆死。

溫病汗後反熱，脈反盛者死。

溫病誤發汗狂言不能食，脈躁盛者皆不治。已上春溫死證

熱病七八日，脈微小，溲血，口中乾，一日半而死。脈代者一日死。

熱病七八日，脈不躁或躁不散數，後三日有汗，三日不汗，四日死。

熱病已得汗，脈尙躁，喘且復熱，喘甚者死。

熱病不知痛處，耳聾不能自收持。口乾陽熱甚，陰頗有寒者，熱在髓，死不治。

熱病汗不出，大顴發赤，噦者死。

熱病泄甚，而腹愈滿者死。

熱病目不明，熱不已者死。

熱病舌本爛，熱不止者死。

熱病欬而衄，汗出不至足者死。

熱病，熱而痙者死。腰折、瘈瘲、齒噤齘也。已上夏熱死證

《溫證指歸·溫邪壞證紀略》 一、溫邪失治，變生腫脹喘滿者，多死不治。

一、溫邪初起，精神異常者，不治。

一、溫邪萌作，卽身痛神昏，肢逆脈伏，面色晦滯，變生倉猝。

一、溫邪一病口臭噴人，舌黑脈代者死。

一、溫邪初病，腰痛身疼，脈伏神昏，咽燥不語者，乃邪閉之候，死期最速。

一、溫邪失治，久延潮熱羸瘦，有似怯證者不治。

一、溫邪失治，熱久傷陰得能發瘖發疥者生。

《溫病淺説·溫病逆症須知》 經曰：病溫者，汗出輒復熱，而脈躁急不爲汗衰，狂言不能食，名曰陰陽交。交者死也。按交亂也。

帝曰：或喘而死者，或喘而生者，何也？岐伯曰：厥逆連臟則死，連經則生。

《玉脈論要》曰：病溫，虛甚死。陰陽兩虛，故主死。

熱病七日八日，脈微小病者，溲血，口中乾，一日半而死。脈代者一日死。

熱病不知所痛，耳聾，不能自收，口乾，陽熱甚，陰頗有寒者，熱在骨髓，死不可治。

熱病已得汗，而脈尚躁盛，此陰脈之極也，死。其得汗而脈靜者，生。按：汗後脈躁，陰脈之極，乃陰虛之極。

熱病者，脈尚躁盛而不得汗者，此陽脈之極也，死。脈躁盛得汗靜者，生。按：脈躁無汗，陽脈之極，乃陽盛之極。

熱病不可刺者有九：一曰汗不出，大顴發赤，噦者死；噦者呃逆也。噦音月。二曰泄而腹滿者死；三曰目不明，熱不已者死；陰脫者，目盲也。四曰老人嬰兒熱而腹滿者死；五曰汗不出，嘔，下血者死；有聲無物曰嘔。六曰舌爛熱不已者死；乃心腎不交。七曰咳而衄，汗不出，出不至足者死；邪閉肺絡，化源絕矣。八曰髓熱者死；九曰熱而痓者，腰折瘈瘲齒噤齘也。

綜　述

《溫疫論・論輕疫誤治每成痼疾》　凡客邪皆有輕重之分，惟疫邪感受輕者，人所不識，往往誤治而成痼疾。假令患痢，晝夜無度，水穀不進，人皆知其爲利也。其有感之輕者，晝夜雖行四五度，飲食如常，起居如故，人亦知其輕痢，未嘗誤以他病治之者，憑有積滯耳。至於溫疫感之重者，身熱如火，頭疼身痛，胸腹脹滿，胎刺譫語，班黄狂躁，人皆知其危疫也。其有感淺者，微有頭疼身痛，午後稍有潮熱，飲食不甚減，但食後或覺脹滿，或覺惡心，脈微數，如是之疫，最易誤認，即醫家素以傷寒溫疫爲大病，今因證候不顯，多有不覺其爲疫也。且人感疫之際，來而不覺，既感不知，最無憑據。又因所感之氣薄，今發時證不甚，現雖有頭疼身痛，況飲食不絕，力可徒步，又焉得而知其疫也？病人無處追求，每每妄訴病原，醫家不善審察，未免隨情錯認，有如病前適遇小勞，病人不過以此道其根由，醫家不辨是非，便引東垣勞倦傷脾，元氣下陷，乃執甘溫除大熱之句，隨用補中益氣湯，壅補其邪，轉壅轉熱，轉熱轉瘦，轉瘦轉補，多至危殆。或有婦人患此，適逢產後，醫家便認爲陰虛發熱，血氣發痛，遂投四物湯及地黄丸，泥滯其邪，遷延日久，病邪益固，邀徧女科，無出滋養陰血，屢投不效，復更涼血通瘀，不知原邪仍在，積熱自是不除，日漸尪羸，終成廢痿。凡人未免七情勞鬱，醫者不知爲疫，乃引丹溪五火相扇之説，或指爲心火上炎，或指爲肝火衝擊，惟類聚寒涼，異其直折，而反凝注其邪，徒傷胃氣，疫邪不去，瘀熱何清，延至骨立而斃。或有宿病淹纏，適逢微疫未免身痛發熱，醫家同認爲原病加重，仍用前藥加減，有妨于疫，病益加重，至死不覺者，如是種種，難以盡述。

《醫宗金鑑・傷寒心法要訣・難治死證》　傷寒死證陽見陰大，熱不止脈失神，陰毒陽毒六七日，色枯聲敗死多聞。心絶烟熏陽獨留，神昏直視及搖頭。環口黧黑腹滿利，柔汗陰黄脾敗由。肺絶脈浮而無胃，汗出如油喘不休。脣胳反青肢冷汗，舌卷囊縮是肝憂。面黑齒長且枯垢，溲便遺失腎可愁。水漿不入脈代散，呃逆不已命難留。大發風溫而成痓，濕溫重暍促命終。強發少陰動經血，口鼻目出厥竭名。汗後狂言不食熱，脈躁陰陽交死形。厥冷不及七日八日，膚冷而躁暫難寧，此病名之曰藏厥，厥而無脈暴出凶，厥而下利當不食。反能食者名除中。

註病有生死，治有難易。生病不藥可愈，死病雖藥莫救。何則？以陰陽邪正有盛衰也，正盛邪衰則生，陰盛陽衰則死。傷寒陽證，見浮大數動滑之陽脈，則易愈而生，見沉微濇弱弦之陰脈，則難治而死。故陰病見陽脈者生，陽病見陰脈者死也。大熱不止邪盛脈失神正虛，正虛邪盛，故死也。陰毒陽毒，亢極不生化也。色枯聲敗，内外兩奪也，故均主死。形若烟熏，神昏直視搖頭者，此陽邪獨留，攻心而絶也。環口黧黑，腹滿下利不止，柔汗陽黄者，此爲脾絶也。脈但浮無胃，汗出如油，喘息不休者，此爲肺絶也。脣胳反青，四肢冷汗舌，卷囊縮。比爲肝絶也。面黑齒長枯垢，溲便遺失者，此爲腎絶也。水漿不入生，無所賴也。脈代散，真氣衰散也。呃逆無休，元氣不藏也。誤發風溫之汗，因而成痓。誤發濕溫之汗，名曰重暍，皆促人命也。強發少陰汗，動其經血。從口鼻目出，名曰下厥上竭。以上皆死之候也。汗後狂言不食，仍復發熱，不爲汗衰，脈躁疾者，名曰陰陽交，死之形也。厥逆不

四，至七、八日即通，身膚冷而躁，無暫寧時者，名爲藏厥，爲陰邪盛極，眞陽飛越也。凡厥逆而甚者，多無脈，服四逆、白通等湯，脈微續者，眞陽漸復也，脈暴出者，回光反照也。凡厥逆多下利，當不能食，今反能食，名曰除中。中者，胃也。除者，去也，謂胃氣已去，即反能食。亦無補於胃也。故仲景曰：除中者死。凡諸病久不能食，忽然大能食而即死者，亦此類也。

《醫碥・瘟病兼證論》 服承氣湯全不行，或次日方行，或半日仍吐原藥，此因中氣虧，不能運藥也，大凶之兆，宜加生薑、人參，以助胃氣。然有病重劑輕，亦致不行，不在此例。

《傷寒指掌・救逆新法》 古人云：汗多亡陽者，因發汗太過，身之陽氣，隨汗而走泄也。下多亡陰者，因屢下而重傷陰血也。桂枝下咽，陽盛則斃者，因表實無汗，陽氣內盛，誤投桂枝，如抱薪救火也。承氣下咽，陰盛則亡者，症非陽明，不可攻下，誤用硝黃，陽氣滅絕也。要知汗多亡陽，是衛氣本虛之人，陽盛則斃，是陰液本虧之症也。下多亡陰，由其陽氣本盛，止傷陰分，陰盛則亡，由其陽氣本衰，不禁陰藥也。故論症於今，當以汗多亡陽，下多亡陰爲戒。蓋汗本津液所化，而風藥尤能燥其陰血。胃中本無熱邪，而承氣卽能銷滅眞陽。用錄救誤諸條，以佐古法所未逮。

傷寒如經發表多者，則津液內竭，血不榮筋，以致手足攣疼，二便艱澀。當以加味逍遙散，加熟地、枸杞、鉤藤。

邵評：過表汗多，陰液傷耗，而筋脈失養，則手足攣疼。津枯熱結，則二便艱濇也。養血榮筋，兼以疎利，的是正法。

傷寒過表，二候三候不解，大汗不止，舌卷而黑，氣促似喘，六脈洪數無根者，已成敗症也。當以大劑左歸合生脈投之。汗止喘定，有得生者。

傷寒過經不解，舌燥口渴，小便不利者，此發表風藥太過，津液源竭也。宜左歸飲去茯苓，加麥冬、歸芍，以救津液，自然行矣。

傷寒過經不解，發表攻裏不當，以致眞陰耗竭，二便燥結不出，胃陰大傷，不納不飢。宜一味養正滋陰，使胃陰充足，自能納穀知飢，宿垢自下。左歸合生脈，或甘露加人參。

邵評：病久元氣已虛。復誤表誤攻，陰液耗而胃氣受傷，致便閉不納。治當滋陰養胃，大忌消導攻伐。

傷寒如遇過表，大汗不止，身肉瞤動，頭眩不起，振振欲擗地者，此陽津陰液俱脫也。急以左歸合參、麥、五味挽之。

邵評：表汗過多，陰傷而虛陽浮越，陰陽兩脫之候也。用左歸合參、麥。救陰扶元固是，但當參用和陽鎮逆之品，如龍、蠣、龜版、白芍之類。更妥。

傷寒誤表，大汗不止，津液外泄，胃陰虛餒，以致嘔惡不已，食人卽吐者，宜金水六君煎，加麥冬、沙參。和中以復津液，自然嘔止而納穀矣。

邵評：此誤表汗多，陰液耗而有痰熱，胃氣上逆之救誤法。

如過表大汗，胃陰空乏，以致乾嘔呃逆不止，水漿不進，亦宜金水六君合生脈。加丁香、柿蒂、胡桃肉，代赭石之類止之。如不應，宜都氣飲加人參、胡桃肉、紫石英之類以納之。不用磁石者，因過表傷肺，恐吸其氣也。

邵評：此過表汗多，肺胃陰傷，氣逆不降之救誤法。

有陰虛挾感之症，誤用柴、葛、犀角升提之藥發表，以致虛陽上冒，膈悶嘔惡，煩躁不寧，六脈洪大，按之無力者，亦宜金水六君合參、麥，加代赭。和中以益少陰，則陰陽和，熟睡而解矣。

邵評：陰虛受邪，誤用升散，陰傷而陽不附陰，嘔惡煩躁，脈大無根，當加育陰潛陽爲是。

有營虛衛弱之人挾感，惡寒發熱，腰疼骨痛，不可峻汗。誤用表藥，汗大泄反加惡寒身痛，發熱不止。當以歸耆建中湯調和營衛，則諸症自解矣。

邵評：營衛虛而挾邪，當調和營衛治之。

凡遇外感表症，診得兩手脈寸軟尺遲，舌潤無胎者，營衛兩虛之症也。當以黃耆建中湯加防風汗之。以上誤汗例

邵評：此憑脈用藥調和營衛，兼以散邪之良法。

如經攻裏不當，以致下利不止，百骸解散，無氣以動。用大劑補中益氣加炮薑，溫之提之。如兼汗出而喘，急用參附湯加熟地，大溫大補之。

邵評如此誤，攻中氣大傷，脾腎陽虛之救誤法。

如經攻裏太過，以致下焦受傷，腸胃併連直漏直泄，利無關閉者，陽明關閘已撤也。急用桃花湯，重加入參主之。

邵評：此過用攻下，腎命火衰，胃腸虧乏，滑脫不守，用桃花湯澀以固脫，極是。

有胃中穀食未化，誤下之，食爲寒凝，以致胸膈高起，手不可近者。治宜溫胃和中，二陳湯加炮薑、枳、實、厚朴、查肉之類，溫以化之。以上誤下例

邵評：此下早傷中，寒藥與之，食滯凝結，治以溫中開化亦屬救誤之正法。凡停食症初起，所停之物，未化糟粕，在胃之上脘，大忌早下，宜運中導滯。誤下則寒藥與食互結，愈不能化，症似結胸。必待其已化糟粕，停在胃之下脘，近腸府者，方可攻下。切記！切記！宿食在胃之上脘，可用吐法。

《增補評註溫病條辨·下焦篇·風溫溫熱溫疫溫毒冬溫》 溫病誤表，津液被劫，心中震震，舌強神昏，宜復脈法。復其津液。舌上津回則生。汗自出，中無所主者，救逆湯主之。

誤表動陽，必氣傷則心震，心液傷則舌蹇，故宜復脈，復其津液也。若傷之太甚，陰陽有脫離之象，復脈亦不勝任，則非救逆不可。

溫病已汗，而不得汗，已下而熱不退，六七日以外，脈尚躁盛者，重與復脈湯。

已與發汗而不得汗，已與通裏而熱不除，其爲汗下不當可知，脈尚躁盛，邪固不爲藥衰，正氣亦尚能與邪氣分爭。故須重與復脈，扶正以敵邪，正勝則生矣。

溫病誤用升散，脈結代，甚則脈兩至者，重與復脈。雖有他證後治之。

此留人治病法也。即仲景裏急，急當救裏之義。

汗下後，口燥咽乾，神倦欲眠，舌赤苔老，與復脈湯。

在中焦下後，與益胃湯復胃中津液，以邪氣未曾深入下焦。若口燥咽乾，乃少陰之液，無以上供，神昏欲眠，有少陰但欲寐之象，故與復脈。

紀事

《王氏醫案正續新編·卷二》 章養云室患感，適遇猝驚，黃、包二醫皆主溫補，乃至昏譫瘛厥，勢極危殆，棺衾咸備，無生望矣。所親陳仰山聞之，謂云：去秋顧奏云之恙，僅存一息，得孟英救愈，子盍圖之？章遂求診於孟英。證交三十八日，脈至細數無倫，陰將竭矣。兩手拘攣，宛如角弓之反張，肝無血養。痰升自汗，渴飲苔黃，面赤臀穿，晝夜不能合眼，先與犀、羚、貝、斛、元參、連翹、知母、花粉、膽星、牛黃、鱉甲、珍珠、竹黃、竹葉、竹茹、竹瀝爲方，三劑，兩手漸柔，汗亦漸收。又五劑，熱退痰降，脈較和而自方言自答，日夜不休，乃去羚、斛、珠、黃，加西洋參、生地、大塊朱砂兩許，太多。服之聒絮不減。或疑爲癲，似有搖惑之意，孟英恐其再誤，囑邀許芷卿商之，芷卿極言治法之絲絲入扣。復於方中加青黛、龍牡，服二劑，仍喋喋不已。熱在心而用肝腎藥，宜乎不效。孟英苦數四，經於前方加木通一錢，投匕即效。次日，病者自云：前此小溲業已通暢，不甚覺熱，昨藥服後，似有一團熱氣從心頭直趨於下，由溺而泄。從此神氣安謐，粥食漸加，兩腿能動，大解亦堅。忽咽腫大痛，水飲不下，孟英曰：余火上炎也。仍與前方，更吹錫類散而安。惟臀瘡未斂，腿痛不已，乃下焦氣血傷殘，改用參、耆、歸、芍、生地、合歡、山藥、麥冬、牛膝、石斛、木瓜、桑枝、藕肉，數服痛止餐加，又與峻補生肌而愈。

《王氏醫案正續新編·卷三》 傅與三令正，年已花甲，患瘧服藥，浹旬而斷，乃夜不能眠者數日，忽然吐瀉交作，肢冷自汗，渴喜熱湯，神氣張皇而有譫語。張某謂元虛，而所用之藥乃桂、芍、萸、連、葛、霍、烏藥、木香之類。病家欲投溫補，迎孟英質之。脈來浮弦軟數，尺中甚弱，舌絳無液，稍有黃苔，乃眞陰素虧，久傷謀慮，吸受暑熱，化瘧未清，擾及中州，則爲吐瀉。詢所吐，果有酸甘苦辣之味，瀉亦色醬而熱如火，豈非伏熱之的據耶？然邪已自尋出路，故腹無痛苦，況汗出如淋，不獨用香燥疏散之藥爲耗液，即溫補如理中、四逆，亦無非助熱而重劫其津也。乃定沙參、龍、牡、朱染茯神、黑豆皮、薏苡、木瓜、小麥、竹針、鮮蓮子之方。一劑則吐瀉皆止，得寐神清，且略知饑，稍能收穀。次日復診，病者云：依舌上脫液者三十年矣，是以最怕熱藥，奈群醫謂瘧宜溫化，以致愈服愈殆，設非先生眼光如炬，恐昨日已登鬼錄矣。尋以充液柔肝而愈。

《溫熱經緯·余師愚疫病論·論悶證》 疫疹初起，六脈細數沈伏，面色青慘，昏憒如迷，四肢逆冷，頭汗如雨，其痛如劈，腹內攪腸，欲吐不吐，欲泄不泄，男則仰卧，女則覆卧，搖頭鼓頷，百般不足，此爲悶疫，斃不終朝，如欲挽回於萬一，非大劑清瘟敗毒飲不可，醫即敢用，病家決不敢服。與其束手持斃，不如含藥而亡，雖然，難矣哉。

雄按：所謂悶者，熱毒深伏於內，而不發露於外也。漸伏漸深，入臟而死，不俟終日也。固已。治法，宜刺曲池委中以泄營分之毒。再灌以紫雪，清透伏邪，使其外越，或可挽回，敗毒飲何可試耶？

《王旭高臨證醫案・溫邪門》　秦發汗太過，津液內奪。昨日生津以達邪，汗雖未出，而疹點已化。熱雖未退，而脈象稍和。是佳兆也。苔燥而不甚燥，神糊而有時清，犀角地黃雖可用，然大勢無變。方亦無事更張，仍照前方加味：

北沙參一兩　竺黃錢半　鮮石斛一兩　連喬三錢　麥冬三錢　茯神三錢硃拌　生甘草四分　元參三錢　茆根一兩去心　燈心三尺硃拌　九節菖蒲八分　茯神三錢硃拌

淵按：神糊苔煤，鮮石斛可用，北沙參不可用。雖養肺陰，究嫌補肺助痰。麥冬亦然。此老好用二物，瑕瑜並見。

出血、蓄血、熱入血室部

題解

《通俗傷寒論・傷寒夾證・臨經傷寒》　衝脈得熱，血必妄行，在男子則爲下血譫語，邪氣傳入正陽明府也；在婦人則爲寒熱如瘧，邪隨經而入也。皆爲熱入血室。逼血下行，挾熱而痢，是熱入血室，男女皆有之也。【略】

婦人中風，發熱惡寒，經水適來，得之七八日，熱除，而脈遲身涼，胸脇下滿，如結胸狀，譫語者，此爲熱入血室也。【略】

婦人中風七八日，續得寒熱，發作有時，經水適斷者，此爲熱入血室。其血必結，故使如瘧狀，發作有時。

論說

《諸病源候論・時氣病諸候・時氣衄血候》　時氣衄血者，五臟熱結所爲。心主於血。邪熱中於手少陰之經，客於足陽明之絡，故衄血也。衄者，

血從鼻出也。

《諸病源候論・時氣病諸候・時氣吐血候》　諸陽受病，不發其汗，熱毒入，深結在五藏，內有瘀血積，故令吐血也。

《諸病源候論・溫病諸候・溫病衄候》　由五藏熱結所爲。心主血，肺主氣，而開竅於鼻。邪熱傷於心，故衄。衄者，血從鼻出也。

《諸病源候論・溫病諸候・溫病吐血候》　諸陽受邪，熱初在表，應發汗而不發，致熱毒入深，結於五藏，內有瘀血積，故吐血也。

《醫宗金鑒・雜病心法要訣・失血治法》　陽乘陰熱血妄行，血犯氣分不歸經，血病及府滲入濁，由來藏病溢出清。熱傷失血宜清熱，勞傷理損自然平，努即內傷初破逐，久與勞傷治法同。

註：凡失血之證，陽盛乘陰，則血爲熱迫，血不能安於脈中而妄行氣分，不能回歸經脈也。若血病傷及於府者，則血滲入腸胃濁道，上從咽出，下從二便而出也。血病傷及於藏者，則血溢出胸中清道，上從喉出，下從精竅而出也。夫血藏於藏內，行於脈中，軀殼之中不可得而見也，非有損傷，不能爲病。而損傷之道有三：一曰熱傷，宜以清熱爲主；一曰勞傷，宜以理損爲主；一曰努傷，初宜以破逐爲主，久亦宜以理損爲主也。

《續選臨證指南・吐血》　邵新甫評：失血一症，名目不一，茲就上行而吐者言之，三因之來路宜詳也。若夫外因起見，陽邪爲多，蓋犯是症者，陰分先虛，易受天之風熱燥火也。至陰邪爲患，不過其中之一二耳。其治法總以手三陰爲要領，究其病在心營肺衛如何。若夫內因起見，不出乎嗔怒鬱勃之激傷肝臟，勞形苦志而耗損心脾，及恣情縱慾以賊腎臟之眞陰眞陽也。又當以足三陰爲要領，再審其乘侮制化如何。若夫不內不外因者，爲飲食之偏好，努力及墜墮之傷，治分臟腑經絡之異。要知外因而起者，必有感候爲先，裏因而起者，必有內症可據，此三因根蒂用藥，切勿混亂。大凡理肺衛者，用甘涼肅降，如沙參、麥冬、桑葉、花粉、玉竹、川斛等類。治心營者，以輕清滋養，如生地、玄參、丹參、連翹、竹葉、骨皮等類。以此兩法爲宗，隨其時令而加減。若風淫津涸，加以甘寒，如蘆根、蔗汁、薄荷、羚羊之品。若溫淫火壯，參入苦寒，如山梔、黃芩、杏仁、石膏之品。若暑逼氣分，佐滑石、鮮荷之開解，在營與銀花、犀角之清芳，秋令選純甘以清燥，冬時益清補以助藏，凡此爲外因之大略。

《續選臨證指南・衄》 邵新甫評： 血行清道，從鼻而出，古名曰衄，與濁道之吐咯者不同。清道卽指至高之分，由山根以上睛明之次而來也。其穴乃手足太陽、足陽明、陰陽蹻，五脈之會，及衝脈交會其間，可見諸經皆能爲衄，不獨肺胃而然。諸書雖已詳明，惟景岳辨之尤切。但衄之爲患，總由乎火，外爲六淫之變化，內因五志之掀騰，氣血日爲錯亂，陰陽爲之相乘，天人交感之處，虛實攸分矣。若風寒壅盛於經，陽氣鬱而迫營者，宜參麻黃、桂枝症之大意。若溫風暑熱怫鬱，而動血外溢者，用辛涼清潤等劑。認定經絡之高下，若火邪極甚，而載血上泛者，有苦寒鹹寒之法。審其原委之淺深，此外因主治法也。至於煩冗曲運，耗及木火之營，肝臟厥陽化火風上灼者，甘鹹柔婉，理所必需。多勞過慾，病及天一之眞，陽浮引陰血以冒上竅者，滋潛厚味，法從峻補。血脫則挽回元氣，格陽則導火歸源，因酒用和陽消毒之劑，因努力用培中益下之方，此內因主治法也。學者惟審內外兩因，庶乎施治無誤矣。

《續選臨證指南・熱入血室》 邵新甫評： 攷熱入血室，《金匱》有五法： 第一條，主小柴胡，因寒熱而用，雖經水適斷，急提少陽之邪，勿令下陷爲最。第二條，傷寒發熱，經水適來，已現晝明夜劇，譫語見鬼，恐人誤認陽明實病，故有無犯胃氣，及上二焦之戒。第三條，中風寒熱，經水適來，七、八日脈遲身涼，胸脇滿如結胸狀，譫語者，顯無表症，全露熱入血室之候，自當急刺期門，使人知針力比藥力尤捷。第四條，陽明病，下血譫語，但頭汗出，亦爲熱入血室，亦刺期門，汗出而愈，仲景無非推廣其義，教人當知通變。第五條，明其一症，而有別因爲害，如痰潮上脘，昏冒不知，當先化其痰，後除其熱等語，所謂急者先除也。乃今人一遇是症，不辨熱入之輕重，血室之盈虧，遽與小柴胡湯，貽害必多。要之熱甚而血瘀者，與桃仁承氣，及山甲、歸尾之屬。血舍空而熱陷者，用犀角地黃湯，加丹參、木通之屬。表邪未盡，而表症仍兼者，當合乎和解。熱輕而清藥過投，氣機致鈍者，不妨借溫通爲使，血結胸有桂枝紅花湯，參入海蛤、桃仁之治。昏狂甚，進牛黃膏，調入清氣化結之煎。再觀案中，有兩解氣血燔蒸之玉女法，熱甚陰傷有育陰養氣之復脈法，又有護陰滌熱之緩攻法。先聖後賢，其治總條分縷析，學者審症製方，慎毋拘乎柴胡一法也。

《疫痧一得・疫痧之症》 舌衄 肝熱太盛，血無所藏，上溢心苗而出。

鼻衄湧泉

雜症鼻衄，迫于肺經浮遊之火，而疫乃陽明鬱熱上衝於腦。鼻通於腦，熱血上溢，故從鼻出如泉。

齒衄

牙床屬胃，齒統十二經。此陽明熱傳少陰，二經相併，故血出牙縫。

大便下血

邪犯五臟，則三陰脈絡不和，血自停滯，滲入大腸，故血從便出。

小便溺血

小便出血，小腹必脹而痛。至於血出不痛，乃心移熱於小腸，故血從精竅中來也。

疫中帶血

火極生疫，肺熱不微。至於帶血，熱極之象也。

《醫法圓通・辨認鄢盛熱熾血傷病情》 鼻血如注 病人發熱煩躁，二便不利，口臭氣粗，忽見鼻血如注，發熱更甚者，此由邪火太甚，逼血妄行也。法宜清熱攻下，苟血出而熱退便通，又是解病佳兆。

《時病論・附論・闢時俗齷齪斑證論》 吾衢土俗，凡患四時之感冒，見有發熱嘔吐等證，開口便云齷齪，動手便是刮揪。揪之、刮之，未嘗不善，但其邪在肌肉者，頃刻而鬆，在經絡者，非藥不愈。最可惡者，先服礬湯一碗，以爲治齷齪之需。殊不知齷齪卽方書所謂穢濁，宜用芳香宣解之方，反服酸寒收濇之藥，益使穢濁之邪，膠固氣分，而無解病之期。更有一種俗醫，以指節刮病人之身，見有一條扛起者，妄言爲斑。不知人感穢濁時邪，氣機阻滯，血脈不通，用指節刮之，或粗或細，必有一條見出，豈可僞稱爲斑證。更爲之取出蛇斑、蚤斑等等之名，其謂爲蛇斑者，必令人服蜈蚣數條，取蛇畏蜈蚣之義，而庸夫俗子，聽之益信。不知蜈蚣之性，辛溫有毒，直入厥陰，初患時邪之證，服之極易化火，更引最淺之邪，而入於深。曷不觀方書所云： 大如錦紋者爲斑，其色紅紫而成片，或至黑色而病危，是爲胃熱之候。古人所以用舉斑湯，化斑湯之類以治之。或見病人身發紅點，遂稱爲蚤斑，而亂投草藥，及至危險，便說斑老難醫。推其身見紅點，卽方書所謂小如蚊咬者爲痧，是爲肺熱之候。古人所以用升葛湯，銀翹散之類以治之。俗醫以僞溷眞，豈不

可歎。既以初起之時邪，爲齷齪斑證，更禁病人勿服湯藥，每見輕病轉重，重病轉危，此皆吾衢土俗之貽害匪淺也。要之揪刮無妨，所患者惟礬湯、蜈蚣、草藥、禁藥之弊。奉勸病家，不可過信俗醫而自誤，則幸甚矣。

《**血證論・治血四法**》 况血之歸宿，在於血海，衝爲血海，其脈麗於陽明，未有衝氣不逆上，而血逆上者也。仲景治血以治冲爲要，冲脈麗於陽明，治陽明即治衝也。陽明之氣，下行爲順，今乃逆吐，失其下行之令，急調其胃，使氣順吐止，則血不致奔脫矣。此時血之原委，不暇究治，惟以止血爲第一要法。血止之后，其離經而未吐出者，是爲瘀血。既與好血不相合，反與好血不相能，或壅而成熱，或變而爲癆，或結瘕，或刺痛，日久變證，未可預料，必亟爲清除，以免后來諸患，故以消瘀爲第二法。止吐消瘀之后，又恐血再潮動，則須用藥安之，故以寧血爲第三法。邪之所湊，其正必虛，去血既多，陰無有不虛者矣。陰者陽之守，陰虛則陽無所附，久且陽隨而亡，故又以補虛爲收功之法。四者乃通治血證之大綱。

《**醫醫小草・辨證**》 溫疫當下失下，火鬱膜原，均有此證。凡發熱不退，小便自利，其人如狂，而喜忘者皆是。按傷寒、溫疫，形證相淆，難以枚舉。惟寒多寐，溫不寐；溫口渴，寒不口渴；寒惡寒，溫不惡寒；溫心煩，寒不心煩。加以愛動愛靜，身重身輕，審之何患。項強轉筋，呃逆囊縮，筋惕肉瞤，種種之相似乎。

《**醫醫小草・辨證**》 鼻衄

寒證見之是邪氣之將退，溫疫見之乃邪氣之正進。

綜 述

《**聖惠方・治時氣鼻衄諸方**》 夫時氣衄血者，由五臟熱結所爲，心主於血，邪熱中於手少陰之經，客於足陽明之絡，故衄血也。衄者，血從鼻中出也。

治時氣鼻衄，煩躁不止，頭痛氣逆，宜服石膏飲子方：

石膏二兩，搗碎　甘草半兩，炙微赤，剉　赤芍藥一兩　黄芩一兩　柴胡一兩，去苗　桂心半兩　生地黄三兩　竹茹二兩

右件藥，細剉和勻。每服半兩，先以水一大盞半，浸伏龍肝二兩，澄取清一大盞，煎至五分，去滓，不計時候，溫服。

治時氣心腹中熱，鼻衄不止方：

胡粉炒令黑，細研　乾姜炮裂，杵爲末　亂髮灰細研　釜底墨細研　伏龍細研

右件藥，但得一味，吹於鼻中便止。若各吹一大豆許，更效。

治時氣鼻衄，心膈躁悶，面赤目黄，起卧不定方：

烏賊魚骨二兩　刺薊二兩　蒲黄二兩

右件藥，擣細羅爲散。每服不計時候，以冷粥飲，調下二錢，頻服，以定爲度。

治時氣鼻衄，諸藥無效者，宜服此方：

白馬通七枚絞取濃汁　阿膠半兩杵碎炒令黄燥爲末

右件藥，相和熟攪，以滴鼻中。仍用新汲水微浸足，即止。

治時氣鼻衄，日夜不止，面色如金黄方：

右取韮根一握，擣取汁，鉼中盛，以索懸於井中，浸良久，急取出，滴二七滴於鼻中，即止。

治時氣鼻衄不止方：

右以鬱金擣羅爲末，每服不計時候，以冷水調下二錢，以定爲度。

又方：

熟艾一鷄子大　牛皮膠一片，如手大杵碎炒令黄燥

右件藥，以豉汁二大盞，煎取一大盞，去滓，分溫二服。

《**傷寒家秘的本・吐血**》 吐血者，諸陽受熱，其邪在表，當汗不汗，致使熱毒入臟，積畜於内，遂成吐血。凡見眼閉目紅，神昏語短，眩冒迷忘，煩躁潄水，驚狂譫語，鼻衄唾紅，背冷足寒，四肢厥逆，胸腹急滿，大便黑，小便數，皆瘀血證也。雖有多般，不必悉具，但見一二，便作血證主張。初得此證，急宜治之。服桂枝湯吐者，其後必吐膿血，犀角地黄湯。血熱者，黄連阿膠湯也。

《**傷寒全生集・辨傷寒吐血例**》 吐血者，口中出血也。諸陽受熱，當汗失汗，使熱毒入深，積蓄於臟，遂成吐血也。凡見眼閉目紅，神昏語亂，眩冒迷妄，煩躁潄水，驚狂譫語，背冷足寒，四肢厥冷，心、胸、腹脇滿痛，小水自利，大便黑者，皆瘀血症也。雖有多般，不必悉具，但見一二症，便作主張血

症治之。初得此症，急宜用藥，有畜血上焦，嗽水不嚥者，犀角地黃湯。若吐鮮血，血不止，燥渴者，黃連解毒湯加丹皮、生地，磨京墨，呑下四生丸。若血結滿硬而痛，燥渴者，桃仁承氣湯。下盡黑物則愈矣。凡病神昏者，多死。此症神昏，亦宜速下，遲之亦殺人，切記切記。

《溫疫論・畜血》 大小便畜血，便血，不論傷寒時疫，盡因失下，邪熱久羈，無由以泄，血爲熱搏，留於經絡，敗爲紫血，溢於腸胃，腐爲黑血，便色如漆，大便反易者，雖結糞得瘀而潤下，結糞雖行，眞元已敗，多至危殆。其有喜笑如狂者，此胃熱波及於血分，血乃心之屬，血中留火，延蔓心家，宜其有是證矣。仍從胃治。

發黃一證，胃實失下，表裏壅閉，鬱而爲黃，熱更不泄，搏血爲瘀。凡熱經氣不鬱，不致發黃，熱不干血分，不致畜血，同受其邪，故發黃而兼畜血也。但畜血一行，熱隨血泄，黃因隨減。嘗見發熱者，原無瘀血，有瘀血者，原不發黃。所以發黃，當咎在經瘀熱，若專治瘀血誤也。胃移熱於下焦氣分，小便不利，熱結膀胱也。移熱於下焦血分，膀胱畜血也。小腹硬滿，疑其小便不利，今小便自利者，責之畜血也。小便不利，亦有畜血者，非小便自利，便爲畜血也。胃實失下，至夜發熱者，熱留血分，更加失下，必致瘀血。初則晝夜發熱，日晡益甚，既投承氣，晝日熱減，至夜獨熱者，瘀血未行也，宜桃仁承氣湯。服湯後熱除爲愈，或熱時前後縮短，再服再短，畜血盡而熱亦盡。大勢已去，亡血過多，餘焰尚存者，宜犀角地黃湯調之。至夜發熱，亦有瘴瘧，有熱入血室，皆非畜血，並未可下，宜審。

桃仁承氣湯：

大黃　芒硝　桃仁　當歸　芍藥　丹皮

照前煎服。

犀角地黃湯：

地黃一兩　白芍三錢　丹皮二錢　犀角二錢研碎

右，先將地黃溫水潤透，銅刀切作片，石臼內搗爛，再加水如糊，絞汁聽用，其滓人藥同煎，藥成去滓，入前汁合用。

自按：傷寒太陽病不解，從經傳府，熱結膀胱，其人如狂，血自下者愈。血結不行者，宜抵當湯。今溫疫起無表證，而惟胃實，故腸胃蓄血多，膀胱畜血少。然抵當湯行瘀逐畜之最者，無分前後二便，並可取用。然畜血結甚者，在桃仁力所不及，宜抵當湯。蓋非大毒猛厲之劑，不足以抵當，故名之。然抵當證，所遇亦少，此以備萬一之用。

抵當湯：

大黃五錢　䖟蟲二十枚炙乾研末　桃仁五錢研加酒　水蛭炙干爲末五分

照常煎服。

《溫疫論補法・畜血》 補按：畜血後三方，皆逐瘀之劑，但宜施於畜血未下之先，若瘀血不因藥而自下者，既言眞元已敗，多至危殆，安可再施承氣、抵當乎？所謂血脫益氣者，急當溫裏以固氣，倘瘀未盡而熱未除，尚可議犀角地黃；若證見虛寒，非理中建中，何以救危殆乎？

《傷寒諸論・衄血》 衄血者，經絡熱盛，迫血妄行於淸道也。【略】

冬溫、溫病衄血，皆用黃芩湯加茅花。如無茅花，茅根汁代之。熱病、時疫，通宜白虎湯加藕汁、茅根汁、童便。陽毒、溫毒衄血，犀角地黃合三黃石膏湯去麻黃，加百草霜。大抵衄血、吐血，脈滑小者生，脈實大者死。吐衄後，脈微弱者易治。若熱反盛，脈反數急者不治。熱病咳而衄，汗不出，出不至足者死。凡衄不止而頭汗出，身無汗，及發汗不至足者，難治。

《傷寒緒論・吐血》 衄血多有在經表邪，吐血皆屬傳經裏證。以當汗不汗，熱毒入內，迫血妄行，從胃脘而出也。凡見眼閉唇紅，神昏語短，眩冒迷妄，煩躁漱水，驚狂讝語，背寒足冷，四肢厥逆，胸腹急滿，便黑溺頻，皆瘀血證也。不必悉具，但見一二證，便宜犀角地黃湯。然其性大寒，能凝滯瘀血，須諒證虛實寒熱加減。虛者去地黃，加阿膠、血餘、炙甘草、童便。實者加酒大黃、茜根、穿山甲。寒者加炮薑、炙甘草。熱者加芩、連、木香。陰虛火炎之血，則凝結如朱漆，獨參湯下六味丸。

《傷寒緒論・唾膿血》 吐血雖主於火，然有虛實之殊。至唾膿血，無不因邪熱鬱發所致。經曰：服桂枝湯吐者，其後必唾膿血也。此非特酒客輩，素多濕熱蘊積而然，每見春溫誤行汗下不解，多有此變，並宜葶藶苦酒湯下奪之。冬溫誤用辛甘發汗不解，復大下之，致胃氣虛寒，邪伏陰中，而見寸脈沉遲，尺脈不至，咽喉不利，唾膿血者，麻黃升麻湯、萎蕤湯選用，或增損而用。

《傷寒辨證・衄血》 衄血者，經絡熱盛，迫血妄行，出於鼻者爲衄也。責其熱在表也，陽盛則欲衄。若雜病衄者，責其熱在裏也。【略】

凡傷寒及溫家，應發汗而失之，熱蘊於經而爲衄及吐血者，俱用犀角地黄湯及黄芩芍藥湯，不止，用茅花湯。茅花尖一把，以水三盞，濃煎汁一盞，分二服，即瘥，無花，以根代之，或於涼血藥中加京墨汁二匙，亦效。汗後熱退鼻血不止，新汲井水，以草紙數層浸水貼頂上，及項脊，溫則易，必止。

《傷寒辨證·吐血》 諸陽受邪，其邪在表，當汗不汗，熱毒深入，故吐血也。內有瘀積者，宜桃仁承氣湯。服桂枝湯後吐血者，宜犀角地黄湯。血紫黑成塊，脈遲細，口不渴，小便清，宜理中湯加牡丹皮。凡吐血鮮紅色，皆是熱也，宜涼之。凡吐血紫黑成塊，脈遲細，爲瘀血寒凝也，宜肉桂、丹皮、乾薑之辛散而行之。大抵失血多是經絡熱盛，陽氣壅迫，火載血液妄行，其爲寒者，千百之一二也，溫熱之藥，豈可輕用。

《治疫全書·附壞症考》 太陽病已汗、吐、下，及溫針不解，正氣已虛，邪氣留滯，精神衰憊，神識昏迷者，曰壞症，又過經不解，及瘥後虛羸少氣，呼吸不利，心神恍惚者，曰壞症。又傷寒病邪未退，或重感寒，變爲溫瘧，或重感風，變爲風溫，或再感濕熱，變爲溫毒，或重感疫氣，變爲瘟疫，以上四般俱曰壞症。病情感受不一，證候變易不常，必審其犯何逆以治之。大概表證多者，知母麻黄湯。半表者，小柴胡湯加丹皮、赤芍，溫膽湯加人參、麥冬、柴胡。餘熱不解者，參胡芍藥湯加知母、澤瀉。大渴者，天水散烏梅煎湯調服。虛煩者，竹葉石羔湯。諸藥不效者，鱉甲散或如意丹、人中黄丸。

《瘟疫明辨·裏證·便血》 時疫便血，熱邪深入也。先當辨其血色。鮮紅者清熱爲主，黄芩湯、三黄石膏湯、犀角地黄湯。血色紫黯成塊下者，逐瘀爲主，桃仁承氣湯、抵當湯。須按腹脇有痛處，用之爲確。時疫便血，散晦夾涎水者，脾胃虛而臟府傷也，歸脾、補中、八珍可借用，並加烏梅。時疫便血之後，多亡陰症，神昏耳聾，舌無胎而燥，身痛不可轉側之類皆是，生脈六味加阿膠，峻補其陰。然多不救也。

《瘟疫明辨·裏證·善忘》 時疫善忘者，畜血之所致也。畜血在上焦，其脈芤，胸前及心下必痛，必拒按而軟，犀角地黄湯主之。畜血在中焦，其脈或芤，或弦，或濇，兩脇及臍上必有痛處拒按而軟，桃仁承氣湯主之。畜血在下焦，其脈必沉結，臍下必有痛處拒按而軟，抵當湯主之。善忘雖爲畜血主症，然必驗之大小便，屎雖鞕，大便反易，其色必黑，小便自利，方爲畜血之的證。否則，仍當參之多言讝狂諸法治之。

《瘟疫明辨·遺證·婦人》 婦人時疫，悉與男子同，惟當經期，則治法略異，以其關乎血室也。凡遇感疫值經期者，治法必兼少陽，以少陽與厥陰爲表裏，厥陰爲血室，血室一動，邪必乘虛而犯之。須分別經水適來受疫而遽止，或經水適來受疫而自行，與經水適斷而受疫。辨此三者，則虛實自見。凡經水適來而受疫氣遽止者，必有瘀血，要再察其脇腰少腹有牽引作痛拒按者，必以清熱消瘀爲主。小柴胡加赤芍、延胡、桃仁、歸尾、丹皮。凡經水適來而受疫氣，疫病雖發而經水照常自行者，不必治其經血，但治其疫邪，而病自愈。蓋病本未犯血室，故經血自行如常也。仲景所謂勿犯胃氣及上二焦必自愈者，正指此。非謂總不用藥也。凡經水適斷而受邪者，經行已盡，則血海空虛，邪必乘虛而陷入血海。若見腰脇及少腹滿痛者，大柴胡湯加桃仁、赤芍，逐其血室之邪始愈。凡婦人受疫，但見晝日明了，至夜讝語，即當詢其經期，以防熱入血室之漸。

《醫宗金鑑·傷寒心法要訣·衄血》 陽明衄血熱在裏，太陽衄血熱瘀經，太陽頭痛目瞑兆，陽明漱水不嚥徵。衄後身涼知作解，不解升麻犀角清。未衄表實麻黄汗，裏熱犀角芩連同。

註： 陽明衄血熱在裏也。太陽衄血熱瘀經也。太陽失汗則有頭痛目瞑之兆，陽明失下則有漱水不欲嚥之徵。衄血之後，身涼脈靜，知作解也。若仍不解，知衄未盡，熱留於榮也。無汗表熱，宜升麻葛根合犀角地黄湯清解之；欲作衄未衄者，表實宜麻黄湯汗之，裏熱宜犀角地黄湯加芩、連清之。若表實裏熱者，則又當合二方兩解之。

《醫宗金鑑·傷寒心法要訣·吐血》 傷寒吐血多因逆，下厥上竭少陰經，三陽熱盛宜清解，血瘀胸滿痛當攻，暴吐腐臭內潰死，過多血脫面無紅，犀角桃仁宜揀用，救脫聖愈及養榮。

註： 傷寒吐血，皆因失汗、失下、火逆，以致邪熱熾盛，沸騰經血故也。若血從口鼻耳目而，而出小便難，此爲強發少陰汗，名曰下厥上竭，爲難治也。三陽熱盛吐血，宜升麻葛根合犀角地黄湯，熱甚加芩連清解可也。若血瘀則胸滿或痛，當以桃仁承氣合犀角地黄湯攻之。若暴吐腐臭之血，名曰內潰內潰，者死。若吐血過多，面脣無紅色，名曰血脫。救脫，輕者以聖愈湯，重者以人參養榮湯。

《醫宗金鑑·傷寒心法要訣·大小便膿血》 熱在膀胱小便血，八正導

赤利之佳，熱瘀裏急下膿血，黃連白頭與桃花。

註：陽經之熱，下注膀胱，傷其榮分，熱少血多，瘀成血蓄。熱多血少，熱迫血行，血不得蓄，而走下竅，故尿血也，以八正散，導赤散利而清之。陰經之熱，轉迫陽明，傷其榮分，瘀則血蓄，喜忘如狂。不蓄則便血，熱腐則便膿。便膿熱鬱，裏急下重，所必然也。輕者宜黃連阿膠湯，重者白頭翁湯清之，滑脫者，桃花湯濇之可也。

《醫宗金鑑·傷寒心法要訣·熱入血室》 婦人傷寒同一治，胎產經來熱入室，晝日明了夜譫妄，小柴生地牡丹皮，無汗加麻有汗桂，汗後不解再加枝。寒熱如瘧加麻桂，中寒薑附不須疑，渴熱白虎花粉葛，瘀血桃仁承氣俱。產後胎前雖多證，不外陰陽表裏醫。

註：婦人傷寒，與男子治法同也。惟產後經來，邪熱乘虛而入血室，另有治法。熱入血室之證，晝日明了，夜則譫語妄見鬼狀，宜小柴胡湯加生地、丹皮。若無汗則爲表實，加麻黃汗之。有。汗則爲表虛，加桂枝解之。若有發熱惡寒之表，已經發汗，雖無汗不加麻黃，再加桂枝以解之，不可復用麻黃也，若有如瘧之寒熱，加麻黃、桂枝兩解之。若厥而下利，則爲中寒，去黃芩加薑、附，不須疑也。若發熱煩渴，則爲裏熱，去半夏合白虎，或加花粉、葛根。胸脇少腹或滿鞭、或作痛，則爲瘀血，宜合桃仁承氣湯攻之。產後胎前雖有多證，不能盡述，總不外陰陽表裏之治，在臨證者以意消息之耳。

《臨證指南醫案·熱入血室》 攷熱入血室，金匱有五法：第一條主小柴胡，因寒熱而用，雖經水適斷，急提少陽之邪，勿令下陷爲最。第二條，傷寒發熱，經水適來，已現晝明夜劇，譫語妄見，恐人誤認陽明實病，故有無犯胃氣，及上二焦之戒。第三條，中風寒熱，經水適來，七八日，脈遲身涼，胸脇滿如結胸狀，譫語者，顯無表症，全露熱入血室之候。自當急刺期門，使人知針力比藥力尤捷。第四條，陽明病，下血譫語，但頭汗出，亦爲熱入血室，亦刺期門，汗出而愈。仲景無非推廣其義，教人當知通變。第五條，明其一症，而有別因爲害：如痰潮上脘，昏冒不知，當先化其痰，後除其熱等語。所謂急者先除也。乃今人一遇是症，不辨熱入之輕重，血室之盈虧，遽與小柴胡湯。貽害必多。要之熱甚而血瘀者，與桃仁承氣，及山甲歸尾之屬，血舍空而熱陷者，用犀角地黃湯，加丹參木通之屬。表邪未盡，而表症仍兼者，當合乎和解。熱輕而清藥過投，氣機致鈍者，不妨借溫通爲使。血結胸有桂枝紅花湯。參入海蛤桃仁之治昏狂甚。進牛黃膏，調入清氣化結之煎。再觀案中，有兩解氣血燔蒸之玉女法。熱甚陰傷，有育陰養氣之復脈法；又有護陰滌熱之緩攻法。先聖後賢，其治總條分縷析，學者審症製方，愼毋拘乎柴胡一法也。

《續選臨證指南·便血》 邵新甫評：便血一症，古有腸風、臟毒、脈痔之分，其見不外乎風淫腸胃，濕熱傷脾二義。不若《內經》謂陰絡受傷，及結陰之旨爲精切，仲景之先便後血，先血後便之文尤簡括也。陰絡卽臟腑隸下之絡，結陰是陰不隨陽之徵，以先後分別其血之遠近，就遠近可決其臟腑之性情，庶不致氣失統攝，血無所歸，如漏巵不已耳。肺病致燥濇，宜潤宜降，如桑麻丸，及天冬、地黃、銀花、柿餅之類是也。心病則火燃血沸，宜清宜化，如竹葉。地黃湯及補心丹之類是也。脾病必濕滑，宜燥宜升，如茅朮理中湯，及東垣益氣湯之類是也。肝病有風湯痛迫，宜柔宜泄，如駐車丸，及甘酸和緩之劑是也。腎病見形消腰折，宜補宜塡，如虎潛丸及理陰煎之類是也。至膽經爲樞機，逆則木火煽營，有桑葉、山梔、柏子、丹皮之清養。大腸爲燥腑，每多濕熱風淫，如辛涼苦燥之治。胃爲水穀之海，多氣多血之鄉，臟病腑病，無不兼之，宜補宜和，應寒應熱，難以拘執而言。若努力損傷者，通補爲主。膏粱蘊積者，清疎爲宜。痔瘡則滋燥兼投，中毒須知寒熱，餘如黑地黃丸以治脾濕腎燥，天眞丸以大補眞氣眞精，平胃地楡之升降脾胃，歸脾之守補心脾，斑龍以溫煦奇督，建中之復生陽，枳朮之疎補中土，禹糧赤脂以堵截陽明，用五仁湯復從前之腸液，養營法善病後之元虛。此皆先生祖古方而運以匠心，爲後學之津梁也。

《醫碥·瘟病兼證論》 畜血疫久失下，血爲熱搏，敗爲紫黑，溢於腸胃，嗽水不咽，小便利，大便黑，是其候也。宜桃仁承氣湯：大黃、芒硝、桃仁、當歸、芍藥、丹皮，服此藥熱除爲愈。若餘熱尚存者，宜犀角地黃湯。

小腹按之硬痛，小便自調，此畜血也，桃仁湯：

桃仁三錢　丹皮　當歸　赤芍各一錢　阿膠二錢　滑石五分

《雜病源流犀燭·諸血源流·蓄血》 蓄血，瘀血鬱積也。而瘀血之鬱積，當有上中下之分。如衄嘔唾吐血皆屬上部，苟蓄於此，其症必兼善忘，宜犀角地黃湯。血結胸中，則屬中部，苟蓄於此，其症必兼胸滿身黃，漱水不欲

嘸，宜桃仁承氣湯。血凝下焦，又屬下部，苟蓄於此，其症必兼發狂糞黑，小腹硬痛，須盡下黑物爲效，宜抵當湯、抵當丸。醫者能分三部治之，蓄血之症，無遁情矣。而仲景云：傷寒熱病，身黃屎黑，發狂喜忘者，爲蓄血。仲景云然者，乃是傷寒熱病亦有蓄血之症，非蓄血止屬傷寒熱病纔有之也。治之之法，雖大略相同。而倘由傷寒熱病者，則必隨本症而調劑治之。與單病蓄血者，應稍殊也。

蓄血原由症治　海藏曰：喜忘發狂，身黃屎黑，疾已甚也。但小腹滿，小便不利者，輕也。直指曰：蓄血外症，痰嘔燥渴，昏憒迷忘，常喜湯水沃口。入門曰：凡病日輕夜重，便是瘀血。又曰：通治三焦蓄血，生地黃湯。丹溪曰：生韭菜汁，善治胸膈間瘀血，甚效。綱目曰：瘀血燥結，宜用玉燭散。直指曰：下焦蓄血，宜桃仁、五靈脂、生地、大黃、甘草，利而逐之。本草曰：沒藥、蘇木、水蛭、䖟蟲、桃仁留尖、五靈脂，皆破瘀血。

《松峰説疫·論治·瘟症雜症治略》　蓋聞粗舉其凡曰略。溫疫中雜症亦復不少，而略之可乎？是蓋有説焉。吳又可《瘟疫論》中已言者不載，傷寒雜症門中治法，可以裁取通融者不載，未曾經驗與勦襲他人者不載。除此四者，雖欲不略而不能矣。蓋未敢師心也，無庸多贅也，若諱言略而詳之，是爲畫蛇添足。

衄血

衄血症治多端，傷寒書中亦詳哉其言之矣。瘟疫衄血治法，凡可以取用傷寒門者，皆不採人。茲第論汗散一條。仲景治太陽風寒在表而致衄者，用麻桂以汗之。然又論曰，衄家不可發汗。二者似乎相反，而海藏解之，則謂衄家不可發汗者，蓋爲脈微也。若脈不微而浮緊、浮緩者，又當發散之矣。蓋衄家之發散，散其經中之邪，使不得壅盛於經，迫而妄行。是麻、桂原非止衄之藥，而其邪得散，則不治衄，而衄自止矣。至於瘟邪在表，而致衄者，不唯麻、桂不可服，即蘇、芷、防風，亦無所可用。羌、柴性升，衄時似亦不宜。惟服菉糖飲，見前。往往取效。或加鮮薑數片，紅棗數枚去核。更妙。蓋菉豆清涼而非苦寒之品。洋糖發散而無升舉之虞。再加薑、棗以調和營衛，而表豈有不解者哉！且散而不升，而亦豈有稍防於衄者哉！或服不即汗，於煮豆時，再加浮萍二三錢。

吐血

衄出於肺，行清道。吐出於胃，行濁道。衄血之熱在經主表，吐血之熱在腑主裏。血之存於胃中者，爲守營之血，守而不走。諸陽受熱，當汗不汗，熱毒深入於中，其血爲火所逼而上逆，隨從肺竅出於咽而爲吐矣。亦有蓄血上焦而吐者，瘟疫患此，始終一於爲熱。實者，犀角地黃湯，稍虛者，黃芩芍藥等湯加減出入，便可奏效。仲景治壞病篇麻黃升麻湯，雖治陰陽錯雜之唾血，但不善用之，反致害事。至《金匱》之升麻鱉甲湯，雖李彣云此方治疫癘時症，但亦用升麻，似非吐血者所宜。愚意，凡吐衄等症，藥性之升者，總在所禁也。

《松峰説疫·論治·瘟疫雜症治略》　蓄血

血症應分爲三等，衄、唾、吐、嘔爲上部，血結胸爲中部，蓄血下焦爲下部。夫血何以能蓄也？吳氏曰：病在太陽，當汗不汗，則瘀血在裏，必血結也。《活人》云：失汗而熱蓄在裏，熱化爲血，其人善忘而如狂，血上逆則善忘，血下蓄則內急。吳又可曰：瘟疫失下，邪熱久羈不泄，血爲熱搏，留於經絡，敗爲紫血，溢於腸胃，腐爲黑血，便色如漆，大便反易，合此三説，而蓄血之義始盡。蓋病在太陽失汗，熱蘊於中，血爲熱所搏，始流經絡，繼溢腸胃，則當下矣。斯時又失於下，邪熱久羈不泄，瘀於下焦，故少腹鞕滿急脹，皮見青紫筋，則蓄血之症成矣。其見症則有喜忘，如狂發狂，小便自利，□□大便色黑，譫妄燥渴，脈沉實結，皆蓄血之候。醫者診視，便當揣其少腹鞕滿而痛，即問其小便。若小便不利，是津液留結，可利小便；此層倍。若小便自利者，即是蓄血矣。若太陽病，有熱結膀胱太陽本經。而如狂者，症之輕者也，宜桃仁承氣湯。此層又倍。若陽明病，有蓄血而喜忘者，病之甚者也。抵當湯難用，可代以承氣之類，加桃仁、紅花、歸尾等破血之物，或兼虛者，以玉燭散之類下之，則蓄血去而病痊矣。

上所言者，道其常也。余有一孫，名河，方十四五歲。感瘟疫二十餘日不解，診其脈，空虛而弱，不任尋按，亦並無喜忘如狂等症，但終日昏睡不清醒，按其腹，雖覺微痛，亦無鞕滿急脹等候，醫有議補者，余力持其不可，伊時余方料理兒病，未暇及孫，亦未服藥，靜候數日，突欲大便，隨下紫血數斗，頓然清醒，此時方知其爲蓄血。若當時一用補劑，則立斃矣。足見治瘟疫者，只知其常，而不知其變，猶作文看書之死於句下也。可不慎哉！筆之以俟高明者。

《羅氏會約醫鏡・瘟疫・論瘟疫蓄血》 畜血之病，原因失下，或下之未盡，熱移下焦血分，小腹硬痛，小便清長。小便屬氣，清則氣分無病，知其在血分也。其有喜忘如狂者，此胃熱波及於血分；血乃心之屬，血中留火，延蔓心家，宜有是症，仍從胃治。

《傷寒指掌・傷寒變症・衄血》 衄血者，血從鼻中來也。傷寒衄血，其因有三：太陽失表，熱瘀於經而衄者，有頭疼目瞑之微，宜清解之，羚羊角、黑梔子、連翹、赤芍、丹皮、元參、薄荷、黑荆芥、鮮生地、牛膝、澤瀉、茅根之屬，降之清之，不可再汗也。陽明失下，熱瘀於裏而衄者，有漱水不欲嚥之徵，宜下解之，生地、赤芍、丹皮、牛膝、查肉、桃仁、大黃之屬，下之清之，此釜底抽薪，大黃不妨重用也。更有溫熱之症，藥宜涼解，誤用辛溫而動經血，亦能致衄，宜清血分，犀角、連翹、赤芍、丹皮、元參、生地、牛膝、茜根、茅根之屬，清之解之，如衄後身涼脈靜，邪從紅汗而解也。若衄後病勢反劇者，更傷其陰也，大爲危候，其衄勢必重，須大劑六味飲，加麥冬、五味主之。衄止則生，有衄勢太甚，陽隨陰走，四肢厥冷者，六味加牛膝、肉桂以鎮之。

仲景論云：若頭痛者，必衄，宜桂枝湯此桂枝湯補在文當須發汗下。又云：劇者必衄，衄乃解，麻黃湯主之。此麻黃湯補在上文當發其汗下，乃古人倒筆法，是申明致衄之由於失表，非謂衄後服麻黃桂枝也。觀下文衄家不可發汗之戒，義可知矣。

《傷寒指掌・傷寒變症・吐血》 傷寒吐血，每因失治所致。有因太陽感寒，無汗惡寒，頭痛發熱，寒邪外束，法當發汗。若失於表散，陽氣不得外洩，則逆走陽絡，絡血妄行，則致吐血。或由其人素有血症，寒邪犯肺而咳，震傷血絡，亦致咳血。均當以清疏營衛，表散寒邪爲治。古人皆以麻黃桂枝等湯治血症是也。然未免太峻。當小其製，用羌活、蘇葉、荆防、薄荷等，以去風散寒，橘紅、杏仁以降氣，芍藥、甘草以安營，微兼渴者，少佐黃芩以清熱，則營衛之邪解散，自然嗽止身涼，血不治自止矣。

若內有伏火，外感寒邪，熱被寒束，火逼絡血，而致衄血咳血者。外症亦惡寒發熱，但兼口渴舌乾爲異。治宜辛涼，清解營衛。須用川羌、桂枝、石膏、羚羊角、黑梔、丹皮、黃芩、桑杏之屬。散之清之。次用和血清絡之品調之。

有因風溫之邪，誤汗動血，有因三陽熱盛，沸騰經血，皆致吐衄。凡見眼閉目紅，神昏語亂，煩躁漱水，皆熱傷血絡之症也。宜犀角、生地、丹皮、山查、川鬱金、淨銀花、赤芍、連翹、川連之屬，以清絡中之瘀熱。大便祕者，加製大黃尤妙。

邵評：此風溫症，誤用辛溫發汗，熱盛傷營而吐衄之正法。與前二條傷寒吐衄不同。

若兼胸滿而痛者，血瘀於絡也。當攻之。犀角、生地、歸尾、桃仁、赤芍、查肉、青皮、降香、大黃之屬，行之清之。

邵評：此治瘀血阻於絡中之正法。

有誤發少陰之汗，動其經血，從口鼻耳目中出者，名下厥上竭。不治。有暴吐臭腐之血，名內潰。不治。

《增補評註溫病條辨・下焦篇・風溫溫熱溫疫溫毒冬溫》 時欲漱口，不欲嚥，大便黑而易者，有瘀血也。犀角地黃湯主之。

邪在血分，不欲飲水，熱邪燥液口乾，又欲求救於水，故但欲漱口，不欲嚥也。瘀血溢於腸間，血色久瘀則黑，血性柔潤，故大便黑而易也。犀角味鹹，入下焦血分以清熱，地黃去積聚而補陰，白芍去惡血生新血，丹皮瀉血中伏火。此蓄血自得下行，故用此輕劑以調之也。

霖按：此兩條是從吳氏《溫疫論》竊來，彼以下後大勢已去，亡血過多，餘燄尚存者，用犀角地黃湯，以養血清瘀。若瘀血未行，用桃仁承氣湯，以逐邪泄熱。然蓄血形證已著，恐犀角地黃不足逐瘀，須加入丹參、桃仁、琥珀之屬。

少腹堅滿，小便自利，夜熱晝涼，大便閉，脈沉實者，蓄血也。桃仁承氣湯主之。甚則抵當湯。

少腹堅滿，法當小便不利，今反自利，則非膀胱氣閉可知。夜熱者，陰熱也；晝涼者，邪氣隱伏陰分也；大便閉者，血分結也。故以桃仁承氣通血分之閉結也。若閉結太甚，桃仁承氣不得行，則非抵當不可。然不可輕用，不得不備一法耳。【略】

蓄血，熱入血室，與溫熱同法。

《增補評註溫痛條辨・下焦篇・風溫溫熱溫疫溫毒冬溫》 婦女溫病，經水適來，脈數耳聾，乾嘔煩渴，辛涼退熱，兼清血分，甚至十數日不解，邪陷發痙者，竹葉玉女煎主之。

此與兩感證同法。辛涼解肌，兼清血分者，所以補上中焦之未備；甚至十數日不解，邪陷發痙，外熱未除，裏熱又急，故以玉女煎加竹葉，兩清表裏之熱。

熱入血室，醫與兩清氣血，邪去其半，脈數，餘邪不解者，護陽和陰湯主之。

此係承上條而言之也。大凡體質素虛之人，驅邪及半，必兼護養元氣，仍佐清邪，故以參、甘護元陽，而以白芍、麥冬、生地，和陰清邪也。

熱入血室，邪去八、九，右脈虛數，暮微寒熱者，加減復脈湯，仍用參主之。

此熱入血室之邪少虛多，亦以復脈爲主法。脈右虛數，是邪不獨在血分，故仍用參以補氣。暮微寒熱，不可認作邪實，乃氣血俱虛，營衛不和之故。

熱病經水適，至十數日不解，舌痿飲冷，心煩熱，神氣忽清忽亂，脈右長左沉，瘀熱在裏也，加減桃仁承氣湯主之。

前條十數日不解，用玉女煎者，以氣分之邪尚多，故用氣血兩解。此條以脈左沉，不與右之長同，而神氣忽亂，定其爲蓄血，故以逐血分瘀熱爲急務也。

按：邵新甫云：考熱入血室，《金匱》有五法：第一條主小柴胡，因寒熱而用，雖經水適斷，急提少陽之邪，勿令下陷爲最。第二條傷寒發熱，經水適來，已現晝明夜劇，讝語見鬼，恐人認陽明實證，故有無犯胃氣，及上二焦之戒。第三條中風寒熱，經水適來，七八日脈遲身涼，胸脇滿，如結胸狀，讝語者，顯無表證，全露熱入血室之候，自當急刺期門，使人知針力比藥力尤捷。第四條陽明病，下血讝語，但頭汗出，亦爲熱入血室，亦刺期門，汗出而愈。第五條明其一證，而有別因爲害，如痰潮上脘，昏冒不知，當先化其痰，後除其熱。仲景教人當知變通，故不厭推廣其義，乃今人一遇是證，不辨熱入之輕重，血室之盈虧，遽以小柴胡湯，貽害必多。要之熱甚而血瘀者，與桃仁承氣，及山甲歸尾之屬；血舍空而熱者，用犀角地黃湯，加丹參木通之屬；表邪未盡，而表證仍兼者，不妨借溫通爲使；血結胸，有桂枝紅花湯，參入海蛤桃仁之治；昏狂甚，進牛黃膏，調入清氣化強之煎。再觀葉案中，有兩解氣血燔蒸之玉女煎法；熱甚陰傷，有育陰養氣之復脈法；又有護陰滌熱之緩攻法。先聖後賢，其治條分縷析，學者審證定方，愼毋拘乎柴胡一法也。

霖按：此剽竊葉案，杜撰方名。熱入血室，有四證，如經水適來，爲熱邪陷入，摶結而不行，腰脇少腹，必有牽引作痛拒按者，當破其血結，宜清熱消瘀。若經水適斷，而邪乃乘血舍之空虛以襲入者，宜養營清熱。若邪熱傳營，逼血妄行，致經水未當期而至者，宜清熱以安營。其經水適來，而病溫熱，病雖發而經水照常自行者，不必治其經血，但治其病而自愈。蓋病本未犯血室故經血自行如常也。仲景所謂勿犯胃氣，及上二焦，必自愈者，正指此也。但治法必兼少陽厥陰，故仲景刺期門，而以柴胡爲主方，以提出所陷熱邪也。或譏香巖先生畏柴胡而不敢用，然其《溫熱篇》，一則曰若熱邪陷入，與血相結者，當從陶氏小柴胡湯，去參棗，加生地、桃仁、查肉、丹皮或犀角等。再則曰若本經血結自甚，必少腹滿痛身重者，小柴胡湯去甘藥，加延胡、歸尾、桃仁，挾寒加桂心，氣滯者，加香附、陳皮、枳殼等。歎此，何嘗不用。特《臨證指南》，從門診底簿錄來，未遇此等治案耳。鞠通剽竊數條，竟畏柴胡而不用，一家之言，尚不可偏執，況一家之書，并不研究全讀，便著書立說，自詡高明，謬妄甚矣。更有無識庸工，拾其唾餘，界劃三焦，致上下顛倒，嚴分表裏，令伏氣難瘳，是誰之罪歟總緣業醫者不讀內經，不究賢論，執此一篇，奉爲圭臬，良深浩嘆。

《溫熱經緯·葉香巖外感溫熱篇》 如經水適來適斷，邪將陷血室，少陽傷寒言之詳悉，不必多贅。但數動與正傷寒不同。仲景立小柴胡湯，提出所陷熱邪，參、棗扶胃氣，以衝脈隸屬陽明也，此與虛者爲合治。若熱邪陷入，與血相結者，當從陶氏小柴胡湯去參、棗，加生地、桃仁、查肉、丹皮或犀角等。若本經血結自甚，必少腹滿痛，輕者刺期門，重者小柴胡湯去甘藥，加延胡、歸尾、桃仁，挾寒加肉桂心，氣滯者加香附、陳皮、枳殼等。沈月光用柴胡、秦艽、荆芥、香附、蘇梗、厚朴、枳殼、當歸，芎藭、益母草、木通、黃芩，名和血逐邪湯，薑衣少許爲引，治傷寒熱入血室氣滯血瘀而胸滿腹脹痛甚者，甚效。然熱陷血室之證，多有譫語如狂之象，防是陽明胃實，唐本作與陽明胃實相似下有此種病機四字。當辨之。唐本作最須辨別血結者，身體必重，非若陽明之輕旋便捷者。唐本無旋捷二字。何以故耶？陰主重濁，絡脈被阻，唐本下有身之二字。側旁氣痹連，唐本下有及字胸背皆拘束不遂，唐本作皆爲阻窒。故去邪通絡，正合其病。往往延久，上逆心包，胸中唐本下有痹字。痛，即陶氏所謂血結胸也。王海藏出一桂枝紅花湯

加海蛤、桃仁，原是表裏上下一齊盡解之理，看唐本無此字此方大有巧手，唐本作妙焉故錄出以備學者之用。唐本無此句。

《溫熱經緯・葉香巖三時伏氣外感篇》 夏月熱久入血，最多蓄血一證，徐雲歷鍊之言。譫語昏狂，看法以小便清長，大便必黑爲是，桃核承氣湯爲要藥。

《溫熱經緯・余師愚疫病論・疫證條辨》 疫證，鼻衄如泉，乃陽明鬱熱上衝於腦，腦通於鼻，故衄如涌泉。宜本方增石膏、元、地、芩、連，加羚羊角、生桑皮、棕櫚灰。

雄按：本方宜去桔梗，加白茅根。

舌衄乃血熱上溢心苗。宜本方增石膏、黃連、犀、地、梔、丹，加敗棕灰。

雄按：外宜蒲黃炒黑糝之。

齒衄乃陽明少陰二經之熱相併。宜本方增石膏、元參、芩、連、犀地、丹、梔，加黃檗。

邪犯五臟，則三陰脈絡不和，血乖行度，滲入大腸而便血。宜本方增生地，加槐花，柏葉、棕灰。

雄按：棕灰溫澀，即欲止之，宜易地榆炭。

溺血小便出血而不痛。血淋，則小腹陰莖必兼脹痛。在疫證，總由血因熱迫。宜本方增生地，加滑石，桃仁、茅根、琥珀、牛膝、棕灰。

雄按：設兼痛脹，忌用棕灰。

疫證之痰，皆屬於熱，痰中帶血，熱極之徵。宜本方增石膏、芩、地，加蔞仁、羚羊角、生桑皮、棕灰。

雄按：桑皮、棕灰可商，宜加滑石、桃仁、葦莖、瓜瓣之類。

《血證論・蓄血》 蓄血者，或傷寒傳經之邪，或溫疫時氣之邪，傳於血室之中，致周身之血皆爲邪所招致而蓄聚胞中。小腹脹痛，其人或寒或熱；晝日明了，夜則譫語，甚則發狂，呼叫打罵，《內經》所謂血在上喜忘，血在下如狂是也。癲犬咬傷，毒聚胞中，故令發狂，皆屬蓄血之證，仲景抵當湯治之，桃仁承氣湯亦治之。若膽識不及，可用膈下逐瘀湯加大黃。若血猶未結，但是熱入血室，夜則譫語，用小柴胡湯加桃仁、丹皮治之。

《溫病指南・風溫下焦篇》 熱入血室，邪去八九，暮微寒熱，右脈虛數者，邪少虛多，氣血兼病也，加參復脈湯主之。

熱入血室，服兩清氣血藥後，邪去其半，餘邪不解，脈仍數者，護陽和陰湯主之。

《感證輯要・名醫通論・溫熱入血室》 王孟英曰，溫邪熱入血室有三證，如經水適來，因熱邪陷入，而搏結不行者，此宜破其血結。若經水適斷，而邪乃乘血舍空虛而襲之者，宜養營以清熱。其邪熱傳營，逼血妄行，致經未當期而至者，宜清熱以安營。

紀事

《臨證指南醫案・吐血》 某 脈小而勁，少年體豐。眞氣易泄，經月咳嗆，自非外感。因冬溫失藏，咳頻震絡，痰帶血出，當薄味以和上焦。氣熱得清。病患可卻。

桑葉 山梔 杏仁 鬱金 象貝 花粉

糯米湯代水。

王三五 脈右大，溫邪震絡。咳痰帶血。溫熱。

桑皮 杏仁 山梔皮 花粉 大沙參 石膏

高 溫邪上鬱清空，目赤頭脹，咳嗆見血，此屬客病，不必爲內損法。

連翹 黑山梔 草決明 桑葉 薄荷梗 荷葉邊 苦丁茶 花粉

藥用急火煎。

某 春溫嗽痰，固屬時邪，然氣質有厚薄，不可概以辛散。且正在知識發動之年。陰分自不足，以至咳嗆失血。當以甘寒潤降，以肅肺金。

鮮枇杷葉 甜杏仁 南沙參 川貝 甜水梨 甘蔗漿

《續選臨證指南・吐血》 江，積瘀在絡，動絡血逆，今年六月初，時令暴熱，熱氣吸入，首先犯肺，氣熱血湧，強降其血。血藥皆屬呆滯，而清空熱氣仍蒙閉於頭髓空靈之所，諸竅痹塞，鼻窒瘜肉，出納之氣都從口出，顯然肺氣鬱蒸，致腦髓熱蒸，脂液自下。古稱爍物消物，莫如火。但消寒直泄中下，清空之病仍然。議以氣分輕揚，無取外散，耑事內通，醫工遇此法則，每每忽而失察。暑熱鬱肺阻竅。

連翹 牛蒡子 通草 桑葉 鮮荷葉汁 青菊花葉

臨服，入生石膏末煎一沸。

《王氏醫案釋註》 邵子受妻患吐血，肌膚枯澀，口渴，脈虛大。孟英曰：氣分之陰虧也，溫補既非，滋塡亦謬。以參芪、二冬、知母、百合、玉竹、石斛、桑葉、枇葉投之而愈。吐血分虛實兩大門，此爲虛證，辨氣分陰虧，在肌膚枯澀口渴脈虛大，溫補固與病情相反，滋塡則系應補肺陰，誤補腎陰，潞党參五錢，生黃芪五錢，花麥冬四錢，明天冬切三錢，酒炒知母一錢五分，百合鬚三錢，肥玉竹三錢，釵石斛八錢，冬桑葉四錢，蜜炙枇葉刷包三錢。

范慶簪年踰五十，素患痰嗽。乙酉秋在婺，驟然吐血，勢頗可危。孟英診曰：氣虛而血無統攝也。雖向來咳嗽陰虧，陰藥切不可服。然非格陽吐血，附桂更爲禁劑。乃以潞參、芪、朮、苓、草、山藥、扁豆、橘皮、木瓜、酒炒芍藥爲方，五貼而安。素患痰嗽，病在氣分，不在血分。孟英診斷氣虛，必左右脈皆無力，若脈重按尤軟。氣虛忌用冬地陰藥固已。但非格陽吐血，若用一毫附桂，便傷其兼證之陰虧。宜用炒潞參五錢，炒西芪四錢，炒白朮三錢，云苓片三錢，炒粉草一錢五分，炒山藥三錢，炒扁豆三錢，陳橘皮一錢五分，陳木瓜一錢五分，酒炒白芍一錢五分，此證注重氣虛，但補氣不可傷陰。方中甘草木瓜並用，於補氣中取酸甘化陰之義，亦卽引陽入陰之法。但主要病情在氣虛，參芪少用不足補氣。全方一時全服，亦恐非重藥輕投之義，宜仿仲景許叔微成法，分次徐服，此必孟英當日所有。繼去甘草木瓜，加熟地、阿膠、紫石英、麥冬、五味子、龍骨、牡蠣熬膏，服之全愈。更方系從陽引陰之義，除前方加十倍外，去甘草木瓜，恐甘酸之性滯膩氣分，不能攝陽入陰，使陰虧咳嗽之兼證併蠲。宜用熟地二兩，阿膠二兩，紫石英一兩，整麥冬一兩，五味子一兩杵，煆龍骨二兩，煆牡蠣二兩，石英龍牡先煨。熟地、阿膠、麥冬治陰虛，石英、五味、龍牡斂鐲，爲陰藥下行之使。

《王氏醫案繹注》卷七 陳秋槎大便驟下黑血數升，繼卽大吐鮮紅之血，而汗出神昏，肢冷搐搦，躁亂妄言。孟英察其脈，左手如無，右弦耎，按之數。高年陰分久虧，肝血大去，風陽陡動，殆由忿怒兼服熱藥所致。其妻云：日來頗有鬱，冬間久服姜棗湯，且飲都中藥燒酒一瓶。孟英曰：是矣。以西洋參、犀角、生地、銀花、菉豆、梔子、元參、茯苓、羚羊、茅根爲劑，冲入熱童溲灌之。脈以沈分爲主，按之數，陰虛挾熱，此方系脈證互參。西洋參三錢，鎊犀角羚次尖各四錢，同炭煨八句鐘，元參片一兩，大生地八錢泡煎去渣，濟銀花一兩五錢，生菉豆一兩，黑梔皮三錢，云茯苓三錢，鮮茅根五錢，童便一大酒杯煎去頭尾冲。外以燒鐵淬醋令吸其氣，龍牡研粉撲汗，生附子搗貼湧泉穴，引納浮陽，兩服血止，左脈漸起，又加以龜板、鼈甲。血龜板杵四兩，血鼈甲杵二兩，二味同先炭煨六句鐘。服三貼神氣始清。各恙漸息，稍能啜粥，乃去犀羚，加麥冬天冬女貞旱蓮投之。花麥冬四錢，明天冬切六錢，女貞子杵五錢，旱蓮草四錢。眠食日安，半月后始解黑燥矢。兩旬外便溺之色始正，予滋補藥調痊。

斑疹部

題解

《通俗傷寒論・傷寒兼證・發瘢傷寒》 凡傷寒當汗不汗，當下不下，熱毒蘊於胃中，血熱氣盛，從肌透膚而外潰，乃發瘢。即溫毒、熱病、發瘢者，亦由於血熱毒盛而發，此皆謂之陽證發瘢。【略】

若先由房勞太過，內傷腎陰，及涼遏太過。如多服涼藥恣食生冷等。內傷脾陽，一經新感寒氣，逼其無根失守之火，上薰肺經，浮游於皮膚而發瘢點者，此皆謂之陰證發瘢，亦謂之虛瘢。其形如蚊蚤咬痕，稀少而色多淡紅，或淡白微紅，亦有淡黑色而僅發於兩腰小腹之間者。

《傷寒指掌・傷寒變症・瘢疹》 瘢者，有觸目之形而無礙手之質，即稠如錦文，稀如蚊跡之象也。或佈於胸腹，或見於四肢，總以鮮紅起發者爲吉，紫色成片者爲重。

《傷寒指掌・傷寒變症・瘢疹》 疹者，有顆粒之象，腫而易癢，即疹癮之屬。

論　說

《諸病源候論・時氣病諸候・時氣發斑候》 夫熱病在長，已發汗未解，或吐、下後，熱毒氣不散，煩躁譫言語，此爲表虛裏實，熱氣躁於外，故身體發斑如錦文。凡發斑不可用發表藥，令瘡開泄，更增斑爛，表虛故也。

《諸病源候論·熱病諸候·熱病斑瘡候》 夫病在表，或未發汗，或已發汗。吐、下後，表證未解，毒氣不散，煩熱而渴，渴而不能飲，表虚裏實，故身體發斑如錦文。

《諸病源候論·溫病諸候·溫病發斑候》 夫人冬月觸冒寒毒者，至春始發病，病初在表。或已發汗、吐下而表證未罷，毒氣不散，故發斑瘡。又冬月天時溫暖，人感乖戾之氣，未即發病；至春又被積寒所折，毒氣不得發泄，至夏遇熱，溫毒始發出於肌膚，斑爛隱軫如錦文也。

《傷寒總病論·斑痘瘡論·溫病發斑治法》 冬月觸冒寒毒者，至春始發病。病初至表，或已發汗吐下，而表證未罷，毒氣不散，故發斑瘡。又冬月天氣溫暖，人感乖候之氣，未即發病，至春又被積寒所折，毒氣不得泄，至夏遇熱，其春寒已解，冬溫毒始發，出於肌膚，斑爛隱瘮如錦文也。

《傷寒補亡論·發斑》 論曰：發斑一證，緣仲景書遺逸不詳見，故諸家之說無所統。大抵斑有數種，惟熱毒入胃者當下之，非下斑也，下其胃中之毒也，而胃中之毒，由斑而後見也。若皮間暴作癮疹，無他裏熱證者，不可下，當服平涼去風解肌藥，及以摩膏治之。若在春末及夏，不宜火灸及重覆，隨其淺深，略分內外，不可一切用藥，亦表虚不可發汗也。

《千金方》載華元化之言曰：傷寒熱毒之氣，五日在腹，六日入胃，乃可下也。若熱毒在外，未入於胃，而先下之者，其熱乘虚入胃，則爛胃也。然熱入胃，要須下去之，不可留於胃中。胃若實，其熱爲病，三死一生。胃虚熱入，爛胃也。其熱微者，赤斑出，此候五死一生。劇者，黑斑出，此候十死一生。《千金》又曰：病者過日，不以時下，則熱不得泄，亦爛胃斑出。雍曰：發斑有下之太早者，有失下者。故王仲弓謂，下早熱入胃者，斑出；下之遲、失下之，亦斑出。

《傷寒補亡論·發斑》 問曰：仲景不言斑者，何也？龐氏曰：古方雖有治方，而法不詳備，疑當時熱毒未甚，鮮有死者。雍曰：非也，其論亡逸也。如陰陽二毒，本論皆無，攷之《千金》，則知嘗有而今亡矣，亦猶是也。又仲景自治傷寒，必不至出斑。蓋傷寒之斑非本證，皆醫者之所爲。仲景不可下則不下，可下則下，必不至於下之早，亦必不至於失下，何緣有斑出？陽明證中多言急下之者是也，亦恐傷寒爲庸醫所誤，則斑出，故不得不論耳。醫者苟能工於汗下證，則結胸、痞氣、發斑、發黃皆不應有，可不審哉。

雍論曰：仲景本論不見斑證，惟《千金方》載華佗之説最爲至當，而近時醫家多不見取，故其論不分毒在表裏，仍并瘡疹混爲一説，設誤汗下，寧不害人。惟龐氏、朱氏善究根源，持論亦如此。若不用華言，則無用調胃承氣之理。雍曰：睹其效驗，故主其説，然已經孫眞人手，復何疑哉。

《斑論萃英·海藏老人斑論》 夫斑之爲病，皆由子在母腹中，時浸漬食母血穢，蘊而成毒，皆太陰濕土壅滯，君相二火之所作也。因小兒眞氣既盛，正氣又王，邪無所容。或因天冷，或因傷表，或因傷裏，斑由是而生焉。治當何如？外者外治，內者內治，中外皆和，其斑自出。至於惡寒者，發之表。大熱者，奪之。渴者，清之。大便秘結者，下之。小便不通者，利之。驚者，安之。泄者，分之。何以執一爲哉。大抵傷寒同治，最爲高論。隨經用藥，不可闕也。假令五日已裏，諸病與斑瘮不能別辨者，不可疑作斑瘮，必須發之。但各從其所傷應見治之，皆不妨斑出。若強發之，其變不可勝數矣。前人言首尾俱不可下者，何也？曰：首不可下者，爲斑未顯於表，下則邪氣不得伸越，此脈證有表而無裏，故禁首不可下也。尾不可下者，爲斑毒已顯於外，內無根蒂大，便不實，無一切裏證，下之則斑氣逆陷，故禁尾不可下也。有如所言，溫煖蓋覆不令通風，以其斑未出，或身表涼而惡寒，或天令寒而惡冷，溫煖蓋覆不令通風也。斑若已出，身熱天暄何必用蓋覆而不使之通風乎。後人執此二句，首尾俱不敢下，溫煖不令通風，不知天令之所加，人身之所感，致使誤人多矣。大抵前人之言，隨時應變，以其所可者而言之。後人不知其變，故執常而不移也。噫，首尾俱不可下者，以其始終藏府元無凝滯也。若有一切裏證，及大便結者，安得不下。溫煖不使之通風，以其發在冬時，故如此也。若發在夏時，斑雖未出，亦不用於此也。斑之用藥，大率以脈爲上，浮中沉之胗，平舉按之候，察其虚實，定其中外，則可以萬全矣。

《傷寒一撮金·一撮金貫珠數》 傷寒，失於汗下，血熱不散，故成發斑，大抵不宜發汗，輕則化之，重則下之。起於胸腹，先紅後赤者，曰發斑。起於手足，先紅後黃者，曰蚊迹。臨病之際，宜詳審焉。

《臨證指南醫案·瘢痧疹瘰》 瘢者，有觸目之色，而無礙手之質，即稠如錦紋稀如蚊跡之象也；或佈於胸腹，或見於四肢；總以鮮紅起發者爲吉色，紫成片者爲重，色黑者爲凶，色青者爲不治。蓋有諸內而形諸外，可決其臟腑之安危。邪正之勝負也，殆傷寒瘟疫諸症，失於宣解，邪蘊於胃腑，而

走入營中。每有是患耳，考方書之治，其法不一，大抵由失表而致者。當求之汗，失下而致者，必取乎攻。火甚清之，毒甚化之，營氣不足者，助其虛而和之，託之。至於陰癍一說，見象甚微。若必指定些些之癍點爲陰。猶恐不能無誤。想前人此例。無非覺後人勿執見癍爲實熱之義也，吾故曰：必參之脈象及兼證方妥。痧者疹之通稱，有頭粒而如粟象，癮者。即疹之屬。腫而易癢，須知出要周匀。沒宜徐緩。不外乎太陰陽明之患。故繆氏耑以肺胃論治爲精也。若先生之法，本乎四氣，隨其時令之勝復。酌以辛涼辛勝，及甘寒苦寒鹹寒淡滲等法而治之。凡吾幼科諸友，於此尤當究心焉。邵新

《續選臨證指南・癍痧疹瘰》 癍者，有觸目之色，而無礙手之質，即稠如錦紋，稀如蛟跡之象也。或佈於胸腹，或見於四肢。總以鮮紅起發者爲吉，色紫成片者爲重，色黑者爲凶，色青者爲不治。蓋有諸內而形諸外，可決其臟腑之安危，邪正之勝負也。殆傷寒、瘟疫諸症，失於宣解，邪蘊於胃腑，而走入營中，每有是患耳。考方書之治，其法不一，大抵由失表而致者，當求之汗。失下而致者，必取乎攻。火甚清之，毒甚化之，營氣不足者，助其虛而和之，託之。至於陰癍一說，見象甚微，若必指定些些之癍點爲陰，猶恐不能無誤。想前人此例，無非覺後人勿執見癍爲實熱之義也。吾故曰，必參之脈象及兼證方妥。痧者疹之通稱，有頭粒而如粟象，癮者，即疹之屬。腫而易癢，須知出要周匀，沒宜徐緩，不外乎太陰陽明之患，故繆氏耑以肺胃論治爲精也。若先生之法，本乎四氣，隨其時令之勝復，酌以辛涼辛勝，及甘寒苦、寒、鹹、寒淡、滲等法而治之。凡吾幼科諸友，於此尤當究心焉。

《疫疹一得・疫疹之症》 遍體炎炎

熱宜和不宜燥，至于遍體炎炎，較之昏沉肢冷者，而此則發揚，以其氣血尚可勝毒，一經清解，而疹自透，妄肆發表，必至內伏。

《疫疹一得・論傷寒無斑疹》 至論大者爲癍，小者爲疹，赤者胃熱極，五死一生，紫黑者胃爛，九死一生，予斷生死，則又不在癍之大、小、紫、黑，總以其形之鬆浮、緊束爲憑耳。如癍一出，鬆活浮於皮面，紅如硃點紙，黑如墨塗膚，此毒之鬆活外現者，雖紫黑成片可生，一出雖小如粟，緊束有根，如履底透針，如矢貫的，此毒之有根錮結者，縱不紫黑亦死，苟能細心審量，神明於鬆浮緊束之間，決生死於臨症之頃，始信予言之不謬也。

《吳醫滙講・論白痦》 白痦一症，攷古方書無專條論及，間有在癍疹門中發明一二，究未能盡其底蘊。今溫熱證中，每多發出如粞，如粟，色白形尖者謂之白痦。有初病即見者，有見而即愈者，有見而危殆者，有病經日久，癍疹已見，補瀉已施之後，仍然發此而愈者，泛稱時氣所致。殊不知致病之由既異，治療之法不同，不可不與癍疹詳辨，而審處之也。蓋傷寒傳經，熱病汗出不徹，邪熱轉屬陽明多氣多血之經，或由經入府，受熱蒸灼營傷，血熱不散，而裏實表虛，熱氣乘虛出於膚腠，故稀如蚊跡。稠如錦紋者爲癍。紫黑爲胃爛，而不治也。時行風熱之氣，侵入肺虛血熱之體，失於清透，傷及手太陰血分，乘虛出於皮膚，如沙如粟，而色紅瑣碎者爲痳。或歲當火運，復感時厲之毒，即咽痛而成丹痧及爛喉痧之類，爲最劇者也。至於白痦一症，則溫熱暑邪，病中必兼濕爲多。蓋伏氣之發本從內出，然必因外感，及人身素蘊之濕，與外觸之邪互相蒸發，上甚爲熱。初病治法設不用清透滲解，則肺爲熱傷，氣從中餒，不能振邪外解，熱漸陷於營分，轉投清營滋化，熱勢稍緩，而肺氣亦得藉以自復，所留之濕仍從上焦氣分尋隙而出，於是發爲白痦。以肺主氣，故多發於頤、項、肩、背、胸、臆之間，白爲肺之色，光潤爲濕之餘氣，至此而邪始盡泄也。甚有幾經補瀉之後病仍不解，忽然發此而愈者，以其人之氣液內伏邪自外透，故不治亦愈也。若其根本已虛，無氣蒸達，多有延爲衰脫者，故此症以元氣未灕，色潤晶瑩有神者爲吉，枯白乏澤，空殼稀散者，爲氣竭而凶。總以形色之枯潤，卜其氣液之竭與否也。大抵此症在春末夏初暑濕之令爲甚，秋冬則間有之，要不出乎手經，受病仍從手經發泄，不比足經之邪可從下解也。夫肺爲主氣之藏，氣旺則邪從外解上泄而病愈，氣衰則邪正並竭，雖發必朽白無神而難治。觀《內經》暑與濕同，推仲聖痙濕暍合論，益知暑熱溫邪症中多夾濕邪，更無疑矣。一隙微明，以俟高賢正之。

《感證集腋・茅氏四家評》 有初發熱時，斑點現如蚊跡狀者，此因肺經挾胞絡之火，而外達於皮毛，非陽明鬱熱發斑之比。

《溫熱經緯・余師愚疫病論・論斑疹》 余每論熱疫不是傷寒，傷寒不發斑疹或曰：熱疫不是傷寒，固已。至云傷寒不發斑疹，古人何以謂傷寒熱未入胃，下之太早，熱乘虛入胃，故發斑，熱已入胃，不即下之，熱不得泄。亦發斑。斯何謂歟？曰：古人以溫熱皆統於傷寒，故《內經》云：熱病者，傷寒之類也。《難經》分列五種之傷寒，《傷寒論》辨別五種之治法。既云熱入胃，縱非溫熱，亦是寒邪化熱，故可用白虎、三黃、化斑解毒等湯以涼解

也。今人不悟此理，而因以自誤誤人。至論大者爲斑，小者爲疹。赤者胃熱極，五死一生；紫黑者胃爛，九死一生。余斷生死，則又不在斑之大小紫黑，總以其形之鬆浮緊束爲憑耳！如斑一出，鬆活浮於皮面，紅如硃點紙，黑如墨塗膚，此毒之鬆活外現者，雖紫黑成片可生；一出雖小如粟，緊束有根，如履透鍼，如矢貫的，此毒之有根錮結者，縱不紫黑亦死。苟能細心審量，神明於鬆浮緊束之間，决生死於臨證之頃，始信余言之不謬也。

《研經言·瘄斑互譌説》《外臺》引《素問》逸文，赤瘄者，搔之重沓隴起，及《病源》赤瘄、白瘄兩候，即今所謂風斑也。《金匱》陽毒面赤斑斑如錦文，及《病源》、《千金》、《外臺》斑瘡，即今所謂瘄子也。凡宋以前醫書，皆如此分別，於字義甚協。瘄者沴也，必皮膚有所變沴浮起，方合瘄稱，觀《病源》屢言軫軫起，合之《素問》隴起之詞自見。斑者點也，必有點子，方合斑稱，觀《病源》斑爛云云自見。近世不正其名，遂至互譌。今則競以瘄爲斑，以斑爲瘄，相沿既久，苟或正之，反遭譁笑，以爲大謬。然兹二病雖皆有毒，而瘄由於風，不由於溫，斑由於溫，而前受之邪未必皆風。病因久暫既殊，治法輕重亦異，古人各有主方，不可混施。不審乎此，無惑乎謂古方不可治今病矣。《論語》曰，必也正名乎，凡事皆然。

《世補齋醫書文集·丹痧斑疹辨》丹、痧、斑、疹四者，丹與痧類，斑與疹類，痧輕而丹重，疹輕而斑重，丹與斑皆出與膚，平而成片，痧與疹皆高出於膚，而成點，痧自痧，丹自丹也，渾言之，則通白痧，亦疹自疹，斑自斑也，渾言之，則通曰疹。而痧之原出於肺，因先有痧邪，而始發表熱，治痧者，當治肺，以升達爲主，而稍佐以清涼。疹之原出於胃，因表熱不解，已成裏熱，而蘊爲疹邪，治疹者，當治胃，以清涼爲主，而少佐以升達。痧於當主表散時，不可早用寒瀉，疹於當主苦泄時，不可更從辛散。大旨升達主升葛柴之屬，清涼主芩梔桑丹之屬，惟宗仲景葛根芩連一法，出入增減，則於此際之細微層折皆能曲中而無差忒，此治痧疹之要道也。自來治此證者，主辛散，則禁寒泄，主寒泄，則禁辛散。故兩失之，至不僅爲痧與疹，而爲丹爲斑，則皆裏熱之甚，惟大劑寒藥乃克勝任，非第痧疹之比矣。有是四者，脘必悶，四者之齊與不齊，以脘悶之解與未解爲辨。有是四者，熱必壯，四者之解與不解，以汗出之透與未透爲辨。故當正治痧疹時，必兼行升清兩法，表裏交治，務使痧疹與汗並達。惟痧疹當發出之際，病人每悶極不可耐，稍一輾轉反側，其點即隱，病邪反從內陷，此正不必有外來之風也。即袖端被角間，略有疏忽，其汗便縮，一縮之後，旋即周身皆乾，此時厥有二弊，一則汗方出時，毛孔盡開，新風易入，一則汗已大出，不可再汗，非特痧疹立隱，且津液既泄，熱必益熾，後此變端皆從此起。病家只道未愈，醫家亦但説變病，孰知皆汗不如法之故耶。凡病之宜從汗解者，無不綿然，而兼痧疹者，尤甚，故特於此發之。

《六因條辨·斑痧疹瘰辨論》夫痧即是疹，疹即是痧，本屬一類，因各處稱名不同耳，如吳地稱爲痧子，浙人稱爲瘄子，川陝稱爲疹子，山東稱爲厤子是也。古人論斑爲陽明熱毒，點大而色鮮，疹爲太陰風熱，點細而色紅，瘰爲脾肺濕熱，連片而紅腫，更有丹者，心肺火毒，遍體紅暈，而兼斑疹也，瘔者，肺胃濕熱，粒如水晶，不甚稠密也。然考諸方書，斑也，疹也，丹也，瘰也，不外心脾肺胃之熱毒，或斑中兼疹，疹中兼丹，丹中兼瘰，總無一種獨發之理。然疹與瘰發，則搔痒無度，每兼腹痛。惟瘔係肺胃濕熱，只在氣分，蒸逼隨汗外泄而成，本屬氣虛，理宜清氣。近時醫輩，竟以治痧之法治瘔，謬之甚焉。殊不知斑痧疹瘰，皆由風熱濕火蘊鬱而成，非發不愈，故用疎透，至瘔則濕從熱化，氣隨汗泄，故宜清氣，若見瘔而更以疎泄透汗，則氣液外泄，熱勢反增，曾見汗泄一次，瘔發一身，醫爲未盡，再汗再瘔，一汗一瘔，漫延無已，竟有不死不休之弊。吁醫説有理，病聽欣然，一日氣脱，亦不過付之數與命，誰言醫之咎耶！總之，斑宜凊化，勿宜提透，痧宜透泄，勿宜補氣，瘰宜清泄，勿宜壅遏，丹宜化毒，勿宜溫散，瘔宜清氣，勿宜疎散，斯爲治法之大要。至於經常權變，神而明之，存乎其神焉。

《醫法圓通·辨認邪盛熱熾血傷病情》斑疹頻發

病人發熱不退，煩躁不寧，飲冷氣粗，脈健神健，忽發現斑疹，此邪熱盡越於外，解病之兆，急宜隨機而升解之。

《讀醫隨筆·證治類·溫熱發斑其人反清》溫熱發斑其人反清

凡人周身百脈之血，發原於心，亦歸宿於心，循環不已。熱入血脈，必致遺毒於心，故神昏譫妄也。前論患溫熱者，津枯血少，則神明不昏，晝夜不寐，何也？蓋血實則濁聚，血虛則神散也。更有津血全無，神明全散，溫毒之極。至於發斑，而人凊反異於平日者，此爲不治。前人未道，獨車質中曰：溫病發斑，獨有陽證人凊者，見洪滑之脈，宜細心參酌，勿可輕許妄治。又曰：發斑之證，神氣清楚，仰卧不能屈伸者不治，神氣昏沈者可生。張石

頑曰：溫熱之病，外感與正氣相搏，則神氣錯瞀，內傷正氣本虛，則神志清明，至死不惑，此皆閱歷深到之言，昔賢所未齒及也。曾憶某年秋月，天津盛疫，溫毒發斑，患者身如釜蟹，鼻準獨白，其人倦卧難動，神清語朗，臨死猶委婉言談，起病即屬不治。且專在幼童，傳染至速，其死在五六日之間，不過一月，死者數千，眞奇慘也。夫邪攻包絡，或入血脈，與夫血液燔灼乾濇，神機既息，清氣全無，自應昏昧，反見精靈，能知門外之事，與人言皆曲盡情理，甚於平日，總由血虛津枯，菁華已竭，元神離根而外越，不較之元氣離根而上越者更危乎？故凡病傷寒溫熱痘疹斑痧癰疽，爲日稍久，轉見神氣清明，長卧難動者，即爲心絶，是命盡也。每見讀書苦思之士，一病溫熱，陽明未實，血室未熱，即見譫妄者，心虛氣怯，望風先靡也。又見孤臣寡婦，憂愁鬱結，飲食不甘，夜不成眠，漸見肌肉消瘦，毛髮面色。轉見鮮美，目光外射，直視不瞬，及至臨死，談論欷歔，拱謝而逝，觀者莫不異之，此皆元神離根而外越也。

《感證輯要·名醫通論》　斑疹由氣血兩燔而發　王孟英曰，斑從肌肉而出屬胃，疹從血絡而出屬經。黑而光亮者，元氣猶充，黑暗，則元氣敗矣。四旁赤色，其氣血尚活，故可透發也。斑疹夾雜經胃之熱，各隨其部而外泄，熱邪入胃，本屬氣分，見斑則邪屬於血者多矣。疹從血絡而出，本屬血分，然邪由氣而閉其血，方成疹也，必當兩清氣血以爲治也。既出而反神昏，則正不勝邪而死矣。

綜　述

《外臺秘要·溫病發斑方七首》　《病源》：夫人冬月觸冒寒毒者，至春始發病，病初在表，或已發汗、吐下，而表證未罷，毒氣不散，故發斑瘡。又冬月天時溫暖，人感乖候之氣，未即發病，至春又被積寒所折，毒氣不得泄，至夏遇熱，其春寒解，冬溫毒始發出於肌膚，斑爛癮疹如錦文也。出第十卷中

《肘後》：療溫毒發斑，大疫難救，黑膏方：

生地黄半斤　好豉一升

右二味，以豬膏二斤合露之，煎五、六沸，令三分減一，絞去滓，末雄黄、麝香如大豆者，內中攪和。盡服之，毒使從皮中出，則愈。忌蕪荑。出第二卷中。

《小品》：葛根橘皮湯，療冬溫未即病，至春被積寒所折，不得發，至夏得熱，其春寒解，冬溫毒始發出，肌中斑爛癮疹如錦文，壯熱而欬，心悶，嘔，但吐清汁，宜服此湯則靜方。大效

葛根二兩　橘皮二兩　杏人二兩，去尖皮　麻黄二兩，去節　知母二兩　黄芩二兩　甘草二兩，炙

右七味，切，以水七斤，煮。取三斤，分溫三服。嘔、悶、吐當先定，便且消息。《古今錄驗》同。出第六卷中。

《刪繁》：療肺腑藏熱，暴氣斑點，香豉湯方：

香豉一升，綿裹　葱鬚切，四兩　石膏八兩　梔子人三兩　生姜八兩　大青二兩　升麻三兩　芒消三兩

右八味，切，以水六升，煮七味。取二升五合，去滓，然後下芒消，分三服。出第十卷中。

《備急》：療溫毒發斑。赤斑者五死一生，黑斑者十死一生，大疫難救，黑奴丸方：

麻黄三兩，去節　大黄二兩　芒消一兩　黄芩一兩　釜底墨一兩，研　竈尾墨一兩，研　屋梁上塵二兩，研

右七味，擣末，用蜜和如彈子大，新汲水五合，研一丸服之。若渴但與水，須臾當寒，寒訖便汗，則解。日移五丈不覺，更服一丸。此療六日胸中常大熱，口噤，名壞病。醫所不療，服此丸多差。一名水解丸。又一方加小麥黑勃一兩，名爲麥奴丸。《范汪》方同。

《古今錄驗》：黄連橘皮湯，療冬溫未即病，至春被積寒所折，不得發，至夏得熱，其春寒解，冬溫毒始發出，肌中斑爛癮疹如錦文而欬，心悶，嘔吐清汁，眼赤，口瘡，下部亦生瘡，已自得下痢，宜服此方：

黄連四兩，去毛　橘皮二兩　杏人二兩，去尖皮　枳實一兩，炙　麻黄二兩，去節　葛根二兩　厚朴一兩，炙　甘草一兩，炙

右八味，切，以水八升，煮。取三升，分三服，令盡，且消息，下當先止。

又漏蘆橘皮湯，療冬溫未即病，至春被積寒所折，不得發，至夏熱，其春寒解，冬溫毒始發出，肌中斑爛癮疹如錦文而欬，心悶，嘔吐清汁，眼赤，口瘡，下部亦生瘡方：

漏蘆　橘皮　甘遂　麻黄去節　杏人去皮尖　黄芩各二兩

右六味，切，以水九升，煮。取三升，分四服，得下爲佳。下後餘外證未除，更服葛根橘皮湯，方在前《小品方》。一方有知母、枳實、白薇、升麻、大黄、甘草爲十二味，出第三卷中。

又發斑瘡方：

黄連切，三兩，去毛

右一味，以水二升，煮。取八合，頓服之。忌豬肉、冷水。

《聖惠方・治時氣發斑諸方》　夫時氣在表，已發汗未解，或吐下後，熱毒氣不散，煩躁讝語，此爲表虚裡實。熱氣燥於外，故身體發斑如錦文。凡發斑不可用發表藥，令痛瘡開泄更增斑爛，表虚故也。

治時氣表裏不解，熱毒在臟，致發斑瘡，宜服升麻散方：

川升麻　犀角屑　玄參　秦艽去苗　子芩　柴胡去苗　杏仁湯浸去皮尖雙仁麩炒微黄　甘草炙微赤剉，以上各一兩

右件藥擣篩爲散。每服五錢，以水一中盞，煎至五分，去滓，不計時候，溫服。

又方：

玄參一兩　川升麻一兩　甘草一兩，炙微赤剉

右件藥，擣篩爲散。每服五錢，以水一大盞，煎至五分，去滓，不計時候，溫服。

治時氣壅毒不退，發斑遍身，煩熱，大小便不利，羚羊角散方：

羚羊角屑　梔子仁　麥門冬去心　川升麻　川大黄剉碎微炒　玄參　黄耆剉　甘草炙微赤剉　赤芍藥以上各一兩

右件藥，擣篩爲散，每服五錢，以水一大盞，煎至五分，去滓，不計時候，溫服。

治冬溫未即爲病，至夏得熱，其冬溫毒氣始出，肌中斑爛癮疹如錦文，喘欬，心悶，嘔吐清涎，宜服葛根散方：

葛根一兩，剉　陳橘皮一兩，湯浸去白瓤焙　麻黄二兩，去根節　知母一兩　黄芩一兩　甘草一兩，炙微赤剉　杏仁一兩，湯浸去皮尖雙仁麩炒微黄

右件藥，擣篩爲散。每服五錢，以水一大盞，入生薑半分，煎至五分，去滓，不計時候，溫服。

治時氣赤斑瘡出後，胸中惡熱瘡盛方：

雞子二枚，去殼　釅醋二合　豬膽汁三合

右件藥相和，煎十餘沸，放溫，不計時候，分溫三服。

治時氣熱毒在臟腑，欲發赤斑，宜服此方：

地黄汁五合

右件藥，於鍋中，以成鍊了豬脂半斤相和，煎十餘沸，濾去滓，入麝香攪令勻。每服二合，盡服之，毒當從肉中爲汗出，便愈。

又方：

右以生蝦蟇一枚，去腸肚，爛研，以水一大盞，絞取汁，頓服之。或五月五日午時收者，燒灰細研，冷水調服益佳。

《聖惠方・治熱病發斑諸方》　夫熱病在表，或未發汗，或已發汗吐下之後，表證未解，毒氣不散，煩熱而渴，得水不能飲，表虚裡實，故身體斑狀如錦文也。

治心肺臟熱，毒攻於皮膚，遍生赤斑，重者其色紫黑，宜服解毒香豉飲子方：

香豉二兩　石膏三兩　梔子仁一兩　大青一兩　川升麻一兩　川芒消一兩　甘草半兩，生用　川大黄一兩，剉碎微炒

右件藥，細剉拌和令勻，每服半兩，用水一大盞，入生姜半分，葱白七寸，煎至五分，去滓，不計時候，溫服。

治熱病目赤，煩躁狂語，坐卧不得，身生赤斑，宜服犀角散方：

犀角屑半兩　川大黄三分，剉碎微炒　龍膽半兩，去蘆頭　黄芩一兩　人參半兩，去蘆頭　甘草半兩，生用　不灰木一兩，以羊糞火焙爲灰細剉

右件藥，擣粗羅爲散。每服三錢，以水一中盞，入竹葉二七片，煎至六分，去滓，不計時候，溫服。

治熱病發斑，宜服茵陳散方：

茵陳二兩　川大黄一兩，剉碎微炒　玄參一兩　梔子仁一分　甘草半兩，生用

右件藥，擣篩爲散。每服四錢，以水一中盞，煎至六分。去滓，不計時候，溫服。

治熱病發斑，解毒，宜服牛黄散方：

牛黄半兩，細研　人參一兩，去蘆頭　梔子仁三分　川升麻半兩　甘草三分，

生用　川大黄一兩，剉碎微炒　檳榔半兩　木香一分　犀角屑一分　羚羊角屑一分

右件藥，擣細羅爲散。每服，不計時候，煎竹葉湯下二錢。

治熱病，溫毒大疫發斑，宜服生地黄膏方：

生地黄半斤，切　豉一升　雄黄二錢，細研　麝香二錢，細研

右件藥，以豬膏一升（斤），慢火煎地黄幷豉三分，煎至二分，絞去滓，入雄黄麝香，攪令勻，以瓷盒內貯之。每服，不計時候，以溫水調下半匙，服此藥後，其毒皆從皮膚中出，即差。

治熱病，毒氣外攻，皮膚斑出，狂亂燥熱，宜服解毒犀角散方：

犀角屑一兩　黄芩一兩　梔子仁半兩　大青二兩　牛黄半兩，細研　馬牙消一兩　天竹黄半兩，細研　赤茯苓半兩　麥門冬一兩半，去心焙　黄連半兩，去鬚　麝香一錢，細研　甘草半兩，生用

右件藥，擣細羅爲散。每服，不計時候，煎竹葉湯，調下二錢。

治熱病發赤斑，心神煩躁，宜服升麻散方：

川升麻一兩　川大黄一兩剉碎微炒　甘草半兩生用　犀角屑一兩　玄參一兩　人參一兩去蘆頭

右件藥，擣細羅爲散。每服，以新汲水調下二錢，日四五服。

治熱病，溫毒中人，斑出，赤者，五死一生；黑者，十死一生；大疫難救。

幷宜服此黑奴圓方：

麻黄三分去根節　川大黄半兩剉微炒　川芒消一兩　黄芩一兩　伏龍肝一兩　竈突中墨一兩　梁上塵一兩

右件藥，擣羅爲末，鍊蜜和擣三二百杵，圓如彈子大。每服，不計時候，以新汲水研下一圓，如渴，但飲水，須與當寒，寒定便汗出即解。如未解，更服一圓。

治熱病，熱毒斑出，頭面遍身，大青散方：

大青二兩　阿膠半兩擣碎炒令香燥　豉一合

右件藥，都以水一大盞半，煎至一盞，去滓，內膠令消，不計時候，分溫二服。

治熱病，斑瘡發頭面及身，皆戴白漿方。

右取好蜜，通身摩瘡上。亦以蜜煎升麻，數塗之。

又方：

右以水濃煮升麻，綿濾洗之。

治熱病斑發，須臾遍身，皆戴白漿，此熱毒氣盛方。

右煮葵菜葉，及韭薤，噉之則止。

又方：

右以鮮羊血，服三二合則止，初患急服之。

《傷寒總病論・斑豆瘡論・溫病發斑治法》　冬溫未即發病，至春被積寒所折，不得發，至夏得熱，其春寒解，冬溫毒始發於肌中，斑爛癮瘮如錦紋，而欬悶嘔吐清水，宜服黄芩麻黄湯。

溫病發斑，赤斑者五死一生，黑斑者十死一生，大疫難救，黑奴丸主之。

冬溫至夏發斑，欬而心悶，嘔清汁，眼赤口瘡，下部亦生瘡或自下利，黄連湯。

《傷寒類證活人書・問發斑》　答曰：發斑有兩證，溫毒發斑，熱毒發斑。溫毒發斑者，冬月觸冒寒毒，至春始發，或已發汗吐下，表證未除，毒氣未解，故發斑，黑膏主之。或冬月溫暖，人感乖戾之氣，至春初爲積寒所折，毒氣未得泄，迫天氣暄暖，溫毒始發，肌肉斑爛，癮瘮如錦文，而咳，心悶，嘔清汁，葛根橘皮湯屢用之驗，黄連橘皮湯亦佳。廣州褚倅子斑如壞梨醫熱病發斑者，與時氣發斑同，或未汗下，或已汗下，熱毒不散，表虛裏實，熱毒乘虛出於皮膚，遂發斑瘡，癮瘮如錦紋，俗呼麩瘡，素問謂之疹。發斑者下之太早，熱氣乘虛入胃故也。下之太遲，熱留胃中，亦發斑。服熱藥過多，亦發斑。微者，赤斑出，五死一生，劇者，黑斑出，十死一生。大抵發斑不可用表藥，表虛裏實，若發其汗，重令開泄，更增斑爛也，皆當用化斑湯，玄參升麻湯，阿膠大青湯，豬膽梔子湯，或與紫雪大妙。可下者與調胃承氣湯。暑月陽氣重者，常宜體候才有赤點如絞蚤咬卻，急治之。又有陽毒發斑，見四卷二問四問，宜參酌之。

《傷寒補亡論・發斑》　《活人書》曰：發斑有兩證，溫毒、熱病，皆有斑也。溫毒發斑者，冬時觸冒寒毒，至春始發，病初在表，或已發汗、吐、下，而表證未罷，毒氣未散，故發斑，黑膏主之。又冬月溫煖，人感乖戾之氣，冬末即病，至春或被積寒所折，毒氣不得泄，至天氣暄熱，溫毒始發，則肌肉斑爛，癮瘮如錦文，內攻心悶，但嘔清汁，葛根橘皮湯主之。雍詳發斑，有陽毒、溫毒、熱病。熱病，即今之傷寒也。溫毒發斑於三日之內，毒氣在表時即出，以

此驗其溫毒，非熱病也。蓋其毒久鬱而發，病不在裏，故不可下，必隨表證治之。當用藥解肌熱，麻黃、桂枝皆不可用也。如三日毒不解，其病入裏，則同傷寒治之。

又曰：熱病發斑與時氣同。或未發汗，或已經汗下，而熱毒不散，表虛裏實，熱毒乘虛出於皮膚，所以發斑。雍曰：此證是溫毒發斑也，與傷寒發斑不同。蓋溫毒之毒本在裏，久爲積寒所折，腠理閉塞不得出，及天氣暄熱，腠理開踈，乃因表虛鬱發爲斑。是時在裏之毒發在表，故可解肌而不可下也。傷寒之毒，初亦在裏，久不能出，及春再感溫氣，腠理方開，隨虛而出於表，遂見表證，而未成斑也。醫者昧於表裏之證，下之太早，時內無毒氣可下，所損皆胃之眞氣，眞氣既損，則胃爲之虛矣。邪毒者乘虛而出，乘虛而入者，以先損之虛胃，而當復入之今毒，力必不勝，而胃將爛，是以其華見於表，而爲斑。則傷寒之毒，初蘊於裏，出而之表耳。既見於裏，又見於表，是毒氣往來者再矣。諸經者，血脈之道路也，今邪毒往來於道路，而榮衛氣血不通，其人可久乎？此其所以不通也。然溫毒之斑，惟感於動而發，從而散之，則去矣。傷寒之毒，已發而復遏之，又虛而復客之，即入於胃，如升堂入室，不復可逐，必使下泄於腸胃則可出，故必下之，所以救胃爛也。元化曰：要須下去之，不可留於胃中是也。故溫毒之斑，鬱發之毒也；傷寒之斑，爛胃之證也。發則可去，爛則不可生，是以言五死一生、十死一生也。其爛如何？曰：毒熱焚於內，則胃爲瘡爛矣。

又曰：大抵發斑不可用發表藥，蓋表虛裏實，若發汗重令開泄，更增斑爛也。元參升麻湯、大青四物湯、豬膽雞子湯，可選用之。雍曰：溫毒發斑，感在表，惟可解肌，不可發汗。傷寒發斑，毒氣在胃，當下不當汗也。故皆腹痛，眼睛疼，身體倦怠，四肢逆冷，額上、手背冷汗不止，或多煩渴，精神恍惚，如有所失，二三日間，或可起行，不甚覺重；診之則六脈沈細而疾，尺部短小，寸口脈或大。若誤服涼藥，則渴轉甚，煩躁急。有此病證者，便須急服辛熱之藥，一日或二日便安。

《傷寒補亡論・發斑》問曰：諸證發斑，何藥以解之？孫眞人曰：凡除熱解毒，無過苦酢之物，故多用苦參、青葙、艾、梔子、葶藶、苦酒、烏梅之屬，是其要也。熱盛非苦酢之物不解。熱在身中，既不時治，治之又不用苦酢之藥，如此，救火不以水也。今諸療治，多用甘辛，薑、桂、人參之類，此皆貴價不常有，比行求之，轉以失時；而苦參、青葙、葶藶、艾之屬，所在盡有，除熱解毒最良。得病內熱者，不必按藥決也，便以青葙、苦參、艾、苦酒療之，但稍與，促其間，無不解也。雍曰：此論不暇尋求所在可得之藥，其他則如《千金》、《活人書》。龐氏論中，藥與證相對者皆可用，前已載之矣。

問曰：斑出必欲下，何藥爲宜？雍曰：三者之病，陽毒最爲重，其斑爲證自有之，治從本方。溫毒內外熱盛，不能偏表偏裏，須兩解之，以去內外熱，宜白虎加人參湯、化斑湯；若內外熱太甚者，依陽毒治之。常時傷寒誤下、失下，致斑出者，其毒已入胃，審其無表證，有下證，宜用調胃承氣湯，以除胃中熱，蓋此斑非獨表證也。

《保命集・小兒斑疹論》論曰：斑疹之病，其狀各異。瘡發焮腫于外，屬少陽三焦相火，謂之斑；小紅靨行於皮膚之中不出者，屬少陰君火也，謂之疹。凡顯斑證者，若自吐瀉者，愼勿治則多吉，謂邪氣上下皆出也。大凡瘡疹，首尾皆不可下，恐妄動而生變，此謂少陽通表宜和之也，當先安其裏以解毒，次微發之。安裏解毒者，謂能安和五藏，防風湯是也；如大便不秘，次微發之，微發之藥，錢氏中甚多，宜選用之；如大便過秘，宜微利之，當歸丸、棗變百祥丸是也。初知是斑疹，若便發之，令斑併出，小兒難禁，是使別生他證也。首尾不可下者，首曰上焦，尾曰下焦。若已吐利，不可下也，便宜安裏藥三五服。如能食，大便秘者，內實，宜微踈利之。若內虛而利者，宜安裏藥三五服，末後一服，調微發之藥服之。大抵用安裏之藥多，發表之藥少，秘則微踈之，邪氣不併出，能作番次，使小兒易禁也。身溫者順，身涼者逆，則宜服防風湯以和之。

防風湯：

防風一兩　地骨皮　黃耆　芍藥　枳殼　荊芥穗　牛旁子已上各半兩

右爲細末，溫水調下，或爲麄末，煎服二三錢更妙。

治大便秘而內實，能食，宜當歸丸：

當歸五錢　黃連三錢半　大黃二錢　甘草一錢炙

先將當歸熬作膏子，入藥三味爲丸，漸次服十丸。

治斑疹大便秘結，棗變百祥丸：

大戟去骨一兩　棗三箇去核

右二味，用水一椀，煎至水盡爲度，去大戟不用，將棗焙乾，可和劑旋

丸，從少至多，以利爲度。

五臟病各有所見證

熱則從心，寒則從腎，嗽而氣上則從肺，風從肝，瀉從脾。假令瀉見嗽而氣上，脾肺病也，瀉白、益黃散合而服之；又宜黃芩厚朴湯、白术厚朴湯。謂脾苦濕，肺苦燥，氣則上逆也，其證先瀉，又兼面色黃，腸鳴呦呦者是也。如見渴，熱多者，當服厚朴湯；下渴，熱少者，當服白术厚朴湯。其他五臟，若有兼證，皆如此類，然更詳後說四時經移用藥。假令春分前，風寒也，宜用地黃、羌活、防風，或地黃丸及瀉青相間服之。春分後，風熱也，宜用羌活、防風、黃芩或瀉青丸，用導赤散下之。立夏之後，熱也，用三黃丸、導赤散。夏至後，濕熱也，宜導赤、瀉黃丸合而服之，或黃芩、甘草、白术、茯苓之類，爲勝濕之藥。立秋後，宜用益黃散、瀉白散、陳皮、厚朴、人參、木香之類。秋分後，用瀉白散。立冬之後，地黃丸主之，謂腎不受瀉也。大凡小兒斑疹已發，有瘡、有聲音者，乃形病氣不病也；無瘡、無聲音者，乃氣病形不病也；有瘡而無聲音者，是形氣俱病也。後一證，當清利肺氣，八風湯或涼鬲散，大黃、芒硝亦可，或如聖湯加大黃，或八味羌活湯加大黃，此是春時發斑，謂之風斑耳。瘡疹者，《內經》云：痛癢瘡瘍，皆屬心火。斑子者，是相，君行命三焦，眞陽氣之所作也。若氣入肺，變膿胞，入肝爲水胞，自病爲斑。心乃君火，入於皮作癮疹，爲肺主皮毛，心不害肺金，此乃君之德也。未瘡而發搐，而外感寒邪，內發心熱而發搐，用茶粉下解毒丸，或犀角地黃湯主之。若斑已發，便稠密，形勢如針頭者，當輕發其表，涼其內，連翹升麻湯主之。已發稠密甚而微喘，飲水，有熱證，當以去風藥微下之。若出不快，清便自調，知爲在表不在裏，當微發之，升麻葛根湯主之。若有乾黑陷，身不大熱，大小便澀，則知熱在內，當煎大黃湯下宣風散。身表大熱者，表證未罷，不可利大便。若斑疹已出，見小熱，小便不利者，當利小便。已發後有毒餘不散，爲復有身熱、癰瘡之類，當用解毒之藥。

《傷寒標本心法類萃・發斑》 發斑，下證未全，涼膈散。未曾下，胃熱發斑，白虎湯加人參、白术。陽明胃熱發斑，脈沉須下者，三一承氣湯下之。傷寒胃熱發斑，涼膈散加滑石調五苓散甚妙。

《斑論萃英・瘡疹標本》 昔睦親宮十太尉病瘡疹，衆醫治之，王曰：瘡疹未出，屬何臟腑？一醫言胃氣熱，一醫言傷寒不退，一醫言在母腹中有毒。錢氏曰：若言胃氣熱，何以乍涼乍熱？若言母腹中有毒，屬何藏也？醫曰：在脾胃。錢氏曰：既在脾胃，何以驚悸？錢曰：夫胎在腹中，月至六、七則已成形，食母穢液，入兒五藏，食至十月，滿胃脘中，至生之時，口有不潔，產母以手拭淨，則無疾病。俗以黃連汁壓之，方下臍糞及涎穢也。此亦母之不潔，餘氣入兒藏中，本先因微寒入而成瘡疹，未出五藏，皆兒病證。內一藏受穢多者，乃出瘡疹。初欲病時，先呵欠、頓悶、驚悸，乍涼乍熱，手足冷，面腮赤燥，欬嗽噴嚏，此五藏證俱見。呵欠頓悶，肝也；時發驚悸，心也；乍涼乍熱，手足冷，脾也；面赤、腮頰赤，噴嚏，肺也；惟腎無候，以在府下，不能食穢故也。凡瘡疹乃五藏毒，若出歸一證，肝水疱，肺膿疱，心癍，脾疹，惟腎不食穢毒而無諸證。瘡黑者屬腎，由不愼風冷，而不飽內虛也。又用抱龍丸數服愈，以其別無他候。故未發出則見五藏證，已出則歸一藏矣。海藏云：本先因微寒入一句，幷由不愼風冷而不飽內虛一句，勿認作寒證，當識。用抱龍丸即知癍疹多熱也。

《斑論萃英・潔古老人斑論》 論曰：斑疹之病，其爲證各異。瘡發焮腫於外者，屬少陽三焦相火也，謂之斑；小紅點行皮膚之中不出者，屬少陽君火也，謂之疹。凡顯斑證，若自吐瀉者，愼勿亂治而多吉，謂邪氣上下皆出也。大凡瘡疹首尾皆不可下，恐妄動而變，此謂少陽通表宜和之也。當先安裏解毒，次微發之。安裏解毒，須安五臟，防風湯是也。如大便不澀者，須微發之藥，錢氏方中甚多，宜選用之。如大過秘，宜微利之，當歸丸、棗變百祥丸是也。初知斑疹，若使之斑疹併出，小兒難禁，是以別生他證也。首尾不可下者，首曰上焦，尾曰下焦，若能吐利，猶不可下也，便宜安裏。若不吐瀉者，先安裏，藥三五服。如能食，而大便秘結內實者，宜疎利之。若內虛而利者，宜用裏藥，末後一服，調微發之藥服之。大抵安裏之藥多，發表之藥少，秘則微疎之，令邪氣不壅，併而能作番。次使兒易禁也，身溫煖者順。身涼者逆，二者宜多服防風湯和之安裏。若大便實秘，能飲食而內實，宜當歸丸微利之。

《斑論萃英・未顯斑證所用之藥》 外傷升麻湯主之，內傷枳實丸主之，大便耎者枳术丸主之。若傷冷者溫之，神應丸主之。惡寒者發之，宜防風蒼术湯。表大熱者奪之，此表者通言三陽也，夫陽盛則氣必上行，言奪者，治法不令上行也。渴者清之，大渴者白虎湯，小渴者涼膈散。大便秘結者下之，

桃仁承氣湯、四順飲子、柴胡飲子選用，察其在氣在血。小便不通者利之，導赤散、八正散之類，當求上下二焦，何經而用之。驚者安之涼驚丸，重者瀉青丸。泄者分之，寒則異功散、四君子湯，熱則澤瀉、茯苓湯。

《斑論萃英・已顯斑證所用之藥》 出不快，化毒湯。出太多，犀角地黃湯，地骨皮鼠粘子湯。咽不利，桔梗甘草鼠粘子湯。煩者，桔梗甘草梔子湯，肺不利，紫草茸甘草枳殼湯。太陽出不快，荆芥甘草防風湯。陽明出不快，升麻加紫草湯。少陽出不快，連翹防風湯。四肢出不快，防風芍藥甘草湯。

《斑論萃英・斑疹輕重候》 凡未出而發搐者，是外感風寒之邪，內發心熱之所作也，當用茶粉下解毒犀角地黃湯主之。一發便密如鍼頭，形勢重者，合輕其表而涼其內，連翹升麻湯。若斑已發密重，微喘飲水者，有熱證，用去風藥微下之。若出不快，清便自調，知其在表不在裏，當微發散，升麻葛根湯。若青乾黑陷，身不大熱，大小便澀，則是熱在內，煎大黃湯下宣風散。若身表大熱者，表證未罷，不可下。若斑疹已出，見小熱，小便不利，當利小便，八正散。若已發後有餘毒未散，復有身熱瘡腫之類，當用茶粉下解毒丸。瘡疹已出後，有聲音者，乃形病氣不病也。瘡疹未出，先聲音不出者，乃形不病而氣病也。若瘡疹出而聲音不出者，是形氣俱病也，當清其肺氣，宜用八風湯并涼膈散，去硝、大黃亦可。

《傷寒明理續論・發斑》 溫毒發斑，黑膏主之；　渴而心悶，下利嘔吐，下部有瘡，或口瘡，黃連橘皮湯、葛根湯、橘皮湯。

陽毒發斑，狂顛妄言，而赤咽痛，身斑如錦，下利赤黃，升麻湯、麥奴丸；有下證，調胃承氣湯。

時氣發斑，大青四物湯、豬膽雞子湯。

發斑通用升麻湯、犀角地黃湯；　熱多者，玄參升麻湯、黃連一物湯、青木香一物湯。

凡赤斑五死一生，黑斑不救。

《傷寒家秘的本・發斑》 溫毒發斑，咳而心悶，下利嘔吐，下部並口有瘡者，黃連橘皮湯。陽毒，斑如錦紋，面赤咽痛，脈洪大，不知人者，三黃石膏湯；　便實燥渴者，調胃承氣下之。發斑通用升麻犀角湯；　熱多者，玄參升麻黃連一物湯治也。

《丹溪心法・斑疹》 斑屬風熱挾痰而作，自裏而發於外，通聖散中消息，當以微汗散之，切不可下。內傷斑者，胃氣極虛，一身火遊行於外所致，宜補以降，於陰證略例中求之。發斑似傷寒者，痰熱之病發於外，微汗以散之，若下之非理。疹屬熱與痰，在肺，清肺火降痰，或解散出汗，亦有可下者。疹即瘡疹，汗之即愈，通聖散中消息之。癮疹多屬脾，隱隱然在皮膚之間，故言癮疹也，發則多癢。或不仁者，是兼風兼溫之殊，色紅者，兼火化也。黃瓜水調伏龍肝，去紅點斑。

戴云：斑有色點而無頭粒者是也，疹浮小有頭粒者，隨出即收，收則又出是也。非若斑之無頭粒者，當明辨之。

附錄：斑疹之病，其爲證各異。瘡發焮腫於外者，屬少陽三焦相火也，謂之斑；小紅靨行皮膚之中不出者，屬少陰君火也，謂之疹。又傷寒陽證發斑有四，惟溫毒發斑至重，紅赤者爲胃熱也，紫黑者爲胃爛也，一則下早，一則下之晚，乃外感熱病發斑也，以玄參、升麻、白虎等藥服之。陰證發斑，亦出背胸，又出手足，亦稀少而微紅，若作熱證，投之涼藥大誤矣。此無根失守之火，聚於胸中，上獨薰肺，傳於皮膚而爲斑點，但如蚊蚋虱蚤咬形狀，而非錦紋也，只宜調中溫胃，加以茴香、芍藥，或以大建中之類，其火自下，斑自消退，可謂治本而不治標也。

《傷寒全生集・辨傷寒發斑例》 凡斑欲出未出之際，且與升麻湯，先透其毒。若脈虛，加人參，若食少，大便不實，加白朮。若斑已出，不宜再發也。夫斑不可汗，汗之則增加斑爛；　不宜下，下之則斑毒內陷。如脈洪數，熱盛煩渴者，人參化斑湯。若消斑毒，犀角玄參湯及大青四物湯。如熱毒內盛，心煩不眠，錯語呻吟者，黃連解毒湯加玄參、升麻、大青。熱甚，煩渴喘咳者，解毒合化斑湯。若斑勢稍退，內實不大便，譫語潮熱者，大柴胡加芒硝，甚者用調胃承氣湯。曾治一人，傷寒八九日，發斑，四肢強硬，昏沉譫語，不知人事，大便四五日不通，以調胃承氣湯一下而愈。如未可下，有潮熱煩渴者，宜以小柴胡去半夏、加瓜蔞，合解毒湯。若解胃熱斑爛之毒，必用黃連、大青、犀角、元參、升麻、石膏、知母、黃芩、山梔、黃栢之類。要在察其病情，合宜則用也。

時氣發斑者，乃大行時疫之氣也，人感者則憎寒壯熱，身體拘急，或嘔逆喘嗽，或胸中煩悶躁熱，起卧不安，或頭疼鼻乾，呻吟不得眠，此斑候也。一切斑來勢急者，發熱一二日便出。斑來勢緩者，發熱四五六日而出也。凡治

斑，必察病人元氣虛實，脈來有力無力爲主。若脈微弱，元氣虛者，以柴胡三白湯。次察斑欲出未透者，以升麻葛根湯。如胃弱，以四君子合升麻葛根，名升君湯也。如斑不透，加紅花。若斑疹初出，有表症，憎寒壯熱，頭疼骨痛，拘急胸滿者，加味羌活散加紅花。若發出斑而稠密，或咽痛不利者，犀角解毒飲，元參升麻湯。凡斑出脈數，煩渴，潮熱不解者，小柴胡隨症加減。若斑出嘔逆，用解毒湯加陳皮、生姜、山梔。若喘嗽不止，小柴胡加貝母、瓜蔞、知母、石膏。若咽痛，用黃連解毒湯，加連翹、牛蒡、黑元參、升麻、桔梗、甘草。若斑出毒盛，黃連解毒湯加元參、大青、犀角、石膏、知母。宜忌避香臭，蓋恐觸其斑也。凡斑已出未出之時候，不可急投寒涼之藥，并寒冷之物，恐傷胃氣。先將嘔吐，又不宜汗下，虛其表裏。若脈弱者，必先因有房事，要在審問明白。如有夾寒者，必先助其元氣爲要也。溫毒發斑，即時氣也。蓋冬時天應寒冷而反大溫，人感不正之氣而爲病也，治例與時氣同法。但溫毒尤盛，用元參升麻湯，犀角大青湯、人參化斑湯、青黛一物湯、黃連解毒湯選用。其溫熱二症發斑者，治與傷寒同法。此由怫鬱之極，自內而發於外，亦非輕也。陽毒發斑者，其證狂言，下利咽痛，斑如錦紋，用陽毒升麻湯、犀角元參湯、黃連解毒湯、人參化斑湯選用，備詳陽毒條下。內傷寒發斑者，因暑月得之，先因傷暑，次食寒涼之物，并居涼處，內外皆寒，逼其暑火浮游於外，而發斑也。曾治一人，病發，寒熱間作，有斑三五點，鼻中微血出，兩手脈沉濇，皮膚按之殊無大熱，此內傷寒發斑也，用調中湯數服而愈。若夾暑，用香薷、藊荳主之。陰症發斑者，亦出胸背手足，但稀少而淡紅色也。此人元氣素虛，先因慾事內損腎經，或悞服涼藥太過，遂成陰症。伏寒於下，逼其無根失守之火聚於胸中，上熱薰肺，傳於皮膚，而發斑點，但如蚊蚋蚤虱咬痕然。斑大紅點，俱以調中湯溫胃，加以茴香炒芍藥。寒熱脈微者，大建中湯，則其陽回，陰火自降，其病乃愈。此治本不治標也。凡見斑，不可專以斑治，須察其脈之浮沉，病之虛實，則爲善治斑也。

傷寒黑斑，曾治一人，傷寒七八日，因服涼藥過多，遂遍身手足冷，厥逆，遍身黑斑，惟心頭溫煖，乃伏火也。診其六脈沉細，昏沉不知人事，不能言，狀如屍，遂用人參三白湯，加熟附、乾姜，服下一時，斑色漸紅，手足漸溫煖，然後甦醒。復有餘熱不除，此伏火緩作，以黃連解毒湯加竹葉、石膏，調服則愈。

《醫學正傳·斑疹》《內經》曰：少陰所至，爲瘍疹。夫少陰所至者，言君火有餘熱，令大行，戊子戊午之歲也。在人則心主之，心火太過則制己所勝而燒爍肺金。蓋肺主皮毛，故紅點如蚤之狀，見於皮膚之間，心火侮而乘之之色也，名曰癮疹。或傷寒溫熱病而發斑，斑如錦文者，名曰發斑，皆熱毒之所致也。其證有陽毒，有陰毒，是皆冬應寒而反溫，人受不正之氣，故至春夏而發爲斑爛。夫陽脈浮數而陰脈實大者，名爲溫毒，或爲內外結熱極深，舌卷焦黑，鼻若烟煤，狂言見鬼，面赤而斑爛者，名爲陽毒。如溫病下之太早，熱氣乘虛入胃，或下之太遲，熱病鬱積胃中，或醫者誤用熱藥過多，胃氣熱甚，及內傷熱病，虛火燔灼肺之間，皆能成發斑也。是故發赤斑者，半生半死，發黑斑者，九死一生。治法用化斑湯、升麻葛根湯、玄參升麻湯、黑膏黑奴丸之類，是皆正治之法也。學者宜詳察而用之。

脈法

脈陽浮而數，陰實而大。火盛在表，故陽脈浮數。下焦實熱，故陰脈實大。

脈多沉伏，或細而散，或絕無。滑伯仁曰：脈者，血之波瀾，故發斑者，血散於肌膚，故脈伏。

方法丹溪方法凡七條

丹溪曰：發斑屬氣熱，挾痰而作，自裏而發於外，通聖散中消息用。當微汗以散之，下之非理也。

戴氏曰：有色點而無顆粒者曰斑。一云，發斑似傷寒痰熱之病，發於外也。

有屬裏者，因胃熱助手少陰火入手太陰肺也，故紅點如斑，生於皮毛間耳，白虎瀉心，調胃承氣從長選用之。

內傷發斑者，胃氣極虛，一身之火遊行於外所致，宜補以降之。

疹屬熱，與痰在肺。清肺火降痰，或解散出汗，亦有可下者。

戴氏曰：浮小有顆粒者是也，隨出即沒，而又出，主乎解散，汗之即愈，通聖散中消息用之是也。

丹疹皆是惡毒熱血蘊蓄於命門，遇君相二火合起即發也。如遇熱時，以通聖等辛涼之劑解之。寒月以升麻葛根等辛溫之劑解之。凡丹疹，先從四肢起，而後入腹者死。

有乳孩，因胎毒，兩腋生癤，後腹脹，發赤疹如霞片，取剪刀草杵汁調原

蠶沙敷之而愈。

《醫學入門・痘》 凡痘癰不問發於何經，初起紅腫時，卻用黑豆、綠豆、赤豆等分，酸醋研漿，時時以鵝翎刷之，一切癰痘癤毒，不用針刀自潰。如膿已熟者，用鈹針燒紅刺之，内服消毒飲，在腮項，加金銀花。若不早治，必至潰爛筋骨。金華散： 黄丹、黄柏、黄連、大黄、黄芪、輕粉、麝香，爲末，干摻。瘡干，豬油調涂。治痘後肥瘡、疳瘡、癬疥，收水涼肌解毒，斂肌散： 地骨皮、黄連、五倍子、黄柏、甘草，爲末，干摻。兼治疳蝕不斂，并痘後膿血雜滲不收等瘡。礬藺散： 用白礬爲末，塞入蠶繭内，令滿，以炭火燒，令礬汁盡，取出爲末，干摻。治痘後身上及肢節上生疳蝕瘡，膿水不絕。

逃痘方是後人巧，信者縱出亦稀疏。

太古無痘疹，周末秦初乃有之。初生，用生地黄自然汁服三蜆殼許，利下惡污，亦可稀痘。每遇冬月溫暖，恐春發痘，宜預服，三豆飲： 黑豆、赤豆、綠豆各等分，甘草減半，水煮熟，任意飲之。凡天行痘瘡，鄉鄰盛發，宜先服七日，痘永不出。小兒陽盛，無陰以制，令頭發豎直，飲食減少，此伏熱之兆，便宜服油劑： 麻油一盞，逐日飲盡，永不出痘。更服升麻葛根湯、三豆飲以預防之。消毒保嬰丹： 纏豆藤即毛豆梗上纏繞細紅藤，八月間採，陰干一兩半，黑豆三十粒，赤豆七十粒，山楂肉、牛蒡子、生地、辰砂各一兩，升麻、連翹各七錢半，荆芥、防風、獨活、甘草、當歸、赤芍、黄連、桔梗各五錢，經霜絲瓜長五寸者二個燒存性。前藥須預辦精料。遇春分、秋分、上元、七夕，忌婦人、貓、犬，誠心修制，爲末和勻，淨砂糖爲丸，李核大。每一丸，濃煎甘草湯化下。凡小兒未出痘者，每遇春分、秋分時，各服一丸，其痘毒能漸消化。若只服一二次，亦得減少； 若服三年六次，其毒盡能消化，必無虞矣。

錢劉陳魏皆堪法，得要還羨丹溪書。

錢、劉以痘本胎毒，毒解而氣血自伸； 陳、魏以痘雖内毒，毒出則虛。丹溪隨表里虛實，溫補解毒兼用。但見熱證，便用清肌解毒，甚則硝、黄； 但見虛證，便用溫中托里，甚則姜、附。噫！ 法無不善，用貴得宜。痘本外科傷寒之一，兼内傷雜病，婦女胎產，小兒驚積，痘非醫之統要矣乎！

《醫學入門・痲》 痲毒原來只肺胃，紅斑五六日方出。

六腑腸胃之熱，蒸於肺，外感内傷并發，與痘證表似同而裏實異。初熱三日，出，脹共三日，出而又沒，沒而又出，出沒一周時許。重者，遍身綳脹，眼亦封閉。有赤、白、微黄不同，仍要紅活，最嫌黑陷及面目胸腹稠密。咽喉攢纏者逆，發不出而喘者即死。與大科癮疹相似，又與發斑相似。但發斑如錦紋，有空缺處如雲頭狀； 痲即如痲，遍身無空，但疏密不同耳。仍有夾斑、夾丹、夾瘡同出者。

初起寒熱咳嚏衄，

初起呵欠，發熱惡寒，咳嗽噴嚏，流涕頭眩，宜升麻葛根湯加紫蘇、葱白以解肌，切忌大汗。斑不紅者亦宜。乃痲證初起之神方。潮熱盛，加芩、連、地骨皮； 譫語，調辰砂六一散； 咳多，加痲黄、杏仁、麥門冬、石膏； 咳甚另用涼膈散加桔梗、地骨皮； 泄瀉，合四苓散； 便血，合犀角地黄湯； 吐衄血，加炒梔子； 小便赤，加木通。寒熱似瘧，小柴胡湯。

面赤全不思食味。

初起全類傷寒，但面赤、中指冷爲異耳。

煩喘便秘譫如狂，

已出，煩躁作渴者，解毒湯合白虎湯； 喘滿便秘者，前胡枳殼湯： 赤獲苓、大黄，甘草，五味水煎服。便秘三四日者，小承氣湯、防風通聖散； 譫語溺秘者，導赤散，如泔者，四苓散加車前、木通； 譫語如狂者，解毒湯調辰砂六一散。

或時便血并吐衄；

大便血，或小便亦見血者，犀角地黄湯合解毒湯； 吐血、衄血，解毒湯加炒山梔、童便。輕者，黄芩湯加生地、山梔； 重者，涼膈散加生地、山梔、童便。

又或瀉泄與嘔干，

泄瀉，解毒湯合四苓散。喘兼泄瀉、溺澀者，柴苓湯； 煩渴作瀉者，白虎加蒼湯，豬苓湯。熱盛干嘔，解毒湯； 傷食嘔吐，四君子湯； 夏月因暑作嘔，四苓散加人參，忌用豆蔻、木香、姜、桂熱藥。

始終雜證皆熱熾。

痲證初起，已出已沒及一切雜證，與痘毒大同，但始終宜清涼。雖然痲愛清涼，痘愛溫，不易常道； 虛則補，實則瀉，醫家活法。故治痲，亦有血虛而用四物湯，氣虛而用四君子湯，天寒傷冷，則溫中理中之藥，一時之

權也。

沒後餘毒內攻鑽，循衣妄語昏神智。

沒後余熱內攻，循衣摸床，譫語神昏喪智者死。如熱輕余毒未除，必先見諸氣色，須預防之，始終以升麻葛根湯爲主，或消毒飲、解毒湯，隨證選用。仍忌腥、葱、蒜。

《醫方考·癍疹門》敘曰：無熱不癍，無濕不疹。此二言者，癍疹之大觀也。其致疾之由，則有風寒暑濕之殊。辨證之法，則有表裏虛實之異。此在人之自悟，非可以紙上盡也。

防風通聖散：

防風　川芎　當歸　大黄　芒硝　白芍藥　連翹　薄荷　麻黄　石膏
桔梗　黄芩　白术　梔子　荆芥　滑石　甘草

失下發癍者，此方主之。

失下者，腸胃燥實，當下而失於下也。失下則熱無所泄而結於胃。胃主肌肉，故肌肉之間見紅癍也。紅者火之色，熱之熾也。方中有大黄、芒硝、甘草，乃傷寒門調胃承氣湯也，所以瀉腸胃之實熱。加連翹、梔子、黄芩、薄荷，乃火門之涼膈散也，所以散胸膈之熱邪。全方除芒硝、大黄，名曰雙解散。解表有防風、麻黄、薄荷、荆芥、川芎。解裏有石膏、滑石、黄芩、梔子、連翹。復有當歸、芍藥以和血。桔梗、白术、甘草以調氣。營衛皆和，表裏俱暢，故曰雙解。本方名曰通聖散，極言其用之妙也。正考見中風門。

葛根橘皮湯：

葛根　橘皮　杏仁　知母　麻黄　黄芩　甘草

冬月肌中癍爛，咳而心悶者，此方主之。

冬月腠理閉密，故用麻黄以發表。肌屬陽明，故用葛根以解肌。咳爲肺氣不利，故用橘皮、杏仁以利氣。悶爲心膈有熱，故用黄芩、知母以清熱。辛甘發散爲陽，故佐以甘草，且調諸藥而和中也。

陽毒升麻湯：

升麻半兩　生犀角鎊　麝香　黄芩炒　人參　甘草各二錢五分

傷寒吐下後，狂言面赤，陽毒發癍者，此方主之。

吐下後，中氣必虛，故用人參、甘草以補中。升麻、犀角，寒而不滯，故爲散癍之要藥。佐以麝香，利氣竅也。佐以黄芩，清陽毒也。

玄參升麻湯：

玄參　升麻　甘草各等分

發癍咽痛者，此方主之。

升麻能散癍，甘草、玄參能清咽。散癍者，取其辛溫，謂辛能散而溫不滯也。清咽者，取其甘苦，謂甘能緩而苦能降也。

消毒犀角飲子：

牛蒡子六錢　荆芥二錢　防風三錢　甘草一錢

皮膚有癍疹，無裏證者，此方主之。

辛甘發散爲陽，故用防風、甘草。癍之爲患，熱藥治之，則血溢而益盛，寒藥治之，則血凝而不散，惟辛涼之藥爲宜，故用牛蒡、荆芥。無犀角而名犀角者，謂其功用同乎犀角也。

升麻葛根湯：

升麻　葛根　白芍藥　甘草

麻疹已出、未出，此方皆主之。

諸疹未出，升麻、葛根能出之。諸疹已出，升麻、葛根能散之。芍藥和營，甘草和衛。

消風散：

荆芥穗　炙甘草　陳皮　厚朴薑湯炒　藿香　蟬蛻　人參　白殭蠶炒
茯苓　防風　芎藭　羌活

風熱丹疹，此方主之。

風熱則表實，實者宜散之，荆芥、芎藭、防風、羌活，皆辛散也。表實則裏虛，虛者宜補之，人參、甘草、茯苓，皆甘補也。風盛則氣壅，厚朴所以下氣，陳藿所以泄氣。風熱生痰，治以殭蠶。表熱留連，治以蟬蛻。

化癍湯：

石膏　人參　知母　甘草

胃熱發癍，脈虛者，此方主之。

胃熱者，口燥煩渴也。胃主肌肉，故胃熱則肌肉癍爛。脈虛者，壯火食氣，而脈無力以充實也。惟其胃熱，故用石膏之寒。惟其脈虛，故用人參之補，知母養其營，甘草養其衛。此方即人參白虎湯耳。

調中湯：

蒼术一錢半　陳皮　砂仁　藿香　甘草　芍藥炒　桔梗　半夏　白芷　枳殼炒　羌活各一錢　川芎　麻黃　桂枝各五分

內傷外感，熱而成癍者，此方主之。

內傷則裏熱，外感則表熱，兩熱而無泄，故令癍爛。內傷者調其中，蒼、陳、砂、藿、半、芍、枳、桔，皆調中藥也。外感者疏其表，麻、桂、羌、芎、芷、草，皆疏表藥也。表裏治而癍自愈矣。

大建中湯：

人參　黃耆炙　當歸　芍藥酒炒　桂心　甘草炙　半夏製　黑附子製

中氣不足，無根失守之火，出於肌表而成癍者，此方主之。

此是汗吐下後之證，中氣虛乏，則餘邪無所歸附，隱隱然見於肌表，其色淡紅而不甚顯爲辨也。人參、黃耆所以補中，半夏、甘草所以調中，此皆健脾藥也。復有當歸、芍藥之活血，則外溢之癍流而不滯。有桂心、附子之溫中，則失位之火引而歸原。此中營之幟一端，而失伍之師各就其列也。是方也，以附桂參耆而治癍，法之變者也。醫而未至於可以權，則不足以語此。

《傷寒證治準繩・發斑》　趙嗣眞：《活人》云：發斑有兩證，有溫毒，有熱病。又云：表虛裏實，熱毒乘虛出于皮膚，所以發斑瘡癮疹如錦紋。《素問》謂之疹。愚詳仲景《論》無此證治。但華陀云：熱毒未入于胃而下之，胃虛熱入爛胃，又熱已入胃，不以時下之，熱不得泄，亦胃爛。其斑如雞頭大，微隱起，喜著兩脇。王仲弓云：下之太早，熱氣乘虛入胃故也；下之太遲，熱留胃中亦發斑。或服熱藥多亦發斑，微者赤，五死一生；劇者黑，十死一生。皆用白虎加人參湯，一名化斑湯，及阿膠大青湯。又索氏《新書》云：陽毒病人出斑皆，如灸跡，指面大，青黑，並不免于死者。古人云胃爛，如此可信矣。世之人或謂斑有生者，非斑也，皆疹耳。其狀如蚊蟲咬，小點而赤是也，故其多生矣。今此癮疹如錦紋者，疹也，非斑也。以斑即是疹，亦非也。謂表虛裏實者，亦非也。如上所言，豈特兩證而已乎。

王海藏：陽證發斑有四，有溫毒發斑，有熱病發斑，有時氣發斑，有傷寒發斑。

斑斑如錦紋，或發之四末，或發之面部，或發之胸背，色紅赤者胃熱也。紫黑者，胃爛也。一則下早，一則下晚，乃外感熱病而發也。宜用玄參升麻湯、白虎等藥。王朝泰云：赤斑出，五死一生；黑斑出，十死一生。皆用白虎人參湯、阿膠大青湯、兼與紫雪散大妙。可下者，調胃承氣湯。

吳綬：凡發斑有六，一曰傷寒，二曰時氣，三曰溫毒，四曰陽毒，五曰內傷寒，六曰陰證。

一曰傷寒發斑者，蓋因當汗不汗，當下不下，熱毒蘊于胃中，乃發斑也。《千金方》曰：紅赤者爲胃熱，紫赤者爲熱甚，紫黑者爲胃爛也。故赤斑出者，五死一生。黑斑出者，十死一生也。大抵鮮紅起發者吉，雖大亦不妨，但忌稠密成片。紫赤者爲難治，雜黑者爲尤難也。凡斑既出，須得脈洪數有力，身溫足煖者易治。若脈沉小，足冷，元氣弱者，多難治。凡斑欲出未出之際，且與四味升麻湯，先透其毒。若脈弱者，倍加人參。食少、大便不實者，倍用白术主之。若斑已出，則不宜再升發也。又不可發汗，汗之更增斑爛。又不宜早下，下之則斑毒內陷也。如脈洪數、熱盛煩渴者，以人參化斑湯主之。若消斑毒，或以犀角玄參湯，大青四物湯之類。如熱毒內甚，心煩不得眠，錯語呻吟者，以黃連解毒湯加玄參、升麻、大青、犀角之類主之。熱甚煩渴、喘咳者，解毒合化斑湯主之。若斑勢稍退，內實不大便，譫語有潮熱者，大柴胡湯加芒硝，或調胃承氣湯下之。曾治一人，傷寒八九日發斑，四肢強硬，昏沉譫語，不知人，大便四五日不通，以調胃承氣湯一下而愈。如未可下，有潮熱煩渴者，且與小柴胡湯去半夏、加黃連、山梔、黃蘗、括蔞根主之，或加大青亦佳。如無，以大藍葉代之，或眞青黛代之亦可。大抵解胃熱胃爛之毒，必以黃連、大青、犀角、玄參、升麻、青黛、石膏、知母、黃芩、山梔、黃蘗之類也。要在審察病情，合宜而用之。

二曰時氣發斑者，乃天疫時行之氣也。人感之則憎寒壯熱，身體拘急，或嘔逆，或喘嗽，或胸中煩悶，或躁熱起卧不安，或頭痛鼻乾，呻吟不得眠，此皆斑候也。先用紙撚燈照看病人面部，胸堂、四肢、背心有紅點起者，乃發斑也。易老曰：凡大紅點發于皮膚之上者，謂之斑；小紅靨行于皮中不出起者，謂之疹。蓋疹輕而斑重也。大抵一發鮮紅稀朗者，吉；若一發如針頭稠密紫赤者，凶；雜黑者難治。有來勢急者，發熱一二日便出斑；來勢緩者，發熱三四日而出也。凡治例必察病人元氣虛實，脈之有力無力爲主。若脈微弱，元氣虛者，必先以三白湯倍加人參，以助眞氣次。察斑欲出未透者，以升麻葛根湯主之。如胃弱人虛者，以四君子湯合而用之，名曰升君湯也。若斑不透者，直指方加紫草茸亦佳。若斑疹初出，有表證，憎寒壯熱，頭

痛骨節疼，四肢拘急，胸中滿悶者，以三因加味羌活散主之，或加紫草亦可。若斑出稠密，或咽喉不利者，犀角消毒飲、玄參升麻湯之類主之。凡斑出脈數；大煩渴者，人參化斑湯主之。若發熱，或潮熱不解者，以小柴胡湯隨證增損用之，或人參敗毒散皆可出入用之。凡斑出而嘔逆者，必用陳皮、半夏、生薑、黃連之類。若喘嗽不止者，必用知母、貝母、瓜蔞仁、黃芩、石膏之類。若咽痛者，必用連翹、牛蒡子、黑玄參、升麻、苦桔梗、甘草之類。若斑出而毒盛者，必用犀角、大青、玄參、黃連、黃芩、黃檗、山梔、石膏、知母之類主之也。北方謂之紅眼兒、瘡氣等名色，又多所避忌香臭，蓋恐觸之也。凡斑已出未之時，切不可便投寒涼之劑以攻其熱，幷飲涼水等物，恐傷胃氣，先作嘔吐也。又不可發汗攻下，虛其表裏之氣，其害尤甚也。若脈弱者，必先有房事，要在審問之。如有夾陰者，必先助眞氣爲要也。

三曰溫毒發斑者，《活人》云：　初春病人，肌肉發斑癮疹如錦紋，或咳心悶，但嘔者是也。冬時觸冒寒毒，至春始發，初病在表，或已汗吐下，而表證未罷，毒氣未散，以此發斑，宜用黑膏主之。又有冬月溫煖，人感乖戾之氣，冬未即病，至春或被積寒所折，毒氣不得洩，至天氣暄煖，溫毒始發，則肌肉斑疹如錦紋而咳，心悶，但嘔有淸汁，宜用葛根橘皮湯主之。吳綬：　冬應大寒而反大溫，人感此不正之氣而爲病者，名曰冬溫也。若發斑，名曰溫毒也。大抵治例與時氣同，但溫毒發斑尤甚爾。《活人書》謂溫毒斑出如錦紋者，以黑膏主之，或玄參升麻湯、犀角大青湯、人參化斑湯、青黛一物湯等方皆可選而用之。凡溫病發于春，熱病發于夏，若出斑者，治與傷寒同法也。此由怫鬱之熱自內而發于外，亦非輕也。

四曰陽毒發斑者，其候狂言下利咽痛面赤，斑出如錦紋者，以陽毒升麻湯、大青四物湯、人參化斑湯、梔子人湯之類選而用之。詳見本條。

五曰內傷寒者，此因暑月得之，先因傷暑，次食涼物幷臥涼處，內外皆寒，逼其暑火浮遊於表而發斑也。海藏治完顏小將軍病寒熱間作，有斑三五點，鼻中微血出，兩手脈沉濇，皮膚按之殊無大熱，此內傷寒也，與調中湯數服而愈。凡夾暑者，加香薷扁豆主之。

六曰陰證發斑，《略例》曰：　陰證發斑，亦出胸背手足，但稀少而淡紅也。此人元氣素虛，或先因慾事內損腎氣，或誤服涼藥太過，遂成陰證。伏寒于下，逼其無根失守之火，聚于胸中，上獨熏肺，傳於皮膚而發斑點，但如蚊蚋蚤虱咬痕，然非大紅點也。與調中溫胃加以藿香、炒白芍藥主之。寒甚脈微者，以大建中湯主之，則眞陽自回，陰火自降，而病乃愈。此治本不治標也。大抵發斑，身溫足暖、脈數大者爲順，身涼足冷、脈微細者爲逆也。凡治斑，不可專以斑治，必察脈之浮沉、病之虛實而治之，則爲善治斑也。若孟浪不察，一概論之而曰不誤於人，吾未之信也。

《訂補簡易備驗方·丹疹》　赤白游風，屬風熱血熱。蓋血得熱而游走耳。白屬氣分，赤屬血分。或因腠理不密，風熱相搏，怫鬱而成；或因乳母食膏粱厚味所致。若風熱者，用小柴胡湯加防風、連翹；血熱者，用四物湯加柴胡、山梔、牡丹皮；風熱相搏者，用人參敗毒散；內熱外寒者，用加味羌活散；胃氣虛熱者，用補中益氣散加羌活、防風；血虛者，用加味逍遙散，如未應，用逍遙散、六味丸。

《景岳全書·傷寒典·發斑》　發斑證，輕則如疹子，重則如錦紋。其致此之由，雖分數種，然總由寒毒不解而然。如當汗不汗，則表邪不解；當下不下，則裏邪不解；當清不清，則火盛不解；當補不補，則無力不解；或下之太早，則邪陷不解；或以陽證誤用溫補，則陽亢不解；或以陰證誤用寒涼，則陰凝不解。凡邪毒不解，則直入陰分，鬱而成熱，乃致液涸血枯，斑見肌表，此實毒邪固結，營衛俱劇之證也。但斑有微甚，勢有重輕：　輕者細如蚊迹，或先紅而後黃；　重者成粒成片，或先紅而後赤。輕者只在四肢，重者乃見胸腹。輕者色淡而隱，重者色紫而顯。若見黑斑，或大便自利，或短氣，或二便不通，則十死九矣。凡病傷寒，而汗、下、溫、淸俱不能解，及足冷耳聾，煩悶欬嘔者，便是發斑之候。

一、成無己曰：　大熱則傷血，熱不散，裏實表虛，熱邪乘虛出於皮膚而爲斑也，愼不可發汗，若汗之，重令開泄，更增斑爛也。自後諸家所述，皆同此說，予則以爲不然。蓋凡傷寒之邪，本自外而入，深入不解，則又自內而出，此其表裏相乘，熱所必至，原非表虛證也，但使內外通達，則邪必由表而解矣。即如犀角地黃湯，乃治斑之要藥，人知此湯但能涼血淸毒，而不知此湯善於解表散邪，若用之得宜，則必通身大汗，熱邪頓解，何爲不可汗耶？由此言之，則凡脈數無汗，表證俱在者，必須仍從解散。

一、凡本非陽證，妄用寒涼者，每令泄瀉，邪陷不解。予常用大溫中飲、理陰煎之類，解寒托邪，始得大汗，汗後邪達，多有見赤斑風餅隨汗而出，隨

出隨沒，頃刻即愈，活者多人矣。凡寒毒爲斑，即此可見，使內托無力，則此毒終無出期，日深日甚，難乎免矣。此理甚微，不可不察。

一、凡治發斑，須察表裏。如瘟疫不解，熱入血室，舌焦、煩熱發斑者，犀角地黃湯。內外俱熱，陽明狂躁，大渴發斑者，白虎湯，或加人參。陽毒赤斑，狂言見血者，陽毒升麻湯。疫癘發斑，大熱而燥者，三黃石膏湯。火鬱於經，寒邪不解，脈仍滑數而發斑者，一柴胡飲。陽明外邪，陽毒不解者，升麻湯。脾腎木虛，外邪不解而發斑者，五柴胡飲。陽明表邪不解，溫熱發斑者，柴胡白虎煎。溫熱毒盛，咽痛發斑者，玄參升麻湯。陰虛水虧，血熱發斑者，玉女煎。陰虛血燥，大熱大渴發斑者，歸葛飲。內虛外實，陰盛格陽發斑者，大溫中飲。太陽陽明惡熱，大便秘結，邪毒在腑發斑者，調胃承氣湯。

《溫疫論・發斑》 邪留血分，裏氣壅閉，則伏邪不得外透而爲斑。若下之，內壅一通，則衛氣亦從而疏暢，或出表爲斑，則毒邪亦從而外解矣。若下後斑漸出，不可更大下，設有下證，少與承氣緩緩下之。若復大下，中氣不振，斑毒內陷則危，宜托裏舉斑湯。

托裏舉斑湯：

白芍　當歸各一錢　升麻五分　白芷　柴胡各七分　川山甲二錢炙黃

水薑煎服。

下後斑漸出，復大下，斑毒復隱，反加循衣摸床，撮空理線，脈漸微者危，本方加人參一錢，補不及者死。若未下而先發斑者，設有下證，少與承氣，須從緩下。

《溫疫論補注・發斑》 補按：溫疫發斑，寒熱虛實皆有之，重者二三日便見，輕者五六日方出。淡紅稀小者吉，稠密紫赤者凶。必察元氣虛實，脈之有力無力。欲出未出，葛根升麻湯。斑已出，不宜再發，煩渴熱甚，脈洪數者，白虎湯；脈虛者加人參。斑色赤紫，狂言咽痛者，犀角玄參湯。熱甚心煩，黃連解毒，合白虎湯；讝語便秘，舌焦煩渴，大柴胡湯加芒硝微利之。又因元氣素虛，先有慾事，適感溫疫，涼劑過甚，寒伏於下，逼其無根失守之火，薰灼肺胃，而發陰斑，脈或散大，或沉細，其色淡紅，惟手足多而胸背少，頭面皆無，當倣傷寒治法，以附子理中湯。得溫補之劑，陽回而陰火自降，此治本不治標也。然而此證根本有傷，惟老成練達者，十救二三而已。本論托裏舉斑湯，但可施於下，而再下元氣不振，斑毒內陷之證，未可通治斑證，因採名家方論，以補不及。

《續傷寒補天石・發斑症發斑吐血成陽毒》 凡斑欲出未出之際，且與升麻湯，升麻、雄黃鱉甘草，山梔當歸同川椒。先透其毒，不可驟用寒涼之藥，以傷胃氣也。但發出者，不可再發耳。斑不可汗，汗之則增加斑爛。不可下，下之則斑毒內陷。又宜避香臭，恐觸其斑也。凡治斑，必察病人元氣虛實，脈來有力無力爲主。若脈微者，元氣虛弱，參胡三白湯。參胡茯芍朮同煎。次察斑，欲出未透者，升麻葛根湯。升麻、葛根、赤芍、甘。如胃弱，以四君子合之名升君湯。如斑不透，加紅花。有表症者，加味羌活散，羌獨活桔柴前胡，芎甘參術殼茯苓和。加升麻、芍藥、紅花佐之，斑出熱甚煩渴者，人參化斑湯。知粳膏甘與人參。斑出心煩大熱，錯事呻吟不眠者，犀角解毒湯。犀角大青升麻參，芩連甘柏梔子仁。斑出嘔逆者，黃連解毒湯，芩連黃蘗與梔子。加陳皮、生姜。斑出咽痛者，犀角解毒飲，犀、防、荆，鼠同甘草。咽痛倍甘草加桔梗、玄參、連翹、薄荷，內熱加芩、連，斑盛加大青，或玄參、升麻湯。玄參升麻甘草煎。斑出喘嗽不止者，小柴胡合白虎加貝母、瓜蔞。若消斑毒，犀角玄參湯、犀升柏連梔薄芩，翹膏桔梗共玄參。大青四物湯。大青、阿膠，甘、豆豉。若斑勢稍退，讝語、潮熱、便結者，大柴胡湯，甚者調胃承氣湯。大黃、甘草與芒硝。溫毒發斑者，冬時觸寒，至春而發，汗下不解，邪氣不散，故發斑也。熱病發斑者，冬時溫煖乖戾，遇春暄熱而發也。愼不可發汗，汗之重令開泄，更增斑爛也。陽毒發斑如錦紋，狂顛妄言，面赤咽痛，芩連大黃與石膏黑奴丸。便實燥渴者，調胃承氣湯。時氣發斑，大青四物湯，大青阿膠甘豆豉。豬膽雞子湯。豬膽苦酒與雞子。有陰症發斑者，亦出胸背手足，但希少而淡紅色也。其人元氣素虛，先因慾事內傷胃經，或悞服涼藥太過，遂成陰症。伏寒于下，逼其無根失守之火聚于胸中，上而薰肺，傳于皮膚而發斑也。用理中湯人參白朮草乾姜。加芍藥。若寒熱脈微者，大建中湯。熟地當歸與茯苓，黃芪白朮肉蓯蓉，芍藥半夏共人參，甘草門冬附子桂。則其眞陽回，陰火降，此治本不治標也。有內傷寒發斑者，因夏月傷暑，飲食寒涼之物，幷卧涼處，內外皆寒，逼其虛火浮遊于外而發斑也。脈沉濇，無太熱，鼻中微血者，雖甚暑，屬陰寒，調中湯。陳枳蒼甘桔殼芎，桂麻羌半藿砂同。若夾暑加香薷、扁豆。凡汗不解，足冷耳聾，煩悶咳嗽，嘔吐，便是發斑之候。雜病發斑，屬風熱挾痰而作，自裏而達于外，通聖散羌歸麻、芍薄翹芩，梔桔滑膏甘術荆。消息治之。當以微汗散之，切不可下。【略】

瘀疹者，肺胃二經之火熱發而爲病者也，小兒居多，大人亦時有之。其症類多咳嗽、多嚏、眼中如淚、多痰、多熱、多唱、多煩悶、多泄瀉，甚則躁亂神昏，咽痛唇焦，是其候也。最忌酸收，惟宜發散，誤施溫補，禍不旋踵。瘀疹初發，必咳嗽，愼勿正嗽，多喘，愼勿定喘；多嘔吐，愼勿治嘔吐；多泄瀉，愼勿止泄瀉。只須清解邪熱，而諸症自退矣。

《傷寒緒論·發斑》　夫熱則傷血，血熱不散，裏實表虛，熱氣乘虛出於皮膚而爲斑。輕則如蚊跡，甚則如錦紋。或病本屬陽，誤投熱藥，或當汗不汗，當下不下，或汗下未解，或冬溫誤用麻黃助熱，或溫病誤用辛溫發表，皆能至此。愼不可發汗，重令開泄，更增斑爛。亦不可輕下，以其熱毒散漫於外也。惟大便秘，躁渴，色紫者可微下之。凡汗下不解，足冷耳聾，胸中煩悶，欬嗽嘔逆，躁熱，起臥不安，便是發斑之候。凡斑欲出未出之際，愼不可用寒涼攻熱，恐傷胃氣，必作嘔噦也。發斑皆失於汗下，熱毒內攻，不得外散，蘊於胃府，而發出肌表，宜先與升麻、黑參、甘草煎服，甚則升麻湯加犀角、黑參。若斑已出，不宜再行升發，始發又不宜便下，恐毒內陷也。若熱毒勢盛，咽痛心煩，狂言悶亂者，犀角黑參湯。咽痛可加牛旁子、薄荷之類。若斑發已盡，外勢已退，內實，不大便，讝語，小劑涼膈散，或大柴胡微下之。溫熱，病胃熱發斑，錯熱神昏，熱甚，而下證未全者，黃連解毒湯加犀角、黑參。大便秘者，涼膈合五苓，去桂，加滑石。未經下而胃熱發斑者，白虎加人參湯。熱勢盛者，合解毒湯。時疫發斑，憎寒壯熱，頭疼骨節痛，拘急滿悶，初出尚有表證者，白虎湯。溫毒發斑如錦紋者，犀角大青湯。脈虛熱甚，去苓、蘗，升麻，加人參、生地、柴胡，即消斑青黛飲。陽毒發斑，狂言下利，咽痛，面赤，斑如錦紋，陽毒升麻湯。脈虛熱甚，白虎加人參湯。脈洪大不知人者，三黃石膏湯。

內傷寒發斑者，此因暑月受涼，幷傷冷物，內外皆寒，逼其暑火浮游於外而發斑也。其候寒熱間作，或鼻中微衄，脈來沉濇，皮膚殊無大熱，斑亦多，宜頻與調中飲。若虛極自利身熱，爲必死證。用補中益氣湯，多有得生者。陰證發斑者，狀如蚊迹蚤痕，手足多而胸脇少，頭面背上陽部殊無，其色淡紅，稍久則爲微黃，身雖有熱而安靜，脈來沉細，以其人元氣素虛，或先因慾事傷腎，或誤服涼藥太過，寒伏於下，逼其無根之火，聚於胸中，薰灼肺胃，傳於皮膚而發。當用理中去朮，加附子、藿香、升麻、橘皮，甚則通脈四逆湯。然多不救。

凡斑紅赤者爲胃熱，紫者爲胃傷，黑者爲胃爛也。大抵鮮紅起發者吉，雖大不妨，稠密成片紫色者，五死五生，雜色青黑者，十死不一生矣。凡斑既出，須得脈洪數有力，身溫足暖者易治。若脈沉小，足冷，元氣弱者，多難治。凡狂言發斑，大便自利，或短氣燥結不通，而黑斑如果實黶者，皆不可治。

《傷寒辨證·發斑》　發斑者，以熱則傷血，血熱不散，裏實表虛，熱氣乘虛出於皮膚而爲斑，輕則如蚊迹，甚則如錦紋。或病本屬陽，誤投熱藥，或當汗不汗，或當下不下，或汗下未解，或下蚤，熱邪入胃，或下遲，熱留胃中，或溫熱病，誤用辛溫發表，皆致發斑。愼不可發汗，重令開泄，更增斑爛。亦不可輕下，以其熱毒散漫於外也。更不可峻用苦寒攻熱，恐傷胃氣，必作嘔噦也。凡汗下不解，足冷耳聾，胸中煩悶，咳嗽嘔逆，燥熱，起臥不安，便是發斑之候。

一曰傷寒發斑，皆因失於汗下，熱毒內攻，不得外散，蘊於胃府而發出肌表。赤紅者爲胃熱，紫赤者爲熱甚，五死一生，黑斑者十死一生。鮮紅起發者吉，雖大亦不防，最忌稠密成片。凡斑欲出未之際，且與葛根升麻湯以透其毒，甚則升麻湯加犀角、黑參。若斑已出，不宜再行升發，始發又不宜便下，恐毒內陷也。如熱盛，脈洪數，煩渴者，人參化斑湯主之。如熱毒內甚，心煩不得眠，錯語呻吟者，以黃連解毒湯加黑參、升麻、大青主之。若斑發已盡，外熱稍退，內實不大便，讝語，小劑涼膈散，或大柴胡湯微下之。

二曰溫熱病，胃熱發斑，發於春爲溫病，發於夏爲熱病。此由怫鬱之熱，由內而發於外，其病爲重。以其不能以辛涼及苦寒之藥清解熱裏於蚤，又或誤以辛溫發表，必致有發斑，及諸壞證。胃熱發斑，錯語神昏，熱甚而下證未全者，黃連解毒湯加犀角、黑參。大便秘者，涼膈散合五苓散，去桂加滑石。未經下而胃熱發斑者，白虎加人參湯。熱勢盛者，白虎湯合解毒湯。

三曰時疫發斑，乃天行時疫之氣，人感之則憎寒壯熱，身體拘急，或嘔逆，或喘嗽，或胸中煩悶，或燥熱起臥不安，或頭痛鼻乾，呻吟不得眠，皆斑候也。先用紙撚燈，照着病人面部胸前，四肢背心，有紅點起者，乃發斑也。凡治例必察病人元氣虛實治斑全在明辨虛實。，脈之有力無力。若脈微弱，元氣虛者，必先以三白湯以助眞氣，次察斑欲出未透者，以升麻葛根湯主之。如胃弱人虛者，以四君子湯合而用之，名曰升君湯。若斑出稠密，犀角消毒飲、黑

參升麻湯之類主之。斑出，脈數大，煩渴者，人參化斑湯主之。喘嗽者，必用知母、貝母、瓜蔞仁、黄芩、石膏之類。咽痛者，必用連翹、牛蒡子、黑參、升麻、桔梗、甘草之類。若脈弱者，必先助眞氣爲大要也。

四曰陽毒發斑，狂言下利，咽痛面赤，斑似錦紋，宜陽毒升麻湯。脈虚熱甚，白虎加人參湯。脈洪大，不知人者，三黄石膏湯。

五曰陰證發斑，狀如蚊跡蚤痕，亦出胸背手足，便稀少而淡紅，身雖有熱而安靜。以其人元氣素虚，或先因慾事傷腎，或誤服涼藥太過，遂成陰證。寒伏於下，逼其無根失守之火，聚於胸中，熏灼肺胃，傳於皮膚而發斑點，當用理中去术，加附子、升麻、橘皮。寒甚脈數，宜大建中湯，或通脈四逆湯，則眞陽自回，陰火自降，而病乃愈，此治本不治標也。此等處若不辨認的確，用藥必至殺人。凡斑既出，須得脈洪數有力，身溫足暖者，易治。若脈沉小，足冷，元氣弱者，多難治。凡狂言發斑，大便自利，或短氣燥結不通，而黑斑如果實靨者，皆不可治。或謂斑有生者，非斑也，皆疹耳，狀如蚊跡蚤痕，小點而赤是也。凡治斑不可專以斑治，須察脈之浮沉，病之虚實而治之，則爲善治斑也。若孟浪不察，一概作斑治，而曰不誤於人者，則未之信也。

《溫熱暑疫全書・附溫毒發斑》 發斑因失於汗下，熱毒內攻，不得散，蘊於胃府，而發出肌表，或汗下不解，足冷耳聾，胸中煩悶，欬嗽嘔逆，躁熱，起卧不安者，便是發斑之候。春至溫病之人，更遇時熱，爲未至而至之異氣，變爲溫毒。王叔和云：陽脈洪數，陰脈實大，更感溫濕，變爲溫毒。伏溫與時熱交并，表裏俱熱，溫熱爲病最重也，其脈浮沉俱盛，其證心煩悶，嘔逆喘欬，甚則面赤，身體俱赤色，狂亂躁渴，咽腫痛，狂言下利而發斑，最爲危候。斑如錦紋，身熱煩躁，大便燥結者，黄連解毒湯。

若躁悶狂妄而無汗者，三黄石膏湯。

自汗煩渴而發斑，爲胃熱，人參化斑湯。

煩熱錯語不眠，白虎合黄連解毒湯。

斑不透，犀角大青湯，已透熱不退，本湯去升麻、黄芩，加人參、生地黄、柴胡。凡斑色柴者爲危候，黄連解毒合犀角地黄。然須與病家言過而用，以此證雖藥，十中僅救二三；若黑色而下陷者，必死也。

發斑雖禁下，若大便秘，躁渴色紫者，可微下之。

若發斑已盡，外勢已退，內實，不大便，讝語，小劑涼隔散，或大柴胡微下之。

凡發斑紅赤者爲胃熱，紫爲胃傷，黑爲胃爛也。大抵鮮紅起發者吉，雖大不妨；稠密成片，紫色者，半死半生；雜色青紫者，十死不一生矣。凡斑既出，須得脈洪數有力，身溫足暖者易治；若脈小足冷，元氣虚弱者難治；狂言發斑，大便自利，或短氣燥結不通而黑斑，如果實靨者，皆不治。

《雜症大小合參・傷寒發斑》 斑有溫毒，有熱毒，有胃爛。溫毒者，即冬受寒，至春陽與陰氣相搏而發是也。熱毒者，是暑氣伏胃，因遇寒而發是也。胃爛者，或誤下而熱乘虚入胃，或失下而熱不得外洩，毒氣入胃深極也。故斑者毒也，毒者，乖戾失常偏陰偏陽之至也。外因六氣相感，胃有熱毒熏蒸，胃主肌肉，熱甚傷血，裏實表虚，故令周匝遍體狀如蚊嚙。紅赤者生，紫黑者死，以熱極而胃爛也。舌胎唇裂者，不治。治宜解毒清涼，不可表藥取汗。蓋表虚裏實，發汗則益令開泄，更增斑爛矣。其陰症發斑者，或因汗吐下後，中氣虚乏；或因慾事耗損眞陽；或因過服涼藥，遂成陰症。寒伏於下，逼其無根失守之火上熏肺胃而發斑點。其色淡紅隱隱，見於肌表，與陽症發斑色紫赤者不同。此胃氣極虚，若服寒藥立見危殆。吳鶴皋曰：以參耆桂附而治斑，法之變也。醫不達權，安足語此。若因風熱挾痰，而作瘙癢成塊者，此輕症也，當與解毒辛散則愈。

《雜症大小合參・傷寒發疹》 疹與斑實無大別。惟斑隱隱於皮膚之間，視之則得；疹則纍纍於皮肉之上，手摹亦知。斑則六淫相感而發；疹則毒氣久蓄而成。斑以清涼化毒爲土；疹以透肌托裏爲先。然疹屬陽，頭面宜先發至爲止。且疹屬心火，斑屬三焦無根之火，其上侵於肺，則一也。雖皆蘊熱日久，陽乘於陰，而致斑點外作，大抵斑有虚陽，疹多實熱。故內傷發斑，虚火游行於外者，宜補中益氣湯，加葛根、芍藥或調中湯補而降之；疹則始宜透托，次宜清解而已。然疹之虚者，可以治斑之法治疹；斑之實者，可以治疹之法治斑。故不必以斑疹分，但當以虚實判可也。

《傷寒大白・發斑》 發癍症，海藏分四條：一曰溫毒，二曰熱病，三曰時氣，四曰傷寒。至吳氏書，改熱病發癍曰陽毒，又增出內傷寒涼、陰症發癍共爲六條。然究其實，傷寒熱病者多，陰症發癍甚少。即內傷寒冷抑遏，陽火不伸　以致發癍，不過用辛溫升散之法耳，亦未可遽作陰症主治。就目今所發之癍，只須依海藏四條爲正。

一曰溫毒。冬時觸冒寒毒，至春始發，鬱久變熱，故以溫名。又有冬令應寒反煖，亦名溫毒。人感溫毒，外冒風寒所束，溫氣不得發泄，則惡寒拘急，身熱足冷，無汗脈浮，或脈伏，宜以敗毒散升麻葛根湯散其表邪，則溫毒外泄而脈出汗出，癍氣自透。若裏有積熱，然後用升麻清胃湯、消毒化癍湯清熱。

二曰熱病發癍。即陽毒發癍。溼熱燥火，傷人血分，蒸釀發出。其症目赤狂言，咽痛煩悶，癍如紋錦，不惡寒反惡熱，初起脈見浮大，先以升麻葛根湯升散陽明癍毒。若脈沉而數，身熱不退，隨以消毒犀角散、石膏化癍湯、升麻清胃湯清其裏熱。便結腹脹，下症悉具，以當歸大黃丸加柴、葛以下之。

三曰時氣發癍。此天時疫毒加臨，長幼傳染，初起惡寒發熱，或耳聾足冷，煩悶下利，呻吟嘔惡，此等之癍有表症者，羌活敗毒散、升麻葛根湯。已發者消毒飲合升麻清胃湯、經癍湯化之。若食滯中焦，宜消導，忌寒凉。故治疫邪，治無定法。若寒淫所勝，治以辛溫；寒溼所勝，治以溫燥；濕熱所勝，治以苦寒；燥熱所勝，治以甘寒，隨各年時氣以治者。

四曰傷寒發癍。內有積熱，外傷暴寒，束於肌表，蒸發紅癍。或當汗不汗，當下不下，熱毒蘊蓄，亦令發癍，每發於十日之外。不論日數，但頭痛足冷，惡寒發熱，脈浮大，有太陽症，用羌活敗毒散。若寒熱耳聾，煩悶咳嘔，脈見弦數，有少陽症，用柴胡湯。若目痛額痛，鼻乾不眠，脈見洪長，有陽明症，用升麻乾葛湯。若表散裏熱，脈大沉數，用解毒化癍湯，升麻清胃湯。若有下症，脈浮弦數，大柴胡湯；脈大長數大，乾葛湯；脈沉數大，三化湯、大承氣湯。

楨按：發癍症，以發出爲主。然癍之不出有五：一曰表鬱寒邪，二曰積熱火閉，三曰內傷冷飲，四曰食滯中焦，五曰痰窒中脘。若外鬱表邪，散表則癍出；裏壅邪熱，清裏則癍出；內傷冷飲，溫中則癍出；食滯中焦，消食則癍出；痰凝中脘，化痰則癍出。此始發之工夫也。即出之後，若癍痕不化，又看有何症何因。表邪尚在者，發表則癍化；熱結在裏者，清熱則癍化；內傷冷飲者，溫中則癍化；食滯中焦者，消食則癍化；痰凝中脘者，豁痰則癍化；便閉不通，腹實脹悶者，行大便則癍化。今之治癍初起，但知升提以發之，那知症滯不出症因多條。夫發癍用升發忌苦寒，人知之也；化癍用升發忌苦寒，人不知矣。化癍而用苦寒，忌升發，人知之也；化癍而用消導忌苦寒，人不知矣。至於寒飲抑遏，食滯痰凝，症外之兼症，所當先治，人人忽之矣。夫傷寒從表傳裏，邪熱斂結腸胃者，當立下法。今癍症疫邪，自腸胃而發於外，熱邪散漫體中，不肯斂結於腸胃，故但立發表清裏二法，不立承氣下行之方。或遇大便不通，立當歸大黃丸。因傷寒熱在氣分，可用承氣湯。癍症熱在血分，溼火傷血，大便挾熱下利，用黃連芍藥湯。燥火傷血，大便閉結，用當歸大黃湯丸。此設雖發前書之未發，然亦淺而易明者。更有熱病發狂，誤食葷腥血肉，稠粘膠固，與邪熱癍毒結紐不解，唇口焦裂，口臭牙浮，渴不消水，煩熱昏沉，最難醫救。用保和散沖竹瀝、蘆根汁潤燥消導，不愈；用乾葛、石膏治之，唇口燥裂，身熱不減；用潤腸下順治之，譫妄愈甚。夫保和散，但能消穀食痰涎，不能消葷腥血肉之油膩；乾葛石膏湯，但能清陽明氣分無形之熱，不能清陽明腸胃血分有形之積熱；承氣順腸，但能解下部大腸燥熱之結，不能解上焦胃家稠粘溼熱之結。是以膏粱厚味積熱上冲，常有唇焦口爛，牙齦潰腐，口臭口乾之症，家秘不用葛根、石膏，而用升麻清胃湯重加查肉，略佐砂仁少許，以行生地之滯，宣發陽明血分積熱，實有苦心。以熱病與癍痧，誤食葷腥者，必死，余故發此死中求活。總之，癍毒之症，皆陽明積熱所致，以其熱在血分，故外現紅點。古人用升麻乾葛湯於初時發癍，人人知也；余以升麻清胃湯繼後化癍，人所不知也。至以清胃湯重加查肉，以救葷腥所傷，佐砂仁行滯，宣發腸胃血中伏熱，又法外之法，當互參唇焦門者。夫唇焦口燥，渴而引飲，熱在氣分，發渴之症，用乾葛石膏，人人知之也；唇焦口燥，渴不消水，脈大不數之症，不用乾葛石膏，而用消導之法，則不知矣；至於癍毒內結，唇焦口燥，熱在血分，不渴之症，用升麻清胃湯清陽明血分之熱，人都不知也。夫症毒痧痘初起，用升麻乾葛湯，要知妙與白芍藥同用，則能宣發血中之伏火。初起不用清胃湯者，以升麻同生地、川連，則凉血太過。今余用於末後化癍，無化早之患，此於升麻紫草化毒湯中參化出來。今後治癍初起，以升麻乾葛湯發之，後以升麻清胃湯化之，可爲後世不磨之法。古人以犀角地黃湯治陽明血熱鼻衄，又以犀角化陽明血熱發癍，曰如無犀角，以升麻代之。以其同散陽明血熱之藥，同解陽明血熱之毒，故可以升麻代犀角。然余獨以犀角地黃湯濃重，但宜於滋陰症中，若以化癍論之，則石膏、知母、芩、連偏於涼氣，失於

涼血，犀角地黄湯偏於滋陰，失於凝滯，不若升麻清胃湯輕清涼血，且發且化，又與升麻乾葛湯，節次相承之妙也。故余補註，難用犀角以升麻易之。惟不忌凝滯者，犀角地黄湯亦可用也。此升堂入室之工夫。

羌獨敗毒散，見發熱。

發瘄之症，時行疫毒者多，故用敗毒散，先散表邪。

解毒化瘄湯：

大力子　荆芥　防風　川連　桔梗　蟬蜕　生甘草

瘄痧發出，裏有熱者，當以此方清熱化瘄。

升麻乾葛湯，見煩躁。

發毒見太陽表症，當以敗毒散，若見陽明症，則以此方升發。用敗毒散，散背部瘄伏；用升麻葛根湯，發胸面不透，併唇焦口爛，嘔吐介齒，此妙裏工夫也。

消毒犀角飲：

桔梗　荆芥　連翹　防風　黄芩　犀角　生大力子

瘄痧已出，身熱不減，故立解毒湯，治熱之重者；立消毒飲，治熱之輕者。

石膏化瘄湯：

石膏　知母　人參　甘草　葛根

解毒化瘄湯，通治六經裏熱。此方耑治陽明裏熱。症重者，二方合用。若熱極生瘄，用涼膈散、三黄解毒湯。

當歸大黄湯：

當歸　生大黄　川黄連　甘草

熱重便硬，有下症者，立此方涼大腸血熱。以瘄症屬血，故加當歸。瘄症不宜大下，故加甘草。

大柴胡湯，見潮熱。

大乾葛湯，見頭痛。

少陽表熱有下症，當以大柴胡湯雙解。若陽明表熱有下症，家秘化立此方。有此二法，則少陽雙解，陽明雙解，確不紊亂。

三化湯：

大黄　枳實　厚朴

血熱便閉有下症者，當歸大黄丸下之。若氣熱便閉有下症，則用此方。加甘草即調胃承氣湯。

犀角大青湯：

犀角　大青　梔子　豆豉

此方即梔子豆豉湯加犀角大青，能解陽明血中之毒，故爲瘄症之要藥。

升麻清胃湯：

升麻　川連　生地　丹皮　甘草　木通

乾葛消胃湯，清陽明氣分熱毒。此方清陽明血分疫毒。故症症口燥唇焦，熱而消水，氣分熱也，用乾葛清胃湯；若口燥唇焦，熱不消水，血中伏火，升麻清胃湯。大凡膏粱積熱，口臭唇焦，牙齦腐爛，多用此方，以葷腥能傷血分耳。加查肉、砂仁，善消油膩葷腥。加木通，合導赤各半湯，能利小便。加枳殼，合川連枳殼湯，而清大腸積熱。邪火傷血，則發瘄；溼火傷血，大便泄；燥火傷血，大便結。當歸大黄丸，清血中燥火，潤大腸結。余化用此方，治燥火傷血，腹痛赤痢，止大腸之泄。

《瘟疫明辨・表證・發疹》時疫發疹，熱邪從皮毛出也，與汗同機，以疏散清熱爲主。然與他症發疹不同，他症或無裏熱，此則未有不裏熱者。雖以疏散爲要，而見煩渴、舌胎黄，則硝黄仍須兼用。表症發疹，疹散而病即愈，此則有屢發而病不衰者。他病發疹，不過一二日爲期，此則爲期不定，治法不視表邪解否爲用藥之準則，不可以疹之一症爲據也。

《瘟疫明辨・表證・發斑》時疫發斑，邪熱出於經脈也。雖不及戰汗，亦有外解之機，治以涼血清熱爲主。白虎化斑湯，吴氏舉斑湯，犀角地黄湯選用。此亦與他症發斑有異。他症發斑，斑消則愈，此總不以斑之消否爲輕重，而惟以裏症爲主。每每斑出，而譫妄如故，或斑出數日已消，而沉昏如故，必待裏熱全清，二便清利而後愈。故治斑藥味，可爲輔，不可爲主。發斑發疹，熱皆在經而不在胃，凡遇煩躁而不渴，目赤而舌白，即是將發斑疹之候。預以清涼解表透毒之藥治之，使邪易出易淨。

《醫宗金鑑・傷寒心法要訣・疹斑》傷寒疹斑失汗下，感而即出時氣然。表邪覆鬱榮衛分，外泛皮毛痧疹斑。痧白疹紅如膚粟，斑紅如豆片連連。紅輕赤重黑多死，淡紅稀暗是陰寒。未透升麻消毒治，熱盛三黄石膏煎，已透青黛消斑飲，雙解痧疹法同前。

註：　傷寒發斑、疹、痧，皆因汗下失宜，外邪覆鬱，內熱泛出而成也。惟時氣傳染，感而即出，亦由疫之爲病烈而速也。發於衛分則爲痧，衛主氣，故色白如膚粟也。發於榮分則爲疹斑，榮主血，故色紅膚淺爲疹，深重爲斑。斑形如豆，甚則成片連屬。斑疹之色紅者輕，赤者重，黑者死，此以熱之深淺驗死生也。若其色淡紅而稀暗者，皆因邪在三陽，已成斑疹入裏，邪從陰化，或過服冷藥所致。是爲陰斑、陰痧、陰疹，法當從陰寒主治也。斑出未透，表熱輕者，宜升麻葛根湯，合消毒犀角飲治之。表熱重者，宜三黃石膏湯發之。已透用青黛消斑飲，加減清之。痧疹初起，表裏不清，用雙解散先通表裏，餘法同前治之可也。

《續選臨證指南・幼科要略・痧疹》　痧屬陽腑經邪，初起必從表治。症見頭痛，喘急咳嗽，氣粗嘔惡。一日二日即發者輕，三、五日者重。陽病七日外，隱伏不透，邪反內攻，喘不止，必腹痛脹秘悶，危矣。治法宜苦辛清熱，涼膈去硝、黃。

方書謂足陽明胃疹，如雲佈密，或大顆如痘，但無根盤。方書謂手太陰肺疹，但有點粒，無片片者，用辛散解肌。冬月無汗，壯熱喘急，用麻、杏，如華蓋散、三拗湯。夏月無汗，用辛涼解肌，葛根、前胡、薄荷、防風、香薷、牛蒡、枳、桔、木通之屬。

古人以表邪口渴，即加葛根，以其升陽明胃津。熱甚煩渴，用石膏辛寒解肌，無汗忌用。

凡瘡疹辛涼爲宜。連翹辛涼，翹出衆草，能升能清，最利幼科，能解小兒六經諸熱。

春令發痧從風溫，夏季從暑風，暑必兼濕，科令從熱爍燥氣，冬月從風寒。

疹宜通泄，泄瀉爲順。下痢五色者，亦無妨。惟二便不利者，最多凶症，治法大忌止瀉。

痧本六氣客邪，風寒暑濕，必從火化。痧既外發，世人皆云邪透。孰謂出沒之際，升必有降，勝必有復。常有痧外發，身熱不除，致咽啞齦腐，喘急腹脹，下痢不食，煩躁昏沉，竟以告斃者，皆屬裏症不清致變。須分三焦受邪孰多，或兼別病累瘁，須細體認。上焦藥用辛涼，中焦藥用苦、辛寒，下焦藥用鹹寒。

上焦藥，氣味宜以輕。肺主氣，皮毛屬肺之合，外邪宜辛勝，裏甚宜苦勝。若不煩渴，病日多，邪鬱不清，可淡滲以洩氣分。

中焦藥，痧火在中，爲陽明燥化，多氣多血，用藥氣味，苦寒爲宜。若日多胃津消爍，苦則助燥劫津，甘寒宜用。

下焦藥，鹹苦爲主。若熱毒下注成痢，不必鹹以耎堅，但取苦味堅陰燥濕。

古人以痧爲經腑之病，忌溫燥濇補。所謂痘喜溫暖、疹喜清涼也。然常有氣弱體虛，表散寒涼非法，淹淹釀成損怯，但陰傷爲多，救陰必扶持胃汁。氣衰者亦有之，急當益氣。稚年陽體，純剛之藥忌用。幼科方書歌括曰：赤疹遇清涼而消，白疹得溫煖而解。此溫字，即後人酒釀、檉木、粗草紙、木棉紗之屬。雖不可不知，然近年用者多無益。

痧疳，濕盛熱蒸，口舌咽喉疳蝕。若不速治，有穿腮破頰、咽閉喘促告斃矣。治之宜早，外治另有耑方。若湯藥方法，必輕淡能解上病，或清散亦可。

痧痢，乃熱毒內陷，與傷寒協熱，邪盡則痢止同法。忌升提，忌補濇。輕則分利宣通，重則苦寒解毒。

《醫碥・瘟疫雜病論》　發癍，邪留血分，裏氣壅閉，則伏邪不得外透爲癍。若下之，內壅一通，則衛氣疏暢，透表爲癍，而邪外解矣。若下後癍漸出，不可更大下，設有宜下證，少與承氣湯，緩緩下之。若復大下，中氣不振，癍毒內陷則危，宜托裏舉癍湯：白芍、當歸各一錢，升麻五分，白芷、柴胡各七分，川山甲炙黃二錢，水、煎服。如下後癍漸出，復大下，癍毒復隱，反加循衣摸床，撮空理線，脈漸微者危，本方加人參一錢。補不及者死，若未下而先發癍者，設有下證，少與承氣湯，須從緩下。

《溫病朗照・瘟毒發斑》　邪留血分，里氣壅閉，則伏邪不得外透而爲斑。若下後，斑漸出，可從外解，更不可下。設有下症，承氣緩投。倘大下，則元氣不振，斑毒內陷則危，宜托里舉斑湯。如下後，斑毒隱伏，反見循衣撮空，脈微者，本方加人參三錢，得補發出者不死。

托里舉斑湯：

當歸　白芍各一錢　升麻五分　白芷五分　柴胡各七分　穿山甲二錢炙黃

水薑煎服，脈微者加人參三錢。

《通俗傷寒論・傷寒兼證・發癍傷寒》　因　凡傷寒當汗不汗，當下不

下，熱毒蘊於胃中，血熱氣盛，從肌透膚而外潰，乃發瘢。即溫毒、熱病發瘢者，亦由於血熱毒盛而發，此皆謂之陽證發瘢。有瘢疹並發者，甚有瘢瘡並發者。鮮紅者爲胃熱，紫紅者爲熱甚，紫黑者爲胃爛。先發於胸背兩脇脘腹，續發於頭面項頸四肢。若先由房勞太過，內傷腎陰，及涼遏太過（如多服涼藥恣食生冷等），內傷脾陽，一經新感寒氣，逼其無根失守之火，上薰肺經，浮游於皮膚而發瘢點者，此皆謂之陰證發瘢，亦謂之虛瘢。其形如蚊蚤虱蝨咬痕，稀少而色多淡紅，或淡白微紅，亦有淡黑色而僅發於兩腰小腹之間者。

故發瘢必察其虛實寒熱四端，爲臨病求源之首要。

證　陽證發瘢，新感傷寒爲輕，伏氣熱病較重，時行溫毒尤重。傷寒應汗失汗，其瘢當欲出未出之際，證尚頭疼體痛，壯熱無汗，微惡風寒，胸悶不舒，舌胎黃白相兼，或白薄微燥，邊尖已紅。應下失下，其瘢當欲出未透之時，證必熱壯脘悶，躁擾不安，頭疼鼻乾，咽乾口燥，呻吟不寐，便閉溺澀，舌胎由白轉黃，輕則嫩黃薄膩，重則深黃帶灰。熱病發瘢，急則發熱一二日便出，緩亦發熱四五日而出。淺則鮮紅起發，鬆浮皮面，深則紫赤稠密，堅束有根。證必胸膈煩悶，熱壯神昏，嘔惡不納，咽痛喉腫，渴喜冷飲，口穢噴人，舌胎正黃。輕淺者黃而糙澀，舌質鮮紅，深重者黃夾灰點，舌本紫紅。溫毒發瘢，當斑毒內伏之際，證反身熱不揚，神識不清，糊言妄笑，甚或昏厥如尸，舌苔灰黑，中心黑暈。在瘢毒暴出之時，每多瘢疹並發，或瘢夾疱瘡，劇則皮膚統紅，瘢如針頭稠密，紫黑成片，或雜爛瘢黑爛。證必面紅咽痛，喉疼赤腫，甚則起腐，目赤唇焦，脘悶煩灼，大渴引飲，口開吹氣，臭穢噴人，耳聾足冷，便閉溺赤，神昏譫語，甚或不語如尸厥；舌紫胎黃，或黃膩帶灰，甚則焦紫起瓣，或見黑暈。此皆發瘢淺深輕重之陽證，有實無虛。若陰證發瘢，皆屬內傷夾外感。內傷脾陽者，瘢點隱隱而稀，色多淡紅，或夾淡灰，或夾晄白，多則六七點，少則三五點，形如蚊跡，只見於手足，或略見於腹部，似瘢而實爲細疹。證多四肢厥冷，神倦嗜卧，喜向裏睡，神識似寐非寐，乍凊乍昧，聲低息短，少氣懶言，大便多溏，溺色凊白，或淡黃，舌胎白而嫩滑，或胖嫩而黑潤。內傷腎陰者，瘢多淡黑而枯，或淡白而嫩，多者十餘點，少者八九點，多發於兩腰及少腹部。證多頭暈目眩，或頭重難舉，或目閉畏光，耳鳴似聾，兩顴嫩紅，腰酸足冷，精神衰弱，五液乾枯，甚則筋惕肉瞤，手足微微瘛瘲，男多精滑夢遺，女多帶下腰重；舌形圓嫩胖大，胎色淡黑而少津，或舌紅而苔如烟煤隱隱，或舌紫絳而圓，雖乾無刺，或紫而鮮潤，間有微白胎。此皆似瘢非瘢之陰證，多虛少實。總之發瘢形狀，並無點粒高起，以手摸之，皆平貼於皮肉之間，不拘或大或小，總無礙手之質，但有觸目之形。紅色成片，稠如錦紋者，屬胃熱血毒，毒盛者色紅而紫，毒重者色黑而青。色淡不鮮稀如蚊跡者，屬虛多邪少，氣虛者色淡微紅，陰虛者以淡微黑。必先辨其病狀之寒熱虛實，以定病勢之輕重吉凶。

脈　左浮弦而急，右浮洪而滑者，此客寒包火，當汗不汗，熱毒乘隙而發瘢也。右洪盛滑數，數大過於左手者，此胃熱大盛，當下不下，火毒外潰而發瘢也。右長大滑數，左亦浮弦搏數者，此胃中血熱大盛，毒邪傳徧三焦而發瘢也。脈伏而瘢亦伏，瘢現而脈亦現者，此胃中血毒壅結，瘀熱凝塞營衛而伏瘢，瘢出必夾丹疹，甚則夾發豌豆瘡也。右浮濡而虛，右沉澀欲絶者，此陽爲陰逼，不走即飛，故淡紅瘢微發於四肢大腹，陶節庵所謂內傷寒發瘢也。左細數而急，右浮大而空者，此陰被陽銷，非枯則槁，故淡黑瘢點微發於兩腰少腹，陳念義所謂腎陰虛發瘢也。總之凡瘢既出，脈洪滑有力，手足溫而神識清爽者，病勢順而多吉；脈沉弱無神，四肢厥而神識昏沉者，病勢逆而多凶。

治　傷寒應汗失汗者，宜與透瘢解毒湯。加生葛根一錢至錢半辛涼解肌以發表，速使瘢與汗並達。應下失下者，宜與柴芩清膈煎去柴胡，加生葛根一錢炒牛蒡三錢活水蘆筍二兩鮮茅根，一兩，上二味煎湯代水。開上達下以清中，務使瘢與便並出。熱病發瘢，便通者，新加白虎湯，加青連翹、炒牛蒡各三錢辛涼透瘢以泄熱。便閉者，白虎承氣湯加連翹、牛蒡，各三錢活水蘆筍、鮮野菰根尖各二兩，煎湯代水，表裏雙解以逐熱。溫毒發瘢，便通者，宜與犀羚竹石湯，加活水蘆筍二兩，大青葉五錢，清涼解毒以透瘢。便閉者，解毒承氣湯加紫雪，直攻三焦以逐毒。陰證發瘢，內傷脾陽，陽爲陰逼者，緩則參附三白湯老東參、生白术、白茯苓、炒白芍各錢半，黑附塊一錢，清炙草八分，生薑兩片，大紅棗二枚，補中益氣以扶陽。急則回陽急救湯，益氣固脱以追陽，陶氏引用調中湯，辛散之品太多，反速虛陽外越，未免方不對證，愼勿妄投。內傷腎陰，陰被陽消者，龜柏地黃湯、滋腎益陰煎，酌用二方以清滋之。此二者，皆虛瘢證，均不必見瘢治瘢。總而言之，凡見瘢不可專以瘢治，必須察脈之浮大滑數，沉弱澀微，

病人之氣血虛實，病狀之寒熱濕燥，而分別用藥，隨證制方。此治瘢之要訣也。

秀按：傷寒證汗下適宜，溫熱病清解得法，邪不壅塞，並不發瘢，即有隱隱見點者，亦惟疹子居多。孫絡血熱者多發紅疹，膜留濕熱者多發白疹白疹後人改曰白痦，其實痦是疹之俗稱。今世俗通稱發瘢傷寒者，實因發疹誤作發瘢耳。或有發瘢，大率由溫熱兼寒，初起不敢用辛涼開達，仍拘守傷寒成法，恣用辛溫燥烈之藥，強逼邪熱走入營中而發。故凡傷寒發瘢，多由於汗下失當，溫熱發瘢，多由於應清失清。皆由邪遏於胃而熱蒸成瘢。如果初治不誤，何致成瘢？惟溫毒、熱疫兩證，必發瘢疹。若已成瘢，當其將發未發之際，首必辨其症候。凡若汗、若清、若下後，邪仍不解，其人壯熱無汗，胸膈煩悶，喘嗽嘔惡，起卧不安，呻吟不寐，耳聾足冷，兩寸關脈躁盛，甚或沉伏，便是瘢點欲出之候。及其既出，先將紅紙醮香油燃着，照看病人面部、背心、胸膛、四肢，有大紅點平鋪於皮膚之上，謂之瘢，若小紅點突起於皮膚之上，謂之疹。瘢大而疹小，瘢平而疹突，瘢重而疹輕。瘢夾丹疹並發者重，瘢夾豌瘡並發者尤重。黑瘢如果實醫，藍瘢如爛青果，極重而必死不治。至其治法，總以涼血宣氣，解毒透瘢爲首要。涼血如犀角、羚角、大青葉、鮮生地、鮮茅根、青蒿腦、葉草、丹皮、山梔、元參之類，宣氣如葱白、豆豉、葛根、薄荷、嫩桑芽、水蘆筍、菰根尖、青箬葉、鮮竹葉捲心、鮮石菖蒲葉之類，解毒如淨銀花、鮮菊葉、鮮蒲公英、紫花地丁、生菉豆汁、瑩白金汁、人中黃、尿浸石膏、大黑木耳、紫金錠片之類，透瘢如牛蒡、連翹、蟬衣、殭蠶、角刺、鈎籐鈎、刺蒺藜、鮮西河柳葉之類。蒺藜河柳二味，配入於清涼藥中，善能循經速達，提瘢最捷，切勿嫌其性溫透，棄而不用。如瘢伏而不出，嵌於肉裏，非略佐以升麻細辛之升竄，瘢毒終不得速透。若毒蘊便閉，又當以解毒承氣、犀連承氣等湯速下之，必裏氣通而伏瘢隨出。如果內傷脾陽，氣虛下陷，脈虛大無力者，則以補中益氣湯、人參三白湯等，升補中氣以提透之。內傷腎陽，陽被陰遏，脈沉細或沉微者，則以眞武湯加高麗參、鹿角尖，通脈四逆湯加人參、鹿茸，溫化陰凝以補托之。二者必陽氣通而虛瘢乃出，蓋溫毒證內邪壅結，得涼瀉藥，疏通其裏而瘢出，與虛寒證陰氣寒凝，得溫補藥，鼓舞其陽而瘢出，其法雖殊，其理則一。若脾腎陰虛，衝任陰虛，則以張氏補陰益氣煎、陶氏逍遙湯二方爲主，隨證加減。一則峻補其下，疏啓其中，一則清補其陰，疏啓其氣。得屢次補托滋墊，而虛瘢始出，又與陰證發瘢，得溫補以鼓舞而出，同一理也。故凡治瘢，必察病人元氣虛實，陰陽盛衰，先其所因，辨其現證，察其色脈，庶免草率誤人之弊。俞君治瘢方法，大致已備，學者由此而推廣之，足以盡治瘢之精微矣。

廉勘：前清光緒時名醫陸九芝著《丹痧瘢疹辯》，獨操已見。爰節述其說曰：丹、痧、瘢、疹，四者，丹與瘢類，痧與疹類。痧輕而丹重，疹輕而瘢重。丹與瘢皆出於膚，平而成片；痧與疹皆高出於膚而成點。痧自痧，丹自丹也，渾言之則通曰痧；亦疹自疹，斑自瘢也，渾言之則通曰疹。而痧之原出於肺，因先有痧邪而始發表熱，治痧者當治肺，以升達爲主，而稍佐以清涼；疹之原出於胃，因表熱不解，已成裏熱，而蘊爲疹邪，治疹者當治胃，以清涼爲主，而稍佐以升達。痧於當主表散時，不可早用寒瀉；疹於當主苦泄時，不可更從辛散。大旨升達，主升葛柴之屬；清涼，主芩、梔、桑、丹之屬。惟宗仲景葛根芩連一法，出入增減。方用升、葛、翹、蒡、柴、芩、梔、草、銀花、赤芍、元參，或加蠶、蟬、河柳，升散清涼合法，則於此際之細微層折，皆能曲中而無差忒，此治痧疹之要道也。自夾治此證者，主辛散則禁寒泄，主寒泄則禁辛散。故兩失之，至不僅爲痧與疹，而爲丹爲瘢，則皆裏熱之甚，惟大劑寒藥須用石膏、切忌犀角，乃克勝任，非第痧疹之比矣。有是四者脘必悶，四者之齊與不齊，以脘悶之解與未解爲辨；有是四者熱必壯，四者之解與不解，以汗出之透與未透爲辨。故當正治痧疹時，必兼行升清兩法，表裏交治，務使痧疹與汗並達。惟痧疹當發出之際，病人每悶極不可耐，稍一輾轉反側，其點即隱，病邪反從內陷，此正不必有外來之風也。即袖端被角間略有疏忽，其汗便縮，一縮之後，旋即周身皆乾。此時厥有二弊：一則汗方出時，毛孔盡開，新風易人；一則汗已大出，不可再汗。非特痧疹之隱，且津液既泄，熱必益熾，後此變端，皆從此起。病家只道未愈，醫家亦但說變病，孰知皆汗不如法之故邪。凡病之宜從汗解者，無不皆然，而兼痧疹者尤甚。故特於此發之，其言如此。竊思痧即痲疹之俗稱，故邵仙根前哲，謂疹即痧痦一類，即時毒入肺經而發。邪盛者，點子稠密，肌膚微腫而稍癢，有紅白二種。邪入營者紅疹，邪入衛者白疹。大忌胃風涼遏，犯則肺閉內陷，發喘而死。治法不外辛涼清透，宣肺化邪。觀此，則痧與疹二而一，均當橫開以輕宣肺氣，肺氣宣，則痧疹自從皮膚外

出。且其證每兼咽喉腫痛，咳嗽氣逆，豈可用升紫葛一意直升，獨不慮其肺痹氣喘而死耶！方中宜去升、柴、黄芩三味，加蘆筍、通草、燈芯，斯合輕揚清透之法矣。至其所謂丹與瘊，皆由裏熱之甚，法當大劑寒瀉，其説甚善。但謂須用石膏，切忌犀角，將古來犀角大青湯犀角二錢半、大青五錢、梔子十枚、香豉一撮。之治瘊毒熱甚，心煩咽痛，犀角元參湯犀角、元參、大青、升麻、射干、黄芩、人參、生甘草、加連柏山梔、去射干人參、亦名犀角大青湯之治發瘊毒盛，心煩狂言，消毒犀角飲犀角、牛蒡、荆介、防風、薄荷、大青、連翹、桔梗、生甘，內熱加芩連之治發瘊瘾疹，咽喉腫痛，一概抹煞，未免執一偏之見矣。惟余師愚《疫疹一得》，詳辯瘊疹，確有見地，足爲近今猩紅熱疫之標準。今特節述其説曰：古人言熱未入胃，早下之，熱乘虚入胃，故發瘊；熱已入胃，不即下之，胃熱不得泄，亦發瘊。此指傷寒化熱，誤下失下而言。若疫證未經表下，不一二日而即發瘊疹者，若遲至四五日而仍不透者，非胃虚受毒愈深，即發表攻裏過當。至論赤者胃熱極，五死一生，紫黑者胃爛，九死一生。余斷生死，則又不在瘊之大小紫黑，總以其形之鬆浮緊束爲憑。如瘊一出，鬆活浮於皮面，紅如硃點紙，黑如墨塗膚，此毒之鬆活外見者，雖紫黑成片可生；一出雖小如粟，緊束有根，如履透針，如矢貫的，此毒之有根鋼結者，縱不紫黑亦死。其色紅而活，榮而潤，或淡而潤，皆瘊疹之佳境也。若淡而不榮，或嬌而豔，或乾而滯，其血最熱，若色深紅，較淡紅稍重，色紫豔如胭脂，較深紅更惡，色紫赤類雞冠花，較豔紅毒火更盛。色青紫如浮萍之背，多見於胸背，乃胃熱將爛之候。其治法，總宜大清胃熱，兼涼血解毒，以清瘟敗毒飲爲主。生石膏、知母、犀角、鮮生地、赤芍、丹皮、梔子、黄芩、連翹、元參、桔梗、生甘、鮮竹葉、重加大青、少佐升麻、或加紫草、紅花、或加桃仁、歸尾此治溫毒、熱疫、瘊疹並發，及時行爛喉丹痧，出死入生之正法眼藏也。凡溫熱病發瘊疹，予每用俞氏透瘊解毒湯加葛根石膏。若溫毒熱疫及爛喉痧，或發瘊疹，或發丹痧，皆主清瘟敗毒飲加減。二方皆屢投輒驗，較之秦皇士透化瘊疹之升麻清胃湯。升麻、鮮生地、丹以、川連、木通、生甘草、誤食葷腥者加山查、砂仁奏功尤捷。獨內瘊一證，最難診察，特述趙晴初《存存齋醫話》一則。榮齋按：內瘊一則出自吴坤安《傷寒指掌》第三卷。趙氏也是轉載而來的。時毒溫疫，口鼻吸受，直行中道，邪伏募原，毒凝氣滯，發爲內瘊，猶內癰之類。其證似躁非躁，耳熱面紅，目赤口乾，手足指冷，或作寒噤，心煩氣急，不欲見火，惡聞人聲，甚則昏不知人，鄭聲作笑。其脈短滑，其舌胎多黄濁，中見黑點，或純黑中見紅點，或黑胎聚於中心。治宜宣通氣血，解毒化瘊爲主。銀花、連翹、殭蠶、鈎籐勾、紫花地丁、赤芍、丹皮、紫草、查肉、人中黄等。得脈和神清，方爲毒化瘊解，但其瘊發於腸胃嗌膈之間、肌膚間，不得而見，往往不知爲瘊證，而誤治者多矣。此則俞氏所未備，節錄之，以爲臨證之一助。

榮齋按：本節俞氏所説，大致可分爲陽證發瘊、陰證發瘊兩類，何氏補出內瘊一則，是需要的。俱尚有伏瘊一證，也是傷寒發瘊中的一個重要證候，臨床時也常有看到，俞氏只在論脈條內講起脈伏而瘊亦伏一語，對於證狀和治法，卻没有提及；這是罅漏，應予補充，兹從吴坤安《傷寒指掌》錄入，庶幾比較完備。吴坤安説：凡傷寒邪入太陰，脈靜神呆，舌心灰黑，防有伏瘊或時感之症。過經不解，舌苔灰黑，或舌心黑暈，肌表不甚發熱，脈象亦似沉緩，但神識不清，或鄭聲作笑，此陽邪陷入太陰，防有伏瘊內發；其脈靜身涼，非邪退正復也，乃陽邪陷於陰分也。法宜宣通氣血，透提瘊毒，以實證治之；如連翹、赤芍、銀花、紫草、生查肉、檳榔、天蟲、刺蒺莉、犀角尖、角刺之類；透之提之，瘊疹外達，自然毒透神清。廉臣先生對透瘊方法，另有一種經驗，特介紹如下：溫病發瘊之際，用清營透絡，解毒化瘊而瘊仍不透，往往用攻下逐毒，府氣一通，而瘊始大透，伏邪從瘊而解者，亦常見之。這方法雖從吴又可書中得來，但通過經驗家的實驗，更值得我們珍視了。

《松峰説疫・論治・瘟疫雜症治略・斑疹》 斑疹二字，非以色言，以形言也。故發斑有紅紫黑色之殊，而皆以斑名。點與皮平，絶不高起。其曰蚊迹者，狀紅斑之成點者也。曰錦紋者，狀紅斑之成片者也。疹則其形高出皮膚之上，大者若此方之高糧米，小者若小米，亦有紅紫二色，而黑者殊少，較之發斑稍輕。又有白疹發於衛分，形如莧種，色白，破之，中有清水。凡發此者，最吉，是邪從疹散也。斑疹形色已盡於斯。先以斑論，總因邪毒不解，留於血分所致。如當汗不汗，則表邪不解；當下不下，則裏邪不解；下之早，則邪陷不解；當清不清，則火盛不解；當補不補，則無力不解。瘟疫少見。或陽症而誤溫補，則陽亢不解；陰症而誤寒涼，則陰凝不解。瘟疫無比。凡汗下不解則直入陰分，鬱而成熱，以致液涸血枯而發，乃營衛俱劇之症。溫清俱不解，及足冷、耳聾、煩悶、欬嘔者，便是發斑之候。鮮紅者，吉；紫

者，五死一生；黑則十死一生。並忌稠密成片。凡斑既出，脈洪數有力，身溫足暖者，易治。脈沉小，足冷，元氣弱者，難治。凡已出未出時，切忌妄投寒劑，並忌飲冷，恐傷胃氣作嘔吐。又忌香臭薰觸，又不可妄發汗、妄攻下，虛其表裏之氣，其害尤甚。若脈弱者，或先有房事，要在審問之。凡治瘟斑，必細審人之虛實，症之表裏，脈之有神無神爲要。吳又可發斑條，祗有下之一法，奚足以盡其變哉！成氏言發斑者戒發汗，而張景岳則以邪自外入者，仍自內出。凡脈數無汗，表症俱在者，必須仍從汗解，以犀角地黃湯爲治斑要藥，而以成氏不可汗之說爲非。愚意成氏之所謂不可汗者，指麻桂紫蘇而言，非指犀角地黃湯也。

《松峰說疫·論治·瘟疫雜症治略·斑黃並發》 凡傷寒、瘟疫變現諸症，相兼者多，惟斑黃二症少見同時而發者。□□□□□□□□□□從兄秉欽，病發黃，旋即發斑。余往診視，甚覺駭異。以其素虛，隨用托裏舉斑湯、茵陳五苓散，二方中採擇加減服之，斑黃並治，冀可奏效。服一劑，次早戰汗，後斑黃並退，其病豁然，隨名其方曰斑黃雙解散。茲錄於左，以備採擇，因擴而充之。或斑甚而黃輕者，則以治斑爲重；而以治黃爲輕；或黃甚而斑輕者，則以治黃爲重，而以治斑爲輕。又或有先斑而後黃者，有先黃而後者，有發黃而兼發疹者，斑黃之症不一，巧妙之治各殊。參伍以盡其變，錯綜以盡其神，左右逢源，是在業醫者因時以制宜耳。

《溫疫論類編·發斑》 松峰按：下後復大下，是指用他藥言，非指此方。

又按：此方係專爲下後中氣不振，班毒內陷者設也，故用歸芎以托裡，升柴白芷以舉班，山甲以走竄經絡，則衛氣疏暢而班漸出矣。

松峰曰：發班總因邪毒不解，留於血分所致，有當汗不汗而表邪不解者，有當下不下而裡邪不解者，有當清不清而熱極不解者，有疫氣鍾厚而蓄毒不解者，有誤用溫補而陽亢不解者，有過服寒涼而陰凝不解者，有當補不補而無力不解者。或大下後、或虛髦輩，此外無用補法。致病非一途，故療之亦多術，篇內治班止有一承氣，奚足以盡其變哉？至于舉班湯，亦第補救大下受傷之劑，並非治班正方，舉一廢百，何其踈畧乎？

《羅氏會約醫鏡·瘟疫·論瘟疫發斑》 凡疫邪留於氣分，解以戰汗，留於血分，解以發斑，以毒氣之疏通也。若未下而先發斑者，下後而斑漸出者，再見下症，少與承氣緩緩下之。

《傷寒指掌·傷寒變證·斑疹》 癍者，有觸目之形，而無礙手之質，即稠如錦文，稀如蚊跡之象也。或佈於胸腹，或見於四肢，總以鮮紅起發者爲吉，紫色成片者爲重，色黑色青者不治。

邵評：癍之形狀，平而貼於肌肉之間，並無點粒高起，以手摸之，平而不礙手；或紅色成片，稠如錦紋者，此屬陽邪胃熱；有稀如蚊跡，而色淡不解者，此是正虛邪伏。此症有陰陽寒熱虛實之同不，當看其外症，參其脈象，而施溫涼補瀉之治法。

疹者，有顆粒之象，腫而易癢，即痧癮之屬。須知出要周匀，沒宜徐緩。春夏多此。癍疹二者，不外手太陰與足陽明之治。又癍爲胃家毒火，疹屬脾家溼熱，須互參之。

邵評：發疹於皮膚之上，起有顆粒，如粟如粒，以手摸之，有尖刺而觸手者也，與癍之平而在肌肉者不同。癍由陽明胃熱而發，疹因肺受風溫而出。癍有虛寒陰症，可用溫補。疹無不由邪火而作，陰寒之症罕有，故治疹之法，不外辛涼清透，宣肺化邪，溫補之藥每禁用也。蓋因疹子即痧瘖一類，即天行時毒，入於肺中而發。邪盛者，點子稠密，肌膚微腫而稍癢。有紅白二種，邪入營者紅疹，邪入衛者白點。大忌冒風涼遏，犯則肺閉內陷，發喘而死矣。

癍疹之發，傷寒由於失表失清，其邪不得外達，蘊於胃府走入營中而發也。溫熱之症，外邪與內熱相搏，溼熱凝滯，自然發癍發疹。有發熱一二日便見者，有發熱三四日始見者，非因失治而然。

邵評：癍與疹必當分別。癍發於胃，疹出於肺。傷寒失表失清，邪遏於胃而熱蒸成癍，故傷寒症發癍者多，而發疹則僅見也。其虛癍陰癍，由於中虛寒伏，逼其浮陽外越，無根之火內動，見斑隱隱而微，色白不鮮者是也，治須溫補。至於疹，悉是外邪致病。天行痧疹，時毒襲入肺衛而發者，或溫暑時邪，從肺吸受，由衛入營之症。其邪從肺外達而發疹者，此邪在上焦，非由失表失清之故。當辨其在氣在營，而用宣肺清透之法。若遇寒涼，防其抑閉。與癍之治法判然不同，二症豈可不分辨哉。故約言之，癍屬胃，疹屬肺，二症須分別論治。

大抵發汗不出，或雖汗不解，胸膈煩悶，嘔惡不納，足冷耳聾，脈沉而伏，

或寸關脈躁動，便是癍疹欲出之候。須細診之。

邵評：邪熱鬱伏於中，蒸熱爲癍，故汗不出，而煩悶嘔惡，足冷耳聾，此是癍疹將發之見象，猶天將雨而悶熱鬱蒸也。脈沉伏，由於邪伏於內，脈道不利所致。寸關躁動者，伏邪勃發之兆也。

凡癍疹欲出之際，若得上吐下瀉者吉。毒氣上下俱出故也。

邵評：癍疹將出之際，上吐下瀉，其熱毒從吐瀉而外出，分消其勢，大忌止澀。若出齊後，及將回之時，忌見吐瀉，恐其邪陷也。故癍疹吐瀉，須辨其先後緩急之勢，庶免誤治之弊。

凡癍紅赤者，爲胃熱；紫色爲熱甚；黑爲胃爛。赤癍五死五生，黑癍九死一生。鮮紅起發稀朗者，雖大不妨；如針頭稠密，紫黑成片者，難治；雜藍癍黑爛者，死也。

邵評：此辨癍色，以驗病之吉凶生死，學者最宜着眼。

凡癍既出，須得脈洪滑有力，手足溫者，易治；脈微足冷，元氣虛弱，難治；癍疹透後，神識宜清。反加昏沉者，難治。

邵評：癍出之後，辨其脈象及症之順逆，語皆精實。

凡溫熱癍疹，已見陽明少陽新法中。傷寒失表發癍，已見太陰新法中。此更詳天時寒暄燥溼，邪在足經手經，氣分營分，外感內傷爲治，當以溫熱疫癘兼參之。

邵評：傷寒自表入裏，從足經施治，邪入陽明，熱甚發癍，由先時失表失清所致。所謂癍發於胃，非比疹之從肺而出。故傷寒症陽明極熱，每多發癍，而發疹者稀有也。若溫邪暑熱，自肺吸入，宗三焦立法，從手經論治。其邪之入裏，或自肺衛而入營，則發疹而外達。即天行痧疹時毒之邪，亦從肺經吸入而發疹也，所謂疹出於肺。或由肺衛而入陽明胃者，胃火盛亦有發癍也，其治與傷寒發癍同。至治疹當宣肺清營，提透疹邪爲主。至於癍與疹之所發，其源各異，而治法亦須分別。詳列於後。

胃熱　發癍舌胎黃燥者，胃中熱極也，從陽明治。犀角、連翹、黃芩、黃連、銀花、牛蒡、葛根、薄荷之類，不可過用風藥。

邵評：此陽明胃熱發癍之正法。

營熱　赤癍，舌胎鮮紅者，營分血熱也。神昏譫語，邪干膻中，病在手經。不可妄用風藥，以刼胃津。亦不可純用苦寒，直入中焦。法當清疏營分，輕透癍毒，如犀角尖、連翹心、元參、丹皮、牛蒡、銀花、薄荷、人中黃之類。神昏加菖蒲數分，西黃二三分，以開心竅。

邵評：膻中，心包絡也。邪在手經，自肺衛而入心營，逆傳包絡，危險之症。急當清心達邪、芳香開秘，忌用風藥升散，刼耗陰津。且邪在上焦，並宜輕清。若用苦寒重濁之劑，直走腸胃，與包絡結邪無干涉矣。此方是營熱發癍，邪入心包之正法。

如癍已透，當清火解毒以化之。如連翹、赤芍、元參、丹皮、花粉、知母、黃芩、淨銀花、人中黃之類。脈洪大，加石膏；舌絳色，加鮮生地。

邵評：癍透之後，餘熱未淨，治宜清化餘邪。此方是癍透後餘邪未淨之良法。

表寒　春應溫而反寒，夏應熱而反涼，有病惡寒發熱咽痛，身上有淡紅白癍，舌胎白而薄嫩者，此寒邪在表也。當以荆防敗毒散溫散之。

邵評：此表寒抑遏而發癍之良法。

溫毒　秋應涼而反熱，冬應寒而反溫，或天時亢旱久燥，溫疫流行，發爲赤癍丹疹。其毒瀰滿三焦，目赤舌絳，汗出津津。切忌風藥升散，宜涼膈散去芒硝、大黃，加石膏、牛蒡、赤芍、人中黃。大便秘者，去硝留黃。

邵評：應寒涼而反溫熱，又或天時燥旱，陽熱亢極，非其時而有其氣，是不正之邪氣而成瘟疫也。疫邪火毒，釀成癍疹，熱毒蘊伏陽明，三焦俱病，是名溫毒發癍。症多肺胃火盛，此方極合。

陽毒　溫疫陽毒發癍，面如塗硃，眼中噴火，六脈洪大，燥渴欲死，此陽明血熱已極，毒邪傳遍三焦，經絡閉塞，榮衛不通。非三黃石膏湯不能解救。

邵評：三焦表裏，俱被陽邪熱毒蒸灼氣血，經絡凝塞不通，邪鬱不宣之候，必須兩解其表裏之熱邪，則癍疹方能外達。此方治邪偏表裏三焦陽毒發癍，的是良劑。

伏癍　凡傷寒邪入太陰，脈靜神呆，舌心灰黑，防有伏癍。或時感之症，過經不解，舌胎灰黑，或中心黑暈，肌表不甚發熱，脈象亦似沉緩，但神識不清，或鄭聲作笑，此陽邪陷入太陰，防有伏癍內發。其脈靜身涼，非邪退正復也，乃陽邪陷於陰分也。法宜宣通氣血，透提癍毒，以實症治之。如連翹、赤芍、銀花、紫草、生查肉、檳榔、天蟲、刺蒺藜、犀角尖、角刺之類，透之提之，癍疹外達，自然毒透神清。

邵評： 陽經之邪入於太陰，太陰爲溼土之臟，脾與胃相聯，陽邪故易傳入於陰。入於陰則脈反靜，邪氣內伏，故神呆。舌灰黑，太陰舌胎也。如此形症，防有伏癍。不但傷寒邪入太陰，即時感遷延，亦有陷入太陰之症。舌灰黑者，太陰溼與熱相蒸也。邪熱陷入，抑遏不宣，故肌表不甚熱，而脈見沈緩也。癍毒內伏，則神不清而糊言妄笑矣。此陽邪實熱，陷入太陰，癍毒內伏之候。不可誤認爲邪退正虛，而進滋補，仍宜宣通伏邪，提透癍毒，必使癍從外達陷入之邪自化耳。此方治陽邪陷入太陰，癍毒內伏之良法。

內傷 凡勞倦內傷，虛火遊行於外，亦有淡紅癍點。其身痛心煩，惡寒發熱，與外感同，第脈虛大，或氣口獨大，倦怠懶於言動，自汗爲異。投補中益氣，熟睡汗止身涼而愈。

邵評： 此勞倦中虛，稍挾微邪，虛火外浮而發癍。用補正略佐化邪一法，爲治勞倦傷脾、中虛發癍，名曰虛癍之良劑。

伏陰 陰癍者，因內有伏寒，或誤進寒涼，逼其虛陽浮散於外，其癍點隱隱而微，脈雖洪大，按之無力，或六脈沉微，手足逆冷，舌胎白滑，或黑胎胖滑，此陰癍無疑也。先用炮薑理中湯以復其陽，次隨症治。若內傷生冷，外感寒邪，而發陰癍，調中也。先用炮薑理中湯，以復其陽，次隨症治。若內傷生冷，外感寒邪，而發陰癍，調中湯最捷。

邵評： 稟體陽虛，其人內有伏寒，又有誤用涼藥寒物，陰寒極盛，陽火衰微，逼其無根之火外浮而發癍。陰伏不達，名曰陰癍，大虛大寒之症。虛陽浮越，其脈浮取洪大，重按無力，陽微欲脫之脈也。若脈沉微，陽微之正脈。均宜用溫中扶陽之法。此方治陰寒內盛，陽火衰微而發陰癍之正法。

少陰 凡腎虛挾感，癍疹無力透達，肌膚中微現淡紅隱隱之點，脈象沉細無力，舌胎淡紅或紫色，舌形胖嫩圓大，似寐非寐，神識乍清乍昧，此少陰精不化氣，癍不得透也。當以左歸飲加人參進之，精氣充溢，癍自外達矣。若兼右尺遲微，手足逆冷，渴不欲飲，此少陰水火俱虧也。當以人參八味投之，腎氣一充，其癍自透。

邵評： 腎水虧以六味地黃壯水，腎火衰，用附桂以補火、人參以扶元氣，乃陰陽兩虛之正法。

內癍 凡溫疫時感，每有內癍，其癍發於腸胃嗌膈之間，肌膚間不得而見。其脈短滑，似躁非躁；外證口乾目赤，手足指冷，煩躁氣急，不欲見火，惡聞人聲，耳熱面紅，或作寒噤，或作噴嚏，昏不知人，鄭聲作笑，種種形證，皆內癍之驗。治法亦宜宣通氣血，解毒化癍，如連翹、地丁、赤芍、紫草、査肉、檳榔、淨銀花、人中黃、白殭蠶、鉤藤鉤之類主之，俾得脈和神清，方爲毒化癍解。

邵評： 時毒瘟疫，口鼻吸受，直行中道，邪伏膜原，毒凝氣滯發爲內癍。內癍者，發於軀殼裏面，腸胃膈膜之處，外之肌肉皮膚，不見癍點，毫無形迹，猶內癰之類也。此症罕見。時症、瘟疫症中，或有此症。其所見外症，俱是陽明熱毒，火邪壅遏於中，氣不宣通之候。癍發於內，提透非宜。治法當宣通邪滯，解毒消癍，清營化熱之劑。症雖少見，醫者不可不知。蓋內癍外無形迹可見，全在察脈辨症，庶無貽誤。以上俱論癍症。

疹子悉屬風熱，浮小有顆粒，隨出隨沒，而又出一翻者是，與小兒痧子同。宜疏風解熱爲先，不可驟用寒涼，必兼辛散。吳地曰痧子，浙江曰瘄子，同一病也，恆發於小兒。若疹子，不拘大小皆有。三疾主治略同，總不出乎肺家風熱。身熱一二日即發者輕，三五日發者重，亦當辨其天時寒暄燥溼，邪在氣分營分治。

外寒內熱 痧疹發於暴寒之時，肌表夫面不透，是外襲寒邪，內蘊伏熱，宜兩解肺衛之邪。麻杏石甘湯加桔梗、薄荷、射干、牛蒡主之。

邵評： 痧疹將發，值天寒暴冷之時，寒邪抑遏於表，痧疹熱毒蘊伏於肺，不能外達，疹不透而氣急煩悶，故用麻黃開肺散寒，石膏、杏仁清熱下氣，餘藥提透疹邪也。

若秋候涼風外襲，伏熱內蒸，以致咳嗽或喘者，亦宜麻杏石甘湯，加桑皮、象貝、枯芩、蘇子之類。麻黃須蜜炙或水炒。

邵評： 發疹在秋令，被涼風抑遏肌表，疹不透而肺火內灼，咳嗽喘急者，亦用麻杏石甘湯，開肺散風之法。此與上條是肺有熱邪，欲發疹子，外受寒風，鬱於肌表，疹不透達，肺火熇灼，最易閉悶發喘而成危症。故用麻杏石甘開肺清熱，加味散表邪而發疹。

風溫 若值天時晴燥已久，而患咳嗽、咽啞、喉痛之症，兼痧疹者，此風溫客於太陰手經也。治宜辛涼清潤之品，大忌升、葛、防風、蟬蛻等藥，當以羚羊角、連翹、薄荷、牛蒡、元參、射干、杏仁、桔梗、象貝、淨銀花、蘆根之類選

用。繼以粉參、川斛、麥冬、花粉、知母、梨漿之品，以養肺胃之陰。

邵評：風溫之邪襲肺，火燥傷金，故見咽啞喉痛而發痧疹。肺之火毒極盛，若内溼火上蒸，咽喉作腐者，是爛喉疫痧。治法亦宜辛涼清透，大忌辛溫升散之品。寒涼苦降亦在禁忌，防其鬱遏内邪也。治宜辛涼宣泄、清肺達邪，爲風溫發疹邪在肺衛，者正治之法。即爛喉疫痧，亦不外此方。此條風溫熱邪在於肺衛欲發疹子，用宣肺達邪清透爲治，是正法也。

血熱　痧疹初起，舌絳如朱，疹色如丹，環口燥裂，大渴引飲，脈象洪數，乃陽明血熱也。宜犀角、連翹、鮮生地、丹皮、赤芍、元參、花粉、淨銀花、人中黄之類選用。繼以大小甘露出入，以救胃陰。

邵評：此條營分邪盛，血熱而發疹。用清營宣透涼血解毒之治，亦正法也。此與上條俱即養陰藥繼之，可見溫熱病以陰爲重也。

肺鬱　痧透後，痰多氣急咳嗽者，餘熱鬱於肺也，宜宣之開之。如梔、豉、桑、杏、桔梗、枯芩、薄荷、象貝、蔞皮、通草、蘆根之類。

邵評：此爲痧邪餘熱挾内之痰火，鬱於肺中，氣不下降所致，宜宣肺化痰清火治之。爲痧疹之後痰熱鬱肺之正法。

如痧疹雖透，而咳嗽聲啞喉痛者，此痧毒不能盡發，鬱於氣分也，亦宜宣通肺氣，如羚羊角、前胡、桑、杏、連翹、牛蒡、射干、薄荷、銀花、甘桔、通草、黄芩、蘆根之類選用。

邵評：痧疹透而聲啞，咽喉痛而咳嗽者，乃火邪痧毒鬱伏肺中，氣火上升爲患也。治以宣氣泄肺、清火解毒之法，乃痧毒火邪，鬱於氣分，上灼肺金之正治。

發喘　凡痧瘄透發不盡，毒邪干肺，喘急昏悶者，危症也，宜急透之。

焦麻黄八分　石膏四錢　杏仁二錢　牛蒡子一錢五分　連翹一錢五分　枯芩一錢五分　象貝母一錢五分　薄荷八分　桔梗八分　犀角尖八分　生甘草四分　通草一錢　蘆根一握

邵評：此痧毒内伏鬱閉之症，或着寒冒風，皆能致此。尋常疹子則無此症，蓋痧出而不盡透，毒伏於内，鬱悶肺閉而昏喘氣急者，大危之症。非麻黄大開肺氣，則不能救。再用石膏以清火，杏仁以下氣，甘草以緩急而瀉火毒，加犀角、桔梗等味，提透清化爲治。

咳嗽　痧後咳嗽，餘熱在肺也，宜瀉白散，加貝母、橘紅、杏仁、枯芩、知母、花粉、甘桔、梨漿之類清之。

邵評：此痧疹餘邪蘊肺而咳嗽之良法。

傷陰　凡痧瘄伏邪未清，致傷陰分，而發熱不止者，宜甘涼養陰，如沙參、骨皮、麥冬、玉竹、雲苓、金斛、生地、白芍、丹皮、甘草之類。

邵評：此痧後伏邪傷肺胃之陰液，因而發熱之正法。

伏邪　凡痧瘄等症，外雖透達，易隱易回，而身熱不除，漸加喘咳，腹脹咽痛，喉啞齦爛，神昏欲寐，或兼赤利等症者，此係失潮，伏邪在内，危症也。急宜散邪解毒，如犀角、連翹、牛蒡、射干、元參、杏仁、查肉、人中黄、淨銀花、西黄、通草之類。

邵評：痧毒内伏，上中下三焦均受其戕也。蓋痧子出沒有潮數，見點三日方齊，每日三潮，三日九潮，潮後漸漸退沒，則痧毒盡透。若未潮足而早回，則邪伏於内。咳喘齦爛，喉啞咽痛，毒火上擾也；腹脹赤利，邪火下注也；身熱神昏欲寐，痧毒閉伏於中也。上中下三焦俱受邪侵，必正不勝邪而敗矣。急急提透痧邪，清熱解毒爲治，必使痧毒外散，方有生機。

如痧瘄隱沒太早，以致發熱咳喘者，此伏邪在肺也，速宜開宣肺氣，遲則不治。如梔、豉、桑、杏、羚羊、牛蒡、連翹、前胡、薄荷、桔梗、蘆根之類主之。

邵評：按此等藥，雖是開宣肺氣爲主，然初起即用，或有靈效。若喘熱勢盛，似乎嫌輕，當以麻杏湯治之爲是。然此條痧隱太早，邪遏於肺，病在上焦，較前條稍輕，故以輕宣法治之。

陰虛　凡少陰水虧之人，感挾時邪，而發瘄疹，不可過用柴葛升散。緣此症雖表不得汗解，或雖得汗而瘄疹未透，熱仍不解，惟清解中兼養陰液，庶能得汗，而瘄疹亦易透達。如遇時感，診得脈象細數，或沉細，外症欲寐不寐，舌形微白兼紅，或紫色而乾，即是少陰虛症。或已經表散不應者，急宜用生地、骨皮、沙參、茯苓、麥冬、金斛、花粉、牛蒡、連翹、甘草之品，以養陰液，自然疹隨汗達，身涼而解。如兼舌燥口渴而便秘者，加犀角數分，合陽明治之，或加豆豉。

邵評：此腎水素虛之人，外受溼熱暑溼時邪而發瘄疹，非天行時痧之症，當從三焦立法。用手經藥清透，各隨其所受之邪而施治，非足經藥之柴葛升散發表者所宜。即使發表得汗，此非風寒表症，其邪不能從汗而解，瘄疹何能外達？况本屬水虧之人，病是溫熱而非風寒，尤忌發汗傷陰，故必

清解溫暑熱邪、甘涼滋液之法，俾得營衛之邪從肺達而出疹，陽明之邪由胃而發癍，溫熱暑邪隨癍疹而化解矣。至脈細數而沉細，溫熱入少陰之脈象也。欲寐，少陰本症也。復不得寐，煩熱也。微白而紅，溫熱初起之舌也。少陰舌本紫乾者，熱而津虧也。此少陰溫熱而陰液素虛之症，急急滋液達邪，陰液充復，則邪氣達，自然得汗，非用藥強發而汗出也。

又評：此陰虛而受溫暑時邪之症，當救液達邪，辨明營衛而治，邪從癍疹而解。如見陽明症象，可合陽明法治之。

凡痧瘖癮疹，最宜通泄，雖下利五色，亦不妨。惟二便不利，最爲凶候，如遇此症，勿實脾止瀉。

邵評：痧疹因受外邪而病，或見吐瀉，則內邪由吐下而外泄，此是順症。若二便不利，則邪毒壅遏，最多閉結，故爲凶候。凡痧疹吐瀉，大忌止澀。

《增補評註溫病條辨·中焦篇·風溫溫熱溫疫溫毒冬溫》 陽明斑者，化主湯主之。

陽明溫病，下後疹續出者，銀翹散去豆豉，加細生地、大青葉、元參、丹皮湯主之。

按：大青味苦性寒，能清解心胃熱毒，透發斑疹，能透營分伏熱，泄心熱。

斑疹用升提，則衄，或厥，或嗆咳，或昏痙。用壅補則瞀亂。

此治斑疹之禁也。斑疹之邪在血絡，只喜輕宣涼解。若用柴胡、升麻辛溫之品，直升少陽，使然血上循清道則衄；過升則下竭，下竭者必上厥；肺爲華蓋，受熱毒之熏蒸則嗆咳；心位正陽，受升提之摧迫則昏痙。至若壅補，使邪無出路，絡道比經道最細，諸瘡痛癢皆屬於心，既不得外出，其勢必返而歸之於心，不瞀亂得乎？

霖按：斑多屬血分，疹多屬氣分。斑點大從肌肉而出，故熱在胃。疹點小從血絡而出，故熱在心包。然既從血絡而出，本屬血分，但邪由氣而閉其血，故多屬氣分也。治斑宜涼血爲重；治疹宜清氣爲先。若斑疹互見，必當兩清血氣矣。

斑疹陽明證悉具，外出不快，內壅特甚者，調胃承氣湯微和之。得通則已，不可令大泄，大泄則內陷。

此斑疹下法，微有不同也。斑疹雖宜宣泄，但不可太過，令其內陷。斑疹雖忌升提，亦畏內陷。方用調胃承氣者，避枳、朴之溫燥，取芒硝之入陰，甘草敗毒緩中也。

霖按：斑疹色淡紅而白者，宜鬆肌透表；斑色赤者，宜透營解毒。此氣血之分也。有因痰因食，內壅甚，外出不快，而宜宣泄者，百中一二，是升散不可例禁，攻伐尤須慎重也。

《增補評註溫病條辨·解兒難·疹論》 若明六氣爲病，疹不難治。但疹之限期最迫，只有三日，一以辛涼爲主，如俗所用防風、廣皮、升麻、柴胡之類，皆在所禁，俗見疹必表，外道也。大約先用辛涼清解，後用甘涼收功。赤疹誤用麻黃三春柳等，辛溫傷肺，以致喘咳欲厥者，初用辛涼加苦梗旋覆花，上提下降，甚則用白虎，加旋覆杏仁，繼用甘涼加旋覆花以救之。咳大減者去之。凡小兒連咳數十聲，不能回轉，半日方回，如雞聲者，千金葦莖湯，合葶藶大棗瀉肺湯主之。近世用大黃者，殺之也。蓋葶藶走肺經氣分，雖兼走大腸，然從上下降，而又有大棗以載之緩之，使不急於趨下；大黃則純走腸胃血分，下有形之滯，並不走肺，徒傷其無過之地故也。若固執病在臟瀉其腑之法，則誤矣。

霖按：論疹似是而非，未可執泥。

何廉臣云：前哲張畹香先生云：小兒痳疹，紹興謂之瘖子，蘇州謂之沙子。葉天士先生云：即屬風感肺分，與發疹治法同耳。當按四時法治之：在冬令發瘖，當用冬溫法，夏時用暑風法，秋時用秋燥法，春時用風溫法，皆當用辛涼法合甘寒法，如薄荷、連翹、大力子、桔梗、生甘、苦杏仁、石膏、知母、橘紅、金銀花、酒黃芩、冬桑葉等酌用。或大便作瀉，加淡滲法，則生米仁、茯苓、又炒銀花最妙。或火盛，則用羚角、犀角、丹皮、鮮大青等。或用葦莖湯合白虎湯，夏秋用，冬春斷不可用。桂枝白虎、竹葉石膏湯，或又加蔗漿梨皮，各因其輕重而用之。若邪入心營，則用犀角地黃湯，加紫雪或至寶丹。大抵初起大便水瀉者，不必服藥；大便燥結不通，謂之悶瘖，最危。至棉絲綫櫻桃核，不知出於何書，兒科用之，可笑也。道光癸卯間五月考時，考客患瘖，兒科用桂枝，無不鼻衄；予用辛涼合甘寒，無不即愈。而竟不用西湖柳，可見葉法不誤人。又若初見怕冷，加荊芥亦可，荊芥性溫，怕冷是寒，有寒邪故可用。余每用白蔻殼，以軀殼病故用殼藥去殼寒也。若初起作嘔，大力子易於作嘔，用之嘔更甚。然《內經》在上者因而越之，風痰嘔出，瘖疹出透矣，何妙如之。若怕其嘔，加白蔻仁

八分，即不嘔。又《本草》大便瀉者，大力子禁用，以大力子油滑能作瀉也。然瘄子出，瀉者不藥可愈，愈瀉愈妙。又瘄後水瀉，亦不礙用甘寒，複以淡滲如銀花炭最妙，誤用溫熱及參术必危，最怕吐血。

《溫證指歸・發斑疹》 溫病發斑，與傷寒迥別。傷寒之斑，寒鬱化熱，熱傷胃腑，或失表散，以致熱邪內鬱，燔灼榮血，陰液盡竭，或失下，以致熱邪內陷。故傷寒發斑，則爲病篤。溫病發斑，不拘輕重。無論紅紫，皆由熱毒聚於胃，胃爲多氣多血之腑，足以敵邪，力能化邪於肌膚之外，爲斑爲疹，故爲病解，況溫邪由裏達表，非傷寒經邪傳變可比。常見患溫者，得能發斑發疹，邪向外化，生全者多。但斑疹一見，急須神解清化，輕者消風敗毒，倍殭蟬，加牛子、元參、石膏、浮萍，裏實者加大黃；重者大劑雙解，加犀羚、板藍、野菊花，重用石膏。如唇齒腫黑，口鼻異常，或兼肉瞤筋惕，邪不能出，急加生地、蚯蚓汁、絲瓜瓤，以透經絡之匿邪。有患畜血發斑者，斑形稜角，血必先畜而斑後見，於前法中加桃仁、紅花、蘇木之類。至葡萄疫，已在御纂《醫宗金鑑》發明，不贅。惟玳瑁溫，龐安常僅言其證，未備其法。又如疙瘩、瓜瓤、捻頸、大頭諸溫，悉屬溫毒肆虐，治法亦不外普濟消毒，增損雙解、大小清涼、清化等分，擇其對證施治。惟軟腳溫一證，必兼溼邪，加蒼术於涼解方中，誠爲合法。

《辨疫瑣言》 發斑一症，疫在氣分者，得宣通而解疫；干營分者，必發斑而解。發斑有斑疹兩宗：成塊平塌者爲斑；顆粒成點者爲疹。斑色紅爲熱，紫爲熱甚，紫而帶青，則不治。如見紅紫成塊之斑，清氣飲去陳皮半夏，加當歸赤芍大黃以下之。疹則寒熱虛實均有之。大抵疫邪發疹，爲邪向外，順其性而疎散之，自然得愈。余臨症數十年，斑症僅見數人，疹症最多。凡將發疹，或發熱腹痛，或壯熱指尖冷，或昏悶心煩，蓋心主營邪，干於營，故有如上諸症。疹症以燈照之，隱隱有跡，疎解而不外達，虛者補托之，寒者溫散之，內實者少加大黃以利之。補托如補中益氣湯之類，溫散如葱薑之類。

《溫毒病論・發斑禁下可下辨》 沈目南曰：經言少陰所至爲瘍疹，身熱，故疹屬少陰君火，隱於皮膚之內；少陽所至爲嚏嘔瘡瘍，故斑屬少陽相火，發于皮膚之上。二者在春分以後，暑令以前，君相司令，感冒時熱，風火內鬱發斑。其症頭疼身熱，足冷嘔逆喘咳而胸煩滿悶，躁熱，起卧不安，耳鳴耳聾，渾渾焞焞，昏昧，鼻乾，呻吟，勢甚者發熱一二日即出，六七日乃退，勢緩者四五日方出，一二日即退，亦有隨出隨退者，有稀疏幾點者，有稠密如麩者，然多細如蚊咬，色亦鮮紅，或間有紫色細點，此手經爲病，故無下法。少陰疹治法總以透達爲主。若少陽斑屬三焦相火，其症與傷寒陽明發斑不同，與時令少陰發斑神昏、舌絳者亦異，不過風熱內鬱而已，治宜涼膈去硝黃加防風、荆芥、川芎、赤芍、桔梗，或紫芎香豉飲。

傷寒發斑，因失汗則表邪不解，失下則裏邪不解，下早則邪陷不解，下遲則火盛不解，或陽症誤陰則熱甚傷血，裏實表虛，熱邪乘虛蘊於肌肉而爲斑也。輕者色紅而赤，重者色紫而顯。輕者細如紋迹，只在四肢；重者成粒成叢，乃見胸腹。治宜透之解之，毒氣外宣，火威下抑，中州之禍解免。如元氣虛者，當扶元氣而兼化斑。若下之則熱毒內陷，症反變劇，故禁下法。溫毒發斑，不因失汗失下，一起脈浮沉俱盛，壯熱煩躁，起卧不安，外或頭面洪腫，咽喉腫痛，吐膿血，面赤如錦紋，身痛如被杖；內則煩悶嘔逆，腹痛狂亂，躁渴，或狂言下利，如是而發斑者，點如豆大而圓，色必紫黑而顯，胸背腰腹俱稠，毒氣瀰漫，營衛三焦壅閉，燔灼氣血。斯時而任白虎之化斑，犀角大青之解毒，邪毒得降而愈鬱，反致不救。惟下之，內壅一通，邪氣因有出路，斑毒亦從而外解矣。治法當與疫病發斑參看。

《類證治裁・溫症》 凡斑疹初見，點大爲斑，粒小爲疹。或陽症誤用熱藥，或當下不上，或下後不解，皆能致之。斑紫點小，心胞熱也；點大而紫，胃中熱也；斑黑而光亮，熱毒盛也；黑而晦者死；若黑而暈腳紅者，火內伏，用清涼發散，間有轉紅成可救者。凡斑疹，皆邪氣外透，發出宜神情清爽，爲外解裏和。有白泡如水晶者，溼邪鬱於衛分，汗不徹故也，當理氣分之邪。

《溫熱經緯・葉香巖外感溫熱篇》 春夏之間，溼病俱發，疹爲甚，且其色要辨。唐本無此句 如淡紅色，四肢清，口不甚渴，脈不洪數，非虛斑即陰斑。或胸微見數點，面赤足冷，或下利清穀，此陰盛格陽於上而見，當溫之。

此專論斑疹不獨溫疫而有，且有虛實之迥別也。然火不鬱不成斑疹。若虛火力弱而色淡，四肢清者，微冷也，口不甚渴，脈不洪數，其非實火可徵矣，故曰虛斑。若面赤足冷，下利清穀，此陰寒盛，格拒其陽於外，內眞寒外假熱，鬱而成斑，故直名爲陰斑也。須附、桂引火歸元，誤投涼藥即死。實火誤補亦死，最當詳辨也。

若斑色紫唐本下有而字小點者，心包熱也。點大而紫，胃中熱也。黑斑而光亮者，熱勝毒盛，唐本作熱極毒熾雖屬不治，若其人氣血充者，或依法治之，尚可救。若黑而晦者必死。若黑而隱隱，四旁赤色，火鬱內伏，大用清涼透發，間有轉紅成可救者。若夾斑帶疹，皆是邪之不一，各隨其部而泄。然斑屬血者恆多，疹屬氣者不少。斑疹皆是邪氣外露之象，發出唐本下有之時二字宜神情清爽，爲外解裏和之意。如斑疹出而昏者，正不勝邪，內陷爲患，或胃津內涸之故。

此論實火之斑疹也。點小即是從血絡而出之疹，故熱在心包。點大從肌肉而出爲斑，故熱在胃。黑而光亮者，元氣猶充，故或可救。黑暗則元氣敗，必死矣。四旁赤色，其氣血尚活，故可透發也。斑疹夾雜，經胃之熱各隨其部而外泄。熱邪入胃，本屬氣分，見斑則邪屬於血者多矣。疹從血絡而出，本屬血分，然邪由氣而閉其血，方成疹也。必當兩清氣血以爲治也。既出而反神昏，則正不勝邪而死矣。

《溫熱經緯·余師愚疫病論·論疹形治法》 鬆浮灑於皮面，或紅或赤，或紫或黑，此毒之外現者。雖有惡證，不足慮也。若緊束有根，如從皮裏鑽出，其色青紫，宛如浮萍之背，多見於胸背，此胃熱將爛之徵。即宜大清胃熱，兼涼其血，以清瘟敗毒飲加紫草、紅花、桃仁、歸尾。務使鬆活色淡，方可挽回。稍存疑慮，即不能救。

《溫熱經緯·余師愚疫病論·論疹色治法》 血之體本紅，血得其暢，則紅而活，榮而潤，敷布洋溢，是疹之佳境也。

淡紅有美有疵。色淡而潤，此色之上者也；若淡而不榮，或嬌而艷，乾而滯，血之最熱者。

深紅者，較淡紅而稍重，亦血熱之象。涼其血即轉淡紅。

色艷如臙脂，此血熱之極，較深紅而更惡。必大用涼血，始轉深紅。再涼其血，而淡紅矣。

紫赤類雞冠花而更艷，較艷紅而火更盛。不急涼之，必至變黑。須服清涼敗毒飲加紫草、桃仁。

細碎宛如粟米，紅者，謂之紅砂；白者謂之白砂。疹後多有此證，乃餘毒盡透最美之境。愈後蛻皮。若初病未認是疫，後十日半月而出者，煩躁作渴，大熱不退，毒發於頷者，死不可救。

《溫病合編·斑疹》 溫病初起，疏利之中，佐以解肌，使邪易傳變，而鬱熱得從外泄，原可不出斑疹。即有邪鬱二三日，或三五日，既不得汗，有不得不斑疹之勢，亦可轉重爲輕。若一派辛溫剛燥，氣受其災，而移熱於血，血爲熱邪，不能蒸汗，必發斑疹。夫斑疹熱皆在經絡而不在胃府，內有斑疹必然煩悶，故凡遇煩躁而不渴，或喜熱飲，舌白目赤，神智不清，或有譫語，即是將發斑疹之候。而爲斑爲疹，又不相同，吳又可斑疹爲一者非也。蓋斑乃純赤，或大片，乃肌肉中病，屬陽明胃經，故發斑必先干嘔不已。疹乃紅點高起，爲血絡中病，屬太陽肺經，故發疹必先干咳不已，斯時須於前後心、手、足細看，必有隱隱在肌肉內。法宜辛涼輕宣透毒，使易出易盡，以足上有爲齊，如銀翹散之類。若誤用升麻、柴胡、葛根、羌、防、白芷、當歸、西河柳諸品，直升陽明、少陽，使熱血上循清道則衄，過升則下竭上厥。肺爲華蓋，受熱毒蒸淫則嗆咳；心位正陽，受升提之摧迫則昏痙。若用膏、連大寒，大生地、麥冬陰柔之品，使邪無出路，必反而歸之於心，而致神昏瞀亂，此將出未出之時，辛溫、升提、陰柔、苦寒遏伏之大戒也。若既出之后，發疹者，銀翹散加減，如元參、細生地、丹皮、赤芍、大青葉皆可選用，清達血絡中邪。發斑者，化斑湯、犀角地黃湯、犀角大青湯，清化血肉中邪。更有里證悉具，內壅特甚，隱有斑疹外出不快者，調胃承氣湯微和之，內壅一通，斑疹漸出。不可更大下，若復大下，中氣不振，斑疹內陷則危。又有一出即沒，邪毒內陷者不治。斑疹出后，又有里證，宜護胃承氣，合犀角地黃，緩緩下之，兼化毒涼血。嘗見他證發斑，斑消則愈，溫病有斑出數日已消，而昏沉如故，必待里邪全清，二便清利而后愈。他證發疹，不過二三日爲期，溫病則爲期不定，必視里邪解否爲用藥之準。惟發斑發疹，皆爲外解之象，與汗同機，不必復求諸汗矣。再按發疹者輕，發斑者重，而斑又有輕重之分：粉紅色爲桃花斑，輕；紫雲斑重；若青若黑則邪毒下損肝腎，不治矣。

《六因條辨·斑疹條辨》斑疹條辨第一

斑疹初起，惡寒發熱，頭痛口渴，咳嗽嚏涕，目赤脈數，此痲疹也，宜用薄荷、大力、荊芥、連翹、杏仁、前胡、枇杷葉、赤檉柳等味，辛涼疎透也。

斑爲陽明熱毒，疹爲太陰風熱，總屬溫熱所化，發泄於外。其初起也，腠理不宣則惡寒，陽邪在表則頭痛，熱自內蒸則口渴，邪干肺位則咳涕。當其未見點時，先宜疎透，故用薄荷、荊芥、大力疎風泄汗，連翹、杏仁、前胡清

宣氣分，枇杷葉、赤檉柳輕揚達表，冀其汗泄腠開，斑疹速透，毋使傳變爲要。

斑疹條辨第二

斑疹汗泄，頭不痛不惡寒，身熱口渴，咽痛目赤，斑疹隱隱，宜用薄荷、牛蒡、連翹、黑梔、杏仁、射干、馬勃、桔梗、甘草、玄參等味，苦辛清解也。

上條斑疹未見，而發熱惡寒。此條斑疹既見，汗泄而頭不痛不惡寒，是腠理已開，外邪已泄，但口渴咽痛目赤，乃裏邪未解，熱仍鬱蒸，不可過散，宜以清解，故用薄荷、桔梗、杏仁、牛蒡透泄，連翹、元參、黑梔清火，馬勃、射干、甘草宣上焦也。

斑疹條辨第三

斑疹煩熱口渴，咽痛齒枯，舌黃尖絳，斑疹透露，宜用白虎湯，加連翹、元參、杏仁、射干、大青等味，清氣化斑也。

前條斑疹隱隱，尚宜疎泄。此條斑疹透露，而煩熱口渴，舌黃尖赤，乃邪漸傳裏，熱不肯解，諒非疎泄透表所能臻效，故宜白虎湯，直清陽明氣分，合連翹、元參化斑，杏仁、射干清上，大青解毒，庶免邪陷入營，神昏痙厥之慮也。

斑疹條辨第四

斑疹煩熱神昏，舌黃尖絳，夜則譫妄，斑疹並透，此熱漸入營，宜用玉女煎，加元參、連翹、人中黃、鮮石斛、鮮菖蒲、青竹葉等味，清營轉氣也。

上條在氣，此條入營。蓋斑疹已透，而熱猶未清，更兼神昏夜譫，舌黃尖絳，入營之狀昭然，故宜玉女煎，兩清氣血，合連翹、元參化斑，石斛養胃，人中黃解毒，菖蒲竹葉清營，使其從營轉氣，由氣達表，不致入血爲妙。

斑疹條辨第五

斑疹舌絳而黑，神昏譫語，煩躁妄笑，此熱入心胞，宜用玉女煎，加犀角、元參心、連翹心、鮮菖蒲、牛黃丸等味，清營透斑也。

上條熱入營絡，此條熱入心胞，漸延血分。夫營與心胞，似爲一症，實則營淺心深，卻有層次之分，《溫熱論》所謂衛之後方言氣，營之後方言血，此爲的辨。故心主血，心熱則血熱，血熱則神昏妄笑，舌絳而焦，非藉白虎清氣，生地涼血，犀角元參連翹化斑，菖蒲清竅，則熱何由解，斑何由化耶。

斑疹條辨第六

斑疹舌黑尖絳，神昏妄笑，揚手擲足，尋衣摸床，此熱入血分，宜用犀角地黃湯，加元參、連翹、鮮石斛、鮮菖蒲、青竹葉、牛黃丸、人中黃、人參等味，涼血化斑也。

斑疹既透，煩熱更甚，至舌黑尖絳，神昏妄笑，乃熱已入血，陰傷風動，揚手擲足，尋衣摸床，正虛不能勝邪，將厥之兆也。急宜犀角地黃湯涼血，元參、連翹、石斛清熱，人參扶正，菖蒲、竹葉清心，人中黃化斑解毒，牛黃丸宣竅逐穢，庶濟危險於萬一耳。

斑疹條辨第七

斑疹舌黑昏譫，斑紫或黑，手足振顫，此血熱已極，內閉外脫，宜用固本湯，加犀角、元參、紫草、人中黃、至寶丹等味，養陰化斑也。

舌黑昏譫，斑色紫黑，是血絡熱甚，津枯液涸矣。更兼手足振搖，內風旋動，乃正不勝邪，神不自持，若非養陰扶正，涼血化斑，則危在頃刻。然舌黑須要分別有地無地。若黑而兼黃，底赤尖絳，斯屬有地之黑，爲津枯邪滯，若脈證尚強，法宜攻下。如黑而光赤，並無黃底，此爲無地之黑，乃熱灼津枯，若然脈證屬虛，法宜滋陰。至斑色紫黑，亦要分別虛實。若黑而邊紅鮮潤，根腳不散，乃邪火抑鬱，宜透宜攻。如黑而邊散，枯晦不顯，乃津液涸竭，元氣已敗，萬無生理，必欲用藥，宜滋宜補。務在臨症時，細心體認對症處方，庶不愧爲司命矣。

斑疹條辨第八

斑疹紫黑，神昏煩躁，舌黑短縮，便閉脈促，此血熱瘀滯，宜用犀角地黃湯，加紫草、山甲、人中黃、元明粉、大黃等味，逐瘀化斑也。

斑色紫黑，光潤不散，固係邪火鬱伏，更加神昏煩躁，舌黑短縮，便閉脈促，此血熱瘀滯，邪無泄越，必從內化，猶可挽回。故宜犀角地黃湯，加山甲、紫草涼血破瘀，兼人中黃、元明粉、大黃攻熱逐邪。若得斑色轉紅，舌黑頓化，便是回天之兆。如黑而枯晦，根點不斂，此天真幾盡，諒難力挽，無已，勉用犀角地黃湯，加人參、附子大劑服之，以聊盡人工而已。

斑疹條辨第九

斑疹既退，咳嗽聲低，熱熾舌赤少苔，此痧熱逗留，肺胃陰傷，宜用沙參、花粉、甜杏、地骨皮、川貝、生甘草、桑白皮、菉豆殼、枇杷葉等味，清肺養胃也。

肺胃爲斑疹往來之路，玆病退熱熾，咳聲不揚，舌赤少苔，是餘熱逗留，消爍肺胃。故用炒參、杏仁、川貝、桑皮、地骨皮、枇杷葉，一派清肺潤津，合棊荳殼、生甘草、粳米養胃解毒，毋使熱留肺底，釀成癆瘵，最宜慎之。

斑疹條辨第十

斑疹之後，頸頷核腫，牙關不宣，寒熱脈數，此痧毒壅結，宜用藍根、馬勃、元參、連翹、銀花、桔梗、殭蠶、土貝母、甘草、夏枯草等味，軟堅化毒也。

斑疹雖退，熱結上焦，其腫核在頷下者屬陽明，在耳下者屬少陽，在頸項者屬太陽，總由三陽熱壅，風毒上攻，以致牙關不宣，而成時毒。故用苦辛泄降，清解上焦，又須按經施治，以圖速解，則不致延成潰破之累矣。

斑疹條辨第十一

大頭瘟斑疹未現，頸頷熱腫，延及頭面，皮腫色赤，此大頭瘟也，宜用東垣普濟消毒飲，苦辛化解也。

凡大頭瘟初發，必先惡寒，煩熱頭痛口渴，頸面赤腫，延及滿頭，然須分經辨證。其腫在耳下及面頰者屬少陽，腫在面膛及鼻額者屬陽明，腫在頭頂及頸項者屬太陽，亦有滿頭俱腫者，爲三陽合病。古稱大頭瘟親戚不相訪問，恐其傳染。東垣製普濟消毒飲，最爲的當。其用芩連苦寒降火，升柴辛涼升陽，猶恐芩連之苦寒，直入腸胃，俱用酒炒，藉以上行，且合升降之機，而成不易之法；更兼薄荷大力祛風，連翹元參清熱，藍根馬勃解毒，桔梗甘草載之上行，殭蠶引之入絡，觀此方大有巧手，非深於仲聖之心法者，不能臻此妙境也。

疹瘰條辨第十二

疹瘰發熱，惡寒，胸悶腹痛，煩熱欲嘔，此邪鬱肺胃，宜用杏仁、桔梗、枳殼、鬱金、淡豆豉、黑山梔、薄荷、大力、蒼耳、連翹等味，輕揚宣肺也。

疹爲肺經風熱，瘰爲胃中濕熱，故疹粒細而如蚊跡，現於皮面，瘰粒大而如錢樣，附於肌肉，以肺主皮毛，胃主肌肉也。初起必先胸膈滿悶，腹中絞痛，此由風熱壅遏，氣機不宣，甚而嘔吐不休。然疹瘰而得吐瀉，正鬱遏之邪，得以疎泄，不必止之，故用杏仁、鬱金、枳殼、桔梗開上焦，山梔、淡豉祛鬱積，薄荷大力祛風，連翹蒼耳化熱，則邪透而瘰自解焉。

疹瘰條辨第十三

疹瘰或隱或現，搔癢無度，此風熱內蒸，宜用薄荷、大力、黃連、黃芩、荊芥、防風、蟬衣、丹皮、連翹、黑山梔、杏仁、地膚子等味，清熱祛風也。

疹瘰既現，時或隱伏，遍身搔癢，良由風熱蘊結，氣血不清。故用酒炒芩連，合連翹黑梔清火，薄荷大力防風荊芥祛風，蟬衣丹皮杏仁地膚，兩清氣血，則熱清而疹自化焉。

白痦條辨第十四

白痦未見，發熱身痛，面色晦滯，舌苔黏膩，胸脘不爽，嘔惡便溏，脈大而緩，此濕熱蘊蒸，宜用黃連溫膽湯，加杏仁、蔞皮、通草、豆卷等味，通泄三焦也。

痦之初發，必由濕熱化蒸，氣分不清，蓋濕必阻氣，熱亦傷氣，濕既化熱，薰蒸肺胃，其邪自胃達肺，由肺出表，從汗而泄，則粒似細粟，色似水晶。故東南濕熱之地，最多白痦，西北風燥之區，每盛斑疹。考古醫書，祇有斑疹，而無白痦，惟近世南醫輩出，始得論及，然亦略而不備。殊不知大江以南，地卑氣濕，每至夏秋暑穢薰蒸之際，但覺身熱不已，面色晦滯，舌色膩濁，此即濕熱之狀，有諸內則形諸外也。且濕乃重濁之邪，熱爲薰蒸之氣，先傷氣分，最易化熱，故胸腹必悶，脈大必緩，矧嘔惡便溏，皆邪佈三焦，氣化失清之證。故用半夏茯苓流通中脘，加杏仁、蔞皮宣豁上焦，通草、豆卷滲利下焦，合黃連、枳實泄滿，竹茹、陳皮理氣，俾三焦氣機得宣，則濕熱之邪，藉以分消也。

白痦條辨第十五

白痦既見，隨汗出沒，舌赤少苔，脈數，不饑不食，經旬不退，此胃虛邪戀，宜用佩蘭葉、穀芽、杏仁、霍山斛、麥冬、川貝、豆卷、通草、枇杷葉、藿香葉等味，輕清宣氣也。

上條白痦未見，理宜疎泄。此條白痦既見，隨汗出沒，舌赤少苔，胃津消乏，正氣已虛矣。且不饑不食，胃氣未和，至經旬而熱不解，陰液亦枯矣。斯時補之則邪愈逗留，疎之則正氣消耗，惟宜杏仁、川貝、枇杷葉清肺氣，麥冬、霍斛、穀芽養胃氣，佩蘭、藿香化濁氣，豆卷、通草泄濕氣，合輕清之品，以宣餘邪，不可偏疎偏補，反致病去元傷也。

白痦條辨第十六

白痦已多，大熱不退，口渴不食，時作鄭聲，脈大無力，此氣虛液耗，宜用黃蓍、黨參、甘草、麥冬、白芍、細生地、川石斛、地骨皮、佩蘭葉、左牡蠣、鮮荷

葉等味，益氣養陰也。

痦已見多，熱猶不退，口渴不食，乃陽津陰液俱傷，更兼語聲如重，脈大無力，此元神大傷，不克自持。故用參蓍甘草益氣液，牡蠣地芍固營液，麥冬石斛祛虛熱，佩蘭荷葉化餘邪，務得陰陽並固，不至延爲虛脫。勿謂痦猶未盡，禁用固補，而投疎泄，致悞人性命也。

白痦條辨第十七

白痦汗多，痦密，脈虛肢冷，神情恍惚，此氣液外脫，宜用黃蓍、白术、附子、當歸、白芍、甘草、麥冬、五味、龍骨、牡蠣、遠志、酸棗仁等味，甘溫斂攝也。

痦出已多，汗亦不少，脈虛無神，四肢逆冷，乃陽氣外脫之象，兼之神情恍惚，夢寐驚惕，心腎失交，神難守舍，此內外將脫，陰陽並越，《內經》所謂陰陽偏則病，離則死也。斯死生交關之候，急宜蓍术甘、附補氣，當歸白芍養血，麥冬、五味斂液，龍骨、牡蠣、遠志酸棗鎮神，使精氣神不致越脫，即挽回造化之機也。

《治溫闡要・疹斑辨》 疹爲肺經之病，脾爲肺母，主肌肉，疹子之發，由肌肉以越皮毛，肺之受制獨甚，故曰肺病也。觀其未出之先，咳嗽、鼻涕、嚏噴可驗矣。其有目淚汪汪者，肺乘所尅，毒侵於肝也。其有惡心、乾嘔、煩悶者，肺與心連，毒邪熏灼於心也。故前人云：疹屬心脾濕熱之火，四臟俱傷，惟腎無忌，而肺則病之所由發也。惟病發於肺，故治疹大法，亦以清肺消毒爲主，此疹之原也。或云疹子之發，爲時行癘氣傳染，沿門遍及，皆因冬溫太過，其反常之氣，鬱於臟腑經絡，至當春發洩之期，感此一時風熱之癘氣，發爲疹也。夫冬溫之氣，人人中之，一時風熱，又人人受之，故疹毒之發洩，亦人人患之。其曰傳染者，以疹發毒洩，一種熱蒸穢氣隨汗而出，人觸此而亦發者，以他人曾中冬溫之氣，又感一時風熱，固不啻由此傳彼，由寡傳衆也。若元氣壯，未曾感受者則不發。至於施治之法，如初起未出之前，必憎寒壯熱、鼻流清涕、咳嗽氣急、腮紅眼赤、乾嘔惡心、目淚嚏噴，便是疹候，宜升麻、前胡、甘草、葱白、葛根、紫蘇、元參、紫胡以散之。若散之而仍不出者，用胡荽搗爛同煎，酒和勻，熱楷頭面、胸背，蓋煖，內服西湖柳，名獨勝散。若未出時，發熱、面色青黑，乃毒氣攻心，宜銀花、元參、知母、牛蒡、升麻、甘草、桔梗、淡芩、山梔、石羔。便秘、身熱、煩燥，加酒大黃。若疹出時，色紫赤乾燥，大渴飲水，乃火盛毒熾，宜六一散、四物湯或黃連麥冬湯。若疹色以手摹之則白，起手即紅者，屬血虛，宜養榮湯，當歸、芍藥、人參、川芎、地黃、白术。若疹出時汗不透，燒熱不退，四物白虎輩加柴、葛、元參，當得大汗，病即去矣。總之，痳疹前後，燒熱不退，并屬血虛血熱，宜四物湯加減。故疹子初發，赤白者生，黑紫者死。蓋赤疹屬陽，遇清涼而解；白疹屬陰，遇溫煖而滅。既出之後，必自頭至足，而尤以面多爲吉。約以三日爲準，倘一出而即沒者，乃爲風寒所衝，必致毒邪內陷，宜羚角散，羚羊角、甘草、元參、知母、牛蒡子、防風、麥冬、淡芩。元參解毒湯，元參、葛根、山梔、桔梗、生地、荆芥、淡芩、甘草。大清湯，大青、木通、元參、知母、銀花、升麻、石羔、桔梗、山梔、丹皮。總之，疹子出必貴速沒，必貴漸速出，則毒得盡洩，不至停留爲患。漸沒則自無冲遏，而餘毒亦解，故出不速者，必用藥以開其腠理而催發之；沒不漸者，必用藥以清其實熱而和解之。出齊之後，風邪之內閉者已散，熱毒之未洩者正多，急與清金降火，清金，知母、麥冬、花粉、石羔、牛蒡子之屬，降火，芩、連、連翹、大青、山梔、元參之屬，而毒自解矣。至於疹後四大症，尤宜愼治。一疹後癆。疹既收沒，毒邪猶鬱於飢膚，晝夜發熱，漸至髮焦膚槁，羸瘦如柴，變成癆瘵，急須調治。宜金花丸，黃連、黃芩、黃柏、山梔。清火消毒湯，芩、連、山梔、鬱金、雄黃、燈心、膽草、骨皮。即未羸瘦而遍身壯熱、瘛瘲、煩燥，實由陰虧血耗，餘毒入肝而傳心，宜當歸養血湯，當歸、山梔、麥冬、竹葉、川芎、生地、甘草、燈心。金花丸，清火消毒湯，黃連安神丸，黃連、膽草、全蝎去毒、硃砂、當歸、菖蒲、茯神、棗仁，豬心血爲丸。一疹後疳。餘毒入胃，忽發走馬疳，牙根臭爛，血出頰腫，甚則腮穿齒落。內治以清胃火，宜清胃散，升麻、川連、丹皮、生地、連翹、山梔。外用散毒去腐，宜文蛤散，雄黃、文蛤、紙灰、枯礬、蠶退。同氣散，五谷虫焙、人中白、黃連、青黛、薄荷葉、細辛、硼砂、氷片。如瘡色白者，其胃已爛，必死。一疹後痢。由餘毒流入大腸，無論赤白，總宜養血行氣，黃芩湯爲主。一疹後嗽。氣喘息高，甚則咳血或嗆出飲食，此毒歸於肺，宜麥冬清肺飲加連翹，麥冬、甘草、桔梗、檳榔、人參、赤芍、陳皮、赤苓。若體實，宜安肺飲，淡芩、貝母、枇杷叶、花粉、沙參、桑皮、知母、杏仁、天冬。此四者，皆爲疹後重病，切勿妄治。至於發斑，乃有四症。一曰傷寒發斑。皆由當下不下，當汗不汗，或妄投熱藥，以致熱毒蘊結陽明，發爲斑疹。若脈洪數、熱甚、煩渴者，三黃鮮毒湯，川連、黃芩、川柏、梔子。或犀角大青湯。犀角、元參、升麻、黃芩、山梔、大青、甘草、川連、黃柏。脈弱者，加人參；譫語便秘，調胃承氣。如未

可下，即用犀角、大青加梨汁、蜜糖以潤之。二曰温毒發斑。冬温夏熱，熱毒藴畜而發，其形焮腫如蚊蚤所嚙，或成片如錦紋雲霞，宜大青湯，大青、元參、知母、升麻、木通、桔梗、山梔、石羔。化斑湯，人參、知母、桔梗、升麻、牛蒡、甘草、石羔、連翹、竹葉、骨皮。羚角散，羚角、甘草、麥冬、淡芩、元參、防風、知母、牛蒡。三曰時氣發斑。天時不正之氣，人感之而憎寒壯熱，發爲斑疹。大片紅塊發於皮膚之上謂之斑，小粒紅點行於皮膚之中謂之疹。蓋疹輕而斑重也。疹發於肺，宜升麻葛根升麻、芍藥、葛根、甘草加大力子以散之。斑出於胃，犀角、大青等以清之。四曰陰症發斑。寒伏於下，逼其無根之火聚於胸中，上薰於肺而發爲斑。但見胸背手足，稀少而淡紅，不似陽斑之紅顯。宜調中温胃之劑，其斑自退，蒼术、陳皮、砂仁、桔梗、半夏、霍香、甘草、白芷、川芎、枳殼、芍藥、羌活、麻桂、薑。又有癮疹，由脾家畜熱更兼風濕，隱於皮膚之間，發而多癢，或不仁，宜消風散，雲苓、川芎、人參、防風、甘草、蟬退、製蠶、霍香、荆芥、茶。消風百解散，荆芥、防風、白芷、陳皮、蟬退、柴胡、羌活、川芎、薑、蒼术、甘草、葱。又有内傷發斑，由於勞傷過度，胃氣虚極，一身之火遊行於表，或他症汗下後，中氣虚乏，餘邪散於肌表，宜補宜降，不可妄行凉藥，調中益氣爲主，黄芪、當歸、白术、柴胡、橘皮、人參、甘草、白芍、升麻、五味。吴鶴臯曰：以參、芪、附、桂而治斑，法之變也。

《醫法圓通·發斑》 按發斑一證，有由外入而致者，有由内出而致者。由外入而致者，由外感一切不正之氣，伏於陽明，陽明主肌肉，邪氣遏鬱，熱毒愈旺，忽然發泄，輕則疹癢，重則斑點，或如桃花瓣，或如紫雲色，大小塊片不等；其人口臭氣粗，壯熱飲冷，脈大而實，或周身疼痛，二便不利者，此爲外感，陽證發斑是也。法宜隨其機而導之，如升麻葛根湯、舉斑、化斑、消斑等湯，皆可酌用。因内傷而致者，或飲食傷中，尅伐過度；或房勞損陽，過於滋陰；或思慮用心過度；或偶感外邪，過於發散：以致元陽外越，或現斑點，或現通體紫紅，其人懶言嗜卧，不渴不食，精神困倦；或現身熱，而却無痛苦情狀，行動如常；或身不熱，而斑片累累，色多嬌嫩，或含青色者是也。粗工不識，一見斑點，不察此中虚實，照三陽法治之，爲害不淺。法宜回陽收納爲主，如封髓丹、回陽飲之類。余曾經驗多人，實有不測之妙。總之外證發斑在三陽，宜升散；内證發斑在三陰，宜收納。此二法乃萬病治法之要，不僅此證，學者須知。

《醫學衷中參西録·治瘟疫瘟疹方》 按：發斑之證異于疹者，以其發處不高，以手拂之，與膚平也。其證有陽毒、陰毒之分。陽毒發斑，系陽明毒熱傷血所致；陰毒發斑，或爲寒疫之毒，或因汗吐下後中氣虚乏，或因過服凉藥，遂成陰證，寒伏於下，逼其無根之火上獨熏肺而發斑。其色淡紅，隱隱見於肌表，與陽證發斑色紫赤者不同。愚生平所治發斑，皆系陽證。至陰證實未之見，其證之甚少可知。然正不可因陰證者甚少，而陰陽之際不詳辨也。【略】

疹證多在小兒，想小兒臟腑間原有此毒，又外感時令之毒氣而發，則一發表里俱熱。

若温病初得之劇者，其陽明經府之間，皆爲熱毒之所彌漫。故治此證，始則發表，繼則清解，其有實熱者，皆宜用石膏。至喉疼聲啞者，尤爲熱毒上冲，石膏更宜放膽多用。惟大便滑瀉者，石膏、知母皆不宜用，可去此二藥，加滑石一兩、甘草三錢。蓋即滑瀉亦非凉證，因燥渴飲水過多，脾胃不能運化故也。故加滑石以利其小便，甘草以和其脾胃，以緩水飲下趨之勢。若其滑瀉之甚者，可用拙擬滋陰宣解湯，既可止瀉，又可表疹外出也。然此證最忌滑瀉，恐其毒因滑瀉内陷即不能外出。若服以上方而滑瀉不止，可用生山藥兩許，軋細煮作粥，再將熟雞子黄兩三枚捏碎調粥中服之，其滑瀉必止。瀉止後，再徐徐以凉藥清補之。

《疫證集説·疫痧新方》

青萍湯　治疫痧初起，丹毒隱隱，肌膚腫脹，四肢痠痛，神迷煩熱等證。

紫背浮萍　蟬衣　土貝母　焦米仁　塊滑石　大豆黄卷　牛蒡　蘇薄荷　晚蠶沙　白蒺藜

紫樸湯　治疫痧身熱，内挾痰濕，胃濁上逆，頻頻嘔噁等證。

製川樸　象貝母　製半夏　竹二青　大腹皮　大豆卷　白蒺藜　新會皮　雲茯苓　蘇薄荷

蟬翼飲　治疫痧時毒，癮瘮不透，咽喉肢面腫痛及風痰結毒等證。

凈蟬衣　冬桑葉　製佳蠶　牛蒡子　象貝母　金銀花　蘇薄荷　荆芥穗　青防風　金鎖匙　連翹心　川通草

龍腦飲　治疫痧隱現，神迷煩躁，咽喉瘇爛及風痰上壅、痧火内伏、大頭發頤等證。

蘇薄荷　鼠粘子　製佳蠶　京元參　銀花　玉樞丹　冬桑葉　甘中黄

象貝母　馬　勃　連翹　鮮石菖蒲

羚羊煎　治疫痧嬌艷，逗留不化，風火煽爍，神煩搐搦，人如中酒，時時鼾睡及喉爛氣穢等證。

羚羊片　黑山梔　土貝母　小生地　甘中黄　金銀花　霜桑葉　竹捲心　白蒺藜　連翹心　京元參　鮮蘆根

神犀煎　治時癘疫痧，昏閉焦躁，齒躁舌裂，喉爛氣穢一切危急等證，殊有奇效。

暹犀角　石膏　京元參　冬桑葉　連翹　陳金汁　鮮生地　大青　肥知母　竹捲心　紫草　菖蒲汁

另以金銀花露、枇杷葉露代水煎藥。

疫痧選方：

玉鑰匙仁齋直指　治咽喉腫痛。

佳蠶一錢五分炒研極細　氷片六分　牙硝三錢　硼砂三錢

修合法：　用銀罐先硼後硝，層層間煉如昇拈礬之狀，鬆脆爲貴，置冷地出淨火氣，研細末，再加佳蠶、水片，以極細無聲爲度。如咽喉腐爛者加西黄、廉珠、擘砂各三分、研細掽入。宜置磁瓶，勿令洩氣。

金鑰匙外科發揮　治喉閉，纏喉風，痰涎壅塞，水漿難下。

焰硝一兩五錢　硼砂五錢　氷片一字　佳蠶一錢　雄黄二錢

各另爲末，和勻，吹患處。如痰涎不出、咽腫不消，急針患處，去惡血。

錫類散金匱翼　治爛喉痧，咽喉腐爛，頗有奇效。

西牛黄五厘　氷片三厘　眞珠三分　人指甲五厘　象牙屑三分，焙　青黛六分，去灰腳淨　壁錢二十個，焙。土壁磚上者可用，木板上者不可用

共爲極細末，吹患處。宜置磁瓶，勿令洩氣。

清咽方良方集腋　鮮臭花娘根數握，搗爛絞汁，濾清飲之，凡咽喉腫閉者服之愈。

治爛喉痧證效方驗方新編　土牛膝根即臭花娘根，秋間取之，勿論多少，水洗去泥，打自然汁。瓦盆曬熱，將汁起入一調羹，攪勻，曬。瓦盆宜多，其汁不能過夜一日晒乾，刮粉研細末入瓷瓶，用時入氷片少許，吹喉，吐出稠痰即愈。

外治異功散驗方新編：

盤螯四錢　眞血竭六分　製乳香六分去油　製沒藥六分去油

紀　事

《名醫類案・斑疹》　江篁南治章祁一人，年五十，因伐木受溼，夏間裁遇熱汗衣，則皮膚發紅疹，隱隱如布粟狀；少取涼，汗收，則疹漸沒。素有鳴腸之症，自患前恙，則腸不復鳴矣。江曰：此症雖有陰陽輕重，俱從火化，此無根失守之火聚於胸中，上獨熏肺，蓋肺主氣，主皮毛，遇熱汗衣傷之，則傳於皮膚而爲疹矣。取涼汗收而疹沒者，火散而疹自退，承乃制之義也。腹中鳴，乃火擊動其水；昔有而今無者，火從中達外也。若不節食絕慾，早拔其根，他日恐成癘風也。其人食欲不能節已，而果成癘風不治。

《寓意章・治錢仲昭傷寒發癍危症奇驗》　錢仲昭患時氣外感，三五日發熱頭疼，服表汗藥，疼止熱不清，口乾唇裂，因而下之，遍身紅癍，神昏譫語，食飲不入，大便復秘，小便熱赤，脈見緊小而急。謂曰：此症全因誤治，陽明胃經表裏不清，邪熱在內，如火燎原，津液盡乾，以故神昏譫妄，若癍轉紫黑，即刻死矣！目今本是難救，但其面色不枯，聲音尚朗，乃平日保養腎水有餘。如旱田之側有下泉未竭，故神雖昏亂，而小水仍通，乃陰氣未絕之徵，尚可治之。不用表裏，單單只一和法，取七方中小方，而氣味甘寒者，用之準如神，白虎湯一方足以療此。蓋中州元氣已離，大劑、急劑、複劑俱不敢用，而虛熱內熾，必甘寒氣味方可和之耳。但方雖宜小，而服藥則宜頻，如饑人本欲得食，不得不漸漸與之。必一晝夜頻進五七劑，爲浸灌之法，庶幾邪熱以漸而解，元氣以漸而生也。若小其劑，復曠其日，縱用藥得當，亦無及矣。如法治之，更一晝夜，而病者熱退神清，脈和食進，其癍自化。

《臨證指南醫案・癍痧疹瘰》

張　伏氣熱蘊三焦，心凜熱發，煩渴，遍體赤斑，夜躁不寐，兩脈數搏。三焦伏熱

羚羊角　犀角　連翹心　玄參心　鮮生地　金銀花　花粉　石菖蒲

嚴　濕溫雜受，身發斑疹，飲水渴不解，夜煩不成寐，病中強食，反助邪威，議用涼肺疎斑方法。濕溫。

連翹　薄荷　杏仁　鬱金　枳實汁　炒牛蒡　山梔　石膏

又，舌邊赤，昏譫，早輕夜重，斑疹隱約，是溫濕已入血絡。夫心主血，邪干膻中，漸至結閉，爲昏痙之危。苦味沉寒，竟入中焦，消導辛溫，徒劫胃汁。皆溫邪大禁，議清疎血分劑以透斑，更參入芳香逐穢，以開內竅。近代喻嘉言申明戒律，宜遵也。

犀角　玄參　連翹　銀花　石菖蒲

費　暴寒驟加，伏熱更熾，邪鬱則氣血壅遏，痧疹不肯外達，痰氣交阻，神迷喘促。漸入心胞絡中，有内閉外脫之憂，熱注下迫，自利粘膩不爽，法當開其結閉。消毒解其膻中之壅，必得神清，方保無變。熱邪入胞絡

連翹心　飛滑石　石菖蒲　炒金銀花　射干　通草

煎化牛黃丸一丸。

章　涼風外襲，伏熱内蒸，秋金主令，内應乎肺。喘咳身熱，始而晝熱，繼而暮熱，自氣分漸及血分，齦肉紫而肌壘發疹。辛寒清散爲是。外寒内熱

薄荷　連翹　石膏　淡竹葉　杏仁　桑皮　苡仁

《臨證指南醫案・痧疹》　痧退後，呻吟不肯出聲，涕淚皆無，唇紫掀腫，乃毒火未經清解，上竅漸閉，氣促痰鳴，猶是溫邪客氣致此。自當清解務盡，其神識自和，奈何以畏虛滋肺，邪火愈熾矣。毒火未清

川連　元參　杏仁　甘草　黃芩　連翹　桔梗　銀花

《王氏醫案釋註》　吳雨峯兩孫種痘，下苗二三日，發熱咽疼，醫誤認痘將出，投以升透之藥，赤斑似錦，喉爛如焚。孟英令以青龍白虎湯代茶恣飲，竟得無恙。

潘洪疇孫種痘，下苗三日即咽痛，醫予升散藥，發熱斑爛，七朝而夭。潘祥衍染痘，俗名天花，咽喉爛至於舌，胸膈痞塞不通，牙關緊濇，小溲淋痛，口流紫黑血塊。孟英視之，曰：惡血毒涎正欲其出，吹以錫類散，用碗盛其口，流出涎血甚多，咽喉牙環胸膈皆得漸舒，投以犀角地黃湯加玄參、銀花、童溺、藕汁、竹黃、花粉、貝母、石菖蒲之類，漸以向安。繼予生津塡補而痊。

咽喉爛至於舌五句，熱熾陰傷，病情皆在上焦氣分，大生地八錢，玄參片一兩。二味開水泡湯去滓沖服，濟銀花一兩五錢，莖溺一大酒杯煎去沫沖服，藕汁一酒杯沖，天竹黃三錢，川貝母杵八錢，花粉四錢，石菖蒲次入六分。

《凌臨靈方・白瘖》　沈老潮，三十二歲，大胖子，七月十六日。暑濕熱邪擾于陽明，體稟多濕多痰，痰熱阻鬱，氣機升降不宣，神煩脘悶，骨絡煩疼，頭眩支倦，紅疹已透，未得宣達，脈弦數，右寸關兼浮滑。治宜清解。局方紫雪丹。

連翹　鮮扁斛　眞川連　車前草　牛黃清心丸　牛蒡丹皮　益元散
蘆根　羚角片　佩蘭葉　純鈎　鮮石菖蒲根一錢五分
搗汁和冲鮮竹瀝。

按：痧疹已透，尚未宣達，如無刺平塌者，俗爲疹子透勿出。若冒風即隱屬内陷者，危，俗爲疹子回肚是也。

又按：痧疹有刺者佳，無刺勿起者危。

又十七日再診原方一帖。

又十八十九日去紫雪丹加川鬱金。

又二十日紅疹已得透解，肺胃痰熱未清，肝胃氣滯不和，時有潮熱，脘悶，支倦，神疲嗜卧，口苦，溺赤，脈小弦數，胎黃膩。治宜清肅上中，佐以平肝。

元參　佩蘭葉　杏仁　黑梔　車前草　連翹　鮮斛　眞川貝　銀花露
牛蒡　丹皮　全瓜蔞　益元散

又，廿二日陽明遺濕未清，心脾尚有餘熱，肝胃不和，口乾，嘔酸，頭眩支倦，大便解下矢堅黑，小溲短赤而澀且痛，脈弦小數，胎光紅。治宜清解爲法。

元參　青蒿　生谷芽　宋半夏象貝同拌　車前草一兩煎湯代水　連翹
鮮斛　新會皮　佩葉葉　童木通　益元散眞西珀三分，同燈心研同拌
丹皮　薑汁　焦梔

《凌臨靈方・紫斑》　萬左，八月，陽明血熱，偏身致發紫斑，牙齦衄血不已，大便不爽，小便赤，身疲，内熱，脈弦洪數。治宜清解陽明，以搜伏邪爲法。

元參　大青　人中黃　川鬱金　大竹葉　犀角尖　丹皮　連翹　黑荆芥　鮮生地　赤芍　凈銀花　天蟲

大小便異常部

論說

《諸病源候論・時氣病諸候・時氣大便不通候》 此由脾胃有熱，發汗太過，則津液竭。津液竭，則胃乾，結熱在内，大便不通也。

《諸病源候論・時氣病諸候・時氣小便不通候》 此由汗後津液虚少，其人小腸有伏熱，故小便不通也。

《諸病源候論・熱病諸候・熱病大便不通候》 夫經發汗，汗出多則津液少，津液少則胃乾結。熱在胃，所以大便不通。又有府藏自生於熱者，此由三焦否隔，脾胃不和，蓄熱在内，亦大便不通也。

《諸病源候論・熱氣病諸候・熱病小便不通候》 熱在膀胱，流於小腸，熱盛則脾胃乾，津液少，故小便不通也。

《諸病源候論・溫病諸候・溫病下利候》 風熱入於腸胃，故令洞泄。若挾毒，則下黄赤汁及膿血。

《諸病源候論・溫病諸候・溫病膿血利候》 熱毒甚者，傷於腸胃，故下膿血如魚腦，或如爛肉汁，此由溫毒氣盛故也。

《諸病源候論・溫病諸候・溫病大便不通候》 脾胃有積熱，發汗太過，則津液少，使胃乾，結熱在内，故大便不通。

《諸病源候論・溫病諸候・溫病小便不通候》 發汗後，津液少，膀胱有結熱，移入於小腸，故小便不通也。

《外臺秘要・霍亂病源論三首》 《病源》：霍亂者，由人溫涼不調，陰陽清濁二氣，有相干亂之時。其亂在於腸胃之間者，因遇飲食而變，發則心腹絞痛；其有先心痛者，則先吐；先腹痛者，則先痢；心腹並痛者，則吐痢俱發。挾風而實者，身發熱，頭痛、體疼而復吐痢；虚者，但吐痢，心腹刺痛而已。亦有飲酒食肉，好飡腥膾，生冷過度，或居處不節，或露卧濕地，或當風取涼，而風冷之氣歸於三焦，傳於脾胃，脾胃得冷則不磨，不磨則水穀不消化，亦令清濁二氣相干。脾胃虚弱，便生吐痢；水穀不消，則令心腹脹滿，皆成霍亂。霍亂有三名：一名胃反，言其胃氣虚逆，反吐飲食也；二名霍亂，言其病揮霍之間，便致撩亂也；三名走哺，言其哺食變逆者也。診其脈來代者，霍亂；又脈代而絶者，亦霍亂。霍亂，脈大可療，微細不可療。霍亂吐下，脈微遲，氣息劣，口不欲言者，不可療也。《養生方》云：七月食蜜，令人暴下，發霍亂。出第二十二卷中。

《千金》論曰：原夫霍亂之爲病也，皆因食飲，非關鬼神。飽食肫膾，復飡乳酪，海陸百品，無所不啖；眠卧冷席，多飲寒漿，胃中諸食，結而不消，陰陽二氣，擁而反戾，陽氣欲降，陰氣欲升，陰陽乖隔，變成吐痢。頭痛如破，百節如解，遍體諸筋，皆爲迴轉。論證雖小，卒病之中，最爲可畏，雖臨深履危不足以喻之也。養生者宜達其旨趣，庶可免於夭横者矣。

又凡霍亂，務在溫和將息，若冷則遍體轉筋。凡此病定已後，一日不食爲佳，仍須三日少少喫粥，三日以後，乃可恣意食息也。七日勿雜食爲佳，所以養脾氣也。出第二十卷中。

《續選臨證指南・泄瀉》 蔣式玉評：泄瀉，注下症也。經云：濕多成五泄，曰飧、曰溏、曰鶩、曰濡、曰滑。飧泄之完穀不化，濕兼風也。溏泄之腸垢污積，濕兼熱也。鶩溏之澄清溺白，濕兼寒也。濡泄之身重軟弱，濕自勝也。滑泄之久下不能禁固，濕勝氣脱也。是以胃風湯治有血之飧泄；清六丸療腸垢之熱溏；鶩溏便清溺白，中有硬物，選用理中治中；滑泄脈微氣脱，洞下不禁，急投四柱六柱飲；惟濡泄有虚有實，或以胃苓，或以术附。至於脾泄、胃泄、腎泄、大腸泄、小腸泄、大瘕泄、痰泄、鬱泄、傷酒傷食泄，古方古法，條載甚詳。其急則治標，必使因時隨症，理固然也；及其緩則治本，惟知燥脾滲濕，義有未盡者乎。蓋脾同坤土，本至靜之體，而有乾健之用，生萬物而役於萬物，從水從火，爲寒爲熱。歷觀協熱下利者，十不得一二，從水之寒泄者，十常八九焉。言當然者，主治在脾。推所以然者，必求之水火。因思人身水火，猶權衡也，一勝則一負，火勝則水負，水勝則火負。五泄多濕，濕水同氣，水之盛則火之衰也。於是推少陽爲三陽之樞，相火寄焉，風火扇胃，而熟腐五穀。少陰爲三陰之樞，龍火寓焉，薫蒸臟腑，而轉輸糟粕，胃之納，脾之輸，皆火之運也。然非雷藏龍馴，何能無燥無濕，勢有冒明

燎上之青，如果土奠水安，從此不泛不濫，定無清氣在下之患矣。吾故曰，五泄之治，平水火者清其源，崇隄土者塞其流耳。今觀葉氏診記，配合氣味，妙在清新。縱横治術，不離規矩。依然下者升，滑者固，寒者溫，熱者清，脈弦治風，脈濡滲濕。總之，長於辨症立方，因而投劑，自能輒效。所謂讀古而不泥於古，採方而不執於方，化裁之妙，人所難能者。余友吳子翼文，昔在葉氏門牆，曾言先生洞達人情，諳練時務，使之應世，一人傑也，以故小道居此盛名。又聞其應酬之暇，好讀兩漢，出辭自必高古，惜乎著作長案，不能一見，令人歎息不忘耳。

徐大椿評：治瀉之法，不過分清降濁，利水通氣。

《疫疹一得・疫疹之症》 似痢非痢

瘟毒移于大腸，裏急後重，赤白相兼，或下惡垢，或下紫血。其人必惡寒發熱，小水短縮。此熱滯大腸，只宜清熱利水，其痢自止。誤用通利止澀之劑不救。

熱注大腸

毒火注于大腸，有下惡垢者，有利清水者，有傾腸直注者，有完谷不化者。此邪熱不殺谷，非脾虛也，較之似痢者稍輕。考其症，身必大熱，氣必雄壯，小水必短，唇必焦紫，大渴喜冷，四肢時而厥逆，腹痛不已。此熱注大腸，因其勢而清利之，泄自止矣。【略】

大便不通

大腸爲傳送之官，欲通則易，欲實則難。雜症見此，有補有下，而疫症閉結，因毒火煎熬，大腸枯燥不能潤下，誤用通利，速其死也。【略】

小便短縮如油

小便澀赤，亦屬膀胱熱極，况短而且縮，其色如油乎！蓋因熱毒下注，結于膀胱。

遺尿

疫症小便自遺，非腎虛不約，乃熱毒流于膀胱。其人必昏沉，譫語遺不自知。

《增補評註溫病條辨・中焦篇・風溫溫熱溫疫溫毒冬溫》 溫病小便不利者，淡滲不可與也。忌五苓八正輩。

此用淡滲之禁也。熱病有餘於火，不足於水，惟以滋水瀉火爲急務，豈可再以淡滲動陽而爍津乎。奈何吳又可於小便條下，特立豬苓湯，乃去仲景原方之阿膠，反加木通、車前，滲而又滲乎！其治小便血分之桃仁湯中，仍用滑石，不識何解。

此言陰竭之小便不利，故不可淡滲。若屬熱結，自當清利，非凡溫病小便不利，皆不可淡滲也。

《溫熱經緯・余師愚疫病論》 疫毒移於大腸，裏急後重，赤白相兼，或下惡垢，或下紫血，雖似痢實非痢也。其人必惡寒發熱，小水短赤，但當清熱利水。宜本方增石膏、黃連，加滑石、豬苓、澤瀉、木通，其痢自止。誤用通利止澀之劑不救。

雄按：熱移大腸，惡垢既下，病有出路，化毒爲宜。既知不可通利，何以仍加苓、澤等利水，無乃疏乎？惟滑石用得對證，他如金銀花、槐蕊、黃檗、青蒿、白頭翁、苦參、蘆菔之類，皆可採也。

毒火注於大腸，有下惡垢者，有利清水者，有傾腸直注者，有完穀不化者。此邪熱不殺穀，非脾虛也。較之似痢者稍輕。考其證，身必大熱，氣必粗壯，小溲必短，唇必焦紫，大渴喜冷，腹痛不已，四肢時而厥逆，宜因其勢而清利之。治同上條。

雄按：唇焦大渴，津液耗傷，清化爲宜，毋過滲利。惟冬瓜煮湯代茶、煎藥，恣用甚佳。

疫證大便不通，因毒火煎熬，大腸枯燥，不能潤下。不可徒攻其閉結而速其死也。宜本方加生大黃，或外用蜜煎導法。

膀胱熱極，小溲短赤而澀，熱毒甚者，溲色如油。宜本方加滑石、澤瀉、豬苓、木通、通草、扁蓄。

雄按：苓、澤等藥皆滲利之品。溺阻膀胱者，藉以通導，此證既云熱毒內熾，則水已耗奪，小溲自然渾赤短澀，但宜治其所以然，則源清而流潔，豈可強投分利，而爲礱糠打油之事乎？或量證少佐一二味，慎毋忽視而泛施也。

瘥後飲食漸增，而大便久不行，亦無所苦。此營液未充，若誤投通利，死不終朝矣。

瘥後遺精，宜交心腎。

雄按：精因火動者多宜清餘熱，黃連、黃檗，最是要藥。

《醫法圓通・辨認邪盛熾血傷病情》 陰囊如斗

病人或十余日，身熱未退，或不身熱，脈健身輕，心煩口渴，聲音洪亮，忽見陰囊紅腫，其大如斗，疼痛異常，此熱邪下攻宗筋，宗筋之脈貫於陰囊。急宜瀉火養陰滋肝爲主。【略】

膿血下行不止

病人或八九日，身熱不退，或身不熱，時而煩渴，時而厥逆，煩燥不寧，此厥陰邪熱下攻於腸也。法宜清火養陰爲主。【略】

肛門似烙

病人或十余日，發熱不退，脈健氣粗，煩躁不寧，飲水不已，自覺肛門似烙，此邪熱下攻於大腸，眞陰有立亡之勢，急宜攻下，不可因循姑息。【略】

小便涓滴作痛

病人或八九日，發熱惡熱，煩渴飲冷，舌黃而芒刺滿口，脈健身輕，小便涓滴痛者，此邪熱下趨小腸，結於膀胱也，急宜清熱利水。【略】

二便不利

病人或七八日，發熱與熱，煩躁不寧，口渴飲冷，脈健身輕，二便不利，此邪熱傷陰，血液不能滋潤溝渠，通體皆是一團邪火，急宜攻下，不可遲延。

《秋瘟證治要略・秋瘟之診斷・四驗便溺》 秋瘟初起，大便多不通，因熱毒冲肺，腕悶氣粗，亟宜宣肺清降。日久熱甚，因毒火煎熬，大腸枯燥不潤，宜增液潤燥。宣布肺氣，或外用蜜煎導法；　如舌絳者，宜清下兼施；　舌有苔垢，宜疏下並用。此論秋瘟證之便閉也。

亦有毒火下泄，而成自利者。凡傷寒之太陰自利，則腹不滿，秋瘟之自利，胸悶腹滿，爲熱逼津液，下注大腸，下紅色清水者重，傾腸直注，日下數十次者危。此邪熱不勝穀，非脾虛也。其外症身必大熱，氣必粗壯，頭汗大渴，唇必焦紫，腹痛不已，小溲短數，甚則四肢厥逆，急宜清化，毋得滲利。此證已危，用藥再誤，必不救矣。若自利，神仍昏，脈沈鬱，身不大熱，是火甚正虛而瀉，爲險候也。若下溏醬宿垢，如蛋白汁者輕，若熱毒已退，便溏不止，是脾肺氣虛，宜保肺理脾，亦不可用溫燥之品。亦有熱不自持遺溺者，其人必昏沉囈語，遺不自知；　亦有因熱毒下陷逼腎，引動相火，男子遺精，自己不知，婦女帶下，綿綿不斷者，清解疫毒之中，必須兼加連柏，以堅陰清相火。余目覩數人，醫者亦當知之。

《感證輯要・名醫通論・痢與泄瀉病殊治異傳變頗多》 尤拙吾曰：痢與泄瀉，其病不同，其治亦異。泄瀉多由寒溼，寒則宜溫，溼則宜燥也；　痢多成於濕熱，熱則宜清，濕則宜利也。雖泄瀉有熱證，畢竟寒多於熱；　痢病亦有寒證，畢竟熱多於寒。是以泄瀉經久，必傷於陽，而腫脹喘滿之變生；　痢病經久，必損於陰，而虛煩痿廢之疾起。

綜　述

《傷寒論・辨少陰病脈證并治》 少陰病，下利，六七日，欬而嘔，渴，心煩不得眠者，豬苓湯主之。

豬苓去皮　茯苓　阿膠　澤瀉　滑石各一兩

右五味，以水四升，先煑四物，取二升，去滓，內阿膠，烊盡，溫服七合，日三服。

《傷寒論・辨厥陰病脈證并治》 熱利下重者，白頭翁湯主之。

白頭翁二兩　黃蘗三兩　黃連三兩　秦皮三兩

右四味，以水七升，煑取二升，去滓，溫服一升。不愈，更服一升。

下利欲飲水者，以有熱故也，白頭翁湯主之。

下利譫語者，有燥屎也，宜小承氣湯。

大黃四兩，酒洗　枳實二枚，炙　厚朴二兩，去皮炙

右三味，以水四升，煑取一升二合，去滓，分二服。初一服譫語止；若更衣者，停後服，不爾盡服之。

《外臺秘要・霍亂臍上築方三首》 《病源》：　霍亂而氣築悸者，由吐下之後，三焦、五藏不和，而水氣上乘於心故也。腎主水，其氣通於陰，若吐下則三焦、五藏不和，故脾氣亦虛，不能制水。水不下宣，與氣俱上乘心，其狀起臍下，上從腹至心，氣築築然而悸動不定也。

仲景論：　霍亂臍上築者，腎氣動也。先療氣，理中湯去朮加桂，凡方加朮者，以內虛也；　加桂者，恐作奔豚也。理中湯方：

人參三兩　甘草三兩，炙　白朮三兩　乾薑三兩，炮

右四味，切，以水八升，煑取三升，去滓，溫服一升，日三夜一。若臍上

築者，腎氣動也，去术加桂心四兩；　吐多者，去术，加生薑三兩；　若下多者，復用术；　悸者，加茯苓二兩；　若先時渴喜得水者，加术合前成四兩半；　若腹中痛者，加人參合前成四兩半；　若惡寒者，加乾薑合前成四兩半；　若腹滿者，去术加附子一枚炮去皮，破六片。服湯後一食項，飲熱粥一升許，汗微出自溫，勿發揭衣被也。忌海藻、菘菜、桃李、雀肉等。《千金》、《備急》文仲、崔氏、《集驗》、《必效》、《小品》、《古今錄驗》并同。

又霍亂臍上築者，以吐多故也。若吐多者，理中湯主之，方如前法加減。霍亂四道吐少嘔多者，附子粳米湯主之。方：

附子一枚炮　半夏半升洗　甘草一兩炙　大棗十枚　粳米半升

右五味，切，以水八升，煮米熟，去滓，溫服一升，日三。忌羊肉、豬肉、海藻、菘菜、餳。一方有乾薑一兩。《小品》、《千金》同。

范汪：　療霍亂，臍上築而悸，茯苓理中湯。方：

茯苓二兩　甘草三兩炙　乾薑一兩炮　人參三兩　木瓜三兩

右五味，㕮咀，以水六升，煮取三升，去滓，適寒溫，分爲四服。忌海藻、菘菜、酢物。

《外臺秘要・霍亂不止及洞下洩痢方八首》　《病源》：　霍亂而下痢者，是冷氣先入於腸胃，腸胃之氣，得冷則交擊而痛，故霍亂。若先腹痛者，則先下痢也。《廣濟》療霍亂不止方：

取酢漿水三升，煮取一升五合，内米粉一抄攪調，分二服，服別相去如人行三、四里。

《小品》：　霍亂卒吐下不禁，脈暴數者，人參湯主之。方：

人參二兩　茯苓二兩　葛根二兩　橘皮二兩　麥門冬去心二兩　甘草二兩炙

右六味，切，以水五升，煮取二升，絞去滓，溫分三服。忌海藻、菘菜、酢物。出第四卷中。

《刪繁》：　療霍亂洞泄不止，臍上築築，腎氣虚，人參理中湯。方：

人參　乾薑　甘草炙，各三兩　茯苓四兩　橘皮四兩　桂心三兩　黄耆二兩

右七味，切，以水九升，煮取三升，去滓，分溫三服。忌海藻、菘菜、生葱、醋物。《肘後》云：　洞者，宣瀉也。

又療中焦虛寒洞泄，人參湯補虚泄方：

人參三兩　甘草二兩炙　黄芩二兩　當歸三兩　茯苓四兩　乾薑四兩　厚朴四兩炙　芎藭三兩　粟米二升

右九味，切，以水一斗五升，煮米取熟，去米，澄取七升，下諸藥，煎取三升，分三服。忌海藻、菘菜、大酢等物。

又療中焦洞泄下痢，或因霍亂後瀉黄白無度，腹中虚痛，黄連湯方：

黄連四兩　黄檗三兩　當歸三兩　厚朴二兩　石榴皮四兩　乾薑三兩　地榆四兩　阿膠四兩

右八味，切，以水九升，煮取三升，去滓，下阿膠，更煎取烊，分三服。忌豬肉，冷水。並出第四卷中

《千金》：　療霍亂洞下不止方：

取艾一把，水三升，煮取一升，頓服之。《備急》同。出第二十卷中。

《延年》：　增損理中丸，主霍亂下氣能食，止洩痢。方：

人參六分　白术六分　厚朴六分炙　茯苓六分　甘草六分炙　薑屑二分

右六味，擣、篩，蜜和爲丸，如梧子大，一服十丸，飲下，酒下亦得，加至十五、二十丸。忌生冷、海藻、菘菜、桃李、雀肉、大醋。出第六卷中

《必效》：　療霍亂水痢，腹中雷鳴，無不差，烏梅黄連散方：

烏梅肉三兩　黄連三兩　熟艾葉三兩　赤石脂二兩　當歸三兩　甘草三兩炙　附子二兩炮　阿膠三兩炒

右八味，擣、篩爲散。有患者每服二方寸匕。疑熱則飲下，疑冷則酒下。忌海藻、菘菜、豬肉、冷水。出第二卷中。

《外臺秘要・霍亂後脈絶手足冷方四首》　《病源》：　霍亂而大吐下後，其腸胃俱虚，乃至汗出，其脈欲絶，手足皆冷，名爲四逆。四逆者，謂陰陽卒厥絶也。

仲景《傷寒論》：　既吐且痢而大汗出，小便復利，或下利清穀，裏寒外熱，脈微欲絶，或發熱惡寒，四肢拘急，手足厥逆者，四逆湯主之。方：

甘草二兩炙　附子一枚生　乾薑一兩半

右三味，切，以水三升，煮取一升二合，去滓，溫分二服，加減依後法。忌海藻、菘菜、豬肉。《千金》同。

又吐已下斷，汗出厥冷，四肢拘急不解，脈微欲絕者，通脈四逆湯主之。方：

甘草二兩炙　大附子一枚　乾薑三兩炮

右三味，以水三升，煮取一升二合，去滓，溫分二服，其脈卽出，愈。若面色赤者，加葱九莖；若腹中痛者，去葱加芍藥二兩；若嘔者，加生薑二兩；若咽痛者，去芍藥加桔梗一兩；若利止脈不出者，去桔梗加人參二兩。病皆與方相應，乃合服之。若吐利止，身疼痛不休者，消息和其外。《傷寒論》中，又有療諸發熱霍亂者，審取之。忌海藻、菘菜、豬肉。仲景《傷寒論》上證合用通脈四逆加豬膽湯。又吐身痛不休者，消息和解其外，宜桂枝湯小和之。

《小品》：扶老理中散，幷作丸長服亦得。療羸老冷氣惡心，食飲不化，腹虛滿，拘急短氣，及霍亂成嘔逆，四肢厥冷，心煩氣悶流汗，悉主之。方：

人參五兩　乾薑六兩　白朮五兩　麥門冬三兩去心　附子三兩炮　茯苓三兩　甘草五兩炙

右七味作散，臨病煮取三合，白湯飲和方寸匕，一服不效，又服，常將蜜丸，酒服如梧子二十丸。忌海藻、菘菜、豬肉、桃李、雀肉、大醋。《千金》同。

《千金》：四逆湯，主多寒，手足厥冷、脈絕。方：

吳茱萸二升　當歸三兩　桂心三兩　芍藥三兩　細辛二兩　通草二兩　生薑八兩　甘草二兩炙　大棗十二枚

右九味，切，水六升，清酒六升，合煮取三升，分溫四服。舊方棗二十五枚，今以霍亂法多痞，故除之。若除棗入葛根二兩佳。忌生葱、生菜、海藻、菘菜。《小品》同。仲景《傷寒論》此方名當歸四逆加吳茱萸生薑湯。

《外臺秘要・霍亂煩躁方八首》《病源》：霍亂之後，煩躁卧不安者，由吐下之後，腑藏虛極，陰陽未理，血虛氣亂，故血氣之行，未復常度，內乘於腑藏，故煩躁而不得安卧也。

《肘後》霍亂後，煩躁卧不安，葱白大棗湯方：

葱白二十莖　大棗二十枚

右二味，以水二升半，煮取一升，去滓，頓服之。文仲同。又療霍亂心腹脹痛，煩滿短氣，未得吐下方：

生薑或乾薑一小升

右一味，㕮咀，以水五升，煮三沸，頓服。若不卽愈，可更作。

又方：

桂心屑半升，以煖飲二升和之，盡服。忌生葱。《備急》同。

文仲：療霍亂煩躁方：

濃煮竹葉，飲五升，令灼灼爾，以淋轉筋處。《肘後》、《備急》同。

又方：服乾薑屑三兩方寸匕。《肘後》、《備急》同。

又方：小蒜一升，㕮咀。水三升，煮取一升，頓服之。《肘後》同。

《備急》：療霍亂煩躁方：

黃粱米粉半升，水一升半，和攪如白飲，頓服。糯米亦得。

又方：燒亂髮如雞子大，以鹽湯三升和服之。不吐復服。

《外臺秘要・乾濕霍亂及痰飲方五首》《病源》：霍亂者，多吐痢也；乾霍亂者，冷氣搏於胃，飲食不消，但腹滿煩亂，絞痛短氣，其腸胃先挾實，故不吐痢，名爲乾霍亂也。

《救急》：療霍亂，無問乾濕冷熱等，木香湯方：

青木香長三寸　高良薑二兩　豆蔻子二枚

右三味，㕮咀，以水一大升，煮取半升，頓服之則定。

又方：取烏牛屎二兩，以水二升，煮沸，絞濾，頓服之，大良。

又生薑湯方：

以東壁土一把，生薑一大兩，碎之。

右二味，用水一大升，煮取半升，澄清，熱飲之。如渴，依前進。

《必效》：療上吐下痢者，名爲濕霍亂方：

黃牛屎半大升許，取水一大升，煮三、兩沸，和牛屎濾取汁，服半升卽止。犁牛子屎亦佳。無牛處，常將乾者相隨，亦好用。《備急》、崔氏、范汪同。

又四神丸，主霍亂冷實不除，及痰飲百病，無所不主。方：

乾薑一兩　桂心一兩　附子一兩炮　巴豆六十枚製

右四味，末之，蜜和爲丸如小豆大。飲服二丸，取快下，不下又服一丸。忌生葱、野豬肉、蘆笋。胡洽同。

《外臺秘要・霍亂煩渴方四首》《病源》：霍亂而煩渴者，由大吐逆，上焦虛，氣不調，氣乘於心，則煩悶也；大利則津液竭，津液竭則藏燥，藏燥

則渴也。煩渴不止則引飲，引飲則利亦不止。

《肘後》：療霍亂吐下後，大渴多飲則殺人。方：

黃粱米五升，水一斗，煮之令得三升汁，澄清，稍稍飲之，勿飲餘飲。《備急》同。糯米亦得。

《備急》、《近效》：療霍亂，不吐、不下食，氣急而渴，方：

木瓜一枚，切，以水四升，煮取二升，細細飲盡，更作。吐不止者，亦差。若渴，唯飲此湯，佳。根莖亦可用。此湯令人吐。崔氏、張文仲同。出第一卷中

《必效》：霍亂渴方：

糯米二升，濤取泔，飲訖則定。若不渴，不須。一方渴者，服之并當飽。

又云：研糯米取白汁，恣意飲之，以差爲度。涇陽崔尉云奇效，偏主乾霍亂。

又療霍亂後，渴，口乾，腹痛不止者，厚朴桂心湯方：

厚朴四兩炙　桂心二兩

右二味，切，以水四升，煮取一升二合，絞去滓，內分六合，細細飲之。服了如其渴欲得冷水，盡意飲之。長安傅少府常服。忌生葱。

《外臺秘要·霍亂乾嘔方五首》《病源》：霍亂而乾嘔者，由吐下之後，脾胃虛極，上焦不理，氣痞結於心，下氣時逆上，故乾嘔。乾嘔者，謂欲嘔而無所出也。若更遇冷，冷折胃氣，胃氣不通，則變噦也。

《肘後》：療苦嘔不息方：

取薤白一虎口，切，以水三升，煮。令得一升半，服之不過三度。《備急》同。

又乾薑茱萸湯方：

乾薑切　茱萸各二兩熬

右二味，以水二升，煮取一升，頓服之，下不止。手足逆冷者，加椒百粒，附子一枚炮，水三升，煮取一升，頓服。

《刪繁》：療霍亂後不欲食，胃弱嘔吐不止，厚朴湯方：

厚朴四兩炙　乾扁豆葉二兩　茯苓三兩　白术五兩　人參三兩

右五味，切，以水七升，煮取二升，分三服。忌桃李、大醋、雀肉等。

《千金》：療霍亂引飲後輒乾嘔方：

生薑五兩，水五升，煮取二升半，分二服。又煮高良薑飲之，大佳。《延年祕錄》、《備急》、《小品》、崔氏、張文仲同。

《經心錄》：療霍亂後煩嘔，厚朴湯方：

厚朴二兩炙　生薑三兩　枳實三兩炙

右三味，切，以水六升，煮取二升，分三服。出第二卷中

《外臺秘要·霍亂轉筋方一十四首》《病源》：霍亂而轉筋者，由冷氣入於筋故也。足之三陰、三陽之筋，起於足指，手之三陰、三陽之筋，起於手指，並循絡於身。夫霍亂大吐下之後，陰陽俱虛。血氣虛極，則手足逆冷而榮衛不理，冷搏於筋，則筋爲之轉。冷入於足之三陰、三陽，則腳筋轉，入於手之三陰、三陽，則手筋轉。隨冷所入之筋，筋則轉。轉者，由邪冷之氣擊動其筋而移轉也。又轉筋者，由榮衛氣虛，風冷搏於筋故也。手足之三陰、三陽之筋，皆起於手、足指，而並絡於身。若血氣不足，陰陽虛者，風冷邪氣中其筋，隨邪所中之筋，筋則轉。轉者，謂其轉動也。經云：足太陽下，血氣皆少，則喜轉筋。若踵下痛者，是血氣少，則陽虛，虛而風冷乘之故也。診其左手關上，肝脈也。沉爲陰，陰實者，肝實也，苦肉動轉筋。左手尺中名神門以後脈，足少陰經也。浮爲陽，陽虛者病苦轉筋。其湯、熨、針、石，別有正方，補養宣導，今附於後。《養生方導引法》云：偃卧，展兩脛、兩手，外踵者相向，令鼻內氣，自極七息。除兩膝寒、脛骨疼、轉筋。又云：覆卧，傍視，立兩踵，伸腰，鼻內氣，去轉筋。又云：張脛兩足指，號五息止，令人不轉筋。極自用力張，腳痛挽兩足指，號言寬大，去筋節急攣躄痛。久行，身開張。又云：覆卧，傍視，立兩踵，伸腰，以鼻內氣，自極七息，除肢中弦痛，轉筋酸疼。一本云：療腳弱。出第二十二卷中

《廣濟》：療霍亂，吐痢，轉筋欲入腹，高良薑湯方：

高良薑四兩　桂心四兩

右二味，切，以水七升，煮取二升，去滓，分三服，如人行四、五里一服。忌生冷、生葱。

又療霍亂轉筋不止，茱萸湯方：

吳茱萸一升　甘草二兩炙　乾薑二兩炮　蓼子一把　亂髮一兩燒　桂心二兩

右六味，切，以水七升，煮取二升三合，絞去滓，分溫三服，服別相去如人行六七里。忌生葱、海藻、菘菜、生冷、粘膩等。

又療轉筋方：

取故綿，多取釅醋，甑中蒸及熱，用裹病人腳。冷更易，勿停，差止。《千金》同。

《肘後》：療兩臂腳及胸脅轉筋者方：

取鹽一升半，水一斗，煮令熱，灼灼爾，漬手足，在胸脅者湯洗之。轉筋入腹中，到擔病人，令頭在下，腹中平乃止。若劇者引陰，陰縮必死，猶在到擔之可冀活耳。

又方：煮苦酒三沸，浸氈裹轉筋上，合少粉尤佳。又以綿纏膝下至足。崔氏、《集驗》、《備急》同。

又若轉筋入腹中轉者方：

取雞屎白一方寸匕，水六合，煮三沸，溫頓服，勿令病者知。仲景、《經心錄》、《備急》、《集驗》、《必效》同。

又若霍亂注痢不止，而轉筋入腹欲死者方：

生薑三兩，擣破，以酒一升，煮三四沸，頓服之。《肘後》、《小品》、《備急》同。

《刪繁》：療舌強筋縮，牽陰股，引胸腹，脹痛霍亂，黃龍藤湯方：

黃龍藤切，一升。此樟木上藤也。斷以吹氣，從中貫度者好也。

右一物，以水四升，煮取八合，爲一服，一劑不止，更至一劑，良驗。或宿食不消霍亂，或乾霍亂，或吐痢不止，或不吐痢，並悉療之。

《千金》：霍亂轉筋入腹，不可奈何方：

極鹹作鹽湯於糟中，煖漬之，則差。《小品》、《集驗》同。

又方：以醋煮青布搶腳膝，冷復易之。《備急》、文仲、崔氏、《小品》、《集驗》、《救急》同。

又方：蓼一把，去兩頭，以水二升，煑取一升，頓服。一方雲梨葉。文仲《小品》《備急》同。

《救急》：霍亂腳轉筋絕，四肢已冷強，氣絕，心上微暖者，猶可救之。方：

取朱砂二兩熟研，蠟三兩和之爲丸，待冷著火龍中，如熏衣被，厚覆勿令煙洩，兼牀下著火，令腹微暖，徹良久當汗，則漸氣通便活。忌生血物。

《必效》：主霍亂腳轉筋及入腹方：

以手拗所患腳大母指。炙，當腳心下急筋上，七壯。

又方：木瓜子、根皮合煮湯，服之。

《外臺秘要·許仁則療霍亂方三首》 許仁則云：此病有兩種：一名乾霍，一名濕霍。乾霍死者多，濕霍死者少，俱繇飲食不節，將息失宜。乾霍之狀，心腹脹滿，攪刺疼痛，煩悶不可忍，手足逆冷，甚者流汗如水，大小便不通，求吐不出，求痢不下，須臾不救，便有性命之慮。濕霍之狀，心腹亦攪痛，諸候有與乾同，但吐痢無限。此病始得，有與天行相似者，亦令頭痛，骨肉酸楚，手足逆冷，四體發熱。乾霍大小便不通，煩寃欲死，宜急與巴豆等三味丸服之，服取快利方：

巴豆一百枚熬，去心皮　乾薑三兩，崔氏以芒消五兩代，與《千金》同　大黃五兩

右藥先擣乾薑大黃爲散，後別擣巴豆如膏，和前二味同擣，令調，細細下蜜丸，以飲下。初服三丸，如梧子大。服訖數挼肚，令轉動速下利；良久不覺，則以熱飲投之；又良久不利，更服一丸，須臾當利。利後好將息，食飲寒溫，以意取適。如渴者，煮漿水粥少少啜之。忌野豬肉、蘆笋等物。張文仲處。

又療濕霍亂，吐痢無限，宜合高良薑等三味飲子服之。方：

高良薑二兩　豆蔻子十二枚　桂心二兩

右藥切，以水四升，煮取一升，去滓，細細啜之、亦有於此方加乾薑、人參二物飲。忌生葱。

又木瓜、桂心二物飲之。方：

木瓜一枚，濕干者並得　桂心二兩

右藥，以水二升，煮取七合，去滓，細細飲之。亦有豆蔻子代桂心者，亦有單煮木瓜汁飲之。忌生葱。吳昇同。

《傷寒類證活人書·問手足逆冷而大便秘小便赤或大便黑色脈沉而滑》

答曰：此名陽證似陰也。重陽必陰，重陰必陽，寒暑之變也。假令手足逆冷而大便秘、小便赤，或大便黑色，其脈沉而滑者，皆陽證也。輕者白虎湯，正六四甚者承氣湯。正四二傷寒失下，血氣不通，令四肢逆冷，此是伏熱深，故厥亦深，速用大承氣，正四一加分劑下之，汗出立差。仲景所謂厥應下之者此也兼熱厥與陰厥自不同，熱厥者，微厥卽發熱；若陰厥卽不發熱，四肢逆冷，惡寒，脈沉而細，大小便滑泄矣。

《溫疫論·大便》 熱結傍流，協熱下利，大便閉結，大腸膠閉，總之邪在裏，其證不同者，在乎通塞之間耳。

協熱下利者，其人大便素不調，邪氣忽乘於胃，便作煩渴，一如平時泄瀉稀糞而色不敗，其色但焦黄而已。此伏邪傳裏，不能稽留於胃，至午後潮熱，便作泄瀉。於後熱退，泄瀉亦減，次日不作潮熱，利亦止，爲病愈。潮熱未除，利不止者，宜小承氣湯，以徹其餘邪，而利自止。

利止二三日後，午後忽加煩渴，潮熱下泄，仍如前證，此伏邪未盡，復傳到胃也，治法同前。

大便閉結者，疫邪傳裏，内熱壅鬱，宿糞不行，蒸而爲結，漸至黑硬，下之結糞一行，瘀熱自除，諸證悉去。

熱結傍流者，以胃家實，内熱壅閉，先大便閉結，續得下利純臭水，全然無糞，日三四度，或十數度，宜大承氣湯，得結糞而利立止。服湯不得結糞，仍下利臭水及所進湯藥，因大腸邪勝，失其傳送之職，知邪猶在也，病必不減，宜更下之。

大腸膠閉者，其人平素大便不實，設遇疫邪傳裏，但蒸作極臭之物，如粘膠然，至死不結，愈蒸愈閉，以致胃氣不能不行，疫無路而出，不下卽死。但得粘膠一去，下證自除，霍然而愈。

溫疫愈後三五日，或數日，反腹痛裏急者，非前病原也，此下焦別有伏邪所發，欲作滯下也。發於氣分則爲白積；發於血分則爲紅積；氣血俱病，紅白相兼。邪盡利止，未止者，宜芍藥湯。

愈後大便數日不行，別無他證，此足三陰不足，以致大腸虚燥。此不可攻，飲食漸加，津液流通，自能潤下也。覺穀道夯悶，宜作蜜煎導，甚則宜六成湯。

病愈後，脈遲細而弱，每至黎明，或夜半後，便作泄瀉，直命門眞陽不足，宜七成湯。或亦有雜證屬實者，宜大黄丸，下之立愈。此證萬中之一耳。

六成湯：

當歸一錢五分　白芍藥一錢　地黄五錢　天門冬一錢　肉蓯蓉三錢　麥門冬一錢

照常煎服。日後更燥者，宜六味丸，少減澤瀉。

七成湯：

破故紙炒鎚碎，三錢　熟附子一錢　遼五味八分　白茯苓一錢　人參一錢　甘草

照常煎服。愈後更發者，宜八味丸，倍加附子。

《溫疫論·小便》 熱到膀胱，小便赤色；邪到膀胱，干於氣分，小便膠濁；干於血分，溺血畜血；留邪欲出，小便數急；膀胱不約，小便自遺；膀胱熱結，小便閉塞。

熱到膀胱者，其邪在胃，胃熱灼於下焦，在膀胱但有熱而無邪，惟令小便赤色而已，其治在胃。

邪到膀胱者，乃疫邪分布下焦，膀胱實有之邪，不止於熱也，從胃家來，治在胃，兼治膀胱。若純治膀胱，胃氣乘勢擁入膀胱，非其治矣。若腸胃無邪，獨小便急數，或白膏如馬遺，其治在膀胱，宜豬苓湯。

豬苓湯　邪干氣分者宜之。

豬苓二錢　澤瀉一錢　滑石五分　甘草八分　木通一錢　車前二錢

燈心煎服。

桃仁湯　邪干血分者宜之。

桃仁三錢如泥研　丹皮一錢　當歸一錢　赤芍一錢　阿膠二錢　滑石

照常煎服。小腹痛，按之硬痛，小便自調，有畜血也，加大黄三錢，甚則抵當湯。藥分三等，隨其病之輕重而施治。

《傷寒諸論·自利》 有冬溫發熱，咽痛自利心煩，陽旦湯加桔梗、茯苓。有溫病發熱而渴，小便赤濇，大便自利，脈浮者五苓散去桂加黄芩；脈沉豬苓湯。濕熱内甚而自利不止者，黄連解毒湯。下利讝語，有燥屎，小承氣湯。傷寒十餘日，口燥舌乾，心中疼，自利清黄臭水，大承氣湯急下之。凡食下卽化腐臭而出，是有火也。今火邪内爍，陰津耗竭，燥結如石，故傍流清黄臭水，與完穀不化之屬陰寒者不同，愼勿誤認陰寒，而與溫藥必死。

《傷寒辨證·小便不利》 《續論》曰：傷寒小便不利，以脈浮者屬氣分，五苓散；脈沉者屬血分，豬苓湯。而溫熱病之小便不利，脈浮者，屬表證，豬苓湯；脈沉者，屬裏證，承氣湯。傷寒自氣分而傳入血分，溫熱由血分而發出氣分，不可以此而凝彼也。

《症因脈治·大便秘結論·溫熱便結》 溫熱便結之症，發熱自汗，汗出熱仍不減，不惡寒而渴，或壯熱脣焦，口渴引飲，讝語神昏，大便不通，此溫熱便結之症也。

溫熱便結之因，經云：冬傷於寒，春必溫病。《傷寒論》云：若遇溫

氣，則爲溫病，更遇溫熱，則爲溫毒。溫熱內結，腸胃燥熱，則大便閉結矣。

溫熱便結之脈，雲岐子云：尺寸浮數，太陽陽明；尺寸洪數，正陽陽明；尺寸弦數，少陽陽明；右關沉數，太陰溫熱；左寸洪數，少陰溫熱；左關沉數，厥陰溫熱。

溫熱便結之治，太陽陽明，羌活湯，加大黃枳殼；正陽陽明，乾葛湯，加大黃枳殼；少陽陽明，小柴胡湯，加大黃枳殼。言陽明者，即言不大便也。夫傷寒表解傳裏，則熱邪斂入腸胃，結實糞硬，可用承氣下法；今溫熱病，則邪熱散漫諸經，雖熱之久者，亦不肯斂入於裏，即大便閉結，亦止宜以三陽表藥中加通利之藥，雙解表裏之邪，不比傷寒直下者也。

《瘟疫明辨・裏證・自利》 時疫自利，皆熱症也。其所利之物，與內虛內冷者自別。冷利之色淡白；熱利之色正黃，甚有深黃醬色者。冷利稀薄；熱利稠粘。虛冷利，散而不臭；熱利，臭而多沫。虛冷易出；熱症努圊。冷利緩，熱利暴注下迫而裏急。此辨時疫熱利與諸冷利之大槩也。時疫初起，有手足厥冷、惡寒、嘔吐、腹痛自利者，全似太陰寒症，辨其爲疫，只在口中穢氣作黏，舌上白胎粗厚，小便黃，神情煩躁，即可知其非寒中太陰，是時疫發於太陰也。煩躁輕，則藿香正氣散；煩躁甚，則用達原飲，一二服後，即見三陽熱症矣。此時若用溫中藥，轉見四肢厥冷，手足青紫而死，不可不細察也。時疫初起，頭疼發熱而自利，九味羌活湯。傳變太陽、少陽合病，身熱口苦，咽乾，目眩而自利者，黃芩湯。兼嘔加半夏。傳裏，舌黃、譫妄而自利者，按其心下至少腹有硬痛處，與大承氣湯；無硬痛處，小承氣、小陷胸、大柴胡選用。此在下其熱，不必以結爲主，故雖無硬痛，亦主大黃。時疫自利而小便不利，腹滿而無硬塊，時作腸鳴者，熱在小腸膀胱而畜水也，四苓散、豬苓湯、益元散選用。時疫自利，受補者少，至屢經清下，無表裏證，自利漸至清穀而脈微細者，則六君子湯、補中益氣湯、理中湯，又所當酌用也。

《瘟疫明辨・裏證・便膿血》 時疫便膿血，與便血有燥濕之分。便血屬燥熱，涼潤爲主；便膿血屬濕熱，清熱兼分利爲主。時疫初起，頭痛發熱，便膿血者，即古所謂疫痢是也。不必治膿血，但解其表，表解則便數自減，決不可早施清裏攻下之藥，即分利清涼，亦所當慎。蓋邪方在表，清裏邪則內陷深入，後極難治。且時疫一見便膿血，則煩渴之熱勢反緩，蓋熱隨利減也。所以苦寒之品，不可浪用，惟以倉廩湯爲主。詳見夾痢條下。時疫傳變，至半表半裏便膿血者，柴葛解肌湯加苓、澤、木通、黃芩。時疫傳變入裏，煩渴譫妄悉具，而便膿血者，黃芩湯、葛根芩連湯選用。兼裏急後重，腹中拒按者，加檳榔、大黃。時疫屢經攻下，而便膿血滑利者，當以養中、調氣、養血爲主，清熱爲佐。老人虛人，亦倣此例。

《瘟疫明辨・裏證・大便閉》 時疫屬濕熱，大便閉者少，間有閉者，乃平素胃陽強盛，多燥氣也。夫本來陽盛，復受時疫，則濕熱皆變爲燥熱。雖兼表症未得汗，可下，以時疫與傷寒不同。傷寒邪從表入，有表證未得汗，必不可攻裏；時疫邪從內發，雖有表證，每每發表而不得汗，必待裏氣通，而後表始得汗。所以時疫大便一閉，即有表證，亦當下之，不可逡巡也。若初起未經表散，則當用三消飲，下之爲當。有表證尚可下，則煩渴譫妄，舌胎黃黑，燥裂卷短，胸腹硬痛諸症備見，更當分別輕重，下之無疑。又有大便閉而屢下不通者，則必有夾邪，當審之。有夾水者，水在腸中，則不下而自利；水在胃脘以上，則脈多弦多緩，往往上嘔而不下利，且舌白而心下按之作響，雖用承氣不能下行，故下之不通。當先用半夏、茯苓、蒼朮消其水，而後下之。亦有可用大陷胸湯者，必胸上痛而手不可近，方能藥與邪敵。有夾氣者，氣滯於胸膈之間，主上逆而不下降，胸腹串痛而脈沉，當先以蘇子、萊菔子、木香、檳榔，順其氣而後下之。有氣虛而屢下不能者，屬老人、虛人，其脈必兼無力，其色必悴，期幾肉必緩，其神必散。若下症全具，當與大承氣加人參，一服而宿垢頓下；或陶氏黃龍湯，或麻仁丸參湯下，酌以裏症之多寡用之。有血虛而屢下不通者，屬婦人產後，癰疽潰後，或平素陰虛及亡血，其脈必兼濇，四物、六味、生脈及吳氏諸養榮方、麻仁丸選用，仍須蜜煎豬膽汁導之。大凡時疫，大便一閉，即當下之。然須詢其有無所苦。若無所苦，下尚可緩；有所苦，而下之不通，又須察有無夾邪及虛也。當下者十之五，可緩者十之三，夾邪者十之一耳。時疫如此，他病則不然。古語云：傷寒下不厭遲，時疫下不厭早。誠哉斯言也。

《瘟疫明辨・裏證・小便不利》 時疫初起在表時，頭痛發熱，小便不利者，熱入膀胱也，益元散主之。四苓散、豬苓湯皆可用。東垣云：小便不利而渴者，熱在上焦，法當淡滲；小便不利而不渴者，熱在下焦，法當苦寒。此可爲據。時疫傳裏，大便閉而小便不利者，當先通大便，大便通，小便自

利。此惟時疫爲然，他病則否。時疫屢經汗下，小便不利者，陰竭也，爲難治。知母、黄柏、生地、麥冬之類治之，或生脈六味皆可。然每至少腹如鼓而不救也。凡小便不利，日久下關不通，必反於上，往往有嘔吐呃逆，涓滴不能下咽，至湯藥不進者，當用敷臍法：大田螺一枚搗爛，入麝香三釐，敷臍上，帛束之，即通。一見點滴，即受湯藥。古法用葱熨，及非底泥敷少腹者，俱可參用。但不宜於陰竭之虚人耳。

《瘟疫明辨・裏證・小便黄赤黑》 時疫未傳變時，小便多如常。熱一傳入裏，則黄；熱甚則赤；熱入血分，畜血則黑。小便可驗裏熱之有無、深淺、多寡，但不可以作專症。疫邪在表，小便黄，即於解表中加清凉藥。邪入裏，小便黄赤，雖手足厥冷，亦當攻裏逐熱，疫邪已退，表裏俱和，小便黄赤未退，仍當清利餘邪。惟小便黑者，當逐瘀清熱爲主，犀角地黄湯加大黄等類。有屢經汗下，清凉太過，表裏俱無熱邪，而滑瀉腹痛，小便黄赤者，當理脾升陽爲主。亦治藥，非治病也。

《瘟疫明辨・裏證・小便多》 時疫爲濕熱，小便多者甚少。傳裏之後，或有小便多者，乃胃土變爲燥熱也，急下之。屢經下後小便多者，氣虚也，益氣升陽爲主。亦有腎虚而小便多者，六味地黄湯加五味子。大抵未下之先，小便多者，屬燥熱，小便必微黄，必煩熱，渴而喜飲；既下之後，小便多者，屬虚。氣虚則不喜飲，而寸脈不及尺，浮不及沉；陰虚則喜飲，而尺脈不及寸，沉不及浮。失治日久，則變消渴。時疫小便多者如此。若夫風寒小便多，則屬陽虚，不在此例。

《瘟疫明辨・裏證・遺尿》 時疫初起遺尿者，多屬三陽合病。蓋邪入於陽，則陽實而陰虚；熱盛於表，裏爲之不守；又神昏於上，不自知其下部之出入，故遺尿也。合之腹滿身重，口不仁而面垢，讝語，仲景獨主白虎湯。此症不可下，以邪方全盛，在表在經，下之則表邪内陷，故額上生汗，手足逆冷；尤不可汗，以邪本屬熱，汗之則愈增其熱，故心憒憒，反作讝語。惟以白虎湯清其浮越之熱。若别兼燥結鞕痛者，可於本湯内加大黄下之。

《醫宗金鑑・傷寒心法要訣・熱利寒利》 熱利尿紅渴黏穢，寒利澄清小便白，理中不應宜固澀，仍然不應利之痊。

註：自利不渴者，屬太陰寒也；下利欲飲水者，以有熱故也。此以渴辨寒熱也。小便黄赤，穢氣稠黏者，皆熱利也；小便清白，澄徹清穀，皆寒利也。熱利有表證，輕者升麻葛根湯，重者葛根湯汗之，有裏證者，量以三承氣湯下之；無表裏證，輕者宜黄芩湯，重者宜葛根黄連黄芩湯清之。寒利宜理中湯温而補之；若服理中湯不應者，此屬下焦滑脱，宜赤石脂禹餘糧湯固澀，仍然不應，此爲清濁不分，水走大腸，宜五苓散或豬苓湯利之，可痊也。

《醫碥・瘟病兼證論》 熱結旁流，先便閉，後純利清水，全無糞，此糞結于内也，宜承氣湯下結糞而利自止，若藥後結糞不下，仍利臭水，邪猶在也，病必不減，再下之。

大腸膠閉極臭，如粘膠而卻不結，此熱極也，不下即死。

大便閉結，内熱故也，宜下之，諸病若失。

小便赤色，胃熱也，宜調胃承氣湯。

小便急數，白膏如馬遺，膀胱熱也，宜豬苓湯：豬苓二錢，澤瀉一錢，滑石五分，甘草八分，木通一錢，車前二錢。

《通俗傷寒論・傷寒兼證・漏底傷寒》 因 外感證一起，卽直腸洞瀉，不因攻下而自利者，世俗通稱爲漏底傷寒。然有協風、協寒、協熱、協食之别，必先其所因而明辨之。

證 協風自利者，初起頭痛怕風，自汗腹疼，腸鳴飧泄，完穀不化，舌胎白薄而潤，或淡白而嫩滑。協寒自利者，初起惡寒踡卧，身雖發熱而手足厥冷，或吐清水，大便色青，完穀不變，形如鶩溏，小便清白，臍下必冷，腹多脹滿，舌胎白嫩而滑，或灰滑而淡白。協熱自利者，一起卽身發壯熱，背微惡寒，面垢齒燥，口乾渴飲，大便雖亦有完穀不化，而狀如垢膩，色多黄赤黑，且皆熱臭，氣煖如湯，後重而滯，溺色黄赤，或澀或閉，臍下必熱，舌胎黄膩而糙，中後截厚腐垢膩。協食自利者，初起雖微惡風寒，而身熱口燥，渴飲而嘔，胸脘硬痛，噯腐吞酸，傍流糞水，熱臭難聞，矢氣亦臭，舌胎黄而垢膩，厚腐堆起，中後愈厚，或如豆腐渣炒黄滿布。

脈 左弦浮，右沉濡者，乃外風搏動腸風，《内經》所謂清氣在下，則生飧泄是也；沉遲無力，甚則沉微似伏者，《傷寒論》所謂胃中虚冷，水穀不别故也；數而有力，甚則洪弦而實者，王太僕謂大熱内結，滛瀉不止，陶節庵所云熱邪不殺穀是也；弦長而滑，或滑數而實者，《傷寒論》所謂下利有宿食也。若下利譫語者，腸中必有燥糞也。

治協風自利，初與劉氏腸風湯加味生曬朮、炒白芍各錢半，炒廣皮、煨防風、焦麥芽各一錢，煨葛根、川芎各八分。疏表建中以止瀉。繼與補中益氣湯去當歸，加煨木香、帶殼春砂，各八分調中益氣以善後。協寒自利，輕則胃苓湯，溫胃利水以止瀉，重則附子理中湯，熱壯脾陽以住泄。終與白朮和中湯，溫和脾胃以善後。協熱自利，先與葛根芩湯連加味生葛根、青子芩各錢半，小川連八分，拌炒廣木香六分，滑石三錢，清炙草六分，清中解表以泄熱。繼與加味白頭翁湯，清熱堅腸以止利。終與三黃熟艾湯條芩一錢，川連六分，川柏四分，熟艾二分，豬苓、澤瀉、生白芍各錢半，烏梅肉二分，燈芯兩小帚。酸苦泄熱，芳淡利濕以善後。協食自利，先與枳實導滯湯，消積下滯以廓清胃腸。繼與芩連二陳湯，苦降辛通以肅清餘熱。終與麥門冬湯，加鮮石斛、蔗漿，清養津液以調和胃氣。總之證既自利，當先其所因以治利。利止內實，正氣得復，邪氣自解，往往微汗出而愈。蓋下利爲內虛裏急，《仲景》所謂裏急者卽當救裏也。若不救裏，專發其汗以治表，則內外俱虛，變證蜂起，輕則氣上逆而爲嘔噦，重則氣內虛而成痞滿，虛則誤汗亡陽而轉脫，實則誤汗助火而轉閉。臨證者愼之。

《松峰説疫·論治·瘟疫雜症治略》 二便不通

二便雖出於二腸，莫非皆腎之開竅也。有因熱結大小腸，以致津液不行，熱無以泄者，由此而譫妄發狂，發黃發斑等症隨焉，宜苦寒下之。有因過汗亡陰，熱耗津液，以致小便秘澀，而大便燥結者，宜潤劑通之。若止小便閉者，行大便則小便通，徒利小便無益。再者，瘟疫利小水，冀邪熱由之而泄，但利之太過，反致大便燥結者有之，不可不知。

休息瀉

自古痢以休息名，罕聞瀉而休息者也。有之，自余閱歷始，此則不繫之以瘟，而繫之以疫矣，蓋因發時無少長皆同也。其病自長夏至秋皆有，且有自夏徂秋而不愈者，始終並無瘟疫表裏等症。有兼脹者，有不脹者，食則不減，而最惡飲水，意其爲濕也。而其時甚旱，經歲不雨，不知濕從何來。瀉時日數十行，不治終不遽止。長夏炎熱，爍石流金，投以健脾溫補之藥始痊。閱數日而復作矣，間或痊可，再閱數日而又作矣。纏綿不已，有至數月者。詢其復作之由，半因吃生冷與飽食所致。戒以只食七八分飽，服藥月餘，則不復作。患此少絕不起者，然病體支離，莫可當矣。

下利卽泄瀉

瘟疫而見下利，病亦不輕矣。大抵屬寒者三，熱者七，濕則其僅見者也。而吳又可《瘟疫論》中協熱下利等說，單以熱論，不亦偏乎？第瘟病下利之屬寒者輕淺，自不得與冬月感寒，與直中陰經者同日而語也。其屬寒者有三：一則感原無大熱之瘟病，而過用涼藥，因致瘟不除，而瀉又作，此時宜舍病治藥，只得先溫其裏，裏溫瀉止。而瘟病不除也，再解其表。瘟病原無汗法，斯時，仍用和解疏利，視其邪在某經，細心施治。治之而邪仍不解，必其先此下利時，有傷元氣，陰虧營枯，不能作汗，此時又宜平補滋陰。用熟地、當歸、白芍、炙草，再佐以白朮、山藥、蓮肉，氣滯者加陳皮，有寒者加煨薑，不寐者加製半夏、茯神，嘔惡者加藿香，調理施治，則自然汗解而愈矣。或見其大便不實，恐下利復作，於前藥中再重用茯苓、制首烏、白扁豆等藥，消息施治，無不獲效。一則因大下後而泄瀉者，亦因元氣虧損，氣血傷敗，或宜健脾，或宜補腎，或宜補氣血，或宜淡滲，或宜固澀，視其病之輕重，人之虛實而調治之。一則有不因服涼藥與攻下，而自利者，或因歲氣之偏，時氣之戾，司天在泉之殊，致饑饉旱澇之觸忤，感而成病，初覺亦頭痛身痛，身熱發熱，自汗微惡寒，繼則突然泄瀉，卻無譫語鄭聲昏冒，舌苔燥渴斑黃等症。其脈既不洪數，亦不細微，投以達原飲，而利益甚。投以元霜、素雪等丹，而利不除。此症原無大熱，乃瘟疫中之變局。問其渴，則惡飲水，視其舌，並無黃苔，知其非熱利無疑，總以健脾補腎爲主，而以利水佐之。此之補腎卻不用熟地，又恐其滑腸，尤忌當歸，惟用大首烏、菟絲、山藥、茯苓、白朮、蒼朮、白扁豆、人參、陳皮、炙草等藥，消息施治。此時反以下利爲本，而瘟疫爲標。蓋泄瀉不止，則元氣日虧，表邪益不能解；若下利止，縱有表邪，再於補藥中帶和解施治，況經此大泄，瘟邪亦不能逗留矣。再者，下利雖有表症，不可發汗，恐走津液，而胃益虛，必成脹滿，當先治利，利止內實，正氣復，邪自解，得微汗而愈。蓋下利爲內虛，若發其汗，則內外皆虛，變症出矣。仲景《傷寒論》三陽合病，皆能自利，有發表、和解、攻裏之殊。瘟病原無發表之說，至於攻裏則用涼藥。夫涼所以除熱也。則試言下利之屬熱者，熱下利必有兼症，或有口苦咽乾，唇焦舌燥，譫語煩渴，尿赤目赤，潮熱等症，則或用寒涼，或用攻下，通因通用，在在所必施。總之，下利不過寒熱兩端，視其兼症，皎若列眉。其因於寒者，口無燥渴，甚則惡飲水，惡寒，小便淸白，臍下多寒，身雖熱，手足逆冷，此症寒熱皆有。糞色白或淡黃，完穀不化，有如鶩溏，澄澈清冷，

腥臭，脈不洪硬，且無力。至於踡卧閉目，向壁卧，引衣自蓋，出言微細，不欲見明，面如刀刮等症，則係冬月嚴寒直中陰經之候。瘟疫下利雖寒，亦無此矣。其因於熱得，發熱煩躁，欲飲水，口燥渴，小便黃赤，寒症亦有。更兼澀而不利，寒症則無。臍下熱，泄出作聲，所下如垢膩奇臭，其色青黃赤，醬色，黑色，後重，得涼藥則止，得熱藥則增。其脈則洪數浮滑弦大盛強，以此辨寒熱，萬不失一。治各不同，醫者宜審。

《羅氏會約醫鏡·瘟疫·論溫疫下格上嘔》 瘟疫愈后，脈症俱平，大便二三旬不行，飲食少進即嘔，此爲下格，宜調胃承氣湯熱服，頓下宿結，不返于上，嘔吐立止。若誤作胃寒，用丁香、二陳之類，病必加進。嘔止，慎勿驟補。若少與參、芪，則下焦復閉，而嘔仍作矣。

有大便閉結者，邪熱壅滯，漸至便硬；下之諸症悉去。又有愈后不行，別無他症，此大腸虛燥，不可攻也。飲食調和，自能潤下。若覺谷道緊塞夯悶，宜作蜜煎導，甚則宜六成湯。

疫病愈后數日，忽腹痛里急者，此下焦別有伏邪，欲作滯下也。

《羅氏會約醫鏡·瘟疫·論瘟疫大便泄瀉閉結二證》 邪氣乘胃，不能羈留，至午后潮熱，便作泄瀉，子后熱退，泄瀉亦減，次日依然，爲協熱下利，宜小承氣湯。邪盡，利自止。二三日后，忽潮熱下泄，此伏邪未盡，治法同前。

有熱結旁流者，胃家實，先時閉結，續得下利，純臭水，全然無糞，日數度，宜大承氣湯，得結糞而利自止。又有進湯藥而即下者，因大腸邪勝，失其傳送之職，知邪猶在也，病必不減，宜再下之。有大腸膠閉者，疫邪傳里，蒸作極臭粘膠，及至愈蒸愈結，疫毒無路而出，下之即愈。

《羅氏會約醫鏡·瘟疫·論疫病小便雜症》 熱移膀胱，小便赤色；邪到膀胱，干于氣分，小便膠濁；干于血分，溺血畜血；留邪欲出，小便急數；膀胱不約，小便自遺；膀胱熱結，小便閉塞。詳明病源，以便調治。

熱移膀胱，或僅熱，或有邪，小便赤澀，或膠濁，或閉塞，其治在胃。輕則小承氣湯，重則大承氣湯。一下之，病自愈矣。

《傷寒指掌·傷寒變症·下利》 凡傷寒熱邪正盛之時，必在陽明胃經。陽明以胃實爲病，故大便不通。然火症往往下黃黑稠粘之物，此熱邪下逼大腸，非痢也，雖通仍作不通論，只用清火解毒以治陽明，其利自止。

邵評： 熱結腸胃，下迫大腸而下注，治宜清化火熱。

如傷寒熱症，下痢純清水或黃沫，潮熱腹硬，脈沉滑有力者，此名旁流。因腸中有燥矢阻塞，水漿從旁滲出，病在陽明，非關脾也。導去燥矢，其痢自止。

邵評： 所下皆是水沫，吃下之湯水，隨熱下注，腸中有燥屎內結，水從旁流也。下其燥矢，熱退則愈。

有陽明火症，邪火殺穀，吃湯下湯，吃水下水，此有陽明實症可據，非若脾腎俱敗者比，亦只清其火邪，其痢自止。

邵評： 胃中火盛，水穀消化不及，則穀不化。火性急速，不能停留，故一吃卽利。此火迫下注，必有實熱見症。實火脈象形於外，與脾腎陽虛火衰，不能消化，下利清穀者，大相天淵。清化胃中邪火，利可自止。

有一種外感風寒，內傷飲食，其症頭疼惡寒發熱，惡心飽悶，腸胃窘迫，而泄痢者，此表裏俱病。法當外散表邪，內消積滯，不在傷寒變病之例。

邵評： 表裏交病，外邪內迫而下利，宜疏表和裏兩解治之。如枳、桔、梔、豉加葛根、焦雞金，最妙。

有一種表熱裏寒之症，初起頭痛惡寒發熱，繼卽下痢清穀，脈浮而遲，口不渴飲，俗名漏底傷寒是也。良由其人脾胃本虛，一感外邪，卽得直入腸胃，不在太少留連。速當溫中散寒，加紫蘇、桂枝、羌活、厚朴、廣皮、木香、茯苓、甘草之類。甚者加冬朮、乾薑。

邵評： 此與上條有輕重虛實之不同。上條表有風邪，而內傷飲食，是表裏俱實；此條表有熱邪，而裏則虛寒，是表實裏虛。中陽虧之，表邪乘虛內入，直走腸胃而下利也。治宜溫運中陽，外散表寒，與上條治法不同。此方治脾胃中虛有寒，表邪入裏而下利，的是正法。

若陽邪傳裏，熱邪攻於腸胃，而變下利膿血者，重症也。然亦有寒熱之分。蓋邪至三陰，爲日已久，實者則從陽化熱，虛者則從陰化寒矣。如少陰下利，用豬苓湯者，從陽化熱也；用桃花湯者，從陰化寒也。辨症之法，以脈數有力爲熱，脈緩無力爲寒；舌燥口渴屬熱，舌潤不渴屬寒；小便赤澀屬熱，清白屬寒；下利腸垢屬熱，鴨溏屬寒；熱利臍上必熱，寒利臍下必寒。熱利當清其腸，寒利當溫其下。

邵評： 陽經熱邪傳裏，有化寒化熱之不同。辨別精明，須熟記之。

凡傷寒疫癘，熱邪傳裏，下利腸垢，或下鮮血，小溺赤澀，舌胎黃燥如刺，或紅刺如楊梅狀，身熱口渴，六脈洪數，臍腹大痛者，此熱毒內攻腸胃也。不治則爛矣。急用大黃、芩連、銀花、丹皮、芍藥、甘草之類，下之清之。繼用鮮生地數兩，代大黃與之，以養陰解毒。血利加丹參、槐米、川斷。

邵評：火熱疫毒，盛於腸胃，急用苦寒清下治之。

如遇傷寒疫症，下利如豆汁魚腦之色，脈象沉濡，舌白如粉，小便不利，而口不渴者，溼毒聚於腸胃也。宜茅朮、厚朴、廣皮、二苓、滑石、澤瀉、晚蠶砂、藁本之類，滲之和之。

邵評：此溼溫症而兼疫毒也，宜清滲溼邪治之。此方頗合。

如下利雜色，六脈沉遲，舌潤無胎，或紫色而光，口不渴飲，腸胃併連，直出無關閉者，此脾腎虛寒，關閘不闔，元氣下泄之證也。急投胃關煎，合桃花湯，兼從手陽明以堵截之。或桃花湯重加人參以截之。

邵評：腎陽虧乏，虛寒下利，滑脱無度，溫澀下焦爲治。

如見外熱內煩，舌燥口渴，脘中痞悶，或痛或嘔，而利不止者，中焦溼熱也。當用瀉心法，芩連、半夏、乾薑、枳實、木香、赤苓、澤瀉之類。

邵評：濕熱痞結中焦，脘悶嘔痛，不食不利，似是噤口痢症，防其閉結，用開痞泄邪之法。卻是正治。

凡下利，舌胎遍地白厚，如雪花者，藏結也。不治。

邵評：陽虛體溼，濁陰凝結於中，胎厚如雪花者，邪結已深也，純陰無陽，故不治。

凡三陰下利，小便不利者，津液竭也，不可妄利小便。

邵評：陰經下早，而小便不利，陰津虧乏也。如妄利之，陰氣竭絶而津涸矣。

《傷寒指掌·傷寒變症·小便》 小便不利，有可利者二。熱結膀胱宜利，溼熱發黃宜利。若大病後，汗下後，津液內竭，故不利。若強利之，則水愈涸，必純用養陰生津之品，則津液復而水道行矣。痢亦然。

邵評：病後，汗下後，小便不利，因津液內傷所致。即有餘邪溼熱，亦不可妄利，再竭其陰液也。當用滋陰養液之劑，久久服之，俟其津液充復，小便自利矣。若有溼熱瘀邪內蓄者，可利小便；若無邪而津液虧乏者，切不可妄利也。

《增補評註溫病條辨·中焦篇·風溫溫熱溫疫溫毒冬溫》 陽明溫病，無汗，實證未劇，不可下，小便不利者，甘苦合化，冬地三黃湯主之。

大凡小便不通，有責之膀胱不開者，有責之上游結熱者，有責之肺氣不化者。溫熱之小便不通，無膀胱不開證，皆上游指小腸而言熱結，與肺氣不化而然也。小腸火腑，故以三黃苦藥通之；熱結則液乾，故以甘寒潤之；金受火刑，化氣維艱，故倍用麥冬以化之。

霖按：小便不利而渴者，熱在上焦，法當淡滲；小便不利而不渴者，熱在下焦，法當苦寒；若屢經汗下，小便不利者，陰竭也，法當育陰，則滲利苦燥，又非所宜矣。審證處方，不可誤也。

《增補評註溫病條辨·下焦篇·風溫溫熱溫疫溫毒冬溫》 溫病脈，法當數，今反不數而濡小者，熱撤裏虛也。裏虛下利稀水，或便膿血者，桃花湯主之。

溫病之脈本數，因用清熱藥撤其熱，熱撤裏虛，脈見濡小，下焦空虛則寒，即不下利，亦當溫補，況又下利稀水膿血乎！故用少陰自利，關閘不藏，堵截陽明法。

霖按：溫病下利，是熱邪出路也。經清撤裏虛，脈見軟小者，衹宜補中養血，何得便用溫濇堵截？若久利關門不藏，溫補不應，府氣欲絶者，始可用之。既云溫病，斷無初起即用此法之理，學者愼之。

溫病七、八日以後，脈虛數，舌絳苔少，下利日數十行，完穀不化，身雖熱者，桃花粥主之。

上條以脈不數而濡小，利下稀水，定其爲虛寒而用溫澀。此條脈雖數而日下數十行，至於完穀不化，其裏邪已爲泄瀉下行殆盡。完穀不化，脾陽下陷，火滅之象，脈雖數而虛，苔化而少，身雖餘熱未退，亦虛熱也。純係關閘不藏見證，補之稍緩則脱。故改桃花湯爲粥，取其逗留中焦之意。此條認定完穀不化四字要緊。或先因過用寒涼脈不數身不熱者加乾薑三錢。

汪按：前一甲煎爲下後滑泄者設，此二方爲陽虛而關閘撤者設，當審證用之。此外有雖下利而邪未淨，如熱結旁流之類，仍當下；及熱利下重當用苦寒堅陰如白頭翁湯、芩芍湯之類者，各有本條，不在此例，不可誤用。其濕、溫瘧、痢等證，有當兼用升提者，又一例。邪熱不殺穀，亦有完

穀一證，不可不慎，當於脈之虛實，並兼現之證辨之。

《溫證指歸・便膿血大便閉》 溫邪便膿血，有燥溼之分。便血屬熱，宜涼宜攻，犀角地黃、調胃承氣治之。便膿屬溼熱，清熱兼分利爲主，分清飲治之。如初起兼痰痢，則當解表爲主，倉廩湯最妙，毒勢重極，方可下之。如邪在少陽，便膿血者，寒熱似瘧，小柴、苓、芍、木通治之。溫邪煩渴譫妄，便膿血者，非疊下不可，雙解重劑連下之。兼裏急者，加檳榔、枳實。如屢經攻下，便血滑利者，又當以補陰益氣加減主之。

至大便閉祕，溫邪熱困，攻下自不待言，更當參看舌脈。如胎黃口渴，壯熱，舌乾，脈數，雙解散；舌白如粉，三消飲。當分別輕重與之。如大便閉，屢下不通者，陰枯也，生料六味，以滋陰液，或合黃龍下之，老人多有此證。兼水者，大便多閉，腸鳴脈弦，當用小半夏湯，甚者加醋炒芫花。如虛人、久病人，又當用蜜導諸法，務使溫邪滌盡，方可稱爲良工。其間進退，亦須斟酌。

《溫證指歸・諸小便》 溫證中小便頻數，乃熱在下焦，宜用神解、六一，加軍治之。不利者，亦屬熱鬱，初起在表時，頭痛發熱，小便不利者，熱入膀胱也，四苓、豬苓合神解、升降選用。東垣云：小便不利而渴者，熱在上焦，法當淡滲；小便不利而不渴者，熱在下焦，法當苦寒。此爲可據。溫邪傳裏，大便閉而小便不利者，當先通大便，大便通小便自利，此時疫爲然，他證則否。時疫屢經汗下，小便不利者陰竭也，生脈六味主之，至少腹如鼓，則無救也。凡小便不利，日久下關不通，必反於上，往往嘔吐呃逆噦阻，涓滴不能下咽，至湯藥不進者死。用大田螺一個，麝香二分，同搗敷臍上，帛束之，卽通。古法用葱熨，及井底泥敷少腹者俱可，但不宜于陰竭之人耳。至溫邪初起，小便多如常，或兼黃色，熱甚則赤，熱入血分，畜血則黑，卽小便一證，可以驗裏熱之有無深淺。邪在表，小便黃，可用清化、敗毒加六一；在裏，色赤，可用雙解升降；如色黑者，當以逐瘀清熱爲主，犀角，地黃加大黃、桃仁，合神解清化，或大小清涼飲。如清涼太過，表裏無熱證，而小便赤者，又當以升脾陽爲主，不可寒涼。至溫邪屬熱，小便多者甚少，短少者恆多，如初起小便多者，乃熱邪未化，當以潰邪爲主，神解、升降主之。如屢經汗下，小便多者屬虛也，益氣、升陽爲主，補中益氣湯、補陰益氣煎皆可。亦有腎虛小便多者，六味地黃湯加五味。溼熱下注，導赤、六一、合升降散。大抵未下之先，小便多者，屬熱未化，去便必黃，必煩熱渴飲；既汗下後屬虛，虛則色必白，不渴不飲；氣虛寸脈不及尺，血虛尺脈不及寸，以此爲辨。初起小便短少，熱在膀胱，宜大小分清飲、抽薪飲、升降、六一，加知、柏、芩、連、車、滑之類。至遺尿，乃膀胱失約，急清其邪，遺尿自已，清化合抽薪爲主。若有燥結胎黃譫妄之證，可加大黃，甚者熱閉三陽，口渴異常，急宜白虎湯加殭蠶、生地、花粉，以解熱救陰爲主，否則易成消渴。若神昏譫言，胎刺鼻黑，燥結陰枯，小便自少，多屬不治。欲盡人事，惟以大劑養陰攻邪法，或可百中救一。

《溫熱經緯・仲景伏氣溫病篇》 太陽與少陽合病，自下利者，與黃芩湯。若嘔者，黃芩加半夏、生薑湯主之。

張路玉曰：黃芩湯乃溫病之主方，卽桂枝湯以黃芩易桂枝而去生薑也。蓋桂枝主在表風寒，黃芩主在裏風熱，不易之定法也。其生薑辛散，非溫熱所宜，故去之。溫病始發，卽當用黃芩湯去熱爲主。傷寒傳至少陽，熱邪漸次入裏，方可用黃芩，佐柴胡解之。此表裏寒熱之次第也。

周禹載曰：明言太少二陽，何不用二經藥？非傷寒也。傷寒由表入裏，此則自內發外。無表何以知太少二陽？或脅滿，或頭痛，或口苦引飲，或不惡寒而卽熱，故不得謂之表也。如傷寒合病，皆表病也。今不但無表，且有下利裏證，傷寒協熱利，必自傳經而入，不若此之卽利也。溫何以卽利？外發未久，內鬱已深，其人中氣本虛，豈能一時盡泄於外，勢必下走作利矣。

雄按：少陽膽木挾火披猖，嘔是上衝，利由下迫，何必中虛始利、飲聚而嘔乎？半夏、生薑專開飲結，如其熱熾，宜易連、茹。

少陰病，下利六、七日，欬而嘔渴，心煩不得眠者，豬苓湯主之。

章虛谷曰：此不咽痛，其邪由肺直走腸胃而下利，六、七日不止，因而熱從下溜，不得外達，故逆於肺則欬而嘔，乘心則煩渴不得眠，以心肺皆通少陰之脈故也。主以豬苓湯，利小便而滋陰，滋其陰則熱隨利去，利其小便，則瀉止而煩渴亦解矣。

《張氏溫暑醫旨・痢》 《內經》五瀉中，其大瘕瀉卽痢。古云滯下，言瀉不爽，而滯墜難出也，所謂裏急後重也。又云爲最惡之症，予歷考諸書，及諸家醫案，竟無井井有條，確切可遵之法，今以管見，聊參末議，未識合否，乞高明指教。張司農集《名醫論》：暑濕入肝脾，則爲痢疾。故有肝痢，有脾痢。此言不傳者。有先肝後脾，此言痢之傳者。有肝多脾少，有脾多肝少，此言肝脾合

病者。有肺分濕熱痢。患在三伏時，葉氏通小溲而愈者；有發在深秋，禁利小溲者；又有身熱，須分三陽經，用羌活湯，或葛根湯，或小柴胡湯，先除其熱，熱除其痢自瘥者；或不瘥，以小承氣湯下之，生軍與芒硝有禁條，痢疾誤用，卽屬殺人。《仲景》白頭翁湯，云治下焦熱毒痢，然北秦皮爲肝經專藥，當歸治肝痢之方，大抵痢在肝分者，舌苔必薄，口或渴，或不渴，痛在少腹，或脇肋或腰，當用當歸黄芩湯：當歸、炒白芍、淡黄芩、炙甘草，加香連丸，再加川楝子、炒小茴、酒延胡以破其血，製香附、砂仁，以利其氣。所謂破血則腹痛自減，利氣則厚重自除也。斷不可用製軍，以痢在肝分，糞中必夾有血，誤用製軍，更傷其肝。有痢血至死不止者，曾經費盡心思，不能挽救。噤口痢，爲不治症，丹溪云以遼參一錢，川連一錢，同煎，進一匙，聽其吐，再進再吐，如得一匙不吐，卽可進藥。休息痢總由濕熱未盡，久則傷陰傷陽，於去濕熱方中，顧及氣血可愈也。然古賢云，須於春分前後用藥，予遵之果然，治愈不計其數。休息利方：鴉膽子三十粒，去殼取仁，外包龍眼肉爲丸，每早米湯送下，一二服三四服可愈。葉氏案中治痢，有溫通法，淡附子與酒製大黄同用。大抵是脾痢之屬寒者，蓋脾爲柔臟，可用剛藥，若肝爲剛臟，大黄附子斷不能受，用之反劇，不可不謹愼也。下純血者，必屬肝痢，予每用肝法，如能於血中見糞，卽活，若脾法是速之死也。書以痢疾，右關大者不治，此言脾痢也，若肝痢每以左關數促則殆。

《時病論·春傷於風夏生飧泄大意·暑瀉》 長夏暑溼之令，有人患泄瀉者，每多暑瀉也。夫暑熱之氣，不離乎溼。蓋因天之暑熱下逼，地之溼熱上騰，人在氣交之中，其氣卽從口鼻而入，直擾中州，脾胃失消運之權，清濁不分，上升精華之氣，反下降而爲便瀉矣。考暑瀉之證，瀉出稠黏，小便熱赤，脈來濡數，其或沉滑，面垢有汗，口渴喜涼，通體之熱，熱似火炎，宜以清涼滌暑法，用卻燔蒸。譬如商飈颯然倏動，則炎歊自蕩無餘矣。如夾溼者，口不甚渴，當佐木通、澤瀉。如溼盛於暑者，宜仿溼瀉之法可也。

《溫病指南·溫病治法要略》 化痢：溫病，濕熱內蘊，氣血凝滯，致成痢疾者，宜用加減芩芍湯治之。

紀事

《續選臨證指南·便閉》 汪 秋暑穢濁，由吸而入，寒熱如瘧，上咳痰，下洞泄，三焦皆熱，氣不化則小便不通。擬芳香辟穢，分利滲熱，必要小溲通爲主。

藿香梗 厚朴 檀香汁 廣皮 木瓜 豬苓 茯苓 澤瀉 六一散

又，昨進分消方，熱勢略減，小便略通，所有濕熱穢濁，混處三焦，非臆說矣。其陰莖囊腫，是濕熱甚而下墜入腑，與方書莖腫款症有間，議河間法。

飛滑石 石膏 寒水石 大杏仁 厚朴 豬苓 澤瀉 絲瓜葉

又，

川連 淡黄芩 生白芍 枳實 六一散 廣皮白 生穀芽

《續選臨證指南·泄瀉》 葉五七 平素操持積勞，五志之火易燃，上則鼻竅堵塞，下有肛痔腸紅。冬春溫邪，是陽氣發越，邪氣乘虛內伏。夫所伏之邪，非比暴感發散可解，況兼勞倦內傷之體，病經九十日來，足跗日腫，大便日行五、六次，其形粘膩，其色黄赤紫滯，小便不利，必隨大便而稍通。此腎關樞機已廢，二腸陽腑失司，所進水穀，脾胃不主運行，釀濕墜下，轉爲瘀腐之形。正當土旺入夏，脾胃主氣，此濕熱內淫，由乎脾腎日傷，不得明理之醫，一誤再誤，必致變現腹滿矣。夫左脈之緩濇，是久病陰陽之損，是合理也；而右脈弦大，豈是有餘形質之滯？卽仲景所云，弦爲胃減，大則病進，亦由陽明脈絡漸弛，腫自下日上之義。守中治中，有妨食滋滿之弊，大旨中宜運通，下宜分利，必得小溲自利，腑氣開闔，始有轉機。若再延綿月餘，夏至陰生，便難力挽矣。四苓加椒目、厚朴、益智、廣皮白。

又，服分消方法五日，瀉減溺通，足跗浮腫未消。要知脾胃久困，濕熱滯濁，無以運行，所進水穀，其氣蒸變爲濕，濕勝多成五瀉，欲使濕去，必利小便。然滲利太過，望六年歲之人，又當慮及下焦。久病入夏，正脾胃司令時候，脾臟宜補則健，胃腑宜疏自清，扶正氣，驅濕熱，乃消補兼施治法。晚服資生丸炒米湯送下。早服：

人參 廣皮 防己 厚朴 茯苓 生朮 澤瀉 神麯 黄連 吳萸

《葉案存真類編·痢》 裏急後重，腹痛，便膿，秘塞不爽，久延交冬，乃是腸滯不通，法當宣通氣血。

周學海按：久利有邪實，有正虛，腹痛不爽，虛實皆有此證，須憑色脈爲斷。嘗治久利四年，略無實證，又略無虛形，診脈弦大而滑，遂從實治而愈。

紫苑　厚朴　炒黑地榆　製軍　桔梗　木香　炒黑查肉　炒青皮

周學海按：此方理氣滯，消食積，是從實治，固因裏急後重，且凡久利，但不見虛象者，皆屬於實，皆屬溼熱，無溼寒者。

《王旭高臨證醫案·溫邪門》 鮑　半月不大便。症交十二日，神昏舌煤，齒垢乾枯。陽明邪火極熾，少陰陰液已虧，腸中宿垢不下。邪熱無從出路，不下恐火盛刧液而痙厥，下之恐亡陰而呃脫。極難著筆，姑備一方。

犀角　鮮生地　生大黃　茯神　當歸　菖蒲　大生地　連喬　枳實　麥冬　竺黃　元明粉

淵按：一面養陰徹熱，一面通府，最穩當。硝黃宜輕用。

又，便解三次，神氣稍清，舌煤已化，今擬生津。

鮮石斛一兩　川貝二錢　茯神三錢　元參三錢　生甘草五分　麥冬三錢　竺黃錢半　竹茹一錢　北沙參一兩　大生地一兩　甘蔗皮一兩

又，腑氣不通，陽火不降，陰津不升，元氣雖虛，不得不通其腑。

大生地八錢　鮮石斛五分　北沙參一兩　元參三錢　知母錢半　生大黃三錢　當歸三錢　生洋參三錢　麥冬三錢　蘆根一兩

《古今醫案按選·泄瀉》 龐從善治著作王公頻泄利，診之曰：兩手三部中得脾脈浮而弦。浮主風，弦主溼，楊曰：溼不能弦。又弦爲肝脈，病因風濕外傷，致肝木刑於脾土，而爲洞泄，又名飧泄也。《內經》云：春傷於風，邪氣留連，乃爲洞泄。又云：春傷於風，夏生飧泄。其利下物主渾白而元出是也。遂以五泄丸煎服之，數服而瘥。王公曰：從善年未四十，亦醫之妙選，曾撰《脈法錤源論》一部，共二十篇，示愚觀之，誠得叔和未盡之趣者也。

俞按：龐公此條，已爲張戴人導其先路矣。然余所閱歷，凡直腸瀉者多死，不可概許以風藥能治也。讀太倉公治趙章一案可知矣。

黃子厚治一富翁案。

俞按：《醫說會編》注云：百會屬督脈，居巔頂，爲天之中，是主一身之氣者。元氣下脫，脾胃無憑，所以泄瀉，是謂閣下得地。經云：下者上之。所以灸百會穴愈者，使天之氣復健行，而脾土得以憑之耳。銅人經謂：百會灸脫肛，其義一也。余謂仲景《傷寒論》已言之矣，其曰：少陰病下痢，脈微澀，嘔而汗出，必數更衣，反少者，當溫其上灸之。上字即指百會穴。何待子厚始悟出耶？及讀《資生經》云：舊傳有人年老而顏如童子者，蓋每歲以鼠糞灸臍中神闕穴一壯故也。余嘗久患溏利，一夕灸三七壯，則次日不如廁，連數多灸，則數日不如廁。足見經言主泄利不止之驗，是又與灸百會穴同一捷法。

雄按：陷者舉之，不過治泄瀉之一法耳。有某婦者，年三十餘，嫠居數載，體素羸弱，月事按年一行。仲夏偶患瀉，醫知其虛也，即進六君子加味，反腹痛而下白垢。以爲寒甚也，因灸之，痛利加劇。改用升陽法，遂嘔吐痰嗽，不寐不飢，且利時覺腰內有冷風颯颯。於是理中、腎氣、四神、烏梅等丸，及餘糧石脂，徧試不效。至季秋，乃父金某浼許某延余診脈，甚弦澀，暮熱晡寒，舌色鮮紅，苔白口苦，小溲短少，吐水極酸。此由情志不舒，木乘土位，治不中窾，煽動內風。予橘、半、苓、茹、芩、連、檗、苡、木瓜、芍藥爲方，服後二便如火，嘔嗽、腹痛、腰風皆止。三劑後復診，弦濇漸退，苔化知機，大便猶溏，日僅一二行，病者以爲遇仙。乃以養胃和肝善其後。又治高又蘇令姊，年十六歲，經甫行一次遂患瀉，而月事不至，形日瘦，愈疑成損，妄通其血而痛瀉益劇，飲食不思。改用滋塡亦無效。余診脈微弱略弦，曰：此歇經也，泄瀉乃脾弱耳。予參、耆、甘、芍、桂枝、山藥而愈。

《古今醫案按選·痢》 葉先生名儀，嘗與丹溪俱從白雲許先生學。其記病云：歲癸酉秋八月，余病滯下，痛作，絕不飲食，既而困憊不能起牀，乃以衽席及薦闕其中而聽其自下焉。時朱彥脩氏客城中，以友生之好，日過視余，飲余藥，但日服而病日增。朋游譁然議之，彥脩弗顧也。浹旬病益甚，痰窒咽如絮，呻吟亘晝夜。私自虞，與二子訣，二子哭，道路相傳謂余死矣。彥脩聞之曰：吁！此必傳者之妄也。翼日天甫明，來視余脈，煮小承氣湯飲余。藥下咽，覺所苦者自上下，凡一再行，意冷然。越日遂進粥，漸愈。朋游因問彥脩治法。答曰：前診氣口脈虛，形雖實而面黃稍白，此由平素與人接言多，多言者中氣虛；又其人務竟已事，恆失之飢而傷之飽，傷於飽其流

爲積，積之久，爲此證。夫滯下之病，謂宜去其舊而新自圖，而我顧投以參、术、陳皮、芍藥等補劑十餘帖，安得不日以劇？然非浹旬之補，豈能當此兩帖承氣哉！故先補完胃氣之傷，而後去其積，則一旦霍然矣。衆乃歛衽而服。

俞按：此與許學士治傷寒太陽病因尺脈不應用黄耆建中同法。彼先補而後散，此先補而後攻。但二公把握得定，故嫌疑不避。設麻黄承氣之用於後者不能愈病，則人之歸咎難辭，而醫之用藥無路矣。

雄按：此治飢飽勞傷之虚痢，故可先補而後攻，況其所謂補者，參术之中，仍佐陳皮、芍藥以調氣破滯，並非後人之重濁蠻補藥也。設暑熱滯下，雖屬虚人，必急去其邪，以存陰液，楊曰：此層尤宜知。不可輒援此案爲例也。而世人未悟其理，不辨何因，率引養正積自除之語，以售其溫補之術，病家誤信，貽害無窮，可哀也已。

繆仲淳治一少年貴介，暑月出外，飲食失宜，兼以暑熱，遂患滯下。途次無藥，痢偶自止。歸家腹痛不已，遍嘗諸醫之藥，藥入口，痛愈甚，亦不思食。繆視之曰：此溼熱耳。其父曰：醫亦以溼熱治之而轉劇。繆問投何藥，曰：蒼术、黄連、厚朴、陳皮等。繆曰：誤也。楊曰：此可與上條對參。术性溫而燥，善閉氣，郎君陰虚人也，尤非所宜。雄按：此昔人未發之旨，今世之體質如是者多，醫者不可不知也。乃以滑石一兩爲細末，以牡丹皮汁煮之，別以芍藥五錢，炙甘草二錢，炒黑乾薑五分，煎調滑石末服之。須臾小便如注，痛立止。

高果哉治丁清惠公，予告在籍，患痢裏急後重，白積兼鮮血，晝夜十餘次，飲食減少，兩尺脈似有似無，兩寸關弦數，小便短少。衆醫皆以望八高齡，當憑尺脈以投溫補；高獨謂稟賦素厚，宜從寸關而用清理，遂進黄芩、白芍、厚朴、檳榔、甘草、陳皮、阿膠、滑石、槐花、木香，四五劑全愈。

愈按：此必兼有實證可據，及神氣不衰，以斷之也。

張路玉治春榜陳穎雍，暑月自都門歸，抵家即患痢疾。半月以來，攻尅不效，遂噤口，粒米不入。且因在京久食煤火，肩背發毒，不赤不疼，陷伏不起，發呃神昏，勢日瀕危。内外醫科，互相推諉，乃延石頑診之。六脈弦細欲絶，面有戴陽之色，所下瘀晦如爛魚腸腦。證雖危殆，幸脈無旺氣，氣無喘促，體無躁擾，可進溫補，但得溫補而癰腫焮發，便可無虞。遂疏保元湯，每服人參三錢，生耆二錢，甘草、肉桂各一錢，伏龍肝湯代水煎服。一服粥飲稍進，二服後重稍輕，三服癰毒賁起。另延瘍科敷治其外，確守前方，又十餘服而安。前後未嘗更易一味也。

雄按：癰毒滯下可用溫補者，必見此等脈證，纔爲合法，然不多覯也。而醫者亦不可不知有此法。設不辨其脈證，但崇景岳，動輒溫補，殺人以刃與藥，有以異乎？

孫見心治張玉堂，秋間下痢膿血，晝夜百餘次，裏急後重。前醫見脈歇止，謂因積滯所致，用檳、朴、青皮、枳殼、木香等。孫診之，脈弦洪而數，或一二至，或三四至，或五六至輒一止，曰：毒及少陰矣，當急顧其陽明。楊曰：用藥與此語不相照顧。用生熟地各一兩，楊曰：嫌膩滯。歸、芎、丹皮、黄連各三錢，楊曰：得效在此。甘草五分。羣疑陰藥太重，恐飽悶增劇。然服二帖，次日數尚頻，急重已除，脈之洪數亦減，至數相續。仍用前方，病去大半。又次日去生地、黄連，加參、术、茯苓、山藥，楊曰：加減俱不如法。飲食大進，午後弦脈亦減，而至數復有止狀，或駭曰：病退而脈復變，防其加重。孫曰：無妨也，歇止者，即古代結促之俗名耳，若沖氣中絶，臟脈自見者危。今此證歇至，本以毒盛壅遏隧道，陰精不承，故一二至，或三四至，或五六至而止也。經曰：數動一代者，病在陽之脈也，洩及便膿血。今余去陰藥過甚，進陽藥太驟，楊曰：自供缺失。中臟得補，則木土和而胃氣安，故飲食進；而毒尚未盡者，亦隨壯氣而旺，故復有止狀也。於方中仍加生地、黄連即平矣。果驗。

俞按：洪數而歇止，是爲邪壅，若細澀無神而歇止，則爲沖氣中絶矣，斷不可治。

嘉善一嫗常便血，時發時止，至五旬外，夏月便鮮血，裏急後重，時或不禁，脈耎不數，用五苓建中轉甚。因向宜涼血藥，仍用四物加槐、楡、查、麴，亦無效。葉天士以用生蒼术、生厚朴、炒橘皮、炙甘草、雞肶胵、砂仁殼、丁香柄丸服全愈。又有一童子患久痢，葉亦用此方而愈。人不解其故，俞惺齋云：此方名醉鄉玉屑，治小兒食瓜果致痢久不愈者，見徐春甫《醫統》。

《古今醫案按選·症痢》 孫文垣治董潯老家馬廚案

俞按：古方中寒熱並用者誠多，如仲景五瀉心湯、黄連湯、烏梅圓、麻黄升麻湯，爲後賢連理湯左金丸諸方之祖。夷考其義，瀉心湯用芩連之苦以瀉痞，熱薑夏之辛以散結氣，即寒因熱用也；黄連湯則以桂枝代柴胡，黄

連代黃芩，乾薑代生薑，喻氏所謂換小柴胡之和表裏者爲通上下法也；烏梅丸則以厥陰一經，本陰標熱，故用薑附之辛熱，佐連檗之苦寒，柯氏引經文所謂伏其所主而先其所因也；　麻黃升麻湯以知母、石膏合麻桂、乾薑，猶是越婢湯成例，其參入歸、芍、苓、朮、天冬、葳蕤，則因邪陷厥陰，寒鬱熱伏，又爲下藥，重亡津液，故以辛溫升散其邪，必兼涼潤以制藥之燥。仲景諸方精義入神，豈如混沌湯淸暑回陽一網兜乎？　乃引附子瀉心湯爲證，不知大黃、芩、連以麻沸湯浸，而附子別煮取汁，是重劑固陽爲君，略寓泄熱之意爲佐，法律固森然也。　節庵之製回陽返本湯，以臘茶、黃連、地漿作人參四逆之嚮導，方爲妥帖。　再考仲景證象陽旦條，厥逆咽中乾，兩脛拘急而讝語，亦是寒熱幷現，乃先與桂枝加附子湯，增桂令汗出，楊曰：從來俱如此解，然桂枝實不能發汗。　雖陽明內結，讝語煩亂，更飲甘草乾薑湯，俟陽回足熱，乃與芍藥甘草湯以伸其腳，然後用承氣湯以止其讝語。　先後緩急之間，不爲病所惑，而次第合節，方稱仙手。　若使孫公當此，應將四方合而煎飲之，不反笑仲景之跋涉耶？　楊曰：《傷寒論》中此條最不可解，生平未見此證，古人案中亦未見用此法者。　果兼有陽明內結之證，而先用薑桂附子，恐不待先生之用承氣，而其人腳已伸矣。

又按孫公原案云：　實者邪氣實也，故以白虎湯益元散應之；　虛者正氣虛也，故以理中湯應之。　今考此方分兩，純是少陰經陰盛格湯治法。　若果有暑邪，豈五錢之石、膏滑石能與大劑參、朮、薑、附幷取其效哉？　案載脈洪大，不言有力無力，亦不載口渴與否，舌苔及小便若何，何以放膽用溫補？　若痢兼紅白，腹痛惡心，面紅汗多，寒熱大作諸證，確係暑邪爲病，溫補殊屬反背。　若果能取效，則的係虛寒，其些微之知母、石膏，正如白通加人溺豬膽汁湯耳，不得牽扯暑邪二字以混之也。　然病經二十餘日，虛寒證早已亡陽矣，能待孫公用藥耶？

又按虞花溪治婦人疫病，以三方合爲一方，曰三合湯，不過於血藥中加寒下藥，卻是一路，與濕沌湯風馬牛不相及也。　濕沌湯之名，出於《白云集》，乃滑氏治陳伯英肺氣焦滿，而告之曰：　病由多慾善飲，且殫營慮，中積痰涎，外受風邪，發即喘渴，痰欬不能自安。　爲製淸肺泄滿降火潤燥苦辛之劑，服之既安。　衆詰出何方書，名何湯散，滑應之曰：　是謂混沌湯。　然觀其製方之義，實非混沌，不似孫公之眞混沌也。

雄按：　孫公之治，乃臨證之變通，俞氏之說，乃論治之規矩。　至謂少陰格陽，則不應寒熱大作，汗淋淋下矣。　暑邪忌用溫補，卻是正論。　但既有瓜果寒涼之過度，則參、朮、肉桂與石膏滑、石輩並用仍是桂苓甘露飲之例，即乾薑、附子未始不可爲寒冷傷中者補偏救弊，惟不可以御女一端牽合陰證，致啓東扶格陽之疑，豈皆未讀喻氏書耶？　若混沌湯之名，不過信口答俗人之問耳。　雜合之病不妨以雜合之藥治之，必欲執古書以合今病，未免膠柱刻舟，是病不依規矩以爲患，醫第循規矩以爲治矣，奚可哉？　楊曰：　俞氏之論，鑿鑿有據；　讀孟英此論，又爽然若失矣。　可見學問無窮，在人之善悟耳。

又治金達泉瘧兼痢，日夜四十餘度，小腹痛甚，每登廁汗出如雨，下迫後重，小水澀痛，頭疼口渴；　下午發熱，天明始退；　左脈浮弦而數，右耎弱，中部稍滑。　此內傷飲食、外感風邪所致，先與柴苓湯一劑，小便即淸，不痛，瘧發時寒多熱少。　晚與人參敗毒散，去羌獨，加葛根、防風、桂枝、白芍。　次日頭痛痢疾俱減，夜纔起三次。　改與補中益氣湯，加酒芩桂枝白芍。　楊曰：　先治外感，後治內傷，亦一定之序。　其夜瘧止，但微熱。　再改胃風湯，人參、白朮、桂皮各二錢，白芍四錢，酒炒芩、連各一錢，當歸、茯苓、川芎佐之，炮薑、地榆爲使，服後寒熱殄迹，夜起一次是糞。　前方去桂枝，再三劑而中櫛出戶矣。

愈按：　此案用方妥當出色，可以效法。　若王金壇治劉蓉川深秋患瘧而洞泄不止，雄按：　洞泄與痢迥殊。　欲去其一爲快，乃用《局方》雙解飲子，一服而二病俱愈，更覺神妙，是得法於澹寮。　所謂用藥多一冷一熱，半熟半生，分利陰湯之義也。　然竊思瘧痢幷作，初起者專用發散，如羌、防、柴、葛等，雄按：　風寒爲病，固當如是，溫熱暑溼，不可概用，余治曹泳之一案宜參。　佐以赤苓、神麯，見血痢參入歸身、川芎，右關脈大可加厚朴，使在腑之邪提併於經而外解，最爲捷法。　儻或不應，審其挾寒挾熱，而用表裏分消之法。　熱者去羌、防，加芩、連、香薷、滑石；　寒者去柴、葛，加桂枝、乾薑。　若熱甚者，多實證，風藥不宜矣，大柴胡湯加黃連、滑石；　寒甚者，多虛證，風藥當戒矣，眞武湯加桂枝、人參，此仍表裏雙解之法。　至如人參敗毒散、補中益氣湯，虛證之表藥也；　理中湯、八味丸，虛證之裏藥也。　表證之虛而挾熱者，小柴胡湯；　裏證之虛而挾熱者，連理湯，表證之虛而挾寒者，麻黃附子細辛湯；　裏證之實而挾寒者，溫脾湯。　以此諸法，將脈證配合審用，無

不手到成功。雄按：皆治風寒爲病之法也。如此條右脈耎弱爲虛，瘧發寒多熱少亦爲虛，雄按寒多熱少，亦有不屬虛者，總宜以脈證參看。故第二劑即用人參。但汗出如雨，而於敗毒散去羌獨加桂芍是矣，又加葛根防風，尚覺太過。

《王氏醫案繹註》卷二　朱某患痢，表散、蕩滌、滋膩等藥備嘗之矣，勢瀕於危。孟英診之，神氣昏沈，耳聾脘悶，口干身熱，環臍硬痛異常，晝夜下五色者數十行；小溲濇痛，四肢抽搐，時時運厥。曰：此暑溼之邪，失於清解，表散蕩滌，正氣傷殘，而邪乃傳入厥陰；再以滋膩之品補而錮之，遂成牢不可拔之勢，正虛邪實，危險極矣。予白頭翁湯加楝實、蓯蓉、芩、連、梔、芍、銀花、石斛、桑葉、橘葉、羚羊角、牡蠣、海蛇、鼈甲、雞金等藥大劑頻灌。一貼而抽厥減半，四貼而抽厥始息。旬日后便色始正，溲漸清長，粥食漸進。半月后臍間之硬始得盡消。改用養陰調理，踰月而康。凡治病必先知氣之升降難易。藥隨氣行，未有氣不隨藥爲升降而藥能效者。原案論病情極是，惟此證最難得效在四肢抽搐時時運厥二語，四肢抽搐，時時運厥，則肝風有升無降，風不息則氣不降，氣不降則藥氣無所依以下行。故方中潛陽苦寒之品，萬不可輕。偏證偏治，急證急治，理爲法母。白頭翁三錢，川楝核杵先四錢，淡蓯蓉三錢，酒炒枯芩三錢，酒炒雅連一錢，黑梔皮一錢五分，酒炒白芍一錢五分，濟銀花一兩五錢，釵石斛杵先一兩，冬桑葉四錢，鮮橘葉次入七片，羚角磨沖二錢，淡海蛇二兩，炙雞金研五錢，煅牡蠣八兩，血鼈甲二兩，二味同杵，先炭煨八句鐘，取湯代水煎藥。

《王氏醫案繹注》卷四　汪震官春前陡患赤痢。孟英診之，脈滑數而沈，面赤苔黃，手足冷過肘膝，當臍鞕痛，小溲濇少，伏熱爲病也。予大劑芩、連、梔、楝、滑石、丹皮、砂仁、延胡、查麴、銀花、草決明等藥，兩服手足漸溫，而腳背紅腫，起疱如蒲桃大一二十枚。四服后腹痛減，苔退而渴，於原方去查麴、砂仁，加白頭翁、赤芍、海蜇。旬日后痢色轉白，而腿筋抽痛，乃去丹皮、滑石、赤芍，加雞金、橘紅、生苡、石斛。兩服痛止溲長，糞色亦正，腳疱潰黃水而平，谷食遂安。改用養胃陰清余熱之法而愈。每劑銀花輒兩許，尙須半月而瘳。脈滑數而沈，爲痰熱遏伏兼挾陰虛；面赤爲熱傷肺氣；苔黃爲濕鬱化熱；手足冷過肘膝，此證必誤補助邪，熱傷肺氣，氣不外達下行，故冷過肘膝；當臍鞕痛，爲痰食結於腹中之明證；小溲濇少，熱傷肺胃之陰，肺胃氣失下行。酒炒枯芩一錢五分，酒炒川連八分，黑梔皮三錢，川楝核杵先三錢，西滑石包先五錢，粉丹皮二錢，西砂仁研沖和服六分，玄胡索次入一錢五分，生山查杵次入一錢五分，生神麴杵次入二錢，濟銀花一兩，草決明三錢。手足漸溫，爲邪減氣通。腳背紅腫起疱，爲熱邪下行外泄。腹痛減，熱邪傷陰，氣不隨津液流行，則邪不盡去。苔退而渴，熱邪前因痰滯阻遏，故當臍鞕痛，得迭次苦辛宣泄，邪濁漸減，則熱邪仍返還於氣分，此溫病病情所必至。去查麴砂仁，加白頭翁、赤芍、海蛇，邪濁漸減，熱邪已得宣達於氣分。再用砂仁查麴，則過劑傷陰，加白頭翁、赤芍、海蛇者，病本赤痢，熱邪已得宣達，恐其耗傷血液，故加白頭翁息風瀉熱。赤芍入血行瘀，數脈爲陰虛挾熱，前因邪濁盤踞腹中，方藉砂仁、查麴辛溫佐芩、連、楝苦寒以宣泄。斯時中焦胃脘不通，若遽用海蛇顧陰，則一派苦鹹寒過劑，辛溫失其佐使之權，寒涼不能滌穢，反行冰伏胸中。此際苔退而渴，熱象得宣，不加海蛇，則熱邪將耗肺胃之陰，應加酒炒白頭翁錢，赤芍三錢，淡海蛇先一兩。腿筋抽痛，肝主周身之筋，此爲肝胃之陰不足。去丹皮滑芍，恐涼泄傷脾，加鷄橘，運脾宣氣，苡、斛清肝顧陰：鷄金三錢，橘皮一錢，生苡仁八錢，石斛一兩。

王葦塘患滯下，醫投枳、朴、檳、查之藥，數服後肢冷自汗，杳不進穀，脘悶腹脹，小溲牽疼。孟英視脈細濇，舌絳無津，是高年陰虧，伏暑傷液；況平昔茹素，胃汁不充，加以燥烈之藥，津何以堪。因予沙參、銀花、蓯蓉、白芍、石斛、木瓜、甘草、楝實、扁豆花、鮮稻頭數劑，痛悶漸去，汗止肢溫。乃加生地、阿膠、麥冬、柹餅、蒲萄乾等以滋之，居然痢止餐加，惟舌色至匝月始津潤夏常。脈細濇是陰虛中兼挾陽虛，楝實苦寒瀉暑，北沙參八錢，濟銀花一兩，淡蓯蓉一錢半，整大白芍杵八錢，川楝核杵五錢，鮮石斛一兩，三味同先煎。陳木瓜一錢半，生粉草三錢，扁豆花三錢次入，鮮稻頭絹包三錢，嗣加大生地八錢，花麥冬三錢，柹餅肉去霜四錢，蒲萄干三錢，四味同先煎，阿膠二錢燉和服。

沈綬齊母患滯下色白，醫予溫運，病勢日劇。腹脹昏瞀，湯飲不下。孟英診爲伏暑，用芩、連、滑、朴等藥。沈疑高年，且素患脘痛，豈可輒用苦寒，孟英再四剖陳，始服半劑，病果大減，不數劑卽愈。薑汁炒枯芩三錢，薑汁炒川連一錢，薑製厚朴一錢，滑石先煎四錢，薑汁炒枇葉刷包三錢，薑竹茹三錢，晚蠶沙四錢，石菖蒲次入一錢。

痙厥部

題解

《通俗傷寒論・傷寒壞證・傷寒轉厥》 因飽得者爲食厥，如飲食醉飽之後，或感風寒，或着惱怒，食填胸中，胃氣不行，須臾厥逆，名曰食厥。

《傷寒指掌・類傷寒辨》 身熱足寒，頭項強急，惡寒時頭熱面赤，目脈赤，獨頭搖，卒口噤，背反張者，痙也。太陽病，發熱無汗，反惡寒者，爲剛痙，發熱汗出，不惡寒者，爲柔痙。

論說

《傷寒補亡論・厥陰經證治》 又曰： 凡厥者，陰陽氣不相順接，便爲厥。厥者，手足逆冷者是也。龐氏曰： 凡厥，通用四逆湯。謂其脈浮遲，或微，或細，或沈，比屬裏有寒也。雍曰： 世之論厥者，皆不達其源。厥者，逆也，凡逆皆爲厥。傷寒所論，蓋手足厥逆之一證也。凡陰陽正氣偏勝而厥者，一寒不復可熱，一熱不復可寒。傷寒之厥，非本陰陽偏勝，暫爲毒氣所苦而然。毒氣併於陰，則陰盛而陽衰，陰經不能容其毒，必溢於陽，故爲寒厥。毒氣併於陽，則陽盛而陰衰，陽經不能容其毒，必溢於陰，故爲熱厥，其手足逆冷，或有溫時，手足雖逆冷，而手足掌心必暖，龐氏謂非正厥，皆寒氣之輕者也，故可消息汗下。或者以此便爲熱厥，非也。熱厥之熱，與寒厥之寒一也。傷寒厥陰，止論寒厥，唯有輕重之異，無熱厥也。其謂寒熱相勝復五日六日之言，謂發熱五日，復寒厥深重者，後發熱亦深重，其寒厥輕微者，其後發熱亦輕微，此仲景論文本意。誤讀者，謂手足寒厥深者，其內蓄熱亦深，寒厥微者，其內蓄熱亦微，大非也。然則熱厥之證何如？曰： 手足如炭火炮烙，或如入湯中是也。曰： 傷寒有此證乎？曰： 雖未之見，以理推之，陽毒恐有此證，人見之，未悟其爲熱厥也。曰： 寒熱二厥之論，始於何時？曰： 始於《素問》。岐伯曰： 陽氣衰於下，則爲寒厥；陰氣衰於下，則爲熱厥。故陽氣勝，則足下熱，陰氣勝，則從五指至膝上寒也。曰： 經又言足如履冰，時如入湯中一證，豈寒熱併厥乎？曰： 此爲風痺淫爍，陰陽二經俱不足，邪氣乘虛而入，舍於二經之間，往來寒熱，正氣不能與之爭，邪氣日進，正氣日衰，所以不出三年死，非厥也。

《溫疫論・論陰證世間罕有》 傷寒陰陽二證，方書皆以對待言之。凡論陽證，即繼之陰證，讀者以爲陰陽二證世間均有之病，所以臨論之際，先將陰陽二證在于胸次，往來躊躇最易致誤。甚有不辨脈證，但窺其人多蓄少艾，或適在妓家，或房事後得病，或病適至行房，醫問及此，便疑爲陰證。殊不知病之將至，雖僧尼寡婦，室女童男，曠夫閹宦，亦皆有之，與房慾何與焉？即使多蓄少艾，頻宿娼妓，房事後適病，病適至行房，此際偶值病邪發行膜原，氣壅火鬱，未免發熱，到底終是陽證，與陰證何與焉？況又不知陰證實乃世間非常有之證，而陽證似陰者何日無之。究其所以然者，蓋不論傷寒溫疫傳人胃家，陽氣內鬱，不能外布，即便四逆，所謂陽厥是也。又曰，厥微熱亦微，厥深熱亦深。其厥深者，甚至凉過肘膝，脈沉而微，劇則通身冰冷，脈微欲絕。雖有輕重之分，總之爲陽厥。因其觸目皆是，苟不得其要領，於是誤認者良多。況且瘟疫每類傷寒，苟不得要領，最易混淆。夫溫疫熱病也，從無感寒，陰自何來？一也；治溫疫數百人，纔遇二、三正傷寒，二也；及治正傷寒數百人，纔遇二、三眞陰證，三也。前後統論，苟非歷治多人，焉能一見陰證，豈世間常有之病耶？觀今傷寒科盛行之醫，歷數年間，或者得遇一眞陰證者有之，又何必纔見傷寒，便疑陰證，況多溫疫，又非傷寒者乎！

《溫疫論・論陽證似陰》 凡陽厥，手足皆冷，或冷過肘膝，甚至手足指甲皆青黑，劇則遍身冰冷如石，血凝青紫成片，或六脈無力，或脈微欲絕，以上脈證，悉見純陰，猶以爲陽證何也？及審內證，氣噴如火，齦爛口臭，煩渴譫語，口燥舌乾，舌胎黃黑或生芒刺，心腹痞滿，小腹疼痛，小便赤色，涓滴作痛，非大便燥結，即大腸膠閒，非協熱下利，即熱結傍流，以上內三焦悉見陽證，所以爲陽厥也。粗工不察，內多下證，但見表證，脈體純陰，誤投溫劑，禍

不旋踵。

凡陽證似陰證者，溫疫與正傷寒通有之；其有陰證似陽者，此正傷寒家事，在溫疫無有此證，故不附載。

溫疫陽證似陰者，始必由募原，以漸傳裏，先幾日發熱，以後四肢逆冷；傷寒陽證似陰者，始必由陽經發熱，脈浮而數，邪氣自外漸次傳裏，裏氣壅閉，脈體方沉，乃至四肢厥逆，蓋非一日矣。其眞陰者，始則惡寒而不發熱，其脈沉細，當卽四肢逆冷，急投附子回陽，二三日失治卽死。

捷要辨法，凡陽證似陰，外寒而內必熱，故小便血赤；凡陰證似陽者，格陽之證也，上熱下寒，故小便清白，但以小便赤白爲據，以此推之，萬不失一。

《續選臨證指南・脫》 華岫云評：脫，卽死也。諸病之死，皆謂之脫。蓋人病則陰陽偏勝，偏勝至極卽死矣。人之生也，負陰抱陽。又曰：陰在內，陽之守也，陽在外，陰之使也。是故陰中有陽，陽中有陰。其陰陽樞紐，自有生以至老死，頃刻不離，離則死矣。故古聖先賢，創著醫籍，百病千方，無非爲補偏救弊，和協陰陽，使人得盡其天年而已。夫脫有陰脫、陽脫之殊，《內經》論之最詳。《難經》又言脫陽者見鬼，脫陰者目盲，此不過言其脫時之情狀也。明理者須預爲挽救則可，若至見鬼目盲而治之，已無及矣。今觀先生之治法，回陽之中，必佐陰藥。攝陰之內，必兼顧陽氣。務使陽潛陰固，庶不致有偏勝之患。至於所脫之症不一，如中風、眩暈、嘔吐、喘、衄、汗多亡陽之類，是陽脫也。瀉痢、崩漏、胎產，下多亡陰之類，是陰脫也。痧脹、乾霍亂、痞脹、痙厥、臟腑窒塞之類，是內閉外脫也。陽脫於上，陰脫於下，卽人死而魂升魄降之謂也。總之，陰陽樞紐不脫，病雖重不死。然則陰陽樞紐，何在其於命門歟。

《溫病朗照・暑厥痰壅》 夏月無故卒倒，昏不知人，面垢，冷汗自出，手足微冷，搐搦，或吐瀉，或喘喝，此君相二火，內外相煽，兼之素有痰鬱，因火鼓動，窒礙心竅故也。宜先以熱土熨臍中，或研蒜水灌鼻中，皆取其通竅也。中寒卒然倒僕如中風者，乃盛寒之氣卒犯少陰，而厥逆無脈，此陽氣大虛，不勝陰寒厲氣也，必口鼻氣冷而無痰聲，雖盛暑中亦有之，以其人眞陽素虛之故，不可拘於時月也。中暑卒然暈倒如中風者，乃酷暑之氣，鼓運其痰，壅塞心胞，此腎水素虧，不勝時火燔灼也，必喘乏而無痰聲。如中風卒倒，則必手足搐引，痰聲壅塞於喉中，甚則聲如曳鋸，爲中風之眞候。以此辨之，萬無差誤也。

《疫疹一得・疫疹之症》 週身如冰　初病週身如冰，色如蒙垢，滿口如霜，頭痛如劈，飲熱惡冷，六脈沉細。此陽極似陰，毒之隱伏者也。重清內熱，使毒熱外透。身忽大熱，脈轉洪數，煩燥譫妄，大渴思冰，症雖梟惡，尤易爲力。若遇庸手，妄投桂、附，藥不終劑，死如服毒。

四肢逆冷　四支屬脾，至於逆冷，雜症見之，是脾經虛寒、元陽將脫之象。惟疫則不然，通身大熱，而四肢獨冷。此烈毒壅遏脾經，邪火莫透。重清脾熱，手足自溫。

筋抽脈惕　筋屬肝，賴血以養。熱毒流于肝經，疹毒不能尋竅而出，筋脈受其衝激，故抽惕若驚也。

在傷寒過汗，則爲亡陽，而此則不然。蓋汗者心之液，血之所化也。血生于心，藏于肝，統于脾。血被煎熬，筋失其養，故筋肉爲之瞤動。

《吳醫彙講・幼科似驚非驚辨》 幼科驚症，自喻氏以食、痰、風、驚四字立名，大剖從前之訛，實爲確論。葉香巖亦宗之。然更有未盡者，近多冬令氣暖失藏，入春寒溫間雜，小兒吸受其邪，先傷肺經，起自寒熱氣麤，延綿失治，漸從胞絡內傳上部，雖有微汗，而痰多，鼻煽，煩躁，神蒙。病家惶懼，輒云變爲驚症，動用香開，妄投金石，以致陰液消亡，熱勢愈張，正不敵邪，肝風陡動，漸見肢牽，目竄，痙閉，發厥，勢多傾敗。若於病未猖獗之前，先以辛涼開肺，繼以甘寒化熱，佐以潤劑降痰，兩候自能痊可。此蓋溫邪陷入，陰液內耗，而動肝風，實非驚恐致病也。若誤以驚藥治之，恐幼稺之含寃不少，故爲之一辨。

《增補評註溫病條辨・解兒難・痙因質疑》 痙病之因，《素問》曰：諸痙項強，皆屬於溼。此溼字大有可疑，蓋風字誤傳爲溼字也。余少讀方中行先生痙書，一生治病，留心痙證，覺六氣皆能致痙，風爲百病之長，六氣莫不由風而傷人，所有痙病現證，皆風木剛強屈勁之象，溼性下行而柔，木性上行而剛，單一溼字，似難包得諸痙，且溼字與項強字卽不對，中行痙書一十八條，除引《素問》《千金》二條，餘十六條內，脈二條，證十四條，俱無溼字證據。如脈二條，一曰夫痙脈按之緊如弦，直上下行，二曰《脈經》云痙家其脈伏，堅直上下，皆風木之象，溼之反面也。餘十四條，風寒致痙居其十，風家禁下一

條，瘡家禁汗一條，新產亡血二條，皆無所謂溼也者。卽《千金》一條曰，太陽中風，重感於寒溼，則變痙也，上下文義不續，亦不可以爲據。中行注云，痙自《素問》以來，其見于《傷寒論》者，乃叔和所述《金匱》之略也，《千金》雖有此言，未見其精悉，可見中行亦疑之，且《千金》一書，雜亂無章，多有後人羼雜，難以爲據，《靈樞》《素問》二書，非神聖不能道，然多述於戰國漢人之筆，可信者十之八九，其不可信者一二，如其中多有後世官名地名，豈軒岐逆料後世之語，而先言之哉。且代遠年湮，不無脫簡錯誤之處。瑭學述淺陋，不敢信此溼字，亦不敢直斷其非，闕疑以俟來者。

汪按：古書甚少，除朝廷史志外，其餘學術，皆師弟以口耳相傳。至戰國時，始著之竹帛，如《內經》等書，後人或以爲岐黃自作，或以爲後人僞托皆非也。

霖按：痙爲風強病，《內經・至眞要大論》謂諸痙項強，皆屬於溼者，蓋溼爲六淫之一，若中於太陰，則從陰化，爲寒溼，故流於關節而爲痹，若中於陽明，則從陽化，爲溼熱，熱甚而陽明燥化之氣愈烈，燥甚木無涵養，筋被爍，故強直而爲痙也。是言溼者，言其未成痙之前，言燥者，言其將成痙之際，言風者，言其已成痙之時也。《內經》又曰：赫曦之紀，其病痙，言熱爲寒抑，無汗之痙也。又曰：肺移熱於腎，傳爲柔痙，言溼蒸爲熱，有汗之痙也。況《至眞要論》又云：諸暴強直，皆屬於風。何嘗痙之一證，專主於溼，而不關於風者哉！《千金》謂太陽中風，重感於寒溼，則變爲痙。又云：溫病熱入腎中，則爲痙，小兒癇熱盛，亦爲痙。是聖經賢訓，皆以風溼相搏，筋燥亡陰爲病，又何嘗專以寒溼爲病？是則無疑之可質也。夫《素問》《千金》皆當以全書細讀，不可執一知半解，便妄議先賢也。

溼痙或問

或問子疑《素問》痙因於溼，而又謂六淫之邪，皆能致痙，亦復有溼痙一條，豈不自相矛盾乎？曰：吾所疑者，諸字皆字，似溼之一字，不能包括諸痙，惟風可以該括之也。再者溼性柔，不能致強，初起之溼痙，必兼風而後成也，且俗名痙爲驚風，原有急慢二條，所謂急者，一感卽痙，先痙而後病，所謂慢者，病久而致痙者也，一感卽痙者，只要認證眞，用藥確，一二帖卽愈，易治也，病久而痙者，非傷脾陽，肝木來乘，卽傷胃汁肝陰，肝風鴟張，一虛寒，一虛熱，爲難治也。吾見溼因致痙，先病後痙者多，如夏月小兒暑溼，泄瀉暴注，一晝夜百數十行，下多亡陰，肝乘致痙之類，霍亂最能致痙，皆先病後痙者也，當合之雜說中風論一條參看，以卒得痙病而論，風爲百病之長，六淫之邪，皆因風而入，以久病致痙而論，其強直背反瘈瘲之狀，皆肝風內動爲之也，似風之一字，可以包得諸痙，要知痙者，筋病也。知痙之爲筋病，思過半矣。

霖按：《素問・至眞要論》病機十九條，爲治病活法，與《陰陽應象論》闡四時伏氣之理，其義略同。病機中固有諸痙項強皆屬於溼，亦有諸暴強直皆屬於風，是何嘗痙病祇知有溼，不知有風，安待數千年後之吳鞠通，以風易痙，將活法爲死法哉。喻嘉言不明四時伏氣之理，妄易《陰陽應象論》中秋傷於溼之溼字爲燥字，與鞠通不謀而合，皆坐未讀全經故也。

痙有寒熱虛實四大綱論

六淫致痙，實證也，產婦亡血，病久致痙，風家誤下，溫病誤汗，瘡家發汗者，虛痙也。風寒風溼致痙者，寒證也，風溫、風熱、風暑、燥火致痙者，熱痙也。按：此皆瘈證，屬火，後世統謂之痙矣，後另有論。俗稱慢脾風者，虛寒痙也。本論後述本臟自病者，虛熱痙也。

《增補評註溫病條辨・解兒難・痙病瘈病總論》《素問》謂太陽所至爲痙，少陽所至爲瘈，蓋痙者水也，瘈者火也，又有寒厥熱厥之論最詳。後人不分痙瘈厥爲三病，統言曰驚風痰熱，曰角弓反張，曰搐搦，曰抽掣，曰癇痙厥，方中行作痙書，其或問中所論，亦混瘈而爲痙，籠統議論，葉案中治癇痙厥最詳，而統稱痙厥，無瘈之名目，亦混瘈爲痙考之他書，更無分別。前痙病論因之，從時人所易知也，謹按痙者，強直之謂，後人所謂角弓反張，古人所謂痙也，瘈者蠕動引縮之謂，後人所謂抽掣搐搦，古人所謂瘈也，抽掣搐搦不止者，瘈也，時作時止，止後或數日，或數月復發，發亦不待治而自止者，癇也。四肢冷如冰者，厥也。四肢熱如火者，厥也。有時而冷如冰，有時而熱如火者，亦厥也。大抵痙瘈癇厥四門，當以寒熱虛實辨之，自無差錯。仲景剛痙、柔痙之論，爲傷寒而設，未嘗議及瘈病，故總在寒水一門，兼風則有有汗之柔痙，蓋寒而實者也，除寒痙外，皆瘈病之實而熱者也，溼門則有寒痙，有熱瘈，有實有虛，熱病久耗其液，則成虛熱之瘈矣。前列小兒本臟自病一條，則虛熱也，產后驚風之痙，有寒痙，仲景所云是也，有熱瘈，本論所補是也。總之痙病宜用剛而溫，瘈病宜用柔而涼，又有痙而兼瘈，瘈而兼痙，所謂水極而似

火，火極而似水也。至於瘈證，亦有虛有實，有留邪在絡之客邪，有五志過極之臟氣，葉案中辨之最詳，分別治之可也。瑭因前輩混瘈與痙爲一證，故分晰而詳論之，以備裁采。

徵按：此亦數千餘年之疑案，莫能剖而析之，女媧鍊石補天，予獨不以其言爲河漢。

《感證集腋・茅氏四家評》 凡痙厥症，一由溼熱內鬱，痰涎凝滯，津液不能榮于筋脈，故發痙。法當逐痰清火。一由火燥木急，法當清火潤燥，然元氣虛餒，死者甚多。

《感證集腋・柯韵伯痙濕異同論》 《內經》云：諸痙項強，皆屬于濕者是也。其勢弱耎，故名柔痙。病因于內，當滋陰以和內。要知屬風之痙，不因風而因熱，屬濕之痙，不因溼而因燥，治風君葛根，治濕君栝蔞根者，非以治風；實以生津，非以治濕；實以潤燥耳。夫痙者，本非正病，必夾雜于他症之中。善醫者必于他症中審察而預防之。如項強痛，卽痙之一端，知是太陽之血虛，故筋急也。世醫見此，往往誤作風症治之，則辛散助陽，眞陰愈虧，陰虛燥劇，驅風發汗太多，而因以致痙矣。是故痙之病，因外邪傷筋者少，因血虛筋急者多。得之暴起者少，得之妄治者多。一經妄治，奇形畢現。項背幾幾，身體強直，未已也，抑且有卧不着席，腳攣急，口噤齒齘之劇甚者，治之之法，以大黄芒硝爲主。此蓋欲取多津液之品，以滋養陰血也。觀傷寒脈浮自汗，心煩惡寒，而見腳攣急，知痙之勢成，便當滋陰存液，而不得仍從傷寒爲治。故與之桂枝湯則厥，與之芍藥甘草湯則其腳卽伸，此明驗也。第以表症未除，不得用承氣湯耳。若譫語者少與調胃承氣，是又與不着席之痙，用大承氣湯，同其機彀也。凡痙之屬熱而不屬濕，不可見乎！若《內經》之論溼者曰：諸溼腫滿，皆屬于脾。又曰：濕勝則濡瀉。此指溼傷于內者言也。曰：地之濕氣感，則害人皮肉筋骨。曰：因於溼，首如裹。此指濕傷于外者言也。皆與痙無涉也。又《陽明篇》有濕熱發黄之症，此非太陽之風溼者比。叔和混而言之，疎甚。夫豈經之本旨乎！經又有以風濕對言者，如曰：陽受風氣，陰受溼氣，故傷風上先受之，傷濕下先受之是也。又有以濕家虛實，因風寒而分者，如曰：風濕之傷人血氣，與邪幷客于分腠之間。其脈堅大，故曰：實，寒濕之中人也。皮膚不收，肌肉堅固，營血濇，衛氣去，故曰虛。是二者亦皆無與于痙也！惟曰：濕而兼熱，則大筋耎，小筋短，乃爲柔痙見端，而猶未全乎痙也。然固已兼熱而言之矣。卽本論所云：傷寒發汗，寒在裏不解，身目爲黄，與陽明之熱不得越，瘀熱在裏。身體發黄，當下不當下，亦以寒濕濕熱分虛實。何嘗以痙屬濕乎？然則諸痙項強，皆屬于濕云云。其爲傳之者誤，又何疑乎？抑《內經》以風、寒、濕三氣，合而成痹。本論又合風、寒、濕、熱四氣，而名濕痹。明乎痙與痹二者，皆由濕變，但濕去燥極，則爲痙，濕久留着則爲痹。痹爲實，痙爲虛，熱濕異形，虛實亦殊。因固不得妄以痙屬風，亦惡得以痙之前因乎濕，而竟視痙爲濕也哉！ 潤次

《醫法圓通・厥證》 按厥證一條，有陽虛陰虛之別。陽厥者何？由其外邪入內，合陽經熱化，熱極則陰生，陽伏於內，陰呈於外，故現四肢冰冷，或脈如絲，或無脈，其人雖外見純陰，而口氣必蒸手，小便必短赤，精力不衰，法宜清熱下奪爲主。如大小承氣、調胃承氣湯等是也。陰厥者何？由其正氣已虛，陰寒四起，陰盛陽微，閉塞經絡，陽氣不能達於四肢，故見四肢冰冷，其人目瞑倦卧，少氣懶言，法宜回陽祛陰。如四逆湯、回陽飲之類。此陰陽生死攸關，不容不辨。

《醫法圓通・辨認邪盛熱熾血傷病情》 身冷如冰，形如死人　病人八九日，初發熱口渴飲冷，二便不利，煩躁譫語，忽見身冷如冰，形如死人，此是熱極內伏，陽氣不達於外，證似純陰，此刻審治，不可粗心，當於口氣中求之，二便處求之。余經驗多人，口氣雖微，極其蒸手，舌根紅而不青，小便短赤、急宜攻下，不可因循姑息，切切不可妄用薑、附。【略】

筋攣拘急　病人或七八日，或十余日，發熱不退，或不身熱，煩渴咽干，小便短赤，惡熱喜冷，忽然四肢拘急不仁，此由邪火傷陰，血液不榮於筋，故見拘急。法宜滋陰瀉火爲主。

喉痛厥逆　病人或八九日，發熱不退，或不身熱，脈健身輕，口氣極熱，小便短赤，神氣衰減，肌膚干粗，忽見喉痛厥逆，此邪入厥陰，熱深厥深，上攻而爲喉痹是也。急宜清潤瀉火，養陰爲主。

《醫醫小草・辨證》 肢冷　在寒證是腎陽不通。在溫證、疫證，是肝陽不宣。所以寒踞少陰，與熱伏厥陰有別。

綜述

《傷寒類證活人書·問手足逆冷》 答曰：此名厥也。厥者，逆也，陰陽不相順接，手足逆冷也。陽氣衰，陰氣盛，陰盛於陽，故陽脈爲之逆，不通于手足，所以逆冷也。傷寒熱多厥少者，其病當愈；厥多熱少者，其病爲進。然有冷厥，有熱厥，當仔細辨認。冷厥者，初得病日，便四肢厥冷，脈沉微而不數，足多攣卧而惡寒，或自引衣蓋覆，不飲水，或下利清穀，或清便自調，清便自調，即是大便如常。或小便數，外證多惺惺而靜，脈雖沉實，按之遲而弱者，知其冷厥也，四逆湯、理中湯、通脈四逆湯、當歸四逆湯、當歸四逆加茱萸生薑湯、白通加豬膽汁湯，皆可選用也。熱厥者，初中病，必身熱頭痛，外別有陽證，至二三日，乃至四五日，方發厥，兼熱厥者，厥至半日卻身熱，蓋熱氣深則方能發厥，須在二三日後也。若微厥卽發熱者，熱微故也。其脈雖沉伏，按之而滑，爲裏有熱。其人或畏熱，或飲水，或揚手擲足，煩躁不得眠，大便秘，小便赤，外證多，昏憒者，知其熱厥也，白虎湯、承氣湯，隨證用之。仲景云：傷寒一二日，至四五日厥者，必發熱，前熱者，後必厥，厥深者，熱亦深，厥微者，熱亦微，厥應下之，而反發汗者，必口傷爛赤。熱厥當下，故云厥應下之者。若反發汗，必口傷爛赤也。又有下證悉具而見四逆者，是失下後，血氣不通，四肢便厥，醫人不識，卻疑是陰厥，復進熱藥，禍如反掌。大抵熱厥，須脈沉伏而滑，頭上有汗，其手雖冷，時復指爪溫，須便用承氣湯下之，不可拘忌也。諸手足逆冷皆屬厥陰，不可下，不可汗。然有須下，有須汗證者，謂手足雖逆冷，時有溫時，手足掌心必煖，非正厥冷也，當消息之。

《傷寒標本心法類萃·發厥》 或發熱極甚，而恐承氣不能退者；或已下後而熱不退者；或蓄熱內甚，陽厥極深，以陽氣怫鬱不能營運於身表四肢，以致通身清冷，痛甚不堪，項背拘急，目青睛疼，昏眩恍惚，咽乾或痛，躁渴，虛汗，嘔吐，下利，腹滿實痛，煩冤悶亂，喘急，鄭聲，脈雖疾數，以其蓄熱極深而脈道不利，反致脈沉細而欲絕，俗未明其造化之理，而反謂其傷寒極陰毒者；或始得之，陽熱暴甚而便有此證候者；或兩感熱勢甚者，通宜解毒加大承氣湯下之，熱不退者宜再下之。雖古人云：三下之而熱未退卽死矣。然亦有按法以下三五次，利一二十行，熱方退而得活者，免致不下退其熱而必死也。下後熱少退而未愈者，黃連解毒湯調之。或失下熱極，以致身冷，脈微而昏冒將死者，若急下之，殘陰暴絕而死。蓋陽氣後竭而然也，不下亦死，宜涼膈散或黃連解毒湯，或二藥合服，或白虎合涼膈散，養陰退陽，積熱漸以宣散，則心胸溫暖，脈漸以生，至於脈復有力，方可以三一承氣湯下之，或解毒加六一散調之，愈後宜服退熱之藥，忌發熱諸物。裏熱脈厥者，宜白虎湯。熱極厥深而諸藥下畢，竟不能利者，不救必死，黃連解毒湯更加甘遂末一錢匕下之。

《秘傳證治要訣·中惡》 中惡之證，因冒犯不正之氣，忽然手足逆冷，肌膚粟起，頭面青黑，精神不守，或錯言妄語，牙緊口噤，或頭旋暈倒，昏不知人，即此是卒厥。客忤、飛尸、鬼擊、吊死、問喪、入廟、登塚，多有此病，蘇合香圓灌之。候稍甦，以調氣散和平胃散服，名調氣平胃散。

《傷寒證治準繩·瘈瘲》 成：瘈者，筋急而縮也。瘲者，筋緩而伸也。或伸縮而不止者，瘈瘲也。俗謂之搐搦乃風熱甚之病，宜以祛風滌熱之涼劑，或有可生。若妄加灼火，及發表之藥，則禍不旋踵。

太陽發汗已，身猶灼熱，名風溫。脈陰陽俱浮，自汗，身重多眠，鼻鼾，語言難出，不可下，不可火。若被火者，微則發黃，劇則驚癇瘈瘲。防風通聖散。

又風溫被火，微發黃色，劇如驚癇，時發瘈瘲者，宜萎蕤湯主之。若瘈瘲，戴眼，反折，絕汗乃出，大如貫珠，著身不流者，此太陽終也，不可治。又有四肢漐習，動而不止，似瘈瘲而無力抽搐者，此爲肝絕。蓋汗下後變生此證者，多死。凡用小續命湯，有汗去麻黃，無汗去黃芩，要在通變而已。

《傷寒緒論·厥》 厥者，逆冷之極，周身氣逆，手足厥冷是也。蓋諸陽起於四肢，厥爲陽氣鬱伏可知。【略】

若溫病、熱病、時疫熱極而厥者，涼膈合解毒，或合承氣下之。熱不退者，再下之。雖云三下，熱不退者死。然亦有下三五次，利一二十行，熱方退而得生者。熱病厥逆，手足冷，脈滑者，裏有熱也，白虎湯。肢體厥冷，惟心胸有熱，大便祕者，解毒、涼膈最當。熱病厥逆，不大便而腹滿，背微惡寒，脈浮滑者，白虎湯。沉滑者，承氣湯。此溫熱厥逆治法，不可拘於傷寒陽厥而禁大下也。

《溫疫論·脈厥》 溫疫得裏證，神色不敗，言動自如，別無怪證，忽然六

脈如絲，微細而輭，甚至於無，或兩手俱無，或一手先伏。察其人不應有此脈，今有此脈者，皆緣應下失下，內結壅閉，營氣逆於內，不能達於四末，此脈厥也。亦多有過用黃連石羔諸寒之劑，強遏其熱，致邪愈結，脈愈不行，醫見脈微欲絕，以爲陽證得陰脈爲不治，委而棄之，以此誤人甚重。若更用人參、生脈散輩，禍不旋踵，宜承氣緩緩下之，六脈自復。

《溫疫論·體厥》 陽證脈陰，身冷如冰，爲體厥。

旋幼聲，賣卜頗行，年四旬，稟賦肥甚，六月患時疫，口燥舌乾，胎刺如鐸，不時太息，咽喉腫痛，心腹脹滿，按之痛甚，渴思冰水，日晡益甚，小便赤澀，得涓滴則痛甚，此下證悉備，但通身肌表如冰，指甲青黑，六脈如絲，尋之則有，稍輕則無，醫者不究裏證熱極，但引陶氏《全生集》以爲陰證。但手足厥逆冷過肘膝，便是陰證，今已通身冰冷，比之冷過肘膝更甚，宜其爲陰證一也；且陶氏以脈分陰陽二證，全在有力無力中分，今已脈微欲絕，按之如無，比之無力更甚，宜其爲陰證二也；陰證而得陰脈之至者，復有何說，遂主附子理中湯。未服，延予至，以脈相參，表裏互較，此陽證之最者，下證悉其，但嫌下之晚耳。蓋因內熱之極，氣道壅閉，乃至六脈如無，此脈厥也。陽鬱則四肢厥逆，若素稟肥盛，尤易壅閉，今亢陽已極，以至通身冰冷，此體厥也急投大承氣湯，囑其緩緩下之，脈至厥回，便得生矣。其妻聞一曰陰證，一曰陽證，天地縣隔，疑而不服。更請一醫，指言陰毒，須灸丹田，其兄叠延三醫續至，皆言陰證，乃進附子湯，下咽如火，煩燥頓加。逾時而卒。

《溫疫論·蚘厥》 疫邪傳裏，胃熱如沸，蚘動不安，下既不通，必反於上，蚘因嘔出，此常事也，但治其胃，蚘厥自愈。每見醫家，妄引經論，以爲臟寒，蚘上入膈，其人當吐蚘，又云胃中冷必吐蚘之句。便用烏梅圓，或理中安蚘湯，方中乃細辛、附子、乾薑、川椒皆辛熱之品，投之如火上添油，殊不知疫證表裏上下皆熱，始終從無寒證者，不思現前事理，徒記紙上文辭，以爲依經傍記，坦然用之無疑，因此誤人甚衆。

《瘟疫明辨·裏證·身冷》 諸病身冷，皆屬陰症。在時疫，多屬熱症。須從氣、色、神、脈、舌胎中辨其端倪，果係時疫，則當分初、中、末以治之，不可紊也。時疫初起，往往有身冷自利，腹痛作嘔，全似陰症者。若舌有厚白胎，身有穢氣，心煩多汗，面色油垢，小便黃短數，有一二證現，便是疫邪直入太陰。先裏後表，非眞陰寒症。兼嘔利，藿香正氣散、四苓散。無嘔利，達原飲。服一二劑後，即發熱矣。時疫傳變發熱之後，讝妄沉昏，舌燥，腹滿便秘，而身冷者，先表後裏症。三承氣、大柴胡選用。無結症者，白虎湯。時疫末路，屢經汗下，表裏無邪，胸腹無滯，二便自和而身冷者，當以脈爲主。脈虛細不振者，用藥太過而成脫症也。急宜溫補，少緩即死。生脈散加芪、朮、苓、芍，平補陰陽。冷甚者，加熟附子。時疫身冷一症，最難下手。初起時，若寒熱不辨，且勿妄投湯劑。當少待之，多則一二日，少則半日，多有自行傳變。即發熱煩渴者，此時則易於用藥。若已經發熱傳變之後，變爲身冷，則自有口燥舌乾，不得卧諸症在，此時藥不可緩，緩則熱深厥深，雖下後厥回，往往亡陰而死。身冷與惡寒不同，而病機頗同，當與惡寒條參看。

《醫宗金鑑·傷寒心法要訣·手足厥逆》 太陰手足溫無厥，少陰厥冷不能溫，厥陰寒厥分微甚，熱厥相因辨淺深。

註：太陰經無厥逆，而有手足自溫。少陰經有寒厥，而無熱厥。厥陰經有寒、熱二厥。寒厥者，祇寒而不熱也。熱厥者，由熱而厥，由厥而熱，熱厥相因無休歇也。當辨陰陽淺深，以當歸四逆、承氣等湯施治可也。詳厥陰篇。

《臨證指南醫案·痙厥》 厥者，從下逆上之病也。痙者，明其風強之狀也。所以二字每每並言，原與傷寒門所載者有間，想是症。總由氣血日偏，陰陽一并而成。譬如風雷之猛烈，鬱極而發也。若發而漸復者，猶可轉危爲安。若發而轉逆者，必至直拔根荄乃已。斯存亡之機，在乎命臟之盈虧耳。考方書之名目不一，致病之因由亦繁。大抵可吐者：如痰食填塞於胸中，用瓜蒂散之類及燒鹽探引方法。可清可折者：如厥陽壯火升逆而莫制，用玉女煎及宣明龍薈丸法。可開可降者：如氣厥薄厥，而形氣暴絕，有五磨飲子及蒲黃酒法，穢濁蒙神，而昏亂無知。有牛黃至寶，及蘇合香丸之兩法。飛尸卒厥，先宜酒醴以引導；并可按穴而施鍼法及灸法。若從虛而論者：如內奪而厥，則爲瘖痱，有地黃飲子之通攝下焦法，煩勞陽張，令人煎厥。有人參固本加入金箔方諸水，爲壯水制火法。血厥而陽騰絡沸，參乎從陰從陽法。色厥而精脫於下，急與大劑挽元法。腎厥宗許學士之椒附以通陽。蚘厥有仲景之安蚘法，陽極用救陰峻劑。陰極有扶陽方法，種種規模，已爲全備，及參案中。先生於是症獨重在肝，蓋肝者，將軍之官。善干他臟者也，要知肝氣一逆，則諸氣皆逆，氣逆則痰生，遂火沸風旋，神迷魂蕩，無所不至矣。

若犯於上者，不免凌金爍液，有門冬湯，及瓊玉膏之補金柔制法。若犯於中，而爲嘔爲脹者，用六君去术，加木瓜、薑、芍之類，及附子粳米湯加人參，爲補胃凝肝法。若震及心脾，而爲悸爲消者，用甘麥大棗湯，合龍蠣之屬，爲緩急重鎭法。若挾少陽之威而乘巔搖絡者，用羚羊、鈎藤、元參、連翹之劑，爲熄風清絡法。若本臟自病，而體用失和者，以、椒、梅、桂、芍之類，爲益體宣用法。若因母臟之虚，而擾及子臟之位者，用三才配合龜甲、磁、硃，及復脈減辛味，復入雞黄之屬，爲安攝其子母法。至於痿厥之治，尤覺神奇。取血肉介類，改湯爲膏。謂其力味重實，填隙止厥最速。此豈非補前人之未備，開後學之法門者乎？參是案者，幸毋忽諸。詔新甫

《續選臨證指南·驚》 華岫雲評：經云：驚則傷膽，恐則傷腎。大凡可畏之事，猝然而至者，謂之驚。若從容而至，可以宛轉思維者，謂之恐，是驚急而恐緩也。夫驚症，大人亦有之，小兒最多。因其神志未堅，膽氣未充，故每遇稍異之形聲，卽陡然而驚矣。驚之所傷，由心猝及乎膽，由膽卽及乎肝，遂致心主君火，兼肝膽中相火風木驟然而起，症現搐搦瘛瘲，神昏譫妄，肢冷厥逆，吐乳身熱，目竄口噤，種種所患，無非心肝膽之現症，而實毫無外感之風邪。此因外受之驚，而動內之木火風也。故但當以一驚字，立爲病名，斯乃切當，因其內風沸起，遂加一風字，因病來迅速，又加一急字，故遂有急驚風之病名，此已屬牽強附會矣。至於今之混稱爲急驚風者，更屬背謬。總因小兒陰氣未充，外感之風溫、風熱、風火，以及寒邪化熱，幷燥火諸症，最易傷陰，陰傷則血不營筋，液傷則脈絡滯濇，熱盛亦能使內之木火風相繼而起，所現之症，與受驚者類亦相同，然實非因受驚而起。其所治之法，大有區別。如果因驚者，治宜安養心神，鎭驚定怯，甘涼清內熱，柔潤熄肝風，或少佐芳香，通其竅絡，舒其結閉。至於剛熱燥濇，表散之藥，概不可用。若無驚而但感外邪者，有宜於涼散，有宜於溫散。有宜於苦寒清火，有宜於甘溫扶陽，或補或瀉，自當按六淫之邪而施治，與驚字毫無關涉。奈今之醫者，每遇非驚之症，因不能辨明六氣中所傷何氣，卻定不出病名，遂強將一驚字混入，藉口漫稱爲急驚風症，掩飾欺人。病家亦酷信之，以爲小兒防範難週，焉有無驚之理，其所訂之方，錯雜游移，不知治驚總以心肝膽爲主。若治時邪，須兼肺胃脾腎、三焦、營衛、經絡而論，大不相同也。更有一種稱慢驚風之病名者，尤屬怪誕不經，必當亟爲駁正，有論在幼科吐瀉之後，宜合觀之。

徐大椿評：風字最妙，凡肝膽之疾，無不因風。肝爲風臟，經云：風者百病之長也。不但外風名風，卽內風亦名風，故大人口眼歪斜，神昏厥冒，亦名中風。與小兒亦相類，何獨小兒之病不得名風也。

《續選臨證指南·幼科要略·癇痙厥》 小兒癇痙厥，本屬險症，十中每死二三。奈今之患者，十中常死六七，其故何也？蓋緣醫者不察病情，概以芩、連、鈎藤、菖蒲、橘紅等，夾金石之藥投之。以冀清火降痰而已，此醫之不善治也。而最可惡者，尤在病家之父母，失於調治，有名爲愛之，實以殺之之故。何也？小兒諸症，如發熱無汗，煩躁、神昏、譫語之頃，或戰汗大汗將止之時，或嘔吐泄瀉之後，或痙厥漸甦，或便久閉，而適然大便，或灌藥之後，斯時正元氣與病邪交戰之際，若能養得元氣一分，卽退一分病邪。此際小兒，必有昏昏欲睡，懶於言語，氣怯神弱，身不轉動之狀，此正當養其元神，冀其邪退正復。乃病家父母，偏於此際，張惶驚恐，因其不語而呼之喚之，因其鼾睡而頻叫醒之，因其不動而搖之拍之，或因微有昏譫而必詳詰之，或急欲以湯飲進之，或屢問其痛癢之處，曉曉不已，使其無片刻安寧。如此必輕變爲重，重變爲死矣。更有豪富之家，延醫數人，問候者多人，房中聚集者多人，或互談病情病狀，夜則多燃燈燭以照之，或對之哭泣不已，或信巫不信醫，祈禱疊興，舉家紛擾。此非愛之，實以殺之也。試以大人之病情體貼之，抑好安然寂靜乎？抑好喧譁動擾乎？此理概可知也。予曾見一孩，患暑濕初瘧，半月有餘，病勢甚重，醫者投以蒼术白虎湯，夜半發汗，至寅時身體漸涼，冷汗不止，默默倦睡，口不肯言，氣息甚微。醫云：六脈安靜，並不煩躁，此病退之象也。因戒其父母，切勿擾動。直至申時，汗止聲出，而病已霍然矣。可見，無論大人與小兒諸病，總宜安然寂靜爲主。其調養之法，有非筆墨所能罄者，惟在病家能細心體會，醫者能諄諄告戒，勿以余言爲迂，則幸甚。更有幼孩，發熱昏迷，手足厥冷，竅絡阻塞，哭不出聲，藥難下咽。斯時惟有請善於推拏者，可使立時甦醒，然後再議用藥。至於治法，癇、痙、厥本屬三症，與大方相類，茲不重贅。華岫雲

《醫碥·瘟病兼證論》 循衣摸床，撮空理線，筋惕肉瞤，肢體振戰，目睛不了了，皆爲躭擱失下，或用緩藥羈遲之故，此元神將脫也。補之則毒甚，攻之則氣已虛，危證也。不得已，勉用黃龍湯，或用人參養榮湯亦可。但虛候少退，即宜屏去，勿久用也。

脈厥。神色不敗，言動自如，別無怪證，忽六脈如絲，甚至于無，或一手先伏，此先下，氣閉故也，宜承氣湯緩緩下之，六脈自復。忌生脈散。

《通俗傷寒論・傷寒壞證・傷寒轉痙》 因：痙者，強直反張之象，以其筋肉牽引，身體強直也，傷寒有變痙病者，項背強是也。太陽中風，重感寒濕則變痙，或太陽病發汗太多因致痙，余謂痙卽腦筋病也。如《金匱》所謂痙病者，身熱足寒，頸項強急，背反張者，乃脊髓之腦筋病。《內經・骨空論》所謂督脈爲病，脊強反折是也。惡寒時頭熱面赤，獨頸動搖，卒口噤者，乃頭巓之腦筋病。《難經》所謂督脈爲病，病脊強而厥。《內經》所謂厥成爲癲疾是也。徐靈胎云：諸痙項強，皆屬於燥，諸暴強直，皆屬於風，燥乃太陰燥金之氣，風乃厥陰風木之氣，大抵氣血虛弱，有火有痰。陳無擇云：人之筋脈，各隨經絡結束於身，血氣內虛，筋失所養，則風寒濕熱之氣乘之則痙，或七情六慾內擾，均必挾痰火而後發痙。吳鞠通曰：痙症必兼風而後成，風爲百病之長，六淫之邪，皆因風而入，其強直、背反、瘛瘲之狀，皆肝風內動爲之也。吳雲峯云：痙症體勁直而背反張，頭搖戴眼，筋之病也，原其所因，多由亡血，筋無所榮，故邪得以襲之，所以傷寒汗下過多，與夫病瘡人，及產後致斯疾者，概可見矣。景岳云：其病在筋脈，筋脈拘急，所以反張；其病在血液，血液枯燥，所以筋攣。仲景以汗下爲言，謂其誤治亡陰所致，如太陽病發汗太多因致痙，風家下之則成痙，瘡家發汗亦成痙。蓋發汗必傷血液，誤下必傷眞陰，陰血傷則筋失所養，反張強直之病，勢所必至也。無擇謂氣血內虛，邪客爲痙，斯言不無有誤。若其所云，則仍是風濕爲邪，而虛反次之。不知風隨汗散，而既汗之後，何復言風濕？隨下行，而既下之後，何反致濕？豈誤治之外，必再受邪而後成痙，無邪則無痙哉？喻嘉言云：小兒體脆神怯，外感壯熱，多成痙病，後世妄以驚風立名，有四證生八候之說，實則指痙病之頭搖手痙者，爲驚風之抽掣，指痙病之口噤腳攣急者，爲驚風之搐搦，指痙病之卧不着席者，爲驚風之角弓反張，幼科翕然宗之，病家坦然任之，不治外淫之邪，反投金石冰麝之藥，十中九死則不悟也。又如新產婦人，血室空虛，外感襲人而成痙。仲景之所明言，乃輒稱產後驚風，妄投湯藥，亦千中千死，俗醫謂產後宜溫之說，最足悞人，產後外感，生化湯加荆芥穗之方，亦最足悞事。余歷年臨證，竊見產後病寒者，十中一二三，病熱者，十中七八，輕年少婦，肝陽盛者，尤易病熱，時醫罔不誤治，輕則煩悶不甯，重則痙厥殞命者，比比然也。張石頑云：痙病有不因誤治者，必陰處血少之人，不能榮養筋脈，以致筋攣僵仆，如產後之去血過多，衝任竭也。瘡家之血隨膿出，營氣涸也。小兒之有此者，或以風熱傷陰，或以汗瀉亡陰，遂爲慢驚，總屬陰虛，蓋精血不虧，雖有邪干，斷無筋脈拘急之病，而病至堅強，其枯可知。故治此者，必以氣血爲主，而邪甚者兼治邪。若邪微者，不必治，蓋此證所急在元氣，元氣復，血脈行，則微邪自不能留，何足處哉。

證：發熱惡寒，搐搦無汗爲剛痙，不發熱，但惡寒，厥冷汗出爲柔痙。產後血虛，腠理不密，風邪搏之則成痙。病後身軟時醒爲癎症，身強直反張不醒爲痙證。傷寒有爲痙病者，項背強直是也。經曰：病身熱足寒，頭項強急，惡寒時，頭熱面赤，目脈，赤獨頭而搖，卒口噤，背反張者痙病。夫仲景所謂剛痙柔痙者，並屬太陽，以太陽行身之後，故頭項強急而反張也。《要略》云：痙之爲病，胸滿口噤，卧不着席，腳攣急，必齘齒，筋脈屈伸，齒牙作響，是爲齘齒。此屬陽明，蓋陽明行身之前，不能爲反張之證，與太陽痙，自是兩般也。《此事難知》云：頭低視下，手足牽引，肘膝相搆，陽明痙也。然欲行大承氣，必須察其內實，脈沉有力者可下之。若經來寒熱，或左右一目斜牽，或左右一手搐搦，脈弦數者少陽痙也。又有傷寒結胸證，項亦強爲柔痙狀，此似痙而非痙也，不可以風藥誤治之。夫風病下之則痙，復發汗必拘急，太陽病發汗太多者，因致痙，太陽病發熱脈沉細名曰痙，爲難治。瘡家身雖疼痛，不可發汗，汗出則痙。太陽病，其證狀身體強，幾幾然，脈反沉遲，此爲痙，此張仲景辨痙之證候也。

脈：痙脈緊急，如經直上下行者，急實爲陽痙，沉細爲陰痙；浮緊數者屬陽，沉細濇者屬陰，浮盛爲風熱，洪滑爲痰火，虛濡爲氣虛，濇數爲陰，虛脈浛浛如蛇者，汗虛致痙也。《活人書》云：痙病，外證發熱惡寒，與傷寒同，但脈沉遲弦細爲異耳。若脈沉弦而遲及伏弦，或散於指外者，皆危候也。

治：陽痙，宜滋陰養血；陰痙，宜扶脾抑肝。至淸痙降火，祛風利濕，各隨症治。暴起多屬邪盛，久病必是血虛，痙病虛爲本，邪爲表。太陽證備，身體強，幾幾然，脈反沉遲者，主以括蔞桂枝湯。括蔞根三錢，桂枝八分，白芍錢半，甘草五分，薑二片，棗三枚。剛痙發熱，無汗惡寒，小便反少，脈浮緊者，屬中風，重感於寒，葛根湯，或加獨活防風。脈弦細數者，屬風熱傷筋，血脈失約束之權，致搐搦反張者，主以如聖飲。羌活、秦艽、川芎、白芍、當歸、白芷、黃芩、人

參、半夏、甘草。風痰多，加竹瀝、薑汁，無汗加蒼朮、麻黃；熱痰加貝母、瓜蔞；火盛加山梔、花粉；口噤便閉，加大黃；氣虛口閉，加參、芪。血虛筋急，加歸地；舒筋，加秦艽、川斷、鈎藤；活血加丹參、紅花、牛膝。柔痙則汗出不惡寒，脈沉細者屬中風，重感於濕，括蔞桂枝湯，或桂枝加葛根獨活防風湯。卽桂枝湯，加葛、根獨、活防風。表有風邪未解，爲寒所襲者，宜風藥解散。風寒爲濕所襲者，風藥亦能勝濕。陽明痙，胸滿口噤，卧不着席，攣急齘齒，宜大承氣湯，或防風通聖散，去麻黃下之。必須察脈有力可下，無力切不可下。少陽痙往來寒熱，或一目斜牵，或一手搐搦，小柴胡加防風湯。發熱頭搖，反張口噤脈弦者，防風當歸飲生地、防風、當歸、川芎。主之。若汗下太過，亡失血液，致筋脈失養，不柔和而痙，無外邪可解者，惟宜補養氣血爲主，以八珍湯加減，或十全大補湯加竹瀝、薑汁。氣虛筋縱，加參蓍以補之；血虛筋攣，加歸地以潤之；脈小虛甚者，加熟附子，或大建中湯加羌活、防風。產後去血過多，筋無血養，攣急發痙，脈浮軟者，加味當歸補血湯炙黃蓍五錢，當歸三錢，炙甘草錢半，炒防風、羌活各錢半，竹瀝一杯，薑汁一瓢。主之。新產亡血，腠理疎豁，風邪乘虛襲傷筋脈，遽爾發痙，脈浮者，舉輕古拜散，荆芥穗四兩，炒黑爲末。每服三錢，酒淋大豆黃卷淨汁調下。吳仁齊云，仰面卧，開目者爲陽，合面卧閉目者爲陰；口燥渴者爲陽，口中和者爲陰。屬陽易治，屬陰難治。口張目瞪，昏昧無知者治，戴眼反折遺溺者必死。手足瘛瘲，汗出如油如珠者不治，反張離蓆一掌者死，小兒離蓆一指者亦死。

廉勘：吳鞠通謂痙當分寒、熱、虛、實四大綱。小兒痙病、瘛病，復列九大綱。較方中行《痙書》更精且密，實可補仲景之不足，茲節述於後。如六淫致痙，實證也，產婦亡血，病久致痙，風家誤下，溫病誤汗，瘡家發汗者，虛痙也。風寒濕致痙者，寒證也，風溫、風熱、暑燥、火致痙者，熱證也。俗稱慢脾風者，虛寒痙也，本論後述本臟自病者，虛熱痙。此四大綱也。再將小兒痙病瘛病之九大綱論，亦分條列後，以資參攷。

一、寒痙　仲景先師所述方法具在，但須對症細加尋繹。如所云：太陽症項強，幾幾然，脈沉遲之類，有汗爲柔痙，爲風多寒少，而用桂枝湯加法，無汗爲剛痙，爲寒痙，而用葛根湯，湯內有麻黃，乃不以桂枝立名，亦不以麻黃立名者，以其病已至陽明也。諸如此類，須平時熟讀其書，臨時再加謹愼，手下自有準的矣。風寒咳嗽致痙者，用杏蘇散辛溫例，自常附入寒門。

二、風溫痙　此卽瘛症，少陽之氣爲之也。乃風之正令，陽氣發泄之候，君火主氣之時。廉按：其症候，則頭身熱，面目赤，猝口噤，背反張，自汗出，足反冷，或惡風，或咳嗽，甚則氣逆痰湧。風盛者，頸項強急，頭亦動搖，目眶瞤動，手足抽掣，熱盛者，灼熱大汗，神昏譫語，口燥渴飲，吮唇弄舌，痰盛者，一痙卽厥，喉間痰鳴，語言不出，不省人事，此張仲景所謂風溫之爲病，劇則狀如驚癇，時瘛瘲，而若火薰之候也，亦卽徐嗣伯所謂痰氣相觸而動風，風火相亂則悶瞀也。宜用辛涼正法。輕者用辛涼輕劑，重者用辛涼重劑。如本論榮劑按：本論二字，係指《溫病條辨》。以下同。上焦篇銀翹散、白虎湯之類。傷津液者加甘涼，加銀翹散加鮮生地、麥冬。玉女煎，以白虎合冬、地之類。神昏譫語，兼用芳香以開膻中，如清宮湯、牛黃丸、紫雪丹之類。愈後用六味、三才、復脈輩，以復其喪失之津液。風溫咳嗽致痙者，用桑菊飲、銀翹散辛涼例，與風寒咳嗽迴別，斷不可一概用杏蘇辛溫也。

三、溫熱痙　卽六淫之火氣，消爍眞陰者也，《內經》謂先夏至日爲病溫者是也。卽同上風溫論治。但風溫之病痙者，輕而少，溫熱之痙者，多而重也。藥之輕重淺深，視病之輕重淺深而已。廉按：吳氏此言未免箔統。夫吳氏所謂風溫者，卽葉氏論溫二十則，所云溫邪上受，首先犯肺，逆傳心胞之證，乃新感風熱之爲病也。若溫熱之爲病，《素問》所謂冬傷於寒，春必病溫，《靈樞》所謂冬傷於寒，春生癉熱是也。病之輕重淺深，一因新感，一因伏氣，原因旣異，證治自不得混同，況在溫熱痙乎！就廉實驗所知，凡伏溫化火，刺激神經，而發痙者，則爲溫痙；伏熱化火，衛動神經而發痙者，則爲熱痙。溫痙之中，有因胃腸燥火而發痙者，有因心肝壯火而發痙者，有因刼爍腎陰而發痙者，有因熱伏衛督而發痙者，熱痙之中，有因胎熱而發痙者，有因癇熱而發痙者，有因丹毒胎毒而發痙者。且濕熱二痙之中，以夾積食積熱爲多，若不查明原因，辨明證候，鮮不誤殤人命。鞠通會謂：只治致痙之由，而痙自止，不必沾沾但於痙中求之。若執痙以求痙，吾不知痙爲何物。此說誠然，果如其說，未免前後自相柔盾矣。故余特將溫、熱二痙，分作兩節論治，庶幾分際清晰，以免攏侗之弊。

溫痙：因：其因有四。一因胃腸積熱，二因心肝壯火，三因熱爍腎陰，四因熱伏衛督。皆足以刺激神經，而致痙瘛之原因。證：其證灼熱自汗，渴不惡寒，而赤唇紅，手足瘛瘲，口噤鼻煽，此因於胃腸積熱致痙，卽《內經》所謂氣上不下，搏陽而爲巔疾也。若初起目赤唇紅，上視驚啼，角弓反張，手足發搐，嗌乾喉塞，甚或頭搖，此因於心肝壯火致痙，卽《內經》所謂諸風眩掉，皆屬於肝也。若初起暮熱朝涼，渴不喜飲，顴紅齒槁，脊強反折，手足厥冷，溺短或閉，此因於熱爍腎陰，卽《內經》所謂病藏於腎，陰虛陽盛也。

若初起脊強頭搖，腰背反張，手足抽搐，昏厥不語，牙關緊急，啼聲不出，此因於熱伏衛督，卽《內經》所謂諸熱瞀瘛，皆屬於火也。脈：胃腸積熱者，脈必洪數而實，舌必絳紅，苔多黃膩，甚或焦黃，心肝壯火者，脈必弦數，舌必紫赤，苔多深黃，指紋皆青紫浮紅，熱爍腎陰者，脈多沉數，舌紅胖嫩，苔或焦紫，熱伏衝任者，脈必弦勁，舌多紫赤，苔或焦黃，指紋多青紫而黯滯。其症皆因伏溫發痙，而其間實熱窒塞，陰液耗傷，及有無痰湧，最宜明辨。治：胃腸積熱症，便閉者，三黃五色丸。小川連、青子芩、生錦紋各五錢爲末，雪水泛丸，如芝麻大，分作五份，一份辰砂爲衣，一份青黛爲衣，一份腰黃爲衣，一份輕粉爲衣，一份蘆薈爲衣。乳子服五粒，小兒服十五粒，餘視年齡酌加，通用竹葉燈芯湯調下，便通者，羚麻白虎湯。羚羊角、天麻、生石膏、知母、生甘草、粳米。或加減竹葉石膏湯。鮮竹葉、知母、括蔞仁、生石膏、天花粉、川連、竹瀝半夏、鮮枇杷葉、淡海蟄、大地栗，二味煎湯代水。臨服藥，調下紫雪丹二分。心肝壯火症，便閉熱盛者，用當歸龍薈丸，挾痰上湧者，用何氏小紅丸。羚羊角屑一錢、飛辰砂五分、眞猴棗三分、巴豆霜一分爲末，菉豆粉糊爲丸，如黍米大。乳子服一丸，一歲者二丸，二三歲者三丸，冰糖湯化下，便通溺塞者，用導赤瀉心湯。鮮生地、黃芩、淡竹葉、小川連、漢木通。熱爍腎陰症，火盛便燥者，青蒿地骨皮湯。青蒿子、地骨皮、冬桑葉、知母、丹皮、生川柏、元明粉、白蜜。陰虛溺塞者，用三汁飲。鮮生地汁兩瓢、雅梨汁一瓢、解暈草根汁一瓢，重湯滾數沸。調下知柏六味丸十粒。熱伏衝督症，冲動者，加味青鉛鎭衛湯。鮮生地四錢、生白芍錢半、生甘草三分、鮮石斛二錢、天冬錢半、雅梨汁一瓢、淡竹瀝一瓢、鮮石菖蒲汁一匙，先用青鉛一斤花烊，傾入水盆內撈起，再烊再傾三次，取此清水，煎鮮生地等五味，滾百餘沸，濾清，再將梨汁竹瀝，滾十餘沸，潷出，冲入鮮菖蒲汁，乘熱卽服。或用龍牡潛鎭湯。青龍齒、珍珠母、左牡蠣、生白芍、海蛤殼、東白薇。髓熱者，黃柏豬脊髓湯。生川柏、豬脊髓、木通、石決明、鮮生地、生甘梢，冰片少許，童便冲入。

熱痙　因：其因有五。一因胎熱，二因癇熱，三因丹毒，四因胎毒，五因積熱。皆能使熱極生風，刺激神經而發痙。證：其證面色深紅，口中氣熱，目赤唇紫，便閉溺少，呵欠頓悶，手足瘛瘲，此因於胎熱致痙，卽錢仲陽所謂熱盛生風，時發驚搐也。若猝然僕倒，項強瘛瘲，眼翻不轉，口噤痰鳴，或作畜聲，或吐涎沫，此因癇熱致痙，卽孫眞人所謂小兒癇熱甚，亦發痙也。若身熱如火，赤若丹砂，形似錦紋，其痛非常，項背反張，手足瘛瘲，此因於丹毒致痙，卽孫眞人所謂丹毒皆風熱惡毒所爲，入腹則殺人也。若面赤目閉，渾身閉熱，小溲紅黃，大理閉結，口鼻氣粗，手足瘛瘲，此因於胎毒致痙，卽萬密齊所謂半歲之眞搐，乃胎毒至酷至烈者也。若壯熱驚啼，面紅目赤，上視齘齒，便閉溺澀，角弓反張，手足瘛瘲，此因積熱致痙，卽陳無擇所謂小兒積熱者，表裏俱熱也。脈：胎熱發痙，脈多沉數，舌多深紅，指紋多青，癇熱發痙者，脈多弦滑，舌多灰滑，指紋青紫，丹毒發痙者，脈多浮數，舌多鮮紅，指紋紫青，胎熱發痙者，脈多洪數，舌多紫紅，紋赤青紫；積熱發痙者，脈多數實，舌多焦黃，指紋紫滯。已上五症，若指紋三關純黑，推之不動者，症皆不治。治：胎熱發痙，宜四順清涼飲。鮮生地、當歸、生錦紋、生甘草。調下祕授珍珠丸。西黃五分，琥珀三錢，珠粉一錢，雷丸、天竺黃、胡連各五錢，銀胡、廣木香、陳膽星各三錢，雞內金一兩，檳榔七錢，赤金箔五十張，爲末，神麴糊爲丸，如芥子大，金箔爲衣。每服五七丸，專治小兒急驚風，痰迷心竅，抽搐昏暈，牙關緊閉，口不能啼，命在須臾，急用此丸，立可回生。癇發熱痙，初用羚角鈎藤湯。羚羊角、雙鈎藤、九製膽星、天竺黃、嫩桑芽、鮮竹葉心。調下猴馬二寶散。眞猴棗一分、眞馬寶一分，共爲末。藥湯調下；或用菊花天麻湯。眞滁菊、明天麻、白知母、生玳瑁、石決明、蜣螂蟲。調下癇症鎭心丹。眞珠粉、眞馬寶、羚羊角各五分，川貝母二錢，爲末糊丸，如菉豆大。每次一二丸，藥湯調下，丹毒發痙，初用銀翹浮萍湯。金銀花、連翹、牛蒡子、生甘草、苦桔梗、鮮竹葉、水蘆根、紫背浮萍草。藥湯調下五福化毒丸；或用五味化毒金銀花、野菊花、紫花地丁草、蒲公英、紫背天葵草。調下犀角解毒丸。胎毒發痙，初用胡連甘草湯。胡黃連、生甘草、淡竹葉、鮮生地、木通。調下解毒延齡丹收見臍帶寸許，焙研末五分，小川連二分半、飛辰砂一分，蜜和爲丸。三分，藥湯下，以逐毒定痙，或用三豆銀翹湯。生扁豆、生菉豆、黑料豆、銀花、連翹、生甘草。調下生熟解毒丸。生炒子芩、生炒川柏、生炒胡連各一錢，生炙甘草各八分，右擂水爲丸，如小米大，辰砂雄黃爲衣，每服十丸。積熱發痙，便閉者，涼膈加羚羊湯。薄荷、連翹、生錦紋、焦山梔、青子芩、生甘草、羚羊角、元明粉、淡竹葉、白蜜。便通者，四物鎭痙湯。羚羊角、浙茯苓、生石膏、淡竹瀝。善後之法，或用鞠通五汁飲。雅梨汁、麥冬汁、荸薺汁、生藕汁、鮮蘆根汁，或用蔗漿。和勻涼服，重湯燉溫。

四、暑痙　暑兼濕熱後，有濕痙一條，此則偏於熱多濕少之病。經謂後夏至爲病暑者是也。按俗名小兒急驚風者，惟暑月最多，而兼證最雜，非心如澄潭，目如珠智，筆如分水犀者，未易辨此，蓋小兒膚薄神怯，經絡臟腑較小，不耐暑氣發泄。邪之來也，勢如奔馬。其傳變也，急如掣電，豈粗疎者所

能當此任哉！ 如暑月小兒身熱頭痛，項強無汗，此暑兼風寒者也，宜新加香薷飲；有汗，則仍用銀翹散，重加桑葉，咳嗽，則用桑菊飲；汗多，則用白虎湯；脈芤而喘，則用人參白虎湯；身重汗少，則用蒼术白虎湯；脈芤面赤，多言喘喝欲脫者，卽用生脈散；神識不清者，卽用清營湯。加鈎籐、丹皮、羚羊角；神昏者，兼用紫雪丹、牛黃丸等，病勢輕微者，如清絡飲之類，方法悉載上焦篇。學者當與前三焦篇、暑門中細心求之。榮齋按：此下係何先生語。余按嬰兒頭脊兩部腦筋最靈，凡猝然傷暑，卽風翔火熾，藉乳釀痰，激動腦筋，發痙而似驚者，夏月最多。其因有二：一爲猝冒暑風，一爲驟中暑穢，世俗通稱急驚，皆不查病因，見形取名，以欺病家。蓋暑風初起，其症有二：一頭痛壯熱，項強無汗，角弓反張，咳痰驚啼，吳鞠通所謂暑兼風寒者也；二面紅灼熱，目赤自汗，脊強肢瘛，此張壽甫所謂熱動肝風而腦筋妄行者也。暑穢初起，壯熱面紅，日赤上視，齘齒弄舌，手足瘛瘲，神識昏迷，四肢厥逆，二便不通，或瀉不爽，此葉天士所謂熱氣閉塞，孔竅昏迷若驚，是爲暑厥也。凡暑兼風寒者，苔白微黃，脈左浮緊，右浮滑，指紋浮紅帶青，或兼淡紫，無汗，宜用加味香薷飲。西杏薷、製川朴、羌活、扁豆衣、秦艽、鈎藤。或用新加香薷飲。香薷、製川朴、金銀花、扁豆花、連翹、竹葉。有汗則用加減涼膈散。牛蒡子、滁菊花、明天麻、連翹、天水散、荷葉包、鮮竹葉、桑芽、燈芯。暑重，加西瓜翠衣；兼咳，則用桑菊飲；暑動肝風者，舌黃或赤，脈多弦數，甚或弦滑，指紋青紫竄出氣關，熱渴汗多者，古方竹葉石膏湯主之，或新加白虎湯。生石膏、益元散、知母、西洋參、竹葉、荷花露。營熱昏痙者，暑陷營分，舌必絳赤，痙而且厥，再挾乳汁釀痰，蒙蔽心包，堵其神氣出入之清竅，不論暑風、暑溫、暑痙、暑厥，皆宜羚羊清營湯羚羊角、金銀花、生山梔、鮮生地、青連翹、淡竹瀝。調下紫雪丹三分。面赤多言，喘喝欲脫，急用生脈散太子參、麥冬、五味子。救之。暑穢閉竅者，舌多黃赤濁膩，脈多沉伏，指紋紫赤不鮮。若脈芤而喘，大汗息促，指紋青黑，直出命關者，此內閉外脫之危候，治宜清芬宣竅爲主。舌苔垢膩者，清芬辟疫湯蘇薄荷、佩蘭葉、活水蘆根、青蒿腦、鮮石菖蒲、鮮茅根。調下玉樞丹二粒，或至寶丹一顆，舌上無苔者，石氏犀角地黃湯犀角尖、銀花、鮮生地、連翹、活水蘆根、鮮石菖蒲、廣鬱金、梨汁、竹瀝、薑汁少許。調下瓜霜紫雪丹二分，或用陸氏犀羚鎮痙湯犀角、羚羊角、鮮生地、元參、銀花、連翹、人中黃、竹瀝。調下至寶丹一顆；痙定神甦以後，或用清肺輕劑，清絡飲鮮荷葉邊、鮮銀花、西瓜翠衣鮮扁豆花、鮮絲瓜皮、鮮竹葉。主之，或用清涼血分，四汁二心湯鮮生地汁、雪梨汁、西瓜汁、生藕汁、先用捲心竹葉五十支，用水兩碗，煎取清湯，將四汁和入，約煎二十餘沸，冲入蓮子心二十支，時時灌飲。主之。

五、濕痙　按此一條，瘛瘲兼有。其因於寒濕者，則兼太陽之氣；其泄瀉太甚，下多亡陰者，木氣來乘則瘛矣。按中濕卽痙者少。蓋濕性柔而下行，不似風剛面上升也。其間有兼風之痙，《名醫類案》中有一條云：小兒吐哯欲作癇者，五苓散最妙。本論濕溫上焦篇，有三仁湯一法。邪入心包，用清宮湯，去蓮心、麥冬，加銀花、赤小豆皮一法，用紫雪丹一法，銀翹馬勃散一法，《千金》華莖湯加滑石、杏仁一法。而寒濕例中，有形似傷寒，舌白不渴，經絡拘急，桂枝薑附湯一法。凡此非必皆現痙病而後治。蓋既感外邪，久則致痙，於其未痙之先，知係感受何邪，當以何法治之，而痙病之源絕矣。豈不愈于見痙治痙哉！ 廉按中濕卽痙者少，其間必有兼證，約有二因：一因濕滯兼風，外襲太陽經，發汗太多，致項脊強、而痙攣者，但痙不搐；一因濕熱動風，直竄腦神經，致腦膜炎而發痙瘛者，痙厥兼搐。古時皆稱柔痙，惟方吳二家則名濕痙，蓋風濕過汗而發痙攣者，必身熱自汗，肌肉煩疼，項強口噤，四肢拘急，角弓反張，手足徵冷，此《內經》所謂諸痙項強皆屬於濕是也，亦卽《金匱要略》所謂太陽病發熱汗出，而不惡寒者，名曰柔痙也。濕熱動風而發痙瘛者，卒然口噤，角弓反張，壯熱自汗，口燥渴飲，手足瘛瘲，目瞪昏厥，此《內經》所謂諸熱瞀瘛，皆屬於火是也。陳平伯所謂濕熱化火，火動則風生，風煽則火熾，外竄督脈則成痙，上竄腦中則爲厥，正《素問》所謂血之與氣併走於上，則爲大厥，厥則暴死是也。凡痙攣脈多浮弦，甚或弦急，舌多白滑，或白而糙，首當活絡舒筋爲君，佐以熄風化濕，古方觀音散加減。生苡仁、生明乳香、川桂枝、竹茹、生沒藥、茯苓、天麻、桑枝。時方陳氏熄風勝濕湯。羚羊角、竹茹、秦艽、鈎藤、絲瓜絡、飛滑石、梗通草、鮮桑枝。痙瘛脈多弦數，甚則弦勁，舌多黃膩，甚或焦黃，指紋色多青紫而顯明。若天庭青黯，目瞪直視，脈細勁，或伏堅，紋則粗硬如聲青筋，推之血不流利，昏厥過二十四小時不醒者，則必其氣不復返而死矣。初起時，首當熄風定瘛爲君，佐以豁痰泄熱，古方竹葉石膏湯加減，時方羚麻白虎湯加減。善後之法，總以濡血養筋爲君，佐以健胃，加減四物湯。細生地、生白芍、黃草石斛、當歸、炙甘草、桑枝。尚有餘熱者，仍佐清熱；見有氣虛者，當佐益氣。如見關節處微腫且疼，不能屈伸者，則用茅根桑枝

煎。鮮茅根、嫩桑枝各五錢，阿斯必林片一片沖。退筋節之炎，以定攣痛。

六、燥痓　燥氣化火，消爍津液，亦能致痓。其治略似風溫，學者當於本論前三焦篇秋燥門中求之。但正秋之時，有伏暑內發，新涼外加之證。燥者，宜辛涼甘潤，有伏暑則兼濕矣，輕則苦辛淡，甚則苦辛寒矣。不可不細加察。如燥氣化寒，脇痛嘔吐，法用苦溫，佐以甘辛，廉按燥痓其因有二：一因五氣化火，火必就燥，液凋動風，每致痓瘛；一因秋燥時，伏暑內發，新涼外搏，燥熱動風，亦多發痓瘛。液涸動風者，舌絳且乾，口乾齒燥，手指蠕動，繼則目竄斜視，手足瘛瘲，或厥或呃，卻無痰涎，脈左細勁，右浮大，指紋淡紅帶青，或兼淡紫，此胡在茲所謂陰虛陽亢，肝風上翔，猝發痓厥也。初用阿膠雞子黃湯。陳阿膠、生白芍、生牡蠣、鮮生地、女貞子、黃甘菊、雞子黃。幷治婦女血虛生風，見有頭暈心悸，耳鳴躁擾，或發痓，或猝厥者，廉投輒效；或小定風珠。陳阿膠、生龜版、淡菜、鷄子黃、童便。或鷄子黃煎。鷄子黃十枚，亂髮一團，沸湯洗淨，二味入銅鍋內，以炭火緩緩拌熬，令同化如水，即置地上出火氣，頻頻灌之。幷治胎毒丹毒火瘡，塗之亦效；若肝絡尚有伏熱者，用加減阿膠黃連湯。陳阿膠、小川連、生白芍、羚羊角、鷄子黃、童便冲。肺經有粘痰者，用青鉛鎮衝湯，加竹瀝、梨汁，終用五汁飲以善後。燥熱動風者，舌乾苔焦，唇焦齒乾，頭痛身熱，繼則脊強肢瘛，氣升痰壅，或喘或厥，神煩驚啼，脈左弦數，右滑搏，指紋青紫，直竄命關，此吳鞠通所謂燥氣化火，消爍津液，亦能致痓也。便通者，用清離定巽湯。青連翹、冬桑葉、鮮生地、鮮竹葉、滁菊花、元參、木瓜、鈎藤。便閉者，用元蜜煎。元明粉四分、白蜜四錢，泡湯。調下瓜霜紫雪丹二分，終用四汁二心湯以善後。不論虛燥實燥，若津液未能回復，指紋或淡或紫，透關射甲者，症多不治，惟處燥尤爲危險。

七、內傷飲食痓俗名慢脾風　按此證必先由於吐瀉，有脾胃兩傷者，有專傷脾陽者，有專傷胃陽者，有傷及腎陽者。參苓白朮散、四君。六君、異功、補中益氣、理中等湯，皆可選用。虛寒甚者，理中加丁香、肉桂、肉果、訶子、之類；因他病傷寒涼藥者，亦同此例。《葉案》中有陰風入脾絡一條，方在小兒癇痓厥門中，其小兒吐瀉門中，言此證最爲詳細，案後華岫雲駁俗論最妙，學者不可不靜心體察焉。再參之錢仲陽、薛立齊李東垣、張景岳諸家，可無餘蘊矣。再按此證最險最爲難治，世之訛傳妄治已久，四海同風，歷有年所，方中行駁之於前，諸君子暢論於後，至今日而其僞風不息，是所望於後之強有力者，悉取其僞書而焚耳。細觀《藥案》治法之妙，全在見吐瀉時，先防其痓，非於既痓而後設法也。

八、客忤痓俗謂驚嚇　按小兒神怯氣弱，或見非常之物，聽非常之響，或失足落空跌僕之類，百證中或有一二。非小兒所有痓病，皆因於驚嚇也。證現發熱，或有汗，或無汗，面時青時赤，夢中囈語，手足蠕動。宜復脈湯，去參、桂、薑、棗，加丹參、丹皮、犀角，補心之體。以配心之用。大便結者加元參；溏者，加牡蠣；汗多神不寧，有恐懼之象者，加龍骨、整琥珀、整硃砂塊取其氣，而不敢其質，必細詢病家確有所見者，方用此例。若語涉支離，猜疑不定者，靜心再診，必得確情，而後用藥。愚兒三歲，六月初九辰時，依門落空，少時發熱，隨熱隨痓，昏不知人，手足如冰，無脈；至戌時而痓止，身熱神昏無汗；次日早，余方與復脈湯，去參、桂、薑、棗，每日一帖，服至三四懷，不飲不食，至十四日巳時，得戰汗而愈。若當痓厥神昏之際，妄動亂治，豈有生理乎，蓋痓厥則陰陽逆亂，少不合拍，則不可救。病家情急，因亂投藥石，胡針亂灸，而死者不可勝紀也。按朱遂生云：痓不待治而自止，此證不必責其痓也。發熱無汗，純是外感，自初九至十四，凡六日，恰合經盡汗解之期，復脈湯非其治也。若以浮萍銀翹湯治之，不過一藥病愈矣。若包絡熱重，唇舌乾燥，目睛有赤縷者，牛黃清心丸、本論牛黃安宮丸、紫雪丹輩，亦可酌用之。汪瑟菴云：世妄傳驚風之證，惟此一證，乃副其名。其因風因熱等項之驚，神氣昏憒，往往對面擊鼓放銃，全然不知；客忤之證，即神驚膽怯，畏見異言異服，極易分別也。朱遂生曰：客忤痓，輕者僅神驚膽怯，重者則神氣昏憒。王氏子年十七，夜出爲瘋狂人所逐，因而成痓，背反張，腿強直，氣閉肢冷，呼喚不應，用通竅散，吹其鼻孔，復用水磨紫金錠灌之立愈。

九、本臟自病痓此證則瘛病也　此證由於小兒之父母恐兒受寒，覆被過多，着衣過厚；或冬月房屋熱炕過煖，以致小兒每日出汗，汗多亡血，與產婦亡血致痓一理。肝主血，血足則柔，血虛則強，故日本臟自病，此一痓也，又實爲六淫致痓之根。蓋汗多亡血者，本臟自病；汗多亡衛外之陽，則易感六淫之邪也。全賴明醫參透此理，於平日預先告諭小兒之父母，勿令過煖汗多亡血，暗中減少無窮之病矣，所謂治未病也。治本臟自病法，一以育陰柔肝爲主，與治產後亡血病痓同法，所謂血足風自減也。復脈湯、三甲復脈三言、大小定風珠二方，皆可選用。專翕膏，在痓止後，每日服四五錢，分兩

次，爲填陰善後計也。六淫無汗致痙者，亦同此例。救風溫溫熱誤汗者，先與存陰，不比傷寒誤汗者，急於護陽也。蓋寒病不足在陽，溫病不足在陰也。

《通俗傷寒論・傷寒壞證・傷寒轉厥》 因：厥有二症：曰陽厥，曰陰厥。陽厥者，熱厥也，必先自三陽傳入陰分，故初起必因頭痛發熱，自淺入深，然後及於三陰，變爲四肢逆冷，或時乍溫，其證由邪熱內結，或伏陽失下之所致也。陰厥者，寒厥也，初無三陽傳經實熱等證。仲景曰：凡厥者，陰陽氣不相順接，便爲厥。厥者，手足逆冷是也。

證：陽厥證初起，必頭痛發熱，然後入於三陰，變爲四肢逆冷，或時乍溫，其症必便結躁煩，譫語發渴，不惡寒，反惡熱。吳雲峯云：陽厥者，外感六淫初起，頭痛身熱，口乾脈數，或變乍涼乍冷，有似陰證，但寒不過肘膝，冷不過一時，大便閉結，目紅溺赤，此熱邪入裏，氣血不得宣通，所謂陽極發厥，火極似水也。陰厥證，畏寒厥冷，腹痛吐瀉，戰慄不渴，脈沉無力者，此陰寒厥逆，獨陰無陽也，故爲陰厥。吳雲峯云：陰厥者，素有內寒，或食涼物，或中寒邪，或因病後自汗自利，變而身寒厥冷，倦臥不渴，面青溺白，脈沉細遲，忽然煩躁不甯，欲坐臥泥水井中，此陰極發躁，陰竭似陽也。臟厥證仲景曰，傷寒脈微而厥，至七八日膚冷，其人躁無暫安時者，此爲臟厥。其人必心腹痛，臟厥者死。陽氣絕也。蚘厥證，其人當吐蚘，令病者靜而復時煩，此爲臟寒，蚘上入膈故煩，須臾復止，得食而嘔，又煩者，蚘聞食臭出，其人當自吐蚘。蚘厥者，烏梅丸主之。成無己云：蚘厥雖厥而煩，蚘吐已則靜，不若臟厥而躁無暫安時也。病人臟寒胃虛，故宜與烏梅丸，溫臟安蚘，此仲景之論厥也。至於《內經》論厥則不同，以猝然倒仆，昏冒不知人，手足冰冷，色脫口噤，狀若中風，但無歪斜搐搦之異。夫厥者，盡也。逆者，亂也，卽氣血敗亂之謂也。景岳云，凡厥之將作，則寒熱麻痹，必先由手足而起，卒然僕倒，手足冰冷，面色不澤，昏冒不知，牙關緊閉，或六脈沉伏，狀若中風，而無痰聲搐搦之異。

脈：凡傷寒陽厥，脈沉有力，陰厥脈沉無力。李士材云：陰厥脈沉，弱指甲青而冷，陽厥脈沉滑，指甲紅而溫。臟厥脈微而厥，寸口脈沉實滑大，爲痰氣食厥諸有餘之證。微濡而弦，爲陰陽虛厥諸不足之證，大小無常爲尸厥，沉細無力爲蚘厥，浮大者風，緊細者寒，芤數暑熱，促急瘴濕，濇滯血逆，無脈脫元。

治：陽厥厥微則熱亦微，宜四逆散。柴胡、芍藥、枳實、甘草。厥甚熱亦甚，宜承氣湯，或三黃石膏湯。中寒陰厥，輕則理中湯，重則四逆回陽等湯。寒厥三建湯川烏、附子、天雄、生薑水煎。加人參。熱厥人參白虎湯。榮齋按：《內經》的論厥，着重是在元氣，所以熱厥當補陰，寒厥當補；陽傷寒的論厥，辨在邪氣，所以寒厥宜溫，熱厥宜清，甚至可以攻下，這裏是根據《傷寒論》而辨證施治的。蚘厥理中湯，加烏梅炒花椒。煎厥因於煩勞過度，陽氣外張，陰精內竭者，宜六味地黃湯加知母、黃柏、龜版。因於元氣虛衰，不能收攝陰火，而昏昧卒僕發厥，脈軟數者，宜黃蓍人參湯。人參、黃蓍、生地、麥冬、五味子、天冬、黃柏、炙甘草。薄厥因大怒則形氣絕，血菀於上，使人薄厥，宜犀角地黃湯，加消瘀降氣之品，或八味順氣散。人參、白术、青皮、陳皮、茯苓、白芷、烏藥、甘草。痰厥者，忽然氣悶痰鳴，吐涎肢冷，脈見沉滑，重者不醒，爲痰中。輕者漸醒爲痰厥，宜導痰湯，製半夏、製南星、枳實、茯苓、陳皮、甘草、薑。或四君子湯加竹瀝、薑汁。尸厥因冒犯不正之氣，如登塚入廟，弔死問喪，猝中惡氣，忽然肢冷口噤，昏暈妄言，則爲尸厥。治以蘇合香丸，薑汁調灌之，更宜醋炭薰鼻卽醒。氣厥之證有二，氣虛氣實，皆能爲厥，實則形氣憤然，卒倒肢冷，口無涎沫，其脈沉弦或伏，治宜順氣調肝，四磨飲、烏藥順氣湯之類，與中風身溫多痰涎者大異。虛則形氣索然，色青脈弱，肢體微冷，治當大補元氣，如補中益氣湯、八珍湯，皆可選用。血厥之證亦有二，血逆血脫，皆能爲厥。逆則因產後適有恚怒而見者，血從氣逆，必先調氣，與薄厥相似，氣行則血亦行。重者，宜桃仁承氣湯。血脫如大吐大崩，或產後惡露過多不止，則氣隨血散，卒仆無知，宜先掐人中，或燒醋炭，以收其氣，急服獨參大劑，血脫益氣之法也。榮齋按：血逆而厥，可用白薇湯。白薇一兩，當歸一兩，人參、甘草各一錢，水煎服。因醉得者爲酒厥，宜葛花解酲湯。因飽得者爲食厥，如飲食醉飽之後，或感風寒，或着惱怒，食塡胸中，胃氣不行，須臾厥逆，名曰食厥。證必昏迷不醒，肢不能舉，氣口脈形急，大或沉伏爲辨，先以鹽湯探吐，吐不出者危，再以和平消導治之，如二陳湯加枳、朴、查、麯。又有男女交接而厥脫者，多致不救，男子名脫陽，宜參附湯加鹿茸，其死後陽事不倒；女子名脫陰，宜參附湯，合龜鹿二仙膠；或夢中遺泄而脫者，名脫元，其陽必舉，精必遺泄，形容猶帶喜笑，體溫者，宜參附湯，加熟地，急煎灌救之；體冷則不治矣。

《通俗傷寒論・傷寒壞證・傷寒轉閉》 因：其因有三：一熱邪爍營，逆傳心包而閉者；二痰因火動，蒙蔽神明而閉者；三濕熱薰蒸，上蒙心包

如閉者。

證：一身熱口渴，煩躁而動，揭去衣被，揚手擲足，循衣摸牀，撮空理線，便閉溲短，舌質絳，苔黄焦，或黑糙，此因實熱轉閉。二面赤氣粗，口噤目張，兩手握固，語言蹇澀，身熱便閉，神志昏沉，舌苔黄膩胖短，此因痰火轉閉。三壯熱口燥，不喜飲水，脘悶懊憹，神識昏沉，如癡如醉，嗜卧懶動，好向壁卧，懶與人言，或眼喜閉，或開目不欲見光明，此因濕蒙轉閉。

脈：由於熱閉者，脈必沉實而數，有力者爲實熱，濡數者爲暑熱。由於痰閉者，脈必滑大；由於濕蒙者，脈必濡數，或軟弱無力。

治：由於實熱而閉，便閉者，宜服犀連承氣湯，犀角一錢，川水連一錢，生錦紋三錢，小枳實錢半，元明粉二錢，眞川朴五分。加鮮生地六錢，連翹三錢主之。牛黄丸、紫雪丹、至實丹，臨證酌加之。由於痰熱而閉，口閉不語如厥者，宜先用卧龍丹，西黄、金箔各四分，梅冰、荊芥、鬧羊花各二錢，麝香、辰砂各五分，牙皂角錢半，細辛一錢，燈芯灰二錢四分，共研極細末。搐鼻取嚏，以通肺竅，次用導痰開關散，見過玉書《治疗彙要》開水調服八分，以吐稠痰，再用雪羹湯陳海蜇漂淡二兩，大學薺五枚，去臍蒂。煎汁，加蘿蔔汁、雅梨汁各一杯，鮮石菖蒲錢半搗汁，合調牛黄清心丸，徐徐灌下，分作兩次服。由於濕蒙者，宜芳香逐穢湯，藿香、佩蘭、蔻仁、白芥子、飛滑石、廣鬱金、眞川朴、光杏仁、生苡仁。加鮮蘆根二兩，紫金片八分調冲。便閉者，加陸氏潤字丸，生錦紋一兩，漂半夏、前胡、生查肉、天花粉、廣皮、白术、枳實、檳榔各一錢二分半，曬乾爲末，神麯糊爲丸。三錢，另吞服。濕蒙偏於熱重者，加葉氏神犀丹，犀角六錢磨汁，鮮石菖蒲六錢，鮮銀花一兩六錢，鮮生地四兩，三味搗汁，青連翹一兩，人中黄四錢，上青黛九錢，青子芩六錢，淡香鼓八錢，元參七錢，老紫草四錢，天花粉四錢，右藥各生曬研細，以各汁搗和，將豆豉煮爛爲丸，每重三錢。開水調服之。

秀按：周澹然云：溫邪初起，腰痛身疼，脈伏神昏，咽燥不語者，乃邪熱內閉，治不合法，死期最速。大凡邪來迅速，直傳心胞，乃有內閉神昏之候。或熱傳胃府，與濁滯相合，亦令讝語神昏。濕與濁最能昏人神智。往往溫病初起，卽能令人神識模糊，煩躁不知所苦，間有神清，而能自主者，夢寐亦多不安，或閉目卽有所見，有所見卽譫妄之起蒂。若濕熱甚，則薰蒸膻中。蒙蔽心胞，則神智昏沉，如醉如痴，嗜卧懶動，渴不多飲，好向壁卧，閉目不欲見光明，宜芳香化濁，辛淡宜氣。全青蒿、佩蘭、白蔻仁、光杏仁、連翹、滑石、廣鬱金、鮮石菖蒲、生米仁、白薇、棉茵陳。使氣行濁化，如撥去雲霧，卽見青天，此卽濕蒙之治法也。若夫熱邪傳營，舌色必絳而無苔，其有舌絳中兼黄白苔者，及似苔非苔者，此氣分遏鬱之熱，非血分也，宜用辛潤達邪，輕清泄熱法。最忌苦寒冰伏，陰柔滋膩，致氣分之邪，遏伏內陷，反成純絳無苔。其有不因冰伏，而舌純絳鮮澤，神昏者，乃邪傳包絡，宜犀角、鮮生地、黄連、銀花、連翹、鬱金、鮮石菖蒲、竹瀝、薑汁等味，清化之中，佐以辛潤開閉。若舌色紫黯，捫之且濕，乃其人胸膈中素有宿瘀與熱想搏，宜鮮生地、犀角、丹皮、丹參、赤芍、鬱金、花粉、桃仁、藕汁，涼血化瘀。否則瘀熱爲互，阻遏機竅，遂變如狂發狂之證。亦有夏令新受暑熱，昏迷若驚，此爲暑厥，卽熱氣閉塞孔竅所致。共邪入絡，以牛黄丸、至寶丹。芳香利竅可效。神甦已後，用清涼血分，如連翹心、竹葉心、元參、鮮生地、銀花、菉豆衣、麥冬之屬。此症初起時大忌風藥，暑火之邪，得風藥而更熾矣。

廉勘：邪熱內閉，神昏譫語，必先辨其陷入之淺深，別其輕重以定方。如熱初蒸及心之經，心煩多言，間有糊涂語，其邪雖陷，尙淺而輕，但須丹溪清心湯，去硝黄，以泄衛透營可也。迨陷入心包，妄言妄見，疑鬼疑神，其邪漸深而重，先以茶竹燈芯湯細芽茶五分、捲心竹葉三十片、燈芯兩帶。調下萬氏牛黄丸一二顆，每多奏效。若厥後猶不消醒，反昏冒不語，全不省人事者，則邪熱直陷心臟，極深而重，急用新定牛黄清心丸，或安宮牛黄丸，甚或瓜霜紫雪丹，調入石氏犀地湯。黑犀角、鮮生地、青連翹、銀花、廣鬱金、雅梨汁、淡竹瀝、薑汁、鮮石菖蒲、活水蘆根、燈芯。以開透之，猶可十全一二，或用加減服蠻煎。鮮生地五錢、鮮金釵、知母、丹皮、辰茯神各二錢，麥冬、木通、廣皮、鮮石菖蒲各一錢，犀角汁一瓢，西黄一分，祝春渠《歌方集論》方。，調入厥症返魂丹四五丸，亦可倖全十中之一，如或不應，必至內閉外脫而斃，此熱陷淺深之次第，用藥輕重之方法也。然昏雖係熱深，卻有夾痰濁、夾混穢、夾胃實、夾血結、夾毒攻、夾衝逆之分，而無不關係於神經。其分布於心肺胃三經者，卽第十對迷走神經，主心肺胃之知覺運動，凡結邪在此神經，其人知覺卽昏迷。卽肝腎衝督，亦有交感神經反射之作用。由是推之，肺主氣，氣閉而神昏迷者，由於痰濁迷漫神經也，故曰痰迷，亦曰痰厥，治宜先用卧龍丹。西牛黄、金箔各四分，梅冰、荊芥炭、鬧羊花各二錢，麝香、辰砂各五分，豬牙皂錢半，細辛一錢，燈心灰二錢五分，共研極細末。搐鼻取嚏，以通肺竅；次用導痰開關散方載過玉書《治疗彙要》開水調灌一錢，以吐稠痰。若淡雖吐，而神猶不醒，急用犀角二汁飲。犀角汁五匙、生蘿蔔汁半碗、梨汁兩瓢、

雪水三杯煮沸，和入三汁卽服。調入煉雄丹。明雄黃一分、牙硝六分，研細同入銅勺內，微火熔化撥匀，俟如水時，卽濾清者於碗內，候其將凝，卽印成錠。三筐或五筐，徐徐冷灌，一日三服，每見有吐出清痰粘涎數碗，而神識全清，終以枇杷葉飲子《外臺》方調嚴製川貝廉臣經驗方一二塊，去餘痰以肅清肺氣，或用二陳湯善其後。此治痰迷重症之方法也。其夾濕穢而神迷者，由於濕熱鬱蒸過極，迷蒙神經也，故曰濕蒙。治以芳香辟穢，辛淡開閉，藿朴夏苓湯去蔻朴，加細辛三分、白芥子八分、蘆筍一兩、滑石五錢，煎湯代水，乘熱卽飲，蒙閉卽開，甚則調入太乙紫金丹，一丸，役無不效。若熱勢稍重者，宜以清涼透熱，芳烈宣竅，清芳透邪湯。鮮石菖蒲錢半、澤蘭葉二錢、薄荷葉八分、青蒿腦錢半、鮮茅根四十支、活水蘆根一兩、紫金片五分。亦屢投輒驗。樊師每用藿朴二陳湯，亦屢奏功。或去本方中紫金片，磨冲蘇合丸一顆，尤效。若夾胃實而神昏迷者，屬胃熱蒸腦，腦筋起炎，神卽昏蒙，頭搖目瞪矣。延及脊髓筋亦發炎，則手足發痙，甚則角弓反張矣。蓋胃爲五臟六腑之海，其清氣上注於目，其悍氣上衝於頭，循咽喉，上走空竅，循眼系，入絡腦，腦爲元神之府，所以胃熱蒸腦，無不發現神經諸病也。此爲溫熱病最多之候。其夾血結而神昏迷者，蓄血迷亂神經也。蓄血在上焦者，屬心包絡，證必脈細肢厥，胸痹痛厥，故曰血結胸。法宜橫開旁遠，加味桂枝紅花湯。桂枝湯加紅花、桃仁、海蛤殼。若舌紅燥，脈絃數者，陶氏用犀角地黃湯，加大黃、桃仁、紅花、枳實，最爲合法。蓄血在中焦者，屬脾絡，證必脘痛串脇，脈濇肢厥，脈痛在左脇者居多，故名脾脹，和血逐邪湯。鱉血柴胡、荆芥、製香附、嫩蘇梗、秦艽各錢半，川朴、枳殼各一錢，川芎八分，益母草、澤蘭各三錢，絳通一錢，生薑皮五分。甚效，五枝松針湯。紫蘇嫩枝錢半，川桂枝五分，樟枝、桂枝各六錢，酒炒嫩桑枝二尺，青松針八錢，何氏驗方。亦驗，重則加《金匱》鱉甲煎丸四五錢，或加寬膨散葉氏驗方一錢，秦效最捷。蓄血在下焦者，屬肝絡衝脈，證必左脈弦濇，手足厥冷，大便溏黑，小便自利，神昏如狂，治宜宣氣解結，透絡通瘀，葉氏加減小柴胡湯。鱉血柴胡、黃芩、炙甘草、鮮生地、丹皮、桃仁、查肉，或犀角。，或舒氏增損小柴胡湯舒馳遠《傷寒集註》方。隨證酌用；延久而變肝脹血蠱，治宜開鬱通絡，如新加絳覆湯。旋覆花包煎、眞新絳、原桃仁、柏子仁、當歸鬚、烏賊骨、延胡、川楝子、茜根、青葱管，徐氏《醫學舉要》方。開鬱通絡飲。陳香圓、廣鬱金、延胡、遠志、眞新絳、宣木瓜、蜣螂蟲、通草、佛手片、絲瓜絡、路路通、生米仁。開鬱正元散。生白术、陳皮、青皮、香附、山查、海粉、桔梗、茯苓、砂仁、延胡、麥芽、甘草、神麯。代抵當丸。酒炒錦紋四兩，桃仁三十粒，炒穿甲、醋炒莪术、歸尾、細生地、元明粉各一兩，安桂三錢，爲末，蜜爲丸，如蘿蔔子大。如蓄血在上部者，黃昏去枕仰卧，以津嚥之，令停喉以搜逐瘀積。在中部食遠服，下部空心服，俱丸如梧子。百勞水煎湯下之。如血老成積，攻之不動，去歸地，倍莪术安桂。桃仁承氣合逍遙散加味原桃仁、全當歸、赤苓各三錢，生錦紋錢半，赤芍二錢，風化硝一錢，川柴胡、蘇薄荷、炙甘草、官桂各五分，生曬术八分，細辛三分，螻蛄十只，研末包煎。之類，臨時對證選用可也。若夾毒攻而神昏迷者，血毒攻心也，名曰血閉。其症有三：一爲溫毒爍血，血毒攻心，法當峻下，如桃仁承氣湯、合抵當丸之類；二爲產後積瘀，血毒攻心，宜回生至實丹華氏婦科方最靈，黑神丸。百年陳京墨二錠，無根水磨成漕汁，傾入磁盤中，曬燥刮下，研細，每料約用淨墨粉四錢，陳百草霜二錢，燒各種野草者佳，取灶門上積烟，明天麻二錢、淮小麥粉二錢、赤金箔五十張，各研極細，秤準份量，再研匀。卽將淮麥粉一錢，打糊爲丸，金箔爲衣，每丸約重一分，外用蠟對固，輕者服一丸，重者服二三丸，童便陳酒合送下。最穩而效，三爲溺毒入血，血毒攻心，甚則血毒上腦，其症極危，急用通竅開閉，利溺逐毒，導赤瀉心湯。鮮生地、木通、甘草稍、淡竹葉、小川連、青子芩、山梔、知母、辰砂拌茯神、麥冬、益元散。調入犀珀至寶丹，或導赤、合加味虎杖散。鮮生地一兩，淡竹葉錢半，生甘梢、木通各一錢，鮮杜牛膝一兩，茺蔚子三錢，琥珀末五分冲，麝香一分冲。調入《局方》來復丹二三錢，尚能倖全一二。此皆治實閉之開透法也。

《通俗傷寒論·傷寒壞證·傷寒轉脫》喻嘉言云：人生之陰陽，本相抱而不脫，故陽欲上脫，陰必下吸之而不脫，陰欲下脫，陽必上吸之而不脫。人病則陰陽偏勝，偏勝至極則脫矣。然脫有上下之分，上脫者，身輕快而汗淋灕，妄見妄聞，如有神靈所附；下脫者，身重著而肉色青紫，不聞不見，如聾瞶之形。且陽者親上，所以汗多亡陽也，陰者親下，所以下多亡陰也，故回陽之中，必佐陰藥，如眞武湯，重用白芍，其義顯然。攝陰之內，必顧陽氣，生脈散之義可見。務使陽潛陰固，不致有偏勝之虞。至於內閉外脫之症，乃由藏府之窒塞，而不盡關乎元氣之虛脫，爰將致脫之原因證治，分列四例於左。

甲　汗下清消後大虛將脫例

因：一因過汗誤汗，以致自汗不止，歲有亡陽氣脫之虞；二因消伐攻下太過，下瀉不止，以致陰脫；三因多服寒冷藥，致傷腸胃，命火式微，食減下利，脾陽下脫之症生矣。

證：一因誤汗氣脫者，自汗不止，四肢厥冷，面色蒼白，氣少息促，二便

通利，神識困倦而昏，似寐非寐，呼之不應；二因妄下陰脱者，心中懊憹，起卧不安，下瀉不止，神志昏沉，肢冷息微，語不接續，如癡如迷，舌色淡晦少神；三因涼藥太過，脾陽下脱者，不喜食物，下利清穀，及下膿血，或漏底不止，肢體厥冷，面色淡白，舌色淡紅無神，動則出汗，獨語如見鬼，聲顫無力，喜向裏卧，似寐非寐，呼之不應。以上三症，皆屬大虛將脱之候。

脈：一氣脱者，脈必沉細而軟弱，二陰脱，及三脾陽脱者，脈必沉伏，或微弱無力。若脈陰陽俱盛，重按無根，大汗出，是正氣已脱，頃刻卽死也。脈至乍疏乍數者，爲脾敗，陰陽散亂者亦死。凡大虛欲脱之症，脈浮而洪，身汗如油，喘而不休，水漿不下，形體不仁，乍靜乍亂，五臟之氣皆脱，命根已絶也。然未知何臟先絶，若汗出髪潤，喘而不休者，此爲肺先絶也；陽反獨留，形體如烟薰，直視搖頭者，此爲心絶也；脣吻反青，四肢漐極者，此爲肝絶也；環口黧黑，柔汗發黄者，此爲脾絶也；溲便遺失狂言，目反直視者，此爲腎絶也。

治：一誤汗氣脱。凡過汗誤汗，自汗不止者，宜盧氏桂枝參蓍煎。桂枝、太子參、生蓍、白芍、白术各二錢，新會皮八分，炙甘草五分，浮小麥五錢，麻黄根三錢醋炒。若仍不止，幾有亡陽者，宜固汗屏風散。生黄蓍、生白术、防風、煅牡蠣各三錢，浮小麥五錢，麻黄根四錢醋炒，五味子一錢。陽虛自汗脈沉細者，宜回陽正氣飲。人參、附子各一錢，生蓍三錢，生白术、當歸、棗仁各二錢，炙甘草五分，麻黄根二錢醋炒。二髮下陰脱。凡傷寒溫熱，攻下太過，脾胃受傷，心中懊憹，起卧不安，下瀉不止者，宜舉陷參蓍煎。文元參、黄蓍各二錢，炒白术、茯苓、陳皮、柴胡、升麻各一錢，炙甘草五分，澤瀉二錢，薑棗、灶心土引。三寒涼過劑，傷脾損胃。下利清穀，及下膿血，漏底不止者，宜固下人參煎。黨參、炒白术、附子、化龍骨、肉果霜各錢半，訶子、炮薑、木香各一錢，陳粳米，大棗引。

乙　邪陷正虛內閉外脱例

因：傷寒溫寒，已經汗下清透後，內傷氣血精神，其人由倦而漸昏，由昏而漸沉，乃大虛將脱，邪熱乘虛內陷之兆。

證：舌紅燥起刺，欲伸無力，神昏譫語，或不語如尸，氣短息促，手足厥冷，煩躁不得卧，冷汗自出，揚手擲足，大便閉，在男子則囊縮，在婦人則乳縮。葉天士云：平時心虛有痰，外熱一陷，裏絡就閉，人卽昏厥發痙，若不急開其閉，或開閉不得法，必致心氣與肺氣不相順接，而其人膚冷汗出，躁擾不卧，脈細而急疾，便爲氣脱之症矣。

脈：內閉外脱之症，脈細而急疾，或沉細而數。

治：急救之法，先宜開其內閉，固其外脱，如葉氏加減復脈湯去米仁、枇杷葉，加蓍皮五味子方，炙甘草、燕窩各一錢，眞阿膠錢半，鮮生地四錢，麥冬三錢，吉林參五分，北沙參三錢，綿蓍皮錢半，五味子五分，南棗二枚。調入王氏牛黄清心丸，或神犀丹亦可酌用。

丙　熱深陽鬱外閉內脱例

因：凡傷寒溫熱病，多由兼風兼寒之候，不先祛風散寒以解表，早用苦寒直降，致表不解，而邪反陷入內。外閉者，邪束陽鬱之謂也；內脱者，陽盛陰涸之謂也。

證：目眥赤，或眼白現紅絲，鼻乾，脣紅燥，耳聾心煩，渴喜涼飲，舌苔黄黑而燥，小便黄赤濇痛，大便黄黑稠粘，或溏瀉而極臭，或下鮮血，下時肛門熱痛，胸至少腹熱甚，按之灼手，一身肌表反不發熱，雖熱亦微，惡寒無汗，反欲擁被向火，甚則四肢厥冷，指甲靑紫。

脈：浮虛兼數，重按濡數無力。

治：以輕揚發表解其外，而外不閉，如邵氏熱鬱湯，蘇薄荷一錢，青連翹、括蔞皮、青子芩、青蒿腦各錢半，焦山梔、廣鬱金各三錢，桔梗一錢，生甘草六分，解竹葉三十片。五葉蘆根湯。藿香葉、薄荷葉、佩蘭葉、荷葉，各錢半，先用枇杷葉一兩，活水蘆根一兩二錢，鮮冬瓜二兩，煎湯代水。之類，以撤熱存陰者救其內，而內不脱，如繆氏竹葉石膏湯生石膏五錢，蘇薄荷、荆芥、蟬衣、炒牛蒡子、生葛根、知母、麥冬各錢半，生甘草一錢，元參二錢，鮮西河柳五錢，竹葉三十片，冬米一撮。凡溫毒痧疹，熱壅於肺，逆傳心包，喘咳煩悶，躁亂狂越者，非此方不治。加減竹葉石膏湯西洋參一錢，生石膏五錢，生甘草八分，麥冬錢半，仙半夏一錢，青蔗漿三錢，生薑汁兩滴，淡竹葉三十片，鮮茅根一兩，鮮稻穗三支皆可酌用以奏功。一方并治，表裏變解，如《外臺》三黄石膏湯麻黄六分，淡豆豉三錢，小川連、生山梔、生川栢各一錢，青子芩二錢，生石膏五錢。若表裏三焦大熱，五心煩灼，兩目如火，鼻乾面赤舌，黄脣焦，形如塗硃，燥渴引飲，神昏譫語，宜楊氏增損三黄石膏湯炒殭蠶三錢，蟬衣十只，蘇薄荷二錢，知母二錢，生石膏五錢，小川連、生山梔、生川栢各一錢，青子芩二錢。如熱鬱腠理，能內外分消。若胸腹脹滿，痛而拒按，大便不通者，宜斟酌下之。

丁　眞陰下竭虛陽上脱例

因：　凡陰虛人，病傷寒溫熱，誤用剛燥汗下藥過量，纏綿日久，以致眞陰虛極於下，致無根之火，倉猝飛騰，氣壅痰升，上蒙淸竅，忽然痙厥，此屬元陰告匱，眞氣不續。若厥而不回，其命遂傾。

證：　舌紅短，面青，目合口開，手不握固，音嘶氣促，甚則冷汗淋灕，手足逆冷，二便自遺，氣息俱微，是爲龍雷暴動之脫症。若兼有虛寒者，面色唇色多淡白無華，甚且青黯，必不紅潤。亦有四肢淸冷，而兩顴獨紅，是爲虛火上炎之戴陽症，非溫補不可。

脈：　眞元式微，龍雷暴動俗脫之際，脈必沉伏不見，或微弱無神，或不應指。

治：　急宜固扶元氣，歛陰益液，攝納眞陰，鎭潛虛陽，宜龍牡復脈湯。吉林參一錢，陳阿膠錢半，鷄子黃一枚包煎，生龜版、生牡蠣各八錢，化龍骨二錢，生鱉甲四錢，具玳瑁錢半，生白芍三錢，麥冬三錢，大生地四錢，炙甘草錢半，大坎炁一條酒洗，水兩碗，煎至半碗服。若肢冷脈伏，自汗頭汗，汗出如油者，則陰亡而陽亦隨亡，吉林參易別直參二錢，加淡附片錢半。若痰塞喉間，欲吐無力，藥不能下者，先用眞猴棗末四分，煎鮮石菖蒲湯先服，暫平其上逆之痰。繼續服藥，再用《局方》黑錫丹三錢煎服，以鎭納浮陽，溫養下元。苟能痰涎一開，神醒氣續，則育陰潛陽，固元攝納之藥，急急續進，不可間斷，必能元氣漸回，形神漸振，神志淸明。惟倦怠嗜卧，尤須照前方大劑投之，以固根基而扶正氣。若確是熱痰上湧之閉症，此方切不可用。反能阻凝痰涎於喉間，更速其死矣。

《松峰説疫・論治・瘟疫雜症治略》　搖頭　頭爲諸陽之會，陽脈有乘，則頭爲之動搖。經曰：　諸風掉眩，皆屬肝木。多因風火上乘所致，風木動搖之象也。古人治此，有灸百會、風府等穴者，吾終不以爲然，頭之所以搖，以熱極生風故耳。淸其邪熱，其搖自定，何必用火攻耶。又有心絕而搖頭者，心絕則神去而陰竭，陽獨無根，不能自主所以搖頭。

瘛瘲音熾縱。瘛與瘈字異。瘈音記，狂也。瘋狗曰瘈狗。　筋急而縮爲瘈。筋緩而伸爲瘲。或縮或伸而不止者，爲瘛瘲，與小兒之發搐相似，亦有嘴眼歪邪，角弓反張，有類於發痙與中風者，皆瘛瘲之類。此症多屬於風，風主動搖也。而致此之由不一。有瘟病熱極而生風者；　有其人本虛，因汗下後血虛而然者；　有因汗後，冒風而然者；　有汗下後，因驚惱而然者；　有風溫被火而然者。此症絕少。大抵此症，熱極生風只一條，而虛者有數端。虛者投以寒劑，立見危殆。若未經汗下，只因風火相扇者，當平肝木，降心火，佐以和血之藥。蓋心屬火主脈，肝屬木主筋，火爲熱，木生風故耳。藥則用羌活、防風、全蝎、殭蠶、柴胡、天麻、生地、麥冬、白芍、丹皮、當歸、川芎之類。如熱甚，黃連、梔子、膽草、黃芩，俱可酌用。有痰者，加蔞仁、膽星、竹瀝。若汗下後，稍涉虛弱，或冒風，或因驚因氣惱而瘛瘲者，斷不可用寒劑，養血祛風湯主之。至於汗下後多日，傳變而爲瘛瘲，以及出汗露風，汗出不透與被火刼等瘛瘲，俱載傷寒門中，茲不贅。

《羅氏會約醫鏡・瘟疫・論瘟疫蛔厥》　雜病吐蛔，多因胃寒，用薑、附、椒、梅辛熱之品是也。至於疫症，始終皆熱；　但下胃邪，蛔厥自愈。

《羅氏會約醫鏡・瘟疫・論瘟疫陽證似陰》　凡陽極而厥，手足厥冷，或冷過肘膝，甚至手足甲皆青黑，劇則遍身冰冷，血凝青紫，或六脈無力，或脈微欲絶。以上脈症，悉見純陰，猶以爲陽，何也？　及審內症，氣噴如火，煩渴譫語，口燥咽乾，舌胎黃黑，或生芒刺，心腹痞滿，小便赤澀而痛，大便燥結，協熱下利。以上悉陽症，所謂陽厥也，皆屬下症；　或投溫劑，誤矣！　要之，陽證似陰者，外寒而內熱，必舌黃而小便赤澀；　陰證似陽者，格陽之症也，外熱而內寒，必舌淡白，而小便淸白。但以舌色小便爲據，以此推之，萬無一失。

《溫病條辨・下焦篇・風溫溫熱溫疫溫毒冬溫》　熱邪深入下焦，脈沉數，舌乾齒黑，手指但覺蠕動，急防痙厥，二甲復脈湯主之。此示人痙厥之漸也。溫病七八日以後，熱深不解，口中津液乾涸，但覺手指掣動，卽當防其痙厥，不必俟其已厥而後治也。故以復脈育陰，加入介屬潛陽，使陰陽交紐，庶厥可不作也。

二甲復脈湯方鹹寒甘潤法：　卽於加減復脈湯內，加生牡蠣五錢、生鱉甲八錢。

下焦溫病，熱深厥甚，脈細促，心中憺憺大動，甚則心中痛者，三甲復脈湯主之。

前二甲復脈，防痙厥之漸，卽痙厥已作，亦可以二甲復脈止厥。茲又加龜板名三甲者，以心中大動，甚則痛而然也。心中動者，火以水爲體，肝風鳴張，立刻有吸盡西江之勢，腎水本虛，不能濟肝而後發痙，旣痙而水難猝補，心之本體欲失，故憺憺然而大動也。甚則痛者，陰維爲病主心痛，此證

熱久傷陰，八脈麗於肝腎，肝腎虛而累及陰維故心痛，非如寒氣客於心胸之心痛，可用溫通。故以鎮腎氣補任脈通陰維之龜板止心痛，合入肝搜邪之二甲，相濟成功也。

三甲復脈湯方同二甲湯法：　即於二甲復脈湯內，加生龜板一兩。

既厥且噦俗名呃忒，脈細而勁，小定風珠主之。

溫邪久踞下焦，爍肝液爲厥，擾衝脈爲噦，脈陰陽俱減則細，肝木横強則勁，故以雞子黄實土而定内風，龜板補任謂任脈而鎮衝脈，阿膠沉降，補液而熄肝風，淡菜生於鹹水之中而能淡，外偶内奇，有坎卦之象，能補陰中之眞陽，其形翕闔，故又能潛眞陽之上動，童便以濁液仍歸濁道，用以爲使也。名定風珠者，以雞子黄宛如珠形，得巽木之精，而能熄肝風，肝爲巽木，巽爲風也。龜亦有珠，具眞武之德而鎮震木。震爲雷，在人爲膽，雷動未有無風者，雷靜而風亦靜矣。亢陽直上巔頂，龍上於天也，制龍者，龜也。古者豢龍御龍之法，失傳已久，其大要不出乎此。

小定風珠方甘寒鹹法

雞子黄一枚，生用　眞阿膠二錢　生龜板六錢　童便一杯　淡菜三錢

水五杯，先煮龜板、淡菜得二杯，去滓，入阿膠，上火烊化，内雞子黄，攪令相得，再沖童便，頓服之。

熱邪久羈，吸爍眞陰，或因誤表，或因妄攻，神倦瘛瘲，脈氣虛弱，舌絳苔少，時時欲脱者，大定風珠主之。

此邪氣已去八九，眞陰僅存一二之治也。觀脈虛苔少可知，故以大隊濃濁填陰塞隙，介屬潛陽鎮定。以雞子黄一味，從足太陰，下安足三陰，上濟手三陰，使上下交合，陰得安其位，斯陽可立根基，俾陰陽有眷屬一家之義，庶可不致絶脱歟。

大定風珠方酸甘鹹法

生白芍六錢　阿膠三錢　生龜板四錢　乾地黄六錢　麻仁二錢　五味子二錢　生牡蠣四錢　麥冬六錢，連心　炙甘草四錢　雞子黄二枚，生　鱉甲四錢，生

水八杯，煮取三杯，去滓，再入雞子黄，攪令相得，分三次服。喘，加人參；　自汗者，加龍骨、人參、小麥；　悸者，加茯神、人參、小麥。

壯火尚盛者，不得用定風珠、復脈。邪少虛多者，不得用黄連阿膠湯。陰虛欲痙者，不得用青蒿鱉甲湯。

此諸方之禁也。前數方雖皆爲存陰退熱而設，其中有以補陰之品，爲退熱之用者；　有一面補陰，一面搜邪者；　有一面填陰，一面護陽者。各宜心領神會，不可混也。

痙厥神昏，舌短，煩燥，手少陰證未罷者，先與牛黄、紫雪輩，開竅搜邪；再與復脈湯存陰，三甲潛陽，臨證細參，勿致倒亂。

痙厥神昏，舌蹇煩燥，統而言之曰厥陰證。然有手經足經之分：　在上焦以清邪爲主，清邪之後，必繼以存陰；　在下焦以存陰爲主，存陰之先，若邪尚有餘，必先以搜邪。手少陰證未罷，如寸脈大，口氣重，顴赤，白睛赤，熱壯之類。

《增補評註溫病條辨·上焦篇·風溫溫熱溫疫溫毒冬溫》　邪入心包，舌蹇肢厥，牛黄丸主之，紫雪丹亦主之。

厥者，盡也。陰陽極造其偏，皆能致厥。傷寒之厥，足厥陰病也。溫熱之厥，手厥陰病也。舌捲囊縮，雖同係厥陰現證，要之舌屬手，囊屬足也。蓋舌爲心竅，包絡代心用事，腎囊前後，皆肝經所過，斷不可以陰陽二厥，混而爲一，若陶節菴所云：　冷過肘膝，便爲陰寒，恣用大熱。再熱厥之中，亦有三等：　有邪在絡居多，而陽明證少者，則從芳香，本條所云是也；　有邪搏陽明，陽明太實，上衝心包，神迷肢厥，甚至通體皆厥，當從下法，本論載入中焦篇；　有日久邪殺陰虧而厥者，則從育陰潛陽法，本論載入下焦篇。

霖按：　知熱厥從手厥陰治極是。但熱邪熾盛，三焦相火相煽，熱深厥深，此時心神爲熱邪蒸圍，非閉塞也。有形無形，治法大異，恐牛黄丸、紫雪丹，未能奏效。急磨紫金錠服之，薛生白煉雄丹頗有至理，如法服之，亦可挽回危局。

《增補評註溫病條辨·解兒難·小兒痙病瘈病共有九大綱論》　風溫痙按此即瘈證，少陽之氣爲之也，下溫熱、暑溫、秋燥，皆同此例。　乃風之正令，陽氣發泄之候，君火主氣之時，宜用辛涼正法。輕者用辛涼輕劑，重者用辛涼重劑，如本論上焦篇銀翹散、白虎湯之類；　傷津液者加甘涼，如銀翹加生地、麥冬，玉女煎。以白虎合冬、地之類；　神昏讝語，兼用芳香以開膻中，如清宫湯、牛黄丸、紫雪丹之類；　愈後用六味、三才、復脈輩，以復其喪失之津液。風溫咳嗽致痙者，用桑菊飲，方見上焦篇銀翹散辛涼例，與風寒咳嗽迥别，斷

不可一概用杏蘇辛溫也。

溫熱痙。即六淫之火氣，消鑠眞陰者也。《內經》謂先夏至爲病溫者是也。　即同上風溫論治。但風溫之病痙者輕而少，溫熱之致痙者多而重也。藥之輕重淺深，視病之輕重淺深而已。

暑痙暑兼溼熱，後有溼痙一條，此則偏於熱多溼少之病，去溫熱不遠，經謂後夏至爲病暑者是也。　按俗名小兒急驚風者，惟暑月最多，而兼證最雜，非心如澄潭，目如智珠，筆如分水犀者，未易辨此。蓋小兒膚薄神怯，經絡臟腑嫩小，不奈三氣發泄。邪之來也，勢如奔馬，其傳變也，急如掣電，豈麤疎者所能當此任哉！如夏月小兒身熱頭痛，項強無汗，此暑兼風寒者也，宜新加香薷飲；有汗則仍用銀翹散，重加桑葉；咳嗽則用桑菊飲；汗多則用白虎，脈芤而喘，則用人參白虎，身重汗少，則用蒼朮白虎；脈芤面赤多言，喘喝欲脫者，即用生脈散；神昏者，兼用紫雪丹、牛黃丸等；病熱輕微者，用清絡飲之類，方法悉載上焦篇，學者當與前三焦篇暑門中細心求之。但分量或用四之一，或用四之二，量兒之壯弱大小加減之。痙因於暑，只治致痙之因，而痙自止，不必沾沾但於痙中求之。若執痙以求痙，吾不知痙爲何物。夫痙病名也，頭痛亦病名也。善治頭痛者，必問致頭痛之因，蓋頭痛有傷寒頭痛，傷風頭痛，暑頭痛，熱頭痛，溼頭痛，燥頭痛，痰厥頭痛，陽虛頭痛，陰虛頭痛，跌撲頭能，心火欲作癰膿之頭痛，肝風內動上竄少陽膽絡之偏頭痛，朝發暮死之眞頭痛，若不問其致病之因，如時人但見頭痛，一以羌活，藁本從事，何頭痛之能愈哉！況痙病之難治者乎！

溼痙按此一條，瘈痙兼有其因於寒溼者則兼太陽寒水氣其泄瀉太甚下多亡陰者木氣來乘則瘈矣。　按中溼即痙者少，蓋溼性柔而下行，不似風剛而上升也，其間有兼風之痙，《名醫類案》中有一條云：小兒吐哯欲作癇者，五苓最妙。本論溼溫上焦篇，有三仁湯一法；邪入心包，用清宮湯去蓮心、麥冬，加銀花、赤小豆皮一法；用紫雪丹一法；銀翹馬勃散一法；千金葦莖湯加滑石、杏仁一法；而寒溼例中，有形似傷寒，舌白不渴，經絡拘急，桂枝薑附湯一法，凡此非必皆現痙病而後治。蓋既感外邪，久則致痙，於其未痙之先，知係感受何邪，以法治之，而痙病之源絕矣，豈不愈於見痙治痙哉。若兒科能於六淫之邪，見幾於早，吾知小兒之痙病必少。溼久致痙者多，蓋溼爲濁邪，最善瀰漫三焦，上蔽清竅，內蒙膻中，學者當於前中焦下焦篇中求之。由瘧痢而致痙者，見其所傷之偏陰偏陽而補救之，於瘧痢門中求之。

燥痙　燥氣化火，消鑠津液，亦能致痙，其治略似風溫，學者當於本論前三焦篇秋燥門中求之。但正秋之時，有伏暑內發。新涼外加之證，燥者宜辛涼甘潤，有伏暑則兼溼矣，兼溼則宜苦辛淡，甚則苦辛寒矣，不可不細加察焉。燥氣化寒，脇痛嘔吐，法用苦溫，佐以甘辛。

《溫證指歸・拘攣瘈瘲痙痓》　溫證首尾皆有拘攣瘈瘲痙痓之病。初起時邪困三焦，經絡滯塞，或夾風溼，表裏困鬱，太陽經氣不行，常有此證，一經汗下，經氣一通，諸證自平。或屢經汗下後，或病初愈後，或其人肝陰本虛，風火內熾，或夾餘邪，亦有此證。治法又當以養榮血爲先，祛邪次之。若因循失治，恐成廢人矣。汗下之法，增損雙解，或加艽、羌、威靈、牛膝以引經，或加二妙以化溼，惟麻黃斷不可用，蓋辛溫發汗，恐竭眞陰，此溫病之所以異於傷寒也。末路治法，養榮清邪，清燥養榮湯、柴胡清燥湯，對證選用，俱可加薑、蟬、犀、羚、忍冬藤、鈎藤、木瓜、牛膝之類。至筋惕肉瞤一證，不但溫證最劇，即雜證亦然，筋所以惕者，無血榮也；肉所以瞤者，無氣調也。氣血既敗，人豈能生？更有熱邪失下，以致眞陰枯竭，證現舌黑神昏，直視遺尿，呃逆肢冷，在無邪尚屬敗證，況炎臬未滅，而一身有限之氣血，盡爲邪耗，縱有良工，其如病之不治何？然而醫爲仁術，豈忍坐視，據證論情，惟以生脈合六味地黃，加犀、羚、牛黃、金汁之類，大作湯液，日進數斗，或可希僥倖於萬一也。

《溫證指歸・身冷》　身冷與惡寒不同，惡寒是風寒外襲，皮膚惡寒；身冷是渾身肌肉皆冷，在他證屬寒邪，在溫證屬熱極。如溫邪萌動，外雖肢逆身冷，惡寒作痲，乃熱邪深伏，鬱極內閉，脈多沉伏，參之內證，必有咽乾口苦，頭眩心煩，手足心熱，眼鼻噴火，睡卧不寧，尿赤煩悶，舌赤舌乾等證。萬不可認爲寒邪，誤投溫表香燥，爲害非淺，當以神解合太極，宣化伏邪，使伏邪外達，則厥回身熱，更當消息邪之輕重，酌與雙解、涼膈等方治之。如失下陰傷，病邪困裏，亢極似陰，即熱深厥深之旨，渾身厥冷，當審明舌色神脈，酌定虛實施治。若舌黑乾燥，舌本紫赤，口渴咽燥，及筋惕肉瞤，神昏脈細等證，又當大養陰液，佐以攻邪之品，以盡人事，黃龍湯、玉女煎，加硝黃皆可選用。至於初起夾寒夾表，妄下以致邪陷身冷脈伏，又當從溫化之法，宜四逆

合歸、葛，或眞武諸方參酌之。惟溫病無陰證，薑、附、麻、桂，須宜愼用，然寒邪若重，自當隨證參酌，不可拘滯也。

《**溫熱經緯・余師愚疫病論**》 疫證條辨

初病周身如冰，色如蒙垢，滿口如霜，頭痛如劈，飲熱惡冷，六脈沈細。此陽極似陰，毒之隱伏者也。重清內熱，使毒熱外透，身忽大熱，脈轉洪數，煩躁譫妄，大渴思冰。證雖梟惡，尚可爲力。宜本方增石膏、丹皮、犀、連，加黃檗。若遇庸手，妄投桂、附，藥不終劑，死如服毒。

四肢屬脾，至於逆冷，雜證見之。是脾經虛寒，元陽將脫之象。惟疫則不然，通身大熱，而四肢獨冷。此烈毒鬱遏脾經，邪火莫透。重清脾熱，手足自溫。宜本方增石膏。

雄按：四肢逆冷，在雜證，不僅脾經虛寒。在疫證，亦非毒壅脾經。增石膏，原是清胃，胃氣行則肢自和也。亦有熱伏厥陰而逆冷者，溫疫證中最多，不可不知也。

筋屬肝，賴血以養，熱毒流於肝，經斑疹不能尋竅而出，筋脈受其衝激。則抽惕若驚。宜本方增石膏、丹皮，加膽草。

筋肉瞤動，在傷寒則爲亡陽，而此則不然。蓋汗者，心之液，血之所化也。血生於心，藏於肝，統於脾。血被煎熬，筋失其養，故筋肉爲之瞤動。宜本方增生地、石膏、元參，加黃檗。

雄按：亡陽瞤動，宜補土制水。淫熱瞤動，宜瀉火息風。本方尚少鎭靜息風之品，宜去丹、桔，加菊花、膽草。

舌苔滿口如霜，在傷寒爲寒證的據，故當溫散。而疫證見此，舌必厚大，爲火極水化。宜本方增石膏、犀、地、翹、連，加黃檗。誤用溫散，旋卽變黑。

雄按：凡熱證疫證見此苔者，固不可誤指爲寒，良由兼痰挾溼，遏伏熱毒使然，清解方中，宜佐開泄之品爲治。

疫證初起，苔如膩粉，此火極水化。設誤認爲寒，妄投溫燥，其病反劇，其苔愈厚，精液愈耗，水不上升，二火煎熬，變白爲黑，其堅如鐵，其厚如甲，敲之戛戛有聲，言語不清，非舌卷也。治之得法，其甲整脫。宜本方增石膏、元參、犀、連、知、翹，加花粉、黃檗。

雄按：按此證專宜甘寒以充津液，不當參用苦燥。餘如梨汁、蔗漿、竹瀝、西瓜汁、藕汁，皆可頻灌。如得蕉花上露更良。楊云：蕉花上露爲清熱無上妙品，但不可必得。卽蕉根取汁，亦極妙也。若邪火已衰，津不能回者，宜用鮮豬肉數斤，切大塊，急火煮清湯，吹淨浮油，恣意涼飲，乃急救津液之無上妙品。故友范慶簪嘗謂余云：酷熱炎天，正銀匠鎔鑄各州縣奏銷銀兩之時，而銀鑪甚高，火光撲面，非壯盛之人，不能爲也。口渴不敢啜茗，惟以淡煮豬肉，取湯涼飲，故裸身近火，而津液不致枯竭。余因推廣其義，頗多妙用，拙案中可證也。

《**溫病指南・溫病活法要略**》 陽極似陰證。初病手足逆冷，周身如冰，面如蒙垢，頭痛似劈，飲熱惡涼甚則脈亦沉伏，純若陰邪，但以小便赤白爲辨，赤卽陽厥，亟用清熱敗毒藥，其伏熱自還於表，仍照溫病法治之。

神志異常部

題解

《**傷寒指掌・傷寒變症・煩躁**》 煩者，心中煩亂不寧，欲起不安，欲睡不穩之狀，卽反覆顛倒，心中懊憹之證也。

論説

《**諸病源候論・時氣病諸候・時氣狂言候**》 夫病甚則棄衣而走，登高而歌；或至不食數日，踰垣上屋。所上，非其素時所能也。病反能者，皆陰陽爭而外幷於陽。四支者，諸陽之本也。邪盛則四支實，實則能登高而歌；熱盛於身，故棄衣而走；陽盛故妄言罵詈，不避親戚，大熱遍身，狂言而妄見聞視之。

《**傷寒全生集・辨傷寒瘈瘲例**》 瘈者，筋脈急而縮，瘲者，筋脈緩而伸。一縮一伸，手足牽引搐搦不已，大抵與嬰孩發搐相類，謂之瘈瘲者，此症多屬

於風，蓋風主搖動也。又心主脈，肝主筋，心屬火，肝屬木，火主熱，木主風，風火相熾，則瘈瘲也。【略】風溫被火劫，發微黄色，劇如驚癇，時發瘈瘲者，宜用萎蕤湯主之。

《瘟疫明辨・裏證・多言》 時疫多言者，讝語之漸也。疫熱蒸心之所致，治同讝語。

《醫宗金鑑・傷寒心法要訣・譫語鄭聲》 譫語爲實聲長壯，亂言無次數更端，鄭聲爲虛音短細，頻言重復更呢喃。同陽經見均屬熱，同陰經見總爲寒。陽無可攻當清解，陰不能溫清補痊。

註：言語，心主之也。心氣實熱而神有餘，則發爲譫語。譫語爲實，故聲長而壯，亂言無次數數更端也。心氣虛熱而神不足，則發爲鄭聲。鄭聲爲虛，故音短而細，只將一言重復呢喃也。蓋神有餘，則能機變而亂言。神不足，則無機變而祗守一聲也。凡譫語、鄭聲與陽經同見者，均屬熱證，可以攻之；與陰經同見者，總爲寒證，可以溫之。若雖與陽經同見，而無可攻之證，不可攻之，當清解也；與陰經同見而無可溫之證，不可溫之，當清補也。

《疫疹一得・疫疹之症》 靜燥不常　有似乎靜而忽燥，有似乎燥而忽靜，謂之不常。較之癲狂，彼乃發揚，而此則遏鬱，總爲毒火內擾，以至坐卧不安。

火擾不寐　寤從陽，主于上；寐從陰，主于下。胃爲六腑之海，毒火壅遏。阻隔上下，故不寐。

昏悶無聲　心之氣出于肺而爲聲。竅因氣閉，氣因毒滯，心迷而神自不清，竅閉而聲不出矣。

譫語　心主神，心解則神爽，心爲烈火所燔，神自不清，譫語所由來矣。

發狂　猖狂剛暴，罵詈不避親疏，甚至登高而歌，棄衣而走，踰垣上屋，非尋常力所能及，語生平未有之事、未見之人，如有邪附者。此陽明邪熱擾亂神明，病人亦不自知。多有看香、送祟、服符以驅邪者，可發一笑。

循衣摸床撮空同　在傷寒列于不治，疫疹有此，肝經淫熱也。肝屬木，四肢屬土，肝有邪熱，淫於脾經，此木來剋土，木動風搖，土自不安。

《松峰説疫・辨疑・辨鄭聲》 論曰：實則譫語，虛則鄭聲。重平聲。語也。夫聲必有語，語必有聲。蓋言聲則鄭，而語則重也。人虛而精神衰之，不能自主，語言重復絮聒，而聲則有類於鄭耳。鄭聲淫，是狀其聲之哼哼唧唧，頗似淫聲。惟馮氏謂聲戰無力，不能接續，造字出於喉中，爲得解。成氏亦謂鄭衛之聲。而王氏駁之則非矣。又有解鄭聲爲鄭重者，夫曰鄭重其事則有矣，曰鄭重分明則有矣，以此解病人之聲得乎？要之指鄭之淫聲，取譬無疑也。凡患此症，其聲必低，氣必短，脈必無力，色必萎悴。其兼證則目無赤色，舌無苔刺，身無大熱，口無煩渴，小便清長，大便滑潤或泄瀉，凡自言自語，喃喃不全者皆是也。瘟疫始終一於爲熱，罕見此症。或汗多亡陽，下多亡陰者有之。若果虛最忌攻伐，少有差謬，無不即死。速宜察其精神，辨其陰陽，斟酌溫補，以救其根本爲要。若昏沉、上氣喘促，發呃不止，不省人事者危。

《傷寒論本旨・神昏讝語辨》 夫心神爲一身主宰。病至神昏讝語，已經危重，若不細辨明晰，焉能起死回生？仲景論中，邪入陽明，胃腑實結，而發讝語者，以胃爲五臟六腑之海，邪壅於胃，則五臟氣血擾亂，故神昏讝語也。又有熱結膀胱，其人如狂者。有熱入血室，晝則明了，夜則讝語者。有肝邪乘脾，而發讝語，名曰縱者。多種不同，皆有虛實淺深不異，論中已詳辨也。葉天士溫病論曰：溫邪上受，首先犯肺，逆傳心包。心包者，護心之膜，神之宮室也。故邪閉心包，則神昏讝語。此與《傷寒論》中各證不同，須用牛黄丸、至寶丹等藥，開心閉以祛邪。若誤用他藥，反傷本元，而心包之邪，更不能出，必至脫絕而死。然此皆古書所論，醫者自當知也。更有古未道及，時人不辨，以致誤治而死者。如風寒等邪，發表汗出，病仍不退，而又表之，反加神昏讝語，於是更用涼瀉，誤而又誤，以至於死。此因初治辨之不明，或止用衛分之藥，腠開汗泄，而營分之邪反陷。或挾寒濕陰邪，應用辛溫，而表藥中雜以涼藥，既重虛其衛，而涼藥閉其邪於血脈之中，心主營血，故亦神昏讝語，但病狀不同。若胃腑邪重，心包近心，故其神昏，皆全然不知人事。其邪閉血脈者，離心稍遠，故呼之即覺，與之言，亦知人事，若任其自睡而心放，即神昏讝語矣。其脈必兼濇滯，以脈爲血之府，邪閉血脈，故濇滯也。此須重用桂枝，佐歸鬚、赤芍之類，以通血脈。如熱盛，略佐涼味。無熱，必須溫通，蓋血得涼則愈閉也。又有暑濕邪盛者，至下午晚間，身熱更甚，神昏讝語，至早上午前則清，此邪在三焦脾胃，因濕重遏熱不得透發。濕爲陰邪，旺於下午陰分，熱不得外泄，則內擾而神昏。至早上陽旺氣升，則神

清矣。此與熱入血室相似，而病因治法大異。其舌苔無論黄白，必兼滑也。此須辛香温苦，先開其濕，使三焦氣通，熱邪透發，再用涼藥清之自愈。若治不如法，輕則變瘧痢，重則必死也。又有肝脾素虛，陰血不足之人，偶感外邪，未得解散，營衛氣閉，肝風即時内動，亦有神昏讝語，而手足掣動。或兼驚惕，甚則昏厥如死，其脈虛數空大者危，難治。沈細而疾者，元氣尚未脱離，少刻亦即甦醒。此虛多邪少，須用輕清之藥，疎其經絡，柔潤甘緩，和其陰陽，不可用重滯之品，漸令表裏氣順，再用滋補調之。若率投削伐重藥，即厥脱而死。此與前之各證，又迥不同，皆余之所經歷者，故聊述之。當知病因多端，亦不止此數證。總在細審其邪之淺深，正之虛實，設法施治，庶幾無誤。神而明之，存乎其人也。

《溫熱經緯·〈内經〉伏氣溫熱篇》　帝曰：病甚則棄衣而走，登高而歌，或至不食數日，踰垣上屋，所上之處，皆非其素所能也。病反能者何也？岐伯曰：四肢者，諸陽之本也。陽盛則四肢實，實則能登高也。帝曰：其棄衣而走者何也？岐伯曰：熱盛於身，故棄衣欲走也。帝曰：其妄言罵詈，不避親疏而不欲食。不欲食，故妄走也。

章虛谷曰：四肢稟氣於脾胃，胃爲臟腑之海，而陽明行氣於三陽，故四肢爲諸陽之本也。邪盛於胃，氣實於四肢，則能登高也。熱盛於身，故棄衣欲走。邪亂神明，怒氣衝動，故妄言罵詈。胃中邪實，不欲飲食，四肢多力，則妄走也。是大承氣湯之證，其邪連經，脈必滑大，下之可生。其邪連臟，脈必沉細。仲景云：陽病見陰脈者死，則雖有下證，不可用下法矣。

雄按：溫證誤投熱藥、補劑，亦有此候。經證亦有可用白虎湯者，沈細之脈，亦有因熱邪閉塞使然。形證實者，下之可生。未可概以陰脈見而斷其必死。凡熱邪壅遏，脈多細耎遲澀，按證清解，自形滑數。不比内傷病服涼藥，而脈加數者爲虛也。

汪按：大承氣證，仲聖謂脈弦者生，澀者死。洄溪則云弦則尚有可生之機，未必盡生，澀則斷無不死者也。余所見滑大者，固下之，不必顧忌，亦有弦而兼澀，下之而愈者。若大汗淋漓者，可用白虎也。

《溫熱經緯·余師愚疫病論》　疫證條辨

瘥後驚悸，屬血虛。宜養血鎮驚。

雄按：亦有因痰熱未清者，不可不知也。

瘥後怔忡，乃水衰火旺，心腎不交，宜補水養心。

雄按：硃砂安神丸最妙。

瘥後有聲不能言，此水虧不能上接於陽也，宜補水。

雄按：有痰熱滯於肺絡者宜清肅；有疫熱耗傷肺陰者宜清養，不僅水虧爲然也。

瘥後聲顫無力，語不接續，名曰鄭聲，乃氣虛也，宜補中益氣湯。

雄按：此證雖屬氣虛，實由元氣無根。補中益氣，升陽之劑，切勿誤投，宜集靈膏。

言者，心之聲也。病中譫妄，乃熱擾於心。瘥後多言，餘熱未淨。譬如滅火，其火已息，猶存餘燄也。

雄按：宜導赤飲加麥冬、蓮子心、硃砂染鐙心。

瘥後觸事易驚，夢寐不安，乃有餘熱挾痰也。痰與氣搏，故恐懼。

雄按：宜用竹茹、黄連、石菖蒲、半夏、膽星、梔子、知母、茯苓、旋覆花、橘紅等藥。

瘥後終日昏睡不醒，或錯語呻吟，此因邪熱未淨，伏於心包絡所致。

雄按：宜用丹參、白微、梔子、麥冬、甘草、木通、鹽水炒黄連、竹葉、硃砂染鐙心、細茶等藥。挾痰者，花粉、天竺黄、石菖蒲、省頭草之類，或萬氏牛黄清心丸，皆可采用。

瘥後心神不安，乃心血虧損，宜養心。

雄按：固是心營不足，亦因餘熱未清，治如上條可也。

瘥後虛煩不寐者，血虛神不守舍也。

雄按：非神不守舍也，亦餘火擾動耳。治如上法，或加阿膠，或加生鷄子黄，或加珍珠，審證而用得其宜，貴乎醫者之神悟矣。

《醫法圓通·辨認邪盛熱熾血傷病情》　舌苔乾黄，煩躁不寧　病人或七八日，發熱不退，舌苔干黄，煩躁不寧，脈健身輕，腸胃已實，此胃火太甚，津液將枯，急宜滋陰攻下爲主。【略】

張目譫語　病人四五日，發熱惡熱，煩躁不寧，張目不眠，時而妄言，脈健者，此熱邪氣盛，氣主上升，故張目不眠，譫語頻臨，屬邪熱乘心，而神昏也。法宜清熱，熱清而正復，張目譫語自已。若瞑目譫語，脈空無神，又當回陽，不可養陰。【略】

昏沉不省人事　病人或八九日，身熱不退，氣粗舌乾，小便短赤，大便極黄而溏，或清水血水，脈健有力，或脈細如絲，或四肢厥(立)〔逆〕，人雖昏沉，其口氣極蒸手，舌根必紅活，即舌黑起刺，此是邪熱入裏，伏於其內，急宜攻下清裏，切不可妄用辛溫。【略】

狂叫不避親疏　病人或八九日，發熱不退，氣粗身輕，脈健狂叫，目無親疏，棄衣奔走，此邪火旺極，亂其神明，神無所主也。急宜清涼攻下，滅去邪火，不可遲延。【略】

日晡發熱飲冷，妄言鬼神　病人或八九日，十餘日，外邪未解，入於裏分，身雖發熱，日晡更甚，飲冷不已，妄言鬼神，此是熱甚傷血，神昏無主，急宜養血滋陰，并非陰火上騰，元氣外越可比。

綜　述

《聖惠方·治時氣譫言諸方》　夫時氣熱毒攻心，則心神煩亂，陽氣大盛，遂則譫言，目赤心煩，不得睡卧，精神驚悸，言語失常。毒氣不除，腸中結燥，其脈洪數者，是其候也。

治時氣熱毒躁悶，譫言，口舌乾渴不止，宜服秦艽散。方：

秦艽去苗　黄芩　木通　犀角屑　麥門冬去心　玄參　藍葉　梔子仁　甘草炙微赤，剉。以上各三分　赤芍藥一分　桔梗一分，去蘆頭

右件藥，擣篩爲散，每服四錢。以水一中盞，煎至六分，去滓，不計時候，溫服。

治時氣天熱，悶亂譫語，宜服白鮮皮散。方：

白鮮皮　犀角屑　川升麻　大青　甘草炙微赤，剉。以上各一兩

右件藥擣篩爲散，每服五錢。以水一大盞，煎至五分，去滓，不計時候服。

治時氣譫語欲走方：

生鷄子白一枚　川芒消一兩，細研　生甘草末一錢

右件藥，以生華水一中盞，攪令勻，吹去沫，不計時候，服之。

治時氣心膈大熱煩悶，言語失度，宜服生地黄飲子。方：

生地黄三兩　玄參一兩　赤茯苓一兩　麥門冬一兩　犀角屑一兩　甘草半兩，炙微赤剉

右件藥，都細剉，和勻。每服半兩，以水一大盞，煎至五分，去滓，不計時候，溫服。

治時氣煩熱如火，譫語欲走方：

人參一兩，去蘆頭　甘遂一兩，煨令微黄

右件藥，擣細羅爲散。每服一錢，以新汲水調服。須臾，更令病人多飲冷水，得吐之爲效。

治時氣但譫語煩燥不安，宜服豬苓散。方：

豬苓三分，去黑皮　白鮮皮三分　澤瀉三分　赤茯苓三分　大青三分　麥門冬一兩，去心焙　川大黄三分　甘草半兩，炙微赤剉

右件藥，擣細羅爲散，每服不計時候，以新汲水調下三錢

治時氣熱毒在臟，譫語口乾，煩躁，宜服犀角圓。方：

犀角屑　梔子仁　川大黄剉碎，微炒　鐵粉細研　馬牙消以上各一兩　甘草三分，炙微赤剉

右件藥，擣羅爲末，鍊蜜和圓，如梧桐子大。每服不計時候，以溫竹葉湯，下三十圓。

治時氣大熱不退，譫語，大便難，大黄圓。方：

川大黄二兩，剉碎，微炒　黄芩　犀角屑　豬苓去黑皮　枳殼麩炒微黄，去瓤　川朴消以上各一兩

右件藥，擣羅爲末，鍊蜜和擣三二百杵，圓如梧桐子大。每服不計時候，以麥門冬湯，溫溫下三十圓。

《聖惠方·治時氣發狂諸方》　夫時氣發狂者，由熱毒氣盛，則棄衣而走，登高而歌，或不食數日，踰垣上屋，非是素所能也。皆陰陽氣爭，外并於陽。四肢者，諸陽之本也。熱盛則四肢實，實則能登高而歌，熱盛於身，故棄衣而走，狂言妄見妄笑，皆熱毒氣所爲也。

治時氣熱毒攻心，面目俱赤，發狂，不識人，宜服梔子散。方：

梔子仁　葳蕤　茯神　麥門冬去心　川升麻　知母　犀角屑　沙參去蘆頭　黄芩　川大黄剉碎，微炒　甘草炙微赤，剉。以上各一兩

右件藥，擣篩爲散。每服四錢，以水一中盞，煎至六分，去滓，不計時

候，溫服。

治時氣心神狂躁，言語無度，宜服此方：

鷄子二枚，取清　白蜜半合　生地黄汁一合　川大黄半兩，剉碎，微炒，杵末

右件藥，相和令匀。頓服之，以利爲度。

治時氣大熱，心狂欲走，宜服白鮮皮散。方：

白鮮皮一兩半　大青　羚羊角屑　玄參　梔子仁　子芩　川大黄炙微赤剉　地骨皮以上各三分

右件藥，擣篩爲散。每服五錢，以水一大盞，煎至五分，去滓，不計時候，溫服。

又方：

麥門冬三兩，去心　杏仁一二兩，湯浸去皮、尖、雙仁，麩炒微黄　甘草一兩，炙微赤剉　白鮮皮二兩　生乾地黄二兩　黄芩一兩

右件藥，擣篩爲散。每服五錢，以水一大盞，入葱白二莖，煎至五分，去滓，不計時候，溫服之。

治時氣熱毒攻心，言語不定，心狂煩躁，不得睡卧，宜服犀角散。方：

犀角散　龍齒　子芩　沙參去蘆頭　葳蕤　麥門冬去心　川升麻　赤茯苓　赤芍藥　杏仁湯浸去皮、尖、雙仁，麩炒微黄。以上各一兩　枳殼三分，麩炒微黄，去瓤　大青三分　甘草三分，炙微赤剉

右件藥，擣篩爲散。每服五錢，以水一大盞，煎至五分，去滓，不計時候，溫服之。

治時氣發狂，叫呼，不識人，宜服此方：

黄連一兩，去鬚　秦艽一兩，去苗　梔子仁一兩　鐵粉二兩

右件藥，擣細羅爲散。每服不計時候，以新汲水調下二錢。

又方：

梔子仁半兩　豉一合　葱白五莖

右件藥，以水二大盞，煎至一盞，去滓，分溫二服。

治時氣發狂方：

寒水石一兩　馬牙消一兩

右件藥，細研如麪。不計時候，以新汲水調下一錢。

又方：

秦艽半兩，去苗　大青半兩　甘草半兩，炙微赤剉

右件藥，擣細羅爲散。不計時候，以生地黄汁，調下二錢服。

治時氣熱盛癲狂，或時昏沉方：

寒水石半兩　朱砂一分　鉛霜一分

右件藥都研如粉，以軟飯和圓，如梧桐子大。每服不計時候，以溫水下十圓。

治時氣得汗後，心神狂亂方：

鐵粉半兩　野猪糞半兩，燒灰　生地黄二兩，燒灰

右件藥都細研爲末，以粟米飯和圓，如梧桐子大。不計時候，以人參湯下三十圓。

治時氣已得汗，熱毒不解，心煩躁悶，言語不定，小便赤澀，大便不通，狂亂欲走，宜服大黄圓。方：

川大黄二兩，剉碎微炒　黄芩一兩半　梔子仁一兩半　大青二兩　龍膽一兩，去蘆頭　苦參一兩，剉　川朴消二兩，細研

右件藥，擣羅爲末，入朴消研匀，鍊蜜和擣三五百杵，圓如梧桐子大。不計時候，以麥門冬湯，下三十圓。

治時氣熱毒，心神煩躁，狂亂欲走，宜服珠粉圓。方：

珠粉一兩，研　犀角屑一兩　朱砂半兩，細研　甘草二兩，剉，生用　苦參一兩，剉　川朴消一兩，細研

右件藥，擣羅爲末，入研了藥令匀，鍊蜜和圓，如梧桐子大。不計時候，以人參湯，下三十圓。

又方：

右以藍靛半大匙，以新汲水一盞，調分匀，頓服之。

《傷寒類證活人書・問病人潮熱獨語如見鬼狀發則不識人尋衣撮空直視微喘》　答曰：　仲景云傷寒若吐、若下後，不解不大便五六日，上至十餘日，日晡所發潮熱，不惡寒，獨語，如見鬼狀，若劇者，發則不識人，循衣摸床，惕而不安，微喘直視，但發熱譫語者，大承氣湯主之。若一服利則止，後服脈弦者生，濇者死。弦者，陽也，濇者，陰也，陽證見陰脈者死。病人有陽證而脈濇者，慎不可下。

《傷寒類證活人書・問譫語》　答曰：　病人有譫語，有鄭聲二證，鄭聲

爲虛，當用溫藥，白通湯主之。譫語爲實，當須調胃承氣湯主之。服調胃承氣而譫語止，或更衣者，停後服不爾，再與之。仲景云：實則譫語，虛則鄭聲。鄭重也，重語也。世多不別，然譫語、鄭聲亦相似難辨，須更用外證與脈別之。若大小便利，手足冷，脈微細者，必鄭聲也；大便秘，小便赤，手足溫，脈洪數者，必譫語也。以此相參，然後用藥，萬全矣。大抵傷寒不應發汗卽譫語，仲景云：傷寒四五日，脈沉而喘滿，沉爲在裏，反發其汗，津液越出，大便爲難，表虛裏實，實則譫語。譫語屬胃，和中則愈，不和則煩而躁，宜調胃承氣湯。然亦有三陽合病讝語者，三陽合病，腹滿身重，難以轉側，日中不仁，面垢，讝語，遺溺，其脈必滑實，不可汗下，宜白虎湯。有胃實譫語者，病人身熱汗出，大便硬，爲胃實，宜調胃承氣湯，大承氣。外臺承氣湯，無芒硝，尤穩。或發汗多亡陽譫語者，仲景云：發汗多，亡陽，讝語者，不可下，此爲津液不和，與柴胡桂枝湯，和其榮衛，以通津液，後自愈，恐人作燥屎攻之，慎不可攻也。有下利讝語者，下利讝語有燥屎也，調胃承湯、小承氣湯主之。有下後讝語者，傷寒八九日下之，胃滿煩驚，小便不利，讝語，身重不可轉側者，柴胡加龍骨牡蠣湯。有婦人熱入血室譫語者。婦人傷寒發熱，經水適來，晝日明了，暮則譫語，如見鬼狀者，此爲熱入血室，無犯胃氣，及上二焦，速用小柴胡湯治之。若行湯遲，熱入胃，令津燥，中焦上焦不榮，成血結胃狀，須當針期門也。婦人中風，發熱，惡寒，經水適來，七八日熱除，脈遲，身躁，胃脇下滿如結胃狀，譫語者，此爲熱入血室也，當刺期門，隨其實而取之，已上二焦，熱結在期門也。若犯胃氣，晝夜譫語，喜忘，小腹滿，小便利，屬抵當湯證也。又問仲景云：無犯胃氣何也？答曰：熱因經水適來，乘虛入室，故血室有熱，遂令讝語，當以小柴胡解之。卽與胃實讝語不同，胃實有燥糞，故宜調胃承氣湯下之。

《傷寒直格・懊憹》 懊憹者，煩心、熱燥、悶亂不寧也，甚者似中巴豆、草烏頭之類毒藥之狀也。

梔子湯 治懊憹、煩心、反復顚倒、不得眠者。

燥熱怫鬱於內，而氣不能宣通也。經曰：血氣者，人之神，由榮衛血氣運行，則神在乎其中也。然神行於表則榮衛流注於經，謂之行陽，令人寤，猶天之日出爲晝也。神行於裏，則五臟相生而順傳，謂之行陰，令人寐。故神識外無所用而惑，神迷於內，是復爲夢也，猶日入於夜。其夫燥金主澀，而濕土主滑，夫燥濕之體，必先因之於彼氣而後爲其兼化也，猶先大涼而物後燥，及風勝，濕熱耗其液而成燥體，及熱太甚，則萬物濕潤而出液者也。由是表熱無燥者，氣血運行通利，而成癲狂走呼而力大者也。燥熱病於外者，氣血壅滯，則痿弱而無力也。故病內熱而無燥者，津液潤澤，氣血滑利，則昏冒多睡也。如洗心散寒藥，言治多睡是也。故小兒晝精健，夜安寢，由血液不衰也。夫燥病於內者，氣血澀滯，則懊憹煩心不得眠也。夫傷寒之燥熱者，因於大發吐下，或嘔吐瀉痢，自汗過多，或陽熱太甚，損陰耗液，亡液則血衰而成燥熱也。或炙熨，炙烙，或誤服熱劑，或誤因銀粉、巴豆燥熱大毒圓藥下之，反損陰亡液，血衰則燥熱太甚，多爲此誤。經曰：目得血則能視，耳得血而能聽，手指得血能操，掌得血而能握，足得血而能步，臟得血而能液，腑得血而能氣。然則一身之至貴者莫過於血，故陽熱雖甚而血液不衰，則榮衛通利而爲病微。血液既衰以伐，燥熱怫鬱則甚也。且如酒熱方甚，而血液未衰，則氣血宣通而和暢；因其酒熱損陰亡液，以致血衰而酒漸以散之，燥熱怫鬱而煩渴，病於酒也。而再飲後得平者，氣液宣行而燥熱怫鬱後得散也。或不受，復者，酒毒已甚，燥熱不能散也。亦猶世俗妄意以分陽毒微於陰毒者，是謂內外燥熱太甚，而血液不衰，則氣血運行之太甚，而爲病者，猶泰極失常，以爲陽毒也。以血液衰竭，燥熱太甚，蓄之於內，則陽氣不能營運於表，故遍身青冷、厥逆，病危極將死者，妄謂寒極陰毒也，因以中外急救其陽，而反招暴禍。倘或病熱尚微，而誤中《素問》言辛熱開發強刧之效，因以妄矜己能，以謂陰毒必死之證，救之以活，致使世俗愈感而惟恨救之不及，誤人多矣。殊不知，但以退熱、潤燥、散結，則氣液宣行而愈也。故經曰：堅苦燥，急食辛以溫之。開腠理，致津液，通氣脈也。然氣通和卽津液宣行也。故經曰：氣和而生津液相盛而神自生。

或胸滿結滯，或頭微汗出，劇煩者，梔子湯主之。或少氣者，加甘草一錢，或加嘔者，及初誤以圓藥下之者，加生薑半兩。凡懊憹虛煩者，皆用涼隔散甚佳，及宜湯濯手足，使心胸結熱宣散而已。

梔子厚朴湯 治心煩、腹滿、坐卧不安。

《傷寒明理續論・發狂》 《難經》曰：重陰者顚，重陽者狂。傷寒熱毒在胃，併入於心，遂使神不寧而志不定也，故發狂。始則少卧不饑，妄語妄笑，甚則登高而歌，棄衣而走，踰垣上屋，皆獨陽亢極，熱之所致，非大下之，不能止也。亦有當汗不汗，瘀熱在裏，下焦畜血如狂者，小便不利，時如狂未至於狂耳。若夫狂言直視，便溺自遺，其與汗後大熱，脈燥，狂言不食，又爲

可慮也。

重陽即陽毒，脈數實，狂走錯語，煩躁乾嘔，面赤咽痛，潮熱發狂，或下利黃赤，陽毒升麻黃芩湯。

時行熱病，發狂，黑奴丸。

血證如狂，脈微，身黃，唇燥漱水，無寒熱，小腹滿，小便不利，大便黑，犀角地黃湯；甚者，桃仁承氣湯，抵當丸，取下黑物爲效。

《傷寒家秘的本・譫語》 譫語者，經云：邪氣盛則實，精氣奪則虛，故實則譫語，虛則鄭聲。胃中實熱，上乘於心，心爲熱冒，則神識昏迷，妄有所見而言也，輕則睡中呢喃，重則不睡亦語。有譫語者，有獨語者，有語言不休者，有言亂者，此數者，見其熱之輕重也。大抵熱入於胃，水涸糞燥，必發譫語，爲實也。有被火刼取汗而譫語者，有亡陽譫語者，有下利清穀，不渴，譫語者，此爲虛也。或脈來沉實，洪數有力，大便不通，小水赤，燥渴，譫語狂妄，腹中脹滿硬痛，或潮熱自汗，或下利純清水，心腹硬痛者，皆裏證，邪熱燥屎也，俱大承氣下之。下後利不止，與夫喘滿氣逆而上奔，自利氣脫而下奪，皆爲逆也。其三陽合病，脈實，身重難轉，口中不仁面垢遺尿，白虎湯。或大便結，大熱乾嘔，錯語呻吟不眠，犀角解毒湯。

狂言，漱水不欲嚥，大便黑，小水不利，身黃脹滿，此因當下失下，是瘀血譫語，桃仁承氣下盡黑物則愈。婦人經水適來適斷，續得寒熱，此爲熱入血室譫語，小柴胡湯。陽明證，喜忘，如狂者，亦瘀血也，照前桃仁承氣，下盡黑物則愈矣。

《傷寒家秘的本・發狂》 發狂者，重陽而狂，熱毒所深，併入於心，遂使神不寧志不定。始得少卧不饑，譫語妄笑；甚則登高而歌，棄衣而走，踰垣上屋，罵詈不避親疏，皆獨陽亢盛，不大下之，何能止也？若因當汗不汗，瘀熱在裏，下焦畜血如狂者，小便必自利，大便黑，雖時如狂，未至於狂耳，須桃仁承氣下之。重陽即陽毒，脈洪大，面赤咽痛，潮熱，發斑如錦紋，或下利黃赤，陽毒升麻湯；不效者，三黃石膏湯；大便實者，調胃承氣湯下之。太陽病不解，熱結膀胱，其人如狂而血下者，愈。若外不解，與桂枝湯。外已解，但小腹急結，與夫脈沉，身黃，唇燥漱水，小水自利者，亦是血證，如狂輕則犀角地黃湯，重則桃仁承氣下之。若狂言直視，便溺自遺，與汗後大熱，脈躁，狂言，不能食，此爲慮也。

《傷寒一提金・一提金貫珠數》 若先起頭疼，發熱惡寒，已後傳裏，頭疼惡寒皆除，而反怕熱，發渴譫語，或潮熱自汗，大便不通，或揭去衣被，揚衣擲足，或發斑黃，狂亂，此爲陽經自表傳入陰經之熱證，俱當攻裏，下之。設或當下失下，而變出手足乍冷乍溫者，因陽極發厥，即陽證似陰，名陽厥，急當下之。又有失於汗下，或本陽證，誤投熱藥，使熱毒入深，陽氣獨盛，陰氣暴絕，登高而歌，棄衣而走，罵詈叫喊，燥渴欲死，面赤眼紅，身發斑黃，或下利赤黃，六脈大，名陽毒發斑證，用酸苦之藥，令陰氣復而大汗解矣。如大便實者，又當大寒之藥下之。此與發狂不同治。

《傷寒全生集・辨傷寒發狂例》 傷寒發狂，最爲惡侯，其例多般，要在明辨治之。陽盛發狂者，陽盛則四肢實。實則登高而歌也。此傷寒熱毒入胃併入於心，遂使神不寧而志不定，始得少卧不安，妄語悲歎，甚則登高而歌，棄衣而走，踰垣上屋，罵詈叫喊，不避親疏，大渴欲飲，獨陽亢盛，重陽者。狂此神明之亂，皆非素所能，爲乃病之使然。也一切發狂、奔走，熱不可遏者，須於病人處生火一盆，用醋一碗，傾於火上，其烟衝入病人鼻內，仍將姜汁噴於病人頭面、身體、手足，卽安。方可察其陽狂、陰躁用藥。

溫病發狂者，乃冬月伏寒所化，至春時因溫氣而發也。表症在者，芎藭散合羌活冲和湯加柴、葛。若半表半裏者，小柴胡湯。若脈大、胸滿，多痰發狂者，小柴胡加枳、桔、瓜蔞、山梔、升麻，吐之。若脈浮數，壯熱而不得汗出者，宜六神通解散汗之。若表裏俱實熱盛者，宜三黃石膏湯主之。若邪熱傳裏，躁渴譫妄，大便秘實者，當用大承氣湯下之。若熱病發狂者，乃冬月伏寒所化，至夏月因炎暑而發，其熱勢比之溫病尤加盛也。若發表用神术湯加芎藭。若發狂無汗，脈數大者，六神通解散汗之。熱甚者，二黃石膏湯主之。裏熱躁渴，譫妄，大便實，脈洪實者，大承氣下之。一切熱病發狂，切不可掩閉床帳，務用揭開，放入爽氣，良久隨用銅鏡，按在心胸間，熱勢稍退，卽除。若傷寒、溫熱勢太盛，發狂躁渴不止者，將硝一斤研細，用水一盆，用靑布方圓一尺許，三五塊浸於硝水中，微攪半乾，搭在病人胸膛，并後心上，頻易，冷者搭之。如得睡，汗乃愈。如熱極盛，此法不能解，當用解結湯，開在結胸條下，服後作寒，戰汗出乃愈。若熱極舌出不收者，用麻黃湯洗浄，將冰片、牛黃、麝香研末點舌上，卽收，此爲良法。時行發狂者，與此治法。大抵傷寒、溫熱病，及時行發狂者，若得汗出者，生；不得汗出者，死。若脈小逆冷者，

難治。止謂溫熱時氣，不得汗出則發狂也。要在察而治之。陽毒發狂者，其人素有積熱於內，因患傷寒，又失汗下，乃熱溫爲病，六脈洪大而數，其人舌卷，目赤，唇黑，鼻如烟煤，或面赤咽痛，狂言，下利赤黃，大渴欲死，或發斑黃，頭面胸背狀如錦紋，或如碗豆之類而發狂者，七日內可治。七日外，則難治也。宜陽毒升麻湯，甚者三黃石膏湯。大抵與陽盛發狂治例相同，因有發斑咽痛，故曰毒也。

《溫疫論・虛煩似狂》 時疫坐卧不安，手足不定，卧未穩則起坐，纔著坐卽亂走，纔抽身又欲卧，無有寧刻。或循衣摸床，撮空撚指，師至纔診脈，將手縮去，六脈不甚顯，尺脈不至，此平時斵喪，根源虧損，因不勝其邪，元氣不能主持，故煩燥不寧，固非狂證，其危有甚于狂也，法當大補。然有急下者，或下後厥回，尺脈至，煩燥少定，此因邪氣少退，正氣暫復，微陽少伸也。不二時，邪氣復聚，前證復起，勿以前下得效，今再下之速死，急宜峻補，補不及者死。此證表裏無大熱，下證不備者，庶幾可生，辟如城郭空虛，雖殘寇而能直入，戰不可，守不可，其危可知。

《溫疫論・神虛譫語》 應下稽遲，血竭氣耗，煩熱譫語，諸下證具，而數下之，渴熱並減，下證悉去，五六日後，譫語不止者，不可以爲實，此邪氣去，元神未復，宜清燥養榮湯，加辰砂一錢。鄭聲譫語，態度無二，但有虛實之分，不應兩立名色。

《溫疫論・奪氣不語》 時疫下後，氣血俱虛，神思不清，惟向裏床睡，似寐非寐，似寤非寤，呼之不應，此正氣奪，與其服藥不當，莫如靜守虛回，而神思自清，語言漸朗，若攻之脈必反數，四肢漸厥，此虛虛之禍，危在旦夕。凡見此證，表裏無大熱者，宜人參養榮湯補之。能食者，自然虛回，而前證自除；設不食者，正氣愈奪，虛證轉加，法當峻補。

《溫疫論補注・虛煩似狂》 補按：此證坐卧不寧，如狂之狀，六脈不顯，尺脈不至，乃根元虧損，不勝其邪，故煩燥不寧，此類陰躁矣，法當大補。若未經汗下，邪猶未解，大補尚恐助邪，宜倣傷寒尺脈不至，先用黃芪建中之法，若更誤汗下者危，宜準傷寒發汗，若下之，病仍不解煩躁者，用茯苓四逆湯法，甚者卽傷寒振振欲擗地之狀，乃亡陽也，當用眞武湯急救。本論惟云大補峻補，而不立方主治，遵仲景法以補不備。

《溫疫論補注・奪氣不語》 補按經云：熱病瘖瘂不言，三四日不得汗出者死。此爲未經汗下者言也。若經下後，神志不清，呼之不應，面壁昏卧，此亡陽也；若亡陰則人參養營當矣。如表裏無大熱，而妄攻之，致四肢漸厥，危在旦夕，宜急回陽。惟四逆理中輩，庶可拯危，人參養榮，何能克濟？若能食能言，眞元未脫，脈靜神安者，又當靜守。本論但言法當峻補，而不立方，僣擬傷寒治法補之。

《傷寒補天石・陽證似陰》 陽證似陰者，乃火極似水也。蓋傷寒熱甚，失於汗下，陽氣亢極，鬱伏於內，反見勝己之化於外，故其身涼手足逆冷而乍溫，狀若陰證。大抵唇焦舌燥，能飲水漿，小便赤色，大便閉結。設或內有稀糞水流出，內有燥屎結聚，此乃旁流，非冷利也。再審其有屁極臭者是也。其脈雖沉，切之必數滑有力。或時燥熱，不欲被衣，或揚手擲足，或譫語有力，此陽證也。輕則四逆散，合小柴胡湯，重則用白虎合解毒。潮熱便實，用大柴胡，燥實堅硬，痞滿全具，用大承氣。經曰：身寒厥冷，其脈滑數，按之鼓擊於指下者，非寒也，乃陽甚拒陰也。

《傷寒緒論・懊憹》 陽明病身熱無汗，口燥渴，大小便不利，心中懊憹，此爲濕熱，必發黃。溫熱病懊憹，爲熱毒蘊於膈上，涼膈、解毒選用。口燥，呻吟，錯語，不得眠，五苓散合黃連解毒湯。

《傷寒緒論・煩躁》 煩熱悉屬三陽，煩躁則有陰陽之異。蓋心熱則煩，腎熱則躁。煩者心胸慍怒如有所觸，外不形現，爲熱尚輕。躁乃手足動掉，若無所措，內外不寧，爲熱最劇。【略】

有溫病、熱病、時疫、溫疫表裏俱邪，三焦大熱，煩躁大渴者，白虎、解毒、涼膈、雙解、承氣、三黃石膏選用。

《傷寒緒論・譫語》 經曰：邪氣盛則實，精氣奪則虛。故實則譫語，虛則鄭聲。傷寒胃中熱甚，上乘於心，心爲熱冒，則神識昏迷，妄有所見而言。輕者睡中呢喃，重者不睡亦語。有譫語者合目自言，日用常行之事，是熱未至於甚也。獨語者如，見鬼狀。若劇者，發則不識人，語言不休者又其甚也。言亂者謂妄罵詈，不避親疎，神明已亂也。狂言者大開目，與人言所未嘗見之事，此邪熱之最劇者，凡此見其熱之輕重也。脈來沉實或數盛有力，二便秘濇，燥渴譫語狂妄，腹脹滿，潮熱自汗，或下利純清水，或心腹鞕滿，或過經不解，皆當下。若下後熱不止，或喘滿氣逆而上奔，或泄利氣脫而下奪，皆逆也。大抵熱入於胃，水涸燥結，必發譫語，皆爲實。有被火劫取汗

而讝語者，有亡陽讝語者，此爲虛也。發汗多亡，陽讝語，身自和，不可下，柴胡桂枝湯和之。火迫譫語者，津液內竭，火熱侵耗所致也，桂枝甘草龍骨牡蠣湯。得病無熱，但狂言煩躁不安，精采不與人相當，此熱結在膀胱，五苓散水調探吐之，或加知母、甘草，名桂苓飲。得病無頭痛，不惡寒但身熱發渴，小便利，大便黑，口出無倫語，此熱在心脾，當歸活血湯。當汗失汗，讝語、善忘、善飢、漱水身黃，腹滿如狂者，屬瘀血也，桃核承氣湯。婦人熱入血室，夜則讝語，如見鬼狀，小柴胡加當歸、丹皮。三陽合病，譫語面垢，遺尿，白虎湯。大熱乾嘔，呻吟錯語，不得眠，黃連解毒湯。溫熱病及時疫，誤用表藥、熱傳三焦，讝語悶亂者，三黃石膏加大黃下之。凡讝語無實熱燥結可攻者，皆不可治。下後讝妄雖稍緩，仍不止，若未見溏糞者，爲下未盡，更下之。諸如此者，脈短則死，脈自和則愈。又身微熱脈浮大者生，逆冷直視，脈沉細者死。

《**傷寒緒論・發狂**》《內經》云：邪入於陽則狂，邪入於陰則癲。傷寒熱毒在胃，併於心，使神不寍，遂發狂也。發狂雖主胃府實熱，亦有屬經證者。如病人不欲食，小便自利，大便自調，脈來緊盛，骨節煩疼，翕然如有熱狀，奄然發狂，濈然汗出而解。此陽明經熱，欲作汗而狂也。不必用藥，宜頻與薑湯，助其作汗自解。病人熱甚，脈來數實，欲登高棄衣，狂妄罵詈，不避親疎。蓋陽盛則四肢實，實則能登高也，大承氣湯。頭痛不解，熱結膀胱，其人如狂，而血自下者愈。外已解，但少腹急結，脈沉、身黃、脣焦、漱水，小便自利者，此爲畜血如狂，桃核承氣湯。凡溫病、熱病、時疫、熱毒內盛，脈大腹滿，便秘發狂者，並宜承氣合黃連解毒湯。若脈浮兼表證者，涼膈、雙解、三黃石膏，或大承氣加薑棗，皆能發汗解表也。凡溫熱、時行、發狂，得汗者生，不得汗者死。脈小厥逆者不治。有陽厥暴怒發狂者，蓋陽氣暴折，鬱而多怒，則發狂也，大承氣加鐵落。【略】若陽狂直視，便溺自遺，與汗後大熱，脈躁狂言不食，皆不治。

《**傷寒緒論・厥暈**》厥者厥逆，暈者昏暈。溫病、熱病、溫毒、陽毒邪熱內結，胸滿痰盛，或當下失下，以致陽熱亢極，忽然手足厥冷，口噤咬牙，昏暈須臾復甦，若牙關緊急，藥不可下，先用絹帕裹指蘸新汲水於口中牙根兩邊，頻頻搭之。候牙寬，卻用承氣合解毒，或涼膈、雙解下之。

《**傷寒辨證・懊憹**》懊憹者，鬱鬱然不舒，憒憒然無奈，比之煩躁而更甚也。【略】溫熱病懊憹，爲熱毒蘊於膈上，涼膈、解毒選用。識此等證者，吐下之不差，湯劑之適當，則無不愈者。一或當汗反吐，療熱以溫，則變證百出，斑出黃生者多矣。爲醫者，請精究之。

《**傷寒辨證・煩躁**》煩者，心不安而擾擾，心胸慍怒，如有所觸，外不現形，爲熱尚輕；躁者，身不安而憒亂，手足動掉，若無所措，內外不寧，爲熱最劇。凡表邪不得汗出而煩躁者，須汗之。凡熱盛脈浮數不得汗出而煩躁者，宜速汗之。凡病大熱，錯語呻吟，或乾嘔不得眠而躁，脈數者，宜黃連解毒湯，或竹葉石膏湯。裏有燥屎，煩躁者，遶臍作痛，煩躁發作有時也，宜調胃承氣湯。凡發汗，或下之後，晝則煩躁，夜則安靜，脈沉微者，宜乾薑附子湯。又發汗，若下之，仍不去煩躁者，宜茯苓四逆湯，脈必沉細，乃可用之。【略】溫病熱病，表裏俱邪，三焦大熱，煩躁大渴者，白虎湯、涼膈散、雙解散、三黃石膏湯選用。陰極發躁，用藥不可造次。凡溫熱病初來，多有表裏大熱之證，溫熱病煩躁，屬三焦大熱。故雙解散、三黃石膏湯，幷爲對證必用之劑。凡不經汗下而煩躁者爲實，汗下後煩躁爲虛。內熱曰煩，謂心中鬱煩也。內熱爲有根之火，故但煩不躁爲可治。外熱曰躁，謂氣外熱躁也。外熱爲無根之火，故但躁不煩爲不可治。經論少陰病，有曰：四逆惡寒，脈不至，不煩而躁者，死。煩之與躁，可治不可治，判然矣。凡結胸證悉具，煩躁者，死。發熱下利厥逆，躁不得眠者，死。少陰病，吐利煩躁，四逆者，死。煩躁爲常有之疾，復有不治之證，臨病者，尙詳辨焉。

《**傷寒辨證・怫鬱**》怫鬱者，陽氣怫鬱，面色緣緣正赤也。【略】溫熱病，面赤煩躁，飲水，小柴胡湯去半夏加栝蔞根；甚者，白虎加人參湯。內實潮熱，不大便，涼膈、雙解選用。大抵陰證沸鬱併下虛者，自是赤而不光盛；若陽證表不解併內實熱甚者，赤而光盛也。要在詳察虛實而治，不可但見面紅，便以爲熱也。

《**傷寒辨證・發狂**》發狂者，熱毒在胃，併於心，神志不定而狂。少臥不饑，妄言笑，登高而歌，棄衣而走，踰垣上屋也。發狂有五端，宜詳辨。一曰陽盛發狂。陽盛則四肢實，實則能登高也。熱盛於身，則棄衣而走也。《難經》所謂重陽者狂也。熱盛則踰垣上屋，皆非素所能爲，乃病之使然。凡欲察脈施治，必先以涼水微噀其面，或以硝水法搭胸前，以折其熱勢。取其稍走，乃可察脈。若脈之實大、滑大，便秘鞕，臍滿鞕，急以大承氣湯倍加芒硝下之。

若勢輕未可大攻者，宜三黃石膏湯。一曰蓄血發狂。血上逆則喜忘，血下蓄則如狂。凡熱在下焦，小腹當鞕滿，小便自利者，蓄血也，宜桃仁承氣湯。輕者喜忘如狂，宜犀角地黃湯。其人素有積熱于內，因傷寒失于汗下，其熱蘊而爲毒，發狂，眼赤，脈洪，口渴，斑爛，譫語，宜黃連解毒湯，甚者承氣湯。汗、吐、下後虛者，宜人參白虎湯加辰砂。一日溫病、熱病發狂，熱毒內盛，脈大腹滿，便秘發狂者，幷宜承氣合黃解毒。若脈浮兼表證者，雙解散、三黃石膏湯，加生薑，皆能發汗解表。二藥解散蓄熱，極爲穩當，必不至變生別證。

凡溫熱病，脈小厥逆者不治。

譫語者，語言訛謬而無倫也。經曰：實則譫語。此之謂也。蓋熱邪傳變入深，蘊於胸中，則昏其神氣，遂語言無次而妄說也。熱邪輕者，惟睡中譫語，醒則無矣；如熱邪重者，即不睡亦譫語；如熱極者，罵詈不避新疏，不識人，此神明之亂也。譫語蓋非一端，要在辨之而已。發汗多，亡陽譫語。以胃爲水穀之海。津液之主，發汗多，亡津液，胃中燥，必發譫語。此非實熱，故不可下，以柴胡桂枝湯，和其營衛，以通津液，後自愈。婦人經水適來，熱入血室，宜小柴胡湯。譫語不惡寒，反惡熱，宜白虎湯。三陽合病，身重腹滿，難以轉側，口中不和，面垢譫語，遺尿自汗，脈滑實，宜白虎湯潮熱，手足心腋下濈濈汗出，其脈沉實，或滑數有力，調胃承氣湯下之。溫熱病誤用表藥，熱傳三焦，譫語悶亂者，三黃石膏湯，加大黃下之。瘀血譫語，小便利，大便實，小腹滿，手不可近，宜桃仁承氣湯。下利譫語，脈滑而數，有宿食也，以承氣湯下之。下利譫語，用藥不可造次。此燥實、結實，胃中稀水傍流之物，非利也，必須能識滑數之脈者，乃可下之。此通因通用之法，妙在於脈也。

《傷寒辨證·多眠》 凡風溫陽脈浮滑，陰脈濡弱，多汗，或發汗後身猶灼熱，喘息多眠，宜萎蕤湯。【略】溫熱病，三陽合病，目合則汗，譫語有熱者，宜白虎湯。凡胃中有熱者，亦欲多眠，但神昏氣粗而大熱，絕不似少陰之踡卧足冷也。

《傷寒辨證·手足厥逆》 手足厥逆者，陰陽少氣不相順接，四肢逆冷，便爲厥也。凡有四逆者，便當早察冷熱虛實而治之，但恐履霜則堅冰至，欲治之已無及矣。夫傷寒發厥，正氣已極，陰陽二厥，治之一差，死生立判。凡陽厥者，必先因熱甚不解而後發厥也。經所謂厥深熱亦深，厥微熱亦微也。凡切其脈，雖沉而有力，四肢雖冷，有時而溫，或手足心溫，戴氏以爲指甲卻暖，大便燥實，譫語發渴，揚手擲足，畏熱喜冷，與之涼水則嚥，此乃陽厥之候。仲景曰：厥逆手足冷，脈滑者，裏有熱也，宜白虎湯主之。劉河問謂：肢體厥逆，惟心胸有熱，大便秘者，以涼膈散養陰退陽，不宜速下，大便不秘者，以黃連解毒湯調之。凡厥證，可下者，內有燥屎也。必以手按病人臍腹，或鞕或痛，或腹中轉氣下矢極臭者，有燥屎也，乃可下之，宜調胃承氣湯。【略】大抵陰厥者，便利不渴，身踡多睡，醒則人事了了。陽厥者，熱邪轉入轉深，必然神志昏亂，人事迷惑。溫熱病厥逆，脈沉滑，不大便者，承氣湯下之。熱不退者，再三下之。雖曰三下，熱不退者死。亦有下三五次，利一二十行，熱方退而得生者。此溫熱厥逆治法，不可拘於傷寒陽厥，而禁大下也。

《傷寒辨證·不得眠》 陽盛陰虛，則晝夜不得眠。陰盛陽虛則嗜卧不欲起。蓋夜以陰爲主，陰氣盛則目閉而卧安。若陰爲陽擾，故中夜煩躁而不得眠也，所謂陰虛則與夜爭是也。凡太陽病，脈浮數，身痛、無汗，而煩躁不眠者，宜汗之則愈。冬月宜桂枝、麻黃。春溫夏熱病，宜辛涼雙解表裏之熱以治之。凡陽明病標熱，目痛，身熱，鼻乾，不得眠，宜葛根解肌湯。若自汗，脈洪數，表裏俱熱，煩渴舌燥飲水者，宜白虎加人參湯。若蒸蒸發熱，大便秘鞕者，宜調胃承氣湯。若大熱錯語，不得眠，呻吟乾嘔者，宜黃連解毒湯。凡少陽病，發熱，口苦，心煩不得眠，脈弦數者，宜小柴胡湯加黃連、山梔。若虛弱人津液不足者，加麥門冬、酸棗仁。凡太陽病，發汗後，不得眠，脈浮數，微熱，煩渴，小便不利者，宜五苓散。若大汗出，胃中乾燥，不眠，煩渴欲飲水者，少少與之愈。脈數大者，宜人參白虎湯，或竹葉石膏湯，不可用五苓散。凡吐下後，虛煩不眠，劇者，懊憹不眠，此邪熱乘虛，客於胸中，煩熱鬱悶而不得散也，宜梔子豉湯。凡下後，復發汗，晝日煩躁不得眠，夜而安靜，不嘔不渴，無表證，脈沉微者，宜乾薑附子湯。凡下後，虛煩不得眠者，加味溫膽湯、酸棗仁湯，皆可選用。

《瘟疫明辨·裏證·煩躁》 煩乃心煩，情思不定，神不安而形如故。躁則形擾，揚手擲足，形不寧而神復亂，煩輕而躁重也。在他證，有謂煩屬心躁屬腎者，煩屬陽躁屬陰者。在時疫，總屬鬱熱。熱淺在上，則見煩躁之形，熱深在下，則漸近昏沉而不煩躁。是時疫初起，可即煩躁之輕重，辨病勢傳變之輕重。不煩躁，則非時疫。設氣、色、神、脈、舌胎有時疫確據，亦屬但表不裏之輕症。凡初起憎寒發熱而煩躁者，邪在半表半裏，三消飲、九味羌活湯、

六神通解散選用。隆冬寒甚，汗雖出者，大青龍湯、葳蕤湯可借用。舌胎已黃，渴而喜飲，身熱汗出而煩躁者，邪入於胃也，白虎、黃芩、三承氣、小陷胸、三黃瀉心、涼膈散選用。舌胎已黑，煩躁漸近沉昏者，邪入心包也，犀角地黃湯加羚羊角、黃連解毒湯選用。屢經汗下清涼，表裏俱無阻滯而煩躁者，陰液傷也，生脈散、六味地黃湯、吳氏諸養榮湯選用。或用清解清利滋潤諸法不應，而煩躁加甚者，當細驗舌胎，色黃黑胎中夾一塊白潤，是爲夾水。或平素胸有痰飲，或未病之先曾飲冷物，或初煩躁時過飲冷水恣啖涼物，或用清涼太早，皆能停飲於胸膈胃脘之間，寒飲拂鬱，其疫熱外不能達表，內不能傳胃，故煩躁轉甚。故煩躁轉甚。驗舌之後，更細按胸脇，滿痛而軟，漉漉有聲，再細察其脈，右寸關或弦緊，或緩，皆停水確據。當以蒼朮、半夏、萊菔、厚朴，先消其水氣，然後治其煩躁，無不應者。不論舌胎有無黃黑，但煩躁而兼小便不利者，雖無水氣在胸脇，而少腹略有滿痛處，即當以導赤瀉心湯、四苓湯、豬苓湯、益元散，利其小便。所謂心邪不從心瀉，而從小腸瀉也。

《瘟疫明辨·裏證·讝語》 讝語者，熱蒸心也。時疫一見讝語，即當清熱。然有經熱蒸心而讝語者，邪在三陽，表症多有之，脈浮大，頭痛發熱，舌白者是。吳氏三消飲最當，六神通解散、九味羌活湯、防風通聖散、白虎湯、梔子鼓湯皆可選用。有膈熱蒸心而讝語者，脈洪身熱，汗出，不惡寒反惡熱，胸中無結者是，白虎湯、黃芩湯選用。有痰涎搏結，其熱聚於中上二焦而讝語者，脈弦滑，胸痛及心下痛拒按者是，小陷胸湯、大柴胡湯選用。有胃熱蒸心而讝語者，脈滑實大，舌黃，及黑、及燥、及芒刺，腹滿拒按者是，三承氣湯選用，輕者只用平胃散加山查、麥芽、蘿蔔子即效。有熱入血分而畜血，血熱蒸心而讝語者，脈沉結，或濇，心下至少腹凡有痛處拒按而軟者是，犀角地黃湯、桃仁承氣湯、抵當湯選用。有熱入小腹膀胱，畜水之熱上蒸心而讝語者，脈浮數，少腹滿，小便不利者是，四苓散、豬苓湯、益元散選用。以上皆實症讝語也。至若屢經汗下、清利，二便已清利，胸腹無阻滯，六脈虛散、結代、微弱而讝語者，陰陽兩虛，神無所倚也。虛在上焦，必心悸神倦，生脈散加棗仁，天王補心丹。虛在中焦，必面色痿黃，四肢倦怠，歸脾湯。虛在下焦，必耳聾目直視，六味地黃湯加遠志、五味、龍骨、茯神。

《瘟疫明辨·裏證·狂》 時疫發狂者，讝語之甚者也。亦疫熱蒸心之所致，治同讝語。

《瘟疫明辨·裏證·沉昏》 時疫沉昏，熱入至深，極險症也。蓋熱初蒸及心之經，則心神不安，多夢囈，醒時自清。蒸心之經漸深，則心神漸煩，多言，所言皆日用當行之事，無糊塗語，蒸及心包，則精神間有昏處，多言間有糊涂語，猶清白語居多。迨蒸心包漸深，則心神昏處居多，言多妄見妄聞，甚至疑鬼疑神，非人所見聞者，猶省人事也。至熱直入心臟，則沉昏全不省人事矣。此熱入淺深之次第，見證輕重之辨也。所以多言讝語，熱之浮淺者，梔、芩、知、膏可解。發狂，熱之深結者，硝、黃可解。至沉昏，熱之至深者，非犀角、黃連、羚羊角、牛黃，莫能解也。沉昏雖係熱深，更有夾痰氣、夾胃結、夾血結之分。胸滿舌白，係夾痰氣，當加川貝、瓜蔞、半夏、萊菔子於犀、連諸藥中。舌黃及燥黑，腹滿硬痛者，當加犀、連於三承氣湯中。痛而軟者畜血，加桃仁、丹皮、赤芍於犀、連藥中。治沉昏之大法備矣。以上皆實症，更有虛症，亦所當知。屢經汗下、清利之後，表裏無熱，胸腹無阻，二便自利，而神情由倦漸昏，由昏而漸沉，乃大虛之危症。大劑生脈散加桂、附、芪、朮、苓、芍，急救其陰傷，亦不逮矣。

《瘟疫明辨·裏證·循衣摸床撮空》 時疫循衣摸床撮空者，熱盛神昏而四肢實也。當察其舌，舌胎白或無胎，有熱無結也，犀角、黃連、石膏爲主。舌有燥胎，或黃黑燥裂芒刺，有熱有結也，大黃、芒硝爲主。屢經汗下後，胸脇仍有拒痛者，邪未盡也，仍宜清利。無拒痛者，陰虛而陽亢也，生地、麥冬、棗仁、茯神安神爲主。

《瘟疫明辨·裏證·多睡》 時疫初起多睡，兼身重者，熱邪阻滯其經脈也。有汗，白虎湯。無汗，或加麻黃。屢經汗下後，表裏熱愈甚，二便俱利而身痛多睡者，陰傷也，四物、六味、生脈三方合用。大劑養陰方效，失治即危。服此數劑，身痛已和，表裏熱退而仍多睡者，於三方中加生棗仁即愈。若夫平素脾虛多睡，多痰嗜睡者，一受疫，必更嗜睡，當於時疫藥中，參之以理脾消痰之品。

《醫宗金鑑·傷寒心法要訣·煩躁不眠懊憹》 躁身不靜煩心擾，不躁難眠作熱觀，懊憹煩甚無冷病，惟躁陰陽表裏看。諸煩無論三法後，便軟梔竹等湯煎，便鞕白虎三承氣，躁同陰見便屬寒。

註：身爲熱動而不安謂之躁，心爲熱擾而不寧謂之煩。煩則擾於內，躁則動於外，故有心煩而無身煩，有身躁而無心躁也。大抵煩屬陽，躁屬陰。

若懊憹心中反覆顛倒，煩不得眠，不與躁同見者，皆無冷病，當作熱觀也。惟躁則不然，當分表裏陰陽取治。故太陽有不汗出而煩躁，謂之在表，大青龍證也。陽明有心下鞕之煩躁，謂之在陽，白虎湯證也。三陰有吐利手足厥之煩躁，謂之在陰，四逆輩證也。諸煩，謂煩不眠懊憹也。無論三法後，謂不論已經、未經汗、吐、下三法之前後也。但大便不鞕者，以竹葉石膏、溫膽、梔子豉等湯主治可也。便鞕者，量其熱之深淺，以白虎、三承氣湯主治可也。躁同陰見，謂躁同三陰證見，便屬陰寒之躁，宜四逆、理中、吳茱萸湯主治可也。

《醫宗金鑑·傷寒心法要訣·神昏狂亂蓄血發狂》 神昏胃熱重陽狂，三黃三承白解湯。蓄血發狂小便利，少腹鞕痛屬太陽，陽明蓄血大便黑，其人如狂而喜忘，桃仁承氣抵當治，須識作汗奄然狂。

註： 神昏胃熱，謂神昏是胃經熱極乘心也。重陽狂，謂熱入於陽則狂亂也。三黃，謂三黃石膏湯，治神昏狂亂表實無汗者也。三承，謂三承氣湯，治神昏狂亂裏實不便者也。白解湯，謂白虎解毒湯，治神昏狂亂，無表裏證而熱極者也。太陽蓄血發狂，則少腹鞕痛，小便自利若小便不利，是水熱蓄也，非血蓄也。陽明血蓄如狂，則喜忘，大便黑，若大便不黑，是熱極熱蓄也，非血蓄也。蓄血輕者，桃仁承氣湯，重者抵當湯，擇而用之可也。然發狂證，亦有陽感陰虛之人，作汗將解之時，奄然發狂，濈然汗出而解者，當須識之，不可以藥也。

《醫宗金鑑·傷寒心法要訣·循衣摸床》 循衣摸床有二因，太陽火刦熱傷陰，小便利生不利死，陽明熱極熱彌深，皆緣三法失成壞，脈實堪下弱難禁，虛實陰陽難辨處，獨參六味可回春。

註： 循衣摸床，危惡之證也。一因太陽火刦取汗，致陽盛傷陰。陰若未竭，則小便利，多生； 陰若未竭，則小便難，多死。一因陽明熱極，汗、吐、下三法失宜，致成壞證。其熱彌深，脈實者，堪下則可治； 脈弱者，不堪下則難治。此已成危惡壞證，往往陰陽虛實，醫莫能辨，無下手處，當以大劑獨參、六味、乾生地黃湯，時時與之，每獲生也。

《醫碥·瘟病兼證論》 神虛譫語，未下之前譫語，必有內熱煩渴之證，此爲實病宜下，既下之後，數日內譫語不止，此元神未復也，急宜清燥養榮湯。協熱下利，泄瀉稀糞，色必赤黃或焦黃，此胃不留邪也，一二日利止熱退爲病愈； 利不止者，宜小承氣下之，而利自止。若利一二日，忽煩渴又泄，此伏邪以發也，仍照前治。

虛煩，坐卧不安，手足不定，六脈不顯，尺脈不至，此元氣不能主持，法當大補。

《通俗傷寒論·傷寒兼證·發狂傷寒》 因： 胃熱蒸心，陽盛發狂，其主因也。傷寒少，溫熱病多，溫熱病夾癍毒、夾痰火者尤多，其先夾醉飽、夾驚、夾怒者亦多，此皆謂之陽狂。他如作汗發狂，畜血發狂，陰躁發狂，心風發狂，此皆謂之如狂。病源既異，病狀自殊，故治病必求其受病之源。

證： 傷寒化熱傳裏，及溫熱病裏熱亢盛，症皆目赤唇焦，齒燥舌乾，大渴飲水，始得少卧，不安，妄語悲嘆，繼即棄衣狂奔，罵詈叫喊，不避親疏，甚則踰垣上屋，登高而歌，舌胎深黃厚膩，甚則老黃焦黃，或夾灰黑，多起芒刺。夾癍毒者，胸悶心煩，起卧無定，靜躁不常，癍點隱隱，壯熱無汗，舌胎純黃邊黑，中見紅點。夾痰火者，痰壅氣逆，胸悶嘔吐，靜則迷蒙昏厥，躁則狂妄舞蹈，舌胎黃厚而滑，或黃白相兼，或夾灰膩，捫之濕潤。夾醉飽者，或歌或罵，或笑或哭，噯腐難聞，酒氣噴人，舌色深紫而黯，捫之滑潤，或中見黃膩，或後根黃厚。夾受驚者，痰涎壅塞，牙關緊急，躁則狂言多驚，卧起不安。靜則短氣心悸，神識如痴，舌胎多黃而滑，或夾紅星。夾觸怒者，兩目斜視，勢欲殺人，見人欲囓，咬牙齘齒，發則怒狂罵詈，醒則歌哭吁嘆，舌多焦紫，或鮮紅起刺。此皆陽狂之本證夾證，有實無虛。若作汗發狂，其人欲食，大便自調，溺反不利，骨節作痛，翕然發熱，奄然發狂，濈然汗出而解，舌胎薄白微黃。畜血發狂，太陽病不解，熱在下焦，少腹硬滿而痛，小便自利，大便反黑，瘀熱在裏，其人發狂，舌色多紫而黯，捫之滑潤。陰躁發狂，初起無頭痛，不煩悶，但手足逆冷，陰極發躁，欲坐卧於泥水井中，或欲陰涼處坐，或煩渴而不能飲水，躁亂不安，如發狂狀，舌多灰而淡白，或灰黑而嫩滑。心風發狂，發則牙關緊急，痰涎上塞，口吐白沫，迷悶恍惚，醒則狂言多驚，喜怒不常，甚則或歌或哭，舌色純絳鮮澤，略有垢濁薄胎，或紅而上罩黏膩，似苔非苔。此皆如狂之陰陽錯雜證，虛實皆有。

脈： 榮齋按： 狂症脈多滑大見王馥原《醫方簡義》，只有蓄血如狂則脈見沉弦，或沉數而實； 俞氏原文羅列了十一種脈症，頭緒紛繁，徒亂人意。茲刪之。

治： 發狂無汗者，新加白虎湯加葱豉，涼泄鬱熱以出汗。汗仍不出，而

熱甚狂亂者，三黃石膏湯川連、條芩、川柏各一錢，石膏八錢，知母四錢，生山梔、淡香豉各三錢，麻黃六分，雪水煎藥。加辰砂、連翹心各一錢，竹葉捲心三錢，大發其汗以泄熱。熱泄汗出，其狂自止。發狂便結者，白虎承氣湯加蘆筍、竹葉芯，涼瀉實火以通便。便仍不暢，而熱閉狂昏者，牛黃瀉心湯西牛黃、辰砂各五分，生大黃三錢，梅冰一分，共研，先用生薑汁一滴，白蜜兩小匙，和開水調服。兩清心胃以瀉火。火泄熱清，其狂自愈。陽毒發狂，解毒承氣湯加紫雪丹八分，藥湯調下，活水蘆筍二兩，大青葉八錢，與方中綠豆煎湯代水，峻逐毒火以瀉湯。陽毒雖解，而癍發未透。神識昏迷者，犀地清絡飲加三黃瀉心丸川連三錢，青子芩、煨甘遂各二錢，西牛黃、廣鬱金各錢半，豬心血一枚，爲丸，重一錢，硃砂爲衣，藥湯調下。開竅透癍以清神。神清癍透，其病自痊，痰火發狂，輕則陷胸承氣湯，重則加味涼膈煎，調下安神滾痰丸煆礞石、風化硝、辰砂各一兩，沉香、珠粉各五錢，研細，竹瀝、薑汁、皂莢膏爲丸，如芡實大，每服三丸。峻下痰火以除狂。狂除而神識迷蒙者，玳瑁鬱金湯去紫金片，調下局方妙香丸，清涼芳烈以開竅，肅清痰火以醒神。神識清醒，其根自除。醉飽發狂，先以炒鹽湯調下瓜蒂末一錢吐之。繼以枳實導滯湯，加檳榔三錢，枳椇子五錢，下之。終以葛花解酲湯加減生葛花一錢，枳椇子四錢，青皮八分，廣皮錢半，生於术一錢，赤苓、豬苓、澤瀉各錢半，六神麯三錢，廣木香、春砂仁各六分，鮮青果二枚。解其酒毒，調其脾胃以善後。觸驚發狂，先與蒿芩清膽湯調下許氏驚氣丸鐵粉、橘紅、薑南星、南木香、白殭蠶、白花蛇、麻黃、天麻各五錢，蘇子一兩，全蝎、辰砂各一錢，龍腦、麝香各一厘，同研極勻，蜜丸如龍眼大，每服一丸。鎮肝清膽以定狂。終與十味溫膽湯潞黨參、辰茯神、淡竹茹、熟地、枳實各錢半，薑半夏、廣皮各二錢，炒棗仁、遠志肉各一錢，炙甘草五分，生薑一片，紅棗一枚。補虛壯膽以善後。大怒發狂，便通而痰氣上逆者，生鐵落飲加減生石膏八錢，天竺黃、青龍齒、辰茯神各三錢，製香附、元參心各二錢，淡竹瀝兩瓢，石菖蒲汁二匙，同冲，先用生鐵落一兩，同生石膏煎湯代水。墜痰鎮肝以定狂。便閉而火勢大盛者，白虎承氣湯去粳米，加川連一錢，鐵粉三錢同石膏先煎清湯代水，瀉火解結以除狂。欲汗發狂，只與葱豉荷米煎，和中解肌以助汗，或但飲沸水以發汗，汗出則狂自止。畜血如狂，輕則犀角地黃湯加味方載傷寒變證畜血條，重則代抵當湯加減酒浸生川軍四錢，光桃仁十粒，風化硝、酒炒莪朮、歸尾各一錢，鮮生地一兩炒，川甲八分，官桂三分，青糖一錢拌炒䗪蟲五只。搜逐瘀積以消之。瘀消血行，如狂自止。終與四物絳覆湯，養血活絡以善後。陰躁如狂，脈沉細而肢冷煩躁者，眞武湯加辰砂一錢冲冷服，回陽攝陰以除之。脈數大而空，陰盛格陽而躁者，通脈四逆湯去葱白，加別直參三錢冷服，破陰回陽以救之。若仍躁不得眠，脈伏不出者，回陽急救湯，生脈回陽以固其脫。心風如狂，參珀茯神湯西洋參、炒棗仁各錢半，茯神四錢，石菖蒲、遠志肉各一錢，乳香六分，琥珀、辰砂各五分，二味和勻同冲。調下金箔鎮心丸金箔五片，人參、茯神、犀角各一錢，西牛黃、天竺黃、青龍齒、龍膽草、生地、遠志、硃砂、鐵粉各七分，爲細末，蜜丸如桐子大，每服七丸。鎮心宣竅以安神，神安則如狂自止。總之發狂一證，雖有虛實寒熱之不同，畢竟實證多，虛證少。治此者，總以瀉火爲先，參以消痰、理氣、涼血、通絡，察其孰輕孰重而兼治之。此爲治狂之要訣。若夫似狂非狂，則求其病源而分治之。若誤作陽狂實熱，驟用涼瀉，反速其死，臨證者務詳審而明辨之。當其狂勢正盛之時，莫妙於病人處生火一盆，用醋一碗，傾於火上，使其氣衝入病人鼻內，再將冷薑水，噴於病人頭面心胸，狂卽暫安，方可審察病機，色脈合參，以辨其陰陽虛實，對證發藥，庶免草率誤人之弊。一面囑病家洞開窗戶，揭起床帳，放入清爽之氣，使病人心氣豁然開朗，亦爲要務。

《松峰説疫・論治・瘟疫雜症治略》 善怒

凡病人恆多焦躁，此其常也。惟瘟疫之怒與凡病之焦躁不同。其症或因人語言之稍有拂逆，或細事之偶然不諧，在平時可以嬉笑處之，而茲則入耳便怒不可解，心中暗惱不休，至昏瞶時，返將所怒之事，從譫語説出而弗自覺也。又或有靡所觸忤，偶憶往事可惱者，亦時時發怒，能令心腹鬱悶脹塞，與懊憹相似而實不同。蓋懊憹，方書中解之謂鬱鬱然不舒，憒憒然無奈，比之煩悶而甚者是也。係下後之症，且無所忤而自生者。兹善怒，則不論曾否汗下，日日如斯，甚有瘟病已愈，而此症仍在者，必俟能起坐如平時方止。將謂此症不由肝膽，而肝膽實司怒之經，將謂其怒盡由肝膽，而肝膽不任其疚，何者？肝膽之瘟邪退，而其怒仍在也，惟投以理氣之劑，而鬱悶稍舒，然雖舒，或有所觸而其病復發矣。有似於陽厥而又非也。書言陽厥怒病發狂者，因陽氣暴折而難決，故善怒，病名陽厥。蓋陽氣暴折，故鬱而多怒，治以鐵落飲加辰砂少許，取金能生水之意。且鐵性沉重，最能墜熱開結云云。夫曰陽厥者，必有四肢厥逆之症，方可以厥名。曰怒病發狂者，是狂而不僅於怒矣。而茲則不厥不狂，心中暗惱，而不自禁也，因名之曰善怒。雖心腹鬱結難支，然未見有以此殞命者。惟專治其瘟，瘟愈而怒自已矣。或投以鐵落飲，視其

兼症，而加減出入之，庶可奏效也。

狂

狂之爲病有三，而陰症不與焉。經曰：重陽則狂。又曰：邪入於陽則狂。諸經之狂，總陽盛也。

一曰發狂，蓋陽明多氣多血，陽邪入胃腑，熱結不解，因而發狂。其症則妄起行，妄笑語，登高而歌，棄衣而走，踰垣上屋，呼號罵詈，不避親疏，數日不食，皆因陽明邪熱上乘心肺，故令神志昏亂，如此是爲邪熱已極，非峻逐火邪不能自已。故但察其面赤咽痛，潮熱噎氣，五心煩熱，唇腫口噦，發黃脈實，形如醉人，大便鞕結或腹滿而堅。有可攻等症，則宜以大承氣、六一順氣等湯，涼膈散，消息出入下之。再甚則爲陽毒，斟酌施治。如無脹、滿、實、堅等症，而惟胃火致然，則但以白虎湯、抽薪飲等，泄去火邪自愈。一曰如狂，或當汗不汗，或覆蓋不週而不汗。太陽之邪，無從而出，故隨經入腑，小腹鞕滿，小便自利，下焦蓄血，經所謂熱結膀胱，其人如狂。是特如狂而未至於狂耳，宜桃仁承氣下之則愈。一曰火邪驚狂，其或薰熨迫汗，灼艾燒針等治不如法，令人煩躁起卧不安是也。此傷寒中事，瘟疫門原無薰灼治法，故無此變症。至於狂亂而兼小便自遺直視，汗出輒復熱，不能食，舌捲囊縮，皆難治。

譫語讝語

傷寒譫語、讝語，解者紛紛。考其字義，譫語者，不論寤寐，亂言獨語，如見鬼狀。因胃熱上乘於心，心爲熱冒，則神識昏亂，錯妄如此，俗謂之說糊話者是也，熱之輕者也。甚則狂語不休，罵詈喊叫，昏不識人，而熱則深矣。讝語者，乃合目自言，寤而自止，較之譫語則更輕矣。此譫讝二字之分也。譫語向入陽明門，以余之所閱歷，三陽皆有，而陽明居多耳。亦有初得病而即譫語者，更兼昏不識人及不能食，其病必重。若無此症，或睡則讝語，而寤則清醒，或寤時偶爲讝語，而有時止歇，其病則輕矣。譫讝之由，又自不同。有邪在表者，有邪入裏者，有邪在半表半裏者，有表虛裏實者，有汗後者，有下後者，有蓄血者，有躁屎者，有邪入心經者，有合病併病者，有過經者，有亡陽者，當察其兼症與脈、與色、與聲、與人之虛實，始得其病情也。此專講邪熱之症，亦間有汗下後用補者，而陰寒不在此例也。脈和易愈，短則死。身微熱。脈浮大洪者生； 逆冷，脈沉微弱細急者死。或氣上逆而喘滿，或氣下奪而自利，皆爲逆候。

循衣摸床

瘟疫而至循摸，勢亦危矣，而治之得法，亦有生者。其一由陽明裏熱之極者。蓋陽明胃也，肝有邪熱，而移於胃，故現此症。胃主四肢，而風木乃動搖之象。是循摸乃肝與腑邪熱所致也。脈滑者生，澀者死。如有下症，宜用承氣等湯。其一由用火刼汗而然者，小便利者生，不利者死。利則肺氣猶降，膀胱猶能化氣，而腎水未枯也。余曾見一人患瘟疫，不時循摸，詢之，謂曾用火罐將胃口亂拔，冀其作汗，變現此症。遂用寒涼和解之藥而愈。蓋未現下症，第因火刼所致，清之即愈。亦有不因火刼，不因吐下後而有是症者，總宜清涼和解。傷寒書中，亦有指循摸爲虛極，而用微補峻補者，瘟疫未曾經過。

《傷寒指掌・傷寒變症》 經曰：邪入於陽則狂。又曰：重陽則狂。狂爲陽盛也。傷寒熱毒在胃，併於心，至於發狂，邪熱極矣。

邵評：陽邪入於陽經，故曰重陽，陽盛則狂也。若邪熱內伏胃中，火毒上熏，蒙擾心包靈氣，則神不自知而發狂。

狂之發，少卧，不飢，妄言笑，妄起止，棄衣而走，登高而歌，甚則踰垣上屋，皆獨陽亢極使然，非吐下不能已。

邵評：此是陽明實火上升，神蒙不清，吐之下之，其熱外泄，則狂自止。

凡胃中熱極乘心，則神昏發狂。經云：重陽則狂者，謂熱入於陽，是狂亂也。表實無汗，三黃石膏湯。裏實不便，大承氣湯。無表裏症，白虎合解毒湯。

邵評：太陽表熱不得外泄，鬱而發狂，當清解表裏熱邪。陽明胃熱不得下泄，燥屎內蒸而狂者，治宜下之。陽明經熱，胃火內燔而狂者，治以清解胃熱。

病人煩躁狂走，妄言叫罵，面赤咽痛，鼻如煙煤，或身斑如錦，或下利赤黃，此陽毒也三黃湯，大黃散主之。

陽毒發狂，踰垣上屋者，霹靂湯，調下鵲石散二錢，或用人中黃三錢，開水下，或水調瓜蒂末吐痰。以上皆實症治法

邵評：火毒內燔，挾痰上灼，蒙蔽清靈，如醉如癡，宜大清其毒火，或吐其痰熱。

《傷寒指掌・傷寒變症・煩躁》 《金鑑》云：身爲熱動而不安，謂之

躁；心爲熱擾而不寧，謂之煩。煩擾於內，躁動於外也。

邵評：躁則身體擾動，有形可見，旁人如之；煩則心中懊憹，外無見象，惟病人自知。故煩擾於內而病輕，躁動於外而病重。

獨煩不躁者，屬熱。獨躁不煩者，屬寒。煩躁同見，在太陽屬熱，在少陰屬寒。

邵評：煩爲陽而出於心，躁屬陰而出於腎。

煩主心，躁主腎，煩屬陽，躁屬陰。

煩者心中煩亂不寧，欲起不安，欲睡不穩之狀，卽反覆顛倒，心中懊憹之證也。

邵評：邪火內擾則煩。脘中憒憒無奈，懊惱難過，欲吐不得吐，欲眠不得眠，心煩意亂，不能自主。病人自知其苦，外無形象可見也。

如火踞心包，上焦不清而煩者，左寸脈必躁動，舌燥尖紅，當以梔子豉湯，加川連、翹心、淡竹葉、鉤藤鉤之類主之。

邵評：火熱徒肺衛而傳心包，邪在上焦清虛之部，故煩亂不安。左寸主心包脈位，邪盛則躁動。舌燥尖紅，邪火伏於膈間，逼迫心包，而津液受灼也。用梔子豉湯以除膈間之邪，加味以清心包之火，此治邪伏膈中，火逼心包而煩之正法。

大汗後虛煩者，竹葉石膏湯主之。兼痰者，溫膽湯加減。

邵評：汗後正虛，邪火留伏，故心虛煩，用此湯養正生津而化邪熱。若兼有痰者，條痰化邪。此治汗後正虛，邪伏而煩之正法。

虛煩不得眠，脈虛細，宜養心，十味溫膽湯及酸棗仁湯之類。

邵評：病後心虛氣弱，痰熱留伏膽經，故虛煩不得眠。治以養正清心，宣泄肝膽痰熱伏邪。此方治心虛氣弱，痰火留伏肝膽而煩之正法。

有表證，不得汗而煩者，取汗卽愈。若不得汗，心中煩悶不安，恐有痧疹，須細察之。

以上五條論煩。

邵評：表有邪而不得汗，氣鬱而煩悶，汗出則氣通，邪達而煩愈，如發汗而不得汗，心中煩悶轉增者，此邪伏不宣，欲發痧疹之兆。當留心細察之。

躁者，身體手足躁擾，或裸體不欲近衣，或欲坐卧水中，此陰極發躁，爲外熱內寒，病屬少陰。其舌不拘何色，必胖大嬌嫩，其脈必細數躁動，或洪大而空，或手足厥冷，六脈沉微，古人用四逆理中等湯冷服，不若八味飲或參附熟地濃煎冷服。

邵評：陰火上浮則躁，其症倏起倏卧，一刻不安，揚手擲足，揭去衣被，躁擾不寧，煩亂如狂。此等形症，旁人皆得見之，非比心煩之外顯也。此陰寒極盛，陽不附陰而上越，陰火外浮，眞元欲脫之兆。病在少陰，故躁屬於腎也。此陰盛格陽浮欲散。故古人用四逆、理中等方以回陽，冷服以開其拒格。今人陰亦不充，故宜六味滋陰，桂附回陽。此治陰盛格陽、虛陽浮越而發躁之正法。

若少陰煩躁同見，口渴唇燥，舌紫而乾，脈細而數，手足微厥，躁擾不寧者，又當滋少陰之陰。左歸固本之類主之。

邵評：此水虧火旺，水不得制火而煩躁。較上條陰盛格陽，陰極發躁之症似輕。上條滋陰回陽，此是壯水制火。

凡心煩懊憹不得眠，不與躁同見者，均非虛寒，當作熱治。大便不祕者，只以梔子豉湯、竹葉石膏湯、溫膽湯主治。無論三法前、三法後，皆可用也。

邵評：但煩而不躁，懊憹不眠，此是陽經熱邪，而非虛寒症也。若大便不祕，其邪熱在於膈間，未入胃府，宜清上中二焦無形之熱，邪清則煩自止矣。此治陽經熱邪，但煩不躁之正法。

《溫證指歸・煩躁》溫證煩躁，與他證不同。古人原有煩爲心煩，躁爲腎躁之說，在溫邪悉屬熱鬱，邪輕則煩躁輕，邪重則煩躁重。有一病卽煩躁者，證現憎寒發熱，敗毒散，冬月九味羌活湯。有傳變煩躁者，舌黃渴飲，身熱汗出，邪已到胃，增損雙解散、三黃瀉心湯、加味涼膈散選用。舌胎已黑，人事漸昏，邪入心包也，犀角地黃湯加羚羊、牛黃，黃連解毒湯，紫雪選用。屢經汗下，表裏俱清，而仍煩躁者，陰液傷也，生脈散、六味地黃湯、吳氏諸養榮湯、楊氏大小復甦飲選用。或用汗解清利滋潤諸法不應，而煩躁更甚者，當細驗舌胎，若黃黑胎中夾一塊白潤，是爲夾水，或平素胸有痰飲，或未病時曾飲冷物，或初煩躁時過用生冷，或過用清涼太早，皆能停飲於胸膈胃脘之間。熱爲寒伏，外不能達表，內不能傳腑，故煩躁轉盛，驗舌之後，細按胸脅滿痛而軟，漉漉有聲，再診其脈，右寸關或弦緊，或緩滑，皆停水確據。當以蒼朮、半夏、萊菔先消其水氣，然後治其煩躁，無不應者。甚者加醋炒芫花，不論舌胎有無黃黑，而少腹或有痛滿處，但煩而兼小便不利者，卽屬水氣，當

以導赤、瀉心、豬苓、四苓、益元，利其小便，所謂心邪不從心瀉，而從小腸瀉也。

《溫證指歸・多言譫妄善忘》　溫邪多言，卽譫妄之漸，譫妄乃熱邪干犯上焦，當以雙解、涼膈、三黃、瀉心湯諸方選用。如膈熱蒸心，脈洪身熱，汗出惡熱，白虎湯黃芩湯。痰熱聚於中上二焦，脈弦滑，胸痛拒按，小陷胸、增損大柴胡選用。至婦人熱入血室，脈必弦沉，心下少腹，或有痛滿處，增損小柴胡湯加犀地、桃仁、承氣皆可。如熱入膀胱，少腹滿，小便不利，四苓、六一加太極爲主，此實證之譫妄也。至於屢經汗下，二便已調胸無阻滯，六脈無力，又當作神無所倚治。又有呢喃鄭聲，乃陰氣虛極，心神失守，不可不辨，呢喃者，如燕語也；　鄭聲者，鄭重頻頻，謬語諄諄不已也，皆極虛之象，當大劑調補陰陽，陽虛參附爲主，陰虛六味爲主。如熱在上焦，生脈散；　中焦，歸脾湯；　下焦，六味地黃湯，諸養榮湯，此虛證譫語之治也。至於善忘，多因畜血乃譫妄之漸，如兼脈芤，痛有拒按處，卽照畜血治，桃仁、承氣、代抵當丸選用，如無畜血證，又當用雙解、淸化諸方也。

《溫證指歸・發狂》　發狂一證，乃陽明熱極，胃實之象，急當涼下。甚有棄衣而走，登高而歌，踰垣上屋者。蓋四肢爲諸陽之本，陽盛則四肢實，故能登高也。《內經》以邪入於陽則狂，是皆陽明邪實之象，以增損、雙解、涼膈之類下之。如無胃實，白虎、三黃、石膏、大小淸涼之類淸之，此皆實證治法。至於虛煩似狂，而危更勝於實狂也，病後多有此證。或餘邪不盡，養心化熱爲要。或悲憂不已，病在肺也，生脈散。或失精不祕，病在腎也，六味地黃湯。或多鬱怒，病在肝也，逍遙散。或饑飽不一，病在脾也，歸脾湯。此虛煩似狂治法，更有畜血發狂，目睛紅黃，舌色多黑，桃仁承氣、抵當之類，加減治之，此其大略也。

《溫證指歸・沉昏多睡》　溫邪沉昏，乃熱邪入手厥陰心包，有漸入深入直入之分。漸入者，邪犯心經，人事尙淸；　深入心包，人事半明半昧，直入心臟，則人事全不知矣。皆極危極險之證，當於治溫藥中，加辛涼之品。如舌赤舌紫，胎黃胎黑，沉困昏憒，雙解散加犀角、牛黃、紫雪之類。如舌淨無胎，溫邪已退，餘熱尙存，當大養陰液，或犀角、地黃，或生料、六味地黃皆可。至其中夾痰水，夾結血，亦令沉昏，惟夾痰者，加蔞具；　夾血者，加赤芍、桃仁；　有燥屎者，加元明粉、大黃。此治沉昏之大概也。若夫溫邪多睡，在未經攻下之前，舌黃脈數，此邪實也，急下則愈。或經汗下，病邪已去，六脈平和，舌胎已退，多睡，省時了了，此名復陰氣，最佳之兆不可汗下，惟靜養消息，勿藥爲佳，卽或投藥，當以養陰化熱爲主。如夾痰多睡，淸化方中加蔞貝，夾水加苓、半，甚者加醋炒芫花。虛實旣分，補瀉各異，又當存乎其人也。至於不寐，在溫邪初起時屬邪實，每多不寐，或夜夢紛紜，皆譫妄之漸也，視邪之輕重，酌與神解、太極淸之。至於病後不寐，又屬腎陰不交心陽，宜六味地黃，合酸棗仁湯加減。仍有痰熱侵犯肝膽，當以溫膽加連，或因微勞不寐，硃砂安神丸，隨證酌用。

《溫證指歸・循衣摸床撮空》　循衣、摸床、撮空，三證兼見，非大實卽大虛之候。邪實正虛者，間亦有之，如舌赤胎黃，或舌黑起刺，譫妄神昏，脈數口渴，見循衣摸床撮空者，此實證也，當用大劑雙解，疊進爲是。如屢經攻下後，六脈虛數，舌淨無胎，日晡熱甚，見循衣摸床撮空者，此虛證也，大劑生料、六味地黃，煎濃湯液，日進數斗，儘力救援，或可百救一二。如失下舌黑胎刺，鼻煤厥逆，當以大劑養陰化邪，所謂壯水之主，以制陽光，此亦十中救半之候。若夫老人虛人，病後亡血後，正氣虛極，溫邪又盛，見以上三證，又當破格救援，黃龍湯，或朝服六味，暮投雙解皆可。總之，三證兼見。原屬敗證，能審明虛實，按證施治，或可希僥倖於萬一也。

《溫熱經緯・仲景疫病篇》　論曰：　百合病者，百脈一宗，悉致其病也。意欲食復不能食，常默然，欲卧不能卧，欲行不能行，飲食或有美時，或有不用，得藥則劇吐利，如有神靈者，身形如和，其脈微數，每溺時頭痛者，六十日乃愈。若溺時頭不痛，淅淅然者，四十日愈。若溺快然，但頭眩者，二十日愈。其證或未病而預見，或病四五日而出，或二十日，或一月微見者，各隨證治之。

百合病者，皆緣時疫新愈，其三焦腠理營衛之交，餘熱未淸，正氣困乏，不能流暢。如人在雲霧之中，倏淸倏渾。如日月被蝕之後，或明或暗，故有種種不可名言之狀。而其口苦，小便赤，脈微數，乃餘熱的證也。病不在經絡臟腑，治不能補瀉溫涼，惟以淸氣爲主。氣歸於肺，而肺朝百脈，一宗者，統宗於一，卽悉致其病之謂也。溺時頭痛者，小便由於氣化，水去則火上衝也。其病爲重，六十日愈。月再周，而陰必復也。溺時淅淅然者，膀

胱腑氣一空，表氣亦因之失護也。但頭眩者，陽氣不能上達也。熱漸衰，病漸輕，故愈日漸速也。曰其證，指溺時頭痛諸證而言。曰未病預見，謂未成百合病，先見頭痛等證也。百合清熱養陰，專潤肺氣，治以百合，即以百合名病也。

此病仲景以百合主治，即以百合名其病，其實餘熱逗留肺經之證，凡溫、暑、濕、熱諸病後，皆有之，不必疫也。肺主魄，魄不安，則如有神靈。肺失肅清，則小便赤。百合功專清肺，故以爲君也。楊云：前注已平正通達，讀此更親切不易，覺前注尚隔一層，余嘗謂孟英學識前無古人，試取其所注，與古人所注較論之，當知余言之非阿所好也。憶辛丑暮春于役蘭溪，在嚴州舟次，見一女子患此證，其父母以爲祟也。余詢其起於時證之後，察其脈數，第百合無見處，遂以葦莖、麥冬、絲瓜子、冬瓜皮、知母爲方。汪按：百合本治肺之品，從此悟入，可謂在人意中，出入意外矣。服之，一劑知，二劑已。

《溫熱經緯・余師愚疫病論》 疫證條辨

有似乎靜而忽躁，有似乎躁而忽靜，謂之靜躁不常。較之顛狂，彼乃發揚，而此嫌鬱遏。總爲毒火內擾，以致坐卧不安。宜本方增石膏、犀角、芩、連。

寤，從陽主上；寐，從陰主下。胃爲六腑之海，熱毒壅遏，阻膈上下，故火擾不寐。宜本方增石膏、犀、連，加琥珀。

雄按：火擾不寐，何必琥珀？若欲導下，宜用木通。

昏悶無聲者，心之氣出於肺而爲聲。竅因氣閉，氣因毒滯，心迷而神不清，竅閉而聲不出。宜本方增石膏、犀角、芩、連，加羚羊角、桑皮。

雄按：桑皮雖走肺，而無通氣宣竅之能。宜用馬兜鈴、射干、通草之類。清神化毒，當參紫雪之類。

心主神，心解則神爽。心爲烈火所燔，則神不清而譫語。宜本方增石膏、犀、連、丹、梔，加黃檗、膽草。

雄按：須參葉氏《溫熱論》逆傳治法。且此證挾痰者多，最宜諦審。

發狂罵詈，不避親疏，甚則登高而歌，棄衣而走，踰垣上屋，力倍常時，或語生平未有之事，未見之人，如有邪附者，此陽明邪熱，上擾神明，病人亦不自知。僧道巫尼，徒亂人意。宜本方增石膏、犀、連、丹、梔，加黃檗。

雄按：宜加硃砂、青黛。挾痰，加石菖蒲、竹瀝之類。

疫證遺溺，非虛不能約，乃熱不自持，其人必昏沈譫語，遺不自知。宜本方增石膏、犀、連，加滑石。

疫證循衣摸狀，撮空，此肝經淫熱也。肝屬木，木動風搖，風自火出。《左傳》云：風淫末疾。四末，四肢也。肢動即風淫之疾也，宜本方增石膏、犀、連、梔、丹，加膽草。

雄按：桑枝、菊花、絲瓜絡、羚羊角、白微之類，皆可采用。實者，宜兼通腑；虛者，定兼養陰。

《葉案存真類編・溫熱》 溫邪已入心營，神煩欲昏，質係陰虧，怕其液涸，不必以斑疹爲慮，清神斯邪不結蔽矣。經云：津液相成，神乃自生，故神藉津以養。

連翹心　石菖蒲　鮮生地　元參心　金銀花　天竹黄　至寶丹一粒

先厥後熱，邪氣蘊伏亦久，從傳染而得。今脈數舌紅，頭疼乾嘔，脘悶多痰，皆是熱蒸營衛，慮其再厥。

羚角　犀角　連翹心　川貝　元參　銀花　通草　鬱金

又方：犀角　連翹心　川貝　元參　銀花　通草　鬱金

又方：犀角　連翹心　川貝　通草　銀花　石菖蒲　金汁

又前方去通草，加麥冬。

又方：捲心竹葉　知母　生甘草　麥冬　花粉　川貝

又方：鮮佩蘭汁　麥冬　南花粉　棗仁　米仁　川貝

後四方無大分別，但輕重不同。前重心包，後重肺胃。前重開結，後重生津。

舌縮語音不出，呼吸似喘，二便不通，神迷如寐，此少陰腎液先虧，溫邪深陷陰中，瘛瘲已見。厥陽内風上冒，本質素怯，邪伏殊甚，實爲棘手。議護下焦之陰，清解溫熱之深藏，以冀萬一。此病宜大劑填腎陰，宣心陽使陰陽俱活，乃有生理。能將邪氣提出陽分，裏證轉爲表證，便是轉機。

阿膠　鮮生地　元參　鮮石菖蒲　川黄連　童子小便

前四味分兩宜重，再略加黨參、細辛，提邪出陰。

《醫學衷中參西錄・論傷寒溫病神昏譫語之原因及治法》 傷寒溫病皆有譫語神昏之證，論者責之陽明胃實。然又當詳辨其脈象之虛實，熱度之高下，時日之淺深，非可概以陽明胃實論也。

其脈象果洪而有力，按之甚實者，可按陽明胃實治之。蓋胃腑之熱上蒸，則腦中之元神，心中之識神皆受其累，是以神昏譫語，不省人事，或更大便燥結，不但胃實，且又腸實，阻塞腎氣不能上交於心，則亢陽無制，心神恍惚，亦多譫妄，或精神不支，昏憒似睡。若斯者，可投以大劑白虎湯，遵《傷寒論》一煎三服之法，煎湯三盅，分三次溫飲下。其大便燥結之甚者，可酌用大小承氣湯，其神昏譫語自愈也。

有脈象確有實熱，其人神昏譫語，似可用白虎湯矣，而其脈或兼弦、兼數，或重按仍不甚實者，宜治以白虎加人參湯。【略】

其證若在汗吐下後，脈雖洪實，用白虎湯時亦宜加人參。【略】

有伏氣爲病，因腎虛竄入少陰，遏抑腎氣不能上升與心相濟，致心脈跳動無力，燥熱鬱中不能外透，閉目昏昏似睡，間作譫語。此在冬爲少陰傷寒之熱證，在春爲少陰溫病。宜治以大劑白虎加人參湯，用鮮白茅根煮水以之煎藥，取湯三盅，分數次飲下自愈。

有患寒溫者，周身壯熱，脈象洪實，神昏不語。迨用涼藥清之，熱退脈近和平，而仍然神昏或譫語者，必兼有腦髓神經病，當繼用治腦髓神經之藥。【略】

有寒溫之病，傳經已遍，將欲作汗，其下焦陰分虛損，不能與上焦之陽分相濟以化汗，而神昏譫語者。【略】

有寒溫之病服開破降下之藥太過，傷其胸中大氣，迨其大熱已退，而仍然神昏或譫語者。【略】

有溫而兼疹，其毒熱內攻瞀亂其神明者。曾治一少年，溫病熱入陽明，連次用涼藥清之，大熱已退强半，而心神騷擾不安，合目恆作譫語。其脈有餘熱，似兼緊象。因其脈象熱而兼緊，疑其伏有疹毒未出。遂投以小劑白虎湯，送服羚羊角細末一錢，西藥阿斯匹靈二分，表出痧料滿身而愈。【略】

有其人素多痰飲，其寒溫之熱熾盛與痰飲互相膠漆以亂其神明者。藥物學瓜蔞解下附有治驗之案可參觀。【略】

有溫疫傳染之邪由口鼻傳入，自肺傳心，其人恆無故自笑，精神恍惚，言語錯亂，妄言妄見者。以上所謂寒溫諸證，其精神昏憒譫語之原因及治法大略已備。至於變通化裁，相機制宜，又在臨證者之精心研究也。

頭面五官異常部

論説

《嚴氏濟生方・咽喉門・咽喉論治》 夫咽者，咽也；喉者，喉也。咽者，因物以嚥；喉者，以候呼吸之氣。物之與氣，莫不由于咽喉也。若陰陽和平，榮衛調攝，氣道無不宣暢矣。攝養乖違，喜餌丹石，多食炙煿，過飲熱酒，致胸膈壅滯，熱毒之氣不得宣泄，咽喉爲之病焉。

病則爲腫、爲痛、爲喉痹、爲窒塞不通、爲不利而生瘡，或狀如肉臠，吐不出，嚥不下，皆風熱毒氣之所致耳。又有伏熱上沖，乘於懸壅，或長或腫，懸壅者，在乎上腭也。更有腑寒亦使人喉閉而不能嚥者，治之當辨明也。

《傷寒全生集・辨傷寒咽痛例》 咽喉不利，或痛或嘔，皆毒氣上攻，有陰陽二毒，有少陰有伏氣，要在審察治之，不可一例作爲風熱治也。陽毒咽喉腫痛，乃熱極也。陰毒咽喉不利，乃寒極也。

《傷寒緒論・喉痹》 喉痹者，熱毒陷於厥陰也。傷寒而至喉痹，邪氣深矣。蓋厥陰爲陰中之陽，最易發熱，龍火每挾毒邪涎飲，痹著於少陰之經，以陰從陰，故陰中火發，必發於喉，火性上炎故也。凡厥逆發熱，熱多寒少，或發癰膿，或唾膿血，或咽痛喉痹者，皆熱邪有餘之候。雖傷寒與溫病、熱病、天行、大頭，及雜證、濕痰鬱火等，驟發之喉痹種種不同，而爲陰火亢害則一。其治法皆可默悟矣。

《醫宗金鑑・傷寒心法要訣・目眩耳聾》 少陽目眩神自正，諸逆昏亂不能生，重暍耳聾濕溫汗，不語面色變身青。

註：目眩者，目黑不明也。耳聾者耳，無所聞也。皆少陽經主證，非死候也。其目之明，耳之聰，神自完整。若因三法失家，致諸變逆壞證，目眩而神昏言亂乃神散氣脫之候，故曰不能生也。若因誤發濕溫家汗而不能言語，耳聾無聞，身青面色變者，中曰重暍，亦死證也。

《寒溫條辨·頭目眩》 眩者，頭旋眼黑也。傷寒頭眩，多因汗吐下，虛其上焦元氣之所致也。傷寒邪在半表半裏，表中陽虛，故時時頭目眩，葛根湯。風家多頭目眩，亦當解肌，葛根湯。《傷寒論》曰：少陽，口苦咽乾目眩，小柴胡湯加天麻、川芎。《傷寒論》曰：陽明病，但頭眩不惡寒，故能食而咳，其人必咽痛。能食爲陽明中風，四逆散加天麻、桔梗。《傷寒論》曰：太陽傷寒，誤吐誤下後，心下逆滿，氣上衝胸，起則頭眩，脈沉緊，發汗則動經，身爲振振搖者，汗則外動經絡，傷損陽氣。桂苓甘术湯以溫經益陽。或眞武湯以實衛止汗。

按《鍼經》云：上虛則眩，下虛則厥。頭目眩皆屬虛，宜溫經補陽之劑。吳氏治傷寒汗出過多，頭眩，身搖發熱，脈虛數，人參養榮湯倍人參，加天麻，少佐酒炒黃檗，二服而愈。易老云：頭旋眼黑，非天麻不能定，少佐黃檗以滋腎水也。

若血虛頭眩，四物湯加人參、天麻。氣虛頭眩，四君子湯加天麻、川芎。伏痰頭眩，二陳湯加南星、白术、天麻、川芎。內兼痰火上攻，再加酒炒黃芩、竹瀝、薑汁。

若元氣虛脫者，人參養榮湯、大建中湯，俱加天麻、川芎。內傷勞役者，補中益氣湯加天麻、川芎。惟溫病頭目眩及頭脹、頭痛、頭汗，並目赤、目黃、目不明、目直視、目反折，與傷寒治法不同，俱係雜氣伏鬱中焦，邪熱亢閉，上攻頭目，乃胃家實也。通宜升降散、加味涼膈散清利之。

《寒溫條辨·咳嗽》 咳謂有聲無痰，嗽謂有痰無聲，咳嗽則有聲有痰也。肺主氣，形寒飲冷則傷之，使氣逆而不散，衝擊咽膈，令喉中淫淫如癢，習習如梗而咳嗽也。有寒者，有熱者，有停飲者，有在表者，有在裏者，有在半表半裏者，病各不同，治亦有異。如傷寒停飲與表寒相合而咳嗽者，小青龍湯，或金沸草散；停飲與裏寒相合而咳嗽者，眞武湯；邪熱在半表半裏而咳嗽者，小柴胡湯加貝母、知母、天花粉，肺熱去人參加沙參；凡陰證手足厥逆而咳嗽者，四逆湯加五味子。若溫病伏熱內鬱咳嗽，白虎湯合升降散、小清涼散加竹葉；若煩悶則加味涼膈散、增損三黃石膏湯，並加桔梗。夫咳爲肺疾，必待發散而後已，然又有不可發散者。《傷寒論》曰：咳而小便利，不可發汗，發汗則四肢厥逆。又曰：咳而發汗，踡而苦滿，腹中復堅，此爲逆也。不知發汗尤爲溫病所大忌者，豈止小便利一節乎？又咳而脈數者，爲心火刑肺金則死。

《寒溫條辨·口燥嚥乾》 引飲曰渴，不引飲曰燥乾。凡傷寒少陽，邪在中焦，口苦舌乾，不甚渴，脈弦者，小柴胡湯。少陽脈弦，往來寒熱而嘔，口燥咽乾者，小柴胡湯。口乾少津液，脈浮緊微數者，白虎加人參湯。陽明無大熱，背惡寒，口燥嚥乾者，白虎加人參湯。少陰病得之二三日，口燥咽乾，急下之以存津液，大承氣湯。此熱在下焦，爍枯腎水，下不可緩也。若溫病怫熱內鬱，未有不口燥咽乾者，小清涼散、增損三黃石膏湯，再看兼證消息之。凡傷寒汗吐下後，津液少，口燥咽乾，及虛人水衰火旺，口燥咽乾，以補陰益氣煎加麥冬、黃檗、知母、天花粉，以滋其水。若脈沉足冷者，多難治。溫病下後須酌之，不可驟補。脈沉足冷，宜大下之，不可以傷寒例拘也。

《寒溫條辨·咽痛》 凡傷寒咽痛有多般，務宜詳辨，不可一例以爲熱也。太陽病誤下，脈若浮緊，必咽痛，此熱邪仍在上膈也，小建中湯加桔梗。誤汗亡陽漏風而咽痛，此陽虛而陰氣上乘也，乾薑附子湯。陽明病六七日不大便，熱蒸頭痛而咽痛者，調胃承氣湯。熱傳少陰而咽痛者，以其經上循喉嚨故也，脈必數而有力，證必燥渴引飲，小便秘濇短赤，急當下奪以泄其熱也，大承氣湯。少陰咽痛，四逆，瀉利下重者，四逆散加薤白、桔梗。少陰病一二日，咽痛者，與甘草桔梗湯即瘥。此湯爲陰陽通用之劑。少陰病下利清穀，裏寒外熱，脈微欲絕，面赤咽痛，此陰盛格陽也，通脈四逆湯加桔梗。有直中陰經而咽喉驟痛，不腫不渴，如病無發熱頭痛，脈來沉緊而細，或疾數無倫，或嘔吐清水，或瀉利清穀，或燥極悶亂，渴不能飲，此寒氣客於少陰之經，虛陽上逆之候，附子湯、乾薑附子湯加人參急溫之，或可救療。大抵陽邪上逆而咽痛，宜甘寒以解其熱；陰寒邪塞而咽痛，宜辛溫以解其結，此大較也。若夫腎氣本虛，龍火勢盛，必挾痰飲於上而腫痛閉塞也，當砭破出血，涌泄痰涎，後用六味地黃丸料加牛膝、麥冬、五味子頻服。又有眞陰虧損，腎水枯涸，陰寒直中而咽痛者，附子理陰煎大劑濃煎飲之。若溫病怫鬱中焦，流佈上下，即見少陰經口燥舌乾，咽喉腫痛不利之證，以其脈貫腎絡於肺繫舌本故也，增損雙解散加元參、牛蒡子。或增損普濟消毒飲倍桔梗加荆芥穗。升降散尤爲對證之藥。

《寒溫條辨·渴》 凡傷寒發渴，或因熱耗津液，或因汗下太過，當分六經而治。太陽熱在表不渴，若熱入膀胱之本，脈浮數，小便不利，微熱發渴

者，五苓散，切不可與白虎湯。陽明病脈長，標熱不惡寒，無汗而渴者，葛根湯加黃芩、知母，減麻黃二錢。若陽明熱傳胃中，本熱惡熱，濈濈汗出而渴，脈洪大而數者，白虎湯，切不可與五苓散。若陽明本熱内實，或蒸蒸而熱，潮熱煩渴，口燥咽乾，大便實者，調胃承氣湯，或大柴胡湯。少陽脈弦數，口苦咽乾，發熱而渴，及心煩喜嘔而渴，或往來寒熱而渴，并宜小柴胡湯去半夏加陳皮、知母、麥冬、天花粉。太陰自利則不渴，惟少陰則口渴飲水也。小便色白者此下虛有寒也，脈沉附子湯。厥陰渴欲飲水者，少少與之愈。以其傳經盡，欲飲水爲欲愈之候也。若身寒厥逆，脈滑而口渴者，此裏有熱也，白虎加人參湯。凡陰證，煩燥口渴不能飲水，此虛陽上迫而爲假熱，脈沉足冷者，四逆湯加人尿、豬膽汁冷飲之。若溫病一發即煩渴引飲，以鬱熱自内而達外也。故《直格》曰：身熱爲熱在表，引飲爲熱在里。溫病本末身冷不渴，小便不赤，脈不洪數者，未之有也。輕則白虎湯加白殭蠶、蟬蛻、天花粉，重則增損三黃石膏湯加大黃。凡病忽欲飲水者爲欲愈。蓋陽胃燥，不能散邪，得水則和其胃氣，汗出而解。若不與水則乾燥無由作汗，遂至悶亂也。但當察邪熱之輕重，寧少與之。若熱少與多，不能滲化，則停蓄爲支結，喘嘔下利，腫滿等證。《要訣》曰：亦有下利清穀，純是陰證，而反見渴者，此陰在下格陽於上，兼因瀉泄，津液既去，枯燥而渴，雖引飲自少，而常喜溫，不可投寒劑，宜理中湯加附子、四逆湯加人參以溫之。景岳曰：水爲天一之精，涼能解熱，甘可助陰，非苦寒傷氣者之比。如陽虛無火者，其不宜水無待言也。其有陰虛火旺者，元氣既衰，精血又涸，則津液枯燥，多見鼻乾唇裂，舌胎黑色，二便閉結，使非借天一之精，何以濟燃眉之急，故先以冰水解其標，繼以甘溫壯水之劑培其本，水藥并進，無不可也。其有内眞寒而外假熱，陰盛格陽之證。察其元氣，非甘溫大補則不足以挽回，察其喉舌，則些小辛熱又不可以近口。有如是者，但將甘溫大補之劑煎成湯液，用冷水浸冷飲之，此以假冷之味解上焦之假熱，而以眞熱之性復下焦之眞陽，是非用水而實亦用水之意。《内經》所云：伏其所主而先其所因是也。

《寒溫條辨・漱水不欲嚥》 傷寒陽明病，凡内有熱者欲飲水。今欲漱水而不欲嚥，是熱在經，裏無熱也。陽明多血多氣，經中熱極，迫血妄行，故知必作衄也，犀角地黃湯加茅花。有太陽表證者汗之，麻黃湯。外證無寒熱，欲漱水不欲嚥，必發狂，此蓄血停留也，桃仁承氣湯下血乃愈。少陰脈沉細，厥逆，時煩躁作渴，欲漱水不欲嚥，四逆湯溫之。又下利，厥逆無脈，乾嘔煩渴，欲漱水不欲嚥，白通湯。不瘥，白通加人尿豬膽汁湯。大抵陰證發燥煩渴，不能飲冷水，或勉強飲下，良久仍吐出，或飲水而嘔者，皆内寒也。蓋無根失守之火，游於嚥嗌之間，但欲漱水不能飲水也。若飲水不吐，復欲飲者熱也。若溫病雜氣怫鬱三焦，邪熱内熾，渴欲飲水者多矣。間或有漱水不欲嚥者，必其人胃中濕飲過甚，或伏火未散，或蓄血停留，俱未可知，但口舌乾而不欲嚥也。輕則小清涼散、升降散清降之，重則解毒承氣湯大瀉之。不可拘傷寒陽明熱在經裏無熱之例也。

《寒溫條辨・嘔吐》 嘔者聲物俱出，吐者無聲出物。傷寒太陽陽明合病，下利而嘔者，葛根加半夏湯。少陽陽明多嘔證，脈弦發熱，口苦而嘔，或寒熱往來而嘔，並宜小柴胡湯倍半夏、生薑。先渴後嘔者，爲水停心下，小半夏加茯苓湯；先嘔後渴者，爲欲解，可與水飲。太陽少陽合病，自利而嘔者，黃芩加半夏生薑湯。少陽邪甚，發熱嘔不止，心下急，鬱鬱微煩者，大柴胡湯。三陽發熱而嘔，俱用小柴胡湯。發熱不解而煩，渴欲飲水，水入即吐，名曰水逆，五苓散。傷寒本自寒格，醫復吐下之，寒格更逆吐下。若食入口即吐，乾薑黃連黃芩人參湯。太陽誤吐下，心中嗢嗢欲吐，而胸中痛，大便溏，腹微滿，鬱鬱微煩者，調胃承氣湯。若未曾吐下者，大柴胡湯。太陰腹滿，或吐食不下，脈沉者，理中湯加厚朴、陳皮、半夏、生薑，寒甚加附子。少陰脈沉遲，飲食入門即吐，心中嗢嗢欲吐，復不能吐，手足厥者，四逆湯。厥陰乾嘔吐涎沫者，吴茱萸湯。若嘔而脈弱，小便復利，身有微熱，見厥者難治，可與四逆湯救之。若下利無脈，乾嘔煩者，白通加人尿豬膽汁湯。若陰厥嘔而不渴，乾薑附子湯。至於溫病嘔吐者，胃中伏火，鬱而攻發也，增損三黃石膏湯、加味涼隔散加石膏清利之自止。若有宿糞燥結，時時嘔吐者，此爲下格，亦宜加味涼膈散、升降散通之。如病愈後，脈證俱平，往往有下格之證，所云病愈結存是也，但常作哇聲，上下通氣，故不嘔而能食，俟胃氣漸復，津液流通，宿糞自然潤下也，斷不可攻。如下格常嘔則氣閉矣，通之則宿糞除而嘔吐止。語云，欲求南風，須開北牖，正謂此也。大抵嘔吐清水，即爲寒證。若胃中有熱，必是涎液酸水。病機曰：諸嘔吐酸，水液渾濁，皆屬於熱。諸病水液，澄澈清冷，皆屬於寒。此可見矣。凡胃熱甚，服藥嘔吐不納者，愈吐愈服，三服後，火性漸消，然後徐徐用藥，即不吐。凡過藥不可用甜

物，須嚼生薑爲妙。

《寒溫條辨·喘》　喘無善證。溫病內熱怫鬱，三焦如焚，氣上衝胸而喘者，加味凉膈散。腹脇滿痛而喘者，解毒承氣湯。若自臍下氣海動氣而喘者不治。正傷寒，則宜辨六經寒熱治之。太陽表有寒發喘者，脈浮緊，惡寒無汗也，麻黄湯加厚朴。表有風發喘者，脈浮緩，惡風有汗也，桂枝加厚朴杏仁湯。內有寒，心下有水氣，乾嘔汗出而喘者，小青龍湯。凡發汗後，汗出而喘無大熱者，麻黄杏仁甘草石膏湯。太陽經病誤下之，脈促者，表未解也；喘而汗出者，葛根黄連黄芩湯。陽明病內實不大便，腹滿短氣，發潮熱而喘者，大柴胡湯加厚朴、杏仁。凡陰證厥逆，脈沉細而微，氣促而喘，無汗者可治，四逆湯加細辛、五味子。少陰病反發熱，脈沉而喘，麻黄附子細辛湯。凡虛人脈沉，手足厥逆而喘者，五味子湯。凡暴感風寒，脈浮無汗而喘者，蘇陳九寶湯。凡熱甚有痰，脈弦滑數而喘者，不可汗，不可下，小柴胡湯去人參加陳皮、貝母、天花粉和之。胸滿者加枳殼、桔梗；心下滿者加枳實、黄連；舌燥飲水者加石膏、知母。凡傷寒止於邪氣在表而喘者，心腹必濡而不堅，設或腹滿而喘，則又爲可下之證，須酌之。大抵諸喘爲惡，謂肺中邪勝而兼虛也，所以陰證發喘，尤爲惡候。下元虛損之人，腎氣上乘而喘，急以腎氣丸料引火歸源，可救十之一二。若兼動息摇肩，戴眼直視。汗出厥逆者立斃。以邪氣上盛，正氣欲脫。必至喘滿。經曰：直視譫語，喘滿者死。又身汗如油，喘不休者爲命絕也。

《寒溫條辨·短氣》　短氣者，氣短不能相續，似喘而不摇肩，似呻吟而無痛處，其證多端，實爲難辨，表裏寒熱虛實稍不明切，誤治者多矣。一者太陽表證不解，汗出不徹，其人面色緣緣正赤，陽氣怫鬱，煩躁不安，其身不知痛所在而短氣者，宜微汗則愈，桂枝麻黄各半湯。二者太陽病發於陽而反下之，陽氣內陷，遂成結胸。心下硬滿高起，氣促而短，脈沉滑而實者，大陷胸湯。脈浮大而虛者，柴胡陷胸湯。三者陽明病，內實不大便，腹滿潮熱而短氣者，大柴胡湯。四者乾嘔短氣，痛引脇下，汗出不惡寒者，此表解裏未和也，十棗湯。五者短氣煩躁，心中懊憹者，梔子豉湯。六者少陰病，脈沉細遲，四逆，面上惡寒有如刀刮，口鼻之氣難以佈息而短促者，通脈四逆湯加人參。七者因汗吐下後，元氣虛弱，脈來微細，氣不相續而短促者，大建中湯。八者風濕相搏，一身盡痛，小便不利，惡風不欲去衣被而短氣者，甘草附子湯。九者食少飲多，水停心下，妨悶短氣者，茯苓甘草湯；兼小便難，五苓散。大抵心腹脹滿，按之硬痛而短氣者，爲裏實，宜承氣輩。若心腹濡軟不脹滿而短氣者，爲表邪，宜瀉心輩。若少氣不足以息，脈微弱而短促者，爲氣虛，宜理中輩。此傷寒短氣之大略也。若溫病鬱熱內迫，氣多急促，須看兼證。舌上白胎如屑，清化湯、增損三黄石膏湯；若胎黄及黑色而短氣，加味凉膈散，或解毒承氣湯急下之。若病者屬四損之輩，又當詳辨。蓋短氣有類於喘，但短氣則氣急而短促，不似喘之摇肩而氣粗也。大抵氣急而不相續多屬實，少氣不足以息多屬虛，以此辨之，百不一失。

《寒溫條辨·呃逆》　呃逆者，氣上逆而呃忒也。《內經》作噦，即此字之聲也，即此證也。勿誤作咳逆。咳逆者，咳嗽之甚也，非呃逆也。呃逆者，纔及咽喉則遽止，呃呃然連續數聲，而短促不長也。如傷寒胃熱失下，內實大便硬呃逆者，脈必應指有力，調胃承氣陽。便軟者，生薑瀉心湯。胃虛有熱呃逆者，橘皮竹茹湯。有痰飲者，脈必弦滑，小半夏生薑湯。脈細微呃逆者，胃寒也，橘皮乾薑湯、丁香柿蒂湯。《金匱要略》曰：其氣自臍下直上衝於胸嗌間而呃逆者，此陰證也。其病不在胃也，乃肝腎虛寒之極，而挾陰火上衝，以病本下虛，內已伏陰，或誤服寒冷之藥，遂令寒極於下，逼其相火上衝，率集於胃中而呃逆，亦欲盡也，急服腎氣丸料。又病人呃逆煩躁，自覺甚熱，他人以手按之，其肌膚則冷，此爲無根失守之火，散亂爲熱，非實熱也，乃水極似火，陰證似陽也。若不識此，誤用凉藥，下咽立斃。大建中湯，或附子湯加肉桂、乾薑急溫其下，眞陽回陰火降，呃忒乃止也。如寒極呃忒不已者，兼用硫黄、乳香等分爲末，酒煎齅之，或以艾湯調服硫黄末二錢，或艾灸中脘、關元、氣海更妙。凡呃逆二便不通者，屬實熱；凡呃逆而厥逆自利者，屬虛寒。凡呃逆不尿腹滿者，不治。凡久病而見呃逆者，此眞氣已衰，不治。凡舌短灰黑，及頭汗，不得尿，與自利腹痛而呃逆者，不治。凡呃逆脈散者死。按以上論傷寒呃逆寒熱死生之論，無遺蘊矣。若溫病無陰證不在此例。佛熱攻發，火性上炎，氣逆而呃呃連聲也。治法各從其本證而消息之，大概不外清化、升降、加味凉膈以清熱導滯爲主。如見白虎證則投白虎，見承氣證則投承氣，隔間痰閉則用滌痰湯、滾痰丸，但治本證呃自止，其餘可以類推矣。

按呃逆一證，古無是名，俗謂打擱忒是也。其在《內經》本謂之噦，因其

呃呃連聲，故今人以呃逆名之，於義亦妥。孫眞人云：遍尋方論無此名，遂以咳逆爲噦，致令後世訛傳，乃以咳逆、嘔吐、噦、乾嘔、噫氣之類，互相淆亂，紛紛聚訟。自唐迄今，餘用析而判之，曰噦者，呃逆也，非咳逆也。咳逆者，咳嗽之甚也，非呃逆也。乾嘔者，無物之吐即嘔也，非噦也。噫者，飯食之息，即噯氣也，非咳逆也。嘔者有聲有物也，吐者無聲出物也。後人但以此爲鑑，則異說之疑，可以盡釋矣。

《疫疹一得・疫疹之症》 頭痛傾側　頭額目痛，頗似傷寒，然太陽、陽明頭痛，不至于傾側難舉，而此則頭痛如劈，兩目昏暈，勢若難支。總因毒火達於兩經，毒參陽位。用釜底抽薪之法，徹火下降，其痛立止，其疹自透。誤用辛香表散，燔灼火焰，必轉悶症。

滿口如霜　舌胎分乎表裏，至于如霜，乃寒極之象。在傷寒故當表寒，而疫症如霜，舌必厚大，此火極水化，誤用溫表，旋即變黑。《靈樞》曰：熱症舌黑，腎色也。心開竅於舌，水火相刑必死。予已經過多人，竟無死者，可見古人亦有未到處，但無此法耳！

咽喉腫痛　喉以納氣通于天，咽以納食通于地，咽喉者，水穀之道路，氣之所以上下者。至于腫痛，是上下閉塞，畏用清涼，爲害不淺。

嘴唇掀腫　唇者脾之華，以飲食出入之門，呼吸相關之地，掀腫不能自如，脾熱可知。

大頭　頭爲諸陽之首，其大異常。此毒火尋陽上攻，故大頭。

頸腫　頸屬足太陽膀胱經，少陰腎經與膀胱爲表裏。熱毒入於大陽，故頸腫。

耳後硬腫　耳後腎經所屬。毒發于此，其病愈惡，即宜清散。耳中出血者不治。

哈舌弄舌　舌者心之苗。心寧則舌静，必亂則舌動。心在卦爲離，屬火，下交於腎，得坎水相濟，成其爲火，故爲君火。寂無所感，自然寧靜，毒火衝突，燔炙少陰，以火遇火，二火相併，心不能寧，哈舌其能免乎？

紅絲繞目　目者肝、脾、肺、腎所屬。紅絲纏繞，此脾火傳肺，肺傳腎，腎傳肝。治宜重清脾熱，兼治三經，而紅自退。誤以眼科治之，爲害不淺。

咬牙　齒者骨之餘。有以咬牙爲血虛，謂雜症則然耳。疫疹咬牙，是肝經熱極。肝爲血海，被火煎熬，牙失其養，故頻頻而作。

舌上珍珠　舌上白點如珠，乃水化之象，較之紫赤黃黑，古人謂之芒刺者更重。

舌如鐵甲 此三十六舌未有者　疫症初起，胎如膩粉，此火極水化。醫者誤認爲塞，妄投溫表，其病反劇，其胎愈厚，加以重劑，以致精液愈耗，水不上升，二火煎熬，變白爲黑，其堅如鐵，其厚如甲，敲之戛戛有聲，言語不清，非舌卷也。治之得法，其甲整脱。經驗

舌丁 亦三十六舌未有　發于舌上，或紅或紫，大如馬乳，小如櫻桃，三五不等，流膿出血。重清心火，舌上成坑，愈後自平。

舌長　熱病愈後，舌出寸餘，累日不收，名曰陽強，因犯房勞而得。長數寸者不救。

《醫法圓通・辨認邪盛熱熾血傷病情》 頭面腫痛　病人二三日，頭面腫痛，此邪熱壅於三陽也。急宜宣散清熱爲主。【略】

鼻如煤烟　病人或八九日，發熱不退，煩燥飲冷，胸滿不食，口臭氣粗，忽現鼻如煤烟，此由邪火旺極，炎熏於上也，急宜攻下。

《醫醫小草・辨證》 溫與疫則頭痛如劈，兩目昏瞀，勢若難支，骨煩疼，腰如被杖。寒病責在傷陽，溫疫責在虧陰。

綜　述

《聖惠方・治熱病頭痛諸方》 夫熱病三陽受病，猶在於表，邪毒之氣，攻注於外，循於風府，而入於腦，故令壯熱頭痛，胸膈壅滯。其脈浮數者，可汗及吐之即愈也。

治熱病壯熱頭痛，而骨瘦疼，宜服石膏散。方：

石膏二兩　麻黃一兩，去根節　葛根一兩，剉　黃耆三分　甘菊花半兩　梔子仁三分　赤芍藥三分　甘草半兩，炙微赤剉

右件藥，擣篩爲散。每服四錢，以水一中盞，入豉少半合，煎至六分，去滓，不計時候，溫服。

治熱病四肢煩悶，壯熱頭痛，口舌乾燥，宜服犀角散。方：

犀角屑一兩　人參三分，去蘆頭　麥門冬三分，去心　甘草半兩，炙微赤剉

知母半兩　赤茯苓三分　石膏二兩

右件藥，擣篩爲散。每服五錢，以水一大盞，入竹葉二七片，煎至五分，去滓，不計時候，溫服。

治熱病頭痛，骨節煩疼，宜服葛根散。方：

葛根一兩，剉　石膏二兩　赤芍藥一兩　甘草一分，炙微赤剉　甘菊花一兩

黄芩一兩　防風半兩，去蘆頭

右件藥，擣篩爲散。每服四錢，用水一大盞，入生薑半分，煎至六分，去滓，不計時候，溫服。

治熱病頭痛，四肢煩疼，宜服取吐散。方：

人參蘆頭半兩　柴胡一分，去苗　川大黄一分，剉碎微炒　茵陳一分　恆山半兩　鼈甲半兩，塗醋炙令黄，去裙襴

右件藥，擣篩爲散。每服四錢，用水一中盞，入豉五十粒，煎至五分，去滓，不計時候，頓服，取吐爲度。

治熱病頭痛，宜服吹鼻瓜蔕散。方：

瓜蔕一分　赤小豆一分，微炒　麝香一錢，細研　丁香一分　馬牙消半兩

右件藥，擣細羅爲散，入麝香，都研令勻，以少許吹入鼻中，當下黄水，即差。

治熱病頭疼不止方：

石膏二兩　芎藭半兩　馬牙消一兩

右件藥，擣粗羅爲散。每服三錢，以水一大盞，入生薑半分，細茶末一錢，煎至七分，去滓，不計時候，分溫二服。

治熱病頭痛不可忍方：

地龍一條，細研　沙糖三棗大

右件藥相和，以水一大盞，調入瓷瓶中盛，懸於井内，去水相近，一炊時出，傾取清者，不計時候，都爲一服，勿令患人知。

治熱病頭疼不可忍，灌頂散。方：

馬牙消一分　苦葫蘆子一分　地龍一分，乾者　瓜蔕一分　麝香半錢，細研

右件藥，擣細羅爲散，入麝香同研令勻，吹一字於鼻中，當下腦中惡滯水，便差。

治熱病頭痛不可忍方：

生馬齒莧一握，切　川朴消一兩

右件藥，相和細研，入清麻油，調令如膏，塗於頭上，立差。

治熱病頭痛，發熱進退方：

栝蔞一枚，大者取瓤

右件剉置瓷碗中，用熱酒一盞沃之，蓋之良久，去滓，不計時候，頓服，未效再服。

《傷寒家秘的本・咽痛》　咽喉不利而痛，或成瘡，不納穀食，皆邪熱毒氣上衝而痛，甘桔苦酒湯。咽喉不利，吐膿血，手足厥冷不止者，難治，升麻六物湯主之。

《傷寒證治準繩・太陽病・頭痛》　傷寒頭痛雖，屬三陽惟，太陽經獨多。蓋太陽爲病屬表，而頭痛專爲主表。雖有傷寒六七日，頭痛，不大便，有熱而與承氣湯下者，卻云若小便清者，知熱不在裏，仍在表，是知頭痛屬表明矣。太陰，少陰二經之脈，從足至胸而還，不上循頭，故無頭痛。惟厥陰脈循喉嚨之後，上連目系，與督脈會於巔，亦有頭痛，乾嘔吐涎沫，吴茱萸湯一證，卻無身熱，亦與陽證不同也。然風溫病在少陰，濕溫病在太陰，而頭反痛，至於陰毒亦然，是又不可拘拘爲者。内因頭痛作止有時，外因頭痛常常有之，直須傳入裏方罷。

《傷寒證治準繩・少陰病・咽痛》　吴綬：凡咽痛，有陰陽二毒。凡陽毒咽喉腫痛，乃熱極也。陰毒咽喉不利，乃冷極也。陽毒脈浮數而大，咽痛吐膿血，《千金》、《外臺》用烏扇膏治之，《活人》用黑奴丸。又陽氣獨勝，狂躁咽痛，脈洪實滑促《活人》用葶藶苦酒湯。治傷寒咽痛用生甘草濃煎湯與之，水浸山豆根苦水含之。或用鶴虱草搗汁，入米醋，漱喉中亦妙。劉咽痛有瘡，黄蘗細辛末吹之。凡傷寒顋頰紅腫，并咽喉腫痛者，刺少商、委中出血。少商穴在乎大指端内側，去爪甲角如韭葉，以三稜針刺血出愈。

戴元禮亦有初得病頭痛發熱，無陽毒少陰諸證，而咽喉自痛者，此因感冒後，頓用厚衣被堆壅，或用蠻法服生薑熱酒，即卧，遂成上壅。或先有壅熱，欲取涼快，致爲外邪所襲，既有風寒，又有熱壅，宜參蘇飲倍桔梗、加木香半錢，或消風百解散，或敗毒散，或五積散、敗毒散各半，貼名交加散。

《續傷寒補天石・咽痛》　咽喉不利而痛，或成瘡不能語言，不納穀食，皆邪熱毒氣上衝少陰而痛也。少陰之脈循喉嚨，挾舌本。脈浮遲，厥冷吐利

並不可汗下。【略】

咽痛有寒、有熱，不可槩作風熱治也。如陽毒咽喉腫痛熱極也。陰毒嚥喉下利，寒極也。並治在本條。咽候閉塞，烏扇湯。烏羽豬脂煎去滓，薄綿裹，內喉中稍上，嚥之。烏羽即射干茵如無，用射干頭亦可。口瘡赤爛，蜜浸黃柏，噙咽痛甚者，升麻六物湯。大青、升麻、梔子、杏仁、黃芩、葱。下後，寸脈沉遲，尺脈不至，手足厥逆而泄利不止，咽喉不利，吐膿血爲難治。麻黃升麻湯。麻黃、升麻、當歸、知母、黃芩、萎蕤、石膏、白术、乾薑、芍藥、天門冬、桂枝、甘草、茯苓。

《傷寒緒論·頭脹》 頭脹者氣，虛火炎也。冬溫、風溫、溫病、熱病、時行、中暍、中暑多有頭重脹痛，皆是濕熱火氣內燔，慎不可用發散藥。如冬溫陽旦湯。風溫萎蕤湯，溫病黃芩湯，熱病、時行、中暍白虎湯，中暑清暑益氣湯，此皆傷寒家切務。其他濕、熱、痰、飲、食積、疰夏等，俱有頭重脹痛，乃屬雜證，此不復贅。

《傷寒緒論·怫鬱》 怫鬱者，乃陽氣蒸越於頭面，聚而不散，故緣緣而赤也。所謂緣緣者，有時不赤，有時忽赤，若有所因而愧赧之狀也。【略】

溫病面赤煩躁飲水，小柴胡去半夏，加栝蔞根。熱病煩渴引水，面赤，白虎加人參湯。內實潮熱不大便，涼膈、雙解選用。下後熱不解，或解半日許，復熱面赤者，黃連解毒、人參白虎選用。

《傷寒緒論·失音不語》 失音者，語而聲瘖不揚也。雖有寒熱之殊，皆屬少陰經證。亦有因肺氣受傷者，以肺腎本爲子母，子傷而母氣亦傷，故雖主於肺，而實不外乎腎也。至於不語，則神識昏憒，又當歸之於心。亦有因邪鬱陽明者，以陽明爲心之子，陽明邪實，則經絡不能流通，致火熱薰灼心肺，所以神昏。即中風、喉瘖、舌瘖亦不外乎此也。【略】

有風熱挾飲上攻，而嚥痛聲不出者，有風溫誤汗，灼熱語言難出者，二證皆不出乎熱傷少陰之經也。【略】

有陽明府實，胃氣不能上通而不語者，調胃承氣湯下之。有熱病瘖啞不能言者，此熱毒鬱發，表裏上下不通也，當與白虎、涼膈等熱服汗之，得汗即甦，無汗則死。經言熱病瘖啞不能言，三四日不得汗者，死是也。

《傷寒辨證·頭痛》 溫病、熱病，初起頭痛，不可用表藥。或黃芩湯，或白虎湯，加葛根葱白以治外，或涼膈散，雙解散，加葱白、生薑，合內外而治之。裏氣一通，頭痛自愈，不可拘於初病當解表不可清裏之例也。頭痛各有部分，如太陽頭痛，自腦後上至巔頂，下有項強腰脊痛之異，以太陽經行身之後也。陽明頭痛上連目珠，痛在額前，兼鼻孔乾，下有身熱不眠之分，以陽明經行身之前也。少陽頭痛，上至兩角，下有耳聾脇痛之殊，以少陽經行身之側也。

《症因脈治·頭痛論·外感頭痛》 頭痛之症，初起不因內傷，忽爾頭額作痛，沿門多病，大小傳染，此外感歲運之氣，所謂天行症也。【略】

又云在泉溼淫所勝，病衝頭痛，目似脫，項似拔，凡此皆歲運之加臨。人在氣交之中，潛受其氣，搏於經絡之中，則成天行頭痛之症矣。

《瘟疫明辨·表證·頭痛》 時疫頭痛，與風寒不同。風寒是寒束於上部，中下無邪上逆，頭雖甚痛，而不昏悶，時疫是熱蒸於上部，中焦邪犯上焦，頭不甚痛而昏悶，所謂卓然而痛者是也。驗得氣、色、神、脈、舌胎爲時疫頭痛，而又有表裏之分。初起頭痛，腦後、巔頂、目珠略甚，舌胎白而發熱者，太陽頭痛。以羌活、川芎爲主，淡豉、酒芩、知母、生地爲輔。額顱脹痛，目痛鼻孔乾，舌胎白而微黃，煩熱而渴者，陽明頭痛也。葛根爲主，淡豉、石膏爲輔。兩額角痛，眉稜骨痛，寒熱往來，口苦咽乾，舌胎中黃邊白，或中段黃尖上白，少陽頭痛也。柴胡、荆芥、川芎爲主，酒芩、石膏爲輔。頭痛而三陽症悉具者，吳氏三消飲爲主。時疫頭痛，專見一經症者少，雜見二三經症者多，此方尤爲多效。頭痛甚者，加淡豉、荆、防。淸其頭目，頭痛、舌胎黃、心下滿，蒸蒸發熱者，陽明裏症也。三黃石膏湯、小承氣湯，大柴胡湯，防風通聖散選用。舌胎黃或半截或傍邊有小塊白，胸滿而嘔，頭痛兼眩者，痰厥頭痛也。前胡爲主，半夏、萊菔子、枳、橘、山查、麥芽爲輔，兼煩熱者，加大黃、枳實。汗下淸解後，頭痛心悸，四物湯去川芎，加丹皮、知母、黃柏，或歸脾湯，逍遙散並加生地、棗仁。凡頭痛見症混雜，難分表裏者，總以舌胎辨之。

《瘟疫明辨·表證·頭眩》 時疫頭眩有三，共一，風熱頭眩，乃時疫本病。寸口脈多浮而尺熱，荆、防、芎薄、天麻爲主，黃芩爲輔，煩渴加石膏。共一，夾水頭眩，乃時疫兼症。脈沉而弦滑，兼嘔胸脇滿悸動，前胡爲主，半夏、茯苓、枳、橘、膽星、萊菔、蘇子爲輔，然必視時疫大勢。屬表屬裏，於應用本方中加此數味可也。其一，虛症頭眩，乃時疫變症。多見於汗下淸解後，或素有怯證者，如上虛，寸口脈不及關尺，多汗，少氣不足以息，心悸，參、耆爲主；中虛，關脈不及寸尺，多從嘔利太過而來，不思食，芩、术爲主；下虛，

尺脈不及寸關，腰膝痿厥，二便清滑，六味地黃爲主。三虛，皆可加天麻。或虛證已見，仍夾有邪疫燥熱，則不妨兼用清熱之品，或補後脈氣稍實，再爲清解亦可。大抵時疫頭眩，多屬熱，少屬虛，治須斟酌。若傷寒亡陽頭眩，又當遵仲景法治之。

《瘟疫明辨・表證・頭脹》 時疫頭脹者，乃胃熱上蒸也，下之則愈。兼表者，防風通聖散、大柴胡湯、吳氏三消飲。無表症者，三承氣湯選用。病虛脹，與頭眩參看。

《瘟疫明辨・表證・頭重》 時疫頭重者，溼熱上壅也。與清涼解表藥中加蒼术，或利水藥。病後虛重，亦與頭眩參看。又有表裏無病，病在頭中者，其目必黃，當遵仲景法，用瓜蒂散搐鼻出黃水即愈。

《瘟疫明辨・表證・目脹》 時疫目珠脹者，陽明經病也。兼表症，葛根葱白湯加石膏。若胸滿舌有黃胎，宿食也。蓋食壅陽明，其脈不下行而上逆，故目珠脹，宜平胃散加山查、麥芽、枳殼，消導之則愈。至屢經清解而目珠脹痛不愈者，當消息其肝臟，以養陰滋血和肝之法治之。如再不愈，則當進而滋腎，乃乙癸同源之治也。

《瘟疫明辨・表證・項强疫》 時疫初起，項強疫，兼發熱，乃邪越於太陽經也，羌活爲主。狂躁正盛而項強者，熱壅其經脈也，石膏、黃芩爲主。屢經汗下，發熱已退而復項強者，血燥而經無養也，四物、六味爲主。外此若傷寒發痓之項強，亡陽漏風之項強，則又有仲景之法在。

《瘟疫明辨・裏證・唇燥》 唇燥者，陽明熱也。時疫見此，當辨其色。深赤爲大熱，宜清下。淡白爲亡津液，宜滋潤。色如常，爲津液不流通，熱在經脈，宜葛根。

《瘟疫明辨・裏證・齒燥》 時疫齒燥有三，輕淺者爲陽明經熱，前板齒燥，身熱目疼，鼻乾不得卧，此將發斑疹及衄血之先兆，葛根爲主，黃芩、知母、石膏爲輔。重者爲胃府燥熱，通口皆燥，甚則黑如煤炭，三承氣、三黃石膏選用。至重者爲陰火煎熬，亡血太甚，腎水涸竭，當峻補其陰，知母、黃柏、生地、元參、天冬、麥冬、丹皮，每味兩許，大作湯液，加童便、金汁，晝夜兼進。若藥輕治緩，則不及矣。

《瘟疫明辨・裏證・鼻孔乾》 時疫鼻孔乾有四，風熱，則鼻鳴，荆、防、葛根、薄荷爲主。陽明經熱，則煩躁，葛根、石膏爲主。胃熱府症，則大渴舌黃，三黃石膏爲主。亡津液，肺燥，麥冬、生地、五味爲主。大抵風熱經熱者十之五六，府熱亡液者十之二三。非謂熱深而鼻孔反不乾也，以煩渴大熱症見，則不覺鼻孔之乾與否耳。

《瘟疫明辨・裏證・耳聾》 耳聾者，少陽邪熱夾痰上壅也，時疫耳聾者多，蓋邪之傳變，出表入裏，必乾少陽，又時疫屬熱，熱主上升，挾痰涎濁氣，上壅隧道，故耳聾也。治法以疫邪大勢爲主，見於初起傳表時，於表藥中加荆、防、川芎。見於入裏時，於裏藥中加黃芩、知母。屢汗汗下，耳聾不愈，不可急治，養陰調胃爲主，須待粥食如常，二便調勻，始同漸而愈也。

《瘟疫明辨・裏證・鼻如煙煤》 時疫鼻如煙煤者，邪熱爍肺也。由鼻孔乾而來，急當清下，少緩則肺胃枯絶矣。三承氣合白虎，或三黃石膏加青黛，或小陷胸加犀角，或犀角大清湯大青湯，視其兼症，擇而用之。

《瘟疫明辨・裏證・鼻孔扇張》 鼻孔扇張有三，一痰壅於肺，氣出入有聲，喘欬胸滿，不渴，宜瓜蔞、貝母、桑皮、蘇子瀉肺，肺氣通自愈。一鬱熱於肺，氣出入多熱，有微表束其鬱熱，古人獨主越婢湯，蓋散其外束，清其內鬱也。用於時疫中，以葛根易麻黃，或葛根黃芩黃連湯亦可。一腎氣虛而上逆，氣出入皆微，多死。此證必得之屢經汗下，或兼多汗，心悸耳聾，急宜大劑六味合生脈散，加牛膝、枸杞，或可百救一二。

《瘟疫明辨・裏證・咽乾》 咽乾者，邪熱淫於膈上也。在傷寒爲少陽熱證，時疫亦然。宜黃芩，甚則佐以花粉、知母。

《瘟疫明辨・裏證・咽痛》 時疫咽痛，爲熱淫於肺。當視其咽中有結無結，無結者微紅，以桔梗、花粉、黃芩、元參治之。有結者紅腫，當加牛蒡、赤芍，消其腫。結甚則起紫泡、白泡，是爲乳蛾，必以針刺去惡血，再服清熱之藥方妙。時疫中常有急喉風，急喉痹二險症，且發夕死，不可不察也。急喉風，咽痛而喘，乃痰邪夾熱上壅於肺。古方用膽礬吐其痰涎惡血，或皂角膏吐之。治之稍緩，則氣閉而死。急喉痹，即乳蛾速長，閉塞喉嚨，亦以刺去惡血爲主，甚或用刀大開其膿血。此雖見於時疫中，必其人平素貪厚味，多怒鬱，肝火妄動，有以致之也。

《瘟疫明辨・裏證・舌燥》 舌乃心苗，腎竅通其本，脾脈絡其下。時疫舌燥，由火炎土燥，中宮堵截，腎水不能上交心火。須察其胎之有無，與色之深淺施治。白胎而燥，疫邪在表，痰已結於膈上，吳氏達原飲加石膏、川貝、

蔞仁、大黃。此吳氏名白沙胎，熱極不變黃色，下之即黃，不可緩也。黃色而噪，疫邪傳胃，小承氣，小陷胸、大柴胡選用。醬色胎而躁，疫邪入胃，深及中下二焦，調胃承氣湯。黑胎而燥，疫邪入胃至深，傷及下焦，大承氣湯。燥成塊裂，或生芒刺，熱更甚也，大承氣倍其分兩，大黃須兩許方妙。各燥胎，下之漸減，不即盡淨，爲藥已中病，力未到耳，當再下之。有下至三五次，十餘次而後愈者。若屢下而燥胎愈長，不可更下。當察其腹中，若揉按作響者，痰水結於中焦，脾胃受困，津液不能上潮，改用平胃、二陳溫燥之劑即愈。又腎陰竭涸，愈下愈亡其陰，燥胎不回，目無神、耳聾、心悸、腰痿，再下必死，宜六味地黃湯合生脈散。至無胎而煩，須辨其色，正赤或深紫，熱歸心包，血分熱極，石膏、知母、黃連、犀角、羚羊角、牛黃爲主。鮮紅亡陰，二冬、生地、元參、知母、阿膠、人參爲主。大抵舌無胎，則胃無物，可清潤，不可攻下。

《瘟疫明辨・裏證・舌强附舌痿》 時疫，舌本強硬，爲熱而兼痰，宜清下無疑。須加消痰之藥，兼白胎者，膈間未經煎熬，其痰尚濕，佐以半夏、大柴胡湯是也。兼黃胎者，已經煎熬，其痰漸燥，佐以川貝、栝蔞，小陷胸湯是也。兼黑胎者，熱極，痰亦爲火，佐以牛黃方效。若無痰，舌色正赤，深紫裂燥而強者，熱毒蘊於心包也，三黃石膏湯加犀角、牛黃，急清其熱。舌強雖與舌燥相類，而燥屬胃主熱，強屬心主痰。又舌痿軟而枯小，與舌強硬而不縮有異，乃虛脫已極，大補及滋潤，或百救一二。若屢經汗下，清熱消痰而舌強者，又當與舌痿同治。

《瘟疫明辨・裏證・舌卷短》 時疫之舌，一見黃胎，便當下。失下，則由黃而變醬色，變燥，變黑，變生芒刺。再失下，則變卷，變短，爲下證至急之際，宜大下屢下方和，緩則不救。

《醫宗金鑑・傷寒心要訣・頭痛》 三陽頭痛身皆熱，無熱吐沫厥陰經，不便尿紅當議下，尿白猶屬表未清。

註：三陽，謂太陽、陽明、少陽也。頭痛身皆熱，謂三陽頭痛身皆熱也。三陽經頭痛，法當從三陽治也。厥陰頭痛，則多厥而無熱，嘔吐涎沫，是厥陰挾寒邪上逆也。宜吳茱萸湯溫而降之。三陽頭痛，若不大便，小便紅赤，爲裏實熱，法當議下，宜承氣湯。若小便清白，即不大便，爲裏熱未實，表尚未清，法當先從表治也。三陰經無頭痛，惟厥陰有頭痛，以其脈與督脈上會於巔也。三陰經無發熱，厥陰少陰亦有發熱，謂之反發，熱以其藏有相火陰，盛格陽於外也。

《醫宗金鑑・傷寒心法要訣・陰陽咽痛》 咽痛乾腫爲陽熱，不乾不腫屬陰寒，陽用甘桔等湯治，陰用甘桔附薑攢。

註：咽痛一證，寒熱皆有咽。乾腫痛，爲三陽熱證，宜甘桔、半夏、苦酒、豬膚等湯調治。不乾不腫而痛，爲三陰寒證，宜四逆湯加桔梗主治也。

《醫宗金鑑・傷寒心法要訣・氣上衝》 氣撞吐蚘厥陰本，無蚘陽表桂枝湯，少腹急引燒裩散，衝喉難息瓜蒂良。

註：氣撞吐蚘，謂厥陰本證也。無蚘謂氣撞不吐蚘，乃邪猶在陽表也，宜桂枝湯。少腹急引，謂氣上衝，更少腹引陰急痛，乃陰陽易病也，宜燒裩散。衝喉難息，謂氣上衝喉，胸滿難以布息，乃寒實在胸也，宜瓜蒂散。

《醫宗金鑑・傷寒心法要訣・頤毒》 傷寒發頤耳下腫，失於汗下此毒生，高腫焮紅痛爲順，反此神昏命必傾。毒伏未發脈亦隱，冷汗淋漓肢若冰，煩渴不便指甲紫，頗似三陰了了輕。

註：傷寒頤毒，皆因汗下失宜，毒熱挾少陽相火上攻而成也。若其人陽氣素盛，則高腫焮紅疼痛，易於成膿，故爲順也。宜連翹敗毒散散之。或其人陽氣素虛，或服冷藥過多，遏鬱毒熱伏藏在裏，內攻神昏，外毒漫腫，肉色不變，不疼木硬，則命必危也。毒伏未發之前，往往似三陰亡陽之證，脈隱不見，冷汗淋灕，肢冷若冰，但身輕目睛了了，煩渴不大便指甲紅紫爲異，此毒發始臨治不可忽也。

《未刻本葉氏醫案・保元方案》 風火上鬱，頭目不清，暫以辛涼。

薄荷　桔梗　黑梔皮　桑皮　象貝　連軺殼

《臨證指南醫案・目》 某　風溫上鬱，目赤，脈左弦。當用辛以散之。

風溫

桑葉　夏枯草　連翹　草決明　赤芍

《續選臨證指南・頭痛》 鄒時乘評：頭爲諸陽之會，與厥陰肝脈會於巔，諸陰寒邪不能上逆，爲陽氣窒塞，濁邪得以上據，厥陰風火。乃能逆上作痛，故頭痛一症，皆由清陽不升，火風乘虛上入所致。觀先生於頭痛治法，亦不外此。如陽虛濁邪阻塞，氣血瘀痹而爲頭痛者，用蟲蟻搜逐血絡，宣通陽氣爲主。如火風變動，與暑風邪氣上鬱而爲頭痛者，用鮮荷葉、苦丁茶、蔓荆、山梔等，辛散輕清爲主。如陰虛陽越而爲頭痛者，用仲景復脈湯，甘麥大

棗法，加膠、芎、牡蠣，鎮攝益虛，和陽熄風爲主。如厥陽風木上觸，兼內風而爲頭痛者，用首烏、柏仁、穭豆、甘菊、生芍、杞子輩，熄肝風，滋腎液爲主。一症而條分縷析，如此詳明，可謂手法兼到者矣。

《續選臨證指南・耳》 鄒時乘評：腎開竅於耳，心亦寄竅於耳，膽絡脈附於耳。體虛失聰，治在心腎。邪干竅閉，治在膽經。蓋耳爲清空之竅，清陽交會流行之所，一受風熱火鬱之邪，與水衰火實，腎虛氣厥者，皆能失聰。故先生治法，不越乎通陽鎮陰，益腎補心，清膽等法，使清靜靈明之氣上走空竅，而聽斯聰矣。如溫邪、暑熱、火風侵竅而爲耳聾痛脹者，用連翹、山梔、薄荷、竹葉、滑石、銀花，輕可去實之法，輕清泄降爲主。如少陽相火上鬱，耳聾聤脹者，用鮮荷葉、苦丁茶、青菊葉，夏枯草、蔓荆子、黑山梔、羚羊角、丹皮，辛涼味薄之藥，清少陽鬱熱，兼清氣熱爲主。如心腎兩虧，肝陽亢逆，與內風上旋蒙竅而爲耳鳴暴聾者，用熟地、磁石、龜甲、沉香、二冬、牛膝、鎖陽、秋石、山萸、白芍，味厚質重之藥，壯水制陽，填陰鎮逆，佐以酸味入陰，鹹以各陽爲主。因症施治，從虛從實，直如庖丁之導窾矣。

《續選臨證指南・咽喉》 鄒滋九評：《內經》云：一陰一陽結，謂之喉痹。一陰者，手少陰君火，心之脈氣也。一陽者，手少陽相火，三焦之脈氣也。夫二經之脈，并絡於喉，故氣則內結，結甚腫脹，脹甚則痹，痹甚則不通而死矣，即今之所謂喉癬、喉風、喉蛾等類是也。夫推原十二經，惟足太陽別下項，其餘皆湊咽喉，然《內經》獨言一陰一陽結，爲喉痹者，何也？蓋以君相二火獨勝，則熱且痛也。愚歷攷咽喉湯方，皆用辛散鹹軟，去風痰，解熱毒爲主，如元參升麻湯、聖濟透關散，及玉鑰匙、如聖散、普濟消毒飲子，皆急於治標，而緩於治本，恐緩則傷人，故以治標爲急耳。又嘗考仲景《傷寒論》咽喉生瘡等症，每用甘草桔梗，半夏散及湯爲主，一爲少陰水虧，不能上濟君火，以致咽喉生瘡，不能出聲。故以半夏之辛滑，佐雞子清利竅通聲，使以苦酒入陰，劫涎斂瘡，桂枝解肌，由經脈而出肌表，悉從太陽開發，而半夏治咽痛，可無燥津涸液之患。一爲陰火上結而爲咽痛，故用生甘草甘涼泄熱，功在緩腎急而救陰液，佐以桔梗開提足少陰之熱邪。如腎液下泄，不能上蒸於肺，致絡燥而爲咽痛者，仲景又有豬膚一法，潤燥解熱緩中，使其陰陽協和而後愈，是固本而兼治標者也。如風火上鬱，陰虧脈數而爲咽痛者，先生又有辛涼清上諸法。如咽喉緊痹氣熱而爲咽痛者，又有清肺中氣熱一法。如情志鬱勃，相火上炎，而爲咽痛者，則又有降氣開濁一法。如腎液不收，肝陽上越而爲咽痛者，宗錢氏六味湯。如陰陽交虛，龍相上灼而爲咽痛者，宗仲景豬膚湯法。

徐大椿評：凡病屬於經絡臟腑者，皆煎丸之所能治。一屬形體及九竅，則屬有形之病，實有邪氣凝結之處，藥入胃中，不過氣到耳，安能去凝結之邪，故煎丸之功，不過居其半耳。若欲速效，必用外治之法，可以應手而愈博考方書，廣求秘法，自能得之。此老尚未知之也。故其治有形諸病，皆非所長。又外治之法，上古所鮮聞，因其用針灸之術，通神入妙，何必外治，此則外治之最者也。後世針法不傳，於是乎以藥代針，而多外治之法。若針灸既廢，而外治之法亦不講，則天下之病，即使用藥的當，祇能愈其半耳。其外症之必需外治者，竟無愈理，此亦醫道之一大關也。後之學者須知之。

《續選臨證指南・幼科要略・口疳》 夏季秋熱，小兒泄瀉，或初愈未愈，滿口皆生疳蝕，嘗有阻塞咽喉致危者。此皆在裏濕盛生熱，熱氣蒸灼，津液不升，濕熱偏傷氣分，治在上焦，或佐淡滲，世俗常刮西瓜翠衣治疳，取其輕揚滲利也。

《溫病條辨・下焦篇・風溫溫熱溫疫溫毒冬溫》 溫病耳聾，病係少陰，與柴胡湯者必死。六七日以後，宜復脈輩復其精。

溫病無三陽經證，卻有陽明腑證（中焦篇已申明腑證之由矣）。三陰臟證，蓋臟者藏也，藏精者也。溫病最善傷精，三陰實當其衝。如陽明結則脾陰傷而不行，脾胃臟腑切近相連，夫累及妻，理固然也，有急下以存津液一法。土實則水虛，浸假而累及少陰矣，耳聾不卧等證是也。水虛則木強，浸假而累及厥陰矣，目閉痙厥等證是也。此由上及下，由陽入陰之道路，學者不可不知。按溫病耳聾，《靈》、《素》稱其必死，豈少陽耳聾，竟至於死耶？經謂腎開竅於耳，脫精者耳聾，蓋初則陽火上閉，陰精不得上承，清竅不通，繼則陽亢陰竭，若再以小柴胡湯直升少陽，其勢必至下竭上厥，不死何待！何時醫悉以陶氏六書，統治四時一切病證，而不究心於《靈》、《素》、《難經》也哉！瑭於溫病六七日以外，壯火少減，陰火內熾耳聾者，悉以復陰得效。曰宜復脈輩者，不過立法如此，臨時對證，加減盡善，是所望於當其任者。

溫病少陰下利，咽痛胸滿，心煩者，豬膚湯主之。

此《傷寒論》原文。按溫病熱入少陰，逼液下走，自利咽痛，亦復不少，故採錄於此。柯氏云：少陰下利，下焦虛矣。少陰脈循喉嚨，其支者出絡心，注胸中，咽痛胸滿心煩者，腎火不藏，循經而上走於陽分也；陽併於上，陰併於下，火不下交於腎，水不上承於心，此未濟之象。豬爲水畜而津液在膚，用其膚以除上浮之虛火，佐白蜜、白粉之甘，瀉心潤肺而和脾，滋化源，培母氣，水升火降，上熱自除，而下利自止矣。

豬膚湯方甘潤法：

豬膚一斤，用白皮從內刮去肥，令如紙薄

右一味，以水一斗，煮取五升，去渣，加白蜜一升，白米粉五合，熬香，和令相得。

溫病少陰咽痛者，可與甘草湯；不差者，與桔梗湯。

柯氏云：但咽痛而無下利、胸滿、心煩等證，但甘以緩之足矣。不差者，配以桔梗以散之也。其熱微，故用此輕劑耳。

甘草湯方甘緩法：

甘草二兩

右一味，以水三升，煮取一升半，去渣，分溫再服。

桔梗湯方苦辛甘開提法：

甘草二兩　桔梗二兩

法同前。

溫病人少陰，嘔而咽中傷，生瘡不能語，聲不出者，苦酒湯主之。

王氏晉三云：苦酒湯治少陰水虧不能上濟君火，而咽生瘡聲不出者。瘡者，疳也。半夏之辛滑，佐以雞子清之甘潤，有利竅通聲之功，無燥津涸液之慮；然半夏之功能，全賴苦酒，攝入陰分，劫涎斂瘡，即陰火沸騰，亦可因苦酒而降矣，故以爲名。

苦酒湯方酸甘微辛法：

半夏二錢製　雞子一枚去黃內上苦酒雞子殼中

右二味，內半夏著苦酒中，以雞子殼置刀環中，安火上，令三沸，去渣，少少含嚥之；不差，更作三劑。

徵按：醋能開胃散水，斂熱解毒，局方消暑丸，嘗以之煮半夏，亦此意也。

《溫證指歸·頭重頭眩》《內經》曰：因於溼者首如裹，此乃溼熱上蒸之故，是以頭重，溫病亦有之。兼溼者脈必濡滑，溫熱者脈必長大而浮，宜用升陽苦降之藥，如清化湯，加羌、升、防、芷、龍膽、大黃之類；至頭眩，在溫病悉屬熱邪伏鬱中焦，干犯上焦清陽之位，是以眩然如暈，脈必寸大於關，宜用升降散、清化湯，加菊花、天麻；至有兼風兼痰兼虛，吳戴二氏辨之甚詳，茲不再贅惟腎氣素虛之人，一遇溫熱，大耗真陰，陰不下吸，陽無所依，上爲眩暈又當照腎不納氣條治，非大劑潛鎮之品不可，如六味地黃，加磁石、黑鉛；如真陽虛極，少加參、附亦可，此脈重按必空散，或不及尺，以此爲辨。

《溫證指歸·頭痛》溫病頭痛，乃熱邪上干清陽，故頭痛面必赤，神必煩，舌必紅，脈必數。識明證候，急與清化、升降二方，使清氣升，濁氣降，頭痛自止。如熱甚口渴，則白虎湯、玉女煎最妙，羌、防、芎、芷，皆非所宜。如兼風寒，面必收束，色必慘暗，舌必白滑，外必惡寒，自當先行散表，審明痛在巔頂屬太陽，痛在滿頭。及眉稜骨者屬陽明，痛在兩角屬少陽。兼暑者必在夏月，皆照加引經藥可也。惟溫病頭痛，渾渾不自知其所苦，所以溫邪最易昏人神識也。更有素本真陰真陽皆虧，一遇溫病，正不勝邪。陽虛頭痛，必現面青肢逆惡寒，喜見燈火光，旋又畏之，緣有伏邪故耳，治法從權，暫投參茸膏，貧者黨參。桂枝借用亦可。陰虛頭痛，面必浮紅，舌必乾紫，口或渴不飲，惡見燈火光，宜六味地黃，先救腎液，再治溫邪可也。

溫邪頭目脹，乃熱邪上蒸，初起輕者，清化、菊花、天麻，重則涼膈，加荊、防、天麻之類，或神解、太極下之。如陽明有熱，目脹加石膏；舌黃宿食也，用保和丸二陳湯，或查、麥、神麯、萊菔，厚朴皆可選用；如屢經攻下，頭目脹者，又屬陰虛，宜六味地黃湯治之。

《溫證指歸·唇》陽明之脈繞唇。溫病唇燥唇裂，色赤色紫，俱屬熱毒困於中焦，陽明熱盛之象，宜用白虎湯合神解、升降，竹葉石膏湯。如兼胎黃舌赤，口渴壯熱，煩燥脈數者，雙解散重用石膏，或增損涼膈散加石膏，隨證與之。至溫邪初起，邪伏三焦，或匿膜原，未經宣達，唇色困暗，頗似淡白，不可用溫藥，當與清化、神解、芳香、達原選用，如溫邪退後，唇淡舌白，脈來無力，倦怠少神，又屬虛象，宜用六君子湯。或其人素本陽虛，胃弱多溼，當與理中湯、金水六君煎。如餘邪未盡，熱猶未清，參胡三白散。加味爲最。脾虛不運，資生丸，食後服。再加便溏少食，參苓白朮散調之。

《溫證指歸·鼻孔乾黑》 鼻乃肺竅，風寒外襲，則鼻流清涕，荆、防、前、桔、紫蘇爲主。溫邪內鬱，則鼻孔乾燥，肺熱則清化加薄荷、麥冬，胃熱則煩渴，葛根、石膏爲主。腑證則胎黄而渴，增損雙解，三黄石膏爲主。傷津液肺燥，麥冬、生地。合大小清涼飲爲主。熱在經者十之五，在腑者十之二三，亡津液者十之一二。至鼻孔黑如煤烟，溫熱灼肺已極，由乾燥失治而然，急當清下，少緩則肺胃焦枯矣。三承氣合白虎，或三黄石膏。加犀、羚、蘆根，或犀角大青湯，視其兼證，擇而用之，總不及損雙解，重用石膏爲專主。尤有鼻孔掀煽一證，有虛有實，實者緣鼻爲肺竅，肺爲華蓋，外合皮毛，易於受邪，風寒外襲，痰火內壅，兩相搏激，遏抑不宣，氣粗有聲，喘咳胸滿不渴，又宜蘇葉、前、桔、荆、防、葛根、萊菔、白芥，黄芩主之。惟麻黄一味，斷不可用，忌其溫服也。兼寒者，暫用亦可。虛者腎氣不納，呼多吸少，出入息微，多死，此證必得之屢經汗下，或其人色慾過度，腎臟本虧，急用大劑六味。加麥、味、牛膝、枸杞、黑鉛，或可百救一二，加人參亦可。

《溫證指歸·耳聾》 溫邪耳聾，乃少陽邪熱上壅清陽，時邪自三焦起。三焦屬手少陽，無論初終，皆以神解合小柴胡，清散少陽，耳聾自愈。如病後耳聾，或腎水素虛，又當以養陰壯水爲主，六味地黄湯，緩緩圖治可也。

《溫證指歸·口苦口甘》 口苦口甘，同爲熱證，口苦在傷寒爲少陽證，傷寒傳足，時邪傳手，手少陽三焦也。時邪因伏三焦，無有不口苦者，當於神解方中，倍加芩、連、知、柏，或三黄石膏湯選用。至口甘爲中焦熱鬱，蓋脾胃屬土，稼穡作甘，熱邪熏蒸，故甘味上溢於口，此證每每舌多不燥，或口不大渴，萬不可用溫燥之藥，於解時邪方中，加芩、連、梔子可也。

《溫證指歸·咽乾咽痛》 時邪咽乾，乃熱淫上焦，涼膈散、清化湯。若痛甚，當視其有無結否，無結以甘桔湯、清化湯，有結用涼膈散，加牛子、射干之類。或起紫白泡，是爲乳蛾，甚有急喉風、急喉痹證，且發夕死，夕發旦死，不可不慎。內治時邪，雙解合甘桔法治之，外證另延專司，參看可也。

《溫熱經緯·仲景伏氣溫病篇》 少陰病，二三日，咽痛者，可與甘草湯不差者，與桔梗湯。

張路玉曰：　陰邪爲病，其發必暴。所以伏氣發於少陰，必咽痛。仲景遂以緩法治之，甘草味甘，其性最緩，因取以治少陰伏氣發溫之最急者。蓋甘先入脾，脾緩則陰火之勢亦緩，且生用力能瀉火，故不兼別味，獨用以取專功也。設不差，必是伏邪所發勢盛，緩不足以濟急。更加桔梗升載其邪，使發於陽分之陰邪盡從陽分而散，不致仍復下陷入於陰分也。倘治稍失宜，陰津爲熱邪所耗，即用祛熱救陰之藥，恐無及也。葉香嚴曰：　春夏溫熱之病，必自內而及外。

尤拙吾曰：　少陰爲陰，寒邪亦爲陰，以陰遇陰，故得藏而不發。是以傷寒之邪，自太陽遞入三陰。溫病之邪，自少陰傳出三陽。

章虛谷曰：　風寒外閉少陰而咽痛者，仲景用半夏散，辛溫開泄之法矣。此少陰伏熱內發，循經上灼而咽痛，雖不合用辛溫開泄，亦不可用涼藥，以遏其外出之勢。故用甘草，甘平和中，導邪外達。如不差，更加桔梗，上通其氣，蓋火鬱不得外出，故痛，通其氣使火外達，則痛自止矣。傷寒之邪，自表入裏，故先太陽而後至少陰。溫病之邪，自裏出表，故先少陰而後出太陽。歷來不辨源流，故各條次序亦紊，而傷寒溫病，攙混不清也。

按：　伏氣爲病，皆自內而之外，不止春溫一病，蓋四時之氣，皆有伏人而發者，不可不知也。

少陰病，下利咽痛，胸滿心煩者，豬膚湯主之。

張路玉曰：　下利咽痛，胸滿心煩，少陰之伏邪雖發陰經，實爲熱證，邪熱充斥，上下中間無所不到，寒下之藥，不可用矣。又立豬膚湯以潤，少陰之燥，與用黑驢皮之意頗同。陽微者用附子溫經，陰竭者用豬膚潤燥，同具散邪之意。比而觀之。思過半矣。

《溫熱經緯·余師愚疫病論》 疫病條辨

頭痛目痛，頗似傷寒。然太陽陽明頭痛，不至於傾側難舉。而此則頭痛如劈，兩目昏瞀，勢若難支。總因火毒達於二經，毒參陽位，用釜底抽薪法，徹火下降，其痛立止，其疹自透。宜清瘟敗毒飲增石膏、元參，加菊花。誤用辛涼表散，燔灼火燄，必轉悶證。

咽喉者，水穀之道路，呼吸之出入，毒火熏蒸，至於腫痛，亟當清解以開閉塞。宜本方增石膏、元桔；　加牛蒡、射干、山豆根。

雄按：　加瑩白糞清最妙。藥汁礙嚥者，亟以錫類散吹之。

脣者脾之華，脣焮腫火炎土燥也宜本方增石膏翹連加天花粉

頭爲諸陽之首，頭面腫大，此毒火上攻。宜本方增石膏、元參，加銀花、馬勃殭蠶、板藍根、紫花地丁、歸尾。脈實者，量加酒洗生大黄。

面上燎疱，宛如火燙，大小不一。有紅有白，有紫黑相間，痛不可忍，破流清水，亦有流血水者，治同上條。

顋者肝腎所屬，有左腫者，有右腫者，有右及左，左及右者，名曰痄顋。不亟清解，必成大頭，治同上條。

頸屬足太陽膀胱經，熱毒入於太陽則頸腫。宜本方增石膏、元參、翹、桔，加銀花，夏枯草，牛蒡、紫花地丁、山豆根。

耳後腎經所屬，此處硬腫。其病甚惡。宜本方增石膏、元、地、丹、翹，加銀花、花粉，板藍根、紫花地丁。耳中出血者，不治。

雄按：坎爲耳，故耳爲腎水之外候。然肺經之結穴在耳中，名曰蘢葱，專主乎聽。金受火爍則耳聾。凡溫熱暑疫等證，耳聾者，職是故也。不可泥於傷寒少陽之文，而妄用柴胡以煽其燄。古云耳聾治肺，旨哉言乎。

舌乃心之苗。心屬火毒火衝突，二火相併，心苗乃動，而嗒舌弄舌，宜本方增石膏、犀、連、元參，加黃檗。

雄按：宜加木通、蓮子心、硃砂、童溺之類。

紅絲繞目，清其浮僭之火而紅自退。誤以眼科治之，爲害不淺。宜本方加菊花、紅花、蟬蜕、歸尾、穀精。

雄按：加味亦是眼科之藥，不若但加羚羊角，龍膽草二爲精當也。

頭爲一身之元首，最輕清而邪不易干。通身焦燥，獨頭汗涌出。此烈毒鼎沸於內，熱氣上騰，故汗出如淋。宜本方增石膏、元參。

雄按：本方宜去芎、桔丹皮，加童溺、花粉。

齒者，骨之餘。雜證齗齒爲血虛；疫證見之，爲肝熱。宜本方增石膏、生地、丹、梔，加膽草。

雄按：齒齦屬陽明，不可全責之肝也。

舌上白點如珍珠，乃水化之象。較之紫赤黃黑，古人謂之芒刺者，更重。宜本方增石膏、犀、連、元、翹，加花粉、銀花。

雄按：宜加薔薇根、瑩白、糞精之類。

舌上發丁，或紅或紫，大如馬乳，小如櫻桃，三五不等，流膿出血，重清心火。宜本方增石膏、犀角，翹，連，加銀花。舌上成坑，愈後自平。

雄按：亦宜加薔薇根、金汁之類，外以錫類散，或珍珠、牛黃研細糝之，則坑易平。

鼻衄　秋瘟鼻衄，乃疫毒侵逼營分，鬱熱上衝於腦，循鼻竅而出，甚則出如泉湧，宜清瘟敗毒飲去桔梗，加鮮茅根、羚羊角；舌衄者，亦服前方外用蒲黃炒炭研末摻之，齒衄，亦以前方多川柏。

鼻乾　鼻爲肺竅，風寒襲肺，則鼻流清涕；疫邪內鬱，則鼻孔乾燥，治宜清化。至鼻孔黑如烟煤，乃熱毒灼肺已極，急宜清下，緩則肺胃焦枯矣。

鼻搧　鼻搧爲秋瘟最忌。秋瘟邪伏肺胃，鼻搧乃肺爲邪火灼傷，津液枯涸也。爲難治。若兼氣促痰鳴，則更危矣。

胸腹四肢異常部

論說

《續選臨證指南・痿》鄒滋九評：經云：肺熱葉焦，則生痿躄。又云：治痿獨取陽明。以及脈痿、筋痿、肉痿、骨痿之論，《內經》於痿症一門，可謂詳審精密矣。奈後賢不解病情，以諸痿一症，或附錄於虛勞，或散見於風濕，大失經旨。賴丹溪先生特表而出之，惜乎其言之未備也。夫痿症之旨，不外乎肝腎肺胃四經之病。蓋肝主筋，肝傷則四肢不爲人用，而筋骨拘攣。腎藏精，精血相生，精虛則不能灌溉諸末，血虛則不能營養筋骨。肺主氣，爲高清之臟，肺虛則高源化絶，化絶則水涸，水涸則不能濡潤筋骨。陽明爲宗筋之長，陽明虛，則宗筋縱，宗筋縱則不能束筋骨以流利機關，此不能步履，痿弱筋縮之症作矣，故先生治痿，無一定之法，用方無獨執之見。如衝任虛寒而成痿者，通陽攝陰，兼實奇脈爲主。濕熱沉著下焦而成痿者，用苦辛寒燥爲主。腎陽奇脈兼虛者，用通納八脈，收拾散越之陰陽爲主。如下焦陰虛，及肝腎虛而成痿者，用河間飲子，虎潛諸法，塡納下焦，和肝熄風爲主。陽明脈空，厥陰風動而成痿者，用通攝爲主。肝腎虛而兼濕熱，及濕熱蒸灼筋骨而成痿者，益下佐以溫通脈絡，兼清熱利濕爲主。胃虛窒塞，筋骨不利而成痿者，用流通胃氣，及通利小腸火腑爲主。胃陽腎督皆虛者，兩固中下

爲主。陽明虛，營絡熱及內風動而成痿者，以清營熱、熄內風爲主。肺熱葉焦而成痿者，用甘寒清上熱爲主。邪風入絡而成痿者，以解毒宣行爲主。精血內奪，奇脈少氣而成痿者，以塡補精髓爲主。先生立法精詳，眞可垂諸不朽矣。

《疫疹一得・疫疹之症》 腹痛不已 胃屬濕土，列處中焦，爲水谷之海，五臟六腑十二經脈，皆受氣於此。邪不能干，弱者著而爲病，偏寒偏熱，水停食積，皆與眞氣相搏而痛，此言尋常受病之源也。至於疫疹腹痛，或左或右，或痛引小腸，乃毒火衝突，發洩無門，若按尋常腹痛分經絡而治之必死。如初起，只用敗毒散或涼膈散加黃連，其痛立止。

胸膈鬱遏 胸乃上焦心肺之地，而邪不易犯。惟火上炎，易及於心，以火濟火；移熱於肺，金被火灼，其躁愈盛，氣必長吁，胸必塡滿而鬱遏矣。

冷氣上升 病人自言胃出冷氣，非眞冷氣也，乃上升之氣，自肝而出，中挾相火，自下而上，其熱尤盛。此火極水化，熱極之徵，陽亢陰微，故有冷氣。

《醫法圓通・辨認邪盛熱熾血傷病情》 皮毛乾粗 病人或七八日，發熱不退，或身不熱，心煩氣衰，小便短而咽中乾，忽見皮膚干粗，毛發枯槁，此邪火傷陰，血液失運。急宜瀉火養陰爲主。【略】

周身紅塊 病人身熱脈健，煩躁不寧，忽現周身紅塊，痛癢異常，此是邪熱壅於肌肉也。宜解肌清熱瀉火爲主。

綜　述

《傷寒論・辨太陽病脈證並治》 心下痞，按之濡，其脈關上浮者，大黃黃連瀉心湯主之。

大黃二兩 黃連一兩

右二味，以麻沸湯二升，漬之，須臾絞去滓，分溫再服。臣億等看詳大黃黃連瀉心湯，諸本皆二味，又後附子瀉心湯用大黃、黃連、黃芩、附子，恐是前方中亦有黃芩，後但加附子也。故後云附子瀉心湯。本云加附子也。

問曰： 病有結胸，有藏結，其狀何如？ 答曰： 按之痛，寸脈浮，關脈沈，名曰結胸也。何謂藏結？ 答曰： 如結胸狀，飲食如故，時時下利，寸脈浮，關脈小細沈緊，名曰藏結。舌上白胎滑者，難治。

藏結無陽證，不往來寒熱，一云寒而不熱。 其人反靜，舌上胎滑者，不可攻也。

病發於陽，而反下之，熱入因作結胸。病發於陰，而反下之，一作汗出因作痞也。所以成結胸者，以下之太早故也。結胸者，項亦強，如柔痓狀，下之則和，宜大陷胸丸。

大黃半斤 葶藶子半升，熬 芒消半升 杏仁半升，去皮尖熬黑

右四味，擣篩二味，內杏仁、芒消，合研，如脂，和散。取如強丸一枚，別擣甘遂末一錢匕，白蜜二合，水二升，煮取一升，溫頓服之。一宿乃下。如不下，更服，取下爲效，禁如藥法。

結胸證，其脈浮大者，不可下，下之則死。

結胸證悉具，煩躁者亦死。

大陽病，脈浮而動數，浮則爲風，數則爲熱，動則爲痛，數則爲虛，頭痛發熱，微盜汗出，而反惡寒者，表未解也。醫反下之，動數變遲，膈內拒痛。一云頭痛即眩。

胃中空虛，客氣動膈，短氣躁煩，心中懊憹，陽氣內陷。心下因鞕，則爲結胸，大陷胸湯主之。若不結胸，但頭汗出，餘處無汗，劑頸而還，小便不利，身必發黃。

大陷胸湯方：

大黃六兩，去皮 芒消一升 甘遂一錢匕

右三味，以水六升，先煑大黃，取二升，去滓，內芒消，煑一兩沸，內甘遂末，溫服一升，得快利，止後服。

傷寒六七日，結胸熱實，脈沈而緊，心下痛，按之石鞕者，大陷胸湯主之。

《金匱要略・瘡癰腸癰浸淫病脈證并治》 諸浮數脈，應當發熱，而反灑淅惡寒，若有痛處，當發其癰。

師曰： 諸癰腫，欲知有膿無膿，以手掩腫上，熱者爲有膿，不熱者爲無膿。

腸癰之爲病，其身甲錯，腹皮急，按之濡，如腫狀，腹無積聚，身無熱，脈數，此爲腹內有癰膿，薏苡附子敗醬散主之。

薏苡附子敗醬散。方：

薏苡仁十分　附子二分　敗醬五分

右三味，杵爲末，取方寸匕，以水二升，煎減半，頓服。小便當下。

腸癰者，少腹腫痞，按之即痛如淋，小便自調，時時發熱，自汗出，復惡寒，其脈遲緊者，膿未成，可下之，當有血。脈洪數者，膿已成，不可下也，大黃牡丹湯主之。

大黃牡丹湯方：

大黃四兩　牡丹一兩　桃仁五十個　瓜子半升　芒硝三合

右五味，以水六升，煮取一升，去滓，內芒硝，再煎沸，頓服之，有膿當下，如無膿，當下血。

問曰：寸口脈浮微而澀，然當亡血，若汗出，設不汗者云何？答曰：若身有瘡，被刀斧所傷，亡血故也。

病金瘡，王不留行散主之。

王不留行散方：

王不留行十分，八月八日採　蒴藋細葉十分，七月七日採　桑東南根白皮，十分，三月三日採　甘草十八分　川椒三分，除目及閉口者，去汗　黃芩二分　乾薑二分　芍藥二分　厚朴二分

右九味，桑根皮以上三味，燒灰存性，勿令灰過，各別杵篩，合治之爲散，服方寸匕，小瘡即粉之，大瘡但服之。產後亦可服。如風寒，桑東根勿取之。前三物，皆陰乾百日。

浸淫瘡，從口流向四肢者可治；從四肢流來入口者不可治。

浸淫瘡，黃連粉主之。

《傷寒全生集・辨傷寒結胸例》　大抵傷寒陽毒，熱實大結胸，藥下雖通，其結胸硬痛不軟，喘急，身熱而躁渴，狂亂不安。取白頸活地龍四條，水洗淨，入砂盆內研如泥，加生薑汁二匙，生薄荷搗汁二匙。如無，用乾薄荷煎濃汁二匙亦可。再入片腦一分，牛黃一分，辰砂一分，研勻，更用井泉水半盞調前汁，徐徐灌下，令盡。良久，漸覺寒戰後，穩睡一頓飯時，外用生薑相揉法，當安睡有汗，則愈。若服下一時不應，須再服，神效矣。

《溫疫論・肢體浮腫》　時疫潮熱而渴，舌黃身痛，心下滿悶，腹時痛，脈數，此應下之證也。外有通身及面目浮腫，喘急不已，小便不利，此疫兼水腫，因三焦壅閉，水道不行也，但治其疫，水腫自已，宜小承氣湯。向有單腹脹而後疫者，治在疫。若先年曾患水腫，因疫而發者，治在疫，水腫自愈。病人通身浮腫，下體益甚，臍呂陰囊及陰莖腫大色白，小便不利，此水腫也，繼又身大熱，午後益甚，慢渴，心下滿悶，喘急，大便不調，此又加疫也，下後脹不除，反加腹滿，宜承氣加甘遂二分，弱入量減。蓋先腫脹，續得時疫，此水腫兼疫，大水在表，微疫在裏也，故並治之。時疫愈後數日，先自足浮腫，小便不利，腫漸至心腹而喘，此水氣也，宜治在水。時疫愈後數日，先自足浮腫，小便如常，雖通身浮腫而不喘，別無所苦，此氣復也，蓋血乃氣之依歸，氣先血而生，無所歸，故暫浮腫，但靜養節飲食，不藥自愈。時疫身體羸弱，言不足以聽，氣不足以息，得下證少與承氣，下證稍減，更與之，眩運欲死，蓋力不足以勝也。絕穀期月，稍補則心腹滿悶，攻不可，補不可，守之則元氣不鼓，餘邪沉匿膜原，日惟水飲而已，以後心腹忽加腫滿煩寃者，向來沉匿之邪，方悉分傳於表裏也，宜承氣養榮湯，一服病已。設表腫未除，宜微汗之自愈。時疫得裏證失下，以致面目浮腫及肢體微腫，小便自利，此表裏氣滯，非兼水腫也，宜承氣下之，裏氣一疎，表氣一順，浮腫頓除。或見絕穀期月，指爲脾虛發腫，誤補必劇，妊娠更多此證，治法同前，則子母俱安，但當少與，慎無過劑。

《傷寒緒論・項强》　天行時氣發熱，至晚則腰脊痛，頭項强，身重。輕則涼膈，重則雙解，並加葱白、香豉。

《瘟疫明辨・表證・背痛瘥》　時疫初起，背痛兼發熱者，邪浮於太陽也，羌活爲主。背痛而脹，兼胸脇脹者，邪客募原也，草果、厚朴、檳榔、萊菔子、大腹皮爲主。屢經汗下後，發熱已退，背痛不止者，經脈血亡也，六味、生脈、四物爲主。又有平素勞倦內傷而背痛，在膏肓二穴者，當於東垣內傷諸論察之。

《瘟疫明辨・表證・腰痛瘥》　時疫初起，腰痛兼發熱者，太陽受病也，獨活爲主。兼脹者，氣滯也，加檳榔。兼重者，夾濕也，加蒼术。牽引少腹及兩脇者，氣滯血瘀也，加青皮、烏藥、赤芍、元胡，兼理氣血，疏通腎肝。此皆初起實症治法。又有即夾腎虛陰傷者，腰痛獨甚於周身，兼痠痿無力，若尺脈無力，後來傳變必危。當於初起在表時，加人參、知母、生地，預顧其陰，則危殆差減。若徒用伐邪之品，邪之深入者未必去，而陰液大傷，則沉昏舌黑，

直視失尿諸症見，陰傷氣脫，則厥症見。蓋腰乃腎府，爲先天根本，腰痛則腎虛，不可不察。要知此時疫初起，腰痛尚有虛實之分。若汗下後而見腰痛，其爲腎虛，不待言矣，宜六味、四物，不可疏通。

《瘟疫明辨·表證·膝痛痠》 時疫初起，膝痛發熱者，邪在太陽經也，獨活、檳榔、牛膝爲主。兼軟者，濕甚也，蒼术爲主。然此特太陽之一症，初起以解表邪大勢爲先，膝痛專藥一二味而已。若經汗下，表邪大勢已解，則當察其邪氣之有無，正氣之虛實，專治下部。不然，恐致殘廢。倘餘邪不盡，留於下部，則仍有熱症，如骨蒸、小便黄赤，以黄柏、苡仁清濕熱，檳榔、木通通壅滯；筋攣，則秦艽、木瓜；筋緩，則蒼术、防己；紅腫，則赤芍、丹皮、續斷、芎、歸。若無餘邪，見心悸，二便頻數，尺脈虛小，則當以補腎爲急，六味加牛膝、枸杞、知蘗，滋益陰精。

《瘟疫明辨·表證·脛腿痛痠》 時疫初起，脛痛痠者，太陽經脈之鬱也，獨活爲主。兼攣者，治在筋，加秦艽、木瓜。兼腫者，治在肉，加木通、赤芍、檳榔。兼軟者，屬濕溫，俗名軟脚瘟，往往一二日即死，宜白虎加蒼术湯，或蒼术、黄柏。此與膝痛頗同。未經汗下，則解表之大勢加一二味脛痛耑藥。表症已解，惟留此症，當專治之。若屢經汗下而見虛症，亦以補腎爲主。

《瘟疫明辨·表證·足痛》 時疫初起足痛，有因素有脚氣痼疾者，但治時疫，於解表藥中微加檳榔、木通。若已經汗下，表裏俱平而足痛不愈，則消息其腎家虛實，同膝脛痛法治之。

《瘟疫明辨·表證·肩臂痛痠》 時疫初起，肩臂痛痠者，手太陽經脈受邪也。解表，則痛自已。經汗下後而肩臂痛者，有經隧阻滯，血脈空虛之故。經隧阻滯者，脈多有力，證多熱渴，以清熱活血爲主，黄芩、赤芍、歸尾、紅花之類。血脈空虛者，證多痿困，脈多虛濇，養血益氣爲主，四物合參、芪之類。

《瘟疫明辨·表證·腕痛》 時疫初起腕痛者，乃風淫末疾也。初起，解表；汗下後，益氣養血。與肩臂痛同治。

《瘟疫明辨·表證·周身骨節痠痛》 項背、腰膝、脛、足、肩臂諸痛，已列於前。則周身之痠痛備入，兹復列周身骨節痠痛者，以痛在一處，邪有專注，痛若周身，邪有分布也。專注之邪，須通其凝泣。分布之邪，須解其縛束。故治周身痠痛，疏表其大法也。而痠與痛亦有别，痠輕而淺，痛重而深。痠痛與拘攣又有别，痠痛舉動如常，拘攣屈伸不利；痠痛病在營衛，拘攣病在筋骨。合痠痛拘攣，又有上下淺深，前後之不同。在身半以上，爲末疾，淺而易解。在身半以下，爲本病，深而難祛。合上下之痠痛拘攣，在未經汗下與已經汗下者，又有别。未經汗下，屬邪盛，宜宣伐。已經汗下，屬正虛，宜調補。明乎此，則痠痛在周身，在一處，按症施治，無不當矣。解表諸方，人參敗毒散、九味羌活湯、六神通解散、大羌活湯。

《瘟疫明辨·表證·身重》 時疫初起，發熱身重者，濕勝於熱也，蒼术爲主。二三日或四五日，傳變之後，汗出更熱而身重者，熱壅其經脈也，白虎湯爲主。傅裏，表無熱，而舌燥便秘，腹痛拒按，而身重者，内結而氣不達於表也，三承氣爲主。屢經汗下，表熱已退，身重不可移動，脈虛散而無根，舌上無胎，二便自通者，陰陽兩亡，經脈枯竭也。審其陰陽偏勝而治之。偏於亡陰，多燥症，六味合四物爲主。偏於亡陽，多脾虛症，六君合生脈爲主。陰陽俱竭，生脈合六味爲主。

《瘟疫明辨·表證·周身紅腫》 時疫周身紅腫，風熱溢於皮膚也。用羌、獨、升、柴、葛、芷，疏其皮膚之毛竅；石膏、黄芩、梔子、連翹，清其肌肉之熱；赤芍、歸尾、紅花、生地，活其毒熱之瘀。兼裏症，與頭腫諸條參治。

《瘟疫明辨·裏證·胸滿痛》 時疫胸滿而不痛者，爲邪未結，爲無形之氣，稀薄之痰。痛而不滿者，爲病在經絡。有虛有實，有虛實相兼。滿而痛者，爲邪已結。須分痰食血以施治，屬無形之氣者，按之不痛，時疫初起，邪在募原，多有此症，宜達原飲加枳、桔、木香、大腹皮，以開豁之。屬稀薄之痰者，時疫二三日，邪在半表半裏，多有此症，宜達原飲加半夏、萊菔子，或小柴胡湯加萊菔子。病在經絡，痛而不滿者，初起屬實，於解表藥中加延胡、烏藥，舒其經絡之氣血。病久屢經汗下多虛，於養氣血藥中倍當歸。更有虛中夾實者，於解表清裏藥中加乳香、沒藥最妙。滿而痛不可按，邪已結矣。痰結者，牽引串痛，兼嘔，小陷胸湯、大柴胡湯，或二方合用，甚則大陷胸湯、大陷胸圓。食結者，硬痛成塊不可按，多在心下，宜平胃散加枳實、蘇子、萊菔子、白芥子。亦有在膈上者，爲危症，當吐之，宜瓜蒂散。此二者，不可便下，須待其轉動，方可下之。蓋結在上焦，屬氣分，下之太急，則氣逆嘔吐。外用按揉之法，爲妙。血結者，不可按。按之軟，脈芤濇弦，宜於解表清裏藥中加桃仁、紅花、三七、歸尾，甚則桃仁承氣湯。時疫多實多熱，至胸膈滿痛，又屬實邪，非虛症。惟是屢經攻下，胸痛更甚者，乃脾腎兩虛，下氣上逆，宜溫理

脾胃，以建中鎮安之。甚則導火歸元，納氣歸腎皆可。然不多見，須消息斟酌，不可輕試。

《瘟疫明辨・裏證・脇滿痛》 脇滿痛與胸滿痛同，而微有不同者，胸滿痛有宿食爲病，胸滿痛無宿食爲病。乃亦有因宿食在胸，而滿痛及脇者。時疫脇滿痛，是痰氣血三者爲病。其中亦有滿而不痛，痛而不滿，滿痛並作之分。其滿而不痛者，募原之邪，未經傳變，宜達原飲。兼寒熱往來者，大柴胡湯。痛而不滿者，邪分布於少陽之經，宜小柴胡湯。滿痛並作者，當分左右，左屬血，小柴胡去人參加延胡、歸尾、紅花、桃仁，甚者加莪朮、三稜、三七、五靈脂。右屬痰與氣，痰則大柴胡湯倍半夏，加牡礪、萊菔子，甚則白芥子、甘遂、大戟、芫花。氣則加青皮、萊菔子、木香、大腹皮。痰與氣痛，皆無常所，而有聚散。痰散，仍有所苦。氣散，則無所苦。若屢經汗下，清利而脇痛更甚者，虛證也。氣虛必嘔利，養氣爲主。血虛必煩熱，養血爲主。此亦十中一二。脇痛與胸腹痛不同，胸腹譬之衝衢，塞不能久。脇則譬之僻巷，塞則難開。用藥須明此意。時疫脇痛，雖有痰氣血之殊，而總不離乎熱，黃芩是爲主藥。若別人熱者，黃連、山梔，又所必需。他病脇痛，有寒有熱，不在此例。

《瘟疫明辨・裏證・腹滿痛》 時疫腹滿痛屬宿食，爲邪熱所結者十之七八，屬氣血痰水者十之二三。蓋腹爲胃與小腸之正界，非胸脇少腹之地可比。腹滿而不痛者，屬邪在氣分，屬水穀散漫而未燥結。氣分脈多沉或弦，水穀脈滑。氣分通腹皆滿，水穀滿有分界。氣分者，厚朴、大腹皮、青皮、陳皮、枳桔爲主。水穀者，半夏、山查、麥芽、神麯、萊菔子、枳實爲主。時疫爲熱症，腹滿亦當清熱，兼以順氣消食可也。若舌多黃胎，雖滿而不痛，爲邪已傳胃，宜小承氣湯下之。痛而不滿者，屬邪在血分，屬水穀燥結諸病，他病或有屬冷者。時疫總屬熱症，痛不可按而無硬處者，於清裏方中加赤芍；不可按而有硬處者，調胃承氣湯。滿痛兼作，爲痞滿在氣，燥實在血，大實大熱之症，大承氣湯。諸病腹滿痛，或兼自利，當責之虛冷。時疫自利，屬熱結旁流，下之則止，不可疑爲虛冷。若滿痛而喜燥喜溫，或惡寒手足冷，清利之益甚，或右關遲緊，此非本病，乃因煩渴飲冷太過，或用清涼太過、太早之所致。又當以溫燥爲主，不可執一。然此亦治藥弊，非治本病也。

《瘟疫明辨・裏證・少腹滿痛》 時疫少腹滿痛，爲邪熱結於下焦。下焦乃大腸、膀胱及厥陰分界，與中焦異。亦有滿而不痛，痛而不滿，滿痛兼作之不同。初起滿而不痛者，濕勝氣滯也，檳榔、厚朴、蒼朮爲要藥。痛而不滿者，手不可近，熱傷厥陰血分也，黃芩以清熱，赤芍、歸尾以活血，柴胡以升厥陰之氣。若牽引陰器及兩胯夾縫者，加秦艽即愈。滿痛兼作者，不論初起末後，當視其前後。在前小水不利，畜水也，四苓、豬苓、益元等方選用。在後大便不利，有燥矢也，三承氣選用。小便利而大便色黑者，畜血也，抵當湯、桃仁承氣湯選用。以大小便之通塞爲辨，固矣。亦當細察其滿痛，如有硬塊不可按者，屬燥矢。滿痛如鼓，不可按而卻無塊者，屬溺畜脬中。滿痛拒按而軟者，屬畜血。以此辨之，了然矣。外有時疫末路，滿而不痛，痛而不滿，喜溫喜按者，爲虛證。當細詢來路，若屢經清下太過，當消息溫補，以培養陰陽。不可執時疫爲實邪熱證，而不變通也。然此亦十中一見耳。

《瘟疫明辨・裏證・囊縮》 時疫囊縮，乃熱入於厥陰也。有結有熱則下，有熱無結則清，熱退而囊自縱矣。陰症囊縮，與時疫頗相類，以陰症囊縮，必身冷厥逆，脈沉；時疫囊縮，亦身冷，厥逆脈沉也。然一寒一熱，自有不同。陰症囊縮，陰莖痿縮，或全縮入腹，有如婦人。時疫熱厥囊縮，陰莖如常。再以兼症辨之，陰症囊縮，小便清，少腹牽引痛，痛而不滿，喜溫按，多自利，神清不煩。時疫囊縮，小便赤，少腹滿而硬痛拒按，大便秘，煩而神昏。

《醫宗金鑑・傷寒心法要訣・胸脇滿痛》 邪氣傳裏必先胸，由胸及脇少陽經。太陽脈浮惟胸滿，過經不解有陽明。乾嘔潮熱胸脇滿，大柴加消兩解行。心腹引脇鞕滿痛，乾嘔尿秘十棗攻。

註：邪氣傳裏必先自胸，若脈浮惟胸滿而不及脇者，仍屬太陽表分也，宜麻黃湯。因胸及脇而皆滿者，屬少陽經也，宜小柴胡湯。若干餘日不解，而胸脇滿，兼乾嘔潮熱者，是少陽兼有陽明也，宜大柴胡湯加芒消兩解之。若表已解，心下及腹引脇，滿鞕而痛，乾嘔小便不利者，是停飲內實也，宜十棗湯攻之。

《醫宗金鑑・傷寒心法要訣・腹滿痛》 腹滿時痛不足證，腹滿大痛有餘名。誤下邪陷太陰裏，汗熱便鞕轉陽明。

註：腹滿時痛爲不足，桂枝加芍藥湯，不愈，用理中湯。腹滿大痛爲有餘，桂枝加大黃湯。此皆誤下邪陷太陰之裏證也。若潮熱自汗，大便鞕，則爲太陰之邪轉屬陽明也，宜大

承氣湯。

《醫宗金鑑·傷寒心法要訣·少腹滿痛》 少腹滿而按之痛，厥逆尿白冷膀胱，不厥血蓄小便利，小便不利水爲殃。

註： 少腹滿按之痛，若四肢厥冷，小便清白者，是冷結膀胱，宜當歸四逆加吳茱萸生薑湯。不厥冷，小便自利者，是血蓄膀胱，宜桃仁承氣湯。小便不利者，是水蓄膀胱，宜五苓散。若大小便不利者，是水熱蓄結，宜八正散。

《醫宗金鑑·傷寒心法要訣·結胸》 按之滿鞕不痛痞，鞕而滿痛爲結胸，大結從心至少腹，小結心下按方疼。熱微頭汗爲水結，漱水不嚥血結名，瘀衄未盡經適斷，內實沉大審的攻。抵當桃仁大小陷，誤攻浮大命多傾，不實浮滑小陷證，藏結悉具躁煩凶。

註： 傷寒下之太早則成痞鞕，中風下之太早則成結胸，均爲表邪乘虛入裏。鞕滿按之而痛爲結胸，實邪也。鞕滿按之不痛爲痞鞕，虛邪也。大結，謂大結胸，從心下至少腹，鞕滿而痛，手不可近者，宜大陷胸湯攻之。小結，謂小結胸，微結心下，按之方痛，不按不痛也，宜小陷胸湯開之。身有微熱，頭自汗出，兼有是證者，爲水結胸也，宜大陷胸丸攻之。漱水不欲嚥，兼有是證者，爲血結胸也，血瘀不成衄解，或衄未盡，或婦人經來適斷，皆能成之，宜抵當丸或桃仁承氣湯攻之。內實證實可攻也，沉大脈實可攻也，審其的當，則用抵當、桃仁承氣、大陷胸湯丸以攻之。審若不內實，脈浮滑或脈浮大是未的也，乃小陷胸證，不可攻也，誤攻之，定然凶也。藏結，謂狀如結胸，舌胎白滑，脈浮而細也。悉具，謂結胸通腹，兩脇皆鞕滿痛也，此證加之煩躁，凶死可知。

《醫宗金鑑·傷寒心法要訣·痞鞕》 陽證痞鞕爲熱痞，大黃黃連瀉心寧，汗出惡寒寒熱痞，附子瀉心兩收功。誤下少陽發熱嘔，痞滿半夏瀉心能，虛熱水氣痞下利，心煩乾嘔腹雷鳴。虛熱水氣生薑瀉，痞急氣逆甘草靈，桂枝表解乃攻痞，五苓煩渴利尿通。

註： 傷寒下早則成痞鞕，中風下早則成結胸，此其常也。然論中中風下早未嘗無痞鞕，傷寒下早亦有結胸，大抵從虛化者多爲痞鞕，從實化者多結胸也。陽證心下痞鞕爲熱痞，宜大黃黃連瀉心湯。若陽證汗出惡寒，爲寒熱痞，宜附子瀉心湯。誤下少陽發熱而嘔，心下痞滿，爲嘔逆痞，宜半夏瀉心湯。陽證誤下，心下痞鞕，下利，心煩乾嘔，腹中雷鳴，脇下有水氣，致小便不利，爲虛熱水氣之痞，宜生薑瀉心湯。若有是證，脇下無水氣，其痞急益，甚爲虛熱客氣上逆之痞，宜甘草瀉心湯。凡有痞者，有無汗惡寒之表，宜桂枝湯表解已，乃可以大黃黃連瀉心湯攻痞也。若有痞者，與瀉心湯，痞不解其人煩渴，小便不利，先以五苓散，小便利後，乃可與諸瀉心湯治痞也。

《續選臨證指南·腹痛》 邵新甫評： 腹處乎中，痛因非一，須知其無形及有形之爲患，而主治之機宜，已先得其要矣。所謂無形爲患者，如寒凝火鬱，氣阻營虛，及夏秋暑濕痧穢之類是也。所謂有形爲患者，如蓄血食滯，癥瘕、蚘蟯、內疝，及平素偏好成積之類是也。審其痛勢之高下，辨其色脈之衰旺，細究其因，確從何起，大都在臟者以肝脾腎爲主，在腑者以腸胃爲先。夫臟有賊剋之情，非比腑病而以通爲用也。此通字勿執攻下之謂，古之建中湯、理中湯、三物厚朴湯及厚朴溫中湯，各具至理。考先生用古，若通陽而泄濁者，如吳茱萸湯及四逆湯法。清火而泄鬱者，如左金丸及金鈴散法。開通氣分者，如四七湯及五磨飲法。宣攻營絡者，如穿山甲、桃仁、歸鬚、韭根之劑，及下瘀血湯法。緩而和者，如芍甘湯加減，及甘麥大棗湯法。柔而通者，如蓯蓉、柏子、肉桂、當歸之劑，及復脈加減法。至於食滯消之，蛔擾安之，癥瘕理之，內疝平之，痧穢之候以芳香解之，偏積之類，究其原而治之，是皆先生化裁之法也。

《松峰說疫·論治·瘟疫雜症治略》 囊縮 囊縮爲足厥陰肝經受病，因熱極筋枯，而燥縮也。再看其大小便結，發熱引飲者，急用大承氣下之。若無下症而脈浮者，宜汗，緩者宜和。六七日，脈微浮微緩，是有胃氣，胃不受邪，將作寒熱，則大汗解矣。陰症而囊縮者，不在此例。

結胸 吳又可《瘟疫論》中，止有胸脇腹滿一症，而抑知結胸痞氣，瘟疫中皆有之，且不因誤下而成者更多也。論曰： 太陽病表未解，醫反下之，膈內拒痛，心下因鞕，則爲結胸。又曰： 從心下至少腹鞕滿而痛不可近爲結胸，皆大陷胸湯主之。夫曰膈內拒痛，是胸脇間事； 曰心下鞕，則兼胃之上脘而言也。曰從心下至少腹，則又兼滿腹而言矣。蓋表邪傳裏，心先胸以至心腹耳。第大結胸最重，小結胸次之，痞氣則又其次也。經又曰： 病發於陽而反下之，熱入因作結胸，病發於陰而反下之，因作痞。而成氏釋曰： 發

熱惡寒，發於陽，無熱惡寒，發於陰。夫無熱惡寒，似指寒邪直中陰經之症。隨來陶張二氏之駁，駁之誠是也，而陰陽二字，總未得眞解，故有謂傷風屬陽，而傷寒屬陰者。有謂在表屬陽，在裏屬陰者，紛紛聚訟，隨成千古之疑團，愚意以爲，何必盡推敲陰陽二字於閒處錯意。不論大小結胸，以及痞氣支結，皆屬於鬱，鬱而未有不結者，總以開鬱爲主，而痞結自散矣。又常審其兼症，診其脈理。氣鬱者，順之調之；血鬱者，行之破之；痰鬱者，化之吐之；表鬱者，散之和之；裏鬱者，攻之下之；熱鬱者，淸之；寒鬱者，溫之；瘟疫無寒，或過服寒涼藥，或汗下後。食鬱者，消之；水鬱者，利之。而治痞結之能事盡矣。至於仲景用大陷胸湯，治誤下之結胸，想古人所秉者厚，故誤下而復用陷胸不至爲害，至陶氏則心知其未穩，故有上焦乃淸道至高之分，過下則傷元氣之論。然尚未敢深駁。惟張景岳則云：傷寒本病有不因誤下，而實邪傳裏，心下鞕滿，痛連少腹而不可近者，此大陷胸湯所宜也。至於太陽、少陽表邪未解，因下早而成結胸者，若再用大陷胸，是既因誤下而復下之，可乎？不若以痞滿門諸法，酌輕重而從雙解，或用葱熨法，以解散胸中實邪。此余屢用而屢效等語，雖大翻仲景之案，然明白洞達，有至理存焉，眞長沙之功臣，結胸之實筏，最穩最捷者也。且外熨法不特治結胸爲然，遇瘟疫用藥弗效，俟六七日，應汗不汗之期，覺心腹稍有痞悶疼痛，用葱熨法見前罨熨。往往大汗而解。至於陷胸等湯，概不錄。

腹痛　瘟疫雖屬熱症，而腹痛則有寒熱之殊，但熱則其常，而寒則其變也。寒痛多有所因，或服涼藥過多，或不宜用涼藥而妄投，或姿意大食生冷物，或汗下後正氣虛而感寒，皆能致痛。或因病中惱怒氣滯，積食者亦有之，無故而痛者絕少。即有之亦必因腹素有積，因瘟病而觸發之者也。凡腹痛，但將涼水與飲而試之，若飲水痛稍可者屬熱，痛劇者屬寒。若繞臍鞕痛，大便結實，煩滿而渴，氣粗噎氣者，皆屬燥屎與實熱痛也，急用承氣等下之。因食積痛者，更有惡食惡心，噫氣腐臭等症，治亦同。若小腹鞕痛，小水自利，大便黑，身目黃者，屬蓄血，亦用寒劑加行血藥，下盡黑物自愈。凡實熱痛，必脈來沉實有力。若微弱者，仍當詳審，從緩治之。若飲水愈痛，或時綿綿微痛，不甚亦不止，重按則愈，腸鳴泄利，澄澈清冷，口吐苦涎，此爲寒痛，當用溫藥和之。和之不已，而或四肢厥冷，嘔吐瀉利者，急用熱藥救之，瘟病殊少此症。如有，必因過服涼藥生冷，感寒。但須詳脈之有力無力。如腹痛而兼身大

發熱，惡飲水，嘔惡，腸鳴如流水聲，此表熱邪熱。內寒也，先溫其裏，次解其表。

《羅氏會約醫鏡・瘟疫・論瘟疫痞滿》　凡下後痞滿要，有實有虛。脈實者，餘邪猶留胸脇，按之而痛，食後更甚，宜再下之；若脈不數，不潮熱，不口渴，下後痞更甚者爲虛，宜補養之。

《傷寒指掌・傷寒變症・痞滿》　按胃居心下心下痞，卽胃痞也。不曰瀉胃，而曰瀉心，恐人誤認爲傳入陽明，而以治陽明法治之也。傷寒誤治成痞，五瀉心法已盡，但此外尚有暑、溼、痰、食、痧、穢凝結成痞者，亦宜兼參。

如膈悶心煩，痞滿而喘急者，熱痰內閉也。宜梔鼓湯，加川鬱金、瓜蔞仁、枳實、杏仁之類，開之宣之。

邵評：　此痰熱內結於肺之正法。

如脘中痞悶而兼頭脹目黃，脈象濡濇者，此暑溼伏邪凝滯胸中也。宜淸疏中宮。川連、枳實、半夏、厚朴、鬱金、草蔻、滑石粉、茯苓皮之類。

邵評：　此暑邪挾溼凝滯肺胃之正法。

如脘中痞悶，身熱口渴，舌胎白燥者，此暑邪阻於氣分也。宜滑石粉、川鬱金、枳實、橘紅、黄芩、知母、桔梗、竹茹之類，以淸氣分之熱，痞自開矣。

邵評：　此暑熱入於肺衛之正法。

如脘痞滿悶，舌胎白膩，脈濡緩，口不渴者，此溼邪阻於氣分也。法宜開泄。用二陳湯去甘草，加茅术、白蔻、鬱金、枳實、厚朴、杏仁、通草之屬，以開溼結，痞滿自除。

若觸穢暑，兼挾食滯，脘中痞滿，飽悶嘔惡，腹中板痛，亦宜淸疏中宮。如廣藿梗、川鬱金、川連、枳實、白蔻、厚朴、木香汁、生查肉、萊菔子之類。

邵評：　此暑溼挾食滯伏中宮中上二焦，又吸穢濁，阻滯氣機之正法。

若穢暑挾食，結於下焦，二便不通，胸腹脹滿，痛楚難忍者，非枳實、大黃、承氣輩不除。

邵評：　此暑穢食滯，結於下焦之正法。

若怒動肝火，或怒後加餐，而成痞滿，或結於左脇之下，舌黃口渴，脈弦數，或兼脇痛吞酸，左金加川鬱金、枳實之類主之。

邵評：　此肝火挾食，阻滯氣機而成痞滿之正法。

若暑溼之邪未淸，誤投補劑，以致胸膈脹滿，脘中痞悶鞕痛，幾成結胸

者，亦宜瀉心法治之。如二陳、枳實、厚朴、川連、查肉、鬱金、萊菔子、木香汁之類。

邵評：此暑溼未清，誤用補藥，與邪相結，幾成重病之正法。

《溫證指歸・身體痛》 溫病身體痛，與傷寒有別。寒邪乃嚴肅之氣，氣主收斂，中人肌表，故身體多如縛束而痛。溫病乃亢厲之氣，氣主散漫，中人三焦，浮越諸經，營衛怫鬱，身體多如損傷脹悶而痛。參看面色，或垢或赤，脈或伏或弦數，舌胎或白或黃，舌本必赤，且多紅點。明辨色脈，外證雖現發熱惡寒頭眩諸表證，自不得誤認表邪，而用表藥發汗，初起宜照寒溫條辨例，用神解、芳香、升降、雙解諸方，隨其輕重斟酌，至於陽虛者，身體亦痛，外必有惡寒作痲，自汗神倦別之，黃耆、建中，合透邪藥可暫用。陰虛者，身體亦痛，乃營血不通，以夜熱脈細辨之。溼勝者，身體必重，頭如裹，身如石，脈必濡耎，逢陰雨更甚辨之。此溫病之外，雜證身體痛者，又不可不詳辨也。

《溫證指歸・項背痛痠》 項背全屬太陽，初起痠痛，乃邪越太陽也，神解、清化爲主。如兼寒邪，九味、羌活爲主。或兼狂躁，熱壅其經也，石膏、黃芩爲主。屢經汗下，熱退而項背痛痠者，血燥而筋不榮也，六味四物爲主。

《溫證指歸・腰痛腰痠》 腰者腎之府也，因病致痠痛，其中虛實，不可不辨，所謂實者邪也，虛者本也。如太陽經感寒，腰必痠痛；感溼，腰必重痛，如坐水中；氣滯，痛必流走。此雜證之腰痛腰痠也。若溫病則不然，熱邪深伏，出表則浮越太陽，困裏則直逼少陰，設腎不虛，賊邪因何直入，古人所謂邪行如水，惟注者受之，良有以也。此溫邪最劇之候，十難全半，若不先救眞陰，邪何由化，當與大劑生脈、六味，加化邪之品，預救眞陰，以全生命。若不預爲籌畫，肆行攻伐，則邪正俱亡，肢冷脈微，舌黑胎刺，直視遺尿等證，勢所必至。如感邪極重，腰痛如折，大火燎原，必須急下救陰，或於下法中佐壯水之品；或朝服六味，暮投雙解，務於臨證酌行，非筆所能罄也。至於病後腰痛，虛不待言，又當以六味地黃，加參茸爲主，餘可類推。

《溫證指歸・腿膝脛足痛痠》 溫邪初起，腿膝脛足痛痠者，邪在太陽經也，羌、獨、艽、防、牛膝、防己爲主。足痛有因腳氣痼疾者，於治溫邪藥中。加檳榔、木通、靈仙、艽、防；以上四證兼見，再加頭痛身疼，又當汗下，雙解爲主；如未經汗下，則以九味羌活，加牛膝、木通、豆豉、艽、靈之類；如已經汗下，表邪已解，則當察邪氣之有無，正氣之虛實，專治下部，免致殘廢爲要；如餘邪不淨，則清化方中加苡仁、牛膝、木瓜，筋攣則秦艽、木瓜，筋緩則蒼朮、防己，紅腫則赤芍、丹皮之類；若無餘邪，尺脈虛小，腎陰不足，又當以六味、牛膝、知、柏，滋益陰精爲主；惟足軟或腫或痛，站立不起者，乃軟腳溫也，蒼朮白虎湯合神解散，方爲合法。

《溫證指歸・肩臂痛痠》 肩臂痛痠，手太陽經脈受邪，溫邪初起，神解加引經藥。汗下後，肩臂痛甚，經隧阻滯，脈弦有力，證多熱渴者，神解加秦艽、銀花藤、之類。血脈空虛，脈濡無力者，證多痿困，四物、六味爲主。至腕痛乃風淫末疾，初起解表，病後和血，與肩臂痛同治。

《溫證指歸・周身骨節痠痛》 周身骨節痠痛，在他證是寒邪凝結，表散爲是。溫證有此，是邪伏極深，不易透化，非雙解不可。

《溫證指歸・胸背脇肋腹痛》 溫證胸背脅肋疼痛脹滿，俱屬熱邪深重，怫鬱三焦，由裏達表，不能透化，最爲凶逆，治法輕則清之，重則奪之。輕則如清化、芳香、神解諸方，加薄荷、竹葉、蔞、貝，甚者加味涼膈散，諸瀉心湯。如邪犯膜原，舌白如粉，又當以達原合三陽加法爲主。至於諸痛脹滿，乃溫證中最劇之候，每每初病時不渴不熱，身無大苦，微覺痛楚，參之舌赤脈數，便黃口苦，夜卧不寧等證，若視爲泛泛，不即袪除，直待猖獗，變生倉卒，莫可救援者比比。嘗見腹痛不熱，一二日即斃者，斃後渾身青紫，直似痧脹，良由穢惡之氣，閉人清竅，悶人關隘，致血脈不行，榮衛不通，所以斃之速者，氣閉也。渾身青紫者，血凝也，似此迅雷不及掩耳之凶候，當遵《內經》刺穴瀉熱之法，外用針砭，內投雙解，輕者一二劑，重者數十劑，使閉者開，悶者宣，何敗之有？倘畏藥峻猛，或半途而廢，輕不中病，終歸必敗。業醫者一見此證，審明舌色形證，見眞守定，放手施治，不但元氣不傷，抑且邪去正安，設遇此證，不妨向病家說明病之凶惡，必須早治，庶可倖全，遲則無益。今特筆之於此，望業醫者，以仁宅心，務以生命爲重也。

《溫證指歸・腹滿痛》 腹爲胃與小腸之分界，滿痛者，邪結在胃也，雙解下之則愈。至其中兼痰水畜血，各詳本門。少腹滿痛，邪結下焦也；小便不利，兼畜水也，四苓散，小便通利；大便色黑，兼畜血也，抵當丸；如無兼證，但係邪結，雙解散。

《溫證指歸・囊縮》 溫疫囊縮，與他證異者。他證囊縮，寒邪陷入厥陰，則囊縮；陰證寒極，深中厥陰，則囊縮。溫證悉屬熱邪，直犯厥陰，斷非

陰證可比，務要辨明脈證施治，陰證囊縮，身冷厥逆脈沉，溫證囊縮，亦身冷厥逆脈沉，然寒熱各異，當參看脈象，沉必兼數，或至數模糊，再以舌辨，或紫或黑，或強或硬，人事不清，不似陰寒之舌白，可以立判矣。且陰寒囊縮，囊必入腹如婦人，溫熱囊縮，玉莖必在，此外形之可辨者也。設遇此證，急以大劑雙解下之。如虛人以黃龍湯破格救之，或六味地黃加殭蠶、大黃皆可。考古書扁鵲以囊縮爲死證，然能極力救援，或者百救一二，亦不負仁人之心也。

《溫熱經緯·葉香巖三時伏氣外感篇》 夏季身痛屬濕，羌、防辛溫宜忌，宜用木防己、蠶砂。雄按：豆卷可用。

《溫熱經緯·余師愚疫病論》 疫證條辨

骨節煩疼，腰如被杖。骨與腰皆腎經所屬。其痛若此。是淫熱之氣，已流於腎經。宜本方增石膏、元參，加黃檗。誤用溫散，死不終朝矣。

胃氣弱者，偏寒偏熱，水停食積，皆與眞氣相搏而痛，此言尋常受病之源也。至於疫證腹痛，或左或右，或痛引小腸，乃毒火衝突，發泄無門。若按尋常腹痛分經絡而治之，必死。如初起祗用敗毒散、或涼膈散加黃連，其痛立止。

雄按：疫證腹痛，固與雜證迴殊，然夾食、夾瘀、夾疝，因病疫而宿疾兼發者，亦正多也。臨證處方，豈可不爲顧及。

病人自言胃出冷氣，非眞冷也。乃上升之氣，自肝而出，中挾相火，自下而上，其熱尤甚。此火極似水，熱極之徵，陽亢偏陰，故有冷氣。宜本方增石膏、犀、地、丹、連，加膽草。

雄按：冷氣上升，雖在別證中見之，亦多屬火，不知者，妄投溫熱。貽誤可勝道哉！本方桔、芎，亦屬非宜。更有挾痰者，須加海蛇、竹瀝、蘆菔汁之類。

疫證失治於前，熱流下部，滯於經絡，以致腰膝疼痛，甚者起不能立，卧不能動，誤作痿治，必成廢人。宜本方小劑，加木瓜、牛膝、續斷、萆薢、黃檗、威靈仙。

《溫病指南·溫病治法要略》 痹證，濕溫邪滯經絡，或腰膝疼重，步履艱難，或似半身不遂，起立不便，皆溫熱失治，傷及筋隧而然。若認爲痿證，則誤矣。宜用威靈仙、漢防己、川萆薢、生苡仁、牛膝、桑枝、桂枝之屬。

結胸，胸脘按之痛者是也。宜用加味小陷胸湯，徐徐推之使下，若但胸膈滿悶，按之有形不痛者，爲胸痞，宜用辛開之品，輕者杏仁、橘皮、薤白，重者枳實、黃連、半夏之類，雖舌絳神昏，但胸下拒按，即宜參以辛開，不可率投涼潤也。

咳喘痰部

論說

《諸病源候論·時氣病諸候·時氣嗽候》 熱邪客於肺，上焦有熱，其人必飲水。水停心下，由上乘於肺，故上氣而嗽也。

《諸病源候論·溫病諸候·溫病嗽候》 邪熱客於胸府，上焦有熱，其人必飲水，水停心下，由上乘於肺，故令嗽。

《尚論篇·壞病·痰病》 慨自《傷寒》失傳，後人乃以食積虛煩、痰飲、腳氣牽合爲類傷寒四證。此等名目一出，凡習《傷寒》之家，苟簡粗疎，已自不識要以妙。況復加冬溫、溫病、寒疫、熱病、濕溫、風溫、霍亂、痙、內癰、畜血，爲類傷寒十四證。頭上安頭，愈求愈失。茲欲直溯淵源，不得不盡闢歧派。蓋仲景於春夏秋三時之病，既以冬月之傷寒統之，則十四證亦皆傷寒中之所有也。若諉之局外，漫不加察，至臨證糢糊，其何以應無窮之變哉。昌於春夏病中，逐段拈出。

《續選臨證指南·咳嗽》 邵新甫評：咳爲氣逆，嗽爲有痰。內傷外感之因甚多，確不離乎肺臟爲患也。若因於風者，辛平解之。因於寒者，辛溫散之。因於暑者，爲薰蒸之氣，清肅必傷，當與微辛微涼，苦降淡滲，俾上焦蒙昧之邪下移出腑而後已。若因於濕者，有兼風、兼寒、兼熱之不同，大抵以理肺治胃爲主。若因秋燥，則嘉言喻氏之議最精。若因於火者，即溫熱之邪，亦以甘寒爲主，但溫熱猶有用苦辛之法，非比秋燥而絕不用之也。

《續選臨證指南·肺痹》 華岫雲評：肺爲呼吸之橐籥，位居最高，受臟腑上朝之清氣，稟清肅之體，性主乎降，又爲嬌臟，不耐邪侵。凡六淫之氣，一有所著，即能致病。其性惡寒，惡燥惡濕，最畏火風，邪著則失其清肅降令，遂痹塞不通爽矣。今先生立法，因於風者，則用薄荷、桑葉、牛蒡之屬，

兼寒則用麻黄、杏仁之類。若溫熱之邪，壅遏而痹者，則有羚羊、射干、連翹、山梔、兜鈴、竹葉、沙參、象貝。因濕則用通草、滑石、桑皮、苡仁、威喜丸。因燥則梨皮、蘆根、枇杷葉、紫苑。開氣則蔞皮、香豉、蘇子、桔梗、蔻仁，其葦莖湯、葶藶大棗湯。一切藥品，總皆主乎輕浮，不用重濁氣味，是所謂微辛以開之，微苦以降之，適有合乎輕清嬌臟之治也。肺主百脈，爲病最多，就其配合之臟腑而言，肺與大腸爲表裏，又與膀胱通氣化，故二便之通閉，肺實有關係焉。其他如肺痿、肺癰、哮喘、咳嗽、失音，各自分門，茲不重贅。

《疫疹一得・疫疹之症》 喘嗽 諸病喘滿，皆屬于熱。《五臟生成篇》曰： 上氣喘嗽，厥在胸中，過在手陽明、太陰。胸中者，太陰肺之分也。手陽明大腸爲肺之表，二經之邪熱逆于胸中，則爲喘嗽也。

《醫法圓通・辨認邪盛熱熾血傷病情》 乾咳無痰，吐涎膠粘

病人七八日，發熱不退，或熱已退，舌上乾粗，脈健聲洪，煩渴飲冷，人時恍惚，乾咳不已，吐涎膠粘，此乃火旺津枯，熱逼於肺，宜潤燥清金瀉火爲要。

綜述

《傷暑全書・李文清・救痰壅法》 暑毒痰火，窒塞胸中，量體虚實吐之，火鬱發之之義也。如痰喘、氣急、痞塞，入藥不得者，急煎六和湯，調麝二氂服。

《傷寒緒論・咳嗽》 熱邪傷肺而咳，必咽腭腫痛，萎蕤湯加減，溫病、熱病欬嗽，黄芩白虎，並加蘆根，竹葉。若煩悶，則涼膈、雙解選用。

《傷寒緒論・短氣》 短氣者，似喘非喘，呼吸短促而不相續爲實。少氣不足以息爲虚。當隨證治之。【略】

溫熱病及時疫，多有短氣，但溫熱表證則舌赤甚，時疫表證則白胎如屑，黄芩、白虎、達原飲爲主。若至胎黄及焦黑色，急用涼膈、雙解、解毒、承氣之類，無論濕熱、時疫皆可選用也。

《傷寒辨證・短氣》 短氣者，氣短不能相續，似喘而不搖肩，似呻吟而無痛，其證多端，實爲難辨，愚醫莫能識，誤治者多矣。要識其短氣之眞者，氣急而短促是也。有責爲虚者，有責爲實者，要當明辨之。【略】

溫熱病多有短氣證，舌上白胎如屑，黄芩湯、白虎湯主之。若胎黄及黑色而短氣，急用涼膈散、雙解散、解毒湯、承氣湯之類，對證施治。短氣有類於喘，但短氣則氣急而短促，不似喘之搖肩而氣粗也。大抵氣急而不相續多實，少氣不足以息多虚。

《瘟疫明辨・裏證・欬》 欬者，疫邪夾他邪干肺也。有初起在表，夾風邪干肺者。脈兼浮，欬多痰沫，必兼鼻鳴自汗，灑淅惡寒。於透表諸方中加前胡、桔梗、蘇子、杏仁、淡豉。有夾水干肺者，不論表裏，脈必兼緩，欬必多清痰。兼舌白心悸胸滿，或嘔或吞酸，於表裏藥中加桑皮、半夏、茯苓、川貝母、萊菔子。有疫熱傳裏，燥火熏肺者，脈必數，欬必無痰，有痰亦難出而咽痛，於裏藥中加花粉、黄芩、川貝、蔞仁。有病後陰傷肺燥者，脈必濇，欬必無力，舌必赤而無胎，吳氏清燥養榮湯加麥冬、玄參、知母、貝母。有屢經汗下，或平素陰虚腎氣上逆者，欬必兼上氣，顴必時赤，足膝必清痿，脈必散，六味加枸杞、五味、牛膝。疫邪兼欬者少，即有之，亦非大有關係之症。宜以病之表裏大勢爲主，加治欬藥於本方療之。

《醫宗金鑑・傷寒心法要訣・喘急短氣》 喘息喝喝數張口，短氣似喘不擡肩，促難布息爲實證，短不續息作虚觀。内因飲病或痰熱，外因陰陽表裏看，直視神昏汗潤髮，脈微肢厥命難全。

註： 喘息，氣急喝喝而數張口、擡肩、欠肚者，喘也。短氣，則似喘非喘，而不張口擡肩也。二證皆胸中氣病。肺主氣，故屬肺也。無論喘急、短氣，若氣促壅塞不能布息，爲有餘之實證。若氣短空乏不能續息，爲不足之虚證。内因，謂飲冷傷肺，或因痰熱也。外因，謂形寒傷表，表主皮毛，肺之合也。皮毛受邪，其次及膚、及肌、及胸、及腹入胃，皆令病喘，當審陰陽表裏，從化主治可也。喘急、短氣，兼直視神昏，汗出潤髮，脈微四肢厥冷，皆死候也。與三陰寒證同見，是爲陽喘，白虎、葛根、黄芩、黄連湯。與太陽表證同見，是爲陰喘，宜四逆加杏仁、五味子，虚者倍加人參。與三陽熱證同見，是爲陽喘，宜白虎、葛根、黄芩、黄連湯。與太陽表證同見，是爲表喘，無汗者麻黄湯，兼煩躁者大青龍湯； 有汗者桂枝加厚朴杏子湯。與陽明裏證同見，是爲裏喘，宜大承氣湯，兼結胸者，宜大陷胸丸。若兼水氣，表實者，小青龍湯； 表虚者及小便不利，均宜五苓散加葶藶子。裏實者宜，葶藶大棗湯，兼腹脅鞕痛，者宜十棗湯。裏寒者，宜眞武湯。若脈微

細，口鼻氣短喘乏，而無陰陽表裏證，此氣虛喘也，宜保元湯加五味子、杏仁。若喘而唾痰稠粘，喉間漉漉有聲，此痰喘也，重者宜瓜蒂散、礞石滚痰丸，輕者二陳加苦葶藶子、蘇子之類也。

《松峰説疫・論治・瘟疫雜證治略》 短氣　短氣者，氣急短促，不能相續，似喘非喘，似呻吟而無聲也。有實者，虛者，在表者，在裏者，水停心下者，或失於汗下，或汗下後虛極，皆能令人短氣。補瀉誤用，甚於操刃，當詳察脈症而治之。又有素虛人，汗下後，失於調補，以致忽然似喘，出言微弱少氣，脈僅二三至，沉細如髮，甚至無脈，此虛極短氣，非眞喘也。急宜溫補，緩則不救，作喘治必死。汗下後，過用刻消之劑而見此者，治亦同。總之，短氣者，表裏、虛實、寒熱皆有，但虛者較多，當合脈與兼症而細參之。

《溫證指歸・欬》 欬屬肺病。時邪初起，每多不欬，即有之亦兼他邪，如兼風脈浮，兼水脈耎，兼燥脈濇之類。當於時邪方中看所兼何邪，加藥治之。如兼風加前、桔、荆、防，兼水加茯苓、半夏，兼燥加桑葉、麥冬。更有平素陰虛，乾咳無痰，一染時邪，咳必更甚，蓋時邪屬火，最易傷陰，當於解時邪藥中，加養陰之味。至於溫邪病後多咳，邪達皮毛，周身必發疴發癢，佳兆也，清養肺金自愈。甚有金被火灼，咳至失音，成痿成癰，盡心救治，痿宜復脈湯去薑桂，癰宜瀉白散，吐膿成癰，多不可治，又不可一概論也。

《溫熱經緯・余師愚疫病論》 疫證條辨

諸病喘滿，皆屬於熱，況疫證乎。宜本方增石膏、黃芩，加桑皮、羚羊角。

雄按：　杏仁、厚朴、半夏、旋覆花、枇杷葉、蔞仁、蘆菔、海蛇、蘆根之類，皆可隨證采用。本方地、芍宜去之。

瘥後喜唾，胃虛而有餘熱也。烏梅十個，北棗五枚，俱去核，共杵爲泥，加煉蜜丸彈子大，每用一丸噙化。

雄按：　此方甚佳。

《時病論・夏傷於暑大意・暑咳》 暑咳之爲病，獨在暑月也。良由暑熱下逼，先傷乎上，夫五臟之位，惟肺最高，爲諸臟之華蓋，暑熱襲之，肺經先病者，固無論矣。且暑中有火，肺體屬金，火未有不尅金者也。其脈濡滑而數，兩寸有力而強，咳逆乏痰，即有亦少，或身熱口渴，或胸悶脅疼，此皆暑熱入肺之脈證也，宜用清宣金臟法加滑石、甘草治之。如痰多者，不因暑而因溼，不名咳而名嗽，不在肺而在脾，不用清而用溫。果因痰而致嗽者，宜用加味二陳法治之。倘不細辨，以暑爲溼，誤用溫藥，擾動其絡，絡中血沸，而成吐血之疴，然則宜用卻暑調元法去東參、半夏加杏仁、花粉、旱蓮、生地治之。大概總宜清暑保金，庶不至蔓延虛損耳。

《葉案存真類編・溫熱》 溫邪兼勞倦，從内傷治已獲小效，獨左脅痛難轉側，咳嗽氣觸必加悶痛。想因平素操持，肝陽易熾，營陰暗耗。非肝陽也，乃肝陰鬱結也。陽熾者，必頭巔眩暈，腦額空脹，孔竅乾搶也。近日皆誤以肝陰爲肝陽，桑、菊、苓、膽日日澆灌，愈澆愈鬱，將眞火悶熄而死。仍諉肝陽莫制，可嘅也。凡飲食勞倦所傷，中樞不運，則清陽不升，濁陰上逆。東垣眞識高千古。《内經》以肝爲將軍之官，謀慮出焉。故身中左升之氣，屬肝主之。右降之氣，屬肺主之。今面微亦而咳頻，前此上焦畏熱煩燥，其左升之令不已，右降之氣失司，已經洞悉。經以左右爲陰陽之道路，升降周行，一日夜行五十度，平旦交會於氣口。既爲拂逆情志，而裏氣鬱遏，冷熱外加，營衛因之窒阻，此陰陽道路流行，或遲或速，無平旦清明之氣。是以發散消導，清火利痰之品，味於身中轉旋，有若天地也。再論平昔精力頗健，今已大年，下焦先虛，夫下虛者上必實，眩暈，神昏，自利可見矣。以冬令藏聚返根之候，見症若是，爲忽然中厥亦屬常有，此投藥之難，自宜瞻前顧後。議用錢氏地黃湯意，栽培三陰臟陰，疎其三陽腑陽，俾臟主藏，府主通，佐以醎降理逆，穀味有加，加爲進商可也。

紀　事

《臨證指南醫案・咳嗽》 陸二三　陰虛體質，風溫咳嗽，苦辛開泄肺氣加病，今舌咽乾燥，思得涼飲。藥劫胃津，無以上供，先以甘涼，令其胃喜。倣經義虛則補其母。

桑葉　玉竹　生甘草　麥冬元米炒　白沙參　蔗漿

某　外受風溫鬱遏，内因肝膽陽升莫制，斯皆肺失清肅，咳痰不解經月來，猶覺氣壅不降，進食頗少，大便不爽，津液久已乏上供。腑中之氣，亦不宣暢。議養胃陰以杜陽逆，不得泛泛治咳。

麥冬　沙參　玉竹　生白芍　扁豆　茯苓

某　溫邪外襲，咳嗽頭脹。當清上焦。溫邪

杏仁　桑皮　桔梗　象貝　通草　蘆根

《**續選臨證指南・咳嗽**》 史四十　濕鬱溫邪，總是阻遏肺氣，嘔咳脘痞，即病形篇中諸嘔喘滿皆屬於肺。不明口鼻受侵阻氣之理，清中疎導乃過病所，伐其無病之地矣。熱鬱成毒

鮮枇杷葉　杏仁　象貝　黑山梔　兜鈴　馬勃

又　輕浮苦辛治肺，咳嗆頗減。咽痛紅腫，皆邪窒既久，壅而成毒，嗌乾不喜飲，舌色淡不紅，仍清氣分，佐以解毒。

雞子白　麥冬　大沙參　金銀花　菉豆皮　蔗漿

陸　秋暑燥氣上受，先干於肺，令人咳熱，此爲清邪中上。當以辛涼清潤，不可表汗以傷津液。暑

青竹葉　連翹　花粉　杏仁　象貝　六一散

又　脈右大，瘅熱無寒，暑鬱在肺。當清氣熱，佐以宣通營衛，桂枝白虎湯加麥冬。

又　熱止，脈右數，咳不已。

知母　生甘草　麥冬　沙參　炒川貝　竹葉

《**邵氏醫案**》 咳逆痰阻，午後惡寒，脈清氣口浮滑、左沉弦，癸水適至，脘悶便利，苔根黄滑，宜清解爲主。

淡豆豉一錢五分　前胡一錢五分　澤蘭二錢五分　象貝三錢　山查三錢　赤苓三錢　桔梗一錢五分　通草一錢五分　炒麥芽三錢　枳殼一錢五分　橘紅一錢五分

引鮮竹肉一丸，二帖。

邪客肺衛，嗆咳氣促，脈寸浮滑，苔白形寒，姑宜清肺疎風化痰。

桔梗一錢五分　前胡一錢五分　百部八分　光杏仁三錢　橘紅一錢　枳殼一錢五分　象貝三錢　蘇梗二錢　荊芥穗一錢五分　白前一錢五分　佛兒草三錢

三帖。

溫邪未清，身熱口燥，痰壅氣塞，脈弦數，苔黄膩，嗆咳便利，症尚重險，宜防變幻。

前胡一錢五分　象貝四錢　銀花二錢　赤苓四錢　老式天竹黄二錢　原滑石四錢　焦山梔二錢　光杏仁三錢　炒黄芩一錢五分　賴橘紅八分　絲通草一錢五分

引鮮竹肉一丸，三帖。

《**王氏醫案釋註**》 陳某患咳嗽，則先吐稀痰，次則黄濃甜濁之痰，繼之以深紅帶紫之血，仍能安谷，別無所苦，多藥不愈。孟英切其脈，緩大而右關較甚，乃勞倦傷陽，而兼濕熱蘊積也。予沙參、生薏苡、木瓜、茯、杏、竹茹、桑葉、枇杷葉、生扁豆、葦莖、花粉爲劑，吞松石豬肚丸而愈。勞倦傷陽爲本病，溼熱蘊積爲標病，常法先治標，故方中治標之藥，多於治本以救吐血。北沙參八錢，生苡仁杵八錢，陳木瓜一錢半，云苓三錢，苦杏泥一錢半，薑竹茹三錢，冬桑葉四錢，酒炒枇葉刷包三錢，生扁豆杵一錢半，鮮蘆根一兩，南花粉三錢。

嘔吐呃逆部

論　說

《**諸病源候論・時氣病諸候・時氣嘔候**》 胃家有熱，穀氣入胃，與熱相并，氣逆則嘔。或吐、下後，飲水多，胃虚冷，亦爲嘔也。

《**諸病源候論・時氣病諸候・時氣乾嘔候**》 熱氣在於脾胃，或發汗解後，或大下之後，胃內不和，尚有蓄熱，熱氣上熏，故心煩而嘔也。

《**諸病源候論・時氣病諸候・時氣噦候**》 伏熱在胃，令人胸滿，則氣逆，氣逆則噦。若大下後，胃氣虚冷，亦令致噦也。

《**諸病源候論・熱病諸候・熱病嘔候**》 胃內有熱，則穀氣不和。新穀入胃，與熱氣相搏，胃氣不平，故嘔。或吐下已後，臟虚亦令嘔也。

《**諸病源候論・熱病諸候・熱病噦候**》 伏熱在胃，則令人胸滿，胸滿則氣逆，氣逆則噦，若大下已後，飲水多，胃內虚冷，亦令噦也。

《**諸病源候論・溫病諸候・溫病嘔候**》 胃中有熱，穀氣入胃，與熱相并，氣逆則嘔。或吐下後，飲水多，胃虚冷，亦爲嘔也。

《**疫疹一得・疫疹之症**》 呃逆　人之陰氣，賴胃以養。胃火上衝，肝膽

之火亦相隨助之，肺金之氣不能下降，由清道而上衝喉嚨，故呃而有聲。

嘔吐　邪入于胃則吐，毒猶因吐而得發越，至于乾嘔則重矣。總因內有伏毒，清胃自不容緩。

四時百病，胃氣爲本，至于不食，似難爲也。而非所論于胃熱者，乃邪火犯胃，熱毒上衝，頻頻乾嘔者有之，旋食旋吐者有之，胃氣一清，不必強之食，自無不食矣。

《松峰説疫・辨疑・辨嘔吐噦呃逆欬逆噫氣》　丹溪書嘔吐門曰：有聲有物謂之嘔吐。是混嘔吐爲一，張景岳亦不以爲然，而未嘗深辨。及觀李東垣則以嘔爲有聲有物，孫眞人則以吐爲有物無聲。説嘔吐字意，當以孫、李爲是。《字彙》嘔亦同謳。夫嘔必有聲，而訒菴謂：氣逆則嘔。蓋氣一逆必作聲，隨擁所食之物而俱出矣。吐則較嘔所出更易，開口便漾出，又豈有聲哉？至於噦之一症，經中雜病篇直作呃逆，而河間、海藏則以噦爲乾嘔，張景岳謂呃逆古無是名。其在《內經》即謂之噦，是特古今之稱名不同，而噦與呃逆斷不可混爲一症也。噦雖以河間、海藏説爲是。而《東垣十書・溯洄集》中則謂噦之聲濁惡長而有力，直至氣盡而後止，非如乾嘔之輕而不甚也，是較之劉、王所説則更明白曉暢矣。至於呃逆，即東垣所謂吃忒者，是此症稱名不一，隨其方言而呼之。有曰格得者，有曰打呃者，有曰打歌得者，總與噦爲二症，明係今之所謂打呃是也。《靈樞》則謂之餶。所謂餶，不得息者是也。觀《金鑑》中以爲格格連聲，氣從臍下來，自衝脈出口作聲，豈非善於形容者乎？至於欬逆與呃逆則又不可相混，有以欬逆爲呃逆者，有以欬逆爲噦者，是皆未詳味經文耳。經本以欬嗽氣逆爲言，如《氣交變大論》曰：歲金太過，甚則喘欬逆氣。又曰：欬逆甚而血溢。蓋以欬嗽不止而血隨氣上耳，未聞打呃而見血者也，此欬逆之非呃逆亦甚明矣。而欬逆之非噦又何待辨乎？至噫氣之説，《靈樞》云：寒氣客於胃，厥逆從下上散，復出於胃，故爲噫。仲景謂：上焦受中焦氣未和，不能消，是故能噫。據此則噫者即噯氣也，即俗之所謂拔氣也，此理甚明，人所易曉。總之，有聲有物曰嘔。有物無聲曰吐，有聲無物曰噦。呃逆者，即打呃之謂。欬逆者，欬嗽之甚，以致氣逆上衝也。噫者，《字彙》解作飽食氣滿而有聲，豈非所謂拔氣者乎？症各不同，斷難相混。至於得病之由與其治法，各有虛實寒熱之異，散見諸門，茲不贅。

《傷寒指掌・傷寒變症・嘔吐》　按《靈樞・經脈篇》云：足厥陰肝所生病者，胸滿嘔逆，夫木動必犯土。嘔吐出於胃，而致病之由在肝，胃病治肝，不拘傷寒雜症皆然，不可專以胃火胃寒爲治。

邵評：嘔吐爲胃氣上逆。其胃氣之所以上逆，因肝木犯胃所致。夫嘔吐之因不一，有胃陰虧者，有胃陽虛者，胃火盛而熱邪內結者，有胃中寒而濁陰干犯者，有胃中有痰飲而氣不下降者。雖有多因，總因肝火上升，乘虛犯胃，以木土相仇，肝木尅土，而順乘陽明也。治嘔吐者，當兩和肝胃爲法。

《傷寒指掌・傷寒變症・呃逆》　呃逆者，聲自下逆上，俗名呃忒是也，不拘傷寒雜症皆有。所因不一，治法各宜隨症施治。

邵評：呃逆一症，有虛實寒熱之因、中焦下焦之別，是氣升上逆之病。外感內傷，均有此症，當辨因分症施治。

《醫法圓通・辨認邪盛熱熾血傷病情》　乾嘔不止　病人二三日，發熱不退，脈息聲音，一切有神，乾嘔不止者，此熱壅於陽明也，法宜解肌清熱。【略】

呃逆不止　病人或八九日，發熱不退，口渴轉增，飲水不輟，忽見呃逆連聲，此由邪熱隔中，阻其交通之氣機也，法宜攻下。【略】

食入即吐　病人發熱惡熱，口臭氣粗，脈健，食入即吐者，此是邪熱伏於胃口，阻其下行之機，熱主上升，此刻邪熱爲祟，升多降少，故食入即吐，急宜攻其邪火，邪火一滅，食自能下矣。

《醫醫小草・辨證》　嘔利　少陽膽木，挾火披猖，嘔是上衝，利由下迫，此謂風溫之嘔利也。中虛始利，聚飲而嘔，此濕溫之嘔利也。若夫胃氣不降，肺氣不和之嘔利，疫多有之。蓋或溫或疫，凡嘔利者，是其邪之出路，不可遽止。寒病反是。

綜　述

《外臺秘要・溫病噦方四首》　《病源》：伏熱在胃，令人胸滿，胸滿則氣逆，氣逆則噦。若大下後，胃中虛冷，亦令致噦也。

《小品》：茅根湯，療溫病有熱，飲水暴冷噦者。方：

茅根　葛根各切半升

右二味，以水四升，煮。取二升，稍溫飲之，噦止則停。

又療溫病熱未除，重被暴寒，寒毒入胃，熱蘊結不散，變噦者方：　單煮梓皮，稍稍飲之，佳。溫病積飲冷，冷結胃中，熱入腎中，變壯熱大噦者。服梓皮，溫噦得止也。夫腎中有熱者，病差後，足心皮喜剝脫去，頭髮禿落，是其證也。

又茅根橘皮湯，療春夏、天行、傷寒、溫病、乾胃冷變噦方：

白茅根切一升　橘皮三兩　桂心二兩　葛根二兩

右四味，切，以水六升，煮取三升，分溫服三合，數連服之，盡復合，噦止乃停耳。微有熱，減桂一兩。

《古今錄驗》：療溫病有熱，飲水暴冷噦，枇杷葉飲子。方：

枇杷葉枝去毛　茅根各半升

右二味，切，以水四升，煮取二升，稍稍飲之，噦止則停。

《傷寒標本心法類萃・嘔吐》　凡嘔吐者，火性上炎也，無問表裏，通宜涼膈散。傷寒雜病，一切嘔吐，調胃承氣湯。煩悶乾嘔，黄連解毒湯。嘔吐煩渴者，桂苓甘露飲、五苓散。眩、咳嘔者，白虎加半夏、橘皮。傷寒嘔吐，四肢厥逆清冷，調胃散。濕溫內甚，惡心嘔吐者，白虎合解毒湯。

《傷寒明理續論・咳逆噦》　溫病熱未除，重被暴寒入胃，蘊結不散，變噦，梓皮飲子。溫病有熱，飲水暴冷，作噦，茅根葛根湯。溫病胃冷，變噦，茅根橘皮湯。溫病有熱，飲水暴冷，枇杷茅根湯。

《傷寒全生集・辨傷寒噦例噫氣例》　噦者，氣忤也。忤敵也，即乾嘔之甚，其聲濁惡而長。嘔則聲短而小。嘔爲輕，噦爲重，皆有聲而無物出。

【略】

溫病有熱，暴飲水作噦，茅根乾葛湯。溫病胃寒變噦，茅根橘皮湯。

茅根乾葛湯，治溫病有熱，飲冷變噦者。【略】

《溫疫論・呃逆》　胃氣逆則爲呃逆，吳中稱爲冷呃，以冷爲名，遂指爲胃寒，不知寒熱皆令呃逆，且不以本證相參，專執俗語爲寒，遂投丁、茱、薑、桂，誤人不少，此比執辭害義者尤爲不典。

治法各從其本證而消息之，如見白虎證則投白虎，見承氣證則投承氣，膈間痰閉，則宜導痰，如果胃寒，丁香柿蒂散宜之，不若四逆湯功效殊捷。要之，但治本證，其呃自止，其他可以類推矣。

《傷寒緒論・嘔吐》　嘔吐與乾嘔卻異，嘔者聲物俱出，火擊痰動也。吐者無聲，而但出物，濕痰無火也。蓋胃中有火則有聲，若但吐無聲，胃中陽虛可知，能無從事辛溫乎。然嘔甚於吐，其類有五，一爲邪傳少陽，一爲寒邪傷胃，一爲熱邪傳裏，一爲壞病胃虛，一爲陰寒內拒，故凡嘔吐清水，即爲直中寒證。若胃中有熱，必見涎液酸水也。《病機》云：　諸嘔吐酸，及水液渾濁皆屬於熱。諸病水液，澄澈清冷，皆屬於寒，此可見矣。

凡溫病、熱病嘔吐者，火性上炎也。無問表裏，通宜涼膈散。嘔吐煩渴者，白虎湯。濕溫嘔吐者，白虎合解毒。

《傷寒緒論・乾嘔》　溫病、熱病、時疫乾嘔，煩悶者，黄連解毒湯。

《傷寒緒論・噦》　噦者，其聲濁惡而長。有胃虛氣逆，停飲虛實，寒熱死生之辨。

溫病熱未除，或重感暴寒，或內傷冷物而噦者，黄芩加半夏、生薑湯，加廣藿香、葉橘皮。溫病有熱，飲水暴冷作噦，橘皮半夏湯，或半夏茯苓湯並加蘆根、茅根。熱病汗不出，大顴發赤，噦者死。凡腹滿不尿，脈散頭汗，目證而噦者不治。凡噦而二便不通者，屬實熱。厥逆自利，爲虛寒。兼嘔逆者，爲停飲。設非此三種，則爲胃氣垂絶之候，多難治。

《傷寒辨證・嘔吐噦》　嘔者聲物俱出，吐者無聲出物，噦者有聲無物。

【略】

凡溫熱病嘔吐者，火性上炎也，無問表裏，宜涼膈散。嘔吐煩渴者，宜白虎湯。嘔吐有虛、實、寒、熱。大抵嘔吐清水，即爲寒證。若胃中有熱，必是涎液酸水。《病機》云：　諸嘔吐酸，及水液渾濁，皆屬於熱。諸病水液，澄澈清冷，皆屬於寒，此可見矣。又噦而二便不通者，屬實熱，厥逆自利爲虛寒。凡嘔不止者，藥內必少加生薑汁一二匙，服之最妙。服藥宜徐徐呷下，不可急也。凡服藥吐出不納者，先將生薑汁少許，徐徐呷下，然後徐徐服藥，即不吐，凡過藥不可用甜物，須嚼生薑爲妙。

《瘟疫明辨・裏證・嘔》　吳又可曰：　時疫有始終能食者，邪不傳胃也。慎勿絶其飲食，此不嘔者也。愚嘗見時疫初起，未發熱時，表症未見，有先作嘔數日者，此疫邪先犯太陰。當辨其口氣，無臭氣而不粘者，屬太陰寒

症有臭氣粘厚者，屬太陰疫症。此爲先裏而後表，不可遽用清涼閉遏邪氣，致使不能透達傳化，雖四肢有時厥逆，脈有時沉伏，亦不可用溫熱，致增嘔症。甚有舌紫、沉昏者，惟當宣其胃氣，藿香正氣散最宜。若已發熱而嘔者，吳氏達原飲加半夏，若三陽表症，加羌活、葛根、柴胡。若嘔而煩渴，身熱而不見寒者，邪在陽明也，白虎湯、黄芩湯，並加半夏。若嘔而舌黃，胸中有滿痛處，橘皮半夏湯加枳實、山查、麥芽、川貝。貝母力緩，用至五錢或一兩，乃能舒鬱散結。若嘔而舌黃，心下臍上有滿痛拒按者，大柴胡湯。若嘔而舌黃或黑，少腹有滿痛拒按，當視其前後何部不利，大便不利，調胃承氣湯。小便不利，四苓加木通，或益元散。利之則愈。寒熱已解，二便通利，胸腹無滯而嘔不止者，餘熱在胃也，竹葉石膏湯。屢經清下，嘔不止而舌無胎，多汗心悸痿倦者，中氣傷也，大半夏湯，或六君子湯加白蔻。屢經清下，倦怠異常，四肢漸冷者，乃淸下太過而中寒也，理中湯，甚至加附子。然此爲治藥之法，非治疫之法也，宜詳察之。

《瘟疫明辨・裏證・呃逆》 時疫呃逆，與傷寒不同。傷寒呃逆，虛實寒熱俱有。時疫呃逆，惟熱結下焦而已。凡見呃逆，即當下之，下之不止，按其臍腹有硬痛拒按處，仍當下之，有下至十數次方止者。總之逐盡結熱，腸胃通達，其呃自止。愼不可用丁香柿蒂湯，治呃而遺結熱，致成危證也。

《瘟疫明辨・裏證・吐蚘》 傷寒吐蚘，多寒熱錯雜。時疫吐蚘，則有熱無寒。治此症之當汗、當清、當下，一以傳變之大勢爲主。惟加烏梅、黃連以安之，愼勿用烏梅圓中諸辛熱藥，致成危篤也。

《醫宗金鑑・傷寒心法要訣・嘔證》 嘔病因何屬少陽？表入裏拒故爲殃，太陽之嘔表不解，食穀欲嘔在胃陽。太陰有吐而無嘔，厥陰涎沫吐蚘長，少陰嘔利有水氣，飲嘔相因是水鄉。

註：嘔病諸經皆有，因何屬少陽也？因表邪入裏，裏氣拒格，上逆作嘔，故爲殃屬少陽也，宜小柴胡湯。心下鞕而煩，或不大便，宜大柴胡湯。表不解之嘔屬太陽也，宜柴桂湯。食穀欲嘔，屬胃陽，胃陽，陽明也。屬中寒，宜吳茱萸湯。得湯更嘔屬表熱，宜葛根加半夏湯。嘔吐涎沫，或嘔吐蚘，屬厥陰也，宜吳茱萸湯。吐蚘者，宜烏梅丸。嘔而下利，是有水氣，屬少陰也，宜眞武湯。飲而嘔，嘔而飲，飲嘔相因不已，是停水也，宜五苓散。

《醫宗金鑑・傷寒心法要訣・吐證》 中寒吐食不能食，不渴而厥吐寒虛，得食吐渴火爲逆，飲吐相因水病居。

註：中寒吐食，謂中寒吐食不能食也。凡不渴而厥吐，是寒虛吐也，宜理中、吳茱萸輩。凡渴而得食即吐，是火吐也，熱實宜黃連解毒湯。熱虛宜乾薑黃連黃芩湯，或竹葉石膏湯。渴而飲，飲而吐，吐而復渴，水逆病也，宜五苓散。

《醫宗金鑑・傷寒心法要訣・呃逆噦噫》 呃逆今名餶古名，不似噦噦胃裏聲，餶聲格格連聲作，原夫臍下氣來衝。顔類嗄噫情自異，均屬氣逆治能同，虛熱橘皮竹茹治，二便不利利之寧。氣不歸原宜都氣，寒虛丁萸附理中，痞鞕下利生薑瀉，痞鞕噫氣代赭功。

註：今之名曰呃逆，即古之名曰餶也。餶者，氣噎結有聲也。世有以噦爲呃逆者，蓋不知噦噦之聲，聲從胃裏出口，不似餶之格格連聲，氣從臍下來自衝𧉿，出口作聲也。呃逆頗類嗄氣噫氣。嗄氣者，因飽食太急，比時作嗄，轉食氣也。噫氣者，因過食傷食，越時作噫，食臭氣也，故曰情自異也。但均屬氣逆爲病，故曰治能同也。呃逆之病，胃氣虛竭也。兼熱者，以橘皮竹茹湯加柿蒂主之。兼大便不利，以三承氣湯主之。兼小便不利，以二苓散湯主之。兼腎虛不能攝衝𧉿之氣歸原，以都氣湯加牛膝主之，兼寒虛，太陰手足溫，以丁萸理中湯主之，少陰手足厥，更加附子。兼痞鞕下利，以生薑瀉心湯主之。兼痞鞕噫氣，以旋覆代赭石湯主之。

《醫碥・瘟病兼證論》 呃逆有寒有熱，以本證參之，熱則白虎、承氣；寒則四逆湯。

《松峰説疫・論治・瘟疫雜症治略》 呃逆　瘟疫呃逆不止者，大是兇候。余在長安治賀水部蓮友，患瘟發黃，而兼呃逆，用承氣輩加茵陳與服，大便行而黃漸退，惟呃逆不止，更兼喘而痰壅，衆皆謂不治，適得鮮花粉數枚，大如臂，搗爛少加水，濾汁數碗，外用前胡、枳殼、橘紅、香圓、柿蒂，煎出，兑花粉汁頻服，一晝夜服盡，呃逆稍止，瞬息復作，又令其仍將前藥再作一劑，入碗內，用箸一雙，十字加於碗上，令病者自持碗，於箸之四空處，每空吸藥一口，圓轉挨次吸之，持碗不得換手，一順吸去。此泛常飲水治呃良方，以以之服藥，冀其獲效。服後覺漸輕，然時作止，又遲二三日始愈。若諉之不治，不幾誤人性命乎！再者，瘟疫打呃皆熱症，丁香四逆輩，斷不可用。

《羅氏會約醫鏡・瘟疫・論瘟疫嘔吐》 凡嘔吐，有寒有熱。邪留胃口，

熱甚作嘔，下之減半，宜再下之。猶有餘熱，體弱而不可下者清之。至于下後邪盡，毫無熱症熱脈而復嘔者，以胃口續得寒也，宜溫之。【略】

雜病及傷寒，呃逆多爲胃寒，用丁香柿蒂散，不若四逆湯，功效更捷。而疫病呃逆，寒熱皆有治法，宜從本症而消息之。如見白虎症，則投白虎。見承氣症，則投承氣。膈間邪閉，則宜導痰。如果胃寒，則用四逆。但治本症，而呃自止。其他可以類推。

《傷寒指掌・傷寒變症・嘔吐》 肝火犯胃 凡痞脹，食入即吐，并嘔酸水，口渴舌黄，此肝火犯胃。恆因惱怒而得。宜吳萸、川連、半夏、茯苓、厚朴、枳實、薑汁、竹茹之類主之。

邵評：此方平肝火而和胃最效。

胃火衝逆 凡陽明熱病，舌胎爆黄，煩渴嘔惡，脈來洪滑，米飲入口即嘔，惟凉水可納者，宜白虎湯。重加活水蘆根主之。

邵評：此方清胃經火熱極效。

肝火衝逆 凡傷寒熱盛之時，自覺氣自左升，嘔吐，勺水不納，脈弦數，舌燥刺，或嘔吐酸苦黄水，此肝火上乘於胃。宜左金、半夏、陳皮、黑梔薑汁炒、茯苓、椒梅等，降之泄之。或用薑汁炒川連，或用吳萸湯炒川連，治嘔最驗。

胃脘陽虛 凡食入嘔吐，或納少不變，脈細小而弦，或右脈弦大，脘中滿痛，大便欲解未通，此胃脘陽虛，肝木未亢，治宜專益胃陽。人參、半夏、茯苓、陳皮、乾薑、吳萸主之。

胃氣不降 夫脾主升，胃主降。若因怫怒動肝，肝木犯胃，胃陽受傷，不能傳及小腸，變化失司，大便不解，納穀不饑，呑噫酸水，甚至胃底醲積之物，上湧爲吐，此胃氣不主下行故也。法當溫胃陽制肝逆爲治。宜熟附、乾薑、白芍、吳萸、枳實、炒白粳米主之。

邵評：脾以上升爲宜，胃以下行爲順。因怒動肝，肝逆乘胃，胃氣不得下行，食不變化，挾肝火上升而嘔吐也。此與上條不同。上條只胃脘陽虛，無肝木乘侮專理胃陽爲治。此則胃陽受傷，因怒而肝火上升犯胃，故呑噫酸水，酸爲肝味也。胃升不降，甚至胃底上泛，湧逆吐出。其胃陽之衰弱已極，肝木之亢逆莫制，幾有胃陽虛脱之變。急當溫胃通陽、制肝降逆爲治。

肝逆犯肺 凡病氣自左升，腹中膨脹，嘔吐涎沫酸苦黄水，則咳嗆不已，此肝氣逆乘，過胃犯肺。法宜制肝和胃。須陳皮、半夏、茯苓、川椒、烏梅、萸湯炒川連、薑汁炙枇杷葉主之。

邵評：氣自左升者，肝氣也。肝氣升則爲腹脹。犯胃上逆，則吐涎沫、酸苦黄水。肝挾相火，木火刑金，乘肺而作咳嗆。已過胃而上升莫制矣，宜平肝和胃治之。

陰濁犯胃 有氣從小腹上衝，爲嘔爲脹，所吐皆黑綠苦水，此屬下焦陰濁，衝逆犯胃，厥陰穢氣上逆也。宜川椒、烏梅、連製茱萸、茯苓、川楝子、醋炒、小茴香鹽水炒、黑梔子薑汁炒等，以制肝逆。胃氣虛者加人參。

邵評：少腹爲肝之部分。肝居下焦，其氣上冲，則濁陰隨之上逆，故嘔而且脹。吐出黑綠苦水，是胃底之濁水，被下焦之陰濁冲逆而上泛也。急當鎮胃平肝，通陽泄濁治之。

肝絡伏飲 凡氣衝偏左，厥逆欲嘔，嘔盡方適，此伏飲在於肝絡也。宜辛以通之。淡吳萸鹽水炒、半夏、茯苓、薑汁、旋覆花、代赭石主之。

邵評：肝主一身脈絡，從左上冲者，肝氣也。肝挾飲邪上逆，入於絡中，則厥而嘔吐，宜和肝宣絡滌飲治之。

熱邪內結 痞悶嘔濁，不寐不飢，舌黄口渴，治宜苦辛瀉心法。黄芩、川連、半夏、枳實、薑汁。

邵評：熱邪痞結陽明，治以苦辛開泄。

暑穢內結 吸入暑穢，先走募原，募原是胃絡分布，故上逆而爲嘔吐，脘悶而痛，寒熱不解，舌黄而渴，宜瀉心法。薑製川連、黄芩、半夏、枳實、藿梗、滑石、通草、鬱金。

邵評：暑穢自口鼻吸受從上直行中道而走膜原。膜原者，脾與胃以膜相聯，爲半表半裏之界。暑熱穢邪，結於膜原，而嘔吐寒熱，宜苦辛開泄治之。然惟舌黄可用瀉心法。

又評：舌白胎者，不宜陷胸、瀉心，宜杏、蔻、桔、橘苦辛開肺。如邪入膜原，舌胎粉白，當用吳又可達原飲，舌黄膩厚者，非瀉心不可。

濕熱相蒸 胃中有火，脾家有溼，溼熱相蒸，以致嘔吐不納，時飽時飢，渴不多飲，舌胎微黄粘膩，此胃熱蒸脾脛之驗也。治宜寒熱兼施。川連、乾薑、茯苓、半夏、廣皮、黄芩、澤瀉、枳實、薑汁。

邵評：脾濕胃熱，蘊結中宮，格拒不開而作嘔吐，治以和中開痞，清滲溼熱爲主。

痰飲兼寒　嘔吐不渴，舌胎白滑，或兼咳嗽者，此痰飲兼寒邪也。二陳湯加桂枝、乾薑、薑汁。

邵評：寒飲內伏於胃，上升射肺，故嘔吐咳嗽。寒邪有飲，則口不渴。白滑胎者，寒痰也。故用滌痰溫散之法。

痰飲兼火　嘔吐微渴，兼見咳嗽，舌胎淡紅而鮮，或帶微白者，此痰飲兼胃火也。溫膽湯加枇杷葉薑汁炙、黑梔子薑汁炒。

邵評：和胃化痰，宣肺清熱，此方極效。

胃中虛寒　納穀不受，時嘔涎沫，舌潤不渴，右關濡軟。六君子加砂仁、乾薑。嘔涎沫者，加益智仁攝之。吐痰飲者，加桂枝、薑皮和之。

邵評：寒邪格拒不納，有寒飲則嘔涎沫，無熱則舌潤不渴。脈濡軟，胃虛也，故用補中化痰而溫散。

熱傷胃津　暑熱之邪不解，灼乾胃中津液，舌紅鮮澤，口渴，食入即嘔，當戒腥油膩物。二陳湯去甘草，加釵斛、薑汁炒竹茹，或溫膽湯去枳實、甘草，加梔、豉、金斛。

邵評：溼熱暑疫之邪，入於陽明，胃中津液受傷，而嘔吐津虧，胃熱則舌鮮紅而口渴，故以和胃生津化痰爲治。

胃陰虛餒　如大汗後，胃中津液大虛，嘔吐不納，口渴，舌胎白嫩者，宜金水六君煎，加麥冬、沙參，以和胃陰。

嘔吐不已　此有升無降，宜鎮逆法。旋覆花、代赭石、半夏、茯苓、會皮。虛者加人參。

邵評：胃不下行而上逆，氣升嘔吐，用鎮逆降胃之法，極是。

《傷寒指掌・傷寒變症・吐蚘》　胃氣虛寒　素有內寒之人，復感寒邪，當溫中散寒。若大發其汗，胃中穀氣化汗外達，則胃氣轉餒，蚘失穀氣以養，則不安而上逆。仲景云：病人有寒，復發汗，胃中冷，必吐蚘是也。故凡傷寒吐蚘，雖有大熱，忌用寒涼，乃大凶之兆，急用理中湯去甘草，加椒梅主之。蓋蚘聞甘而起，遇酸而伏，見苦則安也。

蚘吐不止者死，吐蚘不能食者亦死。

邵評：中陽虛而受寒，宜溫中散寒爲治。反大汗之，則胃陽益傷，不能化穀氣以養蚘，則蚘上逆而從口出也。蓋陽虛而有寒邪，復發汗以傷其陽，則胃陽虛而胃中冷，故用椒梅理中湯法溫。

肝邪犯胃　按吐蚘，仲景列於厥陰篇內，則爲肝邪犯胃可知。凡傷寒如見寒熱，乾嘔，心胸格拒，或吐痰涎濁沫，或吐酸苦黃綠之水，或吐蚘下蚘，皆屬厥陰乘犯陽明。治宜泄肝和胃。如川連、桂枝、烏梅、川椒炒黑、生白芍、淡吳萸鹽水炒、黃芩、茯苓之類。　如泄肝和胃不效，乃胃中虛空若谷，客氣逆犯上衝，須鎮逆安胃。宜人參、茯苓、半夏、代赭石、炒川椒、烏梅肉、川楝子之類。

邵評：厥陰屬肝木，爲至陰之經。陰極則陽生，木中有相火。凡病邪傳入厥陰，深沉之至邪，每挾木火內燔，勢必順陽明而犯胃，傷耗陰津胃液，而見症如此。治宜泄厥陰以安陽明爲法。

邪陷厥陰　傷寒暑濕溫熱之邪，上阻氣分，則身熱耳聾入於營分，則舌絳神昏。治法當清解心營肺衛。如連翹、淡竹葉、滑石粉、川貝母、天竺黃、鮮菖蒲、炒竹茹、綠豆皮之類，以清上焦。若身熱不解，口渴胸痞，耳聾乾嘔，吐蚘拒納，此暑溼內蒸，其邪漸結陰之界，乃險症也。宜川連、半夏、枳實、菖蒲、茯苓、黃芩、乾薑，苦辛以開內結。

邵評：溫熱暑溼之邪，從口鼻吸受，始在上焦氣分，或漸入營，與傷寒見症不同，治法亦異。當宗河開三焦立法，分心營肺衛論治。上焦之邪不解，蔓延中下而入裏，可以治同傷寒。故治溫暑與傷寒，始異而終同也。惟藥味宜輕清宣泄上焦，滌痰化熱。

邪結氣分　如吐蚘與飲，脘悶口渴，舌胎白中帶黃，此溼熱結於氣分，胃中不和而蚘逆也。宜二陳加乾薑、川連。

邵評：此痰飲挾濕熱，結於陽明氣分，胃熱氣逆而蚘上出，胃有痰熱，則舌胎白中帶黃，邪內結則脘悶。用二陳以化痰，薑、連以開痞達邪。

《傷寒指掌・傷寒變症・呃逆》　胃虛有熱　如呃逆而渴，舌胎微黃，此胃虛有火，虛火上逆而呃也。宜橘皮竹茹湯，或溫膽湯，去枳實，加薑汁炙枇杷葉。如胃中有痰飲，脈沉而弦，宜橘皮半夏生薑湯。

邵評：胃虛內伏火，故口渴而舌胎微黃，虛火上逆，胃氣不得下降而作呃也，治以清降胃火一法。此與上條同是胃病，有寒熱之不同，用藥有溫清之別。上條陽虛欲逆，故用溫通。此條胃虛有火，故宜清降。當合參之。

如痰飲脈沉而弦，弦爲飲而沉爲在裏也，用滌飲和胃之法。

肝火上逆　如呃逆，舌黃而渴，左脈弦數，此肝火上逆爲呃也。宜川連、吳萸、黑梔、代赭、枇杷葉、半夏、茯苓之類降之。

邵評：肝火上升，胃逆不降而呃。舌黃而渴，肝火灼胃也。左脈弦，肝之本象；數則肝火乘胃而逆也。治以平肝清火、和胃降逆之法。【略】

胃陰虛餒　有發汗太過，胃中津液枯涸，以致呃逆嘔吐，宜金水六君煎，加北參、麥冬、丁香、柿蒂，和中以生津液。汗出不已，加五味。

邵評：汗多而胃陰受傷，津液虧耗，胃氣上逆而呃者，宜養陰生津以和胃。若汗多，則津液益虛，用五味以斂之。

《溫證指歸·嘔吐自利》　嘔吐自利，乃溫病中最善之候，何也？邪自口鼻吸入，先中上中二焦，胃不受邪，與邪相拒，在上則吐，在下則利，已具分消之勢，惟嘔有別，邪犯陽明太陰者嘔，有口氣者屬溫證，無口氣者屬雜證，不可遽用寒涼，使邪不能透達傳化，雖時有肢逆脈沉，亦不可妄用溫熱，致增嘔勢。甚有舌紫神昏，毒邪上犯清道，急當下之，下即不嘔。若已發熱，舌白而嘔者，吳氏達原飲加半夏，有三陽證，兼三陽加法，如舌赤胎黃，又當兼神解、太極，使表裏宣暢，其嘔即止。若嘔而煩渴，邪犯胃也，白虎湯、玉女煎加蘆根。若嘔而舌黃，胸有痛滿處，橘皮半夏湯。夾食加枳實、查、麥、神麴。若嘔而舌白，心下臍上悸，小便不利者，有水氣，四苓散加半夏、木通，或益元散利之。若嘔而滿痛拒按者，大柴胡湯、調胃承氣湯選用。若嘔而口苦，邪犯少陽，增損小柴胡湯。不寐者，溫膽湯。有乾嘔不止，舌乾口燥者，胃受火傷，竹葉石膏湯。若屢經攻下，嘔不止而舌無胎，多汗心煩，中氣傷也，大半夏湯，或香蔻六君子湯合定中湯，煎汁頻服。若嘔甚吐蚘，利甚便蚘，皆屢臟傷之象，甚則噦呃神昏，已蹈危機，經所謂臟敗者聲必噦，呃證更危，尤當詳察，如聲自丹田而起，一則應下失下，熱邪傷陰，發爲呃逆，調胃承氣湯，佐益陰之品，加刀豆子、柿蒂，苦以降逆，或可十中救一；一則眞陰枯竭，腎不納氣，吸不至腎，呃聲頻頻，舌黑而神不昏者，緣邪輕正憊，歸氣飲最捷，加刀豆子、柿蒂更妙；更有一種多鬱善怒之人，或夾痰滯，氣與邪搏，呃聲必從兩肋而起，雖呃至搖床撼榻，視舌或黑而肢不冷，當以散鬱開氣化痰之劑，使邪氣宣揚，自有生理，逍遙、越鞠、代赭、旋覆、四七，皆可選用，不可以呃逆盡棄爲不治之證也。

《霍亂論·列方》　燃照湯孟英　治暑穢挾濕，霍亂吐下，脘痞煩渴，外顯惡寒肢冷者。

連朴飲孟英　治濕熱內伏之霍亂，兼能行宿食，滌痰涎。

蠶矢湯孟英　治霍亂吐利，轉筋腹痛，口渴煩躁危急之症。

《霍亂論·熱證》　《素問·六元正紀大論》云：土鬱之發，爲嘔吐霍亂。

諸鬱之發，必從熱化。土鬱者，中焦濕盛而升降之機乃窒，其發也，每因吸受暑穢，或飲食停滯，遂至清濁相干，亂於腸胃，而爲上吐下瀉。治法如平胃散，能宣土鬱，而分陰陽。連樸飲能祛暑穢，而行食滯。若驟傷飽食而脘脹脈滑，或脈來濇數模糊，胸口按之則痛者，雖吐猶當以鹽湯探吐，吐盡其食，然後以黃芩加半夏湯，致和湯之類調之。

又云：不遠熱則熱至，熱至則身熱吐下霍亂。

此明指霍亂有因熱而成者，奈《病源》、《三因》等書，咸謂霍亂無不本之風冷，遂致薛立齊、張介賓輩專主於寒，而印定後人眼目。凡患熱霍亂者，皆爲此數公殺之矣。且不遠熱三字，亦非但以藥食爲言，如勞役於長途田野之間，則暑邪自外而入矣，宜白虎湯、六一散之類，甘寒以清之。或安享乎醇酒膏粱之奉，則濕熱自內而生矣，宜梔豉湯、黃芩加半夏湯、連朴飲之類，苦辛以泄之。其有暑入傷元，白虎湯可以加參。氣虛招暑，用參術必佐清邪。昔賢成法，自可比例而施。奈昧者妄謂勞傷之病宜補，膏粱之體必虛，不察其常，侈談其變，信手溫熱，動輒殘生。良由讀書不明理，反爲書所蔽。欺己欺人，彼自不覺耳。

《溫熱經緯·余師愚疫病論》　疫證條辨

四時百病，胃氣爲本，至於不食，似難爲也。而非所論於疫證，此乃邪火犯胃，熱毒上衝，頻頻乾嘔者有之，旋食旋吐者有之，胃氣一清，不必強之食，自無不食矣。宜本方增石膏，加枳殼。

雄按：熱壅於胃，杳不知饑，強進粥糜，反助邪氣，雖粒米不進，而病勢未衰者，不可疑爲胃敗也。若乾嘔吐食，則本方之甘、桔、丹皮，皆不可用。宜加竹茹、枇杷葉、半夏之類。

胸膈乃上焦心肺之地，而邪不易犯，惟火上炎，易及於心，以火濟火，移熱於肺，金被火灼，其燥愈甚，胸膈鬱遏，而氣必長吁矣。宜本方增連、桔、加

枳殼、蔞仁。

雄按：邪火上炎，固能鬱遏肺氣，而爲膈滿，第平素有停痰伏飲者，或起病之先，兼有食滯者，本方地、芎未可浪投。臨證須辨別施治，惟萊菔汁既清燥火之閉鬱，亦開痰食之停留。用得其宜，取效甚捷。

呃逆有因胃熱上衝者，有因肝膽之火上逆者，有因肺氣不能下降者。宜本方增石膏，加竹茹、枇杷葉、柿蒂、羚羊角、銀杏仁。如不止，用沉香、檳榔、烏藥、枳殼，各磨數分，名四磨飲，仍以本方調服。

雄按：此三候固皆實證，尚有痰阻於中者，便祕於下者，另有治法。銀杏仁溫澀氣分，但可以治虛呃，不宜加入此方。

邪入於胃則吐，毒猶因吐而得發越，至於乾嘔則重矣。總由內有伏毒，清解不容少緩。宜本方增石膏、甘、連，加滑石、伏龍肝。

雄按：甘草宜去，伏龍肝溫燥之品，但可以治虛寒嘔吐，不宜加入此方。本方桔梗、丹、芎，亦當去之。可加旋覆花、竹茹、半夏、枇杷葉，如用反佐，則生薑汁爲妥。

《六因條辨·痧脹擬似辨》 夫我崇俗，所謂痲痧者，是果有諸，蓋東南方地卑氣濕，或嶺南氣暖，沿江瀕海，霧露颶潮，較別處尤甚，每交夏令，天之暑熱一動，地之濕濁自騰，故山嵐海瘴陰霾晦蔽之邪，乘時竊發，人在此蒸淫熱逼之中，正氣有虧，則邪觸自口鼻直據膜原。夫膜原者胃絡也，前吳又可製達原飲一方，即此意也。蓋邪既內伏，乘時發動，先覺胸腹脹悶，懊憹似痛，欲吐不吐，欲瀉不瀉，此暑濕穢濁，阻遏中脘，致陽明氣機壅塞，脈絡俱閉，四肢麻木，甚至筋攣拘急，此屬痧脹，實係閉症，即方書所謂絞腸痧、乾霍亂是也。此與吐瀉後，轉筋麻木，冷汗陽脫之症，相去逕庭，用藥亦有霄壤之殊。夫脫症宜溫宜補，閉症宜疏宜通，而其倉猝危險，大約相等。若痧脹不得吐瀉，而懊憹悶亂異常，以致脈伏肢冷，甚則麻木拘攣，此陽症似陰，閉症似脫，例宜宣通，但以梔豉湯服下，以指探吐，俾氣機得宜，邪能泄越，即可向愈。考方書有燒紅食鹽，童便調服，得吐而愈者，試之極驗。或用白礬含化，覺味甜如冰糖者，痧脹無疑，即任意咽下，濇口得吐亦愈。若已經吐瀉者，氣已宣通，不可再用，徒傷胃氣。如或胃中仍有不和，腹中煩滿，惡逆不食，猶恐餘邪未盡，更以藿香正氣散和之，亦可全愈。故近俗所謂痲痧者，即此是也。若雲冷痲痧者，殊屬可笑，併有莽鹵之醫，竟不顧名思義，妄認爲痧，而以疏泄解表之藥，施於陽氣欲脫之候，定不爲投井下石乎？草菅人命，莫此爲甚，謹之戒之。

嘔吐　嘔吐者，是發泄胃家熱邪也，熱平而嘔自止。疫毒內鬱，欲吐不吐，乾嘔神呆，其症更險。辨之之法：疫症之嘔脇不痛。因內有伏毒，邪火干胃，毒氣上衝，頻頻而作。傷寒少陽之嘔脅必痛。有乾嘔者，是蘊毒於胃，不得發越爲更重。宜清瘟敗毒飲，合連蘇飲加滑石等味。

口渴口味異常部

論說

《諸病源候論·時氣病諸候·時氣渴候》 熱氣入於腎藏，腎惡燥，熱氣盛則腎燥，腎燥故渴而引飲也。

《疫疹一得·疫疹之症》 口穢噴人　口中臭氣，令人難近。使非毒火侵炙於內，何以臭氣噴人乃爾也？

大渴不已　雜症有精液枯涸，水不上升，咽乾思飲，不及半杯，而此則思冰飲水，百杯不足，緣毒火熬煎於內，非冰水不足以救其燥，非石膏不足以制其焰。庸工忌戒生冷，病家奉爲神術，即溫水亦不敢與，以致唇焦而舌黑矣。

《醫法圓通·辨認邪盛熱熾血傷病情》 口渴飲冷不止　病人六七日，發熱不退，脈洪有力，飲冷不止者，此邪熱太甚，傷及津液也，法宜滅火存陰爲主。

綜述

《外臺秘要·溫病渴方二首》 《病源》：熱氣入腎藏，腎藏惡燥，熱氣盛則腎燥，腎燥則渴引飲也。

《深師》療溫毒病及吐下後有餘熱，渴，芍藥湯神方。

芍藥五分　黃連四分　甘草二分，炙　黄芩二兩　桂心二兩　栝樓二分

右六味，切，以水五升，煮取三升，分三服，一日令盡。

《古今錄驗》：知母解肌湯，療溫熱病頭痛，骨肉煩疼，口燥心悶者；或是夏月天行毒，外寒內熱者；或已下之，餘熱未盡者；或熱病自得痢，有虛熱煩渴者。方：

麻黃二兩，去節　知母三兩　葛根三兩　石膏三兩　甘草二兩，炙

右五味，切，以水七升，煮取三升，分爲三服。

若已下及自得下，虛熱未歇者，除麻黃，加知母、葛根；病熱未除，因夢泄者，可除麻黃，加白薇、人參各二兩，則止。

《聖惠方・治時氣煩渴諸方》　夫時氣煩渴者，此由熱氣入於腎臟故也。腎惡燥，令熱氣盛則腎燥，故渴而引飲也。

治時氣頭痛，骨肉煩疼，口燥心悶，外寒內熱，已自下利，由有虛熱未退，煩渴不止，宜服知母散。方：

知母　人參去蘆頭　地骨皮　葛根剉　甘草炙微赤剉。各一兩　石膏三兩　栝蔞根二兩

右件藥，擣篩爲散，每服五錢，以水一大盞，入生薑半分，煎至五分，去滓，不計時候，溫服。

治時氣數日不解，心燥渴，小腹脹急，臍下悶痛，宜服赤芍藥散。方：

赤芍藥　知母　黃芩　玄參　麥門冬去心　柴胡去苗　甘草炙微赤剉。以上各三分　石膏二兩

右件藥，擣篩爲散。每服四錢，以水一中盞，入生姜半分，竹葉三七片，煎至六分，去滓，不計時候，溫服。

治時氣心神壅悶，煩渴不止，宜服柴胡散。方：

柴胡一兩，去苗　川升麻三分　黃芩三分　石膏二兩　麥門冬一兩，去心　犀角屑三分　葛根三分，剉　甘草三分，炙微赤剉

右件藥，擣篩爲散，每服五錢，以水一大盞，入葱白二莖，竹葉二七片，煎至五分，去滓，不計時候，溫服。

治時氣頭痛，雖自時時有汗，煩渴不止，宜服赤茯苓散。方：

赤茯苓二兩　甘草炙微赤剉　澤瀉　桂心　葛根剉。以上各一兩　石膏二兩

右件藥，擣篩爲散。每服五錢，以水一大盞，煎至五分，去滓，不計時候，溫服。

治時氣發熱，煩渴欲飲水，小便不利，宜服豬苓散。方：

豬苓去黑皮　赤茯苓　澤瀉　阿膠擣碎炒令香熟　滑石以上各一兩

右件藥，都擣篩爲散。每服五錢，以水一大盞，煎至五分，去滓，不計時候，溫服。

治時氣壯熱煩渴，麥門冬散。方：

麥門冬一兩，去心　五味子一兩　人參一兩，去蘆頭　甘草一兩，炙微赤剉　石膏二兩

右件藥，擣篩爲散。每服三錢，以水一中盞，煎至六分，去滓，不計時候，溫服。

治時氣大熱，心胸煩渴，土瓜根飲子。方：

土瓜根半兩　乾棗五枚　麥門冬半兩，去心　甘草三分，炙微赤剉　豉半合

右件藥，細剉和勻，每服半兩，以水一大盞，煎至五分，去滓，不計時候服。

治時氣煩渴不止方：

地骨皮半兩　阿膠半兩，擣碎炒令黃燥　葱白三莖并鬚

右件藥，細剉和勻，每服半兩，以水一中盞，煎至五分，去滓，不計時候服。

治時氣煩渴，身體痠疼，頭痛，嘔逆，不能下食，宜服此方。

柴胡二兩半，去蘆頭　赤茯苓二兩　枳殼二兩，麩炒微黃，去瓤　麥門冬二兩，去心　甘草一兩，炙微赤剉

右件藥，擣篩爲散。每服五錢，以水一大盞，入生薑半分，煎至五分，不計時候，溫服。

治時氣下後，煩渴不止，升麻散。方：

川升麻三分　知母三分　甘草三分，炙微赤剉　石膏一兩半　葛根一兩，剉

右件藥，擣篩爲散。每服五錢，以水一大盞，入竹葉二七片，粳米一百粒，煎至五分，去滓，不計時候，溫服。

治時氣煩渴，飲水即嘔吐，心胸不利，宜服葛根散。方：

葛根剉　豬苓去黑皮　赤茯苓　桂心　白术　澤瀉　栝蔞根以上各一兩

右件藥，擣細羅爲散，每服不計時候，以溫水調服二錢，令極飲水。小便利者，汗出便愈。

又方：

黄連一兩，去鬚　栝蔞根一兩

右件藥擣細羅爲末，鍊蜜和圓，如梧桐子大。每服不計時候，煎大麥飲，放溫，下三十圓。

治時氣煩渴不止方：

葛根二兩，剉　葱白五莖，切

右件藥，以水二大盞，煎至一大盞，去滓，内白粳米半合，豉半合，以生絹裹煎，良久候爛，去米豉，放冷，不計時候，溫服。

治時氣煩渴不止方：

右取生藕，擣絞取汁一中盞，入生蜜一合，攪令匀。不計時候，分爲二服。

《傷寒全生集·辨傷寒口渴例》　一切傷寒、時氣、熱病，欲飲水者，因内水枯竭，欲得外水自救，宜少與之，以全胃氣，氣和則愈。蓋得水能和其胃氣，汗出而解也。不可太過，若太過則水停心下，爲水結胸，下利喘咳等症。若全不與飲，則内水乾燥，無由作汗，必加喘渴，躁亂而死。若病人飲水，必須令人以水摩揉心胸脇下，使水氣行散，不致停蓄也。大渴、舌乾、胎燥者，用薄荷擣浸涼水，時時噙漱，以免乾燥而渴。若中暑脈虚而渴，身熱者，白虎湯加香薷、黄連、辰砂，調服主之。

《醫學入門·雜病分類·外感》　燥類

消渴

消渴先明氣血分，

經曰：二陽結謂之消渴。二陽者，手陽明大腸，主津液，足陽明胃，主血，津血不足，發爲消渴。又有燥結者，肺與大腸爲表裏也。有氣分渴者，因外感傳裏，或脹食潛燥，熱耗津液，喜飲冷水，當與寒涼滲劑，以清利其熱；熱去則陰生，而渴自止矣。有血分渴者，因内傷勞役，精神耗散，胃氣不升，或病後胃虚亡津，或餘熱在肺，口乾作渴，喜飲熱湯，當與甘溫酸劑，以滋益其陰，陰生則燥除，而渴自止矣。

總是火炎不必問；

消者，燒也，如火烹燒物理者也。三消上中既平，不復傳下，上輕、中重、下危，總皆肺被火邪，熏蒸日久，氣血凝滯。故能食者，末傳癰疽，水自溢也；不能食者，末傳脹滿，火自炎也，皆危。

上消引飲便如常，

熱在上焦心肺，煩躁，舌赤唇紅，少食引飲，小便數者，四物湯合生脈散，加天花粉、地黄汁、藕汁、乳汁，酒客加葛汁。能食者，白虎加參湯，不食者，錢氏白术散、清心蓮子飲。又膈滿者，謂之膈消，門冬飲子。火留肉分，變爲癰腫者，忍冬藤丸、黄芪六一湯、益元散。

中消善飢無尿糞；

熱蓄中焦脾胃，消穀善飢，不甚渴，小便赤數，大便硬者，四物湯加知母、黄柏、石膏、黄芩、滑石以降火。熱甚者，調胃承氣湯、三黄丸。初病寒中，陰勝陽鬱，後變爲熱中者，升麻葛根湯、瀉黄散。濕積毒者，消渴痞丸。虚者，錢氏白术散。便閉者，當歸潤燥湯。泄瀉者，白术芍藥湯。上、中二消者，蘭香飲子。心火乘脾者，黄連豬肚丸。肝侵氣冲，肌熱不食，食即吐蛔者，烏梅丸、鐵粉丸。有蟲耗其津液者，單苦楝湯。水停於下，變爲跗腫者，五苓散，或去桂加人參尤妙。

腎消溺濁陰莖強，

熱伏下焦腎分，精竭引水自救，隨即溺下，小便混濁如膏淋然，腿膝枯細，面黑耳焦，形瘦者，四物湯加知母、黄柏、五味子、玄參、人乳汁，善調水火；或補陰丸、腎氣丸、先坎離丸、八味丸去附子加五味子、玄菟丹、鹿茸丸、夢授天王補心丹、威喜丸、妙香散、單繭絲湯；或十全大補湯去桂倍地黄，加知母、黄柏。上熱下冷者，清心蓮子飲。有五石過度之人，眞氣既盡，石氣獨留，陽道興強，不交精泄者，謂之強中。小便或油膩，或赤黄，或泔白，或渴而且利，或渴而不利，或不渴而利，飲食滋味入腹，如湯澆雪，隨小便而出，落於溝中，結如白脂，肌膚日瘦者，無治法。

保肺滋腎脾自運。

治渴，初宜養肺降心，久則滋腎養脾。蓋本在腎，標在肺，腎暖則氣上升而肺潤，腎冷則氣不升而肺焦，故腎氣丸爲消渴良方也。然心、腎皆通乎脾，養脾則津液自生，參苓白术散是也。三消通用單文蛤爲末，水調服，回津

止渴，單瓜蔞根丸，消渴神藥。大忌半夏燥劑。抑論水包天地，人身臟腑亦津液眞水所包。然有形者，凡水也，兑也，坤也；無形者，天一所生之水氣也，坎也，乾也，能以無形之水，沃無形之火，是謂既濟。雜病渴多虚熱，實熱者少。凡渴後，忌針灸，令瘡口出水而死。

《傷寒證治準繩・陽明病・渴》 夏月汗出惡寒身，熱足冷而渴者，爲中暑，白虎加人參湯及酒黄連主之。惡寒身熱者，證似表也。足冷者，不可表。

凡得時氣病，至五六日，而渴欲飲水不能多，不當與之。何者？以腹中熱尚少，不能消之，更與水作病也。至七八日大渴欲飲水者，猶當依證與之，與之常令不足，勿極意也。言能飲一斗，與五升。若飲而腹滿，小便不利，若喘若噦不可與之。忽然大汗，出是爲自愈也。《活人》云：凡痛非大渴，不可飲水。若小渴咽乾者，少少呷潤之，令其胃中和乃佳。

凡得病反能飲水，此欲愈也。但聞病飲水自愈，小渴者，亦强與之飲因成其禍不可復救。《活人》云：强飲水致飲停心下滿結喘者，當以五苓散或陷胸陽主之。下利脈弱脈數而渴者，自愈。渴而發熱，其脈不弦緊而浮弱者，汗出愈。

吳綬：凡傷寒時氣等證，欲飲水者，爲欲愈。蓋得水則能和其胃氣，汗出而解。不與水則乾燥無由而作汗，遂致悶亂而死也。凡與水，須察病人勇怯，邪熱輕重多少與之。寧從不及，不可太過，恐水多不能滲化，停畜爲害多矣。其水須用新汲井中者爲良。凡熱病熱甚，大便實者，以玄明粉一二錢，加入水中飲之，最妙。凡中暑煩渴者，加辰砂天水散，調水中飲之尤良。如虚人煩渴不飲水，以燈心煎湯，浸水中與之。凡口渴，細茶湯，白梅湯，綠豆湯皆可飲。香水梨、雪梨、嫩藕、西瓜皆可食。凡用冰，須以涼水洗去鹽味方可。

《活人書》：陽毒倍常，燥盛大渴者，黑奴丸主之。風溫加渴甚者，宜瓜蔞湯。中暑、伏熱累治不瘥，其人發渴不已，酒蒸黄連丸主之。脈：熱病在腎，令人渴，口乾，舌焦黄赤，晝夜欲飲水不止，腹大而脹，尚不厭飲，目無精光者，死不治。

《溫疫論・論飲》 煩渴思飲，酌量與之。若引飲過多，自覺水停心下，名停飲，宜四苓散。如大渴思飲氷水及冷飲，無論四時皆可量與。蓋內熱之極，得冷飲相救甚宜，能飲一升，止與半升，寧使少頃再飲。至於梨汁、藕汁、蔗漿、西瓜皆可備不時之需。如不欲飲冷，當易百滾湯與之，乃至不思飲，則知胃和矣。

《溫疫論・論飲》 四苓湯

茯苓二錢 澤瀉一錢五分 豬苓一錢五分 陳皮一錢

取長流水煎服。古方有五苓散，用桂枝者，以太陽中風，表證未罷，併入膀胱，用四苓以利小便，加桂枝以解表邪，爲雙解散，即如少陽併於胃，以大柴胡合表裏而治之。今人但見小便不利，便用桂枝，何異聾者之聽宮商？胃本無病，故用白木以建中，今不用白木者，疫邪傳胃而渴，白术性壅，恐以實填實也。加陳皮者，和中利氣也。

《續傷寒補天石・漱水不欲嚥》 陽明病，漱水不欲嚥者，必作衄，犀角地黄湯。蓄血病，漱水不欲嚥者，必發狂，桃仁承氣湯。

《傷寒緒論・渴》 溫病熱病則一發即煩渴引飲，以伏氣自內變熱而發也。中暑則熱傷心包而熏肺，亦主煩渴。傷寒營衛俱傷，汗不得出，則煩躁而渴。邪犯膀胱及胃府，與夫三陰熱證俱有煩渴。朱氏曰：脈浮而渴屬太陽，有汗而渴屬陽明，自利而渴屬少陰。至於厥陰消渴，飲水不止，則又熱之甚矣。【略】

凡冬月發熱頭疼二三日，即咽痛而渴，名曰冬溫，陽旦湯加萎蕤、桔梗。溫病發熱而渴，黄芩湯加栝蔞根、蘆根汁。若有暴感客邪，加葱白、香豉。熱病渴欲飲水，口乾舌燥者，白虎湯，背微惡寒者加人參。欬而嘔渴，心煩，小便不利，豬苓湯。少陽溫熱病二三日便口燥咽乾，大承氣湯。或裏熱燥甚，怫鬱躁煩，留飲不散，大渴不止，則腹滿高起，痛不可忍。但嘔冷涎，大渴不能飲，飲亦不能止其渴，喘急悶亂欲死，大承氣湯乘熱下咽，其渴立止。似無病人，須與大汗而解。往往有不利而汗出者，以邪隨汗之宣通，故不利而愈也。時疫舌上白胎而渴，白虎湯。舌根漸黄至中心者，涼膈、雙解，甚則合解毒承氣下之。舌上胎黑而潤，渴不能飲者，必嘔血，犀角地黄湯加大黄。熱病汗而下後，煩渴欲飲水者，少少與之，是謂以法救之。渴不止，頻頻與之，切勿按摩中脘，恐成水結胸也。溫病、熱病煩渴不解，往往得水，或服黄芩、石膏等寒藥，浹然汗出而解者。正爲腸胃燥熱，不能祛散邪氣，忽然得涼水寒藥，助其胃氣祛邪，因得汗出而解，非傷寒發表不遂熱之謂也。

《傷寒辨證・口渴》 凡溫病、熱病一發即煩渴引飲，以鬱熱自內而發也。故《直格》曰：身熱爲熱在表，引飲爲熱在裏。故溫熱病，本末身涼不

渴，及小便不亦，脈不數者，未之有也。溫熱病發熱而渴，及渴欲飲水，口乾舌燥者，輕則黃芩湯加栝蔞根，重則白虎湯。凡傷寒、溫熱病、時氣等證，欲飲水者，爲欲愈。蓋腸胃燥熱，不能祛散邪氣，得水則能和其胃氣，汗出而解。若不與水，則乾燥無由作汗，遂至悶亂也。然與水，當察邪熱之輕重，寧少與之。若熱少水多，不能滲化，則停蓄爲支結、喘嘔、腫滿、下利等證，可不謹哉！

《瘟疫明辨・裏證・渴》 渴乃熱象，時疫爲熱症而有不渴者，蓋初起濕熱相兼爲蒸氣，熱未勝濕，則鬱悶心煩而不渴。熱已大盛，在經而不在胃，則煩躁身熱而不渴。在下而不在上，則便結而不渴。在血分不在氣分，則沉昏而不渴。疫邪初起在陰發者，胸腹滿嘔而不渴，此外無有不渴者矣。初起在表，發熱頭痛舌白而渴，脈必不浮不沉而數，六神通解散加石膏、葛根，或九味羌活湯加石膏、葛根。半表半裏，口苦咽乾，目脹而渴，脈必數，小柴胡湯加花粉、知母，或亦加石膏，或達原飲加石膏、葛根。邪已入胃作渴，身熱自汗，舌現黃胎，或醬色，或黑燥，當察其胸脇少腹，按之無痛處而渴者，爲有熱無結，脈必洪，宜白虎湯。按之有痛處，爲有熱有結，痛在心下，脈必滑大，關上尤甚，小陷胸湯。在臍上及當臍，關中脈必滑大，小承氣湯。在臍下，尺中脈必滑大，調胃承氣湯。心下至少腹俱痛，寸關尺必皆滑大，大承氣湯。痛在左脇不可按，左關脈必弦，或濇，或芤，桃仁承氣湯。痛在右脇不可按，右關脈必弦，或滑，或遲，十棗湯。渴而小便不利，少腹不可按，尺脈必數，四苓湯、豬苓湯、六一散。汗下後，身熱已除而渴不止，餘邪未盡也，宜將前所用藥再作小劑以利之。屢經汗下，渴而舌上無胎，胸腹無滿痛，心悸而煩，脈虛細，或浮芤，或濇，亡陰也，六味合生脈爲主。渴與煩躁同機，而渴輕於躁。渴有喜飲不喜飲，而又有喜熱飲、冷飲之分，在他症，不喜飲及喜熱飲，則爲眞寒假熱；在時疫，喜熱飲，多發斑疹，不喜飲者，熱在血分。若眞寒假熱，百不一見也。時疫初起，以渴爲機括，渴甚則熱甚，渴微則熱微，在末路尤以渴爲有餘邪，不渴爲無餘邪也。

《瘟疫明辨・裏證・口苦》 熱邪在中上二焦，則口苦，非特時疫而然，即感風寒口苦，亦屬少陽熱症。如時疫當惡寒發熱，表症正盛時，若見口苦，即於發表藥中倍加清熱之品，輕則黃芩，重則知母，再重則石膏。不但三陽表症如此，即三陽裏症，手足冷，惡寒、嘔利、胸腹滿、不渴，證狀似乎純冷無熱，而一兼口苦，即當於溫燥藥中加利熱之品，如用半夏、蒼术、草果、厚朴，必加木通、苓、澤，甚至加知母、黃芩。本吳氏達原之議，口苦爲熱症的據，每遇症狀模糊，寒熱莫辨，必借此以決之。至舌胎黃黑乾燥，煩躁熱渴閉結，又清下之不可或緩者矣。

《瘟疫明辨・裏證・口甘》 口苦口甘，同爲熱證。苦爲燥熱，在上中二焦多渴，屬三陽。甘爲濕熱，在中下二焦多不渴，屬三陰。蓋脾胃屬土，稼穡作甘，土邪下涉腎位，水土相蒸，甘味上溢於口，多兼嘔吐。人每誤認胃寒而用溫中之劑，不知濕熱在於下焦，土能剋水，溫燥太過，腎水告竭，總不見熱渴諸症，惟目不見物，漸至昏沉而死。口甘一症，在諸症初起，猶可用溫燥開導之品，而亦不宜過劑。在時疫必以清熱爲主，消痰爲輔。或胸中停飲太甚，亦不過加蒼术、半夏而已，如二陳去甘草，加薑汁炒山梔、薑汁炒黃連、竹茹、黃芩等類，爲口甘要藥。烏梅更妙，酸能勝甘，蓋五行剋制，自然之理也。或四苓散加山梔亦得。然必以時疫之大勢，爲用藥之權衡，斯可矣。

《醫宗金鑑・傷寒心法要訣・渴證》 三法傷津胃燥乾，陽往乘陰渴亦然，渴欲飲水少少與，莫使停留飲病干。太陽五苓尿不利，陽明白虎飲連連，少陽證具心煩渴，小柴去半粉加添。

註：渴病，多因或汗、或吐、或下三法傷其津液，致令胃中乾燥，故引飲也。陽邪往乘三陰，太陰則嗌乾，少陰則口燥，厥陰則消渴。渴在三陰，陽邪亦屬熱傷津液，故曰渴亦然也。三陰之渴，治法詳於三陰經內。凡渴欲飲水者，當少少與之，以滋胃乾，胃和則愈，若恣意與飲之，不但渴不能愈，致水停留爲病也。太陽之渴用五苓散者，以水停下焦，小便不利故也。陽明之渴用白虎者，以胃熱飲水連連不已也。少陽寒熱往來等證已具，心煩渴者，用小柴胡湯以和解，去半夏以避燥，加花粉以生津液也。

《松峰説疫・論治・瘟疫雜症治略》 渴　瘟疫鮮有不渴者，故弗可以不講也。邪在表則不渴，在裏則渴。三陽雖亦有渴症，但不如三陰之甚也。故太陰腹滿嗌乾，少陰口燥舌乾而渴，厥陰則消渴矣。飲水多，而小便少，熱能消水故也。瘟病之渴，一於爲熱，初傳則熱微而渴微，傳深則熱甚而渴甚，但未有不見兼症而獨渴者。施治當先問其所飲欲冷欲熱，欲多欲寡。飲多飲冷屬熱。更須審其表里經臟，曾否汗下。於瘟疫初起及九傳與六經治法中，細尋症脈，斟酌用藥。第治其瘟邪，而渴自除矣。倘不應，當於傷寒發渴條中採

取施治。所最要者，飲水常使不足，毋令有餘。不甚渴而多飲則悸動支結，喘欬，餲同噎。噦，腫滿泄瀉，小便不利諸證起矣。然又不可禁飲。凡瘟症有欲愈而思飲者，蓋得水則能和胃氣而汗解也。禁飲多致悶亂不救。

《溫證指歸・渴》 溫邪爲熱證，無有不渴，間有不然。或濕熱相兼，或邪在血分，或夾水飲，或夾脾濕，此外無有不渴者。初起渴者，宜察病邪之輕重，渴甚則邪甚，渴輕則邪輕，雙解、升降，斟酌與之。病後渴者，當審明邪之有無，渴爲有餘邪，不渴爲無餘邪，有餘邪則復甦合升降，無餘邪只陰虛者，參麥、六味爲主。

《溫熱經緯・葉香巖三時伏氣外感篇》 暑熱邪傷初在氣分日多不解漸入血分，反渴不多飲，脣舌絳赤，芩、連、膏、知不應，必用血藥，量佐清氣熱一味足矣。

輕則用青蒿、丹皮忌汗多、犀角、竹葉心、元參、鮮生地、細生地、木通亦能發漢、淡竹葉。若熱久痞結，瀉心湯選用。

《溫熱經緯・仲景伏氣溫病篇》 少陰病，得之二三日，口燥咽乾者，急下之，宜大承氣湯。

張路玉曰：伏氣之發於少陰，其勢最急，與傷寒之傳經熱證不同。得病纔二三日，即口燥咽乾，延至五六日始下，必枯槁難爲矣。故宜急下，以救腎水之燔灼也。按少陰急下三證：一屬傳經熱邪亢極，一屬熱邪轉入胃腑，一屬溫熱發自少陰，皆刻不容緩之證。故當急救欲絕之腎水。與陽明急下三法，同源異派。

章虛谷曰：上五條皆邪不離少陰，其病之輕重變化，證之虛實，不同有如此者。況又傳於他經而其變證殆無窮盡，觀仲景隨證設方辨別施治，其議理精微，有難言喻矣。

《溫熱經緯・余師愚疫病論》 疫證條辨

雜證有精液枯涸，水不上升，咽乾思飲，不及半杯。而此則思冰，飲水百杯不足。緣火毒熬煎於內，非冰水不足以救其燥，非石膏不足以制其燄。庸工猶戒生冷，病家奉爲至言，即溫水亦不敢與，以致脣焦舌黑。宜本方增石膏，加花粉。

口中臭氣，令人難近，使非毒火熏蒸於內，何以口穢噴人乃爾耶？宜本方增石膏、犀、連。

雄按：宜加蘭草、竹茹、枇杷葉、金銀花、薔薇露、瑩白金汁之類，以導穢濁下行。

汗出異常部

論說

《傷寒證治準繩・陽明病・自汗》 衛氣者，護衛皮膚，肥實腠理，禁固津液不得妄泄。邪氣干之，則不能衛固於外，由是津液妄泄，濈濈然潤，漐漐然出，不因發散而自汗出也。傷風則發熱自汗，中暍則汗出惡風而渴，風濕甚者，則汗多而濡，是風與暑濕爲邪，皆令自汗。惟寒邪傷榮而不傷衛，是以膚腠閉密，汗不出也。始雖無汗，及傳入裏而爲熱，則榮衛通，腠理開，亦令汗自出矣。自汗又有表裏之別，虛實之異。若汗出惡風及微惡寒者，皆表未解，宜發散。至于漏不止而惡風，及發汗後惡寒者，表虛也，宜溫之，此皆邪氣在表。若汗出不惡風寒者，此表解裏病，下之則愈。如陽明發熱汗出，此爲熱越，及陽明發熱汗多，急下之者是也。自汗雖常證，或汗出髮潤如油，如貫珠，着身不流，皆爲不治。必手足俱周徧身悉潤，漐漐然，一時汗出，熱已身涼，乃爲佳兆。

《傷寒辨證・辨傷寒不可汗例》 凡口燥舌乾者，或口苦咽乾者，或咽喉痛者，或吐衄下血者，或淋盡者，或小便淋瀝者，或大便瀉利者，或內傷勞倦者，或尺脈微弱者，或房勞陰虛者，或夢遺洩精者，或動氣者，或風溫、濕溫、中暑者，或瘡痛者，或婦人經水適來適斷者，或氣血兩虛者，或脈微細者，或新產血虛者，悉皆不可發其汗也。

《醫宗金鑑・傷寒心法要訣・手足汗》 手足濈濈然汗出，便鞕尿利本當攻，寒中汗冷尿不利，攻之固瘕瀉澄清。

註：胃主四肢，爲津液之主，今熱聚於胃，蒸其津液，傍達於四肢，故手足濈濈然汗出，且小便自利，胃中津液必乾，大便必鞕，本當攻也。若中寒胃

陽土虛，脾不約束，津液横溢，四肢猶如陰盛淫雨滂沱，故汗出而冷也。陽虛失運，中寒不化，故小便不利也。今雖便鞕而手足汗出，非爲熱越者比，慎不可攻，攻之必變生，固瘕泄瀉澄清不止也。

《醫宗金鑑・傷寒心法要訣・戰振慄》 戰身聳動慄心㦗，振雖聳動比戰輕，故振責虛因無力，慄戰相交邪正爭。此證若生三法後，虛其中外逆而成，不逆因和而作解，正勝邪卻戰汗平。

註：戰，謂身抖聳動也。慄，謂心內發僸也。振，亦聳動，比之於戰則無方也。所以論中曰：振振者，皆責其虛也。慄，邪氣爲之也。戰，正氣爲之也。邪正相交故爭也。此證若生於汗、吐、下之後，是虛其中外而致逆也。若不致逆，邪因以衰，正因以和而作解，則爲正勝邪，卻戰慄汗出而平也。

《醫宗金鑑・雜病心法要訣・自汗盗汗總括》 自汗表陽虛惡冷，陽實蒸熱汗津津，盗汗陰虛分心腎，心虛不固火傷陰。

註：無因汗出，謂之自汗。自汗謂表陽虛，汗出則惡寒冷，宜用後方。若蒸蒸發熱，汗出不惡寒，則爲裏陽實，宜以調胃承氣湯下之。睡則汗出，覺則汗止，謂之盗汗。盗汗爲陰虛，當分心虛不固，心火傷陰也。

《疫疹一得・疫疹之症》 頭汗如湧 頭爲一身之元首，最輕清而邪不易干。通身焦燥獨頭汗湧出，此烈毒鼎沸於內，熱氣上騰，故汗出如湧。

戰汗 先寒後戰，寒極而戰，雜症則謂元陽將脱之象，而疫則熱毒盤踞於內，外則偏體炎炎。熱極之症，是必投以寒凉，火被水尅，其焰必伏。火伏於內，必生外寒，陰陽相搏則戰，一戰而經氣輸泄，大汗而解矣。

《溫疫論類編・自汗》 松峯曰：凡瘟疫多有自汗者，則自汗迺瘟疫中之輕症，逐其邪而汗自已。

《增補評註溫病條辨・雜説・汗論》 汗也者，合陽氣陰精蒸化而出者也。《内經》云：人之汗，以天地之雨名之。蓋汗之爲物，以陽氣爲運用，以陰精爲材料。陰精有餘，陽氣不足，則汗不能自出，不出則死。陽氣有餘，陰精不足，多能自出，再發則痙，痙亦死。或薰灼而不出，不出亦死也。其有陰精有餘，陽氣不足，又爲寒邪肅殺之氣所搏，不能自出者，必用辛溫味薄急走之藥，以運用其陽氣，仲景之治傷寒是也。《傷寒》一書，始終以救陽氣爲主。其有陽氣有餘，陰精不足，又爲溫熱升發之氣所鑠，而汗自出，或不出者，必用辛凉以止其自出之汗，用甘凉甘潤，培養其陰精爲材料，以爲正汗之地，本論之治溫熱是也。本論始終以救陰精爲主，此傷寒所以不可不發汗，溫熱病斷不可發汗之大較也。唐宋以來，多昧於此，是以人各著一傷寒書，而病溫熱者之禍亟矣。嗚呼！天道歟？抑人事歟？

霖按：傷寒乃寒邪束縛肌腠，自宜辛溫發汗以達表邪，溫病若專由伏氣者，當清裏熱，可不必發汗，若由外邪觸發者，又不可不發汗，惟不宜辛溫重劑，辛凉輕劑葱豉湯可矣。設挾溼，溼與熱蒸，則自汗出而熱不解，又當於辛凉輕劑中佐甘淡滲溼，溼行熱自解，汗自止。此章氏言溫熱病斷不可發汗，辨證尚欠分曉，而斷字尤屬語病。

《增補評註溫病條辨・下焦篇・風溫溫熱溫疫溫毒冬溫》 邪氣久羈，肌膚甲錯，或因下後邪欲潰，或因存陰得液蒸汗，正氣已虛，不能即出，陰陽互爭而戰者，欲作戰汗也，復脈湯熱飲之。虛盛者加人參；肌肉尚盛者，但令靜，勿妄動也。

按：傷寒汗解必在下前，溫病多在下後。縛解而後得汗，誠有如吳又可所云者。凡欲汗者，必當先煩，乃有汗而解。若正虛邪重，或邪已深入下焦，得下後裏通；或因津液枯燥，服存陰藥，液增欲汗，邪正努力紛爭，則作戰汗，戰之得汗則生，汗不得出則死。此係生死關頭，在頃刻之間。戰者陽極而似陰也，肌膚業已甲錯，其津液之枯燥，固不待言。故以復脈加人參，助其一臂之力，送汗出表。若其人肌膚尚厚，未至大虛者，無取復脈之助正，但當聽其自然，勿事騷擾可耳，次日再議補陰未遲。

霖按：溫病久羈氣分，屢經發散而無汗者，陰液虧不能蒸汗也，宜大劑育陰，冀得戰汗而解。若見脈象忽然雙伏或單伏，而四肢厥冷，或爪甲青紫者，欲作戰汗之機也。此時惟宜鎮靜，不可呼喚煩擾，但診其脈，虛耎浮緩，皆是邪由表出之佳兆，不須服藥。脈若虛微而散，戰汗後或可言補，蓋防其脱變也。然必察其實係邪盡，而氣欲脱者，方可用，否則有留滯餘邪之禍。若在將作戰汗時妄補，則邪無出路矣。再溫疫之戰汗，多由府通而得，外感風溫之戰汗，多由輕展氣化而得，伏氣溫熱之戰汗，多由益胃而得，何以溫瘟表裏不分，而亦謂之條辨乎。殊可哂也。

《溫病合編・表證》 戰汗 溫病以戰汗爲佳兆，蓋戰則邪正相爭，汗則正逐邪出，然有透與不透之分，凡透者，汗必淋灕，汗後脈靜身涼，舌苔淨，二

便清，胸腹無阻滯結痛。始爲全解之戰汗。否則餘邪未淨而復熱，則有再作戰汗而解者，有戰汗三四次而解者。有戰汗一次，不能再戰，待下而後解者，有不能再作戰汗，即加昏沉而死者。總視其氣之強弱何如耳。凡戰汗時，不可服藥，補則戰止而汗不透，汗下則太過而成虛脫，惟多與滾水助其作汗。戰汗之時，脈多停止，勿訝，待戰汗後，脈自見也。大抵戰汗之脈，以浮緩爲佳，虛散微濡，及浮亂弦硬，應有變，氣虛欲脫者，煎獨參湯待之。貧者米飲待之，然必察其戰汗，系邪盡而氣欲脫，方可用。凡戰不可擾動，擾動則戰而中止。又有不因擾動，戰而不汗者，以中氣虧微不能升發也，飲滾水助之，次日當期復戰，厥回汗出者生，厥不回汗不出者死。以正氣脫不能勝邪氣也。戰而厥回無汗者，眞陽尚在，表氣枯涸也，可使漸愈。凡戰而不復，忽痙者，身如尸，牙關緊，目上視，必死。總之戰汗後，神靜者吉，昏躁者危，氣細者吉，氣粗者危，舌痿不能言者死，目眶陷者死，目轉運者死，眼戴反折者死，形體不仁，水漿不入者死，戰汗雖爲佳兆，亦有吉凶，不可不察也。得戰汗固由治得其宜，乃陰陽交和，表裏通達，自然而然，非強致也。嘗見服大發汗藥，毫不得汗，而飲冷水得汗者，此有熱無結之證。又有用下藥，裏氣一通，表邪外達得汗者。又有熱在血分，用涼血活血得汗者，又有邪少虛多，用生津益氣得汗者，種種不一，當對病而治之。其有戰汗後并下後，越二三日反腹痛不止者，欲作滯下也，宜芍藥湯，加桔梗開之。汗後作痢，最爲緊要，人之虛實，邪之多少，宜細審之。

《醫法圓通・辨認邪盛熱熾血傷病情》　大汗如雨　病人或六七日，發熱汗出如雨，脈大有力，口臭氣粗，聲音洪亮，口渴飲冷，此乃熱蒸於內，胃火旺極也。法宜急清肌熱，此有餘之候，并非久病亡陽可比。

綜　述

《傷寒類證活人書・問汗之而仍發熱者》　答曰：《素問》云：溫病汗出，輒復熱，而脈躁疾，不爲汗衰，狂言不能食，謂之陰陽交，交者死也。又云：熱病已得汗，而脈躁盛者死，今不與汗相應，是不勝其病也，其死明矣。大抵病人得汗而脈靜者生，今汗之而仍發熱者，若脈浮數，則表證猶在，汗之必愈也。仲景云：發汗解半日許，復熱煩，脈浮數者，可更發汗，宜桂枝湯。發汗後，不敢再表者，爲脈沉實耳。脈若浮者，須再汗也。發汗後，不惡寒，只發熱，脈沉實，或狂語，此爲胃實陽盛，即不可再汗也，須當下之。設令下後，又不解表，裏邪亦衰矣。仲景云：太陽病三日，發汗不解，蒸蒸發熱者，宜調胃承氣湯，和其胃氣也。大豎云：若傷寒得汗後，熱不退，發昏及狂言者，便可用承氣湯下之立愈，未差再服。若汗後熱不解，但心下痞嘔逆，又自利，大柴胡去大黃主之。又有太陽證合行桂枝卻用麻黃之類，發汗多亡陽，仍發熱者，眞武湯主之。更有風溫一證，初得病，熱而渴，不惡寒，雖發汗已，身灼熱者，爲風溫，屬萎蕤湯。岐伯所謂汗出而身熱者，風熱也。若傷寒得汗後病解，虛羸微熱不去，可行竹葉石膏湯，隨其虛實而治之。

《傷寒標本心法類萃・發戰》　凡熱病大汗將出而反寒戰者，表之正氣與邪氣並甚於裏，火熱亢極而反兼水化制之，反爲寒戰，脈微欲絕者，三一承氣湯或十棗湯下之。凡欲作汗，無問病之微甚，或已經新下者，或下證未全者，但以涼膈散調之；甚者黃連解毒湯。或下後二三日，或未經下，腹滿煩渴，脈沉實而有裏證者，三一承氣湯下之，勢惡者加黃連解毒湯。或戰不快者，或戰後汗出不快者，或戰數次，經大戰而汗不當者，乃并之太甚，而法之不達，通宜三一承氣湯，或更加黃連解毒湯下之，以解怫熱而開鬱結也。

《傷寒直格・泛論・戰汗》　夫熱病大汗將出而反寒戰者。古人以百病皆爲雜病，惟傷寒名曰大病，俗言汗病是也。經言大汗者，非謂邪熱自汗大出者也，乃陽氣怫熱鬱結後，得開通發散宣通，則蒸蒸而爲汗出，是謂大汗。言大病怫熱邪毒之氣鬱極，廼發以爲汗出，故曰大汗也。故經曰：大氣皆去，病得已矣。

表之正氣與邪熱並甚於裏，大熱亢極，而反兼水化制之，故反寒慄也。化謂造化之化也。

經曰：少陰所至爲驚，或惡寒戰慄，譫妄，謂少陰君火熱氣之所至，而爲此等之病也。又經曰：諸禁鼓慄，如喪神守，皆屬於火。注云：熱之內作然。禁：俗作噤，鼓振搖而動也。言禁冷振慄反寒戰也。經曰：亢則害，承乃制。謂五行之道，微者當其本化，實甚過亢，則反兼勝己之化，以制其甚。老子云：天之道，其張弓乎，高者抑之。斯其道也。經云：水曰靜順。謂靜而自己無爲，但順物之氣味也。及方圓不與物爭，乃至柔順者也。

水本寒，寒極則水冰如地，而能載物。又經曰：水發而雹、雪。是水寒亢極，而反似剋水之土化，是謂兼化也。故病寒極者反堅滿也。夫土主濕，黔雲雨而安靜，雨濕極甚則飄驟散落，是反兼風水制其土濕也。故經言痓爲濕極，而反似風強病也。木主生榮而王於春，其氣濕，其本風，風大則反涼而毀折，是兼金化制其本也。故風病過極，則中外燥澀，皮膚皴揭，反氣運行之燥澀而筋脈瘛緩，是反兼金化也。金主於秋而屬於陰，其氣涼，涼極則天氣清明，而萬物反燥，燥物莫若火，是金極反兼火化制之也。故爲病血液衰少，燥金之化極甚，則反熱也，燥物莫若火，夏月火盛熱極，甚則天氣曛昧而萬物反潤，以出水液，林木流津，及體熱極而反出汗液，以火煉金，熱極而反化爲水，是火極而反兼水化制之也。故病熱極則反出五濕。婦人帶下淋瀝及厥逆身冷，或爲惡寒戰慄，而或反冷痛也。俗以帶下，直言冷病，及惡寒戰慄，便爲陰寒者，俗醫未知此也。夫天道造化，病微必當其本化，寒見水化，熱見火化也。病甚者，反似勝己之化。如寒極反似濕土，熱極反似寒水之化也。嗟夫！百病之極甚者，其狀反似於己之相反者。俗醫不求其病之本氣，而百端擬疑，莫知眞源，不得已而但隨兼化之虛象，妄爲其治，反助其病而害於生命多矣。以至舉世皆云病至危極之時，則陰陽反變而無能辨別也。殊不知但以運氣造化之理推之，則設若千變萬化，而歸其要則一也。何得有難易之二耶。故經曰：夫標本之爲道，要而博、小而大，可以言一而知百病之害。經又曰：善言始者，必念於終；善言近者，必知其遠。是則至數而道不惑，所謂明矣。故老子曰：不窺牖見天道，不出戶見天下，其出彌遠，其知彌少。蓋知要與不知要也。古聖曰：反常合道。謂古聖天理大道合同，而常俗之心，則有相反者也。然古聖道不離於俗者，謂道包於俗而入俗也。又云：俗自離道者，常俗莫能合於道也。夫俗則有相，而道本無形者，正如五行之變化，微則守常，而本化自見，乃有相之俗，是化以自見也，甚則反似勝己之化，乃無相而反常合道，是謂變，以其取變於本化之相，而反見勝己之化也。變化之道多端，此則微、甚外相之變化也。故仙經曰：大道似不肖，厚德若不足，卽藏其本相於內，而反變化勝己之化，於外無相，乃反常合於道者也。卻以道眼觀之，則求其內也，若但以俗眼觀其外，則逐相而遷，何由得其要也。故聖經所論，天地變化，與道合同而俗無所慊，但隨俗見編集方論，有乖其理，祇保俗心，致使後人皆由說，反自以爲明，而聖經之妙理懵然罔究，病者無辜，竟罹橫夭。吁！可痛者。且如經言：陽勝則熱，陰勝則寒。俗直謂陽熱之氣勝則發熱，陰寒之氣勝則發寒者，皆經之本旨也。此言表裏之陰陽正氣之虛實，言正氣勝者爲不病，而不勝者爲病也。故經曰：陰勝則陽病，陽勝則陰病。陽勝則熱，陰勝則寒。是謂表陽之正氣爲不病，裏陰之正氣衰而爲受病也。裏陰之正氣勝爲不病，表陽之正氣衰而爲受病者也。此皆熱在表裏陰陽之部分者也。然病勝在裏，爲陽勝陰虛，病當發熱，故發熱爲病熱在裏。陽勝陰虛，下之則愈，汗之卽死者是也。表熱裏和，則病當惡寒，爲陰勝陽虛，汗之則愈，下之卽死者是也。故熱在表，爲陰勝陽虛，而言惡寒之寒，則爲寒也。熱在裏爲陽勝陰虛，而言發熱之熱，則爲熱也。故傷寒表熱則惡寒，當汗；裏熱則發熱而當下之。又經曰：重寒則熱，重熱則寒者，非謂病寒而極重反變也。此重言當有兩重惡寒，則不惡寒而惡熱，謂表熱惡寒爲一寒也；若裏之陽和，正氣又出之於表，則又當有一重惡寒，是謂重寒，則反不惡寒，而爲發熱也。若表之正陽之氣，與邪熱並入於裏，則爲兩重發熱，則不發熱而復禁慄寒戰也。此反言陽和衛氣，並之於表陽分，則病氣之勝爲陽勝也。病氣與衛氣，並甚於裏之陰分，則爲陰勝也。此亦表裏之陰陽，正氣之與邪熱相併，而以言爲虛實也。然邪熱在於表，則惡寒而熱，與裏之衛氣並之於表，則反煩熱也。邪熱獨在於裏，則發熱，而表之正氣與邪熱並之於裏，則反寒戰也。故經云：陽虛則外寒，陰虛則內熱。此言不併者也。正氣虛而受邪熱，故言虛也。又曰：陽勝則外熱，陰勝則內寒，此言併者也。夫表裏陰陽之分，受其邪熱之所在，其冲和正陽之衛氣。又爲邪熱相並，而爲病之所，正氣轉實而不虛。故經言勝也。故經瘧論云：陽氣並於陰，當是之時，陽虛而陰盛，外無氣，故先寒慄也。陰氣逆極，則復出之陽，陽與陰復併於外，則陰虛而陽實，故先熱而渴。又曰：並於陽則傷勝，並於陰則陰勝，陰勝則寒，陽勝則熱。是言表裏之陰陽，熱氣之虛實，非寒熱陰陽之虛實也。故經云：病在陽則熱而脈燥，在陰則寒而脈靜。然氣並於內，而外無氣，故寒戰，脈不能燥，甚而沉細欲絕，靜或不見也。去瘧者邪熱與衛氣並則作發，而不並則休止也。故經曰：衛氣相離，或病得休，衛氣集則復病也。故又云：陰虛而陽盛，陽盛則熱矣，衰則氣復反入，入則寒矣。此祇言表裏之陰陽氣不並者爲虛，而並者爲實，其爲病之氣者，乃熱之一也。俗未明之，直以經言陰勝則寒，不明其經意以病熱而反惡寒戰慄，便

爲陰寒之病，誤之久矣。其陰寒之爲病者，脈遲細，不煩渴，小便清白，吐利腥穢，屈伸不便，厥逆禁固，體寒而不熱，不惡寒，無戰慄者也。故經言：人多病氣也，陽少陰多，故身寒如從水中出。又曰：人有身寒，湯火不能熱，厚衣不能溫，不凍慄。此是陰寒爲病，而直云不凍慄寒冷也。夫陽動陰靜，故經云：戰慄動搖爲陽火熱氣以爲病也。反寒冷者，亢則害，承乃制，是火熱極，而反似寒水者也。故病寒戰者反渴，及雜病而寒戰者多有燥糞也。及夫平人冒寒而戰慄者，寒主閉藏，而外冒於寒，則裏熱怫鬱，而表之陽和衛氣，以外寒逼入於裏，則陽並於陰而寒戰也。夫恐極而戰者，經言五志過極則勞傷本藏，恐爲腎。故經曰：恐傷腎。然腎傷而虛，則心火自甚而熱也。又經曰：恐則氣下。然傷主出行舒榮，故心火之志喜則身心放肆；而陰主收藏，故腎水之志恐，則身心收斂也。夫恐則腎虛，心實而熱，正氣收藏，陷下於裏，亦是陽並於陰而寒戰也。夫酒噤而戰者，腸胃酒熱未散，身表酒力已消，則陽熱易爲蓄熱入裏，故但冒於寒，則陽並於陰而寒戰也。夫欲汗而寒戰者，傷寒日深，表證罷，蓄熱於裏則發熱也，若表裏之正氣並入裏，則火熱無極而反寒戰也。陰分陽熱之氣，逆極而後出之陽，則煩熱而大汗作也。

世所謂交陽者，非陰寒交熱以爲陽熱也，乃怫熱蓄之於裏，而鬱極廼發，則交傳出之於表之陽分，是爲交陽，而後作汗也。或怫鬱過極，而不能交出於表者，是鬱極不發，否極不泰，卽正氣衰殘，陰氣先絕，則陽氣後竭而死矣。夫欲汗而脈忽沉細，而或不見者，陽表正氣並入於裏故也。交陽而燥亂昏冒者，裏熱鬱極，廼發而欲出，以怫鬱而陽之氣極不能出，故氣亂則神背而躁擾也。凡欲作汗，無問病之微甚，或已經新下者，或下證未全者，恆以涼膈散調之。甚者宜黄連解毒湯。或下後二三日，或未經下，腹滿煩渴，脈沉實而有下證者，三一承氣湯下之。勢惡者，加黄連解毒湯下之。或已戰不快者，或戰後汗出不快者，或微戰數次，經大戰而汗不出者，乃並之不甚，而病之不速也，通宜三一承氣湯，或更加黄連解毒湯下之，以散怫熱而開鬱結也。大法曰：脈浮不可下。傷寒病已有裏證，脈沉，下之，裏證尙在，脈漸浮，至一、二汗不能出者，裏證鬱，發之不峻，病已，三一承氣湯微下之。凡此諸可下者，或得利而汗便出者，或服藥而怫鬱頓然開發，先汗出而後利者，或利性但隨汗出，泄則氣和而愈，更不利者，説不快交不過而死者，止由裏熱極甚，而不能開發也。故常以寒涼，或下怫熱，免致但以其作汗，而爲邪熱耗絕陰氣而死也。或不戰而汗出者，津液不盡而陽不並陰也。或戰而無汗，而自愈者，津液已衰，以經發汗、吐。利或自汗、吐、利，亡液過多，則津液衰竭，無由作津，但氣和而愈也。或不戰，無汗而愈者，陽不并陰則不戰，津液已衰，故無汗而已也。

世俗未知，而直以惡寒戰慄名陽熱氣虛，陰寒實勝，因而爲治，誤人多矣。

《傷寒全生集・辨傷寒無汗例》 熱病熱盛躁急，不得汗出，此陽脈極也，死症矣。又瘟病不得汗出，必發狂也，有汗者生，無汗者死。其三陰症與陰陽毒者，皆無汗也。按陰毒額上、手背冷汗出者，此雖陰症，亦有汗也，用人參四逆湯。【略】凡溫熱病傷寒不得汗，用搗薑汁綿裹，周身擦之，其汗自出，此良法也。

《傷寒全生集・辨傷寒自汗例》 大抵傷風則惡風自汗，傷濕則身重自汗，中暑則脈虛自汗，中暍則煩渴自汗，濕溫則妄言多汗，風溫則鼾睡自汗，霍亂則吐利自汗，柔痓則搐搦自汗，陽明則惡熱、潮熱自汗，陰虛勞力則身倦自汗，亡陽則遂漏不止自汗。【略】

凡發熱下利，大汗不止者，死。若大汗出，髮潤如油，喘不止者，死。若大汗出，脈反盛，狂言不食者，死。若汁冷如水，四肢厥冷，脱脈者，死。柔汗發黄，環口黎黑者，死。

凡傷寒、溫熱病，汗不止，將髮披水盆中，足露於外，宜少蓋，可用炒麩皮、糯米粉、龍骨、牡蠣、煆爲細末，和匀，周身撲之，其汗自止。免致亡陽而死。

《傷寒辨證・自汗》 溫病誤服表藥大汗出，煩渴不解，脈洪大者，白虎湯主之。自汗有桂枝、承氣、四逆、白虎之異治。 若發熱而利，自汗不止者，死。若大汗出，熱反盛，狂言不食者，死。若汗出髮潤，喘而不休者，死。若汗出如珠不流者，死，又不可不知也。

《傷寒辨證・盗汗》 盗汗者，病人睡着而汗出也，是由邪在半表半裏。何者？若邪氣一切在表干衛，則自然汗出也。此則邪氣侵行於裏，外連於表，及睡則衛氣行於裏，乘表中陽氣不緻，津液得泄，故但睡而汗出，覺則氣散於表而汗止矣。【略】溫病、熱病，得汗後，大熱除而盗汗出，宜小柴胡去半

夏加橘皮。

《傷寒辨證・戰慄振》 戰者，身之動搖也。慄者，心戰也。戰之與慄，戰外而慄內也。【略】溫病發戰，涼膈、承氣加生薑下之，必汗出而解。溫熱病發戰，宜清裏熱。熱病發戰，宜白虎合解毒湯。有裏證者，涼膈、雙解散下之。又有但虛而爲振者，止聳動而振，不至於爭而爲戰者，屬血氣俱虛，不能榮養筋骨，其身不能主持，故爲之振搖也。須大補氣血則可，宜人參養營湯。身搖不得眠者，以十味溫膽湯，倍加人參治之。

《溫疫論・戰汗》 疫邪先傳表後傳裏，忽得戰汗，經氣輸泄，當即脈靜身源，煩渴頓除。三五日後，陽氣漸積，不待飲食勞碌，或有反復者，蓋表邪已解，裏邪未去，纔覺發熱，下之即解。疫邪表裏分傳，裏氣壅閉，非汗下不可。汗下之未盡，日後復熱，當復下復汗。溫疫下後，煩渴減，腹滿去，或思飲食而知味，裏氣和也。身熱未除，脈近浮，此邪氣拂鬱於經，表未解也，當得汗解。如未得汗，以柴胡清燥湯和之，復不得汗者，從漸解也，不可苛求其汗。應下失下，氣消血耗，既下欲作戰汗，但戰而不汗者先。以中氣虧微，但能降陷，不能升法也。次日當期後戰，厥回汗出者生，厥不回，汗不出者死。以正氣脫，不勝其邪也。戰而厥回無汗者，眞陽尚在，表氣枯涸也，可使漸愈。凡戰而不復，忽瘖者必死。瘖者身如尸，牙關緊，目上視。凡戰不可擾動，但可溫覆，擾動則戰而中止，次日當期復戰。戰汗後復下後，越二三日反腹痛不止者，欲作滯下也，無論已見積未見積，宜芍藥湯。

芍藥湯

白芍一錢　當歸一錢　檳榔二錢　厚朴一錢　甘草七分

水薑煎服。裏急後重，加大黃三錢，紅積倍芍藥，白積倍檳榔。

《溫疫論・自汗》 自汗者，不因發散，自然汗出也。伏邪中潰，氣通得汗，邪欲去也。若脈長洪而數，身熱大渴，宜白虎湯，得戰汗方解。若裏證下後，續得自汗，雖二三日不止，甚則四五日不止，身微熱，熱甚則汗甚，熱微汗亦微，此屬實，乃表有留邪也，邪盡汗止。汗不止者，宜柴胡以佐之，表解則汗止。設有三陽經證，當用三陽隨經加減法，與協熱下利投承氣同義。表裏雖殊，其理則一。若誤認爲表虛自汗，輒用黃芪實表，及止汗之劑，則誤矣。有裏證，時當盛暑，多作自汗，宜下之。白虎證自汗詳見前。若面無神色，唇口刮白，表裏無陽證，喜熱飲，稍冷則畏，脈微欲絕，忽得自汗，淡而無味者爲虛脫，夜發則晝死，晝發則夜亡，急當峻補，補不反者死。大病愈後數日，每飲食及驚動即汗，此表裏虛怯，宜人參養榮湯倍黃芪。

《溫疫論・盜汗》 裏證下後，續得盜汗者，表有微邪也。若邪甚竟作自汗，伏邪中潰，則作戰汗矣。凡人目張，則衛氣行於陽，目瞑，則衛氣行於陰，行陽謂升發於表，行陰謂斂降於內。今內有伏熱，而又遇衛氣，兩陽相搏，熱蒸於外則腠理開而盜汗出矣。若內伏之邪一盡則盜汗自止，設不止者，宜柴胡湯以佐之。時疫愈後，脈靜身涼，數日後反得盜汗及自汗者，此屬表虛，宜黃芪湯、柴胡湯。

柴胡湯

柴胡三錢　黃芩一錢　陳皮一錢　甘草一錢　生薑一錢　大棗二枚

古方用人參、半夏，今表裏實，故不用人參。無嘔吐，不加半夏。

黃芪湯

黃芪三錢　五味子五分　當歸一錢　白朮一錢　甘草五分

照常煎服。如汗未止，加麻黃淨根一錢五分，無有不止者，然屬實常多，屬虛常少，邪氣盛爲實，正氣奪爲虛。虛實之分，在乎有熱無熱，有熱爲實，無熱爲虛。若顚倒誤用，未免實實虛虛之誤，臨證當愼。

《溫疫論・狂汗》 狂汗者，伏邪中潰，欲作汗解，因其人稟賦充盛，陽氣衝擊，不能頓開，故忽然坐卧不安，且狂且躁，少頃大汗淋灕，狂躁頓止，脈靜身涼，霍然而愈。

《溫疫論・奪液無汗》 溫疫下後脈沉，下證未除，再下之，下後脈浮者，法當汗解，三五日不得汗者，其人預亡津液也。得下證日久失下，逐日下利純臭水，晝夜十數行，乃致口燥唇乾，舌裂如斷，醫者誤按仲景協熱下利法，因與葛根黃連黃芩湯，服之轉劇，邀予診視，乃熱結傍流，急與大承氣一服，去宿糞甚多，色如敗醬，狀如粘膠，臭惡異常，是晚利頓止。次日服清燥湯一劑，脈尚沉，再下之，脈始浮，下證減去，肌表僅存微熱，此應汗解，雖不得汗，然裏邪先盡，中氣和平，所以飲食漸進，半月後忽作戰汗方解。蓋緣下利日久，表裏枯燥之極，飲食半月，津液漸回，方可得汗，所謂積流而渠自通也。可見脈浮身熱，非汗不解，血燥津枯，非液不汗。昔人以奪血無汗，今以奪液無汗，血液雖殊，枯燥則一也。

《瘟疫明辨・表證・自汗》 時疫自內蒸出於表，初起作寒熱時，多自

汗，甚至淋灕不止，不可以表虛論。兼頭痛身痛，仍以解表爲主，羌、獨、柴、葛之類。兼煩渴，直清陽明之熱爲主，白虎之類。有熱有結，破結爲主，陷胸、三承氣之類。若屢經汗下，邪已全退，脈虛而舌無胎，二便清利如常，內外無熱症，方可從虛斂汗。蓋以時疫得汗，爲邪有出路，而宜斂汗者，恆少也。

《瘟疫明辨·表證·盜汗》 時疫初起盜汗者，邪在半表半裏也。胸脇痞悶，達原飲。無痞悶，小柴胡湯。汗下後，大熱已退，有盜汗者，餘邪不盡也，小承氣、小陷胸、吳氏承氣、養榮湯諸方，清其伏匿餘邪，盜汗自止。

《瘟疫明辨·表證·戰汗》 時疫不論初起傳變末後，俱以戰汗爲佳兆，以戰則邪正相爭，汗則正逐邪出，然有透與不透之分。凡透者，汗必淋灕，汗後身涼，口不渴，舌胎淨，二便清，胸腹脇無阻滯結痛，始爲全解之戰汗。否則，餘邪未淨而復熱，則有再作戰汗而解者，有戰汗須三四次而後解者，有戰汗一次不能再戰，待屢下而退者，有不能再作戰汗，再加沉困而死者。總視其本氣之強弱何如耳。凡戰汗之時，不可服藥，補則戰止而汗不透，留邪爲患，汗下則太過而成虛脫。應聽戰汗透徹，再觀脈症施治。當戰時，或多與湯飲之，助其作汗。戰汗之時，脈多停止，勿訝，待戰汗之後，脈自見也。大抵戰汗之脈，以浮爲佳，邪出於表也。虛散微濡應有變，煎獨參湯以待之，防其脫也。貧者米飲聊代之。然必察其戰後係邪淨而氣欲脫方可用。凡戰汗後，神靜者吉昏，躁者危；氣細者吉，氣粗而短者危。舌痿不能言者死，目眶陷者死，目轉運者死，戴眼反折者死，形體不仁、水漿不下者死。戰汗雖爲佳兆，亦有吉凶。得戰汗固由治得其宜，邪退正復而致，然不可強也。嘗見服大發汗藥，毫不得汗，而飲冷水得汗者，又有用下藥得戰汗者，涼血活血得戰汗者，生津益氣得戰汗者，種種不一。當知戰汗乃陰陽交和，表裏通達，自然而然，非可強致也。

《瘟疫明辨·表證·狂汗》 時疫臨解，有忽手舞足蹈，跳床投榻，而後作汗者，最爲駭人。然須驗其是否作汗，作汗之脈浮而緩，浮爲邪還於表，緩則胃氣自和，待汗透自愈。脈若浮洪、浮數、浮滑、浮散，雖有汗，亦爲發狂，非作汗也。

《醫宗金鑑·傷寒心法要訣·自汗頭汗》 自汗熱越多急下，更兼熱利不休凶，頭汗熱蒸不得越，黃濕水火血皆成。

註：自汗在太陽，謂之風邪，桂枝湯證也。在陽明，謂之熱越，白虎湯證也。若大熱蒸汗出過多，則宜調胃承氣湯，急下其熱，救其津也。若更兼發熱下利不休，內外兩脫，故凶也。頭汗出，劑頸而還，則爲熱不得外越，上蒸於首也。或因黃鬱未發，或因濕家誤下，或因水結胸蒸，或因火劫熱迫，或因陽明蓄血，或因熱入血室，皆令成之，則當分門施治可也。

《醫碥·瘟疫雜病論·汗論》 不得汗 雖被覆火灼亦無，邪初發，定在半表半裏。至於傳變，有出表者，有入裏者，有表裏分傳者，凡見有表復有裏之病，必先攻裏，裏邪去而後得汗，若裏氣壅滯，陽氣不舒，四肢且厥，安能氣液蒸蒸以達，長此，如水注閉其後竅，不能消滴。凡見表裏分傳之證，務宜承氣，裏氣一通，不待發散，多有自能汗解。不然者，雖大劑麻黃湯連進，非惟一毫無汗，且加煩燥矣。

戰汗 邪先表後裏，忽得戰汗，經氣舒泄，當即脈靜身涼，煩渴頓除。若應下失下，氣消血耗，欲作戰汗，但戰而不汗者危，以中氣虧𣅉，但能陷降，不能升發也，次日當期復戰。厥回汗出者生，厥不回汗不出者死，以正氣脫，不勝邪也。戰而厥回無汗者，眞陽尚在，表氣枯涸也，可使漸愈。戰而不復，忽痙者必死。凡戰不可擾動，但可溫覆，擾動則戰而中止，次日當期復戰。凡戰而汗不出，宜大劑歸地加參內托。

自汗 不因發散，自然汗方解。若下後得自汗，數日不止，熱甚汗甚，熱汗微，此表有留邪，實病也。邪盡汗出，邪欲去也。若身熱大渴，脈長洪而數，宜白虎湯，得戰汗止，如不止者，柴胡湯佐之，表解汗當自止。設有三陽經證，當照前用本經藥加減法。若誤認爲表虛自汗，用實表止汗之劑則誤矣。有裏證時當盛暑，宜白虎湯。若面無神，唇刮白，表裏無陽證，喜飲熱畏冷，服微，忽自汗，爲虛脫。夜發晝死，晝發夜死，急當峻補，補不及者，死。大病愈後數日，每飲食及驚動即汗，此表裏虛怯，宜人參養榮湯：人參、麥冬、五味子、地黃、歸身、白芍、知母、陳皮、甘草、黃耆加倍。

盜汗 裏證下後，得盜汗者，內有微邪也。凡人目瞑，衛氣行於陰，今內有伏熱，兩陽相搏，則腠理開而盜汗出。若伏熱一盡，盜汗自止；如不止者，柴胡湯佐之：柴胡三錢，黃芩一錢，陳皮一錢，甘草一錢，生薑一錢，大棗二個，煎服。

愈後脈靜身涼，數日後反得盜汗及自汗，屬表虛，宜黃耆湯：黃耆三

錢，五味子三錢，當歸、白术各一錢，甘草五分。仍不止，加麻黄根一錢五分。如有熱者屬實，不宜用此。

狂汗　邪將去而欲汗解，因其人稟素壯，陽氣盛，不能頓開，三句當改云：陽浮盛於表，躁擾不寧。忽然坐卧不安，發狂燥，少頃大汗而燥止，脈靜身凉，霍然而愈。

熱結旁流，久痢清水，奪液不得汗。疫證失下，或挾熱下利，脈沉，久不下之，致津液枯竭，後雖下，裏證去矣。脈雖浮，宜汗而不得汗，此爲奪液無汗。然裏邪既去，但得飲食少進，十數日後中氣利下，當作戰汗而解。可滋其陰，陰液內充外益，自然得汗。

《通俗傷寒論・表裏寒熱・表熱證》　凡溫暑證，始雖微惡風寒，一發熱卽不惡寒，反惡熱，汗自出，口大渴，目痛鼻乾，齒板燥，心煩不得眠者，雖皆爲陽明表熱，但要辨身乾熱而無汗者，尚須辛凉解肌，使熱從外達，葱豉桔梗湯爲主，隨證加減；身大熱而自汗者，祇宜甘寒存津，使熱不刼陰，新加白虎湯主之。

《通俗傷寒論・表裏寒熱・裏熱證》　凡傷寒邪傳入裏，溫熱病熱結於裏，皆屬陽明腑證。手足汗，發潮熱，不大便，小便不利，腹脹滿，繞臍痛，心煩惡熱，喘冒不得卧，腹中轉矢氣，甚則譫語發狂，昏不識人，大便膠閉，或自利純青水，仲景所謂急下之，而用三承氣湯者是也。

《通俗傷寒論・表裏寒熱・表裏皆熱證》　凡伏氣溫熱，至春感溫氣而發，至夏感暑氣而發，一發卽渴不惡寒，反潮熱惡熱，心煩譫語，咽乾舌燥，皮膚隱隱見斑，甚則手足瘛瘲，狀如驚癇，仲景所謂熱結在裏，表裏俱熱白虎加人參湯主之是也。但要辨其便通者，但須外透肌腠，內清臟腑，新加白虎湯爲主，柴芩清膈煎亦可酌用。便閉者，急以攻裏瀉火爲首，要白虎承氣、犀連承氣二湯爲主。夾痰者，陷胸承氣湯、加味凉膈煎選用。夾食者，枳實導滯湯選用。夾血於者，桃仁承氣湯選用。夾溫毒者，解毒承氣湯選用。若血虛者，養榮承氣湯選用。氣血兩虧者，陶氏黄龍湯選用。

《通俗傷寒論・表裏寒熱・表寒裏熱證》　凡溫病伏暑將發，適受風寒搏束者，此爲外寒束內熱，一名客寒包火。但要辨表急裏急，寒重熱重。外寒重而表證急者，先解其表，葱豉桔梗湯加減，伏熱重而裏證急者，先清其裏，柴芩清膈煎加減。

《通俗傷寒論・表裏寒熱・表熱裏寒證》　凡病人素體虛寒，而吸熱冒暑，此爲標熱本寒，祇宜輕清治標。標邪一去，卽轉機而用溫化溫補等劑，庶免虛脱之虞。

《通俗傷寒論・表裏寒熱・裏真熱而表假寒》　凡口燥舌乾，苔起鋩刺，咽喉腫痛，脘滿腹脹，按之痛甚，渴思冰水，小便赤澀，得涓滴則痛甚，大便膠閉，或自利純青水，臭氣極重，此皆裏眞熱之證據。惟通身肌表如冰，指甲青黑，或紅而溫，六脈細小如絲，尋之則有，按之則無。吳又可所謂體厥脈厥是也。但必辨其手足自熱而至溫，從四逆而至厥，上肢則冷不過肘，下肢則冷不過膝，按其胸腹，久之又久則灼手，始爲陽盛格陰之眞候，其血必瘀，營衛不通，故脈道閉塞而肌膚如冰，治宜先用燒酒浸葱白、紫蘇汁出，用軟帛浸擦胸部四肢，以溫助血脈之運行。內治宜桃仁承氣湯急下之，通血脈以存陰液。然病勢危篤如斯，亦十難救一矣。

《松峰説疫・論治・瘟疫雜症治略》　頭汗　頭汗總爲邪熱上壅，而陽氣內脱者間或有之。頭爲諸陽之會，三陰經不上頭，故無頭汗，所以頭汗屬陽經。凡遍身有汗，謂之熱越，若熱不得越，而上蒸陽分，陽氣上衝，津液上湊，故但頭汗出也。其兼症如太陽之熱結在裏，陽明之被火刼，與邪在半表半裏之往來寒熱，及熱入血室，與虛煩水結胸，發黄蓄血等症，俱是熱不得越。治法，或散或和解，或清或下，除其邪而病自愈。至氣脱頭汗，則多以妄下傷陰，或尅伐太過，或泄瀉不止，以致陰竭於下，陽脱於上，小水不通，而上見頭汗，則大危矣。《活人》以頭汗出者慎下，而張景岳治頭汗條，有用承氣者，始閱之，疑其相背，細看始知其皆是也。《活人》之慎下，指五臟乾枯，胞中空虛，津液少者而言。景岳則以便結腹脹痛，而頭汗者，宜承氣以下之也。至於有表邪，脈緊數，而頭汗當散者，宜小柴胡及諸柴胡飲。有火邪，脈洪滑，內多煩熱，而頭汗當清者，宜白虎湯、益元散之類，此治頭汗之大概也。

盜汗　睡則衛氣行於裏，內有伏熱，其在表之陽氣不密，故津液得泄，熱蒸於外，腠理開而盜汗出。醒則氣行於表，而盜汗止矣。雜病盜汗，責在陰虛；瘟疫盜汗，總邪在三陽所致。三陽經俱有盜汗，而邪在半表半裏者居多，故總以和解爲治。觀仲景論三陽合病之盜汗，而歸重於但欲眠睡，熱在膽經可知矣，小柴胡湯主之。

自汗　衛氣護衛皮毛，禁固津液，不得妄泄。邪氣干之，則不能固衛於外，由是津液妄泄，而自汗出焉。瘟疫之自汗，與他症異，多有感而即患自汗者，則自汗竟屬瘟疫中常事，較之頭汗、盜汗等反輕矣。當專治瘟邪，邪退而汗自止。但亦有表裏虛實之異。有邪在經而汗在皮毛者，非眞汗也。有汗後邪雖稍減，猶未盡痊者，又未可因汗而謂其必無表邪也。須因脈症而詳察之。其在表者，當於達原飲中，加三陽經表藥以疏利、和解之。在裏者，下之、瀉之、清之。至於雜症，亦多有自汗者，各有本門，茲不贅。汗下後虛極，表邪盡去而自汗者，方可用補，稍有表邪，輒誤補，則大害。

《羅氏會約醫鏡·瘟疫·論瘟疫自汗》　自汗者，伏邪中潰，氣通故也。若脈長洪而數，身熱大渴，宜白虎湯得戰汗而解。有裏症下後，三五日間汗出不止，熱甚則汗甚，熱微汗亦微。此屬實症，乃表有留邪也，宜柴胡湯以佐之，表解則汗自止。設有三陽經症，當用前三陽隨經加法，不得誤認爲表虛，用黃芪及止汗之劑。又有裏症，不拘天時，多作自汗，宜下之。至於表裏無實症，喜熱畏冷，面青唇白，脈微欲絕，忽得自汗，爲虛脫，急當峻補。有大病愈後數日，每飲食及驚動即汗出，此表裏虛怯，宜養榮湯，倍黃芪。

裏症下後，續得盜汗者，表有微邪也，亦用柴胡湯以佐之。瘟疫愈後數日，脈靜身涼，及得盜汗與自汗者，俱屬表虛，宜黃芪湯。

《溫病條辨·下焦篇·風溫溫熱溫疫溫毒冬溫》　邪氣久羈，肌膚甲錯，或因下後邪欲潰，或因存陰得液蒸汗，正氣已虛，不能卽出，陰陽互爭而戰者，欲作戰汗也，復脈湯熱飲之。虛盛者加人參；肌肉尚盛者，但令靜，勿妄動也。

按：傷寒汗解必在下前，溫病多在下後。縛解而後得汗，誠有如吳又可所云者。凡欲汗者，必當先煩，乃有汗而解。若正虛邪重，或邪已深入下焦，得下後裏通；或因津液枯燥，服存陰藥，液增欲汗，邪正努力紛爭，則作戰，汗戰之得汗則生，汗不得出則死。此係生死關頭，在頃刻之間。戰者，陽極而似陰也，肌膚業已甲錯，其津液之枯燥，固不待言。故以復脈加人參助其一臂之力，送汗出表。若其人肌膚尚厚，未至大虛者，無取復脈之助正，但當聽其自然，勿事騷擾可耳，次日再議補陰未遲。

《溫證指歸·諸汗》　溫病有自汗、盜汗、狂汗、戰汗之別，更有無汗者，不可不辨。溫熱之邪，天地厲氣，自口鼻吸入，由裏達表，易於自汗。或其人素本多汗，一遇此邪，甚至淋灕不止，不可以表證論，神解、清化合白虎。如兼六淫，自當隨證加減。如邪困膜原，舌白如粉，又非達原不可。盜汗多在病之中末二路，不是餘邪潛匿，卽是營血熱溢，清其邪，盜汗自止，增損小柴胡，出入加減主之，當歸六黃湯加浮麥亦可。惟狂汗一證，必須細心研究，溫熱盛時，或手舞足蹈，煩躁不寧，而後作汗者，最爲駭人，須驗其作汗之狀，面忽浮赤，脈多浮大，人事了了，方是作汗之象，否屬狂證，三黃石膏湯、白虎湯、竹葉石膏湯爲最。至戰汗一證，向用達原，治半表半裏之邪，每多戰汗而解，戰時搖床撼榻，邪正相爭，氣閉脈伏，直似死者，氣宣汗出，卽時而愈。有一汗不已而再戰者；有單戰而不汗，對期復戰；有汗者生，無汗者死；有戰一次不能再戰，屢下而愈者；有不能再作戰汗，卽加沉困而死者，總因人之強弱耳。凡戰汗之時，不可服藥，補則助邪，下則傷氣，應聽自然，再觀脈證施治，戰汗時或多與熱米湯飲之，助其作汗。大抵戰汗之脈，以浮爲佳，邪出於表也，虛散微細，應有變證，煎人參湯以待之，防其脫也。然必察其戰後邪淨，而氣欲脫者方可用，貧者米飲代之。戰汗後脈靜者吉，躁疾者危；氣平者吉，氣粗而短者危；神清者吉，神昏者危；舌痿不能言者死；目眶陷者死；目直視無光者死；戴眼反折者死；形體不仁，水漿不入者死。戰汗雖爲佳兆，亦有吉凶，嘗見服大汗藥，毫不得汗，而飲冷水得汗者；又有服下藥得戰汗者；涼血活血養血得戰汗者；生津益氣得戰汗者。種種不一，當知戰汗乃陰陽交和，表裏通達，自然而然，非可強致也。近年以來，以達原之法，治溫病罔效，以解表藥治之亦不效，然後揆之以理，驗之於舌脈，則與達原有別焉。達原之治溫邪者，寒熱往來，舌白如粉，脈多長滑，是以潰半表半裏之邪，每多一汗而解，直待舌胎轉黃，方行攻裏，此所謂表裏分傳也。較今之溫證，一病舌卽紅赤，或如紫絳，亦有白胎，多雜紅點，初起時脈反沉伏，肢反逆冷，邪逼於裏，則亢極似陰。亦有一病卽脈現洪大，口乾咽燥，有渴有不渴，外雖增寒作熱，甚則作痲，表之不應，汗之無功，投以雙解，大便頻行，熱沫時下，往往無汗而熱自解者。亦有一下而汗自得者，始知六氣更遷，運轉相火，三焦受邪，不同溼土司政。故草果、檳榔、厚朴一切辛溫之品，皆非所宜，他如運轉寒水，則今之膏、黃、芩、連，與昔之草果、檳榔、厚朴，前後同一轍也。

《辨疫瑣言》　戰汗由於正虛，仲景辨脈篇，脈浮而緊，按之反芤，此爲本

虛，故當戰而汗出也。其人本虛，是以發戰，以脈浮故當汗出也云云。浮緊表脈也，芤空虛也，是雖表症而得表脈，裏氣不能協應，何以能汗，必待正氣來復，與邪相爭，爭則戰，正氣勝而後逐邪外出。仲景雖未出治法，一則曰，此爲本虛，再則曰，其人本虛，而治法已寓其中矣。無論浮緊，凡一切大浮數動滑之陽脈，按之一芤，便當豫從裏氣綢繆，以助其戰勝之機，若再加消導清涼，戕伐生氣，不但不能戰汗，且恐戰而內脫。玩仲景脈浮而緊，專指表言，疫從口鼻而入，斷無浮緊之脈，疫爲氣鬱於內，亦斷無按之反芤之脈，卽或戰汗，亦是鬱極得通，與正氣相搏而戰，雖與傷寒戰汗不同，而其人本虛，則一也。凡係行疫之時，審係疫症，脈見微弱無力，便當滋培本氣，吳又可《瘟疫論》以戰而不汗者危，中氣虧危也。次日復戰，厥不回，汗不出者死。正氣脫，不勝其邪也云云。彼亦明知中氣虧危，正不勝邪，藥則仍主達原飲、三消飲、承氣等湯，不且自相矛盾耶。

《溫熱經緯·葉香巖外感溫熱篇》 若其邪始終在氣分流連者，可冀其戰汗透邪，法宜益胃，令邪與汗併，熱達腠開，邪從汗出。解後胃氣空虛，當膚冷一晝夜，待氣還自溫暖如常矣。蓋戰汗而解，邪退正虛，陽從汗泄，故膚漸冷，未必卽成脫證。此時宜令病者唐本無此三字。安舒靜卧，以養陽氣來復，旁人切勿驚惶，頻頻呼喚，擾其元神，唐本作氣。使其煩躁。唐本無此句。但診其脈若虛輭和緩，雖倦卧不語，汗出膚冷，卻非脫證。若脈急疾，躁擾不卧，膚冷汗出，便爲氣脫之證矣。楊云：辨證精悉。更有邪盛正虛，不能一戰而解，停一二日再戰汗而愈者，不可不知。

魏柳洲曰：脈象忽然雙伏或單伏，而四肢厥冷，或爪甲青紫，欲戰汗也，宜熟記之。

邪在氣分，可冀戰汗，法宜益胃者，以汗由胃中水穀之氣所化，水穀氣旺，與邪相併而化汗，邪與汗俱出矣。故仲景用桂枝湯治風傷衛，服湯後令啜稀粥以助出汗。若胃虛而發戰，邪不能出，反從內入也，故要在辨邪之淺深。若邪已入內而助胃，是助邪反害矣。故如風寒溫熱之邪，初在表者，可用助胃以托邪。若暑疫等邪，初受卽在膜原而當胃口，無助胃之法可施，雖虛人亦必先用開達，若誤補，其害匪輕也。戰解後膚冷復溫，亦不可驟進補藥，恐餘邪未淨復熾也。至氣脫之證，尤當細辨，若脈急疾，躁擾不卧而身熱無汗者，此邪正相爭，吉凶判在此際。如其正勝邪卻，卽汗出身涼，脈靜安卧矣；倘汗出膚冷，而脈反急疾躁擾不安，卽爲氣脫之候；或汗已出而身仍熱，其脈急疾而煩躁者，此正不勝邪。卽《內經》所云：陰陽交，交者死也。

雄按：右第二章以心肺同居膈上，溫邪不從外解，易於逆傳，故首節言內陷之治，次明救液之法，未言不傳營者，可以戰汗而解也。第邪既始終流連氣分，豈可但以初在表者爲釋。蓋章氏疑益胃爲補益胃氣，故未能盡合題旨。夫溫熱之邪迥異風寒，其感人也，自口鼻入先犯於肺，不從外解，則裏結而順傳於胃。胃爲陽土，宜降宜通，所謂腑以通爲補也。故下章卽有分消走泄，以開戰汗之門戶云云，可見益胃者，在疏瀹其樞機，灌溉乎湯水，俾邪氣松達，與汗偕行，則一戰可以成功也。卽暑疫之邪在膜原者，治必使其邪熱潰散，直待將戰之時，始令多飲米湯或白湯，以助其作汗之資。審如章氏之言，則疫證無戰汗之解矣。且戰汗在六七朝或旬餘者居多，豈竟未之見耶。若待補益而始戰解者，間亦有之，以其正氣素弱耳，然亦必非初在表之候也。

再論氣病有不傳血分，而邪留三焦，亦如唐本猶之。傷寒中少陽病也。彼則和解表裏之半，此則分消上下之勢，隨證變法，如近時杏、朴、苓等類，或如溫膽湯之走泄。因其仍在氣分，猶可望其戰汗之門戶，轉瘧之機括。唐本有也字。

沈堯封曰：邪氣中人，所入之道不一。風寒由皮毛而入，故自外漸及於裏。溫熱由口鼻而入，伏於脾胃之膜原，與胃至近，故邪氣向外，則由太陽少陽轉出；邪氣向裏，則徑入陽明。

經言三焦膀胱者，腠理毫毛其應。而皮毛爲肺之合，故肺經之邪不入營而傳心包，卽傳於三焦，其與傷寒之由太陽傳陽明者不同。傷寒傳陽明，寒邪化熱，卽用白虎等法，以陽明陽氣最盛故也。凡表裏之氣，莫不由三焦升降出入，而水道由三焦而行。故邪初入三焦，或胸脇滿悶，或小便不利，此當展其氣機，雖溫邪不可用涼藥遏之，如杏、朴、溫膽之類，辛平甘苦以利升降而轉氣機，開戰汗之門戶，爲化瘧之丹頭。此中妙理，非先生不能道出，以啓後學之性靈也。不明此理，一聞溫病之名，卽亂投寒涼，反使表邪內閉，其熱更甚，於是愈治而病愈重，至死而不悟其所以然，良可慨也。

雄按：章氏此釋，於理頗通，然於病情尚有未協也。其所云分消上下之

勢者，以杏仁開上，厚朴宣中，茯苓導下，似指溼溫，或其人素有痰飲者而言，故溫膽湯亦可用也。試以《指南》溫溼各案參之自見，若風溫流連氣分，下文已云到氣纔可清氣，所謂清氣者，但宜展氣化以輕清，如梔、芩、蔞、葦等味是也。雖不可遽用寒滯之藥，而厚朴、茯苓亦爲禁劑。彼一聞溫病卽亂投寒涼，固屬可慨。而不辨其有無溼滯，概用枳、朴，亦豈無遺憾乎。至轉瘧之機括一言，原指氣機通達，病乃化瘧，則爲邪殺也。從此迎而導之，病自漸愈。奈近日市醫，既不知溫熱爲何病，柴、葛、羌、防，隨手浪用，且告病家曰，須服幾劑柴胡，提前爲瘧，庶無變端，病家聞之，無不樂從，雖至危殆，猶曰提瘧不成，病是犯眞，故病家死而無怨，醫者誤而不悔，彼此夢夢，亦可慨也。夫又按：五種傷寒，惟感寒卽病者爲正傷寒。乃寒邪由表而受，治以溫散，尤必佐以甘草、薑、棗之類，俾助中氣以托邪外出，亦杜外邪而不使內入。倘邪在半表半裏之界者，治宜和解，可使轉而爲瘧，其所感之風寒較輕而入於少陽之經者，不爲傷寒，則爲正瘧，脈象必弦，皆以小柴胡湯爲主方，設冬傷於寒而不卽病，則爲春溫夏熱之證，其較輕者則爲溫瘧、癉瘧，軒岐仲景皆有明訓，何嘗概以小柴胡湯治之耶。若感受風溫、溼溫、暑熱之邪者，重則爲時感，輕則爲時瘧。而溫、熱、暑、溼諸感證之邪氣流連者，治之得法，亦可使之轉瘧而出。統而論之，則傷寒有五，瘧亦有五。蓋有一氣之感證，卽有一氣之瘧疾，不過重輕之別耳。今世溫熱多而傷寒少，故瘧亦時瘧多而正瘧少。溫熱、暑溼既不可以正傷寒法治之，時瘧豈可以正瘧法治之哉。其間二日而作者，正瘧有之，時瘧亦有之，名曰三陰瘧，以邪入三陰之經也，不可誤解爲必屬陰寒之病。醫者不知五氣皆能爲瘧，顢頇施治，罕切病情。故世人患瘧，多有變證，或至纏綿歲月，以致俗人有瘧無正治，疑爲鬼祟等說。然以徐洄溪、魏玉橫之學識，尚不知此，況其他乎。惟葉氏精於溫熱、暑溼諸感，故其治瘧也，一以貫之。余師其意，治瘧尠難愈之證，曩陳仰山封翁詢余曰：君何治瘧之神哉？殆別有祕授也。余謂何祕之有，第不惑於昔人之謬論，而辨其爲風溫、爲溼溫、爲暑熱、爲伏邪，仍以時感法清其源耳。近楊素園大令重刻余案，評云：案中所載多溫瘧、暑瘧，故治多涼解，但溫瘧、暑瘧涼宜就解，尤當辨其邪之在氣在營也。繆仲淳善治暑瘧，而用當歸、牛膝、鼈甲、首烏等血分藥於陽明證中，亦屬非法。若溼溫爲瘧，與暑邪挾溼之瘧，其溼邪尚未全從熱化者，極要留意。況時瘧之外，更有瘀血頑痰、陽維爲病等證，皆有寒熱如瘧之象，最宜諦審。案中諸治略備，閱者還須於涼解諸法中縷析其同異焉。

《溫熱經緯・余師愚疫病論》 疫證條辨

疫證熱毒盤踞於內，外則偏體炎炎。夫熱極之病，是必投以寒涼。火被水克，其燄必伏。火伏於內，必生外寒。陰陽相搏則戰，一戰而經氣輸泄，大汗出而病邪解矣。

瘥後自汗、盜汗，虛象也。宜分陰陽而補益。

雄按：固屬虛候，多由餘熱未清，心陽內熾，愼勿驟補，清養爲宜。如西洋參、生地、麥冬、黃連、甘草、小麥、百合、竹葉、茯苓、蓮子心之類，擇而爲劑可也。

《溫病指南・溫病治法要略》 一自汗。溫病邪熱熏蒸，不因發散而汗自出，爲自汗，邪退汗自止。若自汗復大熱大渴，卽係白虎證。裏邪盛，亦多自汗，必下後續得戰汗方解。均不可誤認爲表虛也。

一盜汗。寐則汗出，醒則汗止也。溫病伏邪內盛，熱蒸於外，故作盜汗，邪退汗自止，亦勿認爲表虛。若溫病已愈，脈靜身涼，復得盜汗，或飲食勞動而自汗者，乃表虛也。

一戰汗。乃邪與正氣相爭也。氣盛則一戰而汗解，邪盛雖戰而無汗，當其戰時不可擾動，聽其自然，汗出卽解，如不解，或次日，或膈一二日，必復戰，勿疑爲瘧。

一膚冷。溫病戰汗後，膚冷如冰，甚則倦卧不語，此乃陽從汗泄之故，當任其安卧靜養，待過一晝夜，陽氣來復，自然溫暖如常。切勿認爲脫證，驚惶呼喚。蓋脫證脈必急疾，躁擾不能安卧，此則脈象和緩，安神穩睡，正邪退病除之吉兆也。

發熱惡寒部

論說

《傷寒證治準繩·身熱惡寒身寒惡熱》 丹：謹按身大熱，欲得衣蓋，人之身不能自溫，因表氣之實，足以自溫，雖遇風寒，無所畏憚。大熱病，表氣當實而喜冷，今反欲得衣者，表氣虛不足以自溫，故欲近衣，恐是病人陰弱陽無所附，飛越而出，發爲大熱爾，當作陰虛治之。身大寒，反不欲近衣者，恐是邪在表，不能自發而爲熱，表雖無熱，邪鬱膚腠，表氣大實，故不欲近衣爾，當作鬱病治之。註言表熱裏寒者，當是熱感得淺，寒感得深而在內也。言表寒裏熱者，當是寒感得淺而在外，熱感得深而在內也。表裏之寒熱爲重感病耶？重感之病，必有其名，如傷寒重感寒爲溫瘧，傷寒更遇風爲風溫，傷寒更遇溫熱爲溫毒，傷寒遇溫氣爲溫疫，病濕更中暍爲濕溫，未嘗有所謂表裏寒熱也。然表熱裏寒，表寒裏熱，何病耶？竊嘗求之論意矣，恐爲寒熱感之深者發也。《內經》曰：亢則害，承乃制。謂氣盛之極，則受勝己之化而爲病也。熱感得深，外必惡寒，故曰寒在皮膚，非寒也，熱也。熱在骨髓，此火極似水證。仲景曰：人傷於寒，則爲病熱。熱雖甚不死寒。感得深，外必發熱，故曰熱在皮膚，非熱也，寒也。此傷於寒而熱甚也。《內經》曰：甚者反治。又曰：寒因熱用，熱因寒用。病氣深者，正氣虛也，非反治因用，邪何由伏，病何由安？

《傷暑全書·陶節菴·辨惡寒》 論曰：惡寒否乎？曰：傷寒自冬月風寒而成，外則有惡寒、惡風之證。既名爲溫，則無此證矣。曰：然則子之言，何所據乎？曰：據乎經耳。經曰：太陽病，發熱不惡寒而渴者，溫病也。不惡寒則病非因外來，渴則明其自內達表。

按：冬月傷寒，由於外感而惡寒是矣，曰溫證不惡寒非也。蓋溫證緣陽氣發暢，爲春時風寒所迫，雖係內熱，亦由外感，故亦有惡寒等證。豈獨溫，卽暑病，亦有此證。蓋暑屬外火，傷於臟腑，內外炎炎，故熱極戰慄，而成惡寒，醫不知遂爲傷寒，不可不許辨也。

《醫醫小草·辨證》 溫病發熱是潮熱，非若傷寒壯熱，初起間有惡風，及次日即口渴畏熱。而疫證憎寒壯熱，有如瘧虛是已。

綜述

《全生指迷方·熱證》 若但熱不歇，日晡尤甚，口中勃勃氣出，耳無所聞，晝多昏睡，睡即浪言，喜冷，小便赤澀，大便不通，由三陽氣盛，蘊於經絡，內屬府藏，或因他病而致疾，其脈短疾而數，柴胡芒硝湯主之。

柴胡芒硝湯

柴胡四兩，洗，去苗　黄芩　甘草炙　赤茯苓各一兩半　半夏湯洗七遍，一兩一分

右爲散。每服五錢，水二盞，生薑五片，棗一個擘破，同煎至一盞，去滓，入芒硝一錢，攪和溫服，從大便利爲度。

《保命歌括·傷寒·治傷寒諸方》 白虎湯治陽明經汗後，脈洪大而渴，及虛煩、中暍等症。

如口燥煩渴，或發赤斑，加人參一錢，名化班湯。如秋感熱之疫癘，或陽明下後大便不固，熱不退者，或濕溫症熱不退而大便溏者，本方加蒼朮六錢，添水煎，名白虎加蒼朮湯。

《醫學入門·小兒門·附小兒病機》 諸熱 諸病發熱辨其初，

有發熱不歇，鼻塞聲重者，爲外感表熱，屬三陽經；有潮熱者，似潮有信，爲裏熱，屬胃；有壯熱者，遍身向熱不已，合睡咬牙，甚則發驚，屬心；有風熱者，身熱，口中氣熱，屬肝；有痰熱者，面赤或腫，身熱喘咳，胸膈不利，屬肺；有溫熱者，但溫而不甚熱，屬脾；有腎熱者，陰囊赤腫釣痛，大便閉澀，屬腎。有驚熱者，時間發熱即退，來日依時發熱，或面青狂叫；有積熱者，五心發熱，肚熱，至夜則甚；有疳熱者，骨蒸盜汗，咳瀉；有瘧熱者，寒熱一日一發，或二三日一發；有血熱者，晝靜夜熱；有變蒸熱者，上唇微腫如臥蠶，或有珠泡子；有麻痘熱者，耳、鼻、腳梢、中

指冷，腮赤噴嚏，唇紅，肌膚綳緊。發熱種種相類，初起當先詢問父母，已出痘未？如未患痘，仔細認症，蓋痲痘誤用下藥必變，且眞傷寒症，亦必表症已罷，日晡潮熱方敢下之。

陽症爲陰症虛。

凡實熱面赤，氣粗口渴，唇腫便閉，暴啼掀揭露衣，似傷寒陽症，宜人參羌活散、參蘇飲、通心飲、導赤散、瀉白散、瀉黄散、凉肝丸、連翹飲、甘露飲、生犀散、四順清凉飲、八正散，隨宜選用。凡虛熱面色青白，神緩口冷，泄瀉多尿，液出虛汗，似傷寒陰症，宜惺惺散。虛煩自汗者，保元湯去术，加芍藥、浮小麥，薑棗煎服。

又有乍清乍溫症，上熱下冷不自如。

上熱驚惕怫鬱，不得自如；下冷泄瀉不常，敗毒散加當歸、木香。若升降陰陽，來復丹，薄荷煎湯化下三丸。

虛陽浮外熱不退，和胃元氣自歸歟。

凡發熱表裏已解，忽陽浮於外，煩熱大作者，當與和其胃氣，使陽氣斂而歸元，身體自凉，參苓白术散、錢氏白术散、太乙丸，選用。

骨蒸多因熱有餘，間有稟賦榮衛虛。

因大病後得者，榮衛虛弱，宜滋養血氣；或稟賦弱者，宜謹避風寒以護其外，調飲食以養其內，俱生犀散，或四君子湯加減。

食積痰熱濕火盛，

因炊食得者，腹有積痞，面色淡黄，潮熱腹痛，宜磨積調脾，順理三焦，其熱自退，枳术丸、肥兒丸；成疳者，蘆薈丸。因積生熱，生痰者，二陳湯加升麻、葛根、白芍、人參、五味子，薑煎服；或枳术丸加陳皮、半夏、黄連、山楂、神麯，爲丸服亦好。

通用梨漿飲最宜。

梨漿飲：青蒿童便浸一宿，曬乾、柴胡、人參、黄芩、前胡、秦艽、甘草各一分，生梨或生藕各一片，薄荷二葉，地黄一寸。水煎服。治潮熱、積熱、瘧熱及脾積寒熱。青蒿飲亦妙。

《傷寒緒論・發熱》 春分以後，雖感寒邪，皆爲非時暴寒，不必拘於傷寒例治。古人治感冒諸方，如芎蘇神术等，皆不分三陽經藥，以時屬少陽風木，不獨太陽寒水也。夏月汗府踈豁，偶感微寒發熱，必心包先受，消暑十全證也。秋凉發熱欬嗽，宜金沸草散，甚則小青龍湯，若交霜降節後，即屬正傷寒矣。其或冬時過暖，而病發熱，心煩咽痛，或自利者，爲冬溫，陽旦湯證也。凡春時發熱，頭疼，煩渴飲水，爲伏氣發溫。

《傷寒緒論・背惡寒》 人身背爲陽，背惡寒者，陽虛之驗也。然陽氣內陷亦有此證，是以背惡寒有陰陽之異。

熱病初起，口燥心煩，而背微惡寒者，此陽氣內伏於陰中，肌表之陽不勝邪，及陽明中暍，俱有是證，以陽邪內消津液，故煩渴引飲，並宜白虎加人參湯，若誤認陽虛而用溫藥，必致斑爛不救也。故曰：口中渴，知其內有熱；口中和，知其內有寒，此理皎然矣。

《傷寒辨證・發熱》 凡溫病、熱病發熱，其熱自內而達外，斷無正發汗之理。發熱即分溫熱病與傷寒異治，此爲第一緊要關隘。如發熱，頭痛而渴，爲熱之輕者，宜黄芩湯，或小柴胡湯去參、半加桔梗、黄連、天花粉、枳殼、葛根之類。如發熱陽盛怫鬱，兩目如火，鼻乾，而赤，舌燥齒黄，讝語喘息，爲熱之重者，宜三黄石膏湯，或河間雙解散，加減治之。即兼非時暴寒，發熱，惡寒，頭痛而脈浮緊者，亦不可純用表劑，宜清裏兼解表，以取微汗。

《症因脈治・發熱總論・溫熱發熱》 溫熱發熱之症，身熱多汗，不惡寒，反惡熱，口渴唇焦，神氣昏沉，煩悶躁擾，此溫熱之症也。

溫熱發熱之因，或時令大熱，熱淫所勝；或應寒反溫，應凉反熱。溫熱之邪，襲人肌表，傳入經絡，則溫熱發之症作矣。

溫熱發熱之脈，脈多洪數。浮數表熱，沉數裏熱。左脈若數，太陽少陽；右脈若數，陽明腸胃。

溫熱發熱之治，熱在太陽，羌活沖和湯；熱在少陽，小柴胡湯；熱在陽明，乾葛石膏湯；沉數裏熱，大便結者，凉膈散；下症急者，三黄丸下之。

《瘟疫明辨・表證・發熱》 時疫發熱，與風寒雜症同，其發熱時，氣、色、神、脈、舌胎則不同。辨得爲時疫發熱，又當知有淺深表裏之異，不辨無以施治。發熱表症居多，亦有裏症發熱，半表半裏發熱，餘邪不盡復出於表發熱，邪退正虛發熱。而表症發熱，脈不浮不沉而數，寸大於關尺，熱在皮膚，捫之烙手，久按反輕，必兼頭痛、項強、腰痛、脛痠，或頭面、身體、皮膚有紅腫瘍痛，諸症不必全現，有一於此，便是表症發熱。九味羌活湯、人參敗毒

散、六神通解散選用。冬月嚴寒，及惡寒甚者，大青龍湯、葳蕤湯、越婢湯、陽旦湯可借用。全不惡寒者，白虎湯，黄芩湯，可加減用。裏症發熱，脈或滑，或沉數，或洪滑，關尺盛於寸，熱必在肌肉筋骨，初捫熱輕，久按熱甚，必兼煩渴，胸腹，大便或不通，或自利，或便血及膿，小便黄赤，或讝妄狂昏，諸症雖不必全現，必兼二三症，方是裏證發熱。梔子豉湯、黄連解毒湯、小陷胸湯、三承氣湯、導赤瀉心湯、豬苓湯、天水散選用。半表半裏發熱，脈多弦，胸脇滿，或熱或止，或口苦咽乾，目眩耳聾，或目赤，或喜嘔心煩，或兼見表裏症，達原飲、柴葛解肌湯、小柴胡湯選用。時疫初熱時，用藥最要清楚，此處頭緒不差，後傳變多危，救援亦易，不然，難於收拾矣。凡見發熱，即當辨其氣、色、神、脈、舌胎，爲風寒，爲時疫。係時疫，又當辨在表在裏，在半表半裏。然時疫見症，純表純裏者少，表裏夾雜者多。表裏夾雜，吳氏達原飲爲主。表症多，加羌活；裏症多，加大黄；半表半裏症多，加柴胡、葛根、淡豉。或表裏症均見，則諸藥全用，即三消飲，取效最多，誠時疫主劑。至已愈數日而復發熱者，乃募原伏有不盡之邪，復出於表。當察其證之表裏多寡，以前法治之。大抵愈後復發，則裏熱多而表熱少，雖有當用表藥之症，不過葛根、柴胡、淡豉而已，無更用羌活之理。若愈後另受風寒，發熱無汗，舌上無胎者，不在此例。時疫愈後，復熱無汗，重用葛根五錢最妙，以其性凉，而解肌發汗，既不礙無汗之表，又不煩熱之裏。更有平素虛損，或老人，或大病後復染時疾，屢經汗下清解，其熱轉甚，或全無表裏實證，或六脈豁豁然空，或較初起洪滑更甚，或用表藥而身痛更甚，或屢用清熱藥而煩躁沉昏更甚，或屢用下藥而舌燥更甚，此皆邪退正虛之發熱也。王太僕所謂大虛有盛候，反瀉含寃也。此時須略去證狀，而消息陰陽虛實。陰虛則熱渴枯竭之症多，責在腎，宜六味地黄湯。兼氣虛，合生脈散，須大作湯液，晝夜頻進，效始捷。陽虛，則嘔利悸眩之症多，責在脾，宜六君子湯。兼陰虛，歸脾湯、參胡三白散、清燥湯選用。若遇此等症，仍用汗、下、凉解、宣伐，斷無生理矣。又發熱之爲表爲裏，爲半表半裏，爲復爲虛，症狀明顯有據者，自易施治。若脈症夾雜模糊，難於分辨者，須以舌胎爲據。初起舌胎薄白，或無胎而潤，屬在表。白胎而厚，或兼微黄，或中黄邊白，中黄尖白，或二三色，屬在半表半裏。黄胎、醬色胎、黑胎屬裏。舌胎燥，則不論何色，皆屬裏症。屢經汗下後，舌胎潤而發熱者，屬陽虛。無胎而燥者，屬陰虛。發熱之表裏虛實，依此辨之，思過半矣。惟虛證發熱，有似實症，即舌胎亦難憑據，又當從病之來路探討。若屢經汗、下、宣伐而熱愈甚者，從虛治無疑。或雖經汗下而熱漸減，藥有效，則仍屬餘邪未盡，不可遽補，致邪熱復壅，夭人年壽。似此虛實關頭，不可不細心體認也。

以上辨表裏虛實諸法，雖指發熱時言，然類而推之，凡症皆可依此爲辨。惟在學者之善悟耳。

《瘟疫明辨・表證・惡寒》 時疫惡寒，與風寒暑濕諸症不同。諸症惡寒無時而勢不甚，時疫寒有時而勢甚，惡寒之後，必見發熱，熱時自熱，而不覺寒；寒時自寒，而不覺熱，非若諸症惡寒發熱之相兼也。時疫惡寒，傳裏之後少，在表之時多。而辨氣、色、神、脈、舌胎，與發熱同，但有淺深虛實之異。邪淺而在表者，惡寒之時少於發熱，治法方藥同於發熱，解表爲主。邪在半表半裏者，寒熱往來如瘧狀，治法方藥亦同發熱。邪深入裏，失於攻下，而熱深厥深，反欲擁被向火，惡寒而不發熱，或熱亦微，甚則四肢反厥。此雖惡寒，實非寒也，乃陽氣爲邪所鬱而不通，以通鬱爲主。達原飲大柴胡湯三承氣湯選用，使裏氣通而鬱陽發，反大熱而煩渴也。此證在惡寒時，最難辨其爲熱，須於九竅察之，如目大小皆赤，鼻孔乾，唇紅，舌胎黄黑燥，耳鳴或聾，小便黄赤濇痛，大便燥結，或稀黄極臭，或鮮血，或心下至少腹有痛不可按處，此皆熱深陽鬱之象。大抵周身皆見冷症，一二處獨見熱症，反當以熱症爲主。反此亦然，乃辨寒熱眞假之機要也。余所見時疫，不下數千，裏症惡寒者，百中一二。即四肢厥逆，爪甲青紫，詢其所苦，亦不惡寒，此可得其概矣。至若本係時疫熱症，因其人平素虛損衰老，及大病之後，用攻伐寒涼太過，至汗出不止，嘔利俱作，四肢微厥，六脈細濡而惡寒，爲陽虛，乃攻伐太過所致。當以參、耆、苓、术爲主。寸口脈微者，佐以升、柴。尺脈微者，佐以桂附。須知雖屬陽虛，卻從熱症來，而陰必虧，桂、附亦不可過用，當佐以護陰藥爲妙。如白芍、麥冬、五味之類。此症溫補略緩，及溫補不到，必死。或過用溫補，陽雖回而陰竭，亦死。此處不可不斟酌至當。又有宣伐太過而成虛症之惡寒，寒涼太早而成實症之惡寒。以疫邪方伏於募原，未經傳變之時，胸膈必多痰滯，有見其煩躁而遽用知、膏、芩、連者，有因其作渴而遽用生地、麥冬者，有病者自認火症而恣啖冷水、西瓜、梨、薺太早者，皆能抑鬱陽氣，壅閉邪熱，熱遏於中下二焦，冷物停痰滯於上焦，每每見惡寒症。遇此惟

以宣導痰滯爲主，痰滯通，則惡寒自止。不可過溫，致下焦瘀熱，畜血斑黄呃逆而死。不可清涼，致胸腹痞悶而危。宜用草果、厚朴、檳榔、木香、半夏、蒼术、萊菔、苓、澤、導痰開滯逐水。痰滯水去，則惡寒止而熱症見，隨其傳變，以施涼解攻利之劑，乃有效也。此法特救藥誤，非治正病耳。總之風寒以惡寒爲重，時疫以惡寒爲輕。多有初起惡寒，一二日不治，邪氣傳變而惡寒自已者。與其誤治，毋甯俟之。若誤認惡寒爲眞寒，用辛溫之藥發散，未有不增其病勢者也。

《**瘟疫明辨・表證・寒熱往來**》　寒熱往來，與發熱惡寒異。發熱惡寒，一時兼至。寒熱往來，寒已方熱，熱已方寒，亦與瘧不同，瘧發有時，寒熱長短有定。此則寒熱無時，長短無定。雖不同於瘧，而邪俱在少陽半表半裏之間，在傳變之初，是由輕入重，始則寒熱往來，繼則熱多寒少，再則但熱不寒，至晝夜壯熱，譫妄煩渴畢現。在傳變之後，是由重出輕，晝夜壯熱，漸減而爲發熱，有時而止，又減而爲寒熱往來，又減而爲戰汗，至脈靜身涼而愈。夾痰邪，自裏出表者輕，自表入裏者重。初起寒熱往來，是自表入裏。犯及少陽，裏氣與邪相爭拒。繼則邪深入裏，表裏併而爲熱，晝夜壯熱，而勢日重。既傳變之後，而寒熱往來，是邪氣向衰，正氣來復，自裏出表，經過少陽，前之晝夜壯熱邪氣秉綱者，至此正氣漸和，而寒熱有時矣。前之邪陽獨盛，亢極無陰，作純熱者，至此則陰氣來復，而寒熱相爭矣。前之邪併表裏，而熱渴日加者，至此則裏氣逐出表邪，而作戰汗矣。治法於未傳變之先，欲由表入裏時，但透達其邪，使易傳化爲主，達原飲是也。於傳變之後，欲自裏出表時，以和解爲主，小柴胡湯是也。於屢經汗下之餘，脈或虛微濡弱結代，心或悸動，神或委倦，形或羸弱過甚，當養陰益氣，助正即邪爲主，參胡三白湯、炙甘草湯、清燥養榮湯、補中益氣湯是也。

《**醫宗金鑑・傷寒心法要訣・表熱裏熱陰熱陽熱**》　發熱無時熱翕翕，炊籠騰越熱蒸蒸，表熱尿白裏熱赤，外需麻桂内涼承。燥乾煩渴爲陽熱，厥利外熱屬陰經，陽熱宜清白虎輩，陰熱四逆與白通。

註：　發熱無時熱翕翕，謂發熱無休止之時，若合羽外覆之表熱也。炊籠騰越熱蒸蒸，謂發熱如炊籠蒸蒸内越之裏熱也。表熱，熱不在裏，故尿白也；　裏熱，故尿赤也。外需麻桂，謂表熱無汗宜麻黄湯，有汗宜桂枝湯。内涼承，謂裏熱輕者宜涼膈散，重者宜三承氣湯。發熱兼口燥、舌乾、煩渴者，爲陽經之熱也。發熱兼厥冷、下利清穀者，屬陰經之熱也。陽熱宜清，白虎解毒輩也。陰熱宜溫，四逆白通湯也。

按：　翕翕、蒸蒸發熱，俱有汗，二證相類。若以翕翕之表熱，誤爲蒸蒸之裏熱，下之則逆；　若以蒸蒸裏熱，誤爲翕翕表熱，汗之轉傷。翕翕之汗熱雖同蒸蒸，捫之自溫，不似蒸蒸之汗熱、捫之自有熱氣透手也。其間或有疑似難辨，又當審小便之白赤，舌胎之潤燥，自可決也。

《**醫宗金鑑・傷寒心法要訣・惡寒背惡寒辨**》　惡寒表裏陰陽辨，發熱有汗表爲虛，發熱無汗表實證，實以麻黄虛桂枝。無熱惡寒發陰裏，桂枝加附頗相宜，背寒口和陰附子，口燥渴陽白虎需。

註：　惡寒一證，有表裏、陰陽之辨，發熱惡寒發於陽表也，有汗宜桂枝湯，無汗宜麻黄湯。無熱惡寒發於陰裏也，有汗宜桂枝加附子湯，無汗宜麻黄附子細辛湯。背惡寒口和，謂口中不燥而和也；　陰，謂屬少陰也，宜附子湯。背惡寒口燥渴，謂口中燥而渴也；　陽，謂屬陽明也，宜白虎加人參湯。

按：　陰陽二經，惡寒雖同，其身有熱無熱則異也，一則汗之，二則溫之。少陰、陽明之惡寒雖同，其口中和口中不和則異也，一則溫之，一則清之。惡寒雖屬輕微之證，仲景立法可辨，他可類推矣。

《**醫宗金鑑・傷寒心法要訣・潮熱時熱**》　午後一發爲潮熱，無休發熱汗蒸蒸，時熱自汗無裏證，先時與藥桂枝稱。

註：　潮熱，陽明府證也。陽明王於申酉，故潮熱發於午後，如潮信之不失，因名之曰潮熱，可下之證也。無休發熱汗蒸蒸，謂發熱無休止之時，熱氣透手溱溱有汗，名曰蒸蒸發熱，亦屬陽明内實，可下之證也。時熱自汗者，謂發熱時輕時重而有自汗也，似潮熱而次數，似蒸蒸而休止。潮熱蒸蒸之熱，則必兼有可下之證。時熱時止之熱，則必不兼可下之證，故曰：無裏證也。因其無裏證，熱而有汗，知風邪留連在表不已，故用桂枝主治。然必先其發熱汗出之時與桂枝湯也，蓋桂枝不爲時熱自汗者設，而爲時熱自汗有表無裏證者設也。此處重在無裏證，非謂凡有時熱自汗，皆可服桂枝湯也。

《**蘭臺軌範・諸經發熱症治**》　潮熱者，時間發熱，過時即退，來日依時而發，此欲發驚也。壯熱者，當熱不已，甚則發驚癇也。風熱者，身熱而口中

氣熱，乃風邪所感也。溫熱者，肢體微熱也。發熱而不欲飲水者，胃氣虛熱也。發熱而飲水作渴，喜冷飲食者，胃氣實熱也。

《溫證指歸·發熱惡寒》 溫病發熱，是陽邪外達之機；溫病惡寒，乃陽氣內閉之象。故與諸證發熱惡寒不同，諸證發熱惡寒，諸書俱已辨明，茲不復贅。惟溫病發熱，必蒸蒸然，由裏達表，摸之在肌肉之分，夜盛於晝，或寒或熱，或冷或麻，不欲近衣，參之脈象，或沉或伏，或浮或大或數，甚至至數橫糊，面色晦暗，神識不清，舌色黃赤，咽喉乾痛，劇者一身悉痛，兩脇胸腹痛甚。以此數證辨之，溫病之發熱惡寒，自不能混於他證矣。初起宜清化湯、神解散；如舌胎已黃，大便祕結者，加酒炒大黃下之，或合升降散、太極丸；兼表者，荊防敗毒散；兼寒者，九味羌活湯之類選用；如人素本陰虛，感受溫邪，不能外達，先有泉竭之危，腰必痛甚，與大劑六味合生脈，先救水源，再治溫邪；如人素本陽虛，恆多自汗，怯風惡寒，感受溫邪，自當暫以維陽透邪之劑，玉屏風散用生者合神解清化，或芳香飲，或人參敗毒散，皆可選用。此二證，當參四損四不足條參看，溫病後寒熱，又當參虛實治之。如餘邪未淨，仍當逐邪，熱方能退，無邪方可清補養陰。更有溼鬱發熱，愈投涼解而熱勢愈甚，煩躁不寧，或有汗，或無汗，口乾不飲，再視舌胎，或黑而潤，或中黑邊白，或灰黑不乾，小便清利，脈雖長大，必兼耎濡之形，此溼鬱之熱，有似溫熱也，總以舌潤不渴爲辨，藥當以參附、朮附，維陽化溼爲主，熱始能退。若再投寒涼必殆，此溫證時行，偶有之證，不可不筆之於此，以俟臨證採酌。更有陰陽雙虧，有汗發熱，面赤心煩，躁擾不寧，脈大無力，又當以十全大補湯爲專治，一概寒涼，皆非所宜。

《溫證指歸·不熱》 溫熱之邪，自口鼻吸入三焦，三焦乃手少陽所屬，少陽爲樞，出表則熱，伏裏則不熱，其理顯然。徵之內證，舌必乾紅，咽或痛，口或乾，心中嘈雜作煩，夜臥不寧，二便或有或無，時或惡寒作麻，脈必沉數，悉屬困鬱之象，鬱極必熱。熱則變證不一，審明脈證，輕以敗毒清化，神解芳香，擇其對證主之，重以升降、雙解，緩緩間攻；亦有始終不熱而愈者；亦有因揭宣而病熱加重者，乃邪因宣而外達，自當疊進雙解，務以邪淨爲止，萬不可半途而廢。凡視此證，必須先向病家說明病情，使彼疑釋，方可放手醫治，若徒執仁心，恐遭謗議。

《溫證指歸·寒熱往來似瘧》 寒熱往來，在傷寒爲少陽現證，溫病有此，亦屬半表半裏之邪，與惡寒發熱不同，亦與瘧不同。蓋瘧發有時，確有定期定證可據，惡寒發熱，是一時兼至，故與寒熱往來，熱已方寒，寒已方熱不同，但溫證中多有似瘧者，或先寒後熱，或單熱不寒，參看舌白如粉者，達原飲加柴胡；胎黃舌赤，脈數口乾便赤者，增損大柴胡湯下之；但寒熱往來，在初起時，是邪鬱少陽，少陽爲樞，傳裏則重，始則四肢作麻，寒熱往來，繼則熱多寒少，再則但熱不寒，是溫病入裏爲重。治法於初起時，寒熱往來，宜用芳香、神解，加柴胡、薄荷，熱甚加大黃，如熱壯煩渴，增損大柴胡，加花粉爲妙，若邪潰後，用小柴胡湯，或參胡三白散加減調治。如正氣已虛，寒熱往來，又當以補中益氣、柴芍六君。兼陰虛者，補陰益氣參用。

紀事

《寓意章·辨王玉原傷寒後餘熱並永定善後要法》 王玉原昔年感症，治之不善，一身津液盡爲邪熱所爍，究竟十年，餘熱未盡去，右耳之竅嘗閉，今夏復病感，纏綿五十多日，面足浮腫，卧寐不寧，耳間氣往外觸。蓋新熱與舊熱相合，狼狽爲患，是以難於去體。醫者不察其綢繆膠結之情，治之茫不中窾，延至秋深，金寒水冷，病方自退。然淺者可退，深者莫繇遽退也。面足浮腫者，肺金之氣爲熱所壅，失其清肅下行之權也；卧寐不寧者，胃中之津液乾枯，不能內榮其魂魄也；耳間大氣撞出者，久閉之竅，氣來不覺，今病體虛羸，中無阻隔，氣逆上冲，始知之也。外病雖愈，而飲食藥餌之內調者，尚居其半，特挈二事大意，爲凡病感者，明善後之法焉。蓋人當感後，身中之元氣已虛，身中之邪熱未淨，於此而補虛，則熱不可除，於此而清熱，則虛不能任。即一半補虛，一半清熱，終屬模糊，不得要領。然舍補虛清熱外，更無別法，當細辨之。補虛有二法：一補脾，一補胃。如瘧痢後脾氣衰弱，飲食不能運化，宜補其脾如傷寒後胃中津液久耗，新者未生，宜補其胃，二者有霄壤之殊也。清熱亦有二法：初病時之熱爲實熱，宜用苦寒藥清之；大病後之熱爲虛熱，宜用甘寒藥清之，二者亦霄壤之殊也。人身天眞之氣全在胃口，津液不足即是虛，生津液即是補虛，故以生津之藥，合甘寒瀉熱之藥，而治感後之虛熱，如麥門冬、生地黃、牡丹皮、人參、梨汁、竹瀝之屬，皆爲合法。

仲景每用天水散以淸虛熱，正取滑石、甘草一甘一寒之義也。設誤投參、芪、苓、朮補脾之藥爲補，寧不並邪熱而補之乎？至於飲食之補，但取其氣，不取其味，如五穀之氣以養之，五菜之氣以充之，每食之間便覺津津汗透，將身中蘊蓄之邪熱，以漸運出於毛孔，何其快哉！人皆不知此理，急於用肥甘之味以補之，目下雖精采健旺可喜，不思油膩阻滯經絡，邪熱不能外出，久久充養完固，愈無出期矣。前哲有鑒於此，寧食淡茹蔬，使體暫虛，而邪易出，乃爲貴耳！前藥中以浮腫屬脾，用苓朮爲治；以不寐責心，用棗仁、茯神爲治。總以補虛淸熱之旨未明，故詳及之。胡卣臣先生曰：傷寒後，飲食藥餌二法，足開聾瞶。

兪按：此論可爲損怯病之秦鏡，何以類案不收？雄按：魏選已收。又羅君治韓子玉父六十病消渴，至冬添躁熱，須裸袒以冰置胸腹乃快，其脈沉細而疾，羅亦曰人身爲主，時令爲客，大寒之令，其熱更甚，經謂當所勝之令而不能制，名曰眞強，乃孤陽絶陰，必死之證也。與此條義同。

雄按：庚戌冬卜子安少府三令郎，久患虛嗽，醫用引火歸元法，頻投桂附，馴致喘汗大熱，不能著複衣，甚欲搖扇，延余診之，脈洪數無序，曰陰已竭，孤陽欲飛，天時猶不能勝，而況於藥乎。辭不治，果交春而沒。

立齋治王以道元氣素弱，復以考試積勞。於冬月大發熱，淚出隨凝，目赤露胸，氣息沉沉欲絶，脈洪大鼓指，按之如無，舌乾如刺，此內眞寒而外假熱也。令服十全大補湯，囑曰服此藥，其脈能收斂爲善。少頃熟睡，覺而惡寒增衣，脈頓微細如絲，此虛寒之眞象也。以人參一兩，熟附三錢，煎服而安，夜間脈復脫，以人參二兩，熟附五錢仍愈。後以大劑參、朮、歸身、炙草等藥調補而痊。

兪按：見證皆是火象，惟氣息沉沉欲絶，是虛象，脈洪大按之如無，則可決其內虛寒而外假熱矣。雄按：其便溺必露虛寒之眞諦，惜未載明。服溫補後脈當收斂爲善，此是格言，所當熟記。

李瀕湖自記痰嗽膚如火燎案見《本草綱目》黃芩條下。

兪按：此條與立齋治法，天淵之別，故病者如人面之不同，千態萬狀，無有定形。治病者能如以鏡照面，使隨其形而呈於鏡，則姸媸自別，不至誤認矣。

《古今醫案按選・發熱》羅謙甫治王侍郎壻盜汗案

高果哉治陳幾亭病身熱，自卯辰以後，上半身熱，申酉時中半身熱，亥子時下半身熱，熱至足底更甚，周而復始，一日一夜，循環無間，服藥久而不效，展轉沉重，高診之脈微無力，右尺脈伏而不起。因思尺脈沉伏者，腎虛也，日夜之熱上下循環者，腎火之浮游也。至子時而足底大熱，則腎火之歸就於下也。若當歸下之；時而能攝住其性，不使上走，則熱自退矣，須效燒丹法治之。夫丹家用兩個陽城罐，一盛水銀丹藥，塡塞其中，一則空而無物，以兩罐對合其口紮住，鹽泥封固，然後煅煉其上空罐，必用濕紙當燒紅時搭於罐底，頻以冷水潤之，蓋下罐丹藥爲火所逼，則淅淅望空罐中來矣，如升藥之望上而飛也，但水銀甚活，雖上入空罐，又能復入舊罐，必得涼冷之處，方能攝住其質，故用濕紙搭於罐底，丹必穩貼矣。今仿此法以製方，用童溺炙龜板一兩，熟地、枸杞各七錢，麥冬五錢，萸肉四錢，此五味皆補腎滋陰之藥，猶水銀與丹藥也，附子二錢，以從治則導火歸元，猶煉丹之火也。又用黃檗七錢，以降其火，猶罐底之濕紙與水也。黃昏煎好，子時方服從前服藥，皆積於胸中而難下，服此藥覺胸中易下，三劑而熱除病愈。

兪按：此案認爲腎虛火不歸元，大劑補腎，寒因熱用，與證極合，與脈似有未合，然其講理取譬，眞堪嘉惠後人。

雄按：陰虛陽浮，於大劑壯水之中反佐附子以從治，立方甚佳。取譬之義，仍是能攝陽，陽以陰爲基之旨，並無新異也。

孫文垣治徐三泉令郎，每下午發熱，直至天明，夜熱更甚，右脇脹痛，欬嗽弔疼，以瘧治罔效，延及二十餘日，熱不退，後醫謂爲虛熱，投以參術，痛益增，孫診之，左紘大，右滑大搏指，乃曰：《內經》云：左右者，陰陽之道路。據脈肝膽之火爲痰所凝，必勉強作文，過思不決，木火之性不得通達，鬱而致疼，夜甚者，肝邪實也。初治祇當通調肝氣，一劑可瘳。誤以爲瘧，燥動其火，補以參朮，閉塞其氣，致汗不出，而舌苔如沉香色，熱之極矣。乃以小陷胸湯，用大括蔞一兩，黃連三錢，半夏一錢，加前胡、青皮各一錢煎服，夜以當歸龍薈丸微下之，遂痛止熱退而安。

又治潘宅小價，年十六七，發熱於午後，醫者以爲陰虛，用滋陰降火藥三十餘劑熱益加，且腹中漸脹，面色靑白，仍以六味地黃湯加知、檗、麥冬、五味之類，又三十劑，而腹大如斗，堅如石，飲食大減，髮黃成穗，額亮口渴，兩骸大肉消盡，眼大面小，肌膚枯燥，如松樹皮，奄奄一骷髏耳。孫觀其目之神尚

五分存，乃曰證非死候，爲用藥者誤耳，譬之樹木，若根本壞而枝葉枯焦，非力可生，今之焦枯，乃斧斤傷其枝葉，而根本未傷，設灌溉有方，猶可冀生。雄按藥無定性，總以對症者爲良，故用失其宜，滋補即是斧斤，用得其宜，攻伐亦爲灌溉。世人昧此，不問何症，喜服補劑，至死不悟，可嘆也。以神授丹日用一丸，煮豬肉四兩伺之，十日腹耎其半，熱亦消其半，神色漸好。潘問此何證，孫曰：此痞積證也。誤認爲虛，而用滋陰之藥，是以滯益滯，腹焉得不大不堅，況此熱乃濕熱由脾虛所致，補陰之藥皆濕類，熱得濕而益甚矣。蓋脾屬土，喜燥惡濕，令以大蘆薈丸、肥兒丸調理一月全瘳。

俞按：發熱有兩大局，一係外因，《內經》所謂熱病者皆傷寒之類也；一係內因，《內經》所謂陰虛則發熱也。然傷寒之類，已有風暑濕風溫風濕濕熱溫病熱病瘅瘧脚氣十餘種分別，若內因自陰虛之外，如勞倦內傷，陰盛格陽，氣虛血虛，火鬱陽鬱，停食傷酒，伏痰積飲，瘀血瘡瘍，頭緒不更多乎。得其因又當分其經，而十二經之外，又有奇經，如陽維爲病發寒熱，此非可以瘧治者，故臨證貴乎細辨也，即如孫公二案，一係肝經鬱火，一係痞積似勞，非其明眼，安能奏功。

《凌臨靈方・熱入營分》 錢十一歲 煩出於心，躁出於腎，熱邪深入營分，津液被奪，壯熱，口喝，煩躁不安，惟恐熱邪從營分逆於心主，宮城激動，肝風致有痙厥之變，脈弦滑數。治宜清解爲法，冀其轉機附方候正。

元參　薄荷　純鈎　鮮竹瀝　石菖汁同冲　牛黃清心丸　連翹　川鬱金　石決明　車前草　羚角片　丹皮　京膽星　紫雪丹

《堎臨靈方・熱入厥陰》 喻年十五歲，七月十日 病經旬，餘熱傷營陰，暑濕熱邪深入厥陰，內熱煩渴，體力疲憊，眩暈昏黑，四支厥逆，時有潮熱，肌膆曾有白瘖，未得宣達，風動痙厥，愼防厥脫之變。脈弦滑數，按之均少神韻。治宜清心滌痰兼平肝宣竅，附方請正。

臺參鬚玫瑰花三朵同燉冲　純嫩鈎　青蒿子　竹瀝　牛黃清心丸　眞滁菊　石決明眞川連三分拌　川鬱金　膽星　丹皮　硃茯神　薄荷　益元散方中有膽星，牛黃，川連可勿用也

又次日，厥逆已平，喘汗已止，而肺津胃液已被熱邪刧耗，潮熱未退，大便挾熱旁流，左脇痞痛拒按，神疲支倦，不飢不納，脈虛數近弦，苔黃糙。治宜滋清以撤餘邪，還須節食避風，勿使反復。另紙錄方請正。

台參鬚玫瑰花三朵同燉冲　東白芍　青蒿子　車前草　小青皮　連心麥冬　左牡蠣　丹皮　生穀芽　金扁石斛　淡鱉甲　純嫩鈎　硃茯神

如舌胎黃糙，遺邪尙未清淨，參麥滯膩用宜斟量。見症不飢不納，膩補更宜加意審辨爲重。

溫病總部

溫病兼挾證部

論説

《金匱要略・黄疸病脈證并治》額上黑，微汗出，手足中熱，薄暮即發，膀胱急，小便自利，名曰女勞疸；腹如水狀不治。

黄家日晡所發熱，而反惡寒，此爲女勞得之。膀胱急，少腹滿，身盡黄，額上黑，足下熱，因作黑疸。其腹脹如水狀，大便必黑，時溏，此女勞之病，非水也，腹滿者難治。消石礬石散主之。

《溫疫論・四損不可正治》凡人大勞、大慾及大病、久病後，氣血兩虚，陰陽並竭，名爲四損。當此之際，忽又加疫，邪氣雖輕，並爲難治，以正氣先虧，邪氣自陷，故諺有云：傷寒偏死下虚人。正謂此也。蓋正氣不勝者，氣不足以息，言不足以聽，或欲言而不能，感邪雖重，反無脹滿痞塞之證，誤用承氣，不劇即死。以正氣愈損，邪氣愈伏也。

若眞血不足者，面色痿黄，唇口刮白，或因吐血崩漏，或因產後亡血過多，或因腸氣藏毒所致，感邪雖重，面目又無陽色，誤用承氣速死，以營血愈消，邪氣益加沉匿也。

若眞陽不足者，或四肢厥逆，或下利清穀，肌體惡寒，恆多泄瀉，至夜益甚，或口鼻冷氣，感邪雖重，反無發熱燥渴胎刺等證，誤用承氣，陽氣愈消，陰凝不化，邪氣留而不行，輕則漸加委頓，重則下咽立斃。若眞陰不足者，自然五液乾枯，肌膚甲錯，感邪雖重，應汗無汗，應厥不厥，誤用承氣，病益加重，以津液枯涸，邪氣澀滯，無能輸泄也。凡遇此等，不可以常法正治，當從其損而調之，調之不愈者，稍以常法治之，治之不及者，損之至也。是故一損二損，輕者或可挽回，重者治之無益。乃至三損四損，雖盧、扁亦無所施矣。以枯魄獨存，化源已絶，不復滋生也。

《溫熱暑疫全書・疫病方論》妊娠時疫，設用三承氣，須隨證施治，不可過慮，愼勿惑於參耆安胎之説也。病家見用承氣，先自驚疑，更加左右有粗知醫者，從旁嘈雜，必致掣肘，遂令子母不祥。若應下之證，反用補劑安胎，熱毒愈熾，胎愈不安，耗氣搏血，胞胎何賴？是以古人有懸鐘之喻，梁腐而鐘未有不落者。惟用承氣逐其邪，火毒消散，炎熇頓爲清凉，氣回而胎自固。當此證候，大黄反爲安胎聖藥，歷治歷當，母子俱安。若見腹痛腰疼，則必墮無疑矣，須預言之。

《瘟疫明辨・兼瘧》時疫有似瘧，有轉瘧，有兼瘧之不同，用藥亦有微異。似瘧者，寒熱往來，或一日二三次，或一次，而時無定也。時疫初起多有之。轉瘧者，時疫譫妄煩渴大劇之後，已經大汗大下，仍有餘邪不解，復作寒熱，轉成瘧象也。時疫末路多有之。兼瘧之症，乃寒暑時疫合病也。其症寒熱有常期，瘧症全具，但熱多寒少，且多燥渴擾亂，熱勢迅速，神情昏憒，穢氣觸人爲異。秋令多有之。時疫所以似瘧者，因邪氣盤錯於募原，欲出表而不能透達，欲陷裏而未得空隙，故見半表半裏之少陽症也。治法宜達原飲加柴胡爲主。時疫所以轉瘧者，因汗下後邪氣已衰，正氣來復，邪正相爭，故在先陽氣獨亢，有熱無寒者，今則以陰液漸回，而寒熱相爭矣。在先邪氣秉綱，晝夜燥熱無休止時者，今則邪氣漸退，正氣漸復，而寒熱發作有時矣。治法以養正爲主，祛邪佐之。小柴胡湯、炙甘草湯、柴胡四物湯、參胡三白湯，量餘邪之盛衰，視陰陽之盈虧，酌而用之。至若兼瘧之症，最爲難治。吳又可曰：瘧疾二三發，或七八發後，忽然晝夜煩熱發渴，不惡寒，舌上胎刺，心腹痞滿，飲食不進，下症漸具，此時疫症見，瘧疾症隱也。以疫症方藥治之則生，瘧家方藥治之則劇。治之如法，脈靜身凉。每日或間日，寒熱復作有常期者，時疫解而瘧邪未盡也，仍以瘧法治之。愚按時疫與瘧病，不甚相遠，疫乃濕溫二氣合病，瘧乃風寒暑濕四氣合病，其邪氣之雜而不純相類。瘧邪橫連募原，時疫亦發於募原，其受邪之處相類。但時疫之溫氣，發則爲亢陽，故宜下宜清之症多，瘧之暑氣，停則爲鬱滞，故宜宣利之症多耳。所以時疫初起，方用達原飲，與瘧之主方用清脾飲，藥品亦多相類。至其傳變，則緩急輕重，迴乎不同也。善悟者於此處細參，思過半矣。

《瘟疫明辨・四損》大勞、大慾、大病、久病後，爲四損。氣血兩虚，陰

陽並竭，復受疫邪，正虛則邪入愈深，邪深則傳化難出，汗下傷正而正脫，補助鬱邪而邪錮，多不可治。然補瀉兼施，間有愈者。有補瀉合用之法，有先補後瀉之法，有先瀉後補之法。凡人參敗毒散、人參白虎湯、黃龍湯、竹葉石膏湯，皆補瀉合用之法也。先用補劑，後施汗下，先補後瀉之法也。先用汗下，後施補劑，先瀉後補之法也。當詢病之來路，斟酌施治。尤當審現在之症，若純見實證，亦不可以疑似之見悞人。大凡周身俱見大實大熱之症，而一二處微見虛象，則吃緊照顧其虛。周身俱見虛象，而一二處獨見實症，則吃緊斡旋其實。此治病之權衡也。若夫汗之而表症愈增，如頭痛、身痛更甚之類，清下而裏症愈增。如煩渴、痞滿更甚之類，則大虛有盛候也，急宜補之毋疑。既辨其症，尤當細辨其脈。凡遇脈之浮候盛大者，須謹察其沉候有無力處，六部脈皆盛者，須謹察其一部有獨無力處。果得其一部一候之眞無力，便可略其諸部諸候之假有餘，從而施治，有獨見若神之妙。夫既詢得其來路之大槩，又察得其輕重之確憑，再加之脈理精詳，則燭照無遺矣。其損證之狀甚多，當參後四不足條看。

《瘟疫明辨·四不足》　四損由人事，四不足由天稟。四損在暫時，四不足在平素。然四不足亦有由四損而來者，不可以四損之外便無不足。四不足者，氣血陰陽也。氣不足者，少氣不足以息，語言難出也。感邪雖重，反不成脹滿痞塞。凡遇此症，縱宜宣伐，必以養氣爲主。血不足者，面色痿黃，唇口刮白也。感邪雖重，面目反無陽色。縱宜攻利，必以養血爲主。陽不足者，或四肢厥逆，或肌體惡寒，恆多泄瀉，至夜益甚，或口鼻冷氣，受邪雖重，反無發熱、胎刺、燥渴。凡遇此等症，縱欲攻利清熱，必先之以溫補，待其虛回，實症全見，然後以治實之法治之。陰不足者，自然五液枯乾，肌膚甲錯，感邪雖重，應汗無汗，應厥不厥。遇此等症，縱宜攻利，必先之以養陰，待其氣化津回，邪多不治自退。設有未退，酌用清利，攻利若早，其病益甚。以上四不足，合前條四損，總不可正治其邪，必以養正爲要。先服養正藥，待其實症悉見，方可攻邪。若服攻邪藥，虛症復見，仍當調補其虛，養正以和邪，袪邪以安正。互相加減，迭爲進退，直待邪盡去而正不傷，方爲善治。

《瘟疫明辨·遺證·妊娠》　妊娠感時疫，須治之於早，則熱不深入而傷胎。當汗當清之症，當速治，固不待言。當下之症，尤不可遲。若因妊娠忌下，傷胎之說，因循略遲，則胎受熱蒸而反易墮。一見裏證，速下其熱，其胎反安然無事。蓋有病則病受之，《內經》所謂有故無殞者，乃歷驗不誣者也。妊娠受疫，當下失下，至於舌黑、腰痛，少腹下墜至急，則其胎多死腹中自欲墮矣。此時下亦墮，不下亦墮，然下之胎墮，母猶可救十中二三，不下則母無生理，胎亦不能獨存。同一墮胎，而此善於彼，當明言於病家，而後施治下藥。雖三承氣皆可用，惟芒硝當慎，以其專主傷胎，非大實大熱大燥，不可試也。

《瘟疫明辨·遺證·小兒》　小兒受時疫，悉與大人同，而時見驚搐，類於驚風，誤治多死。用大人治疫清解諸法，減小劑料以治之則愈。小兒不能言，遇當下症，既不知其讝妄，復難驗其舌胎，則當驗其唇，唇赤而燥，即是下症，此幼科之要訣也。

《續選臨證指南·胎前》　秦天一評：《易》曰：大哉乾元，萬物資始。此言氣之始也。又曰：至哉坤元，萬物資生。此言形之始也。人得父母之氣，以生氣生形，即稟此乾坤之氣也。兩儀既兆，五行斯彰，故天一生水，水屬腎，腎臟先生，地二生火，火屬心，心又次生，天三生木，木屬肝，肝又次生，地四生金，金屬肺，肺又次生，天五生土，土屬脾，脾又次生，天既以五行生五臟，而仁義禮智信之五德，亦即寓於其中。朱夫子所云：天以陰陽五行，化生萬物，氣以成形，而理亦賦焉。此之謂也。因此古人重胎教，所以端其本也，而今不復講矣。然六淫之感，七情之傷，妊婦稟氣有強弱，小兒胎元有靜躁，故安胎之法不可不詳。如惡阻、胎淋、胎暈、胎腫、胎懸及漏胎等症，古人言之甚晰，茲不具贅。今閱葉先生案，胎前大約以涼血、順氣爲主，而肝脾胃三經，尤爲所重。因肝藏血，血以護胎，肝血失榮，胎無以蔭矣。肝主升，肝氣橫逆，胎亦上衝矣。胎氣繫於脾，如寄生之托於苞桑，蔦與女蘿之施於松柏，脾氣過虛，胎無所附，墮滑難免矣。至於胃爲水穀之海，妊婦全賴水穀之精華以養身護胎，故胃氣如兵家之餉道，不容一刻稍緩也。其餘有邪則去邪，有火則治火，陽虛則溫補，陰虛則清滋，隨機應變，無所執著。學者更能引而伸之，觸類而通之，安胎之法，可一以貫之，無餘蘊矣。

《續選臨證指南·產後》　龔商年評：婦人善病，而病由產後者爲更多，亦爲更劇。產後氣血大虧，內而七情，外而六氣，稍有感觸，即足致病。使治之失宜，爲患莫測。朱丹溪曰：產後以大補氣血爲主，雖有他症，以末治之，此語固爲產後症之宗旨。而症實多端，論其常，未盡其變也。醫者惟

辨乎脈候，以明內外之因，審乎陰陽，以別虛實之異病根透徹，而施治自效。愼毋以逐瘀爲了事，亦毋以溫補爲守經。今觀先生案中，凡內因之實症，未嘗不用攻治之劑，然如熱熾昏亂，有似惡露冲心者，先生則曰陰氣下泄，陽氣上冒，從亡陽汗出譫語例，爲救逆法。如少腹冲及心脘，痛而脹滿，有似肝氣犯胃者，先生則曰產後下虛，厥氣上攻，惟用柔陽之藥。如頭痛、汗出、煩渴，有似感冒風寒者，先生則曰開泄則傷陽，辛熱則傷陰，從仲景新產鬱冒之治以立方。至於奇經八脈，爲產後第一要領，蓋八脈麗於下，產後陰分一傷，而八脈自失所司，溫補鎭攝，在所必先。無奈世人罕知，即有一二講論者，終屬影響糢糊。惟先生於奇經之法，條分縷析，盡得其精微。如衝脈爲病，用紫石英以爲鎭逆。任脈爲病，用龜板以爲靜攝。督脈爲病，用鹿角以爲溫煦。帶脈爲病，用當歸以爲宣補。凡用奇經之藥，無不如芥投針。若夫外因爲病者，風溫入肺，用葦莖湯甘寒淡滲，以通肺氣。遇寒腹痛，用當歸桂枝湯，辛甘化陽，以和營衛。暑氣上干，則陰虛是本病，暑熱是客氣，清上勿致礙下，便是理邪。如濕傷脾陽，而飲邪阻氣，用苦溫淡滲之品，澤术湯治之。熱蒸化燥而胃阻腸痹，用首烏、麻仁、麥冬、花粉，清滋潤燥之劑治之。熱乘陰虛而入營中，則忌表散清尅，惟育陰可以除熱。更如邪入營絡而成瘧症，不得發汗膩補，當以輕清和解爲主。要之先生於內因之症，一一尋源探本，非同俗手漫謂補虛。於外因之端，種種審變達權，不以產後自爲荆棘。惟讀書多而胸具靈機，故於丹溪本末二字，尤爲神化無迹。此所謂知其要者，一言而終，不知其要者，流散無窮也。案中諸症甚多，學者果能悟焉，則一以貫之矣。

《蘭臺軌範・五臟瘡疹症治》 小兒在胎，食五臟血穢，伏於命門。若遇天行時熱，或乳食所傷，或驚恐所觸，則其毒當出。初起之候，面燥腮赤，目胞亦赤，呵欠頓悶，乍涼乍熱，咳嗽噴嚏，手足梢冷，驚悸多睡。宜究其何臟所發，察其何因所起，令乳母亦須節飲食、愼風寒。五臟各有一症，肝臟水疱，青色而小；肺臟膿疱，色白而大；心臟癍，色赤而小；脾臟疹，小次癍，故色赤黃淺也。先發膿疱後發疹子者，順；先疹子後癍者，順。反此爲逆。惟腎無候，但見骩冷耳冷是也。若寒水來侮，故黑陷而骩反熱爲逆也。急用百祥丸、牛李膏，各三服，不愈者死。如發潮熱三日以上，出不甚多，而熱不止者，未盡也。潮熱隨出，如早食潮熱不已，爲水泡之類也。一發便出盡者，重；瘡夾疹者，半輕半重也；出稀者，輕；裏外微紅者，輕；外黑裏赤者，微重；外白裏黑者，大重也；瘡端裏黑點如針孔者，勢最劇也；青乾紫陷，昏睡汗出，煩躁熱渴，腹脹啼喘，二便不通者，困也。有大熱，利小便，解熱毒。若紫黑乾陷，或寒戰咬牙，或身黃腫紫者，急以百祥丸下之。復惡寒不已，身冷出汗，耳骩反熱者，死症也。此腎氣大旺，脾虛不能制故耳。下後身熱氣溫，飲水者，可治，以脾土勝，腎寒去而溫熱也。不黑者，不可下，下則內虛歸腎。大抵瘡疹屬陽，在春夏爲順，秋冬爲逆。冬月腎旺，盛寒病多，歸腎變黑。又當辨春膿疱、夏黑陷、秋癍子、冬疹子者，十活四五。黑者，十難救一。身熱煩渴，腹滿而喘，便澀面赤，悶亂大吐，此當利小便，不瘥者，宣風散下之。若能食而痂頭焦起，或未焦而喘實，亦可下之。若五七日痂不焦，是內熱也。宣風散導之，生犀汁解之。癍疹作搐，爲脾虛，而肝則乘心火妄動，風熱相搏也。當瀉心肝，補脾土。瘡黑而忽便膿血，并痂皮者，乃脾氣實，腎邪退而病安也。及瀉而乳食不化者，脾虛不能制腎，故爲難治。此即近世痘瘡之症，其病與癍疹同列，并無起脹成漿收靨等說。大抵宋時之瘡形，治法不過如此。近日愈變愈重，與癍症絕不相類，治亦迥別。因知天下之病，隨時隨地，變化無窮，所以《內經》有五運六氣、異法方宜等論。爲醫者，苟不能知天運之轉移及五方之體性，終有偏執之處，不可以稱上工也。痘瘡無人可免，自種痘之法起，而小兒方有避險之路，此天意好生，有神人出焉，造良法以救人也。然人往往以種痘仍有死者，疑而不敢種，不知乃苗之不善，非法之不善也。況即有死者，不過百中之一，較之天行惡痘，十死八九者，其安危相去何如也。至於治痘之書，自宋至今，不下數十種，莫不和平切近。孰意邇年以來，崇奉怪書。不論小兒之強弱，痘症之虛實，概以大黃數兩，石膏數斤爲一劑，使兒眞火消盡，元氣大傷，絕其起脹成漿之路。因向其父母云：此症或不能起脹，或不能成漿而死。其父母以爲神目，不知此實醫者致之死地也。或幸不死，則信爲大黃、石膏之功，而此二味，遂爲不祧之藥矣。又方中多用蜂房、蝎子、蠐螬、蚯蚓、蚌汁等惡物，成升成碗，灌入兒腹，以增其毒，而爛其胃，宛轉就死，尤可痛心。夫近日時醫，治精壯男婦之病，見用清火之藥一二錢，群以爲此寒涼之品，斷不可服，必當用附、桂、參、术。獨於數月之小兒，反用大寒大毒之藥，成兩成斤，俾死者接踵而不悔，何耶？醫者不足責，爲父母而目覩其子之服此毒藥，以致慘死，毫無疑怨，則

何心也？

《溫病朗照・婦人時疫》 婦人病疫與男子無異。惟經水適來適斷，及崩漏產後，與男子不同。經水適來，邪不入胃，入於血海。胸膈無邪，勿以胃實攻之，但熱隨血下自愈。小柴胡加生地、丹皮、白芍。如結胸狀者，此因邪結，刺期門。經水適斷，血室空虛，邪乘虛入爲難治，與適來者有虛實之分，宜柴胡養營湯。新產亡血，冲任空虛，與素病崩漏，經氣久虛者，亦用此湯。若藥停不行，加生薑；中虛不運，加人參。

《溫病朗照・小兒春月病溫治法亦分爲三大例》 小兒冬月，深居房幃，觸犯寒邪者恆少。而知識未開，天癸未動，又無不藏精之事。然亦有溫證三例，可互推者。經云：水穀之氣，感則害人六腑。小兒或啖乳而受母熱，或因飲食而中外邪，皆從陽明胃經先受。由陽明而外達太陽，即與溫證之第一例頗同。而平素脾氣受傷者，邪氣入胃，復乘其脾虛而客之，即與溫證之第二例頗同。既陽明胃與太陰脾，一臟一腑，交合爲病，正傷寒證中二日陽明與太陰受之，則腹滿身熱，不欲食，譫語之證，與溫證之第三例，分經雖不同，而兩感則頗同也。後人造爲小兒八歲以前無傷寒之說，以悖理叛道。不思小兒冬月登山入水者尚有之，豈遂謂無寒可傷耶？即冬月不令受寒，豈春月并不受時行外襲之氣耶？術士妖言，鄉人說鬼，偏操移風易俗之柄，可慨也！其後又因無傷寒之說，凡一切外感，俱妄立驚風之名，擅用金石重墜，反領外邪深入，千中千死，萬中萬死。昌《寓意草》中已略辨其端，但未詳其治也。試觀中風卒倒之人，邪中脾之大絡，則昏迷不省，然則邪熾太陰脾經，勢必傳於大絡，其譫妄而不知人者，夫豈驚風之謂耶？只有慢脾風一說，似乎近理。然不以外感之名，統之用藥，茫無措手。玆特比入溫證之例，庶推之以及四時而治。悉無忒後之赤子可登春臺矣！

《通俗傷寒論・傷寒夾證》 後漢張仲景著《傷寒雜病論》，以傷寒二字，統括四時六氣之外感；論以雜病二字，統括全體臟腑之內傷證。外感時病者，言其病從外受，非專指正傷寒也；內傷雜病者，言其病從內生，非但屬虛損病也。傷寒最多夾證，其病內外夾發。較兼證尤爲難治。凡傷寒用正治法，而其病不愈，或反加重者，必有所夾而致，或夾食，或夾痰，或夾飲，或夾血，或夾陰，或夾哮，或夾痞，或夾痛，或夾脹，或夾瀉，或夾痢，或夾疝，或夾癆，或夾臨經，或夾妊娠，或夾產後，必先辨明因證，刻意精別，用藥庶無差誤。故前哲善治傷寒者，其致力雖在雜病未研之先，而得心轉在雜病悉通之後，不親歷者不知也，臨證不博者更不知也。其證約計十六，條治於後。

《寒溫條辨・婦女傷寒溫病》 婦女六經治例，與男子無異，但多兼經候，調治爲難。經行之際，用藥必和中兼調血爲主。如傷寒自氣分傳入血分，表證居多，用生地四物湯合麻黃湯、桂枝湯、葛根湯、小柴胡湯之類，隨證消息之。如溫病由血分發出氣分，裏證居多，用神解散、小清涼散、升降散、增損雙解散之類，隨證消息之。至於傷寒傳裏熱證治法，與溫病雖異而大略同，否則邪傷衝任而爲熱入血室矣。若胎前產後又當別論。此亦大概言之，神明則存乎人耳。

《寒溫條辨・熱入血室》 衝爲血海，即血室也。衝脈得熱，血必妄行。在男子則下血譫語，在婦人則月水適來。惟陽明病下血譫語，兼男子言，不僅謂婦人也。但以婦人經氣所虛，邪得乘虛而入，故病熱入血室爲多。然婦人熱入血室，有須治而愈者，有不須治而愈者。如《傷寒論》曰：婦人中風，發熱惡寒，經水適來，得之七八日，熱除而脈遲身冷，邪氣內陷，表證罷也。胸脇下滿，如結胸狀，譫語者，此爲熱入血室，當刺期門，隨其實而瀉之。又曰：婦人中風七八日，續得寒熱，發作有時，經水適斷者，此爲熱入血室。其血必結，故使如瘧狀，發作有時，小柴胡湯主之。二者是須治而愈者也。又曰：婦人傷寒發熱，經水適來，晝則明了，夜則譫語，如見鬼狀者，此爲熱入血室。無犯胃氣，及上二焦，必自愈。此不須治而愈者也。夫胸脇滿如結胸，譫語，此言適來即斷，是邪氣留結於胸脇而不去，血結在裏爲實證，必刺期門，隨其實而瀉之。不善刺者，以小柴胡湯加梔子、丹皮、歸尾、桃仁、紅花、益母草、穿山甲以消之。如熱盛神昏，但頭汗者，加酒大黃微利之。以有瘀血，故頭汗出也。寒熱如瘧，發作有時，此言經行未盡而適斷，雖有結血未爲全實，以小柴胡湯加丹皮、梔子、生地、歸尾、益母草以清之，二者既有留邪，必須治之可也。在溫病，并宜增損大柴胡湯，加歸尾、桃仁、穿山甲。若發熱經水適來，晝則明了，夜則譫語，此則經水既來而不斷，裏無留滯之邪，故晝日明了，但暮夜則譫語。俟經盡熱隨血散自愈。不可刺期門犯胃氣，及用柴胡犯上二焦也。在溫病亦宜小柴胡湯去人參，加陳皮、丹皮、梔子、黃連、益母草以清其熱。又婦人傷寒，表虛自汗身涼，四肢拘急，脈沉而遲，太陽標病，少陰本病，經水適斷，桂枝加附子紅花湯。又婦人傷寒，汗解表除，熱入血室，擾

其榮血，經水過多，不受補益，宜芎藥甘草湯和之。

《寒溫條辨·妊娠》 妊娠，傷寒溫病六經治例皆同，但要保胎爲主。傷寒外感風寒，表證居多，宜汗、宜解、宜和，不過麻黄、桂枝、葛根、小柴胡等湯，合四物湯隨證治之自愈。溫病內蘊邪熱，裏證居多，不可發汗，急用護胎之法，井底泥塗臍至關元，乾再易之，或以青黛、伏龍肝爲末，水調塗之。若大熱乾嘔，錯語呻吟，增損三黄石膏湯、清化湯。若熱甚躁急，胎動不安，必須下之，慎勿惑於參、术安胎之説。奪其裏熱，庶免胎墜。蓋邪火壅鬱，胎自不安，轉氣傳血，胎胞何賴？酌用升降散、增損雙解散、加味涼膈散，或去芒硝，以逐去其邪，則焰熇頓爲清涼，氣回而胎自固，反見硝、黄爲安胎之聖藥，歷治歷效，子母俱安。若治之不早，以致腹痛如椎，腰痛如折，服藥已無及矣。古人所以有懸鐘之喻，梁腐而鐘未有不落者。在裏證，溫病與傷寒治法大略同。或曰孕婦而投硝、黄，設邪熱未逐，胎氣先損，當如之何？余曰不然。結糞瘀邪，腸胃中事也；胎附於脊，腸胃之外，子宮內事也。大黄直入腸胃，鬱結一通，胎得舒養，是興利除害於頃刻之間，何慮之有？《內經》曰：有故無殞，亦無殞也。正此之謂。但毒藥治病，衰去七八，餘邪自散，幸勿過劑。凡妊娠萬有四損者，不可以常法正治，當從其損而調之。産後同法，非其損而誤補必危。

《寒溫條辨·産後》 産後，傷寒不可輕汗，溫病不可輕下。蓋有産時傷力發熱，去血過多發熱，惡露不行發熱，三日蒸乳發熱，或起早動勞，飲食停滯，一皆發熱，要在仔細辨之。大抵産後大血空虚，若誤汗誤下，則亡陽亡陰之禍，更難解救。凡有發熱，且與四物湯。歸、芎爲君最多，生地、白芍須用酒炒，合小柴胡湯，加金銀花、澤蘭葉、益母草，少佐乾薑最妙。蓋乾薑之辛熱，能引血藥入血分，能引氣藥入氣分，且能去瘀血生新血，有陽生陰長之道，以熱治熱，深合《內經》之旨。如有惡露未盡者，黑龍丹必兼用之，如有積熱停滯者，麻仁丸、大柴胡湯必兼用之，不可執泥丹溪之説。胃虚食少者，必加白术、茯苓；痰飲嘔逆者，必加陳皮、半夏。但藥中必主以四物、人參，乃養血務本，滋陰降火之要務也。即偶爾傷寒，或遭溫病，亦須調理血氣爲主。傷寒內虚外感，以大溫中飲、理陰煎。無汗用麻黄，有汗用桂枝等湯。頭痛用羌活、川芎之類加減治之。溫病沸熱內熾，用三合湯加減治之最妙。如萬不能不下，升降散無妨，增損雙解散去芒硝、黄連，加生地、川芎，尤爲對證之藥，其餘脈證治法，與男子同。

《寒溫條辨·小兒溫病》 凡小兒感冒、傷風、傷寒、咳、嘔、瘧、痢等證，人所易知，至染溫病，人多不料，亦且難窺，所以躭誤者良多。且幼科專於痘疹、疳積、吐瀉、驚風併諸雜證，在溫病則甚略之，一也。古人稱幼科爲啞科，蓋不能盡罄所苦以告醫，醫又安得悉乎問切之義？所以但知不思乳食，心胸膨脹，疑其內傷乳食，不知其爲溫病熱邪在胃也。但知嘔吐惡心，口乾下利，以小兒吐利爲常事，不知其爲溫病協熱下利也。但知發熱，不知其頭痛身痛也。凡此何暇致思爲溫病，二也。小兒神氣嬌怯，筋骨柔脆，一染溫病，延挨失治，便多二目上吊，不時驚搐，肢體發痙，甚則角弓反張，必延幼科，正合渠平日學習見聞之證，多誤認爲急慢驚風，轉治轉劇，或將神門、眉心亂灸，艾火雖微，內攻甚急，兩陽相搏，如火加油，死者不可勝紀，三也。凡雜氣流行，大人小兒所受之邪則一，且治法藥餌亦相彷，加味太極丸主之，升降散亦妙。四五歲以下者，藥當減半，三二歲以下者，三分之一可也，臨病之工，宜酌量焉。

加味太極丸 小兒溫病主方。

白殭蠶二錢，酒炒 全蟬蜕去土，一錢 廣薑黄三分 川大黄四錢 天竺黄一錢 膽星一錢 冰片一分

右七味，稱準細末，糯米濃湯和丸如芡實大。冷黄酒和蜜泡化丸，冷服。薄希熬酒亦可。

本方去天竺黄、膽星、冰片，即升降散。煉蜜丸即太極丸是也。用之便而且嘉，看證消息治之。

《疫疹一得·娠婦疫疹》 娠婦有病，安胎爲先，所謂有病以末治之也。獨至於疫，則又不然，何也？母之於胎，一氣相連，母病即胎病，母安則胎安。夫胎賴血以養，母病熱疫之症，熱即毒火也，毒火蘊於血中，是母之血亦爲毒血矣。毒血尚可養胎乎？不急有以治其血中之毒，而拘拘以安胎爲事，母先危矣，胎能安乎？人亦知胎熱則動，胎涼則安。母病毒火最重之症，胎自熱矣。極力清解涼血，使母病一解，而胎不必安自無不安矣。至於産後以及病中適逢經來。當以類推，若以産後、經期，藥禁寒涼，則誤人性命，只數日間耳！急則治其標者，此之謂也。

《醫醫病書·幼科論》 痘症從內發，瘾疹系溫邪，最忌發表，今人必與

表藥。治痘症必備四時之氣，且前清後溫，先瀉後補，如制藝中之截搭題法居多。亦有純系虛寒，始終用保元、異功者；亦有梟毒大熱，始終用石膏、大黃者，斷不可拘於一格。

《溫證指歸・治溫證當明五兼十夾》 溫病兼夾，不可不辨。素無其證，與溫邪合病謂之兼。素有其證，與溫邪併病謂之夾。是溫病爲本，兼夾爲標。若辨之不明，未有不以標爲本，甚至治其標而忘其本者。閱古方書，惟麟郊戴氏，有五兼十夾之說，其意甚善，惜乎略而不詳。如五兼詳於風寒，略於燥火；十夾詳於本證，略於陰陽。茲於未備者補之，煩冗者刪之，使後之治溫病者，凡遇兼夾之證，胸有成竹，不致歧路亡羊，寧不爲溫病中增一法門耶。即以六淫論之，暑必兼濕，故夏傷於暑，秋必病瘧，夏傷於濕，秋必病痢。其所以爲瘧爲痢者，夏之暑與濕，相兼爲患也。至於夾證，尤爲明顯，如內傷飲食，外感風寒之類，相併而爲患也。若不細爲考核，徒講兼夾，不究溫病，誤矣；即究溫病，而不知兼夾，更誤矣。嘗見溫病有兼夾之證，輕者必先治表，後專治溫；重者表裏兩急，自當雙解。若膠執解表在前，無不貽誤，誠可悼嘆，果能明乎溫病之兼夾，治溫病不遺兼夾，治兼夾無妨溫病，或先治兼夾，或耑治溫病，或治兼夾而溫病漸輕，或治溫病而兼夾自除，庶幾溫病兼夾，兩相發明，而於治溫病也，瞭若指掌矣。

《溫證指歸・小兒》 小兒溫證，與大人異者，肌膚柔脆，臟腑嬌嫩，陰常不足，陽常有餘，一受溫邪，兩陽合併，多致抽搐。似驚，實非驚也。緣溫乃熱邪，最易傷陰，陰傷血燥，風自內生，是以劄眼搖頭，吐舌撩脣，胎黑鼻煤，渴飲氣促，人事昏沉。以上種種觀證，溫病常有，而驚證實無也。若作驚治，萬無一生，照溫熱例治，十全八九。予一見此證，常以加太極丸、紫雪，合神解散，加犀、羚、膏、連，獲效知響。此等證尤易驚駭惑人，病家倉皇之際，每招無師之嫗，一見如此光景，即以衣針挑放，偶有見效，以爲應手居奇，殊不知《內經》原有刺穴瀉熱之旨，然而倉皇之時，得此稍安人心，尙屬可嘉，間有不然之人，身帶無名之藥，重價售服，反謗正治之非，而世之病家，相沿受惑者比比，縱有明哲之輩，多易墮其術中，良可悲夫。不思驚證從無鼻煤胎黑等證，以此爲辨，萬不失一。

《疫痧草・見象章・娠妊發痧》 娠妊發痧，輕者以保胎爲要，重者以治邪爲先。若見神呆痧隱，喉爛舌絳，其疫火極盛也，雖竭力保胎，而火毒內攻，安能必其胎之可保乎？若執葛犀等藥，爲礙胎而不用，是疫火炎炎，用輕劑以治之，正如隔靴抓癢，非但不能保其胎，而且以速其死也。解其疫，清其火，正所以保其胎，而活其命也，痧症即用保胎之品，香燥酸斂，皆未可用。

疫痧見象，變幻不一，以上諸象，不過述所見之大畧爾。如神昏、鼾睡、痧悶、氣促，爲疫邪內陷；喉爛、氣穢、鼻搧、呃逆，爲疫火熾盛；痧點隱約，喉爛神昏，而脈細如絲、軟如綫，爲正不勝邪，邪勢橫逆，正氣欲脫。所謂陽症見陰脈也，三者俱百難治一。其餘見象有險有順，有可治有不可治，有險中之順，有順中之險，有可治中而見不治之機，有不治中而見可治之道，醫者當視其神，按其脈，觀其喉，察其痧，危而使之安，死而使之生。所謂神而明之，存乎其人也。

《溫熱經緯・葉香巖外感溫熱篇》 再婦人病溫與男子同，但多胎前產後，及經水適來適斷。大凡胎前病，古人皆以四物加減用之，謂護胎爲要，恐來害妊，如熱極用井底泥，藍布浸冷，覆蓋腹上等，皆是保護之意，但亦要看其邪之可解處。用血膩之藥不靈，又當省察，不可認板法。然須步步保護胎元，恐損正邪陷也。

保護胎元者，勿使邪熱入內傷胎也。如邪猶在表分，當從開達外解，倘執用四物之說，則反引邪入內，輕病變重矣。楊云：此釋極爲明通。故必審其邪之淺深而治，爲至要也。若邪熱逼胎，急清內熱爲主，如外用泥、布等蓋覆，恐攻熱內走，反與胎礙，更當詳審，勿輕用也。總之，清熱解邪，勿使傷動其胎，即爲保護。若助氣和氣以達邪，猶可酌用，其補血膩藥，恐反遏其邪也。雄按：此說固是，然究是議藥不議病矣，如溫熱已爍營陰，則地黄未嘗不可用。且《內經》曰：婦人重身，毒之何如？岐伯曰：有故無殞，亦無殞也。大積大聚，其可犯也，衰其大半而止，不可過也。故如傷寒陽明實熱證，亦當用承氣下之，邪去則胎安也。蓋病邪淺則在經，深則在腑，而胎繫於臟，攻其經腑，則邪當其藥，與臟無礙。雄按：此釋極通，而意忘卻溫熱傳營入血之證本文但云不可認板法，非謂血藥無可用之證也。若妄用補法以閉邪，則反害其胎矣。倘邪已入臟，雖不用藥，其胎必殞，而命難保。雄按：亦須論其邪入何臟。所以經言有故無殞者，謂其邪未入臟，攻其邪亦無殞胎之害也。楊云：有故無殞者，有病則病當之也，不少增入邪未入臟之說，以滋熒惑。要在辨證明析，用法得當，非區區四物所能保胎者也。故先生曰須看其邪之可解處，

不可認板法，至哉言乎。

至於產後之法，按方書謂慎用苦寒，恐傷其已亡之陰也。然亦要辨其邪能從上中解者，稍從證用之，亦無妨也。不過勿犯下焦，且屬虛體，當如虛怯人病邪而治。總之無犯實實虛虛之禁，況產後當氣血沸騰之候，最多空竇，邪勢必乘虛內陷，虛處受邪，爲難治也。

徐洄溪曰：產後血脫，孤陽獨旺，雖石膏、犀角對證亦不禁用。而世之庸醫誤信產後宜溫之説，不論病證，皆以辛熱之藥。戕其陰而益其火，無不立斃。我見甚多，惟葉案中絕無此弊，足徵學有淵源。

魏柳洲曰：近時專科及庸手，遇產後一以燥熱溫補爲事，殺人如麻。

雄按：不挾溫熱之邪者且然，況兼溫熱者乎？

吳鞠通曰：產後溫證，固云治上不犯中。然藥反不可過輕，須用多備少服法，中病即已，所謂無糧之師，利於速戰。若畏產後虛怯，用藥過輕，延至三四日後，反不能勝藥矣。

《溫熱經緯・葉香巖三時伏氣外感篇》 小兒熱病最多者，以體屬純陽，六氣著人，氣血皆化爲熱也。飲食不化，蘊蒸於裏，亦從熱化矣。然有解表已復熱，攻裏熱已復熱，利小便愈後復熱，養陰滋清，熱亦不除者。張季明謂元氣無所歸著，陽浮則倏熱矣。六神湯主之。

《溫熱經緯・余師愚疫病論》 論妊娠病疫　母之於胎，一氣相連。蓋胎賴母血以養，母病熱疫，毒火蘊於血中，是母之血即毒血矣。苟不亟清其血中之毒，則胎能獨無恙乎？須知胎熱則動，胎涼則安，母病熱疫，胎自熱矣。竭力清解以涼血，使母病去而胎可無虞。若不知此，而舍病以保胎，必至母子兩不保也。至於產後以及病中，適逢經至，當以類推。若云產後經期，禁用涼劑，則誤人性命，即在此言。

《時病論・附論・夾證兼證論》 人皆謂夾證與兼證難治，豐獨曰無難也。

【略】倘或暑邪夾溼，溼宜利，暑宜清，清利之方，宜天水散之屬。倘或燥氣夾火，火宜涼，燥宜潤，涼潤之方，宜清燥救肺湯之屬。其餘風暑、風溼、風燥、風火，皆係夾證，其治法皆可仿此。【略】又如婦人產後發熱，必辨其屬虛屬實，虛則宜補益，如加味四物之流。實則宜破瘀，如生化、失笑之流，此爲定法。設被暑邪所感者，即兼證也。考諸方有清暑且治產後，如竹皮大丸之流。若過盛者，必須先清其暑，再治產後則可矣。醫者能於如此圓變，則治夾證兼證，何難之有？

《溫熱逢源・伏溫兼挾氣鬱痰飲食積瘀血以及胎產經帶諸宿病》 伏溫而兼挾外感者，則以新邪而引動伏氣爲病。若伏溫而兼內傷者，則因內傷而留滯，伏溫不得爽達，治之不得其法，每有因此淹纏，致成壞證者。即如平時有氣鬱之病，則肝木不暢，絡氣鬱滯，溫邪竄入肝絡，即有胸板脇刺欬逆等證。邪鬱不達，久而化火，即蒙冒厥陰，而有昏痙之變。平日有痰飲內停者，抑遏溫邪，不得疏越，鬱之既久，外冒之痰濁，尚未蒸開，而內藏之津液，早已乾涸。一旦熱勢猝發，如烈火燎原，不可措手者，亦往往有之。中宮先有食滯，或因病而積，有熱邪所燔，阻結於胃，劫爍胃津，此可攻之證也。須得大便通行，積去而熱邪乃隨之而解也。平時有瘀血在絡，或因病而有蓄血，溫熱之邪與之糾結，熱附血而愈覺纏綿，血得熱而愈形膠固。或早涼暮熱，或外涼內熱，或神呆不語，或妄見如狂，種種奇險之證，皆瘀熱所爲。治之者，必須導去瘀血，俾熱邪隨瘀而下，庶幾病熱可轉危爲安也。有胎前犯溫病者，熱邪燔灼，易於傷胎。治之者，除藍布冷泥護胎外，治法亦別無善法。祇要眼明手快，認清病機，迎頭清泄，勿令邪熱留滯傷胎，便爲得法。古法每於當用方中，加入四物，名曰護胎。如當用者，尚無大害。若不當用而用之，則滋膩滯邪，非徒無益，而反害之矣。產後血舍空虛，百脈俱弛，當此而溫病猝發，最易陷入血絡，急則爲痙狂等險候，緩則留戀血室，燔灼營陰，延爲陰損之候。治之者，須處處迴護陰血，一面撤邪，一面養血，勿令熱邪深陷，乃爲得手。至兼挾經帶爲病，亦與胎產相似，不外虛則邪陷、實則瘀阻兩層。治之者，處處就此兩層着想，自然得法矣。

綜　述

《外臺秘要・小兒霍亂方一十二首》 《廣濟》療小兒霍亂，心腹刺痛，吐痢方：

茯苓　桔梗　人參各六分　白术五分　甘草炙　厚朴各四分，炙

右六味切，以水二升，煮取六合，去滓，溫服之。

又療小兒霍亂，嘔吐不止方：

人參六分　厚朴三分，炙　陳倉米三合

右三味切，以水三升，煮取七合，去滓，分服之。

《千金》療小兒吐痢霍亂方：

人參四分　厚朴炙　甘草各二分，炙　白术三分

右四味切，以水一升二合，煮取五合，六十日兒服一合，百日兒分三服，朞歲兒分再服，乳母忌油膩等。

《備急》療小兒霍亂吐痢方：

人參四分　厚朴炙　甘草各二分，炙　乾薑一分　白术三分

右五味切，以水一升，煮取四合，分服之。

又療孩子霍亂，已用有效方：

人參　蘆籜各二分　扁豆藤二兩　倉米一撮

右四味切，以水二升，煮取八合分服。

又方：

人參四分　生薑三分　厚朴炙　白术　甘草炙，各二分

右五味切，以水一升，煮取四合分服。

又方：

人參四分　木瓜一枚　倉米一撮

右三味切，以水煮，分服以意量之，立效。

《古今錄驗》療小兒霍亂吐痢，人參白术湯。方：

人參六分　白术　茯苓各四分　厚朴炙　甘草炙，各三分

右五味切，以水一升半，煮取六合，分溫取立效。

《傷寒證治準繩·四時傷寒不同·婦人傷寒》《衍義》云：一婦人溫病，已十二日，診其脈六七十至而濇，寸稍大，尺稍小，發寒熱，頰赤，口乾不了了，耳聾。問之病數日經水乃行，此屬少陽熱入血室也。若治不對病，則必死。乃按其證，與小柴胡湯服之，二日又與小柴胡湯加桂枝、乾薑，一日寒熱遂止。又云：我臍下急痛，又與抵當丸微利，臍下痛痊。身漸涼，脈漸勻，尚不了了，仍復與小柴胡。次日又云，我但胸中熱燥，口鼻乾，又少與調胃承氣湯，不得利。次日又云：心下痛。又與大陷胸丸半服，利三行。次日虛煩不樂，時亦有所見，時復狂言，雖知其尚有燥屎，以其極虛，不敢攻之，遂與竹葉湯去其煩熱。其夜大便自通，至曉兩次，中有燥屎數枚，而狂言虛煩盡解。但咳嗽唾，此肺虛也，恐乘虛而成肺痿，遂與小柴胡去人參、大棗、生薑，加乾薑、五味子湯。一日咳減，二日而病悉愈。以上皆用張仲景方。

《溫疫論·婦人時疫》婦人傷寒時疫，與男子無二，惟經水適斷適來，及崩漏產後，與男子稍有不同。夫經水之來，乃諸經血滿，歸注於血室，下泄爲月水。血室者一名血海，即衝任脈也，爲諸經之總任。經水適來，疫邪不入于胃，乘勢入于血室，故夜發熱譫語。蓋衛氣晝行于陽，不與陰爭，故晝則明了，夜行于陰，與邪相搏，故夜則發熱譫語，至夜止發熱而不譫語者，亦爲熱入血室，因有輕重之分，不必拘于譫語也。經曰：無犯胃氣，及上二焦必愈。胸膈併胃無邪，勿以譫語爲胃實而妄攻之，但熱隨血下，故自愈。若有如結胸狀者，血因邪結也，當刺期門，以通其結，以柴胡湯治之，不若刺者功捷。經水適斷，血室空虛，其邪乘勢傳入，邪勝正虧，經氣不振，不能鼓散其邪，爲難治，且不從血泄，邪氣何出即解？與適來者，有血虛血實之分，宜柴胡養榮湯。新產亡血過多，衝任空虛，與夫素善崩漏，經氣久虛，皆能受邪，與經水適斷同法。

《傷寒緒論·總論·夾食》凡傷寒、寒疫、溫病、熱病，多有夾食夾痰等證。若宿食傷脾，則氣口濇滯不調，傷胃則滑實流利，亦有遲滑及止促者。若宿食在上脘，并人迎亦滑盛。若宿滯已歸大府，則氣口雖浮大，而按之必濇也。若脈來滑盛，胸滿痞悶，嘔逆氣粗者，多宜五積散，調中湯選用，餘時芎蘇正氣爲主，中有二陳，使痰食無留滯之患，喘滿加厚朴、杏仁。若解表藥中，混用消導裏藥，必引邪內入，而成結胸、下利等證也。然又不可純用升散表藥，若專一升散，則宿食上逆，而成䐜脹不通故矣。於解表藥中，兼理氣豁痰，使之流動，俟表邪解散，然後專力治內，庶無引賊破家之虞。所以芎蘇正氣，爲停食感冒之的方。若四五日脈來滑數，胸前熱甚者，宿食發熱也，調中飲加減。若脈來沉滑，雖寒食內結，其人胃氣不虛，尚可溫中消散。若夾食而氣口反濇滯伏結，或始雖浮大，而按之漸虛小，其證身熱足冷，或腹痛或頭痛但胸膈滿悶時或躁煩者，必其人元氣素虛，堅韌之物固結中宮，胃中陽氣不得下通，故但足冷而手不冷也，可用五積散去取。頭痛者，陽邪上鬱也，甘草乾薑湯加葱豉，以通其陽。腹痛者，陰氣下結也，枳實理中湯加熟附，以通其陰。若曾服過峻利藥，消導太過，致自利厥逆痞滿不除者，桂枝人參湯。

若曾誤下而熱邪內陷，愈加脹滿壯熱不止者，小陷胸合枳實理中。若過汗傷血，小便祕濇，枳實理中加歸芎，或眞武湯中加當歸。

溫病、熱病、時疫夾食，無論表裏證見，日數多少，并宜涼膈散加消導藥最當。

《傷寒緒論·總論·夾痰》 又夾痰積，與夾食證類相似，更宜審諦。蓋痰者，津液所化，由風傷於肺，濕傷於脾，肺氣不清，脾氣凝濁而成。無論風寒、溫熱、內傷等證，必增嘔逆眩暈。風寒夾痰，則令人欬嗽氣逆。溫熱夾痰，則令人昏眩痞悶。內傷夾痰，則令人吐逆妨食。但外感風痰，則寸口浮滑，發熱頭痛，欬嗽自汗，宜金沸草散及芎蘇散。溫病熱病夾痰，則關脈滑盛，痞悶聲鼾，宜涼膈、雙解。

《傷寒緒論·總論·夾血》 傷寒之夾水既多，而夾血證復不少。然夾血與蓄血不同，其人素有內傷跌撲，停經血瘕，及暴怒傷肝，皆有瘀積。因傷寒溫疫等證，發動痼疾謂之夾血。必有痛處定而不移，治宜察其部分，消息微甚用藥。

《傷寒緒論·總論·夾陰》 復有房室不謹之後，感冒風寒，及恣意乘涼，觸犯風露，勞役傷精而病者，謂之夾陰。其證亦發熱頭痛，胸膈痞悶，若陰火上乘，則面赤而足脛逆冷。蓋陽病必頭痛，陰病必足冷。《內經》所謂陽病者上行極而下，陰病者下行極而上也。以其虛陽發外，故發熱煩渴而躁亂不寧，眞陽不能下通於陰分，故足不能熱而陽道痿縮也。按盛起東云：治熱須辨眞假，夫眞熱則發熱惡寒，脈數有力，按之更實，躁煩口渴，大便燥，小便赤濇，或利臭積，發言壯厲，不欲近衣者是也。親乎表者，宜發散。親乎裏者，宜通泄。假熱亦發熱惡寒，而足必不熱，脈大而虛，按之微弱，身雖熾熱而不躁不渴，或見虛狂而頃之即止，終不及聲高詈罵者也。經曰：寒熱有眞假，治法有逆從。此之謂也。外編云：夾陰傷寒，乃太陽少陰二經，同時受病，較之純陰證倍危，在傷寒、寒疫猶或可治，若溫病、熱病時行、疫癘，百不一生。諺云：傷寒偏死下虛人。以其外極亢熱，內極虛寒，溫經之藥，萬不可施，以故必死。即傷寒夾陰治之不得其宜，終亦必亡而已。【略】

至於溫病、熱病之夾陰，雖長沙復生，難於措指。惟暴感風寒夾陰，可用上法治之。《內經》云：脈實滿，手足寒，頭熱，春秋則生，冬夏則死。可見夾陰傷寒，病於嚴冬，熱病失陰，發於盛夏者，皆眞陽憊極，邪氣亢甚，多死也。若夫感冒夾陰，其人陽氣雖虛，春秋本無大寒，傷犯邪氣原輕，猶可治之。非熱病大熱，手足寒之比也。其中暑夾陰，治法詳本例中。

《傷寒緒論·總論·重身》 妊娠而犯冬溫、溫熱、疫癘多致傷胎。若冬溫則陽旦湯，春溫則黃芩湯，熱病則白虎湯，時行疫癘則達原飲。不惟善解熱毒，兼能護持胎氣，更無籍於井泥塗臍之法也。若實熱便祕，急宜涼膈散、承氣湯下之，庶免邪熱傷胎之患。惟大小便如常，知裏無熱，慎不可下之。妄下引邪內入，必致傷胎無疑。若下後熱不退，白虎與承氣並用，或前後而用。若誤用參耆，壅遏毒邪，則胎愈不安也。倘見腰腹痛，必墮無疑，須預言之，藥無及矣。若其脈數疾無倫，喘脹嘔逆，腹中重墜，不能轉側，當臍久按覺冷，或有瘀垢下行，但看舌色及爪甲青黑，其胎已死也，急宜平胃散煎成調芒硝半兩許下之。虛極不勝藥力者，加人參兩許駕馭之。若併唇面青黑而嘔噦不止，口中有穢氣者，子母俱死，切勿用藥。

《傷寒緒論·總論·產後》 產後雖犯時疫，宜柴胡四物湯加減。《素問》云：乳子而病熱，脈懸小，手足溫則生，寒則死。此言傷寒也。乳子中風熱，喘鳴肩息者，脈實大而緩則生，急則死。此言傷風也。通宜小建中加葱豉。乳子者，言產後以乳哺子也。

《瘟疫明辨·兼寒》 其一，有兼寒者，初起一二日，頭痛、發熱、身痛、惡寒，諸表症悉與時疫同，而以脈辨則不同。時疫多軟散而不浮，兼寒則多浮數，浮弦，浮大，甚至有浮緊者。再以症辨，亦微有不同。時疫多汗，兼寒則無汗，爲異。亦異於單受寒者，單受寒，無煩躁、口苦、口臭症。時疫兼寒，必有煩躁、口苦、口臭證也。一遇此等，更當辨其受寒與時疫孰輕孰重，疫重寒輕者，煩躁症多，無汗惡寒症少。則當以敗毒散加知母、石膏，或達原飲加羌、防、柴、葛，或六神通解散尤捷。寒重疫輕者，惡寒無汗症必甚，煩躁必輕，則只用敗毒散。其寒束於外，無汗惡寒既甚，疫鬱於內，煩躁更甚者，冬月大青龍湯可借用，餘月九味羌活湯最爲的當。此症若治寒遺疫，必有斑黃、狂衄之變。治疫遺寒，復有厥逆嘔利，胸腹痞滿之憂，馴至沉困者不少，不可不知，然此皆爲初起一二日言也。若日久則邪疫勃發，表寒不能自存，而變爲熱。則惟以治疫之法，治之而已。

《瘟疫明辨·兼風》 其一，有兼風者，初起一二日，表症與時疫悉同，惟鼻塞、鼻鳴、噴嚏、咳嗽，與時疫略異。脈亦多浮，而與時疫之不浮不沉而數

者微異。治法不大相遠，即於時疫諸方中加荆防，咳加前胡、杏仁、蘇子而已。大抵時疫兼寒，能令病勢增重。兼風，反令病勢易解。以寒主凝泣，則疫邪內鬱，鬱一分，病勢增痼一分。風主游揚，則疫邪外疏，疏一分，病勢解散一分。

《瘟疫明辨・兼暑》　時疫兼寒、兼風，四時皆有，至若兼暑一症，惟長夏有之。初起一二日，與時疫無異，只胸滿嘔利爲異。而脈則兼弦、細、芤、遲，不似時疫不浮不沉而數。治法於時疫諸方中，微減發表之味，如用羌即不用獨，用柴即不用前。蓋時疫多汗，暑症更多汗，兩邪逼出表汗，則表必虛。故發表之味，不可重複也。寒潤之藥尤宜減，清熱之味亦宜減，以邪從表出，鬱熱必輕，過用清涼，恐致寒中而增嘔脹泄利。況表氣太泄，裏氣必虛，易犯厥脱之症。故清涼寒潤，不可太多也。最宜加用分利燥脾之品，木通爲上，滑石次之，豬苓、赤茯、澤瀉又次之。蓋分利則暑與疫皆從清道而出，邪有去路，正不必徒以寒涼逆折取效也。間有表見身痛，宜用香薷，裏見腹滿，宜用蒼术者。再時疫兼暑，則病勢反緩，以疫中溫氣屬亢陽，暑爲陽中之陰，陽得陰則解，雖不能盡解，然得一分陰氣，則和一分亢陽。每見時疫兼暑，其讝妄舌燥諸證反緩者，職此故也。

《瘟疫明辨・兼痢》　時疫本多自利症，表症初起，即每日解數次稀臭水者是也。詳見後自利條下。更有春夏之交，得時疫即兼下利紅白而裏急後重者，名爲疫痢。初起慎不可從痢治，蓋痢屬裏證，今兼疫邪之發熱頭痛，爲表裏俱病，先用治疫之法解其表，表解而裏自和，其痢多有不治自愈者。若用治痢之法，先清其裏，裏氣虛而表邪陷，輕者增其煩躁沉困，重者遂至嘔逆昏憒而危矣。所以古人於疫痢初起專主倉廩湯，其方乃人參敗毒散，一意解表，但加陳倉米以和中養脾胃俟。表證解後，裏熱症具，方可議清議下。不但香連、芍藥、承氣之類宜緩，即淡滲分利之劑亦宜緩投於表症未解之先也。若太陽症不見，而微見少陽、陽明症者，則柴葛五苓散不妨借用。痢症夾表，不可清裏，不特時疫兼症爲然，凡一切痢症微兼身熱，即宜慎用苦寒淡滲。用之若早，必增嘔逆，此歷驗不爽者。疫症兼利，其熱勢反多緩，亦由痢爲暑氣，陽中之陰，能和亢陽，且鬱蒸之熱，有所疏泄故也。若疫毒太甚，驟發即下，純紅、純紫惡血，或兼見舌燥讝妄諸惡症者，黄連、大黄，又在急用，不可拘此論矣。

《瘟疫明辨・夾痰水》　飲入於胃，經蒸變而稠濁者爲痰，未經蒸變而清稀者爲水。痰與水，一物也。痰能作熱，水能作冷。時疫屬熱症，故夾痰者，更增其熱。脈症治法，無甚參差，但於治疫藥中加瓜蔞、貝母，甚則加牛黄。夾水者，脈症往往相悖，治法則有不同，不可不細辨也。時疫之脈必數，而夾水在胸膈，其脈多緩，甚則遲弦，此脈夾水之辨也。時疫之舌，一經傳裏，即轉黄、轉燥、轉黑，若有水在胸膈，則煩躁讝妄沉昏諸症備具。而舌色白潤，間有轉黄黑者，亦必仍有白胎，或滿舌黄黑，半邊夾一二條白色，或舌尖舌本俱黄，中夾一段白色，此舌夾水之辨也。時疫胸滿，心下硬痛，手不可按，一有水在胸膈，心下雖滿痛，按之則軟，略加揉按，則漉漉有聲，此症夾水之辨也。時疫見夾水脈症，雖有表，不宜純用辛涼發散，純用辛涼，則表必不解，而轉見沉困。有裏症，不可遽用苦寒，早用苦寒，必轉加昏憒。此水氣鬱遏熱邪，陽氣受困，宜於發表清裏藥中，加辛燥利氣利水之品以祛水氣。迨水氣去，鬱遏發，然後議攻議涼，則無不效者矣。燥濕則半夏、蒼术，利水則木通、苓、澤；利氣則萊菔、草果、木香；甚至有須用大戟、芫花者。在時疫雖屬熱邪，往往有投三承氣、黄芩、白虎而不效，偶用溫暖藥收功者，遂相訟清熱之非，不知熱邪乃其本氣，夾雜乃其間氣也。

《瘟疫明辨・夾食》　時疫夾食者最多，而有食塡膈上，食入腸胃之不同。入腸胃則爲陽明諸熱症，治法備於三承氣湯。惟食塡胸膈，往往有脈沉、手足冷者，誤認三陰，投以溫劑，亦無一毫熱渴發見，但煩躁倍增，甚則一二日即死。蓋胸中乃陰陽升降之路，食塡之則氣閉，氣閉則熱鬱於下，而無所疏泄。誤溫則熱愈鬱，熱鬱於內，故外無發熱症。熱鬱於下，故上無口渴症。疫熱以出表爲輕，入裏爲重，在淺爲輕，入深爲重。此症一溫，則逼邪入裏入深，以致速死而無熱症也。如氣色神舌脈辨得爲疫症矣。而遇脈沉手足冷，即當細詢其胸膈，若痞塞悶滿，即是夾食。再辨其舌胎白厚而微兼淡黄，益爲食塡膈上之明驗。於治疫藥中加枳、桔、青皮、萊菔、麴蘖，甚則用吐法以宣之，便膈開而陽氣宣達，然後熱症自見，當解表，當清裏，自無誤治矣。

《瘟疫明辨・夾鬱》　時疫夾氣鬱者，初起疫症悉同，而多脈沉，手足冷，嘔逆胸滿，頗類夾食。但夾食爲有物，爲實邪，舌胎厚白而微黄，胸膈滿痛不可按，而亦不移。夾氣爲無物，爲虛邪，舌胎白薄，胸膈滿痛串動而可按。宜先宣通其鬱，然後解表清裏，自無不效。若不舒鬱而徒發表，則裏氣不能外

達，而難於徹汗；遽用清下，則上氣不宣，多致痞逆。惟於解表藥中，加蘇梗、木香、大腹皮、香附等類，以宣其氣，則表易解；於清裏藥中，加川貝母以舒其鬱，則裏易和。貝母爲舒鬱要藥，但力性緩，必用至五錢、一兩，方能奏效。

《瘟疫明辨·夾血》 時疫傳裏之後，畜血最多，治從攻裏，兹不具論。惟本有內傷停瘀，復感時疫，於初起一二日，疫之表症悉具，而脈或芤或濇，頗類陽症陰脈，但須細詢其胸腹脇肋四肢，有痛不可按而濡者，即爲畜血確驗。其芤濇，非陽症見陰脈，乃表症見裏脈也。治法必兼消瘀，紅花、桃仁、歸尾、赤芍、元胡之類，量加一二味。表邪方易解，濇芤之脈方易起，若誤認芤濇爲陰脈而投溫劑，輕者變劇，重者危矣。

《瘟疫明辨·夾脾虛》 時疫較之風寒，本爲難治。以風寒傳變有次序，時疫傳變無常經。風寒表邪，一發即散。時疫散而復集，且往往復之再三。風寒傳裏症，一攻即和。時疫攻而復合，有下之一二十次者，此時疫之難治也。而脾虛者更爲難治。蓋時疫必得汗下而後解，脾虛者，表不能作汗，裏不任攻下，或得汗矣，而氣隨汗脫，得下矣，而氣從下脫治此等症，汗勿強汗，發表必兼養正，人參敗毒散是也。下勿輕下，攻裏必兼固氣生津液，黃龍湯是也。其外症無大分別，惟脈不任尋按，然邪有進退，當其邪進，方張之時，脈亦有尋按有力者，不可泥也，必合氣色神情脈證以細參。如面色痿黃，神情倦怠，氣息微促，及心悸耳鳴，皆脾虛中氣不振之象。更須通體合參，如通體皆見有餘實象，而獨見一二虛象，則虛象反爲吃緊。通體見虛象，而獨見一二實證，則實證又爲吃緊。總須權衡標本，凡證之屬表、屬上焦、屬六腑者，皆爲標。證之屬裏，屬中焦、下焦，屬五臟，皆爲本。若實證居標，虛證居本，則虛證爲重。虛證居標，實證居本，則實證爲重。到此虛實關頭，必着意參詳，庶幾無失。

《瘟疫明辨·夾腎虛》 時疫夾脾虛者，爲難治矣。夾腎虛者，更難。時疫屬熱症，腎氣虛則手足冷，時疫屬實邪，腎氣虛則眩暈驚悸，腰膝痿軟，腎虛之中，又有陰虛陽虛之分。時疫必待汗、下、清而後解。陽虛者，一經汗、下、清，則脫絕之症隨見。陰虛者，一經汗下，則枯竭之症隨見，必須時時諦察。凡在表時，見腰痛異常，小便頻數，膝脛冷軟，其人平日非有淋濁陽痿，即係遺洩好內，須詢明。於通表藥中加人參、白芍，陽虛兼杜仲，陰虛兼知母，以照顧腎氣，免後來意外之變。若入裏當下，必以陶氏黃龍湯爲主。當清，必以人參白虎湯爲主。或屢清屢下而熱更甚，舌上燥而無胎，或有黑胎，愈清而愈長，或有燥胎，愈下而愈燥，此皆腎虛之證。察其陽明，無實邪可據，當從腎虛治。以六味地黃湯易生地，加知柏。王太僕所謂寒之不寒，責以無水。壯水之主，以制陽光者，此也。或仍不應，則合生脈散以滋水之上源，或用四物湯流通經絡，似此熱勢燎原，非杯水所能救，必大作湯液，藥味必以兩計，湯液必以斗計，乃有濟耳。見幾早，十救二三，涸竭已見，十難救一。或更兼脾胃敗症，如嘔呃噦利之類，湯藥不下，百難救一矣。

《瘟疫明辨·夾亡血》 疫證亡血有三，其一，未病之先，素亡血而陰虛，一受疫則邪熱乘虛煎熬，亡陰最易，解表清裏，用藥必步步照顧榮血。如九味羌活湯之用生地，人參敗毒散之用人參是也。其二，當受病之時，忽然吐衄，女子崩漏，甚至血暈昏厥，勢甚危急，亦疫症常有也。病家但知血之可駭，往往不知受疫，醫家亦忽其客邪，惟汲汲於止血，清涼滋補，多至危殆。不知血由疫逼，惟當治疫，疫邪解而血自止。此症不遽見於疫在表時，而見於發熱數日之後，人猶易知，惟疫鬱於陰經而暴見此症者，難識，以其症外無頭痛發熱之可據耳。但見微惡寒而大作嘔，急當視其氣、色、神、脈、舌胎，若舌有白胎，氣色有一二疫象，即是疫毒無疑。以達原飲爲主，嘔加藿香，脹加青皮，但治疫毒，血症自已。若脫血太甚，而氣欲絶者，加人參以固中氣，俟疫症傳變歸經，然後按經治之，此疫症兼血之最危者。其三，疫邪大張之後，煩熱燥渴之餘，而見亡血證，則又瘟疫常態，詳後血症各條。

《瘟疫明辨·夾疝》 疫邪夾疝，其腎囊少腹引痛，全是疝症，當照辨氣、色、神脈、舌胎法辨之。一有疫邪，不必治疝，但治疫而疝自消。若依常治疝法，用吳萸、桂、附、茴香諸燥品，輕者變爲囊癰，重者呃逆、噦厥、沉昏而莫救矣。

《瘟疫明辨·夾心胃痛》 時疫有兼心胃痛者，於其痛時，察其氣、色、神、脈、舌胎，若有一於時疫，但治時疫，雖平時因寒而發，此則惟治其熱，蓋以疫邪客於募原，傳於太陰，而發心胃痛之痼疾。於達原飲中加木香、蒼术，以開通鬱疫，使其透發於表，而痛自已。若誤認平常心胃痛，用桂、附、薑、萸，必致危殆。

《瘟疫明辨·夾哮喘》 哮喘，乃肺家素有痰火，一受疫邪，其濕熱之氣，

從其類而入肺，發其哮喘。遇此當察其氣、色、神、脈、舌、胎，有疫但治疫，其哮喘自除。於治疫藥中加貝母、瓜蔞、淡豉、桑皮，疫邪哮喘並解，法更精密。

以上諸條，凡言兼者，疫邪兼他邪，二邪自外入者也。凡言夾者，疫邪夾內病，內外夾發者也。二邪兼發，以疫爲重，他邪爲輕，故略兼治他邪而病即解。二邪夾發，如夾水、食、血、氣、痰等實邪，則以夾邪爲先，疫邪爲後，蓋清其夾邪，而疫毒始得透達，透達方能傳變，傳變方能解利也。如夾脾虛、腎虛、亡血諸虛症，則以治邪爲主，養正爲輔，蓋疫邪最易傷正，故不可養正遺邪也。如夾疝、哮、心胃痛諸舊病，則但治疫邪，舊病自已。蓋舊病乃新邪所迫，而發也。

《醫碥・瘟病兼證論》 吐蚘，此胃熱也，必非臟寒，烏梅丸、理中湯萬不可用，但用調胃承氣，蚘自愈。

思冷飲熱，渴甚也。勿論四時，宜量與之。若儘意飲，則水停心下矣。

《醫碥・補遺病論》 疫兼痢，發熱身痛，渴燥滿吐，最爲危急，宜檳芍順氣湯： 檳榔、白芍、枳實、厚朴、大黃、生薑煎服。

疫兼水腫，宜小承氣下之。

陽證似陰，外寒而內熱，則小便必赤，最易辨也。

《醫碥・婦人小兒瘟病論》 經水適來而瘟邪，不入胃，入於血室，至夜發熱譫語，或止夜熱而不譫語，宜柴胡湯： 柴胡、黃芩、半夏、甘草、生地。

經水適斷而瘟，宜柴胡養榮湯，與適來有虛實之别。

妊娠瘟病，宜下者照前法下之。毋惑參术安胎之説，而用補藥，則大凶矣。但下藥得下則已，勿過劑矣。

小兒瘟病，遇時氣盛行，發熱目弔，驚搐發痙是也。宜太極丸：

天竺黃　膽星各五錢　大黃三錢　麝香三分　冰片三分　殭蠶三錢

糯米飯丸如芡實大，硃砂爲衣。凡遇疫症，薑湯下一丸神效。

《溫病朗照・小兒時疫》 小兒神氣嬌怯，筋骨柔脆，一染時疫，失治即二目上吊，不時驚搐發痙，十指鈎曲，甚則角弓反張。幼科誤認爲慢驚風，轉治轉劇，獨不思疫毒流行，大人可染，小兒獨不可染耶？ 其用與大人相仿佛，但製劑稍輕耳。

《通俗傷寒論・傷寒夾證・夾食傷寒》 因　傷寒夾食十常七八，或先傷食而後感寒，或先受寒而後傷食，或病勢少間，強與飲食，重復發熱，變證百出。

證　頭痛身熱，惡寒無汗，胸痞惡心，噯腐吞酸，甚或嘔吐泄瀉，或脘悶腹痛，劇則昏厥不語，舌苔白厚或兼淡黃，或兼灰膩。

脈　左右俱緊感有力沉澀似伏者，食塡膈上，仲景所謂宿食在上脘者，當吐之是也。右數而滑者，食積胃腸，仲景所謂下利不欲食者，有宿食故。脈反滑，當有所去，下之乃愈是也。緊如轉索無常者，宿食中結，仲景所謂脈緊頭痛有風寒，腹中有宿食不化也。

治　先去外邪： 春冬香蘇葱豉湯加生枳殼一錢或錢半、苦桔梗八分，夏秋藿香正氣湯加枳桔，繼除裏實，在胃宜消，消導二陳湯主之。生枳殼錢半，六和麯三錢，炒查肉二錢，眞川朴一錢，仙半夏二錢，廣皮紅一錢，焦蒼术八分，童桑枝一兩。急則先用吐法，薑鹽湯探吐最穩。生薑末五分，拌炒食鹽五錢，開水冲一湯盌，頓服後，以鷄毛掀其咽喉，於不透風處吐之。 在腸宜下，枳實導滯湯主之，不應，可用大承氣湯急下之。若因冷食固結者，大黃必須薑炒，略加附子行經，庶免下利稀水之弊。總以舌乾口燥、大便不通，手按胸脇臍腹鞭滿而痛，手不可近，頻轉矢氣，方是急下之證。前哲謂發表未除，不可攻裏，上盛未除，不可下奪，眞先後緩急之定例也。另有一種剛剛感冒風寒而誤食冷物，或先食冷物而又感冒風寒，此冷物入於胃，邪傳於脾，而爲寒中太陰之證。其證胸膈䐜滿，腹脹閉塞，面目及唇，皆無色澤，手足冷，脈沉細，或腹痛少神，治宜理中湯加青皮、陳皮，或枳實理中丸即理中加枳實及五積散之類。若誤投巴霜急下，必愈不快，甚或吐利。一二日後，遂致不救。蓋不知寒中太陰及損動胃氣而成也。

《通俗傷寒論・傷寒夾證・夾痰傷寒》 因　外感風寒，每涉於痰，多由素有痰積，或夾痰飲，或夾痰火，復感風寒及形寒飲冷所致。多屬肺病，或風從皮毛而入肺，或寒從背俞而入肺。痰證多端，姑就於風寒有關者，推求其源。

證　風傷肺而夾痰火者，頭痛發熱、惡風自汗、咳嗽氣逆，甚則頭眩胸痞。痰多黃濁稠黏，或凝結成塊成條，咳逆難出，漸成惡味，劇則帶血。舌苔白滑而厚，或黃白相兼而糙。寒傷肺而夾痰飲者，頭痛發熱、惡寒無汗、鼻鳴氣喘、咳嗽多痰，清白稀薄，氣味亦淡，甚或咯吐不爽，嘔逆眩暈。舌苔白滑而薄，或灰白相兼而滑。

脈　右寸浮滑，左手弦緩者，傷風而夾痰火也。右脈弦滑，左手緊盛者，傷寒而夾痰飲也。

治　風夾痰火，輕則葱豉桔梗湯加杏仁、橘紅，重則越脾加半夏湯。寒夾痰飲，輕則新加三拗湯增薑夏、橘紅，重則小青龍湯。惟夾痰火較痰飲爲難治，往往有痰迷清竅，口吐黏涎，發狂如祟，妄言妄見，神識昏迷，俗稱痰蒙，當用玳瑁鬱金湯開透之。更有痰伏膈上，心下煩滿，氣上衝胸，飢不能食，甚則手足厥冷，脈乍緊乍結者。此痰與邪結在胸中，當用瓜蒂散加生蘿蔔汁涌吐之。甜瓜蒂廿粒，杜赤豆三十粒，淡香鼓三錢，用開水一盌煎成大半盌，冲入生蘿蔔汁兩瓢頓服之，得快吐爲度。不吐者，改用三物白散急吐之。川貝母三錢，苦桔梗二錢，巴豆霜一錢，輕用一分，重則二分，開水和服，痰在膈上必吐，在膈下者必利，不得進熱稀粥一杯，利過不止，進冷粥一杯，即愈。至若痰症類傷寒者亦甚多，其證胸滿氣衝，憎寒壯熱，惡風自汗，胸中鬱痛，饑不能食，使人揉按之，反多涎唾，甚或下利日十餘行。右脈微滑，左脈反遲，此有寒痰在胸中，仲景所謂病如桂枝證，頭不痛，項不強，寸脈微浮，胸中痞鞕，氣上衝咽喉不得息者是也。法當吐之，切忌發汗，當用瓜蒂二陳湯。甜瓜蒂廿粒，薑半夏、廣橘紅各錢半，以水煎成，冲生萊菔汁二瓢。惟諸亡血虛家，亦不可與此湯，宜求其痰病之源，細心酌治。

《通俗傷寒論・傷寒夾證・夾飲傷寒》　因　素有停飲，外感風寒，或先受風寒，後飲冷水及恣飲冷茶冷酒，或貪食瓜菓生冷。

證　頭痛身熱，惡寒無汗，胸痞乾嘔，咳吐稀涎，甚則胸脇串痛，喘不得卧，舌苔白滑，甚或黑滑，或半邊夾一二條白色，或中間夾一段白色。

脈　浮弦而緩，甚則遲弦，仲景所謂傷寒脈浮緩，身但重，無少陰證是也。

治　先當辛溫發散，輕則蘇羌達表湯加半夏、茯苓，重則小青龍湯加減。如風寒外解，或變心下痞硬引脇下痛，乾嘔短氣者，即當急下停飲，蠲飲萬靈湯主之。若變腹痛自利，四肢重痛，咳而兼嘔者，即當通陽利水，眞武湯加減爲主。本方重用茯苓八錢，去白芍，加乾薑八分拌搗，五味子五分，薑半夏四錢。勢輕者，但用苓朮二陳煎溫中利水可也。

《通俗傷寒論・夾血傷寒・夾血傷寒》　因　內傷血鬱，外感風寒，或脫衣鬪毆觸冒冷風，又或跌撲打傷一時不覺，過數日作寒熱，狀似傷寒。

證　頭痛身熱，惡寒煩渴，胸脇串疼，腹有痛處不移，或少腹痛甚，手不可按，乍寒乍熱，夜有譫語，甚至昏厥不省，少頃復甦，甦後或變如狂，劇則疼極發狂，舌色紫暗，捫之滑潤，或深紫而赤，甚或青紫。

脈　左緊而濇，右多沉弦，總宜弦強，最忌細濇，仲景所謂弦爲陽逆，濇則營氣不足也。

治　活血解表爲先，輕則香蘇葱豉湯去香附，加枳、芎、歸鬚，重則桂枝桃仁湯加味。川桂枝八分，光桃仁七粒，赤白芍各一錢，炒細生地錢半，清炙草五分，黑炮薑三分，大紅棗二枚。次下瘀血，輕則五仁橘皮湯合代抵當丸，重則桃仁承氣湯。俟瘀降便黑，痛勢輕減者，可用四物絳覆湯滋血活絡以善後。或用新加酒瀝湯，滋陰調氣以芟根。若少腹痛劇，寒熱如瘧，夜則讝語如見鬼者，熱結血室也，加減小柴胡湯以去邪通絡。甚則昏厥不省一甦轉痙，便閉腹脹，劇則如狂者，熱瘀上衝心胞也，柴胡羚角湯以破結逐瘀。病勢輕減後，調營活絡飲加減。歸尾、赤芍、生地、生淮牛膝各二錢，光桃仁、酒炒生錦、紋川芎、乾地龍各一錢，杜紅花、炒川甲各五分。消餘瘀以除根。若筋脈時痛時止，或愈或發者，宿瘀結在孫絡也，四物絳覆湯調乳香定痛散明乳香、淨沒藥、生淮牛膝各五錢，川芎、白芷、赤芍、丹皮、生地各七錢半，炙甘草二錢，爲末。以補血活絡。絡通瘀去，則筋絡之內傷自愈矣。若跌撲內傷，瘀血上壅，氣喘胸悶，大便祕結者，急用當歸導氣散酒洗生川軍一兩，當歸三錢，麝香三分，爲末，每服三錢，醇酒一鍾，童便兩盃，調下，日二夜一。降瘀下行，以平肺氣。總之夾血一證，最難辨而易忽，大要有痛處定而不移者，多是夾血；痛處散而不定者，多是夾氣。治必先辨其所因，詳察其部分，消息其微甚，隨證用藥，分經制方，始能奏效，臨時不可不觀形察色，審問明辨也。

《通俗傷寒論・傷寒夾證・夾陰傷寒》　因　房勞傷精而後，驟感風寒，或夏月行房後，恣意乘凉，觸犯風露。

證　身熱面赤，或不熱而面青，小腹絞痛，足冷踡卧，或吐或利，心下脹滿，甚則舌捲囊縮，陰極發躁，或昏沉不省，手足指甲皆青，冷過肘膝，舌苔淡白滑嫩，或苔黑滑，舌本胖嫩。

脈　六部沉細，甚或伏絕，或反浮大無倫，沉按豁豁然空，陶節庵所謂不拘脈之浮沉大小，但指下無力而軟，或空大而散，甚則重按全無，皆爲色慾內傷，猝受寒邪，陰氣獨盛，陽氣以衰是也。

治　外則先灸關元、氣海，以回元湯。內則先用參附再造湯，助陽發表，

或用麻附細辛湯加人參、乾薑，溫經散寒。如脈伏絕，陰極發躁，繼即神氣昏沉，不省人事者，速用回陽急救湯提神益氣，回陽生脈。如脈沉遲，身疼足冷，下利清穀，俗呼漏底者，速用附薑歸桂參甘湯去當歸，加白朮、肉果、砂仁、升麻，破陰回陽，提氣止瀉。如脈沉微，手足指甲皆青，四肢冷過肘膝，舌卷囊縮者，速用附子理中湯加吳萸、坎氣、肉桂、薑汁，溫補命陽，熱壯脾腎。一俟陽氣將回，病勢已有轉機者，但用附薑歸桂參甘湯，雙補氣血，調和陰陽。次用理陰煎加砂仁、紅棗，滋補腎陰，溫運脾陽，終用左歸飲，峻補腎陰以善後。總之，夾陰症，不分熱與不熱，面赤面青，憑脈下藥，最爲切當。

《通俗傷寒論・傷寒夾證・夾哮傷寒》 因　外感風寒，內發哮喘，但有夾痰飲寒哮、痰火熱哮之異。寒哮較多於熱哮，寒包熱哮則尤多。

證　素有痰飲寒哮，猝受風寒大發者，一起即頭痛身熱，惡寒無汗，喘咳稀痰，喉中作水雞聲，日夜俯几而坐，不得着枕，胸膈痞滿，舌苔白滑，中後滿布而厚。素有痰火熱哮，猝被風寒外束者，一起即頭疼發熱，畏風惡寒，喘咳濃痰，喉中有痰吼聲，日夜坐不得卧，面浮睛突，胸前痞塞，舌苔黃滑，中後滿布厚膩。

脈　左弦緊，右弦滑者，風寒夾冷哮痰喘也。左浮弦，右滑數者，風寒夾熱哮痰火也。

治　冷哮痰喘，先用射干麻黃湯以發表散寒爲主，送下冷哮丸，麻黃、川烏、細辛、蜀椒、白礬、牙皂、半夏麯、陳膽星、杏仁、甘草各一兩，紫菀、款冬花各二兩，右爲細末，薑汁調神麯末，打糊爲丸，每遇發時，臨卧生薑湯服二錢，羸者一錢。除寒哮以定喘。俟表邪去而哮喘平，即用六君子湯。扶正氣以滌飲，外用冷哮塗法以除根，白芥子、延胡索各一兩，甘遂、細辛各五錢，共爲末，入麝香五分杵勻，調塗肺俞、膏肓、百勞等穴，塗後，麻瞀疼痛，切勿便去，候三炷香足，方去之。十日後塗一次，三次病根去矣。熱哮痰喘，先用白果定喘湯，以宣氣豁痰爲主，口噙清金丹除熱哮以平喘。若表邪去而喘未平，繼用導痰湯加旋覆、海石、蘇子、白前，肅肺氣以除痰。終用加減玉竹飲子以保肺。總之哮喘一症，寒包火爲最多，遇寒即發，飲冷亦發，雖亦有感溫暑而發，初治必兼辛散，開發肺氣，切不可純用寒涼，使痰壅肺閉，猝致悶斃，惟見胸突背駝者，必爲痼疾，不可救藥。

《通俗傷寒論・傷寒夾證・夾痞傷寒》 因　素有痰結成痞，或有氣聚爲滿，猝感風寒，引動宿疾而發。或先由氣食相搏，或先由氣血互結，後感風寒而成。若由風寒犯太陽經，初治先當發汗，早用下藥，每成痞滿。

證　初起頭痛身熱，惡寒無汗，胸膈痞滿，滿而不痛，氣從上逆，甚則發厥，不語如瘖，或胸滿而兼痛，或脇滿痛，或腹脹疼，舌苔白滑，甚或白滑而厚，或前半無苔，中後白膩而厚。

脈　左浮緊，右沉弦，或沉澀，或右寸關沉滑，或弦急而滑，皆傷寒夾痞結之候也。

治　先用理氣發汗，香蘇葱豉湯加枳、桔。或用十味流氣飲，製香附、蘇葉梗各錢半，枳殼、橘紅、薑半夏、川朴、赤苓各 錢，桔梗七分，廣木香五分，炙甘草三分。表散外邪，暢其氣以寬痞。若胸膈不寬，寒熱似瘧者，輕則柴胡枳桔湯，重則柴胡陷胸湯，氣食相搏者，神朮湯加減。氣血互結者，清肝達鬱湯加減。怒鬱不洩，昏厥不語者，先用通關取嚏，次用仁香湯去丁香、白蔻，烊冲紫金片。若邪從火化，蒸痰壅氣，輕則膈上如焚，心煩懊憹，寒熱便閉者，用柴芩清膈煎攻其裏以和解。甚則胸膈痞悶，腹滿便閉，喘脹躁亂，胸腹堅如鐵石者，速用加味涼膈煎，下痰通便，以寬胸腹。若鬱火傷中，氣逆痞滿，腹痛便祕者，即用六磨飲子，下氣通便，以暢胸腹。必俟裏熱清，痞滿解，始可用白朮和中湯溫和脾胃以善後。若痞滿雖解，而胃脘脹痛者，則用香砂理中湯加炒蝟皮、蜜炙延胡，疏暢中氣以除痛。終用木香理中湯，廣木香六分，薑半夏廣皮、枳實拌炒白朮各一錢，青皮、春砂仁各五分，清炙草四分，煩熱，加薑炒川連七分，便閉，加海南子、炒黑丑各錢半。調和中氣以除根。若但誤下成痞，滿而不痛者，在胸膈用柴胡陷胸湯，在心下用半夏瀉心湯加減。薑半夏、薑炒條芩各錢半，枳實一錢，拌炒川連七分，炒乾薑四分，清炙草二分，寒熱加川柴胡八分，渴加花粉三錢，去半夏乾薑，嘔加淡竹茹三錢，廣皮錢半，薑汁四滴冲，腹痛自利者，加白朮一錢，拌炒白芍一錢，浙茯苓三錢，溺少加赤苓，澤瀉各錢半。如不因下早而爲痞，乃表邪初傳上焦，尚未入胃，證雖痞滿，尚爲在表，只用柴胡枳桔湯和解以寬痞氣可也。

《通俗傷寒論・傷寒夾證・夾痛傷寒》 因　素有肝胃氣痛，外感風寒觸動而發。有表裏上下左右之別，氣血虛實寒熱之分。

證　頭痛身熱，惡寒無汗，胸脘滿痛，惡心吐酸，或兩脇痛，或腹脹痛，或少腹痛，舌苔白滑，或黃白相兼，或灰白不燥，甚或黃濁。

脈　左浮緊，右弦急，或浮或沉，甚則沉弦而澀，皆傷寒夾內痛之候也。

治　先當理氣發汗，香蘇葱豉湯加延胡、乳香去表邪以止痛。表邪去而

痛不止者，必有凝痰伏飲，或有宿食瘀血，當明辨病根，細審部位以施治。胸引兩脇串疼者，屬痰氣互結，初用柴胡陷胸湯加乳香、沒藥，和解鬱結以住痛。繼用大柴胡湯送下控涎丹緩下痰飲以除根。不應，即用蠲飲萬靈湯調下紫金片，速除痰飲。胃脘堅痛甚或有塊，痛不可按者，屬宿食阻氣，初用神术湯加乳沒，溫中疏滯以緩痛。繼則枳實導滯湯加延胡，逐下宿滯以除根，不應，即用六磨飲子調下當歸導氣散。下氣攻滯，痛不可按，按之卻軟，甚則痛極如狂，或至昏厥不省者，屬瘀血凝結，輕則五仁橘皮湯合代抵當丸，滑利通瘀以止痛。重則桃仁承氣湯峻攻瘀熱以除根。若肝火燥胃，飢不欲食，食則吐蚘，甚則煩躁昏厥者，屬蚘厥蟲疼，初用連梅安蚘湯清肝止痛以定厥，繼用雪羹吞下更衣丸瀉肝殺蟲以除根。惟屢經通逐而痛益甚者，屬虛痛，偏寒者加味小建中湯倍當歸溫和肝脾以調補之，偏熱者四物絳覆湯濡潤血絡以緩和之。甚則導火歸原，如加味金匱腎氣湯納氣歸腎，或新加八味地黃湯等，皆可對病酌用。然不多見，臨症時細心斟酌，不可輕試。總之痛則不通，通則不痛，或用溫通，或用涼通，或用疏通，或用攻通，因時審症，量體制方，必使其氣血通調，則抑塞者通暢，鬱結者通達，而痛自止矣，此皆傷寒夾痛之要法也。

《通俗傷寒論・傷寒夾證・夾脹傷寒》 因 宿病腫脹爲本，新感風寒爲標。當察其腫之爲陰爲陽，脹之屬寒屬熱、屬虛屬實，或但腫而不脹，或但脹而不腫，或先腫而後脹，或先脹而後腫，或脹而兼喘，或脹而變臌，或脹而成蠱，必先其所因，伏其所主爲首要。

證 但腫而不脹者，屬水被邪結，當辨陰陽。陰水則肢厥體重，先腫下焦，繼則一身悉腫，陰股間寒，足脛腫甚，按之窅而不起，口淡不渴，大便自調，或竟溏瀉，小便雖少，卻不赤澀，甚或不利，舌苔白滑，或淡白而胖滑。陷水則面浮惡風，自汗心煩，先腫上焦，遍身盡腫，按之熱而即起。口苦而渴，小便黃濁，或竟赤澀，大便堅燥，或多膠閉，甚則二便不通，陰囊腫大。舌苔黃滑，或深黃而厚膩。但脹而不腫者，屬氣被邪裹，氣裹食脹，即胃脹，一名穀脹。胸腹滿，胃脘痛，上支兩脇妨於食，食即益甚。鼻聞焦臭，大便甚難，甚則少腹䐜脹，引腰而痛。舌苔黃膩而厚。氣裹痰脹，即肺脹，一名喘脹，胸中痞滿，氣喘咳逆，目突如脫，鼻塞涕出，甚則腸鳴濯濯，滿腹脹痛，飧泄不化，舌苔白滑而膩。氣裹水脹，即脾腎脹，一名寒脹，肢懈體重，不能勝衣，氣悶善噦，睡卧不安，甚則腹滿引背，腰髀脹痛，小便癃閉，舌苔灰滑而膩。氣裹血脹，即心肝脹，一名血脹，煩心短氣，卧寐不安，甚則脇下滿痛，痛引小腹，腹起紅絲，重則青筋亦露，舌色深紫而赤。氣裹蟲脹，即大小腸脹，一名腑脹，腹大而硬，以指久按，其硬即移他處，又就所移者按之，其硬又移他處，或大腹，或臍旁，或小腹，無定處，或有物如蚯蚓蠢物，隱然指下，或凝結如筋而耕痛，起伏聚散，上下往來，浮沉出沒，變幻多端，舌苔現檳榔紋，隱隱有點如粞。先腫而後脹者，屬水凝氣結，先目窠上微腫，如新卧起之狀。頸脈動而時咳，身盡腫，手足尤甚。繼即由四肢而入腹，腹乃脹大。初以手按其腹，隨手而起，其狀如囊裹水，甚則按之窅而不起，如糟如泥。舌苔灰黑而膩，舌本胖大而滑。先脹而後腫者，屬氣化水行，初則胸腹脹滿，起於驟然，按其腹窅而不起，腹色不變，後乃漸散於四肢，氣滿於皮膚中，身盡腫而皮厚，鼞鼞然而不堅，舌苔滑白，或薄或厚不一。脹而兼喘者，屬脾水久漬，逆行犯肺，始則腹脹浮腫，小便不利，繼即咳嗽氣喘，甚則坐不得卧，腑不得仰，舌苔灰白而滑，或黃白相兼而膩。脹而變臌者，屬脾腎陽虛，陰濁滿布，獨脹於腹，腹膨如鼓，外雖堅滿，中空無物，任人揉按，痛癢不關，初則旦食不能暮食，繼即稍進飲食，飽悶難受，四肢日見瘦削。大便溏而溺濇，舌苔淡白胖滑。脹而成蠱，則非血即蟲，非蟲即血。蟲蠱則腹大如箕，時或脹痛，重按則痛始緩。四肢瘦削，飲食乍進乍退，面色或紅或白，口唇獨紅，內有白點。多嗜肥甘，飢即口吐涎沫，嘈雜難忍，飽則腹雖不痛，脘滿難受，舌苔有點如粞。血蠱則腹脹如鼓，青筋橫絆腹上。或手足有紅縷赤痕，甚則爪甲青紫。小便利，大便黑。舌色紫赤而黯，甚或青紫。總之腫本乎水，脹必有滯。一兼外感風寒，外證雖有頭痛、身熱、惡寒、畏風，而無不先犯胸膈而爲煩悶不舒，氣逆嘔惡。

脈 左浮弦，右沉小者，風寒夾陰水腫也，左浮弦、右沉數者，風寒夾陽水腫也。浮大而堅，按之反澀者，《內經》所謂堅大以澀者脹也。沉遲者爲寒脹，沉數者爲熱脹，沉小者爲虛脹，沉滑者爲實脹。弦大浮洪者易治，沉微細小者難治，沉細虛數者不治。

治 陰水腫，初用麻附五皮飲溫下發汗以消腫，繼用胃苓湯實脾利水以除根，終用香砂理中湯健脾陽以培元氣。陽水腫，初用五皮飲加荷、翹、浮萍，宣上發汗以消腫，繼用大橘皮湯去桂、术，加木通、車前、琥珀、燈芯，通利

小便以除根，終用百合茅根湯，蘇百合、生桑皮、通草各一錢，鮮茅根五十支。清肺氣以滋化源。脹病兼感風寒者，初用十味流氣飲先散其表，兼通其裏，使表氣達裏氣亦鬆，繼治其脹，脹有食、痰、水、血、蟲之別。雖是氣阻，總屬邪滯統以五脹分消丸爲主。蘿蔔子四兩，巴豆肉十六粒拌炒去油，炙牙皂兩半，枳殼四兩，燒酒煮乾切片炒，生川軍一兩醋酒同炒，琥珀末一兩，紫降香五錢，螻蛄十只去足翅上截酒炒各研細，再研極勻水法丸如芥菜子大，用景岳十香丸半料爲衣，每服五分日二夜一空心吞下。附十香丸方：沉香、木香、丁香、廣皮、皂角刺各二錢半，荔枝核、小茴、香附、烏藥、澤瀉、各五錢，生晒爲末。通用消脹萬應湯，地骷髏三錢，大腹皮二錢，眞川朴一錢，萊菔子二錢拌炒，春砂仁五分，六神麴錢半，陳香團皮八分，鷄内金兩張，人中白煅透五分，燈芯五小帚。送下消臌萬應丹，治黄疸變臌，氣喘胸悶，脘痛翻胃，疳脹結熱，傷力黄腫，噤口痢等症，煅透人中白一兩，地骷髏、萊菔子、六神麴各五錢，砂仁二錢，以上俱炒，陳香團一個，共研細，勻蜜丸，每服五七丸，燈心湯下。分消其滯以通逐之。一俟脹退十之七八，即用白朮和中湯除其根以善後。脹而兼喘，初用五子五皮飲，降其氣以平喘，氣降喘平，即用大橘皮湯加川朴、腹皮快脾利溺以消脹，脹消十之六七，終用香砂六君子湯去草加朴，送下加減腎氣丸，熟地四兩，茯苓三兩，官桂、澤瀉、萸肉、山藥、丹皮、車前、牛膝各一兩，淡附子五錢，爲末，和熟地同搗蜜丸，每服七八十丸。通補脾腎以善後。脹而變臌，名曰氣臌，俗稱單腹脹，又稱爲膨，全屬脾腎陽虚，故《内經》謂足太陰虚則膨脹。又曰臟寒生滿病，《内經》雞矢醴、《東垣》分消湯，每不濟事，予用神香聖朮煎爲主，朝送天眞丹青化桂五分，沉香、琥珀、巴戟肉、酒浸小茴香、補骨脂炒香、葫蘆巴炒香、川杜仲炒去絲、川萆薢酒浸炒香、黑丑炒香各一兩，研極細勻如桐子大，每服二錢至三錢，專治陽虚濕勝、腹脹堅、大按之不窅、臍腹痼冷，甚則腿腫如斗、囊腫如升。夜送禹餘糧丸，禹餘糧石、蛇含石、眞針砂，同醋煮透煅研各三兩，製附子、紫猺桂、乾薑、茯苓、當歸、羌活、川芎、炒蒺藜、淮牛膝、青皮、大茴、蔻仁、廣木香、莪朮、山稜同醋炒，各五錢同研細勻，蒸熟爲丸如桐子大。每服二錢至三錢，葉氏去附子、莪朮、青皮，加赤苓三兩名鍼砂丸，忌鹽，一毫不可入口，否則發疾愈甚，善治濕滯傷脾，食不運化，肝鬱乘脾，氣臌虚脹，小便短澀，久則腿膝腳腫，上氣喘息等症。許學士、朱丹溪云此方乃臌脹之要藥，病從小便内旋去，不動臟腑眞氣，兼以溫和調補氣血藥助之，眞神方也。峻補其下，疏啓其中，往往十全三四。脹而成蠱，蠱蠱易愈，小兒居多。血蠱難痊，婦女爲甚，初起通用五脹分消丸，蠱蠱用檳榔大棗湯送下。棗兒檳榔炒研三錢，炒香使君子肉，每歲一枚，照此遞加，大紅棗十枚，清晨空心服。血蠱用當歸大戟湯送下。金當歸一兩，紅牙大戟五錢，蜣螂蟲焙四只。一俟蟲下瘀降，脹退十之六七，即以白朮和中湯隨症加減，調補脾胃以善後。總而言之，腰以上腫宜發汗，腰以下腫利小便，即《内經》開鬼門，潔凈府，治水腫之正法也。蕩滌胃腸，直清陽明，即《内經》去鬱陳莝。工在疾瀉，近者一下，遠者三下，治一切實脹，脹必有滯之正法也。臨病求源，對症發藥，皆可反掌收功。惟氣臌一症，最爲難痊，雖屬脾腎陽虚，亦必由陰濁填滿，《内經》所謂濁氣在上則生䐜脹也。所以直攻不可，蠻補不能，必須溫補之中，佐以辛通，通補兼施，以漸取效。必俟陰散陽通，濁降清升，腹皮日漸寬軟，脹大日漸收小，漸次康復。近者一月，遠者百日，乃可克奏全功。但臨證時，必先明告病家，此病仍癰癆臌膈之一，古今醫法，從無速愈痼疾之方，務必耐心調養，戒忿怒，絶房勞，愼起居，節飲食，調劑則緩緩圖功，不可以小不效見疑，亦不可以小見效中止，方有黍谷春回，轉危爲安之一日，若病者求速愈，醫生圖速效，槪從峻削直攻，其始非不暫消。其後攻之不消矣。再後愈攻則愈脹，腹皮綳急，以手按之，堅如鐵石矣，而其病從此必死不治矣。

《通俗傷寒論·傷寒夾證·夾瀉傷寒》 因 素有脾虚泄瀉，或肝邪侮脾作瀉，或寒邪先中太陰而爲泄瀉，或先傷食物，欲瀉不暢，再感風寒而犯太陽證者。

證 頭痛身熱，胸悶或不悶，溲短，大便泄瀉，舌苔白爲中寒泄瀉。舌黄而厚，胸滿腹癘痛，頭痛身熱，口粘而穢爲宿食化瀉。若舌淡紅，苔青白色，脘悶腹滿，鳴響作痛而泄瀉，得瀉則腹滿痛鳴響皆瘥，爲肝邪侮脾化瀉。再新受外感，亦頭痛發熱。

脈 左脈濡數，右脈沉弱，爲寒瀉。若左弦堅或弦勁，右軟弱或沉緩，肝强脾弱，爲肝邪侮脾。

治 中寒感邪用葱豉胃苓湯，即胃苓湯去甘草，加葱豉。夾食化瀉身熱，用查麯平胃散，加豆豉、藿香、薄荷、豬苓、茯苓、澤瀉之類。肝邪侮脾，腹鳴痛瀉，用扶土抑木煎炒白芍六錢，炒白朮三錢，煨防風錢半，新會皮一錢，炒黄芩二錢，煨葛根一錢。加豆豉、焦梔之類。

《通俗傷寒論·傷寒夾證·夾痢傷寒》 因 痢疾古稱滯下，皆由暑濕與食積膠固腑中，流行阻遏而成。或飽餐飯肉濃鮮之後，再食瓜菓生冷，令

脾胃之血不行於四肢八脈，滲入胃腸而爲痢。再復感表邪，如身熱惡寒頭痛，或染時疫成痢，或有外感陷裏而化痢。

證　凡痢疾兼挾寒邪者，如下痢裏急後重，腹有痛有不痛。惡寒頭痛身熱，或兼寒熱惡心，舌苔厚膩，口渴不食，變態多端。

脈　痢脈微小滑利者吉，浮弦洪數者凶。浮大者未止，微弱者自愈。此無外感者大旨如此。若兼表邪，初痢身熱脈浮者先解表。初痢身熱脈沉者，可攻下。久痢身熱脈虛者，屬正虛可治。久痢身熱脈大者，屬邪盛難醫。

治　凡挾表邪之痢，與時行疫痢，皆有身熱，但當先撤表邪，如惡寒頭痛身熱之類。因其表而行散之，表邪解而痢亦輕矣。如倉廩湯人參、茯苓、甘草、柴胡、羌活、獨活、枳殼、桔梗、川芎、薄荷、生薑、陳廩米。以解表化滯，自然身涼痢止。因於濕熱者，以苦辛寒爲治。苦以燥濕，寒以清熱，稍加辛熱佐之，以爲發散宣通之用，無不效矣。因於氣者調之，因於血者和之，邵氏謂在氣分有苦辛調氣，及辛甘益氣等法，在血分者有苦辛行血及鹹柔養血諸方。治赤痢者，氣分藥必不可少，氣地而血自止也。治白痢者，血分藥必不可兼，恐引邪入於血分，反變膿血也，此治痢者不可不知也。

《通俗傷寒論·傷寒夾證·夾疝傷寒》　因　素有疝氣，時發時止，復傷寒濕，直入太陽之裏，膀胱氣化失利，則諸狀發矣。疝名有七，其始皆因於氣，故曰疝氣。然有內外之別，或發時諸狀復現，發過全無形跡，或素有定所，發則心腹脹痛絞切，冲逆攻突，發過則罷，而腹部仍有瘕聚者，均名內疝。或睾丸腫墜掣痛，牽引小腹，或外腎腫潰，膿水淋溢，二便滯濇，陰絡不利者，皆名外疝。考之古訓，多責之肝，其實內外諸氣雜湊，而病踞陰部，皆足以致之。

證　發熱頭疼，脘腹滿痛，陰囊腫硬，莖腫溺濇，大便燥結，此爲寒濕直入太陽之裏，氣化不利之一例，其餘七疝，不克備載。

脈　疝脈弦急搏指。凡弦數有熱，弦緊有寒，弦細亦爲寒濕，弦濡而數爲濕熱，牢急者生，弱急者死。

治　傷寒寒濕直入太陽之裏，膀胱化氣不利，引動素因疝氣者，宜五苓散加獨活、防己。其他疝證別有治法。惟仲景獨以寒疝爲名，所立三方，亦以溫散祛寒、調營補虛爲主。而子和治法，又以辛香流氣爲主，謂肝得疏泄，而病愈矣，用金鈴子散、虎潛丸等法，可謂發前人所未發，且治疝之方，必加治氣之藥。

《通俗傷寒論·傷寒夾證·夾癆傷寒》　因　癆之一症，皆因氣虛怯弱之人因乏勞傷之後，中氣不足，下流肝腎，陰火獨旺則發熱頭痛，營衛失守，則惡風惡寒，或兼感風寒，內外生熱，其勢更劇。

證　頭痛發熱，或肌膚壯熱，惡風惡寒，煩渴引飲，日晡轉甚，或晝夜不息，證似陽明白虎，但脈不長實洪數爲異。或氣短而煩，氣高而喘，怠惰嗜臥，而四肢不收，自汗不斂，而口不知味，亦有陰火沸騰，歇息涼處，陽氣抑遏而不行，無以衛外，故不任風寒與外感相似。惟氣息短促，懶言困倦有別，凡元氣不足，而心火獨旺，上乘陽分，則頭痛口渴，煩躁肌熱，脈雖洪大，重按無力，名曰熱中。若脾胃久虛，陽氣衰少，則骨乏無力，足不任身，不渴不煩，而多溺多汗，脈盛大而濇，名曰寒中。陰病則胃冷惡心，飲食難化，痰涎倦怠，溏瀉溺多，陽病則口乾聲啞，咽痛心煩，嗜味燥結溺赤，蒸上則喘欬痰血，唇焦面紅，耳鳴目眩，肺痿肺癰。蒸中則脇肋疼脹，肢體倦怠，多食易飢，善食消瘦。蒸下則陽強盜汗，腰痛腳瘦，燥結便閉，淋濁遺精，蓋思慮勞倦。外感等症則傷陽，傷於陽者，病必自上而下也。色慾醉飽，內傷等症則傷陰，傷於陰者，病必自下而上也。自上而下者，先傷乎氣，故一損損於肺，而病在聲息膚腠。肺主皮毛，故皮聚毛落。二損損於心，而病在血脈顏色。心主血脈，血脈虛少，不能榮於五臟六腑。三損損於胃，而病在飲食不調。胃主肌肉，故肌肉消瘦，飲食不潤肌膚。四損損於肝，而病爲瘲瘛疼痛，肝主筋，筋緩不能自收持。五損損於腎，腎主骨，故骨痿不能起於床，腎司二便，故二便不禁。此先傷乎陽，後及乎陰，陽竭於下，則孤陰無以獨存，而不可爲也。自下而上者，先傷乎精，故一損損於腎，而病爲泉源乾涸。二損於肝，而病爲血動筋枯。三損於脾，而病爲痰涎壅盛。四損於心，而病爲神魂失守。五損於肺，而病爲短氣喘呼。此先傷乎陰，後及乎陽，陰竭於上，則孤陽無以獨存，而不可爲也。然二者之損，又皆以脾胃爲生死之大關。蓋脾胃者，土也，萬物之本也，若上過乎此，則傳肝傳腎，不可治矣。下過乎此，則傳心傳肺，不可治矣。故曰心肺損而神衰，肝腎損而形敝，脾胃損而飲食不歸血氣，迨其傳變已深，而希望 回生，不亦戛戛乎其難哉。

脈內傷從內而出，故右脈闊大，外感從外而入，故左脈浮盛； 平人脈大爲勞，脈虛極亦爲勞，內傷勞倦，豁大不禁，若損胃氣，則隱而難尋，勞損之

脈，或弦或大，大而無力爲陽虛，甚則脈細，弦而無力爲陰虛。甚則脈數，大者易治，血氣未竭，猶可斂而正之。絃者難治，血氣已耗，挽回補救需難。尺脈洪大，爲陰虛火旺，左細右勁，爲正虛邪盛，脈細而數，或濡而散者，皆不治。

治　外感風寒，是傷其形；　內傷脾胃，乃傷其氣。傷其形爲有餘，有餘可瀉，傷其氣爲不足，不足當補。故汗之，吐之，消之，皆瀉也。溫之，和之，養之，調之，皆補也。如虛勞兼挾外感，宜扶正祛邪而治之。大抵勞傷脾胃，兼夾外感，以補中益氣湯，隨六經見證，加減治之。若肝腎陰虛，復感表邪，宜滋陰降火湯，或四物湯加味爲治。故治勞過用大寒，則愈虛其中，過用大熱，則愈竭其陰。惟滋陰降火，以澄其源，化痰和血，以潔其流。雖有外感表邪，解表之中，仍須理勞。若外感輕微而心虛者，主以歸脾湯，脾虛補中益氣湯，肺虛生脈散，肝虛逍遙散，腎虛地黃湯。若肺脾兼病，邪鬱勞嗽，食少痰多，便溏溺濇，清寧膏。生地十兩、麥冬六兩、製白朮六兩、桔梗四兩、米仁十兩、炒川貝二兩去心、橘紅一兩、薄荷三兩、桂圓十兩、去殼核米仁、川貝、薄荷，研細末。桂圓搗爛，餘藥煎去滓，攪和收煉成膏，噙化嚥下。肝腎俱虛，生熟地黃丸。生地、熟地各五兩，白芍、茯苓、天麻、地骨皮、元參各一兩五錢，川芎一兩，當歸、石斛、黑荳各三兩，爲末蜜丸，白湯送下三錢心。肺俱虛，人參養榮湯。氣血兩虛，八珍湯。任勞傷腎，困乏精虛，陰陽兩虛者，十補丸。熟地八兩，蓮肉、淮藥各四兩，附子、肉桂、澤瀉、丹皮、五味子各一兩，鹿茸三兩，製爲末，煉蜜搗千下丸，滾水下三五錢。至脾腎俱虛者，補脾之中，加以沉香、砂仁，壯腎之中，加以五味、肉桂。若風勞鬱勞，當辨脈證調治。傳屍勞瘵，以黑虎丹三方，初服黑虎丹，下諸般勞蟲，黃白可治，青黑不治，眞西黃一錢、眞阿魏一錢、南木香三錢、雞內金焙二錢、眞雷丸三錢，爲細末用使君子二兩，研細和前藥一兩，麵糊爲丸，任用。次服小紅丸，通腸逐蟲。錦紋大黃一兩，晒脆爲末，和前藥末一兩，煉白蜜丸，硃砂爲衣，聽用。繼前藥之不及，脈數實者可用。三服打蟲化積丸，逐蟲未盡，脈沉實者可用。大黃末三兩，和檳榔末三兩，黑丑末三兩，麵糊爲丸，聽用。以此三方，取下惡物，燒以烈火，埋之深坑，葱粥調養，以希徐復其元。各隨臟腑見證用藥，當滋補藥中，加青蒿、百部、烏梅、硃砂之類，近世多有以四物加知柏治勞。不知四物皆陰，行秋冬之令，非所以生萬物者也。且血藥常膩，非痰多食少者所宜，血藥常潤，久用必致滑腸，况知柏苦寒，能泄實火，名曰滋陰，其實燥而損血，名曰降火，其實苦先入心，久而增氣，反能助火，至其敗胃，固不待言，亦不可不知也。

《通俗傷寒論・傷寒夾證・臨經傷寒》　因　吳又可云：婦人傷寒時疫，與男子同，惟經水適來適斷，及崩漏産後，與男子迥然不同。夫經水之來，乃諸經血滿，歸注於血室，下泄爲月水。血室者，一名血海，即衝任脈也，爲諸經之總任。經水適來，疫邪不入於胃，乘勢入於血室，故夜發熱譫語。蓋衛氣晝行於陽，不與陰爭。故晝則明了；　夜行於陰，與邪相搏，故夜則發熱譫語。至夜止發熱而不譫語者，亦爲熱入血室，因有輕重之分，不必拘於譫語也。《傷寒折衷》云：　衝脈爲血之海，即血室也。男女皆有此血氣，亦均有此衝脈。衝脈得熱，血必妄行，在男子則爲下血譫語，邪氣傳入正陽明府也；　在婦人則爲寒熱如瘧，邪隨經而入也。皆爲熱入血室。逼血下行，挾熱而痢，是熱入血室，男女皆有之也。

證婦人中風，發熱惡寒，經水適來，得之七八日，熱除，而脈遲身涼，胸脇下滿，如結胸狀，譫語者，此爲熱入血室也。當刺期門，隨其實而取之。

婦人中風七八日，續得寒熱，發作有時，經水適斷者，此爲熱入血室。其血必結，故使如瘧狀，發作有時，小柴胡湯主之。程云：　前條之熱入血室，由中風在血來之先，邪熱乘血空而入之，室中略無血，而深是邪，故可用刺法，盡瀉其實。此條之熱入血室，由中風在血來之後，邪乘血半離其室而內之，血與熱搏所以結，正邪爭，故如瘧狀，而休作有時，邪半實而血半虛，故只可用小柴胡湯爲和解法。錢天來云，小柴胡湯中應量加血藥，如牛膝、桃仁、丹皮之藥。其脈遲身涼者，或少加薑桂，及酒煑大黃少許，取效尤速，所謂隨其實而瀉之也。若不應用補者，人參亦當去取。按熱入血室，許叔微小柴胡湯加生地黃，張璧加丹皮。楊士瀛云：　小柴胡力不及者，於內加五靈脂。方氏云：　適來者，因熱入血室，迫使血來，血出而熱隨遺也。適斷者，熱乘血來，而遂入之，與後血相搏，俱留而不出，故曰血必結也。

婦人傷寒發熱，經水適來，晝日明了，夜則譫語如見鬼狀者，此爲熱入血室，無犯胃氣，及上二焦必自愈。成無己曰：　傷寒發熱者，寒已成熱也。經水適來，則血室空虛，邪熱乘虛入於血室，若晝日譫語，爲邪客於府，與陽爭也。此晝日明了，夜則譫語如見鬼狀，是邪不入府，入於血室，與陰爭也。陽盛譫語則宜下，此熱入血室，不可與下藥，犯其胃氣。熱入血室，血結寒熱者，與小柴胡湯散邪發汗。此雖熱入血室，而無血結寒熱，不可與小柴胡湯

發汗，以犯上焦。熱入血室，胸脇滿如結胸狀者，可刺期門，此雖熱入血室，而無滿結，不可刺期門，犯其中焦。必自愈者，以經行則熱隨血去而下也，已則邪熱悉除而愈矣。方中行云：無禁止之辭，犯胃氣，言下也，必自愈者，言伺其經行血下，則邪熱得以隨血而俱出，猶之鼻衄紅汗，故自愈也。蓋警人勿妄攻，以致變亂之意。程林云：上章以往來寒熱如瘧，故用小柴胡以解其邪，下章以胸脇下滿如結胸狀，故刺期門以瀉其實，此章則無上下二證，似待其經行血去，邪熱得以隨血出而解也。

許叔微《本事方》記一婦人患熱入血室證，醫者不識，用補血調氣藥，涵養數日，遂成血結胸，或勸用小柴胡湯，予曰：小柴胡用已遲，不可行也。無已則有一焉，刺期門穴斯可矣。予不能鍼，請善針者治之，如言而愈。或者問云：熱入血室，何爲而成結胸也？予曰：邪氣傳入經絡，與正氣相搏，上下流行，或遇經水適來適斷，邪氣乘虛而入血室，爲邪迫上入肝經，受肝邪則譫語如見鬼，復入膻中，則血結於胸也。何以言之？婦人平居，水當養於木，血當養於肝也。方未受孕，則下行以爲月事；既妊娠，則中蓄之以養胎；及已產，則上壅之以爲乳，皆血也。今邪逐血併歸於肝經，聚於膻中，結於乳下，故手觸之則痛，非湯劑可及，故當刺期門也。此語甚確，即辨證着眼處。

脈　尺脈洪大，陽陷入陰；寸大尺衰，陰虛陽盛。血虛脈虛，血枯脈濇，濇大血瘀，洪數熱蒸。《折衷》云：挾血之脈，乍濇乍數，或伏或沉，血熱交併，則脈洪盛。大抵男多應於左手，女多右手見之。

治　《傷寒折衷》云：男子熱入血室，下血譫語，但頭汗出，宜刺期門。婦人熱入血室，經水適斷，寒熱如瘧，發作有時，小柴胡湯加生地、丹皮、桃仁。經水適來，熱除身涼，脈遲，胸脇滿如結胸，譫語，刺期門。經水適來，晝日明了，暮則譫語如見鬼狀，不須治自愈。陶節庵云：婦人熱入血室有三，經水適來，二條不言藥者，蓋以經血方來，熱氣乘虛而入，經血出則熱亦出矣。故不可用汗下藥，犯其胃氣。及上二焦，如其胸滿譫語，此則實也，刺期門以瀉之。若經水適斷，續得寒熱，其血必結，故用小柴胡湯加丹皮、紅花、桃仁。若陽明熱入血室，此男子蓄血之症，但當刺以泄熱也。又云，太陽不解，熱結膀胱，其人如狂，而血自下者，宜用桂枝湯。陽明下血譫語，胸膈滿如結胸，夜則如見鬼，此爲熱入血室，小柴胡湯。下焦蓄血，其人如狂，小腹急結，小便自利，大便黑，與夫下利，無表裏證，脈數不解，消穀易飢，多日不大便，此爲瘀血，桃仁承氣湯下之。吳又可云：無犯胃氣，及上二焦必自愈。言其胸膈併胃無邪，勿以譫語爲胃實，而妄攻之，但熱隨血下則自愈。若有如結胸狀者，血因邪結也，當刺期門以通其結。《活人書》治以柴胡湯，然不若刺期門者之功效。《活人書》治婦人傷寒解後，熱邪內陷，血結胸膈，二便不通，晡夜發熱，而語妄如狂等證，用海蛤散。海蛤、滑石各一兩，炙甘草五錢，芒硝一兩，右爲末，每服以鷄子清調之。蓋小腸通利，則胸膈血散，膻中血聚，則小腸壅。小腸壅，膻中血不行，宜此方。若因經水適斷，血室空虛，其邪乘虛傳入，邪勝正虧，經氣不振，不能鼓散其邪爲難治。且不從血泄，邪氣何由即解。與適來者，則有血虛血實之分，宜柴胡養榮湯。柴胡、黃芩、陳皮、甘草、當歸、生地、白芍、知母、花粉、生薑、大棗。凡新產後亡血過多，衝任空虛，與素善崩漏，經氣久虛，皆能受邪，與經水適斷同治。

《通俗傷寒論·傷寒夾證·妊娠傷寒》　因　婦人懷孕，寒邪外束，營氣不能灌注，故發熱惡寒，身疼腰痛，謂之傷寒。頭痛惡風，身熱心煩，謂之傷風。邪在半表半裏，則往來寒熱。

證　邪在表身熱，惡寒無汗，頭疼身痛，在裏則腑熱壅閉，大便不通。若寒在半表，熱在半裏，則往來寒熱。煩渴不解。若寒侵於表，風傷營氣，則身疼頭痛，發熱惡寒。妊娠氣血不足，不能營衛於外，而風邪乘虛襲入經中，則身熱自汗，倦怠惡風。妊娠營血不足，寒即襲入經中，則身疼無汗，發熱惡寒。

脈　妊娠人迎緊盛，傷於寒，營氣虛者，脈必浮弱，氣口浮緩；傷於風，衛氣虛者，脈必浮軟，營衛兩虛，邪不解散，脈必細微。

治　疎邪解表，以治其標，扶元托散，以培其本。營虛者，養血爲先；衛虛者，補氣爲亟；營衛兩虛，溫補並施。邪在表者，其證惡寒身熱，頭痛無汗，脈浮者，主以香蘇飲；生香附、紫蘇、陳皮、甘草、生薑、葱頭。病在裏者，其證裏熱壅閉，大便不通，脈洪數者，治以三黃解毒湯；黃連、黃芩、黃柏、焦梔子、大黃。在半表半裏者，寒熱往來，頻渴不解，脈弦數者，主以黃龍湯；柴胡、黃芩、人參、甘草、生薑、大棗。營虛者，寒多熱少，不煩不渴，脈弦浮濇者，主以當歸桂枝湯；當歸、桂枝、白芍、甘草、煨薑、大棗。衛虛者，寒邪留戀經中，則寒熱不解，脈浮軟者，主以黃蓍建中湯；炙黃蓍、桂枝、白芍、炙甘草、生薑、大棗。傷寒寒

已外解，脾氣虛餒，熱乘虛陷，胎動不安，主以安胎散； 生白术、黃芩、炒白芍，等分爲散，以生薑二片、大棗三枚，煎濃汁調服三錢。 兼有潮熱者，主以安胎阿膠散； 炒阿膠三兩，黨參一兩五錢，白术一兩五錢，茯苓一兩五錢，桑寄生三兩，炒製爲散，米飲調下三錢。 妊娠傷寒，侵表傷營，頭痛發熱，惡寒身痛，胎孕不安，脈浮緊濇者，主以羌活散； 羌活、生白术、防風、炒白芍、黃芩各一兩五錢，當歸三兩，白芷、川芎各一兩，甘草六錢，製爲散，水煎五錢，去渣溫服。 妊娠傷風，風邪乘虛襲入經中，身熱自汗，倦怠惡風，胎孕不安，脈浮緩者，主以黃蓍解肌散； 人參一兩五錢，黃蓍三兩炙，當歸三兩，炒白芍一兩五錢，川芎一兩炙，甘草五錢，製爲散，紫蘇湯下三錢。 妊娠營血不足，寒襲經中，身疼無汗，發熱惡寒，脈浮弱者，主以桂枝芍藥湯； 桂枝、芍藥各錢半，當歸三錢，生薑兩片，葱頭三枚。 妊娠傷寒表解後，裏氣不和，腹中痛，下利胎動，脈沉者，主以芍藥湯。 炒白芍三錢，炒白术、茯苓各錢半，炙甘草八分。 妊娠傷寒表解後，腹中不和，協熱下利，胎不安，脈數者，主以加味黃芩湯； 炒白芍、炒白术、黃芩、茯苓各錢半，炒阿膠二錢，炙甘草五分。 妊娠傷寒，火鬱不解，營陰受傷，而夾濕熱，發斑紫黑，胎因不安，脈數弦大者，主以梔子大青湯； 鮮生地五錢、升麻五分、焦梔子三錢、鮮大青四錢、黃芩二錢、葱頭三枚。 妊娠傷寒，熱鬱陽明，熱極而發紫黑斑，脈洪數者，若不急治，胎殞在即，主以青黛石膏湯； 眞青黛錢半、鮮生地二兩搗汁、生石膏八錢、升麻六分、黃芩二錢、焦梔子三錢、葱頭三枚。 妊娠傷寒後，餘熱阻膈，血氣暗耗，潮熱不解，胎孕不安，脈數濡弦者，主以黃龍四物湯； 鮮生地五錢，黨參、黃芩、白芍各錢半，柴胡五分，當歸三錢，川芎、甘草各八分。 妊娠傷寒，發汗後，餘熱內陷，衛氣所止息，漏汗不止，胎孕不安，脈浮數者，主以加減當歸六黃湯； 大生地五錢，清炙蓍皮三錢，炒白芍、炙甘草、黃芩各錢半，白芷鹽水炒黑二錢，當歸炒阿膠各三錢，浮小麥三錢。 妊娠傷寒汗下後，津液暴亡，虛煩不眠，胎孕不安，脈濡數者，主以加味竹葉湯。 淡竹葉三錢，北沙參三錢，鮮生地五錢，麥冬、炒阿膠各三錢，炙甘草五分。 妊娠傷寒，熱極傷營，血室受病，恐損壞其胎，徐洄溪以白藥脂八兩研末，以鷄子清調塗油紙上，貼臍下胎存處，乾則以水潤之，解毒潤燥以護胎元； 葉天士亦謂胎前病，以護胎爲要，恐邪來害娠也，如熱極，用井底泥，藍布浸透，覆蓋臍腹上，此亦保護胎元之法。 然亦須看其邪之可解而用之，如用血分滋膩之藥不效，又當審察應下則下，惟中病則止，不可固執成法，仍須步步保護胎元，恐正損邪陷也。

《通俗傷寒論·傷寒夾證·產後傷寒》 因 產婦始生，氣血俱虛，外失衛護，內無主持，最宜調養。 設受風寒，豈非難治。 故產後傷寒，邪得以深入，非比尋常傷寒，內有鬱熱，與邪相拒，循經漸入之緩也。 產後傷風，腠理空虛，風邪得以留戀，非若尋常傷風，元氣壯盛，邪易解散，自無留邪致損之患者不同。

證 證狀多與妊娠同，玆不復贅。

脈 傷寒脈緊，產後傷寒脈必緊細。 傷風脈浮，產後傷風，脈必空浮。

治 寒宜溫中達邪，俾中氣溫而寒自散。 風宜扶元托表，俾元氣充而風自解。 若血氣大虛，生陽不振，雖大溫大補，不能破其範圍。 大抵產後血虧挾滯，營氣不能布護，寒邪得以直入衝任，惡寒無汗，發熱不休，脈緊細濇者，主以建中湯。 當歸三錢，赤芍錢半，肉桂一錢。 無汗加炒黑荆芥，腹痛加炒焦砂糖。 產後衛氣空虛，腠理不密，風邪得以留戀經中，故惡風無汗，發熱不休，脈浮軟者，主以玉屏風散。 炒黃蓍、炒白术各三兩，防風一兩五錢，砂糖炒黑爲散，水煎五錢服。 產後氣血兩虛，風寒得以傷之，故發熱無汗而惡風寒，脈浮濇者，主以疏風芎歸散。 當歸三兩，人參、川芎、紫蘇、葛根各一兩五錢，砂糖炒黑爲散，生薑兩片，葱白三枚，水煎。 產後冒風，手足煩熱，面赤氣喘，脈浮數者，主以人參竹葉湯。 人參錢半，竹葉三錢，防風錢半，甘草、桔梗各八分。 產後冒風，留戀不解，風熱陷入少陽，身熱煩渴，時作時止，脈弦數者，主以黃龍湯。 人參錢半，柴胡八分，黃芩、甘草各錢半。 產後傷寒身熱，惡露爲熱搏不下，煩悶脹喘狂言者，抵當湯及桃仁承氣湯主之。 傷寒小產，惡露不行，腹脹煩悶欲死，大黃桃仁湯。 朴硝、大黃等分末之，每一錢或二錢，桃仁去皮尖碎之，濃煎湯調下。 以通爲補，此皆龐安常之法也。

《松峰說疫·論治·瘟疫雜症治略》瘟疫兼暑 溫疫兼暑，最難分晰。 蓋暑病之在表者，有頭痛煩躁，肌體大熱，脈浮氣喘，口乾面垢自汗，手足逆冷，名暑厥，搐搦名暑風，昏不知人爲中暑。 其症最易與瘟疫表症相混。 暑病之在裏者，有嘔逆泄瀉，心腹痞悶，或兼脹痛，又最易與瘟疫之在裏者相混。 惟於少氣、倦怠、大渴三症，辨其爲暑。 第瘟疫亦發渴，但瘟症在表，雖渴亦不甚，必至傳裏方甚。 至暑症，不論表裏皆渴，而在表時，其渴較瘟疫之表者更凶猛殊甚也。 以此爲辨，庶得其情。 如果係瘟兼暑症，即當用解瘟卻暑之劑，亦不必拘於日期，見表治表，見裏治裏，又宜先治其瘟，瘟解而暑熱亦從而退矣。 馬卯麟以五瘟丹治瘟暑，但中無治暑之劑，不過涼散，方亦未盡可用。 倘遇此症，仍當於達原飲中，將祛暑之藥加減出入之。 至於五瘟

丹，每歲冬間，預先修和備用亦可。至祛暑等方，載在暑門，茲不贅。瘟症發熱無休時，暑症發熱有作止，以此爲辨。若瘟與暑兼，亦難以此作準，仍當詳參脈症。

瘟疫兼濕　《活人》曰：其人傷濕，又中於暑，名曰濕溫。兩脛逆冷，腹滿頭目痛，妄言多汗，其脈陽浮而弱，陰小而急，茯苓白朮湯、白虎加蒼朮湯。切勿發汗，汗之名中暍，必死。而吳氏引《活人書》曰：宜朮附湯加人參、香薷、扁豆主之。《金鑑》曰：溫病復傷於濕，名曰濕溫，其症兩脛逆冷，妄言多汗，頭痛身重胸滿，宜白虎加蒼朮、茯苓，溫濕兩治。若脈大有力，自汗煩渴者，人參白虎湯加白朮主之。輕者十味香薷飲、清暑益氣湯增損用之。按古人治法不過如斯。但《金鑑》曰：溫病復傷於濕曰濕溫，而《活人》則曰傷濕而又中暑曰濕溫。味其義意，當遵《金鑑》爲是。蓋傷濕而又傷暑，只可謂之傷暑濕，而不可謂之濕溫也。夫曰濕溫者，是濕而兼瘟也。或先瘟而中濕，或先濕而患瘟，與暑何涉焉。第瘟疫兼濕又最難辨。□□□□□□□□□□□□□□□□□唯於一身盡痛，痛極且不能轉側，惡飲湯水，目中視物皆紅黃，身目色微黃，而無譫語妄等症者，辨之始得。而濕症之中，又有濕熱、寒濕之分，總宜白朮茯苓湯。濕熱者，小便赤澀如馬溺，渾濁色白，且有煩熱大便秘結諸症，宜人參白虎湯加白朮主之，或四苓散、大小分清飲、茵陳飲之類，皆可擇用。若天久陰雨，濕氣過勝，其人臟腑虛，大便滑，小便清，乃是寒濕，宜朮附湯。但瘟疫發在熱時，且兼濕熱者多，而兼寒濕者少，朮附湯不可用。若服茯苓白朮□□□□□□等湯不應，則用除濕達原飲，分治瘟與濕，誠一舉而兩得也。北方風高土燥，患此者少，惟南方水鄉卑濕，天氣炎熱，患者恆多。春冬感者恆少，而夏秋患者恆多。所宜隨其時地而變通之。至於前所引《活人》云濕溫切勿發汗，而《金匱要略》則云：濕家身煩痛，可與麻黃加白朮湯，發其汗爲宜。《景岳全書》又曰凡濕從外入者，汗散之，將謂止中濕者宜汗，而兼溫者不宜汗。何以《準繩》濕溫門中，既引《活人》云不宜汗，又引《金匱》曰宜汗，更引成氏云濕家發汗則愈？是濕溫一門，前後又自相矛盾，殊不可解。愚意瘟疫始終不宜發汗，雖兼之中濕，而尚有瘟疫作祟，是又當以瘟疫爲重，而中濕爲輕，自不宜發汗，當用和解疏利之法，先治其瘟，俟其自然汗出，則濕隨其汗，而與瘟並解矣。或瘟解而濕仍在者，當於濕證門中求之，故治濕諸方俱不開列。

瘟疫兼痢　吳又可用檳芍湯，係治瘟疫之裏症而兼痢者。若有外症，仍當解表，必如喻嘉言分三次治法，始足以盡其變。至表裏俱病者，又當表裏分治，總宜活變，不可膠執。惟松花散治瘟毒熱痢，頗著奇效，未可以易而忽之。又按傷寒便膿血，有誤發淋家汗而然者，用豬苓湯；有病在少陰者，治以桃花湯。諸說於瘟痢總不宜用。蓋痢由瘟而作者，始終一於爲熱也。惟雜疫中痢疾，原無瘟疫之頭痛身熱，發熱自汗，以及心腹痞滿不食，譫語等表裏諸症。而沿門闔戶止患痢疾者，則有虛實寒熱之殊，其治法亦因之各異矣。凡痢身熱脈大者難治，身熱脈小者易治。

瘟瘧　凡瘧寒熱如期而發，餘時脈靜身涼常也，以瘧法治之。設傳胃者，必現裏症，應下之症。名爲瘟瘧，以瘧法治者死。當以瘟疫法治之。此症下後，裏症除，寒熱獨存者，是瘟減瘧在。瘧邪未去者，宜疏，清脾飲。邪去而瘧勢在者，宜截，不二飲。勢在挾虛者，宜補，四君子湯。三方見瘧門，不附載。

妊娠瘟疫　吳又可治孕婦瘟疫，用三承氣興利除害於反掌之間固已，但方中定當減去芒硝。蓋芒硝乃軟堅之物，用之能使胎化爲水。倘痞滿燥實堅皆俱，極數用生大黃而止，否則止用熟軍爲妥，胎與腸胃絕不相關，大黃蕩腸胃而破堅燥，未聞能下胞孕者，服之何害。至云大黃爲安胎之聖藥，是專爲裏症應下者言之。若邪尚在表者，當速散其表邪，毋使內陷，爲上乘也。

【略】

又方：井底泥塗足心。治孕娠時症，令子不安。

又方：用竈底中對鍋臍土，研細，水調服，仍塗臍，乾再換。【略】

妊娠熱病，車轄脂、黃酒和服。青羊屎研爛，塗臍安胎。

又方：鷄子十枚，納井中，令冷，取出打破，吞之，令胎不動。

妊娠時行並感寒，大鯽魚一尾，燒存性，研，黃酒沖服。如無汗，腹中熱痛，醋和服，取汗。

熱病，葛根汁頻服。

《松峰說疫・雜疫・青筋》　此症因氣逆而血不行，併惡血上攻於心也。多由怒氣相衝，或憂鬱氣結不散，或惱怒復傷生冷，或房勞後受寒濕，以致精神恍惚，心慌氣喘，噎塞上壅，嘔噦惡心，頭目昏眩，胸膈痞滿，心腹刺痛，脇肋腰背痛，頭痛腦痛，口苦舌乾，面青唇黑，四肢沉困，百節酸痛，或憎寒壯熱，遍身麻痹，手足厥冷，顫掉，默默不語，不思飲食等症，皆惡血攻心所致。

古無治法，惟刺兩手曲池上青筋，出瘀血可愈。或屢患屢刺，莫之能除。夫人以氣血爲主，故丹溪曰：氣血和，百疾不生。此病先傷於外，而復損其血，兹製一方，名白虎丸。白虎西方肺金之謂，青筋乃東方肝木之象，以白虎而治青筋，金能平木，有至理存焉。能代針砭之苦，且免後之復發。兼治男子久痢便血，婦人崩漏帶下，并一切打撲內損，血不能散，心腹痛欲死者，服之神效。

《松峰説疫・雜疫・痰疫》 患此病者，初得之亦並不顯尋常瘟疫應有等症，不過頭微痛，身微覺拘急寒熱，心腹微覺疼痛脹滿；三兩日内抖然妄見鬼神，狂言直視，口吐涎沫，鼻中流涕，手足躁擾，奔走狂叫，脈沉緊而數，身體不熱。亦有熱者，卻與邪入陽明胃腑發狂迥異。此感疫癘之氣，風火痰三者合而成病。不急治，三二日即斃。宜先針少商穴并十指，急服竹瀝解疫煎一二劑神效。此亦世所罕有之症，曾有患此者，余深覺詫異。因思暴病皆屬於火，怪病皆屬於痰，以意爲之，先用刺法，後用藥餌輒效。一時患者數人，方知其爲疫也，治之應手而愈，遂定其名曰痰疫，筆之以備採擇焉。

《羊毛溫證論・婦人有孕病羊毛溫治》 有婦人患羊毛溫邪，其雙注單注病證形象一一如前，治法同然，設羊毛未出，已出未透，俱用加減雙解散去薑黃、芒硝，量服數劑毛除毒解，繼以扶脾養胎，方用加減資生健脾丸，並用四物湯。至清理毒火方用黃連解毒湯，重用石膏。

有孕婦人患羊毛溫邪有毒火極重者，外除羊毛，內服加減雙解散去薑黃、芒硝，倍用石膏。設邪火內擾，忽然漏血，胎恐不安致有損傷，宜審胎元主養血脈，分其臟腑，依經調治，方用加減雙解散去薑黃、芒硝，按妊脈之月加藥，至毒火輕重，醫量之耳。

羊毛溫邪有妊一月，厥陰肝臟脈養，火擾漏血，方用加減雙解散去薑黃、芒硝，以下按月方同本方，增入白微一兩，繼用黃連解毒湯加白芍、當歸。

羊毛溫邪有妊二月，少陽膽經脈養，火擾漏血，本方黃芩用五錢，增入血餘二錢。

羊毛溫邪有妊三月，少陰心臟脈養，火擾漏血，本方黃連用二錢、石膏二兩、當歸五錢。

羊毛溫邪有妊四月，手少陽三焦脈養，火擾漏血，本方石膏用三兩、炒山梔一兩。

羊毛溫邪有妊五月，太陰脾臟脈養，火擾漏血，本方石膏用一兩、白芍五錢、防風四錢、黃連二錢。

羊毛溫邪有妊六月，足陽明胃經脈養，火擾漏血，本方石膏用四兩、炒山梔四錢、當歸五錢。

羊毛溫邪有妊七月，太陰肺臟脈養，火擾漏血，本方石膏用三兩、黃芩五錢、白芍五錢、炒山梔三錢，增入川貝母五錢。

羊毛溫邪有妊八月，手陽明大腸脈養，火擾漏血，本方石膏用二兩、黃芩五錢、炒山梔三錢、當歸五錢，增入炒枳殼一錢。

羊毛溫邪有妊足月，少陰腎臟脈養，火擾漏血，未破漿胞，本方石膏用二兩、當歸五錢，增入川芎、川貝母各一錢。

羊毛溫邪有妊將生，燒躁煩亂，似欲生產又不能生，忽然癇瘋大作，抽搐昏沉，牙關緊閉，急用川芎一錢、全當歸五錢、殭蠶三錢、蟬退十四枚，河水煎去渣，和紫雪金丹三錢服下即能癇止，生孩下地產婦宜多服童便米湯。

羊毛溫邪，新生產後，羊毛擦出毒火漸輕，方用加味佛手散。

羊毛溫邪，產後五六日或十餘日毒發雙注證，脈象沈實，寒熱胸脹，周身拘痛，面青昏厥，舌乾而赤，或苔黃而膩，或灰白均有紫點裂紋，或頭痛如裂，煩躁狂亂，或毒結乳癰，或四肢腫痛，或面腫唇掀，耳腫作痛。治法外除羊毛，內服加味佛手散去桂枝，清水煎去渣，和回生丹一粒服之。如不愈，服新製蘭膏湯，繼用解毒養陰理脾而愈。

羊毛溫邪產後四五日毒火發動，微寒壯熱，頭痛作暈，心煩口渴，內燒腹痛，四肢麻木，周身拘束，面青色滯，舌赤苔黃或白布有點紋，晝夜不安。治法外除羊毛，內服加味佛手散增入秋石、雄黃、黃蜜，兼服回生丹。如不愈，並服紫雪金丹，燈心湯下。

羊毛溫邪產後十餘日面色青滯，舌紫苔黃布有細點，嘔吐痰水，忽寒忽熱，頭痛眩暈，胸悶氣脹。治法外除羊毛，內服加味佛手散，兼服五黃丹。

羊毛溫邪產後一月內外寒熱，胸悶面青，舌赤。治法外除羊毛，內服新製蘭膏湯並五黃丹，病退即止，繼服加減資生健脾丸。

羊毛溫邪產後四五十日毒火雙注，面青舌紫有苔有點，煩躁譫言，壯熱內燒。治法外除羊毛，內服加減雙解散去硝、黃，增元明粉、熟大黃、雄黃，並服五黃丹，繼服新製蘭膏湯。

以上有治胎前産後法未盡善者，務須臨證參詳，活人更多矣。

《羊毛溫證論·婦女病羊毛溫行經治法》 婦女患羊毛溫邪，毒火擾動血室，或逢當期暴下不止，人事昏沈，譫言狂躁。治法外除羊毛，內服加減雙解散，方內當歸用五錢、黄芩三錢，增入白薇一兩，數服後病退，繼以清熱解毒養血理脾，不至經枯、經閉、淋瀝不調爲害。

婦女患羊毛溫邪毒火迫血，不當行經忽然而行，血湧昏亂，譫言發厥，邪火更熾。治法外除羊毛，內服加減雙解散，方內石膏用四兩、當歸用五錢，增入羚羊角尖五錢、白薇五錢、大生地一兩取汁冲服，並服紫雪金丹，燈草湯下。

婦女患羊毛溫邪毒火擾動精府，帶下如水，腰痛束脹，寒熱煩躁，舌有紫點，胸悶口渴。治法外除羊毛，內服加減雙解散，方內石膏用二兩，增入羌活一錢、雄黄三分，次服豬苓湯加蟬衣、殭蠶、石膏、澤蘭葉。倘本質素虧，溫邪解退宜培補陰陽，如大造丸、固本丸皆可通用。

《羊毛溫證論·嬰兒病羊毛溫治》 嬰兒初生下地多有胎熱發厥，吐沫不哭，肝火生風手足動搖。法用紫雪金丹三五釐常服，燈草湯下。

嬰兒初生，胎溼生黄，法用陳氏抱龍丸，荸薺清汁和匀，溫服數次而愈。

嬰兒初生臍風撮口證，由於有孕多慾。法用九製大黄五釐、陳氏抱龍丸五釐，燈草湯和服。

嬰兒初生胎中毒火發赤遊風，或發丹毒，由妊娠時烟酒辛羶食物太過致有此患。法用鍼砭去其毒血，藥用紫雪金丹一分燈草湯和服，次以犀角、羚羊角、石膏、蟬退、荆芥、元參、黄連等分煎湯服之。

嬰兒下地三十日內外發熱變蒸，十月之間月月忽然發熱，不可作病證醫，此熱由於內生主長養之氣至，常以荸臍清汁兼服白蜜湯解之，或用紫雪金丹少許，燈草湯下。

嬰兒變蒸時素有肝火生痰，發熱氣促，苗竅不通，面色青亮，忽變浮紅目瞪微搐。法宜羚羊角、石膏、防風、薄荷、鈎藤、鬱金、山查、桔梗，時習多以乳滯着駭撲風爲論，而用疎風消滯鎮驚化痰之藥，服下無效，致病轉劇危困無救深可歎也。書云如何赤子心誠求之，至審察病情惟望聞問切，嬰兒在四診之中已少其三，獨診其色所以較難，診者如此何况診視羊毛證乎，故略舉數端爲幼科醫備一參耳。

嬰兒感受溫毒伏而化生羊毛，兒生下地十月之內皆無此證，或問何也？答曰：嬰兒氣貫胸頂，呼吸通於顖門，溫毒不能相干，至食五味之早者，顖門合之亦早，七八個月或作此證，或兩三個月亦有此證，由母有溫邪子亦受之，其病形象手足忽冷，頭身忽熱，面色青滯，或青浮紅，唇乾口渴，舌有紅點，氣促神倦。治法外除羊毛，內服加減雙解散，其分數約全劑十之三四，能吐能瀉可服米粥，繼以新製蘭膏湯、五黄丹酌量服之，毒火已退宜用加減資生健脾丸。

嬰兒患羊毛溫邪，適逢出痘，急宜外除羊毛，否則閉痘不出，六日以前依羊毛治法，方用加減雙解散增人中黄、牛子、雄黄、蘆根、芫荽，六日以後仍歸痘證法治。

嬰兒患羊毛溫邪出痘，證係雙注，宜忌雞汁魚辛，倘服此物昏阻煩亂倍增。

嬰兒患羊毛溫邪出痘，證係單注，外除羊毛，內依痘證治法。

羊毛溫邪出痘，務須除毛爲急，擦浴並施。

羊毛溫邪兼之出痧，其法相同。

《傷寒指掌·傷寒類症·痰症》 肺風寒痰　如見憎寒發熱，鼻塞頭痛，胸滿氣急，或咳或喘，右寸浮滑，或沉伏者，此風痰在肺也。如舌白而潤，口不渴者，痰由寒邪生也。宜二陳湯加桑杏、前胡、羌活、蘇薄之類微散之。喘加焦麻黄、葶藶子以瀉肺。如舌胎白燥，口渴者，肺家津液少也。宜瀉白散加前胡、杏仁、橘紅、茯苓、象貝、川斛、薄荷、枯芩之類。

肺風熱痰　如微寒發熱，胸悶氣逆，咳嗽兼喘，舌胎黄燥，或白刺，口渴脈數者，此風熱客肺生痰也。宜羚羊角、前胡、桑杏、蔞霜、貝母、枯芩、橘紅、薄荷、旋覆花、淡竹葉之類，以去風熱，痰自平矣。如痰閉氣逆，加竹瀝、薑汁潤之。

包絡熱痰　如傷寒神昏讝語，目睛微定，或舌蹇語澀，舌胎尖赤，中白而燥者，此熱痰乘於包絡也。宜犀角尖、川鬱金、石菖蒲、天竺黄、川貝母、鈎藤鈎、淡竹葉、瓜蔞霜之類主之。如舌絳神呆，痰潮語蹇者，內閉也，加西黄。

痰挾痧疹　凡時感傷寒，初起即胸中煩悶，氣急痰喘，先用豁痰利氣藥，痰已行而喘減。但煩悶身熱不除，反加耳聾足冷者，此必痰挾痧疹也。急宜透之提之，如羚羊角、連翹、牛蒡、防風、乾葛、薄荷、枳殼、桔梗、蟬蜕之類。

痧疹挾痰　凡時感初起，煩悶嘔惡，手足指冷，寸口脈滯，先用解表透疹之藥。疹痧雖透，而病勢不減，滿悶喘急仍在者，此必痧疹兼挾伏痰也。當豁痰以透疹，前胡、杏仁、象貝、瓜蔞、橘紅、海石、羚羊、牛蒡、薄荷、桔梗、竹瀝、薑汁之類主之。痰行結解，痧疹外達，而諸症自平。

絡中溼痰　如發熱脘悶，胸脇肩背皆痛，此溼痰竊踞肺胃之絡，痰氣交阻，故痛。宜六安煎去甘草，加桂枝、鉤丁、蒺藜、瓜蔞皮、片薑黃、白殭蠶、木香汁之類，通之行之。

痰入肝絡　傷寒有解表之後，肢體不能轉動者，此痰入於肝絡也。當以金星礞石、半夏、瓜蔞、茯苓、陳皮、天蟲、全蠍、薑汁炒蒺藜、川桂枝、旋覆花之類，以搜入絡之痰，肢自遂矣。如未應，即以養血藥兼之。

解後伏痰　傷寒解表之後，熱勢稍退，但覺目鈍神呆，身重或痛，滿不暢者，此胃中有伏痰也。右關脈必沉伏，或沉滑，宜二陳湯加枳實、瓜蔞、薑汁、竹茹之類，豁之行之。

中宮溼痰　如傷寒胸悶，寒熱模糊，惡心不渴者，中宮有溼痰也。二陳湯加枳實，厚朴、紫蘇、茅朮之類和之。

積痰　如發熱胸悶，咳嗽氣急，痰多濃厚者，中宮積痰也。宜燥潤並用，如南星、半夏、瓜蔞、海石、枳實、陳皮、茯苓之類。或導痰湯亦可。

解後餘痰　凡傷寒汗解後，癍疹已透後，尚覺餘熱未除，目睛微定者，痰也。眼下黑色者，亦痰也。其證必中脘痞悶，少納不飢，宜二陳湯加枳實、麥芽和之。

《傷寒指掌・傷寒類證・傷食》　傷食亦頭痛惡寒發熱，但身不痛，右關脈短滑，或弦滑，與傷寒異。胸膈飽悶，惡食噯氣，此食滯中脘也。宜辛溫消導，紫蘇、厚朴、枳實、查肉、神麯、麥芽之類。兼風寒者，身體拘痛也，加羌防散之。舌黃口渴者，兼內火也，加連翹、黃芩、萊菔子涼疏之。若兼脹痛甚者，挾痧穢也，加廣藿梗、川鬱金逐之。按食與痧，乃傷寒兼有之症，臨症者必須兼參可也。

凡停食脹痛，在大腹臍以上者，尚在小腸之間，宜消導，不可下。其痛滿在臍及少腹，方是燥屎在於大腸，下之可也。

《溫病條辨・下焦篇・風溫溫熱溫疫溫毒冬溫》　勞倦內傷，復感溫病，六七日以外不解者，宜復脈法。此兩感治法也。甘能益氣，凡甘皆補，故宜復脈，服二三帖後，身不熱而倦甚，仍加人參。

《溫病條辨・解產難・產後六氣爲病論》　產後六氣爲病，除傷寒遵仲景師外，孕婦傷寒，後人有六合湯法。當於前三焦篇中求之。斟酌輕重，或速去其邪，所謂無糧之師，貴在速戰者是也。或兼護其虛，一面扶正，一面驅邪，大抵初起以速清爲要，重證亦必用攻。余治黃氏溫熱，妊娠七月，胎已欲動，大實大熱，目突舌爛，乃前醫過於瞻顧所致，用大承氣一服，熱退胎安，今所生子二十一歲矣。如果六氣與痙瘛之因，皦然心目，俗傳產後驚風之說可息矣。

客忤痙俗所謂驚嚇是也。　按：小兒神怯氣弱，或見非常之物，聽非常之響，或失足落空，跌扑之類，百證中或有一二，非小兒所有痙病，皆因於驚嚇也。證現發熱，或有汗，或無汗，面時青時赤，夢中囈語，手足蠕動，宜復脈湯去參、桂、薑、棗，加丹參、丹皮、犀角，補心之體，以配心之用。大便結者，加元參；溏者加牡蠣；汗多神不寧有恐懼之象者，加龍骨、整琥珀、整硃砂塊。取其氣而不用其質，自無流弊。必細詢病家確有所見者，方用此例。若語涉支離，猜疑不定者，靜心再診，必得確情，而後用藥。愚兒三歲，六月初九日辰時，倚門落空，少時發熱，隨熱隨痙，昏不知人，手足如冰，無脈，至戌時而痙止，身熱神昏無汗；次日早余方與復脈湯去參、桂、薑、棗，每日一帖，服三四杯。不飲不食，至十四日巳時，得戰汗而愈。若當痙厥神昏之際，妄動亂治，豈有生理乎！蓋痙厥則陰陽逆亂，少不合拍則不可救，病家情急，因亂投藥餌，胡針亂灸，而死者不可勝紀。病家中無主宰，醫者又無主宰，兒命其何堪哉！如包絡熱重，脣舌燥，目白睛有赤縷者，牛黃清心丸，本論牛黃安宮丸、紫雪丹輩，亦可酌而用之。

汪按：妄傳驚風之證，惟此一證，乃副其名。其因風因熱等項之驚，神氣昏憒，往往對面擊鼓放銃，全然不知；客忤之證，則神驚膽怯，畏見異言異服，極易分別也。又按：此證心氣素虛者，復脈中須仍用人參。

本臟自病痙此證則瘈病也。　按：此證由於平日兒之父母，恐兒之受寒，覆被過多，著衣過厚，或冬日房屋熱炕過暖，以致小兒每日出汗，汗多亡血，亦如產婦亡血致痙一理。肝主血，肝以血爲自養，血足則柔，血虛則強，故曰本臟自病。然此一痙也，又實爲六淫致痙之根；蓋汗多亡血者，本臟自病，

汗多亡衛外之陽，則易感六淫之邪也。全賴明醫參透此理，於平日預先告論小兒之父母，勿令過暖汗多亡血，暗中少卻無窮之病矣，所謂治未病也。治本臟自病法，一以育陰柔肝爲主，即同產後血亡致痙一例，所謂血足風自滅也。六味丸、復脈湯、三甲復脈三方，大小定風珠二方，專翕膏，皆可選用。專翕膏爲痙止後，每日服四五錢，分二次，爲塡陰善後計也。六淫誤汗致痙者，亦同此例。救風溫、溫熱誤汗者，先與存陰，不比傷寒誤汗者急與護陽也，蓋寒病不足在陽，溫病不足在陰也。

徵按：痙證有五，乃督脈病也。秦越人《難經》督脈爲病，脊強而厥；張仲景《金匱》，脊強者，五痙之總名，其證卒口噤，背反張而瘈瘲。此段重重細說，可以補仲景之未備。

《溫病條辨・解兒難・痙因質疑》 痙病之因，《素問》曰：諸痙項強，皆屬於濕。此濕字，大有可疑，蓋風字誤傳爲濕字也。余少讀方中行先生《痙書》，一生治病，留心痙證，覺六氣皆能致痙。風爲百病之長，六氣莫不由風而傷；人所有痙病現證，皆風木剛強屈拗之象。濕性下行則柔，木性上行而剛；單一濕字，似難包得諸痙。且濕字與項強字即不對，中行《痙書》一十八條，除引《素問》、《千金》二條，餘十六條內，脈二條，證十四條，俱無濕字證據。如脈二條：一曰夫痙脈按之緊如弦，直上下行；二曰：《脈經》云：痙家，其脈伏堅，直上下。皆風木之象，濕之反面也。餘十四條：風寒致痙居其十，風家禁下一條，瘡家禁汗一條，新產亡血二條，皆無所謂濕也者。即《千金》一條，曰：太陽中風，重感於寒，濕則變痙也。上下文義不續，亦不可以爲據。中行注云：痙自《素問》以來，其見於《傷寒論》者，乃叔和所述《金匱》之略也；《千金》雖有此言，未見其精悉。可見中行亦疑之，且《千金》一書，雜亂無章，多有後人羼雜，難以爲據。《靈樞》、《素問》二書，非神聖不能道，然多述於戰國漢人之筆，可信者十之八九，其不可信者一二，如其中多有後世官名地名，豈軒岐逆料後世之語，而先言之哉？且代遠年湮，不無脫簡錯誤之處。瑭學述淺陋，不敢信此濕字，亦不敢直斷其非，闕疑以俟來者。

汪按：古書甚少，除朝廷史志外，其餘學術，皆師弟以口耳相傳，至戰國時始著之竹帛，如《內經》等書，後人或以爲岐黃自作，或以後人僞托，皆非也。

《溫病條辨・解兒難・濕痙或問》 或問子疑《素問》痙因於濕，而又謂六淫之邪皆能致痙，亦復有濕痙一條，豈不自相矛盾乎？曰：吾所疑者諸字皆字，似濕之一字，不能包括諸痙，惟風可以該括，一也；再者濕性柔，不能致強，初起之濕痙，必兼風而後成也。且俗名痙爲驚風，原有急慢二條。所謂急者，一感即痙，先痙而後病；所謂慢者，病久而致痙者也。一感即痙者，只要認證眞，用藥確，一二帖即愈，易治也。病久而痙者，非傷脾陽，肝木來乘；即傷胃汁肝陰，肝風鴟張，一虛寒，一虛熱，爲難治也。吾見濕因致痙，先病後痙者多，如夏月小兒暑濕，泄瀉暴注，一晝夜百數十行，下多亡陰，肝乘致痙之類，霍最能致痙，皆先病後痙者也。當合之雜說中風論一條參看。以卒得痙病而論，風爲百病之長，六淫之邪，皆因風而入。以久病致痙而論，其強直背反瘈瘲之狀，皆肝風內動爲之也。似風之一字，可以包得諸痙。要知痙者，筋病也。知痙之爲筋病，思過半矣。

《溫病條辨・解兒難・痙因寒熱虛實四大綱論》 六淫致痙，實證也；產婦亡血，病久致痙，風家誤下，溫病誤汗，瘡家發汗者，虛痙也。風寒、風濕致痙者，寒證也；風溫、風熱、風暑、燥火、致痙者，熱痙也按：此皆瘈證屬火，後世統謂之痙矣，後另有論。俗稱慢脾風者，虛寒痙也；本論後述本臟自病者，虛熱痙也。亦係瘈證。

《溫病條病・解兒難・小兒痙病瘈病共有九大綱論》 寒痙：仲景先師所述方法具在，但須對證細加尋繹，如所云太陽證體強，几几然，脈沉遲之類，有汗爲柔痙，爲風多寒少，而用桂枝湯加法；無汗爲剛痙，爲寒痙，而用葛根湯，湯內有麻黃，乃不以桂枝立名，亦不以麻黃立名者，以其病已至陽明也。諸如此類，須平時熟讀其書，臨時再加謹愼，手下自有準的矣。風寒咳嗽致痙者，用杏蘇散辛溫例，自當附入寒門。

風溫痙按：此即瘈證，少陽之氣爲之也，下溫熱、暑溫、秋燥皆同此例。乃風之正令，陽氣發泄之候，君火主氣之時，宜用辛涼正法。輕者用辛涼輕劑，重者用辛涼重劑，如本論上焦篇銀翹散、白虎湯之類；傷津液者加甘涼，如銀翹加生地、麥冬，玉女煎以白虎合冬、地之類；神昏讝語，兼用芳香以開膻中，如清宮湯、牛黃丸、紫雪丹之類；愈後用六味、三才、復脈輩，以復其喪失之津液。風溫咳嗽致痙者，用桑菊飲、銀翹散辛涼例，與風寒咳嗽迥別，斷不可一概用杏蘇辛溫也。

溫熱痙即六淫之火氣，消鑠眞陰者也。《內經》謂先夏至爲病溫者是也。即同上風溫論治。但風溫之病痙者輕而少，溫熱之致痙者多而重也。藥之輕重淺深，視病之輕重淺深而已。

暑痙暑兼濕熱，後有濕痙一條，此則偏於熱多濕少之病，去溫熱不遠，經謂後夏至爲病暑者是也。按：俗名名小兒急驚風者，惟暑月最多，而兼證最雜，非心如澄潭，目如智珠，筆如分水犀者，未易辨此。蓋小兒膚薄神怯，經絡臟腑嫩小，不奈三氣發泄。邪之來也，勢如奔馬，其傳變也，急如掣電，豈麤疎者所能當此任哉！如夏月小兒身熱頭痛，項強無汗，此暑兼風寒者也，宜新加香薷飲；有汗則仍用銀翹散，重加桑葉；咳嗽則用桑菊飲；汗多則用白虎，脈芤而喘，則用人參白虎；身重汗少，則用蒼术白虎；脈芤面赤多言，喘喝欲脫者，即用生脈散；神識不清者，即用清營湯加勾藤、丹皮、羚羊角；神昏者，兼用紫雪丹、牛黃丸等；病勢輕微者，用清絡飲之類。方法悉載上焦篇，學者當與前三焦篇暑門中細心求之。但分量或用四之一，或用四之二，量兒之壯弱大小加減之。痙因於暑，只治致痙之因，而痙自止，不必沾沾但於痙中求之。若執痙以求痙，吾不知痙爲何物。夫痙病名也，頭痛亦病中也。善治頭痛者必問致頭痛之因，蓋頭痛有傷寒頭痛，傷風頭痛，暑頭痛，熱頭痛，濕頭痛，燥頭痛，痰厥頭痛，陽虛頭痛，陰虛頭痛，跌撲頭痛，心火欲作癰膿之頭痛，肝風內動上竄少陽膽絡之偏頭痛，朝發暮死之眞頭痛，若不問其致病之因，如時人但見頭痛，一以羌活、藁本從事，何頭痛之能愈哉！況痙病之難治者乎！

濕痙按：此一條，瘈痙兼有，其因於寒濕者，則兼太陽寒水氣，其泄瀉太甚，下多亡陰者，本氣來乘，則瘈矣。按：中濕即痙者少，蓋濕性柔而下行，不似風剛而上升也。其間有兼風之痙，《名醫類案》中有一條云：小兒吐哯欲作癎者，五苓散最妙；本論濕溫上焦篇，有三仁湯一法，邪入心包，用清宮湯去蓮心、麥冬，加銀花、赤小豆皮一法；用紫雪丹一法；銀翹馬勃散一法；千金葦莖湯加滑石杏仁一法；而寒濕例中，有形似傷寒，舌白不渴，經絡拘急，桂枝薑附湯一法，凡此非必皆現痙病而後治。蓋既感外邪，久則致痙，於其未痙之先，知係感受何邪，以法治之，而痙病之源絕矣，豈不愈於見痙治痙哉！若兒科能於六淫之邪，見幾於早，吾知小兒之痙病必少。濕久致痙者多，蓋濕爲濁邪，最善瀰漫三焦，上蔽清竅，內蒙膻中，學者當於前中焦下焦篇中求之。由瘧痢而致痙者，見其所傷之偏陰偏陽而補救之，於瘧痢門中求之。

燥痙：燥氣化火，消鑠津液，亦能致痙，其治畧似風溫，學者當於本論前三焦篇秋燥門中求之。但正秋之時，有伏暑內發，新涼外加之證，燥者宜辛涼甘潤，有伏暑則兼濕矣，兼濕則宜苦辛淡，甚則苦辛寒矣，不可不細加察焉。燥氣化寒，脇痛嘔吐，法用苦溫，佐以甘辛。

內傷飲食痙俗所謂慢脾風者是也。按：此證必先由於吐瀉，有脾胃兩傷者，有專傷脾陽者，有專傷胃陽者，有傷及腎陽者，參苓白术散、四君、六君、異功、補中益氣、理中等湯，皆可選用。虛寒甚者，理中加丁香、肉桂、肉果、訶子之類，因他病傷寒涼藥者，亦同此例。葉案中有陰風入脾絡一條，方在小兒癎痙厥門中，其小兒吐瀉門中，言此證最爲詳細。案後華岫雲駁俗論最妙，學者不可不靜心體察焉！再叅之錢仲陽、薛立齋、李東垣、張景岳諸家，可無餘藴矣。再按：此證最險，最爲難治，世之訛傳妄治已久，四海同風，歷有年所，方中行駁之於前，諸君子暢論於後，至今日而其僞風不息，是所望於後之強有力者，悉取其僞書而焚耳。細觀葉案治法之妙，全在見吐瀉時，先防其痙，非於既痙而後設法也。故余前治六淫之痙，亦同此法所謂上工不治已病治未病，聖人不治已亂治未亂也。

《溫病條辨·解兒難·痙病瘈病總論》《素問》謂太陽所至爲痙，少陽所至爲瘈。蓋痙者，水也；瘈者，火也；又有寒厥、熱厥之論最詳。後人不分痙、瘈、厥爲三病，統言曰驚風痰熱，曰角弓反張，曰搐搦，曰抽掣，曰癎、痙、厥。方中行作《痙書》，其或問中所論，亦混瘈而爲痙，籠統議論。葉案中治癎、痙、厥最詳，而統稱痙厥，無瘈之名目，亦混瘈爲痙。考之他書，更無分別。前痙病論因之，從時人所易知也。謹按：痙者，強者之謂，後人所謂角弓反張，古人所謂痙也。瘈者，蠕動引縮之謂，後人所謂抽掣、搐搦，古人所謂瘈也。抽掣搐搦不止者，瘈也。時作時止，止後或數日，或數月復發，發亦不待治而自止者，癎也。四肢冷如冰者，厥也；四肢熱如火者，厥也；有時而冷如冰，有時而熱如火者，亦厥也。大抵痙、瘈、癎、厥四門，當以寒熱虛實辨之，自無差錯。仲景剛痙、柔痙之論，爲傷寒而設，未嘗議及瘈病，故總在寒水一門，兼風則有有汗之柔痙，蓋寒而實者也；除寒痙外，皆瘈病之實而熱者也。濕門則有寒痙有熱瘈，有實有虛；熱病久耗其液，則成虛熱之瘈矣。前列小兒本臟自病一條，則虛熱也。產後驚風之痙，有寒痙，仲景所

云是也；有熱痠，本論所補是也。總之痙病宜用剛而溫，痠病宜用柔而涼。又有痙而兼痠，痠而兼痙，所謂水極而似火，火極而似水也。至於癇證，亦有虛有實，有留邪在絡之客邪，有五志過極之臟氣，葉案中辨之最詳，分別治之可也。瑭因前輩混痠與痙爲一證，故分晰而詳論之，以備裁採。

徵按：此亦數千餘年之疑案，莫能剖而析之，女媧鍊石補天，予獨不以其言爲河漢。

《溫病條辨·解兒難·痘證禁表藥論》 表藥者，爲寒水之氣鬱於人之皮膚經絡，與人身寒水之氣相結，不能自出而設者也。痘證由君火溫氣而發，要表藥何用？以寒水應用之藥，而用之君火之證，是猶緣木而求魚也。緣木求魚，無後災；以表藥治痘瘡，後必有大災。蓋痘以筋骨爲根本，以肌肉爲戰場，以皮膚結痂爲成功之地。用表藥虛表，先壞其立功之地，故八九朝灰白塌陷，咬牙寒戰，倒靨黑陷之證蜂起矣。古方精妙不可勝數，惟用表藥之方，吾不敢信。今人且恣用羌、防、柴、葛、升麻、紫蘇矣。更有愚之愚者，用表藥以發悶證是也。痘發內由肝腎，外由血絡，悶證有紫白之分：紫悶者，梟毒把持太過，法宜清涼敗毒，古用棗變百祥丸，從肝腎之陰內透，用紫雪芳涼，從心包之陽外透。白悶則本身虛寒，氣血不支之證，峻用溫補氣血，托之外出，按理立方，以盡人力，病在裏而責之表，不亦愚哉！

《溫病條辨·解兒難·痘證初起用藥論》 痘證初起，用藥甚難，難者何？預護之爲難也。蓋痘之放肥、灌漿、結痂，總從見點之初立根基，非深思遠慮者不能也。且其形勢未曾顯張，大約辛涼解肌、芳香透絡、化濁解毒者，十之七八；本身氣血虛寒，用溫煦保元者，十之二三。尤必審定兒之壯弱肥瘦，黑白青黃，所偏者何在，所不足者何在，審視體質明白，再看已未見點，所出何苗，參之春夏秋冬，天氣寒熱燥濕，所病何時，而後定方。務於七日前先清其所感之外邪，七日後只有胎毒，便不夾雜矣。

徵按：治痘之法，全是活潑潑地，不可執一。諺云：走馬看傷寒，回頭看痘疹。言其轉關最速也。

《溫病條辨·解兒難·痘瘡稀少不可恃論》 相傳痘瘡稀少，不過數十粒，或百餘粒，根顆圓綻者，以爲狀元痘，可不服藥。愚則以爲三四日間，亦須用辛涼解毒藥一帖，無庸多服；七八日間，亦宜用甘溫托漿藥一帖，多不過二帖，務令漿行滿足，所以然者何？愚嘗見稀少之痘，竟有漿行不足，結痂後患目，毒流心肝二經，或數月，或半年後，煩燥而死，不可救藥者。

汪按：產者，常也，可不服藥。痘則病也，當以藥調。惟藥之不當，反不如勿藥耳。所云三四日、七八日者，當參之形色，不可執一。

《溫病條辨·解兒難·痘證限期論》 痘證限期，近日時醫，以爲十二日結痂之後，便云收功；古傳百日內，皆痘科事也。愚有表姪女，於三四月間出痘，漿行不足，百日內患目，目珠高出眼外，延至次年二月方死，死時面現五色，忽而青而赤而黃而白而黑，蓋毒氣遍歷五臟，三晝夜而後氣絕。至今思之，猶覺慘甚，醫者可不慎哉！十二日者，結痂之限也；況結痂之限，亦無定期。兒生三歲以後者，方以十二日爲準；若初周以後，只九日限耳；未周一歲之孩，不過七日限。

《溫病條辨·解兒難·行漿務令滿足論》 近時人心不古，競尚粉飾，草草了事。痘頂初渾，便云漿足，病家不知，惟醫是聽。漿不足者，發痘毒猶可醫治；若發於關節隱處，亦致喪命，或成廢人；患目煩燥者，百無一生，即不死而雙目失明矣。愚經歷不少，漿色大約以黃豆色爲準，痘多者腿腳稍清猶可。愚一生所治之痘，痘後毫無遺患，無他謬巧，行漿足也。近時之弊，大約有三：一由於七日前過用寒涼，七日後又不知補托，畏溫藥如虎，甚至一以大黃從事，此用藥之不精也；二由於不識漿色，此目力之不精也；三由於存心粉飾，心地之不慈也。余存心不敢粉飾，不忍粉飾，口過直而心過慈，以致與世不合，目擊兒之顛連疾苦而莫能救，不亦大可哀哉！今作此論，力矯時弊，實從數十年經歷中得來。見痘後之證，百難於痘前。蓋痘前有漿可上，痘後無漿可行；痘前自內而外出，外出者順，痘後自外而內陷，內陷者逆也。毒陷於絡，猶可以法救之；毒陷於臟而臟眞傷，考古竟無良法可救。由逆痘而死者，醫可以對兒；由治法不精，而遺毒死者，其何以對小兒哉？閱是論者，其思慎之於始乎！

汪案：北方之一以大黃從事，猶南方之專用升發溫補也。然此方之法，在梟毒之證，有宜用者。余甥女出痘，於二十日外，猶日用大黃，計前後用大黃至四五觔，石膏稱是，然後收功。每日服四兩大黃濃汁，方能進食，此亦不可不知。總之無一定之痘，故無一定之方，前論二言盡之矣。

《溫病條辨·解兒難·疹論》 若明六氣爲病，疹不難治。但疹之限期最迫，只有三日。一以辛涼爲主，如俗所用防風、廣皮、升麻、柴胡之類，皆在

所禁。俗見疹必表，外道也。大約先用辛涼清解，後用甘涼收功。赤疹誤用麻黄、三春柳等辛温傷肺，以致喘咳欲厥者，初用辛涼加苦梗、旋覆花，上提下降，甚則用白虎加旋覆、杏仁，繼用甘涼加旋覆花以救之，咳大減者去之。凡小兒連咳數十聲不能回轉，半日方回如雞聲者，千金葦莖湯合葶藶大棗瀉肺湯主之。近世用大黄者，殺之也。蓋葶藶走肺經氣分，雖兼走大腸，然從上下降，而又有大棗以載之緩之，使不急於趨下；大黄則純走腸胃血分，下有形之滯，並不走肺，徒傷其無過之地故也。若固執病在臟瀉其腑之法，則誤矣。

《溫證指歸・五兼十夾》 五兼者，風、寒、暑、瘧、痢也。十夾者，痰水、食鬱、脾虛、腎虛、亡血、疝、心、胃痛、哮、喘也。吳氏辨之甚詳，兹不復贅。獨遺燥證，如皮膚皺揭，喉乾咽痛等證，當倣喻氏清燥救肺，或竹葉石膏湯加殭、蟬化邪之品。至十夾之外，仍有夾陽虛陰虛二種，如人素秉陽虛，即冬日圍爐，不覺其溫，日啖薑桂，不嫌其熱，若感溫邪，當視何者爲重，何者爲輕，如陽虛之極，邪伏之輕，當以益陽爲主，透邪次之，柴胡桂薑湯加殭、蟬、澤蘭，若伏邪重極，又當兼治，大小復甦飲加薑、桂。總以邪之輕重爲端倪，甚者下之，邪去又當固正。又如陰虛者，虛陽外越，眞陰內虧，甚有一病即舌乾無津，脈來細數，急以大劑參麥、六味，先救垂絶之陰，佐以滌邪之品，或透或下，隨證斟酌，至若受邪太重，值此陰虛，豈忍坐視不下，或於大劑養陰之中，合攻下之品，以希僥倖於萬一可也。

《溫證指歸・婦人》 婦人溫證，治與男子異者，經期、妊娠、產後之別。經候適來，溫邪恰受，血爲邪遏，多致腹痛脹滿，治溫法中加桃仁、紅花、元胡、丹皮、鼈甲之類。經候適去，血室空虛，邪因乘入，多致譫妄舌黑，神昏潮熱，又當以增損小柴胡加養陰之品。如患溫時，經自行，熱隨血洩，只治其溫，經行自已。至妊娠之婦，一受溫邪，胎爲熱傷，熱在必下，胎下母亦難全，處此危急之際，不妨向病家説明原委，急當速徹其熱，以希僥倖，往往如此施治，不但胎不下墮，而反安然無事。岐伯曰：有故無隕，亦無隕也。誠哉此言，而吳又可又有懸鐘之喻，於理更切，要之此時下胎亦墮，不下胎亦墮，然下之胎墮，母猶可救十中二三，不下則母無生理，胎亦焉能獨存？同一胎墮，較之此善於彼，自當盡力援之，雙解散及增損大柴胡，皆可選用。更有妊婦，一病舌即乾紅，或黑或燥，此屬溫邪太重，非大劑重劑，不能破格救人，惟減芒硝一味，亦有胎死腹中，又非硝不能下也，尤宜向病家申明再用，勿致貽謗爲要，至於幸與不幸，天也命也，人事不可不盡也。若產後受邪，較胎前更難施治，緣氣血早虧，溫邪直入難化，此時攻不可，補亦不可，惟審明證候，以固本爲主，去邪佐之，邪輕大小復甦、神解合四物，邪重以復甦爲主，攻邪如升降太極，至於散手攻利則不可。若果邪熱深重，一病神昏舌乾，勢有燎原之危，又非大劑涼下，不能有濟，或兼扶元，或佐育陰，總俟臨證採酌，攻補得宜，庶爲美善兼盡。

《慈航集・孕婦瘟疫方》 婦人懷孕染瘟疫者，不可攻表，宜養血固胎，清熱和解自愈。【略】

如受瘟疫，頭痛，發燒，一服蓋暖取汗自愈。如惡心加廣霍香梗三錢、竈心土三錢，如作瀉加炒白芍五錢、紅棗五枚，如腹痛如煨廣木香一錢，如腰痛加製杜仲三錢、川續斷三錢，如咳嗽加川貝母八分，如内熱加青蒿三錢，如口渴加花粉二錢，如咽喉痛加桔梗二錢、牛旁子二錢，換生甘草一錢，如心裏熱加連翹一錢五分，如胎火旺嘔吐不止加薑汁、炒川連三分，烏梅肉一錢五分，如大便結加鮮首烏八錢，子氣上逆加葡萄乾五錢、紋銀一兩同煎服，如肝火化風，痰厥，加鈎藤二錢、白殭蠶三錢、羚羊角一錢五分、磨鬱金一錢和服。

《慈航集・產後瘟疫方》 如產後受瘟疫，發熱、頭痛、惡寒之症，本因血海空虛，陰分內虧不能勝邪，初治宜大補血爲主，不必治疫邪。如悞用攻表則多變症，或肝風内動，角弓反張，抽搐發厥，種種蜂起，難以調治，慎之慎之。【略】

產後受疫邪，頭痛惡寒發燒，一服蓋暖出汗即愈。如惡心發嘔加廣霍香梗三錢，如作瀉加炒白芍五錢、車前子三錢，如熱入血室經到發昏加益母草三錢、炒黑山查三錢，如腹痛加元胡索酒炒二錢，如悞藥，抽搐反張發厥等症加白殭蠶三錢、鈎藤二錢、製南星三錢、橘紅一錢五分，如大便結燥六七日不通，發厥者加製軍五錢、元明粉二錢，一服即通，厥愈矣。

《醫原・濕氣論》 更有婦女經水適斷適來而病溫者熱入血室，且明夕昧，夜更神昏，低聲囈語，如見鬼狀，甚有當面與言，若罔聞知，而戶外之事，反能聞之見之者，人咸以爲怪，而非怪也。蓋肝藏魂，肺藏魄，魄強者魂乃安，今熱入血室，血液耗盡，肝爲將軍之官，最惡血燥，肝血既燥又加水竭金枯，腎水不足以涵濡，肺金不足以灌漑，肝遂不能自藏，其魂而飛揚外越，名

曰離魂。離魂則出入無時，故戶外之事，皆能聞且見之也。又有病者自覺已身化作兩人並卧者，亦離魂所致。虛勞等證，往往如此。治法一以大劑甘潤育陰爲主，初病熱入血室，仲景嘗用小柴胡湯領邪外出，余嘗以青蒿易柴胡，加生地、當歸、元參、麥冬養血養陰，山梔、澤瀉導血室之邪，下行膀胱，以爲出路。有瘀少腹按痛者，加赤芍、桃仁、鼈甲、龜板化瘀滋陰。暑濕未盡者，黄芩、半夏苦辛化邪，最忌攻下。即有實邪，亦必審其舌苔黄燥而有質地，脘腹按痛，大便不解，或經水適來，邪搏瘀停，少腹板痛，或大便色黑如漆，實有熱結停瘀見證，方可用桃仁承氣湯下之，尤須加生地、當歸、元參、麥冬養血滋陰，以固其本。蓋水淺者舟停，水足則舟自行也。婦人產後病溫，亦當如此。其有產前病溫者，見有裏證，當下則下，蓋胎因邪不安，去邪即是安胎，但宜加養血藥。

《溫病合編・婦人小兒》　婦人溫病　婦人溫病，與男子同，惟經期產後，溫邪不入於胃，乘勢而入血室。厥陰爲血室，一名血海，即冲任也，故另有治法。熱入血室之證，晝日明了，夜則發熱、譫語，妄見鬼狀。治法必兼少陽，以少陽與厥陰相表裏也。認定少陽，又當分前後虛實治之。凡經水適來，因受病而止者，必有瘀血，察其腰脇少腹，有牽引作痛拒按者，必以清熱消瘀爲主。小柴胡加歸尾、桃仁、赤芍、延胡索。清熱加生地、丹皮，兼表證，加薄荷、豆豉、荆芥。凡經水適來，受病而仍自行者，蓋病本未犯血室，但治其客邪，不必治其經血，熱隨血下，而病自愈。若有如結胸狀者，血因邪結也。胸膈并胃無邪，勿以譫語爲胃實而攻之，當刺期門，以通其結，柴胡湯主之。仲景所謂勿犯胃氣及中上二焦，必自愈者，正指此證。非謂總不用藥也。凡經水適斷，而受邪者，血海空虛，邪必乘虛而陷入血海。邪勝正虧，經氣不振，不能鼓散其邪，最爲難治。且邪不從血泄，何由而解。與適來者，有血虛血實之分，宜柴胡養榮湯。若見腰脅及少腹滿痛者，大柴胡湯加桃仁、赤芍，逐其血室之邪，始愈。

妊娠溫病　妊娠溫病，須治之於早，則熱不深入而傷胎。當汗當清之證，固宜速治，當下之證，尤不可遲。若因妊娠忌下傷胎之說，因循遲誤，則胎受蒸而反易墮。一見裏證，速宜攻下其熱，胎反安然無事。蓋有病則病受之，《內經》所謂有故無殞者，於此見之。此歷驗不爽者。且妊娠結糞瘀熱，腸胃間事也。胎附於脊，胃腸之外，子宮內事也。藥先到胃，瘀熱才通，胎氣自固，用當其證，反見大黄爲安胎之聖藥，但病衰七八，餘邪自愈，慎勿過劑。雖三承氣皆可用，惟芒硝當慎，以其專主傷胎，非大熱大實，不可試也。其有當下失下者，若腹痛如錐，腰痛如折，此未墮將墮之候，雖投承氣，但可愈疾，而全母命，保胎無及矣。昧者以爲胎墮，反歸咎於醫，何哉！更有舌青黑腰痛，少腹下墜至急，或產婦忽然寒戰，其胎已死於腹中，下之胎墮，母猶可活十中二三，不下則母無生理，胎亦不能獨存矣。

產後溫病　產後溫病，不可輕用汗下。初起惡寒發熱，尤當辨明。有惡露不盡，惡寒發熱者，必脅肋脹滿，少腹有塊作痛。有飲食停滯，惡寒發熱者，必噫氣作酸，胸膈飽悶，右關脈緊。有三日蒸乳，惡寒發熱者，必乳間脹硬疼痛。若果於氣色舌脈神，辨是溫病，或有先溫病，病中產育者，血海空虛，溫邪易入血海。治法初起惡露未盡，腹中有塊作痛者，生化湯稍加荆芥炭、豆豉。血虛者，柴胡養榮湯加解肌藥。此在表無汗時治法也。若在半表半裏，四物湯合小柴胡湯主之。胸次痞悶者，加枳殼、焦楂、厚朴、陳皮。至於熱邪傳裏，燥渴便秘而脈沉實，熱甚譫語者，輕則蜜導，重則四物湯加柴胡、黄芩、枳殼、熟大黄下之。至重者，用石灰炒生大黄下之。有瘀血者，少腹有塊脹痛，裏證又實，桃仁承氣湯下之，邪去七八即已，慎勿過劑。下後宜四物湯加炮薑少許，或再加人參，溫補氣血。總之產後氣血大虛，以顧定氣血爲主。尤宜審其元氣之虛實，病邪之重輕，宜攻宜補，乘除進退，治之而已。再按病中產育，或邪熱搏胎而下，嘗有病邪隨血下泄，不治自愈者。亦有病邪乘虛入於血室者。至熱入血室，最爲難治。柴胡養榮湯主之，勿犯上中二焦要緊。

小兒溫病　小兒溫病，悉與大人同。同時見驚搐，類於驚風，誤治多死。但當較大人小其劑以治之。初起，辛燥藥如蘇、荷、芥穗之類，切勿多用。小兒不能言，遇當下證，既不知其譫妄，復難驗其舌苔，惟見唇赤而燥，小便赤，大便秘，或黄臭水，心下至少腹有脹硬處，即是下證，此幼科要訣也。

《溫熱逢源・伏溫外挾風寒暑濕各新邪爲病》　伏溫之邪，由春夏溫邪之氣，蒸動而出，此其常也。亦有當春夏之間，感冒風寒，邪鬱營衛而爲寒熱，因寒熱而引動伏氣，初起一二日，第見新感之象，意其一汗即解，乃得汗後，表證略減，而裏熱轉甚，昧者眩其病狀，幾若無可把握，不知此新邪引動伏邪之證，隨時皆有。治之者，須審其伏邪與新感，孰輕孰重，若新感重者，

先撤新邪，兼顧伏邪； 伏邪重者，則專治伏邪，而新感自解。蓋伏溫自內達外，苟由三陽而外解，則表分之新邪，自不能容留矣。《內經》云： 凡病傷寒而成溫者，先夏至日者爲病溫，後夏至日者爲病暑。此指伏邪乘暑令而發者，尚非兼挾暑邪之病，其有兼挾暑熱之邪而發者，則必另有暑熱見證。其新病引動伏邪，大致亦與兼挾風寒者相似，須審其輕重緩急，分清經界，方可着手也。至兼挾濕邪之證，有外感之濕，有內伏之濕，伏氣既動，則熱自內發，蒸動濕邪，與伏溫之熱混合，爲病最屬淹纏，治之者，須視其濕與熱，孰輕孰重，須令其各有出路，勿使并合，則用藥易於着手。再濕邪有宜溫燥者，如平胃之類； 有宜滲利者，如苓、澤之類； 有宜通泄者，加車前、滑石之類； 有宜清化者，如芩、連、梔、柏、之類，以上皆專治濕邪之法。若與濕熱并合，則爲濕溫，見證最繁且雜，其治法須隨機應變，初起有芳香化濕者，如胃苓正氣之屬； 而通宣三焦者，如三石滑石之屬； 中焦熱重，有清泄陽明者，如蒼术石膏之屬； 有苦泄太陰者，如茵陳芩連之屬。總之，須細察見證，如濕重者，自當治濕，若伏邪重者，仍當以伏邪爲主也。

《六氣感證・風溫》 風溫宣浮色不紅，無熱無寒好肉同，腫勢不大根盤束，常生腮頤頸項中。荆防貝桔霜桑葉，殭蠶蟬蛻牛蒡子，葛草薄荷用有功，初起略加薑與葱。

《六氣感證・暑熱》 暑熱瘍毒無大症，小若櫻桃大如李，同時並起稍先後，手若捫之痛聲連。內服藿香正氣散，除去术朴佐黃連，發熱銀翹梔子添，桂附炮薑四君全。頭面腮頤腰肋多，或在肩項巔頂間。有膿挑破容易斂，聽其自破略稽延。溺赤便閉軍澤瀉，久潰不斂陽虛極。

《六氣感證・暑濕》 暑濕爲患於何驗，寒熱約在申酉前，如在下體濕自偏，銀花梔子藿香添，六一還須布包煎。膿泡流脂秋夏間，有時微癢有時痛，發在上身暑固勝，苓瀉防風羌獨活，萆薢豬苓知母柏。

《六氣感證・暑熱入絡》 暑熱入絡何處宗，二候成膿易奏功，四肢肩背同時發，秦艽香薷苓澤瀉，丹參橘絡防貝芷。數同流注色淡紅，大如李桃不甚痛，眠食如常勢不兇，赤芍當歸己木通，冬籐滑石薷翹芎。

《六氣感證・暑熱夾濕》 暑熱夾濕又一種，茱萸一串名丹毒，須辨肝火與濕盛，火盛紅瘰如芒刺，胃苓加減妙通神。濕熱相兼分界限，外敷惟用柏葉散，塗用香油一般同。腰肋胸前腋下逢，窠粒纍纍數不分。痛癢相兼狀不同，龍膽瀉肝功奏崇。膿泡微癢緣濕勝，孰輕孰重細心融。

《六氣感證・暑熱夾風》 暑熱夾風面目間，眼胞浮腫紅合縫，微熱微寒汗不解，大者間或有膿血，紫金摩取絲瓜汁，金銀桑菊連翹等，雖然無甚大害處，櫻桃相像數十聊，晝夜疼痛火燒然。雨額掣痛喉聲連，小者塗藥即安然，或用藍靛井泥黏。荆防荷葉配梔連，兩旬纔得告安痊。

《六氣感證・暑風》 暑風病狀又不同，眼胞合縫無寒熱，荆防桑菊藿香葉，銀花桔梗西瓜翠。冒然浮腫色微紅，趕進解暑與疎風，香薷連翹梔木通，荷梗勾籐便閉軍。

《六氣感證・濕熱》 偏起白泡有紅盤，初見數窠延一片，抓破微膿或微血，雖然口渴不思飲。苦參風瀉豬苓薏，銀花滑石芩知母，外敷連柏人中煆，研細過羅加冰片。狀似天花實不然，痛癢相兼且惡寒，腿瘦腰軟頗艱難，食物不香常飽噯。茵陳翹柏朴連甘，半夏茯陳仔細參。輕粉爐甘海蛸黛，油和翎塗保平安。

《溫病指南・風溫下焦篇》 婦女溫病，經水適來，脈數身熱，入夜熱甚，或譫語者，熱入血室也，法當辛涼退熱，兼清血分，清熱養榮湯主之。

婦女溫病，經水適來，脈數耳聾，乾嘔煩渴，十數日不解，熱邪內陷發痙者，氣血兼病也，竹葉玉女煎主之。

婦女熱病，經水適來，十餘日不解，舌痿飲冷，心煩熱，神氣忽清忽亂，脈右長左沉者，瘀熱在裏，有畜血也，加減桃仁承氣湯主之。

紀　事

《續選臨證指南・胎前》 王　先寒後熱，咳嗆，是春月風溫肺病。風爲陽邪，溫漸變熱，客氣著人，即曰時氣。懷妊九月，足少陰腎脈養胎，上受熱氣，肺痹喘急，消渴胸滿，便溺不爽，皆肺與大腸爲表裏之現症，狀若繪矣。芎、歸辛溫，參、术守補，肉桂、沉香辛熱，皆胎前忌用。致大熱煩悶，勢屬危殆。議以清肺之急，潤肺之燥，俾胎得涼則安，去病身安，自爲不補之補。古人先治其實，實者邪也。熱傷肺陰

泡淡黃芩　知母　鮮生地　花粉　阿膠　天冬

又　喘熱減半，四肢微冷，腹中不和，胎氣不上冲之慮，昨進淸潤之方，漐漐有汗，可見辛燥耗血，便是助熱，今煩渴既止，問初病由悲哀驚恐之傷，養肝陰，滋腎液爲治。穩保胎元，病體可調。復脈去桂、痲、薑、棗，加天冬、知母、子芩。

溫病總部

溫病遺復證部

題解

《通俗傷寒論·傷寒復證·傷寒勞復》 大病瘥後，血氣津液未平復，餘熱未盡，若因勞動，再發熱爲勞復。

《疫疹一得·瘥後二十症》 勞復 大病瘥後，早犯女色而病者，爲女勞復。女犯者爲男勞復。其症頭重不能舉，目中生花，腰背疼痛，四肢無力，憎寒發熱，陰火上衝，頭面烘熱，心胸煩悶。《活人書》以豭鼠屎湯主之，有熱者竹皮湯、燒裩散主之。《千金》以赤衣散，虛弱者以人參三白湯。調赤衣散最妙。脈沉細，逆冷，小腹急痛者，以當歸四逆散加附子、吳萸，調赤衣散救之。更以吳萸一升，酒拌炒熨小腹最妙。凡男卵縮入腹，女乳縮，脈離經者，死不可救。予治勞復，用麥冬湯每每取效。

食復 瘥後餘熱未盡，腸胃虛弱，不能食而強食之，熱有所藏，因其穀氣留搏，兩陽相合而病者，名曰食復。

陰陽易 男子病後，元氣未復，而婦人與之交接得病者，名曰陽易；女人病後，元氣未復，而男子與之交接得病者，名曰陰易。其狀，男子則陰腫入腹，絞痛難忍，婦人則乳抽裏急，腰胯痛引，腹內熱攻胸膈，頭重難抬，仰卧不安，動搖不得，最危之症。

論說

《諸病源候論·時氣病諸候·時氣勞復候》 夫病新瘥者，血氣尚虛，津液未復，因即勞動，更成病焉。若言語思慮則勞於神，梳頭澡洗則勞於力，未堪勞而強勞之，則生熱。熱氣還經絡，復爲病者，名曰勞復。

《諸病源候論·時氣病諸候·時氣食復候》 夫病新瘥者，脾胃尚虛，穀氣未復。若即食肥肉、魚鱠、餅餌、棗、栗之屬，則未能消化，停積在於腸胃，使脹滿結實，因更發熱，復爲病者，名曰食復也。

《諸病源候論·熱病諸候·熱病勞復候》 夫熱病新瘥，津液未復，血氣尚虛，因勞動早，勞則生熱，熱氣乘虛還入經絡，故復病也。

《諸病源候論·熱病諸候·熱病後沈滯候》 凡病新瘥後，食豬肉及腸血，肥魚脂膩，必大下利，醫所不能復治也，必至於死。若食餅餌、粢飴、哺炙膾、棗、栗諸菓物脯，及牢實難消之物，胃氣尚虛弱，不能消化，必結熱復病，還以藥下之。

《諸病源候論·溫病諸候·溫病勞復候》 謂病新瘥，津液未復，血氣尚虛，因勞動早，更生於熱。熱氣還入經絡，復成病也。

《諸病源候論·溫病諸候·溫病食復候》 凡得溫毒病新瘥，脾胃尚虛，穀氣未復，若食犬、豬、羊肉，并腸血，及肥魚炙脂膩食，此必大下利。下利則不可復救。又禁食餅餌、炙膾、棗、栗諸生菓難消物，則不能消化。停積在於腸胃，便脹滿結實，大小便不通，因更發熱，復成病也。非但雜食，梳頭、洗浴諸勞事等，皆須慎之。

《諸病源候論·溫病諸候·溫病陰陽易候》 陰陽易病者，是男子、婦人溫病新瘥未平復，而與之交接，因得病者，名爲陰陽易也。其男子病新瘥未平復，而婦人與之交接得病者，名陽易。其婦人得病雖瘥未平復，男子與之交接得病者，名陰易。若二男二女，並不自相易。所以呼爲易者，陰陽相感動，其毒度著於人，如換易也。其病之狀，身體熱衝胸，頭重不舉，眼中生眯，四支拘急，小腹㽱痛，手足拳，皆即死。其亦有不即死者，病苦小腹裏急，熱上衝胸，頭重不欲舉，百節解離，經脈緩弱。氣血虛，骨髓竭，便恍恍吸吸，氣力轉少，著牀不能搖動。起居仰人，或引歲月方死。

《諸病源候論·溫病諸候·溫病交接勞復候》 病雖瘥，陰陽未和，因早房室，令人陰腫縮入腹，腹㽱痛，名爲交接之勞復也。

《傷寒總病論·傷寒勞復證》 病新差後，氣血津液衰耗，慎勿爲諸勞動事。凡言語思慮，勞神梳沐，澡頮勞力，則生熱而復病如初也。又新差後，精

髓枯燥，切不可爲房事，犯房事勞復必死。魏督郵顧子獻病差後，華旉囑之，愼勿爲勞事，餘勞尚可，女勞即死。此是女勞復，非陰陽易也。《素問》云：病熱而有所遺者，是新差後腸胃尚弱，若多食則難消化，而復病如初也。此是食復新差，強人足兩月，虛弱人足百日，則無復病矣。

《溫疫論·調理法》 凡人胃氣強盛，可飢可飽，若久病之後，胃氣薄弱，最難調理。蓋胃體如竈，胃氣如火，穀食如薪，合水穀之精微，升散爲血脈者如熖，其糟粕下轉爲糞者如燼，是以竈大則薪多火盛，薪斷而餘熖猶存，若此一小鐺釜，只宜薪數莖，稍多則壅滅，稍斷則火絶矣。若夫大病之後，客邪新去，胃口方開，幾微之氣，所當接續，多與早與遲與，皆非所宜，宜先與粥飲，次糊飲，次糜粥，循序漸進，先後勿失其時。當設爐火，晝夜勿令斷絶，以備不時之用，思穀即與，稍緩則胃飢如灼，再緩則胃氣傷，反不思食矣。既不思食，若照前與之，雖食而弗化，弗化則傷之又傷。不爲食復者，當如初進法，若更多與，及粘硬之物，胃氣壅甚，必脹滿難支，氣絶穀存，乃至反復顛倒，形神俱脫而死矣。

《瘟疫明辨·三復》 三復者，勞復、食復、自復也。勞復者，大病後因勞碌而復也。不必大費氣力，即梳洗沐浴亦能致復。復則復熱，諸證復起，惟脈不沉實爲辨。輕者靜養自愈，重者必大補以調其營衛，和其臟腑，待其表裏融和，方愈。誤用攻下清涼，必致不救。安神養血湯主之。若因飲食過多而復者，舌胎必復黃，輕則損穀自愈，重則消導始愈。若無故自復者，乃伏邪未盡也。當問從前所見何證，服何藥而解。今仍用前藥以滌其餘邪，則愈。時疫復症，有復至再三者，屢復之後，必兼四損、四不足症。宜參前條加減進退之法治之。

《寒溫條辨·復病》 凡瘥後無故復發熱者，以伏邪未盡也，謂之自復。當問前得某證，所復某證，稍與前藥以徹其餘邪，自然獲愈。有溫病瘥後，或三五六日，反腹痛裏急者，非前病原也。此別有伏邪所發，欲作滯下，邪盡痢止，不止者宜當歸導滯湯。又有溫病瘥後，脈遲細而弱，或黎明或半夜後，便作瀉泄，此命門眞陽不足也，宜腎氣丸，或右歸丸作湯劑服亦可。《傷寒論》曰： 傷寒瘥後，更發熱者，小柴胡湯主之。脈浮者，以汗解之；枳實梔子豉湯。脈沉者，以下解之。又曰： 傷寒瘥後虛羸少氣，氣逆欲吐者，竹葉石膏湯主之。又曰： 大病瘥後，從腰以下有水氣者，牡蠣澤瀉散主之。又曰： 大病瘥後，喜唾，久不了了者，胃上有寒飲也，理中丸主之。夫傷寒自外傳內，邪在陽分居多，瘥後易於復元，復病尚少。溫病邪熱自內達外，血分大爲虧損，無故最善反覆。如到熱退身涼，飲食能進時，服太平圓酒二次，十日之間，精血漸充，而病如洗，何至勞復。若因梳洗沐浴，多言妄動，遂至發熱，前病復起，惟脈不沉實爲辨，此爲勞復。《傷寒論》曰： 大病瘥後勞復者，枳實梔子豉湯主之。若有宿食者，加大黃少許。此破結除煩散熱之妙劑也，加大黃則又推蕩經滯矣。余謂氣爲火之舟楫，今則眞氣方長，勞而復折，眞氣既虧，火亦不前，如人欲濟，舟楫已壞，其能濟乎。是火也，某經氣陷，火隨陷於某經，陷於經絡則表熱，陷於藏府則裏熱，虛甚熱甚，虛微熱微，輕則靜養可愈，重則大補氣血，俟眞氣一回，則血脈融和，表裏通暢，所陷之火，隨氣轉輸，自然熱退而病痊矣。若直用寒涼剝削之劑，變證蠭起矣。傷寒多傷氣，宜五福飲、大營煎之類； 溫病多傷血，宜補陰益氣煎、六味地黃丸料之類，隨證加減之。若因飲食所傷，或呑酸飽悶而發熱者，此爲食復。輕則梔子厚朴湯加神麴，或小柴胡湯合梔子厚朴湯； 重則神昏譫語，腹滿堅痛，欲吐不得，欲下不能，此危候也，以升降散、大柴胡湯、黃龍湯、涼隔散之類，酌量與服。有病則病當之，亦無妨也。大抵復病治法，溫病與傷寒大同小異，貴在臨證活法耳。《內經》帝曰： 熱病已愈，時有所遺者何也？ 歧伯曰： 諸遺者，熱甚而強食之故也。若此者皆已衰，而熱有所藏，因其穀氣相搏，兩熱相合，故有所遺也。帝曰： 治遺奈何？ 歧伯曰： 視其虛實，調其逆從，可使必已也。帝曰： 病熱當何禁之？ 歧伯曰： 病熱少愈，食肉則復，多食則遺，此其禁也。吳又可曰： 裏證下後稍差，而急欲食者，此非得已，以伏邪初散，陰火乘虛擾亂故也。愼勿便與粥食，只宜先進稀糊，次進濃者，須少與之，不可任意過食，過食則復。此一著最爲緊要，世多忽之。至於怒氣病復，房勞病復者，乃度量褊淺，不自貴重之輩，觀其脈證，隨證救之。更有嬌養成性，過於謹愼之輩，或傷寒表證方解，或溫病裏證方退，原不甚虛，輒用參、附溫補，是因補而復，以致不救者，又不知凡幾，病家醫家，尤當深惺。大抵治病之法，不可執一，總要脈證的確耳。古方未有不善者，偏於溫補而死，與偏於清瀉而死，其失等也。人之一身陰陽血氣，寒熱表裏虛實盡之，臨證者，果能望聞問切，適得病情，則溫清補瀉，自中病情矣，何得鹵莽粗疏，草菅人命哉。噫！ 難矣。

按： 以上證候七十餘條，俱從《傷寒論》中駁出溫病證治之異來，令閱者了然於心，不以溫病爲傷寒，不以傷寒方治溫病，則患溫者自以不冤矣。但有輕者，有重者，有最重者，到底無陰證，與傷寒外感不同，并非六氣爲病也，亦雜氣中之一耳。始則發熱，頭痛身痛，舌上白胎，漸加煩躁渴飲水漿。或發熱而兼凜凜，或先凜凜而後發熱，或晝夜純熱，或潮熱，或往來寒熱，或眩暈，或嘔吐，或痰涎湧盛，或嘔汁如血，或口舌乾燥，或咽喉腫痛，或咳嗽膿血，或喘呃吐蚘，或心腹痞滿，或胸脇脹痛，或大便不通，或小水自利，或前後癃閉，或協熱下痢，或熱結旁流，或下血如豚肝，或如膠粘，或水泄無度； 有舌黃胎黑胎者，有舌裂者，有舌生芒刺者，有舌色紫赤者，有唇崩者，有唇黑者，有鼻孔如烟煤之黑者； 有目暗不明，目赤、目黃、目瞑、目直視、目反折者； 有頭汗、盜汗、自汗者，有手足心脇下汗者，有耳聾不聞聲者，有頭腫大如斗者，有喉痺頸腫滴水不能下嚥者，有發狂如顛如癎者，有哭笑無常如醉如癡者，有棄衣登高踰垣上屋者，有厥逆身冷如冰者，有譫語晝夜不眠者，有昏迷不省人事者，有詈罵不避親疏者； 有蓄血、吐血、衄血、毛孔血、目血、舌血、齒縫血、大小便血者； 有發黃者，有發斑者，有發疹者，有斑疹雜出者，有發頤、疙瘩瘡者； 有渾身火泡瘡帶白漿者，有首尾能食者，有絶穀一月不死者，有無故最善反覆者，有愈後漸加飲食如常者，有愈後飲食勝常二三倍者，有愈後耳聾眼花者，有愈後退爪脱皮落髮者。 至其惡狀，甚有口噤不能張，腿屈不能伸，唇口不住牽動，手足不住振戰，遺尿遺糞，圓睜口張，咬牙嚼舌，聲啞不語，舌伸外攪沫如水浪，項強發痙，手足反張，肉瞤筋惕，骨痿足重，舌捲囊縮，循衣摸牀，見神見鬼。 凡此怪怪奇奇不可名狀等證，有相兼三五條者，有相兼十數條者，不可枚舉。 總因血氣虛實之不同，藏府稟賦之有異，其受邪則一而已。 及邪盡，一任諸證如失。 所云知其一，萬事畢，知其要者，一言而終，不知其要者，流散無窮，所以溫病無多方也。 然而陰陽乘除，寒熱倚伏，表裏參錯，虛實循環，見之眞而守之定，通乎權而達乎變者，蓋幾希矣。

又按： 古人謂望聞問切，乃臨證之首務，診治之要領也。 明此四者，則六變具存，而萬病情形，俱在吾目中矣。 醫之爲難，難在不識病本而誤治耳。誤則殺人，天道可畏，不誤則濟人，陰功無窮。 學者欲明是道，必須先察此要，以定意見，以爲階梯，然後再採群書，廣其知識，熟之胸中，運之掌上，非止爲人，而爲己不淺也，愼之寶之。

又按： 傷寒自外之內，先傷氣分； 溫病由內達外，先傷血分。 故傷寒初感，利用發表； 溫病初發，利用攻裏。 傷寒後證多補氣，溫病後證多養血。 溫病與傷寒實出兩門，自晉迄今，溫病失傳，無人不以溫病爲傷寒，無人不以傷寒方治溫病，動云先解其表，乃攻其裏，此仲景《傷寒論》也。 所以溫病一二日內，遇陽明腹脹滿痛之證，少陰口燥咽乾之證，厥陰舌捲囊縮之證，再不敢議下，明知厥深熱深之陽證，下之已遲，萬一僥幸，不過爲焦頭爛額之客，千餘年來，孰任殺人之辜耶。

又按： 古今醫書，非不有溫病之條，然皆編入於傷寒之中，議論無非傷寒，所用之藥，雖曰治溫病，實治傷寒之的方也。 余謂此等方論，但治傷寒未嘗不驗，若謬以治傷寒之方，而治春夏之溫病，是猶抱薪投火。 蓋溫病自內達外，雖有表證，實無表邪，終有得汗而解者，必裏熱清而汗始出，前一節治法與傷寒不同。 本朝陳良佐曰： 春分後，秋分前，一百八十二日半，諸病皆不可發汗，汗之多亡陽矣，溫病尤忌。 凡治正傷寒發汗解表，溫中散寒之藥一概禁用。 今特摘其尤者，如麻黄、桂枝、羌活、獨活、白芷、葛根、細辛、浮萍、蒼耳、蒼朮、艾葉、胡椒、故紙、茴香、肉桂、附子、乾薑、豆蔻、益智等味。古人亦未曾道破，余深體驗而知其不可，以溫病無風寒與陰證也。 但今醫家病家，未有不以溫病爲傷寒者，未有不以傷寒方治溫病者，此固風氣之使然，亦習俗之舊染也。 舌敝唇促，難以遍諭。 須知生死有命，誤犯禁藥，不過輕重之分，苟從死後而追悔前方，愚矣。

又按： 仲景《傷寒論》用參、薑、桂、附者，八十有奇，而溫病非所論也。伏邪內鬱，陽氣不得宣佈，積陽爲火，陰血每爲熱搏，未解之前，麻黄、桂枝不可沾唇； 暴解之後，餘焰尚在，陰血未復，最忌參、薑、桂、附，得之反助其壅鬱，餘邪伏留，不惟目下淹纏，日後必變生異證。 或周身痛痹，或四肢拘攣，或流火結痰，或兩腿鑽痛，或勞嗽湧痰，或毒氣流注，或痰核穿漏，皆驟補之爲害也。 大抵溫病愈後，調理之劑，投之不當，莫若靜養，節飲食爲第一。 而愼言語，謹起居，戒氣惱，寡嗜慾，皆病後所宜留神也。

長沙《傷寒論》，天苞地符，爲衆法之宗，羣方之祖，雜以後人知見，反爲塵飯土羹，莫適於用，茲以自然之理，引伸觸類，闡發神明。 溫病一證，另闢手眼，卻不於長沙論外，旁溢一辭。 後有作者，不爲冥索旁趨，得以隨施輙

效，其利溥哉。文之悲壯，淋灕無論也。

《疫疹一得・疫疹提要》　一瘥後，四肢浮腫，夜則如常，脾健自愈，毋須溫補。

一瘥後，十日、半月不大便，亦無所苦，誤用通利死，不終朝矣。

一瘥後，皮膚或痛或癢，婉如蟲行，最是佳境，不過兩三日氣血流通。

一瘥後，半身不遂，熱滯經絡，誤作痿治，必成廢人。

一瘥後，不欲飲食，宜健脾養胃。

一瘥後，有聲不能言，此水虧不能上接於陽也。

一瘥後，鄭聲，乃氣虛也。

一瘥後，喜唾不能自止者，胃中有寒也，宜溫之。

一瘥後。吐津不止，猶有餘熱，宜用梅棗丸噙之立愈。

一瘥後，多言，乃胃家猶有餘熱。

一瘥後，遺精，心腎氣虛，不能管攝也。

一瘥後，易于恐懼，猶有餘熱也。

一瘥後，終日昏昏不醒，或錯語呻吟，此熱邪伏于心胞絡也。

一瘥後，自汗、盜汗，乃陰虛、陽虛也。

一瘥後，心神不安，乃心血虧損所致。

一瘥後，虛煩不寐，乃氣血兩虛。

一瘥後，男女早犯色慾者，名爲勞復，其症頭重，不能舉，目中生花，腰背疼痛，四肢無力，增寒發熱等，用麥冬湯救之，多有效驗。若男莖縮入腹，女乳縮，脈離經者，多不可救。

一疫症發瘡，必有證候可驗，誤以瘡症治之，斷不能救。

四肢浮腫　瘥後四肢浮腫，因大病脾土受傷，脾虛不能制水，飲食驟進，氣血滋榮，流于四肢，夜則如常，日則浮腫。脾健自愈，誤用溫補，反添蛇足。

大便結燥　瘥後飲食漸增，而大便或十日、半月不下，亦不覺其苦。此因熱病腸胃乾燥，血不能潤，氣不能送。誤用通利，死不終朝矣。

皮膚痛癢　毒火最重之症，氣血被其煎熬。瘥後飲食漸近，氣血滋生，串皮膚而灌百骸，或痛或癢，婉如蟲行，最是佳境，不過兩三日，氣血流通而自愈矣。

半身不遂　疫症失治於前，熱流下部，滯于經絡，以致腰膝疼痛，甚者起不能立，卧不能動。誤作痿治，必成廢人。經驗

驚悸　瘥後血虛，肝失其養，膽無所恃，怯而驚悸。

怔忡　病後水衰火旺，心腎不交，故躁動不寧。

失音　瘥後有聲不能言，此水虧不能上接于陽也。

鄭聲　鄭聲者，聲戰無力，語不接續，乃氣虛也。

喜唾　瘥後喜唾不能自止者，胃中有寒也，宜溫之。熱病愈後吐津不止，雖屬胃虛，猶有餘熱，不宜溫之，只用梅棗丸噙之立愈。

多言　言者心之聲也。病中譫妄，乃胃熱乘心，瘥後多言者，猶有餘熱也。譬如滅火，其火已息，尚有餘烟。

遺精　精之主宰在心，精之藏制在腎。瘥後心腎氣虛，不能管攝，故遺。

恐懼　瘥後觸事易驚，夢寐不寧，乃有餘熱，熱極生疫，疫與氣搏，故恐懼。

昏睡　終日昏昏不醒，或錯語呻吟，此因邪熱未盡，伏于心胞絡所致。

自汗盜汗　心之所藏，在內爲血，在外爲汗。汗者心之液也，而腎主五液，故汗症未有不從心、腎而得者。陽虛不能衛外而爲固，則外傷而自汗，陰虛不能內營而退藏，則內傷而盜汗。

心神不安　瘥後心血虧損，心失其養，以致心神不安。

虛煩不寐　瘥後氣血兩虛，神不守舍，故煩而不寐。

《松峰説疫・論治・抄復論》　凡治傷寒、瘟疫，醫者最重初次得疾，至於抄復，謂死者蓋寡，每視爲最輕而謾不經意焉。蓋謂抄復之病，人身之經絡、臟腑皆前次瘟邪所曾經傳遍之所，則此番不過由熟路而行，故邪氣易出也。古人原有此論，豈知此第語其常也。獨瘟疫盛行之時則不然，蓋是時疫氣所積者厚，即無氣食勞損之因，尚有重感癘氣而復者，更有前番餘邪稍有未淨，再醞釀滋蔓而抖然自復者，是天地之邪與人之氣血膠固充塞，鬱勃糾紛，故復至三四次尚有隕命者矣。慎毋以其復也而忽之。

《增補評註溫病條辨・原病篇》　《熱論篇》帝曰：熱病已愈，時有所遺者，何也？岐伯曰：諸遺者，熱甚而強食之，故有所遺也。若此者，皆病已衰而熱有所藏，因其穀氣相薄，兩熱相合，故有所遺也。帝曰：治遺奈何？岐伯曰：視其虛實，調其逆從，可使必已也。帝曰：病熱當何禁之？岐伯曰：病熱少愈，食肉則復，多食則遺，此其禁也。

此節言熱病之禁也，語意自明。大抵邪之着人也，每借有質以爲依附，熱時斷不可食，熱退必須少食，如兵家堅壁清野之計，必俟熱邪盡退，而後可大食也。

霖按：脾與胃相表裏，脾病必及於胃，胃脈循頰車，上耳前，至額顱，故頭重頰痛。脾脈注心中，故心煩。脾胃受邪，故胻寒且痠。足下熱者，少陰脈趨足心，而熱流陰股也。不欲言者，腎爲生氣之原，而少陰脈挾舌本也。夫五藏之熱病，皆主身熱，蓋內因之熱，從內而外也。少陰太陽相爲表裏，故皆宜刺。熱雖愈而未盡除，伏匿於經膜之間，脾胃復虛，不能消化，故穀食多則遺熱，肉食更甚於穀，以厚味能發熱也。即使邪熱退盡，而氣陰一時未能來復，當先飲稀糜，由次漸進，豈可大食而致遺復哉！此非兵家堅壁清野，出奇擾其糧運，以困敵師，俟彼軍糧盡潰退，可傾壘攻之之比。紙上談兵，無裨實用，况喻非其喻乎！

《溫熱經緯・〈內經〉伏氣溫病篇》《熱論篇》帝曰：熱病已愈，時有所遺者，何也？岐伯曰：諸病遺者，熱甚而強食之，故有所遺也。若此者，皆病已衰而熱有所藏，因其穀氣相薄，兩熱相合，故有所遺也。帝曰：治遺奈何？岐伯曰：視其虛實，調其逆從，可使必已也。帝曰：病熱當何禁之？岐伯曰：病熱少愈，食肉則復，多食則遺，此其禁也。

葉香巖曰：因食復、勞復、女勞復而發汗，必致亡陽而死。

章虛谷曰：此言病初愈，餘熱留藏於經絡血氣中而未淨，因食助氣，則兩熱相合而復熾，故食肉病必復發，多食穀則邪遺留，必淹纏難愈。故當戒口，清淡稀粥，漸爲調養也。

《溫熱經緯・余師愚疫病論》瘥後餘熱未淨，腸胃虛弱，飲食不節，穀氣與熱氣，兩陽相搏，身復發熱，名曰食復。

雄按：治法與傷寒食復同，更有瘥後起居不慎，作勞太早，虛陽浮擾而發熱者，名曰勞復。治宜調養氣血。

瘥後早犯女色而病者，名女勞復；女犯者，名男勞復。其證頭重目眩，腰痛肢痠，面熱如烘，心胸頭悶。宜麥冬湯主之。若舌出寸餘，累日不收，名曰陽強。以冰片研細糝之，即縮。長至數寸者，多不救。

雄按：此方甚妙。

男子新瘥，餘熱未淨，而女人與之交接得病者，名陽易；婦人新瘥，餘熱未清，而男子與之交接得病者，名陰易。其證男子則陰腫入腹，絞腸難忍；婦人則乳抽裏急，腰胯痛引腹內，熱攻胸膈，頭重難抬，仰卧不安，動搖不得。最危之證。

雄按：陰陽二易，余謂之熱入精室證。第陰易較重於陽易，以女人疫熱之氣，本從陰戶出也。古人用裩襠之義最精，取其能引熱邪，仍由原路去。故陰易，須翦所交接女人身穿未浣裩襠，《千金》用月經赤帛，亦從此脫胎。陽易，須煎所交接男子身穿未浣之裩襠。並取近陰處之數寸，燒灰服下，奏效甚捷。後人之用鼠矢，亦取其以濁導濁之義。然究不如燒裩散之貼切矣。餘如竹茹、花粉、韭白、滑石、白微、槐米、楝實、綠豆、甘草梢、土茯苓等藥，並走精室，皆可隨證採用。以上三條，溫熱病證亦同，不僅疫證爾也。

《血證論・時復》時復者，謂血家春夏得病，至次年春夏復發；秋冬得病，至次年秋冬其病復發，值其時而仍病，故曰時復。夫人身五臟六腑，與天之氣運呼吸相通，原是一體，故天之陰陽能構人之疾病。其實非天病人也，乃人身氣血先有偏盛，故感天氣之偏盛而病遂作焉。

綜述

《外臺秘要・溫病勞復方四首》《病源》溫病勞復，謂病新瘥，津液未復，血氣尚虛，因勞動早，更生於熱，熱氣還入經絡，復成病也。

又凡得溫毒病新差，脾胃尚虛，穀氣未復，若食犬、豬、羊肉并腸血，及肥魚、炙脂膩，必大下痢，下痢則不可復救，又食餅餌、炙膾、棗、栗諸生果難消物，則不能消化，停積在於腸胃，便脹滿結實，大小便不通，因更發熱，復成病也。非但雜食，梳頭、洗浴諸勞事等，皆須慎之。如桃、生葱、李、生菜、海藻、菘菜、雀肉等俱在所忌。

《千金》論曰：凡熱病新差及大病之後，食豬肉及腸血、肥魚、炙膩，必大下痢，醫所不能療也，必至於死。若食餅餌、粢黍、飴脯、炙膾、棗、栗諸果，及堅實難消之物，胃氣尚虛弱，不能消化，必更結熱，適以藥下之，則胃虛冷，大利難禁，不下之必死，下之復危，皆難救也。熱病及大病之後，多坐此死，

不可不慎也。病新差後，但得食糜粥，寧可少食令饑，慎勿飽，不得他有所食，雖思之勿與，引日轉久，可漸食羊肉糜，若羹汁、雉、兔、鹿肉，不可食豬狗肉也。新差後當靜卧，慎勿早起，勿令人梳頭澡洗，非但體勞，亦不可多語言，用心使意勞，凡此皆令人勞復。有人得病已差而未健，詣華旉視脈，曰：雖差尚虛未復，陽氣不足，勿爲勞事，餘勞尚可，御内則死，臨死當吐舌數寸。其妻聞其夫病除，從百餘里來省之，止宿交接，中間三日發病，舌出數寸而死。病新差未滿百日，氣力未平復，而以房室者，略無不死，及熱病房室，名陰陽易之病，皆難療多死。

又療重病新差早起勞，及飲食多，致復欲死方：　燒鼈甲末服方寸匕。忌莧菜。

《深師》療溫病差愈食復病，麻黃散。

《古今錄驗》療熱病復，麻子湯。

又大黃丸。

但熱在膈上當吐，在膈下當利，豫作粥。如服他吐下丸法，服藥兩食頃不吐下，以熱飲動之。若不得吐下，可更服一丸半，能藥，壯人可二丸，此藥優於他下藥丸，故宜大小。下多，冷粥解之，若有瘡，綿挺如指，蜜和一丸塗挺頭，且内瘡中，隅出之，不差更作。溫病不得大便，服之得下，佳，宿食不消亦服之，飛尸、遁尸，漿服半丸，日一，應須臾止，心腹脹滿痛，服一丸，瘧者依發日先宿勿食，清晨服一丸，丁壯人服二丸，得吐下，忍飢過發時乃食。婦人產後血結中，奔走起上下，或絶產無子，或月經不調，面目青黃，服半丸。小兒淋瀝寒熱，臚脹大腹，不欲食，食不生肌，三四歲者如麻子服一丸，日一，六七歲兒服二丸，比三十日心腹諸病差，兒小半之愈，大良。忌野豬肉、蘆筍、生葱。

《聖惠方・治時氣後勞復諸方》　夫病新差，血氣尚虛，津液未復，因以勞動，更成病焉。若言語思慮則勞於神，梳頭澡浴則勞於力，未任勞而強之，則生熱，熱氣還於經絡，復爲病者，名曰勞復也。

治時氣後勞復，虛熱不退，四肢沉重，或半起半卧，氣力虛羸，宜服人參飲子。

治時氣後勞復，發寒熱進退，鼈甲飲子。

治時氣後數日已解，勞復發者，宜服梔子仁散。

治時氣，熱氣解後復發，頭痛如初病者，宜服此方：

雄鼠糞三七枚，杵末　石膏二兩，細研　葛根二兩，剉　梔子仁半兩　葱白七莖

右件藥，細剉和勻。每服半兩，以水一大盞，煎至五分，不計時候，熱服。未汗，再服。

治時氣差後，起早，及多勞復，宜服陳橘皮散。

治時氣後，飲食過多，脈候實數，復發如初，宜服豉心散。

治時氣病差後勞復，發熱嘔吐，不下食，宜服蘆根飲子。

治時氣後勞復，身體疼痛壯熱方：

雄鼠糞五枚　豉半合　梔子仁五枚　枳實五枚，麩炒微黃

右件藥，剉碎，以水一大盞半，都取一盞，去滓，分爲二服，不計時候，相次溫服之。

治時氣勞復，四肢煩疼，宜服薄荷粥。

治時氣新差，起早勞復，及食飲過多，復發欲死方：　右以鼈甲三兩，醋塗炙令黃燋，上裙襴，擣羅爲散，每服二錢，以粥飲調下，不計時候服。

又方：　右取所食物，燒作灰，細研每服，以粥飲調下二錢。

《傷寒總病論・天行差後禁忌》　飲酒合陰陽復病必死，生鱠煑麪酒，韮、蕈、鱓、蓴、豆粉、犬羊肉、腸血、生菓、油肥之類，食之皆發熱黃，下利不救。諸勞動皆致復，尚可治，女勞多死。

《傷寒補亡論・傷寒勞復》　又曰：　病熱當奈何禁之？　岐伯曰：　病熱少愈，食肉則復，多食則遺，此其禁也。仲景曰：　大病差後勞復者，枳實梔子豉湯主之。

又曰：　病人脈已解脈一作熱，而日暮微煩，以病新差，人強與穀，脾胃氣尚弱，不能消穀，故令微煩，損穀則愈。

華元化曰：　時病差後，酒、肉、五辛、油、麵、生冷、酸滑、房室，皆斷之，此其大略也。

孫眞人曰：　凡熱病新差，及大病之後，食豬及羊血、肥魚、油膩等，必大下利，醫所不能治也，必至於死。若食餅餌、粱黍、飴餔、膾炙、棗、栗、諸果脩脯，及堅實難消之物，胃氣尚弱，不能消化，必更結熱，設以藥下之，則胃氣虛冷，大便難禁。不下之則死，下之則危，皆難救也。熱病及大病之後，多坐此死，不可不慎也。

又曰：時病差後，未滿五日，食一切肉麵者，病發必困。

又曰：差後新起，飲酒及韭菜，病更發。

又曰：新差食生魚鮓，下利必不止。食生菜，終身顏色不復。食生果及羊肉者，必膈上作熱蒸。食犬羊等肉，必作骨中蒸熱。食魚、肉、瓜、生菜，令人生腫。食蒜膾者，疾更發，必致大困。新汗解，飲冷水者，心包冷，令人虛，補不復。雍曰：傷寒之爲熱毒諸疾，不可不謹懼其後者，畏此毒之再作也。一之已甚，其可再乎。況飲酒，食棗、羊犬肉，皆大熱之物，以此致復，無不大困。且汗下之後，表裏俱虛，胃氣困弱，食過多，食生冷，及小有勞動，必皆致復，可不謹哉。雍見北方多此疾，亦有調攝之方。疾愈之後，三日之內，惟食白粥，言語亦忌。三日之外，粥內稍加滋味。六日之後，方食至軟之飯，稍加麵絲葱蒜羹，切忌梳頭洗手。此疾初自足起，故雖二十日後，亦不敢洗足，犯之必皆復。前論或言忌羊，或言忌豬不同者，豬羊皆忌食也。豬畏動風下利，羊畏熱復。北土病愈一兩月後，後有敢食豬肉者，而羊近亦忌兩月，還須百日。更有其人，若十分平復，當少食，勿多食也。北上羊羹，其熱尤甚。而洛原間豬不甚發病。西北至秦晉，南至漢南，則豬不可食，秦晉尤甚。南方豬羊亦多，有病仍須用心選擇。蓋大病之後，藏府血氣不與平日同也。禁忌三日如法，則七日可保也。七日如法，則二七、三七日可保。三七如法，則一月、三月可保。令其在初調護之力，目擊如此之人，未有不速平復者。至房室，則須忌百日外。孫氏之論，一字不可忽。蓋一勞復之後，必困於前病時，再復之後，又困於一復時，況有三復、四復，殆不勝其困矣，是以往往以疾復而死也。貴家大族，多有女兒嬌縱，又經汗下之後，腸胃空虛，急欲得食，雖食而未能消化，必須致疾，難於勸說，全在父母曉解，左右有能調和之人爲調節之，則可也。若病人差後，惟喜食白粥，則永無患矣。

又曰：男子新病起，近房室而復者，宜服赤帛燒散。

又曰：男子房勞成復者，宜鼠屎薤根湯。兼治陰陽易，神驗。

又曰：男子房勞復發，口噤、舌出者死。又始得勞復，百節痛如被打，渾身沉重，恍惚失措，脈促而絕，不可治。或有吐涎不已，或有譫妄煩亂者，不治。

又曰：病後蚤起，及食多勞復者，鼠屎豉湯。《崔氏》加梔子。

又曰：食飽不消，勞復脈實者，宜梔子香豉鼠屎大黃方。

又曰：勞復，氣欲絕，宜麥門冬湯，起死人困，有效。

又曰：天行勞復，頭痛，四肢疼痛，宜葱豉鼠屎湯。此湯最妙。

又曰：天行勞復作熱，且至晚則腰脊痛，頭項強重，宜葛根薑豉湯。

又曰：病新平復後，勞動發熱，熱氣攻胸，手足拘急，搐搦如中風狀，宜瓜蔞竹茹湯。

又曰：天行差後勞復，發熱，嘔吐，食不下者，宜蘆根橘皮湯。

《傷寒明理續論・瘥後昏沉》 傷寒瘥後半月以來，十餘日終不惺惺，錯語少神，或寒熱似瘧，或潮熱頰赤，醫以風溫治之，非也，是由發汗不透，寒熱在心胞絡間也。

瘥後昏沉不醒，知母麻黃湯取微汗；胃脘有熱，虛煩而嘔，竹葉石膏湯加生薑；嘔吐不已，膈上有寒，理中丸。

《傷寒家秘的本・勞復食復》 病新瘥後，因勞動再發，爲勞復。緣其血氣未平，餘熱未盡，一或勞之，熱氣遂還於經絡而復發也，小柴胡湯加減治之。表者，汗之；裏者，下之。病新瘥後而多食復發者，爲食復。緣土虛不能勝穀氣，如水浸牆壁，水退土尚未堅，合其損穀則愈，輕則消化，重則吐下。如關脈實，大熱燥渴，譫語，腹痛大便實，急下之，不可緩也。

《傷寒全生集・辨傷寒瘥後遺毒例》 傷寒汗下不徹，邪結在耳後一寸二、三分，或兩耳下俱硬腫者，名曰發頤。此皆餘熱之毒不除也。宜速消散，緩則成膿矣。以連翹敗毒散主之。

《傷寒全生集・辨傷寒瘥後發碗豆瘡例》 碗豆瘡者，亦因汗下後餘毒未盡，瘥後故發碗豆瘡也。只以黃連、甘草、歸尾、紅花、防風、苦參、荆芥、連翹、羌活、白芷煎服，外用芒硝、赤小豆、青黛爲末，以雞子清和豬膽汁調和，敷瘡上最效。勿令動之，待其脫落無痕。

傷寒瘥後，小便澀而有血者，名曰內外瘡，皆黑黶不出膿者，死。亦是餘熱毒也。用黃連解毒湯加生地、當歸、連翹、木通、滑石、牛膝、扁蓄、琥珀、甘草稍，加燈心水煎服。

《景岳全書・雜證謨・瘟疫》 傷寒飲食宜忌

凡傷寒飲食有宜忌者，有不宜忌者。若病傷寒而食不斷者，以邪猶在表，未深入也。及其稍深，而在半表半裏之間，則食漸減矣，再入胸膈，胃口，則全不食矣。邪既在胃，則胃口不飢，所以傷寒不食者，或十日，或二十日，

皆無足慮者，亦以胃氣不餒，則不敗也。第不欲食者，不可強食，強食則助邪，或新愈之後，胃氣初醒，尤不可縱食，縱食則食復，此皆大忌也。至有不宜忌者，則如勞倦內傷之人，偶感寒邪，亦必發熱，此多以勞傷中氣，本非眞正傷寒外邪內陷之病，所以外雖發熱，而內則飢餒，每多思食。奈何庸昧之輩，但見發熱，則曰餓不死傷寒，不論虛實，一概禁之。常見欲食者，索之不得，而且加以剋伐寒涼之藥，嗟嗟！飢腸受剝，虛者益虛，內外夾攻，苦無所訴，及胃氣既脱，反不欲食矣，即欲救之，已無可及。余常治此證，每借食爲藥，所活多人，而見禁食受斃者，亦已不少，故詳言之。若病人時時覺飢而索食者，此其邪不在臟，胃中空虛而然，必不可禁，但不宜縱耳。且因此可察虛實，關係非小，不可忽也。

避疫法　瘟疫乃天地之邪氣，若人身正氣內固，則邪不可干，自不相染。故避之之法，惟在節慾節勞，或於房室勞倦之後，尤不可近，仍勿忍飢以受其氣，皆要法也。至於卻邪之法，則如《刺法論》所云：天牝從來，復得其往，氣出於腦，即不干邪。蓋天牝者，鼻也，鼻受天之氣，故曰天牝。氣自空虛而來，亦欲其自空虛而去，即天牝從來，復得其往也。正以氣通於鼻，鼻通於腦，毒入腦中，則流布諸經，令人相染矣。氣出於腦，謂嚏之，或張鼻以泄之，或受氣於室，則泄氣於外，而大吸精氣以易之，則邪從鼻出，而毒氣自散，此卻邪於外之法也。又如想心如日等法，蓋膽屬少陽，爲中正之官，少陽氣壯，則臟氣賴以俱壯，而邪不能入，此強中禦邪之法也。凡探親診疾，事有不容已者，但知此諸法，則雖入最穢之地，自可保其無虞。一方治天行時氣，宅舍怪異，用降眞香燒焚，大解邪穢，小兒帶之，能解諸邪，最驗。一法以福建香茶餅，不時噙口中，大辟傷寒瘴氣穢惡。

《醫統》曰：男子病，邪氣出於口，女人病，邪氣出於前陰，其相對坐立之間，必須識其向背。或以雄黃末塗鼻孔中，行動從容，察位而入。凡入病家，此亦醫人之不可不知也。

《溫疫論・病愈結存》　溫疫下後，脈證俱平，腹中有塊，按之則疼，自覺有所阻而膨悶，或時有升降之氣，往來不利，常作蛙聲，此邪氣已盡，其宿結尚未除也，此不可攻。攻之徒損元氣，氣虛益不能傳送，終無補於治結，須飲食漸進，胃氣稍復，津液流通，自能潤下也。嘗遇病愈後食粥半月，結塊方下，堅黑如石。

《溫疫論・下格》　溫疫愈後，脈證俱平，大便二三旬不行，時時作嘔，飲食不進，雖少與湯水，嘔吐愈加，此爲下格。蓋下既不通，必返于上。設誤認番胃，乃與牛黃狗寶，及誤作寒氣，藿香、丁香、二陳之類，誤也。宜調胃承氣熱服，頓下宿結及溏糞、粘膠惡物，臭不可當者，嘔吐立止。所謂欲求南風，須開北牖是也。嘔止慎勿驟補，若少與參芪，則下焦復閉，嘔吐仍作也。此與病愈結存仿佛，彼則妙在往來蛙聲一證，故不嘔而能食。可見毫釐之差，遂有千里之異。按二者大便俱閉，脈靜身涼，一安一危者，在乎氣通氣塞之間而已矣。

《溫疫論・數下亡陰》　下證以邪未盡，不得已而數下之，間有兩目加澀，舌反枯乾，津不到咽，唇口燥裂，緣其人所稟陽臟，素多火而陰虧，今重亡津液，宜清燥養榮湯。設熱渴未除，裏證仍在，宜承氣養榮湯。

《溫疫論・下後反痞》　疫邪留於心胸，令人痞滿，下之痞應去，今反痞者，虛也。以其人或因他病先虧，或因新產後氣血兩虛，或稟賦嬌怯，因下益虛，失其健運，邪氣留止，故令痞滿。今愈下而痞愈甚，若更用行氣破氣之劑，轉成壞證，宜參附養榮湯。

果如前證，一服痞當如失，倘有下證，下後脈實，痞未除者，再下之。此有虛實之分，一者有下證，下後痞即減者爲實；一者表雖微熱，脈不甚數，口不渴，下後痞反甚者爲虛。若潮熱口渴，脈數而痞者，投之禍不旋踵。

《溫疫論・論食》　時疫有首尾能食者，此邪不傳胃，切不可絕其飲食，但不宜過食耳。有愈後數日微熱不思食者，此微邪在胃，正氣衰弱，強與之，即爲食復。有下後一日，便思食，食之有味，當與之，先與米飲一小杯，加至茶甌，漸進稀粥，不可盡意，飢則再與。如忽加吞酸，反覺無味，乃胃氣傷也，當停穀一日，胃氣復，復思食也，仍如漸進法。有愈後十數日，脈靜身涼，表裏俱和，但不思飢食者，此中氣不甦，當與粥飲迎之。得穀後即思食覺飢。久而不思食者，一法以人參一錢，煎湯與之，少引胃氣，忽覺思食，便可勿服。

《溫疫論・勞復食復自復》　疫邪已退，脈證俱平，但元氣未復，或因梳洗沐浴，或因多言妄動，遂至發熱，前證復起，惟脈不沉爲辨，此爲勞復。蓋氣爲火之舟楫，今則眞氣方長，勞而復折，眞氣既虧，火亦不前，某經氣陷，則火隨陷于某經，陷于經絡則爲表熱，陷于臟腑則爲裏熱，虛甚熱甚，虛微熱微。治法：輕則靜養可復，重則大補氣血，候眞氣一回，血脈融和，表裏通

暢，所陷之火，隨氣輸泄，自然熱退，而前證自除矣。若誤用承氣及寒涼剝削之劑，變證蜂起，卒至殞命，宜服安神養血湯。

若因飲食所傷者，或吞酸作噯，或心腹滿悶而加熱，此名食復，輕則損穀自愈，重則消導方愈。

若無故自復者，以復邪未盡，此名自復，當問前得某證，所發亦某證，稍與前藥，以撤其餘邪，自然獲愈。

《溫疫論補法·停藥》 補按：此證本論，謂病久失下，中氣大虧，致服承氣湯，腹中不行，半日仍吐原藥，夫食久反出，是無火也。既半日仍吐原藥，則非胃熱，乃胃氣虛冷，不任苦寒可知。此證定因誤下所致，而本論既謂天元幾絕，大凶之兆，其主用止人參、生薑二味，此非回天救凶之品，況加入承氣湯乎？若更肢冷脈沉，即宜四逆湯加人參，倣呃逆治法，至於邪實病重，胃中壅閉，輕劑不行者，必不似此，半日仍吐原藥也。前條藥煩，較此稍輕，治須同法。

《溫疫論補注·下後反痞》 補按：下後反痞，痞在上焦，本爲氣分之病，不干於營，雖有參附乾薑，恐不敵歸地芍藥之兩倍，然辨論虛實甚詳。若寒熱混淆，難施純熱，當倣仲景治法，嘔而發熱，柴胡證具，而以他藥下之；心下滿而不痛者，以半夏瀉心湯主之；若心下痞，而復惡寒汗出者，用附子瀉心湯主之，亦寒熱互用。此仲景之成法，宜參證而治焉。因本論以養營立名，夾用歸地芍藥，又不若三黃苦而瀉痞，辛以散結也，附註以備採用。

《傷寒補天石·傷寒差後一動有八變》 一變中滿減食，因火邪伏脾經不散，故成中滿，用醒脾散。二變怯證，因邪火伏於腎經不散，而成骨蒸羸瘦，用當歸補血湯。三變囊癰，因火邪伏於肝經不散，故囊腫而痛不已則成膿，用連翹防風湯。四變瘧，因邪火伏於脾經，正氣交攻，變成瘧證，用必勝散。五變利，因邪火伏於胃，移熱於脾，與水穀相併，故成休息利，最是難治，用分經養脾湯。六變淋血，因邪火伏於心經，移熱於小腸，故小便淋血痛甚，小便不通者必死，用加減四苓散。七變肺痿，因邪火伏於肺不散，而成咳嗽吐痰，成癰膿者不治，用清肺化痰湯。八變骨痿，因邪火伏於脾腎二經不散，癱臥不起，日漸羸瘦，久則成瘵而死，用十全大補湯。

《傷寒補天石·善後喜唾吐逆》 解後虛羸少氣，氣逆欲吐者，餘熱傷氣故少氣，氣逆欲吐者，與竹葉石膏湯，調胃散熱也。

石頑曰：亦有少火氣衰，中土不溫，不能約制津液者，理中丸加益智仁以收攝之。

病新差後口中和，喜唾不止者，此胃中有寒，宜理中湯溫之。差後口乾喜唾，或咽痛，人參竹瀝湯加烏梅、川連、知母、花粉主之。咽痛者用山豆根磨水噙之，復用甘桔湯加芩、連、山梔、連翹、薄荷主之。

《傷寒補天石·差後虛弱》 差後虛弱，盜汗不止，屬陰虛，用當歸六黃湯。陽虛自汗，無熱惡寒，無力下虛，用加味黃芪建中湯。差後心神恍惚不寧，夜臥煩躁不安，或亂夢虛驚不眠，因汗下過多，心血虧少，用硃砂安神加茯神、遠志、棗仁，有痰加橘紅。

《傷寒補天石·差後沉昏》 差者，病後也。病後昏沉不省者，先因發汗不盡，餘熱在心包絡間也。壯熱脈有力者，知母麻黃湯。虛弱脈無力者，十味溫膽湯。寒熱往來日晡潮熱者，參胡溫膽湯加芩、連。

《傷寒補天石·差後浮腫》 差後腰下浮腫者，澤瀉牡蠣湯。胃虛食少者，五苓散加蒼朮、陳皮、木香、砂仁。差後足腫不妨，節飲食，戒酒色，胃氣強，腫自消也。

《傷寒補天石·差後頤瘡》 傷寒汗下不徹，餘邪結在耳後或耳下硬腫者，曰遺毒，宜速消散緩之。如成膿，以連翹敗毒散治之。發腫有膿不消，或已破未破，俱用內托消毒散。

《傷寒補天石·差後飲酒復劇》 傷寒病熱未解而飲酒者，則病增劇而反熱甚也。脈弦數，小柴胡合解毒。脈洪大，白虎合解毒，並加烏梅、乾葛、砂仁。

《傷寒補天石·差後勞復》 差後餘熱未除，血氣尚虛，假若勞動，使氣血沸騰而邪熱隨還於經絡而發熱也，謂遺熱。脈浮者微汗之，柴胡桂枝湯。脈沉者下之，調胃承氣湯。不應汗下者，參胡三白湯。虛熱無力者，參胡溫膽湯。陰虛火動者，補中湯加黃柏、知母。無熱有寒者，人參養榮湯加熟附子。

《傷寒補天石·陰陽易》 若傷腎經，眞陽虛損，有寒無熱，脈虛足冷者，人參四逆湯調下裩襠散。若傷肝經，當歸四逆湯加薑、附、茱萸調下裩襠散，分寒熱而治。陰易熱氣上沖胸中，煩悶手足攣拳，搐搦如風狀，瓜蔞竹茹湯。婦人病未平復，有犯房事，小腹急痛，連腰膝痛，四肢不仁，無熱者當歸白術

散。陰陽易不差，大便不通，心神悶亂，驚惕不安，妙香丸。節菴通用逍遙散加滑石、生地、韭根、犀角、柴胡，入燒裩散調服。以小水利，陰頭腫即愈。男子陰腫，小腹痛，婦人裏急，連腰股痛，眼花，四肢拘急，或舌見吐出，脈見離經者，死也。未交接而思慾事，因而得病者，治法與陰陽易、女勞復同。

《傷寒緒論・發頤》 傷寒汗出不徹，熱遺少陽，結於耳後或耳下，其形鞕腫者，名曰發頤。見之速宜消散，緩則成膿爲害也，連翹敗毒散。若脈浮數，能食者易治。若沉緊，或牢革，反大熱不能食者難治。腫連面上者，必加白芷、葱白，以通陽明之經。若大便燥實，加酒大黃，外用赤小豆末、雞子清調敷。慎不可用寒涼敷藥。若發即隱下，不能起發者，眞氣內乏，毒邪內陷，最危之兆，或連發數處如流注者，多不救也。

《傷寒辨證・食復》 新瘥胃虛，食稍多則復，羊肉及酒尤忌。若腹滿，脈實，煩熱，便秘，宜大柴胡湯。輕者二陳湯，加山楂、麥芽、砂仁、神麴。消導後熱不退，宜補中益氣湯。凡溫熱病下後，渴雖減而饑欲得食，此伏邪初散，陰火乘虛擾亂也，慎勿便與粥飯，得食必復。新瘥後，只宜先進白稀粥，次進濃者，須少少與之，常令不足，不可盡意過食。

《瘟疫明辨・遺證・發腫》 時疫大勢已平，寒熱已解，而面目肢體浮腫。有食滯中宮，水停心下，氣復未歸三種。當分別以施治。食滯中宮者，乃病後脾胃大虛，不能消穀，病者胃中枯燥，偏欲多食，食停心下臍上，則水不得上輸於肺，肺亦不能通水道，下輸膀胱，故溢於肢體而爲浮腫。其症以心下臍上有硬處，按之則痛爲異。小便或利或不利，當用平胃散加枳實、山查、麥芽、萊菔子、青皮、神麴爲主，硬處消，則腫自愈。或加苓、澤，兼利水亦可。水停心下者，乃脾虛不能消水也。與食滯異者，心腹無硬痛，小便不利也。用苓、澤、車前、木通之類，利其小便而愈。氣復未歸者，吳又可所謂病後氣復血未復，氣無所歸，故作腫也。不可治腫，調其飲食，節其勞役，靜養自愈。其異於停水食滯者，水停，身重小便不利；氣腫，身輕小便自利；食滯，腹中有結；氣腫，腹中自和也。

《瘟疫明辨・遺證・發頤》 時疫愈後，有發頤者，乃餘熱留於營血也。速以解毒清熱、活血疎散爲主。誤則成膿不出，而牙關不開，咽喉不利，多不能食而死。毒內陷而復舌燥、神昏亦死。出膿後，氣虛血脫亦死。故宜早治也，古方以普濟消毒飲爲主，發在耳後，以柴胡、川芎，爲君。在項下，以葛根爲君。在項後或巔頂，加羌防。此症不可輕補於未潰之先，補早必成膿。尤不可純用寒涼於將發之際，恐閉遏而毒不得發。故必兼疎散爲要，外治以葱水時時浴之。

《瘟疫明辨・遺證・發瘡》 時疫愈後，發瘡者極多，餘熱淫於肌肉也。多服清涼養氣血藥自愈。

《瘟疫明辨・遺證・發痿》 時疫愈後，四肢不能動移者，熱傷筋脈也。吳氏諸養榮湯酌用，輕者粥食調理，自愈。

《瘟疫明辨・遺證・索澤》 時疫愈後，身體枯瘦，皮膚甲錯者，熱傷其陰也。養陰爲主，吳氏諸養榮湯酌用。亦有粥食調理自回者。

《瘟疫明辨・遺證・發蒸》 時疫愈後，有發骨蒸如勞瘵者，乃餘熱留於陰分也。不可以其羸瘦而遽用虛損門治法。必察其六府，有結邪，則仍攻其邪爲主。次察其經絡，有壅瘀，則仍通其壅瘀爲主。次察其氣道，有痰涎，則仍利其痰涎爲主。數者俱無，然後以清熱爲主，或無邪而陰傷，方可純用養陰之藥。或分別其餘邪之輕重，虧損之多少，而兼用養陰清熱藥，進退加減以和之，更妙。

《醫宗金鑑・傷寒心法要訣・食復勞復》 新愈藏府皆不足，榮衛腸胃未通和，多食過勞復生熱，枳實梔子大黃差。浮汗沉下小柴解，燥嘔竹葉石膏合，氣虛補中益氣主，陰虧六味倍參多。

註：新愈之後，藏府氣血皆不足，榮衛未通，腸胃未和，惟宜白粥靜養。若過食，胃弱難消，因復煩熱，名曰食復。若過勞役復生熱煩，名曰勞復。勞復者，宜枳實梔子豉湯汗之。食復者，宜枳實梔子豉加大黃湯下之。脈浮有表者，宜枳實梔子豉湯以汗解之。脈沉有裏者，宜枳實梔子豉加大黃湯以下解之。若無表裏證者，宜小柴胡湯以和解之。口燥煩渴喜嘔者，宜竹葉石膏湯主之。若內傷氣虛勞復者，宜補中益氣湯主之。若犯內事陰虧者，宜六味生乾地黃湯，氣少者，倍加人參湯主之。

《醫碥・瘟疫雜病論・下後諸變證論》 下後脈浮，既下矣，脈浮而數，身微熱，神思或不爽，此邪熱浮于肌表，雖無汗，宜白虎湯汗解之。若大下數下，脈空而數，按之如無，白虎湯加人參，覆杯則汗解。似當加歸、地。下後脈浮而數，宜汗，不得汗，或遷延五六日脈證不改，終不得汗，或素有虧虛也，亦或利久使然，用加人參白虎湯得汗而解。下後脈復沉，既下脈宜浮，是汗解

兆也，今不汗而脈復沉，餘邪覆入胃也，宜更下之。更下後脈再浮，仍當汗解，宜白虎湯。

下後病愈，數日復發熱，此非關飲食勞役，勿歸咎于病人也，此餘邪匿而復發，必然之理，再少下之即愈，勿用大劑也。

下後身反加熱。下後當身涼，今反加熱，此結開而氣通，鬱陽伸越也。即如爐中伏火撥開，雖焰不久自熄。此與下後脈反數義同。若無下証而妄下之過早者，其發熱乃病勢，原當逐漸發熱，非因誤用承氣，更加發熱也。日後邪氣傳胃，有下證者，宜更下之。

下後脈反數，應下失下，口燥舌乾而渴，身熱反減，四肢時厥，欲得近火擁被，此陽氣壅伏也。既下矣，厥回不冷，脈大而加數，舌亦不乾渴，此裏邪去，陽氣暴伸也。宜柴胡清燥湯：柴胡、黃芩、陳皮、甘草，去花粉、去知母，加葛根隨其性而升泄之。

下後數日，舌上復生胎刺，邪未盡也，再下之。胎刺未去，然已輭，但熱渴未除，更下之。胎刺既去，日後又熱，仍宜下之。其中或緩或急，或輕劑或重劑，或兼用柴胡清燥湯、犀角地黃湯至投承氣湯，或宜多與，或宜少與，宜臨症斟酌。

下後病全愈，但腹中有塊，按之痛，氣時不利，常作蛙聲，此邪氣盡而宿結未除也，不可攻，徒損無益，待胃氣平復，自能潤下。或滋陰，下潤自通。能食者，新致則陳自推。

下後腹滿去，思食知味，而熱未除，脈近浮，此表尚有餘邪也，當得汗解。如不汗，以柴胡清燥湯和之，復不得汗者，以漸而解也，勿苛求其汗。

戰汗後，復下後，越數日腹痛不止，欲作滯下也。勿論已見病未見病，宜芍藥湯：白芍、當歸各一錢，檳榔二錢，厚朴一錢，甘草七分，裏急後重加大黃三錢，紅積倍白芍，白積倍檳榔。

下後或數下亡陰。瘟病有宜下者，不得已數下之，致兩目澀，舌枯乾，津不到咽，唇口燥裂，由其人素多火而陰虧，令重亡津液，宜清燥養榮湯：知母、花粉、當歸身、白芍、陳皮、地黃汁、甘草，燈心煎服。如熱渴未除，裏証仍在，宜承氣養榮湯，知母、當歸、白芍藥、生地、大黃、枳寔、厚朴，薑煎服。如表有餘熱，宜柴胡養榮湯：黃芩、陳皮、柴胡、甘草、當歸、白芍、生地、知母、花粉，薑、棗煎服。如痰涎湧甚，胸膈不清，宜貝母養榮湯：知母、花粉、瓜蔞仁、貝母、橘紅、白芍、當歸、蘇子，薑煎服。忌參、術。

下後餘熱不能頓除，以膜原之邪未盡傳胃故也，當寬緩兩日，以柴胡清燥湯緩劑調理。

下後反痞。下後痞應去而反痞者，虛也。其人素弱，或新病初起，脾失健運故也，再用行氣藥則非矣，宜參附養榮湯：當歸、白芍、人參、炒乾薑各一錢，生地黃三錢，炮附子七分。若果是虛，一服必愈。

虛寔宜辨。表雖微熱，脈不甚數，口不渴者，是虛痞。若潮熱口渴，脈數者，是寔痞。寔痞宜再下之，用此則大害。

下後反嘔，下後嘔宜去而反嘔，此胃氣虛寒，少食便吞酸，宜半夏霍香湯：一服嘔止。半夏一錢半，霍香、炮薑、陳皮、白茯苓、白術各一錢，甘草五分，薑煎服。

下後脈浮，宜汗，不得汗。

下後奪氣不語。下後氣血俱虛，神思不清，惟向裏睡，似寐非寐，似寤非寤，呼之不應，此正氣奪也。與其服藥不當，莫如靜守，宜人參養榮湯補之。能食者自然虛回，前證自愈；設不食者，病轉加，法當峻補。

《醫碥·瘟病兼證論》 服藥不受，額汗支冷，振戰心煩，坐臥不安，此中氣虧不能勝藥也，名藥煩，急投薑湯立已，或藥中多加生薑煎服，則無此狀矣。更宜均藥爲兩三次服，以防嘔吐。

愈後微渴微熱，不思飲食，此正氣虛也，強與之即爲食復，漸進稀粥，以復胃氣。

《醫碥·愈後諸證論》 愈後大便久不行，作嘔，不進食，此下格病也，宜調胃承氣熱服，下宿結而嘔止。

愈後大便數日不行，別無他證，此虛燥也，切不可攻，宜蜜導法。甚則宜六成湯：當歸一錢半，白芍、麥冬、天冬各一錢，地黃五錢，肉蓯蓉三錢。日後更燥，宜六味丸減澤瀉。

愈後數日，腹痛裏急，此下焦伏邪，欲作滯下也，宜芍藥湯：白芍、當歸、厚朴各一錢，檳榔二錢，甘草七分。

愈後五更夜半作瀉，其脈遲細而弱，此命門陽虛也，宜七成湯：故紙三錢，炮附、白茯苓、人參各一錢，五味八分，甘草五分。愈後更發者，八味丸倍加附子。

愈後能飲食，肢體浮腫，此氣復也。胃氣大健則浮腫消，勿誤爲水氣。若小便不利而腫，乃是水腫，宜濟生腎氣丸。

愈後因勞而復，發熱，宜安神養血湯：　茯神、棗仁、白芍藥、當歸、遠志、桔梗、地黃、陳皮、甘草、圓眼肉。

愈後傷食，吞酸噯氣而復，熱輕則少食，重則消導自愈。若無故自復，此前邪未盡除也，稍與前證所服之藥，以徹其餘邪自愈。

《通俗傷寒論・傷寒復證・傷寒勞復》　因　大病瘥後，血氣津液未平復，餘熱未盡，若因勞動，再發熱爲勞復。孫眞人云：　新瘥後，當靜卧以養血氣，慎勿早起梳洗，以勞其體；　亦不可多言語用心，使意勞煩，凡此皆令勞復。喩嘉言云：　勞復乃起居作勞，復生餘熱之病。

證　舌紅淡，或微有白苔，身發熱，肢體疲倦，懶於言語，或自汗出，神志雖清，沉迷欲睡，飲食無味。陶氏云：　勞役使血氣沸騰，而邪熱遂還於經絡而發熱也。謂之遺熱。

脈　凡勞後發熱，在表脈浮，在裏脈沉，氣弱脈細。

治　大凡熱在表者，脈浮，宜汗解，熱在裏者，脈沉，宜下解。小柴胡湯，隨證增損和解之。或濈然汗出而解，或戰而汗解。氣弱脈細而復者，補中益氣湯。勞神而復者，宜歸脾湯。楊仁齋云：　《千金》治勞復，以麥門冬湯。若身熱食少無力，以柴胡三白湯。心煩不安者，加麥冬、五味；　口渴加花粉、知母；　陰火動，加黃柏、知母；　走精加煆牡蠣；　心煩口苦痞滿，加枳實、黃連；　不眠加遠志、竹茹、辰砂。吳又可云：　勞復者，大病後因勞碌而復。復則復熱，諸症復起，惟脈不沉實爲辨。輕者靜養自愈，重者必大補，以調其營衛，待其表裏融和方愈。誤用攻下清涼，必致不救，安神養血湯。若身熱虛煩不寐，或食少無力，用參胡溫膽湯，加棗仁、遠志。氣虛煩嘔，竹葉石膏湯；　渴甚，去半夏，加知母，倍花粉。若虛熱不止者，《千金》麥冬湯。

《通俗傷寒論・傷寒復證・傷寒食復》　因　熱病熱退之後，胃氣尚虛，餘邪未盡，先進清粥湯，次進濃粥湯，次進糜粥。亦須少少與之，切勿任意過食也。若納穀太驟，則運化不及，餘邪假食滯而復作也，名曰食復。大抵強人足兩月，虛弱人足百日，則無復病矣。

證　發熱頭痛，煩悶不納，輕則日暮微煩，此食穀早，或多食故也，胃虛弱不能消穀食，宜損穀則愈。甚則發熱，大便難，譫語。

脈　輕者脈滯緩，若重者，煩渴，譫語，大便閉，關脈實。

治　若邪食上蒸，發熱頭痛，此傷食而兼有外邪，宜枳實梔豉湯，加生查肉、麥芽、連翹、萊菔子等，涼疏之。無火，舌潤不渴者，調中湯、香砂枳術湯，皆可用。若發熱燥渴譫語，大便閉，關脈實者，用枳實梔子豉湯，加大黃下之。如熱不解，大便如常者，參附三白湯，加減治之。心下痞滿，加枳實、黃連、桔梗；　有痰嘔，加半夏、竹茹；　米食不化，加神麯、麥芽；　肉食不化，加生查肉，草果。

《通俗傷寒論・傷寒復證・傷寒感復》　因　瘥後伏熱未盡，復感新邪，其病復作。

證　頭痛發熱，惡風或惡寒，舌燥口渴，或兼咳嗽。

脈　兼風者脈浮緩，兼濕者濡數，兼寒脈緊或浮數。

治　感寒身熱惡寒者，葱豉葛根湯，加薄荷、連翹殼。寒重骨疼者，加羌活、蘇葉；　偏於熱重者，加花粉、知母；　咳嗽者，加光杏仁、前胡、桔梗。兼風熱重者，銀翹散、桑菊飲、桑杏湯，隨症酌用。邪鬱於內，見煩躁者，荷杏石甘湯，或葱豉白虎湯。營分有伏熱者，七味葱白湯。

《通俗傷寒論・傷寒復證・傷寒怒復》　因　傷寒瘥後，因事觸怒，相火暴發，因而餘熱復作。

證　身熱胸悶，心煩懊憹，氣逆喘呼，甚則脅痛嘔血，或少腹急痛，不語如瘖，形厥如尸者。

脈　多弦浮躁盛，或弦勁，或弦濇，或沉弦搏堅。

治　先宜蘇子降香湯，加桑葉、丹皮、銀胡、地骨皮，平其氣以清泄之。若瘀血結聚，少腹急痛者，代抵當湯，加杜牛膝主之。香殼散，加白微、玄胡索、炒穿甲，尤捷。不語如瘖，形如尸者，宜犀角地黃湯，加桃仁、歸尾、白薇；　厥症返魂丹等。甘鹹以平之，芳香以宣之，雖然，怒復有大怒鬱怒之分，大怒者，其志憤激，則氣血易於奔迫，而無所節制，經所謂怒則傷志也。脈多浮弦躁盛，症多失血，甚或痛厥，仍宜蘇子降香湯，加蜜炙延胡、醋炒錦紋、鹽水炒川連等，以降泄之。血虛火旺者，拔萃犀角地黃湯，加白芍、白薇、童便、金汁等，以通降之；　鬱怒者，其志怫戾，則氣血易於瘀壅，而不克寬舒，經所謂怒則氣逆也。脈多弦，濇甚則沉弦搏堅，症多瘕疝，久則成癆成蠱。治法，瘕疝宜開鬱正元散、茴香橘核丸等選用。成癆宜紫菀散、刧癆散、

顧氏清金散等選用。成蟲當歸活血湯。服之不應，再加炙穿甲五分；又不應，加附子三分。有實熱者，禁用。須加大黄一錢亦可，或下瘀血湯，或桃仁承氣湯合逍遙散，奏功更捷。

《通俗傷寒論・調理諸法・瘥後藥物調理法》傷寒溫熱，大邪退後，餘熱未盡，元氣已虛，胃虛少納，脾弱不運，稍動則復。若調理失當，不知禁忌，隨時可以轉復。若非藥物調理合宜，瘥後遺症。何能輒除？爰舉其要，臚列二十四則於後。

瘥後浮腫　傷寒瘥後，脾虛不能制水，水溢於皮膚絡脈間，肢體浮腫者，須實脾利水。宜焦冬術、茯苓皮、米仁、杜赤荳、扁荳、山藥、木瓜、車前子、澤瀉之屬治之。或以糯米、米仁煑粥食最妙。在因食滯中宫者，乃病後脾胃大虛，不能消穀也。病者胃中猶燥，偏欲多食，食停心下臍上，則水不得上輸於肺，亦不能通水道於膀胱，故溢於肢體而爲腫。其症以心下臍上有硬處，按之則痛爲異，小便或利或不利，當用平胃散，加枳實、山查、麥芽、萊菔子、六神麯爲主，硬處消則腫自愈。或加苓、澤兼利水亦可。亦有氣復未歸者，熱病大傷陰氣之後，由陰精損及陽氣，愈後陽氣暴復，陰尚虧歉之至，切忌消利。吴又可所謂病後氣復血未復，氣無所歸，故暫浮腫，不可治脛，調其飲食，節其勞役，靜養自愈。吴鞠通曰：余見世人，每遇浮腫，便與滲利小便方法，豈不畏津液消亡，而成三消證。快利津液，爲肺癰與陰虛咳嗽身熱之癆損證哉！余治是證，悉用復脈湯，重加甘草，只補其未足之陰以配其已復之陽，而腫自消。至其辨法，氣腫異於停水食滯者，停水身重，而小便不利，氣腫身輕，而小便自利，食滯腹中有結，氣腫腹中自和也。又有脾胃氣虛，土不制水，溢於下焦，故從腰以下有水氣而爲腫也。宜牡蠣澤瀉散，利小便而泄下焦之水也。

虛羸少氣　傷寒解後，肺胃津虧氣餒，餘熱挾胃火上升，致虛羸少氣，氣逆欲吐者，胃有虛熱，氣不下降，竹葉石膏湯加竹茹、白薇主之。

日暮微煩　熱病新瘥，人強與穀，脾胃氣尚弱，不能消穀，故令人微煩，損穀則愈。

瘥後發蒸　熱症新瘥，蒸蒸骨熱如癆瘵者，乃餘熱留於陰分也。不可以其羸瘦，而遽用虛損法，必察其六府有結邪，則仍以攻邪爲主，次察其筋絡有壅瘀，仍以通瘀爲主；次察其氣道有痰涎，仍以祛其痰涎爲主。數者俱無，方可清熱，或無邪而陰傷，方可純用養陰之藥，或分其餘邪之輕重，虧損之多少，而兼用養陰清熱藥進退加減以和之。

瘥後咳嗽　凡熱退之後，尚有咳嗽未除，此肺胃津虧，而有餘熱戀肺，宜滋養肺胃之陰，其嗽自止。如南沙參、麥冬、地骨皮、川貝母、川石斛、花粉、茯苓、杏仁、桑皮、蔗汁、梨汁之類。或加生地、玉竹之類。新感風寒，而症見咳嗽，其病爲輕，以其邪傳入肺，肺主皮毛，邪從外達也。溫熱多内傷虛證，見咳則重，五臟傳乘，肺受火刑，水源涸竭，每多死症。

自汗盜汗　瘥後自汗盜汗，雖皆屬虛，然溫熱瘥後。多由餘熱未清，心陽内熾，以致蒸蒸燔灼，津液外泄而汗出，爲陰虛有火，愼勿驟補峻補，苦堅清養爲宜。苦堅如當歸六黄湯加減，以育陰瀉火固表；清養如西洋參、生地、麥冬、黄連、甘草、小麥、百合、竹葉、茯苓、蓮心之類。若無熱惡寒，而盜汗不止者，陽虛也，黄耆建中湯加減。自汗不止者亦陽虛也，玉屏風散加牡蠣、龍骨收之，以固護腠理，實表固濇之法也。

瘥後喜唾　病後喜唾，久不了了，中土陽虛，胃中有寒，不能收攝津液，而冷涎上泛也。宜理中丸加益智仁溫納之。亦有胃虛而有餘熱者，宜用烏梅北棗丸，每用一丸噙化之。中虛不能攝水者，六君子湯加益智仁攝之。若其稠飲自下焦漾漾而起，溢出口中者，此腎氣不納，濁陰上泛也，宜都氣飲加胡桃肉、補骨脂以納之，或少加淡附片以收之，或佐白術以制之。

皮膚甲錯　病後身體枯瘦，皮膚甲錯者，乃熱傷其陰，陰液不能滋潤皮膚也。治法以養陰爲主，吴氏人參養榮湯、清燥養榮湯均可酌用，葉氏加減復脈湯尤效，亦有粥食調理自回者。又有熱毒爲病，氣血被其煎熬，瘥後飲食漸進，氣血滋生，潤皮膚而滋筋骸，或痛或癢，宛如蟲行，最是佳境，不過數日，氣血通暢而自愈矣。

瘥後發瘡　溫熱新瘥，發瘡者最多，乃餘熱淫於肌肉也。若照尋常瘡症。溫託妄施，斷不能救。惟多服清涼解毒，兼養氣血藥自愈。

瘥後發痿　瘥後發痿，四肢不能動移者，熱傷筋脈也。吴氏諸養榮湯酌用，輕者粥食調理自愈。

瘥後不寐　凡傷寒溫熱病，熱退之後，夜不欲寐者，胃不和也。溫膽湯加秫米和之。驚悸不寐者，心氣虛也，前方合酸棗仁湯，去川芎清斂之。觸事易驚，夢寐不安者，方有餘熱挾痰也，宜用竹茹、黄連、石菖蒲、半夏、膽星、

梔子、知母、茯苓、旋覆花、橘紅等味。虛煩不寐者，餘火擾動也，黃連阿膠湯清滋之。心火內熾不寐者，愼勿驟補，宜清養爲主，如西洋參、生地、麥冬、黃連、甘草、小麥、百合、竹葉、蓮心、茯神，或加阿膠，或雞子黃、珍珠粉，審證酌加。若終夜清醒，目不得瞑，或目瞑則驚悸夢惕者，餘邪內留肝膽，膽氣未舒，肝魂不安也。宜酒浸郁李仁、炒棗仁、豬膽皮、黃連、焦梔、淡竹茹、桑葉等，滑以去着，苦以泄熱。

瘥後昏沉　凡傷寒溫熱症，新瘥後十餘日或半月，漸至昏沉者，皆緣發汗未盡，餘邪在於心包故也。或見潮熱，或兼寒熱如瘧，宜連翹、梔子、豆豉、麥冬、菖蒲、淡竹葉、鈎籐、丹參之類清解之。然有痰火內伏包絡者，亦見昏沉，其人終日昏睡不醒，或錯語呻吟，或獨語如見鬼，宜丹參、白薇、麥冬、焦梔子、黃連、竹葉、辰砂染燈芯、細芽茶、天竺黃、石菖蒲、川貝母、廣鬱金等味，再加厥症返魂丹，輕清以開達之。甚或萬氏牛黃清心丸、葉氏神犀丹，皆可採用。

瘥後怔忡　凡熱病新瘥，怔忡驚駭，乃水衰火旺，心腎不交也。宜補水養心，硃砂安神丸最妙，半夏秫米湯合交泰丸尤妙。

瘥後妄言　凡傷寒溫熱病，每有熱退身涼之後其人如癡，神思不清，言語謬妄，或倦卧不思食者，此心神虛散不復所致。但當調養氣血，兼治其心可也，神復妄言自止。吳氏安神養血湯主之，薛氏參麥茯神湯亦主之。但痰火餘邪，內伏包絡，亦有此症，當用鮮菖蒲、天竺黃、川貝母、連翹、鈎藤、丹皮、竹茹、辰砂之類，以涼開熱痰，則神自清而不妄言矣。若猶不應，加萬氏牛黃清心丸清宣之，亦有餘熱未盡，熱擾於心，則多言譫妄者，宜導赤散加麥冬、蓮芯、硃砂拌燈芯等，熄餘燄而清心神。

瘥後語蹇　傷寒溫熱症，熱退後，其舌轉動不靈，而語言蹇濇者，因心脾腎三經之脈。皆繫繞於舌，心腎虛則舌不靈動，痰阻脾絡，肝風內擾，則語言蹇澀不清，多是虛風痰火爲病。宜加味逍遙散去白術，加生薑、鈎籐、鮮菖蒲、刺蒺藜、殭蠶之類以熄風豁痰。痰多者，宜導痰湯加菊花、鈎藤、白蒺藜、鮮菖蒲、薑汁、竹瀝等熄虛風而清痰火，若因痰熱滯於肺絡，有聲不能言者，宜顧氏清金散加石菖蒲、竹瀝清肅之。如因餘熱耗傷肺腎之陰，不能上接於陽者，宜清燥救肺湯加嚴製川貝、雅梨汁以清養之。若聲顫無力，語不接續，名曰鄭聲，乃元氣虛而無根也，宜貞元飲合集靈膏峻補之。

瘥後額熱　凡熱病熱退後，胃中痰食邪熱逗留，額屬陽明，故額獨熱，目神似覺呆鈍，宜清疏之，二陳湯加連翹、黃芩、山查、神麯之類清之和之。

瘥後發頤　俗名遺毒，乃餘邪留滯絡中而成毒也。因汗下清解未盡，其邪結於少陽陽明二經，發於兩頤者，陽明部位也，發於耳之左右者，少陽部位也。治法以解毒清熱、活血疏散爲主。誤則成膿不出，而牙關緊，咽喉不利，多不能食而死。毒內陷而復舌燥神昏亦死，出膿後氣虛血脫亦死，故宜早治也。古方以普濟消毒飲爲主。發在耳後以柴胡、川芎爲主。在項下以葛根、白芷爲主。在項後或巔頂，加羌活、薄荷。時方以連翹敗毒散爲主，如羌獨活、荆、防、連翹、赤芍、牛蒡、桔梗、土貝、蒺藜、薄荷、銀花、甘草之類。如元氣虛者，須兼歸、耆補托。潰膿後，當大補氣血爲主。然發於陽明者易治，發於少陽者難治。總之此症初起，速宜消散，緩則成膿，不可輕補於未潰之前，補早則必成膿。尤不可純用寒涼於發之際，恐閉遏而毒不得發，故必兼疏散爲要，外治以葱水時時浴之。

瘥後耳聾　溫熱症身涼後，尚有耳鳴耳聾等症者，其因有三：一因餘邪留於膽經，宜養陰藥中加柴胡、鮮菖蒲、鈎藤、滁菊、通草、荷葉之類，以清解少陽之鬱；二因痰火上升阻閉清竅，其耳亦聾，宜導痰湯去半夏、南星，加括蔞皮、京川貝、枇杷葉、杜兜鈴、通草、鮮菖蒲之類，以輕宣肺氣之鬱；三因腎虛精脫，則耳鳴而聾，宜常服耳聾左慈丸，或磁硃丸等，以滋陰鎭逆。此二症不關少陽，皆禁用柴胡升提。外治，惟耳聾神丹，用絲綿包裹，納入耳中，多效。

瘥後腹熱　凡熱病後身大涼，獨腹熱未除，此脾火內甚也。養陰藥中加生白芍自除。但此症惟伏暑晚發最多，多屬腸胃積熱，雪羹湯送服陸氏潤字丸最妙。

瘥後疼痛　熱病失治於前，熱流下部，滯於經絡，以致腰脅疼痛，甚則不能起立，卧不能動，誤作痿治，必成廢人。宜清瘟敗毒散小劑，加木瓜、牛膝、續斷、萆薢、黃柏、威靈仙以祛風通絡。

瘥後不食　當辨不欲食，食亦不化兩端。不欲食者病在胃，宜養以甘涼。《金匱》麥門冬湯主之，葉氏養胃湯亦主之。食不化者病在脾，當與以溫運。香砂理中湯主之，六君子湯亦主之。雖然不欲食一病，又宜分傷食與停食兩項。傷食者飲食自倍，腸胃乃傷，病在不及消化；停食不論食之多少，

或當食而怒，或當食時病在氣結而不能化也。治傷食宜注重於食，或吐、或下、或消。若停食則重在氣，惟理氣兼之以消、吐、下之法，不在用也。醫者須分別治之。

瘥後不便　凡溫熱病後，大便不行者，熱閉虛閉俱多，風閉氣閉者少。熱閉者，熱搏津液，腸胃燥結，及腸胃素有積熱者多有此疾。其症面赤腹熱，大腹脹滿，四肢反冷，或口舌生瘡是也。大黃飲子最妙，三黃枳術丸、枳實導滯丸、陸氏潤字丸等皆可酌用。虛閉有二：一陰虛、一陽虛也。凡下焦陽虛，則陽氣不行，不能傳送而陰凝於下；下焦陰虛，則陰血枯燥，津液不到，而腸臟乾槁。治陽虛者，但益其火則陰凝自化，蓯蓉潤腸丸主之，老年者黃耆湯送服半硫丸。治陰虛者，但壯其水。則涇渭自通，六味地黃湯加淡蓯蓉、白蜜主之。益血潤腸丸、五仁丸等亦效。風閉者，風勝則乾也，由風熱搏激肺臟，傳於大腸，津液燥爍，傳化則難。或其人素有風病者，亦多風閉。或腸胃積熱，久而風從內生，亦能成閉。東垣潤腸丸主之，加味皂角丸亦主之。氣閉者，氣內滯而污物不行也，其脈沉，其人多噫，心腹痞悶，脇肋膨脹，若用攻藥通之，雖或暫通而其閉益甚矣。或迫之使通，因而下血者，惟當順氣，氣順則便自通矣，蘇子降氣湯、加枳殼、杏仁主之，重則六磨湯主之。

瘥後下血　溫熱新瘥，或十日或半月，忽然下血者，由於初起失汗，邪不外達而內入，陽邪熱甚，熱傷陰絡而血下溢也。治以清營涼血和絡之法，如生地、丹皮、地榆、川斷、槐米、白芍、苡仁、黑荆芥、白茅根、臟連丸治之自愈。陰虛火旺者，臟連六味丸尤捷。

瘥後遺精　病後遺精，因火動者多，宜清餘熱，固精封髓丹主之，三才封髓丹加黃連亦主之，以此症黃連、黃柏二味。最是要藥也。

以上瘥後遺症，藥物調理各法大旨已具，其他普通調理，當分補虛清熱兩項。補虛有兩法，一補脾、一補胃。如其人中氣虛者，病退後必納穀少，運化遲，或大便不實，或惡心吐涎，宜六君子加減以和中。形寒畏冷，宜黃耆建中湯溫補之。凡此症脈皆緩，大舌皆白嫩可辨。如其人陰分虛者，必有餘邪未盡，舌燥口渴，二便艱澀，脈兼微數等症，宜小甘露飲、葉氏養胃湯等清養之。清熱亦有兩法：初病時之熱爲實熱，宜用苦寒藥清之，大病後之熱爲虛熱，宜用甘寒藥清之。二者有霄壤之殊，凡人身天眞之氣，全在胃口，津液不足，即是虛，生津液即是補虛，故以生津之藥合甘寒瀉熱之藥以治感後之虛熱。如麥冬、生地、丹皮、北沙參、西洋參、鮮石斛、梨汁、蔗漿、竹瀝、鮮茅根之類，皆爲合法。仲景河間主用竹葉石膏湯、天水散，以清虛熱，亦取甘寒之義也。設誤投參、蓍、苓朮補脾之藥爲補，甯不併邪熱而補之乎！此爲瘥後調理脾胃之要訣也。

《溫疫論類編・下後奪氣不語》　松峯曰：瘟疫失于汗下，原有不語一症，此惡候也。唯多服竹瀝可以奏效，此之不語當著眼下後奪氣四字，與失汗失下之不語迥不侔矣。

《羅氏會約醫鏡・瘟疫・論瘟疫解後調理》　夫疫，熱病也，下後暴解，余焰未盡，大忌參、芪、白術，恐餘邪壅滯。若下後陰虛，咽乾舌燥，津液枯涸，宜以養榮爲主。

《羅氏會約醫鏡・瘟疫・論瘟疫飲水》　煩渴思飲涼水，正宜與之；但須陸續與飲，不得太過。太過，自水停心下，宜四苓散。如不欲飲冷，易以百滾湯與之。

《傷寒指掌・瘥後諸病新法》　瘥後浮腫　傷寒瘥後，肢體浮腫者，脾虛有水故也。須實脾利水，宜冬術、茯苓皮、米仁、扁豆、山藥、木瓜、車前、澤瀉之屬治之。或以米仁、糯米煮粥食，佳。

邵評：有不因於水而亦浮腫者，此元氣大虛，肝木侮土，名爲氣腫。與水腫見象不同，須分別治之。

瘥後昏沉　傷寒瘥後十餘日，或半月，漸至昏沉者，皆緣發汗未盡，餘邪在於心包故也。或兼潮熱，或兼寒熱似瘧。宜連翹、梔子、豆豉、麥冬、菖蒲、淡竹葉、鉤丁、丹參之類，淸之解之。

邵評：邪在心包，症見昏沉，然有痰熱內伏者，亦見昏沉。宜分辨之。

汗後頭疼　傷寒發汗後，熱勢略減，頭痛仍在者邪未盡也，宜再汗之。若汗後反劇，而煩擾者，必挾火挾痰，或挾斑疹未透也，宜細審之。凡大汗後，熱不退，脈不靜者，作危症斷之。或誤發溫病溼溫之汗，亦反劇。

邵評：頭疼雖是表症，然有肝陽、痰火、獨熱上攻諸內因，且有虛實不同，當審因治之。

解後額熱　如熱退後，額熱未除，目神似覺呆鈍，此胃中餘滯未清。額屬陽明，故獨熱。宜清疏之，二陳加連翹、黃芩、山查、神麯之類，淸之和之。

邵評：胃中痰食邪熱逗遛，故額熱未除，陽明行身之前，額爲陽位，陽盛

則熱也。清和的是正法。

解後腹熱　如已身涼，獨腹熱未除，此脾火內甚也。養陰藥中，加生白芍，自除。

瘥後耳聾　傷寒身涼後，尚有耳鳴耳聾等症，乃餘邪留於少陽故也。宜養陰藥中加柴胡、菖蒲、鉤丁、池菊、通草、荷葉之類，以清解少陽之鬱。

邵評：耳聾一症，半屬少陽，然其因不一，有虛實之不同。腎開竅於耳，腎虛精脫，則耳聾也。痰火上升，阻閉清竅，其耳亦聾。又溫暑熱病之耳聾，由於陰虧邪盛，不關少陽，禁用柴胡升提。種種各因，虛實不同，當分別施治。

瘥後語蹇　傷寒熱退之後，其舌轉動不靈，語言蹇澀不清者，亦係邪留肝脾所致。宜加味逍遙散，去白術，加生地、鉤藤、菖蒲、蒺藜、天蟲之類。

邵評：心脾腎三經之脈，皆縈繞於舌。心腎虛則舌不靈動；痰阻脾絡，肝風內擾，則語言蹇澀不清。總是虛風痰火爲病，須分因治之。

瘥後不寐　傷寒熱退之後，夜不欲寐者，胃不和也。溫膽湯和之。驚悸不寧者，心氣虛也，加棗仁、遠志。

解後咳嗽　如熱退之後，尚有咳嗽未除，此餘熱在肺也。宜滋養肺胃之陰，其嗽自止。如南沙參、麥冬、骨皮、知母、象貝、川斛、花粉、茯苓、杏仁、桑皮、蔗汁、梨汁之類。或加生地、玉竹之類。

邵評：凡感外邪而有病者，症見咳嗽，其病爲輕，以其邪傳入肺。肺主皮毛，邪從外達也。內傷虛症，見咳則重，五臟傳乘，肺受火刑，水源涸竭，每多死症。故咳嗽一症，虛實病因，當細細分辨而治焉。

瘥後盜汗　傷寒瘥後，餘熱盜汗不止者，陰虛有火也。當歸六黃湯加減。　無熱惡寒，而盜汗不止者，陽虛也。黃耆建中湯加減。

邵評：陰虧火盛，內蒸燔灼，津液外泄也，育陰瀉火固表爲治。

自汗不止者，陽虛也，玉屏風加牡蠣、龍骨收之。

邵評：衛陽虛弱，不能固護腠理，表虛而自汗出也。實表固濇之法，此方極驗。

瘥後妄言　凡傷寒熱病，每有身涼熱退之後，其人如癡，言語謬妄者，此心神虛散不復所致。但當調養氣血，兼治其心，可也。神復，妄言自止。

邵評：病退而妄言人癡，自是心神虛散，但痰火餘邪，內伏包絡肝膽諸經，亦有此症。當辨別論治。

瘥後吐涎沫　此土虛不能攝水也，六君加益智仁攝之。若其稠飲，自下焦漾漾而起，溢出口中者，此腎氣不納，濁陰上泛也。宜都氣飲，加胡桃、補骨以納之。或少佐熟附以收之，或佐白術以制之。

邵評：涎沫者，寒飲也。其人胃有寒飲，病後脾虛，土不制水，水飲上逆而吐也。病屬脾胃，尚在中焦，治以溫胃和脾滌飲之法。若從下焦泛上而出者，是腎陽大虛，陰濁上干，是腎水上泛之症，急當溫納腎陽、鎮逆制水主治。

解後下血　傷寒解後，復有下血者，乃失汗之餘邪也。當清之。生地、丹皮、地榆、川斷、槐米、魁芍、薏苡仁、黑荆芥之類治之，自愈。

邵評：病解下血，由於初起失汗，邪不外達而內入，陽邪熱盛，熱傷陰絡，而血下溢也。治以清營涼血和絡之法。

瘥後頤毒　頤毒因汗下清解未盡，其邪結於少陽陽明二經，發於兩頤者，陽明部位也。發於耳之左右者，少陽部位也，宜連翹敗毒散消散之，如二活、荆、防、連翹、赤芍、牛蒡、桔梗、土貝、蒺藜、薄荷、銀花、甘草之類。少陽加柴胡。此症初起，速宜消散，緩則成膿。如元氣虛者，須兼歸耆補托。潰膿後，當大補氣血爲主。然發於陽明者易治，發於少陽者難治。

邵評：陽明多氣多血，且爲中土，萬物所歸，無所傳變，故易治。少陽屬膽，膽爲清淨之府，受邪則難治。

瘥後酒復　傷寒身涼後，因飲酒復熱，以酒性熱有火，能助餘邪故也。必兼煩悶乾嘔，口燥不納等症。急用川連、葛花、連翹、生梔、枳實、烏梅、銀花等解之。

邵評：餘邪未盡，得酒以助其淫火，胃熱氣升而復病也，宜清熱和胃治之。

瘥後食復　傷寒熱退之後，胃氣尚虛，餘邪未盡，若納穀太驟，則運化不及，餘邪假食滯而復作也。仍發熱頭痛，煩悶不納，宜枳實梔子豉湯，加生查肉、麥芽、連翹、萊菔子等涼疏之。無火，舌潤，不渴者，調中湯亦可。

瘥後勞復　傷寒瘥後，元氣未復，餘邪未清，稍加勞動，其熱復作，即多語、梳頭、洗面、更衣之類，皆能致復。既經復熱，必有餘火邪結於中，所以仲景主以枳實梔子豉湯。蓋豆豉撤表邪，梔子清裏熱，枳實開胸中餘邪之結。

凡治勞復，當以此方爲主。如兼嘔惡痞滿，加半夏、竹茹。如見舌黃口渴，加黃芩、連翹。如兼飽悶挾食，加查肉、麥芽。如兼頭疼惡寒，加蘇荷、葱白。如兼寒熱，寒多加桂枝、紫蘇。熱多加柴、芩。一二劑後，必復汗而解。此屢試屢驗者，不可妄投補中，以致閉邪增病。

邵評：病後元虛，餘邪餘火，留結於中。又加勞動，復受外邪而病，故名勞復。此虛而有邪，用表裏並治之法，此與但虛無邪之勞復自是二種。

氣虛勞復　亦有瘥後，餘火餘邪已盡，止因正氣大虛，因勞復熱微兼惡寒，四肢倦怠，無氣以動，脈虛右大，舌潤無胎，胸膈寬暢者，此眞氣虛勞復也。宜補中益氣湯，甘溫補之。升柴須蜜炙。汗多惡寒，歸耆建中妙。

邵評：病退邪去，勞而復作，見症俱是虛象，與上條挾邪勞復之症不同。

陰虛勞復　熱病傷陰，腎氣已虧，稍加勞動，微挾風寒，其病復作，症仍頭痛，發熱，惡風，舌燥口渴，六脈浮數者，此陰虛勞復也。凡復症，必挾風寒外邪。仍宜梔子豉湯，加葱白、薄荷、鮮生地、淡竹葉、麥冬、骨皮之類，微汗之。如兼太陽加羌活，陽明加葛根，少陽加柴胡。

瘥後色復　傷寒瘥後，氣血未充，早犯房事，則內損眞氣，外觸邪氣而復作也。其症頭重不舉，目中生花，腰脇痛，小腹裏急絞痛，憎寒發熱，或陰火上衝，頭面烘熱，胸中煩悶是也。若卵縮入腹，脈離經者死。舌伸出數寸者，亦死。宜六味飲，加麥冬、豆豉、梔子，煎湯調下燒裩散。若小腹急痛，脈沉足冷，須用當歸四逆加吳茱萸湯，煎成，調下燒裩散。

邵評：病後氣陰兩虛，早犯房事，眞元大傷，而復着外邪，邪入下焦陰分，銷爍陰精，爲病極重。臨症極宜細辨。

《增補評註溫病條辨·中焦篇·風溫溫熱溫疫溫毒冬溫》　陽明溫病，下後熱退，不可即食，食者必復；周十二時後，緩緩與食，先取清者，勿令飽，飽則必復，復必重也。

此下後暴食之禁也，下後雖然熱退，餘焰尚存，蓋無形質之邪，每借有形質者以爲依附，必須堅壁清野，勿令即食。一日後，稍可食清而又清之物，若稍重濁，猶必復也。勿者，禁止之詞；必者，斷然之詞也。

陽明溫病，下後脈靜，身不熱，舌上津回，十數日不大便，可與益胃、增液輩，斷不可再與承氣也。下後舌苔未盡退，口微渴，面微赤，脈微數，身微熱，日淺者，亦與增液輩，日深舌微乾者，屬下焦復脈法也。勿得輕與承氣，輕與者肺燥而咳，脾滑而泄，熱反不除，渴反甚也，百日死。

此數下亡陰之大戒也。下後不大便十數日，甚至二十日，乃腸胃津液受傷之故，不可強責其便，但與復陰，自能便也。此條脈靜身涼，人猶易解，至脈雖不躁而未靜，身雖不壯熱而未涼，俗醫必謂邪氣不盡，必當再下，在又可法中，亦必再下。不知大毒治病，十衰其六，但與存陰退熱，斷不誤事。下後邪氣復聚，大熱大渴，面正赤，脈躁甚，不在此例。若輕與苦燥，頻傷胃陰，肺之母氣受傷，陽明化燥，肺無秉氣，反爲燥逼，焉得不咳。燥咳久者，必身熱而渴也。若脾氣爲快利所傷，必致滑泄，滑泄則陰傷，而熱渴愈加矣，遷延三月，天道小變之期，其勢不能再延，故曰百日死也。

霖按：溫熱存陰，最爲緊要，誤下則成虛損，然亦不定期以三月也。

《增補評註溫病條辨·下焦篇·風溫溫熱溫疫溫毒冬溫》　勞倦內傷，復感溫熱，六七日以外不解者，宜復脈法。

此兩感治法也。甘能益氣，凡甘皆補，故宜復脈。服二三帖後，身不熱而倦甚，仍加人參。溫病愈後，嗽然痰而不咳，徹夜不寐者，半夏湯主之。

此中焦陽氣素虛之人，偶感溫病，醫以辛涼甘寒，或苦寒清溫熱，不知十衰七八之戒，用藥過劑，以致中焦反停寒飲，令胃不和，故不寐也。《素問》云：胃不和，則臥不安，飲以半夏湯，覆杯則寐。蓋陽氣下交於陰則寐，胃居中焦，爲陽氣下交之道路，中寒飲聚，致令陽氣欲下交而無路可循，故不寐也。半夏逐痰飲而和胃，秫米秉燥金之氣而成，故能補陽明燥氣之不及，而滲其飲，飲退則胃和，寐可立至，故曰覆杯則寐也。

霖按：此方雖治寒涼過劑，然溫燥之藥太重，爐焰復燃之禍不可不防。

汪按：不寐之因甚多，有陰虛不受陽納者，有陽亢不入陰者，有膽熱者，有肝用不足者，有心氣虛者，有心液虛者，有蹻脈不和者，有痰飲擾心者。溫熱病中，往往有兼不寐者，各察其因而治之，斯不誤矣。

飲退得寐，舌滑，食不進者，半夏桂枝湯主之。

此以胃腑雖和，營衛不和，陽未卒復，故以前半夏湯合桂枝湯，調其營衛，和其中陽，自能食也。

霖按：藥本治病，病去，陰氣未復，如調理未善，莫若靜養，以飲食消息調之。此正又可知難之語，非謂病後一概不須調理也。鞠通譏其不知要領，設知其要領者，當調理不善乎。溫病愈後，咳嗽不寐，不食自汗者，必用半

夏桂枝湯，及桂枝湯，引其爐焰復熾，始謂知其要領乎。祇知摭拾《臨證指南》，變其方名，攘爲己出，而於葉氏之書，並未全讀。其《溫熱篇》云：如面色白者，須要顧其陽氣，濕勝則陽微也。法宜清涼，然到十分之六七，即不可過於寒，恐成功反棄。蓋濕熱一去，陽亦衰微也。面色蒼者，須要顧其津液，清涼到十分之六七，往往熱減身涼，不可就云虛寒而投補劑，恐鑪中雖息，灰烟有火，須細察精詳。方少少與之，慎不可直率而往也。觀此是於未愈之前，便步步留心顧慮，何等精細。豈既曰溫病，其非寒非濕可知，病邪甫解，理投溫裏之桂枝，藥復之禍，豈可免乎？轉不若又可不藥之爲善也。鞠通非獨於溫熱、溫疫、濕溫，淆混不清，而於寒溫亦莫辨，惟知界劃三焦，欲以一方概治，誤人非淺，汪註精當，宜參閱。

溫病解後，脈遲，身涼如水，冷汗自出者，桂枝湯主之。

此亦陽氣素虛之體質，熱邪甫退，即露陽虛，故以桂枝湯復其陽也。但此處用桂枝分量與芍藥等，不必多於芍藥也，亦不必啜粥再令汗出，即仲景以桂枝湯小和之法是也。

溫病愈後，面色萎黃，舌淡，不欲飲水，脈遲而弦，不食者，小建中湯主之。

此亦陽虛之質也，故以小建中，小小建其中焦之陽氣，中陽復則能食，能食則諸陽皆可復也。

汪按：溫熱病，慮涸其陰，濕溫病，慮虛其陽。病後調理，溫熱當以滋陰爲法，甘涼或佐甘酸。濕溫當以扶陽爲法，甘溫或佐辛甘。不可錯誤。熱病解後，脈靜身涼，然而炎威雖退，餘焰猶存，略予甘溫，燎原復熾，飲食尚能助邪，況參、术、薑、桂，及二陳之類乎。但體質不同，或平素陽虛，或寒涼過當，邪去正衰，不扶其陽，則氣立孤危，故列益陽數法於右，以備採用，所謂有者求之，無者求之，學者固不可不知有此法。然非見之眞確，斷不可冒昧輕投也。寒濕、濕溫，病後化燥，有當用涼潤者，可以隅反。

溫病愈後，或一月至一年，面微赤，脈數，暮熱，常思飲，不欲食者，五汁飲主之，牛乳飲亦主之。病後肌膚枯燥，小便溺管痛，或微燥咳，或不思食，皆胃陰虛也，與益胃五汁輩。

前復脈等湯，復下焦之陰。此由中焦胃用之陰不降，胃體之陽獨亢，故以甘潤法救胃用，配胃體，則自然欲食，斷不可與俗套開胃健食之辛燥藥，致令燥咳成癆也。

按吳又可云：病後與其調理不善，莫若靜以待動。是不知要領之言也。夫病後調理，較易於治病，豈有能治病，反不能調理之理乎！但病後調理，不輕於治病，若其治病之初，未曾犯逆，處處得法，輕者三五日而解，重者七八日而解，解後無餘邪，病者未受大傷，原可不必以藥調理，但以飲食調理足矣，經所謂食養盡之是也。若病之始受既重，醫者又有誤表、誤攻、誤燥、誤涼之弊，遺殃於病者之氣血，將見外感變而爲內傷矣。全賴醫者善補其過，謂未犯他醫之過；或其人陽素虛，陰素虧；或前因邪氣太盛，攻劑不得不重；或本虛邪不能張，須隨清隨補之類。而補人之過。謂已犯前醫之治逆退殺氣，謂餘邪或藥傷迎生氣，或養胃陰，或護胃陽，或補腎陰，或兼固腎陽，以迎其先後天之生氣活人於萬全，豈得聽之而已哉！萬一變生不測，推委於病者之家，能不愧於心乎！至調理大要，溫病後一以養陰爲主。飲食之堅硬濃厚者，不可驟進。間有陽氣素虛之體質，熱病一退，即露舊虧，又不可固執養陰之說，而滅其陽火。故本論中焦篇，列益胃、增液、清燥等湯，下焦篇，列復脈、三甲、五汁等復陰之法，乃熱病調理之常理也；下焦篇，又列建中、半夏、桂枝數法，以爲陽氣素虛，或誤作涼藥之用，乃其變也。經所謂有者求之，無者求之，微者責之，盛者責之，全賴司其任者，心誠求之也。

《增補評註溫病條辨·解兒難·瘟證總論》《素問》曰：治病必求其本。蓋不知其本，舉手便誤，後雖有錦綉心思，皆鞭長莫及矣。治瘟明家，古來不下數十，可稱盡善，不比溫病毫無把握，尚俟愚陋之鄙論也。但古人治法良多，而議病究未透徹來路，皆由不明六氣爲病，與溫病之源。故論瘟發之源者，祇及其半，謂瘟證爲先天胎毒，由肝腎而脾胃而心肺是矣。總未議及發於子午卯酉之年，而他年罕發者何故？蓋子午者，君火司天；卯酉者，君火在泉；人身之司君火者，少陰也。少陰有兩臟，心與腎也。先天之毒，藏於腎臟，腎者，坎也，有二陰以戀一陽，又以太陽寒水爲臟，故不發也，必待君火之年，與人身君火之氣相搏，激而後發也。故北口外寒水凝結之所，永不發瘟。蓋人生之胎毒如火藥，歲氣之君火如火線，非此引之不發。以是知瘟證與溫病之發同一類也。試觀《六元正紀》所載溫厲大行，民病溫厲之處，皆君相兩火加臨之候，未有寒水溼土加臨而病溫者，亦可知愚之非臆說矣。

霖按：痘名虜瘡，相搏爲馬伏波征南所染，流入中原。蓋南屬離位，乃君火之鄉，故得氣最先也。鞠通能明此理，知北口外之蒙古等處，爲寒水之地，而鮮痘患，又闡明天地陰陽之邪，隨人身陰陽氣化感召，痘之盛於子午卯酉之年者，爲君火司天在泉故也，及錢、陳兩家之主治，寒涼溫熱各有所宜，不可偏廢，皆屬至理名言，可法可師之作。惟既侈談運氣，其錢、陳兩家，一主寒涼，一主溫熱之所以然，是又不可不知也。請試明之，《內經》以七百二十氣，凡三十歲爲一紀，千四百四十氣，凡六十歲爲一周，擴而大之，以三百六十年爲一大運，六十年爲一大氣，五氣六氣，迭乘滿三千六百年爲一大周天，由黃帝八年起第一甲子下元前三十年一紀，爲厥陰風木，後三十年一紀，爲少陽相火，黃帝六十八年第二甲子上元前一紀，爲少陰君火，後一紀陽明燥金，少昊十八年第三甲子中元前一紀，太陰溼土，後一紀太陽寒水，少昊七十八年第四甲子下元前一紀，少陽相火，後一紀厥陰風木，由此迭相推算，至宋高宗紹興十四年爲第六十五甲子上元，值燥金君火用事。錢仲陽生於北宋末年，值君火燥金之時，故治痘多用寒涼也。宋寧宗嘉泰四年乃第六十六甲子，寒溼用事，陳文中生當南宋，正值其時，故多用溫補也。至丹溪專以解毒和中立法，其時又爲六十八甲子火燥用事矣。前明汪石山作痘證理辨，自序於嘉靖九年庚寅，其治主於淸涼，是爲宏治十七年第七十一甲子，火運中有宜然者，洎乎嘉靖末年，下逮隆萬，苦寒之弊，層見迭出，故萬密齊、聶久吾首重保元，莫不以溫補爲事，此在嘉靖四十三年，第七十二甲子寒溼運中也，而崇禎甲戌，費建中救偏瑣言出，專主寒涼下奪，其時乃天啓四年，第七十三甲子，風火行權，是濕寒治法，不可施諸風燥二火運中耳。然遇虛寒之體，又未可拘牽也。至若痘禁表藥，尤不可泥執，夫先哲以痘禁汗下者，以汗能虛表，下能泄元，表裏虛即難灌漿。蓋邪毒須借正氣送之，始能外達也，設壯熱身痛，面赤唇裂，眼黃鼻塞，毛焦膚燥，痘色乾紫，或黑陷，似標不標，手足極熱，脈浮而實之表實，多見熱毒不洩，內搏而死。亦禁其不汗可乎？若壯熱氣粗，喘滿腹脹，躁渴譫語發狂，二便秘濇，四五日眼張若怒，口氣大熱，痘根顆，血色綠暗，或顆粒焦黑，脈沉實而數之裏實。亦禁其不下可乎？蓋禁者，禁其妄汗妄下者耳，不善者泥焉，若無表實裏實之眞據，汗固不可誤，而下又豈可誤哉！

《溫證指歸・三復》 何謂三復，勞復、食復、自復也。勞復因病後血氣未復，勞傷精神，以致夜熱作煩，脈象虛數，此證在藜藿之輩，常任動勞，多無此證，惟膏粱之人，素處溫飽，溺于酒色，不必大作動勞，即偶然應酬，動作起居，及梳洗沐浴之類，皆能致復。輕者靜養自愈，重者必大補氣血，八珍、養榮、四君、六味，參酌陰陽虛實選用。食復者，舌胎黃厚，右關脈滑，輕者損穀自愈，重者保和丸加消導，如查、麥、枳實、靑皮之類。若無故自復，乃餘邪不盡，如舌上仍有黃黑胎，當酌用增損小柴胡加軍，但溫病之後，陰分易虛，又當愼用，加育陰之品爲要，邪盡自已，急當培元，甚有復至再三者，惟斟酌病之虛實施治，方爲補瀉合宜，不致偏弊誤人，仁心仁術，亦復何愧。

《溫證指歸・發腫》 時邪後，面目肢體浮腫。氣虛者脈耎無力，補中益氣湯；脾虛有水氣者，小便不利，四苓、理中；食滯者，心下痛，保和丸。

《溫證指歸・發瘡發痿》 時邪後發瘡，乃熱邪外達皮毛，極佳之象，淸熱化邪自愈。發痿乃營血傷也，吳氏養榮湯。

《溫證指歸・發蒸》 蒸乃餘邪留於陰分，當看有無邪否。如餘邪不盡，仍當攻邪，佐養陰之品，神解、復甦酌用。如純無邪者，方可養陰，六味地黃爲主。

《溫證指歸・索澤》 溫邪索澤之證，多因失治，或誤投香燥，溫散之劑，眞陰受傷，致邪難化，多在病後。其證身體枯瘦，皮膚甲錯，消索而不潤澤也，皆緣陰液爲熱所耗，肌膚失其濡，筋骨失其榮，或證現潮熱咳嗽，吐沫吐膿，或脾憊不食，漸漸羸瘦，骨立而死。若早進六味地黃丸及吳氏諸養榮法，兼潮熱者，銀甲散；血虛者，全鼈膏；肺損者，百合固金湯，或可挽回。至於善後，惟有薄滋味，不助熱邪，愼起居，勿傷血氣，不可徒恃藥餌，以滋蔓延。

《傷寒微旨論・勞復證篇》 傷寒病大汗後餘熱未盡，或飲酒或食肉或喫熱食太過，與熱毒相逢，便成勞復之患。《熱論篇》曰：熱病已愈，時有所遺者何也？岐伯曰，諸遺者，熱甚而強食，故有所遺。若此者皆病已衰而熱有所藏，因其穀氣相薄，兩熱相合，故有所遺也。帝曰：治遺奈何？岐伯曰：視其虛實，調其逆從，可使必已矣。又岐伯曰：病熱少愈，食肉則復多，食則遺此，其禁也。注云：是所謂戒食勞也。熱雖少愈猶未盡除，脾胃氣虛，未能消化，內堅食駐故熱復生，復謂復舊病也。仲景《傷寒論》：大病

差後勞復者，枳實梔子湯。又傷寒差已後更發熱，小柴胡湯主之。脈浮以汗解之，脈沈實以下解之，又大病差後喜唾，久而不了了，胸上有寒，當丸藥溫之，宜理中丸。

病人大病差後勞復者，多是因熱所致，即再成傳汗之疾。其間有胃中寒者，只可與溫中藥，即更不傳汗也。溫中藥者，可用溫中篇內七物理中丸或溫中湯可也。

病人大病後勞復者，繞三二日以後，脈沈實，若寸脈差大於關尺脈，或寸關尺脈三部力停，皆可下之。况勞復病只有失下，並無下之太早，亦無下之太過何者，蓋胃中有瘀熱在也。更與熱飲食相合，若下之晚，及下藥力少，時雖得汗，汗罷必成勞復，至於三四發也。

病人二三日以後服下藥畢，至第八九日未汗，繞見有證，即便宜下之，不可候時也。凡治勞復患，投下藥不得與傷寒初受病人一法治之也。

病人若因飲食所勞傷復至，第二三日兩手脈沈實有力，或寸脈力大於關尺脈，或胸已上濈然汗出者，當急下之，宜大承氣湯。如一服下利未快，即再作調胃承氣湯服之，並用仲景方。

《血證論・食復》 失血家，胃氣清和，津液自生，火自降，痰自順，而病亦自愈矣。若傷飲食，則中宮壅滯，氣與火不得順利，上冲於肺則爲咳嗽，外蒸肌肉則發熱，內鬱於心則爲煩。由是血不得寧，因之復發，名爲食復，宜甲己化土湯加枳殼、厚朴、炒梔子、麥芽爲主。咳者加紫苑、麥冬、五味子、杏仁，發熱者加石膏、知母，心煩者加黃連、當歸，腹痛者加酒大黃，已動血者加桃仁、蘇木。或用逍遙散照上加減法，亦調和胃氣善方，小柴胡湯亦可。仲景治食復，言有宿食者，皆主芍藥、大黃，義取二物力能推蕩。蓋宿食不去，不獨阻新食之進，且傷氣壅邪，轉生諸疾，故主大黃以速去之，以免傷其正氣，勝楂麯之功千萬。醫者須知此理，臨證庶有膽識。

夫失血之人，所以易於停食者，多是胃中有熱，貪多飲食，既食之後，脾津枯少，不能糜爛消化，是以易於停食，宜四君子湯加黃精、山藥、玉竹、天花粉、麥芽、白芍、生地黃、枸杞子、當歸、麥冬、山楂、萊菔汁煎服。此等治法，但讀東垣《脾胃論》者，斷不能知。

《血證論・勞復》 靜則氣平而生陰，動則氣躁而生陽，煩熱喘咳，隨之而作。失血病因勞動而復發者十之五六，亟宜調息瞑目，以收斂浮動之氣，使陰生陽秘，而血乃不復動矣，人參固本湯加蒲黃、蘇木治之。煩熱甚者，宜用地骨皮散加炒梔子、蒲黃。喘咳甚者，宜人參清肺湯治之，或三才湯加五味子、雲茯苓、沉香、甘草，清燥救肺湯亦治之。血復止後，多飲獨參湯，熟睡以息之。

怒復者，怒氣傷肝，相火暴發，而血因奮興，當歸蘆薈丸以瀉之，龍膽瀉肝湯以清之，丹梔逍遙散以和之，小柴胡湯加牡蠣、青皮以抑之。血潮不止者，瀉心湯加當歸、白芍、沉香、香附子、降眞香以止之，十灰散用香附子、檳榔、童便醋調服以止之。去血過多，則陰愈傷，陽愈亢，怒氣愈不能平，宜當歸、人參、沉香、香附子、生地黃、五味子以大補之，少與之食，以消息之。

總之，失血之人，戒勞更能戒怒。《醫學考辨》有戒怒詩云：病家誤，戒忿怒，忿怒無非些小故，血隨氣上不循經，猶如輕車就熟路。吾臨血證多矣，每有十劑之功敗於一怒。病家自誤，醫士徒勞，堪發一嘆。

《血證論・房勞復》 血之運行，聽命於氣。氣乃先天腎水之中一點生陽，靜而復動，化生精血。若以房勞傷其精血，則水虛而火發，氣動而血升，烏有病之不發乎？宜都氣丸加麥冬、龜鹿膠治之。火盛者大補陰丸加鹿膠、桑螵蛸治之，或加味虎潛丸脾腎兼治，或三才湯加桑螵蛸、秋石、海粉、黃柏、紫梢花治之。失血之人，以養息爲第一，若不忌房勞，是自促命期，於醫何咎。

《葉案存真類編・溫熱》 時熱食復，胸痞，惡心欲嘔，進半夏瀉心法。

炒半夏　川連太苦　枳實　杏仁　薑汁　厚朴太燥烈

草蔻食復最宜顧胃氣，且既有食矣，自當加健脾消食，何用瀉心只降氣分。古用承氣湯，即嫌太峻，亦宜略仿其例。

又方：

人參　山查　枳實　乾薑　薑汁炒半夏

《瘟疫霍亂答問》 問：熱病禁食，痧疫尤甚，不知如何，始可令食？答：禁食者，恐餘熱未盡，得食則熱着而復發也。如邪已盡，舌苔必淨，口必不渴，小便必清長，大便必不燥不溏。若熱病大便乾燥，則爲邪尚未淨，切當忌之。即欲進食，總宜先以綠荳飲試之，繼以番茄絲乾煎湯，後方可以泡飯取湯，略和胃氣；唯舌絳身和，汗出多者，屬眞陰漸虧，宜用薄粥。

問：疫病既能傳染，泰西防痰章程，中倣行歟？答：否。泰西平時

飲居，均已盡合衛生之道，便能慎之於發病之地，受病之人，故設法當愈嚴愈善。中國事事不合醫軌，若臨時猝然防疫，實非獨無益，且於平人大有妨礙。

問：華人防疫有簡便易行之事否？答：溝衢宜打掃清潔，衣服宜漿洗乾淨，水泉宜早汲，用沙瀝過，魚蔬忌久頓，用冰更佳，房屋大者宜多開窗牖，小者須急放氣孔；而尤要者，則廁桶積穢之處，日施細炭屑其上，以解穢惡。

問：此皆外治之法，不悉內功，有簡便之法？答：內功非一言可盡，大要在提元神，而提神猝未可學，一切耗神之事，總宜戒斷。其目約有數條：戒多飲猛酒，戒多吸乾煙，戒遠視，戒久立，戒遠行，戒多言，戒多用心思。致令徹夜不寐，而尤要者，則在房室，如房勞後七日內患病者，十中難救其一，驗之屢矣。

問：探病人有何防避之法？答：飽食後再飲保命平安酒一杯，提起元神，自覺此去，有一將當關，百邪退避之概。不知此義，當思如戲場上關聖帝，手提單刀，過五關斬六將，何等神勇，心目中躍躍然。亦有欲學作關公之想，則神完氣足，病氣自不能侵；坐定時，又須謹避風口，視今日是何風，如屬東南風，則宜向西北方側坐，切不可使病人之氣，順氣吹入吾口，又須閉口不言。

問：何法實能提起元神？答：《素問・遺篇》有想五氣法，然亦須平時習熟，臨時不外豎起脊梁，張開眼孔，閉氣凝神而已。玄矣哉。《遺篇》之言曰：正氣存內，邪不可干。

《伏瘟證治實驗談・食復救治法》 此症自初起至終愈，祇宜食稀粥，大忌食飯，即復原後亦宜逐漸增加，犯者病必即時回復，治法宜於應用方內加雄鼠糞，以利腸胃即愈。雄鼠消化力最優，食物下咽，不移時即變糞而下出，故用治食復，其效甚佳。《本草》云：豭鼠糞甘微寒，治傷寒勞復發熱，按當是食復之誤。犯酒食油膩燒炙之物者，加細茶葉可以解之。

《伏瘟證治實驗談・勞復救治法》 此症初愈，宜戒勞作。犯者其病即時回復，治法宜於應用方內加竹瀝一匙，以清經絡中之污熱即愈。《本草》云：竹瀝氣味甘大寒，療風痹、止煩悶、消渴、勞復是也。

溫病總部

方劑部

一畫

一甲煎《溫病條辨・下焦篇・風溫溫熱溫疫溫毒冬溫》

生牡蠣二兩，碾細

水八杯，煮取三杯，分溫三服。（暑溫）

一加減正氣散《溫病條辨・中焦篇・濕溫》

藿香梗二錢　厚朴二錢　杏仁二錢　茯苓皮二錢　廣皮一錢　神麯一錢五分　麥芽一錢五分　綿茵陳二錢　大腹皮一錢

水五杯，煮二杯，再服。（濕溫）

一品丸《普濟方・諸風門・風熱》

用大香附子去毛皮，用水煮一時久，細切，焙乾爲末，煉蜜丸如彈子大。每服一丸，水一盞，煎至八分，通口服。婦人用醋湯煎服。（風溫、冬溫）

二畫

二加減正氣散《溫病條辨・中焦篇・濕溫》

藿香梗三錢　廣皮二錢　厚朴二錢　茯苓皮三錢　木防己三錢　大豆黃卷二錢　川通草一錢五分　薏苡仁三錢

水八杯，煮三杯，三次服。（濕溫）

二味拔毒散《疫痧草・附刊各種經驗良方・爛喉痧》

生白礬　透明雄精

右二味等分，共研極細末，用溫水調塗，不時勤上患處。（溫毒）

二香散《普濟方・寒暑濕門・中暑附論》

香薷散　香蘇散

右等分，水煎。（暑溫）

二氣丹《普濟方・寒暑濕門・中暑附論》

硝石　硫黃等分

右爲末，於銀石器內文武火上炒令鵝黃色，再研細，用糯米糊爲丸如梧桐子大。每服四十丸，新汲水送下，不拘時候。一方水丸如指大，每一丸細嚼，臘茶下。（暑溫）

二陳湯《醫方考・濕門》

半夏薑製　陳皮　茯苓各一錢半　甘草七分半，炙　（濕溫）

二陳湯《普濟方・寒暑濕門・中暑附論》

半夏製　橘紅各五兩　茯苓三兩　甘草炙，二兩

右㕮咀，每服三錢，薑七片，小烏梅一枚，煎服。（暑溫）

二黃丸《普濟方・寒暑濕門・中暑附論》

黃連去鬚　黃柏去麤皮。各二兩　肉豆蔻二個　乾薑一分，炮

右爲細末，水麵糊爲丸，如梧子大，再曝乾。每服三十丸，溫熱水下。（暑溫）

二黃湯《醫方考・大頭瘟》

黃芩酒炒　黃連酒炒　生甘草各一兩　（溫毒）

十全苦寒救補湯《重訂廣溫熱論・溫熱驗方》

生石膏八錢　青子芩六錢　生錦紋三錢　川連三錢　白犀角二錢　眞川朴一錢　小枳實錢半　芒硝三錢　生川柏四錢　白知母六錢

右藥不拘時刻及劑散，頻頻急投，以挽回之。（溫疫）

十全飲子《普濟方・寒暑濕門・中暑附論》

人參　白茯苓　乾山藥　白扁豆　紫蘇葉　香薷葉　甘草　厚朴　半夏　白朮各等分

右爲麤末，每服二錢，水一盞。薑三片，煎七分去滓，以新汲水沉冷服妙。若覺煩躁方可沉冷服，如脾胃弱，祇溫如常服。（暑溫）

十味香薷飲《普濟方・寒暑濕門・中暑附論》

香薷葉一兩　人參去蘆　白术　陳皮溫湯浸去白　白茯苓　黄芪去蘆　厚朴去麤皮銼碎，生薑自然汁拌和，炒至黑色　乾木瓜　白扁豆炒去殼　甘草炙。以上各半兩

右爲麤末，每服三錢，水一盞，棗一枚，煎七分去滓，不拘時服。一方爲細末，熱湯或冷水調下亦可。（暑溫）

十神湯《和劑局方・治傷寒》

陳橘皮去白　麻黄去根節　川芎　甘草炙　香附子去毛　紫蘇去麤梗　白芷　升麻　赤芍藥各四兩　乾葛十四兩

右爲細末，每服三大錢，水一盞半，生薑五片，煎七分，去滓熱服不拘時。（溫疫）

十寶丹《疫痧草・附刊各種經驗良方・爛喉痧》

西牛黄三分　象貝母三分去心　煅人中白五分　大珍珠入豆腐内煮去油另研，六分　馬勃三分　大梅片半分，潰爛者不宜多用　血琥珀五分，另研　硼砂四分　人指甲四分，陰陽瓦炙焦，如一時難覓，即用煅龍骨四分亦可　青魚膽五分，大者佳，陰乾收用。如無青魚膽，即用乾青果核三枚煅炭代用

右藥共研極細末。（溫毒）

七物赤散《聖濟總録・傷寒疫癘》

丹砂别研　烏頭炮裂去皮、臍，各二兩　細辛去苗葉　羊躑躅　乾薑炮裂　白术切炒，各一兩　栝樓一兩半

右七味，搗羅爲散，每服半錢匕，溫酒調服，汗出解，不解增至一錢匕。（暑溫）

七鮮育陰湯《通俗傷寒論・傷寒兼論・暑濕傷寒》

鮮生地五錢　鮮石斛四錢　鮮茅根五錢　鮮稻穗二支　鮮雅梨汁　鮮蔗汁各兩瓢衝　鮮枇杷葉去毛，炒香三錢　（暑溫）

八味地黄湯《辨證録・暑症門》

熟地一兩　山茱萸五錢　山藥五錢　丹皮　茯苓　澤瀉各三錢　肉桂一錢　附子一分

水煎冷飲之。（暑溫）

八味散《普濟方・諸風門・風熱》

黄連　黄芩　乾薑　升麻　知母　乾地黄各一斤　梔子仁　大青各半斤

右藥搗篩爲散，每食後，飲服一方寸匕，日再服，稍加至二匕。若能食飲，適寒溫，男女節勞逸，候體氣，乃至終身無熱病急黄暴風之慮。忌豬肉、冷水、蕪荑。（風溫、冬溫）

人中黄丸《治疫全書・風溫濕溫等症方》

大黄　黄連　黄芩　人參　桔梗　蒼术　防風　滑石　香附　人中黄各等分

爲末，神麴打糊爲丸，梧桐下大，每六七十丸煨薑燈心湯下。（溫疫）

人中黄散《治疫全書・附大頭瘟等症》

辰砂一錢五分　雄黄一錢五分　人中黄一兩

共爲末，薄荷、桔梗煎湯，每服二錢。

人參丸《普濟方・諸風門・風熱》

人參去蘆頭　鐵粉　甘草炙微赤，銼　茯神　麥門冬各一兩半，去心焙　石膏二兩　黄連去鬚　葳蕤　黄芩各一兩

右爲末，煉蜜和搗，丸如梧桐子大。不拘時，以溫水下二十丸。忌豬肉、熱麵、炙爆。（風溫、冬溫）

人參白虎加元麥湯《四聖懸樞・疫病解》

石膏三錢　知母三錢　甘草二錢　粳米一杯　人參三錢　元參三錢　麥冬五錢

流水煎至米熟，取大半杯，熱服。（溫疫）

人參白虎湯《醫方考・暑門》

人參　石膏　知母　甘草　（濕溫）

人參白虎湯《明醫雜著・暑病》

人參一錢五分　知母二錢　石膏五錢　甘草二錢　（暑溫）

人參瓜蒂散《辨證録・暑症門》

人參一兩　瓜蒂七個

水煎一大碗，飲之即吐而愈矣。（暑溫）

人參青蒿湯《辨證録・暑症門》

人參二兩　生地　麥冬各一兩　青蒿五錢　北五味子一錢

水煎服，汗止即生，否則無救。（暑溫）

人參益氣湯《普濟方·寒暑濕門·中暑附論》

黄芪八錢　生甘草半兩　炙甘草二錢　人參半兩　升麻二三錢　白芍藥三錢　五味子百四十個　柴胡八、二錢半

右㕮咀，分作四服，每服水二盞，煎至一盞去滓，稍熱服，食遠，神效。（暑溫）

人參麥冬湯《辨證錄·暑症門》

人參二兩　麥冬三兩

水煎服。（暑溫）

人參散《普濟方·寒暑濕門·中暑附論》

石膏　甘草以上各一兩　滑石四兩　寒水石二兩　人參半兩

右爲末。每服二錢，溫水調下，食後。（暑溫）

人參圓《聖惠方·治風熱諸方》

人參一兩半，去蘆頭　鐵粉一兩半　甘草一兩半，炙微赤，剉　黄連一兩，去鬚　石膏二兩　茯神一兩半　葳蕤一兩　黄芩一兩　麥門冬一兩半，去心焙

右件藥，擣羅爲末，鍊蜜和擣三二百杵，圓如梧桐子大。不計時候，以溫水下二十圓。忌豬肉、熱麪、炙煿。（風溫、冬溫）

人參養榮湯《溫疫論·補瀉兼施》

人參　麥冬　遼五味　地黄　歸身　白芍藥　知母　陳皮　甘草

照常煎服。（溫疫）

人參瀉心湯《溫病條辨·中焦篇·濕溫》

人參二錢　乾薑二錢　黄連一錢五分　黄芩一錢五分　枳實一錢　生白芍二錢

水五杯，煮取二杯，分二次服，渣再煮一杯服。（濕溫）

九味羌活湯《醫方考·瘟疫門》

羌活　防風　蒼术　細辛　川芎　白芷　黄芩　甘草　生地黄（溫疫）

九味羌活湯《治疫全書·風溫濕溫等症方》

羌活　白芷　防風　甘草　黄芩　生地　蒼术　川芎　細辛

薑葱爲引。（風溫、冬溫）

三　畫

三才湯《溫病條辨·下焦篇·暑溫》

人參三錢　天冬二錢　乾地黄五錢

水五杯，濃煎兩杯，分二次溫服。（暑溫）

三仁湯《溫病條辨·上焦篇·濕溫》

杏仁五錢　飛滑石六錢　白通草二錢　白蔻仁二錢　竹葉二錢　厚朴二錢　生薏仁六錢　半夏五錢

甘瀾水八碗，煮取三碗，每服一碗，日三服。（濕溫）

三石湯《溫病條辨·中焦篇·暑溫伏暑》

飛滑石三錢　生石膏五錢　寒水石三錢　杏仁三錢　竹茹二錢，炒　銀花三錢，花露更妙　金汁一酒杯，衝　白通草二錢

水五杯，煮成二杯，分二次溫服。（暑溫）

三甲散《溫疫論·主客交》

鱉甲　龜甲並用酥炙黄爲末。各一錢，如無酥，各以醋炙代之　川山甲土炒黄爲末，五分　蟬退洗淨炙乾，五分　僵蠶白硬者切斷，生用五分　牡礪煆爲末，五分，咽燥者斟酌用　䗪蟲三個，乾者劈碎，鮮者搗爛和酒少許，取汁入湯藥同服，其渣入諸藥同煎　白芍藥酒炒，七分　當歸五分　甘草三分

水二鍾，煎八分，瀝渣溫服。（溫疫）

三加減正氣散《溫病條辨·中焦篇·濕溫》

藿香三錢，連梗葉　茯苓皮三錢　厚朴二錢　廣皮一錢五分　杏仁三錢　滑石五錢

水五杯，煮二杯，再服。（濕溫）

三豆湯《通俗傷寒論·傷寒兼證·傷寒兼疫》

生菉荳一兩　大黑豆六錢　杜赤荳四錢　青荷葉一圈（溫疫）

三奇湯《辨證錄·春溫門》

玄參一兩　乾葛　天花粉各三錢

水煎服。（春溫）

三物白散《通俗傷寒論・傷寒兼證・赤膈傷寒》

桔梗五分　川貝四分　巴霜一分

囑藥肆現研勻細，以藥湯頻頻調下。（溫疫）

三物備急丸《治疫全書・風溫濕溫等症方》

錦紋大黄　江子仁　川薑

三味等分爲末，煉蜜和丸，如小豆大，每服一二丸，涼茶吞下。（溫疫）

三香湯《溫病條辨・中焦篇・濕溫》

栝蔞皮三錢　桔梗三錢　黑山梔二錢　枳殼二錢　鬱金二錢　香豉二錢　降香末三錢

水五杯，煮取二杯，分二次溫服。（濕溫）

三消飲《溫疫論・表裏分傳》

檳榔　草菓　厚朴　白芍　甘草　知母　黄芩　大黄　葛根　羌活　柴胡

薑棗煎服。（溫疫）

三黄二香散《通俗傷寒論・傷寒兼證・大頭傷寒》

川連　川柏　生大黄各一兩　乳香　沒藥各五錢

共研細末，初用陳茶汁調敷，乾則易之，繼用香油調敷，以瀉火定痛。（溫毒）

三黄二香散《喉痧證治概要・敷藥方》

大黄二兩　蒲黄一兩　雄黄二錢　麝香三分　冰片三分

清火解毒，用菜油調敷。（溫毒）

三黄二香散《溫病條辨・上焦篇・風溫溫熱溫疫溫毒冬溫》

黄連一兩　黄柏二兩　生大黄一兩　乳香五錢　沒藥五錢

右爲極細末，初用細茶汁調敷，乾則易之，繼則用香油調敷。（溫毒）

三黄石膏湯《醫方考・瘟疫門》

石膏一兩五錢，生用　黄芩炒　黄連炒　黄栢各五錢　山梔三十枚，炒黑　麻黄去節　淡豉各二兩（溫疫）

三黄湯《傷寒大白・疫病》

黄連　黄芩　大黄（溫疫）

三清湯《辨證録・暑症門》

玄參四兩　石膏一兩　青蒿一兩

水煎服，一劑即安。（暑溫）

三聖湯《辨證録・暑症門》

人參三兩　石膏三兩　玄參三兩

水煎數碗灌之，一劑狂定，二劑神安，不可用三劑也。（暑溫）

大青龍加黄芩湯《醫方考・瘟疫門》

麻黄六兩，卻節　桂枝　甘草各二兩　杏仁四十枚，去皮尖　黄芩七錢　生薑三兩　石膏如雞子大　大棗十二枚（溫疫）

大承氣加麥冬元參湯《四聖懸樞・疫病解》

大黄三錢　芒硝三錢　枳實三錢　厚朴三錢　麥冬八錢　元參三錢　白蜜一杯

流水煎大半杯，入白蜜，熱服。（溫疫）

大承氣湯《傷寒論校註・辨陽明病脈證幷治》

大黄四兩，酒洗　厚朴半斤，炙，去皮　枳實五枚，炙　芒消三合

右四味，以水一斗，先煮二物，取五升，去滓，内大黄，更煮取二升，去滓，内芒消，更上微火一兩沸，分溫再服，得下餘勿服。（春溫）

大承氣湯《溫疫論・注意逐邪勿拘結糞》

大黄五錢　厚朴一錢　枳實一錢　芒硝三錢

水薑煎服，弱人減半，邪微者各復減半。（溫疫）

大承氣湯《溫病條辨・中焦篇・風溫溫熱溫疫溫毒冬溫》

大黄六錢　芒硝三錢　厚朴三錢　枳實三錢

水八杯，先煮枳、朴，後納大黄、芒硝，煮取三杯。先服一杯，約二時許，得利止後服，不知，再服一杯，再不知再服。（風溫、冬溫）

大柴胡湯《四聖懸樞・疫病解》

柴胡三錢　黄芩三錢　半夏三錢　大棗三枚　芍藥三錢　枳實三錢　大黄三錢　生薑三錢

流水煎大半杯，熱服。（溫疫）

大黃丸《聖濟總錄・中熱暍》

大黃剉炒　甘草炙剉　黃連去鬚　惡實微炒　荆芥穗等分

右五味，搗羅爲末，煉蜜丸梧桐子大，每服二十丸，溫水下，食後服，若爲散，水調亦得。（暑溫）

大黃丸《聖濟總錄・風熱》

大黃剉如骰子樣，三兩　青橘皮去白不剉　半夏洗去滑。各一兩

右三味，一處炒熟，搗羅爲末，水浸蒸餅，丸如梧桐子大，每服食後臨卧，溫水下二十丸，加至三十丸。（風溫、冬溫）

大黃湯《重訂廣溫熱論・溫熱驗方》

生錦紋錢半　小川連一錢　生山梔二錢　川柏八分　淡香豉五錢　鮮葱白三枚（伏氣溫病）

大黃龍丸《三因方・中暑治法》

硫黃　硝石各一兩　雄黃通明者　滑石　白礬各五錢　寒食麪四兩

右爲末，滴水丸如桐子大，每服五丸至七丸，漸至二十丸，新汲水下，昏塞不知人，則以水化開灌之。中暑忌得冷，此藥卻以冷水下，乃熱用寒引，疑者釋之。（暑溫）

大黃龍丸《普濟方・寒暑濕門・中暑附論》

舶上硫黃　硝石各一兩　白礬　雄黃　滑石各半兩　白麵四兩，飛羅者

右爲細末，入麵在內，滴水爲丸如梧桐子。每服十丸至二三十丸，新汲水下。小兒黍米大。如無硝石，以盆硝代之。（暑溫）

大黃龍圓《世醫得效方・大方脈雜醫科・中暑》

硫黃　消石各一兩　雄黃通明者　滑石　白礬各半兩　寒食麪四兩（暑溫）

大順散《醫方考・暑門》

甘草炙　乾薑炮　杏仁去皮尖　肉桂去皮，等分（濕溫）

大順散《醫學正傳・中暑》

甘草　乾薑　杏仁湯煮去皮、尖，炒　肉桂各等分

右先將甘草用白砂同炒，次入薑，卻下杏仁炒，過篩去砂，同桂研爲細末，每服二錢，白湯調下。（暑溫）

大順散《和劑局方・治傷寒》

甘草三十斤，剉寸長　乾薑　杏仁去皮、尖　肉桂去麄皮，各四斤

右先將甘草用白砂炒及八分黃熟，次入乾薑同炒，令薑裂，次入杏仁又同炒，候杏仁不作聲爲度，用篩隔淨，後入肉桂，一處搗羅爲散。每服二錢，水一中盞，前七分，去滓，溫服。如煩躁，井花水調下，不拘時。沸湯點亦得。（暑溫）

大順散《病機沙篆》

乾薑　甘草　杏仁　厚朴　香薷（暑溫）

大補地黃丸《醫門法律・傷燥門・秋燥門方》

黃柏酒洗，二錢　熟地黃酒蒸，四兩　當歸酒洗　山藥　枸杞子甘州佳，各三兩　知母鹽酒炒　山茱肉　白芍藥各二兩　生地黃二兩五錢　肉蓯蓉酒浸　元參各一兩半

右爲細末，煉蜜丸如桐子大，每服七八十丸，空心淡鹽湯送下。秋燥

千金生地黃湯《通俗傷寒論・傷寒兼證・秋燥傷寒》

鮮生地汁二合，麥冬汁、淨白蜜各一瓢，淡竹瀝兩瓢，生薑汁四滴，先用生玉竹、知母、花粉、茯神、鮮地骨皮各二錢，生石膏四錢，煎取清汁，和入地、冬等五汁，重湯煎十餘滾服，日三夜一。（秋燥）

千金麥門冬湯《通俗傷寒論・傷寒兼證・秋燥傷寒》

大麥冬四錢　生桑皮　鮮生地　紫苑　鮮淡竹茹各三錢　仙半夏一錢　蜜炙麻黃五分　白桔梗八分　清炙草　生薑一片（秋燥）

川芎神功散《普濟方・諸風門・風熱》

川芎四錢　甘草　川烏頭　吳白芷　天南星　麻黃各半兩

右爲末，每服三錢，水一盞，生薑三片，煎至半盞，投清酒半盞，和滓溫服。蜜室避風，如人行六七里再服，汗出爲度，其痛立愈。（風溫、冬溫）

女貞湯《醫醇賸義・秋燥》

女貞子四錢　生地六錢　龜版六錢　當歸二錢　茯苓二錢　石斛二錢　花粉二錢　萆薢二錢　牛膝二錢　車前子二錢　大淡菜三枚（秋燥）

小半夏加茯苓湯《溫病條辨・中焦篇・濕溫》

半夏六錢　茯苓六錢　生薑四錢

水五杯，煮取二杯，分二次服。（濕溫）

小半夏加茯苓湯再加厚朴杏仁方《溫病條辨・上焦篇・暑溫》

半夏八錢　茯苓塊六錢　厚朴三錢　生薑五錢　杏仁三錢

甘瀾水八杯，煮取三杯，溫服，日三。（暑溫）

小抱龍丸《聖濟總錄・中熱暍》

半夏酷浸一宿，銀石器中煮醋盡，焙　甘草炙剉，各等分

右二味，搗羅爲細末，生薑自然汁煮稀麵糊，丸如梧桐子大，陰乾。每服十丸，新汲水下，食後臨卧服。（暑溫）

小承氣加麥冬元參湯《四聖懸樞・疫病解》

大黃四錢　厚朴三錢　枳實三錢，炒　麥冬五錢　元參三錢　白蜜一杯

流水煎大半杯，入白蜜，熱服。（溫疫）

小承氣湯《傷寒論校註・辨可下病脈證并治》

大黃四兩　厚朴二兩，炙，去皮　枳實三枚，大者，炙

右三味，以水四升，煮取一升二合，去滓，分溫二服。初服湯當更衣，不爾者盡飲之，若更衣者，勿服之。（春溫）

小承氣湯《溫疫論・注意逐邪句勿結糞》

大黃五錢　厚朴一錢　枳實一錢

水薑煎服。（溫疫）

小承氣湯《溫病條辨・中焦篇・風溫溫熱溫疫溫毒冬溫》

大黃五錢　厚朴二錢　枳實一錢

水八杯，煮取三杯，先服一杯，得宿糞，止後服，不知再服。（風溫、冬溫）

小香薷湯《聖濟總錄・中熱暍》

香薷二兩　人參一兩　白扁豆半兩

右三味，麤搗篩，每服三錢匕，水一盞，煎至六分，去滓溫服，不拘時候。（暑溫）

小柴胡湯《四聖懸樞・疫病解》

柴胡四錢　黃芩三錢　半夏三錢　人參二錢　甘草二錢　生薑二錢　大棗三枚

流水煎大半杯，熱服，覆衣。（溫疫）

小陷胸加枳實《溫病條辨・中焦篇・暑溫伏暑》

黃連二錢　栝蔞三錢　枳實二錢　半夏五錢

急流水五杯，煮取二杯，分二次服。（暑溫）

小通聖散《普濟方・諸風門・風熱（附論）》

當歸　薄荷　羌活　防風　梔子　粉草　大黃　川芎　防己　桔梗各一兩

右銼散，每服四錢，水一盞半，燈心二十莖，青竹葉七片，煎。食後服。小兒急驚可服二錢。（風溫、冬溫）

小黃龍圓《世醫得效方・大方脈雜醫科・中暑》

黃連一斤，去鬚　酒二升半

右將黃連以酒煮乾爲度，焙爲末，用麪糊圓如梧子大。每服三十圓，熟水吞上。（暑溫）

四畫

升麻散《聖惠方・治心臟風熱諸方》

川升麻半兩　犀角屑半兩　龍膽半兩，去蘆頭　麥門冬三分，去心　玄參三分　黃芩三分　羌活半兩　葛根半兩，剉　甘草半兩，炙微赤剉　防風半兩，去蘆頭　石膏一兩

右件藥，擣麤羅爲散，每服三錢，以水一中盞，入生薑半分，竹葉二七片，煎至六分，去滓，食後溫服。（風溫、冬溫）

升麻葛根湯《醫方考・瘟疫門》

升麻　葛根　芍藥　甘草等分（溫疫）

升麻葛根湯《和劑局方・治傷寒》

升麻　葛根　白芍藥　甘草炙。各十兩

右爲麁末。每服三錢，水一盞半，煎取一中盞，去滓，稍熱服，不拘時候，日二三服，以病身清涼爲度。小兒量歲數加減與服。（溫疫）

升麻葛根湯《治疫全書・風溫濕溫等症方》

升麻　葛根　芍藥　甘草
水煎服。（溫疫）

升麻鼈甲湯《絳雪園古方選注·内科》

升麻二兩　當歸二兩　蜀椒炒去汗，一兩　甘草二兩　鼈田手指大一片，炙　雄黃半兩，研

右六味以水四升，煮取一升，頓服之，老小再服，取汗。（溫毒）

天門冬丸《聖濟總錄·風熱》

天門冬去心焙，三分　防風去叉　赤茯苓去黑皮　麥門冬去心焙　知母焙　桑根白皮剉炒　黄耆剉細　黄連去鬚　栝樓根別搗碎炒　升麻　生乾地黄焙各半兩　甘草炙剉，一分

右一十二味，爲細末，煉蜜丸梧桐子大，每服十五丸，生薑湯下，日午臨卧各一服。（風溫、冬溫）

天麻丸《普濟方·諸風門·風熱》

天麻　荆芥穗去子　甘草炙。各二兩半　龍腦　薄荷十兩　川芎　馬牙硝　羌活　白芷　玄參各一兩半　川烏二錢半，炮裂去皮臍

右爲細末，煉蜜和丸如鷄頭實大。每服一丸至二丸，細嚼，食後茶清下。（風溫、冬溫）

元戎四物湯《醫門法律·傷燥門·秋燥門方》

當歸　熟地黄　川芎　白芍藥　大黄煨　桃仁各等分

水煎，或丸。（秋燥）

木香萬安丸《普濟方·諸風門·風熱》

木香　揀桂去皴皮　甘遂各一錢　牽牛揀淨　大黄　紅皮　檳榔　半夏　蜜各一兩　大戟半兩　皂角三兩，要得肥好者，洗淨，水三盞煮一二沸，取出搗碎揉取汁，再熬成稠膏，下蜜三沸便取出

右膏丸小豆大，每服十丸至十五丸，薑湯下。小兒丸如麻子大。水腫癇諸積，快利爲度。（風溫、冬溫）

五汁飲《溫病條辨·上焦篇·風溫溫熱溫疫溫毒冬溫》

梨汁　荸薺汁　鮮葦根汁　麥冬汁　藕汁或用蔗漿

臨時斟酌多少，和勻涼服，不甚喜涼者，重湯燉溫服。（風溫、冬溫）

五加減正氣散《溫病條辨·中焦篇·濕溫》

藿香梗二錢　廣皮一錢五分　茯苓塊三錢　厚朴二錢　大腹皮一錢五分　穀芽一錢　蒼术二錢

水五杯，煮二杯，日再服。（濕溫）

五苓散《三因證方·傷暑證治》

澤瀉二兩五錢　桂心一兩　豬苓去皮　赤茯苓　白术各一兩五錢

右爲末，每服二錢，沸湯調。不拘時服，服訖，多飲熱湯，汗出即愈。（暑溫）

五苓散《衛生寶鑑·瀉熱門》

澤瀉二十五兩　白术十五兩　赤茯苓去皮，十五兩　豬苓去皮，十五兩　肉桂去麤皮，十兩

右爲細末，每服二錢，熱湯調下，不拘時服。（濕溫）

五苓散《治疫全書·風溫濕溫等症方》

澤瀉　茯苓　朱苓　甘草　白术　官桂

薑燈心引。（濕溫）

五苓散《辨證錄·春溫門》

白术一錢　茯苓三錢　澤瀉三錢　豬苓三錢　肉桂一分

水煎服。（春溫）

五物香薷湯《普濟方·寒暑濕門·中暑附論》

香薷三兩　白扁豆薑製　厚朴薑製　白茯苓各一兩半　甘草三分

右銼，每服三錢，水煎溫服，入鹽點亦得，不拘時。（暑溫）

五香麻黄湯《醫方考·大頭瘟》

麝香五分　薰陸香　雞舌香各一錢　青木香　沉香　麻黄去節　防風去蘆　獨活去土　白薇　萎蕤　枳實麩炒　秦艽去蘆　甘草各二錢　（溫毒）

五聖湯《普劑方·寒暑濕門·中暑附論》

貫衆　黄連去鬚皮　甘草微炙　吳茱萸湯洗七次　白茯苓去皮，五味并生用，各半兩

右㕮咀，平分二服，每服用水一碗半，煎至一碗去滓。放冷，候日午時，先取香熟甜瓜一枚，切去皮作十二片，先嚼瓜一片，呷藥一二呷送下了，再如前嚼瓜一片，呷藥一二呷，看吃得幾片，以藥汁盡爲度。不

損脾胃，不動臟腑，須是覺大煩躁方可服之。（暑溫）

不灰木散《聖濟總錄・中熱暍》

不灰木二兩　滑石　寒水石　甘草剉。各一兩　蓼藍根一兩半

右五味，并生擣羅爲散，每服二錢匕，用生粟米泔，入沙糖一棗大，同化服，不拘時候，合時避日色火氣。（暑溫）

不換金正氣散《醫方考・濕門》

厚朴薑湯炒　陳皮去白　半夏製　藿香去梗　蒼术製　甘草炙　（濕溫）

不換金正氣散《和劑局方・治傷寒》

厚朴去皮，薑製　藿香去枝土　陳皮去白　半夏煮　蒼术米泔浸　甘草爁。各等分

右爲剉散。每二錢，水盞半，薑三片，棗二枚，煎八分，去滓，食前稍熱服。忌生冷、油膩、毒物。若四方人不伏水土，宜服之。常服能辟嵐氣，調和脾胃，美飲食。（溫疫）

不換金正氣散《治疫全書・風溫濕溫等症方》

厚朴　陳皮　藿香　半夏　蒼术各一錢　甘草五分

薑棗煎服。（濕溫）

太一流金散《千金要方・辟溫》

雄黃三兩　雌黃二兩　礬石一兩半　鬼箭羽一兩半　羖羊角二兩

右五味治下篩三角絳袋盛一兩帶心前，并掛門戶上。若逢大疫之年，以月旦青布裹一刀圭，中庭燒之，溫病人亦燒熏之。（溫疫）

太無神术散《醫方考・瘟疫門》

蒼术製　厚朴製，各一兩　陳皮二兩　石菖蒲　炙甘草　藿香各一兩五錢

（溫疫）

内補地黃丸《通俗傷寒論・傷寒兼證・秋燥傷寒》

熟地　歸身　白芍　生地　元參　知母　川柏　山藥　萸肉　甘杞子　淡蓯蓉

蜜丸，每服三錢，空心鹽湯送下。（秋燥）

牛乳飲《溫病條辨・下焦篇・秋燥》

牛乳一杯

重湯燉熟，頓服之，甚者日再服。（秋燥）

牛黃散《聖惠方・治風熱諸方》

牛黃一分，細研　犀角屑三分　梔子仁三分　川升麻三分　龍齒半兩，細研　茯神三分　天竹黃三分，細研　人參三分，去蘆頭　天麻三分　白鮮皮三分　甘草一分，炙微赤，剉

右件藥，擣細羅爲散。入研了藥令勻，不計時候，以竹葉湯調下一錢。

（風溫、冬溫）

牛黃散《聖惠方・治心臟風熱諸方》

牛黃半兩，細研　犀角屑半兩　川升麻半兩　甘草三分，炙微赤剉　玄明粉三分　鉛霜半兩，細研

右件藥，擣細羅爲散，更都研令勻。食後，煎麥門冬湯，調下一錢。

（風溫、冬溫）

牛黃散《普濟方・諸風門・風熱》

牛黃細研　甘草各一分，炙銼　龍齒半兩，細研　犀角屑　梔子仁　川升麻　茯神　天竺黃研　人參去蘆頭　天麻　白蘚皮各三分

右爲末，入研了藥令勻，不拘時，以竹葉湯調下一錢。（風溫、冬溫）

牛黃圓《聖惠方・治心臟風熱諸方》

牛黃三分，細研如粉　朱砂三分，細研如粉　天竺黃一兩，細研　龍腦一錢，細研　黃芩半兩　白附子半兩，炮裂　犀角屑　麥門冬三分，去心培　遠志三分去心　地骨皮半兩　甘草一分，炙微赤，剉

右件藥，擣羅爲末，入研了藥令勻，鍊蜜和擣三二百杵，圓如梧桐子大。每服不計時候，以荊芥湯嚼下十圓。（風溫、冬溫）

化風丸《聖濟總錄・風熱》

荊芥穗　鷄酥葉　羌活去蘆頭。各一兩　乾蠍十四枚，全者去土炒

右四味，爲細末，煉蜜丸鷄頭大，每服一丸，薄荷湯化下。

化逆湯《醫醇賸義・暑病》

黃連六分　吳萸三分　厚朴一錢　青皮一錢　藿香一錢五分　木瓜一錢　木香五分　白蔻六分　獨活一錢　烏藥一錢　蒺藜四錢　茯苓二錢

各半，水煎服。（暑溫）

化斑湯《溫病條辨・上焦篇・風溫溫熱溫疫溫毒冬溫》

石膏一兩　知母四錢　生甘草三錢　元參三錢　犀角二錢　白粳米一合

水八杯，煮取三杯，日三服，渣再煮一鍾，夜一服。　（風溫、冬溫）

丹砂散《聖惠方·治風熱諸方》

朱砂三分，細研，水飛過　犀角屑半兩　天竹黄半兩　秦艽半兩，去苗　白鮮皮半兩　沙參半兩，去蘆頭　寒水石一兩　麥門冬二兩，去心焙乾　馬牙消半兩，研入　川升麻半兩　甘草半兩，炙微赤，剉　龍腦一錢，研入

右件藥，擣細羅爲散。入研了藥令匀，每服不計時候，以溫水調下一錢。　（風溫、冬溫）

丹蒿湯《辨證錄·暑症門》

丹皮三兩　荆芥三錢　青蒿一兩

水煎服。（暑溫）

丹溪大補丸《醫門法律·傷燥門·秋燥門方》

黄柏炒褐色　知母酒浸炒，各四兩　熟地黄酒蒸　敗龜板酥炙黄，各六兩

右爲末。豬脊髓和煉蜜丸，如桐子大，每七十丸，空心淡鹽湯送下。（秋燥）

六一散《醫方考·暑門》

滑石六兩　甘草一兩

共爲末。每用五錢，冷水調服。　（濕溫）

六君子湯加減《辨證錄·春溫門》

人參三錢　白朮一兩　陳皮三分　甘草五分　白芍三錢　黄芪五錢　麥冬五錢　北五味五分

水煎服。（春溫）

六味地黄丸《醫門法律·傷燥門·秋燥門方》

懷熟地八兩，杵膏　山茱萸肉　乾山藥各四兩　牡丹皮　白茯苓　澤瀉各三兩

右各另爲末。和地黄膏，加煉蜜，丸桐子大。每服七八十丸，空心食前滚湯下。　（秋燥）

六味地黄湯《辨證錄·春溫門》

熟地一兩　山茱萸　山藥各五錢　茯苓四錢　丹皮　澤瀉各三錢

水煎服。（春溫）

六和湯《世醫得效方·大方脈雜醫科·中暑》

人參　縮砂　甘草炙　杏仁去皮尖　半夏湯泡七次。各三兩　白扁豆薑汁略炒　赤茯苓去皮　藿香葉拂去塵　木瓜各二兩　香薷去梗　厚朴薑汁製。各四兩

右剉。每服四錢，水一盞半，生薑三片，棗子一枚，煎至八分，去滓，不拘時候服。　（暑溫）

六和湯《醫方考·暑門》

砂仁　半夏　杏仁　人參　白朮　甘草　藿香　木瓜　厚朴　藊豆　赤茯苓　（濕溫）

六神通解散《治疫全書·風溫濕溫等症方》

蒼朮　石羔　滑石　黄芩　麻黄　甘草

薑葱煎。　（溫疫）

六閤湯《普濟方·寒濕門·中暑附論》

縮砂仁　半夏湯泡七次　杏仁去皮尖　人參去蘆　甘草炙。各一兩　赤茯苓去皮　藿香葉拂去塵　白扁豆薑汁略炒　木瓜各二兩　香薷　厚朴薑汁製。各四兩

右銼，每服四錢，水一盞半，生薑三片，棗子一枚，煎至八分去滓，不時服。內傷生冷通用。　（暑溫）

水仙膏《溫病條辨·上焦篇·風溫溫熱溫疫溫毒冬溫》

水仙花根，不拘多少，剝去老赤皮與根鬚，入石臼搗如膏，敷腫處，中留一孔出熱氣，乾則易之，以肌膚上生黍米大小黄瘡爲度。　（溫毒）

水沉散《普濟方·寒暑濕門·中暑附論》

香薷葉三兩　白茯苓一兩，去皮　厚朴去麤皮，蘸生薑汁炙令紫色，秤二兩　白扁豆一兩　丁香半兩　甘草半兩，炙

右件爲細末，每服三錢，水一盞，入好酒半盞，同煎至一盞，水中沉冷服，不拘時候。　（暑溫）

水浸丹《普濟方·寒暑濕門·中暑附論》

巴豆大者二十五個，去皮心膜，研取油盡如粉　黄丹炒研羅過，取一兩一分

右同研匀，用黄蠟熔作汁，和爲丸梧桐子大。每服五丸，以水浸少頃，別以新汲水吞下，不拘時候。　（暑溫）

水葫蘆丸《普濟方·寒暑濕門·中暑附論》

川百藥煎三兩　人參三錢　甘草　麥門冬　烏梅肉　白梅肉　乾葛以上各半兩

右爲細末，麵糊爲丸如鷄頭大。每服一丸，含化。夏月出行，一丸可度一日。（暑溫）

水解散《重訂廣溫熱論・溫熱驗方》

焦山梔三錢　淡豆豉三錢　生葛根錢半　大青錢半　鮮生地五錢　生石膏四錢　風化硝一錢

雪水煎。（伏氣溫病）

水瓢丸《普濟方・寒暑濕門・中暑附論》

丁香枝杖一兩　甘草半斤，炙　白梅肉三兩，爲末　烏梅肉一斤　紫蘇葉去土，三兩　檀香半兩　麝香一字

右爲細末，蒸熟藥木瓜兩枚，同蜜拌和爲丸，如彈子大。溫熟水嚼下，不拘時候，每服一丸。（暑溫）

水瓢丸《普濟方・寒暑濕門・中暑附論》

烏梅肉四兩　甘草　青鹽各二兩　乾木瓜　檀香　白茯苓各一兩　麝香二錢半，蜜煉過，隨藥加減使

右除麝香別研，餘并爲細末，煉蜜爲丸，每兩作三十丸。每服一丸，含化，或新汲水溫水嚼下，下拘時候。（暑溫）

五畫

玉女煎去牛膝熟地加細生地元參方《溫病條辨・上焦篇・風溫溫熱溫疫溫毒冬溫》

生石膏一兩　知母四錢　元參四錢　細生地六錢　麥冬六錢

水八杯，煮取三杯，分二次服，渣再煮一鍾服。（風溫、冬溫）

玉石清胃湯《醫醇賸義・秋燥》

玉竹三錢　石膏四錢　花粉二錢　石斛三錢　生地五錢　人參一錢　麥冬二錢　蛤粉四錢　山藥三錢　茯苓二錢

甘蔗汁半杯衝服。（秋燥）

玉竹麥門冬湯《溫病條辨・中焦篇・秋燥》

玉竹三錢　麥冬三錢　沙參二錢　生甘草一錢

水五杯，煮取二杯，分二次服。　秋燥

玉珠散《聖濟總錄・中暍悶絶》

硫黃舶上者　滑石色白者　凝水石燒。各一兩

右三味，搗研爲散，每服二錢匕，艾湯調下。（暑溫）

玉壺丸《普濟方・寒暑濕門・中暑附論》

白麵四兩，白者　白礬半兩，生用　硫黃半兩，生用

右爲末拌勻，新水丸如梧桐子大。每服三五十丸，新水下，不拘時候。（暑溫）

玉壺丸《普濟方・寒暑濕門・中暑附論》

舶上硫黃　焰硝　滑石　白礬各一兩

右爲細末，入上等白麵六兩，拌和令勻，用新汲水爲丸，如梧桐子大。每服二十丸，新汲水呑下。（暑溫）

玉壺丸《普濟方・寒暑濕門・中暑附論》

硫黃一分　寒水石　石膏煅　盆硝　甘草　綠豆粉各一兩半　太陰玄精石一兩

右爲細末，蒸餅丸如彈子大。與生薑同嚼，新水下。（暑溫）

玉壺丹《普濟方・寒暑濕門・中暑附論》

硫黃一兩　焰硝二兩或二兩半　綠豆細末四兩或五兩

右各生用爲末，以綠豆粉糊爲丸，如櫻桃大。每服一丸，同油麻薄荷嚼，新水下，或嚼生薑亦佳。或丸如梧桐子大，新水呑數十丸亦可。（暑溫）

玉露散《普濟方・寒暑濕門・中暑附論》

寒水石　滑石　石膏　栝蔞根以上各四兩　甘草二兩

右爲細末。每服五錢，新汲水調下。（暑溫）

玉鑰匙《時病論・臨證治案・喉痹急證》

馬牙硝錢半　蓬砂五分　殭蠶三分　大坭冰片一分

擂細吹喉，令涎多出。（溫毒）

玉鑰匙《喉痧證治概要・吹藥方》

西瓜霜五錢　西月石五錢　飛硃砂六分　殭蠶五分　冰片五分　（瘟毒）

正治湯《辨證錄・春溫門》

人參二錢　熟地　白朮炒　棗仁各三錢　麥冬三錢　茯苓一兩　竹茹一錢

水煎服。（春溫）

正氣湯《辨證錄・春溫門》

玄參一兩　麥冬五錢　荆芥三錢　升麻八分　甘草　黄芩各一錢　天花粉三錢　蔓荆子五分

水煎服。（春溫）

甘草附子湯《醫方考・濕門》

炙甘草　白朮各二錢　附子一錢五分，炮　桂枝四錢，炒　（濕溫）

甘露丸《聖濟總錄・風熱》

凝水石煅通赤，攤放地上出火毒，研，一斤　馬牙硝研，三兩　鉛白霜研　龍腦研。各三分　甘草炙剉爲末，一兩

右五味，再同研勻，用糯米飯，丸如彈子大，每服用生薑蜜水磨下半丸，新汲水亦得，小兒一丸，分五服。（風溫、冬溫）

甘露丸《聖濟總錄・中熱暍》

寒水石火煅候冷，夾絹袋盛，井底浸七日取出，令乾，研四兩　天竺黄半兩　馬牙消研，二兩　甘草剉，一兩　龍腦半錢

右五味，爲末，糯米粥丸鷄頭大，每服一丸，生薑蜜水磨下。

甘露散《聖濟總錄・中熱暍》

黄連去，鬚，剉一兩　吳茱萸半兩

右二味，同炒，以茱萸黑色爲度，放地上出火毒，不用茱萸，將黄連搗羅爲細散，每服半錢匕，食後茶清或新水調下。（暑溫）

朮附湯《傷寒大白・疫病》

熟附子　白朮　（溫疫）

朮附湯《治疫全書・風溫濕溫等症方》

白朮二錢　附子二錢　甘草一錢

薑三片，棗二枚引。（濕溫）

朮豉湯《聖濟總錄・傷寒疫癘》

蒼朮炒五兩　豉炒三兩半　麻黄去根節二兩

右三味，麤搗篩，每服三錢匕，水一大盞，煎至七分，去滓熱服。蓋復出汗，未汗再服。（暑溫）

左金丸《丹溪先生心法・火》

黄連六兩，一本作芩　吳茱萸一兩或半兩

右爲末。水丸或蒸餅丸，白湯五十丸。（暑溫）

石膏散《普濟方・寒暑濕門・中暑附論》

石膏一兩　人參去蘆　甘草炙。以上各半兩

右爲細末，新汲水蜜水調三錢，生薑湯亦可。（暑溫）

石膏湯《聖濟總錄・傷寒疫癘》

石膏碎一兩　葛根剉三分　芍藥　貝母去心　百合　升麻各半兩　梔子仁　甘草炙各一分

右八味，麤搗篩，每服三錢匕，水一盞半，豆豉五十粒，葱白三寸，同煎至一盞，去滓溫服。（暑溫）

平邪湯《辨證錄・春溫門》

黄連三分　甘草一錢　蘇梗一錢　紫苑一錢　葛根一錢　石膏三錢　麥冬五錢　貝母三錢　茯神三錢

水煎服。（春溫）

平胃散《醫方考・濕門》

蒼朮泔浸七日，五斤　陳皮去白　厚朴薑湯炒，各三斤　甘草炙，三十兩　（濕溫）

四正散《醫醇賸義・暑病》

藿香一錢五分　茅朮一錢　厚朴一錢　砂仁一錢　茯苓二錢　廣皮一錢　半夏一錢　神麯三錢　淡竹茹八分　薑汁兩小匙

衝服。（暑溫）

四加減正氣散《溫病條辨・中焦篇・濕溫》

藿香梗三錢　厚朴二錢　茯苓三錢　廣皮一錢五分　草果一錢　查肉五錢炒　神麯二錢

水五杯，煮二杯，渣再煮一杯，三次服。（濕溫）

四君子湯《普濟方・寒暑濕門・中暑附論》

人參　白朮　茯苓　甘草各等分

右爲散，每服四錢，煎服。（暑溫）

四妙湯《治疫全書·風溫濕溫等症方》

黄芪三兩　甘草節一錢五分　淨銀花三錢　當歸尾一錢五分

水煎溫服。（溫疫）

四苓散《醫方考·濕門》

白术炒　茯苓去皮　豬苓　澤瀉　（濕溫）

四苓散《治溫闡要·濕溫》

豬苓　茯苓　白术　澤瀉　（濕溫）

生脈散《醫學正傳·中暑》

人參　五味子　麥門冬各等分。泡去心

右細切，水煎，夏月時時代熟水飲之。（暑溫）

生脈散《溫病條辨·上焦篇·暑溫》

人參三錢　麥冬二錢，不去心　五味子一錢

水三杯，煮取八分二杯，分二次服，渣再煎服，脈不斂，再作服，以脈斂爲度。（暑溫）

生犀散《普濟方·諸風門·風熱》

大黄半兩，濕紙裹煨令熟　山梔子半兩，微炒　甘草炙　當歸去蘆頭　連翹　防風去蘆頭。四味各一兩　生犀角二錢半，鎊

右件并爲細末，每服二錢，溫酒調下，食後，或因飲酒時，每飲一杯入藥半錢。瘡瘍本戒酒，此反以酒引藥入經絡治病，又不壞禁酒也。

（風溫、冬溫）

生犀飲《治疫全書·附大頭瘟等症》

生犀飲犀角二錢　蒼术霜者　川連一錢　黄土五錢　金汁半盞　陳細茶一撮

水煎去滓，入金汁攪和。

代賑普濟散《重訂廣溫熱論·溫熱驗方》

苦桔梗　升麻　浮萍　銀花　連翹　元參各十兩　牛蒡子　荆芥穗各八兩　蟬衣　黄芩　大青葉　白僵蠶各六兩　蘇薄荷　人中黄　馬勃　射干　制錦紋以上各四兩

右藥各爲麤末，秤和勻，以滚水煎三五沸，去渣熱服。（溫毒）

仙術芎散《普濟方·諸風門·風熱》

川芎　連翹　黄芩　山梔子　菊花　防風　大黄　當歸　芍藥　桔梗　藿香葉各半兩　蒼术一兩　石膏二兩　甘草　滑石各三兩　荆芥穗　薄荷葉　縮砂仁各一兩

右爲末，每服三錢，水一盞，煎至七分去滓，溫服，食後用細末點服亦得。一方無藿香葉，有寒水石。（風溫、冬溫）

白术附子湯《治溫闡要·濕溫》

白术　附子　甘草　薑　棗　（濕溫）

白术茯苓乾薑湯《三因方·風濕溫證治》

白术　乾薑　茯苓　細辛　桂心　乾葛　甘草　橘皮　烏梅　香豉

右等分，爲細末，每服二錢，白湯點下。（暑溫）

白术薏仁湯《醫醇賸義·暑病》

白术一錢　茅术一錢　苡仁八錢　茯苓三錢　當歸一錢五分　赤芍一錢　薄荷一錢　連喬一錢五分　花粉三錢　甘草四分　鮮荷葉一角　（暑溫）

白頭翁湯《傷寒論校註·辨厥陰病脈證并治》

白頭翁二兩　黄蘗三兩　黄連三兩　秦皮三兩

右四味，以水七升，煮取二升，去滓，溫服一升，不愈，更服一升。

（濕溫）

白虎加元麥湯《四聖懸樞·疫病解》

石膏三錢　知母三錢　甘草二錢　粳米一杯　元參三錢　麥冬五錢，去心

流水煎至米熟，取大半杯，熱服。（溫疫）

白虎加蒼术湯《醫方考·瘟疫門》

石膏一斤　知母六兩　蒼术製　甘草各二兩　粳米六合

共分四服。（溫疫）

白虎湯《傷寒論校注·辨太陽病脈證并治下》

知母六兩　石膏一斤，碎　甘草二兩，炙　粳米六合

右四味，以水一斗，煮米熟湯成，去滓，溫服一升，日三服。（春溫）

白虎湯《普濟方·寒暑濕門·中暑附論》

知母一二兩半，去皮　甘草一兩　粳米一合　石膏四兩，亂紋者另爲末

右銼如麻豆大，粳米拌勻，用水 盞，煎至六分去滓，溫服，無時，日三

四服。（暑溫）

白虎湯《溫病條辨·上焦篇·風溫溫熱溫疫溫毒冬溫》

生石膏一兩研　知母五錢　生甘草三錢　白粳米一合

水八杯，煮取三杯，分溫三服，病退減後服，不知再作服。（風溫、冬溫）

白虎湯《聖濟總錄·中熱暍》

知母六兩　石膏碎一斤　甘草二兩　粳米六合

右四味，㕮咀如麻豆大，每服五錢匕，水一盞半，煎米熟，湯成去滓，溫服日三。一方加人參三兩。（暑溫）

白梅湯《普濟方·寒暑濕門·中暑附論》

白梅二十九斤　檀香十兩　甘草十三斤半　鹽炒十五斤

右爲末，每服一錢，搽生薑，新水下。（暑溫）

瓜蔞根湯《治疫全書·風溫濕溫等症方》

爪蔞根　葛根　石羔各二錢　人參　香附各一錢

水煎溫服。（風溫、冬溫）

瓜蒂散《溫疫論·邪在胸膈》

甜瓜蒂一錢　赤小豆二錢，研碎　生山梔仁二錢

右，用水二鍾，煎一鍾，後入赤豆，煎至八分，先服四分，一時後不吐，再服盡。吐之未盡，煩滿尚存者，再煎服。如無瓜蒂，以淡豆豉二錢代之。（溫疫）

瓜蒂散《溫病條辨·上焦篇·風溫溫熱溫疫溫毒冬溫》

甜瓜蒂一錢　赤小豆二錢研　山梔子二錢

水二杯煮取一杯，先服半杯，得吐止後服，不吐再服。（風溫、冬溫）

玄明粉散《治疫全書·風溫濕溫等症方》

玄明粉二錢　寒水石一錢五分　黃連二錢五分　辰砂一錢　珍珠八分

共爲末，用雞子清一枚，白蜜一匙，新汲水調服。（溫疫）

玄黃解熱散《辨證錄·春溫門》

半夏　花粉各二錢　甘草　人參各一錢　玄參一兩　生地　茯苓各五錢　枳殼五分

水煎服。（春溫）

玄蔘升麻湯《治疫全書·風溫濕溫等症方》

玄參　升麻　甘草各三錢　加淨銀花二錢

水煎溫服。（溫疫）

半夏瀉心湯去人參乾薑甘草大棗加枳實生薑方《溫病條辨·中焦篇·濕溫》

半夏六錢　黃連二錢　黃芩三錢　枳實三錢　生薑三錢

水八杯，煮取三杯，分三次服。虛者復納人參、大棗。（濕溫）

半夏瀉心湯去乾薑甘草加枳實杏仁方《溫病條辨·中焦篇·暑溫伏暑》

半夏一兩　黃連二錢　黃芩三錢　枳實二錢　杏仁三錢

水八杯，煮取三杯，分三次服。虛者復納人參二錢，大棗三枚。（暑溫）

半夏藿香湯《溫疫論·下後反嘔》

半夏一錢五分　眞藿香一錢　乾薑炒一錢　白茯苓一錢　廣陳皮一錢　白术炒一錢　甘草五分

水薑煎服。（溫疫）

加味人中黃散《溫疫析疑·疫毒門》

人中黃五錢　硃砂一錢五分　雄黃一錢五分　薄荷七分　桔梗三錢　甘草一錢　大黃三錢　連翹四錢　馬勃四錢　牛蒡子三錢

共杵爲散，用蜜水調三錢，日內服盡。劇者，照方再服。（溫毒）

加味天水散《醫學衷中參西錄·論天水散治中暑宜於南方北方用之宜稍變通》

滑石四兩　生石膏四兩　粉甘草二兩　朱砂一兩　薄荷冰一錢

共爲細末，每服二錢。（暑溫）

加味甘桔湯《辨證錄·春溫門》

桔梗　川芎　天花粉　麥冬各三錢　甘草　黃芩各一錢

水煎服。（春溫）

加味四君湯《辨證錄·暑症門》

人參　白术各五錢　甘草　香薷各一錢　茯苓三錢　炮薑三分

水煎服，二劑愈。（暑溫）

加味生犀飲《溫疫析疑·疫毒門》

犀角汁三錢，衝　黃連二錢　栝樓三錢　檳榔二錢　蒼术一錢五分　人中黃三錢　東壁土一兩

水二杯，次投黃連煎一杯，納犀汁，溫服。劇者，更進之。（溫毒）

加味白虎湯《醫醇賸義·暑病》

石膏五錢　知母一錢　人參一錢　茯苓二錢　山藥三錢　麥冬二錢　石斛三錢　甘草四分

粳米一合，煎湯代水。（暑溫）

加味地黃湯《辨證錄·春溫門》

熟地　茯苓各五錢　山茱萸　澤瀉　丹皮各三錢　山藥　麥冬各五錢　北五味一錢　肉桂五分

水煎服。（春溫）

加味冰硼散《通俗傷寒論·傷寒兼證·風溫傷寒》

冰片一分　硼砂一錢，風化　硝山豆根　青黛　膽礬　牛黃各二分

吹喉最效。如痰涎壅塞，以鵝翎蘸桐油和皂莢末少許探吐。喉已成癰者，以喉針刺患處流膿，膿淨自愈。（伏氣溫病）

加味知柏地黃湯《通俗傷寒論·傷寒兼證·春溫傷寒》

知母三錢　川柏五分　萸肉一錢　山藥　浙苓各三錢　丹皮　澤瀉各錢半　犀角汁　童便各一杯，衝

先用熟地八錢，切絲泡湯，代水煎藥。（春溫）

加味神术湯《醫醇賸義·暑病》

白术一錢　茅术一錢　當歸一錢五分　茯苓二錢　苡仁四錢　厚朴一錢　砂仁一錢　半夏麯三錢，炒　佩蘭葉一錢　川牛膝一錢五分　荷葉一角　薑兩片（暑溫）

加味珠黃散《喉痧證治概要·吹藥方》

珠粉七分　西黃五分　琥珀七分　西瓜霜一錢（溫毒）

加味逍遙散《辨證錄·春溫門》

柴胡二錢　白芍五錢　當歸三錢　白术五分　甘草一錢　茯神三錢　陳皮五分　肉桂一錢

水煎服。（春溫）

加味逍遙散《辨證錄·春溫門》

柴胡二錢　當歸二錢　白术一錢　甘草一錢　茯苓三錢　陳皮一錢　白芍三錢，炒　梔子一錢　羌活五分

水煎服。（春溫）

加味清室湯《辨證錄·春溫門》

柴胡　黃芩　甘草　半夏各一錢　白芍五錢　丹皮三錢　陳皮五分

水煎服。（春溫）

加味葦莖湯《通俗傷寒論·傷寒兼證·赤膈傷寒》

生苡仁五錢　括蔞仁四錢　光桃仁　川貝母　甘草節各錢半　銀花　連翹各二兩　製月石八分，陳芥菜滷兩瓢衝

先用活水蘆根、鮮菩提根、鮮冬瓜皮子各二兩，煎湯代水。（溫疫）

加減十味香薷湯《普濟方·寒暑濕門·中暑附論》

香薷穗四兩　白扁豆炒　厚朴薑製　茯神去皮木　紫蘇葉　甘草　陳皮去白各二兩　檀香一兩　乾木瓜二兩　丁香半兩

右爲細末，百沸湯調服，治秋用青蒿二兩，木瓜、半夏、生薑各半兩，同煎八分濾過，用錫器盛，於井水中浸極冷，不拘時，任意服。（暑溫）

加減小柴胡湯《辨證錄·春溫門》

柴胡一錢五分　茯苓三錢　黃芩一錢　甘草一錢　陳皮五分　天花粉一錢

水煎服。（春溫）

加減元參升麻湯《溫疫析疑·疫毒門》

升麻一錢五分　荆芥二錢，炒焦　薄荷一錢　牛蒡子一錢五分　桔梗三錢　連翹三錢　甘草一錢　殭蠶一錢　射干二錢　人中黃三錢　元參五錢　菊花一錢

水三杯，煎一杯，冷服。不應，斟酌分兩，再服。（溫毒）

加減六君湯《辨證錄·暑症門》

人參　茯苓　白芍各三錢　白术一兩　香薷一錢　砂仁一粒　陳皮五分　半夏一錢

水煎服，一劑即平。（暑溫）

加減玉竹飲子《通俗傷寒論·傷寒兼證·秋燥傷寒》

生玉竹　川貝母各三錢　西洋參　浙苓　紫菀各二錢　蜜炙橘紅　桔梗

炙草各八分 （秋燥）

加減正氣散 《治溫闡要・濕溫》

藿梗 杏仁 川朴 神麯 茯苓皮 麥仁 茵陳 大腹皮 廣皮 （濕溫）

加減生脈散 《溫病條辨・上焦篇・伏暑》

沙參三錢 麥冬三錢 五味子一錢 丹皮二錢 細生地三錢

水五杯，煮二杯，分溫再服。（暑溫）

加減竹葉石膏湯 《喉痧證治概要・内服方》

青竹葉三十張 桑葉皮各錢半 金銀花三錢 鮮葉莖一兩，去節 熟石膏三錢 光杏仁三錢 連翹殼三錢 白萊菔汁一兩 生甘草六分 象貝母三錢 冬瓜子四錢 （溫毒）

加減升麻葛根湯 《喉痧證治概妄・内服方》

川升麻五分 生甘草五分 連翹殼二錢 炙殭蠶三錢 粉葛根錢半 苦桔梗一錢 金銀花三錢 乾荷葉一角 薄荷葉八分 京赤芍二錢 淨蟬衣八分 陳萊菔三錢 （溫毒）

加減柴胡湯 《辨證錄・春溫門》

柴胡 黃芩 知母 炙甘草各一錢 茯苓五錢 枳殼 神麯各五分 蘿蔔子三錢

水煎服。（春溫）

加減麻杏石甘湯 《喉痧證治概要・内服方》

淨麻黃四分 熟石膏四錢 象貝母三錢 鮮竹葉三十張 光杏仁三錢 射干八分 炙殭蠶三錢 白萊菔汁一兩 生甘草六分 連翹殼二錢 薄荷葉一錢 京元參錢半 （溫毒）

加減清化湯 《溫疫析疑・疫毒門》

銀花七錢 連翹六錢 元參六錢 馬勃四錢 殭蠶三錢 蟬蛻三錢 梔子三錢 桔梗四錢 黃芩五錢 黃連三錢 龍膽草四錢 佩蘭五錢 甘草三錢

水三大杯，次人黃連煎一大杯，加蜂蜜一匙、黃酒一鍾，分二次服。夜服人中黃散五 七錢。（溫毒）

加減清熱解毒湯 《溫疫析疑・疫毒門》

荆芥二錢，炒焦 升麻一錢五分 葛根二錢 芍藥三錢 生地黃五錢 黃芩四錢 黃連二錢 丹皮五錢 石膏七錢 知母四錢 元參五錢 天水散四錢，衝

水三杯，如法煎一杯，微溫服。夜再照方服。（溫毒）

加減陽毒升麻湯 《溫疫析疑・疫毒門》

升麻二錢 犀角五錢，鎊 黃連四錢 石膏一兩 知母七錢 生地黃一兩 芍藥七錢 丹皮八錢 元參一兩 殭蠶五錢 蟬蛻五錢 黃檗五錢

冰水或雪水四大杯，如法煎二大杯，分二次冷服。甚者，再照方服。（溫毒）

加減黑膏湯 《喉痧證治概要・内服方》

鮮生地六錢 細木通八分 薄荷葉八分 金銀花三錢 京元參三錢 川雅連五分 冬桑葉三錢 連翹殼三錢 鮮石斛四錢 甘中黃八分 大貝母三錢 鮮竹葉三十張 活盧根一兩，去節 （溫毒）

加減復脈湯 《溫病條辨・下焦篇・風溫溫熱溫疫溫毒冬溫》

炙甘草六錢 乾地黃六錢 （暑溫）

加減滋陰清肺湯 《喉痧證治概要・内服方》

淡豆豉三錢 薄荷葉八分 連翹殼三錢 炙殭蠶三錢 鮮生地四錢 熟石膏四錢 京赤芍二錢 淨蟬衣八分 鮮石斛四錢 生甘草六分 象貝母三錢 浮萍草三錢 鮮竹葉三十張 茅蘆根各一兩。去心節 （溫毒）

六畫

地仙散 《普濟方・寒暑濕門・中暑附論》

地骨皮去土，二兩 防風去蘆，一兩 甘草炙，半兩

右銼散，每服三錢，水一盞半，生薑五片煎，不以時，溫服。（暑溫）

地苓芍桂湯 《辨證錄・春溫門》

熟地二兩 茯苓五錢 白芍五錢 肉桂五分

水煎服。（春溫）

地骨皮散 《普濟方・諸風門・風熱》

地骨皮三兩半　生乾地黃二兩

右件爲細末，每服二錢，溫酒調下，食後。（風溫、冬溫）

地骨皮湯《普濟方・諸風門・風熱》

地骨皮去土　人參　甘草炙銼　柴胡去苗　葛根　麥門冬去心焙。各半兩

右粗搗篩，每服三錢匕，水一盞，入竹葉二十片，生薑三片，同煎至七分去滓，溫服。（風溫、冬溫）

地骨皮湯《聖濟總錄・風熱》

地骨皮去土　人參　甘草炙剉　柴胡去苗　葛根剉　麥門冬去心焙。各半兩

右六味，麤搗篩，每服三錢匕，水一盞，入竹葉二十片，生薑兩片，同煎至七分，去滓溫服。（風溫、冬溫）

地黃煎《普濟方・諸風門・風熱》

生地黃汁　枸杞根汁二升　生薑汁　醋各三升　荆瀝　竹瀝各五升　天門冬　人參各八兩　茯苓六兩　大黃　梔子仁各四兩

右搗篩五味爲散，先煎地黃等汁成煎，次納散藥攪調，每服一匙，日再，漸加至三匙，覺利減之。（風溫、冬溫）

地榆解熱湯《辨證錄・春溫門》

當歸五錢　生地三錢　地榆　天花粉各二錢　黃芩　甘草　茱葉　大黃各一錢

水煎服。（春溫）

芎枳丸《普濟方・諸風門・風熱》

川芎用淘米泔浸一宿，刷淨沙土焙，乾秤　枳殼用淘米泔浸三日三夜，去瓤再浸一宿，切作片子，麩炒微黃色

右各四兩，并爲細末，煉蜜放冷，和丸如梧桐子大。每服一百丸，食後臨卧，溫水送下，日進二服。一方茶湯下，不拘時候。（風溫、冬溫）

芎黃丸《普濟方・諸風門・風熱》

川芎　大黃錦紋者，用無灰酒一碗，慢火煮令酒盡，焙乾。各二兩

右件爲細末，煉蜜爲丸，如梧桐子大。每服二十丸，溫熟水下。食後。（風溫、冬溫）

朱砂圓《聖惠方・治心臟風熱諸方》

朱砂一兩，細研水飛過　龍腦一分，細研　牛黃一分，細研　龍齒一兩，細研　天竺黃一兩，細研　金銀箔各一百片，細研　虎睛三對，酒浸一宿，微炙　馬牙消一兩　麝香一分，細研　犀角屑　人參去蘆頭　茯神　川升麻　羚羊角屑　天麻　麥門冬去心焙　獨活　甘菊花　子芩以上各一兩　甘草半兩，炙微赤，剉

右件藥，擣羅爲末，人研了藥令勻，鍊蜜和擣三二百杵，圓如梧桐子大。每服不計時候，以荆芥湯嚼下十圓。（風溫、冬溫）

朱砂圓《聖惠方・治時氣令不相染易方》

朱砂二兩，細研，水飛過　人參一兩，去蘆頭　鬼箭羽二兩　雄黃二兩，細研，水飛過　赤小豆二兩，炒熟

右件藥，擣羅爲末，鍊蜜和圓，如小豆大，每服，空心以溫水下五圓，可與病人同牀傳衣，不相染也。（溫疫）

竹茹湯《聖濟總錄・中熱暍》

竹茹一合，新竹者　甘草一分，剉　烏梅兩枚，椎破

右三味，用水一盞半，煎取八分，去滓放溫，時時細呷。（暑溫）

竹葉石羔湯《治疫全書・風溫濕溫等症方》

淡竹葉十餘片　石羔三錢　人參一錢　甘草四分　半夏八分　麥冬一錢　粳米一撮，薑引。（溫疫）

竹葉石膏湯《明醫雜著・暑病》

石膏一兩　半夏二錢五分　甘草二錢　麥門冬五錢　人參二錢

入竹葉，水煎。（暑溫）

竹葉石膏湯《和劑局方・治傷寒》

石膏一斤　半夏湯洗七次，三兩半　甘草炙二兩　人參去蘆一兩　麥門冬去心，五兩半

右爲麄末，入半夏令勻。每服三錢，水二盞，入青竹葉、生薑各五六片，煎至一盞半，去滓，入粳米百餘粒，再煎米熟去米，溫服不拘時。（溫疫）

竹葉石膏湯《通俗傷寒論・傷寒兼證・熱證傷寒》

鮮淡竹葉　冰糖水　炒石膏各二錢　仙半夏一錢　原麥冬三錢　西洋參

錢半　生甘草八分　生粳米三錢

包煎。（暑溫）

竹葉石膏湯《普濟方・寒暑濕門・中暑附論》

石膏半斤　半夏湯洗七次，焙，一兩二錢半　麥門冬去心，二兩七錢半　人參甘草炒。各一兩

右爲末，每服二錢，薑五片，青竹葉七片，粳米百粒，水煎服。（暑溫）

自製七汁飲《通俗傷寒論・傷寒兼證・秋燥傷寒》

人乳　梨汁　竹瀝　廣鬱金汁　甜醬油　茄楠香汁　解瘂草根子搗汁（秋燥）

自製宣化飲《溫疫析疑・疫毒門》

厚朴一錢五分　草果一錢五分　檳榔一錢五分　蒼朮一錢五分　大腹皮一錢五分　木瓜二錢　陳皮一錢五分　神麴二錢，半生半炒　甘草一錢　檀香一錢　降香一錢　藿香一錢　牛膝二錢　細辛七分

陰陽水各一杯，加鮮薑三片，棗七枚煎一杯，溫服。（溫毒）

自製清燥救肺湯《醫門法律・傷燥門・秋燥門方》

桑葉經霜者得金氣而柔潤不凋，取之爲君，去枝梗，三錢　石膏煅稟清肅之氣，極清肺熱，二錢五分　甘草和胃生金，一錢　人參生胃之津，養肺之氣，七分　胡麻仁炒研，一錢　眞阿膠八分　麥門冬去心，一錢二分　杏仁泡去皮、尖，炒黃七分　枇杷葉一片，刷去毛，蜜涂炙

水一椀，煎六分，頻頻二三次滚熱服。（秋燥）

自製寒解湯《通俗傷寒論・傷寒兼證・熱證傷寒》

生石膏一兩，搗細　知母八錢　青連翹錢半　蟬退錢半　（暑溫）

行軍散《潛齋醫話》

西牛黃　麝香當門子　眞珠　梅花冰片　蓬砂各一錢　明雄黃八錢，水飛　火硝三分　飛眞金二十頁

各藥另碾，俱令極細如粉，再合研和勻，瓷瓶密貯，以蠟封之。（溫疫）

安宮牛黃丸《溫病條辨・上焦篇・風溫溫熱溫疫溫毒冬溫》

牛黃一兩　鬱金一兩　犀角一兩　黃連一兩　硃砂一兩　梅片二錢五分　射香二錢五分　眞珠五錢　山梔一兩　雄黃一兩　金箔衣　黃芩一兩

右爲極細末，煉老蜜爲丸，每丸一錢，金箔爲衣，蠟護。脈虛者，人參湯下；脈實者，銀花、薄荷湯下。每服取一丸。（風溫、冬溫）

安膽湯《辨證錄・春溫門》

柴胡　天花粉炒　梔子各二錢　甘草一錢　白芍　丹皮各三錢

水煎服。（春溫）

冰黃散《和劑局方・治傷寒》

生薑切碎，搜麪日乾　寒食麪各一斤　赤茯苓去皮　甘草生用。各四兩

右爲細末。每服二錢，新汲水或冷熟水調下，不拘時候。（暑溫）

冰黃散《普濟方・寒暑濕門・中暑附論》

赤茯苓去皮　甘草生。各四兩　寒食麵　生薑切碎，搜麵勻，日乾。各一斤

右爲細末，每服二錢，新汲水或冷水熱水調下，不拘時候。（暑溫）

冰壺散《聖濟總錄・中熱暍》

不灰木燒　玄精石生研　金星石　銀星石　馬牙消生。各半兩　甘草炙剉，一兩　消石一分

右七味，各搗研爲散，先將甘草鋪在銚內，次入諸藥，炒良久移放地上，以銚冷爲度，重研過，每服一錢匕，新汲水調下，或生薑汁水調下。（暑溫）

防己黃芪湯《治疫全書・風溫濕溫等症方》

防己　黃芪各一兩　白朮一錢五分　甘草七分

薑、棗引。（風溫、冬溫）

防己黃芪湯《治溫闡要・濕溫》

防己　白朮　薑　黃芪　炙草　棗　（濕溫）

防己湯《普濟方・寒暑濕門・中暑附論》

防己　白芷各等分

右爲細末，每服一錢，新汲水調下，不拘時。（暑溫）

防風丸《普濟丸・諸風門・風熱》

防風　茯神各三分　天門冬四分，去心　芎藭　白芷　人參各三分

右搗篩，蜜和丸，如梧桐子大。酒服十丸，日三服，加至十五丸。忌鯉魚、鮓物。（風溫、冬溫）

防風解毒湯《重訂廣溫熱論・溫熱驗方》

防風八分　荆芥穗八分　生石膏一錢　知母八分　蘇薄荷七分　炒牛蒡一錢　青連翹一錢　通草八分　淡竹葉八分　生枳殻七分　生甘草三分　桔梗八分　（風溫、冬溫）

七畫

赤小豆丸《聖濟總錄・辟溫疫令不相傳染》

赤小豆二兩　鬼臼　鬼箭羽　丹砂研　雄黄醋煮研。各一兩

右五味，搗研爲末，再同研勻，煉蜜和丸，如麻子大，每服五丸，米飲下，不計時候。（溫疫）

赤芍連喬散《醫醇賸義・暑病》

赤芍一錢五分　連喬二錢　葛根二錢　花粉三錢　豆豉三錢　防風一錢　薄荷一錢　獨活一錢　甘草四分　經霜桑葉二十張　（暑溫）

赤散《千金要方・辟溫》

菝葜　躑躅花各一兩　附子　桂心　眞朱各六銖　細辛　乾薑各十八銖　牡丹皮　皂莢各一兩六銖

右九味末之，內眞朱合治之，分一方寸匕置絳囊中帶之，男左女右，著臂自隨覺有病之時便以粟米大內著鼻中。又酒服一錢匕，覆取汗，日三服。當取一過汗耳。（溫疫）

却暑散《三因方・傷暑證治》

赤茯苓　生甘草各四兩　寒食麪　生薑各一兩

右爲末，每服二錢，新汲水調下，或湯點，不拘時服。（暑溫）

却暑散《世醫得效方・大方脈雜醫科・中暑》

赤茯苓去皮　甘草生。各四兩　寒食麪　生薑各一斤。細切，搜麪令勻

右爲末。每服二錢，新汲水調下，或湯點服，不拘時候。（暑溫）

杏仁滑石湯《溫病條辨・中焦篇・暑溫伏暑》

杏仁三錢　滑石三錢　黄芩二錢　橘紅一錢五分　黄連一錢　鬱金二錢　通草一錢　厚朴二錢　半夏三錢

水八杯，煮取三杯，分三次服。（暑溫）

杏仁薏苡湯《溫病條辨・中焦篇・濕溫》

杏仁三錢　薏苡三錢　桂枝五分　生薑七分　厚朴一錢　半夏一錢五分　防己一錢五分　白蒺藜二錢

水五杯，煮三杯，渣再煮一杯，分溫三服。（濕溫）

豆甘湯《治疫全書・附大頭瘟等症》

黑豆二合，炒令香熟　甘草二寸，炙

黄水二盞煎汁，時時呷之，治疫發腫，無不應效。（溫毒）

吴氏清絡飲《通俗傷寒論・傷寒兼證・暑濕傷寒》

鮮銀花　鮮扁豆花　鮮絲瓜皮　鮮竹葉心　鮮荷葉邊　西瓜翠衣各二錢　（暑溫）

助氣走邪散《辨證錄・春溫門》

柴胡二錢　當歸三錢　黄芪五錢　人參一錢　枳殻五分　天花粉三錢　白术五錢　厚朴一錢　黄芩一錢　麥冬五錢　山查十粒

水煎，連服二劑即愈。（春溫）

牡丹皮湯《醫醇賸義・暑病》

丹皮二錢　赤芍一錢　木通一錢　萆薢二錢　花粉二錢　瞿麥二錢　澤瀉一錢五分　車前二錢　甘草四分

苡仁一兩，煎湯代水。（暑溫）

皂莢丸《聖濟總錄・風熱》

皂莢實肥者半斤　甘草一兩，同皂莢於罐器内燒不令烟出　芎藭四兩　惡實微炒　蒺藜子炒去角。各二兩　菊花微炒　馬牙消研。各四兩　玄參暴乾，一兩　甘松去土　藿香葉　零陵香各一兩　龍腦研一錢

右一十二味，搗研爲末，煉蜜和丸，如櫻桃大，每服一丸，嚼破，茶酒任下，食後臨卧。（風溫、冬溫）

皂莢湯《世醫得效方・大方脈雜醫科・中暑》

豬芽皂莢一兩，燒灰　甘草一兩，微炒

右爲細末，每服二錢，溫熱水調下。（暑溫）

羌活散《聖濟總錄・風熱》

羌活去蘆頭　防風去叉　芎藭　荆芥穗　麻黄去根節　甘草炙剉　木通剉

惡實炒。各等分

右八味，搗羅爲散，每服二錢匕，茶酒調下，不拘時。治風熱上焦痰毒。（風溫、冬溫）

羌活湯《聖濟總錄・風熱》

羌活去蘆頭　人參　連翹　防風去叉　鈎藤各一兩　甘草炙剉，三分

右六味，麤搗篩，每服三錢匕，水一盞，煎至七分，去滓溫服。（風溫、冬溫）

羌活湯《聖濟總錄・風熱》

羌活去蘆頭　人參　連翹　防風去叉　鈎藤各一兩　甘草炙剉，三分

右六味，麤搗篩，每服三錢匕，水一盞，煎至七分，去滓溫眼。（風溫、冬溫）

羌活湯《聖濟總錄・辟溫疫令不相傳染》

羌活去蘆頭　桂去粗皮　芎藭　牡丹皮　柴胡去苗　桔梗炒　升麻　荆芥穗　玄參　甘草炙剉　麻黄去根節　木香各一分　吳茱萸湯洗，焙乾炒，一錢　牽牛炒，半兩

右一十四味，粗搗篩，每服五錢匕，水一盞半，煎至八分，去滓溫服，不拘時候。（溫疫）

羌活勝濕湯《醫方考・濕門》

羌活　獨活各一錢　藁本　炙甘草　防風　川芎各五分　蔓荆子三分（濕溫）

冷香飲子《世醫得效方・大方脈雜醫科・中暑》

草果仁三兩　附子炮，去皮臍　橘紅各一兩　甘草炙，半兩

右剉散。每服一兩，水二腕，生薑十片，煎半碗，去滓，沉冷，旋旋服，不拘時。（暑溫）

冷香湯《普濟方・寒暑濕門・中暑附論》

良薑二兩　檀香二兩　甘草炙令赤，二兩　丁香二錢　附子炮裂，去皮、臍，二兩　川薑三分炮　草豆蔻五個，去皮，麵裹煨

右爲細末，每用藥末五錢，水二升，煎十數沸，貯瓶内沉井底，作熟水服，大能消暑止渴。服之永無霍亂疾。（暑溫）

沛霖膏《辨證錄・暑症門》

玄二兩　人參一兩　生地二兩　麥冬二兩　牛膝五錢　荆芥炒黑，三錢

水煎服。（暑溫）

沙參麥冬湯《溫病條辨・上焦篇・秋燥》

沙參三錢　玉竹二錢　生甘草一錢　冬桑葉一錢五分　麥冬三錢　生扁豆一錢五分　花粉一錢五分

水五杯，煮取二杯，日再服。（秋燥）

沉香丸《聖濟總錄・傷寒疫癘》

沉香剉　丁香　熏陸香各半兩　犀角屑　升麻　木香　羚羊角屑　黄芩去黑心　梔子仁各三分　麝香研一錢　鬼臼　芒消　大黄剉炒。各一兩

右一十三味，搗研爲末令勻，煉蜜和丸，如梧桐子大，每服十丸至二十丸，米飲下。（暑溫）

良薑香薷湯《普濟方・寒暑濕門・中暑附論》

陳皮去白　藿香葉　香薷葉　甘草炒　生薑和皮　良薑炒　棗子去核　紫蘇葉　木瓜去瓤

右銼散，每服三錢重，煎服。（暑溫）

局方至寶丹《溫病條辨・上焦篇・風溫溫熱溫疫溫毒冬溫》

犀角一兩，鎊　硃砂一兩，飛　琥珀一兩，研　玳瑁一兩，鎊　牛黄五錢　麝香五錢

以安息重湯燉化，和諸藥爲丸，一百丸，蠟護。（風溫、冬溫）

阿膠黄芩湯《通俗傷寒論・傷寒兼證・秋燥傷寒》

陳阿膠　青子芩各三錢　甜杏仁　生桑皮各二錢　生白芍一錢　生甘草八分　鮮車前草　甘蔗稍各五錢

先用生糯米一兩，開水泡取汁出，代水煎藥。（秋燥）

八畫

附子大順散《明醫雜著・暑病》

附子　甘草　乾薑　杏仁　桂（暑溫）

青金散《普濟方・寒暑濕門・中暑附論》

生硫黃　寒水石火煅　玄精石　焰硝　青黛

右等分爲細末，每服一錢，新汲水調下，不拘時候。　（暑溫）

青蒿鱉甲湯《溫病條辨・下焦篇・風溫溫熱溫疫溫毒冬溫》

青蒿二錢　鱉甲五錢　細生地四錢　知母二錢　丹皮三錢

水五杯，煮取二杯，日再服。　（暑溫）

苦參丸《普濟方・諸風門・風熱》

苦參　乾薑　芎藭各六兩　玄參　丹參　人參　沙參　白术各五兩　地骨白皮　獨活各四兩　薏苡仁三升　蜀升麻二升

右爲末，蜜和丸，用薏苡仁飲下，初服十五丸，日再服，稍稍加至二十丸，如梧桐子。　（風溫、冬溫）

苦參湯《聖濟總錄・傷寒疫癘》

苦參二兩

右一味，粗搗篩，每服三錢匕，酒一盞，煎至半盞，去滓，頓服即差。（暑溫）

苓桂參甘厚朴湯《四聖懸樞・疫病解》

人參三錢　甘草二錢　乾薑三錢　茯苓三錢　桂枝三錢　厚朴三錢

流水煎大半杯，溫服。　（溫疫）

苓桂參甘椒附湯《四聖懸樞・疫病解》

人參三錢　甘草三錢　桂枝三錢　茯苓三錢　蜀椒三錢，去目　附子三錢，炮　芍藥三錢　粳米半杯

流水煎大半杯，溫服。　（溫疫）

茅根散《普濟方・寒暑濕門・中暑附論》

白茅根一兩　人參去蘆頭，一兩　厚朴去粗皮，半兩，薑製　香薷一兩，去土

右爲細末，每服二錢，水一盞，入酒半盞，同煎至一盞，水中沉冷服，不拘時候。　（暑溫）

枇杷葉散《衛生寶鑑・瀉熱門》

枇杷葉去毛，炙，半兩　香薷三分　白茅根　麥門冬各一兩，去心　丁香甘草炙　乾木瓜各一兩　陳皮去白焙，半兩　厚朴去皮，薑汁炙，各半兩

右爲末，每服二錢，溫水調下，煩躁用新汲水調下，不拘時服。小兒亦可服，量歲數減少與之。　（濕溫）

枇杷葉散《世醫得效方・大方脈雜醫科・中暑》

枇杷葉去毛，炙，半兩　香薷三兩　白茅根　甘草炙　麥門冬去心　乾木瓜各一兩　陳皮去白，焙，半兩　丁香　厚朴

右剉散。每服五錢，水一盞半，生薑三片煎服。煩躁，沉冷服。　（暑溫）

枇杷葉散《和劑局方・治傷寒》

麥門冬湯洗，去心　白茅根　木瓜　甘草炙，各一兩　枇杷葉去毛，浄炙陳橘皮去白　丁香各半兩　香薷三分　厚朴去麄皮，薑汁炙，四兩

右爲細末。每服二錢，水一盞，生薑二片，煎七分，去滓，溫服，溫水調亦得。如煩躁，用新汲水調下，不拘時。小兒三歲已下，可服半錢，更量大小加減。　（暑溫）

枇杷葉散《普濟方・寒暑濕門・中暑附論》

枇杷葉去毛　生薑濕秤　罌粟殼去瓤蒂。各三錢

右細銼，用水二大盞，蜜一合，粟米百餘粒，酒半合，同煎至一盞以下，溫服一服即愈。　（暑溫）

枇杷葉散《普濟方・寒暑濕門・中暑附論》

枇杷葉去毛，炙　陳皮湯去白，焙　丁香各半兩　厚朴去皮，塗薑汁炙，四兩白茅根　麥門冬去心焙　乾木瓜　甘草炙。各一兩　香薷三二分

右擣羅爲末，每服二錢，水一盞，入生薑二片，煎至七分一盞，溫服，溫水調下亦得。如煩躁，用新汲水調下，不計時候。小兒三歲以下可服半錢，更量大小加減。　（暑溫）

來復丹《普濟方・寒暑濕門・中暑附論》

透明硫黃一兩　玄精石一兩，研細水飛　陳橘皮去白　硝石各一兩，并爲細末，入定碟內以微微火慢炒，用柳篦不住手攪令陰陽氣相入，再研極細　五靈脂五臺山者，水澄去砂石，日乾　青橘皮去白，各二兩

右靈脂二橘皮爲細末，次入玄精末，及硫黃、硝石末，和畢以好醋打糊丸豌豆大。每服五十丸，空心米飲下，或五苓散下，或水研灌亦得。（暑溫）

來復丹《溫病條辨・下焦篇・暑溫》

大陰元精石一兩　舶上硫黃一兩　硝石一兩，同硫黃爲末，微火炒，結砂子大

橘紅二錢 青皮二錢,去白 五云脂二錢,澄去砂,炒令烟盡 (暑溫)

來蘇散 《和劑局方·治傷寒》

荆芥穗 肉桂不見火 桔梗 防風 五加皮各一兩 柴胡去蘆 甘草 乾薑各二兩 陳橘皮 麻黄去節。各一兩半 芍藥半兩 黄耆一分,蜜浸炙

右爲細末。每服二錢水一盞,薑三片,同煎八分,熱服,不拘時常服。(溫疫)

東垣清暑益氣湯 《明醫雜著·暑病》

黄芪 升麻 蒼术各一錢 人參 白术 神麯 陳皮各五分 甘草炙 黄柏 麥門冬 當歸各三分 葛根 澤瀉 青皮 五味各二分 (暑溫)

東垣導滯通幽湯 《醫門法律·傷燥門·秋燥門方》

當歸 升麻 桃仁另研。各一錢 生地黄 熟地黄各五分 紅花 甘草炙。各三分

右作一服,水煎,調檳榔末五分服。 (秋燥)

東垣潤腸丸 《醫門法律·傷燥門·秋燥門方》

麻子仁另研 桃仁另研 羌活 當歸尾 大黄煨各半兩 皂角仁 秦艽各五錢

右除另研外,爲細末,五上火,煉蜜丸,如桐子大。每三五十丸,食前白湯下。 (秋燥)

抱龍丸 《聖濟總錄·中熱暍》

黄芩去黑心 大黄剉炒 黄藥子 生乾地黄焙 藍根 甘草炙剉。各一兩 雄黄研,半兩 龍腦研 麝香研。各一錢

右九味,爲細末,牛膽汁和丸,如彈子大,每服一丸,冷鹽湯嚼下。

虎頭殺鬼丸 《千金要方·辟溫》

虎頭五兩 朱砂 雄黄 雌黄各一兩半 鬼臼 皂莢 蕪荑各一兩

右七味末之以蜜蠟和爲丸如彈子大絳袋盛繫臂,男左女右及懸屋四角晦望夜半,中庭燒一丸。 (溫疫)

虎潛丸 《通俗傷寒論·傷寒兼證·秋燥傷寒》

鹽酒蜜炙黑川柏 炙龜版 熟地各三兩 知母 淮牛膝各二兩 白芍 瑣陽 歸身 炙虎脛骨各一兩五錢 炮薑五錢

醇酒爲丸。 (秋燥)

昌陽瀉心湯 《重訂廣溫熱論·溫熱驗方》

鮮石菖蒲錢半 條芩一錢 仙露夏一錢 蘇葉四分 小川連六分 眞川朴八分 紫菀三錢

先用鮮竹茹五錢、鮮枇杷葉一兩,去毛,抽筋,活水蘆根二兩煎湯代水。 (溫疫)

知母石膏湯 《傷寒大白·疫病》

知母 石膏 粳米 甘草 麥門冬 (溫疫)

知母麻黄湯 《治疫全書·風溫濕溫等症方》

知母 麻黄 甘草 芍藥 黄芩各一錢 桂枝五分

水煎溫服。 (溫疫)

知母湯 《聖濟總錄·風熱》

知母焙 人參 赤茯苓去黑皮 麥門冬去心焙 甘草炙剉 地骨皮去土。各半兩 黄芩去黑心,一分

右七味,麤搗篩,每服三錢匕,水一盞,入竹葉十片,煎至七分去滓,食後溫服。 (風溫、冬溫)

知柏茯苓湯 《辨證錄·春溫門》

知母 黄柏各一錢 茯苓五錢

水煎服。 (春溫)

和中化濁湯 《醫醇賸義·暑病》

茅术一錢 厚朴一錢 茯苓二錢 枳殼一錢 青皮一錢 砂仁一錢 木香五分 烏藥一錢 炭查三錢 神麯三錢 車前二錢 荷葉一角 煨薑三片 (暑溫)

和中茵陳湯 《醫醇賸義·發黄》

當歸二錢 茯苓二錢 白术一錢 廣皮一錢 厚朴一錢 木香五分 砂仁一錢 茅术一錢 山梔一錢五分 茵陳三錢 萆薢二錢 車前二錢 生熟穀芽各二錢 生熟苡仁各五錢

煎湯代水。 (濕溫)

和解養胃湯 《辨證錄·春溫門》

玄參一兩 甘菊花三錢 甘草一錢 麥冬三錢 天花粉三錢 蘇子一錢

水煎服。(春溫)

和閤陰陽湯《辨證錄・暑症門》

人參一錢　白朮二錢　茯苓五錢　香薷一錢　藿香一錢　蘇葉一錢　厚朴五分　陳皮三分　枳殼三分　砂仁一粒　天花粉一錢

水煎探冷，徐徐服之。（暑溫）

金水兩潤湯《辨證錄・春溫門》

熟地一兩　麥冬一兩　柴胡一錢　甘草一錢　丹皮三錢

水煎服。（春溫）

金石散《辨證錄・春溫門》

石膏三錢　葛根一錢　玄參五錢　金銀花五錢　麥冬五錢　甘草一錢

水煎服。（春溫）

金豆解毒煎《瘟疫彙編・入法總治・解毒法》

金銀花二三錢　菉豆皮二錢　生甘草一錢　陳皮一錢　蟬蛻去足翅，八分

井花水清晨首汲　（溫疫）

金沸草散《治疫全書・風溫濕溫等症方》

旋覆花　前胡　細辛　荆芥　赤苓　甘草　杏霜

薑、棗引。（風溫、冬溫）

金露解毒丸《普濟方・寒暑濕門・中暑附論》

用舶上明浄硫黄、蛤粉以上各一斤，上爲末，用連皮生薑作片子，取自然汁爲丸，如彈子大。陰乾每服一丸，生薑薄荷研細，入蜜一小匙，新水調下。（暑溫）

定悸湯《辨證錄・春溫門》

白芍　當歸各一兩　茯神　生棗仁各五錢　半夏子各三錢　甘草一錢　菖蒲　丹砂末各五分

水煎調服。（春溫）

宜春湯《辨證錄・春溫門》

枳殼五分　桔梗三錢　甘草一錢　麥冬五錢　天花粉二錢　黄芩二錢　紫菀一錢　陳皮五分　竹茹一錢　玄參三錢

水煎服。（春溫）

承氣合小陷胸湯《溫病條辨・中焦篇・風溫溫熱溫疫溫毒冬溫》

生大黄五錢　厚朴二錢　枳實二錢　半夏三錢　栝蔞三錢　黄連二錢

水八杯，煮取三杯，先服一杯，不下，再服一杯，得快利，止後服，不便再服。（風溫、冬溫）

承氣養榮湯《溫疫論・解後宜養陰忌投參朮》

知母　當歸　芍藥　生地　大黄　枳實　厚朴

水薑煎服。（溫疫）

九畫

荆黄湯《普濟方・諸風門・風熱》

荆芥四兩　大黄一兩

右㕮咀，每服三錢，水一盞，煎六分，空心服。（風溫、冬溫）

茵陳玉露飲《醫醇賸義・發黄》

茵陳三錢　玉竹三錢　石斛三錢　花粉二錢　葛根二錢　山梔一錢五分　廣皮一錢　半夏一錢　茯苓二錢　萆薢二錢　苡仁一兩

煎湯代水。（濕溫）

茵陳蒿湯《傷寒論校註・辨可下病脈証并治》

茵蔯蒿六兩　梔子十四箇，擘　大黄二兩，破

右三味，以水一斗二升，先煮茵陳，減六升，内二味，煮取三升，去滓，分溫三服。小便當利，尿如皀莢汁狀，色正赤，一宿腹減，黄從小便去也。（濕溫）

茯苓丸《聖濟總錄・風熱》

白茯苓去黑皮，一兩半　赤芍藥　柴胡去苗　百合　訶黎勒皮　羚羊角鎊　陳橘皮湯浸去白，焙　防風去叉　菊花各一兩　鬱李仁去皮炒，一兩半　大麻仁研，四兩　生乾地黄焙，三兩

右一十二味，搗羅爲末，煉蜜丸如梧桐子大，每服三十丸，煎麥門冬湯下。（風溫、冬溫）

茯苓四逆加石脂湯《四聖懸樞・疫病解》

人參三錢　甘草二錢　乾薑三錢　伏苓三錢　附子三錢　石脂三錢，生，研

流水煎大半杯，溫服。（溫疫）

茯苓四逆加半夏湯《四聖懸樞·疫病解》

人參三錢 茯苓六錢 甘草三錢 乾薑三錢 附子三錢 半夏三錢

流水煎大半杯，溫服。（溫疫）

茯苓白朮散《三因方·暑濕風溫證治》

茯苓一兩 炮薑 甘草 白朮 桂心各一兩

右㕮咀，每服四錢，水一盞，煎七分去滓，空心服。（暑溫）

茯苓白朮湯《治疫全書·風溫濕溫等症方》

茯苓 白朮一錢五分 乾薑一錢 桂枝八分 甘草五分

水煎溫服。（濕溫）

茯苓半夏湯《普濟方·諸風門·風熱》

赤茯苓 半夏三枚，水煮切作片子 黃芩 紅皮各一分 甘草一錢

右爲末，每服三錢，水二盞，生薑六片，煎至一盞，濾沫，分三次溫服，無時，以效爲度。（風溫、冬溫）

茯苓皮湯《溫病條辨·中焦篇·濕溫》

茯苓皮五錢 生薏仁五錢 豬苓三錢 大腹皮三錢 白通草三錢 淡竹葉二錢

水八杯，煮取三杯，分三次服。（濕溫）

茯苓參甘薑附歸脂湯《四聖懸樞·疫病解》

人參三錢 甘草二錢 茯苓三錢 桂枝三錢 乾薑三錢 附子三錢 當歸三錢 赤石脂三錢（溫疫）

茯苓散《聖濟總錄·風熱》

赤茯苓去黑皮 茯神去木。各一兩 人參 遠志去心 海金沙各半兩

右五味，爲細散，每服二錢匕，煎瞿麥湯調下，食後臨臥服。（風溫、冬溫）

茯神散《聖惠方·治風熱諸方》

茯神一兩 防風一兩 黃芩一兩 葳蕤一兩 人參一兩，去蘆頭 羚羊角屑一兩 酸棗仁二兩，微炒 白鮮皮一兩 甘草半兩，炙微赤剉

右件藥，擣麤羅爲散。每服五錢，以水一大盞，入葱白二莖，豉五十粒，煎至五分，去滓，不計時候溫服。（風溫、冬溫）

梔子升麻湯《治疫全書·風溫濕溫等症方》

生地 山梔 升麻 柴胡各一錢 石羔二錢

水煎服。（溫疫）

梔子豉湯《溫病條辨·上焦篇·風溫溫熱溫疫溫毒冬溫》

梔子五枚，搗碎 香豆豉六錢

水四杯，先煮梔子數沸，後納香豉，煮取二杯，先溫服一杯，得吐止後服。（風溫、冬溫）

梔子清肝飲《辨證錄·春溫門》

白芍一兩，炒 梔子 茯苓各三錢 半夏二錢 甘草一錢

水煎服。（春溫）

胃苓湯《治溫闡要·濕溫》

赤朮 陳皮 豬苓 茯苓 桂 川朴 甘草 澤瀉 白朮 薑 棗

（濕溫）

胃苓湯《普濟方·寒暑濕門·中暑附論》

五苓散 平胃散

右二藥相合，每服二錢，紫蘇、烏梅煎湯下。（暑溫）

香附旋覆花湯《溫病條辨·下焦篇·暑溫》

生香附三錢 旋覆花三錢，絹包 蘇子霜三錢 廣皮二錢 半夏五錢 茯苓塊三錢 薏仁五錢

水八杯，煮取三杯，分三次溫服。（暑溫）

香茹飲《治疫全書·風溫濕溫等症方》

香茹 厚朴 扁豆（濕溫）

香薷丸《三因方·傷暑證治》

香薷 紫蘇俱去梗 乾木瓜各一兩 丁香 炙草 檀香 白茯苓 藿香

右爲末，蜜丸彈子大。每服一丸至二丸熟水嚼下，或新汲水化下亦得，小兒半丸。

（暑溫）

香薷丸《普濟方·寒暑濕門·中暑附論》

香薷去土 紫蘇去莖粗梗 乾木瓜各一兩 丁香 茯神去木 檀香剉 藿香葉 甘草炙各五錢

右爲細末，煉蜜和丸，每兩作三十丸。每服一丸至二丸，細嚼，溫湯

下，或新汲水化下亦得，小兒每服半丸，不計時候。（暑溫）

香薷剉散《普濟方・寒暑濕門・中暑附論》

香薷二兩　厚朴製，一兩　茯苓　陳皮　甘草炙。各半兩　良薑三錢

右銼細末，二錢半作一服，鹽一捻，水煎服。（暑溫）

香薷散《世醫得效方・大方脈雜醫科・中暑》

香薷去梗，四兩　厚朴去粗皮，切碎，薑汁炒令黃　白扁豆各二兩

右剉散。每服五錢，水一盞，酒一分，同煎七分，去滓，水中沉冷，連吃二服，立效，不拘時候。（暑溫）

香薷散《聖濟總錄・中熱暍》

香薷二兩

右一味，擣羅爲散，每服二錢匕，水一盞，煎取七分，不去滓溫服，不拘時候。（暑溫）

香薷飲加減《辨證錄・暑證門》

人參三錢　白朮三錢　茯苓二錢　香薷二錢　黃連五分　甘草三分　陳皮五分　扁豆二錢　厚朴五分

水煎服，一劑而愈不必再劑。（暑溫）

香薷圓《和劑局方・治傷寒》

乾木瓜　紫蘇去麁根　香薷去土各一兩　白茯神去木　藿香葉　檀香剉　甘草剉炙　丁香各半兩

右爲細末，煉蜜和勻圓，每一兩作三十圓。每服一圓，至二圓細嚼，溫湯下，或新汲水化下。小兒半圓，不拘時。（暑溫）

保元湯《訂補簡易備驗方・痘痳》

人參一錢　黃芪嫩者，蜜水炒二錢　甘草炙　（溫毒）

風引湯《普濟方・諸風門・風熱》

以紫英石、白石英、寒水石、石膏、乾薑、大黃、龍齒、牡蠣、甘草、滑石等分，混合咀，以水一升，煎去三分，食後，量多少溫呷，不用滓，服之無不效者。（風溫、冬溫）

風濕兩舒湯《辨證錄・春溫門》

茯苓　白朮各五錢　柴胡　防風　半夏　甘草各一錢　桂枝三分

水煎服。（春溫）

前胡湯《聖濟總錄・傷寒疫癘》

前胡去蘆頭　生乾地黃焙　麥門冬去心焙　陳橘皮湯浸去白焙　甘草炙　人參各半兩

右六味，粗擣篩，每服三錢匕，水一盞，竹葉七片，煎至七分，去滓溫服。（暑溫）

前胡湯《聖濟總錄・傷寒疫癘》

前胡去蘆頭　升麻　麥門冬去心焙。各三分　貝母去心　紫菀去苗土　杏仁去皮、尖、雙仁，炒研。各半兩　甘草炙，一分　石膏一兩一分

右八味，粗擣篩，每服三錢匕，水一盞，竹葉二七片，煎至七分，去滓不拘時溫服。（暑溫）

洗心湯《普濟方・諸風門・風熱》

白朮　麻黃　當歸　荊芥　芍藥　甘草　黃芩各等分

右㕮咀，用生薑薄荷煎服，如小兒麩豆疹欲發，先狂語多渴，及驚風積熱，可臨卧服一錢，如大人五臟實欲溏，乘熱服四五錢。（風溫、冬溫）

活龍散《治疫全書・風溫濕溫等症方》

活地龍四條即蚯蚓，洗淨研爛，入薑汁少許，蜂蜜一匙，薄荷汁少計，和新汲井水調勻，徐徐灌盡，漸次涼快，若仍熱熾者加片腦少許，未效再服，自然汗出而解。（溫疫）

宣白承氣湯《溫病條辨・中焦篇・風溫溫熱溫疫溫毒冬溫》

生石膏五錢　生大黃三錢　杏仁粉二錢　栝蔞皮一錢五分

水五杯，煮取二杯。先服一杯，不知再服。（風溫、冬溫）

宣痹湯《溫病條辨・上焦篇・濕溫》

枇杷葉二錢　鬱金一錢五分　射干一錢　白通草一錢　香豆豉一錢五分

水五杯，煮取二杯，分二次服。（濕溫）

宣痹湯《溫病條辨・中焦篇・濕溫》

防己五錢　杏仁五錢　滑石五錢　連翹三錢　山梔三錢　薏苡五錢　半夏三錢醋炒　晚蠶沙三錢　赤小豆皮三錢。赤小豆乃五穀中之赤小豆，味酸肉赤，涼水浸取皮用。非藥肆中之赤小豆，藥肆中之赤豆乃廣中野豆，赤皮蒂黑肉黃，不入藥者也

水八杯，煮取三杯，分溫三服。（濕溫）

祛風至寶丸《普濟方・諸風門・風熱》

川芎 當歸各二兩半 防風 芍藥各一兩半 甘草二兩 白术一兩三錢 滑石三兩 石膏 桔梗 熟地黃 天麻 人參 羌活 獨活 黃芩各一兩 大黃 連翹 荆芥穗 薄荷 麻黃去根不去節 芒硝 黃連 黃柏 細辛 全蠍各半兩 山梔子六錢

右爲末，煉蜜爲丸彈子大。每服一丸，細嚼，茶酒任下，臨卧服。

神功散《普濟方・諸風門・風熱》

川芎 鬱金各二錢 荆芥穗 薄荷葉各一分 紅豆一錢

右爲末，入盆硝二錢研勻，鼻內搐二三剜耳許，力慢即加藥。病甚者，兼夜搐之。（風溫、冬溫）

神术湯《傷寒大白・疫病》

防風 熟蒼术 石膏 甘草（溫疫）

神明白散《聖濟總錄・傷寒疫癘》

白术剉炒，二兩 桔梗 細辛去苗葉。各一兩 附子炮裂去皮臍，二兩 烏頭炮裂去皮臍，四兩

右五味，擣羅爲散，以絹囊盛帶之，居閭里間，皆無病，有病疫癘者，溫酒服方寸匕，復取汗，或得吐即差。若輕三四日，抄三錢匕，水二盞，煎一盞半，去滓分溫三服。（暑溫）

神犀丹《潛齋醫話・疫》

烏犀尖磨汁 石菖蒲 黃芩各六兩 直生地冷水洗浄，浸透，擣絞汁 銀花如有鮮者，擣汁用尤良。各一斤 糞清 連翹各十兩 板藍根九兩 淡豆豉八兩 元參七兩 紫草 花粉各四兩

凡十二味，不可加減。生曬研細，以犀角、地黃汁、糞清和擣爲丸，切勿加蜜。銀花如有鮮者，亦絞汁和入。如汁少難丸，可將淡豆豉煮爛。如無糞清，可用人中黃四兩研入。如無板藍根，以飛浄青黛代之。每丸重三錢，用涼開水調服，小兒用半丸。（溫疫）

除濕湯《治疫全書・風溫濕溫等症方》

羌活 防風 藁本 蒼术 升麻 薑、棗引。（濕溫）

飛馬金丹《重訂廣溫熱論・溫熱驗方》

巴豆霜 廣木香 賴橘紅各三錢 五靈脂 廣鬱金 生打上雄黃 製錦紋各一兩 飛辰砂五錢 明乳香 浄沒藥 山慈姑 百草霜各二錢

各秤另研浄末分兩，再合研一時許，令勻，米醋法丸，金箔爲衣，如綠豆大，隔紙曬乾，緊貯磁器，置高燥處。二十幾歲以上者，每服十二丸，稟強者加三丸。老幼隨減，三兩歲者七丸或五丸，七八十歲者九丸，溫開水送下，半日或一二時許，非吐必瀉。孕婦遇急症，七丸爲度。（溫疫）

十 畫

秦艽散《普濟方・寒暑濕門・中暑附論》

秦艽去土 當歸去蘆 桔梗 黃連去鬚 烏梅去核 甘草炙 青皮去瓤 柴胡去蘆 乾薑炮 芍藥

右各等分爲細末。（暑溫）

真珠丸《普濟丸・諸風門・風熱》

苦參 石膏細研，水飛過。各一兩 金箔三十片 牛黃一分 真珠細研 鐵粉 朱砂細研 天竺黃 玳瑁 胡黃連 犀角屑 沙參去蘆頭 玄參 龍齒細研 甘草各半兩。炙微赤剉

右爲末，入研了藥令勻，煉蜜和擣三二百杵，丸如梧桐子大。每服不計時候，以麥門冬湯下十五丸。（風溫、冬溫）

真珠貝母散《聖濟總錄・辟溫疫令不相傳染》

眞珠研 桂去粗皮。各一分 貝母去心，半兩 鷄子二枚，去殼炒令黃黑，研 杏仁湯浸去皮、尖、雙仁，炒，三分

右五味，擣研爲末，再同研勻，歲旦溫酒調下一錢匕。若歲中人多病者，可且望服之。如遇時行病，即不拘時。（溫疫）

真珠圓《聖惠方・治風熱諸方》

眞珠半兩，細研 牛黃一分 朱砂半兩，細研 金箔三十片 鐵粉半兩 天竹黃半兩 玳瑁半兩 胡黃連半兩 犀角屑半兩 沙參半兩，去蘆頭 苦參

三、一兩剉　玄參半兩　石膏一兩，細研，水飛過　龍齒半兩，細研　甘草半兩，炙微赤剉

右件藥，擣細羅爲末，入研了藥令勻，錬蜜和擣三二百杵，圓如梧桐子大，每服，不計時候，以麥門冬湯下十五圓。（風溫、冬溫）

桂心湯《聖濟總録·傷寒疫癘》

桂去精皮，三分　芍藥一兩　麻黄去根節　杏仁去皮、尖、雙仁，炒研　黄芩去黑心　甘草炙。各半兩

右六味，粗搗篩，每服三錢匕，水一盞，生薑三片，棗一枚劈，煎至七分，去滓溫服。（暑溫）

桂苓丸《三因方·傷暑證治》

桂心　白术各一兩　赤苓三兩　烏梅肉一兩五錢　乾薑一兩，炙　炙草五錢

右爲末，蜜丸彈子大，每服一丸至二丸，細嚼滚湯送下。（暑溫）

桂苓丸《普濟方·寒暑濕門·中暑附論》

肉桂去粗皮，不見火　茯苓去皮。各等分

右爲細末，煉蜜爲丸，每兩作八丸。每服一丸，用新汲水或熟水嚼化下。（暑溫）

桂苓丸《普濟方·寒暑濕門·中暑附論》

桂心　白术各二兩　赤茯苓二兩　烏梅肉二兩半　乾生薑一兩　甘草半兩

右爲末，蜜丸如彈子大。每服一丸、細嚼，熟水下，或至二丸。（暑溫）

桂苓甘露散《世醫得效方·大方脈雜醫科·中暑》

茯苓一兩，去皮　甘草二兩，炙　白术半兩　澤瀉一兩　桂半兩，去皮　石膏二兩　寒水石二兩　滑石四兩　豬苓半兩

右爲末。每服三錢，溫湯調下，新水亦得，生薑湯尤良。小兒每服一錢。（暑溫）

桂苓甘露飲《衛生寶鑑·瀉熱門》

白术　豬苓去皮　白茯苓去皮　滑石研，各二兩　甘草炙　寒水石研　澤瀉各一兩　肉桂去皮，半兩

右爲末，每服三錢，熱湯或冷水調下，不拘時服，入蜜少許亦好。（濕溫）

桂苓甘露飲《普濟方·寒暑濕門·中暑附論》

茯苓去皮　澤瀉各一兩　甘草炙　寒水石　石膏各二兩　滑石四兩　白术　桂去皮　豬苓各半兩

右爲細末。每服三錢，溫湯調下，新水亦可，生薑湯尤良。小兒每服一錢，同上法。（暑溫）

桂枝附子湯《治溫闡要·濕溫》

桂枝　炙草　附子　薑　棗（濕溫）

桂枝湯《溫病條辨·上焦篇·風溫溫熱溫疫溫毒冬溫》

桂枝六錢　芍藥三錢炒　炙甘草二錢　生薑三片　大棗二枚去核（風溫、冬溫）

桃花化濁湯《醫醇賸義·發黄》

桃仁二錢　紅花五分　牛膝二錢　延胡索一錢　歸尾一錢五分　赤芍一錢　丹參二錢　茵陳三錢　澤瀉一錢五分　車前二錢　降香五分　血餘灰一撮（濕溫）

桔梗湯《通俗傷寒論·傷寒兼證·赤膈傷寒》

白桔梗　生甘節　歸身　白术各一錢　生苡仁五錢　生桑皮三錢　細生地二錢　敗醬草八分（溫疫）

連梅湯《溫病條辨·下焦篇·暑溫》

云連二錢　烏梅三錢，去核　麥冬三錢，連心　生地三錢　阿膠二錢

水五杯，煮取二杯，分二次服。脈虛大而芤者，加人參。（暑溫）

破假湯《辨證録·春溫門》

人參三錢　白术五錢　陳皮一錢　神麯五分　柴胡二錢　山楂十粒　甘草五分　白芍一錢　鱉甲三錢　石膏一錢半　半夏一錢

水煎服。（春溫）

破瘧散《辨證録·春溫》

白术　黄芪各五錢　半夏　防風　羌活　陳皮　甘草各一錢

水煎服。（春溫）

柴胡防風湯《普濟方·諸風門·風熱》

柴胡　防風　梔子　甘草　桔梗　薄荷各等分

右爲麤末，每服五錢，水二盞，煎一盞，去滓服。（風溫、冬溫）

柴胡升麻湯《和劑局方·治傷寒》

桑白皮　黄芩去皮。各六兩半　升麻五兩　荆芥去梗，七兩半　赤芍藥　前胡去蘆　柴蘆去皮　石膏煅　乾葛各十兩

右㕮咀。每服三大錢，水一盞半，生薑三片，豉十餘粒，同煎一盞，去滓，稍熱服，不拘時。小兒更量大小加減。（溫疫）

柴胡桂枝乾薑湯《四聖懸樞·疫病解》

柴胡三錢　黄芩三錢　甘草二錢　桂枝二錢　乾薑三錢　牡蠣三錢　栝蔞三錢　（溫疫）

柴胡桂薑半夏湯《四聖懸樞·疫病解》

柴胡三錢　黄芩三錢　乾薑三錢　桂枝二錢　甘草二錢　牡蠣三錢　栝蔞三錢　半夏三錢　生薑三錢

流水煎大半杯，溫服。（溫疫）

柴胡清燥湯《溫疫論·下後間服緩劑》

柴胡　黄芩　陳皮　甘草　花粉　知母

薑棗煎服。（溫疫）

柴胡湯《聖濟總錄·傷寒疫癘》

柴胡去苗，一兩　麻黄去根節，一兩半　升麻一兩　桂去粗皮，三分　大黄剉炒，一兩　甘草炙，三分　鱉甲醋炙去裙襴，一兩一分　枳實去瓤，麸炒　知母焙。各三分　梔子仁一分

右一十味，粗擣篩，每服五錢匕，水一盞半，入生薑三片，煎至七分，去滓溫服。（暑溫）

柴胡湯《聖濟總錄·傷寒疫癘》

柴胡去苗，一兩　芍藥一兩　梔子仁　黄芩去黑心。各半兩　石膏碎　葛根剉。各一兩

右六味，粗擣篩，每服五錢匕，水一盞半，葱白三寸，豉三十粒，煎至七分至滓。不計時候溫服。（暑溫）

柴胡養榮湯《溫疫論·解後宜養陰忌投參朮》

柴胡　黄芩　陳皮　甘草　當歸　白芍　生地　知母　天花粉

薑棗煎服。（溫疫）

柴葛解肌湯《治疫全書·風溫濕溫等症方》

柴胡　乾葛　白芍　黄芩　羌活　桔梗　白芷　甘草

水煎溫服。（風溫、冬溫）

柴蘇葛根半夏湯《四聖懸樞·疫病解》

蘇葉三錢　葛根三錢　桂花三錢　芍葉三錢　半夏三錢　生薑三錢　甘草二錢

流水煎大半杯，熱服。（溫疫）

烏頭散《聖惠方·治時氣令不相染易方》

川烏頭一分，炮裂去皮臍　川升麻三分　川大黄三分，剉碎微炒　獺肝一分，酒浸微炙　龍腦半兩分，細研　柴胡三分，去苗　川朴消三分，細研

右件藥，擣細羅爲散，入龍腦朴消同研令勻。每服，空心以溫酒調下一錢。（溫疫）

烏犀丸《普濟方·諸風門·風熱》

黑牽牛四兩，生用　皂角一兩，不蚛者炙令香，刮去皮子　細松烟墨半兩，燒令烟斷

右件爲細末，麵糊爲丸，如梧桐子大，每服五十丸，溫熱水送下。臨卧取利一次，更量虛實加減。（風溫、冬溫）

粉身散《千金要方·辟溫》

芎藭　白芷　藁本各等分

右三味治下篩，内米粉中以粉身。（溫疫）

益元散《世醫得效方·大方脈雜醫科·中暑》

白滑石六兩　甘草一兩，炙

右爲極細末。每服三錢，蜜少許，溫水調下。無蜜亦得，日三服。欲冷，新汲水調下。發汗，煎葱白、豆豉湯并三四服。（暑溫）

益金散風湯《辨證錄·春溫門》

人參五分　甘草一錢　五味子三粒　麥冬三錢　紫蘇一錢　蔓荆子一錢　天花粉一錢　桔梗三錢

水煎服。（春溫）

益胃湯《溫病條辨·中焦篇·風溫溫熱溫疫溫毒冬溫》

沙參三錢　麥冬五錢　冰糖一錢　細生地五錢　玉竹一錢五分　炒香

水五杯，煮取二杯，分兩次服，渣再煮一杯服。（風溫、冬溫）

益氣散風湯《辨證錄·春溫門》

人參　黄芪各三錢　甘草　半夏各一錢　白术五錢　柴胡二錢　茯苓三錢　枳殼五分

水煎服。（春溫）

益氣曉寒飲《辨證錄·春溫門》

人參　柴胡　桔梗　半夏各一錢　黄芪　茯苓各三錢　當歸二錢　蘇葉五分　甘草五分

水煎服。（春溫）

涼膈散《治疫全書·風溫濕溫等症方》

連翹　大黄　芒硝　梔子　黄芩　薄荷

加竹葉生蜜同煎。（溫疫）

涼膈散《重訂廣溫熱論·溫熱驗方》

青子芩二錢　生山梔二錢　蘇薄荷二錢　連翹二錢　生錦紋三錢　生甘草一錢　鮮竹葉三十片

先用元明粉三錢，提凈白蜜一兩，煎湯代水。（風溫、冬溫）

涼營清氣湯《喉痧證治概要·內服方》

犀角尖五分，磨衝　鮮石斛八錢　黑山梔二錢　牡丹皮三錢　鮮生地八錢　薄荷葉八分　川雅連五分　京赤芍二錢　京元參三錢　生石膏八錢　生甘草八分　連翹殼三錢　鮮竹葉三十張　茅蘆根各一兩，去心節　金汁一兩，衝服　（溫毒）

消毒丸《三因方·傷暑證治》

半夏湯泡令去滑，米泔煮令透　茯苓　生甘草各五錢

右爲末，蜜丸桐子大，每服三十丸，新汲水調下，不拘時服。（暑溫）

消毒丸《醫方考·瘟疫門》

大黄酒浸　牡蠣炙　殭蠶等分　（溫疫）

消風散《普濟方·諸風門·風熱》

柴胡　羌活　當歸去蘆頭　防風　川芎　甘草各等分

右㕮咀，每服三錢，水一大盞，生薑三片，煎至七分去滓，溫服，食前。（風溫、冬溫）

消暑十全飲《衛生寶鑑·瀉熱門》

人參　厚朴薑製　白术　香薷　木瓜　白扁豆　黄氏　陳皮　白茯苓　甘草各等分　（濕溫）

消暑丸《普濟方·寒暑濕門·中暑附論》

半夏醋五升煮乾　甘草炙　茯苓去皮。各半斤

右爲末，生薑汁作薄糊爲丸，如梧桐子大。每服五十丸，水下。此藥合時，須用好醋煎煮半夏，薑汁作糊，無見生水。（暑溫）

消暑散《聖濟總録·中熱暍》

人參搗末　白麵等分

右二味，和勻，每服二錢匕，新水調下，不拘時候。（暑溫）

消暑圓《世醫得效方·大方脈雜醫科·中暑》

半夏一斤，湯洗七次，去滑　茯苓去皮　甘草生。各半斤

右爲末，薑汁麵糊爲圓如梧桐子大。每服三十圓，新汲水下。（暑溫）

消暑圓《和劑局方·治傷寒》

半夏醋五升煮乾　茯苓去皮　甘草生用。各半斤

右爲細末，以生薑汁作薄糊爲圓，如梧桐子大。每服五十粒，水下。（暑溫）

消痰平胃湯《辨證錄·春溫門》

玄參　青蒿各一兩　半夏　茯神　麥冬　車前子各三錢

水煎服。（春溫）

流金散《聖濟總録·辟溫疫令不相傳染》

雄黄三兩，研　雌黄二兩，研　鬼箭羽半兩　白礬半兩，燒灰　羚羊角鎊，一兩

右五味，搗研爲散，縫小絹袋盛一兩，帶於胸前，別以一袋挂於門戶上。每月初一，以兩許當庭燒之，能辟瘟氣。（溫疫）

陳橘皮湯《聖濟總録·中暍悶絶》

陳橘皮湯浸去白焙　乾薑炮　甘草炙

右三味各等分，麤搗篩，每服三錢匕，以水一盞，煎五七沸去滓，稍稍令咽。勿頓與之，以蘇爲度。（暑溫）

陶氏逍遥湯《通俗傷寒論·傷寒兼證·春溫傷寒》

西洋參　知母各三錢　鮮生地一兩　辰砂五分　拌包飛滑石三錢　生甘

細梢八分　韭根白兩枚　兩頭尖四十粒

鹽水略炒包煎，先用犀角一錢，青竹皮一兩，煎湯代水，小便點滴痛甚者，加杜牛膝三錢，當門子三厘衝。（春溫）

通草散《普濟方・寒暑濕門・中暑附論》

木通　通草各半兩　澤瀉一分　竹茹二錢。少用不妨，老人減半

右銼如大米粒，或爲細末，就銼時即每服秤三錢，水一盞，煎至七分，溫服。細末即每服抄二錢，依前法煎，食後中夜卧各一服便住。（暑溫）

通幽潤燥湯《通俗傷寒論・傷寒兼證・秋燥傷寒》

油當歸二錢五分　桃仁泥　大麻仁　生川軍各一錢　生熟地各錢半　生甘草五分　杜紅花一分　蜜炙升麻三分　檳榔汁二匙衝。（秋燥）

通腦散《辨證錄・春溫門》

川芎　當歸　茯苓各三錢　桔梗二錢　蔓荆子　白术各五分　人參　半夏各一錢

水煎服。（春溫）

通關散《普濟方・諸風門・風熱》

羌活　獨活　防風　天麻　大黄　山梔子　甘草各一兩　滑石二兩

右爲麤末，每服三錢，水一盞，生薑五片，煎至七分去滓，食後溫服。（風溫、冬溫）

桑杏清肺湯《通俗傷寒論・傷寒兼證・冬溫傷寒》

霜桑葉　括蔞皮　蜜炙枇杷葉各三錢　光杏仁　川貝　炒牛蒡各二錢　杜兜鈴　桔梗各一錢　（風溫、冬溫）

桑杏湯《溫病條辨・上焦篇・秋燥》

桑葉一錢　杏仁一錢五分　沙參二錢　象貝一錢　香豉一錢　梔皮一錢　梨皮一錢

水二杯，煮取一杯，頓服之，重者再作服。（秋燥）

桑菊飲《通俗傷寒論・傷寒兼證・冬溫傷寒》

霜桑葉　葦莖各三錢　滁菊花　光杏仁　青連翹各錢半　蘇薄荷　桔梗　生甘草各八分　（風溫、冬溫）

桑菊飲《溫病條辨・上焦篇・風溫溫熱溫疫溫毒冬溫》

杏仁二錢　連翹一錢五分　薄荷八分　桑葉二錢五分　菊花一錢　苦梗二錢　甘草八分　葦根二錢

水二杯，煮取一杯，日二服。（風溫、冬溫）

十一畫

異功敵暑丸《普濟方・寒暑濕門・中者附論》

黄連一斤，淨　陳倉米二升，水一碗拌濕

右於鍋内如罨飯法，米熟爲度，曬乾爲末，以水爲丸，如梧桐子大，每服三五十丸，飯湯下，不拘時。（暑溫）

黄芩半夏生薑湯《四聖懸樞・疫病解》

黄芩三錢　芍藥三錢　甘草二錢　大棗三枚　半夏三錢　生薑三錢

流水煎大半杯，熱服　（溫疫）

黄芩湯《四聖懸樞・疫病解》

黄芩三錢　芍藥三錢　甘草二錢　大棗三枚

流水煎大半杯，熱服。（溫疫）

黄芩滑石湯《溫病條辨・中焦篇・濕溫》

黄芩三錢　滑石三錢　茯苓皮三錢　大腹皮二錢　白蔻仁一錢　通草一錢　豬苓三錢

水六杯，煮取二杯，渣再煮一杯，分溫三服。（濕溫）

黄芪湯《普濟方・寒暑濕門・中暑附論》

黄芪　地黄　芍藥　五味子　麥門冬　茯苓各半兩　甘草一分

右爲粗散，每服三錢，以水一大盞，生薑三片，棗二個，烏梅一個，煎服，無時。（暑溫）

黄連阿膠湯《溫病條辨・下焦篇・風溫溫熱溫疫溫毒冬溫》

黄連四錢　黄芩一錢　阿膠三錢　白芍一錢　雞子黄二枚

水八杯，先煮三物，取三杯，去滓，內膠烊盡，再內雞子黄，攪令相得，日三服。（暑溫）

黃連香薷散《普濟方·寒暑濕門·中暑附論》

香薷穗一兩半　厚朴去皮　黃連各二兩。銼入生薑四兩，同研勻，炒紫色

右粗散，每服三錢，水一盞，酒半盞，銀石器內慢火同煎至七分，去滓，用新汲水頻頻浸換令極冷，頓服之，冷則效速也。（暑溫）

黃連香薷飲《醫方考·暑門》

香薷一兩　厚朴炒　白藊豆各半兩　黃連三錢，炒　（濕溫）

黃連香薷湯《衛生寶鑑·瀉熱門》

黃連四兩　香薷一斤　白扁豆微炒，半斤　厚朴去皮，薑汁炙熟，半斤

右㕮咀，每服五錢，水二盞，入酒少許，煎至一盞。沈冷，不拘時服。（濕溫）

黃連黃芩湯《溫病條辨·中焦篇·風溫溫熱溫疫溫毒冬溫》

黃連二錢　黃芩二錢　鬱金一錢五分　香豆豉二錢

水五杯，煮取二杯，分二次服。（風溫、冬溫）

黃連散《聖濟總錄·中暍悶絶》

黃連雞爪者不拘多少，去鬚

右一味，爲細散，每服二錢匕，濃煎燈心湯調下，得溲則愈。蓋心惡熱，苦人心，熱傳小腸，則氣下通，故得溲則愈。燈心通利小便故也。（暑溫）

黃連滌暑湯《醫醇賸義·暑病》

黃連五分　黃芩一錢　梔子一錢五分　連喬一錢五分　葛根二錢　茯苓二錢半夏一錢　甘草四分　（暑溫）

黃紫丹《辨證錄·春溫門》

白朮五錢　茯苓三錢　當歸五錢　羌活一錢　紫蘇一錢　甘草一錢　細辛五分　黃芩一錢　麥冬五錢　人參一錢　貝母一錢

水煎服。（春溫）

黃龍丸《普濟方·寒暑濕門·中暑附論》

黃連一斤，去鬚銼碎　酒二升半，浸黃連稍過，用火煮乾

右爲細末，麪糊丸如梧桐子大。每服三十丸，熟水下。傷酒過多，臟毒下血，大便泄瀉，溫米飲下，食前二服。（暑溫）

黃龍丸《普濟方·寒暑濕門·中暑附論》

半夏半斤，釅一斗，浸三日，入銀器中慢火熬醋盡，取出新汲水洗，曬乾爲度　甘草一兩

右爲末，生薑自然汁丸梧桐子大，食後，新汲水下三五十丸。（暑溫）

黃龍湯《溫疫論·補瀉兼施》

大黃　厚朴　枳實　芒硝　人參　地黃　當歸

照常煎服。（溫疫）

菝葜散《聖濟總錄·中熱暍》

菝葜　貫衆摘碎刮去毛。各一兩　人參　甘草炙剉。各半兩

右四味，擣羅爲散，每服二錢匕，水一盞，煎至七分溫服，如熱渴即冷作飲。（暑溫）

萎蕤湯《醫方考·瘟疫門》

萎蕤二錢半　麻黃　白薇　青木香　羌活　杏仁　川芎　甘草各五分　石膏　甘菊花各一錢五分　（溫疫）

萎蕤湯《治疫全書·風溫濕溫等症方》

萎蕤二錢五分　石羔三錢　葛根三錢　羌活　白薇　青木香　杏仁各一錢　川芎　甘草五分

水煎溫服。（風溫、冬溫）

乾葛散《普濟方·諸風門·風熱》

乾葛　乾地黃各三斤　新香豉一斤

右曝令乾，擣篩爲散。每食後服一方寸匕，日再服，稍稍加至三匕。牛乳、蜜湯、竹瀝粥飲、梅漿，任意下之。（風溫、冬溫）

麥門冬散《聖惠方·論風熱諸方》

麥門冬三兩，去心焙　茯神一二兩　甘草二兩半，炙微赤剉　木通二兩半，剉　犀角屑一兩　川升麻一兩半　川朴消三兩　防風一兩半，去蘆頭　獨活一兩　人參一兩，去蘆頭　酸棗仁二兩，微炒

右件藥，擣麤羅爲散。每服五錢，以水一大盞，煎至五分，去滓，入荊瀝半合，煎一兩沸，放溫，不計時候服。忌炙煿、熱麵。（風溫、冬溫）

麥門冬湯《通俗傷寒論·傷寒兼證·春溫傷寒》

原麥冬　北秫米各三錢　西洋參　仙半夏各一錢　生甘草六分　大紅棗二枚　（春溫）

專翕大生膏《溫病條辨・下焦篇・秋燥》

人參二觔，無力者以製洋參代之　茯苓二觔　龜板一觔，另熬膠　烏骨鷄一對　鱉甲一觔，另熬膠　牡蠣一觔　鮑魚二觔　海參二觔　白芍二觔　五味子半觔　萸肉半觔　羊腰子八對　豬脊髓一觔　鷄子黃二十圓　阿膠二觔　蓮子二觔　芡實三觔　熟地黃三觔　沙苑蒺藜一觔　白蜜一觔　枸杞子一觔炒黑

右藥分四銅鍋，忌鐵器，攪用銅勺。以有情歸有情者二，無情歸無情者二，文火細煉三晝夜，去渣；再熬六晝夜；陸續合爲一鍋，煎煉成膏，末下三膠，合蜜和勻，以方中有粉無汁之茯苓、白芍、蓮子、芡實爲細末，合膏爲丸。每服二錢，漸加至三錢，日三服，約一日一兩，期年爲度。每殞胎必三月。（秋燥）

雪梨漿《溫病條辨・上焦篇・風溫溫熱溫疫溫毒冬溫》

以甜水梨大者一枚薄切，新汲涼水內浸半日，時時頻飲。（風溫、冬溫）

控涎丹《溫病條辨・下焦篇・暑溫》

甘遂去心製　大戟去皮製　白芥子　（暑溫）

掃胃湯《辨證錄・春溫門》

石膏　甘菊花各三錢　青蒿五錢　茯苓三錢　甘草一錢　陳皮三分　柴胡五分　厚朴一錢　檳榔八分

水煎服。（春溫）

救亡生陰丹《辨證錄・暑症門》

人參二兩　熟地四兩　山茱萸二兩　五味五錢　茯神一兩　白芍一兩

水煎服。（暑溫）

救生散《聖濟總錄・中熱暍》

脂麻新者三兩

右一味，炒令黑色，取出盤內攤冷，碾爲細末，新汲水調下三錢匕，或丸如彈子大，新水化下一丸，凡是暑熱外不得以冷物逼之，得冷即斃。（暑溫）

救生散《聖濟總錄・傷寒疫癘》

人參　五味子　白术各半兩　麻黃去根節，三兩　桂去粗皮　厚朴去粗皮，薑汁炙　大黃剉炒。各一兩　附子炮裂去皮臍，半兩　甘草炙，半兩

右九味，搗羅爲散，每服二錢匕，新汲水調下，後用熱水漱，良久吃生薑熱茶一盞，投以衣被復之，如陽毒汗出，陰毒瀉下立差。（暑溫）

救苦湯《松峰說疫・雜疫》

桂枝　連翹去隔　紅花　細辛　歸尾　甘草各一錢五　蒼术泔浸，焙　膽草各七分　羌活　黃芩　麻黃　柴胡　防風　藁本　黃柏各一錢　黃連五分　生地　知母炒，各一錢　白芍二錢

食遠服。（溫疫）

救咽丹《辨證錄・春溫門》

熟地二兩　山茱萸八錢　山藥一兩　肉桂一錢　破故紙二錢　胡桃肉一箇

水煎冷服。（春溫）

救逆湯《溫病條辨・下焦篇・風溫溫熱溫疫溫毒冬溫》

即於加減復脈湯內去麻仁，加生龍骨四錢、生牡蠣八錢，煎如復脈法。（暑溫）

救暍丹《辨證錄・暑症門》

青蒿五錢　茯神三錢　白术三錢　香薷一錢　知母一錢　乾葛一錢　甘草五分

水煎服。（暑溫）

敗毒散加黃芩湯《醫方考・瘟疫門》

羌活　獨活　柴胡　前胡　川芎　黃芩　桔梗　枳殼　人參　茯苓　甘草　（溫疫）

敗毒湯《喉痧證治概要・內服方》

荊芥穗錢半　薄荷葉一錢　連翹殼三錢　生蒲黃三錢　熟石膏四錢　炒牛蒡二錢　象貝母三錢　益母草三錢　生甘草六分　京赤芍三錢　炙殭蠶三錢　板藍根錢半　（溫毒）

敗龜湯《聖濟總錄・辟溫疫令不相傳染》

敗龜酥炙，半兩　梔子仁　大青　羚羊角鎊　芍藥　馬牙消　前胡去苗　紫菀去苗土。各一分

右八味，粗搗篩，每服五錢匕，水一盞半，煎至八分，去滓溫服食前。（溫疫）

晚髮十神湯《治疫全書·風溫濕溫等症方》

麻黄　乾葛　升麻　川芎　白芷　紫蘇　甘草　陳皮　香附　赤芍　薑、棗引。（溫疫）

麻石抒陽湯《辨證錄·春溫門》

柴胡　石膏各二錢　白芍五錢　麻黄　陳皮各三分　半夏一錢　茯苓三錢

水煎。（春溫）

麻黄散《聖惠方·治時氣不相染易諸方》

麻黄三分，去根節　桔梗三分，去蘆頭　川烏頭一分，炮裂去皮臍　人參三分，去蘆頭　細辛三分　白术三分　桂心三分　乾薑三分，炮裂剉　防風三分，去蘆頭　吴茱萸一分，湯浸七遍，焙乾微炒　川椒一分，去目及閉口者，微炒出汗　川大黄三分，剉碎微炒

右件藥，擣細羅爲散。每服，空心以溫酒調下二錢。（溫疫）

麻黄湯《聖濟總録·傷寒疫癘》

麻黄去根節　葛根剉。各一兩　黄芩去黑心　梔子仁　芍藥　杏仁去皮、尖、雙仁，炒。各三分

右六味，粗搗篩，每服三錢匕，水一盞，入豉五十粒，同煎至七分，去滓溫服。（暑溫）

麻黄解肌湯《聖濟總録·傷寒疫癘》

麻黄去根節　升麻　甘草炙剉　芍藥　石膏碎。各一兩　杏仁去皮、尖、雙仁，炒研，半兩　貝齒燒，一分

右七味，粗搗篩，每服五錢匕，水一盞半，煎至一盞，去滓不計時候溫服。（暑溫）

牽牛子丸《聖濟總録·風熱》

牽牛子不限多少，净洗飯上炊氣，才透便出攤微冷，搗爲末　青橘皮去白焙　陳橘皮去白焙　木通剉　桑根白皮剉　芍藥焙。各一兩　栝樓根洗焙，二兩

右七味，搗羅六味爲末，每牽牛子末一斤，入餘藥末四兩，拌合令匀，以煉蜜和杵三五千下，丸如梧桐子大，每服二十丸，隨病具湯使。瘰癧，茶湯下；婦人血氣，芍藥酒下；血風瘙癢，枳殼酒下；五淋，楡白皮酒下；攤緩風，豆淋酒下；腸風瀉血，萎蕤酒下；肺氣，訶黎勒酒下；傷寒，葱白酒下；風秘，葱薑茶下。（風溫、冬溫）

羚羊角散《聖惠方·治風熱諸方》

羚羊角屑一兩　枳殼一兩，麩炒微黄去瓤　獨活一兩　防風一兩，去蘆頭　黄芩一兩　細辛一兩　赤芍藥一兩　甘草一兩，炙微赤剉　人參一兩，去蘆頭　麻黄一二兩，去根節　石膏三兩

右件藥，擣麤羅爲散。每服三錢，以水一中盞，煎至六分，去滓，不計時候溫服。（風溫、冬溫）

羚羊角湯《聖濟總録·風熱》

羚羊角屑　威靈仙去苗土　黄連去鬚　白檳榔　鬱李仁去皮、尖炒　甘草炙　大黄剉炒　枳殼去瓤麩炒。各一兩　桑根白皮剉炒　車前子　決明子炒　防風去叉　萆薢各一兩半　桂去麤皮　旋復花炒。各半兩

右一十五味，㕮咀如麻豆，每服五錢匕，以水一盞半，煎取八分，去滓溫服，食後日二。（風溫、冬溫）

羚犀散《普濟方·諸風門·風熱》

羚羊角屑　犀角屑　生乾地黄　白术　防風去蘆頭　人參去蘆頭　甘草炙　山梔子仁　升麻　荆芥穗

右件各等分，㕮咀，每服三錢，水一大盞，生薑、竹葉各五片，同煎至六分去滓，溫服，食前空心。（風溫、冬溫）

减味竹葉石膏湯《溫病條辨·中焦篇·風溫溫熱溫疫溫毒冬溫》

竹葉五錢　石膏八錢　麥冬六錢　甘草三錢

水八杯，煮取三杯，一時服一杯，約三時令盡。（風溫、冬溫）

清火養肺湯《辨證錄·春溫門》

荆芥二錢　麥冬五錢　玄參一兩　天花粉三錢　甘草一錢　茉葉一錢　茯神三錢　黄芩二錢

水煎服。（春溫）

清耳五仙散《通俗傷寒論·傷寒兼證·黄耳傷寒》

豬膽汁炒川柏一錢　酒炒杜紅花三分　製月石七分　冰片一厘　薄荷霜二厘

共研極勾，瓷瓶收藏。（溫疫）

清邪散《辨證錄·春温門》

桂枝五分　茯苓五錢　甘草一錢　陳皮五分　半夏　柴胡各一錢　砂仁一粒

水煎服。（春温）

清金保肺湯《醫醇賸義·秋燥》

天冬一錢五分　麥冬一錢五分　南沙參三錢　北沙參三錢　石斛二錢　玉竹三錢　貝母二錢　茜根二錢　杏仁三錢　蔞皮三錢　茯苓二錢　蛤粉三錢　梨三片　藕五片　（秋燥）

清胃散《辨證錄·春温門》

石膏　半夏各二錢　茯苓三錢　桂枝三分　麥冬三錢　陳皮　葛根各一錢

水煎服。（春温）

清室湯《辨證錄·春温門》

柴胡　黄芩　半夏各一錢　丹皮一錢　枳殼五分　白芍五錢

水煎。（春温）

清宫湯《通俗傷寒論·傷寒兼證·大頭傷寒》

元參心　連心麥冬各三錢　竹葉捲心　連翹心　犀角磨汁各二錢　蓮子心五分　（温毒）

清宫湯《温病條辨·上焦篇·風温温熱温疫温毒冬温》

元參心三錢　蓮子心五分　竹葉捲心二錢　連翹心二錢　犀角尖二錢磨冲　連心麥冬三錢　（風温、冬温）

清宫湯去蓮心麥冬加銀花赤小豆皮方《温病條辨·上焦篇·濕温》

犀角一錢　連翹心三錢　元參心二錢　竹葉心二錢　銀花二錢　赤小豆皮三錢　（濕温）

清神散《普濟方·諸風門·風熱》

荆芥穗　龍腦葉各二兩　甘草炒一兩　牛蒡子炒　川芎各半兩

右細末，每服二錢，沸湯調，食後服。（風温、冬温）

清氣散《普濟方·諸風門·風熱》

牛黄　石膏各一兩半　南星麯二兩　大黄煨　僵蠶炒去絲嘴　粉草炙各半兩　朱砂二錢，別研　腦子三錢，別研

右爲末，每服二錢，食後新汲水調服。（風温、冬温）

清氣飲《辨疫瑣言》

杏霜二三錢　桔梗一二錢　蟬脱去頭足二三錢　銀花二三錢　廣藿香二三錢　蘇葉一錢或一錢五分　神麯二三錢　穀芽三四錢　廣皮五七分　半夏一錢　赤茯苓二三錢

水二小碗。煎一碗温服。如未覺更進一服覺氣通舒暢。是其驗也重者日三服。（温疫）

清凉丹《普濟方·諸風門·風熱》

天南星四兩，臘月用黄牛膽製者　牛黄三兩，別研　蠍梢去毒炒　石膏各一兩半　犀角屑　防風去蘆　甘草炙　眞珠末　白花蛇酒浸取肉　朱砂別研　大黄各一兩　腦子半兩，別研

右爲細末，研勻，煉蜜丸。每兩作十丸，每服一丸，薄荷湯化下，食後臨卧服。（風温、冬温）

清凉救苦散《通俗傷寒論·傷寒兼證·傷寒兼疫》

芙蓉葉　二桑葉　白芷　白芨　白蘞　生軍　川連　川柏　腰黄　乳香　沒藥　杜赤豆　草河車　製月石各二錢

共爲末，蜜水調腫處頻掃之。（温疫）

清凉飲子《醫門法律·傷燥門·秋燥門方》

黄芩　黄連各二錢　薄荷　元參　當歸　芍藥各一錢五分　甘草一錢

水二鍾，煎八分，不拘時服。大便祕結，加大黄二錢。（秋燥）

清暑定逆湯《辨證錄·暑症門》

白朮　山藥　薏仁各五錢　肉桂三分　香薷一錢　陳分三分　人參二錢　茯苓三錢

水煎服。（暑温）

清暑益氣湯《醫方考·暑門》

人參去蘆　白朮炒　陳皮去白　神麯炒　澤瀉各五分　黄耆炙　蒼朮製　升麻各一錢　麥門冬去心　當歸酒洗　黄栢炒　甘草炙，各三分　五味子九粒　青皮麸炒　乾葛各二分　（濕温）

清暑益氣湯《絳雪園古方選注·内科》

人參五分　麥門冬二分　五味子九粒　黄蓍五分　甘草二分炙　茅山蒼朮一錢　白朮五分　升麻一錢　葛根二分　廣皮五分　青皮二分半，去白

神麴五分　澤瀉五分　當歸二分　黄蘗二分

右㕮咀，都作一服，水二盞，煎一盞，去滓大溫服。（暑溫）

清暑益氣湯《普濟方・寒暑濕門・中暑附論》

黄芪一錢，汗少減半錢　人參半錢　升麻一錢　澤瀉半錢　蒼术泔浸，一錢炙　甘草三分　葛根二分　五味子九個　白术半錢　神麴炒，半錢　麥門冬去心，三分　黄柏酒洗，三分　當歸身三分　橘皮半錢　青皮去白，二分半

右同㕮咀，都作一服，水二大盞，煎至一盞去滓，大溫服，食遠，劑之多少臨卧斟酌。（暑溫）

清暑益氣湯《溫病條辨・上焦篇・暑溫》

黄耆一錢　黄柏一錢　麥冬二錢　青皮一錢　白术一錢　升麻三分　當歸七分　炙草一錢　神麴一錢　人參一錢　澤瀉一錢　五味子八分　陳皮一錢　蒼术一錢五分　葛根三分　生薑二片　大棗二枚

水五杯，煮取二杯，渣再煮一杯，分溫三服。虚者得宜，實者禁用，汗不出而但熱者禁用。（暑溫）

清暑散《普濟方・寒暑濕門・中暑附論》

硫黄二兩　蛤粉四兩

右同研勻，每服一錢，新汲水調下，不拘時候。（暑溫）

清溫敗毒飲《重訂廣溫熱論・溫熱驗方》

生石膏大劑六兩至八兩，中劑二兩至四兩，小劑八錢至一兩　鮮生地大劑八錢至一兩，中劑四錢至五錢，小劑三錢至四錢　烏犀角大劑二錢至四錢，中劑二錢至三錢，小劑一錢至二錢。　眞川連大劑三錢至四錢，中劑二錢至三錢，小劑一錢至錢半　青子芩二錢至三錢　生山梔三錢至五錢　生甘草八分　青連翹三錢至六錢　白知母三錢至六錢　苦桔梗二錢　赤芍二錢至三錢　粉丹皮二錢至三錢　元參三錢

先用鮮竹葉五十片，加水六碗，煮石膏數百沸後下諸藥。犀角磨汁衝服。（溫毒）

清絡飲《溫病條辨・上焦篇・暑溫》

鮮荷葉邊二錢　鮮銀花二錢　西瓜翠衣二錢　鮮扁豆花一枝　絲瓜皮二錢　鮮竹葉心二錢

水二杯，煮取一杯，日二服。（暑溫）

清絡飲加甘桔甜杏仁麥冬湯《溫病條辨・上焦篇・暑溫》

即於清絡飲內，加甘草一錢、桔梗二錢、甜杏仁二錢、麥冬三錢。（暑溫）

清解湯《通俗傷寒論・傷寒兼證・春溫傷寒》

薄荷葉四錢　蟬衣三錢　生石膏研，六錢　甘草一錢五分（春溫）

清營湯《溫病條辨・上焦篇・暑溫》

犀角三錢　生地五錢　元參三錢　竹葉心一錢　麥冬三錢　丹參二錢　黄連一錢五分　銀花三錢　連翹二錢，連心用

水八杯，煮取三杯，日三服。（暑溫）

清燥救肺湯《葉案存眞類編・燥》

枇杷葉　人參　麥冬　桑葉　阿膠　杏仁　生石膏　竹葉（秋燥）

清燥救肺湯《溫病條辨・上焦篇・秋燥》

石膏二錢五分　甘草一錢　霜桑葉三錢　人參七分　杏仁七分，泥　胡麻仁一錢，炒研　阿膠八分　麥冬二錢，不去心　枇杷葉六分，去淨毛，炙

水一碗，煮六分，頻頻二三次溫服。（秋燥）

清燥救肺湯《絳雪園古方選注・內科》

經霜桑葉三錢，去筋　杏仁七分，去皮、尖，炒黄　麥門冬一錢二分，去心　石膏二錢五分　人參七分　阿膠八分　胡麻仁一錢，炒　甘草一錢　枇杷葉一片，去毛筋

水一碗，煎六分，食遠服。（秋燥）

清燥湯《溫痛條辨・中焦篇・風溫溫熱溫疫溫毒冬溫》

麥冬五錢　知母二錢　人中黄一錢五分　細生地五錢　元參三錢

水八杯，煮取三杯，分三次服。（風溫、冬溫）

清燥養榮湯《溫疫論・解後宜養陰忌投參术》

知母　天花粉　當歸身　白芍　地黄汁　陳皮　甘草

加燈心煎服。（溫疫）

清燥潤腸湯《醫醇賸義・秋燥》

生地三錢　熟地三錢　當歸二錢　麻仁三錢　蔞仁四錢　鬱李仁二錢　石斛三錢　枳殼一錢，蜜水炒　青皮一錢五分，蜜水炒　金橘餅一枚（秋燥）

涵木養榮湯《醫醇賸義・秋燥》

生地三錢　熟地三錢　當歸二錢　白芍一錢　棗仁一錢五分，炒研　木瓜一

錢　秦艽一錢　人參一錢　麥冬一錢五分　五味子五分　紅棗十枚　桑枝一尺（秋燥）

十二畫

參甘苓桂半夏湯《四聖懸樞·疫病解》

人參三錢　甘草二錢　茯苓三錢　乾薑三錢　半夏三錢　生薑三錢

流水煎大半杯，溫服。（溫疫）

參甘歸芍麥冬栝蔞湯《四聖懸樞·疫病解》

人參三錢　甘草三錢，生　當歸三錢　芍藥三錢　麥冬三錢　當歸三錢　芍藥三錢　栝蔞根三錢

流水煎大半杯，熱服。（溫疫）

參胡芍藥湯《治疫全書·風溫濕溫等症方》

人參　柴胡　芍藥　黄芩　知母　麥冬　生地　枳殼　甘草

薑二片引。（溫疫）

參斛冬瓜湯《通俗傷寒論·傷寒兼證·秋燥傷寒》

北沙參六錢　黄草川斛四錢　炒麥冬錢半　炒香枇杷葉四錢　帶子絲瓜絡　建蘭葉各三錢

先用糯米泔水泡生于朮三錢，隔六小時去朮，取米泔水，煎鮮冬瓜皮子各二兩，熬取清湯，代水煎藥。（秋燥）

參蘆湯《辨證錄·暑證門》

人參蘆二兩

煎滚湯一碗和之井水一碗，少入監和匀飲之，以鵝翅掃喉引其嘔吐，吐出即安，然不吐而能受亦愈也。（暑溫）

達原飲《溫疫論·溫疫初起》

檳榔二錢　厚朴一錢　草菓仁五分　知母一錢　芍藥一錢　黄芩一錢　甘草五分

右用水二鍾，煎八分，午後溫服。（溫疫）

葉氏加減復脈湯《通俗傷寒論·傷寒兼證·暑濕傷寒》

北沙參　龍牙燕　陳阿膠　吉林參　麥冬　大生地　生白芍　清炙草　白毛石斛　鮮茅根（暑溫）

葉氏神犀丹《重訂廣溫熱論·溫熱驗方》

白犀角六兩，磨汁　鮮石菖蒲六兩，搗汁　鮮銀花一斤，搗汁　鮮生地二斤八兩，搗汁　青連翹十兩　人中黄四兩　飛青黛九兩　青子芩六兩　淡香豉八兩　元參七兩　老紫草四兩　天花粉四兩

右藥各生曬研細，切勿見火，以各汁和搗爲丸，切勿加蜜。如難丸，可將香豉煮爛。每丹重三錢，涼開水調服，小兒減半。（溫疫）

葉氏犀地元參湯《通俗傷寒論·傷寒兼證·春溫傷寒》

犀角　鮮生地　元參　連翹　桑葉　丹皮　竹葉心　石菖蒲（春溫）

葉氏薷杏湯《通俗傷寒論·傷寒兼證·暑濕傷寒》

西香薷七分　光杏仁　飛滑石　絲瓜葉各三錢　絲通草錢半　白蔻末五分，衝（暑溫）

散暑迴陽湯《辨證錄·暑症門》

人參五錢　茯苓五錢　白朮五錢　香薷二錢　白扁豆二錢　陳皮五分　甘草一錢

水煎服。（暑溫）

散結至神湯《辨證錄·春溫門》

厚朴一錢　白芍五錢　甘草一錢　當歸三錢　枳殼五分　柴胡一錢炒　梔子三錢　桂枝三分

水煎服。（春溫）

散瘧湯《辨證錄·春溫門》

柴胡二錢　何首烏　白朮各五錢　青皮二錢

水煎服。（春溫）

葳蕤丸《普濟丸·諸風門·風熱》

葳蕤　黄連各八分　防風　人參各六分　茯神五分　豆豉三合熬

右搗篩，蜜和爲丸，如梧桐子大。一服十五丸，飲汁下，日二服，加至二十丸。若冷用酒下之，忌豬肉、冷水、酢物、蒜、熱麵。（風溫、冬溫）

葳蕤丸《普濟方·諸風門·風熱》

葳蕤六分　人參　白朮各五分　甘草四分

右擣篩，蜜和爲丸，如梧桐子大。一服十丸，食上飲汁下，日三服，加至十五二十丸。忌桃李、海藻、松菜、雀肉等。（風溫、冬溫）

葳蕤飲《普濟方·諸風門·風熱》

葳蕤三兩　羚羊角屑　人參各二兩　葱白切，一升　豉一升，綿裹

右切，以水五升，煮取二升去滓，入豉煎取一升五合，去豉，分溫三服，如人行八九里，取微汗即瘥。忌蒜、麵、酢、魚。（風溫、冬溫）

萬金散《聖濟總錄·中暍悶絶》

硫黄研　蛤粉各一兩

右二散，研爲細末，每服一錢匕，新水汲調下。（暑溫）

葛根芩連湯《疫痧草·附刊各種經驗良方·爛喉痧》

葛根　黄芩　黄連　生甘草　（溫毒）

葛根湯《聖濟總錄·傷寒疫癘》

葛根一兩　芍藥三分　葱白三莖，切　豉半合

右四味，剉如麻豆，用水三盞，煎至一盞半，去滓分溫二服。（暑溫）

葛根解肌湯《和劑局方·治傷寒》

葛根四兩　麻黄去根節，三兩　黄芩　芍藥　甘草炙。各二兩　内桂去麄皮，一兩

右爲麄末。每服三錢，水一盞半，棗子一枚，煎至八分，去滓，稍熱服，不拘時候，取汗出爲度。（溫疫）

葱豉湯《聖濟總錄·傷寒疫癘》

葱白二莖細切　豉一合　蜀椒四十九粒，去目并閉口，炒出汗

右三味，粗擣篩，水三盞，煎至二盞，去滓頓熱服，汗出差，未愈更煎服。（暑溫）

椒附白通湯《治瘟闡要·濕溫》

附子　川椒　豬膽汁　葱白　乾薑　（濕溫）

椒梅湯《溫病條辨·下焦篇·暑溫》

黄連二錢　黄芩二錢　乾薑二錢　白芍三錢，生　川椒三錢，炒黑　烏梅三錢，去核　人參二錢　枳實一錢五分　半夏二錢

水八杯，煮取三杯，分三次服。（暑溫）

雄黄丸《千金要方·辟溫》

雄黄　雌黄　獸青　鬼臼　眞珠　丹砂　虎頭骨　桔梗　白朮　女青　芎藭　白芷　鬼督郵　蕪荑　鬼箭羽　藜蘆　菖蒲　皂莢各一兩

右十八味末之，蜜丸如彈子大絹袋盛，男左女右帶之卒中惡及時疫，吞如梧子一丸，燒一彈丸戶內。（溫疫）

雄黄丸《聖濟總錄·辟溫疫令不傳染》

雄黄醋煮研　鬼臼　鬼箭羽　赤小豆　丹參各一兩

右五味，搗研爲末，再同研勻，煉蜜和丸，如小豆大，每服五丸，溫水下。（溫疫）

雄黄散《千金要方·辟溫》

雄黄五兩　朱砂一作赤朮　菖蒲　鬼臼各二兩

右四味治下篩，以塗五心額上鼻人中及耳門。（溫疫）

雄黄圓《聖惠方·治時氣令不相染易方》

雄黄一兩，細研　赤小豆二兩，炒熟　丹參二兩　鬼箭羽二兩

右件藥，擣羅爲末，鍊蜜和圓，如梧桐子大。每服，空心以溫水下五圓，可與病人同牀傳衣，不相染也。（溫疫）

搜風丸《普濟方·諸風門·風熱》

天南星　人參　茯苓各半兩　乾生薑　寒水石　白礬　半夏各一兩　蛤粉　大黄　黄芩各二兩　牽牛　滑石各四兩　薄荷葉半兩　藿香葉二錢半

右爲末，滴水爲丸，如小豆大。每服十丸，生薑湯下，加至二十丸，日三，無時服。（風溫、冬溫）

紫金丹《疫痧草·附刊各種經驗良方·爛喉痧》

用多年尿池中碎磚，木炭火上煆紅，再入滴醋内泡透。再煆再泡，如此五七次，取出研極細末，每兩加麝香一分，用滴醋白密各半，熬滚調敷。如塌皮，形色紫艷，用陳菜油加蛋清少許上。（溫毒）

紫金錠《喉痧證治概要·敷藥方》

山慈菇二兩　川文蛤卽五倍子，二兩，搥破洗刮内桴　紅大戟一兩　當門子三錢　千金子二兩

消腫解毒，用陳酒磨敷。（溫毒）

紫雪丹《溫病條辨·上焦篇·風溫溫熱溫疫溫毒冬溫》

滑石一斤　石膏一斤　寒水石一斤　磁石水煮二斤，搗煎去渣，入後藥　羚羊角五兩　木香五兩　犀角五兩　沉香五兩　丁香一兩　升麻一斤　元參一斤　炙甘草半斤

右八味，並搗剉。入前藥汁中煎，去渣入後藥：

朴硝　硝石

各二斤，提淨入前藥汁中，微火煎，不住手將柳木攪，候汁欲凝，再加入後二味：

辰砂三兩，研細　麝香一兩二錢，研細入煎藥拌勻

合成退火氣，冷水調服一二錢。　（風溫、冬溫）

紫蘇石膏地黃湯　《四聖懸樞·疫病解》

蘇葉三錢　桂枝三錢　杏仁三錢　甘草三錢，炙　石膏三錢，生，研生地三錢　麥冬三錢　丹皮三錢　生薑三錢　切大棗三枚，劈

流水煎大半杯，熱服，覆衣，取汗。　（溫疫）

紫蘇葛根升麻湯　《四聖懸樞·疫病解》

蘇葉三錢　葛根三錢　桂枝三錢　芍藥三錢　甘草二錢　升麻二錢

流水煎大半杯，溫服。　（溫疫）

紫蘇湯　《四聖懸樞·疫病解》

蘇葉三錢　桂枝三錢　杏仁三錢，泡　甘草二錢，炙

流水煎大半杯，熱服，覆衣，取汗。　（溫疫）

黑地黃丸　《通俗傷寒論·傷寒兼證·秋燥傷寒》

製蒼术二兩　大熟地四兩　黑炮薑二錢　五味子四錢

先用薑半夏五錢　北秫米一兩，煎取濃汁爲丸，每服錢半，日二服，砂仁四分，炮湯送下。　（秋燥）

備急救生丸　《聖濟總錄·中暍悶絶》

乾薑炮　甘草炙　黃藥子　板藍根各四兩　犀角鎊一兩

右五味，爲細末，煉蜜丸如彈子大，每服一丸，熱湯化服，立效。　（暑溫）

御愛薑蘇丸　《普濟方·寒暑濕門·中暑附論》

紫蘇葉五兩，揀淨　烏頭肉二兩，切炒　甘草生，三分　桂心半兩，去粗皮香薷葉半兩，揀淨　生薑切洗，焙乾，一分　木瓜乾者二兩，生去皮瓤切，焙　檀香半兩，鏗屑

右爲細末，煉蜜爲丸，如櫻桃大。服一丸細嚼，熟水送下。　（暑溫）

復脈湯　《葉案存眞類編·冬溫》

炙甘草　細生地　炒麥冬　生白芍　麻仁　蔗漿　（風溫、冬溫）

舒肺湯　《辨證錄·春溫門》

桔梗三錢　甘草一錢　蘇葉五分　天花粉一錢　茯苓三錢　桂枝三分

水煎服。（春溫）

飲靈丸　《普濟方·寒暑濕門·中暑附論》

牛膽製天南星無，以法製半夏代　人參　茯苓　桔梗　乾葛　麥門冬不去心　桂去皮　紫蘇葉極香者　甘草炒。以上各一兩　烏梅肉　餘甘子去核，二味各一兩半。無餘甘以百藥煎代

右爲末，以夾絹篩過，煉硬蜜和勻，入臼杵數百下，先以酥涂臼杵，丸如櫻桃大，生朱砂爲衣，常用一丸含化，舌下靈液濈濈涌出，此藥大去水息，除煩下氣。老人虛熱宜服此藥。若燥渴嚼二三丸，麥門冬水送下。此藥仍無藥石氣味。　（暑溫）

惺惺丸　《普濟方·諸風門·風熱》

右靑荆芥一斤，薄荷一斤，搗絞汁，於埴器內煎成膏，餘滓日乾，火焙杵爲末，以前膏搜和爲丸，如梧桐子大，朝暮以熱湯下二十丸。　（風溫、冬溫）

普濟消毒飲　《重訂廣溫熱論·溫熱驗方》

川柴胡一錢　蘇薄荷一錢　炒牛蒡錢半　白芷八分　板藍根錢半　白僵蠶八分　蘇馬勃五分　升麻五分　小川連三分　靑子芩八分，均用酒炒　廣橘紅八分　生甘草八分　白桔梗一錢　元參錢半

水煎，食遠徐服。或煉蜜爲丸，每重一錢，噙化尤炒。　（溫毒）

普濟消毒飲子　《醫方考·大頭瘟》

黃芩酒炒　黃連酒炒，各五錢　柴胡五分　桔梗三分　人參三錢　陳皮去白　甘草　玄參各二錢　連翹　板藍根　馬勃　鼠黏子各一錢　白殭蠶　升麻各七分　（溫毒）

普濟消毒飲去升麻柴胡黃芩黃連方　《溫病條辨·上焦篇·風溫溫熱溫疫溫毒冬溫》

連翹一兩　薄荷三錢　馬勃四錢　牛蒡子六錢　芥穗三錢　殭蠶五錢　元參一兩　銀花一兩　板藍根五錢　苦梗一兩　甘草五錢

右共爲麤末，每服六錢，重者八錢，鮮葦根湯煎，去渣服，約二時一服，重者一時許一服。（溫毒）

普濟解疫丹《潛齋醫話·疫》

飛滑石十五兩　茵陳十一兩　淡黄芩十兩　石菖蒲六兩　貝母　木通各五兩　藿香　連翹　射干　薄荷葉　白豆蔻各四兩

凡十一味，不可加減，生曬，研細末。每服三錢，開水調下，日二次。或以神麴糊丸如彈子大，開水化服亦可。（溫疫）

奠土湯《辨證錄·春溫門》

白术五錢　茯苓三錢　人參　柴胡　半夏　甘草　葛根各一錢　神麯五分

水煎服。（春溫）

奠安湯《辨證錄·春溫門》

人參　茯苓各三錢　甘草　半夏各一錢　遠志　柏子仁各二錢　山藥　黄芪　麥冬各五錢

水煎服。（春溫）

溫固湯《辨證錄·春溫門》

白术　黄芪各五錢　甘草　肉桂　北五味子各一錢　人參二錢　陳皮三分

水煎服。（春溫）

溫胆湯《治溫闡要·濕溫》

半夏　雲苓　枳實　薑汁　陳皮　竹茹　川連（濕溫）

溫膽湯《治疫全書·風溫濕溫等症方》

半夏　枳實　陳皮　茯苓　甘草　竹茹（溫疫）

滑石甘桔湯《普濟方·寒暑濕門·中暑附論》

滑石五兩　甘草一兩　桔梗一兩

右爲末，每服二錢，煎八分，食前，旋利愈。病在膈上食後服。（暑溫）

滋肺湯《辨證錄·春溫門》

石膏二錢　麥冬一兩　生地三錢　黄芩　甘草各一錢

水煎服。（春溫）

滋陰潤燥湯《醫醇賸義·秋燥》

天冬一錢五分　麥冬一錢五分　琥珀一錢　丹參二錢　元參一錢五分　生地五錢　阿膠一錢五分，蛤粉炒　丹皮一錢五分　澤瀉一錢五分　牛膝一錢五分　燈心三尺（秋燥）

滋燥養榮湯《醫門法律·傷燥門·秋燥門方》

當歸酒洗二錢　生地黄　熟地黄　白芍藥　秦艽　黄芩各一錢半　防風一錢　甘草五分　水煎服。　秋燥

滋燥養營湯《通俗傷寒論·傷寒兼證·秋燥傷寒》

生熟地各四錢　當歸　白芍各二錢　秦艽　防風各一錢　蜜炙川連六分生甘草八分（秋燥）

寒解湯《通俗傷寒論·傷寒兼證·春溫傷寒》

生石膏打碎，一兩　知母八錢　連翹一錢半　蟬退去足，一錢半（暑溫）

寧火丹《辨證錄·春溫門》

玄參一兩　甘草一錢　生地三錢　青蒿五錢

水煎服。（春溫）

補中益氣湯加味《辨證錄·春溫門》

人參二錢　黄芪三錢　當歸三錢　陳皮七分　甘草五分　柴胡一錢　升麻四分　白术三錢　麥冬三錢　黄芩八分　天花粉一錢

水煎服。（春溫）

補夜丹《辨證錄·春溫門》

熟地一兩　白芍五錢　鼈甲　當歸　生何首烏　丹皮　地骨皮各三錢　茯苓　麥冬各五錢　貝母三錢　柴胡一錢

水煎服。（春溫）

補侯湯《辨證錄·春溫門》

熟地三兩　山茱萸　茯苓各一兩　肉桂一錢　牛膝二錢

水煎服。（春溫）

補氣化暑丹《辨證錄·暑症門》

人參二錢　茯苓　白术　麥冬各二錢　香薷二錢　砂仁一粒　陳皮　炮

薑　神麯各三分

水煎服一劑即愈。（暑溫）

補陰散邪湯《辨證錄・春溫門》

熟地一兩　何首烏　當歸各五錢　地骨皮　丹皮各三錢　天花粉　神麯各二錢　人參　柴胡各一錢　砂仁一粒

水煎服。（春溫）

犀角丸《普濟方・諸風門・風熱》

犀角屑　檳榔　羚羊角屑　茯神　桂心　馬牙硝　地骨皮各一兩　人參去蘆頭　防風去蘆頭　赤芍藥　川大黃各一兩半。銼碎微炒

右爲末，煉蜜和丸如梧桐子大。不拘時，以溫水下三十丸。（風溫、冬溫）

犀角散《聖惠方・治心臟風熱諸方》

犀角屑　朱砂細研如粉　防風去蘆頭　細辛　天竺黃細研　茯神　龍腦一分，細研　川大黃剉碎微炒　羌活　麥門冬去心焙　赤芍藥　白殭蠶微炒　檳榔一兩　羚羊角屑　甘草炙微赤剉　梔子仁　子芩以上各半兩　麝香一分，細研

右件藥，擣細羅爲散，入研了藥令勻。每服不計時候，煎竹葉湯，調下一錢。（風溫、冬溫）

犀角湯《聖濟總錄・風熱》

犀角鎊　甘菊花　前胡去蘆頭　枳殼去瓤麩炒　菖蒲　澤瀉　羌活去蘆頭　木通剉　生乾地黃焙。各半兩　甘草炙剉，一分　麥門冬去心焙，一兩

右一十一味，麤擣篩，每服三錢匕，水一盞，煎至七分，去滓食後溫服。（風溫、冬溫）

犀角湯《聖濟總錄・風熱》

犀角鎊　黃芩去黑心　山梔子仁　升麻　葛根剉　山茵陳擇　生乾地黃焙　甘草炙剉。各等分

右八味，麤擣篩。每服三錢匕，水一盞，入麥門冬十粒，竹葉十片，煎至七分，去滓溫服。（風溫、冬溫）

犀角圓《聖惠方・治風熱諸方》

犀角屑一兩　檳榔一兩　人參一兩半，去蘆頭　防風一兩半，去蘆頭　羚羊角屑一兩　赤芍藥一兩半　茯神一兩　桂心一兩　川大黃一兩半，剉碎微炒　馬牙消一兩半　地骨皮一兩

右件藥，擣羅爲末，鍊蜜和擣三二百杵，圓如梧桐子大，不計時候。以溫水下三十圓。（風溫、冬溫）

十三畫

犀羚竹石湯《通俗傷寒論・傷寒兼證・赤膈傷寒》

犀角八分　羚角一錢　鮮竹葉心三錢　石膏六錢　赤芍　連翹　紫草各二錢　銀花露二兩，衝　（溫疫）

絶瘴散《聖濟總錄・辟溫疫令不相傳染》

麻黃去節　桂去粗皮　升麻　細辛去苗葉　乾薑炮　附子炮裂去皮臍　防己　蜀椒去目并閉口炒出汗　防風去叉　桔梗炒　白朮　芎藭各半兩

右一十二味，擣羅爲細散，每服二錢匕，空心溫酒調下。（溫疫）

遠邪湯《辨證錄・春溫門》

人參一錢　蒼朮三錢　茯苓三錢　柴胡一錢　蘇葉五分　生甘草一錢　玄參一兩　荆芥三錢　黃芩一錢　白菊五錢　天花粉二錢

水煎服。（春溫）

蒼朮白虎湯《病機沙篆》

蒼朮　石膏　知母　甘草　粳米　（暑溫）

蒼朮白虎湯《雜疫證治》

石膏　知母　甘草　粳米　蒼朮　（溫疫）

楊氏一字散《松峰說疫・雜疫》

雄黃水洗　蠍稍　枯礬　藜蘆　牙皂炙焦，各等分

右共爲細末，用一豆大納鼻中，搐之立效。（溫疫）

歲旦屠蘇酒方《千金要方・辟溫》

大黃十五銖　白朮十八銖　桔梗　蜀椒各十五銖　桂心十八銖　烏頭六銖　菝葜十二銖　一方有防風一兩

右七味吹咀，絳袋盛，以十二月晦日日中懸沉井中，令至泥，正月朔日

平曉出藥，置酒中煎數沸。於東向戶中飲之屠蘇之飲，先從小起，多少自在。一人飲一家無疫，一家飲一里無疫。飲藥酒得三朝，還滓置井中。能仍歲飲，可世無病當家內外有井，皆悉著藥辟温氣也。（温疫）

解肌透痧湯《喉痧證治概要・內服方》

荆芥穗錢半　淨蟬衣八分　嫩射干一錢　生甘草五分　粉葛根二錢　熟牛蒡二錢　輕馬勃八分　苦桔梗一錢　前胡錢半　連翹殼二錢　炙殭蠶三錢　淡豆豉三錢　（温毒）

解利湯《辨證錄・暑症門》

石膏二錢　知母一錢　甘草五分　半夏一錢　白朮三錢　豬苓一錢　茯苓三錢　澤瀉一錢　肉桂一分

水煎服，連服十劑，全愈。　（暑温）

解毒丸《聖濟總錄・中熱暍》

半夏酷浸一宿，漉出暴乾　甘草炙剉。各一斤　赤茯苓去黑皮，二兩

右三味，搗羅爲細末，生薑自然汁和丸，如梧桐子大，每服四丸加至八丸，新汲水下。如昏悶不省者，生薑自然汁下。　（暑温）

解毒清涼散《通俗傷寒論・傷寒兼證・赤膈傷寒》

芙蓉葉　大青葉各五錢　青黛　人中黄各二錢

共研末，鮮菊葉，天荷葉，搗汁調勻用。　（温疫）

解毒散《聖濟總錄・中熱暍》

商陸根切開如血色者，陰乾

右一味，搗羅爲散，每服一錢匕，新汲水調下。　（暑温）

解暑三白散《普濟方・寒暑濕門・中暑附論》

澤瀉　白朮　白茯苓各等分

右㕮咀，每服一貼，水一盞，薑五片，燈心十莖，煎八分，去滓服，不拘時，每貼重半兩。　（暑温）

解暑湯《辨證錄・暑症門》

香薷　茯苓各三錢　甘草　黄連各一錢　白朮一兩　白扁豆二錢　白豆蔻一粒

水煎服一劑即愈。　（暑温）

解煩湯《辨證錄・春温門》

人參　巴戟　天麥冬各五錢　白朮二兩　炒棗仁三錢　菖蒲五分　神麯一錢　白豆蔻二粒

水煎服。（春温）

新加香薷飲《温病條辨・上焦篇・暑温》

香薷二錢　銀花三錢　鮮扁豆花三錢　厚朴一錢　連翹二錢

水五杯，煮取二杯。先服一杯，得汗止後服，不汗再服；服盡不汗，再作服。　（暑温）

新加黄龍湯《温病條辨・中焦篇・風温温熱温疫温毒冬温》

細生地五錢　生甘草二錢　人參一錢五分，另煎　生大黄三錢　芒硝一錢　元參五錢　麥冬五錢連心　當歸一錢五分　海參二條，洗　薑汁六匙

水八杯，煮取三杯。先用一杯，衝參汁五分，薑汁二匙，頓服之，如腹中有響聲，或轉矢氣者，爲欲便也，候一二時不便，再如前法服一杯，候二十四刻，不便，再服第三杯，如服一杯，即得便，止後服，酌服益胃湯一劑，餘參或可加入。　（風温、冬温）

新製橘皮竹茹湯《温病條辨・中焦篇・濕温》

橘皮三錢　竹茹三錢　柿蒂七枚　薑汁三茶匙，衝

水五杯，煮取二杯，分二次温服，不知再作服。　（濕温）

滌煩丸《普濟方・寒暑濕門・中暑附論》

茴香一兩，炒　檳榔一枚　大黄一兩，濕紙裹煨

右爲細末，用白麵與藥末等分，滴水和爲丸如梧桐子大，每服五丸，臨臥爛嚼，温酒送下。　（暑温）

辟温湯《聖濟總錄・辟温疫令不相傳染》

甘草　大黄各二錢　皂莢一錢，并生用

右三味，細剉，用水二盞，煎至一盞，去滓空心熱服，至晚下惡物爲效。（温疫）

辟瘟丸《聖濟總錄・辟温疫令不相傳染》

玄參炒，五兩　蒼朮炒，三兩　芎藭炒　白芷炒　羌活去蘆頭，生用　甘草炙剉　烏頭炮裂去皮臍。各一兩　安息香一分　龍腦　麝香各半錢，研

右一十味，除腦麝外，餘搗羅爲細末，入腦麝拌勻，粟米粥爲丸，如彈

子大，陰乾紗袋盛，安近火處，每服一丸，時疾生薑，蜜水磨下，陰毒面青，熟水磨下。（溫疫）

預服蒼耳散《聖濟總錄·辟溫疫令不相傳染》

蒼耳重午日採，暴乾，三兩

右一味，搗羅爲散，每服二錢匕，空心井華水調下。（溫疫）

十四畫

蔞貝養榮湯《溫疫論·解後宜養陰忌投參朮》

知母　花粉　貝母　瓜蔞實　橘紅　白芍　當歸　紫蘇子

水薑煎服。（溫疫）

葛蕤湯《三因方·暑濕風溫證治》

葛根　麻黃　炙草　白薇　川芎　羌活　杏仁去皮、尖。各五錢　石膏一兩　萎蕤三分　青木香一分

右㕮咀，每服五錢，水盞半，煎七分，去滓，空心服木香冬用一兩，春用五錢。（暑溫）

雌黃丸《聖濟總錄·辟溫疫令不相傳染》

雌黃研　雄黃研各一分　虎骨　羖羊角鎊各二兩　龍骨　猬皮各一兩　空青半兩研　龜甲一兩　樗鷄七枚　芎藭二兩　眞珠三兩研　鯪鯉甲一兩

右一十二味，搗研爲末，再同研勻，熔蠟和丸，如彈子大，正旦戶前係一丸，男左女右，系一丸於臂上，遇時行亦依此用。（溫疫）

熏解湯《辨證錄·春溫門》

石膏三錢　乾葛二錢　甘草一錢　荆芥一錢　茯苓五錢　麥冬五錢

水煎服。（春溫）

銀翹馬勃散《溫病條辨·上焦篇·濕溫》

連翹一兩　牛蒡子六錢　銀花五錢　射干三錢　馬勃二錢

右杵爲散，服如銀翹散法。（濕溫）

銀翹散《溫病條辨·上焦篇·風溫溫熱溫疫溫毒冬溫》

連翹一兩　銀花一兩　苦桔梗六錢　薄荷六錢　竹葉四錢　生甘草五錢　芥穗四錢　淡豆豉五錢　牛蒡子六錢

右杵爲散，每服六錢，鮮葦根湯煎，香氣大出，即取服，勿過煮。肺藥取輕清，過煮則味厚而入中焦矣。病重者，約二時一服，日三服，夜一服；輕者三時一服，日二服，夜一服；病不解者，作再服。（風溫、冬溫）

銀翹湯《溫病條辨·中焦篇·風溫溫熱溫疫溫毒冬溫》

銀花五錢　連翹三錢　竹葉二錢　生甘草一錢　麥冬四錢　細生地四錢

（風溫、冬溫）

廣順散《普濟方·寒暑濕門·中暑附論》

甘草三兩半，炙　肉桂去粗皮，一兩　乾薑一兩，炮　紫蘇葉半兩　烏梅肉一兩半，焙乾

右爲末，每服二錢，冷水調下，沸湯調服亦得。（暑溫）

漏蘆湯《醫方考·瘟療門》

漏蘆　升麻　大黃　藍葉　黃芩　玄參等分　芒硝甚者加至二錢　（溫疫）

十五畫

增液湯《溫病條辨·中焦篇·風溫溫熱溫疫溫毒冬溫》

元參一兩　麥冬八錢，連心　細生地八錢

水八杯，煮取三杯，口乾則與飮，令盡，不便，再作服。（風溫、冬溫）

穀神散《普濟方·寒暑濕門·中暑附論》

陳倉米一升　乾薑一兩　甘草一兩　楮實青者，蒸曬，一升

右爲細末，飯飮調下二錢，食前服。（暑溫）

衛君湯《辨證錄·春溫門》

人參　巴戟天各三錢　茯苓三錢　白芍　白朮各五錢　陳皮三分　肉桂　半夏各一錢

水煎服。（春溫）

衡和提毒散《喉痧證治概要·錄慈谿邵琴夬先生喉痧有爛喉白喉之異論》

桂枝一錢　附子七分

煎水，入陳酒調塗其上，以手巾圍裹，如嫌乾燥作痛，可入蜂蜜同調卽潤。（溫毒）

衡和膏《喉痧證治概要·敷藥方》

紫荆皮五兩　獨活三兩　白芷三兩　赤芍二兩　石菖蒲兩半

消腫止痛，用陳醋、白蜜調，燉溫敷。（溫毒）

劉氏雙解散《重訂廣溫熱論·溫熱驗方》

防風　桔梗　黄芩各一錢　荆芥　蘇薄荷　青麻黄　川芎　焦梔　連翹　大黄　芒硝　白术　甘草　當歸　白芍各五分　生石膏四錢　飛滑石三錢（溫毒）

調中丸《聖濟總錄·辟溫疫令不相傳染》

大黄五兩，剉炒　麻仁一兩，别研　枳殼去瓤，麩炒　白茯苓去黑皮　芍藥　前胡去蘆頭　黄芩去黑心。各一兩

右七味，搗研爲末，煉蜜丸如梧桐子大，每服十五丸，食後飲下，微利爲度，日晚夜卧服之佳。（溫疫）

調中湯《治疫全書·風溫濕溫等症方》

葛根　黄芩　芍藥　藁本　白术　桔梗　茯苓　甘草

水煎服。（溫疫）

調胃承氣加麥冬元參湯《四聖懸樞·疫病解》

大黄三錢　芒硝三錢　甘草二錢　麥冬五錢　元參三錢　白蜜一杯

流水煎大半杯，入白蜜，熱服。（溫疫）

調胃承氣湯《傷寒論校註·辨陽明病脈證并治》

甘草二兩，炙　芒消半升　大黄四兩，清酒洗

右三味，切，以水三升，煮二物至一升，去滓，内芒消，更上微火一二沸，溫頓服之，以調胃氣。（春溫）

調胃承氣湯《溫疫論·注意逐邪勿拘結糞》

大黄五錢　芒硝二錢五分　甘草一錢

水薑煎服。（溫疫）

調胃承氣湯《溫病條辨·中焦篇·風溫溫熱溫疫溫毒冬溫》

大黄三錢　芒硝五錢　生甘草二錢（風溫、冬溫）

養心潤燥湯《醫醇賸義·秋燥》

松子仁二錢　柏子仁二錢　天冬二錢　丹參二錢　當歸二錢　犀角五分　生地五錢　人參一錢　茯神二錢　甘草四分

藕汁半杯衝服。（秋燥）

養骨湯《辨證錄·春溫門》

熟地二兩　甘草一錢　金釵　石斛　地骨皮　茯苓　牛膝各三錢

水煎服。（春溫）

養陰清肺湯《通俗傷寒論·傷寒兼證·冬溫傷寒》

鮮生地一兩　元參八錢　麥冬六錢　川貝　白芍　丹皮各四錢　蘇薄荷三錢　生甘草二錢

加冬雪水煎藥。（風溫、冬溫）

遵黄湯《醫醇賸義·發黄》

葛根二錢　花粉二錢　山梔一錢五分　連翹一錢五分　木通二錢　茵陳三錢　萆薢二錢　茯苓二錢　澤瀉一錢五分　車前二錢　苡仁一兩

煎湯代水。（濕溫）

導赤承氣湯《溫病條辨·中焦篇·風溫溫熱溫疫溫毒冬溫》

赤芍三錢　細生地五錢　生大黄三錢　黄連二錢　黄柏二錢　芒硝一錢

水五杯，煮取二杯，先服一杯，不下再服。（風溫、冬溫）

導熱湯《辨證錄·春溫門》

當歸　白芍各三錢　柴胡二錢　黄芩一錢　丹皮三錢　甘草　天花粉各一錢

水煎服。（春溫）

潤肺飲《辨證錄·春溫門》

麥冬　玄參各五錢　甘草　半夏各一錢　桔梗二錢　竹葉五十片

水煎服。（春溫）

潑火散《世醫得效方·大方脈雜醫科·中暑》

青皮去白　赤芍藥　黄連去鬚　地榆各等分

右爲細末。每服一錢，冷水調下。（暑溫）

潑火散《普濟方·寒暑濕門·中暑附論》

青皮去白　赤芍藥　黃連去鬚　地榆各等分

右爲細末，每服三錢，冷水調下。

熨臍法《溫疫析疑・疫毒門》

白蘿蔔一觔　葱白四兩　鮮薑二兩

共搗爛，砂銚炒熱。用白布包作二包，乘熱熨臍及胸前兩脇肋，冷則易之。　（溫毒）

緩中湯《聖濟總錄・風熱》

黃耆剉細　防風去叉　地骨皮去土　甘草　紫蘇葉各等分。并生使

右五味，麤搗篩，每服三錢匕，水一盞，煎至七分去滓，食後臨卧服。（風溫、冬溫）

十六畫

薏苡竹葉散《溫病條辨・中焦篇・濕溫》

薏苡五錢　竹葉三錢　飛滑石五錢　白寇仁一錢五分　連翹三錢　茯苓塊五錢　白通草一錢五分

共爲細末，每服五錢，日三服。　（濕溫）

薄荷圓《和劑局方・治諸風》

川芎三十兩　縮砂仁五兩　龍腦　薄荷葉去土，十斤　桔梗十五兩　甘草四十兩，炙　防風去苗，三十一兩

右爲末，煉蜜圓，每兩作三十圓，每一圓細嚼茶、酒任下。　（風溫、冬溫）

薄荷煎《普濟方・諸風門・風熱》

薄荷一斤，取頭末，二兩半　川芎　縮砂仁各半兩，取末，二錢　腦子半錢，研　甘草半兩，取末，二錢半

右拌和令勻，於藥末內秤出半兩爲衣，用白沙蜜五兩半，和成劑。用明淨水，於器盒內盛，上面放藥，晝夜不歇，每一兩截作二十塊。每服三塊，細嚼含化亦可。　（風溫、冬溫）

橘皮甘草湯《普濟方・寒暑濕門・中暑附論》

用飲熱湯亦可，內少乾薑、橘皮、甘草煮飲之，稍稍咽，勿頓使飽，但以熱土及熬灰土壅臍上佳。　（暑溫）

橘皮半夏湯《普濟方・寒暑濕門・中暑附論》

陳橘皮六兩，去瓤　白朮三兩，去蘆頭　白茯苓三兩　人參一兩　枳殼一兩，去瓤麩炒　當歸一兩，去蘆頭　半夏三兩，湯洗七次，銼如米　甘草三分，炙

右除半夏外，㕮咀同拌勻，每服三大錢，生薑六片，棗二枚，水一盞，煎至七分去滓，溫服，不拘時候。　（暑溫）

橘皮湯《普濟方・寒暑濕門・中暑附論》

甘草半兩　人參一分　橘皮去白，二兩

右㕮咀，每服二三錢，加竹茹一塊，薑四片，棗一枚，煎熱服。　（暑溫）

還腎湯《辨證錄・暑證門》

熟地三兩　甘草一錢　肉桂五分　牛膝五錢

水煎服。　（暑溫）

錫類散《喉痧證治概要・吹藥方》

象牙屑四分　壁錢三十個　西黃七厘　冰片五厘　青黛七分　人指甲七厘　珠粉四分　（溫毒）

獨活湯《聖濟總錄・風熱》

獨活去蘆頭　羌活去蘆頭　防風去叉　柴胡去苗　白朮　甘草炙剉　麻黃去根節，煎掠去沫，焙乾。各一兩　甘菊花半兩

右八味，麤搗篩，每服三錢匕，水一盞，入荆芥五穗同煎，取七分去滓，食後溫服。　（風溫、冬溫）

凝水石丸《聖濟總錄・中暍悶絶》

凝水石瓶子內燒過如粉　乾薑燒灰。各一兩　甘草炙，三錢　甜消半兩

右四味，搗羅爲末，煉蜜丸如彈子大，每服一丸，生薑湯化下。　（暑溫）

龍須散《普濟方・寒暑濕門・中暑附論》

五倍子一作五味子　烏梅去仁。各二兩　甘草炙，一兩半　飛羅麵二兩。一方用清明日麵尤佳　白礬枯一兩，一方并生用

右爲細末，每服二大錢，新汲水調下，一服即愈。　（暑溫）

龍腦玉壺丸　《聖濟總録・風熱》

人參　防風去叉。各二錢　赤茯苓去黑皮，一錢半　乾蠍去土炒，半錢　白僵蠶炒　蓬砂研。各一錢　白附子炮　天麻　麝香研　天南星炮　玄明粉研。各一分　甘草炙剉　龍腦研。各半兩　凝水石煅通赤，水浸出火毒後研，十兩，七兩入藥，三兩爲衣

右一十四味，爲細末，煉蜜丸鷄頭大，用凝水石粉爲衣，每服一丸，食後細嚼，以荆芥湯下，茶清亦得。（風溫、冬溫）

龍腦甘露丸　《普濟方・諸風門・風熱》

寒水石半斤燒半日淨，地坑内盆合四面濕土壅起，候經宿取出　甘草末　天竺黄各二兩　龍腦二分

右都研，拌合一處，同研三五百遍後，用糯米粥先以生絹隔卻麤末，祇用汁和丸，如彈子大。每服將生薑蜜水磨下半丸，如中藥毒入板藍根汁同服。小兒一丸分爲四服，更少入膩粉。（風溫、冬溫）

龍腦清膈湯　《普濟方・諸風門・風熱》

龍腦二錢　黍粘子六兩，淨炒　荆芥穗四兩　甘草銼炒赤色　栝蔞根　紫蘇子炒，一方用葉　桔梗炒黃。各二兩　鷄蘇葉去土，一兩半

右爲細末，每服一二錢，食後或臨睡，白湯點服，一方無龍腦。（風溫、冬溫）

龍齒散　《聖惠方・治心臟風熱諸方》

龍齒半兩，細研　朱砂一兩，細研如粉　牛黄一分研入　細辛一兩　龍腦一分，細研　犀角屑一兩　防風一兩，去蘆頭　羌活一兩　荆芥一兩　枳殼一兩，麩炒微黄去瓤　天竺黄一兩，細研　茯神一兩　沙參一兩，去蘆頭　天麻一兩　川升麻一兩　子芩一兩　麥門冬一兩，去心焙　羚羊角屑一兩　甘草半兩，炙微赤剉　甘菊花半兩

右件藥，擣細羅爲散，入研了藥令勻。每服，食後煎竹葉湯，調下一錢。（風溫、冬溫）

澤下湯　《醫醇賸義・秋燥》

人參一錢　當歸二錢　白芍一錢　生地六錢　白蘇子三錢　大麻仁三錢　石斛三錢　山藥三錢　料豆三錢　紅棗十枚　（秋燥）

十七畫

聰耳達鬱湯　《通俗傷寒論・傷寒兼證・黄耳傷寒》

冬桑葉　夏枯草　鮮竹茹　焦山梔　碧玉散　鮮生地各二錢　女貞子三錢　生甘草四分　鮮石菖蒲汁四匙，衝　（溫疫）

聰耳蘆薈丸　《通俗傷寒論・傷寒兼證・黄耳傷寒》

生熟川軍　蘆薈　青黛　柴胡各五錢　龍膽草　黄芩　山梔　當歸　青皮各一兩　青木香　杜膽星各二錢　當門子五分

神麴糊丸，每服八分至一錢。（溫疫）

檀香丸　《普濟方・寒暑濕門・中暑附論》

檀香末一錢　杏仁去皮，二錢半　烏梅肉二兩　紫蘇葉一兩　茴香三二錢半　百藥煎二錢半　甘草一兩半

右爲細末，煉蜜爲丸如彈子大。非時含化。

濯熱散　《世醫得效方・大方脈雜醫科・中暑》

白礬　五倍子　烏梅去核　甘草各一兩

右爲末，入飛羅麵四兩拌勻。每服二錢，　新汲水調下。雖平日不敢飲冷者，服之不妨，眞有奇效。爲圓如彈子大，陰乾，冷水調下亦可。（暑溫）

縮脾飲　《衛生寶鑑・瀉熱門》

縮砂仁　乾葛　烏梅肉　白扁豆各二兩　草果煨，去殼　甘草炙。各四兩

右攢咀，每服五錢，水二盞，煎至一盞。不拘時，任意代熟水飲之，極妙。（濕溫）

縮脾飲　《世醫得效方・大方脈雜醫科・中暑》

草果去皮　縮砂去殼　烏梅去核。各一兩　乾葛　白扁豆　生薑切片，日乾。各五錢重

右剉散。每服五錢，水一碗，煎至八分，浸冷服。或欲溫欲熱，亦可斟酌。（暑溫）

十八畫

縮脾飲《醫方考·暑門》

砂仁　草菓仁　烏梅肉　炙甘草各四兩　藊豆炒　乾葛各二兩　（濕溫）

縮脾飲《明醫雜著·暑病》

砂仁　草果　甘草　扁豆　乾薑　烏梅　（暑溫）

縮脾飲《普濟方·寒暑濕門·中暑附論》

縮砂仁　草果仁煨去皮　烏梅肉淨　粉草炙。各四兩　白扁豆炒去皮　乾葛各二兩。剉

右㕮咀，每服四錢，水一大碗，煎至八分去滓，以水浸冷，旋旋服，以解煩。欲熱欲溫任意。（暑溫）

繆氏竹葉石膏湯《重訂廣溫熱論·溫熱驗方》

生石膏五錢　蘇薄荷一錢　荊芥穗一錢　蟬衣一錢　炒牛蒡錢半　生葛根錢半　白知母一錢　麥冬二錢　生甘草一錢　元參二錢　西河柳葉五錢　鮮竹葉三十片　冬米一撮　（溫毒）

翹荷湯《溫病條辨·上焦篇·秋燥》

薄荷一錢五分　連翹一錢五分　生甘草一錢　黑梔皮一錢五分　桔梗二錢　菉豆皮二錢

水二杯，煮取一杯，頓服之。日服二劑，甚者日三。（秋燥）

檳芍順氣湯《溫疫論·疫痢兼證》

檳榔　芍藥　枳實　厚朴　大黃

生薑煎服。（溫疫）

檳榔餅《聖濟總錄·中熱暍》

檳榔剉　瞿麥穗　蘹香子炒　荆芥穗　麥藍子　大黃煨剉。各一分

右六味，擣羅爲末，用麵三錢，和作六餅，慢火燒熟，每日空心爛嚼一餅，溫酒下。（暑溫）

鎮靈丹《普濟方·寒暑濕門·中暑附論》

太陰玄精石　硫黃　盆硝以上各一兩

右細研，入銀器内炒令鵝黃色，候冷入輕粉一錢，同再研極細，宿蒸餅水浸過，細乾搜和丸如鷄頭肉大。凌辰井花水面北叩齒七遍，呑下一兩丸。（暑溫）

十九畫

藿香左金湯《重訂廣溫熱論·溫熱驗方》

杜藿香三錢　吳茱萸二分　小川連六分　廣皮二錢　薑半夏錢半　炒枳殼錢半　炒車前錢半　赤苓三錢　六一散四錢　細木通一錢　建澤瀉二錢　豬苓錢半

先用鮮刮淡竹茹五錢，炒香鮮枇杷葉一兩，井水、河水各一碗，煎至一碗，分兩次服。服後毋多飲茶，多飲茶則連藥吐出，不得藥力矣，切宜忍耐。（溫疫）

蘇桂薑辛湯《四聖懸樞·疫病解》

蘇葉三錢　桂枝三錢　甘草二錢　半夏三錢，炮　細辛一錢　乾薑二錢　五味子一錢

流水煎大半杯，熱服，覆衣。（溫疫）

蘇合香丸《和劑局方·治傷寒》

白术　青木香　烏犀屑　硃砂研，水飛　香附子炒，去毛　訶梨勒煨取皮　沉香　白檀香　安息香別末，無灰酒乙升熬膏　麝香研　丁香　蓽撥各三兩　龍腦研　蘇合香油入安息香膏内。各一兩　薰陸香別研，一兩

右爲細末，入研藥勻，用安息香膏并煉白密和劑，每服旋丸如桐子大。早朝取井華水，溫冷任意，化服。老人小兒可用一丸。溫酒化服亦得，並空心服之。用蠟紙裹一丸如彈子大，以絹袋盛，當心帶之，一切邪神不敢近。（溫疫）

二十畫

護金湯《辨證錄・暑症門》

麥冬一兩　人參三錢　百合五錢　茯苓三錢　紫苑一錢　香薷一錢　甘草一錢

水煎服。（暑溫）

護肝散《辨證錄・春溫門》

白朮三錢　人參二錢　肉桂三分　陳皮三分　半夏一錢　蘇葉五分

水煎服。（春溫）

護胃承氣湯《溫病條辨・中焦篇・風溫溫熱溫疫溫毒冬溫》

生大黃三錢　元參三錢　細生地三錢　丹皮二錢　知母二錢　麥冬三錢連心

水五杯，煮取二杯，先服一杯，得結糞，止後服，不便再服。（風溫、冬溫）

二十一畫

蠟梅丸《普濟方・寒暑濕門・中暑附論》

蠟梅花末　乾薑末　甘草末　枇杷葉　百藥煎　烏梅肉末。各一兩　蠟五兩

右熔蠟開，投蜜二兩，和上件約搗二三百下，丸如鷄頭大。夏月長途，一日服一丸妙。（暑溫）

鐵粉散《聖惠方・治心臟風熱諸方》

鐵粉一兩，細研　金箔五十片，細研　人參半兩，去蘆頭　龍齒一兩，細研　琥珀一兩，細研如粉　犀角屑一兩　赤茯苓一兩　子芩一兩　防風半兩，去蘆頭　葳蕤半兩　石膏一兩　玄參半兩　露蜂房一兩，微炙　牛黃二一分，細研　甘草半兩，炙微赤剉

右件藥，擣細羅爲散，入研了藥令勻。每服不計時候，以薄荷湯調下一錢。（風溫、冬溫）

二十三畫

鱉甲散《治疫全書・風溫濕溫等症方》

鱉甲二甲　烏犀角一錢二分　前胡　生地　黃芩各一錢　只殼　烏梅

水調服。（溫疫）

韆金葦莖湯加滑石杏仁湯《溫病條辨・上焦篇・濕溫》

葦莖五錢　薏苡仁五錢　桃仁二錢　冬瓜仁二錢　滑石三錢　杏仁三錢

水八杯，煮取三杯，分三次服。（濕溫）

二十四畫

靈砂丹《普濟方・諸風門・風熱》

天麻　獨活　羌活　細辛　石膏　防風　薄荷葉　連翹　寒水石生用　桔梗各二兩　川芎　山梔子去皮　芍藥　荊芥穗　當歸　黃芩　大黃生用　全蠍微炒，一方作蟬蛻　菊花　人參　白朮各半兩　朱砂爲衣二兩　滑石四兩　縮砂仁一分　甘草三兩生用

右爲細末，煉蜜爲丸。每兩作十丸，朱砂爲衣，每服一丸，細嚼，茶清下，食後服。（風溫、冬溫）

靈液丹《普濟方・諸風門・風熱》（風溫、冬溫）

烏梅去核，炒　栝蔞根　石膏研　寒水石火煨研飛　葛根　赤茯苓各一兩　麥門冬去心焙，一兩半　龍腦別研，一錢

右爲末，入研藥令勻，煉蜜丸如彈子大，每服一丸，薄綿裹，含化咽津。（風溫、冬溫）

蠶矢湯《重訂廣溫熱論・溫熱驗方》

晚蠶砂五錢　生苡仁四錢　大豆卷四錢　通草一錢　陳木瓜三錢　仙露

夏一錢　焦山梔錢半　黄芩一錢　吴茱萸三分，拌炒　小川連二錢

地漿或陰陽水煎，稍凉徐服。（溫疫）

引用書目

書名	年代	作者	版本	備注
黃帝內經素問	不詳	佚名	明嘉靖趙康王朱厚煜居靜堂刻本	素問
靈樞經	不詳	佚名	明嘉靖趙康王朱厚煜居靜堂刻本	靈樞
黃帝八十一難經	秦漢時	原題秦越人	人民衛生出版社一九七九年十一月	難經
金匱要略	約三世紀	張機	人民衛生出版社一九九〇年八月校注本	
傷寒論	約三世紀	張機	人民衛生出版社一九九一年六月校注本	
肘後備急方	約三一五	葛洪	人民衛生出版社一九五六年四月影印明萬歷二年甲戌李栻刻岳州知府劉自化校刊本第一版	肘後方
諸病源候論	六一〇	巢元方等	東洋善本醫學叢書第六冊	
備急千金要方	六五一	孫思邈	人民衛生出版社一九五五年五月影印江戶醫學影印刻北宋本	千金要方
千金翼方	六八二	孫思邈	人民衛生出版社一九五五年五月影印日本文政十二年影刻元大德十一年梅溪書院刻本	
外臺秘要	七五二	王燾	東洋善本醫學叢書東洋醫學研究會一九八一年十月影印本	
太平聖惠方	九九二	王懷隱	人民衛生出版社一九五八年九月	聖惠方
蘇沈內翰良方	一〇七五	蘇軾、沈括等	六醴齋醫書十種	蘇沈良方
傷寒總病論	一一〇〇	龐安時	人民衛生出版社一九八七年七月點校本	
傷寒類證活人書	一一〇七	朱肱	明萬歷四十四年丙辰刻本	
聖濟總錄	一一一七	宋徽宗趙佶敕修	清乾隆五十年至五十四年震澤汪鳴珂燕遠堂刻本	
濟世全生指迷方	一一二五	王貺	人民衛生出版社一九八六年六月點校本	全生指迷方

傷寒發微論	一一三二	許叔微	清光緒二年陸心源刊十萬卷樓叢書本	
三因極一病方證論	一一七四	陳言	人民衛生出版社一九五七年八月排印南宋刻配補元麻沙覆刻本	三因方
傷寒補亡論	一一八一	郭雍	上海科技出版社一九五九年據道光元年本排印	
黃帝素問宣明論方	一一八六	劉完素	劉河間醫學六書明萬歷二十九年吳勉學校刻古今醫統正脈全書本	宣明論方
傷寒標本心法類萃	一一八六	原題劉完素撰	人民衛生出版社一九八二年九月	
傷寒直格論方	一一八六	原題劉完素撰	人民衛生出版社一九八二年九月	
素問病機氣宜保命集	一一八六	劉完素	劉河間醫學六書明萬歷二十九年吳勉學校刻古今醫統正脈全書本	保命集
素問玄機原病式	一一八六	劉完素	人民衛生出版社一九五六年六月影印古今醫統正脈全書本	原病式
儒門事親	一二二八	張從正	劉河間醫學六書明萬歷二十九年吳勉學校刻古今醫統正脈全書本	
內外傷辨惑論	一二三一	李杲	東垣十書十種明萬歷二十九年步樓刻本	
斑論萃英	一二三七	王好古	東垣十書十種明萬歷二十九年步樓刻本	
備急管見大全良方	一二三七	陳自明	清抄本	
太平惠民和劑局方	一二四一	陳師文等	元建安崇文書堂鄭天澤刻本	和劑局方
嚴氏濟生方	一二五三	嚴用和	人民衛生出版社一九五六年八月影印清乾隆五十年二月四庫全書輯永樂大典本	濟生方
衛生寶鑒	一二八一	羅天益	明永樂十五年吳郡韓氏刻本	
世醫得效方	一三三七	危亦林	人民衛生出版社一九九〇年三月點校本	
醫經溯洄集	一三六八	王履	人民衛生出版社一九五六年九月影印古今醫統正脈全書本	
普濟方	一三九〇	朱橚等	人民衛生出版社一九五九年十月	
玉機微義	一三九六	劉純	劉純醫學全集人民衛生出版社一九八六年八月	

秘傳證治要訣及類方	一四四三	戴思恭	明正統八年癸亥刻本	證治要訣
傷寒家秘的本	一四四五	陶華	明萬歷四十年李存濟刻《傷寒六書》本	
傷寒明理續論	一四四五	陶華	同右	
傷寒殺車槌法	一四四五	陶華	同右	
傷寒瑣言	一四四五	陶華	同右	
傷寒一提金	一四四五	陶華	同右	
傷寒證脈藥截江網	一四四五	陶華	同右	
奇效良方	一四四九	董宿編、方賢纂集	明正統刻本	
丹溪先生心法	一四八一	朱震亨	人民衛生出版社一九五六年六月影印古今醫統正脈全書本	丹溪心法
傷寒全生集	一四九五	原題陶華	明崇禎十三年蔡懋德刻本	
明醫雜著	一五〇二	王綸	上海古籍書店一九七九年復印本	
醫學正傳	一五一五	虞摶	明萬歷五年丁丑金陵三山書舍吳江刻本	
醫學原理	一五一九	汪機	金陵吳繼武刊本	
丹溪心法附餘	一五三六	方廣	臺灣新文豐出版公司一九八二年四月影印明隆慶六年施篤臣刊本	
保命歌括	一五四九	萬全	清乾隆五十一年刻本	
名醫類案	一五四九	江瓘	人民衛生出版社一九五七年三月點校本	
萬氏家傳傷寒摘錦	一五四九	萬全	明末清畏堂刻本	傷寒摘錦
古今醫統大全	一五五六	徐春甫	南京中醫學院一九八四年復制本	
赤水玄珠	一五七三	孫一奎	明萬歷二十四年丙申刻本	
醫學入門	一五七五	李梴	明萬歷刻本	
古今醫鑒	一五七六	龔信撰、龔廷賢編	明萬歷刻王宇泰先生訂補古今醫鑒十六卷本	
醫方考	一五八四	吳崐	明萬歷刻本	
傷寒論條辨	一五八九	方有執	一九二五年成都據渭南嚴氏孝義家塾本重印本	

傷寒證治準繩	一六〇四	王肯堂	上海科技出版社一九五九年十二月影印明萬歷初刻善本	
先醒齋醫學廣筆記	一六一三	繆希雍	明天啓二年壬戌京口大成堂刻本	
重刻傷暑全書	一六二三	張鶴騰	明天啓五年乙丑仁壽黄昌刻本	
訂補簡易備驗方	一六三一	胡正心等	明崇禎四年辛未十竹齋刻本	
溫疫論	一六四二	吴有性	清康熙三十三年甲戌刻本	
景岳全書	一六三九	張介賓	人民衛生出版社一九九一年六月點校本	
溫疫論補注	一六四二	吴有性原著，鄭重光補注	清同治三年甲子樊川文成堂刊本	
寓意草	一六四三	喻昌	明崇禎十六年癸未刻本	
傷寒補天石	一六四四	戈維成	清汲綆齋本	
尚論張仲景傷寒論重編三百九十七法	一六四八	喻昌	清順治七年喻昌刻本	尚論篇
醫門法律	一六五八	喻昌	清順治十五年戊戌刻本	
病機沙篆	一六六七	李中梓	清光緒三十一年乙巳善成堂刻士材三書本	
傷寒緒論	一六六七	張璐	清光緒二十二年己亥浙江書局重印日本思得堂刻本	
傷寒纘論	一六六七	張璐	同右	
傷寒辨證	一六七四	陳堯道	人民衛生出版社一九五七年據嘉慶刊本影印	
傷寒附翼	一六七四	柯琴	清乾隆二十年乙亥馬中驊校刊本	
傷寒論翼	一六七四	柯琴	同右	
溫熱暑疫全書	一六七九	周揚俊	清乾隆二十九年甲申刻本	
張仲景中寒論辨證廣注	一六八六	汪琥	上海科技出版社一九五九年三月據清康熙十九年庚申平陽李子東壁刻本影印《傷寒論辨證廣注》本	中寒辨注
辨證錄	一六八七	陳士鐸	清乾隆十三年戊辰喻義堂刻本	
證治彙補	一六八七	李用粹	清學耕堂刻本	
馮氏錦囊秘錄	一六九四	馮兆張	清康熙四十一年壬午京師刻本衙藏板本	
張氏醫通	一六九五	張璐	清康熙三十八年己卯寶翰樓刻本	

症因脈治	一七〇六	秦昌遇	清康熙四十五年丙戌刻本
瘟疫發源	一七一〇	馬長公	清雍正三年乙巳刻本
傷寒大白	一七一四	秦皇士	清康熙五十三年甲午其順堂陳氏刊本
治疫全書	一七二〇	熊立品	清乾隆四十二年丁酉西昌熊氏家塾藏本
瘟疫明辨	一七二二	戴天章	清乾隆十五年庚午汪氏紫峰刻本
絳雪園古方選注	一七三二	王子接	清掃葉山房刻本
醫師秘籍	一七三六	李恭	清乾隆四十二年丁酉雲南順寧刻本
醫效秘傳	一七四二	葉桂	清道光十一年辛卯貯春仙館吳氏刻本
御纂醫宗金鑑	一七四二	吳謙等編纂	人民衛生出版社一九五七年二月影印清乾隆七年壬戌武英殿聚珍版本　醫宗金鑑
臨證指南醫案	一七四六	葉桂	清乾隆二十九年甲申聚錦堂刻本
未刻本葉氏醫案	一七四六	葉桂	上海科技出版社一九六三年六月排印葉氏門人周仲升抄本
續選臨證指南	一七四六	葉桂	清光緒十四年春蒲圻但氏校勘徐批臨正指南本
醫碥	一七五一	何夢瑤	清乾隆十六年辛未刻本
四聖懸樞	一七五三	黃元御	黃元御醫書十一種人民衛生出版社一九九〇年八月點校本
醫貫砭	一七五七	徐大椿	徐大椿醫學全書人民衛生出版社一九八八年三月
傷寒論類方	一七五九	徐大椿	人民衛生出版社一九五六年十一月影印本
蘭臺軌範	一七六四	徐大椿	徐大椿醫學全書人民衛生出版社一九八八年三月
掃葉莊醫案	一七六四	薛雪	珍本醫書集成上海科技出版社一九八五年五月
慎疾芻言	一七六七	徐大椿	徐大椿醫學全書人民衛生出版社一九八八年三月
金匱翼	一七六八	尤怡	清嘉慶十八年癸酉忠恕堂刻本
雜病源流犀燭	一七七三	沈金鰲	上海科技出版社一九六二年十一月
溫病朗照	一七七五	繆遵義	清抄本

通俗傷寒論	一七七六	俞根初	上海科技出版社一九五九年二月重訂通俗傷寒論本	
瘟疫傳症彙編	一七七六	熊立品	清乾隆四十二年丁酉西昌熊氏家塾藏本	
傷寒瘟疫條辨	一七八四	楊睿	清乾隆五十年乙巳刻本	寒溫條辨
松峰說疫	一七八五	劉奎	清嘉慶四年本衙刊本	
疫疹一得	一七八五	余霖	人民衛生出版社一九五六年影印清道光八年延慶堂刻本	
溫疫論類編	一七八七	劉奎	清刻本	
羅氏會約醫鏡	一七八九	羅國綱	清乾隆五十四年己酉大成堂刻本	
吳醫彙講	一七九二	唐大烈	清乾隆五十七年壬子吳門唐氏掃葉山房刻本	
吳鞠通醫案	一七九八	吳瑭撰，裘慶元編	人民衛生出版社一九六〇年二月	
瘟症羊毛論	一七九五	隋霖	清嘉慶元年丙辰慈善堂刻本	
傷寒指掌	一七九六	吳貞撰，邵仙根評	清嘉慶元年丙辰刊本	
溫病條辨	一七九八	吳瑭	清嘉慶十八年癸酉問心堂刻本	
增補評注溫病條辨	一七九八	吳瑭、王士雄等評	上海衛生出版社一九五八年四月	
增訂醫醫病書	一七九八	吳瑭撰，曹炳章集注	一九一五紹興育新書局石印本	醫醫病書
慈航集	一七九九	王勛	廣陵醫籍叢刊第一輯九種	
溫證指歸	一七九九	周魁	中國醫學大成上海科技出版社一九九〇年六月	
辨疫瑣言	一八〇〇	李炳	上海科技出版社一九八五年五月珍本醫書集成	
疫痧草	一八〇一	陳耕道	清光緒七年辛巳重刊本	
重慶堂隨筆	一八〇八	王秉衡	潛齋醫學叢書十四種一九一八年集古閣石印本	
陳平伯外感溫病篇	一八〇九	陳平伯	清光緒二年丙子蘄州黃雲鶴序刻於成都	外感溫病篇
溫熱病指南集	一八〇九	陳平伯	清嘉慶十四年乙巳刻本	
肘後偶鈔	一八一二	黃凱鈞	中國醫學大成上海科技出版社一九九〇年六月	

四時病機	一八一五	邵登瀛	清宣統元年己酉江南醫學公會校正精繕石印本
溫毒病論	一八一五	邵登瀛	清宣統元年己酉江南醫學公會校正精繕石印本
感證集腋	一八一六	茅鐘盈	清嘉慶二十一年丙子拜石山房刻本
雜疫證治	一八二〇	劉一明	清光緒二年丙子刻本
學醫隨筆	一八二一	顧淳慶	一九二九年金佳石好樓鉛印顧氏家集本
瘟疫合璧	一八二三	王嘉謨	清光緒五年己卯刻本
筆花醫鏡	一八二四	江涵暾	清道光四年甲申刻本
醫門棒喝初集	一八二五	章楠	清道光五年己丑刻《醫門棒喝》本
醫述	一八二六	程文囿	清道光十三年癸巳刻本
瘟疫彙編	一八二八	汪期蓮	清道光八年戊子汪培芝堂刻本
溫熱贅言	一八三一	寄瓢子	陳修園醫書七十種
傷寒論本旨	一八三五	章楠	清宣統元年己酉三友益齋石印本
張千里醫案	一八三六	張千里	秘本醫學叢書上海書店一九八八年七月
醫學妙諦	一八三七	何其偉	同右
霍亂論	一八三八	王士雄	潛齋醫學叢書十四種一九一八年集古閣石印本
潛齋簡效方	一八三八	王士雄	同右
四科簡效方	一八三八	王士雄	同右
潛齋醫話	一八三八	王士雄	中國醫學大成上海科技出版社一九九〇年六月
類證治裁	一八三九	林珮琴編著	清咸豐元年心海丹陽林氏研經堂刻本
醫略十三篇	一八四〇	蔣寶素	清道光二十八年戊申鎮江悟志堂刻本
王氏醫案正續三編	一八五〇	王士雄撰，周鑠、徐然石編	潛齋醫學叢書十四種一九一八年集古閣石印本
傷寒尋源	一八五〇	呂震名	清咸豐四年甲寅吳門潘氏刻本
溫熱經緯	一八五二	王士雄	清光緒二年丙子蘄州黃雲鶴序刻於成都

溫疫論辨義	一八五六	楊堯章	清咸豐六年丙辰刻本
研經言	一八五六	莫文泉	清光緒五年己卯月河莫氏刻本
春溫三字訣	一八六一	張汝珍	清光緒年間成都刻本
醫原	一八六一	石壽堂	清咸豐十一年辛酉一八六一年留耕書屋刻本
歸硯錄	一八六二	王士雄	潛齋醫學叢書十四種一九一八年集古閣石印本
薛氏濕熱論歌訣	一八六二	王泰林	千頃堂一九二一至一九二三年石印本
醫醇賸義	一八六三	費伯雄	清同治二年癸亥耕心堂刻本
理瀹駢文	一八六四	吳師機	人民衛生出版社一九五五年三月第一版影印存悔齋本
世補齋醫書文集	一八六六	陸懋修	世補齋醫書前集六種清光緒十年甲申刻本
溫熱類編	一八六六	凌德	一九二六年杭州三三醫社鉛印本
爛喉丹痧輯要	一八六七	金德鑒	清同治六年丁卯皖省陵陽崇堂刻本
溫病合編	一八六七	石壽棠	中醫古籍出版社一九八五年五月影印
六因條辨	一八六八	陸廷珍	清光緒三十二年丙午太倉陸啓余繹堂刻本
張氏溫暑醫旨	一八七〇	張畹香	中國醫學大成上海科技出版社一九九〇年六月
治溫闡要	一八七二	汝琴舫	一九二七年鉛印本
醫法圓通	一八七四	鄭壽全	清同治十三年甲戌成都文林齋劉氏刻本
疫喉淺論	一八七四	夏雲	清光緒五年己卯存吾春齋藏版
痧喉闡義	一八七七	程鏡宇	清光緒三年丁丑維揚從吾齋刻本
南病別鑒	一八七八	宋兆琪	清光緒四年戊寅自刻本
溫病攝要	一八七八	曹華峰	清光緒二十二年陳其寬刊本
溫疫析疑	一八七八	唐戴庭	清光緒九年癸未意解山房刊本
治溫提要	一八七八	曹華峰	清光緒二十四年郭南望叢祠刻本
醫學求是	一八七九	吳達	清光緒六年庚辰至十一年乙酉江陰吳氏家刻本

瘟痧要編	一八八一	韓凌霄	清光緒七年辛巳重刊本
時病論	一八八二	雷豐	北京市中國書店一九八六年一月影印清慎修堂刻本
醫法心傳	一八八二	程芝田	清光緒十一年乙酉日升山房刻本
血證論	一八八四	唐宗海	清光緒十九年癸巳湖北鄖縣署刻本
醫家四要	一八八四	程曦、江誠等	清光緒間無錫日升山房刻本
溫病淺說	一八八六	溫載之	中醫古籍出版社一九八五年十月影印清光緒十二年丙戌溫氏刻本
溫症斑疹辨證	一八八八	許汝楫	清光緒十四年戊子家刻本
醫寄伏陰論	一八八八	田宗漢	同右
痧喉正義	一八八九	張筱衫	清光緒十五年己丑邦上張氏刻本
治溫提要速效合編	一八九〇	曹華峰	清光緒十六年庚寅榮昌刻本
讀醫隨筆	一八九一	周學海	周氏醫學叢書三十二種
西塘感證	一八九一	董廢翁	醫宗己任編
葉案存眞類編	一八九一	周學海	周氏醫學叢書
疫證治例	一八九一	朱蘭臺	中醫古籍出版社一九八六年二月影印清光緒十八年壬辰易知堂刻本
重訂霍亂論	一八九二	王士雄	潛齋醫學叢書十四種一九一八年集古閣石印本
伏氣解	一八九七	葉霖	中國醫學大成上海科技出版社一九九〇年六月
王旭高臨證醫案	一八九七	王泰林	清光緒二十四年戊戌琴川方氏倚雲吟館刻本
張聿青醫案	一八九七	張聿青	一九一八年江陰吳氏鉛印本
伏邪新書	一八九八	劉恆瑞	中國醫學大成上海科技出版社一九九〇年六月
六氣感證要義	一八九八	周岩	上海科技出版社一九五八年五月珍本醫書集成
溫熱逢源	一九〇〇	柳寶詒	中國醫學大成上海科技出版社一九九〇年六月

醫醫小草	一九〇一	寶輝	上海科技出版社一九五八年五月珍本醫書集成
六氣感證	一九〇二	高思敬	高憩雲外科全書本
暑症發源	一九〇二	李鐵侯	秘本醫學叢書上海書店一九八八年七月
瘟疫霍亂答問	一九〇二	陳虬	中國醫學大成上海科技出版社一九九〇年六月
溫病指南	一九〇三	婁杰	中醫古籍出版社一九八五年十月影印清光緒二十九年聽虛館刻本
古今醫案按選	一九〇四	王士雄	潛齋醫學叢書十四種一九一八年集古閣石印本
傷寒補例	一九〇五	周學海	中國醫學大成上海科技出版社一九九〇年六月
凌臨靈方	一九〇八	凌奐	秘本醫學叢書上海書店一九八八年七月
傷燥論	一九〇九	張節	張氏醫參七種本清宣統元年己酉張氏家刻本
醫學衷中參西錄	一九〇九	張錫純	一九四四年九月重慶醫藥圖書供應社鉛印本
伏瘟證治實驗談	一九一〇	蔣樹杞	秘本醫學叢書上海書店一九八八年七月
防疫芻言	一九一一	曹延杰	清宣統三年辛亥吉林印書館本
邵氏醫案	一九一一	邵蘭蓀	上海科技出版社一九五八年五月珍本醫書集成
疫證集說	一九一一	余德壎	清宣統三年辛亥素盦鉛印
溫熱論箋正	一九一一	陳光淞	上海科技出版社一九五八年五月珍本醫書集成

《中華大典》辦公室

主　　任：于永湛
副 主 任：伍　杰
　　　　　姜學中
工作人員：趙含坤
　　　　　崔望雲
　　　　　王　勤
　　　　　宋　陽
　　　　　王雪飛
　　　　　侯　培
封面裝幀設計：章耀達

《中華大典》四川編纂處

主　　任：段志洪
副 主 任：馮　杰

《中華大典·醫藥衛生典》

項目負責人：段志洪
　　　　　　王大厚
項目組成員：李　嘉　謝正強
　　　　　　白亞輝　徐慶豐

圖書在版編目（CIP）數據

中華大典·醫藥衛生典·醫學分典·溫病總部 / 楊宇主編. —成都：巴蜀書社，2010.12

ISBN 978-7-80752-735-0

Ⅰ.①中…　Ⅱ.①楊…　Ⅲ.①百科全書—中國—现代②溫病学説　Ⅳ.①Z227　②R254.2

中國版本圖書館 CIP 數據核字（2010）第 237386 號

中華大典·醫藥衛生典·醫學分典

溫病總部

編纂：《中華大典》工作委員會

《中華大典》編纂委員會

責任編輯：王大厚　謝正强　白亞輝

出版：四川出版集團·巴蜀書社

（四川省成都市槐樹街二號　郵政編碼　六一〇〇三一）

印刷：成都東江印務有限公司

（四川省成都市溫江區湧泉街道辦事處共耕工業園 H-12

電話：〇二八-八二六〇一五五一　郵政編碼　六一一一三〇）

經銷：新華書店

成品尺寸：一八五毫米×二六〇毫米　印張：七四·二五　字数：二三六〇千

二〇一〇年十二月第一版　二〇一〇年十二月第一次印刷

定價：叁佰陆拾圓

書號：ISBN 978-7-80752-735-0

ISBN 978-7-80752-735-0